百衲本

後漢書

（南朝宋）范曄撰
（唐）李賢注
（晉）司馬彪撰志
（南朝梁）劉昭注志

1

國家圖書館出版社

圖書在版編目(CIP)數據

百衲本後漢書:全二册/(南朝宋)范曄撰,(唐)李賢注,(晉)司馬彪撰志,(南朝梁)劉昭注志.—北京:國家圖書館出版社,2014.9(2024.6 重印)

(百衲本二十四史)

ISBN 978-7-5013-5420-7

Ⅰ.①百… Ⅱ.①范… ②李… ③司… ④劉… Ⅲ.①中國歷史—東漢時代—紀傳體 Ⅳ.①K234.204.2

中國版本圖書館 CIP 數據核字(2014)第 148364 號

書　　名	百衲本後漢書(全二册)
著　　者	(南朝宋)范曄撰　(唐)李賢注 (晉)司馬彪撰志　(南朝梁)劉昭注志
叢 書 名	百衲本二十四史
責任編輯	陳　卓
重印編輯	張珂卿
出版發行	國家圖書館出版社(北京市西城區文津街 7 號　100034) (原書目文獻出版社　北京圖書館出版社) 010-66114536　63802249　nlcpress@ nlc.cn(郵購)
網　　址	http://www.nlcpress.com
印　　裝	河北三河弘翰印務有限公司
版次印次	2014 年 9 月第 1 版　2024 年 6 月第 3 次印刷
開　　本	710×1000　1/16
印　　張	100.75
書　　號	ISBN 978-7-5013-5420-7
定　　價	320.00 圓

百衲本二十四史影印出版説明

『二十四史』是中國古代各朝被政府納爲正統的二十四部史書的總稱，其上起《史記》，下迄《明史》，記載了從傳説中的五帝時代到清朝初年約四千餘年中政治、經濟、文化等諸多方面的歷史，是我國古代最權威、最詳細的史學著作。

清代最通行的『二十四史』，是乾隆年間刊行的『欽定武英殿本二十四史』，即『殿本』。殿本版式疏朗，刻印精良，但是校勘不够審慎，存在誤字、衍字、缺字甚至整段文字脱失的情况。而且，由於殿本的編纂官皆屬御用史官，不得不爲帝王所左右，史實記録上存在竄改等原因造成的缺憾。晚清時，又出現了由各省官書局刊刻的局本，廣爲流傳，但仍以殿本爲依據，存在不少問題。

二十世紀二十年代起，張元濟先生耗費巨資搜訪宋元善本，通過采用當時最先進的攝影製版技術，歷經多年努力，至一九三六年，終於出齊了整套影印版的『二十四史』。因各書底本多殘缺不全，不得不通過許多版本相互參校、補綴而成，猶如僧侣之『百衲衣』，故名之曰『百衲本二十四史』。其中除《舊五代史》《元史》《明史》以明清時的版本作爲底本外，均以宋元版爲主要底本。百衲本對殿本、局本中的謬誤多有匡正，其對歷史研究的功績有目共睹，影響深巨，被史學界一致公認爲『中國最佳全本正史』，是中國史學史上的一座豐碑，具有極高的版本價值、研究價值和收藏價值。

百衲本二十四史自問世以來，曾數次被影印出版，其中的宣紙綫裝本，因價格不菲，不便學者購藏利用。而縮印本則多存在質量問題，其中質量較好的，當數二十世紀五十年代北京商務印書館的精裝二十四册本。但年代既久，流傳亦少，已屬罕見。爲滿足文史工作者的研究需求，也讓更多的文史愛好者接觸到百衲本二十四史，我社決定將之再度影印出版。

本次影印，將每部正史單獨製作，采取每頁分上下雙欄的形式印製，并爲每部正史編製了分卷目録。需要説明的是，此次我社在編製目録時，爲更好地反映百衲本原貌，充分體現其與殿本、局本等其他系統傳本的差异，原則上均依原書卷端著録，部分保留了原書中使用的簡體字、俗體字及异體字等。對原書中有目無傳或有傳無目等情況，不予改動，僅對極個别處出現的明顯衍、漏、誤字等情況進行了修改。不當之處，請讀者批評指正。

國家圖書館出版社

二〇一四年七月

百衲本後漢書目録

後漢書目録

帝紀一十卷

地震　山崩
地陷　大風拔樹
螟　牛疫
第十七卷 五行五
射妖　龍蛇孽
馬禍　人痾
人化　死復生
疫　投蜺
第十八卷 五行六

日蝕　日抱
日赤無光　日黃珥
日中黑　虹貫日
月蝕非其月
第十九卷 郡國一
河南　河內
河東　弘農
京兆　馮翊
扶風

右司隸
第二十卷 郡國二
潁川　汝南
梁國　沛國
陳國　魯國
右豫州
魏郡　鉅鹿
常山　中山
安平　河閒

清河　趙國
勃海
右冀州
第二十一卷 郡國三
陳留　東郡
東平　任城
泰山　濟北
山陽　濟陰
右兗州

東海　琅邪
彭城　廣陵
下邳
右徐州

第二十二卷 郡國四

濟南　平原
樂安　北海
東萊　齊國
右青州

南陽　南郡
江夏　零陵
桂陽　武陵
長沙
右荆州

九江　丹陽
廬江　會稽
吴郡　豫章
右揚州

第二十三卷 郡國五

漢中　巴郡
廣漢　蜀郡
犍爲　牂牁
越巂　益州
永昌　廣漢屬國
蜀郡屬國　犍爲屬國
右益州

隴西　漢陽

武都　金城
安定　北地
武威　張掖
酒泉　敦煌
張掖屬國　張掖居延屬國
右涼州

上黨　太原
上郡　西河
五原　雲中

定襄　鴈門
朔方
右并州
涿郡　廣陽
代郡　上谷
漁陽　右北平
遼西　遼東
玄菟　樂浪
遼東屬國

右幽州
南海　蒼梧
鬱林　合浦
交趾　九真
日南
右交州

第二十四卷　百官一
太傅　太尉
司徒　司空

將軍

第二十五卷　百官二
太常　光禄勳
衛尉　太僕
廷尉　大鴻臚

第二十六卷　百官三
宗正　大司農
少府

第二十七卷　百官四

執金吾　太子太傅
大長秋　太子少傅
將作大匠　城門校尉
北軍中候　司隸校尉

第二十八卷　百官五
州郡　縣鄉
亭里　匈奴中郎將
烏桓校尉　護羌校尉
王國　宋衛國

張步 李憲
彭寵 盧芳

第三卷

隗囂（囂音五高反） 公孫述

第四卷 宗室四王三侯

齊武王縯（子北海靜王興） 趙孝王良
成陽恭王祉 泗水王歙
安成孝侯賜 成武孝侯順
順陽懷侯嘉

第五卷

李通 王常
鄧晨 來歙（歙曾孫歷）

第六卷

鄧禹（子訓 孫騭） 寇恂（曾孫榮）

第七卷

馮異 岑彭
賈復

第八卷

吳漢 陳俊
蓋延 臧宫

第九卷

耿弇（弟國 國子秉 秉弟夔 國弟子恭）

第十卷

銚期 王霸
祭遵（從弟彤）

第十一卷

任光 子隗

李忠 萬脩
邳彤 劉植
耿純

第十二卷

朱祐 景丹
王梁 杜茂
馬成 劉隆
傅俊 堅鐔
馬武

第十三卷

竇融 弟子固 曾孫憲 玄孫章

第十四卷

馬援 子廖 子防 兄子嚴 族孫棱

第十五卷

卓茂 魯恭 弟丕

魏霸 劉寬

第十六卷

伏湛 子隆 侯霸

宋弘 蔡茂 郭賀附

馮勤 趙憙

牟融 韋彪 族子義

第十七卷

宣秉 張湛

王丹 王良

杜林 郭丹

吳良 承宮

鄭均 趙典

第十八卷上

桓譚 馮衍 子豹

第十八卷下

馮衍

第十九卷

申屠剛 鮑永 子昱

郅惲

第二十卷上

蘇竟 楊厚

郎顗 襄楷

第二十卷下

郎顗 襄楷

第二十一卷

郭伋 杜詩

孔奮 張堪

廉范 王堂

蘇章 族孫不韋 羊續

賈琮 陸康

第二十二卷

樊宏 子儵 族曾孫準　陰識 弟興

第二十三卷

朱浮　馮魴

虞延　鄭弘

周章

第二十四卷

梁統 子竦 曾孫商 玄孫冀

第二十五卷

張純 子奮　曹褒

後漢目　十九　吳佐

鄭玄

第二十六卷

鄭興 子衆　范升

陳元　賈逵

張霸 子楷 楷子陵 陵弟玄

第二十七卷

桓榮 子郁 孫焉 曾孫鸞 玄孫典 玄孫彬

丁鴻

第二十八卷

張宗　法雄

滕撫　馮緄

度尚　楊琁

第二十九卷

劉平　趙孝

淳于恭　江革

劉般 子愷　周磐

趙咨

後漢目　二十

第三十卷上 自東都主人以下分爲下卷

班彪 子固

第三十卷下

班彪 子固

第三十一卷

第五倫 曾孫種　鍾離意

宋均 族子意　寒朗

第三十二卷

光武十王

橋玄

第四十二卷

崔駰 子瑗 孫寔

第四十三卷

周燮 黃憲

徐穉 姜肱

申屠蟠

第四十四卷

楊震 子秉 孫賜 曾孫彪 玄孫脩

第四十五卷

千乘貞王伉 平春悼王全

清河孝王慶 濟北惠王壽

河間孝王開 城陽懷王淑

廣宗殤王萬歲 平原懷王勝 子和

第四十六卷

張晧 子綱 王龔 子暢

种暠 子岱 拂 拂子劭 陳球

第四十七卷

杜根 欒巴

劉陶 李雲

劉瑜 謝弼

第四十八卷

虞詡 傅燮

蓋勳 臧洪

第四十九卷

張衡

第五十卷上

馬融 蔡邕

第五十卷下

蔡邕

第五十一卷

左雄 周舉 子勰

黃瓊 孫琬

第五十二卷

荀淑 子爽 孫悅 韓韶

鍾晧 陳寔 子紀

劉虞　公孫瓚

陶謙

第六十四卷上

袁紹子譚　劉表

第六十四卷下

袁紹子譚　劉表

第六十五卷

劉焉　袁術

呂布

第六十六卷 循吏

衛颯　任延

王景　秦彭

王渙　許荊

孟嘗　第五訪

劉矩　劉寵

仇香　童恢

第六十七卷 酷吏

董宣　樊曄

李章　周紆

黃昌　陽球

王吉

第六十八卷 宦者

鄭衆　蔡倫

孫程　曹騰

單超　侯覽

曹節　呂強

張讓

第六十九卷 儒林上

劉昆　洼丹

任安　楊政

張興　戴憑

孫期　歐陽歙

牟長　宋登

張馴　尹敏

周防　孔僖

楊倫

戴封　李充
繆肜　陳重
雷義　范丹
戴就　趙苞
向栩　諒輔
劉翊　王烈

第七十二卷 方術上
任文公　郭憲
許楊　高獲

王喬　謝夷吾
楊由　李南
李郃　段翳
廖扶　折像
樊英

第七十二卷 方術下
唐檀　公沙穆
許曼　趙彥
樊志張　單颺

韓說　董扶
郭玉　華佗
徐登　費長房
薊子訓　劉根
左慈　計子勳
上成公　解奴辜
甘始　王眞
王和平

第七十三卷 逸民

野王二老　向長
逢萌　周黨
王霸　嚴光
井丹　梁鴻
高鳳　臺佟
韓康　矯愼
戴良　法眞
漢濱老父　陳留老父
龐公

第七十四卷 列女

鮑宣妻　王霸妻

姜詩妻　周郁妻

曹世叔妻　樂羊子妻

陳文矩妻　孝女曹娥

許升妻　袁隗妻

龐淯母　劉長卿妻

皇甫規妻　陰瑜妻

盛道妻　孝女叔先雄

董祀妻

第七十五卷

東夷

第七十六卷

南蠻　西南夷

第七十七卷

西羌

第七十八卷

西域

第七十九卷

南匈奴 前書直言匈奴傳不言南北今稱南者明其爲北生義也以南單于向化尤深故舉其順者以冠之東觀記稱匈奴南單于列傳范曄因去其單于二字

第八十卷

烏桓　鮮卑

光武起後漢乙酉歲改建武元年傳及十二帝至獻帝建安二十五年庚申凡一百九十五年

十二帝后紀一十二卷

志三十卷

八十列傳八十八卷

後漢目錄卷終

帝紀第一上　范曄　後漢書一

唐章懷太子賢注

光武皇帝

世祖光武皇帝諱秀字文叔禮祖有功而宗有德光武中興
故廟稱世祖謚法能紹前業曰光克定禍亂曰武伏矦古今注曰秀之字曰茂伯仲叔季兄弟之次長兄
伯升次仲故字文叔焉南陽蔡陽人南陽郡今鄧州縣也蔡陽縣故城在今隨州棗
陽縣西南高祖九世之孫也出自景帝生長沙
定王發長沙郡今潭州縣也發生春陵節矦買春陵鄉名
本屬零陵冷道縣在今永州唐興縣北元帝時徙南陽仍號春陵故城今在隨州棗陽縣東事具宗室四

王傳買生鬱林太守外鬱林郡今鬱州縣前書曰郡守秦官秩二千石景帝
更名太守外生鉅鹿都尉回鉅鹿郡今邢州縣也前書曰都尉本郡尉秦官
也掌佐守典武職秩比二千石景帝更名都尉回生南頓令欽南頓縣屬汝南
郡故城在今陳州項城縣西前書曰令長皆秦官也萬戶以上爲令秩千石至六百石不滿萬戶爲長秩
五百石至三百石欽生光武光武年九歲而孤養於
叔父良身長七尺三寸美須眉大口隆準
日角隆高也許負云鼻頭爲準鄭玄尚書中候注云日角謂庭中骨起狀如日性勤
於稼穡種曰稼斂曰穡而兄伯升好俠養士常非
笑光武事田業比之高祖兄仲仲郃陽矦喜也能爲產業

見前書王莽天鳳中王莽建國六年改爲天鳳乃之長安受尚
書略通大義東觀記曰受尚書於中大夫廬江許子威資用乏與同舍生韓子合
錢買驢令從者僦以給諸公費莽末天下連歲災蝗寇盜鋒
起言賊鋒銳競起字或作蜂諭多也地皇三年天鳳六年改爲地皇南陽
荒饑韓詩外傳曰一穀不升曰歉二穀不升曰饑三穀不升曰饉四穀不升曰荒五穀不升曰
大侵諸家賓客多爲小盜光武避吏新野新野
屬南陽郡今鄧州縣續漢書曰伯升賓客劫人上避吏於新野鄧晨家因賣穀於宛
東觀記曰時南陽旱饑而上田獨收宛縣屬南陽郡故城今鄧州南陽縣也宛人李通
等以圖讖說光武云劉氏復起李氏爲輔

圖河圖也讖符命之書讖驗也言爲王者受命之徵驗也易坤靈圖曰漢之臣李陽也光武
初不敢當然獨念兄伯升素結輕客必舉
大事且王莽敗亡已兆天下方亂遂與定
謀於是乃市兵弩十月與李通從弟軼等
起於宛時年二十八十一月有星孛于張
前書音義曰孛星光芒短蓬然張南方宿也續漢志曰張爲周地星孛于張東南行即翼軫之分翼軫楚
地是楚地將有兵亂後一年正月光武起兵春陵攻南陽斬阜賜等殺其士衆數萬人光武都雒陽居周
地除穢布新之象光武遂將賓客還春陵時伯升已
會衆起兵初諸家子弟恐懼皆亡逃自匿

曰伯升殺我及見光武絳衣大冠董巴輿服志曰
大冠者謂武官冠之東觀記曰上時絳衣大冠將軍服也皆驚曰謹厚者亦
復爲之乃稍自安伯升於是招新市平林
兵新市縣屬江夏郡故城在今郢州富水縣東北平林地名在今隨州隨縣東北與其
帥王鳳陳牧西擊長聚廣雅曰聚居也音慈諭反前書音義曰小於鄉
曰聚光武初騎牛殺新野尉乃得馬前書曰尉秦官秩四
百石至二百石也進屠唐子鄉例曰多所誅殺曰屠唐子鄉有唐子山在今唐州湖
陽縣西南又殺湖陽尉湖陽屬南陽郡今唐州縣也東觀記曰劉終詐稱江夏吏
誘殺之軍中分財物不均衆恚恨欲反攻諸

後漢帝紀一上　三

劉光武斂宗人所得物悉以與之衆乃悅
進拔棘陽縣名屬南陽郡在棘水之陽古謝國也故城在今唐州湖陽縣西北棘音己力
反與王莽前隊大夫甄阜王莽置六隊郡置大夫一人職如太守南
陽爲前隊河內爲後隊潁川爲左隊弘農爲右隊河東爲兆隊滎陽爲祈隊隊音遂屬正梁
丘賜王莽每隊置屬正一人職如都尉戰於小長安續漢書曰淯陽縣有小長
安聚故城在今鄧州南陽縣南漢軍大敗還保棘陽
更始元年正月甲子朔漢軍復與甄阜梁
丘賜戰於沘水西大破之斬阜賜沘水在今唐州沘陽
縣南廬江灊縣亦有沘水與此別也沘音比伯升又破王莽納言將

軍嚴尤秩宗將軍陳茂於淯陽前書[illegible]虞官也[illegible]
納王命所謂喉舌之官也歷秦漢不置王莽改[illegible]司
農爲之桓譚新論云莊尤字伯石此言嚴避[illegible]諱
也秩宗虞官也掌郊廟之事周謂之宗伯秦漢不置
王莽改太常爲秩宗後又典兵故納言秩宗皆有將
軍號也淯陽縣屬南郡故城在今鄧
州南陽縣南在淯水之陽淯音育進圍宛城二
月辛巳立劉聖公爲天子以伯升爲大司
徒光武爲太常偏將軍前書曰奉常秦官景帝更名太常應劭漢官儀
曰欲令國家盛大社稷常存故稱太常老子曰偏將軍處左上將軍處右東觀記曰時無印得定武侯家
丞印佩之入朝三月光武別與諸將徇昆陽定陵郾
皆下之徇略也昆陽定陵郾皆縣名並屬潁川郡昆陽故城在今許州葉縣北郾今豫州郾

後漢帝紀一上　四

城縣也定陵故城在今郾城西北音於建反多得牛馬財物穀數十
萬斛轉以饋宛下莽聞阜賜死漢帝立大
懼遣大司徒王尋大司空王邑王莽時哀章所獻金匱圖
有王尋姓名王邑王商子於莽爲從父兄弟也將兵百萬其甲士四十
二萬人五月到潁川復與嚴尤陳茂合潁川
郡今洛州陽翟縣也初光武爲舂陵侯家訟逋租於尤
尤見而奇之逋違也舂陵侯敞即光武季父也東觀記曰爲季父故舂陵侯詣大司馬
府訟地皇元年十二月壬寅前租二萬六千斛芻槀錢若千萬時宛人朱福亦爲舅訟租於尤尤止車獨
與上語不視福上歸戲福曰嚴公寧視卿邪及是時城中出降尤者

言光武不取財物但會兵計策光笑曰是美須眉者邪何為乃如是初王莽徵天下能為兵法者六十三家數百人並以為軍吏選練武衛招募猛士（說文曰募廣求之也）旌旗輜重千里不絕（周禮曰析羽為旌熊虎為旗輜車名釋名曰輜廁也謂軍糧什物雜廁載之以其累重故稱輜重重音直用反）時有長人巨無霸（王莽連率韓博上言有奇士長一丈大十圍自謂巨無霸出於蓬萊東南五城西北詔如海濱軺車不能載三馬不能勝卧則枕鼓以鐵箸食見前書）長一丈大十圍以為壘尉（鄭玄注周禮云軍壁曰壘崔琰中壘校尉箴曰堂堂黃帝設為壘壁尉者主壘壁之事）又驅諸猛獸（猛或作獷獷猛皃也音古猛反）虎豹犀象之屬以助威武自秦漢出師之盛未嘗有也光武將數千兵徼之於陽關（聚名也酈元水經注曰潁水東南經陽關聚聚夾潁水相對在今洛州陽翟縣西北）諸將見尋邑兵盛反走馳入昆陽皆惶怖憂念妻孥（孥子也）欲散歸諸城光武議曰今兵穀既少而外寇彊大并力禦之功庶可立如欲分散埶無俱全且宛城未拔（謂伯外圍之未拔也）不能相救昆陽即破一日之間諸部亦滅矣今不同心膽共舉功名反欲守

妻子財物邪諸將怒曰劉將軍何敢如是光武笑而起會候騎還言大兵且至城北軍陳數百里不見其後諸將遽相謂曰更請劉將軍計之光武復為圖畫成敗諸將憂迫皆曰諾時城中唯有八九千人光武乃使成國上公王鳳廷尉大將軍王常留守夜自與驃騎大將軍宗佻（驃騎大將軍武帝置自霍去病始佻音太堯反）五威將軍李軼等十三騎（王莽置五威將軍其衣服依五方之色以威天下李軼初起借假以為號）出城南門於外收兵時莽軍到城下者且十萬光武幾不得出（幾音祈）既至郾定陵悉發諸營兵而諸將貪惜財貨欲分留守之光武曰今若破敵珍瑶萬倍（瑶古寶字）大功可成如為所敗首領無餘何財物之有衆乃從嚴尤說王邑曰昆陽城小而堅今假號者在宛亟進大兵（亟急也音紀力反）彼必奔走宛敗昆陽自服邑曰吾昔以虎牙將軍圍翟義坐不生得以見責讓（翟義字文仲方進少子為東郡太守王莽居攝義心惡之乃立東平王雲子信為天子義自號

柱天大將軍以誅莽莽乃使孫建王邑等將兵擊義破之義亡自殺故坐不生得坐音才卧反見前書

今將百萬之衆遇城而不能下何謂邪遇或爲過遂圍之數十重列營百數雲車十餘丈雲車即樓車稱雲言其高也升之以望敵猶墨子云公輸般爲雲梯之械瞰臨城中俯視曰瞰音苦暫反旗幟蔽野廣雅曰幟幡也音熾埃塵連天鉦鼓之聲聞數百里說文曰鉦鐃也似鈴或爲地道衝輣橦城衝橦車也詩曰臨衝閑閑許慎曰輣樓車也輣音步耕反積弩亂發矢下如雨城中負户而汲王鳳等乞降不許尋邑自以爲功在漏刻意氣甚逸夜有

流星墜營中晝有雲如壞山當營而隕不及地尺而散吏士皆厭伏續漢志曰雲如壞山謂營頭之星也占曰營頭之所墜其下覆軍殺將血流千里厭音一葉反六月己卯光武遂與營部俱進自將步騎千餘前去大軍四五里而陳尋邑亦遣兵數千合戰光武奔之斬首數十級秦法斬首一賜爵一級故因謂斬首爲級諸部喜曰劉將軍平生見小敵怯今見大敵勇甚可怪也且復居前請助將軍光武復進尋邑兵却諸部共乘之斬首數百千級連勝遂

前時伯升拔宛已三日而光武尚未知乃僞使持書報城中云宛下兵到而陽墯其書尋邑得之不憙憙音許記反諸將既經累捷膽氣益壯無不一當百光武乃與敢死者敢死謂果敢而死者凡軍三千人從城西水上衝其中堅事中軍將最尊居中以堅銳自輔故曰中堅也尋邑陳亂乘銳崩之遂殺王尋城中亦鼓譟而出中外合埶震呼動天地莽兵大潰走者相騰踐奔殪百餘里閒殪仆也音於計反或作壹會大雷風屋瓦皆飛

雨下如注滍川盛溢水經曰滍水出南陽魯陽縣西堯山東南經昆陽城北東入汝滍音直理反虎豹皆股戰士卒爭赴溺死者以萬數水爲不流數過於萬故以萬爲數王邑嚴尤陳茂輕騎乘死人度水逃去盡獲其軍實輜重車甲珍寶不可勝筭舉之連月不盡或燔燒其餘光武因復徇下潁陽縣名屬潁川郡故城在今許州會伯升爲更始所害光武自父城馳詣宛謝父城縣古應國也屬潁川郡故城在今許州葉縣東北以伯升見害心不自安故謝司徒官屬迎弔光武光武難交私語深引

過而已未嘗自伐昆陽之功又不敢爲伯升服喪飲食言笑如平常更始以是慙拜光武爲破虜大將軍封武信侯九月庚戌三輔豪桀共誅王莽傳首詣宛三輔謂京兆左馮翊右扶風共在長安中分領諸縣淮南子曰智過百人謂之豪白虎通云賢萬人曰傑時城中少年子弟張魚等攻莽於漸臺商人杜吳殺莽校尉公賓就斬莽首將軍申屠建等傳莽首詣宛更始將北都洛陽以光武行司隸校尉使前整修宮府前書曰司隸校尉本周官武帝初置持節從中都官徒千二百人督大姦猾後罷其兵察三輔三河弘農秩比二千石音義云以掌徒隸而巡察故曰司隸於是置僚屬作文

後漢帝紀一上　九　趙遇春

移東觀記曰文書移與屬縣也從事司察一如舊章續漢書曰司隸置從事史十二人秩皆百石主督促文書察舉非法時三輔吏士東迎更始見諸將過皆冠幘漢官儀曰幘者古之卑賤不冠者之所服也方言曰覆髻謂之幘或謂之承露而服婦人衣諸于繡𧞶前書音義曰諸于大掖衣也如婦人之袿衣字書無𧞶字續漢書作䘢並音其物反楊雄方言曰襜褕其短者自關之西謂之䘢𧞶郭璞注云俗名𧞶掖據此即是諸于上加繡䘢如今之半臂也或繡下有擁字莫不笑之或有畏而走者續漢志曰時知者見之以爲服之不中身之災也乃奔入邊郡避之是服妖也其後更始遂爲赤眉所殺及見司隸僚屬皆歡喜不自勝老吏或垂涕曰不圖今日復見漢

官威儀由是識者皆屬心焉及更始至洛陽乃遣光武以破虜將軍行大司馬事十月持節北度河漢官儀曰太尉秦官也武帝更名大司馬節所以爲信也以竹爲之柄長八尺以旄牛尾爲其眊三重焉衍與田邑書曰今以一節之任建三軍之威豈特寵其八尺之竹氂牛之尾哉續漢志曰更始時南方有童謠云諧不諧在赤眉得不得在河北後更始爲赤眉所殺是不諧也光武由河北而興是得之也鎭慰州郡所到部縣輒見二千石長吏三老官屬下至佐史二千石謂郡守也長吏謂縣令長及丞尉也三老者鄉官也高祖置前書曰舉人年五十已上有修行能帥衆者置以爲三老每鄉一人擇鄉三老爲縣三老與令長丞尉以事相教復其傜戍續漢志曰每刺史皆有從事史假佐每

後漢帝紀一上　十　陳日[illegible]

縣各置諸事曹史也考察黜陟如州牧行部事漢初遣丞相史分刺州武帝改置刺史察州秩六百石成帝更名牧秩二千石漢官典儀曰刺史行郡國省察政教黜陟能不斷理寃獄也輒平遣囚徒除王莽苛政說文曰苛小草也言政令繁細禮記曰苛政猛於虎復漢官名吏人喜悅爭持牛酒迎勞進至邯鄲縣名屬趙國今洛州縣也前書音義邯山名鄲盡也邯山至此而盡城郭字皆從邑因以名焉故趙繆王子林繆王景帝七代孫名元前書曰元坐殺人爲大鴻臚所奏諡曰繆音謬東觀記曰林作臨字說光武曰赤眉今在河東但決水灌之百萬之衆可使爲魚赤眉賊帥樊崇等恐其衆與王莽兵亂皆朱其眉以相別故曰赤眉續漢書曰是時上平河北過邯

鄴林進見言赤眉可破上問其故對曰河水從列人北流如決河水灌之皆可令爲魚上不然之列人縣故城在今洺州肥鄉縣東北光武不荅去之眞定縣名屬眞定國今恒州縣也林於是乃詐以卜者王郎爲成帝子子輿前書曰立國將軍孫建奏云不知何一男子遮臣車前自稱漢氏劉子輿成帝下妻子也劉氏當復故郎因而稱之十二月立郎爲天子都邯鄲遂遣使者降下郡國

二年正月光武以王郎新盛乃北徇薊縣名屬涿郡今幽州縣也本字從契從邑見說文王郎移檄購光武十萬户說文曰檄以木簡爲書長尺二寸謂之檄以徵召也又曰以財有所求曰購魏武奏事曰若有急即

插以雞羽謂之羽檄而故廣陽王子劉接廣陽王名嘉武帝五代孫起兵薊中以應郎城内擾亂轉相驚恐言邯鄲使者方到二千石以下皆出迎於是光武趣駕南轅趣急也讀曰促晨夜不敢入城邑舍食道傍至饒陽縣名屬安平國在饒河之陽故城在今瀛州饒陽縣東北官屬皆乏食光武乃自稱邯鄲使者入傳舍客館也傳音知戀反下同傳吏方進食從者飢爭奪之傳吏疑其僞乃椎鼓數十通椎音直追反紿言邯鄲將軍至紿言欺誑也音殆官屬皆失色光武升車

欲馳既而懼不免徐還坐曰請邯鄲將軍入乆乃駕去傳中人遥語門者閉之門長曰天下詎可知而閉長者乎遂得南出晨夜兼行蒙犯霜雪蒙冒也天時寒面皆破裂至呼沱河山海經云太戲之山滹沱之水出焉在今代州繁畤縣東流經定州深澤縣東南即光武所度處今俗猶謂之危度口臣賢案呼沱河舊在饒陽南至魏太祖曹操因饒河故瀆決令北注新溝水所以今在饒陽縣北無船適遇冰合得過續漢書曰時冰滑馬僵乃各以囊盛沙布冰上度焉未畢數車而陷進至下博城西下博縣屬信都國在博水之下故曰下博故城在今冀州下博縣南遑惑不

知所之有白衣老父在道旁老父蓋神人也今下博縣西猶有祠堂指曰努力信都郡爲長安守去此八十里信都郡今冀州也光武即馳赴之信都太守任光開門出迎世祖因發旁縣得四千人先擊堂陽貰縣皆降之堂陽及貰並屬鉅鹿郡堂陽在堂水之陽今冀州縣故城在今冀州鹿城縣西南貰音時夜反王莽和戎卒正邳彤亦舉郡降東觀記曰王莽分鉅鹿爲和戎郡卒正職如太守又昌城人劉植宋子人耿純昌城縣屬信都國故城在今冀州西北宋子縣屬鉅鹿郡故城在今趙州平棘縣北各率宗親子弟據其縣邑以奉

光武於是北降下曲陽縣名屬鉅鹿郡常山郡有上曲陽故此言下
衆稍合樂附者至有數萬人復北擊中山中山國一名中人亭故城在今定州唐縣東北張曜中山記曰城中有山故曰中山
拔盧奴縣名屬中山國故城在今定州安喜縣水經注曰縣有黑水故池水黑曰盧不流曰奴因以爲名所
過發奔命兵前書音義曰舊時郡國皆有材官騎士若有急難權取驍勇者聞命奔赴故謂之奔命移檄邊部共擊邯鄲郡縣還復響
應南擊新市眞定元氏防子皆下之新市縣屬鉅鹿郡故城在今恒州東北元氏房子屬常山郡並今趙州縣也防與房古字通用因入趙界
時王郎大將李育屯柏人縣名屬趙國今邢州縣故城在縣之西北

漢兵不知而進前部偏將朱浮鄧禹爲
育所破亡失輜重光武在後聞之收浮禹
散卒與育戰於郭門大破之盡得其所獲
育還保城攻之不下於是引兵拔廣阿縣名屬鉅鹿郡故城在今趙州象城縣西北會上谷太守耿況漁陽太
守彭寵上谷郡故城在今嬀州懷戎縣漁陽郡在漁水之陽今幽州縣各遣其
將吳漢寇恂等將突騎來助擊王郎突騎言能衝突軍陣更始亦遣尚書僕射謝躬討郎漢官儀曰尚書四員武帝置成帝加一爲五有侍曹尚書主丞相御史事二千石尚書主刺史二千石事戶曹尚書主人庶上書事主客尚書主外國四夷事成帝加三公尚書主斷獄事僕射秦官也僕主也古者重武事每官必有主射以督課之謝躬爲尚書僕射光武因大饗士卒遂東
圍鉅鹿王郎守將王饒堅守月餘不下郎
遣將倪宏劉奉倪音五兮反率數萬人救鉅鹿
光武逆戰於南䜌縣名屬鉅鹿郡故城在今邢州柏人縣東北左傳齊國夏伐晉取欒即其地也其後南徙故加南今俗謂之倫城聲之轉也䜌音力全反斬首數
千級四月進圍邯鄲連戰破之五月甲辰
拔其城誅王郎收文書得吏人與郎交關
謗毀者數千章光武不省會諸將軍燒之

曰令反側子自安反側不安也詩國風曰展轉反側更始遣
侍御史持節立光武爲蕭王蕭縣屬沛郡今徐州縣也續漢書曰更始使侍御史黃黨封上爲蕭王悉令罷兵詣行在所蔡邕獨斷曰天子以四海爲家故謂所居爲行在所光武辭以河北未平不
就徵自是始貳於更始貳離異也是時長安政
亂四方背叛梁王劉永擅命睢陽縣名屬梁郡今宋州也擅專也公孫述稱王巴蜀蜀有巴郡故總言之李憲自立
爲淮南王淮南郡今壽州也秦豐自號楚黎王習鑿齒襄陽記曰秦豐邔黎丘鄉人黎丘楚地故稱楚黎王黎丘故城在今襄州率道縣北張步起

琅邪[郡有琅邪山故城今海州朐山縣東北]董憲起東海[郡名今海州縣]延岑起漢中[郡名故城在今梁州南鄭縣東北]田戎起夷陵[縣名屬南郡有夷山故曰夷陵今硤州縣也故城在今縣西北]並置將帥侵略郡縣又別號諸賊銅馬、大彤高湖重連鐵脛大搶尤來上江青犢五校檀鄉五幡五樓富平獲索等[諸賊或以山川土地爲名或以軍容彊盛爲號銅馬賊帥東山荒禿上淮況等大彤渠帥樊重尤來渠帥樊崇五校賊帥高扈檀鄉賊帥董次仲五樓賊帥張文富平賊帥徐少獲索賊帥古師郎等並見東觀]各領部曲[續漢志曰大將軍營有五部部三校尉部下有曲曲有軍候一人]衆合數百萬人所在寇掠

光武將擊之先遣吳漢北發十郡兵幽州牧苗曾不從漢遂斬曾而發其衆秋光武擊銅馬於鄡[縣名屬鉅鹿郡故城在今冀州鹿城縣東鄡音苦堯反竹書紀年曰衞鞅封于鄡臣賢案下文云吳漢將突騎來會清陽又追至館陶並與鄡相近俗本多誤作鄔而蕭該音一古反云屬太原郡臧矜音作鄡一建反云屬襄陽郡並誤也]吳漢將突騎來會清陽[縣名屬清河郡今貝州縣故城在州西北]賊數挑戰[挺身獨戰也古謂之致師見左傳挑音徒了反]光武堅營自守有出鹵掠者輒擊取之[鹵與虜同郭璞注爾雅曰掠奪取也]絕其粮道積月餘日賊食盡夜遁去追至館陶大破之[館陶縣屬魏郡今魏州縣]受降未盡而高湖重連從東南來與銅馬餘衆合光武復與大戰於蒲陽悉破降之封其渠帥爲列矦[前書音義曰蒲陽山蒲水所出在今定州北平縣西北本或作蒲陽渠大也尚書殲厥渠魁列矦即徹矦也稱列者言見序列也]降者猶不自安光武知其意勑令各歸營勒兵乃自乘輕騎按行部陳降者更相語曰蕭王推赤心置人腹中安得不投死乎[投死猶言致死]由是皆服悉將降人分配諸將衆遂數十萬故關西號光武爲銅馬帝赤眉別

帥與大彤青犢十餘萬衆在射犬[續漢志曰野王縣有射犬聚故城在今懷州武德縣北也]光武進擊大破之衆皆散走使吳漢岑彭襲殺謝躬於鄴青犢赤眉賊入函谷關攻更始[函谷谷名因谷以名關舊在弘農湖城縣西前書楊僕爲樓船將軍有功恥居關外武帝乃爲徙於新安故關在今洛州新安縣之東]光武乃遣鄧禹率六裨將引兵而西以乘更始赤眉之亂時更始使大司馬朱鮪舞陰王李軼等屯洛陽[舞陰縣屬南陽郡故城在今唐州泌陽縣西北]光武亦令馮異守孟津以拒之[孔安國注尚書云孟地名在洛北都道所湊古今以爲津]

論衡曰武王伐紂八百諸侯同於此盟故曰盟津俗名治戍津今河陽縣津也

建武元年春正月平陵人方望平陵昭帝陵也因以爲縣故城在今咸陽縣西北立前孺子劉嬰爲天子平帝崩王莽立楚孝王孫廣戚侯顯子嬰爲孺子莽篡位廢爲定安公更始遣丞相李松擊斬之光武北擊尤來大搶五幡於元氏追至右北平連破之北平縣屬中山國今易州永樂縣也臣賢案東觀記續漢書並無右字此加右誤也營州西南別有右北平郡故城非此地又戰於順水北酈元水經注云徐水經北平縣故城北光武追銅馬五幡破之於順水即徐水之別名也在今易州李或作愼者誤也乘勝輕進反爲所敗賊追急短兵接短兵謂刀劍也楚辭曰車錯轂兮短兵接光武自投高岸遇突騎王豐下馬授光武光武撫其肩而上顧笑謂耿弇曰幾爲虜嗤弇頻射却賊得免士卒死者數千人散兵歸保范陽范陽縣名在范水之陽屬涿郡故城在今易州易縣東南軍中不見光武或云已歿東觀記曰上已乘王豐小馬先到矣營門不覺諸將不知所爲吳漢曰卿曹努力曹輩也王兄子在南陽何憂無主兄子謂伯升子章及興也衆恐懼數日乃定賊雖戰勝而素懾大威懾懼也音之涉反客主不相知夜遂引

去大軍復進至安次安次縣名屬勃海郡今幽州縣也故城在縣東與戰破之斬首三千餘級賊入漁陽乃遣吳漢率耿弇陳俊馬武等十二將軍追戰于潞東潞縣名屬漁陽郡今幽州縣也有潞水因以爲名蕭該音義云潞屬上黨臣賢案潞與漁陽相接言上黨潞者非也及平谷大破滅之平谷縣屬漁陽郡故城在今潞縣北朱鮪遣討難將軍蘇茂攻溫溫今洛州縣馮異寇恂與戰大破之斬其將賈彊於是諸將議上尊號馬武先進曰天下無主如有聖人承敝而起雖仲尼爲相孫子爲將猶恐無能有益反水不收後悔無及言早當即尊位以定衆心今執謙退失於事機也孫子名武吳王闔閭將善用兵有兵法十三篇反音翻大王雖執謙退柰宗廟社稷何宜且還薊即尊位乃議征伐今此誰賊而馳騖擊之乎誰謂未有主也前書音義曰直騁曰馳亂馳曰騖光武驚曰何將軍出是言可斬也武曰諸將盡然光武使出曉之使曉諭諸將乃引軍還至薊夏四月公孫述自稱天子光武從薊還過范陽命收葬吏士至中山諸將復上奏曰漢遭王莽宗廟廢絕

豪傑憤怒兆人塗炭 尚書曰人墜塗炭孔安國注云若陷泥墜火無救之者 王與伯升首舉義兵更始因其資以據帝位而不能奉承大統敗亂綱紀盜賊日多羣生危蹙 蹙迫也音子六反 大王初征昆陽王莽自潰後拔邯鄲北州弭定參分天下而有其二跨州據土帶甲百萬言武力則莫之敢抗論文德則無所與辭臣聞帝王不可以久曠天命不可以謙拒惟大王以社稷爲計萬姓爲心光武又不聽行到南平棘

縣名屬常山郡今趙州縣故城在縣南 諸將復固請之光武曰寇賊未平四面受敵何遽欲正號位乎諸將且出耿純進曰天下士大夫捐親戚弃土壤從大王於矢石之閒者其計固望其攀龍鱗附鳳翼以成其所志耳 揚雄法言曰攀龍鱗附鳳翼巽以揚之 今功業即定天人亦應而大王留時逆衆不正號位純恐士大夫望絕計窮則有去歸之思無爲久自苦也大衆一散難可復合時不可留衆不可逆純言甚誠

切光武深感曰吾將思之行至鄗 縣名今趙州高邑縣也鄗音火各反 光武先在長安時同舍生彊華 續漢書曰彊華潁川人也彊音其兩反 自關中奉赤伏符曰劉秀發兵捕不道四夷雲集龍鬬野四七之際火爲主 四七二十八也自高祖至光武初起合二百二十八年即四七之際也漢火德故火爲主也 羣臣因復奏曰受命之符人應爲大 謂彊華奉赤伏符也 萬里合信不議同情周之白魚曷足比焉 尚書中候曰武王伐紂度孟津中流白魚躍入王舟長三尺赤文有字告以伐紂之意也 今上無天子海內淆亂符瑞之應昭

然著聞宜荅天神以塞羣望光武於是命有司設壇場於鄗南千秋亭五成陌 壇謂築土場謂除地秦法十里一亭南北爲阡東西爲陌其地在今趙州栢鄉縣水經注曰亭有石壇壇有圭頭碑其陰云常山相隴西狄道馮龍所造壇廟之東枕道有兩石翁仲南北相對焉 六月己未即皇帝位燔燎告天 天高不可達故燔柴以祭之庶高煙上通也爾雅云祭天曰燔柴燔音煩燎音力弔反 禋于六宗 精意以享謂之禋續漢志平帝元始中謂六宗爲易卦六子之氣水火雷風山澤也光武中興遵而不改至安帝即位初改六宗爲天地四方之宗祠於洛陽之北戌亥之地 望於羣神 山林川谷能興致雲雨者皆曰神不可徧至故望而祭之尚書曰望于山川徧于羣神 其祝文曰皇天上帝后

土神祇眷顧降命屬秀黎元爲人父母屬音燭秀不敢當羣下百辟不謀同辭詩大雅曰百辟卿士鄭玄注云百辟畿內諸侯也咸曰王莽篡位秀發憤興兵破王尋王邑於昆陽誅王郎銅馬於河北平定天下海內蒙恩上當天地之心下爲元元所歸元元謂黎庶也元元由言喁喁可矜憐之辭也讖記曰劉秀發兵捕不道卯金修德爲天子卯金劉字也春秋演孔圖曰卯金刀名爲赤帝後次代周秀猶固辭至于再至于三羣下僉曰皇天大命不可稽留敢不敬承於是建

元爲建武大赦天下改鄗爲高邑是月赤眉立劉盆子爲天子甲子前將軍鄧禹擊更始定國公王匡於安邑大破之安邑縣屬河東郡今蒲州縣也斬其將劉均秋七月辛未拜前將軍鄧禹爲大司徒丁丑以野王令王梁爲大司空野王縣屬河內郡故城在今懷州時據赤伏符文故從縣宰而超拜之事具梁傳壬午以大將軍吳漢爲大司馬偏將軍景丹爲驃騎大將軍大將軍耿弇爲建威大將軍偏將軍蓋延爲虎牙大將軍偏

將軍朱祐爲建義大將軍中堅將軍杜茂爲大將軍時宗室劉茂自號厭新將軍王莽號新室言欲厭勝之率衆降封爲中山王己亥幸懷縣名屬河內郡故城在今懷州武陟縣西天子所行必有恩幸故稱幸遣耿弇率彊弩將軍陳俊軍五社津水經注曰鞏縣北有五社津一名土社津有山臨河其下有穴潛通淮浦有渚謂之鮪渚呂覽云武王伐紂至鮪水即此地備滎陽以東使吳漢率朱祐及廷尉岑彭前書廷尉秦官也聽獄必質於朝廷與衆共之尉平也故稱廷尉執金吾賈復前書曰中尉秦官武帝改爲執金吾吾禦也掌執兵革以禦非常揚化將軍堅鐔等十一

將軍鐔音徒南反圍朱鮪於洛陽八月壬子祭社稷癸丑祠高祖太宗世宗於懷宮進幸河陽更始廩丘王田立降廩丘縣屬東郡城在今濮州雷澤縣北也九月赤眉入長安更始奔高陵辛未詔曰漢制度曰帝之下書有四一曰策書二曰制書三曰詔書四曰誡敕策書者編簡也其制長二尺短者半之篆書起年月日稱皇帝以命諸侯王三公以罪免亦賜策而以隸書用尺一木兩行唯此爲異也制書者帝者制度之命其文曰制詔三公皆璽封尚書令印重封露布州郡也詔書者詔告也其文曰告某官云如故事誡敕者謂敕刺史太守其文曰有詔敕某官它皆倣此更始破敗棄城逃走妻子裸袒流宂道路宂音人勇反宂散也朕

甚愍之令封更始為淮陽王淮陽郡故城在今陳州宛丘縣西南吏人敢有賊害者罪同大逆甲申以前高密令卓茂為太傅高密縣屬高密國今密州縣故城在今縣之西南卓以平帝時為密令故曰前辛卯朱鮪舉城降冬十月癸丑車駕入洛陽幸南宮却非殿遂定都焉蔡質漢典職儀曰南宮至北宮中央作大屋複道三道行天子從中道從官夾左右十步一衞兩宮相去七里又洛陽宮閤名有却非殿臣賢案俗本或作御北殿者誤遣岑彭擊荊州羣賊十一月甲午幸懷劉永自稱天子十二月丙戌至自懷赤眉殺更始而隗囂據隴右盧芳起安定郡名今涇州縣破虜大將軍叔壽擊五校賊於曲梁戰歿曲梁屬廣平國今洛州縣也二年春正月甲子朔日有食之續漢志曰在危八度虛危齊地賊張步擁兵據齊至五年乃破大司馬吳漢率九將軍擊檀鄉賊於鄴東大破降之庚辰封功臣皆為列侯大國四縣餘各有差下詔曰人情得足苦於放縱快須臾之欲忘慎罰之義尚書曰罔不明德慎罰亦克用勸孔安國注去慎刑罰亦能用勸善也惟諸將業遠功大誠欲傳於無窮宜如臨深淵如履薄

冰戰戰慄慄日慎一日太公金匱曰黃帝居人上惴惴若臨深淵舜居人上矜矜如履薄冰禹居人上慄慄如不滿日彼勝急則吉義勝欲則昌日慎一日壽終無殃其顯效未詶名籍未立者大鴻臚趣上續漢志曰大鴻臚卿一人中二千石掌諸王入朝及拜諸侯封者趣音促朕將差而錄之博士丁恭議曰古帝王封諸侯不過百里史記太史公曰武王成康所封數百而同姓五十地不過百里故利以建侯取法於雷易屯卦震下坎上震為雷初九曰利建侯又曰震驚百里故封諸侯地方百里以法雷也強榦弱枝所以為治也今封諸侯四縣不合法制帝曰古之亡國皆以無道未嘗聞功臣地多而滅亡者乃遣謁者即授印綬前書曰謁者秦官掌賓讚受事員七十人秩比六百石中興但三十人蔡質典職儀曰皆選儀容端正任奉使者前書曰諸侯王金璽盭綬列侯金印紫綬盭音戾華名也似艾可染綠因以名綬也策曰在上不驕高而不危制節謹度滿而不溢敬之戒之傳爾子孫長為漢藩藩屏也言建諸侯所以為國之藩蔽也詩大雅曰四國于藩壬午更始復漢將軍鄧曄輔漢將軍于匡降皆復爵位壬子起高廟建社稷於洛陽立郊兆于城南始正火德色尚赤漢禮制度曰人君之居前有朝後有寢終則制廟以象朝後制寢以象寢光武

都洛陽乃合高祖以下至平帝爲一廟藏十一帝主
於其中元帝次當第八光武第九故立元帝爲祖廟
後遵而不改續漢志曰立社稷於洛陽在宗廟之右
皆方壇四面及中各依方色無屋有牆門而已白虎
通曰天子之壇方五丈諸侯之壇半天子之壇社者
土也人非土不立非穀不食故封土立社示有土也
稷者五穀之長得陰陽中和之氣故祭之也續漢書
曰制郊兆於洛陽城南七里爲壇八陛中又爲重壇
天地位皆在壇上其外壇上爲五帝位青帝位在甲
寅赤帝位在丙巳黃帝位在丁未白帝位在庚申黑
帝位在壬亥其外爲壝重營皆紫以象紫宮營有通
道以爲門日月在營內南道日在東月在西北斗在
北道之西外營中營凡千五百一十四神高皇帝配
食焉北郊在洛陽城北四里方壇四陛地祇位南面
西上高皇后配西面皆在壇上地理羣后從食皆在
壇下中岳在未四岳各依其方淮海俱在東河在西
濟在北江在南餘山川各如其方漢初土德色
尚黃至此始明火德徽幟尚赤服色於是乃正　是

大六千四小五千卅四　後漢帝紀一上　二十五　應革

月赤眉焚西京宮室發掘園陵 園謂塋域陵謂山墳 寇
掠關中大司徒鄧禹入長安遣府掾奉十
一帝神主納於高廟 漢官儀曰司徒府掾屬三十一人秩千石十一帝謂
高祖至平帝神主以木爲之方尺二寸穿中央達四
方天子主長尺二寸諸侯主長一尺虞主用桑練主
用栗衞宏舊漢儀曰已葬收主爲木函藏廟太室
中西壁坎中去地六尺一寸祭則立主於坎下　眞
定王楊臨邑侯讓謀反 楊景帝七代孫讓即楊弟 遣前將
軍耿純誅之二月己酉幸修武 縣名屬河內郡本殷之甯
邑韓詩外傳曰武王伐紂勒兵於甯改曰修武今懷州縣也　大司空王梁免
壬子以太中大夫宋弘爲大司空遣驃騎

大將軍景丹率征虜將軍祭遵等二將軍
擊弘農賊破之因遣祭遵圍蠻中賊張滿
蠻中聚名故戎蠻子國在今汝州西南俗謂之麻城　漁陽太守彭寵反攻
幽州牧朱浮於薊延岑自稱武安王於漢
中辛卯至自修武三月乙未大赦天下詔
曰頃獄多冤人用刑深刻朕甚愍之孔子
云刑罰不中則民無所措手足 論語之文 其與
中二千石諸大夫博士議郎議省刑法遣
執金吾賈復率二將軍擊更始郾王尹遵

大二千五十四小七十四　後漢帝紀一上　二十六　章文

破降之 遵或作尊 驍騎將軍劉植擊密賊戰歿
密縣屬河南郡今洛州縣　遣虎牙大將軍蓋延率四將
軍伐劉永夏四月圍永於睢陽更始將蘇
茂殺淮陽太守潘蹇而附劉永甲午封叔
父良爲廣陽王兄子章爲太原王章弟興
爲魯王春陵侯嫡子祉爲城陽王 城陽國故城在今沂
州臨沂縣南　五月庚辰封更始元氏王歙爲泗
水王 泗水國今兗州縣也 故眞定王楊子得爲眞定
王周後姬常爲周承休公 武帝封周後姬嘉爲周子南君成帝封姬

延爲周承休公常郎延之後承休所封故城在今汝州東北 癸未詔曰民有嫁妻賣子欲歸父母者恣聽之敢拘執論如律六月戊戌立貴人郭氏爲皇后子彊爲皇太子大赦天下增郎謁者從官秩各一等 前書曰郎官掌守門戶出充車騎有議郎中郎侍郎郎中秩六百石已下 丙午封宗子劉終爲淄川王 淄川國今淄州縣 秋八月帝自將征五校丙辰幸內黃 縣名屬魏郡今相州縣 大破五校於羛陽降之 羛陽聚名屬魏郡故城在今相州堯城縣東諸本有作茀者誤也左傳云晉荀盈如齊逆女還卒於戲陽杜預注云內黃縣北有戲陽城戲與羛同音許宜反

遣游擊將軍鄧隆救朱浮與彭寵戰於潞隆軍敗績蓋延拔睢陽劉永奔譙 今亳州縣 破虜將軍鄧奉據淯陽反九月壬戌至自內黃驃騎大將軍景丹薨延岑大破赤眉於杜陵 縣名屬京兆周之杜伯國在今萬年縣東南 關中饑民相食冬十一月以廷尉岑彭爲征南大將軍率八將軍討鄧奉於堵鄉 水經注曰堵水南經小堵鄉在今唐州方城縣堵音者 銅馬青犢尤來餘賊共立孫登爲天子於上郡 春秋保乾圖曰賊臣起名孫登巧用法多技方蓋立以應之上郡故城在今涇

州上縣東南 登將樂玄殺登以其衆五萬餘人降遣偏將軍馮異代鄧禹伐赤眉使太中大夫伏隆持節安輯青徐二州招張步降之 爾雅曰輯和也音集 十二月戊午詔曰惟宗室列侯爲王莽所廢先靈無所依歸朕甚愍之其並復故國若侯身已歿屬所上其子孫見名尚書封拜 屬所謂侯子孫所屬之郡縣也錄其見名上於尚書封拜之 是歲蓋延等大破劉永於沛西 沛今徐州縣也 初王莽末天下旱蝗黃金一斤易粟一斛至

是野穀旅生 旅寄也不因播種而生故曰旅今字書作穭音呂古字通 麻尗尤盛野蠶成繭被於山阜人收其利焉

三年春正月甲子以偏將軍馮異爲征西大將軍杜茂爲驃騎大將軍大司徒鄧禹及馮異與赤眉戰於回溪 溪名也俗名回坑在今洛州永寧縣東 禹異敗績征虜將軍祭遵破蠻中斬張滿辛巳立皇考南頓君已上四廟壬午大赦天下閏月乙巳大司徒鄧禹免馮異與赤眉戰於崤底大破之 崤山名底阪也一名嶔岑山在今洛州永寧縣西北

餘衆南向宜陽縣名屬弘農郡韓國都也故城在今洛州福昌縣東韓城西北是也帝自將征之己亥幸宜陽甲辰親勒六軍大陳戎馬大司馬吳漢精卒當前中軍次之驍騎武衛分陳左右赤眉望見震怖遣使乞降丙午赤眉君臣面縛面偝也謂反偝而縛之奉高皇帝璽綬蔡邕獨斷曰皇帝六璽皆玉螭虎紐文曰皇帝行璽皇帝之璽皇帝信璽天子行璽天子之璽天子信璽皆以武都紫泥封之玉璽譜曰傳國璽是秦始皇初定天下所刻其玉出藍田山丞相李斯所書其文曰受命于天旣壽永昌高祖至霸上秦王子嬰獻之至王莽篡位就元后求璽不與以威逼之乃出璽投地璽上螭一角缺及莽敗李松持璽詣宛上更始更始敗璽入赤

眉劉盆子旣敗以奉光武詔以屬城門校尉前書曰城門校尉掌京師城門屯兵秩比二千石也戊申至自宜陽己酉詔曰羣盜縱橫賊害元元盆子竊尊號亂惑天下朕奮兵討擊應時崩解十餘萬衆束手降服先帝璽綬歸之王府斯皆祖宗之靈士人之力朕曷足以享斯哉享當也其擇吉日祠高廟賜天下長子當爲父後者爵人一級二月己未祠高廟受傳國璽劉永立董憲爲海西王海西縣屬琅邪郡張步爲齊王步殺光祿

大夫伏隆而反幸懷遣吳漢率二將軍擊青犢於軹西大破降之軹縣屬河內郡故城在今洛州濟源縣東南三月壬寅以大司徒司直伏湛爲大司徒續漢志曰光武卽位依武帝故事置司徒司直建武十一年省彭寵陷薊城寵自立爲燕王帝自將征鄧奉幸堵陽夏四月大破鄧奉於小長安斬之馮異與延岑戰於上林破之關中上林苑也吳漢率七將軍與劉永將蘇茂戰於廣樂大破之廣樂地闕今宋州虞城縣有長樂故城蓋避隋煬帝諱虎牙大將軍蓋延圍劉永於

睢陽五月己酉車駕還宮乙卯晦日有食之續漢志曰日在柳十四度柳河南也時樊崇謀作亂其七月伏誅六月壬戌大赦天下耿弇與延岑戰於穰大破之穰縣屬南陽郡今鄧州縣秋七月征南大將軍岑彭率三將軍伐秦豐戰於黎丘大破之獲其將蔡宏庚辰詔曰吏不滿六百石下至墨綬長相有罪先請續漢志曰縣大者置令一人千石其次置長四百石小者三百石侯國之相亦如之皆掌理人並秦制男子八十以上十歲以下及婦人從坐者自非不道詔所名捕皆不得

繫詔書有名而特捕者當驗問者即就驗女徒雇山
歸家前書音義曰令甲女子犯徒遣歸家每月出錢雇人於山伐木名曰雇山蓋延
拔睢陽獲劉永而蘇茂周建立永子紆爲
梁王冬十月壬申幸舂陵祠園廟因置酒
舊宅大會故人父老光武舊宅在今隨州棗陽縣東南宅南二里有白水
焉即張衡所謂龍飛白水也十一月乙未至自舂陵涿郡
太守張豐反涿郡故城在今幽州范陽縣是歲李憲自稱
天子西州大將軍隗囂奉奏時鄧禹承制命囂爲西州大將
軍專制涼州朔方事建義大將軍朱祐率祭遵與延

大二百四 小百六十三　後漢帝紀一上　三十一　徐友山

岑戰於東陽斬其將張成東陽聚名也故城在今鄧州南臨淮
郡後有東陽縣非此地也
四年春正月甲申大赦天下二月壬子幸
懷壬申至自懷遣右將軍鄧禹率二將軍
與延岑戰於武當破之武當縣屬南陽郡有武當山今均州縣也
夏四月丁巳幸鄴己巳進幸臨平縣名屬鉅鹿郡
故城在今定州鼓城縣東南遣大司馬吳漢擊五校賊於
箕山大破之吳漢傳曰東郡箕山五月進幸元氏辛巳
進幸盧奴遣征虜將軍祭遵率四將軍討

張豐於涿郡斬豐六月辛亥車駕還宮七
月丁亥幸譙遣捕虜將軍馬武偏將軍王
霸圍劉紆於垂惠垂惠聚名在今亳州山桑縣西北一名禮城董
憲將賁休以蘭陵城降憲圍之前書曰賁赫賁音肥今姓
作賁音奔蘭陵縣屬東海郡故城在今沂州丞縣東虎牙大將軍蓋延
率平狄將軍龐萌救賁休不克蘭陵爲憲
所陷秋八月戊午進幸壽春今壽州縣太中大
夫徐惲擅殺臨淮太守劉度惲坐誅遣揚
武將軍馬成率三將軍伐李憲九月圍憲

二百四十七 小八十三　後漢帝紀一上　三十二　何宗十四

於舒縣名故城在今盧州盧江縣西冬十月甲寅車駕還宮
太傅卓茂薨十一月丙申幸宛遣建義大
將軍朱祐率二將軍圍秦豐於黎丘十二
月丙寅進幸黎丘是歲征西大將軍馮異
與公孫述將程焉戰於陳倉破之
五年春正月癸巳車駕還宮二月丙午大
赦天下捕虜將軍馬武偏將軍王霸拔垂
惠乙丑幸魏郡今相州也壬申封殷後孔安爲
殷紹嘉公成帝封孔吉爲殷紹嘉公安即吉之裔也彭寵爲其蒼

頭所殺漁陽平 秦呼人爲黔首謂奴爲蒼頭者以別於良人也 大司
馬吳漢率建威大將軍耿弇擊富平獲索
賊於平原大破降之 平原郡今德州縣也 復遣耿弇率
二將軍討張步三月癸未徙廣陽王良爲
趙王始就國平狄將軍龐萌反殺楚郡太
守孫萌而東附董憲遣征南大將軍岑彭
率二將軍伐田戎於津鄉大破之 南郡有津鄉故城在
今荊州江陵縣東 夏四月旱蝗河西大將軍竇融
始遣使貢獻五月丙子詔曰久旱傷麥秋

種未下朕甚憂之將殘吏未勝獄多冤結
元元愁恨感動天氣乎其令中都官三輔
郡國出繫囚 前書音義曰中都官謂京師諸官府也國謂諸侯王國也 罪非
犯殊死一切勿案 殊死謂斬刑殊絕也左傳曰斬其木而弗殊一切謂權時
非久制也並見前書音義 見徒免爲庶人務進柔良退貪
酷各正厥事焉 臣賢案范曄序例云帝紀略依春秋唯孛彗日食地震書餘悉
備於志流俗本於此下多有甲申白虹見南北竟天者誤它皆放此 六月建義大
將軍朱祐拔黎丘獲秦豐而龐萌蘇茂圍
桃城 任城國有桃聚故城在今兗州任城縣北 帝時幸蒙 縣名屬梁國故城在

今宋州北 因自將征之先理兵任城乃進救桃
城大破萌等秋七月丁丑幸沛祠高原廟
前書音義曰原再也謂已立廟更立者爲原 詔修復西京園陵進幸
湖陵征董憲 湖陵縣屬山陽郡故城在今兗州方與縣東一名湖陸 又
幸蕃 縣名屬魯國故城在今徐州滕縣蕃音皮 遂攻董憲於昌慮
大破之 昌慮縣屬東海郡故城在今徐州滕縣東南古郳國之濫邑也左傳曰郳庶其以濫
來奔即此地 八月己酉進幸郯 縣名屬東海郡故城在今泗州下邳
縣東北郯音談 留吳漢攻劉紆董憲等車駕轉徇
彭城下邳吳漢拔郯獲劉紆漢進圍董憲

龐萌於朐 縣名屬東海郡故城在今海州朐山縣西音其于反 冬十月還
幸魯使大司空祠孔子耿弇等與張步戰
於臨淄大破之 臨淄今青州縣 帝幸臨淄進幸劇
縣名故城在今青州壽光縣南故紀國城也 張步斬蘇茂以降齊
地平初起太學 陸機洛陽記曰太學在洛陽城故開陽門外去宮八里講堂長
十丈廣三丈 車駕還宮幸太學賜博士弟子各
有差十一月壬寅大司徒伏湛免尚書令
侯霸爲大司徒十二月盧芳自稱天子於
九原 縣名屬五原郡故城在今勝州銀城縣 西州大將軍隗囂

遣子恂入侍交阯牧鄧讓率七郡太守遣使奉貢交阯郡今交州縣也南濵大海輿地志云其夷足大指開析兩足並立指則相交阯輿阯同古字通應劭漢官儀曰始開北方遂交於南爲子孫基阯也七郡謂南海蒼梧鬱林合浦交阯九眞日南並屬交州見續漢書詔復濟陽二年傜役濟陽縣故城在今曹州寃句縣西南皇考南頓君初爲濟陽令以哀帝建平元年帝生於濟陽宮故復之前書音義曰復謂除其賦役也復音福是歲野穀漸少田畝益廣焉

後漢帝紀卷第一上

帝紀第一下　范曄　後漢書一

唐章懷太子　賢　注

光武皇帝

六年春正月丙辰改舂陵鄉爲章陵縣世世復傜役比豐沛無有所豫高祖豐沛邑人故代代復今比之也復音福辛酉詔曰往歲水旱蝗蟲爲災穀價騰躍言踴貴也人用困乏朕惟百姓無以自贍惻然愍之其命郡國有穀者給稟說文稟賜穀也音筆錦反高年鰥寡孤獨及篤癃無家屬貧

不能自存者如律大戴禮曰六十無妻曰鰥五十無夫曰寡禮記曰幼而無父曰孤老而無子曰獨爾雅曰篤困也蒼頡篇曰癃病也漢律今亡二千石勉加循撫無令失職職猶常也揚武將軍馬成等拔舒獲李憲二月大司馬吳漢拔朐獲董憲龐萌山東悉平諸將還京師置酒賞賜三月公孫述遣將任滿寇南郡今荆州也夏四月丙子幸長安始謁高廟遂有事十一陵有事謂祭也左傳曰有事於太廟高祖長陵惠帝安陵文帝霸陵景帝陽陵武帝茂陵昭帝平陵宣帝杜陵元帝渭陵成帝延陵哀帝義陵平帝康陵遣虎牙大將軍蓋延等

七將軍從隴道伐公孫述五月己未至自長安隗囂反蓋延等因與囂戰於隴坻諸將敗績辛丑詔曰惟天水隴西安定北地（并郡名天水今秦州安定今涇州北地今寧州隴西今渭州）吏人爲隗囂所詿誤者（說文曰詿亦誤也音古賣反）又三輔遭難赤眉有犯法不道者（前書音義曰律殺不辜一家三人爲不道）自殊死以下皆赦除之六月辛卯詔曰夫張官置吏所以爲人也（管子曰張官置吏所以奉主之法）今百姓遭難戶口耗少而縣官吏職所置尚繁其令

大二土小丁三三 後漢帝紀一下 二

司隷州牧（漢官儀曰司隷校尉部河南河內右扶風左馮翊京兆河東弘農七郡於河南洛陽故謂東京爲司隷）各實所部省減吏員縣國不足置長吏可并合者（并音必政反）上大司徒大司空二府於是條奏并省四百餘縣吏職減損十置其一代郡太守劉興擊盧芳將賈覽於高柳戰歿（高柳縣屬代郡故城在今雲州定襄縣）初樂浪人王調據郡不服（樂浪郡故朝鮮國也在遼東）秋遣樂浪太守王遵擊之郡吏殺調降遣前將軍李通率二將軍與公孫述將戰於西城破

之（西城縣屬漢中今金州縣也）夏蝗秋九月庚子赦樂浪謀反大逆殊死已下丙寅晦日有食之冬十月丁丑詔曰吾德薄不明寇賊爲害彊弱相陵元元失所詩云日月告凶不用其行（詩小雅鄭玄注云告凶告天下凶亡之徵也行道度也不用之者謂相干犯）永念厥咎內疚於心（疚病也詩曰憂心孔疚）其勑公卿舉賢良方正各一人（武帝建元元年始詔舉賢良方正直言極諫之士也）百僚並上封事無有隱諱（宣帝始令羣臣得奏封事以知下情）有司修職務遵法度十一月丁卯詔王莽時吏人

大二七小五十 後漢帝紀一下 三

沒入爲奴婢不應舊法者皆免爲庶人十二月壬辰大司空宋弘免癸巳詔曰頃者師旅未解用度不足故行十一之稅（謂十分而稅其一也孟子曰夏五十而貢殷七十而助周百畝而徹其實皆什一也）今軍士屯田糧儲差積（武帝初通西域始置校尉屯田）其令郡國收見田租三十稅一如舊制（景帝二年令人田租三十而稅一今依景帝故云舊制）隗囂遣將行巡寇扶風（行姓巡名漢有行祐爲趙相見風俗通）征西大將軍馮異拒破之是歲初罷郡國都尉官始遣列侯就國匈奴遣使來

獻使中郎將報命漢官儀曰使匈奴中郎將雍節秩比二千石匈奴傳云令中郎將韓統報命賂遺金幣

七年春正月丙申詔中都官三輔郡國出繫囚非犯殊死皆一切勿案其罪見徒免爲庶民耐罪亡命吏以文除之耐輕刑之名前書音義曰一歲刑爲罰作二歲刑已上爲耐耐音乃代反亡命謂犯耐罪而背名逃者令吏爲文簿記其姓名而除其罪恐遂逃不歸因失名籍又詔曰世以厚葬爲德薄終爲鄙至于富者奢僭貧者單財單盡也法令不能禁禮義不能止倉卒乃知其咎倉卒謂喪亂也

諸厚葬者皆被發掘故乃知其咎惡也其布告天下令知忠臣孝子慈兄悌弟薄葬送終之義二月辛巳罷護漕都尉官三月丁酉詔曰今國有衆軍並多精勇宜且罷輕車騎士材官樓船士及軍假吏漢官儀曰高祖命天下郡國選能引關蹶張材力武猛者以爲輕車騎士材官樓船常以立秋後講肄課試各有員數平地用車騎山阻用材官水泉用樓船軍假吏謂軍中權置吏也今悉罷之令還復民伍公孫述立隗囂爲朔寧王癸亥晦日有食之避正殿寢兵不聽事五日詔曰吾德薄致災謫見日月謫責也音直革反左傳曰人君爲政不用善自取謫於日月之災也戰慄恐懼夫何言哉今方念愆庶消厥咎其令有司各修職任奉遵法度惠兹元元百僚各上封事無有所諱其上書者不得言聖夏四月壬午詔曰比陰陽錯謬日月薄食百姓有過在予一人大赦天下公卿司隸州牧舉賢良方正各一人遣詣公車朕將覽試焉公車門名公車所在因以名焉漢官儀曰公車掌殿司馬門天下上事及徵召皆總領之五月戊戌前將軍李通爲大司空甲寅詔吏人遭饑

亂及爲青徐賊所略爲奴婢下妻欲去留者恣聽之杜預左傳云不以道取爲略敢拘制不還以賣人法從事言從賣人之事以結其罪是夏連雨水漢忠將軍王常爲橫野大將軍八月丁亥封前河閒王邵爲河閒王隗囂寇安定征西大將軍馮異征虜將軍祭遵擊却之冬盧芳所置朔方太守田颯音立雲中太守喬扈各舉郡降是歲省長水射聲二校尉官前書音義曰長水地名胡騎所屯射聲謂工射者也夜中聞聲則射之因以爲名二校尉皆武帝置今省之

八年春正月，中郎將來歙襲略陽（縣名，屬天水郡，故城在今秦州隴城縣西北），殺隗囂守將而據其城。夏四月，司隸校尉傅抗下獄死。隗囂攻來歙，不能下。閏月，帝自征囂，河西太守竇融率五郡太守與車駕會高平（五郡謂隴西、金城、天水、酒泉、張掖。高平，縣名，屬安定，後改為高平，今原州縣），隴右潰。隗囂奔西城，遣大司馬吳漢、征南大將軍岑彭圍之。進幸上邽，不降（上邽，縣名，屬隴西郡，故邽戎邑，今秦州縣），命虎牙大將軍蓋延、建威大將軍耿弇攻之。潁川盜賊寇沒屬縣，河東守守兵亦叛，京師騷動。秋，大水。八月，帝自上邽晨夜東馳。九月乙卯，車駕還宮。庚申，帝自征潁川，盜賊皆降。安丘侯張步叛歸琅邪（安丘縣屬北海郡，今密州縣有渠丘亭），琅邪太守陳俊討獲之。戊寅，至自潁川。冬十月丙午，幸懷。十一月乙丑，至自懷。公孫述遣兵救隗囂，吳漢、蓋延等還軍長安。天水、隴西復反歸囂。十二月，高句麗王遣使奉貢。是歲大水（左傳曰：平原出水為大水）。

九年春正月，隗囂病死，其將王元、周宗復立囂子純為王。徙鴈門吏人於太原。三月辛亥，初置青巾左校尉官。公孫述遣將田戎、任滿據荊門（水經注曰：江水東歷荊門、虎牙之間。荊門山在南，上合下開，其狀似門；虎牙山在北，石壁色紅，間有白文，類牙，故以名也。此二山，楚之西塞也，在今硤州夷陵縣東南）。夏六月丙戌，幸緱氏，登轘轅（緱氏縣有緱氏山，轘轅山有轘轅坂，並在洛陽之東南）。遣大司馬吳漢率四將軍擊盧芳將賈覽於高柳，戰不利。秋八月，遣中郎將來歙監征西大將軍馮異等五將軍討隗純於天水。驃騎大將軍杜茂與賈覽戰於繁畤（縣名，屬鴈門郡，今代州縣），茂軍敗績。是歲，省關都尉（前書曰：秦官也，武帝置）。復置護羌校尉官（漢官儀曰：武帝置，秩比二千石，持節以護西羌。王莽亂，遂罷。時班彪議宜復其官，以理冤結，帝從之，以牛邯為護羌校尉，都於隴西令居縣）。

十年春正月，大司馬吳漢率捕虜將軍王霸等五將軍擊賈覽於高柳，匈奴遣騎救覽，諸將與戰，郤之。修理長安高廟。夏，征西大將軍馮異破公孫述將趙匡於天水，斬之征西大將軍馮异薨秋八月己亥幸長安祠高廟遂有事十一陵戊戌進幸汧縣名屬右扶風故城在今隴州汧源縣隗囂將高峻降冬十月中郎將來歙等大破隗純於落門前書曰天水冀縣有落門聚在今渭州隴西縣東南有落門山落門水出焉其將王元奔蜀純與周宗降隴右平先零羌寇金城隴西金城郡故城在今蘭州廣武縣之西南來歙率諸將擊羌於五谿大破之續漢志曰隴西襄武縣有五谿聚庚寅車駕還宮是歲省定襄郡定襄故城在今勝州界徙其民於西河郡名今石州離石縣泗水王歙薨淄川王終薨

後漢帝紀一下　八

十一年春二月己卯詔曰天地之性人爲貴其殺奴婢不得減罪己酉幸南陽還幸章陵祠園陵城陽王祉薨庚午車駕還宮閏月征南大將軍岑彭率三將軍與公孫述將田戎任滿戰於荊門大破之獲任滿威虜將軍馮駿圍田戎於江州縣名屬巴郡今渝州巴縣岑彭遂率舟師伐公孫述平巴郡夏四月丁卯省大司徒司直官漢官儀曰武帝置丞相司直元壽二年改丞相

爲大司徒司直仍舊今省先零羌寇臨洮縣名屬隴西郡故城在今岷州六月中郎將來歙率揚武將軍馬成破公孫述將王元環安於下辯縣名屬武都郡今成州同谷縣舊名武衛城安遣間人刺殺中郎將來歙間謀也謂伺候間隙也帝自將征公孫述秋七月次長安左傳例曰凡師出一宿爲舍再宿爲信過信爲次八月岑彭破公孫述將侯丹於黃石即黃石灘也水經注曰江水自涪陵東出百里而届于黃石在今涪州涪陵縣輔威將軍臧宮與公孫述將延岑戰於沈水大破之水經注曰沈水出廣漢縣下入涪水本或作沉水及沅水者並非王元降

後漢帝紀一下　九

至自長安癸亥詔曰敢炙灼奴婢論如律免所炙灼者爲庶民冬十月壬午詔除奴婢射傷人弃市律公孫述遣間人刺殺征南大將軍岑彭馬成平武都因隴西太守馬援擊破先零羌徙致天水隴西扶風十二月大司馬吳漢率舟師伐公孫述是歲省朔方牧并并州朔方郡在今夏州朔方縣北上并音必政反初斷州牧自還奏事前書音義曰刺史每歲盡則入奏事京師今斷之哀帝改刺史曰州牧

十二年春正月大司馬吳漢與公孫述將史興戰於武陽斬之武陽縣屬犍爲郡故城在今眉州隆山縣東也三月癸酉詔隴蜀民被略爲奴婢自訟者及獄官未報一切免爲庶民夏甘露降南行唐縣名屬常山郡今恒州縣六月黃龍見東阿今濟州縣秋七月威虜將軍馮駿拔江州獲田戎九月吳漢大破公孫述將謝豐于廣都斬之廣都今益州輔威將軍臧宮拔涪城斬公孫恢涪城今綿州縣也恢述之弟大司空李通罷冬十一月戊寅

吳漢臧宮與公孫述戰於成都大破之述被創夜死辛巳吳漢屠成都夷述宗族及延岑等廣雅曰夷猶滅也十二月辛卯揚武將軍馬成行大司空事是歲九眞徼外蠻夷張遊率種人內屬九眞今愛州縣封爲歸漢里君省金城郡屬隴西參狼羌寇武都武都今武州也參音所今反隴西太守馬援討降之詔邊吏力不足戰則守追虜料敵不拘以逗留法說文曰逗留止也前書音義曰逗是曲行避敵也漢法軍行逗留畏愞者斬追虜或近或遠量敵進退不拘以軍法直取勝敵爲務

也迺古往字橫野大將軍王常薨遣驃騎大將軍杜茂將衆郡施刑屯北邊施讀曰弛弛解也前書音義曰謂有赦令去其鉗鈦赭衣謂之弛刑築亭候亭候伺候望敵之所前書曰秦法十里一亭亭有長漢因之不改修烽燧前書音義曰邊方備警急作高土臺臺上作桔皐桔皐頭有兜零以薪草置其中常低之有寇即燃火舉之以相告曰烽又多積薪寇至即燔之望其烟曰燧晝則燔燧夜乃舉烽廣雅曰兜零籠也

十三年春正月庚申大司徒侯霸薨戊子詔曰往年巳敕郡國異味不得有所獻御今猶未止非徒有豫養導擇之勞豫養謂未至獻時豫

前養之導亦擇也至乃煩擾道上疲費過所其令太官勿復受續漢志曰太官令一人秩六百石掌御膳飲食明敕下以遠方口實所以薦宗廟自如舊制漢官儀曰口實膳羞之事也

二月遣捕虜將軍馬武屯虖沱河以備匈奴盧芳自五原亡入匈奴丙辰詔曰長沙王興眞定王得河閒王邵中山王茂皆襲爵爲王不應經義以其服屬既疏不當襲爵爲王其以興爲臨湘侯臨湘縣今潭州長沙縣得爲眞定侯邵爲樂成侯樂成縣故城在今瀛州樂府縣西北茂爲單父侯今宋州縣音善

甫 其宗室及絕國封侯者凡一百三十七人丁巳降趙王良爲趙公太原王章爲齊公魯王興爲魯公庚午以殷紹嘉公孔安爲宋公周承休公姬常爲衞公省并西京十三國廣平屬鉅鹿眞定屬常山河間屬信都城陽屬琅邪泗水屬廣陵淄川屬高密膠東屬北海六安屬廬江廣陽屬上谷據此惟有九國云十三誤也 三月辛未沛郡太守韓歆爲大司徒丙子行大司空馬成罷夏四月大

大二百九少卅六 後漢帝紀一下 十二 全

司馬吳漢自蜀還京師於是大饗將士班勞策勳班布也謂徧布勞來之其有功者以策書紀其勳也勞音力到反 功臣增邑更封凡三百六十五人其外戚恩澤封者四十五人罷左右將軍官前書曰左右將軍周官也秦漢因之至此罷 建威大將軍耿弇罷益州傳送公孫述瞽師郊廟樂器葆車輿輦於是法物始備瞽無目之人也爲樂師取其無所見於音聲審也郊廟之器鐏彝之屬也樂器鐘磬之屬葆車謂上建羽葆也合聚五采羽名爲葆輿者車之總名也輦者爲人以行法物謂大駕鹵簿儀式也時草創未暇今得之始備 時兵革既息天下少事文書調役

務從簡寡調謂發也 至乃十存一焉甲寅冀州牧竇融爲大司空五月匈奴寇河東秋七月廣漢徼外白馬羌豪率種人內屬廣漢今益州縣也徼猶塞也音吉弔反羌有百五十四種在廣漢西北者爲白馬羌 九月日南徼外蠻夷獻白雉白兔日南郡屬交州 冬十二月甲寅詔益州民自八年以來被略爲奴婢者謂公孫述時也 皆一切免爲庶民或依託爲人下妻欲去者恣聽之敢拘留者比青徐二州以略人法從事復置金城郡前年省并隴西

後漢帝紀一下 十三

十四年春正月起南宮前殿匈奴遣使奉獻使中郎將報命中郎將劉襄也 夏四月辛巳封孔子後志爲褒成侯平帝封孔均爲褒成侯志均子也古今志曰志時爲密令 越嶲人任貴自稱太守遣使奉計越嶲郡武帝置本邛都也嶲水名因越嶲水而置郡故以名焉計謂人庶名籍若今計帳 秋九月平城人賈丹殺盧芳將尹由來降平城屬鴈門郡今雲州定襄縣也 是歲會稽大疫會稽今越州縣 莎車國鄯善國遣使奉獻莎車鄯善並西域國名鄯音市戰反 十二月癸卯詔益涼二州奴婢自八年以來自訟在

所官一切免爲庶民賣者無還直

十五年春正月辛丑大司徒韓歆免自殺

事見侯霸傳 丁未有星孛於昴汝南太守歐陽歙

爲大司徒建義大將軍朱祐罷丁未有星

孛於營室二月徙鴈門代郡上谷三郡民

置常關居庸關以東 前書曰代郡有常山關上谷郡居庸縣有關時胡寇

數犯邊故徙之 初巴蜀既平大司馬吳漢上書請

封皇子不許重奏連歲三月乃詔羣臣議

大司空融固始侯通膠東侯復高密侯禹

太常登等奏議曰古者封建諸侯以藩屏

京師 藩籬也屏蔽也詩大雅曰介人維藩大邦維屏毛萇注曰當用公卿諸侯爲藩屏也公羊傳曰京者何大也師者何衆也天子之居必有衆大之辭言之 周封八百 史記曰唐虞協和萬國逮于夏商或數千蓋周封八百也 同姓諸姬並爲建國 左傳曰虞虢焦滑霍楊韓魏皆姬姓也 夾輔王室尊事天子享國

永長爲後世法故詩云大啓爾宇爲周室

輔 詩魯頌也宇居也周成王封周公子伯禽於魯言大開爾居以爲我周家之輔 高祖聖

德光有天下亦務親親封立兄弟諸子不

違舊章陛下德橫天地興復宗統褒德賞

勳親睦九族 孔安國注尚書云九族謂上至高祖下至玄孫 功臣宗室

咸蒙封爵多受廣地或連屬縣今皇子賴

天能勝衣趨拜陛下恭謙克讓抑而未議

羣臣百姓莫不失望宜因盛夏吉時定號

位以廣藩輔 禮記月令天子孟夏迎夏於南郊還乃封諸侯行爵出祿 明親

親尊宗廟重社稷應古合舊厭塞衆心臣

請大司空上輿地圖 廣雅曰輿載也言載在地者皆圖畫之司空掌土地故命上之 太常擇吉日具禮儀制曰可夏四月

戊申以太牢告祠宗廟丁巳使大司空融

告廟封皇子輔爲右翊公英爲楚公陽爲

東海公康爲濟南公蒼爲東平公延爲淮

陽公荊爲山陽公衡爲臨淮公焉爲左翊

公京爲琅邪公癸丑追謚兄伯外爲齊武

公兄仲爲魯哀公六月庚午復置屯騎長

水射聲三校尉官 七年罷 改青巾左校尉爲

越騎校尉詔下州郡檢覈墾田頃畝 墾闢也 及

户口年紀又考實二千石長吏阿枉不平

者冬十一月甲戌大司徒歐陽歙下獄死

十二月庚午關內侯戴涉爲大司徒盧芳
自匈奴入居高柳是歲驃騎大將軍杜茂
免虎牙大將軍蓋延薨
十六年春二月交阯女子徵側反略有城
邑三月辛丑晦日有蝕之秋九月河南尹
張伋及諸郡守十餘人坐度田不實皆下
獄死東觀記曰刺史太守多爲詐巧不務實核苟以度田爲名聚人田中并度廬屋里落聚人
遮道啼呼郡國大姓及兵長羣盜處處並起攻
劫在所害殺長吏郡縣追討到則解散去

復屯結青徐幽冀四州尤甚冬十月遣使
者下郡國聽羣盜自相糾擿擿猶發也音宅狄反五
人共斬一人者除其罪吏雖逗留回避故
縱者皆勿問聽以禽討爲效其牧守令長
坐界內盜賊而不收捕者又以畏愞捐城
委守者皆不以爲負委守謂弃其所守也但取獲賊
多少爲殿最殿後也謂課居後也最凡要之首也言課居先也唯蔽匿
者乃罪之於是更相追捕賊並解散徙其
魁帥於它郡賦田受稟使安生業自是牛

馬放牧邑門不閉盧芳遣使乞降十二月
甲辰封芳爲代王初王莽亂後貨幣雜用
布帛金粟是歲始行五銖錢武帝始爲五銖錢王莽時廢今始行之
十七年春正月趙公良薨二月乙亥晦日
有食之東觀記曰上以日食避正殿讀圖讖多御坐廡下淺露中風發疾苦眩甚左右有白大司馬史病苦如此不能動搖自強從公出乘以車行數里病差四月二日車駕宿偃師病差數日入南陽界到葉以車騎省留數日行黎陽兵馬千餘匹遂到章陵起居平愈夏四月乙
卯南巡狩皇太子及右翊公輔楚公英東

海公陽濟南公康東平公蒼從幸潁川進
幸葉章陵葉縣故楚葉公邑屬南郡今許州縣也葉音式涉反五月乙卯
車駕還宮六月癸巳臨淮公衡薨秋七月
妖巫李廣等羣起據皖城縣名屬廬江郡故城在今舒州有皖水音下板反
遣虎賁中郎將馬援驃騎將軍段
志討之九月破皖城斬李廣等冬十月辛
巳廢皇后郭氏爲中山太后立貴人陰氏
爲皇后進右翊公輔爲中山王食常山郡
本恒山郡避文帝諱改爲常山故城在今趙州元氏縣西其餘九國公皆即

舊封進爵爲王甲申幸章陵脩園廟祠舊宅觀田廬置酒作樂賞賜時宗室諸母因酣悅相與語曰文叔少時謹信與人不款曲唯直柔耳今乃能如此帝聞之大笑曰吾理天下亦欲以柔道行之乃悉爲舂陵宗室起祠堂有五鳳皇見於潁川之郟縣 郟今汝州郟城縣也東觀記曰鳳高八尺五彩羣鳥並從行列盡地數頃停一十七日 十二月至自章陵是歲莎車國遣使貢獻

十八年春二月蜀郡守將史歆叛遣大司

馬吳漢率二將軍討之圍成都甲寅西巡狩幸長安三月壬午祠高廟遂有事十一陵歷馮翊界進幸蒲坂祠后土 漢官儀曰祭地於河東汾陰后土宮宮曲入河古之祭地澤中方丘也以夏至日祭其禮儀如祭天蒲坂縣屬河東郡后土祠在今蒲州汾陰縣西北 夏四月甲戌車駕還宮癸酉詔曰今邊郡盜穀五十斛罪至於死開殘吏妄殺之路其蠲除此法同之內郡遣伏波將軍馬援率樓船將軍段志等擊交阯賊徵側等戊申幸河內戊子至自河內五月旱

盧芳復亡入匈奴秋七月吳漢拔成都斬史歆等壬戌赦益州所部殊死已下冬十月庚辰幸宜城 縣屬南郡楚之鄢邑也故城在今襄州率道縣南 還祠章陵十二月乙丑車駕還宮是歲罷州牧置刺史 武帝元封五年初置部刺史掌奉詔條察州秩六百石員十三人成帝綏和元年更名牧秩二千石哀帝建平二年復爲刺史元壽二年復爲牧經王莽變革至建武元年復置牧今改置刺史

十九年春正月庚子追尊孝宣皇帝曰中宗始祠昭帝元帝於太廟 漢官儀曰光武第雖十二於父子之

次於成帝爲兄弟於哀帝爲諸父於平帝爲祖父皆不可爲之後上至元帝於光武爲父故上繼元帝而爲九代故河圖云赤九會昌謂光武也然則宣帝爲曾祖故追尊及祠之 成帝哀帝平帝於長安舂陵節侯以下四世於章陵妖巫單臣傅鎮等反據原武遣太中大夫臧宮圍之夏四月拔原武斬臣鎮等伏波將軍馬援破交阯斬徵側等因擊破九眞賊都陽等降之閏月戊申進趙齊魯三國公爵爲王六月戊申詔曰春秋之義立子以貴 公羊傳曰立嫡以長不以賢立子以貴不以長桓公何以貴母貴也母貴則子貴子以母

貴母以子貴東海王陽皇后之子宜承大統皇太子彊崇執謙退願備藩國父子之情重久違之其以彊爲東海王立陽爲皇太子改名莊秋九月南巡狩壬申幸南陽進幸汝南南頓縣舍置酒會賜吏人復南頓田租歲父老前叩頭言皇考居此日久陛下識知寺舍蔡邕獨斷曰陛階陛也與天子言不敢指斥故云陛下風俗通曰寺司也諸官府所止皆曰寺光武嘗從皇考至南頓故識知官府舍宇每來輒加厚恩願賜復十年帝曰天下重器常恐不任日復

一日安敢遠期十歲乎吏人又言陛下實惜之何言謙也帝大笑復增一歲進幸淮陽梁沛西南夷寇益州郡常璩華陽國志云武帝元封二年叟夷反將軍郭昌討平之因開爲益州郡故城在今昆州晉寧縣是也遣武威將軍劉尚討之越嶲太守任貴謀叛十二月劉尚襲貴誅之是歲復置函谷關都尉九年省今復置修西京宮室

二十年春二月戊子車駕還宮夏四月庚辰大司徒戴涉下獄死古今注曰坐入故太倉令奚涉罪大司空竇融免五月辛亥大司馬吳漢薨匈奴寇上黨天水遂至扶風六月庚寅廣漢太守蔡茂爲大司徒太僕朱浮爲大司空壬辰左中郎將劉隆爲驃騎將軍行大司馬事武帝省大尉置大司馬將軍成帝賜金印紫綬置官屬祿比丞相哀帝去將軍位在司徒上見前書乙未徙中山王輔爲沛王秋東夷韓國人率衆詣樂浪內附東夷有辰韓卞韓馬韓謂之三韓國也冬十月東巡狩甲午幸魯進幸東海楚沛國十二月匈奴寇天水壬寅車駕還宮是歲

省五原郡徙其吏人置河東復濟陽縣傜役六歲

二十一年春正月武威將軍劉尚破益州夷平之夏四月安定屬國胡叛屯聚青山青山在今慶州馬嶺縣西北遣將兵長史陳訢討平之訢音欣秋鮮卑寇遼東遼東太守祭肜大破之冬十月遣伏波將軍馬援出塞擊烏桓不克匈奴寇上谷中山其冬鄯善王車師王等十六國皆遣子入侍奉獻願請都護都護漢

宣帝置始以鄭吉爲之秩比二千石都總也言總護南北道居烏壘城察西域諸國動靜以聞事見前書
帝以中國初定未遑外事乃還其侍子厚
加賞賜
二十二年春閏月丙戌幸長安祠高廟遂
有事十一陵二月己巳至自長安夏五月
乙未晦日有食之秋七月司隷校尉蘇鄴
下獄死九月戊辰地震裂制詔曰日者地
震南陽尤甚夫地者任物至重靜而不動
者也而今震裂咎在君上鬼神不順無德

灾殃將及吏人朕甚懼焉其令南陽勿輸
今年田租芻稾遣謁者案行其死罪繫囚
在戊辰以前減死罪一等徒皆弛解鉗衣
絲絮 弛解脫也倉頡篇曰鉗鈦也音許炎反前書音義曰鈦足鉗也音徒計反又大蓋反舊法
在徒役者不得衣絲絮今赦許之 賜郡中居人壓死者棺錢
人三千其口賦逋稅而廬宅尤破壞者勿
收責 漢儀注曰人年十五至五十六出賦錢人百二十爲一筭又七歲至十四出口錢人二十
以供天子至武帝時又口加三錢以補車騎馬逋稅謂欠田租也 吏人死亡或在
壞垣毀屋之下而家羸弱不能收拾者其

以見錢穀取傭爲尋求之冬十月壬子大
司空朱浮免癸丑光祿勳杜林爲大司空
是歲齊王章薨青州蝗匈奴薁鞬日逐王
比 薁音於六反鞬音紀言反比其名也 遣使詣漁陽請和親使
中郎將李茂報命烏桓擊破匈奴匈奴北
徙幕南地空 前書音義曰沙土曰幕即今磧也 詔罷諸邊郡
亭候吏卒
二十三年春正月南郡蠻叛遣武威將軍
劉尚討破之徙其種人於江夏 郡名故城在今安州雲夢
縣東南 夏五月丁卯大司徒蔡茂薨秋八月

丙戌大司空杜林薨九月辛未陳留太守
王況爲大司徒 況字文伯京兆人王音肅 冬十月丙申太
僕張純爲大司空高句麗率種人詣樂浪
內屬十二月武陵蠻叛寇掠郡縣遣劉尚
討之戰於沅水 武陵郡今朗州也沅水名出牂柯東北過臨沅縣至長沙入洞
庭湖 尚軍敗歿是歲匈奴薁鞬日逐王比率
部曲遣使詣西河內附
二十四年春正月乙亥大赦天下匈奴薁

鞬日逐王比遣使款五原塞求扞禦北虜秋七月武陵蠻寇臨沅縣名屬武陵郡故城在今朗州武陵縣遣謁者李嵩中山太守馬成討蠻不克於是伏波將軍馬援率四將軍討之詔有司申明舊制阿附蕃王法武帝時有淮南衡山之謀作左官之律設附益之法前書音義曰人道尚右言捨天子仕諸侯為左官左僻也阿曲附益王侯者將有重法是為舊制今更申明之冬十月匈奴薁鞬日逐王比自立為南單于於是分為南北匈奴

二十五年春正月遼東徼外貊人貊人濊貊國人也貊音陌寇右北平漁陽上谷太原遼東太守祭肜招降之烏桓大人來朝大人謂渠帥也南單于遣使詣闕貢獻奉蕃稱臣又遣其左賢王擊破北匈奴卻地千餘里三月南單于遣子入侍戊申晦日有食之伏波將軍馬援等破武陵蠻於臨沅冬十月叛蠻悉降夫餘王遣使奉獻夫餘國在海東去玄菟千里餘是歲烏桓大人率衆內屬詣闕朝貢

二十六年正月詔有司增百官奉續漢志曰大將

軍三公奉月三百五十斛秩中二千石奉月百八十斛二千石月百二十斛比二千石月百斛千石月九十斛比千石月八十斛六百石月七十斛比六百石月五十五斛四百石月五十斛比四百石月四十五斛三百石月四十斛比三百石月三十七斛二百石月三十斛比二百石月二十七斛百石月十六斛斗食月十一斛佐史月八斛凡諸受奉錢穀各半奉音扶用反其千石已上減於西京舊制六百石已下增於舊秩初作壽陵初作陵未有名故号壽陵蓋取久長之義也漢自文帝以後皆預作陵今循舊制也將作大匠竇融上言園陵廣袤無慮所用前書曰將作少府秦官掌宮室景帝改為大匠秩二千石說文曰南北曰袤東西曰廣廣雅曰無慮都凡也謂請園陵都凡制度也袤音茂帝曰古者帝王之葬皆陶人瓦器木車茅馬禮曰塗車芻靈自古有之鄭玄注云芻靈束茅為人馬也使後世之人不知其處太宗識終始之義景帝能述遵孝道遭天下反覆而霸陵獨完受其福豈不美哉謂赤眉入長安惟霸陵不掘今所制地不過二三頃無為山陵陂池裁令流水而已言不起山陵裁令封土陂池不停水而已陂音普何反池音徒何反遣中郎將段郴授南單于璽綬令入居雲中郡名在今勝州北郴音丑林反始置使匈奴中郎將將兵衛護之中郎將即段郴也漢官儀曰使匈奴中郎將屯西河美稷縣也南單于遣子入侍奉

奏詣闕於是雲中五原朔方北地定襄鴈門上谷代八郡民歸於本土遣謁者分將施刑補理城郭（施與弛同解見上）發遣邊民在中國者布還諸縣皆賜以裝錢轉輸給食（東觀記曰時城郭丘墟埽地更爲上悔前徙之）

二十七年夏四月戊午大司徒玉況薨五月丁丑詔曰昔契作司徒禹作司空皆無大名其令二府去大（朱祐奏宜令三公並去大名以法經典帝從其議）又改大司馬爲太尉驃騎大將軍行大司馬劉隆即日罷以太僕趙憙爲太尉大司農馮勤爲司徒益州郡徼外蠻夷率種人內屬北匈奴遣使詣武威乞和親（武威郡故城在今涼州姑臧縣西北故涼城是也）冬魯王興齊王石始就國

後漢帝紀一下　二十六　章駒

二十八年春正月己巳徙魯王興爲北海王以魯國益東海賜東海王彊虎賁旄頭鍾虡之樂（漢官儀曰虎賁千五百人戴鶡尾屬虎賁中郎將又云舊選羽林爲旄頭被髮先驅魏文帝列異傳曰秦文公時梓樹化爲牛以騎擊之騎不勝或墮地髻解被髮牛畏之入水故秦因是置旄頭騎使先驅爾雅曰木謂之虡所以懸鍾磬也說文曰虡飾爲猛獸）夏六月丁卯沛太后郭氏薨因詔郡縣捕王侯賓客坐死者數千人（時更始子鯉因沛獻王輔殺劉盆子兄恭故王侯賓客多坐死）秋八月戊寅東海王彊沛王輔楚王英濟南王康淮陽王延始就國冬十月癸酉詔死罪繫囚皆一切募下蠶室（蠶室宮刑獄名宮刑者畏風須暖作窨室蓄火如蠶室因以名焉窨音一禁反見前書音義）其女子宮（謂幽閉也）北匈奴遣使貢獻乞和親

二十九年春二月丁巳朔日有食之遣使者舉冤獄出繫囚庚申賜天下男子爵人二級鰥寡孤獨篤癃貧不能自存者粟人五斛夏四月乙丑詔令天下繫囚自殊死已下及徒各減本罪一等其餘贖罪輸作各有差

後漢帝紀一下　二十七　王桼

三十年春正月鮮卑大人內屬朝賀二月車駕東巡狩甲子幸魯進幸濟南閏月癸丑車駕還宮有星孛于紫宮夏四月戊子徙左翊王焉爲中山王五月大水賜天下男子爵人二級鰥寡孤獨篤癃貧不能自存者

粟人五斛秋七月丁酉幸魯國復濟陽縣
是年傜役冬十一月丁酉至自魯
三十一年夏五月大水戊辰賜天下男子
爵人二級鰥寡孤獨篤癃貧不能自存者
粟人六斛癸酉晦日有食之是夏蝗秋九
月甲辰詔令死罪繫囚皆一切募下蠶室
其女子宮是歲陳留雨穀形如稗實杜預注左
傳云稗草之似穀者音蒲懈反北匈奴遣使奉獻
中元元年春正月東海王彊沛王輔楚王

後漢帝紀一下　二十八　李昇

英濟南王康淮陽王延趙王盱皆來朝盱音
況于反丁卯東巡狩二月己卯幸魯進幸太山
北海王興齊王石朝于東嶽辛卯柴望岱
宗登封太山甲午禪于梁父岱宗太山也梁父太山下小山
也封謂聚土爲壇墠謂除地而祭改墠爲禪神之也續漢志曰時上御輦外山即位於壇南北面尚書令
奉玉牒檢皇帝以寸三分璽親封之藏玉牒已復石覆訖尚書令以五寸印封石檢畢皇帝再拜禪祭地
于梁陰以高后配山川群神從祀焉其玉牒文祕刻石文辭多不載三月戊辰司
空張純薨夏四月癸酉車駕還宮己卯大
赦天下復嬴博梁父奉高四縣屬太山郡故城在今兗州博城

縣界勿出今年田租芻稾改年爲中元行幸
長安戊子祀長陵五月乙丑至自長安六
月辛卯太僕馮魴爲司空乙未司徒馮勤
薨是夏京師醴泉涌出尚書中候曰後又在官則醴泉出也飲之
者固疾皆愈惟眇蹇者不瘳又有赤草生
於水崖赤草朱草也大戴禮曰朱草日生一葉至十五日已後日落一葉周而復始郡
國頻上甘露羣臣奏言地祇靈應而朱草
萌生孝經援神契曰德至草木即朱草生孝宣帝每有嘉瑞輒
以改元神爵五鳳甘露黃龍列爲年紀蓋

後漢帝紀一下　二十九　李棠

以感致神祇表彰德信是以化致升平稱
爲中興今天下清寧靈物仍降陛下情存
損挹推而不居豈可使祥符顯慶沒而無
聞宜令太史撰集太史史官之長也前書音義曰太史公武帝置位在丞相
上之以傳來世帝不納常自謙無德每郡國
所上輒抑而不當故史官罕得記焉秋郡
國三蝗冬十月辛未司隸校尉東萊李訢
爲司徒甲申使司空告祠高廟曰高皇帝
與羣臣約非劉氏不王呂太后賊害三趙

謂高帝子趙幽王友趙恭王恢趙隱王如意 專王呂氏賴社稷之
靈祿産伏誅 呂産呂祿並呂后兄弟子呂后崩各擁南北軍欲爲亂周勃陳平等誅之
天命幾墜危朝更安呂太后不宜配食高
廟同祧至尊薄太后母德慈仁 薄太后高帝之姬孝文帝之
母 孝文皇帝賢明臨國子孫賴福延祚至
令其上薄太后尊號曰高皇后配食地祇
遷呂太后廟主于園四時上祭 園謂塋域也於中置寢
十一月甲子晦日有食之是歲初起明堂
靈臺辟雍及北郊兆域 大戴禮云明堂者凡九室一室有四戶八牖三

後漢帝紀一下 三十 毛仙

十六戶七十二牖以茅蓋上上員下方赤綴戶也白
綴牖也禮圖又曰建武三十一年作明堂上員下方
十二堂法日辰九室法九州室八窻八九七十二法
一時之王室有十二戶法陰陽之數胡伯始云古清
廟蓋以茅今蓋以瓦下藉茅存古制也漢官儀曰明
堂四面起土作塹上作橋塹中無水明堂去平城門
二里所天子出從平城門先歷明堂乃至郊祀又曰
辟雍去明堂三百步車駕臨辟雍從北門入三月九日
月皆於中行鄉射禮辟雍以水周其外以節觀者諸
侯曰泮宮東西南有水北無下天子也漢宮閣疏曰
靈臺高三丈十二門天子曰靈臺諸侯曰觀臺漢官
儀北郊壇在城西北角去城一里所謂方壇四陛但
有壇祠舍而已其鼓吹樂及舞人御帳皆從南郊之
具地祇位南面西上高皇后配西面皆在壇上地理
羣神從食壇下南郊焚犢北郊埋犢 宣布圖讖於天下復濟陽南
頓是年徭役參狼羌寇武都敗郡兵隴西

太守劉盱遣軍救之及武都郡兵討叛羌
皆破之
二年春正月辛未初立北郊祀后土東夷
倭奴國王遣使奉獻 倭在帶方東南大海中依山島爲國 二月
戊戌帝崩於南宮前殿年六十二 伏侯古今注曰是歲在丁巳
遺詔曰朕無益百姓皆如孝文皇帝
制度務從約省 文帝葬皆以瓦器不以金銀銅錫爲飾因其山不起墳 刺
史二千石長吏皆無離城郭無遣吏及因
郵奏 說文曰郵境上行書舍也 初帝在兵閒久厭武事

後漢帝紀一下 三十一

且知天下疲耗思樂息肩 左傳曰息肩于晉 自隴
蜀平後非儆急未嘗復言軍旅皇太子嘗
問攻戰之事帝曰昔衞靈公問陳孔子不
對此非爾所及 論語衞靈公問陳於孔子曰俎豆之事則嘗聞之矣軍旅之事未之學也 每旦視朝日仄乃罷數引公卿郎將講
論經理夜分乃寐 分猶半也 皇太子見帝勤勞
不怠承閒諫曰陛下有禹湯之明而失黃
老養性之福 黃帝老子 願頤愛精神優游自寧
帝曰我自樂此不爲疲也雖身濟大業兢

兢如不及故能明愼政體總攬權綱量時
度力舉無過事退功臣而進文吏戢弓矢
而散馬牛雖道未方古斯亦止戈之武焉
左傳曰於文止戈爲武也
論曰皇考南頓君初爲濟陽令以建平元
年十二月甲子夜生光武於縣舍蔡邕光武碑文云光武將生皇考以令舍不顯開宮後殿居之而生有赤光照室中東觀記曰光照堂中盡明如晝欽異焉使卜者王長占之長辟左右辟音頻亦反曰此兆吉不可言是歲縣界有嘉禾

生一莖九穗因名光武曰秀明年方士有
夏賀良者上言哀帝云漢家歷運中衰當
再受命於是改號爲太初元年稱陳聖劉
太平皇帝以厭勝之及王莽篡位忌惡劉
氏以錢文有金刀故改爲貨泉或以貨泉
字文爲白水眞人後望氣者蘇伯阿爲王
莽使至南陽遙望見春陵郭唶曰唶歎也音子夜反
氣佳哉鬱鬱葱葱然及始起兵還春陵遠
望舍南火光赫然屬天有頃不見初道士

西門君惠李守等亦云劉秀當爲天子其
王者受命信有符乎不然何以能乘時龍
而御天哉易曰時乘六龍以御天
贊曰炎正中微大盜移國漢以火德王故曰炎正大盜謂王莽篡位也莊子曰田成子一旦殺齊君而盜其國向所謂智者不反爲大盜積者乎九縣飆
回三精霧塞九縣九州也飆回謂亂也三精日月星也霧塞言昏昧也精或爲象人
厭淫詐神思反德光武誕命靈貺自甄誕大也書曰誕膺天命甄明也靈貺謂佳氣神光之類也沈幾先物深略緯文幾者動之微也物事也沈深之幾先見於事也謚法經緯天地曰文尋邑百萬貔

虎爲羣貔執夷虎屬也書曰如虎如貔言甚猛勇也長轂雷野高鋒
彗雲長轂兵車雷野言其聲盛淮南子曰雷以爲車輿彗埽也音詳銳反英威旣
振新都自焚王莽初封爲新都侯史記曰周武王伐紂紂衣其寶玉自焚而死莽雖被殺滅云與紂同故假以言之虔劉庸代紛紜梁趙虔劉皆殺也左傳曰虔劉我邊垂謂公孫述稱帝於蜀盧芳據代郡也紛紜亂也梁謂劉永趙謂王郎也三河
未澄四關重擾三河河南河北河東也未澄謂朱鮪等據洛州未歸光武也四關謂長安四塞之國重擾謂更始已定關中劉盆子入關殺更始發掘諸陵也神旌乃顧
遞行天討周禮曰析羽爲旌稱神者猶言神兵神筭也詩云乃眷西顧書云天討有罪也
金湯失險車書共道前書曰金城湯池不可攻矣金以喻堅湯取其熱光

武所擊皆失其險固也禮記曰天下車同軌書同文靈慶既啓人謀咸贊靈慶謂符讖也左傳曰天啓之也人謀謂羣下勸即尊號也易曰人謀鬼謀百姓與能贊助也明廟謨赳赳雄斷詩曰明明天子淮南子曰運籌於廟堂之上決勝千里之外赳赳武皃也於赫有命系隆我漢於赫歎美之詞音烏詩云有命既集系猶繫也

後漢帝紀卷第一下

帝紀卷第二　范曄　後漢書二

唐章懷太子賢注

顯宗孝明帝

顯宗孝明皇帝諱莊諡法曰照臨四方曰明伏侯古今注曰莊之字曰嚴光武第四子也母陰皇后帝生而豐下杜預注左傳云豐下蓋面方也東觀記云帝豐下兑上項赤色有似於堯十歲能通春秋光武奇之建武十五年封東海公十七年進爵爲王十九年立爲皇太子師事博士桓榮學通尚書中元二年二月戊戌即皇帝位年三十尊皇后曰皇太后三月丁卯葬光武皇帝於原陵帝王紀曰原陵方三百二十步高六丈在臨平亭東南去洛陽十五里有司奏上尊廟曰世祖夏四月丙辰詔曰予末小子奉承聖業夙夜震畏不敢荒寧先帝受命中興德侔帝王協和萬邦假於上下假至也音格懷柔百神惠於鰥寡懷安也柔和也禮曰凡山林能興雲致雨者皆曰神有天下者祭百神懷柔百神也書曰惠于鰥寡朕承大運繼體守文創基之主則尚武功以定禍亂其次繼體而立者則守文德穀梁傳曰承明繼體則守文之君也不知稼穡之艱

難懼有廢失聖恩遺戒顧重天下以元元爲首公卿百僚將何以輔朕不逮其賜天下男子爵人二級前書音義曰男子者謂戶內之長也商鞅爲秦制爵二十級一公士二上造三簪褭四不更五大夫六官大夫七公大夫八公乘九五大夫十左庶長十一右庶長十二左更十三中更十四右更十五少上造十六大上造十七駟車庶長十八大庶長十九關內侯二十徹侯人賜爵者有罪得贖貧者得賣與人三老孝悌力田人三級三老孝悌力田三者皆鄉官之名三老高帝置孝悌力田高后置所以勸導鄉里助成風化也文帝詔曰孝悌天下之大順也力田爲生之本也三老衆人之師也其以戶口率置員事見前書爵過公乘得移與子若同產同產子漢制賜爵自公士已上不

得過公乘故過者得移授也同產同母兄弟也及流人無名數欲自占者人一級無名數謂無文簿也占謂自歸首也鰥寡孤獨篤癃粟人十斛其施刑及郡國徒在中元元年四月己卯赦前所犯而後捕繫者悉免其刑又邊人遭亂爲內郡人妻在己卯赦前一切遣還邊恣其所樂中二千石下至黃綬漢制二百石以上銅印黃綬也貶秩贖論者悉皆復秩還贖方今上無天子下無方伯公羊傳曰上無天子下無方伯此制引以爲謙也若涉淵水而無舟楫夫萬乘至重

而壯者慮輕帝謙言年尚少壯思慮輕淺故須賢人輔弼實賴有德左右小子賴恃也左右助也高密侯禹元功之首東平王蒼寬博有謀並可以受六尺之託臨大節而不撓六尺謂年十五已下大節謂大事撓屈也音女孝反其以禹爲太傅蒼爲驃騎將軍太尉憙告謚南郊趙憙也應劭風俗通曰禮臣子無爵謚君父之義也故羣臣累其功美葬日遣太尉於南郊告天而謚之司徒訢奉安梓宮李訢也梓宮以梓木爲棺風俗通曰宮者存時所居緣生事死因以爲名司空魴將校復土馮魴也將校謂將領五校兵以穿壙也前書音義曰復土主穿壙填塞事也言下棺訖復以土爲墳故言復土其封

憙爲節鄉侯訢爲安鄉侯魴爲楊邑侯秋九月燒當羌寇隴西敗郡兵於允街允街縣名也允音鉛街音佳屬金城郡故城在今涼州昌松縣東南城臨麗水一名麗水城赦隴西囚徒減罪一等勿收今年租調又所發天水三千人亦復是歲更賦更謂戍卒更相代也賦謂雇更之錢也前書音義曰更有三品有卒更有踐更有過更古正卒無常人皆當迭爲之有一月一更是爲卒更貧者欲得雇更錢次直者出錢雇之月二千是爲踐更古者天下人皆當戍邊三日亦名爲更不可人人自行三日戍當行者不可往即還因住一歲次直者出錢三百雇之謂之過更遣謁者張鴻討叛羌於允吾允吾縣名屬金城郡故城在今蘭州廣武縣西南允音沿

吾音牙鴻軍大敗戰歿冬十一月遣中郎將
竇固監捕虜將軍馬武等二將軍討燒當
羌十二月甲寅詔曰方春戒節人以耕桑
其勅有司務順時氣使無煩擾禮記孟春之月布德和令
行慶施惠仲春無作大事以妨農事天下亡命殊死以下聽得
贖論死罪入縑二十匹右趾至髡鉗城旦
春十匹前書音義曰右趾謂刖其右足次刖左足次劓次黥次髡鉗爲城旦舂城旦者晝日
伺寇虜夜暮築長城舂者婦人犯罪不任軍役之事但令舂以食徒者完城旦舂至
司寇作三匹完者謂不加髡鉗而築城也次鬼薪白粲次隸臣妾次作司寇其

未發覺詔書到先自告者半入贖今選舉
不實邪佞未去權門請託殘吏放手放手謂貪
縱爲非也百姓愁怨情無告訴有司明奏罪名
幷正舉者舉非其人並正舉主之罪又郡縣每因徵發輕
爲姦利詭責羸弱先急下貧其務在均平
無令枉刻
永平元年春正月帝率公卿已下朝於原
陵如元會儀漢官儀曰古不墓祭秦始皇起寢於墓側漢因而不改諸陵寢皆以
晦望二十四氣三伏社臘及四時上飯其親陵所宮人隨鼓漏理被枕具盥水陳莊具天子以正月上原

陵公卿百官及諸侯王郡國計吏皆當軒下占其郡國穀價四方改易欲先帝魂魄聞之也元會儀見下
夏五月太傅鄧禹薨戊寅東海王彊薨遣
司空馮魴持節視喪事賜升龍旄頭鑾輅
龍旂旄頭見光武紀鑾鈴也在鑣交龍爲旂唯天子用之今特賜以葬六月乙
卯葬東海恭王秋七月捕虜將軍馬武等
與燒當羌戰大破之募士卒戍隴右賜錢
人三萬八月戊子徙山陽王荊爲廣陵王
遣就國是歲遼東太守祭彤使鮮卑擊赤
山烏桓大破之斬其渠帥赤山在遼東西北數千里越

巂姑復夷叛姑復縣名州郡討平之
二年春正月辛未宗祀光武皇帝於明堂
帝及公卿列侯始服冠冕衣裳玉佩絇屨
以行事漢官儀曰天子冠通天諸侯王冠遠遊三公諸侯冠進賢三梁卿大夫尚書二千石
博士冠兩梁二千石已下至小吏冠一梁天子公卿
特進諸侯祀天地明堂皆冠平冕天子十二旒三公
九卿諸侯七其纓各如其綬色玄衣纁裳周禮曰王
祀昊天上帝則服大裘而冕祀五帝亦如之三禮圖
曰冕以三十升布漆而爲之廣八寸長尺六寸前圓
後方前下後高有俛伏之形故謂之冕欲人之位彌
高而志彌下故以名焉董巴輿服志曰顯宗初服冕
衣裳以祀天地衣裳以玄上纁下乘輿備文日月星
辰十二章三公諸侯用山龍九章卿已下用華蟲七
章皆五色采乘輿刺繡公卿已下皆織成陳留襄邑

獻之徐廣車服注曰漢明帝案古禮備其服章天子郊廟衣皁上絳下前三幅後四幅衣畫而裳繡禮記
曰古之君子必佩玉君子於玉比德焉天子佩白玉公侯佩山玄玉大夫佩水蒼玉世子佩瑜玉周禮屨
人掌王赤舃青絇鄭玄注云赤舃爲上冕服之舃也絇屨鼻頭以青絲飾之絇音劬三禮圖曰屨複下曰
舃其色各隨裳色禮畢登靈臺使尚書令持節詔驃
騎將軍三公曰今令月吉日宗祀光武皇
帝於明堂以配五帝五經通義曰蒼帝靈威仰赤帝赤熛怒黃帝含樞紐
白帝白招矩黑帝汁光紀牲幣及玉各依方色禮備法物樂和八音
詠祉福舞功德祉亦福也詠謂詩云降福穰穰之類景帝詔曰歌者所以發德
舞者所以明功其班時令勑羣后班布也時令謂月令也四時各有令若有

乖舛必致妖灾故告之事畢升靈臺望元氣吹時律觀
物變元氣天氣也王者承天心理禮樂通上下四時之氣也故望之焉時律者即月令孟春律
中太蔟仲春律中夾鍾之類大戴禮曰聖人截十二管察八音之清濁謂之律呂律呂不正則諸氣不和
周禮保章氏以五雲之色辨吉凶水旱豐荒之祲象鄭司農注云以二至二分觀雲色青爲蟲白爲喪赤
爲兵荒黑爲水黃爲豐故春秋傳曰凡分至啓閉必書雲物爲備故也杜預注云物謂氣色灾變也羣
僚藩輔宗室子孫衆郡奉計百蠻貢職奉計
謂計吏也詩曰因時百蠻百言衆多也獨言蠻通四夷烏桓濊貊咸來助
祭單于侍子骨都侯亦皆陪位斯固聖祖
功德之所致也朕以闇陋奉承大業親執

珪璧恭祀天地周禮曰四圭尺有二寸以祀天又曰以蒼璧禮天以黃琮禮地
以青圭禮東方以赤璋禮南方以白琥禮西方以玄璜禮北方仰惟先帝受命
中興撥亂反正以寧天下撥理也公羊傳曰撥亂世反之正莫
近於春秋封泰山建明堂立辟雍起靈臺恢弘
大道被之八極淮南子曰九州之外有八寅八寅之外有八紘八紘之外有八極
而胤子無成康之質羣臣無呂旦之謀明帝
自謂無成康之時刑措不用四十餘年盥洗進爵踧踖惟慙鄭玄
注論語云踧踖敬恭貌盥音管素性頑鄙臨事益懼故君子
坦蕩蕩小人長戚戚坦蕩蕩明達之貌戚戚常憂懼也其令天

下自殊死已下謀反大逆皆赦除之百僚
師尹其勉修厥職順行時令敬若昊天以
綏兆人若順也三月臨辟雍初行大射禮儀禮
曰大射之禮王將祭射宮擇士以助祭也張虎侯熊侯豹侯其制若今之射的矣謂之爲侯者天子射中
之可以服諸侯也天子侯中一丈八尺畫以雲氣焉王以六耦射三侯樂以騶虞九節諸侯以四耦射二
侯樂以貍首七節孤卿大夫以三耦射一侯樂以采蘋五節士以二耦射豻侯樂以采蘩三節秋
九月沛王輔楚王英濟南王康淮陽王延
東海王政來朝冬十月壬子幸辟雍初行
養老禮詔曰光武皇帝建三朝之禮而未

及臨饗三朝之禮謂中元元年初起明堂辟雍靈臺也眇眇小子屬
當聖業尚書康王曰眇眇予末小子孔安國注云眇眇猶微微也間暮春吉
辰初行大射令月元日東觀記曰十月元日復踐辟雍
尊事三老兄事五更安車輭輪供綏執授
矦王設醬公卿饌珍朕親袒割執爵而酳
孝經援神契曰尊事三老父象也宋均注曰老人知天地之事者安車坐乘之車輭輪以蒲裹輪輭音而
兗反三老就車天子親執綏授之說文綏車中把也五更老人知五行更代事者漢官儀曰三老五更皆
取有首妻男女全具者續漢志曰養三老五更先吉日司徒上太傅若講師故三公人名用其德行年耆
高者三公一人為三老次卿一人為五更皆服絺紵大袍單衣皁緣領袖中衣冠進賢扶王杖五更亦如

後漢帝紀二　八　李椿

之不杖皆齊于太學講堂其日乘輿先到辟雍禮殿坐于東廂遣使者安車迎三老五更天子迎于門屏
交拜導自阼階三老自賓階外東面三公設几杖九卿正履天子親袒割俎執醬而饋執爵而酳五更南
面三公進供禮亦如之明日皆詣闕謝以其於己禮太隆也醬醢也珍謂肴羞之屬即周禮八珍之類鄭
玄注儀禮云酳漱也所以絜口音胤祝哽在前祝噎在後老人食多
哽噎故置人於前後祝之令其不哽噎也外歌鹿鳴下管新宮鹿鳴
詩小雅篇名也新宮小雅逸篇也升登也登堂而歌所以重人聲也燕禮曰升歌鹿鳴下管新宮八
佾具脩萬舞於庭佾列也謂舞者行列也左氏傳曰天子八佾諸矦六大夫
四士二夫舞所以節八音而行八風故自八以下萬亦舞也詩云公庭萬舞朕固薄德何
以克當易陳負乘詩刺彼己易曰負且乘致寇至負也者小

人之事也乘也者君子之器也小人而乘君子之器盜思奪之矣詩曰彼己之子不稱其服也永念
慙疚無忘厥心三老李躬年耆學明五更
桓榮授朕尚書詩曰無德不報無言不酬
詩大雅也其賜榮爵關內矦食邑五千户三老
五更皆以二千石禄養終厥身其賜天下
三老酒人一石肉四十斤有司其存耆耋
禮記曰六十曰耆七十曰耋釋名曰耆指也不從力役指事使人也耋鐵也皮膚變黑色如鐵也恤
幼孤惠鰥寡稱朕意焉中山王焉始就國
甲子西巡狩幸長安祠高廟遂有事於十

後漢帝紀二　九　朱安明

一陵歷覽館邑會郡縣吏勞賜作樂十一
月甲申遣使者以中牢祠蕭何霍光帝謁
陵園過式其墓東觀漢記曰蕭何墓在長陵東司馬門道北百步又云霍光墓
在茂陵東司馬門道南四里式軾也禮記曰行過墓必式進幸河東所過賜
二千石令長已下至於掾史各有差續漢志曰
郡國及縣諸曹皆置掾史癸卯車駕還宮十二月護羌校
尉賈林下獄死是歲始迎氣於五郊續漢書曰
迎氣五郊之兆四方之兆各依其位中央之兆在未壇皆二尺立春之日迎春於東郊祭青帝句芒車服
皆青歌青陽八佾舞雲翹之舞立夏之日迎夏於南郊祭赤帝祝融車服皆赤歌朱明八佾舞雲翹之舞

先立秋十八日迎黃靈於中兆祭黃帝后土車服皆黃歌朱明八佾舞雲翹育命之舞立秋之日迎秋於西郊祭白帝蓐收車服皆白歌白藏八佾舞育命之舞立冬之日迎冬於北郊祭黑帝玄冥車服皆黑歌玄冥八佾舞育命之舞少府陰就子豐殺其妻酈邑公主就坐自殺酈縣屬南陽郡酈音櫟

三年春正月癸巳詔曰朕奉郊祀登靈臺見史官正儀度儀謂渾儀以銅爲之置於靈臺王者正天文之器也度謂日月星辰之行度也史官即太史掌天文之官也夫春者歲之始也始得其正則三時有成正謂日月五星不失其次也三時謂春夏秋左傳曰務其三時比者水旱不節邊人食寡政失於上人

受其咎有司其勉順時氣勸督農桑去其螟蜮以及蝥賊爾雅曰食苗心曰螟食節曰賊食根曰蝥蜮一名短弧今之水弩含沙射人爲災言此者欲令臣下順時行政勿侵擾也詳刑愼罰明察單辭單辭猶偏辭也夙夜匪懈以稱朕意二月甲寅太尉趙憙司徒李訢免丙辰左馮翊郭丹爲司徒己未南陽太守虞延爲太尉甲子立貴人馬氏爲皇后皇子炟音丁達反爲皇太子賜天下男子爵人二級三老孝悌力田人三級流人無名數欲占者人一級鰥寡孤獨篤癃貧不能自存者粟人五斛夏四月辛酉封皇子建爲千乘王千乘國名今青州縣故城在今淄州高苑北羨爲廣平王六月丁卯有星孛于天船北天船星名續漢志曰天船爲水彗出之爲大水是歲伊洛水溢到津城門伏廣古今注曰彗長三尺所見三十五日乃去秋八月戊辰改大樂爲大予樂尚書璇璣鈐曰有帝漢出德洽作樂名予故據璇璣鈐改之漢官儀曰大予樂令一人秩六百石壬申晦日有蝕之詔曰朕奉承祖業無有善政日月薄蝕彗孛見天水旱不節稼穡不成人無宿儲下生愁墊儲積也墊溺也音丁念反

雖夙夜勤思而智能不逮昔楚莊無災以致戒懼說苑曰楚莊王見天不見妖而地不出孽則禱于山川曰天其忘余歟此能求過于天必不逆諫矣魯哀禍大天不降譴春秋感精符曰魯哀公時政彌亂絕不日食政亂之類當致日食之變而不應者譴之何益告之不悟故哀公之篇絕無日食之異今之動變儻尚可救有司勉思厥職以匡無德古者卿士獻詩百工箴諫國語曰天子聽政公卿至于庶士獻詩師箴百工諫庶人傳語近臣盡規而後王斟酌事焉其言事者靡有所諱冬十月蒸祭光武廟禮記曰冬祭曰蒸蒸衆也冬物畢成可祭者衆初奏文始五行武德之舞前書曰文始舞者本

舜韶舞也高祖六年更名曰文始其舞人執羽籥五行者本周舞也秦始皇二十六年更名曰五行其舞人冠冕衣服法五行色武德者高祖四年作言行武以除亂也其舞人執干戚光武草創禮樂未備今始奏之故云初也甲子車駕從皇太后幸章陵觀舊廬十二月戊辰至自章陵是歲起北宮及諸官府京師及郡國七大水

四年春二月辛亥詔曰朕親耕藉田以祈農事禮記曰天子親耕于東郊爲藉田千畝冕而朱紘躬秉耒耜五經要義曰天子藉田以供上帝之粢盛所以先百姓而致孝敬也藉蹈也言親自蹈履于田而耕之續漢志云正月始耕既事告祠先農漢舊儀曰先農即神農炎帝也祠以太牢百官皆從皇帝親執耒耜而耕天子三推三公五卿七

大夫十二士庶人終畝乃致藉田倉置令丞以給祭天地宗廟以爲粢盛京師冬無宿雪春不燠沐燠暖也音於六反沐潤澤也言無暄潤之氣也煩勞羣司積精禱求積精猶儲積也說文云告事求福曰禱而比再得時雨宿麥潤澤其賜公卿半奉有司勉遵時政務平刑罰秋九月戊寅千乘王建薨冬十月乙卯司徒郭丹司空馮魴免丙辰河南尹范遷爲司徒太僕伏恭爲司空十二月陵鄉矦梁松下獄死坐縣飛書誹謗

五年春二月庚戌驃騎將軍東平王蒼罷歸藩琅邪王京就國冬十月行幸鄴與趙王栩會鄴常山三老言於帝曰上生於元氏願蒙優復詔曰豐沛濟陽受命所由加恩報德適其宜也今永平之政百姓怨結而吏人求復令人愧笑重逆此縣之拳拳重難也拳拳猶勤勤也禮記曰得一善則拳拳服膺而不息其復元氏縣田租更賦六歲勞賜縣掾史及門闌走卒續漢志曰五伯鈴下侍閤門闌部署街里走卒皆有程品多少隨所典領至自鄴十一月北匈奴寇五原十二月寇雲中南單于擊

却之是歲發遣邊人在內郡者賜裝錢人二萬

六年春正月沛王輔楚王英東平王蒼淮陽王延琅邪王京東海王政趙王盱北海王興齊王石來朝二月王雒山出寶鼎雒或作雄廬江太守獻之夏四月甲子詔曰昔禹收九牧之金鑄鼎以象物使人知神姦不逢惡氣夏禹之時令遠方圖畫山川奇異之物使九州之牧貢金鑄鼎以象之令人知鬼神百物之形狀而備之故人入山林川澤魑魅罔兩莫能逢之惡氣謂罔兩之類事見左傳遭德

則興遷于商周周德旣衰鼎乃淪亡（史記曰周鼎淪亡入泗水中秦始皇過彭城齋戒欲出周鼎於泗水使千人沒水求之不得）祥瑞之降以應有德方今政化多僻何以致茲易曰鼎象三公（易曰鼎折足覆公餗）豈公卿奉職得其理邪太常其以礿祭之日（禮記曰夏祭曰礿音藥礿薄也夏物未成祭尚薄）陳鼎於廟以備器用賜三公帛五十匹九卿二千石半之先帝詔書禁人上事言聖而間者章奏頗多浮詞自今若有過稱虛譽尚書皆宜抑而不省示不爲諂子蚩也

冬十月行幸魯祠東海恭王陵會沛王輔楚王英濟南王康東平王蒼淮陽王延琅邪王京東海王政十二月還幸陽城遣使者祠中岳壬午車駕還宮東平王蒼琅邪王京從駕來朝皇太后

七年春正月癸卯皇太后陰氏崩二月庚申葬光烈皇后秋八月戊辰北海王興薨

是歲北匈奴遣使乞和親

八年春正月己卯司徒范遷薨（漢官儀曰遷字子閭沛人也）三月辛卯太尉虞延爲司徒衛尉趙憙行太尉事遣越騎司馬鄭衆報使北匈奴初置度遼將軍屯五原曼柏（武帝拜范明友爲度遼將軍至此復置焉以中郎將吳常行度遼將軍曼柏縣在今勝州銀城縣）秋郡國十四雨水冬十月北宮成丙子臨辟雍養三老五更禮畢詔三公募郡國中都官死罪繫囚減罪一等勿笞詣度遼將軍營屯朔方五原之邊縣妻子自隨便占著邊縣（占著謂附名籍）父母同産欲相代者恣聽之其大逆

無道殊死者一切募下蠶室亡命者令贖罪各有差凡徙者賜弓弩衣粮壬寅晦日有食之旣（旣盡也）詔曰朕以無德奉承大業而下貽人怨上動三光日食之變其災尤大春秋圖讖所爲至譴（春秋感精符曰人主含天光據璣衡齊七政操八極故君明聖天道得正則日月光明五星有度日明則道正不明則政亂故常戒以自勑厲日食皆象君之進退爲盈縮當春秋撥亂日食三十六故曰至譴也）永思厥咎在予一人羣司勉修職事極言無諱於是在位者皆上封事各言得失（宣帝始令羣臣得奏封事以知下情封有

正有副領尚書者先發副封所言不善屏而不奏後魏相奏去副封以防擁蔽帝覽章深
自引咎乃以所上班示百官詔曰羣僚所
言皆朕之過人冤不能理吏黠不能禁而
輕用人力繕修宮宇出入無節喜怒過差
昔應門失守關雎刺世春秋説題辭曰人主不正應門失守故歌
關雎以感之宋均注曰應門聽政之處也言不以政事爲務則有宣淫之心關雎樂而不淫思得賢人與
之共化脩應門之政者也薛君韓詩章句曰詩人言雎鳩貞絜愼匹以聲相求隱蔽于無人之處故人君
退朝入于私宮后妃御見有度應門擊柝鼓人上堂退反宴處體安志明今時大人內傾于色賢人見其
萌故詠關雎説淑女正容儀以刺時飛蓬隨風微子所歎管子曰無

儀法程式飛搖而無所定謂之飛蓬飛蓬之問明王不聽此言微子未詳永覽前戒
竦然兢懼徒恐薄德久而致怠耳北匈奴
寇西河諸郡
九年春三月辛丑詔郡國死罪囚減罪與
妻子詣五原朔方占著所在死者皆賜妻
父若男同產一人復終身其妻無父兄獨
有母者賜其母錢六萬又復其口筭口筭已見
光武紀夏四月甲辰詔郡國以公田賜貧人
各有差令司隸校尉部刺史歲上墨綬長

吏視事三歲已上理狀尤異者各一人與
計偕上偕俱也所徵之人令與計吏俱上及尤不政理者亦
以聞是歲大有年穀梁傳曰五穀皆熟書大有年爲四姓小
侯開立學校置五經師袁宏漢紀曰永平中崇尚儒學自皇太子
諸王侯及功臣子弟莫不受經又爲外戚樊氏郭氏陰氏馬氏諸子弟立學號四姓小侯置五經師以非
列侯故曰小侯禮記曰庶方小侯亦其義也
十年春二月廣陵王荆有罪自殺國除夏
四月戊子詔曰昔歲五穀登衍鄭玄注周禮云五穀黍稷
麥麻尗也登成也衍饒也音以戰反今茲蠶麥善收其大赦天

下方盛夏長養之時蕩滌宿惡以報農功
百姓勉務桑稼以備災害吏敬厥職無令
愆墮閏月甲午南巡狩幸南陽祠章陵日
北至又祠舊宅北至夏至也禮畢召校官弟子
作雅樂奏鹿鳴校學也鹿鳴詩小雅篇名宴羣臣嘉賓之詩帝自
御塤篪和之以娛嘉賓鄭玄注周禮云塤燒土爲之大如鴈子鄭
衆曰有六孔世本曰暴辛公作篪以竹爲之長尺四寸有八孔還幸南頓勞饗
三老官屬冬十一月徵淮陽王延會平輿
縣名屬汝南郡故城在今豫州汝陽縣東北輿音預徵沛王輔會睢陽十

二月甲午車駕還宮
十一年春正月沛王輔楚王英濟南王康
東平王蒼淮陽王延中山王焉琅邪王京
東海王政來朝秋七月司隸校尉郭霸下
獄死是歲漅湖出黃金廬江太守以獻漅湖
湖名音子小反在今廬州合肥縣東南時麒麟白雉醴泉嘉禾
所在出焉
十二年春正月益州徼外夷哀牢王相率
內屬於是置永昌郡罷益州西部都尉西南
夷傳曰罷益州西部所領六縣合爲永昌郡置哀牢博南二縣去洛陽七千里在今匡州匡川縣西夏
四月遣將作謁者王吳修汴渠自滎陽至
于千乘海口汴渠即莨蕩渠也汴自滎陽首受河所謂石門在滎陽山北一里過汴以
東積石爲隄亦號金隄成帝陽嘉中所作也五月丙辰賜天下男
子爵人二級三老孝悌力田人三級流民
無名數欲占者人一級鰥寡孤獨篤癃貧
無家屬不能自存者粟人三斛詔曰昔曾
閔奉親竭歡致養曾參字子輿閔損字子騫並孔子弟子皆有孝行也仲
尼葬子有棺無椁論語曰鯉也死有棺而無椁喪貴致哀

禮存寧儉今百姓送終之制競爲奢靡生
者無擔石之儲而財力盡於墳土前書音義曰擔
音丁濫反言一石之儲方言作甔云甖也齊東北海岱之閒謂之甔郭璞注曰所謂家無甔石之儲者也
埋蒼曰大甖也字或作儋音丁甘反伏臘無糟糠而牲牢兼於
一奠史記曰秦德公始爲伏祠歷忌曰伏者何也金氣伏藏之日也四氣代謝皆以相生至于
立秋以金代火金畏于火故庚日必伏月令孟冬之月臘先祖說文云臘冬至後祭百神始皇更臘曰嘉
平奠喪祭也糜破積世之業以供終朝之費子
孫飢寒絕命於此豈祖考之意哉又車服
制度恣極耳目田荒不耕游食者衆游食謂浮
食者有司其申明科禁宜於今者宣下郡國
秋七月乙亥司空伏恭罷乙未大司農牟
融爲司空冬十月司隸校尉王康下獄死
是歲天下安平人無傜役歲比登稔百姓
殷富粟斛三十牛羊被野
十三年春二月帝耕於藉田禮畢賜觀者
食三月河南尹薛昭下獄死夏四月汴渠
成辛巳行幸滎陽巡行河渠乙酉詔曰自
汴渠決敗六十餘歲王景傳曰平帝時汴河決壞加頃年

以來雨水不時汴流東侵日月益甚水門
故處皆在河中漭瀁廣溢莫測圻岸圻埒也
蕩蕩極望不知綱紀今兗豫之人多被水
患乃云縣官不先人急好興它役又或以
爲河流入汴幽冀蒙利故曰左隄彊則右
隄傷左右俱彊則下方傷宜任水埶所之
使人隨高而處公家息壅塞之費百姓無
陷溺之患議者不同南北異論朕不知所
從久而不決今既築隄理渠絕水立門河

汴分流復其舊迹陶丘之北漸就壞墳爾雅曰丘再成曰陶丘孫炎曰形如累兩盂也郭璞曰今濟陰定陶城中有陶丘也尚書曰厥土惟黑壤下土墳壚孔安國曰無塊曰壤墳起也故薦嘉玉絜牲以禮河神禮記曰凡祭玉曰嘉玉儀禮曰絜牲剛鬣東過洛汭歎禹之績水北曰汭洛汭洛水入河處也績功也河洛皆禹所加功故歎之今五土之宜反其正色周禮曰山林川澤丘陵墳衍原隰謂之五土也色謂其黃白青黑之類孔安國曰水所去土復其性也濵渠下田賦與貧人無令豪右得固其利濵近也豪右大家也庶繼世宗瓠子之作瓠子隄名也武帝元封二年發卒數萬人塞瓠子決河沈白馬玉璧令羣臣皆負薪塡河在今濮州濮陽縣西也因遂度河登太行進幸上黨壬寅車

駕還宮冬十月壬辰晦日有食之三公免
冠自劾制曰冠履勿劾災異屢見咎在朕
躬憂懼遑遑未知其方將有司陳事多所
隱諱使君上壅蔽下有不暢乎昔衛有忠
臣靈公得守其位論語孔子曰衛靈公無道季康子曰夫如是奚其不喪孔子曰仲叔圉主賓客祝它主宗廟王孫賈主軍旅夫如是奚其喪今何以和穆
陰陽消伏災譴刺史太守詳刑理冤存恤
鰥孤勉思職焉十一月楚王英謀反廢國

徙遷於涇縣涇縣屬丹陽郡今宣州縣故城在縣東有涇水出蕪湖因水立名所
連及死徙者數千人是歲齊王石薨
十四年春三月甲戌司徒虞延免自殺夏
四月丁巳鉅鹿太守南陽邢穆爲司徒穆字綏公宛人前楚王英自殺夏五月封故廣陵王
荆子元壽爲廣陵矦初作壽陵
十五年春二月庚子東巡狩辛丑幸偃師
詔亡命自殊死以下贖死罪縑四十匹右
趾至髡鉗城旦舂十匹完城旦至司寇五

匹犯罪未發覺詔書到日自告者半入贖
徵沛王輔會睢陽進幸彭城癸亥帝耕于
下邳三月徵琅邪王京會良成 良成縣名屬東海郡故城在今泗州下邳縣北 徵東平王蒼會陽都 陽都縣名屬琅邪郡故城在今沂州沂水縣南 又徵廣陵侯及其三弟會魯祠東海
恭王陵還幸孔子宅祠仲尼及七十二弟
子親御講堂 孔子宅在今兖州曲阜縣故魯城中歸德門内闕里之中背洙面泗矍相圃之東北也七十二弟子顏閔之徒漢春秋曰帝時升廟立羣臣中庭北面皆再拜帝進爵而後坐 命
皇太子諸王説經又幸東平 東平國名故城在今鄆州東

辛卯進幸大梁 大梁城魏惠王所築故城在今汴州 至定陶祠
定陶恭王陵 恭王元帝子康 夏四月庚子車駕還宮
改信都爲樂成國臨淮爲下邳國封皇子
恭爲鉅鹿王黨爲樂成王衍爲下邳王暢
爲汝南王昞爲常山王長爲濟陰王 濟陰郡今曹州
賜天下男子爵人三級郎從官二十歲已
上帛百匹十歲已上二十匹十歲已下十
匹官府吏五匹書佐小史三匹令天下大
酺五日 前書音義曰漢律三人已上無故羣飲罰金四兩今恩詔横賜得令聚會飲食五日

酺布也言天子布恩於天下史記趙惠文王三年大赦置酒大酺五日 乙巳大赦天
下其謀反大逆及諸不應宥者皆赦除之
冬車騎校獵上林苑 周禮校人掌王田獵之馬故曰校獵謂以木相貫穿爲闌校以遮禽獸 十二月遣奉車都尉竇固駙馬都
尉耿秉屯涼州 前書曰奉車都尉掌乘輿駙馬都尉掌天子之副馬駙副也並武帝置秩二千石
十六年春二月遣太僕祭肜出高闕 高闕山名因以名塞在朔方北 奉車都尉竇固出酒泉駙馬都尉
耿秉出居延 本匈奴地名也武帝因以名縣屬張掖郡在今甘州張掖縣東北 騎

都尉來苗出平城伐北匈奴竇固破呼衍
王於天山 呼衍匈奴王號天山即祁連山一名雪山今名折羅漢山在伊州北祁音時
留兵屯伊吾盧城 本匈奴中地名既破呼衍取其地置宜禾都尉以爲屯田今伊州細職縣伊吾故城是也 耿秉來苗祭肜並無功而還
夏五月淮陽王延謀反發覺癸丑司徒邢
穆駙馬都尉韓光坐事下獄死所連及誅
死者甚衆 坐與延同謀 戊午晦日有食之六月
丙寅大司農西河王敏爲司徒 漢官儀曰敏字叔公幷州隰城人也 秋七月淮陽王延徙封阜陵王 阜陵縣名屬九

江郡故城在今滁州全椒縣南 九月丁卯詔令郡國中都官死罪繫囚減死罪一等勿笞詣軍營屯朔方敦煌妻子自隨父母同産欲求從者恣聽之女子嫁爲人妻勿與俱謀反大逆無道不用此書是歲北匈奴寇雲中雲中太守廉范擊破之

十七年春正月甘露降於甘陵北海王睦薨二月乙巳司徒王敏薨三月癸丑汝南太守鮑昱爲司徒是歲甘露仍降樹枝内附 仍類也内附謂木連理也前書終軍曰衆枝内附是無外也 芝草生殿前神雀五色翔集京師西南夷哀牢儋耳僬僥槃木白狼動黏諸種前後慕義貢獻 山海經曰周僥國在三首國東爲人短小冠帶一名僬僥國語曰僬僥氏三尺短之至也楊浮異物志曰儋耳南方夷生則鏤其頰皮連耳匡分爲數支狀如鶏腸纍纍下垂至肩 西域諸國遣子入侍夏五月戊子公卿百官以帝威德懷遠祥物顯應乃並集朝堂奉觴上壽 壽者人之所欲故卑下奉觴進酒皆言上壽 制曰天生神物以應王者遠人慕化實由有德朕以虛薄何以享斯

後漢帝紀二 二十四 郭序

唯高祖光武聖德所被不敢有辭其敬舉觴太常擇吉日策告宗廟其賜天下男子爵人二級三老孝悌力田人三級流人無名數欲占者人一級鰥寡孤獨篤癃貧不能自存者粟人三斛郎從官視事十歲以上者帛十匹中二千石二千石下至黄綬貶秩奉贖在去年以來皆還贖秋八月丙寅令武威張掖酒泉敦煌 張掖郡故匈奴昆邪王地也漢官儀曰張國臂掖故曰張掖故城在今甘州張掖縣西北 及張掖屬國繫囚右趾已下任兵者 任堪也 皆一切勿治其罪詣軍營冬十一月遣奉車都尉竇固駙馬都尉耿秉騎都尉劉張出敦煌昆侖塞 昆侖山名因以爲塞在今肅州酒泉縣西南山有昆侖之體故名之周穆王見西王母于此山有石室王母臺 擊破白山虜於蒲類海上遂入車師 西河舊事曰白山冬夏有雪故曰白山匈奴謂之天山過之皆下馬拜焉去蒲類海百里之内 初置西域都護戊己校尉 宣帝初置鄭吉爲都護護三十六國秩比二千石元帝置戊己校尉有丞司馬各一人秩比六百石戊己中央也鎮覆四方見漢官儀亦處西域鎮撫諸國 是歲改天水爲漢陽郡

後漢帝紀二 二十五 陳震

十八年春三月丁亥詔曰其令天下亡命
自殊死已下贖死罪縑三十匹右趾至髡
鉗城旦舂十疋完城旦至司寇五匹吏人
犯罪未發覺詔書到自告者半入贖夏四
月己未詔曰自春已來時雨不降宿麥傷
旱秋種未下政失厥中憂懼而已其賜天
下男子爵人二級及流民無名數欲占者
人一級鰥寡孤獨篤癃貧不能自存者粟
人三斛理冤獄録輕繫二千石分禱五岳

四瀆郡界有名山大川能興雲雨者周禮職方
氏掌天下之地揚州其山曰會稽其川曰三江荆州
其山曰衡山其川曰江漢豫州其山曰華其川曰滎
洛青州其山曰沂山其川曰淮泗兖州其山曰岱其
川曰河泲雍州其山曰嶽其川曰涇汭幽州其山曰
醫無閭其川曰河泲冀州其山曰霍其川曰漳并
州其山曰恒其川曰滹沱此謂九州名山大川也長
吏各絜齋禱請冀蒙嘉澍說文曰時雨所以澍生萬物淮南子
曰春雨之灌萬物無地不澍無物不生澍音之戍反六月己未有星孛於
太微焉着龜玆攻西域都護陳睦悉沒其
衆北匈奴及車師後王圍戊己校尉耿恭
秋八月壬子帝崩於東宮前殿年四十八

遺詔無起寢廟藏主於光烈皇后更衣別
室禮藏主於廟既不起寢廟故藏於后之易衣別室更易也帝初作壽陵
制令流水而已石椁廣一丈二尺長二丈
五尺無得起墳東觀記曰陵東北作廡長三丈五步出外爲小廚財足祠祀
萬年之後埽地而祭杅水脯糒而已說文曰杅
飲器音于方言曰盌謂之盂說文曰糒乾飯也過百日唯四時設奠
置吏卒數人供給灑埽勿開修道敢有所
興作者以擅議宗廟法從事前書曰擅議宗廟者弃市帝
遵奉建武制度無敢違者後宮之家不得

封矦與政東觀記曰光武閔傷前代權臣太盛外戚與政上濁明主下危臣子后族陰郭
之家不過九卿親屬榮位不能及許史王氏之半耳館陶公主光武女爲子
求郎不許而賜錢千萬謂羣臣曰郎官上
應列宿出宰百里史記曰太微宮後二十五星郎位也有非其
人則民受其殃是以難之故吏稱其官民
安其業遠近肅服户口滋殖焉
論曰明帝善刑理法令分明日晏坐朝幽
枉必達内外無倖曲之私在上無矜大之
色斷獄得情號居前代十二十斷其二言少刑也故後

之言事者莫不先建武永平之政而鍾離意宋均之徒常以察慧爲言並見本傳夫豈弘人之度未優乎

贊曰顯宗丕承業業兢兢危心恭德政察姦勝危心言常危懼姦勝猶勝姦使備章朝物省薄墳陵朝物謂朝儀文物也永懷廢典下身遵道廢典謂明堂辟雍之禮歷漢不行下身謂進爵授綬之類登臺觀雲臨雍拜老懋惟帝績增光文考懋勉也書曰惟我文考光于四海

後漢帝紀卷第二

帝紀卷第三　范曄　後漢書三

唐章懷太子賢注

肅宗孝章皇帝

肅宗孝章皇帝諱炟顯宗第五子也諡法曰温克令儀曰章伏侯古今注曰炟之字曰著音丁達反母賈貴人永平三年立爲皇太子少寬容好儒術顯宗器重之十八年八月壬子即皇帝位年十九尊皇后曰皇太后壬戌葬孝明皇帝于顯節陵帝王紀曰顯節陵方三百步高八丈其地故富壽亭也西北去洛陽三十七里冬十月丁未大赦天下賜民爵人二級爲父後及孝悌力田人三級脫無名數及流人欲占者人一級爵過公乘得移與子若同産子鰥寡孤獨篤癃貧不能自存者粟人三斛詔曰朕以眇身託于王侯之上統理萬機懼失厥中兢兢業業未知所濟深惟守文之主必建師傅之官詩不云乎不愆不忘率由舊章詩大雅也鄭玄云愆過也率循也由用也言成王之令德不過誤不遺失皆循用舊典文章謂周公之禮法行太尉事節鄉侯憙三世在

位爲國元老趙憙光武時爲太尉明帝時行太尉事故曰三代在位元長也詩曰方叔元老司空融融牟融典職六年勤勞不怠其以憙爲太傅融爲太尉並録尚書事武帝初以張子孺領尚書事録尚書事由此始三事大夫莫肯夙夜小雅之所傷也詩雨無正之文也三事三公也鄭玄注云幽王在外三公及諸侯隨而行者皆無復君臣之禮不肯晨夜省王予違汝弼汝無面從尚書益稷之文也孔安國注云我違道汝當以義輔正我無面從我股肱之正義也羣后百僚勉思厥職各貢忠誠以輔不逮申勑四方稱朕意焉十一月戊戌蜀郡太守弟五倫

爲司空詔征西將軍耿秉屯酒泉酒泉今肅州縣也前書音義曰城下有泉其味若酒因名酒泉焉遣酒泉太守段彭救戊己校尉耿恭甲辰晦日有食之於是避正殿寢兵不聽事五日詔有司各上封事十二月癸巳有司奏言孝明皇帝聖德淳茂劬勞日昃身御浣衣日昃日昳尚書曰文王自朝至于日中昃不遑暇食食無兼珍澤臻四表尚書曰光被四表遠人慕化僬僥儋耳款塞自至款扣僬僥儋耳解見明紀克伐鬼方開道西域鬼方遠方易曰高宗伐鬼方三年克之威靈廣被

無思不服以烝庶爲憂不以天下爲樂備三雍之教躬養老之禮作登歌正予樂博貫六藝周禮保氏教之六藝一曰禮二曰樂三曰射四曰馭五曰書六曰數前書藝文志曰以禮樂春秋易詩書爲六藝博貫謂究極深幽耳不舍晝夜聰明淵塞著在圖讖河圖曰圖出代九天開明受用嗣興十代以光又括地象曰十代禮樂文雅並出謂明帝也至德所感通於神明功烈光于四海仁風行於千載而深執謙謙自稱不德無起寢廟埽地而祭除日祀之法春秋外傳曰日祭月祀時享祖禰則日祭高曾則月祀三祧則時享今此除日祀之法從時月之祭省送終之禮

遂藏主於光烈皇后更衣別室天下聞之莫不悽愴陛下至孝烝烝奉順聖德臣愚以爲更衣在中門之外處所殊別宜尊廟曰顯宗其四時禘祫於光武之堂閒祀悉還更衣續漢書曰五年再殷祭三年一祫五年一禘禘父爲昭南向子爲穆北向禘以夏四月祫以冬十月禘之爲言諦諦審昭穆尊卑之義祫者合也冬十月五穀成故骨肉合飲食於祖廟謂之殷祭四時正祭外有五月嘗麥三伏立秋嘗粢盛酎十月嘗稻等謂之閒祀即各于更衣之殿更衣者非正處也園中有寢有便殿寢者陵上正殿便殿寢側之別殿即更衣也共進武德之舞如孝文皇帝祫祭高廟故事前書高廟奏武德文始五行之

舞制曰可是歲牛疫京師及三州大旱詔勿收兖豫徐州田租芻稾其以見穀賑給貧人

建初元年春正月詔三州郡國方春東作恐人稍受稟往來煩劇或妨耕農稟給也稍謂少少給之不頓與其各實覈尤貧者計所貸并與之并音必政反流人欲歸本者郡縣其實稟令足還到聽過止官亭無雇舍宿長吏親躬無使貧弱遺脫小吏豪右得容姦妄前書曰百石已下有斗食佐史之秩言小吏也詔書既下勿得稽留刺史明加督察尤無狀者無狀謂其罪惡尤大其狀無可寄言故云無狀它皆類此丙寅詔曰比年牛多疾疫墾田減少穀價頗貴人以流亡方春東作宜及時務二千石勉勸農桑弘致勞來羣公庶尹各推精誠專急人事罪非殊死須立秋案驗有司明慎選舉進柔良退貪猾順時令理寃獄五教在寛帝典所美五教謂父義母慈兄友弟恭子孝也尚書舜典曰汝作司徒敬敷五教在寛愷悌君子大雅所歎愷樂悌易也詩大雅泂酌

篇曰愷悌君子人之父母布告天下使明知朕意酒泉太守段彭討擊車師大破之罷戊己校尉官二月武陵澧中蠻叛武陵郡今澧州水經曰澧水出武陵充縣西歷山之北也三月甲寅山陽東平地震己巳詔曰朕以無德奉承大業夙夜慄慄不敢荒寧孔安國注尚書曰不敢荒怠自安寧而災異仍見與政相應朕既不明涉道日寡又選舉乖實俗吏傷人官職秏亂刑罰不中可不憂與昔仲弓季氏之家臣子游武城之小宰孔子猶誨以賢才問以得人論語仲弓爲季氏宰問政子曰赦小過舉賢才子游爲武城宰孔子謂之曰汝得人焉耳乎明政無大小以得人爲本夫鄉舉里選必累功勞今刺史守相不明眞僞茂才孝廉歲以百數既非能顯而當授之政事甚無謂也每尋前世舉人貢士或起甽畝不繫閥閱說文曰甽田中之溝音工犬反史記曰明其等曰閥積其功曰閱言前代舉人務取賢才不拘門地敷奏以言則文章可採明試以功則政有異迹敷陳奏進也令各陳進其言則知其能否也尚書曰敷奏以言明試以功則政之類文質彬彬朕甚嘉之彬彬雜半之貌其

令太傅三公中二千石二千石郡國守相舉賢良方正能直言極諫之士各一人夏五月辛酉初舉孝廉郎中寬博有謀任典城者以補長相（任堪使也典主也長謂縣長相謂矦相）秋七月辛亥詔以上林池籞田賦與貧人（籞禁苑也音語前書音義曰折竹以繩懸連之使人不得往來謂之籞）八月庚寅有星孛于天市（史記曰房爲天駟東北曲十二星曰旗旗中四星曰天市）九月永昌哀牢夷叛冬十月武陵郡兵討叛蠻破降之十一月阜陵王延謀反貶爲阜陵矦

二年春三月辛丑詔曰比年陰陽不調飢饉屢臻深惟先帝憂人之本（本謂稼穡）詔書曰不傷財不害人誠欲元元去末歸本而今貴戚近親奢縱無度嫁娶送終尤爲僭侈有司廢典莫肯舉察春秋之義以貴理賤今自三公並宜明糾非法宣振威風朕在弱冠未知稼穡之艱難區區管窺豈能照一隅哉（史記扁鵲曰以管窺天以隙視文）其科條制度所宜施行在事者備爲之禁先京師而後諸夏（公羊傳曰春秋内中國而外諸夏内諸矦而外夷狄王者欲一乎天下曷以内外之辭言自近者始也）甲辰罷伊吾盧屯兵（永平十六年置）永昌越嶲益州三郡民夷討哀牢破平之夏四月戊子詔還坐楚淮陽事徙者四百餘家令歸本郡癸巳詔齊相省冰紈方空縠吹綸絮（紈素也冰言色鮮絜如冰釋名曰縠紗也方空者紗薄如空也或曰空孔也即今之方目紗也綸似絮而細吹者言吹噓可成亦紗也前書齊有三服官故詔齊相罷之）六月燒當羌叛金城太守郝崇討之敗績羌遂寇漢陽秋八月遣行車騎將軍馬防討平之十二月戊寅有星孛于紫宮

三年春正月己酉宗祀明堂禮畢登靈臺望雲物大赦天下三月癸巳立貴人竇氏爲皇后賜爵人二級三老孝悌力田人三級民無名數及流民欲占者人一級鰥寡孤獨篤癃貧不能自存者粟人五斛夏四月己巳罷常山呼沲石臼河漕（石臼河名也在今定州唐縣東北時鄧訓上言此漕難成遂罷之漕水運也音才到反）行車騎將軍馬防破燒當羌於臨洮（臨洮縣名屬隴西郡即今岷山之州）閏月

西域假司馬班超擊姑墨大破之（姑墨西域國名去長安八千一百五十里）冬十二月丁酉以馬防爲車騎將軍武陵漊中蠻叛（漊水名音婁源出今澧州崇義縣西北山）是歲零陵獻芝草

四年春二月庚寅太尉牟融薨夏四月戊子立皇子慶爲皇太子賜爵人二級三老孝悌力田人三級民無名數及流人欲自占者人一級鰥寡孤獨篤癃貧不能自存者粟人五斛己丑徙鉅鹿王恭爲江陵王汝南王暢爲梁王常山王昞爲淮陽王辛卯封皇子伉爲千乘王（音抗）全爲平春王（平春縣屬江夏郡）五月丙辰車騎將軍馬防罷甲戌司徒鮑昱爲太尉南陽太守桓虞爲司徒（虞字仲春馮翊人）六月癸丑皇太后馬氏崩秋七月壬戌葬明德皇太后冬牛大疫十一月壬戌詔曰蓋三代導人教學爲本（前書曰三代之道鄉里有教夏曰校殷曰庠周曰序）漢承暴秦褒顯儒術建立五經爲置博士其後學者精進雖曰承師亦別名家（言雖承一師之業其後觸類而長更爲章句則別爲一家之學）孝宣皇帝以爲去聖久遠學不厭博故遂立大小夏侯尚書後又立京氏易（大小夏侯謂夏侯勝勝從兄子建也京氏京房也）至建武中復置顏氏嚴氏春秋大小戴禮博士（嚴氏謂嚴彭祖顏氏謂顏安樂大小戴謂戴德戴聖也）此皆所以扶進微學尊廣道藝也中元元年詔書五經章句煩多議欲減省至永平元年長水校尉儵（樊儵）奏言先帝大業當以時施行欲使諸儒共正經義頗令學者得以自助孔子曰學之不講是吾憂也又曰博學而篤志切問而近思仁在其中矣（論語文也講猶習也篤厚也志記也言人能博涉學而後識之切問於己所未悟之事近思己所能及之事好學亦仁之一分故仁在其中矣）於戲其勉之哉於是下太常將大夫博士議郎郎官（博士屬太常故云下）及諸生諸儒會白虎觀講議五經同異使五官中郎將魏應承制問（續漢志曰五官中郎將比二千石）侍中淳于恭奏帝親稱制臨決如孝宣甘露石渠故事（前書甘露二年詔諸儒講五經異同蕭望之等平奏其議上親制臨決焉又曰施讎甘露中論五經於石

渠閣三輔故事曰石渠閣在未央殿北藏秘書之所作白虎議奏今白虎通是
歲甘露降泉陵洮陽二縣二縣屬零陵郡泉陵城在今永州零陵縣北洮陽故城在今湘源縣西北
五年春二月庚辰朔日有食之詔曰朕新
離供養去年馬太后崩愆咎衆著上天降異大變
隨之詩不云乎亦孔之醜詩小雅曰朔月辛卯日有食之亦孔之醜孔甚也醜惡也又久旱傷麥憂心慘切公卿巳下
其舉直言極諫能指朕過失者各一人遣
詣公車將親覽問焉其以巖穴爲先勿取

浮華前書鄒陽曰顯巖穴之士甲申詔曰春秋書無麥苗
重之也春秋莊公七年秋大水無麥苗公羊傳曰一災不書待無麥然後書無苗何休注曰不書穀至麥苗獨書人食最重也去秋雨澤不適今時復旱
如炎如焚炎焚言熱氣甚韓詩旱魃爲虐如炎如焚凶年無時而
爲備未至朕之不德上累三光震慄忉忉
痛心疾首忉音刀詩曰憂心忉忉又曰疢如疾首前代聖君博思
咨諏咨諏謀也音子余反雖降災咎輒有開匱反風
之應武王有疾周公作請命之書藏於金匱後管蔡流言成王疑周公天乃大風禾木盡偃成王啓金匱得書乃郊天謝過天乃反風起禾事見尚書令予小子徒慘慘

而巳其令二千石理冤獄録輕繫禱五嶽
四瀆及名山能興雲致雨者冀蒙不崇朝
徧雨天下之報尚書大傳曰五嶽皆觸石出雲膚寸而合不崇朝而雨天下務
加肅敬焉三月甲寅詔曰孔子曰刑罰不
中則人無所措手足今吏多不良擅行喜
怒或案不以罪迫脅無辜致令自殺者一
歲且多於斷獄甚非爲人父母之意也書曰元后作人父母
有司其議糾舉之荆豫諸郡兵討
破武陵澧中叛蠻夏五月辛亥詔曰朕思

遲直士側席異聞遲猶希望也音持二反側席謂不正坐所以待賢良也
其先至者各以發憤吐懣略閒子大夫之
志矣皆欲置於左右顧問省納建武詔書
又曰堯試臣以職不直以言語筆札書舜典曰朕其試哉又曰歷試諸難札簡也
令外官多曠並可以補任
戊辰太傅趙憙薨冬始行月令迎氣樂東觀記曰馬防上言聖人作樂所以宣氣致和順陰陽也臣愚以爲可因歲首發太蔟之律奏雅頌之音以迎和氣時以作樂器費多遂獨行十月迎氣樂也
是歲零陵獻芝草有八
黃龍見於泉陵伏侯古今注曰見零陵泉陵湘水中相與戲其二大如馬有角

六枚大如駒無角西域假司馬班超擊疏勒破之

六年春二月辛卯琅邪王京薨夏五月辛酉趙王盱薨六月丙辰太尉鮑昱薨辛未晦日有食之秋七月癸巳以大司農鄧彪爲太尉

七年春正月沛王輔濟南王康東平王蒼中山王焉東海王政琅邪王宇來朝夏六月甲寅廢皇太子慶爲清河王立皇子肇爲皇太子己未徙廣平王羨爲西平王秋

八月飲酎高廟禘祭光武皇帝孝明皇帝前書高廟飲酎奏武德五行之舞音義云正月旦作酒八月成名曰酎酎者言醇也武帝時因八月嘗酎令諸侯出金助祭所謂酎金也丁孚漢儀式曰九眞交阯日南者用犀角二長九寸若瑇瑁甲一鬱林用象牙一長三尺已上若翠羽各二十準以當金甲辰詔書云祖考來假明哲之祀假音格格至也尚書夔曰於予擊石拊石拊琴瑟以詠祖考來格言明哲祭祀則能致祖考之神來至予末小子質又菲薄仰惟先帝烝烝之情前修禘祭以盡孝敬朕得識昭穆之序寄遠祖之思今年大禮復舉加以先帝之坐言顯宗神坐令新加之悲傷感懷樂以

迎來哀以送往雖祭亡如在而空虛不知所裁庶或饗之豈亡克愼肅雍之臣辟公之相肅敬雍和相助也詩大雅曰有來雍雍至止肅肅相維辟公天子穆穆言百辟諸侯來助祭皆有肅雍之德無斁慢也皆助朕之依依依依思慕之意今賜公錢四十萬卿半之及百官執事各有差

九月甲戌幸偃師東涉卷津卷縣名屬河南郡也卷音上權反至河內下詔曰車駕行秋稼觀收穫因涉郡界皆精騎輕行無它輜重不得輒修道橋遠離城郭遣吏逢迎刺探起居刺探謂候

伺也探音湯勘反出入前後以爲煩擾動務省約但患不能脫粟瓢飲耳晏子相齊食脫粟之飯孔子曰顏回一瓢飲所過欲令貧弱有利無違詔書遂覽淇園前書音義曰淇園衞之苑也己酉進幸鄴勞饗魏郡守令已下至于三老門闌走卒賜錢各有差勞賜常山趙國吏人復元氏租賦三歲辛卯車駕還宮詔天下繫囚減死一等勿笞詣邊戍妻子自隨占著所在父母同産欲相從者恣聽之有不到者皆以乏軍興論軍興而闕

闕乏當死刑也及犯殊死一切募下蠶室其女子
宮繫囚鬼薪白粲已上前書曰鬼薪白粲已上皆三歲刑也男子
爲鬼薪取薪以給宗廟女子爲白粲使擇米白粲粲然皆減本罪各一等
輸司寇作亡命贖死罪入縑二十匹右趾
至髡鉗城旦舂十匹完城旦至司寇三匹
吏人有罪未發覺詔書到自告者半入贖
冬十月癸丑西巡狩幸長安丙辰祠高廟
遂有事十一陵遣使者祠太上皇於萬年
太上皇高祖父也名煓音它官反一名執嘉三輔黃圖曰高祖初都櫟陽太上皇崩葬櫟陽北原陵號萬

年仍分置萬年縣在今櫟陽東北故就祭祀焉以中牢祠蕭何霍光
進幸槐里岐山得銅器形似酒罇獻之又
獲白鹿帝曰上無明天子下無賢方伯已見
明帝紀人之無良相怨一方詩小雅也良善也言王者所爲無有
善者各相與於一方而怨之義見韓詩斯器亦曷爲來哉公羊傳曰
孔子抱麟而泣曰孰爲來哉孰爲來哉又幸長平御池陽宮前書
音義曰長平坂在池陽南有長平觀去長安五十餘里東至高陵造舟於
涇而還造至也謂次比舟令相至爲橋而度也爾雅曰天子造舟諸侯維舟大夫方舟士特
舟每所到幸輒會郡縣吏人勞賜作樂十

一月詔勞賜河東守令掾以下十二月丁
亥車駕還宮是歲京師及郡國螟
八年春正月壬辰東平王蒼薨三月辛卯
葬東平憲王賜鑾輅龍旂夏六月北匈奴
大人率衆款塞降冬十二月甲午東巡狩
幸陳留梁國淮陽潁陽戊申車駕還宮詔
曰五經剖判去聖彌遠章句遺辭乖疑難
正恐先師微言將遂廢絕非所以重稽古
求道眞也其令羣儒選高才生受學左氏

穀梁春秋古文尚書毛詩以扶微學廣異
義焉是歲京師及郡國螟
元和元年春正月中山王焉來朝日南徼
外蠻夷獻生犀白雉劉欣明交州記曰犀其毛如豕蹏有三甲頭如馬有
三角鼻上角短額上頭上角長異物志曰角中特有光耀白理如線自本達末則爲通天犀閏
月辛丑濟陰王長薨二月甲戌詔曰王者
八政以食爲本尚書洪範八政一曰食是爲政本故古者急耕
稼之業致耒耜之勤耒耜農器也耒其柄耜其刃節用儲
蓄以備凶災是以歲雖不登而人無飢色

自牛疫已來穀食連少良由吏教未至刺
史二千石不以爲負（負猶憂也）其令郡國募人
無田欲徙它界就肥饒者恣聽之到在所
賜給公田爲雇耕傭賃種餉（餉糧也古餉字音式上反）貰
與田器勿收租五歲除筭三年其後欲還
本鄉者勿禁夏四月己卯分東平國封憲
王蒼子尚爲任城王六月辛酉沛王輔薨
秋七月丁未詔曰律云掠者唯得榜笞立
（蒼頡篇曰掠問也廣雅曰榜擊也音彭說文曰笞擊也立謂立而考訊之）又令丙箠長

短有數（令丙爲篇之次也前書音義曰令有先後有令甲令乙令丙又景帝京師定箠令箠
長五尺本大一寸其竹也末薄半寸其平去節故云長短有數也）自往者大獄
已來掠考多酷鉆鑽之屬（大獄謂楚王英等事也鉆音其廉反
說文曰鉆鋷也國語曰中刑用鑽鑿皆謂慘酷其肌膚也）慘苦無極念其痛
毒怵然動心書曰鞭作官刑豈云若此（孔安
國注尚書曰以鞭爲理官事之刑）宜及秋冬理獄明爲其禁
八月甲子太尉鄧彪罷大司農鄭弘爲太
尉癸酉詔曰朕道化不德吏政失和元元
未諭抵罪於下寇賊爭心不息邊野邑屋

不修（修或作充）永惟庶事思稽厥衷與凡百君
子共弘斯道中心悠悠將何以寄其改建
初九年爲元和元年郡國中都官繫囚減
死一等勿笞詣邊縣妻子自隨占著在所
其犯殊死一切募下蠶室其女子宮繫囚
鬼薪白粲以上皆減本罪一等輸司寇作
亡命者贖各有差丁酉南巡狩詔所經道
上郡縣無得設儲跱（儲積也跱具也言不預有蓄備）命司空
自將徒支柱橋梁（柱音竹主反）有遣使奉迎探

知起居二千石當坐其賜鰥寡孤獨不能
自存者粟人五斛九月乙未東平王忠薨
辛丑幸章陵祠舊宅園廟見宗室故人賞
賜各有差冬十月己未進幸江陵詔廬江
太守祠南嶽又詔長沙零陵太守祠長沙
定王舂陵節侯鬱林府君還幸宛十一月
己丑車駕還宮賜從者各有差十二月壬
子詔曰書云父不慈子不祗兄不友弟不
恭不相及也（祗敬也左傳胥臣云康誥曰父不慈子不祗兄不友弟不恭不相及也今）

康誥之言事同而文異往者妖言大獄所及廣遠一
人犯罪禁至三屬即三族也謂父族母族及妻族莫得垂纓
仕宦王朝如有賢才而没齒無用朕甚憐
之非所謂與之更始也諸以前妖惡禁錮
者一皆蠲除之左傳曰以重幣錮之杜預注曰禁錮勿令仕也以明弃咎
之路但不得在宿衛而已
二年春正月乙酉詔曰令云人有産子者
復勿筭三歲令諸懷妊者說文曰妊孕也賜胎養
穀人三斛復其夫勿筭一歲著以爲令又

後漢帝紀三　十八　王甫

詔三公曰方春生養萬物莩甲前書音義曰莩葉裏
白皮也易曰百果甲坼也宜助萌陽以育時物其令有司
罪非殊死且勿案驗及吏人條書相告不
得聽受條事條也冀以息事寧人敬奉天氣立
秋如故夫俗吏矯飾外貌似是而非揆之
人事則悅耳論之陰陽則傷化朕甚饜之
甚苦之安靜之吏悃愊無華說文云悃愊至誠也悃音苦本
反愊音孚逼反日計不足月計有餘莊子曰有庚桑子者偏得老聃
之道以居畏壘之山畏壘之人相與云庚桑子之始來吾洒然異之今吾日計之不足歲計之有餘庶幾

其聖人乎如襄城令劉方方字伯況平原人吏人同聲謂
之不煩雖未有它異斯亦殆近之矣間勑
二千石各尚寛明而今富姦行賂於下貪
吏枉法於上使有罪不論而無過被刑甚
大逆也夫以苛爲察以刻爲明以輕爲德
以重爲威四者或興則下有怨心吾詔書
數下冠蓋接道而吏不加理人或失職其
咎安在勉思舊令稱朕意焉二月甲寅始
用四分歷續漢書曰時待詔張盛京房鮑業等以四分歷請與待詔楊岑等共課歲餘盛

後漢帝紀三　十九　周清

等所中多四分之歷始頗施行詔曰今山川鬼神應典禮者
尚未咸秩咸皆也秩序也言山川之神尚未次序而祭之書曰咸秩無文其議
增修羣祀以祈豐年丙辰東巡狩己未鳳
皇集肥城肥城縣名屬太山郡故城在今濟州平陰縣東南乙丑帝耕
於定陶詔曰三老尊年也孝悌淑行也力
田勤勞也國家甚休之其賜帛人一匹勉
率農功使使者祠唐堯於成陽靈臺成陽縣屬
濟陰郡郭緣生述征記曰成陽縣東南有堯母慶都墓上有祠廟堯母陵俗亦名靈臺大母辛
未幸太山柴告岱宗有黃鵠三十從西南

來經祠壇上東北過于宮屋翱翔升降進幸奉高壬申宗祀五帝于汶上明堂前書曰濟南人公玉帶上黃帝時明堂圖中有一殿四面無壁以茅蓋通水水圜宮垣爲複道上有樓從西南入名曰崑崙以拜祀上帝於是上作明堂於汶上如帶圖焉汶水出太山朱虛縣萊蕪山癸酉告祠二祖四宗二祖謂高祖世祖四宗謂文帝爲太宗武帝爲世宗宣帝爲中宗明帝爲顯宗大會外內羣臣丙子詔曰朕巡狩岱宗柴望山川告祀明堂以章先勳其二王之後禮記曰存二王之後尊賢不過二代公羊傳曰存二王之後所以通三正也漢之二王殷周之後也先聖之胤東觀記曰孔子後褒成侯等咸來助祭東后蕃衛東后謂東方國

君也諸侯爲天子藩屏故曰藩衛伯父伯兄仲叔季弟幼子童孫尚書呂刑文皆天子同姓諸侯有父叔兄弟子孫列者故總而言之百僚從臣宗室衆子要荒四裔要荒二服名要服去王城二千里荒服去王城二千五百里要者言可要束以文教荒者言其荒忽無常也裔遠也謂荒服之外也沙漠之北葱領之西西河舊事曰葱領山名在敦煌西其山高大多葱故以爲名焉冒耏之類字書曰耏多須貌音而言須鬚多蒙冒其面或曰西域人多著冒而長故舉以爲言也跋涉懸度草行曰跋水行曰涉左傳子太叔曰跋涉山川西域傳曰懸度者石山也溪谷不通以繩索相引而度去陽關五千八百五十里陵踐阻絕駿奔郊時駿疾也音俊尚書駿奔走在廟郊時祭天神也前書音義曰時神靈之居止者咸來助祭

祖宗功德延及朕躬予一人空虛多疚纂承尊明疚病也纂繼也盥洗享薦慙愧祗慄詩不云乎君子如祉亂庶遄已詩小雅遄速也已止也祉福也鄭玄注云福者福賢者謂爵祿之也如此則亂亦庶幾可疾止也歷數既從靈燿著明歷數既從謂行四分歷也靈燿著明謂日月貞明亦欲與士大夫同心自新其大赦天下諸犯罪不當得赦者皆除之復博奉高嬴無出今年田租芻藁戊寅進幸濟南濟南縣名故城在今淄州長山縣西北三月己丑進幸魯祠東海恭王陵庚寅祠孔子

於闕里及七十二弟子賜褒成侯及諸孔男女帛壬辰進幸東平祠憲王陵陵在今鄆州須昌縣東甲午遣使者祠定陶太后恭王陵太后即元帝傅昭儀也定陶恭王康其陵在今曹州濟陰縣北乙未幸東阿北登太行山至天井關在今澤州晉城縣南今太行山上關南有天井泉三所也夏四月乙巳客星入紫宮乙卯車駕還宮庚申假于祖禰假至也音格禰父廟易曰王假有廟告祠高廟五月戊申詔曰乃者鳳皇黃龍鸞鳥比集七郡孫柔之瑞圖曰鸞鳥者赤神之精鳳皇之佐雞身赤毛色亦被五彩鳴中五音人君進退有度親疏有序

則至也比頻也或一郡再見及白烏神雀甘露屢臻
祖宗舊事或班恩施武帝時芝草生于甘泉宮宣帝時嘉穀玄稷降于郡國神雀仍集皆大赦天下其賜天下吏爵人三級高年鰥
寡孤獨帛人一匹經曰無侮鰥寡惠此煢
獨加賜河南女子百戶牛酒前書音義蘇林曰男賜爵女子賜牛酒姚察云女子謂賜爵者之妻史記封禪書百戶牛一頭酒十石臣賢案此女子百戶若是戶頭之妻不得更稱爲戶此謂女戶頭即今之女戶也天下稱慶恩當普洽所以男戶賜爵女子賜牛酒令
天下大酺五日賜公卿已下錢帛各有差
及洛陽人當酺者布戶一匹城外三戶共

後漢帝紀三　二十二　李昇

一匹賜博士員弟子見在太學者布人三
匹令郡國上明經者口十萬以上五人不
滿十萬三人改盧江爲六安國江陵復爲
南郡建初四年改爲江陵國今又復之徙江陵王恭爲六安王
秋七月庚子詔曰春秋於春每月書王者
重三正愼三微也三正謂天地人之正所以有三者由有三微之月王者所當奉而成之禮記曰正朔三而改文質再而復三微者三正之始萬物皆微物色不同故王者取法焉十一月時陽氣始施於黃泉之下色皆赤赤者陽氣故周爲天正色尚赤十二月萬物始牙而色白白者陰氣故殷爲地正色尚白十三月萬物莩甲而出其色皆黑人得加功展業故夏爲人正色尚黑尚書大傳

曰夏十三月爲正平旦爲朔殷以十二月爲正鷄鳴爲朔周以十一月爲正夜半爲朔必以三微之月爲正者當爾之時物皆尚微王者授命當扶微理弱奉成之義也律十二月立春
不以報囚報猶論也立春陽氣至可以施生故不論囚月令冬至之
後有順陽助生之文月令仲冬是月也日短至陰陽爭諸生蕩君子身欲寧事欲靜以待陰陽之所定也而無鞫獄斷刑之政朕咨訪
儒雅稽之典籍以爲王者生殺宜順時氣
其定律無以十一月十二月報囚九月壬
辰詔鳳皇黃龍所見亭部無出二年租賦
東觀記曰鳳皇見肥城句窳亭槐樹上古今注云黃龍見洛陽元延亭部窳音庾加賜男

後漢帝紀三　二十三　李昇

子爵人二級先見者帛二十匹近者三匹
大守三十匹令長十五匹丞尉半之詩云
雖無德與汝式歌且舞詩小雅也取雖無大德要有喜悅之心欲歌舞也式用也它如賜爵故事丙申徙濟南王康中
山王焉會烝祭冬十一月壬辰日南至初
閉關梁易曰先王以至日閉關商旅不行王弼注曰冬至陰之復夏至陽之復故爲復即至於寂然大靜先王則天地而行者也
三年春正月乙酉詔曰蓋君人者視民如
父母有憯怛之憂有忠和之教匍匐之救

周禮鄉司徒以鄉三物教萬民一曰六德謂智仁聖義忠和詩鄘風曰凡民有喪匍匐救之其
嬰兒無父母親屬及有子不能養食者稟
給如律丙申北巡狩濟南王康中山王焉
西平王羨六安王恭樂成王黨淮陽王昞
任城王尚沛王定皆從辛丑帝耕于懷二
月壬寅告常山魏郡清河鉅鹿平原東平
郡太守相曰朕惟巡狩之制以宣聲教考
同遐迩解釋怨結也今四國無政不用其
良詩小雅曰日月告凶不用其行四國無政不用其良言四方之國無政者由天子不用善人也駕

言出游欲親知其劇易前祠園陵遂望祀
華霍華霍山名也在今廬江灊縣西南亦名天柱山爾雅曰華山爲西嶽霍山爲南嶽東
紫岱宗爲人祈福今將禮常山遂徂北土
歷魏郡經平原升踐隄防詢訪耆老咸曰
往者汴門未作深者成淵淺則泥塗追惟
先帝勤人之德謂永平十二年修汴渠厎績遠圖復禹
弘業尚書曰覃懷厎績孔安國注云厎置績功也遠圖猶長筭也言能復禹爲理水之大功
聖跡滂流至于海表不克堂桓朕甚慙焉
尚書曰若考作室既厎法厥子乃不肯堂矧肯構月令孟春善相丘陵

土地所宜月令孟春之月善相丘陵阪險原隰土地所宜五穀所殖以教導人必躬親之
田事既飭今肥田尚多未有墾闢其悉以賦貧
民給與糧種務盡地力勿令游手所過縣
邑聽半入今年田租以勸農夫之勞乙丑
勑侍御史司空曰方春所過無得有所伐
殺車可以引避引避之騑馬可輟解輟解
之夾轅者爲服馬服馬外爲騑馬詩云敦彼行葦牛羊勿踐
履詩大雅云鄭玄注曰敦敦然道旁之葦牧牛羊者無使踐履折傷之況於人乎禮人君
伐一草木不時謂之不孝禮記孔子曰伐一樹殺一獸不以其時非

孝也俗知順人莫知順天其明稱朕意戊辰
進幸中山遣使者祠北嶽出長城史記蒙恬爲秦築長
城西自臨洮東至海癸酉還幸元氏祠光武顯宗於縣
舍正堂明日又祠顯宗于始生堂皆奏樂
明帝生于常山元氏傳舍也三月丙子詔高邑令祠光武
於即位壇復元氏七年傜役己卯進幸趙
庚辰祠房山於靈壽靈壽縣名屬常山郡今桓州縣也房山今在桓州房
山縣縣西北俗名王母山上有王母祠辛卯車駕還宮賜從行
者各有差夏四月丙寅太尉鄭弘免大司

農宋由爲太尉（由字叔路長安人）五月丙子司空第五倫罷太僕袁安爲司空秋八月乙丑幸安邑觀鹽池（許慎云河東鹽池袤五十一里廣七里周百一十六里今蒲州虞鄉縣西）九月至自安邑冬十月北海王基薨燒當羌叛寇隴西是歲西域長史班超擊斬疏勒王

章和元年春三月護羌校尉傅育追擊叛羌戰歿夏四月丙子令郡國中都官繫囚減死一等詣金城戍六月戊辰司徒桓虞

免癸卯司空袁安爲司徒光祿勳任隗爲司空（虞字仲春馮翊萬年人隗字仲和南陽宛人）秋七月癸卯齊王晃有罪貶爲蕪湖侯（蕪湖縣名屬丹陽故城在今宣州當塗縣東南）壬子淮陽王昞薨鮮卑擊破北單于斬之燒當羌寇金城護羌校尉劉盱討之斬其渠帥壬戌詔曰朕聞明君之德啓迪鴻化緝熙康乂光照六幽（緝熙光明也六幽謂六合幽隱之處也）訖惟人面靡不率俾仁風翔于海表威霆行乎鬼區（鬼區即鬼方）然後敬恭明祀膺五福之慶獲來儀之貺（尚書五福一曰壽二曰富三曰康寧四曰攸好德五曰考終命來儀謂鳳也書曰鳳皇來儀）朕以不德受祖宗弘烈乃者鳳皇仍集麒麟並臻甘露宵降嘉穀滋生芝草之類歲月不絶朕夙夜祗畏上天無以彰于先功今改元和四年爲章和元年秋令是月養衰老授几杖行糜粥飲食（月令仲秋之令）其賜高年二人共布帛各一匹以爲醴酪死罪囚犯法在丙子赦前而後捕繫者皆減死勿笞詣金城戍八月癸酉南巡狩壬午

遣使者祠昭靈后於小黃園（小黃縣屬陳留郡故城在今汴州陳留縣東北漢舊儀曰昭靈后高祖母起兵時死小黃北後爲作園廟于小黃屬陳留風俗傳曰沛公起兵野戰喪皇妣于黃鄉天下平定乃使使者以梓宮招魂幽野於是丹蛇在水自洒濯之入于梓宮其浴處有遺髮故謚曰昭靈夫人）甲申徵任城王尚會睢陽戊子幸梁己丑遣使祠沛高原廟豐枌榆社（前書音義曰枌白榆高祖里社在豐縣東北十五里原廟解見光武紀）乙未幸沛祠獻王陵徵會東海王政乙未晦日有食之九月庚子幸彭城東海王政沛王定任城王尚皆從辛亥幸壽春壬子詔郡國中都

宮繫囚減死罪一等詣金城戍犯殊死者一切募下蠶室其女子宮繫囚鬼薪白粲已上減罪一等輸司寇作亡命者贖死罪縑二十匹右趾至髡鉗城旦舂七匹完城旦至司寇三匹吏民犯罪未發覺詔書到自告者半入贖復封阜陵侯延爲阜陵王己未幸汝陰（縣名屬汝南郡今潁川縣）冬十月丙子車駕還宮北匈奴屋蘭儲等率衆降是歲西域長史班超擊莎車大破之月氏國遣使獻扶拔師子（扶拔似麟無角拔音步末反）

二年春正月濟南王康阜陵王延中山王焉來朝壬辰帝崩於章德前殿年三十三遺詔無起寢廟一如先帝法制

論曰魏文帝稱明帝察察章帝長者（以上華嶠之辭）章帝素知人厭明帝苛切事從寬厚感陳寵之義除慘獄之科（寵時爲尚書以吏政嚴切刀上書除慘酷之科五十餘條具本傳也）深元元之愛著胎養之令（元和二年令諸懷姙者賜穀人三斛）奉承明德太后盡心孝道割裂名

都以崇建周親（周至也）平傜簡賦而人賴其慶又體之以忠恕文之以禮樂故乃蕃輔克諧羣后德讓謂之長者不亦宜乎在位十三年郡國所上符瑞合於圖書者數百千所烏呼懋哉（懋美也）

贊曰肅宗濟濟天性愷悌於穆后德諒惟淵體（於穆歎美也尚書曰齊聖廣淵也）左右蓺文斟酌律禮（蓺文謂諸儒講五經同異帝親稱制論決也律謂詔云立春不以報囚也禮謂修禘祫登靈臺之屬）思服帝道弘此長懋儒館獻歌戎亭虛候（獻歌謂崔駰游太學時上四巡等頌）氣調時豫憲平人富

後漢帝紀卷第三

唐章懷太子　賢　注

孝和皇帝

孝殤皇帝

孝和皇帝諱肇謚法曰不剛不柔曰和伏侯古今注曰肇之字曰始肇音兆臣賢案許慎說文肇音大可反上諱也但伏侯許慎並漢時人而帝諱不同蓋應別有所據肅宗第四子也母梁貴人爲竇皇后所譖憂卒竇后養帝以爲己子建初七年立爲皇太子章和二年二月壬辰即皇帝位年十歲

尊皇后曰皇太后太后臨朝三月丁酉改淮陽爲陳國今陳州楚郡爲彭城國今徐州西平并汝南郡西平縣故柏子國也在今豫州吴房縣西北六安復爲廬江郡即今廬州廬江縣西故舒城是遺詔徙西平王羨爲陳王六安王恭爲彭城王癸卯葬孝章皇帝于敬陵在洛陽城東南三十九里古今注曰陵周三百步高六丈二尺庚戌皇太后詔曰先帝以明聖奉承祖宗至德要道天下清靜庶事咸寧今皇帝以幼年煢煢在疚疚病也煢煢然在憂病之中也煢或作嬛詩周頌云嬛嬛在疚朕且佐助聽政外有大國賢王並爲蕃屏內有公卿大夫統理本朝恭己受成夫何憂哉孔子曰舜何爲哉恭己正南面而已尚書曰予小子垂拱仰成然守文之際必有內輔以參聽斷侍中憲朕之元兄行能兼備忠孝尤篤先帝所器親受遺詔當以舊典輔斯職焉憲固執謙讓節不可奪今供養兩宮兩宮謂帝宮太后宮宿衛左右厥事已重亦不可復勞以政事故太尉鄧彪元功之族三讓彌高元功謂高密侯禹也彪父邯中興初有功封鄳侯父卒彪讓國異母弟鳳論語孔子

曰太伯三以天下讓民無得而稱焉鄭玄注云太伯周太王之長子欲讓其弟季歷太王有疾太伯因適吴越採藥太王薨而不返季歷爲喪主一讓也季歷赴之不來奔喪二讓也終喪之後遂斷髮文身三讓也彪讓封弟故以比之鄳音莫杏反海內歸仁爲羣賢首先帝褒表欲以崇化今彪聰明康彊可謂老成黄耇矣老成言老而有成德也詩大雅曰雖無老成人黄謂髮落更生黄者耇者亦老也詩序曰外尊事黄耇者其以彪爲太傅賜爵關內侯錄尚書事百官總己以聽古者君在諒闇百官總己之職事以聽於冢宰錄尚書事則冢宰之任也朕庶幾得專心內位於戲羣公其勉率百僚各修厥職愛養元元綏以中和

稱朕意焉辛酉有司上奏孝章皇帝崇弘鴻業德化普洽垂意黎民留念稼穡文加殊俗武暢方表界惟人面無思不服巍巍蕩蕩莫與比隆巍巍乎其有成功蕩蕩乎人無能名焉孔子美帝堯之詞見論語周頌曰於穆清廟肅雝顯相清廟文王廟也於穆歎美之詞言助祭者禮儀肅且和也請上尊廟曰肅宗共進武德之舞制曰可癸亥陳王羨彭城王恭樂成王黨下邳王衍梁王暢始就國建初三年章帝不忍與諸王乖離皆留京師今遣之國夏四月丙子謁高廟丁丑謁

世祖廟戊寅詔曰昔孝武皇帝致誅胡越故權收鹽鐵之利武帝使孔僅東郭咸陽乘傳舉行天下鹽鐵作官府收利私家更不得鑄鐵煮鹽以奉師旅之費自中興以來匈奴未賓永平末年復修征伐先帝即位務休力役然猶深思遠慮安不忘危探觀舊典復收鹽鐵欲以防備不虞寧安邊境而吏多不良動失其便以違上意先帝恨之故遺戒郡國罷鹽鐵之禁縱民煮鑄入稅縣官如故事前書音義曰縣官謂天子其申勅刺史二千

石奉順聖旨勉弘德化布告天下使明知朕意五月京師旱詔長樂少府桓郁侍講禁中長樂宮之少府也郁榮子也冬十月乙亥以侍中竇憲爲車騎將軍伐北匈奴安息國遣使獻師子扶拔扶拔解見章紀

永元元年春三月甲辰初令郎官詔除者得占丞尉以比秩爲眞漢官儀曰羽林郎出補三百石丞尉自占丞尉小縣丞尉三百石其次四百石比秩爲眞皆所以優之夏六月車騎將軍竇憲出雞鹿塞今在朔方窳渾縣北關驛十三州志云窳渾縣有大道西北出雞鹿塞窳音羊主反度遼將軍鄧鴻出棝陽塞棝陽縣屬九原郡故城在今勝州銀城縣界棝音固南單于出滿夷谷滿夷谷闕

與北匈奴戰於稽落山大破之追至和渠北鞮海竇憲遂登燕然山刻石勒功而還北單于遣弟右溫禺鞮王鞮音丁兮反奉奏貢獻秋七月乙未會稽山崩閏月丙子詔曰匈奴背叛爲害久遠賴祖宗之靈師克有捷醜虜破碎遂掃厥庭詩曰仍執醜虜庭謂單于所常居也役不再籍猶言不籍再舉萬里清蕩非朕小子眇身

所能克堪有司其案舊典告類薦功以章
休烈類祭天也書曰類于上帝薦進也以功進告於天九月庚申以車
騎將軍竇憲爲大將軍以中郎將劉尚爲
車騎將軍冬十月令郡國弛刑輸作軍營
其從出塞者刑雖未竟皆免歸田里庚子
阜陵王延薨是歲郡國九大水
二年春正月丁丑大赦天下二月壬午日
有食之東觀記曰史官不覺涿郡言之己亥復置西河上郡
屬國都尉官前書西河郡美稷縣上郡龜茲縣並有屬國都尉其秩比二千石十

三州志曰典屬國武帝置掌納匈奴降者也哀帝省并大鴻臚故今復置之夏五月庚
戌分太山爲濟北國分樂成涿郡勃海爲
河閒國丙辰封皇弟壽爲濟北王開爲河
閒王淑爲城陽王紹封故淮陽王昞子側
爲常山王賜公卿以下至佐史錢布各有
差己未遣副校尉閻磐討北匈奴取伊吾
盧地丁卯紹封故齊王晃子無忌爲齊王
北海王睦子威爲北海王車師前後王並
遣子入侍車師有後王前王前王即後王之子其庭相去五百里月氏國

遣兵攻西域長史班超超擊降之六月辛
卯中山王焉薨秋七月乙卯大將軍竇憲
出屯涼州九月北匈奴遣使稱臣冬十月
遣行中郎將班固報命南單于遣左谷蠡
王師子左谷蠡匈奴王號師子其名也谷音鹿蠡音離出雞鹿塞擊
北匈奴於河雲北大破之
三年春正月甲子皇帝加元服元首也謂加冠於首儀禮
冠者先筮日後筮賓東觀記曰時太后詔袁安爲賓賜束帛乘馬賜諸侯王公將
軍特進漢官儀曰諸侯功德優盛朝廷所敬異者賜位特進在三公下中二千

石列侯宗室子孫在京師奉朝請者黃金
奉朝請無員三公外戚宗室諸侯多奉朝請漢律春曰朝秋曰請將大夫郎吏
從官帛將謂五官及左右郎將也大夫謂光祿太中中散諫議大夫也十三州志曰大夫皆
掌顧問應對言議夫之言扶也言能扶持君父也賜民爵及粟帛各有
差大酺五日郡國中都官繫囚死罪贖縑
至司寇及亡命各有差庚辰賜京師民酺
布兩戶共一匹二月大將軍竇憲遣左校
尉耿夔出居延塞居延縣屬張掖郡居延澤在東北武帝使伏波將軍路博
德築遮虜障於居延城圍北單于於金微山大破之獲

其母閼氏（閼氏匈奴后之號也音焉支）夏六月辛卯尊皇
太后母比陽公主（東海恭王彊女）爲長公主辛丑
阜陵王种薨（阜陵王延之子）冬十月癸未行幸長
安詔曰北狄破滅名王仍降（仍頻也）西域諸
國納質內附豈非祖宗迪哲重光之鴻烈
歟（迪蹈也言由祖宗蹈履明智有重光累聖之德成此大業也書曰茲四人迪哲又曰宣重光也）寤
寐歎息想望舊京其賜行所過二千石長
吏已下及三老官屬錢帛各有差鰥寡孤
獨篤癃貧不能自存者粟人三斛十一月

癸卯祠高廟遂有事十一陵詔曰高祖功
臣蕭曹爲首有傳世不絕之義曹相國後
容城侯無嗣朕望長陵東門見二臣之壠
（東觀記曰蕭何墓在長陵東司馬門道北百步廟記云曹參冢在長陵旁道北近蕭何冢）循其
遠節每有感焉忠義獲寵古今所同可遣
使者以中牢祠大鴻臚求近親宜爲嗣者
須景風紹封以章厥功（續漢志曰大鴻臚掌封拜諸侯及其嗣春秋考異郵曰夏至四十五日景風至則封有功也）十二月復置西域都
護騎都尉戊已校尉官庚辰至自長安減

弛刑徒從駕者刑五月
四年春正月北匈奴右谷蠡王於除鞬自
立爲單于款塞乞降（於除鞬其名也鞬音九言反）遣大將
軍左校尉耿夔授璽綬（東觀記曰賜玉具劍羽蓋車一駟中郎將持節衛護焉）三月癸丑司徒袁安薨閏月丁丑
太常丁鴻爲司徒夏四月丙辰大將軍竇
憲還至京師六月戊戌朔日有食之丙辰
郡國十三地震竇憲潛圖弒逆庚申幸北
宮詔收捕憲黨射聲校尉郭璜（郭況子也東觀記曰

璜作瑝音同）璜子侍中舉衛尉鄧疊疊弟步兵
校尉磊皆下獄死使謁者僕射（續漢書曰謁者僕射一人秩千石爲謁者臺率主謁者天子出奉引也）收憲大將軍印綬遣憲
及弟篤景就國到皆自殺是夏旱蝗秋七
月己丑太尉宋由坐黨憲自殺八月辛亥
司空任隗薨（任光子也）癸丑大司農尹睦爲太
尉錄尚書事（錄謂總領之也錄尚書自牟融始也）丁巳賜公卿以
下至佐史錢穀各有差冬十月己亥宗正
劉方爲司空十二月壬辰詔今年郡國秋

稼爲旱蝗所傷其什四以上勿收田租芻稾有不滿者以實除之（所損十不滿四者以見損除也）武陵零陵澧中蠻叛燒當羌冦金城五年春正月乙亥宗祀五帝於明堂遂登靈臺望雲物大赦天下戊子千乘王伉薨辛卯封皇弟萬歲爲廣宗王（廣宗縣名今貝州宗城縣隋煬帝諱廣故改爲宗城）二月戊戌詔有司省減內外廄及涼州諸苑馬（說文曰廄馬舍也漢官儀曰未央大廄長樂承華等廄令皆秩六百石又云牧師諸苑三十六所分置西北邊分養馬三十萬頭）自京師離宮果園

上林廣成囿悉以假貧民恣得采捕不收其稅丁未詔曰去年秋麥入少恐民食不足其上尤貧不能自給者戶口人數往者郡國上貧民以衣履釜鬵爲貲而豪右得其饒利（鬵音尋方言曰甑自關而東謂之鬵貧人既計釜甑以爲資財懼於役重多即賣之以避科稅豪富之家乘賤買故得其饒利）詔書實覈（說文云覈考實事也）欲有以益之而長吏不能躬親反更徵召會聚令失農作愁擾百姓若復有犯者二千石先坐甲寅太傅鄧彪薨戊午隴西地震三

月戊子詔曰選舉良才爲政之本科別行能必由鄉曲（周禮鄉大夫掌其鄉之政教考其德行察其道藝三年而舉賢能者於王）而郡國舉吏不加簡擇故先帝明勑在所令試之以職乃得充選（漢官儀曰建初八年十二月己未詔書辟士四科一曰德行高妙志節清白二曰經明行修能任博士三曰明曉法律足以決疑能案章覆問文任御史四曰剛毅多略遭事不惑明足照姦勇足決斷才任三輔令皆存孝悌清公之行自今已後審四科辟召及刺史二千石察舉茂才尤異孝廉吏務實校試以職有非其人不習曹事正舉者故不以實法）又德行尤異不須經職者別署狀上而宣布以來出入九年二千石曾不承奉恣心

從好司隸刺史訖無糾察（訖竟也）今新蒙赦令且復申勑後有犯者顯明其罰在位不以選舉爲憂督察不以發覺爲負（負亦憂也）非獨州郡也是以庶官多非其人下民被姦邪之傷由法不行故也庚寅遣使者分行貧民舉實流冗（冗散也流散者舉案其實而給之）開倉賑稟三十餘郡夏四月壬子封阜陵王种兄魴爲阜陵王（种無嗣故以魴襲也）六月丁酉郡國三雨雹（東觀記曰大如鴈子）秋九月辛酉廣宗王萬歲薨無子

國除匈奴單于於除鞬叛遣中郎將任尚
討滅之壬午令郡縣勸民蓄蔬食以助五
穀也蓄積 其官有陂池令得采取勿收假稅
二歲假猶租賃 冬十月辛未太尉尹睦薨漢官儀曰
睦字伯師犨人 十一月乙丑太僕張酺爲太尉是歲
武陵郡兵破叛蠻降之護羌校尉貫友討
燒當羌羌乃遁去南單于安國叛骨都侯
喜斬之
六年春正月永昌徼外夷遣使譯獻犀牛

大象己卯司徒丁鴻薨二月乙未遣謁者
分行稟貸三河兖冀青州貧民許侯馬光
自殺東觀記曰光前坐黨附竇憲歸國爲憲客奴所誣告乃自殺 丁未司空
劉方爲司徒太常張奮爲司空三月庚寅
詔流民所過郡國皆實稟之其有販賣者
勿出租稅漢循周法商賈有稅流人販賣故矜免之 又欲就賤還
歸者復一歲田租更賦復音福 丙寅詔曰朕
以眇末承奉鴻烈陰陽不和水旱違度濟
河之域凶饉流亡尚書曰濟河惟兗州言東南據濟西北距河 而
未獲忠言至謀所以匡救之策寤寐永歎
用思孔疚孔甚也疚病也詩云憂心孔疚 惟官人不得於上
黎民不安于下有司不念寬和而競爲苛
刻覆案不急以妨民事不急謂非要 甚非所以
上當天心下濟元元也思得忠良之士以
輔朕之不逮其令三公中二千石二千石
內郡守相舉賢良方正能直言極諫之士
各一人昭巖穴披幽隱遣詣公車前書音義曰公車署
名也公車所在故以名焉漢官儀曰公車令一人秩
六百石掌殿門諸上書詣闕下者皆集奏之凡所徵
召亦總領之 朕將悉聽焉帝乃親臨策問選補

郎吏夏四月蜀郡徼外羌率種人遣使內
附五月城陽王淑薨無子國除章帝子也 六月
己酉初令伏閉盡日漢官舊儀曰伏日萬鬼行故盡日閉不干它事 秋
七月京師旱詔中都官徒各除半刑謫其
未竟五月已下皆免遣丁巳幸洛陽寺寺官
舍也風俗通云寺嗣也理事之吏嗣續於其中 録囚徒舉寃獄收洛
陽令下獄抵罪司隷校尉河南尹皆左降
未及還宮而澍雨西域都護班超大破焉

耆尉犂斬其王自是西域降服納質者五
十餘國南單于安國從弟子逢侯率叛胡
亡出塞九月癸丑以光祿勳鄧鴻行車騎
將軍事與越騎校尉馮柱行度遼將軍朱
徵使匈奴中郎將杜崇討之冬十一月護
烏桓校尉任尚率烏桓鮮卑大破逢侯[illegible]
十三州志曰護烏丸擁節秩比二千石武帝置以護內附烏丸既而并於匈奴中郎將中興初班彪上言宜復此官以招附東胡乃復更置焉馮柱遣兵追擊復之詔以勃
海郡屬冀州武陵漊中蠻叛郡兵討平之

七年春正月行車騎將軍鄧鴻度遼將軍
朱徵中郎將杜崇皆下獄死時南單于安國與崇不相平乃上書告崇崇令斷其章緣此驚叛安國卒見殺帝後知之皆徵下獄夏四月辛亥
朔日有食之帝引見公卿問得失令將大
夫御史謁者博士議郎郎官會廷中各言
封事十三州志曰侍御史周官即柱下史秩六百石掌注記言行糾諸不法員十五人出有所察則稱使者焉謁者秦官也員七十人皆選孝廉年未五十曉解儐贊者歲盡拜縣令長史及都官府丞長史博士秦官博通古今秩皆六百石孝武初置五經博士後稍增至十四員取聰明威重者一人爲祭酒主領焉議郎郎官皆秦官也究無所掌秩六百石或四百石詔曰元首不明

化流無良政失於民謫見于天謫譴責也禮曰陽事不得謫見于天日爲之食深惟庶事五教在寬是以舊典
因孝廉之舉以求其人武帝元光元年董仲舒初開其議詔郡國舉孝廉各一人有司詳選郎官寬博有謀才任典城
者三十人任堪也音仁林反既而悉以所選郎出
補長相長縣長相侯相也十三州志云縣爲侯邑則令長爲相秩隨令長本秩五
月辛卯改千乘國爲樂安國千乘故城在今淄州高苑縣北樂安故城在今青州博昌縣南六月丙寅沛王定薨秋七月
乙巳易陽地裂易陽縣在易水之陽今易州也九月癸卯

京師地震
八年春二月己丑立貴人陰氏爲皇后賜
天下男子爵人二級三老孝悌力田三級
民無名數及流民欲占者一級鰥寡孤獨
篤癃貧不能自存者粟人五斛夏四月癸
亥樂成王黨薨甲子詔賑貸并州四郡貧
民五月河內陳留蝗南匈奴右溫禺犢王
叛爲寇秋七月行度遼將軍龐奮越騎校
尉馮柱追討之斬右溫禺犢王車師後王

叛繫其前王八月辛酉飲酎詔郡國中都官繫囚減死一等詣敦煌戊其犯大逆募下蠶室其女子宮自死罪已下至司寇及亡命者入贖各有差九月京師蝗吏民言事者多歸責有司詔曰蝗蟲之異殆不虛生（禮記月令曰孟夏行春令則蝗蟲為災洪範五行傳曰貪利傷人則蝗蟲損稼）萬方有罪在予一人而言事者專咎自下非助我者也朕寤寐恫矜思弭憂釁（尚書曰恫矜乃身孔安國注曰恫痛也矜病也言如痛病在身欲除之也矜音古頑反）昔楚嚴無災而懼（解見明紀）成王出郊而反風（成王疑周公天乃大風禾則盡偃王乃出郊祭天乃反風起禾事見尚書）將何以匡朕不逮以塞災變百僚師尹勉修厥職刺史二千石詳刑辟理寃虐恤鰥寡矜孤弱思惟致災興蝗之咎庚子復置廣陽郡（高帝時燕國也昭帝元鳳元年為廣陽郡宣帝本始元年更為國也）冬十月乙丑北海王威有罪自殺（北海郡今青州縣）十二月辛亥陳王羨薨丁巳南宮宣室殿火

九年春正月永昌徼外蠻夷及撣國重譯

《後漢帝紀四 十五

奉貢（撣音擅東觀記作擅俗本以撣字相類或作禪者誤也說文曰譯傳四夷之語也）三月庚辰隴西地震癸巳濟南王康薨西域長史王林擊車師後王斬之夏四月丁卯封樂成王黨子巡為樂成王六月蝗旱戊辰詔今年秋稼為蝗蟲所傷皆勿收租更芻稾若有所損失以實除之餘當收租者亦半入其山林饒利陂池漁採以贍元元勿收假稅秋七月蝗蟲飛過京師八月鮮卑寇肥如（肥如縣屬遼西郡前書音義曰肥子奔燕封於此今平州也）遼東太守祭參下獄死（東觀記曰鮮卑千餘騎攻肥如城殺略吏人祭參坐沮敗下獄誅）閏月辛巳皇太后竇氏崩丙申葬章德皇后燒當羌寇隴西殺長吏遣行征西將軍劉尚越騎校尉趙世等討破之九月庚申司徒劉方策免自殺甲子追尊皇妣梁貴人為皇太后冬十月乙酉改葬恭懷梁皇后于西陵（謚法曰正德美容曰恭執義揚善曰懷東觀記曰改殯承光宮儀比敬園初后葬有闕竇后崩後乃議改葬）十一月癸卯光祿勳河南呂蓋為司徒（蓋字君上宛陵人也）十二月丙寅司

《後漢帝紀四 十六

空張奮罷壬申太僕韓稜爲司空己丑復
置若盧獄官（前書曰若盧獄屬少府漢舊儀曰主鞫將相大臣也）
十年春三月壬戌詔曰隄防溝渠所以順
助地理通利壅塞（禮記月令曰季春之月修利隄防導達溝瀆開通道路無
有障塞）今廢慢懈弛不以爲負刺史二千石
其隨宜疏導勿因緣妄發以爲煩擾將顯
行其罰夏五月京師大水（東觀記曰京師大雨南山水流出至
東郊壞人廬舍）秋七月己巳司空韓稜薨八月丙
子大常大山巢堪爲司空（堪字次朗大山南城人）

庚戌復置廩犧官（漢官儀曰廩犧令一人秩六百石也）冬十月
五州雨水十二月燒當羌豪迷唐等率種
人詣闕貢獻戊寅梁王暢薨
十一年春二月遣使循行郡國稟貸被災
害不能自存者令得漁采山林池澤不收
假稅丙午詔郡國中都官徒及篤癃老小
女徒各除半刑其未竟三月者皆免歸田
里夏四月丙寅大赦天下己巳復置右校
尉官（東觀記曰置在西河鵠澤縣）秋七月辛卯詔曰吏

民踰僭厚死傷生是以舊令節之制度頃
者貴戚近親百僚師尹莫肯率從有司不
舉怠放日甚又商賈小民或忘法禁奇巧
靡貨流積公行其在位犯者當先舉正市
道小民但且申明憲綱勿因科令加虐羸
弱
十二年春二月旄牛徼外白狼貗薄夷率
種人內屬（闕駰十三州志曰旄牛縣屬蜀郡前書曰旄牛所出歲貢其尾以爲節旄）詔
貸被災諸郡民種糧賜下貧鰥寡孤獨不

能自存者及郡國流民聽入陂池漁采以
助蔬食三月丙申詔曰比年不登百姓虛
匱（匱乏也）京師去冬無宿雪（以其經冬故言宿也）今春
無澍雨黎民流離困於道路朕痛心疾首
靡知所濟瞻仰昊天何辜今人（詩大雅周宣王遇旱之詩
言今人何罪而天令饑饉乎）三公朕之腹心而未獲承天
安民之策數詔有司務擇良吏今猶不改
競爲苛暴侵愁小民以求虛名委任下吏
假埶行邪是以令下而姦生禁至而詐起

董仲舒曰法出而姦生令下而詐起巧法析律飾文增辭禮記王制
曰析言破律也貨行於言罪成乎手朕甚病焉公
卿不思助明好惡將何以救其咎罰咎罰
既至復令灾及小民若上下同心庶或有
瘳其賜天下男子爵人二級三老孝悌力
田三級民無名數及流民欲占者人一級
鰥寡孤獨篤癃貧不能自存者粟人三斛
壬子賜博士員弟子在太學者布人三匹
武帝時置博士弟子太常擇人年十八以上儀狀端正者補焉昭帝增員滿百人宣帝倍之元帝更設員

後漢帝紀四　十九　陳從

千人成帝更增員三千人夏四月日南象林蠻夷反象林縣屬
日南郡今鬱林州郡兵討破之閏月賑貸敦煌張掖
五原民下貧者穀戊辰秭歸山崩秭歸縣屬南郡
古之夔國今歸州也袁山松曰屈原此縣人既被流放忽然暫歸其姊亦來因名其地為秭歸秭亦姊也
東觀記曰秭歸山高四百餘丈崩塡谿水厭殺百餘人六月舞陽大水賜
被水灾尤貧者穀人三斛秋七月辛亥朔
日有食之九月戊午太尉張酺免丙寅大
司農張禹為太尉冬十一月西域蒙奇兜
勒二國遣使內附賜其王金印紫綬是歲

燒當羌復叛
十三年春正月丁丑帝幸東觀覽書林閱
篇籍博選術藝之士以充其官二月任城
王尚薨丙午賑貸張掖居延朔方日南貧
民及孤寡羸弱不能自存者秋八月詔象
林民失農桑業者賑貸種糧稟賜下貧穀
食己亥北宮盛饌門閤火護羌校尉周鮪
擊燒當羌破之荊州雨水九月壬子詔曰
荊州比歲不節今茲淫水為害淮南子曰女媧積蘆灰以

後漢帝紀四　二十　李棠

止淫水高誘注云平地出水為淫水餘雖頗登而多不均浹浹洽深
惟四民農食之本慘然懷矜其令天下半
入今年田租芻稾有宜以實除者如故事
貧民假種食皆勿收責冬十一月安息國
遣使獻師子及條枝大爵西域傳曰安息國居和櫝城去洛陽
二萬五千里條支國臨西海出師子大雀卵義恭廣志曰大爵頸及身膺蹄都似橐駝舉頭高八九尺張
翅丈餘食大麥其卵如甕即今之駝鳥也丙辰詔曰幽并涼州戶口
率少邊役眾劇束脩良吏進仕路狹撫接
夷狄以人為本其令緣邊郡口十萬以上

歲舉孝廉一人不滿十萬二歲舉一人五萬以下三歲舉一人鮮卑寇右北平遂入漁陽漁陽太守擊破之戊辰司徒呂蓋罷十二月丁丑光祿勳魯恭爲司徒辛卯巫蠻叛寇南郡巫縣屬南郡故城在今夔州巫山縣也

十四年春二月乙卯東海王政薨繕修故西海郡平帝時金城塞外羌獻地以爲西海郡也光武建武中省金城入隴西郡至是復繕修之金城即今蘭州縣也徙金城西部都尉以戍之三月戊辰臨辟雍饗射大赦天下夏四月遣使者督荊州兵討巫蠻破降之庚辰賑貸張掖居延敦煌五原漢陽會稽流民下貧穀各有差五月丁未初置象林將兵長史官闕駰十三州志曰將兵長史居在日南郡又有將兵司馬去雒陽九千六百三十里六月辛卯廢皇后陰氏后父特進綱自殺秋七月甲寅詔復象林縣更賦田租芻稾二歲壬子常山王側薨是秋三州雨水冬十月甲申詔兗豫荊州今年水雨淫過多傷農功其令被害什四以上皆半入田租芻稾其

不滿者以實除之辛卯立貴人鄧氏爲皇后丁酉司空巢堪罷十一月癸卯大司農徐防爲司空是歲初復郡國上計補郎官上計今計吏也前書音義曰舊制使郡丞奉歲計武帝元朔中令郡國舉孝廉各一人與計偕拜爲郎中中廢今復之

十五年春閏月乙未詔流民欲還歸本而無糧食者過所實稟之疾病加致醫藥其不欲還歸者勿強二月詔稟貸潁川汝南陳留江夏梁國敦煌貧民前書音義曰陳留本鄭邑也後爲陳所并故曰陳留今汴州縣也江夏郡高帝置沔水自江別至南郡華容爲夏水過郡入江故曰江夏夏四月甲子晦日有食之五月戊寅南陽大風六月詔令百姓鰥寡漁采陂池勿收假稅二歲秋七月丙寅濟南王錯薨錯音七故反復置涿郡故安鐵官續漢書曰其郡縣有鹽官鐵官者隨事廣狹置令長及丞秩次皆如縣也九月壬午南巡狩清河王慶濟北王壽河間王開並從賜所過二千石長吏以下三老官屬及民百年者錢布各有差是秋四州雨水冬十月戊申幸章陵祠舊

宅癸丑祠園廟會宗室於舊廬勞賜作樂戊午進幸雲夢臨漢水而還（雲夢今安州縣也即在雲夢澤中）十一月甲申車駕還宮賜從臣及留者公卿以下錢布各有差十二月庚子琅邪王宇薨有司奏以爲夏至則微陰起靡草死可以決小事（禮記月令曰孟夏之月靡草死麥秋至斷薄刑決小罪鄭玄注云靡草薺亭歷之屬臣賢案五月一陰爻生可以言微陰今月令云孟夏乃是純陽之月此言夏至者與月令不同）是歲初令郡國以日北至案薄刑

十六年春正月己卯詔貧民有田業而以

匱乏不能自農者貸種糧二月己未詔兖豫徐冀四州比年雨多傷稼禁沽酒夏四月遣三府掾分行四州貧民無以耕者爲雇犂牛直五月壬午趙王商薨秋七月旱戊午詔曰今秋稼方穗而旱雲雨不霑疑吏行慘刻不宜恩澤妄拘無罪幽閉良善所致其一切囚徒於法疑者勿決以奉秋令（禮記月令曰孟秋之月命有司修法制繕囹圄具桎梏斷薄刑決小罪）方察煩苛之吏顯明其罰辛酉司徒魯恭免庚午光禄勳張酺爲司徒辛巳詔令天下皆半入今年田租芻稾其被灾害者以實除之貧民受貸種糧及田租芻稾皆勿收責八月己酉司徒張酺薨冬十月辛卯司空徐防爲司徒大鴻臚陳寵爲司空十一月己丑行幸緱氏登百岯山（即柏岯山也在洛州緱氏縣南爾雅云山一成曰岯東觀記作坯並音平眉反流俗本或作杯者誤也）賜百官從臣布各有差北匈奴遣使稱臣貢獻十二月復置遼東西部都尉官（西部都尉安帝時以爲屬國都尉在遼東郡昌黎城也）

元興元年春正月戊午引三署郎召見禁中（漢官儀三署謂五官署也左右署也各置中郎將以司之郡國舉孝廉以補三署郎年五十以上屬五官其次分在左右署凡有中郎議郎侍郎郎中四等無員禁中者門户有禁非侍御者不得入故謂禁中）選除七十五人補謁者長相高句驪寇郡界夏四月庚午大赦天下改元元興宗室以罪絶者悉復屬籍五月癸酉雍地裂（東觀記曰右扶風雍地裂流俗本雍下有州者誤也）秋九月遼東太守耿夔擊貊人破之冬十二月辛未帝崩于章德前殿年二十七立皇子隆爲皇太子賜

天下男子爵人二級三老孝悌力田人三級民無名數及流民欲占者人一級鰥寡孤獨篤癃貧不能自存者粟人三斛自竇憲誅後帝躬親萬機每有灾異輒延問公卿極言得失前後符瑞八十一所自稱德薄皆抑而不宣舊南海獻龍眼荔支十里一置五里一候南海郡秦置今廣州縣也廣雅曰益智龍眼也交州記曰龍眼樹高五六丈似荔支而小廣州記曰子似荔支而員七月熟荔支樹高五六丈大如桂樹實如雞子甘而多汁似安石榴有甜醋者至日禺中翕然俱赤即可食置謂驛也奔騰阻險死者繼路時臨武長汝南唐羌縣接南海臨武縣屬桂陽郡今郴州縣也乃上書陳狀帝下詔曰遠國珍羞本以薦奉宗廟苟有傷害豈愛民之本其勑太官勿復受獻由是遂省焉謝承書曰唐羌字伯游辟公府補臨武長縣接交州舊獻龍眼荔支及生鮮獻之驛馬晝夜傳送之至有遭虎狼毒害頓仆死亡不絕道經臨武羌乃上書諫曰臣聞上不以滋味爲德下不以貢膳爲功故天子食太牢爲尊不以果實爲珍伏見交阯七郡獻生龍眼等鳥驚風發南州土地惡蟲猛獸不絕於路至於觸犯死亡之害死者不可復生來者猶可救也此二物升殿未必延年益壽帝從之章報羌即弃官還家不應徵召著唐子三十餘篇

論曰自中興以後逮于永元雖頗有施張而俱存不擾是以齊民歲增闢土世廣齊平也偏師出塞則漠北地空都護西指則通譯四萬西域傳曰班超定西域五十餘國皆降服西至海瀕四萬里皆重譯貢獻豈其道遠三代術長前世將服叛去來自有數也

孝殤皇帝諱隆謚法曰短折不成曰殤古今注曰隆之字曰盛和帝少子也元興元年十二月辛未夜即皇帝位時誕育百餘日誕大也詩大雅誕彌厥月先生如達鄭玄注云大矣后稷之在其母懷也終人道十月而生詩又云載生載育育長也達音它末反尊皇后曰皇太后太后臨朝儀見皇后紀北匈奴遣使稱臣詣敦煌奉獻

延平元年春正月辛卯太尉張禹爲太傅司徒徐防爲太尉參録尚書事百官總己以聽封皇兄勝爲平原王癸卯光禄勳梁鮪爲司徒漢官儀曰鮪字伯元河東平陽人也三月甲申葬孝和皇帝于慎陵在洛陽東南三十里俗本作順者誤尊廟曰穆宗丙戌清河王慶濟北王壽河間王開常

山王章始就國夏四月庚申詔罷祀官不在祀典者東觀記曰鄧太后雅性不好淫祀鮮卑寇漁陽漁陽太守張顯追擊戰沒丙寅以虎賁中郎將鄧騭爲車騎將軍司空陳寵薨五月辛卯皇太后詔曰皇帝幼冲承統鴻業朕且權佐助聽政兢兢寅畏寅敬也不知所濟深惟至治之本道化在前刑罰在後將稽中和廣施慶惠與吏民更始其大赦天下自建武以來諸犯禁錮詔書雖解有司持重

多不奉行其皆復爲平民壬辰河東垣山崩垣縣今絳州縣也古今注曰山崩長七丈廣四丈六月丁未太常尹勤爲司空郡國三十七雨水己未詔曰自夏以來陰雨過節煖氣不效效猶驗也將有厥咎寤寐憂惶未知所由昔夏后惡衣服菲飲食孔子曰吾無閒然菲薄也閒非也今新遭大憂且歲節未和徹膳損服庶有補焉其減太官導官尚方内署諸服御珍膳靡麗難成之物太官令周官也秩千石典天子廚膳導官掌擇御米導擇也尚方掌作御刀劒諸器物内署掌内府衣物秩皆六百石並見續漢書丁卯詔司徒大司農長樂少府曰朕以無德佐助統政夙夜經營懼失厥衷思惟治道由近及遠先内後外自建武之初以至于今八十餘年宮人歲增房御彌廣又宗室坐事没入者猶託名公族甚可愍焉今悉免遣及掖庭宮人皆爲庶民以抒幽隔鬱滯之情抒舒也食汝反諸官府郡國王侯家奴婢姓劉及疲癃羸老皆上其名務令實悉秋七月庚寅勑司隸校

尉部刺史秦有監御史監諸郡漢興省之但遣丞相史分刺諸州無有常官孝武帝初置刺史十三人秩六百石成帝更爲牧秩二千石建武十八年復爲刺史十二人各主一州其一州屬司隸校尉諸州常以八月巡行所部郡國錄囚徒考殿最初歲盡詣京都奏事中興但因計吏見續漢書曰夫天降災戾應政而至閒者郡國或有水災妨害秋稼朝廷惟咎憂惶悼懼而郡國欲獲豐穰虛飾之譽遂覆蔽災害多張墾田不揣流亡揣音初委反競增户口掩匿盜賊令姦惡無懲署用非次選舉乖宜貪苛慘毒延及平民平民謂善人也書曰延于平人刺史垂頭塞耳

阿私下比不畏于天不愧于人（詩小雅也）假貸之恩不可數恃自今以後將糾其罰二千石長吏其各實覈所傷害爲除田租芻稾

八月辛亥帝崩癸丑殯于崇德前殿年二歲

贊曰孝和沈烈率由前則王赫自中賜命彊慝（慝惡也謂誅竇憲等）抑沒祥符登顯時德（謂用鄧彪等委政也）殤世何早平原弗克（平原王勝以固疾不得立也左傳曰弗克負荷）

後漢帝紀卷第四

帝紀卷第五　范曄　後漢書五

唐章懷太子賢注

孝安皇帝

恭宗孝安皇帝諱祜（謚法曰寬容和平曰安伏侯古今注曰祜之字曰福）肅宗孫也父清河孝王慶母左姬帝自在邸第（倉頡篇曰邸舍也說文云屬國之舍也前書音義曰第謂有甲乙之次第）數有神光照室又有赤蛇盤於牀第之間（第牀簀也）年十歲好學史書（史書者周宣王太史籀所作之書也凡五十五篇可以教童幼）和帝稱之數見禁中延平元年慶始就國鄧太后特詔留帝清河邸八月殤帝崩太后與兄車騎將軍鄧騭定策禁中其夜使騭持節以王青蓋車迎帝齋于殿中（續漢志曰皇太子皇子皆安車朱班輪青蓋金華蚤皇子爲王錫以乘之故曰王青蓋車皇孫則綠車）皇太后御崇德殿百官皆吉服（洛陽南宮有崇德殿不可以凶事臨朝故吉服也）羣臣陪位引拜帝爲長安侯（不即立爲天子而封侯者不欲從微即登皇位）皇太后詔曰先帝聖德淑茂早弃天下朕奉皇帝夙夜瞻仰日月冀望成就豈意卒然顛沛天年不遂悲痛

斷心朕惟平原王素被痼疾念宗廟之重
思繼嗣之統唯長安侯祜質性忠孝小心
翼翼 翼翼敬慎也詩曰惟此文王小心翼翼 能通詩論篤學樂
古仁惠愛下年已十三有成人之志親德
係後莫宜於祜 係即繼也 禮昆弟之子猶己子
禮記檀弓之文 春秋之義爲人後者爲之子不以
父命辭王父命 爲人後者謂出繼於人也王父謂祖也穀梁傳曰衞靈公廢太
子蒯聵立孫輒不受父之命而受王父命 其以祜爲孝和皇帝嗣
奉承祖宗案禮儀奏又作策命曰惟延平

元年秋八月癸丑皇太后曰咨長安侯祜
孝和皇帝懿德巍巍光于四海大行皇帝
不永天年 前書音義曰禮有大行人小行人主謚號官也韋昭云大行者不反之辭也天
子崩未有謚故稱大行也穀梁傳曰大行受大名風俗通曰天子新崩未有謚故且稱大行皇帝義兩通
朕惟侯孝章帝世嫡皇孫謙恭慈順在孺
而勤 孺幼也或作在孺而勤 宜奉郊廟承統大業今
以侯嗣孝和皇帝後其審君漢國允執其
中一人有慶萬民賴之皇帝其勉之哉讀
策畢太尉奉上璽綬即皇帝位年十三太

后猶臨朝 公羊傳曰猶者可止之辭也 九月庚子謁高廟
辛丑謁光武廟六州大水己未遣謁者分
行虛實舉災害賑乏絕丙寅葬孝殤皇帝
于康陵 陵在慎陵塋中庚地高五丈五尺周二百八步 乙亥隕石于
陳留西域諸國叛攻都護任尚遣副校尉
梁慬救尚擊破之 慬音勤 冬十月四州大水
雨雹詔以宿麥不下 宿舊也麥必經年而熟故稱宿 賑賜貧
人十二月甲子清河王薨使司空持節弔
祭車騎將軍鄧騭護喪事乙酉罷魚龍曼

延百戲 漢官典職曰作九賓樂舍利之獸從西方來戲于庭入前殿激水化成比目魚噏水
作霧化成黃龍長八丈出水遨戲於庭炫耀日光曼延者獸名也張衡西京賦所云巨獸百尋是爲曼延
音以戰反
永初元年春正月癸酉朔大赦天下蜀郡
徼外羌內屬 東觀記曰徼外羌龍橋等六種慕義降附 戊寅分犍
爲南部爲屬國都尉稟司隸兗豫徐冀并
州貧民 司隸領河南河內河東弘農都於洛陽魏末因爲司州 二月丙午
以廣成游獵地 廣成苑名在汝州西 及被災郡國公田
假與貧民丁卯分清河國封帝弟常保爲

廣川王（廣川縣屬信都國故城在今冀州棗彊縣東北）庚午司徒梁鮪薨三月癸酉日有食之詔公卿內外衆官郡國守相舉賢良方正有道術之士明政術達古今能直言極諫者各一人己卯永昌徼外僬僥種夷貢獻內屬甲申葬清河孝王贈龍旗虎賁夏五月甲戌長樂衛尉魯恭爲司徒（前書曰衛尉秦官掌宮門衛屯兵也長樂建章甘泉宮皆隨所掌以爲官名秩中二千石也）丁丑詔封北海王睦孫壽光侯普爲北海王九眞徼外夜郎蠻夷舉土內屬（九眞郡名今愛州縣）六月戊申爵皇太后母陰氏爲新野君丁巳河東地陷壬戌罷西域都護先零種羌叛斷隴道大爲寇掠遣車騎將軍鄧騭征西校尉任尚討之丁卯赦除諸羌相連結謀叛逆者罪秋九月庚午詔三公明申舊令禁奢侈無作浮巧之物殫財厚葬是日太尉徐防免（以灾異屢見也）辛未司空尹勤免（以水雨漂流也）癸酉調揚州五郡租米（五郡謂九江丹陽廬江吳郡豫章也揚州領六郡會稽最遠蓋不調也）贍給東郡

濟陰陳留梁國下邳山陽丁丑詔曰自今長吏被考竟未報（考謂考問其狀也報謂斷決也）自非父母喪無故輒去職者劇縣十歲平縣五歲以上乃得次用壬午詔太僕少府減黃門鼓吹以補羽林士（漢官儀曰黃門鼓吹百四十五人羽林左監主羽林八百人右監主九百人）廏馬非乘輿常所御者皆減半食（乘輿天子所乘車輿也不敢斥言尊者故稱乘輿見蔡邕獨斷）諸所造作非供宗廟園陵之用皆且止丙戌詔死罪以下及亡命贖各有差庚寅太傅張禹爲太尉太常周章爲司空（漢官儀曰章字次叔荊州隨縣人也）冬十月倭國遣使奉獻（倭國去樂浪萬二千里男子黥面文身以其文左右大小別尊卑之差見本傳）辛酉新城山泉水大出（東觀記曰突壞人田水深三丈）十一月丁亥司空周章密謀廢立策免自殺戊子敕司隸校尉冀并二州刺史民訛言相驚弃捐舊居老弱相攜窮困道路其各勑所部長吏躬親曉喻若欲歸本郡在所爲封長檄不欲勿強（封謂印封之也長檄猶今長牒也欲歸者皆給以長牒爲驗強音其兩反）十二月乙卯潁川太守張敏爲司

空是歲郡國十八地震四十一雨水或山
水暴至二十八大風雨雹
二年春正月稟河南下邳東萊河內貧民
古今注曰時州郡大飢米石二千人相食老弱相弃道路車騎大將軍鄧騭
爲種羌所敗於冀西續漢書曰種羌九千餘戶在隴西臨洮谷冀縣屬天
水郡也二月乙丑遣光祿大夫樊準呂倉分
行冀兗二州稟貸流民夏四月甲寅漢陽
城中火燒殺三千五百七十人五月旱丙
寅皇太后幸洛陽寺及若盧獄錄囚徒賜

後漢帝紀五　六　章畋

河南尹廷尉卿及官屬以下各有差即日
降雨六月京師及郡國四十大水大風雨
雹東觀記曰雹大如芋魁雞子風拔樹發屋秋七月戊辰詔曰昔
在帝王承天理民莫不據琁機玉衡以齊
七政孔安國尚書注曰琁美玉也以琁爲機以玉爲衡玉者正天文之器也七政日月五星各異其
政制即今之渾儀朕以不德遵奉大業而陰陽差越
變異並見萬民飢流羌貊叛戾夙夜克己
憂心京京詩小雅曰憂心京京尔雅曰京京憂也閒令公卿郡國
舉賢良方正遠求博選開不諱之路冀得

至謀以鑒不遠而所對皆循尚浮言無卓
爾異聞卓尔高遠之皃也論語曰如有所立卓尔其百僚及郡國
吏人有道術明習災異陰陽之度琁機之
數者各使指變以聞二千石長吏明以詔
書博衍幽隱衍猶引也朕將親覽待以不次冀
獲嘉謀以承天誡閏月辛丑廣川王常保
薨無子國除癸未蜀郡徼外羌舉土內屬
東觀記曰徼外羌薄申等八種舉衆降九月庚子詔王主官屬
墨綬下至郎謁者續漢書曰王國有中大夫秩比六百石謁者比四百石郎

後漢帝紀五　七　章畋

中二百石其經明任博士居鄉里有廉清孝順
之稱才任理人者國相歲移名與計偕上
尚書公府通調令得外補移書也調選也冬十月
庚寅稟濟陰山陽玄菟貧民征西校尉任
尚與先零羌戰于平襄尚軍敗績平襄縣屬天水郡故
襄戎邑也十一月辛酉拜鄧騭爲大將軍徵還
京師留任尚屯隴右先零羌滇零稱天子
於北地滇零羌名滇音丁田反遂寇三輔東犯趙魏南入
益州殺漢中太守董炳十二月辛卯稟東

郡鉅鹿廣陽安定定襄沛國貧民廣漢塞外參狼羌降分廣漢北部爲屬國都尉是歲郡國十二地震

三年春正月庚子皇帝加元服元服謂加冠也士冠禮曰令月吉辰加爾元服鄭玄云元首也大赦天下賜王主貴人公卿以下金帛各有差男子爲父後及三老孝悌力田爵人二級流民欲占者人一級遣騎都尉任仁討先零羌不利羌遂破沒臨洮縣名屬隴西郡高句驪遣使貢獻三月京師

大飢民相食壬辰公卿詣闕謝詔曰朕以幼沖奉承鴻業不能宣流風化而感逆陰陽至令百姓飢荒更相噉食永懷悼歎若墜淵水咎在朕躬非羣司之責而過自貶引重朝廷之不德貶謂貶損引過也重音直用反其務思變復以助不逮癸巳詔以鴻池假與貧民續漢書曰鴻池在洛陽東二十里假借也令得漁采其中壬寅司徒魯恭免夏四月丙寅大鴻臚九江夏勤爲司徒勤字伯宗壽春人也三公以國用不足奏令吏人入錢

穀得爲關內侯虎賁羽林郎五大夫官府吏緹騎營士各有差續漢志曰執金吾緹騎二百人緹赤黃色營士謂五校營士也漢官儀曰屯騎越騎步兵射聲各領士七百人長水領士千三百六十七人也己巳詔上林廣成苑可墾闢者賦與貧民甲申清河王虎威薨五月丙申封樂安王寵子延平爲清河王丁酉沛王正薨癸丑京師大風六月烏桓寇代郡上谷涿郡秋七月海賊張伯路等寇略緣海九郡遣侍御史龐雄督州郡兵討破之庚子詔長吏案行

在所皆令種宿麥蔬食務盡地力其貧者給種餉九月鴈門烏桓及鮮卑叛敗五原郡兵於高渠谷東觀記曰戰九原高渠谷渠梁相類必有誤也冬十月南單于叛圍中郎將耿种於美稷十一月遣行車騎將軍何熙討之十二月辛酉郡國九地震乙亥有星孛于天苑天苑星名是歲京師及郡國四十一雨水雹續漢書曰雹大如鴈子也并涼二州大飢人相食

四年春正月元日會徹樂不陳充庭車每大

朝會必陳乘輿法物車輦於庭故曰充庭車也以年飢故不陳辛卯詔以三輔
比遭寇亂人庶流冗除三年逋租過更口
筭芻稾前書音義曰天下人皆戍邊三日不可人人自行行者自戍三日不可往便還因便
住一歲諸不行者出錢三百入官官以給戍者言過其本更之日故曰過更又曰人年十五至五十六出
賦錢人百二十為一筭稟上郡貧民各有差海賊張伯
路復與勃海平原劇賊劉文河周文光等
攻厭次殺縣令遣御史中丞王宗督青州
刺史法雄討破之度遼將軍梁慬遼東太
守耿夔討破南單于於屬國故城丙午詔

減百官及州郡縣奉各有差二月丁巳稟
九江貧民南匈奴寇常山乙丑初置長安
雍二營都尉官漢官儀曰京兆虎牙扶風都尉以涼州近羌數犯三輔將兵衛
護園陵扶風都尉居雍縣故俗人稱雍營焉西羌傳云虎牙都尉居長安乙亥詔自建
初以來諸祅言它過坐徙邊者各歸本郡
其沒入官為奴婢者免為庶人詔謁者劉
珍及五經博士校定東觀五經諸子傳記
百家藝術整齊脫誤是正文字洛陽宮殿名曰南宮有東
觀前書曰凡諸子百八十九家言百家舉全數也三月南單于降先零

羌寇褒中縣名屬漢中郡今梁州褒城縣漢中太守鄭勤戰
歿徙金城郡都襄武襄武縣名屬隴西郡今渭州縣戊子杜
陵園火癸巳郡國九地震夏四月六州蝗
東觀記曰司隸豫兗徐青與六州丁丑大赦天下秋七月乙
酉三郡大水己卯騎都尉任仁下獄死九
月甲申益州郡地震冬十月甲戌新野君
陰氏薨東觀記曰新野君薨贈以玄玉赤紱賻錢三千萬布三萬匹使司空
持節護喪事大將軍鄧騭罷
五年春正月庚辰朔日有食之丙戌郡國

十地震己丑太尉張禹免甲申光祿勳李
脩為太尉漢官儀曰脩字伯游豫州襄城人也二月丁卯詔省
減郡國貢獻太官口食先零羌寇河東遂
至河內三月詔隴西徙襄武安定徙美陽
安定郡今涇州也美陽縣故城在今武功縣北北地徙池陽北地郡今寧州也池
陽縣故城在今涇陽縣北也上郡徙衙上郡今綏州也衙縣故城在同州白水縣東北
左傳曰秦晉戰于彭衙即此也夫餘夷犯塞殺傷吏人閏月
丁酉赦涼州河西四郡戊戌詔曰朕以不
德奉郊廟承大業不能興和降善為人祈

禍灾異蜂起寇賊縱横夷狄猾夏猾亂也夏華夏也
戎事不息百姓匱乏疲於徵發重以蝗蟲
滋生害及成麥秋稼方收甚可悼也朕以
不明統理失中亦未獲忠良以毗闕政傳
曰顛而不扶危而不持則將焉用彼相矣
公卿大夫將何以匡救濟斯艱戹承天誡
哉蓋爲政之本莫若得人褒賢顯善聖制
所先濟濟多士文王以寧詩大雅之詞也思得忠
良正直之臣以輔不逮其令三公特進侯

中二千石二千石郡守諸侯相舉賢良方
正有道術達於政化能直言極諫之士各
一人及至孝與衆卓異者并遣詣公車朕
將親覽焉六月甲辰樂成王巡薨秋七月
己巳詔三公特進九卿校尉九卿奉常光禄衛尉太僕鴻臚
廷尉少府宗正司農校尉謂城門屯騎越騎步兵長水胡騎等舉列將子孫明
曉戰陳任將帥者九月漢陽人杜琦王信
叛東觀記曰琦自稱安漢將軍與先零諸種羌攻陷上邽
城十二月漢陽太守趙博遣客刺殺杜琦

東觀記曰漢陽故吏杜習手刺殺之是歲九州蝗郡國八雨水
六年春正月庚申詔越嶲置長利高望始
昌三苑又令益州郡置萬歲苑犍爲置漢
平苑犍爲郡名前書音義曰故夜郎國也故城在今眉州隆山縣西北也三月十
州蝗夏四月乙丑司空張敏罷己卯太常
劉愷爲司空五月旱丙寅詔令中二千石
下至黃綬一切復秩還贖賜爵各有差戊
辰皇太后幸雒陽寺録囚徒理冤獄六月
壬辰豫章員谿原山崩員谿闕辛巳大赦天

下遣侍御史唐喜討漢陽賊王信破斬之
續漢志曰傳信首詣洛陽梟穀城門外冬十一月辛丑護烏淵聖御名
校尉吳祉下獄死是歲先零羌滇零死子
零昌復襲僞號
七年春正月庚戌皇太后率大臣命婦謁
宗廟喪服傳曰命夫者其男子之爲大夫也命婦者其大夫之妻也臣賢案東觀續漢袁山松謝沈書古今注皆云六年正月甲寅謁宗廟此云七年庚戌疑紀誤也二月丙午郡
國十八地震夏四月乙未平原王勝薨丙
申晦日有食之五月庚子京師大雩左傳曰龍見而

雩社預注云謂建巳之月龍星角亢見東方雩遠也遠爲百穀求膏雨周禮司巫職曰若國大旱則帥巫而舞雩鄭玄注云雩吁也嗟而求雨秋護羌校尉侯霸騎都尉馬賢破先零羌八月丙寅京師大風蝗蟲飛過洛陽詔賜民爵郡國被蝗傷稼十五以上勿收今年田租不滿者以實除之九月調零陵桂陽丹陽豫章會稽租米零陵郡名今永州縣也丹陽郡名今潤州江寧縣也餘並見上賑給南陽廣陵下邳彭城山陽廬江九江飢民又調濱水縣穀輸敖倉詩曰薄狩於敖即此地秦於此築太倉亦曰敖庾在今鄭州滎陽縣西北東觀記曰濱水

縣彭城廣陽廬江九江穀九十萬斛送敖倉

元初元年春正月甲子改元元初賜民爵人二級孝悌力田人三級爵過公乘得移與子若同産同産子民脫無名數及流民欲占者人一級鰥寡孤獨篤癃不能自存者穀人三斛貞婦帛人一匹二月己卯日南地坼東觀記曰坼長百八十二里廣五十六里三月癸酉日有食之夏四月丁酉大赦天下京師及郡國五旱蝗詔三公特進列侯中二千石二千石郡守舉敦厚質直者各一人五月先零羌寇雍城六月丁巳河東地陷秋七月蜀郡夷寇蠶陵殺縣令蠶陵縣屬蜀郡故城在今翼州翼水縣西有蠶陵山因以爲名焉九月乙丑太尉李脩罷先零羌寇武都漢中絕隴道辛未大司農山陽司馬苞爲太尉謝承書曰苞字仲成東緡人也冬十月戊子朔日有食之先零羌敗涼州刺史皮陽於狄道乙卯詔除三輔三歲田租更賦口筭解見光武紀也十一月是歲郡國十五地震

二年春正月詔稟三輔及并涼六郡流冗貧人蜀郡青衣道夷奉獻內屬青衣道縣名在大江青衣二水之會今嘉州龍遊縣也東觀記曰青衣蠻夷堂律等歸義修理西門豹所分漳水爲支渠以溉民田史記曰西門豹爲鄴令發人鑿十二渠引水灌田所鑿之渠在今相州鄴縣西也二月戊戌遣中謁者收葬京師客死無家屬及棺椁朽敗者皆爲設祭其有家屬尤貧無以葬者賜錢人五千辛酉詔三輔河內河東上黨趙國太原各修理舊渠通利水道以溉公私田疇前書

音義曰美田曰疇 三月癸亥京師大風先零羌寇益
州遣中郎將尹就討之夏四月丙午立貴
人閻氏爲皇后五月京師旱河南及郡國
十九蝗甲戌詔曰朝廷不明庶事失中灾
異不息憂心悼懼被蝗以來七年于茲而
州郡隱匿裁言頃畝 裁與纔同古字通 今羣飛蔽
天爲害廣遠所言所見寧相副邪三司之
職内外是監既不奏聞又無舉正天灾至
重欺罔皐大今方盛夏且復假貸以觀厥

後 假貸猶寬容也盛夏不可即加刑罰故且寬容 其務消救灾眚安
輯黎元六月丙戌太尉司馬苞薨 謝承書曰苞爲
太尉常食麤飯著布衣妻子不歷官舍會司徒楊震爲樊豐等所譖連及苞苞乞骸骨未見聽以疾薨也
洛陽新城地裂秋七月辛巳太僕太山馬
英爲太尉 英字文思兖州蓋縣人也 八月遼東鮮卑圍無
慮縣 屬遼東郡慮音閭有醫無閭山因以爲名焉 九月又攻夫犂
營殺縣令 夫犂縣名屬遼東屬國 壬午晦日有食之冬
十月遣中郎將任尚屯三輔詔郡國中都
官繫囚減死一等勿笞詰馮翊扶風屯妻

子自隨占著所在女子勿輸 不輸作也 亡命死
皐以下贖各有差其吏人聚爲盜賊有悔
過者除其罪乙未右扶風仲光安定太守
杜恢京兆虎牙都尉耿溥與先零羌戰於
丁奚城 東觀記曰至北地靈州丁奚城也 光等大敗並沒左
馮翊司馬鈞下獄自殺 東觀記曰安定太守杜恢與鈞等并威擊羌恢
乘勝深入爲虜所害鈞擁兵不救收鈞下獄也 十一月庚申郡國十地
震十二月武陵澧中蠻叛州郡擊破之 東觀
記曰蠻田山高少等攻城殺長吏州郡募五里蠻夷六亭兵追擊山等皆降賜五里六亭渠率金帛各有

差 己酉司徒夏勤罷庚戌司空劉愷爲司
徒光祿勳尹敞爲司空
三年春正月甲戌修理太原舊溝渠溉灌
官私田 酈元水經注曰昔智伯遏晉水以灌晉陽後人踵其遺跡蓄以爲沼分爲二派北瀆即智氏故渠也其瀆乘高東北注入晉陽城以溉灌東南出城注於汾水今所修溝渠即謂此 東
平陸上言木連理 東平陸縣名古厥國也屬東平國今兖州平陸縣也序例曰凡瑞應自和帝以上政事多美近於有實故書見於某處自安帝以下王道衰缺容或虛飾故書某處上言也 蒼梧鬱林合浦蠻夷反叛 蒼梧郡今梧州縣也合浦郡今廉州縣也 二月遣侍御史任逴督州郡兵討

之違音丁角反郡國十地震三月辛亥日有食之丙辰赦蒼梧鬱林合浦南海吏人爲賊所迫者夏四月京師旱五月武陵蠻復叛州郡討破之癸酉度遼將軍鄧遵率南匈奴擊先零羌於靈州破之靈州縣名屬北地郡故城在今慶州馬領縣西北越嶲徼外夷舉種内屬六月中郎將任尚遣兵擊破先零羌於丁奚城秋七月武陵蠻復叛州郡討平之緱氏地坼九月辛巳趙王宏薨冬十一月蒼梧鬱林合浦蠻夷降丙戌初聽大臣二千石刺史行三年喪文帝遺詔以日易月於後大臣遂以爲常至此復遵古制也癸卯郡國九地震十二月丁巳任尚遣兵擊破先零羌於北地

四年春二月乙巳朔日有食之乙卯大赦天下壬戌武庫災夏四月戊申司空袁敞薨己巳鮮卑寇遼西遼西郡兵與烏桓擊破之遼西郡故城在今平州東陽樂城是五月丁丑太常李郃爲司空六月戊辰三郡雨雹秋七月辛丑陳王鈞薨京師及郡國十雨水詔曰今年秋稼茂好垂可收穫而連雨未霽霽雨止也懼必淹傷夕惕惟憂思念厥咎夫霖雨者人怨之所致左傳曰凡雨三日以上爲霖京房別對災異曰人勞怨苦雨水絶道其武吏以威暴下文吏妄行苛刻鄉吏因公生姦爲百姓所患苦者有司顯明其罰又月令仲秋養衰老授几杖行糜粥鄭玄注云助老氣也行猶賜也方今案比之時東觀記曰方今八月案比之時謂案驗戶口次比之也郡縣多不奉行雖有糜粥糠秕相半長吏怠事莫有躬親甚違詔書養老之意其務崇仁恕賑護寡獨稱朕意焉九月護羌校尉任尚使客刺殺叛羌零昌冬十一月己卯彭城王恭薨十二月越嶲夷寇遂久殺縣令遂久縣屬越嶲郡甲子任尚及騎都尉馬賢與先零羌戰于富平上河大破之富平縣屬北地郡故城在今靈州回樂縣西南酈元水經注曰河水於此有上河之名也虔人羌率衆降虔人羌號也東觀記曰虔人種羌大豪恬狼等詣度遼將軍降隴右平是歲郡國十三地震

五年春正月越嶲夷叛二月壬戌中山王
憲薨三月京師及郡國五旱詔稟遺旱貧
人夏六月高句驪與穢貊寇玄菟郡名在遼東
秋七月越嶲蠻夷及旄牛豪叛殺長吏旄牛
縣屬蜀郡華陽國志曰在邛崍山表也丙子詔曰舊令制度各
有科品漢令今亡欲令百姓務崇節約遭永初
之際人離荒戹朝廷躬自菲薄去絕奢飾
食不兼味衣無二綵比年雖獲豐穰尚乏
儲積而小人無慮不圖久長嫁娶送終紛

華靡麗至有走卒奴婢被綺縠著珠璣綺文
繒縠紗也璣珠不圓者也京師尚若斯何以示四遠設張
法禁懇惻分明而有司惰任訖不奉行秋
節既立鷙鳥將用鷙鳥謂鷹鸇之類也廣雅曰鷙執也以其能服執衆鳥月
令孟秋鷹乃祭鳥始用行戮言有司怠惰不遵法令將欲糾其罪順秋行誅同鷹鸇之鷙擊也且
復重申以觀後效八月丙申朔日有食之
鮮卑寇代郡殺長吏冬十月鮮卑寇上谷
十二月丁巳中郎將任尚有辠弃市是歲
郡國十四地震

六年春二月乙巳京師及郡國四十二地
震或坼裂水泉涌出壬子詔三府選掾屬
高第能惠利牧養者各五人光祿勳與中
郎將選孝廉郎寬博有謀清白行高者五
十人出補令長丞尉乙卯詔曰夫政先京
師後諸夏月令仲春養幼小存諸孤季春
賜貧窮賑乏絕省婦使表貞女所以順陽
氣崇生長也鄭玄云婦使謂組紃之事其賜人尤貧困孤
弱單獨穀人三斛貞婦有節義十斛甄表

門閭旌顯厥行節謂志操義謂推讓甄明也旌章也里門謂之閭旌表者若今
樹闕而顯之三月庚辰始立六宗祀於洛城西北
續漢志曰元初六年以尚書歐陽家說謂六宗者在天地四方之中爲上下四方之宗以元始中故事謂
六宗易六子之氣日月雷公風伯山澤者非也乃更六宗祠於戌亥之地禮比大社也夏四
月會稽大疫遣光祿大夫將大醫循行疾
病賜棺木漢官儀大醫令一人秩六百石除田租口賦沛國
勃海大風雨雹五月京師旱六月丁丑樂
成王賓薨丙戌平原王得薨秋七月鮮卑
寇馬城搜神記曰昔秦人築城於武周塞以備胡將成而崩者數矣有馬馳走周旋反覆父

（老異之因依以築城城乃不崩遂以名焉其故城今朔州也）度遼將軍鄧遵率南單于擊破之九月癸巳陳王竦薨十二月戊午朔日有食之旣郡國八地震是歲永昌益州蜀郡夷叛與越巂夷殺長吏燔城邑益州刺史張喬討破降之

永寧元年春正月甲辰任城王安薨三月丁酉濟北王壽薨車師後王叛殺部司馬沈氏羌寇張掖（沈氏羌號也續漢志曰羌在上郡西河者號沈氏也）夏四月丙寅立皇子保爲皇太子改元永寧

大赦天下賜王主三公列侯下至郎吏從官金帛又賜民爵及布粟各有差己巳紹封陳王羨子崇爲陳王濟北王子萇爲樂成王河閒王子翼爲平原王壬午琅邪王壽薨六月沈氏種羌叛寇張掖護羌校尉馬賢討沈氏羌破之秋七月乙酉朔日有食之冬十月己巳司空李郃免癸酉衛尉廬江陳襃爲司空（襃字伯仁舒縣人也）自三月至是月京師及郡國三十三大風雨水十二月

永昌徼外撣國遣使貢獻（撣音擅）戊辰司徒劉愷罷遼西鮮卑降癸酉太常楊震爲司徒是歲郡國二十三地震夫餘王遣子詣闕貢獻燒當羌叛建光元年春正月幽州刺史馮煥率二郡太守討高句驪穢貊不克二月癸亥大赦天下賜諸園貴人（謂官人無子守園陵者也）王主公卿以下錢布各有差以公卿校尉尚書子第一人爲郎舍人三月癸巳皇太后鄧氏崩丙午葬和熹皇后丁未

樂安王寵薨戊申追尊皇考清河孝王曰孝德皇皇妣左氏曰孝德皇后祖妣宋貴人曰敬隱皇后夏四月穢貊復與鮮卑寇遼東遼東太守蔡諷追擊戰歿丙辰以廣川并清河國丁巳尊孝德皇元妃耿氏爲甘陵大貴人（甘陵孝德皇后之陵也因以爲縣今貝州清河縣東也）甲子樂成王萇有罪廢爲臨湖侯（續漢書曰坐輕慢不孝故貶臨湖縣名屬廬江郡也）己巳令公卿特進侯中二千石二千石郡國守相舉有道之士各一人賜鰥

寡孤獨貧不能自存者穀人三斛甲戌遼東屬國都尉龐奮承僞璽書殺玄菟太守姚光五月庚辰特進鄧騭及度遼將軍鄧遵並以譖自殺乳母王聖與中黃門李閏等誣告尚書鄧訪等謀廢立宗族皆免官騭與遵皆自殺丙申貶平原王翼爲都鄉侯秋七月己卯改元建光大赦天下壬寅太尉馬英薨八月護羌校尉馬賢討燒當羌於金城不利甲子前司徒劉愷爲太尉鮮卑寇居庸關九月雲中太守成嚴擊之戰歿鮮

卑圍烏桓校尉於馬城度遼將軍耿夔救之戊子幸衛尉馮石府續漢書曰賜貴實劍玉玦雜繒布等是秋京師及郡國二十九雨水冬十一月己丑郡國三十五地震或坼裂詔三公以下各上封事陳得失遣光祿大夫案行賜死者錢人二千除今年田租其被灾甚者勿收口賦鮮卑寇玄菟庚子復斷大臣二千石以上服三年喪癸卯詔三公特進侯卿校尉舉武猛堪將帥者各五人丙午詔京

師及郡國被水雨傷稼者隨頃畝減田租甲子初置漁陽營兵伏侯古今注曰置營兵千人也冬十二月高句驪馬韓穢貊圍玄菟城夫餘王遣子與州郡并力討破之

延光元年春二月夫餘王遣子將兵救玄菟夫餘王子尉仇台也擊高句驪馬韓穢貊破之遂遣使貢獻三月丙午改元延光大赦天下還徙者復戶邑屬籍賜民爵及三老孝悌力田人二級加賜鰥寡孤獨篤癃貧不能自

存者粟人三斛貞婦帛人二匹夏四月癸未京師郡國二十一雨雹癸巳司空陳褒免五月庚戌宗正彭城劉授爲司空漢官儀曰宗正卿秩中二千石授字孟春徐州武原人也己巳改樂成國爲安平封河閒王開子得爲安平王六月郡國蝗秋七月癸卯京師及郡國十三地震高句驪降虔人羌叛攻穀羅城穀羅屬西河郡度遼將軍耿夔討破之八月戊子陽陵園寢火景帝陵也辛卯九眞言黃龍見無功無功縣屬九眞郡己

亥詔三公中二千石舉刺史二千石令長相視事一歲以上至十歲清白愛利能勑身率下防姦理煩有益於人者無拘官簿清白謂貞正也愛利謂愛人而利之也無拘官簿謂受超遷之不拘常牒也刺史舉所部郡國太守相舉墨綬隱親悉心勿取浮華墨綬謂令長之屬也隱親猶親自隱也悉盡也言令三公以下各舉所知皆隱審盡心勿取浮華不實者九月甲戌郡國二十七地震冬十月鮮卑寇鴈門定襄十一月鮮卑寇太原燒當羌豪降十二月九眞徼外蠻夷貢獻內屬

是歲京師及郡國二十七雨水大風殺人詔賜壓溺死者年七歲以上錢人二千其壞敗廬舍失亡穀食粟人三斛又田被淹傷者一切勿收田租若一家皆被災害而弱小存者郡縣爲收斂之虔人羌反攻穀羅城度遼將軍耿夔討破之

二年春正月旄牛夷叛寇靈關殺縣令靈關道屬越嶲郡益州刺史蜀郡西部都尉討之詔選三署郎三署解見和帝紀及吏人能通古文尚書毛詩穀梁春秋各一人丙辰河東潁川大風夏六月壬午郡國十一大風九眞言嘉禾生東觀記曰禾百五十六本七百六十八穗丙申北海王普薨秋七月丹陽山崩八月庚午初令三署郎通達經術任牧民者視事三歲以上皆得察舉九月郡國五雨水冬十月辛未太尉劉愷罷甲戌司徒楊震爲太尉光祿勳東萊劉熹爲司徒熹字季明青州長廣人也十一月甲辰校獵上林苑鮮卑敗南匈奴於曼柏是歲

分蜀郡西部爲屬國都尉京師及郡國三地震

三年春二月丙子東巡狩丁丑告陳留太守祠南頓君光武皇帝于濟陽復濟陽今年田租芻稾庚寅遣使者祠唐堯於成陽古成伯國也故城在今濮州雷澤縣北述征記云成陽東南有堯冢戊子濟南上言鳳皇集臺縣丞霍收舍樹上臺縣屬濟南郡故城在今齊州平陵縣北賜臺長帛五十匹丞二十匹尉半之吏卒人三匹鳳皇所過亭部無出今年田

祖賜男子爵人二級辛卯幸太山柴告岱
宗太山王者告代之處爲五岳之宗故曰岱宗燔柴以告天齊王無忌北海
王普樂安王延來朝壬辰宗祀五帝于汶
上明堂癸巳告祀二祖六宗二祖高祖光武也六宗謂孝文
曰太宗孝武曰代宗孝宣曰中宗孝元曰高宗孝明曰顯宗孝章曰肅宗勞賜郡縣作
樂三月甲午陳王崇薨戊戌祀孔子及七
十二弟子於闕里自魯相令丞尉及孔氏
親屬婦女諸生悉會賜褎成侯以下帛各
有差還幸東平至東郡歷魏郡河内壬戌

後漢帝紀五 二十八 李芳

車駕還京師幸太學是日太尉楊震免夏
四月乙丑車駕入宮假于祖禰假音格格至也壬
戌沛國言甘露降豐縣戊辰光禄勳馮石
爲太尉五月南匈奴左日逐王叛使匈奴
中郎將馬翼討破之日南徼外蠻夷内屬
六月鮮卑寇玄菟庚午閬中山崩閬中縣屬巴郡臨閬
中水因以爲名今隆州縣也辛未扶風言白鹿見雍辛巳
遣侍御史分行青冀二州災害督録盜賊
秋七月丁酉初復右校令左校丞官續漢志曰

將作大匠屬官有左右校皆有令丞中興未置今始復日南徼外蠻豪帥
詣闕貢獻馮翊言甘露降頻陽衙頻陽縣故城在
今雍州美原縣西南衙見上潁川上言木連理白鹿麒麟
見陽翟鮮卑寇高柳梁王堅薨明帝孫節王暢之子也
八月辛巳大鴻臚耿寶爲大將軍戊子潁
川上言麒麟一白虎二見陽翟九月丁酉
廢皇太子保爲濟陰王常侍江京等譖之也乙巳詔郡
國中都官死辠繫囚減罪一等詔敦煌隴
西及度遼營漢官儀曰度遼將軍屯五原曼栢縣也其右趾以

後漢帝紀五 二十九 余中

下及亡命者贖各有差辛亥濟南上言黄
龍見歷城歷城縣屬濟南國今齊州縣也庚申晦日有食之
冬十月行幸長安壬午新豐上言鳳皇集
西界亭今新豐縣西南有鳳皇原俗傳云即此時鳳皇所集之處也丁亥會
三輔守令掾史於長安作樂閏月乙未祠
高廟遂有事十一陵歷觀上林昆明池遣
使者祠太上皇于萬年以中牢祠蕭何曹
參霍光十一月乙丑至自長安十二月乙
未琅邪言黄龍見諸縣諸縣名故城在今密州諸城縣西南是

歲京師及諸郡國二十三地震三十六雨水疾風雨雹

四年春正月壬午東郡言黃龍二麒麟一見濮陽（縣名屬東郡即古昆吾國帝顓頊之墟今濮州縣）二月乙亥下邳王衍薨甲辰南巡狩三月戊午朔日有食之庚申幸宛帝不豫辛酉令大將軍耿寶行太尉事祠章陵園廟告長沙零陵太守祠定王節侯鬱林府君乙丑自宛還丁卯幸葉帝崩于乘輿年三十二祕不敢宣

所在上食問起居如故庚午還宮辛未夕乃發喪尊皇后為皇太后太后臨朝以后兄大鴻臚閻顯為車騎將軍定策禁中立章帝孫濟北惠王壽子北鄉侯懿（東觀記及續漢書並曰北鄉侯犢今作懿蓋二名）甲戌濟南王香薨（光武曾孫簡王錯之子也）乙酉北鄉侯即皇帝位夏四月丁酉太尉馮石為太傅（石字次初荊州湖陽人也馮魴之孫）司徒劉熹為太尉參錄尚書事前司空李郃為司徒辛卯大將軍耿寶中常侍樊豐侍中謝惲周廣乳母野王君王聖坐相阿黨豐惲廣下獄死寶自殺聖徙鴈門己酉葬孝安皇帝于恭陵（在今洛陽東北二十七里伏侯古今注曰陵山周二百六十丈高十五丈也）廟曰恭宗六月乙巳大赦天下詔先帝巡狩所幸皆半入今年田租秋七月西域長史班勇（西域都護之長史也）擊車師後王斬之丙午東海王肅薨冬十月丙午越嶲山崩辛亥少帝薨是冬京師大疫

論曰孝安雖稱尊享御而權歸鄧氏至乃

損徹膳服克念政道然令自房帷威不逮遠始失根統歸成陵敝遂復計金授官（永初元年令吏人入錢穀得至關內侯也）移民逃寇（羌既轉盛詔隴西徙襄武安定徙美陽北地徙池陽）推咎台衡以荅天眚（台謂三台三公象也衡平也言天下所取平伊尹為阿衡即其義也）既云哲婦亦惟家之索矣（哲智也索盡也謂鄧后專制國柄也詩曰哲夫成城哲婦傾城書曰牝雞之晨惟家之索）

贊曰安德不升秕我王度（秕穀不成也諭政教之穢左傳祈招之詩曰思我王度）降奪儲嫡開萌邪蠱（儲嫡謂太子也邪蠱謂江京等也）馮石承歡楊公逢怒（續漢志曰上賜衛尉馮石寶劍玉玦

雜繒布等故曰承歡也楊公楊震逢怒請樊豐等譖震云有恚恨心帝免之彼日而微遂祲天路日君道也微不明也祲陰陽相侵之氣也詩曰彼月而微此日而微言君道闇亂政化陵遲漢祚衰微自此而始故言遂祲天路也

後漢書帝紀卷第五

後漢帝紀五　三十二　王宗

帝紀卷第六　范曄　後漢書六

唐章懷太子賢注

孝順皇帝

孝沖皇帝

孝質皇帝

孝順皇帝諱保謚法曰慈和徧服曰順伏侯古今注曰保之字曰守安帝之子也母李氏爲閻皇后所害永寧元年立爲皇太子延光三年安帝乳母王聖大長秋江京前書曰長秋皇后官本秦官將行也景帝更名大長秋或用中人或用士人秩二千石中興常用宦者中常侍樊豐譖太子乳母王男廚監邴吉殺之太子數爲歎息王聖等懼有後禍遂與豐京共搆陷太子太子坐廢爲濟陰王明年三月安帝崩北鄉侯立濟陰王以廢黜不得上殿親臨梓宮悲號不食內外羣僚莫不哀之及北鄉侯薨車騎將軍閻顯及江京與中常侍劉安陳達等白太后祕不發喪而更徵立諸國王子乃閉宮門屯兵自守十一月丁巳京師及

後漢帝紀六　一　林俊

郡國十六地震是夜中黃門孫程等十九人（十九人見孫程傳）共斬江京劉安陳達等迎濟陰王於德陽殿西鍾下（漢官儀曰崇賢門內德陽殿也）即皇帝位年十一近臣尚書以下從輦到南宮登雲臺召百官尚書令劉光等奏言孝安皇帝聖德明茂早弃天下陛下正統當奉宗廟而姦臣交搆遂令陛下龍潛蕃國（從太子廢爲王故曰龍潛蕃國）羣僚遠近莫不失望天命有常北鄉不永漢德盛明福祚孔章（孔甚也章明也）近臣建策左右扶翼內外同心稽合神明陛下踐祚奉遵鴻緒爲郊廟主承續祖宗無窮之烈上當天心下猒民望而即位倉卒典章多缺請條案禮儀分別具奏制曰可乃召公卿百僚使虎賁羽林士屯南北宮諸門（漢官儀曰書稱虎賁三百人言其猛怒如虎之奔赴也孝武建元三年初置期門平帝元始元年更名虎賁郎又武帝太初元年初置建章營騎後更名羽林以天有羽林之星故取名焉又取從軍死事之子孫養羽林官教以五兵號曰羽林孤兒光武中興以征伐之士勞苦者爲之故曰羽林士）閻顯兄弟聞帝立率兵入北宮尚書郎鎮與

交鋒刃遂斬顯弟衛尉景戊午遣使者入省奪得璽綬乃幸嘉德殿遣侍御史持節收閻顯及其弟城門校尉耀執金吾晏並下獄誅己未開門罷屯兵壬戌詔司隸校尉惟閻顯江京近親當伏辜誅其餘務崇寬貸壬申謁高廟癸酉謁光武廟乙亥詔益州刺史罷子午道通褒斜路（子午道平帝時王莽通之三秦記曰子午長安正南山名秦領谷一名樊川褒斜漢中谷名南谷名褒北谷名斜首尾七百里）己卯葬少帝以諸王禮司空劉授免（東觀記曰以阿附惡逆辟召非其人策罷）賜公卿以下錢穀各有差十二月甲申以少府河南陶敦爲司空（敦字文理京縣人也）其令郡國守相視事未滿歲者一切得舉孝廉吏（漢法視事滿歲乃得舉令帝新即位施恩惠雖未滿歲得令舉人）癸卯尚書奏請下有司收還延光三年九月丁酉以皇太子爲濟陰王詔書奏可京師大疫辛亥詔公卿郡守國相舉賢良方正能直言極諫之士各一人尚書令以下從輦幸南宮者皆增秩賜布各有差

永建元年春正月甲寅詔曰先帝聖德享祚未永早弃鴻烈姦慝緣閒人庶怨讟上干和氣疫癘爲災朕奉承大業未能寧濟蓋至理之本稽弘德惠蕩滌宿惡與人更始其大赦天下賜男子爵人二級爲父後三老孝悌力田三級流民欲自占者一級鰥寡孤獨篤癃貧不能自存者粟人五斛貞婦帛人三匹坐法當徙勿徙亡徒當傳勿傳（徙因逃亡當傳捕者放之勿捕）宗室以罪絕皆復屬籍

其與閻顯江京等交通者悉勿考勉修厥職以康我民辛未皇太后閻氏崩辛巳太傅馮石太尉劉熹司徒李郃免（馮石字次初東觀記曰馮劉以阿黨權貴李郃以人多疾疫免）二月甲申葬安思皇后丙戌太常桓焉爲太傅大鴻臚朱寵爲太尉參錄尚書事長樂少府九江朱倀爲司徒（朱寵字仲威京兆杜陵人朱倀字孫卿壽春人也倀音丑良反）賜百官隨輦宿衛及拜除者布各有差隴西鍾羌叛護羌校尉馬賢討破之夏五月丁丑詔幽并涼州刺史使各實二千石以下至黃綬（實謂驗實之也二千石太守也黃綬丞尉也前書曰比二百石以上銅印黃綬也）年老劣弱不任軍事者上名嚴勑障塞繕設屯備立秋之後簡習戎馬六月已亥封濟南王錯子顯爲濟南王秋七月庚午衛尉來歷爲車騎將軍八月鮮卑寇代郡代郡太守李超戰歿九月辛亥初令三公尚書入奏事冬十月辛巳詔減死罪以下徙邊其亡命贖各有差丁亥司空陶敦免鮮卑犯邊庚

寅遣黎陽營兵出屯中山北界告幽州刺史其令緣邊郡增置步兵列屯塞下調五營弩師郡舉五人令教習戰射（調選也五營五校也謂長水步兵射聲胡騎車騎等五校尉也）壬寅廷尉張皓爲司空甲辰詔以疫癘水潦令人半輸今年田租傷害什四以上勿收責不滿者以實除之十二月辛巳賜王主貴人公卿以下布各有差

二年春正月戊申樂安王鴻來朝丁卯常

山王章薨二月鮮卑寇遼東玄菟甲辰詔
稟貸荆豫兖冀四州流冗貧人所在安業
之疾病致醫藥護烏桓校尉耿曄率南單
于擊鮮卑破之三月旱遣使者録囚徒踈
勒國遣使奉獻夏六月乙酉追尊謚皇妣
李氏爲恭愍皇后葬于恭北陵西域長史
班勇敦煌太守張朗討焉耆尉犂危須三
國破之並遣子貢獻秋七月甲戌朔日有
食之壬午太尉朱寵司徒朱倀罷庚子太

常劉光爲太尉録尚書事光禄勳許敬爲
司徒 劉光字仲遼即太尉劉矩之弟許敬字鴻卿平輿人 辛丑下邳王
成薨
三年春正月丙子京師地震漢陽地陷裂
甲午詔實覈傷害者賜年七歲以上錢人
二千一家被害郡縣爲收斂乙未詔勿收
漢陽今年田租口賦夏四月癸卯遣光禄
大夫案行漢陽及河内魏郡陳留東郡稟
貸貧人六月旱遣使者録囚徒理輕繫甲

寅濟南王顯薨秋七月丁酉茂陵園寢災
帝縞素避正殿 爾雅曰縞皓也繒之精白者曰縞 辛亥使太
常王龔持節告祠茂陵九月鮮卑寇漁陽
冬十二月己亥太傅桓焉免 東觀記曰無清介辟召策罷
是歲車騎將軍來歷罷
四年春正月丙寅詔曰朕託王公之上涉
道日寡政失厥中陰陽氣隔寇盜肆暴庶
獄彌繁憂悴永歎疢如疾首詩云君子如
祉亂庶遄已 解見章紀 三朝之會朔旦立春嘉

與海内洗心自新其赦天下從甲寅赦令
已來復秩屬籍三年正月已來還贖其閻
顯江京等知識婚姻禁錮一原除之 妻父曰婚壻父
曰姻一猶皆也 務崇寬和敬順時令遵典去苛以稱
朕意丙子帝加元服 冠也 賜王主貴人公卿
以下金帛各有差賜男子爵及流民欲占
者人一級爲父後三老孝悌力田人二級
鰥寡孤獨篤癃不能自存帛一匹二月戊
戌詔以民入山鑿石發洩藏氣勑有司檢

察所當禁絕如建武永平故事夏五月壬辰詔曰海內頗有災異朝廷修政太官減膳珍玩不御而桂陽太守文礱(音力公反)不惟竭忠宣暢本朝而遠獻大珠以求幸媚今封以還之五州雨水秋八月庚子遣使實覈死亡收斂稟賜丁巳太尉劉光司空張皓免(東觀記曰以陰陽不和久託病策罷)九月復安定北地上郡歸舊土(安帝永初五年徙今復之)癸酉大鴻臚龐參爲太尉錄尚書事太常王龔爲司空冬十一

月庚辰司徒許敬免(東觀記曰爲陵轢使官策罷以千石祿終身)鮮卑寇朔方十二月乙卯宗正劉崎爲司徒(崎字叔峻華陰人也)是歲分會稽爲吳郡拘彌國遣使貢獻

五年春正月疏勒王遣侍子及大宛莎車王皆奉使貢獻夏四月京師旱辛巳詔郡國貧人被災者勿收責今年過更京師及郡國十二蝗冬十月丙辰詔郡國中都官死罪繫囚皆減罪一等詣北地上郡安定

戍乙亥定遠侯班始坐殺其妻陰城公主腰斬(始班超孫也尚順帝姑陰城公主東觀記曰陰城公主名賢得)同產皆弃市

六年春二月庚午河間王開薨三月辛亥復伊吾屯田(章帝建初二年罷也)復置伊吾司馬一人秋九月辛巳繕起太學護烏桓校尉耿曄遣兵擊鮮卑破之丁酉于窴王遣侍子貢獻冬十一月辛亥詔曰連年災潦冀部尤甚比蠲除實傷贍恤窮匱而百姓猶有弃業流亡不絕疑郡縣用心怠惰恩澤不宣

易美損上益下(易益卦曰損上益下人悅無疆惠愛也尚書曰安人則惠黎人懷之)書稱安民則惠其令冀部勿收今年田租芻稾十二月日南徼外葉調國撣國遣使貢獻(東觀記曰葉調國王遣使師會詣闕貢獻以師會爲漢歸義葉調邑君賜其君紫綬及撣國王雍由亦賜金印紫綬撣音擅)壬申客星出牽牛于闐王遣侍子詣闕貢獻

陽嘉元年春正月乙巳立皇后梁氏賜爵人二級三老孝悌力田三級爵過公乘得移與子若同產同產子民無名數及流民

欲占著者人一級鰥寡孤獨篤癃貧不能自存者粟人五斛二月海賊曾旌等寇會稽殺句章鄞鄮三縣長（三縣皆屬會稽郡鄮縣今越州縣也句章故城在今鄮縣西鄞故城在鄮縣東南鄞音銀鄮音茂）攻會稽東部都尉詔緣海縣各屯兵戍丁巳皇后謁高廟光武廟詔稟甘陵貧人大小口各有差京師旱庚申勑郡國二千石各禱名山岳瀆遣大夫謁者詣嵩高首陽山并祠河洛請雨（首陽山在洛陽東北也）戊辰雩以異部比年水潦民食不

贍詔案行稟貸勸農功賑乏絕甲戌詔曰政失厥和陰陽隔并冬鮮宿雪春無澍雨分禱祈請靡神不禜（說文曰禜設緜蕝為營以祈水旱禜音詠詩曰靡神不舉）深恐在所慢違如在之義（論語曰祭神如神在）今遣侍中王輔等持節分詣岱山東海滎陽河洛盡心祈焉（濟水四瀆之一至河南溢為滎澤故於滎陽祠焉）三月揚州六郡妖賊章河等寇四十九縣殺傷長吏庚寅帝臨辟雍饗射大赦天下改元陽嘉詔宗室絕屬籍者一切復籍稟兾州

尤貧民勿收今年更租口賦夏五月戊寅阜陵王恢薨秋七月史官始作候風地動銅儀（時張衡為大史令作之）丙辰以太學新成試明經下第者補弟子增甲乙科員各十人（前書音義曰甲科謂作簡策難問列置案上在試者意投射取而荅之謂之射策上者為甲次為乙若錄政化得失顯而問之謂之對策也）除郡國耆儒九十人補郎舍人九月詔郡國中都官繫囚皆減死一等亡命者贖各有差鮮卑寇遼東冬十一月甲申望都蒲陰狼殺女子九十七人（望都縣名

屬中山國今定州縣也章帝改曲逆為蒲陰亦屬中山與望都相近故城在今定州北東觀記亦作蒲本多作滿滿字者誤也東觀又云為不祠北岳所致詔曰政失厥中狼災為應至乃殘食孤幼博訪其故山岳尊靈國所望秩而比不奉祠淫刑放濫害加孕婦也）詔賜狼所殺者錢人三千辛卯初令郡國舉孝廉限年四十以上諸生通章句文吏能牋奏乃得應選其有茂才異行若顏淵子奇不拘年齒（史記曰顏回魯人好學年二十九髮盡白早死新序曰子奇年十八齊君使之化阿至阿鑄其庫兵以為耕器出倉廩以賑貧窮阿縣大化）十二月丁未東平王敞薨庚戌復置玄菟郡屯田六部閏月丁亥令諸

以詔除爲郎年四十以上課試如孝廉科者得參廉選歲舉一人戊子客星出天苑辛卯詔曰閒者以來吏政不勤故灾咎屢臻盜賊多有退省所由皆以選舉不實官非其人是以天心未得人情多怨書歌股肱詩刺三事尚書益稷篇帝作歌曰元首明哉股肱良哉詩小雅曰三事大夫莫肯夙夜邦君諸侯莫肯朝夕也今刺史二千石之選歸任三司三司三公也即太尉司空司徒也歸猶委任也其簡序先後精覈高下歲月之次文武之宜務存厥衷庚子恭陵

百丈廡灾恭陵安帝陵也廡廊屋也說文曰堂下周屋曰廡也是歲起西苑修飾宮殿二年春二月甲申詔以吳郡會稽飢荒貸人種糧三月使匈奴中郎將王稠率左骨都侯等擊鮮卑破之辛酉除京師耆儒年六十以上四十八人補郎舍人及諸王國郎夏四月復置隴西南部都尉官武帝元朔四年初置南部都尉於隴西臨洮縣中興以來廢至此復置之也己亥京師地震五月庚子詔曰朕以不德統奉鴻業無以奉順乾坤協序陰陽灾眚屢見

咎徵仍臻地動之異發自京師矜矜祇畏不知所裁羣公卿士將何以匡輔不逮奉荅戒異異不空設必有所應其各悉心直言厥咎靡有所諱戊午司空王龔免六月辛未太常魯國孔扶爲司空扶字仲淵疏勒國獻師子封牛東觀記曰疏勒王盤遣使文時詣闕師子似虎正黃有𩑶耏尾端茸毛大如斗封牛其領上肉隆起若封然因以名之即今之峯牛丁丑洛陽地陷是月旱秋七月己未太尉龐參免八月己巳大鴻臚沛國施延爲太尉延字君子蘄縣人也鮮卑

寇代郡冬十月庚午行禮辟雍奏應鍾始復黃鍾作樂器隨月律子爲黃鍾律長九寸聲有輕重長短度量皆出黃鍾隨月律謂月令正月律中太蔟二月律中夾鍾三月律中姑洗四月律中仲呂五月律中蕤賓六月律中林鍾七月律中夷則八月律中南呂九月律中無射十月律中應鍾十一月律中黃鍾十二月律中大呂東觀記曰元和以來音戾不調修復如舊典蔟音湊三年春二月己丑詔以久旱京師諸獄無輕重皆且勿考竟須得澍雨三月庚戌益州盜賊劫質令長殺列侯夏四月丙寅車師後部司馬率後部王加特奴等掩擊匈

奴大破之獲其季母五月戊戌制詔曰昔我太宗丕顯之德假于上下儉以恤民政致康乂朕秉事不明政失厥道天地譴怒大變仍見春夏連旱寇賊彌繁元元被害朕甚愍之嘉與海內洗心更始其大赦天下自殊死以下謀反大逆諸犯不當得赦者皆赦除之賜民年八十以上米一斛肉二十斤酒五斗九十以上加賜帛人二匹絮三斤秋七月庚戌鍾羌寇隴西漢陽冬十月護羌校尉馬續擊破之十一月壬寅司徒劉崎司空孔扶免乙巳大司農南郡黃尚爲司徒光祿勳河東王卓爲司空（黃尚字伯河南郡人也王卓字仲遼河東解人也卬音求紀反）丙午武都塞上屯羌及外羌攻破屯官驅略人畜

四年春二月丙子初聽中官得以養子爲後世襲封爵自去冬旱至于是月謁者馬賢擊鍾羌大破之夏四月甲子太尉施延免（東觀記曰以選舉貪汚策罷也）戊寅執金吾梁商爲大將

軍前太尉龐參爲太尉六月己未梁王匡薨秋七月己亥濟北王登薨閏月丁亥朔日有食之冬十月烏（淵聖御名）寇雲中十一月度遼將軍耿曄於蘭池（續漢志曰雲中郡沙南縣有蘭池城）發諸郡兵救之烏桓退走十二月甲寅京師地震

永和元年春正月夫餘王來朝乙卯詔曰朕秉政不明灾眚屢臻典籍所忌震食爲重今日變方遠地搖京師（東觀記曰陽嘉四年詔曰朕以不德譴見于天零陵言日食京師不覺故此言日變方遠）咎徵不虛必有所應羣公百僚其各上封事指陳得失靡有所諱己巳宗祀明堂登靈臺改元永和大赦天下秋七月偃師蝗冬十月丁亥承福殿火帝避御雲臺十一月丙子太尉龐參罷十二月象林蠻夷叛乙巳以前司空王龔爲太尉

二年春正月武陵蠻叛圍充縣又寇夷道（充縣屬武陵郡故城在澧州崇義縣東北充音衝夷道屬南郡也）二月廣漢屬

國都尉擊破白馬羌武陵太守李進擊叛
蠻破之三月辛亥北海王翼薨乙卯司空
王卓薨丁丑光祿勳馮翊郭虔爲司空 虔字君賢池陽人
夏四月丙申京師地震五月日南
叛蠻攻郡府秋七月九真交阯二郡兵反
八月庚子熒惑犯南斗 熒惑火星也南斗北方之宿也前書音義曰犯謂七寸内光芒相及
江夏盜賊殺邾長 邾縣屬江夏郡故城在今復州竟陵縣東邾音朱
冬十月甲申行幸長安所過鰥寡
孤獨貧不能自存者賜粟人五斛庚子幸

未央宮會三輔郡守都尉及官屬勞賜作
樂十一月丙午祠高廟丁未遂有事十一
陵丁卯京師地震十二月乙亥至自長安
三年春二月乙亥京師及金城隴西地震
二郡山岸崩地陷戊子太白犯熒惑夏四
月九江賊蔡伯流寇郡界及廣陵殺江都
長戊戌遣光祿大夫案行金城隴西賜壓
死者年七歲以上錢人二千一家皆被害
爲收斂之除今年田租尤甚者勿收口賦

閏月蔡伯流等率衆詣徐州刺史應志降 續漢書曰志字仲節汝南南頓人也曾祖父順
己酉京師地震五月吳
郡丞羊珍反攻郡府太守王衡破斬之六
月辛丑琅邪王遵薨九真太守祝良交阯
刺史張喬慰誘日南叛蠻降之嶺外平 續漢書曰祝良字邵卿長沙臨湘人
秋七月丙戌濟北王多薨八
月己未司徒黄尚免九月己酉光祿勳長
沙劉壽爲司徒 壽字伯長臨湘人也
丙戌令大將軍
三公各舉故刺史二千石及見令長郎謁

者四府掾屬剛毅武猛有謀謨任將帥者
各二人特進卿校尉各一人冬十月燒當
羌寇金城護羌校尉馬賢擊破之羌遂相
招而叛十二月戊戌朔日有食之
四年春正月庚辰中常侍張逵蘧政楊定
等有罪誅 事見梁商傳也
連及弘農太守張鳳安
平相楊晧下獄死三月乙亥京師地震夏
四月癸卯護羌校尉馬賢討燒當羌大破
之戊午大赦天下賜民爵及粟帛各有差

五月戊辰封故濟北惠王壽子安爲濟北
王秋八月太原郡旱民庶流冗癸丑遣光
祿大夫案行稟貸除更賦冬十月戊午校
獵上林苑歷函谷關而還十一月丙寅幸
廣成苑
五年春二月戊申京師地震夏四月庚子
中山王弘薨南匈奴左部句龍大人吾斯
車紐等叛圍美稷美稷縣屬西河郡也五月度遼將
軍馬續討吾斯車紐破之使匈奴中郎將

陳龜迫殺南單于巳丑晦日有食之且凍
羌寇三輔殺令長且音子余反丁丑令死罪以
下及亡命贖各有差九月令扶風漢陽築
隴道塢三百所置屯兵辛未太尉王龔罷
且凍羌寇武都燒隴關隴山之關也今名大震關在今隴州汧源
縣西也壬午太常桓焉爲太尉丁亥徙西河
郡居離石離石縣名在郡南五百九里西河本都平定縣至此徙於離石上郡
居夏陽朔方居五原句龍吾斯等東引烏
桓西收羌胡寇上郡立車紐爲單于冬十

一月辛巳遣使匈奴中郎將張耽擊破之
車紐降
六年春正月丙子征西將軍馬賢與且凍
羌戰于射姑山賢軍敗沒安定大守郭璜
下獄死詔貸王侯國租一歲閏月鞏唐羌
寇隴西遂及三輔二月丁巳有星孛于營
室三月武都大守趙冲討鞏唐羌破之庚
子司空郭虔免丁巳河閒王政薨丙午大
僕趙戒爲司空戒字志伯蜀郡成都人也夏五月庚子

齊王無忌薨使匈奴中郎將張耽大破烏
桓羌胡於天山東觀記曰耽將吏兵緪索相懸上通天山鞏唐羌寇
北地秋七月甲午詔假民有貲者戶錢一
千八月丙辰大將軍梁商薨壬戌河南尹
梁冀爲大將軍九月諸種羌寇武威辛亥
晦日有食之冬十月癸丑徙安定居扶風
北地居馮翊十一月庚子以執金吾張喬
行車騎將軍事將兵屯三輔漢安元年春
正月癸巳宗祀明堂大赦天下改元漢

二月丙辰詔大將軍公卿舉賢良方正能探賾索隱者各一人賾幽深也索求也秋七月始置承華廄東觀記曰時以遠近獻馬衆多園廄充滿始置承華廄令秩六百石八月南匈奴左部大人句龍吾斯與薁鞬臺耆等反叛薁音於六反鞬音居言反丁卯遣侍中杜喬光祿大夫周舉守光祿大夫郭遵馮羨欒巴張綱周栩劉班等八人分行州郡班宣風化舉實臧否九月庚寅廣陵盜賊張嬰等寇郡縣冬十月辛未太尉桓焉司徒劉壽免甲戌行車騎將軍張喬罷十一月壬午司隸校尉趙峻爲太尉大司農胡廣爲司徒峻字伯師下邳徐人也癸卯詔大將軍三公選武猛試用有效驗任爲將校者各一人是歲廣陵賊張嬰等詣太守張綱降

二年春二月丙辰鄯善國遣使貢獻夏四月庚戌護羌校尉趙沖與漢陽太守張貢擊燒當羌於參𧄍破之參𧄍縣屬安定郡𧄍音力全反六月乙丑熒惑犯鎮星丙寅立南匈奴守義王兜樓儲爲南單于冬十月辛丑令郡國中都官繫囚殊死以下出縑贖各有差其不能入贖者遣詣臨羌縣居作二歲甲辰減百官奉丙午禁沽酒又貸王侯國租一歲閏月趙沖擊燒當羌於河陽破之阿陽縣屬天水郡故城在今秦州隴城縣西北十一月使匈奴中郎將馬寔遣人刺殺句龍吾斯十二月楊徐盜賊攻燒城寺殺略吏民是歲涼州地百八十震

建康元年春正月辛丑詔曰隴西漢陽張掖北地武威武都自去年九月已來地百八十震山谷坼裂壞敗城寺殺害民庶夷狄叛逆賦役重數內外怨曠惟咎歎息其遣光祿大夫案行宣暢恩澤惠此下民勿爲煩擾三月庚子沛王廣薨領護羌校尉衛琚追討叛羌破之琚音居南郡江夏盜賊寇掠城邑州郡討平之夏四月使匈奴中郎將馬寔擊南匈奴左部破之於是胡羌烏桓悉詣寔降辛巳立皇子炳爲皇太子

改年建康大赦天下賜人爵各有差秋七月丙午清河王延平薨八月楊徐盜賊范容周生等寇掠城邑遣御史中丞馮赦督州郡兵討之庚午帝崩于玉堂前殿時年三十遺詔無起寢廟斂以故服珠玉玩好皆不得下

論曰古之人君離幽放而反國祚者有矣莫不矯鑒前違審識情偽無忘在外之憂離遭也矯正也左傳曰晉侯在外十九年矣險阻艱難備嘗之矣人之情偽盡知之矣故能

中興其業觀夫順朝之政殆不然乎何其傚僻之多與殆近也言順帝傚前之僻不能改正也

孝沖皇帝諱炳謚法曰幼少在位曰沖司馬彪曰沖幼早夭故謚曰沖伏侯古今注曰炳之字曰明順帝之子也母曰虞貴人建康元年立爲皇太子其年八月庚午即皇帝位年二歲尊皇后曰皇太后太后臨朝丁丑以太尉趙峻爲太傅大司農李固爲太尉參録尚書事九月丙午葬孝順皇帝于憲陵在洛陽西十五里陵高八丈四尺周三百步廟曰敬宗是日京師

及太原鴈門地震三郡水涌土裂庚戌詔三公特進侯卿校尉舉賢良方正幽逸修道之士各一人百僚皆上封事己未九江太守丘騰有罪下獄死東觀記曰騰知罪法深大懷挾姦巧稽留道路下獄死也楊州刺史尹耀九江太守鄧顯討賊范容等於歷陽軍敗耀顯爲賊所殁冬十月日南蠻夷攻燒城邑交阯刺史夏方招誘降之壬申常山王儀薨己卯零陵太守劉康坐殺無辜下獄死十一月九江盜賊

徐鳳馬勉等稱無上將軍攻燒城邑己酉令郡國中都官繫囚減死一等徙邊謀反大逆不用此令十二月九江賊黃虎等攻合肥是歲羣盜發憲陵護羌校尉趙沖追擊叛羌於鸇陰河戰殁涼州姑臧縣東南有鸇陰縣故城因水以爲名

永嘉元年春正月戊戌帝崩于玉堂前殿年三歲清河王蒜徵至京師

孝質皇帝諱纘謚法忠正無邪曰質古今注曰纘之字曰繼肅宗玄孫曾祖父千乘貞王伉祖父樂安夷王

寵父勃海孝王鴻母陳夫人沖帝不豫大將軍梁冀徵帝到洛陽都亭及沖帝崩皇太后與冀定策禁中丙辰使冀持節以王青蓋車迎帝入南宮丁巳封爲建平侯其日即皇帝位年八歲己未葬孝沖皇帝于懷陵在洛陽西北十五里伏侯古今注曰高四丈六尺周百八十三步廣陵賊張嬰等復反攻殺堂邑江都長堂邑縣屬廣陵郡今揚州六合縣也九江賊徐鳳等攻殺曲陽東城長曲陽縣屬九江郡在淮曲之陽故城在今豪州定遠縣西北東城縣故城在定遠縣東南也甲申

謁高廟乙酉謁光武廟二月豫章太守虞續坐贓下獄死乙酉大赦天下賜人爵及粟帛各有差還王侯所削户邑彭城王道薨叛羌詣左馮翊梁並降三月九江賊馬勉稱黃帝九江都尉滕撫討馬勉范容周生大破斬之東觀記曰傳勉頭及所帶玉印鹿皮冠黃衣詣洛陽詔懸夏城門外章示百姓夏四月壬申雩庚辰濟北王安薨丹陽賊陸宮等圍城燒亭寺丹陽太守江漢擊破之五月甲午詔曰朕以不德託母天下

布政不明每失厥中自春涉夏大旱炎赫憂心京京爾雅曰京京憂也故得禱祈明祀冀蒙潤澤前雖得雨而宿麥頗傷比日陰雲還復開霽寤寐永歎重懷慘結寤覺也寐卧也詩曰寤寐永歎唯憂用老將二千石令長不崇寬和暴刻之爲乎其令中都官繫囚罪非殊死考未竟者一切任出以須立秋任保也郡國有名山大澤能興雲雨者二千石長吏各絜齊請禱竭誠盡禮又兵役連年死亡流離或支骸不

斂或停棺莫收朕甚愍焉昔文王葬枯骨人賴其德呂氏春秋曰周文王使人掘地得死人骸文王曰更葬之吏曰此無主文王曰有天下者天下之主今我非其主邪遂令吏以衣棺葬之天下聞之曰文王賢矣澤及枯骨又況人乎今遣使者案行若無家屬及貧無資者隨宜賜卹以慰孤魂是月下邳人謝安應募擊徐鳳等斬之丙辰詔曰孝殤皇帝雖不永休祚而即位踰年君臣禮成孝安皇帝承襲統業而前世遂令恭陵在康陵之上先後相踰失其次序非所以奉宗廟之重

垂無窮之制昔定公追正順祀春秋善之魯閔公立二年而薨次僖公立僖雖是閔庶兄然嘗為閔臣位次當在閔下後文公即位乃進僖公神位居閔之上左傳曰躋僖公逆祀也定公八年經書從祀先公從順也順祀謂退僖神位於閔下穀梁曰從祀先公貴正也其令恭陵次康陵憲陵次恭陵以序親秩為萬世法六月鮮卑寇代郡秋七月庚寅阜陵王代薨盧江盜賊攻尋陽又攻盱台音吁夷今楚州縣也滕撫遣司馬王章擊破之九月庚戌太傅趙峻薨冬十一月己丑南陽太守韓昭坐贓下獄死東觀記曰強賦一億五千万檻車徵下獄

丙午中郎將滕撫擊廣陵賊張嬰破之丁未中郎將趙序坐事弃市東觀記曰取錢縑三百七十五萬歷陽賊華孟自稱黑帝攻殺九江太守楊岑滕撫率諸將擊孟等大破斬之

本初元年春正月丙申詔曰昔堯命四子以欽天道四子謂羲仲羲叔和仲和叔也尚書曰乃命羲和欽若昊天鴻範九疇休咎有象尚書曰天乃錫禹洪範九疇孔安國注云洪大也範法也疇類也言天與禹洛出書神龜負文而出列於背有數至于九禹遂因而第之以成九類其八曰庶徵有休徵咎徵之應休美也咎惡也徵驗也人君行善政則百穀用成家用平康是休徵也政有乖失則百穀用不成家用不寧是咎徵也休之與咎皆象人君之政故言休咎有象也象或作家夫瑞以和降異因逆感禁微應大前聖所重言君政純和則瑞氣降若逆時令則灾異感所禁雖微其應乃大前聖所重即謂唐堯欽若昊天箕子休咎之應頃者州郡輕慢憲防競逞殘暴造設科條陷入無罪或以喜怒驅逐長吏恩阿所私罰枉仇隙至令守闕訴訟前後不絕送故迎新人離其害怨氣傷和以致灾眚書云明德慎罰眚過也明德慎罰尚書康誥之言方春東作育微敬始其勑有司罪非殊死且勿案驗以崇在

寬言東作之時須育養細微敬事之始禮記月令孟春之月無殺蟲胎夭飛鳥無麛無卵慶賜遂行無有不當書曰敬敷五教五教在寬壬子廣陵太守王喜坐討賊逗留下獄死二月庚辰詔曰九江廣陵二郡數離寇害殘夷最甚謂比年張嬰寇廣陵華孟寇九江也生者失其資業死者委尸原野昔之為政一物不得其所若己為之尚書曰一夫弗獲則曰時予之辜況我元元嬰此困毒方春戒節賑濟乏戹掩骼埋胔之時月令孟春之月行慶施惠下及兆人又曰掩骼埋胔鄭玄注曰為死氣逆生氣也骨枯曰骼肉腐曰胔其調比郡見穀出稟窮

弱收葬枯骸務加理卹以稱朕意夏四月庚辰令郡國舉明經年五十以上七十以下詣太學自大將軍至六百石皆遣子受業歲滿課試以高第五人補郎中次五人太子舍人又千石六百石四府掾屬三署郎四姓小侯先能通經者各令隨家法四府掾屬謂大將軍府掾屬二十九人太尉府掾屬二十四人司徒府三十一人司空府二十九人漢官左右中郎將皆秦官也比二千石三署郎皆屬焉三署謂五官署左右署也儒生爲詩者謂之詩家禮者謂之禮家故言各隨家法也四姓小侯解見明紀也其高第者上名牒當

以次賞進五月庚寅徙樂安王爲勃海王海水溢戊申使謁者案行收葬樂安北海人爲水所漂没死者又稟給貧羸庚戌太白犯熒惑六月丁巳大赦天下賜民爵及粟帛各有差閏月甲申大將軍梁冀潛行鴆弑帝崩于玉堂前殿年九歲丁亥太尉李固免戊子司徒胡廣爲太尉司空趙戒爲司徒與梁冀參録尚書事太僕袁湯爲司空

贊曰孝順初立時髦允集爾雅曰髦俊也郭璞注曰士中之俊猶毛中之髦時張晧王龔龐參張衡李郃李固黄瓊之儔也匪砥匪革終淪嬖習砥礪也革改也淪没也言順帝初升天位又羣賢揔集不能因故自礪改革前非而終溺於私嬖近習也謂封孫程等十九人爲侯又詔中官養子聽襲封爵之類保阿傳土后家世及保安也阿倚也言可依倚以取安傅姆之類也傳土謂阿毋山陽君宋娥更相貨賂求增邑土也后家謂拜后父梁商爲大將軍商薨仍拜子冀爲大將軍弟不疑爲河南尹沖夭未識質弒以聰陵折在運天緒三終言陵遲夭折在於時運所以天之胤緒頻致三終也

後漢帝紀卷第六

帝紀卷第七　范曄　後漢書七

唐章懷太子　賢　注

孝桓皇帝

孝（御名）皇帝諱志（諡法曰克敵服遠曰桓志之字曰意）肅宗曾孫也祖父河閒孝王開父蠡吾侯翼（順帝時開上書願分蠡吾縣以封翼帝許之蠡吾故城在今瀛州博野縣西蠡音禮）母匽氏（諱明本蠡吾侯之媵妾史記曰匽姓咎繇之後也匽音偃）翼卒帝襲爵爲侯本初元年梁太后徵帝到夏門亭（洛陽城北面西頭門也門外有萬壽亭）將妻以女弟（妻音七計反）會質帝崩太后遂與兄大將軍冀定策禁中閏月庚寅使冀持節以王青蓋車（續漢志曰皇太子皇子皆安車朱班輪青蓋金華蚤故曰王青蓋車也）迎帝入南宮其日即皇帝位時年十五太后猶臨朝政（東觀記曰大后御卻非殿）秋七月乙卯葬孝質皇帝于靜陵（在洛陽東南三十里陵高五丈五尺周百三十八步）齊王喜薨辛巳謁高廟光武廟丙戌詔曰孝廉廉吏皆當典城牧民禁姦舉善興化之本恒必由之詔書連下分明懇惻而在所翫習遂至怠慢選舉乖錯害

及元元頃雖頗繩正猶未懲改方今淮夷未殄軍師屢出（本初元年廬江賊攻盱台廣陵賊張嬰等殺江都長盱台江都並近淮故言淮夷時中郎將滕撫屢擊破之其餘衆猶未殄也）百姓疲悴困於徵發庶望羣吏惠我勞民蠲滌貪穢以祈休祥其令秩滿百石十歲以上有殊才異行乃得參選臧吏子孫不得察舉杜絕邪僞請託之原令廉白守道者得信其操（信音申古字通）各明守所司將觀厥後九月戊戌追尊皇祖河閒孝王曰孝穆皇夫人趙氏曰孝穆皇后皇考蠡吾侯曰孝崇皇冬十月甲午尊皇母匽氏爲孝崇博園貴人（博本漢蠡吾縣之地也帝既追尊父爲孝崇皇其陵曰博陵置園廟焉故曰博園在今瀛州博野縣西貴人位次皇后金印紫綬）建和元年春正月辛亥朔日有食之詔三公九卿校尉各言得失戊午大赦天下賜吏更勞一歲男子爵人二級爲父後及三老孝悌力田人三級鰥寡孤獨篤癃貧不能自存者粟人五斛貞婦帛人三匹災害所傷什四以上勿收田租其不滿者

以寶除之二月荆揚二州人多餓死遣四
府掾分行賑給沛國言黃龍見譙夏四月
庚寅京師地震詔大將軍公卿校尉舉賢
良方正能直言極諫者各一人又命列侯
將大夫御史謁者千石六百石將謂五官左右虎賁羽林
中郎將也大夫謂光祿大夫太中大夫中散大夫諫議大夫博士議郎郎官
各上封事指陳得失博士掌通古今比六百石議郎比六百石郎官謂三
中郎將下之屬官也有中郎侍郎郎中又詔大將軍公卿郡國
舉至孝篤行之士各一人壬辰詔州郡不

得迫脅驅逐長吏長吏贓滿三十萬而不
糾舉者刺史二千石以縱避爲罪若有擅
相假印綬者與殺人同弃市論丙午詔郡
國繫囚減死罪一等勿笞唯謀反大逆不
用此書又詔曰比起陵塋作靜陵也彌歷時歲
力役既廣徒隸尤勤頃雨澤不沾密雲復
散儻或在茲易曰密雲不雨自我西郊其令徒作陵者減
刑各六月是月立阜陵王代兄勃遒亭侯
便爲阜陵王便光武玄孫也阜陵王恢之子以順帝陽嘉中封爲勃遒亭侯今改封也

遒音子由反本傳作便親紀傳不同蓋有誤郡國六地裂水涌井溢
續漢志曰水溢壞城寺室屋殺人時梁太后攝政兄冀枉殺李固杜喬芝草生中
黃藏府漢官儀曰中黃藏府掌中幣帛金銀諸貨物也六月太尉胡
廣罷大司農杜喬爲太尉秋七月勃海王
鴻薨章帝曾孫也樂安夷王寵之子質帝之父也梁太后改封勃海立帝弟蠡
吾侯悝爲勃海王乙未立皇后梁氏九月
丁卯京師地震太尉杜喬免冬十月司徒
趙戒爲太尉戒字志伯蜀郡人也司空袁湯爲司徒前
太尉胡廣爲司空十一月濟陰言有五色

大鳥見于巳氏續漢志曰時以爲鳳皇政旣衰缺梁冀專權皆羽孽也巳氏縣名屬濟陰郡故城今宋州楚丘縣也古戎州巳氏之邑也戊午減天下死罪
一等戍邊清河劉文反殺國相射暠欲立
清河王蒜爲天子事覺伏誅蒜坐貶爲尉
氏侯徙桂陽自殺尉氏縣屬陳留郡今汴州縣也前太尉李
固杜喬皆下獄死續漢志曰順帝之末京都童謠曰直如弦死道邊曲如鉤
反封侯曲如鉤謂梁冀胡廣等直如弦謂李固等陳留盜賊李堅自稱
皇帝伏誅東觀記曰江舍及李堅等
二年春正月甲子皇帝加元服庚午大赦

天下賜河閒勃海二王黃金各百斤河閒王建勃海王悝彭城諸國王各五十斤彭城王定公主大將軍三公特進侯中二千石二千石將大夫郎吏從官四姓及梁鄧小侯諸夫人以下帛各有差年八十以上賜米酒肉九十以上加帛二匹緜三斤三月戊辰帝從皇太后幸大將軍梁冀府白馬羌寇廣漢屬國殺長吏益州刺史率板楯蠻討破之板楯西南蠻之號夏四月丙子封帝弟顧爲平原王奉

孝崇皇祀尊孝崇皇夫人馬氏爲孝崇園貴人嘉禾生大司農帑藏說文曰帑者金布所藏之府也帑他朗反五月癸丑北宮掖廷中德陽殿及左掖門火車駕移幸南宮六月改清河爲甘陵立安平王得子經侯理爲甘陵王安平今定州縣也經今貝州經城縣秋七月京師大水河東言木連理冬十月長平陳景自號黃帝子署置官屬又南頓管伯亦稱真人並圖舉兵悉伏誅三年春三月甲申彭城王定薨夏四月丁

卯晦日有食之續漢志曰在東井二十三度東井主法梁太后攝政公卿犯天法也五月乙亥詔曰蓋聞天生蒸民不能相理爲之立君使司牧之君道得於下則休祥著乎上庶事失其序則咎徵見乎象已上畧成帝詔詞閒者日食毀缺陽光晦暗朕祗懼潛思匪遑啓處遑暇也啓跪也詩小雅曰王事靡盬不遑啓處傳不云乎日食修德月食修刑公羊傳之文也昔孝章帝愍前世禁徙故建初之元並蒙恩澤流徙者使還故郡沒入者免爲庶民先皇德

政可不務乎其自永建元年迄乎今歲凡諸妖惡支親從坐及吏民減死徙邊者悉歸本郡唯沒入者不從此令六月庚子詔大將軍三公特進侯其與卿校尉舉賢良方正能直言極諫之士各一人乙卯震憲陵寢屋秋七月庚申廉縣雨肉續漢志曰肉似羊肺或大如手五行傳曰弃法律逐功臣時則有羊禍時則有赤眚赤祥是時梁太后攝政兄冀專權枉誅李固杜喬天下冤之廉縣屬北地郡也八月乙丑有星孛于天市前書曰旗星中四星名曰天市京師大水九月己卯地震庚寅

地又震詔死罪以下及亡命者贖各有差
郡國五山崩冬十月太尉趙戒免司徒袁
湯爲太尉大司農河内張歆爲司徒歆字敬讓
十一月甲申詔曰朕攝政失中災眚連仍
三光不明陰陽錯序監寐寤歎疢如疾首
監寐言雖寢而不寐也寤覺也今京師廝舍死者相枕廝舍賤役
人之舍郡縣阡陌處處有之甚違周文掩胔
之義其有家屬而貧無以葬者給直人三
千喪主布三匹若無親屬可於官壖地葬

之壖官之餘地也前書音義曰壖城郭旁地音奴喚而戀二反表識姓名爲
設祠祭又徒在作部疾病致醫藥死亡厚
埋藏民有不能自振及流移者稟穀如科
州郡檢察務崇恩施以康我民和平元年
春正月甲子大赦天下改元和平己丑詔
曰曩者遭家不造先帝早世謂順帝崩也詩周頌曰閔予小
子遭家不造鄭玄注云造成也言成王遭武王崩家道未成永惟大宗之重
深思嗣續之福詢謀台輔稽之兆占既建
明哲克定統業天人協和萬國咸寧元服

已加將即委付而四方盜竊頗有未靜故
假延臨政以須安謐幸賴股肱禦侮之助
殘醜消蕩謂建和二年長安陳景反南頓管伯等謀反並伏誅民和年稔
普天率土遐邇洽同遠覽復子明辟之義
尚書曰周公曰朕復子明辟復還也子謂成王也辟君也謂周公攝政已久故復還明君之政於成王今
大后亦還政於帝也近慕先姑歸授之法先姑謂安帝閻皇后也爾雅曰
婦人謂夫之父曰舅夫之母曰姑在則曰君舅君姑歿則曰先舅先姑也及今令辰皇
帝稱制羣公卿士虔恭爾位勠力一意勉
同斷金金者剛之物也言人能同心則其利可以斷之也易曰二人同心其利斷金展

也大成則所望矣詩小雅曰允矣君子展也大成鄭玄注云允信也展誠也
大成謂致太平也言誠能致太平是所望也二月扶風妖賊裴優自
稱皇帝伏誅裴姓優名也風俗通曰裴伯益之後甲寅皇太后
梁氏崩三月車駕徙幸北宮甲午葬順烈
皇后夏五月庚辰尊博園匽貴人曰孝崇
皇后秋七月梓潼山崩梓潼縣屬廣漢郡今始州縣也有梓潼水
冬十一月辛巳減天下死罪一等徙邊戍
元嘉元年春正月京師疾疫使光祿大夫
將醫藥案行癸酉大赦天下改元元嘉二

月九江廬江大疫甲午河間王建薨夏四月己丑安平王得薨（河間孝王開之子初爲樂成王後改曰安平）京師旱任城梁國飢民相食司徒張歆罷光祿勳吳雄爲司徒秋七月武陵蠻叛冬十月司空胡廣罷十一月辛巳京師地震閏月庚午任城王崇薨大常黃瓊爲司空

二年春正月西域長史王敬爲于寘國所殺（敬殺于寘王建故國人殺之）丙辰京師地震夏四月甲寅孝崇皇后匽氏崩庚午常山王豹薨

五月辛卯葬孝崇皇后于博陵秋七月庚辰日有食之八月濟陰言黃龍見句陽（縣名屬濟陰郡左傳曰盟于句瀆之丘是也故城在今曹州乘氏縣北一名穀丘）金城言黃龍見允街（允街縣名屬金城郡音緣皆）冬十月乙亥京師地震十一月司空黃瓊免十二月特進趙戒爲司空右北平大守和旻坐臧下獄死

永興元年春二月張掖言白鹿見三月丁亥幸鴻池夏五月丙申大赦天下改元永興丁酉濟南王廣薨無子國除秋七月郡國三十二蝗河水溢百姓飢窮流宂道路至有數十萬戶冀州尤甚詔在所賑給乏絕安慰居業冬十月太尉袁湯免太常胡廣爲太尉司徒吳雄罷司空趙戒免以太僕黃瓊爲司徒光祿勳房植爲司空十一月丁丑詔減天下死罪一等徙邊戍是歲武陵太守應奉招誘叛蠻降之

二年春正月甲午大赦天下二月辛丑初聽刺史二千石行三年喪服癸卯京師地

震詔公卿校尉舉賢良方正能直言極諫者各一人詔曰比者星辰謬越坤靈震動災異之降必不空發勑己修政庶望有補其輿服制度有踰侈長飾者皆宜損省（長音直亮反）郡縣務存儉約申明舊令如永平故事六月彭城泗水增長逆流（張衡對策曰水者五行之首逆流者人君之恩不能下及而敎逆也）詔司隸校尉部刺史曰蝗災爲害水變仍至五穀不登人無宿儲其令所傷郡國種蕪菁以助人食京師蝗東

海朐山崩朐山名也在今海州朐山縣南九月丁卯朔日有食之詔曰朝政失中雲漢作旱雲漢詩大雅篇名也周宣王時大旱故作詩曰倬彼雲漢昭回于天鄭玄注云雲漢天河也倬然轉運於天時旱渴雨故宣王夜視天河望其候焉川靈涌水蝗螽孳蔓殘我百穀太陽虧光飢饉荐臻其不被害郡縣當為飢餧者儲天下一家趣不糜爛則為國寶其禁郡國不得賣酒祠祀裁足太尉胡廣免司徒黃瓊為太尉閏月光祿勳尹頌為司徒頌字公孫鞏人減天下死罪一等徙邊戍蜀郡

李伯詐稱宗室當立為太初皇帝伏誅冬十一月甲辰校獵上林苑遂至函谷關賜所過道傍年九十以上錢各有差太山琅邪賊公孫舉等反叛殺長吏

永壽元年春正月戊申大赦天下改元永壽二月司隸冀州飢人相食司隸州即洛陽敕州郡賑給貧弱若王侯吏民有積穀者一切貣十分之三貣音吐得反又音徙得反以助稟貸其百姓吏民者以見錢雇直雇猶酬也王侯須新租乃償須待也夏四月白烏見齊國六月洛水溢壞鴻德苑續漢志曰水溢至津城門漂流人物時梁冀專政疾害忠良威權震主後遂誅滅也南陽大水司空房植免太常韓縯為司空縯音翼善反詔太山琅邪遇賊者勿收租賦復更筭三年又詔被水死流失屍骸者令郡縣鉤求收葬及所唐突壓溺物故七歲以上賜錢人二千壞敗廬舍亡失穀食尤貧者稟人二斛巴郡益州郡山崩益州郡名也武帝置諸本無郡字者誤也秋七月初置太山琅邪都尉官

漢官儀曰秦郡有尉一人典兵禁捕盜賊景帝更名都尉建武七年省唯邊郡往往置都尉及屬國都尉今二郡寇賊不息故置南匈奴左臺且渠伯德等叛寇美稷美稷西河縣也安定屬國都尉張奐討除之

二年春正月初聽中官得行三年服中官常侍以下二月甲申東海王臻薨三月蜀郡屬國夷叛秋七月鮮卑寇雲中太山賊公孫舉等寇青兗徐三州遣中郎將段熲討破斬之冬十一月置太官右監丞官漢官儀太官右監丞秩比六百石也十二月京師地震

三年春正月巳未大赦天下夏四月九眞蠻夷叛太守兒式討之戰歿遣九眞都尉魏朗擊破之復屯據日南閏月庚辰晦日有食之六月初以小黃門爲守宮令置宂從右僕射官漢官儀曰守宮令一人黃門宂從僕射一人並秩六百石也京師蝗秋七月河東地裂冬十一月司徒尹頌薨長沙蠻叛寇益陽縣名屬長沙國在益水之陽今潭州縣也故城在縣東司空韓縯爲司徒大常北海孫朗爲司空朗字代平

延熹元年春三月己酉初置鴻德苑令漢官儀曰苑令一人秩六百石夏五月己酉大會公卿以下賞賜各有差甲戌晦日有食之京師蝗六月戊寅大赦天下改元延熹丙戌分中山置博陵郡以奉孝崇皇園陵博陵郡故城在今瀛州博野縣也後徙安平大雩秋七月己巳雲陽地裂甲子大尉黃瓊免太常胡廣爲太尉冬十月校獵廣成遂幸上林苑十二月鮮卑寇邊使匈奴中郎將張奐率南單于擊破之

二年春二月鮮卑寇鴈門己亥阜陵王便薨蜀郡夷寇蠶陵殺縣令三月復斷刺史二千石行三年喪夏京師雨水六月鮮卑寇遼東秋七月初造顯陽苑置丞丙午皇后梁氏崩乙丑葬懿獻皇后于懿陵大將軍梁冀謀爲亂八月丁丑帝御前殿詔司隷校尉張彪將兵圍冀第收大將軍印綬冀與妻皆自殺衛尉梁淑河南尹梁胤屯騎校尉梁讓越騎校尉梁忠長水校尉梁

戟等及中外宗親數十人皆伏誅太尉胡廣坐免司徒韓縯司空孫朗下獄東觀記曰並坐不衛官止長壽亭減死一等以爵贖之壬午立皇后鄧氏追廢懿陵爲貴人冢詔曰梁冀姦暴濁亂王室孝質皇帝聰敏早茂冀心懷忌畏私行殺毒永樂太后親尊莫二和平元年有司奏太后所居皆以永樂爲稱置官屬太僕少府焉冀又遏絕禁還京師謂太后常居博園不得在洛陽使朕離母子之愛隔顧復之恩禍害深大罪釁日滋賴宗廟之靈及中常侍單超徐

璜具瑗左悺（說文曰悺憂也音工奐反今作心旁官即悺字也今相傳音綰）唐衡尚書令尹勳等激憤建策内外協同漏刻之閒桀逆梟夷（梟縣首於木也）斯誠社稷之祐臣下之力宜班慶賞以酬忠勳其封超等五人爲縣矦勳等七人爲亭矦（五縣矦謂單超新豐矦徐璜武原矦具瑗東武陽矦左悺上蔡矦唐衡汝陽矦七亭矦謂尹勳宜陽都鄉霍諝鄴都亭張敬山陽西鄉歐陽參脩武仁亭李瑋宜陽金門虞放冤句呂都亭周永下邳高遷鄉）於是舊故恩私多受封爵大司農黃瓊爲太尉光禄大夫中山祝恬爲司徒（恬字伯休盧奴人）大鴻臚梁

國盛允爲司空（允字伯代）初置秘書監官（漢官儀秘書監一人秩六百石）冬十月壬申行幸長安乙酉幸未央宮甲午祠高廟十一月庚子遂有事十一陵壬寅中常侍單超爲車騎將軍十二月己巳至自長安賜長安民粟人十斛園陵人五斛行所過縣三斛燒當等八種羌叛寇隴右護羌校尉段熲追擊於羅亭破之（東觀記曰追到積石山即與羅亭相近在今鄯州也）天竺國來獻

三年春正月丙申大赦天下丙午車騎將軍單超薨閏月燒何羌叛寇張掖護羌校尉段熲追擊於積石大破之（積石山在今鄯州龍支縣南即禹貢云導河積石是也）白馬令李雲坐直諫下獄死夏四月上郡言甘露降五月甲戌漢中山崩六月辛丑司徒祝恬薨秋七月司空盛允爲司徒太常虞放爲司空（放字子仲陳留人也）長沙蠻寇郡界九月太山琅邪賊勞丙等復叛寇掠百姓遣御史中丞趙某（史闕名也）持節督州郡討之丁亥詔無事之官權絶奉豐年

如故冬十一月日南蠻賊率衆詣郡降勒姐羌圍允街（勒姐羌號也姐音子野反）段熲擊破之太山賊叔孫無忌攻殺都尉矦章十二月遣中郎將宗資討破之武陵蠻寇江陵車騎將軍馮緄討皆降散荆州刺史度尚討長沙蠻平之

四年春正月辛酉南宮嘉德殿火戊子丙署火（丙署署名也續漢志曰丙署長七人秩四百石黃綬宦者爲之主中宮別處）大疫二月壬辰武庫火司徒盛允免大司農种

嵩爲司徒三月省冗從右僕射官永壽三年置太尉黄瓊免夏四月太常劉矩爲太尉甲寅封河閒王開子博爲任城王五月辛酉有星孛于心丁卯原陵長壽門火己卯京師雨雹東觀記曰大如鷄子續漢志曰誅殺過差寵小人也六月京兆扶風及涼州地震庚子岱山及博尤來山並穨裂博今博城縣也太山有徂來山一名尤來己酉大赦天下司空虞放免前太尉黄瓊爲司空犍爲屬國夷寇鈔百姓益州刺史山昱擊破之零吾

羌與先零諸種並叛寇三輔秋七月京師雩減公卿以下奉貣王侯半租占賣關內侯虎賁羽林緹騎營士五大夫錢各有差九月司空黄瓊免大鴻臚劉寵爲司空冬十月天竺國來獻南陽黄武與襄城惠得昆陽樂季訞言相署皆伏誅先零沈氐羌與諸種羌寇并涼二州十一月中郎將皇甫規擊破之十二月夫餘王遣使來獻五年春正月省太官右監丞永壽三年置壬午南

宮丙署火三月沈氐羌寇張掖酒泉壬午濟北王次薨夏四月長沙賊起寇桂陽蒼梧東觀記曰時攻沒蒼梧取銅虎符太守甘定刺史侯輔各奔出城桂陽郡在桂水之陽今連州縣驚馬逸象突入宮殿乙丑恭陵東闕火安帝陵也戊辰虎賁掖門火己巳太學西門自壞五月康陵園寢火殤帝陵也長沙零陵賊起攻桂陽蒼梧南海交阯遣御史中丞盛脩督州郡討之不克乙亥京師地震詔公卿各上封事甲申中藏府承祿署火秋七月己

未南宮承善闥火爾雅曰宮中門謂之闈廣雅曰闥謂之闈鳥吾羌寇漢陽隴西金城諸郡兵討破之八月庚子詔減虎賁羽林住寺不任事者半奉勿與冬衣東觀記曰以軍師水旱疾病帑藏空虛虎賁羽林不任事者住寺減半奉據此謂簡選疲弱不勝軍事者留住寺也其公卿以下給冬衣之半艾縣賊焚燒長沙郡縣寇益陽殺令東觀記曰時賊乘刺史車屯據臨湘居太守舍賊萬人以上屯益陽殺長吏艾縣名屬豫章郡故城在今洪州建昌縣又零陵蠻亦叛寇長沙己卯罷琅邪都尉官永壽元年置冬十月武陵蠻叛寇江陵南

郡太守李肅坐奔北弃市辛丑以太常馮
緄爲車騎將軍討之假公卿以下奉又換
王侯租以助軍糧出濯龍中藏錢還之十
一月馮緄大破叛蠻於武陵京兆虎牙都
尉宗謙坐臧下獄死（京兆虎牙都尉屯長安見西羌傳）滇那
羌寇武威張掖酒泉太尉劉矩免太常楊
秉爲太尉
六年春二月戊午司徒种暠薨三月戊戌
大赦天下衛尉穎川許栩爲司徒（栩字季闕鄢人）

夏四月辛亥康陵東署火五月鮮卑寇遼
東屬國秋七月甲申平陵園寢火（平陵昭帝陵也）桂
陽盜賊李研等寇郡界武陵蠻復叛太守
陳奉與戰大破降之隴西太守孫羌討滇
那羌破之八月車騎將軍馮緄免冬十月
丙辰校獵廣成遂幸函谷關上林苑十一
月司空劉寵免南海賊寇郡界十二月衛
尉周景爲司空
七年春正月庚寅沛王榮薨三月癸亥隕

石于鄠夏四月丙寅梁王成薨五月己丑
京師雨雹秋七月辛卯趙王乾薨野王山
上有死龍荆州刺史度尚擊零陵桂陽盜
賊及蠻夷大破平之冬十月壬寅南巡狩
庚申幸章陵祠舊宅遂有事于園廟賜守
令以下各有差戊辰幸雲夢臨漢水還幸
新野祠湖陽新野公主魯哀王壽張敬侯
廟（光武姊湖陽長公主新野長公主兄魯哀王舅壽張敬侯樊重並光武時立廟）護羌
校尉段熲擊當煎羌破之十二月辛丑車

駕還宮八年春正月遣中常侍左悺之苦
縣祠老子（史記曰老子者楚苦縣厲鄉曲仁里人也名耳字聃姓李氏爲周守藏吏有神廟故就祠之苦縣屬陳國故城在今亳州谷陽縣也苦音戶又如字）勃海王悝謀
反降爲癭陶王（癭陶縣屬鉅鹿郡故城在今趙州癭陶縣西南）丙申晦
日有食之詔公卿校尉舉賢良方正己酉
南宮嘉德署黃龍見千秋萬歲殿火太僕
左稱有辠自殺癸亥皇后鄧氏廢河南尹
鄧萬世（鄧后之叔父）虎賁中郎將鄧會下獄死（鄧后之兄子）
護羌校尉段熲擊罕姐羌破之三

月辛巳大赦天下夏四月甲寅安陵園寢
火（惠帝陵也） 丁巳壞郡國諸房祀（房謂祠堂也王渙傳曰時唯密
縣存故太傅卓茂廟洛陽留令王渙祠） 濟陰東郡濟北河水清
五月壬申罷太山都尉官（永壽元年置） 丙戌太
尉楊秉薨丙辰緱氏地裂桂楊胡蘭朱蓋
等復反攻没郡縣轉寇零陵零陵太守陳
球拒之遣中郎將度尚長沙太守抗徐等
擊蘭蓋大破斬之（謝承書曰抗徐字伯徐丹陽人少爲郡佐史有膽智策略
三府表徐有將率之任特遷長沙大守風俗通曰衛大夫三抗之後漢有抗喜爲漢中太守） 蒼

梧太守張敘爲賊所執又桂陽太守任胤
背敵畏懦皆弃市閏月甲午南宮長秋和
歡殿後鉤楯掖庭朔平署火（長秋宮名漢官曰朔平署司馬
一人） 六月段熲擊當煎羌於湟中大破之（湟水
名在今鄯州湟水縣） 秋七月太中大夫陳蕃爲太尉八
月戊辰初令郡國有田者畝斂稅錢（畝十錢也）
九月丁未京師地震冬十月司空周景免
太常劉茂爲司空（茂字叔盛彭城人也） 辛巳立貴人
竇氏爲皇后勃海妖賊蓋登等（蓋音古盍反） 稱

大上皇帝有玉印珪璧鐵券相署置皆伏
誅（續漢書曰時登等有玉印五皆如白石文曰皇帝信璽皇帝行璽其三無文字璧二十二珪五
鐵券十一開王廟帶王綬衣絳衣相署置也） 十一月壬子德陽殿西
閤黄門北寺火延及廣義神虎門燒殺人
（廣義神虎洛陽宮西門也在金商門外袁山松書曰是時連月火災諸宮寺或一日再三發又夜有訛言
擊鼓相驚陳蕃等上疏諫曰唯善政可以已之書奏不省） 使中常侍管霸之
苦縣祠老子
九年春正月辛亥朔日有食之詔公卿校
尉郡國舉至孝沛國戴異得黄金印無文

字遂與廣陵人龍尚等共祭井作符書稱
太上皇伏誅（東觀記曰戴異鉏田得金印到廣陵以與龍尚） 己酉詔曰
比歲不登民多飢窮又有水旱疾疫之困
盜賊徵發南州尤甚（謂長沙桂陽零陵等郡也並屬荆州） 災異
日食譴告累至政亂在予仍獲咎徵其令
大司農絕今歲調度徵求及前年所調未
畢者勿復收責其災旱盜賊之郡勿收租
餘郡悉半入三月癸巳京師有火光轉行
人相驚譟司隸豫州飢死者什四五至有

滅户者遣三府掾賑禀之陳留太守韋毅坐臧自殺夏四月濟陰東郡濟北平原河水清司徒許栩免五月太常胡廣爲司徒六月南匈奴及烏桓鮮卑寇緣邊九郡秋七月沈氏羌寇武威張掖詔舉武猛三公各二人卿校尉各一人太尉陳蕃免庚午祠黄老於濯龍宮遣使匈奴中郎將張奐擊南匈奴烏桓鮮卑九月光禄勳周景爲太尉南陽太守成瑨太原太守劉質並以

譖弃市（時小黄門趙津犯法質考殺之官官怨恚有司承旨奏質等）司空劉茂免大秦國王遣使奉獻（時國王安敦獻象牙犀角瑇瑁等）冬十二月洛城傍竹柏枯傷光禄勳汝南宣酆爲司空（酆字伯應東陽亭侯）封南匈奴烏桓率衆詣張奐降司隸校尉李膺等二百餘人受誣爲黨人並坐下獄書名王府（河内牢脩告之事具劉淑傳）

永康元年春正月先零羌寇三輔中郎將張奐破平之當煎羌寇武威護羌校尉段熲追擊於鸞鳥大破之（鸞鳥縣名屬武威郡鸞音雚）西羌悉平夫餘王寇玄菟太守公孫域與戰破之夏四月先零羌寇三輔五月丙申京師及上黨地裂廬江賊起寇郡界壬子晦日有食之詔公卿校尉舉賢良方正六月庚申大赦天下悉除黨錮改元永康（時李膺等頗引官者子弟官官多懼請帝以天時當赦帝許之故除黨錮也）丙寅阜陵王統薨秋八月魏郡言嘉禾生甘露降巴郡言黄龍見（續漢志曰時人欲就沱浴見沱水濁因戲相恐此中有黄龍語遂行人閒郡欲以爲美故上言之時史以書帝紀桓帝政化衰缺而多言瑞應皆此類也先儒言瑞興非時則爲妖孽而人言生龍皆龍孽也）六州大水勃海海溢詔州郡賜溺死

者七歲以上錢人二千一家皆被害者悉爲收斂其亡失穀食禀人三斛冬十月先零羌寇三輔使匈奴中郎將張奐擊破之十一月西河言白菟見十二月壬申復癭陶王悝爲勃海王丁丑帝崩于德陽前殿年三十六戊寅尊皇后曰皇太后太后臨朝是歲復博陵河閒二郡比豐沛

論曰前史稱桓帝好音樂善琴笙（前史謂東觀記）

飾芳林而考濯龍之宮薛綜注東京賦云濯龍殿名芳林謂兩旁樹木
蘭也考成也既成而祭之左傳曰考仲子之宮也設華蓋以祠浮圖老
子浮圖今佛也續漢志曰祠老子於濯龍宮文罽爲壇飾淳金鉛器設華蓋之坐用郊天樂斯
將所謂聽於神乎左傳曰史嚚曰國將興聽於人將亡聽於神及
誅梁冀奮威怒天下猶企其休息而五邪
嗣虐流衍四方五邪謂單超徐璜左悺唐衡具瑗也自非忠賢力
爭屢折姦鋒忠賢謂李膺陳蕃竇武黃瓊朱穆劉淑劉陶等各上書極諫以折官官等
姦謀之鋒也雖願依斟流彘亦不可得已帝王紀曰夏帝相爲
羿所逐相乃都商丘依同姓諸侯斟灌斟尋氏史記曰周厲王好利暴虐周人相與畔而襲厲王王出奔

于彘言帝寵幸官豎令執威權賴忠臣李膺等竭力諫爭以免簒弒之禍不然則雖願如夏相依斟周王
流彘不可得也斟灌斟尋國故城在今青州彘晉地也
贊曰桓自宗支越躋天祿越謂非次也躋升也天祿天位也左
傳子家羈曰天祿不再政移五倖刑淫三獄倖使也淫濫也五倖即上
五邪也三獄謂李固杜喬李雲杜衆成瑨劉質也傾宮雖積皇身靡續
帝王紀曰紂多發美女以充傾宮之室婦人衣綾紈者三百餘人據桓帝納三皇后又博採宮女五六千
人並無子也

後漢帝紀卷第七

帝紀卷第八　范曄　後漢書八
唐章懷太子　賢　注

孝靈帝

孝靈皇帝諱宏謚法曰亂而不損曰靈伏侯古今注曰宏之字曰大肅
宗玄孫也曾祖河閒孝王開祖淑父萇世
封解瀆亭侯淑以河閒王子封爲解瀆亭侯萇襲父封故言世封也解瀆亭在今
定州義豐縣東北也帝襲侯爵母董夫人桓帝崩無
子皇太后與父城門校尉竇武定策禁中
使守光祿大夫劉儵持節將左右羽林至

河閒奉迎續漢志曰桓帝之初京都童謠曰城上烏尾畢逋父爲吏子爲徒一徒死百乘
車車班班入河閒河閒奼女工數錢以錢爲室金爲堂石上慊慊春黃粱粱下有懸鼓我欲擊之丞卿怒
城上烏者處高獨食不與下共謂人主多聚斂也父爲吏子爲徒者言蠻夷叛逆父既爲軍吏子弟又爲
卒徒往擊之也一徒死百乘車者言前一人討胡既死矣後又遣百乘車往也車班班者言乘輿班班入
河閒迎靈帝也奼女數錢言帝既立其母永樂太后好聚金以爲堂室也石上慊慊者言太后雖積金錢
猶慊慊常若不足使人春黃粱而食之也我欲擊之者言大后教帝使賣官受錢天下忠篤之士怨望欲
擊鼓求見卿懸鼓者復怒而止我也建寧元年春正月壬午城
門校尉竇武爲大將軍己亥帝到夏門亭東觀記曰到夏門外萬壽亭羣臣謁見使竇武持節以王青蓋

車迎入殿中庚子即皇帝位年十二改元
建寧以前太尉陳蕃爲太傅與竇武及司
徒胡廣參録尚書事使護羌校尉段熲討
先零羌二月辛酉葬孝桓皇帝于宣陵在洛陽東南三十里高十二丈周三百步
廟曰威宗庚午謁高廟辛
未謁世祖廟大赦天下賜民爵及帛各有
差段熲大破先零羌於逢義山山在今原州高平縣逢一作途
閏月甲午追尊皇祖爲孝元皇夫人夏
氏爲孝元皇后考爲孝仁皇夫人董氏爲

慎園貴人慎園在今瀛州樂壽縣東南俗呼爲二皇陵夏四月戊辰
太尉周景薨司空宣酆免長樂衛尉王暢
爲司空五月丁未朔日有食之詔公卿以
下各上封事及郡國守相舉有道之士各
一人又故刺史二千石清高有遺惠爲衆
所歸者皆詣公車太中大夫劉矩爲太尉
六月京師雨水秋七月破羌將軍段熲復
破先零羌於涇陽涇陽縣名屬安定故城在今原州平凉縣南也八月
司空王暢免宗正劉寵爲司空九月丁亥

中常侍曹節矯詔誅太傅陳蕃大將軍竇
武及尚書令尹勳侍中劉瑜屯騎校尉馮
述皆夷其族皇太后遷于南宮太后與竇武密謀欲誅曹節令武等既誅故太后被遷
司徒胡廣爲太傅録尚書事
司空劉寵爲司徒大鴻臚許栩爲司空冬
十月甲辰晦日有食之令天下繫囚罪未
決入縑贖各有差十一月太尉劉矩免太
僕沛國聞人襲爲太尉姓聞人名襲字定卿風俗通曰少正卯魯之聞人其後氏焉
十二月鮮卑及濊貊寇幽并二州

二年春正月丁丑大赦天下三月乙巳尊
慎園董貴人爲孝仁皇后續漢志曰置永樂宮儀如桓帝尊匽貴人之禮
夏四月癸巳大風雨雹詔公卿以下
各上封事五月太尉聞人襲罷司空許栩
免六月司徒劉寵爲太尉太常許訓爲司
徒訓字季師平輿人太僕長沙劉囂爲司空囂字重寧
秋七月破羌將軍段熲大破先零羌於射
虎塞外谷東羌悉平九月江夏蠻叛州郡
討平之丹陽山越賊圍太守陳夤夤擊破

之冬十月丁亥中常侍侯覽諷有司奏前
司空虞放太僕杜密長樂少府李膺司隸
校尉朱㝢潁川太守巴肅沛相荀昱河内
太守魏朗山陽太守翟超等皆爲鉤黨下
獄鉤謂相牽引也事具劉淑李膺傳死者百餘人妻子徙邊
諸附從者錮及五屬五屬謂五服内親也制詔州郡大
舉鉤黨於是天下豪桀及儒學行義者一
切結爲黨人續漢志曰建寧中京都長者皆以葦方笥爲糚具時有識者竊言葦笥郡國讖也後黨人禁錮會赦有疑者皆讖廷尉人名悉入方笥中庚子晦日有

後漢帝紀八　四　王中

食之十一月太尉劉寵免太僕郭禧爲太
尉字公房扶溝人也禧音僖鮮卑寇并州是歲長樂太
僕曹節爲車騎將軍百餘日罷
三年春正月河内人婦食夫河南人夫食
婦三月丙寅晦日有食之夏四月太尉郭
禧罷太中大夫聞人襲爲太尉秋七月司
空劉囂罷八月大鴻臚橋玄爲司空九月
執金吾董寵下獄死冬濟南賊起攻東平
陵東平陵縣名屬濟南國故城在今濟州東鬱林烏滸民相率内

屬烏滸南方夷號也廣州記曰其俗食人以鼻飲水口中進噉如故
四年春正月甲子帝加元服大赦天下賜
公卿以下各有差唯黨人不赦二月癸卯
地震海水溢河水清三月辛酉朔日有食
之太尉聞人襲免太僕李咸爲太尉咸字元卓汝
南西平人詔公卿至六百石各上封事大疫使
中謁者巡行致醫藥司徒許訓免司空橋
玄爲司徒夏四月太常來豔爲司空豔字季德南陽新野人五月河東地裂雨雹山水暴出秋

後漢帝紀八　五　朴仁

七月司空來豔免癸丑立貴人宋氏爲皇
后執金吾宋酆女前年入掖庭爲貴人司徒橋玄免太常宗俱
爲司空俱字伯儼南陽安衆人前司空許栩爲司徒冬
鮮卑寇并州
熹平元年春三月壬戌太傅胡廣薨夏五
月己巳大赦天下改元熹平長樂太僕侯
覽有罪自殺六月京師雨水癸巳皇太后
竇氏崩秋七月甲寅葬桓思皇后宦官諷
司隸校尉段熲捕繫太學諸生千餘人時有

人書朱雀闕云天下大亂公卿皆尸祿故捕之事見宦者傳冬十月渤海王
悝被誣謀反丁亥悝及妻子皆自殺十一
月會稽人許生自稱越王寇郡縣東觀記曰會稽許昭
聚衆自稱大將軍立父生爲越王攻破郡縣遣楊州刺史臧旻丹陽
太守陳夤討破之十二月司徒許栩罷大
鴻臚袁隗爲司徒鮮卑寇并州是歲甘陵
王恢薨
二年春正月大疫使使者巡行致醫藥丁
丑司空宗俱薨二月壬午大赦天下以光

祿勳楊賜爲司空三月太尉李咸免夏五
月以司隸校尉段熲爲太尉沛相師遷坐
誣罔國王下獄死國王陳愍王寵也臣賢案陳敬王傳云國相師遷又東觀
記云陳行相師遷奏沛相魏愔前爲陳相與陳王寵交通明魏愔爲沛相此言師遷爲沛相蓋誤也六
月北海地震東萊北海海水溢續漢志曰時出大魚二枚
各長八九丈高二丈餘秋七月司空楊賜免太常潁川
唐珍爲司空冬十二月日南徼外國重譯
貢獻太尉段熲罷鮮卑寇幽并二州癸酉
晦日有食之

三年春正月夫餘國遣使貢獻二月己巳
大赦天下太常陳耽爲太尉耽字漢公東海人也三月
中山王暢薨無子國除夏六月封河間王
利子康爲濟南王奉孝仁皇祀秋洛水溢
冬十月癸丑令天下繫囚罪未決入縑贖
十一月楊州刺史臧旻率丹陽太守陳夤
大破許生於會稽斬之任城王博薨十二
月鮮卑寇北地北地太守夏育追擊破之
鮮卑又寇并州司空唐珍罷永樂少府許

訓爲司空
四年春三月詔諸儒正五經文字刻石立
于太學門外封河間王建孫佗爲任城王
建桓帝弟也夏四月郡國七大水五月丁卯大
赦天下延陵園災成帝陵也在今咸陽縣西遣使者持節
告祠延陵鮮卑寇幽州六月弘農三輔螟
遣守宮令之鹽監穿渠爲民興利前書地理志及
續漢郡國志並無監令蒲州安邑縣西南有鹽池令郡國遇災者減田
租之半其傷害十四以上勿收責冬十月

丁巳令天下繫囚罪未決入縑贖拜沖帝母虞美人爲憲園貴人順帝虞美人也憲園在洛陽東北質帝母陳夫人爲渤海孝王妃渤海孝王鴻之夫人也改平準爲中準漢官儀曰平準令一人秩六百石也使宦者爲令列於內署自是諸署悉以閹人爲丞令

五年夏四月癸亥大赦天下益州郡夷叛太守李顒討平之復崇高山名爲嵩高山前書武帝祠中嶽改嵩高爲崇高東觀記曰使中郎將堂谿典請雨因上言改之名爲嵩高山大雩使侍御史行詔獄亭部理冤枉原輕繫休

囚徒五月太尉陳耽罷司空許訓爲太尉閏月永昌太守曹鸞坐訟黨人弃市訟謂申理之也其言切直帝怒檻車送槐里獄掠殺之也詔黨人門生故吏父兄子弟在位者皆免官禁錮六月壬戌太常南陽劉逸逸字大過安衆人爲司空秋七月太尉許訓罷光祿勳劉寬爲太尉冬十月壬午御殿後槐樹自拔倒竪司徒袁隗罷十一月丙戌光祿大夫楊賜爲司徒十二月甘陵王定薨試太學生年六十以上百餘人除郎中太子舍人至王家郎郡國文學吏漢官儀曰太子舍人王家郎中並秩二百石無員是歲鮮卑寇幽州沛國言黃龍見譙

六年春正月辛丑大赦天下二月南宮平城門及武庫東垣屋自壞平城門洛陽城南門也蔡邕曰平城門正陽之門與宮連郊祀法駕所從出門之最尊者武庫禁兵所藏東垣庫之外障易傳曰小人在位厥妖城門自壞夏四月大旱七州蝗鮮卑寇三邊謂東西與北邊市賈民爲宣陵孝子者數十人皆除太子舍人秋七月司空劉逸免衞尉陳

球爲司空八月遣破鮮卑中郎將田晏出雲中使匈奴中郎將臧旻與南單于出鴈門護烏桓校尉夏育出高柳並伐鮮卑晏等大敗冬十月癸丑朔日有食之太尉劉寬免帝臨辟雍辛丑京師地震辛亥令天下繫囚罪未決入縑贖十一月司空陳球免十二月甲寅太常河南孟彧爲太尉彧字叔達音乙六反庚辰司徒楊賜免太常陳耽爲司空鮮卑寇遼西永安太僕王旻下獄死永安

官之大僕也
光和元年春正月合浦交阯烏滸蠻叛招
引九眞日南民攻没郡縣太尉孟彧罷二
月辛亥朔日有食之癸丑光禄勳陳國袁
滂爲司徒滂字公喜已未地震始置鴻都門學
生鴻都門名也於内置學時其中諸生皆勑州郡三公舉召能爲尺牘辭賦及工書鳥篆者相課試至千人焉三月辛丑大赦天下改元光和太常
常山張顥爲太尉顥字智明搜神記曰顥爲梁相新雨後有鵲飛翔近地令
人擿之墮地化爲圓石顥命椎破得一金印文曰忠孝矦印夏四月丙辰地

震侍中寺雌雞化爲雄司空陳耽免太常
來豔爲司空五月壬午有白衣人入德陽
殿門亡去不獲東觀記曰白衣人言梁伯夏教我上殿與中黄門桓賢語因忽
不見六月丁丑有黑氣墮所御温德殿庭中
東觀記曰墮所御温明殿庭中如車蓋隆起奮迅五色有頭體長十餘丈形皃似龍秋七月
壬子青虹見御坐玉堂後殿庭中洛陽宫殿名南宫有
玉堂前後殿據楊賜傳云墮嘉德殿前八月有星孛于天市九
月太尉張顥罷太常陳球爲太尉司空來
豔薨冬十月屯騎校尉袁逢爲司空皇后

宋氏廢后父執金吾酆下獄死丙子晦日
有食之十一月太尉陳球免十二月丁巳
光禄大夫橋玄爲太尉是歲鮮卑寇酒泉
京師馬生人京房易傳曰諸侯相伐厥妖馬生人初開西邸賣
官自關内矦虎賁羽林入錢各有差山陽公載
記曰時賣官二千石二千萬四百石四百萬其以德次應選者半之或三分之一於西園立庫以貯之
私令左右賣公卿公千萬卿五百萬
二年春大疫使常侍中謁者巡行致醫藥
三月司徒袁滂免大鴻臚劉郃爲司徒郃字

季承乙丑太尉橋玄罷太中大夫段熲爲太
尉京兆地震司空袁逢罷太常張濟爲司
空濟字元江細陽人夏四月甲戌朔日有食之辛
巳中常侍王甫及太尉段熲並下獄死丁
酉大赦天下諸黨人禁錮小功以下皆除
之時上禄長和海上言黨人錮及五族有乖典訓帝從之東平王端薨五
月衛尉劉寬爲太尉秋七月使匈奴中郎
將張脩有罪下獄死時張脩擅斬單于呼徵更立羌渠爲單于故坐死
冬十月甲申司徒劉郃永樂少府陳球衛

尉陽球步兵校尉劉納謀誅官者事泄皆
下獄死巴郡板楯蠻叛遣御史中丞蕭瑗
督益州刺史討之不尅十二月光祿勳楊
賜爲司徒鮮卑寇幽并二州是歲河間王
利薨洛陽女子生兒兩頭四臂京房易傳曰二首下不一也厥妖人生兩頭
三年春正月癸酉大赦天下二月公府駐
駕廡自壞公府三公府也駐駕停車處也廡廊屋也音無禹反續漢志云南北四十餘間壞三月梁王元薨夏四月江夏蠻叛六月

詔公卿舉能通尚書毛詩左氏穀梁春秋
各一人悉除議郎秋表是地震涌水出表是縣屬酒泉郡故城在今甘州張掖縣西北也八月令繫囚罪未決入
縑贖各有差冬閏月有星孛于狼弧二星名也
鮮卑寇幽并二州十二月己巳立貴人何
氏爲皇后南陽宛人也車騎將軍何貢女也是歲作罼圭靈
昆苑罼圭苑有二東罼圭苑周一千五百步中有魚梁臺西罼圭苑周三千三百步並在洛陽宣平門外也
四年春正月初置騄驥廄丞領受郡國調

馬騄驥善馬也調謂徵發也豪右辜榷馬一匹至二百
萬前書音義曰辜障也榷專也謂障餘人賣買而自取其利二月郡國上芝
英草夏四月庚子大赦天下交阯刺史朱
儁討交阯合浦烏滸蠻破之六月庚辰雨
雹續漢書曰雹大如雞子秋七月河南言鳳皇見新
城羣鳥隨之賜新城令及三老力田帛各
有差九月庚寅朔日有食之太尉劉寬免
衛尉許馘爲太尉閏月辛酉北宮東掖庭
永巷署災永巷宮中署名也漢官儀曰令一人宦者爲之秩六百石掌宮婢侍使司

徒楊賜罷冬十月太常陳耽爲司徒鮮卑
寇幽并二州是歲帝作列肆於後宮使諸
采女販賣更相盜竊爭鬬帝著商估服飲
宴爲樂又於西園弄狗著進賢冠帶綬三禮圖曰進賢冠文官服之前高七寸後高三寸長八寸續漢志曰靈帝寵用便嬖子弟轉相汲引賣關內侯直五百萬令長强者貪如豺狼弱者略不類物實狗而冠也昌邑王見狗冠方山冠龔遂曰王之左右皆狗而冠又駕四驢帝躬自操轡驅馳周旋京
師轉相放效續漢志曰驢者乃服重致遠上下山谷野人之所用耳何有帝王君子而驂駕之乎天意若曰國且大亂賢愚倒植凡執政者皆如驢也

五年春正月辛未大赦天下二月大疫三月司徒陳耽免夏四月旱太常袁隗爲司徒五月庚申永樂宮署灾 續漢志曰德陽前殿西北入門内永樂太后宮署災 秋七月有星孛于太微巴郡板楯蠻詔太守曹謙降癸酉令繫囚罪未決入縑贖八月起四百尺觀於阿亭道冬十月太尉許馘罷太常楊賜爲太尉校獵上林苑歷函谷關遂巡狩于廣成苑十二月還幸太學

六年春正月日南徼外國重譯貢獻二月復長陵縣比豐沛三月辛未大赦天下夏大旱秋金城河水溢五原山岸崩始置圃囿署以宦者爲令冬東海東萊琅邪井中冰厚尺餘大有年

中平元年春二月鉅鹿人張角自稱黃天其部師有三十六萬皆著黃巾同日反叛 續漢書曰三十六萬餘人 安平甘陵人各執其王以應之 安平王續甘陵王忠 三月戊申以河南尹何進爲大將軍將兵屯都亭置八關都尉官 都亭在洛陽八關謂函谷廣城伊闕大谷轘轅旋門小平津孟津也 壬子大赦天下黨人還諸徙者 時中常侍呂彊言於帝曰黨錮久積若與黃巾合謀悔之無救帝懼皆赦之 唯張角不赦詔公卿出馬弩舉列將子孫及吏民有明戰陣之略者詣公車遣北中郎將盧植討張角左中郎將皇甫嵩右中郎將朱儁討潁川黃巾庚子南陽黃巾張曼成攻殺郡守褚貢夏四月太尉楊賜免太僕弘農鄧盛爲太尉 盛字伯能 司空張濟罷大

司農張温爲司空朱儁爲黃巾波才所敗侍中向栩張鈞坐言宦者下獄死 時鈞上書曰今斬常侍懸其首於南郊以謝天下即兵自消也帝以章示常侍故下獄也 汝南黃巾敗太守趙謙於邵陵 邵陵縣名屬汝南郡故城在今豫州郾城縣東 廣陽黃巾殺幽州刺史郭勳及太守劉衛五月皇甫嵩朱儁復與波才等戰於長社大破之 長社今許州縣也故城在長葛縣西 六月南陽太守秦頡擊張曼成斬之交阯屯兵執刺史及合浦太守來達自稱柱天將軍遣交阯刺史賈琮討

平之皇甫嵩朱儁大破汝南黃巾於西華西華縣屬汝南郡故城在今陳州項城縣西詔嵩討東郡朱儁討南陽盧植破黃巾圍張角於廣宗宦官誣奏植抵罪植連破張角垂當拔之小黃門左豐言於帝曰盧中郎固壘息軍以待天誅帝怒遂檻車徵植減死一等遣中郎將董卓攻張角不尅洛陽女子生兒兩頭共身續書志曰上西門外女子生兒兩頭異肩共胷以為不祥墮地弃之其後政在私門上下無別二頭之象秋七月巴郡妖巫張脩反寇郡縣劉艾紀曰時巴郡巫人張脩療病愈者雇以米五斗號為五斗米師河南尹徐灌下獄死八月皇甫嵩與黃巾

戰於倉亭獲其帥其帥卜己也倉亭在東郡乙巳詔皇甫嵩北討張角九月安平王續有罪誅國除冬十月皇甫嵩與黃巾賊戰於廣宗獲張角弟梁角先死乃戮其屍發棺斷頭傳送馬市以皇甫嵩為左車騎將軍十一月皇甫嵩又破黃巾于下曲陽斬張角弟寶湟中義從胡北宮伯玉與先零羌叛以金城人邊章韓遂為軍帥攻殺護羌校尉伶徵金城太守陳懿伶姓也周有大夫伶州鳩癸巳朱儁拔宛城斬黃

巾別帥孫夏詔減太官珍羞御食一肉廄馬非郊祭之用悉出給軍十二月己巳大赦天下改元中平是歲下邳王意薨無子國除郡國生異草備龍蛇鳥獸之形風俗通曰亦作人狀操持兵弩一一備具續漢志曰龍蛇鳥獸其狀毛羽頭目足翅皆具是歲黃巾賊起漢遂微弱二年春正月大疫琅邪王據薨二月己酉南宮大災火半月乃滅續漢志曰時燒靈臺殿樂成殿延及北闕度道西燒嘉德和驩殿己亥廣陽門外屋自壞洛陽城西面南頭門也稅天下田畝十錢以修宮室黑山賊張牛角

等十餘輩並起所在寇鈔司徒袁隗免三月廷尉崔烈為司徒北宮伯玉等寇三輔遣左車騎將軍皇甫嵩討之不尅夏四月庚戌大風雨雹五月太尉鄧盛罷太僕河南張延為太尉延字公威歆之子秋七月三輔螟左車騎將軍皇甫嵩免八月以司空張溫為車騎將軍討北宮伯玉九月特進楊賜為司空冬十月庚寅司空楊賜薨光祿大夫許相為司空相字公弼平輿人許訓之子前司徒陳耽

諫議大夫劉陶坐直言下獄死十一月張溫破北宮伯玉於美陽因遣盪寇將軍周慎追擊之圍榆中縣名故城在今蘭州金城縣東也又遣中郎將董卓討先零羌慎卓並不克鮮卑寇幽并二州是歲造萬金堂於西園洛陽民生兒兩頭四臂

三年春二月江夏兵趙慈反殺南陽太守秦頡庚戌大赦天下太尉張延罷車騎將軍張溫爲太尉中常侍趙忠爲車騎將軍

復修玉堂殿鑄銅人四黃鍾四其音中黃鍾也子爲黃鍾及天祿蝦蟆又鑄四出文錢天祿獸也時使掖廷令畢嵐鑄銅人列於倉龍玄武闕外鍾懸於玉堂及雲臺殿前天祿蝦蟆吐水於平門外事具宦者傳案今鄧州南陽縣北有宗資碑旁有兩石獸鐫其膊一曰天祿一曰辟邪據此即天祿辟邪並獸名也漢有天祿閣亦因獸以立名五月壬辰晦日有食之六月荊州刺史王敏討趙慈斬之車騎將軍趙忠罷秋八月懷陵上有雀萬數悲鳴因鬬相殺懷陵沖帝陵也續漢志曰天戒若曰諸懷爵祿而尊厚者還自相害也冬十月武陵蠻叛寇郡界郡兵討破之前太尉張延爲宦人所譖下獄死十二月鮮卑寇幽并二州

四年春正月己卯大赦天下二月滎陽賊殺中牟令中牟今鄭州縣劉艾紀曰令落皓及主簿潘業臨陣不顧皆被害已亥南宮內殿罘罳自壞前書音義曰罘罳連闕曲閣也音浮思三月河南尹何苗討滎陽賊破之拜苗爲車騎將軍夏四月涼州刺史耿鄙討金城賊韓遂鄙兵大敗遂寇漢陽漢陽太守傅燮戰沒扶風人馬騰漢陽人王國並叛寇三

輔太尉張溫免司徒崔烈爲太尉五月司空許相爲司徒光祿勳沛國丁宮爲司空宮字元雄六月洛陽民生男兩頭共身劉艾紀曰上西門外劉倉妻生也漁陽人張純與同郡張舉舉兵叛攻殺右北平太守劉政遼東太守楊終護烏桓校尉公綦稠等舉兵自稱天子寇幽冀二州秋九月丁酉令天下繫囚罪未決入縑贖冬十月零陵人觀鵠觀姓鵠名自稱平天將軍寇桂陽長沙太守孫堅擊斬之十

二月太尉崔烈罷大司農曹嵩爲太尉十
二月休屠各胡叛是歲賣關内侯假金印
紫綬傳世入錢五百萬
五年春正月休屠各胡寇西河殺郡守邢
紀丁酉大赦天下二月有星孛于紫宫黄
巾餘賊郭大等起於西河白波谷寇太原
河東三月休屠各胡攻殺并州刺史張懿
遂與南匈奴左部胡合殺其單于夏四月
汝南葛陂黄巾攻没郡縣葛陂在今豫州新蔡縣西北太

尉曹嵩罷五月永樂少府樊陵爲太尉陵字
德雲胡陽人也六月丙寅大風太尉樊陵罷益州黄
巾馬相攻殺刺史郗儉自稱天子又寇巴
郡殺郡守趙部益州從事賈龍擊相斬之
郡國七大水秋七月射聲校尉馬日磾爲
太尉八月初置西園八校尉樂資山陽公載記曰小黄門蹇
碩爲上軍校尉虎賁中郎將袁紹爲中軍校尉屯騎校尉鮑鴻爲下軍校尉議郎曹操爲典軍校尉趙融
爲助軍左校尉馮芳爲助軍右校尉諫議大夫夏牟爲左校尉淳于瓊爲右校尉凡八校尉皆統於蹇碩
司徒許相罷司空丁宫爲司徒光禄勳南

陽劉弘爲司空弘字子高安衆人衛尉董重爲票騎
將軍九月南單于叛與白波賊寇河東遣
中郎將孟益率騎都尉公孫瓚討漁陽賊
張純等冬十月壬午御殿後槐樹自拔倒
豎青徐黄巾復起寇郡縣甲子帝自稱無
上將軍燿兵於平樂觀平樂觀在洛陽城西十一月涼
州賊王國圍陳倉右將軍皇甫嵩救之遣
下軍校尉鮑鴻討葛陂黄巾巴郡板楯蠻
叛遣上軍别部司馬趙瑾討平之公孫瓚

與張純戰於石門大破之時烏桓反叛與賊張純等攻薊中故瓚追
擊之石門山名也在今營州西南是歲改刺史新置牧
六年春二月左將軍皇甫嵩大破王國於
陳倉三月幽州牧劉虞購斬漁陽賊張純
下軍校尉鮑鴻下獄死夏四月丙午朔日
有食之太尉馬日磾免幽州牧劉虞爲太
尉丙辰帝崩于南宫嘉德殿年三十四戊
午皇子辯即皇帝位年十七尊皇后曰皇
太后太后臨朝大赦天下改元爲光熹封

皇弟協爲渤海王後將軍袁隗爲太傅與大將軍何進參錄尚書事上軍校尉蹇碩下獄死 時蹇碩謀欲立渤海王協發覺 五月辛巳票騎將軍董重下獄死 董重皇后之弟子也 六月辛亥孝仁皇后董氏崩辛酉葬孝靈皇帝于文陵 在洛陽西北二十里陵高十二丈周回三百步 雨水秋七月甘陵王忠薨庚寅孝仁皇后歸葬河間愼陵徙渤海王協爲陳留王司徒丁宮罷八月戊辰中常侍張讓段珪等殺大將軍何進於是虎賁中

郎將袁術燒東西宮攻諸宦者庚午張讓段珪等劫少帝及陳留王幸北宮德陽殿何進部曲將吳匡與車騎將軍何苗戰於朱雀闕下苗敗斬之辛未司隸校尉袁紹勒兵收僞司隸校尉樊陵河南尹許相及諸閹人無少長皆斬之讓珪等復劫少帝陳留王走小平津 小平津在今鞏縣西北續漢志曰時京師童謠曰侯非侯王非王千乘萬騎上北邙案獻帝未有爵號爲段珪等所執公卿百官皆隨其後到河上乃得還 尚書盧植追讓珪等斬數人其餘投河而死 獻帝春秋曰河南中部掾閔貢見天子出率騎追之北到河上天子飢渴貢宰羊進之厲聲責讓等曰君以閹宦之隷刀鋸之殘越從洿泥扶侍日月賣弄國恩階賤爲貴劫迫帝主蕩覆王室假息漏刻遊魂河津自亡新以來姦臣賊子未有如君者今不速死吾射殺汝讓等惶怖叉手再拜叩頭向天子辭曰臣等死陛下自愛遂投河而死 帝與陳留王協夜步逐熒光行數里得民家露車共乘之辛未還宮大赦天下改光熹爲昭寧并州牧董卓殺執金吾丁原司空劉弘免董卓自爲司空九月甲戌董卓廢帝爲弘農王自六月雨至于是月

論曰秦本紀說趙高譎二世指鹿爲馬 史記曰趙高欲爲亂恐羣臣不聽乃先設驗持鹿獻胡亥曰馬也胡亥曰丞相誤也以問羣臣左右或言馬或言鹿者高皆陰法中之自此左右不敢言之也 而趙忠張讓亦紿靈帝不得登高臨觀 時宦官並起第宅擬則宮室帝嘗登永安候臺宦官恐望見之乃使趙忠等諫曰人君不當登高登高則百姓散離自是不敢復登臺榭見宦者傳 故知亡敵者同其致矣然則靈帝之爲靈也優哉

贊曰靈帝負乘委體宦孽 易曰負且乘致寇至言帝以小人而乘君子之器 徵亡備兆小雅盡缺 詩小雅曰小雅廢則四夷交侵中國微矣缺亦廢也 麋鹿霜露遂棲宮衛 史記曰伍子胥諫吳王吳王不

聽子胥曰臣今見麋鹿遊于姑蘇之臺宮中生荆棘露沾衣也言帝爲政貪亂任寄不得其人尋以獻帝遷播洛陽丘墟故麋鹿棲宮衞也衞協韻音于别反

後漢帝紀卷第八

帝紀卷第九　范曄　後漢書九

唐章懷太子賢注

孝獻皇帝諱協靈帝中子也謚法曰聰明叡智曰獻協之字曰合張璠記曰靈帝以帝似己故名曰協帝王紀曰協字伯和母王美人爲何皇后所害中平六年四月少帝即位封帝爲勃海王徙封陳留王九月甲戌即皇帝位年九歲遷皇太后於永安宮董卓遷也洛陽宮殿名曰永安宮周迴六百九十八丈故基在洛陽故城中大赦天下改昭寧爲永漢丙子董卓殺皇太后何氏初令侍中

給事黃門侍郎員各六人續漢志曰侍中比二千石無員漢官儀曰侍中左蟬右貂本秦丞相史往來殿內故謂之侍中分掌乘輿服物下至褻器虎子之屬武帝時孔安國爲侍中以其儒者特聽掌御唾壺朝廷榮之至東京時屬少府亦無員駕出則一人負傳國璽操斬蛇劒參乘與中官俱止禁中又曰給事黃門侍郎六百石無員掌侍從左右給事中使關通中外應劭曰黃門侍郎每日暮向青瑣門拜謂之夕郎輿服志曰禁門曰黃闥以中人主之故號曰黃門令然則黃門郎給事黃闥之內故曰黃門郎本既無員於此各置六人也獻帝起居注曰自誅黃門後侍中侍郎出入禁中機事頗露由是王允乃奏侍中黃門不得出入不通賓客自此始也賜公卿以下至黃門侍郎家一人爲郎以補宦官所領諸署侍於殿上靈帝建元四年改平准爲中准使宦者爲令自是諸內署令丞悉以閹人

爲之故令並令士人代領之乙酉以太尉劉虞爲大司馬
董卓自爲太尉加鈇鉞虎賁禮記曰諸侯賜鈇鉞然後專殺
說文曰鈇莝刃也蒼頡篇曰鈇斧也加鈇鉞者得專殺也丙戌太中大夫楊
彪爲司空甲午豫州牧黃琬爲司徒遣使
弔祠故太傅陳蕃大將軍竇武等冬十月
乙巳葬靈思皇后白波賊寇河東薛瑩書曰黃巾郭泰
等起於西河白波谷時謂之白波賊董卓遣其將牛輔擊之十
一月癸酉董卓爲相國十二月戊戌司徒
黃琬爲太尉司空楊彪爲司徒光祿勳荀

後漢帝紀九　二　林志進

爽爲司空省扶風都尉置漢安都護扶風都尉
比二千石武帝元鼎四年置中興不改至此以羌擾三輔故省之置都護今總統西方詔除光
熹昭寧永漢三號還復中平六年
初平元年春正月山東州郡起兵以討董
卓辛亥大赦天下癸酉董卓殺弘農王白
波賊寇東郡二月乙亥太尉黃琬司徒楊
彪免庚辰董卓殺城門校尉伍瓊督軍校
尉周珌珌音必東觀記曰周珌豫州刺史愼之子也續漢書魏志並作毖音秘以光
祿勳趙謙爲太尉謝承書曰謙字彥信太尉趙戒之孫蜀郡成都人也太

僕王允爲司徒丁亥遷都長安董卓驅徙
京師百姓悉西入關自留屯畢圭苑壬辰
白虹貫日三月乙巳車駕入長安幸未央
宮未央宮蕭何所造也張璠記曰將入宮日大雨晝晦翟雉飛入長安宮己酉董
卓焚洛陽宮廟及人家戊午董卓殺太傅
袁隗太僕袁基夷其族隗紹之叔父基袁術之母兄卓以山東兵起恢
紹術爲主故誅其親屬獻帝春秋曰尺口以上男女五十餘人皆下獄死夏五月司空
荀爽薨六月辛丑光祿大夫种拂爲司空
大鴻臚韓融少府陰脩執金吾胡母班風俗通曰

後漢帝紀九　三　李秀

胡母姓本陳胡公之後也公子完奔齊遂有齊國齊宣王母弟別封母鄉遠本胡公近取母邑故曰胡母氏也將作大匠吳脩越騎校尉王瓌安集關
東後將軍袁術河內太守王匡各執而殺
之英雄記曰匡字公節太山人也輕財好施以任俠聞爲袁紹河內太守唯韓融獲
免董卓壞五銖錢更鑄小錢光武中興除王莽貨泉更用五銖錢
冬十一月庚戌鎭星熒惑太白合於尾
是歲有司奏和安順桓四帝無功德不宜
稱宗又恭懷敬隱恭愍三皇后並非正嫡
不合稱后皆請除尊號制曰可和帝號穆宗安帝號恭宗

順帝號敬宗桓帝號威宗和帝尊母梁貴人曰恭懷皇后安帝尊祖母宋貴人曰敬隱皇后順帝尊母李氏曰恭愍皇后孫堅殺荆州刺史王叡王氏譜曰叡字通曜晉太保祥伯父也吳録曰叡素遇堅無禮堅此時欲殺叡叡曰我何罪堅曰坐無所知叡窮迫刮金飲之而死又殺南陽太守張咨

二年春正月辛丑大赦天下二月丁丑董卓自爲太師袁術遣將孫堅與董卓將胡軫戰於陽人陽人聚名屬河南郡故城在今汝州梁縣西史記秦滅東周徙其君於陽人聚即此地也軫軍大敗董卓遂發掘洛陽諸帝陵夏四月董卓入長安六月丙戌地震秋

後漢帝紀九　四　章英

七月司空种拂免光禄大夫濟南淳于嘉爲司空太尉趙謙罷太常馬日磾爲太尉九月蚩尤旗見于角亢天官書曰蚩尤之旗類彗而後曲象旗熒惑之精也呂氏春秋云其色黄上白下見則王者征伐四方角亢蒼龍之星冬十月壬戌董卓殺衛尉張温十一月青州黄巾寇太山太山太守應劭擊破之黄巾轉寇勃海公孫瓚與戰於東光復大破之東光今滄州縣是歲長沙有人死經月復活

三年春正月丁丑大赦天下袁術遣將孫堅攻劉表於襄陽堅戰歿袁紹及公孫瓚戰于界橋今貝州宗城縣東有古界城近枯漳水則界橋在此也瓚軍大敗夏四月辛巳誅董卓夷三族司徒王允録尚書事總朝政遣使者張种撫慰山東青州黄巾擊殺兖州刺史劉岱於東平東郡太守曹操大破黄巾於壽張降之五月丁酉大赦天下丁未征西將軍皇甫嵩爲車騎將軍董卓部曲將李傕郭汜樊稠張濟等反攻京師六月戊午陷長安城太常

後漢帝紀九　五　王中

种拂太僕魯旭大鴻臚周奐三輔決録注曰奐字文明茂陵人城門校尉崔烈越騎校尉王頎並戰歿頎音祈吏民死者萬餘人李傕等並自爲將軍己未大赦天下李傕殺司隷校尉黄琬甲子殺司徒王允皆滅其族丙子前將軍趙謙爲司徒秋七月庚子太尉馬日磾爲太傅録尚書事八月遣日磾及太僕趙岐持節慰撫天下車騎將軍皇甫嵩爲太尉司徒趙謙罷九月李傕自爲車騎將軍郭

汜後將軍樊稠右將軍張濟鎮東將軍濟出屯弘農甲申司空淳于嘉爲司徒光祿大夫楊彪爲司空並録尚書事冬十二月太尉皇甫嵩免光祿大夫周忠爲太尉參録尚書事

四年春正月甲寅朔日有食之(袁宏紀曰時未晡八刻太史令王立奏曰晷過度無變也朝臣皆賀帝令候焉未晡一刻而食賈詡奏曰立司候不明疑誤上下請付理官帝曰天道遠事驗難明欲歸咎史官益重朕之不德也)丁卯大赦天下

三月袁術殺楊州刺史陳温據淮南長安宣平城門外屋自壞(三輔黄圖曰長安城東面北頭門也)夏三月癸酉無雲而雷六月扶風大風雨雹華山崩裂太尉周忠免太僕朱儁爲太尉録尚書事下邳賊闕宣自稱天子(風俗通曰闕姓也承闕黨童子之後也縱横家有闕子著書)雨水遣侍御史裴茂訊詔獄原輕繫六月辛丑天狗西北行(前書音義曰有聲爲天狗無聲爲枉矢)九月甲午試儒生四十餘人上第賜位郎中次太子舍人下第者罷之詔曰孔子歎學之不講(講習也論語之文)不講則所識

日忘今耆儒年踰六十去離本土營求糧資不得專業結童入學白首空歸長委農野永絶榮望朕甚愍焉其依科罷者聽爲太子舍人(劉艾獻帝紀曰時長安中爲之謠曰頭白皓然食不充糧褰衣褰裳當還故鄉聖主愍念悉用補郎舍是布衣被服玄黄)冬十月太學行禮車駕幸永福城門臨觀其儀賜博士以下各有差辛丑京師地震有星孛于天市(袁宏紀曰孛于天市將從天子移都其後上東遷之應也)司空楊彪免太常趙温爲司空公孫瓚殺大司馬劉虞十二月辛丑地震司空趙温免乙巳衛尉張喜爲司空(獻帝春秋曰喜作嘉)是歲琅邪王容薨

興平元年春正月辛酉大赦天下改元興平甲子帝加元服二月壬午追尊謚皇妣王氏爲靈懷皇后甲申改葬于文昭陵丁亥帝耕于藉田三月韓遂馬騰與郭汜樊稠戰於長平觀遂騰敗績左中郎將劉範前益州刺史种劭戰殁(前書音義曰長平阪名也上有觀在池陽宮南去長安五十里今涇水南原畦城是也袁宏紀曰是時馬騰以李傕等專亂以益州刺史劉焉宗室大臣

遣使招引共誅傕爲遣子範將兵就騰故涼州刺史种劭太常拂之子也拂爲傕所害劭欲報仇遂爲此戰夏六月丙子分涼州河西四郡爲廱州謂金城酒泉燉煌張掖丁丑地震戊寅又震乙巳晦日有食之帝避正殿寢兵不聽事五日大蝗秋七月壬子太尉朱儁免戊午太常楊彪爲太尉錄尚書事三輔大旱自四月至于是月帝避正殿請雨遣使者洗囚徒原輕繫洗謂蕩滌也是時穀一斛五十萬豆麥一斛二十萬人相食啖白骨委積帝使侍御史

侯汶出太倉米豆爲飢人作糜粥經日而死者無降帝疑賦卹有虛乃親於御坐前量試作糜乃知非實袁宏紀曰時敕侍中劉艾取米豆五升於御前作糜得滿三盂於是詔尚書曰米豆五升得糜三盂而人委頓何也使侍中劉艾出讓有司於是尚書令以下皆詣省閤謝奏收侯汶考實詔曰未忍致汶于理可杖五十自是之後多得全濟八月馮翊羌叛寇屬縣郭汜樊稠擊破之九月桑復生椹人得以食司徒淳于嘉罷冬十月長安市門

自壞以衛尉趙温爲司徒錄尚書事十二月分安定扶風爲新平郡是歲楊州刺史劉繇與袁術將孫策戰于曲阿策字伯符孫堅子曲阿今潤州縣繇軍敗績孫策遂據江東吳志曰孫策旣破繇遂度兵據會稽策自領會稽太守太傅馬日磾薨于壽春壽春縣名屬九江郡今壽春縣也二年春正月癸丑大赦天下二月乙亥李傕殺樊稠而與郭汜相攻三月丙寅李傕脅帝幸其營焚宮室夏四月甲午立貴人

伏氏爲皇后丁酉郭汜攻李傕矢及御前山陽公載記曰時弓弩並發矢下如雨及御所止高樓殿前帷簾也是日李傕移帝幸北塢服虔通俗文曰營居曰塢一曰庳城也山陽公載記曰時帝在南塢傕在北塢時流矢中傕左耳乃迎帝幸北塢帝不肯從強之乃行大旱五月壬午李傕自爲大司馬六月庚午張濟自陝來和傕汜秋七月甲子車駕東歸郭汜自爲車騎將軍楊定爲後將軍楊奉爲興義將軍董承爲安集將軍並侍送乘輿張濟爲票騎將軍還屯陝八月甲辰幸新豐冬十月

戊戌郭汜使其將伍習夜燒所幸學舍逼脅乘輿楊定楊奉與郭汜戰破之壬寅幸華陰露次道南是夜有赤氣貫紫宮獻帝春秋曰赤氣廣六七尺東至寅西至戌地張濟復反與李傕郭汜合十一月庚午李傕郭汜等追乘輿戰於東澗王師敗績殺光禄勲鄧泉衛尉士孫瑞廷尉宣播大長秋苗祀獻帝春秋播作璠也步兵校尉魏桀侍中朱展射聲校尉沮儁風俗通曰沮姓也黄帝時史官沮誦之後音側余反壬申幸曹陽露次田中曹陽澗名在今陝州西南七里俗謂之七里澗崔浩云自南山北通於河楊奉董承引白波帥胡才李樂韓暹及匈奴左賢王去卑率師奉迎與李傕等戰破之十二月庚辰車駕乃進李傕等復來追戰王師大敗殺略宮人少府田芬大司農張義等皆戰歿進幸陝夜度河乙亥幸安邑是歲袁紹遣將麴義與公孫瓚戰於鮑丘鮑丘水名出北塞中南流經九莊嶺東俗謂之大榆河又東南經漁陽縣故城東是瓚之戰處見水經注瓚軍大敗

建安元年春正月癸酉郊祀上帝於安邑大赦天下改元建安二月韓暹攻衛將軍董承夏六月乙未幸聞喜秋七月甲子車駕至洛陽幸故中常侍趙忠宅丁丑郊祀上帝大赦天下己卯謁大廟八月辛丑幸南宮楊安殿癸卯安國將軍張楊爲大司馬韓暹爲大將軍楊奉爲車騎將軍是時宮室燒盡百官披荊棘依牆壁閒州郡各擁彊兵而委輸不至羣僚飢乏尚書郎以下自出採稆稆音呂埤蒼曰穭自生也稆與穭同或飢死牆壁閒或爲兵士所殺辛亥鎮東將軍曹操自領司隸校尉録尚書事曹操殺侍中臺崇尚書馮碩等風俗通曰金天氏裔孫曰臺駘其後氏焉山陽公載記曰臺字作壹封衛將軍董承爲輔國將軍伏完等十三人爲列侯贈沮儁爲弘農太守庚申遷都許己巳幸曹操營九月太尉楊彪司空張喜罷冬十一月丙戌曹操自爲司空行車騎將軍事百官總己以聽

二年春袁術自稱天子三月袁紹自爲大

將軍夏五月蝗秋九月漢水溢是歲飢江淮閒民相食袁術殺陳王寵孫策遣使奉貢

三年夏四月遣謁者裴茂率中郎將段煨討李傕夷三族獻帝起居注曰傳傕首到許有詔高懸之也呂布叛冬十一月盜殺大司馬張楊十二月癸酉曹操擊呂布於徐州斬之

四年春三月袁紹攻公孫瓚于易京獲之公孫瓚頻失利乃臨易河築京以自固故號易京其城三重周回六里今內城中有土京在幽州歸義縣

南爾雅曰絕高謂之京非人力爲之丘衛將軍董承爲車騎將軍夏六月袁術死是歲初置尚書左右僕射武陵女子死十四日復活續漢志曰女子李娥年六十餘死瘞於城外有行人聞冢中有聲告家人出之

五年春正月車騎將軍董承偏將軍王服越騎校尉种輯受密詔誅曹操事洩壬午曹操殺董承等夷三族秋七月立皇子馮爲南陽王壬午南陽王馮薨九月庚午朔日有食之詔三公舉至孝二人九卿校尉郡國守相各一人皆上封事靡有所諱曹操與袁紹戰於官度裴松之北征記曰中牟臺下臨汴水是爲官度袁紹曹操壘尚存焉在今鄭州中牟縣北紹敗走冬十月辛亥有星孛于大梁大梁酉之分東海王祇薨是歲孫策死爲許貢客所射傷弟權襲其餘業權字仲謀

六年春三月丁卯朔日有食之

七年夏五月庚戌袁紹薨于寘國獻馴象馴象謂隨人意也是歲越巂男子化爲女子

八年冬十月己巳公卿初迎冬於北郊斯禮

久廢故曰初總章始復備八佾舞袁宏紀去迎氣北郊始用八佾佾列也謂舞者之行列往因亂廢今始備之總章樂官名古之安代樂初置司直官督中都官司直秩比二千石武帝元狩五年置掌佐丞相舉不法也建武十一年省今復置之

九年秋八月戊寅曹操大破袁尚平冀州自領冀州牧冬十月有星孛于東井十二月賜三公已下金帛各有差自是三年一賜以爲常制

十年春正月曹操破袁譚於青州斬之魏書

曰操攻譚不剋乃自執桴鼓應時破之 夏四月黑山賊張燕率衆降 魏志曰燕本姓褚常山眞定人也黃巾起燕合聚少年爲羣盗萬餘人博陵人張牛角爲主牛角死燕代爲主故改姓張燕剽勇軍中號曰張飛燕衆至百萬號曰黑山賊 秋九月賜百官尤貧者金帛各有差

十一年春正月有星孛于北斗三月曹操破高幹於并州獲之 典論曰上洛都尉王琰敗之追斬其首 秋七月武威太守張猛殺雍州刺史邯鄲商 袁宏漢紀曰雍州作涼州也 是歲立故琅邪王容子熙爲琅邪王齊北海阜陵下邳常山甘陵濟陰平

原八國皆除

十二年秋八月曹操大破烏桓於柳城斬其蹹頓 蹹頓匈奴王號柳城縣名屬遼西郡今營州縣 冬十月辛卯有星孛于鶉尾 鶉尾巳之分也 乙巳黃巾賊殺濟南王贇 河間孝王五代孫 十一月遼東太守公孫康殺袁尚袁熙

十三年春正月司徒趙溫免夏六月罷三公官置丞相御史大夫癸巳曹操自爲丞相秋七月曹操南征劉表八月丁未光禄

勳郗慮爲御史大夫 續漢書曰慮字鴻豫山陽高平人也少受學於鄭玄 壬子曹操殺太中大夫孔融夷其族是月劉表卒少子琮立琮以荊州降操冬十月癸未朔日有食之曹操以舟師伐孫權權將周瑜敗之於烏林赤壁

十四年冬十月荊州地震

十五年春二月乙巳朔日有食之

十六年秋九月庚戌曹操與韓遂馬超戰於渭南遂等大敗關西平 曹瞞傳曰時婁子伯說操曰今天寒

可起沙爲城以水灌之可一夜而成公從之比明城立超遂數挑戰不利操縱虎騎夾擊大破之超遂走涼州 是歲趙王赦薨

十七年夏五月癸未誅衛尉馬騰夷三族六月庚寅晦日有食之秋七月洧水潁水溢螟八月馬超破涼州殺刺史韋康九月庚戌立皇子熙爲濟陰王懿爲山陽王邈爲濟北王敦爲東海王 山陽公載記曰時許靖在巴郡聞立諸王曰將欲歙之必姑張之將欲奪之必姑與之其孟德之謂乎 冬十二月星孛于五諸侯 五諸侯星名也

十八年春正月庚寅復禹貢九州獻帝春秋曰時省幽
并州以其郡國并於冀州省司隸校尉及涼州以其郡國并爲雍州省交州并荆州益州於是有兗豫青
徐荆揚冀益雍也九數雖同而禹貢無益州有梁州然梁益亦一地也夏五月丙申
曹操自立爲魏公加九錫案禮含文嘉曰九錫謂一曰車馬二
曰衣服三曰樂器四曰朱户五曰納陛六曰虎賁士百人七曰斧鉞八曰弓矢九曰秬鬯大雨
水徙趙王珪爲博陵王是歲歲星鎭星熒
惑俱入太微是年秋三星逆行入太微守帝坐五十日彭城王和薨
十九年夏四月旱五月雨水劉備破劉璋
據益州冬十月曹操遣將夏侯淵討宋建
後漢帝紀九　十六　吳佐
于枹罕獲之枹罕縣屬金城郡今河州縣也魏志曰淵字妙才沛國譙人十一
月丁卯曹操殺皇后伏氏滅其族及二皇
子山陽公載記曰劉備在蜀聞之遂發喪
二十年春正月甲子立貴人曹氏爲皇后
賜天下男子爵人一級孝悌力田二級賜
諸王侯公卿以下穀各有差秋七月曹操
破漢中張魯降
二十一年夏四月甲午曹操自進號魏王
五月己亥朔日有食之秋七月匈奴南單

于來朝是歲曹操殺琅邪王熙國除坐謀欲渡
江被誅
二十二年夏六月丞相軍師華歆爲御史
大夫冬有星孛于東北是歲大疫
二十三年春正月甲子少府耿紀丞相司
直韋晃起兵誅曹操不克夷三族三輔決錄曰時有京
兆金禕字德偉自以代爲漢臣乃發憤與耿紀韋晃欲挾天子以攻魏南援劉備事敗夷三族三月
有星孛于東方杜預注左傳云平旦衆星皆沒而孛星乃見故不言所在之次
二十四年春二月壬子晦日有食之夏五
後漢帝紀九　十七　李寿
月劉備取漢中秋七月庚子劉備自稱漢
中王八月漢水溢冬十一月孫權取荆州
二十五年春正月庚子魏王曹操薨魏志曰操
字孟德薨時年六十六子丕襲位魏志曰丕字子桓操之太子二月丁
未朔日有食之三月改元延康冬十月乙
卯皇帝遜位魏王丕稱天子遜讓也獻帝春秋曰帝時召羣
臣卿士告祠高廟詔太常張音持節奉策璽綬禪位于魏王乃爲壇於繁陽故城魏王登壇受皇帝璽綬
奉帝爲山陽公山陽縣名屬河內郡故城在今懷州脩武縣西北邑一
萬户位在諸侯王上奏事不稱臣受詔不

拜以天子車服郊祀天地宗廟祖臘皆如漢制都山陽之濁鹿城（濁鹿一名濁城亦名清陽城在今懷州脩武東北）四皇子封王者皆降爲列侯明年劉備稱帝于蜀孫權亦自王於吴於是天下遂三分矣魏青龍二年三月庚寅山陽公薨自遜位至薨十有四年年五十四謚孝獻皇帝八月壬申以漢天子禮儀葬于禪陵（續漢書曰天子葬太僕駕四輪輈爲賓車大練爲屋幭中黃門虎賁各二十人執紼司空擇土造穿太史卜日將作作黃腸題湊便房如禮大鴻臚大僕御方相氏黃金四目蒙熊皮玄衣朱裳執戈揚楯立乘四馬先驅旂長三仞十有二旒曳地畫日月升龍書旂曰天子之柩謁者二人立乘六馬爲次太常跪哭曰十五舉音止哭晝漏上請發司徒河南尹先引車轉大常曰請拜送車著白絲三糾紼長三十丈圍七寸六行行五十人公卿以下子弟凡三百人皆素幘委貌冠衣素裳挽校尉三百人皆赤幘不冠持幢幡皆銜枚羽林孤兒巴俞擢歌者六十人爲六列司馬八人執鐸至陵南羨門司徒跪請就下房都導東園武士奉入房執事下明器太祝進醴獻司空將校復土擢音棹了反帝王紀曰禪陵在濁鹿城西北十里在今懷州脩武縣北二十五里陵高二丈周回二百步劉澄之地記云以漢禪魏故以名焉）置園邑令丞太子早卒孫康立五十一年晉太康六年薨子瑾立四年太康十年薨子秋立二十年永嘉中爲胡賊所殺國除

論曰傳稱鼎之爲器雖小而重故神之所寶不可奪移（左氏傳王孫滿曰桀有昏德鼎遷於商商紂暴虐鼎遷於周德之休明雖小重也其姦回昏亂雖大輕也故言神之所寶不可奪移）至令負而趨者此亦窮運之歸乎（言神器至重被人負而趨走者斯亦窮盡之運歸於此時乎言不可復振也莊子曰藏舟於壑藏山於澤謂之固矣然而有力者負之而趨而昧者不知）天厭漢德久矣山陽其何誅焉（厭倦誅責也漢自和帝以後政教陵遲故言天厭漢德久矣禍之來也非獨山陽公之過其何所誅責乎左傳曰宋子魚曰天既厭商德孔子曰於予予何誅）

贊曰獻生不辰身播國屯（辰時也播遷也言獻帝生不逢時身既播遷國又屯難詩曰我生不辰左傳曰震蕩播越）終我四百永作虞賓（春秋孔演圖曰劉四百歲之際褒漢王輔皇王以期有名不就宋均注曰雖褒族人爲漢王以自輔以當有應期名見攝錄者故名不就也虞賓謂舜以堯子丹朱爲賓商書曰虞賓在位是也以喻山陽公爲魏之賓也）

後漢帝紀卷第九

皇后紀第十上　范曄　後漢書十

唐章懷太子賢注

光武郭皇后　光烈陰皇后

明德馬皇后　章德竇皇后

和帝陰皇后　和熹鄧皇后

夏殷以上后妃之制其文略矣周禮王者立后鄭玄注禮記曰后之言後言在夫之後也三夫人九嬪二十七世婦八十一女御以備內職焉后正位宮闈同體天王夫人坐論婦禮鄭玄注周禮云夫人之於后猶

三公之於王坐而論婦禮也九嬪掌教四德九嬪比九御周禮曰九嬪掌婦學之法以教九御也四德謂婦德婦言婦容婦功也世婦主喪祭賓客婦服也明其能服事於人也比二十七大夫周禮世婦掌祭祀賓客喪紀之事祭之日莅陳女宮之具凡內羞之物掌弔臨于卿大夫之喪女御序于王之燕寢御謂進御于王也比八十一元士周禮曰女御敘于王之燕寢以歲時獻功事也頒官分務各有典司女史彤管記功書過周禮云女史掌王后之禮書內令凡后之事以禮從也鄭玄注云亦如大史之於王也彤管赤管筆也詩云詒我彤管注云古者后夫人必有女史彤管之法也居有保阿之訓動有環佩之響列女傳曰齊孝公孟姬華氏之女從孝公遊車奔姬墮車碎孝公使駟馬立車載姬姬泣曰妾聞妃下堂必從傅母保阿進退則鳴玉佩環今立車無輧非敢受命進賢才以輔佐君子哀窈窕而不淫其色詩序云關雎樂得淑女以配君子憂在進賢不淫其色哀窈窕思賢才而無傷善之心毛萇注云窈窕幽閒也所以能述宣陰化修成內則周禮內宰職曰以陰禮教六宮以婦職之法教九御閨房肅雝險謁不行也肅敬也雝和也謁請也言能輔佐君子和順恭敬不行私謁詩序曰雖則王姬猶執婦道以成肅雝之德又曰而無險詖私謁之心故康王晚朝關雎作諷前書音義曰后夫人雞鳴佩玉去君所周康王后不然故詩人歎而傷之見魯詩宣后晏起姜氏請愆列女傳曰周宣姜后齊侯之女也宣王嘗夜卧晏起后夫人不出房姜后既出乃脫簪珥待罪於永巷使傅母通言於王曰妾不才淫心見矣至使君王

失禮而晏起以見君王樂色忘德敢請罪惟君王之命王曰寡人之過夫人何辜遂勤政事成中興之名焉及周室東遷禮序凋缺幽王時西夷犬戎共攻殺幽王于驪山之下太子宜臼立是爲平王東遷洛邑以避犬戎政遂微弱諸侯僭縱軌制無章齊桓有如夫人者六人左傳曰桓公多內寵有如夫人者六人長衛姬少衛姬鄭姬葛嬴密姬宋華子也晉獻升戎女爲元妃元妃嫡夫人也史記曰晉獻公伐驪戎得驪姬愛幸立以爲妃終於五子作亂桓公六夫人生六子桓公卒立公子昭於是公子無虧公子元公子潘公子商人公子雍等五公子皆求立公子昭奔宋是作亂也冢嗣遘屯冢大也遘遇也屯難也晉獻公受驪姬之譖殺太子申生故曰遘屯也爰逮戰國風憲逾薄適情任欲顛倒

衣裳上曰衣下曰裳詩曰綠兮衣兮綠衣黃裳鄭玄曰綠衣黑今反以黃爲裏非其禮制諭妾上僭也以至破國亡身不可勝數斯固輕禮弛防先色後德者也秦并天下多自驕大宮備七國史記曰始皇破六國寫放其宮室作之咸陽北坂上南臨渭水殿屋複道周閣相屬所得諸侯美人以充入之并秦爲七也爵列八品前書曰漢興因秦之稱號正嫡稱皇后妾皆稱夫人又有美人良人八子七子長使少使之號漢興因循其號而婦制莫釐釐理高祖帷薄不修大戴禮曰大臣坐汙穢男女無別者不曰汙穢曰帷薄不修謂周昌入奏事高帝擁戚姬是不修也孝文衽席無辯鄭玄注禮記曰衽臥席也孝文幸慎夫人每與皇后同坐是無辯也然而選

納尚簡飾翫少華自武元之後世增淫費至乃掖庭三千增級十四婕妤一娙娥二容華三充衣四已上武帝置昭儀五元帝置美人六良人七七子八八子九長使十少使十一五官十二順常十三無涓共和娛靈保林良使夜者十四此六官品秩同爲一等也妖倖毀政之符外姻亂邦之迹前史載之詳矣及光武中興斲彫爲朴彫謂刻鏤也史記曰漢興破觚而爲圜斲琱而爲樸六宮稱號唯皇后貴人鄭玄注周禮曰皇后正寢一燕寢五是爲六宮也夫人已下分居焉貴人金印紫綬奉不過粟數十斛又置美人宮人采女三等並無爵秩歲時賞賜充給

而已漢法常因八月筭人漢儀注曰八月初爲筭賦故曰筭人遣中大夫與掖庭丞及相工於洛陽鄉中閱視良家童女年十三以上二十已下姿色端麗合法相者載還後宮擇視可否乃用登御所以明慎聘納詳求淑哲明帝聿遵先旨宮教頗修登建嬪后必先令德內無出閫之言閫門限也禮記曰外言不入於閫內言不出於閫也權無私溺之授可謂矯其敝矣向使因設外戚之禁編著甲令前書音義曰甲令者前帝第一令也有甲令乙令丙令改正

后妃之制貽厥方來豈不休哉雖御己有度而防閑未篤故孝章以下漸用色授恩隆好合遂忘淄蠹淄黑也蠹食木蟲以諭傾敗也自古雖主幼時艱王家多釁必委成冢宰簡求忠賢未有專任婦人斷割重器唯秦芊太后始攝政事芊音亡爾反故穰侯權重於昭王家富於嬴國太后昭王母也號宣太后史記曰昭王立年少宣太后自知事以同母弟魏冄爲將軍任政封爲穰侯太后攝政始於此也漢仍其謬知患莫改東京皇統屢絕權歸女主外立者四帝謂安質桓靈臨

朝者六后章帝竇太后和熹鄧太后安思閻太后順烈梁太后桓思竇太后靈思何太后也莫不定策帷帟委事父兄貪孩童以久其政抑明賢以專其威周禮幕人掌幃帟幄幕之事鄭玄注曰帟幄中坐上承塵也殤帝崩鄧太后與兄騭等迎立安帝年十三沖帝崩梁太后與兄冀迎立質帝年八歲質帝崩太后與兄冀迎立桓帝年十五桓帝崩竇太后與父武迎立靈帝年十二任重道悠利深禍速身犯霧露於雲臺之上霧露謂疾病也不可指言死故假霧露以言之靈帝時中常侍曹節矯詔遷太后於雲臺謝弼上封事曰伏惟皇太后援立明聖幽居空宮如有霧露之疾陛下當何面目以見天下家嬰縲紲於囹圄犴之下縲索也紲繫也囹圄周獄名也鄉亭之獄曰犴音五旦反謂外戚等被誅也

後漢紀十上　五　王宗

湮滅連踵傾輈繼路踵跡也輈車轅也賈誼曰前車覆後車誡而赴蹈不息燋爛爲期終於陵夷大運淪亡神寶陵夷猶頽替神寶帝位也詩書所歎略同一揆故考列行跡以爲皇后本紀雖成敗事異而同居正號者並列于篇其以私恩追尊非當時所奉者則隨它事附出謂安帝母左姬及祖母宋貴人之類並見清河孝王傳親屬別事各依列傳其餘無所見則係之此紀謂賈貴人虞美人之類是以纘西京外戚云爾纘繼也

光武郭皇后諱聖通真定槀人也槀縣名故城在今恒州槀城縣西爲郡著姓父昌讓田宅財產數百萬與異母弟國人義之仕郡功曹娶真定恭王女號郭主恭王名普景帝七代孫生后及子況昌早卒郭主雖王家女而好禮節儉有母儀之德更始二年春光武擊王郎至真定因納后有寵及即位以爲貴人建武元年生皇子彊帝善況小心謹慎年始十六拜黃門侍郎二年貴人立爲皇后彊爲皇大

後漢紀十上　六　李秀

子封況緜蠻侯以后弟貴重賓客輻湊況恭謙下士頗得聲譽十四年遷城門校尉其後后以寵稍衰數懷怨懟十七年遂廢爲中山王太后進后中子右翊公輔爲中山王以常山郡益中山國徙封況大國爲陽安侯陽安縣屬汝南郡故城在今豫州朗山縣故道國城是也后從兄竟以騎都尉從征伐有功封爲新郪侯官至東海相新郪縣屬汝南郡故城在今潁州汝陰縣西北郪丘城是也音七私反竟弟匡爲發干侯發干縣屬東郡故城在今博州堂邑縣西南官至大

中大夫后叔父梁早終無子其壻南陽陳
茂以恩澤封南䜌侯䜌音力全反二十年中山王
輔復徙封沛王后爲沛太后况遷大鴻臚
帝數幸其第會公卿諸侯親家飲燕賞賜
金錢縑帛豐盛莫比京師號况家爲金穴
二十六年后母郭主薨帝親臨喪送葬百
官大會遣使者迎昌喪柩與主合葬追贈
昌陽安侯印綬謚曰思侯二十八年后薨
葬于北芒帝憐郭氏詔况子璜尚淯陽公

主除璜爲郎顯宗即位况與帝舅陰識陰
就並爲特進數授賞賜恩寵俱渥禮待陰
郭每事必均永平二年况卒贈賜甚厚帝
親自臨喪謚曰節侯子璜嗣元和三年肅
宗北巡狩過眞定會諸郭朝見上壽引入
倡飲甚歡說文曰倡樂也聲類曰俳以大牢具上郭主冢
賜粟萬斛錢五十萬永元初璜爲長樂少
府長樂少府掌皇大后宮秩二千石居長信宮曰長信少府長樂宮曰長樂少府子舉
爲侍中兼射聲校尉及大將軍竇憲被誅

舉以憲女壻謀逆故父子俱下獄死家屬
徙合浦郡名今廉州縣宗族爲郎吏者悉免官新
鄵侯竟初爲騎將前書曰車戶騎將屬光禄秩比千石從征伐
有功拜東海相永平中卒子嵩嗣嵩卒追
坐染楚王英事國廢建初二年章帝紹封
嵩子勤爲伊亭侯勤無子國除發干侯匡
官至大中大夫建武三十年卒子勲嗣勲
卒子駿嗣永平十三年亦坐楚王英事失
國建初三年復封駿爲觀都侯卒無子國

除郭氏侯者凡三人皆絕國
論曰物之興衰情之起伏理有固然矣而
崇替去來之甚者必唯寵惑乎當其接牀
第承恩色雖險情贅行莫不德焉說文曰贅肬也
老子曰餘食贅行河上公注曰行之無當爲贅莊子曰附贅懸肬言醜惡也及至移意
愛析嬿私雖惠心妍狀愈獻醜焉愛升則
天下不足容其高歡隊故九服無所逃其
命斯誠志士之所沉溺君人之所抑揚未
或違之者也郭后以衰離見貶恚怨成尤

而猶恩加別館增寵黨戚至乎東海遂巡去就以禮使後世不見隆薄進退之隙不亦光於古乎

光烈陰皇后諱麗華謚法曰執德遵業曰烈東觀記有陰子公者生子方方生幼公公生君孟名睦即后之父也今世本睦作陸南陽新野人初光武適新野聞后美心悅之後至長安見執金吾車騎甚盛因歎曰仕宦當作執金吾娶妻當得陰麗華更始元年六月遂納后於宛當成里時年十九及光武爲司隸校尉方西之洛陽令后歸新野及鄧奉起兵后兄識爲之將后隨家屬徙淯陽止於奉舍光武即位令侍中傅俊迎后與胡陽寧平主諸宮人俱到洛陽以后爲貴人寧平縣屬淮陽故城在今亳州谷陽縣西南帝以后雅性寬仁欲崇以尊位后固辭以郭氏有子終不肯當故遂立郭皇后建武四年從征彭寵生顯宗於元氏九年有盜劫殺后母鄧氏及弟訢音欣帝甚傷之乃詔大司空曰吾微賤之時娶於

陰氏因將兵征伐遂各別離幸得安全俱脫虎口莊子曰孔子見盜跖謂柳下惠曰幾不免於虎口以貴人有母儀之美宜立爲后而固辭弗敢當列於媵妾爾雅曰媵送也孫炎曰送女曰媵朕嘉其義讓許封諸弟未及爵土而遭患逢禍母子同命愍傷于懷小雅曰將恐將懼惟予與汝將安將樂汝轉弃予谷風之詩風人之戒可不慎乎其追爵謚貴人父陸爲宣恩哀侯弟訢爲宣義恭侯以弟就嗣哀侯後及尸柩在堂使大中大夫拜授印綬如在國列侯禮䰟而有靈嘉其寵榮十七年廢皇后郭氏而立貴人制詔三公曰皇后懷執怨懟數違教令不能撫循它子訓長異室宮闈之內若見鷹鸇爾雅曰宮中小門謂之闈既無關雎之德而有呂霍之風豈可託以幼孤恭承明祀今遣大司徒涉戴涉也宗正吉持節其上皇后璽綬陰貴人鄉里良家歸自微賤公羊傳曰婦人謂嫁曰歸自我不見于今三年詩豳風東山之詞也宜奉宗廟爲

天下母主者詳案舊典時上尊號異常之事非國休福不得上壽稱慶后在位恭儉少嗜玩不喜笑諠性仁孝多矜慈七歲失父雖已數十年言及未曾不流涕帝見常歎息顯宗即位尊后爲皇大后永平三年冬帝從大后幸章陵置酒舊宅會陰鄧故人諸家子孫並受賞賜七年崩在位二十四年年六十合葬原陵明帝性孝愛追慕無已十七年正月當謁原陵夜夢先帝大后如平生歡既寤悲不能寐即案歷明旦日吉遂率百官及故客上陵其日降甘露於陵樹帝令百官采取以薦會畢帝從席前伏御牀視大后鏡奩中物（奩鏡匣也音廉）感動悲涕令易脂澤裝具左右皆泣莫能仰視焉

明德馬皇后諱某（諡法曰忠和純淑曰德諱某者史失其名下皆類此）伏波將軍援之小女也少喪父母兄客卿敏惠早夭母藺夫人悲傷發疾慌惚后時年十歲幹理家事勑制僮御（幹正也廣雅曰僮御皆使者也）內

後漢紀十上　十一　章駒

外諮稟事同成人初諸家莫知者後聞之咸歎異焉后嘗久疾大夫人令筮之筮者曰此女雖有患狀而當大貴兆不可言也後又呼相者使占諸女見后大驚曰我必爲此女稱臣然貴而少子若養它子者得力乃當踰於所生初援征五溪蠻卒於師虎賁中郎將梁松黃門侍郎竇固等因譖之由是家益失埶又數爲權貴所侵侮后從兄嚴不勝憂憤白大夫人絕竇氏婚求進女掖庭乃上書曰臣叔父援孤恩不報（孤負也）而妻子特獲恩全戴仰陛下爲天爲父人情既得不死便欲求福竊聞大子諸王妃匹未備援有三女大者十五次者十四小者十三儀狀髮膚上中以上（東觀記曰明帝馬皇后美髮爲四起大髻但以髮成尚有餘繞髻三匝眉不施黛獨左眉角小缺補之如粟常稱疾而終身得意）皆孝順小心婉靜有禮（婉順）願下相工簡其可否如有萬一援不朽於黃泉矣又援姑姊妹並爲成帝婕妤葬於延陵臣嚴幸

後漢紀十上　十二　王永從

得蒙恩更生與因緣先姑當充後宮由是
選后入大子宮時年十三奉承陰后傍接
同列禮則脩備上下安之遂見寵異常居
後堂顯宗即位以后爲貴人時后前母姊
女賈氏亦以選入生肅宗帝以后無子命
令養之謂曰人未必當自生子但患愛養
不至耳后於是盡心撫育勞悴過於所生
肅宗亦孝性淳篤恩性天至母子慈愛始
終無纖介之間纖介猶細微也間隙也后常以皇嗣

未廣每懷憂歎薦達左右若恐不及後宮
有進見者每加慰納若數所寵引輒增隆
遇永平三年春有司奏立長秋宮皇后所居宮也長者
久也秋者萬物成孰之初也故以名焉請立皇后不敢指言故以宮稱之帝未有所言
皇大后曰馬貴人德冠後宮即其人也遂
立爲皇后先是數日夢有小飛蟲無數赴
著身又入皮膚中而復飛出既正位宮闈
愈自謙肅身長七尺二寸方口美髮能誦
易好讀春秋楚辭尤善周官董仲舒書周官

周禮也仲舒書玉杯蕃露清明竹林之屬也蕃音繁常衣大練裙不加緣
大練大帛也杜預注左傳曰大帛厚繒也大后兄廖上書曰今陛下躬服厚繒是也朔望諸
姬主朝請漢律春曰朝秋曰請望見后袍衣疏麤反以
爲綺縠就視乃笑后辭曰此繒特宜染色
故用之耳六宮莫不歎息帝嘗幸苑囿離
宮后輒以風邪露霧爲戒辭意款備多見
詳擇帝幸濯龍中續漢志曰濯龍園名也近北宮並召諸才
人下邳王巳下皆在側請呼皇后帝笑曰
是家志不好樂雖來無歡是以遊娛之事
希嘗從焉十五年帝案地圖將封皇子悉

半諸國后見而言曰諸子裁食數縣於制
不已儉乎帝曰我子豈宜與先帝子等乎
歲給二千萬足矣時楚獄連年不斷囚相
證引坐繫者甚衆后慮其多濫乘閒言及
惻然帝感悟之夜起彷徨爲思所納思后所納之言
卒多有所降宥時諸將奏事及公卿較議
難平者廣雅曰較明也帝數以試后后輒分解趣
理各得其情每於侍執之際輒言及政事

多所毗補而未甞以家私干欲寵欲日隆
始終無衰及帝崩肅宗即位尊后曰皇大
后諸貴人當徙居南宮大后感析別之懷
各賜王赤綬加安車駟馬白越三千端（白越
越布）雜帛二千匹黃金十斤自撰顯宗起居
注削去兄防參醫藥事帝請曰黃門舅旦
夕供養且一年既無褒異又不録勤勞無
乃過乎大后曰吾不欲令後世聞先帝數
親後宮之家故不著也建初元年欲封爵

後漢紀十上　十五　揚垓

諸舅大后不聽明年夏大旱言事者以爲
不封外戚之故有司因此上奏宜依舊典
（漢制外戚以恩澤封侯故曰舊典也）大后詔曰凡言事者皆欲
媚朕以要福耳昔王氏五侯同日俱封（成帝
封太后弟王譚王商王立王根王逢時等同時爲關內侯）其時黃霧四塞不
聞澍雨之應又田蚡竇嬰寵貴橫恣傾覆
之禍爲世所傳（田蚡景帝王皇后同母弟武安侯也爲丞相貪驕與淮南王霸上私
語後覺武帝曰使武安侯在者族矣竇嬰文帝竇皇后從兄子魏其侯也爲丞相坐與灌夫朋黨弃市也）
故先帝防慎舅氏不令在樞機之位（樞機近要之官）

（也春秋運斗樞曰北斗第一天樞第二琁第三機也）諸子之封裁令半楚
淮陽諸國常謂我子不當與先帝子等今
有司柰何欲以馬氏比陰氏乎吾爲天下
母而身服大練食不求甘左右但著帛布
無香薰之飾者欲身率下也以爲外親見
之當傷心自勑但笑言大后素好儉前過
濯龍門上見外家問起居者車如流水馬
如游龍倉頭衣綠褠領袖正白（褠臂衣今之臂韝以縛左右手
於事便也）顧視御者不及遠矣故不加譴怒但

後漢紀十上　十六　陳仲

絕歲用而已冀以默愧其心而猶懈怠無
憂國忘家之慮知臣莫若君況親屬乎吾
豈可上負先帝之旨下虧先人之德重襲
西京敗亡之禍哉固不許（西京外戚呂祿呂產竇嬰上官桀安父子
霍禹等皆被誅）帝省詔悲歎復重請曰漢興舅氏
之封侯猶皇子之爲王也大后誠存謙虛
柰何令臣獨不加恩三舅乎且衛尉年尊
兩校尉有大病（衛尉大后兄廖兩校尉兄防兄光也）如令不諱
使臣長抱刻骨之恨宜及吉時不可稽留

太后報曰吾反覆念之思令兩善豈徒欲獲謙讓之名而使帝受不外施之嫌哉 以恩澤封爵外家爲外施也 昔竇太后欲封王皇后之兄 竇太后文帝后也王皇后景帝后也兄即王信後封爲蓋侯 丞相條侯言受高祖約無軍功非劉氏不侯 條侯周亞夫也前書曰高帝與功臣約非劉氏不王非有功不侯不如約天下共擊之 今馬氏無功於國豈得與陰郭中興之后等邪常觀富貴之家祿位重疊猶再實之木其根必傷 太子曰再實之木根必傷掘藏之家後必殃也 且人所以願封侯者欲上奉祭

大三百四十三小一百十二 後漢紀十上 十七 俞恭

祀下求溫飽耳今祭祀則受四方之珍衣食則蒙御府餘資斯豈不足而必當得一縣乎吾計之孰矣勿有疑也夫至孝之行安親爲上今數遭變異穀價數倍憂惶晝夜不安坐卧而欲先營外封違慈母之拳拳乎 拳拳猶勤勤也音權 吾素剛急有匈中氣不可不順也若陰陽調和邊境清靜然後行子之志吾但當含飴弄孫 方言曰飴餳也陳楚宋衛之閒通語 不能復關政矣時新平主家御者失火延及北

閣後殿太后以爲己過起居不歡時當謁原陵自引守備不慎慙見陵園遂不行初大夫人葬起墳微高太后以爲言兄廖等即時減削其外親有謙素義行者輒假借溫言賞以財位如有纖介則先見嚴恪之色然後加譴其美車服不軌法度者便絕屬籍遣歸田里廣平鉅鹿樂成王車騎朴素無金銀之飾帝以白太后太后即賜錢各五百萬於是內外從化被服如一諸家

後漢紀十上 十八 陳從

惶恐倍於永平時乃置織室蠶於濯龍中 前書有東織西織屬少府平帝改名織室 數往觀視以爲娛樂常與帝旦夕言道政事及教授諸小王論議經書述叙平生雍和終日四年天下豐稔方垂無事帝遂封三舅廖防光爲列侯並辭讓願就關內侯太后聞之曰聖人設教各有其方知人情性莫能齊也 禮記王制曰凡居人材必因天地寒煖燥濕廣谷大川異制人居其閒異俗脩其教不易其俗齊其政不易其宜中國戎夷五方之人皆有性也不可推移 吾少壯時但慕竹帛志不顧命

言少慕古人書名竹帛不顧命之長短今雖已老而復戒之在得論語孔子曰少之時戒之在色及其老也戒之在得得貪嗇也言彌復吝惜封爵不欲濫封親戚也故日夜惕厲思自降損惕懼也厲危也居不求安食不念飽冀乘此道不負先帝所以化導兄弟共同斯志欲令瞑目之日無所復恨何意老志復不從哉萬年之日長恨矣廖等不得已受封爵而退位歸第焉大后其年寢疾不信巫祝小醫數勑絶禱祀至六月崩在位二十三年年四十餘合葬顯節陵

後漢紀十上　十九

賈貴人南陽人建武末選入大子宮中元二年生肅宗而顯宗以爲貴人帝既爲大后所養專以馬氏爲外家故貴人不登極位賈氏親族無受寵榮者及大后崩乃策書加貴人王赤綬續漢書曰諸侯王赤綬也安車一駟永巷宮人二百永巷宮中署名也後改爲掖庭永巷宮人即官婢也御府雜帛二萬匹大司農黃金千斤錢二千萬諸史並闕後事故不知所終

章德竇皇后諱某扶風平陵人大司徒融之曾孫也祖穆父勳坐事死事在竇融傳勳尚東海恭王彊女沘陽公主后其長女也家既廢壞數呼相工問息耗薛氏韓詩章句曰耗惡也息耗猶言善惡也見后者皆言當大尊貴非臣妾容貌年六歲能書親家皆奇之建初二年后與女弟俱以選例入見長樂宮進止有序風容甚盛肅宗先聞后有才色數以訊諸姬傅訊問也傅謂傅母及見雅以爲美馬大后亦異焉因入掖庭見於北宮章德殿后性敏給

後漢紀十上　二十

傾心承接稱譽日聞明年遂立爲皇后妹爲貴人七年追爵謚后父勳爲安成思侯安成縣屬汝南郡故城在今豫州吳房縣東南后寵幸殊特專固後宮初宋貴人生皇大子慶梁貴人生和帝后既無子並疾忌之數閒於帝漸致踈嫌因誣宋貴人挾邪媚道遂自殺廢慶爲清河王語在慶傳梁貴人者褒親愍侯梁竦之女也少失母爲伯母舞陰長公主所養長公主光武女梁松尚焉年十六亦以建初二年與中姊俱

選入掖庭爲貴人四年生和帝后養爲已子欲專名外家而忌梁氏八年乃作飛書以陷竦飛書若今匿名書也竦坐誅貴人姊妹以憂卒自是宮房慄息慄懼也音慄周書曰臨攝以威而氣慄懼也后愛日隆及帝崩和帝即位尊后爲皇大后皇大后臨朝尊毋沘陽公主爲長公主益湯沐邑三千戶兄憲弟篤景並顯貴擅威權後遂密謀不軌永元四年發覺被誅九年大后崩未及葬而梁貴人姊嫕音一計反上書陳

貴人枉歿之狀大尉張酺司徒劉方司空張奮上奏依光武黜呂大后故事中元元年黜呂后不宜配食高廟貶大后尊號不宜合葬先帝百官亦多上言者帝手詔曰竇氏雖不遵法度而大后常自減損朕奉事十年深惟大義禮臣子無貶尊上之文恩不忍離義不忍虧案前世上官大后亦無降黜上官大后昭帝后也父安與燕王謀反誅大后以年少又霍光外孫故不廢也其勿復議於是合葬敬陵在位十八年帝以貴人酷歿斂葬禮闕乃改殯於承光宮上尊謚曰恭懷皇后謚法曰敬事尊上曰恭慈仁短折曰懷追服喪制百官縞素與姊大貴人俱葬西陵儀比敬園敬園安帝祖母宋貴人之園也

和帝陰皇后諱某光烈皇后兄執金吾識之曾孫也后少聰慧善書藝永元四年選入掖庭以先后近屬故得爲貴人有殊寵八年遂立爲皇后自和熹鄧后入宮熹音許其反愛寵稍衰數有恚恨后外祖母鄧朱出入宮掖十四年夏有言后與朱共挾巫蠱道

巫師爲蠱故曰巫蠱左傳注曰蠱惑也事發覺帝遂使中常侍張愼與尚書陳褒於掖庭獄雜考案之朱及二子奉毅與后弟軼輔敞辭語相連及以爲祠祭祝詛大逆無道奉毅輔考死獄中帝使司徒魯恭持節賜后策上璽綬遷于桐宮以憂死立七年葬臨平亭部葬於亭部內之地也父特進綱自殺軼敞及朱家屬徙日南比景縣宗親外內昆弟皆免官還田里永初四年鄧大后詔赦陰氏諸從者悉歸故郡

還其資財五百餘萬

和熹鄧皇后諱綏（蔡邕曰謚法有功安人曰熹）太傅禹之孫也父訓護羌校尉母陰氏光烈皇后從弟女也后年五歲大傅夫人愛之自為翦髮夫人年高目冥誤傷后額忍痛不言左右見者怪而問之后曰非不痛也大夫人哀憐為斷髮難傷老人意故忍之耳六歲能史書（史書周宣王大史籀所作大篆十五篇也前書曰教學童之書也）十二通詩論語諸兄每讀經傳輒下意難問（下意猶出意也）

志在典籍不問居家之事母常非之曰汝不習女工以供衣服乃更務學寧當舉博士邪后重違母言晝修婦業暮誦經典家人號曰諸生父訓異之事無大小輒與詳議永元四年當以選入會訓卒后晝夜號泣終三年不食鹽菜憔悴毀容親人不識之后嘗夢捫天（捫摸也）蕩蕩正青若有鍾乳狀乃仰嗽飲之以訊諸占夢言堯夢攀天而上湯夢及天而咶之（咶音是）斯皆聖

王之前占吉不可言又相者見后驚曰此成湯之法也（續漢書曰相者待詔相工蘇大曰此成湯之骨法）家人竊喜而不敢宣后叔父陔言常聞活千人者子孫有封兄訓為謁者使修石臼河歲活數千人天道可信家必蒙福初大傅禹歎曰吾將百萬之衆未嘗妄殺一人其後世必有興者七年后復與諸家子俱選入宮后長七尺二寸姿顏姝麗（姝美色也詩曰彼姝者子）絕異於衆左右皆驚八年冬入掖庭為貴人時

年十六恭肅小心動有法度承事陰后夙夜戰兢接撫同列常克己以下之雖宮人隸役皆加恩借帝深嘉愛焉及后有疾特令后母兄弟入視醫藥不限以日數后言於帝曰宮禁至重而使外舍久在內省（外舍外家）上令陛下有幸私之譏下使賤妾獲不知足之謗上下交損誠不願也帝曰人皆以數入為榮貴人反以為憂深自抑損誠難及也每有讌會諸姬貴人競自修整簪

珥光采袿裳鮮明說文曰簪笄也珥瑱也以玉充耳釋名曰婦人上服曰袿
而后獨著素裝服無飾其衣有與陰后同
色者即時解易若並時進見則不敢正坐
離立行則僂身自卑離並也禮記曰離坐離立無往參焉帝每有
所問常逡巡後對不敢先陰后言帝知后
勞心曲體歎曰修德之勞乃如是乎後陰
后漸疎每當御見輒辭以疾時帝數失皇
子后憂繼嗣不廣恒垂涕歎息數選進才
人以博帝意陰后見后德稱日盛不知所

爲遂造祝詛欲以爲害帝甞寢病危甚陰
后密言我得意不令鄧氏復有遺類后聞
乃對左右流涕言曰我竭誠盡心以事皇
后竟不爲所祐而當獲罪於天婦人雖無
從死之義然周公身請武王之命武王有疾周公爲之
請命於大王王季文王曰若爾三王有丕子之責于天以旦代某之身也越姬心誓
必死之分越姬楚昭王之姬越王句踐女也昭王燕遊越姬從謂姬曰樂乎對曰樂則樂
矣而不可久也王曰願與子生死若此姬曰君王樂遊要妾以死不敢聞命後王病有赤雲夾曰如飛鳥
王問周大史史曰是害王身請移於將相王曰將相於孤猶股肱也不聽姬曰大哉君王之德妾請從王

死矣昔日遊樂是以不敢聽命今君王復禮國人爲君王死何況妾乎妾願先驅狐狸於地下昔日口雖
不言心許之矣妾聞信者不負其心遂自殺故曰心誓事見列女傳也上以報帝之
恩中以解宗族之禍下不令陰氏有人豕
之譏高帝愛幸戚夫人帝崩吕大后斷夫人手足去眼薰耳使居鞠室中名曰人彘也即
欲飲藥宮人趙玉者固禁之因詐言屬有
使來上疾已愈后信以爲然乃止明日帝
果瘳十四年夏陰后以巫蠱事廢后請救
不能得帝便屬意焉后愈稱疾篤深自閉
絕會有司奏建長秋宮帝曰皇后之尊與

朕同體承宗廟母天下豈易哉唯鄧貴人
德冠後庭乃可當之至冬立爲皇后辭讓
者三然後即位手書表謝深陳德薄不足
以充小君之選是時方國貢獻競求珍麗
之物自后即位悉令禁絕歲時但供紙墨
而已帝每欲官爵鄧氏后輒哀請謙讓故
兄騭終帝世不過虎賁中郎將元興元年
帝崩長子平原王有疾而諸皇子夭没前
後十數後生者輒隱祕養於人間殤帝生

始百日后乃迎立之尊后爲皇太后大后臨朝和帝葬後宮人並歸園大后賜周馮貴人策曰朕與貴人託配後庭共歡等列十有餘年不獲福祐先帝早弃天下孤心煢煢（煢煢孤特之貌也詩曰煢煢在疚）靡所瞻仰夙夜永懷感愴發中今當以舊典分歸外園慘結增歎燕燕之詩曷能喻焉（詩鄘序曰衛莊姜送歸妾也其詩曰燕燕于飛差池其羽之子于歸遠送于野瞻望不及泣涕如雨）其賜貴人王青蓋車采飾輅驂馬各一駟黃金三十斤雜帛三千匹白越四千端又賜馮貴人王赤綬以未有頭上步搖環珮加賜各一具（周禮王后首服爲副所以副首爲飾若今步搖也釋名曰皇后首副其上有垂珠步則摇也）是時新遭大憂法禁未設宮中亡大珠一篋大后念欲考問必有不辜乃親閱宮人觀察顏色即時首服又和帝幸人吉成御者共枉吉成以巫蠱事遂下掖庭考訊辭證明白大后以先帝左右待之有恩平日尚無惡言今反若此不合人情更自呼見實覈果御

者所爲莫不歎服以爲聖明常以鬼神難徵淫祀無福乃詔有司罷諸祠官不合典禮者又詔赦除建武以來諸犯妖惡及馬竇家屬所被禁錮者皆復之爲平人減大官導官尚方內者服御珍膳靡麗難成之物（漢官儀曰大官主膳羞也前書音義曰導官主導擇米以供祭祀尚方掌工作刀劒諸物及刻玉爲器漢官儀曰內者主帷帳並署名也）自非供陵廟稻粱米不得導擇朝夕一肉飯而已舊大官湯官經用歲且二萬萬（經常也）大后勑止曰殺省珍費自是裁數千萬及郡國所貢皆減其過半悉斥賣上林鷹犬其蜀漢釦器九帶佩刀並不復調（蜀蜀郡也漢廣漢郡也二郡主作供進之器元帝時貢禹上書蜀廣漢主金銀器各用五百萬是也釦音口以金銀緣器也）止畫工三十九種又御府尚方織室錦繡冰紈綺縠金銀珠玉犀象瑇瑁彫鏤翫弄之物皆絕不作離宮别館儲峙米糒薪炭悉令省之（儲峙猶蓄積也糒乾飯）又詔諸園貴人其宮人有宗室同族若羸老不任使者令園監實覈上名自御北宮增喜

觀閱問之恣其去留即日免遣者五六百人及殤帝崩大后定策立安帝猶臨朝政以連遭大憂（大憂謂和帝殤帝崩）百姓苦役殤帝康陵方中祕藏（方中陵中也冢藏之中故言祕也）及諸工作事事減約十分居一詔告司隷校尉河南尹南陽太守曰每覽前代外戚賓客假借威權輕薄謥詷（言怱遽也謥音七洞反詷音洞）至有濁亂奉公爲人患苦咎在執法怠懈不輒行其罰故也今車騎將軍騭等雖懷敬順之志而宗門廣大姻戚不少賓客姦猾多干禁憲（干犯也）其

明加檢勑勿相容護自是親屬犯罪無所假貸大后愍陰氏之罪廢赦其從者歸鄉勑還資財五百餘萬永初元年爵號大夫人爲新野君萬户供湯沐邑（湯沐者取其賦稅以供湯沐之具也）二年夏京師旱親幸洛陽寺録寃獄有囚實不殺人而被考自誣羸困輿見畏吏不敢言將去舉頭若欲自訴大后察視覺之即呼還問狀具得枉實即時收洛陽令

下獄抵罪行未還宮澍雨大降三年秋太后體不安左右憂惶禱請祝辭願得代命太后聞之即譴怒切勑掖庭令以下但使謝過祈福不得妄生不祥之言舊事歲終當饗遣衛士（舊事衛士得代歸者上親饗焉前書蓋寬饒傳曰歲盡交代上臨饗罷衛卒是也）大儺逐疫（禮記月令有大儺旁磔土牛以送寒氣鄭玄注云儺陰氣也此月之中日歷虛危有墳墓四星之氣爲厲鬼隨彊陰出以害人故儺却之也）大后以陰陽不和軍旅數興詔饗會勿設戲作樂減逐疫侲子之半（侲子逐疫之人也音振薛綜注西京賦云侲之言善也善童幼子也續漢書曰大儺選中黄門子弟年十歲以上十二以下百二十人爲侲子皆赤幘皂製執大鞉）悉罷

象橐駝之屬豐年復故大后自入宮掖從曹大家受經書兼天文筭數晝省王政夜則誦讀而患其謬誤懼乖典章乃博選諸儒劉珍等及博士議郎四府掾史五十餘人詣東觀讎校傳記（讎對也）事畢奏御賜葛布各有差又詔中官近臣於東觀受讀經傳以教授宮人左右習誦朝夕濟濟及新野君薨大后自侍疾病至乎終盡憂哀毀

損事加於常贈以長公主赤綬東園祕器
玉衣繡衾東園署名屬少府主作凶器故言祕也又賜布三萬
匹錢三千萬隲等遂固讓錢布不受使司
空持節護喪事儀比東海恭王謚曰敬君
大后諒闇既終諒闇居喪之廬也或爲諒陰諒信也陰默也言居憂信默不言
久旱太后比三日幸洛陽錄囚徒理出死
罪三十六人耐罪八十人其餘減罪死右
趾已下至司寇七年正月初入大廟齋七
日賜公卿百僚各有差庚戌謁宗廟率命

婦羣妾相禮儀相助也儀禮曰命夫者男子之爲大夫也命婦者大夫之妻也
與皇帝交獻親薦成禮而還周禮宗廟祭之日旦王服袞冕而入立於阼后服副褘從王而入王以圭瓚酌鬱鬯以獻尸次后以璋瓚酌鬱鬯以獻尸此謂交獻也卒事凡九獻焉因下詔曰凡供薦新味多非其節或
鬱養強孰或穿掘萌牙味無所至而夭折
生長豈所以順時育物乎傳曰非其時不
食論語曰不時不食言非其時物則不食之前書邵信臣曰不時之物有傷於人不宜以奉供養自
今當奉祠陵廟及給御者皆須時乃上凡
所省二十三種自太后臨朝水旱十載四

夷外侵盜賊內起每聞人飢或達旦不寐
而躬自減徹以救災厄故天下復平歲還
豐穰元初五年平望侯劉毅平望縣屬北海郡今青州北海縣西北平望臺是也一名望海臺也以太后多德政欲令早有
注記上書安帝曰臣聞易載羲農而皇德
著易繫辭曰古者庖羲氏之王天下仰觀法於天俯觀法於地於是始畫八卦以通神明之德以類萬物之情庖羲氏沒神農氏作斲木爲耜揉木爲耒耒耜之利以教天下伏羲神農爲三皇故言皇德也
書述唐虞而帝道崇故雖聖明必書功
於竹帛流音於管弦竹謂簡冊帛謂縑素黃帝以下六代樂皆所以章顯功德是流音於管弦伏惟皇大后膺大聖之姿體乾坤

之德易曰聖人與天地合其德齊蹤虞妃比跡任姒虞妃即舜妻娥皇女英也任文王母姒武王母也孝悌慈仁允恭節約杜
絕奢盈之源防抑逸欲之兆正位內朝流
化四海易家人卦曰女正位乎內正家而天下定矣禮記曰東夷西戎南蠻北狄謂之四海及元興延平之際國無儲副仰觀乾象參
之人譽援立陛下爲天下主永安漢室綏
靜四海又遭水潦東州飢荒延平元年安帝初即位六州大水永初元年稟司隸兗豫徐冀幷六州貧人也垂恩元元冠蓋交路

菲薄衣食躬率羣下損膳解驂以贍黎苗
廣雅云苗衆也惻隱之恩猶視赤子隱痛也尚書曰若保赤子惟人
其康乂也克己引愆顯揚仄陋崇晏晏之政尚書
考靈耀曰文塞晏晏敷在寬之教敷布也尚書曰五教在寬興滅國
繼絕世録功臣復宗室追還徙人蠲除禁
錮政非惠和不圖於心制非舊典不訪於
朝弘德洋溢充塞宇宙洋溢言多洪澤豐沛漫
衍八方華夏樂化戎狄混并丕功著於大
漢碩惠加於生人巍巍之業可聞而不可

及蕩蕩湯之勳可誦而不可名古之帝王左
右置史禮記玉藻曰動則左史書之言則右史書之漢之舊典世
有注記夫道有夷崇治有進退若善政不
述細異輒書是為堯湯負洪水大旱之責
而無咸熙假天之美咸皆也熙廣也尚書曰庶績咸熙言堯之朝政
衆功皆廣假音格至也尚書曰祐我烈祖格于皇天言伊尹佐湯功至於天也堯洪水九載湯大旱七年
高宗成王有雊雉迅風之變而無中興康
寧之功也高宗殷王也小乙之子名武丁當祭成湯有飛雉升鼎耳而雊高宗修德
殷道中興成王疑周公乃有雷電大風之變成王改過幾致刑措也上考詩書有

虞二妃周室三母尚書曰釐降二女于嬀汭嬪于虞三母謂后稷母姜
嫄文王母大任武王母大姒也詩大雅曰厥初生人時維姜嫄又曰大任有身生此文王又曰太姒嗣徽
音則百斯男也修行佐德詩云既有烈考亦有文母是佐德思不踰
閾閾門限也左傳曰婦人送迎不出門見兄弟不踰閾未有內遭家難
外遇災害覽總大麓經營天物麓録也言大録萬機之政
書曰納於大麓又曰暴殄天物也功德巍巍若兹者也宜令
史官著長樂宮注聖德頌以敷宣景燿勒
勳金石縣之日月易曰縣象著明莫大於日月攄之罔極
以崇陛下烝烝之孝帝從之廣雅曰攄舒也孔安國注尚書

曰烝烝猶進進也六年太后詔徵和帝弟濟北河間
王子男女年五歲以上四十餘人又鄧氏
近親子孫三十餘人並為開邸第蒼頡篇曰邸舍也
教學經書躬自監試尚幼者使置師保朝
夕入宮撫循詔導恩愛甚渥詔告也乃詔從
兄河南尹豹越騎校尉康等曰吾所以引
納羣子置之學官者實以方今承百王之
敝時俗淺薄巧偽滋生五經衰缺不有化
導將遂陵遲故欲褒崇聖道以匡失俗傳

不云乎飽食終日無所用心難矣哉論語孔子言也言人終日飽食不措心於道義難矣哉言終無遠大也今末世貴戚食祿之家溫衣美飯乘堅驅良堅謂好車良謂善馬也墨子曰聖王爲衣服之法堅車良馬不知貴也而面牆術學不識臧否尚書曰弗學牆面也斯故禍敗所從來也永平中四姓小侯皆令入學小侯解見明紀所以矯俗厲薄反之忠孝先公既以武功書之竹帛兼以文德教化子孫先公謂鄧禹禹有子十三人各使守一藝故曰文德也故能束脩不觸羅網言能自約束修整也誠令兒曹上述祖考

大二つ四十七 小九十六ケ　《後漢紀十上　三十五　弓華

休烈下念詔書本意則足矣其勉之哉康以太后久臨朝政心懷畏懼託病不朝太后使內人問之時宮婢出入多能有所毀譽其耆宿者皆稱中大人所使者乃康家先婢亦自通中大人康聞詬之曰汝我家出爾敢爾邪婢怒還說康詐疾而言不遜太后遂免康官遣歸國絕屬籍永寧二年二月寢病漸篤乃乘輦於前殿見侍中尚書因北至太子新所繕宮還大赦天下賜

諸園貴人王主羣僚錢布各有差詔曰朕以無德託母天下而薄祐不天早離大憂延平之際海內無主元元戹運危於累卵說苑曰晉靈公驕奢造九層之臺國困人貧恥功不成令曰左右諫者斬也荀息乃求見公曰諫邪息曰不敢臣能累十二博棊加九雞子其上公曰危哉息曰復有危於此者公爲九層之臺男女不得耕織社稷一滅君何所望君曰寡人之過乃壞臺焉勤勤苦心不敢以萬乘爲樂上欲不欺天愧先帝下不違人負宿心誠在濟度百姓以安劉氏自謂感徹天地當蒙福祚而喪禍內外傷痛不絕內外謂新野君

二つ九 小つ五十リ　《後漢紀十上　三十六　弓華

薨及和殤二帝崩也頃以廢病沈滯久不得侍祠自力上原陵加欬逆唾血遂至不解存亡大分無可柰何公卿百官其勉盡忠恪以輔朝廷三月崩在位二十年年四十一合葬順陵

論曰鄧后稱制終身號令自出術謝前政之良身闕明辟之義前政謂周公也辟君也尚書曰朕復子明辟言周公攝位復還成王今太后不還故曰闕也至使嗣主側目斂衽於虛器器謂神器謂帝位也直生懷懣懸書於象魏象魏闕也

直生杜根等上書請太后還政 借之儀者殆其惑哉 借猶假也殆近也言太后不還政於安帝近可惑也 然而建光之後王柄有歸 太后建光之中崩歸政安帝 遂乃名賢戮辱便孽黨進 帝寵用乳母王聖及其女伯榮出入宮掖通傳姦賂太尉楊震及鄧騭等皆被中官譖誅也 衰斁之來茲焉有徵 斁敗也安帝臨政衰敗逾甚故曰有徵也 故知持權引謗所幸者非巳焦心卹患自強者唯國 言執持朝權以招衆謗者所幸不爲己身唯憂國也 是以班母一說闔門辭事 太后兄大將軍騭以母憂上書乞身太后不許以問班昭乃許之語見昭傳也 愛姪微愆髡剔謝罪 太后兄騭子鳳受遺事洩騭遂髡妻及鳳以謝天下語見騭傳 將杜根逢誅未值其誠乎 誠信也言未值爲太后所信 蹊田之牛奪之巳甚 左傳申叔時曰牽牛以蹊人之田而奪之牛牽牛以蹊者信有罪矣而奪之牛罰已重矣此喻杜根上書雖曰有罪太后殺之爲過甚也

後漢皇后紀卷第十上

皇后紀第十下 范曄 後漢書十

唐章懷太子賢注

安思閻皇后諱姬 謚法曰謀慮不愆曰思 河南滎陽人也祖父章永平中爲尚書以二妹爲貴人章精力曉舊典久次當遷以重職顯宗爲後宮親屬竟不用出爲步兵校尉 漢官儀曰比二千石掌宿衛兵屬北軍中候也 章生暢暢生后后有才色元初元年以選入掖庭甚見寵愛爲貴人二年立爲皇后后專房妒忌帝幸宮人李氏生皇子保遂鴆殺李氏 鴆毒鳥也食蝮以其羽畫酒中飲之立死 三年以后父侍中暢爲長水校尉封北宜春侯 北宜春縣屬汝南郡以豫章有宜春故此加北故城在今豫州汝陽縣西南也 食邑五

千戶四年暢卒謚曰文侯子顯嗣建光元年鄧太后崩帝始親政事顯及弟景耀晏並為卿校典禁兵延光元年更封顯長社縣侯（長社縣屬潁川郡前書音義曰其社中樹暴長故名長社今許州縣）食邑萬三千五百戶追尊后母宗為滎陽君（續漢志曰婦人封君儀比公主油軿車帶綬以采組為緄帶各如其綬色黃金辟邪加其首為帶）顯景諸子年皆童齔（大戴禮曰男八歲而齔女七歲而齔齔毁齒也音初刃反）並為黃門侍郎后寵既盛而兄弟頗與朝權后遂與大長秋江京中常侍樊豐等共譖

皇太子保廢為濟陰王四年春后從帝幸章陵帝道疾崩於葉縣后顯兄弟及江京樊豐等謀曰今晏駕道次（晏晚也臣下不敢斥言帝崩猶言晚駕而出）濟陰王在內邂逅公卿立之還為大害乃偽云帝疾甚徙御卧車行四日驅馳還宮明日詐遣司徒劉熹詣郊廟社稷告天請命其夕乃發喪尊后曰皇太后皇太后臨朝（蔡邕獨斷曰少帝即位太后即代攝政臨前殿朝羣臣太后東面少帝西面羣臣奏事上書皆為兩通一詣后一詣少帝）以顯為車騎將軍儀同三

司太后欲久專國政貪立幼年與顯等定策禁中迎濟北惠王子北鄉侯懿（惠王名壽章帝子也）立為皇帝顯忌大將軍耿寶（耿弇之弟舒之孫）位尊權重威行前朝乃風有司奏寶及其黨與中常侍樊豐虎賁中郎將謝惲惲弟侍中篤篤弟大將軍長史宓（善文曰惲字伯周宓字仲周篤字季周）侍中周廣阿母野王君王聖聖女永永壻黃門侍郎樊嚴等更相阿黨互作威福探刺禁省更為唱和皆大不道豐惲廣皆下

獄死家屬徙比景（比景縣名屬日南郡前書音義曰日中於頭上景在己下故名之）宓嚴減死髡鉗貶寶為則亭侯遣就國自殺王聖母子徙鴈門於是景為衛尉耀城門校尉晏執金吾兄弟權要威福自由少帝立二百餘日而疾篤顯兄弟及江京等皆在左右京引顯屏語曰北鄉侯病不解國嗣宜時有定前不用濟陰王今若立之後必當怨人何不早徵諸王子簡所置乎顯以為然及少帝薨京白太后徵濟

北河間王子未至而中黄門孫程合謀殺江京等立濟陰王是為順帝顯景晏及黨與皆伏誅遷太后於離宫家屬徙比景明年太后崩在位十二年合葬恭陵帝母李氏瘞在洛陽城北帝初不知莫敢以聞及太后崩左右白之帝感悟發哀親到瘞所更以禮殯上尊謚曰恭愍皇后葬恭北陵為策書金匱藏于世祖廟在恭陵之北因以為名漢官儀曰置陵園令食監各一人秩皆六百石金匱緘之以金

順烈梁皇后諱妠謚法曰執德尊業曰烈聲類曰妠娶也音納大將軍商之女恭懷皇后弟之孫也后生有光景之祥少善女工好史書九歲能誦論語治韓詩韓嬰所傳詩也大義略舉常以列女圖畫置於左右以自監戒劉向撰列女傳八篇圖畫其象父商深異之竊謂諸弟曰我先人全濟河西所活者不可勝數商曾祖統更始二年補中郎將酒泉太守使安集涼州時西河擾亂衆議以統素有威信乃推統與竇融共完全五郡雖大位不究而積德必報若慶流子孫者儻興此女乎永建三

年與姑俱選入掖庭時年十三相工茅通見后驚再拜賀曰此所謂日角偃月相之極貴臣所未嘗見也太史卜兆得壽房又筮得坤之比易坤卦六五爻變而之比比九五象曰顯比之吉位正中也九五居得其位下應於上故吉遂以為貴人常特被引御從容辭於帝曰夫陽以博施為德陰以不專為義螽斯則百福之所由興也詩國風序曰言后妃若螽斯不妒忌則子孫衆多也詩大雅曰太姒嗣徽音則百斯男也願陛下思雲雨之均澤識貫魚之次序易曰雲行雨施品物流形剝卦曰貫魚以宮人寵無不利剝坤下艮上五陰而一陽衆陰在下駢頭相次似貫魚也使小妾得免罪謗之

累由是帝加敬焉陽嘉元年春有司奏立長秋宮以乘氏侯商先帝外戚商祖姑章帝貴人生和帝也春秋之義娶先大國公羊傳曰天子娶於紀紀本子爵也先褒為侯言王者不娶於小國也梁小貴人宜配天祚正位坤極正其內位居陰德之極也易曰女正位乎內也帝從之乃於壽安殿立貴人為皇后壽安是德陽宮內殿名后既少聰惠深覽前世得失雖以德進不敢有驕專之心每日月見謫謫責也禮記云陽事不得謫見於天日為之食陰事不得謫見於天

月爲之食輒降服求愆建康元年帝崩后無子
美人虞氏子炳立是爲沖帝尊后爲皇太
后太后臨朝沖帝尋崩復立質帝猶秉朝
政時楊徐劇賊寇擾州郡西羌鮮卑及日
南蠻夷攻城暴掠賦斂煩數官民困竭太
后夙夜勤勞推心杖賢委任太尉李固等
拔用忠良務崇節儉其貪叨罪慝多見誅
廢貪財曰叨慝惡也分兵討伐羣寇消夷故海內肅
然宗廟以寧而兄大將軍冀鴆殺質帝專

權暴濫忌害忠良數以邪說疑誤太后遂
立桓帝而誅李固太后又溺於宦官多所
封寵以此天下失望和平元年春歸政於
帝太后寢疾遂篤乃御輦幸宣德殿見宮
省官屬及諸梁兄弟詔曰朕素有心下結
氣從閒以來加以浮腫逆害飲食寖已沉
困寖漸也比使內外勞心請禱私自忖度曰
夜虛劣不能復與羣公卿士共相終竟援
立聖嗣恨不久育養見其終始今以皇帝

將軍兄弟委付股肱其各自勉焉後二日
而崩在位十九年年四十五合葬憲陵虞
美人者以良家子年十三選入掖庭續漢志曰美人
父詩爲郎中詩父衡屯騎校尉又生女舞陽長公主自漢興
母氏莫不尊寵順帝既未加美人爵號而
沖帝早夭大將軍梁冀秉政忌惡佗族故
虞氏抑而不登但稱大家而已陳夫人者
家本魏郡少以聲伎入孝王宮得幸生質
帝亦以梁氏故榮寵不及焉熹平四年小

黃門趙祐續漢志曰小黃門六百石宦者無員掌侍左右受尚書事上在內宮關通中外及中宮以下衆事諸公主及王大妃等疾苦則使問之議郎卑整上言風俗
通曰卑氏鄭大夫卑諶之後漢有卑躬爲北平太守春秋之義母以子貴
公羊傳曰桓公幼而貴隱公長而卑桓何以貴母貴也母貴則子何以貴子以母貴母以子貴隆
漢盛典尊崇母氏凡在外戚莫不加寵今
沖帝母虞大家質帝母陳夫人皆誕生聖
皇而未有稱號夫臣子雖賤尚有追贈之
典況二母見在不蒙崇顯之次無以述遵
先世垂示後世也帝感其言乃拜虞大家

爲憲陵貴人陳夫人爲勃海孝王妃孝王名鴻章帝
子千乘貞王伉之孫鴻生質帝帝立徙勃海焉使中常侍持節授印綬
遣太常以三牲告憲陵懷陵靜陵焉懷陵沖帝陵靜
陵質帝陵
孝崇匽皇后諱明匽音偃爲蠡吾侯翼媵妾
蠡吾侯翼河閒王開子和帝孫生桓帝桓帝即位明年追尊
翼爲孝崇皇陵曰博陵以后爲博園貴人
和平元年梁太后崩乃就博陵尊后爲孝
崇皇后遣司徒持節奉策授璽綬齎乘輿

後漢紀十下　八　章文

器服備法物宮曰永樂置太僕少府以下
皆如長樂宮故事漢官儀曰帝祖母稱長信宮帝母稱長樂宮故有長信少
府長樂少府及職吏皆宦者爲之又置虎賁羽林衛士起宮
室分鉅鹿九縣爲后湯沐邑在位三年元
嘉二年崩以帝弟平原王石爲喪主石蠡吾侯翼子
桓帝兄斂以東園畫梓壽器玉匣飯含之具
禮儀制度比恭懷皇后東園署名屬少府掌爲棺器梓木爲棺以漆畫
之稱壽器者欲其久長也猶如壽堂壽宮壽陵之類也漢舊儀曰梓棺長二丈崇廣四尺玉匣者胥巳而
爲匣至足亦縷以黃金爲縷飯含者以珠玉實口使司徒持節大長秋

奉弔祠賻錢四千萬公羊傳曰貨財曰賻布四萬匹中
謁者僕射典護喪事侍御史護大駕鹵簿
漢官儀曰天子車駕次第謂之鹵簿有大駕法駕小駕大駕公卿奉引大將軍參乘太僕御屬車八十一
乘備千乘萬騎侍御史在左駕馬詢問不法者今儀比車駕故以侍御史監護焉詔安平
主豹河閒王建勃海王悝悝音恢長社益陽
二長公主長社公主桓帝姊耿弇弟霸玄孫援尚焉益陽公主桓帝妹侍中寇榮從兄子
尚焉與諸國侯三百里內者及中二千石二
千石令長相皆會葬將作大匠復土繕廟
合葬博陵

後漢紀十下　九　陳

桓帝懿獻梁皇后諱女瑩謚法曰溫和聖善曰懿聰明叡知曰獻
順烈皇后之女弟也帝初爲蠡吾侯梁太
后徵欲與后爲婚未及嘉禮嘉禮婚禮會質帝
崩因以立帝明年有司奏太后曰春秋迎
王后于紀在塗則稱后公羊傳曰祭公來逆王后于紀傳曰祭公者何
天子之三公其稱王后何王者無外其辭成矣今大將軍冀女弟膺紹
聖善膺當也紹嗣也聖善謂母也言娶妻當嗣親也詩云母氏聖善結婚之際
有命既集謂太后先有令許結親也詩云天監在下有命既集也宜備
禮章時進徵幣徵成也納幣以成婚請下三公太常

案禮儀奏可於是悉依孝惠皇帝納后故
事聘黃金二萬斤納采鴈璧乘馬束帛一
如舊典（漢書舊儀娉皇后黃金萬斤呂后爲惠帝娶魯元公主女故特優其禮也儀禮曰納采用鴈鄭玄注曰納其采擇之禮用鴈取順陰陽往來也周禮王者穀圭以聘女鄭玄注云士大夫已上乃以玄纁束帛天子加以穀圭諸侯加以大璋然禮稱以圭此云用璧形制雖異爲玉同也乘馬四匹馬也雜記曰納幣一束束五兩兩五尋然則每端二丈也）建和元年六月始
入掖庭八月立爲皇后時太后秉政而梁
冀專朝故后獨得寵幸自下莫得進見后
藉姊兄廕埶恣極奢靡宮幄彫麗服御珍

大二十二 小一卅三　後漢紀十下　十　徐

華巧飾制度兼倍前世及皇太后崩恩愛
稍衰后既無子潛懷怨忌每宮人孕育鮮
得全者帝雖迫畏梁冀不敢譴怒然見御
轉稀至延熹二年后以憂恚崩在位十三
年葬懿陵其歲誅梁冀廢懿陵爲貴人冢
焉

桓帝鄧皇后諱猛女和熹皇后從兄子鄧
香之女也母宣初適香生后改嫁梁紀紀
者大將軍梁冀妻孫壽之舅也后少孤隨
母爲居因冒姓梁氏冀妻見后貌美永興
中進入掖庭爲采女絕幸（采擇也以因采擇而立名）明年
封兄鄧演爲南頓侯位特進演卒子康嗣
及懿獻后崩梁冀誅立后爲皇后帝惡梁
氏改姓爲薄封后母宣爲長安君四年有
司奏后本郎中鄧香之女不宜改易它姓
於是復爲鄧氏追封贈香車騎將軍安陽
侯印綬更封宣康大縣宣爲昆陽君康爲
沘陽侯賞賜巨萬計（巨大也大萬謂萬萬也）宣卒贈賵

後漢紀十下　十一　楊垓

葬禮皆依后母舊儀以康弟統襲封昆陽
侯位侍中統從兄會襲安陽侯爲虎賁中
郎將又封統弟秉爲淯陽侯宗族皆列校
郎將帝多內幸博採宮女至五六千人及
驅役從使復兼倍於此而后恃尊驕忌與
帝所幸郭貴人更相譖訴八年詔廢后送
暴室以憂死（漢官儀曰暴室在掖庭內丞一人主宮中婦人疾病者其皇后貴人有罪亦就此室也）立七年葬於北邙從父河南尹萬世
及會皆下獄死統等亦繫暴室免官爵歸

本郡財物沒入縣官

桓思竇皇后諱妙章德皇后從祖弟之孫女也父諱武延熹八年鄧皇后廢后以選入掖庭爲貴人其冬立爲皇后而御見甚稀帝所寵唯采女田聖等永康元年冬帝寢疾遂以聖等九女皆爲貴人及崩無嗣后爲皇太后太后臨朝定策立解犢亭侯宏是爲靈帝太后素忌忍積怒田聖等桓帝梓宮尚在前殿遂殺田聖又欲盡誅諸

貴人中常侍管霸蘇康苦諫乃止時太后父大將軍武謀誅宦官而中常侍曹節等矯詔殺武遷太后於南宮雲臺家屬徙比景竇氏雖誅帝猶以太后有援立之功建寧四年十月朔率羣臣朝于南宮親饋上壽黃門令董萌（漢官儀曰黃門令秩六百石）因此數爲太后訴怨帝深納之供養資奉有加於前中常侍曹節王甫疾萌附助太后誣以謗訕永樂宮（靈帝母所居宮也訕謗毀也）萌坐下獄死熹平元年太后母

卒於比景后感疾而崩立七年合葬宣陵

孝仁董皇后諱某河間人爲解犢亭侯萇夫人（萇河閒孝王開孫淑之子也）生靈帝建寧元年帝即位追尊萇爲孝仁皇陵曰愼陵以后爲愼園貴人及竇氏誅明年帝使中常侍迎貴人并徵貴人兄寵到京師上尊號曰孝仁皇后居南宮嘉德殿（嘉德殿在九龍門內）宮稱永樂拜寵執金吾後坐矯稱永樂后屬請下獄死及竇太后崩始與朝政使帝賣官求貨

自納金錢盈滿堂室中平五年以后兄子衛尉脩侯重（脩今德州縣也故城在縣南脩今作蓨音條）爲票騎將軍領兵千餘人初后自養皇子協數勸帝立爲太子而何皇后恨之議未及定而帝崩何太后臨朝重與太后兄大將軍進權埶相害后每欲參干政事太后輒相禁塞后忿恚詈言曰汝今輈張怙汝兄耶（輈張猶彊梁也）當勑票騎斷何進頭來何太后聞以告進進與三公及弟車騎將軍苗等奏孝仁皇

后使故中常侍夏惲永樂太僕封諝等交
通州郡漢官儀曰永樂太僕用中人爲之辜較在所珍寶貨
賂悉入西省辜較解見靈紀西省即謂永樂宮之司蕃后故事
不得留京師蕃后謂平帝母衛姬時王莽攝政恐其專權后不得留在京師故云故事
也輿服有章膳羞有品請永樂后遷宮本
國奏可何進遂舉兵圍驃騎府收重免官
自殺后憂怖疾病暴崩在位二十二年民
間歸咎何氏喪還河間合葬愼陵
靈帝宋皇后諱某扶風平陵人也肅宗宋

貴人之從曾孫也建寧三年選入掖庭爲
貴人明年立爲皇后父酆執金吾封不其
鄉侯不其縣屬琅邪郡故城在今萊州即墨縣西南蓋其縣之鄉也其音基決録注酆字伯遇
后無寵而居正位後宮幸姬衆共譖毀初
中常侍王甫枉誅勃海王悝及妃宋氏熹平
元年王甫譖悝與中常侍鄭颯交通欲迎立悝悝自殺妃死獄中也妃即后之姑
也甫恐后怨之乃與太中大夫程阿共構
言皇右挾左道祝詛禮記曰執左道以亂衆殺無赦鄭玄注云左道若巫
蠱也帝信之光和元年遂策收璽綬后自致

暴室以憂死在位八年父及兄弟並被誅
諸常侍小黃門在省闥者皆憐宋氏無辜
共合錢物收葬廢后及酆父子歸宋氏舊
塋皐門亭詩云迺立皐門注云王之郭門曰皐門漢官儀曰十二門皆有亭帝
後夢見桓帝怒曰宋皇后有何罪過而聽
用邪孽使絕其命勃海王悝旣已自貶又
受誅斃今宋氏及悝自訴於天上帝震怒
上帝天也震動也書曰帝乃震怒也罪在難救夢殊明察帝旣
覺而恐以事問於羽林左監許永續漢志曰羽林左監

一人秩六百石主羽林左騎右亦如之永或作詠曰此何祥其可攘乎
攘謂除也永對曰宋皇后親與陛下共承宗廟
母臨萬國歷年已久海內蒙化過惡無聞
而虛聽讒妬之說以致無辜之罪身嬰極
誅禍及家族天下臣妾咸爲怨痛勃海王
悝桓帝母弟也處國奉藩未嘗有過陛下
曾不證審遂伏其辜昔晉侯失刑亦夢大
厲被髮屬地左傳曰晉侯夢大厲被髮及地搏膺而踊曰殺余孫不義余得請于
帝矣杜預注曰厲鬼趙氏之先祖也晉侯先殺趙同趙括故怒也天道明察鬼神

難誣宜並改葬以安冤魂反宋后之徙家復勃海之先封以消厥咎帝弗能用尋亦崩焉

靈思何皇后諱某南陽宛人家本屠者以選入掖庭 風俗通曰漢以八月筭人后家以金帛賂遺主者以求入也 長七尺一寸生皇子辯養於史道人家號曰史侯 道人謂道術之人也獻帝春秋曰靈帝數失子不敢正名養道人史子眇家號曰史侯 拜后爲貴人甚有寵幸性彊忌後宮莫不震懾光和三年立爲皇后明年追號后父眞爲車騎將軍舞陽宣德侯因封后母興爲舞陽君時王美人任娠 左傳曰邑姜方娠杜預注曰懷胎爲娠音之刃反一音身 畏后乃服藥欲除之而胎安不動又數夢負日而行四年生皇子協后遂酖殺美人帝大怒欲廢后諸宦官固請得止董太后自養協號曰董侯王美人趙國人也祖父苞五官中郎將美人豐姿色聰敏有才明能書會計 會計謂摠會其數而筭 以良家子應法相選入掖庭帝愍協早失母又思美人作

追德賦令儀頌中平六年帝崩皇子辯即位尊后爲皇太后太后臨朝后兄大將軍進欲誅宦官反爲所害舞陽君亦爲亂兵所殺并州牧董卓被徵將兵入洛陽陵虐朝庭遂廢少帝爲弘農王而立協是爲獻帝扶弘農王下殿北面稱臣太后鯁涕羣臣含悲莫敢言董卓又議太后踧迫永樂宮至令憂死逆婦姑之禮乃遷於永安宮因進酖弒而崩在位十年董卓令帝出奉常亭舉哀 華延儁洛陽記曰城內有奉常亭 公卿皆白衣會不成喪也 有凶事素服而朝謂之白衣會左傳曰不書葬不成喪 合葬文昭陵初太后新立當謁二祖廟欲齋輒有變故如此者數章不克時有識之士心獨怪之後遂因何氏傾沒漢祚焉明年山東義兵大起討董卓之亂卓乃置弘農王於閣上使郎中令李儒進酖曰服此藥可以辟惡王曰我無疾是欲殺我耳不肯飲強飲之不得已乃與妻唐姬及宮人飲讌別

酒行王悲歌曰天道易兮我何艱棄萬乘兮退守蕃逆臣見迫兮命不延逝將去汝兮適幽玄因令唐姬起舞姬抗袖而歌（抗舉也）曰皇天崩兮后土頹（史記周烈王崩周人謂齊威王曰天崩地坼也）身爲帝兮命夭摧死生路異兮從此乖柰我煢獨兮心中哀因泣下嗚咽坐者皆歔欷王謂姬曰卿王者妃埶不復爲吏民妻自愛從此長辭遂飲藥而死時年十八唐姬潁川人也王薨歸鄉里父會稽太守瑁

欲嫁之姬誓不許及李傕破長安遣兵鈔關東略得姬傕因欲妻之固不聽而終不自名（不自名少帝之姬也袁宏紀曰爲傕所略不敢自言）尚書賈詡知之（魏志曰詡字文和武威姑臧人少時漢陽閻忠見而異之曰詡有良平之才）以狀白獻帝帝聞感愴乃下詔迎姬置園中使侍中持節拜爲弘農王妃初平元年二月葬弘農王於故中常侍趙忠成壙中（趙忠先有成壙因而葬焉）謚曰懷王帝求母王美人兄斌斌將妻子詣長安賜第宅田業拜奉車都尉興平元年帝加元服有司奏立長秋宮詔曰朕稟受不弘遭值禍亂未能紹先以光故典皇母前薨未卜宅兆禮章有闕中心如結（詩云心如結兮）三歲之感蓋不言吉且須其後於是有司乃奏追尊王美人爲靈懷皇后改葬文昭陵儀比敬恭二陵（敬章帝陵恭安帝陵）使光祿大夫持節行司空事奉璽綬斌與河南尹駱業復土斌還遷執金吾封都亭侯（凡言都亭者並城內亭也漢法大縣侯位視三公小縣侯位視上卿鄉侯亭侯視中二千石也）食邑五

百户病卒贈前將軍印綬謁者監護喪事長子端襲爵

獻帝伏皇后諱壽琅邪東武人（東武今密州諸城縣）大司徒湛之八世孫也父完沈深有大度襲爵不其侯尚桓帝女陽安公主（陽安縣屬汝南郡故城在今豫州朗山縣東北）爲侍中初平元年從大駕西遷長安后時入掖庭爲貴人興平二年立爲皇后完遷執金吾帝尋而東歸李傕郭汜等追敗乘輿於曹陽帝乃潛夜度河走（度所在今陝州）

陝縣北水經曰銅翁仲所沒處是獻帝東遷潛度所六宮皆步行出營周禮曰王后率六宮之人鄭玄注曰六宮之人夫人以下分居后之六宮者后手持縑數
匹董承使符節令孫徽以刃脅奪之殺傍
侍者血濺后衣濺音子見反既至安邑御服穿敝
唯以棗栗爲糧建安元年拜完輔國將軍
儀比三司完以政在曹操自嫌尊戚乃上
印綬拜中散大夫尋遷屯騎校尉十四年
卒子典嗣自帝都許守位而已宿衛兵侍
莫非曹氏黨舊姻戚議郎趙彥嘗爲帝陳

後漢紀十下　二十　徐泳

言時策曹操惡而殺之其餘內外多見誅
戮操後以事入見殿中帝不任其憤因曰
君若能相輔則厚不爾幸垂恩相捨操失
色俛仰求出舊儀三公領兵朝見令虎賁
執刃挾之操出顧左右汗流浹背浹徹也音子協反
自後不敢復朝請董承女爲貴人操誅承
而求貴人殺之帝以貴人有娠說文曰娠孕也音仁蔭反
累爲請不能得后自是懷懼乃與父完書
言曹操殘逼之狀令密圖之完不敢發至

十九年事乃露泄操追大怒遂逼帝廢后
假爲策曰皇后壽得由卑賤登顯尊極自
處椒房漢官儀曰皇后稱椒房取其蕃實之義也詩云椒聊之實蕃衍盈升二紀
于兹既無任姒徽音之美大任文王母大姒武王母徽美也詩云大姒嗣徽音又乏謹身養己之福左傳曰人受天地之中而生謂之命能者養之以福不能者敗以取禍而陰懷妒害苞藏禍心弗可
以承天命奉祖宗今使御史大夫郗慮持
節策詔其上皇后璽綬蔡邕獨斷曰皇后赤綬玉璽續漢志曰乘輿黃赤綬四綵黃赤縹紺淳黃圭綬長二丈九尺九寸五百首太皇太后皇太后其綬皆與乘輿同退

後漢紀十下　二十一

避中宮遷于它館嗚呼傷哉自壽取之未
致于理爲幸多焉又以尚書令華歆爲郗
慮副魏志曰華歆字子魚平原高唐人代荀彧爲尚書令慮字鴻豫山陽高平人勒兵
入宮收后閉戶藏壁中歆就牽后出時帝
在外殿引慮於坐后被髮徒跣行泣過訣
曰不能復相活邪帝曰我亦不知命在何
時顧謂慮曰郗公天下寧有是邪遂將后
下暴室以幽崩所生二皇子皆酖殺之后
在位二十年兄弟及宗族死者百餘人母

盈等十九人徙涿郡

獻穆曹皇后諱節 諡法曰布德執義曰穆 魏公曹操之中女也建安十八年操進三女憲節華爲夫人聘以束帛玄纁五萬匹小者待年於國 留住於國以待年長 十九年並拜爲貴人及伏皇后被弒明年立節爲皇后魏受禪遣使求璽綬后怒不與如此數輩后乃呼使者入親數讓之以璽抵軒下 抵擲也軒闌板也 因涕泣橫流曰天不祚爾左右皆莫能仰視后在

位七年魏氏既立以后爲山陽公夫人自後四十一年魏景初元年薨合葬禪陵車服禮儀皆依漢制

論曰漢世皇后無謚皆因帝謚以爲稱雖呂氏專政上官臨制亦無殊號 上官昭帝后也 中興明帝始建光烈之稱其後並以德爲配至於賢愚優劣混同一貫故馬竇二后俱稱德焉其餘唯帝之庶母及蕃王承統以追尊之重特爲其號如恭懷孝崇之比是也

初平中蔡邕始追正和熹之謚 蔡邕集謚議曰漢世母氏無謚至于明帝始建光烈之稱是後轉因帝號加之以德上下優劣混而爲一違禮大行受大名小行受小名之制謚法有功安人曰熹帝后一體禮亦宜同大行皇太后謚宜爲和熹 其安思順烈以下皆依而加焉

贊曰坤惟厚載陰正乎內 易曰坤厚載物又曰女正位乎內男正位乎外 詩美好逑 逑匹也詩云窈窕淑女君子好逑言后妃有關雎之德爲君子好匹 易稱歸妹 兌下震上歸妹卦也婦人謂嫁曰歸妹爲少女之稱兌爲少陰震爲長陽少陰而承長陽悅以動之嫁妹之象也以六五與九二相應五爲王侯故易言帝乙歸妹 祁祁皇孋言觀貞淑 祁祁衆多也孋亦儷也觀示也言諸后皆示其貞淑配皇爲儷案字

書無孋字相傳音麗蕭該音離 媚茲良哲承我天祿班政蘭闈宣禮椒屋 班固西都賦曰後宮則掖庭椒房后妃之室蘭林蕙草披香發越蘭林殿名故言蘭闈椒屋即椒房也 既云德升亦曰幸進 德升謂馬鄧等也幸進謂閻何之類也 身當隆極族漸河潤 公羊傳曰河海潤千里也 視景爭暉方山並峻乘剛多阻行地必順 易屯卦象曰六二之難乘剛也又坤卦曰牝馬地類行地無疆王弼注云地之所以得無疆者以卑順行之故也 咎集驕滿福協貞信慶延自已禍成誰釁

漢制皇女皆封縣公主儀服同列侯 漢法大縣侯視

三公其尊崇者加號長公主儀服同蕃王蔡邕曰帝女曰公主姊妹曰長公主建武十五年封武陽公主爲長公主即是帝女尊崇亦爲長非惟姊妹也輿服志曰長公主赤罽軿車與諸侯同綬也諸王女皆封鄉亭公主儀服同鄉亭侯鄉亭侯視中二千石肅宗唯特封東平憲王蒼琅邪孝王京女爲縣公主東平王傳曰封蒼女五人爲縣公主孝王女傳不見其數其後安帝桓帝妹亦封長公主同之皇女案鄧禹玄孫少府褒尚舞陰長公主耿弇曾孫侍中良尚漢陽長公主岑彭玄孫魏郡守熙尚涅陽長公主來歙玄孫虎賁中郎將定尚平氏長公主並安帝妹也長社益陽公主桓帝妹也解見上

其皇女封公主者所生之子襲母封爲列侯馮定獲嘉公主子襲封獲嘉侯馮奮平陽公主子襲封平陽侯此其類也皆傳國於後鄉亭之封則不傳襲其職僚品秩事在百官志沈約謝儼傳曰范曄所撰十志一皆託儼搜撰垂畢遇曄敗悉蠟以覆車宋文帝令丹陽尹徐湛之就儼尋求已不復得一代以爲恨其志今闕續漢志曰諸公主家令一人六百石丞一人三百石其餘屬吏增減無常漢官儀曰長公主傳一人私府長一人食官一人永巷長一人家令一人秩皆六百石各有貟吏而鄉公主傳一人秩六百石僕一人六百石家丞一人三百石也不足別載故附于后紀末

皇女義王建武十五年封舞陽長公主適延陵鄉侯大僕梁松舞陽縣屬潁川郡松梁統之子其傳云尚光武女舞陰公主又鄧訓傳舞陰公主子梁扈有罪訓與交通此云舞陽誤也松坐誹謗誅

皇女中禮十五年封涅陽公主適顯親侯大鴻臚竇固涅陽屬南陽郡顯親縣屬漢陽郡固竇融子肅宗尊爲長公主

皇女紅夫十五年封館陶公主適駙馬都尉韓光光坐與淮陽王延謀反誅

皇女禮劉十七年封淯陽公主適陽安侯長樂少府郭璜璜郭況子也璜坐與竇憲謀反誅

皇女綬綬一作綏二十一年封酈邑公主適新陽侯世子陰豐豐害主誅死酈縣屬南陽郡音櫟亦反新陽縣屬汝南郡豐陰就子

世祖五女

皇女姬永平二年封獲嘉長公主適楊邑侯將作大匠馮柱獲嘉縣屬河內郡楊邑縣屬太原郡柱馬魴子

皇女奴三年封平陽公主平陽縣屬河東郡適大鴻臚馮順馮勤子也

皇女迎迎或作延三年封隆慮公主隆慮縣屬河內郡適牟平侯耿襲牟平縣屬東萊郡襲耿弇弟舒之子

皇女次二年封平氏公主平氏縣屬南陽縣既不言所適不顯始終蓋史闕之也它皆倣此

皇女致三年封沁水公主沁水縣屬河內郡適高密侯鄧乾乾鄧震之子禹之孫

皇女小姬十二年封平皐公主平皐縣屬河內郡適昌安侯侍中鄧蕃昌安縣屬高密國蕃鄧襲子禹之孫也

皇女仲十七年封浚儀公主適軑侯軑志作𨋢音伏師古曰又音徒系反黃門侍郎王度軑縣屬江夏郡度王符子霸之孫

皇女惠十七年封武安公主適征羌侯世

子黃門侍郎來棱征羌縣屬汝南郡棱來歙之孫安帝尊爲長公主

皇女臣建初元年封魯陽公主魯陽縣屬南陽郡

皇女小迎元年封樂平公主樂平本清縣屬東郡章帝更名

皇女小民元年封成安公主成安縣屬潁川郡

顯宗十一女

皇女男建初四年封武德長公主

皇女王四年封平邑公主平邑縣屬代郡今魏郡昌樂東北又有平邑城適黃門侍郎馮由

皇女吉永元五年封陰安公主陰安縣屬魏郡

肅宗三女

皇女保延平元年封脩武長公主脩武縣屬河內郡

皇女成元年封共邑公主共縣屬河內郡

皇女利元年封臨潁公主臨潁縣屬潁川郡適即墨侯侍中賈建即墨縣屬膠東國建賈參子復之曾孫

皇女興元年封聞喜公主聞喜縣屬河東郡

和帝四女

皇女生永和三年封舞陽長公主

皇女成男三年封冠軍長公主冠軍縣屬南陽郡

皇女廣永和六年封汝陽長公主汝陽縣屬汝南郡

順帝三女

皇女華延熹元年封陽安長公主適不其侯輔國將軍伏完完伏湛五世孫

皇女堅七年封潁陰長公主潁陰縣屬潁川郡

皇女脩九年封陽翟長公主

桓帝三女

皇女某光和三年封萬年公主

靈帝一女

後漢皇后紀卷第十下

列傳卷第一　范曄　後漢書十一

唐章懷太子賢注

劉玄　劉盆子

劉玄字聖公光武族兄也（爾雅曰族父之子相謂爲族昆弟帝王紀曰春陵戴侯熊渠生蒼梧太守利利生子張納平林何氏女生更始）弟爲人所殺聖公結客欲報之客犯法（續漢書曰時聖公聚賓客醉歌言朝亭兩都尉游徼後來用調羹味游徼大怒縛捶數百）聖公避吏於平林吏繫聖公父子張聖公詐死使人持喪歸春陵吏乃出子張聖公因自逃匿王

莽末南方飢饉人庶羣入野澤掘鳧茈而食之更相侵奪（爾雅曰芍鳧茈郭璞曰生下田中苗似龍鬚而細根如指頭黑色可食芍音胡了反鳧茈續漢書作符訾）新市人王匡王鳳爲平理諍訟遂推爲渠帥衆數百人於是諸亡命馬武王常成丹等往從之共攻離鄉聚臧於綠林中（離鄉聚謂諸鄉聚離散去城郭遠者大曰鄉小曰聚前書曰收合離鄉置大城中即其義也綠林山在今荊州當陽縣東北也）數月閒至七八千人地皇二年（王莽年也）荊州牧某（史闕名也）發奔命二萬人攻之匡等相率迎擊於雲杜（雲杜縣名屬江夏郡）

（故城在今復州沔陽縣西北）大破牧軍殺數千人盡獲輜重（續漢書曰牧欲北歸隨武等復遮擊之鈎牧車屏泥刺殺其驂乘然不敢殺牧也）遂攻拔竟陵（縣名屬江夏郡故城在今郢州長壽縣南）轉擊雲杜安陸（安陸縣屬江夏郡今安州縣也）多略婦女還入綠林中至有五萬餘口州郡不能制三年大疾疫死者且半乃各分散引去王常成丹西入南郡號下江兵王匡王鳳馬武及其支黨朱鮪張卬等（續漢書卬作印）北入南陽號新市兵皆自稱將軍七月匡等進攻隨未能下（隨縣屬南陽郡）

（今隨州縣）平林人陳牧廖湛（廖音力弔反）復聚衆千餘人號平林兵以應之聖公因往從牧等爲其軍安集掾（欲其安集軍衆故權以爲官名）是時光武及兄伯升亦起舂陵與諸部合兵而進四年正月破王莽前隊大夫甄阜屬正梁丘賜斬之號聖公爲更始將軍衆雖多而無所統一諸將遂共議立更始爲天子二月辛巳設壇場於淯水上沙中陳兵大會更始即帝位南面立朝羣臣素懦弱羞愧流

汗擧手不能言於是大赦天下建元曰更始元年悉拜置諸將以族父良爲國三老王匡爲定國上公王鳳成國上公朱鮪大司馬伯升大司徒陳牧大司空餘皆九卿將軍五月伯升拔宛六月更始入都宛城盡封宗室及諸將爲列侯者百餘人更始忌伯升威名遂誅之以光祿勳劉賜爲大司徒前鍾武侯劉望起兵略有汝南時王莽納言將軍嚴尤秩宗將軍陳茂旣敗於

昆陽往歸之八月望遂自立爲天子以尤爲大司馬茂爲丞相王莽使太師王匡國將哀章守洛陽（風俗通曰哀姓魯哀公之後因謚以爲姓）更始遣定國上公王匡攻洛陽西屏大將軍申屠建丞相司直李松攻武關三輔震動是時海內豪桀翕然響應皆殺其牧守自稱將軍用漢年號以待詔命旬月之閒徧於天下長安中起兵攻未央宮九月東海人公賓就斬王莽於漸臺（風俗通曰公賓姓也魯大夫公賓庚之後漸臺太液池中）

臺也爲水所漸潤故以爲名收璽綬傳首詣宛更始時在便坐黃堂取視之喜曰莽不如是當與霍光等寵姬韓夫人笑曰若不如是帝焉得之乎更始悅乃懸莽首於宛城市是月拔洛陽生縛王匡哀章至皆斬之十月使奮威大將軍劉信擊殺劉望於汝南并誅嚴尤陳茂更始遂北都洛陽以劉賜爲丞相申屠建李松自長安傳送乘輿服御又遣中黃門從官奉迎遷都二年二月更始自

洛陽而西初發李松奉引馬驚奔觸北宮鐵柱三馬皆死續漢書曰馬禍也時更始失道將亡之徵初王莽敗唯未央宮被焚而已其餘宮館一無所毀宮女數千備列後庭自鍾鼓帷帳輿輦器服太倉武庫官府市里不改於舊更始既至居長樂宮升前殿郎吏以次列庭中更始羞怍俛首刮席不敢視怍顏色變也俛俯也諸將後至者更始問虜掠得幾何左右侍官皆宮省久吏各驚相視李松與棘陽人趙萌

說更始宜悉王諸功臣朱鮪爭之以爲高祖約非劉氏不王更始乃先封宗室太常將軍劉祉爲定陶王劉賜爲宛王劉慶爲燕王劉歙爲元氏王大將軍劉嘉爲漢中王劉信爲汝陰王後遂立王匡爲比陽王王鳳爲宜城王朱鮪爲膠東王衛尉大將軍張卬爲淮陽王廷尉大將軍王常爲鄧王執金吾大將軍廖湛爲穰王申屠建爲平氏王尚書胡殷爲隨王柱天大將軍李

通爲西平王西平縣屬汝南郡故城在今豫州郾城縣南也五威中郎將李軼爲舞陰王水衡大將軍成丹爲襄邑王大司空陳牧爲陰平王陰平縣屬廣漢國驃騎大將軍宋佻爲潁陰王尹尊爲郾王唯朱鮪辭曰臣非劉宗不敢干典遂讓不受乃徙鮪爲左大司馬劉賜爲前大司馬使與李軼李通王常等鎭撫關東以李松爲丞相趙萌爲右大司馬共秉內任更始納趙萌女爲夫人有寵遂委政於萌日夜與婦

人飲讌後庭羣臣欲言事輒醉不能見時不得已乃令侍中坐帷內與語諸將識非更始聲出皆怨曰成敗未可知遽自縱放若此韓夫人尤嗜酒每侍飲見常侍奏事輒怒曰帝方對我飲正用此時持事來乎起抵破書案（抵擊也）趙萌專權威福自己郎吏有說萌放縱者更始怒拔劍擊之自是無復敢言萌私忿侍中引下斬之更始救請不從時李軼朱鮪擅命山東王匡張卬橫暴三輔其所授官爵者皆羣小賈豎或有膳夫庖人多著繡面衣錦袴襜褕諸于罵詈道中（襜褕諸于見光武紀續漢志曰時智者見之以爲服之不中身之灾也乃奔入邊郡避之是服妖也其後爲赤眉所殺也）長安爲之語曰竈下養中郎將爛羊胃騎都尉爛羊頭關內侯（公羊傳曰炊亨爲養）軍帥將軍豫章李淑上書諫曰方今賊寇始誅王化未行百官有司宜慎其任夫三公上應台宿九卿下括河海（春秋漢含孳曰三公在天爲三台九卿爲北斗故三公象五岳九卿法河海二十七大夫法山陵八十一元士法谷

皐合爲帝佐以匡綱紀）故天工人其代之陛下定業雖因下江平林之埶斯蓋臨時濟用不可施之既安宜釐改制度更延英俊因才授爵以匡王國今公卿大位莫非戎陳尚書顯官皆出庸伍資亭長賊捕之用（漢法十里一亭亭置一長捕賊掾專捕盜賊也）而當輔佐綱維之任唯名與器聖人所重今以所重加非其人望其毗益萬分興化致理譬猶緣木求魚升山採珠（求之非所不可得也孟子對梁惠王曰以若所爲求若所欲猶緣木求魚）海內望此有以闚度漢祚臣非有憎疾以求進也但爲陛下惜此舉厝敗材傷錦所宜至慮（孟子謂齊宣王曰爲巨室則必使工師求大木工師得大木則王喜以爲能勝其任也匠人斲而小之則王怒以爲不勝其任矣左傳子產謂子皮曰子有美錦不使人學製焉大官大邑身之所庭而使學者製焉其爲美錦不亦重乎未嘗操刀而使之割其傷實多也）惟割既往謬妄之失思隆周文濟濟之美（割絕也詩大雅曰濟濟多士文王以寧）更始怒繫淑詔獄自是關中離心四方怨叛諸將出征各自專置牧守州郡交錯不知所從十二月赤眉西入關三年正月平陵人方望

立前孺子劉嬰爲天子初望見更始政亂度其必敗謂安陵人弓林等曰前定安公嬰平帝之嗣雖王莽篡奪而嘗爲漢主今皆云劉氏眞人當更受命欲共定大功何如林等然之乃於長安求得嬰將至臨涇立之（今涇州縣也）聚黨數千人望爲丞相林爲大司馬更始遣李松與討難將軍蘇茂等擊破皆斬之又使蘇茂拒赤眉於弘農茂軍敗死者千餘人三月遣李松會朱鮪與赤眉戰於蓩鄉（蓩音莫老反字林云毒草也因以爲地名續漢志弘農有蓩鄉東觀記曰徐宣樊崇等入至弘農枯樅山下與更始將軍蘇茂戰崇北至蓩鄉轉至湖湖即湖城縣也以此而言其蓩蓋在今虢州湖城縣之間）松等大敗弃軍走死者三萬餘人時王匡張卬守河東爲鄧禹所破還奔長安卬與諸將議曰赤眉近在鄭華陰間旦暮且至今獨有長安見滅不久不如勒兵掠城中以自富轉攻所在東歸南陽收宛王等兵事若不集復入湖池中爲盜耳申屠建廖湛等皆以爲然共入說更

始更始怒不應莫敢復言及赤眉立劉盆子更始使王匡陳牧成丹趙萌屯新豐李松軍掫以拒之（掫音子侯反續漢志曰新豐有鴻門亭掫城即此也）張卬廖湛胡殷申屠建等與御史大夫隗囂合謀欲以立秋日貙膢時共劫更始（前書音義曰貙獸以立秋日祭獸王者亦此日出獵用祭宗廟冀州北郡以八月朝作飲食爲膢其俗語曰膢臘社伏貙音丑于反膢音婁）俱成前計侍中劉能卿知其謀以告之更始託病不出召張卬等卬等皆入將悉誅之唯隗囂不至更始狐疑使卬等四人且待於外廬卬與湛殷疑有變遂突出獨申屠建在更始斬之卬與湛殷遂勒兵掠東西市昏時燒門入戰於宮中更始大敗明旦將妻子車騎百餘東奔趙萌於新豐更始復疑王匡陳牧成丹與張卬等同謀乃並召入牧丹先至即斬之王匡懼將兵入長安與張卬等合李松還從更始與趙萌共攻匡卬於城内連戰月餘匡等敗走更始徙居長信宮（三輔黃圖曰從洛門至周廟門有長信宮在其

中赤眉至高陵臣等迎降之遂共連兵而進更始守城使李松出戰敗死者二千餘人赤眉生得松時松弟汎爲城門校尉赤眉使使謂之曰開城門活汝兄汎即開門九月赤眉入城更始單騎走從廚城門出三輔黃圖曰洛城門王莽改曰建子門其內有長安廚官俗名之爲廚城門今長安故城北面之中門是也諸婦女從後連呼曰陛下當下謝城更始即下拜復上馬去初侍中劉恭以赤眉立其弟盆子自繫詔獄聞更始敗乃出步

從至高陵止傳舍右輔都尉嚴本本或作平或作丕恐失更始爲赤眉所誅將兵在外號爲屯衛而實囚之赤眉下書曰聖公降者封長沙王過二十日勿受更始遣劉恭請降赤眉使其將謝祿往受之十月更始遂隨祿肉袒詣長樂宮上璽綬於盆子赤眉坐更始置庭中將殺之劉恭謝祿爲請不能得遂引更始出劉恭追呼曰臣誠力極請得先死拔劍欲自刎赤眉帥樊崇等遽共

救止之乃赦更始封爲畏威侯劉恭復爲固請竟得封長沙王更始常依謝祿居劉恭亦擁護之三輔苦赤眉暴虐皆憐更始而張卬等以爲慮謂祿曰今諸營長多欲篡聖公者一旦失之合兵攻公自滅之道也於是祿使從兵與更始共牧馬於郊下因令縊殺之劉恭夜往收臧其屍光武聞而傷焉詔大司徒鄧禹葬之於霸陵有三子求歆鯉明年夏求兄弟與母東詣洛陽

帝封求爲襄邑侯奉更始祀歆爲穀孰侯鯉爲壽光侯求後徙封成陽侯求卒子巡嗣復徙封灌澤侯襄邑即春秋襄牛地也今爲縣在宋州西穀孰縣屬梁國在宋州東南壽光縣屬北海郡今青州縣也灌澤縣今澤州縣故曰徙封巡卒子姚嗣

論曰周武王觀兵孟津退而還師以爲紂未可伐斯時有未至者也史記曰武王即位太公望爲師周公旦爲輔召公畢公之徒左右王師東觀兵孟津時諸侯不期而會者八百皆曰紂可伐矣武王曰未可乃還師漢起驅輕黠烏合之衆輕黠謂輕銳僄黠也烏合如烏鳥之羣合也不當天下萬分之一而旌旃之所撝

及（攜與麾同）書文之所通被莫不折戈頓顙爭受職命非唯漢人餘思固亦幾運之會也夫爲權首鮮或不及（左傳曰無始禍前書曰無爲權首將受其咎）陳項且猶未興況庸庸者乎

劉盆子者太山式人（式縣名中興縣廢）城陽景王章之後也（章高帝孫朱虛侯也）祖父憲元帝時封爲式侯父萌嗣王莽篡位國除因爲式人焉天鳳元年琅邪海曲有呂母者子爲縣吏犯小罪宰論殺之（海曲縣名故城在密州莒縣東續漢書曰呂母子名育爲游徼犯罪也）呂母怨宰密聚客規以報仇母家素豐貲產數百萬乃益釀醇酒買刀劒衣服少年來酤者皆賒與之視其乏者輒假衣裳不問多少數年財用稍盡少年欲相與償之呂母垂泣曰所以厚諸君者非欲求利徒以縣宰不道枉殺吾子欲爲報怨耳諸君寧肯哀之乎少年壯其意又素受恩皆許諾其中勇士自号猛虎遂相聚得數十百人（東觀記曰賓客徐次子等自號搤虎搤音於責反力可搤虎言其勇也今爲猛字搤與猛相類也）因與呂母入海中招合亡命衆至數千呂母自稱將軍引兵還攻破海曲執縣宰諸吏叩頭爲宰請母曰吾子犯小罪不當死而爲宰所殺殺人當死又何請乎遂斬之以其首祭子冢復還海中後數歲琅邪人樊崇起兵於莒（東觀記曰樊崇字細君）衆百餘人轉入太山自號三老時青徐大飢寇賊蜂起羣盜以崇勇猛皆附之一歲閒至萬餘人崇同郡人逄安東海人徐宣謝祿楊音（東觀記曰逄音龐安字少子東莞人也徐宣字驕穉謝祿字子奇皆東海臨沂人也）各起兵合數萬人復引從崇共還攻莒不能下轉掠至姑幕（姑幕縣名故城在今密州莒縣東北古薄姑氏之國）因擊王莽探湯侯田況大破之（王莽改北海益縣曰探湯）殺萬餘人遂北入青州所過虜掠還至太山留屯南城（南城縣屬東海郡有南城山因以爲名也）初崇等以困窮爲寇無攻城徇地之計衆既寖盛乃相與爲約殺人者死傷人者償創以言辭爲約束無文書旌旗部曲號令其中最尊者號三

老次從事次卒吏汎相稱曰臣人王莽遣平均公廉丹太師王匡擊之崇等欲戰恐其衆與莽兵亂乃皆朱其眉以相識別由是號曰赤眉赤眉遂大破丹匡軍殺萬餘人追至無鹽（無鹽縣名故城在今鄆州須昌縣東）廉丹戰死王匡走崇又引其兵十餘萬復還圍莒數月或說崇曰莒父母之國柰何攻之乃解去時呂母病死其衆分入赤眉青犢銅馬中赤眉遂寇東海與王莽沂平大尹（王莽改東海郡曰沂平以郡守爲大尹）戰敗死者數千人乃引去掠楚沛汝南潁川還入陳留攻拔魯城轉至濮陽會更始都洛陽遣使降崇崇等聞漢室復興即留其兵自將渠帥二十餘人隨使者至洛陽降更始皆封爲列侯崇等既未有國邑而留衆稍有離叛乃遂亡歸其營將兵入潁川分其衆爲二部崇與逄安爲一部徐宣謝祿楊音爲一部崇安攻拔長社南擊宛斬縣令而宣祿等亦拔陽翟引之

後漢列傳一　十四　鳳宗

梁（今汝州梁縣也）擊殺河南太守赤眉衆雖數戰勝而疲敝厭兵（厭倦）皆日夜愁泣思欲東歸崇等計議慮衆東向必散不如西攻長安更始二年冬崇安自武關宣等從陸渾關（武關在今商州上洛縣東河圖括地象曰武關山爲地門上爲天齊星前書曰陸渾縣有關在今洛州伊闕縣西南）兩道俱入三年正月俱至弘農與更始諸將連戰剋勝衆遂大集乃分萬人爲一營凡三十營營置三老從事各一人進至華陰軍中常有齊巫鼓舞祠城陽景王以求福助（以其定諸呂安社稷故郡國多爲立祠焉盆子承其後故軍中祠之）巫狂言景王大怒曰當爲縣官何故爲賊（縣官謂天子也）有笑巫者輒病軍中驚動時方望弟陽怨更始殺其兄乃逆說崇等曰更始荒亂政令不行故使將軍得至於此今將軍擁百萬之衆西向帝城而無稱號名爲羣賊不可以久不如立宗室挾義誅伐以此號令誰敢不服崇等以爲然而巫言益甚前及鄭（今華州縣）乃相與議曰今迫近長安西

後漢列傳一　十五　楊城

崇等以爲然而巫言益甚前及鄭(今華陰縣)乃相與議曰今迫近長安而鬼神如此當求劉氏共尊立之六月遂立盆子爲帝自號建世元年初赤眉過式掠盆子及二兄恭茂皆在軍中恭少習尚書略通大義及隨崇等降更始即封爲式侯以明經數言事拜侍中從更始在長安盆子與茂留軍中屬右校卒吏劉俠卿主芻牧牛號曰牛吏及崇等欲立帝求軍中景王後者得七十

餘人唯盆子與茂及前西安侯劉孝最爲近屬崇等議曰聞古天子將兵稱上將軍乃書札爲符曰上將軍又以兩空札置笥中(札簡也 笥篋也)遂於鄭北設壇場祠城陽景王諸三老從事皆大會陛下列盆子等三人居中立以年次探札盆子最幼後探得符諸將乃皆稱臣拜盆子時年十五被髮徒跣敝衣赭汗見衆拜恐畏欲啼茂謂曰善藏符盆子即齧折棄之復還依俠卿俠卿

爲制絳單衣半頭赤幘(幘巾所謂覆髻也續漢書曰童子幘無屋示未成人也半頭幘即空頂幘也其上無屋故以爲名董仲舒繁露曰以赤統者幘尚赤盆子承漢統故用赤也東宮故事曰太子有空頂幘一枚即半頭幘之制也)直綦履(綦履文也蓋直刺其文以爲飾也)乘軒車大馬赤屏泥(赤屏泥謂以緹油屏泥於軾前)絳襜絡(襜帷也車上施帷以屏蔽者交絡之以爲飾 續漢志曰王公列侯安車加交絡帷裳也)而猶從牧兒遨崇雖起勇力而爲衆所宗然不知書數徐宣故縣獄吏能通易經遂共推宣爲丞相崇御史大夫逄安左大司馬謝祿右大司馬自楊音以下皆爲列卿軍及

高陵與更始叛將張卬等連和遂攻東都門(三輔黃圖曰宣平門長安城東面北頭第一門也其外郭門名東都門)入長安城更始來降盆子居長樂宮諸將日會論功爭言讙呼(讙譁也讙音火完反)拔劍擊柱不能相一三輔郡縣營長遣使貢獻兵士輒剽奪之(剽劫也)又數虜暴吏民百姓保壁由是皆復固守至臘日崇等乃設樂大會盆子坐正殿中黃門持兵在後公卿皆列坐殿上酒未行其中一人出刀筆書謁欲賀(古者記事書於簡冊謬誤

（者以刀削而除之故曰刀筆）其餘不知書者起請之（請其書己名也）各

各屯聚更相背向大司農楊音案劒罵曰

諸卿皆老傭也今日設君臣之禮反更殽

亂（肴亦亂也）兒戲尚不如此皆可格殺（相拒而殺之曰格）

更相辯鬭而兵衆遂各踰宫斬關入掠酒

肉互相殺傷衛尉諸葛釋聞之勒兵入格

殺百餘人乃定盆子惶恐日夜啼泣獨與

中黄門共卧起唯得上觀閣而不聞外事

時掖庭中宫女猶有數百千人自更始敗

後幽閉殿内掘庭中蘆菔根（爾雅曰葖蘆菔音步北反菔字或作蔔）捕池魚而食之死者因相埋於宫中

有故祠甘泉樂人尚共擊鼓歌舞衣服鮮

明（甘泉宫有祭祀之所樂人謂掌祭天之樂者也）見盆子叩頭言飢盆

子使中黄門稟之米人數斗後盆子去皆

餓死不出劉恭見赤眉衆亂知其必敗自

恐兄弟俱禍密教盆子歸璽綬習為辭讓

之言建武二年正月朔崇等大會劉恭先

曰諸君共立恭弟為帝德誠深厚立且一

年肴亂日甚誠不足以相成恐死而無所

益願得退為庶人更求賢知唯諸君省察

崇等謝曰此皆崇等罪也恭復固請或曰

此寧式侯事邪（劉恭為式侯言衆立天子非恭所預）恭惶恐起

去盆子乃下牀解璽綬叩頭曰今設置縣

官而為賊如故吏人貢獻輒見剽劫流聞

四方莫不怨恨不復信向此皆立非其人

所致願乞骸骨避賢聖必欲殺盆子以塞

責者無所離死（離遭也）誠冀諸君肯哀憐之

耳因涕泣噓唏（唏與欷同）崇等及會者數百人

莫不哀憐之乃皆避席頓首曰臣無狀負

陛下請自今已後不敢復放縱因共抱持

盆子帶以璽綬盆子號呼不得已既罷出

各閉營自守三輔翕然稱天子聰明百姓

爭還長安市里且滿得二十餘日赤眉貪

財物復出大掠城中糧食盡遂收載珍寶

因大縱火燒宫室引兵而西過祠南郊車

甲兵馬最為猛盛衆號百萬盆子乘王車

駕三馬續漢志曰王車朱班輪青蓋左右騑駕三馬從數百騎乃自南山轉掠城邑與更始將軍嚴春戰於郿破春殺之遂入安定北地至陽城番須中逢大雪坑谷皆滿士多凍死乃復還發掘諸陵取其寶貨遂汙辱呂后屍凡賊所發有玉匣殮者率皆如生漢儀注曰自腰以下以玉爲札長尺廣二寸半爲匣下至足綴以黄金縷謂之爲玉匣也故赤眉得多行婬穢大司徒鄧禹時在長安遣兵擊之於郁夷郁夷縣屬右扶風也反爲所敗禹乃出之雲陽九月赤眉復入長安止桂宮長安記曰桂宮在未央宮北亦曰北宮時漢中賊延岑出散關屯杜陵逢安將十餘萬人擊之鄧禹以逢安精兵在外唯盆子與羸弱居城中乃自往攻之會謝祿救至夜戰槀街中三輔舊事曰長安城中有槀街禹兵敗走延岑及更始將軍李寶合兵數萬人與逢安戰於杜陵岑等大敗死者萬餘人寶遂降安而延岑收散卒走寶乃密使人謂岑曰子努力還戰吾當於內反之表裏合勢可大破也

岑即還挑戰安等空營擊之寶從後悉拔赤眉旌幟更立己幡旗安等戰疲還營見旗幟皆白大驚亂走自投川谷死者十餘萬逢安與數千人脫歸長安時三輔大飢人相食城郭皆空白骨蔽野遺人往往聚爲營保各堅守不下赤眉虜掠無所得十二月乃引而東歸衆尚二十餘萬隨道復散光武乃遣破姦將軍侯進等屯新安建威大將軍耿弇等屯宜陽分爲二道以要其還路勑諸將曰賊若東走可引宜陽兵會新安賊若南走可引新安兵會宜陽明年正月鄧禹自河北度擊赤眉於湖湖縣故城在今虢州湖城縣西南禹復敗走赤眉遂出關南向征西大將軍馮異破之於崤底即崤坂也在今洛州永寧縣西北帝聞乃自將幸宜陽盛兵以邀其走路赤眉忽遇大軍驚震不知所爲乃遣劉恭乞降曰盆子將百萬衆降陛下何以待之帝曰待汝以不死耳樊崇乃將盆子及丞相

徐宣以下三十餘人肉袒降上所得傳國
璽綬更始七尺寶劒及玉璧各一積兵甲
宜陽城西與熊耳山齊宜陽縣故城韓國城也在今洛州福昌縣東鄙
元水經注曰洛水之北有熊耳山雙巒競舉狀同熊耳在宜陽西也帝令縣厨賜食
衆積困餧十餘萬人皆得飽飫明旦大陳
兵馬臨洛水令盆子君臣列而觀之謂盆
子曰自知當死不對曰罪當應死猶幸上
憐赦之耳帝笑曰兒大黠宗室無蚩者釋名
曰蚩癡也又謂崇等曰得無悔降乎朕今遣卿

歸營勒兵鳴鼓相攻決其勝負不欲彊相
服也徐宣等叩頭曰臣等出長安東都門
君臣計議歸命聖德百姓可與樂成難與
圖始故不告衆耳今日得降猶去虎口歸
慈母誠歡誠喜無所恨也帝曰卿所謂鐵
中錚錚傭中佼佼者也說文曰錚錚金也鐵之錚錚言微有剛利也錚
音初耕反佼音古巧反佼好皃也詩曰佼人僚兮今相傳云音胡巧反言佼佼者凡傭之人稍為勝也
又曰諸卿大爲無道所過皆夷滅老弱溺
社稷汙井竈溺音奴弔反然猶有三善攻破城邑

周徧天下本故妻婦無所改易是一善也
立君能用宗室是二善也餘賊立君迫急
皆持其首降自以爲功諸卿獨完全以付
朕是三善也乃令各與妻子居洛陽賜宅
人一區田二頃其夏樊崇逄安謀反誅死
楊音在長安時遇趙王良有恩賜爵關内
侯與徐宣俱歸鄉里卒於家劉恭爲更始
報殺謝祿自繫獄赦不誅帝憐盆子賞賜
甚厚以爲趙王郎中後病失明賜滎陽均

輸官地以爲列肆均輸官名屬司農肆市列也桓寬鹽鐵論云郡國諸侯各以其方物貢輸往來物多苦惡不償其費故郡國置輸官以相給運故曰均輸使食其税終
身
贊曰聖公靡聞假我風雲易曰雲從龍風從虎聖人作而萬物覩假借也言聖公初起無所聞知借我中興風雲之便始順歸歷終然崩分
赤眉阻亂阻恃也盆子探符雖盜皇器皇器猶神器謂天位也乃食均輸

劉玄劉盆子列傳第一

列傳卷第二　范曄　後漢書十二

唐章懷太子賢註

王昌　劉永　龐萌　張步

李憲　彭寵　盧芳

王昌一名郎趙國邯鄲人也素爲卜相工明星歷常以爲河北有天子氣時趙繆王子林（景帝七代孫也）好奇數（術數）任俠於趙魏間多通豪猾而郎與之親善初王莽篡位長安中或自稱成帝子子輿者莽殺之（王莽傳曰時男子武仲自稱劉子輿）郎緣是詐稱真子輿云母故成帝謳者嘗下殿卒僵須臾有黃氣從上下半日乃解遂妊身就館趙后欲害之（趙飛燕也）僞易他人子以故得全（東觀記曰宮婢生子正與同時即易之也）子輿年十二識命者郎中李曼卿（識命謂知天命也）與俱至蜀十七到丹陽（丹陽楚所封地在今歸州秭歸縣東也）二十還長安展轉中山來往燕趙以須天時（須待也）林等愈動疑惑乃與趙國大豪李育張參等通謀規共立郎會人間傳赤眉將度河林等

因此宣言赤眉當立劉子輿以觀衆心百姓多信之更始元年十二月林等遂率車騎數百晨入邯鄲城止於王宮（故趙王之宮也）立郎爲天子林爲丞相李育爲大司馬張參爲大將軍分遣將帥徇下幽冀移檄州郡曰制詔部刺史郡太守曰朕孝成皇帝子子輿者也昔遭趙氏之禍因以王莽篡殺賴知命者將護朕躬（東觀記曰知命者謂侍郎韓公等）解形河濱削迹趙魏（解形猶脫身也）王莽竊位獲罪於天天命佑漢故使東郡太守翟義嚴鄉侯劉信擁兵征討出入胡漢普天率土知朕隱在人間南嶽諸劉爲其先驅（聖公光武本自春陵北徙故春陵近衡山故曰南嶽諸劉也）朕仰觀天文乃興于斯以今月壬辰即位趙宮休氣熏蒸應時獲雨蓋聞爲國子之襲父古今不易劉聖公未知朕故且持帝號諸興義兵咸以助朕皆當裂土享祚子孫已詔聖公及翟太守亟與功臣詣行在所（天子所在曰行在所）疑刺史二千石皆聖公

所置未親朕之沈滯或不親去就强者負力（負恃也）弱者惶惑今元元創痍已過半矣（痍傷也）朕甚悼焉故遣使者班下詔書郎以百姓思漢既多言翟義不死故詐稱之以從人望於是趙國以北遼東以西皆從風而靡明年光武自薊得郎檄南走信都（走趣也音子豆反）發兵徇旁縣遂攻栢人不下議者以爲守栢人不如定鉅鹿光武乃引兵東北圍鉅鹿郎太守王饒據城數十日連攻不

剋耿純說曰久守王饒士衆疲敝不如及大兵精鋭進攻邯鄲若王郎已誅王饒不戰自服矣光武善其計乃留將軍鄧滿（續漢書滿作蒲）守鉅鹿而進軍邯鄲屯其郭北門郎數出戰不利乃使其諫議大夫杜威持節請降威雅稱郎實成帝遺體光武曰設使成帝復生天下不可得況詐子輿者乎威請求萬戶侯光武曰顧得全身可乎（顧猶念也）威曰邯鄲雖鄙并力固守尚曠日月終不

君臣相率但全身而已遂辭而去急攻之二十餘日郎少傅李立爲反間開門內漢兵遂拔邯鄲郎夜亡走道死追斬之

劉永者梁郡睢陽人梁孝王八世孫也傳國至父立元始中立與平帝外家衛氏交通（衛氏平帝母家也中山衛子豪之女）爲王莽所誅更始即位永先詣洛陽紹封爲梁王都睢陽永聞更始政亂遂據國起兵以弟防爲輔國大將軍防弟少公御史大夫

封魯王遂招諸豪傑沛人周建等並署爲將帥攻下濟陰山陽沛楚淮陽汝南凡得二十八城又遣使拜西防賊帥山陽佼彊爲横行將軍（西防縣名故城在今宋州單父縣北）（佼音絞）是時東海人董憲起兵據其郡而張步亦定齊地永遣使拜憲翼漢大將軍步輔漢大將軍與共連兵遂專據東方及更始敗永自稱天子建武二年夏光武遣虎牙大將軍蓋延等伐永初陳

留人蘇茂爲更始討難將軍與朱鮪等守洛陽鮪旣降漢茂亦歸命光武因使茂與蓋延俱攻永軍中不相能茂遂反殺淮陽太守掠得數縣據廣樂而臣於永永以茂爲大司馬淮陽王蓋延遂圍睢陽數月拔之永將家屬走虞（虞縣名屬梁國故城在今宋州虞城縣）虞人反殺其母及妻子永與麾下數十人奔譙蘇茂佼彊周建合軍救永爲蓋延所敗茂奔還廣樂彊建從永走保湖陵三年春永

遣使立張步爲齊王董憲爲海西王於是遣大司馬吳漢等圍蘇茂於廣樂周建率衆救茂茂建戰敗弃城復還湖陵而睢陽人反城迎永（反音幡）吳漢與蓋延等合軍圍之城中食盡永與茂建走酇（今亳州縣也酇音在何反）諸將追急永將慶吾斬永首降封吾爲列侯蘇茂周建奔垂惠共立永子紆爲梁王佼彊還保西防四年秋遣捕虜將軍馬武騎都尉王霸圍紆建於垂惠蘇茂將五校兵

救之紆建亦出兵與武等戰不剋而建兄子誦反閉城門拒之建茂紆等皆走建於道死茂奔下邳與董憲合紆奔佼彊五年遣驃騎大將軍杜茂攻佼彊於西防彊與劉紆奔董憲時平狄將軍龐萌反叛遂襲破蓋延引兵與董憲連和自號東平王屯桃鄉之北（桃鄉故城在今兗州龔丘縣西北也）龐萌山陽人初亡命在下江兵中更始立以爲冀州牧將兵屬尚書令謝躬共破王郎及躬敗萌乃

歸降光武即位以爲侍中萌爲人遜順甚見信愛帝常稱曰可以託六尺之孤寄百里之命者（解見明紀）龐萌是也拜爲平狄將軍與蓋延共擊董憲時詔書獨下延而不及萌萌以爲延譖己自疑遂反帝聞之大怒乃自將討萌與諸將書曰吾常以龐萌社稷之臣將軍得無笑其言乎老賊當族其各厲兵馬會睢陽憲聞帝自討龐萌乃與劉紆蘇茂佼彊去下邳還蘭陵使茂彊助

蓢合兵三萬急圍桃城帝時幸蒙聞之乃
留輜重自將輕騎三千步卒數萬晨夜馳
赴次任城去桃鄉六十里旦日諸將請進
賊亦勒兵挑戰帝不聽乃休士養銳以挫
其鋒城中聞車駕至衆心益固時吳漢等
在東郡馳使召之蓢等乃悉兵攻城二十
餘日衆疲困而不能下及吳漢與諸將到
乃率衆軍進桃城而帝親自搏戰大破之
蓢茂彊夜棄輜重逃奔董憲乃與劉紆悉

其兵數萬人屯昌慮自將銳卒拒新陽 新陽縣屬東海郡
帝先遣吳漢擊破之憲走還昌慮漢
進守之憲恐乃招誘五校餘賊步騎數千
人屯建陽去昌慮三十里 建陽縣屬東海郡故城在今沂州丞縣北丞音時證反
帝至蕃 蕃音皮又音婆 去憲所百餘里諸
將請進帝不聽知五校乏食當退勑各堅
壁以待其斃頃之五校糧盡果引去帝乃
親臨四面攻憲三日復大破之衆皆奔散
遣吳漢追擊之佼彊將其衆降蘇茂

奔張步憲及龐蓢走入繒山 繒縣名故城在今沂州承縣東北繒山即其縣之山也
數日吏士聞憲尚在復往往相聚
得數百騎迎憲入郯城吳漢等復攻拔郯
憲與龐蓢走保朐 朐縣名屬東海郡今海州朐山縣西有故朐城秦始皇立石以爲東闕門即此地也
劉紆不知所歸軍士高扈斬其
首降梁地悉平吳漢進圍朐明年城中穀
盡憲蓢潛出襲取贛榆 贛榆縣名今海州東海縣也贛音貢
琅耶太守陳俊攻之憲蓢走澤中會吳漢下
朐城進盡獲其妻子憲乃流涕謝其將士

曰妻子皆已得矣 爲吳漢所得也 嗟乎久苦諸卿
乃將數十騎夜去欲從間道歸降而吳漢
校尉韓湛追斬憲於方與 方與音防預 方與人黔
陵亦斬蓢皆傳首洛陽封韓湛爲列侯黔
陵關內侯

張步字文公琅邪不其人也漢兵之起步
亦聚衆數千轉攻傍縣下數城自爲五威
將軍遂據本郡更始遣魏郡王閎爲琅邪
太守步拒之不得進閎爲檄曉喻吏人降

得贛榆等六縣收兵數千人與步戰不勝時梁王劉永自以更始所立貪步兵彊承制拜步輔漢大將軍忠節侯督青徐二州使征不從命者步貪其爵號遂受之乃理兵於劇劇縣名在今青州壽光縣南也以弟弘爲衛將軍弘弟藍玄武大將軍藍弟壽高密太守遣將徇太山東萊城陽膠東北海濟南齊諸郡皆下之步拓地寖廣寖漸也兵甲日盛王閎懼其衆散乃詣步相見欲誘以義方步

大陳兵引閎怒曰步有何過君前見攻之甚乎閎按劍曰太守奉朝命而文公擁兵相距閎攻賊耳何謂甚邪步嘿然良久離席跪謝乃陳樂獻酒待以上賓之禮令閎關掌郡事關通也建武三年光武遣光祿大夫伏隆持節使齊拜步爲東萊太守劉永聞隆至劇乃馳遣立步爲齊王步即殺隆而受永命是時帝方北憂漁陽南事梁楚故步得專集齊地據郡十二及劉永死步

等欲立永子紆爲天子自爲定漢公置百官王閎諫曰梁王以奉本朝之故是以山東頗能歸之今尊立其子將疑衆心且齊人多詐汲黯曰公孫弘之詞宜且詳之步乃止五年步聞帝將攻之以其將費邑爲濟南王屯歷下冬建威大將軍耿弇破斬費邑進拔臨淄步以弇兵少遠客可一舉而取乃悉將其衆攻弇於臨淄步兵大敗還奔劇帝自幸劇步退保平壽今青州北海縣也蘇茂將萬

餘人來救之茂讓步曰以南陽兵精延岑善戰而耿弇走之大王柰何就攻其營既呼茂不能待邪步曰負負無可言者負愧也再言之者愧之甚帝乃遣使告步茂能相斬降者封爲列侯步遂斬茂使使奉其首降步三弟各自繫所在獄皆赦之封步爲安丘侯後與家屬居洛陽王閎亦詣劇降八年夏步將妻子逃奔臨淮與弟弘藍欲招其故衆乘船入海琅邪太守陳俊追擊斬之王閎

者王莽叔父平阿侯譚之子也哀帝時爲中常侍時侍臣董賢爲大司馬寵愛貴盛閎屢諫忤旨哀帝臨崩以璽綬付賢曰無妄以與人時國無嗣主内外恇懼閎白元后請奪之即帶劒至宣德後闥（三輔黃圖曰未央宮有宣德殿闥宮中門也）舉手叱賢曰宮車晏駕國嗣未立公受恩深重當俯伏號泣何事久持璽綬以待禍至邪賢知閎必死不敢拒之乃跪授璽綬閎持上太后朝廷壯之及王莽篡位僭忌閎乃出爲東郡太守閎懼誅常繫藥手内莽敗漢兵起閎獨完全東郡三十餘萬户歸降更始

李憲者潁川許昌人也王莽時爲廬江屬令（王莽每郡置屬令職如都尉）莽末江賊王州公等起衆十餘萬攻掠郡縣莽以憲爲偏將軍廬江連率擊破州公莽敗憲據郡自守更始元年自稱淮南王建武三年遂自立爲天子置公卿百官擁九城衆十餘萬四年秋光

武幸壽春遣揚武將軍馬成等擊憲圍舒（廬江舒縣）至六年正月拔之憲亡走其軍士帛意（帛姓也宋帛産之後韓非子也）追斬憲而降憲妻子皆伏誅封帛意漁浦侯後憲餘黨淳于臨等猶聚衆數千人屯灊山攻殺安風令（灊山安豐皆縣名屬廬江郡灊縣故城今壽州也）揚州牧歐陽歙遣兵不能克帝議欲討之廬江人陳衆爲從事白歙請得喻降臨（曉喻其意而降之也）於是乘單車駕白馬往説而降之灊山人共生爲立祠號白馬陳從事云

彭寵字伯通南陽宛人也父宏哀帝時爲漁陽太守偉容貌能飲飯（飯音扶遠反）有威於邊王莽居攝誅不附己者宏與何武鮑宣並遇害寵少爲郡吏地皇中爲大司空士（王莽時九卿分屬三公每一卿置元士三人）從王邑東拒漢軍到洛陽聞同産弟在漢兵中懼誅即與鄉人吳漢亡至漁陽抵父時吏（抵歸也）更始立使謁者韓鴻持節徇北州（謂幽并也）承制得專

拜二千石已下鴻至薊以寵漢並鄉閭故人相見歡甚即拜寵偏將軍行漁陽太守事漢安樂令（安樂縣名屬漁陽郡故城在今幽州潞縣西北也）及光武鎮慰河北至薊以書招寵寵具牛酒將上謁會王郎詐立傳檄燕趙遣將徇漁陽上谷急發其兵北州衆多疑惑欲從之吳漢說寵從光武語在漢傳會上谷太守耿況亦使功曹寇恂詣寵結謀共歸光武寵乃發步騎三千人以吳漢行長史及都

大字六十七 小字十 後漢書傳二 十三

尉嚴宣護軍蓋延狐奴令王梁（狐奴縣名屬漁陽郡）與上谷軍合而南及光武於廣阿光武承制封寵建忠侯賜號大將軍遂圍邯鄲寵轉糧食前後不絕及王郎死光武追銅馬北至薊寵上謁自負其功意望甚高（負恃也）光武接之不能滿以此懷不平（不能滿其意故心不平也）光武知之以問幽州牧朱浮浮對曰前吳漢北發兵時大王遺寵以所服劍又倚以爲北道主人寵謂至當迎閤握手交歡

並坐今既不然所以失望浮因曰王莽爲宰衡時甄豐旦夕入謀議時人語曰夜半客甄長伯（長伯豐字也豐平帝時爲少府王莽篡位時爲更始將軍）及莽篡位後豐意不平卒以誅死光武大笑以爲不至於此及即位吳漢王梁寵之所遣並爲三公而寵獨無所加愈怏怏不得志歎曰我功當爲王但爾者陛下忘我邪是時北州破散而漁陽差完有舊鹽鐵官寵轉以貿穀（貿易也）積珍寶益富彊朱浮與

大字百七十七 小字三十 後漢書傳二 十四

寵不相能浮數譖搆之建武二年春詔徵寵寵意浮賣己上疏願與浮俱徵又與吳漢蓋延等書盛言浮枉狀（枉譖己之狀也）固求同徵帝不許益以自疑而其妻素剛不堪抑屈固勸無受召寵又與常所親信吏計議皆懷怨於浮莫有勸行者帝遣寵從弟子后蘭卿喻之寵因留子后蘭卿遂發兵反拜署將帥自將二萬餘人攻朱浮於薊分兵徇廣陽上谷右北平又自以與耿況俱

有重劾而恩賞並薄數遣使要誘況況不
受輙斬其使秋帝使游擊將軍鄧隆救薊
隆軍潞南浮軍擁奴遣吏奏狀帝讀檄怒
謂使吏曰營相去百里其勢豈可得相及
比若還若汝也北軍必敗矣寵果盛兵臨河
以拒隆又別發輕騎三千襲其後大破隆
軍浮遠遂不能救引而去明年春寵遂拔
右北平上谷數縣遣使以美女繒綵賂遺
匈奴要結和親單于使左南將軍七八千

騎往來爲游兵以助寵又南結張步及富
平獲索諸豪傑皆與交質連衡交質謂交相爲質也左傳曰交質往來道路無壅前書音義曰以義合曰從以威力相脅曰衡遂攻
拔薊城自立爲燕王其妻數惡夢又多見
恠變東觀記曰夢贏袒冠幘踰城髡徒推之又寵堂上聞蝦蟇聲在火鑪下鑿地求之不得也卜筮及望氣者皆言兵當從中起
寵疑子后蘭卿質漢歸故不信之使將兵
居外無親於中五年春寵齋獨在便室便坐之室非正室也蒼頭子密等三人因寵卧寐共縛

著牀告外吏云大王齋禁皆使吏休偽稱
寵命教收縛奴婢各置一處又以寵命呼
其妻妻入大驚東觀記曰妻入驚曰奴反奴乃捽其妻頭擊其頰
寵急呼曰趣爲諸將軍辦裝呼奴爲將軍欲其赦已也
於是兩奴將妻入取寶物留一奴守寵寵
謂守奴曰若小兒我素愛也今爲子密所
迫劫耳解我縛當以女珠妻汝家中財物
皆與若小奴意欲解之視戶外見子密聽其
語遂不敢解於是收金玉衣物至寵所裝

之被馬六疋使妻縫兩縑囊昏夜後解寵
手令作記告城門將軍云今遣子密等至
子后蘭卿所速開門出勿稽留之稽停也書
成即斬寵及妻頭置囊中便持記馳出城
因以詣闕封爲不義侯明旦閤門不開官
屬踰牆而入見寵屍驚怖其尚書韓立等
共立寵子午爲王以子后蘭卿爲將軍國
師韓利斬午首詣征虜將軍祭遵降夷其
宗族

盧芳字君期安定三水人也居左谷中志曰三水縣有左右谷故城在今涇州安定縣南王莽時天下咸思漢德芳由是詐自稱武帝曾孫劉文伯曾祖母匈奴谷蠡渾邪王之姊爲武帝皇后生三子遭江充之亂太子誅皇后坐死中子次卿亡之長陵小子回卿逃於左谷霍將軍立次卿迎回卿回卿不出因居左谷生子孫卿孫卿生文伯常以是言誑惑安定間王莽末乃與三水屬國羌胡起兵

更始至長安徵芳爲騎都尉使鎮撫安定以西更始敗三水豪傑共計議以芳劉氏子孫宜承宗廟乃共立芳爲上將軍西平王欲平定西方故以爲號使使與西羌匈奴結和親單于曰匈奴本與漢約爲兄弟高祖時與冒頓單于約爲兄弟後匈奴中衰呼韓邪單于歸漢漢爲發兵擁護世世稱臣呼韓邪單于降漢入朝宣帝擁護國內遂定今漢亦中絶劉氏來歸我亦當立之令尊事我乃使句林王將數千騎迎芳句音古侯反芳與兄禽弟程俱入匈奴單于遂立芳爲漢帝以程爲中郎將將胡騎還入安定

初五原人李興隨昱朔方人田颯代郡人石鮪閔堪各起兵自稱將軍建武四年單于遣無樓且渠王入五原塞塞屬五原郡因以爲名與李興等和親告興欲令芳還漢地爲帝五年李興閔堪引兵至單于庭迎芳與俱入塞都九原縣九原縣名故城在勝州銀山縣也掠有五原朔方雲中定襄鴈門五郡並置守令與

胡通兵侵苦北邊六年芳將軍賈覽將胡騎擊殺代郡太守劉興芳後以事誅其五原太守李興兄弟而其朔方太守田颯雲中太守橋扈恐懼叛芳舉郡降光武令領職如故後大司馬吳漢驃騎大將軍杜茂數擊芳並不剋十二年芳與賈覽共攻雲中久不下其將隨昱留守九原欲脅芳降芳知羽翼外附心膂內離遂棄輜重與十餘騎亡入匈奴其衆盡歸隨昱昱乃隨使

者程恂詣闕拜昱爲五原太守封鐫胡侯鐫謂琢鑿之故以爲名下有鐫荒侯即其類昱弟憲武進侯十六年芳復入居高柳高柳縣名故城在今雲州定襄縣與閔堪兄林使使請降乃立芳爲代王堪爲代相林爲代太傅賜繒二萬匹因使和集匈奴芳上疏謝曰臣芳過託先帝遺體棄在邊陲社稷遭王莽廢絶以是子孫之憂所宜共誅故遂西連羌戎北懷匈奴單于不忘舊德權立救助是時兵革並起往往

而在臣非敢有所貪覬覬望也期於奉承宗廟興立社稷是以久僭號位十有餘年罪宜萬死陛下聖德高明躬率衆賢海內賓服惠及殊俗以脉附之故脉附若肝脉相附著猶言親戚也赦臣芳罪加以仁恩封爲代王使備北藩無以報塞重責冀必欲和輯匈奴輯音才入反郭景純云古集字不敢遺餘力負恩貸貸猶背也謹奉天子玉璽思望闕庭詔報芳朝明年正月其冬芳入朝南及昌平昌平縣名故城在今幽州昌平縣東南有詔止令更朝明歲芳自道還憂恐乃復背叛遂反與閔堪閔林相攻連月匈奴遣數百萬騎迎芳及妻子出塞芳留匈奴中十餘年病死初安定屬國胡與芳爲寇及芳敗胡人還鄉里積苦縣官徭役其中有駁馬少伯者素剛壯二十一年遂率種人反叛與匈奴連和屯聚青山青山在今慶州有青山水乃遣將兵長史陳訢呂忱云訢古欣字率三千騎擊之少伯乃降徙於冀縣冀縣屬天水郡今秦州伏羌縣

論曰傳稱盛德必百世祀左傳晉侯問於史趙曰陳其遂亡乎對曰天也臣聞盛德必百代祀虞之代數未也孔子曰寬則得衆夫能得衆心則百世不忘矣觀更始之際劉氏之遺恩餘烈英雄豈能抗之哉然則知高祖孝文之寬仁結於人心深矣周人之思邵公愛其甘棠詩序曰甘棠美邵伯也邵伯聽訟於甘棠之下周人思之不伐其樹又況其子孫哉劉氏之再受命蓋以此乎若數子者豈有國之遠圖

哉因時擾攘苟恣縱而已耳然猶以附假宗室能掘強歲月之間掘強謂強梁也前書伍被謂淮南王安曰掘強江淮之間苟延歲月之命觀其智略固無足以憚漢祖發其英靈者也言此數子非漢祖之敵不足奮發英靈而憚畏之也

贊曰天地閉革革故也易曰天地閉賢人隱又曰天地革而四時成湯武革命順乎天而應乎人野戰羣龍喻英雄並起也易曰龍戰于野其血玄黃又曰羣龍無首吉也昌芳僭詐梁齊連鋒梁王劉永齊王張步寵負強地擄漁陽也憲縈深江起廬江也實惟非律代委神邦易曰師出以律律法也言反叛非用師之律故更代破滅委棄其神皋之國伏於光武也

後漢書列傳卷第二

隗囂公孫述列傳第三　范曄　後漢書十三

隗囂囂音五高反　公孫述

隗囂字季夏天水成紀人也成紀縣名故城在今秦州隴城縣西北少仕州郡王莽國師劉歆引囂爲士王莽置國師位上公士其屬官也莽制九卿分屬三公每一卿置大夫三人一大夫置元士三人歆死囂歸鄉里季父崔素豪俠能得衆聞更始立而莽兵連敗於是乃與兄義及上邽人楊廣冀人周宗謀起兵應漢囂止之曰夫兵凶事也史記范蠡曰兵者凶器戰者逆德宗族何辜

崔不聽遂聚衆數千人攻平襄殺莽鎮戎大尹平襄縣名屬天水郡故城在今秦州伏羌縣西北王莽改天水郡曰鎮戎郡守曰大尹崔廣等以爲舉事宜立主以一衆心咸謂囂素有名好經書遂共推爲上將軍囂辭讓不得已曰諸父衆賢不量小子必能用囂言者乃敢從命衆皆曰諾囂既立遣使聘請平陵人方望以爲軍師平陵縣名屬右扶風也望至說囂曰足下欲承天順民輔漢而起今立者乃在南陽王莽尚據長安雖欲以漢

爲名其實無所受命將何以見信於衆乎宜急立高廟稱臣奉祠所謂神道設教求助人神者也易觀卦曰聖人神道設道而天下服矣且禮有損益質文無常削地開兆除地以開兆域茅茨土階以致其肅敬雖未備物神明其舍諸囂從其言遂立廟邑東祀高祖太宗世宗囂等皆稱臣執事史奉璧而告史祝史也璧者所以祀神也祝畢有司穿坎于庭周禮曰盟掌盟載之法也鄭玄注曰載盟辭也書其辭於策殺牲取血坎其牲加書於上而埋之牽馬操刀奉盤錯鍉

遂割牲而盟臣賢按蕭該音引字詁鍉即題音徒啓反方言曰宋楚之間謂盎爲題據下文云題不濡血明非盆盎之類前書匈奴傳云漢遣韓昌等與單于及大臣俱登諾水東山刑白馬單于以徑路刀金留犂撓酒應劭云留犂飯匕也撓攪也以匕攪血而歃之金亦奉盤措匙而歃也以此亦言鍉即匙字錯置也音七故反曰凡我同盟三十一將十有六姓允承天道興輔劉宗如懷姦慮明神殛之殛誅也高祖文皇武皇俾墜厥命厥宗受兵族類滅亡有司奉血鍉進護軍舉手揖諸將軍曰鍉不濡血歃不入口是欺神明也厥罰如盟既而埋血加書一如古

禮事畢移檄告郡國曰漢復元年七月己酉朔己巳上將軍隗囂白虎將軍隗崔左將軍隗義右將軍楊廣明威將軍王遵雲旗將軍周宗等告州牧部監郡卒正連率大尹尹尉隊大夫屬正屬令莽以周官王制之文置卒正連率大尹職如太守屬令屬長職如都尉置州牧部監二十五人見禮如三公監位上大夫各主五郡公氏作牧侯氏卒正伯氏連率子氏屬令男氏屬長皆代其官其無爵者爲尹又置六隊部置大夫職如太守故新都侯王莽慢侮天地悖道逆理鴆殺孝平皇帝簒奪其位矯託天命僞作符

書莽遣五威將軍王奇符班符命四十二篇於天下言當代漢之意欺惑衆庶震怒上帝反戾飾文以爲祥瑞大風毀莽王路堂又拔其昭寧堂池東榆樹大十圍莽乃曰念紫閣仙圖天意立太子正其名乃立其子臨爲太子以爲祥應也戲弄神祇歌頌禍殃戲弄神祇爲仙人掌旁有白頭公青衣莽曰皇祖叔父子僑欲來迎我也歌頌禍殃以謂莽作告天策自陳功勞千餘言能誦策文者除以爲郎至五十餘人楚越之竹不足以書其惡前書朱光世曰南山之竹不足以盡我詞囂以楚越多竹故引以爲言也天下昭然所共聞見今略舉大端以喻吏民蓋天爲父地爲母尚書曰惟天地萬物父母禍福之應各以事降莽明知

之而冥昧觸冒不顧大忌詭亂天術援引史傳王莽每有灾禍皆引史傳以文飾之前書說莽佚崔發言於莽曰周禮及春秋左氏國有大灾則哭以厭之故周易稱先號咷而後笑宜乎嗟呼告天以求救莽乃率羣臣至南郊陳其符命因搏心大哭昔秦始皇毀壞謚法以一二數欲至萬世史記曰秦始皇初并天下制曰太古有號無謚中古有號死而以行爲謚如此則子議父臣議君自今以來除謚法朕爲始皇帝後世以計數至于萬世傳之無窮而莽下三萬六千歲之歷言身當盡此度莽令太史推三萬六千歲曆紀六歲一改元布告天下循亡秦之軌推無窮之數是其逆天之大罪也分裂郡國斷截地絡絡猶經絡也謂莽分坼郡

後漢書傳三　四

縣斷割疆界也田爲王田賣買不得莽更名天下田曰王田不得賣買規錮山澤奪民本業莽制名山大澤不得採取造起九廟窮極土作莽九廟一曰皇帝太初祖廟二曰虞帝始祖昭廟三曰陳胡王統祖穆廟四曰齊敬王世祖昭廟五曰濟北愍王王祖穆廟六曰濟南伯王尊禰昭廟七曰元城孺子王尊禰穆廟八曰陽平頃王昭廟九曰新都顯王穆廟殿皆重屋太祖廟東西南北各四十丈高十七丈餘半之爲銅薄櫨飾以金銅琱文窮極百工之巧功費數百鉅萬卒徒死者萬數也發冢河東攻刧丘壟此其逆地之大罪也尊任殘賊信用姦佞誅戮忠正覆按口語赤車奔馳續漢志曰小使車赤轂白蓋赤帷從騶騎四十人法冠晨夜寃繫無辜續漢

志曰法冠一曰柱後高五寸侍御史服之妄族衆庶行炮格之刑除順時之法莽作焚如之刑燒殺陳良終帶等二十七人莽又作不順時之令春夏斬人此爲不順時之法灌以醇醯裂以五毒莽以董忠反收忠宗族以醇醯毒藥白刃叢棘并一坎而薶之政令日變官名月易莽州郡官名改無常制乃至歲復變更一郡至五易名而還復其故吏人不能紀也貨幣歲改時百姓便安漢五銖錢以莽錢大小兩行難知皆私以五銖錢市買莽患之下書諸挾五銖錢者比非井田制投四裔吏民昏亂不知所從商旅窮窘號泣市道設爲六管管主也莽設六管之令謂酤酒賣鹽鐵器鑄錢名山大澤此謂六也皆令縣官主稅收其利增重賦斂刻剥百姓厚自

後漢書傳三　五

奉養苞苴流行財入公輔禮記曰苞苴簞笥問人者莽令七公六卿兼號將軍分鎮大郡皆使爲姦於外貨賂爲市侵漁百姓上下貪賄莫相檢考民坐挾塗炭沒入鍾官莽時關東大飢蝗人犯鑄錢伍人相坐沒入爲官奴婢其男子檻車兒女子步以鐵鎖其頸傳詣鍾官以十萬數到者易其夫婦愁苦死者什六七鍾官主鑄錢之官也徒隷殷積數十萬人工匠飢死長安皆臭既亂諸夏狂心益悖北攻强胡南擾勁越莽令十二部將同時十道並出大擊匈奴莽改句町王爲侯其王邯怨怒不附莽諷牂柯大尹周歆詐殺邯邯弟承起兵攻殺歆西侵羌戎東摘濊貊摘擾也西羌龐恬傳幡等怨莽奪其地爲西海郡遂反攻西海太守陳永莽又

發高句麗兵伐胡不欲行郡强迫之皆亡出塞爲寇使四境之外並入爲
害緣邊之郡江海之瀕滌地無類瀕涯也滌蕩也
蕩地無遺類也故攻戰之所敗苛法之所陷飢饉
之所夭疾疫之所及以萬萬計其死者則
露屍不掩生者則奔亡流散幼孤婦女流
離係虜此其逆人之大罪也是故上帝哀
矜降罰于莽妻子顛殞還自誅刈顛踣也殞絶也
莽殺其子宇臨等妻王氏以莽數殺其子涕泣失明病卒大臣反據亡形已
成大司馬董忠國師劉歆衛將軍王涉涉曲

後漢書傳三 六

陽侯根之子也皆結謀內潰司命孔仁納言嚴尤
秩宗陳茂舉衆外降莽置五威司命孔仁敗降更始餘並見光武紀
今山東之兵二百餘萬已平齊楚下蜀漢
定宛洛據敖倉守函谷威命四布宣風中
岳中岳嵩高也謂更始至洛陽興滅繼絶封定萬國遵高
祖之舊制修孝文之遺德有不從命武軍
平之馳使四夷復其爵號莽貶句町王爲侯西域盡改其王爲
侯單于曰服于高句麗曰下句麗今皆服其爵號然後還師振旅櫜弓
臥鼓周禮曰出曰理兵入曰振旅詩周頌曰載戢干戈載櫜弓矢櫜韜也臥猶息也申命百

姓各安其所庶無負子之責百姓襁負流亡責在君上既安
其業則無責也囂乃勒兵十萬擊殺雍州牧陳慶
將攻安定安定大尹王向莽從弟平阿侯
譚之子也威風獨能行其邦內屬縣皆無
叛者囂乃遺書於向喻以天命反覆誨示
終不從於是進兵虜之以徇百姓然後行
戮安定悉降而長安中亦起兵誅王莽囂
遂分遣諸將徇隴西武都金城武威張掖
酒泉敦煌皆下之更始二年遣使徵囂及

後漢書傳三 七

崔義等囂將行方望以爲更始未可知固
止之囂不聽望以書辭謝而去曰足下將
建伊呂之業弘不世之功不世者言非代之所常有也而
大事草創草創謂初始也英雄未集以望異域之
人疵瑕未露望平陵人以與囂別郡故言異域欲先崇郭隗
想望樂毅新序云郭隗謂燕昭王曰王誠欲致士請從隗始隗且見事況賢於隗者乎於
是昭王爲隗築宮而師之樂毅自魏往鄒衍自齊往劇辛自趙往士爭趨燕故欽承大
旨順風不讓將軍以至德尊賢廣其謀慮
動有功發中權基業已定大勳方緝今俊

又並會羽翮並肩〔管子曰桓公謂管仲曰寡人之有仲父猶飛鴻之有羽翼〕
耳望無耆耈之德而猥託賓客之上〔猥猶濫也〕
誠自愧也雖懷介然之節欲絜去就之分
誠終不背其本貳其志也何則范蠡收責
句踐偏舟於五湖〔偏舟特舟也收責謂收其罪責也史記曰范蠡與句踐滅吳爲書辭句踐曰臣聞主憂臣勞主辱臣死昔者君王辱於會稽所以不死爲此事也今既雪恥臣請從會稽之誅乃裝其輕寶珠玉自與其私徒屬乘舟浮海以行計然云范蠡乘偏舟於江湖〕舅犯
謝罪文公亦逡巡於河上〔逡巡不進也左傳曰晉公子重耳反國及河子犯以璧授公子曰臣負羈紲從君巡於天下臣之罪多矣臣猶知之而況君乎請由此亡公子曰所不與舅氏同心者有如白水〕

夫以二子之賢勒銘兩國猶
削跡歸愆請命乞身望之無勞蓋其宜也
望聞烏氏有龍池之山微徑南通與漢相
屬其傍時有奇人聊及閒暇廣求其眞〔烏氏縣名屬安定郡故城在今涇州安定縣東也〕
願將軍勉之囂等遂至
長安更始以爲右將軍崔義皆即舊號其
冬崔義謀欲叛歸囂懼并禍即以事告之
崔義誅死更始感囂忠以爲御史大夫明
年夏赤眉入關三輔擾亂流聞光武即位

河北囂即說更始歸政於光武叔父國三
老良更始不聽諸將欲劫更始東歸囂亦
與通謀事發覺更始使使者召囂囂稱疾
不入因會客王遵周宗等勒兵自守更始
使執金吾鄧曄〔謝承書曰曄南陽南鄉人勁悍廉直爲名〕將兵圍
囂囂閉門拒守至昏時遂潰圍與數十騎
夜斬平城門關〔三輔黃圖曰長安城南面西頭門〕亡歸天水
復招聚其衆據故地自稱西州上將軍及
更始敗三輔耆老士大夫皆奔歸囂囂素

謙恭愛士傾身引接爲布衣交以前王莽
平河大尹長安谷恭〔莽改清河爲平河〕爲掌野大夫
平陵范逡爲師友趙秉蘇衡鄭興爲祭酒〔前書音義曰禮飲酒必祭示有先也故稱祭酒祭祀時唯長者以酒沃酹〕申屠剛杜
林爲持書〔持書即持書侍御史秩六百石〕楊廣王遵周宗及
平襄人行巡阿陽人王捷長陵人王元爲
大將軍〔東觀記曰元杜陵人阿陽縣名屬天水郡本爲河陽者誤也〕杜陵金丹
之屬爲賓客由此名震西州聞於山東建
武二年大司徒鄧禹西擊赤眉屯雲陽禹

裨將馮愔引兵叛禹西向天水囂逆擊破之於高平縣名今原州高平縣盡獲輜重於是禹承制遣使持節命囂爲西州大將軍得專制凉州朔方事及赤眉去長安欲西上隴囂遣將軍楊廣迎擊破之又追敗之於烏氏涇陽間涇陽縣名屬安定郡今原州平陽縣南涇陽故城是也囂既有功於漢又受鄧禹爵署其腹心議者多勸通使京師三年囂乃上書詣闕光武素聞其風聲報以殊禮言稱字用敵國之儀所以慰藉之良厚慰安也藉薦也言安慰而薦藉之良甚也時陳倉人呂鮪擁衆數萬與公孫述通寇三輔囂復遣兵佐征西大將軍馮異擊之走鮪遣使上狀帝報以手書曰慕樂德義思相結納昔文王三分猶服事殷孔子曰周之德其可謂至德三分天下有其二以服事殷但駑馬鉛刀不可强扶周禮校人掌六馬駑馬最下者也說文鉛青金也似錫而色青賈誼云鉛刀爲銛言駑馬鉛刀不可强扶持而用也數蒙伯樂一顧之價戰國策曰蘇代爲燕說齊未見齊王先說淳于髡曰人有賣駿馬者比三旦立市市人莫之知往見伯樂曰臣有駿馬欲賣之比三旦立於市市人莫與

三八九　後漢書傳三　十

言願子還而視之去而顧之臣請獻一朝之價伯樂如其言一旦而價十倍也而蒼蠅之飛不過數步即託騏驥尾得以絶羣張敞書曰蒼蠅之飛不過十步自託騏驥之尾乃騰千里之路然無損於騏驥得使蒼蠅絶羣也見敞傳隔於盜賊聲問不數將軍操執欵欵扶傾救危南距公孫之兵北禦羌胡之亂是以馮異西征得以數千百人躑躅三輔躑躅猶踟蹰也微將軍之助則咸陽以爲他人禽矣今關東寇賊往往屯聚志務廣遠多所不暇未能觀兵成都與子陽角力角力猶爭力也如令子陽到漢中三輔願因將軍兵馬鼓旗相當儻肯如言蒙天之福即智士計功割地之秋也秋一歲中成功之時故舉以爲言管仲曰生我者父母成我者鮑子事見史記自今以後手書相聞勿用傍人解搆之言解搆猶間搆也自是恩禮愈篤其後公孫述數出兵漢中遣使以大司空扶安王印綬授囂囂自以與述敵國恥爲所臣乃斬其使出兵擊之連破述軍以故蜀兵不復北出時關中將帥數上書言蜀可擊之

三八五十八　後漢書傳三　十一

狀帝以示囂因使討蜀以效其信囂乃遣長史上書盛言三輔單弱劉文伯在邊文伯盧芳字也未宜謀蜀帝知囂欲持兩端不願天下統一於是稍黜其禮正君臣之儀初囂與來歙馬援相善故帝數使歙援奉使往來勸令入朝許以重爵囂不欲東連遣使深持謙辭言無功德須四方平定退伏閭里五年復遣來歙說囂遣子入侍囂聞劉永彭寵皆以破滅乃遣長子恂隨歙詣闕以為胡騎校尉封鐫羌侯胡騎校尉武帝置秩二千石也鐫謂鐫鑿也而囂將王元王捷常以為天下成敗未可知不願專心內事元遂說囂曰昔更始西都四方響應天下喁喁謂之太平喁喁眾口向上也一旦敗壞大王幾無所厝今南有子陽北有文伯江湖海岱王公十數謂張步據齊董憲起東海李憲守舒劉紆居垂惠佼彊周建秦豐等各據州郡而欲牽儒生之說棄千乘之基儒生謂馬援說囂歸光武羇旅危國以求萬全此循覆車之軌計之不可者也今

天水完富士馬最彊北收西河上郡東收三輔之地案秦舊迹表裏河山秦外山而內河左傳曰表裏山河元請以一丸泥為大王東封函谷關此萬世一時也若計不及此且畜養士馬據隘自守曠日持久以待四方之變圖王不成其弊猶足以霸前書徐樂曰圖王不成其弊足以霸也要之魚不可脫於淵老子曰魚不可脫於泉脫失也失泉則涸矣神龍失埶即還與蚯蚓同慎子曰騰蛇遊霧飛龍乘雲雲罷霧除與蚯蚓同失其所乘也故囂心然元計雖遣子入質猶負其險阸欲專方面於是游士長者稍稍去之東觀記曰杜林先去餘稍稍相隨東詣京師六年關東悉平帝積苦兵間以囂子內侍公孫述遠據邊陲乃謂諸將曰且當置此兩子於度外耳因數騰書隴蜀說文曰騰傳也告示禍福囂賓客掾史多文學生每所上事當世士大夫皆諷誦之故帝有所辭荅尤加意焉囂復遣使周游詣闕光到馮異營游為仇家所殺帝遣衛尉銚期持珍寶繒帛賜囂期至鄭被盜鄭今

華州縣是也 亡失財物帝常稱囂長者務欲招
之聞而歎曰吾與隗囂事欲不諧使來見
殺得賜道亡會公孫述遣兵寇南郡南郡今荆
州也 乃謂囂當從天水伐蜀因此欲以潰其
心腹囂復上言白水險阻棧閣絕敗白水縣有
關屬廣漢郡棧閣者山路懸險棧木爲閣道 又多設支閣支柱障閣 帝
知其終不爲用叵欲討之叵猶遂也 遂西幸長
安遣建威大將軍耿弇等七將軍從隴道
伐蜀先使來歙奉璽書喻旨囂疑懼即勒
兵使王元據隴坻坻坂也郭仲產秦州記曰隴山東西百八十里在隴州汧
源縣西 伐木塞道謀欲殺歙歙得亡歸諸將
與囂戰大敗各引退囂因使王元巡侵三
輔征西大將軍馮異征虜將軍祭遵等擊
破之囂乃上疏謝曰吏人聞大兵卒至驚
恐自救臣囂不能禁止兵有大利不敢廢
臣子之節親自追還昔虞舜事父大杖則
走小杖則受家語孔子謂曾子之詞也 臣雖不敏敢忘斯
義今臣之事在於本朝賜死則死加刑則

刑如遂蒙恩更侍洗心死骨不朽有司以
囂言慢請誅其子恂帝不忍復使來歙至
汧汧水名因以爲縣屬右扶風故城在今隴州汧源縣南 賜囂書曰昔柴
將軍與韓信書柴將軍柴武也韓信韓王信也信反入匈奴與漢戰故武與之
書也 云陛下寬仁諸侯雖有亡叛而後歸輒
復位號不誅也以囂文吏曉義理故復賜
書深言則似不遜略言則事不決今若束
手復遣恂弟歸闕庭者則爵祿獲全有浩
大之福矣浩亦大也 吾年垂四十在兵中十歲
厭浮語虛辭即不欲勿報囂知帝審其詐
遂遣使稱臣於公孫述明年述以囂爲朔
寧王欲其寧靜北邊也 遣兵往來爲之援埶秋囂將
步騎三萬侵安定至陰槃陰槃縣名屬安定郡今涇州縣 馮
異率諸將拒之囂又令別將下隴攻祭遵
於汧兵並無利乃引還帝因令來歙以書
招王遵遵乃與家屬東詣京師拜爲太中
大夫封向義侯續漢書云遵降封上雒侯 遵字子春霸陵
人也父爲上郡太守遵少豪俠有才辯雖

與囂舉兵而常有歸漢意曾於天水私於來歙曰吾所以戮力不避矢石者豈要爵位哉徒以人思舊主先君蒙漢厚恩思効萬分耳又數勸囂遣子入侍前後辭諫切甚囂不從故去焉八年春來歙從山道襲得略陽城囂出不意懼更有大兵乃使王元拒隴坻行巡守番須口（番須口與回中相近並在汧）王孟塞雞頭道（雞頭山道也雞或作笄一名崆峒山在今原州西）牛邯軍瓦亭（安定烏支縣有瓦亭故關有瓦亭川水在今原州南）囂自悉其大衆

圍來歙公孫述亦遣其將李育田弇助囂攻略陽連月不下帝乃率諸將西征之數道上隴使王遵持節監大司馬吳漢留屯於長安遵知囂必敗滅而與牛邯舊故知其有歸義意以書喻之曰遵與隗王歃盟爲漢自經歷虎口踐履死地已十數矣于時周洛以西（周洛謂東都也）無所統壹故爲王策欲東收關中北取上郡進以奉天人之用退以懲外夷之亂數年之間冀聖漢復存

當挈河隴奉舊都以歸本朝生民以來臣人之埶未有便於此時者也而王之將吏羣居穴處之徒（穴處言所識不遠也）人人抵掌（說文抵側擊也戰國策曰蘇秦與李兌抵掌而談也）欲爲不善之計遵與孺卿日夜所爭害幾及身者豈一事哉前計仰絕後策不從所以吟嘯扼腕垂涕登車（扼持也史記云天下之士莫不扼腕以言之）幸蒙封拜得延論議（謂爲中大夫在論議之職）每及西州之事未嘗敢忘孺卿之言今車駕大衆已在道路吳耿驍將雲集

四境而孺卿以奔離之卒拒要阸當軍衝視其形埶何如哉夫智者覩危思變賢者泥而不滓（在泥滓之中而不滓汚也）是以功臣終申策畫復得故夷吾束縛而相齊（新序曰桓公與管仲鮑叔甯戚飲桓公謂鮑叔曰姑爲寡人祝乎鮑叔奉酒而起祝曰吾君無忘出莒也使管子無忘束縛從魯也使甯戚無忘其飯牛於車下也）黥布杖劍以歸漢（黥布爲楚淮南王高祖使隨何說布乃杖劍歸漢王也）去愚就義功名並著今孺卿當成敗之際遇嚴兵之鋒可爲怖慄宜斷之心胷參之有識卽得書沈吟十餘日乃謝

士衆歸命洛陽拜爲太中大夫於是囂大
將十三人屬縣十六衆十餘萬皆降王元
入蜀求救囂將妻子奔西城從楊廣西城縣名屬漢
陽郡一名始昌城在今秦州上邽縣西南而田弇李育保上邽詔告
囂曰若東手自詣父子相見保無佗也高
皇帝云橫來大者王小者侯田橫爲齊王天下旣定橫與賓
客五百人居海島高祖使召之曰橫來大者王小者侯事見前書若遂欲爲黥布
者亦自任也必不歸降遂如黥布云欲爲帝亦任之也囂終不降
於是誅其子恂使吳漢與征南大將軍岑
三百四十字　後漢列傳三　十八
彭圍西城耿弇與虎牙大將軍蓋延圍上
邽車駕東歸潁川賊起故東歸月餘楊廣死囂窮
困其大將王捷別在戎丘登城呼漢軍曰
隗王城守者皆必死無二心願諸軍亟罷
亟音紀力反請自殺以明之遂自刎頸死何休公羊
傳云刎割也數月王元行巡周宗將蜀救兵五
千餘人乘高卒至鼓譟大呼曰百萬之衆
方至漢軍大驚未及成陳元等決圍殊死
戰遂得入城迎囂歸冀會吳漢等食盡退

去於是安定北地天水隴西復反爲囂九
年春囂病且餓出城餐糗糒鄭康成注周禮曰糗熬大豆與
米也說文曰糒乾飯也恚憤而死續漢志曰王莽末天水童謠曰出吳門望緹羣見一
蹇人言欲上天令天可上地上安得人時囂初起兵於天水後意稍廣欲爲天子遂破滅囂少病蹇吳門
冀都門名也有緹羣山王元周宗立囂少子純爲王明
年來歙耿弇蓋延等攻破落門落門聚名也有落門谷水
在今秦州伏羌縣西周宗行巡苟宇趙恢等將純降宗
恢及諸隗分徙京師以東純與巡宇徙弘
農唯王元留爲蜀將及輔威將軍臧宮破
三百七十五　後漢書傳三　十九
延岑元舉衆詣宮降元字惠孟初拜上蔡
令遷東平相坐墾田不實下獄死決錄曰平陵之
王惠孟鏘鏘激昂囂述困於東平也牛邯字孺卿狄道人有勇力
才氣雄於邊垂及降大司空司直杜林太
中大夫馬援並薦之以爲護羌校尉與來
歙平隴右十八年純與賓客數十騎亡入
胡至武威捕得誅之
論曰隗囂援旗糾族援引也糾收也假制明神謂立
高祖孝文等廟而祭之也迹夫創圖首事有以識其風矣

終於孤立一隅介于大國（東通於漢南拒於蜀左傳曰介于一大國之間）隴坻雖隘非有百二之埶（百二者以秦地險固二萬人當諸侯百萬人前書曰田肯賀高祖秦得百二焉）區區兩郡（隴西天水也）以禦堂堂之鋒（言光武親征之也魏武兵書云無擊堂堂之陣）至使窮廟策竭征徭身歿衆解然後定之則知其道有足懷者所以棲有四方之桀（四方雄桀者皆棲集而有之）士至投死絕亢而不悔者矣（亢喉嚨也謂王捷自刎也）夫功全則譽顯業謝則釁生回成喪而爲其議者或未聞焉（成喪猶成敗也言事之成敗在於天命不由人力能回爲此議者寡故未之聞也）

[百二十五　後漢書傳三　二十　王]

若嚚命會符運敵非天力雖坐論西伯豈多嗤乎（天力謂光武天所授也言不遇光武爲敵則不謝西伯也嗤笑也）

公孫述字子陽扶風茂陵人也（東觀記曰其先武帝時以吏二千石自無鹽徙焉）哀帝時以父任爲郎（任保任也東觀記曰成帝末述父仁爲侍御史任爲太子舍人稍增秩爲郎焉）後父仁爲河南都尉（秦置郡尉典兵禁捕盜賊景帝更名都尉秩比二千石也）而述補清水長（清水縣名屬天水郡今秦州縣）仁以述年少遣門下掾隨之官（州郡有掾皆自辟除之常居門下故以爲號）月餘掾辭歸白仁曰述非待教者也後太守以其能使兼攝五縣政事修理姦盜不發郡州謂有鬼神（言明察也）王莽天鳳中爲導江卒正居臨邛（王莽改蜀郡爲導江太守曰卒正臨邛今邛州縣也）復有能名及更始立豪傑各起其縣以應漢南陽人宗成自稱虎牙將軍入略漢中又商人王岑亦起兵於雒縣（商今商州商雒縣也雒縣屬廣漢郡今益州縣也）自稱定漢將軍殺王莽庸部牧以應成（王莽改益州爲庸部其牧宋遵也）衆合數萬人述聞之遣使迎成等成等至成都

[三百二十六　後漢書傳三　二十一　王]

虜掠暴橫述意惡之召縣中豪桀謂曰天下同苦新室思劉氏久矣故聞漢將軍到馳迎道路今百姓無辜而婦子係獲室屋燒燔此寇賊非義兵也吾欲保郡自守以待真主諸卿欲并力者即留不欲者便去豪桀皆叩頭曰願效死述於是使人詐稱漢使者自東方來假述輔漢將軍蜀郡太守兼益州牧印綬乃選精兵千餘人西擊成等比至成都衆數千人遂攻成大破之

成將垣副殺成以其衆降 風俗通曰垣秦邑也因以爲姓秦始皇有將垣齮東觀記曰初副以漢中亭長聚衆降成自稱輔漢將軍 二年秋更始遣柱功侯李寶益州刺史張忠將兵萬餘人徇蜀漢述恃其地險衆附有自立志乃使其弟恢 恢本或作悏 於綿竹擊寶忠大破走之 綿竹縣名屬廣漢郡今益州縣也故城今在縣東 由是威震益部功曹李熊說述曰方今四海波蕩匹夫横議將軍割據千里地什湯武 枚乘諫吳王曰湯武之土不過百里 若奮威德以投天隙 天時之間隙也 霸王之業成矣宜改名號以鎮百姓述曰吾亦慮之公言起我意於是自立爲蜀王都成都蜀地肥饒兵力精強遠方士庶多往歸之邛筰君長 邛筰皆西南夷國名筰音昨見西南夷傳 皆來貢獻李熊復說述曰今山東飢饉人庶相食兵所屠滅城邑丘墟蜀池沃野千里土壤膏腴 無塊曰壤 果實所生無穀而飽 左思蜀都賦曰戶有橘柚之園又曰瓜疇芋區前書卓王系曰吾聞岷山之下沃野下有蹲鴟至死不飢 女工之業覆以天下 左思蜀都賦曰

百室離房機杼相和 衣音於既反 名材竹幹器械之饒不可勝用 竹幹竹笴也內盛曰器外盛曰械 又有魚鹽銅銀之利 丙穴出嘉魚在漢中蜀有鹽井又有銅陵山其朱提界出銀朱音上朱反提音上移反 浮水轉漕之便北據漢中杜褒斜之險東守巴郡拒扞關之口 史記曰楚肅王爲扞關以拒蜀故基在今硤州巴山縣 地方數千里戰士不下百萬見利則出兵而略地無利則堅守而力農東下漢水以窺秦地南順江流以震荆揚所謂用天因地成功之資今君王之聲聞於天下而名号未定志士狐疑宜即大位使遠人有所依歸述曰帝王有命吾何足以當之熊曰天命無常百姓與能 詩云天命靡常易曰百姓與能也 能者當之王何疑焉述夢有人語之曰八厶子系十二爲期 說文云厶音私系音係胡計反 覺謂其妻曰雖貴而祚短若何妻對曰朝聞道夕死尚可況十二乎會有龍出其府殿中夜有光耀述以爲符瑞因刻其掌文曰公孫帝建武元年四月遂自立爲天子号成家 以起成都故号成家 色尚

白建元曰龍興元年以李熊爲大司徒以其弟光爲大司馬恢爲大司空改益州爲司隷校尉蜀郡爲成都尹（漢以京師爲司隷校尉部置京兆尹中興以洛陽爲司隷校尉部置河南尹故述效焉）越嶲任貴亦殺王莽大尹而據郡降述遂使將軍侯丹開白水關（在漢陽西縣梁州記曰關城西南有白水關也）北守南鄭（今梁州縣也故城在今縣東北也）將軍任滿從閬中下江州（閬中江州皆縣名並屬巴郡閬中今隆州縣也江州故城在渝州巴縣西）東據扞關於是盡有益州之地自更始敗後光武方事山東未遑西伐關中豪桀呂鮪等往往擁衆以萬數莫知所屬多往歸述（時延岑據藍田王歆據下邽各稱將軍擁兵事見馮異傳）皆拜爲將軍遂大作營壘陳車騎肄習戰射會聚兵甲數十萬人積糧漢中築宮南鄭又造十層赤樓帛蘭船（蓋以帛飾其蘭檻也）多刻天下牧守印章備置公卿百官使將軍李育程烏將數萬衆出陳倉與呂鮪徇三輔三年征西將軍馮異擊鮪育於陳倉大敗之鮪育奔

後漢書傳三　二十四

漢中五年延岑田戎爲漢兵所敗皆亡入蜀岑字叔牙南陽人（東觀記曰筑陽縣人）始起據漢中又擁兵關西關西所在破散走至南陽略有數縣戎汝南人初起兵夷陵轉寇郡縣衆數萬人岑戎並與秦豐合豐俱以女妻之及豐敗故二人皆降於述述以岑爲大司馬封汝寧王戎翼江王六年述遣戎與將軍任滿出江關下臨沮夷陵間（華陽國志曰巴楚相攻故置江關在赤甲城後移在江州南岸對白帝城故基在今夔州復縣南臨沮縣名屬南郡故城在今荊州當陽縣西北夷陵縣名屬南郡今硤州縣也故城在今縣西北）招其故衆因欲取荊州諸郡竟不能剋是時述廢銅錢置鐵官錢（置鐵官以鑄錢）百姓貨幣不行蜀中童謠言曰黃牛白腹五銖當復好事者竊言王莽稱黃述自號白五銖錢漢貨也言天下當并還劉氏述亦好爲符命鬼神瑞應之事妄引讖記以爲孔子作春秋爲赤制而斷十二公（尚書考靈耀曰孔子爲赤制故作春秋赤者漢行也言孔子作春秋斷十二公象漢十二帝）

後漢書傳三　二十五

明漢至平帝十二代歷數盡也據漢十二帝言十二
代者井數呂后一姓不得再受命又引録運法曰
廢昌帝立公孫括地象曰帝軒轅受命公
孫氏握録運法括地象並河圖名也援神契曰西太守
乙卯金謂西方太守而乙絶卯金也乙軋也述
言西方太守能軋絶卯金也五德之運黄承赤而白繼
黄金據西方爲白德而代王氏得其正序
又自言手文有奇及得龍興之瑞數移書
中國冀以惑動衆心帝患之乃與述書曰

後漢書傳三　二十六

圖讖言公孫即宣帝也代漢者當塗高君
豈高之身耶東觀記曰光武與述書曰承赤者黄也姓當塗其名高也乃
復以掌文爲瑞王莽何足效乎王莽詐以鐵契石龜
文圭玄印等爲符瑞言不足倣傚也君非吾賊臣亂子倉卒
時人皆欲爲君事耳何足數也數責也君日
月已逝妻子弱小當早爲定計可以無憂
天下神器不可力爭老子云天下神器不可爲也宜留
三思署曰公孫皇帝述不荅明年隗囂稱
臣於述述騎都尉平陵人荆邯見東方將

平兵且西向説述曰兵者帝王之大器古
今所不能廢也左傳宋子罕曰天生五材廢一不可誰能去兵聖人
以興亂人以廢廢興存亡之術皆兵之由也昔秦失其守豪桀
並起漢祖無前人之迹立錐之地言漢祖起自布
衣無公劉太王之業也故秉諫吳王書曰舜無立錐之地以有天下起於行
陣之中躬自奮擊兵破身困者數矣然軍
敗復合創愈復戰軍敗謂戰於睢水上爲楚所破後得韓信軍復
大振也創愈謂在於成皐間項羽射傷漢王胷後復戰何則前死而
成功踰於却就於滅亡也隗囂遭遇運會

後漢書傳三　二十七

割有雍州兵強士附威加山東隴西天水皆雍州之地故
言割有也囂傳云名震西州流聞山東是威加也遇更始政亂復
失天下衆庶引領四方瓦解淮南子曰武王伐紂左操
黄鉞右秉白旄而麾之則瓦解而走囂不及此時推危乘勝
以爭天命而退欲爲西伯之事尊師章句
賓友處士章句謂鄭興等也處士謂方望等也偃武息戈卑
辭事漢喟然自以文王復出也令漢帝釋
關隴之憂以囂居西無東之意故置之度外而不爲憂專精東
伐四分天下而有其三使西州豪傑咸居

心於山東發間使招攜貳（間使謂來歙馬援等也攜貳謂王遵鄭興杜林牛邯等相次而歸光武）則五分而有其四若
舉兵天水必至沮潰天水既定則九分而
有其八陛下以梁州之地內奉萬乘外給
三軍百姓愁困不堪上命將有王氏自潰
之變（王氏即王莽也）臣之愚計以爲宜及天下之望
未絕豪傑尚可招誘急以此時發國內精
兵令田戎據江陵臨江南之會倚巫山之
固（巫山在今夔州巫山縣東也）築壘堅守傳檄吳楚長

沙以南必隨風而靡令延岑出漢中定三
輔天水隴西拱手自服如此海內震搖冀
有大利述以問羣臣博士吳柱曰昔武王
伐殷先觀兵孟津八百諸侯不期同辭然
猶還師以待天命未聞無左右之助而欲
出師千里之外以廣封疆者也邯曰今東
帝無尺土之柄驅烏合之衆（酈陽云周用烏集而王）跨
馬陷敵所向輒平不亟乘時與之分功（亟急也）
而坐談武王之說是效隗囂欲爲西伯

也述然邯言欲悉發北軍屯士及山東客
兵使延岑田戎分出兩道與漢中諸將合
兵并埶蜀人及其弟光以爲不宜空國千
里之外決成敗於一舉固爭之述乃止延
岑田戎亦數請兵立功終疑不聽述性苛
細察於小事敢誅殺而不見大體好改易
郡縣官名然少爲郎習漢家制度出入法
駕（法駕屬車三十六乘公卿不在鹵簿中侍中驂乘奉車都尉御前驅九斿雲罕鳳皇闟戟皮軒）
鑾旗旄騎（旄頭之騎也）陳置陛戟然後輦出房

闥又立其兩子爲王食犍爲廣漢各數縣
羣臣多諫以爲成敗未可知戎士暴露而
遽王皇子示無大志傷戰士心述不聽唯
公孫氏得任事由山大臣皆怨八年帝使
諸將攻隗囂述遣李育將萬餘人救囂囂
敗并沒其軍蜀地聞之恐動述懼欲安衆
心成都郭外有秦時舊倉述改名白帝倉
（述以色尚白故改之）自王莽以來常空述即詐使人言
白帝倉出穀如山陵百姓空市里往觀之

述乃大會羣臣問曰白帝倉竟出穀乎皆對言無述曰訛言不可信道隗王破者復如此矣俄而囂將王元降述以爲將軍明年使元與領軍環安拒河池（河池今鳳州縣也）又遣田戎及大司徒任滿南郡太守程汎將兵下江關破虜將軍馮駿等拔巫及夷陵夷道（夷道縣名屬南郡故城在今硤州宜都縣西）因據荊門（荊門山名也在今硤州宜都縣西北今猶有故城基趾在山上）十一年征南大將軍岑彭攻之蒲等大敗述將王政斬蒲首降于

彭田戎走保江州（江州縣名屬巴郡故城今渝州巴縣）城邑皆開門降彭遂長驅至武陽（武陽縣名故城在今眉州）帝乃與述書陳言禍福以明丹青之信（楊雄法言曰王者之言炳若丹青）述省書歎息以示所親太常常少光祿勳張隆隆少皆勸降述曰廢興命也豈有降天子哉左右莫敢復言中郎將來歙急攻王元環安安使刺客殺歙述復令刺殺岑彭十二年述弟恢及子壻史興並爲大司馬吳漢輔威將軍臧宮所破戰死自是將帥恐懼日夜離叛述雖誅滅其家猶不能禁帝必欲降之乃下詔喻述曰往年詔書比下（比頻也）開示恩信勿以來歙岑彭受害自疑今以時自詣則家族完全若迷惑不喻委肉虎口痛哉柰何將帥疲倦吏士思歸不樂久相屯守詔書手記不可數得朕不食言述終無降意九月吳漢又破斬其大司徒謝豐執金吾袁吉漢兵遂守成都述謂延岑曰事當柰何岑曰男兒當死

中求生可坐窮乎財物易聚耳不宜有愛述乃悉散金帛募敢死士五千餘人以配岑於市橋（市橋即七星之一橋也李膺益州記曰中星橋舊市橋也在今成都縣西南四里）僞建旗幟（幟幡也幟音昌志反又式志反）鳴鼓挑戰而潛遣奇兵出吳漢軍後襲擊破漢漢墮水緣馬尾得出十一月臧宮軍至咸門（成都北面有二門其西者名咸門）述視占書云虜死城下大喜謂漢等當之乃自將數萬人攻漢使延岑拒宮大戰岑三合三勝自旦及日中軍士不得食

並夜漢因令壯士突之述兵大亂被刺洞胷墮馬吳漢傳云護軍高午奔陣刺述殺之左右輿入城述以兵屬延岑其夜死明旦岑降吳漢乃夷述妻子盡滅公孫氏并族延岑遂放兵大掠焚述宮室帝聞之怒以譴漢又讓漢副將劉尚曰城降三日吏人從服孩兒老母口以萬數一旦放兵縱火聞之可爲酸鼻尚宗室子孫嘗更吏職何忍行此仰視天俯視地觀放麑啜羹二者孰仁韓子曰孟孫獵得麑使秦西巴持之其母隨而呼秦西巴不忍而與其母戰國策曰樂羊爲魏將而攻中山其子在中山中山君烹其子而遺之羹樂羊啜之盡一杯而攻拔中山良失斬將弔人之義也良猶甚也

三·六十四　後漢書傳三　三十二

初常少張隆勸述降不從並以憂死帝下詔追贈少爲太常隆爲光祿勳以禮改葬之其忠節志義之士並蒙旌顯謂李業譙玄等程烏李育以有才幹皆擢用之見獨行傳於是西土咸悅莫不歸心焉

論曰昔趙佗自王番禺趙佗真定人因漢初天下未定自立爲南越王番禺縣屬南海郡故城在今廣州西南越志曰有番山禺山因以爲名公孫亦竊帝蜀漢推其無他功能而至於後亡者將以地邊處遠非王化之所先乎述雖爲漢吏無所馮資徒以文俗自憙遂能集其志計道未足而意有餘不能因隙立功以會時變方乃坐飾邊幅邊幅猶有邊緣以自矜持以高深自安昔吳起所以慙魏侯也史記曰魏武侯浮西河而下中流而顧曰美哉乎河山之固此魏之寶也吳起對曰在德不在險及其謝臣屬審廢興之命與夫泥首銜玉者異日談也干寶晉紀曰吳王孫皓將其子瑾等泥首而縛降王濬左傳曰許男面縛銜璧以見楚子璧玉也

後漢書傳三　三十三

贊曰公孫習吏隗王得士漢命已還二隅方跱天數有違江山難恃違猶去也

隗囂公孫述列傳第三

宗室四王三侯列傳第四　范曄　後漢書十四

齊武王縯　趙孝王良
城陽恭王祉　泗水王歙
安城孝侯賜　成武孝侯順
順陽懷侯嘉

齊武王縯字伯升(縯引也音衍)光武之長兄也性剛毅慷慨有大節自王莽篡漢常憤憤懷復社稷之慮不事家人居業傾身破産交結天下雄俊莽末盜賊羣起南方尤甚伯升召諸豪傑計議曰王莽暴虐百姓分崩今枯旱連年兵革並起(東觀記曰王莽末年天下大旱蝗蟲蔽天盜賊羣起四方潰畔)此亦天亡之時復高祖之業定萬世之秋也衆皆然之於是分遣親客使鄧晨起新野光武與李通李軼起於宛伯升自發舂陵子弟合七八千人部署賓客自稱柱天都部(柱天者若天之柱也都部者都統其衆也)使宗室劉嘉往誘新市平林兵王匡陳牧等合軍而進屠長聚及唐子鄉殺湖陽尉進拔棘陽因欲攻宛至小長安與王莽前隊大夫甄阜屬正梁丘賜戰時天密霧漢軍大敗姊元弟仲皆遇害宗從死者數十人伯升復收會兵衆還保棘陽阜賜乘勝留輜重於藍鄉(比陽縣有藍鄉)引精兵十萬南渡黃淳水(酈元注水經曰諸水二湖流注合爲黃水又南經棘陽縣之黃淳聚又謂之黃淳水在今唐州湖陽縣書誤音淳作諄者誤)臨沘水阻兩川間爲營絶後橋示無還心新市平林見漢兵數敗阜賜軍大至各欲解去伯升甚患之會下江兵五千餘人至宜秋(宜秋聚名在沘陽縣)乃往爲說合從之埶下江從之語在王常傳伯升於是大饗軍士設盟約休卒三日分爲六部潛師夜起襲取藍鄉盡獲其輜重明旦漢軍自西南攻甄阜下江兵自東南攻梁丘賜至食時賜陳潰阜軍望見散走漢兵急追之却迫黃淳水斬首溺死者二萬餘人遂斬阜賜王莽納言將軍嚴尤秩宗將軍陳茂聞阜賜軍敗引欲據宛伯升乃陳兵誓衆焚積聚破

釜甑鼓行而前（破釜甑示必死也挙行而前言無所畏也史記曰項羽北救趙渡河沈船破釜甑）與尤茂遇育陽下戰大敗之斬首三千餘級尤茂棄軍走伯升遂進圍宛自號柱天大將軍王莽素聞其名大震懼購伯升邑五萬户黃金十萬斤位上公使長安中官署及天下鄉亭皆畫伯升像於塾旦起射之（蕭該音義亦作塾引字林塾門側堂也東觀記續漢書並作埻說文云射臬也廣雅埻的也埻音之允反）自阜賜死後百姓日有降者衆至十餘萬諸將會議立劉氏以從人望豪傑

咸歸於伯升而新市平林將帥樂放縱憚伯升威明而貪聖公懦弱先共定策立之然後使騎召伯升示其議伯升曰諸將軍幸欲尊立宗室其德甚厚然愚鄙之見竊有未同今赤眉起青徐衆數十萬聞南陽立宗室恐赤眉復有所立如此必將內爭今王莽未滅而宗室相攻是疑天下而自損權非所以破莽也且首兵唱號鮮有能遂陳勝項籍即其事也舂陵去宛三百里

耳未足為功遽自尊立為天下準的使後人得承吾敝（前書宋義曰戰勝則兵疲我承其敝）非計之善者也今且稱王以號令若赤眉所立者賢相率而往從之若無所立破莽降赤眉然後舉尊號亦未晚也願各詳思之諸將多曰善將軍張卬拔劍擊地曰疑事無功（史記曰趙武靈王欲被胡服肥義曰疑事無功疑行無名）今日之議不得有二衆皆從之聖公既即位拜伯升為大司徒封漢信侯由是豪傑失望多不服平

林後部攻新野不能下新野宰登城言曰（王莽改令長為宰東觀記曰其宰潘臨也）得司徒劉公一信願先下及伯升軍至即開城門降五月伯升拔宛六月光武破王尋王邑自是兄弟威名益甚更始君臣不自安遂共謀誅伯升乃大會諸將以成其計更始取伯升寶劍視之繡衣御史申屠建隨獻王玦（繡衣御史武帝置衣繡者尊寵之也玦決也令早決斷）更始竟不能發及罷會伯升舅樊宏謂伯升曰昔鴻門之會范增

舉玦以示項羽史記曰項王留沛公飲項伯東向坐范增南向坐沛公北向坐范增數目項王舉所佩玉玦者三項王默然不應鴻門地名在新豐東七十里今建此意得無不善乎伯升笑而不應初李軼諂事更始貴將貴將朱鮪等也光武深疑之常以戒伯升曰此人不可復信又不受伯升部將宗人劉稷數陷陳潰圍勇冠三軍時將兵擊魯陽魯陽縣屬南郡今汝州魯山縣也聞更始立怒曰本起兵圖大事者伯升兄弟也今更始何為者邪更始君臣聞而心忌之以稷為抗威將軍稷不肯拜更始乃與諸將陳兵數千人先收稷將誅之伯升固爭李軼朱鮪因勸更始并執伯升即日害之有二子建武二年立長子章為太原王興為魯王十一年徙章為齊王十五年追謚伯升為齊武王章少孤光武感伯升功業不就撫育恩愛甚篤以其少貴欲令親吏事故使試守平陰令試守者稱職滿歲為真平陰縣屬河南郡應劭云在平津南故曰平陰魏文帝改為河陰故城在今洛陽縣東北濟州平陰縣東北五里亦有平陰故城遷梁郡太守

今宋州也立二十一年薨謚曰哀王子煬王石嗣建武二十七年石始就國三十年封石弟張為下博侯永平十四年封石二子為鄉侯石立二十四年薨子晃嗣下博侯張以善論議十六年與奉車都尉竇固等續漢志奉車都尉比二千石無員掌御乘輿車並出擊匈奴後進者多害其能數被譖訴建初中卒肅宗下詔褒揚之復封張子它人奉其祀晃及弟利侯剛與母太姬宗更相誣告章和元年有司奏請免晃剛爵為庶人徙丹陽丹陽故郡城在今潤州江寧縣東南帝不忍下詔曰朕聞人君正屏有所不聽白虎通曰所以設屏何以自障也示不極臣下之敬也天子德大故外屏諸侯德小故內屏宗尊為小君諸侯之妻稱曰小君宮衛周備出有輜輧之飾輜輧有擁蔽之車也列女傳曰齊孝公華孟姬謂公曰妾聞妃后踰閾必乘安車輜輧下堂必從傅母保阿進退則鳴玉珮內飾則結綢繆所以正心一意自斂制也入有牖戶之固殆不至如諸者之言

何休注公羊傳曰如其事曰訴加誣爲曰譖晃剛從乎至行濁

乎大倫濁猶汙也倫理也孔子曰欲潔其身而亂大倫甫刑三千

莫大不孝朕不忍置之于理其貶晃爵爲

蕪湖侯蕪湖縣見章紀削剛戶三千於戲小子不

勗大道控于法理以隳宗緒控引也隳毁也其遣

謁者收晃及太姬璽綬晃立十七年而降

爵晃卒子無忌嗣帝以伯升首創大業而

後嗣罪廢心常愍之時北海亦絕無後及

崩遺詔令復二國永元二年乃復封無忌

爲齊王是爲惠王立五十二年薨子頃王

喜嗣立五年薨子承嗣建安十一年國除

論曰大丈夫之鼓動拔起其志致蓋遠矣

若夫齊武王之破家厚士豈游俠下客之

爲哉下客謂毛遂馮煖之徒也其慮將存乎配天之絕

業而痛明堂之不祀也王者以遠祖配天以父配上帝於明

堂將以存其絕業復其祭祀及其發舉大謀在倉卒擾

攘之中使信先成於敵人新野宰播臨云請劉公一信而

降赦岑彭以顯義初彭守宛食盡降漢諸將欲誅之伯升曰今舉

大舉當表義士不如封之以勸其後更始封彭爲歸德侯若此足以見

其度矣志高慮遠禍發所忽謂不用樊宏光武之言忽

輕也司馬相如曰禍故多藏於隱微而發於人之所忽也嗚呼古人以

蜂蠆爲戒蠆蝎也左傳臧文仲謂魯君曰君其無謂邾小蜂蠆有毒而況

國乎蓋畏此也詩云敬之敬之命不易哉周詩

頌也

北海靖王興建武二年封爲魯王嗣光武

兄仲初南頓君娶同郡樊重女字嫻都嫻胡

間反說文嫻雅也嫻都性婉順自爲童女不正容

服不出於房宗族敬焉生三男三女長男

伯升次仲次光武長女黃次元次伯姬皇

妣以初起兵時病卒宗人樊巨公收斂焉

建武二年封黃爲湖陽長公主伯姬爲寧

平長公主元與仲俱歿於小長安追爵元

爲新野長公主十五年追謚仲爲魯哀王

興其歲試守緱氏令爲人有明略善聽訟

甚得名稱遷弘農太守亦有善政續漢書曰弘農

縣吏張申有伏罪興收申案論郡中震慄時年旱分遣文學循行屬縣理冤獄宥小

過應時甘雨降澍視事四年上疏乞骸骨徵還京師奉朝請二十七年始就國明年以魯國益東海續漢書曰二郡二十九縣租入倍諸王也故徙興爲北海王三十年封興子復爲臨邑侯臨邑縣屬東海故城在今濟州東亦名馬坊城也中元二年又封興二子爲縣侯顯宗器重興每有異政輒乘驛問焉立三十九年薨子敬王睦嗣睦少好學博通書傳光武愛之數被延納顯宗之在東宮尤見幸待入侍諷誦出則執轡乘輿

後漢列傳四　九　王明

尊者居中執轡在左中興初禁網尚闊而睦性謙恭好士千里交結自名儒宿德莫不造門由是聲價益廣永平中法憲頗峻睦乃謝絕賓客放心音樂然性好讀書常爲愛翫歲終遣中大夫奉辟朝賀中大夫王國官也續漢志曰中大夫比六百石無員掌奉王使京都奉辟賀正月及使諸國本皆持節後去節爾雅曰肉倍好謂之辟好孔也召而謂之曰朝廷設問寡人朝廷謂天子也大夫將何辭以對使者曰大王忠孝慈仁敬賢樂士臣雖螻蟻敢不以實睦

曰吁子危我哉吁音盱孔安國注尚書曰吁者疑怪之聲也此乃孤劫時進趣之行也東觀記續漢並云是吾幼時狂惷之行也大夫其對以孤襲爵以來志意衰惰聲色是娛犬馬是好使者受命而行其能屈申若此初靖王薨悉推財產與諸弟雖王車服珍寶非列侯制皆以爲分然後隨以金帛贍之睦能屬文作春秋旨義終始論及賦頌數十篇又善史書當世以爲楷則之及寢病帝驛馬令作草書尺牘十首說文

後漢列傳四卷　十

云牘書版也蓋長一尺因取名焉立十年薨子哀王基嗣永平十八年封基二弟爲縣侯二弟爲鄉侯建初二年又封基弟毅爲平望侯基立十四年薨無子肅宗憐之不除其國永元二年和帝封睦庶子斟鄉侯威爲北海王奉睦後立七年威以非睦子又坐誹謗檻車徵詣廷尉道自殺永初元年鄧太后復封孫壽光侯普爲北海王是爲項王延光二年復封睦少子爲亭侯普立七年薨子恭王翼嗣

立十四年薨子康王嗣無後建安十一年
國除初臨邑侯復好學能文章永平中每
有講學事輙令復典掌焉與班固賈逵共
述漢史傅毅等皆宗事之復子騊駼及從
兄平望侯毅並有才學永寧中鄧太后召
毅及騊駼入東觀與謁者僕射劉珍與望平侯
毅並在文苑傳著中興以下名臣列士傳騊駼又
自造賦頌書論凡四篇

趙孝王良字次伯光武之叔父也平帝時
舉孝廉爲蕭令光武兄弟少孤良撫循甚
篤及光武起兵以事告良大怒東觀記曰光武初起
兵良搏手大呼曰我欲詣納言嚴將軍叱上起去出閤令人視之還白方坐啗脯良復讓呼上言不可讓
霧明旦欲去前白良曰欲竟何時詣嚴將軍所良意下曰我爲詐汝耳當復何若乎曰汝與
伯升志操不同今家欲危亡而反共謀如
是既而不得已從軍至小長安漢兵大敗
良妻及二子皆被害續漢書曰阜賜移書於良曰老子不率宗族單綺騎
牛哭且行何足賴哉更始立以良爲國三老從入關更
始敗良聞光武即位乃亡奔洛陽建武二

年封良爲廣陽王五年徙爲趙王始就國
十三年降爲趙公頻歲來朝十七年薨于
京師凡立十六年子節王栩嗣栩音況羽反建
武三十年封栩二子爲鄉侯建初二年復
封栩十子爲亭侯栩立四十年薨子頃王
商嗣永元三年封商三弟爲亭侯元年封
商四子爲亭侯商立二十三年薨子靖王
宏立十二年薨子惠王乾嗣元初五年封
乾二弟爲亭侯是歲趙相奏乾居父喪私

娉小妻小妻妾也又白衣出司馬門坐削中丘
縣王宮門有兵衛亦爲司馬門東觀記曰乾私出國到魏郡鄴易陽止宿亭令奴金盜取亭席金與亭
佐孟常爭言以刃傷常部吏追逐乾藏逃金絞殺之懸其屍道邊樹相國舉奏詔書削中丘縣屬趙國故
城在今刑州内丘縣西隨室諱忠故改爲内焉時郎中南陽程堅素有
志行拜爲乾傅堅輔以禮義乾改悔前過堅
列上復所削縣本初元年封乾一子爲亭
侯乾立四十八年薨子懷王嗣豫薨子獻
王赦嗣赦薨子珪嗣建安十八年徙封博
陵王立九年魏初以爲崇德侯

城陽恭王祉字巨伯東觀記初名終後改爲祉光武族兄
春陵康侯敞之子也敞曾祖父節侯買以
長沙定王子封於零道之春陵鄉爲春陵
侯買卒子戴侯熊渠嗣熊渠卒子考侯仁
嗣仁以春陵地埶下溼山林毒氣上書求
減邑内徙東觀記曰考侯仁於時見戶四百七十六上書願減戶徙南陽留子男昌守墳
墓元帝許之元帝初元四年徙封南陽之白水
鄉猶以春陵爲國名遂與從弟鉅鹿都尉
回及宗族往家焉仁卒子敞嗣敞謙儉好

四百廿　後漢列傳四　十三

義盡推父時金寶財產與昆弟荊州刺史
上其義行拜廬江都尉南陽郡是荊州所管故刺史上其行義也歲餘會族兄
續漢書曰侯等助祭明堂以例益戶二百敞以有行義拜爲廬江都尉也
安衆侯劉崇起兵安衆康侯丹長沙定王子崇卽丹之玄孫之子王莽
畏惡劉氏徵敞至長安免歸國東觀記曰敞臨廬江歲餘
遭旱行縣人持枯稻自言稻皆枯吏強責租敞應曰太守事也載枯稻至太守所酒數行以語太守太守
曰無有敞以枯稻示之太守曰都尉事邪敞怒叱太守曰鼠何敢爾刺史舉奏莽徵到長安免就國先
是平帝時敞與崇俱朝京師助祭明堂平帝
時王莽輔政祫祭明堂諸侯王二十八人列侯百二十人宗室子九百餘人徵助祭也崇見

莽將危漢室私謂敞曰安漢公擅國權羣
臣莫不回從回曲社稷傾覆至矣太后春秋
高天子幼弱謂元后平帝也高皇帝所以分封子
弟蓋爲此也敞心然之及崇事敗敞懼欲
結援相黨乃爲祉娶高陵侯翟宣女爲妻
宣丞相方進之子也襲父侯爵東觀記曰敞爲嫡子終娶宣子女習爲妻宣使嫡子姬送女入門二十餘
日義起兵也會宣弟義起兵欲攻莽南陽捕殺
宣女祉坐繫獄敞因上書謝罪願率子弟
宗族爲士卒先莽新居攝欲慰安宗室故

三万五七　後漢書傳四　十四　金山

不被刑誅及莽簒立劉氏爲侯者皆降稱
子食孤卿祿孤者特也卑於公尊於卿特置之故曰孤禮記上農夫食九人諸侯下士
視上農夫中士倍下士上士倍中士下大夫倍上士卿四大夫祿也後皆奪爵及敞
卒祉遂特見廢又不得官爲吏祉以故侯
嫡子行淳厚宗室皆敬之及光武起兵祉
兄弟相率從軍前隊大夫甄阜盡收其家
屬繫宛獄及漢兵敗小長安祉挺身還保
棘陽甄阜盡殺其母弟妻子更始立以祉
爲太常將軍紹封春陵侯從西入關封

爲定陶王別將擊破劉嬰於臨涇及更始降於赤眉祉乃閒行亡奔洛陽是時宗室唯祉先至光武見之歡甚（東觀記曰祉以建武二年三月見於懷宮）建武二年封爲城陽王賜乘輿御物車馬衣服追謚敞爲康侯十一年祉疾病上城陽王璽綬願以列侯奉先人祭祀帝自臨其疾祉薨年四十三謚曰恭王竟不之國葬於洛陽北芒十三年封祉嫡子平爲蔡陽侯以奉祉祀平弟堅爲高鄉侯初建武

後漢列傳四　十五

二年以皇祖皇考墓爲昌陵置陵令守視後改爲章陵因以舂陵爲章陵縣十八年立考侯康侯廟比園陵置嗇夫（嗇夫本鄉官主知賦役多少平其差品園陵置之知祭祀徼求諸事）詔零陵郡奉祠節侯戴侯廟以四時及臘歲五祠焉（臘歲終祭神之名也）置嗇夫佐吏各一人平後坐與諸王交通國除永平五年顯宗更封平爲竟陵侯平卒子眞嗣眞卒子禹嗣禹卒子嘉嗣

泗水王歙字經孫（歙音許及反）光武族父也歙子終與光武少相親愛漢兵起始及唐子終誘殺湖陽尉更始立歙從入關封爲元氏王終爲侍中更始敗歙終東奔洛陽建武二年立歙爲泗水王終爲淄川王（今淄州縣也）十年歙薨封小子嬋爲堂谿侯（嬋字林云灼也音充善反續漢志汝南吳房縣有堂谿亭嬋或作燀）奉歙後終居喪思慕哭泣二十餘日亦薨封長子柱爲邔侯（邔縣屬南郡故城在今襄州邔縣其紀反）以奉終祀又封終子鳳曲陽侯（曲陽縣屬東海郡故城在今海州朐山縣西南）歙從父弟茂年十八漢

後漢列傳四　十六

兵之起茂自號劉失職（續漢志曰茂自號爲劉失職）亦聚衆京密閒（京縣屬河南郡鄭之京邑故城在今鄭州滎陽縣東南密縣屬河南郡故城在今密縣東南）稱厭新將軍攻下潁川汝南衆十餘萬人光武旣至河內茂率衆降封爲中山王十三年宗室爲王者皆降爲侯更封茂爲穰侯茂弟匡亦與漢兵俱起建武二年封宜春侯爲人謙遜永平中爲宗正子浮嗣封朝陽侯（朝陽縣屬南郡故城在今鄧州穰縣南今謂之朝城）浮弟尚永元中爲征西將軍浮傳國至孫護無

子封絶延光中護從兄瓌與安帝乳母王聖女伯榮私通遂取伯榮爲妻得紹護封爲朝陽侯位侍中及王聖敗貶爵爲亭侯

安成孝侯賜字子琴光武族兄也祖父利蒼梧太守（蒼梧郡今梧州縣也）賜少孤兄顯報怨殺人吏捕顯殺之賜與顯子信賣田宅同拋（普交反）財產結客報吏（續漢書曰王莽時諸劉抑廢爲郡縣所侵蔡陽國釜亭侯長辭詢更始父子張子張怒刺殺亭長後十餘歲亭長子報殺更始弟騫賜兄欲爲報怨賓客轉劫人發覺州郡殺顯獄中賜與顯子信結客陳致等九人攜燒殺亭長妻子四人）皆亡命逃伏

後漢書傳四　十七

遭赦歸會伯升起兵乃隨從攻擊諸縣更始既立以賜爲光祿勳封廣漢侯及伯升被害代爲大司徒將兵討汝南未及平更始又以信爲奮威大將軍代賜擊汝南賜與更始俱到洛陽更始欲令親近大將徇河北未知所使賜言諸家子獨有文叔可用大司馬朱鮪等以爲不可更始狐疑賜深勸之乃拜光武行大司馬持節過河是日以賜爲丞相令先入關修宗廟宮室還迎更始都長安封賜爲宛王拜前大司馬使持節鎮撫關東二年春賜就國於宛典將六部兵（伯升初起置六部之兵）後赤眉破更始賜所領六部亦稍散畔乃去宛保育陽聞光武即位乃西之武關迎更始妻子將詣洛陽帝嘉賜忠建武二年封爲愼侯（愼縣屬汝南郡故城在今潁州潁上縣西北）十三年更增戶邑定封爲安成侯奉朝請以賜有恩信故親厚之數蒙讌私時幸其第恩賜特異賜輒賑與故舊無有遺

後漢列傳四　十八

積帝爲營冢堂起祠廟置吏卒如舂陵孝侯二十八年卒子閔嗣三十年帝復封閔弟嵩爲白牛侯（白牛蓋鄉亭之號也今在鄧州東也）坐楚事（謂楚王英謀反）辭語相連國除閔卒子商嗣徙封爲白牛侯商卒子昌嗣初信爲更始討平汝南因封爲汝陰王（汝陰屬汝州南郡故城即今潁川郡汝陰縣也）信遂將兵平定江南據豫章光武即位桂陽太守張隆擊破之信乃詣洛陽降以爲汝陰侯永平十三年亦坐楚事國除

成武孝侯順字平仲光武族兄也父慶（續漢志慶字翁敖）春陵侯敞同産弟順與光武同里閈（閈里門也）少相厚更始即位以慶爲燕王順爲虎牙將軍會更始降赤眉慶爲亂兵所叔順乃間行詣光武拜爲南陽太守建武二年封成武侯（成武縣屬山陽郡今曹州縣也）邑戶最大租入倍宗室諸家八年使擊破六安賊（六安即廬州也）因拜爲六安太守數年帝欲徵之吏人上書請留十一年卒帝使使者迎喪親自臨

弔子遵嗣坐與諸王交通降爲端氏侯（端氏縣屬河東郡故城在今澤州端氏縣西北）遵卒子弇嗣弇卒無嗣國除永平十年顯宗幸章陵追念舊恩封順弟子三人爲鄉侯初順叔父弘（東觀記曰弘字孺孫先起義兵卒）娶於樊氏皇妣之從妹也生二子歙國與母隨更始在長安建武二年詣洛陽光武封歙爲甘里侯（穎州穎上縣西北有甘城）國爲弋陽侯（弋陽縣屬汝南郡侯國也故城在今光州定城縣西也）歙通經有行永平初官至越騎校尉弘弟梁以俠氣聞（東觀記曰梁字季少）更始元年起兵豫章欲徇江東自號就漢大將軍暴病卒（東觀記曰病筋攣卒）

順陽懷侯嘉字孝孫光武族兄也父憲（續漢志曰憲字翁君）春陵侯敞同産弟嘉少孤性仁厚南頓君養視如子後與伯升俱學長安習尚書春秋及義兵起嘉隨更始征伐漢軍之敗小長安也嘉妻子遇害更始即位以爲偏將軍及攻破宛封興德侯遷大將軍擊延岑於冠軍降之更始既都長安以嘉

爲漢中王扶威大將軍持節就國都於南鄭衆數十萬建武二年延岑復反攻漢中圍南鄭嘉兵敗走岑遂定漢中進兵武都爲更始柱功侯李寶所破岑走天水公孫述遣將侯丹取南鄭嘉收散卒得數萬人以寶爲相從武都南擊侯丹不利還軍河池下辨（河池縣屬武都郡一名仇池今鳳州縣也下辨縣名今成州同谷縣也）復與延岑連戰岑引北入散關（散關故城在今陳倉縣南十里有散谷水因取名焉）至陳倉嘉追擊破之更始鄧王

廖湛將赤眉十八萬攻嘉嘉與戰於谷口(谷口縣故城今醴泉縣東北四十里酈元水經注曰涇水東經九嵕山東中山西謂之谷口)大破之嘉手殺湛遂到雲陽就穀李寶等聞鄧禹西征擁兵自守勸嘉且觀成敗光武聞之告禹曰孝孫素謹善少且親愛當是長安輕薄兒誤之耳禹即宣帝旨嘉乃因來歙詣禹於雲陽三年到洛陽從征伐拜爲千乘太守六年病上書乞骸骨徵詣京師十三年封爲順陽侯秋復封嘉子廱爲黃李侯十五年嘉卒子參嗣有罪削爲南鄉侯永平中參爲城門校尉參卒子循嗣循卒子章嗣

贊曰齊武洸雄義戈乘風(以義舉兵乘風雲之會也)倉卒匪圖亡我天工城陽早協趙孝晚同泗水三侯或恩或功

後漢書列傳卷第四

列傳第五　范曄　後漢書十五

唐章懷太子賢注

李通　王常　鄧晨

來歙　歷伯珍

李通字次元南陽宛人也世以貨殖著姓父守身長九尺容貌絕異爲人嚴毅居家如官廷(續漢書曰守居家與子孫尤謹閨門之內如官廷也)初事劉歆好星歷讖記爲王莽宗卿師(平帝五年王莽攝政郡國置宗師以主宗室蓋特尊之故曰宗卿師也)通亦爲五威將軍從事出補巫丞有能名(王莽置五威將軍從事謂驅使小官也前書秦御史監郡蕭何從事辦之巫縣屬南郡故城在今夔州巫山縣北也)莽末百姓愁怨通素聞守說讖云劉氏復興李氏爲輔私常懷之且居家富逸爲閭里雄以此不樂爲吏乃自免歸及下江新市兵起南陽騷動(騷亦動也)通從弟軼亦素好事乃共計議曰今四方擾亂新室且亡漢當更興南陽宗室獨劉伯升兄弟汎愛容衆可與謀大事通笑曰吾意也會光武避事在宛通聞之即遣軼往迎光

武（續漢書曰先是李通同母弟申徒臣能爲醫難使伯升殺之上恐其怨不欲與軼相見軼數請上乃強見之軼深達通意上乃許往意不安買半𢅥佩刀懷之至通舍通甚悅握上手得半𢅥刀謂上曰一何武也上曰倉卒時以備不虞耳）光武初以通士君子相慕也故往荅之及相見共語移日握手極歡通因具言讖文事光武初殊不意未敢當之時守在長安光武乃微觀通曰即如此當如宗卿師何通曰已自有度矣（度計度也音大各反）因復備言其計光武既深知通意乃遂相約結定謀議期以財官都試騎士日（漢法以立秋日都試騎士謂課殿最也翟義誅王莽以九月都試日勒車騎材官士是也）欲劫前隊大夫及屬正（前隊大夫謂南陽太守甄阜也屬正謂梁丘賜也）因以號令大衆乃使光武與軼歸舂陵舉兵以相應遣從兄子季之長安以事報守季於道病死守密知之欲亡歸素與邑人黃顯相善時顯爲中郎將聞之謂守曰今關門禁嚴君狀貌非凡將以此安之不如詣闕自歸事既未然脫可免禍守從其計即上書歸死章未及報留闕下會事發覺

後漢列傳五

通得亡走莽聞之乃繫守於獄而黃顯爲請曰守聞子無狀（無狀謂大不可名言其狀也）不敢逃亡守義自信歸命宮闕臣顯願質守俱東曉說其子如遂悖逆令守北向刎首以謝大恩（刎割也）莽然其言會前隊復上通起兵之狀莽怒欲殺守顯爭之遂并被誅及守家在長安者盡殺之南陽亦誅通兄弟門宗六十四人皆焚屍宛市時漢兵亦已大合通與光武李軼相遇棘陽遂共破前隊殺甄阜梁丘賜更始立以通爲柱國大將軍輔漢侯從至長安更拜爲大將軍封西平王軼爲舞陰王通從弟松爲丞相更始使通持節還鎮荊州通因娶光武女弟伯姬是爲寧平公主（寧平縣屬淮陽國也）光武即位徵通爲衛尉建武二年封固始侯拜大司農帝每征討四方常令通居守京師鎮撫百姓修宮室起學官五年春代王梁爲前將軍六年夏領破姦將軍侯進捕虜將軍王霸等十

後漢傳五

營擊漢中賊（賊謂延岑也）公孫述遣兵赴救通等與戰於西城破之（西城縣屬漢中郡也）還屯田順陽（順陽縣名屬南郡哀帝改爲博山故城在今鄧州穰縣西）時天下略定通思欲避榮寵以病上書乞身詔下公卿羣臣議大司徒侯霸等曰王莽篡漢傾亂天下通懷伊呂蕭曹之謀建造大策扶助神靈輔成聖德破家爲國忘身奉主有扶危存亡之義功德最高海内所聞通以天下平定謙讓辭位夫安不忘危宜令通居職療疾欲就

後漢傳五　四　李秀

諸侯不可聽於是詔通勉致醫藥以時視事其夏引拜爲大司空通布衣唱義助成大業重以寧平公主故特見親重然性謙恭常欲避權埶素有消疾（消消中之疾也周禮天官職曰春有痟首疾鄭玄注云痟酸削也）自爲宰相謝病不視事連年乞骸骨帝每優寵之令以公位歸弟養疾通復固辭積二歲乃聽上大司空印綬以特進奉朝請有司奏請封諸皇子帝感通首創大謀即日封通少子雄爲召陵侯每幸

南陽常遣使者以太牢祠通父冢十八年卒謚曰恭侯帝及皇后親臨弔送葬子音嗣音卒子定嗣定卒子黄嗣黄卒子壽嗣（東觀記黄字作其也）李軼後爲朱鮪所殺更始之敗李松戰死唯通能以功名終永平中顯宗幸宛詔諸李隨安衆宗室會見（安衆縣屬南陽郡故城在鄧州東觀書曰安衆侯劉崇長沙定王五代孫南陽宗室也與宗人討莽有功隨光武河北破王郎朝廷高其忠壯策文嗟歎以厲宗室安衆諸劉皆其後）並受賞賜恩寵篤焉

論曰子曰富與貴是人之所欲不以其道

四ノ六七　後漢傳五　五　元真

得之不處也（論語之文）李通豈知夫所欲而未識以道者乎夫天道性命聖人難言之況乃億測微隱猖狂無妄之福（微隱謂讖文也莊子曰猖狂妄行易無妄卦曰無妄之往何之矣鄭玄注云妄之言望人所望宜正行必有所望行而無所望是失其正何可往也即史記朱英曰代有無望之福又有無妄之禍是也）汙滅親宗以觖一切之功哉（觖望也音丘瑞反一切謂權時也傳水曰汙言族滅而汙池之也）昔蒙穀負書不徇楚難（戰國策曰吴與楚戰於柏舉吴師入郢蒙穀奔入宮自雞次之典浮江逃於雲夢之中後昭王反郢五官失法百姓昏亂蒙穀獻典五官得法百姓大化校蒙穀之功與存國相若封之執圭蒙穀怒曰穀非人臣社稷之臣也苟社稷血食余豈患無君乎遂弃於歷

山也)即墨用齊義雪燕恥(史記曰燕昭王伐齊湣王敗出亡燕人入臨菑盡取齊寶燒其宮室宗廟下齊七十餘城其不下者唯獨莒即墨後齊田單以即墨擊破燕軍悉復所亡城故曰雪也)彼之趣舍所立其殆與通異乎

王常字顏卿潁川舞陽人也(東觀記曰其先鄠人常父博成哀間轉客潁川舞陽因家焉也)王莽末為弟報仇亡命江夏(命者名也言背其名藉而逃亡也)久之與王鳳王匡等起兵雲杜綠林中聚衆數萬人以常為偏裨攻傍縣後與成丹張卬別入南郡藍口號下江兵(續漢志曰南郡編縣有藍口聚)王莽遣嚴尤陳茂擊破之常與丹卬收散卒入蔞谿(蔞音力于反)劫略鍾龍間(盛弘之荊州記曰永陽縣北有石龍山在今安州應山縣東北又隨州隨縣東北有三鍾山也)衆復振引軍與荊州牧戰於上唐大破之(上唐鄉名故城在今隨州棗陽縣東北也)遂北至宜秋(續漢志曰南郡有宜秋聚也)是時漢兵與新市平林衆俱敗於小長安各欲解去伯升聞下江軍在宜秋即與光武及李通俱造常壁曰願見下江一賢將議大事成丹張卬共推遣常伯升見常說以合從之利(以利合曰從也)常大悟曰王莽

後漢傳五　六

篡弒殘虐天下百姓思漢故豪傑並起今劉氏復興即真主也誠思出身為用輔成大功伯升曰如事成豈敢獨饗之哉遂與常深相結而去常還具為丹卬言之丹卬負其衆皆曰大丈夫既起當各自為主何故受人制乎常心獨歸漢乃稍曉說其將帥曰往者成哀衰微無嗣故王莽得承間篡位既有天下而政令苛酷積失百姓之心民之謳吟思漢非一日也故使吾屬因此得起夫民所怨者天所去也民所思者天所與也舉大事必當下順民心上合天意功乃可成若負強恃勇觸情恣欲雖得天下必復失之以秦項之埶尚至夷覆況今布衣相聚草澤以此行之滅亡之道也今南陽諸劉舉宗起兵觀其來議事者皆有深計大慮王公之才與之并合必成大功此所以祐吾屬也下江諸將雖屈強少識然素敬常乃皆謝曰無王將軍吾屬

二九十一　後漢列傳五　七

幾陷於不義願敬受教即引兵與漢軍及新市平林合於是諸部齊心同力銳氣益壯遂俱進破殺甄阜梁丘賜及諸將議立宗室唯常與南陽士大夫同意欲立伯升而朱鮪張卬等不聽及更始立以常爲廷尉大將軍封知命侯別徇汝南沛郡還入昆陽與光武共擊破王尋王邑更始西都長安以常行南陽太守事令專命誅賞東觀記曰誅不從命封拜有功封爲鄧王食八縣賜姓劉氏常

大二百三六 少七九 後漢列傳五 八 徐

性恭儉遵法度南方稱之更始敗建武二年夏常將妻子詣洛陽肉袒自歸光武見常甚歡勞之曰王廷尉良苦良甚也言苦軍事也每念往時共更艱厄何日忘之更經死艱厄謂帝敗小長安遇常壁與常共破甄阜及王尋等也莫往莫來豈違平生之言平生言謂常云劉氏真主也誠思出身爲用輔成大功常乃以事更始不早歸朝帝微以責之故下文云吾與廷尉戲耳詩衞風曰莫往莫來悠悠我思常頓首謝曰臣蒙大命得以鞭策託身陛下策馬撾也言執策以從之始遇宜秋後會昆陽幸賴靈武輒成斷金伯升與常深相結故

曰斷金易繫辭曰二人同心其利斷金更始不量愚臣任以南州謂以廷尉行南陽太守赤眉之難喪心失望謂赤眉入長安更始破以爲天下復失綱紀聞陛下即位河北心開目明今得見闕庭死無遺恨帝笑曰吾與廷尉戲耳吾見廷尉不憂南方矣謂南陽也乃召公卿將軍以下大會具爲羣臣言常以匹夫興義兵明于知天命故更始封爲知命侯與吾相遇兵中尤相厚善特加賞賜拜爲左曹前書曰左右曹平尚書事封山桑侯山桑縣屬沛郡今亳

三百四十二 後漢列傳五 九

州縣後帝爲大會中指常謂羣臣曰此家率下江諸將輔翼漢室心如金石真忠臣也是日遷常爲漢忠將軍遣南擊鄧奉董訢令諸將皆屬焉又詔常北擊河間漁陽平諸屯聚五年秋攻拔湖陵又與帝會任城因從破蘇茂龐萌進攻下邳常部當城門戰一日數合賊反走入城常追迫之城上射矢雨下帝從百餘騎自城南高處望常戰力甚馳遣中黃門詔使引還賊遂降又

別率騎都尉王霸共平沛郡賊（東觀記曰沛郡賊尚盧也）六年春徵還洛陽令夫人迎常於舞陽歸家上冢西屯長安拒隗囂七年使使者持璽書即拜常爲橫野大將軍位次與諸將絕席（絕席謂尊顯之也漢官儀曰御史大夫尚書令司隸校尉皆專席號三獨坐）常別擊破隗囂將高峻於朝那囂遣將過烏氏（朝那縣屬安定郡也）常要擊破之轉降保塞羌諸營壁皆平之九年擊內黃賊破降之後北屯故安拒盧芳（故安縣屬涿郡故城在今易州易縣南也）十二年薨于

屯所謚曰節侯子廣嗣三十年徙封石城侯（石城故城在今復州沔陽縣東南也）永平十四年坐與楚事相連國除

鄧晨字偉卿南陽新野人也世吏二千石（東觀記曰晨曾祖父隆揚州刺史祖父勳交阯刺史）父宏豫章都尉晨初娶光武姊元王莽末光武嘗與兄伯升及晨俱之宛與穰人蔡少公等讌語少公頗學圖讖言劉秀當爲天子或曰是國師公劉秀乎光武戲曰何用知非僕邪坐者皆

大笑晨心獨喜（東觀記曰晨與上共載出逢使者不下車使者怒頗加恥辱上稱江夏卒史晨更名侯家丞使者以其詐將至亭欲罪之新野宰潘叔爲請得免）及光武與家屬避吏新野舍晨廬甚相親愛晨因謂光武曰王莽悖暴盛夏斬人此天亡之時也（王莽地皇元年下書曰方出軍行師有趨讙犯者斬無須時於是春夏斬人都市百姓震懼也）往時會宛獨當應邪光武笑不荅及漢兵起晨將賓客會棘陽漢兵敗小長安諸將多亡家屬光武單馬遁走遇女弟伯姬與共騎而奔前行復見元趣令上馬元以手

撝曰行矣不能相救無爲兩沒也會追兵至元及三女皆遇害漢兵退保棘陽而新野宰乃汙晨宅焚其家墓宗族皆恚怒曰家自富足何故隨婦家人入湯鑊中晨終無恨色更始立以晨爲偏將軍與光武略地潁川俱夜出昆陽城擊破王尋王邑又別徇陽翟以東至京密皆下之（京密二縣名屬河南郡京故城在今鄭州滎陽東鄭之京邑也密故城在滎陽東南也）更始北都洛陽以晨爲常山太守會王郎反光武自薊走信

都晨亦間行會於鉅鹿下自請從擊邯鄲光武曰偉卿以一身從我不如以一郡爲我北道主人乃遣晨歸郡光武追銅馬高胡羣賊於冀州晨發積射士千人（積與迹同古字通用謂尋迹而射之）又遣委輸給軍不絶光武即位封晨房子侯（房子今趙州縣也）帝又感悼姊沒於亂兵追封謚元爲新野節義長公主立廟于縣西封晨長子汎爲吴房侯（吴房今豫州縣也）以奉公主之祀建武三年徵晨還京師數讌見

説故舊平生爲歡晨從容謂帝曰僕竟辯之（光武前語晨云何用知非僕乎故晨有此言也）帝大笑從幸章陵拜光祿大夫使持節監執金吾賈復等擊平邵陵新息賊（新息今豫州縣也）四年從幸壽春留鎮九江晨好樂郡職由是復拜爲中山太守吏民稱之常爲冀州高第（中山屬冀州於冀州所部郡課常爲第一也）十三年更封南䜌侯（䜌音力全反）入奉朝請復爲汝南太守十八年行幸章陵徵晨行廷尉事從至新野置酒酣讌賞賜數百

十萬復遣歸郡晨興鴻郤陂數千頃田（鴻郤陂名在今豫州汝陽縣東成帝時關東水陂溢爲害翟方進爲丞相奏罷之）汝土以殷魚稻之饒流衍它郡（衍饒也）明年定封西華侯復徵奉朝請二十五年卒詔遣中謁者備公主官屬禮儀（漢官儀曰長公主官屬傅一人負吏五人騶僕射五人私府長食官長永巷令家令各一人也）招迎新野主魂與晨合葬於北芒乘輿與中宮親臨喪送葬謚曰惠侯小子棠嗣後徙封武當棠卒子固嗣固卒子國嗣國卒子福嗣永建元年卒無

子國除

來歙字君叔（歙音許及反）南陽新野人也六世祖漢有才力武帝世以光祿大夫副樓船將軍楊僕擊破南越朝鮮父仲（東觀記仲作冲）哀帝時爲諫大夫娶光武祖姑生歙光武甚親敬之數共往來長安漢兵起王莽以歙劉氏外屬乃收繫之賓客共篡奪得免更始即位以歙爲吏從入關數言事不用以病去歙女弟爲漢中王劉嘉妻嘉遣人迎歙

因南之漢中更始敗歙勸嘉歸光武遂與嘉俱東詣洛陽帝見歙大歡即解衣以衣之（東觀記曰解所被襜襦以衣歙也）拜爲太中大夫是時方以隴蜀爲憂獨謂歙曰今西州未附（西州謂隗囂也）子陽稱帝道里阻遠諸將方務關東思西州方略未知所任其謀若何歙因自請曰臣嘗與隗囂相遇長安其人始起以漢爲名今陛下聖德隆興臣願得奉威命開以丹青之信（揚子法言曰聖人之言明若丹青也）囂必束手自歸

後漢傳五　十四

則述自亡之埶不足圖也帝然之建武三年歙始使隗囂五年復持節送馬援因奉璽書於囂既還復往說囂囂遂遣子恂隨歙入質拜歙爲中郎將時山東略定帝謀西收囂兵與俱伐蜀復使歙喻旨囂將王元說囂多設疑故久冘豫不決（冘豫不定之意也說文曰冘冘行皃也音淫東觀記云狐疑不決也）歙素剛毅遂發憤質責囂曰（質正也）國家以君知臧否曉廢興故以手書暢意足下推忠誠遣伯春委質（囂子恂字伯春）

是臣主之交信也今反欲用佞惑之言爲族滅之計叛主負子違背忠信乎吉凶之決在於今日欲前刺囂囂起入部勒兵將殺歙歙徐杖節就車而去囂愈怒王元勸囂殺歙使牛邯將兵圍守之囂將王遵諫曰愚聞爲國者慎器與名爲家者畏怨重禍（器車服也名爵號也言名與器不可妄授也）俱慎名器則下服其命輕用怨禍則家受其殃今將軍遣子質漢內懷它志名器逆矣外人有議欲謀漢

後漢列傳五　十五

使輕怨禍矣古者列國兵交使在其間（左傳曰晉欒書伐鄭鄭人使伯蠲行成晉人殺之非禮也兵交使在其間可也）所以重兵貴和而不任戰也何況承王命籍重質而犯之哉君叔雖單車遠使而陛下之外兄也（光武之姑子故曰外兄也）害之無損於漢而隨以族滅昔宋執楚使遂有析骸易子之禍（左傳曰楚使申舟聘齊不假道於宋華元曰楚不假道鄙我也乃殺之楚子聞之遂圍宋宋人懼使華元夜入楚師告子反曰寡君使元以病告弊邑易子而食析骸以爨也）小國猶不可辱況於萬乘之主重以伯春之命哉歙爲人有信

義言行不違及往來游説皆可案覆西州士大夫皆信重之多爲其言故得免而東歸八年春歙與征虜將軍祭遵襲略陽遵道病還分遣精兵隨歙合二千餘人伐山開道從番須回中番須回中並地名也番音盤武帝元封四年幸雍通回中道前書音義曰回中在汧汧今隴州汧源縣也徑至略陽徑直也斬隗囂守將金梁因保其城囂大驚曰何其神也東觀記曰上聞得略陽甚悅左右怪上數破大敵今得小城何足以喜然上以略陽囂所依阻心腹已壞則制其支體也乃悉兵數萬人圍略陽斬山築堤激水

大二 五十二 小九十一 後漢傳五 十六 徐

灌城歙與將士固死堅守矢盡乃發屋斷木以爲兵囂盡銳攻之自春至秋其士卒疲弊帝乃大發關東兵自將上隴囂衆潰走圍解於是置酒高會勞賜歙班坐絕席在諸將之右賜歙妻縑千匹詔使留屯長安悉監護諸將歙因上書曰公孫述以隴西天水爲藩蔽故得延命假息今二郡平蕩則述智計窮矣宜益選兵馬儲積資糧昔趙之將帥多賈人高帝懸之以重賞高帝十年陳豨反於趙代其將多賈人帝多以金購豨將皆降今西州新破兵人疲饉若招以財穀則其衆可集臣知國家所給非一用度不足然有不得已也帝然之於是大轉糧運東觀記曰詔於汧積穀六萬斛驢四百頭負馱詔歙率征西大將軍馮異建威大將軍耿弇虎牙大將軍蓋延揚武將軍馬成武威將軍劉尚入天水擊破公孫述將田弇趙匡明年攻拔落門聚名也解見光武紀隗囂支黨周宗趙恢及天水屬縣皆降初王莽世羌虜多

大二、五十八 小二十四 後漢傳五 十七

背叛而隗囂招懷其酋豪遂得爲用及囂亡後五谿先零諸種數爲寇掠皆營壍自守州郡不能討歙乃大修攻具率蓋延劉尚及太中大夫馬援等進擊羌於金城大破之斬首虜數千人獲牛羊萬餘頭穀數十萬斛又擊破襄武賊傅栗卿等襄武縣屬隴西郡也隴西雖平而人飢流者相望流謂流離以就食也歙乃傾倉廩轉運諸縣以賑贍之於是隴右遂安而涼州流通焉十一年歙與蓋延馬

成進攻公孫述將王元環安於河池下辯陷之乘勝遂進蜀人大懼使刺客刺歙未殊馳召蓋延延見歙因伏悲哀不能仰視歙叱延曰虎牙何敢然今使者中刺客無以報國故呼巨卿欲相屬以軍事而反效兒女子涕泣乎刃雖在身不能勒兵斬公邪延收淚強起受所誡歙自書表曰臣夜人定後爲何人所賊傷中臣要害（何人謂不知何人也）臣不敢自惜誠恨奉職不稱以爲朝廷羞夫理國以得賢爲本太中大夫段襄骨鯁可任（骨鯁喻正直也說文曰鯁魚骨也食骨留咽中爲鯁）願陛下裁察又臣兄弟不肖終恐被罪（肖似也不似猶不賢也）陛下哀憐數賜教督投筆抽刃而絕帝聞大驚省書覽涕乃賜策曰中郎將來歙攻戰連年平定羌隴憂國忘家忠孝彰著遭命遇害嗚呼哀哉使太中大夫贈歙中郎將征羌侯印綬謚曰節侯謁者護喪事喪還洛陽乘輿縞素臨弔送葬以歙有平羌隴之功

故改汝南之當鄉縣爲征羌國焉（征羌故城在今豫州郾城縣東南也）子褒嗣十三年帝嘉歙忠節復封歙弟由爲宜西侯（東觀記曰宜西鄉侯）褒子稜尚顯宗女武安公主稜早歿褒卒以稜子歷爲嗣

論曰世稱來君叔天下信士夫專使乎二國之間豈厭詐謀哉而能獨以信稱者良其誠心在乎使兩義俱安而已不私其功也

歷字伯珍少襲爵以公主子永元中爲侍中監羽林右騎（羽林騎武帝置宣帝令中郎將騎都尉監羽林見前書）永初三年遷射聲校尉永寧元年代馮石爲執金吾延光元年尊歷母爲長公主二年遷歷太僕明年中常侍樊豐與大將軍耿寶侍中周廣謝惲等共譖陷太尉楊震震遂自殺歷謂侍御史虞詡曰耿寶託元舅之親（寶女弟爲清河王慶妃即安帝嫡母也故寶於帝爲元舅焉）榮寵過厚不念報國恩而傾側姦臣誣奏楊公傷害忠良其天禍亦將至矣遂絕周廣謝惲不

與交通時皇太子驚病不安避幸安帝乳母野王君王聖舍太子乳母王男廚監邴吉等以爲聖舍新繕修犯土禁不可久御聖及其女永與大長秋江京及中常侍樊豐王男邴吉等互相是非聖永遂誣譖男吉皆幽囚死家屬徙比景太子思男等數爲歎息京豐懼有後害妄造虛無構讒太子及東宮官屬帝怒召公卿以下會議廢立耿寶等承旨皆以爲太子當廢歷與太

後漢傳五 二十

常（劉聖御名）焉廷尉張皓議曰經說年未滿十五過惡不在其身且男吉之謀皇太子容有不知宜選忠良保傅輔以禮義廢置事重此誠聖恩所宜宿留帝不從（宿留猶停留也 宿音秀 留音溜）是日遂廢太子爲濟陰王時監太子家小黃門籍建中傅高梵等（梵音扶汎反）皆以無罪徙朔方歷乃要結光祿勳祋諷（祋音丁外反）宗正劉瑋將作大匠薛晧侍中閭丘弘陳光趙代施延太中大夫朱倀（倀音丑羊反）弟五頡（頡音下結反）中散大夫曹成諫議大夫李尤符節令張敬（續漢書曰符節令秩百石）持書侍御史龔調（續漢志曰持書侍御史秩六百石也）羽林右監孔顯（漢官儀羽林左右監屬光祿也）城門司馬徐崇衛尉守丞樂闓（守丞兼守之丞也）長樂未央廄令鄭安世等十餘人（續漢志曰未央廄令一人長樂廄令一人主乘輿馬也）俱詣鴻都門證太子無過龔調據法律明之以爲男吉犯罪皇太子不當坐帝與左右患之乃使中常侍奉詔脅羣臣曰父子一體天性自然以義割恩爲天下也歷諷等不識大典而與羣小共爲讙

後漢傳五 二十一 沈壽

譁外見忠直而內希後福飾邪違義豈事君之禮朝廷廣開言事之路故且一切假貸若懷迷不反當顯明刑書諫者莫不失色薛晧先頓首曰固宜如明詔歷怫然（字林曰怫鬱也 怫音扶勿反）廷詰晧曰屬通諫何言而今復背之（屬近也 通猶共也 近言共諫何乃相背也）大臣乘朝車處國事固得輾轉若此乎（周禮曰卿乘夏縵大夫乘墨車 輾轉不定也 詩曰展轉反側）乃各稍自引起歷獨守闕連日不肯

去帝大怒乃免歷兄弟官削國租黜公主不得會見歷遂杜門不與親戚通時人為之震慄及帝崩閻太后起歷為將作大匠順帝即位朝廷咸稱杜稷臣於是遷為衛尉設諷劉瑋閭丘弘等先卒皆拜其子為郎朱倀（倀音丑良反）施延陳光趙代等並為公卿任職徵王男邴吉家屬還京師厚加賞賜籍建高梵等悉蒙顯擢永建元年拜歷車騎將軍弟祉為步兵校尉超為黃門侍

郎三年母長公主薨歷稱病歸弟服闋復為大鴻臚陽嘉二年卒官子定嗣定尚安帝妹平氏長公主順帝時為虎賁中郎將定卒子虎嗣桓帝時為屯騎校尉弟豔字季德少好學下士開館養徒少歷顯位靈帝時再遷司空

贊曰李鄧豪贍舍家從讖（鄧晨代以吏二千石為豪李通家富為贍也）少公雖孚宗卿未驗（孚信也言蔡少公論讖其事雖信而李守被誅是未驗也）王常知命功惟帝念（王常更始中為知命侯後歸朝上錄其功封為列侯故曰帝念）款款君叔斯言無玷（玷缺也）方獻三捷永墜一劍（小雅采薇詩曰豈敢定居一月三捷）

後漢書列傳卷第五

列傳卷第六　　范曄　後漢書十六

唐章懷太子賢注

鄧禹 子訓 孫騭　寇恂 曾孫榮

鄧禹字仲華南陽新野人也年十三能誦詩受業長安時光武亦游學京師禹年雖幼而見光武知非常人遂相親附數年歸家及漢兵起更始立豪桀多薦舉禹禹不肯從及聞光武安集河北即杖策北渡追及於鄴光武見之甚歡謂曰我得專封拜生遠來寧欲仕乎禹曰不願也光武曰即如是何欲為禹曰但願明公威德加於四海禹得效其尺寸垂功名於竹帛耳光武笑因留宿閒語閒私也禹進說曰更始雖都關西今山東未安赤眉青犢之屬動以萬數三輔假號往往羣聚更始既未有所挫而不自聽斷諸將皆庸人屈起屈音求勿反志在財幣爭用威力朝夕自快而已非有忠良明智深慮遠圖欲尊主安民者也四方分

崩離析論語曰邦分崩離析形埶可見明公雖建藩輔之功猶恐無所成立於今之計莫如延攬英雄務悅民心立高祖之業救萬民之命以公而慮天下不足定也光武大悅因令左右號禹曰鄧將軍常宿止於中與定計議及王郎起兵光武自薊至信都使禹發奔命得數千人令自將之別攻拔樂陽樂陽縣名屬常山郡從至廣阿東觀記曰上與禹等擊王郎橫野將軍劉奉大破之上過禹營禹進炙魚上餐啗勞勉吏士威嚴甚厲衆皆竊言劉公真天人也光武舍城樓上披輿地圖指示禹曰天下郡國如是今始乃得其一子前言以吾慮天下不足定何也禹曰方今海內殽亂人思明君猶赤子之慕慈母古之興者在德薄厚不以大小史記蘇秦說趙王曰堯無三夫之分舜無咫尺之地禹無百人之聚湯武之士不過三千立為天子誠得其道也光武悅時任使諸將多訪於禹禹每有所舉者皆當其才光武以為知人使別將騎與蓋延等擊銅馬於清陽延等先至戰不利還保城為賊所圍禹遂進與

戰破之生獲其大將從光武追賊至滿陽
連大克獲北州略定及赤眉西入關更始
使定國上公王匡襄邑王成丹抗威將軍
劉均及諸將分據河東弘農以拒之赤眉
衆大集王匡等莫能當光武籌赤眉必破
長安欲乘釁并關中而方自事山東未知
所寄以禹沈深有大度故授以西討之略
乃拜爲前將軍持節中分麾下精兵二萬
人遣西入關令自選偏裨以下可與俱者

後漢列傳六　三

於是以韓歆爲軍師李文李春程慮爲祭
酒（慮字或爲憲字）馮愔爲積弩將軍樊崇爲驍騎
將軍宗歆爲車騎將軍鄧尋爲建威將軍
耿訢爲赤眉將軍左于爲軍師將軍引而
西建武元年正月禹自箕關將入河東（箕關
在今王屋縣東）河東都尉守關不開禹攻十日破之
獲輜重千餘乘進圍安邑數月未能下更
始大將軍樊參將數萬人度大陽欲攻禹
（大陽縣屬河東郡前書音義曰大河之陽春秋秦伯伐晉自茅津濟杜預云河東大陽縣也）禹

遣諸將逆擊於解南大破之斬參首（解縣屬河東郡
故城在今蒲州桑泉縣東南也）於是王匡成丹劉均等合軍
十餘萬復共擊禹禹軍不利樊崇戰死會
日暮戰罷軍師韓歆及諸將見兵埶已摧
皆勸禹夜去禹不聽明日癸亥匡等以六
甲窮日不出禹因得更理兵勒衆明旦匡
悉軍出攻禹禹令軍中無得妄動既至營
下因傳發諸將鼓而並進大破之匡等皆
棄軍亡走禹率輕騎急追獲劉均及河東

後漢列傳六　四

太守楊寶持節中郎將弭彊皆斬之收得
節六印綬五百兵器不可勝數遂定河東
承制拜李文爲河東太守悉更置屬縣令
長以鎮撫之是月光武即位於鄗使使者
持節拜禹爲大司徒策曰制詔前將軍禹
深執忠孝與朕謀謨帷幄決勝千里（高祖曰運策帷
幄之中決勝千里之外吾不如子房）孔子曰自吾有回門人日
親（史記曰顏回年二十九髮白早死孔子哭之慟曰自吾有回門人益親也）斬將破軍
平定山西功効尤著百姓不親五品不訓

汝作司徒敬敷五教五教在寬五品五常也父義母慈兄友弟恭子孝言五常之教務在寬也今遣奉車都尉授印綬封爲酇侯食邑萬戶敬之哉酇縣今屬南陽郡故城在襄州穀城縣東北

禹時年二十四遂渡汾陰河入夏陽更始中郎將左輔都尉公乘歙左輔即左馮翊也三輔皆有都尉引其衆十萬與左馮翊兵共拒禹於衙衙縣名屬左馮翊解見安紀禹復破走之而赤眉遂入長安是時三輔連覆敗赤眉所過殘賊百姓不知所歸聞禹乘勝獨剋而師行有紀紀綱紀也言有條貫而不殘暴

皆望風相攜負以迎軍降者日以千數衆號百萬禹所止輒停車住節住或作柱以勞來之父老童穉垂髮戴白垂髮童幼也戴白父老也滿其車下莫不感悅於是名震關西帝嘉之數賜書褒美諸將豪傑皆勸禹徑攻長安禹曰不然今吾衆雖多能戰者少前無可仰之積仰猶恃也音魚向反後無轉饋之資赤眉新拔長安財富充實鋒銳未可當也夫盜賊羣居無終日之計財穀雖多變故萬端寧能堅守者也上郡北地安定三郡土廣人稀饒穀多畜吾且休兵北道就糧養士以觀其獘乃可圖也於是引軍北至栒邑栒邑縣屬右扶風故城在今豳州三水縣東北栒音荀禹所到擊破赤眉別將諸營保郡邑皆開門歸附西河太守宗育遣子奉檄降禹遣詣京師京師謂洛陽也公羊傳曰天子所居曰京師

帝以關中未定而禹久不進兵下勅曰司徒堯也亡賊桀也長安吏人遑遑無所依歸宜以時進討鎮慰西京繫百姓之心禹

猶執前意乃分遣將軍別攻上郡諸縣更徵兵引穀歸至大要大要縣名屬北地郡遣馮愔宗歆守栒邑二人爭權相攻愔遂殺歆因反擊禹禹遣使以聞帝帝問使人愔所親愛爲誰對曰護軍黃防帝度愔防不能久和埶必相忤因報禹曰縛馮愔者必黃防也乃遣尚書宗廣持節降之後月餘防果執愔將其衆歸罪更始諸將王匡胡殷成丹等皆詣廣降與共東歸至安邑道欲亡廣悉

斬之愔至洛陽赦不誅二年春遣使者更
封禹爲梁侯食四縣時赤眉西走扶風禹
乃南至長安軍昆明池大饗士卒率諸將
齋戒擇吉日修禮謁祠高廟收十一帝神
主遣使奉詣洛陽因循行園陵爲置吏士
奉守焉禹引兵與延岑戰於藍田不克復
就穀雲陽漢中王劉嘉詣禹降嘉相李寶
倨慢無禮禹斬之寶弟收寶部曲擊禹殺
將軍耿訢自馮愔反後禹威稍損又乏食

歸附者離散而赤眉復還入長安禹與戰
敗走至高陵軍士飢餓者皆食棗菜帝乃
徵禹還勑曰赤眉無穀自當來東吾折捶
笞之非諸將憂也無得復妄進兵禹慙於
受任而功不遂數以飢卒徼戰輒不利三
年春與車騎將軍鄧弘擊赤眉遂爲所敗
衆皆死散事在馮異傳獨與二十四騎還
詣宜陽謝上大司徒梁侯印綬有詔歸侯
印綬數月拜右將軍延岑自敗於東陽遂

與秦豐合四年春復寇順陽閒遣禹護復
漢將軍鄧曄輔漢將軍于匡擊破岑於鄧
追至武當復破之岑奔漢中餘黨悉降十
三年天下平定諸功臣皆增戶邑定封禹
爲高密侯食高密昌安夷安淳于四縣（高密國名今密州縣也昌安夷安並屬高密國昌安故城在今密州安丘縣外城也夷安故城在今密州高密縣外城也淳于縣名屬北海郡故城在今密州安丘縣東北也）帝以禹功高封
弟寬爲明親侯其後左右將軍官罷（續漢志曰前後左右將軍皆主征伐事訖皆罷也）以特進奉朝請禹內文明

篤行淳備事母至孝天下既定常欲遠名
埶有子十三人各使守一蓺修整閨門教
養子孫皆可以爲後世法資用國邑不修
産利帝益重之中元元年復行司徒事從
東巡狩封岱宗顯宗即位以禹先帝元功
拜爲太傅進見東向甚見尊寵（臣當北面尊如賓故令東向）
居歲餘寢疾帝數自臨問以子男二人
爲郎永平元年年五十七薨謚曰元侯帝
分禹封爲三國長子震爲高密侯襲爲昌

安侯珍爲夷安侯禹少子鴻好籌策永平中以爲小侯引入與議邊事帝以爲能拜將兵長史率五營七屯鴈門肅宗時爲度遼將軍永元中與大將軍竇憲俱出擊匈奴有功徵行車騎將軍出塞追畔胡逢侯坐逗留下獄死高密侯震卒子乾嗣乾尚顯宗女沁水公主永元十四年陰皇后巫蠱事發乾從兄奉以后舅被誅乾從坐國除元興元年和帝復封乾本國拜侍中乾卒子成嗣成卒子褒嗣褒尚安帝妹舞陰長公主桓帝時爲少府褒卒長子某嗣少子昌襲母爵爲舞陰侯拜黃門侍郎昌安侯襲嗣子藩亦尚顯宗女平皐長公主（平皐縣名屬河內郡故城在今懷州武德縣西）和帝時爲侍中夷安侯珍子康少有操行兄良襲封無後永初六年紹封康爲夷安侯時諸紹封者皆食故國半租康以皇太后戚屬獨三分食二以侍祠侯（漢官儀曰諸侯功德優盛朝廷所敬者位特進在三公下其次朝侯在九卿下其次侍祠

侯其次下土小國侯以肺腑親公主子孫奉墳墓於京師亦隨時朝見是爲猥諸侯也康太后從兄以親侍祀得紹封也）爲越騎校尉康以太后久臨朝政宗門盛滿數上書長樂宮諫爭宜崇公室自損私權言甚切至太后不從康心懷畏懼永寧元年遂謝病不朝太后使內侍者問之時宮人出入多能有所毀譽其中耆宿皆稱中大人所使者乃康家先婢亦自通中大人康聞詬之（詬罵也音許遘反）曰汝我家出亦敢爾邪婢怨恚還說康詐疾而言不遜太后大怒遂免康官遣歸國絕屬籍及從兄騭誅（騭音質）安帝徵康爲侍中順帝立爲大僕有方正稱名重朝廷以病免加位特進陽嘉三年卒謚曰義侯

論曰夫變通之世君臣相擇（家語孔子曰君擇臣而任之臣亦擇君而事之）斯最作事謀始之幾也（幾者事之微也易訟卦曰君子以作事謀始也）鄧公贏糧徒步觸紛亂而赴光武（方言曰贏擔）可謂識所從會矣於是中分麾下之軍以臨山西之隙至使關河響動懷赴如

歸功雖不遂而道亦弘矣及其感損枸邑兵散宜陽褫龍章於終朝就侯服以卒歲（褫音直紙反又敕紙反龍章衮龍之服也謂禹爲赤眉所敗上司徒印綬也易訟卦曰或錫之鞶帶終朝三褫之）榮悴交而下無二色進退用而上無猜情使君臣之美後世莫闚其閒不亦君子之致爲乎

訓字平叔禹第六子也少有大志不好文學禹常非之顯宗即位初以爲郎中訓樂施下士士大夫多歸之（東觀記曰訓謙恕下士無貴賤見之如舊朋友子往來門內視之如子有過加鞭扑之教大醫皮巡從獵上林還暮宿殿門下寒疝病發時訓直事聞巡聲起往問之巡曰冀得火以熨背訓身至太官門爲求火不得乃以口噓其背復呼同廬郎共更噓至朝遂愈也）永平中理虖沱石臼河從都慮至羊腸倉（酈元水經注云汾陽故城積粟所在謂之羊腸倉在晉陽西北石磴縈委若羊腸焉故以爲名今嵐州界羊腸阪是也石臼河解見明紀）欲令通漕（水運曰漕）太原吏人苦役連年無成轉運所經三百八十九隘（隘音乙賣反）前後沒溺死者不可勝筭建初三年拜訓謁者使監領其事訓考量隱括（隱審量括之也孫卿子曰枸木必待隱括蒸揉然後直也枸音鉤謂曲者也）知大功難

立具以上言肅宗從之遂罷其役更用驢輦歲省費億萬計全活徒士數千人會上谷太守任興欲誅赤沙烏桓怨恨謀反詔訓將黎陽營兵屯狐奴以防其變（漢官儀曰中興以幽冀并州兵克定天下故於黎陽立營以謁者監之狐奴縣屬漁陽郡也）訓撫接邊民爲幽部所歸六年遷護烏桓校尉黎陽故人多攜將老幼樂隨訓徙邊（東觀記曰訓故吏最貧羸者舉國念訓常所服藥北州少乏又知訓好青泥封書從黎陽步推鹿車於洛陽市藥還過趙國易陽并載青泥一襆至上谷遺訓其得人心如是）鮮卑聞其威恩皆不敢南近塞下（東觀記曰吏士常大病瘧轉易至數十人訓身爲煑湯藥咸得平愈其無妻者爲適配偶）八年舞陰公主子梁扈有罪訓坐私與扈通書徵免歸閭里（東觀記曰燕人思慕爲之作歌也）元和三年盧水胡反畔以訓爲謁者乘傳到武威拜張掖太守章和二年護羌校尉張紆誘誅燒當種羌迷吾等由是諸羌大怒謀欲報怨朝廷憂之公卿舉訓代紆爲校尉諸羌激忿遂相與解仇結婚交質盟詛（鄭玄注周禮云大事曰盟小事曰詛）衆四萬餘人期冰合度河攻

訓先是小月氏胡分居塞内勝兵者二三千騎皆勇健富彊毎與羌戰常以少制多雖首施兩端（首施猶首鼠也）漢亦時收其用時迷吾子迷唐別與武威種羌合兵萬騎來至塞下未敢攻訓先欲脅月氏胡訓擁衛稽故令不得戰（稽故謂稽留事故也東觀記稽故字作諸故也）議者咸以羌胡相攻縣官之利以夷伐夷不宜禁護訓曰不然今張紆失信衆羌大動經常屯兵不下二萬轉運之費空竭府帑（說文曰帑金帛所藏音它莽反）涼州吏人命縣絲髮原諸胡所以難得意者皆恩信不厚耳今因其迫急以德懷之庶能有用遂令開城及所居園門悉驅羣胡妻子内之嚴兵守衛羌掠無所得（掠劫奪也）又不敢逼諸胡因即解去由是湟中諸胡（湟中月氏胡所居今鄯州湟水縣也）皆言漢家常欲鬬我曹今鄧使君待我以恩信開門内我妻子乃得父母咸歡喜叩頭曰唯使君所命訓遂撫養其中少年勇者數百人以爲義從

羌胡俗恥病死毎病臨困輒以刃自刺訓聞有困疾者輒拘持縛束不與兵刃使醫藥療之愈者非一小大莫不感悅於是賞賂諸羌種使相招誘迷唐伯父號吾乃將其母及種人八百戶自塞外來降訓因發湟中秦胡羌兵四千人出塞掩擊迷唐於寫谷（東觀記曰寫作厲）斬首虜六百餘人得馬牛羊萬餘頭迷唐乃去大小榆（兩谷名也見西羌傳）居頗巖谷衆悉破散其春復欲歸故地就田業訓乃發湟中六千人令長史任尚將之縫革爲船置於箄上以度河（箄木筏也音步佳反）掩擊迷唐廬落大豪多所斬獲復追逐奔北會尚等夜爲羌所攻於是義從羌胡并力破之斬首前後一千八百餘級獲生口二千人馬牛羊三萬餘頭一種殆盡（一種謂迷唐也）迷唐遂收其餘部遠徙廬落西行千餘里諸附落小種皆背畔之燒當豪帥東號稽顙歸死（東號羌名）餘皆款塞納質於是綏接歸附威

信大行遂罷屯兵各令歸郡唯置弛刑徒二千餘人分以屯田爲貧人耕種修理城郭塢壁而已永元二年大將軍竇憲將兵鎮武威憲以訓曉羌胡方略上求俱行訓初厚於馬氏不爲諸竇所親及憲誅故不離其禍（離遭也）訓雖寬中容衆而於閨門甚嚴兄弟莫不敬憚諸子進見未甞賜席接以溫色四年冬病卒官時年五十三吏人羌胡愛惜旦夕臨者日數千人戎俗父母

後漢列傳六　十五

死恥悲泣皆騎馬歌呼至聞訓卒莫不吼號或以刀自割又刺殺其犬馬牛羊曰鄧使君已死我曹亦俱死耳前烏桓吏士皆奔走道路（訓前任烏桓校尉時吏士也）至空城郭吏執不聽以狀白校尉徐傿傿歎息曰此義也（傿音於建反）乃釋之遂家家爲訓立祠每有疾病輒此請禱求福元興元年和帝以訓皇后之父使謁者持節至訓墓賜策追封謚曰平壽敬侯（平壽縣屬北海郡故城在今青州北海縣）中宮自臨

百官大會訓五子騭京悝弘閶（悝音口回反）騭字昭伯（東觀記騭作陟）少辟大將軍竇憲府及女弟爲貴人騭兄弟皆除郎中及貴人立是爲和熹皇后騭三遷虎賁中郎將京悝弘閶皆黃門侍郎京卒於官延平元年拜騭車騎將軍儀同三司始自騭也悝虎賁中郎將弘閶皆侍中殤帝崩太后與騭等定策立安帝悝遷城門校尉弘虎賁中郎將自和帝崩後騭兄弟常居禁中騭謙遜不

後漢列傳六　十六

欲久在內連求還第歲餘太后乃許之永初元年封騭上蔡侯悝葉侯弘西平侯（西平縣屬汝南郡故城在今豫州郾城縣南）閶西華侯（西華縣屬汝南郡也）食邑各萬戶騭以定策功增邑三千戶騭等辭讓不獲遂逃避使者間關詣闕（間關猶崎嶇也）上疏自陳曰臣兄弟汙濊無分可採（言無分寸可採也）過以外戚遭值明時（過誤也）託日月之末光被雲雨之渥澤（易曰夫聖人者與天地合其德日月齊其明又云雲行雨施天下平也）並統列位光昭當世不

能宣贊風美補助清化誠慙誠懼無以處心陛下躬天然之姿體仁聖之德遭國不造仍離大憂（造成也仍頻也大憂和帝殤帝崩）開日月之明運獨斷之慮援立皇統奉承大宗聖策定於神心休烈垂於不朽本非臣等所能萬一而猥推嘉美並享大封（猥曲也）伏聞詔書驚惶慙怖追觀前世傾覆之誡（前代外戚上官安霍禹之屬皆被誅戮也）退自惟念不寒而慄（惟思也不寒而慄言恐懼也前書曰臣義縱為定襄太守郡中不寒而慄也）臣等雖無逮及遠見之慮猶有庶幾戒懼之情常母

子兄弟內相勑厲冀以端慤畏慎一心奉戴上全天恩下完性命刻骨定分有死無二終不敢橫受爵土以增罪累惶窘征營昧死陳乞太后不聽騭頻上疏至於五六乃許之其夏涼部畔羌搖蕩西州朝廷憂之於是詔騭將左右羽林北軍五校士及諸部兵擊之車駕幸平樂觀餞送騭西屯漢陽使征西校尉任尚從事中郎司馬鈞與羌戰大敗時以轉輸疲弊百

姓苦役冬徵騭班師（班還也）朝廷以太后故遣五官中郎將迎拜騭為大將軍軍到河南使大鴻臚親迎中常侍齎牛酒郊勞王主以下候望於道既至大會群臣賜束帛乘馬（駟馬曰乘）寵靈顯赫光震都鄙時遭元二之災（賢案元二即元元也古書字當再讀者即於上字之下為小二字言此字當兩度言之後人不曉遂讀為元二或同之陽九或附之百六良由不悟致斯乖舛今岐州石鼓銘凡重言者皆為二字明驗也）人士荒飢死者相望盜賊群起四夷侵畔騭等崇節儉罷力役推進天下賢士何

熙杺諷（杺姓也音丁外反又音丁活反）羊浸李郃陶敦等列於朝廷辟楊震朱寵陳禪置之幕府故天下復安四年母新野君寢病騭兄弟並上書求還侍養太后以閶最少孝行尤著特聽之賜安車駟馬及新野君薨騭等復乞身行服章連上太后許之騭等既還里第並居冢次閶至孝骨立有聞當時及服闋詔喻騭還輔朝政更授前封騭等叩頭固讓乃止於是並奉朝請位次在三公下特

進侯上（在特進及列侯之上）其有大議乃詣朝堂與公卿參謀元初二年弘卒太后服齊衰帝緦麻並宿幸其弟弘少治歐陽尚書授帝禁中（歐陽生字和伯千乘人事伏生武帝時人）諸儒多歸附之初疾病遺言悉以常服不得用錦衣玉匣有司奏贈弘驃騎將軍位特進封西平侯太后追思弘意不加贈位衣服但賜錢千萬布萬匹騭等復辭不受詔大鴻臚持節即弘殯封子廣德爲西平侯將葬有司復奏發五

營輕車騎士禮儀如霍光故事（霍光薨宣帝遣太中大夫侍御史特節護喪事中二千石修莫府冢上賜玉衣梓宮便房黃腸題湊輼輬車黃屋左纛輕車材官五校士以送葬也）太后皆不聽但白蓋雙騎門生輓送（白蓋車也）後以帝師之重分西平之都鄉封廣德弟甫德爲都鄉侯四年又封京子黃門侍郎珍爲陽安侯邑三千五百戶五年悝閶相繼並卒皆遺言薄葬不受爵贈太后並從之乃封悝子廣宗爲葉侯閶子忠爲西華侯自祖父禹教訓子孫皆遵法度

深戒竇氏（章帝竇皇后竇勳女祖穆及叔父俱尚主穆交通輕薄屬託郡縣干亂政化後並坐怨望謀不軌被誅故鄧氏深引爲誡也）檢勅宗族闔門靜居（閉）騭子侍中鳳嘗與尚書郎張龕書屬郎中馬融宜在臺閣又中郎將任尚嘗遺鳳馬後尚坐斷盜軍粮檻車徵詣廷尉（檻車謂以板四周爲檻無所見）鳳懼事泄先自首於騭騭畏太后遂髡妻及鳳以謝天下稱之建光元年太后崩未及大斂帝復申前命封騭爲上蔡侯位特進帝少號聰敏及長多不德而乳

母王聖見太后久不歸政慮有廢置常與中黃門李閏候伺左右及太后崩宮人先有受罰者懷怨恚因誣告悝弘閶先從尚書鄧訪取廢帝故事謀立平原王得（和帝長子平原王勝無嗣鄧太后立樂安王寵子得爲平原王）帝聞追怒令有司奏悝等大逆無道遂廢西平侯廣宗葉侯廣德西華侯忠陽安侯珍都鄉侯甫德皆爲庶人騭以不與謀但免特進遣就國宗族皆免官歸故郡沒入騭等貲財田宅徙鄧

訪及家屬於遠郡郡縣逼迫廣宗及忠皆自殺又徙封騭爲羅侯（羅縣屬長沙國）騭與子鳳並不食而死騭從弟河南尹豹度遼將軍舞陽侯遵將作大匠暢皆自殺唯廣德兄弟以母閻后戚屬得留京師大司農朱寵痛騭無罪遇乃肉袒輿櫬（櫬親身棺也）上疏追訟騭曰伏惟和熹皇后聖善之德爲漢文母（詩凱風曰母氏聖善文母文王之母大任也言太后有聖智之善比於文母也）兄弟忠孝同心憂國宗廟有主王室是賴（殤帝崩太后與騭定立安帝故曰是賴）

功成身退讓國遜位歷世外戚無與爲比當享積善履謙之祐（易曰積善之家必有餘慶又曰鬼神害盈而福謙）而横爲宮人單辭所陷利口傾險反亂國家罪無申證（申明白也）獄不訊鞫（訊問也鞫窮也）遂令騭等罹此酷濫一門十人並不以命（七人謂騭從弟豹遵暢騭子鳳從弟廣宗忠也）屍骸流離怨魂不反逆天感人率土喪氣宜收還冢次寵樹遺孤奉承血祀以謝亡靈（血祀謂祭廟殺牲取血以告神也）寵知其言切自致廷尉詔免官歸

田里衆庶多爲騭稱枉帝意頗悟乃譴讓州郡（以逼迫廣宗等故也）還葬洛陽北芒舊塋公卿皆會喪莫不悲傷之詔遣使者祠以中牢諸從昆弟皆歸京師及順帝即位追感太后恩訓愍騭無辜乃詔宗正復故大將軍鄧騭宗親内外朝見皆如故事除騭兄弟子及門從十二人悉爲郎中擢朱寵爲太尉録尚書事寵字仲威京兆人初辟騭府稍遷潁川太守治理有聲及拜太尉封安鄉

侯甚加優禮廣德早卒甫德更召徵爲開封令學傳父業喪母遂不仕閶妻耿氏有節操痛鄧氏誅廢子忠早卒乃養河南尹豹子嗣爲閶後耿氏教之書學遂以通博稱永壽中與伏無忌延篤著書東觀官至屯騎校尉禹曾孫香之女爲桓帝后帝又紹封度遼將軍遵子萬世爲南鄉侯拜河南尹及后廢萬世下獄死其餘宗親皆復歸故郡鄧氏自中興後累世寵貴凡侯者

二十九人公二人大將軍以下十三人中二千石十四人列校二十二人州牧郡守四十八人其餘侍中將大夫郎謁者不可勝數東京莫與爲比

論曰漢世外戚自東西京十有餘族高帝呂后昭帝上官后宣帝霍后成帝趙后平帝王后章帝竇后和帝鄧后安帝閻后桓帝竇后順帝梁后靈帝何后等家或以貴盛驕奢或以攝位權重皆以盈極被誅也非徒豪橫盈極自取災故必於貽釁後主以至顛敗者其數有可言焉後主謂嗣君也言外戚握權者當先帝時或容免禍必貽罪釁於嗣君以至傾覆數猶理也其致敗之理可得言焉何則恩非已結而權已先之言外戚之家承隆寵於先帝不結恩於後主故權勢先在其身也情疏禮重而枉性圖之圖謀也其人既居權要禮數不可不重故後主枉其本性與之圖謀政事非心所好也來寵方授地既害之後來寵者方欲授之要職而先代權臣見居其地必須除舊方得授新是地既害之也隙開勢謝讒亦勝之君臣有隙上下離心則權寵之人形勢漸謝於是讒人構會尋亦勝也悲哉隱慄兄弟委遠時柄忠勞王室而終莫之免斯樂生所以泣而辭燕也樂毅忠於燕昭王其子惠王立而疑樂毅樂毅懼而奔趙趙王謂樂毅曰燕力竭於齊其主信讒國人不附其可圖乎毅伏而垂涕曰臣事昭王猶事大王也

臣若獲戾於它國沒身不忍謀趙徒隸況其後嗣乎事見古史考

寇恂字子翼上谷昌平人也世爲著姓恂初爲郡功曹太守耿況甚重之王莽敗更始立使使者徇郡國曰先降者復爵位恂從耿況迎使者於界上況上印綬使者納之一宿無還意恂勒兵入見使者就請之使者不與曰天王使者功曹欲脅之邪恂曰非敢脅使君君者尊之稱也竊傷計之不詳也今天下初定國信未宣使君建節銜命以臨四方郡國莫不延頸傾耳望風歸命今始至上谷而先墮大信墮毀也沮向化之心生離畔之隙將復何以號令它郡乎且耿府君在上谷久爲吏人所親今易之得賢則造次未安不賢則秖更生亂爲使君計莫若復之以安百姓使者不應恂叱左右以使者命召況況至恂進取印綬帶況使者不得已乃承制詔之況受而歸及王郎起遣將徇上谷急況發兵恂與門下掾閔業

共說況曰邯鄲拔起難可信向（拔卒也）昔王莽時所難獨有劉伯升耳今聞大司馬劉公伯升母弟尊賢下士士多歸之可攀附也況曰邯鄲方盛力不能獨拒如何恂對曰今上谷完實控弦萬騎舉大郡之資可以詳擇去就恂請東約漁陽齊心合衆邯鄲不足圖也況然之乃遣恂到漁陽結謀彭寵恂還至昌平襲擊邯鄲使者殺之奪其軍遂與況子弇等俱南及光武於廣阿

大言八十三小十一　後漢列傳六　二十五　蔣釜

拜恂為偏將軍號承義侯從破羣賊數與鄧禹謀議禹奇之因奉牛酒共交歡光武南定河內而更始大司馬朱鮪等盛兵據洛陽又并州未安光武難其守（非其人不可故難之）問於鄧禹曰諸將誰可使守河內者禹曰昔高祖任蕭何於關中無復西顧之憂所以得專精山東終成大業今河內帶河為固戶口殷實北通上黨南迫洛陽寇恂文武備足有牧人御衆之才非此子莫可使也

乃拜恂河內太守行大將軍事光武謂恂曰河內完富吾將因是而起昔高祖留蕭何鎮關中吾今委公以河內堅守轉運給足軍糧率厲士馬防遏它兵勿令北度而已光武於是復北征燕代恂移書屬縣講兵肄射（肄習也）伐淇園之竹為矢百餘萬（前書音義曰其園衞之苑多竹篠也）養馬二千匹收租四百萬斛轉以給軍朱鮪聞光武北而河內孤使討難將軍蘇茂副將賈彊將兵三萬餘人

大言十二小廿七　後漢列傳六　二十六　陳碧

度鞏河攻溫（鞏溫並今洛州縣也臨黃河故曰鞏河也）檄書至恂即勒軍馳出並移告屬縣發兵會於溫下軍吏皆諫曰今洛陽兵度河前後不絕宜待衆軍畢集乃可出也恂曰溫郡之藩蔽失溫則郡不可守遂馳赴之旦日合戰而偏將軍馮異遣救及諸縣兵適至士馬四集幡旗蔽野恂乃令士卒乘城鼓譟大呼言曰劉公兵到蘇茂軍聞之陳動恂因奔擊大破之追至洛陽遂斬賈彊茂兵自投

河死者數千生獲萬餘人恂與馮異過河而還自是洛陽震恐城門晝閉時光武傳聞朱鮪破河內有頃恂檄至大喜曰吾知寇子翼可任也諸將軍賀因上尊號於是即位時軍食急乏恂以輂車驪駕轉輸前後不絕（前書音義曰驪駕併駕也輂車人挽行也）尚書升斗以稟百官帝數策書勞問恂同門生茂陵董崇說恂曰上新即位四方未定而君侯以此時據大郡內得人心外破蘇茂威震鄰敵功名發聞此讒人側目怨禍之時也昔蕭何守關中悟鮑生之言而高祖悅（漢王與項羽相距京索蕭何留守關中上數使使勞苦何鮑生謂何曰今君王暴衣露蓋數勞苦君者有疑君心爲君計者遣君子孫昆弟能勝兵者悉詣軍何從其計高祖大悅）今君所將皆宗族昆弟也無乃當以前人爲鏡戒恂然其言稱疾不視事帝將攻洛陽先至河內恂求從軍帝曰河內未可離也數固請不聽乃遣兄子寇張姊子谷崇將突騎願爲軍鋒帝善之皆以爲偏將軍建武二年恂坐繫考

上書者免是時潁川人嚴終趙敦聚衆萬餘與密人賈期連兵爲寇恂免數月復拜潁川太守與破姦將軍侯進俱擊之數月斬期首郡中悉平定封恂雍奴侯邑萬戶執金吾賈復在汝南部將殺人於潁川（部將謂軍部之下小將也）恂捕得繫獄時尚草創軍營犯法率多相容恂乃戮之於市復以爲恥歎還過潁川謂左右曰吾與寇恂並列將帥而今爲其所陷大丈夫豈有懷侵怨而不決之者乎今見恂必手劍之恂知其謀不欲與相見谷崇曰崇將也得帶劍侍側卒有變足以相當恂曰不然昔藺相如不畏秦王而屈於廉頗者爲國也（史記曰秦王與趙王飲於澠池秦王請趙王鼓瑟秦御史書曰某年某月趙王爲秦王鼓瑟藺相如前請秦王擊缶秦王怒不許相如曰五步之內相如請得以頸血濺大王矣秦王不懌爲擊缶相如顧趙御史書曰某年某月秦王爲趙王擊缶秦羣臣曰請以趙十五城爲秦王壽相如曰請以秦咸陽爲趙王壽竟酒不能相加既罷歸國趙拜相如爲上卿位在廉頗之上頗曰我有攻城野戰之功相如徒以口舌爲勞而位居我上我見必辱之相如出望見廉頗輒引車避之舍人諫相如曰夫以秦王相如能廷叱之何畏廉將軍哉吾念強秦不敢加兵於趙者）

蓋以吾兩人也今兩虎闘必不俱全吾所以先公家之急而後私讎也區區之趙尚有此義吾安可以忘之乎乃勑屬縣盛供具儲酒醪說文曰醪汁滓酒執金吾軍入界一人皆兼二人之饌饌具也恂乃出迎於道稱疾而還賈復勒兵欲追之而吏士皆醉遂過去恂遣谷崇以狀聞帝乃徵恂恂至引見時復先在坐欲起相避帝曰天下未定兩虎安得私鬬今日朕分之分猶解也於是並坐極歡遂共車同出結友而去恂歸潁川東觀記曰郡中政理盜賊不入三年遣使者即拜爲汝南太守即就也又使驃騎將軍杜茂將兵助恂討盜賊盜賊清靜郡中無事恂素好學乃修鄉校教生徒聘能爲左氏春秋者親受學焉七年代朱浮爲執金吾明年從車駕擊隗囂而潁川盜賊羣起帝乃引軍還謂恂曰潁川迫近京師當以時定惟念獨卿能平之耳從九卿復出以憂國可知也恂對曰潁川剽輕聞陛下遠踰阻險有事隴蜀故狂

後漢列傳六　二十九　毛仙

狡乘閒相詿誤耳狡猾也說文曰詿亦誤也音挂如聞乘輿南向賊必惶怖歸死臣願執鋭前驅即日車駕南征恂從至潁川盜賊悉降而竟不拜郡百姓遮道曰願從陛下復借寇君一年恂前爲潁川太守故曰復借也乃留恂長社鎮撫吏人受納餘降初隗囂將安定高峻擁兵萬人據高平第一高平縣屬安定郡續漢志曰高平有第一城也帝使待詔馬援招降峻由是河西道開中郎將來歙承制拜峻通路將軍封關内侯後屬大司馬吳漢共圍囂於冀及漢軍退峻亡歸故營復助囂拒隴阺及囂死峻據高平畏誅堅守建威大將軍耿弇率太中大夫竇士武威太守梁統等圍之一歲不拔十年帝入關將自征之恂時從駕諫曰長安道里居中應接近便從洛陽至高平長安爲中安定隴西必懷震懼此從容一處可以制四方也今士馬疲倦方履險阻非萬乘之固前年潁川可爲至戒帝不從進軍及汧汧縣屬扶風故城在今隴州汧源縣南也

後漢列傳六　三十

峻猶不下帝議遣使降之乃謂恂曰卿前止吾此舉今爲吾行也若峻不即降引耿弇等五營擊之恂奉璽書至第一峻遣軍師皇甫文出謁辭禮不屈恂怒將誅文諸將諫曰高峻精兵萬人率多彊弩西遮隴道連年不下今欲降之而反戮其使無乃不可乎恂不應遂斬之遣其副歸告峻曰軍師無禮已戮之矣欲降急降不欲固守峻惶恐即日開城門降諸將皆賀因曰敢

問殺其使而降其城何也恂曰皇甫文峻之腹心其所取計者也今來辭意不屈必無降心全之則文得其計殺之則峻亡其膽是以降耳諸將皆曰非所及也遂傳峻還洛陽恂經明行修名重朝廷所得秩奉厚施朋友故人及從吏士常曰吾因士大夫以致此其可獨享之乎時人歸其長者以爲有宰相器十二年卒謚曰威侯子損嗣恂同產弟及兄子姊子以軍功封列侯

者凡八人終其身不傳於後初所與謀閔業者恂數爲帝言其忠賜爵關內侯官至遼西太守十三年復封損庶兄壽爲洨侯（洨縣屬沛郡洨音故交反）後徙封損扶柳侯（扶柳縣屬信都郡故城在今冀州信都縣西也）損卒子蠆嗣徙封商鄉侯蠆卒子襲嗣恂女孫爲大將軍鄧騭夫人由是寇氏得志於永初間（安帝永初元年鄧太后臨朝故得志也）

恂曾孫榮

論曰傳稱喜怒以類者鮮矣（左傳曰晉范武子會將老召其子文子曰吾聞之喜怒以類者鮮矣而易者實多也）夫喜而不比怒而思難者其唯君子乎子曰伯夷叔齊不念舊惡怨是用希於寇公而見之矣（論語孔子之言）

榮少知名桓帝時爲侍中性矜絜自貴於人少所與（與黨與也）以此見害於權寵而從兄子尚帝妹益陽長公主帝又聘其從孫女於後宮左右益惡之延熹中遂陷以罪辟與宗族免歸故郡吏承望風旨持之浸急榮恐不免奔闕自訟未至刺史張敬追劾

榮以擅去邊有詔捕之榮逃竄數年會赦令不得除積窮困乃自亡命中上書曰自出也臣聞天地之於萬物也好生帝王之於萬人也慈愛陛下統天理物爲萬國覆作人父母先慈愛後威武先寬容後刑辟自生齒以上咸蒙德澤太戴禮曰男子八月生齒女子七月生齒也而臣兄弟獨以無辜爲專權之臣所見批抵說文曰抵側擊也批音片芳反抵音之氏反青蠅之人所共今上御名會青蠅詩小雅曰營營青蠅止于樊愷悌君子無信讒言青蠅能汙白使黑汙黑使白喻佞人變亂善惡以

後漢列傳六　三十三

臣婚姻王室謂臣將撫其背奪其位退其身受其埶於是遂作飛章以被於臣欲使墜萬仞之阬踐必死之地令陛下忽慈母之仁發投杼之怒史記曰昔曾參之處費魯人又有與曾參同姓名殺人人告其母曰曾參殺人其母織自若也又一人告之曰曾參殺人其母尚織自若也又一人告之其母乃投杼下機踰牆而走夫以曾參之賢其母猶生疑於三告尚書背繩墨案空劾繩墨謂法律也不復質確其過寘於嚴棘之下質正也確實也說文云確音胡角反此若角反嚴棘謂獄也易坎上六曰繫用徽墨寘于叢棘也便奏正臣罪司隸校尉馮羨佞邪承旨廢於

王命驅逐臣等不得旋踵臣奔走還郡沒齒無怨臣誠恐卒爲豺狼橫見噬食故冒死欲詣闕披肝膽布腹心刺史張敬好爲諂諛張設機網復令陛下與靁電之怒司隸校尉應奉河南尹何豹洛陽令袁騰並驅爭先若赴仇敵罰及死沒髡剔墳墓但未掘壙出尸剖棺露胔耳胔謂骨之尚有肉者也月令曰掩骼埋胔音才賜反又在侈反昔文王葬枯骨鮮見順紀也公劉敦行葦世稱其仁大雅行葦之詩曰敦彼行葦牛羊勿踐履言公劉之時仁及草木敦

後漢列傳六　三十四

然道傍之葦牧牛羊者無使踐履折傷之況於人乎故榮以自喻爲今殘酷容媚之吏無折中惻平之心不顧無辜之害而興虛誣之誹欲使嚴朝必加濫罰是以不敢觸突天威而自竄山林以俟陛下發神聖之聽啓獨觀之明拒讒慝之謗絕邪巧之言救可濟之人援沒溺之命不意滯怒不爲春夏息春夏長養萬物故不宜怒矣淹恚不爲順時怠遂馳使郵驛布告遠近嚴文剋剝痛於霜雪張羅海內設置萬里逐臣者窮人

迹追臣者極車軌雖楚購伍員史記曰楚人伍奢爲平王太子建太傅費無忌譖殺奢奢子員字子胥奔吳楚購之得伍員者賜粟五萬石爵執圭漢求季布無以過也季布爲項羽將數窘漢王項羽滅高祖購求布千金敢舍匿罪三族臣遇罰以來三赦再贖無驗之罪足以蠲除無驗謂無罪狀可案驗也而陛下疾臣愈深有司咎臣甫力甫始也力甚也止則見埽滅行則爲亡虜苟生則爲窮人極死則爲冤鬼天廣而無以自覆地厚而無以自載蹈陸土而有沈淪之憂遠巖牆而有鎮壓之患精誠足以感

於陛下而哲王未肯悟如臣犯元惡大憝憝惡也主言元惡之人大爲人之所惡也足以陳於原野備刀鋸鋸刖刑也國語曰刑有五大者陳諸原野矣陛下當班布臣之所坐以解衆論之疑臣思入國門坐於肺石之上使三槐九棘平臣之罪周禮秋官云左九棘孤卿大夫位焉右九棘公侯伯子男位焉面三槐三公位焉左嘉石平罷人右肺石達窮人而閶闔九重閶闔天門也陷穽步設穽阬也舉趾觸罘罝說文曰罘兔網也罝亦兔網也音浮嗟動行絓羅網無緣至萬乘之前永無見信之期矣國君不可讎匹夫讎

之則一國盡懼左傳曰晉侯之豎頭須曰國君而讎匹夫懼者甚衆也臣奔走以來三離寒暑離歷陰陽易位當煖反寒春常淒風淒風寒風也左傳曰春無淒風夏降霜雹月令仲夏行冬令則雹凍傷穀又連年大風折拔樹木風爲號令前書翼奉曰凡風者天之號令所以譴告人也春夏布德月令春天子布德行惠發倉廩振窮乏夏行封慶賜無不欣說也議獄緩死之時易中孚象曰君子以議獄緩死也願陛下思帝堯五教在寬之德企成湯避遠讒夫之誡劉向說苑曰湯大旱七年使人持鼎祝山川祝曰政不節邪包苴行邪讒夫昌邪宮室營邪女謁盛邪使人疾邪何不雨之極也以寧

風旱以弭災兵臣聞勇者不逃死智者不重困重猶惜也固不爲明朝惜垂盡之命願赴湘沅之波從屈原之悲史記曰屈原事楚懷王王受讒流屈原於江南屈原憂愁悲思遂投湘沅而死沈江湖之流弔子胥之哀史記曰伍子胥爲吳行人被宰嚭所譖吳王賜屬鏤之劍以死王取其尸盛以鴟夷浮之於江中矣臣功臣苗緒生長王國懼獨含恨以葬江魚之腹無以自別於世屈原曰寧赴湘流葬江魚之腹也不勝狐死首丘之情營魂識路之懷禮檀弓曰古人有言狐死正首丘仁也楚詞曰願徑逝而未得魂識路之營營老子曰載營魄猶營魂也犯冒王

怒觸冒帝禁伏於兩觀陳訴毒痛（兩觀闕也孔子攝司寇誅少正卯於兩觀之下）然後登金鑊入沸湯糜爛於熾爨之下九死而未悔（楚詞曰雖九死猶未悔也）悲夫父生亦復何聊蓋忠臣殺身以解君怒孝子殞命以寧親怨故大舜不避塗廩浚井之難（廩倉也浚深也史記曰舜父瞽叟常欲殺舜使舜塗廩從下焚廩舜乃以兩笠自扞而下後又使穿井舜爲匿空旁出舜既入深父乃與象共下土實之舜從旁空出去）申生不辭姬氏讒邪之謗（申生晉獻公太子獻公用驪姬之讒而殺申生事見左氏傳也）臣敢忘斯議不自斃以解明朝之忿哉乞以身塞重責願陛下匄兄弟死命（匄乞也音蓋）使臣一門頗有遺類以崇陛下寬饒之惠先死陳情臨章涕泣泣血連如（易曰乘馬班如泣涕漣如言居不獲安行無所適窮困闉厄無所委仰者）帝省章愈怒遂誅榮

寇氏由是衰廢

贊曰元侯淵謨乃作司徒明啓帝略肇定秦都勳成智隱靜其如愚（論語孔子曰吾與回言終日不違如愚也）子翼守溫蕭公是埒（埒等也）係兵轉食以集鴻烈誅文屈賈有剛有折（誅皇甫文屈於賈復）

鄧寇列傳六　　後漢書十六

列傳卷第七　范曄　後漢書十七

唐章懷太子賢注

馮異　岑彭　賈復

馮異字公孫潁川父城人也（父城縣名故城在今許州葉縣東北汝州郟城縣亦有父城）好讀書通左氏春秋孫子兵法（孫子名武善用兵吳王闔廬之將也作兵法十三篇見史記）漢兵起異以郡掾監五縣與父城長苗萌共城守爲王莽拒漢光武略地潁川攻父城不下屯兵巾車鄉（巾車鄉名也在父城界）異閒出行屬縣（閒出猶微行行音下孟反）爲漢兵所執時異從兄孝及同郡丁綝呂晏（東觀記曰綝字幼春定陵人也伉健有武略綝音丑心反）並從光武因共薦異得召見異曰異一夫之用不足爲彊弱有老母在城中願歸據五城以効功報德光武曰善異歸謂苗萌曰今諸將皆壯士屈起多暴橫獨有劉將軍所到不虜掠觀其言語舉止非庸人也可以歸身苗萌曰死生同命敬從子計光武南還宛更始諸將攻父城者前後十餘輩異堅守不

後漢列傳七　一　周清

下及光武爲司隸校尉道經父城異等即開門奉牛酒迎光武署異爲主簿苗萌爲從事異因薦邑子銚期（銚音姚）叔壽段建左隆等（東觀記及續漢書段並作殷字）光武皆以爲掾史從至洛陽更始數欲遣光武徇河北諸將皆以爲不可是時左丞相曹竟子詡爲尚書（竟字子期山陽人也後死於赤眉之難見前書詡音虛羽反）父子用事異勸光武厚結納之及度河北詡有力焉自伯升之敗光武不敢顯其悲戚每獨居輒不御酒肉枕席有涕泣處異獨叩頭寬譬哀情光

後漢列傳七　二　周清

武止之曰卿勿妄言異復因閒進說曰天下同苦王氏思漢久矣今更始諸將從橫暴虐（從音子用反橫音胡孟反）所至虜掠百姓失望無所依戴今公專命方面施行恩德夫有桀紂之亂乃見湯武之功人久飢渴易爲充飽（猶言凋殘之後易流德澤）宜急分遣官屬徇行郡縣理冤結布惠澤光武納之至邯鄲遣異與銚期乘傳撫循屬縣録囚徒存鰥寡亡命自詣

者除其罪陰條二千石長吏同心及不附者上之及王郎起光武自薊東南馳晨夜草舍舍止息也至饒陽無蔞亭無蔞亭名在今饒陽縣東北蔞音力于反時天寒烈衆皆飢疲異上豆粥明旦光武謂諸將曰昨得公孫豆粥飢寒俱解及至南宮南宮縣名屬信都國今冀州縣也遇大風雨光武引車入道傍空舍異抱薪鄧禹爇火爇音而悦反光武對竈燎衣燎炙也異復進麥飯菟肩因復度虖沱河至信都光武紀云度虖沱河至下博城西見白衣老父曰信都去此八十里耳是自北而南此傳先言至南宮後言度虖沱河南宮在虖沱河南百有餘里又似自南而北紀傳兩文全相乖背迹其地理紀是傳非諸家之書並然亦未詳其故使異別收河閒兵還拜偏將軍從破王郎封應矦應國名周武王子所封也杜預注春秋曰應國在襄城成父縣西南異爲人謙退不伐行與諸將相逢輒引車避道東觀記續漢書云異勑吏士非交戰受敵常行諸營之後相逢引車避之由是無爭道變鬬者也進止皆有表識言其進退有常處也軍中號爲整齊每所止舍諸將並坐論功異常獨屏樹下軍中號曰大樹將軍及破邯鄲乃更部分諸將各有配

隸隸屬也表山松書曰先時諸將同營吏卒多犯法軍士皆言願屬大樹將軍光武以此多之多重也別擊破鐵脛於北平北平縣名屬中山國故城在今易州永樂縣也又降匈奴于林闟頓王匈奴王號山陽公載記曰頓字作碓前書音義闟音蹋頓音碓因從平河北時更始遣舞陰王李軼廩丘王田立大司馬朱鮪白虎公陳僑東觀記僑字作矯將兵號三十萬與河南大守武勃共守洛陽光武將北徇燕趙以魏郡河內獨不逢兵而城邑完倉廩實乃拜寇恂爲河內太守異爲孟津將軍孟地名古今以爲津統二郡軍河上與恂合埶以拒朱鮪等異乃遺李軼書曰愚聞明鏡所以照形往事所以知今孔子家語曰孔子觀周明堂四門之墉有堯舜桀紂之象謂從者曰明鏡所以察形古事所以知今昔微子去殷而入周項伯畔楚而歸漢史記曰微子名啓紂之庶兄周武王伐紂微子乃持祭器肉袒面縛造于軍門武王乃釋其縛復其位項伯名纏項籍之季父素善張良高祖因良與伯結婚項籍謀害漢王伯以身翊蔽之籍誅乃歸漢周勃迎代王而黜少帝霍光尊孝宣而廢昌邑少帝孝惠後宮之子名弘惠帝崩周勃以弘非惠帝之子乃黜之迎立代王昭帝崩無嗣霍光乃迎立武帝孫

昌邑王賀賀無道光廢之而立宣帝彼皆畏天知命覩存亡之符見廢興之事故能成功於一時垂業於萬世也苟令長安尚可扶助延期歲月䟽不間親遠不踰近季文豈能居一隅哉長安謂更始季文李軼字言軼與更始疏遠獨居一隅理難支乆欲其早圖去就今長安壞亂赤眉臨郊王侯搆難大臣乖離綱紀已絶時更始大臣張卬申屠建隗囂等以赤眉入關謀劫更始歸南陽是大臣乖離也四方分崩異姓並起是故蕭王跋涉霜雪經營河北方今英俊雲集百姓風靡雖邠岐慕

周不足以喻史記曰古公亶父脩后稷之業積德行義國人皆戴之戎翟攻之不忍戰其人乃與其私屬去邠止於岐下邠人舉國扶老携弱盡復歸古公於岐山之下季文誠能覺悟成敗亟定大計論功古人亟急也古人即謂微子項伯等轉禍為福在此時矣如猛將長驅嚴兵圍城雖有悔恨亦無及已初軼與光武首結謀約加相親愛及更始立反共陷伯升雖知長安已危欲降又不自安乃報異書曰軼本與蕭王首謀造漢結死生之約同榮枯之計今軼守洛陽將軍鎮孟津俱據機軸機弩牙也軸車軸也皆在物之要故取諭焉千載一會思成斷金易曰二人同心其義斷金唯深達蕭王願進愚策以佐國安人軼自通書之後不復與異爭鋒故異因此得北攻天井關拔上黨兩城天井關在太行山下解見章紀又南下河南成皐已東十三縣及諸屯聚皆平之降者十餘萬武勃將萬餘人攻諸畔者異引軍度河與勃戰於士鄉下續漢書曰士鄉亭名屬河南郡大破斬勃獲首五千餘級軼又閉門不救異見其信效具以

奏聞光武故宣露軼書東觀記曰上報異曰軼多詐不信人不能得其要領今移其書令朱鮪知之鮪怒遂使人刺殺軼由是城中乖離多有降者鮪乃遣討難將軍蘇茂將數萬人攻溫鮪自將數萬人攻平陰以綴異平陰縣名屬河南郡綴謂連綴也異遣校尉護軍將軍將兵與寇恂合擊茂破之異因度河擊鮪鮪走異追至洛陽環城一帀而歸移檄上狀諸將皆入賀并勸光武即帝位光武乃召異詣鄗問四方動靜異曰三

王反畔更始敗亡三王謂張卬爲淮陽王廖湛爲穰王胡殷爲隨王更始欲殺卬等遂勒兵掠東西市入戰於宮中更始大敗天下無主宗廟之憂
在於大王宜從衆議上爲社稷下爲百姓
光武曰我昨夜夢乘赤龍上天覺悟心中
動悸異因下席再拜賀曰此天命發於精
神周易乾卦九五曰飛龍在天大人造也莊子曰其夢也神交故言天命發於精神心中
動悸大王重慎之性也異遂與諸將定議
上尊號建武二年春定封異陽夏矦夏音賈
引擊陽翟賊嚴終趙根破之詔異歸家上
冢使太中大夫齎牛酒續漢志曰太中大夫秩千石掌顧問論議屬光祿令二百里內太守都尉已下及宗族
會焉時赤眉延岑暴亂三輔郡縣大姓各
擁兵衆大司徒鄧禹不能定乃遣異代禹
討之車駕送至河南賜以乘輿七尺具劍
具謂以寶玉裝飾之東觀記作玉具劍勑異曰三輔遭王莽更始
之亂重以赤眉延岑之酷元元塗炭無所
依訴今之征伐非必略地屠城要在平定
安集之耳諸將非不健鬬然好虜掠卿本

能御吏士念自修勑無爲郡縣所苦異頓
首受命引而西所至皆布威信弘農羣盜
稱將軍者十餘輩皆率衆降異東觀記曰黽池霍郎陝王長湖濁惠華陰陽沈等稱將軍者皆降異與赤眉遇於華陰相
拒六十餘日戰數十合降其將劉始王宣
等東觀記宣作重五千餘人三年春遣使者即拜
異爲征西大將軍會鄧禹率車騎將軍鄧
弘等引歸與異相遇禹弘要異共攻赤眉
異曰異與賊相拒且數十日雖屢獲雄將
餘衆尚多可稍以恩信傾誘難卒用兵破
也上今使諸將屯黽池要其東而異擊其
西一舉取之此萬成計也禹弘不從弘遂
大戰移日赤眉陽敗棄輜重走車皆載土
以豆覆其上兵士飢爭取之赤眉引還擊
弘弘軍潰亂異與禹合兵救之赤眉小卻
異以士卒飢倦可且休禹不聽復戰大爲
所敗死傷者三千餘人禹得脫歸宜陽異
棄馬步走上回谿阪回谿今俗所謂回阬在今洛州永寧縣東北其谿長

四里闊二丈深二丈五尺也 與麾下數人歸營復堅壁收
其散卒招集諸營保數萬人與賊約期會
戰使壯士變服與赤眉同伏於道側旦日
赤眉使萬人攻異前部異裁出兵以救之
裁小出兵所以示弱也 賊見埶弱遂悉衆攻異異乃縱
兵大戰日昃賊氣衰伏兵卒起衣服相亂
赤眉不復識別衆遂驚潰追擊大破於崤
底降男女八萬人餘衆尚十餘萬東走宜
陽降璽書勞異曰赤眉破平士吏勞苦始

後漢列傳七　九

雖垂翅回谿終能奮翼黽池 以爲喻 可謂失
之東隅收之桑榆 淮南子曰至於衡陽是謂隅中又前書谷子雲曰太白出西方六十日法當參天今已過期尚在桑榆間桑榆謂晚也 方論功賞以荅
大勳時赤眉雖降衆寇猶盛延岑據藍田
王歆據下邽 秦武公伐邽戎致之也隴西有上邽故此有下也 芳丹據
新豐 續漢書芳作茅 蔣震據霸陵 霸陵文帝陵因以爲縣名故秦芷陽縣 張邯據長安公孫守據長陵楊周據谷
口 谷口縣名屬左馮翊故城在今醴泉縣東北 呂鮪據陳倉角閎據
汧駱蓋延據盩厔任良據鄠汝章據槐廻

各稱將軍擁兵多者萬餘少者數千人轉
相攻擊異且戰且行屯軍上林苑中延岑
既破赤眉自稱武安王拜置牧守欲據關
中引張邯任良共攻異異擊破之斬首千
餘級諸營保守附岑者皆來降歸異岑走
攻析 析縣名楚之白羽邑也即今鄧州內鄉縣 異遣復漢將軍鄧
曄輔漢將軍于匡要擊岑大破之降其將
蘇臣等八千餘人岑遂自武關走南陽時
百姓飢餓人相食黃金一斤易豆五升道

後漢列傳七　十

路斷隔委輸不至軍士悉以果實爲糧詔
拜南陽趙匡爲右扶風將兵助異并送縑
穀軍中皆稱萬歲異兵食漸盛乃稍誅擊
豪傑不從令者褒賞降附有功勞者悉遣
其渠帥詣京師散其衆歸本業威行關中
唯呂鮪張邯蔣震遣使降蜀其餘悉平明
年公孫述遣將程焉將數萬人就呂鮪出
屯陳倉異與趙匡迎擊大破之焉退走漢
川異追戰於箕谷復破之還擊破呂鮪營

保降者甚衆其後蜀復數遣將閒出異輒摧挫之〔賈逵注國語曰折其鋒曰挫〕懷來百姓申理枉結出入三歲上林成都〔成都言歸附之多也史記曰一年成邑三年成都〕異自以久在外不自安上書思慕闕廷願親帷幄帝不許後人有章言異專制關中斬長安令威權至重百姓歸心號爲咸陽王帝使以章示異〔東觀記曰使者宋嵩西上因以章示異〕異惶懼上書謝曰臣本諸生遭遇受命之會充備行伍過蒙恩私位大將爵通侯〔通侯即徹侯避武帝諱改焉〕受任方面以立微功〔謂西方一面專以委之〕皆自國家謀慮愚臣無所能及臣伏自思惟以詔勑戰攻每輒如意時以私心斷決未嘗不有悔國家獨見之明久而益遠乃知性與天道不可得而聞也〔論語子貢曰夫子之文章可得而聞也夫子之言性與天道不可得而聞〕當兵革始起擾攘之時豪傑競逐〔逐爭也〕迷惑千數臣以遭遇託身聖明在傾危溷殽之中尚不敢過差而況天下平定上尊下卑而臣爵位所蒙巍巍不測乎

誠冀以謹勑遂自終始見所示臣章戰慄怖懼伏念明主知臣愚性固敢因緣自陳詔報曰將軍之於國家義爲君臣恩猶父子何嫌何疑而有懼意六年春異朝京師引見帝謂公卿曰是我起兵時主簿也爲吾披荊棘定關中〔荊棘榛梗之謂以喻紛亂〕既罷使中黃門賜以珍寶衣服錢帛詔曰倉卒無蔞亭豆粥虖沱河麥飯厚意久不報異稽首謝曰臣聞管仲謂桓公曰願君無忘射鉤臣無忘檻車齊國賴之〔史記曰管仲將兵遮莒道射桓公中鉤後魯桎梏管仲而送於齊齊以爲相說苑曰管仲桎梏檻車中非無媿也自裁也新序曰齊桓公與管仲飲酒酣管仲上壽曰願君無忘出奔於莒也臣亦無忘束縛於魯也此云射鉤檻車義亦通〕臣今亦願國家無忘河北之難小臣不敢忘巾車之恩〔謂光武獲異於巾車而赦之〕後數引讌見定議圖蜀留十餘日令異妻子隨異還西夏遣諸將上隴爲隗囂所敗乃詔異軍栒邑未及至隗囂乘勝使其將王元行巡將二萬餘人下隴因分遣巡取栒邑異即馳兵欲先據之

諸將皆曰虜兵盛而新乘勝不可與爭宜止軍便地徐思方略異曰虜兵臨境忸忲小利 忸忲猶慣習也謂慣習前事而復爲之爾雅曰忸復也郭景純曰謂慣忲復爲之也忸音尼丑反忲音逝 遂欲深入若得栒邑三輔動搖是吾憂也夫攻者不足守者有餘 孫子兵法之文 今先據城以逸待勞非所以爭也潛往閉城偃旗鼓行巡不知馳赴之異乘其不意卒擊鼓建旗而出巡軍驚亂奔走追擊數十里大破之祭遵亦破王元於汧於是北地諸

豪長耿定等悉畔隗囂降異上書言狀不敢自伐 孔安國注尚書曰自矜曰伐 諸將或欲分其功帝患之乃下璽書曰制詔大司馬虎牙建威漢中捕虜武威將軍虜兵猥下三輔驚恐 大司馬吳漢也虎牙蓋延也建威耿弇也漢中王常也捕虜馬武也武威劉尚也廣雅曰猥衆也 栒邑危亡在於旦夕北地營保按兵觀望今偏城獲全虜兵挫折使耿定之屬復念君臣之義征西功若丘山猶自以爲不足孟之反奔而殿亦何異哉 孟之反魯大夫魯與齊戰魯師敗之反殿是其功也將入魯門乃策其馬曰吾非敢後馬不進是謙而不自伐也 今遣太中大夫賜征西吏士死傷者醫藥棺斂大司馬巳下親弔死問疾以崇謙讓於是使異進軍義渠并領北地太守事 義渠縣名屬北地郡 青山胡率萬餘人降異 青山在北地參䜌界青山中水所出也續漢書曰安定屬國人本屬國降胡也居參䜌青山中其豪帥號肥頭小卿 異又擊盧芳將賈覽匈奴薁鞬日逐王破之 薁音於六反 上郡安定皆降異復領安定太守事九年春祭遵卒詔異守征虜將軍并將其營及隗囂死

其將王元周宗等復立囂子純猶總兵據冀公孫述遣將趙匡等救之帝復令異行天水太守事攻匡等且一年皆斬之 東觀記曰時賜馮異璽書曰聞吏士精銳水火不避購賞之賜必不令將軍負丹青失斷金 諸將共攻冀不能拔欲且還休兵異固持不動常爲衆軍鋒明年夏與諸將攻落門未拔 落門聚名在冀縣有落門山 病發薨于軍謚曰節侯長子彰嗣明年帝思異功復封彰弟訢爲析鄉侯十三年更封彰東緡侯食三縣 東觀記曰東緡縣名

屬山陽郡左傳曰齊侯伐宋圍緡即此地也在今兗州金鄉縣永平中徙封平鄉侯東觀記曰永平五年封平鄉侯食薔林潭中彰卒子普嗣有罪國除東觀記曰坐鬭殺游徼會赦國除永初六年安帝下詔曰夫仁不遺親義不忘勞興滅繼絕善善及子孫古之典也論語曰興滅國繼絕世公羊傳曰善善及子孫惡惡止其身昔我光武受命中興恢弘聖緒橫被四表昭假上下昭明也假至也上下天地假音格光耀萬世祉祚流衍垂於罔極予末小子夙夜永思追惟勳烈披圖案籍建武元功二十八將佐命虎臣讖記有徵蓋蕭曹紹封傳繼於今和帝永元三年詔紹封蕭曹之後以彰厥功也況此未遠而或至乏祀朕甚愍之其條二十八將無嗣絕世若犯罪奪國其子孫應當統後者分別署狀上將及景風章敘舊德顯茲遺功焉春秋考異郵曰夏至四十五日景風至宋均注曰景風至則封有功也於是紹封普子晨爲平鄉侯明年二十八將絕國者皆紹封焉

岑彭字君然南陽棘陽人也棘音紀力反王莽

時守本縣長漢兵起攻拔棘陽彭將家屬奔前隊大夫甄阜阜怒彭不能固守拘彭母妻令效功自補彭將賓客戰鬭甚力及甄阜死彭被創亡歸宛與前隊貳嚴說共城守前隊大夫貳甄阜之副也姓嚴名說東觀記云與貳師嚴尤共城守計嚴尤爲大司馬又非二師與此不同漢兵攻之數月城中糧盡人相食彭乃與說舉城降諸將欲誅之大司徒伯升曰彭郡之大吏執心堅守是其節也今舉大事當表義士不如封之以勸其後更始乃封彭爲歸德矦歸德縣名屬北地郡令屬伯升及伯升遇害彭復爲大司馬朱鮪校尉從鮪擊王莽揚州牧李聖殺之定淮陽城鮪薦彭爲淮陽都尉更始遣立威王張卬與將軍繇偉鎮淮陽風俗通曰東越王繇勾踐之後其後以繇爲姓東觀記曰繇作涇偉反擊走卬彭引兵攻偉破之遷潁川太守會舂陵劉茂起兵略下潁川彭不得之官乃與麾下數百人從河內太守邑人韓歆會光武徇河內歆議欲城守彭

止不聽既而光武至懷歆迫急迎降光武知其謀大怒收歆置鼓下將斬之（中將軍最尊自執旗鼓若置營則立旗以爲軍門幷設鼓戮人必於其下）召見彭彭因進說曰今赤眉入關更始危殆權臣放縱矯稱詔制道路阻塞四方蜂起羣雄競逐百姓無所歸命竊聞大王平河北開王業此誠皇天祐漢士人之福也彭幸蒙司徒公所見全濟未有報德旋被禍難永恨於心今復遭遇願出身自效光武深接納之彭因言

後漢列傳七　七

韓歆南陽大人（大人謂大家豪右）可以爲用乃貰歆（貰寬也）以爲鄧禹軍師更始大將軍呂植將兵屯淇園彭說降之於是拜彭爲刺姦大將軍使督察衆營（續漢書曰時更始尚書令謝躬將六將軍屯鄴兵横暴爲百姓所苦上先遣吳漢誅收之故拜彭爲刺姦將軍）授以常所持節從平河北光武即位拜彭廷尉歸德侯如故行大將軍事（續漢書曰彭鎮河内馮異先攻洛陽朱鮪大出軍欲擊彭時天霧鮪以爲彭已去令其兵皆獲桑彭乃進擊大破之）與大司馬吳漢大司空王梁建義大將軍朱祐右將軍萬脩執金

吾賈復驍騎將軍劉植揚化將軍堅鐔積射將軍侯進偏將軍馮異祭遵王霸等圍洛陽數月朱鮪等堅守不肯下帝以彭嘗爲鮪校尉令往說之鮪在城上彭在城下相勞苦歡語如平生彭因曰彭往者得執鞭侍從蒙薦舉拔擢常思有以報恩今赤眉已得長安更始爲三王所反（解見上文）皇帝受命平定燕趙盡有幽冀之地百姓歸心賢俊雲集親率大兵來攻洛陽天下之事

後漢列傳七　十八

逝其去矣公雖嬰城固守將何待乎（嬰繞也謂以城自嬰繞而守之）鮪曰大司徒被害時鮪與其謀（與音預）又諫更始無遣蕭王北伐誠自知罪深彭還具言於帝帝曰夫建大事者不忌小怨鮪今若降官爵可保況誅罰乎河水在此吾不食言（指河以爲信言其明白也）彭復往告鮪鮪從城上下索曰必信可乘此上彭趣索欲上（趣向也）鮪見其誠即許降後五日鮪將輕騎詣彭顧敕諸部將曰堅守待我我若不還

諸君徑將大兵上轘轅歸郾王〔更始傳尹尊為郾王〕乃面縛與彭俱詣河陽〔東觀記曰詣行在所河津亭〕帝即解其縛召見之復令彭夜送鮪歸城明旦悉其衆出降拜鮪為平狄將軍封扶溝侯鮪淮陽人後為少府〔前書曰少府秦官秩二千石續漢書曰少府掌中服御諸物衣服寶貨珍膳之屬〕傳封累代建武二年使彭擊荊州下犨葉等十餘城〔犨縣名屬南陽郡故城在今汝州魯山縣東南葉今許州葉縣也續漢書曰彭南擊荊州至城安昆陽犨葉舞陽堵陽平氏棘陽胡陽處處皆破其屯聚〕是時南方尤亂南郡人秦豐據黎丘自

後漢列傳七　十九

稱楚黎王略十有二縣〔東觀記曰豐邔縣人少學長安受律令歸為縣吏更始元年起兵攻得邔宜城若編臨沮中廬襄陽鄧新野穰湖陽蔡陽兵合萬人邔音求紀反〕董訢起堵鄉許邯起杏〔南陽復陽縣有杏聚〕又更始諸將各擁兵據南陽諸城帝遣吳漢伐之漢軍所過多侵暴時破虜將軍鄧奉謁歸新野怒吳漢掠其鄉里遂返擊破漢軍獲其輜重屯據淯陽與諸賊合從秋彭破杏降許邯遷征南大將軍復遣朱祐賈復及建威大將軍耿弇漢中將軍王常武威將

軍郭守越騎將軍劉宏偏將軍劉嘉耿植等與彭并力討鄧奉先擊堵鄉而奉將萬餘人救董訢訢奉皆南陽精兵彭等攻之連月不剋三年夏帝自將南征至葉董訢別將將數千人遮道車騎不可得前彭奔擊大破之帝至堵陽鄧奉夜逃歸淯陽〔續漢書曰奉令候伏道旁見車騎一日不絕歸語奉奉遂夜遁〕董訢降彭復與耿弇賈復及積弩將軍傅俊騎都尉臧宮等從追鄧奉於小長安〔小長安解見光武紀〕帝率諸將親

後漢列傳七　二十

戰大破之奉迫急乃降帝憐奉舊功臣且釁起兵漢欲全宥之彭與耿弇諫曰鄧奉背恩反逆暴師經年致賈復傷痍朱祐見獲陛下既至不知悔善而親在行陳兵敗乃降若不誅奉無以懲惡於是斬之奉者西華侯鄧晨之兄子也車駕引還令彭率傅俊臧宮劉宏等三萬餘人南擊秦豐拔黃郵〔黃郵聚名也在南陽新都縣〕豐與其大將蔡宏拒彭等於鄧數月不得進帝怪以讓彭彭懼於

是夜勒兵馬申令軍中使明旦西擊山都（山都縣名屬南陽郡舊南陽之赤鄉秦以爲縣故城在今襄州義清縣東北）乃緩所獲虜令得逃亡歸以告豐豐即悉其軍西邀彭彭乃潛兵度沔水擊其將張楊於阿頭山大破之（沔水源出武都東狼谷中即漢水之上源也阿頭山在襄陽也）從川谷閒伐木開道直襲黎丘擊破諸屯兵豐聞大驚馳歸救之彭與諸將依東山爲營豐與蔡宏夜攻彭彭豫爲之備出兵逆擊之豐敗走追斬蔡宏更封彭爲舞陰侯秦豐相趙京舉宜城降拜爲成漢將軍與彭共圍豐於黎丘時田戎擁衆夷陵（東觀記曰田戎西平人與同郡人陳義客夷陵爲羣盜更始元年義戎將兵陷夷陵陳義自稱黎丘大將軍戎自稱埽地大將軍襄陽耆舊記曰戎號周成王義稱臨江王）聞秦豐被圍懼大兵方至欲降而妻兄辛臣諫戎曰今四方豪傑各據郡國洛陽地如掌耳（續漢書曰辛臣爲戎作地圖圖彭寵張步董憲公孫述等所得郡國云洛陽所得如掌耳）不如按甲以觀其變戎曰以秦王之彊猶爲征南所圍豈況吾邪降計決矣四年春戎乃留辛臣守夷陵自將兵沿江泝沔止黎丘刻期日當降而辛臣於後盜戎珍寶從閒道先降於彭而以書招戎戎疑必賣己遂不敢降（東觀記曰戎至期日灼龜卜降兆中折遂止不降）而反與秦豐合彭出兵攻戎數月大破之其大將伍公詣彭降戎亡歸夷陵帝幸黎丘勞軍封彭吏士有功者百餘人彭攻秦豐三歲斬首九萬餘級豐餘兵裁千人又城中食且盡帝以豐轉弱令朱祐代彭守之使彭與傅俊南擊田戎大破之遂拔夷陵追至秭歸（秭歸縣名今歸州解見和紀）戎與數十騎亡入蜀盡獲其妻子士衆數萬人彭以將伐蜀漢而夾川穀少水險難漕運留威虜將軍馮駿軍江州（江州縣名今渝州巴縣也東觀記曰長沙中尉馮駿將兵詣彭璽書拜駿爲威虜將軍）都尉田鴻軍夷陵領軍李玄軍夷道自引兵還屯津鄉當荆州要會（津鄉縣名所謂江津也東觀記曰津鄉當荆楊之咽喉）喻告諸蠻夷降者奏封其君長初彭與交阯牧鄧讓厚善與讓書陳國家威德（東觀記曰讓夫人光烈皇后姊

姊也又遣偏將軍屈充移檄江南班行詔命於是讓與江夏太守侯登武陵太守王常長沙相韓福桂陽太守張隆零陵太守田翕蒼梧太守杜穆交阯太守錫光等相率遣使貢獻悉封為列侯或遣子將兵助彭征伐續漢書曰張隆遣子曅將兵詣彭助征伐上以曅為率義侯不揔遣子故言或於是江南之珍始流通焉六年冬徵彭詣京師數召讌見厚加賞賜復南還津鄉有詔過家上冢大長秋以朔望問太夫人起居大長秋皇后屬官漢法列侯之母方稱太夫人也

八年彭引兵從車駕破天水與吳漢圍隗囂於西城時公孫述將李育將兵救囂守上邽帝留蓋延耿弇圍之而車駕東歸勑彭書曰兩城若下便可將兵南擊蜀虜人苦不知足既平隴復望蜀每一發兵頭鬚為白彭遂壅谷水灌西城城未沒丈餘東觀記曰時以縑囊盛土為堤灌西城谷水從地中數丈涌出故城不拔續漢書云以縑盛土為堤囂將行巡周宗將蜀救兵到囂得出還冀漢軍食盡燒輜重引兵

下隴延弇亦相隨而退囂出兵尾擊諸營彭殿為後拒尾謂尋其後而擊之凡軍在前曰啓在後曰殿東觀記曰彭東入弘農界百姓持酒肉迎軍曰蒙將軍為後拒全子弟得生還也故諸將能全師東歸彭還津鄉九年公孫述遣其將任滿田戎程汎將數萬人乘枋箄下江關枋箄以木竹為之浮於水上爾雅曰舫泭也郭景純曰水中箄筏也華陽國志曰巴楚相攻故置江關舊在赤甲城後移在江南岸對白帝城故基在今夔州魚復縣南枋即舫字古通用耳箄音步佳反泭音匹俱反擊破馮駿及田鴻李玄等遂拔夷道夷陵據荆門虎牙解在光武紀橫江水起浮橋關樓立欑

柱絕水道結營山上以拒漢兵彭數攻之不利於是裝直進樓船冒突露橈數千艘並船名樓船船上施樓橈小楫也爾雅曰楫謂之橈露橈謂露楫在外人在船中冒突取其觸冒而唐突也橈音饒十一年春彭與吳漢及誅虜將軍劉隆輔威將軍臧宮驍騎將軍劉歆發南陽武陵南郡兵又發桂陽零陵長沙委輸棹卒凡六萬餘人棹卒持棹行船也東觀記作濯前書鄧通以濯船為黃頭郎濯音直教反騎五千匹皆會荆門吳漢以三郡棹卒多費糧穀欲罷之彭以為蜀兵盛不可遣

上書言狀帝報彭曰大司馬習用步騎不
曉水戰荆門之事一由征南公爲重而已
彭乃令軍中募攻浮橋先登者上賞於是
偏將軍魯奇應募而前時天風狂急彭奇
船逆流而上直衝浮橋而欑柱鉤不得去
續漢書曰時天東風其欑柱有反把鉤奇船不得去 奇等乘埶殊死戰因
飛炬焚之風怒火盛橋樓崩燒彭復悉軍
順風並進所向無前蜀兵大亂溺死者數
千人斬任滿生獲程汎而田戎亡保江州

彭上劉隆爲南郡太守自率臧宫劉歆長
驅入江關令軍中無得虜掠所過百姓皆
奉牛酒迎勞彭見諸耆老爲言大漢哀愍
巴蜀久見虜役故興師遠伐以討有罪爲
人除害讓不受其牛酒百姓皆大喜悅爭
開門降詔彭守益州牧所下郡輒行太守
事 東觀記曰彭若出界即以太守號付後將軍選官屬守州中長史 彭到江州
以田戎食多難卒拔留馮駿守之自引兵
乘利直指墊江攻破平曲 墊江縣名屬巴郡今忠州縣也墊音

徒協反平曲地闕 收其米數十萬石公孫述使其將
延岑呂鮪王元及其弟恢悉兵拒廣漢及
資中 資中縣名屬犍爲郡其地在今資州資陽縣 又遣將侯丹率二
萬餘人拒黃石彭乃多張疑兵使護軍楊
翕與臧宫拒延岑等自分兵浮江下還江
州泝都江而上 都江成都江也 襲擊侯丹大破之因
晨夜倍道兼行二千餘里徑拔武陽 武陽解見光武
紀 使精騎馳廣都 廣都縣名屬蜀郡故城在今益州成都縣東南 去
成都數十里埶若風雨所至皆奔散初述

聞漢兵在平曲故遣大兵逆之及彭至武
陽繞出延岑軍後蜀地震駭述大驚以杖
擊地曰是何神也彭所營地名彭亡聞而
惡之欲徙會日暮蜀刺客詐爲亡奴降夜
刺殺彭彭首破荆門長驅武陽持軍整齊
秋豪無犯 豪毛也秋毛喻細也高祖曰吾入關秋豪無所取 邛穀王任
貴聞彭威信數千里遣使迎降 前書音義曰任貴越巂夷
殺太守枚根自立爲邛穀王 會彭已薨帝盡以任貴所獻
賜彭妻子謚曰壯侯蜀人憐之爲立廟武

陽歲時祠焉子遵嗣徙封細陽侯（細陽縣名屬汝南郡故城在今潁川汝陰縣西）十三年帝思彭功復封遵弟淮爲穀陽侯（穀陽縣名屬沛郡）遵永平中爲屯騎校尉遵卒子伉嗣（伉音口葬反）伉卒子杞嗣（東觀記曰杞作起元初中坐事免）元初三年坐事失國建光元年安帝復封杞細陽侯順帝時爲光祿勳杞卒子熙嗣尚安帝妹涅陽長公主少爲侍中虎賁中郎將朝廷多稱其能遷魏郡太守（魏郡秦時置故城在今相州安陽縣東北）招聘隱逸與參政事無爲而化視事二年輿人歌之曰我有枳棘岑君伐之（枳棘多榛梗以喻寇盗充斥也）我有蟊賊岑君遏之（蟊賊食禾稼蟲名以喻姦吏侵漁也）狗吠不驚足下生氂（氂長毛也犬無追吠故足下生氂）含哺鼓腹焉知凶災（哺食也鼓擊也）我喜我生獨丁斯時（丁猶當也）美矣岑君於戲休茲（於戲歎美之詞見爾雅於音烏戲音許宜反）熙卒子福嗣爲黃門侍郎

賈復字君文南陽冠軍人也少好學習尚書事舞陰李生李生奇之謂門人曰賈君之容貌志氣如此而勤於學將相之器也王莽末爲縣掾迎鹽河東會遇盜賊等比十餘人皆放散其鹽復獨完以還縣縣中稱其信時下江新市兵起復亦聚衆數百人於羽山自號將軍更始立乃將其衆歸漢中王劉嘉以爲校尉復見更始政亂諸將放縱乃說嘉曰臣聞圖堯舜之事而不能至者湯武是也（堯禪舜舜禪禹湯乃放桀武王誅紂故言不能至者）圖湯武之事而不能至者（淵聖御名）文是也（齊（淵聖御名）公小白晉文公重耳春秋之時周襄二君霸有海內）圖桓文事而不能至者六國是也（六國謂韓趙魏燕齊楚分列中夏各自跨據又不逮桓文）定六國之規欲安守之而不能至者亡六國是也今漢室中興大王以親戚爲藩輔天下未定而安守所保所保得無不可保乎嘉曰卿言大非吾任也大司馬劉公在河北必能相施弟持我書往（施用也弟但也）復遂辭嘉受書北度河及光武於柏人因鄧禹得召見光武奇之禹亦稱有將帥節於是署復破虜

將軍督盜賊復馬羸（羸力作反）光武解左驂以賜之（驂者服外之馬也東觀記續漢書左並作右）官屬以復後來而好陵折等輩調補鄗尉光武曰賈督有折衝千里之威方任以職勿得擅除（東觀記曰時上置兩府官屬復與段孝共坐孝謂復曰卿將軍督我大司馬督不得共坐復曰俱劉公吏有何尊卑官屬以復不遜上調官屬補長吏共白欲以復為鄗尉上署報不許也）光武至信都以復為偏將軍及拔邯鄲遷都護將軍從擊青犢於射犬大戰至日中賊陳堅不卻光武傳召復曰吏士皆飢可且朝飯復曰先破之然後食耳於是被羽先登（被猶負也析羽為旌旗將軍所執先登先赴敵也）所向皆靡賊乃敗走諸將咸服

其勇又北與五校戰於真定大破之復傷創甚光武大驚曰我所以不令賈復別將者為其輕敵也果然失吾名將聞其婦有孕生女邪我子娶之生男邪我女嫁之不令其憂妻子也復病尋愈追及光武於薊相見甚懽大饗士卒令復居前擊鄴賊破之光武即位拜為執金吾封冠軍侯先度

河攻朱鮪於洛陽與白虎公陳僑戰連破降之建武二年益封穰朝陽二縣更始郾王尹尊及諸大將在南方未降者尚多帝召諸將議兵事未有言沈吟久之乃以檄叩地曰郾最彊宛為次誰當擊之復率然對曰臣請擊郾帝笑曰執金吾擊郾吾復何憂大司馬當擊宛遂遣復與騎都尉陰識驍騎將軍劉植南度五社津擊郾連破之月餘尹尊降盡定其地引東擊更始淮

陽太守暴汜汜降屬縣悉定其秋南擊召陵新息平定之（新息縣名屬汝南郡故城在今豫州新息縣西南也）明年春遷左將軍別擊赤眉於新城澠池閒連破之（新城今伊闕縣）與帝會宜陽降赤眉復從征伐未嘗喪敗數與諸將潰圍解急身被十二創帝以復敢深入希令遠征而壯其勇節常自從之故復少方面之勳（東觀記曰吳漢擊蜀未破上書請復自助上不遣）諸將每論功自伐復未嘗有言帝輒曰賈君之功我自知之十三年定封

膠東侯食郁秩壯武下密即墨梃胡觀陽凡六縣（六縣皆屬膠東國壯武故城在今萊州即墨縣西下密在今青州北海縣東北即墨在今萊州膠水縣東南梃胡故城在今萊州昌陽縣西北觀陽在昌陽縣東梃一音廷）復知帝欲偃干戈修文德不欲功臣擁衆京師乃與高密侯鄧禹並剽甲兵敦儒學（廣雅曰剽削也謂削除甲兵東觀記曰復闔門養威重授易經起大義）帝深然之遂罷左右將軍復以列侯就第加位特進（東觀記曰上以天下既定思念欲完功臣爵土不令以吏職爲過故皆以列侯就弟也）復爲人剛毅方直多大節既還私第闔門養威重朱祐等薦復宜爲宰相帝方以吏事責三公故功臣並不用是時列侯唯高密固始膠東三侯與公卿參議國家大事恩遇甚厚（高密侯鄧禹固始侯李通）三十一年卒謚曰剛侯子忠嗣忠卒子敏嗣建初元年坐誣告母殺人國除肅宗更封復小子邯爲膠東侯邯弟宗爲即墨侯各一縣邯卒子育嗣育卒子長嗣宗字武儒少有操行多智略初拜郎中稍遷建初中爲朔方太守舊內郡徙人在

邊者率多貧弱爲居人所僕役不得爲吏宗擢用其任職者與邊吏參選轉相監司以擿發其姦或以功次補長吏故各願盡死匈奴畏之不敢入塞（東觀記曰匈奴常犯塞得生口問太守爲誰曰賈武孺曰寧賈將軍子邪曰是皆放遣還是後更不入塞）徵爲長水校尉宗兼通儒術每讌見常使與少府丁鴻等論議於前章和二年卒朝廷愍惜焉子參嗣參卒子建嗣元初元年尚和帝女臨潁長公主主兼食潁陰許合三縣數萬戶時鄧太后臨朝光寵最盛以建爲侍中順帝時爲光祿勳

論曰中興將帥立功名者衆矣唯岑彭馮異建方面之號自函谷以西方城以南（方城山名一名黃城山在今唐州方城縣東北也）兩將之功實爲大焉若馮賈之不伐岑公之義信（信謂朱鮪知其誠而降義謂荆人奉牛酒讓不受）乃足以感三軍而懷敵人故能剋成遠業終全其慶也昔高祖忌柏人之名違之以全福征南惡彭亡之地留之以生

柏人縣名也高祖嘗欲宿於柏人曰柏人者迫於人也不宿而去後竟有貫高之事豈幾處自有明惑將期數使之然乎

贊曰陽夏師克實在和德膠東鹽吏征南宛賊奇鋒震敵遠圖謀國

後漢列傳卷第七

列傳卷第八　范曄　後漢書十八

唐章懷太子賢注

吳漢　陳俊

蓋延　臧官

吳漢字子顏南陽宛人也家貧給事縣爲亭長王莽末以賓客犯法乃亡命至漁陽命名也謂脫其名籍而逃亡資用乏以販馬自業往來燕薊閒所至皆交結豪傑更始立使使者韓鴻徇河北續漢書曰雒縣人韓鴻爲謁者使持節降河北拜除二千石或謂鴻曰吳子顏奇士也可與計事鴻召見漢甚悅之遂承制拜爲安樂令安樂縣名屬漁陽郡故城在今幽州潞縣西北會王郎起北州擾惑漢素聞光武長者獨欲歸心乃說太守彭寵曰漁陽上谷突騎天下所聞也君何不合二郡精銳附劉公擊邯鄲此一時之功也一時言不可再遇也寵以爲然而官屬皆欲附王郎寵不能奪漢乃辭出止外亭念所以譎衆未知所出譎詐也未知欲出何計以詐之望見道中有一人似儒生者漢

使人召之爲具食（續漢書曰時道路多飢人來求食者似諸生漢召故先爲具食）
問以所聞生因言劉公所過爲郡縣所
歸邯鄲舉尊號者實非劉氏漢大喜即詐
爲光武書移檄漁陽使生齎以詣寵令具
以所聞説之漢復隨後入寵甚然之於是
遣漢將兵與上谷諸將并軍而南所至擊
斬王郎將帥（續漢書曰攻薊誅王郎大將趙閎等）及光武於廣
阿拜漢爲偏將軍既拔邯鄲（續漢書曰時上使漢等將突騎揚兵戲馬立騎馳環邯鄲城乃圍之）賜號建策侯漢爲人質厚

後漢列傳八　二　周清

少文造次不能以辭自達鄧禹及諸將多
知之數相薦舉及得召見遂見親信常居
門下光武將發幽州兵夜召鄧禹問可使
行者禹曰間數與吳漢言其人勇鷙有智
謀（廣雅曰鷙執也凡鳥之勇鋭獸之猛悍者皆名鷙也）諸將鮮能及者即
拜漢大將軍持節北發十郡突騎更始幽
州牧苗曾聞之陰勒兵勑諸郡不肯應調（調發也）漢乃將二十騎先馳至無終（無終本山戎國也無終山名因爲國號漢爲縣名屬右北平故城在今幽州漁陽縣也）曾以漢無備

出迎於路漢即撝兵騎收曾斬之而奪其
軍北州震駭城邑莫不望風弭從（弭猶服也）遂
悉發其兵引而南與光武會清陽諸將望
見漢還士馬甚盛皆曰是寧肯分兵與人
邪及漢至莫府上兵簿（莫大也兵簿軍士之名帳）諸將
人人多請之光武曰屬者恐不與人（屬猶近也）今
所請又何多也諸將皆慙初更始遣尚書
令謝躬率六將軍攻王郎不能下會光武
至共定邯鄲而躬裨將虜掠不相承稟光

後漢列傳八　三　毛仙

武深忌之雖俱在邯鄲遂分城而處然每
有以慰安之躬勤於職事光武常稱曰謝
尚書眞吏也故不自疑躬既而率其兵數
萬還屯於鄴時光武南擊青犢謂躬曰我
追賊於射犬必破之尤來在山陽者埶必
當驚走若以君威力擊此散虜必成禽也
躬曰善及青犢破而尤來果北走隆慮山
躬乃留大將軍劉慶魏郡太守陳康守鄴
自率諸將軍擊之窮寇死戰其鋒不可當

躬遂大敗死者數千人光武因躬在外乃使漢與岑彭襲其城漢先令辯士說陳康曰蓋聞上智不處危以僥倖（僥猶求也）中智能因危以爲功下愚安於危以自亡危亡之至在人所由不可不察今京師敗亂四方雲擾公所聞也蕭王兵彊士附河北歸命公所見也謝躬内背蕭王外失衆心公所知也公今據孤危之城待滅亡之禍義無所立節無所成不若開門内軍轉禍爲福免下愚之敗收中智之功此計之至者也

後漢列傳八　四　陳從

康然之於是康收劉慶及躬妻子開門内漢等及躬從隆慮歸鄴不知康已反之乃與數百騎輕入城漢伏兵收之手擊殺躬其衆悉降（續漢書曰時岑彭已在城中將躬詣傳舍馳白漢漢至躬在彭前伏漢曰何故與鬼語遂殺之）躬字子張南陽人初其妻知光武不平之常戒躬曰君與劉公積不相能而信其虛談不爲之備終受制矣躬不納故及於難光武北擊羣賊（續漢書曰從擊銅馬重連高胡皆破之）

漢常將突騎五千爲軍鋒數先登陷陳及河北平漢與諸將奉圖書上尊號光武即位拜爲大司馬更封舞陽侯建武二年春漢率大司空王梁建義大將軍朱祐大將軍杜茂執金吾賈復揚化將軍堅鐔偏將軍王霸騎都尉劉隆馬武陰識共擊檀鄉賊於鄴東漳水上大破之（水經曰漳水源出上黨長子縣西發鳩山東北至昌亭與虖沱河合）降者十餘萬人帝使使者璽書定封漢爲廣平侯食廣平斥漳曲周廣年凡四縣（四縣皆屬廣平郡廣平故城在今洺州永年縣西北廣年在今永年縣東北斥漳在今洺州洺水縣曲周故城在今洺州曲周縣西南廣平避隋煬帝諱改爲永年縣）復率諸

後漢列傳八　五　陳從

將擊鄴西山賊黎伯卿等及河内脩武悉破諸屯聚車駕親幸撫勞復遣漢進兵南陽擊宛涅陽酈穰新野諸城皆下之引兵南與秦豐戰黃郵水上破之（南陽新野縣有黃郵水黃郵聚也）又與偏將軍馮異擊昌城五樓賊張文等又攻銅馬五幡於新安皆破之明年春率建威大將軍耿弇虎牙大將軍蓋延擊

青犢於軹西大破降之又率驃騎大將軍杜茂彊弩將軍陳俊等圍蘇茂於廣樂劉永將周建別招聚收集得十餘萬人救廣樂漢將輕騎迎與之戰不利墮馬傷膝還營建等遂連兵入城諸將謂漢曰大敵在前而公傷臥衆心懼矣漢乃勃然裹創而起椎牛饗士令軍中曰賊衆雖多皆劫掠羣盜勝不相讓敗不相救（此上兩句在左傳鄭大夫公子突之詞也）

非有伏節死義者也今日封侯之秋諸君勉之於是軍士激怒人倍其氣旦日建茂出兵圍漢漢選四部精兵黃頭吳河等（前書鄧通爲黃頭郎音義曰土勝水故刺船郎著黃帽號黃頭也）及烏桓突騎三千餘人齊鼓而進（續漢書曰漢躬被甲拔戟令諸部將曰聞雷鼓聲皆大呼俱大進後至者斬遂鼓而進之）建軍大潰反還奔城漢長驅追擊爭門並入大破之茂建突走漢留杜茂陳俊等守廣樂自將兵助蓋延圍劉永於睢陽永既死二城皆降明年又率陳俊及前將軍王梁擊破五校賊於臨平追至東郡箕山大破之北擊清河長直及平原五里賊皆平之（東觀記及續漢書長直並作長垣案長垣縣名在河南不得言北擊而范書作長直當是賊號或因地以爲名）時鬲縣五姓共逐守長據城而反（鬲縣屬平原郡故城在今德州西北五姓蓋當土彊宗豪右也鬲音革）諸將爭欲攻之漢不聽曰使鬲反者皆守長罪也敢輕冒進兵者斬乃移檄告郡使收守長而使人謝城中五姓大喜即相率歸降諸將乃服曰不戰而下城非衆所及也冬漢率建威大將軍耿弇漢中將軍王常

等擊富平獲索二賊於平原明年春賊率五萬餘人夜攻漢營軍中驚亂漢堅臥不動有頃乃定即夜發精兵出營突擊大破其衆因追討餘黨遂至無鹽（無鹽縣名屬東平國故城在今鄆州東）進擊勃海皆平之又從征董憲圍朐城明年春拔朐（朐縣名解見光武紀）斬憲事以見劉永傳東方悉定振旅還京師會隗囂畔夏復遣漢西屯長安八年從車駕上隴遂圍隗囂於西城帝勑漢曰諸郡甲卒但坐費

糧食若有逃亡則沮敗衆心宜悉罷之漢等貪并力攻鄾遂不能遣糧食日少吏士疲役逃亡者多及公孫述救至漢遂退敗十一年春率征南大將軍岑彭等伐公孫述及彭破荆門長驅入江關漢留夷陵裝露橈船（橈短檝也橈音人遥反）將南陽兵及弛刑募士三萬人泝江而上會岑彭爲刺客所殺漢并將其軍十二年春與公孫述將魏黨公孫永戰於魚涪津大破之（續漢書曰犍爲郡南安縣有漁涪津在縣北臨大江南中志曰漁涪津廣數百步）遂圍武陽述遣子壻史興將五千人救之漢迎擊興盡殄其衆因入犍爲界諸縣皆城守漢乃進軍攻廣都拔之遣輕騎燒成都市橋（橋名也解見公孫述傳）武陽以東諸小城皆降帝戒漢曰成都十餘萬衆不可輕也但堅據廣都待其來攻勿與爭鋒若不敢來公轉營迫之須其力疲乃可擊也漢乘利遂自將步騎二萬餘人進逼成都去城十餘里阻江北爲營作浮橋

使副將武威將軍劉尚（東觀記續漢書尚字並作禹）將萬餘人屯於江南相去二十餘里帝聞大驚讓漢曰比勑公千條萬端何意臨事勃亂既輕敵深入又與尚別營事有緩急不復相及賊若出兵綴公以大衆攻尚尚破公即敗矣幸無它者急引兵還廣都詔書未到述果使其將謝豐袁吉將衆十許萬分爲二十餘營并出攻漢使別將萬餘人劫劉尚令不得相救漢與大戰一日兵敗走入辟豐因圍之漢乃召諸將厲之曰吾共諸君踰越險阻轉戰千里所在斬獲遂深入敵地至其城下而今與劉尚二處受圍勢既不接其禍難量欲潛師就尚於江南并兵禦之若能同心一力人自爲戰大功可立如其不然敗必無餘成敗之機在此一舉諸將皆曰諾於是饗士秣馬閉營三日不出乃多樹幡旗使煙火不絕夜銜枚引兵與劉尚合軍豐等不覺明日乃分兵

拒水北自將攻江南漢悉兵迎戰自旦至晡遂大破之斬謝豐袁吉獲甲首五千餘級於是引還廣都留劉尚拒述具以狀上而深自譴責帝報曰公還廣都甚得其宜述必不敢略尚而擊公也（略猶過也）若先攻尚公從廣都五十里悉步騎赴之適當值其危困破之必矣自是漢與述戰於廣都成都之閒八戰八剋遂軍于其郭中述自將數萬人出城大戰漢使護軍高午唐邯將

數萬銳卒擊之述兵敗走高午奔陳刺述殺之事已見述傳旦日城降斬述首傳送洛陽明年正月漢振旅浮江而下至宛詔令過家上冢賜穀二萬斛十五年復率揚武將軍馬成捕虜將軍馬武北擊匈奴徙鴈門代郡上谷吏人六萬餘口置居庸常關以東十八年蜀郡守將史歆反於成都自稱大司馬攻太守張穆穆踰城走廣都歆遂移檄郡縣而宕渠楊偉朐䏰徐容等（宕渠朐䏰二縣名皆屬巴郡朐音劬䏰音忍宕渠山名因以名縣故城在今渠州流江縣東北俗名車騎城是也十三州志朐音春䏰音閏其地下溼多朐䏰蟲因以名縣故城在今夔州雲安縣西萬戶故城是也）起兵各數千人以應之帝以歆昔為岑彭護軍曉習兵事故遣漢率劉尚及太中大夫臧宮將萬餘人討之漢入武都乃發廣漢巴蜀三郡兵圍成都百餘日城破誅歆等漢乃乘桴沿江下巴郡楊偉徐容等惶恐解散漢誅其渠帥二百餘人徙其黨與數百家於南郡長沙而還漢性彊力每從征

伐帝未安恒側足而立諸將見戰陳不利或多惶懼失其常度漢意氣自若方整厲器械激揚士吏帝時遣人觀大司馬何為還言方脩戰攻之具乃歎曰吳公差彊人意隱若一敵國矣（隱威重之貌言其威重若敵國前書周亞夫謂劇孟曰大將得之若一敵國矣）每當出師朝受詔夕即引道初無辨嚴之日（嚴即裝也避明帝諱故改之）故能常任職以功名終及在朝廷斤斤謹質形於體貌（爾雅曰明明斤斤察也李巡曰斤斤精詳之察也孫炎曰重慎之察也斤音靳）漢嘗出征

妻子在後買田業漢還譲之曰軍師在外吏士不足何多買田宅乎遂盡以分與昆弟外家東觀記曰漢但修里宅不起第夫人先死薄葬小墳不作祠堂也二十年漢病篤車駕親臨問所欲言對曰臣愚無所知識唯願陛下愼無赦而已及薨有詔悼愍賜諡曰忠侯東觀記曰有司奏議以武爲諡詔特賜諡曰忠侯發北軍五校輕車介士送葬如大將軍霍光故事漢置南北軍五校解見順帝紀輕車兵車也介士甲士也霍光傳云以北軍五校尉輕車介士載光尸以輼輬車黃屋左纛軍陳至茂陵不以南軍者重之也子哀侯成嗣

爲奴所殺二十八年分漢封爲三國成子旦爲灈陽侯灈陽縣名屬汝南郡在灈水之陽因以爲名其地今豫州吳房縣也音劬以奉漢嗣旦弟盱盱音火俱反爲筑陽侯成弟國爲新蔡侯筑陽縣名屬南陽郡古穀國也在筑水之陽故城在今襄州穀城縣西新蔡縣名屬汝南郡蔡平侯自蔡徙此故加新字今豫州縣也筑音逐旦卒無子國除建初八年徙封盱爲平春侯平春縣名屬江夏郡以奉漢後盱卒子勝嗣初漢兄尉爲將軍從征戰死封尉子彤爲安陽侯安陽縣名屬汝南郡古江國也故城在今豫州新息縣西南帝以漢功大復封弟翕爲褒親侯吳氏侯者凡五國初漁陽都尉嚴宣與漢俱會光武於廣阿光武以爲偏將軍封建信侯建信縣名屬千乘國

論曰吳漢自建武世常居上公之位終始倚愛之親差彊人意是倚之也遂見親信是愛之也諒由質簡而彊力也子曰剛毅木訥近仁論語文剛毅謂彊而能斷木樸慤懇訥忍於言也四者皆仁之質若加文則成仁矣故言近仁也斯豈漢之方乎昔陳平智有餘以見疑周勃資朴忠而見信高祖謂呂后曰陳平智有餘然難獨任是見疑也又曰周勃重厚少文安劉氏者必勃是見信也夫仁義不足以相懷則智者以有餘爲疑而朴者以不足取信矣懷依也言若仁義之心足相依信則情無疑阻若彼此之誠未協仁義不足相依則智者翻以有餘見疑朴者以愚直取信

蓋延字巨卿漁陽要陽人也要陽縣名光武時省身長八尺彎弓三百斤邊俗尚勇力而延以氣聞歷郡列掾州從事所在職辦古者三公下至郡縣皆有掾屬續漢志曰建武十八年立刺史十二人人主一州皆有從事史假佐每郡皆置諸曹掾郡中列掾非一延並爲之故言歷也漁陽屬幽州東觀記云延爲幽州從事彭寵爲太守召延署營尉行護軍及王郎起延與吳漢

同謀歸光武續漢書曰井與似奴今王梁同勸寵延至廣阿拜偏將軍號建功侯從平河北光武即位以延爲虎牙將軍建武二年更封安平侯遣南擊敖倉轉攻酸棗封丘皆拔酸棗封丘二縣名屬陳留郡酸棗故城在今滑州縣也封丘故城在今濟州縣也其夏督駙馬都尉馬武騎都尉劉隆護軍都尉馬成偏將軍王霸等南伐劉永先攻拔襄邑續漢書曰時劉永別將許德據襄邑延攻而拔之進取麻鄉麻鄉縣名故城在今宋州碭山縣東北遂圍永於睢陽數月盡收野麥夜梯其城入永驚懼引兵走出東門東觀記云走出魚門然則東門名魚門也延追擊大破之永棄軍走譙延進攻拔薛斬其魯郡太守薛縣名屬魯國故城在今徐州滕縣東南東觀記曰魯郡太守梁國壽也而彭城扶陽杼秋蕭皆降扶陽縣名屬大郡杼秋縣名屬梁國故城在今徐州蕭縣西北杼音食汝反又破永沛郡太守斬之東觀記曰沛郡太守陳脩永將蘇茂佼彊周建等三萬餘人佼彊姓名也周大夫原伯佼之後也救永共攻延延與戰於沛西大破之永軍亂遁沒溺死者太半永棄城走湖陵蘇茂奔廣樂延遂定沛楚臨淮

修高祖廟置嗇夫祝宰樂人楚即今彭城縣也臨淮郡名今泗州下邳縣高祖廟在今徐州沛縣東故泗水亭中即高祖爲亭長之所也嗇夫主知廟事東觀記曰時蓋延因齋戒祠高祖廟三年睢陽復反城迎劉永反音翻延復率諸將圍之百日收其野穀永乏食突走延追擊盡得輜重永爲其將所殺永弟防舉城降四年春延又擊蘇茂周建於蘄蘄縣名屬沛郡有大澤鄉蘄音機進與董憲戰留下皆破之留縣名屬楚國故城在今徐州沛縣東南因率平敵將軍龐萌攻西防拔之西防縣名春秋時宋之西防城故城在今宋州單父縣北復追敗周建蘇茂於彭城茂建亡奔董憲將賁休舉蘭陵城降前書有賁赫音肥今有此姓賁音奔憲聞之自郯圍休時延及龐萌在楚請往救之帝勑曰可直往擣郯則蘭陵必自解擣擊也東觀記作擊字延等以賁休城危遂先赴之憲逆戰而陽敗延等逐退因拔圍入城明日憲大出兵合圍延等懼遽出突走因往攻郯帝讓之曰閒欲先赴郯者以其不意故耳今既奔走賊計已立圍豈可解乎延等至郯果不

能克而董憲遂拔蘭陵殺賁休延等往來要擊憲別將於彭城郯邳之閒戰或日數合頗有剋獲帝以延輕敵深入數以書誡之東觀記載延上疏辭曰臣幸得受干戈誅逆虜奉職未稱久留天誅常恐汙辱名號不及等倫天下平定已後曾無尺寸可數不得預竹帛之編明詔深閔儆戒備具每事奉循詔命必不敢爲國之憂也及龐萌反攻殺楚郡太守引軍襲敗延延走北度泗水破舟檝壞津梁僅而得免東觀記續漢書皆云萌攻延延與戰破之詔書勞延曰龐萌一夜反畔相去不遠營壁不堅殆令人齒欲相擊而將軍有不可動之節吾甚美之此傳言僅而得免與彼不同帝自將而東徵延與大司馬吳漢漢忠將軍王常前將軍王梁捕虜將軍馬武討虜將軍王霸等會任城討龐萌於桃鄉又並從征董憲於昌慮皆破平之六年春遣屯長安九年隗囂死延西擊街泉略陽清水諸屯聚皆定街泉略陽清水三縣皆屬天水郡十一年與中郎將來歙攻河池未剋以病引還拜爲左馮翊將軍如故續漢書曰視事四年人欽其威信十三年增封定食萬戶十五年薨於位子扶嗣扶卒子側嗣永平十

三年坐與舅王平謀反伏誅國除永初七年鄧太后紹封延曾孫恢爲蘆亭侯東觀記作盧亭恢卒子遂嗣

陳俊字子昭南陽西鄂人也江夏郡有鄂故此加西也故城在今鄧州向城縣南也少爲郡吏更始立以宗室劉嘉爲太常將軍俊爲長史光武徇河北嘉遣書薦俊光武以爲安集掾東觀記曰俊初調補曲陽長上曰欲與君爲左右小縣何足貪乎俊即拜解印綬上以爲安集掾從擊銅馬於清陽進至滿陽拜彊弩將軍華嶠書曰拜爲彊弩偏將軍賜絳衣九百領以衣中堅同心士與五校戰於安次俊下馬手接短兵所向必破追奔二十餘里斬其渠帥而還光武望而歎曰戰將盡如是豈有憂哉五校引退入漁陽所過虜掠俊言於光武曰宜令輕騎出賊前使百姓各自堅壁以絕其食可不戰而殄也光武然之遣俊將輕騎馳出賊前視人保壁堅完者勑令固守放散在野者因掠取之賊至無所得遂散敗及軍還光武謂俊曰困此虜者將

軍策也及即位封俊爲列矦建武二年春攻匡賊下四縣匡賊即匡城縣賊也東觀記作匡城賊匡城古匡邑也故城在今滑州匡城縣南更封新處矦新處縣名屬中山國引擊頓丘降三城頓丘縣名屬東郡故城在今魏州頓丘縣北陰安城是也其秋大司馬吴漢承制拜俊爲彊弩大將軍別擊金門白馬賊於河内皆破之金門白馬並山名在今洛州福昌縣西南有金門白馬水蓋賊起於二山因以名四年轉徇汝陽及項又拔南武陽南武陽縣名屬太山郡故城在今沂州費縣西是時太山豪傑多擁衆與張步連兵吴漢言於帝曰

後漢列傳八　十八

非陳俊莫能定此郡於是拜俊太山太守行大將軍事張步聞之遣其將擊俊戰於嬴下續漢書曰嬴縣名屬太山郡嬴音盈俊大破之追至濟南收得印綬九十餘步時擬爵人之印綬私封稍攻下諸縣遂定太山五年與建威大將軍耿弇共破張步事在弇傳時琅邪未平乃徙俊爲琅邪太守領將軍如故齊地素聞俊名入界盜賊皆解散俊將兵擊董憲於贛榆贛榆縣名屬東海郡贛音貢進破朐賊孫陽平之八年張步

畔還琅邪俊追討斬之帝美其功詔俊得專征青徐華嶠書曰賜俊璽書曰將軍元勳大著威震青徐兩州有警得專征之撫貧弱表有義檢制軍吏不得與郡縣相干百姓歌之數上書自請願奮擊隴蜀詔報曰東州新平大將軍之功也負海猾夏盜賊之處國家以爲重憂且勉鎮撫之十三年增邑定封祝阿矦祝阿縣名屬平原郡明年徵奉朝請二十三年卒子浮嗣徙封蘄春矦蘄春今蘄州縣也東觀記曰詔書以祝阿益濟南國故徙浮封蘄春矦蘄音祈浮卒子專

後漢列傳八　十九

諸嗣專諸卒子篤嗣

臧宫字君翁潁川郟人也郟縣名今汝州郟城縣也少爲縣亭長游徼續漢書曰每十里一亭亭有長以禁盜賊每鄉有游徼掌循禁姦盜也後率賓客入下江兵中爲校尉因從光武征戰諸將多稱其勇光武察宫勤力少言甚親納之及至河北以爲偏將軍從破羣賊數陷陳卻敵光武即位以爲侍中騎都尉建武二年封成安矦成安縣名屬潁川郡明年將突騎與征虜將軍祭遵擊更始將左防韋

潁華嶠書韋字作韓於沮陽酈悉降之五年將兵
徇江夏擊代鄉鍾武竹里皆下之鍾武縣名屬江夏郡故城在今申州鍾山縣西南
帝使太中大夫華嶠書曰使張明也持節拜宮爲輔威將軍七年更封期思侯期思縣名屬汝南郡故城在今光州固始縣西北
擊梁郡濟陰皆平之十一年將兵至中廬屯駱越中廬縣名屬南郡故城在今襄州襄陽縣南蓋駱越人徙於此因以爲名
是時公孫述將田戎任滿與征南大將軍岑彭相拒於荆門彭等戰數不利越人謀畔從蜀宮兵少力不能制會

屬縣送委輸車數百乘至宮夜使鋸斷城門限令車聲回轉出入至旦越人候伺者聞車聲不絶而門限斷相告以漢兵大至其渠帥乃奉牛酒以勞軍營宮陳兵大會擊牛釃酒饗賜慰納之釃音所宜反說文曰下酒也詩注曰以筐曰釃也越人由是遂安宮與岑彭等破荆門別至垂鵲山通道出秭歸至江州岑彭下巴郡使宮將降卒五萬從涪水上平曲公孫述將延岑盛兵於沅水沅水出廣漢解見光武紀時宮衆多

食少轉輸不至而降者皆欲散畔郡邑復更保聚觀望成敗宮欲引還恐爲所反反音翻會帝遣謁者將兵詣岑彭有馬七百匹宮矯制取以自益晨夜進兵多張旗幟登山鼓噪右步左騎挾船而引呼聲動山谷岑不意漢軍卒至登山望之大震恐宮因從擊大破之斬首溺死者萬餘人水爲之濁流延岑奔成都其衆悉降盡獲其兵馬珍寶華嶠書曰上璽書勞宮賜吏士絳縑六千匹自是乘勝追北降

者以十萬數人好陽而惡陰北方幽陰之地故軍敗者皆謂之北史記樂書曰北者敗也而近代音北爲背失其指矣軍至平陽鄉蜀將王元舉衆降進拔緜竹破涪城斬公孫述弟恢復攻拔繁郫繁縣名屬蜀郡繁江名因以爲縣名故城在今益州新繁縣北郫縣名屬蜀郡故城在今益州郫縣北郫音皮前後收得節五印綬千八百是時大司馬吳漢亦乘勝進營逼成都宮連屠大城兵馬旌旗甚盛乃乘兵入小雒郭門歷成都城下張載注蜀都賦云漢武帝元鼎三年立成都郭十八門小雒郭門蓋其一數至吳漢營飲酒高會漢見之甚歡謂

宮曰將軍向者經虜城下震揚威靈風行電照然窮寇難量還營願從它道矣宮不從復路而歸賊亦不敢近之進軍咸門（成都北面東頭門）與吳漢並滅公孫述帝以蜀地新定拜宮爲廣漢太守十三年增邑更封酇侯十五年徵還京師以列侯奉朝請定封朗陵侯（朗陵縣名屬汝南郡故城在今豫州朗山縣西南）十八年拜太中大夫十九年妖巫維汜弟子單臣傅鎭等復妖言相聚入原武城（維或作緱）劫吏人自稱

將軍於是遣宮將北軍及黎陽營數千人圍之賊穀食多數攻不下士卒死傷帝召公卿諸侯王問方略皆曰宜重其購賞時顯宗爲東海王獨對曰妖巫相劫埶無久立其中必有悔欲亡者但外圍急不得走耳宜小挺緩（挺解也）令得逃亡逃亡則一亭長足以禽矣帝然之即勑宮徹圍緩賊賊衆分散遂斬臣鎭等宮還遷城門校尉復轉左中郎將擊武谿賊至江陵降之（武谿水名在今

辰州盧谿縣）宮以謹信質樸故常見任用後匈奴飢疫自相分爭帝以問宮宮曰願得五千騎以立功帝笑曰常勝之家難與慮敵吾方自思之二十七年宮乃與楊虛侯馬武上書曰匈奴貪利無有禮信窮則稽首安則侵盜緣邊被其毒痛中國憂其抵突（抵觸也）虜今人畜疫死旱蝗赤地（赤地言在地之物皆盡說苑曰晉平公時赤地千里）疫困之力不當中國一郡萬里死命縣在陛下福不再來時或易失（左傳曰大福不再蒯通曰

時者難遇而易失也）豈宜固守文德而墮武事乎今命將臨塞厚縣購賞喩告高句驪烏桓鮮卑攻其左發河西四郡（謂張掖酒泉武威金城也）天水隴西羌胡擊其右如此北虜之滅不過數年臣恐陛下仁恩不忍謀臣狐疑令萬世刻石之功不立於聖世詔報曰黃石公記曰柔能制剛弱能制彊（即張良於下邳圯所見老父出一編書者）柔者德也剛者賊也弱者仁之助也彊者怨之歸也故曰有德之君以所樂樂人無德之

君以所樂樂身樂人者其樂長樂身者不久而亡舍近謀遠者勞而無功舍遠謀近者逸而有終逸政多忠臣勞政多亂人故曰務廣地者荒務廣德者彊有其有者安貪人有者殘殘滅之政雖成必敗今國無善政災變不息（左傳曰國無善政則自取謫於日月之災）百姓驚惶人不自保而復欲遠事邊外乎孔子曰吾恐季孫之憂不在顓臾（顓臾魯附庸之國魯卿季氏貪其土地欲伐而兼之時孔子弟子冉有仕於季氏孔子責之冉有曰今夫顓臾固而近季氏之邑今不取恐為子孫之憂孔子曰吾恐季孫之憂不在顓臾而在蕭牆之內也）且北狄尚彊而屯田警備傳聞之事恒多失實（公羊傳曰見者異辭聞者異辭傳聞者異辭）誠能舉天下之半以滅大寇豈非至願苟非其時不如息人自是諸將莫敢復言兵事者宮永平元年卒諡曰愍侯子信嗣信卒子震嗣震卒子松嗣元初四年與母別居國除永寧元年鄧太后紹封松弟由為朗陵侯

論曰中興之業誠艱難也然敵無秦項之彊人資附漢之思雖懷璽紆紱跨陵州縣（璽解見光武紀白虎通曰天子朱紱諸侯赤紱上廣一尺下廣二尺法天一地二也長三尺法天地人也董巴輿服志曰古者上下皆有紱所以殊貴賤也自五霸迭興以紱非兵服於是去紱也）殊名詭號千隊為羣尚未足以為比功上烈也至於山西既定威臨天下（謂誅隗囂公孫述）戎羯喪其精膽羣帥賈其餘壯（羯本匈奴別部分散居於上黨武鄉羯室因號羯胡此總謂戎夷耳不拘於羯也左傳曰欲勇者賈余餘勇）斯誠雄心尚武之幾先志翫兵之日（幾會也翫習也先志者乘勝之志也）臧宮馬武之徒撫鳴劒而抵掌志馳於伊吾之北矣（屈原曰撫長劒兮玉珥曹植結交篇曰利劒鳴手中說文曰抵側擊也）光武審黃石存包桑（周易否卦九五曰其亡其亡繫于包桑包桑言聖人居天位不可以安常自危懼乃是繫於包桑也包本也繫於桑本言其固也）閉玉門以謝西域之質卑詞幣以禮匈奴之使（西域傳曰建武二十一年西域十八國俱遣子弟入侍天子以中國初定皆還其侍子匈奴傳曰建武二十八年匈奴遣使詣闕貢馬及裘乞和親帝報曰單于國內虛耗貢物裁以通禮何必馬裘今贈繒五百匹斬馬劒一是甲辭幣禮也）其意防蓋已弘深豈其顛沛平城之圍忍傷黥王之陳乎（平城縣名今雲州定襄縣高祖七年擊韓王信至平城被匈奴圍七日乃解十二年高祖親擊淮南王黥布在陳為流矢所中顛沛猶狽也顛音丁千反）

贊曰吴公鷙彊實爲龍驤（戰國策曰廉頗爲人勇鷙而愛士白起視瞻不轉者執志彊也驤舉也若龍之舉言其威盛鄱陽曰神龍驤首奮翼則浮雲出流）電埽羣孽風行巴梁虎牙猛力功立睢陽宮俊休休是亦鷹揚（詩曰良士休休又曰惟師尚父時惟鷹揚）

後漢列傳卷第八

後漢列傳八　二十六

列傳卷第九　范曄　後漢書十九

唐章懷太子賢注

耿弇　弟國　國子秉　秉弟夔

國弟子恭

耿弇字伯昭扶風茂陵人也其先武帝時以吏二千石自鉅鹿徙焉（武帝時徙吏二千石高貲富人及豪傑并兼之家於諸陵也）父況字俠游以明經爲郎與王莽從弟伋共學老子於安丘先生（嵇康聖賢高士傳曰安丘望之字仲都京兆長陵人少持老子經恬淨不求進宦號曰安丘丈人成帝聞欲見之望之辭不肯見爲巫醫於人間也）後爲朔調連率（王莽改上谷郡曰朔調守曰連率）弇少好學習父業（袁山松書曰弇少學詩禮明銳有權謀）常見郡尉試騎士建旗鼓肄馳射由是好將帥之事（漢官儀曰歲終郡試之時講武勒兵因以校獵簡其材力也）及王莽敗更始立諸將略地者前後多擅威權輒改易守令況自以莽之所置懷不自安時弇年二十一乃辭況奉奏詣更始因齎貢獻以求自固之宜及至宋子會王郎詐稱成帝子子輿起兵邯鄲弇從吏孫倉衞包於冨

後漢列傳九　一　耙

共謀曰劉子輿成帝正統捨此不歸遠行安之弇按劒曰子輿弊賊卒爲降虜耳我至長安與國家陳漁陽上谷兵馬之用還出太原代郡反覆數十日歸發突騎以轔烏合之衆（轔轢也音力刃反）如摧枯折腐耳觀公等不識去就族滅不久也倉包不從遂亡降王郎弇道聞光武在盧奴乃馳北上謁光武留署門下吏弇因說護軍朱祐求歸發兵以定邯鄲光武笑曰小兒曹乃有大意哉因數召見加恩慰（續漢書曰弇還撽與況陳上功德自嫌年少恐不見信宜自來況得檄立發至昌平見上也）

弇因從光武北至薊聞邯鄲兵方到光武將欲南歸召官屬計議弇曰今兵從南來不可南行漁陽太守彭寵公之邑人（寵南陽宛人也）上谷太守即弇父也發此兩郡控弦萬騎邯鄲不足慮也光武官屬腹心皆不肯曰死尚南首柰何北行入囊中（漁陽上谷北接塞垣至彼路窮如入囊也）光武指弇曰是我北道主人也會薊中亂（續漢書曰弇歸主人食未已薊中擾亂上鶩出南城門頗遮絕輜重城中相掠弇既與上相失以馬與城門亭長乃得出也）光武遂南馳官屬各分散弇走昌平就況（昌平縣名屬上谷郡今幽州縣故城在縣東也）因說況使寇恂東約彭寵各發突騎二千匹步兵千人弇與景丹寇恂及漁陽兵合軍而南所過擊斬王郎大將九卿校尉以下四百餘級得印綬百二十五節二斬首三萬級定涿郡中山鉅鹿清河河閒凡二十二縣遂及光武於廣阿是時光武方攻王郎傳言二郡兵爲邯鄲來衆皆恐既而悉詣營上謁光武見弇等說曰

當與漁陽上谷士大夫共此大功乃皆以爲偏將軍使還領其兵加況大將軍興義侯得自置偏裨弇等遂從拔邯鄲時更始徵代郡太守趙永而況勸永不應召令詣于光武光武遣永復郡永北還而代令張曅據城反畔乃招迎匈奴烏桓以爲援助光武以弇弟舒爲復胡將軍使擊曅破之永乃得復郡時五校賊二十餘萬北寇上

谷況與舒連擊破之賊皆退走更始見光武威聲日盛君臣疑慮乃遣使立光武爲蕭王令罷兵與諸將有功者還長安遣苗曾爲幽州牧韋順爲上谷太守蔡充爲漁陽太守並北之部時光武居邯鄲宮晝臥溫明殿（漢趙王如意之殿也故基在今洺州邯鄲縣內）弇入造牀下請閒因說曰今更始失政君臣淫亂諸將擅命於畿內貴戚縱橫於都內（更始傳曰李軼朱鮪擅命山東王匡張卬橫暴三輔）天子之命不出城門所在牧守輒

後漢列傳九　四　揚坡

自遷易百姓不知所從士人莫敢自安虜掠財物劫掠婦女懷金玉者至不生歸元元叩心更思莽朝又銅馬赤眉之屬數十輩輩數十百萬聖公不能辦也（辦猶成也音蒲莧反）其敗不久公首事南陽破百萬之軍今定河北北據天府之地（前書曰關中所謂金城天府弇以河北富饒故以喻焉）以義征伐發號響應天下可傳檄而定天下至重不可令它姓得之聞使者從西方來欲罷兵不可從也今吏士死亡者多弇願

歸幽州益發精兵以集其大計光武大說（續漢書曰光武初見弇言起坐曰卿失言我斬卿弇曰大王哀厚弇如父子故披赤心爲大王陳事上曰我戲卿耳）乃拜弇爲大將軍與吳漢北發幽州十郡兵弇到上谷收韋順蔡充斬之漢亦誅苗曾於是悉發幽州兵引而南從光武擊破銅馬高湖赤眉青犢又追尤來大槍五幡於元氏弇常將精騎爲軍鋒輒破走之光武乘勝戰愼水上虜危急殊死戰時軍士疲弊遂大敗奔還壁范陽數日乃振

後漢列傳九　五　李秀

（壁謂築壘壁也）賊亦退去從追至容城小廣陽安次連戰破之（容城縣名屬涿郡故城在今易州遒縣也廣陽國有廣陽縣故曰小廣陽及安次縣名並在今幽州也）光武還薊復遣弇與吳漢景丹蓋延朱祐邳彤耿純劉植岑彭祭遵堅鐔王霸陳俊馬武十三將軍追賊至潞東及平谷（平谷解見光武紀）再戰斬首萬三千餘級遂窮追於右北平無終土垠之閒（無終土垠並縣名屬右北平郡無終故城在今漁陽縣土垠故城在今平州西南垠音銀）至浚靡而還（浚靡縣名屬右北平故城在今漁陽縣北靡音麻）賊散入遼西遼東或爲

烏桓貊人所鈔擊略盡光武即位拜弇為建威大將軍與驃騎大將軍景丹彊弩將軍陳俊攻厭新賊於敖倉皆破降之建武二年更封好時侯食好時美陽二縣三年延岑自武關出攻南陽下數城穰人杜弘率其衆以從岑弇與岑等戰於穰大破之斬首三千餘級生獲其將士五千餘人得印綬三百杜弘降岑與數騎遁走東陽弇從幸舂陵因見自請北收上谷兵未發者定彭寵於漁陽取張豐於涿郡還收富平獲索東攻張步以平齊地帝壯其意乃許之四年詔弇進攻漁陽弇以父據上谷本與彭寵同功又兄弟無在京師者自疑不敢獨進上書求詣洛陽詔報曰將軍出身舉宗為國所向陷敵功効尤著何嫌何疑而欲求徵且與王常共屯涿郡勉思方略況聞弇求徵亦不自安遣舒弟國入侍帝善之進封況為隃麋侯（隃麋縣名屬右扶風故城在今隴州汧陽縣東南隃音踰）乃命弇與建義大將軍朱祐漢忠將軍王常等擊望都故安西山賊十餘營皆破之（望都縣名屬中山國堯母慶都山在南故以名焉故城在今定州唐縣東北故安縣名故城在今易州易縣東南）時征虜將軍祭遵屯良鄉（良鄉縣名屬涿郡）驍騎將軍劉喜屯陽鄉（陽鄉縣名屬涿郡故城在今幽州故安縣西北）以拒彭寵寵遣弟純將匈奴二千餘騎寵自引兵數萬分為兩道以擊遵喜胡騎經軍都（軍都縣屬廣陽郡有軍都山在西北今幽州昌平縣）舒襲破其衆斬匈奴兩王寵乃退走況復與舒

攻寵取軍都五年寵死天子嘉況功使光祿大夫持節迎況（袁山松書曰使光祿大夫樊宏詔況曰惟況功大不宜監察從事邊郡寒苦不足久居其詣行在所）賜甲第奉朝請封牟平侯遣弇與吳漢擊富平獲索賊於平原大破之降者四萬餘人因詔弇進討張步弇悉收集降卒結部曲置將吏率騎都尉劉歆太山太守陳俊引兵而東從朝陽橋濟河以度（朝陽縣名屬濟南郡在朝水之陽今朝城在濟水北有漯河在今齊州臨濟縣東）張步聞之乃使其大將軍費邑軍歷下（歷下）

城在今齊州歷城縣也又分兵屯祝阿（祝阿今齊州縣也故城在今山茌縣東北）別於太山鍾城列營數十以待弇弇度河先擊祝阿自旦攻城未中而拔之故開圍一角令其衆得奔歸鍾城鍾城人聞祝阿已潰大恐懼遂空壁亡去費邑分遣弟敢守巨里（巨里聚名也一名巨合城在今齊州全節縣東南也）弇進兵先脅巨里使多伐樹木揚言以塡塞阬塹數日有降者言邑聞弇欲攻巨里謀來救之弇乃嚴令軍中趣修攻具宣勑諸部後三

日當悉力攻巨里城陰緩生口令得亡歸歸者以弇期告邑邑至日果自將精兵三萬餘人來救之弇喜謂諸將曰吾所以修攻具者欲誘致邑耳今來適其所求也即分三千人守巨里自引精兵上岡阪（爾雅曰山脊曰岡坡者曰阪）乘高合戰大破之臨陳斬邑既而收首級以示巨里城中城中兇懼（兇恐懼聲音呼勇反）費敢悉衆亡歸張步弇復收其積聚縱兵擊諸未下者平四十餘營遂定濟南時張

步都劇使其弟藍將精兵二萬守西安（西安縣名屬齊郡故城在今青州臨淄縣西北）諸郡太守合萬餘人守臨淄相去四十里弇進軍畫中（畫中邑名也畫音胡麥反故城在今西安城東南有畫水因名焉）居二城之閒弇視西安城小而堅且藍兵又精臨淄名雖大而實易攻乃勑諸校會（會猶集也）後五日攻西安藍聞之晨夜儆守至期夜半弇勑諸將皆蓐食（前書音義曰未起而牀蓐中食也）會明至臨淄城護軍荀梁等爭之以爲宜速攻西安弇曰不然西安

聞吾欲攻之日夜爲備臨淄出不意而至必驚擾吾攻之一日必拔拔臨淄即西安孤張藍與步隔絕必復亡去所謂擊一而得二者也若先攻西安不卒下頓兵堅城死傷必多縱能拔之藍引軍還奔臨淄并兵合埶觀人虛實吾深入敵地後無轉輸旬月之閒不戰而困諸君之言未見其宜遂攻臨淄半日拔之入據其城張藍聞懼遂將其衆亡歸劇弇乃令軍中無得妄掠

劇下須張步至乃取之以激怒步步聞大笑曰以尤來大彤十餘萬衆吾皆即其營而破之今大耿兵少於彼弇況之長子故呼爲大耿又皆疲勞何足懼乎乃與三弟藍弘壽及故大彤渠帥重異等兵重姓異名號二十萬至臨淄大城東將攻弇袁山松書曰弇上書曰臣據臨淄深塹高壘張步從劇縣來攻疲勞飢渴欲進誘而攻之欲去隨而擊之臣依營而戰精銳百倍以逸待勞以實擊虛旬日之間步首可獲上是其計也弇先出淄水上與重異遇突騎欲縱弇恐挫其鋒令步不敢進故示弱以盛其氣乃引歸小城陳兵於內伏琛齊地記曰小城內有漢景土祠步氣盛直攻弇營與劉歆等合戰弇升王宮壞臺望之臨淄本齊國所都即齊王宮中有壞臺也東觀記作環臺視歆等鋒交乃自引精兵以橫突步陳於東城下大破之飛矢中弇股以佩刀截之左右無知者至暮罷弇明旦復勒兵出是時帝在魯聞弇爲步所攻自往救之未至陳俊謂弇曰劇虜兵盛可且閉營休士以須上來弇曰乘輿且到臣子當擊牛釃酒以

待百官反欲以賊虜遺君父邪乃出兵大戰自旦及昏復大破之殺傷無數城中溝塹皆滿弇知步困將退豫置左右翼爲伏以待之兩旁伏兵如鳥之翼人定時步果引去伏兵起縱擊追至鉅昧水上鉅昧水名一名巨洋水在今青州壽光縣西八九十里僵尸相屬收得輜重二千餘兩步還劇兄弟各分兵散去後數日車駕至臨淄自勞軍羣臣大會帝謂弇曰昔韓信破歷下以開基前書曰齊屯兵於歷下以備漢信擊破之今將軍攻祝阿以發迹此皆齊之西界功足相方而韓信襲擊已降前書曰酈食其說齊王田廣廣降之乃與食其縱酒罷守備韓信聞齊已降欲止蒯通說信令擊之食其音異基也將軍獨拔勍敵其功乃難於信也又田橫亨酈生及田橫降高帝詔衛尉不聽爲仇前書曰齊既破橫走居海島高帝召之橫曰臣亨陛下之使酈食其今聞其弟商爲衛尉臣恐懼不敢奉詔高帝詔酈商曰橫即至敢動者族之張步前亦殺伏隆若步來歸命吾當詔大司徒釋其怨大司徒伏湛即隆之父又事尤相類也將軍前在南陽建此大策謂弇從帝幸舂陵時請收上谷兵定彭寵取張豐平

張步等常以爲落落難合落落猶踈闊也有志者事竟成也弇因復追步步奔平壽平壽縣名屬北海郡故城在今青州北海縣乃肉袒負斧鑕於軍門鑕鍖也示必死鍖音竹林反弇傳步詣行在所而勒兵入據其城樹十二郡旗鼓東觀記曰弇凡平城陽琅邪高密膠東東萊北海齊千乘濟南平原泰山臨菑等令步兵各以郡人詣旗下衆向十餘萬輜重七千餘兩皆罷遣歸鄉里弇復引兵至城陽降五校餘黨祝阿餘黨也齊地悉平振旅還京師六年西拒隗囂屯兵於漆漆縣名屬右扶風故城在今豳州新平縣也漆水在西

後漢列傳九 十二 林希逺

八年從上隴明年與中郎將來歙分部徇安定北地諸營保皆下之弇凡所平郡四十六屠城三百未常挫折十二年況疾病乘輿數自臨幸復以國弟廣舉並爲中郎將弇兄弟六人皆垂青紫省侍醫藥當代以爲榮及況卒謚烈侯少子霸襲況爵十三年增弇戶邑上大將軍印綬罷上音疲掌反以列侯奉朝請每有四方異議輒召入問籌策年五十六永平元年

卒謚曰愍侯子忠嗣忠以騎都尉擊匈奴於天山有功忠卒子馮嗣馮卒子良嗣一名無禁延光中尚安帝妹濮陽長公主位至侍中良卒子協嗣隃麋侯霸卒子文金嗣文金卒子喜嗣喜卒子顯嗣爲羽林左監顯卒子援嗣尚桓帝妹長社公主爲河陽太守後曹操誅耿氏唯援孫弘存焉決錄注云援字伯緒官至河東太守也牟平侯舒卒子襲嗣尚顯宗女隆慮公主襲卒子寶嗣寶女弟爲清

後漢列傳九 十三 林希逺

河孝王妃及安帝立尊孝王母爲孝德皇后以妃爲甘園大貴人帝以寶元舅之重使監羽林左車騎位至大將軍而附事內寵與中常侍樊豐帝乳母王聖等譖廢皇太子爲濟陰王及排陷太尉楊震議者怨之寶弟子承襲公主爵爲林慮侯林慮即上隆慮也至此避殤帝諱改爲位至侍中安帝崩閻太后以寶等阿附嬖倖共爲不道策免寶及承皆貶爵爲亭侯遣就國寶於道自殺國除決錄注曰寶字

君達大貴人數爲耿氏請陽嘉三年順帝遂詔封寶子箕弟平矦爲侍中以恒爲陽亭矦承爲羽林中郎將其後貴人薨大將軍梁冀從承求貴人珍玩不能得冀怒風有司奏奪其封承惶恐遂亡匿於穰數年冀推迹得之乃幷族其家十餘人

論曰淮陰廷論項王審料成埶則知高祖之廟勝矣（淮陰矦韓信也史記韓信說高祖曰項王特匹夫之勇婦人之仁也名雖霸實失天下心今大王入關秋豪無所取秦人無不欲得大王王秦者今大王舉而東三秦可傳檄而定於是漢王舉兵定三秦廟勝謂謀兵於廟而勝敵）

後漢列傳九　十四　李昇

弇決策河北定計南陽亦見光武之業成矣然弇自剋拔全齊而無尺寸功夫豈不懷（懷思也言豈不思重立大功乎）將時之度數不足以相容乎三世爲將道家所忌（史記曰秦使王翦之孫王離擊趙或曰王離秦之名將舉之必矣客曰不然夫將三代必敗以其殺伐多也其後受其不祥）而耿氏累葉以功名自終將其用兵欲以殺止殺乎何其獨能隆也

國字叔慮（東觀記慮作憲）建武四年初入侍光武拜爲黃門侍郎應對左右帝以爲能遷射聲校尉七年射聲官罷拜駙馬都尉父況卒國於次當嗣上疏以先矦愛少子霸固自陳讓有詔許焉後歷頓丘陽翟上蔡令所在吏人稱之徵爲五官中郎將是時烏桓鮮卑屢寇外境國素有籌策數言邊事帝器之及匈奴薁鞬日逐王比自立爲呼韓邪單于款塞稱藩願扞禦北虜事下公卿議者皆以爲天下初定中國空虛夷狄情僞難知不可許國獨曰臣以爲宜如孝宣故事受之（宣帝甘露二年呼韓邪單于款塞請朝帝發所過郡二千騎迎之寵以殊禮位在諸矦王上贊謁稱臣而不名）

後漢列傳九　十五　章[illegible]

今東扞鮮卑北拒匈奴率厲四夷完復邊郡使塞下無晏開之警（晏晚也有警急則開門晚也）萬世有安寧之策也帝從其議遂立比爲南單于由是烏桓鮮卑保塞自守北虜遠遁中國少事二十七年代馮勤爲大司馬又上言宜置度遼將軍左右校尉屯五原以防逃亡永平元年卒官顯宗追思國言後遂置度遼將軍左右校尉如

其議焉國二子秉夔
秉字伯初有偉體䙰帶八圍博通書記能
說司馬兵法尤好將帥之略以父任爲郎
數上言兵事常以中國虛費邊陲不寧其
患專在匈奴以戰去戰盛王之道顯宗旣
有志北伐陰然其言永平中召詣省闥問
前後所上便宜方略拜謁者僕射遂見親
幸每公卿會議常引秉上殿訪以邊事多
簡帝心十五年拜駙馬都尉十六年以騎

都尉秦彭爲副與奉車都尉竇固等俱伐
北匈奴虜皆奔走不戰而還十七年夏詔
秉與固合兵萬四千騎復出白山擊車師
車師有後王前王前王即後王之子其廷
相去五百餘里固以後王道遠山谷深士
卒寒苦欲攻前王秉議先赴後王以爲并
力根本則前王自服固計未決秉奮身而
起曰請行前乃上馬引兵北入衆軍不得
已遂進並縱兵抄掠斬首數千級收馬牛

十餘萬頭後王安得震怖從數百騎出迎
秉而固司馬蘇安欲全功歸固即馳謂安
得曰漢貴將獨有奉車都尉天子姊壻（固尚
光武女涅陽公主明帝姊也）爵爲通侯當先降之安得乃
還更令其諸將迎秉秉大怒被甲上馬麾
其精騎徑造固壁言曰車師王降訖今不
至請往梟其首固大驚曰且止將敗事秉
厲聲曰受降如受敵遂馳赴之安得惶恐
走出門脫帽抱馬足降（東觀記曰脫帽趨鳴馬蹏也）秉將

以詣固其前王亦歸命遂定車師而還明
年秋肅宗即位拜秉征西將軍遣案行涼
州邊境勞賜保塞羌胡進屯酒泉救戊己
校尉建初元年拜度遼將軍視事七年匈
奴懷其恩信徵爲執金吾甚見親重帝每
巡郡國及幸宮觀秉常領禁兵宿衛左右
除三子爲郎章和二年復拜征西將軍副
車騎將軍竇憲擊北匈奴大破之事并見
憲傳封秉美陽侯食邑三千戸秉性勇壯

而簡易於事軍行常自被甲在前休止不
結營部然遠斥候明要誓有警軍陳立成
士卒皆樂爲死永元二年代桓虞爲光祿
勳明年夏卒時年五十餘賜以朱棺玉衣
將作大匠穿冢假鼓吹五營騎士三百餘
人送葬謚曰桓侯匈奴聞秉卒舉國號哭
或至剺面流血（剺即𠠎字古通用也𠠎割也音力私反）長子沖
嗣及竇憲敗以秉竇氏黨國除沖官至漢
陽太守曾孫紀少有美名辟公府曹操甚

後漢列傳九　十八　陳彦

敬異之稍遷少府紀以操將篡漢建安二
十三年與大醫令吉丕（丕或作平）丞相司直韋
晃起兵誅操不克夷三族于時衣
冠盛門坐紀罹禍滅者衆矣
夔字定公少有氣決永元初爲車騎將軍
竇憲假司馬北擊匈奴轉車騎都尉三年
憲復出河西以夔爲大將軍左校尉將精
騎八百出居延塞直奔北單于廷於金微
山斬閼氏名王已下五千餘級單于與數

騎脫亡盡獲其匈奴珍寶財畜去塞五千
餘里而還自漢出師所未嘗至也乃封夔
粟邑侯（粟邑縣名屬左馮翊故城在今同州白水縣西北）會北單于弟
左鹿蠡王於除鞬自立爲單于衆八部二
萬餘人來居蒲類海上遣使款塞以夔爲
中郎將持節衛護之及竇憲敗夔亦免官
奪爵土後復爲長水校尉拜五原太守遷
遼東太守元興元年貊人寇郡界夔追擊
斬其渠帥永初三年南單于檀反畔使夔

後漢列傳九　十九　蔡孟廣

率鮮卑及諸郡兵屯鴈門與車騎將軍何
熙共擊之熙推夔爲先鋒而遣其司馬耿
溥劉祉將二千人與夔俱進到屬國故城
單于遣薁鞬日逐王三千餘人遮漢兵夔
自擊其左令鮮卑攻其右虜遂敗走追斬
千餘級殺其名王六人獲穹廬車重千餘
兩馬畜生口甚衆鮮卑馬多羸病遂畔出
塞夔不能獨進以不窮追左轉雲中太守
後遷行度遼將軍事夔勇而有氣數侵陵

匈奴中郎將鄭戩（音翦）元初元年坐徵下獄以減死論笞二百建光中復拜度遼將軍時鮮卑攻殺雲中太守成嚴圍烏桓校尉徐常於馬城（馬城縣名屬代郡故城在今雲州定襄縣秦始皇初築城輒崩壞其後有馬周章馳走因隨馬迹起城故以名焉）夔與幽州刺史龐參救之追虜出塞而還後坐法免卒於家

恭字伯宗國弟廣之子也少孤慷慨多大略有將帥才永平十七年冬騎都尉劉張出擊車師請恭爲司馬與奉車都尉竇固

後漢列傳九　二十

及從弟駙馬都尉秉破降之始置西域都護戊己校尉乃以恭爲戊己校尉屯後王部金蒲城（金蒲城車師後王庭也今庭州蒲昌縣城是也）謁者關寵爲戊己校尉屯前王柳中城（柳中今西州縣）屯各置數百人恭至部移檄烏孫示漢威德大昆彌已下皆歡喜遣使獻名馬及奉宣帝時所賜公主博具（武帝元封中遣江都王建女細君爲公主嫁與烏孫昆莫賜乘輿服御官屬侍御數百人贈送甚盛蓋後宣帝賜以博具也）願遣子入侍恭乃發使齎金帛迎其侍子明年三月北單

于遣左鹿蠡王二萬騎擊車師恭遣司馬將兵三百人救之道逢匈奴騎多皆爲所殁匈奴遂破殺後王安得而攻金蒲城恭乘城搏戰以毒藥傅矢傳語匈奴曰漢家箭神其中瘡者必有異因發彊弩射之虜中矢者視創皆沸遂大驚會天暴風雨隨雨擊之殺傷甚衆匈奴震怖相謂曰漢兵神眞可畏也遂解去恭以疏勒城傍有澗水可固五月乃引兵據之七月匈奴復來

後漢列傳九　二十一

攻恭恭募先登數千人直馳之胡騎散走匈奴遂於城下擁絕澗水恭於城中穿井十五丈不得水吏士渴乏笮馬糞汁而飲之（笮謂壓笮也）恭仰歎曰聞昔貳師將軍拔佩刀刺山飛泉涌出（貳師大宛中城名昔武帝時使李廣利伐大宛期至貳師城因以爲號也）今漢德神明豈有窮哉乃整衣服向井再拜爲吏士禱有頃水泉奔出衆皆稱萬歲乃令吏士揚水以示虜（東觀記曰恭親自挽籠於是令士且勿飲先和泥塗城并揚示之）虜出不意以爲神明遂引

去時焉耆龜茲攻歿都護陳睦北虜亦圍關寵於柳中會顯宗崩救兵不至車師復畔與匈奴共攻恭恭厲士衆擊走之後王夫人先世漢人常私以虜情告恭又給以糧餉數月食盡窮困乃煮鎧弩食其筋革恭與士推誠同死生故皆無二心而稍稍死亡餘數十人單于知恭已困欲必降之復遣使招恭曰若降者當封爲白屋王妻以女子恭乃誘其使上城手擊殺之炙諸城上虜官屬望見號哭而去單于大怒更益兵圍恭不能下初關寵上書求救時肅宗新即位乃詔公卿會議司空第五倫以爲不宜救司徒鮑昱議曰今使人於危難之地急而棄之外則縱蠻夷之暴内則傷死難之臣誠令權時後無邊事可也匈奴如復犯塞爲寇陛下將何以使將又二部兵人裁各數十（二部謂關寵及恭也）匈奴圍之歷旬不下是其寡弱盡力之效也可令敦煌酒

泉太守各將精騎二千多其幡幟倍道兼行以赴其急匈奴疲極之兵必不敢當四十日閒足還入塞帝然之乃遣征西將軍耿秉屯酒泉行太守事遣秦彭與謁者王蒙皇甫援發張掖酒泉敦煌三郡及鄯善兵合七千餘人建初元年正月會柳中擊車師攻交河城（前書曰車師前王居交河城河水分流繞城下故號交河去長安八千一百五十里故城在今西州交河縣也）斬首三千八百級獲生口三千餘人駝驢馬牛羊三萬七千頭北虜驚走車師復降（東觀記曰車師太子比特訾降）會關寵已歿蒙等聞之便欲引兵還先是恭遣軍吏范羌至敦煌迎兵士寒服羌因隨王蒙軍俱出塞羌固請迎恭諸將不敢前乃分兵二千人與羌從山北迎恭遇大雪丈餘軍僅能至城中夜聞兵馬聲以爲虜來大驚羌乃遥呼曰我范羌也漢遣軍迎校尉耳城中皆稱萬歲開門共相持涕泣明日遂相隨俱歸虜兵追之且戰且行吏士素飢

困發疏勒時尚有二十六人隨路死沒三月至玉門（玉門關名屬敦煌郡在今沙州臣賢案酒泉郡又有玉門縣據東觀記曰至敦煌明卽玉門關也）唯餘十三人衣屨穿決形容枯槁中郎將鄭衆爲恭巳下洗沐易衣冠上疏曰耿恭以單兵固守孤城當匈奴之衝對數萬之衆連月踰年心力困盡鑿山爲井煑弩爲糧出於萬死無一生之望前後殺傷醜虜數千百計卒全忠勇不爲大漢恥恭之節義古今未有宜蒙顯爵以厲將

帥及恭至雒陽鮑昱奏恭節過蘇武宜蒙爵賞於是拜爲騎都尉以恭司馬石修爲雒陽市丞張封爲雍營司馬軍吏范羌爲共丞（共今衞州共城縣）餘九人皆補羽林恭母先卒及還追行喪制有詔使五官中郎將（據東觀記馬嚴）齎牛酒釋服（奪情不令追服）明年遷長水校尉其秋金城隴西羌反恭上疏言方略詔召入問狀乃遣恭將五校士三千人副車騎將軍馬防討西羌恭屯枹罕數與羌接戰明年

秋燒當羌降防還京師恭留擊諸未服者首虜千餘人獲牛羊四萬餘頭勒姐（姐音紫又子也反）燒何羌等十三種數萬人皆詣恭降初恭出隴西上言故安豐侯竇融昔在西州甚得羌胡腹心今大鴻臚固卽其子孫前擊白山功冠三軍宜奉大使鎮撫涼部令車騎將軍防屯軍漢陽以爲威重由是大忤於防（忿恭薦竇固奪其權）及防還監營謁者李譚承旨奏恭不憂軍事被詔怨望坐徵下獄免

官歸本郡卒於家子溥爲京兆虎牙都尉（溥音普漢官儀曰京兆虎牙都尉扶風都比二千石以涼州近羌數犯三輔將兵護園陵）元初二年擊畔羌於丁奚城軍敗遂歿詔拜溥子宏曅並爲郎曅字季遇順帝初爲烏桓校尉（遇或爲過）時鮮卑寇緣邊殺代郡太守曅率烏桓及諸郡卒出塞討擊大破之鮮卑震怖數萬人詣遼東降自後頻出輒克獲威振北方遷度遼將軍耿氏自中興巳後迄建安之末大將軍二人將軍九人卿十

三人尚公主三人列侯十九人中郎將護羌校尉及刺史二千石數十百人遂與漢興衰云

論曰余初讀蘇武傳感其茹毛窮海不為大漢羞（蘇武武帝時使匈奴匈奴乃幽囚武於大窖中絕不飲食天雨雪武卧齧雪與旃毛并咽之數日不死匈奴以為神乃徙武北海上無人處二十年乃還也）後覽耿恭疏勒之事喟然不覺涕之無從嗟哉義重於生以至是乎（孟子曰生者我所欲義者亦我所欲二者不可俱捨生而取義也）昔曹子抗質於柯盟（曹子魯大夫曹劌也一曰曹沫史記曰齊桓公與魯莊公會於柯而盟曹沫執匕首劫齊桓公曰齊彊魯弱而大國侵魯亦已甚矣今城壞壓境君其圖之桓公乃盡還魯之侵地而與之盟）相如申威於河表（相如解見寇恂傳也）

蓋以決一旦之負異乎百死之地也以為二漢當疏高爵宥十世（左傳曰晉范宣子之殺叔向之弟羊舌虎而囚叔向於是祁奚聞之見宣子曰謀而鮮過惠訓不倦者叔向有焉猶將十世宥之以勸能者也）而蘇君恩不及嗣恭亦終塡牢戶追誦龍蛇之章以為歎息（史記曰晉文公返國賞從亡者介之推不言祿祿亦不及縣書宮門曰龍欲上天五蛇為輔龍已升天四蛇各入其宇一蛇獨怨終不見處也）

贊曰好畤經武能畫能兵往收燕卒來集漢營請閒趙殿釃酒齊城況舒率從亦既有成國圖久策分此凶狄（謂耿國議立日逐王為南單于由是鮮卑保塞自守北虜遠遁也）秉洽胡情夔單虜迹慊慊伯宗枯泉飛液

後漢列傳卷第九

列傳卷第十　范曄　後漢書二十

唐章懷太子賢注

銚期　王霸　祭遵 從弟彤

銚期字次況潁川郟人也長八尺二寸容貌絶異矜嚴有威父猛爲桂陽太守卒期服喪三年鄉里稱之光武略地潁川聞期志義召署賊曹掾（漢書儀曰東西曹掾比四百石餘掾比三百石賊曹主盜賊之事）從徇薊時王郎檄書到薊薊中起兵應郎光武趨駕出百姓聚觀諠呼滿道遮路不得行期騎馬奮戟瞋目大呼左右曰蹕（周禮隸僕掌蹕宮中之事鄭衆曰止行清道也若今警蹕說文蹕與蹕同）衆皆披靡（披芳彼反）及至城門門已閉攻之得出行至信都以期爲裨將與傅寬呂晏俱屬鄧禹徇傍縣又發房子兵禹以期爲能獨拜偏將軍授兵二千人寬晏各數百人還言其狀光武甚善之使期別徇眞定宋子攻拔樂陽槀肥纍（樂陽縣名屬常山郡今恒州槀城縣也故城在縣西肥纍故肥子國也漢以爲縣故城在今槀城縣西南並屬眞定國纍音力追反）從擊王郎將兒宏劉奉於鉅鹿下（兒音五奚反）期先登陷陳手殺五十餘人被創中額攝幘復戰（攝猶正也）遂大破之王郎滅拜期虎牙大將軍乃因閒說光武曰河北之地界接邊塞人習兵戰號爲精勇今更始失政大統危殆海內無所歸往明公據河山之固擁精銳之衆以順萬人思漢之心則天下誰敢不從光武笑曰卿欲遂前蹕邪（唯天子得稱警蹕）時銅馬數十萬衆入清陽博平（博平縣名屬東郡在今博州縣也）期與諸將迎擊之連戰不利期乃更背水而戰所殺傷甚多會光武救至遂大破之追至館陶皆降之從擊青犢赤眉於射犬賊襲期輜重期還擊之手殺傷數十人身被三創而戰方力（力苦戰也）遂破走之光武即位封安成侯（安成縣名屬汝南郡故城在今豫州汝陽縣東南也）食邑五千戶時檀鄉五樓賊入繁陽內黃（繁陽縣名故城在今相州內黃縣東北內黃故城在西北）又魏郡大姓數反覆而更始將卓京（京或作原）謀欲相率反鄴城帝以期爲魏郡太守行

大將軍事期發郡兵擊卓京破之斬首六百餘級京亡入山追斬其將校數十人獲京妻子進擊繁陽内黃復斬數百級郡界清平督盜賊李熊鄴中之豪而熊弟陸謀欲反城迎檀鄉（反音翻） 或以告期期不應告者三四期乃召問熊熊叩頭首服願與老母俱就死期曰爲吏儻不若爲賊樂者可歸與老母往就陸也（必以在城中爲吏不如爲賊之樂即任將母往就弟）使吏送出城熊行求得陸將詣鄴城西門

陸不勝愧感自殺以謝期期嗟歎以禮葬之而還熊故職於是郡中服其威信建武五年行幸魏郡以期爲太中大夫從還洛陽又拜衛尉期重於信義自爲將有所降下未嘗虜掠及在朝廷憂國愛主其有不得於心必犯顔諫諍帝嘗輕與期門近出（前書武帝將出必與北地良家子期於殿門故曰期門） 期頓首車前曰目聞古今之戒變生不意誠不願陛下微行數出帝爲之回輿而還十年卒（東觀記曰期疾病使使者

存問加賜醫藥甚厚其母問期當封何子期言受國家恩深常慙負如死不知當何以報國何宜封子也上甚憐之） 帝親臨襚斂贈以衛尉安成侯印綬謚曰忠侯子丹嗣復封丹弟統爲建平侯（建平縣名屬沛郡故城在今亳州鄼縣西北一名馬頭城） 後徙封丹葛陵侯（葛陵縣名故城在汝南故鮦陽縣也） 丹卒子舒嗣舒卒子羽嗣羽卒子蔡嗣

王霸字元伯潁川潁陽人也世好文法（東觀記曰祖父爲詔獄丞） 父爲郡決曹掾（漢舊儀決曹主罪法事） 霸亦少爲獄吏常慷慨不樂吏職其父奇之遣西

學長安漢兵起光武過潁陽霸率賓客上謁曰將軍興義兵竊不自知量貪慕威德願充行伍光武曰夢想賢士共成功業豈有二哉遂從擊破王尋王邑於昆陽還休鄉里及光武爲司隸校尉道過潁陽霸請其父願從父曰吾老矣不任軍旅汝往勉之霸從至洛陽及光武爲大司馬以霸爲功曹令史從度河北賓客從霸者數十人稍稍引去光武謂霸曰潁川從我者皆逝

而子獨留努力疾風知勁草及王郎起光武在薊郎移檄購光武光武令霸至市中募人將以擊郎市人皆大笑舉手邪揄之說文曰歋歈手相笑也歋音弋支反歈音踰或音由此云邪揄語輕重不同霸慚懡而還懡亦慚也音遽光武即南馳至下曲陽傳聞王郎兵在後從者皆恐及至虖沱河候吏還白河水流澌澌音斯無船不可濟官屬大懼光武令霸往視之霸恐驚衆欲且前阻水還即詭曰冰堅可度官屬皆喜光武笑曰候

後漢列傳十　五　李秀

吏果妄語也遂前比至河河冰亦合乃令霸護度監護度也未畢數騎而冰解光武謂霸曰安吾衆得濟免者卿之力也霸謝曰此明公至德神靈之祐雖武王白魚之應無以加此今文尚書曰武王度盟津白魚躍入王舟光武謂官屬曰王霸權以濟事殆天瑞也以爲軍正爵關內侯既至信都發兵攻拔邯鄲霸追斬王郎得其璽綬封王鄉侯從平河北常與臧宮傅俊共營霸獨善撫士卒死者脫衣以斂

之傷者躬親以養之光武即位以霸曉兵愛士可獨任拜爲偏將軍并將臧宮傅俊兵而以宮俊爲騎都尉建武二年更封富波侯富波縣名屬汝南郡在今豫州四年秋帝幸譙使霸與捕虜將軍馬武東討周建於垂惠蘇茂將五校兵四千餘人救建而先遣精騎遮擊馬武軍糧武往救之建從城中出兵夾擊武武恃霸之援戰不甚力爲茂建所敗武軍奔過霸營大呼求救霸曰賊兵盛出必

後漢列傳十　六　林干

兩敗努力而已乃閉營堅壁軍吏皆爭之霸曰茂兵精銳其衆又多吾吏士心恐而捕虜與吾相恃兩軍不一此敗道也今閉營固守示不相援賊必乘勝輕進捕虜無救其戰自倍如此茂衆疲勞吾承其弊乃可剋也茂建果悉出攻武合戰良久霸軍中壯士路潤等數十人斷髮請戰霸知士心銳乃開營後出精騎襲其背茂建前後受敵驚亂敗走霸武各歸營賊復聚衆挑

戰霸堅卧不出方饗士作倡樂茂雨射營中中霸前酒樽霸安坐不動軍吏皆曰茂前日已破今易擊也霸曰不然蘇茂客兵遠來糧食不足故數挑戰以儌一切之勝儌要也一切猶權時也今閉營休士所謂不戰而屈人之兵善之善者也茂建既不得戰乃引還營其夜建兄子誦反閉城拒之茂建遁去誦以城降五年春帝使太中大夫持節拜霸爲討虜將軍六年屯田新安八年屯函

後漢列傳十　七　章畋

谷關擊滎陽中牟盜賊皆平之九年霸與吳漢及橫野大將軍王常建義大將軍朱祐破蓩將軍侯進等五萬餘人擊盧芳將賈覽閔堪於高柳匈奴遣騎助芳漢軍遇雨戰不利吳漢還洛陽令朱祐屯常山王常屯涿郡侯進屯漁陽璽書拜霸上谷太守領屯兵如故捕擊胡虜無拘郡界拘猶限也明年霸復與吳漢等四將軍六萬人出高柳擊賈覽詔霸與漁陽太守陳訢將兵爲

諸軍鋒匈奴左南將軍將數千騎救覽霸等連戰於平城下破之追出塞斬首數百級霸及諸將還入鴈門與驃騎大將軍杜茂會攻盧芳將尹由於崞繁畤不剋崞及繁畤皆縣名屬鴈門郡並今代州縣也有崞山焉崞音郭十三年增邑戶更封向侯向縣名屬沛郡左傳曰莒人入向案今密州莒縣南又有向城是時盧芳與匈奴烏桓連兵寇盜尤數緣邊愁苦詔霸將弛刑徒六千餘人與杜茂治飛狐道飛狐道在今蔚州飛狐縣北通嬀州懷戎縣即古之飛狐口也堆石布土築起亭障

後漢列傳十　八　章畋

自代至平城三百餘里凡與匈奴烏桓大小數十百戰頗識邊事數上書言宜與匈奴結和親又陳委輸可從溫水漕水經注曰溫餘水出上谷居庸關東又東過軍都縣南又東過薊縣北益通以運漕也以省陸轉輸之勞事皆施行後南單于烏桓降服北邊無事霸在上谷二十餘歲三十年定封淮陵侯淮陵縣屬臨淮郡永平二年以病免後數月卒子符嗣徙封軑侯軑縣屬江夏郡軑音大符卒子度嗣度尚顯宗女浚儀長公主爲黃門郎度

卒子歆嗣

祭遵字弟孫(祭音側界反)潁川潁陽人也少好經書家富給而遵恭儉惡衣服喪母負土起墳嘗爲部吏所侵結客殺之初縣中以其柔也旣而皆憚焉及光武破王尋等還過潁陽遵以縣吏數進見光武愛其容儀署爲門下史從征河北爲軍市令舍中兒犯法遵格殺之光武怒命收遵時主簿陳副諫曰明公常欲衆軍整齊今遵奉法不

避是教令所行也光武乃貰之(貰猶赦也)以爲刺姦將軍謂諸將曰當備祭遵吾舍中兒犯法尚殺之必不私諸卿也尋拜爲偏將軍從平河北以功封列侯建武二年春拜征虜將軍定封潁陽侯與驃騎大將軍景丹建義大將軍朱祐漢忠將軍王常騎都尉王梁臧宮等入箕關(箕關解在鄧禹傳)南擊弘農厭新柏華蠻中賊(東觀記曰柏華聚也)弩中遵口洞出流血衆見遵傷稍引退遵呼叱止之士

卒戰皆自倍遂大破之時新城蠻中山賊張滿(新城縣名屬河南郡今伊闕縣也)屯結險隘爲人害詔遵攻之遵絕其糧道滿數挑戰遵堅辟不出而厭新柏華餘賊復與滿合遂攻得霍陽聚(有霍陽山故名焉俗謂之張侯城在今汝州西南)遵乃分兵擊破降之明年春張滿飢困城拔生獲之初滿祭祀天地自云當王旣執歎曰讖文誤我乃斬之夷其妻子遵引兵南擊鄧奉弟終於杜衍破之(杜衍縣名屬南陽郡故城在今鄧州南陽縣西南)時涿郡

太守張豐執使者舉兵反自稱無上大將軍與彭寵連兵四年遵與朱祐及建威大將軍耿弇驍騎將軍劉喜俱擊之遵兵先至急攻豐豐功曹孟厷執豐降(說文曰厷臂上也厷音公弘反)初豐好方術有道士言豐當爲天子以五綵囊裹石繫豐肘云石中有玉璽豐信之遂反旣執當斬猶曰肘石有玉璽遵爲椎破之豐乃知被詐仰天歎曰當死無所恨諸將皆引還遵受詔留屯良鄉拒彭寵

因遣護軍傅玄襲擊寵將李豪於潞大破
之斬首千餘級相拒歲餘數挫其鋒黨與
多降者及寵死遵進定其地六年春詔遵
與建威大將軍耿弇虎牙大將軍蓋延漢
忠將軍王常捕虜將軍馬武驍騎將軍劉
歆武威將軍劉尚等從天水伐公孫述續漢
書曰上幸廣陽城門設祖道閱過諸將以遵新破漁陽令最在前師次長安時車
駕亦至而隗囂不欲漢兵上隴辭說解故
解故謂解脫事故以爲辭說帝召諸將議皆曰可且延囂

日月之期益封其將帥以消散之遵曰囂
挾姦久矣今若按甲引時則使其詐謀益
深而蜀警增備固不如遂進帝從之乃遣
遵爲前行隗囂使其將王元拒隴坻遵進
擊破之追至新關及諸將到與囂戰並敗
引退下隴乃詔遵軍汧耿弇軍漆征西大
將軍馮異軍栒邑大司馬吳漢等還屯長
安自是後遵數挫隗囂事已見馮異傳八
年秋復從車駕上隴及囂破帝東歸過汧

幸遵營勞饗士卒作黃門武樂良夜乃罷
黃門署名前書曰是時名倡皆集黃門武樂執干戚以舞也良猶深也本或作久時遵有
疾詔賜重茵覆以御蓋復令進屯隴下及
公孫述遣兵救囂吳漢耿弇等悉奔還遵
獨留不卻東觀記曰時遵屯汧詔書曰將軍連年距難衆兵即卻復獨按部功勞爛然兵
退無宿戒糧食不豫具今乃調度恐力不堪國家知將軍不易亦不遺力今送縑千匹以賜吏士九
年春卒於軍遵爲人廉約小心克己奉公
賞賜輒盡與士卒家無私財身衣韋絝布
被夫人裳不加緣帝以是重焉緣或作緣及卒

愍悼之尤甚遵喪至河南縣詔遣百官先
會喪所車駕素服臨之望哭哀慟還幸城
門過其車騎東觀記曰上還幸城門閱過喪車瞻望涕泣涕泣不能
已喪禮成復親祠以大牢如宣帝臨霍光
故事霍光薨宣帝及上官太后親臨光喪使太中大夫任宣侍御史五人持節護喪事東觀記
曰時下宣帝臨霍將軍儀令公卿讀視以爲故事詔大長秋謁者河南
尹護喪事大司農給費博士范升上疏追
稱遵曰臣聞先王崇政尊美屏惡孔子曰尊五美屏四
惡昔高祖大聖深見遠慮班爵割地與下

分功著録勳臣頌其德美生則寵以殊禮奏事不名入門不趨（前書曰蕭何奏事不名入門不趨）死則疇其爵邑世無絶嗣（疇等也言功臣死後子孫襲封世世與先人等）丹書鐵券傳於無窮（前書高祖與功臣剖符作誓丹書鐵契金匱石室藏之宗廟）斯誠大漢厚下安人長久之德所以累世十餘歷載數百（漢興至此二百餘年言數百者謂以百數之）廢而復興絶而復續者也陛下以至德受命先明漢道襃序輔佐封賞功臣同符祖宗征虜將軍潁陽侯遵不幸早薨陛下仁恩爲

後漢列傳十　十三　李芳

之感傷遠迎河南惻怛之慟形於聖躬喪事用度仰給縣官重賜妻子不可勝數送死有以加生厚亡有以過存矯俗厲化卓如日月（卓高也）古者臣疾君視臣卒君弔（前書賈山上書曰古之賢君於其臣也尊其爵祿而親之疾則臨視之無數死則往弔哭之臨其小斂大斂可謂盡禮也故臣下竭力盡死以報其上）德之厚者也陵遲已來久矣及至陛下復興斯禮羣下感動莫不自勵臣竊見遵修行積善竭忠於國北平漁陽西拒隴蜀先登坻上（即隴坻上）深取略陽

衆兵旣退獨守衝難（衝兵衝也謂吳漢耿弇等悉奔還唯遵獨留不郤）制御士心不越法度所在吏人不知有軍（言不侵擾）清名聞於海內廉白著於當世所得賞賜輒盡與吏士身無奇衣家無私財同產兄午以遵無子娶妾送之遵乃使人逆而不受自以身任於國不敢圖生慮繼嗣之計臨死遺誡牛車載喪薄葬洛陽問以家事終無所言任重道遠死而後已（論語孔子曰仁以爲已任不亦重乎死而後已不亦遠乎）遵爲將軍取士皆用儒

後漢列傳十　十四　章耿

術對酒設樂必雅歌投壺（雅歌謂歌雅詩也禮記投壺經曰壺頸脩七寸腹脩五寸口徑二寸半容斗五升壺中實小豆焉爲其矢之躍而出也矢以柘若棘長二尺八寸無去其皮取其堅而重投之勝者飲不勝者以爲優劣也）又建爲孔子立後奏置五經大夫雖在軍旅不忘俎豆可爲好禮悅樂守死善道者也禮生有爵死有謚爵以殊尊卑謚以明善惡臣愚以爲宜因遵薨論敘衆功詳案謚法以禮成之（謚法周書之篇周公制焉）顯章國家篤古之制爲後嗣法帝乃下升章以示公卿至葬車駕復臨贈

以將軍侯印綬朱輪容車介士軍陳送葬（容車容飾之車象生時也介士甲士也東觀記曰遣校尉發騎士四百人被玄甲兜鍪兵車軍陳送葬）謚曰成侯既葬車駕復臨其墳存見夫人室家其後會朝帝每歎曰安得憂國奉公之臣如祭征虜者乎遵之見思若此（東觀記曰上數嗟歎衞尉銚期見上感慟對曰陛下至仁哀念祭遵不已羣臣各懷慚懼也）無子國除

兄午官至酒泉太守從弟彤

彤字次孫早孤以至孝見稱遇天下亂野無煙火而獨在冢側每賊過見其尚幼而有志節皆奇而哀之光武初以遵故拜彤爲黃門侍郎常在左右及遵卒無子帝追傷之以彤爲偃師長令近遵墳墓四時奉祠之彤有權略視事五歲縣無盜賊課爲第一遷襄賁令（襄賁縣名屬東海郡故城在今沂州臨沂縣南賁音肥）時天下郡國尚未悉平襄賁盜賊白日公行彤至誅破姦猾殄其支黨數年襄賁政清璽書勉勵增秩一等賜縑百匹當是時匈奴鮮卑及赤山烏桓連和彊盛數入塞殺略吏人朝廷以爲憂益增緣邊兵郡有數千人又遣諸將分屯障塞帝以彤爲能建武十七年拜遼東太守至則勵兵馬廣斥候彤有勇力能貫三百斤弓虜每犯塞常爲士卒鋒數破走之二十一年秋鮮卑萬餘騎寇遼東彤率數千人迎擊之自被甲陷陳虜大奔投水死者過半遂窮追出塞虜急皆棄兵裸身散走斬首三千餘級獲馬數千匹自是後鮮卑震怖畏彤不敢復闚塞彤以三虜連和卒爲邊害（卒終也三虜謂匈奴鮮卑及赤山烏桓）二十五年乃使招呼鮮卑示以財利其大都護偏何（鮮卑名也）遣使奉獻願得歸化彤慰納賞賜稍復親附其異種滿離高句驪之屬遂駱驛款塞上貂裘好馬帝輒倍其賞賜其後偏何邑落諸豪並歸義願自効彤曰審欲立功當歸擊匈奴斬送頭首乃信耳偏何等皆仰天指心曰必自効即擊匈奴左伊秩訾部斬首二千餘級持頭

詣郡其後歲歲相攻輒送首級受賞賜自是匈奴衰弱邊無寇警鮮卑烏桓並入朝貢彤爲人質厚重毅體貌絕衆撫夷狄以恩信皆畏而愛之故得其死力初赤山烏桓數犯上谷爲邊害詔書設購賞切責州郡不能禁彤乃率勵偏何遣往討之永平元年偏何擊破赤山斬其魁帥持首詣彤塞外震讋（音之涉反）彤之威聲暢於北方西自武威東盡玄菟及樂浪胡夷皆來內附野

無風塵乃悉罷緣邊屯兵十二年徵爲大僕彤在遼東幾三十年衣無兼副顯宗既嘉其功又美彤清約拜日賜錢百萬馬三匹衣被刀劍下至居室什物大小無不悉備帝每見彤常歎息以爲可屬以重任後從東巡狩過魯坐孔子講堂顧指子路室謂左右曰此太僕之室太僕吾之禦侮也（尚書大傳曰孔子曰吾有四友焉自吾得回也門人加親是非胥附邪自吾得賜也遠方之士日至是非奔走邪自吾得師也前有光後有輝是非先後邪自吾得由也惡言不至門是非禦侮邪）

年使彤以大僕將萬餘騎與南單于左賢王信伐北匈奴期至涿邪山信初有嫌於彤行出高闕塞九百餘里得小山乃妄言以爲涿邪山彤到不見虜而還坐逗留畏懦下獄免彤性沈毅內重自恨見詐無功出獄數日歐血死臨終謂其子曰吾蒙國厚恩奉使不稱微績不立身死誠慚恨義不可以無功受賞死後若悉簿上所得賜物（若汝也皆爲文簿而上之）身自詣兵屯效死前行以副

吾心既卒其子逢上疏具陳遺言帝雅重彤方更任用聞之大驚召問逢疾狀嗟歎者良久焉烏桓鮮卑追思彤無已每朝賀京師常過冢拜謁仰天號泣乃去遼東吏人爲立祠四時奉祭焉彤既葬子參遂詣奉車都尉竇固從軍擊車師有功稍遷遼東太守永元中鮮卑入郡界參坐沮敗下獄死彤子孫多爲邊吏者皆有名稱

論曰祭彤武節剛方動用安重雖條侯穰

苴之倫不能過也（條侯周亞夫也爲將軍軍於細柳文帝幸其營亞夫持兵揖曰介冑之士不拜請以軍禮見文帝曰此眞將軍也穰苴齊人田穰苴也齊景公使爲將軍使莊賈往穰苴與約曰旦日日中會於軍門穰苴先至賈後至於是遂斬莊賈以徇三軍士皆振慄）且臨守偏海政移獷俗（獷音古猛反又音乂永反）徼人請符以立信胡貊數級於郊下（徼人謂徼外人偏何等也符驗也爲偏何請還自効以驗內屬之信數級謂偏何斬匈奴送首級受賞賜）至乃卧鼓邊亭滅烽幽障者將三十年古所謂必世而後仁豈不然哉（三十年爲一世言承化久也論語孔子曰如有王者必世而後仁）而一眚之故以致感憤（眚過也左傳曰不以一眚掩大德眚音所景反）惜

後漢列傳十　十九　毛仙

哉畏法之敝也（畏法猶嚴法也）

贊曰期啓燕門霸冰虖河祭遵好禮臨戎雅歌彤抗遼左邊廷懷和

後漢列傳卷第十

列傳卷第十一　范曄　後漢書二十一

唐章懷太子賢注

任光　子隗

李忠　萬脩

邳彤　劉植

耿純

任光字伯卿南陽宛人也少忠厚爲鄉里所愛初爲鄉嗇夫郡縣吏（續漢志曰三老游徼郡所署也秩百石掌一鄉人其鄉小者縣署嗇夫一人主知人善惡爲役先後知人貧富爲賦多少）漢兵至

後漢列傳十一　一　李樹

宛軍人見光冠服鮮明令解衣將殺而奪之會光祿勳劉賜適至視光容貌長者乃救全之光因率黨與從賜爲安集掾拜偏將軍與世祖破王尋王邑更始至洛陽以光爲信都太守及王郎起郡國皆降之光獨不肯遂與都尉李忠令萬脩（信都令也）功曹阮況五官掾郭唐等（續漢志曰五官掾掌署諸曹事）同心固守廷掾持王郎檄（東觀記扶柳縣廷掾）詣府白光光斬之於市以徇百姓發精兵四千人城守

更始二年春世祖自薊還狼狽不知所向傳聞信都獨爲漢拒邯鄲即馳赴之光等孤城獨守恐不能全（獨守無援故恐之）聞世祖至大喜吏民皆稱萬歲即時開門與李忠萬脩率官屬迎謁世祖入傳舍謂光曰伯卿今埶力虛弱欲俱入城頭子路力子都兵中何如邪光曰不可世祖曰卿兵少如何光曰可募發奔命出攻傍縣若不降者恣聽掠之人貪財物則兵可招而致也世祖從

之拜光爲左大將軍封武成侯留南陽宗廣領信都太守事使光將兵從光乃多作檄文曰大司馬劉公將城頭子路力子都兵百萬衆從東方來擊諸反虜遣騎馳至鉅鹿界中吏民得檄傳相告語世祖遂與光等投暮入堂陽界（投至也堂陽今冀州縣也）使騎各持炬火彌滿澤中光炎燭天地舉城莫不震驚惶怖其夜即降旬日之閒兵衆大盛因攻城邑遂屠邯鄲迺遣光歸郡城頭子路

者東平人姓爰名曾字子路與肥城劉詡起兵盧城頭（盧縣名屬太山郡今濟州縣）故號其兵爲城頭子路曾自稱都從事詡稱校三老寇掠河濟閒衆至二十餘萬更始立曾遣使降拜曾東萊郡太守（今萊州）詡濟南太守皆行大將軍事是歲曾爲其將所殺衆推詡爲主更始封詡助國侯令罷兵歸本郡力子都者東海人也起兵鄉里鈔擊徐兗界衆有六七萬更始立遣使降拜子都徐州牧

爲其部曲所殺餘黨復相聚與諸賊會於檀鄉（今兗州瑕丘縣東北有檀鄉）因號爲檀鄉檀鄉渠帥董次仲始起茌平（茌平縣名屬東郡故城在今博州聊城縣東茌音仕疑反）遂渡河入魏郡清河與五校合衆十餘萬建武元年世祖入洛陽遣大司馬吳漢等擊檀鄉明年春大破降之是歲更封光阿陵侯（阿陵縣名屬涿郡也）食邑萬戶五年徵詣京師奉朝請其冬卒子隗嗣後阮況爲南陽太守郭唐至河南尹皆有能名

隗字仲和少好黃老清靜寡欲所得奉秩常以賑卹宗族收養孤寡顯宗聞之擢奉朝請遷羽林左監〔續漢志曰羽林有左右監一人各六百石主左右羽林騎〕虎賁中郎將又遷長水校尉肅宗即位雅相敬愛數稱其行以爲將作大匠〔前書曰將作少府秦官也景帝更名將作大匠秩二千石〕將作大匠自建武以來常謁者兼之至隗迺置眞焉建初五年遷太僕八年代竇固爲光祿勳所歷皆有稱章和元年拜司空隗義行内修不求名譽而

以沈正見重於世和帝即位大將軍竇憲秉權專作威福内外朝臣莫不震慴時憲擊匈奴國用勞費隗奏議徵憲還前後十上獨與司徒袁安同心畢力持重處正鯁言直議無所回隱〔持重謂守正也執議不移回邪也隱避也〕語在袁安傳永元四年薨子屯嗣帝追思隗忠擢屯爲步兵校尉徙封西陽侯〔西陽縣名屬山陽郡也〕屯卒子勝嗣〔東觀漢記曰勝字作騰〕勝卒子世嗣徙封北鄉侯〔北鄉縣名屬齊郡〕

李忠字仲都東萊黃人也〔黃今萊州縣也故城在縣東南〕父爲高密都尉〔臣賢案東觀記續漢書並云中尉又郡國志高密侯國百官志皇子封王每國傅相各一人中尉一人比二千石職如郡都尉主盜賊高密非郡爲都字者誤〕忠元始中以父任爲郎署中數十人而忠獨以好禮修整稱王莽時爲新博屬長〔王莽改信都國曰新博都尉曰屬長也〕郡中咸敬信之更始立使使者行郡國即拜忠都尉官忠遂與任光同奉世祖以爲右大將軍封武固侯時世祖自解所佩綬以帶忠〔東觀記曰上初至不脫衣帶衣服垢薄使忠解澣長襦忠更作新袍袴解支小單衣襪而上之〕

因從攻下屬縣至苦陘〔苦陘縣名屬中山國章帝改曰漢昌自此已後隨代改之今定州唐昌縣是也〕世祖會諸將問所得財物唯忠獨無所掠世祖曰我欲特賜李忠諸卿得無望乎即以所乘大驪馬及繡被衣物賜之〔馬色黑而青曰驪〕進圍鉅鹿未下王郎遣將攻信都信都大姓馬寵等開城内之收太守宗廣及忠母妻而令親屬招呼忠時寵弟從忠爲校尉忠即時召見責數以背恩反城因格殺之諸將皆驚曰

家屬在人手中殺其弟何猛也忠曰若縱賊不誅則二心也世祖聞而美之謂忠曰今吾兵已成矣將軍可歸救老母妻子宜自募吏民能得家屬者賜錢千萬來從我取忠曰蒙明公大恩思得効命誠不敢內顧宗親世祖廼使任光將兵救信都光兵於道散降王郎無功而還會更始遣將攻破信都忠家屬得全世祖因使忠還行太守事收郡中大姓附邯鄲者誅殺數百人

及任光歸郡忠廼還復都尉建武二年更封中水侯中水縣屬涿郡前書音義曰此縣在兩河之閒故曰中水故城在今瀛州樂壽縣西北食邑三千戶其年徵拜五官中郎將從平龐萌董憲等六年遷丹陽太守是時海內新定南方海濵江淮多擁兵據土忠到郡招懷降附其不服者悉誅之旬月皆平忠以丹陽越俗不好學嫁娶禮儀衰於中國乃爲起學校習禮容春秋鄉飲校亦學也禮記曰鄉飲酒之義主人拜迎賓於庠門之外三揖而後至階三讓而後升所以致尊讓也六十者坐五十者立侍以聽政役所以明尊長也合諸鄉射教之鄉飲酒之禮而孝悌之行立鄭玄注曰春秋以禮會民於州序也選用明經郡中向慕之墾田增多三歲間流民占著者五萬餘口著音直略反十四年三公奏課爲天下第一遷豫章太守病去官東觀記曰病逕痺免徵詣京師十九年卒子威嗣威卒子純嗣永平九年坐母殺純叔父國除東觀記曰永平二年坐純母禮殺威弟季永初七年鄧太后復封純琴亭侯純卒子廣嗣

萬脩字君游扶風茂陵人也更始時爲信

都令與太守任光都尉李忠共城守迎世祖拜爲偏將軍封造義侯及破邯鄲拜右將軍從平河北建武二年更封槐里侯與揚化將軍堅鐔俱擊南陽未剋而病卒于軍子普嗣徙封泫氏侯泫氏縣名屬上黨郡西有泫谷水故以爲名今澤州高平縣也泫音工玄反普卒子親嗣徙封扶柳侯扶柳縣名故城在今冀州信都縣西親卒無子國除永初七年鄧太后紹封脩曾孫豐爲曲平亭侯豐卒子熾嗣永建元年熾卒無子國除延熹二年

桓帝紹封脩玄孫恭爲門德亭侯

邳彤字偉君信都人也父吉爲遼西太守彤初爲王莽和成卒正東觀記曰王莽分鉅鹿爲和成郡居下曲陽以彤爲卒正也世祖徇河北至下曲陽彤舉城降復以爲太守留止數日世祖北至薊會王郎兵起使其將徇地所到縣莫不奉迎唯和成信都堅守不下彤聞世祖從薊還失軍欲至信都乃先使五官掾張萬督郵尹綏選精騎二千餘匹緣路迎世祖軍彤尋與世祖會信都世祖雖得二郡之助而兵衆未合議者多言可因信都兵自送西還長安彤廷對曰議者之言皆非也吏民歌吟思漢久矣故更始舉尊號而天下響應三輔清宮除道以迎之一夫荷戟大呼則千里之將無不捐城遁逃虜伏請降自上古以來亦未有感物動民其如此者也又卜者王郎假名因埶驅集烏合之衆遂震燕趙之地況明公奮二郡之兵揚響應之

威以攻則何城不克以戰則何軍不服今釋此而歸豈徒空失河北必更驚動三輔墮損威重非計之得者也若明公無復征伐之意則雖信都之兵猶難會也何者明公既西則邯鄲城民不肯捐父母背城主而千里送公其離散亡逃可必也世祖善其言而止即日拜彤爲後大將軍和成太守如故使將兵居前比至堂陽堂陽已反屬王郎彤使張萬尹綏先曉譬吏民世祖夜至即開門出迎引兵擊破白奢賊於中山自此常從戰攻信都復反爲王郎郎所置信都王捕繫彤父弟及妻子使爲手書呼彤曰降者封爵不降族滅彤涕泣報曰事君者不得顧家彤親屬所以至今得安於信都者劉公之恩也公方爭國事彤不得復念私也會更始所遣將攻拔信都郎兵敗走彤家屬得免及拔邯鄲封武義侯建武元年更封靈壽侯靈壽縣名故城在今恒州靈壽縣西北

行大司空事帝入洛陽拜彤太常月餘日轉少府是年免復爲左曹侍中（前書曰侍中有左右曹入侍天子故曰侍中）常從征伐六年就國彤卒子湯嗣九年從封樂陵侯（樂陵縣名屬平原郡故城在今滄州樂陵縣東也）十九年湯卒子某嗣（史闕名也）無子國除元初元年鄧太后紹封彤孫音爲平亭侯音卒子柴嗣初張萬尹綏與彤俱迎世祖皆拜偏將軍亦從征伐萬封重平侯綏封平臺侯（重平縣名屬勃海郡故城在今安德縣西北臣賢案平臺縣屬常山郡諸本多云平壹者誤也）

論曰凡言成事者以功著易顯謀幾初者以理隱難昭（幾者事之先見者也）斯固原情比迹所宜推察者也若廼議者欲因二郡之衆建入關之策委成業臨不測而世主未悟謀夫景同邳彤之廷對其爲幾乎語曰一言可以興邦（論語曰魯定公謂孔子之言）斯近之矣

劉植字伯先鉅鹿昌城人也王郎起植與弟喜從兄歆（東觀記曰喜作嘉字共仲歆字細君也）率宗族賓客聚兵數千人據昌城聞世祖從薊還廼開門迎世祖以植爲驍騎將軍喜歆偏將軍皆爲列侯時眞定王劉揚起兵以附王郎衆十餘萬世祖遣植說揚揚廼降世祖因留眞定納郭后后即揚之甥也故以此結之廼與揚及諸將置酒郭氏漆里舍（漆園即郭后所居之里名也）揚擊筑爲歡因得進兵拔邯鄲從平河北建武二年更封植爲昌城侯討密縣賊戰歿子向嗣帝使喜代將植營復爲驍騎將軍封觀津侯（觀津縣名故城在今德州蓨縣西北）喜

卒復以歆爲驍騎將軍封浮陽侯（浮陽縣名屬勃海郡在浮水之陽今滄州清池縣也）喜歆從征伐皆傳國于後向從封東武陽侯（東武陽縣屬東郡在武水之陽故城在今魏州莘縣南）卒子述嗣永平十五年坐與楚王英謀反國除

耿純字伯山鉅鹿宋子人也父艾爲王莽濟平尹（莽改定陶國曰濟平也）純學於長安因除爲納言士（王莽法古置納言之官即尚書也每官皆置士故曰納言士也）王莽敗更始立使舞陰王李軼降諸郡國純父艾降還爲濟南太守時李軼兄弟用事專制方

面賓客游説者甚衆純連求謁不得通久之迺得見因説軼曰大王以龍虎之姿遭風雲之時遭遇也易曰雲從龍風從虎奮迅拔起期月之閒兄弟稱王拔猶卒也拔音步末反期音朞而德信不聞於士民功勞未施於百姓寵祿暴興此智者之所忌也前書陳嬰母謂嬰曰暴得富貴者不祥也故云智者之所忌也兢兢自危猶懼不終而況沛然自足可以成功者乎公羊傳曰力沛然若有餘何休注曰沛有餘優饒貌軼奇之且以其鉅鹿大姓迺承制拜爲騎都尉授以節令安集趙魏會世祖度河至邯鄲純即謁見世祖深接之純退見官屬將兵法度不與它將同遂求自結納獻馬及縑帛數百匹世祖北至中山留純邯鄲會王郎反東觀記曰王郎舉尊號欲收純純持節與從吏夜逃出城駐節道中詔取行者車馬得數十驅歸宋子與從兄訢宿植俱詣上所在盧奴言王郎所反之狀世祖自薊東南馳純與從昆弟訢宿植共率宗族賓客二千餘人續漢書曰皆衣縑襜褕絳衣也老病者皆載木自隨奉迎於育左傳曰又如是而嫁將就木焉木謂棺也老病者恐死故載以從軍育縣名故城在冀州拜純

後漢列傳十一　十二

爲前將軍封耿鄉侯酈元注水經曰鄗水北有耿鄉光武封耿純爲侯國俗謂之宜安城其故城在今恒州槀城縣西南也訢宿植皆偏將軍使與純居前降宋子從攻下曲陽及中山是時郡國多降邯鄲者純恐宗家懷異心迺使訢宿歸燒其廬舍世祖問純故對曰竊見明公單車臨河北非有府臧之蓄重賞甘餌可以聚人者也黃石公記曰芳餌之下必有懸魚重賞之下必有死夫易曰何以聚人曰財故純引之徒以恩德懷之是故士衆樂附今邯鄲自立北州疑惑純雖舉族歸命老弱在行猶恐宗人賓客半有不同心者故燔燒屋室絕其反顧之望世祖歎息及至鄗世祖止傳舍鄗大姓蘇公反城開門內王郎將李惲純先覺知將兵逆與惲戰大破斬之從平邯鄲又破銅馬時赤眉青犢上江大彤鐵脛五幡十餘萬衆並在射犬世祖引兵將擊之純軍在前去衆營數里賊忽夜攻純雨射營中矢下如雨也士多死傷純勒部曲堅守不動選敢死二千人俱

後漢列傳十一　十三

持彊弩各傅三矢使銜枚閒行（傅，著也）繞出賊後齊聲呼譟彊弩並發賊衆驚走追擊遂破之馳騎白世祖世祖明旦與諸將俱至營勞純曰昨夜困乎純曰賴明公威德幸而獲全世祖曰大兵不可夜動故不相救耳軍營進退無常卿宗族不可悉居軍中迺以純族人耿伋爲蒲吾長（蒲吾縣名屬常山郡故城在今恒州靈壽縣南）悉令將親屬居焉世祖即位封純高陽侯擊劉永於濟陰下定陶初純從攻王郎墮馬折肩時疾發迺還詣懷宮（懷河內縣名有離宮焉）帝問卿兄弟誰可使者純舉從弟植於是使植將純營純猶以前將軍從時眞定王劉揚復造作讖記云赤九之後癭揚爲主（漢以火德故云赤也光武於高祖九代孫故云九）揚病癭欲以惑衆與綿曼賊交通（綿曼縣名屬眞定國故城在今恒州石邑縣西北俗音訛謂之人文故城也）建武二年春遣騎都尉陳副游擊將軍鄧隆徇揚揚閉城門不內副等乃復遣純持節行赦令於幽冀所過並使勞慰

王侯密勑純曰劉揚若見因而收之純從吏士百餘騎與副隆會元氏俱至眞定止傳舍揚稱病不謁以純眞定宗室之出（男子謂姊妹之子爲出也）遣使與純書欲相見純報曰奉使見王侯牧守不得先詣如欲面會宜出傳舍時揚弟林邑侯讓及從兄細（東觀記續漢書細並作紺）各擁兵萬餘人揚自恃衆強而純意安靜即從官屬詣之兄弟並將輕兵在門外揚入見純純接以禮敬因延請其兄弟皆入迺閉閤悉誅之因勒兵而出眞定震怖無敢動者帝憐揚讓謀未發並封其子復故國純還京師因自請曰臣本吏家子孫幸遭大漢復興聖帝受命備位列將爵爲通侯天下略定臣無所用志願試治一郡盡力自效帝笑曰卿既治武復欲修文邪迺拜純爲東郡太守時東郡未平純視事數月盜賊清寧四年詔純將兵擊更始東平大守范荆荆降進擊太山濟南及平原賊

皆平之居東郡四歲時發干長有罪純案奏圍守之奏未下長自殺純坐免以列侯奉朝請從擊董憲道過東郡百姓老小數千隨車駕涕泣云願復得耿君帝謂公卿曰純年少被甲胄爲軍吏耳治郡迺能見思若是乎六年定封爲東光侯（東光今滄州縣也續漢書曰六年上令諸侯就國純上書自陳前在東郡案誅涿郡太守朱英親屬今國屬涿誠不自安制書報曰侯前奉公行法朱英久吏曉知義理何時當以公事相是非然受堯舜之罰者不能愛已也已更擇國土令侯無介然之憂乃更封純爲東光侯也）純辭就國帝曰文帝謂

周勃丞相吾所重君爲我率諸侯就國今亦然也純受詔而去至鄴賜穀萬斛到國弔死問病民愛敬之八年東郡濟陰盜賊羣起遣大司空李通橫野大將軍王常擊之帝以純威信著於衞地（東郡舊衞地也）遣使拜太中大夫使與大兵會東郡東郡聞純入界盜賊九千餘人皆詣純降大兵不戰而還璽書復以爲東郡太守吏民悅服十三年卒官謚曰成侯子阜嗣植後爲輔威將軍封武邑侯（武邑縣名屬信都今冀州縣也）宿至代郡太守封遂鄉侯訢爲赤眉將軍封著武侯從鄧禹西征戰死雲陽凡宗族封列侯者四人關內侯者三人爲二千石者九人阜徙封莒鄉侯永平十四年坐同族耿歙與楚人顏忠辭語相連國除建初二年肅宗追思純功紹封阜子盱爲高亭侯盱卒無嗣帝復封盱弟騰（騰續漢書云封騰高亭侯也）卒子忠嗣忠卒孫緒嗣

贊曰任邳識幾嚴城解扉（解猶開也）委佗還旅二守焉依（委音於危反佗音移行貌也旅衆也還旅謂自薊而還也二守謂任光爲信都太守邳彤爲和成太守也左傳曰平王東遷晉鄭焉依言光武失軍而南還依任邳以成功）純植義發奉兵佐威

後漢書列傳卷第十一

列傳卷第十二　范曄　後漢書二十二

唐章懷太子賢注

朱祐　景丹

王梁　杜茂

馬成　劉隆

傅俊　堅鐔

馬武

朱祐字仲先南陽宛人也（東觀記曰祐作福避安帝諱）少孤歸外家復陽劉氏（復陽縣名屬南陽郡）往來舂陵

世祖與伯升皆親愛之伯升拜大司徒以祐爲護軍（前書曰護軍都尉秦官平帝元始元年更名護軍也）及世祖爲大司馬討河北復以祐爲護軍常見親幸舍止於中祐侍讌從容曰長安政亂公有日角之相此天命也（日角解在光武紀也）世祖曰召刺姦收護軍（王莽置左右刺姦使督姦猾）祐乃不敢復言從征河北常力戰陷陣（續漢書曰祐至南緣爲賊所傷上親候視之）以爲偏將軍封安陽侯世祖即位拜爲建義大將軍建武二年更封堵陽侯（堵陽縣名屬南陽郡故城今唐州方城縣堵音者）冬與諸將擊鄧奉於淯陽祐軍敗爲奉所獲明年奉破乃肉袒因祐降帝復祐位而厚加慰賜遣擊新野隨皆平之（隨縣名屬南陽郡也故城今隨州隨縣）延岑自敗於穰遂與秦豐將張成合祐率征虜將軍祭遵與戰於東陽大破之（東陽聚名在南陽）臨陣斬成延岑敗走歸豐祐收得印綬九十七（東觀記曰收得所盜茂陵武帝廟衣印綬）進擊黃郵降之賜祐黃金三十斤四年率破姦將軍侯進輔威將軍耿植代征南大

將軍岑彭圍秦豐於黎丘破其將張康於蔡陽斬之帝自至黎丘使御史中丞李由持璽書招豐豐出惡言不肯降車駕引還勑祐方略祐盡力攻之明年夏城中窮困豐乃將其母妻子九人肉袒降祐轞車傳豐送洛陽斬之大司馬吳漢劾奏祐廢詔受降違將帥之任帝不加罪祐還與騎都尉臧宮會擊延岑餘黨陰酇筑陽三縣賊悉平之祐爲人質直尚儒學將兵率衆多

受降以克定城邑爲本不存首級之功又禁制士卒不得虜掠百姓軍人樂放縱多以此怨之九年也南行唐拒匈奴(行唐今恒州縣也)十三年增邑定封鬲侯(鬲縣名屬平原郡)食邑七千三百戶(東觀記曰祐自陳功薄而國大願受南陽五百戶足矣上不許)十五年朝京師上大將軍印綬因留奉朝請祐奏古者人臣受封不加王爵可改諸王爲公帝即施行又奏宜令三公並去大名以法經典後遂從其議祐初學長安帝往候之祐

後漢列傳十二　三　陳從

不時相勞苦而先升講舍後車駕幸其第帝因笑曰主人得無捨我講乎以有舊恩數蒙賞賚(東觀記曰上在長安時嘗與祐共買蜜合藥上追念之賜祐白蜜一石問何如在長安時共買蜜乎其親厚如此)二十四年卒子商嗣商卒子演嗣永元十四年坐從兄伯爲外孫陰皇后巫蠱事免爲庶人(和帝陰后吳房侯陰綱女也爲巫蠱事廢)永初七年鄧太后紹封演子沖爲鬲侯

景丹字孫卿馮翊櫟陽人也少學長安王莽時舉四科(東觀記曰王莽時舉有德行能言語通政事明文學之士)丹以言語爲固德侯相有幹事稱遷朔調連率副貳(朔調上谷也副貳屬令也)更始立遣使者徇上谷丹與連率耿況降復爲上谷長史王郎起丹與況共謀拒之況使丹與子弇及寇恂等將兵南歸世祖世祖引見丹等笑曰邯鄲將帥數言我發漁陽上谷兵吾聊應言然(王郎將帥數云欲發二郡兵以拒光武時光武聊應然之猶今兩軍遙相戲弄也)何意二郡良爲吾來(東觀記曰上在廣阿聞外有大兵自來登城勒兵在西門樓上問何等兵丹等對言上谷漁陽兵上曰爲誰來乎對曰爲劉公即請丹入人人勞勉恩意甚備)方與士

後漢列傳十二　四　[illegible]

大夫共此功名耳拜丹爲偏將軍號奉義侯從擊王郎將兒宏等於南䜌(兒音五兮反)郎兵迎戰漢軍退卻(續漢書曰南䜌賊迎擊上營得上鼓車輜重數乘也)丹等縱突騎擊大破之追奔十餘里死傷者從橫丹還世祖謂曰吾聞突騎天下精兵今乃見其戰樂可言邪遂從征河北世祖即位以讖文用平狄將軍孫咸行大司馬衆咸不悅詔舉可爲大司馬者(東觀記曰讖文曰孫咸征狄也)羣臣所推唯吳漢及丹帝曰景將軍北

州大將是其人也然吳將軍有建大策之
勳（謂發漁陽兵也）又誅苗幽州謝尚書其功大（苗曾謝躬）
舊制驃騎將軍官與大司馬相兼也（前書武帝置大司馬號大將軍驃騎將軍也）乃以吳漢爲大司馬而拜丹
爲驃騎大將軍建武二年定封丹櫟陽侯
帝謂丹曰今關東故王國雖數縣不過櫟
陽萬戶邑夫富貴不歸故鄉如衣繡夜行
故以封卿耳（前書武帝謂朱買臣之詞）丹頓首謝秋與吳
漢建威大將軍耿弇建義大將軍朱祐執

金吾賈復偏將軍馮異強弩將軍陳俊左
曹王常騎都尉臧宮等從擊破五校於蕭
陽（聚名也解見光武紀）降其衆五萬人會陝賊蘇況
攻破弘農生獲郡守丹時病（東觀記曰丹從上至懷病瘧見上在前瘧發寒慄上笑曰聞壯士不病瘧今漢大將軍反病瘧邪使小黃門扶起賜醫藥還歸洛陽病遂加）
帝以其舊將欲令強起領郡事乃夜召
入謂曰賊迫近京師但得將軍威重卧以
鎮之足矣丹不敢辭乃力疾拜命將營到
郡（續漢書曰將營兵西到弘農也）十餘日薨子尚嗣徙封余

吾侯（余吾縣名屬上黨故城在今潞州屯留縣西北）尚卒子苞嗣苞卒
子臨嗣無子國絕永初七年鄧太后紹封
苞弟遽爲監亭侯
王梁字君嚴漁陽安陽人也爲郡吏太守
彭寵以梁守狐奴令與蓋延吳漢俱將兵
南及世祖於廣阿拜偏將軍既拔邯鄲賜
爵關內侯從平河北拜野王令與河內太
守寇恂南拒洛陽北守天井關朱鮪等不
敢出兵世祖以爲梁功及即位議選大司

空而赤伏符曰王梁主衛作玄武（玄武北方之神龜蛇合體）帝以野王衛之所徙（史記曰衛元君自濮陽徙於野王）玄武
水神之名司空水土之官也於是擢拜梁
爲大司空封武強侯建武二年與大司馬
吳漢等俱擊檀鄉有詔軍事一屬大司馬
而梁輒發野王兵帝以其不奉詔勑令止
在所縣而梁復以便宜進軍帝以梁前後
違命大怒遣尚書宗廣持節軍中斬梁廣
不忍乃檻車送京師既至赦之月餘以爲

中郎將行執金吾事北守箕關擊赤眉别
校降之三年春轉擊五校追至信都趙國
破之悉平諸屯聚冬遣使者持節拜梁前
將軍四年春擊肥城文陽拔之（肥城縣名屬太山郡故城
在今濟州平陰縣東南文音汶故城在今兖州泗水縣西）進與驃騎大將軍
杜茂擊佼彊蘇茂於楚沛閒拔大梁齧桑
（前書音義曰齧桑縣名或曰城名史記張儀與齊楚會戰齧桑）而捕虜將軍馬
武偏將軍王霸亦分道並進歲餘悉平之
五年從救桃城破龐萌等梁戰尤力拜山

後漢列傳十二　七　陳伸

陽太守鎮撫新附將兵如故數月徵入代
歐陽歙爲河南尹梁穿渠引穀水注洛陽
城下東寫鞏川及渠成而水不流七年有
司劾奏之梁慙懼上書乞骸骨乃下詔曰
梁前將兵征伐衆人稱賢故擢典京師建
議開渠爲人興利旅力既愆迄無成功（旅衆
也愆過也言衆力已過而功不成）百姓怨讟談者讙譁（讟謗）雖
蒙寬宥猶執謙退君子成人之美（論語載孔子之言也）
其以梁爲濟南太守十三年增邑定封封

阜成侯（阜成屬勃海今冀州縣）十四年卒子禹嗣禹
卒子堅石嗣堅石追坐父禹及弟平與楚
王英謀反弃市國除
杜茂字諸公南陽冠軍人也初歸光武於
河北爲中堅將軍常從征伐世祖即位拜
大將軍封樂鄉侯（樂鄉屬信都國）北擊五校於眞
定進降廣平建武二年更封苦陘侯與中
郎將王梁擊五校賊於魏郡清河東郡悉
平諸營保降其持節大將三十餘人（續漢書曰降其

後漢列傳十二　八　林康

渠帥大將軍杜猛持節光祿大夫董敦等）三郡清靜道路流通明
年遣使持節拜茂爲驃騎大將軍擊沛郡
拔芒（芒縣名也郡國志曰芒後名臨睢屬沛國）時西防復反迎佼彊
五年春茂率捕虜將軍馬武進攻西防數
月拔之彊奔董憲東方既平七年詔茂引
兵北屯田晉陽廣武以備胡寇（廣武縣名屬太原郡）九
年與鴈門太守郭涼擊盧芳將尹由於繁
畤（繁畤縣名今代州縣也）芳將賈覽率胡騎萬餘救之
茂戰軍敗引入樓煩城（樓煩縣名屬鴈門郡故城在今代州崞縣東北）

（嶂音郭）時盧芳據高柳與匈奴連兵數寇邊民帝患之十二年遣謁者段忠將衆郡弛刑配茂鎮守北邊因發邊卒築亭候修烽火又發委輸金帛繒絮供給軍士并賜邊民冠蓋相望茂亦建屯田驢車轉運先是鴈門人賈丹霍匡解勝等爲尹由所略由以爲將帥與共守平城丹等聞芳敗遂共殺由詣郭涼涼上狀皆封爲列侯詔送委輸金帛賜茂涼軍吏及平城降民自是盧

芳城邑稍稍來降涼誅其豪右郇氏之屬鎮撫羸弱旬月閒鴈門且平芳遂亡入匈奴帝擢涼子爲中郎宿衞左右涼字公文右北平人也身長八尺氣力壯猛雖武將然通經書多智略尤曉邊事有名北方初幽州牧朱浮辟爲兵曹掾擊彭寵有功封廣武侯十三年增茂邑更封脩侯（脩縣名屬信都國也）十五年坐斷兵馬稟縑（斷猶割截也）使軍吏殺人免官削戶邑定封參蘧鄉侯十九年卒

子元嗣永平十四年坐與東平王等謀反減死一等國除永初七年鄧太后紹封茂孫奉爲安樂亭侯

馬成字君遷南陽棘陽人也少爲縣吏世祖徇潁川以成爲安集掾調守郟令（郟縣名今汝州縣也）及世祖討河北成即弃官步負追及於滿陽以成爲期門從征伐世祖即位再遷護軍都尉建武四年拜揚武將軍督誅虜將軍劉隆振威將軍宋登射聲校尉王賞

發會稽丹陽九江六安四郡兵擊李憲時帝幸壽春設壇場祖禮遣之（應劭風俗通曰謹案禮傳共工氏之子曰脩好遠游舟車所至足跡所達靡不窮覽故祀以爲祖神祖徂也）進圍憲於舒令諸軍各深溝高壘憲數挑戰成堅壁不出守之歲餘至六年春城中食盡乃攻之遂屠舒斬李憲追擊其黨與盡平江淮地七年夏封平舒侯（平舒屬代郡）八年從征破隗囂以成爲天水太守將軍如故冬徵還京師九年代來歙守中郎將率武威將軍

劉尚等破河池遂平武都河池縣一名仇池屬武都郡今鳳州縣也明年大司空李通罷以成行大司空事居府如眞數月復拜揚武將軍十四年屯常山中山以備北邊并領建義大將軍朱祐營又代驃騎大將軍杜茂繕治障塞自西河至渭橋西河今勝州富昌縣也渭橋本名横橋在今咸陽縣東南河上至安邑前書曰河上地名故秦内史高帝二年改為河上郡武帝分為左馮翊太原至井陘太原今并州也井陘今屬常山郡常山今恒州縣也中山至鄴皆築保壁起烽燧十里一候在事五六年帝

以成勤勞徵還京師邊人多上書求請者復遣成還屯及南單于保塞北方無事拜為中山太守上將軍印綬領屯兵如故二十四年南擊武谿蠻賊無功武溪水在今辰州瀘溪縣西上太守印綬二十七年定封全椒侯全椒縣名今滁州縣也就國三十二年卒子衛嗣衛卒子香嗣徙封棘陵侯香卒子豐嗣豐卒子玄嗣玄卒子邑嗣邑卒子醜嗣桓帝時以罪失國延熹二年帝復封成玄孫昌為益陽亭侯

劉隆字元伯南陽安衆侯宗室也王莽居攝中隆父禮與安衆侯崇起兵誅莽事泄隆以年未七歲故得免及壯學於長安更始拜為騎都尉謁歸謁請也謂請假歸也迎妻子置洛陽聞世祖在河內即追及於射犬以為騎都尉與馮異共拒朱鮪李軼等軼遂殺隆妻子建武二年封亢父侯亢父縣名屬東平國故城在今兖州任城縣南四年拜誅虜將軍討李憲憲平遣隆

屯田武當武當今均州縣也十一年守南郡太守歲餘上將軍印綬十三年增邑更封竟陵侯是時天下墾田多不以實又戶口年紀互有增減十五年詔下州郡檢覈其事而刺史太守多不平均或優饒豪右侵刻羸弱百姓嗟怨遮道號呼時諸郡各遣使奏事帝見陳留吏牘上有書視之云潁川弘農可問河南南陽不可問帝詰吏由趣吏不肯服抵言於長壽街上得之抵欺也帝怒時

顯宗爲東海公年十二在幄後言曰吏受郡勑當欲以墾田相方耳帝曰即如此何故言河南南陽不可問對曰河南帝城多近臣南陽帝鄉多近親田宅踰制不可爲準帝令虎賁將詰問吏吏乃實首服如顯宗對於是遣謁者考實具知姦狀明年隆坐徵下獄其疇輩十餘人皆死帝以隆功臣特免爲庶人明年復封爲扶樂鄉侯以中郎將副伏波將軍馬援擊交阯蠻夷徵側等隆別於禁谿口破之(交阯郡麊泠縣有金溪究相傳音訛謂之禁溪則徵側等所敗處也其地今峯州新昌縣也麊音糜泠音零)獲其帥徵貳(徵側之妹)斬首千餘級降者二萬餘人還更封大國爲長平侯(長平縣屬汝南郡)及大司馬吳漢薨隆爲驃騎將軍行大司馬事隆奉法自守視事八歲上將軍印綬罷賜養牛上樽酒十斛(前書音義曰稻米一斗得酒一斗爲上樽稷米一斗爲中樽粟米一斗爲下樽也)以列侯奉朝請三十年定封慎侯(慎縣名屬汝南郡也)中元二年卒謚曰靖侯子安嗣

傅俊字子衛潁川襄城人也世祖徇襄城俊以縣亭長迎軍拜爲校尉襄城收其母弟宗族皆滅之從破王尋等(東觀記曰傅俊從上迎擊王尋等於陽關漢兵反走還汝水上上以手飲水澡盥鬚眉塵垢謂俊曰今日罷倦甚諸卿寧憊耶)以爲偏將軍別擊京密破之遣歸潁川收葬家屬及世祖討河北俊與賓客十餘人北追及於邯鄲上謁世祖使將潁川兵常從征伐世祖即位以俊爲侍中建武二年封昆陽侯三年拜俊積弩將軍與征南大將軍岑彭擊破秦豐因將兵徇江東揚州悉定七年卒謚曰威侯子昌嗣徙封蕪湖侯(蕪湖縣名屬丹陽郡)建初中遭母憂因上書以國貧不願之封乞錢五十萬爲關內侯肅宗怒貶爲關內侯竟不賜錢永初七年鄧太后復封昌子鐵爲高置亭侯

堅鐔字子伋(東觀記伋作皮)潁川襄城人也爲郡縣吏世祖討河北或薦鐔者因得召見以其吏能署主簿又拜偏將軍從平河北別擊

破大槍於盧奴世祖即位拜鐔揚化將軍封㶏強侯（㶏強縣名屬汝南郡㶏音於靳反）與諸將攻洛陽而朱鮪別將守東城者爲反閒私約鐔晨開上東門（上東門洛陽故城東面北頭第一門也）鐔與建義大將軍朱祐乘朝而入與鮪大戰武庫下（洛陽記曰建始殿東有太倉倉東有武庫藏兵之所）殺傷甚衆至旦食乃罷朱鮪由是遂降又別擊內黃平之建武二年與右將軍萬脩徇南陽諸縣而堵鄉人董訢反宛城獲南陽太守劉驎鐔乃引軍赴宛選敢死士夜自登城斬關而入訢遂棄城走還堵鄉鄧奉復反新野攻破吳漢時萬脩病卒鐔獨孤絕南拒鄧奉北當董訢一年閒道路隔塞糧饋不至鐔食蔬菜與士卒共勞苦每急輒先當矢石（石謂發石以投人也墨子曰備城者積石百枚重十鈞已上者）身被三創以此能全其衆及帝征南陽擊破訢奉以鐔爲左曹常從征伐六年定封合肥侯二十六年卒子鴻嗣鴻卒子浮嗣浮卒子雅嗣

馬武字子張南陽湖陽人也少時避讎客居江夏及王莽末竟陵西陽三老起兵於郡界武往從之後入綠林中遂與漢軍合更始立以武爲侍郎與世祖破王尋等拜爲振威將軍與尚書令謝躬共攻王郎及世祖拔邯鄲請躬及武等置酒高會因欲以圖躬不剋既罷獨與武登叢臺（故趙王臺也在今洺州邯鄲城中）從容謂武曰吾得漁陽上谷突騎欲令將軍將之何如武曰駑怯無方略世祖曰將軍久將習兵豈與我掾史同哉武由是歸心及謝躬誅死武馳至射犬降世祖見之甚悅引置左右每勞饗諸將武輒起斟酌於前世祖以爲歡復使將其部曲至鄴武叩頭辭以不願世祖愈美其意因從擊羣賊世祖擊尤來五幡等敗於慎水武獨殿還陷陣故賊不得迫及（殿鎮後也音丁殿反言兵敗而鎮其後也）進至安定次小廣陽（即廣平亭也在今幽州范陽縣西南以有廣陽國故謂此亭爲小廣陽也）武常爲軍鋒力戰無前諸將皆引

而隨之故遂破賊窮追至平谷浚靡而還（平谷縣名屬漁陽郡浚靡縣名屬右北平郡靡音糜）世祖即位以武爲侍中騎都尉封山都矦建武四年與虎牙將軍蓋延等討劉永武別擊濟陰下成武楚丘拜捕虜將軍明年龐萌反攻桃城武先與戰破之會車駕至萌遂敗走六年夏與建威大將軍耿弇西擊隗囂漢軍不利引下隴囂追急武選精騎還爲後拒身被甲持戟奔擊殺數千人囂兵乃退諸軍得還

長安十三年增邑更封鄃矦（鄃縣名屬平原郡故城在今德州平原縣西南鄃音俞）將兵北屯下曲陽備匈奴坐殺軍吏受詔將妻子就國武徑詣洛陽上將軍印綬削戶五百定封爲楊虛矦因留奉朝請帝後與功臣諸矦讌語從容言曰諸卿不遭際會自度爵祿何所至乎高密矦鄧禹先對曰臣少甞學問可郡文學博士帝曰何言之謙乎卿鄧氏子志行脩整何爲不掾功曹餘各以次對至武曰臣以武

勇可守尉督盜賊帝笑曰且勿爲盜賊自致亭長斯可矣武爲人嗜酒闊達敢言（闊達大度也敢言謂果敢於言無所隱也）時醉在御前面折同列言其短長無所避忌帝故縱之以爲笑樂帝雖制御功臣而每能回容宥其小失（回曲也曲法以容也）遠方貢珍甘必先徧賜列矦而太官無餘有功輒增邑賞不任以吏職故皆保其福祿終無誅譴者二十五年武以中郎將將兵擊武陵蠻夷還上印綬顯宗初西羌

寇隴右覆軍殺將朝廷患之復拜武捕虜將軍以中郎將王豐副與監軍使者竇固右輔都尉陳訢將烏桓黎陽營三輔募士（光武置黎陽營見鄧訓傳）涼州諸郡羌胡兵及弛刑合四萬人擊之到金城浩亹與羌戰（浩亹縣名屬金城郡故城在今蘭州廣武縣西南浩音閤亹音門）斬首六百級又戰於洛都谷爲羌所敗（湟水一名洛都水西自吐谷渾界入在今鄯州湟水縣）死者千餘人羌乃率衆引出塞武復追擊到東西邯大破之（酈元水經注曰邯川城左右有水自北出南經邯亭注于河蓋以此

水分流謂之東西鄉也在今廓州化陰縣東斬首四千六百級獲生口千六百人餘皆降散武振旅還京師增邑七百戶并前千八百戶永平四年卒子檀嗣坐兄伯濟與楚王英黨顏忠謀反國除永初七年鄧太后紹封武孫震爲漻亭矦漻音胡巧反又力彫反震卒子側嗣

論曰中興二十八將前世以爲上應二十八宿未之詳也然咸能感會風雲奮其智勇風雲已具聖公傳稱爲佐命亦各志能之士也易通卦驗曰黃佐命鄭玄注云黃者火之子佐命張良是也巳上皆華嶠之辭議者多非

光武不以功臣任職至使英姿茂績委而勿用然原夫深圖遠筭固將有以焉爾若乃王道既衰降及霸德王謂周也霸謂齊桓晉文公猶能授受惟庸勳賢皆序如管隰之迭升桓世先趙之同列文朝可謂兼通矣史記曰管仲之政齊人皆悅事之管子曰管仲寢疾桓公問之若不可諱政將安移之對曰隰朋可國語云文公使趙衰爲卿辭曰先軫有謀臣不若也乃使先軫佐下軍公曰趙衰其所讓皆社稷之衛也降自秦漢世資戰力至於翼扶王運皆武人屈起屈起猶勃起也音其勿反亦有鬻繒屠狗輕猾之徒灌嬰睢陽販繒者樊噲沛人以屠狗爲事皆從高祖或崇以連城之賞或任以阿衡之地樊噲封爲舞陽矦灌嬰爲丞相封爲潁陰矦阿倚也衡平也言天下依倚而取平也故埶疑則隙生力侔則亂起埶位過則君臣相疑侔等也蕭樊且猶縲紲信越終見葅戮不其然乎蕭何爲丞相爲人請上林中空地上大怒乃下廷尉械繫之燕王盧綰反樊噲以相國擊燕人有惡噲黨於呂氏帝大怒使陳平即軍中斬噲平畏呂氏執噲詣長安韓信封爲淮陰矦人上書告信反呂后使武士縛信斬之彭越爲梁王呂后令其舍人告越謀反遂夷宗族刑法志曰夷三族者梟其首葅其骨肉彭越韓信皆受此誅自茲以降迄于孝武宰

輔五世莫非公矦自高祖至于孝武凡五代也其中宰輔皆以公矦勳貴爲之遂使縉紳道塞賢能蔽壅縉赤色也紳帶也或作搢搢插也謂插笏於帶也朝有世及之私下多抱關之怨世及謂父子相繼也禮記曰大人世及以爲禮抱關謂守門者前書曰蕭望之署小苑東門候王仲翁謂望之曰不肯碌碌反抱關爲其懷道無聞委身草莽者亦何可勝言故光武鑒前事之違存矯枉之志矯正也違失也枉曲也孟子曰矯枉者過其正雖寇鄧之高勳耿賈之鴻烈分土不過大縣數四所加特進朝請而已鄧禹爲大司徒封高密矦食邑四縣耿弇好時矦食邑二縣奉朝請賈復封膠東矦凡食

六縣以列侯加特進觀其治平臨政課職責咎將所謂導之以政齊之以刑者乎論語曰導之以政齊之以刑人免而無恥若格之功臣其傷已甚格正也若以上法繩正功臣則於其有害也何者直繩則虧喪恩舊橈情則違廢禁典選德則功不必厚舉勞則人或未賢參任則羣心難塞並列則其敝未遠參任謂兼勳賢而任之則羣臣之心各有覬望故難塞也若遵高祖並用功臣則其敝未遠不得不校其勝否即以事相權勝否猶可否即就也權謂平其輕重故高秩厚禮允荅元功峻文深憲責成吏職建武之世侯者百餘若夫數公者則與參國議分均休咎賈復傳曰帝方以吏事責三公故功臣遂不用是時列侯唯高密固始膠東三侯與公卿參議國家大事恩遇甚厚也其餘並優以寬科完其封祿莫不終以功名延慶于後昔留侯以爲高祖悉用蕭曹故人前書曰上望見諸將往往偶語張良曰此謀反耳陛下起布衣爲天子而所封皆蕭曹故人耳相聚謀反也見高紀而郭伋亦譏南陽多顯郭伋傳曰光武以伋爲并州牧帝引見伋因言選補衆職當簡天下賢俊不宜專用南陽人也帝深納其言鄭興又戒功臣專任鄭興傳曰興數爲太中大夫上疏曰道路咸曰朝廷欲用功臣功臣用則人位譖矣夫崇恩偏授易

後漢列傳十二　二十　陳從

啓私溺之失至公均被必廣招賢之路意者不其然乎永平中顯宗追感前世功臣乃圖畫二十八將於南宫雲臺其外又有王常李通竇融卓茂合三十二人故依其本弟係之篇末以志功臣之次云爾

太傅高密侯鄧禹

中山太守全椒侯馬成

大司馬廣平侯吴漢

河南尹阜成侯王梁

左將軍膠東侯賈復

琅邪太守祝阿侯陳俊

建威大將軍好畤侯耿弇

驃騎大將軍參蘧侯杜茂

執金吾雍奴侯寇恂

積弩將軍昆陽侯傅俊

征南大將軍舞陽侯岑彭

左曹合肥侯堅鐔

征西大將軍夏陽侯馮異

後漢列傳十二　二十一　陳彦

上谷太守淮陽侯王霸
建義大將軍鬲侯朱祐
信都太守阿陵侯任光
征虜將軍潁陽侯祭遵
豫章太守中水侯李忠
驃騎大將軍櫟陽侯景丹
右將軍槐里侯萬脩
虎牙大將軍安平侯蓋延
太常靈壽侯邳彤

衛尉安成侯銚期
驍騎將軍昌成侯劉植
東郡太守東光侯耿純
橫野大將軍山桑侯王常
城門校尉朗陵侯臧宮
大司空固始侯李通
捕虜將軍楊虛侯馬武
大司空安豐侯竇融
驃騎將軍慎侯劉隆

太傅宣德侯卓茂

贊曰帝績思乂庸功是存庸勳也言將興帝績則念勳功之臣也有來羣后捷我戎軒捷勝也謂寇鄧之徒翼佐王烈戎車所至皆克捷也婉孌龍姿儷景同翻婉孌猶親愛也龍姿謂光武也儷齊也偶也言諸將齊景翻飛而舉大功也

後漢書列傳卷第十二

列傳卷第十三　范曄　後漢書二十三

唐章懷太子賢注

竇融　弟子固　曾孫憲　玄孫章

竇融字周公扶風平陵人也七世祖廣國孝文皇后之弟封章武侯(章武縣屬勃海郡故城在今滄州魯城縣也)融高祖父宣帝時以吏二千石自常山徙焉融早孤王莽居攝中爲強弩將軍司馬(強弩將軍即莽明義侯王俊)東擊翟義還攻槐里(槐里趙明霍鴻等起兵以應翟義王邑等破義還合軍擊明鴻等滅之融時隨其軍也見前書)以軍功封建武男(東觀記續漢書並云寧武男)女弟爲大司空王邑小妻家長安中出入貴戚連結閭里豪傑以任俠爲名然事母兄養弱弟內修行義王莽末青徐賊起太師王匡(匡王舜之子)請融爲助軍與共東征及漢兵起融復從王邑敗於昆陽下歸長驅入關王邑薦融拜爲波水將軍(前書音義曰波水在長安南)賜黃金千斤引兵至新豐莽敗融以軍降更始大司馬趙萌萌以爲校尉甚重之薦融爲鉅鹿太守

融見更始新立東方尚擾不欲出關而高祖父嘗爲張掖太守從祖父爲護羌校尉從弟亦爲武威太守累世在河西知其土俗獨謂兄弟曰天下安危未可知河西殷富帶河爲固張掖屬國精兵萬騎(漢邊郡皆置屬國)一旦緩急杜絕河津足以自守此遺種處也(遺種也可以保全不畏絕滅)兄弟皆然之融於是日往守萌(守猶求也)辭讓鉅鹿圖出河西(圖謀也)萌爲言更始乃得爲張掖屬國都尉融大喜即將家屬而西既到撫結雄傑懷輯羌虜(輯和也)甚得其歡心河西翕然歸之是時酒泉太守梁統金城太守厙鈞(前書音義曰厙姓即倉庫吏後也今羌中有姓厙音舍云承鈞之後也)張掖都尉史苞(三輔決錄苞字叔文茂陵人也)酒泉都尉竺曾敦煌都尉辛肜並州郡英俊融皆與爲厚善及更始敗融與梁統等計議曰今天下擾亂未知所歸河西斗絕在羌胡中(斗峻絕也前書曰成山斗入海)不同心勠力則不能自守(勠并力也)權鈞力齊復無以相

率當推一人爲大將軍共全五郡觀時變動議既定而各謙讓咸以融世任河西爲吏人所敬向乃推融行河西五郡大將軍事是時武威太守馬期張掖太守任仲並孤立無黨乃共移書告示之二人即解印綬去於是以梁統爲武威太守史苞爲張掖太守竺曾爲酒泉太守辛肜爲敦煌太守庫鈞爲金城太守融居屬國領都尉職如故置從事監察五郡河西民俗質樸而融等政亦寬和上下相親晏然富殖修兵馬習戰射明烽燧之警羌胡犯塞融輒自將與諸郡相救皆如符要 赴敵不失期契也 每輒破之其後匈奴懲乂 懲創也說文云乂亦懲也 稀復侵寇而保塞羌胡皆震服親附安定北地上郡流人避凶飢者歸之不絕融等遙聞光武即位而心欲東向以河西隔遠未能自通時隗囂先稱建武年號融等從受正朔囂皆假其將軍印綬囂外順人望內懷異心

後漢列傳十三　三

使辯士張玄游說河西曰更始事業已成尋復亡滅此一姓不再興之效今即有所主便相係屬一旦拘制自令失柄後有危殆雖悔無及今豪傑競逐雌雄未決 項羽謂高祖曰願與沛公決雌雄 當各據其土宇與隴蜀合從 前書音義曰以利合爲從以威勢相脅曰橫 高可爲六國下不失尉佗 佗姓趙眞定人也陳勝起佗行南海尉遂王南越故曰尉佗也 融等於是召豪傑及諸太守計議其中智者皆曰漢承堯運 左傳曰陶唐氏既衰其後有劉累學擾龍事孔甲爲御龍氏春秋時晉卿士會即其後也士會奔秦後歸晉其處者爲劉氏戰國時劉氏自秦獲於魏魏遷大梁都於豐號豐公即太上皇父也故曰漢承堯運 歷數延長今皇帝姓號見於圖書 謂河圖赤伏符曰劉秀發兵捕不道 自前世博物道術之士谷子雲夏賀良等建明漢有再受命之符言之久矣 前書成帝時谷永上書曰陛下當陽數之標季涉三七之節紀哀帝時夏賀良言赤精子之讖漢家曆運中衰當再受命矣 故劉子駿改易名字冀應其占 劉歆以哀帝建平元年改名秀字穎叔冀應符命 及莽末道士西門君惠言劉秀當爲天子遂謀立子駿事覺被殺出謂百姓觀者曰劉秀眞汝主也皆

後漢列傳十三　四

近事暴著（暴露也著見也）智者所共見也除言天命且以人事論之今稱帝者數人而洛陽土地最廣甲兵最彊號令最明觀符命而察人事它姓殆未能當也諸郡太守各有賓客或同或異融小心精詳遂決策東向五年夏遣長史劉鈞奉書獻馬先是帝聞河西完富地接隴蜀常欲招之以逼囂述亦發使遺融書遇鈞於道即與俱還帝見鈞歡甚禮饗畢乃遣令還賜融璽書曰制詔行河西五郡大將軍事屬國都尉勞鎮守邊五郡兵馬精彊倉庫有蓄民庶殷富外則折挫羌胡內則百姓蒙福威德流聞虛心相望道路隔塞邑邑何已長史所奉書獻馬悉至深知厚意今益州有公孫子陽天水有隗將軍方蜀漢相攻權在將軍舉足左右便有輕重（猶蒯通曰與楚即楚勝與漢即漢勝）以此言之欲相厚豈有量哉諸事具長史所見將軍所知王者迭興千載一會（言時難得而易失也）欲

遂立桓文輔微國當勉卒功業（周室微弱齊桓晉文輔之以霸天下）欲三分鼎足連衡合從亦宜以時定（蒯通說韓信曰三分天下鼎足而立）天下未并吾與爾絕域非相吞之國今之議者必有任囂效尉佗制七郡之計（秦胡亥時南海尉任囂病且死召龍川令趙佗語曰番禺負山險阻南北東西數千里頗有中國人相輔此亦一州之主可為國故召公即令行南國尉事地理志曰蒼梧鬱林合浦交阯九真南海日南皆越之分也此為七郡也效致也流俗本作數者誤也）王者有分土無分民自適己事而已今以黃金二百斤賜將軍便宜輒言因授融為涼州牧璽書既至河西咸驚以為天子明見萬里之外網羅張立（一作玄）之情融即復遣鈞上書曰臣融竊伏自惟幸得託先后末屬蒙恩為外戚累世二千石至臣之身復備列位假歷將帥（假借濫也）守持一隅以委質則易為辭以納忠則易為力書不足以深達至誠故遣劉鈞口陳肝膽自以底裏上露長無纖介（底裏皆露言無藏隱）而璽書盛稱蜀漢二主三分鼎足之權任囂尉佗之謀竊自痛傷臣融

雖無識猶知利害之際順逆之分豈可背眞舊之主事姦僞之人廢忠貞之節爲傾覆之事弃已成之基求無冀之利此三者雖問狂夫猶知去就而臣獨何以用心謹遣同產弟友詣闕口陳區區友至高平（高平今涼州縣也）會囂反叛道絕馳還遣司馬席封閒行通書（東觀記及續漢書席皆作虎字）帝復遣席封賜融友書所以尉藉之甚備（尉藉解見隗囂傳）融既深知帝意乃與隗囂書責讓之曰伏惟將軍國富政修士兵懷附親遇戹會之際國家不利之時（謂漢遭王莽篡奪也）守節不回（回邪也）承事本朝後遣伯春（囂子恂之字也）委身於國無疑之誠於斯有效融等所以欣服高義願從役於將軍者良爲此也而忿悁之閒（悁恚也）改節易圖君臣分爭上下接兵（言違背光武也）委成功造難就（委弃也）去從義爲橫謀（去從背山東也爲橫通西蜀也）百年累之一朝毀之豈不惜乎殆執事者貪功建謀以至於此（言隗囂執政事者貪有其功而立此逆謀也）融竊

痛之當今西州地埶局迫人兵離散易以輔人難以自建計若失路不反聞道猶迷（淮南子曰通於道者如車軸不運於己而與轂致千里不通於道者若迷惑告以東西南北然猶復迷惑矣）不南合子陽則北入文伯耳（文伯盧芳也）夫負虛交而易強禦恃遠救而輕近敵（負亦恃也易輕也恃公孫述而輕光武也易音以豉反）未見其利也融聞智者不危衆以舉事仁者不違義以要功今以小敵大於衆何如（言危衆也）弃子徼功於義何如（言違義也）且初事本朝稽首北面忠臣節也（稽首拜天子禮也禮君南嚮荅陽之義臣北面荅君也）及遣伯春垂涕相送慈父恩也俄而背之謂吏士何忍而弃之謂留子何（留子謂見在之子對伯春故曰留也）自兵起以來轉相攻擊城郭皆爲丘墟生人轉於溝壑今其存者非鋒刃之餘則流亡之孤迄今傷痍之體未愈哭泣之聲尚聞幸賴天運少還而大將軍復重於難是使積痾不得遂瘳幼孤將復流離其爲悲痛尤足愍傷言之可爲酸鼻（宋玉曰孤子寡婦寒心酸鼻）庸人且猶不忍

況仁者乎融聞爲忠甚易得宜實難（左傳曰忠爲令德非其人猶不可況不令乎）憂人大過以德取怨（詩曰不以我爲德反以我爲讎）知且以言獲罪也區區所獻唯將軍省焉囂不納融乃與五郡太守共砥厲兵馬上疏請師期帝深嘉美之乃賜融以外屬圖及太史公五宗外戚世家（景帝子十三人爲王而母五人同母者爲一宗故曰五宗言景帝以竇氏所生而致子孫衆多也）魏其侯列傳（竇嬰太后從兄子也封魏其侯魏其縣屬琅邪郡）詔報曰每追念外屬孝景皇帝出自竇氏（出生也爾雅曰男子謂姊妹之子曰出）定王景帝之子朕之所祖昔魏其一言繼統以正（梁孝王景帝弟也亦竇太后所生梁王朝因昆弟燕飲是時景帝未立太子酒酣帝從容曰千秋之後傳梁王太后驩竇嬰引卮酒進上曰天下者高祖天下父子相傳漢之約也帝何以得傳梁王帝遂止矣）長君少君尊奉師傅（長君竇太后兄也少君太后弟廣國之字也絳灌等以兩人所出微爲擇師傅長者有節行者與居長君少君由此爲退讓君子不以富貴驕人見前書）修成淑德施及子孫（施延也音羊豉反）此皇太后神靈上天祐漢也從天水來者寫將軍所讓隗囂書痛入骨髓畔臣見之當股慄慙愧忠臣則酸鼻流涕義士則曠若

發矇（說文曰矇明也有眸子而無見曰矇前書揚雄曰乃今日發矇廓然光照矣）非忠孝慤誠孰能如此（說文曰慤謹也慤或作慤）豈其德薄者所能克堪囂自知失河西之助族禍將及欲設閒離之說亂惑眞心轉相解搆（相解說而結搆）以成其姦又京師百僚不曉國家及將軍本意多能採取虛偽誇誕妄談令忠孝失望傳言乖實毀譽之來皆不徒然不可不思今關東盜賊已定大兵今當悉西將軍其抗厲威武以應期會融被詔即與諸郡守將兵入金城初更始時先零羌封何諸種殺金城太守居其郡隗囂使使賂遺封何與共結盟欲發其衆融等因軍出進擊封何大破之斬首千餘級得牛馬羊萬頭穀數萬斛因並河揚威武（並音蒲浪反）伺候車駕時大兵未進融乃引還帝以融信效著明益嘉之詔右扶風修理融父墳塋祠以太牢數馳輕使致遺四方珍羞梁統乃使人刺殺張玄遂與囂絕皆解所假

將軍印綬七年夏酒泉太守竺曾以弟報怨殺人而去郡（東觀記曰曾弟嬰報怨殺屬國侯王胤等曾慙而去郡）融承制拜曾爲武鋒將軍更以辛肜代之秋隗囂發兵寇安定帝將自西征之先戒融期會遇雨道斷且囂兵已退乃止融至姑臧（姑臧縣名屬武威郡今涼州縣也西河舊事曰涼州城昔匈奴故蓋臧城後人音訛名姑臧也）被詔罷歸融恐大兵遂久不出乃上書曰隗囂聞車駕當西臣融東下士衆騷動計且不戰囂將高峻之屬皆欲逢迎大軍後

後漢列傳十三　十二

聞兵罷峻等復疑囂揚言東方有變西州豪桀遂復附從囂又引公孫述將令守突門（突門守城之門墨子曰城百步爲一突門也）臣融孤弱介在其閒（杜預注左傳云介猶閒也）雖承威靈宜速救助國家當其前臣融促其後緩急迭用首尾相資囂埶排迮（排迮謂蹙迫也）不得進退此必破也若兵不早進久生持疑則外長寇讎內示困弱復令讒邪得有因緣臣竊憂之惟陛下哀憐帝深美之八年夏車駕西征隗囂融率五

郡太守及羌虜小月氏等（小月氏西域胡國名）步騎數萬輜重五千餘兩與大軍會高平第一（高平今原州縣郡國志云高平有第一城）融先遣從事問會見儀適（猶言儀注）是時軍旅代諸將與三公交錯道中或背使者交私語帝聞融先問禮儀甚善之以宣告百僚乃置酒高會引見融等待以殊禮拜弟友爲奉車都尉從弟士太中大夫遂共進軍囂衆大潰城邑皆降帝高融功下詔以安豐陽泉蓼安風四縣（四縣並屬廬江郡安豐今壽州縣也故城在今霍山縣西北安風本漢六安國及陽泉故城並在今安豐縣南

後漢列傳十三　十三　章英

杜預注左傳曰蓼在安豐蓼音了）封融爲安豐侯弟友爲顯親侯（顯親縣故城在今秦州成紀縣東南也）遂以次封諸將帥武鋒將軍竺曾爲助義侯武威太守梁統爲成義侯張掖太守史苞爲褒義侯金城太守厙鈞爲輔義侯酒泉太守辛肜爲扶義侯封爵既畢乘輿東歸悉遣融等西還所鎮融以兄弟並受爵位久專方面懼不自安數上書求代詔報曰吾與將軍如左

右手耳韓信亡蕭何自追之人曰丞相何亡高祖聞之如失左右手耳見前書數執
謙退何不曉人意勉循士民無擅離部曲
及隴蜀平詔融與五郡太守奏事京師官
屬賓客相隨駕乘千餘兩馬牛羊被野融
到詣洛陽城門上涼州牧張掖屬國都尉
安豐侯印綬詔遣使者還侯印綬引見就
諸侯位賞賜恩寵傾動京師數月拜爲冀
州牧十餘日又遷大司空融自以非舊臣
一旦入朝在功臣之右每召會進見容貌

辭氣卑恭已甚帝以此愈親厚之融小心
久不自安數辭讓爵位因侍中金遷口達
至誠金遷安上之曾孫安上曰嬋弟倫之子遷哀帝時爲尚書令見前書又上疏
曰臣融年五十三有子年十五質性頑鈍
臣融朝夕教導以經藝不得令觀天文見
讖記誠欲令恭肅畏事恂恂循道不願其
有才能何況乃當傳以連城廣土享故諸
侯王國哉因復請閒求見帝不許後朝罷
逡巡席後帝知欲有讓遂使左右傳出它

日會見迎詔融曰日者知公欲讓職還土
日者猶往日也故命公暑熱且自便令相見宜論
它事勿得復言融不敢重陳請二十年大
司徒戴涉坐所舉人盜金下獄帝以三公
參職不得已乃策免融明年加位特進十
三年代陰興行衞尉事特進如故又兼
領將作大匠弟友爲城門校尉兄弟並典
禁兵融復乞骸骨說苑曰晏子任東阿乞骸骨以避賢者之路輒
賜錢帛太官致珍奇及友卒帝愍融年衰

遣中常侍中謁者即其卧内強進酒食融
長子穆尚内黃公主代友爲城門校尉穆
子勳尚東海恭王彊女沘陽公主友子固
亦尚光武女涅陽公主顯宗即位以融從
兄子林爲護羌校尉竇氏一公兩侯三公
主四二千石一公大司空也兩侯安豐顯親也四二千石衞尉城門校尉護羌校尉中
郎將相與並時自祖及孫官府邸第相望京
邑奴婢以千數於親戚功臣中莫與爲比
永平二年林以罪誅事在西羌傳帝由是

數下詔切責融戒以竇嬰田蚡禍敗之事田蚡武帝王皇后異父弟也爲丞相誣會竇嬰之罪使至誅戮事見前書融惶恐乞骸骨詔令歸第養病歲餘聽上衛尉印綬賜養牛上樽酒融在宿衛十餘年年老子孫縱誕多不法穆等遂交通輕薄屬託郡縣干亂政事以封在安豐欲令姻戚悉據故六安國遂矯稱陰太后詔令六安侯劉盱去婦因以女妻之五年盱婦家上書言狀帝大怒乃盡免穆等官諸竇爲郎吏者皆將家屬歸故郡獨留融京師穆等西至函谷關有詔悉復追還會融卒時年七十八謚曰戴侯賻送甚厚帝以穆不能修尚不能修整自高尚也而擁富貴居大第常令謁者一人監護其家居數年謁者奏穆父子自失埶數出怨望語帝令將家屬歸本郡唯勳以沘陽主壻留京師穆坐賂遺小吏郡捕繫與子宣俱死平陵獄勳亦死洛陽獄久之詔還融夫人與小孫一人居洛陽家舍十

四年封勳弟嘉爲安豐侯食邑二千戶奉融後和帝初爲少府及勳子大將軍憲被誅免就國嘉卒子萬全嗣萬全卒子會宗嗣萬全弟子武別有傳

論曰竇融始以豪俠爲名拔起風塵之中拔音步末反拔卒也亦音彭八反義兩通以投天隙投會天之間隙遂蟬蛻王侯之尊說文曰蟬蛻所解皮也言去微至貴也蛻音稅終膺卿相之位此則徼功趣埶之士也及其爵位崇滿至乃放遠權寵恂恂似若不能已者又何智也言融之心實欲去權貴以帝不納故常恂恂恭順似若不得已然者也嘗獨詳味此子之風度雖經國之術無足多談而進退之禮良可言矣

固字孟孫少以尚公主爲黃門侍郎續漢書曰給事黃門侍郎六百石好覽書傳喜兵法貴顯用事中元元年襲父友封顯親侯顯宗即位遷中郎將監羽林士續漢志曰宣帝命中郎將騎都尉監羽林秩比二千石後坐從兄穆有罪廢于家十餘年時天下乂安帝欲遵武帝故事擊匈奴通西域以固

明習邊事（固舊隨融在河西曉知邊事也）十五年冬拜爲奉車都尉（續漢志曰比二千石掌御乘輿）以騎都尉耿忠爲副（忠弇子也）謁者僕射耿秉爲駙馬都尉秦彭爲副皆置從事司馬並出屯涼州明年固與忠率酒泉敦煌張掖甲卒及盧水羌胡（案湟水東經臨羌縣故城北又東盧溪水注之水出西南盧川即其地也）萬二千騎出酒泉塞耿秉秦彭率武威隴西天水募士及羌胡萬騎出居延塞（居延塞在今甘州張掖縣東北）又太僕祭彤度遼將軍吳棠將河東北地西河羌

後漢列傳十三　十七

胡及南單于兵萬一千騎出高闕塞（高闕山名在朔方北）騎都尉來苗護烏桓校尉文穆將太原鴈門代郡上谷漁陽右北平定襄郡兵及烏桓鮮卑萬一千騎出平城塞固忠至天山（即祁連山也今在西州交河縣東北今名祁羅漫山）擊呼衍王斬首千餘級呼衍王走追至蒲類海（蒲類海今名婆悉海在今庭州蒲昌縣東南也）留吏士屯伊吾盧城（伊吾今伊州縣也本匈奴地明帝置宜禾都尉以爲屯田故地今伊州納職縣伊吾故小城地是）耿秉秦彭絕漢六百餘里至三木樓山（匈奴中山名）來苗文穆

至匈奴河水上虜皆奔走無所獲祭彤吳棠坐不至涿邪山免爲庶人時諸將唯固有功加位特進明年復出玉門擊西域詔耿秉及騎都尉劉張皆去符傳以屬固（專將兵者並有符傳擬合之取信今去符皆受固之節度）固遂破白山降車師事已具耿秉傳固在邊數年羌胡服其恩信（東觀記曰羌胡見客炙肉未熟人人長跪前割之血流指間進之於固固輒爲啗不穢賤之是以愛之如父母也）肅宗即位以公主修勑慈愛累世崇重加號長公主增邑三千戶徵固代魏

後漢列傳十三　十八

應爲大鴻臚帝以其曉習邊事每被訪及建初三年追錄前功增邑一千三百戶七年代馬防爲光祿勳明年復代馬防爲衛尉固久歷大位甚見尊貴賞賜租祿貲累巨億而性謙儉愛人好施士以此稱之章和二年卒謚曰文侯子彪至射聲校尉先固卒無子國除

憲字伯度父勳被誅憲少孤建初二年女弟立爲皇后拜憲爲郎稍遷侍中虎賁中

郎將弟篤爲黃門侍郎兄弟親幸並侍宮省賞賜累積寵貴日盛自王主及陰馬諸家莫不畏憚憲恃宮掖聲埶遂以賤直請奪沁水公主園田（沁水公主明帝女）主逼畏不敢計後肅宗駕出過園指以問憲憲陰喝不得對（陰喝猶噎塞也陰音於禁反喝音一介反或作鳴音烏故反）後發覺帝大怒召憲切責曰深思前過奪主田園時何用愈趙高指鹿爲馬（愈猶差也趙高解見靈帝紀）久念使人驚怖昔永平中常令陰黨陰博鄧疊三

後漢列傳十三　十九　象宗

人更相糾察（以陰鄧皆外戚恐其踰侈故使更相糾察也博陰興之子）故諸豪戚莫敢犯法者而詔書切切猶以舅氏田宅爲言（切切猶勤勤也）今貴主尚見枉奪何況小人哉國家弃憲如孤雛腐鼠耳（鳥子生而啄者曰雛）憲大震懼皇后爲毀服深謝良久乃得解使以田還主雖不繩其罪然亦不授以重任和帝即位太后臨朝憲以侍中內幹機密（幹主也或曰古管字也）出宣誥命肅宗遺詔以篤爲虎賁中郎將篤弟景瓌並中常侍於是兄弟

皆在親要之地憲以前太尉鄧彪有義讓先帝所敬而仁厚委隨（委隨猶順從也）故尊崇之以爲太傅令百官總己以聽其所施爲輒外令彪奏內白太后事無不從又屯騎校尉桓郁累世帝師而性和退自守故上書薦之令授經禁中所以內外協附莫生疑異憲性果急睚眦之怨莫不報復（睚音五懈反眦音仕懈反廣雅睚裂也或謂裂眦瞋目貌史記曰范睢睚眦之怨必報）初永平時謁者韓紆當考劾父勳獄憲遂令客斬紆子以

後漢列傳十三　二十　手承從

首祭勳冢齊殤王子都鄉侯暢（齊殤王名石伯升孫章之子）來弔國憂（章帝崩也）暢素行邪僻與步兵校尉鄧疊親屬數往來京師因疊母元自通長樂宮得幸太后被詔召詣上東門憲懼見幸分宮省之權遣客刺殺暢於屯衛之中（屯衛兵宿衛之所）而歸罪於暢弟利侯剛乃使侍御史與青州刺史雜考剛等後事發覺太后怒閉憲於內宮憲懼誅自求擊匈奴以贖死會南單于請兵北伐乃拜憲車騎將

軍金印紫綬官屬依司空依準也長史一人千石掾屬二十九
人令史及御屬三十二人見續漢志也以執金吾耿秉爲副發北
軍五校漢有南北軍中候一人六百石掌臨五營見續漢志黎陽雍營緣
邊十二郡騎士漢官儀曰光武中興以幽冀幷州兵騎克定天下故於黎陽立營以
謁者監之又曰扶風都尉部在雍縣以涼州近羌數犯三輔將兵衛護園陵故俗稱雍營及羌
胡兵出塞明年憲與秉各將四千騎及南
匈奴左谷蠡王師子師子其名也萬騎出朔方
雞鹿塞南單于屯屠河屯屠河單于名也將萬餘騎
出滿夷谷度遼將軍鄧鴻鄧禹少子及緣邊義
後漢列傳十三　二十二　李秀
從羌胡八千騎與左賢王安國萬騎出稒
陽塞稒陽在五原郡稒音固皆會涿邪山憲分遣副校
尉閻盤司馬耿夔耿譚將左谷蠡王師子
右呼衍王須訾等呼衍其號因以爲姓匈奴貴種也今呼延姓是其後須訾名也
精騎萬餘與北單于戰於稽落山大破之
虜衆崩潰單于遁走追擊諸部遂臨私渠
比鞮海匈奴中海名也斬名王已下萬三千級獲生
口馬牛羊橐駝百餘萬頭橐音託於是溫犢
須日逐溫吾夫渠王柳鞮等八十一部率

衆降者前後二十餘萬人憲秉遂登燕然
山去塞三千餘里刻石勒功紀漢威德令
班固作銘曰惟永元元年秋七月有漢元
舅曰車騎將軍竇憲寅亮聖明登翼王室
寅敬亮信也尚書曰二公弘化寅亮天地登升也翼輔也納于大麓惟清緝
熙孔安國注尚書曰麓錄也納之使大錄萬機也周頌曰惟清緝熙鄭玄注云光明也乃與
執金吾耿秉述職巡御理兵於朔方左傳曰小有述
職大有巡功又曰出日理兵鷹揚之校螭虎之士爰該六
師鷹揚如鷹之飛揚也詩云惟師尚父時惟鷹揚螭山神獸形也史記曰如熊如羆如豺如離徐廣曰
後漢列傳十三　二十二　陳震
離與螭同該備也詩云整我六師以脩我戎暨南單于東烏桓西戎
氐羌侯王君長之羣驍騎三萬元戎輕武
長轂四分暨及也元戎兵車也詩云元戎十乘以先啓行輕武言疾也長轂兵車雲
輜蔽路萬有三千餘乘輜車也輜雲言多也勒以八
陣莅以威神兵法有八陣圖玄甲燿日朱旗絳天
玄甲鐵甲也前書曰發屬國之玄甲也遂陵高闕下雞鹿經磧鹵
絕大漠沙土曰漠直度曰絕斬溫禺以釁鼓血尸逐以
染鍔溫禺尸逐皆匈奴王號也周禮殺人以血塗鼓謂之釁鍔刃也然後四校橫
徂星流彗埽蕭條萬里野無遺寇於是域

滅區單反旆而旋考傳驗圖窮覽其山川
遂踰涿邪跨安侯乘燕然躡冒頓之區落
焚老上之龍庭四校四面之校橫徂橫行也星流彗埽言疾也安侯水名冒頓
單于頭曼子也區落謂東滅東胡西走月氏南取樓煩悉收秦所奪匈奴地冒頓子稽粥號老上單于匈
奴五月大會龍庭祭其先天地鬼神今皆焚蕩之上以攄高文之宿憤
光祖宗之玄靈下以安固後嗣恢拓境宇
振大漢之天聲高帝被冒頓單于圍於平城七日孝文帝時匈奴寇邊殺太守
帝欲自征太后不許拓開也天聲雷霆之聲甘泉賦曰天聲起兮勇士厲恢大也茲所謂
一勞而久逸暫費而永寧者也揚雄曰以為不一勞

者不久逸不暫費者不永寧也乃遂封山刊石昭銘上德上德
至也老子曰上德不德是以有德其辭曰鑠王師兮征荒裔
鑠美也詩曰於鑠王師遵養時晦勦凶虐兮截海外勦絕截整齊也詩云
相土烈烈海外有截夐其邈兮亘地界夐邈皆遠也亘竟也封神
丘兮建隆嵑神丘即燕然山也方者謂之碑員者謂之碣嵑亦碣也協韻音其例反
熙帝載兮振萬世熙廣也載事也書曰奮庸熙帝之載憲乃班
師而還遣軍司馬吳汜梁諷奉金帛遺北
單于宣明國威而兵隨其後時虜中乖亂
汜諷所到輒招降之前後萬餘人遂及單

于於西海上宣國威信致以詔賜單于稽
首拜受諷因說宜修呼韓邪故事保國安
人之福言依附漢家自保護其國也宣帝時呼韓邪單于款塞朝于甘泉宮請留居光祿塞
下有急保漢受降城也單于喜悅即將其衆與諷俱還
到私渠海聞漢軍已入塞乃遣弟右溫禺
鞮王奉貢入侍隨諷詣闕憲以單于不自
身到奏還其侍弟南單于於漠北遺憲古
鼎容五斗其傍銘曰仲山甫鼎其萬年子
子孫孫永保用憲乃上之詔使中郎將持

節即五原拜憲大將軍封武陽侯食邑二
萬戶憲固辭封賜策許焉舊大將軍位在
三公下置官屬依太尉續漢志太尉長史千石掾屬二十四人令史及
御屬二十二人也憲威權震朝庭公卿希旨奏憲位
次太傅下三公上長史司馬秩中二千石
從事中郎二人六百石自下各有增振旅
還京師於是大開倉府勞賜士吏其所將
諸郡二千石子弟從征者悉除太子舍人
續漢志曰太子舍人秩二百石無員更直宿衛也是時篤為衛尉景環

皆侍中奉車駙馬都尉四家競修第宅窮極工匠明年詔曰大將軍憲前歲出征克滅北狄朝加封賞固讓不受舅氏舊典並蒙爵土（西漢故事帝舅皆封侯）其封憲冠軍侯邑二萬戶篤鄳侯景汝陽侯瓌夏陽侯各六千戶憲獨不受封遂將兵出鎮涼州以侍中鄧疊行征西將軍事為副北單于以漢還侍弟復遣車諧儲王等款居延塞欲入朝見願請大使憲上遣大將軍中護軍班固行

中郎將與司馬梁諷迎之會北單于為南匈奴所破被創遁走固至私渠海而還憲以北虜微弱遂欲滅之明年復遣右校尉耿夔司馬任尚趙博等將兵擊北虜於金微山大破之克獲甚眾北單于逃走不知所在憲既平匈奴威名大盛以耿夔任尚等為爪牙鄧疊郭璜為心腹班固傅毅之徒皆置幕府以典文章刺史守令多出其門尚書僕射郅壽樂恢並以忤意相繼自殺（壽郅惲子）由是朝臣震懾望風承旨而篤進位特進得舉吏（漢法三公得舉吏）見禮依三公景為執金吾瓌光祿勳權貴顯赫傾動京都雖俱驕縱而景為尤甚奴客緹騎依倚形勢侵陵小人（漢官儀曰執金吾緹騎二百人說文曰緹帛丹黃色也言奴客及緹騎並為縱橫也）強奪財貨篡取罪人妻略婦女商賈閉塞如避寇讎有司畏懦莫敢舉奏太后聞之使謁者策免景官以特進就朝位瓌少好經書節約自修出為魏郡遷潁川太守

竇氏父子兄弟並居列位充滿朝廷叔父霸為城門校尉霸弟褒將作大匠褒弟嘉少府其為侍中將大夫郎吏十餘人憲既負重勞陵肆滋甚四年封鄧疊為穰侯疊與其弟步兵校尉磊及母元又憲女壻射聲校尉郭舉舉父長樂少府璜（太后居長樂宮故有少府秩二千石）皆相交結元舉並出入禁中舉得幸太后遂共圖為殺害帝陰知其謀乃與近幸中常侍鄭眾定議誅之以憲在外慮其

懼禍爲亂忍而未發會憲及鄧疊班師還京師詔使大鴻臚持節郊迎賜軍吏各有差憲等既至帝乃幸北宮詔執金吾五校尉勒兵屯衛南北宮閉城門收捕疊磊璜舉皆下獄誅家屬徙合浦遣謁者僕射收憲大將軍印綬更封爲冠軍侯憲及篤景瓌皆遣就國帝以太后故不欲名誅憲爲選嚴能相督察之憲篤景到國皆迫令自殺宗族賓客以憲爲官者皆免歸本郡瓌以素自修不被逼迫明年坐稟假貧人（稟給也假貸貧人非侯家之法故坐焉）徙封羅侯不得臣吏人（羅縣屬長沙郡在今岳州湘陰縣東北）

初竇后之譖梁氏憲等豫有謀焉永元十年梁棠兄弟（棠及兄雍雍弟翟並梁竦子也）徙九眞還路由長沙逼瓌令自殺後和熹鄧后臨朝永初三年詔諸竇前歸本郡者與安豐侯萬全俱還京師萬全少子章

論曰衛青霍去病資強漢之衆連年以事匈奴國秏太半矣而胥虜未之勝後世猶傳其良將豈非以身名自終邪竇憲率羌胡邊雜之師一舉而空朔庭至乃追奔稽落之表飲馬比鞮之曲銘石負鼎薦告清廟列其功庸兼茂於前多矣而後世莫稱者章末釁以降其實也（降損也）是以下流君子所甚惡焉（論語曰紂之不善不如是之甚也是以君子惡居下流天下之惡皆歸焉）夫二三子得之不過房幄之閒非復搜揚仄陋選舉而登也（二三子謂衛霍及憲也皆緣椒房幃幄之恩耳）當青病奴僕之時（衛青本平陽公主家童所生相者見之曰貴人官至封侯青笑曰人奴之生無笞罵足矣安得封侯哉）竇將軍念咎之日（謂太后閉之南宮欲誅之日也）

乃庸力之不暇思鳴之無晨（吳志諸葛瑾曰失旦之鷄復思一鳴也）何意裂膏腴享崇號乎東方朔稱用之則爲虎不用則爲鼠信矣以此言之士有懷琬琰以就煨塵者亦何可支哉（琬琰美玉也楚詞曰懷琬琰以爲心支計也亦何可計言其多也）

章字伯向少好學有文章與馬融崔瑗同好更相推薦（融集與竇伯向書曰孟陵奴來賜書見手跡歡喜何量見於面也書雖兩紙紙八行行七字）永初中三輔遭羌寇章避難東

國家於外黃（外黃縣屬陳留郡城在今汴州雍丘縣東）居貧蓬戶蔬食（莊子原憲編蓬爲戶論語顏回飯疏食也）躬勤孝養然講讀不輟太僕鄧康（鄧珍之子禹之孫）聞其名請欲與交章不肯往康以此益重焉是時學者稱東觀爲老氏藏室道家蓬萊山（老子爲守藏史復爲柱下史四方所記文書皆歸柱下事見史記言東觀經籍多也蓬萊海中神山爲仙府幽經秘錄並皆在焉）康遂薦章入東觀爲校書郎順帝初章女年十二能屬文以才貌選入掖庭有寵與梁皇后並爲貴人擢章爲羽林郎將（續漢志曰羽林郎秩二百石無員常宿衛侍從也）

遷屯騎校尉章謙虛下士收進時輩甚得名譽是時梁竇並貴各有賓客多交搆其間章推心待之故得免於患貴人早卒帝追思之無已詔史官樹碑頌德章自爲之辭貴人歿後帝禮待之無衰永和五年遷少府漢安二年轉大鴻臚建康元年梁后稱制章自免卒于家中子唐有俊才官至虎賁中郎將

贊曰悃悃安豐亦稱才雄（楚詞曰悃悃款款也王逸注曰志純一也亦猶實也）提挈河右奉圖歸忠（奉圖者謂既奉外戚圖乃歸於漢也）孟孫明邊伐北開西憲實空漠遠（叶韻音先）兵金山聽笳龍庭鏤石燕然（笳胡樂也老子作之）雖則折鼎王靈以宣（鼎三足三公象折足者言其不勝任也易曰鼎折足覆公餗也）

後漢書列傳卷第十三

列傳卷第十四　范曄後漢書二十四

唐章懷太子賢注

馬援 子廖　子防　兄子嚴　族孫棱

馬援字文淵扶風茂陵人也其先趙奢爲趙將號曰馬服君子孫因爲氏 馬服者言能服馭馬也史記曰趙惠文王以奢有功賜爵號爲馬服君 武帝時以吏二千石自邯鄲徙焉 東觀記曰從茂陵成懽里 曾祖父通以功封重合侯坐兄何羅反被誅 重合縣屬勃海郡故城在今滄州樂陵縣東 馬何羅與江充相善充既誅懼罪及己謀反伏誅事見前書 故援再世不顯

祖及父不得爲顯仕也東觀漢記通生賓宣帝時以郎持節號使君使君生仲仲官至玄武司馬仲生援 援三兄況余員 東觀記曰況字長平余字聖卿員字季主 並有才能王莽時皆爲二千石 況河南太守余中壘校尉員增山連率 援年十二而孤少有大志諸兄奇之嘗受齊詩意不能守章句 東觀記曰受齊詩師事潁川滿昌 乃辭況欲就邊郡田牧 東觀記曰援以況出爲河南太守次兩兄爲吏京師見家用不足乃辭況欲就邊郡畜牧也 況曰汝大才當晚成良工不示人以朴且從所好 從其所請也 會況卒援行服朞年不離墓所敬事寡嫂不冠不入廬 廬舍也 後爲郡督郵送囚至司命府 王莽置司命官上公已下皆糾察 囚有重罪援哀而縱之遂亡命北地遇赦因留牧畜賓客多歸附者遂役屬數百家 續漢書援過北地任氏畜牧自援祖賓本客天水父仲又嘗爲牧帥令是時員爲護苑使者故人賓客皆依援 轉游隴漢間常謂賓客曰丈夫爲志窮當益堅老當益壯因處田牧至有牛馬羊數千頭穀數萬斛既而歎曰凡殖貨財產貴其能施賑也否則守錢虜耳乃盡散以班昆弟故舊身衣羊裘皮絝王莽末

四方兵起莽從弟衛將軍林廣招雄俊乃辟援及同縣原涉爲掾 涉字巨先見前書 薦之於莽莽以涉爲鎮戎大尹 王莽改天水爲鎮戎太守爲大尹 援爲新成大尹 莽改漢中爲新成也 及莽敗援兄員時爲增山連率 莽改上郡爲增山連率亦太守也莽法典郡者公爲牧侯稱卒正伯稱連率其無爵者爲尹也 與援俱去郡復避地涼州世祖即位員先詣洛陽帝遣員復郡卒於官援因留西州隗囂甚敬重之以援爲綏德將軍與決籌策是時公孫述稱帝於蜀囂使援

往觀之援素與述同里閈（說文曰閈閭也杜預注左傳閈閭門也）相善以爲既至當握手歡如平生而述盛陳陛衞以延援入交拜禮畢使出就館更爲援制都布單衣（東觀記曰都作荅史記曰荅布千匹前書音義曰荅布白疊布也何承天纂文曰都致錯履無極皆布名方言曰襌衣江淮南楚之閒謂之褋關之東西謂之襌衣）交讓冠會百官於宗廟中立舊交之位述鸞旗旄騎（解在公孫述傳）警蹕就車磬折而入（磬折者屈身如磬之曲折謝也）禮饗官屬甚盛欲授援以封侯大將軍位賓客皆樂留援曉之曰天下雄雌未定公孫不吐哺走迎國士（哺食也史記周公誡伯禽曰吾一沐三握髮一食三吐哺猶恐失天下士心也）與圖成敗反修飾邊幅（言若布帛脩整其邊幅也左傳曰如布帛之有幅焉爲之度使無遷）如偶人形（禮記曰謂爲俑者不仁鄭玄云俑偶人也有面目機發有似於生人也俑音勇）此子何足久稽天下士乎（稽留也）因辭歸謂囂曰子陽井底蛙耳（言述志識褊狹如坎井之蛙事見莊子）而妄自尊大不如專意東方建武四年冬囂使援奉書洛陽援至引見於宣德殿世祖迎笑謂援曰卿遨游二帝閒今見卿使人大慙援頓

首辭謝因曰當今之世非獨君擇臣也臣亦擇君矣（家語曰君擇臣而任之臣亦擇君而事之）臣與公孫述同縣少相善臣前至蜀述陛戟而後進臣臣今遠來陛下何知非刺客姦人而簡易若是（東觀記曰援初到勑令中黃門引入時上在宣德殿南廡下但幘坐故云簡易也）帝復笑曰卿非刺客顧說客耳援曰天下反覆盜名字者不可勝數（盜猶竊也）今見陛下恢廓大度同符高祖乃知帝王自有眞也帝甚壯之援從南幸黎丘轉至東海及還以爲待詔使太中大夫來歙持節送援西歸隴右隗囂與援共卧起問以東方流言及京師得失（流猶傳也）援說囂曰前到朝廷上引見數十（東觀記曰凡十四見）每接讌語自夕至旦才明勇略非人敵也且開心見誠無所隱伏闊達多大節略與高帝同經學博覽政事文辯前世無比囂曰卿謂何如高帝援曰不如也高帝無可無不可（此論語孔子自言己之所行也）今上好吏事動如節度又不喜飲酒囂意不懌曰

如卿言反復勝邪然雅信援故遂遣長子恂入質援因將家屬隨恂歸洛陽居數月而無它職任援以三輔地曠土沃而所將賓客猥多乃上書求屯田上林苑中帝許之會隗囂用王元計意更狐疑（狐性多疑故曰狐疑）援數以書記責譬於囂囂怨援背己得書增怒其後遂發兵拒漢援乃上疏曰臣援自念歸身聖朝奉事陛下本無公輔一言之薦左右爲容之助（鄒陽書曰蟠木成萬乘之器者左右爲之容）臣不

自陳陛下何因聞之夫居前不能令人輊居後不能令人軒（言爲人無所輕重也詩云如輊如軒輊音丁利反）與人怨不能爲人患臣所恥也故敢觸冒罪忌昧死陳誠臣與隗囂本實交友初囂遣臣東謂臣曰本欲爲漢願足下往觀之於汝意可即專心矣及臣還反報以赤心實欲導之於善非敢譎以非義而囂自挾姦心盜憎主人（左傳晉伯宗妻曰盜憎主人民惡其上）怨毒之情遂歸於臣臣欲不言則無以上聞願聽詣行

在所極陳滅囂之術得空匈腹申愚策退就隴畝死無所恨帝乃召援計事援具言謀畫因使援將突騎五千往來游說囂將高峻任禹之屬下及羌豪爲陳禍福以離囂友黨援又爲書與囂將楊廣使曉勸於囂曰春卿無恙（春卿楊廣字）前別冀南（天水冀縣也）寂無音驛援閒還長安因留上林竊見四海已定兆民同情而季孟閉拒背畔爲天下表的（表猶標也言爲標準謂射的也言背畔之罪爲天下所指射也）常懼海内

切齒思相屠裂故遺書戀戀以致惻隱之計乃聞季孟歸罪於援而納王游翁諂邪之說（游翁王元字也）自謂函谷以西舉足可定以今而觀竟何如邪援閒至河内過存伯春（存猶問也）見其奴吉從西方還說伯春小弟仲舒望見吉欲問伯春無它否竟不能言曉夕號泣婉轉塵中又說其家悲愁之狀不可言也夫怨讎可刺不可毀援聞之不自知泣下也援素知季孟孝愛曾閔不過夫

孝於其親豈不慈於其子可有子抱三木
而跳梁妄作自同分羹之事乎 [三木者謂桎梏及械也司
馬遷曰衣赭關三木分羹謂樂羊也解見公孫述傳] 季孟平生自言所以
擁兵衆者欲以保全父母之國而完墳墓
也又言苟厚士大夫而已而今所欲全者
將破亡之所欲完者將毀傷之所欲厚者
將反薄之季孟嘗折愧子陽而不受其爵
[媿猶辱也] 今更共陸陸 [陸陸猶碌碌也] 欲往附之將難
爲顔乎若復責以重質當安從得子主給

是哉往時子陽獨欲以王相待 [謂欲封爲朔寧王也] 而
春卿拒之今者歸老更欲低頭與小兒曹
共槽櫪而食併肩側身於怨家之朝乎 [字林
併音畢正反] 男兒溺死何傷而拘游哉 [游浮也] 今
國家待春卿意深宜使牛孺卿與諸耆老
大人 [大人謂豪傑也] 共說季孟若計畫不從眞可引
領去矣前披輿地圖見天下郡國百有六
所柰何欲以區區二邦以當諸夏百有四
乎春卿事季孟外有君臣之義內有朋友

之道言君臣邪固當諫爭語朋友邪應有
切磋 [骨曰切象曰磋言朋友之道如切磋以成器也詩云如切如瑳如琢如磨] 豈有知
其無成而但萎腇咋舌叉手從族乎 [萎腇耎弱也萎
音於罪反腇音乃罪反] 及今成計殊尚善也過是欲少
味矣 [以食爲諭] 且來君叔天下信士朝廷重之
其意依依常獨爲西州言援商朝廷尤欲
立信於此 [商度也] 必不負約援不得久留願
急賜報廣竟不荅八年帝自西征囂至漆
[漆縣屬右扶風] 諸將多以王師之重不宜遠入險

阻計冘豫未決 [冘行貌也義見說文豫亦未定也冘音以林反] 會召援
夜至帝大喜引入具以羣議質之 [廣雅曰質定也] 援
因說隗囂將帥有土崩之埶兵進有必破
之狀又於帝前聚米爲山谷指畫形埶開
示衆軍所從道徑往來分析曲折昭然可
曉帝曰虜在吾目中矣明旦遂進軍至第
一囂衆大潰 [第一解見竇融傳] 九年拜援爲太中大
夫副來歙監諸將平涼州自王莽末西羌
寇邊遂入居塞內金城屬縣多爲虜有來

歙奏言隴西侵殘非馬援莫能定十一年夏璽書拜援隴西太守援迺發步騎三千人擊破先零羌於臨洮斬首數百級獲馬牛羊萬餘頭守塞諸羌八千餘人詣援降諸種有數萬屯聚寇鈔拒浩亹隘浩亹音告門縣名屬金城郡浩水名也亹者水流峽山閒兩岸深若門也詩曰鳧鷖在亹亦其義也今俗呼此水爲閤門河蓋疾言之耳援與揚武將軍馬成擊之羌因將其妻子輜重移阻於允吾谷允吾音鈆牙援乃潛行閒道掩赴其營羌大驚壞復遠徙唐翼谷

後漢列傳十四　九　林康

中援復追討之羌引精兵聚北山上援陳軍向山而分遣數百騎繞襲其後乗夜放火擊鼓叫譟虜遂大潰凡斬首千餘級援以兵少不得窮追收其穀糧畜產而還援中矢貫脛帝以璽書勞之賜牛羊數千頭援盡班諸賔客是時朝臣以金城破羌之西破羌縣名屬金城郡故城在今鄯州湟水縣西塗遠多寇議欲棄之援上言破羌以西城多完牢易可依固其田土肥壤無壞曰壤灌漑流通如令羌在湟

中湟水名據前書出金城臨羌縣東至允吾入河今鄯州湟水縣取其名也一名樂都水則爲害不休不可弃也帝然之於是詔武威太守東觀記曰梁統也令悉還金城客民金城客人在武威者歸者三千餘口使各反舊邑援奏爲置長吏繕城郭起塢候字林曰塢小障也一曰小城字或作隖音一古反開導水田勸以耕牧郡中樂業又遣羌豪楊封譬說塞外羌皆來和親又武都氐人背公孫述來降者援皆上復其侯王君長賜印綬帝悉從之乃罷馬成軍十三年武都參

後漢列傳十四　十

狼羌與塞外諸種爲寇殺長吏援將四千餘人擊之至氐道縣氐道縣屬隴西郡縣管蠻夷曰道羌在山上援軍據便地奪其水草不與戰羌遂窮困豪帥數十萬戶亡出塞諸種萬餘人悉降於是隴右清靜援務開寛信恩以待下任吏以職但總大體而已賔客故人日滿其門諸曹時白外事援輒曰此丞掾之任何足相煩續漢志曰郡當邊戍丞爲長史又置諸曹掾史頗哀老子使得遨游若大姓侵小民黠羌欲旅距此

乃太守事耳（旅拒不從之貌）傍縣嘗有報仇者吏民驚言羌反百姓奔入城郭狄道長詣門（狄道縣屬隴西郡今蘭州縣也）請閉城發兵援時與賓客飲大笑曰燒虜何敢復犯我（燒虜即燒羌也）曉狄道長歸守寺舍（曉喻也寺舍官舍也）良怖急者可牀下伏（良甚也）後稍定郡中服之視事六年徵入爲虎賁中郎將初援在隴西上書言宜如舊鑄五銖錢事下三府三府奏以爲未可許事遂寢及援還從公府求得前奏難十餘

條乃隨牒解釋（東觀記曰凡十三難援一一解之條奏其狀也）更具表言帝從之天下賴其便援自還京師數被進見爲人明須髮眉目如畫（東觀記曰援長七尺五寸色理髮膚眉目容貌如畫）閑於進對尤善述前世行事每言及三輔長者下至閭里少年皆可觀聽自皇太子諸王侍聞者莫不屬耳忘倦又善兵策帝常言伏波論兵與我意合每有所謀未嘗不用初卷人維汜（卷縣名屬河南郡故城在今鄭州原武縣西北也）訞言稱神有弟子數百人坐伏誅

後其弟子李廣等宣言汜神化不死以誑惑百姓十七年遂共聚會徒黨攻沒晥城（晥縣名屬廬江郡今舒州懷寧縣晥音下板反又下管反）殺晥侯劉閔自稱南岳大師遣謁者張宗將兵數千人討之復爲廣所敗於是使援發諸郡兵合萬餘人擊破廣等斬之又交阯女子徵側及女弟徵貳反（徵側者麊泠縣雒將之女也嫁爲朱䳒人詩索妻甚雄勇交阯太守蘇定以法繩之側忿怒故反）攻沒其郡九眞日南合浦蠻夷皆應之寇略嶺外六十餘城側自立爲王於

是璽書拜援伏波將軍（東觀記曰援上書臣所假伏波將軍印書伏字犬外嚮城皐令印皐字爲白下羊丞印四下羊尉印白下人人下羊即一縣長吏印文不同恐天下不正者多符印所以爲信也所宜齊同薦曉古文字者事下大司空正郡國印章奏可）以扶樂矦劉隆爲副（扶樂縣名屬九眞郡）督樓船將軍段志等南擊交阯軍至合浦而志病卒詔援并將其兵遂緣海而進隨山刊道千餘里（刊除也）十八年春軍至浪泊上與賊戰破之斬首數千級降者萬餘人援追徵側等至禁谿數敗之賊遂散走明年正月斬徵側徵貳

傳首洛陽越志云徵側兵起都麊泠縣及馬援討之奔入金溪究中二年乃得之封
援爲新息侯食邑三千戶援乃擊牛釃酒
勞饗軍士釃猶濾也詩曰釃酒有䕸毛萇注云以筐曰釃釃音所宜反從容
謂官屬曰吾從弟少游常哀吾慷慨多大
志曰士生一世但取衣食裁足乘下澤車
周禮曰車人爲車行澤者欲短轂行山者欲長轂短轂則利長轂則安也御款段馬款猶
緩也言形段遲緩也爲郡掾史守墳墓鄉里稱善人斯
可矣致求盈餘但自苦耳當吾在浪泊西
里間虜未滅之時下潦上霧毒氣重蒸仰

《後漢列傳十四　十三　李擀

視飛鳶跕跕墯水中鳶鴟也跕跕墯貌也跕音都牒泰牒二反臥念
少游平生時語何可得也今賴士大夫之
力被蒙大恩猥先諸君紆佩金紫且喜且
慙吏士皆伏稱萬歲援將樓船大小二千
餘艘戰士二萬餘人進擊九眞賊徵側餘
黨都羊等自無功至居風無功居風二縣名並屬九眞郡居風
今愛州斬獲五千餘人嶠南悉平嶠嶺嶠也爾雅曰山
銳而高曰嶠嶠音渠廟反廣州記曰援到交阯立銅柱爲漢之極界也援奏言西于
縣戶有三萬二千西于縣屬交阯郡故城在今交州龍編縣東也遠界

去庭千餘里庭縣庭也請分爲封溪望海二縣
許之封溪望海縣並屬交阯郡援所過輒爲郡縣治城郭
穿渠灌漑以利其民條奏越律與漢律駮
者十餘事駮乖舛也與越人申明舊制以約束
之自後駱越奉行馬將軍故事駱者越別名二
十年秋振旅還京師軍吏經瘴疫死者十
四五賜援兵車一乘朝見位次九卿援好
騎善別名馬於交阯得駱越銅鼓乃鑄爲
馬式式法也裴氏廣州記曰俚獠鑄銅爲鼓鼓唯高大爲貴面闊丈餘初成懸於庭剋晨置酒

《後漢列傳十四　十四　李瑋

招致同類來者盈門豪富子女以金銀爲大釵執以叩鼓叩竟留遺主人也還上之因
表曰夫行天莫如龍行地莫若馬史記平準書曰
以爲在天莫如龍在地莫如馬馬者甲兵之本國之大用安
寧則以別尊卑之序有變則以濟遠近之
難昔有騏驥一日千里伯樂見之昭然不
惑伯樂秦穆公時善相馬者也桓寬鹽鐵論曰騏驥負鹽車垂頭於太行之坂見伯樂則噴而長鳴
近世有西河子輿亦明相法子輿傳西河
儀長孺長孺傳茂陵丁君都君都傳成紀
楊子阿臣援嘗師事子阿受相馬骨法考

之於事輒有驗臣愚以爲傳聞不如親
見視景不如察形今欲形之於生馬則骨
法難備具又不可傳之於後孝武皇帝時
善相馬者東門京（東門姓也京名也）鑄作銅馬法獻
之有詔立馬於魯班門外則更名魯班門
曰金馬門臣謹依儀氏鞲中帛氏口齒謝
氏脣鬐丁氏身中備此數家骨相以爲法
（援銅馬相法曰水火欲分明水火在鼻兩孔間也上脣欲急而方口中欲紅而有光此馬千里頷下欲深下脣欲緩牙欲前向牙欲去齒一寸則四百里牙劒鋒則千里目欲滿而澤腹欲充腸欲小季肋欲長懸薄欲厚而緩懸薄股也腹下欲平滿汗溝欲深長而膝本欲起肘腋欲開膝欲方蹄欲厚三寸堅如石鞲音居奇反）馬高三尺五寸圍四尺五寸有詔置

於宣德殿下以爲名馬式焉初援軍還將
至故人多迎勞之平陵人孟冀名有計謀
於坐賀援援謂之曰吾望子有善言反同
衆人邪昔伏波將軍路博德開置七郡裁
封數百戶（漢書曰平南越以爲南海蒼梧鬱林合浦交阯九真日南朱崖儋耳九郡今此言七郡則與前書不同也）今我微勞猥饗大縣功薄賞厚
何以能長久乎先生奚用相濟冀曰愚不

及援曰方今匈奴烏桓尚擾北邊欲自請
擊之男兒要當死於邊野以馬革裹屍還
葬耳何能卧牀上在兒女子手中邪冀曰
諒爲烈士當如此矣還月餘會匈奴烏桓
寇扶風援以三輔侵擾園陵危逼因請行
許之自九月至京師十二月復出屯襄國
（襄國縣名屬趙國今邢州龍岡縣也）詔百官祖道援謂黃門郎
梁松竇固曰凡人爲貴當使可賤如卿等
欲不可復賤居高堅自持勉思鄙言松後

果以貴滿致災固亦幾不免明年秋援乃
將三千騎出高柳行鴈門代郡上谷障塞
烏桓候者見漢軍至虜遂散去援無所得
而還援嘗有疾梁松來候之獨拜牀下援
不荅松去後諸子問曰梁伯孫帝壻（松尚舞陰公主）
（爾雅曰女子之夫爲壻）貴重朝廷公卿已下莫不憚之
大人柰何獨不爲禮援曰我乃松父友也
（松父統也）雖貴何得失其序乎（禮記曰見父之執友不謂之進不敢進不謂之退不敢退不問不敢對鄭玄曰執父同志如事父也）松由是恨之二十

四年武威將軍劉尚擊武陵五溪蠻夷酈元注水經云武陵有五溪謂雄溪樠溪酉溪無溪辰溪悉是蠻夷所居故謂五溪蠻皆槃瓠之子孫也土俗雄作熊樠作朗無作武在今辰州界深入軍沒援因復請行時年六十二帝愍其老未許之援自請曰臣尚能被甲上馬帝令試之援據鞍顧眄以示可用帝笑曰矍鑠哉是翁也矍鑠勇貌也東觀記作矍哉是翁矍音許縛反遂遣援率中郎將馬武耿舒劉匡孫永等將十二郡募士及弛刑四萬餘人征五溪援夜與送者訣謂友人謁者杜

大二十六小一百六十三 後漢列傳十四 十七 占費

愔曰吾受厚恩年迫餘日索索盡也常恐不得死國事今獲所願甘心瞑目但畏長者家兒或在左右或與從事殊難得調介介獨惡是耳長者家兒謂權要子弟等介介猶耿耿也明年春軍至臨鄉東觀記曰二月到武陵臨鄉也遇賊攻縣援迎擊破之斬獲二千餘人皆散走入竹林中初軍次下雋下雋縣名屬長沙國故城今辰州沅陵縣雋音字兗反有兩道可入從壺頭則路近而水嶮壺頭山名也在今辰州沅陵東武陵記曰此山頭與東海方壺山相似神仙多所游集因名壺頭山也從充則塗夷而運

遠充縣名屬武陵郡充音昌容反帝初以為疑及軍至耿舒欲從充道援以為弃日費糧不如進壺頭搤其喉咽搤持也充賊自破以事上之帝從援策三月進營壺頭賊乘高守隘水疾船不得上會暑甚士卒多疫死援亦中病遂困乃穿岸為室以避炎氣武陵記曰壺頭山邊有石窟即援所穿室也室內有蛇如百斛船大云是援之餘靈也賊每升險鼓譟援輒曳足以觀之左右哀其壯意莫不為之流涕耿舒與兄好畤侯弇書曰前舒上書當

後漢列傳十四 十八 章夷

先擊充糧雖難運而兵馬得用軍人數萬爭欲先奮今壺頭竟不得進大衆怫鬱行死誠可痛惜前到臨鄉賊無故自致若夜擊之即可殄滅伏波類西域賈胡到一處輒止言似商胡所至之處輒停留賈音古以是失利今果疾疫皆如舒言弇得書奏之帝乃使虎賁中郎將梁松乘驛責問援因代監軍會援病卒松宿懷不平以援往受其拜遂因事陷之帝大怒追收援新息侯印綬初兄子嚴敦並喜譏議

並余之子也喜音許吏反而通輕俠客援前在交阯還書誡之曰吾欲汝曹聞人過失如聞父母之名耳可得聞口不可得言也好論議人長短妄是非正法謂譏刺時政也此吾所大惡也寧死不願聞子孫有此行也汝曹知吾惡之甚矣所以復言者施衿結褵申父母之戒說文曰衿交衽也詩云親結其褵毛萇注云褵婦人之褘也女施衿結帨爾雅曰褵緌也郭璞注曰即今之香纓也儀禮父戒女曰戒之敬之夙夜無違命母戒之曰戒之敬之夙夜無違宮事也欲使汝曹不忘之耳龍伯高敦厚周愼口無擇

言謙約節儉廉公有威吾愛之重之願汝曹效之杜季良豪俠好義憂人之憂樂人之樂清濁無所失輕重合宜父喪致客數郡畢至吾愛之重之不願汝曹效也效伯高不得猶爲謹敕之士所謂刻鵠不成尚類鶩者也鶩鴨也效季良不得陷爲天下輕薄子所謂畫虎不成反類狗者也訖今季良尚未可知郡將下車輒切齒州郡以爲言吾常爲寒心是以不願子孫效也季良名保

京兆人時爲越騎司馬續漢書曰越騎司馬秩千石保仇人上書訟保爲行浮薄亂羣惑衆伏波將軍萬里還書以誡兄子而梁松竇固以之交結將扇其輕僞敗亂諸夏書奏帝召責松固以訟書及援誡書示之松固叩頭流血而得不罪詔免保官伯高名述亦京兆人爲山都長山都縣屬南陽郡故城在今襄州義清縣東北今名固城也由此擢拜零陵太守今永州也初援在交阯常餌薏苡實用能輕身省慾以勝瘴氣神農本草經曰

薏苡味甘微寒主風濕痺下氣除筋骨邪氣久服輕身益氣南方薏苡實大援欲以爲種軍還載之一車時人以爲南土珍怪權貴皆望之援時方有寵故莫以聞及卒後有上書譖之者以爲前所載還皆明珠文犀犀之有文彩也馬武與於陵侯侯昱等昱司徒侯霸之子也皆以章言其狀帝益怒援妻孥惶懼不敢以喪還舊塋裁買城西數畝地槀葬而已裁僅也與纔同槀草也以不歸舊塋時權葬故稱槀賓客故人莫敢弔會嚴與援妻子草索相連詣闕請

罪帝乃出松書以示之方知所坐上書訴
寃前後六上辭甚哀切然後得葬又前雲
陽令同郡朱勃詣闕上書曰臣聞王德聖
政不忘人之功（周書曰記人之功忘人之過宜爲君也）採其一美
不求備於衆（論語周公謂魯公曰不使大臣怨乎不以無求備於一人）故高
祖赦蒯通而以王禮葬田橫（蒯通說韓信背漢高祖徵通至釋不誅田橫初自稱齊王漢定天下橫猶以五百人保於海島高祖追橫橫自殺以王禮葬之並見前書也）
大臣曠然咸不自疑夫大將在外讒言
在內微過輒記大功不計誠爲國之所愼

後漢列傳十四　二十七　毛仙

也故章邯畏口而奔楚（章邯爲秦將使人請事至咸陽趙高不見有不信之心使還報邯畏趙高讒之遂降項羽）燕將據聊而不下（史記曰燕將攻下聊城人或讒之於燕燕將懼誅因保守聊城不敢歸聊即今博州聊城縣也）豈其甘
心末規哉悼巧言之傷類也（末規猶下計也詩云巧言如簧類善也）
竊見故伏波將軍新息侯馬援拔自
西州欽慕聖義閒關險難（閒關猶崎嶇也）觸冒萬
死孤立羣貴之閒傍無一言之佐馳深淵
入虎口豈顧計哉（戰國策曰魏安釐王畏秦將入朝周訢止之王曰許綰爲我呪曰若入不出請殉寡人以首周訢對曰今有人謂臣入不測之泉而殉臣以鼠首可乎綰之首猶鼠首也因王於不測之秦而徇王以首竊爲王不取也司馬遷書曰垂餌虎口又曰夫人臣出萬死不顧一生之計赴公家之難謂援使隗囂也）寧自知當要七郡之使徼
封侯之福邪八年車駕西討隗囂國計狐
疑衆營未集援建宜進之策卒破西州及
吳漢下隴冀路斷隔唯獨狄道爲國堅守
士民飢困寄命漏刻援奉詔西使鎭慰邊
衆乃招集豪傑曉誘羌戎謀如涌泉勢如
轉規（規員也孫子曰戰如轉員石於萬仞之山者勢也）遂救倒縣之急（孟子曰當今之時行仁政人悅之猶解於倒縣也）存幾亡之城（幾音祈幾近也）兵

後漢列傳十四　二十二　李棠

全師進因糧敵人隴冀略平而獨守空郡（守音式授反）
兵動有功師進輒克誅鋤先零緣
入山谷猛怒力戰飛矢貫脛又出征交阯
土多瘴氣援與妻子生訣無悔吝之心（吝猶恨也）
遂斬滅徵側克平一州（南海蒼梧鬱林合浦交阯日南九眞皆屬交州）
閒復南討立陷臨鄉師已有業未竟而死
吏士雖疫援不獨存夫戰或以久而立功
或以速而致敗深入未必爲得不進未必
爲非人情豈樂久屯絕地不生歸哉惟援

得事朝廷二十二年北出塞漠南度江海觸冒害氣僵死軍事（僵仆也）名滅爵絕國土不傳海內不知其過衆庶未聞其毀卒遇三夫之言橫被誣罔之讒（韓子曰龐共與魏太子質於邯鄲謂魏王曰今一人言市有虎王信乎王曰否二人言王信乎王曰否三人言王信乎曰寡人信龐共曰夫市無虎明矣然三人言誠市有虎今邯鄲去魏遠於市謗臣者過三人願王熟察之）家屬杜門葬不歸墓怨隙並興宗親怖慄死者不能自列生者莫爲之訟臣竊傷之夫明主醲於用賞約於用刑高祖嘗與陳平金四

後漢列傳十四　二十三　卓受

萬斤以間楚軍不問出入所爲豈復疑以錢穀間哉夫操孔父之忠而不能自免於讒此鄒陽之所悲也（史記鄒陽書曰昔者魯聽季孫之說而逐孔子宋信子罕之計而囚墨翟夫以孔墨之辯不能自免於讒諛）詩云取彼讒人投畀豺虎豺虎不食投畀有北有北不受投畀有昊（詩小雅巷伯篇也畀與也昊昊天也投與昊天制其罰也）此言欲令上天而平其惡惟陛下留思豎儒之言（言如僮豎無知也高祖曰豎儒幾敗吾事）無使功臣懷恨黃泉臣聞春秋之義罪以功除（公羊傳曰夏滅項孰滅之齊滅之曷爲不言齊滅爲桓公諱也以桓公嘗有繼絕存亡之功故君子爲之諱也）聖王之祀臣有五義（禮記曰夫聖王之制祀也法施於人則祀之以死勤事則祀之以勞定國則祀之能禦大災則祀之能捍大患則祀之）若援所謂以死勤事者也願下公卿平援功罪宜絕宜續以厭海內之望臣年已六十常伏田里竊感欒布哭彭越之義（前書曰彭越爲梁王欒布爲梁大夫使於齊越以謀反梟首洛陽詔有收視者捕之布使還奏事越頭下祠而哭之）冒陳悲憤戰慄闕庭書奏報歸田里勃字叔陽年十二能誦詩書常候援兄況勃衣方領能矩步（續漢書曰勃能說韓詩前書音義曰頸下施衿

後漢列傳十四　二十四　宋受

領正方學者之服也矩步者回旋皆中規矩）辭言嫺雅（嫺音閑嫺雅猶沈靜也司馬相如曰雍容嫺雅）援裁知書見之自失況知其意乃自酌酒慰援曰朱勃小器速成智盡此耳卒當從汝稟學勿畏也朱勃未二十右扶風請試守渭城宰（渭城縣名故城在今咸陽縣東北前書音義曰試守者試守一歲乃爲眞食其全俸）及援爲將軍封侯而勃位不過縣令援後雖貴常待以舊恩而卑侮之勃愈身自親及援遇讒唯勃能終焉肅宗即位追賜勃子穀二千斛（東觀記曰章帝下詔曰告平陵

令丞縣人故雲陽令朱勃建武中以伏波將軍爵土不傳上書陳狀不顧罪戾懷旌善之志有烈士之風詩云無言不讎無德不報其以縣見穀二千斛賜勃子若孫勿令遠詣闕謝）初援兄子
壻王磐子石（子石磐字也）王莽從兄平阿侯仁之
子也莽敗磐擁富貲居故國爲人尚氣節
而愛士好施有名江淮閒後游京師與衞
尉陰興大司空朱浮齊王章共相友善援
謂姊子曹訓曰王氏廢姓也子石當屏居
自守而反游京師長者（長者謂豪俠者也）用氣自行
多所陵折其敗必也後歲餘磐果與司隸

後漢列傳十四　二十五　王中

校尉蘇鄴丁鴻事相連坐死洛陽獄而磐
子肅復出入北宮及王侯邸弟援謂司馬
呂种曰（是援行軍之司馬也）建武之元名爲天下重開
自今以往海内日當安耳但憂國家諸子
並壯而舊防未立（舊防諸侯王子不許交通賓客）若多通賓
客則大獄起矣卿曹戒慎之及郭后薨有
上書者以爲肅等受誅之家客因事生亂
慮致貫高任章之變（張敖爲趙王其相貫高高祖不禮趙王高恥之置人壁中欲害高祖又任章父宣霍氏女壻坐謀反誅宣帝祠昭帝廟章乃玄服夜入廟待帝至欲爲逆發覺

伏誅並見前書）帝怒乃下郡縣收捕諸王賓客更
相牽引死者以千數呂种亦豫其禍臨命
嘆曰馬將軍誠神人也永平初援女立爲
皇后顯宗圖畫建武中名臣列將於雲臺
（雲臺在南宮也）以椒房故獨不及援東平王蒼觀
圖言於帝曰何故不畫伏波將軍像帝笑
而不言至十七年援夫人卒乃更脩封樹
起祠堂建初三年肅宗使五官中郎將持
節追策謚援曰忠成侯四子廖防光客卿

後漢列傳十四　二十六　李椿

客卿幼而岐嶷年六歲能應接諸公專對
賓客嘗有死罪亡命者來過客卿逃匿不
令人知外若訥而内沈敏援甚奇之以爲
將相器故以客卿字焉（張儀虞卿並爲客卿故取名焉事見史記）
援卒後客卿亦夭沒
論曰馬援騰聲三輔遨游二帝及定節立
謀以干時主將懷負鼎之願蓋爲千載之
遇焉（伊尹負鼎以干湯光武與竇融書曰千載之遇也）然其戒人之禍
智矣（謂誡竇固梁松王磐呂种等皆如所言也）而不能自免於讒隙

豈功名之際理固然乎[居功名之地讓權易興而能免之者少矣]夫利不在身以之謀事則智慮不私己以之斷義必厲誠能回觀物之智而爲反身之察若施之於人則能恕自鑒其情亦明矣[見人之謂智自見之謂明以自見之明爲見人之用其於物理豈不通乎]

廖字敬平少以父任爲郎[東觀記曰廖少習易經清約沈靜援擊武騎無功卒于師廖不得嗣爵]明德皇后既立拜廖爲羽林左監虎賁中郎將顯宗崩受遺詔典掌門禁遂代趙憙爲衛尉肅宗甚尊重之時

後漢列傳十四　二十七　李芳

皇太后躬履節儉事從簡約廖慮美業難終上疏長樂宮以勸成德政曰臣案前世詔令以百姓不足起於世尚奢靡故元帝罷服官[前書音義曰齊國舊有三服之官春獻冠幘縰爲首服紈素爲冬服輕綃爲夏服元帝納省故罷之]成帝御浣衣哀帝去樂府[哀帝即位詔罷鄭衛之音減郊祭及武樂等人數也]然而侈費不息至於衰亂者百姓從行不從言也[書曰違上所命從厥攸好]夫改政移風必有其本傳曰吳王好劍客百姓多創瘢楚王好細腰宮中多餓死[墨子曰楚靈王好細腰而國多餓人也]長安語曰[當時諺言]城中好高髻四方高一尺城中好廣眉四方且半額城中好大袖四方全匹帛斯言如戲有切事實前下制度未幾後稍不行雖或吏不奉法良由慢起京師今陛下躬服厚繒斥去華飾素簡所安發自聖性[言儉素約簡后之所安]此誠上合天心下順民望浩大之福莫尚於此陛下既已得之自然猶宜加以勉勗法太宗之隆德戒成哀之不終[太宗孝文也玄默爲化身衣弋綈成帝下詔務崇儉約禁斷綺縠女

後漢列傳十四　二十八　陳英

樂嫁娶葬理過制唯青綠人所常服不禁哀帝初即位易帷帳去錦繡乘輿席緣綈繒而已成帝以趙飛燕哀帝以董賢爲儉並不終]易曰不恒其德或承之羞[恒卦九三爻詞也巽下震上鄭玄注云巽爲進退不恒其德之象又互體兌兌爲毀折後將有羞辱也]誠令斯事一竟[竟猶終也]則四海誦德聲薰天地[薰猶蒸也言芳聲薰天地也]神明可通金石可勸而況於行仁心乎況於行令乎願置章坐側以當瞽人夜誦之音[瞽人無目者也古者瞽師教國子誦六詩前書禮樂志云乃采詩夜誦夜誦者其辭或祕不可宣露故於夜中歌誦也]太后深納之朝廷大議輒以詢訪廖性質誠畏慎不愛權埶

聲名盡心納忠不屑毀譽（王逸注楚詞云屑顧也）有司連據舊典奏封廖等累讓不得已建初四年遂受封爲順陽侯以特進就第每有賞賜輒辭讓不敢當京師以是稱之子豫爲步兵校尉太后崩後馬氏失埶廖性寛緩不能敎勒子孫豫遂投書怨誹又防光奢侈好樹黨與八年有司奏免豫遣廖防光就封豫隨廖歸國考擊物故（物無也故事也謂死也）後詔還廖京師永元四年卒和帝以廖先帝

之舅厚加賵賻使者弔祭王主會喪謚曰安侯子遵嗣徙封程鄉侯遵卒無子國除元初三年鄧太后詔封廖孫度爲潁陽侯

防字江平永平十二年與弟光俱爲黃門侍郎肅宗即位拜防中郎將稍遷城門校尉建初二年金城隴西保塞羌皆反（羌東吾燒當之後也以其父滇吾降漢乃入居塞内故稱保塞）拜防行車騎將軍事以長水校尉耿恭副將北軍五校兵及諸郡積射士三萬人擊之軍到冀而羌豪布橋等圍南部都尉於臨洮防欲救之臨洮道險車騎不得方駕防乃别使兩司馬將數百騎分爲前後軍去臨洮十餘里爲大營多樹幡幟揚言大兵且當進羌候見之馳還言漢兵盛不可當明旦遂鼓譟而前羌虜驚走因追擊破之斬首虜四千餘人遂解臨洮圍防開以恩信燒當種皆降唯布橋等二萬餘人在臨洮西南望曲谷（酈元注水經云望曲在臨洮西南去龍桑城二百里）十二月羌又敗耿恭司馬

及隴西長史於和羅谷死者數百人明年春防遣司馬夏駿將五千人從大道向其前潛遣司馬馬彭將五千人從閒道衝其心腹又令將兵長史李調等將四千人繞其西三道俱擊復破之斬獲千餘人得牛羊十餘萬頭羌退走夏駿追之反爲所敗防乃引兵與戰於索西又破之（索西縣名故城在今岷州和政縣東亦名臨洮東城亦謂之赤城沙州記云從東洮至西洮一百二十里東洮即謂此城）布橋迫急將種人萬餘降詔徵防還拜車騎

將軍城門校尉如故防貴寵最盛與九卿
絕席光自越騎校尉遷執金吾四年封防
潁陽侯光爲許侯兄弟二人各六千戶防
以顯宗寢疾入參醫藥又平定西羌增邑
千三百五十戶屢上表讓位俱以特進就
第皇太后崩明年拜防光祿勳光爲衞尉
防數言政事多見採用是冬始施行十二
月迎氣樂防所上也（解見章帝紀）子鉅爲常從小

後漢列傳十四　三十一　王中

侯（以小侯故得常從也）六年正月以鉅當冠（禮記曰二十弱冠儀禮曰士冠筮於廟門主人玄冠朝服有司如主人服卒筮旅占告吉若不吉即筮遠日如初前期三日筮賓如求日之儀陳服于房中西墉下東領北上始加緇布冠次加皮弁次加爵弁嫡子冠於阼以著代也三加而彌尊冠而字之敬其名也祝曰令月吉辰加爾元服弃爾幼志順爾成德）特拜爲黃門
侍郎肅宗親御章臺下殿陳鼎俎自臨冠
之明年防復以病乞骸骨詔賜故中山王
田廬（中山王焉以郭太后少子故獨留京師建武三十年徙封中山永平二年就國故以其田廬賜防也）以特進就第防兄弟貴盛奴婢各千
人已上資產巨億皆買京師膏腴美田又
大起第觀連閣臨道彌亘街路多聚聲樂

曲度比諸郊廟（曲度謂曲之節度也）賓客奔湊四方畢
至京兆杜篤之徒數百人常爲食客居門
下刺史守令多出其家歲時賑給鄉閭故
人莫不周洽防又多牧馬畜賦斂羌胡帝
不喜之數加譴勑所以禁遏甚備由是權
埶稍損賓客亦衰八年因兄子豫怨謗事
有司奏防光兄弟奢侈踰僭濁亂聖化悉
免就國臨上路詔曰舅氏一門俱就國封
四時陵廟無助祭先后者朕甚傷之其令

後漢列傳十四　三十二　章物

許侯思愆田廬有司勿復請（留之於京守田廬而思愆過也）
以慰朕渭陽之情（渭陽詩秦風也秦康公送舅晉文公于渭之陽念母之不見也其詩曰我見舅氏如母存焉）光爲人小心周密喪母過
哀（東觀記曰光遭母喪哀慟感傷形骸骨立）帝以是特親愛之乃
復位特進子康黃門侍郎永元二年光爲
太僕康爲侍中及竇憲誅光坐與厚善復
免就封後憲奴誣光與憲逆自殺（東觀記曰奴名王當初竇氏有事王當亡私從光乞不與恨去懷挾欲中光官捕得王當因告言光與憲有惡謀光以被誣不能自明乃自殺光死後憲他奴郭㐭自出證明光憲無惡言光子朗上書迎光喪葬舊塋詔許之）家

屬歸本郡本郡復殺康而防及廖子遵皆
坐徙封丹陽防爲翟鄉侯租歲限三百萬
不得臣吏民防後以江南下溼上書乞歸
本郡和帝聽之十三年卒子鉅嗣後爲長
水校尉永初七年鄧太后詔諸馬子孫還
京師隨四時見會如故事復紹封光子朗
爲合鄉侯
嚴字威卿父余王莽時爲楊州牧嚴少孤（東觀記余卒時嚴七歲依姊壻父九江連率平阿侯王述明年毋復終會述失郡居沛郡建武三年余外

孫右扶風曹貢爲梧安侯相迎嚴歸養視之至四年叔父援從車駕東征過梧安乃將嚴兄弟西嚴年十三至雒陽留寄郎朱仲孫舍大奴步護視之也）而好擊劒習騎射（東觀記曰嚴從其故門生肆都學擊劒習騎射）後乃白援從平原楊太伯
講學專心墳典能通春秋左氏（東觀記曰從司徒祭酒陳元受）因瞻覽百家羣言遂交結英賢京師大
人咸器異之（大人長者之稱也）仕郡督郵援常與計
議委以家事弟敦字孺卿亦知名援卒後
嚴乃與敦俱歸安陵居鉅下（決録注曰鉅下地名也）三
輔稱其義行號曰鉅下二卿明德皇后既

立嚴乃閉門自守猶復慮致譏嫌遂更徙
北地斷絕賓客永平十五年皇后勑使移
居洛陽顯宗召見嚴進對閑雅意甚異之
有詔留仁壽闥與校書郎杜撫班固等雜
定建武注記常與宗室近親臨邑侯劉復
等論議政事甚見寵幸後拜將軍長史將
北軍五校士羽林禁兵三千人屯西河美
稷（美稷縣名）衛護南單于聽置司馬從事牧守
謁敬同之將軍勑嚴過武庫祭蚩尤（武庫掌兵

器令一人秩六百石前書音義曰蚩尤古天子好五兵故今祭之見高祖紀也）帝親御阿
閣（阿曲也）觀其士衆時人榮之肅宗即位徵
拜御史中丞除子鱄爲郎（鱄音時兖反）令勸學
省中（勸勉也前書王鳳薦班伯於成帝宜勸學召見宴昵殿是也）其冬有日
食之災嚴上封事曰臣聞日者衆陽之長
食者陰侵之徵書曰無曠庶官天工人其
代之（尚書咎繇之詞）言王者代天官人也故考績
黜陟以明褒貶（尚書曰三載考績三考黜陟幽明）無功不黜
則陰盛陵陽臣伏見方今刺史太守專州

典郡不務奉事盡心爲國而司察偏阿取
與自己同則舉爲尤異異則中以刑法中書丁仲
反不即垂頭塞耳採求財賂今益州刺史
朱酺楊州刺史倪說倪音五兮反說音悅涼州刺史尹
業等每行考事輒有物故考按也又選舉不
實曾無貶坐是使臣下得作威福也故事
州部所舉上奏司直察能否以懲虛實前書
武帝元狩五年初置司直比二千石掌佐丞相舉不法續漢書曰光武以武帝故事置司直居丞相府助督錄諸州建武十八年省之今宜加防檢式遵前制舊丞

後漢列傳十四　三十五　郭梓

相御史親治職事唯丙吉以年老優游不
案吏罪丙吉字少卿魯人也宣帝時爲丞相掾史有罪終無所驗公府不按吏自吉始也見
前書於是宰府習爲常俗更共罔養以崇虛
名罔養猶依違也或未曉其職便復遷徙誠非建
官賦祿之意宜勑正百司各責以事州郡
所舉必得其人若不如言裁以法令傳曰
上德以寬服民其次莫如猛故火烈則人
望而畏之水懦則人狎而翫之爲政者寬
以濟猛猛以濟寬左傳鄭子產誡子太叔爲政之詞也如此綏

御有體災眚消矣眚亦災也書奏帝納其言而
免酺等官建初元年遷五官中郎將除三
子爲郎嚴數薦達賢能申解冤結多見納
用復以五官中郎將行長樂衞尉事二年
拜陳留太守嚴當之職乃言於帝曰昔顯
親侯竇固誤先帝出兵西域置伊吾盧屯
煩費無益又竇勳受誅其家不宜親近京
師是時勳女爲皇后竇氏方寵時有側聽
嚴言者以告竇憲兄弟由是失權貴心嚴

後漢列傳十四　三十六　章旼

下車明賞罰發姦慝郡界清靜時京師訛
言賊從東方來百姓奔走轉相驚動諸郡
遑急各以狀聞嚴察其虛妄獨不爲備詔
書勑問使驛係道嚴固執無賊後卒如言
典郡四年坐與宗正劉軼少府丁鴻等更
相屬託徵拜太中大夫十餘日遷將作大
匠七年復坐事免後旣爲竇氏所忌遂不
復在位及帝崩竇太后臨朝嚴乃退居自
守訓教子孫永元十年卒於家時年八十

二弟敦官至虎賁中郎將嚴七子（謂固伉歆續融留續）唯續融知名續字季則七歲能通論語十三明尚書十六治詩博觀羣籍善九章筭術（劉徽九章筭術曰方田第一粟米第二差分第三少廣第四商功第五均輸第六盈不足第七方程第八句股第九）順帝時爲護羌校尉遷度遼將軍所在有威恩稱融自有傳

稜字伯威援之族孫也少孤依從兄毅共居業恩猶同産毅卒無子稜心喪三年（東觀記曰毅張掖屬國都尉）建初中仕郡功曹舉孝廉及馬

氏廢肅宗以稜行義徵拜謁者章和元年遷廣陵太守時穀貴民飢奏罷鹽官以利百姓賑貧羸薄賦稅興復陂湖溉田二萬餘頃吏民刻石頌之（東觀記曰稜在廣陵蝗蟲入江海化爲魚蝦興復陂湖增歲租十餘萬斛）永元二年轉漢陽太守有威嚴稱大將軍竇憲西屯武威稜多奉軍費侵賦百姓憲誅坐抵罪後數年江湖多劇賊以稜爲丹陽太守稜發兵掩擊皆禽滅之轉會稽太守治亦有聲轉河內太守永初中坐事抵罪卒于家

贊曰伏波好功爰自冀隴南靜駱越西屠燒種徂年已流壯情方勇明德既升家祚以興廖之三趣防遂驕陵（左氏傳曰宋正考甫三命滋益恭一命而僂再命而傴三命而俯循牆而走亦莫余敢侮）

後漢書列傳卷第十四

列傳卷第十五　范曄　後漢書二十五

唐章懷太子賢注

卓茂　魯恭　弟丕

魏霸　劉寬

卓茂字子康南陽宛人也父祖皆至郡守茂元帝時學於長安事博士江生（江生魯人江翁也昭帝時爲博士號魯詩宗見前書）習詩禮及歷筭究極師法稱爲通儒性寬仁恭愛鄉黨故舊雖行能與茂不同而皆愛慕欣欣焉（東觀記曰茂爲人恬蕩樂道推實不爲華貌行已在於清濁之間自束髮至白首與人未嘗有爭競）初辟丞相府史事

孔光光稱爲長者時嘗出行有人認其馬茂問曰子亡馬幾何時對曰月餘日矣茂有馬數年心知其謬嘿解與之挽車而去顧曰若非公馬幸至丞相府歸我他日馬主別得亡者乃詣府送馬叩頭謝之茂性不好爭如此後以儒術舉爲侍郎給事黃門遷密令（密縣也今洛州）勞心諄諄視人如子（諄諄忠謹之貌也詩曰誨爾諄諄音之順反）舉善而教口無惡言吏人親愛而不忍欺之（家語曰宓子賤爲單父宰人不忍欺）人嘗有言部亭長受其米肉遺者（部謂所部也）茂辟左右問之曰亭長爲從汝求乎爲汝有事囑之而受乎將平居自以恩意遺之乎人曰往遺之耳茂曰遺之而受何故言邪人曰竊聞賢明之君使人不畏吏吏不取人今我畏吏是以遺之吏既卒受故來言耳茂曰汝爲敝人矣凡人所以貴於禽獸者以有仁愛知相敬事也今鄰里長老尚致饋遺此乃人道所以相親況吏與民乎吏顧

不當乘威力強請求耳凡人之生羣居雜處故有經紀禮義以相交接汝獨不欲修之寧能高飛遠走不在人閒邪亭長素善吏歲時遺之禮也人曰苟如此律何故禁之茂笑曰律設大法禮順人情今我以禮教汝汝必無怨惡以律治汝何所措其手足乎一門之內小者可論大者可殺也且歸念之於是人納其訓吏懷其恩初茂到

縣有所廢置吏人笑之鄰城聞者皆蚩其不能河南郡爲置守令茂不爲嫌理事自若東觀記曰守令與茂並居久之吏人不歸往守令數年教化大行道不拾遺平帝時天下大蝗河南二十餘縣皆被其災獨不入密縣界督郵言之續漢志曰郡監縣有五部部有督郵掾以察諸縣也太守不信自出案行見乃服焉是時王莽秉政置大司農六部丞勸課農桑王莽攝政置大司農部丞十三人人部一州勸課農桑令書及東觀記並言六部遷茂爲京部丞密人老少皆涕泣隨送及莽居攝以病免歸郡常爲門下掾祭酒不肯作職吏更始立以茂爲侍中祭酒續漢志曰侍中無員掌侍左右顧問應對本有僕射一人中興轉爲祭酒從至長安知更始政亂以年老乞骸骨歸時光武初即位先訪求茂茂詣河陽謁見東觀記曰茂時年七十餘矣乃下詔曰前密令卓茂束身自修執節淳固誠能爲人所不能爲夫名冠天下當受天下重賞故武王誅紂封比干之墓表商容之閭王子比干紂殺之商容殷賢臣武王入殷命閎夭封比干之墓命畢公表商容之閭表旌顯也閭里門也

後漢列傳十五　三　李昇

事見史記今以茂爲太傅封褒德侯食邑二千戶東觀記續漢書皆作宣德侯賜几杖車馬衣一襲絮五百斤單複具謂之襲復以茂長子戎爲太中大夫次子崇爲中郎給事黃門建武四年薨賜棺椁冢地車駕素服親臨送葬子崇嗣徙封汎鄉侯官至大司農汎鄉在琅邪郡不其縣崇卒子楘嗣楘音丑金反又所金反楘卒子訢嗣訢卒子隆嗣永元十五年隆卒無子國除初茂與同縣孔休陳留蔡勳安衆劉宣楚國龔勝上黨鮑宣六人同志不仕王莽時並名重當時休字子泉哀帝初守新都令新都縣也屬南陽郡後王莽秉權休去官歸家及莽簒位遣使齎玄纁束帛請爲國師遂歐血託病杜門自絕光武即位求休勳子孫賜穀以旌顯之劉宣字子高安衆侯崇之從弟知王莽當簒乃變名姓抱經書隱避林藪建武初乃出光武以宣襲封安衆侯擢龔勝子賜爲上谷太守勝鮑宣事在前書勳事在玄孫邕傳

後漢列傳十五　四　陳至

論曰建武之初雄豪方擾虓呼者連響嬰
城者相望虓虎怒也詩曰闞如虓虎嬰城言以城自嬰繞斯固倥傯不
暇給之日字書曰倥傯窮困也給足也日促事多不暇給足也卓茂斷斷
小宰無它庸能斷斷猶專一也書曰斷斷猗無它伎時已七十
餘矣而首加聘命優辭重禮其與周燕之
君表閭立館何異哉史記燕昭王即位欲雪齊恥以招賢者得郭隗爲築宮而師事之於是蘊憤歸道之賓蘊積也越關阻
捐宗族以排金門者衆矣夫厚性寬中近
於仁犯而不校鄰於恕校報也鄰近也曾子曰犯而不校率
斯道也怨悔曷其至乎怨謂爲人所怨也悔恨也

後漢列傳十五　五　劉仲

魯恭字仲康扶風平陵人也其先出於魯
頃公爲楚所滅遷於下邑因氏焉世吏二
千石哀平閒自魯而徙祖父匡王莽時爲
羲和有權數號曰智囊匡設六筦之法以窮工商故曰權數父
某建武初爲武陵太守卒官時恭年十二
弟丕七歲晝夜號踴不絕聲郡中賻贈無
所受公羊傳曰貨財曰賻乃歸服喪禮過成人鄉里奇
之十五與母及丕俱居太學習魯詩高祖時魯申公詩也閉戶講誦絕人閒事兄弟俱爲諸儒
所稱學士爭歸之太尉趙憙慕其志每歲
時遣子問以酒糧皆辭不受問遺恭憐丕
小欲先就其名託疾不仕郡數以禮請謝
不肯應母強遣之恭不得已而西因留新
豐教授建初初丕舉方正恭始爲郡吏太
傅趙憙聞而辟之肅宗集諸儒於白虎觀
恭特以經明得召與其議與音豫也憙復舉恭
直言待詔公車拜中牟令恭專以德化爲

後漢列傳十五　六　蔡志遠

理不任刑罰訟人許伯等爭田累守令不
能決恭爲平理曲直皆退而自責輟耕相
讓亭長從人借牛而不肯還之牛主訟於
恭恭召亭長勑令歸牛者再三猶不從恭
歎曰是教化不行也欲解印綬去掾史泣
涕共留之續漢志曰縣置掾史如郡亭長乃慙悔還牛詣
獄受罪恭貰不問貰寬貸也音時夜反於是吏人信
服建初七年郡國螟傷稼犬牙緣界不入
中牟河南尹袁安聞之疑其不實使仁恕

掾肥親往廉之仁恕掾主獄屬河南尹見漢官儀廉察也恭隨行阡陌俱坐桑下有雉過止其傍傍有童兒親曰兒何不捕之兒言雉方將雛親瞿然而起瞿音久住反與恭訣曰所以來者欲察君之政迹耳今蟲不犯境此一異也化及鳥獸此二異也豎子有仁心此三異也久留徒擾賢者耳還府具以狀白安是歲嘉禾生恭便坐廷中便坐於便側之處非正室也續漢書云恭謙不矜功封以言府府即奏上尹以撫勞曰君以名德久屈中牟物產之化流行天降休瑞應行而生尹甚嘉之安因上書言狀帝異之會詔百官舉賢良方正恭薦中牟名士王方帝即徵方詣公車禮之與公卿所舉同方致位侍中恭在事三年州舉尤異會遭母喪去官吏人思之後拜侍御史和帝初立議遣車騎將軍竇憲與征西將軍耿秉擊匈奴恭上疏諫曰陛下親勞聖思日昃不食憂在軍役誠欲以安定北垂為人除患定萬世之計也臣伏獨思之未見其便社稷之計萬人之命在

後漢列傳十五　七　王栗

於一舉數年以來秋稼不熟人食不足倉庫空虛國無畜積會新遭大憂人懷恐懼章帝崩也陛下躬大聖之德履至孝之行盡諒陰三年聽於冢宰百姓闕然三時不聞警蹕之音三時秋夏冬也天子出警入蹕和帝章和二年二月即位明年春議擊匈奴帝在諒陰不出故百姓三時不聞警蹕莫不懷思皇皇若有求而不得禮記檀弓曰魯人顏丁善居喪始死皇皇焉如有求而不得言百姓思帝故恭引之今乃以盛春之月興發軍役擾動天下以事戎夷誠非所以垂恩中國改元正時由內及外也萬民者天之所生天愛其所生猶父母愛其子一物有不得其所者則天氣為之舛錯況於人乎故愛人者必有天報昔大王重人命而去邠故獲上天之祐史記古公修后稷公劉之業國人皆戴之戎狄攻之人皆怒欲戰古公曰人以我故戰殺人父子予不忍為乃與私屬盡去邠止于岐下邠人舉國扶老攜弱盡復歸於岐下旁國聞之亦多歸附古公乃營築城郭室屋而邑之人皆歌頌其德武王即位追尊古公為大王夫戎狄者四方之異氣也蹲夷踞肆與鳥獸無別夷平也肆放也言平坐踞傲肆放無禮也若雜居中國則錯亂天氣汙辱善人是以

後漢列傳十五　八　陳從

聖王之制羈縻不絶而已（字書曰羈馬絡頭也蒼頡篇曰縻牛繮也）今邊境無事宜當脩仁行義尚於無爲令家給人足安業樂產夫人道乂於下則陰陽和於上祥風時雨覆被遠方夷狄重譯而至矣易曰有孚盈缶終來有它吉（易比卦辭也孚誠信也缶土器也王弼注云親乎天下著信盈缶應者豈一道而來故必有它吉也）言甘雨滿我之缶誠來有我而吉已（比卦坤下坎上坤爲土缶之象也坎爲水雨之象也坎在坤上故曰甘雨滿我之缶有誠信則它人來附而吉也）夫以德勝人者昌以力勝人者亡今匈奴爲鮮卑

所殺遠臧於史侯河西去塞數千里而欲乘其虛秏利其微弱是非義之所出也前太僕祭肜遠出塞外卒不見一胡而兵已困矣（永平十六年竇固祭肜耿秉來苗等四道出擊匈奴固至天山擊走呼衍王肜坐不至涿邪山無所見而還下獄免爲庶人也）白山之難不絶如綖（白山即天山也言肜固俱擊匈奴固至天山肜還下獄同歷艱危故曰如綖公羊傳曰中國不絶若綖也）都護陷没士卒死者如積（永平末年焉耆龜茲共攻没都護陳睦殺吏士二千餘人）迄今被其辜毒孤寡哀思之心未弭仁者念之以爲累息柰何復欲襲其迹不顧

患難乎今始徵發而大司農調度不足（度音大各反）使者在道分部督趣（趣音促）上下相迫民間之急亦已甚矣三輔幷涼少雨麥根枯焦牛死日甚此其不合天心之效也羣僚百姓咸曰不可陛下獨柰何以一人之計弃萬人之命不卹其言乎上觀天心下察人志足以知事之得失臣恐中國不爲中國豈徒匈奴而已哉惟陛下留聖恩休罷士卒以順天心書奏不從每政事有益於

人恭輒言其便無所隱諱其後拜爲魯詩博士由是家法學者日盛遷侍中數召讌見問以得失賞賜恩禮寵異焉遷樂安相（章帝孫千乘王寵相也和帝改千乘國爲樂安國故城在今淄州高苑縣北）是時東州多盗賊羣輩攻劫諸郡患之恭到重購賞開恩信（說文曰以財相賕曰購）其渠帥張漢等率支黨降恭上以漢補博昌尉（博昌縣屬千乘國今青州縣也）其餘遂自相捕擊盡破平之州郡以安永元九年徵拜議郎八月飲酎齋會章臺詔使小

黃門特引恭前其夜拜侍中勑使陪乘勞問甚渥冬遷光禄勳選舉清平京師貴戚莫能枉其正十二年代呂蓋爲司徒漢官儀曰呂蓋字君上宛陵人十五年從巡狩南陽除子撫爲郎中賜騎馬從駕騎副也非正所乘皆爲副說文曰騎馬副馬也時弟丕亦爲侍中兄弟父子並列朝廷後坐事策免續漢書曰坐族弟弘農都尉炳事免官也殤帝即位以恭爲長樂衞尉永初元年復代梁鮪爲司徒漢官儀曰鮪字伯元河東平陽人也初和帝末下令麥秋得案驗薄刑

後漢列傳十五　十二　李昇

而州郡好以苛察爲政因此遂盛夏斷獄恭上跪諫曰臣伏見詔書敬若天時若順也尚書堯典曰乃命羲和欽若昊天敬授人時憂念萬民爲崇和氣罪非殊死且勿案驗進柔良退貪殘奉時令言順月令以行事也所以助仁德順昊天致和氣利黎民者也舊制至立秋乃行薄刑自永元十五年以來改用孟夏而刺史太守不深惟憂民息事之原進良退殘之化月令曰孟夏命太尉贊桀俊遂賢良舉長大行爵出禄必當其位因以盛夏徵召農人拘對

考驗連滯無已司隸典司京師四方是則漢官儀曰司隸校尉董領京師及三輔三河弘農而近於春月分行諸部託言勞來貧人而無隱惻之實煩擾郡縣廉考非急逮捕一人罪延十數逮及也辭所連及即追捕之上逆時氣下傷農業案易五月姤用事東觀記曰五月姤卦用事姤卦巽下乾上初六一陰爻生五月之卦也本多作后古字通經曰后以施令誥四方誥理也易姤卦象曰天下有風姤后以施令誥四方乾爲天君之象也巽爲風號令之象也后君也故以喻人君施令也言君以夏至之日施命令止四方行者所以助微陰也易復卦曰先王

後漢列傳十五　十三　秦[illegible]

以至日閉關商旅不行故夏至宜止行也五月陰氣始生故曰微陰行者尚止之況於逮召考掠奪其時哉比年水旱傷稼人飢流冗冗散也今始夏百穀權輿陽氣胎養之時爾雅曰權輿始也萬物皆含胎長養之時自三月以來陰寒不暖物當化變而不被和氣月令孟夏斷薄刑出輕繫行秋令則苦雨數來五穀不熟鄭玄注禮記云申之氣乘之也苦雨白露之類也時物得而傷也又曰仲夏挺重囚益其食挺猶寬也行秋令則草木零落酉之氣乘之也八月宿直昴爲獄主殺人傷於疫大陵之氣爲害也大陵星名春秋合誠圖曰大陵主

死喪也夫斷薄刑者謂其輕罪已正不欲令久繫故時斷之也臣愚以爲今孟夏之制可從此令其決獄案考皆以立秋爲斷以順時節育成萬物則天地以和刑罰以清矣初肅宗時斷獄皆以冬至之前自後論者互多駮異鄧太后詔公卿以下會議恭議奏曰夫陰陽之氣相扶而行發動用事各有時節若不當其時則物隨而傷王者雖質文不同而茲道無變四時之政行之

若一月令周世所造而所據皆夏之時也謂氣候及星辰昏旦皆夏時也其變者唯正朔服色犧牲徽號器械而已夏以建寅爲正服色犧牲徽號器械皆尚黑殷以建丑爲正尚白周以建子爲正尚赤周以夜半爲朔殷以雞鳴爲朔夏以平旦爲朔祭天地宗廟曰犧卜得吉曰牲徽號旌旗之名也器械禮樂之器及甲兵也故曰殷因於夏禮周因於殷禮所損益可知也易曰潛龍勿用龍以喻陽氣易乾卦初九爻辭言十一月十二月陽氣潛臧未得用事雖煦嘘萬物養其根荄荄草根也荄音該又音皆而猶盛陰在上地凍水冰陽氣否隔閉而成冬故

曰履霜堅冰陰始凝也馴致其道至堅冰也易坤卦象辭也馴順也言陰以甲順爲道漸至顯著猶自履霜而至堅冰言五月微陰始起至十一月堅冰至也夫王者之作因時爲法孝章皇帝深惟古人之道助三正之微定律著令三正三微也前書音義曰言陽氣始施萬物微而未著故曰微一曰天統謂周十一月建子爲正天始施之端也二曰地統謂殷十二月建丑爲正地始化之端也三曰人統謂夏十三月建寅爲正人始成之端也冀承天心順物性命以致時雍然從變改以來年歲不熟穀價常貴人不寧安小吏不與國同心者率入

十一月得死罪賊不問曲直便即格殺雖有疑罪不復讞正一夫吁嗟王道爲虧況於衆乎易十一月君子以議獄緩死易中孚象詞也稽覽圖中孚十一月卦也可令疑罪使詳其法大辟之科盡冬月乃斷其立春在十二月中者勿以報囚如故事報囚謂奏請報決也後卒施行恭再在公位選辟高第至列卿郡守者數十人而其耆舊大姓或不蒙薦舉至有怨望者恭聞之曰學之不講是吾憂也講習也論語孔子之言也諸生

不有鄉舉者乎終無所言（言人患學之不習耳若能究習自有鄉里之舉豈要待三公之辟乎）恭性謙退奏議依經潛有補益然終不自顯故不以剛直爲稱三年以老病策罷六年年八十一卒於家以兩子爲郎長子謙爲隴西太守有名績謙子旭官至太僕從獻帝西入關與司徒王允同謀共誅董卓及李傕入長安旭與允俱遇害

丕字叔陵性沈深好學孶孶不倦（孶孶不怠之意）遂杜絶交游不荅候問之禮士友常以此短之而丕欣然自得遂兼通五經以魯詩尚書敎授爲當世名儒後歸郡爲督郵功曹所事之將無不師友待之建初元年肅宗詔舉賢良方正大司農劉寬舉丕時對策者百有餘人唯丕在高第除爲議郎遷新野令視事朞年州課第一擢拜青州刺史務在表賢明慎刑罰七年坐事下獄司寇論（司寇刑名也決罪曰論言奏而論決之前書曰司寇二歲刑也）元和元年徵再遷拜趙相門生就學者常百餘人關

東號之曰五經復興魯叔陵趙王商嘗欲避疾（商趙王良之孫）便時移住學官丕止不聽（學官謂學舍也）王乃上疏自言詔書下丕丕奏曰臣聞禮諸侯薨於路寢大夫卒於嫡室（路寢嫡室皆正寢禮喪大記之文）死生有命未有逃避之典也學官傳五帝之道修先王禮樂教化之處王欲廢塞以廣游讌事不可聽詔從丕言王以此憚之其後帝巡狩之趙特被引見難問經傳厚加賞賜在職六年嘉瑞屢降吏人重之永元二年遷東郡太守丕在二郡爲人修通溉灌百姓殷富數薦達幽隱名士（續漢書曰薦王龔等皆備帷幄近臣）明年拜陳留太守視事三朞後坐稟貧人不實徵司寇論十一年復徵再遷中散大夫（續漢志曰秩六百石無員）時侍中賈逵薦丕道蓺深明宜見任用和帝因朝會召見諸儒丕與侍中賈逵尚書令黃香等相難數事帝善丕說罷朝特賜冠幘履韈衣一襲丕因上疏曰臣以愚頑顯備大位犬

馬氣衰猥得進見論難於前無所甄明甄別也衣服之賜誠爲優過臣聞說經者傳先師之言非從己出不得相讓相讓則道不明若規矩權衡之不可枉也規圓也矩方也權秤錘衡秤衡難者必明其據說者務立其義浮華無用之言不陳於前故精思不勞而道術愈章法異者各令自說師法博觀其義覽詩人之旨意察雅頌之終始明舜禹皐陶之相戒尚書帝舜謂禹曰臣作朕股肱耳目禹戒舜曰安汝止愼乃在位咎繇戒禹曰愼厥身修思永惇敘九族在知人禹曰吁咸若時惟帝其難之是相誡也顯周公箕子之所陳周公作無逸立政二篇以戒成王箕子爲武王陳洪範九疇之義並見尚書觀乎人文化成天下易賁卦曰觀乎天文以察時變觀乎人文以化成天下注云解天之文則時變可知解人之文則化成可爲也陛下既廣納謇謇以開四聰無令芻蕘以言得罪芻蕘採薪者也大雅板詩曰詢于芻蕘也既顯巖穴以求仁賢無使幽遠獨有遺失十三年遷爲侍中免永初二年詔公卿舉儒術篤學者大將軍鄧騭舉丕再遷復爲侍中左中郎將再爲三老三老解見明帝紀也五年年七十

後漢列傳十五　十七

五卒於官

魏霸字喬卿濟陰句陽人也句音鉤世有禮義霸少喪親兄弟同居州里慕其雍和建初中舉孝廉八遷和帝時爲鉅鹿太守以簡朴寬恕爲政掾史有過要先誨其失不改者乃罷之吏或相毀訴霸輒稱它吏之長終不及人短言者懷慙譖訟遂息永元十六年徵拜將作大匠明年和帝崩典作順陵時盛冬地凍中使督促數罰縣吏以厲霸霸撫循而已初不切責而反勞之曰令諸卿被辱大匠過也吏皆懷恩力作倍功延平元年代尹勤爲太常明年以病致仕爲光祿大夫永初五年拜長樂衛尉以病乞身復爲光祿大夫卒於官

劉寬字文饒弘農華陰人也謝承書曰寬少學歐陽尚書京氏易尤明韓詩外傳星官風角筭歷皆究極師法稱爲通儒未嘗與人爭埶利之事也隅角也觀四隅之風占之也父崎順帝時爲司徒崎音丘宜反寬嘗行有人失牛者乃就寬車中認之寬無所言

後漢列傳十五　十八

下駕步歸有頃認者得牛而送還叩頭謝曰慙負長者隨所刑罪寬曰物有相類事容脫誤幸勞見歸何爲謝之州里服其不校（校報也論語曰曾子曰犯而不校）桓帝時大將軍辟五遷司徒長史（大將軍梁冀也）時京師地震特見詢問再遷出爲東海相（東海王彊曾孫臻之相也）延熹八年徵拜尚書令遷南陽太守典歷三郡温仁多恕雖在倉卒未甞疾言遽色常以爲齊之以刑民免而無恥吏人有過但用蒲鞭罰之示辱而已終不加苦事有功善推之自

後漢列傳十五　十九　劉傳

下炎異或見引躬克責每行縣止息亭傳輒引學官祭酒及處士諸生執經對講（續漢書曰博士祭酒秩六百石祭酒本僕射也中興改爲祭酒處士有道藝而在家者）見父老慰以農里之言少年勉以孝悌之訓人感德興行日有所化靈帝初徵拜太中大夫侍講華光殿（洛陽宮殿簿云華光殿在華林園內）遷侍中賜衣一襲轉屯騎校尉遷宗正轉光祿勳熹平五年代許訓爲太尉（漢官儀曰許訓字季師平輿人）靈帝頗

好學藝每引見寬常令講經寬甞於坐被酒睡伏（被加也爲酒所加也被音平寄反）帝問太尉醉邪寬仰對曰臣不敢醉但任重責大憂心如醉帝重其言寬簡略嗜酒不好盥浴（說文曰澡手曰盥音管）京師以爲諺甞坐客遣蒼頭市酒迂久大醉而還（迂猶良久也）客不堪之罵曰畜產寬須更遣人視奴疑必自殺顧左右曰此人也罵言畜產辱孰甚焉故吾懼其死也夫人欲試寬令恚伺當朝會裝嚴已訖使侍婢奉肉羹飜汙朝衣婢遽收之寬神色不

後漢列傳十五　二十　劉傳

異乃徐言曰羹爛汝手其性度如此海內稱爲長者後以日食策免拜衛尉光和二年復代段熲爲太尉在職三年以日變免又拜永樂少府遷光祿勳以先策黃巾逆謀（先策謂預知也）以事上聞封逯鄉侯六百戶（逯音祿）中平二年卒時年六十六贈車騎將軍印綬位特進謚曰昭烈侯子松嗣官至宗正

贊曰卓魯款款情慤德滿（款款忠誠也）仁感昆

蟲孽及胎卵蟲見不攝雛也寬霸臨政亦稱優緩

後漢書列傳卷第十五

後漢列傳十五　二十一　陳敬

列傳卷第十六　范曄　後漢書一十六

唐章懷太子賢注

伏湛 子隆　侯霸

宋弘　蔡茂 郭賀附

馮勤　趙憙

牟融　韋彪 族子義

伏湛字惠公琅邪東武人也九世祖勝字子賤所謂濟南伏生者也湛高祖父孺武帝時客授東武因家焉父理爲當世名儒以詩授成帝爲高密太傅別自名學爲高密王寬傅也寬武帝玄孫廣陵王胥後也前書儒林傳曰伏理字君游受詩於匡衡由是齊詩有匡伏之學故言別自名學也湛性孝友少傳父業教授數百人成帝時以父任爲博士弟子五遷至王莽時爲繡衣執法武帝置繡衣御史王莽改御史曰執法故曰繡衣執法也使督大姦遷後隊屬正王莽改河內爲後隊更始立以爲平原太守時倉卒兵起天下驚擾而湛獨晏然教授不廢謂妻子曰夫一穀不登國若徹膳禮記曰年穀不登君膳不祭肺今民皆飢奈何獨飽

伏一四九一　後漢列傳十六　一　妻

乃共食麤糲（糲麤米也九章算術曰粟五十糲率三十一斛粟得六斗米爲糲也）悉分奉禄以賑鄉里來客者百餘家時門下督素有氣力謀欲爲湛起兵湛惡其惑衆即收斬之徇首城郭以示百姓於是吏人信向郡內以安平原一境湛所全也光武即位知湛名儒舊臣欲令幹任內職（幹主也）徵拜尚書使典定舊制時大司徒鄧禹西征關中帝以湛才任宰相拜爲司直行大司徒事車駕每出征伐常留鎮守總攝

後漢列傳十六　二　毛仙

羣司建武三年遂代鄧禹爲大司徒封陽都侯（陽都縣名屬城陽國故城在今沂州沂水縣東）時彭寵反於漁陽帝欲自征之湛上疏諫曰臣聞文王受命而征伐五國（五國謂西伯受命伐犬夷伐密須伐耆伐邘伐崇見史記）必先詢之同姓然後謀於羣臣加占蓍龜以定行事（書曰謀及卿士謀及卜筮又曰文王唯卜用克綏受茲命詩大雅曰爰始爰謀爰契我龜）故謀則成卜則吉戰則勝其詩曰帝謂文王詢爾仇方同爾弟兄以爾鉤援與爾臨衝以伐崇庸（詩大雅也仇匹也鉤援梯所引上城也臨臨車也衝衝車也庸城也崇侯倡紂爲無道故伐爲）崇國城守先退後伐（左氏傳曰文王聞崇德亂而伐之軍三旬而不降退修政而復伐之因壘而降）所以重人命俟時而動故參分天下而有其二陛下承大亂之極受命而帝興明祖宗出入四年而滅檀鄉制五校降銅馬破赤眉誅鄧奉之屬不爲無功今京師空匱資用不足未能服近而先事邊外且漁陽之地逼接北狄黠虜困迫必求其助又今所過縣邑尤爲困乏種麥之家多在城郭聞官兵將至當已收之矣

後漢列傳十六　三　林康

大軍遠涉二千餘里士馬罷勞轉糧艱阻今兗豫青冀中國之都而寇賊從横未及從化漁陽以東本備邊塞地接外虜貢稅微薄安平之時尚資內郡況今荒耗豈足先圖而陛下捨近務遠棄易求難四方疑怪百姓恐懼誠臣之所惑也復願遠覽文王重兵博謀近思征伐前後之宜顧問有司使極愚誠采其所長擇之聖慮以中土爲憂念帝覽其奏竟不親征時賊徐異卿

等（異卿即獲索賊帥徐少也）萬餘人據富平連攻之不下（富平縣名屬平原郡故城今棣州厭次縣也）唯云願降司徒伏公帝知湛爲青徐所信向遣到平原異卿等即日歸降護送洛陽湛雖在倉卒造次必於文德以爲禮樂政化之首顛沛猶不可違（顛沛猶僵仆也）是歲奏行鄉飲酒禮遂施行之其冬車駕征張步留湛居守時蒸祭高廟（冬祭曰蒸也）而河南尹司隸校尉於廟中爭論湛不舉奏坐策免六年徙封不其侯邑三千

後漢列傳十六　四　毛伷

六百戶遣就國（不其縣名屬琅邪郡其音基）後南陽太守杜詩上疏薦湛曰臣聞唐虞以股肱康文王以多士寧是故詩稱濟濟書曰良哉（大雅詩曰濟濟多士尚書曰股肱良哉）臣詩竊見故大司徒陽都侯伏湛自行束脩訖無毀玷（訖竟也玷缺也自行束脩謂年十五以上）篤信好學守死善道經爲人師行爲儀表前在河內朝歌及居平原（朝歌河內縣名也故城在今衛州衛縣西王莽改河內爲後隊謂湛爲隊屬正也）吏人畏愛則而象之遭時反覆不離兵凶秉節持重有不可奪

之志陛下深知其能顯以宰相之重衆賢百姓仰望德義微過斥退久不復用有識所惜儒士痛心臣竊傷之湛容貌堂堂國之光暉（堂堂盛威儀也）智略謀慮朝之淵藪髫髮厲志白首不衰（埤蒼曰髫髲也髫髮謂童子垂髮）實足以先後王室名足以光示遠人（先後相導也詩大雅曰予則有先後先音先見反後音胡豆反）古者選擢諸侯以爲公卿是故四方回首仰望京師（左傳曰鄭武公莊公爲平王卿士東觀記曰詩上書武公莊公所以砥礪蕃屏勸進忠信令四方諸侯咸樂回首仰望京師）柱石之臣宜居

後漢列傳十六　五　楊[illegible]

輔弼（柱石承棟梁也前書田延年曰將軍爲國柱石尚書大傳曰古者天子必有四鄰前曰疑後曰承左曰輔右曰弼天子有問無以對責之疑可志而不志責之承可正而不正責之輔可揚而不揚責之弼）出入禁門補缺拾遺臣詩愚戇不足以知宰相之才竊懷區區敢不自竭臣前爲侍御史上封事言湛公廉愛下好惡分明累世儒學素持名信經明行修通達國政尤宜近侍納言左右舊制九州五尚書令一郡二人（蓋舊制九州共選五人以任尚書令則一郡乃有一人故欲以湛代一人之處）可以湛代頗爲執事所非但臣詩蒙恩深

渥所言誠有益於國雖死無恨故復越職觸冒以聞十三年夏徵勑尚書擇拜吏曰及就位因譏見中暑病卒賜秘器帝親弔祠遣使者送喪脩冢二子隆翕翕嗣爵卒子光嗣光卒子晨嗣東觀記曰晨尚高平公主晨謙敬博愛好學尤篤以女孫爲順帝貴人奉朝請位特進卒子無忌嗣亦傳家學博物多識順帝時爲侍中屯騎校尉永和元年詔無忌與議郎黃景校定中書五經諸子百家藝術中書内中之書也藝文志曰諸子凡一百八十九家言百家舉其成數也藝謂書數射御術謂醫方卜筮元嘉中桓帝復詔無忌與黃景崔

寔等共撰漢記又自采集古今删著事要號曰伏侯注其書上自黃帝下盡漢質帝爲八卷見行於今無忌卒子質嗣官至大司農質卒子完嗣尚桓帝女陽安長公主女爲孝獻皇后曹操殺后誅伏氏國除初自伏生已後世傳經學清靜無競故東州號爲伏不鬬

隆字伯文少以節操立名東觀記隆作盛字伯明仕郡督郵建武二年詣懷宫光武甚親接之時張步兄弟各擁彊兵據有齊地拜隆爲太中大夫持節使青徐二州招降郡國隆移檄告曰乃者猾臣王莽殺帝盜位宗室興兵除亂誅莽故羣下推立聖公以主宗廟而任用賊臣殺戮賢良三王作亂盜賊從横忤逆天心三王見聖公傳卒爲赤眉所害皇天祐漢聖哲應期陛下神武奮發以少制衆故尋邑以百萬之軍潰散於昆陽王郎以全趙之師土崩於邯鄲全趙謂舉趙之地大彤高胡望

旗消靡鐵脛五校莫不摧破梁王劉永幸以宗室屬籍爵爲侯王不知厭足自求禍棄遂封爵牧守造爲詐逆今虎牙大將軍屯營十萬已拔睢陽劉永奔迸家已族矣此諸君所聞也不先自圖後悔何及青徐羣盜得此惶怖獲索賊右師郎等六校即時皆降右或爲古張步遣使隨隆東觀記步遣其掾孫昱隨之詣闕上書獻鰒魚郭璞注三蒼云鰒似蛤偏著石廣志曰鰒無鱗有殼一面

其冬拜隆光祿大夫復使於步并與新除青州牧守及都尉俱東詔隆輒拜令長以下隆招懷綏緝多來降附帝嘉其功比之酈生（酈生酈食其也說齊王廣下齊七十餘城食其音異基）即拜步為東萊太守而劉永亦復遣使立步為齊王步貪受王爵猶豫未決（猶音以令反）隆曉辭曰高祖與天下約非劉氏不王今可得為十萬戶侯耳步欲留隆與共守二州隆不聽（二州青州徐州也）求得反命步（附石細孔雜雜或七或九本草云石決明一名鰒魚音步角反）

後漢列傳十六　八　林仁

遂執隆而受永封隆遣閒使上書曰臣隆奉使無狀（言罪大也）受執凶逆雖在困戹授命不顧又吏人知步反畔心不附之願以時進兵無以臣隆為念臣隆得生到闕廷受誅有司此其大願若令沒身寇手以父母昆弟長累陛下（累託也音力偽反）陛下與皇后太子永享萬國與天無極帝得隆奏召父湛流涕以示之曰隆可謂有蘇武之節（武帝時蘇武使匈奴會衛律所將降者陰相與謀劫單于母閼氏歸漢事發單于使衛律考其事召武受辭武不屈節引佩刀自刺單于欲降武武不降杖節牧羊海上臥起操持節節旄盡落在匈奴中十九年乃得歸漢見前書也）恨不且許而遽求還也其後步遂殺之時人莫不憐哀焉五年張步平車駕幸北海詔隆中弟咸收隆喪賜給棺斂太中大夫護送喪事詔告琅邪作冢以子瑗為郎中

侯霸字君房河南密人也族父淵以宦者有才辯任職元帝時佐石顯等領中書號曰大常侍成帝時任霸為太子舍人（漢官儀曰太子舍人選良家子孫秩二百石）霸矜嚴有威容家累千金不

後漢列傳十六　九　陳盛

事產業篤志好學師事九江太守房元治穀梁春秋為元都講（東觀記曰從鍾寧君受律也）王莽初五威司命陳崇舉霸德行遷隨宰（王莽置五威司命將軍又改縣令長曰宰隨縣名屬南陽郡今隨州縣也）縣界曠遠濱帶江湖而亡命者多為寇盜霸到即案誅豪猾分捕山賊縣中清靜再遷為執法刺姦（王莽傳曰置執法左右刺姦選能吏侯霸等分督六尉六隊如漢刺史）糾案埶位者無所疑憚後為淮平大尹政理有能名（王莽改臨淮郡為淮平）及王莽之敗霸保固自守卒全一

郡更始元年遣使徵霸東觀記曰遣謁者侯盛荊州刺史費遂齎璽書徵霸百姓老弱相攜號哭遮使者車或當道而臥皆曰願乞侯君復留朞年民至乃戒乳婦勿得舉子侯君當去必不能全使者慮霸就徵臨淮必亂不敢授璽書具以狀聞會更始敗道路不通建武四年光武徵霸與車駕會壽春拜尚書令時無故典朝廷又少舊臣霸明習故事收錄遺文條奏前世善政法度有益於時者皆施行之

後漢列傳十六　十　王榮

每春下寛大之詔奉四時之令皆霸所建也月令春布德行慶施惠下人故曰寛大奉四時謂依月令也明年代伏湛爲大司徒封關内侯在位明察守正奉公不回十三年霸薨帝深傷惜之親自臨弔下詔曰惟霸積善清絜視事九年漢家舊制丞相拜日封爲列侯漢自高祖以列侯爲丞相武帝以元勳佐命皆盡拜公孫弘爲丞相封平津侯因以爲故事朕以軍師暴露功臣未封緣忠臣之義不欲相踰未及爵命奄然而終嗚呼哀哉於是追封謚霸則鄉哀侯

食邑二千六百戸子昱嗣臨淮吏人共爲立祠四時祭焉以沛郡太守韓歆代霸爲大司徒歆字翁君南陽人以從攻伐有功封扶陽侯好直言無隱諱帝每不能容嘗因朝會聞帝讀隗囂公孫述相與書歆曰亡國之君皆有才桀紂亦有才帝大怒以爲激發歆又證歳將飢凶指天畫地言甚剛切坐免歸田里帝猶不釋復遣使宣詔責之司隷校尉鮑永固請不能得歆及子嬰竟自殺歆素有重名死非其罪衆多不

後漢列傳十六　十一　李秀

猒猒音一葉反帝乃追賜錢穀以成禮葬之成禮具禮也言不以非命而降其葬禮後千乘歐陽歙清河戴涉相代爲大司徒坐事下獄死自是大臣難居相任其後河南蔡茂京兆玉況玉音肅魏郡馮勤皆得薨位況字文伯性聰敏爲陳留太守以德行化人遷司徒四年薨昱後徙封於陵侯於陵縣名屬濟南郡故城在今淄州長山縣南永平中兼太僕昱卒子建嗣建卒子昌嗣

宋弘字仲子京兆長安人也父尚成帝時至少府哀帝立以不附董賢違忤抵罪弘少而温順哀平閒作侍中王莽時爲共工王莽改少府曰共工赤眉入長安遣使徵弘逼迫不得已行至渭橋自投於水家人救得出因佯死獲免光武即位徵拜太中大夫建武二年代王梁爲大司空封栒邑侯栒音荀所得租奉分贍九族家無資産以清行致稱徙封宣平侯帝嘗問弘通博之士弘乃薦沛

後漢列傳十六　十二

國桓譚才學洽聞幾能及楊雄劉向父子幾音祈洽浹洽也幾近也前書班固曰谷永經書汎爲疏達不能浹洽如劉向父子及揚雄也故弘引焉於是召譚拜議郎給事中帝每讌輒令鼓琴好其繁聲弘聞之不悅悔於薦舉伺譚内出正朝服坐府上遣吏召之譚至不與席而讓之曰吾所以薦子者欲令輔國家以道德也而今數進鄭聲以亂雅頌非忠正者也論語孔子曰惡鄭聲之亂雅樂也史記曰鄭音好濫淫志也能自改邪將令相舉以法乎譚頓首辭謝良久乃

遣之後大會羣臣帝使譚鼓琴譚見弘失其常度帝怪而問之弘乃離席免冠謝曰臣所以薦桓譚者望能以忠正導主而令朝廷耽悅鄭聲臣之罪也帝改容謝使反服其後遂不復令譚給事中弘推進賢士馮翊桓梁三十餘人或相及爲公卿者及猶繼也弘當讌見御坐新屏風圖畫列女帝數顧視之弘正容言曰未見好德如好色者帝即爲徹之笑謂弘曰聞義則服可乎對

後漢列傳十六　十三

曰陛下進德臣不勝其喜時帝姊湖陽公主新寡帝與共論朝臣微觀其意主曰宋公威容德器羣臣莫及帝曰方且圖之後弘被引見帝令主坐屏風後因謂弘曰諺言貴易交富易妻人情乎弘曰臣聞貧賤之知不可忘糟糠之妻不下堂帝顧謂主曰事不諧矣弘在位五年坐考上黨太守無所據免歸第言無罪狀可據數年卒無子國除弘弟嵩以剛彊孝烈著名官至河南尹嵩

子由章和閒爲太尉坐阿黨竇憲策免歸本郡自殺由二子漢登登在儒林傳漢字仲和以經行著名舉茂才四遷西河太守永建元年爲東平相度遼將軍（爲東平王蒼曾孫端相也）立名節以威恩著稱遷太僕上病自乞拜太中大夫卒策曰太中大夫宋漢清修雪白正直無邪前在方外仍統軍實（仍頻也統領也軍實謂軍之所資也左傳曰囊軍實）懷柔異類莫匪嘉績戎車載戢邊人用寧予錄乃勳引登九列因病

後漢列傳十六　十四　李昇

退讓守約彌堅將授三事未剋而終朝廷愍悼怛其愴然詩不云乎肇敏戎功用錫爾祉（大雅江漢之詩也吉甫美宣王能興衰撥亂命召公平淮夷毛萇注云肇謀也敏疾也戎大也功事也祉謂福慶）其令將相大夫會葬加賜錢十萬及其在殯以全素絲羔羊之絜焉（詩國風曰羔羊之皮素絲五紽退食自公委蛇委蛇退食減膳也言卿大夫已下皆衣羔羊之裘縫以素絲白減膳食從於公事行步委蛇自得）子則字元矩爲鄢陵令亦有名迹拔同郡韋著扶風法眞稱爲知人則子年十歲與蒼頭共弩射蒼頭弦斷矢激

誤中之即死奴叩頭就誅則察而恕之潁川荀爽深以爲美時人亦服焉

論曰中興以後居台相總權衡多矣其能以任職取名者豈非先遠業後小數哉（遠業謂德禮小數謂名法也）故惠公造次急於鄉射之禮君房入朝先奏寬大之令夫器博者無近用道長者其功遠蓋志士仁人所爲根心者也（根猶本也）君子以之得固貴矣以之失亦得矣（以之得謂行道義而得固可貴矣以之失謂行道義而失亦爲得也）宋弘止繁

後漢列傳十六　十五　王榮

聲戒淫色其有關雎之風乎（詩序曰關雎樂得淑女以配君子憂在進賢不淫其色也）

蔡茂字子禮河內懷人也哀平閒以儒學顯徵試博士對策陳災異以高等擢拜議郎遷侍中遇王莽居攝以病自免不仕莽朝會天下擾亂茂素與竇融善因避難歸之融欲以爲張掖太守固辭不就每所餉給計口取足而已後與融俱徵復拜議郎再遷廣漢太守有政績稱時陰氏賓客在

郡界多犯吏禁茂輒糾案無所回避會洛陽令董宣舉糾湖陽主帝始怒收宣既而赦之茂喜宣剛正欲令朝廷禁制貴戚乃上書曰臣聞興化致教必由進善康國寧人莫大理惡陛下聖德係興再隆大命即位以來四海晏然誠宜夙興夜寐雖休勿休然頃者貴戚椒房之家數因恩埶干犯吏禁殺人不死傷人不論臣恐繩墨棄而不用（繩墨諭章程也）斧斤廢而不舉（斧斤謂刑戮也賈誼曰釋斤斧之用也）近湖陽公主奴殺人西市而與主共輿出入宮省逋罪積日冤魂不報洛陽令董宣直道不顧干主討姦陛下不先澄審召欲加箠當宜受怒之初京師側耳及其蒙宥天下拭目今者外戚憍逸賓客放濫宜勑有司案理姦罪使執平之吏永申其用以厭遠近不緝之情光武納之（緝叶也）建武二十年代戴涉爲司徒在職清儉匪懈二十三年薨于位時年七十二賜東園梓

後漢列傳十六　十六　王索

棺賻贈甚厚（東園署名主作棺也）茂初在廣漢夢坐大殿極上有三穗禾茂跳取之得其中穗輒復失之（屋之大者古通呼爲殿也極殿梁也前書音義曰三輔閒謂屋梁爲極）以問主簿郭賀賀離席慶曰大殿者宮府之形象也極而有禾人臣之上祿也取中穗是中台之位也於字禾失爲秩雖曰失之乃所以得祿秩也袞職有闕君其補之（三公服袞畫爲龍龍首袞袞然故言袞詩曰袞職有闕仲山甫補之）旬月而茂徵焉乃辟賀爲掾賀字喬卿雒陽人祖父堅伯父游君並修清節不仕王莽賀能明法累官建武中爲尚書令在職六年曉習故事多所匡益拜荆州刺史引見賞賜恩寵隆異及到官有殊政百姓便之歌曰厥德仁明郭喬卿忠正朝廷上下平顯宗巡狩到南陽特見嗟歎賜以三公之服黼黻冕旒（三公服袞冕黼若斧形黻若兩己相背冕以木爲之衣以帛玄上纁下廣八寸長尺六寸旒謂冕前後所垂玉也天子十二旒上公九旒）勑行部去襜帷使百姓見其容服以章有德每所經過吏人指以相示

後漢列傳十六　十七　郭傳

莫不榮之永平四年徵拜河南尹以清靜
稱在官三年卒詔書愍惜賜車一乘錢四
十萬
馮勤字偉伯魏郡繁陽人也曾祖父揚宣
帝時爲弘農太守有八子皆爲二千石趙
魏間榮之號曰萬石君焉兄弟形皆偉壯
唯勤祖父偃長不滿七尺常自恥短陋恐
子孫之似也（東觀記偃爲黎陽令）乃爲子伉娶長妻伉
生勤長八尺三寸八歲善計（計筭術也）初爲太

守銚期功曹有高能稱期常從光武征伐
政事一以委勤勤同縣馮巡等舉兵應光
武謀未成而爲豪右焦廉等所反（反音幡）勤
乃率將老母兄弟及宗親歸期期悉以爲
腹心薦於光武初未被用後乃除爲郎中
給事尚書（東觀記魏郡太守范横上疏薦勤然始除之）以圖議軍
糧在事精勤遂見親識每引進帝輒顧謂
左右曰佳乎吏也由是使典諸侯封事勤
差量功次輕重國土遠近地埶豐薄不相

踰越莫不厭服焉自是封爵之制非勤不
定帝益以爲能尚書衆事皆令總録之司
徒侯霸薦前梁令閻楊楊素有譏議帝常
嫌之既見霸奏疑其有姦大怒賜霸璽書
曰崇山幽都何可偶（崇山南裔也幽都北裔也偶對也言將殺之不可得偶
流徙也尚書舜流共工於幽州放驩兜於崇山）黄鉞一下無處所（鉞斧也以
黄金飾之所以戮人）欲以身試法邪將殺身以成仁邪
使勤奉策至司徒府勤還陳霸本意申釋
事理帝意稍解拜勤尚書僕射職事十五

年以勤勞賜爵關内侯遷尚書令拜大司
農三歲遷司徒先是三公多見罪退帝賢
勤欲令以善自終乃因讌見從容戒之曰
朱浮上不忠於君下陵轢同列竟以中傷
至今（朱浮爲大司空坐賣弄國恩免又爲陵轢同列帝銜之惜其功不忍加罪）死生吉
凶未可知豈不惜哉人臣放逐受誅雖復
追加賞賜賻祭不足以償不訾之身（訾量也言
無量可比之貴重之極也訾與資同）忠臣孝子覽照前世以爲
鏡誡能盡忠於國事君無二則爵賞光乎

當世功名列於不朽可不勉哉勤愈恭約
盡忠號稱任職勤母年八十每會見詔勅
勿拜令御者扶上殿顧謂諸王主曰使勤
貴寵者此母也其見親重如此中元元年
薨（東觀記曰中元元年車駕西幸長安祠園陵還勤燕見前殿盡日歸府因病喘逆上使太醫療視賞賜錢帛遂薨）帝悼惜之使者弔祠賜東園祕器
賵贈有加勤七子長子宗嗣至張掖屬國
都尉中子順尚平陽長公主終於大鴻臚
（平陽主明帝女）建初八年以順中子奮襲主爵爲

平陽侯薨無子永元七年詔書復封奮兄
羽林右監勁爲平陽侯奉公主之祀奮弟
田黃門侍郎尚平安公主（章帝女也臣賢案東觀記亦云安平）
（皇后紀云由尚平邑公主紀傳不同未知孰是）勁薨子卯嗣卯延光
中爲侍中薨子留嗣
趙憙字伯陽南陽宛人也少有節操從兄
爲人所殺無子憙年十五常思報之乃挾
兵結客後遂往復仇而仇家皆疾病無相
距者憙以因疾報殺非仁者心且釋之而

去顧謂仇曰爾曹若健遠相避也仇皆臥
自搏（自搏猶叩頭也）後病愈悉自縛詣憙憙不與
相見後竟殺之更始即位舞陰大姓李氏
擁城不下更始遣柱天將軍李寶降之不
肯云聞宛之趙氏有孤孫憙信義著名願
得降之更始乃徵憙憙年未二十既引見
更始笑曰繭栗犢豈能負重致遠乎（犢角如繭）
（栗言小也禮緯曰天地之牲角繭栗）即除爲郎中行偏將軍事
使詣舞陰而李氏遂降憙因進入潁川擊

諸不下者歷汝南界還宛更始大悅謂憙
曰卿名家駒努力勉之（武帝謂劉德爲千里之駒故以憙比之）
會王莽遣王尋王邑將兵出關更始乃拜
憙爲五威偏將軍使助諸將拒尋邑於昆
陽光武破尋邑憙被創有戰勞還拜中郎
將封勇功侯更始敗憙爲赤眉兵所圍迫
急乃踰屋亡走與所友善韓仲伯等數十
人攜小弱越山阻徑出武關仲伯以婦色
美慮有彊暴者而己受其害欲棄之於道

憙責怒不聽因以泥塗仲伯婦面載以鹿車身自推之風俗通曰俗說鹿車窄小裁容一鹿每道逢賊或欲逼略憙輒言其病狀以此得免既入丹水丹水縣名屬南陽郡故城在今鄧州內鄉縣西南臨丹水遇更始親屬皆裸跣塗炭飢困不能前塗炭者若陷泥墜火喻窮困之極也憙見之悲感所裝縑帛資糧悉以與之將護歸鄉里時鄧奉反於南陽憙素與奉善數遺書切責之而讒者因言憙與奉合謀帝以爲疑及奉敗帝得憙書乃驚曰趙憙眞

長者也即徵憙引見賜鞍馬待詔公車時江南未賓道路不通以憙守簡陽侯相憙不肯受兵東觀記曰勑憙從騎都尉儲融受兵二百人通利道路憙白上不願受融兵單車馳往度其形況上許之單車馳之簡陽吏民不欲內憙憙乃告譬呼城中大人示以國家威信其帥即開門面縛自歸由是諸營壁悉降荆州牧奏憙才任理劇詔以爲平林侯相攻擊羣賊安集已降者縣邑平定後拜懷令大姓李子春先爲琅邪相豪猾并兼爲人

所患憙下車聞其二孫殺人事未發覺即窮詰其姦收考子春二孫自殺京師爲請者數十終不聽時趙王良疾病將終車駕親臨王問所欲言王曰素與李子春厚今犯罪懷令趙憙欲殺之願乞其命帝曰吏奉法律不可枉也更道它所欲王無復言旣薨帝追感趙王乃貰出子春其年遷憙平原太守時平原多盜賊憙與諸郡討捕斬其渠帥餘黨當坐者數千人憙上言惡

惡止其身公羊傳曰善善及子孫惡惡止其身可一切徙京師近郡帝從之乃悉移置潁川陳留於是擢舉義行誅鋤姦惡後青州大蝗侵入平原界輒死歲屢有年百姓歌之二十六年帝延集內戚讌會歡甚諸夫人各各前言趙憙篤義多恩往遭赤眉出長安皆爲憙所濟活帝甚嘉之後徵憙入爲太僕引見謂曰卿非但爲英雄所保也婦人亦懷卿之恩厚加賞賜二十七年拜太尉賜爵關內

虞時南單于稱臣烏桓鮮卑並來入朝帝令熹典邊事思爲久長規（規謀也）熹上復緣邊諸郡幽并二州由是而定（復音伏謂建武六年徙雲中五原人於常山居庸關至二十六年復令還雲中五原東觀記曰草創苟合未有還人蓋熹至此請徙之令盡也）三十年熹上言宜封禪正三雍之禮中元元年從封泰山及帝崩熹受遺詔典喪禮是時藩王皆在京師自王莽簒亂舊典不存皇太子與東海王等雜止同席憲章無序熹乃正色橫劒殿階扶下諸王以明尊卑時藩國官屬出入宮省與百僚無別熹乃表奏謁者將護分止它縣諸王並令就邸唯朝晡入臨整禮儀嚴門衞內外肅然永平元年封節鄉侯三年春坐考中山相薛脩事不實免（脩光武子中山王焉相也）其冬代竇融爲衞尉八年代虞延行太尉事居府如眞後遭母憂上疏乞身行喪禮顯宗不許遣使者爲釋服賞賜恩寵甚渥熹內典宿衞外幹宰職正身立朝未嘗懈惰及帝崩復

後漢列傳十六　二十四　吳佐

典喪事再奉大行禮事脩舉肅宗即位進爲太傅錄尚書事擢諸子爲郎吏者七人長子代給事黃門建初五年熹疾病帝親幸視及薨車駕往臨弔時年八十四謚曰正侯子代嗣官至越騎校尉永元中副行征西將軍劉尚征羌坐事下獄疾病物故和帝憐之賜祕器錢布贈越騎校尉節鄉侯印綬子直嗣官至步兵校尉直卒子淑嗣無子國除

後漢列傳十六　二十五　林慶

牟融字子優北海安丘人也少博學以大夏侯尚書教授（大夏侯名勝宣帝時人也）門徒數百人名稱州里以司徒茂才爲豐令（司徒舉爲茂才也豐今徐州縣也）視事三年縣無獄訟爲州郡最司徒范遷薦融忠正公方經行純備宜在本朝并上其理狀（漢官儀曰范遷字子盧沛人也）永平五年入代鮑昱爲司隸校尉多所舉正百僚敬憚之八年代包咸爲大鴻臚十一年代鮭陽鴻爲大司農（鮭陽姓也音胡佳反）是時顯宗方勤萬機公卿

數朝會每輒延謀政事判析獄訟融經明
才高善論議朝廷皆服其能帝數嗟歎以
爲弋堪宰相明年代伏恭爲司空（恭字叔齊伏湛同産兄子也見東觀記）舉動方重甚得大臣節肅宗即位
以融先朝名臣代趙熹爲太尉與熹參録
尚書事建初四年薨車駕親臨其喪時融
長子麟歸鄉里帝以其餘子幼弱勑太尉
掾史教其威儀進止贈賵恩寵篤密焉又
賜冢塋地於顯節陵下除麟爲郎

後漢列傳十六　二十六　林千

韋彪字孟達扶風平陵人也高祖賢宣帝
時爲丞相祖賞哀帝時爲大司馬彪孝行
純至父母卒哀毀三年不出廬寢服竟羸
瘠骨立異形醫療數年乃起好學洽聞雅
稱儒宗建武末舉孝廉除郎中以病免復
歸教授安貧樂道恬於進趣三輔諸儒莫
不慕仰之顯宗聞彪名永平六年召拜謁
者賜以車馬衣服三遷魏郡太守肅宗即
位以病免徵爲左中郎將長樂衛尉數陳
政術每歸寬厚比上疏乞骸骨拜爲奉車
都尉秩中二千石賞賜恩寵侔於親戚建
初七年車駕西巡狩以彪行太常從數召
入問以三輔舊事禮儀風俗彪因建言今
西巡舊都宜追録高祖中宗功臣（中宗宣帝）褒
顯先勳紀其子孫帝納之行至長安乃制
詔京兆尹右扶風求蕭何霍光後時光無
苗裔唯封何末孫熊爲酇侯建初二年已
封曹參後曹湛爲平陽侯故不復及焉乃
厚賜彪錢珍羞食物使歸平陵上冢還拜

後漢列傳十六　二十七　王壽

大鴻臚是時陳事者多言郡國貢舉率非
功次故守職益懈而吏事寖疏咎在州郡
有詔下公卿朝臣議彪上議曰伏惟明詔
憂勞百姓垂恩選舉務得其人夫國以簡
賢爲務賢以孝行爲首孔子曰事親孝故
忠可移於君是以求忠臣必於孝子之門（孝經緯之文也）
夫人才行少能相兼是以孟公綽
優於趙魏老不可以爲滕薛大夫（論語孔子之言也）

綽魯大夫趙魏皆晉卿之邑也家臣稱老公綽性寡欲趙魏老優閒無事滕薛小國大夫職煩故不可爲也忠孝之人持心近厚鍛鍊之吏持心近薄蒼頡篇曰鍛椎也鍛鍊猶成孰也言深文之吏入人之罪猶工冶陶鑄鍛鍊使之成孰也前漢路温舒上疏曰鍛鍊而周内之三代之所以直道而行者在其所以磨之故也論語孔子曰吾之於人誰毀誰譽如有所譽者其有所試矣斯三代之所以直道而行之彪引之者言古之用賢皆磨礪選練然後用之士宜以才行爲先不可純以閥閱史記曰明其等曰閥積功曰閱然其要歸在於選二千石二千石賢則貢舉皆得其人矣帝深納之彪以世承二帝吏化

後漢列傳十六　二十八　揚坡

之後多以苛刻爲能二帝光武明帝也又置官選職不必以才因盛夏多寒上疏諫曰臣聞政化之本必順陰陽伏見立夏以來當暑而寒殆以刑罰刻急郡國不奉時令之所致也農人急於務而苛吏奪其時賦發充常調而貪吏割其財此其巨患也夫欲急人所務當先除其所患天下樞要在於尚書百官志曰尚書主知公卿二千石吏人上書外國夷狄事故曰樞要尚書之選豈可不重而間者多從郎官超升此位雖曉

習文法長於應對然察察小慧類無大能宜簡嘗歷州宰素有名者雖進退舒遲時有不逮然端心向公奉職周密宜鑒嗇夫捷急之對嗇夫官名也文帝出上林登虎圈問上林尉禽獸簿不能對虎圈嗇夫從傍代對響應無窮文帝拜嗇夫爲上林令張釋之曰夫絳侯東陽侯言事曾不能出口豈効此嗇夫喋喋利口捷急哉文帝曰善遂不拜嗇夫爲上林令深思絳侯木訥之功也木質也訥遲鈍也前書曰周勃木彊少文又曰安劉氏者必勃往時楚獄大起故置令史以助郎職而類多小人好爲姦利今者務簡可皆停省又諫議之職應用公直之士通才謇正有補益於朝者今或

後漢列傳十六　二十九

從徵試輩爲大夫輩類也又御史外遷動據州郡並宜清選其任責以言績其二千石視事雖久而爲吏民所便安者宜增秩重賞勿妄遷徙惟留聖心書奏帝納之元和二年春東巡狩以彪行司徒事從行還以病乞身帝遣小黃門太醫問病賜以食物彪遂稱困篤章和二年夏使謁者策詔曰彪以將相之裔勤身飭行出自州里在位

歷載中被篤疾連上求退君年在耆艾（禮記曰七十曰耆五十曰艾）不可復以加增恐職事煩碎重有損焉其上大鴻臚印綬其遣子太子舍人詣中臧府受賜錢二十萬（續漢志曰中臧府令一人秩六百石掌中幣帛金錢貨物也）永元元年卒詔尚書故大鴻臚韋彪在位無愆方欲録用奄忽而卒其賜錢二十萬布百匹穀三千斛彪清儉好施禄賜分與宗族家無餘財著書十二篇號曰韋卿子族子義義字季節高祖父玄

後漢列傳十六 二十 史

成元帝時爲丞相初彪獨從扶風故義猶爲京兆杜陵人焉兄順字叔文平輿令有高名（平輿縣名屬汝南郡故城在今豫州汝陽縣東北）次兄豹字季明數辟公府輒以事去司徒劉愷復辟之謂曰卿以輕好去就爵位不躋（躋升也）今歲垂盡當選御史意在相薦子其宿留乎（宿留待也宿音秀留音力救反）豹曰犬馬齒衰旅力已劣（旅衆也尚書曰番番良士旅力既愆）仰慕崇恩故未能自割且眩瞀滯疾不堪久待（眩風疾也瞀亂也謂視不明之貌也眩音縣瞀音亡溝反）選薦

之私非所敢當遂跣而起愷追之徑去不顧安帝西巡徵拜議郎義少與二兄齊名初仕州郡太傅桓焉辟舉理劇爲廣都長（廣都縣名屬蜀郡故城在今益州成都縣東南）甘陵陳二縣令（甘陵故城在今貝州清河縣西北陳屬梁國今陳州）政甚有績官曹無事牢獄空虛數上書順帝陳宜依古典考功黜陟徵集名儒大定其制又譏切左右貶刺竇氏言既無感而久抑不遷以兄順喪去官比辟公府不就廣都爲生立廟及卒三縣吏民爲義舉哀若喪考妣豹子著字休明少

後漢列傳十六 三十一 卷十

以經行知名不應州郡之命大將軍梁冀辟不就延熹二年桓帝公車備禮徵至霸陵稱病歸乃入雲陽山采藥不反有司舉奏加罪帝特原之復詔京兆尹重以禮敦勸著遂不就徵（敦猶逼也）靈帝即位中常侍曹節以陳蕃竇氏既誅海内多怨欲借寵時賢以爲名（假借時賢寵榮以求美名用解怨謗）白帝就家拜著東海相（東海王懿相也即東海王彊四代孫）詔書逼切不得已

解巾之郡（巾幅巾也既服冠冕故解幅巾）政任威刑為受罰者所奏坐論輸左校（左校署名屬將作也）又後妻憍恣亂政以之失名竟歸為姦人所害隱者恥之

贊曰湛霸奮庸維寧兩邦（尚書曰有能奮庸熙帝之載孔安國注曰奮起也庸功也兩邦謂湛為平原大守霸為淮平大尹）淮人孺慕徐寇要降（徐寇謂徐異卿也願要降司徒伏公）弘實體遠仁不忘本（謂不忘糟糠妻也）憙政多迹彪明理損年公簡帝身終上袞

後漢書列傳卷第十六

列傳卷第十七　范曄　後漢書二十七

唐章懷太子賢注

宣秉　張湛

王丹　王良

杜林　郭丹

吳良　承宮

鄭均　趙典

宣秉字巨公馮翊雲陽人也少修高節顯名三輔哀平際見王氏據權專政侵削宗室有逆亂萌遂隱遁深山州郡連召常稱疾不仕王莽為宰衡辟命不應（周公為太宰伊尹為阿衡莽欲兼之故以為號）及莽篡位又遣使者徵之秉固稱疾病更始即位徵為侍中建武元年拜御史中丞（前書曰御史中丞秦官秩千石在殿中蘭臺掌圖籍祕書外督部刺史內領侍御史糾察百寮）光武特詔御史中丞與司隸校尉尚書令（續漢志曰尚書令一人千石秦官武帝用宦者成帝用士人也）會同並專席而坐故京師號曰三獨坐明年遷司隸校尉務舉大綱簡略苛細百僚敬之（說文

[曰茍細草也以喻類雜也]秉性節約常服布被蔬食瓦器帝嘗幸其府舍見而歎曰楚國二龔不如雲陽宣巨公[二龔謂龔勝字君賓龔舍字君倩二人皆以清苦立節著名事見前書]即賜布帛帳帷什物[周禮幕人掌帷幕幄帟鄭玄曰在旁曰帷爾雅曰幬謂之帳軍法五人爲伍二伍爲什則共其器物故通謂生生之具爲什物]四年拜大司徒司直[司直武帝元狩五年置比二千石掌佐丞相舉不法哀帝元壽二年改丞相爲大司徒中興因而不改猶置司直至建武十一年省司直置長史一人署諸曹事至二十七年司徒又去大字見前書及續漢書]所得祿奉輒以收養親族其孤弱者分與田地自無擔石之儲[前書音義曰齊人名小甖爲擔今江淮人謂一石爲一擔擔音丁濫反]

六年卒於官帝敏惜之除子彪爲郎[東觀記曰彪官至玄菟太守]

張湛字子孝扶風平陵人也矜嚴好禮動止有則居處幽室必自修整雖遇妻子若嚴君焉[周易家人卦曰家人有嚴君父母之謂也]及在鄉黨詳言正色[詳審也]三輔以爲儀表[儀法也表正也書曰儀表萬邦]人或謂湛僞詐湛聞而笑曰我誠詐也人皆詐惡我獨詐善不亦可乎成哀閒爲二千石王莽時歷太守都尉建武初爲左馮翊在郡修典禮設條教政化大行後告歸平陵望寺門而步[告請也告歸謂請假歸寺門即平陵縣門也風俗通曰寺者嗣也理事之吏嗣續於其中也]主簿進曰明府位尊德重不宜自輕[郡守所居曰府明府者尊高之稱前書韓延壽爲東郡太守門卒謂之明府亦其義也]湛曰禮下公門軾輅馬[輅大也君所居曰路寢車曰輅車馬曰輅馬軾車前橫木也乘車必正立有所敬則撫軾謂小俛也禮記曰大夫士下公門式輅馬鄭玄云所以廣敬也]孔子於鄉黨恂恂如也[論語之文也鄭玄云恂恂恭順貌也]父母之國所宜盡禮何謂輕哉[史記孔子謂門弟子曰魯墳墓所處父母之國也詩曰惟桑與梓必恭敬止也]五年拜光祿勳

[前書光祿勳本名郎中令秦官武帝改焉秩中二千石掌大夫郎中從官]光武臨朝或有惰容湛輒陳諫其失常乘白馬帝每見湛輒言白馬生且復諫矣七年以病乞身拜光祿大夫代王丹爲太子太傅及郭后廢[建武十七年廢]因稱疾不朝拜太中大夫居中東門候舍[漢官儀曰洛陽十二門東面三門最北門名上東門次南曰中東門城門校尉一人秩二千石司馬一人秩千石候一人秩六百石候舍蓋候之所居]故時人號曰中東門君帝數存問賞賜後大司徒戴涉被誅[涉字叔平冀州清河人也坐所舉人盜金下獄]帝彊起湛以

代之湛至朝堂遺失溲便溲小便也溲音所流反因自陳疾篤不能復任朝事遂罷之後數年卒於家

王丹字仲回京兆下邽人也哀平時仕州郡王莽時連徵不至家累千金隱居養志好施周急周急謂周濟困急也孔子曰君子周急不繼富每歲農時輒載酒肴於田閒候勤者而勞之東觀記曰載酒肴便於田頭大樹下飲食勸勉之因留其餘酒肴而去其惰孄者恥不致丹孄與懶同音力亶反皆兼功自厲邑聚相率以致殷富其輕黠游蕩廢業爲患者輒曉其父兄使黜責之沒者則賻給親自將護其有遭喪憂者輒待丹爲辦鄉鄰以爲常行之十餘年其化大洽風俗以篤丹資性方絜疾惡彊豪時河南太守同郡陳遵關西之大俠也遵字孟公杜陵人也見前書其友人喪親遵爲護喪事賻助甚豐丹乃懷縑一匹陳之於主人前曰如丹此縑出自機杼遵聞而有慙色自以知名欲結交於丹丹拒而不許東觀記曰

更始時遵爲大司馬出使匈奴過辭於丹丹曰俱遭反覆唯我二人爲天所遺今子當之絕域無以相贈贈子以不拜遂揖而別遵甚悅之會前將軍鄧禹西征關中軍糧乏丹率宗族上麥二千斛禹表丹領左馮翊稱疾不視事免歸後徵爲太子少傅時大司徒侯霸欲與交友及丹被徵遣子昱候於道昱迎拜車下丹下荅之昱曰家公欲與君結交何爲見拜丹曰君房有是言丹未之許也丹子有同門生喪親家在中山白丹欲往奔慰結侶將行丹怒而撻之東觀記曰丹怒撻之五十令寄縑以祠焉東觀記曰寄縑二匹以祠焉或問其故丹曰交道之難未易言也世稱管鮑次則王貢史記曰管夷吾潁上人嘗與鮑叔牙游鮑叔牙知其賢管仲貧困嘗欺鮑叔牙終善遇之管仲曰生我者父母知我者鮑叔前書王吉字子陽貢禹字少翁並琅邪人也二人相善時人爲之語曰王陽在位貢禹彈冠言其趣舍同也張陳凶其終蕭朱隙其末張耳陳餘初爲刎頸交後耳爲漢將兵殺陳餘於泜水之上蕭育字次君朱博字子元二人爲友著聞當代後有隙不終故時以交爲難並見前書故知全之者鮮矣時人服其言客初有薦士於丹者因選舉之而後所舉者陷罪丹坐以

免客慙懼自絶而丹終無所言尋復徵爲太子太傅乃呼客謂曰子之自絶何量丹之薄也不爲設食以罰之相待如舊其後遜位卒于家

王良字仲子東海蘭陵人也少好學習小夏矦尚書（夏矦建大夏矦勝之從兄子也建受尚書於勝號小夏矦見前書）王莽時寢病不仕教授諸生千餘人建武二年大司馬吳漢辟不應三年徵拜諫議大夫數有忠言以禮進止朝廷敬之遷沛郡太

後漢列傳十七　六

守至蘄縣稱病不之府官屬皆隨就之良遂上疾篤乞骸骨徵拜太中大夫六年代宣秉爲大司徒司直在位恭儉妻子不入官舍布被瓦器時司徒史鮑恢以事到東海過候其家而良妻布裙曳柴從田中歸（東觀記曰徒跣曳柴）恢告曰我司徒史也故來受書欲見夫人妻曰妾是也苦掾無書（掾即謂鮑恢司徒之掾史也言勞苦相過更無書信）恢乃下拜歎息而還聞者莫不嘉之後以病歸一歲復徵至滎陽疾篤不任進道乃過其友人友人不肯見曰不有忠言奇謀而取大位何其往來屑屑不憚煩也（楊雄方言曰屑屑不安也秦晉曰屑屑郭景純曰往來貌）遂拒之良慙自後連徵輒稱病詔以玄纁聘之遂不應後光武幸蘭陵遣使者問良所苦疾不能言對詔復其子孫邑中傜役卒於家

論曰夫利仁者或借仁以從利體義者不期體以合義（此言履行仁義其事雖同原其本心眞僞各異利仁者謂心非好仁但以行仁則於已有利故假借仁道以求利耳若天性自然體合仁義者舉措云爲不期於體而冥然自會）

後漢列傳十七　七

（禮記曰仁者安仁智者利仁畏罪者彊仁與人同功其仁未可知與人同過其仁則可知）季文子妾不衣帛魯人以爲美談（文子魯卿季孫行父之謚也無衣帛之妾無食粟之馬君子是以知季文子忠於公室相三君矣而無私積可不謂忠乎事見左傳）公孫弘身服布被汲黯譏其多詐（公孫弘淄川人也武帝時爲丞相汲黯曰弘以三公而身服布被詐也事見前書）事實未殊而譽毀別議何也將體之與利之異乎宣秉王良處位優重而秉甘疏薄良妻荷薪可謂行過乎儉然當世咨其清人君高其節豈非臨之以誠哉語曰同言而信則信在言

前同令而行則誠在令外不其然乎（眞僞之迹既殊人之信否亦異同言而信謂體仁與利仁二人同出言而人信服其眞者不信其僞者則知信不由言故言信在言前也同令而行意亦同也此皆子思子累德篇之言故稱語曰）張湛不屑矜僞之誚斯不僞矣（屑猶介也）王丹難於交執之道斯知交矣

杜林字伯山扶風茂陵人也（案杜鄴傳鄴本魏郡繁陽人也武帝時徙茂陵）父鄴成哀閒爲涼州刺史林少好學沈深家既多書又外氏張竦父子喜文采（鄴字子夏祖父皆至郡守鄴少孤其母張敞女也鄴從敞子吉學得其家書竦即吉之子也博學文雅過於敞見前書）林從竦受學博洽多聞時稱通儒（風俗通曰儒者區也言其區別古今居則翫聖哲之詞動則行典籍之道稽先王之制立當時之事此通儒也若能納而不能出能言而不能行講誦而已無能往來此俗儒也）初爲郡吏王莽敗盜賊起林與弟成及同郡范逡孟冀等（逡音七倫反）將細弱俱客河西道逢賊數千人遂掠取財裝褫奪衣服（褫解也音直紙反）拔刃向林等將欲殺之冀仰曰願一言而死將軍知天神乎（言知天道有神乎）赤眉兵衆百萬所向無前而殘賊不道卒至破敗今將軍以

數千之衆欲規霸王之事不行仁恩而反遵覆車不畏天乎（賈誼曰前車覆後車誡詩曰不畏乎天不媿乎人）賊遂釋之俱免於難隗囂素聞林志節深相敬待以爲持書平後因疾告去辭還祿食囂復欲令彊起遂稱篤囂意雖相望且欲優容之（望猶恨也東觀記曰林寄囂地終不降志辱身至簪蒿席草不食其粟也）乃出令曰杜伯山天子所不能臣諸侯所不能友（禮記曰儒有上不臣天子下不事諸侯慎靜尚寬砥厲廉隅其規爲有如此者）蓋伯夷叔齊恥食周粟（史記曰伯夷叔齊孤竹君之子也兄弟讓位歸文王後武王東伐紂伯夷叔齊扣馬諫曰父死不葬爰及干戈可謂孝乎以臣伐君可謂仁乎武王平殷亂而二人恥之義不食周粟餓死於首陽山）今且從師友之位須道開通使順所志林雖拘於囂而終不屈節建武六年弟成物故囂乃聽林持喪東歸既遣而悔追令刺客楊賢於隴坻遮殺之賢見林身推鹿車載致弟喪乃歎曰當今之世誰能行義我雖小人何忍殺義士因亡去光武聞林已還三輔乃徵拜侍御史引見問以經書故舊及西州事甚悅之賜車馬

衣被羣寮知林以名德用甚尊憚之京師
士大夫咸推其博洽（東觀記曰林與馬援同鄉里素相親厚援從南方還時林馬適死援令子持馬一匹遺林曰朋友有車馬之饋可且以備乏林受之居數月林遣子奉書曰將軍內施九族外有賓客望恩者多林父子兩人食列卿祿常有盈今送錢五萬援受之謂子曰人當以此爲法是杜伯山所以勝我也博廣也洽徧也言其所聞見廣大也）河南鄭興東
海衛宏等皆長於古學（宏字敬仲在儒林傳）興嘗師
事劉歆林既遇之欣然言曰林得興等固
諧矣使宏得林且有以益之及宏見林闇
然而服濟南徐巡始師事宏後皆更受林
學林前於西州得漆書古文尚書一卷常
寶愛之雖遭難困握持不離身出以示宏
等曰林流離兵亂常恐斯經將絕何意東
海衛子濟南徐生復能傳之是道竟不墜
於地也古文雖不合時務然願諸生無悔
所學宏巡益重之於是古文遂行明年大
議郊祀制多以爲周郊后稷漢當祀堯詔
復下公卿議議者僉同帝亦然之林獨以
爲周室之興祚由后稷漢業特起功不緣

堯祖宗故事所宜因循定從林議（東觀記載林議曰當今政卑易行禮簡易從人無愚智思仰漢德基業特起不因緣堯堯遠於漢人不曉信言提其耳終不說諭后稷近周人戶知之又據以興基由其祚詩曰不愆不忘率由舊章宜如舊制以解天下之惑）後
代王良爲大司徒司直林薦同郡范逡趙
秉申屠剛及隴西牛邯等皆被擢用士多
歸之十一年司直官罷以林代郭憲爲光
祿勳內奉宿衞外總三署（三署左右中郎將及五官中郎將皆屬郎官也見續漢書）周密敬慎選舉稱平郎有好學
者輒見誘進朝夕滿堂十四年羣臣上言
古者肉刑嚴重則人畏法令今憲律輕薄
故姦軌不勝（左傳曰凡亂在外爲姦在內爲軌）宜增科禁以
防其源詔下公卿林奏曰夫人情挫辱則
義節之風損法防繁多則苟免之行興孔
子曰道之以政齊之以刑民免而無恥導
之以德齊之以禮有恥且格（皆論語之言也政謂禁令刑謂刑罰格來也言爲政之法初訓導之以禁令若有違則整齊之以刑罰則人但免罪而已而無恥媿之心若敎導之以道德整齊之以禮義則人皆有恥媿之心且皆來服）古之明王深識
遠慮動居其厚不務多辟周之五刑不過

三千五刑謂墨劓剕宮大辟也尚書呂刑篇曰五刑之屬三千大漢初興詳
覽失得故破矩爲圓斵彫爲樸蠲除苛政
更立疏網史記曰漢興破觚而爲圜斵彫而爲樸號爲網漏呑舟之魚觚亦方也老子曰
天網恢恢疏而不漏海内歡欣人懷寬德及至其後
漸以滋章吹毛索疵詆欺無限老子曰法令滋章盜賊多
有前書曰有司吹毛求疵索求也詆欺謂飾非成釁非其本罪果桃菜茹之饋
集以成臧小事無妨於義以爲大戮故國
無廉士家無完行至於法不能禁令不能
止上下相遁爲敝彌深遁猶回避也前書曰上下相匿以文避法焉

後漢列傳十七　十二　王熙

臣愚以爲宜如舊制不合翻移帝從之後
皇太子彊求乞自退封東海王故重選官
屬以林爲王傅從駕南巡狩時諸王傅數
被引命或多交游不得應詔唯林守愼有
召必至餘人雖不見譴而林特受賞賜又
辭不敢受帝益重之東觀記曰王又以師數加饋遺林不敢受常辭以道
上稟假有餘若以車重無所置之明年代丁恭爲少府恭字子然山陽人在
儒林傳二十二年復爲光祿勳頃之代朱
浮爲大司空博雅多通稱爲任職相明年

甍帝親自臨喪送葬除子喬爲郎詔曰公
侯子孫必復其始左氏傳晉大夫辛廖之言賢者之後宜
宰城邑其以喬爲丹水長丹水縣屬南陽
論曰夫威彊以自禦力損則身危飾詐以
圖己詐窮則道屈而忠信篤敬蠻貊行焉
者誠以德之感物厚矣論語曰子張問行子曰言忠信行篤敬雖蠻貊
之邦行矣故趙孟懷忠匹夫成其仁趙孟晉大夫趙盾也左傳
曰晉靈公不君趙盾驟諫之靈公患焉使鉏麑賊之晨往寢門闢矣盛服將朝尚早坐而假寐麑退而言
曰不忘恭敬民之主也賊民之主不忠棄君之命不信有一於此不如死也觸槐而死趙盾遂得全論語　李棠

後漢列傳十七　十三

曰有殺身以成仁無求生以害仁杜林行義烈士假其命易
曰人之所助者順有不誣矣易繫詞曰天之所助者信人之
所助者順不誣言必蒙天人之助也郭丹字少卿南陽穰人也父稚成帝時爲
盧江太守有清名丹七歲而孤小心孝順
後母哀憐之爲鬻衣裝買産業鬻賣也後從
師長安買符入函谷關符即繻也前書音義曰舊出入關皆用傳傳煩
因裂繻帛分持後復出合之以爲符信買符非真符也東觀記曰丹從宛人陳洮買入關符既入關封符
乞人也乃慨然歎曰丹不乘使者車終不出

關（續漢志曰諸使車皆朱斑輪四輻赤衡軛）既至京師常爲都講諸儒咸敬重之大司馬嚴尤請丹辭病不就王莽又徵之遂與諸生逃於北地更始二年三公舉丹賢能徵爲諫議大夫持節使歸南陽安集受降丹自去家十有二年果乘高車出關如其志焉更始敗諸將悉歸光武並獲封爵丹獨保平氏不下爲更始發喪衰絰盡哀（喪服斬衰裳上曰衰下曰裳麻在首要皆曰絰首絰象緇布冠要絰象大帶絰之言實也衰之言摧明中實摧痛也平氏縣名屬南陽郡）建武二年

後漢列傳十七　十四

遂潛逃去敝衣閒行涉歷險阻求謁更始妻子奉還節傳因歸鄉里太守杜詩請爲功曹丹薦鄉人長者自代而去詩乃歎曰昔明王興化卿士讓位（毛萇詩傳曰虞芮之君爭田相謂曰西伯仁人也盍往質焉乃相與朝周至其朝士讓爲大夫大夫讓爲卿二國君乃慙而退）今功曹推賢可謂至德勑以丹事編署黃堂以爲後法（黃堂大守之廳事）十三年大司馬吳漢辟舉高第再遷并州牧有清平稱轉使匈奴中郎將遷左馮翊永平三年代李訢爲司徒在朝

廉直公正與侯霸杜林張湛郭伋齊名相善明年坐考隴西太守鄧融事無所據策免五年卒於家時年八十七以河南尹范遷有清行代爲司徒遷字子廬沛國人初爲漁陽太守以智略安邊匈奴不敢入界及在公輔有宅數畝田不過一頃復推與兄子其妻常謂曰君有四子而無立錐之地（史記楚優孟曰孫叔敖子無立錐之地）可餘奉禄以爲後世業遷曰吾備位大臣而蓄財求利何以示後

後漢列傳十七　十五

世在位四年薨家無擔石焉後顯宗因朝會問羣臣郭丹家今何如宗正劉匡對曰昔孫叔敖相楚馬不秣粟妻不衣帛子孫竟蒙寢丘之封（孫叔敖楚莊王之相也期思鄙人史記曰楚之處士虞丘相進之相楚上下和合吏無姦邪遂霸諸侯呂覽曰叔敖將死戒其子曰王數封我矣吾不受也我死王則封汝必無受利地楚越之間有寢丘者此其地不利而名甚惡可長有者唯此也孫叔敖死王以美地封其子其子辭請寢丘至今不失寢丘縣名後漢改爲固始今光州固始縣也有孫叔敖祠焉）丹出典州郡入爲三公而家無遺産子孫困匱帝乃下南陽訪求其嗣長子宇官至常山

太守少子濟趙相

吳良字大儀齊國臨淄人也初爲郡吏東觀記曰良爲郡議曹掾歲旦與掾史入賀門下掾王望舉觴上壽諂稱太守功德東觀記曰王望言曰齊郡敗亂遭離盜賊不聞雞鳴犬吠之音明府視事五年土地開闢盜賊滅息五穀豐熟家給人足今日歲首請上雅壽掾史皆稱萬歲良於下坐勃然進曰望佞邪之人欺諂無狀願勿受其觴東觀記曰良時跪曰門下掾佞諂明府勿受其觴盜賊未盡人庶困乏今良曹掾尚無袴望曰議曹惰窳自無袴寧足爲不家給人足邪太守曰此生言是賜良鰒魚百枚也太守斂容而止讌罷轉良爲功曹恥以言受進終不肯謁時驃騎將軍東平王蒼聞而辟之署爲西曹蒼甚相敬愛上疏薦良曰臣聞爲國所重必在得人報恩之義莫大薦士竊見臣府西曹掾齊國吳良資質敦固公方廉恪躬儉安貧白首一節言雖耆耄志節不衰又治尚書學通師法東觀記曰良習大夏侯尚書經任博士行中表儀宜備宿衛以輔聖政臣蒼榮寵絕矣憂責深大絕猶極也私慕公叔同升之義懼於臧文竊位之罪公叔文子衛大夫公孫拔之謚也文子家臣名僎操行與文子同文子乃升進之於公與之同爲大夫臧文仲魯大夫臧孫辰也時柳下惠爲士師文仲知其賢而不進達之孔子譏之曰臧文仲其竊位者歟知柳下之賢而不與立事並見論語也敢秉愚憨譬犯冒嚴禁顯宗以示公卿曰前以事見良鬚髮皓然衣冠甚偉夫薦賢助國宰相之職蕭何舉韓信設壇而拜不復考試蕭何薦韓信於高祖曰陛下必欲爭天下非信無可與計者漢王於是設壇場拜信爲大將軍見前書今以良爲議郎永平中車駕近出而信陽侯陰就干突禁衛車府令徐匡鉤就車收御者送獄鉤留也詔書譴匡匡乃自繫良上言曰信陽侯就倚恃外戚干犯乘輿無人臣禮爲大不敬匡執法守正反下于理臣恐聖化由是而弛弛廢也帝雖赦匡猶左轉良爲即丘長即丘縣名屬東海郡即左氏傳之祝丘也故城在今沂州臨沂縣東南後遷司徒長史哀帝改丞相爲大司徒司直仍舊中興因之不改建武十一年省司直置長史每處大議輒據經典不希旨偶俗以徼時譽希猶望也後坐事免復拜議郎卒於官

承宮字少子世本承姓衛大夫成叔承之後也琅邪姑幕人

也少孤年八歲爲人牧豕鄉里徐子盛者以春秋經授諸生數百人宮過息廬下樂其業因就聽經遂請留門下續漢書曰宮過徐子盛好之因棄其豬而留聽經豬主怪其不還求索得宮欲笞之門下生共禁止因留之爲諸生拾薪執苦數年勤學不倦續漢書曰宮嘗出行得虎所殺鹿持歸肉分門下取皮上師師不受宮因棄之人問其故宮曰旣已與人義不可復取經典旣明乃歸家教授遭天下喪亂遂將諸生避地漢中後與妻子之蒙陰山蒙陰縣名屬太山郡有蒙山在今沂州新泰縣東南肆力耕種禾黍將孰人有認之者

宮不與計推之而去由是顯名三府更辟皆不應三府謂太尉司徒司空府永平中徵詣公車車駕臨辟雍召宮拜博士遷左中郎將數納忠言陳政論議切慤朝臣憚其節名播匈奴時北單于遣使求得見宮顯宗勑自整飾宮對曰夷狄眩名非識實者也臣狀醜不可以示遠宜選有威容者續漢書曰夷狄聞臣虛稱故欲見臣臣醜陋形寢不如選長大有威容者示之也帝乃以大鴻臚魏應代之十七年拜侍中祭酒建初元年卒肅宗

褒歎賜以冢地妻上書乞歸葬鄉里復賜錢三十萬續漢書曰宮子壘官至濟陰太守

鄭均字仲虞東平任城人也少好黃老書兄爲縣吏東觀記曰兄仲爲縣游徼頗受禮遺均數諫止不聽即脫身爲傭歲餘得錢帛歸以與兄曰物盡可復得爲吏坐臧終身捐棄兄感其言遂爲廉絜均好義篤實養寡嫂孤兒恩禮敦至東觀記曰均失兄養孤兒子甚篤已冠娶出令別居並門盡推財與之使得一尊其母然後隨護視振給之常稱病家廷不應州郡辟召

郡將欲必致之使縣令譎將詣門譎詐也旣至卒不能屈均於是客於濮陽濮陽今濮州縣建初三年司徒鮑昱辟之後舉直言並不詣六年公車特徵再遷尚書數納忠言肅宗敬重之後以病乞骸骨拜議郎告歸因稱病篤帝賜以衣冠東觀記曰均遣子英奉章詣闕詔召見英問均所苦賜以冠幘錢布元和元年詔告廬江太守東平相曰以毛義廬江人鄭均東平人故告二郡守相也議郎鄭均束脩安貧恭儉節整前在機密以病致仕守善貞固黃

駿不怠又前安邑令毛義躬履遜讓比徵辭病淳絜之風東州稱仁書不云乎章厥有常吉哉章明也吉善也言爲天子當明顯其有常德者優其禀餼則政之善也尚書咎繇謨之言其賜均義穀各千斛常以八月長吏存問賜羊酒顯茲異行東觀記曰賜羊一頭酒二十終其身問遺賢良必以八月諸物老成故順其時氣助養育之也故月令仲秋之月養衰老授几杖行麋粥飲食鄭玄注云助老氣也明年帝東巡過任城乃幸均舍勑賜尚書祿以終其身續漢志曰尚書秩六百石祿每月七十石故時人號爲白衣尚書永元中卒於家

後漢列傳十七　二十　章勲

趙典字仲經蜀郡成都人也父戒爲太尉謝承書曰典太尉戒之叔子也桓帝立以定策封廚亭侯典少篤行隱約隱猶靜也約儉也博學經書弟子自遠方至謝承書曰典學孔子七經河圖洛書內外藝術靡不貫綜受業者百有餘人建和初四府表薦四府太尉司徒司空大將軍府也謝承書曰典性明達志節清亮益州舉茂才以病辭太尉黃瓊胡廣舉有道方正皆不應桓帝公車徵對策爲諸儒之表徵拜議郎侍講禁內再遷爲侍中時帝欲廣開鴻池典諫曰鴻池汎濫已且百頃猶復增而深之非所以崇唐虞之約己遵孝文之愛人也帝納其言而止墨子曰堯舜堂高三尺土階三等茅茨不翦采椽不斲飯土簋歠土鉶糲粱之飯藜藿之羹夏日葛衣冬日鹿裘是約己也文帝嘗欲作露臺召匠計之曰直百金帝曰百金中人十家之產何以臺爲宮室苑囿無所增益有不便輒弛以利人是愛人也父卒襲封出爲弘農太守轉右扶風公事去官徵拜城門校尉轉將作大匠遷少府又轉大鴻臚時恩澤諸侯以無勞受封羣臣不悅而莫敢諫典獨奏曰夫無功而賞勞者不勸上忝下辱亂象干度左傳曰國無政不用善則自取謫於日月之災故政不可不愼務三而已一曰擇人二曰因人三曰從時前書曰成帝時

後漢列傳十七　二十一　余中

同日封王氏五侯其日天氣赤黃霧四塞哀帝封丁傅日亦然是不用善人則亂象干度且高祖之誓非功臣不封史記功臣侯表曰高祖與功臣約曰非劉氏不王非有功不侯不如是天下共擊之宜一切削免爵土以存舊典帝不從頃之轉太僕遷太常朝廷每有災異疑議輒諮問之謝承書曰天子宗典道藝尊爲國師位特進七爲列卿寢布被食用瓦器也典據經正對無所曲折每得賞賜輒分與諸生之貧者後以諫爭違旨免官就國會帝崩時禁藩國諸侯不得奔弔典慨然曰身從衣褐之中致位上列褐織毛布之衣

食者反哺 且烏烏反哺報德況於士邪小爾雅曰純黑而反
哺者謂之烏春秋元命包曰烏孝鳥也遂解印綬符策付縣而
馳到京師州郡及大鴻臚並執處其罪而
公卿百寮嘉典之義表請以租自贖詔書
許之再遷長樂少府衛尉公卿復表典篤
學博聞宜備國師會病卒謝承書曰靈帝即位典與竇武王暢
陳蕃等謀共誅中常侍曹節侯覽趙忠等皆下獄自殺不言病卒使者弔祠竇
太后復遣使兼贈印綬謚曰獻侯典兄子
謙謙弟温相繼為三公謙字彥信初平元

後漢列傳十七　二十二

年代黃琬為太尉獻帝遷都長安以謙行
車騎將軍為前置明年病罷復為司隸校
尉車師王侍子為董卓所愛數犯法謙收
殺之卓大怒殺都官從事而素敬憚謙故
不加罪轉為前將軍遣擊白波賊有功封
郿侯郿音眉反李傕殺司徒王允復代允為
司徒數月病免拜尚書令是年卒謚曰忠
侯温字子柔初為京兆郡丞前書三輔丞武帝元鼎四年置秩六百石
數曰大丈夫當雄飛安能雌伏遂棄

官去遭歲大飢散家糧以振窮餓所活萬
餘人獻帝西遷都為侍中同輿輦至長安
封江南亭侯代楊彪為司空免頃之復為
司徒録尚書事時李傕與郭汜相攻傕遂
虜掠禁省劫帝幸北塢外內隔絕傕素疑
温不與己同乃內温於塢中又欲移乘輿
於黃白城温與傕書曰公前託為董公報
讎然實屠陷王城殺戮大臣天下不可家
見而戶說也今與郭汜爭睚眥之隙以成

後漢列傳十七　二十三

千鈞之讎睚眥解見竇融傳三十斤為鈞言其重人在塗炭各
不聊生曾不改悟遂成禍亂朝廷仍下明
詔欲令和解上命不行威澤日損而復欲
移轉乘輿更幸非所此誠老夫所不達也
於易一為過再為涉三而弗改滅其頂凶
滅沒也周易大過上六曰過涉滅頂凶王弼曰處大過之極過之甚者也涉難過甚故至于滅頂凶也
不如早共和解引軍還屯上安萬乘下全
人民豈不幸甚傕大怒欲遣人殺温董卓
從弟應温故掾也諫之數日乃獲免温從

車駕都許建安十三年以辟司空曹操子丕爲掾操怒奏温辟忠臣子弟選舉不實免官是歲卒年七十二

贊曰宣鄭二王奉身清方杜林據古張湛衿莊典以義黜（謂奉郡奔喪以租贖罪也）宫由德揚大儀鶴髮見表（鶴髮白髮）憲王少卿志仕終秉高箱

後漢書列傳卷第十七

列傳卷第十八上　范曄　後漢書二十八

唐章懷太子賢注

桓譚　馮衍（子豹）

桓譚字君山沛國相人也（相縣名故城在今徐州符離縣西北）父成帝時爲太樂令譚以父任爲郎因好音律（宫商角徵羽謂之五聲聲成文謂之音律謂六律黃鐘太族姑洗蕤賓無射夷則）善鼓琴博學多通徧習五經皆詁訓大義不爲章句（說文曰詁訓古言也章句謂離章辨句委曲枝派也）能文章尤好古學數從劉歆楊雄辯析疑異性著倡樂（倡俳優也）簡易不修威儀而憙非毀俗儒由是多見排抵（抵擊也音紙）哀平間位不過郎傅皇后父孔鄉侯晏深善於譚（傅皇后哀帝后）是時高安侯董賢寵幸女弟爲昭儀皇后日巳踈晏嘿嘿不得意譚進說曰昔武帝欲立衞子夫陰求陳皇后之過（子夫衞皇后也本平陽主家謳者得幸於武帝生男）（陳皇后武帝姑長公主嫖女也擅寵十餘年無子聞子夫得幸幾死者數焉上怒遂挾婦人媚道事覺廢居長門宫嫖音匹妙反見前書）而陳后終廢子夫竟立今董賢至愛而女弟尤幸殆將有子夫之

父可不憂哉昱安驚動曰然爲之柰何譚曰刑罰不能加無罪邪枉不能勝正人夫士以才智要君女以媚道求主皇后年少希更艱難或驅使醫巫外求方技此不可不備又君侯以后父尊重而多通賓客必借以重埶貽致譏議不如謝遣門徒務執謙慤此脩己正家避禍之道也晏曰善遂罷遣常客（常或作賓）入白皇后如譚所戒後賢果風太醫令眞欽使求傅氏罪過遂逮后弟侍中喜詔獄無所得乃解故傅氏終全於哀帝之時及董賢爲大司馬聞譚名欲與之交譚先奏書於賢說以輔國保身之術賢不能用遂不與通當王莽居攝篡弑之際天下之士莫不競褒稱德美作符命以求容媚譚獨自守默然無言莽時爲掌樂大夫更始立召拜太中大夫世祖即位徵待詔上書言事失旨不用後大司空宋弘薦譚拜議郎給事中因上疏陳時政所宜

曰臣聞國之廢興在於政事政事得失由乎輔佐輔佐賢明則俊士充朝而理合世務輔佐不明則論失時宜而舉多過事夫有國之君俱欲興化建善然而政道未理者其所謂賢者異也昔楚莊王問孫叔敖曰寡人未得所以爲國是也（莊王名旅穆王商臣之子也孫叔敖楚賢相也言欲爲國於是未知何以得之）叔敖曰國之有是衆所惡也恐王不能定也王曰不定獨在君亦在臣乎對曰君驕士曰士非我無從富貴士驕君曰君非士無從安存人君或至失國而不悟士或至飢寒而不進君臣不合則國是無從定矣莊王曰善願相國與諸大夫共定國是也（事見新序）蓋善政者視俗而施敎察失而立防威德更興文武迭用然後政調於時而躁人可定（躁猶動也謂躁擾不定之人也）昔董仲舒言理國譬若琴瑟其不調者則解而更張（事見前書）夫更張難行而拂衆者亡（拂違也音扶弗反）是故賈誼以才逐而朝錯以智死

賈誼洛陽人也事文帝爲博士每詔令下諸老先生未能言誼盡爲之對人人各如其志所出絳灌之屬害之文帝亦疏之乃以誼爲長沙太傅朝錯潁川人也事文帝爲太子家令號曰智囊景帝即位爲御史大夫請削諸侯之郡後七國反以誅錯爲名遂斬錯見前書 世雖有殊能而終莫敢談者懼於前事也且設法禁者非能盡塞天下之姦皆合衆人之所欲也大抵取便國利事多者則可矣夫張官置吏以理萬人縣賞設罰以別善惡惡人誅傷則善人蒙福矣今人相殺傷雖已伏法而私結怨讎子孫相報後忿深前至於滅戶

殄業而俗稱豪健故雖有怯弱猶勉而行之此爲聽人自理而無復法禁者也今宜申明舊令若已伏官誅而私相傷殺者雖一身逃亡皆徙家屬於邊其相傷者加常二等不得雇山贖罪雇山解見光武紀 如此則仇怨自解盜賊息矣夫理國之道舉本業而抑末利是以先帝禁人二業錮商賈不得宦爲吏高祖時令賈人不得衣絲乘車市井子孫不得宦爲吏 此所以抑并兼長廉恥也今富商大賈多放錢貨中家子弟爲之保役中家猶中等也保役可保信也 趨走與臣僕等勤收稅與封君比入收稅謂舉錢輸息利也東觀記曰中家子爲之保役受計上疏趨走俯伏辟若臣僕坐而分利也 是以衆人慕效不耕而食至乃多通侈靡以淫耳目今可令諸商賈自相糾告若非身力所得皆以臧畀告者畀與也東觀記載譚言曰賈人多通侈靡之物羅紈綺繡雜綵玩好以淫人耳目而竭盡其財是爲下樹奢媒而置貧本也求人之儉約富足何可得乎夫俗難卒變而人不可暴化宜抑其路使之稍自衰焉畀音必二反 如此則專役一已不敢以貨與人事寡力弱必歸功田畝田畝修則穀入

多而地力盡矣又見法令決事輕重不齊或一事殊法同罪異論姦吏得因緣爲市所欲活則出生議所欲陷則與死比是爲刑開二門也今可令通義理明習法律者校定科比科謂事條比謂類例 一其法度班下郡國蠲除故條如此天下知方而獄無怨濫矣方猶法也

書奏不省是時帝方信讖多以決定嫌疑又醻賞少薄天下不時安定譚復上疏曰臣前獻瞽言未蒙詔報不勝憤懣冒死

復陳愚夫策謀有益於政道者以合人心而得事理也凡人情忽於見事而貴於異聞觀先王之所記述咸以仁義正道爲本非有奇怪虛誕之事蓋天道性命聖人所難言也自子貢以下不得而聞況後世淺儒能通之乎（論語子貢曰夫子之文章可得而聞也夫子之言性與天道不可得而聞也鄭玄注云性謂人受血氣以生有賢愚吉凶天道七政變動之占也）今諸巧慧小才伎數之人增益圖書矯稱讖記（伎謂方伎醫方之家也數謂數術明堂羲和史卜之官也圖書即讖緯符命之類也）以欺惑貪邪詿誤

人主焉可不抑遠之哉（東觀記載譚書云矯稱孔丘爲讖記以誤人主也）臣譚伏聞陛下窮折方士黃白之術甚爲明矣（黃白謂以藥化成金銀也方士有方術之士也）而乃欲聽納讖記又何誤也其事雖有時合譬猶卜數隻偶之類（言偶中也）陛下宜垂明聽發聖意屏羣小之曲說述五經之正義略雷同之俗語詳通人之雅謀（雷之發聲衆物同應俗人無是非之心出言同者謂之雷同禮記曰無雷同）又臣聞安平則尊道術之士有難則貴介胄之臣（介甲也胄兜鍪也）今聖朝興復祖

統爲人臣主而四方盜賊未盡歸伏者此權謀未得也臣譚伏觀陛下用兵諸所降下既無重賞以相恩誘或至虜掠奪其財物是以兵長渠率各生狐疑黨輩連結歲月不解古人有言曰天下皆知取之爲取而莫知與之爲取（言先饒與之後乃可取之老子曰將欲廢之必固興之將欲奪之必固與之）陛下誠能輕爵重賞與士共之則何招而不至何說而不釋何向而不開何征而不剋如此則能以狹爲廣以遲爲速亡者復存失者復得矣帝省奏愈不悅其

後有詔會議靈臺所處（陽衒之洛陽記曰平昌門直南大道東是明堂大道西是靈臺也）帝謂譚曰吾欲讖決之何如譚默然良久曰臣不讀讖帝問其故譚復極言讖之非經帝大怒曰桓譚非聖無法將下斬之叩頭流血良久乃得解出爲六安郡丞（六安郡故城在今壽州安豐縣南）意忽忽不樂道病卒時年七十餘初譚著書言當世行事二十九篇號曰新論上書獻之世祖善焉（新論一曰本造）

二王霸三求輔四言體五見徵六譴非七啓寤八祛蔽九正經十讖通十一離事十二道賦十三辨惑十四述策十五閔友十六琴道本造述策閔友琴道各一篇餘並有上下東觀記曰光武讀之敕言卷大令皆別爲上下凡二十九篇琴道一篇未成肅宗使班固續
成之東觀記曰琴道未畢但有發首一章所著賦誄書奏凡二
十六篇元和中肅宗行東巡狩至沛使使
者祠譚冢鄉里以爲榮

馮衍字敬通京兆杜陵人也東觀記曰其先上黨潞人曾祖父奉世徙杜陵祖野王元帝時爲大鴻臚野王字君卿奉世之長子也東觀記曰野王生座襲父爵爲關內侯座生衍華嶠書曰衍祖父立生滿年十七喪父早卒滿生

衍衍幼有奇才年九歲能誦詩至二十而
博通羣書王莽時諸公多薦舉之者衍辭
不肯仕時天下兵起莽遣更始將軍廉丹
討伐山東丹辟衍爲掾與俱至定陶莽追
詔丹曰倉廩盡矣府庫空矣可以怒矣可
以戰矣將軍受國重任不捐身於中野無
以報恩塞責丹惶恐夜召衍以書示之衍
因說丹曰衍聞順而成者道之所大也逆
而功者權之所貴也於正道雖違逆而事有成功者謂之權所謂反經合義者也是故期於有成不問所由論於大體
不守小節昔逢丑父伏軾而使其君取飲
稱於諸侯左氏傳齊晉戰于鞌晉卿韓厥逐及齊侯齊目逢丑父乃與齊侯易位使齊侯御車韓厥將及齊侯丑父令齊侯如華泉取飲韓厥乃獻丑父於郤克郤克將戮之呼曰自今無有代其君任患者有一於此將爲戮矣郤子曰人不難以死免其君我戮之不祥赦之以勸事君者鄭
祭仲立突而出忽終得復位美於春秋蓋
以死易生以存易亡君子之道也祭仲鄭大夫突及忽皆鄭莊公子也莊公薨太子忽當立公子突宋之出也故宋人執鄭祭仲公羊傳曰祭仲何以不名賢也何賢乎以爲知權其知權柰何宋人執之謂曰爲我出忽而立突祭仲不從其言則君必死國必亡從其

言則君可以生易死國可以存易亡古人有權者祭仲是也權者反乎經後有善者也行權有道殺人以自生亡人以自存君子不爲也詭於衆意寧國存身賢智之
慮也詭違也故易曰窮則變變則通通則久
是以自天祐之吉無不利皆周易下繫之詞若夫
知其不可而必行之破軍殘衆無補於主
身死之日負義於時負猶失也智者不爲勇者
不行且衍聞之得時無怠怠懈也言當急趨時張良
以五世相韓椎秦始皇博浪之中張良大父開地相韓昭侯宣惠王襄哀王父平相釐王悼惠王五代相韓謂良父及祖相韓之五王也後秦滅韓良家僮

三百人乃悉以家財求客刺秦王得力士爲鐵椎重百二十斤擊始皇於博浪沙中博浪地名在鄭州陽武縣南椎音直追反謂擊之也勇冠乎賁育名高乎太山孟賁夏育並古之勇士也前書音義曰孟賁生拔牛角夏育衞人力舉千鈞將軍之先爲漢信臣廉褒襄武人宣帝時爲後將軍即丹之先新室之興英俊不附今海內潰亂人懷漢德甚於詩人思召公也愛其甘棠而況子孫乎人所歌舞天必從之詩小雅曰雖無德與汝式歌且舞言漢氏之德人歌舞之也尚書曰人之所欲天必從之方今爲將軍計莫若屯據大郡鎮撫吏士砥厲其節百里之內牛酒日賜納雄桀之士詢忠智之謀要將來之心待從橫之變興社稷之利除萬人之害則福祿流於無窮功烈著於不滅何與軍覆於中原身膏於草野與猶如也功敗名喪恥及先祖哉聖人轉禍而爲福智士因敗而爲功願明公深計而無與俗同丹不能從進及睢陽復說丹曰蓋聞明者見於無形智者慮於未萌況其昭晢者乎晢明也商鞅謂秦孝公曰愚者闇於成事智者見於未萌凡患生於所忽禍發於細微司馬相如曰禍故多藏於

隱微而發於人之所忽也敗不可悔時不可失公孫鞅曰有高人之行負非於世有獨見之慮見贅於人語見史記商君傳贅猶惡也史記贅作疑故信庸庸之論破金石之策庸常也金石以諭堅也襲當世之操失高明之德夫決者智之君也疑者事之役也役猶賤也時不重至公勿再計丹不聽遂進及無鹽與赤眉戰死無鹽縣名屬東平郡故城在今鄆州須昌縣東衍乃亡命河東華嶠書曰丹死衍西歸更始亡軍下司命乘傳逐捕故亡命更始二年遣尚書僕射鮑永行大將軍事安集北方

永字君長司隸校尉宣之子衍因以計說永曰衍聞明君不惡切慤之言以測幽冥之論忠臣不顧爭引之患以達萬機之變慤實也幽冥謂深遠也爭引謂引事與君爭也事非一塗故曰萬機之變也書曰一日二日萬機東觀記衍更始時爲偏將軍與鮑永相善更始既敗固守不以時下建武初爲揚化大將軍掾辟鄧禹府數奏記於禹陳政言事自明君以下皆是諫鄧禹之詞非勸鮑永之說不知何據有此乖違是故君臣兩興功名兼立銘勒金石令問不忘今衍幸逢寬明之日將值危言之時危猶高也論語曰天下有道危言危行豈敢拱默避罪而不竭其誠哉伏念天下離

王莽之害久矣始自東郡之師離遣也莽居攝元年翟義起兵於東郡莽發八將軍以擊之東郡今滑州也繼以西海之役莽居攝元年西羌龐恬傅幡等怨莽奪其地爲西海郡攻西海太守程永莽遣護羌校尉竇況擊之巴蜀沒於南夷莽篡位貶西南夷鉤町王爲侯王邯怨恨攻益州殺大尹程隆莽發巴蜀吏士擊之出入三年死者十七八緣邊破於北狄莽建國三年烏珠單于遣左賢王入雲中大殺吏人大輩萬餘中輩數千殺鴈門朔方太守略吏人畜產不可勝數緣邊虛耗也遠征萬里暴兵累年暴露也禍挐未解兵連不息挐謂相連引也刑法彌深莽以地皇元年以後爲不須時令自是春夏斬人於市賦斂愈重衆彊之黨横擊於外百僚之

臣貪殘於內元元無聊飢寒並臻父子流亡夫婦離散廬落丘墟田疇蕪穢疾疫大興災異蜂起於是江湖之上海岱之濱風騰波涌更相駘藉莽時江湖海澤麋沸青徐荆楚之地播擾前書音義曰駘蹋也今此爲駘古字通四垂之人肝腦塗地死亡之數不啻太半殃咎之毒痛入骨髓匹夫僮婦咸懷怨怒僮猶賤也皇帝以聖德靈威龍興鳳舉率宛葉之衆將散亂之兵歃血昆陽長驅武關破百萬之陳摧九虎之軍莽末下江兵鄧曅王

匡攻武關莽乃拜將軍九人皆以虎爲號以捍匡等擊破六虎敗走三虎乃保京師倉鄧曅等乃開武關迎更始雷震四海席卷天下席卷言無餘也攘除禍亂誅滅無道一朞之間海內大定繼高祖之休烈修文武之絕業社稷復存炎精更輝德冠往初功無與二此上二句司馬相如封禪書之詞天下自以去亡新就聖漢當蒙其福而賴其願樹恩布德易以周洽其猶順驚風而飛鴻毛也言其易也王褒聖主得賢臣頌曰翼乎如鴻毛遇順風也然而諸將虜掠逆倫絕理倫亦理也殺人父子妻人婦女燔

其室屋略其財產飢者毛食寒者裸跣毛草也臣賢案衍集毛字作無今俗語猶然者或古亦通乎冤結失望無所歸命令大將軍以明淑之德秉大使之權統三軍之政存撫并州之人惠愛之誠加乎百姓高世之聲聞乎羣士故其延頸企踵而望者非特一人也且大將軍之事豈得珪璧其行束修其心而已哉言當恢廓規摹不可空自清絜徒約束修身而已將定國家之大業成天地之元功也昔周宣中興之主齊桓霸彊之君耳猶

有申伯召虎夷吾吉甫申伯周宣王之元舅也召虎召穆公也吉甫謂尹吉甫也皆周宣王臣並見毛詩夷吾管仲之字也攘其蝥賊蝥賊食禾稼蟲名諭姦盜侵漁也蝥音牟安其疆宇況乎萬里之漢明帝復興而大將軍爲之梁棟此誠不可以忽也左傳子産謂子皮曰子於鄭國棟也棟折榱崩僑將壓焉且衍聞之兵久則力屈人愁則變生今邯鄲之賊未滅眞定之際復擾邯鄲謂王郎也眞定謂劉揚也而大將軍所部不過百里守城不休戰軍不息兵革雲翔百姓震駭柰何自怠不爲深憂夫并州之地

《後漢列傳十八上　十四　王允成

東帶名關北逼彊胡井陘關也要害之塞故曰名關東觀記作石陘關年穀獨孰人庶多資斯四戰之地攻守之場也如其不虞何以待之故曰德不素積人不爲用備不豫具難以應卒史記子貢說晉君曰慮不先定不可以應卒卒音倉忽反今生人之命縣於將軍將軍所杖必須良才宜改易非任更選賢能夫十室之邑必有忠信東觀記曰無謂無賢路有聖人審得其人以承大將軍之明雖則山澤之人無不感德思樂爲用矣然後簡精銳之卒發屯

守之士三軍既整甲兵已具相其土地之饒觀其水泉之利制屯田之術習戰射之教則威風遠暢人安其業矣若鎮太原撫上黨收百姓之歡心樹名賢之良佐天下無變則足以顯聲譽一朝有事則可以建大功惟大將軍開日月之明發深淵之慮監六經之論觀孫吳之策孫武吳王闔廬將吳起魏文侯將並著兵書也省羣議之是非詳衆士之白黑白黑猶賢愚也以超周南之迹垂甘棠之風令夫功烈

《後漢列傳十八上　十五　王永奏

施於千載富貴傳于無窮伊望之策何以加茲伊尹呂望永既素重衍爲且受使得自置偏裨乃以衍爲立漢將軍東觀記曰時永得置偏裨將五人也領狼孟長屯太原狼孟縣名屬太原郡故城在今并州陽曲縣東北與上黨太守田邑等繕甲養士扞衛并土及世祖即位遣宗正劉延攻天井關與田邑連戰十餘合延不得進邑迎母弟妻子爲延所獲東觀記曰鄧禹使積弩將軍馮愔將兵擊邑愔悉得邑母弟妻子後邑聞更始敗乃遣使詣洛陽獻璧馬即拜爲

上黨太守〔東觀記曰遣騎都尉弓里游諫大夫何叔武即拜邑爲上黨太守〕因遣
使者招永衍永衍等疑不肯降而忿邑背
前約〔東觀記衍與邑素誓刎頸俱受重任〕衍乃遺邑書曰蓋聞
晉文出奔而子犯宣其忠〔晉文公重耳避驪姬之難出奔狐偃
勸令返國遂爲霸主子犯即狐偃字也〕趙武逢難而程嬰明其賢
〔趙盾晉卿生趙朔朔娶晉成公姊爲夫人晉景公三年大夫屠岸賈誅趙氏殺趙朔滅其族朔妻有遺腹
走公宮趙朔客程嬰公孫杵臼杵臼謂程嬰曰胡不死程嬰曰朔之婦有遺腹若幸而生男吾奉之即女
也吾徐死耳居無何朔妻生男屠岸賈聞之乃索於宮中夫人置兒於袴中祝曰趙宗滅乎若號即不滅
若無聲及索兒竟無聲程嬰曰今一索不得後必復索之杵臼乃取它嬰兒負之匿山中諸將共攻殺杵

後漢列傳十七上　十六　章駒

臼并孤兒然趙氏眞孤乃在程嬰所即趙武也居十五年晉景公乃立趙武爲卿而復其田邑事見史記〕
二子之義當矣今三王背畔赤眉危國〔三王
見更始傳〕天下蝗動社稷顛隕〔蝗動諭衆〕是忠臣立
功之日志士馳馬之秋也伯玉擢選剖符
專宰大郡〔文帝初與郡守始爲銅虎符竹使符分持其一以爲瑞信剖即分也〕夫上
黨之地有四塞之固東帶三關西爲國蔽
〔三關謂上黨關壺口關石陘關也陘音形〕柰何舉之以資彊敵開
天下之匈假仇讎之刃豈不哀哉〔張儀說楚王曰秦下
甲攻衞陽晉大開天下匈李斯曰所謂借寇兵而齎盜糧也〕衍聞之委質爲
臣無有二心〔委質猶屈膝也左傳曰策名委質貳乃辟也臣無二心古之制也〕挈
缾之智守不假器〔解見左傳〕是以晏嬰臨盟擬
以曲戟不易其辭〔晏子春秋曰齊大夫崔杼弑齊莊公乃劫諸大夫盟有敢
不盟者戟鉤其頸劒承其心曰不與崔氏而與公室者盟神視之言不疾指不至血者死所殺者七人而
後及晏子晏子奉血仰天曰崔氏無道而殺其君若有能復崔氏而嬰不與盟視之遂仰而歃血崔氏曰
晏子與我則齊國吾與共之不與我則戟在脰劒在心子圖之晏子曰劫吾以刃而失其意非勇也留吾
以利而背其君非義也詩云愷悌君子求福不回嬰可回而求福乎劒刃鉤之直兵推之嬰不革矣崔子
遂釋之〕謝息守郕脅以晉魯不喪其邑〔左傳孟孫
之家臣謝息孟孫從魯昭公如楚謝息爲孟孫守郕邑晉人來理杞田季孫將以郕邑與之謝息不可曰

後漢列傳十七上　十七　吳佐

夫子從君而守臣喪邑雖吾子亦有猜焉季孫曰君之在楚於晉罪也又不聽晉魯罪重矣晉師必至吾
無以待之謝息曰古人有言挈缾之智守不假器季孫曰吾與子桃辭以無山與之萊柞乃遷於桃杜預
注曰挈缾汲器諭小智也魯國下縣東南有桃虛萊柞二山名〕由是言之內無
鉤頸之禍外無桃萊之利〔臣賢案謝息得桃邑萊山故言無桃
萊之利也但爲萊字似棗文又連桃後學者以桃棗易明桃萊難悟不究始終輒改萊爲棗衍集又作棗
或改作乘展轉乖僻爲謬矣〕而被畔人之聲蒙降城之恥
竊爲左右羞之且鄒庶其竊邑畔君以要
大利曰賤而必書莒牟夷以土地求食而
名不滅是以大丈夫動則思禮行則思義

未有背此而身名能全者也 庶其邾大夫以邾邑漆閭丘奔
魯故言竊邑畔君以要利也牟夷莒大夫竊牟婁及防茲來奔昭公三十一年邾黑肱以濫來奔左傳曰
以地畔求食而已不求其名賤而必書以名其人終為不義不可滅已是故君子動則思禮行則思義或
求名而不得或欲蓋而名彰此所謂三畔人名者也 為伯玉深計莫若與
鮑尚書同情勠力顯忠貞之節立超世之
功如以尊親係累之故能捐位投命歸之
尚書大義既全敵人紓怨 紓緩音舒 上不損剖
符之責下足救老幼之命申眉高談無愧
天下若乃貪上黨之權惜全邦之實衍恐

後漢列傳十八上　十八

伯玉必懷周趙之憂上黨復有前年之禍
史記曰趙孝成王時韓上黨太守馮亭使人至趙曰韓不守上黨入之於秦其吏人皆安為趙不欲為秦
有城市邑十七願再拜入之趙趙王大喜召平陽君豹告曰馮亭入城市邑十七受之何如豹曰聖人甚
禍無故之利夫秦蠶食韓氏地中絕不令相通韓氏所以不入於秦者欲嫁其禍於趙也勿受也趙王不
聽遂發兵取上黨於是秦人圍趙阬其卒四十萬秦又圍邯鄲又攻西周拔之故言懷周趙之憂前年猶
往時 昔晏平仲納延陵之誨終免欒高之難
延陵邑名吳公子季札所封故以號焉左傳魯襄二十九年季札聘齊見晏平仲曰子速納邑與政無邑
無政乃免於難晏子因陳桓子以納邑與政是以免於欒高之難欒謂子雅高謂子尾皆齊大夫左氏魯
昭公八年欒高作難晏子無罪 孫林父違穆子之戒故陷終

身之惡 孫林父衛大夫孫文子也穆子魯大夫叔孫豹也左傳衛侯使孫林父聘魯且尋盟
公登亦登叔孫穆子相趨進曰諸侯之會寡君未嘗後衛君今吾子不後寡君未知所過孫子無辭亦
無悛容穆子曰孫子必亡為臣而君過而不悛亡之本也至襄十四年孫林父逐出衛獻公獻公復入國
林父遂以戚邑畔是陷於終身之惡 以為伯玉聞此至言必若
刺心自非嬰城而堅守則策馬而不顧也
言不過為二塗而已 聖人轉禍而為福智士因敗以
成勝願自彊於時無與俗同邑報書曰僕
雖駑怯亦欲為人者也豈苟貪生而畏死
哉曲戟在頸不易其心誠僕志也間者老

後漢列傳十八上　十九

母諸弟見執於軍而邑安然不顧者豈非
重其節乎若使人居天地壽如金石要長
生而避死地可也今百齡之期未有能至
老壯之間相去幾何誠使故朝尚在忠義
可立雖老親受戮妻兒橫分邑之願也間
者上黨黠賊大眾圍城義兵兩輩入據井
陘邑親潰敵圍拒擊宗正 即劉延 自試智勇
非不能當誠知故朝為兵所害新帝司徒
已定三輔 謂鄧禹也 隴西北地從風響應其事

昭昭日月經天河海帶地不足以比（言明白也）死
生有命富貴在天（論語子夏之詞）天下存亡誠云
命也邑雖沒身能如命何夫人道之本有
恩有義義有所宜恩有所施君臣大義母
子至恩今故主已亡義無誰爲老母拘執
恩所當留而厲以貪權誘以策馬抑其利
心必其不顧何其愚乎邑年三十歷位卿
士性少嗜慾情厭事爲況今位尊身危財
多命殆鄙人知之何疑君子君長蓋通（君長謂章）

後漢列傳十八上　二十

（鮑永字也）揭節垂組自相署立（揭音其謁反謂負也）蓋仲
由使門人爲臣孔子識其欺天（孔子有疾仲由欲使門人爲臣以大夫之禮葬孔子孔子謂曰由之行詐也吾誰欺欺天乎事具論語）君長據位
幷州加以一郡（衍集鮑永行將軍事安集幷州據兵屯太原與太原李仲房同心幷）
力而河東畔國兵不入𨛦（聞更始敗故諸國畔也不入𨛦言不征之也𨛦縣名屬河東郡順帝改曰永安）上黨見圍不窺大谷（所謂即上黨黠賊所圍城者也大谷自太原趣上黨之道不窺言不來救也今幷州大谷縣西有大谷是也）宗
正臨境莫之能援兵威屈辱國權日損三
王背畔赤眉害主未見兼行倍道之赴若

墨翟累繭救宋申包胥重胝存楚衛女馳
歸唁兄之志（衛女衛宣公庶子頑之女爲許穆公夫人其兄即戴公弔失國曰唁衛懿公爲狄所滅戴公乃立盧于曹邑許穆夫人閔衛亡思歸唁之不得乃賦載馳之詩事見左傳）王
亡一歲莫知定所虛冀妄言苟肆鄙塞未
能事生安能事死未知爲臣焉知爲主豈
厭爲臣子思爲君父乎欲搖太山而蕩北
海（言不可也孟子曰挾太山而超北海也）事敗身危要思邑言
衍不從或訛言更始隨赤眉在北（訛僞也）永
衍信之故屯兵界休（界休縣屬太原郡今汾州縣）方移書

後漢列傳十八上　二十一　王恭

上黨云皇帝在雍以惑百姓永遣弟叔及
子壻張舒誘降涅城（東觀記曰叔及舒等謀使營尉李匡先反涅城開門內兵殺其縣長爲晏立故謁者祝回爲涅長涅縣名屬上黨郡故城在今潞州鄉縣西涅音奴結反）舒
家在上黨邑悉繫之又書勸永降永不荅（東觀記載邑書曰愚聞丈夫不釋故而改圖哲士不徼幸而出危今君長故主敗不能死新帝立不肯降擁衆而據壁欲襲六國之從與邑同事一朝內爲刎頸之盟興兵背畔攻取涅城破君長之國壞父母之鄉首難結怨輕弄凶器人心難知何意君長當爲此計昔者韓信將兵無敵天下功不世出略不再見威執項羽名出高帝不知天時就烹於漢智伯分國既有三晉欲大無已身死地分頭爲飲器君長銜命出征擁帶徒士上黨阸不能救河東畔不能取朝有顛沛之憂國有分崩之禍上無仇牧之節下無不占之

志天之所壞人不能支君長將兵不與韓信同日而
論威行得衆不及智伯萬分之半不見天時不知厭
足欲明人臣之義當先知故主之未然欲貪天下之
利宜及新主之未爲今故主已敗新主既成四海爲
羅網天下爲敵人舉足遇害動搖觸患履深泉之薄
冰不爲號涉千鈞之發機不知懼何如其知也絶鮑
氏之姓廢子都之業誦堯之言服桀之行悲夫命也
張舒內行邪孽不遵孝友疏其父族外附妻黨已收
三族將行其法能逃不自詣者舒也
能夷舒宗者予也永邑遂結怨爲 自是與邑有
隙邑字伯玉馮翊人也後爲漁陽太守 東觀
記曰邑馮翊蓮芍人也其先齊諸田父豐爲王莽著
威將軍邑有大節涉學藝能善屬文爲漁陽太守未
到官道病徵還爲
諫議大夫病卒 永衍審知更始已歿乃共
罷兵幅巾降於河內 不加冠幘但以一
幅巾飾首而已 帝怨衍

後漢列傳十八上　二十二　[illegible]

等不時至永以立功得贖罪遂任用之 立功
謂說
下濮 而衍獨見黜永謂衍曰昔高祖賞季
布之罪誅丁固之功 季布項羽將數窘漢王漢
王即位赦布以爲郎中丁
固季布母弟爲項羽將亦窘高祖高祖急顧謂丁固
曰兩賢豈相戹哉丁公引還高祖即位丁固謁見高
祖曰使項王失天下
者丁公也遂斬之 今遭明主亦何憂哉衍
曰記有之人有挑其鄰人之妻者挑其長
者長者詈之挑其少者少者報之後其夫
死而取其長者或謂之曰夫非罵爾者邪
曰在人欲其報我在我欲其罵人也 此並
陳軫

對秦王之詞也見戰國策引之者言已爲
故主守節亦冀新帝重之也挑音徒了反 夫天命
難知人道易守守道之臣何患死亡頃之
帝以衍爲曲陽令 曲陽縣名屬常山郡故城
在今定州彭城縣西也 誅
斬劇賊郭勝等降五千餘人論功當封以
讒毀故賞不行建武六年日食 續漢志曰建
武六年九月
丙寅晦日有食之
史官不見郡以聞 衍上書陳八事其一曰顯
文德二曰褒武烈三曰修舊功四曰招俊
傑五曰明好惡六曰簡法令七曰差秩祿
八曰撫邊境書奏帝將召見初衍爲狼孟

後漢列傳十八上　二十三　康坤

長以罪摧陷大姓令狐略是時略爲司空
長史讒之於尚書令王護尚書周生豐曰
衍所以求見者欲毀君也 風俗通曰周生姓
也豫章舊志曰豐
字偉防太山南武陽人也建武
七年爲豫章太守清約儉惠 護等懼之即共
排閒衍遂不得入後衛尉陰興新陽侯陰
就以外戚貴顯深敬重衍衍遂與之交結
由是爲諸王所聘請 興及就並光烈皇后母弟
也衍集與陰就書曰衍聞
神龍驤首幽雲景蒸明聖修德志士思名是以意同
情合聲比則應也伏見君侯忠孝之性慈仁殷勤論
議周密思慮深遠顧以微賤數蒙聖恩被侯大惠衍
年老被病恐一旦無祿命先犬馬懷抱不報齎恨入

寘恩剖肝膽有以塞責方今天下安定四海咸服蒙恩更生之臣無所効其死力側聞東平山陽王壯當之國擇除官屬衍不自量願炙白以衍備門衛鄙語曰水不激不能破舟矢不激不能飲羽不念舊惡名賢所高負責之臣欲言不敢惟疾哀憐深留聖心則闔棺之日魂復何恨尋爲司隸從事帝懲西京外戚賓客故皆以法繩之大者抵死徙其餘至貶黜衍由此得罪嘗自詣獄有詔赦不問時衍又與就書曰奏曹掾馮衍叩頭死罪衍材素愚鶩行義汙穢外無鄉里之譽內無汗馬之勞猥蒙明府天覆之德華寵重疊閒者掾史疑衍之罪衆煦飄山當爲灰土賴蒙明察援其素行復保首領倍知厚德篤於慈父憂淫肌膚滲漉骨髓德重山岳澤深河海箇送妻子還淄縣遣兩逢暑以七月還至陽武聞詔捕諸王賓客惶怖詣闕冀先事自歸十一日到十二日書報歸田里即曰東手詣洛陽詔獄十五日夜詔書勿問得出遣兩又疾大困冀高世之德施以田子老馬之惠贈以秦穆駿馬之恩使長有依歸以勸忠心西歸故郡閉門自保不敢復與親故通

後漢書列傳卷第十八上

列傳卷第十八下　范曄　後漢書二十八

唐章懷太子賢注

馮衍

建武末上疏自陳曰臣伏念高祖之略而陳平之謀毀之則疏譽之則親史記曰魏無知薦陳平於高祖高祖以平爲將絳灌等咸譖平曰雖美丈夫如冠玉耳居家盜嫂今大王令護軍諸將金多者得善處金少者得惡處高祖讓魏無知無知曰臣所言者能也陛下所問者行也楚漢相拒臣進奇謀之士盜嫂受金又何足疑高祖乃令平盡護諸將也以文帝之明而魏尚之忠繩之以法則爲罪施之以德則爲功魏尚槐里人文帝時爲雲中守匈奴不近雲中後坐上首虜差六級下之吏罰作之馮唐諫文帝曰臣愚以爲陛下法太明罰太重賞太輕帝悅是日令唐持節赦尚復以爲雲中守也逮至晚世董仲舒言道德見妒於公孫弘史記曰董仲舒爲人廉直公孫弘習春秋不如董生弘希時用事位至公卿仲舒以弘爲從諛弘嫉之時膠西王帝兄驕縱弘乃言於上曰獨仲舒可使相膠西膠西王素聞仲舒亦善待之李廣奮節於匈奴見排於衛青史記曰李廣隴西成紀人也爲前將軍從衛青討匈奴青不使當匈奴廣乃失道後期青令對簿廣乃引刀自剄知與不知莫不流涕此忠臣之常所爲流涕也臣衍自惟微賤之臣上無無知之薦下無馮唐之說乏董生之才寡李廣之

埶而欲免讒口濟怨嫌豈不難哉臣衍之先祖以忠貞之故成私門之禍（衍之祖馮參忠正不屈節於王氏五侯參姊爲中山王太后後爲哀帝祖母傅太后陷以大逆參自殺親族死者十七人見前書）而臣衍復遭擾攘之時值兵革之際不敢回行求時之利（回邪也）事君無傾邪之謀將帥無虜掠之心衛尉陰興敬愼周密内自修勑外遠嫌疑故敢與交通興知臣之貧數欲本業之（欲遺其財爲立基本生業也）臣自惟無三益之才不敢處三損之地固讓而不受之（論語載孔子言曰益者三友損者三友故衍引以爲言也）昔在更始太原執貨財之柄居蒼卒之間據位食祿二十餘年而財產歲狹居處日貧家無布帛之積年無輿馬之飾於今遭清明之時飭躬力行之秋（力行謂盡力行善道也禮記曰好問近於智力行近乎仁也）而怨讎叢興譏議横世葢富貴易爲善貧賤難爲工也疏遠壠畝之臣無望高闕之下惶恐自陳以救罪尤書奏猶以前過不用衍不得志退而作賦又自論曰

後漢列傳十八下　二　林康

馮子以爲夫人之德不碌碌如玉落落如石（老子德經之詞也言可貴可賤皆非眞也玉貌碌碌爲人所貴石形落落爲人所賤賤既失矣貴亦未得言當處才不才之閒）風興雲蒸一龍一蛇與道翶翔與時變化夫豈守一節哉（風興雲蒸言相須也東方朔誡子書曰聖人之道一龍一蛇形見神藏與物變化隨時之宜無有常處化音協韻音花）用之則行舍之則藏進退無主屈申無常故曰有法無法因時爲業有度無度與物趣舍（史記司馬談之詞也言法度是非皆隨時俗物所趣則向之所舍則違之所謂隨時之義也）常務道德之實而不求當世之名闊略杪小之禮蕩佚人間之事（放蕩縱逸不拘恒俗也）正身直行恬然肆志顧嘗好俶儻之策時莫能聽用其謀（顧猶反也俶儻卓異貌也）喟然長歎自傷不遭（遭遇）久棲遲於小官不得舒其所懷（棲遲猶偃息也）抑心折節意悽情悲夫伐冰之家不利雞豚之息（言食厚祿不當求小利也禮記曰畜馬千乘不察於雞豚伐冰之家不畜牛羊伐冰謂卿大夫以上以其喪祭得賜冰故言伐冰也韓詩外傳曰天子不言多少諸侯不言利害大夫不言委積四馬之家不恃雞豚之息伐冰之家不恃牛羊之入也）委積之臣不操市井之利（韓詩外傳曰千乘之君不通貨財委積之臣不操市井之利是以貧窮有所歡而孤寡有所措也）

後漢列傳十八下　三　林□

況歷位食祿二十餘年而財產益狹居處益貧惟夫君子之仕行其道也慮時務者不能興其德爲身求者不能成其功（言不可兼也）去而歸家復羈旅於州郡身愈據職家彌窮困卒離飢寒之災有喪元子之禍先將軍葬渭陵哀帝之崩也營之以爲園（奉世爲右將軍卽衍之曾祖故言先將軍渭陵元帝陵在長安北五十里哀帝義陵在長安北四十六里奉世墓入義陵塋中所以衍不得入葬而別求也）於是以新豐之東鴻門之上壽安之中（太上皇思東歸乃遷豐邑人於此立縣故曰新豐鴻門阪名前書音義曰在新豐東十七里舊大道北下阪口）地埶高敞四通廣大南望酈山北屬涇渭東瞰河華龍門之陽三晉之路（龍門河所經今絳州縣也三晉謂韓趙魏也）西顧酆鄗周秦之丘宮觀之墟（酆鄗二水名周文王都酆武王都鄗秦本封在隴西秦縣周平王東遷以後秦始有岐周之地故總言周秦之丘丘亦墟也）通視千里覽見舊都遂定塋焉（衍墓在今新豐縣南四里）退而幽居蓋忠臣過故墟而歔欷孝子入舊室而哀歎（史記曰箕子朝周過殷墟感生禾黍箕子傷之欲哭則不可欲泣爲其近婦人乃作麥秀之詩殷人聞之皆爲流涕禮記檀弓曰反哭外堂反諸其所作也入室反諸其所養也反而亡焉失之哀於是爲甚也）

每念祖考著盛德於前垂鴻烈於後遭時之禍墳墓蕪穢春秋蒸嘗昭穆無列（司馬相如賦曰墳墓蕪穢而不脩父爲昭子爲穆昭南面穆北面也）年衰歲暮悼無成功將西田牧肥饒之野殖生產修孝道營宗廟廣祭祀然後闔門講習道德觀覽乎孔老之論庶幾乎松喬之福（列仙傳赤松子神農時雨師也服水玉能入火不燒常止西王母石室中能隨風上下王子喬周靈王太子晉也好吹笙作鳳鳴游伊洛之閒道人浮丘公接以上嵩高山遂仙去也）上隴阪陟高岡游精宇宙流目八紘（尹文子曰四方上下曰宇蒼頡篇曰舟輿所屆曰宙淮南子曰九州之外乃有八夤八夤之外乃有八紘也）歷觀九州山川之體追覽上古得失之風愍道陵遲傷德分崩夫覩其終必原其始故存其人而詠其道疆理九野經營五山眇然有思陵雲之意（疆界也理正也詩曰我疆我理九野謂九州之野經營猶往來五山卽五岳也）乃作賦自厲命其篇曰顯志顯志者言光明風化之情昭章玄妙之思也其辭曰

開歲發春兮百卉含英（開發皆始也爾雅曰春爲發生卉草也楚詞曰獻歲發春兮）甲子之朝兮汨吾西征（君子舉事尚早故以）

朝言之汨行貌楚詞曰汨吾南征汨音于筆反發軔新豐兮裒回鎬京軔止車木也將行故發之陵飛廉而太息兮登平陽而懷傷飛廉觀名武帝元封二年立於長安上有銅飛廉因以名焉前書音義曰飛廉神禽能致風氣有角而蛇尾文如豹文平陽縣名故城在今岐州岐山縣西南悲時俗之險阸兮哀好惡之無常時既險薄所以好惡不同楚詞曰悲時俗之迫阸也棄衡石而意量兮隨風波而飛揚衡秤衡也三十斤爲鈞四鈞爲石言時人衡石以意則量論背法度也隨風波而飛揚言無志操也紛綸流於權利兮親靁同而妒異獨耿介而慕古兮豈時人之所意言時俗溺於權利也同己則親之異己則妒之今己不與之同所以見惡

也沮先聖之成論兮邈名賢之高風忽道德之珍麗兮務富貴之樂耽沮敗也邈陵也耽亦樂也言時人之行如此遵大路而裒回兮履孔德之窈冥固衆夫之所眩兮孰能觀於無形遵循也大路大道也老子曰大道汎兮又曰孔德之容窈兮冥兮其中有精又曰大象無形孔之爲言空也窈冥謂幽玄也道以空爲主故無物而不容時俗眩於名利孰能觀大象無形矣行勁直以離尤兮羌前人之所有內自省而不慙兮遂定志而弗改離遭也尤過也羌語發聲也言古人有爲勁直行而遭尤過者有之矣即屈原賈誼之流也衍內自省察不慙於古人遂守志不改也欣吾黨之唐虞兮

愍吾生之愁勤聊發憤而揚情兮將以薄夫憂心傷已不逢堯舜也薄散也往者不可攀援兮來者不可與期病沒世之不稱兮願橫逝而無由言唐虞往不可攀援而及將來賢哲又不可豫期所病終身之後名譽不稱又願縱橫遠逝而其路無由也論語孔子曰君子疾沒世而名不稱焉陟雍時而消搖兮超略陽而不反念人生之不再兮悲六親之日遠雍縣名屬右扶風故城在今岐州雍縣南時者止也神靈之所止也史記曰秦并天下祠雍四時漢加黑帝謂之五時消搖猶觀望也超過也略陽縣名屬天水郡今隴州隴城縣也六親夫婦父子兄弟也陟九嵕而臨嶻嶭兮聽涇渭之波聲嵏嶭山一

名嵳嶭在今三原縣北嵕音才結反嶭音五結反顧鴻門而歔欷兮哀吾孤之早零何天命之不純兮信吾罪之所生傷誠善之無辜兮齎此恨而入冥零落也吾孤早零即上所謂喪元子者也子既早殀未有邪僻故云誠善辜罪也冥謂地也齎恨入冥言死有餘恨也嗟我思之不遠兮豈敗事之可悔雖九死而不眠兮恐余殃之有再淚汍瀾而雨集兮氣滂浡而雲披心怫鬱而紆結兮意沈抑而內悲言已往者託於貴戚之權幾陷誅戮之罪此由我思慮不深遠已敗之事悔之無及雖復九死而目不瞑言怨恨之深也楚詞曰雖九死其猶未悔瞑即瞑也今縱

飭躬自勗又恐殃禍至冉所以涙落意沈氣憤心結也瞰太行之嵳峩兮觀壺口之崢嶸悼丘墓之蕪穢兮恨昭穆之不榮太行山在上黨南壺口山在上黨東衍之遠祖馮亭爲韓上黨守以上黨降趙趙封亭三萬戶號華陽君死因葬上黨其墓在今潞州上黨縣西衍在關中望之即序所謂通視千里覽見舊都者也嵳峩高大貌崢嶸深邃貌歲忽忽而日邁兮壽冉冉其不與恥功業之無成兮赴原野而窮處與猶待也楚詞曰日忽忽其將暮又曰老冉冉其將至功業無成情多憂憤故赴原野而窮居昔伊尹之干湯兮七十說而乃信皐陶釣於靁澤兮賴虞舜而後親無二士之遭遇兮抱忠貞而莫達率妻子而耕耘兮委厥美而不伐伊尹名摯負鼎俎以干湯七十說而乃信謂年七十說湯乃得信也皇甫謐帝王記曰伊摯豐下兑上色黑而短僂身而下聲年七十而不遇湯聞其賢設朝禮而見之摯乃說湯致於王道信音申呂氏春秋曰舜陶於河濱漁於靁澤今言皐陶未詳靁澤在今濮州靁澤縣東也韓盧抑而不縱兮騏驥絆而不試獨慷慨而遠覽兮非庸庸之所識戰國策曰齊欲伐魏淳于髠謂齊王曰韓盧天下之壯犬也淮南子曰絆騏驥而求千里衍喻已有高才而不申所以獨慷慨遠覽非庸庸之徒所能識也識叶韻音志卑衛賜之阜貨兮高顏回之所慕重祖考之洪烈兮故收功於此路卑賤也阜積也衍賤子貢貨殖慕顏回樂道所以不從流俗專心貞固者以其祖考功業隆大若苟求富貴恐致黜辱故於此路收功也循四時之代謝兮分五土之刑德相林麓之所產兮嘗水泉之所殖修神農之本業兮採軒轅之奇策追周棄之遺教兮軼范蠡之絕迹周禮五土一曰山林二曰川澤三曰丘陵四曰墳衍五曰原隰家語曰地東西爲緯南北爲經山爲積德川爲積刑穀梁傳曰林屬於山曰麓周禮曰山林動物宜毛植物宜皁淮南子曰汾水濁宜麻濟水和宜麥河水調宜菽洛水輕利宜禾渭水多力宜黍江水肥宜稻管子曰四七二十八尺而至於泉其水白而甘宜黍秫三七二十一尺而至於泉其水黃而有臭宜大菽與麥二七一十四尺至於泉其味鹹宜稻與麥此嘗水泉之所殖也周易曰神農氏斲木爲耜揉木爲耒耒耜之利以敎天下蓋取諸益周書曰神農之時天雨粟神農耕而種之軒轅黃帝也大戴禮曰黃帝時播百穀草木節用水火時物人得其利周棄帝嚳之子爲兒之時其游戲好種樹麻菽及成人遂好耕農相地之宜人皆法則之帝堯聞之舉棄爲農師天下得其利故言遺敎軼過也范蠡南陽人事越王句踐苦身勠力負滅吳報恥既而以爲大名之下難以久居乃與其私屬乘舟浮海以行變姓名適齊爲鴟夷子皮之陶爲朱公終身不返是絕迹也陟隴山以踰望兮眇然覽於八荒風波飄其並興兮情惆悵而增傷踰猶遥也古字通八荒八方荒遠之地覽河華之泱漭兮望秦晉之故國憤馮亭之不遂兮愠去疾之遭惑馮亭以上黨降趙秦破趙於長平而亭死故言不遂愠怨也馮去疾爲秦丞相胡亥元年用趙高計

始皇大臣咸見誅戮無遺脫者是遭惑也亭及去疾皆衍之先故遠懷憤怨也泱音烏朗反漭音莽流山岳而周覽兮徇碣石與洞庭浮江河而入海兮泝淮濟而上征碣石海畔山也在今平州東洞庭湖名也中有洞庭山在今岳州西南衍既不同流俗情多憤怨故假言涉歷江山周流河海屈原云吾將遠逝以自適路脩遠以周流之類也瞻燕齊之舊居兮歷宋楚之名都哀羣后之不祀兮痛列國之爲墟燕都今薊縣也齊都營丘今臨淄縣也宋都睢陽今宋州也楚初都丹陽在歸州後都郢在今荆州至考烈王爲秦所逼又徙都壽春今壽州也不祀言皆絶也臧文仲曰咎陶庭堅不祀也馳中夏而升降兮路紆軫而多艱講聖哲之通論兮心

怫憶而紛紜紆軫猶盤曲也怫憶猶鬱結也紛紜猶紛亂也怫音普逼反惟天路之同軌兮或帝王之異政堯舜煥其蕩蕩兮禹承平而革命惟思也言思上天之路軌躅則同而帝王政教參差有異班固曰仰天路而同軌白虎通曰德合天者稱帝仁義合者稱王故言異政也煥文章貌蕩蕩政化平暢貌論語孔子曰唯天爲大唯堯則之煥乎其有文章蕩蕩乎人無能名焉堯舜同道故兼言之舜禪位於禹禹承堯舜之後而改制度禪子故曰承平革命也并日夜而幽思兮終悇憛而洞疑高陽邈其超遠兮世孰可與論兹孔子曰吾嘗終日不食終夜不寢以思楚詞云心悇憛而懷惑廣蒼云悇憛禍福未定也悇音它乎反憛音它紺反本或作侘憏侘音丑加反憏音丑制反未定也高陽帝顓頊之

號也洞亦不定也史記曰盡悁洞疑又曰高陽氏沈深而有謀疏通而知事以有其謀而疏通故欲與之論事訴夏啓於甘澤兮傷帝典之始傾頌成康之載德兮詠南風之歌聲訴問也啓禹子也尚書曰啓與有扈戰于甘之野孔安國注云有扈與夏同姓恃親而不恭故啓征之於甘野甘野在今鄠縣啓既德薄同姓相攻故傷帝典之傾也易曰德積載史記曰成康之際天下安寧刑錯三十餘年而不用周南召南謂國風之首篇歌文王之德故詠之也非舜南風之歌思唐虞之晏晏兮揖稷契與爲朋苗裔紛其條暢兮至湯武而勃興尚書考靈耀曰放勛欽明文塞晏晏鄭玄注曰寛容覆載謂之晏稷名棄爲堯后稷契爲堯司徒契十四葉孫號湯滅夏桀而王有天下后稷十六葉孫周武王滅殷紂而王天下勃盛貌也

左傳曰其興也勃焉昔三后之純粹兮每季世而窮禍弔夏桀於南巢兮哭殷紂於牧野三后夏殷周也惜其不能始終純茂每至末代必窮其災禍湯放桀於南巢武王滅紂於牧野周之季葉幽王爲西戎所殺也離騷曰昔三后之純粹何桀紂之昌披南巢地名廬州巢縣也孔安國曰牧野紂近郊三十里地名也在今衞州也詔伊尹於亳郊兮享呂望於酆洲功與日月齊光兮名與三王爭流詔召也亳湯都在京兆杜陵亭呂望周太師翼周滅殷者也酆文王所都水中可居曰洲也楊朱號乎衢路兮墨子泣乎白絲知漸染之易性兮怨造作之弗思淮南子曰楊子見逵路而哭之爲其可以南可以北傷其

本同而末異也墨子曰墨子見染絲歎曰染於蒼則蒼染於黃則黃五入之則爲五色故染不可不慎非獨絲也國亦有染湯染伊尹紂染惡來也先王正道規摹有常苟生穿鑿則岐路競起故墨子知漸染之易性楊朱悲造作之弗已

羡關雎之識微兮愍王道之將崩拔周唐之盛德兮捃桓文之譎功

薛夫子韓詩章句曰詩人言雎鳩貞絜以聲相求必於河之洲蔽隱無人之處故人君動靜退朝入于私宮妃后御見去留有度今人君內傾於色大人見其萌故詠關雎說淑女正容儀也方言曰捃取也譎詐也齊桓公晉文公俱有霸功孔子曰晉文公譎而不正齊桓公正而不譎時周衰政亂桓文能紏率諸侯翼戴天子故取其一切之功也

忿戰國之遘禍兮憎權臣之擅彊黜楚子於南郢兮執趙武於溴梁

周室衰微七國

交爭是爲戰國時吳楚僭號皆稱王孔子修春秋以蠻夷大者不過子故皆黜曰子又春秋稱公會晉宋衛鄭曹莒邾薛杞于溴梁戊寅大夫盟公羊傳曰諸侯皆在言大夫盟何信在大夫何言乎信在大夫徧刺天下之大夫也曷爲徧刺天下之大夫君若綴旒然趙武晉卿趙文子也時晉爲盟主文子晉之正卿而爲不臣之行故欲執之也溴水名在河內軹縣東南至溫入河爾雅曰梁莫大於溴梁溴音古覓反

善忠信之救時兮惡詐謀之妄作聘申叔於陳蔡兮禽荀息於虞虢

申叔楚莊王時賢臣申叔時者也左傳陳夏徵舒弑靈公楚莊王伐陳殺夏徵舒因縣陳爲縣申叔時諫莊王曰夏徵舒殺其君其罪大矣討而戮之君之義也諸侯之從曰討有罪也今縣陳貪其富也以討召諸侯而以貪終之無乃不可乎王曰善哉吾未之聞也乃復封陳聘謂問之也時惟在陳而兼言蔡者蓋以陳蔡相近因連言之也荀息晉大夫左傳曰晉荀息請以屈產之乘垂棘之壁假道於虞以伐虢公曰是吾寶也對曰若得道於虞猶外府也乃假道於虞以滅虢師還遂襲虞滅之

誅犂鉏之介聖兮討臧倉之愬知嫫子反於彭城兮爵管仲於夷儀

犂鉏齊大夫介猶閒也韓子曰仲尼爲政於魯道不拾遺齊景公患之犂鉏曰去仲尼猶吹毛耳君何不遺魯公以女樂以驕其意魯君樂之必怠於政仲尼必諫諫而不聽必輕絕魯景公曰善乃令犂鉏以女樂遺魯哀公樂之果怠於政仲尼諫不聽遂去之孟子曰魯平公將出嬖人臧倉請曰它日君出必命有司所之今已駕矣敢請公曰吾將見孟子倉曰君何爲輕身以先於匹夫者以爲賢乎禮義由賢者出孟子後喪踰前喪君無見焉公曰諾樂正子見孟子曰君將來見嬖人有臧倉者沮君是以不來孟子曰吾之不遇魯侯天也臧氏之子焉能使予不遇愬猶譖也知謂明於事也子反楚大夫也名側案嫫字

呂忱音仕眷反勉也東觀記作譏字此雖作嫫蓋亦譏剌之意也春秋經書宋人及楚人平公羊傳曰外平不書此何以書貶曷爲貶平者在下何休注云譏子反華元專盟不受君命故貶之然則子反違命盟蓋以平宋城下而言彭城者彭城宋之邑故舉以言之左傳宋大夫魚石等出奔楚楚伐宋取彭城以封魚石宋人圍彭城楚子重救彭城伐宋此言子反蓋衍誤也如曰不然或別有所據管仲齊桓公之相名夷吾夷儀邢邑也翟人滅邢管仲輔齊桓公築夷儀以封邢邢遷如歸於是天下諸侯知桓公之不爲已動也是故天下歸之唯能用管夷吾而霸功立事見國語以其能輔主成業故就夷儀而爵賞也

疾兵革之寖滋兮苦攻伐之萌生沈孫武於五湖兮斬白起於長平

寖漸也孫武吳王闔廬將也善用兵越絕書曰太湖周三萬六千頃虞翻云太湖有五道故謂之五湖隔湖洮湖射湖貴湖及太湖爲五湖並太湖

之小支俱連太湖故太湖兼得五湖之名在今湖州東也史記曰白起郿人也事秦昭王以上將軍擊趙於長平前後阬斬首虜四十五萬長平地名在今澤州也惡叢巧之亂世兮毒從橫之敗俗流蘇秦於洹水兮幽張儀於鬼谷叢細也毒恨也關東爲從關西爲橫蘇秦洛陽人也師事鬼谷先生爲從說說關東六國爲從親以畔秦會於洹水之上刳白馬而盟張儀魏人也與蘇秦同師爲關西橫說說關西六國令事秦皆尚詐詐不遵道德洹水出汲郡林慮縣鬼谷谷名即鬼谷先生所居地在今洛州洛陽城北叢或作聚義亦通澄德化之陵遲兮烈刑罰之峭峻燔商鞅之法術兮燒韓非之說論陵遲言積替也澄猶清也烈慘也商鞅姓公孫氏好刑名之學事秦孝公變法令使人什五相司犯禁相連坐不告姦者要斬

告姦者與斬敵同賞匿姦者與降敵同罰人有二男以上不分異者倍其罰行之四年秦人富彊韓非韓之諸公子也亦好刑名法術之學口吃不能言著書作孤憤五蠹內外儲說難十餘萬言皆尚法術少仁恩並見史記誚始皇之跋扈兮投李斯於四裔滅先王之法則兮禍寖淫而弘大誚責也跋扈猶彊梁也李斯上蔡人爲秦丞相上書曰今諸生不師今而學古惑亂黔首臣請非秦記皆燒之天下敢有藏詩書百家語者皆燒之令下三十日不燒黥爲城旦制曰可是滅先王之法則援前聖以制中兮矯二主之驕奢饁女齊於絳臺兮饗椒舉於章華援引也矯正也饁餉也女齊晉大夫司馬侯也絳晉國所都國語曰晉平公爲九層之臺又曰叔向見司馬侯之子撫而泣曰自其父之死吾蔑與事君矣昔者其父始

之我終之我始之夫子終之無不可者是女齊事君必有規諫必諫作臺但書典散亡無以言耳椒舉楚大夫伍舉也饗宴也章華臺名在南郡華容縣楚語曰靈王爲章華之臺與椒舉升王曰臺美乎對曰臣聞國君服寵以爲美安人以爲樂不聞其以土木之崇高爲美先君莊王爲匏居之臺高不過望國氣大不過容宴豆用不煩官府人不廢時務今君爲此臺國人疲焉財用盡焉臣不知其美二主謂晉楚之君二或作亡摛道德之光耀兮匡衰世之眇風褒宋襄於泓谷兮表季札於延陵摛布也眇微也公羊傳曰宋公及楚戰于泓之陽楚人濟泓而來有司曰迨其未畢濟而擊之宋公曰不可吾聞之也君子不厄人於險吾雖亡國之餘寡人不忍行也既濟未畢陳有司復曰請擊之宋公曰不可吾聞君子不鼓不成列已陳然後擊之宋師大敗故君子大其不鼓不成列臨大事而不忘大禮以爲文王之戰亦不過此季札

吳王壽夢之少子也封於延陵是弟四人札最少而賢壽夢卒諸兄欲立之札棄其室而耕乃捨之泓音烏萌反撫仁智之英華兮激亂國之末流觀鄭僑於溱洧兮訪晏嬰於營丘撫拾也鄭僑鄭大夫公孫僑也溱洧鄭二水名鄭詩曰溱與洧瀏其清矣晏嬰齊大夫晏平仲也爾雅曰水出其左曰營丘齊有營丘周衰政亂子產晏嬰皆有賢行輔其君也事見左傳國語日曀曀其將暮兮獨於邑而煩惑夫何九州之博大兮迷不知路之南北曀曀陰晦貌也詩曰曀曀其陰楚詞曰回朕車以復路反行迷之未遠駟素虯而馳騁兮乘翠雲而相佯就伯夷而折中兮得務光而愈明四馬曰駟虯龍之無角者

也楚詞曰駟玉虬以乘鷖兮爾雅曰馬高八尺爲龍司馬相如曰駟蒼螭兮六素虬相佯猶逍遥也伯夷孤竹君之子周武王時義士不食周粟隱於首陽山揚雄反騷曰將折中乎重華列仙傳曰務光者夏時人也殷湯伐桀因光而謀光曰非吾事也至殷武丁時武丁欲以爲相光不從遂投於梁山後退不仕與務光辭相作事相得故曰愈明愈猶益也

款子高於中野兮遇伯成而定慮欽眞人之德美兮淹躊躇而弗去

莊子曰伯成子高唐虞時爲諸侯至禹爲天子乃去而耕禹往見之曰堯理天下吾子立爲諸侯堯授舜舜授予子去而耕其故何也子高曰昔堯理天下不賞而人勸不罰而人畏今子賞而不勸罰而不威德自此衰刑自此作夫子盍行無留吾事耕而不顧款誠也眞人即謂子高躊躇猶踟躕也東觀記曰高宇作喬謂仙人王子喬也義亦通

意斟愖而不澹兮俟回

後漢列傳十八下　十六　林俊

風而容與求善卷之所存兮遇許由於負黍軔吾車於箕陽兮秣吾馬於潁滸聞至言而曉領兮還吾反乎故宇

斟愖猶遲疑也澹定也俟待也容與猶從容也莊子曰舜以天下讓善卷善卷曰吾日出而作日入而息逍遥天地之間吾何以天下爲哉遂入深山莫知所終許由字武仲堯時高士隱居箕山堯以天下讓由由不受惡聞其言遂洗耳於潁水負黍亭名在洛州陽城縣西南許由墓在其南秣謂食馬以粟字林曰滸水涯也愖音市林反或作湛字

覽天地之幽奧兮統萬物之維綱究陰陽之變化兮昭五德之精光

自此以下既反故宇乃欲尋覽天地究極陰陽幽奧謂深遠也維綱猶宗指也五德五行之德也施之於物則爲金木水火土施之於人則爲仁義禮智信也

躍青龍於滄海兮豢白虎於金山鑿巖石而爲室兮託高陽以養仙神雀翔於鴻崖兮玄武潛於嬰冥伏朱樓而四望兮採三秀之華英

天有二十八宿成龍虎龜鳳之形在地爲四靈東方爲青龍西方爲白虎南方爲朱雀北方爲龜蛇豢養也金山西方之精也神雀謂鳳也玄武謂龜蛇位在北方故曰玄身有鱗甲故曰武嬰冥猶晦昧所謂幽都也衍既反故宇欲鑿巖石爲室託高明之處以養神仙又假言龍虎之疇在於四面爲其威援也前書曰仙人好樓居故云伏朱樓而四望也楚詞曰採三秀於山間王逸曰謂芝草也東觀記及衍集秀字作奇英字作靈次下云食五芝之茂英此若是芝不宜重説但不知三奇是何草也范改奇爲秀恐失之矣

纂前修之夸節兮曜往

後漢列傳十八下　十七　林芳

昔之光勳披綺季之麗服兮揚屈原之靈芬

纂繼也前修猶前賢也夸大也楚詞曰謇吾法夫前修又曰紛獨有此夸節往昔光勳謂衍之先人有功勞於前代去疾子明之類也已今繼往賢之高節所以光曜也綺季四皓之一也前書曰四皓鬚眉子入侍鬚眉皓白衣冠甚偉楚漢春秋曰四人冠韋冠佩銀環衣服甚鮮故言麗服也楚詞曰畦留夷與揭車雜杜衡與芳芷屈原皆喻身有令德故衍欲揚其靈芬也

高吾冠之岌岌兮長吾佩之洋洋飲六醴之清液兮食五芝之茂英

岌岌高貌洋洋美也楚詞曰高余冠之岌岌長吾佩之陸離王逸注云傷己懷德不用故高冠長佩尊其威儀整其服飾以異於衆也六醴蓋六氣也楚詞曰餐六氣而飲沆瀣茅君內傳曰句曲山上有神芝五種一曰龍仙芝似交龍之相負服之爲太極仙卿第二名參成芝赤色有光其

枝葉如金石之音折而續之即復如故服之爲太極
大夫第三名燕胎芝其色紫形如葵葉上有燕象光
明洞澈服一株拜爲太清龍虎仙君第四名夜光芝
其色青其實正白如李夜視其實如月光照洞一室
服一株爲太清仙官第五名曰玉芝剖食拜三官正眞御史 捷六枳而爲籬
兮築蕙若而爲室播蘭芷於中廷兮列杜
衡於外術 自此以下說籬宇廷除皆樹芬芳卉木喻己立身行道依仁履義猶屈原扈江
離與薜芷紉秋蘭以爲佩之類也捷立也枳芬木也
晏子曰江南爲橘江北爲枳枳之爲木芳而多刺可
以爲籬此云六枳東觀記作八枳案周書小開篇曰
嗚呼汝何勤非時何擇非德德枳維大人大人枳維
公公枳維卿卿枳維大夫大夫枳維士登登皇皇維
在國枳維都都枳維邑邑枳維家家枳維欲無疆言
上下相維遞爲藩蔽也其數有八與東觀記同此爲
六蕙香草也杜杜若也蘭即澤蘭也芷白芷也一名

符離一名葯杜衡其狀若葵其臭如蘼蕪術路也 攢射干雜蘼蕪兮構
木蘭與新夷光扈扈而煬燿兮紛郁郁而
暢美華芳畢其發越兮時恍忽而莫貴非
惜身之埳軻兮憐衆美之憔悴 攢聚也射干烏翼也蘼蕪
似蛇牀而香其根即芎藭也木蘭樹也香味俱似桂
而皮薄新夷亦樹也其花甚香扈扈光彩盛也暢通
也郁郁香氣也畢盛也發越氣傍射也司馬相如曰
煌煌扈扈照曜巨野又曰郁郁菲菲衆香發越恍忽
猶輕忽也楚詞曰然埳軻而留滯王逸曰埳軻不遇
也衍被擯斥沈淪猶草木之遏鬱芬芳遇風霜而零
落也夷音恊韻異美音恊韻媚 游精神於大宅兮抗玄妙之
常操處清靜以養志兮實吾心之所樂 大宅

謂天地抗舉也老子曰玄之又玄衆妙之門樂音五孝反 山峨峨而造天兮
林冥冥而暢茂鸞回翔索其羣兮鹿哀鳴
而求其友 此言所居之處山林飛走之狀也索求也詩曰求其友聲也 誦古
今以散思兮覽聖賢以自鎮嘉孔丘之知
命兮大老聃之貴玄德與道其孰寶兮名
與身其孰親陂山谷而閒處兮守寂寞而
存神 鎮重也古之聖賢多固窮以守道故覽之以自鎮也孔子曰五十而知天命又曰不知命
無以爲君子玄者幽寂之謂也老子曰萬物莫不尊
道而貴德又曰道者萬物之奧也善人之所寶又曰
名與身孰親陂謂傍其邊側也陂音兵義反史記曰
陂山通道是也道以寂寞爲主神不外營故常存也

鎮恊韻竹人反閒音閑 夫莊周之釣魚兮辭卿相之顯
位於陵子之灌園兮似至人之髣髴蓋隱
約而得道兮羌窮悟而入術離塵垢之窈
冥兮配喬松之妙節 莊子曰莊子釣於濮水楚王使大夫二人往見焉曰
願以境内累也莊子持竿不顧曰吾聞楚有神龜死
已三千歲矣王以巾笥而藏之廟堂之上爲此龜者
寧死留骨而貴乎寧其生而曳尾塗中乎使者曰寧
生曳尾塗中莊子曰往矣吾將曳尾於塗中列女傳
曰於陵子終賢楚王欲以爲相使使者往迎之子終
出謝使者遂與妻俱逃而爲人灌園孟子曰客居於
陵故曰於陵子也至人守眞養志言髣髴似之也二
子雖病一時而聲流萬古蓋隱居困約而反得道之
精窮棲悟理入賢人之術離塵垢之
窈冥也超然高邁配松喬之妙節也 惟吾志之所

庶兮固與俗其不同既俶儻而高引兮願
觀其從容庶幾守道與俗不同俶儻猶卓異也凡言觀者非在己之言從容猶在後也衍
雖擯斥當年身窮志沮而令問期於不朽聲芳縣諸日月故曰願觀其從容顯宗即位
又多短衍以文過其實遂廢於家衍娶北
地女任氏爲妻悍忌不得畜媵妾悍急也兒
女常自操井臼老竟逐之遂埳壈於時衍集
載衍與婦弟任武達書曰天地之性人有喜怒夫婦之道義有離合先聖之禮士有妻妾雖宗之眇微尚
欲逾制年衰歲暮恨入黃泉遭遇嫉妒家道崩壞五子之母足尚在門五年已來日甚歲劇以白爲黑以
非爲是造作端末妄生首尾無罪無辜讒口嗷嗷亂匪降天生自婦人青蠅之心不重破國嫉妒之情不

後漢列傳十八下　二十　林俊

憚喪身牝雞之晨唯家之索古之大患今始於衍醉飽過差輒爲桀紂房中調戲布散海外張目抵掌以
有爲無痛徹蒼天毒流五藏愁令人不賴生忿令人不顧禍入門著牀繼嗣不育紡績織絍了無女工家
貧無僮賤爲匹夫故舊見之莫不悽愴曾無憫惜之恩唯一婢武達所見頭無釵澤面無脂粉形骸不蔽
手足抱土不原其窮不揆其情跳梁大叫呼若入冥販糖之妾不忍其態計婦當去久矣念兒曹小家無
它使哀憐姜豹當爲奴婢惻惻焦心事事腐腸譊譊讙讙不可聽聞暴虐此婢不死如髮半年之間膿血
橫流婢病之後姜竟舂炊豹又觸冒泥塗心爲愴然縑縠放散冬衣不補端坐化亂一縷不貫既無婦道
又無母儀忿見侵犯恨見狼藉依倚鄭令如居天上持質相劫詞語百車劍戟在門何暇有讒百弩環舍
何可殫復舉宗達人解說詞如循環口如布穀縣幡竟天擊鼓動地心不爲惡身不爲搖宜詳居錯且自
爲計無以上書告訴相恐狗吠不驚自信其情不去此婦則家不寧不去此婦則家不清不去此婦則福

不生不去此婦則事不成自恨以華盛時不早自定至於垂白家貧身賤之日養癰長疽自生禍殃衍以
室家紛然之故捐棄衣冠側身山野絕交游之路杜仕宦之門闔門不出心專耕耘以求衣食何敢有功
名之路哉然有大志不戚戚於賤貧居常慷慨
歎曰衍少事名賢經歷顯位懷金垂紫揭
節奉使金謂印也紫謂綬也揭持也音求謁反不求苟得常有
陵雲之志三公之貴千金之富不得其願
不槩於懷槩猶眉也金或作乘貧而不衰賤而不恨
年雖疲曳猶庶幾名賢之風曳猶頓也修道德
於幽冥之路以終身名爲後世法居貧年

後漢列傳十八下　二十一　林志遠

老卒于家所著賦誄銘說問交德誥慎情
書記說自序官錄說策五十衍集有問交一篇慎情一篇
篇衍集見有二十八篇肅宗甚重其文子豹
豹字仲文年十二母爲父所出後母惡之
嘗因豹夜寐欲行毒害豹逃走得免敬事
愈謹而母疾之益深時人稱其孝衍與宣孟書曰居室
之義人之大倫思厚歡和之節樂定金石之固又自傷前遭不良比有去兩婦之名事誠不得不然豈中
心之所好哉觀其書意似此妻又見出之長好儒學以詩春秋教
麗山下麗音力之反鄉里爲之語曰道德彬彬

馮仲文論語曰文質彬彬然後君子鄭玄注彬彬雜半貌也舉孝廉拜尚書郎忠勤不懈每奏事未報常俯伏省閤或從昏至明肅宗聞而嘉之使黃門持被覆豹勑令勿驚由是數加賞賜是時方平西域以豹有才謀拜爲河西副校尉和帝初數言邊事奏置戊己校尉城郭諸國復率舊職遷武威太守視事二年河西稱之復徵入爲尚書永元十四年卒於官

論曰夫貴者負埶而驕人才士負能而遺

行其大略然也二子不其然乎史記曰魏太子擊逢文侯之師田子方引車下道子方不爲禮太子擊曰富貴者驕人乎貧賤者驕人乎子方曰貧賤者驕人耳夫諸侯驕人則失其國大夫驕人則失其家貧賤者行不合言不用則去之楚越若脫躧然柰何同之哉士負能而遺行也負恃也馮衍之引挑妻之辭得矣夫納妻皆知取詈己者而取士則不能何也豈非反妒情易而恕義情難光武雖得之於鮑永猶失之於馮衍自此已上皆華嶠之詞夫然義直所以見屈於既往守節故亦彌阻於來情嗚呼衍爲更始舉哀既降執義守直既行之於己光武屈而不用故言義直所以見屈於既往也則守節之人見衍被黜彌阻難於將來

贊曰譚非讖術衍晚委質道不相謀詭時同失詭違也言二人之道不相同俱以違時咸被擯斥也體兼上才榮微下秩

後漢書列傳卷第十八下

列傳卷第十九　范曄　後漢書二十九

唐章懷太子賢注

申屠剛　鮑永 子昱

郅惲

申屠剛字巨卿扶風茂陵人也七世祖嘉文帝時爲丞相剛質性方直常慕史鰌汲黯之爲人（史記曰史鰌字子魚衛大夫也論語孔子曰直哉史魚邦有道如矢邦無道如矢前書汲黯字長孺武帝時爲主爵都尉好直諫時人謂之汲直）仕郡功曹平帝時王莽專朝多猜忌遂隔絕帝外家馮衛二族不得交官剛常疾之（馮謂馮昭儀平帝祖母也衛謂衛姬平帝母也號中山太后王莽專政馮衛二族皆不得至京師交通仕官見前書）及舉賢良方正因對策曰臣聞王事失則神祇怨怒姦邪亂正故陰陽謬錯此天所以譴告王者欲令失道之君曠然覺悟懷邪之臣懼然自刻者也（懼驚也音紀住反刻猶責也）今朝廷不考功校德而虛納毀譽數下詔書張設重法抑斷誹謗禁割論議罪之重者乃至腰斬傷忠臣之情挫直士之銳殆乖建進善之旌縣敢諫之鼓（旌幡也淮南子曰禹縣鐘鼓磬鐸置鞀以待四方之士爲幡曰教寡人以道者擊鼓諭以義者擊鐘告以事者振鐸語以憂者擊磬有獄訟者搖鞀帝王紀曰堯置敢諫之鼓）闢四門之路明四目之義也（孔安國注尚書曰開闢四方之門未開者謂廣致衆賢也明四目謂廣視於四方使下無擁塞也）臣聞成王幼少周公攝政聽言下賢均權布寵無舊無新唯仁是親（尚書大傳曰武王入殷周公曰各安其宅各田其田無故無新唯仁之親）動順天地舉措不失然近則召公不悅遠則四國流言（尚書曰周公爲師相成王爲左右召公不悅言周公既還政成王宜其自退今復爲相故不悅也四國謂管蔡商奄也成王幼小周公攝政四國流言曰公將不利於孺子）夫子母之性天道至親今聖主幼少始免繈緥（免離也平帝即位時年九歲故云始免繈緥前書音義曰繈落也緥被也緥或作褓也）即位以來至親分離外戚杜隔恩不得通且漢家之制雖任英賢猶援姻戚親疏相錯杜塞間隙誠所以安宗廟重社稷也今馮衛無罪久廢不錄或處窮僻不若民庶誠非慈愛忠孝承上之意夫爲人後者自有正義至尊至卑其埶不嫌是以人無賢愚莫不爲怨姦臣賊子以之爲便不諱之變誠

難其慮今之保傅非古之周公周公至聖
猶尚有累何況事失其衷不合天心者哉
昔周公先遣伯禽守封於魯以義割恩寵
不加後伯禽周公旦之子也周公相成王先封伯禽於魯令就國守封後謂伯禽也周公身
旣尊寵不令伯禽復加榮貴以自挹損也東觀記曰昔周公豫防禍首先遣伯禽守封於魯離斷至親以
義割恩使已尊寵不加其後故配天郊祀三十餘世自伯禽至頃公
爲楚考烈王所滅凡三十四公魯以周公大聖之後故郊祀配天一如天子之禮霍光秉
政輔翼少主修善進士名爲忠直而尊其
宗黨權抑外戚昭帝時霍光輔政其子禹及兄孫雲山等皆中郎將奉車都尉

昆弟諸壻皆奉朝請給事中唯昭帝外家趙氏無一在位者結貴據權至堅
至固終沒之後受禍滅門霍光薨後其子禹宣帝時爲大司馬
謀反發覺禹腰斬母顯及諸女昆弟皆棄市方今師傅皆以伊周之
位據賢保之任以此思化則功何不至不
思其危則禍何不到損益之際孔父攸歎
說苑曰孔子讀易至損益則喟然而歎子夏問曰夫子何爲歎孔子曰夫自損者益自益者缺吾是以歎
之矣持滿之戒老氏所慎老子曰持而盈之不如其已已止也言執滿必
傾不如止也蓋功冠天下者不安威震人主者
不全今承衰亂之後繼重敝之世公家屈

竭賦斂重數苛吏奪其時貪夫侵其財百
姓困乏疾疫夭命盜賊羣輩且以萬數軍
行衆止竊號自立興軍而行擁衆而止無畏憚於危亡也攻犯京
師燔燒縣邑謂平帝元始三年陽陵人任橫等自稱將軍盜武庫兵攻官寺出囚徒也
至乃訛言積弩入宮宿衞驚懼自漢興以
來誠未有也國家微弱姦謀不禁六極之
效危於累卵尚書大傳曰貌之不恭厥極惡言之不從厥極憂視之不明厥極疾聽之
不聽厥極貧心之不睿厥極凶短折皇極不建厥極弱也王者承天順地典
爵主刑不敢以天官私其宗不敢以天罰

輕其親陛下宜遂聖明之德昭然覺悟遠
述帝王之迹近遵孝文之業文帝即位使將軍薄昭迎薄太
后於代剛欲使平帝迎中山太后至京師者也差五品之屬納至親之
序五品五常之教也尚書舜命契曰汝作司徒敬敷五教左傳史克曰舜舉八元使布五教于四方父
義母慈兄友弟恭子孝亟遣使者徵中山太后置之別
宮令時朝見又召馮衞二族裁與冗職冗散
也使得執戟親奉宿衞以防未然之符以
抑患禍之端上安社稷下全保傅內和親
戚外絕邪謀書奏莽令元后下詔曰剛所

言僻經妄說（元后元帝后王莽之姑也）違背大義其罷歸田里後莽簒位剛遂避地河西轉入巴蜀往來二十許年及隗囂據隴右欲背漢而附公孫述剛說之曰愚聞人所歸者天所與人所畔者天所去也伏念本朝（謂光武也）躬聖德舉義兵龔行天罰所當必摧誠天之所福非人力也將軍本無尺土孤立一隅宜推誠奉順與朝并力上應天心下酬人望為國立功可以永年（今文尚書曰立功立事可以永年也）嫌

疑之事聖人所絕以將軍之威重遠在千里動作舉措可不慎與今璽書數到委國歸信欲與將軍共同吉凶布衣相與尚有沒身不負然諾之信況於萬乘者哉（烈士傳曰羊角哀左伯桃二人為死友欲仕於楚道阻遇雨雪不得行飢寒自度不俱生伯桃謂角哀曰俱死之後骸骨莫收內手捫心知不如子生恐無益而棄子之能我樂在樹中角哀聽之伯桃入樹中而死楚平王愛角哀之賢以上卿禮葬伯桃角哀夢伯桃曰蒙子之恩而獲厚葬正苦荊將軍冢相近今月十五日當大戰以決勝負角哀至期日陳兵馬詣其冢作三桐人自殺下而從之此殺身不負然諾之信也）今何畏何利久疑如是卒有非常之變上負

忠孝下愧當世（言從漢何畏附蜀何利而久疑不決）夫未至豫言固常為虛及其已至又無所及是以忠言至諫希得為用誠願反覆愚老之言囂不納遂畔從述建武七年詔書徵剛剛將歸與囂書曰愚聞專己者孤拒諫者塞孤塞之政亡國之風也雖有明聖之姿猶屈已從眾故慮無遺策舉無過事夫聖人不以獨見為明而以萬物為心順人者昌逆人者亡此古今之所共也將軍以布衣為

鄉里所推廊廟之計既不豫定（廊殿下屋也廟太廟也國事必先謀於廊廟之所也）動軍發眾又不深料今東方政教日睦百姓平安而西州發兵人人懷憂騷動惶懼莫敢正言羣眾疑惑人懷顧望非徒無精銳之心其患無所不至夫物窮則變生事急則計易其埶然也夫離道德逆人情而能有國有家者古今未有也將軍素以忠孝顯聞是以士大夫不遠千里慕樂德義今苟欲決意徼幸此何如哉夫

天所祐者順人所助者信(易繫詞之言也)如未蒙祐助令小人受塗地之禍毀壞終身之德敗亂君臣之節汚傷父子之恩(不從光武是亂君臣之節也遣子恂入質而背之是傷父子之恩也)衆賢破膽可不慎哉噁不納剛到拜侍御史遷尚書令光武嘗欲出游剛以隴蜀未平不宜宴安逸豫諫不見聽遂以頭軔乘輿輪帝遂爲止(軔謂以頭枝車輪也王逸注楚詞曰軔止輪木也)時內外羣官多帝自選舉加以法理嚴察職事過苦尚書近臣至乃捶

撲牽曳於前羣臣莫敢正言剛每輒極諫又數言皇太子宜時就東宮簡任賢保以成其德帝並不納以數切諫失旨數年出爲平陰令復徵拜太中大夫以病去官卒於家

鮑永字君長上黨屯留人也(屯留今潞州縣也)父宣哀帝時任司隸校尉爲王莽所殺(莽輔政誅不附己者宣故殺)永少有志操習歐陽尚書(歐陽生字和伯千乘人受尚書於伏生見前書)事後母至孝妻嘗於母前叱狗而永即去之(去音丘呂反)初爲郡功曹莽以宣不附己欲滅其子孫都尉路平承望風旨規欲害永太守苟諫擁護召以爲吏常置府中永因數爲諫陳興復漢室翦滅篡逆之策諫每戒永曰君長幾事不密禍倚人門永感其言及諫卒自送喪歸扶風路平遂收永弟升太守趙興到聞乃歎曰我受漢茅土(王者封五色土爲社封諸侯則各割其方面土與之苞以黃土苴以白茅使歸立社也)不能立節而鮑宣死之豈可害其子也

勑縣出升復署永功曹時有矯稱侍中止傳舍者興欲謁之永疑其詐諫不聽而出興遂駕往永乃拔佩刀截馬當匈乃止(當匈)(以章爲之也)後數日莽詔書果下捕矯稱者永由是知名舉秀才不應更始二年徵再遷尚書僕射行大將軍事持節將兵安集河東并州朔部得自置偏裨輒行軍法永至河東因擊青犢大破之更始封爲中陽侯(中陽縣屬西河郡今汾州孝義縣也)永雖爲將率而車服敝素

爲道路所識東觀記曰永好文德雖行將軍常衣皁襜褕路稱鮑尚書兵馬俗本或有爲上加不者誤也時赤眉害更始三輔道絕光武即位遣諫議大夫儲大伯風俗通曰儲姓齊大夫儲子之後也持節徵永詣行在所永疑不從乃收繫大伯東觀記曰封大伯所持節於晉陽傳舍壁中遣信人馳至長安也遣使馳至長安既知更始已亡乃發喪出大伯等封上將軍列侯印綬悉罷兵但幅巾與諸將及同心客百餘人詣河內幅巾謂不著冠但幅巾束首也帝見永問曰卿衆所在永離席叩頭曰臣事

後漢列傳十九　九　李秀

更始不能令全誠慙以其衆幸富貴故悉罷之幸希也帝曰卿言大而意不悅時攻懷未拔帝謂永曰我攻懷三日而兵不下關東畏服卿可且將故人自往城下辟之即拜永諫議大夫至懷乃說更始河內太守於是開城而降帝大喜東觀記曰永說下懷上大喜與永對食賜永洛陽商里宅東觀記曰賜洛陽上商里宅陸機洛陽記曰上商里在洛陽東北本殷頑人所居故曰上商里宅也固辭不受時董憲裨將屯兵於魯侵害百姓乃拜永爲魯郡太守

永到擊討大破之降者數千人唯別帥彭豐虞休皮常等各千餘人稱將軍不肯下頃之孔子闕里無故荊棘自除闕里解見明紀從講堂至于里門永異之謂府丞及魯令曰方今危急而闕里自開斯豈夫子欲令太守行禮助吾誅無道邪乃會人衆修鄉射之禮請豐等共會觀視欲因此禽之豐等亦欲圖永乃持牛酒勞饗而潛挾兵器永覺之手格殺豐等禽破黨與帝嘉其略封

後漢列傳十九　十　[illegible]

爲關內侯遷揚州牧時南土尚多寇暴永以吏人痍傷之後乃綏其銜轡銜轡喻法律以控御人也說苑曰理國辟若張琴大絃急則小絃絕矣故急於其銜轡者非千里之御也示誅彊橫而鎮撫其餘百姓安之會遭母憂去官悉以財產與孤弟子建武十一年徵爲司隸校尉帝叔父趙王良尊戚貴重永以事劾良大不敬東觀記曰時良從送中郎將來歙喪還入夏城門中與五官將軍相逢道迫良怒召門候岑尊叩頭馬前永劾奏良曰今月二十七日車駕臨故中郎將來歙喪還車駕過須臾趙王良從後到與右中郎將張邯相逢城門中道迫狹叱邯旋車又召候岑尊詰責使前走數十步案良諸侯藩

臣蒙恩入侍知尊帝城門候吏六百石而肆意加怒令叩頭都道奔走馬頭前無藩臣之禮大不敬也
由是朝廷肅然莫不戒慎乃辟扶風鮑恢
爲都官從事恢亦抗直不避彊禦帝常曰
貴戚且宜斂手以避二鮑其見憚如此永
行縣到霸陵路經更始墓引車入陌 墓在今萬年縣東北南北爲阡東西爲陌 從事諫止之永曰親北面事人
寧有過墓不拜雖以獲罪司隸所不避也
遂下拜哭盡哀而去西至扶風椎牛上苟
諫冢帝聞之意不平問公卿曰奉使如此

何如太中大夫張湛對曰仁者行之宗忠
者義之主也仁不遺舊忠不忘君行之高
者也帝意乃釋後大司徒韓歆坐事 建武十五年歆坐直言免也 永固請之不得以此忤帝意出
爲東海相坐度田事不實被徵諸郡守多
下獄永至城皐詔書逆拜爲兗州牧便道
之官 東觀記詔書迎下永曰君晨夜冒犯霜露精神亦已勞矣以君帷幄近臣其以永爲兗州牧也 視事三年病卒子昱
論曰鮑永守義於故主斯可以事新主矣

恥以其衆受寵斯可以受大寵矣若乃言
之者雖誠而聞之未譬 譬猶曉也 豈苟進之悅
易以情納持正之忤難以理求乎 言諂曲則易入剛直則難進也 誠能釋利以循道居方以從義 方直也
君子之槩也
昱字文泉少傳父學客授於東平建武初
太行山中有劇賊太守戴涉聞昱鮑永子
有智略乃就謁請署守高都長 高都縣屬上黨郡故城在今澤州也 昱應之遂討擊羣賊誅其渠帥道
路開通由是知名後爲沘陽長政化仁愛

境内清淨 東觀記曰沘陽人趙堅殺人繫獄其父母詣昱自言年七十餘唯有一子適新娶今繫獄當死長無種類涕泣求哀昱憐其言令將妻入獄解械止宿遂任身有子 荆州刺
史表上之再遷中元元年拜司隸校尉詔
昱詣尚書使封胡降檄 檄軍書也若今之露布也 光武遣
小黄門問昱有所怪不對曰臣聞故事通
官文書不著姓又當司徒露布 漢官儀曰羣臣上書公卿校尉諸將不言姓凡制書皆璽封尚書令重封唯赦贖令司徒印露布州郡也 怪使司隸
下書而著姓也帝報曰吾故欲令天下知

忠臣之子復爲司隸也昱在職奉法守正有父風永平五年坐救火遲免後拜汝南太守郡多陂池歲歲決壞年費常三千餘萬昱乃上作方梁石洫洫渠也以石爲之猶今之水門也水常饒足溉田倍多人以殷富十七年代王敏爲司徒賜錢帛什器帷帳除子得爲郎建初元年大旱穀貴肅宗召昱問曰旱既大甚將何以消復災眚對曰臣聞聖人理國三年有成論語孔子曰如有用我者朞月而已可也三年乃有成功今陛

下始踐天位刑政未著如有失得何能致異但臣前在汝南典理楚事永平十三年楚王英謀反連坐者在汝南昱時主劾之也繫者千餘人恐未能盡當其罪先帝詔言大獄一起冤者過半又諸徙者骨肉離分孤魂不祀一人呼嗟王政爲虧宜一切還諸徙家屬除禁錮興滅繼絕死生獲所如此和氣可致帝納其言東觀記曰時司徒辭訟久者至十數年比例輕重非其事類錯雜難知昱奏定辭訟七卷決事都目八卷以齊同法令息遏人訟也四年代牟融爲太尉六年薨年七

十餘子德修志節有名稱累官爲南陽太守時歲多荒災唯南陽豐穰吏人愛悅號爲神父時郡學久廢德乃修起橫舍橫學也字又作黌備俎豆黻冕行禮奏樂又尊饗國老宴會諸儒百姓觀者莫不勸服在職九年徵拜大司農卒于官子昂字叔雅有孝義節行初德被病數年昂俯伏左右衣不緩帶及處喪毀瘠三年抱負乃行服闋遂潛于墓次不闚時務舉孝廉辟公府連徵不

至卒於家

郅惲字君章汝南西平人也潛夫論曰周先姞氏封於燕河東有郅都汝南有郅君章音與古姞同而其字異然前書音義郅音之日反年十二失母居喪過禮及長理韓詩嚴氏春秋韓嬰也作詩內外傳嚴嚴彭祖也受公羊於眭孟專門教授見儒林傳明天文歷數王莽時寇賊羣發惲乃仰占玄象歎謂友人曰方今鎮歲熒惑並漢分翼軫之域爾雅曰中央鎮星東方歲星南方熒惑翼軫者南方鶉尾之宿楚之分野孔演圖曰卯金刀名爲劉中國東南出荊州故爲漢分也去而復來漢必再受命福歸有德

如有順天發策者必成大功時左隊大夫逯並素好士（王莽以潁川爲左隊郡守爲大夫逯姓並名也風俗通曰逯秦邑也其大夫氏焉逯音錄）惲說之曰當今上天垂象智者以昌愚者以亡昔伊尹自鬻輔商立功全人（鬻自衒賣也史記曰伊尹欲干湯而無因乃爲有莘氏媵臣負鼎俎以滋味說湯乃任以國政也）惲竊不遜敢希伊尹之蹤應天人之變明府儻不疑逆俾成天德並奇之使署爲吏惲不謁曰昔文王拔呂尚於渭濱高宗禮傅說於巖築桓公取管仲於射鉤故能立弘

後漢列傳十九　十五　陳孝

烈就元勳未聞師相仲父而可爲吏位也（師呂望也相傅說也仲父管仲也）非闚天者不可與圖遠君不授驥以重任驥亦俛首裹足而去耳（惲以驥自喻因自稱驥史記曰吳兵入郢申包胥走秦求救晝夜馳驅足腫蹠盭裂裳裹足鶴立秦庭盭音戾）遂不受署西至長安乃上書王莽曰臣聞天地重其人惜其物故運機衡垂日月（機衡北斗也）含元包一甄陶品類（前書志曰太極元氣合三爲一謂三才未分包而爲一甄也者陶人旋轉之輪也言天地造化品物如陶匠之成衆品者也）顯表紀世圖籙豫設（表明也紀年也言天豫設圖籙之書顯明帝王之年代也）漢

歷久長孔爲赤制（言孔丘作緯著歷運之期爲漢家之制漢火德尚赤故云爲赤制即春秋感精符云墨孔生爲赤制是也）不使愚惑殘人亂時智者順以成德愚者逆以取害神器有命不可虛獲上天垂戒欲悟陛下令就臣位轉禍爲福（上天垂戒謂鎮歲熒惑並在漢分也）劉氏享天永命陛下順節盛衰（享受也永長也漢家受天長命運祚未絕勸莽當順其時之盛衰）（盛則取之衰則還之）取之以天還之以天可謂知命矣若不早圖是不免於竊位也（竊盜也孔子曰臧文仲其竊位者歟）且堯舜不以天顯自與故禪天下（堯舜盛德）

後漢列傳十九　十六　陳敬

（天之所顯猶不自與以位禪人言堯之禪舜舜禪於禹也）陛下何貪非天顯以自累也天爲陛下嚴父臣爲陛下孝子父教不可廢子諫不可拒惟陛下留神莽大怒即收繫詔獄劾以大逆猶以惲據經讖難即害之使黃門近臣脅惲令自告狂病恍忽不覺所言惲乃瞋目詈曰所陳皆天文聖意非狂人所能造遂繫須冬會赦得出乃與同郡鄭敬南遁蒼梧（遁隱也蒼梧山名也山海經曰南方蒼梧之丘蒼梧之川其中有九疑山焉舜之所葬也在今永州唐興縣東南）建武

三年又至廬江因遇積弩將軍傅俊東徇揚州俊素聞惲名乃禮請之上爲將兵長史授以軍政惲乃誓衆曰無掩人不備窮人於厄不得斷人支體裸人形骸放淫婦女俊軍士猶發冢陳尸掠奪百姓惲諫俊曰昔文王不忍露白骨（解見順紀）武王不以天下易一人之命（呂氏春秋曰武王伐紂至鮪水紂使膠鬲候周問武王曰何日至武王曰將以甲子日至膠鬲行天大雨日夜不休武王疾行不輟軍吏諫之武王曰吾疾行以救膠鬲之死也）故能獲天地之應剋商如林之旅（天地之應謂夜雨止畢陳白魚入舟之類剋勝也商紂號也旅衆也如林言衆多尚書曰武王伐紂率其旅若林會于牧野）

將軍如何不師法文王而犯逆天地之禁多傷人害物虐及枯尸取罪神明令不謝天改政無以全命願將軍親率士卒收傷葬死哭所殘暴以明非將軍本意也從之百姓悅服所向皆下七年俊還京師而上論之（上音時掌反）惲恥以軍功取位遂辭歸鄉里縣令卑身崇禮請以爲門下掾惲友人董子張者父先爲鄉人所害（東觀記曰子張父及叔父爲鄉里盛氏一時所害也）及子張病將終惲往候之子張垂歿視惲歔欷不能言惲曰吾知子不悲天命而痛讎不復也子在吾憂而不手子亡吾手而不憂也（言子在吾憂子仇未能報而不須手自揮鋒子若亡吾直爲子手刃仇人更不須心懷憂也）子張但目擊而已（目擊謂熟視之也莊子曰目擊而道存也）惲即起將客遮仇人取其頭以示子張子張見而氣絕惲因而詣縣以狀自首令應之遲（縣令不欲其自首詣獄故應對之緩也）惲曰爲友報讎吏之私也奉法不阿君之義也虧

君以生非臣節也趨出就獄令跣而追惲不及遂自至獄令拔刃自向以要惲曰子不從我出敢以死明心（惲若不去欲自刺以明心也）惲得此乃出因病去久之太守歐陽歙請爲功曹汝南舊俗十月饗會百里內縣皆齎牛酒到府讌飲時臨饗禮訖歙教曰西部督郵繇延（繇姓咎繇之後繇音遙）天資忠貞稟性公方摧破姦凶不嚴而理今與衆儒共論延功顯之于朝太守敬嘉厥休牛酒養德主簿讀

書敎石曹引延受賜惲於下坐愀然前曰
司正舉觥 愀變色貌司正主禮儀者觥罰爵也以角爲之詩小雅曰兕觥其觩旨酒思柔
觥音古横反 以君之罪告謝于天案延資性貪邪
外方内貟 言延外示方貞而内實柔弱也孔子曰色厲而内荏 朋黨構姦
罔上害人所在荒亂怨慝並作明府以惡
爲善股肱以直從曲此既無君又復無臣
惲敢再拜奉觥歙色慙動不知所言門下
掾鄭敬進曰君明臣直功曹言切明府德
也可無受觥哉歙意少解曰實歙罪也敬

奉觥 遂受罰也 惲乃免冠謝曰昔虞舜輔堯四
罪咸服 左傳曰舜臣堯乃流四凶族尚書曰乃流共工于幽州放驩兜于崇山竄三苗于三
危殛鯀于羽山四罪而天下咸服也 讒言弗庸孔任不行 庸用也孔
甚也任佞也 故能作股肱帝用有歌 尚書曰股肱喜哉元首起
哉 惲不忠孔任是昭 昭顯也惲自責不忠故使其佞之人昭顯也 豺
虎從政 豺虎貪獸以比繇延也 既陷誹謗又露所言 露顯
也又對衆顯言於繇延之罪也 罪莫重焉請收惲延以明好
惡歙曰是重吾過也 重再也 遂不讌而罷惲
歸府稱病延亦自退鄭敬素與惲厚見其

言忤歙乃相招去曰子廷爭繇延君猶不
納延今雖去其埶必還 言歙後必召延也 直心無諱
誠三代之道 三代夏殷周也論語曰三代之所以直道而行也 然道不
同者不相爲謀吾不能忍見子有不容君
之危盍去之乎惲曰孟軻以彊其君之所
不能爲忠量其君之所不能爲賊 孟子對齊宣王曰力
足以舉百鈞而不足以舉一羽明足以察秋豪之末而不見輿薪則王許之乎曰不孟子曰今恩足以及
禽獸而功不至於百姓者獨何歟然則一羽之不舉爲不用力焉輿薪之不見爲不用明焉百姓之不見
保爲不用恩焉故王之不王弗爲也非不能也曰不爲者與不能者之形何以異曰挾太山以趨北海語

人曰我不能是誠不能也爲少者折枝語人曰我不能是誠不能也爲長者折枝語人曰我不爲也非不
能也此彊其君之所不能爲也又曰惻隱之心仁之端也善惡之心義之端也辭讓之心禮之端也是非之
之心智之端也人之有是四端也猶其有四體也有是四端自謂不能者自賊者也謂其君不能者賊其
君者也 惲業已彊之矣障君於朝 障蔽也君謂歙也言歙將
以牛酒賞繇延而惲障蔽不聽之 既有其直而不死職罪也
延退而惲又去不可敬乃獨隱於弋陽山
中 弋陽縣屬汝南郡前書云弋陽山在縣西北也 居數月歙果復召
延惲於是乃去從敬止漁釣自娛留數十
日惲志在從政既乃喟然而歎謂敬曰天

生後士以爲人也鳥獸不可與同羣論語孔子
之言子從我爲伊吕乎將爲巢許而父老堯
舜乎若爲巢父許由則以堯舜爲父老之人也勬曰吾足矣初從
生步重華於南野步猶尋也重華舜字也南野謂蒼梧也謂來
歸爲松子赤松子也勬以歸鄉隱逸自謂同之劉向列仙傳曰赤松子神農時雨師至崐崘山常止西王母石室隨風上下炎帝少女追之得仙俱去也今幸得全軀樹
類樹類謂有胤嗣還奉墳墓盡學問道勬汝南人今隱弋陽
不離墳墓雖不從政施之有政是亦爲政也論語
孔子之言也言隱遁好道在家孝悌亦從政之義也吾年耄矣安得從
後漢列傳十九　二十一　陳從
子子勉正性命勿勞神以害生惲於是告
别而去勬字次都清志高世光武連徵不
到謝沈書曰勬閑居不脩人倫新遷都尉逼爲功曹勬廳事前樹時有清汁以爲甘露勬曰明府政未能致甘露此清木汁耳辭病去隱處精學蛾陂中陰就虞延並辟不行同郡鄧勬因折芰爲坐以荷薦肉瓢盈酒言談彌日蓬廬蓽門琴書自娱光武公車徵不行㮣王莽改新蔡縣爲新遷也惲遂
客居江夏教授郡舉孝廉爲上東城門候
洛陽城東面北頭門也帝嘗出獵車駕夜還惲拒關不
開帝令從者見面於門閒惲曰火明遼遠
遂不受詔帝乃迴從東中門入東面中門也明

日惲上書諫曰昔文王不敢槃于游田以
萬人惟憂槃樂也尚書無逸曰文王不敢槃于游田以萬人惟政之共也而陛
下遠獵山林夜以繼晝其如社稷宗廟何
暴虎馮河未至之戒誠小臣所竊憂也書
奏賜布百匹貶東中門候爲參封尉參封縣屬
琅邪郡後令惲授皇太子韓詩侍講殿中及
郭皇后廢建武十七年廢惲乃言於帝曰臣聞夫
婦之好父不能得之於子得猶制御也司馬遷曰妃匹之愛君
不能得之臣父不能得之子況卑下乎況臣能得之於君乎是
大二百卷　小一萬二千　後漢列傳十九　二十二　卓
臣所不敢言雖然願陛下念其可否之計
無令天下有議社稷而已帝曰惲善恕己
量主知我必不有所左右而輕天下也左右
猶向背也言其齊等后既廢而太子意不自安惲乃
說太子曰久處疑位上違孝道下近危殆
昔高宗明君吉甫賢臣及有纖介放逐孝
子家語曰曾參妻爲梨蒸不熟因出之終身不娶其子請焉曾參曰高宗以後妻殺孝子尹吉甫以後妻放伯奇吾上不及高宗中不比吉甫知其得免於非乎遂不娶春秋之義母
以子貴太子宜因左右及諸皇子引愆退

身奉養母氏以明聖教不背所生太子從之帝竟聽許惲再遷長沙太守先是長沙有孝子古初遭父喪未葬鄰人失火初匍匐柩上以身扞火火為之滅惲甄異之以為首舉後坐事左轉芒長（芒縣屬沛國故城在今亳州永城縣芒一名臨睢城東觀記曰坐前長沙太守張禁多受遺送千萬以惲不推劾故左遷也）又免歸避地教授（避地謂隱遁也東觀記曰芒守丞韓龔受大盜丁仲錢阿擁之加笞八百不死入見惲稱仲健惲怒以所杖鐵杖捶龔龔出怨懟遂殺仲惲故坐免）著書八篇以病卒子壽

壽字伯考善文章以廉能稱舉孝廉稍遷冀州刺史時冀部屬郡多封諸王賓客放縱類不檢節（類猶皆也）壽案察之無所容貸乃使部從事專住王國又徙督郵舍王宮外（近王宮置督郵舍以察王得失）動靜失得即時騎驛言上奏王罪及劾傅相於是藩國畏懼並為遵節視事三年冀土肅清三遷尚書令朝廷每有疑議常獨進見肅宗奇其智策擢為京兆尹郡多彊豪姦暴不禁三輔素聞壽在

冀州皆懷震竦各相檢勅莫敢干犯壽雖威嚴而推誠下吏皆願効死莫有欺者以公事免復徵為尚書僕射是時大將軍竇憲以外戚之寵威傾天下憲嘗使門生齎書詣壽有所請託壽即送詔獄前後上書陳憲驕恣引王莽以誡國家是時憲征匈奴海內供其役費而憲及其弟篤景並起第宅驕奢非法百姓苦之壽以府藏空虛軍旅未休遂因朝會譏刺憲等厲音正色辭旨甚切憲怒陷壽以買公田誹謗下吏當誅侍御史何敞上疏理之曰臣聞聖王闢四門開四聰延直言之路下不諱之詔立敢諫之旗聽歌謠於路（歌謠謂詩也禹置敢諫之旛解已見上禮記王制曰命太師陳詩以觀民風鄭玄注云陳詩謂采其詩而示之）爭臣七人以自鑒照（孔子曰天子有爭臣七人）考知政理違失人心輒改更之故天人並應傳福無窮臣伏見尚書僕射郅壽坐於臺上與諸尚書論擊匈奴言議過差及上書請買公田遂繫獄考

劾大不敬臣愚以爲壽機密近臣匡救爲職若懷默不言其罪當誅今壽違衆正議以安宗廟豈其私邪又臺閣平事分爭可否雖唐虞之隆三代之盛猶謂諤諤以昌不以誹謗爲罪（史記趙良謂商君曰千人之諾諾不如一士之諤諤武王諤諤以昌殷紂嘿嘿以亡）請買公田人情細過可裁隱忍壽若被誅臣恐天下以爲國家橫罪忠直賊傷和氣忤逆陰陽臣所以敢犯嚴威不避夷滅觸死瞽言非爲壽也（論語曰侍於君有三愆未見顔色而言謂之瞽也）

後漢列傳十九　二十五　王中

忠臣盡節以死爲歸臣雖不知壽度其甘心安之誠不欲聖朝行誹謗之誅以傷晏晏之化（鄭玄注尚書考靈耀云道德純備謂之塞寛容覆載謂之晏）杜塞忠直垂譏無窮臣敞謬豫機密言所不宜罪名明白當塡牢獄先壽僵仆萬死有餘書奏壽得減死論徙合浦（今廉州縣）未行自殺家屬得歸鄉里

贊曰鮑永沈吟晚乃歸正志達義全先號後慶（易曰先號咷而後笑謂初凶後吉也）申屠對策郅惲上書有道雖直無道不愚

後漢書列傳卷第十九

後漢列傳十九　二十六　王琮

列傳卷第二十上　范曄　後漢書三十

唐章懷太子賢注

楊厚

蘇竟　郎顗　襄楷

蘇竟字伯況扶風平陵人也平帝世竟以明易爲博士講書祭酒 王莽置六經祭酒秩上卿每經各一人竟爲講尚書祭酒 善圖緯能通百家之言王莽時劉歆等共典校書拜代郡中尉時匈奴擾亂北邊多罹其禍竟終守輯一郡光武即位就拜代郡太守使固塞以拒匈奴建武五年冬盧芳略得北邊諸郡帝使偏將軍隨弟屯代郡 隨姓弟名也弟音悌 竟病篤以兵屬弟詣京師謝罪拜侍中數月以病免初延岑護軍鄧仲況擁兵據南陽陰縣爲寇 陰縣名屬南陽郡故城在今襄州穀城縣界北 而劉歆兄子龔爲其謀主 賢臣案前書及三輔決録並云向曾孫今言歆兄子則不同也 竟時在南陽與龔書曉之曰君執事無恙 執事猶言左右也敬前人故呼其執事者爾雅曰恙憂也 走昔以摩研編削之才 走謂馳走之人謙稱也猶

司馬遷與任少卿書云牛馬走之類也說文曰編次也削謂簡也一曰削書刀也研音午見反 與國師公從事出入校定秘書 劉歆爲王莽國師公也 竊自依依末由自遠蓋聞君子愍同類而傷不遇人無愚智莫不先避害然後求利先定志然後求名昔智果見智伯窮兵必亡故變名遠逝 智果智伯臣也逝去也戰國策曰智伯與韓魏共圍趙智伯之臣智果說智伯曰韓魏二主色動而喜必背君矣不如殺之智伯曰晉陽旦暮將拔之而饗其利乃有它心不可子勿復言智果見言之不聽出更其姓爲輔氏遂去不見其後韓魏乃反殺智伯三分其地果或作過 陳平知項王爲天所棄故歸心高祖皆智之至也 陳平初事項羽後知羽必敗乃杖劍度河歸漢見前書也 聞君前權時屈節北面延牙 延岑字牙屈節謂臣事也 乃後覺悟棲遲養德 爾雅曰棲遲息偃也言後息偃養德不復事延牙也詩小雅曰或棲遲偃仰 先世數子又何以加 謂智果陳平也 君處陰中土多賢士若以須臾之閒研考異同揆之圖書測之人事則得失利害可陳於目何自負畔亂之困不移守惡之名乎與君子之道何其反也世之俗儒末學醒醉不分而稽論當世疑誤視聽或謂天下迭興未知誰是

稱兵據土可圖非冀或曰聖王未啓宜觀
時變倚彊附大顧望自守二者之論豈其
然乎夫孔丘祕經爲漢赤制 祕經幽祕之經即緯書也赤制
解見郅惲傳 玄包幽室文隱事明 玄包藏也言緯書玄祕藏於幽室
文雖微隱事甚明驗 且火德承堯雖昧必亮 昧暗也亮明也言漢
承唐堯劉累之後以火德王雖遭王莽篡奪一時闇昧今光武中興必盛明也 承積世之
祚握無窮之符王氏雖乘閒偷篡而終嬰
大戮支分體解宗氏屠滅非其効歟 王莽傳曰
校尉公賓就斬莽首軍人分裂莽身支節肌肉臠分三輔舊事曰臠切千段 皇天所以

眷顧踟躕憂漢子孫者也 踟躕猶裴回也 論者若
不本之於天參之於聖猥以師曠雜事輕
自眩惑說士作書亂夫大道焉可信哉 師曠
雜事雜占之書也前書曰陰陽書十六家有師曠八篇也 諸儒或曰今五星
失晷天時謬錯 五星謂東方歲星南方熒惑星西方太白北方辰星中央鎮星
失晷失於常度 辰星久而不効 不効謂出入失度也 太白出入
過度熒惑進退見態鎮星繞帶天街歲星
不舍氐房 前書曰昴畢閒爲天街氐房東方之宿歲星歲舍一次當次舍於氐房今不舍
之是變常也 以爲諸如此占歸之國家蓋災不

徒設皆應之分野各有所王夫房心即宋
之分東海是也 前書天文志曰卯爲房心宋之分也 尾爲燕分
漁陽是也 前書天文志曰寅爲尾箕燕之分也 東海董憲迷惑
未降漁陽彭寵逆亂擁兵王赫斯怒命將
並征故熒惑應此憲寵受殃太白辰星自
亡新之末失行筭度以至于今或守東井
或没羽林 東井南方之宿天官書曰北宮虛危南方有衆星曰羽林天軍筭或作舛 或
裴回藩屏或躑躅帝宮 帝宮北辰也藩屏兩傍之星也裴回謂縈繞淹留躑躅謂上下不去也 或經天反明或潛臧久沈或

衰微闇昧或煌煌北南或盈縮成鉤或偃
蹇不禁 盈縮猶進退曲如鉤形也偃蹇高而明大無禁制 皆大運蕩除
之祥聖帝應符之兆也賊臣亂子往往錯
互指麾妄說傳相壞誤由此論之天文安
得遵度哉乃者五月甲申天有白虹自子
加午廣可十丈長可萬丈正臨倚彌倚彌
即黎丘秦豐之都也 蓋秦豐黎丘一名倚彌也 是時月入
于畢畢爲天綱 畢西方宿也 主網羅無道之君
故武王將伐紂上祭于畢求助天也 史記曰周武王

即位九年上祭于畢東觀兵于孟津也夫仲夏甲申爲八魁歷法春三月己巳丁丑夏三月甲申壬辰秋三月己亥丁未冬三月甲寅壬戌爲八魁八魁上帝開塞之將也主退惡攘逆流星狀似蚩尤旗或曰營頭或曰天槍出奎而西北行至延牙營上散爲數百而滅奎爲毒螫主庫兵春秋合誠圖曰奎主武庫之兵也此二變郡中及延牙士衆所共見也是故延牙遂之武當今均州縣也託言發兵實避其殃今年比卦部歲坤主立冬坎主冬至水性滅火南方之兵受

歲禍也比卦坤下坎上坎爲水也德在中宮刑在木木勝土刑制德今年兵事畢已中國安寧之効也五七之家三十五姓彭秦延氏不得豫焉春秋運斗樞曰五七三十五人皆共一德如何怪惑依而恃之葛藟之詩求福不回其若是乎詩大雅曰莫莫葛藟施于條枚愷悌君子求福不回注云葛延蔓於木之枝而茂盛喻子孫依緣先人之功而起也回違也言不違先祖之道圖讖之占衆變之驗皆君所明善惡之分去就之決不可不察無忽鄙言夫周公之善康叔以不從管蔡之亂也史記曰周公以成王命伐殷殺管叔放蔡叔以殷餘人封康叔爲衞君景帝之悅濟北以不從吳濞之畔也濟北王志高帝孫齊王肥之子也吳楚反時堅守不從景帝賢之徙封爲淄川王也自更始以來孤恩背逆歸義向善臧否粲然可不察歟良醫不能救無命彊梁不能與天爭扁鵲之見桓侯項王之敵漢祖也故天之所壞人不得支支持也左傳曰晉汝叔寬曰天之所壞不可支也衆之所爲不可干也宜密與太守劉君共謀降議仲尼棲棲墨子遑遑憂人之甚也班固曰棲棲遑遑孔席不煖墨突不黔也屠羊救楚非要爵祿莊子曰楚昭王失國屠羊說走而從於王昭王反國將賞

從亡者及屠羊說屠羊說曰大王失國說失屠羊大王反國說亦反屠羊目之爵祿已復矣又何賞之有遂不受也茅焦干秦豈求報利秦始皇遷太后於咸陽宮又撲殺兩弟齊人茅焦解衣伏質入諫始皇乃迎太后歸於咸陽爵茅焦爲上卿焦辭不受事見說苑也盡忠博愛之誠憤滿不能已耳又與仲況書諫之文多不載於是仲況與龔遂降龔字孟公長安人善論議扶風馬援班彪並器重之三輔決録注曰唯有孟公論可觀者班叔皮與京兆丞郭季通書曰劉孟公藏器於身用心篤固實瑚璉之器宗廟之寶也竟終不伐其功潛樂道術作記誨篇及文章傳於世年七十卒于家

楊厚字仲　廣漢新都人也祖父春卿善
圖讖學爲公孫述將漢兵平蜀春卿自殺
臨命戒子統曰吾綈袠中說文曰綈厚繒也綈音提有先
祖所傳祕記爲漢家用爾其修之統感父
遺言服闋辭家從犍爲周循學習先法又
就同郡鄭伯山受河洛書及天文推步之
術益部耆舊傳曰統字仲通曾祖父仲續舉河東方正拜祁令甚有德惠人爲立祠樂益部風俗因留家新都代修儒學以夏侯尚書相傳建初中爲彭城令一州大
旱統推陰陽消伏縣界蒙澤太守宗湛使

統爲郡求雨亦即降澍袁山松書曰統在縣休徵時序風雨得節
嘉禾生於寺舍人庶稱神也自是朝廷災異多以訪之統
作家法章句及內讖二卷解說位至光祿
大夫爲國三老年九十卒統生厚厚母初
與前妻子博不相安厚年九歲思令和親
乃託疾不言不食母知其旨懼然改意懼音九具反
恩養加篤博後至光祿大夫厚少學
統業精力思述初安帝永初二年太白入
北斗洛陽大水續漢志曰時正月已亥太白入北斗中以爲貴相凶也又京師及郡

國四十一雨水鄧太后專政也時統爲侍中厚隨在京師朝
廷以問統統對年老耳目不明子厚曉讀
圖書粗識其意鄧太后使中常侍承制問
之厚對以爲諸王子多在京師容有非常
宜亟發遣各還本國亟音紀力反太后從之星尋
滅不見又剋水退期日皆如所言除爲中
郎太后特引見問以圖讖厚對不合免歸
袁山松書曰鄧太后問厚曰大將軍鄧騭應輔臣以不對曰不應以此不合其旨復習業
犍爲不應州郡三公之命方正有道公車

特徵皆不就永建二年順帝特徵詔告郡
縣督促發遣厚不得已行到長安以病自
上因陳漢三百五十年之厄春秋命歷序曰四百年之間閉
四門聽外難羣異並賊官有孽臣州有兵亂五七弱暴漸之效也宋均注云五七三百五十歲當順帝漸微四方多逆賊也宜蠲法改憲之道蠲明也及消伏災
異凡五事制書褒述有詔太醫致藥太官
賜羊酒及至拜議郎三遷爲侍中特蒙引
見訪以時政四年厚上言今夏必盛寒當
有疾疫蝗蟲之害是歲果六州大蝗疫氣

流行後又連上西北二方有兵氣宜備邊寇車駕臨當西巡慼厚言而止至陽嘉三年西羌寇隴右明年烏桓圍度遼將軍耿曅永和元年復上京師應有水患又當火災三公有免者蠻夷當反畔是夏洛陽暴水殺千餘人至冬承福殿災太尉龐參免荆交二州蠻夷賊殺長吏寇城郭又言陰臣近戚妃黨當受禍（陰私也）明年宋阿母與官者褒信矦李元等遘姦廢退（阿母順帝乳母山陽君宋娥也）後二年中常侍張逵等復坐誣罔大將軍梁商專恣悉伏誅每有災異厚輒上消救之法而閹官專政言不得信時大將軍梁冀威權傾朝遣弟侍中不疑以車馬珍玩致遺於厚欲與相見厚不荅固稱病求退帝許之賜車馬錢帛歸家修黄老教授門生上名録者三千餘人太尉李固數薦言之太初元年梁太后詔備古禮以聘厚（古禮謂以束帛加璧安車蒲輪等）遂辭疾不就建和三年

太后復詔徵之經四年不至年八十二卒於家策書弔祭鄉人謚曰文父門人爲立廟郡文學掾史春秋饗射常祠之

後漢書列傳卷第二十上

列傳卷第二十下　范曄　後漢書三十

唐章懷太子賢注

郎顗　襄楷

郎顗字雅光北海安丘人也父宗字仲綏學京氏易善風角星筭六日七分（京氏京房也作易傳風角謂候四方四隅之風以占吉凶也星筭謂善天文筭數也易稽覽圖曰甲子卦氣起中孚六日八十分日之七鄭玄注云六以候也八十分爲一日之七者一卦六日七分也）能望氣占候吉凶常賣卜自奉（奉音扶用反）安帝徵之對策爲諸儒表後拜吳令（吳縣名屬會稽郡今蘇州縣也）時卒有暴風宗占知京師當有大火記識時日遣

人參候果如其言諸公聞而表上以博士徵之宗恥以占驗見知聞徵書到夜縣印綬於縣廷而遁去遂終身不仕顗少傳父業兼明經典隱居海畔延致學徒常數百人晝研精義夜占象度勤心銳思朝夕無倦州郡辟召舉有道方正不就順帝時災異屢見陽嘉二年正月公車徵顗乃詣闕拜章曰臣聞天垂妖象地見災符所以譴告人主責躬脩德使正機平衡流化興政也易內傳曰凡災異所生各以其政變之則除消之亦除（易稽覽圖曰凡異所生災所起各以其政變之則除其不可變則施之亦除鄭玄注云改其政者謂失火令則行水令失土令則行木令失金令則行火令則災除去也不可變謂殺賢者也施之者死者不可復生封祿其子孫使得血食則災除也）伏惟陛下躬日昃之聽溫三省之勤（論語曾子曰吾日三省吾身也）思過念咎務消祇悔（祇大也易復卦初九曰無祇悔元吉）方今時俗奢佚淺恩薄義夫救奢必於儉約拯薄無若敦厚安上理人莫善於禮修禮遵約蓋惟上興革文變薄事不在下故周南之

德關雎政本（周南詩序曰關雎風之始也所以風化天下而正夫婦也故夫婦爲政本也）本立道生風行草從澄其源者流清溷其本者末濁天地之道其猶鼓籥以虛爲德自近及遠者也（籥如笛六孔鼓籥其形內虛而氣無窮老子曰天地之間其猶橐籥虛而不屈動而愈出）伏見往年以來園陵數災（陽嘉元年冬恭陵百丈廡災永建元年秋茂陵園寢災）炎光熾猛驚動神靈易天人應曰君子不思遵利茲謂無澤厥災孽火燒其宮又曰君高臺府犯陰侵陽

厥炎火又曰上不儉下不節炎火並作燒君室自頃繕理西苑修復太學永建六年修太學也宮殿官府多所搆飾昔盤庚遷殷去奢即儉帝王紀曰盤庚以耿在河北迫近山川自祖辛以來奢淫不絕乃度河將從都亳之殷地人咨嗟相怨不欲從盤庚乃作書三篇以告喻之今尚書盤庚三篇是也亳在偃師夏后卑室盡力致美論語孔子曰禹惡衣服而致美乎黻冕卑宮室而盡力乎溝洫又魯人爲長府閔子曰仍舊貫何必改作長府魯之府名也仍因也貫事也言因舊事則可何必更作見論語臣愚以爲諸所繕修事可省減稟邺貧人賑贍孤寡此天之意也

後漢列傳二十下　三　卓受

人之慶也仁之本也儉之要也焉有應天養人爲仁爲儉而不降福者哉土者地祇陰性澄靜宜以施化之時敬而勿擾竊見正月以來陰闇連日易內傳曰久陰不雨亂氣也蒙之比也蒙者君臣上下相冒亂也易稽覽圖曰日食之比陰得陽蒙之比也陰冒陽也鄭玄注云蒙氣也比非一也邪臣謀覆冒其君先霧從夜昏起或從夜半或平旦君不覺悟曰中不解遂成蒙君復不覺悟下爲霧也比音庇又曰欲德不用厥異常陰夫賢者化之本雲者雨之具也得賢而不用猶久陰而不雨也

又頃前數日寒過其節冰旣解釋還復凝合夫寒往則暑來暑往則寒來易繫詞之文也此言日月相推寒暑相避以成物也今立春之後火卦用事當溫而寒違反時節由功賞不至而刑罰必加也宜須立秋順氣行罰臣伏案飛候參察衆政京房作易飛候以爲立夏之後當有震裂涌水之害又比熒惑失度盈縮往來涉歷輿鬼環繞軒轅天官書曰輿鬼南方之宿軒轅黃龍體女主後宮之象也火精南方夏之政也政有

後漢列傳二十下　四　郭傳

失禮不從夏令則熒惑失行熒惑南方主夏爲禮爲視禮虧視失不行夏令則熒惑逆行也見天文志正月三日至乎九日三公卦凡卦法一爲元士二爲大夫三爲三公四爲諸侯五爲王位六爲宗廟前書曰梁人焦延壽字贛長於災變分六十四卦更直日用事以風雨寒溫爲候音義云分卦直日之法爻主一日卽三日九日並爲三公之日也三公上應台階下同元首春秋元命包曰魁下六星兩兩而比曰三台前書音義曰泰階三台也又黃帝泰階六符經曰泰階者天之三階也上階爲天子中階爲諸侯公卿大夫下階爲士庶人三階平則陰陽和風雨時尚書曰君爲元首臣作股肱言三公上象天之台階下與人君同體也政失其道則寒陰反節節彼南山詠自周詩詩小雅曰節彼南山維石巖巖赫赫師尹人具爾瞻注云

(節高峻貌也詹三公之位人所高嚴也赫赫顯盛也師尹三公也言三公之位天下之人共瞻視之)股
肱良哉著於虞典而今之在位競託高虛
納累鍾之奉忘天下之憂(六斛四斗曰鍾左傳曰四升爲豆四豆爲區四區爲釜四釜爲鍾也)棲遲偃仰寢疾自逸被策文
得賜錢即復起矣何疾之易而愈之速以
此消伏災眚興致升平其可得乎今選舉
牧守委任三府(三公也)長吏不良既咎州郡
州郡有失豈得不歸責舉者而陛下崇之
彌優自下慢事愈甚所謂大網疏小網數

(謂緩於三公切於州郡也)三公非臣之仇臣非狂夫之作
所以發憤忘食懇懇不已者誠念朝廷欲
致興平非不能面譽也臣生長草野不曉
禁忌披露肝膽書不擇言伏鑕鼎鑊死不
敢恨謹詣闕奉章伏待重誅書奏帝復使
對尚書(使就尚書更對也)顗對曰臣聞明王聖主好
聞其過忠臣孝子言無隱情臣備生人倫
視聽之類而稟性愚惷不識忌諱故出死
忘命懇懇重言(重再也)誠欲陛下修乾坤之

德開日月之明披圖籍案經典覽帝王之
務識先後之政如有闕遺退而自改本文
武之業擬堯舜之道攘災延慶號令天下
此誠臣顗區區之願夙夜夢寤盡心所計
謹條序前章暢其旨趣(謂前詣闕所上章也)條便宜
七事具如狀對
一事陵園至重聖神攸馮而災火炎赫迫
近寢殿魂而有靈猶將驚動尋宮殿官府
近始永平歲時未積便更修造又西苑之

設禽畜是處離房別觀本不常居而皆當
務精土木營建無已消功單賄巨億爲計
易內傳曰人君奢侈多飾宮室其時旱其
災火是故魯僖遭旱修政自勑下鐘鼓之
縣休繕治之官(春秋考異郵曰僖公三年春夏不雨於是僖公憂閔玄服避舍釋更徭之逋罷軍寇之誅去苛刻峻文慘毒之教所蠲浮令四十五事曰方今天旱野無生稼寡人當死百姓何謗不敢煩人請命願撫萬人害以身塞無狀禱已舍齊南郊雨大澍也)
時雨自降(左傳僖公六月雨)由此言之天之應人敏
於景響(敏疾也)今月十七日戊午徵日也(陽嘉

二年正月日加申 日在申時也 風從寅來丑時而止丑寅申皆徵也不有火災必當爲旱 南方爲徵故爲火及旱也 願陛下校計繕修之費永念百姓之勞罷將作之官減彫文之飾損庖廚之饌退宴私之樂易中孚傳曰陽感天不旋日 易中孚傳曰陽感天不旋日諸侯不旋時大夫不過朞鄭玄注云陽者天子爲善一日天立應以善爲惡一日天立應以惡諸侯爲善一時天立應以善爲惡一時天立應以惡大夫爲善一歲天亦立應以善爲惡一歲天亦立應以惡一說云不旋日立應之不過時三辰閒不過朞從今旦至明日旦也陽即指天子也 如是則景雲降集眚沴息矣 景雲五色雲也一曰慶雲孝經援神契曰德至山陵則景雲出顯以陵園火災故引之也眚沴謂災氣

二事去年已來兌卦用事類多不効易傳曰有貌無實佞人也有實無貌道人也寒溫爲實清濁爲貌 易稽覽圖曰有實無貌屈道人也有貌無實佞人也鄭玄注曰有寒溫無貌濁清靜此賢者屈道仕于不肖君也有貌濁清靜無寒溫此佞人以便巧仕於世也 今三公皆令色足恭外厲內荏以虛事上無佐國之實故清濁效而寒溫不效也是以陰寒侵犯消息 易稽覽圖曰侵消息者或陰專政或陰侵陽鄭玄注溫卦以溫侵寒卦以寒侵陽者君也陰者臣也專君政事亦陰侵陽也 占曰日乘則有妖風日蒙則有地裂如是三年則致日食陰侵其陽漸積所致立春前後溫氣應節者詔令寬也其後復寒者無寬之實也夫十室之邑必有忠信率土之人豈無貞賢未聞朝廷有所賞拔非所以求善贊務弘濟元元宜採納良臣以助聖化

三事臣聞天道不遠三五復反 春秋合誠圖曰至道不遠三五而反宋均注云三三正也五五行也三正五行王者改代之際會也能於此際自新如初則通無窮也 今年少陽之歲法當乘起恐後年已往將遂驚動涉歷天門災成戊己 戊亥之間爲天門也 今春當旱夏必有水臣以六日七分候之可知夫災眚之來緣類而應行有玷缺則氣逆于天精感變出以戒人君王者之義時有不登則損滋徹膳數年以來穀收稍減家貧戶饉歲不如昔百姓不足君誰與足水旱之災雖尚未至然君子遠覽防微慮萌老子曰人之飢也以其上食稅之多也故孝文皇帝綈袍革舄木器無文 前書曰孝文帝身衣

弋綈足履革舄兵木無刃衣緼無文約身薄賦時致升平今陛下聖德中興宜遵前典惟節惟約天下幸甚易曰天道無親常與善人是故高宗以享福高宗殷王武丁也尚書大傳曰武丁祭成湯有雉飛升鼎耳而呴祖已曰雉者野鳥升于鼎者欲爲用也無則遠方將有來朝者故武丁內反諸已以思先王之道三年編髮重譯來朝者六國孔子曰吾於高宗肜曰見德之有報之疾也帝王紀曰高宗饗國五十有九年年百歲也宋景以延年呂氏春秋曰宋景公時熒惑在心召子韋問焉子韋曰禍當君雖然可移宰相公曰宰相寡人所與理國家也曰可移於人公曰人死寡人將誰爲君曰可移於歲公曰歲饑人饑誰以我爲君乎子韋曰君有至德之言三天必三賞君熒惑必退三舍一舍行七星星當一年君延二十一年矣熒惑果退三舍也

四事臣竊見皇子未立儲宮無主仰觀天文太子不明洪範五行傳曰心之大星天王也其前星太子也後星庶子也熒惑以去年春分後十六日在婁五度婁西方宿也推步三統熒惑今當在翼九度翼南方宿也今反在柳三度柳南方宿也則不及五十餘度言熒惑行遲也去年八月二十四日戊辰熒惑歷輿鬼東入軒轅出后星北東去四度北旋復還軒轅者後宮也熒惑者至陽之精也天之使也熒惑南方火盛陽之精也天文要集曰天有五帝五星爲之使而出入軒轅繞還往來易曰天垂象見吉凶其意昭然可見矣禮天子一娶九女嫡媵畢具今宮人侍御動以千計或生而幽隔人道不通鬱積之氣上感皇天故遣熒惑入軒轅理人倫垂象見異以悟主上昔武王下車出傾宮之女表商容之閭尚書大傳曰武王入殷表商容之閭歸傾宮之女以理人倫以表賢德故天授以聖子成王是也今陛下多積宮人以違天意故皇胤多夭嗣體莫寄詩云敬天之怒不敢戲豫詩大雅板篇之文也注云戲豫逸豫也方今之福莫若廣嗣廣嗣之術可不深思宜簡出宮女恣其姻嫁則天自降福子孫千億惟陛下丁寧再三留神於此左右貴倖亦宜惟臣之言以悟陛下蓋善言古者合於今善言天者合於人前書武帝詔曰善言天者必有徵於人善言古者必有驗於今願訪問百僚有違臣言者臣當受苟言之罪論語孔子曰君子於其言無所苟而已矣

五事臣竊見去年閏十月十七日巳丑夜有白氣從西方天苑趨左足入玉井數日乃滅續漢志曰時客星氣白廣二尺長五丈起天苑西南天官書曰西有句曲九星三處羅一曰天旗二曰天苑三曰九游參星下四小星爲玉井其外四星左右肩股也春秋曰有星孛于大辰大辰者何大火也春秋昭十七年有星孛于大辰爾雅曰大辰房心尾也孫炎曰龍星明者可以爲時候故曰大辰大火爲大辰爾雅伐又爲大辰廣雅曰罰謂之大辰也北極亦爲大辰爾雅曰北極謂之北辰李巡曰北極天心也居北方正四時謂之北辰也所以孛一宿而連三宿者言北辰王者之宮也凡中宮無

節政敎亂逆威武衰微則此三星以應之也罰者白虎其宿主兵其國趙魏天官書曰參爲白虎下有三星曰罰爲斬刈之事故主兵昴畢之閒趙魏之分也變見西方亦應之三輔凡金氣爲變發在秋節西方白氣入玉井是金氣之變也臣恐立秋以後趙魏關西將有羌寇畔戾之患宜豫宣告諸郡使敬授人時輕傜役薄賦斂勿妄繕起堅倉獄備守衛回選賢能以鎮撫之回易也金精之變責歸上司上司謂司馬也建武二十七年改爲太尉韓詩外傳曰司馬主天陰陽不調星辰失度責

之司馬故云責歸上司也宜以五月丙午遣太尉服干戚建井旟干楯也戚斧也西方主兵故太尉執持楯斧所以厭金氣也井南方火宿也鳥隼曰旟也以火勝金故畫井星之文於旟而建之也書玉板之策引白氣之異書祝辭於玉板也於西郊責躬求愆謝咎皇天消滅妖氣蓋以火勝金轉禍爲福也以五月丙午日火勝金也

六事臣竊見今月十四日乙卯巳時白虹貫日凡日傍氣色白而純者名爲虹貫日中者侵太陽也見於春者政變常也方今

中官外司各各考事考劾也其所考者或非急務又恭陵火災主名未立立猶定也時考問延火者姓名未定也多所收捕備經考毒尋火爲天戒以悟人君可順而不可違可敬而不可慢陛下宜恭己內省以備後災凡諸考案幷須立秋又易傳曰公能其事序賢進士後必有喜反之則白虹貫日以甲乙見者則譴在中台譴責也韓詩外傳曰三公者何司空司徒司馬也司馬主天司空主地司徒主人故陰陽不調星辰失度責之司馬山陵崩絕川谷不流責之司空五穀不殖草木不茂責之司徒甲乙東方

主春生殖五穀之時也而白虹以甲乙日見明責在司徒也自司徒居位陰陽多謬時劉崎爲司徒至陽嘉三年策免久無虛已進賢之策天下興議異人同咨咨嗟歎也且立春以來金氣再見謂元年閏十二月己丑夜有白氣入王井二年正月乙卯白虹貫日此金氣再見金能勝木必有兵氣宜黜司徒以應天意陛下不早攘之將負臣言遺患百姓

七事臣伏惟漢興以來三百三十九歲於詩三基高祖起亥仲二年今在戌仲十年基當作朞謂以三朞之法推之也詩氾歷樞曰凡推其數皆從亥之仲起此天地所定位陰陽氣周而復始萬物死而復蘇大統之始故王命一節爲之十歲也詩氾歷樞曰卯酉爲革政午亥爲革命神在天門出入候聽宋均注云神陽氣君象也天門戌亥之間乾所據者言神在戌亥司候帝王興衰得失厭善則昌厭惡則亡於易雄雌祕歷今值困乏凡九二困者衆小人欲共困害君子也經曰困而不失其所其唯君子乎易困卦之辭也唯獨賢聖之君遭困遇險能致命遂志不去其道易困卦曰澤無水困君子以致命遂志困卦坎下兌上坎爲水兌爲澤水在澤下是謂竭涸之象故以喻困致命遂志謂君子委命固窮不離於道也

後漢列傳二十下　十三　林慮

陛下乃者潛龍養德幽隱屈尼謂順帝爲太子時廢爲濟陰王即位之元紫宮驚動歷運之會時氣已應然猶恐妖祥未盡君子思患而豫防之臣以爲戌仲已竟來年入季文帝改法除肉刑之罪漢法肉刑三謂黥也劓也左右趾也文帝除之當黥者髡鉗城旦舂當劓者笞三百當左右趾者笞五百也至今適三百載自文帝十三年除肉刑至順帝陽嘉二年合三百年也宜因斯際大蠲法令官名稱號輿服器械事有所更變大爲小去奢就儉機衡之政除煩爲簡改元更始招求幽隱舉方正徵有道博採異謀開不諱之路臣陳引際會恐犯忌諱書不盡言未敢究暢臺詰顗曰對云白虹貫日政變常也朝廷率由舊章何所變易而言變常又言當大蠲法令革易官號或云變常以致災或改舊以除異何也又陽嘉初建復欲改元據何經典其以實對顗對曰方春東作布德之元陽氣開發養導萬物王者因天視聽奉順時氣宜務崇溫柔遵其行令禮記月令

後漢列傳二十下　十四　林慮

孟春天子命相布德和令行慶施惠下及兆人仲春安萌牙養幼少存諸孤省囹圄去桎梏止獄訟是遵其行令也而今立春之後考事不息秋冬之政行乎春夏故白虹春見掩蔽日曜凡邪氣乘陽則虹蜺在日斯皆臣下執事刻急所致殆非朝廷優寛之本此其變常之咎也又今選舉皆歸三司非有周召之才而當則哲之重尚書曰知人則哲每有選用輒參之掾屬參豫也公府門巷賓客填集送去迎來財貨無已其當遷者競相薦謁各遣子弟充塞道路開長姦門興致浮偽非所謂率由舊章也尚書職在機衡宮禁嚴密北斗魁星第三為機第五為衡於天文為喉舌李固對策曰陛下之有尚書猶天有北斗斗主為喉舌斟酌元氣運平四時出納王命也私曲之意羌不得通偏黨之恩或無所用選舉之任不如還在機密欲使尚書專掌選也臣誠愚戇不知折中斯固遠近之論當今之宜又孔子曰漢三百載計歷改憲春秋保乾圖曰陽起於一天帝為北辰氣成於三以立五神三五展轉機以動運故三百歲斗歷改憲也三百四歲為一德五德千五百二十歲五行更用易乾

鑿度孔子曰立德之數先立木金水火土德各三百四歲五德備凡千五百二十歲太終復初故曰五行更用更猶變改也王者隨天譬猶自春徂夏改青服絳者也禮記月令孟春天子衣青衣服倉玉孟夏則衣朱衣服赤玉也自文帝省刑適三百年而輕微之禁漸已殷積王者之法譬猶江河當使易避而難犯也故易曰易則易知簡則易從易簡而天下之理得矣今去奢即儉以先天下改易名號隨事稱謂易曰君子之道或出或處同歸殊塗一致百慮是知變常而善可以除災變常而惡必致於異今年仲竟來年入季仲終季始歷運變改故可改元所以順天道也臣顗愚蔽不足以荅聖問顗又上書薦黃瓊李固幷陳消災之術曰臣前對七事要政急務宜於今者所當施用誠知愚淺不合聖聽人賤言廢當受誅罰論語孔子曰不以人廢言征營惶怖靡知厝身臣聞刳舟剡楫將欲濟江海也易曰黃帝刳木為舟剡木為楫聘賢選佐將以安天下也昔唐堯在上羣龍為用羣龍喻賢臣也

（鄭玄注易乾卦云爻皆體乾羣龍之象舜既受禪禹與稷契咎繇之屬並在朝）文武創德周召作輔是以能建天地之功增日月之耀者也詩云赫赫王命仲山甫將之邦國若否仲山甫明之（詩大雅也將行也若順也順否猶臧否謂善惡也言國有善惡仲山甫能明之）宣王是賴以致雍熙陛下踐祚以來勤心庶政而三九之位未見其人（三公九卿也）是以災害屢臻四國未寧（四方之國）臣考之國典驗之聞見莫不以得賢為功失士為敗且賢者出處翔而後集（論語色斯舉矣翔而後集）爵以

後漢列傳三十下　十七

德進則其情不苟然後使君子恥貧賤而樂富貴矣若有德不報有言不醻來無所樂進無所趣（無爵賞也）則皆懷歸藪澤修其故志矣夫求賢者上以承天下以為人不用之則逆天統違人望逆天統則災眚降違人望則化不行災眚降則下呼嗟化不行則君道虧四始之缺五際之戹其咎由此（四始謂關雎為國風之始鹿鳴為小雅之始文王為大雅之始清廟為頌之始缺猶廢也翼奉傳曰易有陰陽詩有五際孟康曰韓詩外傳云五際卯酉午戌亥也陰陽終始際會之歲於此則有變改之政）豈可

不剛健篤實矜矜慄慄以守天功盛德大業乎（易繫詞曰日新之謂盛德富有之謂大業）臣伏見光祿大夫江夏黃瓊耽道樂術清亮自然被褐懷寶含味經籍（家語子路問於孔子曰有人於此被褐而懷玉何如子曰國無道隱可也國有道則衮冕而執玉也）又果於從政明達變復（言明於變異消復之術也）朝廷前加優寵賓于上位瓊入朝日淺謀謨未就因以喪病致命遂志老子曰大音希聲大器晚成（聲震宇內謂之大音其動有時故希聲也無所不容謂之大器其功既博故晚成也）善人為國三年乃立（論語孔子曰苟有用我者期月

後漢列傳三十下　十八

而已可也三年乃成功又曰善人為邦百年可以勝殘去殺）天下莫不嘉朝廷有此良人而復怪其不時還任陛下宜加隆崇之恩極養賢之禮徵反京師以慰天下又處士漢中李固年四十通游夏之藝履顏閔之仁絜白之節情同皦日忠貞之操好是正直卓冠古人當世莫及元精所生王之佐臣（元為天精謂之精氣春秋演孔圖曰正氣為帝閒氣為臣宮商為佐秀氣為人也）天之生固必為聖漢宜蒙特徵以示四方夫有出倫之才不應限以官次昔

顏子十八天下歸仁論語曰顏回問仁孔子曰剋己復禮爲仁一日剋己
復禮天下歸仁焉子奇稺齒化阿有聲子奇齊人年十八爲阿邑
宰出倉廩以振貧乏邑内大化見說苑若還瓌衛固任以時政
伊尹傅說不足爲比則可垂景光致休祥
矣臣顗明不知人伏聽衆言百姓所歸臧
否共歎願況問百僚覈其名行有一不合
則臣爲欺國惟留聖神不以人廢言謹復
條便宜四事附奏於左
一事孔子作春秋書正月者敬歲之始也
公羊傳曰元年春正月元年者何君之始年也春者何歲之始也王者則天之象
因時之序宜開發德號爵賢命士流寬大
之澤垂仁厚之德禮記正月迎春於東郊還乃賞公卿諸侯大夫於朝命相
布德和令行慶施惠下及兆人慶賞遂行無有不當順助元氣含養庶類
如此則天文昭爛星辰顯列五緯循軌四
時和睦五緯五星不則太陽不光天地溷濁時
氣錯逆霾霧蔽日爾雅曰風而雨土爲霾自立春以來
累經旬朔未見仁德有所施布但聞罪罰
考掠之聲夫天之應人疾於景響而自從

入歲常有蒙氣月不舒光日不宣曜日者
太陽以象人君政變於下日應於天清濁
之占隨政抑揚天之見異事無虛作豈獨
陛下倦於萬機帷幄之政有所闕歟帷幄謂謀
謀之何天戒之數見也臣願陛下發揚乾
臣也剛援引賢能勤求機衡之寄以獲斷金之
利易曰二人同心其利斷金臣之所陳輒以太陽爲先者
明其不可久闇急當改正其異雖微其事
甚重臣言雖約其旨甚廣惟陛下乃眷臣
章深留明思
二事孔子曰靁之始發大壯始君弱臣彊
從解起今月九日至十四日大壯用事消
息之卦也於此六日之中靁當發聲發聲
則歲氣和王道興也周書時訓曰春分之日玄鳥至又五日靁乃發聲靁
不發聲諸侯失人也易曰靁出地奮豫豫卦坤下震上坤爲地震爲靁
靁在地上故曰靁出地豫奮動也豫喜也先王以作樂崇德殷薦
之上帝殷盛也薦進也上帝天帝也靁動於地萬物喜豫作樂之象靁者所
以開發萌牙辟陰除害萬物須靁而解資

雨而潤易解卦曰天地解而靁雨作靁雨作而百果草木皆甲坼也故經曰
靁以動之雨以潤之易說卦文王者崇寬大順
春令則靁應節不則發動於冬當震反潛
故易傳曰當靁不靁太陽弱也今蒙氣不
除日月變色則其效也天網恢恢疏而不
失老子之文也隨時進退應政得失大人者與
天地合其德與日月合其明易乾卦文言之詞也大人天子
也璇璣動作與天相應靁者號令其德生
養號令殆廢當生而殺則靁反作其時無

後漢列傳二十下　二十一　李椿

歲靁以冬鳴則歲飢也陛下若欲除災昭祉順天致
和宜察臣下尤酷害者亟加斥黜以安黎
元則太皓悅和靁聲乃發太皓天
三事去年十月二十日癸亥太白與歲星
合於房心太白在北歲星在南相離數寸
光芒交接房心者天帝明堂布政之宮春秋
元命包曰房四星心三星孝經鉤命決曰歲星守心年穀
豐歲星守心爲重華故年豐也尚書洪範記曰月行中
道移節應期德厚受福重華留之天官書曰歲星

一曰攝提一曰重華也重華者謂歲星在心也今太白
從之交合明堂金木相賊而反同合太白金也歲星木也金刻木故相賊也此以陰陵陽臣下專權之異也
房心東方其國主宋卯爲房心宋之分也石氏經曰石氏
魏人石申夫也見藝文志歲星出左有年出右無年今金
木俱東歲星在南是爲出右恐年穀不成
宋人飢也陛下宜審詳明堂布政之務然
後妖異可消五緯順序矣五緯五星也
四事易傳曰陽無德則旱陰僭陽亦旱陽

後漢列傳二十下　二十二　王中

無德者人君恩澤不施於人也陰僭陽者
祿去公室臣下專權也自冬涉春訖無嘉
澤數有西風反逆時節春當東風也朝廷勞心
廣爲禱祈薦祭山川暴龍移市董仲舒春秋繁露曰春旱以甲乙日爲倉龍一長八尺居中央爲小龍七各長四尺於東方皆東向其間相去八尺小童八人皆齋三日服青衣而舞之夏以丙丁日爲赤龍服赤衣季夏以戊己日爲黃龍服黃衣秋以庚辛日爲白龍服白衣冬以壬癸日爲黑龍服黑衣牲各依其方色皆燔雄雞燒猳豬尾於里北門及市中以祈焉禮記歲旱魯穆公問於縣子縣子曰爲之徙市不亦可乎見檀弓篇臣聞皇天感
物不爲僞動災變應人要在責己若令雨

可請降水可攘止則歲無隅并太平可待然而災害不息者患不在此也（不在祈禱）立春以來未見朝廷賞録有功表顯有德存問孤寡賑恤貧弱而但見洛陽都官奔車東西收繫纖介牢獄充盈臣聞恭陵火處比有光曜（比頻也時恭陵百丈廡災仍有光耀不絕）明此天災非人之咎丁丑大風掩蔽天地風者號令天之威怒皆所以感悟人君忠厚之戒又連月無雨將害宿麥若一穀不登則飢者十三四矣陛下誠宜廣被恩澤貸贍元元昔堯

遭九年之水人有十載之蓄者簡稅防災爲其方也（簡少也方法也）願陛下早宣德澤以應天功若臣言不用朝政不改者立夏之後乃有澍雨於今之際未可望也若政變於朝而天不雨則臣爲誣上愚不知量分當鼎鑊書奏特詔拜郎中辭病不就即去歸家至四月京師地震遂陷（陽嘉二年四月己亥地震六月丁丑洛陽地陷是月旱也）其夏大旱秋鮮卑入馬邑城破

代郡兵明年西羌寇隴右（陽嘉三年七月種羌寇隴西）皆略如顗言後復公車徵不行同縣孫禮者積惡凶暴好游俠與其同里人常慕顗名德欲與親善顗不顧以此結怨遂爲禮所殺

襄楷字公矩平原隰陰人也（風俗通曰襄姓楚大夫襄老之後隰陰縣在漯水之南故城在今齊州臨邑縣西也）好學博古善天文陰陽之術桓帝時宦官專朝政刑暴濫又比失皇子災異尤數延熹九年楷自家詣闕

上疏曰臣聞皇天不言以文象設教堯舜雖聖必歷象日月星辰察五緯所在故能享百年之壽爲萬世之法（堯年一百一十七歲舜年一百一十二歲言百年舉全數）臣竊見去歲五月熒惑入太微犯帝坐出端門不軌常道（天官書曰太微南四星中爲端門軌猶依也）其閏月庚辰太白入房犯心小星震動中耀中耀天王也傍小星者天王子也夫太微天廷五帝之坐而金火罰星揚光其中（太白金也熒惑火也天文志曰逆夏令傷火氣罰見熒惑逆秋令傷金氣罰見太白故金火並爲罰星也）

於占天子凶又俱入房心法無繼嗣今年歲星久守太微逆行西至掖門還切執法天官書曰端門左右星爲掖門太微南四星爲執法切謂迫近也歲爲木精好生惡殺而淹留不去者咎在仁德不修誅罰太酷前七年十二月熒惑與歲星俱入軒轅逆行四十餘日而鄧皇后誅其冬大寒殺鳥獸害魚鼈城傍竹柏之葉有傷枯者續漢志曰延熹九年雒陽城傍竹柏葉有傷者臣聞於師曰柏傷竹枯不出三年天子當之今洛陽城中人夜

無故叫呼云有火光人聲正諠續漢志曰桓帝延熹九年三月京師有火光轉行人相驚譟於占亦與竹柏枯同自春夏以來連有霜雹及大雨雷而臣作威作福刑罰急刻之所感也太原太守劉瓆南陽太守成瑨志除姦邪其所誅翦皆合人望謝承書曰劉瓆字文理平原人遷太原太守郡有豪彊中官親戚爲百姓所患瓆深疾之到官收其魁帥殺之所臧匿主人悉坐伏誅桓帝徵詣廷尉以瓆宗室不忍致之于刑使自殺成瑨字幼平弘農人遷南陽太守時桓帝美人外親張子禁怙恃榮貴不畏法網瑨與功曹岑晊捕子禁付宛獄笞殺之桓帝徵瑨詣廷尉下獄死瓆音質瑨音晋而陛下受閹豎之譖乃遠

加考逮三公上書乞哀瓆等不見採察時太尉陳蕃司徒劉矩司空劉茂共上書訟瓆等帝不納而嚴被譴讓憂國之臣將遂杜口矣臣聞殺無罪誅賢者禍及三世黃石公三略曰傷賢者殃及三世蔽賢者身當其害達賢者福流子孫疾賢者名不全自陛下即位以來頻行誅伐梁寇孫鄧並見族滅梁冀寇榮孫壽鄧萬世等也其從坐者又非其數李雲上書明主所不當諱杜衆乞死諒以感悟聖朝時弘農五官掾杜衆傷雲以忠諫獲罪遂上書云願與李雲同日死也曾無赦宥而并被殘戮天下之人咸知其冤

漢興以來未有拒諫誅賢用刑太深如今者也永平舊典諸當重論皆須冬獄先請後刑所以重人命也頃數十歲以來州郡翫習又欲避請讞之煩廣雅曰讞疑也謂罪有疑者讞於廷尉也輒託疾病多死牢獄長吏殺生自已死者多非其罪魂神冤結無所歸訴淫厲疾疫自此而起淫過也左傳曰陰淫寒疾陽淫熱疾昔文王一妻誕致十子史記曰大姒文王正妃也其長子伯邑考次武王發次管叔鮮次周公旦次蔡叔度次曹叔振鐸次成叔武次霍叔處次康叔封冄季載同母兄弟十人也今宮女數千

未聞慶育宜修德省刑以廣螽斯之祚詩國風序曰螽斯后妃子孫衆多也言若螽斯不妒忌則子孫衆多也注云螽斯蚣蝑也凡有情慾者無不妒忌唯蚣蝑不爾各得受氣而生子故以喻焉祚福也又七年六月十三日河內野王山上有龍死長可數十丈延熹七年也袁山松書曰長可百餘尺扶風有星隕爲石聲聞三郡夫龍形狀不一小大無常故周易況之大人帝王以爲符瑞大人天子也乾卦九五曰飛龍在天大人造也九五處天子之位故以飛龍喻焉尚書中候曰舜沈璧於清河黃龍負圖出水或聞河內龍死諱以爲蛇夫龍能變化蛇亦有神皆不當

死昔秦之將衰華山神操璧以授鄭客曰今年祖龍死祖龍謂秦始皇也樂資春秋後傳曰使者鄭客入函谷至平舒見素車白馬曰吾華山君願以一牘致高池君子之咸陽過鎬池見一大梓樹有文石取以扣樹當有應者以書與之鄭客如其言見宮闕如王者居謁者出受書入有頃云今年祖龍死始皇逃之死於沙丘史記曰始皇崩於沙丘平臺沙丘在今邢州平鄉縣東北王莽天鳳二年訛言黃山宮有死龍之異王莽傳曰時訛言黃龍墮地死黃山宮中百姓奔走往觀者乃有萬數莽惡之捕繫詰語所從起而竟不得後漢誅莽光武復興虛言猶然況於實邪夫星辰麗天猶萬國之附王者也下將畔上故星

亦畔天石者安類墜者失埶春秋五石隕宋其後襄公爲楚所執左傳魯僖公十六年隕石于宋五隕星也至二十年諸侯會宋公于盂於是楚執宋公以伐宋秦之亡也石隕東郡史記始皇三十六年有墜星下東郡至地爲石人或刻其石曰始皇死而地分始皇聞之盡取石旁舍誅之因燔其石今隕扶風與先帝園陵相近桓帝延熹七年隕石于鄠鄠屬扶風與高帝諸陵相近也不有大喪必有畔逆案春秋以來及古帝王未有河清及學門自壞者也延熹五年太學西門自壞八年濟陰東郡濟北河水清也臣以爲河者諸侯位也孝經援神契曰五岳視三公四瀆視諸侯也清者屬陽濁

者屬陰河當濁而反清者陰欲爲陽諸侯欲爲帝也太學天子教化之宮其門無故自壞者言文德將喪教化廢也京房易傳曰河水清天下平今天垂異地吐妖人厲疫三者並時而有河清猶春秋麟不當見而見孔子書之以爲異也公羊傳曰西狩獲麟何以書記異也何以異非中國獸也臣前上琅邪宮崇受干吉神書不合明聽干姓吉名也神書即今道家太平經也其經以甲乙景丁戊己庚辛壬癸爲部每部一十七卷也臣聞布穀鳴於孟夏蟋蟀吟於始秋

物有微而志信人有賤而言忠布穀一名戴維一名戴勝蟋蟀促織也春秋考異郵曰孟夏戴勝降立秋促織鳴言雖微物不失信也絍音女林反臣雖至賤誠願賜清閒極盡所言書奏不省十餘日復上書曰臣伏見太白北入數日復出東方其占當有大兵中國弱四夷彊臣又推步熒惑今當出而潛必有陰謀皆由獄多冤結忠臣被戮德星所以久守執法亦爲此也德星歲星也陛下宜承天意理察冤獄爲劉瓆成瑨虧除罪辟追録李雲杜衆等

後漢列傳二十下 二十九 潘守

子孫夫天子事天不孝則日食星鬬比年日食於正朔延熹八年正月辛巳朔日食九年正月辛卯朔日食三光不明五緯錯戾前者宮崇所獻神書專以奉天地順五行爲本亦有興國廣嗣之術其文易曉參同經典而順帝不行故國胤不興太平經興帝王篇曰眞人問神人曰吾欲使帝王立致太平豈可聞邪神人言但順天地之道不失銖分則立致太平元氣有三名太陽太陰中和形體有三名天地人天有三名日月星北極爲中也地有三名爲山川與平土人有三名父母子政有三名爲君臣人此三者常相得腹心不失銖分使其同一憂合成一家立致太平延年不疑也又問曰今何故其生子少也天師曰善哉子之言也但施不得其意耳如今施其人欲生也開其玉戶施種於中比若春種於地也十十相應和而生其施不以其時重知其審今無子之女雖日百施其中猶無所生也不得其所生之處比若此矣是故古者聖賢不妄施於不生之地也名爲亡種竭氣而無所生成今太平氣到或有不生子者反斷絶天地之統使國少人理國之道多人則國富少人則國貧今天上皇之氣已到天皇氣生物乃當萬倍其初天地孝沖孝質頻世短祚臣又聞之得主所好自非正道神爲生虐故周衰諸侯以力征相尚於是夏育申休宋萬彭生任鄙之徒生於其時並多力之人也夏育衞人力舉千鈞宋萬宋人殺湣公遇大夫仇牧於門批而殺之齒著門闔彭生齊人拉魯桓公幹而殺之范睢曰以任鄙之力

後漢列傳二十下 三十 王中

爲而死申休未詳何世也紂好色妲己是出妲己蘇人之女也獻於紂紂納以爲妻常與沈湎於酒事見列女傳葉公好龍眞龍游廷子張見魯哀公也七日哀公不禮子張曰君之好士有似葉公子高之好龍也葉公子高好畫龍天龍聞之降之窺頭於牖葉公子高見之棄而反走五色無主是葉公子高好夫似龍而非好眞龍也事見新序今黄門常侍天刑之人陛下愛待兼倍常寵係嗣未兆豈不爲此天官宦者星不在紫宮而在天市明當給使主市里也山陽公載記曰市垣二十二星而帝座居其中宦者四星唯供市買之事也今乃反處常伯之位實非天意常伯侍中也尚書曰常伯常任又聞宮中立黄

老浮屠之祠（浮屠即佛陁但聲轉耳竝謂佛也解見楚王英傳也）此道清虛貴尚無爲好生惡殺省慾去奢今陛下嗜欲不去殺罰過理既乖其道豈獲其祚哉或言老子入夷狄爲浮屠（或聞言當時言也老子西入夷狄始爲浮屠之化）浮屠不三宿桑下不欲久生恩愛精之至也（言浮屠之人寄桑下者不經三宿便即移去示無愛戀之心也）天神遺以好女浮屠曰此但革囊盛血遂不眄之（四十二章經天神獻玉女於佛佛曰此是革囊盛衆穢耳）其守一如此乃能成道今陛下婬女豔婦極天下之麗甘肥飲美單天下之味柰何欲如黃老乎書上即召詔尚書問狀楷曰臣聞古者本無宦臣武帝末春秋高數游後宮始置之耳（元帝時任宦者石顯爲中書令前將軍蕭望之等曰尚書百官之本宜以公正處之武帝游宴後庭故用宦者非古制也宜罷中書宦官應古不近刑人之法）後稍見任至於順帝遂益繁熾今陛下爵之十倍於前至今無繼嗣者豈獨好之而使之然乎尚書上其對詔下有司處正尚書承旨奏曰其宦者之官非近世所置漢初張澤爲大謁者佐絳

後漢列傳二十下　三十二　李坤

侯誅諸呂（張澤閹人也絳侯周勃誅諸呂乃迎立代王入宮顧麾左右執戟皆罷兵有數人不肯去宦者令張澤諭告之乃去此其佐誅諸呂之功見前書）孝文使趙談參乘而子孫昌盛（文帝使宦者趙談參乘爰盎伏車前曰陛下獨柰何與刀鋸餘人載於是上笑推下趙談談泣而下車文帝生景帝其後昌盛也）楷不正辭理指陳要務而析言破律違背經藝假借星宿僞託神靈（謂上干吉神書也）造合私意誣上罔事請下司隸正楷罪法收送洛陽獄帝以楷言雖激切然皆天文恒象之數故不誅猶司寇論刑（前書曰司寇二歲刑）初順帝時琅邪宮崇詣闕上其師干吉於曲陽泉水上所得神書百七十卷皆縹白素朱介青首朱目號太平清領書（今潤州有曲陽山有神溪水定州有曲陽山有神溪水海州有曲陽城北有羽潭水壽州有曲陽城又有北溪水而干吉宮崇並琅邪人蓋東海曲陽是也縹青白也素縑也以朱爲介道首標也目題目也太平經曰吾書中善者悉使青下而丹目合乎吾之道乃丹青之信也青者生仁而有心赤者太陽天之正色也江表傳時有道士琅邪干吉先寓居東方來吳會立精舍燒香讀道書制作符水以療病吳會人多事之孫策嘗於郡城樓上請會賓客吉乃盛服趨度門下諸將賓客三分之二下樓拜之掌客者禁訶不能止策即令收之諸事之者悉使婦女入見策母請之母謂策曰干先生亦助軍作福醫護將士不可殺之策曰昔南陽張津爲交州刺史舍前聖典訓廢漢家法律常著絳袙頭鼓

後漢列傳二十下　三十三　王仙

琴焚香讀邪俗道書云以助化卒爲蠻夷所殺此甚無益諸君但未悟耳今此子已在鬼録勿復費紙筆也即催斬之縣首於市其言以陰陽五行爲家而多巫覡雜語太平經曰天失陰陽則亂其道地失陰陽則亂其財人失陰陽則絶其後君臣失陰陽則其道不理五行四時失陰陽則爲災今天垂象爲人法故當承順之也又曰天上有常神聖要語時下授人以言用使神吏應氣而往來也人衆得之謂神呪也呪百中百十中十其呪有可使神爲除災疾用之所向無不愈也有司奏崇所上妖妄不經乃收臧之後張角頗有其書焉及靈帝即位以楷書爲然太傅陳蕃舉方正不就鄉里宗之每太守至輒致禮請中平中與荀爽鄭玄

俱以博士徵不至卒于家

論曰古人有云善言天者必有驗於人前書武帝策茂才之詞也而張衡亦云天文歷數陰陽占候今所宜急也郎顗襄楷能仰瞻俯察參諸人事禍福吉凶既應引之教義亦明此蓋道術所以有補於時後人所當取鑒者也然而其敝好巫故君子不以專心焉好巫謂好鬼神之事也范寗穀梁序曰左氏艶而富其敝也巫也

贊曰仲桓術深蕭車屢尋頻徵不至蘇竟飛書清我舊陰陰縣屬南陽與光武同郡故云我舊也襄郎災戒寔由政淫

後漢書列傳卷第二十下

列傳卷第二十一　范曄　後漢書三十一

唐章懷太子賢注

郭伋　杜詩

孔奮　張堪

廉范　王堂

蘇章（族孫不韋）

羊續　賈琮

陸康

郭伋字細侯扶風茂陵人也高祖父解（前書云解字翁伯河内軹人徙茂陵也）武帝時以任俠聞父梵爲蜀郡太守伋少有志行哀平閒辟大司空府三遷爲漁陽都尉王莽時爲上谷大尹（王莽改太守爲大尹）遷并州牧更始新立三輔連被兵寇百姓震駭強宗右姓（右姓猶高姓也）各擁衆保營莫肯先附更始素聞伋名徵拜左馮翊使鎮撫百姓世祖即位拜雍州牧再轉爲尚書令數納忠諫爭建武四年出爲中山太守明年彭寵滅轉爲漁陽太守漁陽旣離

後漢列傳二十一　一　康仲

王莽之亂重以彭寵之敗（離猶遭也）民多猾惡寇賊充斥（杜預注左傳曰充滿斥見也）伋到示以信賞糾戮渠帥盜賊銷散時匈奴數抄郡界邊境苦之伋整勒士馬設攻守之略匈奴畏憚遠迹不敢復入塞民得安業在職五歲戶口增倍後潁川盜賊羣起九年徵拜潁川太守召見辭謁（因辭而謁見也）帝勞之曰賢能太守去帝城不遠河潤九里冀京師并蒙福也（莊子曰河潤九里澤及三族）君雖精於追捕而山道險

後漢列傳二十一　二　李椿

阸自鬬當一士耳深宜愼之伋到郡招懷山賊陽夏趙宏（陽夏縣名屬陳國夏公雅反）襄城召吳等數百人皆束手詣伋降悉遣歸附農因自劾專命（謂擅放降賊也）帝美其策不以咎之後宏吳等黨與聞伋威信遠自江南或從幽冀不期俱降駱驛不絶（駱驛連續也）十一年省朔方刺史屬并州帝以盧芳據北土乃調伋爲并州牧過京師謝恩帝即引見并召皇太子諸王宴語終日賞賜車馬衣服什物伋因

言選補衆職當簡天下賢俊不宜專用南陽人帝納之伋前在并州素結恩德及後入界所到縣邑老幼相携逢迎道路所過問民疾苦聘求耆德雄俊設几杖之禮朝夕與参政事（禮記曰謀於長者必操几杖以從之）始至行部到西河美稷有童兒數百各騎竹馬道次迎拜伋問見曹何自遠來（曹輩也）對曰聞使君到喜故來奉迎伋辭謝之及事訖諸兒復送至郭外問使君何日當還伋謂別駕從

事計日當告之行部既還先期一日伋爲違信於諸兒遂止于野亭須期乃入是時朝廷多舉伋可爲大司空帝以并部尚有盧芳之儆（儆急也）且匈奴未安欲使久於其事故不召伋知盧芳夙賊（夙舊也）難卒以力制常嚴烽候明購賞以結寇心芳將隋昱遂謀脅芳降伋芳乃亡入匈奴伋以老病上書乞骸骨二十二年徵爲太中大夫賜宅一區及帷帳錢穀以充其家伋輒散與

宗親九族無所遺餘明年卒時年八十六帝親臨弔賜冢塋地

杜詩字公君河内汲人也少有才能仕郡功曹有公平稱更始時辟大司馬府建武元年歲中三遷爲侍御史安集洛陽時將軍蕭廣放縱兵士暴橫民閒百姓惶擾詩敕曉不改遂格殺廣還以狀聞世祖召見賜以棨戟（漢雜事曰漢制假棨戟以代斧鉞崔豹古今注曰棨戟前驅之器也以木爲之後代刻僞無復典刑以赤油韜之亦謂之油戟亦曰棨戟王公已下通用之以前驅也）復使

之河東誅降逆賊楊異等詩到大陽（大陽縣名屬河東郡）聞賊規欲北度乃與長史急焚其船部勒郡兵將突騎趁擊斬異等賊遂剪滅拜成皋令（成皋縣屬河南郡今洛州汜水縣是）視事三歲舉政尤異再遷爲沛郡都尉轉汝南都尉所在稱治七年遷南陽太守性節儉而政治清平以誅暴立威善於計略省愛民役造作水排鑄爲農器（排音蒲拜反冶鑄者爲排以吹炭今激水以鼓之也排當作橐古字通用也）用力少見功多百姓便之又修治

陂池廣拓土田郡内比室殷足時人方於召信臣（比室猶比屋也前書曰召信臣字翁卿九江壽春人也遷南陽太守爲人興利務在富之開通溝渠凡十數處）故南陽爲之語曰前有召父後有杜母詩自以無勞不安久居大郡求欲降避功臣乃上疏曰陛下亮成天工克濟大業偃兵脩文羣帥反旅（反旅謂班師也）海内合和萬世蒙福天下幸甚唯匈奴未譬聖德威侮二垂（譬猶曉也威虐也侮慢也二垂謂西與北也）陵虐中國邊民虚耗不能自守臣恐武猛之將雖勤亦未

得解甲櫜弓也（櫜韜也音高詩曰載櫜弓矢也）夫勤而不息亦怨勞而不休亦怨怨恨之師難復責功臣伏覩將帥之情功臣之望冀一休足於内郡（休足止行役也）然後即戎出命不敢有恨臣愚以爲師克在和不在衆（春秋左氏傳文也）陛下雖垂念北邊亦當頗泄用之（泄猶雜也）昔湯武善御衆故無忿鷙之師（鷙擊也湯武順天應人其所征討皆弔伐而已故無忿怒而擊也）陛下起兵十有三年將帥和睦士卒鳧藻（言其和睦歡悅如鳧之戲於水藻也）今若使公卿郡守

出於軍壘則將帥自厲（壘軍壁厲勉也）士卒之復比於宿衛則戎士自百（復謂優寬也音福續漢志曰羽林郎秩比三百石掌侍從宿衛言士卒得比於郎則人百其勇）何者天下已安各重性命大臣以下咸懷樂土不顧其功而厲其用無以勸也陛下誠宜虚爵數郡以俟振旅之臣重復厚賞加於久役之士如此緣邊屯戍之師競而忘死乘城拒塞之吏不辭其勞則烽火精明守戰堅固聖王之政必因人心今猥用愚薄塞功臣之望誠非

其宜臣詩伏自惟忖本以史吏一介之才（史吏謂初爲郡功曹也書曰如其一介臣也）遭陛下創制大業賢俊在外空乏之閒超受大恩收養不稱奉職無効久竊禄位令功臣懷愠誠惶誠恐八年上書乞避功德陛下殊恩未許放退臣詩蒙恩尤深義不敢苟冒虚請誠不勝至願願退大郡受小職及臣齒壯力能經營劇事如使臣詩必有補益復受大位雖析珪授爵所不辭也惟陛下哀矜帝惜其能

遂不許之詩雅好推賢數進知名士清河劉統及魯陽長董崇等初禁網尚簡但以璽書發兵未有虎符之信詩上疏曰臣聞兵者國之凶器聖人所愼舊制發兵皆以虎符其餘徵調竹使而已符第合會取爲大信所以明著國命斂持威重也（說文曰符信也漢制以竹長六寸分而相合前書文帝二年初與郡守爲銅虎符竹使符音義曰銅虎第一至第五發兵遣使符合乃聽之竹使符以竹五寸鐫刻篆書亦第一至第五也）閒者發兵但用璽書或以詔令如有姦人詐僞無由知覺

後漢列傳二十一　七

愚以爲軍旅尚興賊虜未殄徵兵郡國宜有重愼可立虎符以絶姦端昔魏之公子威傾鄰國猶假兵符以解趙圍若無如姬之仇則其功不顯（秦昭王已破趙長平又進圍邯鄲魏昭王之子無忌號信陵君其姊爲趙惠文王弟平原君夫人平原君數遺公子書請救於魏魏王使將軍晉鄙將十萬衆救趙實持兩端以觀望平原君使者相屬謂公子曰今邯鄲旦暮降秦魏救不至獨不憐公子姊邪公子患之過侯嬴問之嬴屏人語曰嬴聞晉鄙兵符常在王卧內而如姬最幸力能竊之嬴聞如姬父爲人所殺公子使客斬其仇頭敬進如姬姬爲公子死無所辭公子誠一開口以請如姬姬必許諾公子從其計如姬果盜晉鄙兵符與公子於道遂矯魏王令奪晉鄙兵進擊秦軍解去事見史記也）事有煩而

不可省費而不得已蓋謂此也書奏從之詩身雖在外盡心朝廷讜言善策隨事獻納視事七年政化大行十四年坐遣客爲弟報仇被徵會病卒司隸校尉鮑永上書言詩貧困無田宅喪無所歸詔使治喪郡邸賻絹千匹

孔奮字君魚扶風茂陵人也曾祖霸元帝時爲侍中奮少從劉歆受春秋左氏傳歆稱之謂門人曰吾已從君魚受道矣（言君魚之

後漢列傳二十一　八

道已過於己也）遭王莽亂奮與老母幼弟避兵河西建武五年河西大將軍竇融請奮署議曹掾守姑臧長八年賜爵關內侯時天下擾亂唯河西獨安而姑臧稱爲富邑通貨羌胡市日四合（古者爲市一日三合周禮曰大市日側而市百族爲主朝時而市商賈爲主夕時而市販夫販婦爲主今既人貨殷繁故一日四合也）每居縣者不盈數月輒致豐積奮在職四年財產無所增事母孝謹雖爲儉約奉養極求珍膳躬率妻子同甘菜茹（廣雅曰茹食也）時天下未定士多

不修節操而奮力行清絜爲衆人所笑或
以爲身處脂膏不能以自潤徒益苦辛耳
奮既立節治貴仁平太守梁統深相敬待
不以官屬禮之常迎於大門引入見母隴
蜀既平河西守令咸被徵召財貨連轂彌
竟川澤唯奮無資單車就路姑臧吏民及
羌胡更相謂曰孔君清廉仁賢舉縣蒙恩
如何今去不共報德遂相賦斂牛馬器物
千萬以上追送數百里奮謝之而已一無

後漢列傳二十一　九　李志達

所受既至京師除武都郡丞時隴西餘賊
隗茂等夜攻府舍殘殺郡守賊畏奮追急
乃執其妻子欲以爲質奮年已五十唯有
一子終不顧望遂窮力討之吏民感義莫
不倍用命焉郡多氐人便習山谷其大豪
齊鍾留者爲羣氐所信向奮乃率厲鍾留
等令要遮鈔擊共爲表裏賊窘懼逼急乃
推奮妻子以置軍前冀當退却而擊之愈
厲遂禽滅茂等奮妻子亦爲所殺世祖下

詔褒美拜爲武都太守奮自爲府丞已見
敬重及拜太守舉郡莫不改操爲政明斷
甄善疾非（甄明也）見有美德愛之如親其無
行者忿之若讎郡中稱爲清平弟奇游學
洛陽奮以奇經明當仕上病去官守約鄉
閭卒于家奇博通經典作春秋左氏删（删定其義也）
奮晚有子嘉官至城門校尉作左氏
說云（說猶今之疏也）

張堪字君游南陽宛人也爲郡族姓堪早

後漢列傳二十一　十　劉濬

孤讓先父餘財數百萬與兄子年十六受
業長安志美行厲諸儒號曰聖童世祖微
時見堪志操常嘉焉及即位中郎將來歙
薦堪召拜郎中三遷爲謁者使送委輸縑
帛并領騎七千匹詣大司馬吳漢伐公孫
述在道追拜蜀郡太守時漢軍餘七日糧
陰具船欲遁去堪聞之馳往見漢說述必
敗不宜退師之策漢從之乃示弱挑敵述
果自出戰死城下成都既拔堪先入據其

城撿閱庫藏收其珍寶悉條列上言秋毫無私（秋毫者喻細也）慰撫吏民蜀人大悅在郡二年徵拜騎都尉後領票騎將軍杜茂營擊破匈奴於高柳拜漁陽太守捕擊姦猾賞罰必信吏民皆樂爲用匈奴嘗以萬騎入漁陽堪率數千騎奔擊大破之郡界以靜乃於狐奴開稻田八千餘頃勸民耕種以致殷富百姓歌曰桑無附枝麥穗兩歧張君爲政樂不可支視事八年匈奴不敢犯塞

帝嘗召見諸郡計吏問其風土及前後守令能否蜀郡計掾樊顯進曰漁陽太守張堪昔在蜀其仁以惠下威能討姦前公孫述破時珍寶山積捲握之物足富十世（捲握猶掌握也謂珠玉之類也）而堪去職之日乘折轅車布被囊而已帝聞良久歎息（良猶甚也）拜顯爲魚復長（魚復縣屬巴郡故城在今夔州人復縣北赤甲城是）方徵堪會病卒帝深悼惜之下詔褒揚賜帛百匹

廉范字叔度京兆杜陵人趙將廉頗之後也漢興以廉氏豪宗自苦陘徙焉（苦陘縣屬中山國章帝更名漢昌）世爲邊郡守或葬隴西襄武故因仕焉曾祖父褒成哀閒爲右將軍祖父丹王莽時爲大司馬庸部牧（王莽改益州爲庸部）皆有名前世范父遭喪亂客死於蜀漢范遂流寓西州（西州謂巴蜀也）西州平歸鄉里年十五辭母西迎父喪蜀郡太守張穆丹之故吏乃重資送范范無所受與客步負喪歸葭萌（葭萌縣名屬廣漢郡今利州益昌縣即漢葭萌地也）載船觸石破沒范抱持

棺柩遂俱沈溺衆傷其義鉤求得之療救僅免於死穆聞復馳遣使持前資物追范范又固辭歸葬服竟詣京師受業事博士薛漢（漢字公子見儒林傳）京兆隴西二郡更請召皆不應永平初隴西太守鄧融備禮謁范爲功曹（謁請也）會融爲州所舉案（舉其罪案驗之）范知事譴難解欲以權相濟乃託病求去融不達其意大恨之范於是東至洛陽變名姓求代廷尉獄卒居無幾融果徵下獄范遂得

衛侍左右盡心勤勞融怪其貌類范而殊不意乃謂曰卿何似我故功曹邪范訶之曰君困厄瞀亂邪（鄭玄注禮記曰瞀目不明之皃）語遂絕融繫出困病范隨而養視及死竟不言身自將車送喪致南陽葬畢乃去後辟公府會薛漢坐楚王事誅（楚王英謀反也）故人門生莫敢視范獨往收斂之吏以聞顯宗大怒召范入詰責曰薛漢與楚王同謀交亂天下范公府掾不與朝廷同心而反收斂罪人何

後漢列傳二十一　十三　林午

也范叩頭曰臣無狀愚戇以爲漢等皆已伏誅不勝師資之情罪當萬坐（老子曰善人爲不善人之師不善人爲善人之資也）帝怒稍解問范曰卿廉頗後邪與右將軍褒大司馬丹有親屬乎范對曰褒臣之曾祖丹臣之祖也帝曰怪卿志膽敢爾因貰之（貰赦也）由是顯名舉茂才數月再遷爲雲中太守會匈奴大入塞烽火日通故事虜入過五千人移書傍郡吏欲傳檄求救范不聽自率士卒拒之虜衆盛而

范兵不敵會日暮令軍士各交縛兩炬三頭爇火營中星列（用兩炬交縛如十字爇其三頭手持一端使敵人望之疑兵士多）虜遥望火多謂漢兵救至大驚待旦將退范乃令軍中蓐食晨往赴之（蓐食早起食於寢蓐中也）斬首數百級虜自相轔藉死者千餘人（轔轢也藉相蹈藉也）由此不敢復向雲中後頻歷武威武都二郡太守隨俗化導各得治宜建初中遷蜀郡太守其俗尚文辯好相持短長范每厲以淳厚不受偷薄之說成都民物

後漢列傳二十一　十四　楊啟

豐盛邑宇逼側舊制禁民夜作以防火災而更相隱蔽燒者日屬范乃毀削先令但嚴使儲水而已百姓爲便乃歌之曰廉叔度來何暮不禁火民安作平生無襦今五絝（作協韻音則護反）在蜀數年坐法免歸鄉里范世在邊廣田地積財粟悉以賑宗族朋友肅宗崩范奔赴敬陵時廬江郡掾嚴麟奉章弔國俱會於路麟乘小車塗深馬死不能自進范見而愍然命從騎下馬與之不

告而去麟事畢不知馬所歸乃緣蹤訪之或謂麟曰故蜀郡太守廉叔度好周人窮急今奔國喪獨當是耳麟亦素聞范名以爲然即牽馬造門謝而歸之世伏其好義然依倚大將軍竇憲以此爲譏卒於家初范與洛陽慶鴻爲刎頸交時人稱曰前有管鮑後有慶廉鴻慷慨有義節位至琅邪會稽二郡太守所在有異迹

論曰張堪廉范皆以氣俠立名觀其振危急赴險阨有足壯者堪之臨財范之忘施亦足以信意而感物矣（信音申）若夫高祖之召欒布（欒布梁人爲人所略賣爲奴梁王彭越贖爲梁大夫使於齊漢召彭越以謀反夷三族詔有收視者輒捕之布還奏事彭越頭下祠而哭之吏捕以聞上召罵曰若與彭越反邪布曰今漢一徵兵於梁彭王不行而疑以爲反則人人自危也上乃釋布拜爲都尉也）明帝之引廉范加怒以發其志就戮更延其寵聞義能從誠君道所尚然情理之樞亦有開塞之感焉（戶之開闔必由於樞情之通塞必在於感言高祖明帝初怒欒布廉范後感其義而赦之）

王堂字敬伯廣漢郪人也初舉光祿茂才（光祿舉之爲茂才也）遷穀城令治有名迹（故城縣屬東郡故城在今濟州東阿縣東）永初中西羌寇巴郡爲民患詔書遣中郎將尹就攻討連年不剋三府舉堂治劇拜巴郡太守堂馳兵赴賊斬虜千餘級巴庸清靜吏民生爲立祠（庸即上庸縣也故城在今房州清水縣西也）刺史張喬表其治能遷右扶風安帝西巡阿母王聖中常侍江京等並請屬於堂堂不爲用掾吏固諫之堂曰吾蒙國恩豈可爲權寵阿意以死守之（阿曲也）即日遣家屬歸閉閤上病果有誣奏堂者會帝崩京等悉誅堂以守正見稱永建二年徵入爲將作大匠四年坐公事左轉議郎（續漢志曰議郎秩六百石無員）復拜魯相政存簡一至數年無辭訟遷汝南太守搜才禮士不苟自專乃教掾吏曰古人勞於求賢逸於任使故能化清於上事緝於下其憲章朝右簡覈才職委功曹陳蕃匡政理務拾遺補闕任主簿應嗣庶循名責實察言觀效焉自是委

誠求當不復妄有辭教郡内稱治時大將軍梁商及尚書令袁湯以求屬不行並恨之後廬江賊迸入弋陽界堂勒兵追討即使奔散而商湯猶因此風州奏堂在任無警免歸家年八十六卒遺令薄斂瓦棺以葬子稱清行不仕曾孫商益州牧劉焉以爲蜀郡太守有治聲

蘇章字孺文扶風平陵人也八世祖建武帝時爲右將軍 前書曰建以校尉從大將軍青擊匈奴封平陵侯中子武最知名也

後漢列傳二十一　十七　陳伸

祖父純字桓公有高名性強切而持毀譽 持執也執毀譽之論謂品藻其臧否 士友咸憚之至乃相謂曰見蘇桓公患其教責人不見又思之三輔號爲大人 大人長老之稱言尊事之也 永平中爲奉車都尉竇固軍出擊北匈奴車師有功封中陵鄉侯官至南陽太守章少博學能屬文安帝時舉賢良方正對策高第爲議郎數陳得失其言甚直出爲武原令 武原縣屬楚國故城在今泗州下邳縣北 時歲飢輒開倉廩活三千餘戶順帝時遷冀州刺史故人爲清河太守章行部案其姦臧乃請太守爲設酒肴陳平生之好甚歡太守喜曰人皆有一天我獨有二天章曰今夕蘇孺文與故人飲者私恩也明日冀州刺史案事者公法也遂舉正其罪州境知章無私望風畏肅換爲并州刺史以摧折權豪忤旨坐免隱身鄉里不交當世後徵爲河南尹不就時天下日敝民多悲苦論者舉章有幹國才朝廷不能復用卒于家兄曾孫不韋

後漢列傳二十一　十八　吳佐

不韋字公先父謙初爲郡督郵時魏郡李暠爲美陽令與中常侍具瑗交通貪暴爲民患前後監司畏其埶援莫敢糾問及謙至部案得其臧論輸左校謙累遷至金城太守去郡歸鄉里漢法免罷守令自非詔徵不得妄到京師而謙後私至洛陽時暠爲司隷校尉收謙詰掠死獄中暠又因刑其屍以報昔怨不韋時年十八徵詣公車

會謙見殺不韋載喪歸鄉里瘞而不葬仰天歎曰伍子胥獨何人也（子胥父伍奢爲楚王所殺子胥復讎鞭平王之尸解具寇榮傳）乃藏母於武都山中（武都郡名其地在今成州上祿縣界有仇池山東西懸絕壁立百仞故藏於其中也）遂變名姓盡以家財募劍客邀暠於諸陵閒不剋會暠遷大司農時右校芻廥在寺北垣下（說文云廥芻稾藏音工外反垣墻也）不韋與親從兄弟潛入廥中夜則鑿地晝則逃伏如此經月遂得傍達暠之寢室出其牀下值暠在廁因殺其妾并及小兒留書而去暠大驚懼乃布棘於室以板籍地一夕九徙雖家人莫知其處每出輒劍戟隨身壯士自衞不韋知暠有備乃日夜飛馳徑到魏郡掘其父阜冢斷取阜頭以祭父墳又標之於市曰李君遷父頭暠匿不敢言而自上退位歸鄉里私掩塞冢槨捕求不韋歷歲不能得憤恚感傷發病歐血死不韋後遇赦還家乃始改葬行喪士大夫多譏其發掘冢墓歸罪枯骨不合

後漢列傳二十一　十九　章明

古義唯任城何休方之伍員太原郭林宗聞而論之曰子胥雖云逃命而見用強吳憑闔廬之威因輕悍之衆雪怨舊郢曾不終朝而但鞭墓戮屍以舒其憤竟無手刃後主之報豈如蘇子單特孑立靡因靡資強讎豪家援據位九卿城闕天阻宮府幽絕埃塵所不能過霧露所不能沾不韋毀身燋慮出於百死冒觸嚴禁陷族禍門雖不獲逞爲報已深況復分骸斷首以毒生者（毒苦也）使暠懷忿結不得其命猶假手神靈以斃之也力唯匹夫功隆千乘比之於員不以優乎議者於是貴之後太傅陳蕃辟不應郡五官掾初弘農張奐睦於蘇氏而武威段熲與暠素善後奐熲有隙及熲爲司隸以禮辟不韋不韋懼之稱病不詣熲既積憤於奐因發怒乃追咎不韋前報暠事以爲暠表治謙事被報見誅君命天也而不韋仇之又令長安男子告不韋多

後漢列傳二十一　二十

將賓客奪舅財物遂使從事張賢等就家殺之乃先以鴆與賢父曰若賢不得不韋便可飲此賢到扶風郡守使不韋奉謁迎賢即時收執并其一門六十餘人盡誅滅之諸蘇以是衰破及叚熲爲陽球所誅天下以爲蘇氏之報焉

羊續字興祖大山平陽人也其先七世二千石卿校祖父侵安帝時司隸校尉父儒桓帝時爲太常續以忠臣子孫拜郎中去

官後辟大將軍竇武府及武敗坐黨事禁錮十餘年幽居守靜及黨禁解復辟太尉府四遷爲廬江太守後揚州黃巾賊攻舒焚燒城郭續發縣中男子二十以上皆持兵勒陳其小弱者悉使負水灌火會集數萬人并埶力戰大破之郡界平後安風賊戴風等作亂（安風縣屬廬江郡）續復擊破之斬首三千餘級生獲渠帥其餘黨輩原爲平民（原，免也）賦與佃器使就農業中平三年江夏

兵趙慈反叛殺南陽太守秦頡攻沒六縣拜續爲南陽太守當入郡界乃羸服閒行侍童子一人觀歷縣邑採問風謠然後乃進其令長貪絜吏民良猾悉逆知其狀郡內驚竦莫不震懾乃發兵與荊州刺史王敏共擊慈斬之獲首五千餘級屬縣餘賊並詣續降續爲上言宥其枝附賊既清平乃班宣政令候民病利（損於人曰病益於人曰利）百姓歡服時權豪之家多尚奢麗續深疾之常敝

衣薄食車馬羸敗府丞嘗獻其生魚續受而懸於庭丞後又進之續乃出前所縣者以杜其意續妻後與子祕俱往郡舍續閉門不內妻自將祕行其資藏唯有布衾敝祇裯鹽麥數斛而已（說文曰祇裯短衣也廣雅云即襜褕也祇音丁奚反裯音丁勞反）顧敕祕曰吾自奉若此何以資爾母乎使與母俱歸六年靈帝欲以續爲太尉時拜三公者皆輸東園禮錢千萬令中使督之名爲左騶（騶騎士也）其所之往輒迎致

禮敬厚加贈賂續乃坐使人於單席舉縕
袍以示之（縕故絮也）曰臣之所資唯斯而已左騶
白之帝不悅以此故不登公位而徵為太
常未及行會病卒時年四十八遺言薄斂
不受賵遺舊典二千石卒官賻百萬府丞
焦儉遵續先意一無所受詔書褒美敕太
山太守以府賻錢賜續家云

賈琮字孟堅東郡聊城人也（聊城今博州縣）舉孝
廉再遷為京兆令有政理迹舊交阯土多

珍產明璣翠羽犀象瑇瑁異香美木之屬
莫不自出（說文曰璣珠之不圓者異物志曰翠鳥形似鷰翡赤而翠青其羽可以為飾廣雅曰瑇瑁形似龜出南海巨延州也）前後刺史率多無清行上
承權貴下積私賂財計盈給輒復求見遷
代故吏民怨叛中平元年交阯屯兵反執
刺史及合浦太守自稱柱天將軍靈帝特
敕三府精選能吏有司舉琮為交阯刺史
琮到部訊其反狀咸言賦斂過重百姓莫
不空單京師遙遠告冤無所民不聊生自
活故聚為盜賊琮即移書告示各使安其
資業招撫荒散蠲復傜役誅斬渠帥為大
害者簡選良吏試守諸縣歲間蕩定百姓
以安巷路為之歌曰賈父來晚使我先反
今見清平吏不敢飯在事三年為十三州
最徵拜議郎時黃巾新破兵凶之後郡縣
重斂因緣生姦詔書沙汰刺史二千石更
選清能吏乃以琮為冀州刺史舊典傳車
驂駕垂赤帷裳迎於州界及琮之部升車

言曰刺史當遠視廣聽糾察美惡何有反
垂帷裳以自掩塞乎乃命御者褰之百城
聞風自然竦震其諸臧過者望風解印綬
去唯癭陶長濟陰董昭觀津長梁國黃就
當官待琮於是州界翕然靈帝崩大將軍
何進表琮為度遼將軍卒於官

陸康字季寧吳郡吳人也祖父續在獨行
傳父褒有志操連徵不至康少仕郡以義
烈稱刺史臧旻舉為茂才除高成令（高成縣屬）

渤海郡也縣在邊垂舊制令戶一人具弓弩以備不虞不得行來行來猶往來也長吏新到輒發民繕修城郭康至皆罷遣百姓大悅以恩信爲治寇盜亦息州郡表上其狀光和元年遷武陵太守轉守桂陽樂安二郡所在稱之時靈帝欲鑄銅人而國用不足乃詔調民田畝斂十錢而比水旱傷稼百姓貧苦康上疏諫曰臣聞先王治世貴在愛民省傜輕賦以寧天下除煩就約以崇簡易易曰乾以易知坤以簡能而天下之理得矣

故萬姓從化靈物應德末世衰主窮奢極侈造作無端興制非一勞割自下以從苟欲勞苦割剝於下人也故黎民吁嗟陰陽感動陛下聖德承天當隆盛化而卒被詔書畝斂田錢鑄作銅人伏讀惆悵悼心失圖夫十一而稅周謂之徹孟子曰夏后氏五十而貢殷人七十而助周人百畝而徹其實皆十一也徹者通也言其法度可通萬世而行也故魯宣稅畝而蝝災自生公羊傳曰初稅畝者何履畝而稅也何休注云宣公無恩信於人人不肯盡力於公田起履踐案行擇其畝穀好者稅取之蝝𧒂子也公羊傳冬蝝生此言蝝生何上變古易常也注云上謂宣公變易公田舊制而稅畝哀公增賦而孔子非之左傳曰季孫欲以田賦使冉有訪諸仲尼仲尼私於冉有曰子季孫若欲行而法則周公之典在若欲苟而行之又何訪焉豈有聚奪民物以營無用之銅人捐捨聖戒自蹈亡王之法哉謂秦始皇鑄銅人十二卒致滅亡也傳曰君舉必書書而不法後世何述焉陛下宜留神省察改敝從善以塞兆民怨恨之望書奏內侍因此譖康援引亡國以譬聖明大不敬檻車徵詣廷尉侍御史劉岱典考其

事岱爲表陳解釋免歸田里復徵拜議郎會廬江賊黃穰等與江夏蠻連結十餘萬人攻沒四縣拜康廬江太守康申明賞罰擊破穰等餘黨悉降帝嘉其功拜康孫尚爲郎中獻帝即位天下大亂康蒙險遣孝廉計吏奉貢朝廷詔書策勞加忠義將軍秩中二千石時袁術屯兵壽春部曲飢餓遣使求委輸兵甲康以其叛逆閉門不通內修戰備將以禦之術大怒遣其將孫策

攻康圍城數重康固守吏士有先受休假者皆遁伏還赴暮夜緣城而入受敵二年城陷月餘發病卒年七十宗族百餘人遭離飢𡿺死者将半朝廷愍其守節拜子儁爲郎中少子績仕吳爲鬱林太守博學善政見稱當時幼年曽謁袁術懷橘墯地者也有名稱 績字公紀吳志有傳

贊曰伋牧朔藩信立童昏詩守南楚民作謡言奮馳單乗堪駕毀轅范得其朋 易曰西南得朋廉范還蜀郡太守百姓便之蜀在西南故云得朋也 堂任良肱 謂委任功曹陳蕃主簿應嗣郡中大化也 二蘇勁烈羊賈廉能李寧拒策城隕衝輣 輣兵車也音彭協韻音普勝反

後漢書列傳卷第二十一

列傳卷第二十二　范曄　後漢書三十二

唐章懷太子賢注

樊宏 子儵 族曽孫準

陰識 弟興

樊宏字靡卿南陽湖陽人也世祖之舅其先周仲山甫封于樊因而氏焉 樊今襄州安養縣也 爲鄉里著姓父重字君雲世善農稼好貨殖重性温厚有法度三世共財子孫朝夕禮敬常若公家其營理產業物無所棄課役

童隸各得其宜故能上下戮力財利歲倍至乃開廣田土三百餘頃其所起廬舍皆有重堂高閣陂渠灌注 酈元水經注曰湖水支分東北爲樊氏陂東西十里南北五里亦謂之九亭陂東樊氏故宅樊氏既滅庾氏取其陂故嗲曰陂汪汪下田良樊氏失業庾氏昌其陂至今猶名爲樊陂在今鄧州新野縣之西南也 又池魚牧畜有求必給嘗欲作器物先種梓漆時人嗤之然積以歲月皆得其用向之笑者咸求假焉貲至巨萬而賑贍宗族恩加鄉閭外孫何氏兄弟爭財重恥之以田二頃解其忿訟

縣中稱美推爲三老年八十餘終其素所假貸人閒數百萬遺令焚削文契責家聞者皆慙爭往償之[責音側界反]諸子從勑竟不肯受宏少有志行王莽末義兵起劉伯升與族兄賜俱將兵攻湖陽城守不下賜女弟爲宏妻湖陽由是收繫宏妻子令出譬伯升宏因留不反湖陽軍帥欲殺其妻子長吏以下共相謂曰樊重子父禮義恩德行於鄉里雖有罪且當在後會漢兵日盛

後漢列傳二十二　二

湖陽惶急未敢殺之遂得免脫更始立欲以宏爲將宏叩頭辭曰書生不習兵事竟得免歸與宗家親屬作營壍自守老弱歸之者千餘家時赤眉賊掠唐子鄉多所殘殺欲前攻宏營宏遣人持牛酒米穀勞遺赤眉赤眉長老先聞宏仁厚皆稱曰樊君素善且今見待如此何心攻之引兵而去遂免寇難世祖即位拜光祿大夫位特進次三公建武五年封長羅侯[長羅縣名屬陳留郡故城在今滑州匡城縣東北]十三年封弟丹爲射陽侯[射陽在射水之陽水經注曰洮水西南流射水注之水出射城北建武十三年封樊重少子丹爲射陽侯即其國也案臨淮郡別有射陽縣疑遠非此地也]兄子尋玄鄉侯族兄忠更父侯十五年定封宏壽張侯十八年帝南祠章陵過湖陽祠重墓追爵謚爲壽張敬侯立廟於湖陽車駕每南巡常幸其墓賞賜大會宏爲人謙柔畏慎不求苟進常戒其子曰富貴盈溢未有能終者吾非不喜榮埶也天道惡滿而好謙前世貴戚皆明戒也[易曰天道虧盈而益謙人道惡盈而好謙也]保身全己豈不樂哉

後漢列傳二十二　三

每當朝會輒迎期先到俯伏待事時至乃起帝聞之常勑騶騎臨朝乃告勿令豫到宏所上便宜及言得失輒手自書寫毀削草本公朝訪逮不敢衆對宗族染其化未嘗犯法帝甚重之及病困車駕臨視留宿問其所欲言宏頓首自陳無功享食大國誠恐子孫不能保全厚恩令臣魂神慙負黃泉願還壽張食小鄉亭帝悲傷其言而

音不許二十七年卒遺勑薄葬一無所用以為棺柩一藏不宜復見如有腐敗傷孝子之心使與夫人同墳異臧帝善其令以書示百官因曰今不順壽張侯意無以彰其德且吾萬歲之後欲以為式賻錢千萬布萬匹謚為恭侯贈以印綬車駕親送葬子儵嗣帝悼宏不已復封少子茂為平望侯（平望縣屬北海郡故城在今青州北海縣西北俗名平望臺也）樊氏侯者凡五國明年賜儵弟鮪及從昆弟七人合錢

五千萬

論曰昔楚頃襄王問陽陵君曰君子之富何如對曰假人不德不責食人不使不役親戚愛之衆人善之（假貸人者不自以為德不責其報也食善人者不使役之故衆人稱善也說苑曰楚王問莊辛之言也）若乃樊重之折契止訟其庶幾君子之富乎分地以用天道實廪以崇禮節（管子曰倉廪實而知禮節）取諸理化則亦可以施於政也與夫愛而畏者何殊閒哉（左傳曰是以其人畏而愛之何殊閒哉言不異也閒音古莧反）

儵字長魚謹約有父風事後母至孝及母卒哀思過禮毀病不自支世祖常遣中黃門朝暮送饘粥（饘糜也）服闋就侍中丁恭受公羊嚴氏春秋（嚴彭祖也）建武中禁網尚闊諸王既長各招引賓客以儵外戚爭遣致之而儵清靜自保無所交結及沛王輔事發貴戚子弟多見收捕儵以不豫得免帝崩儵為復土校尉（復土校尉主葬事復土於壙也）永平元年拜長水校尉與公卿雜定郊祠禮儀以讖記正

五經異說北海周澤琅邪承宮並海內大儒儵皆以為師友而致之於朝上言郡國舉孝廉率取年少能報恩者耆宿大賢多見廢棄宜勑郡國簡用良俊又議刑辟宜須秋月以順時氣顯宗並從之二年以壽張國益東平王徙封儵燕侯（燕縣名屬東郡）其後廣陵王荆有罪帝以至親悼傷之詔儵與羽林監南陽任隗雜理其獄事竟奏請誅荆引見宣明殿帝怒曰諸卿以我弟故欲

誅之即我子卿等敢俞邪儵仰而對曰天下高帝天下非陛下之天下也春秋之義君親無將將而誅焉（公羊傳之文也將者將爲弒逆之事也）是以周公誅弟季友鴆兄經傳大之（周公之弟管蔡二叔流言於國云周公將不利於成王故周公誅之左傳曰周公殺管叔而蔡蔡叔夫豈不愛王室故也杜預注曰蔡放也又曰魯莊公有疾叔牙欲立慶父爲後牙弟季友欲立公子般友遂鴆叔牙殺之公羊傳曰季子殺母兄何善其誅不得避兄君臣之義也上蔡音薩）臣等以荆屬託母弟陛下留聖心加惻隱故敢請耳如令陛下子臣等專誅而已（專謂不請也）帝歎息良久

儵益以此知名其後弟鮪爲子賞求楚王英女敬鄉公主儵聞而止之曰建武時吾家並受榮寵一宗五侯（謂宏封長羅侯弟丹射陽侯兄子尋玄鄉侯族兄忠更父侯宏又封壽張侯也）時特進一言女可以配王男可以尚主（宏爲特進）但以貴寵過盛即爲禍患故不爲也且俞一子柰何棄之於楚乎鮪不從十年儵卒賵贈甚厚謚曰哀侯帝遣小黃門張音問所遺言先是河南縣亡失官錢典負者（典謂主典負謂欠負）坐死及罪徙者甚衆

遂委責於人以償其秏鄉部吏司因此爲姦儵常疾之又野王歲獻甘醪膏餳（醪醇酒汁滓相將也）每輒擾人吏以爲利儵並欲奏罷之疾病未及得上音歸具以聞帝覽之而悲歎勑二郡並令從之長子汜嗣以次子郴梵爲郎其後楚事發覺帝追念儵謹恪又聞其止鮪婚事故其諸子得不坐焉梵字文高爲郎二十餘年三署服其重慎（三署見和帝紀也）悉推財物二千餘萬與孤兄子官至

大鴻臚汜卒子時嗣時卒子建嗣建卒無子國絕永寧元年鄧太后復封建弟盼盼卒子尚嗣初儵刪定公羊嚴氏春秋章句世號樊侯學教授門徒前後三千餘人弟子潁川李脩九江夏勤皆爲三公勤字伯宗爲京宛二縣令零陵太守所在有理能稱安帝時位至司徒

準字幼陵宏之族曾孫也（準或作淮）父瑞好黃老言清靜少欲準少勵志行修儒術以先

父產業數百萬讓孤兄子永元十五年和帝幸南陽準爲郡功曹召見帝器之拜郎中從車駕還宮特補尚書郎鄧太后臨朝儒學陵替準乃上疏曰臣聞賈誼有言人君不可以不學故雖大舜聖德孳孳爲善（孟子曰雞鳴而起孜孜爲善者舜之徒）成王賢主崇明師傅（尚書曰召公爲保周公爲師相成王爲左右也）及光武皇帝受命中興羣雄崩擾旌旗亂野東西誅戰不遑啓處然猶投戈講藝息馬論道至孝明皇帝兼天

地之姿用日月之明庶政萬機無不簡心而垂情古典游意經藝每饗射禮畢正坐自講諸儒並聽四方欣欣雖闕里之化矍相之事誠不足言（孔子闕里人也禮記云孔子射於矍相之圃蓋觀者如堵牆也）又多徵名儒以充禮官如沛國趙孝琅邪承宮等或安車結駟告歸鄉里（安車坐乘之車也告歸謂休假歸也）或豐衣博帶從見宗廟其餘以經術見優者布在廊廟故朝多皤皤之良華首之老（皤皤白首貌也音步河反書曰皤皤良士華首謂白首也）每讌會則論

難衎衎共求政化（衎衎和樂貌也）詳覽羣言響如振玉（孟子曰金聲而玉振也）朝者進而思政罷者退而備問小大隨化雍雍可嘉期門羽林介冑之士悉通孝經博士議郎一人開門徒衆百數（開門謂開一家之說）化自聖躬流及蠻荒匈奴遣伊秩訾王大車且渠來入就學八方肅清上下無事是以議者每稱盛時咸言永平今學者蓋少遠方尤甚博士倚席不講儒者競論浮麗忘謇謇之忠習誸誸之辭（誸誸

語言也音胘前書曰昔秦穆公說誸誸之言也）文吏則去法律而學詆欺（詆亦欺也）銳錐刀之鋒斷刑辟之重德陋俗薄以致苛刻（左傳曰鄭人鑄刑書叔向使詒子產書曰今子相鄭立謗政鑄刑書人知爭端矣將棄禮而徵於書錐刀之末將盡爭之鄭其敗乎杜預注云錐刀喻小事也）昔孝文竇后性好黃老而清靜之化流景武之間臣愚以爲宜下明詔博求幽隱發揚巖穴寵進儒雅有如孝宮者徵詣公車以俟聖上講習之期公卿各舉明經及舊儒子孫進其爵位使纘其業復召郡國書佐使讀

律令如此則延頸者日有所見傾耳者月
有所聞伏願陛下推述先帝進業之道周易曰君子進德脩業
太后深納其言是後屢舉方正敦
樸仁賢之士準再遷御史中丞永初之初
連年水旱災異郡國多被飢困準上疏曰
臣聞傳曰飢而不損茲曰太厥災水洪範五行傳之文也言下人飢饉君上不能損減謂之為太太猶甚也
春秋穀梁傳曰五
穀不登謂之大侵大侵之禮百官備而不
製官職備列不造作也
羣神禱而不祠禱請而已無祭祀也
由是

後漢列傳二十二　十　李椿

言之調和陰陽寔在儉節朝廷雖勞心元
元事從省約而在職之吏尚未奉承夫建
化致理由近及遠故詩曰京師翼翼四方
是則韓詩之文也翼翼然盛也
今可先令太官尚方考功
上林池籞諸官實減無事之物前書百官表曰少府掌山海池澤之稅屬官有太官考工尚方上林中十池監也太官掌御膳飲食考工主作器械尚方主作刀劍器物籞者於池苑中以竹綿聯之為禁籞也實減謂實覆其數減之也
五府調省中
都官吏京師作者五府謂太傅太尉司徒司空大將軍也調猶發也省減也中都官吏在京師之官吏也作謂營作者也
如此則化及四方人勞

省息伏見被災之郡百姓凋殘恐非賑給
所能勝贍雖有其名終無其實可依征和
元年故事武帝征和元年詔曰當今務在禁苛暴止擅賦力本農桑無乏武備而已
遣
使持節慰安尤困乏者徙置荊揚孰郡既
省轉運之費且令百姓各安其所今雖有
西屯之役宜先東州之急時先零羌斷隴道大為寇害遣車騎將軍鄧騭征西校尉任尚討之故曰西屯役也東州謂冀兗州時又遣光祿大夫樊準呂倉分冀兗二州稟貸流人也
如遣使者與二千石隨事消息悉留
富人守其舊土轉尤貧者過所衣食誠父

後漢列傳二十二　十一　陳伸

母之計也衣音於既反食音飤
願以臣言下公卿平議
太后從之悉以公田賦與貧人即擢準與
議郎呂倉並守光祿大夫準使冀州倉使
兗州準到部開倉稟食稟給
慰安生業流人
咸得蘇息還拜鉅鹿太守時飢荒之餘人
庶流迸家戶且盡準課督農桑廣施方略
朞年閒穀粟豐賤數十倍而趙魏之郊數
為羌所鈔暴準外禦寇虜內撫百姓郡境
以安五年轉河內太守時羌復屢入郡界

準輒將兵討逐修理塢壁（說文曰塢小障也）威名大行視事三年以疾徵三轉爲尚書令明習故事遂見任用元初三年代周暢爲光祿勳五年卒於官

陰識字次伯南陽新野人也光烈皇后之前母兄也其先出自管仲管仲七世孫修自齊適楚爲陰大夫因而氏焉秦漢之際始家新野及劉伯升起義兵識時游學長安聞之委業而歸率子弟宗族賔客千餘

後漢列傳二十二　十二　王中

人往詣伯升伯升乃以識爲校尉更始元年遷偏將軍從攻宛別降新野淯陽杜衍冠軍胡陽（五縣並屬南陽郡也）二年更始封識陰德侯行大將軍事建武元年光武遣使迎陰貴人於新野并徵識識隨貴人至以爲騎都尉更封陰鄉侯二年以征伐軍功增封識叩頭讓曰天下初定將帥有功者衆臣託屬掖廷仍加爵邑不可以示天下帝甚美之以爲關都尉鎮函谷遷侍中以母憂辭歸十五年定封原鹿侯（原鹿縣屬汝南郡俗本鹿作慶者誤）及顯宗立爲皇太子以識守執金吾輔導東宮帝每巡郡國識常留鎮守京師委以禁兵入雖極言正議及與賔客語未甞及國事帝敬重之常指識以勑戒貴戚激厲左右焉識所用掾史皆簡賢者如虞延傅寬薛愔等多至公卿校尉顯宗即位拜爲執金吾位特進永平二年卒贈以本官印綬謚曰貞侯子躬嗣躬卒子璜嗣永初七年

後漢列傳二十二　十三

爲奴所殺無子國絶永寧元年鄧太后以璜弟淑紹封淑卒子鮪嗣躬弟子綱女爲和帝皇后封綱吳房侯位特進三子軼輔敞皆黃門侍郎后坐巫蠱事廢綱自殺輔下獄死軼敞徙日南識弟興

興字君陵光烈皇后母弟也爲人有膂力建武二年爲黃門侍郎守期門僕射典將武騎從征伐平定郡國興每從出入常操持小蓋障翳風雨躬履塗泥率先期門光

武所幸之處輒先入清宮甚見親信雖好
施接賓然門無俠客與同郡張宗上谷鮮
于裒不相好知其有用猶稱所長而達之
友人張汜杜禽與興厚善以爲華而少實
但私之以財終不爲言是以世稱其忠平
第宅苟完裁蔽風雨九年遷侍中賜爵關
内侯帝後召興欲封之置印綬於前興固
讓曰臣未有先登陷陣之功而一家數人
並蒙爵土令天下觖望誠爲盈溢（觖音羌志反前
書音義曰觖猶冀也一音決猶望之也）臣蒙陛下貴人恩澤至

厚富貴已極不可復加至誠不願帝嘉興
之讓不奪其志貴人問其故興曰貴人不
讀書記邪亢龍有悔（易乾卦上九爻曰亢龍有悔窮之災也亢極也龍以
喻君言居上體之極則有悔吝之災也）夫外戚家苦不知謙退
嫁女欲配侯王取婦眄睨公主愚心實不
安也富貴有極人當知足夸奢益爲觀聽
所譏貴人感其言深自降挹卒不爲宗親
求位十九年拜衛尉亦輔導皇太子明年

夏帝風眩疾甚後以興領侍中受顧命於
雲臺廣室（尚書曰成王將崩命召公作顧命孔安國注云臨終之命曰顧命洛陽南宮有
雲臺廣德殿）會疾瘳召見興欲以代吳漢爲大
司馬興叩頭流涕固讓曰臣不敢惜身誠
虧損聖德不可苟冒至誠發中感動左右
帝遂聽之二十三年卒時年三十九興素
與從兄嵩不相能然敬其威重興疾病帝
親臨問以政事及羣臣能不興頓首曰臣
愚不足以知之然伏見議郎席廣謁者陰
嵩並經行明深踰於公卿興沒後帝思其

言遂擢廣爲光祿勳嵩爲中郎將監羽林
十餘年以謹勑見幸顯宗即位拜長樂衛
尉遷執金吾永平元年詔曰故侍中衛尉
關内侯興典領禁兵從平天下當以軍功
顯受封爵又諸舅比例應蒙恩澤興皆固
讓安乎里巷輔導朕躬有周昌之直（前書曰周
昌沛人也爲御史大夫爲人強力敢直言極諫也）在家仁孝有曾閔之
行不幸早卒朕甚傷之賢者子孫宜加優

異其以汝南之鮦陽封興子慶爲鮦陽侯（鮦陽故城在今豫州新蔡縣北在鮦水之陽也音紂）慶弟博爲灈強侯（灈強縣屬汝南郡在灈水之北）博弟員丹並爲郎慶推田宅財物悉與員丹帝以慶義讓擢爲黃門侍郎慶卒子琴嗣建初五年興夫人卒肅宗使五官中郎將持節即墓賜策追謚興曰翼侯琴卒子萬全嗣萬全卒子桂嗣興弟就嗣父封宣恩侯後改封爲新陽侯（新陽縣屬汝南郡故城在今豫州真陽縣西南）就善談論朝臣莫及然性剛

傲不得衆譽顯宗即位以就爲少府位特進就子豐尚酈邑公主（光武女也）公主嬌妒豐亦狷急（狷疾也音絹）永平二年遂殺主被誅父母當坐皆自殺國除帝以舅氏故不極其刑陰氏侯者凡四人初陰氏世奉管仲之祀謂爲相君宣帝時陰子方者至孝有仁恩臘日晨炊而竈神形見（雜五行書曰竈神名禪字子郭衣黃衣夜被髮從竈中出知其名呼之可除凶惡宜市猪肝泥竈令婦孝）子方再拜受慶家有黃羊因以祀之自是已後暴至巨富田有七百餘頃輿馬僕隸比於邦君子方常言我子孫必將彊大至識三世而遂繁昌故後常以臘日祀竈而薦黃羊焉

贊曰權族好傾后門多毀樊氏世篤陰亦戒侈恂恂苗胤傳龜襲紫（恂恂恭順貌也公侯皆紫綬金印龜鈕見應劭漢官儀）

後漢列傳卷第二十二

列傳卷第二十三　范曄　後漢書二十三
唐章懷太子賢注
朱浮　馮魴　虞延
鄭弘　周章

朱浮字叔元沛國蕭人也初從光武爲大
司馬主簿遷偏將軍從破邯鄲光武遣吳
漢誅更始幽州牧苗曾乃拜浮爲大將軍
幽州牧守薊城遂討定北邊建武二年封
舞陽侯食三縣浮年少有才能頗欲厲風
迹（風化之迹也）收士心辟召州中名宿涿郡王岑（王仲）
之屬以爲從事（岑後爲梁州牧）及王莽時故吏二
千石皆引置幕府乃多發諸郡倉穀稟贍
其妻子漁陽太守彭寵以爲天下未定師
旅方起不宜多置官屬以損軍實（謂甲兵糧儲也）（左傳曰蒐軍實也）
不從其令浮性矜急自多（矜誇多自取也）
頗有不平因以峻文詆之（峻嚴切也詆誣也）寵亦佷
強兼負其功嫌怨轉積浮密奏寵遣吏迎
妻而不迎其母又受貨賂殺害友人多聚

後漢列傳二十三　一

兵穀意計難量寵既積怨聞遂大怒而舉
兵攻浮浮以書質責之（質正也）曰蓋聞知者
順時而謀愚者逆理而動常竊悲京城太
叔以不知足而無賢輔卒自棄於鄭也（左傳曰鄭武公娶于申曰武姜生莊公及共叔段及莊公即位武姜爲之請京使居謂之京城大叔既而大叔將襲鄭公命子封伐京京畔太叔段段出奔共也）
伯通以名字典郡（伯通彭寵字也以名字顯著也）以有佐命之功（光武初鎮河北寵遣吳漢等發步兵三千人先歸光武及圍邯鄲寵轉食前後不絕也）臨人親職愛惜倉庫而
浮秉征伐之任欲權時救急二者皆爲國
耳即疑浮相譖何不詣闕自陳而爲族滅
之計乎朝廷之於伯通恩亦厚矣委以大
郡任以威武（光武賜寵號大將軍故云任以威武也）事有柱石之
寄（柱石以屋爲諭也）情同子孫之親匹夫媵母尚能
致命一餐（左傳曰趙盾田於首山舍於翳桑見靈輒餓問曰三日不食矣食之後晉靈公欲殺趙盾輒爲公甲士倒戟以禦公徒而免盾媵母未詳也）豈有身帶三綬
職典大邦（寵爲漁陽太守建忠侯大將軍故帶三綬）而不顧恩義生
心外畔者乎伯通與吏人語何以爲顏行
步拜起何以爲容坐臥念之何以爲心引

後漢列傳二十三　二　陳畝

鏡窺影何施眉目舉措建功何以爲人惜乎棄休令之嘉名造梟鴟之逆謀（梟鴟即鴟梟也。其子適大還食其母，說文云不孝鳥也）捐傳世之慶祚招破敗之重災高論堯舜之道不忍桀紂之性生爲世笑死爲愚鬼不亦哀乎伯通與耿俠游俱起佐命同被國恩（俠游耿況字也況爲上谷太守初與寵結謀共歸光武也）俠游謙讓屢有降挹之言（挹損也）而伯通自伐以爲功高天下往時遼東有豕生子白頭異而獻之行至河東見羣豕皆白懷

慙而還若以子之功論於朝廷則爲遼東豕也今乃愚妄自比六國六國之時其埶各盛廓土數千里勝兵將百萬故能據國相持多歷年世今天下幾里列郡幾城柰何以區區漁陽而結怨天子此猶河濵之人捧土以塞孟津多見其不知量也方今天下適定海內願安士無賢不肖皆樂立名於世而伯通獨中風狂走自捐盛時內聽驕婦之失計外信讒邪之諛言（浮密奏寵上徵之寵妻勸寵無應徵又與所親信計議吏皆怨浮勸寵止不應徵也）長爲羣后惡法永爲功臣鑒戒豈不誤哉定海內者無私讎勿以前事自誤願留意顧老母幼弟凡舉事無爲親厚者所痛而爲見讎者所快寵得書愈怒（愈猶益也）攻浮轉急明年涿郡太守張豐亦舉兵反時二郡畔戾北州憂恐浮以爲天子必自將兵討之而但遣游擊將軍鄧隆陰助浮浮懷懼以爲帝怠於敵不能救之乃上疏曰昔楚宋列國俱爲諸

侯莊王以宋執其使遂有投袂之師魏公子顧朋友之要觸冒強秦之鋒夫楚魏非有分職匡正之大義也莊王但爲爭強而發忿公子以一言而立信耳（左傳曰楚莊王使申舟無畏聘于齊曰無假道於宋宋人殺無畏莊王聞之投袂而起遂發兵圍宋史記魏公子無忌魏昭王之少子封信陵君仁而好士食客三千人公子姊爲趙平原君勝妻秦圍邯鄲求救於魏魏以秦強不敢救公子乃竊兵符奪晉鄙軍以救趙秦兵遂解也）今彭寵反畔張豐逆節以爲陛下必棄捐它事以時滅之既歷時月寂寞無音從圍城而不救放逆虜而不討

臣誠惑之昔高祖聖武天下既定猶身自征伐未嘗寧居（高祖定天下之後猶自征匈奴陳豨黥布等也）陛下雖興大業海內未集而獨逸豫不顧北垂百姓遑遑無所繫心三河冀州曷足以傳後哉今秋稼已孰復爲漁陽所掠張豐狂悖姦黨日增連年拒守吏士疲勞甲冑生蟣蝨弓弩不得弛（鄭玄注周禮曰弛釋下也）上下燋心相望救護仰希陛下生活之恩詔報曰往年赤眉跋扈長安（跋扈猶暴橫也）吾策其無穀必東果來歸降今度此反虜埶無久全其中必有內相斬者今軍資未充故須後麥耳（須待也）浮城中糧盡人相食會上谷太守耿況遣騎來救浮浮乃得遁走南至良鄉其兵長反遮之（兵長兵之長帥也）浮恐不得脫乃下馬刺殺其妻僅以身免城降於寵尚書令侯霸奏浮敗亂幽州構成寵罪徒勞軍師不能死節罪當伏誅帝不忍以浮代賈復爲執金吾徙封父城侯後豐寵並自敗帝以二千

石長吏多不勝任時有纖微之過者必見斥罷交易紛擾百姓不寧六年有日食之異浮因上疏曰臣聞日者衆陽之所宗君上之位也凡居官治民據郡典縣皆爲陽爲上爲尊爲長若陽上不明尊長不足則干動三光垂示王者（干犯也三光日月星也）五典紀國家之政（禮記曰溫柔敦厚詩教也疏通知遠書教也絜靜精微易教也恭儉莊敬禮教也屬辭比事春秋教也）鴻範別災異之文（鴻範尚書篇名箕子爲武王陳政道陰陽之法災異即咎徵之類也）皆宣明天道以徵來事者也（徵驗也）陛下哀愍海內新離禍毒保宥生人（宥寬也）使得蘇息而今牧人之吏多未稱職小違理實輒見斥罷豈不粲然黑白分明哉（淮南子曰聖人見是非若白黑之別於目清濁之形於耳也）然以堯舜之盛猶加三考（考謂考其功最也尚書舜典曰三載考績三考黜陟幽明也）大漢之興亦累功效吏皆積久養老於官至名子孫因爲氏姓（前書武帝時漢有天下已七十餘年爲吏者長子孫居官者以爲姓號人人自愛而重犯法音義曰時無事吏不數轉至於子孫而不轉職今倉氏庫氏因以爲姓即倉庫吏之後也）當時吏職何能悉理論議之徒

豈不誼譁蓋以爲天地之功不可倉卒艱難之業當累日也而閒者守宰數見換易迎新相代疲勞道路尋其視事日淺未足昭見其職既加嚴切人不自保各相顧望無自安之心有司或因睚眦以騁私怨苟求長短求媚上意二千石及長吏迫於舉劾懼於刺譏故爭飾詐僞以希虛譽斯皆羣陽騷動日月失行之應夫物暴長者必夭折功卒成者必亟壞如摧長久之業而

造速成之功非陛下之福也天下非一時之用也海內非一旦之功也願陛下遊意於經年之外望化於一世之後孔子曰如有王者必世而後仁見論語天下幸甚帝下其議羣臣多同於浮自是牧守易代頗簡舊制州牧奏二千石長吏不任位者事皆先下三公三公遣掾史案驗然後黜退帝時用明察不復委任三府而權歸刺舉之吏刺舉即州牧也浮復上疏曰陛下清明履約率禮無違自宗室諸

王外家后親皆奉遵繩墨無黨埶之名至或乘牛車齊於編人斯固法令整齊下無作威者也求之於事宜以和平而災異猶見者而豈徒然天道信誠不可不察竊見陛下疾往者上威不行下專國命即位以來不用舊典信刺舉之官黜鼎輔之任至於有所劾奏便加免退覆案不關三府罪譴不蒙澄察陛下以使者爲腹心而使者以從事爲耳目是爲尚書之平決於百石

之吏使者刺史也續漢志曰每州有從事秩百石耳目謂令采察也平謂平決也故羣下苛刻各自爲能兼以私情容長憎愛在職皆競張空虛以要時利故有罪者心不厭服無咎者坐被空文不可經盛衰貽後王也貽遺也夫事積久則吏自重重猶愛惜也吏安則人自靜傳曰五年再閏天道乃備周天三百六十五度四分度之一日行一度一年十二月除小月六日即一歲三百五十四日是爲每歲日行天餘一十一度四分度之一不匝一年餘十一日四分日之一故三年即餘三十三日四分日之三閏月又小是五年即得再閏夫以天地之靈猶五載以成其

化況人道哉臣浮愚戇不勝惓惓願陛下
留心千里之任省察偏言之奏七年轉太
僕浮又以國學既興宜廣博士之選乃上
書曰夫大學者禮義之宫敎化所由興也
陛下尊敬先聖垂意古典宫室未飾干戈
未休而先建太學進立橫舍 橫學也或作比黌義亦同
日車駕親臨觀饗將以弘時雍之化顯勉
進之功也 雍和也書曰黎人於變時雍乃勉勸也 尋博士之官為
天下宗師使孔聖之言傳而不絕舊事策

後漢列傳二十三 九 楊茂

試博士必廣求詳選爰自畿夏延及四方
是以博舉明經唯賢是登 畿王畿夏華夏也漢官儀曰博士秦官也武帝初置五經博士後增至十四人太常差選有聰明威重一人為祭酒總領綱紀其舉狀曰生事愛敬喪沒如禮通易尚書孝經論語兼綜載籍窮微闡奧隱居樂道不求聞達身無金痍痼疾世六屬不與妖惡交通王侯賞賜行應四科經任博士下言某官某甲保舉 學者精勵遠
近同慕伏聞詔書更試五人唯取見在洛
陽城者臣恐自今以往將有所失求之密
邇容或未盡而四方之學無所勸樂凡策
試之本貴得其真非有期會不及遠方也

又諸所徵試皆私自發遣非有傷費煩擾
於事也語曰中國失禮求之於野 劉歆移書太常曰夫禮失求之於野古文不猶愈於野乎 臣浮幸得與講圖讖 與音預
故敢越職帝然之二十年代竇融為大司
空二十二年坐賣弄國恩免二十五年徙
封新息侯帝以浮陵轢同列每銜之 陵轢猶欺蔑也
惜其功能不忍加罪永平中有人單辭
告浮事者 單辭謂無證據也書曰明清於單辭 顯宗大怒賜浮
死長水校尉樊鯈言於帝曰唐堯大聖兆

後漢列傳二十三 十 [illegible]

人獲所 獲得也 尚優遊四凶之獄厭服海內
之心 優遊謂優柔也四凶者鯀共工驩兜三苗左傳曰舜流四凶族今云堯者舜為堯臣而流之也尚書曰四罪而天下咸服 使天下咸知然後殛罰 殛誅也音紀力反
浮事雖昭明而未達人聽宜下廷尉章著
其事帝亦悔之
論曰吳起與田文論功文不及者三朱買
臣難公孫弘十策弘不得其一終之田文
相魏公孫宰漢誠知宰相自有體也 史記魏置相田文吳起不悅謂田文曰請與子論功可乎田文曰可起曰將三軍使士卒樂死敵國不敢謀子孰與

起田文曰不如子吴起曰理百官親萬人實府庫子孰與起田文曰不如子吴起曰守西河秦人不敢東向韓趙賓從子孰與起田文曰不如子吴起曰此三者子皆出吾下而位加吾上何也田文曰主少國疑大臣未附百姓不信方是時屬之於子乎屬之於我乎吴起默然良久曰屬之於子矣田文曰此乃吾所以居子上也吴起方乃自知不如武帝時方築朔方公孫弘諫以爲罷弊中國上使朱買臣難弘發十策弘不得一 故曾子曰君子所貴乎道者三 三謂動容貌正顏色出辭氣事見論語 籩豆之事則有司存 籩豆禮器也小細之務有司所主非人君之事也 而光武明帝躬好吏事亦以課覈三公 課其殿最覈其得失 其人或失而其禮稍薄至有誅斥詰辱之累任職責過一至於此

追感賈生之論不亦篤乎 賈誼曰廉恥禮節以繩君子故有賜死而無戮辱是以黥劓之罪不及大夫以其離主上不遠也是時人告周勃謀反繫長安卒無事故誼以此譏上也 朱浮譏諷苛察欲速之弊然矣 論語孔子曰無欲速無見小利欲速則不達見小利則大事不成以光武明察煩刻故引之 焉得長者之言哉 前書龔遂爲勃海郡太守王生謂遂曰君即見上問君何以化勃海宜曰聖主之力非小臣之力也既至前上果問遂對如王生言天子悅曰君安得長者之言而稱也

馮魴字孝孫南陽湖陽人也其先魏之支別食菜馮城因以氏焉 東觀記曰其先魏之別封曰華侯華侯孫長卿食菜馮城因以氏焉魴父名揚也 秦滅魏遷于湖陽爲郡族姓王莽末四方潰畔魴乃聚賓客招豪桀作營壍以待所歸 待眞主也 是時湖陽大姓虞都尉反城稱兵先與同縣申屠季有仇而殺其兄謀滅季族季亡歸魴魴將季欲還其營道逢都尉從弟長卿來欲執季魴叱長卿曰我與季雖無素故士窮相歸要當以死任之卿爲何言遂與俱歸季謝曰蒙恩得全死無以爲報有牛馬財物願悉獻之魴作色曰吾老親弱弟皆賊城中今

日相與尚無所顧何云財物乎季慙不敢復言魴自是爲縣邑所敬信故能據營自固時天下未定而四方之士擁兵矯稱者甚衆唯魴自守兼有方略光武聞而嘉之建武三年徵詣行在所見於雲臺 即南宮雲臺也 拜虞令 虞縣屬梁國本虞國舜後所封之邑今宋州虞城縣也 爲政敢殺伐以威信稱遷郟令後車駕西征隗囂潁川盜賊羣起郟賊延褒等衆三千餘人攻圍縣舍魴率吏士七十許人力戰連日弩

矢盡城陷魴乃遁去帝聞郡國反即馳赴潁川魴詣行在所帝案行鬭處知魴力戰乃嘉之曰此健令也所當討擊勿拘州郡褒等聞帝至皆自髠剔（剔音他狄反聲類曰剔亦鬄字音他計反謂剃去髮也）負鈇鑕（說文曰鈇剉刃也鑕椹也音質）將其衆請罪帝且赦之使魴轉降諸聚落縣中平定詔乃悉以褒等還魴誅之魴責讓以行軍法皆叩頭曰今日受誅死無所恨魴曰汝知悔過伏罪今一切相赦聽各反農桑爲令作

耳目皆稱萬歲是時每有盜賊並爲褒等所發無敢動者縣界清靜十三年遷魏郡太守二十七年以高第入代趙憙爲太僕中元元年從東封岱宗行衞尉事還代張純爲司空賜爵關內侯二年帝崩使魴持節起原陵更封楊邑鄉侯食三百五十戶永平四年坐考隴西太守鄧融聽任姦吏策免削爵土六年顯宗幸魯復行衞尉事七年代陰嵩爲執金吾魴性矜嚴公正在

位數進忠言多見納用十四年詔復爵土明年東巡郡國留魴宿衞南宮（東觀記曰勑魴車駕發後將緹騎宿玄武門複道上領南宮吏士保給林席子孫得到魴所）建初三年以老病乞身肅宗許之其冬爲五更詔魴朝賀就列侯位元和二年卒時年八十六子柱嗣尚顯宗女獲嘉長公主少爲侍中以恭肅謙約稱位至將作大匠柱卒子定嗣官至羽林中郎將定卒無子國除定弟石襲母公主封獲嘉侯亦爲侍中稍遷衞尉能

取悅當世爲安帝所寵帝嘗幸其府留飲十許日賜駁犀具劒佩刀（以班犀飾劒也）紫艾綬（艾即盭綠色也其色似艾）王玦各一（半環曰玦以飾帶也）拜子世爲黃門侍郎世弟二人皆郎中自永初兵荒王侯租秩多不充於是特詔以它縣租稅足石令如舊限（足音即諭反）歲入穀三萬斛錢四萬遷光祿勳遂代楊震爲太尉及北鄉侯立（章帝孫濟北惠王壽之子懿也）遷太傅與太尉東萊劉熹參錄尚書事順帝既立石與熹皆以阿黨閻

顯江京等策免復爲衛尉卒子代嗣代卒弟承嗣爲步兵校尉石弟珖 珖音光 和帝時詔封楊邑侯亦以石寵官至城門校尉卒子肅嗣爲黃門侍郎

虞延字子大陳留東昏人也 東昏縣故城在今汴州陳留縣東北東㶊屬山陽郡俗本爲㶊者誤也 延初生其上有物若一匹練遂上外天占者以爲吉及長長八尺六寸要帶十圍力能扛鼎 說文曰扛鼎橫關對舉也音江 少爲戶牖亭長時王莽貴人魏氏 謝承書曰莽貴人魏氏以椒房之寵威傾郡縣 賓客放從延率吏卒突入其家捕之以此見怨故位不外性敦朴不拘小節又無鄉曲之譽王莽末天下大亂延常嬰甲冑擁衛親族扞禦鈔盜賴其全者甚衆延從女弟年在孩乳其母不能活之棄於溝中延聞其號聲哀而收之養至成人 謝承書曰養育成人以妻同縣人王氏 建武初仕執金吾府除細陽令 細陽縣屬汝南郡故城在今潁州汝陰縣西北 每至歲時伏臘輒休遣徒繫各使歸家並感其恩德應期

而還有囚於家被病自載詣獄既至而死延率掾吏殯于門外百姓感悅之後去官還鄉里太守富宗聞延名召署功曹 富姓宗名 宗性奢靡車服器物多不中節延諫曰昔晏嬰輔齊鹿裘不完 晏子曰晏子布衣鹿裘以朝公曰夫子之家若此其貧也惡衣之惡也 季文子相魯妾不衣帛 左傳曰季文子相魯妾不衣帛馬不食粟 以約失之者鮮矣宗不悅延即辭退居有頃宗果以侈從被誅臨當伏刑擥涕而歎曰恨不用功曹虞延之諫光武聞而奇之二十年東巡路過小黃高帝母昭靈后園陵在焉 小黃縣屬陳留郡故城在今汴州陳留縣東北漢官儀注曰高帝母起兵時死小黃北後爲作陵廟於小黃陳留風俗傳云沛公起兵野戰喪皇妣于黃鄉天下平乃使使者梓宮招魂幽野有丹蛇在水自洗濯入于梓宮其浴處仍有遺髮故謚曰昭靈夫人因作園陵寢殿司馬門鐘虡衛守小黃有祭器邊豆鼎俎之屬十四種廟基尚存焉 時延爲部督郵詔呼引見問園陵之事延進止從容占拜可觀其陵樹株蘖皆諳其數 株根也蘖伐木更生也 俎豆犧牲頗曉其禮帝善之勑延從駕到魯還經封丘城門門下小不容羽蓋 封丘今汴

州縣也帝怒使揵侍御史延因下見引咎以爲罪在督郵言辭激揚有感帝意乃制詔曰以陳留督郵虞延故貰御史罪貰放也延從送車駕西盡郡界賜錢及劒帶佩刀還郡於是聲名遂振二十三年司徒玉況辟馬謝承書曰況字文伯京兆杜陵人也代爲三輔名族該總五經志節高亮爲陳留太守性聰敏善行德教永平十五年蝗蟲起泰山彌衍兗豫過陳留界飛逝不集五穀獨豐章和元年詔以況爲司徒玉姓音宿時元正朝賀帝望而識延遣小黃門馳問之即日召拜公車令明年遷洛陽令是

時陰氏有客馬成者常爲姦盜延收考之陰氏屢請獲一書輒加搒二百搒捶也音彭信陽矦陰就就光烈皇后弟也就本傳信作新乃訴帝譖延多所冤枉帝乃臨御道之館親錄囚徒延陳其獄狀可論者在東無理者居西成乃回欲趨東延前執之謂曰爾人之巨蠹久依城社不畏熏燒齊景公問晏子曰理國何患對曰患社鼠公曰何謂社鼠對曰社鼠不可熏人君之左右亦國之社鼠也今考實未竟宜當盡法成大呼稱枉陛戟郎以戟刺延叱使置之續漢志曰凡郎官皆主執戟宿衛也帝知延不私謂成曰汝犯王法身自取之呵使速去後數日伏誅於是外戚斂手莫敢干法在縣三年遷南陽太守永平初有新野功曹鄧衍以外戚小矦毋豫朝會而容姿趨步有出於衆顯宗目之顧左右曰朕之儀貌豈若此人特賜輿馬衣服延以衍雖有容儀而無實行未嘗加禮帝既異之乃詔衍令自稱南陽功曹詣闕謝承書曰帝賜輿馬衣服劒珮刀錢二萬南陽計吏歸具以啓延延知衍華不副實行不配容積三年不

用於是上乃自敕衍稱南陽功曹詣闕既到拜郎中遷玄武司馬玄武宮之北門也每宮城門皆有司馬一人秩千石見續漢志衍在職不服父喪帝聞之乃歎曰知人則哲惟帝難之信哉斯言衍慙而退由是以延爲明三年徵代趙憙爲太尉八年代范遷爲司徒歷位二府十餘年無異政績會楚王英謀反陰氏欲中傷之使人私以楚謀告延延以英藩戚至親不然其言又欲辟幽州從事公孫弘郡國有從事主督促文書察舉非法皆州自辟除故通爲百石即功曹從事理中從

事之類是也見續漢志也以弘交通楚王而止並不奏聞
及英事發覺詔書切讓延遂自殺家至清
貧子孫不免寒餧餧餓也謝承書曰身没之後家貧空子孫同衣而出并日
而食延從曾孫放字子仲少爲太尉楊震門
徒及震被讒自殺順帝初放詣闕追訟震
罪由是知名桓帝時爲尚書以議誅大將
軍梁冀功封都亭侯後爲司空坐水災免
性疾惡宦官遂爲所陷靈帝初與長樂少
府李膺等俱以黨事誅

後漢列傳二十三　十九　李昇

鄭弘字巨君會稽山陰人也孔靈符會稽記曰射的山南有
白鶴山此鶴爲仙人取箭漢太尉鄭弘嘗采薪得一
遺箭頃有人覓弘還之問何所欲弘識其神人也曰
常患若耶溪載薪爲難願旦南風暮北風後
果然故若耶溪風至今猶然呼爲鄭公風也從祖吉
宣帝時爲西域都護謝承書曰其曾祖父本齊
國臨淄人官至蜀郡屬國
都尉武帝時徙強宗大姓不得族居將二子移居山
陰因遂家焉長子吉雲中都尉西域都護中子兗州
刺史少子舉孝廉
理劇東部候也弘少爲鄉嗇夫謝承書曰爲
靈文鄉嗇夫
愛人如子續漢志曰其鄉小者縣署嗇夫一人主知
人善惡爲役先後知人貧富爲賦多少平其差品也
太守第五倫行春太守常以春行所主縣勸人
農桑振救乏絶見續漢志也
見而深奇之召署督郵舉孝廉弘師同郡

河東太守焦貺楚王英謀反發覺以疏引
貺也疏書貺被收捕疾病於道亡没妻子閉
繫詔獄掠考連年諸生故人懼相連及皆
改變名姓以逃其禍弘獨髡頭負鈇鑕詣
闕上章爲貺訟罪顯宗覺悟即赦其家屬
弘躬送貺喪及妻子還鄉里由是顯名拜
爲騶令騶令兗州縣也謝承書曰弘勤行德化部
人王逢等得路遺寶物縣於道傍求主還
之魯國當春大旱五穀不豐騶獨致雨偏熟永平十
五年蝗起泰山流被郡國過騶界不集郡因以狀聞
詔書以爲不然遣
使案行如言也政有仁惠民稱蘇息遷淮

後漢列傳二十三　二十　李昇

陰太守謝承書曰弘消息繇賦政不煩苛行春天
旱隨車致雨白鹿方道俠轂而行弘怪問
主簿黃國曰鹿爲吉爲凶國拜賀曰
聞三公車轓畫作鹿明府必爲宰相四遷建初爲
尚書令舊制尚書郎限滿補縣長令史丞
尉弘奏以爲臺職雖尊而酬賞甚薄至於
開選多無樂者樂音五孝反請使郎補千石令
史爲長帝從其議弘前後所陳有補益王
政者皆著之南宮以爲故事出爲平原相
徵拜侍中建初八年代鄭衆爲大司農舊
交阯七郡貢獻轉運皆從東冶東冶縣屬會稽郡太康地

理志云漢武帝名爲東冶後改爲東候官今泉州閩縣是汎海而至風波艱
阻沈溺相係弘奏開零陵桂陽嶠道於是
夷通嶠嶺也夷平也至今遂爲常路今謂[illegible]畢時也在職二
年所息省三億萬計時歲天下遭旱邊方
有警人食不足而帑藏殷積說文曰帑金布所藏之府弘
又奏宜省貢獻減徭費以利飢人帝順其
議元和元年代鄧彪爲太尉時舉將弟伍
倫爲司空班次在下每正朔朝見弘曲躬
而自卑帝問知其故遂聽置雲母屏風分
隔其閒以雲母飾屏風也由此以爲故事在位四

後漢列傳二十三　二十一　章駒

年奏尚書張林阿附侍中竇憲而素行臧
穢又上洛陽令楊光憲之賓客在官貪殘
並不宜處位書奏吏與光故舊因以告之
光報憲憲奏弘大臣漏泄密事帝詰讓弘
收上印綬弘自詣廷尉詔勑出之因乞骸
骨歸未許病篤上書陳謝并言竇憲之短
帝省章遣醫占弘病比至已卒臨歿悉還
賜物勑妻子褐巾布衣素棺殯殮以還鄉

里
周章字次叔南陽隨人也叔或作升初仕郡爲
功曹時大將軍竇憲免封冠軍侯就國章
從太守行春到冠軍太守猶欲謁之章進
諫曰今日公行春豈可越儀私交且憲椒
房之親埶領王室而退就藩國禍福難量
明府剖符大臣千里重任剖符解見杜詩傳舉止
進退其可輕乎太守不聽遂便升車章前
拔佩刀絕馬鞅於是乃止及憲被誅公卿
以下多以交關得罪太守幸免以此重章

後漢列傳二十三　二十二　林唐

舉孝廉六遷爲五官中郎將延平元年爲
光祿勳永初元年代魏霸爲太常其冬代
尹勤爲司空是時中常侍鄭衆蔡倫等皆
秉埶豫政章數進直言初和帝崩鄧太后
以皇子勝有痼疾痼猶廢也不可奉承宗廟貪
殤帝孩抱養爲己子故立之以勝爲平原
王及殤帝崩羣臣以勝疾非錮意咸歸之
太后以前既不立恐後爲怨乃立和帝兄

清河孝王子祜是爲安帝章以衆心不附遂密謀閉宮門誅車騎將軍鄧騭兄弟及鄭衆蔡倫劫尚書廢太后於南宮封帝爲遠國王遠之國也而立平原王事覺勝策免章自殺家無餘財諸子易衣而出幷日而食

論曰孔子稱可與立未可與權論語載孔子之詞也立謂立功立事也權也者反常者也公羊傳曰權者何權者反乎經然後有善者也將從反常之事必資非常之會會際也使夫舉無違妄志行名全周章身非負圖之

託武帝欲立昭帝爲太子乃畫周公負成王圖賜霍光德乏萬夫之望詩云顒顒卬卬萬夫之望主無絕天之釁地有既安之埶書曰紂自絕於天結怨于人也而創慮於難圖希功於理絕不已悖乎悖逆也如令君器易以下議即斗筲必能叨天業狂夫豎臣亦自奮矣孟軻有言曰有伊尹之心則可無伊尹之心則篡矣孟子曰公孫丑問曰伊尹放太甲於桐宮人大悅太甲賢又反之人大悅賢者之爲人臣也其君不賢故可放歟孟子荅以此言於戲方來之人戒之哉

贊曰朱定北州激成寵尤魴用降帑帑虜也延感歸因鄭賓怨偶代相爲仇左傳曰怨偶曰仇周章反道小智大謀易曰智小而謀大力少而任重鮮不及矣也

後漢列傳卷第二十三

列傳卷第二十四　范曄　後漢書三十四

唐章懷太子賢注

梁統　子竦　曾孫商　玄孫冀

梁統字仲寧安定烏氏人晉大夫梁益耳即其先也（東觀記曰其先與秦同祖出於伯益別封於梁梁益耳見左傳氏音支）統高祖父子都自河東遷居北地子都子橋（東觀記橋子溥溥子延以明軍謀特除西域司馬延生統）以貲千萬徙茂陵至哀平之末歸安定統性剛毅而好法律初仕州郡更始二年召補中郎將使安集

後漢列傳二十四　一　李森進

涼州拜酒泉太守會更始敗赤眉入長安統與竇融及諸郡守起兵保境謀共立帥初以位次咸共推統統固辭曰昔陳嬰不受王者以有老母也（前書曰陳嬰故東陽令史少年殺其令相聚數千人廼請立嬰爲王嬰母謂曰吾自爲汝家婦聞先故未嘗貴今暴得大名不祥不如有所屬嬰乃不敢爲王）今統內有尊親又德薄能寡誠不足以當之遂共推融爲河西大將軍更以統爲武威太守爲政嚴猛威行鄰郡建武五年統等各遣使隨竇融長史劉鈞詣闕奉貢願

得詣行在所詔加統宣德將軍八年夏光武自征隗囂統與竇融等將兵會車駕及囂敗封統爲成義侯同産兄巡從弟騰並爲關內侯拜騰酒泉典農都尉悉遣還河西十二年統與融等俱詣京師以列侯奉朝請更封高山侯拜太中大夫除四子爲郎統在朝廷數陳便宜以爲法令既輕下姦不勝宜重刑罰以遵舊典乃上疏曰臣竊見元哀二帝輕殊死之刑以一百二十

後漢列傳二十四　二　李森

三事手殺人者減死一等（東觀記曰元帝初元五年輕殊死刑三十四事哀帝建平元年輕殊死刑八十一事其四十二事手殺人者減死一等）自是以後著爲常準故人輕犯法吏易殺人臣聞立君之道仁義爲主仁者愛人義者政理愛人以除殘爲務政理以去亂爲心刑罰在衷無取於輕是以五帝有流殛放殺之誅（唐堯時流共工放驩兜服三苗殛鯀堯爲五帝之一故舉言焉）三王有大辟刻肌之法（大辟罪之大者謂死刑也刻肌謂墨劓臏刖）故孔子稱仁者必有勇（論語載孔子之言也五帝三王皆以仁義而化而能用肉刑以正俗是爲勇也）

又曰理財正辭禁民爲非曰義（易繫詞曰何以守位曰仁何以聚人曰財理財正辭禁人爲非曰義繫詞亦孔子作故稱又曰）高帝受命誅暴平蕩天下約令定律誠得其宜（高祖定天下令蕭何次律令）文帝寬惠柔克遭世康平（克能也言以和柔能理俗也尚書曰高明柔克也）唯除省肉刑相坐之法它皆率由無革舊章（秦法一人有罪幷其家室文帝除肉刑幷相坐律令餘則仍舊不改）武帝値中國隆盛財力有餘征伐遠方軍役數興豪桀犯禁姦吏弄法故重首匿之科著知從之律（凡首匿者爲謀首藏匿罪人至宣帝時除子匿父母妻匿夫孫匿大父母罪餘至殊死上請知縱謂見知故縱武帝時立見知故縱之罪使張湯等著律並見前書也）以破朋黨以懲隱匿宣帝聰明正直總御海內臣下奉憲無所失墜因循先典天下稱理至哀平繼體而即位日淺聽斷尚寡丞相王嘉輕爲穿鑿虧除先帝舊約成律（王嘉字公仲平陵人案嘉傳及刑法志並無其事統與嘉時代相接所引故不妄矣但班固略而不載也）數年之閒百有餘事或不便於理或不厭民心謹表其尤害於體者傅奏於左（體政體也傅音附）伏惟陛下包元履德權時撥亂（撥理也公羊傳曰撥亂代

反正（反之正）功踰文武德侔高皇誠不宜因循季末衰微之軌回神明察考量得失宣詔有司詳擇其善定不易之典施無窮之法天下幸甚事下三公廷尉議者以爲隆刑峻法非明王急務施行日久豈一朝所釐（釐猶改也）統今所定不宜開可統復上言曰有司以臣今所言不可施行尋臣之所奏非曰嚴刑竊謂高帝以後至乎孝宣其所施行多合經傳宜比方今事驗之往古聿遵前典事無難改不勝至願願得召見若對尚書近臣口陳其要帝令尚書問狀統對曰聞聖帝明王制立刑罰故雖堯舜之盛猶誅四凶經曰天討有罪五刑五庸哉（尚書咎繇謨之詞也庸用也言天以五刑討有罪用五刑必當也）又曰爰制百姓于刑之衷（尚書呂刑云士制百姓于刑之中孔安國注云咎繇作士制百官于刑之中此作爰於也義亦通衷音丁仲反下同也）孔子曰刑罰不衷則人無所厝手足（厝置也）衷之爲言不輕不重之謂也春秋之誅不避親戚（左傳曰大義滅親又曰周公殺管叔夫豈不愛

王室故也所以防患救亂全安衆庶豈無仁愛之恩貴絶殘賊之路也自高祖之興至于孝宣君明臣忠謨謀深博猶因循舊章不輕改革海内稱理斷獄益少至初元建平所減刑罰百有餘條初元元帝年也建平哀帝年也而盜賊浸多歲以萬數間者三輔從横羣輩並起從音子用反横音戶孟反至燔燒茂陵火見未央其後隴西北地西河之賊越州度郡萬里交結攻取庫兵劫略吏人詔書討捕連年不獲東觀記統對尚書狀曰元壽二年三輔盜賊羣輩並起至燔燒茂陵都邑煙火見未央宮前代未嘗所有其後隴西新興北地任横任崔西河曹況越州度郡萬里交結或從遠方四面會合遂攻取庫兵劫略吏人國家開封侯之科以軍法追捕僅能破散也是時以天下無難百姓安平而狂狡之執猶至於此皆刑罰不衷愚人易犯之所致也由此觀之則刑輕之作反生大患惠加姦軌而害及良善也故臣統願陛下采擇賢臣孔光師丹等議孔光字子夏師丹字公仲並哀帝時丞相光明習漢制及法令丹初以論議深博徵入爲光祿大夫皆有議見前書議上遂寢不報上音時掌反後出爲九江太

守定封陵鄉侯統在郡亦有治迹吏人畏愛之卒於官子松嗣

松字伯孫少爲郎尚光武女舞陰長公主再遷虎賁中郎將松博通經書明習故事與諸儒脩明堂辟廱郊祀封禪禮儀常與論議寵幸莫比光武崩受遺詔輔政永平元年遷太僕松數爲私書請託郡縣二年發覺免官遂懷怨望四年冬乃縣飛書誹謗下獄死國除飛書者無根而至若飛來也即今匿名書也子扈後以恭懷皇后從兄永元中擢爲黃門侍郎歷位卿校尉温恭謙讓亦敦詩書永初中爲長樂少府松弟竦

竦字叔敬少習孟氏易孟喜字長卿東海人見前書弱冠能教授後坐兄松事與弟恭俱徙九真旣徂南土歷江湖濟沅湘湖謂洞庭湖在今岳州水經云沅出牂柯且蘭縣注云入洞庭會于江湘水出零陵始安縣陽海山至巴丘入于江感悼子胥屈原以非辜沈身乃作悼騷賦繫玄石而沈之東觀記載其文曰彼仲尼之佐魯兮先嚴斷而後弘衍雖離讒以嗚邑兮卒暴誅於兩觀殷伊尹之

協德兮暨太甲而俱寧豈齊量其幾微兮徒信己以榮名雖吞刀以奉命兮抉目眦於門閭吴荒萌其已殖兮可信顏於王廬圖往鏡來兮關北在篇君名既泯没兮後辟亦然屈平濯德兮絜顯芬香句踐罪種兮越嗣不長重耳忽推兮六卿卒強趙殞鳴犢兮秦人入疆樂毅奔趙兮燕亦是喪武安賜命兮昭以不王蒙宗不幸兮長平顛荒范父乞身兮楚項不昌何爾生不先後兮推洪勳以遐邁服荔裳如朱紱兮騁驚路於犇瀨歷蒼梧之崇丘兮宗虞氏之俊乂臨衆瀆之神林兮東勑職於蓬碣祖聖道而垂典兮褒忠孝以爲珍既臣救而不得兮必殞命而後仁惟賈傅其違指兮何楊生之欺眞彼皇麟之高舉兮熙太清之悠悠臨岷川以愴恨兮指丹海以爲期顯宗後詔聽還本郡竦閉門自養以經籍爲娱著書數篇名曰七序班固見而稱曰孔子著春秋而亂臣賊子懼左傳書齊豹曰盜三叛人名以懲不義善人勸焉淫人懼焉孟子云仲尼成春秋亂臣賊子懼梁竦作七序而竊位素餐者慙性好施不事產業長嫂舞陰公主贍給諸梁親踈有序特重敬竦雖衣食器物必有加異竦悉分與親族自無所服服猶用也竦生長京師不樂本土自負其才鬱鬱不得意嘗登高遠望歎息言曰大丈夫居世生當封侯死當廟食禮記曰諸侯五廟卿大夫三廟士一廟如其不然閑居可以養志詩書足以自娱州郡之職徒勞人

後漢列傳二十四　七　林康

耳後辟命交至並無所就有三男三女肅宗納其二女皆爲貴人小貴人生和帝竇皇后養以爲子而竦家私相慶後諸竇聞之恐梁氏得志終爲己害建初八年遂譖殺二貴人而陷竦等以惡逆詔使漢陽太守鄭據傳考竦罪死獄中家屬復徙九眞辭語連及舞陰公主坐徙新城使者護守新城今洛州伊闕縣也宮省事密莫有知和帝梁氏生者永元九年竇太后崩松子扈遣從兄襢襢古禪字也奏記三府以爲漢家舊典崇貴母氏而梁貴人親育聖躬不蒙尊號求得申議求申理而議之也太尉張酺引襢訊問事理會後召見因白襢奏記之狀帝感慟良乆曰於君意若何酺對曰春秋之義母以子貴解見光武記漢興以來母氏莫不隆顯臣愚以爲宜上尊號追慰聖靈存録諸舅以明親親帝悲泣曰非君孰爲朕思之會貴人姊南陽樊調妻嫕嫕音於計反上書自訟曰妾同

後漢列傳二十四　八　陳從

產女弟貴人前充後宫蒙先帝厚恩得見寵幸皇天授命誕生聖明而爲竇憲兄弟所見譖訴使妾父竦冤死牢獄骸骨不掩老母孤弟遠徙萬里獨妾遺脱逸伏草野常恐没命無由自達今遭值陛下神聖之運親統萬機羣物得所憲兄弟姦惡既伏辜誅海内曠然各獲其宜妾得蘇息拭目更視乃敢昧死自陳所天臣以君爲天故云所天妾聞太宗即位薄氏蒙榮文帝即位尊薄太后爲皇太后封弟昭爲軹侯太后

母前死櫟陽西追尊太后父爲靈文侯會稽郡置園邑三百家櫟陽亦置靈文夫人園令如靈文侯園儀也宣帝繼統史族復興史良娣宣帝祖母也宣帝初生母王夫人死無所歸史良娣母貞君養視焉宣帝即位以舊恩封史恭三子高爲樂陵侯曾爲將陵侯玄爲平臺侯妾門雖有薄史之親獨無外戚餘恩誠自悼傷妾父既冤不可復生母氏年殊七十殊猶過也及弟棠等遠在絶域不知死生願乞收竦朽骨使母弟得歸本郡則施過天地存殁幸賴帝覽章感悟乃下中常侍掖庭令驗問之嫕辭證明審遂得引見具陳其狀

乃留嫕止宫中連月乃出賞賜衣被錢帛弟宅奴婢旬月之閒累貲千萬嫕素有行操帝益愛之加號梁夫人擢樊調爲羽林左監調光禄大夫宏兄曾孫也宏光武舅也於是追尊恭懷皇后其冬制詔三公大鴻臚曰夫孝莫大於尊尊親親其義一也禮記曰上正祖禰尊尊也下正子孫親親也詩云父兮生我母兮鞠我撫我畜我長我育我顧我復我出入腹我欲報之德昊天罔極詩小雅也毛萇注云鞠養也腹厚也鄭玄注云畜起

也育覆育也顧旋視也復反覆也腹懷抱也極已也欲報父母之德昊天乎我心無已也朕不敢興事覽于前世太宗中宗寔有舊典太宗文帝也中宗宣帝也追命外祖以篤親親其追封謚皇太后父竦爲襃親愍侯比靈文順成侯昭帝母趙倢伃帝即位追封倢伃父爲順成侯宣帝追封母王夫人父廼始爲恩成侯各置園廟也魂而有靈嘉斯寵榮好爵顯服以慰母心遣中謁者與嫕及扈備禮西迎竦喪竦死漢陽獄故西迎也詣京師改殯賜東園畫棺玉匣衣衾東園署名主知棺槨漢儀注王侯葬皆已下玉爲札長尺廣二寸半爲匣下至足綴以黄金鏤爲之匣字

（或作柳也）建塋於恭懷皇后陵傍帝親臨送葬百官畢會徵還竦妻子封子棠為樂平侯棠弟雍乘氏侯雍弟翟單父侯邑各五千戶位皆特進賞賜第宅奴婢車馬兵弩什物以巨萬計寵遇光於當世諸梁內外以親疏並補郎謁者棠官至大鴻臚雍少府棠卒子安國嗣延光中為侍中有罪免官諸梁為郎吏者皆坐免

商字伯夏雍之子也少以外戚拜郎中遷黃門侍郎永建元年襲父封乘氏侯三年順帝選商女及妹入掖庭遷侍中屯騎校尉陽嘉元年女立為皇后妹為貴人加商位特進更增國土賜安車駟馬其歲拜執金吾二年封子冀為襄邑侯商讓不受三年以商為大將軍固稱疾不起四年使太常桓焉奉策就第即拜商乃詣闕受命明年夫人陰氏薨追號開封君（開封縣故城在今汴州浚儀縣南）贈印綬商自以戚屬居大位每存謙柔虛己進賢辟漢陽巨覽上黨陳龜為掾屬李固周舉為從事中郎於是京師翕然稱為良輔帝委重焉（東觀漢記商少持韓詩兼讀眾書傳記天資聰敏昭達萬機舉措動作直推雅性務在誠實不為華飾孝友著於閨閾明信結於友朋其在朝廷儼恪矜嚴威而不猛退食私館接賓待客寬和肅敬憂人之憂樂人之樂皆若在己輕財貨不為蓄積故衣裘裁足卒歲奴婢車馬供用而已朝廷由是敬憚委任焉）每有飢饉輒載租穀於城門賑與貧餧不宣己惠檢御門族未曾以權盛干法而性慎弱無威斷頗溺於內豎以小黃門曹節等用事於中遂遣子冀不疑與為交友然宦者忌商寵任反欲陷之永和四年中常侍張逵蘧政內者令石光（內者署名令一人秩六百石屬少府見漢官儀也）尚方令傅福冗從僕射杜永連謀共譖商及中常侍曹騰孟賁云欲徵諸王子圖議廢立請收商等案罪帝曰大將軍父子我所親騰賁我所愛必無是但汝曹共妒之耳逵等知言不用懼迫遂出矯詔收縛騰賁於省中帝聞震怒敕宦者李歆急呼騰賁釋之收逵等悉

伏誅辭所連染及在位大臣商懼多侵枉乃上疏曰春秋之義功在元帥罪止首惡春秋經書虞師晉師滅下陽公羊傳曰虞微國也曷爲序于大國之上使虞首惡也曷爲序虞首惡虞受賂假滅國者道以取亡焉故賞不僭溢刑不淫濫五帝三王所以同致康乂也左傳曰善爲國者賞不僭而刑不濫賞僭則懼及淫人刑濫則懼及善人若不幸而過寧僭無濫竊聞考中常侍張逵等辭語多所牽及大獄一起無辜者衆死囚久繫纖微成大言久繫則細微之事引牽而成大也非所以順迎和氣平政成化也禮記月令孟春之月天子親帥三公九卿諸侯大夫以迎春於東郊命相布德和令行慶施惠下及兆人也宜早訖竟以止逮捕之

後漢列傳二十四　十三　王宗

煩逮及也辭所連及即追捕之也帝乃納之罪止坐者六年秋商病篤勑子冀等曰吾以不德享受多福生無以輔益朝廷死必耗費帑臧衣衾飯唅玉匣珠貝之屬何益朽骨唅口實也白虎通曰大夫飯以玉唅以貝士飯以珠唅以貝也百僚勞擾紛華道路秖增塵垢雖云禮制亦有權時權時謂不依禮也方今邊境不寧盜賊未息豈宜重爲國損氣絕之後載至冢舍即時殯斂斂以時服皆以

故衣無更裁制殯已開冢冢開即葬祭食如存無用三牲孝子善述父志不宜違我言也禮記曰孝子善述父之志善成人之事及薨帝親臨喪諸子欲從其誨朝廷不聽賜以東園朱壽之器銀鏤黃腸玉匣什物二十八種壽器棺也以朱飾之以銀鏤之前書音義曰以柏木黃心爲槨曰黃腸也錢二百萬布三千匹皇后錢五百萬布萬匹及葬贈輕車介士輕車兵車也介士甲士也賜謚忠侯中宮親送帝幸宣陽亭每城門皆有亭即宣陽門之亭也瞻望車騎東觀記云初帝作誄曰數

後漢列傳二十四　十四　[illegible]

云忠侯不聞其音背去國家都茲玄陰幽居冥冥靡所且窮也子冀嗣冀字伯卓爲人鳶肩豺目鳶鴟也鴟肩上竦也豺目目豎也洞精矘眄洞通也矘音宅蕩反說文目精直視口吟舌言謂語吃不能明了裁能書計少爲貴戚逸游自恣性嗜酒能挽滿彈棊挽滿猶引強也藝經曰彈棊兩人對局白黑棊各六枚先列棊相當更先彈也其局以石爲之格五前書吾丘壽王善格五音義云簺也音蘇代反說文曰簺行棊相塞謂之簺鮑宏簺經曰簺有四采塞白乘五是也至五即格不得行故謂之格五六博楚詞曰琨蔽象棊有六博王逸注云投六箸行六棊故云六博鮑宏博經曰用十二棊六棊白六棊黑所擲頭謂之瓊瓊有五采刻爲一畫者謂之塞刻爲兩畫者謂之白刻爲三畫者謂之黑一邊不刻者五塞

之間謂之五塞蹴鞠劉向別錄曰蹴鞠者傳言黃帝所作或曰起戰國之時蹋鞠兵埶也所以
講武知有材也意錢之戲何承天纂文曰詭億一曰射意一曰射數即攤錢也又好
臂鷹走狗騁馬鬬雞初為黃門侍郎轉侍
中虎賁中郎將越騎步兵校尉執金吾永
和元年拜河南尹冀居職暴恣多非法父
商所親客洛陽令呂放頗與商言及冀之
短商以讓冀冀即遣人於道刺殺放而恐
商知之乃推疑於放之怨仇請以放弟禹
為洛陽令安慰放家欲以滅口使捕之盡滅其宗親賓

客百餘人商薨未及葬順帝乃拜冀為大
將軍弟侍中不疑為河南尹及帝崩沖帝
始在繈褓太后臨朝詔冀與太傅趙峻太
尉李固參録尚書事冀雖辭不肯當而侈
暴滋甚沖帝又崩冀立質帝帝少而聰慧
知冀驕橫嘗朝羣臣目冀曰此跋扈將軍
也跋扈猶強梁也冀聞深惡之遂令左右進鴆加
煑餅帝即日崩復立桓帝而枉害李固及
前太尉杜喬海內嗟懼語在李固傳建和

元年益封冀萬三千戶增大將軍府舉高
第茂才官屬倍於三公漢官儀三公府有長史一人司徒府掾屬三十
一人令史及御屬三十六人也又封不疑為潁陽侯不疑弟
蒙西平侯冀子胤襄邑侯各萬戶和平元
年重增封冀萬戶并前所襲合三萬戶弘
農人宰宣素性佞邪欲取媚於冀乃上言
大將軍有周公之功今既封諸子則其妻
宜為邑君詔遂封冀妻孫壽為襄城君兼
食陽翟租歲入五千萬加賜赤紱比長公

主長公主儀服同蕃王解見皇后紀壽色美而善為妖態作
愁眉嗁粧墮馬髻折要步齲齒笑風俗通曰愁眉
者細而曲折嗁粧者薄拭目下若嗁處墮馬髻者側在一邊折要步者足不在體齲齒笑者若齒痛不忻
忻始自冀家所為京師翕然皆放效之齲音丘禹反以為媚惑冀亦改易
輿服之制作平上軿車鄭玄注周禮云軿猶屏也所用自蔽隱也
蒼頡篇云衣車也形制上平異於常也埤幘狹冠埤下也音頻爾反一音皮彼反
折上巾蓋折其巾之上角也擁身扇大扇也狐尾單衣
後裾曳地若狐尾也壽性鉗忌鉗鉳也言性忌害如鉗之鉳物也鉳音女輒反能
制御冀冀甚寵憚之初父商獻美人友通

期於順帝（友姓也東觀記友作支）通期有微過帝以歸
商商不敢留而出嫁之冀即遣客盜還通
期會商薨冀行服於城西私與之居壽伺
冀出多從倉頭篡取通期歸截髮刮面笞
掠之欲上書告其事冀大恐頓首請於壽
母壽亦不得已而止冀猶復與私通生子
伯玉匿不敢出壽尋知之使子胤誅滅友
氏冀慮壽害伯玉常置複壁中冀愛監奴
秦宮官至太倉令得出入壽所壽見宮輒
屏御者託以言事因與私焉宮内外兼寵

威權大震刺史二千石皆謁辭之冀用壽
言多斥奪諸梁在位者外以謙讓而實崇
孫氏宗親冒名而爲侍中卿校尉郡守長
吏者十餘人皆貪叨凶淫各遣私客籍屬
縣富人被以它罪（籍謂疏錄之也）閉獄掠拷使出
錢自贖貲物少者至於死徙扶風人士孫
奮居富而性吝冀因以馬乘遺之（摯虞三輔決錄注曰士孫奮字景卿少爲郡五官掾起家得錢貲至一億七千萬富聞京師也）從貸錢五千

萬奮以三千萬與之冀大怒乃告郡縣認
奮母爲其守臧婢云盜白珠十斛紫金千
斤以叛遂收考奮兄弟死於獄中悉沒貲
財億七千餘萬其四方調發歲時貢獻皆
先輸上第於冀（上第第一也）乘輿乃其次焉吏
人齎貨求官請罪者道路相望冀又遣客
出塞交通外國廣求異物因行道路發取
妓女御者而使人復乘埶橫暴妻略婦女
毆擊吏卒所在怨毒冀乃大起第舍而壽

亦對街爲宅殫極土木互相誇競堂寢皆
有陰陽奧室（奧深室也）連房洞戶（洞通也謂相當也）柱壁
雕鏤加以銅漆窻牖皆有綺疎青瑣（綺疎謂鏤爲綺文青瑣謂刻爲瑣文而以青飾之也）（牖小窻也）圖以雲氣仙靈臺閣
周通更相臨望飛梁石蹬陵跨水道（架虛爲橋若飛也）
金玉珠璣異方珍怪充積臧室遠致
汗血名馬又廣開園圃採土築山十里九
坂以像二崤（二崤山在今洛州永寧縣西北）深林絕澗有若
自然奇禽馴獸飛走其閒冀壽共乘輦車

張羽蓋飾以金銀游觀第内多從倡妓鳴鍾吹管酣謳竟路或連繼日夜以騁娛恣客到門不得通皆請謝門者門者累千金又多拓林苑禁同王家西至弘農東界滎陽南極魯陽北達河淇包含山藪遠帶丘荒周旋封域殆將千里又起菟苑於河南城西經亘數十里發屬縣卒徒繕修樓觀數年乃成移檄所在調發生菟刻其毛以爲識人有犯者罪至刑死嘗有西域賈胡

不知禁忌誤殺一兔轉相告言坐死者十餘人冀二弟嘗私遣人出獵上黨冀聞而捕其賓客一時殺三十餘人無生還者冀又起別第於城西以納姦亡或取良人悉爲奴婢至數千人名曰自賣人元嘉元年帝以冀有援立之功欲崇殊典乃大會公卿共議其禮於是有司奏冀入朝不趨劒履上殿謁讚不名禮儀比蕭何（事見王莽傳也）悉以定陶陽成餘戶增封爲四縣比鄧禹（冀初封襄邑冀封乘氏更以定陶陽成是四縣）賞賜金錢奴婢綵帛車馬衣服甲第比霍光以殊元勳每朝會與三公絕席（絕席別也）十日一入平尚書事（謂平議也）宣布天下爲萬世法冀猶以所奏禮薄意不悅專擅威柄凶恣日積機事大小莫不諮決之宮衛近侍並所親樹（樹置也）禁省起居纖微必知百官遷召皆先到冀門牋檄謝恩然後敢詣尚書下邳人吳樹爲宛令之官辭冀冀賓客布在縣界以情託樹樹

對曰小人姦蠹比屋可誅明將軍以椒房之重處上將之位宜崇賢善以補朝闕宛爲大都士之淵藪自侍坐以來未聞稱一長者而多託非人誠非敢聞冀嘿然不悅樹到縣遂誅殺冀客爲人害者數十人由是深怨之樹後爲荊州刺史臨去辭冀冀爲設酒因鴆之樹出死車上又遼東太守侯猛初拜不謁冀託以它事乃要斬之時郎中汝南袁著年十九見冀凶縱不勝其

憤乃詣闕上書曰臣聞仲尼歎鳳鳥不至河不出圖自傷卑賤不能致也今陛下居得致之位又有能致之資（此董仲舒對策之詞著引而略之也）而和氣未應賢愚失序者埶分權臣上下壅隔之故也夫四時之運功成則退（易繫辭曰寒往則暑來暑往則寒來寒暑相推而歲功成焉老子曰功成名遂身退天之道也）高爵厚寵鮮不致災今大將軍位極功成可爲至戒宜遵懸車之禮高枕頤神（薛廣德爲御史大夫乞骸骨賜安車四馬懸其安車傳子孫欲令異道致仕之禮也）傳曰木實繁者披枝害心若不抑損權盛將無以全其身矣左右聞臣言將側目切齒臣特以童蒙見拔故敢忘忌諱昔舜禹相戒無若丹朱（尚書禹謂帝舜曰亡若丹朱傲惟慢遊是好）周公戒成王無如殷王紂（尚書周公戒成王曰無若殷王受之迷亂酗于酒德哉）願除誹謗之罪以開天下之口書得奏御冀聞而密遣掩捕著著乃變易姓名後託病偽死結蒲爲人市棺殯送冀廉問知其詐（廉察也）陰求得笞殺之隱蔽其事學生桂陽劉常當世名儒

素善於著冀召補令史以辱之時太原郝絜胡武皆危言高論（危亦高也謂峻也）與著友善先是絜等連名奏記三府薦海內高士而不詣冀冀追怒之又疑爲著黨勑中都官移檄捕前奏記者並殺之遂誅武家死者六十餘人絜初逃亡知不得免因輿櫬奏書冀門書入仰藥而死家乃得全及冀誅有詔以禮祀著等冀諸忍忌皆此類也不疑好經書善待士冀陰疾之因中常侍白帝轉爲光祿勳又諷衆人共薦其子胤爲河南尹胤一名胡狗時年十六容貌甚陋不勝冠帶道路見者莫不蚩笑焉不疑自恥兄弟有隙遂讓位歸第與弟蒙閉門自守冀不欲令與賓客交通陰使人變服至門記往來者南郡太守馬融江夏太守田明初除過謁不疑冀諷州郡以它事陷之皆髡笞徙朔方融自刺不殊明遂死於路永興二年封不疑子馬爲潁陰侯胤子桃爲

城父侯冀一門前後七封侯三皇后六貴人二大將軍夫人女食邑稱君者七人尚公主者三人其餘卿將尹校五十七人在位二十餘年窮極滿盛威行内外百僚側目莫敢違命天子恭己而不得有所親豫帝既不平之延熹元年太史令陳授因小黄門徐璜陳災異日食之變咎在大將軍冀冀聞之諷洛陽收考授死於獄帝由此發怒初掖庭人鄧香妻宣生女猛香蓋掖庭署人之名也掖音亦

後漢列傳二十四　二十三

香卒宣更適梁紀梁紀者冀妻壽之舅也壽引進猛入掖庭見幸為貴人冀因欲認猛為其女以自固乃易猛姓為梁時猛姊壻邴尊為議郎冀恐尊沮敗宣意沮壞也恐尊壞敗宣意不從其改梁姓也乃結刺客於偃城刺殺尊而又欲殺宣宣家在延熹里與中常侍袁赦相比相鄰比也冀使刺客登赦屋欲入宣家赦覺之鳴鼓會衆以告宣宣馳入以白帝帝大怒遂與中常侍單超具瑗唐衡左悺徐璜

等五人成謀誅冀語在宦者傳冀心疑超等乃使中黄門張惲入省宿以防其變具瑗勅吏收惲以輒從外入欲圖不軌帝因是御前殿召諸尚書入發其事使尚書令尹勳持節勒丞郎以下皆操兵守省閤斂諸符節送省中使黄門令具瑗將左右廐騶騶騎士也虎賁羽林都候劒戟士續漢志曰左右都候各一人秩六百石主劒戟士徼循宮中及天子有所收考也合千餘人與司隸校尉張彪共圍冀第使光禄勳袁盱盱音吁持

後漢列傳二十四　二十四

節收冀大將軍印綬徙封比景都鄉侯冀及妻壽即日皆自殺悉收子河南尹胤叔父屯騎校尉讓及親從衞尉淑越騎校尉忠長水校尉戟等諸梁及孫氏中外宗親送詔獄無長少皆棄市不疑蒙先卒其它所連及公卿列校刺史二千石死者數十人故吏賓客免黜者三百餘人朝廷為空唯尹勳袁盱及廷尉邯鄲義在焉是時事卒從中發卒音七訥反使者交馳公卿失其度

官府市里鼎沸數日乃定百姓莫不稱慶收冀財貨縣官斥賣合三十餘萬萬以充王府用減天下稅租之半散其苑囿以業窮民録誅冀功者封尚書令尹勳以下數十人

論曰順帝之世梁商稱爲賢輔豈以其地居元滿而能以愿謹自終者乎（元上極之名也愿愨也）夫宰相運動樞極感會天人（樞謂斗樞也極北極也）中於道則易以興政乖於務則難乎御物商協回天之埶屬彫弱之期而匡朝卹患未聞上術憔悴之音載謡人口雖輿粟盈門何救阻飢之厄（阻難也書曰黎人阻飢也）永言終制未解尸官之尤（尸官猶尸祿終制謂薄葬也）況乃傾側孽臣（商遣冀不疑與曹節等爲交友也）傳寵凶嗣以至破家傷國而豈徒然哉

贊曰河西佐漢統亦定筭（謂統初與竇融定計歸光武）褎親幽憤升高累歎商恨善柔冀遂貪亂（善柔失刑斷之道也）

後漢列傳卷第二十四

列傳卷第二十五　范曄　後漢書三十五

唐章懷太子賢注

張純 子奮　曹褒

鄭玄

張純字伯仁京兆杜陵人也高祖父安世 臣賢案張安世昭帝元鳳六年以右將軍宿衞忠謹封富平侯今此言宣帝封誤也宣帝即位但益封萬戶耳 宣帝時爲大司馬衞將軍封富平侯父放爲成帝侍中純少襲爵土哀平閒爲侍中王莽時至列卿遭値篡僞多亡爵土純以敦謹守約保全前封建武初先來詣闕故得復國五年拜太中大夫使將潁川突騎安集荆徐揚部督委輸 督促也委輸轉運也 監諸將營後又將兵屯田南陽遷五官中郎將有司奏列侯非宗室不宜復國光武曰張純宿衞十有餘年其勿廢更封武始侯食富平之半 武始縣屬魏郡富平縣屬平原郡也 純在朝歷世明習故事建武初舊章多闕每有疑議輒以訪純自郊廟婚冠喪紀禮儀多所正定帝

甚重之以純兼虎賁中郎將數被引見一日或至數四 過三以至於四也 純以宗廟未定昭穆失序十九年乃與太僕朱浮共奏言陛下興於匹庶蕩滌天下誅鉏暴亂興繼祖宗竊以經義所紀人事衆心雖實同創革而名爲中興宜奉先帝恭承祭祀者也元年以來宗廟奉祠高皇帝爲受命祖孝文皇帝爲太宗孝武皇帝爲世宗皆如舊制又立親廟四世推南頓君以上盡於春陵節侯 南頓令欽即光武之父春陵侯買光武高祖也 禮爲人後者則爲之子既事太宗則降其私親 太宗謂元帝也據代相承高祖至元帝八代光武即高帝九代孫以代數相推故繼體元帝故曰既事太宗下又云宣元皇帝尊爲祖父又曰自元帝以上祭於洛陽成帝以下祭於長安其義明矣降其私親謂春陵已下不別序昭穆 今禘祫高廟陳序昭穆而春陵四世君臣並列以卑廁尊不合禮意設不遭王莽而國嗣無寄推求宗室以陛下繼統者安得復顧私親違禮制乎昔高帝以自受命不由太上宣帝以孫後祖不敢私親故爲父立

廟獨羣臣侍祠臣愚謂宜除今親廟以則
二帝舊典願下有司博採其議詔下公卿
大司徒戴涉大司空竇融議宜以宣元成
哀平五帝四世代今親廟宣元皇帝尊爲
祖父可親奉祠成帝以下有司行事別爲
南頓君立皇考廟其祭上至舂陵節侯羣
臣奉祠以明尊尊之敬親親之恩帝從之
是時宗廟未備自元帝以上祭於洛陽高
廟成帝以下祠於長安高廟其南頓四世

隨所在而祭焉明年純代朱浮爲太僕二
十三年代杜林爲大司空在位慕曹參之
迹務於無爲（曹參惠帝時代蕭何爲相國遵蕭何法無所變更）選辟掾
史皆知名大儒明年上穿陽渠引洛水爲
漕（上音時丈反陽渠在洛陽城南）百姓得其利二十六年詔
純曰禘祫之祭不行已久矣三年不爲禮
禮必壞三年不爲樂樂必崩（論語載宰我之言也）宜
據經典詳爲其制純奏曰禮三年一祫五
年一禘春秋傳曰大祫者何合祭也毀廟

及未毀廟之主皆登合食乎太祖五年而
再殷（周禮三年一祫五年一禘又公羊傳曰大祫者何合祭也合祭奈何毀廟主陳于太祖未毀主皆外合食于太祖五年而再殷祭汪云殷盛也謂三年祫五年禘也）漢舊制三年
一祫毀廟主合食高廟存廟主未嘗合祭
元始五年諸王公列侯廟會始爲禘祭（臣賢案平帝元始五年春祫祭明堂諸侯王列侯宗室助祭賜爵金帛今純及司馬彪書並云禘祭蓋禘祫俱是大祭名可通也）
又前十八年親幸長安亦行此禮（續漢書曰十八年上幸長安詔太常行禘禮於高廟序昭穆父爲昭南向子爲穆北向）禮說
三年一閏天氣小備五年再閏天氣大備

故三年一祫五年一禘禘之爲言諦諦定
昭穆尊卑之義也禘祭以夏四月夏者陽
氣在上陰氣在下（四月乾卦用事故言陽氣在上也）故正尊
卑之義也祫祭以冬十月冬者五穀成孰
物備禮成故合聚飲食也斯典之廢於茲
八年（自十八年至此）謂可如禮施行以時定議帝從
之自是禘祫遂定時南單于及烏桓來降
邊境無事百姓新去兵革歲仍有年家給
人足（仍頻也）純以聖王之建辟雍所以崇尊

禮義既富而教者也(論語曰子適衛冉子僕子曰庶矣哉冉子曰既庶矣又何加焉曰富之既富矣又何加焉曰教之也)乃案七經讖明堂圖(讖驗也解見光武紀七經謂詩書禮樂易春秋及論語也)河閒古辟雍記孝武太山明堂制度(武帝時河閒獻王德獻雅樂對三雍宮有其書記也又武帝封太山濟南人公玉帶上黃帝時明堂圖明堂中有一殿四面無壁以茅蓋水環宮垣爲複道上有樓也)及平帝時議(平帝時起明堂辟雍天下通一蓺以上皆議於公車也)欲具奏之未及上會博士桓榮上言宜立辟雍明堂章下三公太常而純議同榮帝乃許之三十年純奏上宜封禪曰自古受命而帝治世之隆必有封禪以告成功焉(禮記曰因名山升中于天鄭玄注曰謂巡守至於方嶽燔柴祭天告以諸侯之成功也)樂動聲儀曰以雅治人風成於頌(動聲儀樂緯篇名也)有周之盛成康之間郊配封禪皆可見也書曰歲二月東巡狩至于岱宗則封禪之義也臣伏見陛下受中興之命平海內之亂修復祖宗撫存萬姓天下曠然咸蒙更生恩德雲行惠澤雨施(易曰雲行雨施品物流形)黎元安寧夷狄慕義詩云受天之祜四方來賀(下武之詩也鄭玄注云言武王受此萬年之壽

後漢列傳二十五　五　林作

輔佐之臣亦宜蒙餘福也)今攝提之歲倉龍甲寅德在東宮(爾雅曰太歲在寅曰攝提格建武三十年太歲在甲寅時歲德在東宮前書音義曰蒼龍太歲也)宜及嘉時遵唐帝之典繼孝武之業以二月東巡狩封于岱宗明中興勒功勳復祖統報天神禪梁父祀地祇傳祚子孫萬世之基也中元元年帝乃東巡岱宗以純視御史大夫從(視比也)并上元封舊儀及刻石文(武帝元封元年封禪儀令侍中皮弁搢紳射牛行事封廣丈二高九尺有玉牒書書祕其事皆禁禪肅然天子親拜衣上黃江淮閒一茅三脊爲神籍五色土雜封縱遠方奇獸飛禽之屬也)三月薨

後漢列傳二十五　六　竒

諡曰節侯子奮嗣

奮字穉通父純臨終勑家丞曰司空無功於時猥蒙爵土身死之後勿議傳國(東觀記曰家丞名歙)奮兄根少被病光武詔奮嗣爵奮稱純遺勑固不肯受帝以奮違詔勑收下獄奮惶怖乃襲封永平四年隨例歸國奮少好學節儉行義常分損租奉(奉音扶用反)贍䘏宗親雖至傾匱而施與不怠十年儋耳降附(儋耳郡武帝置故城即今儋州義倫縣也)奮來朝上壽引見宣

平殿應對合旨顯宗異其才以爲侍祠侯名臣子孫侍祠封侯解見鄧禹傳建初元年拜左中郎將轉五官中郎將遷長水校尉七年爲將作大匠章和元年免永元元年復拜城門校尉四年遷長樂衛尉明年代桓郁爲太常六年代劉方爲司空時歲炎旱祈雨不應乃上表曰比年不登人用飢匱今復久旱秋稼未立成立也陽氣垂盡歲月迫促夫國以民爲本民以穀爲命政之急務憂之重者

也臣蒙恩尤深受職過任夙夜憂懼章奏不能敘心願對中常侍疏奏疏猶條録也即時引見復口陳時政之宜明日和帝召太尉司徒幸洛陽獄録囚徒收洛陽令陳歆即大雨三日奮在位清白無它異績九年以病罷在家上疏曰聖人所美政道至要本在禮樂五經同歸而禮樂之用尤急孔子曰安上治民莫善於禮移風易俗莫善於樂又曰揖讓而化天下者禮樂之謂也禮記

樂記之辭也孔子先王之道禮樂可謂盛矣孔子謂子夏曰禮以修外樂以制內丘已矣夫禮稽命徵之辭也宋均注云修外飾容貌也修內蕩滌心性也已矣夫恨不制作禮樂也又曰禮樂不興則刑罰不中刑罰不中則民無所厝其手足臣以爲漢當制作禮樂是以先帝聖德數下詔書愍傷崩缺而衆儒不達議多駁異臣累世台輔奮七代祖湯武帝時爲御史大夫六代祖子孺宣帝時爲衛將軍領尚書父純光武時爲司空而大典未定私竊惟憂不忘寢食臣犬馬齒盡誠冀先死見禮樂之

定先死謂未死之前也十三年更召拜太常復上疏曰漢當改作禮樂圖書著明見曹褒傳王者化定制禮功成作樂禮樂記之文也功成化定同耳功謂王業化謂敎人也謹條禮樂異議三事願下有司以時考定昔者孝武皇帝光武皇帝封禪告成而禮樂不定事不相副先帝已詔曹褒章帝勑曹褒於東觀次序禮事依準舊典凡百五十篇奏之也今陛下但奉而成之猶周公斟酌文武之道非自爲制誠無所疑周公制禮皆斟酌文武之美德爲之節制不自述也今先帝已詔曹褒非陛下出意何所疑而不爲也詩頌曰

於乎不顯文王之德之純假以溢我我其收之駿惠我文王又曰執競武王無競維烈也久執

謙謙令大漢之業不以時成非所以章顯

祖宗功德建太平之基爲後世法帝雖善

之猶未施行其冬復以病罷明年卒於家

子甫嗣官至津城門候津城門洛陽南面西門也當洛水浮橋漢官儀

曰候一人秩六百石也甫卒子吉嗣永初三年吉卒無

子國除自昭帝封安世至吉傳國八世張安

世字子孺昭帝時爲右將軍始封富平侯卒子延壽嗣卒子勃嗣卒子臨嗣卒子放嗣卒子純嗣建武初改封武始侯卒子奮嗣卒子甫嗣卒子吉嗣無子國除此言八代者除安世始封也經歷篡

後漢列傳二十五　九　揚

亂二百年間篡亂謂王莽也張子孺昭帝元鳳六年封至永初三年合一百八十二年

故曰閒也未嘗譴黜封者莫與爲比

曹褒字叔通魯國薛人也父充持慶氏禮

前書沛人慶普字孝公爲東平太傅受禮於后蒼號慶氏禮也建武中爲博士

從巡狩岱宗定封禪禮還受詔議立七郊

三雍大射養老禮儀五帝及天地爲七郊三雍以下解見明帝紀顯

宗即位充上言漢再受命仍有封禪之事

而禮樂崩闕不可爲後嗣法五帝不相沿

樂三王不相襲禮禮記正文也言損益不同也大漢自制

禮以示百世帝問制禮樂云何充對曰河

圖括地象曰有漢世禮樂文雅出尚書琁

機鈐曰有帝漢出德洽作樂名予帝善之

下詔曰今且改太樂官曰太予樂詩曲操

以俟君子操猶曲也劉向別録曰君子因雅琴之適故從容以致思焉其道閉塞悲愁而作者名其曲曰操言遇災害不失其操也拜充侍中作章句辯難於

是遂有慶氏學褒少篤志有大度結髮傳

充業博雅疏通尤好禮事常感朝庭制度

未備慕叔孫通爲漢禮儀晝夜研精沈吟

後漢列傳二十五　十　恭

專思寢則懷抱筆札行則誦習文書當其

念至忘所之適初舉孝廉再遷圉令圉縣屬陳

留故城在今汴州雍丘縣南也以禮理人以德化俗時它郡

盜徒五人來入圉界吏捕得之陳留太守

馬嚴聞而疾惡風縣殺之褒勑吏曰夫絕

人命者天亦絕之臯陶不爲盜制死刑管

仲遇盜而升諸公禮雜記云孔子曰管仲遇盜取二人焉上以爲公臣注云

此人但居惡人之中使犯法耳今承旨而殺之是逆天心順

府意也其罰重矣如得全此人命而身坐

之吾所願也遂不爲殺嚴奏褒耎弱免官歸郡爲功曹徵拜博士會肅宗欲制定禮樂元和二年下詔曰河圖稱赤九會昌十世以光十一以興〔九謂光武十謂明帝十一謂章帝也〕尚書琁機鈐曰述堯理世平制禮樂放唐之文〔緯本文云使帝王受命用吾道述堯理代平制禮放唐之文化洽作樂名斯在宋均注云述脩也〕予末小子託于數終曷以纘興崇弘祖宗仁濟元元帝命驗曰順堯考德題期立象〔宋均注曰堯巡省於河洛得龜龍之圖書舜受禪後習堯禮得之演以爲考河命題五德之期立將起之象凡三篇在中候也〕且三五步驟優劣殊軌〔孝經鉤命決曰三皇步五帝驟三王馳宋均注云步謂德隆道用日月爲步時事彌順日月亦驟勤思不已日月乃馳是優劣也〕況于頑陋無以克堪雖欲從之末由也已每見圖書中心恧焉褒知帝旨欲有興作乃上疏曰昔者聖人受命而王莫不制禮作樂以著功德功成作樂化定制禮所以救世俗致禎祥爲萬姓獲福於皇天者也今皇天降祉嘉瑞並臻制作之符甚於言語〔言明白也〕宜定文制著成漢禮丕顯祖宗盛德

之美章下太常太常巢堪以爲一世大典非褒所定不可許帝知羣僚拘攣難與圖始〔拘攣猶拘束也前書鄒陽曰能越拘攣之語也〕朝廷禮憲宜時刊立明年復下詔曰朕以不德膺祖宗弘烈乃者鸞鳳仍集麟龍並臻甘露宵降嘉穀滋生赤草之類紀于史官〔赤草即朱草也大戴禮曰朱草日生一葉至十五日十六日落一葉周而復始也〕朕夙夜祗畏上無以彰于先功下無以克稱靈物漢遭秦餘禮壞樂崩且因循故事未可觀省有知其說者各盡所能褒省詔乃歎息謂諸生曰昔奚斯頌魯〔韓詩曰新廟奕奕奚斯所作薛君傳云是詩公子奚斯所作也〕考甫詠殷〔正考甫孔子之先也作商頌十二篇〕夫人臣依義顯君竭忠彰主行之美也當仁不讓吾何辭哉遂復上疏具陳禮樂之本制改之意拜褒侍中從駕南巡既還以事下三公未及奏詔召玄武司馬班固〔玄武司馬主玄武門續漢志云宮掖門每門司馬一人秩比千石也〕問改定禮制之宜固曰京師諸儒多能說禮宜廣招集共議得失帝曰諺言作舍道

邊三年不成會禮之家名爲聚訟（言相爭不定也）互生疑異筆不得下昔堯作大章一夔足矣（夔堯樂官也呂氏春秋曰魯哀公問於孔子曰樂正夔一足矣）章和元年正月乃召褒詣嘉德門令小黃門持班固所上叔孫通漢儀十二篇敕褒曰此制散略多不合經（散略猶疎略也）今宜依禮條正使可施行於南宮東觀盡心集作褒既受命乃次序禮事依準舊典雜以五經讖記之文撰次天子至於庶人冠婚吉凶終始制度以爲

百五十篇寫以二尺四寸簡其年十二月奏上帝以衆論難一故但納之不復令有司平奏會帝崩和帝即位褒乃爲作章句帝遂以新禮二篇冠擢褒監羽林左騎（漢官儀曰羽林左騎秩六百石領羽林屬光祿勳也）永元四年遷射聲校尉後太尉張酺尚書張敏等奏褒擅制漢禮破亂聖術宜加刑誅帝雖寑其奏而漢禮遂不行褒在射聲營舍有停棺不葬者百餘所褒親自履行問其意故吏對曰此等

多是建武以來絕無後者不得埋掩褒乃愴然爲買空地悉葬其無主者設祭以祀之遷城門校尉將作大匠時有疾疫褒巡行病徒爲致醫藥經理饘粥多蒙濟活七年出爲河內太守時春夏大旱糧穀踊貴褒到乃省吏并職退去姦殘澍雨數降其秋大孰百姓給足流冗皆還後坐上災害不實免有頃徵再遷復爲侍中褒博物識古爲儒者宗十四年卒官作通義十二篇演經雜論百二十篇又傳禮記四十九篇

教授諸生千餘人慶氏學遂行於世

論曰漢初天下創定朝制無文叔孫通頗採經禮參酌秦法雖適物觀時有救崩敝然先王之容典蓋多闕矣（容禮容也典法則也謂行禮威儀俯仰之容貌也文帝時魯徐生以容爲禮官孫襄亦善爲容容或作宏義亦通也）是以賈誼仲舒王吉劉向之徒懷憤歎息所不能已也（賈誼等以叔孫通禮制疎略並上書對策請更改作皆不從所以歎息也班固曰今大漢久曠大義此賈誼仲舒王吉劉向之徒所爲發憤而增歎也見前書）資文宣之遠圖明

懿美而終莫或用資用也言用文帝宣帝美略遠謀而終不能用賈誼等言誼文帝時人王吉宣帝時人故知自燕而觀有不盡矣禮記曰孔子之喪有自燕來觀者舍於子夏氏子夏曰聖人之葬人與人之葬聖人也子何觀焉有不盡矣言未備也孝章永言前王明發興作明發謂發夕至明也詩曰明發不寐專命禮臣撰定國憲洋洋乎盛德之事焉洋洋美也而業絕天筭議黜異端斯道竟復墜矣業絕天筭謂章帝晏駕也議黜異端謂張酺等奏褒擅制禮遂不行也夫三王不相襲禮五帝不相沿樂所以咸莖異調中都殊絕咸池黃帝樂也莖六莖顓頊樂也見前書異調言古今不同處中都魯邑名也家語曰孔子爲中都宰制爲養生送死之節殊絕猶斷絕也言古樂不同舊禮亦絕也況物運遷回情數萬化制則不能隨其流變品度未足定其滋章言時代遷移繁省不定也斯固世主所當損益者也且樂非夔襄而新音代起律謝皋蘇而制令亟易夔舜樂官襄魯樂官也皋繇虞士官蘇忿生周武王之司寇也修補舊文獨何猜焉言刑樂數改而修禮則疑之禮云禮云曷其然哉歎其不能定也

鄭玄字康成北海高密人也八世祖崇哀帝時尚書僕射玄少爲鄉嗇夫前書曰鄉有嗇夫掌聽訟收賦稅也得休歸常詣學官不樂爲吏父數怒之不能禁鄭玄別傳曰玄年十一二隨母還家正臘會同列十數人皆美服盛飾語言閑通玄獨漠然如不及母私督數之乃曰此非我志不在所願也遂造太學受業師事京兆第五元先始通京氏易公羊春秋三統歷九章筭術三統曆劉歆所撰也九章筭術周公作也凡有九篇方田一粟米二差分三少廣四均輸五方程六傍要七盈不足八鉤股九又從東郡張恭祖受周官禮記左氏春秋韓詩古文尚書以山東無足問者乃西入關因涿郡盧植事扶風馬融融門徒四百餘人升堂進者五十餘生融素驕貴玄在門下三年不得見乃使高業弟子傳授於玄玄日夜尋誦未嘗怠倦會融集諸生考論圖緯聞玄善筭乃召見於樓上玄因從質諸疑義問畢辭歸融喟然謂門人曰鄭生今去吾道東矣前書曰田何授易於丁寬學成寬東歸何謂門人曰易東矣玄自游學十餘年乃歸鄉里家貧客耕東萊學徒相隨已數百千人及黨事起乃與同郡孫嵩等四十餘人俱被禁錮嵩字賓石見趙岐傳遂隱修

後漢列傳二十五　十五

後漢列傳二十五　十六

經業杜門不出時任城何休好公羊學遂
著公羊墨守 言公羊義理深遠不可駁難如墨翟之守城也 左氏膏肓
說文曰肓膈也心下爲膏喻左氏之疾不可爲也 穀梁廢疾玄乃發墨
守鍼膏肓起廢疾休見而歎曰康成入吾
室操吾矛以伐我乎初中興之後范升陳
元李育賈逵之徒爭論古今學後馬融荅
北地太守劉瓌及玄荅何休義據通深由
是古學遂明靈帝末黨禁解大將軍何進
聞而辟之州郡以進權戚不敢違意遂迫

後漢列傳二十五　十七　陳彥

脅玄不得已而詣之進爲設几杖禮待甚
優玄不受朝服而以幅巾見一宿逃去時
年六十弟子河內趙商等自遠方至者數
千後將軍袁隗表爲侍中以父喪不行國
相孔融深敬於玄屣履造門 屣謂納履未正曳之而行言趨
賢急也 告高密縣爲玄特立一鄉曰昔齊置
士鄉 管仲相桓公制國爲二十一鄉工商鄉六士鄉十五以居工商士也事見國語也 越
有君子軍皆異賢之意也 吳越相攻越王句踐乃中分其師爲
左右軍以其私卒君子六千人爲中軍注云君子王所親近有志行者見國語 鄭君好學

實懷明德昔太史公廷尉吳公謁者僕射
鄧公皆漢之名臣又南山四皓有園公夏
黃公潛光隱耀世嘉其高皆悉稱公 吳公文帝時爲
河南守鄧公景帝時爲謁者僕射太史公司馬談武帝時四皓高帝時也有園公夏黃公角里先生綺里
季也須眉皓白故言皓秦末隱於商雒南山以待天下之定漢興迎而致之也 然則公者
仁德之正號不必三事大夫也今鄭君鄉
宜曰鄭公鄉昔東海于公僅有一節猶或
戒鄉人侈其門閭 一節謂決獄也昭帝時東海于公爲縣獄吏決獄平郡爲
生立祠號曰于公祠先是于公閭門壞父老方共治之于公曰少高大其門令容駟馬車我決獄多陰德

後漢列傳二十五　十八　辛審

子孫必有興者也 矧乃鄭公之德而無駟牡之路可
廣開門衢令容高車號爲通德門董卓遷
都長安公卿舉玄爲趙相道斷不至 趙王乾之相也
會黃巾寇青部乃避地徐州徐州牧陶謙
接以師友之禮建安元年自徐州還高密
道遇黃巾賊數萬人見玄皆拜相約不敢
入縣境玄後嘗疾篤自慮以書戒子益恩
曰吾家舊貧爲父母羣弟所容去廝役之
吏 廝賤也 游學周秦之都往來幽幷兗豫之

域獲覲乎在位通人處逸大儒得意咸從捧手有所受焉處逸謂處士隱逸之大儒遂博稽六藝粗覽傳記時覩祕書緯術之奧年過四十乃歸供養假田播殖以娛朝夕遇閹尹擅埶坐黨禁錮十有四年而蒙赦令舉賢良方正有道辟大將軍三司府公車再召比牒併名早爲宰相比牒猶連牒也併名謂齊名也言連牒齊名被召者並爲宰相也併音步鼎反惟彼數公懿德大雅克堪王臣故宜式序式用也序列也吾自忖度無任於此但念述

後漢列傳二十五　十九　李棠

先聖之元意思整百家之不齊亦庶幾以竭吾才故聞命罔從而黃巾爲害萍浮南北復歸邦鄉入此歲來已七十矣宿素衰落仍有失誤案之禮典便合傳家傳家謂家事任子孫也曲禮曰七十老而傳今我告爾以老歸爾以事將閑居以安性覃思以終業自非拜國君之命問族親之憂展敬墳墓觀省野物胡嘗扶杖出門乎家事大小汝一承之咨爾煢煢一夫曾無同生相依其勗求君子之道研

鑽勿替敬慎威儀以近有德詩大雅人勞篇之言也顯譽成於僚友德行立於己志若致聲稱亦有榮於所生可不深念邪可不深念邪吾雖無紱冕之緒頗有讓爵之高謂頻被辟不就也自樂以論贊之功庶不遺後人之羞末所憤憤者徒以亡親墳壟未成所好羣書率皆腐敝不得於禮堂寫定傳與其人其人謂好學者也前書司馬遷曰僕誠已著此書傳之其人也日西方暮其可圖乎家今差多於昔勤力務時無恤飢寒菲飲食薄

後漢列傳二十五　二十　吳佐

衣服節夫二者尚令吾寡恨若忽忘不識亦已焉哉時大將軍袁紹總兵冀州遣使要玄大會賓客玄最後至乃延升上坐身長八尺飲酒一斛秀眉明目容儀溫偉紹客多豪俊並有才說見玄儒者未以通人許之競設異端百家互起玄依方辯對咸出問表皆得所未聞莫不嗟服時汝南應劭亦歸於紹因自贊曰故太山太守應中遠北面稱弟子何如玄笑曰仲尼之門考

以四科 四科謂德行言語政事文學顏淵閔子騫及子游子夏並見論語也 回賜之
徒不稱官閥劭有慙色紹乃舉玄茂才表
爲左中郎將皆不就公車徵爲大司農給
安車一乘所過長吏送迎玄乃以病自乞
還家五年春夢孔子告之曰起起今年歲
在辰來年歲在巳 北齊劉晝高才不遇傳論玄曰辰爲龍巳爲蛇歲至龍蛇賢人嗟玄以讖合之蓋謂此也 既寤以讖合之知命當終有
頃寢疾時袁紹與曹操相拒於官度 官度津名也在今鄭州中牟縣北前書音義曰於滎陽下引河東南爲洪溝以通宋鄭淮泗即今官度 令其

後漢列傳二十五　二十　程眉

子譚遣使逼玄隨軍不得已載病到元城
縣疾篤不進其年六月卒年七十四遺令
薄葬自郡守以下嘗受業者縗絰赴會千
餘人門人相與撰玄荅諸弟子問五經依
論語作鄭志八篇凡玄所注周易尚書毛
詩儀禮禮記論語孝經尚書大傳中候乾
象歷又著天文七政論魯禮禘祫義六藝
論毛詩譜駮許慎五經異義荅臨孝存周
禮難凡百餘萬言 案謝承書載玄所注與此略同不言注孝經唯此書獨有

也 玄質於辭訓通人頗譏其繁至於經傳
洽孰稱爲純儒齊魯閒宗之其門人山陽
郗慮至御史大夫東萊王基清河崔琰著
名於世又樂安國淵任嘏 慮字鴻豫基字伯輿魏鎮南將軍安樂鄉侯琰字季珪魏東西曹掾遷中尉淵字子尼魏司空掾遷大僕嘏字昭光魏黃門侍郎也 時並
童幼玄稱淵爲國器嘏有道德其餘亦多
所鑒拔皆如其言玄唯有一子益恩孔融
在北海舉爲孝廉及融爲黃巾所圍益恩
赴難隕身有遺腹子玄以其手文似已名

後漢列傳二十五　二十一　陳震

之曰小同 魏氏春秋曰小同高貴鄉公時爲侍中嘗詣司馬文王文王有密疏未之屏也如廁還問之曰卿見吾疏乎荅曰不文王曰寧我負卿無卿負我遂酖之
論曰自秦焚六經聖文埃滅 埃塵也 漢興諸
儒頗修藝文及東京學者亦各名家而守
文之徒滯固所稟 稟受滯固猶固執也言學者各守所見不蹠通也 異
端紛紜互相詭激遂令經有數家家有數
說章句多者或乃百餘萬言學徒勞而少
功後生疑而莫正鄭玄括囊大典網羅衆
家 括結也易坤卦曰括囊無咎也 刪裁繁誣刊改漏失自是

學者略知所歸王父豫章君每考先儒經訓而長於玄（王父祖父也爾雅曰父之父為王父也范曄祖父甯字武子晉武帝時為豫章太守經義每以玄為長也）常以為仲尼之門不能過也及傳授生徒並專以鄭氏家法云（言甯教授專崇鄭學也）

贊曰富平之緒承家載世（載重也易師卦曰大君有命開國承家也）伯仁先歸釐我國祭（釐理也言統釐理禘祫之祭也）玄定義乖褒修禮缺孔書遂明漢章中輟（孔書謂六經也輟止也中輟謂曹褒禮不行也）

後漢列傳卷第二十五

列傳卷第二十六　范曄　後漢書三十六

唐章懷太子賢注

鄭興 子衆　范升

陳元　賈逵

張霸 子楷 楷子陵 陵弟玄

鄭興字少贛河南開封人也少學公羊春秋晚善左氏傳遂積精深思通達其旨同學者皆師之（東觀記曰興從博士金子嚴為左氏春秋）天鳳中（王莽年也）將門人從劉歆講正大義（左氏義也）歆美興才使撰條例章句傳詁及校三統歷（說文曰詁訓古言也音古度反三統歷劉歆撰謂夏殷周歷也）更始立以司直李松行

丞相事先入長安松以興為長史令還奉迎遷都更始諸將皆山東人咸勸留洛陽興說更始曰陛下起自荆楚權政未施（更始起南陽南陽屬荆州故曰荆楚也）一朝建號而山西雄桀爭誅王莽開關郊迎者何也（山西謂陝山已西也）此天下同苦王氏虐政而思高祖之舊德也今久不撫之臣恐百姓離心盜賊復起矣春秋書齊

小白入齊不稱侯未朝廟故也小白齊桓公也春秋齊小
白入于齊公羊傳曰曷爲以國氏當國也其言入何篡辭也今議者欲先定
赤眉而後入關是不識其本而爭其末恐
國家之守轉在函谷言若不早都關中有人先入則國家鎮守轉在函谷
也雖臥洛陽庸得安枕乎庸用也更始曰朕
西洩矣拜興爲諫議大夫使安集關西及
朔方涼益三州還拜涼州刺史會天水有
反者攻殺郡守興坐免時赤眉入關東道
不通興乃西歸隗囂囂虛心禮請而興恥爲

之屈稱疾不起囂矜己自飾常以爲西伯
復作西伯文王也作起也乃與諸將議自立爲王興聞
而說囂曰春秋傳云口不道忠信之言爲
囂耳不聽五聲之和爲聾左傳富辰諫周襄王之辭間者
諸將集會無乃不道忠信之言大將軍之
聽無乃阿而不察乎昔文王承積德之緒
加之以睿聖三分天下尚服事殷論語孔子曰三分天
下有其二以服事殷及武王即位八百諸侯不謀同會
皆曰紂可伐矣武王以未知天命還兵待

時史記曰武王觀兵孟津諸侯不期而至者八百人皆曰紂可伐矣王曰汝未知天命乃還師後聞紂
殺比干囚箕子乃告諸侯以伐之故曰待時也高祖征伐累年猶以沛
公行師令令德雖明世無宗周之祚威略
雖振未有高祖之功而欲舉未可之事昭
速禍患無乃不可乎惟將軍察之囂竟不
稱王後遂廣置職位以自尊高興復止囂
曰夫中郎將太中大夫使持節官皆王者
之器非人臣所當制也孔子曰唯器與名
不可以假人左傳杜預注曰器車服名爵號也不可以假人者

亦不可以假於人也無益於實有損於名
非尊上之意也囂病之而止病猶難也及囂遣
子恂入侍將行興因恂求歸葬父母囂不
聽而徙興舍益其秩禮興入見囂曰前遭
赤眉之亂以將軍僚舊故敢歸身明德興嘗
爲涼州刺史囂爲西州將軍故曰僚舊也幸蒙覆載之恩復得全
其性命興聞事親之道生事之以禮死葬
之以禮祭之以禮奉以周旋弗敢失墜周旋
猶遵奉也左傳季文子曰先大夫臧文仲教行父事君之禮奉以周旋弗敢失墜也今爲父

毋未葬請乞骸骨若以增秩徙舍中更停留是以親爲餌 猶釣餌也 無禮甚矣將軍焉用之囂曰囂將不足留故邪興曰將軍據七郡之地 七郡天水隴西武威張掖酒泉敦煌金城也 擁羌胡之衆以戴本朝德莫厚焉威莫重焉居則爲專命之使入必爲鼎足之臣興從俗者也不敢深居屛處因將軍求進不患不達因將軍求入何患不親此興之計不逆將軍者也興業爲父母請不可以已願留妻子獨歸

葬將軍又何猜焉囂曰幸甚促爲辨裝遂令與妻子俱東時建武六年也侍御史杜林先與興同寓隴右乃薦之曰竊見河南鄭興執義堅固敦悅詩書 左傳趙衰曰臣亟聞郤穀之言矣郤穀悅禮樂而敦詩書也 好古博物見疑不惑有公孫僑觀射父之德 左傳子產辨黃熊晉侯聞之曰博物君子也觀射父楚大夫也對楚昭王以重黎羲和之事見國語 宜侍帷幄典職機密昔張仲在周燕翼宣王而詩人悅喜 張仲周宣王時賢臣也燕樂也翼翊也詩小雅曰侯誰在矣張仲孝友 惟陛下留聽少察以助萬分

乃徵爲太中大夫明年三月晦日食興因上疏曰春秋以天反時爲災地反物爲妖人反德爲亂亂則妖災生 左傳晉伯宗之辭天反時爲災謂寒暑易節也地反物爲妖謂羣物失性也 往年以來謫咎連見意者執事頗有闕焉案春秋昭公十七年夏六月甲戌朔日有食之 杜預注曰於周爲六月於夏爲四月純陽用事陰氣未動而侵陽也 傳曰日過分而未至 言過春分而未及夏至也 三辰有災 三辰日月星也 於是百官降物 降物素服 君不舉 不舉盛饌 避移時 避正寢過日食時也 樂奏鼓 伐鼓 祝用幣 用幣於社

史用辭 用辭以自責也此以上皆左傳載魯太史荅季平子之詞也 今孟夏純乾用事陰氣未作其災尤重夫國無善政則謫見日月變咎之來不可不愼其要在因人之心擇人處位也 左傳晉士文伯曰國無政不用善則自取謫于日月之災故政不可不愼也務三而已一曰擇人二曰因人三曰從時也 堯知鯀不可用而用之者是屈己之明因人之心也齊桓反政而相管仲晉文歸國而任郤縠者是不私其私擇人處位也 史記曰桓公與兄子糾爭位糾使管仲將兵遮道射桓公鉤帶及桓公即位任政於管仲也又晉文公自秦歸國懷公故臣郤芮謀燒公

宮（文公官者勃鞮告之後文公以郤穀爲中軍帥穀即郤芮之族文公不以爲讎而任焉言唯賢是用不私其私也）今公卿大夫多舉漁陽太守郭伋可
大司空者而不以時定道路流言咸曰朝
廷欲用功臣功臣用則人位謬矣願陛下
上師唐虞下覽齊晉以成屈己從衆之德
以濟羣臣讓善之功（濟成也）夫日月交會數
應在朔而頃年日食每多在晦先時而合
皆月行疾也日君象而月臣象君亢急則
臣下促迫故行疾也今年正月繁霜自爾

以來率多寒日（正月夏之四月）此亦急咎之罰（書曰急恒寒若）
天於賢聖之君猶慈父之於孝子也丁寧
申戒欲其反政故灾變仍見此乃國之福
也今陛下高明而羣臣惶促宜留思柔剋
之政垂意洪範之法（剋能也柔剋謂和柔而能立事也尚書洪範曰高明柔剋）
博採廣謀納羣下之策書奏多有所納
帝嘗問興郊祀事曰吾欲以讖斷之何如
興對曰臣不爲讖帝怒曰卿之不爲讖非
之邪興惶恐曰臣於書有所未學而無所

非也帝意乃解興數言政事依經守義文
章温雅然以不善讖故不能任九年使監
征南積弩營於津鄉（征南將軍岑彭積弩將軍傅俊屯津鄉以拒公孫述津鄉在今荆州也）
會征南將軍岑彭爲刺客所殺興
領其營遂與大司馬吳漢俱擊公孫述述
死詔興留屯成都頃之侍御史舉奏興奉
使私買奴婢坐左轉蓮勺令（蓮勺縣屬左馮翊故城在今同州下邽縣東北蓮音輦勺音酌）是時喪亂之餘郡縣殘荒興
方欲築城郭修禮教以化之會以事免興

好古學尤明左氏周官長於歷數自杜林
桓譚衛宏之屬莫不斟酌焉（斟酌謂取其意指也）世言
左氏者多祖於興而賈逵自傳其父業故
有鄭賈之學興去蓮勺後遂不復仕客授
閿鄉（閿音聞古字也建安中改作閿）三公連辟不肯應卒于
家子衆
衆字仲師年十二從父受左氏春秋精力
於學明三統歷作春秋難記條例兼通易
詩知名於世建武中皇太子及山陽王荆

因虎賁中郎將梁松以縑帛聘請衆欲爲通義引籍出入殿中衆謂松曰太子儲君無外交之義漢有舊防蕃王不宜私通賓客遂辭不受松復風衆以長者意不可逆衆曰犯禁觸罪不如守正而死太子及荆聞而奇之亦不強也及梁氏事敗（梁松坐懸飛書誹謗下獄死事見梁統傳也）賓客多坐之唯衆不染於辭永平初辟司空府以明經給事中再遷越騎司馬（漢官儀曰越騎司馬一人秩千石也）復留給事中是時北匈奴遣使求和親八年顯宗遣衆持節使匈奴衆至北庭虜欲令拜衆不爲屈單于大怒圍守閉之不與水火欲脅服衆衆拔刀自誓單于恐而止乃更發使隨衆還京師朝議復欲遣使報之衆上疏諫曰臣伏聞北單于所以要致漢使者欲以離南單于之衆堅三十六國之心也（武帝開通西域本三十六國）又當揚漢和親誇示鄰敵令西域欲歸化者局足狐疑懷土之人絶望中國耳漢使

既到便偃蹇自信（信音申）若復遣之虜必自謂得謀其羣臣駮議者不敢復言（駮議謂勸單于歸漢）如是南庭動搖烏桓有離心矣南單于久居漢地具知形埶萬分離析旋爲邊害今幸有度遼之衆揚威北垂雖勿報荅不敢爲患（明帝八年初置度遼將軍屯五原曼柏）帝不從復遣衆衆因上言臣前奉使不爲匈奴拜單于恚恨故遣兵圍臣今復銜命必見陵折臣誠不忍持大漢節對氊裘獨拜如令匈奴遂能服臣將有損大漢之強帝不聽衆不得已既行在路連上書固爭之詔切責衆追還繫廷尉會赦歸家其後帝見匈奴來者問衆與單于爭禮之狀皆言匈奴中傳衆意氣壯勇雖蘇武不過乃復召衆爲軍司馬使與虎賁中郎將馬廖擊車師至敦煌拜爲中郎將使護西域會匈奴脅車師圍戊己校尉衆發兵救之遷武威太守謹修邊備虜不敢犯遷左馮翊政有名迹建初六

年代鄧彪爲大司農是時肅宗議復鹽鐵官衆諫以爲不可(武帝時國用不足乃賣鹽鐵置官以主之昭帝罷之今議欲復之)詔數切責至被奏劾衆執之不移帝不從在位以清正稱其後受詔作春秋刪十九篇八年卒官子安世亦傳家業爲長樂未央廄令(續漢志曰廄令一人秩六百石)延光中安帝廢太子爲濟陰王安世與太常桓焉大僕來歷等共正議諫爭及順帝立安世已卒追賜錢帛除子亮爲郎衆曾孫公業自有傳

范升字辯卿代郡人也少孤依外家居九歲通論語孝經及長習梁丘易老子教授後生(宣帝時梁丘賀之易也)王莽大司空王邑辟升爲議曹史時莽頻發兵役徵賦繁興升乃奏記邑曰升聞子以人不閒於其父母爲孝臣以下不非其君上爲忠(論語孔子曰孝哉閔子騫人不閒於其父母昆弟之言閒非也言子騫之孝化其父母兄弟言人無非之者忠臣事君有過即諫在下無有非君者是忠臣也)今衆人咸稱朝聖皆曰公明蓋明者無不見聖者無不聞今天下之事昭昭於日月震震於雷霆而朝云不見公云不聞則元元焉所呼天公以爲是而不言則過小矣知而從令則過大矣二者於公無可以免宜乎天下歸怨於公矣朝以遠者不服爲至念升以近者不悅爲重憂今動與時戾事與道反馳騖覆車之轍探湯敗事之後(賈誼曰前車覆後車誡論語曰見不善如探湯)後出益可怪晚發愈可懼耳方春歲首而動發遠役藜藿不充田荒不耕穀價騰躍斛至數千吏人陷

於湯火之中非國家之人也如此則胡貊守闕青徐之寇在於帷帳矣(王莽時青徐二部爲寇號青徐賊)升有一言可以解天下倒縣免元元之急不可書傳願蒙引見極陳所懷邑雖然其言而竟不用升稱病乞身邑不聽令乘傳使上黨升遂與漢兵會因留不還建武二年光武徵詣懷宮拜議郎遷博士上疏讓曰臣與博士梁恭山陽太守呂羌俱修梁丘易二臣年並者艾經學深明而臣不

以時退與恭並立深知羌學又不能達（達進也）
慙負二老無顏於世誦而不行知而不言
不可開口以爲人師願推博士以避恭羌
帝不許然由是重之數詔引見每有大議
輒見訪問時尚書令韓歆上疏欲爲費氏
易左氏春秋立博士（費直字長翁善易長於卦筮見前書）詔下其
議四年正月朝公卿大夫博士見於雲臺
帝曰范博士可前平說升起對曰左氏不
祖孔子而出於丘明師徒相傳又無其人
且非先帝所存無因得立遂與韓歆及太
中大夫許淑等互相辯難日中乃罷升退
而奏曰臣聞主不稽古無以承天臣不述
舊無以奉君陛下愍學微缺勞心經蓺情
存博聞故異端競進近有司請置京氏易
博士羣下執事莫能據正京氏既立費氏
怨望左氏春秋復以比類亦希置立京費
已行次復高氏（沛人高相善易與費直同時見前書）春秋之家
又有騶夾（前書曰騶氏無師夾氏未有其書也）如令左氏費氏

後漢列傳二十六　十二　李果

得置博士高氏騶夾五經奇異並復求立
各有所執乖戾分爭從之則失道不從則
失人將恐陛下必有猒倦之聽孔子曰博
學約之弗叛矣夫（論語孔子之言弗叛言不違道也）夫學而
不約必叛道也顏淵曰博我以文約我以
禮孔子可謂知教顏淵可謂善學矣老子
曰學道日損損猶約也又曰絕學無憂絕
末學也今費左二學無有本師而多反異
先帝前世有疑於此故京氏雖立輒復見
廢疑道不可由疑事不可行詩書之作其
來已久孔子尚周流遊觀至于知命自衛
反魯乃正雅頌（孔子以魯哀公十一年自衛還魯是時道衰樂廢孔子來還乃正之故雅頌各得其所見史記）今陛下草創天下紀綱未定雖
設學官無有弟子詩書不講禮樂不修奏
立左費非政急務孔子曰攻乎異端斯害
也已（攻猶習也異端謂奇技也）傳曰聞疑傳疑聞信傳信
而堯舜之道存（穀梁傳曰信以傳信疑以傳疑公羊傳曰君子曷爲春秋樂堯舜之道也）願陛下疑先帝之所疑信先帝之所

後漢列傳二十六　十三　陳彥

信以示反本明不專己天下之事所以異者以不一本也易曰天下之動貞夫一也 易下繫之文也 又曰正其本萬事理 今易無此文也 五經之本自孔子始謹奏左氏之失凡十四事時難者以太史公多引左氏升又上太史公違戾五經謬孔子言及左氏春秋不可録三十一事詔以下博士後升爲出妻所告坐繫得出還鄉里永平中爲聊城令坐事免卒於家

陳元字長孫蒼梧廣信人也 廣信故城在今梧州蒼梧縣 父欽習左氏春秋事黎陽賈護與劉歆同時而別自名家 元父欽字子佚以左氏授王莽自名陳氏春秋故曰別也賈護字季君並見前書也 王莽從欽受左氏學以欽爲猒難將軍 猒一葉反 元少傳父業爲之訓詁鋭精覃思至不與鄉里通以父任爲郎建武初元與桓譚杜林鄭興俱爲學者所宗時議欲立左氏傳博士范升奏以爲左氏淺末不宜立元聞之乃詣闕上疏曰陛下撥亂反

正文武並用 撥理也語見公羊傳 深愍經蓺謬雜眞僞錯亂每臨朝日輒延羣臣講論聖道知丘明至賢親受孔子而公羊穀梁傳聞於後世故詔立左氏博詢可否示不專己盡之羣下也今論者沈溺所習翫守舊聞固執虛言傳受之辭以非親見實事之道左氏孤學少與 與猶黨也 遂爲異家之所覆冒夫至音不合衆聽故伯牙絶弦 伯牙善鼓琴鍾子期善聽相與爲友子期死伯牙破琴絶弦不復鼓琴以時人莫之能聽也見呂覽 至寶不同衆

好故卞和泣血 卞和得寶玉獻楚武王王示玉人曰石也刖其右足武王殁後復獻之文王復曰石也刖其左足至成王時卞和抱其璞哭於郊泣盡以血繼之王乃使玉尹攻之果得寶玉事見韓子也 仲尼聖德而不容於世 仲尼去魯斥齊逐乎宋衛困於陳蔡之閒見史記 況於竹帛餘文其爲雷同者所排固其宜也非陛下至明孰能察之臣元竊見博士范升等所議奏左氏春秋不可立及太史公違戾凡四十五事案升等所言前後相違皆斷截小文媟黷微辭以年數小差掇爲巨謬 媟狎也黷垢濁也掇拾也音丁括反 遺脫纖微

指爲大尤抉瑕擿釁抉音於決反掩其弘美所
謂小辯破言小言破道者也大戴記小辯篇孔子曰小辯破言小言破義小義破道升等又曰先帝不以左氏爲經
故不置博士後主所宜因襲臣愚以爲若
先帝所行而後主必行者則盤庚不當遷
于殷周公不當營洛邑盤庚都耿自耿遷於殷文王都豐武王都鎬周
公輔成王營洛邑陛下不當都山東也往者孝武皇
帝好公羊衛太子好穀梁有詔詔太子受
公羊不得受穀梁孝宣皇帝在人閒時聞

衛太子好穀梁於是獨學之及即位爲石
渠論而穀梁氏興石渠閣以藏祕書在未央殿北宣帝甘露三年詔諸儒韋
玄成梁丘賀等講論五經於石渠也至今與公羊並存此先帝
後帝各有所立不必其相因也孔子曰純
儉吾從衆至於拜下則違之論語孔子曰麻冕禮也今也純
儉吾從衆拜下禮也今拜乎上泰也雖違衆吾從下何晏注云麻冕緇布冠也古績麻三十升以爲之純
絲也絲易成故從儉臣之與君行禮者下拜然後升時臣驕泰故於上拜今從下禮之恭也夫明
者獨見不惑於朱紫聽者獨聞不謬於清
濁故離朱不爲巧眩移目離朱黃帝時明目者也一號離婁愼子曰

離朱之明察毫末於百步之外師曠不爲新聲易耳桓譚新論曰晉
師曠善知音衛靈公將之晉宿於濮水之上夜聞新聲召師涓告之曰爲我聽寫之曰臣得之矣遂之晉
晉平公饗之酒酣靈公曰有新聲願奏之乃令師涓鼓琴未終師曠止之曰此亡國之聲也方今
干戈少弭戎事略戢留思聖蓺眷顧儒雅
採孔子拜下之義卒淵聖獨見之旨分明
白黑建立左氏解釋先聖之積結洮汰學
者之累惑洮汰猶洗濯也使基業垂於萬世後進
無復狐疑則天下幸甚臣元愚鄙嘗傳師
言如得以褐衣召見俯伏庭下褐織毛爲布貧者之服也

誦孔氏之正道理丘明之宿寃若辭不合
經事不稽古退就重誅雖死之日生之年
也書奏下其議范升復與元相辯難凡十
餘上帝卒立左氏學太常選博士四人元
爲第一帝以元新忿爭乃用其次司隷從
事李封於是諸儒以左氏之立論議讙譁
自公卿以下數廷爭之會封病卒左氏復
廢元以才高著名辟司空李通府時大司
農江馮上言宜令司隷校尉督察三公事

下三府元上疏曰臣聞師臣者帝賓臣者霸（言以臣爲師以臣爲賓也）故武王以太公爲師齊桓以夷吾爲仲父孔子曰百官總己聽於冢宰（論語文也）近則高帝優相國之禮（蕭何爲相國高帝賜劒履上殿入朝不趨）太宗假宰輔之權（太宗孝文也申屠嘉爲丞相坐府召太中大夫鄧通欲誅之孝文使持節召通令人謝嘉故曰假權也）及亡新王莽遭漢中衰專操國柄以偷天下（偷竊也）況已自喻不信羣臣奪公輔之任損宰相之威以刺舉爲明徼訐爲直至乃陪僕告其君長子弟變其父兄（王莽時開吏告其將奴婢告其主）罔密法峻大臣無所措手足然不能禁董忠之謀身爲世戮（董忠爲王莽大司馬共劉歆等謀誅莽事發覺死也）故人君患在自驕不患驕臣失在自任不在任人是以文王有日昊之勞周公執吐握之恭（尚書曰文王自朝至于日中昊不遑暇食史記曰伯禽封魯周公戒之曰我文王之子武王之弟成王之叔父亦不賤矣我一沐三握髮一飯三吐哺以待士猶恐失天下之賢人汝無以國驕人也）不聞其崇刺舉務督察也方今四方尚擾天下未一百姓觀聽咸張耳目陛下宜修文武之聖典襲

後漢列傳二十六　十八

祖宗之遺德勞心下士屈節待賢誠不宜使有司察公輔之名帝從之宣下其議（司察猶督察也）李通罷元後復辟司徒歐陽歙府數陳當世便事郊廟之禮帝不能用以病去年老卒於家子堅卿有文章

賈逵字景伯扶風平陵人也九世祖誼文帝時爲梁王太傅（爲文帝子梁王揖之傅也）曾祖父光爲常山太守宣帝時以吏二千石自洛陽徙焉父徽從劉歆受左氏春秋兼習國語周官又受古文尚書於塗惲（風俗通曰塗姓塗山氏之後惲字子眞受尚書於胡常見前書）學毛詩於謝曼卿作左氏條例二十一篇逵悉傳父業弱冠能誦左氏傳及五經本文以大夏侯尚書教授雖爲古學兼通五家穀梁之說（五家謂尹更始劉向周慶丁姓王彥等皆爲穀梁見前書也）自爲兒童常在太學不通人間事身長八尺二寸諸儒爲之語曰問事不休賈長頭性愷悌多智思俶儻有大節（愷樂也悌易也言有和樂簡易之德也俶儻卓異也）尤明左氏傳國語爲之解

後漢列傳二十六　十九

詁五十一篇（左氏三十篇國語二十一篇也）永平中上疏獻之顯宗重其書寫藏祕館時有神雀集宮殿官府冠羽有五采色帝異之以問臨邑矦劉復（臨邑東郡縣也復齊武王伯外孫北海王興子）復不能對薦逵博物多識帝乃召見逵問之對曰昔武王終父之業鸑鷟在岐（鸑鷟鳳之別名也周大夫內史過對周惠王曰周之興也鸑鷟鳴于岐山事見國語也）宣帝威懷戎狄神雀仍集此胡降之徵也（仍頻也宣帝時神雀再見改爲年號後匈奴降服呼韓入朝也）帝勑蘭臺給筆札使作神雀頌拜爲郎

後漢列傳二十六　二十　林仁

與班固並校祕書應對左右肅宗立降意儒術特好古文尚書左氏傳建初元年詔逵入講北宮白虎觀南宮雲臺帝善逵說使發出左氏傳大義長於二傳者逵於是具條奏之曰臣謹擿出左氏三十事尤著明者斯皆君臣之正義父子之紀綱其餘同公羊者什有七八或文簡小異無害大體至如祭仲紀季伍子胥叔術之屬左氏義深於君父公羊多任於權變（左傳宋人執鄭祭仲曰不立突將死祭仲許之遂出昭公而立厲公杜預注云祭仲之如宋非會非聘見誘被拘廢長立少故書名罪之公羊傳曰祭仲者何鄭之相也何以不名賢也何賢乎祭仲以爲知權也其知權柰何宋人執之謂之曰爲我出忽而立突祭仲不從其言則君必死國必亡從其言則君可以生易死國可以存易亡古之有權者祭仲之權是也左傳紀季以酅入于齊紀矦大去其國賈逵以爲紀季不能兄弟同心以存國乃背兄歸讎書以譏之公羊傳曰紀季者何紀矦之弟也何以不名賢也何賢乎服罪也其服罪柰何請後五廟以存姑姊妹左傳楚平王將殺伍奢召伍奢子伍尚伍員曰來吾免而父尚謂員曰聞免父之命不可以莫之奔親戚爲戮不可以莫之報父不可弃名不可廢子胥奔吳遂以吳師入郢卒復父讎公羊傳曰父受誅子復讎推刃之道也公羊不許子胥復讎是不深父也左傳曰冬邾黑肱以濫來奔賤而書名重地故也君子曰名之不可不愼以地叛雖賤必書地以名其人終爲不義不可滅已是以君子動則思

後漢列傳二十六　二十一　李崇

禮行則思義公羊傳曰冬黑弓以濫來奔文何以無邾婁通濫也曷謂通濫賢者子孫宜有地賢者孰謂謂叔術也何賢乎叔術讓國也）其相殊絕固以甚遠而寃抑積久莫肯分明臣以永平中上言左氏與圖讖合者先帝不遺芻蕘省納臣言寫其傳詁藏之祕書建平中（建平哀帝年也）侍中劉歆欲立左氏不先暴論大義而輕移太常恃其義長詆挫諸儒諸儒內懷不服相與排之（排擯却也劉歆欲建立左氏哀帝令歆與諸儒講論其義諸博士不肯置對歆乃移書太常以責之故被排擯事見前書）孝哀皇帝重逆衆心故出歆爲

河內太守從是攻擊左氏遂爲重讎至光武皇帝奮獨見之明興立左氏穀梁會二家先師不曉圖讖故令中道而廢凡所以存先王之道者要在安上理民也今左氏崇君父卑臣子彊幹弱枝勸善戒惡至明至切至直至順（左傳曰冀戴天子加之以恭又曰君命天也天可讎乎委質策名貳乃辟也父教子貳何以事君又曰弃父之命惡用子矣以有無父之國則可是崇君父卑臣子也左氏王人雖微序在諸侯之上又曰五大不在邊五細不在庭末大必折尾大不掉是彊幹弱枝也又曰盡而不汙懲惡而勸善非聖人誰能修之史記曰孔子曰我欲載之空言不如見之行事深切著明也）且三

代異物損益隨時故先帝博觀異家各有所採易有施孟復立梁丘（施讎孟喜梁丘賀也）尚書歐陽復有大小夏侯（歐陽和伯大夏侯勝小夏侯建也並見前書）今三傳之異亦猶是也又五經家皆無以證圖讖明劉氏爲堯後者而左氏獨有明文（春秋晉大夫蔡墨曰陶唐氏既衰其後有劉累學擾龍事孔甲范氏其後也范會自秦還晉其處者爲劉氏明漢承堯後也）五經家皆言顓頊代黃帝而堯不得爲火德（史記曰黃帝崩其孫昌意之子立是爲帝顓頊當時五經家同爲此說若以顓頊代黃帝以土德王即顓頊當爲金德高辛爲水德堯爲木德漢承堯後自然不得爲火德也）左氏

以爲少昊代黃帝即圖讖所謂帝宣也（左氏傳曰黃帝氏以雲紀少昊氏以鳥紀是以少昊代黃帝也河圖曰大星如虹下流華渚女節意感生白帝朱宣宋均注曰朱宣少昊氏也）如令堯不得爲火則漢不得爲赤其所發明補益實多陛下通天然之明建大聖之本改元正歷垂萬世則（改元謂改建初九年爲元和元年正歷謂元和二年始用四分歷也）是以麟鳳百數嘉瑞雜遝（雜遝言多也章帝時鳳皇見百三十九麒麟五十二白虎二十九黃龍三十四神雀白燕等史官不可勝紀見東觀記）猶朝夕恪勤遊情六藝研機綜微靡不審覈（覈實也）若復留意廢學以

廣聖見庶幾無所遺失矣（廢學謂左氏傳也）書奏帝嘉之賜布五百匹衣一襲令逵自選公羊嚴顏諸生高才者二十人教以左氏（公羊高作春秋傳號曰公羊春秋嚴彭祖顏安樂俱受公羊春秋故公羊有嚴顏之學見前書也）與簡紙經傳各一通（竹簡及紙也）逵母常有疾帝欲加賜以校書例多特以錢二十萬使潁陽侯馬防與之謂防曰賈逵母病此子無人事於外（無人事謂不廣交通也）屢空則從孤竹之子於首陽山矣（屢數也空乏也史記曰伯夷叔齊孤竹君之子也隱於首陽山卒餓死也）

逵數爲帝言古文尚書與經傳爾雅詁訓相應詔令撰歐陽大小夏侯尚書古文同異逵集爲三卷帝善之復令撰齊魯韓詩與毛氏異同并作周官解故（轅固齊人也爲齊詩申公魯人也爲魯詩韓嬰爲韓詩毛萇爲毛詩故謂事之指意也）遷逵爲衛士令（北宮衛士令一人掌南北宮秩比六百石見續漢志也）八年乃詔諸儒各選高才生受左氏穀梁春秋古文尚書毛詩由是四經遂行於世皆拜逵所選弟子及門生爲千乘王國郎（千乘王伉章帝子也）朝夕受業黃門署學者皆欣欣羨慕焉和帝即位永元三年以逵爲左中郎將八年復爲侍中領騎都尉內備帷幄兼領祕書近署甚見信用逵薦東萊司馬均陳國汝郁帝即徵之並蒙優禮均字少賓安貧好學隱居教授不應辟命信誠行乎州里鄉人有所計爭輒令祝少賓（祝詛也東觀記曰爭曲直者輒言敢祝少賓乎心不直者終不敢祝也）不直者終無敢言位至侍中以老病乞身帝賜以大夫祿歸鄉里郁字叔異性

仁孝（東觀記曰郁年五歲母病不能食郁常抱持啼泣亦不食母憐之強爲飯宗親共異之因字曰異也）及親歿遂隱處山澤後累遷爲魯相以德敎化百姓稱之流人歸者八九千戶逵所著經傳義詁及論難百餘萬言又作詩頌誄書連珠酒令凡九篇學者宗之後世稱爲通儒（應劭風俗通義曰授先王之制立當時之事綱紀國體原本要化此通儒也）然不修小節當世以此頗譏焉故不至大官永元十三年卒時年七十二朝廷愍惜除兩子爲太子舍人

論曰鄭賈之學行乎數百年中遂爲諸儒宗亦徒有以焉爾（言賈鄭雖爲儒宗而不爲帝所重故曰亦徒有以焉爾）桓譚以不善讖流亡鄭興以遜辭僅免賈逵能附會文致最差貴顯（賈逵附會文致謂引左氏明漢爲堯後也）世主以此論學悲矣哉（言時主不重經而重讖也）

張霸字伯饒蜀郡成都人也年數歲而知孝讓雖出入飲食自然合禮鄉人號爲張曾子七歲通春秋復欲進餘經父母曰汝小未能也霸曰我饒爲之故字曰饒焉（饒猶

益也後就長水校尉樊儵受嚴氏公羊春秋遂博覽五經諸生孫林劉固段著等慕之各市宅其傍以就學焉舉孝廉光祿主事稍遷（光祿勳之主事也見漢官）永元中爲會稽太守表用郡人處士顧奉公孫松等奉後爲潁川太守松爲司隸校尉並有名稱其餘有業行者皆見擢用郡中爭厲志節習經者以千數道路但聞誦聲初霸以樊儵删嚴氏春秋猶多繁辭乃減定爲二十萬言更名張氏學霸始到越賊未解郡界不寧乃移書開購明用信賞賊遂束手歸附不煩士卒之力童謡曰弃我戟捐我矛盜賊盡吏皆休視事三年謂掾史曰太守起自孤生致位郡守蓋日中則移月滿則虧（史記蔡澤之辭也易豐卦曰日中則昃月盈則食也）老氏有言知足不辱遂上病後徵四遷爲侍中時皇后兄虎賁中郎將鄧騭當朝貴盛聞霸名行欲與爲交霸逡巡不荅衆人笑其不識時務後當爲五更會

疾卒年七十遺勑諸子曰昔延州使齊子死嬴博因坎路側遂以葬焉（嬴博二縣名屬泰山郡禮記曰延陵季子適齊其長子死於嬴博之閒因葬焉）今蜀道阻遠不宜歸塋可止此葬足藏髮齒而已務遵速朽副我本心人生一世但當畏敬於人若不善加己直爲受之諸子承命葬於河南梁縣因遂家焉將作大匠翟酺等與諸儒門人追録本行諡曰憲文中子楷

楷字公超通嚴氏春秋古文尚書門徒常百人賓客慕之自父黨夙儒偕造門焉車馬塡街徒從無所止黃門及貴戚之家皆起舍巷次以候過客往來之利楷疾其如此輒徙避之家貧無以爲業常乘驢車至縣賣藥足給食者輒還鄉里司隸舉茂才除長陵令不至官隱居弘農山中學者隨之所居成市後華陰山南遂有公超市五府連辟舉賢良方正不就（五府太傅太尉司徒司空大將軍也）漢安元年順帝特下詔告河南尹曰故長

陵令張措行慕原憲操擬夷齊原憲魯人字子思孔子弟子清約守節貧而樂道輕貴樂賤窟跡幽藪高志確然獨拔羣俗前比衛命盤桓未至將主者詭習於常優賢不足使其難進歟郡時以禮發遣措復告疾不到性好道術能作五里霧時關西人裴優亦能為三里霧自以不如措從學之措避不肯見桓帝即位優遂行霧作賊事覺被考引措言從學術措坐繫廷尉詔獄積二年恒諷誦經籍作尚書注後以事無驗見原還家建和三年下詔安車備禮聘之辭以篤疾不行年七十終於家子陵

陵字處沖官至尚書元嘉中歲首朝賀大將軍梁冀帶劒入省陵呵叱令出勑羽林虎賁奪冀劒冀跪謝陵不應即劾奏冀請廷尉論罪有詔以一歲俸贖而百僚肅然初冀弟不疑為河南尹舉陵孝廉不疑疾陵之奏冀因謂曰昔舉君適所以自罰也

陵對曰明府不以陵不肖誤見擢序今申公憲以報私恩不疑有愧色陵弟玄

玄字處虛沈深有才略以時亂不仕司空張溫數以禮辟不能致中平二年溫以車騎將軍出征涼州賊邊章等將行玄自田廬被褐帶索要說溫曰天下寇賊雲起豈不以黃門常侍無道故乎聞中貴人公卿已下當出祖道於平樂觀明公總天下威重握六師之要若於中坐酒酣鳴金鼓整行陣召軍正執有罪者誅之引兵還屯都亭以次翦除中官解天下之倒縣報海內之怨毒然後顯用隱逸忠正之士則邊章之徒宛轉股掌之上矣溫聞大震不能對良久謂玄曰處虛非不悅子之言顧吾不能行如何玄乃歎曰事行則為福不行則為賊今與公長辭矣即仰藥欲飲之溫前執其手曰子忠於我我不能用是吾罪也子何為當然且出口入耳之言誰今知之

左傳曰言出於余口入於爾耳 玄遂去隱居魯陽山中 山在今汝州南 及董卓秉政聞之辟以爲掾舉侍御史不就卓臨之以兵不得已彊起至輪氏道病終 輪氏縣屬潁川郡故城在今洛州洛陽縣城西南

贊曰中世儒門賈鄭名學衆馳一介爭禮旣㩼 一介單使也左傳曰君亦不使一介行李告於寡君旣㩼謂匈奴也 升元守經義偏情較覇貴知止辭交戚里公超善術所舍成市

後漢列傳二十六　三十

後漢書列傳卷第二十六

列傳卷第二十七　范曄　後漢書三十七

唐章懷太子賢注

淵聖御名榮 子郁 孫焉 曾孫鸞 玄孫典 玄孫彬

丁鴻

桓榮字春卿沛郡龍亢人也 續漢書曰榮本齊人遷于龍亢至榮六葉東觀記曰榮本齊桓公後也桓公作伯支庶用其謚立族命氏焉 少學長安習歐陽尚書事博士九江朱普 朱普字公文受業於平當爲博士徒衆尤盛見前書 貧窶無資 字林曰窶空也 常客傭以自給精力不倦十五年不闚家園至王莽篡位乃歸會朱普卒榮奔喪九江負土成墳因留教授徒衆數百人莽敗天下亂榮抱其經書與弟子逃匿山谷雖常飢困而講論不輟後復客授江淮閒建武十九年年六十餘始辟大司徒府時顯宗始立爲皇太子選求明經乃擢榮弟子豫章何湯爲虎賁中郎將以尚書授太子世祖從容問湯 從音七容反 本師爲誰湯對曰事沛國桓榮帝即召榮令說尚書甚善之 謝承書曰何湯字仲弓豫章南

後漢列傳二十七　一　卓受

昌人也榮門徒常四百餘人湯爲高第以才明知名
榮年四十無子湯乃去榮妻爲更娶生三子榮甚重
之後拜郎中守開陽門候上微行夜還湯閉門不納
更從中東門入明旦召詣太官賜食諸門候皆奪俸
建武十八年夏旱公卿皆暴露請雨洛陽令著車蓋
出門湯將衛士鉤令車收案有詔免令官拜湯虎賁
中郎將上嘗歎曰赳赳武夫公侯干城何湯之謂也
湯以明經嘗授太子推薦榮榮拜五更封關內侯榮
常言曰此皆何
仲弓之力也
拜爲議郎賜錢十萬入使授
太子每朝會輒令榮於公卿前敷奏經書
帝稱善曰得生幾晚會歐陽博士缺帝欲
用榮榮叩頭讓曰臣經術淺薄不如同門
生郎中彭閎揚州從事皋弘帝曰俞往女

諧續漢書曰閎字作明俞然也然其所舉勑令往言
汝能和諧此官謝承書曰皋弘字泰卿吳郡人也
家代爲冠族少有英才與桓
榮相善子徽至司徒長史也
因拜榮爲博士引
閎弘爲議郎車駕幸大學會諸博士論難
於前榮被服儒衣溫恭有蘊籍蘊籍猶言寬
博有餘也蘊
音於
問反
辯明經義每以禮讓相猒不以辭長
勝人儒者莫之及猒服也音
一葉反
特加賞賜又
詔諸生雅吹擊磬盡日乃罷吹管奏
雅頌也
後榮
入會庭中詔賜奇果受者皆懷之榮獨舉
手捧之以拜帝笑指之曰此眞儒生也以

是愈見敬厚常令止宿太子宮積五年榮
薦門下生九江胡憲侍講乃聽得出旦一
入而已榮嘗寢病太子朝夕遣中傅問病
賜以珍羞帷帳奴婢謂曰如有不諱無憂
家室也不諱謂死也死者人
之常故言不諱也
後病愈復入侍講
二十八年大會百官詔問誰可傅太子者
羣臣承望上意皆言太子舅執金吾原鹿
侯陰識可言可
任也
博士張佚正色曰今陛下
立太子爲陰氏乎爲天下乎即爲陰氏則

陰侯可爲天下則固宜用天下之賢才帝
稱善曰欲置傅者以輔太子也今博士不
難正朕況太子乎即拜佚爲太子太傅而
以榮爲少傅賜以輜車乘馬榮大會諸生
陳其車馬印綬曰今日所蒙稽古之力也
可不勉哉榮以太子經學成畢上疏謝曰
臣幸得侍帷幄執經連年而智學淺短無
以補益萬分今皇太子以聰叡之姿通明
經義觀覽古今儲君副主莫能專精博學

若此者也斯誠國家福祐天下幸甚臣師
道已盡皆在太子謹使掾臣汜再拜歸道
續漢書曰三公東西曹掾四百石餘掾比二百石歸猶謝也 太子報書曰莊
以童蒙學道九載而典訓不明無所曉識
夫五經廣大聖言幽遠非天下之至精豈
能與於此此上二句周易之繫辭與音預 況以不才敢承誨命
昔之先師謝弟子者有矣上則通達經旨
分明章句前書丁寬受學於田何學成何謝寬寬東歸何謂門人曰易東矣是先師謝弟
子 下則去家慕鄉求謝師門韓詩外傳曰孔子行見皐魚哭

孔子曰子非有喪何哭悲也皐魚曰吾少而好學周流諸侯以沒吾親樹欲靜而風不止子欲養而親不
待往而不可追者年也去而不見者親也孔子曰弟子識之於是門人辭歸者十有三也 今蒙
下列不敢有辭願君慎疾加餐重愛玉體
史記曰伏聞太后玉體不安君子於玉比德故以言也 三十年拜為太常
榮初遭倉卒與族人桓元卿同飢戹而榮
講誦不息元卿嗤榮曰但自苦氣力何時
復施用乎榮笑不應及為太常元卿歎曰
我農家子豈意學之為利乃若是哉東觀漢記
曰榮為太常元卿來候榮榮諸弟子謂曰平生笑盡氣力今何如元卿曰我安能知此哉 顯宗

即位尊以師禮甚見親重拜二子為郎榮
年踰八十自以衰老數上書乞身輒加賞
賜乘輿嘗幸太常府令榮坐東面設几杖
會百官驃騎將軍東平王蒼以下及榮門
生數百人天子親自執業每言輒曰大師
在是東觀記曰時執經生避位發難上謙曰大師在是也 既罷悉以太官
供具賜太常家其恩禮若此永平二年三
雍初成拜榮為五更三雍宮也謂明堂靈臺辟雍前書音義曰皆叶天人
雍和之氣為之故謂三雍五更解見明紀 每大射養老禮畢帝輒引

榮及弟子升堂執經自為下說下說謂下語而講說之也
乃封榮為關內侯食邑五千戶東觀記曰榮以尚書授朕
十有餘年詩云日就月將示我顯德行乃封之 榮每疾病帝輒遣使者
存問太官太醫相望於道及篤上疏謝恩
讓還爵土帝幸其家問起居入街下車擁
經而前撫榮垂涕賜以牀茵帷帳刀劍衣
被良久乃去自是諸侯將軍大夫問疾者
不敢復乘車到門皆拜牀下榮卒帝親自
變服臨喪送葬賜冢塋于首山之陽首陽山在

今偃師縣西北也除兄子二人補四百石都講生八人補二百石其餘門徒多至公卿華嶠書曰榮弟子丁鴻學最高子郁嗣華嶠書曰榮長子雍早卒小子郁嗣

論曰張佚訐切陰侯以取高位危言犯衆義動明后知其直有餘也若夫一言納賞志士爲之懷恥秦兵圍趙時魯仲連在趙因說令退兵平原君趙勝乃以千金爲仲連壽連笑曰所貴於天下之士者能排患解紛而無取也即有取者是商賈之事也而連不忍爲也遂去終身不復見見史記也受爵不讓風人所以興歌詩小雅角弓篇曰受爵不讓至於已斯亡風人猶詩人也而佚廷議戚援自居全德佚諫云當用天下之賢才而乃自當其任故曰自居全德全德言無玷缺也莊子曰是謂全德也意者以廉不足乎昔樂羊食子有功見疑西巴放麑以罪作傅並解見吳漢傳蓋推仁審僞本乎其情君人者能以此察則眞邪幾於辨矣幾近也音鉅依反

郁字仲恩少以父任爲郎敦厚篤學傳父業以尚書教授門徒常數百人榮卒郁當襲爵上書讓於兄子汎顯宗不許不得已受封悉以租入與之帝以郁先師子有禮

後漢列傳二十七 六 陳紋

讓甚見親厚常居中論經書問以政事稍遷侍中東觀記曰永平十四年爲議郎遷侍中也帝自制五家要說章句令郁校定於宣明殿華嶠書曰帝自制五行章句此言五家即謂五行之家也宣明殿在德陽殿後東觀記曰上謂郁曰卿經及先師致復文雅其冬上親於辟雍自講所制五行章句已復令郁說一篇上謂郁曰我爲孔子卿爲子夏起予者商也又問郁曰子幾人能傳學郁曰臣子皆未能傳學孤兄子一人學方起上曰努力教之有起者即白之以侍中監虎賁中郎將永平十五年入授皇太子經遷越騎校尉詔勑太子諸王各奉賀致禮郁數進忠言多見納録東觀記曰皇太子賜郁鞍馬刀劒郁乃上跡皇太子曰伏見太子體性自然包含今古謙允恭天下共見郁父子受恩無以明益夙夜慙懼誠思自竭愚以爲太子上當合聖心下當卓絶於衆宜思遠慮以光朝廷肅宗即位郁以母憂乞身詔聽以侍中行服華嶠書曰郁上書乞身天子憂之有詔公卿議議者皆以郁身爲名儒學者之宗可許之於是詔郁以侍中行服也建初二年遷屯騎校尉和帝即位富於春秋侍中竇憲自以外戚之重欲令少主頗涉經學上疏皇太后曰禮記云天下之命懸於天子天子之善成乎所習習與智長則切而不勤化與心成則中道若性昔成王幼

後漢列傳二十七 七 王允成

小越在襁保周公在前史佚在後太公在左召公在右中立聽朝四聖維之是以慮無遺計舉無過事（自禮記以下至此以上皆大戴禮之文也切而不勤謂習與智長則常自切厲而不須勤勑若性猶自然也襁絡也保小兒被也保當作褓古字通也史佚成王時史官名佚賢者也維持也遺失也）孝昭皇帝八歲即位大臣輔政亦選名儒韋賢蔡義夏侯勝等入授於前平成聖德（韋賢字長孺魯國鄒人治詩蔡義河内温人也爲韓詩給事中也夏侯勝魯人也字長公治歐陽尚書並見前書）近建初元年張酺魏應召訓亦講禁中（酺等並自有傳）臣伏惟皇帝陛

下躬天然之姿宜漸教學而獨對左右小臣未聞典義昔五更桓榮親爲帝師子郁結髮敦尚繼傳父業故再以校尉入授先帝父子給事禁省更歷四世今白首好禮經行篤備又宗正劉方宗室之表善爲詩經先帝所褒宜令郁方並入教授以崇本朝光示大化由是遷長樂少府復入侍講頃之轉爲侍中奉車都尉永元四年代丁鴻爲太常明年病卒郁經授二帝恩寵甚

篤賞賜前後數百千萬顯於當世門人揚震朱寵皆至三公（鄧騭傳曰朱寵字仲威京兆人也篤行好學從桓榮受尚書位至太尉）初榮受朱普學章句四十萬言浮辭繁長多過其實（長音直亮反）及榮入授顯宗減爲二十三萬言郁復刪省定成十二萬言由是有桓君大小太常章句子普嗣傳爵至曾孫郁中子焉能世傳其家學（華嶠書曰郁六子普延焉俊酆良普嗣侯傳國至曾孫絶酆良子孫皆博學有才能）孫鸞焉曾孫彬並知名

焉字叔元少以父任爲郎明經篤行有名稱永初元年入授安帝三遷爲侍中步兵校尉永寧中順帝立爲皇太子以焉爲太子少傅月餘遷太傅以母憂自乞聽以大夫行喪踰年詔使者賜牛酒奪服即拜光祿大夫遷太常時廢皇太子爲濟陰王焉與太僕來歷廷尉張晧諫不能得事已具來歷傳順帝即位拜太傅與太尉朱寵並録尚書事焉復入授經禁中因譏見建言

宜引三公尚書入省事(省猶視也)帝從之以爲
前廷議守正封陽平侯固讓不受視事三
年坐辟召禁錮者爲吏免復拜光祿大夫
陽嘉二年代來歷爲大鴻臚數日遷爲太
常永和五年代王龔爲太尉漢安元年以
日食免明年卒於家弟子傳業者數百人
黄瓊楊賜最爲顯貴焉孫典(華嶠書曰焉長子衡早卒中子順順子典)
典字公雅復傳其家業(華嶠書曰典十二喪父母事叔母如事親
〈後漢列傳二十七〉 十
立廉操不取於人門生故吏問遺一無所受也)以尚書教授潁川門徒
數百人舉孝廉爲郎居無幾會國相王吉
以罪被誅(沛相)故人親戚莫敢至者典獨弃
官收斂歸葬服喪三年負土成墳爲立祠
堂盡禮而去辟司徒袁隗府舉高第拜侍
御史是時宦官秉權典執政無所回避常
乘驄馬京師畏憚爲之語曰行行且止避
驄馬御史及黄巾賊起滎陽典奉使督軍
賊破還以牾宦官賞不行在御史七年不

調(華嶠書作十年)後出爲郎靈帝崩大將軍何進
秉政典與同謀議三遷羽林中郎將(華嶠書曰遷平津都尉鉤盾令羽林中郎將也)獻帝即位三公奏典前與
何進謀誅閹官功雖不遂忠義炳著詔拜
家一人爲郎賜錢二十萬從西入關拜御
史中丞賜爵關内侯車駕都許遷光祿勳
建安六年卒官
鸞字始春焉弟子也(東觀記曰鸞父良龍舒侯相也)少立操
行縕袍糟食不求盈餘(東觀記曰鸞貞亮之性著乎幼冲學覽六
〈後漢列傳二十七〉 十一
經莫不貫綜推財孤寡分賄友朋泰於待賢狹於養己常著大布縕袍糲食醋餐也)以世濁
州郡多非其人恥不肯仕年四十餘時太
守向苗有名迹乃舉鸞孝廉遷爲膠東令
始到官而苗卒鸞即去職奔喪終三年然
後歸淮汝之間高其義後爲巴吾汲二縣
令(東觀記曰陳留巴吾長旬月間遷河内汲令)甚有名迹諸公並薦
復徵辟拜議郎上陳五事舉賢才審授用
黜佞倖省苑囿息役賦書奏御牾内豎故
不省以病免中平元年年七十七卒于家

子曄

曄字文林一名嚴（東觀記嚴作儼）尤修志介姑爲司空楊賜夫人初𣧑卒姑歸寧赴哀將至止於傳舍整飾從者而後入曄心非之及姑勞問終無所言號哭而已賜遣吏奉祠因縣發取祠具曄拒不受後每至京師未嘗舍宿楊氏其貞忮若此（忮堅也）賓客從者皆祗其志行一餐不受於人仕爲郡功曹後舉孝廉有道方正茂才三公並辟皆不應初平中天下亂避地會稽遂浮海客交阯（東觀記曰曄到吳郡揚州刺史劉繇振給穀食衣服所乏者悉不受後東適會稽住止山陰縣故魯相鍾離意舍太守王朗餉給粮食布帛牛羊一無所當臨去之際屋中尺寸之物悉疏付主人纖微不漏移居揚州從事屈豫室中中庭橘樹一株遇實孰乃以竹藩樹四面風吹落兩實以繩繫著樹枝每當危亡之急其志彌固賓客從者皆肅其行也）越人化其節至閭里不爭訟爲凶人所誣遂死于合浦獄

彬字彥林焉之兄孫也父麟字元鳳早有才惠（華嶠書曰鄧生麟也）桓帝初爲議郎入侍講禁中以直道牾左右出爲許令（許縣名今許州許昌縣也）病免會母終麟不勝喪未祥而卒年四十一所著碑誄讚說書凡二十一篇（摯虞文章志麟文見在者十八篇有碑九首誄七首七說一首沛相郭府君書一首）彬少與蔡邕齊名初舉孝廉拜尚書郎時中常侍曹節女壻馮方亦爲郎彬厲志操與左丞劉歆右丞杜希同好交善未嘗與方共酒食之會方深怨之遂章言彬等爲酒黨事下尚書令劉猛雅善彬等不舉正其事節大怒劾奏猛以爲阿黨請收下詔獄在朝者爲之寒心猛意氣自若旬日得出免官禁錮彬遂以廢光和元年卒於家年四十六諸儒莫不傷之所著七說及書凡三篇蔡邕等共論序其志僉以爲彬有過人者四夙智早成岐嶷也（夙早也岐行皃也嶷然有所識也詩曰克岐克嶷也）學優文麗至通也仕不苟祿絕高也辭隆從窊絜操也（窊下也音烏瓜反）乃共樹碑而頌焉劉猛琅邪人桓帝時爲宗正直道不容自免歸家靈帝即位太傅陳蕃大將軍竇武輔政復徵

用之

論曰伏氏自東西京相襲爲名儒以取爵位（謂伏生已後至伏湛也）中興而桓氏尤盛自榮至典世宗其道父子兄弟代作帝師受其業者皆至卿相顯乎當世子曰古之學者爲己今之學者爲人（論語文也）爲人者憑譽以顯物爲己者因心以會道桓榮之累世見宗豈其爲己乎

後漢列傳二十七　十四　李棠

丁鴻字孝公潁川定陵人也父綝字幼春王莽末守潁陽尉世祖略地潁陽潁陽城守不下綝說其宰遂與俱降世祖大喜厚加賞勞以綝爲偏將軍因從征伐綝將兵先度河移檄郡國攻營略地下河南陳留潁川二十一縣建武元年拜河南太守及封功臣帝令各言所樂諸將皆占豐邑美縣唯綝願封本鄉或謂綝曰人皆欲縣子獨求鄉何也綝曰昔孫叔敖勑其子受封必求墝埆之地（孫叔敖楚相也墝埆瘠薄之地叔敖將死戒其子曰王封汝必無居利地也楚越之間有寢丘者甚惡可長有以食也見呂氏春秋也）今綝能薄功微得鄉亭厚矣帝從之封定陵新安鄉侯食邑五千戶後從封陵陽侯鴻年十三從桓榮受歐陽尚書三年而明章句善論難爲都講遂篤志精銳布衣荷擔不遠千里初綝從世祖征伐鴻獨與弟盛居憐盛幼小而共寒苦及綝卒鴻當襲封上書讓國於盛不報既葬乃挂縗絰於冢廬而逃去留書與盛曰鴻貪經書不顧恩義弱而隨師生不供養死不飯唅皇天先祖並不（弱少也）祐助身被大病不任茅土（任堪也）前上疾狀願辭爵仲公（仲公盛之字也）章寢不報迫且當襲封謹自放弃逐求良醫如遂不瘳永歸溝壑

後漢列傳二十七　十五　李芳

鴻初與九江人鮑駿同事桓榮甚相友善及鴻亡封與駿遇於東海陽狂不識駿駿乃止而讓之曰昔伯夷吳札亂世權行故得申其志耳（伯夷孤竹君之子讓其弟叔齊餓死於首陽之山吳札吳王壽夢之季子也諸兄欲讓其國季子乃舍其室而耕皆是權時所行非常之道也伯夷當紂時吳札當周之末故言亂）

也春秋之義不以家事廢王事春秋衛靈公卒孫輒立父蒯聵與輒爭國公羊傳曰輒者曷爲蒯聵之子然則曷爲不立蒯聵而立輒蒯聵無道靈公逐之而立輒然則輒之義可以立乎曰可不以父命辭王父命不以家事辭王事故駿引以爲言也今子以兄弟私恩而絕父不滅之基可謂智乎鴻感悟垂涕歎息乃還就國開門教授鮑駿亦上書言鴻經學至行顯宗甚賢之續漢書載駿書曰臣聞武王克殷封比干之墓表商容之閭二人無功下車先封之表善顯仁爲國之砥礪也伏見丁鴻經明行修志節清妙由是上賢之也永平十年詔徵鴻至即召見說文侯之命篇周平王東遷洛邑晉文侯仇有輔佐之功平王賜以車馬弓矢而策命之因以名篇事見尚書也賜御衣及綬稟食公車稟給也公車署名公車所在因以名諸待詔者皆居以待命故令給食焉與博士同禮頃之拜侍中十三年兼射聲校尉建初四年徙封魯陽鄉侯東觀記曰魯陽鄉在尋陽郡也肅宗詔鴻與廣平王羡及諸儒樓望成封桓郁賈逵等論定五經同異於北宮白虎觀廣平王羡明帝子也東觀記曰與太常樓望少府成封屯騎校尉桓郁衛士令賈逵等集議也白虎門名於門立觀因之以名使五官中郎將魏應主承制問難侍中淳于恭奏上帝親稱制臨決鴻以才高論

難最明諸儒稱之帝數嗟美焉時人歎曰殿中無雙丁孝公東觀記曰上嘆嗟其才號之曰殿中無雙丁孝公賜錢二十萬續漢書亦同而此書獨作時人歎也數受賞賜擢徙校書遂代成封爲少府門下由是益盛遠方至者數千人彭城劉愷北海巴茂九江朱倀皆至公卿元和三年徙封馬亭鄉侯東觀記曰元和二年車駕東巡狩鴻以少府從上奏曰臣聞古之帝王統治天下五載巡狩至于岱宗柴祭於天望秩山川協時月正日角斗斛權衡使人不爭陛下尊履蒸蒸奉承弘業祀五帝於明堂配以光武二祖四宗咸有告祀瞻望太山嘉澤降澍柴祭之日白氣上升與燎煙合黃鵠羣翔所謂神人以和荅饗之休符也上善焉又曰以盧江郡爲六安國所以徙封爲馬亭侯和帝即位遷太常永元四年代袁安爲司徒是時竇太后臨政憲兄弟各擅威權鴻因日食上封事曰臣聞日者陽精守實不虧君之象也月者陰精盈毀有常臣之表也故日食者臣乘君陰陵陽月滿不虧下驕盈也昔周室衰季皇甫之屬專權於外黨類強盛侵奪主勢則日月薄食周室衰謂幽王時也皇甫即幽王后之黨也詩小雅曰皇甫卿士番惟司徒家伯維宰仲允膳夫其類非一故言之屬也故詩曰十月之交朔月

辛卯日有食之亦孔之醜十月之交詩小雅篇名也孔甚也醜惡也
周之十月夏之八月也八月朔日月交而日食陰侵陽臣侵君之象也日辰之義日爲君辰爲臣辛金也
卯木也又以卯侵金故甚惡也春秋日食三十六殺君三十
二變不空生各以類應夫威柄不以放下
利器不可假人劉向上書云弑君三十六今據春秋與劉向同而東觀及續漢范氏
諸本皆云三十二蓋誤也威柄謂周禮之八柄即爵祿生置予奪廢誅也利器謂國之權埶假借也左傳
曰唯器與名不可以假人也覽觀往古近察漢興傾危之
禍靡不由之是以三桓專魯田氏擅齊六
卿分晉諸呂握權統嗣幾移哀平之末廟
後漢列傳二十七　十八　陳從
不血食三桓謂季孫氏叔孫氏仲孫氏三家皆出自魯桓公故言三桓並專權魯國至魯昭
公遂爲季氏所逐平子乃攝行君事田氏陳敬仲之後因自陳奔齊改爲田氏遂執齊政至田和乃簒齊
六卿謂晉之智氏中行氏范氏韓氏趙氏魏氏並專晉政韓趙魏卒三分晉國也諸呂謂呂産呂祿也産
領南軍祿領北軍謀危劉氏故曰統嗣幾移故雖有周公之親而無
其德不得行其埶也言親賢兼重方可執政孟子曰有伊尹之心則可無
伊尹之心則簒也今大將軍雖欲勑身自約不敢僭
差然而天下遠近皆惶怖承旨刺史二千
石初除謁辭求通待報雖奉符璽受臺勑
不敢便去久者至數十日背王室向私門

此乃上威損下權盛也人道悖於下效驗
見於天雖有隱謀神照其情垂象見戒以
告人君間者月滿先節過望不虧易曰天垂象見吉凶
故言見戒也月滿先節謂未及望而滿也東觀記亦作先節俗本作失節字之誤也此臣驕
溢背君專功獨行也陛下未深覺悟故天
重見戒誡宜畏懼以防其禍詩云敬天之
怒不敢戲豫詩大雅也雷電震耀天怒也戲豫猶逸豫也不敢自逸所以敬天也若
勑政責躬杜漸防萌則　妖銷滅害除福
湊矣夫壞崖破巖之水源自涓涓干雲蔽
後漢列傳二十七　九　章明
日之木起於蔥青禁微則易救末者難人
莫不忽於微細以致其大恩不忍誨義不
忍割去事之後未然之　也臣愚以爲
左官外附之臣前書左官附益阿黨之法設左官者人道尚右舍天子而事諸侯爲
左官外附謂背正法而附私家依託權門傾覆諂諛以求容
媚者宜行一切之誅間者大將軍再出威
振州郡莫不賦斂吏人遣使貢獻大將軍
雖云不受而物不還主部署之吏無所畏
憚縱行非法不伏罪辜故海內貪猾競爲

姦吏小民吁嗟怨氣滿腹臣聞天不可以不剛不剛則三光不明三光日月星也天道尚剛周易曰乾健也左傳曰天爲剛德王不可以不彊不彊則宰牧從橫宜因大變改政匡失以塞天意書奏十餘日帝以鴻行太尉兼衛尉屯南北宮於是收竇憲大將軍印綬憲及諸弟皆自殺時大郡口五六十萬舉孝廉二人小郡口二十萬并有蠻夷者亦舉二人帝以爲不均下公卿會議鴻與司空劉方上言凡口率之

科宜有階品蠻夷錯雜不得爲數自今郡國率二十萬口歲舉孝廉一人四十萬二人六十萬三人八十萬四人百萬五人百二十萬六人不滿二十萬二歲一人不滿十萬三歲一人帝從之六年鴻薨賜贈有加常禮子湛嗣卒子浮嗣浮卒子夏嗣東觀記及續漢書夏字作憂也

論曰孔子曰大伯三以天下讓民無得而稱焉此上論語載孔子之言也鄭玄注云大伯周大王之長子次子仲雍次子季歷大王見季歷賢又生文王有聖人表故欲立之而未有命大王疾大伯因適吳越採藥大王歿而不返季歷爲喪主一讓也季歷赴之不來奔喪二讓也免喪之後遂斷髮文身三讓也三讓之美皆蔽隱不著故人無得而稱焉孟子曰聞伯夷之風者貪夫廉懦夫有立志若乃大伯以天下而違周伯夷率絜情以去國並未始有其讓也違去也未始猶未嘗也言太伯伯夷率性清絜超然去國未嘗故有求讓之名故大伯稱至德伯夷稱賢人後世聞其讓而慕其風徇其名而昧其致所以激詭行生而取與妄矣徇營也言二子非故立讓風以求聲譽故至德稱於前古後代之人直欲營慕其名而昧其深致所以激射詭譎之行生而取與之閒多詐妄矣

至夫鄧彪劉愷讓其弟以取義使弟受非服而己厚其名於義不亦薄乎彪讓國異母弟荆及鳳愷以國讓弟憲帝皆許焉弟不當襲爵故言非服而彪愷皆獨受美名而陷弟於不義也君子立言非苟顯其理將以啓天下之方悟者立行非獨善其身將以訓天下之方動者言行之所開塞可無慎哉原丁鴻之心主於忠愛乎何其終悟而從義也異夫數子類乎徇名者焉

贊曰五更待問應若鳴鍾禮記曰夙夜強學以待問又曰善待問者

如撞鍾扣之以小者則小鳴扣之以大者則大鳴待其春容而後盡其聲不善荅問者反此也庭列輜駕堂修禮容穆穆帝則擁經以從（從就也）丁鴻翼翼讓而不飾高論白虎深言日食（春秋經書日有食之杜注云日食者月掩日聖人不言月掩日而以自食爲文闕於所不見也）

後漢書列傳卷第二十七

列傳卷第二十八　范曄　後漢書三十八

唐章懷太子賢注

張宗　法雄

滕撫　馮緄

度尚　楊琁

張宗字諸君南陽魯陽人也王莽時爲縣陽泉鄉佐（續漢書曰鄉佐主佐鄉收稅賦）會莽敗義兵起宗乃率陽泉民三四百人起兵略地西至長安更始以宗爲偏將軍宗見更始政亂因將家屬客安邑及大司徒鄧禹西征定河東宗詣禹自歸禹聞宗素多權謀乃表爲偏將軍禹軍到栒邑赤眉大衆且至禹以栒邑不足守欲引師進就堅城而衆人多畏賊追憚爲後拒禹乃書諸將名於竹簡署其前後亂著笥中令各探之（笥以竹爲之鄭玄注禮記云圓曰簞方曰笥）宗獨不肯探曰死生有命張宗豈辭難就逸乎禹歎息謂曰將軍有親弱在營奈何不顧宗曰愚聞一卒畢力百人不

當萬夫致死可以橫行宗今擁兵數千以承大威何遽其必敗乎遂留爲後拒諸營旣引兵宗方勒厲軍士堅壘壁以死當之禹到前縣議曰以張將軍之衆當百萬之師猶以小雪投沸湯雖欲戮力其埶不全也乃遣步騎二千人反還迎宗宗引兵始發而赤眉卒至宗與戰卻之乃得歸營於是諸將服其勇及還到長安宗夜將鋭士入城襲赤眉中矛貫胛（胛背上兩膊間）又轉攻諸

營保爲流矢所激皆幾至於死及鄧禹徵還光武以宗爲京輔都尉（秦每郡有尉一人典兵禁景帝更名都尉武帝元鼎四年置京輔都尉各一人二千石見前書也）將突騎與征西大將軍馮異共擊關中諸營保破之遷河南都尉建武六年都尉官省拜太中大夫八年潁川桑中盜賊羣起宗將兵擊定之後青冀盜賊屯聚山澤宗以謁者督諸郡兵討平之十六年琅邪北海盜賊復起宗督二郡兵討之乃設方略明購賞皆悉破

散於是沛楚東海臨淮羣賊懼其威武相捕斬者數千人青徐震慄後遷琅邪相其政好嚴猛敢殺伐永平二年卒於官

法雄字文彊扶風郿人也齊襄王法章之後秦滅齊子孫不敢稱田姓故以法爲氏（法章齊湣王子也法章子建立爲秦所滅見史記也）宣帝時徙三輔世爲二千石雄初仕郡功曹（續漢志曰郡皆置諸曹掾史功曹史主選署功勞）辟太傅張禹府舉雄高第除平氏長（平氏縣屬南陽郡故城今唐州平氏縣也）善政事好發擿姦伏盜賊

稀發吏人畏愛之南陽太守鮑得上其理狀遷宛陵令永初三年海賊張伯路等三千餘人冠赤幘服絳衣自稱將軍寇濱海九郡殺二千石令長初遣侍御史龎雄督州郡兵擊之伯路等乞降尋復屯聚明年伯路復與平原劉文河等三百餘人稱使者攻厭次城殺長吏（厭次今棣州縣是也）轉入高唐（高唐今博州縣）燒官寺出繫囚渠帥皆稱將軍共朝謁伯路伯路冠五梁冠佩印綬（漢官儀曰諸侯冠進賢三

梁卿大夫尚書二千石冠兩梁千石以下至小吏冠一梁無五梁制者也黨衆浸盛乃遣御史中丞王宗持節發幽冀諸郡兵合數萬人乃徵雄爲青州刺史與王宗并力討之連戰破賊斬首溺死者數百人餘皆奔走收器械財物甚衆會赦詔到賊猶以軍甲未解不敢歸降於是王宗召刺史太守共議皆以爲當遂擊之雄曰不然兵凶器戰危事史記范蠡之詞勇不可恃勝不可必賊若乘船浮海深入遠島攻之未易也及有

赦令可且罷兵以慰誘其心埶必解散然後圖之可不戰而定也宗善其言即罷兵賊聞大喜乃還所略人而東萊郡兵獨未解甲賊復驚恐遁走遼東止海島上五年春乏食復抄東萊閒雄率郡兵擊破之賊逃還遼東遼東人李久等共斬平之於是州界清靜雄每行部錄囚徒察顏色多得情僞長吏不奉法者皆解印綬去在州四年遷南郡太守斷獄省少戶口益增郡濵

帶江沔水經曰沔水出武都沮縣東狼谷中至江夏沙羨縣北南入于江羨音夷又有雲夢藪澤雲夢澤今在安州永初中多虎狼之暴前太守賞募張捕反爲所害者甚衆雄乃移書屬縣曰凡虎狼之在山林猶人之居城市古者至化之世猛獸不擾禮記曰大道之行四靈以爲畜龍以爲畜故魚鮪不淰鳳以爲畜故鳥不獝麟以爲畜故獸不狘是不擾之也皆由恩信寬澤仁及飛走太守雖不德敢忘斯義記到其毀壞檻穽不得妄捕山林檻謂捕獸之機也穽謂穿地陷獸也是後虎害稍息人以獲安在郡數歲

歲常豐稔稔熟也元初中卒官子眞在逸人傳

滕撫字叔輔北海劇人也初仕州郡稍遷爲涿令有文武才用太守以其能委任郡職兼領六縣續漢志涿郡領七縣除涿以外有遒故安范陽良鄉北新城方城六縣使撫兼領之風政修明流愛于人在事七年道不拾遺順帝末揚徐盜賊羣起磐牙連歲磐牙謂相連結建康元年九江范容周生等相聚反亂屯據歷陽歷陽今和州縣爲江淮巨患遣御史中丞馮緄將兵督揚州刺史尹燿九江太

守鄧顯討之爆顯軍敗爲賊所殺又陰陵
人徐鳳馬勉等復寇郡縣殺略吏人鳳衣
絳衣帶黒綬稱無上將軍勉皮冠黄衣帶
玉印稱黄帝築營於當塗山中（當塗縣之山也在今宣州）
乃建年號置百官遣別帥黄虎攻没合肥（合肥故城在今廬州北也）
明年廣陵賊張嬰等復聚衆數
千人反據廣陵朝廷博求將帥三公舉撫
有文武才拜爲九江都尉與中郎將趙序
助馮緄合州郡兵數萬人共討之又廣開
賞募錢邑各有差梁太后慮羣賊屯結諸

將不能制又議遣太尉李固未及行會撫
等進擊大破之斬馬勉范容周生等千五
百級徐鳳遂將餘衆攻燒東城縣（東城縣故城在今豪州定遠縣東南）
下邳人謝安應募率其宗親設伏
擊鳳斬之封安爲平鄉侯邑三千戸拜撫
中郎將督揚徐二州事撫復進擊張嬰斬
獲千餘人趙序坐畏懦不進詐增首級徵
還弃市又歷陽賊華孟自稱黒帝攻九江

殺郡守撫乘勝進擊破之斬孟等三千八
百級虜獲七百餘人牛馬財物不可勝筭
於是東南悉平振旅而還以撫爲左馮翊
除一子爲郎撫所得賞賜盡分於麾下性
方直不交權埶宦官懷忿及論功當封太
尉胡廣時録尚書事承旨奏黜撫天下怨
之卒於家

馮緄字鴻卿巴郡宕渠人也（宕渠縣故城在今渠州東北緄音古本反）
少學春秋司馬兵法（謝承書曰緄學公羊春秋史記曰司馬穰苴者

田完之苗裔也當景公時晉用兵至齊威王時使大夫追論古者司馬兵法而附穰苴其中號曰司馬穰苴也）
父煥安帝時爲幽州刺史疾忌姦惡數
致其罪時玄菟太守姚光亦失人和建光
元年怨者乃詐作璽書譴責煥光賜以歐
刀又下遼東都尉龐奮使速行刑奮即斬
光收煥煥欲自殺緄疑詔文有異止煥曰
大人在州志欲去惡實無它故必是凶人
妄詐規肆姦毒願以事自上甘罪無晚煥
從其言上書自訟果詐者所爲徵奮抵罪

會煥病死獄中帝愍之賜煥光錢各十萬以子爲郎中緄由是知名家富好施賑赴窮急爲州里所歸愛初舉孝廉七遷爲廣漢屬國都尉徵拜御史中丞順帝末以緄持節督揚州諸郡軍事與中郎將滕撫擊破羣賊遷隴西太守後鮮卑寇邊以緄爲遼東太守曉喻降集虜皆弭散弭止也徵拜京兆尹轉司隸校尉所在立威刑遷廷尉太常時長沙蠻寇益陽屯聚積久至延熹

五年衆轉盛而零陵蠻賊復反應之合二萬餘人攻燒城郭殺傷長吏又武陵蠻夷悉反寇掠江陵間荆州刺史劉度南郡太守李肅並奔走荆南皆没於是拜緄爲車騎將軍將兵十餘萬討之詔策緄曰蠻夷猾夏久不討攝猾亂也夏華夏也攝持也書曰蠻夷猾夏各焚都城蹈籍官人州郡將吏死職之臣相逐奔竄曾不反顧可愧言也將軍素有威猛是以擢授六師六師猶六軍也詩云整我六師以脩我戎也前代陳湯馮

傅之徒以寡擊衆陳湯字子公山陽瑕丘人也元帝時爲西域副校尉矯發西域諸國兵四萬人誅斬郅支單于傳首長安懸於槀街馮奉世字子明上黨潞人也宣帝時以衛尉持節送大宛諸國客到伊修城時莎車王萬年殺漢使者子明乃以節告諸國王發兵五千人擊莎車殺其王傳首詣長安傅介子北地人昭帝時爲平樂監時樓蘭國數反覆霍光白遣介子與士卒齎金幣以賜外國爲名至樓蘭樓蘭王與介子飲乃令壯士二人刺殺之持首詣闕郅支夜郎樓蘭之戎頭懸都街夜郎西南夷之國也成帝時夜郎王興數不從命牂柯太守陳立行縣至夜郎召興興從邑君數十人見立立數責因斷興頭案夜郎王首不傳京師殺之者陳立又非陳湯馮傳此蓋泛論誅戮戎夷耳衛霍北征功列金石是皆將軍所究覽也衛青霍去病俱出擊匈奴青至寘顏山斬首九千級去病

斬首七萬餘級次到狼居胥山迺還也今非將軍誰與修復前迹進赴之宜權時之策將軍一之出郊之事不復内御一猶專也言出郊以外不復由内制御也淮南子曰凡命將主親授鉞曰從此上至天將軍制之將荅曰國不可從外理軍不可從中御也已命有司祖于國門祖道祭也鄭玄注禮記云天子九門路門也應門也雉門也庫門也臯門也國門也近郊門也遠郊門也關門也詩不云乎進厥虎臣闞如虓虎敷敦淮濆仍執醜虜將軍其勉之詩大雅也當周宣王時徐方淮夷反叛宣王乃進其虎猛之臣謂方叔召虎之類也虓虎怒聲也水涯曰濆敷布也醜衆也仍因也言布兵敦逼淮水之涯因執得衆虜引詩誡緄令其勉也時天下飢饉帑

藏虛盡每出征伐常減公卿奉禄假王侯租賦前後所遣將帥宦官輒陷以折耗軍資往往抵罪緄性烈直不行賄賂懼爲所中乃上䟽曰埶得容姦伯夷可疑苟曰無猜盜跖可信莊子曰孔子與柳下季爲友弟名曰盜跖從卒九千人橫行侵暴諸侯驅人馬牛取人婦女貪虐無親萬人苦之故樂羊陳功文侯示以謗書樂羊魏將軍也史記曰魏文侯令樂羊將而攻中山三年而拔之樂羊反而論功文侯示之謗書一篋樂羊再拜曰此非臣之功也願請中常侍一人監軍財費尚書朱穆奏緄以財自嫌失大臣之節

有詔勿劾緄軍至長沙賊聞悉詣營道乞降營道今道州縣也進擊武陵蠻夷斬首四千餘級受降十餘萬人荆州平定詔書賜錢一億固讓不受振旅還京師推功於從事中郎應奉薦以爲司隷校尉而上書乞骸骨朝廷不許監軍使者張敞承宦官旨奏緄將傅婢二人戎服自隨又輒於江陵刻石紀功請下吏案理尚書令黃儁奏議以爲罪無正法不合致糾會長沙賊復起攻桂

陽武陵緄以軍還盜賊復發策免頃之拜將作大匠轉河南尹上言舊典中官子弟不得爲牧人職帝不納復爲廷尉時山陽太守單遷以罪繫獄緄考致其死遷故車騎將軍單超之弟中官相黨遂共誹章誣緄坐與司隷校尉李膺大司農劉祐俱輸左校應奉上䟽理緄等得免後拜屯騎校尉復爲廷尉卒於官緄弟允清白有孝行能理尚書善推步之術推步謂究日月五星之度昏旦節氣之差拜

降虜校尉終於家謝承書曰緄子騫舉孝廉除郎中

度尚字博平山陽湖陸人也家貧不修學行不爲鄉里所推舉續漢書曰尚少喪父事母至孝通京氏易古文尚書爲吏清絜有文武才略與此不同積困窮乃爲宦者同郡侯覽視田得爲郡上計吏拜郎中除上虞長上虞縣故城在今越州餘姚縣西爲政嚴峻明於發擿姦非吏人謂之神明謝承書曰尚進善愛人坐以待旦擢門下書佐朱儁恒嘆述之以爲有不凡之操儁後官至車騎將軍遠近奇尚有知人之鑒遷文安令文安縣故城在今瀛州文安縣東北遇時疾疫穀貴人飢尚開倉稟給營

救疾者百姓蒙其濟時冀州刺史朱穆行部見尚甚奇之延熹五年長沙零陵賊合七八千人自稱將軍入桂陽蒼梧南海交阯交阯刺史及蒼梧太守望風逃奔二郡皆沒遣御史中丞盛修募兵討之不能剋豫章艾縣人六百餘人應募而不得賞直怨恚遂反焚燒長沙郡縣寇益陽（益陽縣在益水之陽故城在今潭州益陽縣東）殺縣令衆漸盛又遣謁者馬睦督荊州刺史劉度擊之軍敗睦度奔走桓

帝詔公卿舉任代劉度者尚書朱穆舉尚自右校令擢爲荊州刺史尚躬率部曲與同勞逸廣募雜種諸蠻夷明設購賞進擊大破之降者數萬人桂陽宿賊渠帥卜陽潘鴻等畏尚威烈徙入山谷尚窮追數百里遂入南海破其三屯多獲珍寶而陽鴻等黨衆猶盛尚欲擊之而士卒驕富莫有鬬志尚計緩之則不戰逼之必逃亡乃宣言卜陽潘鴻作賊十年習於攻守今兵寡少未易可進當須諸郡所發悉至爾乃并力攻之申令軍中恣聽射獵兵士喜悅大小皆相與從禽尚乃密使所親客潛焚其營珍積皆盡獵者來還莫不泣涕尚人人慰勞深自咎責因曰卜陽等財寶足富數世諸卿但不并力耳所亡少少何足介意衆聞咸憤踊尚勑令秣馬蓐食明旦徑赴賊屯陽鴻等自以深固不復設備吏士乘銳遂大破平之尚出兵三年羣寇悉定七

年封右鄉侯遷桂陽太守明年徵還京師時荊州兵朱蓋等征戍役久財賞不贍忿恚復作亂與桂陽賊胡蘭等三千餘人復攻桂陽焚燒郡縣太守任胤弃城走賊衆遂至數萬轉攻零陵太守陳球固守拒之於是以尚爲中郎將將幽冀黎陽烏桓步騎二萬六千人救球又與長沙太守抗徐等發諸郡兵并埶討擊大破之斬蘭等首三千五百級餘賊走蒼梧詔賜尚錢百萬

餘人各有差時抗徐與尚俱爲名將數有功徐字伯徐丹陽人鄉邦稱其膽智初試守宣城長悉移深林遠藪椎髻鳥語之人置於縣下（宣城縣故城在今宣州南陵縣東椎獨髻也音直追反鳥語謂語聲似鳥也書曰島夷卉服）由是境內無復盜賊後爲中郎將宗資別部司馬擊大山賊公孫舉等破平之斬首三千餘級封烏程東鄉侯五百戶（烏程今湖州縣）遷太山都尉寇盜望風奔亡及在長沙宿賊皆平卒於官桓帝下詔追增封

徐五百戶并前千戶復以尚爲荊州刺史尚見胡蘭餘黨南走蒼梧懼爲己負乃爲上言蒼梧賊入荊州界於是徵交阯刺史張磐下廷尉辭狀未正會赦見原磐不肯出獄方更牢持械節獄吏謂磐曰天恩曠然而君不出何乎磐因自列曰前長沙賊胡蘭作難荊州餘黨散入交阯磐身嬰甲冑涉危履險討擊凶患斬殄渠帥餘盡鳥竄冒遁還奔荊州刺史度尚懼磐先言怖畏罪戾（戾亦罪也）伏奏見誣磐備位方伯爲國爪牙（爪牙以猛獸爲喻言爲國之扞衛也詩曰祈父予王之爪牙也）而爲尚所枉受罪牢獄夫事有虛實法有是非磐實不辜赦無所除如忍以苟免永受侵辱之恥生爲惡吏死爲敝鬼乞傳尚詣廷尉面對曲直足明眞僞尚不徵者磐埋骨牢檻終不虛出望塵受枉廷尉以其狀上詔書徵尚到廷尉辭窮受罪以先有功得原磐字子石丹陽人以清白稱終於廬江太守

尚後爲遼東太守數月鮮卑率兵攻尚與戰破之戎狄憚畏年五十延熹九年卒於官

楊琁字機平會稽烏傷人也高祖父茂本河東人從光武征伐爲威寇將軍封烏傷新陽鄉侯建武中就國傳封三世有罪國除因而家焉父扶交阯刺史有理能名兄喬爲尚書容儀偉麗數上言政事桓帝愛其才皃詔妻以公主喬固辭不聽遂閉口

不食七日而死琁初舉孝廉稍遷靈帝時爲零陵太守是時蒼梧桂陽猾賊相聚攻郡縣賊衆多而琁力弱吏人憂恐琁乃特制馬車數十乘以排囊盛石灰於車上（排囊即今囊袋也排音蒲拜反）繫布索於馬尾又爲兵車專彀弓弩剋共會戰乃令馬車居前順風鼓灰賊不得視因以火燒布然馬驚奔突賊陣因使後車弓弩亂發鉦鼓鳴震羣盜波駭破散追逐傷斬無數梟其渠帥郡境以清

（梟懸也）荆州刺史趙凱誣奏琁實非身破賊而妄有其功琁與相章奏凱有黨助遂檻車徵琁防禁嚴密無由自訟乃噬臂出血書衣爲章具陳破賊形勢及言凱所誣狀潛令親屬詣闕通之詔書原琁拜議郎凱反受誣人之罪琁三遷爲勃海太守所在有異政以事免後尚書令張溫特表薦之徵拜尚書僕射以病乞骸骨卒於家

論曰安順以後風威稍薄寇攘寖橫緣隙而生剽人盜邑者不關時月（關息也）假署皇王者蓋以十數或託驗神道或矯妄冕服然其雄渠魁長未有聞焉猶至壘盈四郊奔命首尾（壘軍壁也禮記曰四郊多壘卿大夫之辱奔命謂有命即奔赴之左傳曰余必使爾罷於奔命也）若夫數將者並宣力勤慮以勞定功（宣布也尚書曰宣力四方禮記曰以勞定國則祀之）而景風之賞未甄膚受之言互及（景風至則行賞解見和紀甄明也膚受謂得皮膚之言而受之不深知其情核者也孔子曰膚受之愬不行焉可謂明矣）以此而推政道難乎以免（論語孔子曰不有祝鮀之佞難乎免於今之世矣）

賛曰張宗裨禹敢殿後拒（殿音丁見反）江淮海岱虔劉寇阻（虔劉皆殺也）其誰清之雄尚緄撫琁能用譎亦云振旅

後漢書列傳卷第二十八

列傳卷第二十九　范曄　後漢書三十九

唐章懷太子賢注

劉平　趙孝

淳于恭　江革

劉般（子愷）　周磐

趙咨

孔子曰：夫孝莫大於嚴父，嚴父莫大於配天，則周公其人也。（配天謂宗祀文王於明堂以配上帝）子路曰：傷哉貧也！生無以養，死無以葬。子曰：啜菽飲水，孝也。（事見禮記。啜音昌悅反。廣雅曰：啜，食也）夫鍾鼓非樂云之本，而器不可去；（論語孔子曰：樂云樂云，鍾鼓云乎哉！言樂之所貴者移風易俗也，非謂鍾鼓而已，然而不可去鍾鼓。去音丘呂反）三牲非致孝之主，而養不可廢。（孝經曰：雖日用三牲，猶為不孝。言孝子者以和顏悅色為難也，非謂三牲而已，然不可闕）存器而忘本，樂之遁也；（遁，失也。言盛飾鍾鼓之器而忘移風之本，是失樂之意也）調器以和聲，樂之成也。崇養以傷行，孝之累也；（不義而崇養，更為親憂，是孝之累也）脩己以致祿，養之大也。故言能大養，則周公之祀致四海之祭；言以義養，則仲由之菽甘於東鄰之牲。（易曰：東鄰殺牛，不如西鄰之禴祭也）夫患水菽之薄，干祿以求養者，是以恥祿親也；（干，求也。謂不以道求祿，故可恥也）存誠以盡行，孝積而祿厚者，此能以義養也。

中興，廬江毛義少節，家貧，以孝行稱。南陽人張奉慕其名，往候之。坐定而府檄適至，以義守令，（檄，召書也。東觀記曰：義為安陽尉，府檄到，當守令也）義奉檄而入，喜動顏色。奉者，志尚士也，心賤之，自恨來，固辭而去。及義母死，去官行服。數辟公府，為縣令，進退必以禮。後舉賢良，公車徵，遂不至。張奉歎曰：賢者固不可測。往日之喜，乃為親屈也。斯蓋所謂家貧親老，不擇官而仕者也。（韓詩外傳曾子曰：任重道遠，不擇地而息；家貧親老，不擇官而仕）建初中，章帝下詔褒寵義，賜穀千斛，常以八月長吏問起居，加賜羊酒。壽終于家。

安帝時，汝南薛包孟嘗，好學篤行，喪母，以至孝聞。及父娶後妻而憎包，分出之。包日夜號泣，不能去，至被歐杖。不得已，廬於舍外，旦入而洒掃。父怒，又逐之。乃廬於里門，昏晨不廢。

後漢列傳二十九　一

後漢列傳二十九　二

積歲餘父母慙而還之後行六年服喪過
平哀既而弟子求分財異居包不能止乃
中分其財奴婢引其老者曰與我共事久
若不能使也田廬取其荒頓者（頓猶廢也）曰吾
少時所理意所戀也器物取朽敗者曰我
素所服食身口所安也弟子數破其產輒
復賑給建光中公車特徵至拜侍中包性
恬虛稱疾不起以死自乞有詔賜告歸加
禮如毛義（告請假也漢制吏病滿三月當免天子優賜其告使得帶印綬將官屬歸家養

病謂之賜告也）年八十餘以壽終若二子者推至
誠以爲行行信於心而感於人以成名受
祿致禮斯可謂能以孝養也若夫江革劉
般數公者之義行猶斯志也撰其行事著
于篇（自此已上並略華嶠之詞也）
劉平字公子楚郡彭城人也本名曠顯宗
後改爲平王莽時爲郡吏守菑丘長（菑丘縣屬
彭城國）政教大行其後每屬縣有劇賊輒令
平守之所至皆理由是一郡稱其能更始

時天下亂平弟仲爲賊所殺其後賊復忽
然而至平扶侍其母奔走逃難仲遺腹女
始一歲平抱仲女而棄其子母欲還取之
平不聽曰力不能兩活仲不可以絕類遂
去不顧與母俱匿野澤中平朝出求食逢
餓賊將亨平叩頭曰今旦爲老母求菜老
母待曠爲命願得先歸食母畢還就死（食音
飼下同）因涕泣賊見其至誠哀而遣之平還
既食母訖因白曰屬與賊期義不可欺遂

還詣賊衆皆大驚相謂曰常聞烈士乃今
見之子去矣吾不忍食子於是得全建武
初平狄將軍龐萌反於彭城攻敗郡守孫
萌平時復爲郡吏冒白刃伏萌身上被七
創困頓不知所爲號泣請曰願以身代府
君賊乃斂兵止曰此義士也勿殺遂解去
萌傷甚氣絕有頃蘇渴求飲平傾其創血
以飲之後數日萌竟死平乃裹創扶送萌
喪至其本縣後舉孝廉拜濟陰郡丞太守

劉育甚重之任以郡職上書薦平會平遭父喪去官服闋拜全椒長（全椒縣屬九江郡也）政有恩惠百姓懷感人或增貲就賦或減年從役刺史太守行部獄無繫囚人自以得所不知所問（所或作何）唯班詔書而去後以病免顯宗初尚書僕射鍾離意上書薦平及琅邪王望東萊王扶曰臣竊見琅邪王望楚國劉曠東萊王扶皆年七十執性恬淡所居之處邑里化之脩身行義應在朝次臣誠

不足知人竊慕推士進賢之義書奏有詔徵平等特賜辦裝錢至皆拜議郎並數引見平再遷侍中永平三年拜宗正數薦達名士承宮郇恁等（恁字君大見黃憲傳恁音人甚反）在位八年以老病上疏乞骸骨卒於家王望字慈卿客授會稽自議郎遷青州刺史甚有威名是時州郡災旱百姓窮荒望行部道見飢者裸行草食五百餘人愍然哀之因以便宜出所在布粟給其廩糧爲作褐衣（許慎

注淮南子曰楚人謂袍爲短褐）事畢上言帝以望不先表請章示百官詳議其罪時公卿皆以爲望之專命法有常條鍾離意獨曰昔華元子反楚宋之良臣不稟君命擅平二國春秋之義以爲美談（春秋楚子圍宋宋人及楚人平公羊傳曰外平不書此何以書大其平乎己也何大其平乎己莊王圍宋有七日之糧爾盡此不勝將去而歸爾於是使司馬子反乘堙而闚宋城宋華元亦乘堙而出見之子反曰子之國何如華元曰憊矣曰何如曰易子而食之析骸而炊之子反曰諾吾軍有七日之糧爾盡此不勝將去而歸爾揖而去之反於莊王莊王怒曰吾使子往視之子曷爲告之子反曰以區區之宋猶有不欺人之臣可以楚而無乎是以告之王曰諾引師而去之故君子大其平乎己也）

今望懷義忘罪當仁不讓若繩之以法忽其本情將乖聖朝愛育之旨帝嘉意議赦而不罪王扶字子元掖人也（掖今萊州縣）少脩節行客居琅邪不其縣所止聚落化其德（小於鄉曰聚廣雅曰落居也）國相張宗謁請不應欲強致之遂杖策歸鄉里連請固病不起太傅鄧禹辟不至後拜議郎會見恂恂似不能言（恂恂恭順之皃）然性沈正不可干以非義當世高之永平中臨邑侯劉復（復光武兄伯升之孫北海王興之子也）著

漢德頌盛稱扶爲名臣云

趙孝字長平沛國蘄人也（蘄音機）父普王莽時爲田禾將軍（王莽時置田禾將軍屯田北邊）任孝爲郎每告歸常白衣步擔甞從長安還欲止郵亭亭長先時聞孝當過以有長者客掃灑待之（素聞孝高名故以爲長者之客也灑與灑通音所賣反）孝既至不自名（不稱名也）長不肯內因問曰聞田禾將軍子當從長安來何時至乎孝曰尋到矣於是遂去（華嶠書曰孝報云三日至矣）及天下亂人相食孝弟禮爲餓賊

所得孝聞之即自縛詣賊曰禮久餓羸瘦不如孝肥飽賊大驚並放之謂曰可且歸更持米糒來孝求不能得復往報賊願就亨衆異之遂不害鄉黨服其義州郡辟召進退必以禮舉孝廉不應永平中辟太尉府顯宗素聞其行詔拜諫議大夫遷侍中又遷長樂衛尉復徵弟禮爲御史中丞禮亦恭謙行已類於孝帝嘉其兄弟篤行欲寵異之詔禮十日一就衛尉府大官送供具令共相對盡歡數年禮卒帝令孝從官屬送喪歸葬後歲餘復以衛尉賜告歸卒于家孝無子拜禮兩子爲郎時汝南有王琳巨尉者年十餘歲喪父母因遭大亂百姓奔逃唯琳兄弟獨守冢廬號泣不絶弟季出遇赤眉將爲所哺（哺食之也哺音補胡反）琳自縛請先季死賊矜而放遣由是顯名鄉邑後辟司徒府薦士而退琅邪魏譚少閒者時亦爲飢寇所獲等輩數十人皆束縛以次

當亨賊見譚似謹厚獨令主爨暮輒執縛賊有夷長公（夷姓也）特哀念譚密解其縛語曰汝曹皆應就食急從此去對曰譚爲諸君爨恒得遺餘餘人皆茹草菜不如食我長公義之相曉赦遣並得俱免譚永平中爲主家令（公主家令也）又齊國兒萌子明（兒音五兮反）梁郡車成子威二人兄弟並見執於赤眉將食之萌成叩頭乞以身代賊亦哀而兩釋焉

淳于恭字孟孫北海淳于人也（淳于縣故城今在密州安丘縣東北故淳于國也）善說老子清靜不慕榮名家有山田果樹人或侵盜輒助爲收採又見偷刈禾者恭念其愧因伏草中盜去乃起里落化之王莽末歲飢兵起恭兄崇將爲盜所亨恭請代得俱免後崇卒恭養孤幼教誨學問有不如法輒反用杖自箠以感悟之兒慙而改過初遭賊寇百姓莫事農桑恭常獨力田耕鄉人止之曰時方淆亂死

生未分何空自苦爲恭曰縱我不得它人何傷墾耨不輟後州郡連召不應遂幽居養志潛於山澤舉動周旋必由禮度建武中郡舉孝廉司空辟皆不應客隱琅邪黔陬山遂數十年（黔陬縣之山也黔陬故城在今密州諸城縣東北也）建初元年肅宗下詔美恭素行告郡賜帛二十匹遣詣公車除爲議郎引見極日訪以政事遷侍中騎都尉禮待甚優其所薦名賢無不徵用進對陳政皆本道德帝與之言未嘗不稱善五年病篤使者數存問卒於官詔書襃歎賜穀千斛刻石表閭除子孝爲太子舍人

江革字次翁齊國臨淄人也少失父獨與母居遭天下亂盜賊並起革負母逃難備經阻險常採拾以爲養數遇賊或劫欲將去革輒涕泣求哀言有老母辭氣愿款有足感動人者（愿謹也款誠也）賊以是不忍犯之或乃指避兵之方（華嶠書曰語以避兵道地）遂得俱全於難革

轉客下邳窮貧裸跣行傭以供母便身之物莫不必給建武末年與母歸鄉里每至歲時縣當案比（案驗以比之猶今貌閱也）革以母老不欲搖動自在轅中輓車不用牛馬由是鄉里稱之曰江巨孝（巨大也華嶠書曰臨淄令楊音高之設特席顯異巨孝於稠人廣衆中親奉鐩以助供養也）太守嘗備禮召革以母老不應及母終至性殆滅嘗寢伏冢廬服竟不忍除郡守遣丞掾釋服因請以爲吏永平初舉孝廉爲郎補楚太僕月餘自劾去楚王

英馳遣官屬追之遂不肯還復使中傳贈
送辭不受後數應三公命輒去建初初太
尉牟融舉賢良方正再遷司空長史肅宗
甚崇禮之遷五官中郎將每朝會帝常使
虎賁扶侍及進拜恒目禮焉（獨視之也）時有疾
不會輒大官送醪膳恩寵有殊於是京師
貴戚衛尉馬廖侍中竇憲慕其行各奉書
致禮革無所報受（華嶠書曰終不報書一無所受）帝聞而益
善之後上書乞骸骨轉拜諫議大夫賜告

歸因謝病稱篤元和中天子思革至行制
詔齊相曰諫議大夫江革前以病歸今起
居何如夫孝百行之冠衆善之始也國家
每惟志士未嘗不及革縣以見穀千斛賜
巨孝常以八月長吏存問致羊酒以終厥
身（華嶠書曰致羊一頭酒二斛）如有不幸祠以中牢由是
巨孝之稱行於天下及卒詔復賜穀千斛
劉般字伯興宣帝之玄孫也宣帝封子嚻
於楚是爲孝王孝王生思王衍衍生王紆

紆生般自嚻至般積累仁義世有名節而
紆尤慈篤早失母同產弟原鄉侯平尚幼
紆親自鞠養常與共卧起飲食及成人未
嘗離左右平病卒紆哭泣歐血數月亦歿
初紆襲王封因值王莽篡位廢爲庶人因
家於彭城般數歲而孤獨與母居王莽敗
天下亂太夫人聞更始即位（太夫人般之母也前書音義曰列侯之妻稱夫人母稱太夫人）乃將般俱奔長安會更始敗
復與般轉側兵革中西行上隴遂流至武

威般雖尚少而篤志脩行講誦不怠其母
及諸舅以爲身寄絕域死生未必（必或作分也）不
宜苦精若此數以曉般般猶不改其業建
武八年隗嚻敗河西始通般即將家屬東
至洛陽脩經學於師門明年光武下詔封
般爲菑丘侯奉孝王祀使就國後以國屬
楚王徙封杼秋侯（杼秋縣屬梁國杼音是與反）十九年行
幸沛詔問郡中諸侯行能太守薦言般束
脩至行爲諸侯師（束脩謂束脩絜也）帝聞而嘉之乃

賜般綬錢百萬繒二百匹二十年復與車駕會沛因從還洛陽賜穀什物留爲侍祠矦永平元年以國屬沛徙封居巢矦(居巢縣屬盧江郡也)復隨諸矦就國數年揚州刺史觀恂薦般在國口無擇言行無怨惡宜蒙旌顯顯宗嘉之十年徵般行執金吾事從至南陽還爲朝矦明年兼屯騎校尉時五校官顯職閑而府寺寛敞輿服光麗伎巧畢給故多以宗室肺腑居之(肺腑天子之親屬也)每行幸郡

國般常將長水胡騎從帝曾欲置常平倉(宣帝時大司農耿壽昌請令邊郡皆築倉以穀賤時增其價而糴之以利農穀貴時減價而糶之名曰常平倉)公卿議者多以爲便般對以常平倉外有利民之名而内實侵刻百姓豪右因緣爲姦小民不能得其平置之不便帝乃止是時下令禁民二業(謂農者不得商賈也)又以郡國牛疫通使區種增耕(氾勝之書曰上農區田大區方深各六寸間相去七寸一畝三千七百區丁男女種十畝至秋收區三升粟一畝得百斛中農區田法方七寸深六寸間相去二尺一畝千二十七區丁男女種十畝秋收粟畝得五十一石下農區田法方九寸深六寸間相去三尺秋收畝得二十八石旱即以水沃之)而吏下檢結多失其實百姓患之般上言郡國以官禁二業至有田者不得漁捕今濵江湖郡率少蠶桑民資漁採以助口實且以冬春閑月不妨農事夫漁獵之利爲田除害有助穀食無關二業也又郡國以牛疫水旱墾田多減故詔勑區種增進頃畝以爲民也而吏舉度田欲令多前(多於前歲)至於不種之處亦通爲租可申勑刺史二千石務令實覈其有增加皆

使與奪田同罪帝悉從之(華嶠書曰奪作脫也)肅宗即位以爲長樂少府建初二年遷宗正般妻卒厚加賵贈及賜冢塋地於顯節陵下般在位數言政事其收恤九族行義尤著時人稱之年六十建初三年卒子憲嗣憲卒子重嗣憲兄愷

愷字伯豫以當襲般爵讓與弟憲遁逃避封久之章和中有司奏請絶愷國肅宗美其義特優假之(假借也)愷猶不出積十餘歲

至永元十年有司復奏之侍中賈逵因上書曰孔子稱能以禮讓爲國於從政乎何有（論語之文也何有者言善無有也）竊見居巢矦劉般嗣子愷素行孝友謙遜絜清讓封弟憲潛身遠迹有司不原樂善之心而繩以循常之法（原本也繩政也）懼非長克讓之風成含弘之化前世扶陽矦韋玄成（玄成字少翁韋賢子讓封於兄弘宣帝高其節以爲河南太守元帝時爲御史大夫又爲丞相見前書也）近有陵陽矦丁鴻鄳矦鄧彪（鴻讓國於弟盛和帝時爲司徒彪讓國於弟荆鳳明帝時爲太尉鄳音盲）並以

高行絜身辭爵未聞貶削而皆登三事今愷景仰前脩有伯夷之節（景猶慕也詩云景行行止前脩前賢也楚辭曰謇吾法夫前修）宜蒙矜宥全其先功以增聖朝尚德之美和帝納之下詔曰故居巢矦劉般嗣子愷當襲般爵而稱父遺意致國弟憲遁亡七年所守彌篤蓋王法崇善成人之美其聽憲嗣爵遭事之宜後不得以爲比乃徵愷拜爲郎稍遷侍中愷之入朝在位者莫不仰其風行遷步兵校尉十三年

遷宗正免復拜侍中遷長水校尉永初元年代周章爲太常愷性篤古貴處士每有徵舉必先巖穴論議引正辭氣高雅永初六年代張敏爲司空元初二年代夏勤爲司徒舊制公卿二千石刺史不得行三年喪由是內外衆職並廢喪禮元初中鄧太后詔長吏以下不爲親行服者不得典城選舉時有上言牧守宜同此制詔下公卿議者以爲不便愷獨議曰詔書所以爲制

服之科者蓋崇化厲俗以弘孝道也今刺史一州之表二千石千里之師（前書杜欽曰卿以二千石守千里之地任兵馬之重不宜去郡也）職在辯章百姓宜美風俗（尚書曰九族既睦辯章百姓鄭玄注云辯別也章明也）尤宜尊重典禮以身先之而議者不尋其端至於牧守則云不宜是猶濁其源而望流清曲其形而欲景直不可得也（前書曰今淫僻之化流而欲黎庶敦樸猶濁其源而求流清也）太后從之時征西校尉任尚以姦利被徵抵罪尚曾副大將軍鄧隲隲黨護之而

太尉馬英司空李郃承望騖旨不復先請即獨解尚臧錮愷不肯與議後尚書案其事二府並受譴咎（二府即馬英李郃）朝廷以此稱之視事五歲永寧元年稱病上書致仕有詔優許焉加賜錢三十萬以千石祿歸養河南尹常以歲八月致羊酒時安帝始親政事朝廷多稱愷之德帝乃遣問起居厚加賞賜會馬英策罷尚書陳忠上疏薦愷曰臣聞三公上則台階下象山岳（前書音義曰泰階者天之三階也上階爲天子中階爲諸侯公卿大夫下階爲士庶人春秋漢含孳曰三公象五岳）股肱元首鼎足居職（易曰鼎折足覆公餗鼎足三公之象）協和陰陽調訓五品（五品五常之教也三公燮理陰陽敬敷五教也）考功量才以序庶僚遭烈風不迷遇迅雨不惑位莫重焉（尚書納舜於大麓烈風雷雨不迷史記曰堯使舜入山林川澤暴風雨舜行不迷堯以爲聖也）而今上司缺職未議其人臣竊差次諸卿考合衆議咸稱太常朱倀少府荀遷臣父寵前忝司空倀遷並爲掾屬具知其能倀能說經書而用心褊狹遷嚴毅剛直而薄於

藝文伏見前司徒劉愷沈重淵懿道德博備克讓爵土致祚弱弟躬浮雲之志兼浩然之氣（孔子曰不義而富於我如浮雲孟子曰我善養浩然之氣而無怨害則塞乎天地之間也言愷有仲尼孟軻之德也）頻歷二司（二司謂爲司徒司空）舉動得禮以疾致仕側身里巷處約思純進退有度百僚景式海內歸懷（景慕以爲法式）往者孔光師丹近世鄧彪張酺皆去宰相復序上司（孔光成帝時丞相哀帝時免後以日食徵詣公車復爲丞相師丹哀帝時代王莽爲大司馬後爲大司空鄧彪明帝時爲太尉章帝元和元年賜策罷和帝即位以彪爲太傅録尚書事張酺和帝永元五年爲太尉後策免十六年復爲司徒）誠宜簡練卓異以厭衆望書奏詔引愷拜太尉安帝初清河相叔孫光坐臧抵罪遂增錮二世釁及其子（二代謂父子俱禁錮）是時居延都尉范邠復犯臧罪詔下三公廷尉議司徒楊震司空陳褒廷尉張皓議依光比（比類也以邠類叔孫光亦錮及子也比音庇）愷獨以爲春秋之義善善及子孫惡惡止其身所以進人於善也（公羊傳曰曹公孫會自鄸出奔宋畔也曷爲不言畔爲公子喜時之後諱也春秋爲賢者諱也何賢乎公子喜時讓國也君子之善善也長惡惡也短惡惡止其身善善及子孫賢者子孫故君子）

爲其諱也尚書曰上刑挾輕下刑挾重今尚書呂刑篇曰上
刑適輕下服下刑適重上服謂二罪俱發原其本情須有虧減故言適輕適重此言挾輕挾重意亦不殊
但與今尚書不同耳如今使臧吏禁錮子孫以輕從重
懼及善人左傳曰刑蓋則懼及善人非先王詳刑之意也
尚書周穆王曰有邦有土告汝詳刑鄭玄注云詳審察之也有詔太尉議是視
事三年以疾乞骸骨久乃許之下河南尹
禮秩如前歲餘卒于家詔使者護喪事賜
東園秘器錢五十萬布千匹少子茂字叔
盛亦好禮讓歷位出納出納謂尚書喉舌之官也出謂受上言宣於下

後漢列傳二十九　十九　劉仲

納謂聽下言傳於上桓帝時爲司空會司隸校尉李膺
等抵罪而南陽太守成瑨太原太守劉瓆
下獄當死茂與太尉陳蕃司徒劉矩共上
書訟之帝不悅有司承旨劾奏三公茂遂
坐免建寧中復爲太中大夫卒於官
周磐字堅伯汝南安成人徵士燮之宗也
燮自有傳祖父業建武初爲天水太守磐少游
京師學古文尚書洪範五行左氏傳好禮
有行非典謨不言諸儒宗之居貧養母儉

薄不充嘗誦詩至汝濆之卒章慨然而歎
韓詩曰汝墳辭家也其卒章曰魴魚赬尾王室如燬雖則如燬父母孔邇辭君章句赬赤也燬烈火也孔
甚也邇近也言魴魚勞則尾赤君子勞苦則顏色變以王室政教如烈火矣猶觸冒而仕者以父母甚迫
近飢寒之憂爲此祿仕乃解韋帶就孝廉之舉以韋皮爲帶未
仕之服也求仕則服革帶故解之賈山上書曰布衣韋帶之士也和帝初拜謁者
除任城長遷陽夏重合令陽夏屬淮南郡重合屬勃海郡頻
歷三城皆有惠政後思母弃官還鄉里及
母歿哀至幾於毀滅服終遂廬于冢側教
授門徒常千人公府三辟皆以有道特徵

後漢列傳二十九　二十　陳興

磐語友人曰昔方回支父嗇神養和不以
榮利滑其生術嗇愛惜也滑亂也列仙傳曰方回堯時隱人也堯聘之鍊食雲母隱
於五柞山至夏啓末爲人所劫閉之室中從求道回化而去高士傳曰堯舜各以天下讓支父支父曰予
適有勞憂之病方且療之未暇理天下也莊子作支伯吾親以沒矣從物
何爲遂不應物猶事也建光元年年七十三歲
朝會集諸生講論終日歲朝歲旦因令其二子
曰吾日者夢見先師東里先生與我講於
陰堂之奧東南隅謂之奧陰堂幽暗之室又入其奧死之象也既而長歎
豈吾齒之盡乎若命終之日桐棺足以周

身外槨足以周棺斂形懸封濯衣幅巾斂形謂衣覆其形懸封謂直下棺不爲埏道也濯衣浣衣也不更新制幅巾不加冠也封音窆編二尺四寸簡寫堯典一篇幷刀筆各一以置棺前示不忘聖道其月望日無病忽終學者以爲知命焉磐若同郡蔡順字君仲亦以至孝稱汝南先賢傳曰蔡順事母至孝井桔槔朽在母生年上而順憂不敢理之俄而有扶老藤生繞之遂堅固焉順少孤養母嘗出求薪有客卒至辛音千訥反母望順不還乃噬其指噬齧也順即心動弃薪馳歸跪問其故母曰有急客來吾噬指以悟汝耳母年九十以壽終未及得葬里中災火將逼其舍順抱伏棺柩號哭叫天火遂越燒它室順獨得免太守韓崇召爲東閤祭酒母平生畏雷自亡後每有雷震順輒圜冢泣曰順在此崇聞之每雷輒爲差車馬到墓所後太守鮑衆舉孝廉順不能遠離墳墓遂不就年八十終于家

趙咨字文楚東郡燕人也燕故城今滑州胙城縣也古南燕之國也父暢爲博士咨少孤有孝行州郡召舉孝廉並不就延熹元年大司農陳奇舉咨至孝有道仍遷博士靈帝初太傅陳蕃大將軍竇武爲宦者所誅咨乃謝病去太尉楊賜特辟使飾巾出入請與講議以幅巾爲首飾不加冠冕舉高第累遷敦煌太守以病免還躬率子孫耕農爲養盜嘗夜往劫之咨恐母驚懼乃先至門迎盜因請爲設食謝曰老母八十疾病須養居貧朝夕無儲乞少置衣糧妻子物餘一無所請盜皆慙歎跪而辭曰所犯無狀干暴賢者言畢奔出咨追以物與之不及由此益知名徵拜議郎辭疾不到詔書切讓州郡以禮發遣前後再三不得已應召復拜東海相之官道經滎陽令敦煌曹暠咨之故孝廉也咨爲敦煌太守時薦暠爲孝廉迎路謁候咨不爲留暠送至亭次望塵不及謂主簿曰趙君名重今過界不見必爲天下笑即弃印綬追至東海謁咨畢辭歸家

其爲時人所貴若此咨在官清簡計日受
奉豪黨畏其儉節視事三年以疾自乞徵
拜議郎抗疾京師將終告其故吏朱祇蕭
建等使薄斂素棺籍以黃壤 棺中置土以籍其屍也 欲
令速朽早歸后土不聽子孫改之乃遺書
勑子儁曰夫含氣之倫有生必終蓋天地
之常期自然之至數是以通人達士鑒茲
性命以存亡爲晦明死生爲朝夕故其生
也不爲娛亡也不知戚夫亡者元氣去體
後漢列傳二十九　二五　李案
貞魂游散反素復始歸於無端 元氣天之氣也貞正也復旋也端際也太素太始天地之初也言人既死正魂游散反於太素旋於太始無復端際者也 既
已消仆還合糞土土爲弃物豈有性情而
欲制其厚薄調其燥溼邪但以生者之情
不忍見形之毀乃有掩骼埋窆之制易曰
古之葬者衣以薪藏之中野後世聖人易
之以棺椁 易繫辭之文也 棺椁之造自黃帝始 劉向曰棺椁之作自黃帝始案禮記曰殷人棺椁蓋至殷而加飾 爰自陶唐逮于
虞夏猶尚簡樸或瓦或木及至殷人而有

加焉 禮記有虞氏之瓦棺夏后氏之堲周殷人棺椁古史考曰禹作土堲以周棺堲音即七反 周
室因之制兼二代復重以牆翣之飾 禮記曰周人牆置翣盧植曰牆載棺車箱也三禮圖曰翣以竹爲之高二尺四寸廣三尺衣以白布柄長五尺葬時令人執之於柩車傍也 表以旌銘之儀 禮記曰銘明旌也以死者爲不可別故以其旗識之 招復含斂之禮 招復謂招魂復魄也含以玉珠實口也斂以衣服斂屍也禮記曰凡復男子稱名婦人稱字穀梁傳曰貝玉曰含禮記曰小斂於戶內大斂於阼也 殯
葬宅兆之期 期謂諸侯五日而殯五月而葬大夫三日而殯三月而葬士三日而殯踰月而葬宅兆葬之塋域也 棺椁周重之制 禮記曰天子之棺四重鄭玄注云諸公三重諸侯再重大夫一重士不重又曰君松椁大夫柏椁士雜木椁注云天子七重諸公四重諸
後漢列傳二十九　二十四　陳敬
侯三重大夫再重士一重也 衣衾稱襲之數 凡小斂諸侯大夫士皆用複衾君錦衾大夫縞衾士緇衾又曰天子襲十二稱諸公九稱諸侯七稱大夫五稱士三稱小斂尊卑同十九稱大斂天子百稱上公九十稱侯伯七十稱大夫五十稱士三十稱衣單複具曰稱 其事煩
而害實品物碎而難備然而秩爵異級貴
賤殊等自成康以下其典稍乖至於戰國
漸至積陵 戰國當春秋時也頹陵謂積廢陵遲 法度衰毀上下僭
雜終使晉侯請隧 隧謂掘地爲埏道王之葬禮也諸侯則懸柩故請之也左傳晉文公朝于襄王請隧不許 秦伯殉葬 左傳秦伯任好卒任好秦繆公名也以子車氏奄息仲行鍼虎殉葬國人哀之爲賦黃鳥之詩也 陳大夫設參門之

木宋司馬造石椁之奢（宋司馬桓魋也自爲石椁三年不成孔子曰若是其靡也死不如速朽之愈也見禮記）爰曁暴秦違道廢德滅三代之制興淫邪之法國貲糜於三泉人力單於酈墓玩好窮於糞土伎巧費於窀穸（窀厚也穸夜也厚夜猶長夜也秦始皇初即位營葬驪山役徒七十餘萬人下錮三泉宮觀百官奇器珍怪莫不畢備令匠作弩矢有所穿近矢輒射之以水銀爲百川江河大海上具天文以人魚爲膏燭事見史記）自生民以來厚終之敝未有若此者雖有仲尼重明周禮（謂周公制禮之後仲尼自衛返魯又定之也）墨子勉以古道猶不能禦也（禦止也言猶不能止其奢侈墨子曰古者聖人制爲葬埋之法棺三寸足以朽體衣衾三領足以覆惡堯葬卬之山滿坎無窆舜葬紀市禹葬會稽皆下不及泉上無遺臭三王者豈財用不足哉）是以華夏之士爭相陵尚違禮之本事禮之末務禮之華弃禮之實單家竭財以相營赴廢事生而營終亡替所養而爲厚葬（替廢也）豈云聖人制禮之意乎記曰喪雖有禮哀爲主矣又曰喪與其易也寧戚今則不然幷棺合椁以爲孝愷豐貲重襚以昭惻隱（穀梁傳曰衣衾曰襚音遂）吾所不取也昔舜葬蒼梧二妃不從（二妃娥皇女英也禮記曰舜葬於蒼梧蓋二妃未之從也）豈有匹配之會守常之所乎聖主明王其猶若斯況於品庶禮所不及古人時同即會（謂呂望爲太師死葬於周其子封於齊比五代皆反葬於周此時同則會也）時乖則別（謂舜葬於蒼梧二妃不從）動靜應禮臨事合宜王孫裸葬（王孫者楊王孫也臨終令其子曰吾死可爲布囊盛尸入地七尺既下從足脫其囊以身親土遂裸葬見前書）墨夷露骸（墨夷謂爲墨子之學者名夷之欲見孟子孟子曰吾聞墨之治喪以薄爲其道也蓋上世嘗有不葬其親者其親死則舉而委之於壑見孟子）皆達於性理貴於速變梁伯鸞父沒卷席而葬身亡不反其尸（梁伯鸞父讓寓於北地而卒卷席而葬鴻後出關適吳及卒葬於吳要離冢傍）彼數子豈薄至親之恩亡忠孝之道邪況我鄙闇不德不敏薄意內昭志有所慕（薄微也）上同古人下不爲咎果必行之勿生疑異恐爾等目眛所見耳諱所議必欲改殯以乖吾志故遠采古聖近揆行事以悟爾心但欲制坎令容棺椁棺歸即葬（歸到東郡也）平地無墳勿卜時日葬無設奠勿留墓側無起封樹於戲小子其勉之哉吾蔑復有言矣朱祇蕭建送喪到家（謝承書曰咨在京師病困

（故吏龔建經營之咨豫自買小素棺使人取乾黃土細擣篩之聚二十石臨卒謂建曰亡後自著所有故巾單衣先置土於棺內尸其中以擁其上）子㴱不忍父體與土并合
欲更改殯祇建譬以顧命也（譬曉）於是奉行
時稱咨明達

贊曰公子長平臨宼讓生淳于仁悌巨孝
以名居巢好讀遂承家祿伯豫逡巡方迹
孤竹文楚薄終喪朽惟速周能感親喬神
養福（感恩也謂誦詩至汝墳恩養親而求仕也喬神養福謂不應辟召以壽終也左傳曰能者養之以福）

後漢書列傳卷第二十九

列傳第三十上（自東都主人以下分為下卷）　范曄　後漢書四十

唐章懷太子賢注

班彪　子固

班彪字叔皮扶風安陵人也祖況成帝時
為越騎校尉父稚哀帝時為廣平太守（廣平郡今洺州永平縣也隋室諱廣改焉）
彪性沈重好古年二十餘
更始敗三輔大亂時隗囂擁衆天水彪乃
避難從之囂問彪曰往者周亡戰國並爭
天下分裂數世然後定意者從横之事復
起於今乎將承運迭興在於一人也願生

試論之對曰周之廢興與漢殊異昔周爵
五等諸侯從政本根既微枝葉彊大故其
末流有從横之事埶數然也漢承秦制改
立郡縣主有專己之威臣無百年之柄至
於成帝假借外家（外家謂王鳳王商等並輔政領尚書事也）哀平短
祚國嗣三絕（哀帝在位六年平帝在位五年故曰短祚成哀平俱無子是三絕也）故
王氏擅朝因竊號位危自上起傷不及下
（成帝威權借於外家是危自上起也漢德無害於百姓是傷不及下也）是以即真之

後天下莫不引領而歎十餘年間中外搔擾遠近俱發假號雲合咸稱劉氏不謀同辭謂王郎盧芳等並詐稱劉氏也方今雄桀帶州域者皆無七國世業之資而百姓謳吟思仰漢德已可知矣顒曰生言周漢之埶可也至於但見愚人習識劉氏姓號之故而謂漢家復興疎矣昔秦失其鹿劉季逐而羈之時人復知漢乎太公六韜曰取天下如逐鹿鹿得天下共分其肉也彪既疾顒言又傷時方艱乃著王命論以爲漢德承

大三百七十 小四五　後漢列傳三十上　二　王伸

堯有靈命之符王者興祚非詐力所致欲以感之而顒終不寤遂避地河西河西大將軍竇融以爲從事深敬待之接以師友之道彪乃爲融畫策事漢總西河以拒隗囂及融徵還京師光武問曰所上章奏誰與參之融對曰皆從事班彪所爲帝雅聞彪才因召入見舉司隸茂才拜徐令以病免司隸舉爲茂才也徐縣屬臨淮郡後數應三公之命輒去彪既才高而好述作遂專心史籍之閒武

帝時司馬遷著史記自太初以後闕而不錄太初武帝年號後好事者頗或綴集時事然多鄙俗不足以踵繼其書好事者謂楊雄劉歆陽城衡褚少孫史孝山之徒也彪乃繼採前史遺事傍貫異聞作後傳數十篇因斟酌前史而譏正得失其略論曰唐虞三代詩書所及世有史官以司典籍禮記曰動則左史書之言則右史書之見於史籍者夏太史終古殷太史向摯周太史儋也暨於諸侯國自有史左傳魯季孫召外史掌惡臣衛史華龍滑曰我太史也楚有左史倚相故孟子曰楚之檮杌晉之

後漢列傳三十上　三　朱安明

乘魯之春秋其事一也乘者興於田賦乘馬之事檮杌者嚚凶之類興於記惡之誡春秋以二始舉四時以記萬事一也見趙岐孟子注定哀之閒魯定公哀公也魯君子左丘明論集其文作左氏傳三十篇又撰異同號曰國語二十一篇由是乘檮杌之事遂闇不行於時爲闇也其書今亡而左氏國語獨章又有記錄黃帝以來至春秋時帝王公侯卿大夫號曰世本一十五篇春秋之後七國並爭秦幷諸侯則有戰國策三十三篇漢興定天下太中大夫

陸賈記録時功作楚漢春秋九篇孝武之
世太史令司馬遷採左氏國語刪世本戰
國策據楚漢列國時事上自黄帝下訖獲
麟武帝太始二年登隴首獲白麟遷作史記絶筆於此年也作本紀世家列
傳書表凡百三十篇而十篇缺焉十篇謂遷歿之後亡景紀武紀禮書樂書兵書將相年表日者傳三王世家龜策傳傅靳列傳遷之所記從
漢元至武以絶則其功也至於採經摭傳
分散百家之事甚多疏略不如其本務欲
以多聞廣載爲功論議淺而不篤其論術

後漢列傳三十上　四

學則崇黄老而薄五經黄帝老子道家也五經儒家也遷序傳曰道家使人精神專一動合無形贍足萬物此謂崇黄老也又曰儒者博而寡要勞而少功此爲薄五經也
序貨殖則輕仁義而羞貧窮史記貨殖傳序曰家貧親老妻子輭弱歲時無以祭祀飲食被服不足以自適如此不慙恥則無所比矣無巖處奇士之行而長貧賤語仁義亦足羞也
道游俠則賤守節而貴俗功史記游俠傳序曰季次原憲行君子之德義不苟合當世當世亦笑之終身空室蓬戸褐衣疏食不饜今游俠其行雖不軌於正義然其言必信其行必果已諾必誠不愛其軀赴士之厄蓋有足多者今拘學或抱咫尺之義久孤於世豈若卑論儕俗與世沈浮而取榮名哉此其大敝傷道所以遇
極刑之咎也極刑謂遷被腐刑也遷與任安書曰最下腐刑極矣然善述

序事理辯而不華質而不野文質相稱蓋
良史之才也誠令遷依五經之法言同聖
人之是非意亦庶幾矣易曰顔氏之子其殆庶幾乎夫百
家之書猶可法也若左氏國語世本戰國
策楚漢春秋太史公書今之所以知古後
之所由觀前聖人之耳目也司馬遷序帝
王則曰本紀公侯傳國則曰世家卿士特
起則曰列傳又進項羽陳涉而黜淮南衡
山謂遷著項羽本紀又陳涉起於壟畝數月被殺無子孫相繼著爲世家淮南衡山漢室之王亂當世

後漢列傳三十上　五

家而編之列傳言進退之失也細意委曲條例不經若遷之
著作採獲古今貫穿經傳至廣博也一人
之精文重思煩故其書刊落不盡尚有盈
辭多不齊一刊削也謂削落繁蕪仍有不盡若序司馬相如
舉郡縣著其字至蕭曹陳平之屬及董仲
舒竝時之人不記其字或縣而不郡者蓋
不暇也史記衛青者平陽人也張釋之堵陽人竝不顯郡之類也今此後篇
慎覈其事整齊其文不爲世家唯紀傳而
已傳曰殺史見極平易正直春秋之義也

彪復辟司徒王況府（王音肅）時東宮初建諸王國並開（建武二十三年王況爲司徒十九年建明帝爲太子十七年封諸王）而官屬未備師保多闕彪上言曰孔子稱性相近習相遠也（見論語）賈誼以爲習與善人居不能無爲善猶生長於齊不能無齊言也習與惡人居不能無惡猶生長於楚不能無楚言也（賈誼上疏之辭）是以聖人審所與居而戒慎所習昔成王之爲孺子出則周公邵公太公史佚入則大顛閎夭南宮括散宜生左右前後禮無違者（左傳曰自郊勞至於贈賄禮無違者）故成王一日即位天下曠然太平是以春秋愛子教以義方不納於邪驕奢淫佚所自邪也（左傳衛大夫石碏諫衛莊公之辭也）詩云詒厥孫謀以宴翼子言武王之謀遺子孫也（詩大雅也詒遺也宴安也翼敬也言文王遺其孫以善謀武王以安敬之道遺其子子謂成王也）漢興太宗使鼂錯導太子以法術（文帝時鼂錯爲博士上言曰人主所以顯功揚名者以知術數也今皇太子所讀書多矣而未知術數願陛下擇聖人之術以賜太子上善之拜錯爲太子家令）賈誼教梁王以詩書（賈誼爲梁王太傅梁王文帝之少子名揖愛而好書故令

誼傅之）及至中宗亦令劉向王褒蕭望之周堪之徒以文章儒學保訓東宮以下（中宗宣帝也時元帝爲太子宣帝使王褒劉向張子僑等之太子宮娛侍太子朝夕讀誦蕭望之爲太傅周堪爲少傅並見前書）莫不崇簡其人就成德器今皇太子諸王雖結髮學問脩習禮樂而傅相未值賢才官屬多闕舊典宜博選名儒有威重明通政事者以爲太子太傅東宮及諸王國備置官屬又舊制太子食湯沐十縣設周衛交戟五日一朝因坐東箱省視膳食其非朝日使僕中允旦旦請問而已明不媟黷廣其敬也（漢官儀曰皇太子五日一至臺因坐東箱省視膳食以法制敕太官尚食宰吏其非朝日使僕中允旦旦請問明不媟黷所以廣敬也太子僕一人秩千石中允一人四百石主門衛徼巡）書奏帝納之後察司徒廉爲望都長吏民愛之（察舉也司徒薦爲廉）建武三十年年五十二卒官所著賦論書記奏事合九篇二子固超超別有傳

論曰班彪以通儒上才傾側危亂之閒行不踰方（論語孔子曰可謂仁之方鄭玄注云方猶道也）言不失正仕不

急進貞不違人數文華以緯國典守賤薄
而無悶容彼將以世運未弘非所謂賤焉
恥乎何其守道恬淡之篤也 孔子曰邦有道貧且賤焉恥也
言彪當中興之初時運未泰故不以貧賤爲恥 何守道清靜之固也恬淡猶清靜也篤固也
固字孟堅年九歲能屬文誦詩賦及長遂
博貫載籍九流百家之言無不窮究 九流謂道儒墨
名法陰陽農雜縱橫 所學無常師不爲章句舉大義
而已性寛和容衆不以才能高人諸儒以
此慕之 謝承書曰固年十三王充見之拊其背謂彪曰此兒必記漢事 永平初

後漢列傳三十上 八 陳震

東平王蒼以至戚爲驃騎將軍輔政開東
閤延英雄時固始弱冠奏記說蒼曰 奏進也記書也
前書待詔鄭朋奏記於蕭望之奏記自朋始也 將軍以周邵之德立乎
本朝承休明之策建威靈之號 號驃騎將軍也 昔
在周公今也將軍詩書所載未有三此者
也 唯蒼與周公二人而已 傳曰必有非常之人然後有
非常之事有非常之事然後有非常之功
固幸得生於清明之世豫在視聽 司馬相如喻蜀之辭
之末私以螻螘竊觀國政 螻螘謂細微也 誠美將

軍擁千載之任躡先聖之蹤 千載謂自周公至明帝時千餘
載也先聖謂周公也 體弘懿之姿據高明之埶博貫庶
事服膺六蓺白黑簡心求善無猒 淮南子曰聖人見是
非若白黑之別於目 左傳曰求善不猒也 採擇狂夫之言不逆負薪
之議 負薪賤人也三略曰負薪之諾廊廟之言也 竊見幕府新開
廣延羣俊四方之士顛倒衣裳 詩曰東方未明顛倒衣裳
言士爭歸之忽遽也 將軍宜詳唐殷之舉審伊皐之
薦 堯舉皐陶湯舉伊尹 令遠近無偏幽隱必達期於
總覽賢才收集明智爲國得人以寧本朝

後漢列傳三十上 九 李芳

則將軍養志和神優游廟堂光名宣於當
世遺烈著於無窮竊見故司空掾桓梁宿
儒盛名冠德州里七十從心行不踰矩 論語
孔子曰七十而從心所欲不踰矩 言恣心之所爲皆闇合於法則 蓋清廟之光
暉當世之俊彥也 詩周頌曰於穆清廟肅雝顯相濟濟多士執文之德鄭玄
注曰顯光也言桓梁可參多士助祭於清 廟爲光暉也爾雅曰髦俊也美士爲彥 京兆祭
酒晉馮結髮修身白首無違好古樂道玄
默自守古人之美行時俗所莫及扶風掾
李育 育字元春見儒林傳 經明行著教授百人客居

杜陵茅室土階京兆扶風二郡更請徒以家貧數辭病去温故知新論議通明廉清修絜行能純備雖前世名儒國家所器韋平孔翟無以加焉（韋賢平當孔光翟方進也流俗本平字作玄誤）宜令考績以參萬事京兆督郵郭基孝行著於州里經學稱於師門政務之績有絶異之效如得及明時秉事下僚進有羽翮奮翔之用退有杞梁一介之死（說苑曰趙簡子遊於西河而歎曰安得賢士而與處焉舟人吉乘對曰鴻鵠高飛所恃者六翮也背上之毛腹下之毳加之滿把飛不能爲之益高不知門下左右客千人亦有六翮之用乎將盡毛毳也又曰齊莊公攻莒杞梁與華周進鬭壞軍陷陣三軍不敢當至莒城下殺二十七人而死也）涼州從事王雍躬卞嚴之節文之以術藝（卞嚴卞莊子也新序曰卞莊子好勇養母戰而三北交遊非之國君辱之莊子受命顏色不變及母死三年齊與魯戰莊子請從至見於將軍曰初獨與母處是以戰而三北今母没矣請塞責遂赴敵而鬭獲甲首而獻曰夫三北以養母也吾聞之節士不以辱生遂殺十人而死論語孔子曰卞莊子之勇冉求之藝文之以禮樂）涼州冠蓋未有宜先雍者也古者周公一舉則三方怨曰奚爲而後已（孫卿子曰周公東征西國怨曰何獨不來也南征而北國怨曰何獨後我也）宜及府開以慰遠方弘農功曹史殷肅（固集殷作

後漢列傳三十上　十　林芳

民）達學洽聞才能絶倫誦詩三百奉使專對此六子者皆有殊行絶才德隆當世如蒙徵納以輔高明此山梁之秋夫子所爲歎也（秋猶時也論語孔子曰山梁雌雉時哉）昔卞和獻寶以離斷趾（離被也斷趾刖足也事見韓子）靈均納忠終於沈身（屈原字靈均納忠於楚終不見信自沈於汨羅之水而死）而和氏之璧千載垂光屈子之篇萬世歸善願將軍隆照微之明信日昊之聽（信音申）少屈威神咨嗟下問令塵埃之中永無荊山汨羅之恨蒼納之父

後漢列傳三十上　十一　陳從

彪卒歸鄉里固以彪所續前史未詳乃潛精研思欲就其業既而有人上書顯宗告固私改作國史者有詔下郡收固繫京兆獄盡取其家書先是扶風人蘇朗僞言圖讖事下獄死固弟超恐固爲郡所覈考不能自明乃馳詣闕上書得召見具言固所著述意而郡亦上其書顯宗甚奇之召詣校書部（前書固敘傳曰永平中爲郎典校祕書）除蘭臺令史（漢官儀曰蘭臺令史六人秩百石掌書劾奏）與前睢陽令陳宗長陵令

尹敏司隸從事孟異共成世祖本紀遷爲
郎典校祕書固又撰功臣平林新市公孫
述事作列傳載記二十八篇奏之帝乃復
使終成前所著書固以爲漢紹堯運以建
帝業至於六世史臣六代謂武帝史臣謂司馬遷也乃追述
功德私作本紀編於百王之末厠於秦項
之列史記起自黃帝漢最居其末也太初以後闕而不録故
探撰前記綴集所聞以爲漢書起元高祖
終于孝平王莽之誅十有二世二百三十

年高惠呂后文景武昭宣元成哀平十二代也并王莽合二百三十年綜其行事
傍貫五經上下洽通爲春秋考紀表志傳
凡百篇紀十二表八志十列傳七十合百篇前書音義曰春秋考紀謂帝紀也言考覈時事
具四時以立言如春秋之經固自永平中始受詔潛精積
思二十餘年至建初中乃成當世甚重其
書學者莫不諷誦焉自爲郎後遂見親近
時京師脩起宮室濬繕城隍而關中耆老
猶望朝廷西顧固感前世相如壽王東方
之徒造搆文辭終以諷勸相如作上林子虛賦吾丘壽王作士

大夫論及驃騎將軍頌東方朔作客難及非有先生論其辭並以諷喻爲主也乃上兩都
賦盛稱洛邑制度之美以折西賓淫侈之
論其辭曰有西都賓問於東都主人曰中興
都洛陽故以東都爲主而謂西都爲賓也蓋聞皇漢之初經營也
嘗有意乎都河洛矣輟而弗康寔用西遷
作我上都主人聞其故而覩其制乎皇大也尚書曰
厥既得吉卜則經營高祖五年劉敬說上都關中上疑之左右大臣皆山東人多勸都洛陽此爲有意都河洛矣張良曰洛陽其中小不過數百里四面受敵非用武之國關中金城千里天府之國也於是上即日西都關中此爲輟而弗康也輟止也康安也主人曰未也願賓攄懷

舊之蓄念發思古之幽情廣雅曰攄舒也博我以
皇道弘我以漢京賓曰唯唯漢之西都在
于雍州寔曰長安前書音義曰長安本秦之鄉名高祖都焉左據
函谷二崤之阻表以泰華終南之山函谷關名也左
傳曰崤有二陵其南陵夏后皐之墓其北陵文王之所避風雨故曰二崤太華山也山海經曰華首之西六十里曰太華終南長安南山也詩曰終南何有注云終南周之名山中南也右界襃斜
隴首之險帶以洪河涇渭之川襃斜谷名南口曰襃北口曰斜在今梁州隴首山名在今秦州洪大也華實之毛則九州之上
腴焉防禦之阻則天下之奥區焉華實之毛謂草木也

左傳曰食土之毛前書曰秦地九州膏腴尚書雍州厥田上上防禦謂關禁也揚雄衛尉箴曰設置山險盡為防禦奥深也言秦地險固為天下深奥之區域是故橫被六合三成帝畿前書音義曰關西為橫被猶及也呂氏春秋曰神明通于六合高誘注云四方上下為六合周禮曰方千里曰王畿三成謂周秦漢並都之也周以龍興秦以虎視室龍興易曰虎視眈眈及至大漢受命而都之也龍興虎視喻盛彊也孔安國尚書序曰漢室龍興仰寤東井之精俯協河圖之靈寤猶曉也協合也高祖至霸上五星聚於東井又河圖曰帝劉季日角戴勝斗胸龍股長七尺八寸昌光出軫五星聚井期之興天授圖地出道予張兵鈐劉季起東井秦之分野明漢當代秦都關中奉春建策留侯演成奉春君婁敬也春者四時之始婁敬亦始建遷都之策故以號焉留侯張良也蒼頡篇曰演著引也天人合應以發皇明乃眷西顧寔惟作京天謂五星聚東井也人謂婁敬等進說也皇明謂高祖也西顧謂入關也詩云乃眷西顧於是睎秦領睋北阜挾酆霸據龍首睎望也音希睋視也音蛾秦領在今藍田東南北阜即今三原縣北有高阜東西橫亙者是也酆水出鄠縣南山酆谷霸水出藍田谷三秦記曰龍首山六十里頭入渭水尾達樊川在傍曰挾在上曰據也圖皇基於億載度宏規而大起肇自高而終平世增飾以崇麗歷十二之延祚故窮奢而極侈肇始也始自高祖終於平帝為十二代也建金城其萬雉呀周池而成淵披三條之廣路立

後漢列傳三十上　十四　李楷

十二之通門金城言堅固也張良曰金城千里杜預注左傳云方丈為堵三堵為雉字林曰呀大空也音火加反周禮國方九里旁三門每門有大路故曰三條鄭玄注周禮云天子城十二門通十二子也內則街衢洞達閭閻且千九市開場貨別隧分人不得顧車不得旋闐城溢郭傍流百廛紅塵四合煙雲相連字林曰闠里門也閭里中門也且千言多也漢宮闕䟽曰長安九市其六在道西三在道東隧列肆道也鄭玄注禮記曰廛市物邸舍也於是既庶且富娛樂無疆都人士女殊異乎五方游士擬於公侯列肆侈於姬姜論語子適衛冉有僕子曰庶矣哉冉有曰既庶矣又何加焉曰富之詩周頌云惠我無疆疆境也詩小雅曰彼都人士毛萇注云城郭之域曰都五方謂四方及中央也前書曰奉地五方雜錯鄭玄注周禮曰肆市中陳物處也杜元凱注左傳云姬姜大國之女也鄉曲豪俊游俠之雄節慕原嘗名亞春陵連交合衆騁騖乎其中豪俊游俠謂朱家郭解原涉之類也原嘗平原君趙勝孟嘗君田文也春陵謂春申君黄歇信陵君無忌也並招致賓客名高天下也若乃觀其四郊浮遊近縣則南望杜霸北眺五陵名都對郭邑居相承英俊之域紱冕所興冠蓋如雲七相五公浮遊謂周流也杜霸謂杜陵霸陵在城南故南望也五陵謂長陵安陵陽陵茂陵平陵在渭北故北眺也並徙人以置縣邑故云名都對郭蒼頡篇曰紱綬也冕冠也其所徙者皆豪右富貲吏二千石故多

後漢列傳三十上　十五　卓受

英俊冠蓋之人如雲言多也詩曰出其東門有女如雲七相謂丞相車千秋長陵人黄霸王商並杜陵人也韋賢平當魏相王嘉並平陵人也五公謂田蚡爲太尉長陵人張安世爲大司馬朱博爲司空並杜陵人平晏爲司徒韋賞爲大司馬並平陵人也與乎州郡之豪桀五都之貨殖三選七遷充奉陵邑蓋以彊幹弱枝隆上都而觀萬國前書音義曰五都謂洛陽邯鄲臨淄宛成都也三選選三等之人謂徙吏二千石及高貲富人及豪桀并兼之家於諸陵蓋以彊幹弱枝非獨爲奉山園也見前書自元帝已後不遷故唯七焉爾雅曰觀指示也選或爲徙義亦通封畿之内厥土千里逴犖諸夏兼其所有前書曰秦地沃野千里人以富饒逴犖猶超絶也逴音卓犖音呂角反諸夏謂中國也其陽則崇山隱天

後漢列傳三十上　十六　宋志達

幽林穹谷陸海珍藏藍田美玉商洛緣其隈鄠杜濱其足穹谷深谷東方朔曰漢興去三河之地止灞滻之西都涇渭之南此謂天下陸海之地也范子計然曰玉出藍田商及上洛皆縣名隈山曲也濱猶近也鄠杜二縣名近南山之足爾雅云麓山足也源泉灌注陂池交屬竹林果園芳草甘木郊野之富號曰近蜀孔安國注尚書曰澤障曰陂停水曰池前書曰巴蜀土地肥美有山林竹木蔬食果實之饒今南山亦有之與巴蜀相類故曰近蜀爾雅曰邑外曰郊郊外曰野其陰則冠以九嵕陪以甘泉乃有靈宮起乎其中秦漢之所極觀淵雲之所頌歎於是乎存焉陰謂北也九嵕山尤高峻故稱冠云

甘泉山在雲陽北秦始皇於上置林光宮漢又起甘泉宮益壽延壽館通天臺故云秦漢之所極觀王襃字子淵作甘泉頌楊子雲作甘泉賦故云淵雲頌歎下有鄭白之沃衣食之源隄封五萬疆埸綺分溝塍刻鏤原隰龍鱗決渠降雨荷臿成雲五穀垂穎桑麻敷棻史記曰韓使水工鄭國說秦令引涇水爲渠傍北山東注洛溉田四萬餘頃名曰鄭國渠武帝時趙中大夫白公奏穿渠引涇水首起谷口尾入櫟陽溉田四千餘頃因名白渠時人歌之曰田於何所池陽谷口鄭國在前白渠起後舉臿爲雲決渠爲雨涇水一石其泥數斗且溉且糞長我禾黍衣食京師億萬之口前書曰天子畿方千里隄封百萬井音義曰隄謂積土爲封限也音丁奚反廣雅曰埸界也音亦周禮曰夫間有遂十夫有溝說文曰塍田畦也塍音繩刻鏤謂交錯如鏤也爾雅曰高平曰原下溼曰隰言如龍鱗之五色也五穀黍稷菽麥稻也爾雅曰禾穗謂之穎爾雅曰敷布也棻茂盛也音芬

後漢列傳三十上　十七　陳富

東郊則有通溝大漕潰渭洞河泛舟山東控引淮湖與海通波漕水運也蒼頡篇曰潰傍決也前書武帝穿漕渠通渭史記曰滎陽下引河東南爲鴻溝以與淮泗會西郊則有上囿禁苑林麓藪澤陂池連乎蜀漢繚以周牆四百餘里離宮別館三十六所神池靈沼往往而在上囿謂林苑也穀梁傳曰林屬於山爲麓鄭玄注周禮曰澤無水曰藪繚猶繞也音了三輔黄圖曰上林有建章承光等一十一宮平樂繭觀等二十五凡三十六所三秦記曰昆明池中有神池通白鹿原詩曰王在靈沼其中乃有九真之麟大宛之馬

黃支之犀條枝之鳥踰崐崘越巨海殊方異類至三萬里宣帝詔曰九真郡獻奇獸晉灼漢書注云駒形麟色牛角武帝時李廣利斬大宛王首獲汗血馬來又黃支國自三萬里貢生犀條支國臨西海有大鳥卵如甕條支與安息接武帝時安息國發使來獻之又曰崐崘山高二千五百里並見前書其宮室也體象乎天地經緯乎陰陽據坤靈之正位放泰紫之圓方圓象天方象地南北為經東西為緯揚雄司空箴曰普彼坤靈侔天作合放象也太紫謂太微紫宮也劉向七略曰明堂之制內有太室象紫宮南出明堂象太微春秋合誠圖曰太微其星十二四方史記天官書曰環之匡衛十二星藩臣皆曰紫宮是太微方而紫宮圓也樹中天之華闕豐冠山之朱堂因瓌材而

後漢列傳三十上　十八　毛仙

究奇抗應龍之虹梁列棼橑以布翼荷棟桴而高驤列子曰周穆王作中天之臺說文曰闕門觀也前書蕭何作東闕北闕豐大也冠山謂在山之上也稗蒼曰瓌瑋珍奇也廣雅曰有翼曰應龍梁作應龍之形而又曲如虹也說文曰棼複屋之棟橑椽也翼屋之四阿也荷負也驤舉也爾雅曰棟謂之桴音浮雕玉瑱以居楹裁金璧以飾璫發五色之渥采光爓朗以景彰廣雅曰瑱礩也音田瑱與礩通楹柱也璧玉為礩以承柱也上林賦曰華榱璧璫韋昭注曰璫榱頭也渥光潤也爓音豔於是左城右平重軒三階閨房周通門闥洞開列鍾虡於中庭立金人於端闈仍增崖而衡閾臨峻路而啟扉

摯虞決疑要注曰墄者為階級平者以文甎相亞次也墄亦作城言階級勤城然音七則反王逸楚辭注曰軒樓板也周禮夏后氏世室九階鄭玄注云南面三階三面各二也爾雅曰宮中之門謂之闈小者謂之閨簴以懸鍾也史記秦始皇收天下兵器聚之咸陽銷以為金人十二置宮中端闈宮正門也三輔黃圖曰秦宮殿端門四達以則紫宮仍因也衡橫也閾門限徇以離殿別寢承以崇臺閒館煥若列星紫宮是環徇猶繞也崇高也閒音閑煥明也言周回宮館明若列星之環繞紫宮也環協韻音宦清涼宣溫神仙長年金華玉堂白虎麒麟區宇若茲不可殫論三輔黃圖曰未央宮有清涼殿宣室殿中溫室殿金華殿大玉堂殿中白虎殿麒麟殿長樂宮有神仙殿殫盡也增槃業峨登降炤爛殊形詭

後漢列傳三十上　十九

制每各異觀乘茵步輦唯所息宴增重也槃屈也業峨高也業音五臘反峨音我詭異也茵褥也駕人曰輦後宮則有掖庭椒房后妃之室合歡增成安處常寧茝若椒風披香發越蘭林蕙草鴛鸞飛翔之列漢官儀曰婕妤以下皆居掖庭三輔黃圖曰長樂宮有椒房殿前書曰班婕妤居增成舍桓譚新論曰董賢女弟為昭儀居舍號曰椒風漢宮閣名長安有披香殿鴛鸞殿飛翔殿餘未詳昭陽特盛隆乎孝成屋不呈材牆不露形裛以藻繡絡以綸連隨侯明月錯落其間金釭銜璧是為列錢翡翠火齊流燿含英懸黎垂棘夜

光在焉昭陽殿成帝趙昭儀所居也說文曰裛纏也音於業反綸糾青絲綬也綸或作編淮南子曰隨侯之珠和氏之璧高誘注云隨侯行見大虵傷以藥傅之後虵銜珠以報之因曰隨侯珠說文曰釭轂鐵也音江又音工謂以黃金爲釭其中銜璧紈之於壁帶爲行列歷歷如錢也前書曰昭陽殿壁帶往往爲黃金釭函藍田玉璧明珠翠羽飾之異物志曰翠鳥形如燕赤而雄曰翡青而雌曰翠其羽可以飾幃帳韻集曰火齊珠也戰國策曰應侯謂秦王曰梁有縣黎左傳曰晉荀息請以垂棘之璧假道於虞言懸黎垂棘之王並夜有光輝也於是玄墀釦切玉階彤庭碝磩彩緻琳瑉青熒珊瑚碧樹周阿而生前書曰昭陽殿中庭彤朱而殿上髹漆髹音休漆黑故曰玄墀殿上地也又曰切皆銅沓黃金塗白玉階釦音口碝磩珉並石次玉者碝音而兗反磩音戚綵緻其文理密也青熒其光色也漢武故事曰武帝起神堂植玉樹葺珊瑚爲枝以碧玉爲葉淮南子曰崐崘山有碧樹在其北高誘注云碧青石也謂以珠玉飾爲樹而植之於殿曲阿曲也紅羅颯纚綺組繽紛精曜華燭俯仰如神薛綜注西京賦曰颯纚長袖貌颯音素合反纚音山綺反綺文繒也組綬也繽紛盛皃燭照也言精彩華飾照耀也戰國策張儀謂秦王曰彼周鄭之女粉白黛黑立於衢非知而見之者以爲神也後宮之號十有四位窈窕繁華更盛迭貴處乎斯列者蓋以百數前書曰漢興因秦之稱號正嫡稱皇后妾皆稱夫人凡十四等有昭儀婕妤娙娥傛華美人八子充衣七子良人長使少使五官須常是爲十三等又有無涓共和娛靈保林良使夜者秩祿同共爲一等合十四位也窈窕幽閑也繁華美麗也百數謂以百而數之也左右廷中朝堂百僚之位

蕭曹魏邴謀謨乎其上蕭何曹參並沛人魏相字弱翁濟陰人邴吉字少卿魯國人並爲丞相佐命則垂統輔翼則成化流大漢之愷悌蕩亡秦之毒螫李陵書曰其餘佐命立功之士司馬相如曰垂統理順易繼也統業也禮記曰保者慎其身以輔翼之愷樂也悌易也揚雄長楊賦曰今朝廷出愷悌行簡易王褒四子講德論曰秦之處位任政者並施毒螫前書曰孝惠高后之時海內得離戰國之苦君臣俱欲無爲而天下晏然衣食滋殖又曰近觀漢相高祖開基蕭曹爲冠孝宣中興丙魏有聲是時黜陟有序衆職修理公卿多稱其位海內興於禮讓也故令斯人揚樂和之聲作畫一之歌功德著於祖宗膏澤洽于黎庶孔叢子曰古之帝王功成作樂其功善者其樂和前書曰蕭何薨曹參代之百姓歌

之曰蕭何爲法較若畫一曹參代之守而勿失祖宗謂高祖中宗也又有天祿石渠典籍之府命夫諄誨故老名儒師傅講論乎六藝稽合乎同異三輔故事曰天祿石渠並閣名在未央宮北以閣祕書諄誨謂朌勤教告也詩大雅曰誨爾諄諄鄭玄注云我教告王口語諄諄然諄音之純反六藝謂詩書禮樂易春秋也稽考也前書甘露中詔諸儒講五經同異令蕭望之平奏其議又有承明金馬著作之庭大雅宏達於茲爲羣元元本本周見洽聞啓發篇章校理祕文承明殿前之廬也金馬署名也門有銅馬故名金馬門待詔者皆居之宏亦大也元其元本其本祕文祕書也孝經鉤命決曰丘授祕文也周以鉤陳之位衞以嚴更之

署總禮官之甲科羣百郡之廉孝周環也前書音義曰鈎陳紫宮外星也宮衛之位亦象之嚴更之署行夜之司也禮官奉常也有博士掌試策考其優劣爲甲乙之科即前書曰太常以公孫弘爲下第是也言百郡舉全數前書又曰與廉舉孝虎賁贅虎賁宿衛之臣贅衣衣閹尹閽寺陛戟百重各有攸司主衣之官贅綴也音之銳反尚書曰綴衣虎賁閹尹閽寺並宦官周禮有閹人寺人陛戟執戟於陛也百重言多也攸所也司主也協韻音伺周廬千列徼道綺錯廬謂宿衛之廬周於宮也千列言多也史記衛令曰周廬設卒甚謹徼道徼巡之道綺錯交錯也前書曰中尉掌徼巡京師也輦路經營脩涂飛閣前書音義曰輦道閣道也涂亦塗也古字通用自未央而連桂宮北彌明光而絙長樂

後漢列傳三十上　二十二　王桒

陵墱道而超西墉混建章而外屬設璧門之鳳闕上觚稜而棲金雀未央宮在西長樂宮在東桂宮明光宮在北言飛閣相連也墱陛級也音丁鄧反墉城也混同也建章宮在城西屬連也前書曰建章宮其東則鳳闕門高二十餘丈其南有璧門之屬說文曰觚稜殿堂上最高之處也觚音孤稜音力登反其上棲金雀焉三輔故事曰建章宮闕上有銅鳳皇即金雀也內則別風之嶕嶢眇麗巧而竦擢張千門而立萬户順陰陽以開闔三輔故事曰建章宮東有折風闕關中記曰折風一名別風嶕嶢高也嶕音焦嶢音堯前書曰建章宮度爲千門萬户合謂之陰開謂之陽易曰闔户謂之坤闢户謂之乾爾乃正殿崔嵬層構厥高臨乎未央經駘盪而

出馺娑洞枍詣與天梁上反宇以蓋戴激日景而納光正殿即前殿也層重也臨乎未央言高之極也關中記建章宮有駘盪馺娑枍詣殿天梁亦宮名也駘音殆盪音蕩馺音素合反娑音素可反枍音烏計反小雅曰蓋戴覆也反宇謂飛檐上反也激日謂日影激入於殿內也神明鬱其特起遂偃蹇而上躋軼雲雨於太半虹霓回帶於棼楣雖輕迅與僄狡猶愕眙而不敢階神明臺名也躋升也偃蹇高貌也軼過也前書音義曰凡數三分有二爲太半說文曰棼棟也爾雅曰楣謂之梁郭璞云門户上橫梁也方言曰僄輕也音匹妙反鄭玄注禮記曰狡疾也字書曰愕驚也音五各反字林曰眙驚貌也音丑吏反攀井幹而未半目眴轉而意迷舍櫺

後漢列傳三十上　二十三　朱安明

檻而卻倚若顛墜而復稽魂怳怳以失度巡回涂而下低井幹樓名也前書曰武帝作井幹樓高五十丈輦道相屬焉蒼頡篇曰眴視不明也音眩櫺檻樓上欄楯也櫺音零稽留也既懲懼於登望降周流以彷徨步甬道以縈紆又杳窱而不見陽淮南子曰甬道相連高誘注云甬道飛閣複道也廣雅曰窈窱深也杳與窈通窱音宅鳥反陽明也既創前之登望乃下巡於複道宮宇深邃又不見明者排飛闥而上出若游目於天表似無依之洋洋飛闥閣上門也王逸注楚辭曰洋洋無所歸皃前唐中而後太液覽滄海之湯湯揚波濤於碣石激神嶽之嶈嶈濫瀛洲與

方壺蓬萊起乎中央前書曰建章宮其西唐中數十里音義曰唐庭也其
北太液池中有蓬萊方丈瀛洲壺梁象海中神山湯湯流貌也蒼頡篇曰濤大波也碣石海畔山也說文
曰滥泛也列子曰海中有神山一曰岱輿二曰貟嶠三曰方壺四曰瀛洲五曰蓬萊於是靈
草冬榮神木叢生巖峻崔崒金石崢嶸靈草
神木謂不死藥也史記曰海中神山仙人不死藥在焉崢嶸高峻也崔音徂回反崒音才律反崢音仕耕
反嶸音宏抗仙掌與承露擢雙立之金莖軼埃
壒之混濁鮮顥氣之清英前書曰武帝時作銅柱承露僊人掌
之屬三輔故事云建章宮承露槃高二十丈大七圍以銅爲之上有仙人掌承露和玉屑飲之金莖即銅
柱也軼過也埃塵也鮮絜也說文曰顥白皃音皓騁文成之丕誕馳五

利之所刑庶松喬之羣類時游從乎斯庭
實列仙之攸館匪吾人之所寧丕大也誕欺也前書曰齊
人李少翁以方士見上上拜爲文成將軍言於上曰即欲與神通宮室被服非象神神物不至乃作甘泉
宮中爲臺畫天地泰一諸鬼神而置祭具以致天神又曰膠東人欒大多方略而敢爲大言言曰臣常往
東海中見安期羨門之屬乃拜爲五利將軍刑法也列仙傳曰赤松子者神農時雨師也服水玉以教神
農又曰王子喬者周靈王太子晉道士浮丘公接以上嵩山爾乃盛娛游之壯
觀奮大武乎上囿因茲以威戎夸狄燿威
而講事大武謂大陳武事也月令孟冬之月天子乃命將帥講武習射御也命荊州
使起鳥詔梁野而驅獸毛羣內闐飛羽上

覆接翼側足集禁林而屯聚荊州江湘之地其俗習於捕鳥
故使起之梁野巴漢之人其俗習於逐獸故使其人驅之闐音田聚音才諭反水衡虞人
理其營表種別羣分部曲有署前書曰上林苑屬水衡都
尉虞人掌山澤之官周禮曰虞人萊所田之野爲表鄭司農曰表所以識正行列也續漢書將軍領軍皆
有部大將軍營五部部校尉一人部下有曲曲有軍候一人也罘罔連紘籠山
絡野列卒周匝星羅雲布鄭玄注禮記曰獸罟曰罘音浮紘
之綱於是乘鑾輿備法駕帥羣臣披飛廉入
苑門蔡邕獨斷曰天子至尊不敢渫瀆言之故託於乘輿天子車駕有大駕法駕小駕大駕則
公卿奉引備千乘萬騎法駕公不在鹵簿中唯執金吾奉引侍中驂乘飛廉館名也武帝所作前書音義

曰飛廉神禽能致風氣身似鹿頭如雀有角而蛇尾文如豹文於館上作之因以名焉遂繞
酆鎬歷上蘭六師發胄百獸駭殫震震爚
爚雷奔電激草木塗地山淵反覆蹂蹸其
十二三乃拗怒而少息酆文王所都在鄠縣東鎬武王所都在上林苑
中三輔黃圖云上林苑有上蘭觀尚書曰司馬掌邦政統六師又曰百獸率舞駭殫言驚懼也震震爚爚
奔走之貌爚音躍塗汚也反覆猶傾動也車騎既多視之眩亂有似傾動蹂蹸也音汝九反蹸轢也音力
刃反拗猶抑也音於六反言且抑六師之怒而少停也爾乃期門佽飛列
刃鑽鍭要趹追蹤鳥驚觸絲獸駭值鋒機
不虛掎弦不再控矢無單殺中必疊雙颮

颮紛紛𧷤繳相纏風毛雨血灑野蔽天前書曰武帝與北地良家子期於殿門故號期門又曰募佽飛射士音義佽飛本秦左弋官也武帝改爲佽飛官有一令九丞在上林中紡𧷤繳弋鳧鴈歲萬頭以供宗廟蒼頡篇曰攢聚也鑽與攢通爾雅曰金鏃翦羽謂之鍭音侯廣雅曰趹奔也音決機弩牙也說文曰掎偏引也音居綺反颮颮紛紛衆多也說文曰颮古飆字鄭玄注周禮曰結繳於矢謂之𧷤𧷤高也平原赤勇士厲獲狖失木豺狼慴竄郭璞注山海經曰獲似猴而大臂長便捷色黑蒼頡書曰狖似貍音以救反淮南子曰獲狖顛蹷而失木枝慴懼也音之葉反竄走也協韻音七外反爾乃移師趨險並蹈潛穢窮虎奔突狂兕觸蹷潛深也穢謂榛蕪之林虎兕之所居也爾雅曰兕似牛郭璞曰一角青色重千斤廣雅曰蹷跳也音居衞

反許少施巧秦成力折掎僄狡扼猛噬脫許少秦成並未詳僄狡獸之輕捷者說文曰搤捉也音虎角挫脰徒搏獨殺搤與扼通噬嗑齧也挫折也脰頸也徒空也謂空手搏殺之也爾雅曰暴虎徒搏也殺音所界反挾師豹拖熊螭頓犀犛蹷豪羆超迴壑越峻崖蹷巉巖鉅石隤松柏仆叢林摧草木無餘禽獸殄夷師師子也說文曰拖曳也音徒可反杜預注左傳云螭山神獸形郭璞注山海經曰犀似牛而豬頭黑色有三角一在頂上一在額上一在鼻上犛牛黑色出西南徼外犛音力之反爾雅曰羆似熊而黃巉巖山石高峻之貌也殄盡也夷猶殺也於是天子乃登屬玉之館歷長楊之榭覽山川之體勢觀

三軍之殺獲原野蕭條目極四裔禽相鎮厭獸相枕藉前書宣帝幸萯陽宮屬玉觀音義曰屬玉水鳥也似鵁鶄於觀上作之因以名焉三輔黃圖曰上林有長楊宮鄭玄注禮記曰土高曰臺有木曰榭獲協韻音胡卦反楚詞曰山蕭條而無獸然後收禽會衆論功賜胙陳輕騎以行包騰酒車而斟酌割鮮野食舉燧命爵胙餘肉也左傳曰歸胙于公詩小雅曰炰之燔之毛萇注曰以毛曰炰音步交反子虛賦曰割鮮染輪孔安國注尚書曰鳥獸新殺曰鮮饗賜畢勞逸齊大輅鳴鑾容與裵回集乎豫章之宇臨乎昆明之池大輅玉輅也周禮曰凡馭輅儀以鑾和爲節鄭玄注曰鑾在衡和在軾皆金鈴也三輔黃圖曰上林苑有豫章

觀左牽牛而右織女似雲漢之無崖茂樹蔭蔚芳草被堤蘭茝發色曄曄猗猗若摛錦布繡燭燿乎其陂漢宮閣疏曰昆明池有二石人牽牛織女之象也雲漢天河也郭璞注爾雅云茝香草音昌改反曄曄猗猗美茂之貌說文曰摛舒也玄鶴白鷺黃鵠鵁鶄鶬鴰鴇鳧鷖鳶鴻鴈朝發河海夕宿江漢沈浮往來雲集霧散郭璞注爾雅云鵁似鳧腳近尾略不能地行江東謂之魚鵁音火交反說文曰鸛鸛雀也爾雅曰鶬麋鴰音括郭璞注曰即鶬鴰也今關西呼爲鴰鹿鴇似鴈而大無指音保鴇水鳥也莊子曰白鶂之相視眸子不運而風化李巡注爾雅曰在野曰鳧在家曰鶩並鴨也鄭玄注詩云鷖鳧屬也音一兮反周處風土記曰鷖鷖鷗也以名自

呼大如鵝生卵於荷葉上毛萇注詩云大曰鴻小曰鴈於是後宮乘輚路登龍舟張鳳蓋建華旗袪黼帷鏡清流靡微風澹淡浮埤蒼曰輚卧車也音仕板反淮南子曰龍舟鷁首浮吹以虞桓譚新論曰乘車玉瓜華芝及鳳皇三蓋上林賦曰乘法駕建華旗高誘注淮南子曰袪舉也澹蕩隨風之貌也澹音徒濫反淡音徒敢反櫂女謳鼓吹震聲激越䜩厲天鳥羣翔魚闚淵櫂檝也謳歌也震協韻音真䜩聲也音火宏反招白閒下雙鵠揄文竿出比目招猶舉也弩有黄閒之名此言白閒蓋弓弩之屬本或作白鷳鷳謂鳥也西京雜記曰越王獻高帝白鷳黑鷳各一雙說文曰揄引也音投文竿以翠羽為文飾也闞子曰魯人有好鉤者以桂為餌黄金之鉤錯以銀碧垂翡翠之綸爾雅曰東方有比目魚不比不行

撫鴻幢御矰繳方舟並鶩俛仰極樂廣雅曰幢謂之幬幢音直江反即舟中之幢蓋也本或作罿罿鳥網也音衝矰弋矢也繳以繫箭也方舟並兩舟也遂風舉雲搖浮遊普覽前乘秦領後越九嵕協韻音綜東薄河華西涉岐雍宮館所歷百有餘區行所朝夕儲不改供薄迫也岐山雍縣在扶風儲積也供協韻音九用反禮上下而接山川究休祐之所用採遊童之歡謠第從臣之嘉頌上謂天下謂地也接亦祭也究盡也用謂犧牲玉帛之物也列子曰堯理天下五十年不知天下理歟亂歟堯乃微服遊於康衢聞兒童謠曰立我蒸人莫匪爾極不識不知順帝之則言今同於堯也前書曰宣帝頗好神伯王襃張子僑等並待詔所幸宮館輒為歌頌第其高下以差賜帛焉于斯之時都都相望邑邑相屬國藉十世之基家承百年之業士食舊德之名氏農服先疇之畎畝商修族世之所鬻工用高曾之規矩粲乎隱隱各得其所十代百年並舉全數也易曰食舊德貞厲終吉穀梁傳曰古者有士人商人農人工人淮南子曰古者至德之時賈便其肆農安其業大夫安其職而處士修其道也若臣者徒觀迹乎舊墟聞之乎故老什分而未得其一端故不能徧舉也

後漢書列傳卷第三十上

列傳卷第三十下 范曄 後漢書四十

唐章懷太子賢注

班彪 子固

主人喟然而歎曰痛乎風俗之移人也子實秦人矜夸館室保界河山信識昭襄而知始皇矣惡睹大漢之云爲乎 喟歎貌也前書曰人有剛柔緩急音聲不同繫水土之風氣謂之風好惡取舍動靜無常隨君上之情欲謂之俗保守也謂守河山之險以爲界昭襄昭王襄王也惡安也音烏 夫大漢之開原也奮布衣以登皇極繇數朞而創萬世蓋六籍所

不能談前聖靡得而言焉 漢高祖曰吾以布衣提三尺劍取天下高祖起兵五年而即帝位故云由數朞繇即由也孔安國注尚書云匝四時曰朞萬代盛言之也六籍六經也 當此之時功有橫而當天計有逆而順人故婁敬度埶而獻其說蕭公權宜以拓其制時豈泰而安之哉計不得以已也 橫音胡孟反高祖入關秦王子嬰降而五星聚于東井此功有橫而當天也逆謂以臣伐君前書陸賈曰湯武逆取而以順守之又高祖入關秦人爭獻牛酒此爲計有逆而順人也婁敬已見上又曰蕭何修未央宮上見壯麗甚怒何對曰天下未定故可因遂就宮室且天子以四海爲家非今壯麗無以重威且無令後代有以加也時豈眷泰而安之哉言天下初定計不得止而都西京也 吾子曾不是

睹顧燿後嗣之末造不亦闇乎 顧反也燿眩燿也言吾子曾不睹度埶權宜之由而反眩燿後嗣子孫末代之所造非其盛稱武帝成帝神仙昭陽之事也 今將語子以建武之理永平之事監乎泰清以變子之惑志 淮南子曰太清之化也和順以寂漠質直以素樸高誘注曰太清無爲之化也 往者王莽作逆漢祚中缺天人致誅六合相滅 天人謂天意人事共相誅也 于時之亂生民幾亡鬼神泯絕壑無完柩郛罔遺室原野猒人之肉川谷流人之血秦項之災猶不克半書契已來未之或紀也 人者神之主生人既亡故鬼神亦絕也揚

子法言曰秦將白起長平之戰阬四十萬人原野猒人之肉川谷流人之血也 故下民號而上愬上帝懷而降鑒致命于聖皇 上帝天也聖皇光武也懷猶慇念也降下也鑒視也言上天慇念下人之上愬故下視四海可以爲君者而致命於光武也 於是聖皇乃握乾符闡坤珍披皇圖稽帝文赫爾發憤應若興雲霆發昆陽憑怒雷震 乾符坤珍謂天地符瑞也皇圖帝文謂圖緯之文也霆疾雷也發於昆陽謂破王尋王邑憑盛也言盛怒如雷之震協韻音眞 遂超大河跨北嶽立號高邑建都河洛 跨據也言光武度河據北嶽遂即位於鄗而改鄗爲高邑也 紹百王之荒屯因造化之盪滌體元立制繼天

而作紹繼也屯難也高誘注淮南子云造化天地也滌除也作起也杜預注左傳云凡人君即位欲體元以居正穀梁傳曰爲天下主者天也繼天者君也系唐統接漢緒茂育羣生恢復疆宇勳兼乎在昔事勤乎三五爾雅曰系繼也緒業也前書曰漢帝本系出唐帝言光武能繼唐堯之統業也恢大也三五三皇五帝也豈特方軌並迹紛綸后辟理近古之所務蹈一聖之險易云爾哉軌轍也紛綸猶雜揉也爾雅曰后辟君也險易猶理亂也言光武功德勤勞兼於前代百王非直一聖帝也且夫建武之元天地革命四海之內更造夫婦肇有父子君臣初建人倫寔始斯乃虙羲氏之

所以基皇德也易曰天地革而四時成又曰湯武革命爾雅曰九夷八狄七戎六蠻謂之四海基始也帝王紀曰虙犧氏風姓也制嫁娶之禮取犧牲以充庖廚以食天下故號庖犧後或謂之伏犧言光武更造夫婦如伏犧時也分州土立市朝作舟車造器械斯軒轅氏之所以開帝功也黃帝號軒轅氏前書曰昔在黃帝畫野分州易繫辭曰神農氏日中爲市黃帝堯舜垂衣裳而天下理刳木爲舟剡木爲楫服牛乘馬引重致遠以利天下弦木爲弧剡木爲矢弧矢之利以威天下言光武利人如軒轅也龔行天罰應天順民斯乃湯武之所以昭王業也尚書武王曰今予惟龔行天之罰易曰湯武革命順乎天而應乎人言光武征伐如湯武者也遷都改邑有殷室中興之則焉即土

之中有周成隆平之制焉尚書曰盤庚遷于殷史記曰帝陽甲之時殷衰諸侯莫朝陽甲崩弟盤庚立自河北度河南居湯之故地行湯之政殷道復興尚書曰王來紹上帝自服于土中孔安國曰洛邑地埶之中也春秋命歷序曰成康之隆醴泉湧出言都洛陽如殷宗周成之制也不階尺土一人之柄同符乎高祖孟子曰紂去武丁未久也尺地莫非其有也一人莫非其臣也又曰舜文王相去千有餘歲若合符契克己復禮以奉終始允恭乎孝文左傳仲尼曰古有志克己復禮仁也孫卿子曰生人之始也死人之終也終始俱善人道畢矣尚書允恭克讓謂躬自儉約同於文帝也憲章稽古封岱勒成儀炳乎世宗憲章猶法則也禮記曰仲尼憲章文武尚書曰若稽古帝堯言法乎考古而封太山勒石以記成功也炳明也其禮

儀明乎武帝也案六經而校德妙古昔而論功仁聖之事既該帝王之道備矣六經謂詩書禮樂易春秋妙猶美也或作眇眇遠也該備也至于永平之際重熙而累洽盛三雍之上儀修袞龍之法服敷洪藻信景鑠揚世廟正予樂人神之和允洽君臣之序既肅熙光也洽浹也三雍謂明堂辟雍靈臺也永平二年正月宗祀光武皇帝於明堂禮畢登靈臺三月臨辟雍行大射禮周禮王之吉服享先王即袞冕鄭玄注曰袞卷龍衣也永平二年帝及公卿列侯始服冕冠衣裳鋪布也鴻大也藻文藻也謂明堂禮畢登靈臺之後布詔於天下曰建明堂立辟雍起靈臺恢弘大道被之八極此爲布鴻藻也信讀曰申景大也鑠美也揚代廟謂上尊號光武廟曰

代祖正予樂謂依讖文改大樂爲大予樂也乃動大路遵皇衢省
方巡狩窮覽萬國之有無考聲教之所被
散皇明以燭幽大路玉路也皇衢馳道也易曰先王以省方觀人設教尚書曰
歲二月東巡狩又曰朔南暨聲教皇大也燭照也然後增周舊修洛邑
翩翩巍巍顯顯翼翼光漢京于諸夏揔八
方而爲之極周成王都洛邑漢又增而修之故曰增焉翩翩巍巍顯顯翼翼並宮闕顯
盛之貌論語曰不如諸夏之亡詩商頌曰商邑翼翼四方之極極中也洛陽土之中也是以
皇城之内宮室光明闕庭神麗奢不可踰
儉不能侈言奢儉合禮也外則因原野以作苑順

流泉而爲沼發蘋藻以潛魚豐圃草以毓
獸制同乎梁騶義合乎靈囿蘋藻並水草也詩小雅曰魚在
在藻韓詩曰東有圃草駕言行狩薛君傳曰圃博也有博大之茂草也毓亦育也魯詩傳曰古有梁騶者
天子之田也詩大雅曰王在靈囿麀鹿攸伏毛萇注云囿所以域養禽獸也此言魚獸各得其所如文王
之靈囿也若乃順時節而蒐狩簡車徒以講武
則必臨之以王制考之以風雅左傳臧僖伯曰春蒐夏苗
秋獮冬狩皆於農隙以講事也杜預注云各隨時之閑也禮記王制曰天子諸侯無事則歲三田田不以
禮曰暴天物也歷騶虞覽四騶嘉車攻采吉日禮官
正儀乘輿乃出詩國風序曰騶虞蒐田以時仁如騶虞毛萇注曰騶虞義獸白

虎黑文不食生物又曰四騶美襄公也始命有田狩之事其詩曰駟驖孔阜注曰驖驪也阜大也又小雅
序曰車攻宣王復古也修車馬備器械復會諸侯於東都因田獵而選車徒焉其詩曰我車既攻我馬既
同注云攻堅也又吉日詩曰田車既好四牡孔阜宣帝詔曰禮官具禮儀也於是發鯨
魚鏗華鍾登玉輅乘時龍鳳蓋颯灑和鸞
玲瓏天官景從祲威盛容鯨魚謂刻杵作鯨魚形也鏗謂擊之
也音苦耕反尚書大傳曰天子將出則撞黃鍾右五鍾皆應薛綜注西京賦云海中有大魚名鯨又有獸
名蒲牢蒲牢素畏鯨魚鯨魚擊蒲牢蒲牢輒大鳴呼凡鍾欲令其聲大者故作蒲牢於其上撞鍾者名爲
鯨魚鍾有篆刻之文故曰華爾雅曰馬高八尺以上曰龍月令春駕蒼龍各隨四時之色故曰時也玲瓏
聲也蔡邕獨斷曰百官小吏曰天官祲亦盛也山靈護野屬御方神雨

師汎灑風伯清塵千乘雷起萬騎紛紜元
戎竟野戈鋋彗雲羽旄掃霓旌旗拂天山靈
山神也屬連也音燭方四方也雨師畢星也風伯箕星也韓子師曠謂晉平公曰黃帝合鬼神於太山風
伯進掃雨師灑道蔡邕獨斷曰天子大駕備千乘萬騎元戎戎車也詩小雅曰元戎十乘以先啓行毛萇
注曰元大也夏后氏曰鉤車先正也殷曰寅車先疾也周曰元戎先良也說文曰鋋小矛也音市延反彗
掃也音似銳反焱焱炎炎揚光飛文吐爓生風吹野
燎山日月爲之奪明丘陵爲之搖震焱焱炎炎
並戈矛車馬之光也說文曰焱火華也音以贍反震讀曰真遂集乎中囿陳
師案屯騈部曲列校隊勒三軍誓將帥中囿

圍中也續漢志曰大將軍營五部部校尉一人部下有曲曲下有屯長一人騎猶陳列也杜預注左傳曰百人爲隊鄭玄周禮注云天子六軍三居一偏故此言勤三軍也周禮曰羣吏聽誓于前斬牲以徇陳曰不用命者斬之鄭玄注云羣吏將帥也然後舉烽伐鼓以命三驅輕車霆發驍騎電騖游基發射范氏施御弦不失禽轡不詭遇飛者未及翔走者未及去穀梁傳曰三驅之禮一爲乾豆二爲賓客三爲充君之庖霆激電騖竝言疾也游基養由基也淮南子曰楚有神白猨王自射之則搏而嬉使養由基射之始調弓矯矢未發而猨擁木號矣范氏趙之御人也孟子曰趙簡子使王良御終日不獲一禽反曰天下賤工也王良曰吾爲范氏驅馳終日不獲一爲之詭遇一朝而獲十趙岐注曰范法也爲法度之御應禮之射終日不得一詭遇非禮射也則能

獲十弦不失禽謂由基也轡不詭遇謂范氏也指顧倏忽獲車已實樂不極般殺不盡物馬踠餘足士怒未泄先驅復路屬車案節高唐賦曰舉功先得獲車已實爾雅曰般樂也禮記曰樂不可極踠猶屈也方言曰泄歇也漢官儀大駕屬車八十一乘子虛賦曰案節未舒謂駐節徐行也於是薦三犧效五牲禮神祇懷百靈御明堂臨辟雍揚緝熙宣皇風登靈臺考休徵左傳鄭子太叔曰爲五牲三犧杜預注云五牲麋鹿麏狼兎也三犧祭天地宗廟之犧也郊祭天也天神曰神地神曰祇百靈百神也詩曰懷柔百神覲朝也謂朝諸侯於明堂詩大雅曰維清緝熙文王之典鄭玄注云緝熙光明也尚書曰休徵孔安國注云敘美行之驗俯仰乎乾坤參象

乎聖躬目中夏而布德瞰四裔而抗棱易繫辭曰仰則觀象於天俯則觀法於地近取諸身遠取諸物聖躬謂天子也中夏中國也瞰音苦暫反四裔四夷也棱威也左傳曰德以柔中國刑以威四夷也西盪河源東澹海漘北動幽崖南趯朱垠盪滌也河源在崑崙山前書曰威棱澹乎鄰國音義曰澹猶動也音徒濫反漘水涯音唇郭璞注爾雅曰涯上平坦而下水深者爲漘趯躍也音它歷反說文曰垠界也音銀殊方別區界絕而不鄰自孝武所不能征孝宣所不能臣莫不陸讋水慄奔走而來賓爾雅曰讋懼也音之涉反遂綏哀牢開永昌綏安也哀牢西南夷號永平十二年其國王柳貌相率內屬以其地置永昌郡也春王三朝會

同漢京是日也天子受四海之圖籍膺萬國之貢珍內撫諸夏外接百蠻春王猶左傳云春王正月也三朝元日也朝音陟遥反謂歲之朝月之朝日之朝前書谷永曰今年正月朔食於三朝之會周禮曰時見曰會殷眺曰同賈逵注國語曰膺猶受也詩曰因時百蠻也乃盛禮樂供帳置乎雲龍之庭陳百僚而贊羣后究皇儀而展帝容供帳供設帷帳也供音九用反前書曰三輔長無供帳之勞戴延之記曰端門東有崇賢門次外有雲龍門贊引也於是庭實千品旨酒萬鍾列金罍班玉觴嘉珍御大牢饗庭實貢獻之物也左傳孟獻子曰臣聞聘而獻物於是有庭實旅百千品言多也說文曰鍾器也孔叢子曰堯飲千鍾罍酒器也詩

曰我姑酌彼金罍珍八珍也太牢牛羊豕也饗協韻音香爾乃食舉雍徹泰師奏樂陳金石布絲竹鍾鼓鏗鎗管絃曄煜食舉爲當食舉樂也蔡邕禮樂志曰大予樂郊祀陵廟殿中諸食舉樂也雍詩篇名也謂食訖歌雍詩以徹也論語曰三家者以雍徹太師樂官也周禮太師掌六律六同以合陰陽之聲也鏗音苦耕反鎗音楚庚反曄煜盛貌也煜音育抗五聲極六律歌九功舞八佾韶武備太古畢左傳晏子曰五聲六律杜預注云五聲宮商角徵羽六律黃鍾太蔟姑洗蕤賓夷則無射尚書曰九功惟序九序惟歌九功謂金木水火土穀正德利用厚生也佾舞行也穀梁傳曰天子八佾韶舜樂名武武王樂名泰古遠古也四夷間奏德廣所及佅兜離罔不具集間迭也音古莧反詩國風曰漢廣德

後漢列傳三十下　九

廣所及也鄭玄注周禮云四夷之樂東方曰韎南方曰任西方曰株離北方曰禁禁字書作佅音渠禁反佅音摩葛反周禮佅作韎兜作株也萬樂備百禮暨皇歡浹羣臣醉降烟熅調元氣然後撞鍾告罷百僚遂退萬樂百禮盛言之也暨至也易曰天地絪縕萬物化醇禮統曰天地者元氣之所生萬物之祖尚書大傳曰天子將入撞蕤賓之鍾左五鍾皆應撞音直江反於是聖上親萬方之歡娛久沐浴乎膏澤懼其侈心之將萌而怠於東作也尚書曰平秩東作注云歲起於春而始就耕乃申舊章下明詔命有司班憲度昭節儉示大素詩大雅曰率由舊章鄭玄注云舊典文章左傳臧哀伯曰大路越席大羹不致昭其儉也

列子曰大素者質之始也去後宮之麗飾損乘輿之服御除工商之淫業興農桑之上務遂令海內弃末而反本背僞而歸眞女脩織紝男務耕耘器用陶匏服尚素玄恥纖靡而不服賤奇麗而不珍捐金於山沈珠於淵前書文帝詔曰農天下之本也而人或不務本而事末音義曰本農也末賈也背僞去彫飾也歸眞尚質素也杜預注左傳曰織紝繒布也禮記曰器用陶匏陶瓦器也匏瓠也陸賈新語曰聖人不用珠玉而寶其身故舜弃黃金於嶄巖之山捐珠玉於五胡之川以杜淫邪之欲也於是百姓滌瑕盪穢而鏡至清形神寂漠耳目不營嗜欲

後漢列傳三十下　十

之原滅廉正之心生莫不優游而自得玉潤而金聲瑕穢猶過惡也揚雄集曰滌瑕蕩穢淮南子曰形者生之舍神者生之制也又曰和順以寂寞尚書曰弗役耳目百度惟貞淮南子曰吾所謂有天下者自得而已禮記孔子曰君子比德於玉焉溫潤而澤仁也孟子曰孔子德如金聲也是以四海之內學校如林庠序盈門獻酬交錯俎豆莘莘下舞上歌蹈德詠仁前書平帝立學官郡國曰學縣道邑及侯國曰校鄉曰庠聚曰序詩曰獻酬交錯莘莘衆多也音所巾反禮記曰歌者在上貴人聲也又嗟歎之不足故手之舞之足之蹈之登降飫宴之禮既畢因相與嗟歎玄德讜言弘說咸含和而吐氣頌曰盛哉乎斯

世 詩曰飲酒之飫毛萇注云不脫屨升堂謂之飫飫私也尚書曰玄德升聞字林曰讜美言也音黨 今論者但知誦虞夏之書詠殷周之詩講羲文之易論孔氏之春秋罕能精古今之清濁究漢德之所由 伏羲畫八卦文王作卦辭孔子作春秋清濁猶善惡也 唯子頗識舊典又徒馳騁乎末流溫故知新已難而知德者鮮矣 末流猶下流也謂諸子也前書曰不入於道德放縱於末流論語孔子曰溫故知新可以為師矣又曰由知德者鮮矣 且夫辟界西戎險阻四塞脩其防禦孰與處乎土中平夷洞達萬方輻湊 辟遠也音匹亦反戰國策蘇秦說孟嘗君曰秦

後漢列傳三十下　十一　王中

四塞之國也高誘注云四面有山關之固故曰四塞之國防禦謂關禁也輻湊如輻之湊於轂也前書武帝詔吾丘壽王曰子在朕前之時知略輻湊也 秦領九嵕涇渭之川曷若四瀆五岳帶河泝洛圖書之淵 四瀆江河淮濟也河圖曰天有四表以布精魄地有四瀆以出圖書爾雅曰太山為東岳衡山為南岳華山為西岳恒山為北岳嵩山為中岳圖書之泉謂河洛也易繫辭曰河出圖洛出書也 建章甘泉館御列仙孰與靈臺明堂統和天人 館御謂設臺以進御神仙也禮含文嘉曰禮天子靈臺以考觀天人之際法陰陽之會也 太液昆明鳥獸之囿曷若辟雍海流道德之富 三輔黃圖曰辟雍水四周於外象四海也 游俠踰侈犯義侵禮孰與同履法度

翼翼濟濟也 游俠即西賓去鄉曲豪俠游俠之雄踰侈謂列肆侈於姬姜等也爾雅曰翼翼恭也詩曰濟濟多士毛萇注云濟濟多威儀也 子徒習秦阿房之造天而不知京洛之有制也識函谷之可關而不知王者之無外也 史記曰秦始皇作阿房宮造王也公羊傳曰王者無外也 主人之辭未終西都賓矍然失容逡巡降階惵然意下捧手欲辭主人曰復位今將喻子五篇之詩 說文曰矍視遽之貌音許縛反周書曰臨攝以威而惵惵者猶恐懼也音徒頰反喻告也 賓既卒業乃稱曰美哉乎此詩義正乎揚雄事實乎相如非唯主人

後漢列傳三十下　十二　吴佐

之好學蓋乃遭遇乎斯時也 揚雄作長楊羽獵賦司馬相如作子虛上林賦並文雖藻麗其事迂誕不如主人之言義正事實也 小子狂簡不知所裁既聞正道請終身誦之其詩曰 論語孔子曰吾黨之小子狂簡斐然成章不知所以裁之又曰不忮不求何用不臧子路終身誦之

明堂詩

於昭明堂明堂孔陽聖皇宗祀穆穆煌煌 於音烏歎美之辭也詩周頌曰於昭于天孔甚也陽明也國風曰我朱孔陽聖皇宗祀謂祭光武於明堂也詩曰穆穆煌煌宜君宜王穆穆猶欽也煌煌猶美也 上帝宴饗五位時序誰其配之世祖光武 前書曰天神貴者太一太一佐曰五帝五位五帝也河圖曰蒼帝靈威仰赤帝赤熛怒黃帝含樞紐白帝白招矩黑

帝叶光紀楊雄河東賦曰靈祇既饗五位時敘謂各依其方而祭之普天率土各以其職猗與緝熙允懷多福詩小雅曰溥天之下莫非王土率土之賓莫非王臣溥亦普也孝經曰四海之內各以其職來助祭詩商頌曰猗歟那歟猗美也允信也懷來也詩大雅曰聿懷多福

辟雍詩

廼流辟雍辟雍湯湯聖皇莅止造舟為梁湯湯水流貌莅臨也詩小雅曰方叔莅止大雅曰造舟為梁毛萇注云天子造舟造至也謂連舟為浮梁也皤皤國老廼父廼兄抑抑威儀孝友光明說文曰皤皤老人貌也音步何反孝經援神契曰天子尊事三老兄事五更抑抑美也詩曰威儀抑抑爾雅曰善父母為孝善兄弟為友於赫太上示我漢行淛化惟神永觀厥成於赫歎美也太上謂太古立德賢聖之人竝著養老之禮今我漢家遵行之也淛大也文子曰執玄德於心化馳如神詩周頌曰我客戾止永觀厥成爾雅曰觀示也

後漢列傳三十下　十三　張宗

靈臺詩

廼經靈臺靈臺既崇帝勤時登爰考休徵詩大雅曰經始靈臺崇高也時登以時登之休美也徵驗也三光宣精五行布序習習祥風祁祁甘雨三光日月星也宣布也精明也五行水火金木土布序謂各順其性無謬沴也習習和也詩小雅曰習習谷風禮斗威儀曰君政頌平則祥風至宋均注曰即景風也祁祁徐也詩小雅曰興雨祁祁尚書考靈燿曰熒惑順行甘雨時也百穀溱溱庶卉蕃蕪屢惟豐年於皇樂胥百言非一也尚書洪範曰百穀用成溱溱盛貌尚書曰庶草蕃蕪爾雅曰蕃蕪豐也詩周頌曰綏萬邦屢豐年又曰於皇時周於音烏詩小雅曰君子樂胥受天之祜注云胥有才智之名

寶鼎詩

嶽脩貢兮川效珍吐金景兮歊浮雲寶鼎見兮色紛緼煥其炳兮被龍文謂永平六年王雒山得寶鼎廬江太守獻之景光也說文曰歊氣出貌音火驕反史記曰秦武王與孟悅舉龍文之鼎登祖廟兮享聖神昭靈德兮彌億年時明帝詔曰其以礿祭之日陳鼎於廟以備器用彌終也萬萬曰億尚書曰公其以予萬億年敬天之休

白雉詩

啓靈篇兮披瑞圖獲白雉兮

後漢列傳三十下　十四　李芳

效素烏靈篇謂河洛之書也固集此題篇云白雉素烏歌故兼言效素烏發皓羽兮奮翹英容絜朗兮於淳精皓白也翹尾也春秋元命包曰烏者陽之精章皇德兮侔周成永延長兮膺天慶章明也侔等也孝經援神契曰周成王時越裳獻白雉慶讀曰卿

及肅宗雅好文章固愈得幸數入讀書禁中或連日繼夜每行巡狩輒獻上賦頌朝廷有大議使難問公卿辯論於前賞賜恩寵甚渥固自以二世才術位不過郎二代謂彪及固感東方朔揚雄自論以不遭蘇張范蔡之時作賓戲

以自通焉（東方朔荅客難曰使蘇秦張儀與僕竝生曾不得掌故安敢望侍郎乎揚雄解嘲曰范睢魏之亡命也蔡澤山東之匹夫也有談范蔡於許史之間則狂矣固所作賓戲事見前書）後遷玄武司馬（續漢志曰宫掖門每門司馬一人秩比千石玄武司馬主玄武門）天子會諸儒講論五經作白虎通德論令固撰集其事（章帝建初四年詔諸王諸儒會白虎觀講議五經同異）時北單于遣使貢獻求欲和親詔問羣僚議者或以爲匈奴變詐之國無内向之心徒以畏漢威靈逼憚南虜（南匈奴也）故希望報命以安其離叛今若遣使恐失南虜親附之歡而成北狄猜詐之計不可固議曰竊自惟思漢興已來曠世歷年兵纏夷狄尤事匈奴綏御之方其塗不一或脩文以和之或用武以征之或卑下以就之（文帝與匈奴通關市妻以漢女增厚其賂也）或臣服而致之（宣帝時匈奴稽首臣服遣子入侍）雖屈申無常所因時異然未有拒絶弃放不與交接者也故自建武之世復脩舊典數出重使前後相繼（建武二年曰逐王遣使詣漁陽請和親使中郎將李茂報命二十六年遣中郎將段郴授南單于印綬）至於其末始乃暫絶永平八年

復議通之而廷爭連日異同紛回多執其難少言其易先帝聖德遠覽瞻前顧後遂復出使事同前世（先帝謂明帝也永平八年遣越騎司馬鄭衆報使北匈奴）以此而推未有一世闕而不修者也今烏桓就闕稽首譯官康居月氏自遠而至匈奴離析名王來降三方歸服不以兵威此誠國家通於神明自然之徵也臣愚以爲宜依故事復遣使者上可繼五鳳甘露致遠人之會（宣帝五鳳三年單于名王將衆五萬餘人來降稱臣朝賀甘露元年匈奴呼韓邪遣子右賢王入侍）下不失建武永平羈縻之義虜使再來然後一往既明中國主在忠信且知聖朝禮義有常豈同逆詐示猜孤其善意乎絶之未知其利通之不聞其害設後北虜稍彊能爲風塵（相侵擾則風塵起）方復求爲交通將何所及不若因今施惠爲策近長固又作典引篇述叙漢德（典謂堯典引猶續也漢承堯後故述漢德以續堯典）以爲相如封禪靡而不典（文雖靡麗而體無古典）楊雄美新典而不實（體雖典則而其事虛僞謂王莽事不實）蓋自謂得

其致焉其辭曰太極之原兩儀始分烟烟
煴煴有沈而奥有浮而清易繫詞曰易有太極是生兩儀又曰
天地絪縕萬物化醇蔡邕曰烟煴陰陽和一相扶貌也奥濁也易乾鑿度曰清輕者爲天濁沈者爲地
沈浮交錯庶類混成庶類萬物也混猶同也老子曰有物混成先天地生
肇命人主五德初始同于草昧玄混之中
人主謂天子也尚書曰成湯簡代夏作人主五德五行也初始謂伏犧始以木德王也木生火故神農以
火德五行相生周而復始草昧謂草創暗昧也易曰天地草昧幽玄混沌之中謂三皇初起之時也踰
繩越契寂寥而亡詔者系不得而綴也易繫
辭曰上古結繩而化後代聖人易之以書契踰越並過也詔誥也言過繩契以上既無文字故寂寥而無

後漢列傳三十下　十七　揚埃

文誥系謂易繫辭也故易繫而不得綴連也厥有氏號紹天闡繹者
氏號謂太昊號庖羲氏炎帝號神農氏黃帝號軒轅氏之類紹繼也謂王者繼天而作闡開也繹陳也
莫不開元於大昊皇初之首上哉夐乎其
書猶可得而脩也易曰帝出於震始以木德王天下故曰皇初之首又曰古
者庖犧氏之王天下也仰則觀象于天俯則觀法于地是其書可得而脩也亞斯之世
通變神化函光而未曜亞斯之代謂少昊顓頊高辛等雖通變神化而
易繫不載其事故曰函光未曜若夫上稽乾則降承龍翼而
炳諸典謨以冠德卓蹤者莫崇乎陶唐稽考
乾天也論語孔子曰唯天爲大唯堯則之龍翼謂稷契等爲堯之羽翼易乾上九曰用九見羣龍無首吉

鄭玄注云六爻皆體龍羣龍象也謂禹與稷契咎陶之屬並在于朝炳明也典謨謂堯典皐陶謨也爲道
德之冠首蹤迹之卓異者莫高於陶唐爾雅曰崇高也陶唐舍胤而禪有
虞虞亦命夏后稷契熙載越成湯武舍胤謂堯
捨其胤子丹朱而禪于舜舜亦捨其子商均而禪禹書曰熙帝之載孔安國注云熙廣也載事也言稷契
並能廣立功事於堯舜之朝越於也於是成其子孫湯武之業並得爲天子也湯契之後武王后稷之後
股肱既周天乃歸功元首將授漢劉股肱謂稷
契也既周謂其子孫並周徧得爲天子元首堯也言天更歸功於堯又將授漢以帝位俾其
承三季之荒末值亢龍之災孽懸象暗而
恒文乖彞倫斁而舊章缺俾使也三季三王之季也易乾文言

後漢列傳三十下　十八　王泰

曰亢龍有悔窮之災也孽亦災也易曰懸象著明莫大於日月乖謂失於常度也倫理也斁敗也尚書曰
彞倫攸斁舊章缺謂秦燔詩書故先命玄聖使綴學立制宏
亮洪業表相祖宗贊揚迪哲備哉燦爛眞
神明之式也玄聖謂孔丘也春秋演孔圖曰孔子母徵在夢感黑帝而生故曰玄聖莊
子曰恬澹玄聖素王之道綴學立制謂爲漢家法制也宏洪並大也亮信也表明也相助也迪路也哲智
也言贊揚路履哲智之君謂高祖等也尚書曰茲四人迪哲燦爛盛明也式法也雖前皐
夔衡旦密勿之輔比茲褊矣皐皐陶也夔舜之典樂者衡
阿衡即伊尹也旦周公也密勿僶勉也茲謂孔子言皐夔等比之爲褊小矣是以高光
二聖辰居其域時至氣動乃龍見淵躍論語

孔子曰譬如北辰居其所而衆星共之時至氣動謂
高祖聚形雲於碭山光武發佳氣於白水易乾卦九
二曰見龍在田九四曰
或躍在淵竝喻漢初起抍翼而未舉則威靈紛
紜海內雲蒸雷動電熛胡縊莽分不莅其
誅抍翼以雞爲喻言知將旦則鼓其翼而鳴前書
曰張陳之交抍翼俱起以喻高祖光武也紛紜
盛貌也如雲之蒸言天下英傑爲漢者多也熛光也
胡縊謂胡亥縊死也莽分謂公賓就斬莽也莅臨也
言天下先爲漢誅之
高祖光武不親臨也然後欽若上下恭揖羣后
正位度宗有于德不台淵穆之讓靡號師
矢敦奮撝之容尚書曰欽若昊天欽敬也若順
也上下謂天地也書曰格于上
下羣后諸侯也易曰君子正位凝命也尚書曰延入
翼室恤度宗度居也宗尊也前書曰舜讓于德不台

後漢列傳三十下　十九　李椿

音義曰台讀曰嗣言二祖初即位居尊之時竝謙言
於德不能嗣成帝功有此淵深穆敬之讓高祖初即
位曰寡人聞帝者賢者有也虛言無實之名非所取
也光武即位固辭至於再三靡無也矢陳也敦猶迫
遍也詩云矢於牧野又曰敦敦淮濆言漢取天下無
號令陳師敦迫奮武撝旆之容詩曰奮伐荊楚尚書
曰王秉白旄以麾撝亦麾也
言竝天人所推不尚威力蓋以膺當天之正
統受克讓之歸運蓄炎上之烈精蘊孔佐
之弘陳云爾正統謂漢承周爲火德尚書堯典曰
允恭克讓謂漢承堯克讓之後歸運
謂堯歸運於漢也炎上謂火德烈精言盛也蘊藏也
孔佐謂孔丘制作春秋及緯書以佐漢也即春秋演
孔圖曰卯金刀名爲劉中國東南出荊州
赤帝後次代周是也謂大陳漢之期運也洋洋乎
若德帝者之上儀誥誓所不及已洋洋美也
若如也儀

法也謂如此美德可謂五帝之上法也穀梁傳曰誥
誓不及五帝盟詛不及三王交質不及二伯上下不
相信服方有誥誓五帝之
時上下和睦故誓不及鋪觀二代洪纖之度
其賾可探也鋪徧也二代殷周也洪纖猶大小也
度法度也賾幽深也言徧觀殷周大
小之法其幽
深可探知之竝開迹於一匱同受侯甸之所
服奕世勤民以伯方統牧孔子曰譬如平地
雖覆一匱鄭玄注
云匱盛土籠也侯服甸服謂諸侯也湯爲桀之諸侯
文王爲紂之諸侯奕猶重也自契至湯十四代后稷
至文王十五代竝積勤勞於人也伯方猶方
伯也謂湯爲夏伯文王爲殷伯竝統領州牧乘其
命賜彤弧黃戉之威用討韋顧黎崇之不
格周禮九命作伯彤弧赤弓黃戉黃金飾斧也禮
記曰諸侯賜弓矢然後專征伐賜斧鉞然後殺

後漢列傳三十下　二十　陳從

韋顧竝國名湯滅之詩殷頌曰韋顧既伐黎崇亦
國名史記文王伐崇尚書曰西伯戡黎格來也至
乎三五華夏京遷鎬亳遂自北面虎離其
師革滅天邑三五未詳京師京都也武王都鎬湯
都亳詩云宅是鎬京武王成之尚書
曰湯始居亳從先王居自從也北面謂臣也湯武竝
以臣伐君史記曰如虎如羆如豺如離於商郊書
曰離與螭同革改也易曰湯武革命天邑天
子所都也尚書曰肆予敢求爾於天邑商是故
義士偉而不敦武稱未盡護有慙德不其
然與左傳曰武王克商遷九鼎於洛邑義士猶曰
薄德杜預注曰伯夷之屬也史記曰伯夷叔
齊逢武王伐紂扣馬諫曰以臣弒君可謂仁乎偉猶
異也敦厚也武周武王樂也論語孔子曰謂武盡美
矣未盡善也護湯樂也左傳延陵季子聘魯觀
樂見舞大護者曰聖人之弘也而猶有慙德然

猶於穆猗那翕純皦繹以崇嚴祖考殷薦
宗祀配帝發祥流慶對越天地者舄奕乎
千載豈不克自神明哉於歎辭也穆美也歎美周家之德詩周頌曰於穆清廟猗亦歎之辭也那多也歎美湯德之多也殷頌曰猗歟那歟論語子語魯太師樂曰樂其可知也始作翕如也縱之純如也皦如也繹如也以成何晏注曰翕盛也純和諧也皦其音節明也鄭玄注云繹調達之貌此言殷周之代尚有於穆猗那之頌播之於翕純皦繹之樂尊祖嚴父宗祀配天於明堂之中詩商頌曰濬哲惟商長發其祥言發禎祥以流慶於子孫周頌曰秉文之德對越在天舄奕猶蟬聯不絕也

誕略有常審言行於篇籍光藻朗而不
渝耳誕大也言殷周二代政化之迹大略有常也篇籍謂詩書也朗明也渝變也言光彩文藻朗明而不變耳其餘殊異不能及於漢也

矧夫赫赫聖漢巍巍唐基矧況也漢
泝測其源乃先孕虞育夏甄殷陶周承唐虞之基逆流曰泝孕懷也育養也甄陶謂造成也前書音義曰陶人作瓦器謂之甄言虞夏殷周之先祖並嘗爲堯臣

然後宣二祖之重光襲四宗之緝
熙神靈日燭光被六幽仁風翔乎海表威
靈行於鬼區慝亡迥而不泯微胡瑑而不
頤二祖高祖世祖也尚書曰宣重光襲重也四宗文帝爲大宗武帝爲代宗宣帝爲中宗明帝爲顯宗燭照也言如日之照六幽六合幽遠之地鬼區遠方也易曰高宗伐鬼方慝惡也迥遠也泯滅也瑑小也頤養也言凶惡者無遠而不滅微細者何小而不養也

故夫顯定三才昭
登之績匪堯不興鋪聞遺策在下之訓匪
漢不弘三才天地人也易曰兼三才而兩之登外也績功也言外天之功非堯不能興也尚書曰昭升于上鋪布也遺策謂堯典也在下謂後代子孫也言堯典爲子孫之訓非漢不能弘大也

厥道至乎經緯乾坤出入三光外運混
元內浸豪芒性類循理品物咸亨其已久
矣經緯天地言陰陽交泰也出入三光言日月星得其度也混元天地之總名也豪芒纖微也老子曰和陰陽節四時潤乎草木浸乎金石毫毛潤澤性生也循順也含生之類皆順於理尚書曰別生分類品物萬物亨通也易曰含弘光大品物咸亨

盛哉皇家帝世德臣列
辟功君百王榮鏡宇宙尊無與抗皇家帝代謂漢家歷代也列辟謂古之帝王也言漢家德可以臣彼列辟功可以君彼百王相如封禪書曰歷選列辟鏡猶光明也抗猶敵也讀曰康

乃始虔鞏勞謙兢兢業業貶成
抑定不敢論制作爾雅曰虔鞏固也易曰勞謙君子有終吉言帝固爲勞謙也兢兢戒慎也業業危懼也禮記曰王者功成作樂理定制禮今不敢論制禮作樂之事言謙之甚也

至令遷正黜色賓監之事煥揚宇內而禮
官儒林屯朋篤論之士而不傳祖宗之仿
佛雖云優慎無乃葸歟遷正改正朔也黜色易服色也賓謂殷周二王之後爲漢之賓監視也視殷周之事以爲監戒論語孔子曰周監於二代屯聚也朋羣也不傳謂不制作篇籍以紀功德也仿佛猶髣髴也論語孔子曰慎而無禮則葸鄭玄注云葸質慤貌也言雖優游謙慎無

乃大質愨也於是三事嶽牧之僚僉爾而進曰陛
下仰監唐典中述祖則俯蹈宗軌三事三公也僉皆也
躬奉天經惇睦辯章之化洽天經謂孝也孔子曰夫孝天之
經謂章帝初即位四時禘祫宗祀於明堂也尚書曰惇叙九族又曰九族既睦辯章百姓鄭玄云辯別也
章明也惇厚也睦親也章帝性篤愛不忍與諸王乖離皆留京師也巡靖黎蒸懷保
鰥寡之惠浹巡撫也靖安也黎蒸皆衆也懷思也保安也浹洽也尚書曰懷保小人惠
鮮鰥寡謂章帝在位凡四巡狩賜人爵鰥寡孤獨不能自存者粟燔瘞縣沈肅祇
羣神之禮備爾雅曰祭天曰燔柴祭地曰瘞埋祭山曰庪縣祭川曰浮沈肅祇恭敬也
封禪書曰湯武至尊不失肅敬元和中詔曰朕巡狩岱宗柴望山川庪音居毁反是以鳳

皇來儀集羽族於觀魏肉角馴毛宗於外
囿擾緇文皓質於郊升黃暉采鱗於沼甘
露宵零於豐草三足軒翥於茂樹尚書曰鳳皇來儀元
和二年詔曰乃者鳳皇鸞鳥比集七郡羽族謂羣鳥隨之也觀魏門闕也肉角謂麟也伏侯古今注曰建
初二年北海得一角獸大如麕有角在耳間端有肉又元和二年麒麟見陳一角端如葱葉色赤黃擾馴
也緇文皓質謂騶虞也說文曰騶虞白虎黑文尾長於身古今注曰元和三年白虎見彭城黃暉采鱗謂
黃龍也建初五年有八黃龍見于零陵古今注曰元和二年甘露降河南三足烏集沛國軒翥謂飛翔上
下若乃嘉穀靈草奇獸神禽應圖合諜窮
祥極瑞者朝夕坰牧日月邦畿卓犖乎方

州羨溢乎要荒嘉穀嘉禾靈草芝屬古今注曰元和二年芝生沛如人冠大坐
狀章和九年詔曰嘉穀滋生芝草之類歲月不絕奇獸神禽謂白虎白雉之屬也建初七年獲白鹿元和
元年日南獻生犀白雉言應於瑞圖又合于史諜也坰牧郊野也卓犖殊絕也羨音以戰反昔姬
有素雉朱烏玄秬黃䴵之事耳君臣動色
左右相趨濟濟翼翼峩峩如也孝經援神契曰周成王時
越裳來獻白雉朱烏謂赤烏也尚書中候曰太子發度孟津有火自天止于王屋流爲赤烏玄秬黑黍也
詩大雅曰誕降嘉種惟秬惟秠黃䴵麥也謂赤烏銜牟麥而至也詩頌曰貽我來牟詩大雅曰濟濟多士
又曰惟此文王小心翼翼又曰奉璋峩峩蓋用昭明寅畏承聿懷之
福亦以寵靈文武貽燕後昆覆以懿鑠豈

其爲身而有顓辭也詩大雅曰昭明有融寅敬也尚書曰嚴恭寅畏聿述
也懷思也詩大雅曰昭事上帝聿懷多福貽遺也燕安也後昆子孫也言此並以光寵神靈文王武王之
之德遺燕安於子孫也詩大雅曰貽厥孫謀以燕翼子覆猶重也懿鑠並美也詩大雅曰我求懿德又曰
於鑠王師言詩人歌頌周之盛德當成康之時其成王康王豈獨爲身而有自專之辭也並上寵文武之
業下遺子孫之基也言今章帝既獲符瑞之應亦宜同成康之事也若然受之宜亦
勤恁旅力以充厥道啓恭館之金縢御東
序之祕寶以流其占受之謂漢受此符瑞也說文曰恁念也音人甚反旅
陳也充當也恭肅之館謂廟中也金縢以金緘匱藏符瑞之書於其中也御猶陳也東序東廂也祕寶謂
河圖之屬尚書曰天球河圖在東序孔安國注曰河圖八卦是也言啓金縢之書及河圖之卦以占之也

流猶徧也夫圖書亮章天哲也孔猷先命聖孚也體行德本正性也逢吉丁辰景命也圖書河圖洛書也亮信章明哲智言天授圖書者為天子所知也孔孔丘也猷圖也孚信也言孔丘之圖先命漢家當須封禪此聖人之信也體行猶躬行也孔子曰夫孝德之本也易曰乾道變化各正性命丁當也辰時也景大也逢休吉之代當封禪之時此為天子之大命也順命以創制定性以和神荅三靈之繁祉展放唐之明文茲事體大而允寤寐次于聖心瞻前顧後豈蔑清廟憚勑天乎命謂符瑞也荅對也三靈天地人之神也繁多也祉福也展陳也放效也音甫往反效唐堯之文謂封禪也尚書璇璣鈐曰平制禮樂放唐之文茲事謂封禪

後漢列傳三十下　二十五　李昇

之事大而且信次止也寤寐常止於聖心言不可忘之也前謂前代帝王後謂子孫也蔑輕也憚難也勑正也言封禪之事皆述祖宗之德今乃推讓豈輕清廟而難正天命乎尚書曰勑天之命惟時惟幾伊考自遂古乃降戾爰茲作者七十有四人有不俾而假素罔光度而遺章今其如台而獨闕也伊維也遂古猶遠古也楚詞曰遂古之初戾至也言自遠古以來至於此也作者諸封禪者史記管仲曰自古封禪七十二君并武帝及光武為七十四君俾使也有天下不使其封禪而假為竹素之文者無有光揚法度而弃其文章不封禪者也台我也今其如我何獨闕也是時聖上固已垂精游神包舉藝文屢訪羣儒諭咨故老與之乎斟酌道德之淵源肴覈

仁義之林藪以望元符之臻焉聖上謂章帝也諭告咨謀也道德仁義人所常行故以酒食為諭焉淵源林藪諭深邃也元天也符瑞也詩曰肴核惟旅覈亦核也謂果實之屬既成羣后之讜辭又悉經五繇之碩慮矣將絣萬嗣煬洪暉奮景炎扇遺風播芳烈久而愈新用而不竭汪汪乎丕天之大律其疇能亘之哉唐哉皇哉皇哉唐哉讜直言也繇兆辭音胄左傳曰先王卜征五年而歲習其祥不習則增脩其德而改卜碩大也慮思也廣雅曰絣續也音方萌反景大也炎謂火德汪汪猶深也今文尚書太誓篇曰立功立事可以永年丕天之大律鄭玄注云丕大也律法也疇誰也亘猶竟也唐哉謂堯也皇哉謂漢也言唯唐與漢唯漢與唐

後漢列傳三十下　二十六　郭昇

固後以母喪去官永元初大將軍竇憲出征匈奴以固為中護軍與參議北單于聞漢軍出遣使款居延塞欲脩呼韓耶故事朝見天子請大使憲上遣固行中郎將事將數百騎與虜使俱出居延塞迎之會南匈奴掩破北庭永元二年南單于出雞鹿塞擊北匈奴於河雲大破之固至私渠比海聞虜中亂引還及竇憲敗固先坐免官固不教學諸子諸子多不遵法度吏人苦之初洛陽令种兢嘗行固奴干其車

騎吏椎呼之奴醉罵兢大怒畏憲不敢發心銜之及竇氏賓客皆逮考兢因此捕繫固遂死獄中時年六十一詔以譴責兢抵主者吏罪固所著典引賓戲應譏詩賦銘誄頌書文記論議六言在者凡四十一篇

論曰司馬遷班固父子其言史官載籍之作大義粲然著矣議者咸稱二子有良史之才遷文直而事覈固文贍而事詳若固之序事不激詭不抑抗贍而激揚也詭毀也抑退也抗進也不穢詳而有體使讀之者亹亹而不猒信哉其能成名也爾雅曰亹亹猶勉也彪固譏遷以爲是非頗謬於聖人言遷所是非皆與聖人乖謬即崇黄老而薄五經輕仁義而賤守節是也然其論議常排死節否正直而不叙殺身成仁之爲美固序遊俠傳曰劇孟郭解之徒馳騖於閭閻雖其陷於刑辟自與殺身成名若季路仇牧而不悔也古之正法五伯三王之罪人六國五伯之罪人四豪者又六國之罪人況於郭解之倫以匹夫之細竊殺生之權其罪不容於誅也則輕仁義賤守節愈矣愈猶甚也固傷遷博物洽聞不能以智免極刑謂下蠶室然亦身陷大戮此已上略華嶠之辭智及之而不能守之論語孔子之言也言有智而不能自守其身嗚呼古人所以致論於目睫也史記齊使者至越曰幸也越之不亡也吾不貴其智之如目見豪毛而不見其睫也今越王知晉之失計不自知越人之過是目論也言班固譏遷被刑而不知身自遇禍

贊曰二班懷文裁成帝墳沈約宋書曰初謝儼作此贊云裁成典墳以示范曄曄改爲帝墳比良遷董謂司馬遷董狐也左傳曰董狐古之良史也兼麗卿雲司馬長卿揚子雲彪識皇命固迷世紛

後漢書列傳卷第三十下

列傳卷第三十一　范曄　後漢書四十一

唐章懷太子賢注

第五倫（曾孫種）　鍾離意

宋均（族子意）　寒朗

第五倫字伯魚京兆長陵人也其先齊諸
田（史記曰陳公子完奔齊以陳字爲田氏應劭注云始食采於田改姓田氏）諸田徙園
陵者多故以次第爲氏倫少介然有義行
王莽末盜賊起宗族閭里爭往附之倫乃
依險固築營壁有賊輒奮厲其衆引彊持

滿以拒之（引彊謂引弩之多力者控引之持滿不發也）銅馬赤眉之
屬前後數十輩皆不能下（東觀記曰時米石萬錢人相食倫獨
收養孤兄子外孫分糧共食死生相守鄉里以此賢之）倫始以營長詣郡
尹鮮于褒（風俗通曰武王封箕子于朝鮮其子食采於朝鮮因氏焉）褒見而
異之署爲吏後褒坐事左轉高唐令（高唐縣屬
平原郡故城在今齊州祝阿縣西）臨去握倫臂訣曰恨相知晚（
訣別也東觀記曰倫步擔往候之留十餘日將倫上堂令妻子出相對以屬託焉）倫後爲
鄉嗇夫平傜賦理怨結得人歡心自以爲
久宦不達遂將家屬客河東變名姓自稱

王伯齊載鹽往來太原上黨所過輒爲糞
除而去（糞除猶埽除也）陌上號爲道士親友故人
莫知其處數年鮮于褒薦之於京兆尹閻
興興即召倫爲主簿時長安鑄錢多姦巧
乃署倫爲督鑄錢掾領長安市（東觀記曰時長安市未有
秩又鑄錢官姦軌所集無能整齊理之者興署倫督鑄錢掾領長安市其後小人爭訟皆云第五掾所平
市無姦枉）倫平銓衡正斗斛市無阿枉百姓悅
服每讀詔書常歎息曰此聖主也一見決
矣等輩笑之曰爾說將尚不下安能動萬

乘乎（華嶠書曰蓋延代鮮于褒爲馮翊多非法倫數切諫延恨之故滯不得舉將謂州將）倫
曰未遇知己道不同故耳建武二十七年
舉孝廉補淮陽國醫工長隨王之國光武
召見甚異之二十九年從王朝京師隨官
屬得會見帝問以政事倫因此酬對政道
帝大悅明日復特召入與語至夕帝戲謂
倫曰聞卿爲吏篣婦公不過從兄飯寧有
之邪倫對曰臣三娶妻皆無父少遭飢亂
實不敢妄過人食（華嶠書曰上復曰聞卿爲市掾人有遺母一笥餅者卿從

外來見之奪毋苟採口中餅信乎倫對曰實無此來人以臣愚蔽故爲生是語也帝大笑倫出有詔以爲扶夷長扶夷縣屬零陵郡故城在今邵州武剛縣東北未到官追拜會稽太守雖爲二千石躬自斬芻養馬妻執炊爨受俸裁留一月糧餘皆賤貿與民之貧羸者會稽俗多淫祀好卜筮民常以牛祭神百姓財產以之困匱其自食牛肉而不以薦祠者發病且死先爲牛鳴前後郡將莫敢禁倫到官移書屬縣曉告百姓其巫祝有依託鬼神詐怖愚

民皆案論之有妄屠牛者吏輒行罰民初頗恐懼或祝詛妄言倫案之愈急後遂斷絕百姓以安永平五年坐法徵老小攀車叩馬嗁呼相隨日裁行數里不得前倫乃僞止亭舍陰乘船去衆知復追之及詣廷尉吏民上書守闕者千餘人是時顯宗方案梁松事亦多爲松訟者帝患之詔公車諸爲梁氏及會稽太守上書者勿復受會帝幸廷尉錄囚徒得免歸田里身自耕種

不交通人物數歲拜爲宕渠令宕渠縣故城在今渠州流江縣東北顯拔鄉佐玄賀賀後爲九江沛二郡守以清絜稱所在化行終於大司農倫在職四年遷蜀郡太守蜀地肥饒人吏富實掾史家貲多至千萬皆鮮車怒馬以財貨自達怒馬謂馬之肥壯其氣憤怒也倫悉簡其豐贍者遣還之更選孤貧志行之人以處曹任於是爭賕抑絕以財相貨曰賕音求又反又音求文職修理所舉吏多至九卿二千石時以爲知人視事七歲

肅宗初立擢自遠郡代牟融爲司空帝以明德太后故尊崇舅氏馬廖兄弟並居職任廖等傾身交結冠蓋之士爭赴趣之倫以后族過盛欲令朝廷抑損其權上疏曰臣聞忠不隱諱直不避害不勝愚狷昧死自表狷狂狷也書曰臣無作威作福其害于而家凶于而國尚書洪範之言傳曰大夫無境外之交束脩之饋穀梁傳之文也束帛也脩脯也饋遺也近代光烈皇后雖友愛天至而卒使陰就歸國徙廢陰

興賔客其後梁竇之家互有非法明帝即位竟多誅之自是洛中無復權戚書記請託一皆斷絶又譬諸外戚曰（譬曉諭也）苦身待士不如爲國戴盆望天事不兩施（司馬遷書曰僕以爲戴盆何以望天也）臣常刻著五臧書諸紳帶（刻著五臧謂銘之於心也紳謂大帶垂之三尺論語曰子張書諸紳也）而今之議者復以馬氏爲言竊聞衛尉廖以布三千匹城門校尉防以錢三百萬私贍三輔衣冠知與不知莫不畢給又聞臘日亦遺其在洛中者

後漢列傳三十一　五

錢各五千越騎校尉光臘用羊三百頭米四百斛肉五千斤臣愚以爲不應經義惶恐不敢不以聞陛下情欲厚之亦宜所以安之臣今言此誠欲上忠陛下下全后家裁蒙省察（裁與纔同）及馬防爲車騎將軍當出征西羌倫又上疏曰臣愚以爲貴戚可封侯以富之不當職事以任之何者繩以法則傷恩私以親則違憲伏聞馬防今當西征臣以太后恩仁陛下至孝恐卒有纖介

難爲意愛（恐卒然有小過愛而不罰則廢法也）聞防請杜篤爲從事中郎多賜財帛篤爲鄉里所廢客居美陽女弟爲馬氏妻恃此交通在所縣令苦其不法收繫論之今來防所議者咸致疑怪況乃以爲從事將恐議及朝廷今宜爲選賢能以輔助之不可復令防自請人有損事望（望物望也）苟有所懷敢不自聞並不見省用倫雖峭直（峭峻也）然常疾俗吏苛刻及爲三公值帝長者屢有善政乃上疏褒

後漢列傳三十一　六

稱盛美因以勸成風德曰陛下即位躬天然之德體晏晏之姿以寛弘臨下（尚書考靈耀曰堯文塞晏晏爾雅曰晏晏溫和也）出入四年前歲誅刺史二千石貪殘者六人（東觀漢記曰去年伏誅者刺史一人太守三人減死罪二人凡六人）斯皆明聖所鑒非羣下所及然詔書每下寛和而政急不解務存節儉而奢侈不止者咎在俗敝羣下不稱故也光武承王莽之餘頗以嚴猛爲政後代因之遂成風化郡國所舉類多辦職俗吏殊未有寛博之

選以應上求者也陳留令劉豫冠軍令駟協並以刻薄之姿臨人宰邑專念掠殺務爲嚴苦吏民愁怨莫不疾之而今之議者反以爲能違天心失經義誠不可不慎也非徒應坐豫協亦當宜譴舉者（譴責也）務進仁賢以任時政不過數人則風俗自化矣臣嘗讀書記知秦以酷急亡國又目見王莽亦以苛法自滅故勤勤懇懇實在於此又聞諸王主貴戚驕奢踰制京師尚然何

以示遠故曰其身不正雖令不行（論語孔子之言）以身教者從以言教者訟夫陰陽和歲乃豐君臣同心化乃成也其刺史太守以下拜除京師及道出洛陽者宜皆召見可因博問四方兼以觀察其人諸上書言事有不合者可但報歸田里不宜過加喜怒以明在寬臣愚不足採及諸馬得罪歸國而竇氏始貴倫復上疏曰臣得以空虛之質當輔弼之任素性駑怯位尊爵重拘迫大義

思自策厲雖遭百死不敢擇地又況親遇危言之世哉（論語曰邦有道危言危行邦無道危行言遜鄭玄云危猶高也據時高言高行必見危故以爲諭也）今承百王之敝人尚文巧咸趣邪路莫能守正伏見虎賁中郎將竇憲椒房之親（后妃以椒塗壁取其繁衍多子故曰椒房）典司禁兵出入省闥年盛志美卑謙樂善此誠其好士交結之方然諸出入貴戚者類多瑕釁禁錮之人尤少守約安貧之節士大夫無志之徒更相販賣雲集其門衆煦飄山聚蚊成雷（前書中山靖王之言）蓋驕佚所從生也三輔論議者

至云以貴戚廢錮當復以貴戚浣濯之猶解酲當以酒也（病酒曰酲）詖險趣埶之徒誠不可親近（蒼頡篇曰詖佞諂也）臣愚願陛下中宮嚴勑憲等閉門自守無妄交通士大夫防其未萌慮於無形令憲永保福祿君臣交歡無纖介之隙此臣之至所願也倫奉公盡節言事無所依違諸子或時諫止輒叱遣之吏人奏記及便宜者亦并封上其無私若此性

質慤少文采在位以貞白稱時人方之前
朝貢禹前書曰貢禹字少翁瑯邪人也以明經絜行著聞然少蘊藉不
修威儀蘊藉猶寬博也亦以此見輕或問倫曰公有
私乎對曰昔人有與吾千里馬者吾雖不
受每三公有所選舉心不能忘而亦終不
用也吾兄子常病一夜十往退而安寢吾
子有疾雖不省視而竟夕不眠若是者豈
可謂無私乎連以老病上疏乞身元和三
年賜策罷以二千石奉終其身加賜錢五

後漢列傳三十一　九　王榮

十萬公宅一區後數年卒時年八十餘詔
賜秘器衣衾錢布少子頡嗣歷桂陽廬江
南陽太守所在見稱順帝之為太子廢也
樊豐等譖之廢為濟陰王頡為太中大夫與太僕來歷等
共守闕固爭帝即位擢為將作大匠卒官
三輔決錄注曰頡字子陵為郡功曹州從事公府辟舉高第為侍御史南頓令桂陽南陽廬江三郡太守諫議大夫洛陽無主人鄉里無田宅客止靈臺中或十日不炊司隸校尉南陽左雄太史令張衡尚書廬江朱建孟興皆與頡故舊各致禮餉頡終不受倫曾孫種
論曰第五倫峭覈為方峭覈謂其性峻急好窮覈事情非夫

愷悌之士省其奏議惇惇歸諸寬厚惇惇純厚之皃也音敦將懲苛切之敝使其然乎昔人以弦
韋為佩蓋猶此矣韓子曰西門豹性急佩韋以自緩董安于性緩佩弦以自急也然而君子侈不僭上儉不偪下禮記曰管仲鏤簋朱紘旅樹而反坫山節藻棁賢大夫也而難為上也晏平仲祀其先人豚肩不掩豆賢大夫也而難為下也君子上不僭上下不偪下豈尊臨千里而與牧圉等庸
乎詎非矯激則未可以中和言也
種字興先少厲志義為吏冠名州郡永壽
中以司徒掾清詔使冀州廉察災害風俗通曰孝

後漢列傳三十一　十

汝南周勃辟太尉清詔使荊州又此言以司徒清詔使冀州蓋三公府有清詔員以承詔使也廉察也
舉奏刺史二千石以下所刑免甚衆弃官
奔走者數十人還以奉使稱職拜高密侯
相是時徐兗二州盜賊羣輩高密在二州
之郊種乃大儲糧稸勤厲吏士賊聞皆憚
之桴鼓不鳴流民歸者歲中至數千家桴擊鼓杖也音浮以能換為衛相周後衛公也遷兗州刺史
中常侍單超兄子匡為濟陰太守負埶貪
放種欲收舉未知所使會聞從事衛羽素

抗厲乃召羽具告之謂曰聞公不畏彊禦今欲相委以重事若何對曰願庶幾於一割（以鉛刀諭）羽出遂馳至定陶閉門收匡賓客親吏四十餘人六七日中糾發其臧五六千萬種即奏匡并以劾超匡窘迫遣刺客刺羽羽覺其姦乃收繫客具得情狀州內震慄朝廷嗟歎之是時太山賊叔孫無忌等暴横一境州郡不能討羽說種曰中國安寧忘戰日久而太山險阻寇猾不制今

後漢列傳三十二　十二　郭傳

雖有精兵難以赴敵羽請往譬降之種敬諾羽乃往備說禍福無忌即帥其黨與三千餘人降單超積懷忿恨遂以事陷種竟坐徙朔方超外孫董援爲朔方太守稸怒以待之初種爲衛相以門下掾孫斌賢善遇之及當徙斥斌具聞超謀乃謂其友人同縣閭子直及高密甄子然曰盖盜憎其主從來舊矣第五使君當投裔土而單超外屬爲彼郡守夫危者易仆可爲寒心吾

今方追使君庶免其難若奉使君以還將以付子二人曰子其行矣是吾心也於是斌將俠客晨夜追種及之於太原遮險格殺送吏因下馬與種斌自步從一日一夜行四百餘里遂得脫歸種匿於閭甄氏數年徐州從事臧旻上書訟之曰臣聞士有忍死之辱必有就事之計故季布屈節於朱家（前書曰季布楚人爲任俠有名數窘漢王高祖購求布千金布匿濮陽周氏周氏曰漢求將軍急敢進計布許之乃髡鉗布衣褐并其家僮之魯朱家所賣之朱家買置田舍言之高祖赦之後爲河東守）

後漢列傳三十一　十三　李昇

管仲錯行於召忽（說苑子路問於孔子曰管子欲立公子糾而不能召忽死之管仲不死是無仁也孔子曰召忽者人臣之材不死則三軍之虜也死之則名聞於天下矣何爲不死哉管子者天子之佐諸侯之相也死之則不免於溝瀆之中不死則功復用於天下夫何爲死之哉錯猶乖也）此二臣以可死而不死者非愛身於須臾貪命於苟活隱其智力顧其權略庶幸逢時有所爲耳卒遭高帝之成業齊桓之興伯遺其亡逃之行赦其射鉤之讎拔於囚虜之中信其佐國之謀（信音申）勳效傳於百世君臣載於篇籍假令二主紀過

於纖介則此二臣同死於犬馬沈名於溝壑當何由得申其補過之功建其奇奧之術乎伏見故兖州刺史第五種傑然自建在鄉曲無苞苴之嫌（苞苴饋遺也）步朝堂無擇言之闕（口無可擇之言也）天性疾惡公方不曲故論者說清高以種爲上序直士以種爲首春秋之義選人所長弃其所短録其小善除其大過種所坐以盜賊公負筋力未就（太山之賊種不能討是力不足以禁之法當公坐故云公負也）罪至徵徒非有大

〈後漢列傳三十〉 十三 叔宗

惡昔虞舜事親大杖則走（家語孔子謂曾子之言也）故種逃亡苟全性命冀有朱家之路以顯季布之會顧陛下無遺須史之恩令種有持忠入地之恨會赦出卒於家

鍾離意字子阿會稽山陰人也少爲郡督郵時部縣亭長有受人酒禮者府下記案考之（記文符也案察之）意封還記入言於太守曰春秋先内後外（公羊傳曰春秋内其國而外諸夏内諸夏而外夷狄）詩云刑於寡妻以御于家邦（詩大雅之文刑見也御治）明政化之本由近及遠今宜先清府内且闊略遠縣細微之愆太守甚賢之遂任以縣事建武十四年會稽大疫死者萬數（疫癘氣也）意獨身自隱親經給醫藥（隱親謂親自隱恤之經給謂經營濟給之）所部多蒙全濟舉孝廉再遷辟大司徒侯霸府詔部送徒詣河内時冬寒徒病不能行路過弘農意輒移屬縣使作徒衣縣不得已與之而上書言狀意亦具以聞光武得奏以見霸曰君所使掾何乃仁於用心誠良吏也

〈後漢列傳三十〉 十四 王仲

意遂於道解徒桎梏（在手曰梏在足曰桎）恣所欲過與剋期俱至無或違者還以病免後除瑕丘令（瑕丘今兖州縣也）吏有檀建者盜竊縣内意屏人問狀建叩頭服罪不忍加刑遣令長休建父聞之爲建設酒謂曰吾聞無道之君以刃殘人有道之君以義行誅子罪命也遂令建進藥而死二十五年遷堂邑令（堂邑故城在今博州堂邑縣西北）人防廣爲父報讎繫獄其母病死廣哭泣不食意憐傷之乃聽廣歸

家使得殯斂丞掾皆爭意曰罪自我歸義不累下遂遣之[言罪歸於我不累於丞掾]廣斂母訖果還入獄意密以狀聞廣竟得以減死論顯宗即位徵爲尚書時交阯太守張恢坐臧千金徵還伏法以資物簿入大司農[簿文記也]詔班賜羣臣意得珠璣悉以委地而不拜賜帝怪而問其故對曰臣聞孔子忍渴於盜泉之水曾參回車於勝母之閭惡其名也[説苑曰邑名勝母曾子不入水名盜泉仲尼不飲醜其名也尸子又載其言也]此臧穢之寶誠不敢拜帝嗟歎曰清乎尚書之言乃更以庫錢三十萬賜意轉爲尚書僕射車駕數幸廣成苑意以爲從禽廢政常當車陳諫般樂遊田之事天子即時還宮永平三年夏旱而大起北宮意詣闕免冠上疏曰伏見陛下以天時小旱憂念元元降避正殿躬自克責而比日密雲遂無大潤[易曰密雲不雨自我西郊]豈政有未得應天心者邪昔成湯遭旱以六事自責曰政不節邪使人疾邪

宮室榮邪女謁盛邪苞苴行邪讒夫昌邪[帝王紀曰成湯大旱七年齋戒翦髮斷爪以己爲犧牲禱於桑林之社以六事自責]竊見北宮大作人失農時此所謂宮室榮也自古非苦宮室小狹但患人不安寧宜且罷止以應天心臣意以匹夫之才無有行能久食重祿擢備近臣比受厚賜喜懼相并不勝愚戇征營罪當萬死[征營不自安也]帝策詔報曰湯引六事咎在一人其冠履勿謝比上天降旱密雲數會朕戚然慙懼思獲嘉應故分布禱請闚候風雲北祈明堂南設雩場[明堂在洛陽城南言北祈者蓋時修雩場在明堂之南]今又勑大匠止作諸宮減省不急庶消灾譴詔因謝公卿百僚遂應時澍雨焉[説文云雨所以澍生萬物故曰澍音注]時詔賜降胡子縑尚書案事誤以十爲百帝見司農上簿大怒召郎將笞之意因入叩頭曰過誤之失常人所容若以懈慢爲愆則臣位大罪重郎位小罪輕咎皆在臣臣當先坐乃解衣就格[格拘執也]帝意解使復冠而貫郎

帝性褊察好以耳目隱發爲明[隱猶私也]故公卿大臣數被詆毀近臣尚書以下至見提拽常以事怒郎藥崧以杖撞之崧走入牀下帝怒甚疾言曰郎出郎出崧曰天子穆穆諸侯煌煌[曲禮之文也穆穆美也煌煌盛也]未聞人君自起撞郎帝赦之朝廷莫不悚慄爭爲嚴切以避誅責唯意獨敢諫爭數封還詔書臣下過失輒救解之會連有變異意復上疏曰伏惟陛下躬行孝道修明經術郊祀天地畏敬鬼神憂恤黎元勞心不怠而天氣未和日月不明[易通卦驗曰愚智同位則日月無光]水泉涌溢寒暑違節者咎在群臣不能宣化理職而以苛刻爲俗吏殺良人繼踵不絕百官無相親之心吏人無雍雍之志[爾雅曰雍雍和也]至於骨肉相殘毒害彌深感逆和氣以致天災百姓可以德勝難以力服先王要道民用和睦故能致天下和平災害不生禍亂不作鹿鳴之詩必言宴樂者[鹿鳴詩小雅宴群臣也其詩曰呦呦鹿鳴食野之苹我有嘉賓鼓瑟吹笙]以人神之心洽然後天氣和也願陛下垂聖德揆萬機詔有司慎人命緩刑罰順時氣以調陰陽垂之無極帝雖不能用然知其至誠亦以此故不得久留出爲魯相[意別傳曰意爲魯相到官出私錢萬三千文付戶曹孔訢修夫子車身入廟拭机席劍履男子張伯除堂下草土中得玉璧七枚伯懷其一以六枚白意意令主簿安置几前孔子教授堂下牀首有懸甕意召孔訢問此何甕也對曰夫子甕也背有丹書人莫敢發也意曰夫子聖人所以遺甕欲以懸示後賢因發之中得素書文曰後世修吾書董仲舒護吾車拭吾履發吾笥會稽鍾離意璧有七張伯藏其一意即召問伯果服焉]後德陽殿成[漢官殿名曰北宮中有德陽殿]百官大會帝思意言謂公卿曰鍾離尚書若在此殿不立意視事五年以愛利爲化[東觀記曰意在堂邑爲政愛利輕刑慎罰撫循百姓如赤子初到縣市無屋意出奉錢帥人作屋人齎茅竹或持材木爭起趨作決日而成功作既畢爲解土祝曰興功役者令百姓無事如有禍祟令自當之人皆大悅]人多殷富以久病卒官遺言上書陳升平之世難以急化宜少寬假帝感傷其意下詔嗟歎賜錢二十萬藥崧者河內人天性朴忠家貧爲郎常獨直臺上無被枕杫[杫音思漬反謂俎几也方言云蜀漢之郊曰杫]食糟糠帝每夜入臺

輒見崧問其故甚嘉之自此詔太官賜尚書以下朝夕餐給帷被皁袍及侍史二人（蔡質漢官儀曰尚書郎入直臺中官供新青縑白綾被或錦被晝夜更宿帷帳畫通中枕臥旃蓐冬夏隨時改易太官供食五日一美食下天子一等尚書郎伯使一人女侍史二人皆選端正者伯使從至止車門還女侍史絜被服執香鑪燒熏從入臺中給使護衣服也）崧官至南陽太守

宋均字叔庠南陽安衆人也父伯建武初爲五官中郎將均以父任爲郎時年十五好經書每休沐日輒受業博士通詩禮善論難至二十餘調補辰陽長（辰陽今辰州辰溪縣）其俗

少學者而信巫鬼均爲立學校禁絕淫祀人皆安之以祖母喪去官客授潁川後爲謁者會武陵蠻反圍武威將軍劉尚詔使均乘傳發江夏奔命三千人往救之（前書音義曰權選精勇聞命奔走謂之奔命也）既至而尚已沒會伏波將軍馬援至詔因令均監軍與諸將俱進賊拒阸不得前及馬援卒於師軍士多温溼疾病死者太半均慮軍遂不反乃與諸將議曰今道遠士病不可以戰欲權承制降之

何如諸將皆伏地莫敢應均曰夫忠臣出竟有可以安國家專之可也（公羊傳曰聘禮大夫受命不受辭出境有以安社稷全國家者則專之可也）乃矯制調伏波司馬呂种守沅陵長命种奉詔書入虜營告以恩信因勒兵隨其後蠻夷震怖即共斬其大帥而降於是入賊營散其衆遣歸本郡爲置長吏而還均未至先自劾矯制之罪光武嘉其功迎賜以金帛令過家上冢其後每有四方異議數訪問焉遷上蔡令時府

下記禁人喪葬不得侈長（長音直亮反禁之不得奢侈有餘）均曰夫送終踰制失之輕者今有不義之民尚未循化而遽罰過禮非政之先竟不肯施行遷九江太守郡多虎暴數爲民患常募設檻穽而猶多傷害（檻爲機以捕獸穽謂穿地陷之）均到下記屬縣曰夫虎豹在山黿鼉在水各有所託且江淮之有猛獸猶北土之有雞豚也今爲民害咎在殘吏而勞勤張捕非憂恤之本也其務退姦貪思進忠善可一

去檻穽除削課制其後傳言虎相與東游
度江中元元年山陽楚沛多蝗其飛至九
江界者輒東西散去由是名稱遠近浚遒
縣有唐后二山民共祠之（浚遒縣屬廬江郡故城在今廬州愼縣南）
衆巫遂取百姓男女以爲公嫗（以男爲山公以女爲山嫗猶祭之有尸主也）歲歲改易既而不敢嫁娶前後守
令莫敢禁均乃下書曰自今以後爲山娶
者皆娶巫家勿擾良民於是遂絕永平元
年遷東海相在郡五年坐法免官客授潁

川而東海吏民思均恩化爲之作歌詣闕
乞還者數千人顯宗以其能七年徵拜尚
書令每有駮議多合上旨均嘗删翦疑事
帝以爲有姦大怒收郎縛格之諸尚書惶
恐皆叩頭謝罪均顧厲色曰蓋忠臣執義
無有二心若畏威失正均雖死不易志小
黃門在傍入具以聞帝善其不橈即令貰
郎遷均司隸校尉數月出爲河內太守政
化大行均常寢病百姓耆老爲禱請旦夕

問起居其爲民愛若此以疾上書乞免詔
除子條爲太子舍人均自扶輿詣闕謝恩
帝使中黃門慰問因留養疾司徒缺帝以
均才任宰相召入視其疾令兩騶扶之（騶養馬者亦曰騶騎）
均拜謝曰天罰有罪所苦浸篤不復
奉望帷幄因流涕而辭帝甚傷之召條扶
侍均出賜錢三十萬均性寬和不喜文法
常以爲吏能弘厚雖貪汙放縱猶無所害
至於苛察之人身或廉法而巧黠刻削毒

加百姓災害流亡所由而作及在尚書恒
欲叩頭爭之以時方嚴切故遂不敢陳帝
後聞其言而追悲之建初元年卒於家族
子意

意字伯志父京以大夏侯尚書教授（夏侯勝也）
至遼東太守意少傳父業顯宗時舉孝廉
以召對合旨擢拜阿陽侯相（阿陽縣屬天水郡故城在今秦州隴城縣西北）建初中徵爲尚書肅宗性寬仁而親
親之恩篤故叔父濟南中山二王每數入

朝特加恩寵及諸昆弟並留京師不遣就國意以爲人臣有節不宜踰禮過恩乃上疏諫曰陛下至孝烝烝恩愛隆深以濟南王康中山王焉先帝昆弟特蒙禮寵聖情戀戀不忍遠離比年朝見久留京師崇以叔父之尊同之家人之禮車入殿門即席不拜分甘損膳賞賜優渥昔周公懷聖人之德有致太平之功然後王曰叔父加以錫幣（詩魯頌曰王曰叔父建爾元子俾侯于魯尚書曰周公既成洛邑成王命召公出取幣錫周公也）今康焉幸以支庶享食大國陛下即位錮除前過還所削黜衍食它縣（衍謂流衍傍食它縣）男女少長並受爵邑恩寵踰制禮敬過度春秋之義諸父昆弟無所不臣所以尊尊卑卑彊幹弱枝者也陛下德業隆盛當爲萬世典法不宜以私恩損上下之序失君臣之正又西平王羨等六王皆妻子成家官屬備具當早就蕃國爲子孫基阯而室第相望久磐京邑（磐謂磐桓不去）婚姻之盛過於

後漢列傳三十一　二十三　王中

本朝僕馬之衆充塞城郭驕奢僭擬寵祿隆過今諸國之封並皆膏腴風氣平調道路夷近朝聘有期行來不難宜割情不忍以義斷恩（禮記曰門內之政恩揜義門外之政義斷恩）發遣康焉各歸蕃國令羨等速就便時（行日取便利之時也）以塞衆望帝納之章和二年鮮卑擊破北匈奴而南單于乘此請兵北伐因欲還歸舊庭時竇太后臨朝議欲從之意上疏曰夫戎狄之隔遠中國幽處北極（爾雅曰東至於泰遠西至於邠國南至於濮鈆北至於祝栗謂之四極也）界以沙漠簡賤禮義無有上下彊者爲雄弱即屈服自漢興以來征伐數矣其所剋獲曾不補害光武皇帝躬服金革之難深昭天地之明故因其來降羈縻畜養邊人得生勞役休息於茲四十餘年矣今鮮卑奉順斬獲萬數中國坐享大功（享受也）而百姓不知其勞漢興功烈於斯爲盛所以然者夷虜相攻無損漢兵者也臣察鮮卑侵伐匈奴正是利其抄掠及歸功

後漢列傳三十一　二十四　陳献

聖朝實由貪得重賞今若聽南虜還都北
庭則不得不禁制鮮卑鮮卑外失暴掠之
願内無功勞之賞豺狼貪婪必爲邊患今
北虜西遁請求和親宜因其歸附以爲外
扞巍巍之業無以過此若引兵費賦以順
南虜則坐失上略去安即危矣誠不可許
會南單于竟不北徙遷司隸校尉永元初
大將軍竇憲兄弟貴盛步兵校尉鄧疊河
南尹王調故蜀郡太守廉范等羣黨出入

憲門負埶放縱意隨達舉奏無所回避由
是與竇氏有隙二年病卒孫俱靈帝時爲
司空 漢官儀曰俱字伯儀也
寒朗字伯奇魯國薛人也生三日遭天下
亂弃之荆棘數日兵解母往視猶尚氣息
遂收養之及長好經學博通書傳以尚書
教授舉孝廉永平中以謁者守侍御史與
三府掾屬共考案楚獄顔忠王平等辭連
及隧鄉侯耿建朗陵侯臧信護澤侯鄧鯉

曲成侯劉建建等辭未嘗與忠平相見是
時顯宗怒甚吏皆惶恐諸所連及率一切
陷入無敢以情恕者朗心傷其寃試以建
等物色獨問忠平 物色謂形狀也 而二人錯愕不能
對 錯倉卒也錯音七故反愕音五故反 朗知其詐乃上言建等
無姦專爲忠平所誣疑天下無辜類多如
此帝乃召朗入問曰建等即如是忠平何
故引之朗對曰忠平自知所犯不道故多
有虚引冀以自明帝曰即如是四侯無事

何不早奏獄竟而久繫至今邪朗對曰臣
雖考之無事然恐海内别有發其姦者故
未敢時上 時上猶即上也上音時掌反 帝怒罵曰吏持兩端
促提下左右方引去朗曰願一言而死小
臣不敢欺欲助國耳帝問曰誰與共爲章
對曰臣自知當必族滅不敢多汚染人誠
冀陛下一覺悟而已臣見考囚在事者咸
共言妖惡大故臣子所宜同疾今出之不
如入之可無後責是以考一連十考十連

百叉公卿朝會陛下問以得失皆長跪言舊制大罪禍及九族陛下大恩裁止於身天下幸甚及其歸舍口雖不言而仰屋竊歎莫不知其多冤無敢牾陛下者臣今所陳誠死無悔帝意解詔遣朗出後二日車駕自幸洛陽獄錄囚徒理出千餘人後平忠死獄中朗乃自繫會赦免官復舉孝廉建初中肅宗大會羣臣朗前謝恩詔以朗納忠先帝拜為易長易今易州縣也歲餘遷濟陽

令以母喪去官百姓追思之章和元年上行東巡狩過濟陽三老吏人上書陳朗前政治狀帝至梁召見朗詔三府為辟首由是辟司徒府永元中再遷清河太守坐法免永初三年太尉張禹薦朗為博士徵詣公車會卒時年八十四

論曰左丘明有言仁人之言其利博哉晏子一言齊侯省刑左氏傳曰齊景公謂晏子曰子之宅近市識貴賤乎於是景公繁於刑有鬻踊者故對曰踊貴而屨賤景公為是省於刑君子曰仁人之言其利博哉踊謂刖足者屨若鍾離意之就格請過寒朗之廷爭冤獄篤矣乎仁者之情也夫正直本於忠誠則不詭詭詐也本於諫爭則絞切論語孔子曰直而無禮則絞絞急也彼二子之所本得乎天故言信而志行也言而見信諫而必從故曰志行

贊曰伯魚子阿矯急去苛臨官以絜匡帝以奢宋均達政禁此妖祟祟祭也于命反禽蟲畏德子民請病謂人為之請禱也意明尊尊割恩蕃屏穀梁傳曰為尊者諱敵為親者諱敗尊尊親親之義也意諫令諸王歸藩故云割恩藩屏音協韻必政反

惵惵楚黎寒君為命惵惵懼也黎衆也

後漢書列傳卷第三十一

列傳卷第三十二　范曄　後漢書四十二

唐章懷太子賢注

光武十王

東海恭王彊　沛獻王輔

楚王英　濟南安王康

東平憲王蒼（子任城孝王尚）　廣陵思王荊

阜陵質王延　中山簡王焉

臨淮懷公衡

琅邪孝王京

光武皇帝十一子郭皇后生東海恭王彊沛獻王輔濟南安王康阜陵質王延中山簡王焉許美人生楚王英光烈皇后生顯宗東平憲王蒼廣陵思王荊臨淮懷公衡琅邪孝王京

東海恭王彊建武二年立母郭氏爲后彊爲皇太子十七年而郭后廢彊常慼慼不自安數因左右及諸王陳其懇誠願備蕃國光武不忍遲回者數歲乃許焉十九年封爲東海王二十八年就國帝以彊廢不以過去就有禮故優以大封兼食魯郡合二十九縣賜虎賁旄頭宮殿設鍾虡之縣擬於乘輿（虎賁旄頭鍾虡解見光武紀縣音玄）彊臨之國數上書讓還東海又因皇太子固辭帝不許深嘉歎之以彊章宣示公卿初魯恭王好宮室起靈光殿甚壯麗是時猶存（恭王名餘景帝之子殿在今兗州曲阜城中故基東西二十丈南北十二丈高丈餘也）故詔彊都魯中元元年入朝從封岱山因留京師明年春帝

崩冬歸國永平元年彊病顯宗遣中常侍鉤盾令將太醫乘驛視疾詔沛王輔濟南王康淮陽王延詣魯及薨臨命上疏謝曰臣蒙恩得備蕃輔特受二國宮室禮樂事事殊異巍巍無量訖無報稱而自脩不謹連年被疾爲朝廷憂念皇太后陛下哀憐臣彊感動發中數遣使者太醫令丞方伎道術絡驛不絕臣伏惟厚恩不知所言臣內自省視氣力羸劣日夜浸困（浸漸也）終不

復望見闕庭奉承帷幄孤負重恩銜恨黃泉杜預注左傳云地中之泉故曰黃泉身既夭命孤弱復爲皇太后陛下憂慮誠悲誠慙息政小人也猥當襲臣後必非所以全利之也誠願還東海郡天恩愍哀以臣無男之故無男無多男也處臣三女小國侯即婦人封侯也若呂后之妹呂須封爲臨光侯蕭何夫人封爲鄼侯之類此臣宿昔常計私計天恩不敢忘也今天下新罹大憂光武崩也惟陛下加供養皇太后數進御餐臣彊困劣言不能盡意願並謝諸王不意永

不復相見也天子覽書悲慟從太后出幸津門亭發哀津門洛陽南面西頭門也一名津陽門每門皆有亭使大司空持節護喪事大鴻臚副宗正將作大匠視喪事贈以殊禮升龍旄頭鸞輅龍旂虎賁百人解並見光武及明帝紀詔楚王英趙王栩北海王興館陶公主比陽公主及京師親戚四姓夫人小侯皆會葬四姓小侯解見明帝紀夫人蓋小侯之母也帝追惟彊深執謙儉不欲厚葬以違其意於是特詔中常侍杜岑及東海傅相曰王恭

謙好禮以德自終遣送之物務從約省衣足斂形茅車瓦器物減於制以彰王卓爾獨行之志前書曰卓尒不群者河閒獻王近之矣將作大匠留起陵廟彊立十八年年三十四子靖王政嗣政淫欲薄行後中山簡王薨政詣中山會葬私取簡王姬徐妃又盜迎掖庭出女豫州刺史魯相奏請誅政有詔削薛縣立四十四年薨子頃王肅嗣永元十六年封肅弟二十一人皆爲列侯肅性謙儉循恭王

法度永初中以西羌未平上錢二千萬元初中復上縑萬匹以助國費鄧太后下詔褒納焉立二十三年薨子孝王臻嗣永建二年封臻二弟敏儉爲鄉侯臻及弟蒸鄉侯儉並有篤行母卒皆吐血毀眥眥或爲瘠至服練紅兄弟追念初喪父幼小哀禮有闕因復重行喪制既祥之後而服練也禮記曰練衣黃裏縓緣縓即紅也縓音七絹反鄭玄注周禮曰淺絳也臻性敦厚有恩常分租秩賑給諸父昆弟國相籍褒具以狀聞順帝美

之制詔大將軍三公大鴻臚曰東海王臻以近蕃之尊少襲王爵膺受多福未知艱難而能克己率禮孝敬自然事親盡愛送終竭哀降儀從士寢苫三年（左氏傳曰晏桓子卒晏嬰麤衰斬苴絰帶杖菅屨食粥居倚廬寢苫枕草其家老曰非大夫之禮也杜預注云時士及大夫衰服各有不同）和睦兄弟恤養孤弱至孝純備仁義兼弘朕甚嘉焉夫勸善厲俗爲國所先曩者東平孝王敞兄弟行孝喪母如禮有增戶之封詩云永世克孝念茲皇祖（詩周頌之文克能也）今

後漢列傳三十二　五　陳箴

增臻封五千戶儉五百戶光啓土宇以酬厥德立三十一年薨子懿王祗嗣初平四年遣子琬至長安奉章獻帝封琬汶陽侯拜爲平原相祗立四十四年薨子羨嗣二十年魏受禪以爲崇德侯

沛獻王輔建武十五年封右馮翊公十七年郭后廢爲中山太后故徙輔爲中山王并食常山郡二十年復徙封沛王時禁網尚疏諸王皆在京師競脩名譽爭禮四方賔客壽光侯劉鯉更始子也得幸於輔鯉怨劉盆子害其父因輔結客報殺盆子兄故式侯恭輔坐繫詔獄三日乃得出自是後諸王賔客多坐刑罰各循法度二十八年就國中元二年封輔子寶爲沛侯永平元年封寶弟嘉爲僮侯（僮縣屬臨淮郡故城在今泗州宿預縣西南）輔矜嚴有法度好經書善說京氏易孝經論語傳及圖讖作五經論時號之曰沛王通論在國謹節終始如一稱爲賢王顯宗敬重數加賞賜立四十六年薨子釐王定

後漢列傳三十二　六　吳佐

嗣（釐音僖下皆同）元和二年封定弟十二人爲鄉侯定立十一年薨子節王正嗣元興元年封正弟二人爲縣侯正立十四年薨子孝王廣嗣有固疾安帝詔廣祖母周領王家事周明正有法禮漢安中薨順帝下詔曰沛王祖母太夫人周秉心淑慎導王以仁使光祿大夫贈以妃印綬廣立三十五年薨子幽王榮嗣立二十年薨子孝王琮嗣薨

子恭王曜嗣薨子契嗣魏受禪以爲崇德侯

楚王英以建武十五年封爲楚公十七年進爵爲王二十八年就國母許氏無寵故英國最貧小三十年以臨淮之取慮須昌二縣益楚國（取慮縣故城在今泗州下邳縣西南案臨淮無須昌有昌陽縣蓋誤也取慮音秋閭）自顯宗爲太子時英常獨歸附太子太子特親愛之及即位數受賞賜永平元年特封英舅子許昌爲龍舒侯（龍舒縣屬廬江郡故城在今廬州廬江縣西也）英少時好游俠交通賓客晚節更喜黃老學爲浮屠齋戒祭祀（袁宏漢紀浮屠佛也西域天竺國有佛道焉佛者漢言覺也將以覺悟羣生也其教以脩善慈心爲主不殺生專務清靜其精者爲沙門沙門漢言息也蓋息意去欲而歸于無爲又以爲人死精神不滅隨復受形生時善惡皆有報應故貴行善修道以鍊精神以至無生而得爲佛也佛長丈六尺黃金色項中佩日月光變化無方無所不入而大濟羣生初明帝夢見金人長大項有日月光以問羣臣或曰西方有神其名曰佛陛下所夢得無是乎於是遣使天竺問其道術而圖其形像焉）八年詔令天下死罪皆入縑贖英遣郎中令奉黃縑白紈三十匹詣國相曰託在蕃輔過惡累積歡喜大恩奉

後漢列傳三十二　七　郭傳

送縑帛以贖愆罪國相以聞詔報曰楚王誦黃老之微言尚浮屠之仁祠絜齋三月與神爲誓何嫌何疑當有悔吝其還贖以助伊蒲塞桑門之盛饌（伊蒲塞即優婆塞也中華翻爲近住言受戒行堪近僧住也桑門即沙門）因以班示諸國中傅英後遂大交通方士作金龜玉鶴刻文字以爲符瑞十三年男子燕廣告英與漁陽王平顏忠等造作圖書有逆謀事下案驗有司奏英招聚姦猾造作圖讖擅相官秩置諸侯王公將軍二千石大逆不道請誅之帝以親親不忍乃廢英徙丹陽涇縣（今宣州縣也）賜湯沐邑五百戶（湯沐解見皇后紀也）遣大鴻臚持節護送使伎人奴婢妓士鼓吹悉從得乘輜輧（輜輧猶屏也自隱蔽之車蒼頡篇曰衣車也）持兵弩行道射獵極意自娛男女爲侯主者食邑如故楚太后勿上璽綬留住楚宮明年英至丹陽自殺立三十三年國除詔遣光祿大夫持節弔祠贈賵如法加賜列侯印綬以諸侯禮葬於涇

後漢列傳三十二　八　李青

遣中黃門占護其妻子(占護猶守護也)悉出楚官屬無辭語者制詔許太后曰國家始聞楚事幸其不然既知審實懷用悼灼庶欲宥全王身令保卒天年而王不念顧太后竟不自免此天命也無可柰何太后其保養幼弱勉強飲食諸許願王富貴人情也已詔有司出其有謀者令安田宅於是封燕廣爲折姦矦楚獄遂至累年其辭語相連自京師親戚諸矦州郡豪桀及考案吏阿

附相陷坐死徙者以千數十五年帝幸彭城見許太后及英妻子於內殿悲泣感動左右建初二年肅宗封英子楚矦种五弟皆爲列矦並不得置相臣吏人元和三年許太后薨復遣光祿大夫持節弔祠因留護喪事賻錢五百萬又遣謁者備王官屬迎英喪改葬彭城加王赤綬羽蓋華藻如嗣王儀(續漢輿服志曰諸矦王赤綬四采長二丈一尺皇子安車青蓋金華藻)追爵謚曰楚厲矦章和元年帝幸彭城見英夫

人及六子厚加贈賜种後徙封六矦(六縣名屬廬江郡)卒子度嗣度卒子拘嗣傳國于後

濟南安王康建武十五年封濟南公十七年進爵爲王二十八年就國三十年以平原之祝阿安德朝陽平昌隰陰重丘六縣益濟南國中元二年封康子德爲東武城矦(東武城屬清河郡今貝州武城縣是)康在國不循法度交通賓客其後人上書告康招來州郡姦猾漁陽顔忠劉子産等又多遺其繒帛案圖書

謀議不軌事下考有司舉奏之顯宗以親親故不忍窮竟其事但削祝阿隰陰東朝陽安德西平昌五縣(東朝陽在今齊州臨濟縣東西平昌今德州般縣也般音補滿反)建初八年肅宗復還所削地康遂多殖財貨大修宮室奴婢至千四百人廄馬千二百匹私田八百頃奢侈恣欲游觀無節永元初國傅何敞上疏諫康曰蓋聞諸矦之義制節謹度然後能保其社稷和其民人(孝經諸矦章之義也)大王以骨肉之親享食茅

土當施張政令明其典法出入進止宜有期度輿馬臺隸應爲科品臺隸賤職也左氏傳曰人有十等王臣公公臣卿卿臣大夫大夫臣士士臣皁皁臣輿輿臣隸隸臣僚僚臣僕僕臣臺也而今奴婢廄馬皆有千餘增無用之口以自蠶食言如蠶之食漸至衰盡也宮婢閉隔失其天性惑亂和氣又多起內第觸犯防禁費以巨萬巨大也大萬謂萬萬而功猶未半夫文繁者質荒木勝者人亡荒廢也文彩繁多則質以之廢土木增飾盛則人殫其力故云人亡皆非所以奉禮承上傳福無窮者也故楚作章華以凶左氏傳楚靈王成章華之臺後卒被殺杜預注云臺在今南郡華容縣也吳興姑蘇而滅

周清姑蘇臺一名姑胥臺越絕書曰胥門外有九曲路闔廬以遊姑蘇之臺以望湖中顧夷吾地記云橫山北有小山俗謂姑蘇臺在今蘇州吳縣西闔廬後被越殺之景公千駟民無稱焉論語齊景公有馬千駟死之日人無德而稱焉千駟四千匹今數游諸第晨夜無節又非所以遠防未然臨深履薄之法也願大王修恭儉遵古制省奴婢之口減乘馬之數斥私田之富節游觀之宴以禮起居則敞乃敢安心自保惟大王深慮愚言康素敬重敞雖無所嫌牾然終不

能改立五十九年薨子簡王錯嗣錯音七故反錯爲太子時愛康鼓吹妓女宋閏使醫張尊招之不得錯怒自以劍刺殺尊國相舉奏有詔勿案永元十一年封錯弟七人爲列侯錯立六年薨子孝王香嗣永初二年封香弟四人爲列侯香篤行好經書初叔父篤有罪不得封西平昌侯昱坐法失侯香乃上書分爵土封篤子丸昱子嵩皆爲列侯香立二十年薨無子國絕永建元年

順帝立錯子阜陽侯顯爲嗣是爲釐王立三年薨子悼王廣嗣永建五年封廣弟文爲樂城亭侯廣立二十五年永興元年薨無子國除

東平憲王蒼建武十五年封東平公十七年進爵爲王蒼少好經書雅有智思爲人美須頿要帶八圍顯宗甚愛重之及即位拜爲驃騎將軍置長史掾史員四十人位在三公上四府掾史皆無四十人今特置以優之也永平元年封蒼

子二人爲縣侯二年以東郡之壽張須昌山陽之南平陽橐湖陵五縣益東平國南平陽縣故城今兗州鄒縣也橐縣一名高平故城在鄒縣西南湖陵故城在今兗州防與縣東南是時中興三十餘年四方無虞蒼以天下化平宜修禮樂乃與公卿共議定南北郊冠冕車服制度及光武廟登歌八佾舞數語在禮樂輿服志其志今亡帝每巡狩蒼常留鎭侍衛皇太后四年春車駕近出觀覽城第第宅也有甲乙之次故曰第尋聞當遂校獵河内蒼即上書諫曰臣聞時令盛春農事不聚衆興功禮記月令曰孟春之月無聚大衆無置城郭仲春之月無作大事以妨農事也傳曰田獵不宿食飲不享出入不節則木不曲直此失春令者也尚書五行傳曰田獵不宿飲食不享出入不節奪人農時及有姦謀則木不曲直鄭玄注云木性或曲或直人所用爲器者也無故生不暢茂多有折槁是爲不曲直也前書音義曰不宿不預戒日也臣知車駕今出事從約省所過吏人諷誦甘棠之德雖然動不以禮非所以示四方也惟陛下因行田野循視稼穡消搖仿佯弭節而旋消搖逍遙之意詩曰於焉消搖左氏傳曰獷流而仿佯前書音義

後漢列傳三十二　十三　王中

曰弭節猶按節也言不盡意馳驅也至秋冬乃振威靈整法駕備周衛設羽旄旄謂注旄於竿首詩云抑抑威儀惟德之隅詩大雅之文也抑抑密也隅廉也言人審密於威儀抑抑然者其德必嚴正如宮室之制內繩直則外有廉隅臣不勝憤懣伏自手書乞詣行在所極陳至誠帝覽奏即還宮蒼在朝數載多所隆益而自以至親輔政聲望日重意不自安上疏歸職曰臣蒼疲駑特爲陛下慈恩覆護在家備教導之仁升朝蒙爵命之首制書褒美班之四海舉負薪之才升君子之器易曰負且乘致寇至負也者小人之事也乘也者君子之器也以小人而乘君子之器則盜思奪之矣凡匹夫一介尚不忘簞食之惠簞竹器也圓曰簞方曰笥左氏傳曰晉宣子田於首山舍於翳桑見靈輒餓曰不食三日矣食之舍其半問之曰宦三年矣未知母之存否請遺之使盡之而爲簞食與之既而與爲公介倒戟以禦公徒而免之問何故曰翳桑之餓人也況臣居宰相之位同氣之親哉宜當暴骸膏野爲百僚先而愚頑之質加以固病誠羞負乘辱汙輔將之位將被詩人三百赤紱之刺赤紱大夫之服也詩曹風曰彼己之子三百赤紱刺其無德居位者多也今方域晏然要荒無儆去王畿五百里曰甸

後漢列傳三十二　十四　劉仲

（服又五百里曰侯服又五百里曰綏服又五百里要服又五百里荒服衛備也音譬）將遵上德無爲之時也丈官猶可并省武職尤不宜建昔象封有鼻不任以政（有鼻國名其地在今永州營道縣北史記曰舜弟象封於有鼻也）誠由愛深不忍揚其過惡前事之不忘來事之師也自漢興以來宗室子弟無得在公卿位者惟陛下審覽虞帝優養母弟遵承舊典終卒厚恩乞上驃騎將軍印綬退就蕃國願蒙哀憐帝優詔不聽其後數陳乞辭甚懇切五年乃許還

國而不聽上將軍印綬以驃騎長史爲東平太傅掾爲中大夫令史爲王家郎（漢官儀將軍掾屬二十九人中大夫無員令史四十一人也）加賜錢五千萬布十萬匹六年冬帝幸魯徵蒼從還京師明年皇太后崩既葬蒼乃歸國特賜宮人奴婢五百人布二十五萬匹及珍寶服御器物十一年蒼與諸王朝京師月餘還國帝臨送歸宮悽然懷思乃遣使手詔國中傅曰辭別之後獨坐不樂因就車歸伏軾而吟

瞻望永懷實勞我心誦及采菽以增歎息（采菽詩小雅之章也其詩曰采菽采菽筐之筥之君子來朝何錫與之毛萇注云菽所以芼大牢而待君子也）日者問東平王處家何等最樂王言爲善最樂其言甚大副是要腹矣今送列侯印十九枚諸王子年五歲已上能趨拜者皆令帶之十五年春行幸東平賜蒼錢千五百萬布四萬匹帝以所作光武本紀示蒼蒼因上光武受命中興頌帝甚善之以其文典雅特令校書郎賈逵爲之訓詁肅

宗即位尊重恩禮踰於前世諸王莫與爲比建初元年地震蒼上便宜其事留中（留中禁中也）帝報書曰丙寅所上便宜三事朕親自覽讀反覆數周心開目明曠然發矇（韋昭注國語曰有眸子而無見曰矇）聞吏人奏事亦有此言但明智淺短或謂儻是復慮爲非何者災異之降緣政而見今改元之後年飢人流此朕之不德感應所致又冬春旱甚所被尤廣雖內用克責而不知所定得王深策快然意

解詩不云乎未見君子憂心忡忡既見君子我心則降（詩國風也忡忡猶衝衝降下也）思惟嘉謀以次奉行冀蒙福應彰報至德特賜王錢五百萬後帝欲爲原陵顯節陵起縣邑蒼聞之遽上疏諫曰伏聞當爲二陵起立郭邑臣前頗謂道路之言疑不審實近令從官古霸問湟陽主疾（風俗通曰古姓周有古公亶父其後氏焉湟陽主光武女竇固之妻也）使還乃知詔書已下竊見光武皇帝躬履儉約之行深覩始終之分勤勤懇懇以葬制爲言故營建陵地具稱古典詔曰無爲山陵陂池裁令流水而已孝明皇帝大孝無違奉承貫行（貫行謂一皆遵奉也谷永曰一以貫行固執無違也）至於自所營創尤爲儉省謙德之美於斯爲盛（易曰謙德之柄）臣愚以園邑之興始自彊秦古者丘隴且不欲其著明（禮記曰古者墓而不墳故言不欲其著明）豈況築郭邑建都郛哉（穀梁傳曰人之所聚曰都杜預注左傳曰郛郭也）上違先帝聖心下造無益之功虛費國用動搖百姓非所以致和氣祈豐年也又以

吉凶俗數言之亦不欲無故繕修丘墓有所興起考之古法則不合稽之時宜則違人求之吉凶復未見其福陛下履有虞之至性追祖禰之深思然懼左右過議以累聖心臣蒼誠傷二帝純德之美不暢於無窮也惟蒙哀覽帝從而止自是朝廷每有疑政輒驛使諮問蒼悉心以對皆見納用三年帝饗衞士於南宮因從皇太后周行掖庭池閣乃閱陰太后舊時器服愴然動容乃命留五時衣各一襲（五時衣謂春青夏朱季夏黃秋白冬黑也衣單複具曰襲）及常所御衣合五十篋餘悉分布諸王主及子孫在京師者各有差特賜蒼及琅邪王京書曰中大夫奉使親聞動靜嘉之何已歲月騖過山陵浸遠孤心悽愴如何如何閒饗衞士於南宮因閱視舊時衣物聞於師曰其物存其人亡不言哀而哀自至信矣惟王孝友之德亦豈不然今送光烈皇后假紒帛巾各一（周禮追師掌王后之首服爲副編鄭玄云

副婦人首服三輔謂之假紒續漢書帛字作帛及衣一篋可時奉瞻以慰凱風寒泉之思〔詩國風曰凱風美孝子也凱風自南吹彼棘心棘心夭夭母氏劬勞爰有寒泉在浚之下有子七人母氏勞苦寒泉在今濮州濮陽縣〕又欲令後生子孫得見先后衣服之製今魯國孔氏尚有仲尼車輿冠履明德盛者光靈遠也〔孔子廟在魯曲阜城中伍緝之從征記曰魯人藏孔子所乘車於廟中是顏路所請者也獻帝時廟遇火燒之冠履解見鍾離意傳〕其光武皇帝器服中元二年已賦諸國故不復送并遺宛馬一匹血從前髆上小孔中出常聞武帝歌天馬霑赤汗

後漢列傳三十二　十九　王榮

今親見其然也〔前書天馬歌曰太一況天馬下霑赤汗沫流赭也〕頃反虜尚屯將帥在外憂念遑遑未有閒寧〔閒音閑〕願王寶精神加供養苦言至戒望之如渴六年冬蒼上疏求朝明年正月帝許之特賜裝錢千五百萬其餘諸王各千萬帝以蒼冒涉寒露遣謁者賜貂裘〔說文曰貂鼠屬也大而黃黑出丁零國〕及大官食物珍果使大鴻臚竇固持節郊迎帝乃親自循行邸第豫設帷牀其錢帛器物無不充備下詔曰伯父歸寧乃

國〔儀禮曰覲禮諸侯至于郊王使皮弁用璧勞侯氏亦皮弁迎于帷門之外再拜天子賜舍曰賜伯父舍同姓西面北上異姓東面北上侯氏裨冕釋幣于禰乘墨車載龍旂弧韣乃朝以瑞玉有繅天子負斧扆曰伯父實來余一人嘉之奉束帛匹馬卓上九馬隨之奠幣再拜侯氏降天子辭於侯氏曰伯父無事歸寧乃邦侯氏再拜稽首而出也〕詩云叔父建爾元子〔詩魯頌之文也叔父謂周公也建元子謂封伯禽也〕敬之至也昔蕭相國加以不名優忠賢也〔見前書王莽傳〕況兼親尊者乎其沛濟南東平中山四王贊皆勿名〔贊謂贊者不唱其名〕蒼既至升殿乃拜天子親荅之其後諸王入宮輒以輦迎至省閤乃下蒼以受恩過禮情不自寧上疏辭曰臣聞貴有常尊賤

後漢列傳三十二　二十　陳伸

有等威〔左傳隨武子之辭也等威威儀有等差也〕卑高列序上下以理陛下至德廣施慈愛骨肉既賜奉朝請咫尺天儀而親屈至尊降禮下臣每賜讌見輒興席改容中宮親拜事過典故臣惶怖戰慄誠不自安每會見踧踖無所措置〔踧踖謙讓貌也〕此非所以章示羣下安臣子也帝省奏歎息愈褒貴焉舊典諸王女皆封鄉主乃獨封蒼五女爲縣公主三月大鴻臚奏

遣諸王歸國帝特留蒼賜以秘書列僊圖
道術秘方至八月飲酎畢飲酎解見章紀有司復奏
遣蒼乃許之手詔賜蒼曰骨肉天性誠不
以遠近爲親踈然數見顔色情重昔時念
王久勞思得還休欲署大鴻臚奏不忍下
筆顧授小黄門中心戀戀惻然不能言大鴻臚奏王歸國小黄門受詔者
於是車駕祖送流涕而訣復
賜乘輿服御珍寶輿馬錢布以億萬計蒼
還國疾病帝馳遣名醫小黄門侍疾使者
冠蓋不絶於道又置驛馬千里傳問起居
明年正月薨詔告中傅封上蒼自建武以
來章奏及所作書記賦頌七言別字歌詩
並集覽焉遣大鴻臚持節五官中郎將副
監喪及將作使者凡六人令四姓小侯諸
國王主悉會詣東平奔喪賜錢前後一億
布九萬匹及葬策曰惟建初八年三月己
卯皇帝曰咨王丕顯勤勞王室親受策命
昭于前世出作蕃輔克愼明德率禮不越

陳從

率循也越違也傅聞在下傅音敷敷布也書曰克愼明德敷聞在下昊天不
弔不報上仁俾屏余一人夙夜煢煢靡有
所終俾使也屏蔽也左氏傳曰昊天不弔不憖遺一老俾屏余一人煢煢余在疚也今詔
有司加賜鸞輅乘馬龍旂九旒虎賁百人
奉送王行匪我憲王其孰離之離被也言非憲王誰更被蒙此恩也
魂而有靈保茲寵榮嗚呼哀哉立四
十五年子懷王忠嗣明年帝乃分東平國
封忠弟尚爲任城王餘五人爲列侯忠立
十一年薨子孝王敞嗣元和三年行東巡
守幸東平宮帝追感念蒼謂其諸子曰思
其人至其鄉其處在其人亡因泣下沾襟
遂幸蒼陵爲陳虎賁鸞輅龍旂以章顯之
祠以太牢親拜祠坐哭泣盡哀賜御劒于
陵前陵在今鄆州東峞山南峞音魚委反初蒼歸國驃騎時吏
丁牧周栩以蒼敬賢下士不忍去之遂爲
王家大夫數十年事祖及孫帝聞皆引見
於前既愍其淹滯且欲揚蒼德美即皆擢
拜議郎牧至齊相栩上蔡令永元十年封

朱明

蒼孫梁爲矜陽亭侯敞弟六人爲列侯敞喪母至孝國相陳珍上其行狀永寧元年鄧太后增邑五千戸又封蒼孫二人爲亭侯敞立四十八年薨子項王端嗣立四十七年薨子凱嗣立四十一年魏受禪以爲崇德侯

論曰孔子稱貧而無諂富而無驕未若貧而樂富而好禮者也若東平憲王可謂好禮者也若其辭至戚去母后豈欲苟立名

後漢列傳三十二　二十二

行而忘親遺義哉蓋位疑則隙生累近則喪大（釁累既近所喪必大）斯蓋明哲之所爲歎息嗚呼遠隙以全忠釋累以成孝夫豈憲王之志哉（言其本志然也）東海恭王遜而知廢（遜讓也）爲吳太伯不亦可乎（左傳曰晉大夫士蔿之辭也吳太伯周大王之長子讓其弟季歷因適吳越采藥大王沒而不反事見史記也）

任城孝王尚元和元年封食任城亢父樊三縣（亢父樊並屬東平國亢父故城在今兗州任城縣南樊故城在今瑕丘縣西南也）立十八年薨子貞王安嗣永元十四年封母弟福爲桃鄉侯永初四年封福弟亢爲當塗鄉侯安性輕易貪吝數微服出入游觀國中取官屬車馬刀劒下至衞士米肉皆不與直元初六年國相行弘奏請廢之安帝不忍以一歲租五分之一贖罪安立十九年薨子節王崇嗣順帝時羌虜數反崇輒上錢帛佐邊費及帝崩復上錢三百萬助山陵用度朝廷嘉而不受立三十一年薨無子國絕延熹四年桓帝立河閒孝王

後漢列傳三十二　二十四

子恭爲參戸亭侯博爲任城王以奉其祀（杜預注左傳曰今丹水縣北有三戸亭故城在今鄧州內鄉縣西南也）博有孝行喪母服制如禮增封三千戸立十三年薨無子國絕熹平四年靈帝復立河閒貞王建新昌侯子佗爲任城王奉孝王後立四十六年魏受禪以爲崇德侯

阜陵質王延建武十五年封淮陽公十七年進爵爲王二十八年就國三十年以汝南之長平西華新陽扶樂四縣益淮陽國

長平故城在今陳州宛丘縣西北西華故城在今濮水縣西北新陽故城在今豫州真陽西南扶樂故城在今陳州太康縣北也延性驕奢而遇下嚴烈永平中有上書告延與姬兄謝弇及姊館陶主婿駙馬都尉韓光招姦猾作圖讖祠祭祝詛事下案驗光弇被殺辭所連及死徙者甚衆有司奏請誅延顯宗以延罪薄於楚王英故特加恩徙爲阜陵王食二縣延既徙封數懷怨望建初中復有告延與子男魴造逆謀者有司奏請檻車徵詣廷尉詔獄

後漢列傳三十二　廿五

肅宗下詔曰王前犯大逆罪惡尤深有同周之管蔡漢之淮南淮南厲王長高帝子文帝時反被遷於蜀而死也經有正義律有明刑公羊傳曰君親無將將而必誅前書曰大逆無道父母妻子同產無少長皆棄市先帝不忍親親之恩枉屈大法爲王受愆愆過也反而不誅先帝之過故言爲王受過也羣下莫不惑焉今王曾莫悔悟悖心不移逆謀內潰自子魴發誠非本朝之所樂聞朕惻然傷心不忍致王于理今貶爵爲阜陵侯食一縣獲斯辜者侯自取焉於戲誡哉赦魴等

罪勿驗使謁者一人監護延國不得與吏人通章和元年行幸九江賜延書與車駕會壽春帝見延及妻子愍然傷之乃下詔曰昔周之爵封千有八百而姬姓居半者所以楨幹王室也朕南巡望淮海意在阜陵遂與侯相見侯志意衰落形體非故瞻省懷感以喜以悲今復侯爲阜陵王增封四縣并前爲五縣以阜陵下溼徙都壽春加賜錢千萬布萬匹安車一乘夫人諸子

後漢列傳三十二　二十六

賞賜各有差明年入朝立五十一年薨子殤王沖嗣永元二年下詔盡削除前班下延事沖立二年薨無嗣和帝復封沖兄魴是爲頃王永元八年封魴弟十二人爲鄉亭侯魴立三十年薨子懷王恢嗣延光三年封恢兄弟五人爲鄉亭侯恢立十年薨子節王代嗣陽嘉二年封代兄便親爲勳適亭侯代立十四年薨無子國絕建和元年桓帝立勃適亭侯便親爲恢嗣是爲恭

王立十三年薨子孝王統嗣立八年薨子王赦立建安中薨無子國除

廣陵思王荆建武十五年封山陽公十七年進爵爲王荆性刻急隱害（隱害謂陰害於人也）有才能而喜文法光武崩大行在前殿荆哭不哀而作飛書封以方底（方底囊所以盛書也前書曰綠綈方底）令蒼頭詐稱東海王彊舅大鴻臚郭況書與彊曰君王無罪猥被斥廢而兄弟至有束縛入牢獄者太后失職別守北宮（太后郭后也職常也失其常位別還北宮）及至年老遠斥居邊（封之於魯）海內深痛觀者鼻酸及太后尸柩在堂洛陽吏以次捕斬賓客至有一家三尸伏堂者痛甚矣今天下有喪弓弩張設甚備閒梁松勑虎賁史曰吏以便宜見非勿有所拘（以便宜之事而有非者當即行之勿拘常制也）封侯難再得也郎官竊悲之爲王寒心累息（累息猶疊息也）今天下爭欲思刻賊王以求功寧有量邪若歸并二國之衆可聚百萬君王爲之主鼓行無前功易於

太山破雞子輕於四馬載鴻毛此湯武兵也今年軒轅星有白氣星家及喜事者（喜事猶好事也喜音許氣反）皆云白氣者喪軒轅女主之位又太白前出西方至午兵當起（鴻範五行傳曰太白少陰之星以巳未爲界不得經天而行太白經天而行爲不臣今至午是爲經天也）又太子星色黑至辰日輒變赤（天官書曰心前星太子之位也）夫黑爲病赤爲兵亡努力卒事高祖起亭長陛下興白水何況於王陛下長子故副主哉上以求天下事必舉下以雪除沈沒之恥報死母之讎精誠所加金石爲開（韓詩外傳曰昔者楚熊渠子夜行見寢石以爲伏虎彎弓而射之沒金飲羽下視知其石也因復射之矢摧無跡熊渠子見其誠心而金石爲之開而況人乎）當爲秋霜無爲檻羊（秋霜肅殺於物檻羊受制於人）雖欲爲檻羊又可得乎竊見諸相工言王貴天子法也人主崩亡閭閻之伍尚爲盜賊欲有所望何況王邪夫受命之君天之所立不可謀也今新帝人之所置彊者爲右願君王爲高祖陛下所志（陛下即光武也）無爲扶蘇將閭叫呼天也（扶蘇秦始皇之太子將閭庶子也扶蘇以數諫始皇）

使與蒙恬守北邊始皇死於沙丘少子胡亥詐立賜扶蘇死將閭昆弟三人囚於內宮胡亥使謂將閭曰公子不臣罪當死將閭乃仰天而大呼天者三曰天乎吾無罪昆弟三人皆流涕伏劍自殺事見史記

疆得書惶怖即執其使封書上之顯宗以荆母弟祕其事遣荆出止河南宮時西羌反荆不得志冀天下因羌驚動有變私迎能爲星者與謀議帝聞之乃徙封荆廣陵王遣之國其後荆復呼相工謂曰我貌類先帝先帝三十得天下我今亦三十可起兵未相者詣吏告之荆惶恐自繫獄帝復

加恩不考極其事下詔不得臣屬吏人唯食租如故使相中尉謹宿衛之荆猶不改其後使巫祭祀祝詛有司舉奏請誅之荆自殺立二十九年死帝憐傷之賜謚曰思王十四年封荆子元壽爲廣陵侯服王璽綬食荆故國六縣又封元壽弟三人爲鄉侯明年帝東巡狩徵元壽兄弟會東平宮班賜御服器物又取皇子輿馬悉以與之建初七年肅宗詔元壽兄弟與諸王俱朝京師元壽卒子商嗣商卒子條嗣傳國于後

臨淮懷公衡建武十五年立未及進爵爲王而薨無子國除

中山簡王焉建武十五年封左馮翊公十七年進爵爲王焉以郭太后少子故獨留京師三十年徙封中山王永平二年冬諸王來會辟雍事畢歸蕃詔焉與俱就國從以虎賁官騎（漢官儀騶騎王家名官騎）焉上疏辭讓顯宗

報曰凡諸侯出境必備左右故夾谷之會司馬以從（穀梁傳曰公會齊侯于頰谷齊人鼓譟欲以執魯君孔子歷階而上命司馬止之左氏傳頰谷作夾谷）今五國各官騎百人稱娖前行（娖音楚角反稱娖猶齊整也行音胡郎反）皆北軍胡騎便兵善射弓不空發中必決眥（司馬相如子虛之文）夫有文事必有武備所以重蕃職也王其勿辭帝以焉郭太后偏愛特加恩寵獨得往來京師十五年焉姬韓序有過焉縊殺之國相舉奏坐削安險縣（安險屬中山郡）元和中肅宗復以安

險還中山立五十二年永元二年薨自中
興至和帝時皇子始封薨者皆賻錢三千
萬布三萬匹嗣王薨賻錢千萬布萬匹是
時竇太后臨朝竇憲兄弟擅權太后及憲
等東海出也爾雅曰女子之子爲出也故睦於焉而重於
禮加賻錢一億詔濟南東海二王皆會大
爲修冢塋開神道墓前開道建石柱以爲標謂之神道平夷吏
人冢墓以千數作者萬餘人發常山鉅鹿
涿郡柏黃腸雜木黃腸柏木黃心三郡不能備復調

後漢列傳三十二　三十一　吴佑

餘州郡工徒及送致者數千人凡徵發搖
動六州十八郡制度餘國莫及子夷王憲
嗣永元四年封憲弟十一人爲列侯憲立
二十二年薨子孝王弘嗣永寧元年封弘
二弟爲亭侯弘立二十八年薨子穆王暢
嗣永和六年封暢弟荆爲南鄉侯暢立三
十四年薨子節王稚嗣無子國除
琅邪孝王京建武十五年封琅邪公十七
年進爵爲王京性恭孝好經學顯宗尤愛

幸賞賜恩寵殊異莫與爲比永平二年以
太山之蓋南武陽華蓋縣故城在今沂州沂水縣西北南武陽縣故城在東萊之昌陽盧鄉東牟
今沂州費縣西又華縣故城在費縣東北也六縣益琅邪昌陽今萊州縣也故城在今聞登縣西南盧鄉故城在今昌陽縣西北東
牟故城在聞登縣西北也五年乃就國光烈皇后崩帝悉
以太后遺金寶財物賜京京都莒好修宮
室窮極伎巧殿館壁帶皆飾以金銀壁帶壁中
之横木也以金銀爲釭飾其上數上詩賦頌德帝嘉美下之
史官京國中有城陽景王祠吏人奉祠神

後漢列傳三十二　三十二　王仲

數下言宮中多不便利京上書願徙宮開
陽以華蓋南武陽厚丘贛榆五縣華縣蓋縣南武
陽屬泰山郡厚丘屬東海郡贛榆屬琅邪郡易東海之開陽臨沂肅
宗許之立三十一年薨葬東海即丘廣平
亭有詔割亭屬開陽開陽縣屬東海郡故城在今沂州臨沂縣北子
夷王宇嗣建初七年封宇弟十三人爲列
侯元和元年封孝王孫二人爲列侯宇立
二十年薨子恭王壽嗣永初元年封壽弟
八人爲列侯立十七年薨子貞王尊嗣延

光二年封尊弟四人爲鄉侯尊立十八年薨子安王據嗣永和五年封據弟三人爲鄉侯據立四十七年薨子順王容嗣初平元年遣弟邈至長安奉章貢獻帝以邈爲九江太守封陽都侯（陽都縣屬城陽國故城在今沂州承縣南承音常證反）容立八年薨國絕初邈至長安盛稱東郡太守曹操忠誠於帝操以此德於邈建安十一年復立容子熙爲王在位十一年坐謀欲過江被誅國除

贊曰光武十子胙土分王沛獻尊節楚英流放（尊音祖本反禮記曰恭敬撙節鄭玄注云撙趨也）延旣怨詛荊亦觖望濟南陰謀琅邪驕宕中山臨淮無聞天喪（二王早終名聞未著也）東平好善辭中委相謙謙恭王寔惟三讓

後漢書列傳卷第三十二

列傳第三十三　范曄　後漢書四十三

唐章懷太子賢注

朱暉　孫穆　樂恢　何敞

朱暉字文季南陽宛人也（東觀記曰其先宋微子之後也以國氏姓周衰諸侯滅宋犇碭易姓爲朱後徙于宛也）家世衣冠暉早孤有氣決年十三王莽敗天下亂與外氏家屬從田間奔入宛城（東觀記曰暉外祖父孔休以德行稱於代也）道遇羣賊白刃劫諸婦女略奪衣物昆弟賓客皆惶迫伏地莫敢動

暉拔劒前曰財物皆可取耳諸母衣不可得今日朱暉死日也賊見其小壯其志笑曰童子內刀遂捨之而去初光武與暉父岑俱學長安有舊故及即位求問岑時已卒乃召暉拜爲郎暉尋以病去卒業於太學性矜嚴進止必以禮諸儒稱其高永平初顯宗舅新陽侯陰就慕暉賢自往候之暉避不見復遣家丞致禮（續漢志曰諸侯家丞秩三百石）暉遂閉門不受就聞歎

曰志士也勿奪其節後為郡吏太守阮況嘗欲市暉牛暉不從（東觀記曰暉為掾督郵況當歸女欲買暉婢暉不敢與後況卒暉送其家金三斤）及況卒暉乃厚贈送其家人或譏焉暉曰前阮府君有求於我所以不敢聞命誠恐以財貨污君令而相送明吾非有愛也驃騎將軍東平王蒼聞而辟之甚禮敬焉正月朔旦蒼當入賀故事少府給璧是時陰就為府卿貴驕吏慠不奉法蒼坐朝堂漏且盡而求璧不可得顧謂掾

屬曰若之何暉望見少府主簿持璧即往給之曰（給欺也）我數聞璧而未嘗見試請觀之主簿以授暉暉顧召令史奉之（奉之於蒼）主簿大驚遽以白就就曰朱掾義士勿復求更以它璧朝蒼既罷召暉謂曰屬者掾自視孰與藺相如（屬向也與猶如也史記曰藺相如趙人也趙惠文王時得楚和氏璧秦昭王欲以十五城易之趙王使相如奉璧入秦秦王大喜無意償趙城相如乃前曰璧有瑕願指示王相如因持璧卻立倚柱怒髮上衝冠曰臣觀大王無償趙城色故臣復取璧大王必欲急臣臣今頭與璧俱碎於柱矣相如持其璧睨柱欲以擊柱秦王恐其璧破乃謝之）帝聞壯之及

當幸長安欲嚴宿衛故以暉為衛士令再遷臨淮太守暉好節槩有所拔用皆厲行士其諸報怨以義犯率皆為求其理多得生濟其不義之囚即時僵仆（僵偃仆踣也）吏人畏愛為之歌曰彊直自遂南陽朱季吏畏其威人懷其惠（東觀記曰建武十六年四方牛大疫臨淮獨不鄰郡人多牽牛入界）數年坐法免（東觀記曰坐考長吏囚死獄中州奏免官）暉剛於為吏見忌於上所在多被劾自去臨淮屏居野澤布衣蔬食不與邑里通鄉黨譏其介（介特也言不與衆同）建初中南陽大

飢米石千餘暉盡散其家資以分宗里故舊之貧羸者鄉族皆歸焉初暉同縣張堪素有名稱嘗於太學見暉甚重之接以友道乃把暉臂曰欲以妻子託朱生暉以堪先達舉手未敢對自後不復相見堪卒暉聞其妻子貧困乃自往候視厚賑贍之暉少子頡怪而問曰大人不與堪為友平生未曾相聞子孫竊怪之暉曰堪嘗有知己之言吾以信於心也（以堪先託妻子心已許之故言信於心也）暉

又與同郡陳揖交善揖早卒有遺腹子友暉常哀之及司徒桓虞爲南陽太守召暉子駢爲吏暉辭駢而薦友虞歎息遂召之其義烈若此元和中肅宗巡狩告南陽太守問暉起居召拜爲尚書僕射歲中遷太山太守暉上疏乞留中詔許之因上便宜陳密事深見嘉納詔報曰補公家之闕詩曰袞職有闕仲山甫補之不累清白之素斯善美之士也俗吏苟合阿意面從進無謇謇之志卻

無退思之念易蹇卦艮下坎上艮爲山坎爲水山上有水蹇難之象也六二爻上應於五五爲君位二宜爲臣也居儉難之時當其位不以五在難私身遠害故曰王臣蹇蹇匪躬之故孝經曰退思補過蹇與謇通患之甚久惟今所言適我願也生其勉之是時穀貴縣官經用不足經常也朝廷憂之尚書張林上言穀所以貴由錢賤故也可盡封錢一取布帛爲租以通天下之用又鹽食之急者雖貴人不得不須官可自鬻前書曰因官器作鬻鹽音義曰鬻古煮字又宜因交阯益州上計吏往來市珍寶收采其利

武帝時所謂均輸者也武帝作均輸法謂州郡所出租賦并雇運之直官總取之市其土地所出之物官自轉輸於京謂之均輸於是詔諸尚書通議暉奏據林言不可施行事遂寢後陳事者復重述林前議以爲於國誠便帝然之有詔施行暉復獨奏曰王制天子不言有無諸侯不言多少祿食之家不與百姓爭利今均輸之法與賈販無異鹽利歸官則下人窮怨布帛爲租則吏多姦盜誠非明主所當宜行帝卒以林等言爲然得

暉重議因發怒切責諸尚書暉等皆自繫獄三日詔敕出之曰國家樂聞駮義黃髮無愆詔書過耳黃髮老稱謂朱暉也何故自繫暉因稱病篤不肯復署議尚書令以下惶怖謂暉曰今臨得譴讓奈何稱病其禍不細暉曰行年八十蒙恩得在機密當以死報若心知不可而順旨雷同負臣子之義今耳目無所聞見伏待死命遂閉口不復言諸尚書不知所爲乃共劾奏暉帝意解寢其事

解寢其事後數日詔使直事郎問暉起居直事郎謂署郎當次直者太醫視疾太官賜食暉乃起謝復賜錢十萬布百匹衣十領後遷爲尚書令以老病乞身拜騎都尉賜錢二十萬和帝即位竇憲北征匈奴暉復上䟽諫頃之病卒華嶠書曰暉年五十失妻昆弟欲爲繼室暉歎曰時俗希不以後妻敗家者遂不復娶也子頡修儒術安帝時至陳相頡子穆

穆字公叔年五歲便有孝稱父母有病輒不飲食差乃復常及壯耽學鋭意講誦或

時思至不自知亡失衣冠顛隊阬岸其父常以爲專愚幾不知數馬足幾音近衣反前書曰石慶爲太僕上問車中幾馬慶以策數馬畢舉手曰六馬言穆用心專愚更甚也穆愈更精篤初舉孝廉謝承書曰穆少有英才學明五經性矜嚴疾惡不交非類年二十爲郡督郵迎新太守見穆曰君年少爲督郵因族埶爲有令德穆荅曰郡中瞻望明府謂如仲尼非顔回不敢以迎孔子更問風俗人物太守甚奇之曰僕非仲尼督郵可謂顔回也遂歷職股肱舉孝廉也順帝末江淮盜賊羣起州郡不能禁或說大將軍梁冀曰朱公叔兼資文武海内奇士若以爲謀主賊不足平也冀亦素聞穆名乃

辟之使典兵事甚見親任及淵聖御名帝即位順烈太后臨朝穆以冀埶地親重望有以扶持王室因推災異奏記以勸戒冀曰穆伏念明年丁亥之歲刑德合於乾位曆法太歲在丁壬歲德在北宮太歲在亥卯未歲刑亦在北宮故合於乾位也易經龍戰之會其文曰龍戰于野其道窮也易坤卦上六象詞也以爻居上六故云其道窮也王弼注云陰之爲道卑順不逆乃全其美盛而不已固陽之地陽所不堪故戰于野謂陽道將勝而陰道負也今年九月天氣鬱冒五位四候連失正氣此互相明也夫善

道屬陽惡道屬陰若修正守陽摧折惡類則福從之矣穆每事不逮所好唯學傳受於師時有可試願將軍少察愚言申納諸儒申重也而親其忠正絶其姑息姑且也息安也小人之道苟且取安也禮記曰君子之愛人也以德細人之愛人也以姑息也專心公朝割除私欲廣求賢能斥遠佞惡夫人君不可不學當以天地順道漸漬其心宜爲皇帝選置師傅及侍講者得小心忠篤敦禮之士將軍與之俱入參勸講授師賢法古此猶

倚南山坐平原也誰能傾之今年夏月暈房星明年當有小厄宜急誅姦臣爲天下所怨毒者以塞災咎議郎大夫之位本以式序儒術高行之士今多非其人九卿之中亦有乖其任者惟將軍察焉又薦种暠欒巴等而明年嚴鮪謀立清河王蒜又黃龍二見沛國異無術學遂以穆龍戰之言爲應於是請暠爲從事中郎薦巴爲議郎舉穆高第爲侍御史（續漢書曰穆舉高第拜侍御史桓帝臨辟雍行禮畢公卿出虎賁置弓階上公卿下階皆避弓穆過呵虎賁曰執天子器何故投於地虎賁怖即攝弓穆劾奏虎賁抵罪公卿皆懃曰朱御史可謂臨事不惑者也）時同郡趙康叔盛者隱于武當山清靜不仕以經傳教授穆時年五十乃奉書稱弟子及康歿喪之如師其尊德重道爲當時所服常感時澆薄慕尚敦篤乃作崇厚論其辭曰夫俗之薄也有自來矣故仲尼歎曰大道之行也而丘不與焉（禮記仲尼歎曰大道之行三代之英丘未之逮也而有志焉鄭玄注曰大道謂三皇五帝時也）蓋傷之也夫道者以天下爲一在彼猶

在己也故行違於道則愧生於心非畏義也事違於理則負結于意非憚禮也故率性而行謂之道（率循也子思曰天命之謂性率性之謂道修道之謂教也）得其天性謂之德（天之所命之謂性不失天性是爲德）德性失然後貴仁義（道德之性失仁義之迹彰）是以仁義起而道德遷（遷徙也）禮法興而淳樸散故道德以仁義爲薄淳樸以禮法爲賊也（老子曰失道而後德失德而後仁失仁而後義失義而後禮夫禮者忠信之薄而亂之首也）夫中世之所敦已爲上世之所薄（中世謂五帝時）況又薄於此乎故夫天不崇大則覆幬不廣地不深厚則載物不博（幬亦覆也左傳曰如天之無不幬如地之無不載幬與燾同）人不敦厖則道數不遠（敦厖厚大也左傳曰人生敦厖數猶理也言人不敦厚不能入道之精理也）昔在仲尼不失舊於原壤（原壤孔子之舊也禮記曰原壤之母死孔子助之沐椁原壤登木而歌曰貍首之班然執女手之卷然從者曰子未可以已乎夫子曰親者無失其爲親故者無失其爲故）楚嚴不忍章於絕纓（說苑曰楚莊王賜羣臣酒日暮燭滅乃有人引美人之衣者美人援絕其冠纓告王趣火來上視絕纓者王曰賜人酒使醉失禮柰何欲顯婦人之節而辱士乎乃命左右曰與寡人飲不絕冠纓者不懽羣臣百餘人皆絕去其冠纓乃上火也）由此觀之聖賢之德敦矣老氏之經曰

大丈夫處其厚不處其薄居其實不居其華故去彼取此（此老子德經之詞也顧歡注曰道德爲厚禮法爲薄清虛爲實聲色爲華去彼華薄取此厚實）夫時有薄而厚施行有失而惠用（俗之凋薄以厚御之行有失以惠待之即上孔子斐莊是也）故覆人之過者敦之道也救人之失者厚之行也往者馬援深昭此道可以爲德誡其兄子曰吾欲汝曹聞人之過如聞父母之名耳可得聞口不得言斯言要矣遠則聖賢履之上世（履踐也言敦厚之道孔子斐莊已踐履之）近則丙吉張子孺行之漢廷（宣帝時丙吉爲丞相不案吏曰夫以三公府案吏吾竊陋之子孺爲車騎將軍匿名遠權隱人過失）故能振英聲於百世播不滅之遺風不亦美哉然而時俗或異風化不敦而尚相誹謗謂之臧否記短則兼折其長貶惡則并伐其善悠悠者皆是其可稱乎（悠悠多也稱舉也）凡此之類豈徒乖爲君子之道哉將有危身累家之禍焉悲夫行之者不知憂其然故害興而莫之及也斯既然矣又有異焉人皆見之而不能自遷何則務進者趨前而

不顧後榮貴者矜己而不待人智不接愚富不賑貧貞士孤而不恤賢者戹而不存故田蚡以尊顯致安國之金（田蚡武帝王皇后同產弟爲太尉親貴用事韓安國爲梁王太傅坐法失官安國以五百金遺蚡蚡爲言太后即召以爲北地都尉也）淳于以貴埶引方進之言（翟方進成帝時爲丞相淳于長元后姊子封定陵侯以能謀議爲九卿用事方進獨與長交稱薦之也）夫以韓翟之操爲漢之名宰（前書曰天子以韓安國爲國器拜御史大夫又曰翟方進智能有餘天子甚重之故言名宰也）然猶不能振一貧賢薦一孤士又況其下者乎此禽息史魚所以專名於前而莫繼於後者也（韓詩外傳曰禽息秦大夫薦百里奚不見納繆公出當車以頭擊闑腦乃精出曰臣生無補於國不如死也繆公感寤而用百里奚秦以大化禮大夫殯於正室士於適室韓子曰史魚衛大夫卒委柩後寢衛君弔而問之曰不能進蘧伯玉退彌子瑕以屍諫也）故時敦俗美則小人守正利不能誘也時否俗薄雖君子爲邪義不能止也（皆牽於時也）何則先進者既往而不反後來者復習俗而追之是以虛華盛而忠信微刻薄稠而純篤稀斯蓋谷風有棄予之歎（詩小雅曰習習谷風維風及雨將恐將懼維予與汝將安將樂汝轉棄予）伐木有鳥鳴之悲矣（詩小雅曰伐木丁丁鳥鳴）

嚶嚶出自幽谷遷于喬木嚶其鳴矣求其友聲也嗟乎世士誠躬師孔
聖之崇則嘉楚嚴之美行希李老之雅誨
思馬援之所尚鄙二宰之失度美韓稜之
抗正事具韓稜傳也貴丙張之弘裕賤時俗之誹謗
則道豐績盛名顯身榮載不刊之德刊削也
播不滅之聲然知薄者之不足厚者之有
餘也彼與草木俱朽彼謂薄也此與金石相傾
此謂厚也老子曰高下之相傾豈得同年而語並日而談哉
穆又著絕交論亦矯時之作穆集載論其略曰或曰子絕存

後漢列傳三十三 十二 毛仲

問不見客亦不荅也何故曰古者進退趨業無私游
之交相見以公朝享會以禮紀否則朋徒受習而已
曰人將疾子如何曰寧受疾曰受疾可乎曰世之務
交游也久矣敬千乘不忌于君犯禮以追之背公以
從之其愈者則孺子之愛也其甚者則求蔽過竊譽
以贍其私事替義過公輕私重居勞於聽也或於道
而求其私贍矣是故遂往不反而莫敢止焉是川瀆
並決而莫之敢塞游積蹊䠞而莫之禁也詩云威儀
棣棣不可算也後生將復何述而吾不才焉能規此
實悼無行子道多闕臣事多尤思復白圭重考古言
以補往過時無孔堂思兼則滯匪有廢也則亦焉興
是以敢受疾也不亦可乎文士傳曰世無絕交又與
劉伯宗絕交書及詩曰昔我為豐令足下不遭母憂
乎親解縗絰來入豐寺及我為持書御史足下親來
入臺足下今為二千石我下為郎乃反因計吏以謁
相與足下豈丞尉之徒我豈足下部欲以此謁為榮
寵乎咄劉伯宗於仁義道何其薄哉其詩曰北山有
鴟不絜其翼飛不正向寢不定息飢則木攬飽則泥

伏饕餮貪汙臭腐是食填腸滿嗉嗜欲無極長鳴呼鳳謂鳳無德鳳之所趣與子異域永從此訣各自努
力蓋因此而著論也梁冀驕暴不悛朝野嗟毒穆以故
吏懼其釁積招禍復奏記諫曰古之明君
必有輔德之臣規諫之官下至器物銘書
成敗以防遺失黃帝作巾机之法孔甲有盤盂之誡太公陰謀曰武王衣之銘曰桑
蠶苦女工難得新捐故後必寒鏡銘曰以鏡自照者見形容以人自照者見吉凶觴銘曰樂極則悲沈湎
致非社稷為危也故君有正道臣有正路說苑君道篇曰人君之道
清淨無為務在博愛趨在任賢廣開耳目以察萬方不固溺於流俗不拘繫於左右臣術篇曰人臣之術
順從復命無所敢專義不苟合位不苟尊必有益於國必有補於君也從之如升堂

後漢列傳三十二 十三 王秦

違之如赴壑今明將軍地有申伯之尊申國
之伯周宣王之元舅位為羣公之首冀絕席於三公一日行善
天下歸仁論語曰一日克己復禮天下歸仁焉終朝為惡四海
傾覆頃者官人俱匱加以水蟲為害水災及蝗
蟲也京師諸官費用增多詔書發調或至十
倍各言官無見財皆當出民搒掠割剝彊
令充足公賦既重私斂又深牧守長吏多
非德選貪聚無猒遇人如虜或絕命於箠
楚之下或自賊於迫切之求賊殺也又掠奪

百姓皆託之尊府遂令將軍結怨天下吏人酸毒道路歎嗟昔秦政煩苛百姓土崩陳勝奮臂一呼天下鼎沸前書淮南王謂伍被曰陳勝吴廣起于大澤奮臂大呼天下響應也而面諛之臣猶言安耳秦胡亥時山東兵大起叔孫通謂胡亥曰鼠竊狗盜郡縣逐捕之不足憂諸生曰何先生言之諛也諱惡不悛卒至亡滅昔永和之末綱紀少弛頗失人望四五歲耳而財空戶散下有離心馬免之徒乘釁而起荊揚之閒幾成大患順帝時九江賊馬免稱黃帝歷陽賊華孟稱黑帝並九江都尉滕撫討斬之九江歷陽是荊揚之閒也幸

賴順烈皇后初政清靜內外同力僅乃討定今百姓戚戚困於永和內非仁愛之心可得容忍外非守國之計所宜久安也夫將相大臣均體元首共輿而馳同舟而濟輿傾舟覆患實共之豈可以去明即昧履危自安即就也主孤時困而莫之卹乎宜時易宰守非其人者減省第宅園池之費拒絕郡國諸所奉送內以自明外解人惑使挾姦之吏無所依託司察之臣得盡耳目憲度既張遠邇清壹則將軍身尊事顯德燿無窮天道明察無言不信惟垂省覽冀不納而縱放日滋遂復賂遺左右交通宦者任其子弟賓客以為州郡要職穆又奏記極諫冀終不悟報書云如此僕亦無一可邪穆言雖切然亦不甚罪也永興元年河溢漂害人庶數十萬戶百姓荒饉流移道路冀州盜賊尤多故擢穆為冀州刺史州人有官者三人為中常侍並以檄謁穆

穆疾之辭不相見冀部令長聞穆濟河解印綬去者四十餘人及到奏劾諸郡至有自殺者以威略權宜盡誅賊渠帥舉劾權貴或乃死獄中有官者趙忠喪父歸葬安平安平郡冀州所部僭為璵璠玉匣偶人玉匣長尺廣二寸半衣死者自腰以下至足連以金鏤天子之制也左傳曰陽虎將以璵璠斂杜預注云美玉名君所佩也偶人明器之屬也穆聞之下郡案驗吏畏其嚴明遂發墓剖棺陳尸出之而收其家屬帝聞大怒徵穆詣廷尉謝承書曰穆臨當就道冀州從事欲為畫像置聽事上穆留板書曰勿畫

吾形以爲重負忠義之未顯何形象之足紀也輸作左校左校署名屬將作掌左工徒太學書生劉陶等數千人詣闕上書訟穆曰伏見施刑徒朱穆處公憂國拜州之日志清姦惡誠以常侍貴寵父兄子弟布在州郡競爲虎狼噬食小人故穆張理天網補綴漏目羅取殘禍以塞天意由是内官咸共恚疾謗讟煩興讒隙仍作極其刑謫輸作左校天下有識皆以穆同勤禹稷而被共鯀之戾若死者有知則唐帝怒於崇

山重華忿於蒼墓矣尚書曰放驩兜於崇山孔安國注曰崇山南裔也山海經曰有讙頭之國帝堯葬焉郭璞注云讙頭驩兜也禮記曰舜葬蒼梧之野當今中官近習鄭玄注禮記云近習天子所親幸者竊持國柄周禮以八柄詔王馭羣臣謂爵祿予置生奪廢誅也手握王爵口含天憲運賞則使餓隷富於季孫運行也論語曰季氏富於周公呼噏則令伊顔化爲桀跖呼噏吐納也伊尹顔回夏桀盗跖也而穆獨亢然不顧身害非惡榮而好辱惡生而好死也徒感王綱之不攝攝持也懼天網之久失故竭心懷憂爲上深計臣願黥首繫趾黥首謂鑿額涅墨也繫趾謂鈦其足也以鐵著足曰鈦也代穆校作帝覽其奏乃赦之穆居家數年在朝諸公多有相推薦者於是徵拜尚書穆既深疾宦官及在臺閣旦夕共事志欲除之乃上疏曰案漢故事中常侍參選士人建武以後乃悉用宦者自延平以來浸益貴盛假貂璫之飾處常伯之任璫以金爲之當冠前附以金蟬也漢官儀曰中常侍秦官也漢興或用士人銀璫左貂光武已後專任宦者右貂金璫常伯侍中天朝政事一更其手權傾海内寵貴無極子弟親戚並荷榮任

故放濫驕溢莫能禁禦凶狡無行之徒媚以求官恃埶怙寵之輩漁食百姓窮破天下空竭小人愚臣以爲可悉罷省遵復往初率由舊章更選海内清淳之士明達國體者以補其處即陛下可爲堯舜之君衆僚皆爲稷契之臣兆庶黎萌蒙被聖化矣帝不納後穆因進見口復陳曰臣聞漢家舊典置侍中中常侍各一人省尚書事省覽也黄門侍郎一人傳發書奏傳通也皆用姓

族引用士人有族望者自和熹太后以女主稱制不接公卿乃以閹人為常侍小黃門通命兩宮自此以來權傾人主窮困天下宜皆罷遣博選耆儒宿德與參政事帝怒不應穆伏不肯起左右傳出傳聲令出良久乃趨而去自此中官數因事稱詔詆毀之穆素剛不得意居無幾憤懣發疽疽癰也延熹六年卒時年六十四祿仕數十年蔬食布衣家無餘財公卿共表穆立節忠清虔恭機密守死

善道宜蒙旌寵策詔襃述追贈益州太守所著論策奏教書詩記嘲凡二十篇袁山松書曰穆著論甚美蔡邕嘗至其家自寫之穆前在冀州所辟用皆清德長者多至公卿州郡子野少有名節仕至河南尹野字子遽見荀爽薦文初穆父卒穆與諸儒考依古義謚曰貞宣先生謚法曰清白守節曰貞善聞周達曰宣及穆卒蔡邕復與門人共述其體行謚為文忠先生袁山松書曰蔡邕議曰魯季文子君子以為忠而謚曰文子又傳曰忠文之實也忠以為實文以彰之遂共謚穆荀爽聞而非之故張璠論曰夫謚者上之所贈非下之所造故顏閔至德不聞有謚朱蔡各以衰世臧否不立故私議之

論曰朱穆見比周傷義偏黨毀俗左傳曰頑嚚不友是與比周杜預注云比近也周密也志抑朋游之私遂著絕交之論蔡邕以為穆貞而孤又作正交而廣其致焉邕論略曰聞之前訓曰君子以朋友講習而正人無有淫朋是以古之交者其義敦以正其誓信以固逮至周德始衰頌聲既寢伐木有鳥鳴之刺谷風有棄予之怨其所由來政之缺也自此已降彌以陵遲或闕其始終或彊其比周是以搢紳患其然而論者諄諄如也疾淺薄而攜貳者有之惡朋黨而絕交游者有之其論交也曰富貴則人爭趣之貧賤則人爭去之是以君子慎人所以交己審己所以交人富貴則無暴集之客貧賤則無棄舊之賓矣故原其所以來則知其所以去見其所以始則

觀其所以終彼貞士者貧賤不待夫富貴富貴不驕乎貧賤故可貴也蓋朋友之道有義則合無義則離善則久要不忘平生之言惡則忠告善誨之否則止無自辱焉故君子不為可棄之行不患人之遺己也信有可歸之德不病人之遠己也不幸或然則躬自厚而薄責於人怨其遠矣求諸己而不求諸人咎其稀矣夫遠怨稀咎之機咸在乎躬莫之能改也子夏之門人問交於子張而二子各有聞乎夫子然則以交誨也商也寬故告之以距人師也褊故訓之以容眾各從其行而矯之至於仲尼之正教則汎愛眾而親仁故非善不喜非仁不親交游以方會友以文可無貶也穀梁子亦曰心志既通名譽不聞友之罪也今將患其流而塞其源病其末而刈其本無乃未若擇其正而黜其邪與其彼農皆黍而獨稷焉夫黍亦神農之嘉穀與稷並為粢盛也使交而可廢則黍其愆矣括二論而言之則刺薄者博而洽斷交者貞而孤孤有羔羊之節與其不獲已而矯時也走將從夫孤焉蓋孔子稱上交不

謟下交不黷易繫辭之言也又曰晏平仲善與人交子夏之門人亦問交於子張並見論語故易明斷金之義易繫辭曰二人同心其利斷金詩載讌朋之謠詩小雅伐木序云讌朋友故舊也其詩曰伐木滸滸釃酒有藇釃音所宜反藇音序若夫文會輔仁直諒多聞之友時濟其益論語曰君子以文會友以友輔仁又曰益者三友友直友諒友多聞益矣紵衣傾蓋彈冠結綬之夫遂隆其好左傳曰吳季札以縞帶贈子產子產獻紵衣焉孔叢子曰孔子與程子相遇於塗傾蓋而語傾蓋謂駐車交蓋也前書曰王陽貢禹相與爲友朱博與蕭育爲友時稱蕭朱結綬王貢彈冠言其趣舍同相薦達也斯固交者之方焉方道也至乃

田竇衛霍之游客竇嬰孝文皇后從兄子封魏其侯游士賓客爭歸之武帝時爲丞相田蚡武帝王皇后同產弟爲太尉蚡以后故親幸數言事多效士吏趨勢利者皆去嬰而歸蚡衛青拜大將軍青姊子霍去病爲驃騎將軍皆爲大司馬去病秩祿與大將軍等自是後青日衰而去病益貴青故人門下多去事去病輒得官爵也廉頗翟公之門賓史記曰廉頗趙人封爲信平君假相國長平之免歸也故客盡去及復用爲將客又至廉頗曰客退矣客曰吁君何見之晚也夫以市道交君有勢我即從君無勢則去此其理也又何怨焉下邽翟公爲廷尉賓客亦填門及廢門外可設爵羅後復爲廷尉賓客欲往翟公大署其門曰一死一生乃知交情一貧一富乃知交態一貴一賤交情乃見也進由埶合退因衰異又專諸荆卿之感激史記曰專諸堂邑人吳公子光以嫡嗣未得立請專諸刺吳王僚諸曰王僚可殺也母老子弱是其無如我何光乃置酒請王僚酒酣專諸置匕首魚炙之中以刺王僚立死又曰荆軻衛人也燕太子丹質於秦秦王政遇之不善丹怨亡歸與軻交結乃尊爲上卿故謂之荆卿軻入秦刺始皇不遂而死也矦生豫子之投身史記曰矦嬴魏隱士爲大梁夷門監者魏公子無忌請爲上客秦圍邯鄲嬴教公子竊兵符北救趙乃自剄又曰豫讓晉人趙襄子滅智伯讓曰士爲知己者死乃變名姓欲刺襄子襄子令執之遂伏劍而死情爲恩使命緣義輕皆以利害移心懷德成節非夫交照之本未可語失得之原也穆徒以友分少全因絕同志之求黨俠生敝而忘得朋之義易曰西南得朋蔡氏貞孤之言其爲然也古之

善交者詳矣漢興稱王陽貢禹陳遵張竦前書曰陳遵字孟公杜陵人也張竦字伯松竦博學通達以廉儉自守而遵放縱不拘操行雖異然相親友也中世有廉范慶鴻陳重雷義云

樂恢字伯奇京兆長陵人也父親爲縣吏得罪於令收將殺之恢年十一常俯伏寺門晝夜號泣令聞而矜之即解出親恢長好經學事博士焦永永爲河東太守恢隨之官閉廬精誦不交人物後永以事被考諸弟子皆以通關被繫爲交通關涉也恢獨皦然

不汚於法（皦明也音公鳥反或從白作皦音亦同）遂篤志為名儒
性廉直介立（介特也）行不合己者雖貴不與交
信陽侯陰就數致禮請恢恢絶不荅後仕
本郡吏太守坐法誅（東觀記京兆尹張恂召恢署戶曹史）故人
莫敢往恢獨奔喪行服坐以抵罪歸復為
功曹選舉不阿請託無所容同郡楊政數
衆毀恢後舉政子為孝廉由是鄉里歸之
辟司空牟融府會蜀郡太守第五倫代融
為司空恢以與倫同郡不肯留薦潁川杜

安而退諸公多其行連辟之遂皆不應（華嶠書曰安擢為宛令以病去章帝行過潁川安上書召拜御史遷至巴郡太守而恢在家安與恢書通問恢告吏口謝且讓之曰為宛令不合志病去可也干人主以闚踰非也遂平生操故不報安亦節士也年十三入太學號奇童洛陽令周紆自往候安安謝不見京師貴戚慕其行或遺之書安不發悉壁藏之及後捕案貴戚賓客安開壁出書印封如故）後徵拜議郎會車騎將
軍竇憲出征匈奴恢數上書諫爭朝廷稱
其忠（東觀記載恢所上書諫曰春秋之義王者不理夷狄得其地不可墾發得其人無益於政故明王之於夷狄羇縻而已孔子曰遠人不服則修文德以來之以漢之盛不務修舜禹周公之術而無故興干戈動兵革以求無用之物臣誠惑之）入為尚書僕射是時河

南尹王調洛陽令李阜與竇憲厚善縱舍
自由恢劾奏調阜并及司隸校尉諸所刺
舉無所回避貴戚惡之（決録注曰調字叔和為河南尹永和二年坐買洛陽令同郡任稜竹田及上罷城東漕渠免官）憲弟夏陽侯瓌欲往候
恢恢謝不與通憲兄弟放縱而忿其不附
己妻每諫恢曰昔人有容身避害何必以
言取怨恢歎曰吾何忍素餐立人之朝乎
遂上疏諫曰臣聞百王之失皆由權移於
下大臣持國常以埶盛為咎伏念先帝聖

德未永早棄萬國陛下富於春秋纂承大
業（春秋謂年也言年少春秋尚多故稱富）諸舅不宜幹正王室
以示天下之私經曰天地乖互衆物夭傷
君臣失序萬人受殃政失不救其極不測
方今之宜上以義自割下以謙自引四舅
可長保爵土之榮（四舅謂竇憲弟篤景瓌也）皇太后永無
慙負宗廟之憂誠策之上者也書奏不省
時竇太后臨朝和帝未親萬機恢以意不
得行乃稱疾乞骸骨詔賜錢太醫視疾恢

薦任城郭均成陽高鳳而遂稱篤拜騎都尉上書辭謝曰仍受厚恩無以報效夫政在大夫孔子所疾（論語孔子曰天下有道政不在大夫）世卿持權春秋以戒（左傳曰齊崔氏出奔衛公羊傳曰崔氏者何齊大夫稱崔氏者何貶曷為貶譏世卿也）聖人懇惻不虛言也近世外戚富貴必有驕溢之敗今陛下思慕山陵未遑政事諸舅寵盛權行四方若不能自損誅罰必加臣壽命垂盡臨死竭愚惟蒙留神詔聽上印綬乃歸鄉里竇憲因是風厲州郡迫

脅恢遂飲藥死弟子縗絰輓者數百人（輓引柩也）衆庶痛傷之後竇氏誅帝始親事恢門生何融等上書陳恢忠節除子己為郎中（三輔決錄注曰己字伯文為郎非其好也去官）

何敞字文高扶風平陵人也其先家于汝陰六世祖比干學尚書於朝錯（何氏家傳云並祖父比干字少卿經明行修兼通法律為汝陰縣獄吏決曹掾平活數千人後為丹陽都尉獄無冤囚淮汝號曰何公征和三年三月辛亥天大陰雨比干在家日中夢貴客車騎滿門覺以語妻語未已而門有老嫗可八十餘頭白求寄避雨雨甚而衣履不霑漬雨止送至門乃謂比干曰公有陰德今天錫君策以廣公之子

孫因出懷中符策狀如簡長九寸凡九百九十枚以授比干子孫佩印綬者當如此算比干年五十八有六男又生三子本始元年自汝陰徙平陵代為名族）武帝時為廷尉正與張湯同時湯持法深而比干務仁恕數與湯爭雖不能盡得然所濟活者以千數後遷丹楊都尉因徙居平陵敞父寵建武中為千乘都尉以病免遂隱居不仕敞性公正自以趣舍不合時務每請召常稱疾不應元和中辟太尉宋由府由待以殊禮敞論議高常引大體多所匡正司徒袁安亦

深敬重之是時京師及四方累有奇異鳥獸草木言事者以為祥瑞敞通經傳能為天官意甚惡之乃言於二公曰夫瑞應依德而至災異緣政而生故鸜鵒來巢昭公有乾侯之厄（春秋有鸜鵒來巢左氏傳魯大夫師己曰文成之世童謠有之曰鸜鵒之羽公在外野往饋之馬鸜鵒跦跦公在乾侯季平子逐昭公公遜于乾侯杜預注乾侯在魏郡斥丘縣晉境內邑也）西狩獲麟孔子有兩楹之殯（公羊傳曰西狩獲麟有以告孔子者曰有麕而角者何孔子曰孰為來哉孰為來哉反袂拭面涕下沾袍曰吾道窮矣何氏注云麟者太平之符聖人之類時得麟而死此亦天告夫子將沒之徵也禮記孔子謂子貢曰予疇昔夜夢

坐奠於兩楹之間爲殷人殯於兩楹之間丘即殷人也予殆將死也遂寢疾七日而死 海鳥避風臧文祀之君子譏焉（國語曰海鳥爰居止於魯東門之外三日臧文仲使國人祭之展禽譏焉因曰今茲海其有風乎廣川之鳥恒知避風是歲海多大風冬煖文仲聞之曰吾過矣）今異鳥翔於殿屋怪草生於庭際不可不察由安懼然不敢荅（懼音紀具反）居無何而肅宗崩時竇氏專政外戚奢侈賞賜過制倉帑爲虛（帑音它朗反）敞奏記由曰敞聞事君之義進思盡忠退思補過歷觀世主時臣無不各欲爲化垂之無窮然而平和

後漢列傳三十三　二十六　陳寵

之政萬無一者蓋以聖主賢臣不能相遭故也今國家秉聰明之弘道明公履晏晏之純德（晏晏溫和也）君臣相合天下翕然洽平之化有望於今孔子曰如有用我者三年有成今明公視事出入再朞宜當克己以疇四海之心禮一穀不升則損服徹膳（禮記曰歲凶年穀不登君膳不祭肺損服減損服御）天下不足若己使然而比年水旱人不收穫涼州緣邊家被凶害（時西羌犯邊爲害也）男子疲於戰陳妻女勞於轉運老

幼孤寡歎息相依又中州內郡公私屈竭此實損膳節用之時國恩覆載賞賚過度但聞臘賜自郎官以上公卿王侯以下至於空竭帑藏損耗國資尋公家之用皆百姓之力明君賜賚宜有品制忠臣受賞亦應有度（臘賜大將軍三公錢各二十萬牛肉二百斤粳米二百斛特進侯十五萬卿十萬校尉五萬尚書三萬侍中將大夫各二萬千石六百石各七千虎賁羽林郎二人共三千以爲祀門戶直見漢官儀也）是以夏禹玄圭周公束帛（尚書曰召公出取幣入錫周公）今明公位尊任重責深負大上當匡正

後漢列傳三十三　二十七　陳寵

綱紀下當濟安元元豈但空空無違而已哉宜先正己以率羣下還所得賜因陳得失奏王侯就國除苑囿之禁節省浮費賑卹窮孤則恩澤下暢黎庶悅豫上天聰明必有立應使百姓歌誦史官紀德豈但子文逃祿（國語昔楚鬭子文三登令尹無一日之積成王聞子文朝不及夕也於是乎每朝設脯一束糗一筐以羞子文成王每出子文之祿必逃王止而後復人謂子文曰人生求富子逃之何也對曰從政者以庇人也人多曠者而我取富焉是勤人以自封也死無日矣我逃死非逃富也）公儀退食之比哉（史記公儀休相魯食茹而美拔園葵而棄之見布好而逐出其家婦燔其

機云欲令農士女工安得奪其貲平比音庇由不能用時齊殤王子
都鄉侯暢奔弔國憂上書未報時章帝崩也殤王名石齊
武王縯之孫也侍中竇憲遂令人刺殺暢於城門
屯衞之中暢得幸竇太后故刺殺之而主名不立敞又說
由曰劉暢宗室肺府茅土藩臣來弔大憂
上書須報須待報也親在武衞致此殘酷奉憲
之吏莫適討捕適音的謂無指的討捕也蹤迹不顯主名
不立敞備數股肱職典賊曹股肱謂手臂也公府有賊曹主
知盜賊也故欲親至發所以糾其變而二府以

爲故事三公不與賊盜敞在太尉府二府謂司徒司空丙吉爲丞相不
案事遂爲故事見馬防傳也昔陳平生於征戰之世猶知
宰相之分云外鎭四夷内撫諸侯使卿大
夫各得其宜陳平爲左丞相對文帝曰宰相者佐天子理陰陽順四時下育萬物之宜外鎭撫四夷諸侯内親附百姓使卿大夫各得任其職焉今二府執事不深
惟大義惑於所聞公縱姦慝莫以爲咎惟
明公運獨見之明昭然勿疑敞不勝所見
請獨奏案由乃許焉二府聞敞行皆遣主
者隨之主者謂主知盜賊之曹也於是推舉具得事實京

師稱其正以高第拜侍御史時遂以竇憲
爲車騎將軍大發軍擊匈奴而詔使者爲
憲弟篤景並起邸第興造勞役百姓愁苦
敞上疏諫曰臣聞匈奴之爲桀逆久矣平
城之圍慢書之恥匈奴冒頓以精兵三十萬騎圍高帝於白登七日案白登在平城東南十餘里高后時冒頓遺高后書曰陛下獨立孤僨獨居兩主不樂無以自娛願以所有易其所無孤僨自謂此二辱者臣子所爲捐軀而必死
高祖呂后忍怒還忿舍而不誅伏惟皇太
后秉文母之操文母文王之妻大姒也詩曰既有烈考亦有文母也陛下

履晏晏之姿匈奴無逆節之罪漢朝無可
慙之恥而盛春東作歲起於東人始就耕故曰東作興動大
役元元怨恨咸懷不悅而猥復爲衞尉篤
奉車都尉景繕修館第彌街絕里臣雖斗
筲之人鄭玄注論語筲竹器容斗二升誠竊懷怪以爲篤景
親近貴臣當爲百僚表儀今衆軍在道朝
廷焦脣百姓愁苦縣官無用而遽起大第
崇飾玩好非所以垂令德示無窮也宜且
罷工匠專憂北邊恤人之困書奏不省後

拜爲尚書復上封事曰夫忠臣憂世犯主
嚴顏譏刺貴臣至以殺身滅家而猶爲之
者何邪君臣義重有不得已也臣伏見往
事國之危亂家之將凶皆有所由較然易
知較明昔鄭武姜之幸叔段左傳鄭武姜愛小子叔段莊公立武姜請衛莊公之寵州吁左傳衛莊
以京封叔段謂之京城大叔後武姜引以襲鄭
公寵庶子州吁州吁好兵公不禁大夫石碏諫曰臣聞愛子敎之以義方弗納於邪莊公不從及卒適子
桓公立州吁乃殺桓公而篡其位愛而不敎終至凶戾由是
觀之愛子若此猶飢而食之以毒適所以

害之也史記蘇秦曰飢人之所以飢而不食烏喙爲其愈充腹而與餓死同患也伏
見大將軍憲始遭大憂公卿比奏欲令典
幹國事比頻也幹主也憲深執謙退固辭盛位懇
懇勤勤言之深至天下聞之莫不悅喜今
踰年無幾大禮未終卒然中改兄弟專朝
憲秉三軍之重篤景總宮衛之權而虐用
百姓奢侈僭偪誅戮無罪肆心自快今者
論議凶凶咸謂叔段州吁復生於漢臣觀
公卿懷持兩端不肯極言者以爲憲等若

有匪懈之志則已受吉甫襃申伯之功申伯
周宣王元舅也有令德故尹吉甫作頌以美之其詩曰維嶽降神生甫及申申伯之德柔惠且直揉此萬
邦聞于四國如憲等陷於罪辜則自取陳平周勃
順呂后之權呂后欲封呂祿呂產爲王王陵諫不許陳平周勃順旨而封之呂后崩平
勃合謀卒誅產祿也終不以憲等吉凶爲憂也臣敞區
區誠欲計策兩安絕其緜緜塞其涓涓周金
人銘曰涓涓不壅終爲江河緜緜不絕或成網羅也上不欲令皇太后損
文母之號陛下有誓泉之譏左傳鄭武姜引大叔段襲莊公
莊公寘姜氏於城潁誓之曰不及黃泉無相見也下使憲等得長保其

福祐然臧獲之謀上安主父下存主母猶
不免於嚴怒方言臧獲奴婢賤稱也史記曰蘇秦謂燕王曰客有遠爲吏其妻私人其
夫將來私者憂之妻曰勿憂吾已爲作藥酒待之矣居三日其夫果至妻使妾舉藥酒而進之妾欲言酒
之藥乎則恐逐其主母也欲勿言邪則恐殺其主父於是佯僵而棄藥酒主父怒笞之故妾僵而覆酒上存
主父下存主母然猶不免於笞臣伏惟累祖蒙恩至臣八世
東觀記曰何敞生成爲漢膠東相成生果爲太中大夫果生比干爲丹陽都尉比下生壽蜀郡太守壽生
顯京輔都尉顯生鄖光祿大夫鄖生寵濟南都尉寵生敞八世也復以愚陋旬
年之間歷顯位備機近每念厚德忽然忘
生雖知言必夷滅而冒死自盡者誠不忍

目見其禍而懷默苟全駙馬都尉瓌雖在弱冠有不隱之忠比請退身願抑家權可與參謀聽順其意誠宗廟至計竇氏之福敞數切諫言諸竇罪過憲等深怨之時濟南王康尊貴驕甚（康光武少子也）憲乃白出敞為濟南太傅敞至國輔康以道義數引法度諫正之康敬禮焉歲餘遷汝南太守敞疾文俗吏以苛刻求當時名譽故在職以寬和為政立春日常召督郵還府（督郵主司察愆過立春陽氣發生故召歸）分遣儒術大吏案行屬縣顯孝悌

有義行者及舉冤獄以春秋義斷之是以郡中無怨聲百姓化其恩禮其出居者皆歸養其父母追行喪服（出居謂與父母別居者其親先亡者自恨喪禮不足追行喪制也）推財相讓者二百許人（東觀記曰高譚等百八十五人推財相讓）置立禮官不任文吏又修理鮦陽舊渠百姓賴其利（鮦陽縣屬汝南郡故城在今豫州新蔡縣北水經注云葛陂東出為鮦水俗謂之三丈陂）墾田增三萬餘頃吏人共刻石頌敞功德及竇氏敗有司奏敞子與夏陽侯

瓌厚善坐免官永元十二年復徵三遷五官中郎將常忿疾中常侍蔡倫倫深憾之元興元年敞以祠廟嚴肅微疾不齋後鄧皇后上太傅禹冢敞起隨百官會倫因奏敞詐病坐抵罪卒于家

論曰永元之際天子幼弱太后臨朝竇氏憑盛戚之權將有呂霍之變（呂祿呂產也霍光之子禹）幸漢德未衰大臣方忠袁任二公正色立朝（袁安任隗也）樂何之徒抗議柱下（漢官儀曰侍御史周官也為柱下史冠法冠案禮圖注云法冠執法者服之樂恢為司隸何敞為御史並彈射糾察之官也）故能

挾幼主斷勤姦回之偪（勤絕也）不然國家危矣夫竇氏之閒唯何敞可以免而特以子失交之故廢黜不顯大位惜乎過矣哉

贊曰朱生受寄誠不愆義公叔辟梁允納明刺絕交面朋崇厚浮偽（楊雄法言曰朋而不心面朋也友而不心面友也浮偽者勤之以崇厚也）恢舉謗己敞非祥瑞永言國偪甘心彊詖（詖佞諂也竇憲兄弟奢僭上偪敞冒死切諫是甘心於彊詖之人也）

後漢書列傳卷第三十三

唐章懷太子賢注

鄧彪　張禹

徐防　張敏

胡廣

鄧彪字智伯南陽新野人續漢書曰其先楚人鄧況始居新野子孫以農桑爲業太傅禹之宗也父邯中興初以功封鄳侯鄳音莫庚反仕至勃海太守彪少勵志修孝行父卒讓國於異母弟荆鳳本或無荆顯宗高其節下詔許焉後仕州郡辟公府東觀記曰彪與同郡宗武伯翟敬伯陳綏伯張弟伯同志好齊名南陽號曰五伯五遷桂陽太守永平十七年徵入爲太僕數年喪後母辭疾乞身詔以光祿大夫行服服竟拜奉車都尉遷大司農數月代鮑昱爲太尉彪在位清白爲百僚式視事四年以疾乞骸骨元和元年賜策罷贈錢三十萬在所以二千石奉終其身又詔太常四時致宗廟之胙胙祭廟肉也禮凡預祭異姓則歸之胙同姓則留之宴處不預祭而賜胙重之河南尹遣丞存問常以八月旦奉羊酒東觀記曰賜羊一頭酒二石也和帝即位以彪爲太傅錄尚書事賜爵關中侯永元初竇氏專權驕縱朝廷多有諫爭而彪在位修身而已不能有所匡正又嘗奏免御史中丞周紆紆前失竇氏旨故頗以此致譏然當時宗其禮讓及竇氏誅以老病上還樞機職詔賜養牛酒而許焉五年春薨于位天子親臨弔臨

張禹字伯達趙國襄國人也祖父況族姊爲皇祖考夫人皇祖考鉅鹿都尉回數往來南頓見光武光武爲大司馬過邯鄲況爲郡吏謁見光武光武大喜曰乃今得我大舅乎因與俱北到高邑以爲元氏令遷涿郡太守後爲常山關長會赤眉攻關城況戰歿關縣屬常山郡今定州行唐縣西北有故關邑城東觀記曰況遷涿郡太守時年八十不任兵馬上疏乞身詔許之後部問起居何如子歆對曰如故詔曰家人居不足贍且以一縣自養復以況爲常山關長會赤眉攻關城況出戰死上甚哀之父歆初以報仇逃亡東觀記曰歆守皐長有報父仇賊自出歆召囚詣閤曰欲自受其辭既入解械飲食便發遣遂棄官亡命逢赦出由是鄉里服其高義與

此不同後仕爲淮陽相終於汲令東觀記曰歆爲相時王新歸國賓客放縱干亂法禁歆將令尉入宮搜捕王自上歆坐左遷爲汲令卒官禹性篤厚節儉東觀記曰禹好學習歐陽尚書事太常桓榮惡衣食父卒汲吏人賻送前後數百萬悉無所受又以田宅推與伯父身自寄止永平八年舉孝廉稍遷建初中拜楊州刺史當過江行部中土民皆以江有子胥之神難於濟涉酈元水經注曰吳王賜子胥死浮尸於江禹將度吏固請夫差悔與羣臣臨江設祭修塘道及壇吳人因爲立廟而祭焉不聽禹厲言曰子胥如有靈知吾志在理

察枉訟豈危我哉遂鼓楫而過歷行郡邑深幽之處莫不畢到親録囚徒多所明舉吏民希見使者民懷喜悅怨德美惡莫不自歸焉元和二年轉兗州刺史亦有清平稱三年遷下邳相徐縣北界有蒲陽坡東觀記曰坡水廣二十里徑且百里在道西其東有田可萬頃坡與陂同傍多良田而堙廢莫修禹爲開水門通引灌溉遂成孰田數百頃勸率吏民假與種糧親自勉勞遂大收穀實鄰郡貧者歸之千餘戶室廬

相屬其下成市後歲至墾千餘頃民用溫給東觀記曰禹巡行守舍止大樹下食糒飲水而已後年鄰國貧人來歸之者茅屋草廬千戶屠酤成市墾田千餘頃得穀百萬餘斛功曹史戴閏故太尉掾也權動郡內有小譴禹令自致徐獄然後正其法徐縣名也東觀記曰閏當從行縣從書佐假車馬什物禹聞知令直符責問閏具以實對禹以宰士惶恐首實令自致徐獄也自長史以下莫不震肅永元六年入爲大司農拜太尉和帝甚禮之十五年南巡祠園廟禹以太尉兼衛尉留守東觀記曰禹留守北宮太官朝夕送食賜關登具物除子男盛爲郎也聞車駕當進

幸江陵以爲不宜冒險遠驛馬上諫詔報曰祠謁既訖當南禮大江會得君奏臨漢回輿而旋及行還禹特蒙賞賜延平元年遷爲太傅録尚書事鄧太后以殤帝初育育生也欲令重臣居禁內乃詔禹舍宮中給帷帳牀褥太官朝夕進食五日一歸府每朝見特贊與三公絕席禹上言方諒闇密靜之時不宜依常有事於苑囿鄭玄注論語曰諒闇謂凶廬也尚書曰帝乃徂落四海遏密八音也其廣成上林空地宜且以

假貧民太后從之及安帝即位數上疾乞
身詔遣小黃門問疾賜牛一頭酒十斛勸
令就第其錢布刀劍衣物前後累至永初
元年以定策功封安鄉侯食邑千二百戶
與太尉徐防司空尹勤同日俱封其秋以
寇賊水雨策免防勤而禹不自安上書乞
骸骨更拜太尉四年新野君病鄧太后母陰氏皇
太后車駕幸其第禹與司徒夏勤司空張
敏俱上表言新野君不安車駕連日宿止

臣等誠竊惶懼臣聞王者動設先置止則
交戟清道而後行清室而後御前書曰舊典天子行幸所
至必遣靜室令先案行清靜殿中以虞非常離宮不宿所以重宿衛
也陛下體烝烝之至孝親省方藥恩情發
中久處單外百官露止議者所不安宜且
還宮上爲宗廟社稷下爲萬國子民比三
上固爭乃還宮後連歲災荒府臧空虛禹
上疏求入三歲租稅以助郡國稟假稟給也假貸也
詔許之五年以陰陽不和策免七年卒于

家使者弔祭除小子曜爲郎中長子盛嗣
徐防字謁卿沛國銍人也銍故城今亳州臨渙縣也祖父
宣爲講學大夫以易教授王莽王莽置六經祭酒各一人
秩上卿長安國由爲講易祭酒宣爲講學大夫蓋當屬於祭酒也父憲亦傳宣
業防少習父祖學永平中舉孝廉除爲郎
防體貌矜嚴占對可觀顯宗異之特補尚
書郎職典樞機周密畏慎奉事二帝未嘗
有過和帝時稍遷司隸校尉出爲魏郡太
守永元十年遷少府大司農防勤曉政事

所在有迹十四年拜司空防以五經久遠
聖意難明宜爲章句以悟後學上疏曰臣
聞詩書禮樂定自孔子發明章句始於子
夏史記孔子没子夏居西河教弟子三百人爲魏文侯師其後諸家分析
各有異說前書仲尼没而微言絕七十子喪而大義乖故春秋爲五詩分爲四易有數家
之傳漢承亂秦經典廢絕本文略存或無章
句收拾缺遺建立明經博徵儒術開置太
學武帝時開學官置博士弟子員也孔聖既遠微旨將絕故
立博士十有四家漢官曰光武中興恢弘稽古易有施孟梁丘賀京房書有

歐陽和伯夏侯勝建詩有申公轅固韓嬰春秋有嚴
彭祖顔安樂禮有戴德戴聖凡十四博士太常差選
(有聰明威重一人爲祭酒揔領綱紀也)設甲乙之科(前書曰歲課甲科四十人爲郎
中乙科二十人爲太子舍人丙科四十人補文學掌故)以勉勸學者所以
示人好惡改敝就善者也伏見太學試博
士弟子皆以意說不修家法(諸經爲業各自名家)私相
容隱開生姦路每有策試輒興諍訟論議
紛錯互相是非孔子稱述而不作(但述先聖之言不自
制作)又曰吾猶及史之闕文(古者史官於書事有不知則闕以待能者
孔子言吾少時猶及見古史官之闕文今則無之疾時多穿鑿也見論語也)疾史有所

不知而不肎闕也今不依章句妄生穿鑿
以遵師爲非義意說爲得理輕侮道術寖
以成俗誠非詔書實選本意改薄從忠三
世常道(太史公曰夏之政忠忠之敝小人以野故殷人承之以敬敬之敝小人以鬼故周人
承之以文文之敝小人以僿故救僿莫若以忠三王之道若循環周而復始僿音西志反史記僿或作薄)
專精務本儒學所先臣以爲博士及甲乙
策試宜從其家章句開五十難以試之解
釋多者爲上第引文明者爲高說若不依
先師義有相伐(伐謂自相攻伐也)皆正以爲非五經

各取上第六人論語不宜射策雖所失或
久差可矯革(東觀記防上疏曰試論語本文章句但通度勿以射策冀令學者務本有
所一心專精師門思核經意事得其實道得其眞於此弘廣經術尊重聖業有益於化雖從來久大經衰
微學問寖淺誠宜反本改矯其失)詔書下公卿皆從防言十
六年拜爲司徒延平元年遷太尉與太傅
張禹參録尚書事數受賞賜甚見優寵安
帝即位以定策封龍鄉侯食邑千一百戶
其年以災異寇賊策免就國凡三公以災
異策免始自防也(東觀記曰郡國被水災比州湮没死者以千數災異數降

西羌反畔殺略人吏京師淫雨蝨賊傷稼穡防比上書自陳過咎遂策免)防卒子衡
當嗣讓封於其弟崇數歲不得已乃出就
爵云
張敏字伯達河閒鄚人也(鄚今瀛州縣也音莫)建初二
年舉孝廉四遷五年爲尚書建初中有人
侮辱人父者而其子殺之肅宗貰其死刑
而降宥之(貰寬也音示夜反)自後因以爲比是時遂
定其議以爲輕侮法敏駮議曰夫輕侮之
法先帝一切之恩不有成科班之律令也

夫死生之決宜從上下猶天之四時有生有殺若開相容恕著爲定法者則是故設姦萌生長罪隙孔子曰民可使由之不可使知之由從也言設政教可但使人從之若知其本末愚者或輕而不行事見論語也春秋之義子不報讎非子也公羊傳曰父不受誅子復讎可也注云不受誅罪不當誅也而法令不爲之減者以相殺之路不可開故也今託義者得減妄殺者有差使執憲之吏得設巧詐非所以導在醜不爭之義導致也醜類也又輕侮之比寖以繁滋至

後漢列傳三十四　九　李昺

有四五百科轉相顧望彌復增甚難以垂之萬載臣聞師言救文莫如質故高帝去煩苛之法爲三章之約建初詔書有改於古者可下三公廷尉蠲除其敝議寖不省敏復上疏曰臣敏蒙恩特見拔擢愚心所不曉迷意所不解誠不敢苟隨衆議臣伏見孔子垂經典皐陶造法律史游急就篇曰皐陶造獄法律存也原其本意皆欲禁民爲非也未曉輕侮之法將以何禁必不能使不相輕侮而更

開相殺之路執憲之吏復容其姦枉議者或曰平法當先論生臣愚以爲天地之性唯人爲貴殺人者死三代通制今欲趣生反開殺路一人不死天下受敝記曰利一害百人去城郭夫春生秋殺天道之常春一物枯即爲災禮記月令曰孟春行夏令則風雨不時草木早落也秋一物華即爲異月令曰仲秋行春令則秋雨不降草木生榮國乃有恐也王者承天地順四時法聖人從經律願陛下留意下民考尋利害廣令平議天下幸甚和

後漢列傳三十四　十　陳從

帝從之九年拜司隸校尉視事二歲遷汝南太守清約不煩用刑平正有理能名坐事免延平元年拜議郎再遷潁川太守徵拜司空在位奉法而已視事三歲以病乞身不聽六年春行大射禮陪位頓仆乃策罷之東觀記載策曰今君所苦未瘳有司奏君年體衰羸郊廟禮儀仍有曠廢鼎足之任不可以缺重以職事留君其上司空印綬因病篤卒于家

胡廣字伯始南郡華容人也華容縣故城在今荊州東六世祖剛清高有志節平帝時大司徒馬宮

辟之值王莽居攝剛解其衣冠縣府門而去遂亡命交阯隱於屠肆之閒後莽敗乃歸鄉里父貢交阯都尉廣少孤貧親執家苦（襄陽耆舊記廣父名寵寵妻生廣早卒寵更娶江陵黄氏生康字仲始）長大隨輩入郡爲散吏太守法雄之子真從家來省其父真頗知人會歲終應舉雄勑真助求其才雄因大會諸吏真自於牖閒密占察之乃指廣以白雄遂察孝廉既到京師試以章奏安帝以廣爲天下第一（謝承書曰廣有雅才學究五經古今術藝皆畢覽之年二十七舉孝廉續漢書曰故事孝廉高第三公尚書輒優文特勞來其舉將拔是公府下詔書勞來雄爲及拜郎恪勤職事所掌辦護也）旬月拜尚書郎五遷尚書僕射順帝欲立皇后而貴人有寵者四人莫知所建議欲探籌以神定選廣與尚書郭虔史敞上疏諫曰竊見詔書以立后事大謙不自專欲假之籌策決疑靈神篇籍所記祖宗典故未嘗有也恃神任筮既不必當賢就值其人猶非德選夫岐嶷形於自然（詩云克岐克嶷鄭玄注云岐岐然意有所知也其貌嶷嶷然有所識別

也）伣天必有異表（伣音苦見反説文曰伣譬諭也詩云文王嘉止伣天之妹文王聞大姒之賢則美之言大邦有子女譬天之有女弟故求爲配焉）宜參良家簡求有德德同以年年鈞以貌稽之典經斷之聖慮（左傳曰昔先王之命曰王后無嫡則擇立長年均以德德鈞以卜也）政令猶汗往而不反（易曰渙汗其大號王居無咎劉向曰汗出而不反者也）詔文一下形之四方（形見也）臣職在拾遺憂深責重是以焦心冒昧陳聞帝從之以梁貴人良家子定立爲皇后時尚書令左雄議改察舉之制限年四十以上儒者試經學文吏試章奏廣復與敞虔上書駮之曰臣聞君以兼覽博照爲德（即明四目達四聰也）臣以獻可替否爲忠（左傳曰齊晏子曰君所謂可而有否焉臣獻其否以成其可君所謂否而有可焉臣獻其可以去其否）書載稽疑謀及卿士（稽考也考正疑事謀及卿士見尚書）詩美先人詢于芻蕘（詩大雅曰先人有言詢于芻蕘注云詢謀也芻蕘薪采者也言有疑事當與薪采者謀之也）國有大政必議之於前訓諮之於故老（國語叔向曰國有大事必順於典刑而訪於耇老而後行之）是以慮無失策舉無過事竊見尚書令左雄議郡舉孝廉皆限年四十以上諸生試章句文

吏試牋奏周成雜字曰牋表也漢雜事曰凡羣臣之書通於天子者四品一曰章二曰奏
三曰表四曰駮議章者需頭稱稽首上以聞謝恩陳
事詣闕通者也奏者亦需頭其京師官但言稽首言
下稽首以聞其中有所請若罪法劾案公府送御史
臺卿校送謁者臺也表者不需頭上言臣某言下言
誠惶誠恐頓首頓首死罪死罪
左方下附曰某官臣甲乙上 明詔既許復令
臣等得與相參竊惟王命之重載在篇典
禮記曰動則左史書之言則右史書之尚書曰王言
惟作命弗言臣下罔由稟令又曰令出惟行不惟反
當令縣於日月固於金石遺則百王施之
萬世詩云天難諶斯不易惟王可不慎與
詩大雅也諶信也斯詞也天之
意難信矣不可改易者天子也 蓋選舉因才無

拘定制六奇之策不出經學前書陳平設六奇策以佐高祖
鄭阿之政非必章奏說苑曰子產相鄭內無國中之亂外無諸侯之患也
子產從政也擇能而使之晏子化東阿三年景公召
而數之晏子請改道易行明年上計景公迎而賀之
晏子對曰臣前之化東阿也屬託不行貨賂不至
君反以罪臣今則反是而更蒙賀景公下席而謝 甘
奇顯用年乖彊仕史記曰秦欲與燕共伐趙以廣河間之地甘羅年十二使
於趙說趙王立割五城以廣河間秦乃封羅爲上卿
說苑曰子奇年十八齊君使主東阿東阿大化禮記
曰四十彊而仕 終賈揚聲亦在弱冠前書終軍年十八爲博士弟子自請
願以長纓必羈南越王而致之闕下上奇其對擢爲
諫大夫往說越越聽命天子大悅賈誼年十八以誦
詩屬文稱於郡中文帝召爲博士 漢承周秦兼覽殷夏祖德

師經參雜霸軌宣帝曰漢家自有制度本以霸王道雜理之 聖主
賢臣世以致理貢舉之制莫或回革今以
一臣之言剗戾舊章剗削也戾乖也便利未明衆
心不猒猒服也矯枉變常政之所重而不訪
台司不博卿士若事下之後議者剝異異
之則朝失其便同之則王言已行臣愚以
爲可宣下百官參其同異然後覽擇勝否
詳採厥衷敢以瞽言冒干天禁瞽無目者也不察人君顏
色而言如無目之人也孔子曰
未見顏色而言謂之瞽干犯也 惟陛下納焉帝不

從時陳留郡缺職尚書史敞等薦廣曰臣
聞德以旌賢旌明也書曰德懋懋官也爵以建事能建立事則與之爵
明試以功典謨所美明白考試之有功者則授之以官舜典咎繇謨皆有
此言故云典謨所美也 五服五章天秩所祚五服謂天子諸侯卿大夫
士之服也五者之服必須章明尚書咎繇謨曰天秩
有禮自我五禮有庸哉天命有德五服五章哉秩序
也 是以臣竭其忠君豐其寵豐厚也舉不失
德下忘其死竊見尚書僕射胡廣體真履
規謙虛溫雅博物洽聞探賾窮理六經典
奧舊章憲式無所不覽柔而不犯文而有

禮[柔而不犯謂性和柔而不可犯以非義也]忠貞之性憂公如家不矜其能不伐其勞翼翼周慎行靡玷漏密勿夙夜[密勿僶勉]十有餘年心不外顧志不苟進臣等竊以爲廣在尚書劬勞日久後母年老旣蒙簡照宜試職千里斥寧方國[詩曰厥德不回以受方國]陳留近郡今太守任缺廣才略深茂堪能撥煩願以參選紀綱頹俗使束脩守善有所勸仰廣典機事十年出爲濟陰太守以舉吏不實免復爲汝南太守入

後漢列傳三十四　十五　陳振

拜大司農漢安元年遷司徒質帝崩代李固爲太尉録尚書事以定策立桓帝封育陽安樂鄉侯以病遜位又拜司空告老致仕尋以特進徵拜太常遷太尉以日食免復爲太常拜太尉延熹二年大將軍梁冀誅廣與司徒韓縯司空孫朗坐不衞宮皆減死一等奪爵土免爲庶人後拜太中大夫太常九年復拜司徒靈帝立與太傅陳蕃參録尚書事復封故國以病自乞會蕃

被誅代爲太傅總録如故時年已八十而心力克壯[盛弘之荊州記曰菊水出穰縣芳菊被涯水極甘香谷中皆飲此水上壽百二十七八十者猶以爲夭太尉胡廣所患風疾休沐南歸恒飲此水後疾遂瘳年八十二薨也]繼母在堂朝夕瞻省傍無几杖言不稱老[禮記曰夫爲人子者恒言不稱老]及母卒居喪盡哀率禮無愆性溫柔謹素常遜言恭色[遜順也]達練事體明解朝章雖無謇直之風屢有補闕之益故京師諺曰萬事不理問伯始天下中庸有胡公[庸常也中和可常行之德也孔子曰中庸之爲德其至矣乎]及共李固定

後漢列傳三十四　十六　楊坡

策大議不全[質帝崩固爲太尉與廣及司空趙戒議欲立清河王蒜梁冀以蒜年長有德恐爲後患盛意立蠡吾侯志廣戒等懾憚不能與爭而固與杜喬堅守本議]又與中常侍丁肅婚姻以此譏毀於時自在公台三十餘年歷事六帝[廣以順帝漢安元年爲司空至靈帝熹平元年薨三十一年也六帝謂安順沖質桓靈也]禮任甚優每遜位辭病及免退田里未嘗滿歲輒復升進凡一履司空再作司徒三登太尉又爲太傅其所辟命皆天下名士與故吏陳蕃李咸並爲三司[謝承書曰咸字元卓汝南西平人孤特自立家貧母老常躬耕稼以奉養學魯詩春秋公羊傳三禮三府

並辟司徒胡廣舉茂才除高密令政多奇異青州表其狀建寧三年自大鴻臚拜太尉自在相位約身率下常食脫粟飯醬菜而已不與州郡交通刺史二千石牋記非公事不發省以老乞骸骨見許悉還所賜物乘敝牛車使子男御晨發京師百僚追送盈塗不能得見家舊貧狹庭蓋草廬蕃等每
朝會輒稱疾避廣時人榮之年八十二熹
平元年薨使五官中郎將持節奉策贈太
傅安樂鄉侯印綬給東園梓器謁者護喪
事賜冢塋于原陵謚文恭侯拜家一人為
郎中故吏自公卿大夫博士議郎以下數
百人皆縗絰殯位自終及葬漢興以來人

臣之盛未嘗有也初楊雄依虞箴作十二
州二十五官箴楊雄傳曰箴莫大於虞箴故遂作九州箴左傳曰昔周辛甲之為太史也命百官官箴王闕於虞人之箴曰芒芒禹迹畫為九州經啓九道人有寢廟獸有茂草各有攸處德用不擾在帝夷羿冒于原獸忘其國恤而思其麀牡武不可重用不恢于夏家獸臣司原敢告僕夫其
九箴亡闕後涿郡崔駰及子瑗又臨邑侯
劉騊駼增補十六篇廣復繼作四篇文甚
典美乃悉撰次首目為之解釋名曰百官
箴凡四十八篇其餘所著詩賦銘頌箴弔
及諸解詁凡二十二篇熹平六年靈帝思

感舊德乃圖畫廣及太尉黃瓊於省內詔
議郎蔡邕為其頌云謝承書載其頌曰巖巖山岳配天作輔降神有周生申及甫允茲漢室誕育二后曰胡曰黃方軌齊武惟道之淵惟德之藪股肱元首代作心膂天之烝人有則有類我胡我黃鍾厥純懿懿特進仍踐其位赫赫三事七佩其紱弈弈四牡沃若六轡袞龍章其文有蔚參曜乾台窮寵極貴功加八荒羣生以遂超哉邈乎莫與為二

論曰爵任之於人重矣全喪之於生大矣
懷祿以圖存者仕子之恒情審能而就列
者出身之常體列位也夫紆於物則非已直於
志則犯俗紆曲也辭其艱則乖義徇其節則

失身徇營也統之方軌易因險塗難御統者總論上事也方軌謂平路也若履平路易可因循如踐險塗則難免顛覆也故昔人明慎
於所受之分遲遲於岐路之間也呈材效職則受之分明矣遲遲疑不前之貌也明其分則不可妄進如令志行無牽於物臨
生不先其存後世何貶焉守志直道視死如歸則後之人何從而貶責矣古人以宴安為戒豈數公之謂乎左傳曰宴安酖毒不可懷也

贊曰鄧張作傅無咎無譽敏正疑律防議
章句胡公庸庸飾情恭貌朝章雖理據正

或橈（橈曲也易曰棟橈凶也）

後漢書列傳卷第三十四

列傳卷第三十五　范曄　後漢書四十五

唐章懷太子賢注

袁安（子敞　玄孫閎）

張酺　韓棱

周榮（孫景）

袁安字邵公汝南汝陽人也祖父良習孟氏易（孟喜字長卿東海人明易爲丞相掾見前書）平帝時舉明經爲太子舍人（續漢志曰太子舍人秩二百石無員）建武初至成武令（成武今曹州縣）安少傳良學爲人嚴重有威見敬於州里初爲縣功曹（續漢志曰縣功曹史主選署功勞）奉檄詣從事從事因安致書於令（續漢志曰每州刺史皆有從事史）安曰公事自有郵驛私請則非功曹所持辭不肯受從事懼然而止（懼音九具反）後舉孝廉（汝南先賢傳曰時大雪積地丈餘洛陽令身出案行見人家皆除雪出有乞食者至袁安門無有行路謂安已死令人除雪入戶見安僵臥問何以不出安曰大雪人皆餓不宜干人令以爲賢舉爲孝廉也）除陰平長任城令（陰平縣故城在今沂州承縣西南任城今兖州縣也）所在吏人畏而愛之永平十三年楚王英謀爲逆事下郡覆考明年三府舉安能理劇拜楚

郡太守是時英辭所連及繫者數千人顯宗怒甚吏案之急迫痛自誣死者甚衆安到郡不入府先往案獄理其無明驗者條上出之府丞掾史皆叩頭爭以爲阿附反虜法與同罪不可安曰如有不合太守自當坐之不以相及也遂分別具奏帝感悟即報許得出者四百餘家歲餘徵爲河南尹政號嚴明然未曾以臧罪鞫人常稱曰凡學仕者高則望宰相下則希牧守錮人

後漢列傳三十五 二 王仲

於聖世尹所不忍爲也聞之者皆感激自勵在職十年京師肅然名重朝廷建初八年遷太僕元和二年武威太守孟雲上書北虜既已和親而南部復往抄掠北單于謂漢欺之謀欲犯邊宜還其生口以安慰之詔百官議朝堂公卿皆言夷狄譎詐求欲無猒（譎亦詐也）既得生口當復妄自誇大不可開許安獨曰北虜遣使奉獻和親有得邊生口者輒以歸漢此明其畏威而非先

違約也雲以大臣典邊不宜負信於戎狄還之足示中國優貸而使邊人得安誠便司徒桓虞改議從安太尉鄭弘司空第五倫皆恨之弘因大言激勵虞曰諸言當還生口者皆爲不忠虞廷叱之倫及大鴻臚韋彪各作色變容司隸校尉舉奏安等皆上印綬謝肅宗詔報曰久議沈滯各有所志蓋事以議從策由衆定誾誾衎衎得禮之容（誾誾忠正貌 衎衎和樂貌）寢嘿抑心更非朝廷之福

後漢列傳三十五 三 陳彥

君何尤而深謝其各冠履帝竟從安議明年代第五倫爲司空章和元年代桓虞爲司徒和帝即位竇太后臨朝后兄車騎將軍憲北擊匈奴安與太尉宋由司空任隗及九卿詣朝堂上書諫以爲匈奴不犯邊塞而無故勞師遠涉損費國用徼功萬里非社稷之計書連上輒寢宋由懼遂不敢復署議而諸卿稍自引止唯安獨與任隗守正不移至免冠朝堂固爭者十上太后

不聽衆皆爲之危懼安正色自若竇憲旣
出而弟衛尉篤執金吾景各專威權公於
京師使客遮道奪人財物景又擅使乘驛
施檄緣邊諸郡發突騎及善騎射有才力
者漁陽鴈門上谷三郡各遣吏將送詣景
第有司畏憚莫敢言者安乃劾景擅發邊
兵驚惑吏人二千石不待符信而輒承景
檄當伏顯誅又奏司隸校尉河南尹阿附
貴戚無盡節之義續漢書曰安奏司隸鄭據河南尹蔡嵩請免

官案罪竝寢不報憲景等日益橫盡樹其
親黨賓客於名都大郡袁山松書曰河南尹王調漢陽太守朱敞南陽太守滿䏶高丹等皆其賓客前書曰十二萬戶爲大郡也皆賦斂吏人更相
賂遺其餘州郡亦復望風從之安與任隗
舉奏諸二千石又它所連及貶秩免官者
四十餘人竇氏大恨但安隗素行高亦未
有以害之時竇憲復出屯武威明年北單
于爲耿夔所破遁走烏孫塞北地空餘部
不知所屬憲日矜己功欲結恩北虜乃上

立降者左鹿蠡王阿佟徒冬反爲北單于置
中郎將領護如南單于故事事下公卿議
太尉宋由太常丁鴻光祿勳耿秉等十人
議可許安與任隗奏以爲光武招懷南虜
非謂可永安內地正以權時之筭可得扞
禦北狄故也今朔漠旣定宜令南單于反
其北庭幷領降衆無緣復更立阿佟以增
國費宗正劉方大司農尹睦同安議事奏
未以時定安懼憲計遂行乃獨上封事曰

臣聞功有難圖不可豫見事有易斷較然
不疑伏惟光武皇帝本所以立南單于者
欲安南定北之策也恩德甚備故匈奴遂
分邊境無患孝明皇帝奉承先意不敢失
墜赫然命將爰伐塞北至乎章和之初降
者十餘萬人議者欲置之濱塞東至遼東
濱邊也太尉宋由光祿勳耿秉皆以爲失南
單于心不可先帝從之陛下奉承洪業大
開疆宇大將軍遠師討伐席卷北庭此誠

宣明祖宗崇立弘勳者也宜審其終以成厥初伏念南單于屯先父舉衆歸德自蒙恩以來四十餘年三帝積累以遺陛下陛下深宜遵述先志成就其業況屯首唱大謀空盡北虜輟而弗圖更立新降以一朝之計違三世之規失信於所養建立於無功由秉實知奮議而欲背弃先恩夫言行君子之樞機（易曰言行者君子之樞機樞機之發榮辱之主也）賞罰理國之綱紀論語曰言忠信行篤敬雖蠻貊行焉今若失信於一屯則百蠻不敢復保

誓言矣又烏桓鮮卑新殺北單于凡人之情咸畏仇讎今立其弟則二虜懷怨兵食可廢信不可去（論語孔子曰足食足兵人信之矣必不得已而去於斯三者何先曰去兵曰必不得已而去於斯二者何先曰去食自古皆有死人無信不立）且漢故事供給南單于費直歲一億九十餘萬西域歲七千四百八十萬今北庭彌遠其費過倍是乃空盡天下而非建策之要也詔下其議安又與憲更相難折憲險急負埶言辭

驕許（許謂發揚人之惡）至誣毀安稱光武誅韓歆戴涉故事安終不移（大司徒歆坐非帝讀隗囂書自殺大司徒涉坐殺太倉令下獄死）憲竟立匈奴降者右鹿蠡王於除鞬爲單于（鞬音九言反）後遂反叛卒如安策安以天子幼弱外戚擅權每朝會進見及與公卿言國家事未嘗不噫嗚流涕（噫音醫又乙戒反嗚音一故反歎傷之貌也）自天子及大臣皆恃賴之四年春薨朝廷痛惜焉後數月竇氏敗帝始親萬機追思前議者邪正之節乃除安子賞爲

郎策免宋由以尹睦爲太尉劉方爲司空睦河南人薨於位方平原人後坐事免歸自殺初安父没母使安訪求葬地道逢三書生問安何之安爲言其故生乃指一處云葬此地當世爲上公須臾不見安異之於是遂葬其所占之地故累世隆盛焉安子京敞最知名京字仲譽習孟氏易作難記三十萬言初拜郎中稍遷侍中出爲蜀郡太守子彭字伯楚少傳父業歷廣漢南

陽太守順帝初爲光禄勲行至清爲吏麤
袍糲食終於議郎尚書胡廣等追表其有
清潔之美比前朝貢禹第五倫（貢禹元帝御史大夫經明行修清絜憂國也）
求蒙顯贈當時皆嗟歎之彭弟湯
字仲河少傳家學諸儒稱其節多歷顯位
桓帝初爲司空以豫議定策封安國亭侯
食邑五百戶累遷司徒太尉以災異策免
卒謚曰康侯（風俗通曰湯時年八十六有子十二人）湯長子成左
中郎早卒次子逢嗣逢字周陽以累世三

公子寬厚篤信著稱於時靈帝立逢以太
僕豫議增封三百戶後爲司空卒於執金
吾朝廷以逢嘗爲三老特優禮之賜以珠
畫特詔秘器（前書曰董賢死以沙畫棺音義云以朱沙畫之也珠與朱同秘器棺也）
飯含珠玉二十六品（穀梁傳曰貝玉曰含）使五官中郎
將持節奉策贈以車騎將軍印綬加號特
進謚曰宣文侯子基嗣位至太僕逢弟隗
少歷顯官（隗字次陽）先逢爲三公時中常侍袁
赦隗之宗也用事於中以逢隗世宰相家

推崇以爲外援故袁氏貴寵於世富奢甚
不與它公族同獻帝初隗爲太傅成子紹
逢子術自有傳董卓忿紹術背已遂誅隗
及術兄基等男女二十餘人
敞字叔平少傳易經教授以父任爲太子
舍人和帝時歷位將軍大夫侍中出爲東
郡太守徵拜太僕光禄勲元初三年代劉
愷爲司空明年坐子與尚書郎張俊交通
漏洩省中語策免敞廉勁不阿權貴失鄧

氏旨遂自殺張俊者蜀郡人有才能與兄
龕竝爲尚書郎年少勵鋒氣郎朱濟丁盛
立行不脩俊欲舉奏之二人聞恐因郎陳
重雷義往請俊俊不聽因共私賂侍史使
求俊短得其私書與敞子遂封上之皆下
獄當死俊自獄中占獄吏上書自訟（占謂口授也前書曰陳遵憑几口占書吏是也）
書奏而俊獄已報（謂奏報論死也）廷
尉將出穀門臨行刑（穀門洛陽城北面中門也）鄧太后詔
馳騎以減死論俊假名上書謝曰臣孤恩

負義自陷重刑情斷意訖無所復望廷尉
鞫遣歐（喑一口反）刀在前棺絮在後魂魄飛揚
形容已枯陛下聖澤以臣嘗在近密（謂爲尚書郎）
識其狀貌傷其眼目留心曲慮特加偏覆
喪車復還白骨更肉披棺發槨起見白日
天地父母能生臣俊不能使臣俊當死復
生陛下德過天地恩重父母誠非臣俊破
碎骸骨舉宗腐爛所報萬一臣俊徒也不
得上書不勝去死就生驚喜踴躍觸冒拜

章當時皆哀其文朝廷由此薄敞罪而隱
其死以三公禮葬之復其官子盱（況于反）盱
後至光祿勳時大將軍梁冀擅朝內外莫
不阿附唯盱與廷尉邯鄲義正身自守及
桓帝誅冀使盱持節收其印綬事已具梁
冀傳

閎字夏甫彭之孫也少勵操行苦身脩節
父賀爲彭城相（風俗通曰賀字元服祖父京爲侍中安帝始加元服百僚會賀臨莅垂出而孫適生喜其嘉會因名字焉）閎往省謁變名姓徒行無
旅既至府門連日吏不爲通會阿母出見
閎驚（謝承書曰乳母從內出見在門側面貌省瘦爲其垂泣閎厚丁寧此閒不知吾慎勿宣露也）入白夫人乃密呼見既而辭去賀遣車
送之閎稱眩疾不肯乘反郡界無知者及
賀卒郡閎兄弟迎喪不受賻贈縗絰扶柩
冒犯寒露體貌枯毀手足血流見者莫不
傷之服闋累徵聘舉召皆不應居處仄陋
以耕學爲業從父逢隗竝貴盛數饋之無
所受閎見時方險亂而家門富盛常對兄

弟歎曰吾先公福祚後世不能以德守之
而競爲驕奢與亂世爭權此即晉之三郤
矣（三郤謂郤錡郤犨郤至皆晉卿也各驕奢爲厲公所殺事見左傳）延熹末黨
事將作閎遂散髮絕世欲投迹深林以母
老不宜遠遁乃築土室四周於庭不爲戶
自牖納飲食而已旦於室中東向拜母母
思閎時往就視母去便自掩閉兄弟妻子
莫得見也及母歿不爲制服設位時莫能
名或以爲狂生潛身十八年黃巾賊起攻

没郡縣百姓驚散閎誦經不移賊相約語
不入其閭鄉人就閎避難皆得全免年五
十七卒於土室 汝南先賢傳曰閎臨卒勑其子曰勿設殯棺但著禪衫踈布單
衣幅巾親尸於板牀之上以五百墼爲藏 二第忠弘節操皆亞於閎
忠字正甫與同郡范滂爲友俱證黨事得
釋語在滂傳初平中爲沛相 沛王琮相也琮光武八代孫也
乘葦車到官以清亮稱及天下大亂忠弃
官客會稽上虞 縣名城在今越州餘姚縣西 一見太守王
朗徒從整飾心嫌之遂稱病自絕 王朗字景興肅之父
也魏志有傳謝承書曰忠乘船載笠蓋詣朗見朗左右僮從皆著青絳采衣非其奢麗即辭疾發而退也
後孫策破會稽忠等浮海南投交阯獻帝
都許徵爲衛尉未到卒弘字邵甫恥其門
族貴埶乃變姓名徒步師門不應徵辟終
於家 謝承書曰弘嘗入京師太學其從父逵爲太尉呼弘與相見遇逵宴會作樂弘伏稱頭痛
不聽呼聲而退遂不復往紹術兄弟亦不與通 忠子秘爲郡門下議生
黃巾起秘從太守趙謙擊之軍敗秘與功
曹封觀等七人以身扞刃皆死於陳謙以
得免詔秘等門閭號曰七賢 謝承書曰秘字永寧封觀與主

簿陳端門下督范仲禮賊曹劉偉德主記史丁子嗣記室史張仲然議生袁秘等七人擢刃突陳與戰並
死也 封觀者有志節當舉孝廉以兄名位未
顯恥先受之遂稱風疾喑不能言火起觀
屋徐出避之忍而不告後數年兄得舉觀
乃稱損而仕郡焉 謝承書曰觀字孝起南頓人也
論曰陳平多陰謀而知其後必廢 丞相陳平爲高祖謀
臣出六奇數曰我多陰謀道家之所禁吾世即廢以吾多陰謀禍也其後曾孫掌以衛氏親戚貴達願得
續封而終不得也 邴吉有陰德夏侯勝識其當封及
子孫 武帝末戾太子巫蠱事起邴吉爲廷尉監時宣帝年二歲坐太子事繫望氣者言長安獄
中有天子氣於是上遣使者分條中都官詔獄繫者亡輕重一切皆殺之内者令郭穰至郡邸獄吉閉門
扞拒曰它人無辜猶不可況親曾孫乎穰不得入還以聞上曰天使之也因大赦天下曾孫賴吉得立宣
帝立吉爲丞相未及封而病上憂吉不起夏侯勝曰此未死也臣聞有陰德者必饗其樂以及子孫後吉
病愈封博陽侯薨子顯嗣甘露中削爵爲關內侯至孫昌復封博陽侯傳子至孫王莽敗乃絕 終
陳掌不侯而邴昌紹國雖有不類未可致
詰其大致歸然矣袁公竇氏之間乃情帝
室 乃情猶竭情也 引義雅正可謂王臣之烈 易曰王臣蹇蹇匪躬
之故烈業也 及其理楚獄未嘗鞫人於臧罪其仁
心足以覃乎後昆 爾雅曰覃延也 子孫之盛不亦宜

乎（此論竝華嶠之詞也）

張酺字孟侯汝南細陽人趙王張敖之後也（敖父耳自楚降漢高祖封爲趙王敖嗣後有罪廢爲宣平侯）敖子壽封細陽之池陽鄉後廢因家焉酺少從祖父充受尚書能傳其業（東觀記曰充與光武同門學光武即位求問充充已死）又事太常桓榮勤力不怠聚徒以百數永平九年顯宗爲四姓小侯開學於南宮（小侯解見明紀也）置五經師酺以尚書教授數講於御前以論難當意除爲郎賜車馬衣裳遂令入授皇太子酺爲人質直守經義每侍講

間隙數有匡正之辭以嚴見憚（東觀記曰太子家時爲奢侈物未嘗不正諫甚見重焉）及肅宗即位擢酺爲侍中虎賁中郎將數月出爲東郡太守酺自以嘗經親近未悟見出意不自得（悟曉也）上疏辭曰臣愚以經術給事左右少不更職不曉文法猥當剖符典郡班政千里必有負恩辱位之咎臣竊私自分殊不慮出城闕異蒙留恩託備冗官羣僚所不安耳目所聞見不敢避好醜詔報曰經云身雖在外乃心不離王室（尚書康王之誥曰雖爾身在外乃心罔不在王室也）典城臨民益所以報效也好醜必上不在遠近（好醜謂善惡也言事之善惡必以聞上此即報效豈拘外內也）今賜裝錢三十萬其亟之官酺雖儒者而性剛斷下車擢用義勇搏擊豪彊長吏有殺盜徒者酺輒案之以爲令長受臧猶不至死盜徒皆飢寒傭保何足窮其法乎郡吏王青者（謝承書曰青字公然東郡聊城人也）祖父翁與前太守翟義起兵攻王莽

及義敗餘衆悉降翁獨守節力戰莽遂燔燒之父隆建武初爲都尉功曹青爲小史與父俱從都尉行縣道遇賊隆以身衞全都尉遂死於難青亦被矢貫咽音聲流喝（流或作嘶喝音一介反廣蒼曰聲之幽也）前郡守以青身有金夷音不能舉（夷傷也）酺見之歎息曰豈有一門忠義而爵賞不及乎遂擢用極右曹（漢官儀曰督郵功曹郡之極位）乃上疏薦青三世死節宜蒙顯異奏下三公由此爲司空所辟（東觀記曰青從此除步兵司馬酺傷青不

(遂復舉其子孝廉也)自酺出後帝每見諸王師傅常言張酺前入侍講屢有諫正誾誾惻惻出於誠心可謂有史魚之風矣(誾誾忠正也惻惻懇切也史魚衛大夫名鰌字子魚孔子曰直哉史魚邦有道如矢邦無道如矢也)元和二年東巡狩幸東郡引酺及門生并郡縣掾史並會庭中帝先備弟子之儀使酺講尚書一篇然後脩君臣之禮(東觀記曰時使尚書令王鮪與酺相難上甚欣悅)賞賜殊特莫不沾洽酺視事十五年和帝初遷魏郡太守郡人鄭據時爲司隷校尉奏

免執金吾竇景景後復位遣掾夏猛私謝酺曰鄭據小人爲所侵冤聞其兒爲吏放縱狼藉取是曹子一人足以驚百酺大怒即收猛繫獄檄言執金吾府疑猛與據子不平矯稱卿意以報私讎會有贖罪令猛乃得出(東觀記曰據字平卿黎陽人也爲侍御史轉司隷校尉也)頃之徵入爲河南尹竇景家人復擊傷市卒吏捕得之景怒遣緹騎侯海等五百人毆傷市丞(說文曰緹帛丹黃色也漢官儀曰執金吾有緹騎)酺部吏楊章等窮究

正海罪徙朔方景忿怨乃移書辟章等六人爲執金吾吏欲因報之章等惶恐入白酺願自引臧罪以辭景命酺即上言其狀竇太后詔報自今執金吾辟吏皆勿遣及竇氏敗酺乃上疏曰臣實愚憃不及大體(鄭玄注周禮云憃愚癡騃也憃音陟降反)以爲竇氏雖伏厥辜而罪刑未著後世不見其事但聞其誅非所以垂示國典貽之將來宜下理官與天下平之(平之謂平論其罪也)方憲等寵貴羣臣阿附唯恐不

及皆言憲受顧命之託懷伊呂之忠(臨終之命曰顧命)至乃復比鄧夫人於文母(臣賢案鄧夫人即穰侯鄧疊母元也元出入宮掖共竇憲女婿郭舉父子同謀殺害與竇氏同誅語見憲傳故張酺論憲兼及其黨稱鄧夫人者猶如前書霍光妻稱霍顯祁太伯母號祁夫人之類也文母文王之妻也詩曰既有烈考亦有文母)今嚴威既行皆言當死不復顧其前後考折厥衷臣伏見夏陽侯瓌每存忠善前與臣言常有盡節之心檢敕賓客未嘗犯法臣聞王政骨肉之刑有三宥之義過厚不過薄(禮記曰公族有罪獄成有司讞於公曰某之罪在大辟公曰宥之有司又曰在大辟)

公又曰宥之有司又曰在大辟公又曰宥之及三宥不對走出致刑于甸人公又使人追之曰雖然必宥之有司曰無及也反命於公公素服如其倫之喪也今議者爲瓌選嚴能

相恐其迫切必不完免宜裁加貸宥以崇

厚德和帝感酺言徙瓌封就國而已永元

五年遷酺爲太僕數月代尹睦爲太尉漢官儀曰睦字伯師河南鞏人也數上疏以疾乞身薦魏郡太

守徐防自代帝不許使中黃門問病加以

珍羞賜錢三十萬酺遂稱篤時子蕃以郎

侍講帝因令小黃門敕蕃曰陰陽不和萬

人失所朝廷望公思惟得失與國同心而

託病自絜求去重任誰當與吾同憂責者

非有望於斷金也斷金解在皇后紀司徒固疾司空

年老時司徒劉方司空張奮也公其傴僂勿露所敕傴僂言恭敬從命也左氏傳曰一命而僂再命而傴三命而俯酺惶恐詣闕謝還復

視事酺雖在公位而父常居田里酺每有

遷職輒一詣京師嘗來候酺適會歲節公

卿罷朝俱詣酺府奉酒上壽極歡卒日衆

人皆慶羨之及父卒既葬詔遣使齎牛酒

爲釋服後以事與司隸校尉晏稱會於朝

堂酺從容謂稱曰三府辟吏多非其人稱

歸即奏令三府各實其掾史酺本以私言

不意稱奏之甚懷恨會復共謝闕下酺因

責讓於稱稱辭語不順酺怒遂廷叱之稱

乃劾奏酺有怨言天子以酺先帝師有詔

公卿博士朝臣會議司徒呂蓋奏酺位居

三司知公門有儀不屏氣鞠躬以須詔命

反作色大言怨讓使臣不可以示四遠司隸校尉督大姦猾無所不察故曰使臣也

於是策免酺歸里舍謝

遣諸生閉門不通賓客左中郎將何敞及

言事者多訟酺公忠帝亦雅重之十五年

復拜爲光祿勳數月代魯恭爲司徒月餘

薨乘輿縞素臨弔賜冢塋地賵贈恩寵異

於它相酺病臨危敕其子曰顯節陵埽地

露祭欲率天下以儉顯節明帝陵也明帝遺詔無起寢廟故言埽地而祭也故酺遵奉之吾爲三公既不能宣揚王化令吏人

從制豈可不務節約乎其無起祠堂可作

橐蓋廡施祭其下而已〔廡屋也〕曾孫濟好儒學〔華嶠書曰蕃生磐磐生濟濟字元江靈帝初楊賜薦濟明習典訓爲侍講〕光和中至司空病罷及卒靈帝以舊恩贈車騎將軍關內侯印綬其年追濟侍講有勞封子根爲蔡陽鄉侯濟弟喜初平中爲司空

韓棱字伯師潁川舞陽人弓高侯穨當之後也〔穨當韓王信之子見前書〕世爲鄉里著姓父尋建武中爲隴西太守棱四歲而孤養母弟以孝友稱及壯推先父餘財數百萬與從昆弟

後漢列傳三十五　二十　李秀

鄉里益高之初爲郡功曹太守葛興中風病不能聽政棱陰代興視事出入二年令無違者興子嘗發教欲署吏棱拒執不從因令怨者章之〔章謂上章告言之〕事下案驗吏以棱掩蔽興病專典郡職遂致禁錮顯宗知其忠後詔特原之由是徵辟五遷爲尚書令與僕射郅壽尚書陳寵同時俱以才能稱肅宗嘗賜諸尚書劒唯此三人特以寶劒自手署其名曰韓棱楚龍淵〔晉大康記曰汝南西平縣有龍泉水可淬刀劒特堅利汝南即楚分野〕郅壽蜀漢文陳寵濟南椎成〔椎音直追反漢官儀椎成作鍛成〕時論者爲之說以棱淵深有謀故得龍淵壽明達有文章故得漢文寵敦朴善不見外故得椎成和帝即位侍中竇憲使人刺殺齊殤王子都鄉侯暢於上東門有司畏憲咸委疑於暢兄弟詔遣侍御史之齊案其事棱上疏以爲賊在京師不宜捨近問遠恐爲姦臣所笑竇太后怒以切責棱棱固執其議及事發果如所

後漢列傳三十五　二十一　李栄

言憲惶恐白太后求出擊北匈奴以贖罪棱復上疏諫太后不從及憲有功還爲大將軍威震天下復出屯武威會帝西祠園陵詔憲與車駕會長安及憲至尚書以下議欲拜之伏稱萬歲棱正色曰夫上交不諂下交不黷〔易下繫之辭也〕禮無人臣稱萬歲之制議者皆慙而止尚書左丞王龍私奏記上牛酒於憲棱舉奏龍論爲城旦〔前書音義曰城旦輕刑之名也晝曰司寇虜夜暮築長城故曰城旦〕棱在朝數薦舉良吏應順

呂章周紆等皆有名當時及竇氏敗棱與
案其事深竟黨與數月不休沐帝以爲憂
國忘家賜布三百匹遷南陽太守特聽棱
得過家上冢鄉里以爲榮棱發擿姦盜郡
中震慄政號嚴平數歲徵入爲太僕九年
冬代張奮爲司空明年薨子輔安帝時至
趙相（趙王良孫商之相也）棱孫演順帝時爲丹陽太守
政有能名桓帝時爲司徒（演字伯南）大將軍梁
冀被誅演坐阿黨抵罪以減死論遣歸本

後漢列傳三十五　二十二　吳佐

郡（華嶠書曰梁皇后崩梁貴人立大將軍冀欲分其寵謀冒姓爲貴人父演陰許諾及冀誅事發演坐抵罪也）後復徵拜司隸校尉
周榮字平孫廬江舒人也肅宗時舉明經
辟司徒袁安府安數與論議甚器之及安
舉奏竇景及與竇憲爭立北單于事皆榮
所具草竇氏客太尉掾徐齮深惡之脅榮
曰子爲袁公腹心之謀排奏竇氏竇氏悍
士刺客滿城中謹備之矣榮曰榮江淮孤
生蒙先帝大恩以歷宰二城今復得備宰

士（榮辟司徒府故稱宰士）縱爲竇氏所害誠所甘心故
常勑妻子若卒遇飛禍無得殯斂（飛禍言倉卒而死也）
冀以區區腐身覺悟朝廷及竇氏敗榮由
此顯名自郾令擢爲尚書令出爲潁川太
守坐法當下獄和帝思榮忠節左轉共令
（共縣名屬河內郡故城在今衛州共城縣東即古共國也）歲餘復以爲山陽
太守所歷郡縣皆見稱紀以老病乞身卒
于家詔特賜錢二十萬除子男興爲郎中
興少有名譽永寧中尚書陳忠上疏薦興

後漢列傳三十五　二十三　王允成

曰臣伏惟古者帝王有所號令言必弘雅
辭必溫麗垂於後世列於典經故仲尼嘉
唐虞之文章從周室之郁郁（論語孔子曰大哉堯之爲君也煥乎其有文章又曰周監於二代郁郁乎文哉吾從周）臣竊見光祿郎
周興（光祿主郎故曰光祿郎）孝友之行著於閨門清厲
之志聞於州里蘊匱古今博物多聞（蘊藏也匱匱也）
三墳之篇五典之策無所不覽（伏羲神農黃帝之書曰三墳少昊顓頊高辛唐虞之書曰五典也）屬文著辭有可觀採尚
書出納帝命爲王喉舌（尚書爲王之喉舌官也李固對策曰今陛下有）

尚書猶天之有北斗也北斗爲天之喉舌尚書亦爲陛下之喉舌也 臣等既愚闇
而諸郎多文俗吏鮮有雅才每爲詔文宣
示內外轉相求請或以不能而專己自由
辭多鄙固興抱奇懷能隨輩栖遲誠可歎
惜詔乃拜興爲尚書郎卒興子景景字仲
饗辟大將軍梁冀府稍遷豫州刺史河內
太守好賢愛士其拔才薦善常恐不及每
至歲時延請舉吏入上後堂與共宴會如
此數四乃遣之贈送什物無不充備既而

選其父兄子弟事相優異常稱曰臣子同
貫若之何不厚先是司徒韓演在河內志
在無私舉吏當行一辭而已恩亦不及其
家曰我舉若可矣豈可令偏積一門故當
時論者議此二人景後徵入爲將作大匠
及梁冀誅景以故吏免官禁錮朝廷以景
素著忠正頃之復引拜尚書令 蔡質漢儀曰延熹中京師游俠有盜發順帝陵賣御物於市市長追捕不得周景以尺一詔召司隸校尉左雄詣臺對詰雄伏於廷荅對景使虎賁左駿頓頭血出覆面與三日期賊便擒也 遷太僕衞尉六

年代劉寵爲司空是時宦官任人及子弟
充塞列位景初視事與太尉楊秉舉奏諸
姦猾自將軍牧守以下免者五十餘人遂
連及中常侍防東侯覽東武陽侯具瑗皆
坐黜朝廷莫不稱之視事二年以地震策
免歲餘復代陳蕃爲太尉建寧元年薨以
豫議定策立靈帝追封安陽鄉侯長子崇
嗣至甘陵相 甘陵王理相也理即章帝曾孫 中子忠少歷列
位累遷大司農 吴書曰忠字嘉謀與朱儁共敗李傕於曹陽也 忠子

暉前爲洛陽令去官歸兄弟好賓客雄江
淮閒出入從車常百餘乘及帝崩暉聞京
師不安來候忠董卓聞而惡之使兵劫殺
其兄弟忠後代皇甫嵩爲太尉録尚書事
以災異免復爲衞尉從獻帝東歸洛陽
贊曰袁公持重誠單所奉 單盡也 惟德不忘
延世承寵孟侯經博侍言帝幄棱棱事君
志同鸇雀 左傳曰見無禮於其君者誅之如鷹鸇之逐鳥雀也
後漢書列傳卷第三十五

列傳第三十六　范曄　後漢書四十六

唐章懷太子　賢　注

郭躬　弟子鎮

陳寵　子忠

郭躬字仲孫潁川陽翟人也家世衣冠父弘習小杜律（前書杜周武帝時爲廷尉御史大夫斷獄深刻少子延年亦明法律宣帝時又爲御史大夫對父故言小）大守寇恂以弘爲決曹掾斷獄至三十年用法平諸爲弘所決者退無怨情郡内比之東海于公年九十五卒（于公東海人丞相于定國父也爲郡決曹決獄平羅文法者于公所決皆不恨見前書也）躬少傳父業講授徒衆常數百人後爲郡吏辟公府永平中奉車都尉竇固出擊匈奴騎都尉秦彭爲副彭在別屯而輒以法斬人固奏彭專擅請誅之顯宗乃引公卿朝臣平其罪科躬以明法律召入議議者皆然固奏躬獨曰於法彭得斬之帝曰軍征校尉一統於督（督謂大將）彭既無斧鉞可得專殺人乎躬對曰一統於督者謂在部曲也（前書音義曰大將軍行有五部部有曲也）

後漢傳三十六　一　陳從

今彭專軍別將有異於此兵事呼吸不容先關督帥且漢制棨戟即爲斧鉞於法不合罪（有衣之戟曰棨）帝從躬議又有兄弟共殺人者而罪未有所歸帝以兄不訓弟故報兄重而減弟死中常侍孫章宣詔誤言兩報重尚書奏章矯制罪當腰斬帝復召躬問之躬對章應罰金帝曰章矯詔殺人何謂罰金躬曰法令有故誤章傳命之謬於事爲誤誤者其文則輕帝曰章與囚同縣疑其故也躬曰周道如砥其直如矢（詩小雅也如砥貢賦平如矢賞罰中）君子不逆詐（論語孔子之言）君王法天刑不可以委曲生意帝曰善遷躬廷尉正坐法免後三遷元和三年拜爲廷尉躬家世掌法務在寛平及典理官決獄斷刑多依矜恕乃條諸重文可從輕者四十一事奏之事皆施行著于令章和元年赦天下繫囚在四月丙子以前減死罪一等勿笞詣金城而文不及亡命未發覺者躬上封事曰聖恩

後漢傳三十六　二　吴佐

所以減死罪使戍邊者重人命也今死罪亡命無慮萬人(廣雅曰無慮都凡也)又自赦以來捕得甚衆而詔令不及皆當重論伏惟天恩莫不蕩宥死罪已下並蒙更生而亡命捕得獨不沾澤臣以爲赦前犯死罪而繫在赦後者可皆勿笞詣金城以全人命有益於邊肅宗善之即下詔赦焉躬奏讞法科多所生全永元六年卒官中子晊亦明法律(晊音質)至南陽太守政有名迹弟子鎭

鎭字桓鍾少修家業辟太尉府再遷延光中爲尚書及中黄門孫程誅中常侍江京等而立濟陰王鎭率羽林士擊殺衛尉閻景以成大功事在宦者傳再遷尚書令太傳三公奏鎭冒犯白刃手劒賊臣姦黨殄滅宗廟以寧功比劉章(章齊王肥子也高帝孫誅諸呂有功封朱虛侯也)宜顯爵土以勵忠貞乃封鎭爲定潁侯食邑二千户拜河南尹轉廷尉免永建四年卒於家詔賜冢塋地長子賀當嗣爵讓與

小弟時而逃去積數年詔大鴻臚下州郡追之賀不得已乃出受封累遷復至廷尉及賀卒順帝追思鎭功下詔賜鎭謚曰昭武侯賀曰成侯賀弟禎亦以能法律至廷尉鎭弟子禧(許其反)少明習家業兼好儒學有名譽延熹中亦爲廷尉建寧二年代劉寵爲太尉禧子鴻至司隷校尉封城安鄉侯

郭氏自弘後數世皆傳法律子孫至公者一人廷尉七人侯者三人刺史二千石侍中中郎將者二十餘人侍御史正監平者甚衆順帝時廷尉河南吳雄季高以明法律斷獄平起自孤宦致位司徒雄少時家貧喪母營人所不封土者擇葬其中喪事趣辦不問時日醫巫皆言當族滅而雄不顧及子訢孫恭三世廷尉爲法名家(名爲明法之家)

初肅宗時司隷校尉下邳趙興亦不卹諱忌(卹憂也)每入官舍輒更繕修館宇移穿改築故犯妖禁而家人爵禄益用豐熾官

至潁川太守子峻太傅以才器稱孫安世魯相三葉皆爲司隸時稱其盛桓帝時汝南有陳伯敬者行必矩步坐必端膝呵叱狗馬終不言死目有所見不食其肉行路聞凶便解駕留止還觸歸忌則寄宿鄉亭陰陽書歷法曰歸忌日四孟在丑四仲在寅四季在子其日不可遠行歸家及徙也年老寖滯不過舉孝廉後坐女壻亡吏太守邵夔怒而殺之時人罔忌禁者多談爲證焉罔無也

論曰曾子云上失其道民散久矣如得其

情則哀矜而勿喜言人離散犯法乃自上之所爲非下之過當哀矜之勿以得情爲喜也見論語也夫不喜於得情則恕心用恕心用則可寄枉直矣夫賢人君子斷獄其必主於此乎郭躬起自佐史小大之獄必察焉左傳曰小大之獄雖不能察必以情原其平刑審斷庶於勿喜者乎若乃推己以議物捨狀以貪情秦彭孫章不死爲推己亡命得滅爲貪情也貪與探同也法家之能慶延于世蓋由此也

陳寵字昭公沛國洨人也洨縣名故城在今泗州虹縣西南洨音戶交反曾祖父咸成哀閒以律令爲尚書平帝時王莽輔政多改漢制咸心非之及莽因呂寬事誅不附己者何武鮑宣等平帝時王莽輔政隔絕平帝外家不得至京師莽子宇恐帝長大後見怨教帝舅衛寶令帝母上書求入莽不許宇與婦兄呂寬謀以爲莽不可說而好鬼神乃夜以血灑莽第門以驚懼之事覺並誅死何武爲前將軍王莽先從武求舉武不敢鮑宣爲司隸免徙之上黨呂寬事起莽案劾并誅不附己者武與宣在見誣中皆被誅並見前書咸乃歎曰易稱君子見幾而作不俟終日吾可以逝矣幾者事之微吉凶之先見者逝往也即乞骸骨去職及莽篡位召咸以爲掌寇大夫

謝病不肯應時三子參豐欽皆在位乃悉令解官父子相與歸鄉里閉門不出入猶用漢家祖臘應劭風俗通曰共工之子好遠遊死爲祖神漢家火行盛於午故以午日爲祖也臘者歲終祭衆神之名臘接也新故交接故大祭以報功也漢火行衰於戌故臘用戌日也人問其故咸曰我先人豈知王氏臘乎其後莽復徵咸遂稱病篤於是乃收斂其家律令書文皆壁藏之咸性仁恕常戒子孫曰爲人議法當依於輕雖有百金之利愼無與人重比建武初欽子躬爲廷尉左監

早卒躬生寵明習家業少爲州郡吏辟司徒鮑昱府是時三府掾屬專尚交遊以不肯視事爲高寵常非之獨勤心物務數爲昱陳當世便宜昱高其能轉爲辭曹掌天下獄訟（續漢志曰三公掾屬二十四人有辭曹主訟事也）其所平決無不厭服衆心時司徒辭訟久者數十年事類溷錯易爲輕重不良吏得生因緣（因緣謂依附以生輕重也）寵爲昱撰辭訟比七卷決事科條皆以事類相從昱奏上之其後公府奉以爲

法三遷肅宗初爲尚書是時承永平故事吏政尚嚴切尚書決事率近於重寵以帝新即位宜改前世苛俗乃上疏曰臣聞先王之政賞不僭刑不濫與其不得已寧僭不濫（事見左傳蔡大夫聲子辭）故唐堯著典眚災肆赦（尚書舜典之辭也眚過也災害也肆緩也言過誤有害當緩赦也）周公作戒勿誤庶獄（尚書立政之辭也言文子文孫從今以往惟以正道理衆獄勿誤也）伯夷之典惟敬五刑以成三德（三德剛柔正直尚書呂刑曰伯夷降典折民惟刑惟敬五刑以成三德）由此言之聖賢之政以刑罰爲

首往者斷獄嚴明所以威懲姦慝姦慝既平必宜濟之以寬（濟益也）陛下即位率由此義數詔羣僚弘崇晏晏（晏晏溫和也尚書考靈燿曰堯聰明文塞晏晏）而有司執事未悉奉承典刑用法猶尚深刻斷獄者急於篣格酷烈之痛（篣即榜也古字通用聲類曰笞也說文曰格擊也）執憲者煩於詆欺放濫之文或因公行私逞縱威福夫爲政猶張琴瑟大弦急者小弦絕故子貢非臧孫之猛法而美鄭喬之仁政（臧孫魯大夫行猛政子貢非之曰夫政猶張琴瑟也大弦急則小弦絕矣故曰罰得則姦邪止賞得則下歡悅子之賊心見矣獨不聞子產之相鄭乎推賢舉能抑惡揚善有大略者不問其短有厚德者不非小疵家給人足囹圄空虛子產卒國人皆叩心流涕三月不聞竽瑟之音其生也見愛死也可悲故曰德莫大於仁禍莫大於刻今子病而人賀子愈而人相懼曰嗟乎何命之不善臧孫子又不死臧孫慚而避位終身不出見新序）

詩云不剛不柔布政優優（優優和也）方今聖德充塞假于上下（假至也音格上下天地也）宜隆先王之道蕩滌煩苛之法輕薄箠楚以濟羣生全廣至德以奉天心帝敬納寵言每事務於寬厚其後遂詔有司絕鉆鑽諸慘酷之科（蒼頡篇曰鉆持也說文曰鉆鐵銸也其炎反銸音陟葉反）

鑽鑽刑謂鑽去其髕骨也鑽音作喚反解妖惡之禁除文致之請讞五十餘事定著于令文致謂前人無罪文飾致於法中也是後人俗和平屢有嘉瑞漢舊事斷獄報重常盡三冬之月報論也重死刑也是時帝始改用冬初十月而已元和二年旱長水校尉賈宗等上言以爲斷獄不盡三冬故陰氣微弱陽氣發泄招致灾旱事在於此帝以其言下公卿議寵奏曰夫冬至之節陽氣始萌故十一月有蘭射干芸荔之應易通卦驗曰十一月廣莫風至則蘭夜干生月令仲冬日短至陰陽爭諸生蕩芸始生荔挺出射音夜即今之鳥扇也芸香草荔馬薤時令曰諸生蕩安形體時令月令也蕩動也仲冬一陽交生草木皆欲萌動也禮記月令仲冬諸生蕩君子齋戒安形性也天以爲正周以爲春正春皆始也十一月萬物微而未著天以爲正而周以爲歲首十二月陽氣上通雉雊雞乳地以爲正殷以爲春十二月二陽交生屬北鄉陽氣上通諸生皆動始萌牙地以爲正殷以爲歲首也月令季冬雉雊雞乳也十三月陽氣已至天地已交萬物皆出蟄蟲始振人以爲正夏以爲春十三月令正月也天子迎春東郊陰陽交合萬物皆出於地人始初見故曰人以爲正夏以爲歲首也月令孟春天氣下降地氣上騰天地和同草木萌動東風解凍蟄蟲始振也三微成著以通三統統者統一歲之事王者三正遞用周環無窮故曰通三統三禮義宗曰三微三正也言十一月陽氣始施萬物動於黃泉之下微而未著其色皆赤赤者陽氣故周以天正爲歲色尚赤夜半爲朔十二月萬物始牙色白白者陰氣故殷以地正爲歲色尚白雞鳴爲朔十三月萬物始達其色皆黑人得加功以展其業夏以人正爲歲色尚黑平旦爲朔故曰三微王者奉而成之各法其一以改正朔也易乾鑿度曰三微而成著三著而體成當此之時天地交萬物通也周以天元殷以地元夏以人元若以此時行刑則殷周歲首皆當流血不合人心不稽天意月令曰孟冬之月趣獄刑無留罪臣賢案月令及淮南子皆言季秋趣獄刑無留罪今言孟冬未詳其故明大刑畢在立冬也又孟冬之月身欲寧事欲靜月令仲冬君子齋戒身欲寧事欲靜以待陰陽之所定也若以降威怒不可謂寧若以行大刑不可謂靜議者咸曰旱之所由咎在改律臣以爲殷周斷獄不以三微而化致康平無有災害自元和以前皆用三冬而水旱之異往往爲患由此言之災害自爲它應不以改律秦爲虐政四時行刑聖漢初興改從簡易蕭何草律季秋論囚俱避立春之月草謂創造之也

（論決也）而不計天地之正二王之春實頗有違（言蕭何不論天地之正及郟周之春實乖正道）陛下探幽析微允執其中（允信也中正也言信執中正之道語見尚書）革百載之失建永年之功（尚書曰立功立事可以永年）上有迎承之敬下有奉微之惠（三正之月不用斷獄所以奉順三微也）稽春秋之文當月令之意（承天意奉順三統也春秋於春每月書王何休注云二月三月皆有王者二月殷正月三月夏正月也）聖功美業不宜中疑書奏帝納之遂不復改寵性周密常稱人臣之義苦不畏慎自在樞機謝遣門人拒絶知友唯

後漢傳三十六　十一　陳伸

在公家而已朝廷器之（器重也）皇后弟侍中竇憲（臣賢案竇后紀及憲傳並云憲竇后兄今諸本皆言弟蓋誤也）薦真定令張林爲尚書帝以問寵寵對林雖有才能而素行貪濁憲以此深恨寵林卒被用而以臧汙抵罪及帝崩憲等秉權常銜寵乃白太后令典喪事欲因過中之黃門侍郎鮑德素敬寵說憲弟夏陽侯瓌曰陳寵奉事先帝深見納任故久留臺閣賞賜有殊今不蒙忠能之賞而計幾微之故（幾微言微細也）

誠傷輔政容貸之德瓌亦好士深然之故得出爲太山太守後轉廣漢太守西州豪右并兼吏多姦貪訴訟日百數寵到顯用良吏王渙鐔顯等以爲腹心（鐔音徒南反）訟者日減郡中清肅先是洛縣城南（洛縣故城在今益州雒縣南也）每陰雨常有哭聲聞於府中積數十年寵聞而疑其故使吏案行還言世衰亂時此下多死亡者而骸骨不得葬儻在於是寵愴然矜歎即勑縣盡收斂葬之自是

後漢傳三十六　十二

哭聲遂絶及竇憲爲大將軍征匈奴公卿以下及郡國無不遣吏子弟奉獻遺者而寵與中山相汝南張郴（光武子中山王焉相也）東平相應順（東平王蒼孫敞之相也）守正不阿後和帝聞之擢寵爲大司農郴太僕順左馮翊永元六年寵代郭躬爲廷尉性仁矜及爲理官數議疑獄常親自爲奏每附經典務從寬恕帝輒從之濟活者甚衆其深文刻敝於此少衰寵又鉤校律令條法溢於甫刑者除

之鈎𨮁動也前書曰鈎校得其姦賊鈎音工侯反溢出也孔安國注尚書曰呂侯後爲甫侯故或稱甫刑也曰臣聞禮經三百威儀三千禮記曰禮經三百曲禮三千鄭玄注云禮篇多亡本數未聞其中事儀有三千也故甫刑大辟二百五刑之屬三千禮之所去刑之所取去禮之人刑以加之故曰取也失禮則入刑相爲表裏者也今律令死刑六百一十耐罪千六百九十八耐者輕刑之名也贖罪以下二千六百八十一溢於甫刑者千九百八十九其四百一十大辟千五百耐罪七十九贖罪春秋保乾圖曰王者

後漢傳三十六　十三　林仁

三百年一蠲法漢興以來三百二年憲令稍增科條無限又律有三家其說各異宜令三公廷尉平定律令應經合義者可使大辟二百而耐罪贖罪二千八百并爲三千悉删除其餘令與禮相應以易萬人視聽以致刑措之美傳之無窮未及施行會坐詔獄吏與囚交通抵罪詔特免刑拜爲尚書遷大鴻臚寵歷二郡三卿所在有迹見稱當時十六年代徐防爲司空寵雖傳法律而兼通經書奏議溫粹號爲任職相在位三年薨以太常南陽尹勤代爲司空勤字叔梁篤性好學屏居人外荆棘生門時人重其節後以定策立安帝封福亭侯五百戶永初元年以雨水傷稼策免就國病卒無子國除寵子忠

忠字伯始永初中辟司徒府三遷廷尉正廷尉屬官秩千石也以才能有聲稱司徒劉愷舉忠明習法律宜備機密於是擢拜尚書使居

後漢傳三十六　十四　林鳳

三公曹成帝置五尚書三公曹尚書主知斷獄也忠自以世典刑法用心務在寬詳初父寵在廷尉上除漢法溢於甫刑者未施行上音時掌反及寵免後遂寢而苛法稍繁人不堪之忠略依寵意奏上二十三條爲決事比比例也比必寐反以省請讞之敝又上除蠶室刑蠶室宮刑名也或云犗刑也音奇敗反作窨室畜火如蠶室說文曰犗騬牛也騬音繩漢舊儀注曰少府若盧獄有蠶室也解臧吏三世禁錮狂易殺人得減重論狂易謂狂而易性也母子兄弟相代死聽赦所代者事皆施行及鄧太

后崩安帝始親朝事忠以爲臨政之初宜徵聘賢才以宣助風化數上薦隱逸及直道之士馮良周燮杜根成翊世之徒於是公車禮聘良燮等後連有災異詔舉有道公卿百僚各上封事忠以詔書既開諫爭慮言事者必多激切或致不能容乃上疏豫通廣帝意曰臣聞仁君廣山藪之大納切直之謀左氏傳曰川澤納汙山藪藏疾瑾瑜匿瑕國君含垢天之道也忠臣盡謇諤之節不畏逆耳之害史記曰趙簡子有臣周舍好直諫周舍死簡子曰吾聞千羊之皮不如一狐之腋衆人之唯唯不如周舍之諤諤家語孔子曰忠言逆耳而利於行也是以高祖舍周昌桀紂之譬周昌爲御史大夫嘗燕入奏事高帝方擁戚姬昌走出高帝逐得騎昌項問曰我何如主也昌仰曰陛下桀紂之主也上笑不之罪也孝文嘉爰盎人彘之譏文帝幸愼夫人常與皇后同坐後幸上林愼夫人從盎爲中郎將却愼夫人坐愼夫人怒不坐帝亦起盎前說曰陛下爲愼夫人適所以禍之也獨不見人彘乎上大悅人彘解見呂后紀也武帝納東方朔宣室之正武帝爲館陶公主私人董偃置酒宣室東方朔爲太中大夫諫曰不可夫宣室者先帝之正處也非法度之正不得入焉上曰善更置酒北宮也元帝容薛廣德自刎之切元帝酎祭宗廟出便門欲御樓船御史大夫薛廣德當車免冠諫曰宜從橋詔

後漢傳三十六 十五 毛仲

曰大夫冠廣德曰陛下不聽臣臣自刎以血汙車輪帝乃從橋昔晉平公問於叔向曰國家之患孰爲大對曰大臣重祿不極諫小臣畏罪不敢言下情不上通此患之大者公曰善於是下令曰吾欲進善有謁而不通者罪至死此已上皆見新序今明詔崇高宗之德高宗殷王武丁也有雊雉登鼎耳而雊懼而脩德位以永年推宋景之誠史記曰宋景公時熒惑守心星太史子韋請移之大臣國人與歲公皆不聽天感其誠熒惑爲之退三舍也引咎克躬諮訪羣吏言事者見杜根成翊世等新蒙表錄顯列二臺謂杜根爲侍御史成翊世爲尚書郎也必承風響應爭爲切直若嘉謀異策宜輒納用如其管穴妄有譏刺管穴言小也史記扁鵲曰若以管窺天以隙視文隙即穴也雖苦口逆耳不得事實且優游寬容以示聖朝無諱之美若有道之士對問高者宜垂省覽特遷一等以廣直言之路書御有詔拜有道高第士沛國施延爲侍中延後位至太尉謝承書曰延字君子蘄縣人也少爲諸生明於五經星官風角靡有不綜家貧母老周流傭賃常避地於廬江臨湖縣種瓜後後到吳郡海鹽取卒月直賃作半路亭父以養其母是時吳會未分山陰馮敷爲督郵到縣延持篲往敷

後漢傳三十六 十六 揚威

知其賢者下車謝使入亭請與飲食脱衣與之餉錢不受順帝徵拜太尉年七十六薨常侍江京李閏等皆爲列侯共秉權任帝又愛信阿母王聖封爲野王君忠内懷懼懣而未敢陳諫乃作搢紳先生論以諷文多故不載搢插也紳大帶也自帝即位以後頻遭元二之兒元二解見鄧騭傳百姓流亡盜賊並起郡縣更相飾匿莫肯糾發更相文飾隱匿盜賊也忠獨以爲憂上䟽曰臣聞輕者重之端小者大之源故隄潰蟻孔氣洩鍼芒韓子曰千丈之堤以螻蟻之穴而潰黃帝素問曰鍼頭如芒氣出如筐也

是以明者慎微智者識幾書曰小不可不殺尚書康誥曰有厥罪小乃不可不殺詩云無縱詭隨以謹無良詩大雅也言詭詐委隨之人不可縱宜即罪之用謹勑不善之人也蓋所以崇本絶末鉤深之慮也臣竊見元年以來盜賊連發攻亭刼掠多所傷殺夫穿窬不禁則致彊盜論語孔子曰色厲而内荏其猶穿窬之盜乎彊盜不斷則爲攻盜攻盜成羣必生大姦故亡逃之科憲令所急至於通行飲食罪致大辟通行飲食猶今律云過致資給與同罪也飲音蔭食音寺而頃者以來莫以爲憂州郡督録怠慢長吏防禦不肅皆欲採獲虚名諱以盜賊爲負雖有發覺不務清澄至有逞威濫怒無辜僵仆或有跼蹐比伍轉相賦斂說文曰蹐小步也言跼身小步畏吏之甚也或隨吏追赴周章道路是以盜發之家不敢申告鄰舍比里共相壓迮迮迫也或出私財以償所亡其大章著不可掩者乃肯發露陵遲之漸遂且成俗寇攘誅咎皆由於此寇盜攘竊也尚書曰無敢寇攘也

前年勃海張伯路可爲至戒覆車之軌其迹不遠蓋失之末流求之本源宜糾增舊科以防來事自今彊盜爲上官若它郡縣所糾覺一發部吏皆正法上官謂郡府也若及也部吏謂督郵游徼也正法依法也尉貶秩一等令長三月奉贖罪二發尉免官令長貶秩一等三發以上令長免官便可撰立科條處爲詔文切勑刺史嚴加糾罰輿以猛濟寛驚懼姦慝頃季夏大暑而消息不協前書音義曰息卦曰太陽消卦曰太陰其餘雜卦曰少陰少陽也寒氣錯時水涌爲

變天之降異必有其故所舉有道之士可策問國典所務王事過差令處煖氣不效之意庶有讜言以承天誡元初三年有詔大臣得行三年喪服闋還職忠因此上言孝宣皇帝舊令人從軍屯及給事縣官者大父母死未滿三月皆勿徭令得葬送請依此制太后從之至建光中尚書令祝諷（祝或作投）尚書孟布等奏以為孝文皇帝定約禮之制（約儉也孝文帝崩遺詔薄葬以日易月凡三十六日釋服後以為故事）光武

皇帝絕告寧之典（前書音義曰告寧休謁之名吉曰告凶曰寧古者名吏休假日告吏二千石有予告賜告予告在官有功法所當得也賜告病三月當免天子優賜其告使帶印綬將官屬歸家養疾也）貽則萬世誠不可改宜復建武故事忠上疏曰臣聞之孝經始於愛親終於哀戚上自天子下至庶人尊卑貴賤其義一也夫父母於子同氣異息一體而分三年乃免於懷抱先聖緣人情而著其節制服二十五月是以春秋臣有大喪君三年不呼其門閔子雖要絰服事以赴公難退而致位以究私恩故稱君使之非也臣行之禮也（自此已上至臣有大喪並公羊傳之文也閔子騫孔子弟子也遭喪君使之從軍騫乃要絰而服以從軍役事了退家致位喪次極盡私恩故君使之雖非臣從君命有禮也）周室陵遲禮制不序蓼莪之人作詩自傷曰缾之罄矣惟罍之恥（小雅蓼莪之詩也蓼蓼長大皃也莪蘿也言孝子憂思中心不精不識莪蘿誤以為蒿也其詩曰蓼蓼者莪匪莪伊蒿哀哀父母生我劬勞缾之罄矣惟罍之恥注云缾小而罍大也罄盡也缾小而盡罍大而盈言為罍恥者刺幽王不使富分貧衆恤寡也）言已不得終竟子道者亦上之恥也高祖受命蕭何創制大臣有寧告之科合於致憂

之義（論語曾子曰吾聞夫子人未有自致者也必也親喪乎）建武之初新承大亂凡諸國政多趣簡易大臣既不得告寧而羣司營祿念私鮮循三年之喪以報顧復之恩者禮義之方實為彫損大漢之興雖承衰敝而先王之制稍以施行故藉田之耕起於孝文（文帝二年詔曰農天下之本也其開藉田）孝廉之貢發於孝武（武帝元光元年初令郡國舉孝廉）郊祀之禮定於元成（元帝成帝時匡衡韋玄成定遷毀郊祀之禮也）三雍之序備於顯宗（三雍明堂辟雍靈臺也雍和也解具明紀也）大臣終喪成

乎陛下謂安帝詔大臣得行三年喪也聖功美業靡以尚茲
孟子有言老吾老以及人之老幼吾幼以
及人之幼天下可運於掌言敬吾老亦敬人之老愛吾幼亦愛
人之幼有敬愛之心則天下歸順之也運掌言易也臣願陛下登高北望
以甘陵之思揆度臣子之心則海內咸得
其所甘陵安帝母陵陵在清河故言北望也官豎不便之音寢
忠奏而從諷布議遂著于令忠以久次轉
爲僕射時帝數遣黃門常侍及中使伯榮
往來甘陵伯榮帝乳母王聖女也而伯榮負寵驕蹇所

後漢傳三十六　二十一　楊拔

經郡國莫不迎爲禮謁又霖雨積時河水
涌溢百姓騷動忠上疏曰臣聞位非其人
則庶事不叙庶事不叙則政有得失政有
得失則感動陰陽妖變爲應陛下每引災
自厚不責臣司臣司狃恩莫以爲負狃音女九反詩
曰將叔無狃注云狃習也言屢被恩貸不以災變爲憂負也故天心未得隔
并屢臻隔并謂水旱不節也尚書曰一極備凶一極无凶并音必姓反青冀之
域淫雨漏河漏溢也徐岱之濱海水盆溢兗豫
蝗蝝滋生蝝蠡子也荆楊稻收儉薄并涼二州

羌戎叛戾加以百姓不足府帑虛匱自西
祖東杼柚將空杼柚謂機也小雅大東詩曰小東大東杼柚其空也臣聞
洪範五事一曰貌貌以恭恭作肅貌傷則
狂而致常雨洪範五行傳辭春秋大水皆爲君上
威儀不穆臨莅不嚴臣下輕慢貴倖擅權
陰氣盛彊陽不能禁故爲淫雨陛下以不
得親奉孝德皇園廟孝德皇安帝父清河王慶也比遣中
使致敬甘陵朱軒軿馬相望道路可謂孝
至矣朱軒車使者所乘軿並也然臣竊聞使者所過威

後漢傳三十六　二十二　毛仙

權翕赫震動郡縣王侯二千石至爲伯榮
獨拜車下儀體上僭侔於人主長吏惶怖
譴責或邪諂自媚發人修道繕理亭傳多
設儲跱徵役無度儲積也跱具也老弱相隨動有
萬計賂遺僕從人數百匹頓踣呼嗟莫不
叩心河間託叔父之屬河間王開安帝叔也清河有
陵廟之尊清河王延平也陵廟所在故曰尊及剖符大臣皆
猥爲伯榮屈節車下陛下不問必以陛下
欲其然也伯榮之威重於陛下陛下之柄

在於臣妾水災之發必起於此昔韓嫣託副車之乘受馳視之使江都誤為一拜而嫣受歐刀之誅（韓嫣弓高侯之孫也得幸於武帝武帝獵上林中先使嫣乘副車從數十百騎馳視獸江都王望見以為天子伏謁道旁嫣驅不見王怒為皇太后泣言太后銜之後嫣出入永巷以姦聞太后賜嫣死也）臣願明主嚴天元之尊正乾剛之位（天元猶乾元也易曰大哉乾元也）職事臣細皆任賢能不宜復令女使干錯萬機重察左右得無石顯泄漏之姦（石顯字君房少時坐法腐刑為中書令元帝委以政事公卿畏之重足一迹顯恐天子一旦納用左右間己乃取一言為驗上嘗使至諸宮御發先白上恐漏盡宮門閉請詔開門上許之顯故投夜還詔開宮門後果有上書告顯矯詔開宮門天子聞之笑顯泣曰陛下過私小臣屬任以事羣下無不嫉妬欲陷害者唯明主能知之上以為然而憐之）尚書納言得無趙昌譖崇之詐（鄭崇哀帝時為尚書僕射數諫爭帝不許尚書令趙昌佞諂因奏崇與宗族通疑有姦上怒下崇獄死獄中也）公卿大臣得無朱博阿傅之援（哀帝時博為丞相承傅太后指奏免大司馬傅喜哀帝怒下博獄自殺也）外屬近戚得無王鳳害商之謀（成帝舅王鳳為大將軍專權驕僭王商為丞相論議不能平鳳鳳陰求商短使人上書告商閨門內事商坐免王商宣帝舅樂昌侯王武之子非成帝舅成都侯也）若國政一由帝命王事每決於己則下不得偪上臣不得干君常雨大

水必當霽止（霽亦止也）四方衆異不能為害書奏不省時三府任輕機事專委尚書而災眚變咎輒切免公台（切責也）忠以為非國舊體上疏諫曰臣聞君使臣以禮臣事君以忠（論語孔子對魯定公之辭也）故三公稱曰冢宰王者待以殊敬在輿為下御坐為起（漢舊儀云皇帝見丞相起謁者贊稱曰皇帝為丞相起立乃坐皇帝在道丞相迎謁者贊稱曰皇帝為丞相下輿立乃升車）入則參對而議政事出則監察而董是非（董督也）漢典舊事丞相所請靡有不聽今之三公雖當其名而無其實選舉誅賞一由尚書尚書見任重於三公陵遲以來其漸久矣臣忠心常獨不安是故臨事戰懼不敢究見有所興造（究見言不廣也）又不敢希意同僚以謬平典而謗讟日聞罪足萬死近以地震策免司空陳褒（褒字伯仁盧江人也）今者災異復欲切讓三公昔孝成皇帝以妖星守心移咎丞相使賁麗納說方進方進自引卒不蒙上天之福（成帝時熒惑守心議郎李尋奏記丞相翟方進曰唯君侯盡節轉凶方進憂不

知所出有郎賁麗善爲星言大臣宜當之上乃召見方進賜養牛上尊酒令審處焉方進即日自殺賁音肥徒乖宋景之誠解見前文言景公有災身自引咎成帝不然故曰徒也故知是非之分較然有歸矣又尚書決事多違故典罪法無例詆欺爲先文慘言醜有乖章憲宜責求其意割而勿聽上順國典下防威福置方員於規矩審輕重於衡石衡秤衡也三十斤爲鈞四鈞爲石也誠國家之典萬世之法也忠意常在褒崇大臣待下以禮其九卿有疾使者臨問加賜錢布皆忠所建奏頃

之遷尚書令延光三年拜司隷校尉糾正中官外戚賓客近倖憚之不欲忠在內明年出爲江夏太守復留拜尚書令會疾卒初太尉張禹司徒徐防欲與忠父寵共奏追封和熹皇后父護羌校尉鄧訓寵以先世無奏請故事爭之連日不能奪乃從二府議及訓追加封謚禹防復約寵俱遣子奉禮於虎賁中郎將鄧騭寵不從騭心不平之故忠不得志于鄧氏及騭等敗衆庶多怨之而忠數上疏陷成其惡遂詆劾大司農朱寵順帝之爲太子廢也諸名臣來歷祝諷等守闕固爭時忠爲尚書令與諸尚書復共劾奏之及帝立司隷校尉虞詡追奏忠等罪過當世以此譏焉

論曰陳公居理官則議獄緩死相幼主則正不僭寵可謂有宰相之器矣忠能承風亦庶乎明慎用刑而不留獄然其聽狂易殺人開父子兄弟得相代死斯大謬矣是

則不善人多幸而善人常代其禍進退無所措也

贊曰陳郭主刑人賴其平寵矜枯胔躬斷以情忠用詳密損益有程程品式也謂[illegible]盜[illegible]貶黜令長各有科條故曰程也施于孫子且公且卿施延也音羊豉反

後漢書列傳卷第三十六

列傳第三十七　范曄　後漢書四十七

唐章懷太子賢注

班超 子勇　梁慬

班超字仲升扶風平陵人徐令彪之少子也爲人有大志不修細節然内孝謹居家常執勤苦不恥勞辱有口辯而涉獵書傳 涉如涉水獵如獵獸言不能周悉粗窺覽之也東觀記曰超持公羊春秋多所窺覽 永平五年兄固被召詣校書郎 校書郎解見班固傳 超與母隨至洛陽家貧常爲官傭書以供養久勞苦

後漢傳三十七　一　王蔡

嘗輟業投筆歎曰大丈夫無它志略猶當效傅介子張騫立功異域以取封侯安能久事筆研閒乎 傅介子北地人昭帝時使西域刺殺樓蘭王封義陽侯張騫漢中人武帝時鑿空開西域封博望侯續漢書作久弄筆研乎華嶠書作久事筆耕乎研音硯 左右皆笑之超曰小子安知壯士志哉其後行詣相者曰祭酒布衣諸生耳 一坐所尊則先祭酒今稱祭酒相尊敬之詞也 而當封侯萬里之外超問其狀相者指曰生燕頷虎頸飛而食肉此萬里侯相也久之顯宗問固卿弟安在固對爲

官寫書受直以養老母帝乃除超爲蘭臺令史 續漢志曰蘭臺令史六人秩百石掌書劾奏及印主文書 後坐事免官十六年奉車都尉竇固出擊匈奴以超爲假司馬將兵別擊伊吾戰於蒲類海多斬首虜而還 伊吾匈奴中地名在今伊州納職縣界前書音義曰蒲類匈奴中海名在敦煌北也 固以爲能遣與從事郭恂俱使西域超到鄯善 鄯善本西域樓蘭國也昭帝元鳳四年改爲鄯善去陽關一千六百里去長安六千一百里也 鄯善王廣奉超禮敬甚備後忽更疏懈超謂其官屬曰寧覺廣禮意薄乎此必

後漢傳三十七　二　陳伸

有北虜使來狐疑未知所從故也明者睹未萌況已著邪乃召侍胡詐之曰匈奴使來數日今安在乎侍胡惶恐具服其狀超乃閉侍胡悉會其吏士三十六人與共飲酒酣因激怒之曰卿曹與我俱在絕域 曹輩也 欲立大功以求富貴今虜使到裁數日而王廣禮敬即廢如令鄯善收吾屬送匈奴骸骨長爲豺狼食矣爲之柰何官屬皆曰今在危亡之地死生從司馬超曰不入

虎穴不得虎子當今之計獨有因夜以火攻虜使彼不知我多少必大震怖可殄盡也滅此虜則鄯善破膽功成事立矣衆曰當與從事議之超怒曰吉凶決於今日從事文俗吏聞此必恐而謀泄死無所名非壯士也衆曰善初夜遂將吏士往奔虜營會天大風超令十人持鼓藏虜舍後約曰見火然皆當鳴鼓大呼餘人悉持兵弩夾門而伏超乃順風縱火前後鼓譟虜衆驚

亂超手格殺三人吏兵斬其使及從士三十餘級餘衆百許人悉燒死東觀記曰斬得匈奴節使屋賴帶副使比離支首及節也明日乃還告郭恂恂大驚既而色動超知其意舉手曰掾雖不行班超何心獨擅之乎恂乃悅超於是召鄯善王廣以虜使首示之一國震怖超曉告撫慰遂納子爲質還奏於竇固固大喜具上超功效幷求更選使使西域帝壯超節詔固曰吏如班超何故不遣而更選乎今以超爲

軍司馬令遂前功超復受使固欲益其兵超曰願將本所從三十餘人足矣如有不虞多益爲累是時于窴王廣德新攻破莎車遂雄張南道于窴國去長安九千六百七十里南與婼羌西與姑墨接莎車國去長安九千九百五十里西域南北有大山中央有河東西六千餘里東至玉門陽關有兩道從鄯善傍南山北波河西行至莎車爲南道雄張猶熾盛也張音丁亮反波傍也波音詖而匈奴遣使監護其國超既西先至于窴廣德禮意甚踈且其俗信巫巫言神怒何故欲向漢漢使有騧馬急求取以祠我廣德乃遣使就超請馬續漢及華嶠書騧字並作騩說文馬淺黑色也音京媧反超密知

其狀報許之而令巫自來取馬有頃巫至超即斬其首以送廣德因辭讓之廣德素聞超在鄯善誅滅虜使大惶恐即攻殺匈奴使者而降超超重賜其王以下因鎮撫焉時龜茲王建爲匈奴所立倚恃虜威據有北道攻破疏勒殺其王龜茲國居延城去長安七千四百八十里南與精絕東與且末北與烏孫西與姑墨接前書音義龜茲音丘慈今龜音丘勿反茲音沮惟反蓋急言耳自車師前王庭隨北山波河西行至疏勒爲北道疏勒國居疏勒城去長安九千三百五十里

也

而立龜茲人兜題爲疏勒王明年春超從閒道至疏勒去兜題所居槃橐城九十里逆遣吏田慮先往降之勅慮曰兜題本非疏勒種國人必不用命若不即降便可執之慮既到兜題見慮輕弱殊無降意慮因其無備遂前劫縛兜題左右出其不意皆驚懼奔走慮馳報超超即赴之悉召疏勒將吏說以龜茲無道之狀因立其故王兄子忠爲王（續漢書曰求得故王兄子榆勒立之更名曰忠也）國人

大悅忠及官屬皆請殺兜題超不聽欲示以威信釋而遣之疏勒由是與龜茲結怨十八年帝崩焉耆以中國大喪（焉耆國居員渠城去長安七千三百里北與烏孫接）遂攻沒都護陳睦超孤立無援而龜茲姑墨數發兵攻疏勒（姑墨國王居南城去長安八千一百五十里）超守盤橐城與忠爲首尾士吏單少拒守歲餘肅宗初即位以陳睦新沒恐超單危不能自立下詔徵超超發還疏勒舉國憂恐其都尉黎弇曰漢使弃我我

必復爲龜茲所滅耳誠不忍見漢使去因以刀自剄超還至于窴王侯以下皆號泣曰依漢使如父母誠不可去互抱超馬脚不得行超恐于窴終不聽其東又欲遂本志乃更還疏勒疏勒兩城自超去後復降龜茲而與尉頭連兵（尉頭國居尉頭谷去長安八千六百五十里南與疏勒接衣服類烏孫也）超捕斬反者擊破尉頭殺六百餘人疏勒復安建初三年超率疏勒康居（康居國去長安萬二千三百里不屬都護）于窴拘彌兵一萬人攻姑墨石城破之

斬首七百級超欲因此叵平諸國（叵猶遂也）乃上疏請兵曰臣竊見先帝欲開西域故北擊匈奴西使外國鄯善于窴即時向化今拘彌莎車疏勒月氏烏孫康居復願歸附欲共并力破滅龜茲平通漢道若得龜茲則西域未服者百分之一耳臣伏自惟念卒伍小吏實願從谷吉效命絕域庶幾張騫弃身曠野（谷吉長安人永之父也元帝時爲衛司馬使送郅支單于侍子爲郅支所殺張騫武帝時爲郎使月氏爲匈奴所留之十餘歲乃亡走）

大宛窮急即射禽獸給食昔魏絳列國大夫尚能和輯諸戎魏絳晉大夫晉悼公時山戎使孟樂如晉因魏絳納虎豹之皮請和諸戎公悅使魏絳盟諸戎事見左傳輯亦和也況臣奉大漢之威而無鈆刀一割之用乎賈誼曰莫邪爲鈍兮鈆刀爲銛楚詞曰捐弃太阿寶鈆刀兮前世議者皆曰取三十六國號爲斷匈奴右臂前書曰漢遣公主爲烏孫夫人結爲昆弟則是斷匈奴右臂也哀帝時劉歆上議曰武帝時立五屬國起朔方伐朝鮮起玄菟樂浪以斷匈奴之左臂西伐大宛結烏孫裂匈奴之右臂南面以西爲右也今西域諸國自日之所入莫不向化西域傳曰自條支國乘水西行可百餘日近日所入也大小欣欣貢奉不絕唯焉耆

龜茲獨未服從臣前與官屬三十六人奉使絕域備遭艱戹自孤守疏勒於今五載胡夷情數臣頗識之問其城郭小大皆言倚漢與依天等以是效之則葱領可通效猶驗也西河舊事曰葱領山其上多葱因以爲名葱領通則龜茲可伐今宜拜龜茲侍子白霸爲其國王以步騎數百送之與諸國連兵歲月之間龜茲可禽以夷狄攻夷狄計之善者也前書朝錯曰以蠻夷攻蠻夷中國之利臣見莎車疏勒田地肥廣草牧饒衍不比敦煌鄯善間也敦煌今涼州縣兵可不費中國而粮食自足且姑墨溫宿二王特爲龜茲所置溫宿國王居溫宿城去長安八千三百五十里也既非其種更相厭苦其埶必有降反若二國來降則龜茲自破願下臣章參考行事誠有萬分死復何恨臣超區區特蒙神靈竊冀未便僵仆目見西域平定陛下舉萬年之觴詩曰躋彼公堂稱彼兕觥萬壽無疆前書兒寬傳曰臣寬再拜上千萬歲壽薦勳祖廟布大喜於天下薦進也勳功也左氏傳曰反行飲至舍爵策勳焉書奏

帝知其功可成議欲給兵平陵人徐幹素與超同志上疏願奮身佐超五年遂以幹爲假司馬將弛刑及義從千人就超先是莎車以爲漢兵不出遂降於龜茲而疏勒都尉番辰番音潘下同也亦復反叛會徐幹適至超遂與幹擊番辰大破之斬首千餘級多獲生口超既破番辰欲進攻龜茲以烏孫兵彊宜因其力乃上言烏孫大國控弦十萬故武帝妻以公主烏孫國居赤谷城去長安八千九百里武帝元封中

以江都王建女細君為公主以妻烏孫贈送甚盛烏孫以為右夫人至孝宣皇帝卒得其用西域傳曰宣帝即位烏孫遣使上書言匈奴連發大兵侵擊烏孫欲隔絕漢烏孫願發國半精兵五萬騎盡力擊匈奴唯天子出兵以救公主漢大發十五萬騎五將軍分道並出烏孫以五萬騎從西方入至右谷蠡王庭獲四萬餘級馬牛羊七十餘萬今可遣使招慰與共合力帝納之八年拜超為將兵長史假鼓吹幢麾將兵長史解見和帝紀平帝元始二年使謁者大司馬掾持節行邊兵遣執金吾候陳茂假以鉦鼓古今樂錄曰橫吹胡樂也張騫入西域傳其法於長安唯得摩訶兜勒一曲李延年因之更造新聲二十八解乘輿以為武樂後漢以給邊將萬人將軍得之在俗用者有黃鵠隴頭出關入關出塞入塞折楊柳黃覃子赤之楊望行人十曲劉熙釋名曰幢童也其貌童童然蔡邕月令章句

後漢傳三十七　九　毛仙

曰羽鳥翼也以為旌幢麾也橫吹麾幢皆大將所有超非大將故言假以徐幹為軍司馬別遣衛候李邑護送烏孫使者賜大小昆彌以下錦帛前書曰烏孫國王先號昆莫名獵驕靡後書昆彌去後代取昆字靡彌聲相近音有輕重耳昆莫既死子孫爭國漢令立元貴靡為大昆彌烏就屠為小昆彌賜印綬故有大小昆彌之號焉李邑始到于窴而值龜茲攻疏勒恐懼不敢前因上書陳西域之功不可成又盛毀超擁愛妻抱愛子安樂外國無內顧心超聞之歎曰身非曾參而有三至之讒恐見疑於當時矣三至解見寇榮傳遂去其妻

帝知超忠乃切責邑曰縱超擁愛妻抱愛子思歸之士千餘人何能盡與超同心乎令邑詣超受節度詔超若邑任在外者便留與從事超即遣邑將烏孫侍子還京師徐幹謂超曰邑前親毀君欲敗西域今何不緣詔書留之更遣它吏送侍子乎超曰是何言之陋也以邑毀超故今遣之內省不疚何卹人言疚病也卹憂也論語孔子曰內省不疚夫何憂何懼左氏傳曰詩云禮義不愆何恤乎人之言詩謂逸詩也快意留之非忠臣也明

後漢傳三十七　十　林泰運

年復遣假司馬和恭等四人將兵八百詣超超因發疏勒于窴兵擊莎車莎車陰通使疏勒王忠啖以重利謂多以珍寶誘引之啖音徒濫反前書曰高祖令陸賈往說秦將啗以利啖與啗同忠遂反從之西保烏即城超乃更立其府丞成大為疏勒王悉發其不反者以攻忠積半歲而康居遣精兵救之超不能下是時月氏新與康居婚相親超乃使使多齎錦帛遺月氏王令曉示康居王康居王乃罷兵執忠以歸其國烏即

城遂降於超後三年忠説康居王借兵還據損中（損中未詳東觀記作頓中續漢及華嶠書並作損中本或作植未知孰是也）密與龜茲謀遣使詐降於超超内知其姦而外偽許之忠大喜即從輕騎詣超超密勒兵待之爲供張設樂（供音居用反 張音竹亮反）酒行乃叱吏縛忠斬之因擊破其衆殺七百餘人南道於是遂通明年超發于窴諸國兵二萬五千人復擊莎車而龜茲王遣左將軍發温宿姑墨尉頭合五萬人救之超召

將校及于窴王議曰今兵少不敵其計莫若各散去于窴從是而東長史亦於此西歸可須夜鼓聲而發陰緩所得生口龜茲王聞之大喜自以萬騎於西界遮超温宿王將八千騎於東界徼于窴超知二虜已出密召諸部勒兵雞鳴馳赴莎車營胡大驚亂奔走追斬五千餘級大獲其馬畜財物莎車遂降龜茲等因各退散自是威震西域初月氏嘗助漢擊車師有功是歲貢

奉珍寶符拔師子（續漢書曰符拔形似麟而無角）因求漢公主超拒還其使由是怨恨永元二年月氏遣其副王謝將兵七萬攻超超衆少皆大恐超譬軍士曰月氏兵雖多然數千里踰葱領來非有運輸何足憂邪但當收穀堅守彼飢窮自降不過數十日決矣謝遂前攻超不下又鈔掠無所得超度其糧將盡必從龜茲求救乃遣兵數百於東界要之謝果遣騎齎金銀珠玉以賂龜茲超伏兵

遮擊盡殺之持其使首以示謝謝大驚即遣使請罪願得生歸超縱遣之月氏由是大震歲奉貢獻明年龜茲姑墨温宿皆降乃以超爲都護徐幹爲長史拜白霸爲龜茲王遣司馬姚光送之超與光共脅龜茲廢其王尤利多而立白霸使光將尤利多還詣京師超居龜茲它乾城徐幹屯疏勒西域唯焉耆危須尉犂以前没都護懷二心其餘悉定六年秋超遂發龜茲鄯善等

八國兵合七萬人及吏士賈客千四百人
討焉耆兵到尉犂界而遣曉說焉耆尉犂
危須曰都護來者欲鎮撫三國即欲改過
向善宜遣大人來迎當賞賜王侯已下大人謂其酋豪
事畢即還今賜王綵五百匹焉耆王
廣遣其左將北鞬支奉牛酒迎超鞬音九言反
超詰鞬支曰汝雖匈奴侍子而今秉國之
權都護自來王不以時迎皆汝罪也或謂
超可便殺之超曰非汝所及此人權重於

後漢傳三十七　十三

王今未入其國而殺之遂令自疑設備守
險豈得到其城下哉於是賜而遣之廣乃
與大人迎超於尉犂奉獻珍物焉耆國有
葦橋之險廣乃絕橋不欲令漢軍入國超
更從它道厲度由帶以上爲厲由膝以下爲揭見爾雅也七月晦
到焉耆去城二十里正營大澤中廣出不
意大恐乃欲悉驅其人共入山保焉耆左
侯元孟先嘗質京師密遣使以事告超超
即斬之示不信用乃期大會諸國王因揚

聲當重加賞賜於是焉耆王廣尉犂王汎
及北鞬支等三十人相率詣超其國相腹
久等十七人懼誅皆亡入海十七字本或爲七十而危
須王亦不至坐定超怒詰廣曰危須王何
故不到腹久等所緣逃亡遂叱吏士收廣
汎等於陳睦故城斬之傳首京師因縱兵
鈔掠斬首五千餘級獲生口萬五千人馬
畜牛羊三十餘萬頭更立元孟爲焉耆王
超留焉耆半歲慰撫之於是西域五十餘

後漢傳三十七　十四

國悉皆納質內屬焉明年下詔曰往者匈
奴獨擅西域寇盜河西永平之末城門晝
閉先帝深愍邊萌嬰羅寇害乃命將帥擊
右地破白山臨蒲類西河舊事曰白山之中有好木匈奴謂之天山去蒲類海百里郭義恭廣志曰西域有白山通歲有雪亦名雪山破白山見明紀也取車師城
郭諸國震慴響應遂開西域置都護而焉
耆王舜舜子忠獨謀悖逆恃其險隘覆沒
都護并及吏士先帝重元元之命憚兵役
之興故使軍司馬班超安集于窴以西超

逺踰葱領迄縣度迄至也縣度山名縣音玄謂以繩索縣縋而過也其處在皮山國以西罽賓國之東也出入二十二年莫不賓從改立其王而綏其人不動中國不煩戎士得遠夷之和同異俗之心而致天誅蠲宿恥以報將士之讎致猶至也蠲除也司馬法曰賞不踰月欲人速覩爲善之利也其封超爲定遠侯邑千戸東觀記曰其以漢中郡南鄭之西鄉戸千封超爲定遠侯故城在今洋州西鄉縣南超自以久在絕域年老思土十二年上疏曰臣聞太公封齊五世葬周狐死首丘代馬依風禮記曰太公封於營丘比及五世皆反葬於周君子曰樂樂其所自生禮不忘其本古之人有言曰狐死正丘首仁也鄭玄注曰正丘首丘也代郡名在趙北韓詩外傳曰代馬依北風飛鳥揚故巢也夫周齊同在中土千里之閒況於

遠處絕域小臣能無依風首丘之思哉蠻夷之俗畏壯侮老前書曰匈奴其俗壯者食肥美老者食其餘貴壯健賤老弱也臣超犬馬齒殲常恐年衰奄忽僵仆孤魂弃捐昔蘇武留匈奴中尚十九年今臣幸得奉節帶金銀護西域金銀謂印也金印紫綬銀印青綬也如自以壽終屯部誠無所恨然恐後世

或名臣爲没西域臣不敢望到酒泉郡但願生入玉門關玉門關屬敦煌郡今沙州也去長安三千六百里關在敦煌縣西北酒泉今肅州也去長安二千八百五十里也臣老病衰困冒死瞽言謹遣子勇隨獻物入塞東觀記曰時安息遣使獻大爵師子超遣子勇隨入塞也及臣生在令勇目見中土而超妹同郡曹壽妻昭亦上書請超曰妾同產兄西域都護定遠侯超幸得以微功特蒙重賞爵列通侯位二千石天恩殊絕誠非小臣所當被蒙超之始出志捐軀命兾立微

功以自陳效會陳睦之變道路隔絕超以一身轉側絕域曉譬諸國因其兵衆每有攻戰輒爲先登身被金夷夷傷也不避死亡賴蒙陛下神靈且得延命沙漠至今積三十年骨肉生離不復相識所與相隨時人士衆皆巳物故超年最長今且七十衰老被病頭髮無黑兩手不仁不仁猶不遂也耳目不聰明扶杖乃能行雖欲竭盡其力以報塞天恩迫於歲暮犬馬齒索蠻夷之性悖逆侮

老而超旦暮入地久不見代恐開姦宄之
源生逆亂之心而卿大夫咸懷一切莫肯
遠慮如有卒暴超之氣力不能從心便爲
上損國家累世之功下弃忠臣竭力之用
誠可痛也故超萬里歸誠自陳苦急延頸
踰望三年於今未蒙省録踰遥也高祖謂黥布曰何苦而反
妾竊聞古者十五受兵六十還之周禮鄉大夫職曰國中七尺以及六十野自六尺以及六十有五皆征之征謂賦稅從征役也韓詩外傳曰二十行役六十免役與周禮國中同即知一與周禮七尺同禮國中六十免役野即六十有五晚於國中五年國中七尺從

後漢傳三十七　十七

役野六尺即是野又早於國中五年七尺謂二十六尺即十五也此言十五受兵謂據野外爲言六十還之據國中爲說也亦有休息不任職也緣陛下以至孝
理天下得萬國之歡心不遺小國之臣況
超得備矦伯之位故敢觸死爲超求哀匃
超餘年匃乞一得生還復見闕庭使國永無
勞遠之慮西域無倉卒之憂超得長蒙文
王葬骨之恩子方哀老之惠葬骨解見明紀田子方魏文侯之師也見君之老馬弃之曰少盡其力老而弃之非仁也於是收而養之事見史記也詩云
民亦勞止汔可小康惠此中國以綏四方

詩大雅也汔其也康綏皆安也言先施恩惠於中國然後乃安四方超有書與妾
生訣恐不復相見妾誠傷超以壯年竭忠
孝於沙漠疲老則便捐死於曠野誠可哀
憐如不蒙救護超後有一旦之變冀幸超
家得蒙趙母衛姬先請之貸趙母謂趙奢之妻趙括之母也權括敗先請得不坐事見史記衛姬者齊桓公之姬桓公與管仲謀伐衛桓公入姬請衛之罪事見列女傳也
妾愚戇不知大義觸犯忌諱書奏帝感
其言乃徵超還超在西域三十一歲十四
年八月至洛陽拜爲射聲校尉超素有匈

後漢傳三十七　十八

脅疾既至病遂加帝遣中黃門問疾賜醫
藥其年九月卒年七十一朝廷愍惜焉使
者弔祭贈賵甚厚子雄嗣初超被徵以戊
己校尉任尚爲都護與超交代尚謂超曰
君侯在外國三十餘年而小人猥承君後
任重慮淺宜有以誨之超曰年老失智任
君數當大位豈班超所能及哉必不得已
願進愚言塞外吏士本非孝子順孫皆以
罪過徙補邊屯而蠻夷懷鳥獸之心難養

易敗今君性嚴急水清無大魚察政不得下和（家語孔子曰水至清則無魚人至察則無徒）宜蕩佚簡易寬小過總大綱而已超去後尚私謂所親曰我以班君當有奇策今所言平平耳尚至數年而西域反亂以罪被徵如超所戒有三子長子雄累遷屯騎校尉會叛羌寇三輔詔雄將五營兵屯長安就拜京兆尹雄卒子始嗣尚清河孝王女陰城公主主順帝之姑貴驕淫亂與嬖人居帷中而召始

後漢傳三十七　十九　李秀

入使伏牀下始積怒永建五年遂拔刃殺主帝大怒腰斬始同產皆弃市超少子勇勇字宜僚少有父風永初元年西域反叛以勇爲軍司馬與兄雄俱出敦煌迎都護及西域甲卒而還因罷都護後西域絕無漢吏十餘年元初六年敦煌太守曹宗遣長史索班將千餘人屯伊吾車師前王及鄯善王皆來降班後數月北單于與車師後部遂共攻沒班進擊走前王略有北道

鄯善王急求救於曹宗宗因此請出兵五千人擊匈奴報索班之恥因復取西域鄧太后召勇詣朝堂會議先是公卿多以爲宜閉玉門關遂弃西域勇上議曰昔孝武皇帝患匈奴彊盛兼總百蠻以逼障塞於是開通西域離其黨與論者以爲奪匈奴府藏斷其右臂遭王莽簒盜徵求無猒胡夷忿毒遂以背叛光武中興未遑外事故匈奴負彊驅率諸國及至永平再攻敦煌

後漢傳三十七　二十

河西諸郡城門晝閉孝明皇帝深惟廟策（古者謀事必就祖故言廟策也）乃命虎臣出征西域（毛詩曰進厥虎臣闞如虓虎）故匈奴遠遁邊境得安及至永元莫不內屬會間者羌亂西域復絕北虜遂遣責諸國備其逋租高其價直嚴以期會鄯善車師皆懷憤怨思樂事漢其路無從前所以時有叛者皆由牧養失宜還爲其害故也今曹宗徒恥於前負欲報雪匈奴而不尋出兵故事未度當時之宜也夫要功

荒外萬無一成若兵連禍結悔無及已況今府藏未充師無後繼是示弱於遠夷暴短於海內臣愚以爲不可許也舊敦煌郡有營兵三百人今宜復之復置護西域副校尉居於敦煌如永元故事又宜遣西域長史將五百人屯樓蘭西當焉耆龜茲徑路南彊鄯善于窴心膽北扞匈奴東近敦煌如此誠便尚書問勇曰今立副校尉何以爲便又置長史屯樓蘭利害云何勇對

曰昔永平之末始通西域初遣中郎將居敦煌後置副校於車師既爲胡虜節度又禁漢人不得有所侵擾故外夷歸心匈奴畏威今鄯善王尤還（尤還王名）漢人外孫若匈奴得志則尤還必死此等雖同鳥獸亦知避害若出屯樓蘭足以招附其心愚以爲便長樂衛尉鐔顯廷尉綦毋參司隸校尉崔據難曰朝廷前所以弃西域者以其無益於中國而費難供也今車師已屬匈奴

鄯善不可保信一旦反覆班將能保北虜不爲邊害乎（以勇爲軍司馬故以將言之將音子亮反）勇對曰今中國置州牧者以禁郡縣姦猾盜賊也若州牧能保盜賊不起者臣亦願以要斬保匈奴之不爲邊害也今通西域則虜埶必弱虜埶必弱則爲患微矣孰與歸其府藏續其斷臂哉今置校尉以扞撫西域設長史以招懷諸國若弃而不立則西域望絕望絕之後屈就北虜緣邊之郡將受困害

恐河西城門必復有晝閉之儆矣今不廓開朝廷之德而拘屯戍之費若北虜遂熾豈安邊久長之策哉太尉屬毛軫難曰今若置校尉則西域駱驛遣使求索無猒與之則費難供不與則失其心一旦爲匈奴所迫當復求救則爲役大矣勇對曰今設以西域歸匈奴而使其恩德大漢不爲鈔盜則可矣如其不然則因西域租入之饒兵馬之衆以擾動緣邊是爲富仇讎之財

增暴夷之執也置校尉者宣威布德以繫諸國內向之心以疑匈奴覬覦之情而無財費耗國之慮也且西域之人無它求索其來入者不過稟食而已今若拒絕執歸北屬夷虜幷力以寇幷涼則中國之費不止十億置之誠便於是從勇議復敦煌郡營兵三百人置西域副校尉居敦煌雖復羈縻西域然亦未能出屯其後匈奴果數與車師共入寇鈔河西大被其害延光二

後漢傳三十七　二十三　聚寶

年夏復以勇爲西域長史將兵五百人出屯柳中（柳中今西州縣）明年正月勇至樓蘭以鄯善歸附特加三綬而龜茲王白英猶自疑未下勇開以恩信白英乃率姑墨溫宿自縛詣勇降勇因發其兵步騎萬餘人到車師前王庭擊走匈奴伊蠡王於伊和谷收得前部五千餘人於是前部始復開通還屯田柳中四年秋勇發敦煌張掖酒泉六千騎及鄯善疏勒車師前部兵擊後部王

軍就大破之（軍就名也）首虜八千餘人馬畜五萬餘頭捕得軍就及匈奴持節使者將至索班沒處斬之以報其恥傳首京師永建元年更立後部故王子加特奴爲王勇又使別校誅斬東且彌王亦更立其種人爲王（且音子余反）於是車師六國悉平其冬勇發諸國兵擊匈奴呼衍王呼衍王亡走其衆二萬餘人皆降捕得單于從兄勇使加特奴手斬之以結車師匈奴之隙北單于自將

後漢傳三十七　二十四　李弟

萬餘騎入後部至金且谷勇使假司馬曹俊馳救之單于引去俊追斬其貴人骨都侯於是呼衍王遂徙居枯梧河上是後車師無復虜跡城郭皆安唯焉耆王元孟未降二年勇上請攻元孟於是遣敦煌太守張朗將河西四郡兵三千人配勇（河西四郡金城敦煌張掖酒泉）因發諸國兵四萬餘人分騎爲兩道擊之勇從南道朗從北道約期俱至焉耆而朗先有罪欲徼功自贖遂先期至爵離

闕遣司馬將兵別戰首虜二千餘人元孟懼誅逆遣使乞降張朗徑入焉耆受降而還元孟竟不肯面縛唯遣子詣闕貢獻朗遂得免誅勇以後期徵下獄免後卒于家

梁慬字伯威（慬音勤） 北地弋居人也（弋居縣名郡國志曰有鐵官）父諷歷州宰永元元年車騎將軍竇憲出征匈奴除諷爲軍司馬令先齎金帛使北單于宣國威德其歸附者萬餘人後坐失憲意髡輸武威武威太守承旨殺之

後漢傳三十七　二十五　李昇

竇氏既滅和帝知其爲憲所誣徵慬除爲郎中慬有勇氣常慷慨好功名初爲車騎將軍鄧鴻司馬再遷延平元年拜西域副校尉慬行至河西會西域諸國反叛攻都護任尚於疏勒尚上書求救詔慬將河西四郡羌胡五千騎馳赴之慬未至而尚已得解會徵尚還以騎都尉段禧爲都護西域長史趙博爲騎都尉禧博守它乾城它乾城小慬以爲不可固乃譎說龜茲王白霸欲入共保其城白霸許之吏人固諫白霸不聽慬既入遣將急迎禧博合軍八九千人龜茲吏人並叛其王而與溫宿姑墨數萬兵反共圍城慬等出戰大破之連兵數月胡衆敗走乘勝追擊凡斬首萬餘級獲生口數千人駱駝畜産數萬頭龜茲乃定而道路尚鬲檄書不通歲餘朝廷憂之公卿議者以爲西域阻遠數有背叛吏士屯田其費無已永初元年遂罷都護遣騎

後漢傳三十七　二十六　鄧才

都尉王弘發關中兵迎慬禧博及伊吾盧柳中屯田吏士二年春還至敦煌會衆羌反叛朝廷大發兵西擊之逆詔慬留爲諸軍援慬至張掖日勒（日勒縣名屬張掖郡故城在今甘州删丹縣東南）羌諸種萬餘人攻亭候殺略吏人慬進兵擊大破之乘勝追至昭武（昭武縣名屬張掖郡故城在今甘州張掖縣西北也）虜遂散走其能脫者十二三及至姑臧羌大豪三百餘人詣慬降並慰譬遣還故地河西四郡復安慬受詔當屯金城聞

羌轉寇三輔迫近園陵即引兵赴擊之轉戰武功美陽關（美陽縣名故城在武功縣北七里於其所置關）慬臨陣被創不顧連破走之盡還得所掠生口獲馬畜財物甚衆羌遂奔散朝廷嘉之數璽書勞勉委以西方事令爲諸軍節度三年冬南單于與烏桓大人俱反以大司農何熙行車騎將軍事中郎將龐雄爲副將羽林五校營士及發緣邊十郡兵二萬餘人（緣邊十郡謂五原雲中定襄鴈門朔方代郡上谷漁陽遼西右北平）又遼東太守

耿夔率將鮮卑種衆共擊之詔慬行度遼將軍事龐雄與耿夔共擊匈奴奥鞬日逐王破之單于乃自將圍中郎將耿种於美稷連戰數月攻之轉急种移檄求救明年正月慬將八千餘人馳往赴之至屬國故城與匈奴左將軍烏桓大人戰破斬其渠帥殺三千餘人虜其妻子獲財物甚衆單于復自將七八千騎迎攻圍慬慬被甲奔擊所向皆破虜遂引還虎澤三月何熙軍

到五原曼柏（曼柏縣名屬五原郡）暴疾不能進遣龐雄與慬及耿种步騎萬六千人攻虎澤連營稍前單于惶怖遣左奥鞬日逐王詣慬乞降慬乃大陳兵受之單于脫帽徒跣面縛稽顙納質會熙卒于師即拜慬度遼將軍龐雄還爲大鴻臚雄巴郡人有勇略稱爲名將明年安定北地上郡皆被羌寇穀貴人流不能自立詔慬發邊兵迎三郡太守使將吏人徙扶風界慬即遣南單于兄子

優孤塗奴將兵迎之既還慬以塗奴接其家屬有勞輒授以羌侯印綬坐專擅徵下獄抵罪明年校書郎馬融上書訟慬與護羌校尉龐參有詔原刑語在龐參傳會叛羌寇三輔關中盜賊起拜慬謁者將兵擊之至湖縣病卒何熙字孟孫陳國人少有大志永元中爲謁者身長八尺五寸善爲威容贊拜殿中音動左右和帝偉之擢爲御史中丞歷司隸校尉大司農及在軍臨

殁遺言薄葬三子臨瑾阜臨瑾並有政能阜俊才早没臨子衡爲尚書以正直稱坐訟李膺等下獄免官廢于家

論曰時政平則文德用而武略之士無所奮其力能故漢世有發憤張膽爭膏身於夷狄以要功名多矣祭彤耿秉啓匈奴之權班超梁慬奮西域之略卒能成功立名享受爵位薦功祖廟勒勳于後亦一時之志士也

贊曰定遠慷慨專功西遐坦步葱雪咫尺龍沙 葱領雪山白龍堆沙漠也八寸曰咫坦步言不以爲艱咫尺言不以爲遠也 慬亦抗憤勇乃負荷 左傳曰其父析薪其子弗克負荷言勇能繼超之功業

後漢書列傳卷第三十七

列傳第三十八　范曄　後漢書四十八

唐章懷太子賢注

楊終　李法

翟酺　應奉 子劭

霍諝　爰延

徐璆

楊終字子山蜀郡成都人也年十三爲郡小吏太守奇其才遣詣京師受業習春秋 袁山松書曰時蜀郡有雷震決曹終上白記以爲斷獄煩苛所致太守乃令終賦雷電之意而奇之也

顯宗時徵詣蘭臺拜校書郎建初元年大旱穀貴終以爲廣陵楚淮陽濟南之獄徙者萬數又遠屯絶域吏民怨曠乃上疏曰臣聞善善及子孫惡惡止其身百王常典不易之道也 春秋昭公二十年曹公孫會自鄸出奔宋公羊傳曰畔也曷爲不言畔爲公子喜時之後諱也春秋爲賢者諱也何賢乎公子喜時讓國也君子善善也長惡惡也短惡惡止其身善善及子孫賢者子孫故君子爲之諱 秦政酷烈違牾天心一人有罪延及三族 前書音義曰父族母族妻族也 高祖平亂約法三章太宗至仁除去收孥 太宗文帝也史記曰文帝

德至盛也豈不仁哉除去收拏相坐之律也萬姓廓然蒙被更生澤
及昆蟲功垂萬世陛下聖明德被四表今
以比年久旱灾疫未息灾字或作牛疫病也躬自菲薄
廣訪失得三代之隆無以加焉臣竊按春
秋水旱之變皆應暴急惠不下流自永平
以來仍連大獄有司窮考轉相牽引掠考
寃濫家屬徙邊加以北征匈奴西開三十
六國頻年服役轉輸煩費又遠屯伊吾樓
蘭車師戊己民懷土思怨結邊域傳曰安

土重居謂之衆庶元帝詔曰安土重遷黎人之性也昔殷民
近遷洛邑且猶怨望尚書盤庚序曰盤庚五遷將治亳殷人咨胥怨亳今河南偃師故曰近遷洛邑何況去中土之肥饒寄不毛之
荒極乎毛草也爾雅曰觚竹北户西王母曰下謂之四荒又曰東至於泰遠西至於邠國南至於濮鈆北至於祝栗謂之四極言不毛荒極直論遠耳非必此地也且南方暑濕
障毒互生愁困之民足以感動天地移變
陰陽矣陛下留念省察以濟元元書奏肅
宗下其章司空第五倫亦同終議太尉牟
融司徒鮑昱校書郎班固等難倫以施行

既久孝子無改父之道先帝所建不宜回
異終復上書曰秦築長城功役繁興胡亥
不革卒亡四海故孝元弃珠崖之郡光武
絕西域之國不以介鱗易我衣裳元帝初元三年珠崖郡反待詔賈捐之以爲宜弃珠崖救人飢饉乃罷珠崖郡光武二十一年鄯善車師王等十六國皆遣子入侍請都護帝以中國初定未遑外事還其侍子厚加賞賜介鱗喻遠夷言其人與魚鼈無異也衣裳謂中國也揚雄法言曰珠崖之絕捐之之力也否則鱗介易我衣裳魯文公毀泉
臺春秋譏之曰先祖爲之而已毀之不如
勿居而已以其無妨害於民也公羊傳曰毀泉臺何以書譏爾築之譏毀之譏先祖爲之而已毀之勿居而已也襄公作三軍昭公

舍之君子大其復古以爲不舍則有害於
民也公羊傳曰襄公十一年作三軍三軍者何三卿也昭公五年傳曰舍中軍舍中軍者何復古也言舍之與留量時制宜也今伊吾之役樓蘭之屯久而
未還非天意也帝從之聽還徙者悉罷邊
屯終又言宣帝博徵羣儒論定五經於石
渠閣方今天下少事學者得成其業而章
句之徒破壞大體宜如石渠故事永爲後
世則於是詔諸儒於白虎觀論考同異焉

會終坐事繫獄博士趙博校書郎班固賈逵等以終深曉春秋學多異聞表請之終又上書自訟即日貰出乃得與於白虎觀焉預與音 後受詔刪太史公書爲十餘萬言時太后兄衛尉馬廖謹篤自守不訓諸子終與廖交善以書戒之曰終聞堯舜之民可比屋而封桀紂之民可比屋而誅事見陸賈新語何者堯舜爲之隄防桀紂示之驕奢故也詩曰皎皎練絲在所染之逸詩也皎皎白貌也墨子曰墨子見染絲

者歎曰染於蒼則蒼染於黃則黃故染不可不慎也 上智下愚謂之不移中庸之流要在敎化春秋殺太子母弟直稱君甚惡之者坐失敎也公羊傳曰晉侯殺其太子申生曷爲直稱晉侯曰以殺其太子母弟直稱君者甚之也 禮制人君之子年八歲爲置少傅敎之書計以開其明大戴禮曰古者八歲出就外舍學小藝焉履小節焉又曰爲置三少曰少保少傅少師是與太子宴者也禮記內則曰十年出就外傅居宿於外學書計也 十五置太傅敎之經典以道其志漢興諸侯王不力敎誨多觸禁忌故有亡國之禍而乏嘉善之稱今君位地尊重

海內所望豈可不臨深履薄以爲至戒黃門郎年幼血氣方盛廖子防及光俱爲黃門郎孔子曰及其壯也血氣方剛戒之在鬬也 既無長君退讓之風文帝竇后兄長君弟廣國字少君此兩人所出微絳灌等選長者之有節行者與之居長君少君由此爲退讓君子不敢以富貴驕人也 而要結輕狡無行之客縱而莫誨視成任性馬防傳曰兄弟貴盛賓客奔湊四方畢至數百餘人皆爲食客也 鑒念前往可爲寒心君侯誠宜以臨深履薄爲戒廖不納子豫後坐縣書誹謗縣音懸 廖以就國終兄鳳爲郡吏太守廉范爲州所考遣鳳候

終終爲范游說坐徙北地益部耆舊傳曰終徙於北地望松縣而母於蜀物故終自傷被罪充邊乃作晨風之詩以舒其憤也 帝東巡狩鳳皇黃龍並集終贊頌嘉瑞上述祖宗鴻業凡十五章奏上詔貰還故郡著春秋外傳十二篇改定章句十五萬言永元十二年徵拜郎中以病卒袁山松書曰侍中賈逵薦終博達忠直徵拜郎中及卒賜錢二十萬也

李法字伯度漢中南鄭人也博通羣書性剛而有節和帝永元九年應賢良方正對策除博士遷侍中光祿大夫歲餘上疏以

爲朝政苛碎違永平建初故事官官權重椒房寵盛又譏史官記事不實後世有識尋功計德必不明信坐失盲下有司免爲庶人還鄉里杜門自守故人儒生時有候之者言談之次問其不合上意之由法未嘗應對友人固問之法曰鄙夫可與事君乎哉苟患失之無所不至此以上論語孔子之言也鄭玄注云無所不至謂諂佞邪媚無所不爲也孟子有言夫仁者如射正己而後發發而不中不怨勝己者反諸身而已矣孟子公孫丑篇之言也反諸身而已言克己自責不責人也在家八年徵拜議郎諫議大夫正言極辭無改於舊出爲汝南太守政有聲迹後歸鄉里卒於家

翟酺字子超廣漢雒人也雒屬廣漢郡漳山雒水所出南入湔故城在今雒縣南湔音子田反四世傳詩酺好老子尤善圖緯天文歷筭以報舅讎當徙日南亡於長安爲卜相工後牧羊涼州遇赦還仕郡徵拜議郎遷侍中時尚書有缺詔將大夫六百石以上試對政事天文道術以高第者補之酺自恃能高而忌故太史令孫懿恐其先用乃往候懿旣坐言無所及唯涕泣流連懿怪而問之酺曰圖書有漢賊孫登將以才智爲中官所害觀君表相似當應之春秋保乾圖曰漢賊目名孫登大形小口長七尺九寸巧用法多技方詩書不用賢人杜口也酺受恩接悽愴君之禍耳懿憂懼移病不試移病謂作文移而稱病也由是酺對第一拜尚書時安帝始親政事追感祖母宋貴人悉封其家又元舅耿寶及皇后兄弟閻顯等並用威權酺上疏諫曰臣聞微子佯狂而去殷叔孫通背秦而歸漢彼非自疏其君時不可也臣荷殊絕之恩蒙值不諱之政豈敢雷同受寵而以戴天履地雷之發聲物皆同應言無是非者謂之雷同禮記曰無雷同左傳曰君履后土而戴皇天也伏惟陛下應天履祚歷值中興當建太平之功而未聞致化之道蓋遠者難明請以近事徵之昔竇鄧之寵傾動四方兼官重紱盈金積貨至使議弄

神器改更社稷神器謂天位也老子曰天下神器不可爲也實憲出入禁中得幸太后圖爲殺害帝知其謀誅之鄧太后崩宮人告鄧悝鄧弘等取廢帝故事謀立平原王得帝聞遂免鄧氏爲庶人也豈不以埶尊威廣以致斯患乎及其破壞頭顙墮地願爲孤豚豈可得哉莊子曰或聘莊子莊子謂其使曰子見夫犧牛乎衣以文繡食以芻菽及其牽而入於太廟欲爲孤犢其可得乎此作豚不同也夫致貴無漸失必暴受爵非道殃必疾今外戚寵幸功均造化漢元以來未有等比陛下誠仁恩周洽以親九族然祿去公室政移私門覆車重尋寧無摧折賈誼曰諺云前車覆後車誡也而朝臣在位莫肯正議翕翕訿訿更相佐附詩小雅曰翕翕訿訿亦孔之哀毛傳曰翕翕然患其上訿訿然不思稱職爾雅曰翕翕訿訿莫供職也訿音將徙反訿與訾古字通臣恐威權外假歸之良難虎翼一奮卒不可制韓詩外傳曰無爲虎傅翼將飛入邑擇人而食夫置不肖之人於位是爲虎傅翼也故孔子曰吐珠於澤誰能不含春秋保乾圖曰臣功大者主威侵權并族害尸姦行吐珠於澤誰能不含諭君之權柄外假則必競取以爲已利猶珠出於澤中誰能不含取以爲已寶也吐猶出也老子稱國之利器不可以示人老子道經曰魚不可脫於泉國之利器不可以示人河上公注曰利器謂權道也理國權道不可以示執事之臣此最安危

戒社稷之深計也夫儉德之恭政存約節左氏傳魯大夫御孫曰儉德之恭侈惡之大也故文帝愛百金於露臺飾帷帳於阜囊文帝常欲作露臺計直百金曰百金中人十家之產何以臺爲遂止不作又東方朔曰文帝集上書囊以爲殿帷或有譏其儉者上曰朕爲天下守財耳豈得妄用之哉至倉穀腐而不可食錢貫朽而不可校今自初政已來日月未久費用賞賜已不可筭斂天之財積無功之家帑藏單盡民物彫傷卒有不虞復當重賦百姓怨叛既生危亂可待也昔成王之政周公在前邵公在後畢公在左史佚在右四子挾而維之目見正容耳聞正言一日即位天下曠然言其法度素定也今陛下有成王之尊而無數子之佐雖欲崇雍熙致太平其可得乎自去年已來災譴頻數地坼天崩高岸爲谷脩身恐懼則轉禍爲福輕慢天戒則其害彌深願陛下親自勞恤研精致思勉求忠貞之臣誅遠佞諂之黨損玉堂之

盛尊天爵之重孟子曰公卿大夫人爵也仁義禮智信天爵也割情欲之歡罷宴私之好帝王圖籍陳列左右心存亡國所以失之鑒觀興王所以得之庶災害可息豐年可招矣書奏不省而外戚寵臣咸畏惡之延光三年出爲酒泉太守叛羌千餘騎徙敦煌來鈔郡界翻赴擊斬首九百級羌衆幾盡威名大震遷京兆尹順帝即位拜光祿大夫遷將作大匠損省經用歲息四五千萬經常也屢因災異多所匡正益部耆舊傳曰時詔問翻陰陽失序水旱隔并其設銷復興濟之本翻上奏陳圖書之意曰漢四百年將有弱主閉門聽難之禍數在三百年之間宜外歷改憲行先王至德要道奉率時禁抑損奢侈宜明質樸以延四百年之難帝從之由是權貴共誣翻及尚書令高堂芝等交通屬託坐減死歸家復被章云翻前與河南張楷等謀反逮詣廷尉及杜眞等上書訟之事得明釋卒於家益部耆舊傳曰杜眞字孟宗廣漢綿竹人也少有孝行習易春秋誦百萬言兄事同郡翟翻翻後被繫獄眞上檄章救翻繫獄笞六百竟免翻難京師莫不壯之著援神鉤命解詁十二篇援神契鉤命決皆孝經緯篇名也詁音古初翻之爲大匠

後漢列傳三十八　十　王秦

上言孝文皇帝始置一經博士武帝建元五年始置五經博士文帝之時未遑庠序之事翻之此言不知何據武帝大合天下之書武帝詔曰其令禮官勸學舉遺興禮舉遺謂搜求遺逸是合天下之書也而孝宣論六經於石渠學者滋盛弟子萬數宣帝甘露三年詔諸儒講五經於殿中兼平公羊穀梁同異上親臨決焉時更崇穀梁傳故此言六經也石渠閣名昭帝時博士弟子員百人宣帝末增倍之元帝時詔無置弟子員以廣學者故言以萬數也光武初興愍其荒廢起太學博士舍內外講堂諸生橫巷爲海內所集明帝時辟雍始成欲毀太學太尉趙憙以爲太學辟雍皆宜兼存故並傳至今而頃者穨廢至爲園採芻牧之處宜更修繕誘進後學帝從之翻免後遂起太學更開拓房室學者爲翻立碑銘於學云

應奉字世叔汝南南頓人也曾祖父順字華仲和帝時爲河南尹將作大匠公廉約己明達政事華嶠書曰華仲少給事郡縣爲吏清選爲冀州刺史廉直無私遷東平相賞罰必信吏不敢犯有梓樹生於廳事室上事後母至孝衆以爲孝感之應時竇憲出屯河西刺史二千石皆遣子弟奉賂遺憲憲敗後咸被繩黜順獨不在其中由是顯名爲

後漢列傳三十八　十一　王中

將作大匠視事五年省費億萬汝南記曰華仲妻本是汝南鄧元義前妻也元義父伯考爲尚書僕射元義還鄉里妻留事姑甚謹姑憎之幽閉空室節其食飲羸露日困妻終無怨言後伯考怪而問之時義子朗年數歲言母不病但苦飢耳伯考流涕曰何意親姑反爲此禍因遣歸家更嫁爲華仲妻仲爲將作大匠妻乘朝車出元義於路傍觀之謂人曰此我故婦非有它過家夫人遇之實酷本自相貴其子朗時爲郎母與書皆不荅與衣裳輒燒之母不以介意意欲見之乃至親家李氏堂上令人以它詞請朗朗至見母再拜涕泣因起出母追謂之曰我幾死自爲汝家所弃我何罪過乃如此邪因此遂絕也 生十
子皆有才學中子疊江夏太守疊生郴武
陵太守郴生奉奉少聰明自爲童兒及長
凡所經履莫不暗記讀書五行並下爲郡

決曹史行部四十二縣録囚徒數百千人
及還太守備問之奉口説罪繫姓名坐狀
輕重無所遺脫時人奇之謝承書曰奉少爲上計吏許訓爲計掾俱到京師訓自發鄉里在路晝頓暮宿所見長吏賓客亭長吏卒奴僕訓皆密疏姓名欲試奉還郡出疏示奉奉云前食潁川綸氏都亭亭長胡奴名祿以飲漿來何不在疏坐中皆驚又云奉年二十時嘗詣彭城相袁賀賀時出行閉門造車匠於內開扇出半面視奉奉即委去後數十年於路見車匠識而呼之著
漢書後序多所述載袁山松書曰奉又刪史記漢書及漢記三百六十餘年自漢興至其時凡十七卷名曰漢事大將軍梁冀舉茂才先是
武陵蠻詹山等四千餘人反叛執縣令屯

結連年詔下公卿議四府舉奉才堪將帥
四府解見皇后紀永興元年拜武陵太守到官慰納
山等皆悉降散於是興學校舉仄陋政稱
變俗坐公事免延熹中武陵蠻復寇亂荆
州車騎將軍馮緄以奉有威恩爲蠻夷所
服上請與俱征拜從事中郎謝承書曰時詔奉曰蠻夷叛逆作難積惡放恣鑊中之魚火熾湯盡當悉燋爛以刷國恥朝廷以奉昔守南土威名播越故復式序重任奉之廢興期在於今賜奉錢十萬駁犀方具劍金錯把刀劍革帶各一奉其勉之奉勤設
方略賊破軍罷緄推功於奉薦爲司隸校

尉糾舉姦違不避豪戚以嚴厲爲名及鄧
皇后敗而田貴人見幸桓帝有建立之議
奉以田氏微賤不宜超登后位上書諫曰
臣聞周納狄女襄王出居于鄭左傳襄王將以狄女爲后富辰諫曰不可狄固貪惏王又啓之王不從狄人伐周襄王出奔漢立飛燕成
帝胤嗣泯絕母后之重興廢所因宜思關
雎之所求遠五禁之所忌韓詩外傳曰婦人有五不娶喪婦之長女不娶爲其不受命也世有惡疾不娶弃於天也世有刑人不娶弃於人也亂家女不娶類不正也逆家子不娶廢人倫也帝納其言竟立竇皇后及黨事起

奉乃慨然以疾自退追愍屈原因以自傷著感騷三十篇數萬言諸公多薦舉會病卒子劭

劭字仲遠（謝承書曰應氏譜並云字仲遠續漢書文士傳作仲援漢官儀又作瑗未知孰是）少篤學博覽多聞靈帝時舉孝廉辟車騎將軍何苗掾中平二年漢陽賊邊章韓遂與羌胡爲寇東侵三輔時遣車騎將軍皇甫嵩西討之嵩請發烏桓三千人北軍中候鄒靖上言烏桓衆弱宜開募鮮卑事下四府大將軍掾韓卓議以爲烏（淵聖御名）兵寡而與鮮卑世爲仇敵若烏（淵聖御名）被發則鮮卑必襲其家烏桓聞之當復弃軍還救非唯無益於實乃更沮三軍之情鄒靖居近邊塞究其態詐若令靖募鮮卑輕騎五千必有破敵之效劭駮之曰鮮卑隔在漠北犬羊爲羣無君長之帥廬落之居而天性貪暴不拘信義故數犯障塞且無寧歲唯至互市乃來靡服苟欲中國珍貨非爲畏威

懷德計獲事足旋踵爲害是以朝家外而不內蓋爲此也（朝家猶國家也公羊傳曰春秋內諸夏而外夷狄也）往者匈奴反叛度遼將軍馬續烏桓校尉王元發鮮卑五千餘騎又武威太守趙沖亦率鮮卑征討叛羌斬獲醜虜既不足言而鮮卑越溢多爲不法裁以軍令則忿戾作亂制御小緩則陸掠殘害劫居人鈔商旅噉人牛羊略人兵馬得賞既多不肯去復欲以物買鐵邊將不聽便取縑帛聚欲燒之邊將恐怖畏其反叛辭謝撫順無敢拒違今狡寇未殄而羌爲巨害如或致悔其可追乎臣愚以爲可募隴西羌胡守善不叛者簡其精勇多其牢賞（牢稟食也或作勞勞功也）太守李參沈靜有謀必能獎厲得其死力當思漸消之略不可倉卒望也韓卓復與劭相難反覆於是詔百官大會朝堂皆從劭議三年舉高第再遷六年拜太山太守初平二年黃巾三十萬衆入郡界劭糾率文武

連與賊戰前後斬首數千級獲生口老弱
萬餘人輜重二千兩賊皆退却郡內以安
興平元年前太尉曹嵩及子德從琅邪入
太山劭遣兵迎之未到而徐州牧陶謙素
怨嵩子操數擊之乃使輕騎追嵩德並殺
之於郡界劭畏操誅棄郡奔冀州牧袁紹
初安帝時河間人尹次潁川人史玉皆坐
殺人當死次兄初及玉母軍並詣官曹求
代其命因縊而物故尚書陳忠以罪疑從

輕議活次玉劭後追駮之據正典刑有可
存者其議曰尚書稱天秩有禮五服五章
哉天討有罪五刑五用哉而孫卿亦云凡
制刑之本將以禁暴惡且懲其末也凡爵
列官秩賞慶刑威皆以類相從使當其實
也若德不副位能不稱官賞不酬功刑不
應罪不祥莫大焉殺人者死傷人者刑此
百王之定制有法之成科高祖入關雖尚
約法然殺人者死亦無寬降夫時化則刑

重時亂則刑輕（犯化之罪固重犯亂之罪為輕）書曰刑罰時
輕時重此之謂也今次玉公以清時釋其
私憾阻兵安忍僵屍道路（阻恃也左傳曰衛州吁阻兵而安忍）
朝恩在寬幸至冬獄而初軍愚狷妄自投
斃昔召忽親死子糾之難而孔子曰經於
溝瀆人莫之知（召忽齊大夫子糾齊襄公之庶子也子糾與小白爭國子糾被殺召忽死之論語孔子論召忽曰豈若匹夫匹婦之為諒也自經於溝瀆而莫之知也）朝
氏之父非錯刻峻遂能自隕其命班固亦
云不如趙母指括以全其宗（前書鼂錯為御史大夫改更律

令諸侯讙譁錯父聞而非之曰劉氏安而鼂氏危矣遂飲藥而死史記曰趙母趙將馬服君趙奢之妻趙括之母也奢死趙欲以括為將母謂趙王曰王以為括如其父父子異心願王勿遣王曰吾計決矣括母曰王終將之即有不稱妾得無隨乎王許諾及括敗王以母先言竟不誅也而班固引之以為鼂錯贊詞）
傳曰僕妾感慨而致死者非能義勇顧無
慮耳（言僕妾之致死者顧由無計慮耳語見史記欒布傳贊也）夫刑罰威
獄以類天之震燿殺戮也溫慈和惠以放
天之生殖長育也（左傳鄭大夫游吉之詞）是故春一草
枯則為灾秋一木華亦為異今殺無罪之
初軍而活當死之次玉其為枯華不亦然

平陳忠不祥制刑之本而信一時之仁遂廣引八議求生之端夫親故賢能功貴勤賓豈有次玉當罪之科哉周禮小司寇職鄭司農曰親宗室有罪先請也故謂舊知也賢謂有德行者能謂有道藝者功謂有大勳也貴謂若今墨綬有罪先請也勤謂憔悴國事賓謂二王後若乃小大以情原心定罪左傳曰小大之獄雖不能察必以情原心定罪解見霍諝傳也此爲求生非謂代死可以生也敗法亂政悔其可追劭凡爲駁議三十篇皆此類也又刪定律令爲漢儀建安元年乃奏之曰夫國之大事莫尚載

後漢列傳三十八　十八　李恂

籍載籍也者決嫌疑明是非禮記曰夫禮者決嫌疑明是非賞刑之宜允獲厥中俾後之人永爲監焉故膠東相董仲舒老病致仕朝廷每有政議數遣廷尉張湯親至陋巷問其得失事見前書於是作春秋決獄二百三十二事動以經對言之詳矣逆臣董卓蕩覆王室典憲焚燎靡有孑遺開辟以來莫或茲酷或有也今大駕東邁巡省許都拔出險難其命惟新臣累世受恩榮祚豐衍竊不自揆貪少云

補輒撰具律本章句尚書舊事廷尉板令決事比例司徒都目五曹詔書司徒即丞相也總領綱紀佐理萬機故有都目成帝初置尚書員五人漢舊儀有常侍曹二千石曹戶曹主客曹三公曹也及春秋斷獄凡二百五十篇蠲去復重爲之節文復音複重音直容反又集駁議三十篇以類相從凡八十二事其見漢書二十五漢記四即東觀記皆刪敘潤色以全本體其二十六博採古今瓌瑋之士文章煥炳德義可觀其二十七臣所創造豈緊自謂必合道衷緊音

後漢列傳三十八　十九　章賦

烏兮反緊猶是也心焉憤邑聊以藉手藉音自夜反昔鄭人以乾鼠爲璞鬻之於周宋愚夫亦寶燕石緹緗十重夫覩之者掩口盧胡而笑斯文之族無乃類旃尹文子曰鄭人謂玉未琢者爲璞周人謂鼠未腊者爲璞周人遇鄭賈人曰欲買璞乎鄭賈曰欲之出璞視之乃鼠也因謝不取戰國策亦然今此乃云鄭人以乾鼠爲璞便與二說不同此云乾鼠彼云未腊事又差殊闕子曰宋之愚人得燕石梧臺之東歸而藏之以爲大寶周客聞而觀之主人父齋七日端冕之衣釁之以特牲革匱十重緹巾十襲客見之俛而掩口盧胡而笑曰此燕石也與瓦甓不殊主人父怒曰商賈之言豎匠之心藏之愈固守之彌謹旃之也緗音襄緹赤色繒也楚詞曰襲英衣兮緹緗謂鮮明之衣左氏實云雖有姬姜

絲麻不弃憔悴菅蒯蓋所以代匱也左傳曰詩云雖有絲麻無弃菅蒯雖有姬姜無弃蕉萃凡百君子莫不代匱杜注云逸詩也姬姜大國之女蕉萃陋賤之人蕉萃憔萃古字通是用敢露頑才厠于明哲之末
雖未足綱紀國體宣洽時雍庶幾觀察增
闡聖聽惟因萬機之餘暇游意省覽焉獻
帝善之二年詔拜劭爲袁紹軍謀校尉時
始遷都於許舊章堙没書記罕存劭慨然
歎息乃綴集所聞著漢官禮儀故事凡朝
廷制度百官典式多劭所立初父奉爲司

後漢列傳三十八　二十　王崇

隷時並下諸官府郡國各上前人像贊劭
乃連綴其名録爲狀人紀又論當時行事
著中漢輯序撰風俗通以辯物類名號釋
時俗嫌疑文雖不典後世服其洽聞凡所
著述百三十六篇又集解漢書皆傳乎時
後卒於鄴弟子瑒璩並以文才稱華嶠書曰劭弟珣字季瑜司空掾珣生瑒魏志曰瑒字德璉瑒弟璩字休璉咸以文章顯也中興初有應
嫗者生四子而寡見神光照社試探之乃
得黃金自是諸子宦學並有才名至瑒七
世通顯應順將作大匠子疊江夏太守疊生郴武陵太守郴生奉從事中郎奉生劭車騎將軍掾劭弟珣司空掾珣子瑒曹操辟爲丞相掾
霍諝字叔智魏郡鄴人也少爲諸生明經
有人誣諝舅宋光於大將軍梁商者以爲
妄刊章文坐繫洛陽詔獄掠考困極諝時
年十五奏記於商曰將軍天覆厚恩慇舅
光寃結前者温教許爲平議雖未下吏斷
決其事已蒙神明顧省之聽皇天后土寔
聞德音竊獨踊躍私自慶幸諝聞春秋之

後漢列傳三十八　二十一　李榮

義原情定過赦事誅意故許止雖弑君而
不罪趙盾以縱賊而見書許止許悼公之子名止也公羊傳曰冬葬許悼公賊未討何以書葬不成乎弑也許悼公是止進藥而殺是以君子加弑焉葬許悼公是君子之赦止也赦止者免止罪之辭也何休注云原止欲愈父之病無害父之意故赦之是原情定過也又曰晉史書趙盾弑其君趙盾曰天乎無辜吾不弑君太史曰爾爲仁爲義人殺爾君而不討賊此非弑君如何此赦事誅意也此仲尼所以垂王法漢世所宜遵前
脩也傳曰人心不同譬若其面左傳鄭子產謂子皮曰人心不同譬如面焉吾豈敢謂子面如吾面乎斯蓋謂大小窳隆醜美
之形至於鼻目衆竅毛髮之狀未有不然

者也情之異者剛柔舒急倨敬之間至於趣利避害畏死樂生亦復均也謂與光骨肉義有相隱言其冤濫未必可諒且以人情平論其理光衣冠子孫徑路平易論遵依常徼無所規求也位極州郡日望徵辟亦無瑕穢纖介之累無故刊定詔書欲以何名就有所疑當求其便安豈有觸冒死禍以解細微辟猶療飢於附子止渴於酖毒未入腸胃已絕咽喉豈可爲哉史記蘇秦曰飢人之所以飢而不食烏喙者以其愈充腹而與餓死者同患也附子烏喙根同而狀異也

昔東海孝婦見枉不辜幽靈感革天應枯旱前書曰東海有孝婦少寡無子養姑甚謹姑欲嫁之終不肯姑告鄰人曰孝婦養我勤苦我老久累丁壯乃自經死姑女告吏曰婦殺我母吏驗之急孝婦自誣服具獄上府太守竟論殺婦郡中枯旱三年後太守至自祭孝婦墓天立大雨歲熟光之所坐情既可原守闕連年而終不見理呼嗟紫宮之門泣血兩觀之下天有紫微宮是上帝之所居也王者立宮象而爲之兩觀謂闕也傷和致災爲害滋甚凡事更赦令不應復案夫以罪刑明白尚蒙天恩豈有冤謗無徵反不得理是爲刑宥正罪

戮加誣侵也不偏不黨其若是乎明將軍德盛位尊人臣無二言行動天地舉厝移陰陽誠能留神沛然曉察必有于公高門之福于公東海人爲郡決曹決獄平其閭門壞父老共脩之于公曰少高大閭門令容駟馬蓋車我決獄多有陰德子孫必有興者至子定國爲丞相孫永御史大夫和氣立應天下幸甚商高謂才志即爲奏原光罪由是顯名仕郡舉孝廉稍遷金城太守性明達篤厚能以恩信化誘殊俗甚爲羌胡所敬服遭母憂自上歸行喪服闋公車徵再遷北

海相入爲尚書僕射是時大將軍梁冀貴戚秉權自公卿以下莫敢違牾譖與尚書令尹勳數奏其事又因陛見陳聞罪失及冀誅後桓帝嘉其忠節封鄰都亭侯前後固讓不許出爲河南尹遷司隷校尉轉少府廷尉卒官子儁安定太守

爰延字季平陳留外黃人也清苦好學能通經教授性質慤少言辭縣令隴西牛述好士知人乃禮請延爲廷掾范丹爲功曹

濮陽潛爲主簿（濮陽姓也）常共言談而已後令史昭以爲鄉嗇夫仁化大行人但聞嗇夫不知郡縣在事二年州府禮請不就桓帝時徵博士太尉楊秉等舉賢良方正再遷爲侍中帝游上林苑從容問延曰朕何如主也對曰陛下爲漢中主帝曰何以言之對曰尚書令陳蕃任事則化中常侍黃門豫政則亂是以知陛下可與爲善可與爲非（前書曰齊桓公管仲相之則霸豎貂輔之則亂可與爲善可與爲惡是謂中人）帝曰昔

朱雲廷折欄檻今侍中面稱朕違敬聞闕矣（朱雲字游成帝時上書求見曰今朝廷大臣上不能匡主下無以益人臣願賜尚方斬馬劒斷佞臣一人以勵其餘上問曰誰也對曰安昌侯張禹上大怒曰小臣廷辱師傅罪死不赦御史將雲下雲攀殿檻折雲呼曰臣得從龍逢比干遊於地下足矣未知朝廷如何耳上意乃解及後當修檻上曰勿易因而緝之以旌直臣）拜五官中郎將轉長水校尉遷魏郡太守徵拜大鴻臚帝以延儒生常特宴見時太史令上言客星經帝坐帝密以問延延因上封事曰臣聞天子尊無爲上故天以爲子位臨臣庶威重四海動靜以禮

則星辰順序意有邪僻則晷度錯違陛下以河南尹鄧萬有龍潛之舊封爲通侯恩重公卿惠豐宗室加頃引見與之對博上下媟黷有虧尊嚴臣聞之帝左右者所以咨政德也故周公戒成王曰其朋其朋言慎所與也（尚書周公戒成王曰孺子其朋孺子其朋慎其往）昔宋閔公與彊臣共博列婦人於側積此無禮以致大災（公羊經書宋萬弒其君捷傳曰宋萬嘗與魯莊公戰獲于莊公歸舍諸宮中數月然後歸之與宋閔公博婦人在側萬曰甚矣魯侯之淑魯侯之美天下諸侯宜爲君者唯魯侯爾閔公矜此婦人妒其言顧曰此虜也魯侯之美惡乎至萬怒搏閔公絕其脰）武帝與倖臣李

延年韓嫣同卧起尊爵重賜情欲無猒遂生驕淫之心行不義之事卒延年被戮嫣伏其辜（李延年中山人也身及父母兄弟皆故倡人也武帝時延年女弟得幸號曰李夫人延年善歌舞爲協律都尉佩二千石印綬與上卧起弟季與中人亂出入驕恣上遂誅延年兄弟韓嫣韓王信之曾孫也武帝爲王時與嫣相愛後位至上大夫賞賜擬鄧通與上卧起出入永巷以姦聞被誅）夫愛之則不覺其過惡之則不知其善所以事多放濫物情生怨故王者賞人必酬其功爵人以甄其德（甄明也）善人同處則日

聞嘉訓惡人從游則日生邪情孔子曰益者三友損者三友（論語孔子曰友直友諒友多聞益矣友便僻友善柔友便佞損矣）邪臣惑君亂妾危主以非所言則悅於耳以非所行則翫於目故令人君不能遠之仲尼曰唯女子與小人爲難養近之則不遜遠之則怨蓋聖人之明戒也昔光武皇帝與嚴光俱寢上天之異其夕即見（事見逸人傳）夫以光武之聖德嚴光之高賢君臣合道尚降此變豈況陛下今所親幸以

後漢列傳三十八　二十六　王中

賤爲貴以卑爲尊哉惟陛下遠讒諛之人納謇謇之士除左右之權寤宦官之敝使積善日熙（熙廣也）佞惡消殄則乾灾可除帝省其奏因以病自上乞骸骨還家靈帝復特徵不行病卒子騏白馬令亦稱善士（謝承書曰典字驥）

徐璆字孟玉（璆音仇）廣陵海西人也父淑度遼將軍有名於邊（謝承書曰淑字伯進寬裕博學習孟氏易春秋公羊傳禮記周官善誦太公六韜交接英雄常有壯志）璆少博學辟公府舉高第（袁山松書曰璆少履清高立朝正色稱揚後進惟恐不及）稍遷荊州刺史時董太后姊子張忠爲南陽太守因埶放濫臧罪數億璆臨當之部太后遣中常侍以忠屬璆璆對曰臣身爲國不敢聞命太后怒遽徵忠爲司隸校尉以相威臨璆到州舉奏忠臧餘一億使冠軍縣上簿詣大司農以彰暴其事又奏五郡太守及屬縣有臧汙者悉徵案罪威風大行中平元年與中郎將朱儁擊黃巾賊於宛破之張

後漢列傳三十八　二十七　李宰

忠怨璆與諸閹官搆造無端璆遂以罪徵有破賊功得免官歸家後再徵遷汝南太守轉東海相所在化行獻帝遷許以廷尉徵當詣京師道爲袁術所劫授璆以上公之位璆乃歎曰龔勝鮑宣獨何人哉守之必死（龔勝字君賓楚人也好學明經哀帝時爲光祿大夫乞骸骨王莽即位遣使以上卿徵勝不食而死鮑宣字子都渤海人也哀帝時爲司隸校尉王莽輔政誅漢忠臣不附己者宣及何武等皆死）術不敢逼術死軍破璆得其盜國璽及還許上之（衛宏曰秦以前以金玉銀爲方寸璽秦以來天子獨稱璽又以玉羣下莫得用其玉出藍田山）

題是李斯書其文曰受命于天既壽永昌號曰傳國璽漢高祖定三秦子嬰獻之高祖即位乃佩之王莽篡位就元后求璽后乃出以投地上螭一角缺及莽敗時仍帶璽紱杜吳殺莽不知取璽公賓就斬莽首并取璽更始將李松送上更始赤眉至高陵更始奉璽上赤眉建武三年盆子奉以上光武孫堅從桂陽入雒討董卓軍於城南見井中有五色光軍人莫敢汲堅乃浚得璽袁術有僭盜意乃拘堅妻求之術得璽舉以向肘魏武謂之曰我在不聽汝乃至此時璆得而獻之并送前所假汝南東海二郡印綬司徒趙溫謂璆曰君遭大難猶存此邪璆曰昔蘇武困於匈奴不隊七尺之節況此方寸印乎後拜太常使持節拜曹操爲丞相操以相讓璆璆不敢當卒於官

論曰孫懿以高明見忌而受欺於陰計翟酺資譎數取通而終之以謇諫豈性智自有周偏先後之要殊度乎應氏七世才聞而奉劭采章爲盛及撰著篇籍甄紀異知雖云小道亦有可觀者焉延璆應對辯正而不可犯陵上之尤斯固辭之不可以已也左氏傳孔子曰辭之不可以已也如是夫子產有辭諸侯賴之

贊曰楊終李法華陽有聞益州古梁州之域尚書曰華陽黑水惟梁州孔安國注曰北拒華山之陽南拒黑水故常璩叙蜀事而謂之華陽國志焉二應克聰亦表汝潰鄭玄注周禮曰水涯曰潰翟酺詐懿霍諝請舅延能訐帝璆亦悟后

後漢書列傳卷第三十八

列傳第三十九　范曄　後漢書四十九

唐章懷太子賢　注

王充　王符

仲長統

王充字仲任會稽上虞人也其先自魏郡元城徙焉充少孤鄉里稱孝後到京師受業太學袁山松書充幼聰朗詣太學觀天子臨辟雍作六儒論師事扶風班彪好博覽而不守章句家貧無書常游洛陽市肆閱所賣書一見輒能誦憶遂博

通衆流百家之言後歸鄉里屏居教授仕郡爲功曹以數諫爭不合去充好論說始若詭異終有理實以爲俗儒守文多失其眞乃閉門潛思絕慶弔之禮户牖牆壁各置刀筆著論衡八十五篇二十餘萬言袁山松書曰充所作論衡中土未有傳者蔡邕入吳始得之恒秘玩以爲談助其後王朗爲會稽太守又得其書及還許下時人稱其才進或曰不見異人當得異書問之果以論衡之益由是遂見傳焉抱朴子曰時人嫌蔡邕得異書或搜求其帳中隱處果得論衡抱數卷持去邕丁寧之曰唯我與爾共之勿廣也釋物類同異正時俗嫌疑刺史董勤辟爲從事轉治中自免還家友人同郡謝夷吾上書薦充才學謝承書曰夷吾薦充曰充之天才非學所加雖前世孟軻孫卿近漢揚雄劉向司馬遷不能過也肅宗特詔公車徵病不行年漸七十志力衰耗乃造養性書十六篇裁節嗜欲頤神自守永元中病卒于家

王符字節信安定臨涇人也少好學有志操與馬融竇章張衡崔瑗等友善安定俗鄙庶孽何休注公羊傳云孽賤也而符無外家爲鄉人所賤自和安之後世務游宦當塗者更相薦

引而符獨耿介不同於俗以此遂不得升進志意蘊憤乃隱居著書三十餘篇以譏當時失得不欲章顯其名故號曰潛夫論其指訐時短討讁物情訐攻也讁責也足以觀見當時風政著其五篇云爾

貴忠篇曰夫帝王之所尊敬者天也皇天之所愛育者人也今人臣受君之重位牧天之所愛焉可以不安而利之養而濟之哉是以君子任職則思利人達上則思進

賢故居上而下不怨在前而後不恨也書稱天工人其代之王者法天而建官(尚書咎繇謨曰亡曠庶官天工人其代之孔安國注云言人代天理官不可以天官私非其才也又曰明王奉若天道建邦設都孔安國注云天有日月北斗五星二十八宿皆有尊卑相正之法言明王奉順此道以立國設都也)故明王不敢以私授忠臣不敢以虛受竊人之財猶謂之盜況偷天官以私己乎(左傳介之推曰竊人之財猶謂之盜況貪天功以爲己力乎)以罪犯人必加誅罰況乃犯天得無咎乎夫五世之臣以道事君(五代謂唐虞夏殷周也)澤及草木仁被率土

後漢列傳三十九　三　康仲

是以福祚流衍本支百世(詩大雅曰文王孫子本支百世)季世之臣以諂媚主不思順天專杖殺伐白起蒙恬秦以爲功天以爲賊(史記曰白起爲秦將與趙戰於長平阬趙卒四十五萬人蒙恬爲秦將北逐戎翟築長城起臨洮至遼東延袤萬餘里此爲虐於人也)息夫董賢主以爲忠天以爲盜(息夫躬字子微哀帝時告東平王雲事封宜陵侯董賢字聖卿得幸哀帝爲賢起大第於北闕下封爲高安侯)易曰德薄而位尊智小而謀大鮮不及矣(易繫辭之言)是故德不稱其禍必酷能不稱其殃必大夫竊位之人天奪其鑒(論語孔子曰臧文仲其竊位者歟左傳晉卜偃曰虢必亡矣天奪之鑒而益其疾也杜預注云鑒所以自照也)雖有明察之資仁義之志一旦富貴則背親捐舊喪其本心疏骨肉而親便辟薄知友而厚犬馬寧見朽貫千萬而不忍貸人一錢情知積粟腐倉而不忍貸人一斗骨肉怨望於家細人謗讟於道前人以敗後爭襲之誠可傷也歷觀前政貴人之用心也與嬰兒子其何異哉嬰兒有常病貴臣有常禍父母有常失人君有常過嬰兒常病傷於飽也貴臣

後漢列傳三十九　四　康敏

常禍傷於寵也哺乳多則生癇病富貴盛而致驕疾愛子而賊之驕臣而滅之者非一也極其罰者乃有仆死深牢銜刀都市(趙將李牧爲韓倉所譖賜死將自誅臂短不能及銜刀於柱以自殺見戰國策)豈非無功於天有害於人者乎夫鳥以山爲埤而增巢其上魚以泉爲淺而穿穴其中卒所以得者餌也(曾子之文也亦見大戴禮)貴戚願其宅吉而制爲令名欲其門堅而造作鐵樞卒其所以敗者非苦禁忌少而門樞朽也常苦崇財

貨而行驕僭耳不上順天心下育人物而欲任其私智竊弄君威反戾天地欺誣神明居累卵之危而圖太山之安爲朝露之行而思傳世之功朝露言易盡也蘇子曰人生一世若朝露之託於桐葉耳其與幾何豈不惑哉豈不惑哉浮侈篇曰王者以四海爲家兆人爲子一夫不耕天下受其飢一婦不織天下受其寒文子曰神農之法曰丈夫丁壯不耕天下有受其飢者婦人當年不織天下有受其寒者故其耕不強者無以養生其織不力者無以衣形今舉俗舍本農趨商賈牛馬車輿塡塞

道路游手爲巧充盈都邑游手爲巧謂彫鏤之屬也務本者少浮食者衆商邑翼翼四方是極詩商頌文也鄭玄注云極中也翼翼然可則效乃四方之中正也今察洛陽資末業者什於農夫虛僞游手什於末業是則一夫耕百人食之一婦桑百人衣之以一奉百孰能供之天下百郡千縣市邑萬數類皆如此本末不足相供則民安得不飢寒飢寒並至則民安能無姦軌姦軌繁多則吏安能無嚴酷嚴酷數加則下安能無

愁怨愁怨者多則咎徵並臻下民無聊而上天降災則國危矣夫貧生於富弱生於彊亂生於化危生於安富而不節則貧彊而驕人則弱居理而不修德則亂恃安而不慎微則危矣是故明王之養民憂之勞之教之誨之愼微防萌以斷其邪故易美節以制度不傷財不害民節以制度以下並節卦彖辭也鄭玄注云空府藏則傷財力役繁則害人二者奢泰之所致七月之詩大小教之終而復始由此觀之人固不可恣也七月詩豳風也大謂耕桑之法小謂索綯之類自春及冬終而復始也今人奢衣服侈飲食

事口舌而習調欺或以謀姦合任爲業合任謂相合爲任俠也或以游博持掩爲事博謂六博掩謂意錢也前書貨殖傳曰又況掘冢搏揜犯姦成富也丁夫不扶犁鋤而懷丸挾彈攜手上山遨遊或好取土作丸賣之外不足禦寇盜內不足禁鼠雀或作泥車瓦狗諸戲弄之具以巧詐小兒此皆無益也詩刺不績其麻市也婆娑詩陳風也婆娑舞皃謂婦人於市中歌舞以事神也又婦人不修中饋休其蠶織易家人卦六二曰在中饋貞吉鄭玄注云中饋酒食也詩大雅曰婦無公事休其蠶織而起學巫祝

鼓舞事神以欺誣細民熒惑百姓妻女羸弱疾病之家懷憂憒憒易為恐懼至使奔走便時去離正宅崎嶇路側風寒所傷姦人所利盜賊所中或增禍重祟至於死亡而不知巫所欺誤反恨事神之晚此妖妄之甚者也或刻畫好繒以書祝辭或虛飾巧言希致福祚或糜折金綵令廣分寸或斷截衆縷繞帶手腕或裁切綺縠縫紩成幡皆單費百縑用功千倍破牢為僞以易

就難坐食嘉穀消損白日（損或作捐）夫山林不能給野火江海不能實漏卮皆所宜禁也昔孝文皇帝躬衣弋綈（前書音義曰弋皁也綈繒也）革舃韋帶而今京師貴戚衣服飲食車輿廬第奢過王制固亦甚矣且其徒御僕妾皆服文組綵牒（牒即今疊布也）錦繡綺紈葛子升越筩中女布（說文曰綺文繒也前書曰齊俗作冰紈子細繒也沈懷遠南越志曰蕉布之品有三有蕉布有竹子布又有葛焉雖精麤之殊皆同出而異名揚雄蜀都賦曰布則蜘蛛作絲不可見風筩中黃潤一端數金盛弘之荊州記曰秭歸縣室多幽閑其女盡織布至數十升今永州俗猶呼貢布為女子布也）

犀象珠玉虎魄瑇瑁石山隱飾金銀錯鏤（廣雅曰虎魄珠也生地中其上及旁不生草深者八九尺初時如桃膠凝堅乃成其方人以為枕出罽賓及大秦國吳錄曰瑇瑁似龜而大出南海山石謂隱起為山石之文也）窮極麗靡轉相誇咤（郭景純注子虛賦曰誇詫也咤與詫通也）其嫁娶者車軿數里緹帷竟道（蒼頡篇曰軿衣車軿音薄丁反又步田反）騎奴侍童夾轂並引富者競欲相過貧者恥其不逮一饗之所費破終身之業古者必有命然後乃得衣繒絲而乘車馬（尚書大傳曰古之帝王者必有命人能敬長矜孤取舍好讓者命於其君得乘飾車軿馬衣文錦未有命者不得衣不得乘乘衣者有罰）

今雖不能復古宜令細民略用孝文之制古之葬者厚衣之以薪葬之中野不封不樹喪期無數後世聖人易之以棺槨（易繫辭之言也）桐木為棺葛采為緘（尸子曰禹之喪法死於陵者葬於陵死於澤者葬於澤桐棺三寸制喪三日墨子曰舜西教乎七戎道死葬南巴之中衣衾三領款木之棺葛以緘之采猶蔓也緘束也）下不及泉上不泄臭中世以後轉用楸梓槐柏杶樗之屬各因方土裁用膠漆使其堅足恃其用足任如此而已今者京師貴戚必欲江南檽梓豫章之木（檽音乃豆反見埤蒼）

爾雅曰椈檽音而注云檽似槲樕而痺小恐非柟榔之用豫章卽樟木也邊遠下土亦競相放效夫檽梓豫章所出殊遠伐之高山引之窮谷入海乘淮逆河泝洛工匠彫刻連累日月會衆而後動多牛而後致重且千斤功將萬夫而東至樂浪西達敦煌費力傷農於萬里之地古者墓而不墳中世墳而不崇仲尼喪母冢高四尺遇雨而崩弟子請修之夫子泣曰古不修墓孔子合葬母於防曰吾聞之古也墓而不墳於是封之崇四尺孔子先反門人後雨甚至孔子問曰爾來何遲也曰防墓崩

後漢列傳三十九　九

孔子泫然流涕曰吾聞之古不修墓見礼記也及鯉也死有棺無椁文帝葬芷陽縣名屬京兆文帝後改曰霸陵明帝葬洛南皆不藏珠寶不起山陵墓雖卑而德最高今京師貴戚郡縣豪家生不極養死乃崇喪或至金鏤玉匣檽梓楩柟多埋珍寶偶人車馬造起大冢廣種松柏廬舍祠堂務崇華侈案鄗畢之陵南城之冢畢周文王武王葬地也司馬遷云在鄗東南杜中無墳隴在今咸陽縣西北孔安國注尚書云在長安西北南城山曾子父所葬在今沂州費縣西南也周公非不忠曾子非不孝以爲褒君愛父不在於聚財揚名顯親無取於車馬昔晉靈公多賦以雕牆春秋以爲非君左傳晉靈公不君厚斂以雕牆杜預注云不君失君道也雕畫也華元樂舉厚葬文公君子以爲不臣左傳曰宋文公卒始厚葬用蜃炭益車馬始用殉椁有四阿棺有翰檜君子謂華元樂舉於是不臣是弃君於惡也況於羣司士庶乃可僭侈主上過天道乎前書貢禹曰今大夫僭諸侯諸侯僭天子天子過天道其日久矣

實貢篇曰國以賢興以諂衰君以忠安以佞危此古今之常論而時所共知也然衰

後漢列傳三十九　十

國危君繼踵不絕者豈時無忠信正直之士哉誠苦其道不得行耳夫十步之閒必有茂草十室之邑必有忠信說苑曰十步之澤必有芳草論語曰十室之邑必有忠信也是故亂殷有三仁小衞多君子亂殷謂紂時也三仁箕子微子比干也左傳吳季札適衞悅蘧瑗史狗史鰌公子荊公叔發公子朝曰衞多君子未有患也又臧宣叔曰衞之於晉不得爲次國杜預注云春秋之時以彊弱爲大小衞雖侯爵猶爲小國今以大漢之廣土士民之繁庶朝廷之清明上下之脩正而官無善吏位無良臣此豈時之無賢諒由取之乖實夫志

道者少與逐俗者多疇是以朋黨用私背實趨華其貢士者不復依其質幹準其才行但虛造聲譽妄生羽毛略計所舉歲且二百覽察其狀則德侔顏冉詳覈厥能則鮮及中人皆總務升官自相推達夫士者貴其用也不必求備故四友雖美能不相兼 尚書大傳孔子曰文王得四臣丘亦得四友謂回也爲胥附賜也爲奔走師也爲先後由也爲禦侮其能各不同也 三仁齊致事不一節高祖佐命出自亡秦光武得士亦資暴莽況太平之時

而云無士乎夫明君之詔也若聲忠臣之和也如響長短大小清濁疾徐必相應也且攻玉以石洗金以鹽 詩小雅曰它山之石可以攻玉今之金工發金色者皆淬之於鹽水焉 濯錦以魚浣布以灰夫物固有以賤理貴以醜化好者矣智者弃短取長以致其功今使貢士必覈以實其有小疵勿彊衣飾 衣飾謂裝飾以成其過也衣音於氣反 出處默語各因其方則蕭曹周韓之倫何足不致異鄧梁實之屬企踵可待孔子曰未之思也夫何遠之有

愛日篇曰國之所以爲國者以有民也民之所以爲民者以有穀也穀之所以豐殖者以有民功也功之所以能建者以日力也化國之日舒以長故其民閑暇而力有餘亂國之日促以短故其民困務而力不足舒長者非謂羲和安行 羲和日也山海經曰東南海之外甘水之閒有羲和之國有女子曰羲和方浴日於甘泉羲和者帝俊之妻是生十日郭璞注曰羲和蓋天地始生日月者也 乃君明民靜而力有餘也促短者非

謂分度損減 洛書甄耀度曰凡周天三百六十五度四分度之一一度爲千九百三十二里日一日行一度月一日行十三度十九分度之一也 乃上闇下亂力不足也孔子稱既庶則富之既富乃教之是故禮義生於富足盜竊起於貧窮富足生於寬暇貧窮起於無日聖人深知力者民之本國之基也故務省徭役使之愛日是以堯敕羲和欽若昊天敬授民時明帝時公車以反支日不受章奏 凡反支日用月朔爲正戌亥朔一日反支申酉朔二日反支午未朔三日反支辰巳朔四日反支寅卯朔五日反支子丑朔六日反支見陰陽

書也帝聞而怪曰民廢農桑遠來詣闕而復拘以禁忌豈爲政之意乎於是遂蠲其制令寃民仰希申訴而令長以神自畜難見如神也百姓廢農桑而趨府廷者相續道路非朝餔不得通非意氣不得見說文曰餔謂日加申時也今爲晡字也或連日累月更相瞻視或轉請鄰里饋糧應對歲功既虧天下豈無受其飢者乎孔子曰聽訟吾猶人也從此言之中才以上足議曲直鄉亭部吏亦有任決斷者而類多枉曲蓋有故焉夫理直則恃正而不橈事曲則諂意以行賕不橈故無恩於吏行賕故見私於法若事有反覆吏應坐之吏以應坐之故不得不枉之於庭以羸民之少黨而與豪吏對訟其埶得無屈乎縣承吏言故與之同若事有反覆縣亦應坐之縣以應坐之故而排之於郡以一民之輕而與一縣爲訟其理豈得申乎事有反覆郡亦坐之郡以共坐之故而排之於州

以一民之輕與一郡爲訟其事豈獲勝乎既不肯理故乃遠詣公府公府復不能察而當延以日月貧弱者無以曠旬彊富者可盈千日理訟若此何枉之能理乎正士懷怨結而不見信信讀曰伸猾吏崇姦軌而不被坐此小民所以易侵苦而天下所以多困窮也且除上天感痛致灾但以人功見事言之自三府州郡至于鄉縣典司之吏辭訟之民官事相連更相檢對者曰可有十萬人一人有事二人經營是爲日三十萬人廢其業也以中農率之則是歲三百萬人受其飢者也然則盜賊何從而銷太平何由而作乎詩云莫肯念亂誰無父母詩小雅也百姓不足君誰與足可無思哉可無思哉

述赦篇曰凡療病者必知脈之虛實氣之所結然後爲之方故疾可愈而壽可長也爲國者必先知民之所苦禍之所起然後

爲之禁故姦可塞而國可安也今日賊良民之甚者莫大於數赦贖赦贖數則惡人昌而善人傷矣何以明之哉夫謹勑之人身不蹈非又有爲吏正直不避彊禦而姦猾之黨橫加誣言者皆知赦之不乆故也善人君子被侵怨而能至闕庭自明者萬無數人數人之中得省問者百不過一既對尚書而空遣去者復什六七矣其輕薄姦軌既陷罪法怨毒之家冀其辜戮以解畜憤而反一槩悉蒙赦釋令惡人高會而誇咤老盜服臧而過門孝子見讎而不得討遭盜者覩物而不敢取痛莫甚焉夫養稂莠者傷禾稼惠姦軌者賊良民爾雅曰稂童粮郭璞注云莠類也詩云不稂不莠稂音郎書曰文王作罰刑茲無赦康誥之言也先王之制刑法也非好傷人肌膚斷人壽命也貴威姦懲惡除人害也故經稱天命有德五服五章哉天討有罪五刑五用哉詩刺彼宜有罪汝反脫之詩大雅也此宜無罪

汝反收之彼宜有罪汝反脫之毛萇注云脫赦也古者唯始受命之君承大亂之極寇賊姦軌難爲法禁故不得不有一赦與之更新頤育萬民以成大化非以養姦活罪放縱天賊也夫性惡之民民之豺狼雖得放宥之澤終無改悔之心旦脫重梏夕還囹圄嚴明令尹不能使其斷絶何也凡敢爲大姦者才必有過於衆而能自媚於上者也多散誕得之財奉以諂諛之辭以轉相驅誕猶虛也非有第五公之廉直孰不爲顧哉謂第五倫也爲司空性廉直也論者多曰久不赦則姦軌熾而吏不制宜數肆眚以解散之此未昭政亂之本源不察禍福之所生也後度遼將軍皇甫規解官歸安定鄉人有以貨得鴈門太守者亦去職還家書刺謁規規卧不迎既入而問卿前在郡食鴈美乎有頃又白王符在門規素聞符名乃驚遽而起衣不及帶屣履出迎援符手而還與同坐極歡時人爲之語曰徒見

二千石不如一縫掖禮記儒行孔子曰丘少居魯衣逢掖之衣鄭玄注曰逢猶大也大掖之衣大袂單衣也言書生道義之爲貴也符竟不仕終於家

仲長統字公理山陽高平人也少好學博涉書記贍於文辭年二十餘游學青徐并冀之間與交友者多異之并州刺史高幹袁紹甥也素貴有名招致四方遊士士多歸附統過幹幹善待遇訪以當時之事統謂幹曰君有雄志而無雄才好士而不能

大三五十一小六二　後漢列傳三十九　十七　徐

擇人所以爲君深戒也幹雅自多不納其言統遂去之無幾幹以并州叛卒至於敗魏志曰高幹叛欲奔南荆州上洛都尉王琰捕斬之也并冀之士皆以是異統異其有知人之鑒也統性俶儻敢直言不矜小節默語無常時人或謂之狂生每州郡命召輒稱疾不就常以爲凡遊帝王者欲以立身揚名耳而名不常存人生易滅優游偃仰可以自娯欲卜居清曠以樂其志論之曰使居有良田廣宅背山臨流溝池環帀竹木周布場圃築前果園樹後舟車足以代步涉之艱使令足以息四體之役養親有兼珍之膳妻孥無苦身之勞孥讀曰奴良朋萃止則陳酒肴以娯之嘉時吉日則亨羔豚以奉之蹰躇畦苑遊戲平林蹰躇猶踟蹰也濯清水追涼風釣游鯉弋高鴻諷於舞雩之下詠歸高堂之上雩祭旱之名也爲壇而禱其上以祈雨焉論語曾點曰春服既成冠者五六人童子六七人浴乎沂風乎舞雩詠而歸安神閨房思老氏之玄虛呼吸精和求至人之彷彿老子曰玄之又

後漢列傳三十九　十八　李

玄虛其心實其腹呼吸謂咽氣養生也莊子曰吹呴呼吸吐故納新又曰至人無已也與達者數子論道講書俯仰二儀錯綜人物彈南風之雅操發清商之妙曲家語曰舜彈五絃之琴造南風之詩曰南風之薰兮可以解吾人之慍兮南風之時兮可以阜吾人之財兮三禮圖曰琴本五弦曰宮商角徵羽文王增二曰少宮少商弦最清也消搖一世之上睥睨天地之間不受當時之責永保性命之期如是則可以陵霄漢出宇宙之外矣豈羨夫入帝王之門哉又作詩二篇以見其志辭曰飛鳥遺跡蟬蛻亡殼騰蛇弃鱗神龍喪角

王充論衡曰蠐螬化爲復育復育轉爲蟬蟬之去復育龜之解甲蛇之脫皮可謂尸解矣蜕音式銳反爾雅曰騰蛇有鱗廣雅曰有角曰龍無角解角也至人能變達士拔俗乘雲無轡騁風無足垂露成幃張霄成幄沆瀣當餐九陽代燭霄摩天赤氣也在旁曰幃在上曰幄陵陽子明經曰沆瀣者北方夜半氣也九陽謂日也山海經曰陽谷上有扶木九日居下枝一日居上枝也恒星豔珠朝霞潤玉六合之內恣心所欲人事可遺何爲局促大道雖夷見幾者寡任意無非適物無可古來繞繞委曲如瑣百慮何爲至要在我寄愁天上埋憂地下叛散

後漢列傳三十九　十九　任昌

五經滅弃風雅百家雜碎請用從火抗志山栖游心海左元氣爲舟微風爲杝杝船尾也音徒可反敖翔太清縱意容冶尚書令荀彧聞統名奇之舉爲尚書郎後參丞相曹操軍事每論說古今及時俗行事恒發憤歎息因著論名曰昌言昌當也尚書曰汝亦昌言凡三十四篇十餘萬言獻帝遜位之歲統卒時年四十一友人東海繆襲常稱統才章足繼西京董賈劉楊董仲舒賈誼劉向楊雄也襲字熙伯辟御史府後至尚書光祿勳今簡

撮其書有益政者略載之云

理亂篇曰豪傑之當天命者未始有天下之分者也無天下之分故戰爭者競起焉于斯之時並偽假天威矯據方國擁甲兵與我角才智程勇力與我競雌雄不知去就疑誤天下蓋不可數也角知者皆窮角力者皆負形不堪復伉勢不足復校乃始羈首係頸就我之銜紲耳銜勒也紲韁也夫或曾爲我之尊長矣或曾與我爲等儕矣或曾

後漢列傳三十九　二十　林康

臣虜我矣或曾執囚我矣彼之蔚蔚皆匈詈腹詛幸我之不成蔚與鬱古字通而以奮其前志詎肯用此爲終死之分邪及繼體之時民心定矣普天之下賴我而得生育由我而得富貴安居樂業長養子孫天下晏然皆歸心於我矣豪傑之心既絕士民之志已定貴有常家尊在一人當此之時雖下愚之才居之猶能使恩同天地威侔鬼神暴風疾霆不足以方其怒陽春時雨不足

以喻其澤周孔數千無所復角其聖賁育
百萬無所復奮其勇矣彼後嗣之愚主見
天下莫敢與之違自謂若天地之不可亡
也乃奔其私嗜騁其邪欲君臣宣淫上下
同惡（左傳泄冶諫陳靈公曰公卿宣淫人無効焉杜預注云宣示也）目極角觝
之觀耳窮鄭衛之聲（武帝元封三年作角觝戲音義云兩兩相當角力角伎藝射御故名角抵蓋雜伎樂以巴俞戲魚龍蔓延之屬也後更名平樂觀禮記曰鄭音好濫淫志宋音宴安溺志也）入則耽於婦人出則馳於田獵荒
廢庶政弃亡人物澶漫彌流無所底極（澶漫猶縱逸也澶音徒旦反莊子外篇曰澶漫爲樂也）

信任親愛者盡佞諂
容說之人也寵貴隆豐者盡后妃姬妾之
家也使餓狼守庖厨飢虎牧牢豚遂至熬
天下之脂膏斲生人之骨髓怨毒無聊禍
亂並起中國擾攘四夷侵叛土崩瓦解一
朝而去昔之爲我哺乳之子孫者今盡是
我飲血之寇讎也至於運徙勢去猶不覺
悟者豈非富貴生不仁沈溺致愚疾邪存
亡以之迭代政亂從此周復天道常然之

大數也（左傳曰美惡周必復天之道也）又政之爲理者取一
切而已非能斟酌賢愚之分以開盛衰之
數也日不如古彌以遠甚豈不然邪漢興
以來相與同爲編戶齊民而以財力相君
長者世無數焉而清絜之士徒自苦於茨
棘之間無所益損於風俗也豪人之室連
棟數百膏田滿野奴婢千羣徒附萬計（徒衆也附親也）
船車賈販周於四方廢居積貯滿於
都城（史記曰轉轂百數廢居居邑注云有所廢有所蓄言其乘時射利也）琦賂寶

貨巨室不能容（琦瑋也抱朴子曰片玉可以琦矣必俟盈尺也）馬牛
羊豕山谷不能受妖童美妾塡乎綺室倡
謳妓樂列乎深堂賓客待見而不敢去車
騎交錯而不敢進三牲之肉臭而不可食
清醇之酎敗而不可飲睇盼則人從其目
之所視喜怒則人隨其心之所慮此皆公
矦之廣樂君長之厚實也苟能運智詐者
則得之焉苟能得之者人不以爲罪焉源
發而橫流路開而四通矣求士之舍榮樂

而居窮苦（含音式者反）弃放逸而赴束縛夫誰肯爲之者邪（束縛謂自潔清如拘執也）夫亂世長而化世短亂世則小人貴寵君子困賤當君子困賤之時跼高天蹐厚地猶恐有鎮厭之禍也（詩小雅曰謂天蓋高不敢不跼謂地蓋厚不敢不蹐毛萇注云跼曲也蹐累足也）逮至清世則復入於矯枉過正之檢老者耄矣不能及寬饒之俗少者方壯將復困於衰亂之時是使姦人擅無窮之福利而善士挂不赦之罪辜苟目能辯色耳能辯聲口

能辯味體能辯寒温者將皆以脩絜爲諱惡設智巧以避之焉況肯有安而樂之者邪斯下世人主一切之愆也昔春秋之時周氏之亂世也逮乎戰國則又甚矣秦政乘并兼之埶放虎狼之心（政始皇名也）屠裂天下吞食生人暴虐不已以招楚漢用兵之苦甚於戰國之時也漢二百年而遭王莽之亂（漢至王莽簒位二百一十四年云二百者舉全數）計其殘夷滅亡之數又復倍乎秦項矣以及今日名都空

而不居百里絕而無民者不可勝數（孝平帝時凡郡國一百三縣邑一千三百一十四道三十二侯國二百四十一地東西九千三百二里南北一萬三百六十八里人戶一千二百二十三萬三千六十二口五千九百五十九萬四千九百七十八此漢家極盛之時遭王莽喪亂暨光武中興海內人戶準之於前十裁二三邊方蕭條略無孑遺孝靈遭黃巾之寇獻帝嬰董卓之禍英雄棊峙白骨膏野兵亂相尋三十餘年三方既寧萬不存一也）此則又甚於亡新之時也悲夫不及五百年大難三起（秦三王二帝通在位四十九年前漢二百三十年後漢百九十五年凡四百七十四年故云不及五百年也三起謂秦末及王莽并獻帝時也）中閒之亂尚不數焉變而彌猜下而加酷（下猶後也）推此以往可及

於盡矣嗟乎不知來世聖人救此之道將何用也又不知天若窮此之數欲何至邪損益篇曰作有利於時制有便於物者可爲也事有乖於數法有翫於時者可改也故行於古有其迹用於今無其功者不可不變變而不如前易而多所敗者亦不可不復也漢之初興分王子弟委之以士民之命假之以殺生之權於是驕逸自恣志意無厭魚肉百姓以盈其欲報蒸骨血以

快其情上有篡叛不軌之姦下有暴亂殘賊之害雖藉親屬之恩蓋源流形埶使之然也降爵削土稍稍割奪卒至於坐食奉禄而已然其洿穢之行淫昏之罪猶尚多焉故剗其根本輕其恩義猶尚假一日之尊收士民之用況專之於國擅之於嗣豈可鞭笞叱咤而使唯我所爲者乎時政彫敝風俗移易純樸已去智惠已來老子曰智惠出有大僞也出於禮制之防放於嗜欲之域久矣固

枎仁切 忭

後漢列傳三十九　二十五

不可授之以柄假之以資者也是故收其弈世之權校其從横之埶善者早登否者早去去音桂莒反故下土無壅滯之士國朝無專貴之人此變之善可遂行者也井田之變豪人貨殖館舍布於州郡田畝連於方國身無半通青綸之命而竊三辰龍章之服十三州志曰有秩嗇夫得假半章印續漢輿服志曰百石青紺綸一采宛轉繆織長丈二尺說文綸青絲綬也鄭玄注禮記曰綸今有秩嗇夫所佩也三辰日月星也龍章謂山龍之章皆畫於衣也不爲編户一伍之長而有千室名邑之役周禮小司徒職五人爲伍前書曰五家爲伍伍有長論語孔子曰千室之邑百乘之家言豪强之家身無品秩而强富比於公侯也榮樂過於封君埶力侔於守令財賂自營犯法不坐刺客死士爲之投命至使弱力少智之子被穿帷敗寄死不斂免枉窮困不敢自理雖亦由網禁踈闊蓋分田無限使之然也今欲張太平之紀綱立至化之基趾齊民財之豐寡正風俗之奢儉非井田實莫由也此變有所敗而宜復者也肉刑之廢輕重無品下死則得髡

後漢列傳三十九　二十六　林康

鉗下髡鉗則得鞭笞下猶減也死者不可復生而髡者無傷於人髡笞不足以懲中罪安得不至於死哉言髡笞太輕不足畏懼而姦人冒罪以陷於死明復古肉刑則人不陷於死也夫雞狗之攘竊男女之淫奔酒醴之賂遺謬誤之傷害皆非值於死者也殺之則甚重髡之則甚輕不制中刑以稱其罪則法令安得不參差殺生安得不過謬乎今患刑輕之不足以懲惡則假臧貨以成罪託疾病以諱殺假增臧貨以益其罪託稱疾病令死於獄也科

條無所準名實不相應恐非帝王之通法
聖人之良制也或曰過刑惡人可也過刑
善人豈可復哉曰若前政以來未曾枉害
善人者則有罪不死也 言善人有罪亦當殺之也 是爲忍
於殺人也而不忍於刑人也今令五刑有
品輕重有數科條有序名實有正非殺人
逆亂鳥獸之行甚重者皆勿殺 鳥獸之行謂蒸報也 嗣
周氏之祕典續呂侯之祥刑此又宜復之
善者也 周禮大司寇職掌邦之三典以佐王刑邦國詰四方一曰刑新國用輕典二曰刑平

國用中典三曰刑亂國用重典祥善也尚書曰敬爾祥刑 易曰陽一君二臣
君子之道也陰二君一臣小人之道也 繫詞之文也陽卦一陽而二陰陰卦一陰而二陽陽爲君陰爲臣 然則寡者爲人
上者也衆者爲人下者也一伍之長才足
以長一伍者也一國之君才足以君一國
者也天下之王才足以王天下者也愚役
於智猶枝之附幹此理天下之常法也制
國以分人立政以分事人遠則難綏事總
則難了今遠州之縣或相去數百千里雖

多山陵洿澤猶有可居人種穀者焉當更
制其境界使遠者不過二百里明版籍以
相數閱審什伍以相連持 周禮曰凡在版者注云版名籍也以版爲之也 限夫田以斷并兼定五刑以救死亡
司馬法曰步百爲畝畝百爲夫夫三爲屋屋三爲井 井兼謂豪富之家以財執并取貧人之田而兼有之 益君長以興政理急農桑以豐委積去末
作以一本業敦教學以移情性表德行以
厲風俗覈才藝以敘官宜簡精悍以習師
田 周禮曰凡師田斬牲以左右徇陳注云示犯誓必殺也 修武器以存守

戰嚴禁令以防僭差信賞罰以驗懲勸糾
游戲以杜姦邪察苛刻以絕煩暴審此十
六者以爲政務操之有常課之有限安寧
勿懈墮有事不迫遽聖人復起不能易也
向者天下戶過千萬除其老弱但戶一丁
壯則千萬人也遺漏既多又蠻夷戎狄居
漢地者尚不在焉丁壯十人之中必有堪
爲其什伍之長推什長已上則百萬人也
又十取之則佐史之才已上十萬人也又

十取之則可使在政理之位者萬人也以筋力用者謂之人人求丁壯以才智用者謂之士士貴耆老充此制以用天下之人猶牂有儲何嫌乎不足也故物有不求未有無物之歲也士有不用未有少士之世也夫如此然後可以用天性究人理興頓廢屬斷絕(屬猶續也)網羅遺漏拱柙天人矣(拱執也柙檻也柙音下甲反) 或曰善爲政者欲除煩去苛并官省職爲之以無爲事之以無事何子言之云云也(老子云爲無爲事無事也) 曰若是三代不足摹(毛仙)聖人未可師也(摹法也三代皆用肉刑及井田之法今不用是不摹之也) 君子用法制而至於化小人用法制而至於亂均是一法制也或以之化或以之亂行之不同也苟使豺狼牧羊豚盜跖主征稅國家昏亂吏人放肆則惡復論損益之閒哉(惡音烏) 夫人待君子然後化理國待蓄積乃無憂患君子非自農桑以求衣食者也蓄積非橫賦斂以取優饒者也奉祿誠厚

則割剥貿易之罪乃可絕也蓄積誠多則兵寇水旱之災不足苦也故由其道而得之民不以爲奢由其道而取之民不以爲勞天災流行開倉庫以稟貸不亦仁乎衣食有餘損靡麗以散施不亦義乎彼君子居位爲士民之長固宜重肉累帛朱輪四馬今反謂薄屋者爲高藿食者爲清既失天地之性又開虛僞之名使小智居大位庶績不咸熙未必不由此也得拘絜而失才能非立功之實也(拘絜謂自拘束而絜其身者即隱逸之人也) 以廉舉而以貪去非士君子之志也(去音欺呂反) 夫選用必取善士善士富者少而貧者多祿不足以供養安能不少營私門乎從而罪之是設機置穽以待天下之君子也(穽穿地陷獸也機弩牙也) 盜賊凶荒九州代作飢饉暴至軍旅卒發橫稅弱人割奪吏祿所恃者寡所取者猥(猥猶多也) 萬里懸乏首尾不救徭役並起農桑失業兆民呼嗟於昊天貧窮轉死於

溝壑矣今通肥饒之率計稼穡之入令畝收三斛斛取一斗未爲甚多一歲之間則有數年之儲雖興非法之役恣奢侈之欲廣愛幸之賜猶未能盡也不循古法規爲輕稅及至一方有警一面被災未逮三年校計騫短坐視戰士之蔬食立望餓殍之滿道如之何爲君行此政也（孟子曰塗有餓莩而不知發趙岐注云餓死者曰莩莩與殍通音皮表反）二十稅一名之曰貊況三十稅一乎（孟子載白圭曰吾欲二十而取一何如孟子曰子之道貊也趙岐注云貊夷貊之人在荒者也貊在北方其氣寒不生五穀無中國之禮故可二十取一而足也此言欲輕稅也）夫薄吏祿以豐軍用緣於秦征諸侯續以四夷漢承其業遂不改更危國亂家此之由也今田無常主民無常居吏食日稟（稟給也）祿班未定可爲法制畫一定科租稅十一更賦如舊（更賦已見光武紀也）今者土廣民稀中地未墾（上田已耕唯中地已下未也）雖然猶當限以大家勿令過制其地有草者盡曰官田力堪農事乃聽受之若聽其自取後必爲姦也

法誡篇曰周禮六典冢宰貳王而理天下（爾雅曰冢大也貳謂副貳也周禮天官冢宰掌建邦之六典以佐王理邦國一曰理典以理官府二曰敎典以擾萬姓三曰禮典以諧萬姓四曰政典以均萬姓五曰刑典以糺萬姓六曰事典以生萬姓也）春秋之時諸侯明德者皆一卿爲政爰及戰國亦皆然也秦兼天下則置丞相而貳之以御史大夫自高帝逮于孝成因而不改多終其身漢之隆盛是惟在焉夫任一人則政專任數人則相倚政專則和諧相倚則違戾和諧則太平之所興也違戾則荒亂之所起也光武皇帝愠數世之失權忿彊臣之竊命（愠猶恨也數代謂元成哀平彊臣謂王莽）矯枉過直政不任下雖置三公事歸臺閣（臺閣謂尚書也）自此以來三公之職備員而已然政有不理猶加譴責而權移外戚之家寵被近習之豎親其黨類用其私人內充京師外布列郡顛倒賢愚貿易選舉疲駑守境貪殘牧民撓擾百姓忿怒四夷（撓音火高反）招致乖叛亂離斯瘼（瘼病也）怨氣並作陰陽失和三光虧

缺怪異數至蟲螟食稼水旱爲災此皆戚官之臣所致然也反以策讓三公至於死免乃足爲叫呼蒼天號咷泣血者也又中世之選三公也務於清慤謹愼循常習故者是婦女之檢柙鄉曲之常人耳惡足以居斯位邪檢柙猶規矩也埶既如彼選又如此而欲望三公勳立於國家績加於生民不亦遠乎昔文帝之於鄧通可謂至愛而猶展申徒嘉之志展猶申也文帝時太中大夫鄧通居上傍有怠慢禮丞相申屠嘉奏事見之罷朝召通責之曰通小臣戲殿上大不敬當斬通頓首首盡出血文帝使人召通謝丞相曰此吾弄臣君其釋之夫見任如此則何患於左右小臣哉至如近世外戚宦豎請託不行意氣不滿立能陷人於不測之禍惡可得彈正者哉曩者任之重而責之輕今者任之輕而責之重昔賈誼感絳侯之困辱因陳大臣廉恥之分開引自裁之端文帝時賈誼上書曰大臣有罪不執縛係引而行也其有大罪者聞命則北面再拜跪而自裁之不使人捽抑而刑之也是時丞相絳侯周勃免就國人有告勃謀反繫長安獄卒無事復爵邑故誼以此譏上上深納其言是後大臣有罪皆自殺不受刑也

後漢列傳三十九　三十三　王仲

自此以來遂以成俗繼世之主生而見之習其所常曾莫之悟嗚呼可悲夫左手據天下之圖右手刎其喉愚者猶知難之況明哲君子哉言不以重利害其生事見莊子光武奪三公之重至今而加甚不假后黨以權數世而不行蓋親疏之埶異也言光武奪三公重任今奪更甚光武不假后黨威權數代遂不遵行此爲三公疏后族親故也母后之黨左右之人有此至親之埶故其貴任萬世常然之敗無世而無之莫之斯鑒亦可痛矣未若置丞相自總之若委三公則宜分任責成夫使爲政者不當與之婚姻婚姻者不當使之爲政也如此在位病人病人謂萬姓困斃也舉用失賢百姓不安爭訟不息天地多變人物多妖然後可以分此罪矣或曰政在一人權甚重也曰人實難得何重之嫌昔者霍禹竇憲鄧隲梁冀之徒籍外戚之權管國家之柄及其伏誅以一言之詔詰朝而決何重之畏乎今夫國家漏神明於媟近輸權重

後漢列傳三十九　三十四

於婦黨篹十世而爲之者八九焉不此之
罪而彼之疑何其詭邪此謂后黨彼謂三公也詭猶違也
論曰百家之言政者尚矣尚猶遠也大略歸乎
寧固根柢革易時敝也夫遭運無恒意見
偏雜故是非之論紛然相乖嘗試妄論之
謙不敢正言也以爲世非胥庭人乖鷇飲化迹萬肇
情故萌生赫胥氏大庭氏並古之帝号莊子曰夫聖人鶉居而鷇飲言鶉鳥無常居鷇飲
不假物並淳朴時也肇始也雖周物之智不能研其推變
山川之奥未足況其紆險易繫辭曰知周乎萬物而道濟天下

推遷也莊子曰凡人心險於山川難知於天也則應俗適事難以常條
如使用審其道則殊塗同會才爽其分則
一豪以乖用得其人審其道也授非其才爽其分也易繫辭曰天下同歸而殊塗一致而
百慮易緯曰差以毫釐失之千里何以言之若夫玄聖御世
則天同極施舍之道宜無殊典莊子曰玄聖素王道也極
猶致也言法天之道同其致也施舍猶興廢也而損益異運文朴遞行
論語孔子曰殷因於夏禮所損益可知也朴質也禮記曰文質再而復也用明居晦回
沈於曩時興戈陳俎參差於上世回沈猶攜互不齊一
也沈音究及至戴黃屋服絺衣豐薄不齊而致

化則一前書音義曰天子車以黃繒爲蓋裏故曰黃屋韓子曰堯之王天下也冬日麑裘夏日葛
衣絺葛也亦有宥公族黥國儲寬慘巨隔而防
非必同此其分波而共源百慮而一致者
也禮記曰公族有死罪獄成有司讞于公曰某之罪在大辟公曰宥之有司又曰在大辟公又曰宥之
史記曰秦孝公太子犯法衛鞅曰太子君嗣也不可施刑刑其傅公子虔黥其師公孫賈也若
乃偏情矯用則枉直必過孟子曰矯枉過直矯正也枉曲也言
正曲者過於直以喻爲政者懲奢則太儉患寬則傷猛不能折衷也故葛屨履霜
敝由崇儉詩魏風序曰葛屨刺褊也其君儉嗇褊急而無德以將之詩曰糾糾葛屨可以
履霜鄭玄注云葛屨賤皮屨貴魏俗至冬猶葛屨可用履霜利其賤也楚楚衣服戒

在窮除詩曹風序曰蜉蝣刺奢也詩曰蜉蝣之羽衣裳楚楚毛萇注云蜉蝣渠略也朝生夕
死猶有羽翼以自飾楚楚鮮皃也喻曹朝羣臣皆小人也徒飾其衣裳不知死亡之無日除奢同踈
禁厚下以尾大陵弱踈禁謂防制太寬厚下謂封建太廣言周室微弱而
諸侯強盛如尾大然左傳楚申無宇曰末大必折尾大不掉也斂威峻罰以苛
薄分崩斂聚也言秦酷法以至分崩也斯曹魏之刺所以明
乎國風周秦末軌所以彰於微滅故用舍
之端興敗資焉是以繁簡唯時寬猛相濟
刑書鑄鼎事有可詳三章在令取貴能約
左傳曰鄭人鑄刑書杜預注云鑄刑書於鼎以爲國之常法也高祖初入關除秦苛法約法三章言其辭

約不同太叔致猛政之褒國子流遺愛之涕左傳曰鄭子産有疾謂子大叔曰我死子必爲政唯有德者能以寬服人其次莫如猛又曰子産卒仲尼聞之出涕曰古之遺愛也國子即子産也鄭穆公子國之子因以爲姓也宣孟改冬日之和平陽循畫一之法斯實弛張之弘致可以衛其統乎宣孟晉大夫趙盾也左傳賈季對酆舒曰趙衰冬日之日也趙盾夏日之日也注云冬日可愛夏日可畏前書平陽侯曹參爲相國百姓歌之曰蕭何爲法講若畫一曹參代之守而勿失載其清靜人以寧一數子之言當世失得皆究矣然多謬通方之訓好申一隅之説一隅謂一方偏見也貴清靜者以席上爲腐議束名實者以柱下爲誕辭清靜謂道家也席上謂儒也腐朽也禮記儒行曰儒有席上之珍高祖折隨何曰安用腐儒哉名實名家也柱下老子也誕虚也言志各不同也或推前王之風可行於當年有引救敝之規宜流於長世稽之篤論將爲敝矣如以舟無推陸之分瑟非常調之音古法不施於今猶舟不可行之於陸也今法有合於時如瑟可移柱而調也莊子曰是推舟於陸勞而無功也前書董仲舒曰琴瑟不調甚者必解而更張之乃可鼓也爲政不行甚者必變而更化之乃可理也不限局以疑遠不拘玄以妨素則化樞各管其極理略可得而言與音余

後漢列傳三十九　三十七　林芳

贊曰管視好偏羣言難一救朴雖文矯遲必疾舉端自理滯隅則失詳觀時蠹成昭政術滯隅謂偏執一隅也淮南子曰非循一跡之路守一隅之指而不與俗推移也

後漢書列傳第三十九

後漢列傳三十九　三十八　林芳

列傳卷第四十　范曄　後漢書五十

唐章懷太子賢　注

千乘哀王建　陳敬王羨

彭城靖王恭　樂成靖王黨

下邳惠王衍　梁節王暢

淮陽頃王昞　濟陰悼王長

孝明皇帝九子賈貴人生章帝陰貴人生梁節王暢餘七王本書不載母氏（本書謂東觀記也）

千乘哀王建永平三年封明年薨年少無子國除

陳敬王羨永平三年封廣平王建初三年有司奏遣羨與鉅鹿王恭樂成王黨俱就國肅宗性篤愛不忍與諸王乖離遂皆留京師明年案輿地圖令諸國戶口皆等租入歲各八千萬羨博涉經書有威嚴與諸儒講論於白虎殿七年帝以廣平在北多有邊費（廣平縣故城在今洺州永年縣北）乃徙羨爲西平王（西平縣屬汝南郡也）分汝南八縣爲國及帝崩遺詔徙封爲陳王食淮陽郡其年就國立三十七年薨子思王鈞嗣鈞立多不法遂行天子大射禮（天子將祭擇士而祭謂之大射大射之禮張三侯虎侯熊侯豹侯示服猛也皆以其方制之樂用騶虞九節謝承書曰陳國相曰諸侯射豕天子射熊八尊六樽禮數不同昔季氏設朱干玉戚以舞大夏左傳曰唯名與器不可以假人僭僣之漸不可聽也於是諫爭不合爲王所非坐司寇罪也）性隱賊喜文法國相二千石不與相得者輒陰中之懵怨敬王夫人李儀等永元十一年遂使客隗久（久或作文）殺儀家屬吏捕得久繫長平獄（長平縣屬陳國）鈞欲斷絕辭語復使結客篡殺久事發覺有司舉奏鈞坐削西華項新陽三縣（西華故城在今陳州項城縣也新陽故城在今豫州真陽縣西南也）十二年封鈞六弟爲列侯（伏侯古今注曰番爲陽都鄉侯千秋爲新平侯旦爲高亭侯參爲周亭侯壽爲樂陽亭侯寶爲博平亭侯也）後鈞取掖庭出女李嬈爲小妻（嬈音寧了反）復坐削圉宜祿扶溝三縣（圉扶溝並屬陳留郡宜祿屬汝南郡）永初七年封敬王孫安國爲耕亭侯鈞立二十一年薨子懷王竦嗣立二年薨無子國絕永寧元年立敬王子安壽亭侯崇爲陳

王是爲頃王立五年薨子孝王承嗣承薨子愍王寵嗣熹平二年國相師遷追奏前相魏愔與寵共祭天神希幸非冀罪至不道有司奏遣使者案驗是時新誅勃海王悝（靈帝熹平元年悝被誣謀反自殺也）靈帝不忍復加法詔檻車傳送愔遷詣北寺詔獄使中常侍王酺（華嶠書及宦者傳諸本並作甫此云酺未詳孰是也）與尚書令侍御史雜考愔辭與王共祭黃老君求長生福而已無它冀幸酺等奏愔職在匡正而所爲不

端遷誣告其王罔以不道皆誅死有詔赦寵不案寵善弩射十發十中中皆同處（華嶠書曰寵射其秘法以天覆地載參連爲奇又有三微三小三微爲經三小爲緯經緯相將萬勝之方然要在機牙）中平中黃巾賊起郡縣皆弃城走寵有彊弩數千張出軍都亭（置軍營於國之都亭也）國人素聞王善射不敢反叛故陳獨得完百姓歸之者衆十餘萬人及獻帝初義兵起寵率衆屯陽夏（縣名屬淮陽國夏音公雅反）自稱輔漢大將軍國相會稽駱俊素有威恩時天下飢荒

鄰郡人多歸就之俊傾資賑贍並得全活後袁術求糧於陳而俊拒絕之術忿恚遣客詐殺俊及寵陳由是破敗（謝承書曰俊字孝遠烏傷人察孝廉補尚書侍郎擢拜陳國相人有產子厚致米肉達府主意生男女者以駱爲名袁術使部曲將張闓陽私行到陳之俊所俊往從飲酒因詐殺俊一郡吏人哀號如喪父母）是時諸國無復祖祿而數見虜奪并日而食轉死溝壑者甚衆夫人姬妾多爲丹陽兵烏桓所略云

彭城靖王恭永平九年賜號靈壽王（取其美名

也下重熹王亦同東觀記曰賜號未有國邑也）十五年封爲鉅鹿王建初三年徙封江陵王改南郡爲國元和二年三公上言江陵在京師正南不可以封乃徙爲六安王以廬江郡爲國肅宗崩遺詔徙封彭城王食楚郡其年就國恭敦厚威重舉動有節度吏人敬愛之永初六年封恭子阿奴爲竹邑矦（竹邑縣屬沛郡故城在今徐州符離縣也竹邑或爲邑字轉寫誤也）元初三年恭以事怒子酺酺自殺（東觀記曰恭子男丁前物故酺侮慢丁小妻恭怒閉酺馬廄酺亡夜詣彭城縣欲上書恭遣從官倉頭曉

令歸數責之乃自殺也國相趙牧以狀上因誣奏恭祠祀惡言大逆不道有司奏請誅之恭上書自訟朝廷以其素著行義令考實無徵牧坐下獄會赦免死決錄注曰牧字仲師長安人少知名以公正稱修春秋事樂恢恢以直諫死牧爲陳寃得申高第爲侍御史會稽太守皆有稱績及誣奏恭安帝疑其侵乃遣御史毋丘歆覆案其事實下牧廷尉會赦不誅終於家恭立四十六年薨子考王道嗣元初五年封道弟三人爲鄉侯東觀記曰丙爲都鄉侯國爲安鄉侯丁爲魯陽鄉侯恭孫順爲東安亭侯道立二十八年薨子頃王定嗣本初元年封定兄弟九人皆爲亭侯東觀記曰定兄據卞亭侯弟光昭陽亭侯固公樂亭侯興蒲亭侯延昌城亭侯杞梁父亭侯堅西安亭侯代林亭侯也定立四年薨子孝王和嗣和性至孝太夫人薨行喪陵次毀胔過禮傳相以聞桓帝詔使奉牛酒迎王還宮和敬賢樂施國中愛之初平中天下大亂和爲賊昌務所攻避奔東阿後得還國立六十四年薨孫祗嗣立七年魏受禪以爲崇德侯

樂成靖王黨永平九年賜號重熹王十五

後漢列傳四十　五

年封樂成王黨聰惠善史書喜正文字與肅宗同年尤相親愛建初四年以清河之游觀津勃海之東光成平涿郡之中水饒陽安平南深澤八縣益樂成國前書及郡國志清河無游縣觀津故城在今德州蓨縣東北東光在滄州東光縣南成平在景城縣南中水在今瀛州樂壽縣西北南深澤在今定州深澤縣東也及帝崩其年就國黨急刻不遵法度舊禁宮人出嫁不得適諸國有故掖庭技人哀置嫁爲男子章諸妻哀姓置名也稱男子者無官爵也黨召哀置入宮與通初欲上書告之黨恐懼乃密賂哀置姉焦使殺初事發覺黨乃縊殺內侍三人以絕口語又取故中山簡王傅婢李羽生爲小妻永元七年國相舉奏之和帝詔削東光鄡二縣鄡縣屬鉅鹿郡鄡音羌堯反立二十五年薨子哀王崇嗣立二月薨無子國絕明年和帝立崇兄脩侯巡爲樂成王是爲釐王脩縣及脩縣皆屬勃海脩字或作蓨立十五年薨子隱王賓嗣立八年薨無子國絕明年復立濟北惠王子萇爲樂成王後萇到

後漢列傳四十　六

國數月驕淫不法愆過累積冀州刺史與
國相舉奏萇罪至不道安帝詔曰萇有靦
其面而放逸其心靦姡也言面姡然無媿姡音胡八反知陵廟至
重承繼有禮不惟致敬之節肅穆之愼乃
敢擅損犧牲不備苾芬詩小雅曰苾苾芬芬祀事孔明慢易
大姬不震厥教大姬即萇所繼之母震懼也出入顛覆風
淫于家娉取人妻饋遺婢妾毆擊吏人專
己凶暴愆罪莫大甚可恥也朕覽八辟之
議不忍致之于理周禮司寇以八辟麗邦法一曰議親之辟二曰議故之辟

三曰議賢之辟四曰議能之辟五曰議功之辟六曰議貴之辟七曰議勤之辟八曰議賓之辟其貶
萇爵爲臨湖侯臨湖屬廬江郡朕無則哲之明致
簡統失序罔以尉承大姬增懷永歎袁宏紀曰
尚書侍郎冷宏議以爲自非聖人不能無過故王太子生爲立賢師傅以訓導之是以目不見惡耳不聞
非能保其社稷高明令終萇少長藩國內無過庭之訓外無師傅之道血氣方剛卒受榮爵幾微生過遂
陷不義臣聞周官議親惷愚見赦萇不殺無辜以譴呵爲非無赫赫大惡可裁削奪損其租賦令得改過
自新革心向道案貴香集香與宏共奏此香之辭也延光元年以河閒孝
王子得嗣靖王後以樂成比廢絕故改國
曰安平是爲安平孝王立三十年薨子續

立中平元年黃巾賊起爲所劫質囚于廣
宗今貝州宗城縣也隋室諱改焉賊平復國其年秋坐不道
被誅立三十四年國除
下邳惠王衍永平十五年封衍有容貌肅
宗即位常在左右建初初冠詔賜衍師傅
已下官屬金帛各有差四年以臨淮郡及
九江之鍾離當塗東城歷陽全椒合十七
縣益下邳國鍾離在今豪州鍾離縣東當塗在縣西南東城在定遠縣東南歷陽和州
縣也全椒今滁州縣也帝崩其年就國衍後病荒忽而

太子卬有罪廢諸姬爭欲立子爲嗣連上
書相告言和帝憐之使彭城靖王恭至下
邳正其嫡庶立子成爲太子東觀記載賜恭詔曰皇帝問彭
城王始夏無恙蓋聞堯親九族萬國協和書典之所美也下邳王被病沈滯之疾昏亂不明家用不寧姬
妾適庶諸子分爭紛紛至今前太子卬頑凶失道陷于大辟是後諸子更相誣告訖今適嗣未知所定朕
甚傷之惟王與下邳王恩義至親正此國嗣非王而誰禮重適庶之序春秋之義大居正孔子曰惟仁者
能好人能惡人貴仁者所好惡得其中也太子國之儲嗣可不慎歟王其差次下邳諸子可爲太子者上
名將及景風拜授印綬焉衍立五十四年薨子貞王成嗣
永建元年封成兄二人及惠王孫二人皆

爲列侯成立二年薨子愍王意嗣陽嘉元年封意弟八人爲鄉亭侯中平元年意遭黃巾弃國走賊平復國數月薨立五十七年年九十子哀王宜嗣數月薨無子建安十一年國除

梁節王暢永平十五年封爲汝南王母陰貴人有寵暢尤被愛幸國土租入倍於諸國肅宗立緣先帝之意賞賜恩寵甚篤建初二年封暢舅陰棠爲西陵侯（西陵縣屬江夏郡）

年徙爲梁王以陳留之鄢寧陵濟陰之薄單父己氏成武凡六縣益梁國（鄢今許州鄢陵縣也寧陵今宋州縣也薄故城在今曹州考城縣東北單父今宋州縣也己氏今宋州楚丘縣也成武今曹州縣也）帝崩其年就國暢性聰惠然少貴驕頗不遵法度歸國後數有惡夢從官卞忌自言能使六丁善占夢（六丁謂六甲中丁神也若甲子旬中則丁卯爲神甲寅旬中則丁巳爲神之類也役使之法先齋戒然後其神至可使致遠方物及知吉凶也）暢數使卜筮又暢乳母王禮等因此自言能見鬼神事遂共占氣祠祭求福忌等謟媚云神

言王當爲天子暢心喜與相應荅永元五年豫州刺史梁相舉奏暢不道考訊辭不服有司請徵暢詣廷尉詔獄和帝不許有司重奏除暢國徙九眞帝不忍但削成武單父二縣暢慙懼上疏辭謝曰臣天性狂愚生在深宮長養傅母之手信惑左右之言及至歸國不知防禁從官侍史利臣財物熒惑臣暢臣暢無所昭見與相然諾不自知陷死罪以至考案肌慄心悸自悔無

所復及自謂當即時伏顯誅魂魄去身分歸黃泉不意陛下聖德枉法曲平不聽有司（曲平法申恩平宥其罪）横貸赦臣戰慄連月未敢自安上念以負先帝而令陛下爲臣收汙天下（汙惡也天下以帝赦王爲惡故言收惡天下也）誠無氣以息筋骨不相連臣暢知大貸不可再得自誓束身約妻子不敢復出入失繩墨不敢復有所横費租入有餘乞裁食睢陽穀熟虞蒙寧陵五縣還餘所食四縣臣暢小妻三十七人

其無子者願還本家自選擇謹勑奴婢二百人其餘所受虎賁官騎及諸工技鼓吹倉頭奴婢兵弩廄馬皆上還本署臣暢以骨肉近親亂聖化汙清流既得生活誠無心面目以凶惡復居大宮食大國張官屬藏什物願陛下加大恩開臣自悔之門假臣小善之路令天下知臣蒙恩得去死就生頗能自悔臣以公卿所奏臣罪惡詔書常置於前晝夜誦讀臣小人貪見明時不

大二前廿 小九 後漢列傳四十 十一 何宗十七

能即時自引惟陛下哀臣令得喘息漏刻若不聽許臣實無顏以久生下入黃泉無以見先帝此誠臣至心臣欲多還所受恐天恩不聽許節量所留於臣暢饒足詔報曰朕惟王至親之屬淳淑之美傅相不良不能防邪至令有司紛紛有言令王深思悔過端自克責朕惻然傷之志匪由于咎在彼小子謂由下忌及王禮等也一日克己復禮天下歸仁王其安心靜意茂率休德易不云乎

一謙而四益小有言終吉易謙卦曰天道虧盈而益謙地道變盈而流謙鬼神害盈而福謙人道惡盈而好謙爲謙是一謙而天地神人皆益之故曰一謙而四益訟卦初六曰小有言終吉言王雖小有訟言而終吉也強食自愛暢固讓章數上卒不許立二十七年薨子恭王堅嗣永元十六年封堅弟二人爲鄉亭侯堅立二十六年薨子懷王匡嗣永建二年封匡兄弟七人爲鄉亭侯匡立十一年薨無子順帝封匡弟孝陽亭侯成爲梁王是爲夷王立二十九年薨子敬王元嗣立十六年薨子

後漢列傳四十 十二 陳震

彌嗣立四十年魏受禪以爲崇德侯

淮陽頃王昞永平五年封常山王建初四年徙爲淮陽王以汝南之新安西華益淮陽國立十六年薨未及立嗣永元二年和帝立昞小子側復爲常山王奉昞後是爲殤王立十三年薨父子皆未之國並葬京師側無子其月立兄防子侯章爲常山王和帝憐章早孤數加賞賜延平元年就國立二十五年薨是爲靖王子頃王儀嗣永

建二年封儀兄二人爲亭矦儀立十七年薨子節王豹嗣永嘉元年封豹兄四人爲亭矦豹立八年薨子昺嗣三十二年遭黃巾賊弃國走建安十一年國除

濟陰悼王長永平十五年封建初四年以東郡之離狐陳留之長垣益濟陰國立十三年薨于京師無子國除

論曰晏子稱夫人生厚而用利於是乎正德以幅之謂之幅利言人情須節以正其德亦由布帛須幅以成其度焉左傳云齊景公與晏子邶殿之邑六十晏子不受曰夫富如布帛之有幅焉爲之度使無遷也夫人生厚而用利於是正德以幅之謂之幅利過則爲敗吾不敢貪多所謂幅也明帝封諸子租歲不過二千萬馬后爲言而不得也東觀明紀曰皇子之封皆減舊制嘗案輿地圖皇后在傍言鉅鹿樂成廣平各數縣租穀百萬帝令滿二千萬止諸小王皆當略與楚淮陽相比什減三四我子不當與先帝子等者也賢哉豈徒儉約而已乎知驕貴之無猒嗜欲之難極也故東京諸矦鮮有至於禍敗者也

贊曰孝明傳胤維城八國陳敬嚴重彭城厚德下邳嬰疴梁節邪惑三藩夙齡謂千乘淮陽濟陰並早殁也黨惟荒忒

後漢書列傳卷第四十

列傳第四十一　范曄　後漢書五十一

唐章懷太子賢注

李恂　陳禪

龐參　陳龜

橋玄

李恂字叔英安定臨涇人也少習韓詩[韓嬰所傳詩也]教授諸生常數百人太守潁川李鴻請署功曹未及到而州辟爲從事會鴻卒恂不應州命而送鴻喪還鄉里既葬留起

冢墳持喪三年辟司徒桓虞府後拜侍御史持節使幽州宣布恩澤慰撫北狄所過皆圖寫山川屯田聚落百餘卷悉封奏上肅宗嘉之拜兖州刺史以清約率下常席羊皮服布被遷張掖太守有威重名時大將軍竇憲將兵屯武威天下州郡遠近莫不修禮遺恂奉公不阿爲憲所奏免後復徵拜謁者使持節領西域副校尉西域殷富多珍寶諸國侍子及督使賈胡[督使主督蕃國之使也賈胡胡之商賈也]數遺恂奴婢宛馬金銀香罽之屬一無所受[袁山松書曰西域出諸香石蜜罽織毛爲布者]北匈奴數斷西域車師伊吾盧沙以西使命不得通[前書曰車師前國王居交河城伊吾故城在今瓜州晋昌縣北廣志曰流沙在玉門關外東西數百里有三斷名曰三隴也]恂設購賞遂斬虜帥縣首軍門自是道路夷清威恩並行遷武威太守後坐事免步歸鄉里潛居山澤結草爲廬獨與諸生織席自給會西羌反畔恂到田舍爲所執獲羌素聞其名放遣之恂因詣洛陽

謝時歲荒司空張敏司徒魯恭等各遣子饋糧悉無所受徙居新安關下拾橡實以自資[橡櫟實也武帝元鼎三年徙函谷關於新安也]年九十六卒

陳禪字紀山巴郡安漢人也仕郡功曹舉善黜惡爲邦內所畏察孝廉州辟治中從事[續漢志曰每州有治中從事也]時刺史爲人所上受納臧賂禪當傳考[傳謂逮捕而考之也]無它所齎但持喪斂之具而已及至笞掠無筭五毒畢加禪神意自若辭對無變事遂散釋車騎將軍

鄧騭聞其名而辟焉舉茂才時漢中蠻夷反畔以襌爲漢中太守夷賊素聞其聲即時降服遷左馮翊入拜諫議大夫永寧元年西南夷撣國王（撣音徒丹反）獻樂及幻人能吐火自支解易牛馬頭明年元會作之於庭安帝與羣臣共觀大奇之襌獨離席舉手大言曰昔齊魯爲夾谷之會齊作侏儒之樂仲尼誅之（家語曰魯定公與齊侯會於夾谷孔子攝相事齊奏中宮之樂倡優侏儒戲於前孔子趨曰匹夫而熒諸侯罪應誅於是斬侏儒手足異處）又曰放鄭聲遠佞人（論語孔子之言）帝王之庭不宜設夷狄之技尚書陳忠劾奏襌曰古者合歡之樂舞於堂四夷之樂陳於門故詩云以雅以南韎任朱離（詩小雅鼓鍾之詩曰以雅以南以籥不僭薛君云南夷之樂曰南四夷之樂唯南可以和於雅者以其人聲音及籥不僭差也周禮鞮鞻氏掌四夷之樂鄭玄注云東方曰韎南方曰任西方曰朱離北方曰禁毛詩無韎任朱離之文蓋見齊魯之詩也今亡韎音昧禮記曰九夷八蠻六戎五狄來朝立於明堂四門之外也）今撣國越流沙踰縣度（前書西域傳曰縣度者山名也谿谷不通以繩索相引而度去陽關五千八百八十里）萬里貢獻非鄭衛之聲佞人之比而襌廷訕朝政（訕謗）

也請劾襌下獄有詔勿收左轉爲玄菟候城障尉（候城縣在遼東）詔敢不之官上妻子從者名襌既行朝廷多訟之會北匈奴入遼東追拜襌遼東太守胡憚其威彊退還數百里襌不加兵但使吏卒往曉慰之單于隨使還郡襌於學行禮爲說道義以感化之單于懷服遺以胡中珍貨而去及鄧騭誅廢襌以故吏免復爲車騎將軍閻顯長史順帝即位遷司隸校尉明年卒於官子澄有清名官至漢中太守襌曾孫寶亦剛壯有襌風爲州別駕從事顯名州里

龐參字仲達河南緱氏人也初仕郡未知名河南尹龐奮見而奇之舉爲孝廉拜左校令坐法輸作若盧（若盧獄名）永初元年涼州先零種羌反畔遣車騎將軍鄧騭討之參於徒中使其子俊上書曰方今西州流民擾動而徵發不絶水潦不休地力不復（言其耗損不復於舊）重之以大軍疲之以遠戍農功消

於轉運資財竭於徵發田疇不得墾闢禾
稼不得收入搏手困窮無望來秋兩手相搏言無計也
百姓力屈不復堪命臣愚以爲萬里運糧
遠就羌戎不若總兵養衆以待其疲車騎
將軍騭宜且振旅留征西校尉任尚使督
涼州士民轉居三輔休徭役以助其時止
煩賦以益其財令男得耕種女得織紝紝音
如深反杜預注左傳云織紝繒布也然後畜精銳乘懈沮出
其不意攻其不備則邊人之仇報奔北之

後漢傳四十一　五　林仟

恥雪矣書奏會御史中丞樊準上疏薦參
曰臣聞鷙鳥累百不如一鶚前書鄒陽諫吳王之辭也鶚大鵰也
昔孝文皇帝悟馮唐之言而赦魏尚之
罪使爲邊守匈奴不敢南向前書馮唐謂文帝曰臣聞魏尚
爲雲中守匈奴遠避不近雲中之塞上功莫府一言不相應文吏以法繩之愚以爲陛下法太明賞太輕文帝悦是日令唐持節赦魏尚復以爲雲中守也夫以一臣之身折方
面之難者選用得也臣伏見故左校令河
南龐參勇謀不測卓爾奇偉高才武略有
魏尚之風前坐微法輸作經時今羌戎爲

患大軍西屯臣以爲如參之人宜在行伍
惟明詔採前世之舉觀魏尚之功免赦參
刑以爲軍鋒必有成效宜助國威鄧太后
納其言即擢參於徒中召拜謁者使西督
三輔諸軍屯而徵鄧騭還四年羌寇轉盛
兵費日廣且連年不登穀石萬餘參奏記
於鄧騭曰比年羌寇特困隴右供徭賦役
爲損日滋官負人責數十億萬責音側懈反今復
募發百姓調取穀帛衒賣什物以應吏求

後漢傳四十一　六　耋

外傷羌虜內困徵賦爲羌寇所傷也遂乃千里轉
糧遠給武都西郡塗路傾阻難勞百端疾
行則鈔暴爲害遲進則穀食稍損運糧散
於曠野牛馬死於山澤縣官不足輒貸於
民民已窮矣將從誰求名救金城而實困
三輔三輔既困還復爲金城之禍矣參前
數言宜弃西域乃爲西州士大夫所笑今
苟貪不毛之地營恤不使之民恤憂也不使之人謂戎虜
凶曠不墾爲用棄軍伊吾之野以慮三族之外言勞

師救遠以爲親戚之憂慮果破涼州禍亂至今夫拓境不
寧無益於彊多田不耕何救飢敝故善爲
國者務懷其内不求外利務富其民不貪
廣土三輔山原曠遠民庶稀踈故縣丘城
可居者多也丘空今宜徙邊郡不能自存者
入居諸陵田戍故縣孤城絶郡以權徙之
轉運遠費聚而近之徭役煩數休而息之
此善之善者也騭及公卿以國用不足欲
從參議衆多不同乃止拜參爲漢陽太守
後漢傳四十一　七　李秀
郡人任棠者有奇節隱居教授參到先候
之棠不與言但以薤一大本水一盂置戶
屏前自抱孫兒伏於戶下主簿白以爲倨
參思其微意良久曰棠是欲曉太守也水
者欲吾清也拔大本薤者欲吾擊強宗也
抱兒當戶欲吾開門恤孤也於是歎息而
還參在職果能抑強助弱以恩政得民元
初元年遷護羌校尉畔羌懷其恩信明年
燒當羌種號多等皆降始復得還都令居

通河西路令居縣屬金城郡令音零時先零羌豪僭號北
地詔參將降羌及湟中義從胡七千人湟水名今在鄯州與行征西將軍司馬鈞期會北地
擊羌之參於道爲羌所敗既已失期乃稱病
引兵還坐以詐疾徵下獄校書郎中馬融
上書請之曰伏見西戎反畔寇鈔五州陛
下愍百姓之傷痍哀黎元之失業單竭府
庫以奉軍師昔周宣獫狁侵鎬及方詩小雅六月之
詩曰侵鎬及方至於涇陽鄭玄注云鎬方皆北方地名孝文匈奴亦略上
後漢傳四十一　八　李秀
郡而宣王立中興之功文帝建太宗之號
非惟兩主有明叡之姿抑亦扞城有虓虎
之助詩曰公侯干城又曰闞如虓虎干扞也虓虎怒貌也是以南仲赫
赫列在周詩亞夫赳赳載於漢策詩曰赫赫南仲
薄伐西戎周亞夫爲漢將赳赳武貌竊見前護羌校尉龐參文
武昭備智略弘遠既有義勇果毅之節兼
以博雅深謀之姿又度遼將軍梁慬前統
西域勤苦數年還留三輔功効克立閒在
北邊單于降服今皆幽囚陷於法網昔荀

林父敗績於邲晉侯使復其位左傳曰晉荀林父及楚師戰於邲晉師敗績林父請死晉侯欲許之士貞子諫曰不可夫其敗也如日月之食何損於明晉侯使復其位孟明視喪師於崤秦伯不替其官左傳曰晉敗秦師於崤獲百里孟明視後赦而歸之秦伯曰孤之罪也不替孟明故晉景并赤狄之土秦穆遂霸西戎左傳曰晉荀林父敗赤狄遂滅之晉侯賞林父狄臣千室亦賞士貞子瓜衍之縣曰吾獲狄土子之功也又曰秦伯伐晉遂霸西戎用孟明也宜遠覽二君使參慬得在寬宥之科誠有益於折衝毗佐於聖化書奏赦參等後以參爲遼東太守永建元年遷度遼將軍四年入

後漢傳四十一　九　毛仙

爲大鴻臚尚書僕射虞詡薦參有宰相器能順帝時以爲太尉録尚書事是時三公之中參名忠直數爲左右所陷毀以所舉用忤帝旨司隷承風案之時當會茂才孝廉參以被奏稱疾不得會上計掾廣漢叚恭因會上疏曰伏見道路行人農夫織婦皆曰太尉龐參竭忠盡節徒以直道不能曲心孤立羣邪之間自處中傷之地臣猶冀在陛下之世當蒙安全而復以讒佞傷

毀忠正此天地之大禁人主之至誡昔白起賜死諸侯酌酒相賀季子來歸魯人喜其紓難紓緩也季子魯公子季友也閔公之時國家多難以季子忠賢故請齊侯復之公羊傳曰季子來歸其言季子何賢也言其來歸何喜之也夫國以賢化君以忠安今天下咸欣陛下有此忠賢願卒寵任以安社稷書奏詔即遣小黃門視參疾太醫致羊酒後參夫人疾前妻子投於井而殺之參素與洛陽令祝良不平謝承書曰良字邵平長沙人聰明博學有才幹以廉平見稱也良聞之率吏卒入太尉

後漢傳四十一　十　王彖

府案實其事乃上參罪遂因災異策免有司以良不先聞奏輒折辱宰相坐繫詔獄良能得百姓心洛陽吏人守闕請代其罪者日有數千萬人詔乃原刑陽嘉四年復以參爲太尉永和元年以久病罷卒於家

陳龜字叔珍上黨泫氏人也泫氏故城今澤州高平縣也泫音公玄反家世邊將便習弓馬雄於北州龜少有志氣永建中舉孝廉五遷五原太守永和五年拜使匈奴中郎將時南匈奴左部

反亂龜以單于不能制下外順內畔促令
自殺坐徵下獄免後再遷拜京兆尹時三
輔強豪之族多侵枉小民龜到厲威嚴悉
平理其怨屈者郡內大悅會羌胡寇邊殺
長吏驅略百姓桓帝以龜世諳邊俗拜爲
度遼將軍龜臨行上疏曰臣龜蒙恩累世
馳騁邊垂雖展鷹犬之用頓斃胡虜之庭
魂骸不反薦享狐狸猶無以塞厚責荅萬
分也至臣頑駑器無鉛刀一割之用過受

後漢傳四十一　十一　洙作

國恩榮秩兼優生年死日永懼不報臣聞
三辰不軌擢士爲相蠻夷不恭拔卒爲將
臣無文武之才而忝鷹揚之任詩曰惟師尚父時惟鷹揚
也上慙聖朝下懼素餐素空也無功受祿爲素餐雖歿
軀體無所云補今西州邊鄙土地塉埆埆音
學又音確謂薄土也鞍馬爲居射獵爲業男寡耕稼
之利女乏機杼之饒守塞候望懸命鋒鏑
聞急長驅去不圖反自頃年以來匈奴數
攻營郡謂郡有屯兵者即護羌尉屯金城烏桓校尉屯上谷之類殘殺長吏

侮略良細戰夫身膏沙漠居人首係馬鞍
或舉國掩戶盡種灰滅孤兒寡婦號哭空
城野無青草室如懸磬左傳曰室如懸磬野無青草言其屋居如
磬之懸下無所有雖含生氣實同枯朽往歲并州水
雨災螟互生稼穡荒耗租更空闕更謂卒更錢也
老者慮不終年少壯懼於困尼陛下以百
姓爲子品庶以陛下爲父焉可不日昊勞
神書曰文王至于日中昊不遑暇食也垂撫循之恩哉唐堯親
捨其子以禪虞舜者是欲民遭聖君不令
遇惡主也史記曰堯知子丹朱不肖不足授天下乃推授舜則天下得其利而丹朱病授

後漢傳四十一　十二　毛仲

丹朱則天下病而丹朱得其利堯曰終不以天下之病而利一人卒授舜以天下也故古公
杖策其民五倍帝王世紀曰古公亶甫是爲大王爲百姓所附狄人攻之事之以皮幣玉帛不能免焉王遂杖策而去踰梁山止於岐山之陽邑於周地豳人從者如歸市一年成邑二年成都三年五倍其初也文王西伯天下歸之帝王世紀曰西伯至仁百姓襁負而至豈復輿金輦寶以爲民惠乎近孝
文皇帝感一女子之言除肉刑之法女子即太倉令淳于公之女緹縈也事見前書體德行仁爲漢賢主陛下
繼中興之統承光武之業臨朝聽政而未

留聖意且牧守不良或出中官懼逆上旨取過目前呼嗟之聲招致災害胡虜凶悍因衰緣隙而令倉庫單於豺狼之口功業無銖兩之効皆由將帥不忠聚姦所致前涼州刺史祝良初除到州多所糾罰太守令長貶黜將半政未踰時功効卓然實應賞異以勸功能改任牧守去斥姦殘又宜更選匈奴烏桓護羌中郎將校尉簡練文武授之法令除并涼二州今年租更寬赦罪隸埽除更始則善吏知奉公之祐惡者覺營私之禍胡馬可不窺長城塞下無候望之患矣帝覺悟乃更選幽并刺史自營郡太守都尉以下多所革易下詔爲陳將軍除并涼一年租賦以賜吏民龜旣到職州郡重足震慄鮮卑不敢近塞省息經用歲以億計（經常也）大將軍梁冀與龜素有隙譖其沮毀國威挑取功譽（挑取猶獨取也獨取其名如挑戰之義）不爲胡虜所畏坐徵還遂乞骸骨歸田

後漢傳四十一　十三　揚拔

里復徵爲尚書冀暴虐日甚龜上疏言其罪狀請誅之帝不省自知必爲冀所害不食七日而死西域胡夷并涼民庶咸爲舉哀弔祭其墓

橋玄字公祖梁國睢陽人也七世祖仁從同郡戴德學著禮記章句四十九篇號曰橋君學成帝時爲大鴻臚祖父基廣陵太守父肅東萊太守玄少爲縣功曹時豫州刺史周景行部到梁國玄謁景因伏地言陳相羊昌罪惡乞爲部陳從事（部猶領也）窮案其姦景壯玄意署而遣之玄到悉收昌賓客具考臧罪昌素爲大將軍梁冀所厚冀爲馳檄救之景承旨召玄玄還檄不發案之益急昌坐檻車徵玄由是著名舉孝廉補洛陽左尉（左部尉也）時梁不疑爲河南尹玄以公事當詣府受對恥爲所辱弃官還鄉里後四遷爲齊相坐事爲城旦刑竟徵再遷上谷太守又爲漢陽太守時上邽令皇

後漢傳四十一　十四　陳震

甫祐有臧罪玄收考髡笞死于異市異縣名屬漢陽郡一境皆震郡人上邽姜岐守道隱居名聞西州玄召以爲吏稱疾不就玄怒勑督郵尹益逼致之曰岐若不至趣嫁其母趣音促益固爭不能得遽曉譬岐岐堅卧不起郡内士大夫亦競往諫玄乃止時頗以爲譏後謝病免復公車徵爲司徒長史拜將作大匠桓帝末鮮卑南匈奴及高句驪嗣子伯固並畔爲寇鈔四府舉玄爲度遼

將軍假黃鉞玄至鎮休兵養士然後督諸將守討擊胡虜及伯固等皆破散退走在職三年邊境安靜靈帝初徵入爲河南尹轉少府大鴻臚建寧三年遷司空轉司徒素與南陽太守陳球有隙及在公位而薦球爲廷尉玄以國家方弱自度力無所用乃稱疾上疏引衆災以自劾遂策罷歲餘拜尚書令時太中大夫蓋升與帝有舊恩前爲南陽太守臧數億以上玄奏免升禁

錮没入財賄帝不從而遷升侍中玄託病免拜光禄大夫光和元年遷太尉數月復以疾罷拜太中大夫就醫里舍玄少子十歲獨游門次卒有三人持仗劫執之入舍登樓就玄求貨玄不與有頃司隷校尉陽球率河南尹洛陽令圍守玄家球等恐并殺其子未欲迫之玄瞋目呼曰姦人無狀玄豈以一子之命而縱國賊乎促令兵進於是攻之玄子亦死玄乃詣闕謝罪乞下

天下凡有劫質皆并殺之不得贖以財寶開張姦路詔書下其章初自安帝以後法禁稍弛京師劫質不避豪貴自是遂絶玄以光和六年卒時年七十五玄性剛急無大體然謙儉下士子弟親宗無在大官者及卒家無居業喪無所殯當時稱之初曹操微時人莫知者嘗往候玄玄見而異焉謂曰今天下將亂安生民者其在君乎操常感其知己及後經過玄墓輒悽愴致祭

自爲其文曰故太尉橋公懿德高軌汎愛博容國念明訓士思令謨幽靈潛翳邈哉緬矣操以幼年逮升堂室特以頑質見納君子增榮益觀皆由獎助猶仲尼稱不如顏淵 論語孔子謂子貢曰汝與回也孰愈子貢曰賜也何敢望回子曰吾與汝俱不如也 李生厚歎賈復 復少好學師事舞陰李生李生奇之曰賈君國器也 士死知己懷此無忘又承從容約誓之言徂沒之後路有經由不以斗酒隻雞過相沃酹車過三步腹痛勿怨雖臨時戲笑之言非

至親之篤好胡肯爲此辭哉懷舊惟顧念之悽愴 惟思也 奉命東征屯次鄉里北望貴土乃心陵墓裁致薄奠公其享之 魏志曰建安七年曹公軍譙遂至浚儀遣使以太牢祀橋玄進軍官度也 玄子羽官至任城相

論曰任棠姜岐世著其清結甕牖而辭三命 結猶構也莊子曰原憲處魯居環堵之室桑樞而甕牖周禮一命受職再命受服三命受位謂任姜辭太守之辟也 殆漢陽之幽人乎 易曰履道坦坦幽人貞吉 龐參躬求賢之禮故民悅其政橋玄厲邦君之威而衆失其情夫豈力不足歟將有道在焉 橋玄之舍姜岐以道不可違故不得以威力逼也 如令其道可忘則彊梁勝矣語曰三軍可奪帥匹夫不可奪志 鄭玄注論語言匹夫之守志重於三軍之死將者也 子貢曰寧喪千金不失士心昔段干木踰牆而避文矦之命 高士傳曰段干木者晉人也守道不仕魏文矦造其門段干木踰牆而避之 泄柳閉門不納穆公之請 泄柳魯之賢人也魯穆公時請見之泄柳閉門而不納事見孟子 貴必有所屈賤亦有所申矣

贊曰李变勤身甘飢辭饋禪爲君隱之死靡貳龜習邊功參起徒中橋公識運先覺

時雄

後漢列傳卷第四十一

列傳卷第四十二　范曄　後漢書五十二

唐章懷太子賢注

崔駰　子瑗　孫寔

崔駰字亭伯涿郡安平人也高祖父朝昭帝時爲幽州從事諫刺史無與燕剌王通及剌王敗擢爲侍御史燕剌王旦武帝子也與上官桀等謀亂自殺剌力割反生子舒歷四郡太守所在有能名舒小子篆王莽時爲郡文學以明經徵詣公車太保甄豐舉爲步兵校尉篆辭曰吾聞伐國不問仁人前書董仲舒曰昔魯君問柳下惠曰吾欲伐齊如何柳下惠曰不可歸而有憂色曰吾聞伐國不問仁人此言何爲至於我哉戰陳不訪儒士論語曰衛靈公問陳於孔子孔子對曰俎豆之事則嘗聞之軍旅之事未之學也此舉奚爲至哉遂投劾歸投辭自劾有過不合應舉莽嫌諸不附己者多以法中傷之時篆兄發以佞巧幸於莽位至大司空母師氏能通經學百家之言莽寵以殊禮賜號義成夫人金印紫綬文軒丹轂顯於新世後以篆爲建新

大尹莽改千乘郡曰建新守曰大尹篆不得已乃歎曰吾生無妄之世值澆羿之君易曰無妄之行窮之災也左傳曰昔有夏之方衰也后羿自鉏遷於窮石因夏人以代夏政而淫於原獸用寒浞伯明氏之讒子弟也而虞羿于田以取其國家浞因羿室生澆及殪恃其讒慝詐僞而不德於人澆音五弔反殪音許既反上有老母下有兄弟安得獨絜己而危所生哉乃遂單車到官稱疾不視事三年不行縣續漢志曰郡國常以春行所至縣勸人農桑振救乏絕門下掾倪敞諫篆乃強起班春班布春令所至之縣獄犴填滿犴音岸前書音義曰鄉亭之獄曰犴篆垂涕曰嗟乎刑罰不中乃陷人於穽此皆何罪而至于是遂平理所出二千餘人掾吏叩頭諫曰朝庭初政州牧峻刻初政謂莽即位宥過申枉誠仁者之心然獨爲君子將有悔乎篆曰邾文公不以一人易其身君子謂之知命左傳曰邾文公卜遷於繹史曰利於民而不利於君邾子曰苟利於人孤之利也人既利矣孤必與焉遂遷于繹五月邾文公卒君子曰知命也如殺一大尹贖二千人蓋所願也遂稱疾去建武初朝庭多薦言之者幽州刺史又舉篆賢良篆自以宗門受莽僞寵慙愧漢朝遂辭

歸不仕客居滎陽閑門潛思著周易林六十四篇用決吉凶多所占驗臨終作賦以自悼名曰慰志其辭曰

嘉昔人之遘辰兮遘遇也辰時也美伊傅之遻時伊尹干湯傅說遇高宗爾雅曰遻遇也音五故反應規矩之淑質兮過班倕而裁之公輸班魯人也倕舜時爲共工之官皆巧人也以喻湯及高宗也協準𥂕之貞度兮同斷金之玄策準繩也𥂕尺也貞正也易曰二人同心其利斷金玄策猶妙策也何天衢於盛世兮超千載而垂績易大畜卦乾下艮上其上九曰何天之衢亨鄭玄云艮爲手手上肩也乾爲首首肩之閒荷物處乾爲天艮爲徑路天衢象也

豈脩德之極致兮將天祚之攸適愍余生之不造兮造成也丁漢氏之中微丁當也氛霓鬱以橫厲兮羲和忽以潛暉氛祲也霓日傍之氣橫厲謂氣盛而陵於天也羲和日也氣盛而日光微諭王莽篡漢六柄制于家門兮王綱漼以陵遟國語管仲對齊桓公曰昔者聖人之理天下也而循用其六柄焉韋昭注云六柄生殺貧賤富貴也漼猶摧落也音千隗反黎共奮以跋扈兮羿浞狂以恣睢國語曰昔少皞之衰九黎亂德人神雜揉不可方物淮南子曰昔者共工與顓頊爭爲帝怒而觸不周之山天柱折地維絕跋扈強梁也恣睢自用之貌也恣音咨睢音許維反羿浞已見上睹嫚臧而乘釁兮竊神器之萬機易曰慢藏誨盜釁隙也神器帝王之位老子曰天下神器不可爲也書曰兢兢業業一日二日萬機思輔弼以婾存兮亦號咷以詶咨輔弼謂王莽輔政也偷苟且也號咷哀呼也前書王莽策孺子嬰爲定安公莽親執孺子手流涕歔欷也嗟三事之我負兮乃迫余以天威三事謂三公也負謂太保甄豐舉也豈無熊僚之微介兮悼我生之殲夷左傳曰楚白公勝爲亂石乞曰市南有熊相宜僚者若得之可以當五百人矣從白公而見之與之言說告之故辭承之以劍不動勝曰不爲利諂不爲威惕不泄人言以求媚者去之介耿介也我生謂母也殲滅也夷傷也言其母老恐禍及也庶明哲之末風兮懼大雅之所譏時大雅曰既明且哲以保其身遂翕翼以

委命兮受符守乎艮維艮東北之位謂篡爲千乘太守也恨遭閉而不隱兮違石門之高蹤易曰天地閉而賢人隱論語曰子路宿於石門晨門曰奚自子路曰自孔氏曰是知其不可而爲之者歟揚蛾眉於復關兮犯孔戒之冶容楚詞曰衆女皆妒余之蛾眉詩國風序曰氓刺時也淫風大行男女無別故序其事以風焉其詩曰乘彼垝垣以望復關毛萇注云垝毀也復關君子所近之處也易繫辭曰冶容誨淫鄭玄云謂飾其容而見於外曰冶懿氓蚩之悟悔兮慕白駒之所從詩曰氓之蚩蚩抱布貿絲匪來貿絲來即我謀注云氓人也蚩蚩敦厚之貌布幣也即就也言此之人非買絲來就我爲室家也又曰及爾偕老老使我怨注云我欲與汝俱至老汝反薄我使怨也又曰皎皎白駒諭賢人也乃稱疾而屢

復兮歷三祀而見許（復猶白也）悠輕舉以遠遁兮託峻峗以幽處（峻峗謂山也峗音魚委反）竢潛思於至賾兮騁六經之奧府（賾深也）皇再命而紹卹兮乃云眷乎建武（皇天也紹繼也卹憂也言天憂卹眷顧漢家所以再命光武也）運欃槍以電埽兮清六合之土宇（欃槍彗也）聖德滂以橫被兮黎庶愷以鼓舞闢四門以博延兮彼幽牧之我舉（開闢四方之門廣求賢也幽牧謂爲幽州刺史所舉也）分畫定而計決兮豈云賁乎鄙耇（賁飾也易曰束帛戔戔賁於丘園也）遂懸車以縶馬兮絕時俗之

進取歎暮春之成服兮闔衡門以歸軌（論語曾點曰暮春者春服既成衡橫也謂橫木爲門軌跡也）聊優游以永日兮守性命以盡齒（齒年也）貴啓體之歸全兮庶不忝乎先子（論語曰曾子有疾召門弟子曰啓余足注云父母全已生之亦當全而歸之忝辱也先子謂先人也孟子曾西曰吾先子之所畏）篆生毅以疾隱身不仕毅生駰年十三能通詩易春秋博學有偉才盡通古今訓詁百家之言善屬文少游太學與班固傅毅同時齊名常以典籍爲業未遑仕進之事時人或譏其太玄靜

將以後名失實駰擬揚雄解嘲作達旨以荅焉（華嶠書曰駰譏楊雄以爲范蔡鄒衍之徒乘釁相傾誑曜諸侯者也而云彼我異時又曰竊貲卓氏割炙細君斯蓋士之贅行而云不能與此數公者同以爲失類而改之也）其辭曰

或說已曰易稱備物致用可觀而有所合故能扶陽以出順陰而入（備物致用易繫辭之文也可觀而有所合序卦之文也鄭玄注易乾鑿度曰陽起於子陰起於午天數大分以陽出離以陰入坎坎爲中男離爲中女太一之行出從中男入從中女因陰陽男女之偶爲終始也）春發其華秋收其實有始有極爰登其質今子韞櫝六經服膺道術（韞匣也櫝匱也論語曰有美玉韞櫝而藏諸）歷世而游

高談有日俯鉤深於重淵仰探遠乎九乾（易曰探賾索隱鉤深致遠九乾謂天有九重也離騷天問曰圜則九重孰營度之）窮至賾於幽微測潛隱之無源然下不步卿相之廷上不登王公之門進不黨以讚己退不黷於庸人（讚猶稱也）獨師友道德合符曩真抱景特立與士不羣蓋高樹靡陰獨木不林隨時之宜道貴從凡（華嶠書作高樹不庇易曰隨時之義大矣哉老子曰和其光同其塵故言道貴從凡）于時太上運天德以君世憲王僚而布官（太上明帝也傳曰太上立德天德含弘光大也易曰乃位乎天）

德尚書曰唐虞稽古建官惟百夏商官倍亦克用乂憲法也僚官也言法三王而建官也臨雍
泮以恢儒蹴軒冕以崇賢天子辟雍諸侯頖宮辟雍者璟之以
水圜而如璧也頖半也諸侯半天子之宮皆所以立學垂教也率惇德以厲忠
孝揚茂化以砥仁義砥礪也選利器於良材
求鏌鋣於明智吳越春秋曰干將吳人也造二劍一曰干將二曰莫邪莫邪者
干將之妻名也干將作劍采五山之精合六金之英百神臨觀遂以成劍說苑曰所以尚干將莫邪者貴
其立斷所以尚騏驥者貴其立至必且歷日曠久絲氂猶能挈石駑馬亦能致遠是以聰明敏捷人之美
材也不以此時攀台階闚紫闥三台謂之三階三公之象也
據高軒望朱闕夫欲千里而咫尺未發八寸

後漢列傳四十二 七 陳彥

爲咫蒙竊惑焉故英人乘斯時也文子曰智過萬人謂之英
千人謂之俊猶逸禽之赴深林蝱蚋之趣大沛
蚋小蟲蚊之類蚋音芮說文曰秦謂之蚋楚謂之蚊孟子曰汚池沛澤劉熙曰沛水草相半胡
爲嘿嘿而久沈滯也荅曰有是言乎子苟
欲勉我以世路不知其跌而失吾之度也
古者陰陽始分天地初制制協韻音之設反皇綱云
緒帝紀乃設傳序歷數三代興滅昔大庭
尚矣赫胥罔識大庭赫胥並古帝王號也尚遠也罔無也識記也淳樸
散離人物錯乖高辛攸降厥趣各違高辛氏帝

嚳也道無常稽與時張弛隨時張弛不考之於常道也失仁
爲非得義爲是老子曰失道後德失德後仁失仁後義失義後禮君
子通變各審所履故士或掩目而淵潛莊子
曰北人無擇與舜爲友舜以天下讓之無擇乃自投清泠之淵終身不反也或盥耳而
山棲盥洗也許由字武仲隱於沛澤之中堯聞之乃致天下而讓焉由以爲汚乃臨池洗耳其
友巢父飲犢聞由爲堯所讓曰何以汚吾犢口牽於上流而飲之見莊子及高士傳或草耕
而僅飽伯成子高唐虞時爲諸侯至禹去而耕禹往見之則耕在野見呂氏春秋或木
茹而長飢說苑曰鮑焦衣木皮食木實韓詩外傳曰焦弃其蔬而立槁死於洛濱也或
重聘而不來狂接輿者楚人也耕而食楚王聞其賢使使者持金百溢車二駟聘

後漢列傳四十二 八 林仵

之曰願煩先生理江南接輿笑而不應使者去而遠徙莫知所之見莊子或屢黜而不
去論語曰柳下惠爲士師三黜人曰可以去矣曰直道而事人何往而不三黜也或冒詢
以干進或望色而斯舉詢辱也音火豆反新序曰伊尹蒙恥辱負
鼎俎以干湯論語曰色斯舉矣翔而後集舉協韻音據或以役夫發夢於
王公高宗夢得說乃使百工營求諸野得諸傅巖孔安國曰傅氏之巖在虞虢之界通道所經
有澗水壞道常使胥靡刑人築護此道說賢而隱代胥靡築之以供食事見尚書王公總而言也爾雅皇
王后辟公侯君也或以漁父見兆於元龜戰國策曰呂尚之遇文王
也身爲漁父史記曰太公以釣干周西伯西伯將出獵卜之曰所獲非龍非螭非熊非羆所獲霸王之輔
於是西伯獵果遇太公渭水之陽與語大說元大也若夫紛纕塞路凶虐

播流方言云纊盛多也音奴董反人有昏墊之戹主有疇
咨之憂尚書曰下人昏墊孔安國曰昏瞀墊溺皆困水災也又曰帝曰咨洪水滔天浩浩懷
山襄陵有能俾乂絛垂藟蔓上下相求藟藤也音壘詩曰南有樛木葛
藟纍之於是手賢人授手援世之災孟子曰天下溺則援
之以道嫂溺則援之以手也跋涉赴俗急斯時也草行為跋昔
堯含慼而皋陶謨高祖歎而子房慮謨謀也堯
遭洪水咨嗟憂愁訪下人有能理者皋陶大禹陳其謀見尚書史記曰高祖為項羽所敗下馬踞鞍而問
子房曰吾欲捐關以東誰可與共功者子房曰九江王布彭越韓信即欲捐之此三人楚可破之禍
不散而曹絳奮曹參及絳侯周勃皆從高祖征伐以定天下也結不

解而陳平權高祖擊匈奴至白登被圍七日用陳平計得出及其策
合道從克亂弭衝乃將鏤玄珪冊顯功玉珪
也詩含神霧曰刻之玉版藏之金匱銘昆吾之冶墨子曰昔夏后開使飛廉折金於
山以鑄鼎於昆吾蔡邕銘論曰呂尚作周太師其功銘於昆吾之鼎也勒景襄之鐘
國語曰晉魏顆以其身退秦師于輔氏其勳銘于景鐘此蓋言襄也與其有事則
褰裳濡足冠挂不顧褰裳涉水也新序曰今為濡足之故不救人溺可乎
淮南子曰禹之趨時冠挂而不顧履遺而不取也人溺不拯則非仁也
當其無事則躐纓整襟規矩其步躐音呂涉反躐踐也
此字宜從手廣雅云擸持也言持纓整襟修其容止史記曰攝纓整襟華嶠書擸作攝也德讓

不修則非忠也是以險則救俗平則守禮
舉以公心不私其體今聖上之育斯人也
樸以皇質雕以唐文孔子曰大哉堯之為君也煥乎其有文章故言唐文
六合怡怡比屋為仁壹天下之眾異齊品
類之萬殊參差同量坏冶一陶坏土器之未燒者郭璞注
爾雅曰坏胎物之始也坏音普才反羣生得理庶績其凝凝成也
家家有以樂和人人有以自優威械臧而
俎豆布六典陳而九刑厝械謂器械甲兵之屬也厝謂置之不
用也周禮太宰之職掌建邦之六典以佐王理邦國一曰理典二曰教典三曰禮典四曰政典五曰刑典

六曰事典左傳曰周有亂政而作九刑杜預注云周之衰為刑書謂之九刑濟茲兆庶
出於平易之路雖有力牧之略尚父之厲
力牧黃帝臣也史記尚父呂望相武王以伐紂厲謂威容嚴厲伊皋不論奚事
范蔡伊尹皋繇范雎蔡澤夫廣厦成而茂木暢遠求
存而良馬縶廣厦既成不求材故林木條暢也遠求謂遠方珍異之物也存猶止
息也言所求之物既止不資良馬之力也陰事終而水宿臧立冬之後盛德
在水陰氣用事故曰陰事水宿謂北方七宿斗牛女虛危室壁也月令曰孟冬之月昏危中仲冬昏東壁
中季冬昏婁中孟春昏參中水星伏臧不見也場功畢而大火入爾雅曰心為大
火詩豳風曰七月流火又曰九月築場圃也方斯之際處士山積學

者川流衣裳被宇冠蓋雲浮辭猶衡陽之林岱陰之麓山南曰陽山北曰陰穀梁傳曰林屬於山曰麓伐尋抱不爲之稀蓺拱把不爲之數八尺曰尋蓺殖也兩手曰拱數猶穊也數音疏角反悠悠罔極亦各有得悠悠衆多也罔極猶無窮也亦各有得言皆自以爲得也彼採其華我收其實舍之則臧己所學也彼彼衆人也論語曰用之則行舍之則臧故進動以道則不辭執珪而秉柱國呂氏春秋曰得伍員者位執珪前書音義曰古爵名也又曰柱國楚官猶秦之相國也復靜以理則甘糟糠而安蔡藿夫君子非不欲仕也恥夸毗以求

舉夸毗謂佞人足恭善爲進退非不欲室也惡登牆而摟處孟子曰踰東家牆摟其處子則得妻不摟則不得將摟之乎趙岐注云摟牽也其字從手處子處女也叫呼衒鬻縣旌自表非隨和之寶也暴智燿世因以干祿非仲尼之道也華嶠書曰因字作回回邪也游不倫黨苟以徇己倫謂等倫黨謂朋黨徇營也言交非其類苟以營己而已汗血競時利合而友汗血謂勞力也競時謂趨時也時合而友不以道義子笑我之沈滯吾亦病子屑屑而不已也屑屑猶區區也先人有則而我弗虧行有枉徑而我弗隨枉曲也徑道也臧否在予唯世

所議固將因天質之自然誦上哲之高訓詠太平之清風行天下之至順懼吾躬之穢德勤百畝之不耘尚書曰穢德彰聞禮記曰夫人情者聖王之田也修禮以耕之陳義以種之講學以耨之古者夫田百畝耘除草也縶余馬以安行俟性命之所存安行不奔馳也天命之謂性言隱居以體命昔孔子起威於夾谷解見陳禪傳晏嬰發勇於崔杼解見馮衍傳曹劌舉節於柯盟曹劌曹沫也史記曰曹沫以勇事魯莊公爲魯將與齊戰三敗莊公懼乃獻遂邑地以和猶以爲將齊桓公與莊公會于柯而盟桓公與莊公既盟於壇上曹沫執匕首劫齊桓公左右莫敢動乃還魯之侵地卞嚴克捷於彊

禦新序曰卞莊子養母戰而三北交游非之國君辱之及母死三年齊與魯戰莊子請從遂赴敵而鬭三獲甲首曰夫三北以養母也今志節小具而責塞矣吾聞之節士不以辱生遂反敵殺十人而死君子曰三北已塞滅世斷宗於孝未終也范蠡錯埶於會稽錯置也音七故反埶謂謀略也史記曰吳王敗越於夫椒越王乃以餘兵五千人保於會稽吳師追而圍之越王謂范蠡曰柰何范蠡對曰卑辭厚禮以遺之句踐乃命大夫種行成於吳膝行頓首曰句踐請爲臣妻爲妾吳王乃赦越王越王反國拊循其士范蠡曰可矣乃伐吳吳師敗越復棲吳王姑蘇之山也五員樹功於柏舉伍子胥名員楚人也子胥父誅於楚子胥挾弓矢而干吳王闔閭闔閭甚勇之爲興師伐楚戰於柏舉楚師敗績事見穀梁傳魯連辯言以退燕史記曰魯仲連齊人也燕將攻下齊聊城固保守之田單攻之不下魯仲連乃爲書遺燕將燕將見書泣三日

乃自殺遂平聊城包胥單辭而存楚左傳曰楚昭王爲吳所敗奔遺申包胥如秦乞師曰吳爲封豕長蛇以荐食上國寡君越在草莽使下臣告急立依於庭牆而哭日夜不絕聲勺飲不入口七日秦師乃出軍敗吳而復楚國唐且華顛以悟秦唐且即唐雎也戰國策曰齊楚伐魏魏使人請救不至魏人有唐雎者年九十餘矣西見秦王秦王曰丈人芒然乃遠至魏此來者數矣寡人知魏之急矣唐且曰夫魏萬乘之國也稱東藩者以秦之強也今齊楚之兵以在魏郊矣大王之救不至魏急且割地而約從是王亡一萬乘之魏而強二敵之齊楚秦王悟遽發兵救魏爾雅曰顛頂也華顛謂白首也甘羅童牙而報趙甘羅下蔡人甘茂孫也年十二事秦相呂不韋秦使張唐往相燕羅曰借臣車五乘請爲張唐先報趙不韋乃言之於始皇召見使甘羅於趙趙襄王郊迎事見史記童牙謂幼小也

原襄見廉於壺昔趙衰爲原大夫故曰原衰左傳曰晉侯問原守於寺人勃鞮對曰昔趙衰以壺飧從徑餒而不食故使處原見音胡殿反宣孟收德於東脯呂覽曰昔趙宣孟將之絳見桑下有餓人宣孟止車下食而餔之再咽而能視宣孟問之曰汝何爲而餓若是對曰臣宦於絳歸而糧絕羞行乞故至於此宣子與脯三朐拜受而弗敢食問其故曰臣有老母將以遺之宣孟曰食之吾更與汝乃復與脯二束吳札結信於丘木史記曰吳公子季札使過徐徐君好季札劒口不敢言季札知之爲使上國未獻洎還至徐徐君已死於是乃解其實劒繫之徐君冢樹而去展季勁貞於門女展季柳下惠也韓詩外傳曰魯有男子獨處夜暴風雨至婦人趨而託之男子閉户不納曰吾聞男子不六十不閒居婦人曰子何不學柳下惠然嫗不逮門之女國人不稱其亂焉顏回明仁於度轂程嬰顯義於趙

武程嬰解見馮衍傳度轂未詳僕誠不能編德於數者竊慕古人之所序元和中肅宗始修古禮巡狩方岳駰上四巡頌以稱漢德辭甚典美文多故不載案駰集有東西南北四巡頌流俗本四多作西者誤帝雅好文章自見駰頌後帝嗟歎之謂侍中竇憲曰卿寧知崔駰乎對曰班固數爲臣說之然未見也帝曰公愛班固而忽崔駰此葉公之好龍也試請見之劉向新序曰子張見魯哀公七日哀公不禮焉而去曰君之好士有似葉公子高好龍天龍聞而降之窺頭於牖拖尾於堂葉公見之失其魂

魄五色無主是葉公非好龍也好夫似龍而非龍者駰由此候憲憲屣履迎門屣履謂納履曳之而行言忽遽也屣音山爾反笑謂駰曰亭伯吾受詔交公公何得薄哉遂揖入爲上客居無幾何帝幸憲第時駰適在憲所帝聞而欲召見之憲諫以爲不宜與白衣會帝悟曰吾能令駰朝夕在傍何必於此適欲官之會帝崩竇太后臨朝憲以重戚出內詔命駰獻書誡之曰駰聞交淺而言深者愚也在賤而望貴者惑也未信而納忠者

謗也三者皆所不宜而或蹈之者思効其區區憤盈而不能已也竊見足下體淳淑之姿躬高明之量意美志厲有上賢之風駟幸得充下館序後陳陳列也是以竭其拳拳敢進一言傳曰生而富者驕生而貴者慠生富貴而能不驕慠者未之有也今寵禄初隆百僚觀行當堯舜之盛世處光華之顯時尚書大傳曰舜時百工相和爲卿雲之歌曰卿雲爛兮禮漫漫兮日月光華旦復旦兮豈可不庶幾夙夜以永衆譽弘申伯之

美致周邵之事乎申伯周宣王之元舅周公邵公皆輔佐周室也語曰不患無位患所以立論語曰孔子之言也言但患立身不處於仁義也昔馮野王以外戚居位稱爲賢臣前書曰馮野王字君卿妹爲元帝昭儀野王爲左馮翊御史大夫缺上使尚書選第中二千石而野王行能第一近陰衛尉克己復禮終受多福陰衛尉光烈皇后同母弟興也以謹勑親幸焉郯氏之宗非不尊也史丹封郯故云郯氏前書史丹字君仲魯國人也祖父恭有女弟武帝時爲衛太子良娣成帝即位擢丹爲長樂衛尉遷右將軍封爲武陽侯封東海郯之武彊聚以舊恩見褒賞賜累千金陽侯之族非不盛也重侯累將建天樞執斗柄王氏九侯五大司馬春秋運斗樞曰北斗七星第一名天樞第二至第四爲魁第五至第七爲杓杓即柄前書斗運中央制臨四海其所以獲譏於時垂愆於後者何也蓋在滿而不挹位有餘而仁不足也漢興以後迄于哀平外家二十保族全身四人而已外家當爲后家也二十者謂高帝呂后產禄謀反誅惠帝張皇后廢文帝母薄太后弟昭被殺孝文帝竇皇后從昆弟子嬰誅景帝薄皇后廢武帝陳皇后並廢衛皇后自殺昭帝上官皇后家族誅宣帝祖母史良娣爲巫蠱死宣帝母王夫人弟子商下獄死霍皇后家破元帝王皇后弟王莽篡位成帝許皇后賜死趙皇后廢自殺哀帝祖母傅太后家屬徙合浦平帝母衛姬家屬誅昭帝趙太后憂死是也四人者哀帝母丁姬景帝王皇后宣帝許皇后王皇后其家族並全書曰鑒于有殷可不慎哉

竇氏之興肇自孝文前書曰竇嬰字王孫孝文皇后從兄子也孝文時爲吳相孝景時爲詹事也二君以淳淑守道成名先日竇太后之弟長君少君退讓君子不敢以富貴驕人故云淳淑守道也安豐以佐命著德顯自中興竇融封爲安豐侯內以忠誠自固外以法度自守卒享祚國垂祉於今夫謙德之光周易所美滿溢之位道家所戒易曰謙尊而光卑而不可踰老子曰富貴而驕自遺其咎功成名遂而身退天之道也故君子福大而愈懼爵隆而益恭遠察近覽俯仰有則銘諸几杖刻諸盤杅太公金匱曰武王曰吾欲造起居之誡隨之以身几之書

曰安無忘危存無忘亡孰惟二者必後無凶枕之書曰輔人無苟扶人無容墨子曰堯舜禹湯書其事於竹帛瑑之盤盂杅亦盂也矜矜業業無殆無荒如此則百福是荷慶流無窮矣及憲爲車騎將軍辟駰爲掾憲府貴重掾屬三十人皆故刺史二千石唯駰以處士年少擢在其閒憲擅權驕恣駰數諫之及出擊匈奴道路愈多不法駰爲主簿前後奏記數十指切長短憲不能容稍疏之因察駰高第出爲長岑長長岑縣屬樂浪郡其地在遼東駰自以遠去不得意遂不之官而歸永元四年卒于家所著詩賦銘頌書記表七依婚禮結言達旨酒警合二十一篇中子瑗

瑗字子玉早孤銳志好學盡能傳其父業年十八至京師從侍中賈逵質正大義逵善待之瑗因留游學遂明天官歷數京房易傳六日七分解見郎顗傳諸儒宗之與扶風馬融南陽張衡特相友好初瑗兄章爲州人所殺瑗手刃報仇因亡命會赦歸家家

貧兄弟同居數十年鄉邑化之年四十餘始爲郡吏以事繫東郡發干獄發干縣之獄也獄掾善爲禮瑗閒考訊時輒問以禮說其專心好學雖顛沛必於是後事釋歸家爲度遼將軍鄧遵所辟居無何遵被誅瑗免歸後復辟車騎將軍閻顯府時閻太后稱制顯入參政事先是安帝廢太子爲濟陰王而以北鄉侯爲嗣瑗以侯立不以正知顯將敗欲說令廢立而顯日沈醉不能得見乃謂長史陳禪曰中常侍江京陳達等得以嬖寵惑蠱先帝遂使廢黜正統扶立疏孽少帝即位發病廟中周勃之徵於斯復見呂后立惠帝後宮子爲少帝周勃廢之也今欲與長史君共求見說將軍白太后收京等廢少帝引立濟陰王必上當天心下合人望伊霍之功不下席而立則將軍兄弟傳祚於無窮若拒違天意久曠神器則將以無罪并辜元惡書曰元惡大憝元大也此所謂禍福之會分功之時史記

（蔡澤說范睢曰君獨不觀夫博者乎或欲大投或欲分功今君相秦坐制諸侯使天下皆畏秦此亦秦之分功之時也）禪猶豫未敢從會北鄉侯薨孫程立
濟陰王是爲順帝閻顯兄弟悉伏誅瑗坐
被斥門生蘇祇具知瑗謀欲上書言狀瑗
聞而遽止之時陳禪爲司隷校尉召瑗謂
曰弟聽祇上書禪請爲之證（弟但也司馬相如曰弟如臨邛）
瑗曰此譬猶兒妾屏語耳願使君勿復出
口遂辭歸不復應州郡命久之大將軍梁
商初開莫府復首辟瑗自以再爲貴戚吏
不遇被斥遂以疾固辭歲中舉茂才遷汲
令（汲縣名屬河內）在事數言便宜爲人開稻田數
百頃視事七年百姓歌之漢安初大司農
胡廣少府竇章共薦瑗宿德大儒從政有
迹不宜久在下位由此遷濟北相時李固
爲太山太守美瑗文雅奉書禮致殷勤歲
餘光祿大夫杜喬爲八使徇行郡國（八使見周舉傳）
以臧罪奏瑗徵詣廷尉瑗上書自訟得理
出會病卒年六十六臨終顧命子寔曰夫

人稟天地之氣以生及其終也歸精於天
還骨於地何地不可臧形骸勿歸鄉里其
賵贈之物羊豕之奠一不得受寔奉遺令
遂留葬洛陽瑗高於文辭尤善爲書記箴
銘所著賦碑銘箴頌七蘇（瑗集載其文即枚乘七發之流）南
陽文學官志歎辭移社文悔析草書埶七
言凡五十七篇其南陽文學官志稱於後
世諸能爲文者皆自以弗及瑗愛士好賓
客盛脩肴膳單極滋味不問餘產居常蔬
食菜羹而已家無擔石儲當世清之（華嶠書曰瑗愛士好賓客盛脩肴膳或言其太奢瑗聞之怒勅妻子曰吾并日而食以供賓客而反以獲譏士大夫不足養如此後勿過菜具無爲諸子所蚩也終不能改奉祿盡於賓饗也）
寔字子眞一名台字元始少沈靜好典籍
父卒隱居墓側服竟三公並辟皆不就桓
帝初詔公卿郡國舉至孝獨行之士寔以
郡舉徵詣公車病不對策除爲郎明於政
體吏才有餘論當世便事數十條名曰政
論指切時要言辯而確（確堅正也音口角反）當世稱之

仲長統曰凡爲人主宜寫一通置之坐側

其辭曰

自堯舜之帝湯武之王皆賴明哲之佐博物之臣故皐陶陳謨而唐虞以興伊箕作訓而殷周用隆（伊尹作伊訓箕子作洪範）及繼體之君欲立中興之功者曷嘗不賴賢哲之謀乎凡天下所以不理者常由人主承平日久俗漸敝而不悟政寖衰而不改習亂安危怢不自覩（怢音他沒反怢忽忘也）或荒耽嗜欲不恤萬機

後漢列傳四十二　二十一　林虞

或耳蔽箴誨厭僞忽眞（厭飫姦僞輕忽至眞）或猶豫歧路莫適所從或見信之佐括囊守祿（易曰括囊無咎無譽括結也結囊不言持祿而已）或疎遠之臣言以賤廢是以王綱縱弛於上智士鬱伊於下（鬱伊不申之貌楚詞曰獨鬱伊而誰語也）悲夫自漢興以來三百五十餘歲矣政令垢翫上下怠懈（垢惡也）風俗彫敝人庶巧僞百姓囂然咸復思中興之救矣且濟時拯世之術豈必體堯蹈舜然後乃理哉期於補綻決壞枝柱邪傾（綻音直莧反禮記曰衣裳綻裂紉箴請補綴柱音陟主反）隨形裁割要措斯世於安寧之域而已故聖人執權遭時定制（權謂變也遭遇其時而定法制不循於舊也）步驟之差各有云設不慮人以不能背急切而慕所聞也（背當時之急切而慕所聞之事則非濟時之要）蓋孔子對葉公以來遠哀公以臨人景公以節禮非其不同所急異務也（韓子曰葉公問政於仲尼仲尼曰政在悅近而來遠魯哀公問政於仲尼仲尼曰政在選賢齊景公問政於仲尼仲尼曰政在節財此云臨人節禮文不同也）是以受命之君每輒創制中興之主亦匡時失昔盤庚愍殷遷都

後漢列傳四十二　二十二　揚政

易民（盤庚殷王也自耿遷於亳邑作書三篇以告之）周穆有闕甫矦正刑（甫矦即呂矦也爲周穆王訓暢夏禹用刑之法並見尚書）俗人拘文牽古不達權制奇偉所聞簡忽所見烏可與論國家之大事哉故言事者雖合聖德輒見掎奪（掎音居蟻反賈逵注國語曰從後牽曰掎）何者其頑士闇於時權安習所見不知樂成況可慮始（商君書劉歆曰夫可與樂成難與慮始此乃衆庶所爲耳）苟云率由舊章而已其達者或矜名妒能恥策非已舞筆奮辭以破其義寡不勝衆遂見擯弃雖稷契復

存猶將困焉斯賈生之所以排於絳灌屈子之所以攄其幽憤者也（孝文帝時賈誼請更定律令列侯就國周勃灌嬰等毀之屈原爲楚三閭大夫上官靳尚妒害其能憂愁憤懣遂作離騷經）夫以文帝之明賈生之賢絳灌之忠而有此患況其餘哉故宜量力度德春秋之義（左氏傳曰息侯伐鄭不度德不量力）今既不能純法八世故宜參以霸政（八世謂三皇五帝也霸政謂齊桓晉文也）則宜重賞深罰以御之明著法術以檢之自非上德嚴之則理寬之則亂何以明其然也近孝宣皇帝明

於君人之道審於爲政之理故嚴刑峻法破姦軌之膽海內清肅天下密如（密靜也）薦勳祖廟享號中宗筭計見效優於孝文及元帝即位多行寬政卒以墮損（墮讀曰隳）威權始奪遂爲漢室基禍之主政道得失於斯可監昔孔子作春秋褒齊桓懿晉文歎管仲之功夫豈不美文武之道哉誠達權救敝之理也（左傳齊桓公伐楚責以包茅不貢王祭不供晉文公召王盟諸侯於踐土管仲相公子糾而射桓公此並權變之道也）故聖人能與世推移而

俗士苦不知變（楚詞漁父曰聖人不凝滯於物而與時推移也）以爲結繩之約可復理亂秦之緒干戚之舞足以解平城之圍（易曰上古結繩而化後世聖人易之以書契干盾也戚鉞也尚書曰苗人逆命禹乃舞干羽於兩階七旬有苗格前書高祖被匈奴圍於平城用陳平計得解言干戚之舞非平城之所用也）夫熊經鳥伸雖延歷之術非傷寒之理呼吸吐納雖度紀之道非續骨之膏（莊子曰吹呴呼吸吐故納新熊經鳥伸此導引之士養形之人也黃帝素問曰人傷於寒而轉爲熱何也夫寒盛則生於熱也度紀猶延年也言熊經鳥伸不可療傷寒吸氣不能續斷骨也）蓋爲國之法有似理身平則致養疾則攻焉夫刑罰

者治亂之藥石也德教者興平之粱肉也夫以德教除殘是以粱肉理疾也以刑罰理平是以藥石供養也方今承百王之敝值厄運之會自數世以來政多恩貸馭委其轡馬駘其銜四牡橫奔皇路險傾（家語曰古者天子以德法爲銜勒以百官爲轡策善御馬者正銜勒齊轡策鈞馬力和馬心故口無聲而極千里善御人者一其德法正其百官均齊人物和安人心故刑不用而天下化說文曰駘馬銜脫也音達來反皇路天路也）方將柑勒鞬輈以救之豈暇鳴和鑾請節奏哉（何休注公羊傳曰柑以木銜其口也柑音巨炎反勒馬轡輈車轅鞬猶束也說

苑曰鑾設於鑣和設於軾馬動鑾鳴鑾鳴則應行節也 昔高祖令蕭何作
九章之律有夷三族之令黥劓斬趾斷舌
梟首故謂之具五刑文帝雖除肉刑當劓
者笞三百當斬左趾者笞五百當斬右趾
者弃市右趾者既殞其命笞撻者往往至
死雖有輕刑之名其實殺也當此之時民
皆思復肉刑至景帝元年乃下詔曰笞與
重罪無異幸而不死不可爲民乃定律減
笞輕捶自是之後笞者得全（此以上並見前書刑法志）以

後漢列傳四十二　二十五　章奕

此言之文帝乃重刑非輕之也以嚴致平
非以寬致平也必欲行若言當大定其本
使人主師五帝而式三王（式法也）盪亡秦之
俗遵先聖之風弃苟全之政蹈稽古之蹤
復五等之爵立井田之制（畝百爲夫九夫爲井）然後選
稷契爲佐伊呂爲輔樂作而鳳皇儀擊石
而百獸舞（尚書曰簫韶九成鳳皇來儀又夔曰於余擊石拊石百獸率舞）若不
然則多爲累而已其後辟太尉袁湯大將
軍梁冀府並不應大司農羊傳少府何豹

上書薦寔才美能高宜在朝庭召拜議郎
遷大將軍冀司馬與邊韶延篤等著作東
觀出爲五原太守五原土宜麻枲而俗不
知織績民冬月無衣積細草而臥其中見
吏則衣草而出寔至官斥賣儲峙爲作紡
績織絍練縕之具以教之民得以免寒苦
（杜預注左傳曰織絍織布者孔安國論語注曰縕枲也）是時胡虜連入雲
中朔方殺略吏民一歲至九奔命寔整厲
士馬嚴烽候虜不敢犯常爲邊最（最爲第一）以

後漢列傳四十二　二十六　吴佐

病徵拜議郎復與諸儒博士共雜定五經
會梁冀誅寔以故吏免官禁錮數年時鮮
卑數犯邊詔三公舉威武謀略之士司空
黃瓊薦寔拜遼東太守行道母劉氏病卒
上疏求歸葬行喪母有母儀淑德博覽書
傳初寔在五原常訓以臨民之政寔之善
績母有其助焉服竟召拜尚書寔以世方
阻亂稱疾不視事數月免歸初寔父卒剽
賣田宅起冢塋立碑頌（廣雅曰剽削也音匹妙反一作摽）葬

訖貲產竭盡因窮困以酤釀販鬻爲業時
人多以譏之寔終不改亦取足而已不致
盈餘及仕官歷位邊郡而愈貧薄建寧中
病卒家徒四壁立無以殯斂光祿勳楊賜
太僕袁逢少府段熲爲備棺槨葬具大鴻
臚袁隗樹碑頌德所著碑論箴銘荅七言
祠文表記書凡十五篇寔從兄烈有重名
於北州歷位郡守九卿靈帝時開鴻都門
榜賣官爵公卿州郡下至黃綬各有差其

後漢列傳四十二　二十七　林仁

富者則先入錢貧者到官而後倍輸或因
常侍阿保別自通達（阿保謂傅母也）是時段熲樊
陵張溫等雖有功勤名譽然皆先輸貨財
而後登公位烈時因傅母入錢五百萬得
爲司徒及拜日天子臨軒百僚畢會帝顧
謂親倖者曰悔不小靳可至千萬（靳固惜之也靳或作
僞說文曰僞引爲價也音一建反）程夫人於傍應曰崔公冀
州名士豈肯買官賴我得是反不知姝邪
（姝美也言反不知斯事之美也姝或作株株根本也）烈於是聲譽衰減久

之不自安從容問其子鈞曰吾居三公於
議者何如鈞曰大人少有英稱歷位卿守
論者不謂不當爲三公而今登其位天下
失望烈曰何爲然也鈞曰論者嫌其銅臭
烈怒舉杖擊之鈞時爲虎賁中郎將服武
弁戴鶡尾狼狽而走烈罵曰死卒父檛而
走孝乎（以其武官故罵爲卒或作孔卒者誤也）鈞曰舜之事父
小杖則受大杖則走非不孝也（家語曰曾子耘瓜誤傷其
根曾晳怒建大杖以擊其首曾子仆地不知人有頃乃蘇孔子聞之怒謂門弟子曰參來勿內也昔瞽叟

後漢列傳四十二　二十八　林虞

有子曰舜瞽叟欲使之未嘗不在側欲殺之未嘗可得小箠則待大杖則逃不陷父於不義也）烈慙
而止烈後拜太尉鈞少交結英豪有名稱
爲西河太守獻帝初鈞與袁紹俱起兵山
東董卓以是收烈付郿獄錮之鋃鐺鐵鎖
（說文曰鋃鐺鎖也前書曰人犯鑄錢以鐵鎖鋃鐺其頸鋃音郎鐺音當）卓既誅拜烈
城門校尉及李傕入長安爲亂兵所殺烈
有文才所著詩書教頌等凡四篇
論曰崔氏世有美才兼以沈淪典籍遂爲
儒家文林駰瑗雖先盡心於貴戚而能終

之以居正則其歸旨異夫進趣者乎李固高絜之士也與瑗隣郡奉贄以結好儀禮曰士相見之禮贄冬用雉夏用腒奉之曰某也欲見無由達腒乾腒音渠由此知杜喬之勀殆其過矣寔之政論言當世理亂雖鼂錯之徒不能過也

贊曰崔為文宗世禪雕龍史記曰談天衍雕龍奭劉向別録曰言鄒奭脩飾之文若雕龍文也禪謂相傳授也建新恥潔摧志求容永矣長岑于遼之陰不有直道曷取泥沆瑗不言禄亦離冤辱子眞持論感起昏俗

後漢書列傳卷第四十二

列傳卷第四十三　范曄　後漢書五十三

唐章懷太子賢注

周燮　黄憲

徐穉　姜肱

申屠蟠

易曰君子之道或出或處或默或語上繫之詞也言賢哲所行其趣異也孔子稱蘧伯玉邦有道則仕邦無道可卷而懷也論語蘧伯玉名瑗衛大夫也卷而懷謂不預時政不忤於人者也然用舍之端君子之所以存其誠也誠實也孔子曰用之則行舍之則藏易曰閑邪存其誠故其行也則濡足蒙垢出身以効時新序曰申徒狄非時將自投河崔嘉聞而止之曰吾聞聖人之從事於天地之間人之父母也今爲濡足之故不救溺人乎及其止也則窮棲茹菽臧寶以迷國爾雅曰啜茹也孫卿子曰君子啜菽飲水非愚也是節然也論語曰陽貨謂孔子曰懷其寶而迷其邦可謂仁乎

太原閔仲叔者謝沈書曰閔貢字仲叔世稱節士雖周黨之絜清自以弗及也黨見其含菽飲水遺以生蒜受而不食黨與仲叔同郡亦貞介士也見逸人傳皇甫謐高士傳曰黨見仲叔食無菜遺之生蒜仲叔曰我欲省煩耳今更作煩邪受而不食建武中應司徒侯霸之辟

既至霸不及政事徒勞苦而已勞其勤苦也勞音力到反
仲叔恨曰始蒙嘉命且喜且懼今見明公
喜懼皆去以仲叔爲不足問邪不當辟也
辟而不問是失人也遂辭出投劾而去案罪
曰劾自投其劾狀而去也投猶下也今有投辭投牒之言也復以博士徵不
至客居安邑老病家貧不能得肉日買猪
肝一片屠者或不肯與安邑令聞勑吏常
給焉仲叔怪而問之知乃歎曰閔仲叔豈
以口腹累安邑邪遂去客沛以壽終仲叔

後漢列傳四十三　二

同郡荀恁字君大恁音而甚反少亦脩清節資
財千萬父越卒悉散與九族隱居山澤以
求厥志王莽末匈奴寇其本縣廣武廣武縣屬
太原郡故城在今代州鴈門縣也聞恁名節相約不入荀氏
閭光武徵以病不至永平初東平王蒼爲
驃騎將軍開東閤延賢俊辟而應焉及後
朝會顯宗戲之曰先帝徵君不至驃騎辟
君而來何也對曰先帝秉德以惠下故臣
可得不來驃騎執法以檢下檢猶察也故臣不

敢不至後月餘罷歸卒於家桓帝時安陽
人魏桓字仲英亦數被徵其鄉人勸之行
桓曰夫干祿求進所以行其志也今後宮
千數其可損乎廄馬萬匹其可減乎左右
悉權豪其可去乎皆對曰不可桓乃慨然
歎曰使桓生行死歸於諸子何有哉若怍時強諫死而後歸於諸勸行者復何益也遂隱身不出若二三子可謂
識去就之槩候時而處槩節也候時以居不失去就也夫然
豈其枯槁苟而已哉蓋詭時審己以成其
道焉詭違也亦若違時志存量己也余故列其風流區而載

後漢列傳四十三　三

之言其清絜之風各有條流故區別而紀之
周燮字彥祖汝南安城人法曹掾燕之後
也燕具獨行篇周嘉傳燮生而欽頤折頞醜狀駭人頤
也欽頤曲頷也說文曰頞鼻莖也折亦曲也欽音丘凡反欽或作顩音同其母欲弃之
其父不聽曰吾聞賢聖多有異貌伏羲牛首女媧蛇軀
皋繇鳥喙孔子牛脣是聖賢異貌也又蔡澤亦顩頤蹙頞興我宗者乃此兒
也於是養之始在髫髫而知廉讓髫髫也禮記曰子生
三月之末擇日翦髮爲髫男角女羈否則男左女右髫音徒果反十歲就學能通

詩論及長專精禮易不讀非聖之書不脩賀問之好有先人草廬結于岡畔（山脊曰岡）下有陂田常肆勤以自給（肆陳也）非身所耕漁則不食也鄉黨宗族希得見者（謝承書曰燮居家清處非法不言兄弟父子室家相待如賓鄉曲不善者皆從其教也）舉孝廉賢良方正特徵皆以疾辭延光二年安帝以玄纁羔幣聘燮（禮卿執羔董仲舒春秋繁露曰凡贄卿用羔羔有角而不用類仁者執之不鳴殺之不啼類死義者羔飲其母必跪類知禮者故以爲贄）及南陽馮良二郡各遣丞掾致禮宗族更勸之曰夫修德立行所以爲國自先世以來勳寵相承君獨何爲守東岡之陂乎燮曰吾既不能隱處巢穴追綺季之跡（綺季東園公夏黃公甪里先生謂之四皓隱於商山見前書也）而猶顯然不遠父母之國斯固以滑泥揚波同其流矣（滑混也楚詞何不滑其泥而揚其波滑音古沒反）夫修道者度其時而動動而不時焉得亨乎（亨通也書曰慮善以動動惟厥時）因自載到潁川陽城遣生送敬遂辭疾而歸（送敬猶致謝也）良亦載病到近縣送禮而還（送禮謂送其所致之禮也）詔書告二郡歲以

羊酒養病良字君郎出於孤微少作縣吏年三十爲尉從佐（從佐謂隨從而已不主案牘也）奉檄迎督郵即路慨然恥在廝役（廝賤也）因壞車殺馬毀裂衣冠乃遁至犍爲從杜撫學妻子求索蹤迹斷絕後乃見草中有敗車死馬衣裳腐朽謂爲虎狼盜賊所害發喪制服積十許年乃還鄉里志行高整非禮不動遇妻子如君臣鄉黨以爲儀表燮良年皆七十餘終

黃憲字叔度汝南慎陽人也（在慎水之南因以名縣南陽有順陽國而流俗書此或作順陽者誤）世貧賤父爲牛醫潁川荀淑至慎陽遇憲於逆旅（逆旅客舍）時年十四淑竦然異之揖與語移日不能去謂憲曰子吾之師表也既而前至袁閬（閬一作閎）所未及勞問逆曰子國有顏子寧識之乎（顏子顏回也）閬曰見吾叔度邪是時同郡戴良才高倨傲而見憲未嘗不正容及歸罔然若有失也其母問曰汝復從牛醫兒來邪對曰良不

見叔度不自以爲不及旣覩其人則瞻之在前忽焉在後（論語顏回慕孔子之言也）固難得而測矣同郡陳蕃周舉常相謂曰時月之閒不見黃生則鄙吝之萌復存乎心（吝貪也）及蕃爲三公臨朝歎曰叔度若在吾不敢先佩印綬矣太守王龔在郡禮進賢達多所降致卒不能屈憲郭林宗少游汝南先過袁閎不宿而退進往從憲累日方還或以問林宗（郭泰別傳曰時林宗過薛恭祖恭祖問曰聞足下見袁奉高車不停軌鑾不輟軛從叔度乃彌信宿也）林宗曰奉高之器譬諸汎濫雖清而易挹（奉高閎字也爾雅曰側出汎泉正出濫泉汎音軌濫音檻）叔度汪汪若千頃陂澄之不清淆之不濁不可量也（淆混也）憲初舉孝廉又辟公府友人勸其仕憲亦不拒之暫到京師而還竟無所就年四十八終天下號曰徵君

後漢列傳四十三　六　李秀

論曰黃憲言論風旨無所傳聞然士君子見之者靡不服深遠去玼吝（玼音此說文曰鮮色也據此文當爲疵作玼者古字通也）將以道周性全無德而稱乎（道周備性全一無德而稱言其德大無能名焉）余曾祖穆侯（晉書曰范汪字玄平安北將軍謚曰穆侯汪生甯甯生泰泰生曄）以爲憲隤然其處順（易繫詞曰坤隤然示人簡矣隤柔順貌）淵乎其似道（老子曰道沖而用之或不盈淵乎似萬物之宗言淵深不可知也）淺深莫臻其分清濁未議其方（廣雅曰方所也）若及門於孔氏其殆庶乎（易繫詞曰顏氏之子其殆庶幾乎殆近也）故嘗著論云

徐穉字孺子豫章南昌人也（豫章郡今洪州也南昌縣即今豫章縣也謝承書曰穉少爲諸生學嚴氏春秋京氏易歐陽尚書兼綜風角星官筭歷河圖七緯推步變易異行矯時俗閭里服其德化有失物者縣以相還道無拾遺四察孝廉五辟宰府三舉茂才也）家貧常自耕稼非其力不食恭儉義讓所居服其德屢辟公府不起時陳蕃爲太守以禮請署功曹穉不免之旣謁而退蕃在郡不接賓客唯穉來特設一榻去則縣之後舉有道家拜太原太守（就家而拜之也）皆不就延熹二年尚書令陳蕃僕射胡廣等上疏薦穉等曰臣聞善人天地之紀政之所由也（左傳曰晉三郤害伯宗譖而殺之及欒弗忌韓獻子曰郤氏其不免乎善人天地之紀也而驟絕之不亡何待也）詩云思皇多士生此王國（大雅文王之詩也思願也）

後漢列傳四十三　七　楊瑛

皇天也思願天多生賢人於此王國天挺俊乂爲陛下出當輔弼明時左右大業者也左右助也伏見處士豫章徐穉彭城姜肱汝南袁閎閎見袁安傳謝承書曰閎少脩志節矯俗高厲京兆韋著著見韋彪傳謝承書曰爲三輔冠族著少修節操持京氏易韓詩傳通術藝潁川李曇德行純備著于人聽若使擢登三事協亮天工必能翼宣盛美增光日月矣桓帝乃以安車玄纁備禮徵之並不至帝因問蕃曰徐穉袁閎韋著誰爲先後蕃對曰閎生出公族聞道漸訓著長

於三輔禮義之俗所謂不扶自直不鏤自雕說苑曰蓬生枲中不扶自直也至於穉者爰自江南卑薄之域而角立傑出宜當爲先如角之特立也穉嘗爲太尉黃瓊所辟不就及瓊卒歸葬穉乃負糧徒步到江夏赴之設雞酒薄祭哭畢而去不告姓名謝承書曰穉諸公所辟雖不就有死喪負笈赴弔常於家豫炙雞一隻以一兩綿絮漬酒中暴乾以裹雞徑到所起冢隧外以水漬綿使有酒氣斗米飯白茅爲藉以雞置前醊酒畢留謁則去不見喪主時會者四方名士郭林宗等數十人聞之疑其穉也乃選能言語生茅容

輕騎追之及於塗容爲設飯共言稼穡之事臨訣去謂容曰爲我謝郭林宗大樹將顛非一繩所維何爲栖栖不遑寧處顛仆也維繫也喻時將衰季豈一人可能救邪及林宗有母憂穉往弔之置生芻一束於廬前而去衆怪不知其故林宗曰此必南州高士徐孺子也詩不云乎生芻一束其人如玉小雅白駒詩此戒賢者行所會主人之饌雖薄要就賢主人其德如玉然也吾無德以堪之靈帝初欲蒲輪聘穉會卒時年七十二子胤字季登篤

行孝悌亦隱居不仕謝承書曰胤少遭父母喪致哀毀瘁歐血發病服闋隱居林藪躬耕稼穡勤則誦經貧窶困乏執志彌固不受惠於人也太守華歆禮請相見固病不詣魏志曰歆字子魚平原人爲豫章太守爲政清淨不煩吏人咸感而愛之漢末寇賊從橫皆敬胤禮行轉相約勑不犯其間建安中卒李曇字雲少孤繼母嚴酷曇事之愈謹謝承書曰曇少喪父躬事繼母酷烈曇性純孝定省恪勤妻子恭奉寒苦執勞不以爲怨得四時珍玩先以進母與徐孺子等海內列名五處士焉爲鄉里所稱法養親行道終身不仕

姜肱字伯淮彭城廣戚人也廣戚故城今徐州沛縣東家

世名族謝承書曰祖父豫章太守父任城相也肱與二弟仲海季江俱以孝行著聞其友愛天至常共卧起謝承書曰肱性篤孝事繼母恪勤母既年少又嚴厲肱感愷風之孝兄弟同被而寢不入房室以慰母心也及各娶妻兄弟相戀不能别寢以係嗣當立乃遞往就室肱博通五經兼明星緯士之遠來就學者三千餘人諸公爭加辟命皆不就二弟名聲相次亦不應徵聘時人慕之肱嘗與季江謁郡夜於道遇盗欲殺之肱兄弟更相爭死賊遂兩釋焉謝承書曰肱與季江俱乘車行適野廬為賊所劫取其衣物欲殺其兄弟肱謂盗曰弟年幼父母所憐愍又未娉娶願自殺身濟弟季江言兄年德在前家之珍寶國之英俊乞自受戮以代兄命盗戢刃曰二君所謂賢人吾等不良妄相侵犯弃物而去肱車中尚有數千錢盗不見也使從者追以與之亦復不受肱以物經歷盗手因以付亭吏而去也但掠奪衣資而已既至郡中見肱無衣服怪問其故肱託以它辭終不言盗盗聞而感悔後乃就精廬精廬即精舍也求見徵君肱與相見皆叩頭謝罪而還所略物肱不受勞以酒食而遣之後與徐穉俱徵不至桓帝乃下彭城使畫工圖其形狀

肱卧於幽闇以被韜面韜藏也言患眩疾不欲出風工竟不得見之中常侍曹節等專執朝事新誅太傅陳蕃大將軍竇武欲借寵賢德以釋衆望乃白徵肱為太守肱得詔乃私告其友曰吾以虛獲實遂藉聲價明明在上猶當固其本志況今政在閹豎夫何為哉乃隱身遯命遠浮海濱再以玄纁聘不就即拜太中大夫詔書至門謝承書曰靈帝手筆下詔曰肱抗陵雲之志養浩然之氣以朕德薄未肯降志昔許由不屈王道為化夷齊不撓周德不虧州郡以禮優順勿失其意肱使家人對云久病就醫遂羸服閒行竄伏青州界中賣卜給食召命得斷家亦不知其處歷年乃還年七十七熹平二年終于家弟子陳留劉操追慕肱德共刊石頌之

申屠蟠字子龍陳留外黄人也九歲喪父哀毁過禮服除不進酒肉十餘年每忌日輒三日不食海内先賢傳曰蟠在冢側致甘露白雉以孝稱同郡緱氏女玉為父報讎緱姓也殺夫氏之黨吏執玉以

告外黃令梁配（續漢書曰同縣大女緱玉爲從父報仇殺夫之從母兄李士姑執玉以告史也）配欲論殺玉蟠時年十五爲諸生進
諫曰玉之節義足以感無恥之孫激忍辱
之子不遭明時尚當表旌廬墓況在清聽
而不加哀矜配善其言乃爲讞得減死論（讞請也）
鄉人稱美之家貧傭爲漆工郭林宗
見而奇之同郡蔡邕深重蟠及被州辟乃
辭讓之曰申屠蟠稟氣玄妙性敏心通喪
親盡禮幾於毀滅至行美義人所鮮能安

後漢列傳四十三　十二　王彥

貧樂潛味道守眞不爲燥濕輕重（律歷志曰銅爲物至精不爲燥濕寒暑變其節不爲風雨暴露改其形介然有常似於士君子之行）不爲窮
達易節（易曰窮則獨善其身達則兼濟天下）方之於邕以齒則
長以德則賢後郡召爲主簿不行（謝承書曰蟠前後徵辟文書悉挂於樹初不顧眄也）遂隱居精學博貫五經兼明
圖緯始與濟陰王子居同在太學子居臨
歿以身託蟠蟠乃躬推輦車送喪歸鄉里
遇司隸從事於河鞏之間（百官志曰司隸從事史十二人秩百石也）
從事義之爲封傳護送（傳謂符牒使人監送之）蟠不肯

受投傳於地而去事畢還學太尉黃瓊辟
不就及瓊卒歸葬江夏四方名豪會帳下
者六七千人（帳下葬處）互相談論莫有及蟠者
唯南郡一生與相酬對既別執蟠手曰君
非聘則徵如是相見於上京矣蟠勃然作
色曰始吾以子爲可與言也何意乃相拘
教樂貴之徒邪（樂音五孝反）因振手而去不復與
言再舉有道不就（謝承書曰詔書令郡以禮發遣蟠到河南萬歲亭折轅而旋也）
先是京師游士汝南范滂等非訐朝政自

後漢列傳四十三　十三　李璋

公卿以下皆折節下之（訐謂橫議是非也許或作評也）太學
生爭慕其風以爲文學將興處士復用蟠
獨歎曰昔戰國之世處士橫議（孟子曰聖王不作諸侯恣行處士橫議前書曰秦既稱帝患周之敗以爲起於處士橫議諸侯力爭音義曰言由橫議而敗之）列
國之王至爲擁篲先驅（史記鄒衍如燕昭王擁篲先驅請列弟子之坐而受業築碣石宮身親往師之）卒有阬儒燒書之禍今之謂
矣乃絕迹於梁碭之間（梁國有碭縣）因樹爲屋
自同傭人（謝承書曰居蓬萊之室依桑樹以爲棟也）居二年滂等
果罹黨錮或死或刑者數百人蟠確然免

於疑論後蟠友人陳郡馮雍坐事繫獄豫州牧黃琬欲殺之或勸蟠救雍蟠不肯行曰黃子琰為吾故邪未必合罪如不用吾言雖往何益琬聞之遂免雍罪大將軍何進連徵不詣進必欲致之使蟠同郡黃忠書勸曰前莫府初開至如先生特加殊禮優而不名申以手筆設几杖之坐經過二載而先生抗志彌高所尚益固竊論先生高節有餘於時則未也今潁川荀爽載病

在道北海鄭玄北面受署彼豈樂羈牽哉知時不可逸豫也昔人之隱遭時則放聲滅迹巢棲茹薇（放弃也謂弃聲名也巢棲謂巢父也說文薇似藿也）其不遇也則裸身大笑被髮狂歌（楚詞曰桑扈裸行史記曰箕子被髮陽狂歌謂楚狂接輿歌而過孔子也）今先生處平壤（壤地也）游人間吟典籍襲衣裳事異昔人而欲遠蹈其迹不亦難乎孔氏可師何必首陽（孔子使子路語隱者云不仕無義長幼之節不可廢也君臣之義如之何其可廢也欲絜其身而亂大倫首陽夷齊所隱山也）蟠不荅中平五年復與爽玄及潁川韓融（融字元長韶之子也見韶傳）陳紀等十四人並博士徵不至明年董卓廢立蟠及爽融紀等復俱公車徵（續漢志曰徵爽為司空融為尚書紀為侍中）唯蟠不到衆人咸勸之蟠笑而不應居無幾爽等為卓所脅迫西都長安京師擾亂及大駕西遷公卿多遇兵飢室家流散融等僅以身脫唯蟠處亂末終全高志年七十四終于家

贊曰琛寶可懷貞期難對（琛寶喻道德也貞期謂明時也對偶也）道苟違運理用同廢與其遐棲豈若蒙

穢（蒙穢謂仕亂朝）悽悽碩人陵阿窮退（碩人謂賢者也言賢者退而窮處詩國風曰考槃在阿碩人之邁曲陵曰阿陵外也邁飢也邁音苦戈反）韜伏明姿甘是堙曖（堙沈也曖猶翳也）

後漢書列傳第四十三

百衲本

後漢書

（南朝宋）范曄撰
（唐）李賢注
（晉）司馬彪撰志
（南朝梁）劉昭注志

2

國家圖書館出版社

列傳卷第四十四　范曄　後漢書五十四

唐章懷太子賢注

楊震　子秉　孫賜　曾孫彪　玄孫脩

楊震字伯起弘農華陰人也八世祖喜高祖時有功封赤泉侯（史記曰喜追殺項羽以功封）高祖敞昭帝時爲丞相封安平侯父寶（續齊諧記曰寶年九歲時至華陰山北見一黃雀爲鴟梟所搏墜於樹下爲螻蟻所困寶取之以歸置巾箱中唯食黃花百餘日毛羽成乃飛去其夜有黃衣童子向寶再拜曰我西王母使者君仁愛救拯實感成濟以白環四枚與寶令君子孫絜白位登三事當如此環矣）習歐陽尚書哀平之世隱居教授居攝二年與兩龔蔣詡俱徵遂遁逃不知所處（龔勝字君賓龔舍字君倩蔣詡字元卿並以高節著名見前書）光武高其節建武中公車特徵老病不到卒於家震少好學受歐陽尚書於太常桓郁明經博覽無不窮究諸儒爲之語曰關西孔子楊伯起常客居於湖（湖今湖城縣）不荅州郡禮命數十年（續漢志曰教授二十餘年州郡請召稱病不就少孤貧獨與母居假地種殖以給供養諸生嘗有助種藍者震輒拔更以距其後鄉里稱孝也）衆人謂之晚暮而震志愈篤後有冠雀銜三鱣魚飛集

講堂前（冠音貫即鸛雀也鱣音善韓子云鱣似蛇目賢案續漢及謝承書鱣字皆作鱓然則鱣鱓古字通也鱣魚長者不過三尺黃地黑文故都講云蛇鱓卿大夫之服象也郭璞云鱣魚長二三丈音知然反安有鸛雀能勝二三丈平此爲鱣明矣）都講取魚進曰蛇鱣者卿大夫服之象也數三者法三台也先生自此升矣年五十乃始仕州郡大將軍鄧騭聞其賢而辟之舉茂才四遷荊州刺史東萊太守當之郡道經昌邑（昌邑故城在今兗州金鄉縣西北也）故所舉荊州茂才王密爲昌邑令謁見至夜懷金十斤以遺震震曰故人知君君不知故人何也密曰暮夜無知者震曰天知神知我知子知何謂無知密愧而出後轉涿郡太守性公廉不受私謁子孫常蔬食步行故舊長者或欲令爲開產業震不肯曰使後世稱爲清白吏子孫以此遺之不亦厚乎元初四年徵入爲太僕遷太常先是博士選舉多不以實震舉薦明經名士陳留楊倫等（倫字仲桓謝承書云薦楊仲桓等五人各從家拜博士）顯傳學業諸儒稱之永寧元年代劉愷爲

司徒明年鄧太后崩内寵始横安帝乳母王聖因保養之勤縁恩放恣聖子女伯榮出入宫掖傳通姦賂震上疏曰臣聞政以得賢爲本理以去穢爲務墨子曰夫尚賢者政本也左傳曰爲國者如農夫之務去草焉是以唐虞俊乂在官四凶流放天下咸服以致雍熙尚書曰四罪而天下咸服又曰黎人於變時雍庶績咸熙雍和也熙廣也方今九德未事尚書皋繇謨曰亦行有九德寬而栗柔而立愿而龔亂而敬擾而毅直而温簡而廉剛而塞強而誼又曰九德咸事俊乂在官嬖倖充庭謚法曰賤而得愛曰嬖阿母王聖出自賤微得遭千

載奉養聖躬雖有推燥居溼之勤孝經援神契曰母之於子也鞠養殷勤推燥居溼絶少分甘也前後賞惠過報勞苦而無厭之心不知紀極左傳曰縉雲氏有不才子聚斂積實不知紀極外交屬託擾亂天下損辱清朝塵點日月書誡牝雞牡鳴牝雌也牡雄也尚書古人有言牝雞無晨牝雞之晨唯家之索詩刺哲婦喪國詩大雅曰哲夫成城哲婦傾城昔鄭嚴公從母氏之欲恣驕弟之情幾至危國然後加討春秋貶之以爲失教嚴公莊公也避明帝諱改焉左傳鄭莊公殺母弟段稱鄭伯譏失教也夫女子小人近之喜遠之怨實爲難

養論語曰唯女子與小人爲難養近之則不遜遠之則怨也易曰無攸遂在中饋家人卦六二爻辭也鄭玄注曰二爲陰爻得正於内五陽爻也得正於外猶婦人自脩正於内丈夫脩正於外無攸遂言婦人無敢自遂也爻體離又互體坎火位在下水在上飪之象也饋食也故云在中饋也言婦人不得與於政事也宜速出阿母令居外舍斷絶伯榮莫使往來令恩德兩隆上下俱美惟陛下絶婉孌之私割不忍之心詩國風候人篇序曰曹共公遠君子而近小人其詩曰婉兮孌兮季女斯飢婉少貌孌好貌也留神萬機誡愼拜爵減省獻御損節徵發令野無鶴鳴之歎詩小雅序曰鶴鳴誨宣王也鄭玄注

云教周宣王求賢人之未仕者其詩云鶴鳴于九皐聲聞于野言身隱而名著喻賢者雖隱居人咸知之朝無小明之悔詩小雅序曰小明大夫悔仕於亂也小明者言周幽王曰小其明損其政事以至於亂大東不興於今詩小雅序大東刺亂也其詩曰小東大東杼柚其空鄭玄注云小亦於東大亦於東言賦斂多也勞止不怨於下詩大雅序曰人勞刺厲王也其詩曰人亦勞止迄可小康也擬蹤往古比德哲王豈不休哉奏御帝以示阿母等内倖皆懷忿恚而伯榮驕淫尤甚與故朝陽侯劉護從兄瓌交通護泗水王歙之從曾孫瓌遂以爲妻得襲護爵位至侍中震深疾之復詣闕上

疏曰臣聞高祖與羣臣約非功臣不得封故經制父死子繼兄亡弟及以防篡也（公羊傳曰劉子單子以王猛入于王城者何西周也其言入何篡也冬十月王子猛卒此未踰年之君其稱王子猛卒何不予當也不予當者不與當父死子繼兄亡弟及也）伏見詔書封故朝陽侯劉護再從兄瓌襲護爵為侯護同産弟威今猶見在臣聞天子專封封有功諸侯專爵爵有德今瓌無佗功行但以配阿母女一時之間既位侍中又至封侯不稽舊制不合經義行人諠譁百姓不安陛

下宜覽鏡既往順帝之則書奏不省延光二年代劉愷為太尉帝舅大鴻臚耿寶薦中常侍李閏兄於震震不從寶乃自往候震曰李常侍國家所重欲令公辟其兄寶唯傳上意耳（言非己本心傳在上之意）震曰如朝廷欲令三府辟召故宜有尚書勑遂拒不許寶大恨而去皇后兄執金吾閻顯亦薦所親厚於震震又不從司空劉授聞之（漢官儀授字孟春武原人）即辟此二人旬日中皆見拔擢由是震益

見怨時詔遣使者大為阿母脩第中常侍樊豐及侍中周廣謝惲等更相扇動傾搖朝庭震復上疏曰臣聞古者九年耕必有三年之儲故堯遭洪水人無菜色（言有儲蓄人無食菜之飢色也）臣伏念方今灾害發起彌彌滋甚（彌彌猶稍稍也韋孟詩曰彌彌其失也）百姓空虛不能自贍重以蝗蟲羌虜鈔掠三邊震擾戰鬭之役至今未息兵甲軍糧不能復給大司農帑藏匱乏殆非社稷安寧之時伏見詔書為阿母

興起津城門內第舍（津城門洛陽南面西頭門也）合兩為一連里竟街（合兩坊而為一宅里即坊也）雕修繕飾窮極巧伎今盛夏土王而攻山採石其大匠左校別部將作合數十處（續漢志將作大匠秩二千石左校令秩六百石）轉相迫促為費巨億周廣謝惲兄弟與國無肺腑枝葉之屬依倚近倖姦佞之人與樊豐王永等分威共權屬託州郡傾動大臣宰司辟召承望旨意招來海內貪汙之人受其貨賂至有臧錮棄世之徒復得顯

用有臧賄禁錮之人也白黑溷淆清濁同源天下讙譁咸曰財貨上流爲朝結譏臣聞師言上之所取財盡則怨力盡則叛怨叛之人不可復使故曰百姓不足君誰與足論語有若對魯哀公之詞惟陛下度之豐惲等見震連切諫不從無所顧忌遂詐作詔書調發司農錢穀大匠見徒材木各起家舍園池廬觀役費無數震因地震復上疏曰臣蒙恩備台輔不能奉宣政化調和陰陽去年十一月四日京

師地動臣聞師言地者陰精當安靜承陽而今動搖者陰道盛也其日戊辰三者皆土位在中宮戊午辰支皆土也并地動故言三者此中臣近官盛於持權用事之象也臣伏惟陛下以邊境未寧躬自菲薄宮殿垣屋傾倚枝柱而已倚邪也柱音竹主反無所興造欲令遠近咸知政化之清流商邑之異翼也詩商頌商邑翼翼四方之極也而親近倖臣未崇斷金易繫辭曰二人同心其利斷金言邪佞之臣不與上同心驕溢踰法多請徒士盛修第舍賣弄威福道

路讙譁衆所聞見地動之變近在城郭殆爲此發又冬無宿雪春節未雨百僚燋心而繕修不止誠致旱之徵也書曰僭恒陽若臣無作威作福玉食尚書洪範之詞也僭差也若順也君行僭差則常陽順之也言唯君得專威福爲美食唯陛下奮乾剛之德易曰大哉乾乎剛健中正純粹精也棄驕奢之臣以掩訞言之口奉承皇天之戒無令威福久移於下震前後所上轉有切至帝既不平之而樊豐等皆側目憤怨俱以其名儒未敢加害尋有

河間男子趙騰詣闕上書指陳得失帝發怒遂收考詔獄結以罔上不道震復上疏救之曰臣聞堯舜之世諫鼓謗木立之於朝帝王紀曰堯置敢諫之鼓舜立誹謗之木殷周哲王小人怨詈則還自敬德尚書曰自殷王中宗及高宗及祖甲及我周文王茲四人迪哲厥或告之曰小人怨女詈女則皇自敬德也所以達聰明開不諱博採負薪盡極下情也今趙騰所坐激訐謗語爲罪與手刃犯法有差乞爲虧除全騰之命以誘芻蕘輿人之言輿衆也詩曰詢于芻蕘左氏傳曰聽輿人之謀也

帝不省騰竟伏尸都市會三年春東巡岱宗樊豐等因乘輿在外競修第宅震部掾高舒召大匠令史考校之史謂府吏也得豐等所詐下詔書具奏須行還上之豐等聞惶怖會太史言星變逆行遂共譖震云自趙騰死後深用怨懟懟怨怒也且鄧氏故吏有恚恨之心震初辟鄧騭之府故曰故吏及車駕行還便時太學且於太學待吉時而後入也故曰便時前書便時上林延壽門也夜遣使者策收震太尉印綬於是柴門絕賓客豐等復惡

後漢列傳四十四　九　郭楙

之乃請大將軍耿寶奏震大臣不服罪懷恚望有詔遣歸本郡震行至城西几陽亭乃慷慨謂其諸子門人曰慷慨悲歎死者士之常分吾蒙恩居上司疾姦臣狡猾而不能誅惡嬖女傾亂而不能禁何面目復見日月身死之日以雜木爲棺布單被裁足蓋形勿歸冢次勿設祭祠因飲酖而卒時年七十餘弘農太守移良風俗通曰齊公子雍食菜於移其後氏焉承樊豐等旨遣吏於陝縣留停震喪露棺道側謫震諸子代郵行書謝承書曰震臨沒謂諸子以牛車薄簀載柩還歸道路皆爲隕涕說文郵境上行書舍也廣雅曰郵驛也歲餘順帝即位樊豐周廣等誅死震門生虞放陳翼詣闕追訟震事朝廷咸稱其忠乃下詔除二子爲郎贈錢百萬以禮改葬於華陰潼亭墓今在潼關西大道之北其碑尚存遠近畢至先葬十餘日有大鳥高丈餘集震喪前俯仰悲鳴淚下霑地葬畢乃飛去郡以狀上續漢書曰大鳥來止亭樹下地安行到柩前正立低頭淚出衆人更共摩撫抱持終不驚駭謝承書曰其鳥五色高丈餘兩翼長二

後漢列傳四十四　十　王榮

丈三尺人莫知其名也時連有災異帝感震之枉乃下詔策曰故太尉震正直是與俾匡時政而青蠅點素同茲在藩藩樊也詩云營營青蠅止於樊愷悌君子無信讒言青蠅汚白使黑汚黑使白喻使人變亂善惡也上天降威灾眚屢作爾卜爾筮惟震之故朕之不德用彰厥咎山崩棟折我其危哉禮記曰孔子將終歌曰泰山其壞乎梁木其壞乎今使太守丞以中牢具祠魂而有靈儻其歆享於是時人立石鳥象於其墓所震之被譖也高舒亦得罪以減死論及震事顯舒

拜侍御史至荆州刺史震五子長子牧富
波相（富波縣屬汝南郡）牧孫奇靈帝時爲侍中帝常
從容問奇曰朕何如桓帝對曰陛下之於
桓帝亦猶虞舜比德唐堯帝不悅曰卿強
項眞楊震子孫（強項言不低屈也光武謂董宣爲強項令也）死後必
復致大鳥矣出爲汝南太守帝崩後復入
爲侍中衛尉從獻帝西遷有功勤及李傕
脅帝歸其營奇與黃門侍郎鍾繇誘傕部
曲將宋曅楊昂令反傕傕由此孤弱帝乃
得東（魏志曰繇爲黃門侍郎傕脅天子繇與尚書郎韓斌同策謀天子得出長安繇有力焉）

後從都許追封奇子亮爲陽成亭侯（亮舊宅在閿鄉縣西南）
震少子奉奉子敷篤志博聞議者以
爲能世其家敷早卒子衆亦傳先業以謁
者僕射從獻帝入關累遷御史中丞及帝
東還夜走度河衆率諸官屬步從至太陽
拜侍中（大陽縣屬河東郡）建安二年追前功封務亭
侯（郡國志桃林縣有務鄉音莫老反）震中子秉
秉字叔節少傳父業兼明京氏易博通書

傳常隱居教授年四十餘乃應司空辟拜
侍御史頻出爲豫荆徐兗四州刺史遷任
城相自爲刺史二千石計日受奉餘祿不
入私門故吏齎錢百萬遺之閉門不受以
廉潔稱桓帝即位以明尚書徵入勸講（勸講猶侍講也）
拜太中大夫左中郎將遷侍中尚書
帝時微行私過幸河南尹梁胤府舍（胤梁冀子也）
是日大風拔樹晝昏秉因上疏諫曰臣聞
瑞由德至災應事生傳曰禍福無門唯人
所召（左傳閔子馬之詞）天不言語以災異譴告是以

孔子迅雷風烈必有變動詩云敬天之威
不敢驅馳（詩大雅曰敬天之怒無敢戲豫敬天之渝無敢馳驅與此文稍異也）王者
至尊出入有常警蹕而行靜室而止（蹕止行人也靜室謂先使清宮也前書音義曰漢有靜室令也）
自非郊廟之事則鑾旗不駕（漢官儀曰前驅有雲罕皮軒鑾旗車也）故詩稱自郊徂宮
易曰王假有廟致孝享也（萃卦詞也假至也郊祭天也詩大雅雲漢之詞也假音格）
諸侯如臣之家春秋尚列其誡（左傳齊莊公如崔杼之家爲杼所殺也）
況以先王法服而私出槃游

法服謂天子服日月星辰山龍華蟲藻火粉米十二章 降亂尊卑等威無
序 等威謂威儀有等差也左傳曰貴有常尊賤有等威也 侍衛守空宮紱
璽委女妾設有非常之變任章之謀 前書曰代郡太守任宣坐謀反誅宣子章爲公車丞亡在渭城界中夜玄服入廟居郎閒執戟立於廟門待上至欲爲逆發覺伏誅也 上負先帝下悔靡及臣弈世受恩
蒙哀識見照日月恩重命輕義使士死敢
弈猶重也 得備納言 納言尚書 又以薄學充在講勸特
憚權折略陳其愚帝不納秉以病乞退出
爲右扶風太尉黃瓊惜其去朝庭上秉勸

後漢列傳四十四 十三 李秀

講帷幄不宜外遷留拜光祿大夫是時大
將軍梁冀用權秉稱病六年冀誅後乃拜
太僕遷太常延熹三年白馬令李雲以諫
受罪秉爭之不能得坐免官歸田里 謝承書曰秉免歸雅素清儉家至貧窶并日而食任城故孝廉景慮齎錢百餘萬就以餉秉秉閉門距絕不受 其
年冬復徵拜河南尹先是中常侍單超弟
匡爲濟陰太守以臧罪爲刺史第五種所
劾窘急乃賂客任方刺兗州從事衛羽事
已見種傳及捕得方囚繫洛陽匡慮秉當

窮竟其事密令方等得突獄亡走尚書召
秉詰責秉對曰春秋不誅黎比而魯多盜
左傳曰邾庶其以漆閭丘來奔於是魯多盜臣賢案黎比莒國之君恐別有所據也 方等無
狀釁由單匡刺執法之吏害奉公之臣復
令逃竄寬縱罪身元惡大憝終爲國害乞
檻車徵匡考覈其事則姦慝蹤緒必可立
得而秉竟坐輸作左校以久旱赦出會日
食太山太守皇甫規等訟秉忠正不宜久
抑不用有詔公車徵秉及處士韋著二人

後漢列傳四十四 十四 王允成

各稱疾不至有司並劾秉著大不敬請下
所屬正其罪尚書令周景與尚書邊韶議
奏秉儒學侍講常在謙虛著隱居行義以
退讓爲節俱徵不至誠違側席之望然逶
迤退食足抑苟進之風 詩國風羔羊詩曰退食自公委蛇委蛇退食謂減膳也從於公謂正直順於事也委蛇委曲自得之貌 夫明王之世必有
不召之臣 堯時許由禹時伯成子高湯時務光等 聖朝弘養宜
用優游之禮可告在所屬喻以朝庭恩意
如遂不至詳議其罰於是重徵乃到拜大

常五年冬代劉矩爲太尉是時宦官方熾
任人及子弟爲官任謂保任布滿天下競爲貪
淫朝野嗟怨秉與司空周景上言内外吏
職多非其人自頃所徵皆特拜不試致盜
竊縱恣怨訟紛錯舊典中臣子弟不得居
位秉埶而今枝葉賓客布列職署或年少
庸人典據守宰上下忿患四方愁毒可遵
用舊章退貪殘塞災謗請下司隸校尉中
二千石二千石城門五營校尉北軍中候

各實覈所部應當斥罷自以狀言三府廉
察有遺漏續上帝從之於是秉條奏牧守
以下匈奴中郎將燕瑤青州刺史羊亮遼
東太守孫諠等五十餘人或死或免天下
莫不肅然時郡國計吏多留拜爲郎秉上
言三署見郎七百餘人三署郎解見安帝紀帑臧空虛
浮食者衆而不良守相欲因國爲池澆濯
釁穢宜絶橫拜以塞覬覦之端左傳曰下無覬覦杜預注日無異望上位
自此終桓帝世計吏無復留拜者七

年南巡園陵特詔秉從南陽太守張彪與
帝微時有舊恩以車駕當至因傍發調多
以入私秉聞之下書責讓荊州刺史以狀
副言公府南陽郡荊州所部也及行至南陽左右並通
姦利詔書多所除拜秉復上疏諫曰臣聞
先王建國順天制官尚書曰明王奉若天道建邦設都孔安國注云天有日月北斗五星二十八宿皆有尊卑相正之法明王奉順此道建國設都太微積星名
爲郎位史記天官書曰太微宮五帝坐後聚二十五星蔚然曰郎位積聚也入奉宿
衛出牧百姓皋陶誡虞在於官人尚書皋陶誡舜曰在知人在官人也

頃者道路拜除恩加豎隸爵以貨成
化由此敗所以俗夫巷議白駒遠逝孔子曰天下有道庶人不議詩小雅曰皎皎白駒食我場苗所謂伊人於焉逍遥言宜王官失其人賢者乘白駒而去之
穆穆清朝遠近莫觀宜割不忍之恩以
斷求欲之路於是詔除乃止時中常侍侯
覽弟參爲益州刺史累有臧罪暴虐一州
明年秉劾奏參檻車徵詣廷尉參惶恐道
自殺謝承書曰秉奏參取受罪臧累億牂柯男子張攸居爲富室參擴加非罪去造訛言殺攸家八人没入廬宅又與同郡諸王李元之官共飲酒醉飽之後戲故相犯誣言有逕悪之罪應時捶殺以

人臣之勢行桀紂之態傷和逆理痛感天地宜當糺持以謝一州又曰京兆尹袁逢於長安客舍中得參重車三百餘乘金銀珍玩不可稱記 秉因奏覽及中常侍具瑗
曰臣案國舊典宦豎之官本在給使省闥
司昏守夜而今猥受過寵執政操權其阿
諛取容者則因公褒舉以報私惠有忤逆
於心者必求事中傷肆其凶忿居法王公
富擬國家飲食極肴饍僕妾盈紈素雖季
氏專魯穰侯擅秦何以尚茲（季氏魯卿世專魯政孔子曰季氏富於周公史記曰穰侯魏冄者秦昭王母宣太后弟也為秦相國侈富於王室尚猶加也）案

中常侍侯覽弟參貪殘元惡自取禍滅覽
顧知釁重必有自疑之意臣愚以為不宜
復見親近昔懿公刑邴歜之父奪閻職之
妻而使二人參乘卒有竹中之難春秋書
之以為至戒（左傳曰齊懿公之為公子也與邴歜之父爭田弗勝及即位乃掘而刖之而使歜僕納閻職之妻而使職驂乘夏五月公游于申池歜以扑抶職職怒歜曰人奪汝妻而不怒一抶汝庸何傷職曰與刖其父而弗能病者何如乃謀弒懿公納諸竹中歸舍爵而行也）蓋鄭詹
來而國亂四佞放而衆服（公羊傳曰鄭詹自齊逃來何以書甚佞也曰佞人來矣佞人來矣後魯莊公取齊淫女卒為後敗四佞即四凶也）以此觀之容可

近乎覽宜急屏斥投畀有虎（畀與也詩小雅曰取彼譖人投畀豺虎）若斯之人非恩所宥請免官送歸本郡
書奏尚書召對秉掾屬曰（召秉掾屬問之）公府外
職而奏劾近官經典漢制有故事乎秉使
對曰春秋趙鞅以晉陽之甲逐君側之惡
（公羊傳曰趙鞅取晉陽之甲以逐荀寅士吉射曷為此逐君側之惡人也）傳曰除君之
惡唯力是視（左傳曰晉寺人披言也）鄧通懈慢申屠
嘉召通詰責文帝從而請之（前書鄧通文帝幸臣為太中大夫居上傍怠慢丞相申屠嘉罷朝坐府中召通至不為禮責曰通小臣戲殿上大不敬當斬通頓首首盡出血上使使持節召通而謝丞相此吾弄臣君釋之）

漢世故事三公之職
無所不統尚書不能詰帝不得已竟免覽
官而削瑗國每朝廷有得失輒盡忠規諫
多見納用秉性不飲酒又早喪夫人遂不
復娶所在以淳白稱嘗從容言曰我有三
不惑酒色財也八年薨時年七十四賜塋
陪陵子賜
賜字伯獻少傳家學篤志博聞常退居隱
約教授門徒不荅州郡禮命後辟大將軍

梁冀府非其好也出除陳倉令因病不行
公車徵不至連辭三公之命後以司空高
弟再遷侍中越騎校尉建寧初靈帝當受
學詔太傅三公選通尚書桓君章句宿有
重名者三公舉賜乃侍講于華光殿中洛陽
宮殿名曰華光殿在崇光殿北遷少府光祿勳熹平元年青
虵見御坐帝以問賜賜上封事曰臣聞和
氣致祥乖氣致灾休徵則五福應休美也徵驗也五福
一曰壽二曰富三曰康寧四曰攸好德五曰考終命咎徵則六極至咎惡也六極一

後漢列傳四十四　十九　王中

曰凶短折二曰疾三曰憂四曰貧五曰惡六曰弱並見尚書夫善不妄來灾不
空發王者心有所惟意有所想雖未形顏
色而五星以之推移陰陽爲其變度以此
而觀天之與人豈不符哉尚書曰天齊乎
人假我一日是其明徵也我謂君也天意欲整齊于人必假於君也
今尚書文假作俾俾使也義亦通夫皇極不建則有蛇龍之
孽洪範五行傳曰皇大也極中也建立也孽灾也君不合大中是謂不立蛇龍陰類也詩云
惟虺惟蛇女子之祥詩小雅也虺蛇穴居陰之類故爲女子之祥也故
春秋兩蛇鬭於鄭門昭公殆以女敗洪範五行傳曰

初鄭厲公刼相祭仲而簒兄昭公立爲鄭君後雍糾之難厲公出奔鄭人立昭公既立內蛇與外蛇鬭鄭
南門中內蛇死是時傅瑕仕於鄭欲內厲公故內蛇死者昭公將敗厲公將勝之象也是時昭公宜布恩
施志以撫百姓舉賢崇德以厲羣臣觀察左右以省姦謀則內變不得生外謀無由起矣昭公不覺果殺
於傅瑕二子死而厲公入此其效也詩云惟虺惟蛇女子之祥鄭昭公殆以女子敗矣康王一
朝晏起關雎見幾而作前書曰珮玉晏鳴關雎歎之音義曰后夫人雞
鳴珮玉去君所周康王后不然故詩人歎而傷之此事見魯詩今亡失也夫女謁行則
讒夫昌讒夫昌則苞苴通故殷湯以之自
戒終濟亢旱之灾說苑曰湯自伐桀後大旱七年洛川竭使人持三足鼎祝
於山川曰政不節邪使人疾邪苞苴行邪讒夫昌邪宮室榮邪女謁行邪何不雨之極言未已而天大雨

後漢列傳四十四　二十　章駒

惟陛下思乾剛之道別內外之宜崇帝乙
之制受元吉之祉易泰卦六五曰帝乙歸妹以祉元吉也抑皇
甫之權割豔妻之愛豔妻周幽王后褒姒也皇甫卿士等皆后之黨用后
嬖寵而居位也詩曰皇甫卿士豔妻煽方處也則蛇變可消禎祥立應
殷戊宋景其事甚明殷王太戊時桑穀共生於朝修德而桑穀死景公時
熒惑守心修德而星退舍並見史記二年代唐珍爲司空以灾異
免復拜光祿大夫秩中二千石五年代袁
隗爲司徒是時朝廷爵授多不以次而帝
好微行遊幸外苑賜復上䟽曰臣聞天生

蒸民不能自理 蒸衆也 故立君長使司牧之 司主也牧養也 是以唐虞兢兢業業 兢兢誡愼業業危懼尚書皐陶謨曰兢兢業業一日二日萬機 周文日昃不暇 尚書曰文王自朝至於日中昃弗遑暇食 明愼庶官俊乂在職三載考績 尚書曰三載考績黜陟幽明也 以觀厥成而今所序用無佗德有形埶者旬日累遷守眞之徒歷載不轉勞逸無别善惡同流北山之詩所爲訓作 詩小雅曰陟彼北山言采其杞偕偕士子朝夕從事大夫不均我從事獨賢 又聞數微行出幸苑囿觀鷹犬之埶極槃遊之荒 槃樂也詩曰槃于遊

田書曰內作色荒外作禽荒 政事日墮 許規反 大化陵遲陛下不顧二祖之勤止 二祖高祖光武也詩曰文王既勤止 追慕五宗之美蹤 文帝太宗武帝世宗宣帝中宗明帝顯宗章帝肅宗也 而欲以望太平是由曲表而欲直景卻行而求及前人也 孫卿子曰猶立枉木而求其影之直也韓詩外傳曰夫明鏡所以照形也往古所以知今也夫知惡往古之惡而不知修今之善惡往古之所以危亡而不知襲積其所以安存則無以異乎卻行而求逮於前人也 宜絕慢慠之戲念官人之重割用板之恩愼貫魚之次 板謂詔書也易剝卦曰貫魚以宮人寵言王者御宮人如貫魚之有次序也 無令醜女有四殆之歎 劉向列女傳曰

鍾離春者齊無鹽邑之女齊宣王之正后也其爲人也極醜無雙臼頭深目長壯大節卬鼻結喉肥項少髮折腰出胸皮膚若漆年四十行嫁不售自謁宣王舉手拊膝曰殆哉殆哉曰今王之國西有衡秦之患南有強楚之讎外有二國之難一旦山陵崩弛社稷不安此一殆也漸臺五重萬人罷極此二殆也賢者伏匿於山林諂諛者強於左右此三殆也飲酒沈湎以夜繼晝外不脩諸侯之禮內不秉國家之政此四殆也 遐邇有憤怨之聲臣受恩偏特忝任師傅不敢自同凡臣括囊避咎 括結也易曰括囊無咎無譽 謹自手書密上後坐辟黨人免復拜光祿大夫光和元年有虹蜺晝降於嘉德殿前 洛陽記殿在九龍門內郭景純注爾雅曰雙出色鮮盛者爲雄曰虹闇者爲雌曰蜺 帝惡之

引賜及議郎蔡邕等入金商門崇德署 戴延之西征記曰太極殿西有金商門 使中常侍曹節王甫問以祥異禍福所在賜仰天而歎謂節等曰吾每讀張禹傳未嘗不憤恚歎息既不能竭忠盡情極言其要而反留意少子乞還女壻 張禹成帝時爲丞相以師傅恩禹每疾輒以起居聞車駕日臨問之拜禹牀下禹頓首謝恩言老臣有四男一女愛女甚於男遠嫁爲張掖太守蕭咸妻不勝父子私情思與女相近上即時徙咸爲弘農太守又禹少子未有官上臨候禹禹數視其小子上即禹牀下拜爲黃門給事中也 朱游欲得尚方斬馬劒以理之固其宜也 朱雲字游張禹

以帝師尊重雲上書求見公卿在前雲曰今朝廷大臣不能匡主臣願得尚方斬馬劒斷佞臣一人頭以厲其餘上問誰也對曰安昌侯張禹尚方少府之屬官也作供御器物故有斬馬劒利可以斬馬也並見前書吾以微薄之學充先師之末累世見寵無以報國猥當大問死而後已乃書對曰臣聞之經傳或得神以昌或得神以亡左傳日有神降于莘周內史過曰國之將興明神降之監其德也將亡神又降之觀其惡也故有得神以興亦有以亡國語曰昔夏之興也祝融降於崇山其亡也回祿信於聆遂商之興也檮杌次於平山其亡也夷羊在牧周之興也鸑鷟鳴於岐山其衰也杜伯射王於鄗也國家休明則鑒其德邪辟昏亂則視其禍今殿前之氣應為

後漢列傳四十四　二十三　何通

虹蜺皆妖邪所生不正之象詩人所謂蝃蝀者也韓詩序曰蝃蝀刺奔女也蝃蝀在東莫之敢指詩人言蝃蝀在東者邪色乘陽人君淫佚之徵臣子為君父隱藏故言莫之敢指蝃音帝蝀音董於中孚經曰蜺之比無德以色親易稽覽圖中孚經之文也比類也鄭玄注曰霓邪氣也陰無德以好色得親幸於陽也方今內多嬖倖外任小臣上下並怨諠譁盈路是以灾異屢見前後丁寧今復投蜺可謂孰矣孰成也案春秋讖曰天投蜺天下怨海內亂春秋演孔圖曰霓者斗之亂精也失度投霓見宋均注曰投霓投應也加四百之期亦復垂及漢終于四百年解見獻紀

昔虹貫牛山管仲諫桓公無近妃宮春秋文曜鉤曰白虹貫牛山管仲諫曰無近妃宮君恐失權齊侯大懼退去色黨更立賢輔使后出望上牛山四面聽之以厭神宋均注曰山君位也虹蜺陰氣也陰氣貫之君惑於妻黨之象也望謂祭以謝過也流俗本山作升者誤也易曰天垂象見吉凶聖人則之上繫之詞則效也今妾媵嬖人閹尹之徒共專國朝欺罔日月又鴻都門下招會羣小造作賦說以蟲篆小技見寵於時注言曰賦者童子彫蟲篆刻壯夫不為也如驩兜共工更相薦說尚書驩兜曰都共工方鳩僝功旬月之閒並各拔擢樂松處常伯任芝居納言郄儉

後漢列傳四十四　二十四　劉仲

梁鵠俱以便辟之性佞辯之心各受豐爵不次之寵而令搢紳之徒委伏畎畝口誦堯舜之言身蹈絕俗之行棄捐溝壑不見逮及冠履倒易陵谷代處楚詞曰冠履兮雜處詩曰高岸為谷深谷為陵也從小人之邪意順無知之私欲不念板蕩之作虺蜴之誡詩大雅序曰板凡伯刺厲王也其詩曰上帝板板下人卒癉蕩召穆公傷周室大壞也其詩曰蕩蕩上帝下人之辟又云哀今之人胡為虺蜴注云蜴蠑螈也虺蜴之性見人則走哀哉今之人何為如是傷時政也殆哉之危莫過於今無鹽之詞也解見上幸賴皇天垂象譴告周書曰天

子見怪則修德諸侯見怪則修政卿大夫見怪則修職士庶人見怪則修身惟陛下愼經典之誡圖變復之道(謂變改而銷復之)斥遠佞巧之臣速徵鶴鳴之士内親張仲外任山甫(詩曰張仲孝友又曰袞職有闕仲山甫補之皆周宣王賢臣也)斷絶尺一抑止槃游留思庶政無敢怠遑冀上天還威衆變可弭老臣過受師傅之任數蒙寵異之恩豈敢愛惜垂没之年而不盡其慺慺之心哉(慺慺猶勤勤也音力矦反)書奏甚忤曹節等蔡

邕坐直對抵罪徙朔方賜以師傅之恩故得免咎其冬行辟雍禮引賜爲三老復拜少府光禄勳代劉郃爲司徒帝欲造畢圭靈琨苑賜復上疏諫曰竊聞使者並出規度城南人田欲以爲苑昔先王造囿裁足以脩三驅之禮薪萊芻牧皆悉往焉先帝之制左開鴻池右作上林(鴻池在洛陽東上林在西)不奢不約以合禮中今猥規郊城之地以爲苑囿壞沃衍(杜預注左傳曰衍沃平美之地也)廢田園驅居人

畜禽獸殆非所謂若保赤子之義(書曰若保赤子唯人其康乂也)今城外之苑已有五六(陽嘉元年起西苑延熹二年造顯陽苑洛陽宮殿名有平樂苑上林苑桓帝延熹元年置鴻德苑也)可以逞情意順四節也(逞快也四節謂春蒐夏苗秋獮冬狩也)宜惟夏禹卑宮(孔子曰禹惡衣服卑宮室也)太宗露臺之意(文帝欲作露臺召匠計之直百金帝曰百金中人十家之産吾奉先帝宮室常恐羞之何以臺爲也)以尉下民之勞書奏帝欲止以問侍中任芝中常侍樂松松等曰昔文王之囿百里人以爲小齊宣五里人以爲大(孟子齊宣王問曰文王之囿方七十里人猶以爲小寡人之囿方四

十里人猶以爲大何也曰文王之囿方七十里芻蕘者往焉雉兔者往焉與人同之人以爲小不亦宜乎此云文王百里齊宣五里與孟子不同也)今與百姓共之無害於政也帝悦遂令築苑四年賜以病罷居無何拜太常詔賜御府衣一襲(衣單複具曰襲)自所服冠幘綬玉壺革帶金錯鉤佩(金錯以金間錯其文)五年冬復拜太尉中平元年黄巾賊起賜被召會議詣省閤切諫忤旨因以寇賊免先是黄巾帥張角等執左道稱大賢以誑燿百姓天下繈負歸之賜時在司徒召掾劉陶告

曰張角等遭赦不悔而稍益滋蔓今若下州郡捕討恐更騷擾速成其患且欲切勑刺史二千石簡別流人各護歸本郡以孤弱其黨然後誅其渠帥可不勞而定何如陶對曰此孫子所謂不戰而屈人之兵廟勝之術也孫子曰未戰而廟勝得筭多也未戰而廟不勝得筭少也賜遂上書言之會去位事留中謂所論事留在禁中未施用之後帝徙南宮閱錄故事得賜所上張角奏及前侍講注籍所注之籍錄乃感悟下詔封賜臨晉侯

邑千五百戶臨晉縣屬馮翊故城在今同州朝邑縣西南初賜與太尉劉寬司空張濟濟字元江細陽人也張輔曾孫並入侍講自以不宜獨受封賞上書願分戶邑於寬濟帝嘉歎復封寬及濟子拜賜尚書令數日出爲廷尉賜自以代非法家言曰三后成功惟殷于民皐陶不與焉蓋吝之也吝恥也殷盛也尚書曰伯夷降典折人惟刑禹平水土主名山川稷降播種農殖嘉穀三后成功惟殷於人言皐陶不預其數者蓋恥之遂固辭以特進就弟二年九月復代張溫爲司空其月薨天子素服三日

不臨朝贈東園梓器襚服賜錢三百萬布五百匹策曰故司空臨晉侯賜華嶽所挺九德純備挺生也九德即皐陶謨九德三葉宰相輔國以忠朕昔初載授道帷幄詩大雅曰文王初載毛萇注云載識也遂階成勳以陟大猷師範之功昭于內外庶官之務勞亦勤止七在卿校殊位特進五登袞職弭難乂寧雖受茅土未荅厥勳哲人其萎將誰諮度朕甚懼焉禮記曰孔子負手曳杖消搖於門歌曰太山其穨乎梁木其壞乎哲人其萎乎禮設殊等物有服章今

使左中郎將郭儀持節追位特進前書張禹爲丞相以老罷就弟以列侯朝朔望位特進見禮如丞相漢雜事曰諸侯功德優盛朝廷所敬異賜位特進在三公下贈司空驃騎將軍印綬及葬又使侍御史持節送喪蘭臺令史十人發羽林騎輕車介士續漢志輕車古之戰車也洞朱輪輿不中不蓋菑矛戟幢麾菑音側事反菑謂插也前後部鼓吹又勑驃騎將軍官屬司空法駕送至舊塋續漢志三公列侯車倚鹿伏熊黑轓朱班輪鹿文飛軨九游降龍驂吏四人皆帶劒持棨戟爲前列三百石長導從置門下五吏賊曹功曹皆帶劒車道主簿主記兩車爲從也公卿已下會葬謚文烈侯及小祥又會

焉子彪嗣禮朞而小祥又朞而大祥鄭玄注曰祥吉也言其漸即吉也
彪字文先少傳家學初舉孝廉州舉茂才
辟公府皆不應熹平中以博習舊聞公車
徵拜議郎華嶠書曰與馬日磾盧植蔡邕等著作東觀遷侍中京兆
尹光和中黃門令王甫使門生於郡界辜
榷官財物七千餘萬華嶠書曰甫使門生王翹辜榷解見靈帝紀彪
發其姦言之司隸司隸校尉陽球因此奏
誅甫天下莫不愜心徵還為侍中五官中
郎將遷潁川南陽太守復拜侍中三遷永

樂少府太僕衛尉中平六年代董卓為司
空其冬代黃琬為司徒明年關東兵起董
卓懼欲遷都以違其難違避也乃大會公卿
議曰高祖都關中十有一世光武宮洛陽
於今亦十世矣案石包讖宜徙都長安以
應天人之意百官無敢言者彪曰移都改
制天下大事故盤庚五遷殷民胥怨盤庚殷王之名也胥相也遷都於亳殷人相與怨恨湯遷亳仲丁遷囂河亶甲居相祖乙居耿并盤庚五也
關中遭王莽變亂宮室焚蕩民庶塗炭百

不一在光武受命更都洛邑今天下無虞虞度也言無可度之事也書曰四方無虞
百姓樂安明公建立聖主
光隆漢祚無故捐宗廟棄園陵恐百姓驚
動必有糜沸之亂如糜粥之沸也詩曰如沸如羹石包室讖
妖邪之書豈可信用卓曰關中肥饒故秦
得并吞六國且隴右材木自出致之甚易
又杜陵南山下有武帝故瓦陶竈數千所
并功營之可使一朝而辦百姓何足與議
若有前却我以大兵驅之可令詣滄海言不

敢避險難也彪曰天下動之至易安之甚難惟明
公慮焉卓作色曰公欲沮國計邪沮止也太
尉黃琬曰此國之大事楊公之言得無可
思卓不荅司空荀爽見卓意壯恐害彪等
因從容言曰相國豈樂此邪山東兵起非
一日可禁故當遷以圖之此秦漢之埶也
卓意小解爽私謂彪曰諸君堅爭不止禍
必有歸故吾不為也議罷卓使司隸校尉
宣播以災異奏免琬彪等詣闕謝即拜光

祿大夫十餘日遷大鴻臚從入關轉少府太常以病免復爲京兆尹光祿勳再遷光祿大夫三年秋代淳于嘉爲司空以地震免復拜太常興平元年代朱儁爲太尉錄尚書事及李傕郭汜之亂彪盡節衛主崎嶇危難之閒幾不免於害語在董卓傳及車駕還洛陽復守尚書令建安元年從東都許時天子新遷大會公卿兗州刺史曹操上殿見彪色不悅恐於此圖之未得讌

設託疾如廁因出還營彪以疾罷時袁術僭亂操託彪與術婚姻誣以欲圖廢置奏收下獄劾以大逆（獻帝春秋曰操刑之不盡君明也楊彪獲罪懼者甚衆）將作大匠孔融聞之不及朝服往見操曰楊公四世清德海內所瞻周書父子兄弟罪不相及（左傳云康誥曰父不慈子不祗兄不友弟不恭不相及也）況以袁氏歸罪楊公易稱積善餘慶徒欺人耳（易文言曰積善之家必有餘慶）操曰此國家之意融曰假使成王殺邵公周公可得言不知邪今天下纓

緌搢紳（說文曰緌冠索也鄭玄注禮記曰緌冠飾也紳帶也搢插也插笏於紳也或作縉者淺赤色言帶之色）所以瞻仰明公者以公聰明仁智輔相漢朝舉直厝枉致之雍熙也今横殺無辜則海內觀聽誰不解體（左傳曰季文子謂晉韓穿曰四方諸侯誰不解體杜預注曰言不復肅敬也）孔融魯國男子明日便當拂衣而去不復朝矣（若以非罪殺彪融則還爲魯國一男子不復更來朝也）操不得已遂理出彪四年復拜太常十年免十一年諸以恩澤爲侯者皆奪封（彪父賜以師傅封臨晉侯）彪見漢祚將終遂稱腳攣不復行

積十年後子脩爲曹操所殺操見彪問曰公何瘦之甚對曰愧無日磾先見之明猶懷老牛舐犢之愛（前書曰金日磾子二人武帝所愛以爲弄兒其後弄兒壯大不謹自殿下與宮人戲日磾適見之惡其淫亂遂殺弄兒）操爲之改容脩字德祖好學有俊才爲丞相曹操主簿（典略曰脩建安中舉孝廉除郎中丞相請署倉曹屬主簿是時軍國多事脩總知內外事皆稱意自魏太子以下並爭與交好）用事曹氏及操自平漢中欲因討劉備而不得進欲守之又難爲功護軍不知進止何依操於是出教唯曰雞肋而已外

曹莫能曉脩獨曰夫雞肋食之則無所得棄之則如可惜公歸計決矣乃令外白稍嚴操於此廻師脩之幾決多有此類脩又甞出行籌操有問外事乃逆爲荅記勑守舍見若有令出依次通之既而果然如是者三操怪其速使廉之知狀廉察也於此忌脩且以袁術之甥慮爲後患遂因事殺之續漢書曰人有白脩與臨淄侯曹植飲醉共載從司馬門出謗訕鄢陵侯章太祖聞之大怒故遂收殺之時年四十五矣脩所著賦頌碑讚詩哀辭表記書凡十五篇及魏文帝受禪欲以彪爲太尉先遣使示旨彪辭曰彪備漢三公遭世傾亂不能有所補益耄年被病豈可贊惟新之朝遂固辭乃授光祿大夫賜几杖衣袍續漢書曰魏文帝詔曰先王制几杖之賜所以賓禮黃耇太尉楊彪乃祖以來世著名績其賜公延年杖延請之日便使杖入也因朝會引見令彪著布單衣鹿皮冠杖而入待以賓客之禮年八十四黃初六年卒于家自震至彪四世太尉德業相繼與袁氏俱爲東京名族云華嶠書曰東京楊氏袁氏累世宰相爲漢名族然袁氏車馬衣服極爲奢僣能守家風爲世所貴不及楊氏也

論曰孔子稱危而不持顛而不扶則將焉用彼相矣論語載孔子之言也相扶工者論臣當輔君也誠以負荷之寄不可以虛冒負荷之寄周公霍光之傳崇高之位憂重責深也延光之閒震爲上相抗直方以臨權枉坤六二曰直方大不習無不利也先公道而後身名可謂懷王臣之節易曰王臣蹇蹇匪躬之故識所任之體矣遂累葉載德易曰德積載載重也繼踵宰相信哉積善之家必有餘慶先世韋平方之蔑矣韋賢平當父子並相繼爲丞相

贊曰楊氏載德仍世柱國言世爲國柱臣也震畏四知東去三惑賜亦無諱彪誠匪忒忒差也脩雖才子渝我淳則渝變也

後漢列傳卷第四十四

列傳卷第四十五　范曄　後漢書五十五

唐章懷太子賢注

千乘貞王伉

平春悼王全

清河孝王慶

濟北惠王壽

河閒孝王開

城陽懷王淑

廣宗殤王萬歲

平原懷王勝（和帝子）

孝章皇帝八子宋貴人生清河孝王慶梁貴人生和帝申貴人生濟北惠王壽河閒孝王開四王不載母氏

千乘貞王伉建初四年封和帝即位以伉長兄甚見尊禮立十五年薨子寵嗣一名伏胡永元七年改國名樂安立二十八年薨是爲夷王父子薨于京師皆葬洛陽子鴻嗣安帝崩始就國鴻生質帝質帝立梁太后下詔以樂安國土卑溼租委鮮薄改鴻封勃海王（委謂委輸也）立二十六年薨是爲孝王無子太后立桓帝弟蠡吾侯悝爲勃海王奉鴻嗣（悝蠡吾侯翼子河閒王開孫也）延熹八年悝謀爲不道有司請廢之帝不忍乃貶爲癭陶王食一縣悝後因中常侍王甫求復國許謝錢五千萬帝臨崩遺詔復爲勃海王悝知非甫功不肯還謝錢甫怒陰求其過初迎立靈帝道路流言悝恨不得立欲鈔徵書

而中常侍鄭颯（音立）中黃門董騰並任俠通剽輕數與悝交通（剽疾也）王甫司察以爲有姦密告司隸校尉段熲熹平元年遂收颯送北寺獄（北寺獄名屬黃門署前書音義曰即若盧獄也）使尚書令廉忠誣奏颯等謀迎立悝大逆不道遂詔冀州刺史收悝考實又遣大鴻臚持節與宗正廷尉之勃海迫責悝悝自殺妃妾十一人子女七十人伎女二十四人皆死獄中傅相以下以輔導王不忠悉伏誅悝立二

十五年國除衆庶莫不憐之

平春悼王全（續漢志平春縣屬江夏郡也）以建初四年封其年薨葬於京師無子國除

清河孝王慶母宋貴人貴人宋昌八世孫扶風平陵人也（昌文帝時爲中尉以代邸功封壯武矦）父楊以恭孝稱於鄉閭不應州郡之命楊姑即明德馬后之外祖母也馬后聞楊二女皆有才色迎而訓之永平末選入太子宮甚有寵肅宗即位並爲貴人建初三年大貴人生

慶明年立爲皇太子徵楊爲議郎襃賜甚渥貴人長於人事供奉長樂宮身執饋饌太后憐之太后崩後竇皇后寵盛以貴人姊妹並幸慶爲太子心內惡之與母比陽主謀陷宋氏（比陽主東海王彊女）外令兄弟求其纖過內使御者偵伺得失（偵候也音丑政反廣雅曰偵問也）後於掖庭門邀遮得貴人書云病思生菟令家求之因誣言欲作蠱道祝詛以菟爲厭勝之術日夜毀譖貴人母子遂漸見踈慶出居承祿觀數月竇后諷掖庭令誣奏前事請加驗實七年帝遂廢太子慶而立皇太子肇肇梁貴人子也乃下詔曰皇太子有失惑無常之性爰自孩乳至今益章恐襲其母凶惡之風不可以奉宗廟爲天下主大義滅親況降退乎（左傳衛石碏殺其子厚君子曰石碏純臣也惡州吁而厚預焉大義滅親其是之謂乎）今廢慶爲清河王皇子肇保育皇后承訓懷袵導達善性將成其器蓋庶子慈母尚有終身之恩（儀禮喪服曰慈母如母謂妾子之無母父命妾養之故曰慈母如母者貴父之命也）

豈若嫡后事正義明哉今以肇爲皇太子遂出貴人姊妹置丙舍使小黃門蔡倫考實之皆承諷旨傅致其事（傳讀曰附）乃載送暴室二貴人同時飲藥自殺（續漢志曰暴室署名主中婦人疾病也）帝猶傷之勑掖庭令葬於樊濯聚（在洛陽城北也）於是免楊歸本郡郡縣因事復捕繫之楊友人前懷令山陽張峻左馮翊沛國劉均等奔走解釋得以免罪楊失志憔悴卒于家慶時雖幼而知避

嫌畏禍言不敢及宋氏帝更憐之勑皇后令衣服與太子齊等太子特親愛慶入則共室出則同輿及太子即位是爲和帝待慶尤渥諸王莫得爲比常共議私事後慶以長別居丙舍永元四年帝移幸北宮章德殿講於白虎觀慶得入省宿止帝將誅竇氏欲得外戚傳（前書外戚傳也）懼左右不敢使乃令慶私從千乘王求夜獨内之又令慶傳語中常侍鄭衆求索故事（謂文帝誅薄昭武帝誅竇嬰故）

事及大將軍竇憲誅慶出居邸賜奴婢三百人輿馬錢帛帷帳珍寶玩好充仞其弟又賜中傅以下至左右錢帛各有差（前書音義曰中傅官者也）慶多被病或時不安帝朝夕問訊進膳藥所以垂意甚備慶小心恭孝自以廢黜尤畏事愼法每朝謁陵廟常夜分嚴裝衣冠待明（分半也）約勑官屬不得與諸王車騎競驅常以貴人葬禮有闕每竊感恨至四節伏臘輒祭於私室竇氏誅後始使乳

母於城北遥祠及竇太后崩慶求上冢致哀帝許之詔太官四時給祭具慶垂涕曰生雖不獲供養終得奉祭祀私願足矣欲求作祠堂恐有自同恭懷梁后之嫌遂不敢言（恭懷梁后和帝母梁貴人）常泣向左右以爲没齒之恨（没齒終年也）後上言外祖母王年老遭憂病下土無毉藥願乞詣洛陽療疾於是詔宋氏悉歸京師除慶舅衍俊蓋暹等皆爲郎十五年有司以日食陰盛奏遣諸王侯就

國詔曰甲子之異責由一人諸王幼稚早離顧復弱冠相育（詩小雅曰父兮生我母兮鞠我顧我復我出入腹我）常有蓼莪凱風之哀（詩小雅曰蓼蓼者莪匪莪伊蒿哀哀父母生我劬勞詩國風曰凱風自南吹彼棘心棘心夭夭母氏劬勞）選懦之恩知非國典且復須留（選懦仁弱慈戀不決之意也懦音仁兗反東觀記須留作宿留）至冬從祠章陵詔假諸王羽林騎各四十人後中傅衛訢私爲臧盜千餘萬詔使案理之并責慶不舉之狀慶曰訢以師傅之尊選自聖朝臣愚唯知言從事聽不甚有所糾察

帝嘉其對悉以訢臧財賜慶及帝崩慶號泣前殿嘔血數升因以發病明年諸王就國鄧太后特聽清河王置中尉內史賜什物皆取乘輿上御以宋衍等並爲清河中大夫(續漢書曰中大夫秩六百石無員掌奉王使至京師)慶到國下令寡人生於深宮長於朝廷(魯哀公與孔子言曰寡人生於深宮之中長於婦人之手事見孫卿子也)仰恃明主垂拱受成(垂拱言無爲也尚書曰垂拱仰成)既以薄祐早離顧復屬遭大憂(近屬)悲懷感傷蒙恩大國職惟藩輔新去京師憂心煢煢夙夜屏營未知所立(煢煢孤特也屏營彷徨也)蓋聞智不獨理必須明賢今官屬並居爵任失得是均庶望上遵策戒下免悔咎其糺督非枉明察典禁無令孤獲怠慢之罪焉鄧太后以殤帝襁抱遠慮不虞(襁以繒帛爲之即今之小兒繃也繃音必衡反)留慶長子祜與嫡母耿姬居清河邸至秋帝崩立祜爲嗣是爲安帝太后使中黃門送耿姬歸國帝所生母左姬字小娥小娥姊字大娥犍爲人也初伯父聖坐

妖言伏誅家屬沒官二娥數歲入掖庭及長並有才色小娥善史書喜辭賦和帝賜諸王宮人因入清河弟慶初聞其美賞傅母以求之及後幸愛極盛姬妾莫比姊妹皆卒葬於京師慶立凡二十五年乃歸國其年病篤謂宋衍等曰清河埤薄(埤音婢)欲乞骸骨於貴人冢傍下棺而已朝廷大恩猶當應有祠室庶母子并食魂靈有所依庇死復何恨乃上書太后曰臣國土下溼願乞骸骨下從貴人於樊濯雖歿且不朽矣及今口目尚能言視冒昧干請命在呼吸願蒙哀憐遂薨年二十九遣司空持節與宗正奉弔祭又使長樂謁者僕射中謁者二人副護喪事賜龍旂九旒虎賁百人儀比東海恭王(旂有九旒天子制也恭王疆葬贈以殊禮升龍旄頭鑾輅龍旂虎賁百人)太后使掖廷丞送左姬喪與王合葬廣丘子愍王虎威嗣永初元年太后封宋衍爲盛鄉侯分清河爲二國封慶少子常

保爲廣川王子女十一人皆爲鄉公主食邑奉明年常保薨無子國除虎威立三年薨亦無子鄧太后復立樂安王寵子延平爲清河王是爲恭王（寵即千乘王伉之子）太后崩有司上言清河孝王至德淳懿載育明聖承天奉祚爲郊廟主漢興高皇帝尊父爲太上皇宣帝號父爲皇考（宣帝父諱進武帝時號史皇孫坐戾太子事遇害帝即位追尊皇考立廟）序昭穆置園邑太宗之義舊章不忘（太宗謂繼嗣也左傳季桓子曰舊章不可忘也）宜上尊號曰孝德

皇皇妣左氏曰孝德后孝德皇母宋貴人追謚曰敬隱后乃告祠高廟使司徒持節與大鴻臚奉策書璽綬清河追上尊號又遣中常侍奉太牢祠典護禮儀侍中劉珍等及宗室列侯皆往會事尊陵曰甘陵廟曰昭廟置令丞設兵車周衛比章陵（皇考南頓君陵）復以廣川益清河國尊耿姬爲甘陵大貴人又封女弟侍男爲涅陽長公主別得爲舞陰長公主久長爲濮陽長公主直得爲平氏長公主餘七主並早卒故不及進爵追贈敬隱后女弟小貴人印綬追封謚宋楊爲當陽穆侯（當陽今荆州也）楊四子皆爲列侯食邑各五千户宋氏爲卿校侍中大夫謁者郎吏十餘人孝德后異母弟次及達生二人諸子九人皆爲清河國郎中耿貴人者牟平侯舒之孫也貴人兄寶襲封牟平侯帝以寶嫡舅寵遇甚渥位至大將軍事以見耿舒傳立三十五年薨子蒜嗣沖帝

崩徵蒜詣京師將議爲嗣會大將軍梁冀與梁太后立質帝罷歸國蒜爲人嚴重動止有度朝臣太尉李固等莫不歸心焉初中常侍曹騰謁蒜蒜不爲禮宦者由此惡之及帝崩公卿皆正議立蒜而曹騰說梁冀不聽遂立桓帝語在李固傳蒜由此得罪建和元年甘陵人劉文與南郡妖賊劉鮪交通訛言清河王當統天下欲共立蒜事發覺文等遂劫清河相謝暠將至王宮

司馬門帝紀謝作射蓋紀傳不同曰當立王爲天子𥳑爲
公𥳑不聽罵之文因刺殺𥳑於是捕文鮪
誅之有司因劾奏蒜坐貶爵爲尉氏侯徙
桂楊自殺立三年國絶梁冀惡淸河名明
年乃改爲甘陵梁太后立安平孝王子經
侯理爲甘陵王安平王德河間王開子奉孝德皇祀是
爲威王理立二十五年薨子貞王定嗣定
立四年薨子獻王忠嗣黄巾賊起忠爲國
人所執旣而釋之靈帝以親親故詔復忠
國忠立十三年薨嗣子爲黄巾所害建安
十一年以無後國除
濟北惠王壽母申貴人潁川人也世吏二
千石貴人年十三入掖庭壽以永元二年
封分太山郡爲國和帝遵肅宗故事兄弟
皆留京師恩寵篤密有司請遣諸王歸藩
不忍許之及帝崩乃就國永初元年鄧太
后封壽舅申轉爲新亭侯壽立三十一年
薨自永初已後戎狄叛亂國用不足始封

王薨減賻錢爲千萬布萬匹嗣王薨五百
萬布五千匹時唯壽最尊親特賻錢三千
萬布三萬匹子節王登嗣永寧元年封登
弟五人爲鄉侯皆別食太山邑登立十五
年薨子哀王多嗣多立三年薨無子永和
四年立戰鄉侯安國爲濟北王是爲釐王
釐音僖也安國立十年薨子孝王次嗣本初元
年封次弟猛爲亭侯次九歲喪父至孝建
和元年梁太后下詔曰濟北王次以幼年
守藩躬履孝道父没哀慟焦毁過禮草廬
土席衰杖在身頭不枇沐體生瘡腫諒闇
已來二十八月自諸國有憂未之聞也朝
廷甚嘉焉書不云乎用德章厥善尚書盤庚之辭也言以道德明之使競爲善也詩云孝子不匱永錫爾類詩大雅也匱竭也類善也永長也言孝子之行無有匱竭長賜與汝之族類教道天下今增次封
五千戸廣其土宇以慰孝子惻隱之勞次
立七年薨子鸞嗣鸞薨子政嗣政薨無子
建安十一年國除

河閒孝王開以永元二年封分樂成勃海涿郡爲國延平元年就國開奉遵法度吏人敬之永寧元年鄧太后封開子翼爲平原王奉懷王勝祀（勝和帝子）子德爲安平王奉樂成王黨祀（黨明帝子也）開立四十二年薨子惠王政嗣政慠佷不奉法憲順帝以侍御史吳郡沈景有彊能稱故擢爲河閒相景到國謁王王不正服箕踞殿上侍郎贊拜景峙不爲禮（峙立也）問王所在虎賁曰是非王

邪景曰王不服常人何别今相謁王豈謁無禮者邪王慙而更服景然後拜出住宮門外請王傅責之曰前發京師陛下見受詔以王不恭使相檢督諸君空受爵祿而無訓導之義因奏治罪詔書讓政而詰責傅景因捕諸姦人上案其罪（上奏上也音市丈反）殺戮尤惡者數十人出冤獄百餘人政遂爲改節悔過自脩陽嘉元年封政弟十三人皆爲亭侯政立十年薨子貞王建嗣建立十

年薨子安王利嗣利立二十八年薨子陔嗣陔立四十一年魏受禪以爲崇德侯蠡吾侯翼元初六年鄧太后徵濟北河閒王諸子詣京師奇翼美儀容故以爲平原懷王後焉（平原王得無子故立之也）留在京師歲餘太后崩安帝乳母王聖與中常侍江京等譖鄧騭兄弟及翼云與中大夫趙王謀圖不軌闚覦神器懷大逆心（神器謂帝位也老子曰天下神器不可爲也）貶爲都鄉侯遣歸河閒翼於是謝賓客閉門自

處永建五年父開上書願分蠡吾縣以封翼順帝從之翼卒子志嗣爲大將軍梁冀所立是爲桓帝梁太后詔追尊河閒孝王爲孝穆皇夫人趙氏曰孝穆后廟曰清廟陵曰樂成陵蠡吾先侯曰孝崇皇廟曰烈廟陵曰博陵皆置令丞使司徒持節奉策書璽綬祠以太牢建和二年更封帝兄都鄉侯碩爲平原王留博陵奉翼後尊翼夫人馬氏爲孝崇博園貴人以涿郡之良鄉

故安河閒之蠡吾三縣爲湯沐邑頎嗜酒多過失帝令馬貴人領王家事建安十一年國除解瀆亭侯淑以河閒孝王子封淑卒子長嗣長卒子宏嗣爲大將軍竇武所立是爲靈帝建寧元年竇太后詔追尊皇祖淑爲孝元皇夫人夏氏曰孝元后陵曰敦陵廟曰靖廟皇考長爲孝仁皇夫人董氏爲慎園貴人陵曰慎陵廟曰奐廟皆置令丞使司徒持節之河閒奉策書璽綬祠

以太牢常以歲時遣中常侍持節之河閒奉祠熹平三年使使拜河閒安王利子康爲濟南王奉孝仁皇祀康薨子贇嗣建安十二年爲黄巾賊所害子開嗣立十三年魏受禪以爲崇德侯

城陽懷王淑以永元二年分濟陰爲國立五年薨葬於京師無子國除還幷濟陰

廣宗殤王萬歲以永元五年封分鉅鹿爲國其年薨葬於京師無子國除還幷鉅鹿

平原懷王勝和帝長子也不載母氏少有痼疾延平元年封立八年薨葬於京師無子鄧太后立樂安夷王寵子得爲平原王奉勝後是爲哀王得立六年薨無子永寧元年太后又立河閒王開子都鄉侯翼爲平原王嗣安帝廢之國除

論曰傳稱吳子夷昧甚德而度有吳國者必其子孫（夷昧吳君之名左傳屈狐庸謂趙文子曰若天所啓其在今嗣君乎甚德而度德不失人度不失事有吳國者必此君之子孫也杜預注云嗣君謂夷昧也）章帝長者

事從敦厚繼祀漢室咸其苗裔古人之言信哉

贊曰章祚不巳本枝流祉質惟佹孫安亦慶子河閒多福桓靈承祀濟北無驕皇恩寵饒平原抱痼三王薨朝（平春王全廣宗王萬歲城陽王淑並薨於京師也）振振子孫或秀或苗（振振仁厚貌也音之人反詩國風曰宜爾子孫振振兮論語曰苗而不秀者有矣夫秀而不實者有矣夫苗謂早夭秀謂成長也）

後漢列傳卷第四十五

後漢列傳第四十六　范曄　後漢書五十六

唐章懷太子賢注

張晧 子綱　王龔 子暢

种暠 子岱 拂 拂子劭

陳球

張晧字叔明犍爲武陽人也六世祖良高帝時爲太子少傅封留矦晧少游學京師初永元中歸仕州郡辟大將軍鄧騭府五遷尚書僕射職事八年出爲彭城相明帝子彭城王恭之相也永寧元年徵拜廷尉晧雖非法家而留心刑斷數與尚書辯正疑獄多以詳當見從詳審而平當也時安帝廢皇太子爲濟陰王晧與太常桓焉太僕來歷廷爭之不能得事已具來歷傳退而上疏曰昔賊臣江充造構讒逆至令戾園興兵終及禍難趙人江充字次倩武帝時爲直指繡衣劾太子家吏行馳道中恐爲太子所誅見上年老意多所惡因言左右皆爲巫蠱上乃使充捕案巫蠱既知上意太子乃言宮中有蠱氣遂掘蠱太子宮得桐木人時上疾在甘泉宮太子懼不能自明收充斬之發兵與丞相劉屈氂戰敗亡走湖自殺後太子孫宣帝即位追謚太子曰戾於湖置園邑奉祠故曰戾園

後壺關三老一言上乃覺悟雖追前失悔之何逮逮及也太子死後壺關三老令狐茂上書訟太子寃武帝感寤憐太子無辜乃族滅江充作思子宮爲歸來望思之臺於湖天下聞而悲之事見前書今皇太子春秋方始十歲未見保傅九德之義尚書皋繇陳九德曰寬而栗柔而立愿而恭亂而敬擾而毅直而溫簡而廉剛而塞彊而誼也宜簡賢輔就成聖質書奏不省及順帝即位拜晧司空在事多所薦達天下稱其推士時清河趙騰上言災變譏刺朝政章下有司收騰繫考所引黨輩八十餘人皆以誹謗當伏重法晧上疏諫曰臣聞堯舜立敢諫之鼓三王樹誹謗之木春秋采善書惡聖主不罪芻蕘左氏傳曰春秋之稱微而顯志而晦懲惡而勸善非聖人誰能修之騰等雖干上犯法所言本欲盡忠正諫如當誅戮天下杜口塞諫爭之源非所以昭德示後也帝乃悟減騰死罪一等餘皆司寇前書音義曰司寇二歲刑也輸作司寇因以名焉四年以陰陽不和策免陽嘉元年復爲廷尉其年卒官時年八十三遣使者弔祭賜葬地於河南

縣子綱

綱字文紀少明經學雖爲公子而厲布衣之節舉孝廉不就司徒辟高弟爲御史時順帝委縱宦官有識危心綱常感激慨然歎曰穢惡滿朝不能奮身出命埽國家之難雖生吾不願也退而上書曰詩曰不愆不忘率由舊章詩大雅也愆過也率循也言成王令德不過循用舊典之文尋大漢初隆及中興之世文明二帝德化尤盛觀其理爲易循易見但恭儉守節約

身尚德而已中官常侍不過兩人近倖賞賜裁滿數金惜費重人故家給人足夷狄聞中國優富任信道德所以姦謀自消而和氣感應而頃者以來不遵舊典無功小人皆有官爵富之驕之而復害之非愛人重器承天順道者也器謂車服也言無功小人不可妄授也左傳曰唯器與名不可以假人也伏願陛下少留聖思割損左右以奉天心書奏不省漢安元年選遣八使徇行風俗皆耆儒知名多歷顯位周舉傳曰詔遣八使巡行風俗同時俱拜天下號曰八俊刺史二千石有臧罪者驛馬上之墨綬已下便收其有清勤忠惠宜表異者狀聞八使名見順帝紀唯綱年少官次最微餘人受命之部而綱獨埋其車輪於洛陽都亭曰豺狼當路安問狐狸前書京兆督郵侯文之辭遂奏曰大將軍冀河南尹不疑蒙外戚之援荷國厚恩以芻蕘之資居阿衡之任不能敷揚五教翼讚日月而專爲封豕長蛇肆其貪叨左傳申包胥曰吳爲封豕長蛇荐食上國也甘心好貨縱恣無厭多樹謟諛以害忠良誠天威所不赦大辟所宜

加也謹條其無君之心十五事斯皆臣子所切齒者也左傳曰有無君之心而後動於惡也前書鄒陽謂蓋侯王長君曰太后怫鬱泣血切齒側目於貴臣矣書御京師震竦御進也時冀妹爲皇后內寵方盛諸梁姻族滿朝帝雖知綱言直終不忍用時廣陵賊張嬰等衆數萬人殺刺史二千石寇亂揚徐閒積十餘年朝廷不能討冀乃諷尚書以綱爲廣陵大守因欲以事中之前遣郡守率多求兵馬綱獨請單車之職既到乃將吏卒十

餘人徑造嬰壘以慰安之求得與長老相見申示國恩嬰初大驚既見綱誠信乃出拜謁綱延置上坐問所疾苦乃譬之曰前後二千石多肆貪暴（二千石謂太守也）故致公等懷憤相聚二千石信有罪矣然爲之者又非義也今主上仁聖欲以文德服叛故遣太守思以爵祿相榮不願以刑罰相加今誠轉禍爲福之時也若聞義不服天子赫然震怒荆揚兗豫大兵雲合豈不危乎若不

料彊弱非明也弃善取惡非智也去順效逆非忠也身絶血嗣非孝也（凡祭皆用牲故曰血嗣）背正從邪非直也見義不爲非勇也六者成敗之幾利害所從公其深計之嬰聞泣下曰荒裔愚人不能自通朝廷不堪侵枉遂復相聚偷生若魚遊釜中喘息須臾閒耳今聞明府之言乃嬰等更生之晨也既陷不義實恐投兵之日不免孥戮綱約之以天地誓之以日月嬰深感悟乃辭還營明

日將所部萬餘人與妻子面縛歸降綱乃單車入嬰壘大會置酒爲樂散遣部衆任從所之親爲卜居宅相田疇（相視也田畔曰疇）子弟欲爲吏者皆引召之人情悅服南州晏然朝廷論功當封梁冀遏絶乃止天子嘉美徵欲擢用綱而嬰等上書乞留乃許之綱在郡一年年四十六卒百姓老幼相攜詣府赴哀者不可勝數綱自被疾吏人咸爲祠祀祈福皆言千秋萬歲何時復見此君

張嬰等五百餘人制服行喪送到犍爲負土成墳詔曰故廣陵太守張綱大臣之苗剖符統務正身導下班宣德信降集劇賊張嬰萬人息干戈之役濟蒸庶之困未升顯爵不幸早卒嬰等縗杖若喪考妣朕甚愍焉拜綱子續爲郎中賜錢百萬

王龔字伯宗山陽高平人也世爲豪族初舉孝廉稍遷青州刺史劾奏貪濁二千石數人安帝嘉之徵拜尚書建光元年擢爲

司隷校尉明年遷汝南太守政崇温和好才愛士引進郡人黃憲陳蕃等憲雖不屈蕃遂就吏蕃性氣高明初到龔不即召見之乃留記謝病去龔怒使除其録功曹袁閬請見言曰聞之傳曰人臣不見察於君不敢立於朝蕃既以賢見引不宜退以非禮龔改容謝曰是吾過也乃復厚遇待之由是後進知名之士莫不歸心焉閬字奉高數辭公府之命不修異操而致名當時

永建元年徵龔爲太僕轉太常四年遷司空以地震策免永和元年拜太尉在位恭慎自非公事不通州郡書記其所辟命皆海內長者龔深疾宦官專權志在匡正乃上書極言其狀請加放斥諸黃門恐懼各使賓客誣奏龔罪順帝命亟自實亟急也音紀力反前掾李固時爲大將軍梁商從事中郎乃奏記於商曰今旦聞下太尉王公勑令自實未審其事深淺何如王公束脩厲節敦

樂藝文不求苟得不爲苟行前書曰楊子雲曰蜀嚴湛冥不作苟見不爲苟得但以堅貞之操違俗失衆橫爲讒佞所構毀衆人聞知莫不歎慄夫三公尊重承天象極未有詣理訴冤之義三公承助天子位象三台故曰承天象極哀帝時丞相王嘉有罪召詣廷尉詔獄主簿曰將相不對理陳冤相踵以爲故事君矦宜引決也纖微感槩輒引分決是以舊典不有大罪不至重問大臣獄重故曰重問成帝時丞相薛宣御史大夫翟方進有罪上使五二千石雜問音義云大獄重故以二千石五人同問之王公沈靜內明不可加以非理卒有它變則朝廷獲害賢

之名羣臣無救護之節矣昔絳矦得罪袁盎解其過文帝時丞相絳矦周勃免就國人告以爲反諸公莫敢爲言唯郎中袁盎明絳矦無罪絳矦得釋盎有力也魏尚獲戾馮唐訴其冤馮唐安陵人文帝時爲郎署長上與論將帥唐曰臣聞魏尚爲雲中守坐上功首虜差六級陛下下之吏削其爵罰作之臣愚以爲陛下法太明罰太重文帝悅捨尚復官也時君善之列在書傳今將軍內倚至尊外典國柄言重信著栺撝無違宜加表救濟王公之艱難語曰善人在患飢不及餐斯其時也商即言之於帝事乃得釋龔在位五年以老病乞骸

骨卒於家子暢

論曰張晧王龔稱爲雅士若其好通汲善
明發升薦仁人之情也夫士進則世收其
器賢用即人獻其能能獻既己厚其功器
收亦理兼天下言賢人見用則人競獻其所能但有能即獻動必有功功多賞
厚故言己厚其功有才器必被收用用則海內蒙福故曰理兼天下其利甚博而
人莫之先豈同折枝於長者以不爲爲難
乎以不爲爲難言不之難也謂進賢達士同折枝之易而不爲之孟子謂齊宣王曰今恩足以及
禽獸而不能加於百姓者何非力不能是不爲也王曰不能不爲二者謂何也孟子曰夫挾太山以超北

後漢列傳四十六　九　王永

海王能乎王曰不能爲長者折枝王能乎曰不能也孟子曰夫挾太山以超海是實不能不可彊也爲長
者折枝甚易而王不爲非不能也老吾老以及人之老幼吾幼以及人之幼天下可運諸掌何爲不能加
於百姓乎劉熙注孟子曰折枝若今之案摩也昔柳下惠見抑於臧
文柳下惠姓展名禽字獲食邑於柳下謚曰惠臧文仲魯大夫姓臧孫名辰左傳仲尼曰臧文仲
不仁者三下展禽廢六關妾織蒲言文仲知柳下惠之賢而使在下位故曰抑之淳于長
受稱于方進成帝時定陵侯淳于長以太后姊子爲九卿翟方進爲丞相獨與長
交稱薦之然則立德者以幽陋好遺顯登者以
貴塗易引故晨門有抱關之夫論語子路宿於石門晨門
曰奚自注云石門魯城外門也晨主守門晨夜開閉也史記侯嬴夷門抱關者守門必抱關故兼言之

柱下無朱文之軫也神仙傳曰老子周宣王時爲柱下史朱文畫車爲文
也軫車後橫木也言貧賤之人多被淪弃所以晨門之下必有抱關之賢柱下之微永無朱文之轍也
暢字叔茂少以清實爲稱無所交黨初舉
孝廉辭病不就大將軍梁商特辟舉茂才
四遷尚書令出爲齊相齊王喜之相徵拜司隸校
尉轉漁陽太守所在以嚴明爲稱坐事免
官是時政事多歸尚書桓帝特詔三公令
高選庸能庸功也太尉陳蕃薦暢清方公正
有不可犯之色禮記曰介冑之士則有不可犯之色由是復爲尚

後漢列傳四十六　十　陳仲

書尋拜南陽太守前後二千石逼懼帝鄉
貴戚多不稱職暢深疾之下車奮厲威猛
其豪黨有釁穢者莫不糾發會赦事得散
暢追恨之更爲設法諸受臧二千萬以上
不自首實者盡入財物若其隱伏使吏發
屋伐樹堙井夷竈豪右大震功曹張敞奏
記諫曰五教在寬著之經典湯去三面八
方歸仁史記曰湯爲夏方伯得專征伐出見野張四面網祝曰自天下四方皆入吾網湯曰
嘻盡之矣去其三面祝曰欲左左欲右右不用命乃入吾網諸侯聞曰湯德至禽獸於是諸侯畢服嘻音

傳武王入殷先去炮格之刑列女傳紂爲銅柱以膏塗之加于炭之上使有罪緣焉足滑跌墮紂與妲己笑以爲樂名曰炮格之刑臣賢案史記及帝王代紀皆言文王爲西伯獻洛西之地請除炮格之刑今云武王與此不同高祖鑒秦唯定三章之法孝文皇帝感一緹縈蠲除肉刑文帝時太倉令淳于公有罪當刑淳于公無男有五女罵其女曰生女不生男緩急非有益也其少女緹縈自傷悲泣隨父至長安上書請沒官爲婢以贖父文帝悲憐其意爲除肉刑卓茂文翁召父之徒皆疾惡嚴刻務崇溫厚景帝時文翁爲蜀郡守仁愛敎化宣帝時召信臣爲南陽太守視人如子其化大行仁賢之政流聞後世夫明哲之君網漏吞舟之魚韓詩外傳曰夫吞舟之魚不居潛澤前書曰高祖約法三章號爲網漏吞舟之魚也然後三光明於上人物悅於下言之若迂其效甚近迂遠也發屋伐樹將爲嚴烈雖欲懲惡難以聞遠以明府上智之才日月之曜莊子曰飾智以驚愚修身以明汙昭昭乎若揭日月而行也敷仁惠之政則海內改觀實有折枝之易而無挾山之難郡爲舊都侯甸之國園廟出於章陵五百里甸服千里侯服南陽去洛千里故曰侯甸南頓君以上四廟在焉三后生自新野光烈皇后和帝陰后鄧后並新野人士女沾教化黔首仰風流自中興以來功

後漢傳四十六　十一　王秦

臣將相繼世而隆愚以爲懇懇用刑不如行恩孳孳求姦未若禮賢舜舉皋陶不仁者遠論語子夏之辭也隨會爲政晉盜奔秦左傳晉命隨會將中軍且爲太傅晉國之盜奔秦也虞芮入境讓心自生史記曰文王爲西伯陰行善化諸侯皆來決平於是虞芮之人有獄不決乃如周入界見耕者讓畔少者讓長虞芮二人不見西伯慙而相謂曰吾所爭周人所恥咼爲取辱遂俱讓而還也化人在德不在用刑暢深納敞諫更崇寬政慎刑簡罰教化遂行郡中豪族多以奢靡相尚暢常布衣皮褥車馬羸敗以矯其敝同郡劉表時年十七從暢受學進諫曰夫奢不僭上儉不逼下禮記曰君子上不僭上下不逼下也循道行禮貴處可否之間蘧伯玉恥獨爲君子府君不希孔聖之明訓而慕夷齊之末操論語孔子曰奢則不遜儉則固言仲尼得奢儉之中而夷齊餓死是末操也無乃皎然自貴於世乎暢曰昔公儀休在魯拔園葵去織婦史記曰魯相公儀休之其家見織帛怒而出其婦食於舍而茹葵慍而拔其葵曰吾已食祿又奪園夫女子利乎孫叔敖相楚其子被裘刈薪史記曰孫叔敖爲楚相且死屬其子曰我死汝貧困往見優孟言孫叔敖子也居數年其子貧負薪逢優孟優孟言之於王封之寢丘四百戶也

後漢列傳四十六　十二　陳從

夫以約失之鮮矣論語孔子之辭也言儉則無失閒伯夷之
風者貪夫廉懦夫有立志孟子之辭雖以不德
敢慕遺烈後徵爲長樂衛尉建寧元年遷
司空數月以水災策免明年卒於家子讜
爲大將軍何進長史讜子粲以文才知名
粲字仲宣蔡邕見而奇之時邕才學顯著貴重朝廷車騎塡門賓客盈坐聞粲在門倒屣迎之既至年𭊷容狀短小一座盡驚邕曰王公之孫有異才吾不如也太祖辟粲爲丞相掾後爲侍中博物多識問無不對嘗與人行讀道邊碑人問卿能闇記乎因使背而誦之一文不失觀人圍碁粲爲覆之碁者不信以帊蓋之更以它局爲之不誤一道年四十卒魏志有傳

後漢列傳四十六　十三　陳仲

种暠字景伯河南洛陽人仲山甫之後也
父爲定陶令有財三千萬父卒暠悉以賑
卹宗族及邑里之貧者其有進趣名利皆
不與交通始爲縣門下史時河南尹田歆
外甥王諶名知人有知人之名也歆謂之曰今當舉
六孝廉多得貴戚書命不宜相違欲自用
一名士以報國家爾助我求之明日諶送
客於大陽郭遥見暠異之還白歆曰爲尹
得孝廉矣近洛陽門下史也歆笑曰當得
山澤隱滯近洛陽吏邪諶曰山澤不必有
異士異士不必在山澤歆即召暠於庭辯
詰職事暠辭對有序歆甚知之召署主簿
遂舉孝廉辟太尉府舉高第順帝末爲侍
御史時所遣八使光祿大夫杜喬周舉等
多所糾奏而大將軍梁冀及諸宦官互爲
請救事皆被寢遏暠自以職主刺舉志案
姦違乃復劾諸爲八使所舉蜀郡太守劉
宣等罪惡章露宜伏歐刀又奏請勑四府

後漢列傳四十六　十四　恭康

條舉近臣父兄及知親爲刺史二千石尤
殘穢不勝任者免遣案罪帝乃從之擢暠
監太子於承光宮中常侍高梵從中單駕
出迎太子時太傅杜喬等疑不欲從惶惑
不知所爲暠乃手劒當車曰太子國之儲
副人命所係今常侍來無詔信何以知非
姦邪今日有死而已梵辭屈不敢對馳命
奏之詔報太子乃得去喬退而歎息愧暠
臨事不惑帝亦嘉其持重稱善者良久出

爲益州刺史暠素慷慨好立功立事在職三年宣恩遠夷開曉殊俗岷山雜落皆懷服漢德其白狼槃木唐菆卭僰諸國菆音側留反自前刺史朱輔卒後遂絕暠至乃復舉種向化時永昌太守冶鑄黄金爲文蛇以獻梁冀暠糾發逮捕馳傳上言而二府畏懦不敢案之冀由是銜怒於暠會巴郡人服直聚黨數百人自稱天王直或作宜暠與太守應承討捕不克吏人多被傷害冀因此陷

後漢列傳四十六　十五　李椿

之傳逮暠承太尉李固上疏救曰臣伏聞討捕所傷本非暠承之意實由縣吏懼法畏罪迫逐深苦致此不詳比盜賊羣起處處未絕暠承以首舉大姦而相隨受罪臣恐沮傷州縣糾發之意更共飾匿莫復盡心言各飾僞辭隱匿眞狀也梁太后省奏乃赦暠承罪免官而已後涼州羌動以暠爲涼州刺史甚得百姓歡心被徵當遷吏人詣闕請留之太后歎曰未聞刺史得人心若是乃許之

暠復留一年遷漢陽太守戎夷男女送至漢陽界暠與相揖謝千里不得乘車及到郡化行羌胡禁止侵掠遷使匈奴中郎將時遼東烏桓反叛復轉遼東太守烏桓望風率服迎拜於界上坐事免歸後司隸校尉舉暠賢良方正不應徵拜議郎遷南郡太守入爲尚書會匈奴寇并涼二州桓帝擢暠爲度遼將軍暠到營所先宣恩信誘降諸胡其有不服然後加討羌虜先時有

後漢列傳四十六　十六　吴佐

生見獲質於郡縣者悉遣還之誠心懷撫信賞分明由是羌胡龜茲莎車烏孫等皆來順服暠乃去烽燧除候望晝舉烽夜燔燧解見光武紀邊方晏然無警入爲大司農延熹四年遷司徒推達名臣橋玄皇甫規等爲稱職相在位三年年六十一薨并涼邊人咸爲發哀匈奴聞暠卒舉國傷惜單于每入朝賀望見墳墓輒哭泣祭祀二子岱拂

岱字公祖好學養志舉孝廉茂才辟公府

皆不就公車特徵病卒初岱與李固子燮同徵議郎燮聞岱卒痛惜甚乃上書求加禮於岱曰臣聞仁義興則道德昌道德昌則政化明政化明而萬姓寧伏見故處士种岱淳和達理耽悅詩書富貴不能回其慮萬物不能擾其心稟命不永奄然殂殞若不槃桓難進等輩皆已公卿矣（易屯卦曰槃桓利居貞）昔先賢既沒有加贈之典（春秋隱公五年臧僖伯卒隱公曰葬之加一等杜預曰加命服之一等）周禮盛德有銘誄之文（周禮司勳

後漢列傳四十六　十七　王秀

曰凡有功者銘書於王之大常又曰卿大夫之喪賜謚誄也）而岱生無印綬之榮卒無官謚之號雖未建忠效用而為聖恩所拔遐邇具瞻宜有異賞朝廷竟不能從

拂字穎伯初為司隸從事拜宛令時南陽郡吏好因休沐游戲市里為百姓所患拂出逢之必下車公謁以愧其心自是莫敢出者政有能名累遷光祿大夫初平元年代荀爽為司空明年以地震策免復為太常李傕郭汜之亂長安城潰百官多避兵衝拂揮劍而出曰為國大臣不能止戈除暴致使凶賊兵刃向宮去欲何之遂戰而死子劭

劭字申甫少知名中平末為諫議大夫大將軍何進將誅宦官召并州牧董卓至澠池而進意更狐疑遣劭宣詔止之卓不受遂前至河南劭迎勞之因譬令還軍卓疑有變使其軍士以兵脅劭劭怒稱詔大呼

後漢列傳四十六　十八　陳敏

叱之軍士皆披（披音芳靡反）遂前質責卓卓辭屈乃還軍夕陽亭（夕陽亭在河南城西）及進敗獻帝即位拜劭為侍中卓既擅權而惡劭彊力遂左轉議郎出為益涼二州刺史會父拂戰死竟不之職服終徵為少府大鴻臚皆辭不受曰昔我先父以身徇國吾為臣子不能除殘復怨何面目朝覲明主哉遂與馬騰韓遂及左中郎劉範諫議大夫馬宇共攻李傕郭汜以報其仇與汜戰於長平觀下

（長平阪名也有觀在長安西十五里也）軍敗劭等皆死騰遂還
涼州
陳球字伯眞下邳淮浦人也歷世著名（謝承書曰祖父屯有令名）父亹廣漢太守（亹音尾）球少涉儒學
善律令陽嘉中舉孝廉稍遷繁陽令（繁陽縣屬魏郡）
時魏郡太守諷縣求納貨賄球不與之
太守怒而撾督郵欲令逐球（撾擊也）督郵不
肯曰魏郡十五城獨繁陽有異政今受命
逐之將致議於天下矣太守乃止復辟公

後漢列傳四十六　十九　楊璞

府舉高第拜侍御史是時桂陽黠賊李研
等羣聚寇鈔陸梁荊部州郡懦弱不能禁
太尉楊秉表球爲零陵太守球到設方略
朞月閒賊虜消散而州兵朱蓋等反與桂
陽賊胡蘭數萬人轉攻零陵零陵下溼編
木爲城不可守備郡中惶恐掾史白遣家
避難球怒曰太守分國虎符受任一邦（文帝初與郡守分銅虎符）豈顧妻孥而沮國威重乎復言者斬
乃悉內吏人老弱與共城守弦大木爲弓

羽矛爲矢引機發之遠射千餘步多所殺
傷賊復激流灌城球輒於內因地埶反決
水淹賊相拒十餘日不能下會中郎將度
尚將救兵至球募士卒與尚共破斬朱蓋
等賜錢五十萬拜子一人爲郎遷魏郡太
守徵拜將作大匠作桓帝陵園所省巨萬
以上遷南陽太守以糾舉豪右爲埶家所
謗徵詣廷尉抵罪會赦歸家復拜廷尉熹
平元年竇太后崩太后本遷南宮雲臺（太后

後漢列傳四十六　二十　林倪

父竇武與陳蕃謀誅宦官反爲中常侍曹節矯詔殺武蕃遷太后焉）宦者積怨竇氏
遂以衣車載后尸置城南市舍數日中常
侍曹節王甫欲用貴人禮殯帝曰太后親
立朕躬統承大業詩云無德不報無言不
酬（大雅抑詩也）豈宜以貴人終乎於是發喪成禮
及將葬節等復欲別葬太后而以馮貴人
配祔（祔謂新死之主祔於先死者之廟婦祔於其夫所祔之妃妻祔於妾祖姑也）詔公
卿大會朝堂令中常侍趙忠監議太尉李
咸時病乃扶輿而起擣椒自隨謂妻子曰

若皇太后不得配食桓帝吾不生還矣既議坐者數百人各瞻望中官良久莫肯先言趙忠曰議當時定怪公卿以下各相顧望球曰皇太后以盛德良家母臨天下宜配先帝是無所疑忠笑而言曰陳廷尉宜便操筆球即下議曰皇太后自在椒房有聰明母儀之德遭時不造援立聖明承繼宗廟功烈至重先帝晏駕因遇大獄遷居空宮不幸早世家雖獲罪事非太后今若

別葬誠失天下之望且馮貴人冢墓被發骸骨暴露與賊併尸魂靈汙染（段熲爲河南尹坐盜發馮貴人冢左遷諫議大夫）且無功於國何宜上配至尊忠省球議作色俛仰蚩球曰陳廷尉建此議甚健球曰陳竇既冤皇太后無故幽閉臣常痛心天下憤歎今日言之退而受罪宿昔之願公卿以下皆從球議李咸始不敢先發見球辭正然大言曰臣本謂宜爾誠與臣意合會者皆爲之愧曹節王甫復爭

以爲梁后家犯惡逆別葬懿陵武帝黜廢衞后而以李夫人配食（戾太子衞皇后共太子斬江充自殺武帝崩霍光緣上雅意以李夫人配食也）今竇氏罪深豈得合葬先帝乎李咸乃詣闕上疏曰臣伏惟章德竇后虐害恭懷安思閻后家犯惡逆而和帝無異葬之議順朝無貶降之文至於衞后孝武皇帝身所廢棄不可以爲比今長樂太后尊號在身親嘗稱制坤育天下（周易曰坤爲母）且援立聖明光隆皇祚太后以陛下爲子陛

下豈得不以太后爲母子無黜母臣無貶君宜合葬宣陵一如舊制帝省奏謂曹節等曰竇氏雖爲不道而太后有德於朕不宜降黜節等無復言於是議者乃定咸字元貞汝南人累經州郡以廉幹知名在朝清忠權倖憚之六年遷球司空以地震免拜光祿大夫復爲廷尉太常光和元年遷太尉數月以日食免復拜光祿大夫明年爲永樂少府（桓帝母孝崇皇后宮曰永樂置太僕少府）乃潛與司徒

河閒劉郃謀誅宦官初郃兄侍中儵與大將軍竇武同謀俱死故郃與球相結事未及發球復以書勸郃曰公出自宗室位登台鼎天下瞻望社稷鎮衛豈得雷同容容無違而已今曹節等放縱爲害而久在左右又公兄侍中受害節等永樂太后所親知也今可表徙衛尉陽球爲司隸校尉以次收節等誅之政出聖主天下太平可翹足而待也又尚書劉納以正直忤宦官出

爲步兵校尉亦深勸於郃郃曰凶豎多耳目恐事未會先受其禍納曰公爲國棟梁傾危不持焉用彼相邪（論語孔子之辭也）郃許諾亦結謀陽球球小妻程璜之女璜用事宫中所謂程大人也節等頗得聞知乃重賂於璜且脅之璜懼迫以球謀告節節因共白帝曰郃等常與藩國交通有惡意數稱永樂聲埶受取狼籍步兵校尉劉納及永樂少府陳球衛尉陽球交通書疏謀議不軌

帝大怒策免郃郃與球及劉納陽球皆下獄死球時年六十二子瑀吴郡太守瑀弟琮汝陰太守弟子珪沛相珪子登廣陵太守竝知名（謝承書曰瑀舉孝廉辟公府洛陽市長後辟太尉府未到永漢元年就拜議郎遷吴郡太守不之官球兄子珪字漢瑜舉孝廉劇令去官舉茂才濟北相珪子登字元龍學通今古處身循禮非法不行性兼文武有雄姿異略一領廣陵太守魏志曰登在廣陵有威名有功加伏波將軍年三十九卒後許汜與劉備竝在荆州牧劉表坐備共論天下人汜曰陳元龍湖海之士豪氣不除備問汜曰

君言豪寧有事邪汜曰昔遭亂過下邳見元龍無客主之意不相與語自上大牀卧使客卧下牀備曰君有國士之名今天下大亂帝王失所君須憂國忘家有救世之意乃求田問舍言無可采是元龍所諱也何緣當與君語如我自卧百尺樓上卧君於地下何但上下牀之閒哉表大笑也）

贊曰安儲遺諤張卿有請（張晧爲廷尉故曰卿）龔糾便佞以直爲眚（眚過也）二子過正埋車堙井（張綱埋輪王龔堙井孟子曰矯枉過正）种公自微臨官以威陳球專議桓思同歸

後漢書列傳卷第四十六

列傳卷第四十七　范曄　後漢書五十七

唐章懷太子賢注

杜根　欒巴

劉陶　李雲

劉瑜　謝弼

杜根字伯堅潁川定陵人也父安字伯夷少有志節年十三入太學號奇童京師貴戚慕其名或遺之書安不發悉壁藏之及後捕案貴戚賓客安開壁出書印封如故竟不離其患時人貴之（離被也）位至巴郡太守政甚有聲根性方實好絞直（絞急也）永初元年舉孝廉爲郎中時和熹鄧后臨朝權在外戚根以安帝年長宜親政事乃與同時郎上書直諫太后大怒收執根等令盛以縑囊於殿上撲殺之執法者以根知名私語行事人使不加力既而載出城外根得蘇太后使人檢視根遂詐死三日目中生蛆因得逃竄爲宜城山中酒家保（宜城縣故城在今襄州率道縣南其地出美酒廣雅云保使也言爲人傭力保任而使也）積十五年酒家知其賢厚敬待之及鄧氏誅左右皆言根等之忠帝謂根已死乃下詔布告天下録其子孫根方歸鄉里徵詣公車拜侍御史初平原郡吏成翊世亦諫太后歸政坐抵罪與根俱徵擢爲尚書郎並見納用或問根曰往者遇禍天下同義知故不少何至自苦如此根曰周旋民間非絶跡之處邂逅發露禍及知親故不爲也順帝時稍遷濟陰太守去官還家年七十八卒翊世字季明少好學深明道術延光中中常侍樊豐帝乳母王聖共譖皇太子廢爲濟陰王翊世連上書訟之又言樊豐王聖誣罔之狀帝既不從而豐等陷以重罪下獄當死有詔免官歸本郡及濟陰王立是爲順帝司空張晧辟之晧以翊世前訟太子之廢薦爲議郎翊世自以其功不顯恥於受位自劾歸三公比辟不應（比猶頻也）尚書僕射

虞詡雅重之欲引與共參朝政乃上書薦之徵拜議郎後尚書令左雄僕射郭虔復舉爲尚書在朝正色百僚敬之

欒巴字叔元魏郡内黄人也神仙傳云巴蜀郡人也少而學道不修俗事順帝世以宦者給事掖庭補黄門令非其好也性質直學覽經典雖在中官不與諸常侍交接後陽氣通暢白上乞退擢拜郎中四遷桂陽太守以郡處南垂不閑典訓爲吏人定婚姻喪紀之禮興立校學

以奬進之雖幹吏卑末皆課令習讀程試殿最隨能升授幹府吏之類也晉令諸郡國不滿五千以下置幹吏二人郡縣皆有幹幹猶主也政事明察視事七年以病乞骸骨荆州刺史李固薦巴治迹徵拜議郎守光禄大夫與杜喬周舉等八人徇行州郡巴使徐州還再遷豫章太守郡土多山川鬼怪小人常破貲產以祈禱巴素有道術能役鬼神乃悉毁壞房祀翦理姦巫房謂爲房堂而祀者於是妖異自消百姓始頗爲懼終皆安之神仙傳曰時廬山廟有神於帳中與人言語飲酒投杯能令宫亭湖中分風船行者舉帆相逢巴未到十數日廟中神不復作聲郡中常患黄父鬼爲百姓害巴到皆不知所在郡内無復疾疫也遷沛相所在有績徵拜尚書神仙傳曰巴爲尚書正朝大會巴獨後到又飲酒西南噀之有司奏巴不敬有詔問巴巴頓首謝曰臣本縣成都市失火臣故因酒爲雨以滅火臣不敢不敬詔即以驛書問成都成都答言正旦大失火食時有雨從東北來火乃息雨皆酒臭後忽一旦大風天霧晦瞑對坐皆不相見失巴所在尋問之云其日還成都與親故别也會帝崩營起憲陵陵左右或有小人墳冢主者欲有所侵毁巴連上書苦諫時梁太后臨朝詔詰巴曰大行皇帝晏駕有日卜擇陵園務

從省約塋域所極裁二十頃而巴虚言主者壞人冢墓事既非實寢不報下巴猶固遂其愚復上誹謗苟肆狂瞽益不可長巴坐下獄抵罪禁錮還家二十餘年靈帝即位大將軍竇武太傅陳蕃輔政徵拜議郎蕃武被誅巴以其黨復謫爲永昌太守以功自劾辭病不行上書極諫理陳竇之冤帝怒下詔切責收付廷尉巴自殺子賀官至雲中太守

劉陶字子奇一名偉潁川潁陰人濟北貞王勃之後陶爲人居簡不修小節所與交友必也同志好尚或殊富貴不求合情趣苟同貧賤不易意同宗劉愷以雅德知名獨深器陶時大將軍梁冀專朝而 帝無子連歲荒飢災異數見陶時游太學乃上疏陳事曰臣聞人非天地無以爲生天地非人無以爲靈 書曰惟天地萬物父母惟人萬物之靈也 是故帝非人不立人非帝不寧夫天之與帝帝之與

人猶頭之與足相須而行也伏惟陛下年隆德茂中天稱號 中謂當天之中也 龍袞常存之慶循不易之制目不視鳴條之事耳不聞檀車之聲 鳴條地名在安邑之西尚書曰伊尹相湯伐桀遂與桀戰于鳴條之野檀車兵車也詩曰檀車幝幝四牡痯痯征夫不遠幝音昌善反痯音管 天災不有痛於肌膚震食不即損於聖體故蔑三光之謬輕上天之怒伏念高祖之起始自布衣 高祖曰吾以布衣提三尺以取天下 拾暴秦之敝追亡周之鹿 前書蒯通曰秦失其鹿天下共逐之音義云以鹿喻帝位也 合散扶傷克成帝業功既

顯矣勤亦至矣流福遺祚至於陛下陛下既不能增明烈考之軌而忽高祖之勤妄假利器委授國柄使羣醜刑隸芟刈小民彫敝諸夏虐流遠近 利器謂威權也周禮太宰以八柄詔王馭羣臣謂爵祿與置生奪廢誅也刑隸謂閹人也 故天降衆異以戒陛下陛下不悟而競令虎豹窟於麑場豺狼乳於春囿 鹿子曰麑乳產也 斯豈唐咨禹稷益典朕虞議物賦土蒸民之意哉又令牧守長吏上下交競封豕長蛇吞食天下貨殖者爲窮冤

之魂貧餒者作飢寒之鬼高門獲東觀之辜豐室羅妖叛之罪 說苑曰孔子爲魯司寇七日而誅少正卯於東觀之下也 死者悲於窀穸生者戚於朝野 杜元凱注左傳曰窀厚也穸夜也厚夜猶長夜也 是愚臣所爲咨嗟長懷歎息者也且秦之將亡正諫者誅諛進者賞 前書賈山上書曰秦始皇進諛諂之人殺直諫之士也 嘉言結於忠舌國命出於讒口擅閻樂於咸陽授趙高以車府 趙高爲車府令與壻咸陽令閻樂謀殺胡亥事見史記也 權去己而不知威離身而不顧古今一揆成敗同勢願陛下

遠覽強秦之傾近察哀平之變得失昭然禍福可見臣又聞危非仁不扶亂非智不救故武丁得傅說以消鼎雉之災（武丁殷王高宗也尚書曰高宗得傅說爲相殷復興焉高宗時有雉登鼎耳而雊武丁懼而修德位以永寧）周宣用申甫以濟夷厲之荒（申伯仲山甫周宣王之臣也詩曰惟申及甫惟周之翰史記曰周孝王之子燮是爲夷王夷王崩子厲王胡立行暴虐死于彘也）竊見故冀州刺史南陽朱穆前烏桓校尉臣同郡李膺皆履正清平貞高絕俗穆前在冀州奉憲操平摧破姦黨掃清萬里膺歷典牧

守正身率下及掌戎馬威揚朔北斯實中興之良佐國家之柱臣也宜還本朝挾輔王室上齊七燿下鎮萬國臣敢吐不時之義於諱言之朝（不時謂不合於時也諱言謂拒諫也）猶氷霜見日必至消滅臣始悲天下之可悲今天下亦悲臣之愚惑也書奏不省時有上書言人以貨輕錢薄故致貧困宜改鑄大錢事下四府羣僚及太學能言之士陶上議曰聖王承天制物與人行止建功則眾悅其

事興戎而師樂其旅是故靈臺有子來之人武旅有鳧藻之士（詩大雅曰經始靈臺經之營之不日成之經始勿亟庶人子來武旅周武王之旅鳧得水藻言喜悅也）皆舉合時宜動順人道也臣伏讀鑄錢之詔平輕重之議訪覃幽微不遺窮賤是以藿食之人謬延逮及（說苑曰有東郭祖朝者上書於晉獻公曰願請聞國家之計獻公使人告之曰肉食者已慮之矣藿食者尚何預焉祖朝曰肉食者一旦失計於廟堂之上若臣等藿食者寧得無肝膽塗地於中原之野其禍亦及臣之身安得無預國家之計乎）蓋以爲當今之憂不在於貨在乎民飢夫生養之道先食後民是以先

王觀象育物敬授民時（象天象也尚書曰欽若昊天敬授人時）使男不逋畝女不下機故君臣之道行王路之教通由是言之食者乃有國之所寶生民之至貴也竊見比年已來良苗盡於蝗螟之口杼柚空於公私之求（詩曰小東大東杼柚其空）所急朝夕之餐所患靡盬之事豈謂錢貨之厚薄銖兩之輕重哉就使當今沙礫化爲南金瓦石變爲和玉（詩曰大路南金和王卞和之玉也）使百姓渴無所飲飢無所食雖皇羲之純德唐虞

之文明猶不能以保蕭牆之內也蓋民可百年無貨不可一朝有飢故食爲至急也議者不達農殖之本多言鑄冶之便或欲因緣行詐以賈國利國利將盡取者爭競造鑄之端於是乎生蓋萬人鑄之一人奪之猶不能給況今一人鑄之則萬人奪之乎雖以陰陽爲炭萬物爲銅賈誼之言役不食之民使不飢之士猶不能足無猒之求也夫欲民殷財阜要在止役禁奪則百姓不勞而足陛下聖德愍海內之憂戚傷天下之艱難欲鑄錢齊貨以救其敝此猶養魚沸鼎之中棲鳥烈火之上水木本魚鳥之所生也用之不時必至燋爛願陛下寬鍥薄之禁後冶鑄之議鍥刻也音口結反聽民庶之謡吟問路叟之所憂列子曰昔堯理天下五十年不知天下理亂堯乃微服遊於康衢兒童謡曰立我蒸人莫不爾極不識不知順帝之則說苑曰孔子行遊中路聞哭者聲其音甚悲孔子避車而問之曰夫子非有喪也何哭之悲虞丘子對曰吾有三失吾少好學周徧天下還後吾親亡一失也事君奢驕不遂是二失也厚交友而後絕是三失也瞰三光之文耀

後漢列傳四十七　九　揚茲

視山河之分流三光日月星也分謂山流謂河言日月有薄食之災星辰有錯行之變故視其文耀也山崩川竭皆亡之徵也天下之心國家大事粲然皆見無有遺惑者矣臣嘗誦詩至於鴻鴈于野之勞哀勤百堵之事每喟爾長懷中篇而歎詩小雅鴻鴈之篇曰鴻鴈于飛肅肅其羽之子于征劬勞于野鴻鴈于飛集于中澤之子于垣百堵皆作鄭玄注云壞滅之國徵人起屋舍築牆壁百堵同時而起言趨事也近聽征夫飢勞之聲甚於斯歌是以追悟匹婦吟魯之憂始於此乎列女傳曰魯漆室邑之女過時未適人當穆公之時君老太子幼女倚柱而啼傍人聞之心莫不慘者隣婦從之遊謂曰何哭之悲子欲嫁乎吾爲子求偶漆室女曰嗟乎始吾以子爲知今反無識也豈爲嫁之故不樂而悲哉吾憂魯君老而太子少也見白駒之意屏營傍徨不能監寐詩曰皎皎白駒食我場苗縶之維之以永今朝白駒喻賢人也監寐猶寤寐也伏念當今地廣而不得耕民衆而無所食羣小競進秉國之位鷹揚天下鳥鈔求飽吞肌及骨並噬無猒誠恐卒有役夫窮匠起於板築之間役夫謂陳涉起蘄也窮匠謂驪山之徒也並見史記也投斤攘臂登高遠呼使愁怨之民響應雲合八方分崩中夏魚潰公羊傳曰其言梁亡何魚爛而亡也何休曰魚爛從中發潰爛也雖方尺之錢何

後漢列傳四十七　十　李孝達

能有救其危猶舉函牛之鼎絓纖枯之末函牛之鼎謂大鼎也淮南子曰函牛之鼎沸則蠅不得置一足焉絓掛也音胡賣反詩人所以眷然顧之潸焉出涕者也詩小雅大東之文也潸涕下貌鄭玄注云傷今不如古也臣東野狂闇不達大義緣廣及之時對過所問知必以身胎鼎鑊為天下笑帝竟不鑄錢後陶舉孝廉除順陽長縣多姦猾陶到官宣募吏民有氣力勇猛能以死易生者不拘亡命姦臧於是剽輕劍客之徒過晏等十餘人過姓也過國之後見左傳皆來應

募陶責其先過要以後效使各結所厚少年得數百人皆嚴兵待命於是覆案姦軌所發若神以病免吏民思而歌之曰邑然不樂思我劉君何時復來安此下民陶明尚書春秋為之訓詁推三家尚書三家謂夏侯建夏侯勝歐陽和伯也及古文是正文字七百餘事名曰中文尚書頃之拜侍御史靈帝宿聞其名數引納之時鉅鹿張角偽託大道妖惑小民陶與奉車都尉樂松議郎袁貢連名上

疏言之曰聖王以天下耳目為視聽故能無不聞見今張角支黨不可勝計前司徒楊賜奏下詔書切勑州郡護送流民會賜去位不復捕録雖會赦令而謀不解散四方私言云角等竊入京師覘視朝政鳥聲獸心私共鳴呼州郡忌諱不欲聞之但更相告語莫肯公文宜下明詔重募角等賞以國土有敢回避與之同罪帝殊不悟方詔陶次第春秋條例明年張角反亂海內

鼎沸帝思陶言封中陵鄉侯三遷尚書令以所舉將為尚書難與齊列乞從冗散拜侍中以數切諫為權臣所憚徙為京兆尹到職當出脩宮錢直千萬時拜職名當出買官之錢謂之脩宮錢也陶既清貧而恥以錢買職稱疾不聽政帝宿重陶才原其罪徵拜諫議大夫是時天下日危寇賊方熾陶憂致崩亂復上疏曰臣聞事之急者不能安言心之痛者不能緩聲竊見天下前遇張角之亂後遭邊

章之寇每聞羽書告急之聲心灼內熱四體驚竦今西羌逆類私署將帥皆多段熲時吏曉習戰陳識知山川變詐萬端臣常懼其輕出河東馮翊鈔西軍之後東之函谷據阸高望今果已攻河東恐遂轉更豕突上京如是則南道斷絕車騎之軍孤立時湟中義從胡北宮伯玉等叛遣左車騎將軍皇甫嵩討之不剋也關東破膽四方動搖威之不來叫之不應雖有田單陳平之策計無所用臣前驛馬上便宜急絕諸

後漢列傳四十七　十三　王仲

郡賦調冀尚可安事付主者留連至今莫肯求問今三郡之民皆以奔亡南出武關北徙壺谷三郡河東馮翊京兆也壺谷壺關之谷在上黨也冰解風散唯恐在後今其存者尚十三四軍吏士民悲愁相守民有百走退死之心而無一前鬬生之計西寇浸前去營咫尺胡騎分布已至諸陵將軍張溫天性精勇而主者旦夕迫促軍無後殿假令失利其敗不救臣自知言數見厭而言不自裁者以爲國安

則臣蒙其慶國危則臣亦先亡也謹復陳當今要急八事乞須臾之閒深垂納省其八事大較言天下大亂皆由宦官宦官事急共讒陶曰前張角事發詔書示以威恩自此以來各各改悔今者四方安靜而陶疾害聖政專言妖孽州郡不上陶何緣知疑陶與賊通情於是收陶下黃門北寺獄掠按日急陶自知必死對使者曰朝廷前封臣云何今反受邪譖恨不與伊呂同疇

後漢列傳四十七　十四　林康

而以三仁爲輩論語曰殷有三仁焉微子去之箕子爲之奴比干諫而死遂閉氣而死天下莫不痛之陶著書數十萬言又作七曜論匡老子反韓非復孟軻及上書言當世便事條教賦奏書記辯疑凡百餘篇時司徒東海陳耽亦以非罪與陶俱死耽以忠正稱歷位三司光和五年詔公卿以謠言舉刺史二千石謠言謂聽百姓風謠善惡而黜陟之也爲民蠹害者時太尉許馘司空張濟承望內官受取貨賂其宦者子弟賓客雖貪

汙穢濁皆不敢問而虛糺邊遠小郡清脩有惠化者二十六人吏人詣闕陳訴耽與議郎曹操上言公卿所舉率黨其私所謂放鴟梟而囚鸞鳳其言忠切帝以讓馘濟由是諸坐謠言徵者悉拜議郎宦官怨之遂誣陷耽死獄中

李雲字行祖甘陵人也性好學善陰陽初舉孝廉再遷白馬令桓帝延熹二年誅大將軍梁冀而中常侍單超等五人皆以誅

冀功並封列侯專權選舉又立掖庭民女亳氏爲皇后數月閒后家封者四人賞賜巨萬（時封后兄康爲比陽侯弟統昆陽侯統從兄會安陽侯統弟秉爲濟陽侯）是時地數震裂衆災頻降雲素剛憂國將危心不能忍乃露布上書移副三府（露布謂不封之也并以副本上三公府也）曰臣聞皇后天下母德配坤靈得其人則五氏來備不得其人則地動搖宮（史記曰庶徵曰雨曰暘曰燠曰風曰寒五者來備各以其序庶草繁廡是與氏古字通耳春秋漢含孳曰女主盛臣制命則地動）比年災異可謂多矣皇天之戒可謂至矣高祖受命至今三百六十四歲君期一周當有黃精代見姓陳項虞田許氏不可令此人居太尉太傅典兵之官（黃精謂魏氏將興也陳項虞田並舜之後舜土德亦尚黃故忌也）舉厝至重不可不慎班功行賞宜應其實梁冀雖持權專擅虐流天下今以罪行誅猶召家臣搤殺之耳而猥封謀臣萬戶以上高祖聞之得無見非西北列將得無解體（列將謂皇甫規段熲等）孔子曰帝者諦也（春秋運斗樞曰五帝脩名立功脩德成化統調陰陽招類使神故稱帝帝之言諦也鄭玄注云審諦於物也）

今官位錯亂小人諂進財貨公行政化日損尺一拜用不經御省（尺一之板謂詔策也見漢官儀也）是帝欲不諦乎帝得奏震怒下有司逮雲詔尚書都護劍戟送黃門北寺獄使中常侍管霸與御史廷尉雜考之時弘農五官掾杜衆傷雲以忠諫獲罪上書願與雲同日死帝愈怒遂幷下廷尉大鴻臚陳蕃上疏救雲曰李雲所言雖不識禁忌干上逆旨其意歸於忠國而已昔高祖忍

周昌不諱之諫成帝赦朱雲嚳領之誅周昌解見陳忠傳朱雲上書曰臣願賜尚方斬馬劍斷佞臣一人以厲其餘上問誰也對曰安昌侯張禹上大怒曰小臣居下訕上廷辱師傅罪死不赦御史將雲去左將軍辛慶忌以死爭上意解然後得已事並見前書今日殺雲臣恐剖心之譏復議於世矣比干以死諫紂紂怒曰吾聞聖人心有九竅乃剖比干而觀其心事見史記故敢觸龍鱗冒昧以請韓子曰夫龍之爲蟲也可狎而騎也然喉下有逆鱗嬰之則殺人人主有逆鱗說者嬰之則亦幾矣太常楊秉洛陽市長沐茂郎中上官資並上疏請雲帝恚甚有司奏以爲大不敬詔切責蕃秉免歸田里茂資貶秩

二等時帝在濯龍池管霸奏雲等事霸跪言曰李雲野澤愚儒杜衆郡中小吏出於狂戇不足加罪帝謂霸曰帝欲不諦是何等語而常侍欲原之邪顧使小黃門可其奏雲衆皆死獄中後冀州刺史賈琮使行部過祠雲墓刻石表之

論曰禮有五諫諷爲上五諫謂諷諫順諫闚諫指諫陷諫也諷諫者知患禍之萌而諷告也順諫者出辭遜順不逆君心也闚諫者視君顏色而諫也指諫者質指其事而諫也陷諫者言國之害忘生爲君也見大戴禮若夫託物見情因文載旨使言之者無罪聞之者足以自戒上詩序之文也貴在於意達言從理歸乎正曷其絞訐摩上以衒沽成名哉絞直也訐正也沽賣之李雲草茅之生不識失身之義儀禮曰凡自稱於君宅在邦者曰市井之臣在野則曰草茅之臣庶人則曰刺草之臣易曰臣不密則失身遂乃露布帝者班檄三公至於誅死而不顧斯豈古之狂也論語曰古之狂也直今之狂也詐而已矣夫未信而諫則以爲謗己論語曰事君信而後諫其君未信則以爲謗己故說者識其難焉韓非有說難篇

劉瑜字季節廣陵人也高祖父廣陵靖王父辯清河太守謝承書云父祥爲清河太守瑜少好經學

尤善圖讖天文歷筭之術州郡禮請不就延熹八年太尉楊秉舉賢良方正及到京師上書陳事曰臣瑜自念東國鄙陋得以豐沛枝胄被蒙復除不給卒伍故太尉楊秉知臣竊闚典籍猥見顯舉誠冀臣愚直有補萬一而秉忠謨不遂命先朝露臣在下土聽聞歌謠驕臣虐政之事遠近呼嗟之音竊爲辛楚泣血連如幸得引録備荅

聖問泄寫至情不敢庸回（庸用也回邪也）誠願陛
下且以須臾之慮覽今往之事人何爲咨
嗟天曷爲動變蓋諸侯之位上法四七垂
文炳燿關之盛衰者也（四七二十八宿也諸侯爲天子守四方猶天之有二十八宿漢官儀曰天子建侯上法四七也）今中官邪孽比肩裂
土皆競立胤嗣繼體傳爵或乞子疎屬或
買兒市道殆乖開國承家之義（易曰大君有命開國承家）
古者天子一娶九女（公羊傳曰諸侯一聘三女天子一娶九女夏殷制也）
娣姪有序河圖授嗣正在九房今女嬖令

色充積閨帷皆當盛其玩飾冗食空宮勞
散精神生長六疾（左傳曰天有六氣淫生六疾六氣曰陰陽風雨晦明過則爲災陰淫寒疾陽淫熱疾風淫末疾雨淫腹疾晦淫惑疾明淫心疾女陽物而晦時淫則生內熱惑蠱之疾也）
此國之費也生之傷也且天地之性陰
陽正紀隔絕其道則水旱爲并詩云五日
爲期六日不詹（詩小雅曰終朝采藍不盈一襜五日爲期六日不詹注云詹至也婦人過時而怨曠期至五日而歸今六日不至是以憂也）怨曠作歌仲尼所
録（謂仲尼刪詩録也）況從幼至長幽藏歿身又常侍
黃門亦廣妻娶怨毒之氣結成妖眚行路

之言官發略人女取而復置轉相驚懼孰
不悉然無緣空生此謗鄒衍匹夫杞氏匹
婦尚有城崩霜隕之異況乃羣輩咨怨能
無感乎（淮南子曰鄒衍事燕惠王盡忠左右譖之王繫之仰天而哭五月天爲之下霜列女傳曰齊人杞梁襲莒戰死其妻無所歸乃就夫尸於城下而哭之七日城崩也）昔秦作阿
房國多刑人今第舍增多窮極奇巧掘山
攻石不避時令（禮記月令曰孟夏之月無有壞墮無起土功無發大衆也）促
以嚴刑威以法正民無罪而覆入之民有
田而覆奪之州郡官府各自考事姦情賕

賂皆爲吏餌民愁鬱結起入賊黨官輒興
兵誅討其罪貧困之民或有賣其首級以
要酬賞父兄相代殘身妻孥相見分裂窮
之如彼伐之如此豈不痛哉又陛下以北
辰之尊神器之寶而微行近習之家私幸
宦者之舍（近習謂親近狎者）賓客市買熏灼道路因
此暴縱無所不容今三公在位皆博達道
藝而各正諸己莫或匡益者非不智也畏
死罰也惟陛下設置七臣以廣諫道（孝經曰古

者天子有爭臣七人（鄭玄注云七人謂三公及前疑後承左輔右弼）及開東序金縢史官之書從堯舜禹湯文武致興之道（爾雅曰東西廂謂之序書曰天球河圖在東序縢緘也以金緘之不欲人開也）遠使邪之人放鄭衛之聲則政致和平德感祥風矣（孝經援神契曰德至八方則祥風至）臣悾悾推情言不足採（悾悾誠懇之貌）懼以觸忤征營惶悸於是特詔召瑜問災咎之徵指事案經讖以對執政者欲令瑜依違其辭而更策以它事瑜復悉心以對八千餘言有切於前帝竟不能用拜為議郎及帝崩大將軍竇武欲大誅宦官乃引瑜為侍中又以侍中尹勳為尚書令共同謀畫及武敗瑜勳並被誅事在武傳勳字伯元河南人從祖睦為太尉睦孫頌為司徒勳為人剛毅直方少時每讀書得忠臣義士之事未嘗不投書而仰歎自以行不合於當時不應州郡公府禮命桓帝時以有道徵四遷尚書令延熹中誅大將軍梁冀帝召勳部分眾職甚有方略封宜陽鄉

侯僕射霍諝尚書張敬歐陽參李偉虞放周永並封亭侯勳後再遷至九卿以病免拜為侍中八年中常侍具瑗左悺等有罪免奪封邑因黜勳等爵瑜誅後宦官悉焚其上書以為訛言子琬傳瑜學明占候能著災異舉方正不行

謝弼字輔宣東郡武陽人也（謝承書曰弼字輔鸞東郡濮陽人也與此不同）中直方正（猶言中正方直也）為鄉邑所宗師建寧二年詔舉有道之士弼與東海陳敦玄菟公孫度俱對策皆除郎中時青蛇見前殿大風拔木詔公卿以下陳得失弼上封事曰臣聞和氣應於有德妖異生乎失政上天告譴則王者思其愆政道或虧則姦臣當其罰夫蛇者陰氣所生鱗者甲兵之符也（謝承書曰蛇者陰之所生龍之類也龍有鱗甲兵之符也）鴻範傳曰厥極弱時則有蛇龍之孽（前書曰皇之不極是謂不建厥極弱時則有下伐上之痾龍蛇之孽也）又熒惑守亢裴回不去法有近臣謀亂發於左右不知陛下所與從容

帷幄之内親信者為誰宜急斥黜以消天
戒臣又聞惟虺惟蛇女子之祥詩小雅之文也鄭玄注云虺蛇穴處陰之祥也故為生女伏惟皇太后定策宫闈援立
聖明書云父子兄弟罪不相及竇氏之誅
豈宜咎延太后幽隔空宫愁感天心如有
霧露之疾陛下當何面目以見天下文帝徙淮南王長於蜀袁盎曰淮南王為人剛今暴摧折之臣恐其逢霧露病死陛下有殺弟之名也昔周
襄王不能敬事其母戎狄遂至交侵史記曰周襄王母早死後母曰惠后生叔帶有寵帶與戎翟謀伐襄王孝和皇帝不絶竇

後漢列傳四十七　二十三　王允成

后之恩前世以為美談竇太后崩張酺等奏云不宜合葬先帝和帝手詔曰臣子無貶尊上之文恩不忍離於是合葬見皇后紀也禮為人後者為
之子今以桓帝為父豈得不以太后為母
哉援神契曰天子行孝四夷和平方今邊
境日蹙兵革蜂起自非孝道何以濟之願
陛下仰慕有虞蒸蒸之化俯思凱風慰母
之念尚書舜典曰蒸蒸乂不格姦孔安國注云蒸蒸猶進進也言舜進於善道詩凱風曰有子七人莫慰母心臣又聞爵賞之設必酬庸勳開國承
家小人勿用易師卦上六爻詞也今功臣久外未蒙爵

秩阿母寵私乃享大封大風雨雹亦由於
茲又故太傅陳蕃輔相陛下勤身王室夙
夜匪懈而見陷羣邪一旦誅滅其為酷濫
駭動天下而門生故吏並離徙錮蕃身已
往人百何贖詩國風曰如可贖兮人百其身宜還其家屬解
除禁網夫台宰重器國命所繼今之四公
唯司空劉寵斷斷守善餘皆素餐致寇之
人四公謂劉矩為太尉許訓為司徒胡廣為太傅及寵也書曰如有一介臣斷斷猗無它伎孔安國注云斷斷猗然專一之臣也素空也無德而食其禄曰素餐易曰負且乘致寇至也必有折

後漢列傳四十七　二十四　章敢

足覆餗之凶可因災異並加罷黜易曰鼎折足覆公餗鼎以喻三公餗鼎實也折足覆餗言不勝其任徵故司空王暢長樂少
府李膺並居政事庶災變可消國祚惟永
臣山藪頑闇未達國典策曰無有所隱敢
不盡愚用忘諱忌伏惟陛下裁其誅罰左
右惡其言出為廣陵府丞去官歸家中常
侍曹節從子紹為東郡太守忿疾於彌遂
以它罪收考掠按死獄中時人悼傷焉初
平二年司隷校尉趙謙訟彌忠節求報其

怨乃收紹斬之

贊曰鄧不明辟（尚書曰朕復子明辟孔安國注云復還明君之政於成王也言鄧后臨朝不還政於安帝也）梁不損陵慊慊𣎴杜諷辭以興

黃寇方熾子奇有識（識協韻音式侍反）武謀允臧

瑜亦協志弼忤官情雲犯時忌成仁喪己

同方殊事

後漢書列傳卷第四十七

列傳卷第四十八　范曄　後漢書五十八

唐章懷太子賢注

虞詡　傅燮

蓋勳　臧洪

虞詡字升卿陳國武平人也（武平故城在今亳州鹿邑縣東北酈元水經注云武平城西南七里有漢尚書令虞詡碑題云君諱詡字定安虞仲之後定安蓋詡之別字也）祖父經爲郡縣獄吏案法平允務存寬恕每冬月上其狀恒流涕隨之嘗稱曰東海于公高爲里門而其子定國卒至丞相（前書于定國字曼倩東海人其父于公爲縣獄吏郡決曹所決皆不恨爲之生立祠其門閭壞父老方共修之于公曰少高大閭門令容駟馬高蓋車我決獄多陰德未嘗有所冤子孫必有興者至定國爲丞相孫永爲御史大夫也）吾決獄六十年矣雖不及于公其庶幾乎子孫何必不爲九卿邪故字詡曰升卿詡年十二能通尚書早孤孝養祖母縣舉順孫國相奇之欲以爲吏詡辭曰祖母九十非詡不養相乃止後祖母終服闋辟太尉李脩府拜郎中（漢官儀曰脩字伯游襄城人也）永初四年羌胡反亂殘破并涼大將軍鄧騭以

軍役方費事不相贍欲弃涼州并力北邊乃會公卿集議騭曰譬若衣敗壞一以相補猶有所完若不如此將兩無所保議者咸同詡聞之乃說李脩曰竊聞公卿定策當弃涼州求之愚心未見其便先帝開拓土宇劬勞後定而今憚小費舉而弃之涼州既弃即以三輔為塞三輔為塞則園陵單外此不可之甚者也諺曰關西出將關東出相（說文曰諺傳言也前書曰秦漢以來山東出相山西出將秦時郿白起頻陽王翦漢興義渠公孫賀傅介子成紀李廣李蔡上邽趙充國狄道辛武賢皆名將也丞相則蕭曹魏丙韋平孔翟之類也）觀其習兵壯勇實過餘州今羌胡所以不敢入據三輔為心腹之害者以涼州在後故也其土人所以推鋒執銳無反顧之心者為臣屬於漢故也若弃其境域徙其人庶安土重遷必生異志如使豪雄相聚席卷而東（席卷言無餘也前書曰雲徹席卷後無餘災也）雖賁育為卒大公為將猶恐不足當禦議者喻以補衣猶有所完詡恐其疽食侵淫而無限

極弃之非計（疽癰也）脩曰吾意不及此微子之言幾敗國事然則計當安出詡曰今涼土擾動人情不安竊憂卒然有非常之變誠宜令四府九卿（四府謂太傅太尉司徒司空之府也九卿謂太常光祿衛尉廷尉太僕大鴻臚宗正大司農少府等也）各辟彼州數人其牧守令長子弟皆除為冗官（冗散也音人勇反）外以勸厲答其功勤內以拘致防其邪計脩善其言更集四府皆從詡議於是辟西州豪桀為掾屬拜牧守長吏子弟為郎以安慰之鄧騭兄弟以詡異其議因此不平欲以吏法中傷詡後朝歌賊甯季等數千人攻殺長吏屯聚連年州郡不能禁乃以詡為朝歌長故舊皆弔詡曰得朝歌何衰詡笑曰志不求易事不避難臣之職也不遇槃根錯節何以別利器乎始到謁河內大守馬棱（棱字伯威援族孫也）棱勉之曰君儒者當謀謨廟堂反在朝歌邪詡曰初除之日士大夫皆見弔勉以詡譸之知其無能為也（譸當作籌也）朝歌

者韓魏之郊韓界上黨魏界河內相接犬牙故云郊也背大行臨黃河去敖倉百里敖倉在滎陽解具安紀也而青冀之人流亡萬數賊不知開倉招衆劫庫兵守城皐斷天下右臂右臂喻要便也此不足憂也今其衆新盛難與爭鋒兵不猒權願寬假轡策勿令有所拘閡而已閡與礙同及到官設令三科以募求壯士自掾史以下各舉所知其攻劫者爲上傷人偷盜者次之帶喪服而不事家業爲下收得百餘人詡爲饗會悉貫其

後漢列傳四十八　四　李甫

罪使入賊中誘令劫掠乃伏兵以待之遂殺賊數百人又潛遣貧人能縫者傭作賊衣以采綖縫其裾爲幟幟記也續漢書曰以絳縷縫其裾也有出市里者吏輒禽之賊由是駭散咸稱神明遷懷令後羌寇武都鄧太后以詡有將帥之略遷武都太守引見嘉德殿厚加賞賜羌乃率衆數千遮詡於陳倉崤谷詡即停軍不進而宣言上書請兵須到當發羌聞之乃分鈔傍縣詡因其兵散日夜進道兼

行百餘里令吏士各作兩竈日增倍之羌不敢逼或問曰孫臏減竈而君增之孫臏爲齊軍將與魏龐涓戰使齊軍入魏地爲十萬竈明日爲五萬竈明日爲二萬竈龐涓行三日大喜曰我固知齊卒怯入吾地三日士卒亡過半矣事見史記兵法日行不過三十里以戒不虞前書王吉上疏曰古者師行三十里吉行五十里而今日且二百里何也詡曰虜衆多吾兵少徐行則易爲所及速進則彼所不測虜見吾竈日增必謂郡兵來迎衆多行速必憚追我孫臏見弱吾今示彊埶有不同故也既到郡兵

後漢列傳四十八　五　陳彦

不滿三千而羌衆萬餘攻圍赤亭數十日赤亭故城在今渭州襄武縣東南有赤亭水也詡乃令軍中使彊弩勿發而潛發小弩羌以爲矢力弱不能至并兵急攻詡於是使二十彊弩共射一人發無不中羌大震退詡因出城奮擊多所傷殺明日悉陳其兵衆令從東郭門出北一作西郭門入貿易衣服回轉數周羌不知其數更相恐動詡計賊當退乃潛遣五百餘人於淺水設伏候其走路虜果大奔因掩擊

大破之斬獲甚衆賊由是敗散南入益州詡乃占相地埶築營壁百八十所招還流亡假賑貧人郡遂以安先是運道艱險舟車不通驢馬負載僦五致一廣雅曰僦賃也音子救反僦五致一謂用五石賃而致一石也詡乃自將吏士案行川谷自沮至下辯沮及下辯並縣名沮今興州順政縣也下辯今成州同谷縣也沮音七余反數十里中皆燒石翦木開漕船道續漢書曰下辯東三十餘里有峽中當泉水生大石障塞水流每至春夏輒溢没秋稼壞敗營郭詡乃使人燒石以水灌之石皆坼裂因鐫去石遂無汜溺之患也以人僦直雇借傭者於是水

後漢列傳四十八　六　章駒

運通利歲省四千餘萬詡始到郡戶裁盈萬及綏聚荒餘招還流散二三年間遂增至四萬餘戶鹽米豐賤十倍於前續漢書曰詡始到穀石千鹽石八千見戶萬三千視事三歲米石八十鹽石四百流人還歸郡戶數萬人足家給一郡無事坐法免永建元年代陳禪爲司隷校尉數月閒奏大傅馮石大尉劉熹中常侍程璜陳東孟生李閏等百官側目號爲苛刻三公劾奏詡盛夏多拘繫無辜爲吏人患詡上書自訟曰法禁者俗之堤防刑罰者

人之銜轡禮記曰夫禮禁亂之所由生猶坊止水之所自來也故以舊坊爲無用壞之者必有水敗尸子曰刑罰者人之鞭策也今州曰任郡郡曰任縣更相委遠百姓怨窮以苟容爲賢盡節爲愚臣所發舉臧罪非一二府恐爲臣所奏遂加誣罪臣將從史魚死即以尸諫耳韓詩外傳曰昔者衛大夫史魚病且死謂其子曰我數言蘧伯玉之賢而不能進彌子瑕不肖不能退爲人臣生不能進賢而退不肖死不當理喪正堂殯我於室足矣衛君問其故子以父言聞君乃立召蘧伯玉而貴之彌子瑕而退之徙殯於正堂成禮而後去之順帝省其章乃爲免司空陶敦漢官儀曰敦字文理京兆人也時中常侍張防特用

後漢列傳四十八　七　李鋐

權埶每請託受取詡輒案之而屢寢不報詡不勝其憤乃自繫廷尉奏言曰昔孝安皇帝任用樊豐遂交亂嫡統幾亡社稷今者張防復弄威柄國家之禍將重至矣臣不忍與防同朝謹自繫以聞無令臣襲楊震之跡震爲樊豐所譖而死書奏防流涕訴帝詡坐論輸左校防必欲害之二日之中傳考四獄獄吏勸詡自引詡曰寧伏歐刀以示遠近歐刀刑人之刀也官者孫程張賢等知詡以忠獲

罪乃相率奏乞見程曰陛下始與臣等造事之時（謂順帝爲大子被廢爲濟陰王程等誅江京等立之時也）常疾姦臣知其傾國今者即位而復自爲何以非先帝乎司隸校尉虞詡爲陛下盡忠而更被拘繫常侍張防臧罪明正反搆忠良今客星守羽林其占宮中有姦臣（史記天官書曰虛危南有衆星曰羽林也）宜急收防送獄以塞天變下詔出詡還假印綬時防立在帝後程乃叱防曰姦臣張防何不下殿防不得已趨就東箱（東箱序也字或作廂）程曰陛下急收防無令從阿母求請（阿母宋娥也）帝問諸尚書尚書賈朗素與防善證詡之罪帝疑焉謂程曰且出吾方思之於是詡子顗與門生百餘人舉幡候中常侍高梵車叩頭流血訴言枉狀梵乃入言之防坐徙邊賈朗等六人或死或黜即日赦出詡程復上書陳詡有大功語甚切激帝感悟復徵拜議郎數日遷尚書僕射是時長吏二千石聽百姓謫罰者輸贖號

爲義錢託爲貧人儲而守令因以聚斂詡上疏曰元年以來貧百姓章言長吏受取百萬以上者匈匈不絕謫罰吏人至數千萬而三公刺史少所舉奏尋永平章和中州郡以走卒錢給貸貧人（走卒伍伯之類也續漢志曰伍伯公八人中二千石六人千石六百石皆四人自百石以下至二百石皆二人黃綬武官伍伯文官辟車鈴下侍閤門蘭部署街走卒皆有程品多少隨所典領率皆赤幘縛構即今行鞭杖者也此言錢者令其出資錢不役其身也）司空劾案州及郡縣皆坐免黜今宜遵前典蠲除權制於是詔書下詡章切責州郡謫罰輸贖自此而止先是寧陽主簿詣闕訴其縣令之枉（寧陽縣屬東平國故城在今兗州龔丘縣南也）積六七歲不省主簿乃上書曰臣爲陛下子陛下爲臣父臣章百上終不見省臣豈可北詣單于以告怨乎帝大怒持章示尚書尚書遂劾以大逆詡駮之曰主簿所訟乃君父之怨百上不達是有司之過愚惷之人不足多誅帝納詡言笞之而已詡因謂諸尚書曰小人有怨不遠千里斷髮刻肌

詣闕告訴而不爲理豈臣下之義君與濁
長吏何親而與怨人何仇乎聞者皆慙詡
又上言臺郎顯職仕之通階今或一郡七
八或一州無人宜令均平以厭天下之望
及諸奏議多見從用詡好刺舉無所回容回曲也數以此忤權戚遂九見譴考三遭刑罰
而剛正之性終老不屈永和初遷尚書令
以公事去官朝廷思其忠復徵之會卒臨
終謂其子恭曰吾事君直道行己無愧所

悔者爲朝歌長時殺賊數百人其中何能
不有冤者自此二十餘年家門不增一口
斯獲罪於天也恭有俊才官至上黨太守
傅燮字南容北地靈州人也靈州縣也本字幼
起慕南容三復白珪乃易字焉家語子貢對衛文子曰一日三復白珪之玷是南宮絳之行也王肅注曰玷缺也詩云白珪之玷尚可磨也斯言之玷不可爲也一日三復慎之至也身長八尺有威容少師事大尉劉
寬再舉孝廉聞所舉郡將喪乃弃官行服
後爲護軍司馬與左中郎皇甫嵩俱討賊

張角燮素疾中官既行因上疏曰臣聞天
下之禍不由於外皆興於內是故虞舜升
朝先除四凶然後用十六相左傳曰昔高陽氏有才子八人蒼舒隤敳檮戭大臨尨降庭堅仲容叔達謂之八愷高辛氏有才子八人伯奮仲堪叔獻季仲伯虎仲熊叔豹季貍謂之八元也明惡人不去則善人無由進也
今張角起於趙魏黃巾亂於六州皇甫嵩傳曰連結郡國自青徐幽冀荆楊兖豫八州之人莫不畢應此云六州蓋初起時也此皆釁發蕭
牆而禍延四海者也臣受戎任奉辭伐罪
始到潁川戰無不尅黃巾雖盛不足爲廟

堂憂也臣之所懼在於治水不自其源末
流彌增其廣耳陛下仁德寬容多所不忍
故閹豎弄權忠臣不進誠使張角梟夷黃
巾變服臣之所憂甫益深耳甫始也何者夫
邪正之人不宜共國亦猶冰炭不可同器韓子曰冰炭不同器而久寒暑不同時而至也彼知正人之功顯而危
亡之兆見皆將巧辭飾說共長虛僞夫孝
子疑於屢至甘茂對秦武王曰昔曾參之居費魯人有與曾參同姓名者殺人人告其母曰曾參殺人其母織自若也又告之其母自若也又告之其母投杼下機踰牆而走夫以曾參之

賢與其母之信也三人疑之其母懼焉見史記也市虎成於三夫解見馬援傳若不詳察眞僞忠臣將復有杜郵之戮矣白起與應侯有隙搆之秦昭王免起爲士伍遷之陰密行出咸陽西門十里至杜郵使賜劍自裁見史記案杜郵今咸陽城是其地酈元注水經云渭水北有杜郵亭也陛下宜思虞舜四罪之舉速行讒佞放殛之誅殛音紀力反殛亦誅也則善人思進姦凶自息臣聞忠臣之事君猶孝子之事父也子之事父焉得不盡其情使臣身備鈇鉞之戮陛下少用其言國之福也書奏宦者趙忠見而忿惡及破張角燮功多當封忠訴譖之續漢書曰燮軍斷賊三帥卜巳張伯梁仲寧等功高爲封首靈帝猶識燮言識記也識音志得不加罪亦不封以爲安定都尉以疾免後拜議郎會西羌反邊章韓遂作亂隴右徵發天下役賦無已司徒崔烈以爲宜弃涼州詔會公卿百官烈堅執先議燮厲言曰斬司徒天下乃安尚書郎楊贊奏燮廷辱大臣帝以問燮燮對曰昔冒頓至逆也樊噲爲上將願得十萬衆橫行匈奴中憤激思奮

未失人臣之節顧計當從與不耳季布猶曰噲可斬也冒頓匈奴單于名也前書曰季布爲中郎將單于爲書嫚呂太后呂太后怒召諸將議之將軍樊噲曰願得十萬衆橫行匈奴中諸將皆阿太后以噲言爲然布曰樊噲可斬也夫以高帝兵三十萬困於平城噲時亦在其中今奈何以十萬衆橫行匈奴中今涼州天下要衝國家藩衞高祖初興使酈商別定隴右前書漢王賜酈商爵信成君以將軍爲隴西都尉別定北地世宗拓境列置四郡議者以爲斷匈奴右臂前書武帝分武威酒泉置張掖敦煌謂之四郡劉歆等議曰孝武帝北攘匈奴降昆邪十萬之衆置五屬國起朔方以奪其肥饒之地東伐朝鮮起玄菟樂浪以斷匈奴之左臂西伐大宛并六國結烏孫起敦煌酒泉張掖以鬲婼羌裂匈奴之右臂婼音而遮反今牧御失和使一州叛逆海內爲之騷動陛下卧不安寢烈爲宰相不念爲國思所以弭之之策乃欲割弃一方萬里之土臣竊惑之若使左衽之虜得居此地說文曰衽衣衿也士勁甲堅因以爲亂此天下之至慮社稷之深憂也若烈不知之是極蔽也知而故言是不忠也帝從燮議由是朝廷重其方格方正也格猶標準也每公卿有缺爲衆議所歸頃之趙忠爲車騎將軍詔忠論討黃

巾之功執金吾甄舉等謂忠曰傅南容前在東軍有功不侯故天下失望今將軍親當重任宜進賢理屈以副衆心忠納其言遣弟城門校尉延致殷勤延謂燮曰南容少荅我常侍萬戶侯不足得也燮正色拒之曰遇與不遇命也有功不論時也傅燮豈求私賞哉忠愈懷恨然憚其名不敢害權貴亦多疾之是以不得留(留一作封)出爲漢陽太守初郡將范津明知人舉燮孝廉及津

爲漢陽與燮交代合符而去鄉邦榮之津字文淵南陽人燮善卹人叛羌懷其恩化並來降附乃廣開屯田列置四十餘營時刺史耿鄙委任治中程球球爲通姦利士人怨之(漢官曰司隸功曹從事即持中也)中平四年鄙率六郡兵討金城賊王國韓遂等燮知鄙失衆必敗諫曰使君統政日淺人未知教孔子曰不教人戰是謂弃之今率不習之人越大隴之阻將十舉十危而賊聞大軍將至

必萬人一心邊兵多勇其鋒難當而新合之衆上下未和萬一內變雖悔無及不若息軍養德明賞必罰賊得寬挺(挺解也)必謂我怯羣惡爭埶其離可必然後率已教之人討已離之賊其功可坐而待也今不爲萬全之福而就必危之禍竊爲使君不取鄙不從行至狄道果有反者先殺程球次害鄙賊遂進圍漢陽城中兵少糧盡燮猶固守時北胡騎數千隨賊攻郡皆夙懷燮

恩共於城外叩頭求送燮歸鄉里子幹年十三從在官舍知燮性剛有高義恐不能屈志以免進諫曰國家昏亂遂令大人不容於朝今天下已叛而兵不足自守鄉里羌胡(燮北地人故云鄉里也)先被恩德欲令弃郡而歸願必許之徐至鄉里率厲義徒見有道而輔之以濟天下言未終燮慨然而歎呼幹小字曰別成(幹集曰幹字彥林)汝知吾必死邪蓋聖達節次守節(左傳曰曹公子臧曰前志有之聖達節次守節下失節)且殷

紂之暴伯夷不食周粟而死仲尼稱其賢（史記曰伯夷孤竹君之子也武王載文王木主伐紂殷既平伯夷恥之義不食周粟遂餓死論語曰子貢問曰伯夷叔齊何人也孔子曰古之賢人也）今朝廷不甚殷紂吾德亦豈絶伯夷世亂不能養皓然之志（孟子曰養吾皓然之氣趙岐注曰浩然天氣也）食祿又欲避其難乎（左傳子路曰食焉不避其難也）吾行何之必死於此汝有才智勉之勉之主簿揚會吾之程嬰也（程嬰解見馮衍傳也）幹哽咽不能復言左右皆泣下王國使故酒泉太守黄衍說變曰成敗之事已可知矣先起上有霸王之業下成伊吕之勳天

下非復漢有府君寧有意爲吾屬師乎（師即君也尚書曰作之君作之師也）變案劒叱衍曰若剖符之臣反爲賊說邪遂麾左右進兵臨陣戰殁謚曰壯節矦幹知名位至扶風太守

蓋勳字元固敦煌廣至人也（廣至縣名故城在今爪州常樂縣東今謂之縣泉堡是也）家世二千石（續漢書曰曽祖父進漢陽太守祖父彪大司農謝承書曰父字思齊官至安定屬國都尉）初舉孝廉爲漢陽長史時武威太守倚恃權埶恣行貪横從事武都蘇正和案致其罪涼州刺史梁鵠畏懼貴戚欲殺正和以免其負乃訪之於勳勳素與正和有仇或勸勳可因此報隙勳曰不可謀事殺良非忠也乘人之危非仁也乃諫鵠曰夫紲食鷹鸇欲其鷙鷙（紲繫也廣雅曰鷙執也蒼頡解詁曰鷙鳥也食音嗣）而亨之將何用哉鵠從其言正和喜於得免而詣勳求謝勳不見曰吾爲梁使君謀不爲蘇正和也怨之如初（續漢書中平元年黄巾賊起故武威太守酒泉黄雋被徵失期梁鵠欲奏誅雋勳爲言得免雋以黄金二十斤

謝勳勳謂雋曰吾以子罪在八議故爲子言吾豈賣評哉終辭不受）中平元年北地羌胡與邊章等寇亂隴右刺史左昌因軍興斷盜數千萬（斷謂割截）勳固諫昌怒乃使勳別屯阿陽以拒賊鋒（阿陽縣屬天水郡）欲因軍事罪之而勳數有戰功邊章等遂攻金城殺郡守陳懿勳勸昌救之不從邊章等進圍昌於冀昌懼而召勳勳初與從事辛曾孔常俱屯阿陽及昌檄到曾等疑不肯赴勳怒曰昔莊賈後期穰苴奮劒（齊景公時燕晉侵齊景公以司馬穰

苴爲將扞之仍令寵臣莊賈監軍與穰苴期旦日會賈素驕貴夕時至穰苴召軍正問曰軍法期而後者云何對曰當斬遂斬賈以徇三軍今之從事豈重於古之監軍哉曾等懼而從之勳即率兵救昌到乃誚讓章等責以背叛之罪皆曰左使君若早從君言以兵臨我庶可自改今罪已重不得降也乃解圍而去昌坐斷盜徵以扶風宋梟代之續漢書梟字作梟也梟患多寇叛謂勳曰涼州寡於學術故屢致反暴今欲多寫孝經令家家習之庶或使人知義勳諫曰昔

後漢列傳四十八　十八

太公封齊崔杼殺君伯禽侯魯慶父篡位崔杼齊大夫弑莊公先通其妻杼殺之慶父魯莊公弟莊公子開立是爲湣公慶父襲殺湣公並見史記此二國豈乏學者今不急静難之術遽爲非常之事既足結怨一州又當取笑朝廷勳不知其可也梟不從遂奏行之果被詔書詰責坐以虛慢徵時叛羌圍護羌校尉夏育於畜官前書尹翁歸傳曰有論罪輸掌畜官音義曰右扶風畜牧所在有苑師之屬故曰畜官畜音許救反勳與州郡合兵救育至狐槃爲羌所破勳收餘衆百餘人爲魚麗之陳

麗音離左傳曰王以諸侯伐鄭鄭原繁高渠彌奉公爲魚麗之陳先偏後伍伍承彌縫杜預注曰此魚麗陳法也羌精騎夾攻之急士卒多死勳被三創堅不動乃指木表表標也曰必尸我於此句就種羌滇吾句就羌別種也句音古侯反素爲勳所厚乃以兵扞衆曰蓋長史賢人汝曹殺之者爲負天勳仰罵曰死反虜汝何知促來殺我衆相視而驚滇吾下馬與勳勳不肯上遂爲賊所執羌戎服其義勇不敢加害送還漢陽後刺史楊雍即表勳領漢陽太守

後漢列傳四十八　十九

時人飢相漁食勳調穀稟之調猶發也先出家糧以率衆存活者千餘人後去官徵拜討虜校尉靈帝召見問天下何苦而反亂如此勳曰倖臣子弟擾之時官者上軍校尉蹇碩在坐帝顧問碩碩懼不知所對而以此恨勳帝又謂勳曰吾已陳師於平樂觀多出中藏財物以餌士何如中藏謂內藏也勳曰臣聞先王燿德不觀兵國語曰穆王將征犬戎祭公謀父諫曰不可先王燿德不觀兵韋昭注曰燿明也觀示也今寇在遠而設近陳不足

昭果毅秖黷武耳左傳曰戎昭果毅以聽之之謂武殺敵爲果致果曰毅也帝曰善恨見君晚羣臣初無是言也勲時與宗正劉虞佐軍校尉袁紹同典禁兵勲謂虞紹曰吾仍見上上甚聰明但擁蔽於左右耳若共併力誅嬖倖然後徵拔英俊以興漢室功遂身退豈不快乎虞紹亦素有謀因相連結未及發而司隷校尉張温舉勲爲京兆尹帝方欲延接勲而蹇碩等心憚之並勸從温奏遂拜京兆尹時長安

後漢列傳四十八　二十　林志遠

令楊黨父爲中常侍恃埶貪放勲案得其臧千餘萬貴戚咸爲之請勲不聽具以事聞并連黨父有詔窮案威震京師時小黄門京兆高望爲尚藥監倖於皇太子太子因蹇碩屬望子進爲孝廉勲不肯用或曰皇太子副主望其所愛碩帝之寵臣而子違之所謂三怨成府者也府聚也勲曰選賢所以報國也非賢不舉死亦何悔勲雖在外每軍國密事帝常手詔問之續漢書曰是時漢陽叛人王國衆十餘萬攻陳倉三輔震動勲領郡兵五千人自請滿萬人因表用處士扶風孫瑞爲鷹鷂都尉桂陽魏傑爲破敵都尉京兆杜楷爲威虜都尉弘農楊儒爲鳥擊都尉長陵第五儁爲清寇都尉凡五都尉皆素有名悉領屬勲每有密事靈帝手詔問之數加賞賜甚見親信在朝臣右及帝崩董卓廢少帝殺何太后勲與書曰昔伊尹霍光權以立功猶可寒心足下小醜何以終此賀者在門弔者在廬可不慎哉孫卿子曰慶者在堂弔者在閭禍與福鄰莫知其門也卓得書意甚憚之徵爲議郎時左將軍皇甫嵩精兵三萬屯扶風勲密相要結將以討卓會

後漢列傳四十八　二十一　周茂

嵩亦被徵勲以衆弱不能獨立遂並還京師自公卿以下莫不卑下於卓唯勲長揖爭禮見者皆爲失色卓問司徒王允曰欲得快司隷校尉誰可作者允曰唯有蓋京兆耳卓曰此人明智有餘然不可假以雄職乃以爲越騎校尉卓又不欲令久典禁兵復出爲潁川太守未及至郡徵還京師時河南尹朱儁爲卓陳軍事卓折儁曰我百戰百勝決之於心卿勿妄說且汙我刀

勳曰昔武丁之明猶求箴諫（武丁殷王高宗也謂傅說曰啓乃心沃朕心說復于王曰惟木從繩則正后從諫則聖見尚書）況如卿者而欲杜人之口乎卓曰戲之耳勳曰不聞怒言可以爲戲卓乃謝儁勳雖強直不屈而內厭於卓不得意疽發背卒時年五十一遺令勿受卓賻贈卓欲外示寬容表賜東園祕器賵襚送之如禮葬于安陵子順官至永陽太守

臧洪字子源廣陵射陽人也（射陽故城在今楚州安宜縣東也）父旻有幹事才（謝承書曰旻達於從政爲漢良吏遷匈奴中郎將還京師太尉袁逢問其西域諸國土地風俗人物種數旻具荅言西域本三十六國後分爲五十五稍散至百餘國大小道里近遠人數多少風俗燥溼山川草木鳥獸異物名種不與中國同者口陳其狀手畫地形逵奇其才歎息言雖班固作西域傳何以加此乎）熹平元年會稽妖賊許昭起兵句章（句章縣故城在今越州鄮縣西十三州志云句踐之地南至句無其後幷吳因大城句章伯功以示子孫故曰句章）自稱大將軍立其父生爲越王攻破城邑衆以萬數拜旻揚州刺史旻率丹楊太守陳寅擊昭破之昭遂復更屯結大爲人患旻等進兵連戰三年破

平之獲昭父子斬首數千級遷旻爲使匈奴中郎將洪年十五以父功拜童子郎（漢法孝廉試經者拜爲郎洪以年幼才俊故拜童子郎也續漢書曰左雄奏徵海內名儒爲博士使公卿子弟爲諸生有志操者加其俸祿及汝南謝廉河南趙建章年始十二各能通經雄並奏拜童子郎於是負書來學雲集京師也）知名太學洪體貌魁梧有異姿（魁梧丘壯大之貌梧音吾）舉孝廉補即丘長（即丘縣屬琅邪國故城在今沂州臨沂縣東南即春秋之祝丘也）中平末弃官還家太守張超請爲功曹時董卓殺帝圖危社稷洪說超曰明府歷世受恩兄弟並據大郡（謂超爲廣陵兄邈爲陳留也）今王室將危賊臣虎視此誠義士効命之秋也今郡境尚全吏人殷富若動枹鼓可得二萬人以此誅除國賊爲天下唱義不亦宜乎超然其言與洪西至陳留見兄邈計事邈先謂超曰聞弟爲郡委政臧洪洪者何如人超曰臧洪海內奇士才略智數不比於超矣邈即引洪與語大異之乃使詣兖州刺史劉岱（岱字公山）豫州刺史孔伷（伷字公緒）遂皆相善邈既先有謀約會超至

定議乃與諸牧守大會酸棗設壇場將盟
既而更相辭讓莫敢先登咸共推洪洪乃
攝衣升壇操血而盟曰漢室不幸皇綱失
統賊臣董卓乘釁縱害禍加至尊毒流百
姓大懼淪喪社稷翦覆四海兖州刺史岱
豫州刺史伷陳留太守邈東郡太守瑁橋瑁
也廣陵太守超等糾合義兵並赴國難糾收
也凡我同盟齊心一力以致臣節隕首喪
元必無二志有渝此盟俾墜其命無克遺
後漢列傳四十八　二十四　卓受
育左傳曰王子虎盟諸侯于王廷要言曰皆獎王室無相害也有渝此盟明神殛之俾隊其師無克祚國也皇天后土祖宗明靈實皆鑒之洪辭
氣慷慨聞其言者無不激揚自是之後諸
軍各懷遲疑莫適先進遂使糧儲單竭兵
衆乖散時討虜校尉公孫瓚與大司馬劉
虞有隙超乃遣洪詣虞共謀其難行至河
閒而值幽冀交兵行塗阻絶因寓於袁紹
紹見洪甚奇之與結友好以洪領青州刺
史前刺史焦和好立虛譽能清談時黃巾

羣盜處處飆起而青部殷實軍革尚衆和
欲與諸同盟西赴京師未及得行而賊已
屠城邑和不理戎警但坐列巫史禜禱羣
神巫女巫也史祝史也禜謂營攢用幣以禳風雨霜雪水旱厲疫於日月星辰山川也禱謂告事求福也又恐賊乘凍而過命多作陷冰丸以
投于河衆遂潰散和亦病卒洪收撫離叛
百姓復安在事二年袁紹憚其能徙爲東
郡太守都東武陽時曹操圍張超於雍丘
甚危急超謂軍吏曰今日之事唯有臧洪
後漢列傳四十八　二十五　林康
必來救我或曰袁曹方穆而洪爲紹所用
恐不能敗好遠來違福取禍超曰子源天
下義士終非背本者也或見制強力不相
及耳洪始聞超圍乃徒跣號泣並勒所領
將赴其難自以衆弱從紹請兵而紹竟不
聽之超城遂陷張氏族滅洪由是怨紹絶
不與通紹興兵圍之歷年不下使洪邑人
陳琳以書譬洪示其禍福責以恩義獻帝春秋曰紹使琳爲書八條責以恩義告喻使降也洪荅曰隔闊相思發於

寣寐相去步武（爾雅曰武迹也）而趣舍異規其爲愴恨胡可勝言前日不遺比辱雅況（比頻也）述敘禍福公私切至以子之才窮該典籍豈將闇於大道不達余趣哉是以損弃翰墨一無所酬亦冀遥忖褊心粗識鄙性重獲來命援引紛紜雖欲無對而義篤其言僕小人也本乏志用中因行役特蒙傾蓋（家語孔子之郯與程子相遇於塗傾蓋而語也）恩深分厚遂竊大州寧樂今日自還接刃乎每登城臨兵觀主人之旗鼓（洪常寓於紹故謂之主人也）瞻望帳幄感故友之周旋撫弦搦矢（搦捉也音女卓反）不覺涕流之覆面也何者自以輔佐主人無以爲悔主人相接過絕等倫受任之初志同大事埽清寇逆共尊王室豈悟本州被侵郡將遣戹請師見拒辭行被拘使洪故君遂至淪滅區區微節無所獲申豈得復全交友之道重虧忠孝之名乎所以忍悲揮戈收淚告絕若使主人少垂古人忠恕之情來者側席去

者克己（來者側席而待之去者克己自責不責人也）則僕抗季札之志不爲今日之戰矣（吳王餘昧卒欲授弟季札季札逃去見史記也）昔張景明登壇唼血奉辭奔走卒使韓牧讓印主人得地後但以拜章朝主賜爵獲傳之故不蒙觀過之貸而受夷滅之禍（英雄記云袁紹使張景明郭公則高元才等說韓馥使讓冀州與紹然則馥之讓位景明亦有其功其餘未詳也）呂奉先討卓來奔請兵不獲告去何罪復見斫刺（魏志呂布傳曰布破張燕軍而求益兵衆將士鈔掠紹患忌之布覺其意從紹求去英雄記布求還洛紹假布領司隸校尉外言當遣內欲殺布明日當發紹遣甲士三十人辭以送布止於

帳側布僞使人於帳中鼓箏紹兵臥無何出帳去而兵不覺夜半兵起亂斫布牀被謂已死明旦紹訊問知布尚在乃閉城門布遂引去）劉子璜奉使踰時辭不獲命畏君懷親以詐求歸可謂有志忠孝無損霸道亦復僵尸麾下不蒙虧除慕進者蒙榮違意者被戮此乃主人之利非遊士之願也是以鑒戒前人守死窮城亦以君子之違不適敵國故也（左傳云公山不狃曰君子違不適讎國杜預注云違奔亡也）足下當見久圍不解救兵未至感婚姻之義推平生之好以爲屈節而苟生勝

守義而傾覆也昔晏嬰不降志於白刃南
史不曲筆以求存崔杼殺齊莊公欲劫晏子與盟以戟拘其頸劍承其心晏
子曰劫吾以刃而失其意非勇也崔杼遂釋之事見晏子左傳曰大史書曰崔杼弑其君崔子殺之其弟
嗣書而死者二人其弟又書乃舍之南史氏聞太史盡死執簡以往聞既書矣乃還也故身
傳圖象名垂後世況僕據金城之固驅士
人之力散三年之畜以爲一年之資匡困
補乏以悅天下何圖築室反耕哉左傳曰楚子圍宋築
室反耕杜預注曰築室於宋反兵耕田示無還意也但懼秋風揚塵伯珪
馬首南向伯珪公孫瓚字張揚飛燕旅力作難魏志曰張

揚字稚叔雲中人也以武勇給并州爲從事何進令於本州募兵得千餘人因留上黨擊山賊進敗揚遂
以所將兵攻上黨仍略諸縣衆至數千又與袁紹合張燕常山人本姓褚黃巾起燕合聚少年爲羣盜衆
萬人博陵張牛角立起衆次癭陶牛角爲飛矢所中且死告其衆曰必以燕爲帥角死衆奉燕故改姓張
燕傈悍捷速過人軍中號爲飛燕衆至百萬號曰黑山後助公孫瓚與紹爭冀州也北鄙將
告倒縣之急股肱奏乞歸之記耳股肱猶手足也言北
邊有倉卒之急股肱之臣將告歸自救耳主人當鑒戒曹輩反旌退
師何宜久辱盛怒暴威於吾城之下哉足
下識吾恃黑山以爲救獨不念黃巾之合
從邪昔高祖取彭越於鉅野前書彭越將其衆居鉅野中無

所屬漢王乃使人賜越將軍印使下濟陰以擊楚也光武創基兆於綠林
卒能龍飛受命中興帝業苟可輔主興化
夫何嫌哉況僕親奉璽書與之從事行矣
孔璋足下徼利於境外臧洪投命於君親
吾子託身於盟主盟主謂袁紹也臧洪策名於長
安子謂余身死而名滅僕亦笑子生死而
無聞焉本同末離努力努力夫復何言紹
見洪書知無降意增兵急攻城中粮盡外
無援救洪自度不免呼吏士謂曰袁紹無

道所圖不軌且不救洪郡將洪於大義不
得不死念諸君無事空與此禍與音預可先
城未破將妻子出將吏皆垂泣曰明府之
於袁氏本無怨隙今爲郡將之故自致危
困吏人何忍當捨明府去也初尚掘鼠煮
筋角後無所復食主簿啓內厨米三斗請
稍爲饘粥杜預注左傳曰饘糜也音之延反洪曰何能獨甘
此邪使爲薄糜徧班士衆又殺其愛妾以
食兵將兵將咸流涕無能仰視男女七八

十人相枕而死莫有離叛城陷生執洪紹盛帷幔大會諸將見洪謂曰臧洪何相負若是今日服未洪據地瞋目曰諸袁事漢四世五公可謂受恩今王室衰弱無扶翼之意而欲因際會觖望非冀前書音義曰觖猶冀也觖音羌志反多殺忠良以立姦威洪親見將軍呼張陳留爲兄則洪府君亦宜爲弟而不能同心戮力爲國除害坐擁兵衆觀人屠滅惜洪力劣不能推刃爲天下報仇公羊傳曰事君猶事父也父受誅子復讎推刃之道何謂服乎紹本愛洪意欲屈服赦之見其辭切知終不爲用乃命殺焉洪邑人陳容少爲諸生親慕於洪隨爲東郡丞先城未敗洪使歸紹時容在坐見洪當死起謂紹曰將軍舉大事欲爲天下除暴而專先誅忠義豈合天意臧洪發舉爲郡將柰何殺之紹慙使人牽出謂曰汝非臧洪疇空復爾爲容顧曰夫仁義豈有常所蹈之則君子背之則小人今日寧與臧洪

同日死不與將軍同日生也遂復見殺在紹坐者無不歎息竊相謂曰如何一日戮二烈士先是洪遣司馬二人出求救於呂布比還城已陷皆赴敵死

論曰雍丘之圍臧洪之感憤壯矣想其行跣且號束甲請舉誠足憐也夫豪雄之所趣舍其與守義之心異乎若乃締謀連衡懷詐筭以相尚者蓋惟利埶所在而已況偏城既危曹袁方穆洪徒指外敵之衡以紓倒縣之會忿悁之師兵家所忌前書魏相上書曰救亂誅暴謂之義兵兵義者王敵加於己不得已而起者謂之應兵兵應者勝爭恨小故不勝憤怒者謂之忿兵兵忿者敗利人土地貨寶者謂之貪兵兵貪者破恃國家之大矜其人衆欲見威於敵者謂之驕兵兵驕者滅此非但人事乃天道也可謂懷哭秦之節存荆則未聞也吳破楚申包胥如秦乞師立依於庭牆而哭日夜不絕聲勺飲不入口七日秦師乃出以車五百乘救楚敗吳兵於稷事見左傳及史記言臧洪徒守節致死不能如包胥之存楚也

贊曰先零擾疆鄧崔弃涼詡變令圖再全金方蓋勳抗董終然允剛洪懷偏節力屈志揚

後漢書列傳卷第四十八

後漢列傳四十八　三十二　楊儀

列傳卷第四十九　范曄　後漢書五十九

唐章懷太子賢注

張衡

張衡字平子南陽西鄂人也（西鄂縣故城在今鄧州向城縣南有平子墓及碑在焉崔瑗之文也）世爲著姓祖父堪蜀郡太守衡少善屬文游於三輔因入京師觀太學遂通五經貫六蓺雖才高於世而無驕尚之情常從容淡静不好交接俗人永元中舉孝廉不行連辟公府不就時天下承平日久自王侯以下莫不踰侈衡乃擬班固兩都作二京賦因以諷諫精思傅會十年乃成文多故不載大將軍鄧騭奇其才累召不應衡善機巧尤致思於天文陰陽歷筭常耽好玄經（桓譚新論曰揚雄作玄書以爲玄者天也道也言聖賢制法作事皆引天道以爲本統而因附續萬類王政人事法度故宓羲氏謂之易老子謂之道孔子謂之元而揚雄謂之玄玄經三篇以紀天地人之道立三體有上中下如禹貢之陳三品三三而九因以九九八十一故爲八十一卦以四爲數數從一至四重累變易竟八十一而徧不可損益以三十五蓍揲之玄經五千餘言而傳十二篇也）謂崔瑗曰吾觀太玄方知子雲

後漢列傳四十九　一　林仁

妙極道數乃與五經相擬非徒傳記之屬使人難論陰陽之事漢家得天下二百歲之書也（子雲當哀帝時著太玄經自漢初至哀帝二百歲也）復二百歲殆將終乎（自中興至獻帝一百八十九年也）所以作者之數必顯一世常然之符也漢四百歲玄其興矣（自此已上並衡與崔瑗書之文也）安帝雅聞衡善術學公車特徵拜郎中再遷為太史令（漢官儀太史令屬太常秩六百石）遂乃研覈陰陽妙盡琁機之正作渾天儀著靈憲筭罔論言甚詳明（漢名臣奏曰蔡邕曰言天體者有三家一曰周髀二曰宣夜三曰渾天宣夜之學絕無師法周髀術數具存考驗天狀多所違失故史官不用唯渾天者近得其情今史官所用候臺銅儀則其法也靈憲序曰昔在先王將步天路用定靈軌尋緒本元先準之于渾體是為正儀故靈憲作興衡集無筭罔論蓋網絡天地而筭之因名焉）

順帝初再轉復為太史令衡不慕當世所居之官輒積年不徙自去史職五載復還乃設客問作應閒以見其志云（閒非也衡集云觀者觀余去史官五載而復還非進取之勢也唯衡內識利鈍操心不改或不我知者以為失志矣用為閒余余應之以時有遇否性命難求因茲以露余誠為名之應閒云）有閒余者曰蓋聞前哲首務於下學上達佐國理民有云為也（論語曰孔子曰下學而上達注云下學人事上知天命也）朝有所聞則夕行之立功立事式昭德音（尚書曰立功立事可以永年逸詩曰祈招之愔愔式昭德音式用也昭明也）是故伊尹思使君為堯舜而民處唐虞彼豈虛言而已哉必旌厥素爾（尚書伊尹曰予弗克俾厥后惟堯舜其心愧恥若撻于市旌明也素猶志也）咎單巫咸寔守王家（咎單巫咸並殷賢臣也尚書曰咎單作明居又曰巫咸保乂王家也）申伯樊仲實幹周邦服衮而朝介圭作瑞（申伯申國之伯也樊仲仲山甫也為樊侯並周宣王之卿士詩大雅曰維申及甫維周之翰注翰幹也服衮謂申伯為冢宰服衮冕之服也又曰錫爾介圭以作爾寶注云寶瑞也圭長尺二寸謂之介也）厥跡不朽

垂烈後昆不亦丕歟且學非以要利而富貴華之貴以行令富以施惠惠施令行故易稱以大業（易繫詞曰盛德大業至矣哉富有之謂大業日新之謂盛德也）質以文美實由華興器賴彫飾為好人以輿服為榮吾子性德體道篤信安仁約己博藝無堅不鑽以思世路斯何遠矣（論語曰篤信好學又曰仁者安仁又曰鑽之彌堅博我以文約我以禮）曩滯日官今又原之（日官史官也左傳曰天子有日官爾雅曰原再也）雖老氏曲全進道若退然行亦以需（老子曰曲則全枉則正又曰夷道若纇進道若退易雜卦曰需不進也）

必也學非所用術有所仰故臨川將濟而
舟檝不存焉徒經思天衢內昭獨智固合
理民之式也故嘗見謗于鄙儒天衢天道也言徒銳思作
靈憲渾天儀等也深厲淺揭隨時爲義曾何貪於支
離而習其孤技邪揭褰衣也音丘例反詩鄁風曰深則厲淺則揭爾雅曰由
帶以上爲厲由膝以下爲揭言遭時制宜遇深水則厲淺則揭也易隨卦隨時之義大矣哉莊子曰朱泙
曼學屠龍於支離益單千金之家三年技成而無所用技音渠綺反責衡何獨妙思於機巧者也參
音三輪可使自轉木雕猶能獨飛已垂翅而
還故棲盍亦調其機而銛諸垂翅故棲謂再爲史官也盍何

後漢列傳四十九 四 王仲

不也銛利也諸之也間者言衡作三輪木雕尚能飛轉已乃垂翅故棲何不調其機關使利而高飛邪傅
子曰張衡能令三輪獨轉也昔有文王自求多福詩大雅文王篇曰永
言配命自求多福也人生在勤不索何獲左傳曰人生在勤勤則不匱又
曰不索何獲吾欲求之曷若卑體屈已美言以相剋剋勝
也衡集作美言以市也鳴于喬木乃金聲而玉振之詩小
雅曰伐木丁丁鳥鳴嚶嚶出自幽谷遷于喬木踰求仕遷於高位振揚德音如金玉之聲孟子曰金聲而
玉振用後勳雪前吝婞佷不柔以意誰靳也
吝恥也左傳曰宋公靳之杜預注云戲而相愧曰靳應之曰是何觀同而
見異也君子不患位之不尊而患德之不

崇不恥祿之不夥而恥智之不博方言曰凡物盛而多
齊宋之郊謂之夥音和果反是故藝可學而行可力也天
爵高懸得之在命孟子曰仁義忠信樂善不倦此天爵也公卿大夫此人爵
也案此謂天子高爵爵位得者在命也或不速而自懷或羨旃而
不臻速召也懷來也旃之也求之無益故智者面而不
思面偝也阽身以徼幸固貪夫之所爲未得
而豫喪也阽危也枉尺直尋議者譏之盈欲
虧志孰云非羞孟子陳代問孟子曰枉尺而直尋若可爲也孟子曰昔齊景公
田招虞人以旌不到將殺之志士不忘在溝壑如不待招而往何哉且夫枉尺而直尋者以利言也如以

後漢列傳四十九 五 陳從

利則枉尋直尺而利亦可爲歟趙岐注云志士守義者也君子困窮故虞人不得其招尚不往如何君子
不得其招而妄見也尺小尋大不可枉大就小而以要利也於心有猜則簋
飧餼餔猶不屑餐旌瞽以之猜嫌也簋食器也飧音孫詩云
有蒙簋飧餼音仕卷反餔音補故反並謂食也屑猶介也以用也爰旌瞽餓人也一作爰精目列子曰東
方有人焉曰爰旌目將有適也而餓於道狐丘父之盜曰丘見而下壺飧以餔之爰旌目三餔而後能視
曰子何爲者也我狐父之人丘也爰旌目曰譆汝非盜邪吾義不食子之食也兩手據地而歐之不出喀
喀而死意之無疑則兼金盈百而不嫌辭孟
軻以之孟子陳臻問曰前於齊王餽兼金一百而不受於宋餽七十鎰而受前日之不受是
則今受之非也孟子曰皆是也當在宋也予將遠行遠行者必以贐予何爲不受若於齊則未有處也無

處而餽之是貨之也焉有君子而可以貨取乎趙岐注云兼金好金也價兼倍於惡者故曰兼金一百百鎰也二十兩爲鎰贐送行者贈賄之禮也在齊時無事於義未有所處也義無所處而餽之是以貨賄所取我欲使我懷惠也士或解袥褐而襲黼黻或委臿築解袥褐謂寠賤也委臿築謂傅說也袥音常主反方言曰自關而西謂襜褕短者謂之袥也而據文軒者度德拜爵量績受祿也輸力致庸受必有階受或作叜渾元初基靈軌未紀吉凶紛錯人用朣朦朣朦言未晤也黃帝爲斯深慘有風后者是焉亮之察三辰於上跡禍福乎下經緯歷數然後天步有常則風后之

後漢列傳四十九　六　楊璞

爲也史記曰黃帝迎日推策舉風后力牧以理人順天地之紀幽明之占又曰旁羅日月星辰春秋內事曰黃帝師於風后風后善於伏羲氏之道故推演陰陽之事藝文志陰陽流有風后十三篇也當少昊清陽之末實或亂德人神雜擾不可方物重黎又相顓頊而申理之日月即次則重黎之爲也帝王紀曰少昊字清陽國語楚觀射父曰少皞之衰也九黎亂德人神雜糅不可方物顓頊承之乃命南正重司天以屬神命火正黎司地以屬人重少昊氏之子黎顓頊氏之子人各有能因藝授任鳥師別名四叔三正官無二業事不竝濟左傳郯子曰少皞鳥師而鳥名鳳鳥氏歷正也玄鳥氏司分也伯趙氏司至也青鳥氏司啓也丹鳥氏司閉也又晉蔡墨曰少皞氏有四叔曰

重曰該曰脩曰熙實能金木及水使重爲句芒該爲蓐收脩及熙爲玄冥四叔分主三正言其不兼業也晝長則宵短日南則景北夏至日北極而影短晝六十刻夜四十刻冬至日南極而影長夜六十刻晝四十刻也易通卦驗曰冬至晷長丈三尺夏至晷長尺五寸謂立八尺表之陰也天且不堪兼況以人該之該備也夫玄龍迎夏則陵雲而奮鱗樂時也涉冬則淈泥而潛蟠避害也說文曰龍鱗蟲之長能幽能明能小能巨能短能長春分而登天秋分而入川言出入有時也賈逵注國語曰淈亂也淈音骨公旦道行故制典禮以尹天下懼教誨之不從有人不理尹正也道行言道得申也流俗本作行道者非也仲尼不遇故論六經

後漢列傳四十九　七　朱明

以俟來辟辟君也公羊傳曰孔子制春秋以俟後聖也恥一物之不知有事之無範所考不齊如何可一衡集考字作丁丁當也夫戰國交爭戎車競驅君若綴旒人無所麗麗附也公羊傳曰君若贅旒然旒旒也言爲下所執持西東也燭武縋而秦伯退師燭之武鄭大夫也縋縣繩於城而下也左傳曰秦伯圍鄭鄭伯使燭之武夜縋而出說秦秦伯爲之退師魯連係箭而聊城弛柝魯仲連齊人也時燕將守聊城仲連爲書係箭射聊城中燕將自殺見史記弛廢也柝行夜木也從往則合橫來則離安危無常要在說夫張儀說諸侯連和事秦爲橫蘇秦說諸侯連兵拒秦爲從蘇秦往則從合張儀來則從離咸以得人

爲梟失士爲尤梟猶勝也猶六博得梟則勝故樊噲披帷入見高祖前書曰樊噲沛人也封舞陽侯高帝嘗病惡見人卧禁中詔户者無得入噲乃排闥直入流涕曰獨不見趙高之事乎帝笑而起也高祖踞洗以對酈生前書曰沛公方踞牀令兩女子洗足而見酈食其食其曰必欲聚徒合義兵誅無道不宜踞見長者於是沛公輟洗謝之當此之會乃黿鳴而鼈應也喻君臣相感也焦贛易林曰黿鳴岐野鼈應於泉也故能同心戮力勤恤人隱隱病也國語曰勤恤人隱而除其害也奄受區夏遂定帝位皆謀臣之由也故一介之策各有攸建子長諜之爛然有第前書音義曰諜譜第也與牒通司馬遷字子長作史記著功臣等傳爛然各有第序也

夫女魃北而應龍翔洪鼎聲而軍容息女魃旱神也北猶退也應龍能興雲雨者也山海經曰蚩尤作兵伐黃帝黃帝乃令應龍攻之冀州之野應龍蓄水蚩尤請風伯雨師從大風雨黃帝乃下天女曰妖雨止遂殺蚩尤妖不得復上所居不雨妖亦魃也音步末反聲或作馨容或作客衛集容作害並未詳也溽暑至而鶉火棲寒冰沍而黿鼉蟄棲息也禮記月令曰季夏土潤溽暑鶉火午之宿也三月在午六月在酉言當季夏之時鶉火退於酉沍凝也今也皇澤宣洽海外混同萬方億醜并質共劑若修成之不暇尚何功之可立質劑猶今分支契也并共猶言交通也周禮曰凡賣買者質劑焉大市以質小市以劑鄭玄注云兩書一札同而別之長曰質短曰劑劑音子隨反

立事有三言爲下列下列且不可庶矣奚冀其二哉左傳魯叔孫豹曰太上有立德其次有立功其次有立言杜預注云立德黃帝堯舜也立功禹稷也立言史佚周任臧文仲于兹搢紳如雲儒士成林及津者風攄失塗者幽僻遭遇難要趨偶爲幸世易俗異事埶舛殊不能通其變而一度以揆之易繫詞曰通其變使人不倦也斯契船而求劍守株而伺兔也契猶刻也呂氏春秋曰楚人有涉江者其劍自舟中墜於水遽契其舟曰是吾劍所從墜也舟已行而劍不行若此求劍不亦惑乎韓子曰宋人有耕者田中有株兔走觸之折頸而死因釋耕守株冀復得兔爲宋國笑也冒愧逞願必無仁以繼

之有道者所不履也越王句踐事此故厥緒不永史記曰越王句踐先吴興師吴王聞之悉發精兵擊越敗之於夫椒越王乃以餘兵五千人保棲於會稽此爲冒愧逞願自取敗也捷徑邪至我不忍以投步干進苟容我不忍以歙肩捷疾也歙斂也音翕孟子曰阿意事貴脅肩所尊俗之情也歙亦脅也雖有犀舟勁檝猶人涉卭否有須者也前書曰羌戎弓矛之兵器不犀利音義曰今俗謂刀兵利爲犀犀堅也詩衛風曰招招舟子人涉卭否人涉卭否卭須我友卭我也須待也鄭玄注云人皆涉我友未至我獨待而不涉言室家之道非得所適貞女不行非得禮義婚姻不成喻仕當以道不求妄進也姑亦奉順敦篤守以忠信得之不休不獲不

吝姑且也休美也吝恥也不見是而不惛居下位而不
憂允上德之常服焉惛猶悶也易曰不見是而無悶樂則行之憂則違之
又曰居上位而不驕在下位而不憂也方將師天老而友地典與
之乎高睨而大談孔甲且不足慕焉稱般
彭及周聃帝王紀曰黃帝以風后配上台天老配中台五聖配下台謂之三公其餘知天
規紀地典力牧常先封胡孔甲等或以爲師或以爲將藝文志陰陽有地典六篇般彭即老彭般賢人也
睨視也高視大談言不同流俗衡集作矢談矢亦直也義亦通也與世殊技固孤
是求技巧也音伎本或作披誤也子憂朱泙曼之無所用
吾恨輪扁之無所教也輪扁謂爲輪者名扁也扁音皮殄反莊子曰輪

後漢列傳四十九　十　林仁

扁對齊桓公曰斲輪之法徐則甘而不固疾則苦而不入不疾不徐得之於手而應之於心口不能言也
臣不能以喻臣之子臣之子亦不能受之於臣言泙曼屠龍既無所用輪扁斲輪亦不能教人也泙音匹萌
反子覲木雕獨飛愍我垂翅故棲吾感去
鼃附鴟悲爾先笑而後號也鼃蝦蟇也音胡媧反周易旅上
九曰先笑而後號咷斐豹以斃督燔書禮至以掖國作
銘左傳曰晉欒盈復入於晉欒氏之力臣曰督戎國人懼之斐豹謂范宣子曰苟焚丹書我殺督戎宣
子曰而殺之所不請於君焚丹書者有如日乃殺之杜注曰蓋豹犯罪沒爲官奴以丹書其罪左傳衛伐
邢禮至與國子巡城掖以赴外殺之禮至自爲銘曰余掖殺國子莫余敢止國子邢正卿禮至本衛人仕
邢爲大夫掖謂挾之而投於城外也衛集豹字作隸也弦高以牛餼退敵

墨翟以縈帶全城左傳曰秦師襲鄭及滑鄭商人弦高將市於周遇之以牛
十二犒師曰寡君聞吾子將出於敝邑敢犒從者秦孟明曰鄭有備矣滅滑而還墨子曰公輸般爲雲梯
以攻宋墨子解帶爲城以牒爲械公輸般九攻墨子九拒公輸之攻盡墨子之守有餘楚王曰善哉吾請
無攻宋矣貫高以端辭顯義蘇武以禿節效貞
貫高趙相也端猶正也獨正言趙王不反高帝賢而赦之蘇武使匈奴中杖節卧起節毛盡落並見前書
蒱且以飛矰逞巧詹何以沈鉤致精列子曰蒱
且子之弋弱弓纖繳乘風振之連雙鶬於青雲之際又曰詹何以獨繭絲爲綸芒針爲鉤荊篠爲竿剖粒
爲餌引盈車之魚周禮曰矰矢用弋射鄭玄注云結繳於矢謂之矰矰高也弈秋以棊
局取譽王豹以清謳流聲弈圍局也棊即所執之子秋名也孟

後漢列傳四十九　十一　陳奔

子曰弈秋通國之善弈者又曰王豹處於淇而河西善謳也僕進不能參名於
二立退又不能羣彼數子二立謂太上立德其次立功也上云
立事有三言爲下列下列且不可庶況其二哉故言不能參名於二立也目賢案古本作二立流俗本及
衡集立字多作匹非也數子謂斐豹以下也愍三墳之既積惜八索
之不理左傳曰楚左史倚相能讀三墳五典八索九丘孔安國以爲三墳五典三皇之書八
卦之說謂之八索此以下言不能立德立功唯欲立言而已庶前訓之可鑽
聊朝隱乎柱史前書東方朔曰首陽爲拙柱下爲工應劭曰老子爲周柱下史
朝隱終身無患是爲上也且韞櫝以待價踵顏氏以行止
論語子貢曰有美玉於斯韞櫝而藏諸求善賈而沽諸子曰我待價者也又子謂顏回曰用之則行捨之

則藏唯我與爾有是夫曾不慊夫晉楚敢告誠於知己
孟子曾子曰晉楚之富不可及也彼以其富我以吾仁彼以其爵我以吾義吾何慊也慊猶羨也音苦簟
反陽嘉元年復造候風地動儀以精銅鑄
成員徑八尺合蓋隆起形似酒尊飾以篆
文山龜鳥獸之形中有都柱傍行八道施
關發機外有八龍首銜銅丸下有蟾蜍張
口承之蟾蜍蝦蟇也蟾音時占反蜍音時諸反其牙機巧制皆
隱在尊中覆蓋周密無際如有地動尊則
振龍機發吐丸而蟾蜍銜之振聲激揚伺

者因此覺知雖一龍發機而七首不動尋
其方面乃知震之所在驗之以事合契若
神自書典所記未之有也嘗一龍機發而
地不覺動京師學者咸怪其無徵後數日
驛至果地震隴西於是皆服其妙自此以
後乃令史官記地動所從方起時政事漸
損權移於下衡因上疏陳事曰伏惟陛下
宣哲克明繼體承天中遭傾覆龍德泥蟠
傾覆謂順帝爲太子時廢爲濟陰王蟠音薄寒反廣雅曰蟠曲也揚雄方言曰未升天龍謂之蟠今

乘雲高躋磐桓天位誠所謂將隆大位必
先倥傯之也倥音口弄反傯音子弄反埤蒼曰倥傯窮困也亦謂順帝被廢時也親
履艱難者知下情備經險易者達物僞左傳
曰晉侯在外十九年矣險阻艱難備嘗之矣人之情僞盡知之矣故能一貫萬機
靡所疑惑百揆允當庶績咸熙宜獲福祉
神祇受譽黎庶而陰陽未和災眚屢見神
明幽遠冥鑒在茲福仁禍淫景響而應因
德降休乘失致咎天道雖遠吉凶可見近
世鄭蔡江樊周廣王聖皆爲效矣事具官者傳

故恭儉畏忌必蒙祉祚奢淫諂慢鮮不夷
戮前事不忘後事之師也夫情勝其性流
遯忘反性者生之質情者性之欲性善情惡情勝則荒淫也豈唯不肖中
才皆然苟非大賢不能見得思義故積惡
成釁罪不可解也向使能瞻前顧後援鏡
自戒則何陷於凶患乎楚辭曰瞻前而顧後兮援鏡自戒謂引前事以
爲鏡而自戒勑也韓詩外傳曰明鏡所以照形往古所以知今貴寵之臣衆所
屬仰其有愆尤上下知之褒美譏惡有心
皆同故怨讟溢乎四海神明降其禍辟也

㑺罪也音頻亦反頃年雨常不足思求所失則洪範所謂僭恒陽若者也恒常也若順也孔安國注洪範云君行僭差則常陽順之常陽則多旱也懼群臣奢侈昏踰典式自下逼上用速咎徵又前年京師地震土裂順帝永建三年正月京師地震也裂者威分震者人擾也君以靜唱臣以動和威自上出不趣於下禮之政也竊懼聖恩猒倦制不專己恩不忍割與衆共威威不可分德不可共洪範曰臣有作威作福玉食害于而家凶于而國天鑒孔

明雖疏不失灾異示人前後數矣而未見所革以復往悔革改也復反也自非聖人不能無過願陛下思惟所以稽古率舊勿令刑德八柄不由天子周禮太宰以八柄詔王馭群臣一曰爵二曰祿三曰予四曰置五曰生六曰奪七曰廢八曰誅若恩從上下事依禮制禮制脩則奢僭息事合宜則無凶咎然後神望允塞灾消不至矣初光武善讖及顯宗肅宗因祖述焉自中興之後儒者爭學圖緯兼復附以訞言衡以圖緯虛妄非聖人之法乃

上疏曰臣聞聖人明審律歷以定吉凶重之以卜筮雜之以九宮易乾鑿度曰太一取其數以行九宮鄭玄注云太一者北辰神名也下行八卦之宮每四乃還於中央中央者地神之所居故謂之九宮天數大分以陽出以陰入陽起于子陰起於午是以太一下九宮從坎宮始自此而從於坤宮又自此而從於震宮又自此而從於巽宮所以從半矣還息於中央之宮既又自此而從於乾宮又自此而從於兌宮又自此而從於艮宮又自此而從於離宮行則周矣上遊息於太一之星而反紫宮行起從坎宮始終於離宮也經天驗道本盡於此或觀星辰逆順寒燠所由或察龜策之占巫覡之言前書曰齊肅聰明者神或降之在男曰覡在女曰巫覡音胡歷反其所因者非一術也立言

於前有徵於後故智者貴焉謂之讖書讖書始出蓋知之者寡自漢取秦用兵力戰功成業遂可謂大事當此之時莫或稱讖若夏侯勝眭孟之徒以道術立名其所述著無讖一言劉向父子領校秘書閱定九流亦無讖錄成哀之後乃始聞之眭弘字孟魯國蕃人也昭帝時以明經爲議郎夏侯勝字長公東平人好洪範五行傳說宣帝時爲太子太傅又成哀時有詔使劉向及子歆於秘書校定經傳諸子等九流謂儒家道家陰陽家法家名家墨家縱橫家雜家農家見藝文志並無讖說也尚書堯使鯀理洪水九載績用不

成鯀則殛死禹乃嗣興殛誅死也而春秋讖云
共工理水凡讖皆云黃帝伐蚩尤而詩讖
獨以爲蚩尤敗然後堯受命春秋元命包
中有公輸班與墨翟事見戰國非春秋時
也衡集云班與墨翟並當子思時出仲尼後也又言别有益州益州
之置在於漢世前書武帝始置益州其名三輔諸陵
世數可知至於圖中訖于成帝一卷之書
互異數事聖人之言埶無若是殆必虛僞
之徒以要世取資往者侍中賈逵摘讖互

後漢列傳四十九　十六　李宗

異三十餘事諸言讖者皆不能說至於王
莽簒位漢世大禍八十篇何爲不戒則知
圖讖成於哀平之際也且河洛六蓺篇録
已定後人皮傅無所容簒衡集上事云河洛五九六蓺四九謂八十一篇也傳音附臣賢案衡集云後人皮傅無所容竄又揚雄方言曰秦晉言非其事謂之皮傅謂不深得其情核皮膚淺近強相傅會也後人不達皮膚之意流俗本多作頗傳者誤也無所容竄謂不容妄有加增也莊子曰竄句籍辭續漢書亦作竄本作篡者義亦通也永元中清河宋
景遂以歷紀推言水灾而僞稱洞視玉版遯甲開山圖曰禹遊於東海得玉珪碧色長一尺二寸圓如日月以自照自達幽冥言宋景歷紀推知水灾非洞視玉版所見也或者至於弃家業入山林後皆
無效而復采前世成事以爲證驗至於永
建復統則不能知永建順帝即位年也復統謂廢而復立言讖家不論也
此皆欺世罔俗以昧埶位情僞較然莫之
糾禁且律歷卦候九宮風角數有徵效世
莫肯學而競稱不占之書謂競稱讖書也譬猶畫
工惡圖犬馬而好作鬼魅誠以實事難形
而虛僞不窮也韓子曰客爲齊王畫者問畫孰最難對曰狗馬最難孰易鬼魅最易狗馬人所知也故難鬼魅無形故易也宜收藏圖讖一禁絕之則

後漢列傳四十九　十七　李昇

朱紫無所眩典籍無瑕玷矣後遷侍中帝
引在帷幄諷議左右嘗問衡天下所疾惡
者宦官懼其毀己皆共目之衡乃詭對而
出閹豎恐終爲其患遂共讒之衡常思圖
身之事以爲吉凶倚伏幽微難明乃作思
玄賦玄道也德也老子曰玄之又玄衆妙之門以宣寄情志其辭曰
仰先哲之玄訓兮雖彌高其弗違玄訓道德之訓也論語顏回曰仰之彌高匪仁里其焉宅兮匪義迹其焉
追論語孔子曰里仁爲美宅不處仁焉得知里宅皆居也潛服膺以永靚

兮綿日月而不衰說文曰膺匈也禮記曰服膺拳拳而不息靚音才性反前
書音義曰靚與靜同伊中情之信脩兮慕古人之貞節
脩謂自脩爲善也楚辭曰苟中情其好脩兮竦余身而順止兮遵繩
墨而不跌竦企立也禮記曰爲人臣止於恭爲人子止於孝爲人父止於慈與國人交止
於信跌蹉也音徒結反繩墨諭禮法也楚辭曰遵繩墨而不頗志團團以應懸
兮誠心固其如結團團垂皃也詩曰心之憂矣如或結之旌性行
以制佩兮佩夜光與瓊枝旌明也夜光美玉瓊枝玉樹以諭堅
貞也楚辭曰折瓊枝以繼佩也纗幽蘭之秋華兮又綴之以
江蘺案纗音祖緩反字書亦纂字也纂繫也諸家音並户珪反誤也江蘺香草也本草經曰蘼

後漢列傳四十九　十八　卓受

蕪一名江蘺即芎藭苗也楚辭曰扈江離與辟芷兮紉秋蘭以爲佩皆取芬芳以象德也美襞
積以酷烈兮允塵邈而難虧襞積衣襵也酷烈香氣盛也司
馬相如曰酷烈淑郁又曰襞積褰縐允信也塵久也邈遠也虧猶歇也衣服芬芳久而不歇以喻道德著
美幽而不屈也既姱麗而鮮雙兮非是時之攸珍
姱音口瓜反王逸注楚詞曰姱好也攸所也言德雖美好而時人不珍也奮余榮而莫
見兮播余香而莫聞幽獨守此仄陋兮敢
怠皇而舍勤怠惰也皇暇也舍廢也幸二八之遻虞兮
喜傅說之生殷尚前良之遺風兮恫後辰
而無及二八八元八愷也遻遇也音五故反虞虞舜也尚慕也恫痛也音通辰時也痛已後

時而不及之也何孤行之煢煢兮孑不群而介立感
鸞鷖之特棲兮悲淑人之稀合山海經曰女牀山有鳥五
采名曰鸞見則天下安寧又曰九疑山有五采之鳥名鷖淑善也特獨也言靈鳥既獨棲善人亦少合也
彼無合其何傷兮患衆僞之冒眞旦獲讟
于群弟兮啓金縢而乃信旦周公也讟謗也信音申成王立周
公攝政其弟管叔蔡叔等謗言云公將不利於孺子周公乃誅二叔秋大孰未穫天大雷電以風禾盡偃
成王與大夫啓金縢之書乃得周公所自以爲功代武王之策方信周公忠於國家也事見尚書覽
蒸民之多僻兮畏立辟以危身蒸衆也僻邪也辟法也詩
曰人之多僻無自立辟也曾煩毒以迷或兮羌孰可與言

後漢列傳四十九　十九　恭俊

已曾重也羌發語辭也言己之志無可爲言之也私湛憂而深懷兮思
繽紛而不理湛音沈繽紛亂皃也願竭力以守義兮雖
貧窮而不改執雕虎而試象兮阽焦原而
跟止彫虎有文也阽臨也焦原名也跟足踵也尸子曰中黃伯曰我左執大行之獶右執彫
虎唯象之未試吾或焉有力者則又願爲牛與象自謂天下之義人也惡乎試之曰夫貧窮大行之獶也
跡賤者義之彫虎也吾日試之矣又曰莒國有名焦原者廣尋長五十步臨百刃之谿莒國莫敢近也有
以勇見莒子者獨却行剌踵焉此所以服莒國也夫義之爲焦原也高矣此義所以服一世也衡言躬履
仁義不避險難亦足以服一代之人也庶斯奉以周旋兮要既
死而後已左傳史克曰奉以周旋不敢失墜論語孔子曰死而後已不亦遠乎俗遷

渝而事化兮泯規矩之圜方化變也泯滅也珍蕭艾於重笥兮謂蕙芷之不香蕭蒿也笥篋也蕙芷並香草也貴蕭艾喻任小人謂蕙芷爲不香喻弃賢人也斥西施而弗御兮羈要褭以服箱斥逺也西施越之美女也要音於皎反褭音奴了反呂氏春秋曰要褭古之駿馬也服駕也箱車也言疎逺美女又以駿馬駕車並喻不能用賢也行陂僻而獲志兮循法度而離殃陂不正也離被也惟天地之無窮兮何遭遇之無常不抑操而苟容兮譬臨河而無航航船也孫卿子曰偷合苟容以持祿周書陰符曰四輔不存若濟河無舟矣欲巧笑以干媚兮非余心之所嘗襲温恭

之黻衣兮披禮義之繡裳襲重也周禮黑與青謂之黻五色備曰繡辯貞亮以爲鞶兮雜技藝以爲珩說文曰辯交織也音蒲殄反禮記曰男鞶革女鞶絲鄭玄注云鞶小囊盛帨巾也珩佩玉也昭綵藻與雕琢兮璜聲遠而彌長璜佩玉也爾雅曰半璧曰璜言佩服之美喻道德之盛也淹棲遲以恣欲兮燿靈忽其西藏淹久也棲遲遊息也燿靈日也楚辭曰燿靈安藏言年歲之蹉跎也恃已知而華子兮鶗鴂鳴而不芳已知猶知已也華榮也子衡自謂也鶗鴂鳥名喻讒人也廣雅曰鶗鴂布穀也楚辭曰恐鶗鴂之先鳴兮使夫百草爲之不芳王逸注云以喻讒言先至使忠直之士被罪也言恃知己以相榮反遇讒而見害也冀一年之三秀兮遒白

露之爲霜三秀芝草也楚辭曰采三秀於山閒說文曰遒迫也方秀遇霜喻似賢被讒也時亹亹而代序兮疇可與乎比伉亹亹進貌也謂四時更進而代序疇誰也伉偶也伉協韻音苦郎反咨妒嫭之難並兮想依韓以流亡咨歎也妒忌也嫭美也音胡故反楚辭曰嫭目宜笑言嫉妒者憎惡美人故難與並也韓謂齊仙人韓終也爲王採藥王不肯服終自服之遂得仙楚辭曰羨韓衆之得一流亡謂流遁亡去也恐漸冉而無成兮留則蔽而不章心猶與而狐疑兮即岐阯而攄情岐阯山足也周文王所居也文君爲我端著兮利飛遁以保名文君文王也端正也楚辭曰詹尹端策拂龜周易遯卦上九曰肥遁無不利淮南九師道訓曰遯而能飛吉孰大焉

歷衆山以周流兮翼迅風以揚聲遯卦艮下乾上艮爲山故曰歷衆山從二至四爲巽巽爲風故曰翼迅風也二女感於崇岳兮或冰折而不營遯上九變而爲咸咸感也咸卦艮下兑上從二至四爲巽與兑爲二女也崇岳謂艮也從三至五爲乾易說卦曰乾爲冰兑爲毀折陽不求陰故曰冰折而不營也天蓋高而爲澤兮誰云路之不平乾變爲兑乾爲天兑爲澤故曰夫爲澤言天高尚爲澤誰云路之不平言可行也勔自強而不息兮蹈玉階之嶢崢勔勉也乾爲金玉故曰玉階嶢崢高峻皃嶢音堯崢音士耕反懼筮氏之長短兮鑽東龜以觀禎左傳晉卜人曰筮短龜長不如從長言筮之未盡復以龜卜之也周禮龜人掌六龜之屬東龜曰果屬其色青也遇

九皋之介鳥兮怨素意之不逞詩小雅曰鶴鳴九皋注云皋澤中溢水出所爲也自外數至九喻深遠也介耿介也龜經有棲鶴兆也言卜得鶴兆也逞快也協韻音丑貞反遊塵外而瞥天兮據冥翳而哀鳴瞥視也音普列反冥翳高遠也鵰鶚競於貪婪兮我偕絜以益榮鵰鶚鷙鳥也以喻讒佞也子有故於玄鳥兮歸母氏而後寧子謂衡也有故於玄鳥謂卜得鶴兆也易曰鳴鶴在陰其子和之我有好爵吾與汝靡之言子歸母氏然後得寧猶言遇賢君方享爵祿勸衡求聖君以仕之也占既吉而無悔兮簡元辰而俶裝悔惡也元辰吉辰也俶整也旦余沐於清原兮晞余髮於朝陽晞乾也朝陽日也爾雅曰山東曰朝

陽楚辭曰朝濯髮於陽谷夕晞余身乎九陽也漱飛泉之瀝液兮咀石菌之流英瀝液微流也咀嚼也石菌芝也英華也翾鳥舉而魚躍兮將往走乎八荒翾飛也音許緣反走猶赴也音奏八荒八方荒遠地也淮南子曰登大山履石封以望八荒過少皞之窮野兮問三丘乎句芒帝王紀曰少昊邑于窮桑都曲阜故或謂之窮桑帝地在魯城北衡欲往東方故先過窮桑之野三丘東海中三山也謂蓬萊方丈瀛州句芒木正東方之神也何道眞之淳粹兮去穢累而票輕道眞謂道德之眞班固幽通賦曰矧沈躬於道眞不澆曰淳不雜曰粹票音匹妙反猶飄飄也登蓬萊而容與兮鼇雖抃而不傾鼇大龜也列子曰勃海之東有大壑焉其中有五山一曰岱輿二曰員嶠三曰方壺四曰瀛洲五曰蓬萊隨波上下往還不得暫峙仙聖訴於帝使巨鼇十五舉首而戴之迭爲三番六萬歲一交焉五山始不動抃音皮媛反楚辭曰鼇戴山抃說文抃拊手也留瀛洲而採芝兮聊且以乎長生東方朔十洲記曰瀛洲在東海之東上生神芝仙草有玉石膏出泉如酒味名之爲玉酒飲之令人長生也憑歸雲而遐逝兮夕余宿乎扶桑扶桑日所出在湯谷中其桑相扶而生見淮南子噏青岑之玉醴兮餐沆瀣以爲糧爾雅曰山小而高曰岑郭璞注曰言岑崟也楚辭曰餐六氣而飲沆瀣王逸注云沆瀣夜半氣也糧或作粻發昔夢於木禾兮穀崐崘之高岡山海經曰崐崘墟在西北方八百里高萬仞上有木禾長五尋大五圍昔夜也穀生也衡此夜夢禾生於崐崘山之上即下文云抨巫咸

作占夢含嘉秀以爲敷是也衡集注及近代注解皆云昔日夢至木禾今親往見焉是爲發昔夢也且賢衆衡之此賦將往走乎八荒以後即先往東方次往南方乃適西方此時正在湯谷扶桑之地崐崘乃西方之山安得已往崐崘見木禾乎良由尋究不精致斯謬耳朝吾行於湯谷兮從伯禹於稽山湯谷日所出也孔安國注尚書曰禹代鯀爲崇伯故稱伯吳越春秋曰禹登茅山大會計理國之道故更名其山曰會稽也集羣神之執玉兮疾防風之食言左傳曰禹合諸侯於塗山執玉帛者萬國國語仲尼曰昔禹致羣神於會稽之山防風氏後至禹殺而戮之客曰敢問誰爲神仲尼曰山川之守足以紀綱天下者其守爲神食言謂後至也爾雅曰食僞也指長沙以邪徑兮存重華乎南鄰長沙今潭州也從稽山西南向長沙故云邪徑存猶問也重華舜名葬於蒼梧在長

沙南故云南郡也哀二妃之未從兮翩儐處彼湘瀕
二妃舜妻堯女娥皇女英翩連翩也儐弃也瀕水涯也劉向列女傳曰舜陟方死於蒼梧二妃死於江湘
之閒俗謂之湘君湘夫人也禮記云舜葬蒼梧二妃不從也流目覜夫衡阿
兮睹有黎之圮墳痛火正之無懷兮託山
陂以孤魂衡阿衡山之曲也黎顓頊之子祝融也為高辛氏之火正葬於衡山圮毀也盛
弘之荆州記云衡山南有南正重黎墓楚靈王時山崩毀其墳得營丘九頭圖焉愁蔚蔚
以慕遠兮越卭州而愉敖河圖曰天有九部八紀地有九州八
柱東南神州曰晨土正南卭州曰深土西南戎州曰滔土正西弇州曰开土正中冀州曰白土西北柱州
曰肥土北方玄州曰成土東北咸州曰隱土正東揚州曰信土愉樂也敖游也躋日中于

後漢列傳四十九　二十四　章駒

昆吾兮憩炎天之所陶淮南子曰日至于昆吾是謂正中高誘注云昆
吾丘名在南方憩息也東方朔神異經曰南方有火山長四十里廣四五里晝夜火然陶猶炎熾也揚
芒熛而絳天兮水泫沄而涌濤芒光芒也字林曰熛飛火
也音必遥反泫音胡犬反沄音戶昆反並水流皃也温風翕其增熱兮惄
鬱邑其難聊温風炎風也淮南子曰南方之極自北戶之外南至委火炎風之野
二萬二千里惄音奴覿反爾雅曰惄思也顝羈旅而無友兮余安能
乎留茲顝獨也音苦骨反不能留此將復西行也顧金天而歎息
兮吾欲往乎西嬉金天氏西方之帝少皞也嬉戲也前祝融
使舉麾兮纚朱鳥以承旗纚繫也音山綺反朱鳥鳳也楚辭曰

鳳皇翼其承旗也躔建木於廣都兮拓若華而躊躇
躔次也拓猶折也淮南子曰建木在廣都若木在建木西末有十日其華照地山海經曰廣都之野后稷
葬焉楚辭曰折若木以拂日躊躇猶徘徊也躊音直流反躇音直余反超軒轅於西
海兮跨汪氏之龍魚聞此國之千歲兮曾
焉足以娛余山海經曰軒轅之國在窮山之際其不壽者八百歲龍魚在其北一曰蝦
魚有神巫乘此以行九野一曰鼈魚在汪野北其為魚也如鯉魚白人之國在龍魚北也思九
土之殊風兮從蓐收而遂徂九土九州也蓐收西方神也徂
往也欲還中土也歘神化而蟬蛻兮朋精粹而為徒
歘疾貌也音許勿反蛻音税說文曰蟬蛇所解皮也言去故就新若蟬之蛻也朋猶侶也粹美也蹶

後漢列傳四十九　二十五　李秀

白門而東馳兮云台行乎中野蹶音厥鄭玄注禮記云蹶
行處之貌也淮南子曰自東北方曰方土之山曰蒼門東方曰東極之山曰開明之門東南方曰波母之山
曰陽門南方南極之山曰暑門西南方曰編駒之山曰白門西方曰西極之山曰閶闔之門西北方曰不
周之山曰幽都之門北方曰北極之山曰寒門凡八極之雲是雨天下八門之風是節寒暑爾雅曰台我
也野協韻音神渚反亂弱水之潺湲兮逗華陰之湍渚
正絶流曰亂山海經曰崐崘之丘其下有弱水之川環之注云其水不勝鳥毛潺湲流貌也逗止也華陰
華山之北也臨河故云湍渚號馮夷俾清津兮櫂龍舟以
濟予號呼也聖賢冢墓記曰馮夷者弘農華陰潼鄉隄首里人服八石得水仙為河伯龍魚河
圖曰河伯姓呂名公子夫人姓馮名夷俾使也清靜也津濟度處靜之使無波濤也櫂檝也淮南子曰龍

舟鷁首浮吹以虞予我也會帝軒之未歸兮悵相佯而延
佇帝軒黃帝也鑄鼎於湖在今湖城縣與河華相近未歸謂黃帝得仙升天神靈未歸相佯猶俳回也
呬河林之蓁蓁兮偉關雎之戒女呬音許吏反爾
雅曰呬息也蓁蓁茂盛貌山海經云北望河林其狀如蒨偉美也詩國風曰關關雎鳩在河之洲窈窕淑
女君子好仇衡觀河洲而思之也黃靈詹而訪命兮摎天道
其焉如黃靈黃帝神也爾雅曰詹至也訪謀也摎求也曰近信而遠疑
兮六籍闕而不書曰黃帝荅言也六籍六經也神逵昧其
難覆兮疇克謨而從諸逵道也爾雅曰覆審也疇誰也謨謀也
牛哀病而成虎兮雖逢昆其必噬昆兄也淮南子

後漢列傳四十九　二十六　恭康

曰昔公牛哀病七日化而爲虎其兄覸之虎搏而殺之不知其兄也鼈令殪而尸亡
兮取蜀禪而引世鼈令蜀王名也令音靈殪死也禪傳位也引長也揚雄蜀
王本紀曰荊人鼈令死其尸流亡隨江水上至成都見蜀王杜宇杜宇立以爲相杜宇號望帝自以德不
如鼈令以其國禪之號開明帝下至五代有開明尚始去帝號復稱王也死生錯而不
齊兮雖司命其不晣錯交錯也司命天神也春秋佐助期曰司命神名爲
滅黨長八尺小鼻望羊多鬚癯瘦通於命運期度晣明也協韻音之逝反竇號行於代
路兮後膺祚而繁廡竇謂孝文竇皇后也繁廡茂盛也呂太后時出宮人
以賜諸王竇姬家在清河願如趙近家遺宦者吏必置我趙伍中宦者忘之誤置代伍中姬涕泣不欲往
相彊乃行至代代王獨幸竇姬生景帝後立爲皇后景帝生十四子後至光武中興也王肆

侈於漢庭兮卒銜恤而絕緒王謂孝平王皇后莽之女也前
書聘以黃金二萬斤遣劉歆奉乘輿法駕迎后于第及莽篡位后常稱疾不朝會莽誅后自投火中而死
恤憂也詩小雅曰出則銜恤絕緒言無後也尉尨眉而郎潛兮逮三
葉而遘武尉謂都尉顏駟也尨蒼雜色也遘遇也漢武故事曰上至郎署見一老郎鬢眉
皓白問何時爲郎何其老也對曰臣姓顏名駟以文帝時爲郎文帝好文而臣好武景帝好老而臣尚少
陛下好少而臣已老是以三葉不遇也上感其言擢爲會稽都尉也董弱冠而司
袞兮設王隧而弗處董賢字聖卿哀帝時爲大司馬年二十二袞三公服
也時哀帝令爲賢起冢至尊無以加及帝崩王莽殺賢於獄中左傳曰晉侯請隧曰王章也禮記曰二十
曰弱冠也夫吉凶之相仍兮恒反側而靡所稽

後漢列傳四十九　二十七　林芳

負天以悅牛兮豎亂叔而幽主穆魯大夫叔孫豹也謚曰
穆牛謂豎牛豹之子也幽閉也大夫稱主左傳曰叔孫豹奔齊宿於庚宗遇婦人而私焉至齊夢天壓已
弗勝顧而見人號之曰牛助余乃勝之及後還魯庚宗之婦人獻以雉曰余子長矣召而見之則所夢也
遂使爲豎有寵及穆子遇疾豎牛欲亂其室曰夫子疾病不欲見人牛不進食穆子遂餓而死文斷
袪而忌伯兮閹謁賊而寧后文晉文公也袪袂也忌怨也伯
謂伯楚也謁告也賊謂呂甥郤芮等寧安也后文公也初晉獻公使寺人勃鞮伐公於蒲城公踰垣勃鞮
斬其袪及公入國呂生郤芮謀作亂伯楚知之以告公公會秦伯于王城殺呂郤伯楚勃鞮字也事見國
語也通人闇於好惡兮豈愛惑之能剖通人謂穆
子文公等闇於好惡謂初悅豎牛後以餓死始怨勃鞮終能告賊剖分也言通人尚闇於好惡況愛寵昏

惑者豈能分之嬴擿讖而戒胡兮備諸外而發內
嬴秦姓也擿猶發也謂始皇發讖云亡秦者胡乃使蒙恬北築長城以爲外備而不知胡亥竟爲趙高所
殺秦氏遂亡是發內或輦賄而違車兮孕行產而爲對
輦運也違避也車謂張車子也有夫婦夜田者天帝見而矜之問司命曰此可富乎司命曰命當貧有張
車子財可以借而與之期曰車子生急還之田者稍富及期夫婦輦其賄以逃同宿有婦人夜生子問名
於其父父曰生車間名車子其家自此之後遂大貧敝見搜神記愼竈顯於言
天兮占水火而妄誶爾雅曰誶告也左傳曰日有食之梓愼曰將水叔孫
昭子曰旱也後果大旱又曰宋衛陳鄭將火鄭大夫裨竈請瓘斝玉瓚禳火子產弗予竈曰不用吾言鄭
又將火子產曰天道遠人道邇非爾所及遂不與亦不復火也梁叟患夫黎丘

兮丁厥子而事刃親所睇而弗識兮矧幽
冥之可信梁叟梁國之老人也丁當也睇視也矧況也呂氏春秋曰梁北有黎丘鄉鄉有
丈人往市醉而歸者黎丘奇鬼效其子之狀而道苦之丈人醒譙其子曰吾爲而父我醉女道苦我何故
其子泣曰必奇鬼也丈人明日之市醉其眞子迎之丈人拔劍而刺之事音側利反前書音義曰江東人
以物揷地中爲事也毋綿攣以涬己兮思百憂以自疚
綿攣猶牽制也涬音胡鼎反衡集注云涬引也言勿牽制於俗引憂於己詩曰無思百憂秖自重兮彼
天監之孔明兮用棐忱而佑仁監視也孔甚也棐輔也忱
誠也佑助也言天之視人甚明唯輔誠信而助仁德也尚書曰天監厥德又曰天威棐忱湯蠲
體以禱祈兮蒙厖褫以拯人蠲絜也祈求也爾雅曰厖大也

褫福也帝王紀曰湯時大旱七年殷史卜曰當以人禱湯曰必以人禱吾請自當遂齋戒翦髮斷爪以己
爲牲禱於桑林之社果大雨言蒙天大福以拯救人衡集祈字作祊祊祭也褫音斯景三慮
以營國兮熒惑次於它辰景宋景公也三慮謂三善言也景公有疾
司馬子韋曰熒惑守心心宋之分野君當祭之可移於相公曰相股肱也除心腹之疾而寘之股肱可乎
曰可移於民公曰民所以爲國無民何以爲君曰可移於歲公曰歲所以養人也歲不登何以畜人乎子
韋曰君善言三熒惑必退三舍見呂氏春秋也魏顆亮以從理兮鬼亢
回以斃秦魏顆魏武子之子也亮信也左傳曰晉魏顆敗秦師於輔氏獲杜回杜回秦之
力人也初魏武子有嬖妾武子疾命顆曰必嫁是妾疾病則曰必以爲殉及卒顆嫁之曰疾病則亂吾從
其治也輔氏之役顆見老人結草以亢杜回躓而顛故獲之夜夢之曰余而所嫁婦人之父也爾用先人

治命余是以報也咎繇邁而種德兮德樹茂乎英六
尚書曰咎繇邁種德注云邁行也種布也英六並國名咎繇能行布道德子孫茂盛封於英六帝王紀皐
陶卒葬之於六禹封其少子於六以奉其祀六故城在今壽州安豐縣南也桑末寄夫
根生兮卉既彫而已毓根生謂寄生也言百草至寒皆彫落唯寄生獨
榮於桑之末本草經桑上寄生一名寄屑一名寓木一名宛童以喻咎繇封於英六餘國先滅英六獨存
也有無言而不讎兮又何往而不復言咎繇布
德行仁慶流後裔詩曰無言不讎易曰無往不復也盍遠迹以飛聲兮孰
謂時之可蓄盍何不也蓄猶待言何不遠遊以飛聲譽誰謂時之可待言易逝也
仰矯首以遥望兮魂憿惘而無疇憿惘猶憿怳也

偪區中之隘陋兮將北度而宣遊偪迫也宣徧也行
積冰之磑磑兮清泉沍而不流淮南子曰北方之極自九
澤窮大海之極有凍寒積冰雪雹霜冰之野磑音牛哀反世本云公輸作石磑說文曰磑磑霜雪之貌也
蓋古字磑與皚通沍音胡故反杜預注左傳云沍閉也寒風淒而永至兮
拂穹岫之騷騷玄武縮於殼中兮螣蛇蜿
而自糾玄武謂龜蛇也曲禮曰前朱爵而後玄武殼龜甲也爾雅曰螣螣蛇蜿屈也糾纏結
也騷騷協韻音脩糾音古由反魚矜鱗而并凌兮鳥登木而
失條矜竦也并猶聚也凌冰也音力澄反失條言寒也坐太陰之屏室
兮慨含欷而增愁太陰北方極陰之地也楚詞曰選鬼神於太陰怨
後漢列傳四十九　三十　章懷
高陽之相寓兮伷顓頊而宅幽高陽氏帝顓頊也山海經
曰東北海之外附禺之山帝顓頊與九嬪葬焉相視也寓居也伷屆也音乞鳳反宅幽謂居北方幽都之
地尚書曰宅朔方曰幽都庸織絡於四裔兮斯與彼其何
瘳庸勞也織絡猶經緯往來也瘳愈也言勞於往來四方經積冰炎火之地彼此亦何差也織或
作織絡或作駱望寒門之絕垠兮縱余緤乎不周
淮南子曰北極之山曰寒門楚辭曰踔絕垠乎寒門垠音五巾反廣雅曰垠崿也緤馬韁也音思列反不
周西北方山也垠或作限也迅飇潚其媵我兮鶩翩飄而
不禁飇風也潚疾也音肅媵送也翩飄亦疾皃也禁協韻音金趨谽閜之洞
穴兮摽通淵之磷磷谽閜深皃也谽音呼含反閜音呼加反磷音林亦深

貌也既遊四方又入地下經重陰乎寂寞兮愍墳羊之潛
深重陰地中也國語曰魯季桓子穿井獲土缶中有蟲若羊焉使問仲尼仲尼對曰土之怪曰墳
羊追慌忽於地底兮軼無形而上浮慌忽無形
貌也出右密之闇野兮不識蹊之所由右謂西方
也密山名也山海經曰西北曰密山黃帝取密山之玉策投之鍾山之陰闇幽隱也蹊路也速
燭龍令執炬兮過鍾山而中休速召也燭龍北方之神也
山海經曰西北海之外有神人面蛇身而赤其眼及晦視乃明不食不寢是燭九陰是謂燭龍炬可以照
明瞰瑤谿之赤岸兮弔祖江之見劉瑤谿瑤岸
也山海經曰鍾山之東曰瑤岸又曰鍾山其子曰鼓其狀人面而龍身是與欽䲹殺祖江于崐崘之陽䲹
後漢列傳四十九　三十一　毛仙
音邳爾雅曰劉殺也聘王母於銀臺兮羞玉芝以療飢
王母西王母也銀臺仙人所居也羞進也本草經曰白芝一名玉芝戴勝慭其既歡
兮又誚余之行遲山海經曰崐崘之丘有人戴勝虎齒有尾宂處名曰西王
母慭相傳音宜覲反杜預注左傳慭發語之音也臣賢案張揖字詁慭笑貌也嗚之別體音許近反與此
義合也載太華之玉女兮召洛浦之宓妃詩含
神霧曰太華之山上有明星玉女主持玉漿服之神仙宓妃洛水神也咸姣麗以蠱
媚兮增嫮眼而蛾眉姣好也音古巧反蠱音野謂妖麗也嫮音胡故反好
貌也楚辭曰嫮目宜笑也舒妙婧之纖腰兮揚雜錯之袿
徽婧音財性反謂妍婧也袿音圭婦人之上服爾雅曰婦人之徽謂之褵郭璞注云即今之香纓

也離朱脣而微笑兮顏的礫以遺光 的礫明也 遺光言光彩射人也 獻環琨與璵縞兮申厥好以玄黃 環琨並玉佩也白虎通曰脩道無窮即佩環能本道德即佩琨也玄黃謂繒綺也尚書曰厥篚玄黃言王女宓妃等既獻環佩又贈以繒綺也 雖色豔而賂美兮志浩蕩而不嘉 賂或作貽浩蕩廣大也言不以玉女及贈遺為美也楚辭曰怨靈脩之浩蕩 雙材悲於不納兮並詠詩而清歌 雙材謂王女宓妃也即上文所謂二女感於崇岳也 歌曰天地烟熅百卉含蘤鳴鶴交頸雎鳩相和處子懷春精魂回移 烟熅氣也易繫辭曰天地烟熅張揖字詁曰蘤古花字也處子處女也懷思也莊子曰綽約若處子詩曰有女懷春 如

何淑明忘我實多 淑善也詩曰如何如何忘我實多 將荅賦而不暇兮爰整駕而亟行 賦謂王女所歌詩也亟疾也音紀力反即上所謂冰折不營也 瞻崐崘之巍巍兮臨縈河之洋洋 山海經曰河出崐崘西北隅縈曲也爾雅曰小沚曰坻謂水中高地以龜負之可以架橋也亘猶橫度也廣雅曰無角曰螭龍也 伏靈龜以負坻兮亘螭龍之飛梁 登閬風之曾城兮搆不死而為牀 閬風山名在崐崘山上楚詞曰登閬風而紲馬淮南子曰崐崘山有曾城九重高萬一千里上有不死樹在其四今以不死木為牀也 屑瑤蕊以為糇兮斟白水以為漿 瑤瓊也楚辭曰屑瓊蘂以為粻糇糧也斟音居于反謂酌也河圖曰崐山出五色流水其白水

東南流入中國名為河也 抨巫咸以占夢兮迺貞吉之元符 抨使也音普耕反又補耕反巫咸神巫也山海經曰大荒之中有靈山巫咸巫彭巫謝等十巫衡既夢木禾令故令巫咸占之也元善也 滋令德於正中兮含嘉秀以為敷 滋茂也淮南子曰昏張中則務種穀說文曰禾嘉穀也至二月始生八月而孰得時之中故謂之禾 既垂穎而顧本兮爾要思乎故居 穎穟也本禾本也言禾既垂穟顧本人亦當思故居也淮南子曰孔子見禾三變始於粟生於苗成於穟乃歎曰我其首禾乎高誘注云禾穟向根君子不忘本也 安和靜而隨時兮姑純懿之所廬 姑且也懿美也廬猶居也 戒庶寮以夙會兮僉恭職而並迓 僉皆也迓迎也 豐隆軯其震

霆兮列缺曄其照夜 豐隆雷也軯聲也音普耕反震霆霹靂也霆音庭列缺電也曄光也 雲師䨺以交集兮涷雨沛其灑塗 雲師屏翳也䨺陰貌音徒感反爾雅曰暴雨謂之涷沛雨貌也塗協韻音徒故反楚辭曰使涷雨兮灑塵 轙琱輿而樹葩兮擾應龍以服輅 轙音魚綺反爾雅曰載轡謂之轙郭璞注云轙軛上環也轡所貫也琱以玉飾車也樹立也葩華也於車上建華蓋擾馴也廣雅曰有翼曰應龍也 百神森其備從兮屯騎羅而星布 周頌曰懷柔百神森衆皃也屯聚也 振余袂而就車兮脩劒揭以低昂 脩長也揭低昂皃也 冠嵒嵒其映蓋兮佩綝纚以煇煌 嵒音五各反一作岌並冠高皃也映蓋謂冠與車蓋相映也綝音林纚音離盛皃也

煇音胡本反光皃也僸夫儼其正策兮八乘攄而超驤八乘八龍也楚辭曰駕八龍之蜿蜿攄猶騰也氛旄溶以天旋兮蜺旌飄而飛揚氛天氣也旄羽旄也溶音勇王逸注楚辭曰溶廣大皃也蜺雌虹也撫軨軹而還睨兮心灼爍其如湯軨音零說文曰車轖間橫木也楚辭曰倚結軨兮太息軹音之是反杜子春注周禮云軹兩轊也說文云車輪小穿也還睨顧瞻也爍音鑠熱皃也言顧瞻鄉國而心熱也羡上都之赫戲兮何迷故而不忘上都謂天上也赫戲盛皃也衡既徧歷四海方欲遊於天上故云何不忘其故居而苦迷惑思之左青琱以揵芝兮右素威以司鉦青琱青文龍也揵堅也音巨偃反芝蓋也素威白武也禮記曰左青龍而右白武說文曰鉦鐃也似鈴也前

長離使拂羽兮委水衡乎玄冥長離即鳳也水衡官名主水官也玄冥水神也司馬相如大人賦曰前長離而後矞皇也屬箕伯以函風兮澂澳忽而爲清箕伯風師也函猶含也澂清也澳音宅典反忽音乃典反楚辭曰切澳忽之流俗王逸注曰澳忽垢濁也曳雲旗之離離兮鳴玉鸞之嚶嚶鸞鈴也在鑣嚶聲也音嚶楚辭曰鳴玉鸞之啾啾也涉清霄而升遐兮浮蔑蒙而上征霄雲也蔑蒙氣也蒙音莫孔反上征上於天也揚雄甘泉賦曰浮蔑蒙而撇天紛翼翼以徐戾兮焱回回其揚靈翼翼飛皃戾至也回回光皃楚辭曰皇剡剡其揚靈王逸注云揚其光靈也叫帝閽使闢扉兮覿天皇于瓊宮閽主門者天皇天帝也揚雄甘

泉賦曰選巫咸兮叫帝閽聆廣樂之九奏兮展泄泄以彤彤史記曰趙簡子曰我之帝所甚樂與百神游于鈞天廣樂九奏左傳鄭莊公賦大隧之中其樂也融融姜出賦大隧之外其樂也泄泄彤與融同也考理亂於律鈞兮意建始而思終詩序曰太平之音安以樂其政和亂世之音怨以怒其政乖律十二律也樂叶圖徵曰聖人承天以立均宋均注曰均長八尺施絃以調六律也建立也衡言聽九奏之樂考政化之得失而思其終始也惟盤逸之無斁兮懼樂往而哀來盤樂也逸縱也斁厭也音亦又音徒故反古度字也莊子曰樂未畢也哀又繼之素撫弦而餘音兮大容吟曰念哉素女也史記曰太帝使素女鼓五十絃琴大容黃帝樂師也念哉戒逸樂也既防溢而靜志兮迨

我暇以翱翔溢滿也迨及也翱翔猶遠遊也出紫宮之肅肅兮集太微之閬閬紫宮太微並星名也肅肅清也閬閬明大也命王良掌策駟兮踰高閣之鏘鏘史記曰天駟旁一星曰王良高閣閣道星也史記曰絕漢抵營室曰閣道鏘鏘高皃也建罔車之幕幕兮獵青林之芒芒罔車畢星也幕幕罔皃青林天苑也彎威弧之撥刺兮射嶓冢之封狼弧星名也易曰弧矢之利以威天下撥音方割反刺音力達反撥刺張弓皃也嶓冢山也封大也狼星名河圖曰嶓冢之精上爲狼星觀壁壘於北落兮伐河鼓之磅硠壁東壁也史記曰羽林天軍西爲壘壘旁大星爲北落牽牛北爲河鼓磅硠聲也磅音普郎反硠音郎乘天潢之汎汎

兮浮雲漢之湯湯史記曰王良旁有八星絕漢曰天潢雲漢曰天河也倚

招摇攝提以低回劉流兮察二紀五緯之

綢繆適皇招摇攝提星名也劉音居流反低回劉流回轉之皃二紀日月也五緯五星也

綢繆相次之皃也適皇行皃也偃蹇夭矯孊以連卷兮雜沓

叢顇颯以方驤孊音乎萬反卷音拳並翺翔自恣之皃也戫汨飂

戾沛以罔象兮爛漫麗靡藐以迭逿戫音一六

反汨音于筆反飂音遼沛音普蓋反並疾皃也藐小也藐音亡小反逿徒郎反凌驚雷之

硠磕兮弄狂電之淫裔硠磕電聲也硠音康磕音苦蓋反淫裔電

皃也狂疾也踰厖澒於宕冥兮貫倒景而高厲厖音

亡孔反澒胡孔反孝經援神契曰天度蒙澒宋均注云蒙澒未分之象也說文曰宕過也冥幽冥也貫穿

也前書谷永上書曰登遐倒景音義曰在日月之上日月反從下照故其景倒也厲陵厲也廓

盪盪其無涯兮乃今窮乎天外據開陽而

頫眄兮臨舊鄉之暗藹春秋運斗樞曰北斗第六星爲開陽頫音俯暗

藹遠皃也暗音烏感反悲離居之勞心兮情悁悁而思

歸說文曰悁悁憂也音於緣反詩國風曰勞心悁悁也魄眷眷而屢顧

兮馬倚輈而俳回輈轅也雖遨遊以媮樂兮

豈愁慕之可懷媮音通侯反懷安也出閶闔兮降天

塗乘颷忽兮馳虛無閶闔天門雲霏霏兮繞

余輪風眇眇兮震余旟繽聯翩兮紛暗曖

倏眩眩兮反常閭倏忽也眩音縣眩音湣疾皃也常閭故里收疇

昔之逸豫兮卷淫放之遐心謂初遊於四方天地之間以自

淫放今改悔也脩初服之娑娑兮長余珮之參參

楚辭曰退將復修吾初服王逸注云修吾初始清絜之服也娑娑衣皃參參長皃文章煥

以粲爛兮美紛紜以從風御六藝之珍駕

兮遊道德之平林以六藝爲車而駕之也以道德爲林而遊之也結

典籍而爲罟兮歐儒墨而爲禽罟網也音古儒家子思孟

軻孫卿等墨家謂墨翟胡非尹佚等玩陰陽之變化兮詠雅頌

之徽音嘉曾氏之歸耕兮慕歷陵之欽崟

琴操曰歸耕者曾子之所作也曾子事孔子十餘年晨覺眷然念二親年衰養之不備於是援琴鼓之曰

往而不反者年也不可得而再事者親也歔欷歸耕來日安所耕歷山盤乎欽崟山皃崟音吟共

夙昔而不貳兮固終始之所服也夕惕若

厲以省㥶兮懼余身之未勑也共音恭易曰君子終日乾

乾夕惕若厲惕懼也厲病也勑整也苟中情之端直兮莫吾知

而不恧恧慙也音女六反墨無爲以凝志兮與仁

義乎消揺老子曰上德無爲不出戶而知天下兮何

必歷遠以劬勞老子曰不出戶而知天下係曰天長地久

歲不留俟河之清祇懷憂系繫也老子曰天長地久左氏傳曰俟河之清人壽幾何也願得遠度以自娛上下無常窮六區六區謂四方上下也超踰騰躍絕世俗飃颻神舉逞所欲天不可階仙夫希栢舟悄悄吝不飛階外也論語曰夫子之不可及猶天之不可階而升也仙夫仙人也詩鄁風曰栢舟言仁而不遇也其詩曰汎彼栢舟亦汎其流憂心悄悄慍于羣小靜言思之不能奮飛鄭玄注云舟載度物者也今不用而與衆物汎汎然俱流水中諭仁人不用而與羣小並列悄悄憂皃也目不遇於君猶不忍奮翼而飛去吝惜也衡亦不遇其時而爲官者所譏故引以自諭也松喬高跱孰能離結精遠遊使心攜松赤松子也喬王子喬也列仙傳曰赤松子神

後漢列傳四十九　三十八　李庚

農時雨師服水玉教神農能入火自燒至崐崘山上常止西王母石室隨風上下王子喬周靈王太子晉也好吹笙作鳳鳴遊伊洛閒道士浮丘公接上嵩高山三十餘年後來於山上見栢良曰告我家七月七日待我緱氏山頭果乘白鵠住山顚望之不得到舉手謝時人數日去字林曰峙踞也謂得仙高踞也離附也攜離也回志朅來從玄諆朅去也音丘列反諆或作謀諆亦謀也音基字從其獲我所求夫何思永和初出爲河閒相河閒王名政時國王驕奢不遵典憲又多豪右共爲不軌衡下車治威嚴整法度陰知姦黨名姓一時收禽上下肅然稱爲政理視事三年上書乞骸骨徵拜尚書年六十二

永和四年卒著周官訓詁崔瑗以爲不能有異於諸儒也又欲繼孔子易說彖象殘缺者竟不能就所著詩賦銘七言靈憲應閒七辯巡誥懸圖凡三十二篇衡集作玄圖蓋玄與懸通永初中謁者僕射劉珍校書郎劉騊駼等著作東觀撰集漢記因定漢家禮儀上言請衡參論其事會並卒而衡常歎息欲終成之及爲侍中上疏請得專事東觀收撿遺文畢力補綴衡表曰臣仰幹史職敢徼官守竊貪成訓自忘頑愚願得專於

後漢列傳四十九　三十九　陳嵩

東觀畢力於紀記竭思於補闕俾有漢休烈比久長於天地並光明於日月照示萬嗣永永不朽也又條上司馬遷班固所敘與典籍不合者十餘事衡集其略曰易稱宓戲氏王天下宓戲氏沒神農氏作神農氏沒黃帝堯舜氏作史遷獨載五帝不記三皇今宜并録又一事曰帝系黃帝產青陽昌意周書曰乃命少皡清清即清陽也今宜實定之又以爲王莽本傳但應載篡事而已至於編年月紀災祥宜爲元后本紀又更始居位人無異望光武初爲其將然後即眞宜以更始之號建於光武之初書數上竟不聽及後之著述多不詳典時人追恨之

論曰崔瑗之稱平子曰數術窮天地制作侔造化（瑗撰平子碑文也）斯致可得而言歟推其圍範兩儀天地無所蘊其靈（易繫辭曰範圍天地之化王弼注云範圍天地而周備其理也謂作渾天儀也）運情機物有生不能參其智（機物謂作候地動儀等）故智思引淵微人之上術記曰德成而上藝成而下（禮記文也）量斯思也豈夫藝而已哉何德之損乎（損減也言藝不減於德一也）

贊曰三才理通人靈多蔽（三才天地人言人雖與天地通爲三才而性靈多蔽罕能知天道也）近推形筭遠抽深滯不有玄慮孰能昭晰（玄猶深也晰音制）

後漢書列傳卷第四十九

列傳卷第五十上　范曄　後漢書六十

唐章懷太子賢注

馬融　蔡邕

馬融字季長扶風茂陵人也（融集云茂陵成懽里人也）將作大匠嚴之子（嚴援兄余之子）爲人美辭貌有俊才初京兆摯恂以儒術教授隱于南山不應徵聘名重關西（三輔決録注曰恂字季直好學善屬文隱於南山之陰）融從其遊學博通經籍恂奇融才以女妻之永初二年大將軍鄧騭聞融名召爲舍人非

其好也遂不應命客於涼州武都漢陽界中會羌虜飆起邊方擾亂米穀踴貴自關以西道殣相望（左傳曰叔向云道殣相望杜注云餓死爲殣也音覲）融既飢困乃悔而歎息謂其友人曰古人有言左手據天下之圖右手刎其喉愚夫不爲（莊子曰言不以名害其生者）所以然者生貴於天下也今以曲俗咫尺之羞滅無貲之軀殆非老莊所謂也故往應騭召四年拜爲校書郎中（謝丞及續漢書並云爲校書郎又拜郎中也）詣東觀典校秘書是時

鄧太后臨朝隲兄弟輔政而俗儒世士以爲文德可興武功宜廢遂寢蒐狩之禮息戰陳之法故猾賊從橫乘此無備融乃感激以爲文武之道聖賢不墜五才之用無或可廢五才金木水火土也左傳曰宋子罕曰天生五材人並用之廢一不可誰能去兵也元初二年上廣成頌以諷諫其辭曰廣成苑在今汝州梁縣西臣聞孔子曰奢則不遜儉則固奢儉之中以禮爲界界猶限也是以蟋蟀山樞之人並刺國君諷以太康馳驅之節詩國風序曰蟋蟀刺晉僖

後漢列傳五十上　二　吴佐

公也儉不中禮其詩曰無已太康職思其居毛萇注云已甚也鄭箋云君雖當自樂亦無甚太樂欲其用禮以爲節也又序曰山有樞刺晉昭公也有才不能用其財詩曰子有車馬弗馳弗驅宛其死矣他人是愉言僖公以太康貽戒昭公以不能馳驅被譏言文武之道須折衷也樞音謳夫樂而不荒憂而不困左傳曰吴季札聘於魯魯爲之歌頌季札曰樂而不荒爲之歌衛曰憂而不困先王所以平和府藏頤養精神致之無疆韓詩外傳曰人有五藏六府何謂五藏精藏於腎神藏於心䰟藏於肝魄藏於肺志藏於脾此之謂五藏也何謂六府喉咽者量腸之府也胃者五穀之府也大腸者轉輸之府也小腸者受成之府也膽者積精之府也旁光者湊液之府也詩曰天生蒸民有物有則故戛擊鳴球戛敔也音古八反形如伏載於虞謨吉日車攻序於周詩

獸背上有二十七刻以木長尺櫟之所以止樂擊柷也象桶中有推柄連底摇之所以作樂見三禮圖球玉磬也虞謨舜典也詩小雅曰吉日維戊既伯既禱田車既好四牡孔阜又曰我車既攻我馬既同聖主賢君以增盛美豈徒爲奢淫而已哉伏見元年已來遭值厄運元年謂安帝即位年也厄運謂地震大水雨雹之類陛下戒懼災異躬自菲薄荒弃禁苑廢弛樂懸勤憂潛思十有餘年以過禮數重以皇太后體唐堯親九族篤睦之德陛下履有虞烝烝之孝外舍諸家每有憂疾聖恩普勞遣使交錯稀有曠絶時時寧息

後漢列傳五十上　三　李芳

又無以自娱樂殆非所以逢迎太和裨助萬福也臣愚以爲雖尚頗有蝗蟲今年五月以來雨露時澍祥應將至方涉冬節農事間隙宜幸廣成覽原隰觀宿麥收藏因講武校獵使寮庶百姓復覩羽旄之美聞鍾鼓之音歡嬉喜樂鼓舞疆畔孟子對齊宣王曰今王頗鼓樂於此百姓聞王鍾鼓之聲舉欣欣然有喜色而相告曰吾王庶幾無疾病歟何以能鼓樂也今王田獵於此百姓見羽旄之美欣欣有喜色而相告曰吾王庶幾無疾病歟何以能田獵也此無他與人同樂也以迎和氣招致休慶小臣螻蟻不勝區

區職在書籍謹依舊文重述蒐狩之義作頌一篇并封上淺陋鄙薄不足觀省臣聞昔命師於鞬櫜偃伯於靈臺或人嘉而稱焉鞬以藏箭櫜以藏弓鞬音紀言反櫜音高禮記孔子曰武王克殷倒載干戈包以獸皮名之曰建櫜鄭注云建讀爲鍵音其蹇反謂藏閉之也此馬鄭異義司馬法曰古者武軍三年不興則凱樂凱歌偃伯靈臺耆人之勞告不興也偃休也伯謂師節也靈臺望氣之臺也彼固未識夫雷霆之爲天常金華之作昏明也左傳鄭子太叔曰爲刑罰威獄以類天之震燿殺戮杜注曰雷霆震燿天之威也聖人作刑獄以象類之又宋子罕曰兵之設久矣所以威不軌而昭文德也聖人以興亂人以廢廢興存亡昏明之術皆兵之由也自黃炎

後漢列傳五十上　四

之前傳道罔記三五以來越可略聞且區區之酆郊猶廓七十里之囿盛春秋之苗酆周文王所都孟子曰文王之囿方七十里爾雅曰春獵爲蒐夏曰苗秋曰獮冬曰狩詩詠囿草樂奏騶虞韓詩曰東有囿草駕言行狩毛詩曰彼茁者葭一發五豝于嗟乎騶虞毛萇注云騶虞義獸也白虎黑文不食生物有至信之德則應之周禮大司樂王大射則奏騶虞是以大漢之初基也宅茲天邑揔風雨之會交陰陽之和周禮曰風雨之所會也陰陽之所和也乃建王國焉天邑謂洛陽也揆厥靈囿營于南郊揆度也詩大雅曰王在靈囿言作廣成苑以比之徒觀其坰場區宇烣胎曠蕩藐敻勿

罔寥豁鬱泱藐音眇泱音烏朗反並廣大貌騁望千里天與地莽於是周阹環瀆右矕三塗左槩嵩嶽阹音欺於反上林賦曰江河爲阹郭璞注曰因山谷遮禽獸曰阹廣雅曰矕視也音馬板反三塗山名在陸渾縣西南面據衡陰箕背王屋浸以波溠夤以滎洛衡陰衡山之北山海經曰雉山澧水出焉東曰衡山多青雘地里志云雉縣衡山澧水所出在今鄧州向城縣北王屋山在今王屋縣北周禮曰豫州其浸波溠其川滎洛水經注云溠水出黃山在今隨州棗陽縣東北又云波水出歇馬嶺即應劭所謂孤山波水所出者在今汝州魯山西北滎水在滎陽縣東是也金山石林殷起乎其中峨峨磑磑鏘鏘崔崔隆穹槃回嵎峗錯崔金山金門山也水經注云

後漢列傳五十上　五

在澠池縣南石林大石山也一名萬安山在河南郡境薄云洛陽縣南大石山中有雜樹木有祠名大石祠山高二百丈也殷音於謹反磑音五來反崔音徂回反嵎音隅峗音魚軌反並高峻皃神泉側出丹水涅池怪石浮磬燿焜于其陂爾雅曰沈泉穴出穴出側出也丹水涅水在今鄧州怪石怪異好石似玉者浮磬若泗水中石可以爲磬也燿焜光也其土毛則擢牧薦草芳茹甘荼毛草也左傳云楚芋尹無宇曰食土之毛誰非君臣擢相傳音角擢牧未詳莊子曰麋鹿食薦一曰草稠曰薦茹菜也爾雅曰荼苦菜也詩曰堇荼如飴飴亦甘也茈萁芸蒩昌本深蒲茈音紫萁音其爾雅曰綦月爾郭璞注曰即紫綦也似蕨可食芸香草也說文云似苜蓿蒩音資都反廣雅曰蕺蒩也其根似茅根可食昌本昌蒲根也深蒲謂蒲白生深水之中芝荋堇荁蘘荷

芋渠芝茈草也禮記曰芝栭菱椇茈音而堇菜花
紫葉可食而滑昔音戶官反禮記曰堇荁枌
榆鄭注云荁董類也蘘荷苗似薑根色紅紫似芙
蓉可食芋渠即芋魁也一名蹲鴟大葉根可食也桂
荏䓗葵格韭菹于爾雅曰蘇桂荏方言曰蘇亦
荏也爾雅曰茆鳧葵葉圓似
蓴生水中今俗名水葵爾雅曰茖山葱格與茖古字
通菹音子閭反即巴苴一名芭蕉于軒于也一名蕕
生於水
中矣其植物則玄林包竹藩陵蔽京珍林
嘉樹建木叢生玄猶幽也包叢生也爾雅曰大
阜曰陵絕高曰京藩亦蔽也建
木長
木也椿梧栝柏柜柳楓楊並木名也柜音矩
楊叶韻音以征反豐
彤對蔚薆頷槮爽並林木貌也對音徒對反薆
音吟槮音所金反爽叶韻音
生翕習春風含津吐榮鋪于布濩蘳扈蘳

熒惡可彈形鋪音敷蘳音以揆反郭璞注爾雅
云草木花初出爲笋與華通其字
從唯本作從荏者誤也扈音戶蘳音胡瓦反字從圭
並花葉貌本或作蘳說文云蘳黃花也廣雅曰好色
也熒光也惡
何也音烏至于陽月陰慝害作百草畢落
林衡戒田焚萊柞木爾雅曰十月爲陽孫炎注
曰純陰用事嫌於無陽故
以名云左傳曰唯正月之朔慝未作杜注云慝陰氣
也害作言陰氣肅殺害於百草也周禮曰林衡掌巡
林麓之禁今又曰牧師掌牧地凡田事贊焚萊除草
也柞音士雅反邪斫木也周禮柞氏掌攻草木及林
麓然後舉天網頓八紘揫斂九藪之動物
繯橐四野之飛征揫聚也音子由反周禮職方
氏掌九藪揚州具區荊州雲
夢豫州圃田青州孟諸兗州大野雍州弦蒲幽州貕
養冀州楊紆幷州昭余祁鄭玄注云澤無水曰藪動

物謂禽獸也繯音胡犬反又胡串反說文曰繯落也
國語曰繯於山有罕賈逵注云繯還也橐囊也音託
四野四方之野
飛征飛走也鳩之乎茲囿之中山敦雲移
羣鳴膠膠鄙駭譟讙子野聽聳離朱目眩
隸首策亂陳子籌昏鳩聚也敦音屯亦積聚
也鄙駭獸奮迅貌也鄙
音普美反駭音俟韓詩曰駓駓俟俟或羣或友眩亂
也叶韻音玄隸首黃帝時善筭者也陳子陳平善於
籌策也昏亂也言
禽獸多不可算計於時營圍恢廓充斥川谷
罦罝羅䍦彌綸阬澤皋牢陵山罦音浮雉網
也罝兔罟也
䍦彘網也音力官反並見爾雅阬音苦庚反蒼頡篇
曰阬壑也皋牢猶牢籠也孫卿子曰皋牢天下而制
之若制子孫也諸本
有作牢擱者非也校隊案部前後有屯甲乙

相伍戊己爲堅周禮司馬職曰前後有屯甲乙
謂相次也伍伍長也戊己居中
爲中
堅也乘輿乃以吉月之陽朔登于疏鏤之
金路六驌驦之玄龍建雄虹之旌夏揭鳴
鳶之修橦陽朔十月朔也疏鏤謂雕鏤也周還輿
服雜記曰玉路重較也金路玉路形制
如一六駕六馬也續漢志曰天子五路駕六馬驌驦
馬名左傳云唐成公有兩驌驦馬周禮曰馬高八尺
曰龍禮記曰孟冬乘玄輅駕鐵驪今此亦順冬氣而
乘玄也郭璞注爾雅云虹雙出色鮮盛者爲雄左傳
云舞師題以旌夏杜預注云旌夏大旌也揭舉也音
渠列反禮記曰前有塵埃則載鳴鳶鳶鳴也音緣鳴
則風動故畫之於旌旗以候埃
塵也橦者旗之竿也音直江反曳長庚之飛髾載
日月之太常棲招搖與玄弋注枉矢於天

狼長庚即太白星觱音所交反即旌旗所垂之羽毛也太常天子所建大旗也畫之日月周禮云日月爲常招搖玄弋天狼並星名也枉矢妖星蛇行有尾目赤畫於旌旗也羽毛紛其
髟䬞揚金鍐而抴玉瓖髟䬞羽旄飛揚皃也髟音必由反䬞音羊救反
蔡邕獨斷曰金鍐者馬冠也高廣各四寸在馬騣前鍐音無犯反一音子公反瓖馬帶以玉飾之音襄
屯田車於平原播同徒於高岡旍旝摻其
如林錯五色以摛光詩小雅曰我車既好又曰射夫既同言徒衆齊同也
旝亦旍也音古會反左傳曰旝動而鼓摻音所金又與森字同清氛埃埽野場
誓六師搜雋良野場謂除其草萊令得驅馳也左傳曰天子六軍雋良馬之善
者司徒勒卒司馬平行車攻馬同教達戒

通周禮曰司徒若將有軍旅會同田役之戒則受法于司馬以作其衆又曰司馬狩田以旌爲左
右和之門前後有屯百步有司巡其前後鄭注云正其士之行列詩小雅曰我車既攻我馬既同毛萇注
曰攻堅也同齊也戎事齊力尚強也田獵齊足尚疾也伐咎鼓撞華鍾獵
徒縱赴榛叢咎鼓大鼓也音公刀反周禮鼛鼓長尋有四尺徽嫿霍
奔別騖分奔騷擾聿皇往來交絣紛回
回南北東西嫿音呼獲反並奔馳貌風行雲轉匈礚隱
訇礚勃㴬闇若霧昏礚音苦盍反訇音火宏反並聲也㴬音烏董反
日月爲之籠光列宿爲之翳昧儦狡課才
勁勇程氣儦狡勇捷儦音疋妙反狗馬角逐鷹鸇競鷙

驍騎旁佐輕車橫厲相與陸梁聿皇于中
原絹猑䝞鏦特肩脰完羝攜介鮮散毛族
梏羽羣絹繫也與罥通音工犬反猑䝞野馬也爾雅曰猑䝞研善升甗猑音昆鏦猶撞也揚
雄方言曰吳楚之間或謂矛爲鏦音楚江反韓詩齊風曰並驅從兩肩兮薛君傳曰獸三歲曰肩脰頸也
謂中其頸也脰音豆完羝野羊也臣賢案字書作羦音戶官反與完通梏諸家並古酷反案字書梏從手
即古文攪字謂攪擾也然後飛鋋電激流矢雨墜各指
所質不期俱殪窴伏扔輪發作梧轉鋋矛也音
市延反周禮曰王弓以授射甲革椹質者鄭注云質正也正音征扔音人證反聲類曰扔摧也言爲輪所
摧也梧支梧也音悟謂支著車也轊車軸頭也音衞謂車軸轊而殺之祋殳狂擊頭

陷顱碎獸不得猭禽不得瞥祋亦殳也音丁外反顱額也音
盧猭走也音丑戀反瞥視也叶韻音疋例反殳音殊或夷由未殊顛狽頓
躓蝡蝡蟫蟫充衢塞隧葩華莽布不可勝
計夷由不行也楚詞曰君不行兮夷由未殊謂未死蝡音而兗反說文曰動也蟫音似林反亦動
貌也若夫鷙鳥獸毅蟲倨牙黔口大匈哨後緼
巡毆紆負隅依阻莫敢嬰禦爾雅曰駮如馬倨牙食虎豹黔
黑也周禮考工記曰大匈燿後有力而不能走鄭玄注曰燿讀曰哨哨小也音稍緼巡並行貌也緼音於
紛反孟子曰有衆逐虎虎負隅莫之敢攖攖迫也禦扞也乃使鄭叔晉婦之
徒睽孤刲刺裸裎袒裼鄭叔鄭莊公弟太叔段也詩鄭風曰大叔于田

秉乘馬襢裼暴虎獻于公所孟子曰晉人有馮婦者善搏虎攘臂下車衆皆悅之睽離也孤獨也謂挺身
剌獸剌亦剌也音苦圭反爾雅曰袒裼肉袒也孟子曰袒裼裸裎於我側說文曰裎袒也其字從衣冒
㰁柘㮰棘枳窮浚谷底幽嶰暴斤虎搏狂
兕獄䰞熊拤封狶爾雅曰㰁山桑也音一染反㮰斫也音仕雅反嶰謂山澗
也蒼頡篇曰斤大也䰞亦狂也音吉曳反說文曰兕似野牛而青色拤音刧古字通封大也狶猪也虛起
反或輕訬趬悍䖈疏婁領犯歷嵩巒陵喬
松履脩樠踔⿺走尋枝杪摽端尾蒼蜼掎玄猨
木產盡寓屬單訬輕捷也音初稍反趬音丘昭反說文曰趬行輕皃䖈疏猶搜
索也䖈音所由反字林曰婁山顛也音力于反爾雅曰山大而高曰嵩山小而高曰巒樠音莫寒反踔

跳也音勑𡙇反⿺走尋音尋謂長枝也杪音亡小反摽音必遥反並木末也蜼音以蘽反爾雅曰蜼卬鼻而長
尾郭璞注曰似獮猴而大黃黑色尾長數尺末有兩歧雨則自懸於樹以尾塞鼻零陵南康人呼之音餘
建平人呼之音相贈遺之遺也又音余救反皆土俗輕重不同耳掎音居蟻反說文曰偏引一足也木產
謂巢栖之類也寓屬謂穴居之屬也罕罔合部罾弋同曲類行並
驅星布麗屬曹伍相保各有分局罕亦網也相如上林
賦曰戴雲罕績漢志曰將軍有部部下有曲罾魚網也音增弋繳射也分音扶問反矰碆飛
流纖羅絡縸遊雉羣鷩晨鳬輩作羣然雲
起雲爾雹落矰弋矢也碆與磻同音補何反又補佐反說文曰以石著隿繳也絡縸張
羅貌也縸與幕通羣飛也音揮雲音素洽反廣雅曰雲雨也言鳥中繳如雹之落爾乃藐

觀高蹈改乘回轅泝恢方撫馮夷策句芒
超荒忽出重陽厲雲漢橫天潢藐遠也音名小反田儺既
罷故改乘回轅也左傳曰改乘轅而北之泝上也恢大也馮夷河伯也句芒東方之神也荒忽幽遠也重
陽天也雲漢天河也天潢星也導鬼區徑神場詔靈保召方
相驅厲疫走蜮祥靈保神巫也楚辭九歌曰思靈保兮賢姱周禮方相氏掌
執戈揚楯帥百隸以敺疫洪範五行傳曰蜮射人生於南越謂之短狐詩蟲魚疏曰一名射景如鼈三足
今俗謂之水弩也梢罔兩拂游光枷天狗緤墳羊梢音
所交反鄭玄注周禮曰梢除也國語曰木石之怪曰䕫罔兩游光神也兄弟八人天狗星名也春秋元命
包曰天狗主守財緤繫也音息列反墳羊土之怪其形似羊見家語然後緩節舒容

裴回安步降集波籞川衡澤虞矢魚陳罟
波籞池籞也前書音義曰籞在池中作室可用栖鳥入則捕之又曰折竹以繩綿連禁禦使人不得往來
也周禮川衡掌川澤之禁令澤虞掌國澤之政令也左傳曰魯隱公矢魚于棠矢亦陳也國語曰魯宣公
夏濫罟於泗川里革斷其罟而弃之曰古者大寒降水虞於是登川禽而嘗之於廟行諸國助宣氣也今
魚方孕又行罟貪無藝也公曰吾之過也籞音圉玆飛宿沙田開古蠱
音冶翬終葵揚關斧刊重冰撥蟄戶測潛鱗
踵介旅玆飛則佽飛也呂氏春秋曰荆人佽飛涉江中流兩蛟繞其船佽飛拔劒赴江刺蛟
殺之魯連子曰古善漁者宿沙渠子使漁山側雖十宿沙子不得魚焉宿沙非暗於漁道也彼山者非魚
之所生也晏子春秋曰公孫捷田開彊古冶子事景公以勇晏子勸景公餽之二桃曰計功而食之公孫

捷持楯而再搏乳虎若捷之功可以食桃田開彊曰
吾仗兵而卻三軍者再可以食桃古冶子曰吾嘗濟
河黿銜左驂以入砥柱之流吾逆而百步順流九里
得黿頭鶴躍而出可以食桃矣二子皆反其桃挈領
而死古冶子曰二子死之吾獨生不仁亦契領而死
蠱與冶通暈亦揮也廣雅曰終葵推也開斧斧名也
列除也踵猶尋也介謂鱗蟲之屬也椓衆也 逆獵湍瀨淬薄汾撓淪
滅潭淵左挈夔龍右提蛟鼉春獻王鮪夏
薦鼈黿 淬音蒲艮反撓奴教反並入水皃也淪滅謂沒於水中也鼉音壇鮪鱣屬也大者爲
王鮪小者爲叔鮪禮記季春之月天子始乘舟薦鮪於寢廟季夏之月令漁師取黿也 於是
流覽徧照殫變極態上下究竟山谷蕭條
原野嵺愀上無飛鳥下無走獸虞人植旍
後漢列傳五十上　十二　林俊
獵者効具車弊田罷旋入禁囿 流覽謂周流觀覽也周禮
曰植虞旌以屬禽鄭注曰植猶樹也曰上樹旗令獲者皆致其禽也又曰車弊獻禽以享礿注曰車弊車
止也嵺音力救反愀音七救反亦蕭條皃也 棲遲乎昭明之觀休息
乎高光之榭以臨乎宏池 宏大也 鎮以瑶臺
純以金堤樹以蒲柳被以緑莎瀇瀁沆漭
錯紾槃委天地虹洞固無端涯大明生東
月朔西陂 純緣也音之尹反蒲亦柳也瀇音胡廣反瀁音養沆音胡朗反漭音莽並水皃
也錯紾交結也紾音之忍反委音於危反虹洞相連也虹音胡貢反朔生也禮記曰大明生於東月生於
西鄭注云大明日也言池水廣大日月出於其中也 乃命壺涿驅水蟲逐

罔蝄滅短狐簎鯨鯢 周禮壺涿氏掌除水蟲涿音丁角反壺音公戶反罔
謂罔兩也蝄龍也短狐即蜮也簎音七亦反說文曰刺也周禮鼈人掌以時簎魚鼈龜蜃鄭衆注云簎謂
以杖刺泥中搏取之 然後方餘皇連舼舟張雲帆施蜺
幬靡颸風陵迅流發櫂歌縱水謳淫魚出
蓍蔡浮湘靈下漢女游 方猶並也餘皇吳之舼名也見左傳舼小舟也
音渠恭反淮南子曰越舼蜀艇不能無水而浮颿音凡幬帳也音直由反颸疾風也音楚疑反武帝秋風
詞曰蕭鼓鳴兮發櫂歌劉向列女傳曰津吏之女中流奏河激之歌韓詩外傳曰瓠巴鼓琴淫魚出聽淮
南子曰上有叢蓍下有伏龜論語曰臧文仲居蔡注云龜出蔡地故以爲名也湘靈舜妃溺於湘水爲湘
夫人也見楚詞漢女漢水之神詩云漢有游女 水禽鴻鵠鴛鴦鷗鷖鶬
後漢列傳五十上　十三　吳佐
鴰鸕鷀鷺鴈鷿鷉乃安斯寢戢翮其涯 鴛鴦
匹鳥也鷗白鷗也鷖鳧屬也爾雅曰鶬麋鴰今謂之鴰鹿也鴰音括鸕鷀鷀也楊孚異物志云能沒於深
水取魚而食之不生卵而孕雛於池澤閒既胎而又吐生多者生八九少生五六相連而出若絲緒焉水
鳥而巢高樹之上鷺白鷺也鷺音步歷反鷉音梯楊雄方言曰白鳧也甚小好沒水中膏可以
瑩刀劒寢宿也詩曰乃安斯寢涯水濱也 魴鱮鱏鯿鰋鯉鱨魦樂
我純德騰踊相隨雖靈沼之白鳥孟津之
躍魚方斯蔑矣 鱮音緒以魴而弱鱗鱏音徐林反口在頷下大者長七八尺鯿
音卑連反魴之類也鰋音偃今鰋額白魚鯉鱨音嘗詩魚麗曰今黃頰魚也魦音沙或作鯊郭義恭廣
志曰吹沙魚大如指沙中行詩大雅曰王在靈沼於牣魚躍鄭玄注云靈沼之水魚盈滿其中也皆以跳

躍又曰白鳥翯翯肥澤也翯音學言並得其所也
尚書中候曰武王度孟津白魚躍入于王舟中也
然猶詠歌於伶蕭載陳於方策豈不哀哉
伶樂官也詩國風序曰衛之賢者仕於伶官禮記曰
文武之道布在方策又曰百名以上書之於策不滿
百名書之於方
鄭注云方板也於是宗廟既享庖廚既充車
徒既簡器械既攻禮記曰天子歲三田一爲乾
豆二爲賓客三爲充君之庖
然後擺牲班禽淤賜犒功羣師疊伍伯校
千重山罍常滿房俎無空廣雅曰捭開也字
書擺亦捭字也音
捕買反班固西都賦曰置互擺牲頒布也淤與飫同
左傳曰加膳則飫賜犒勞也山罍畫爲山文禮記曰
山罍夏后氏之樽也又曰周以房俎鄭
玄注云房謂足下跗也有似於堂房矣酒正案隊

後漢列傳五十上　十四　陳振

膳夫巡行清醪車湊燔炙騎將鼓駭舉爵
鍾鳴既觴周禮酒正中士辯五齊之名三酒之物
膳夫上士掌王之食飲膳羞說文曰醪
汁滓酒也大雅曰或燔或炙將行也既盡
也流俗本爵字作爝觴字作暨皆誤也若乃陽
阿衰斐文之晉制闡竈華羽之南音淮南子曰
歌采菱發
陽阿禮記曰嘽諧慢易之音作而人康樂
鶡冠子曰南方萬物華羽焉故以調羽也所以洞
蕩匈臆發明耳目疏越蘊慉駭恫底伏越
散
也蘊慉猶積聚也慉與畜通恫音洞底伏猶滯伏也
呂氏春秋曰昔陰康氏之始陰多滯伏湛積故作爲
舞以宣導之此言作樂
亦以疏散滯伏之象鍠鍠鎗鎗奏于農郊大
路之衢與百姓樂之鍠鍠鎗鎗鍾鼓之聲也鍠
音橫鎗音測庚反孟子謂

齊王曰今王與百姓同其
樂則王矣農郊田野也是以明德曜乎中夏
威靈暢乎四荒東鄰浮巨海而入享西旅
越葱領而來王南徼因九譯而致貢朔狄
屬象胥而來同入享謂來助祭也孔安國注尚
書曰西旅西戎遠國也葱嶺西
域山也西河舊事曰嶺上多葱因以名焉徼塞之道
也九譯謂九重譯語而通中國也尚書大傳曰周成
王時越裳氏重九譯而貢白雉朔狄北狄也周禮象
胥掌蠻夷戎翟之國使傳王之言而諭說焉以和親
之鄭注云通夷狄之言者曰象胥其有才智者也此
類之本名東方曰寄南方曰象西方曰狄鞮北方曰
譯此官正爲象者周始有南越重譯來貢
獻是以名通言語之官爲象胥音諝蓋安不
忘危治不忘亂道在乎茲斯固帝王之所

後漢列傳五十上　十五　陳壽

以曜神武而折遐衝者也晏子春秋曰晉平
公欲攻齊使范昭
觀焉景公觴之范昭曰願請君之弃酌景公曰諾范
昭已飲晏子命徹尊更之范昭歸以報晉平公曰齊
未可伐也吾欲慙其君而晏子知之仲尼
聞之曰起於尊俎之閒而折衝千里之外方今大
漢收功於道德之林致獲於仁義之淵忽
蒐狩之禮闕槃虞之佃槃樂也虞
與娛同闇昧不覩
日月之光聾昏不聞雷霆之震于今十二
年爲日久矣亦方將刊禁臺之秘藏發天
府之官常由質要之故業率典刑之舊章
周禮八法四曰官常以聽官理天府掌祖廟之守藏
與其禁令察羣吏之理左傳云晉趙盾爲國政由質

要杜預注曰由用也質要舉券也刊音苦寒反采清原嘉歧陽登俊桀
命賢良舉淹滯拔幽荒清原地在河東聞喜縣北左傳曰晉蒐于
清原作五軍又楚椒舉曰周武有孟津之誓成有歧陽之蒐禮記月令孟夏命太尉贊傑俊遂賢良左傳
楚平王詰姦慝舉淹滯杜預注云淹滯有才德而未叙者也察淫侈之華譽
顧介特之實功聘畎畒之羣雅宗重淵之
潛龍華譽虛譽也介特謂孤介特立也畎畒謂隱於隴畝之中也司馬相如上林賦曰掩羣雅
音義云謂大雅小雅之人也潛龍喻賢人隱也乃儲精山藪歷思河澤
目矖鼎俎耳聽康衢營傅說於胥靡求伊
尹於庖廚索膠鬲於魚鹽聽甯戚於大車

矖視也音所解反鼎俎謂伊尹負鼎以干湯也孟子曰湯舉伊尹於庖廚之中康衢謂甯戚也說苑曰甯
戚飯牛於康衢擊車輻而歌碩鼠傳說代胥靡刑人築於傅巖之野高宗夢得之孟子曰膠鬲舉於魚鹽
也俾之昌言而宏議軼越三家馳騁五帝
悉覽休祥揔括羣瑞俾使也昌當也宏大也前書楊雄曰宏言崇議軼過
也三家三皇也遂棲鳳皇於高梧宿麒麟於西園
納僬僥之珍羽受王母之白環韓詩外傳曰黃帝時鳳皇
上帝東園集帝梧桐食帝竹實尚書中候曰黃帝時麒麟在園帝王紀曰堯時僬僥氏來貢沒羽西王母
慕舜之德來獻白環也永逍搖乎宇內與二儀乎無疆
貳造化於后土參神施於昊乾超特達而

無儔煥巍巍而無原論語孔子曰堯之爲君煥乎其有文章巍巍乎其有
成功豐千億之子孫歷萬載而永延詩大雅曰天錫
百祿子孫千億也禮樂既闋北轅反旆至自新城背
伊闕反洛京闕上也音苦穴反新城縣屬河南郡今伊闕縣頌奏忤鄧
氏滯於東觀十年不得調因兄子喪自劾
歸融集去時兄子在融舍物故融因是自劾而歸太后聞之怒謂
融蓄薄詔除欲仕州郡遂令禁錮之融集去時
左將奏融道兄子喪自劾而歸離署當免官制曰融典校秘書不推忠盡節而蓄薄詔除希望欲仕州郡
免官勿罪禁錮六年矣太后崩安帝親政召還郎署復

在講部出爲河間王廄長史時車駕東巡
岱宗延光三年融上東巡頌帝奇其文召拜郎
中及北鄉侯即位融移病去爲郡功曹陽
嘉二年詔舉敦樸城門校尉岑起舉融徵
詣公車對策拜議郎續漢書曰融對策於北宮端門大將軍
梁商表爲從事中郎轉武都太守時西羌
反叛征西將軍馬賢與護羌校尉胡疇征
之而稽久不進融知其將敗上疏乞自劾
曰今雜種諸羌轉相鈔盜宜及其未并亟

遣深入破其支黨而馬賢等處處留滯羌胡百里望塵千里聽聲今逃匿避回漏出其後則必侵寇三輔爲民大害臣願請賢所不可用關東兵五千裁假部隊之號盡力率厲埋根行首以先吏士（埋根言不退）三旬之中必克破之臣少習學藝不更武職猥陳此言必受誣罔之辜昔毛遂厮養爲衆所蚩終以一言克定從要（毛遂趙平原君趙勝客也居門下三年時平原將與楚合從以毛遂備二十人數其十九人相與笑之比至楚毛遂果按劒與楚定從楚立發兵救趙事見史記厮養賤人也）臣懼賢等專守一城言攻於西而羌出於東且其將士必有高克潰叛之變（左傳曰鄭使高克率師次於河上久而不召師潰而歸高克奔陳）朝廷不能用又陳星孛參畢參西方之宿畢爲邊兵至於分野并州是也（參在申爲晉分并州之地）西戎北狄殆將起乎宜備二方尋而隴西羌反烏桓寇上郡皆卒如融言三遷桓帝時爲南郡太守先是融有事忤大將軍梁冀旨冀諷有司奏融在郡貪濁免官髡徙朔方自刺不殊

得赦還復拜議郎重在東觀著述以病去官融才高博洽爲世通儒教養諸生常有千數涿郡盧植北海鄭玄皆其徒也善鼓琴好吹笛達生任性不拘儒者之節居宇器服多存侈飾常坐高堂施絳紗帳前授生徒後列女樂弟子以次相傳鮮有入其室者嘗欲訓左氏春秋及見賈逵鄭衆注乃曰賈君精而不博鄭君博而不精既精既博吾何加焉但著三傳異同說注孝經論語詩易三禮尚書列女傳老子淮南子離騷所著賦頌碑誄書記表奏七言琴歌對策遺令凡二十一篇初融懲於鄧氏不敢復違忤埶家遂爲梁冀草奏李固又作大將軍西第頌以此頗爲正直所羞年八十八延熹九年卒于家遺令薄葬族孫日磾獻帝時位至太傅（三輔決錄注曰磾字翁叔）

論曰馬融辭命鄧氏逡巡隴漢之閒將有意於居貞乎（隴漢之間謂客於漢陽時易屯卦初九曰磐桓利居貞）旣而

著曲士之節惜不貲之軀莊子曰曲士不可語於道者束於教也終以奢樂恣性黨附成譏固知識能匡欲者鮮矣識性也匡正也夫事苦則矜全之情薄生厚故安存之慮深老子曰人之輕死者以其求生之厚也是以輕死登高不懼者胥靡之人也前書音義曰胥相也靡隨也謂相隨受刑之人也莊子曰胥靡登高也不懼遺死生也此爲矜全之情薄也坐不垂堂者千金之子也前書鼂錯曰千金之子坐不垂堂此爲安存之慮深也原其大略歸於所安而已矣物我異觀亦更相笑也

後漢書列傳卷第五十上

列傳第五十卷下 范曄 後漢書六十

唐章懷太子賢注

蔡邕

蔡邕字伯喈陳留圉人也圉縣故城在今汴州陳留縣東南六世祖勳謝承書曰勳字君嚴好黃老平帝時爲郿令王莽初授以厭戎連率王莽改隴西郡曰厭戎郡守曰連率勳對印綬仰天歎曰吾策名漢室死歸其正昔曾子不受季孫之賜況可事二姓哉禮記曰曾子有疾童子曰華而睆大夫之簀歟曾子曰然斯季孫之賜也我未之能易也元起易簀曾元曰幸而至於旦請敬易之曾子曰爾之愛我也不如彼也君子之愛人也以德細人之愛人也以姑息吾何求哉吾得正而斃焉斯已矣舉扶而易之反席未安而沒言雖臨死不失正道也遂攜將家屬逃入深山與鮑宣卓茂等同不仕新室父棱亦有清白行謚曰貞定公邕祖攜碑云攜字叔業有周之胄昔蔡叔沒成王命其子仲使踐諸侯之位以國氏姓君其後也君曾祖父勳哀帝時以孝廉爲長安部長及君之身增修厥德順帝時以司空高弟遷新蔡長年七十九卒長子棱字伯直處俗孤黨不偏于時垂翼華髮人爵不外年五十三卒謚法曰清白守節曰貞純行不差曰定邕性篤孝母常滯病三年邕自非寒暑節變未嘗解襟帶不寢寐者七旬母卒廬于冢側動靜以禮

有菟馴擾其室傍又木生連理遠近奇之
多往觀焉與叔父從弟同居三世不分財
鄉黨高其義少博學師事太傅胡廣好辭
章數術天文妙操音律桓帝時中常侍徐
璜左悺等五侯擅恣聞邕善鼓琴遂白天
子勑陳留太守督促發遣邕不得已行到
偃師稱疾而歸閑居翫古不交當世感東
方客難及楊雄班固崔駰之徒設疑以自
通（楊雄作解嘲班固作荅賓戲崔駰作達旨）乃斟酌羣言韙其是

而矯其非（韙亦是也）作釋誨以戒厲云爾有務
世公子誨於華顛胡老曰（顛頂也華顛謂白首也新序齊宣王對閭
丘卬曰士亦華髮墮顛而後可用耳左傳宋司馬子
魚曰雖及胡耇獲則取之杜預注曰胡耇元老之稱）
蓋聞聖人之大寶曰位故以仁守位以財
聚人（易曰聖人之大寶曰位何以守位曰仁何以聚人曰財也）然則有位斯
貴有財斯富行義達道士之司也故伊摯
有負鼎之衒仲尼設執鞭之言（摯伊尹名也史記曰伊尹
欲干湯而無由乃為有莘媵臣負鼎俎以滋味說湯
致於王道衒自媒衒也論語孔子曰行義以達其道
又曰富而可求雖執鞭之士吾亦為之
周禮條狼氏下士八人執鞭以趨辟道也）甯子有清

商之歌百里有豢牛之事（淮南子曰甯戚欲干齊桓公窮困無
以自達於是為商旅將車以適於齊暮宿於郭門飯
牛車下望見桓公乃擊牛角而商歌桓公聞之曰異
哉歌者非常人也命後車載之三齊記載其歌曰南
山矸白石爛生不遭堯與舜禪短布單衣適至骭從
昏飯牛薄夜半長夜漫漫何時旦公悅之以為大夫
矸音岸骭音戶諫反百里奚虞大夫也史記趙良曰
百里奚自鬻於秦衣褐食牛朞年而後穆
公知之舉之牛口之下說文曰豢養也）夫如是
則聖哲之通趣古人之明志也夫子生清
穆之世稟醇和之靈覃思典籍韞櫝六經
安貧樂賤與世無營沈精重淵抗志高冥
包括無外綜析無形其已久矣曾不能拔

萃出羣揚芳飛文（孟子曰若仲尼者拔乎其萃出乎其類）登天庭
序彝倫埽六合之穢慝清宇宙之埃塵連
光芒於白日屬炎氣於景雲（瑞應圖曰景雲者太平之應也
一曰慶雲也）時逝歲暮默而無聞小子惑焉是
以有云方今聖上寬明輔弼賢知崇英逸
偉不墜於地德弘者建宰相而裂土才羨
者荷榮祿而蒙賜（羨音以戰反本或作美）盍亦回塗要
至俛仰取容（回曲也要音一遙反言履直道則不能有所至也）輯當世
之利定不拔之功榮家宗於此時遺不滅

之今蹤遺猶留也夫獨未之思邪何爲守彼而不通此彼謂貧賤此謂榮祿胡老傲然而笑曰若公子所謂覩曖昧之利而忘昭晢之害專必成之功而忽蹉跌之敗者已公子謏爾歛袂而興曰胡爲其然也謏然歛之皃音所六反胡老曰居吾將釋汝居猶坐也釋解也昔自太極君臣始基太極天地之始也易曰易有太極是生兩儀有羲皇之洪寧唐虞之至時洪大也三代之隆亦有緝熙五伯扶微勤而撫之于斯已降天綱縱人紘弛王塗

後漢列傳五十下　四　庚伸

壞太極阤賈逵注國語曰小崩曰阤君臣土崩上下瓦解淮南子曰武王伐紂左操黃鉞右執白旄而麾之則瓦解而走遂土崩而下於是智者騁詐辯者馳說武夫奮略戰士講銳講習也電駭風馳霧散雲披變詐乖詭以合時宜或畫一策而綰萬金或談崇朝而錫瑞珪戰國策曰秦昭王見頓弱頓弱曰韓天下之咽喉也魏天下之匈臆也王資臣萬金而游之天下可圖也秦王曰善乃資萬金使東遊韓魏入其將相北游燕趙而殺李牧齊王入朝四國畢從頓子說之也史記曰虞卿說趙孝成王一見賜黃金百溢再見賜白璧一雙連衡者六印磊落合從者騈組流離連衡謂張儀合從謂蘇秦並佩六國之印騈並也組綬也流離

光皃卓縣隆貴翕習積富無崖據巧蹈機以忘其危夫華離蔕而萎條去幹而枯女治容而淫士背道而辜人毀其滿神疾其邪利端始萌害漸亦牙速速方轂夭夭是加詩小雅曰速速方轂夭夭是椓毛萇注云速速陋也鄭玄注云轂祿也言鄙陋小人將貴而得祿也夭殺也椓破之也韓詩亦同此作轂者蓋謂小人乘寵方轂而行方猶並也欲豐其屋乃蔀其家易豐卦上六曰豐其屋蔀其家王弼注云蔀覆也屋厚覆闇之甚也蔀音部是故天地否閉聖哲潛形易文言曰天地閉賢人隱石門守晨沮溺耦耕論語曰子路宿於石門晨門曰奚自子路曰自孔氏鄭玄注云石門魯城外門

四九三　後漢列傳五十下　五　金慶

也晨門主晨夜開閉者又曰長沮桀溺耦而耕並隱遁人也顏歜抱璞蘧瑗保生戰國策齊宣王謂顏歜曰願先生與寡人遊顏歜辭曰玉生於山制則毀焉非不寶也然失璞不完士生鄙野選而祿焉非不貴也而形神不全歜願得晚食以當肉安步以當車無罪以當貴清靜以自娛知足矣歸反於樸則終身不辱論語孔子曰蘧伯玉邦有道則仕邦無道則可卷而懷之此爲保其生也齊人歸樂孔子斯征雍渠驂乘逝而遺輕論語曰齊人饋女樂季桓子受之三日不朝孔子行史記曰衛靈公與夫人同車宦者雍渠參乘孔子曰吾未見好德如好色者也於是醜之去衛適曹遺輕謂若弃輕細之物而去言惡之甚也夫豈傲主而背國乎道不可以傾也且我聞之日南至則黃鍾應融風動而魚上冰

蕤賓統則微陰萌蒹葭蒼而白露凝月令仲冬
律中黃鍾融風艮之風也月令孟春東風解凍魚上
冰又仲夏之月律中蕤賓微陰謂一陰爻生也詩秦
風曰蒹葭蒼蒼白露爲霜
爾雅曰蒹薕也葭蘆也寒暑相推陰陽代興
運極則化理亂相承今大漢紹陶唐之洪
烈盪四海之殘灾隆隱天之高拆絙地之
基絙音古鄧反絙與亘同皇道惟融帝猷顯丕泜泜
庶類合甘吮滋泜泜齊兒檢六合之羣品濟之
乎雍熙羣僚恭已於職司聖主垂拱乎兩
楹君臣穆穆守之以平濟濟多士端委縉

綎端委禮衣也左傳曰太伯端委以持周禮說文曰縉赤白色也綎系綬也音它丁反鴻漸
盈階振鷺充庭易曰鴻漸于陸鴻水鳥也漸出於陸喻君子仕進於朝詩曰振振鷺鷺于下注云鷺白鳥也喻絜白之士羣集君之朝也譬猶鍾山之玉
泗濱之石累珪璧不爲之盈採浮磬不爲
之索山海經曰黃帝取密山之玉榮投之鍾山之陽尚書曰泗濱浮磬注云水中見石可以爲磬言鍾山多玉泗水多石喻漢多賢人索盡也音所格反曩者洪源辟而四
隩集武功定而干戈戢獫狁攘而吉甫宴
城濮捷而晉凱入辟開也音頻亦反謂禹理洪水而開道之尚書曰四隩既宅隩居也音於六反武功定謂武王伐紂詩周頌曰載戢干戈詩小雅曰薄伐獫狁至于太原吉甫燕喜

既多受祉鄭玄注曰吉甫既伐獫狁而歸天子以燕禮樂之也左傳晉與楚戰於城濮楚師敗績故晉凱樂而歸也故當其有事也則蓑笠並載擐甲揚
鋒不給於務蓑音素和反詩小雅曰何蓑何笠毛萇注云荷揭也蓑所以備雨笠所以禦暑擐貫也當其無事也則舒紳緩佩鳴玉以
步綽有餘裕夫世臣門子㬜御之族詩小雅曰曾我㬜御毛萇注云㬜御侍御也天隆其祐主豐其禄抱膺從
容爵位自從攝須理髯餘官委貴其取進
也順傾轉圓不足以喻其便逡巡放屣不
足以況其易夫有逸羣之才人人有優贍

之智童子不問疑於老成瞳矇不稽謀於
先生心恬澹於守高意無爲於持盈老子曰持而盈之不如其已河上公注云持滿必傾不如止也粲乎煌煌莫非華榮明
哲泊焉不失所寧泊猶靜也狂淫振蕩乃亂其
情貪夫殉財夸者死權賈誼服鳥賦之文也言夸華者必死於權埶也
瞻仰此事體躁心煩闇謙盈之効迷損益
之數易曰天道虧盈而益謙又曰損益盈虛與時偕行王弼注云自然之質各定其分短者不爲不足長者不爲有餘損益將何加焉騁騖駘於脩路慕騏驥
而增驅卑俯乎外戚之門乞助乎近貴之

譽榮顯未副從而顛踣踣音步北反協韻音赴下獲熏胥之辜高受滅家之誅詩小雅曰若此無罪勳胥以痛勳帥也胥相也痛病也言此無罪之人而使有罪者相帥而病之是其大甚見韓詩前書曰史遷薰胥以刑音義云謂相薰蒸得罪也誅協韻音丁注反前車已覆襲軌而騖曾不鑒禍以知畏懼予惟悼哉害其若是害何也音曷天高地厚跼而蹐之詩小雅曰謂天蓋高不敢不跼謂地蓋厚不敢不蹐怨豈在明患生不思戰戰兢兢必慎厥尤且用之則行聖訓也舍之則藏至順也論語孔子曰用則行捨則藏故言聖訓也夫九河盈溢非一凷所防九河

謂河水分爲九道爾雅曰徒駭太史馬頰覆釜胡蘇簡絜鉤般鬲津是謂九河也帶甲百萬非一勇所抗協韻音苦郎反今子責匹夫以清宇宙庸可以水旱而累堯湯乎懼煙炎之毀熸何光芒之敢揚哉煙炎煙火之微細者言常懼微細以致毀滅杜預注左傳曰吳楚之間謂火滅爲熸音子廉反炎音焰且夫地將震而樞星直井無景則日陰食晏子見伯常騫問曰昔吾見維星絕樞星散地其動乎見晏子春秋陰食謂不顯食也凡日陰食則井無影也元首寬則望舒朓侯王肅則月側匿望舒月也尚書大傳曰晦而月見西方謂之朓朔而月見東方謂之側匿側匿則侯王肅朓則侯王舒注肅急也舒緩也是以君子推微達著尋端見緒履霜知冰踐露知暑時行則行時止則止消息盈沖取諸天紀易坤文言曰履霜堅冰至艮卦曰時行則行時止則止豐卦曰天地盈虛與時消息利用遭泰可與處否樂天知命持神任己羣車方奔乎險路安能與之齊軌思危難而自豫故在賤而不恥方將騁馳乎典籍之崇塗休息乎仁義之淵藪前書司馬相如曰游于六藝之囿馳騖乎仁義之塗班固曰肴覈仁義之林藪也槃旋乎周孔之庭宇揖儒墨而與爲友舒之足以光四表收之則莫能知其所

有若乃丁千載之運應神靈之符闓閶闔乘天衢擁華蓋而奉皇樞古今注曰華蓋黃帝所作也與蚩尤戰于涿鹿之野常有五色雲氣金枝玉葉因而作華蓋納玄策於聖德宣太平於中區計合謀從己之圖也勳績不立予之辜也龜鳳山翳霧露不除踊躍草萊祇見其愚不我知者將謂之迂龜鳳喻賢人霧露喻昏闇也迂曲也脩業思眞弃此焉如靜以俟命不斁不渝斁厭也渝變也百歲之後歸乎其居詩晉風也毛萇注云居墳墓也幸其獲稱天所誘也謂小人妄得稱舉者天之所誘後必遇害

也罕漫而已非己咎也罕漫猶無所知聞也非君子之咎也昔伯
翳綜聲於鳥語葛盧辯音於鳴牛董父受
氏於豢龍奚仲供德於衡轄伯翳即秦之先伯益也能與鳥
語見史記葛盧東夷介國之君也介葛盧聘於魯聞牛鳴曰是生三犧皆用之矣問之如其言晉太史蔡
墨曰昔有董父實甚好龍能求嗜欲以飲食之以服事帝舜帝賜姓曰董氏曰豢龍並見左傳奚仲薛之
祖也世本曰奚仲作車衡軛也轄轄也倕氏興政於巧工造父登
御於驊騮非子享土於善圉狼瞫取右以
禽囚倕舜之巧人也見尚書造父者秦之先也爲周穆王御驊騮騄耳之乘非子亦秦之先善
養馬周孝王使主馬於汧渭之閒馬大蕃息分土爲附庸邑之於秦並見史記圉養馬人也見周禮左傳

後漢列傳五十下　十　陳伸

曰戰於殽晉襄公縛秦囚使萊駒以戈斬之囚呼萊駒失戈狼瞫取戈斬之遂以爲車右瞫音舒飪反
弓父畢精於筋角佽非明勇於赴流壽王
創基於格五東方要幸於談優弓父弓工也闕子曰宋景
公使弓工爲弓九年來見公公曰爲弓亦遲矣對曰臣精盡於弓矣獻弓而歸三日而死公張弓東向而
射矢踰西霜之山集彭城之東其餘力逸勁飲羽於石梁呂氏春秋曰荊人佽飛入江斬蛟前書武帝時
吾丘壽王字子贛以善格五待制格五今之簺也東方朔以善談笑俳優得幸班固曰朔應諧似優杜預
注左傳曰優調戲也上官効力於執蓋弘羊據相於運
籌僕不能參跡於若人故抱璞而優遊前書
上官桀武帝時爲期門郎從上甘泉大風車不得行解蓋授桀雖底蓋常屬車桀弘羊洛陽賈人也以能

心計爲侍中於是公子仰首降階忸怩而避忸怩心慙也忸
音女六反怩音尼胡老乃揚衡含笑援琴而歌衡眉目之閒也
歌曰練余心兮浸太清滌穢濁兮存正靈
和液暢兮神氣寧情志泊兮心亭亭嗜欲
息兮無由生踔宇宙而遺俗兮眇翩翩而
獨征太清謂天也和液謂和氣靈液也亭亭孤峻之皃踔猶越也音丑教反建寧
三年辟司徒橋玄府玄甚敬待之出補河
平長召拜郎中校書東觀遷議郎邕以經
籍去聖久遠文字多謬俗儒穿鑿疑誤後

大二百廿三小二百十七　後漢列傳五十下　十一　王得

學熹平四年乃與五官中郎將堂谿典光
祿大夫楊賜諫議大夫馬日磾議郎張馴
韓說太史令單颺等堂谿姓也先賢行狀曰典字子度潁川人爲西鄂長
奏求正定六經文字靈帝許之邕乃自書
冊於碑使工鐫刻立於太學門外洛陽記曰太學在洛
城南開陽門外講堂長十丈廣二丈堂前石經四部本碑凡四十六枚西行尚書周易公羊傳十六碑存
十二碑毀南行禮記十五碑悉崩壞東行論語三碑二碑毀禮記碑上有諫議大夫馬日磾議郎蔡邕名
於是後儒晚學咸取正焉及碑始立其觀
視及摹寫者車乘日千餘兩塡塞街陌初

朝議以州郡相黨人情比周乃制婚姻之
家及兩州人士不得對相監臨至是復有
三互法（三互謂婚姻之家及兩州人不得交互爲官也謝承書曰史弼遷山陽太守其妻鉅野薛氏女以三互自上轉拜平原相是也）禁忌轉密選用艱難幽冀
二州久缺不補邕上疏曰伏見幽冀舊壤
鎧馬所出（鎧甲也周禮考工記曰燕無函函亦甲也言幽燕之地家家皆能爲函故無函匠也左傳曰冀之北土馬之所生）比年兵飢漸至空耗今者百
姓虛縣萬里蕭條（縣音玄）闕職經時吏人延
屬而三府選舉踰月不定臣經怪其事而

後漢列傳五十下　十二　康敘

論者云避三互十一州有禁當取二州而
已又二州之士或復限以歲月狐疑遲淹
以失事會愚以爲三互之禁禁之薄者今
但申以威靈明其憲令在任之人豈不戒
懼而當坐設三互自生留閡邪昔韓安國
起自徒中朱買臣出於幽賤並以才宜還
守本邦（前書安國字長孺梁人坐法抵罪居無幾天子使使者拜安國爲梁內史起徒中爲二千石買臣字翁子吳人家貧負薪賣以給食歌謳道中後拜會稽太守）又張敞亡命
擢授劇州豈復顧循三互繼以末制乎（前書

敞字子高河東人也爲京兆尹坐與楊惲厚善制免爲庶人從闕下亡命數月冀州部有大賊天子思敞功使使者召拜爲冀州刺史）三公明知二州之要所宜速
定當越禁取能以救時敝而不顧爭臣之
義苟避輕微之科選用稽滯以失其人臣
願陛下上則先帝蠲除近禁其諸州刺史
器用可換者無拘日月三互以差厥中書
奏不省初帝好學自造皇羲篇五十章因
引諸生能爲文賦者本頗以經學相招後
諸爲尺牘及工書鳥篆者皆加引召遂至

後漢列傳五十下　十三　張宗

數十人（說文曰牘書板也長一尺藝文志曰六體者古文奇字篆書隸書繆篆蟲書音義曰古文謂孔子壁中書也奇字即古文而異者也篆書謂小篆蓋秦始皇使程邈所作也隸書亦程邈所獻主於徒隸從簡易也繆篆謂其文屈曲纏繞所以摹印章也蟲書謂爲蟲鳥之形所以書幡信也）侍
中祭酒樂松賈護多引無行趣埶之徒並
待制鴻都門下憙陳方俗閭里小事帝甚
悅之待以不次之位又市賈小民爲宣陵
孝子者復數十人悉除爲郎中太子舍人
時頻有雷霆疾風傷樹拔木地震隕雹蝗
蟲之害又鮮卑犯境役賦及民六年七月

制書引咎誥羣臣各陳政要所當施行邑上封事曰臣伏讀聖旨雖周成遇風訊諸執事宣王遭旱密勿祗畏無以或加尚書金縢曰秋大熟未穫天大雷電以風王乃問諸史百執事詩大雅雲漢篇序曰宣王遇旱側身脩行欲消去之故大夫仍叔作雲漢之詩以美之密勿祗畏言勤勞戒懼也臣聞天降災異緣象而至辟歷數發辟音普歷反史記曰霹靂陽氣之動也殆刑誅繁多之所生也風者天之號令所以教人也翼氏風角曰風者天之號令所以譴告人君者夫昭事上帝則自懷多福詩大雅曰昭事上帝聿懷多福聿遂也懷來也宗廟致敬則鬼神

後漢列傳五十下　十四　李昇

以著國之大事實先祀典左傳曰國之大事在祀與戎天子聖躬所當恭事臣自在宰府及備朱衣宰府謂司徒橋玄府也朱衣謂祭官也漢官儀曰漢家赤行齋者絳衣纁襟音文伐反迎氣五郊而車駕稀出四時至敬屢委有司雖有解除猶爲疎廢解除謂謝過也故皇天不悅顯此諸異洪範傳曰政悖德隱厥風發屋折木坤爲地道易稱安貞易坤文言曰地道也妻道也其彖曰安貞之吉應地無疆陰氣憤盛則當靜反動法爲下叛夫權不在上則雹傷物政有苛暴則虎狼食人貪利傷民則蝗蟲損稼去六月二十八日太白與月相迫兵事惡之鮮卑犯塞所從來遠今之出師未見其利上逆天文下逆人事誠當博覽衆議從其安者臣不勝憤滿謹條宜所施行七事表左表左謂陳之於表左也猶今云如左如右一事明堂月令天子以四立及季夏之節迎五帝於郊天子居明堂各依其月布政故云明堂月令四立謂立春立夏立秋立冬各以其日天子親迎氣於其方并祭其方之帝季夏之末祭中央帝也所以導致神氣祈福豐年清廟祭祀追往孝敬養老辟

後漢列傳五十下　十五　陳震

雍示人禮化皆帝者之大業祖宗所祗奉也而有司數以蕃國疎喪宮內產生及吏卒小汗屢生忌故小汗謂病及死也竊見南郊齋戒未嘗有廢至於它祀輒興異議豈南郊卑而它祀尊哉孝元皇帝策書曰禮之至敬莫重於祭所以竭心親奉以致肅祗者也又元和故事復申先典章帝元和二年制曰山川百神應典禮者尚未咸秩其議脩羣祀以祈豐年又宗祀五帝于汶上明堂三年望祀華霍東柴岱宗爲人祈福前後制書推心懇惻而近者以來更任太史忘

禮敬之大任禁忌之書拘信小故以虧大典禮妻妾産者齋則不入側室之門無廢祭之文也禮記曰妻將生子及月辰居側室夫使人日再問之夫齋則不入側室之門也所謂宮中有卒三月不祭者謂士庶人數堵之室共處其中耳儀禮曰有死於宮中者則爲之三月不舉祭豈謂皇居之曠臣妾之衆哉自今齋制宜如故典庶答風霆災妖之異

二事臣聞國之將興至言數聞内知己政外見民情是故先帝雖有聖明之姿而猶廣求得失又因災異援引幽隱重賢良方正敦朴有道之選危言極諫不絶於朝陛下親政以來頻年災異而未聞特舉博選之旨誠當思省述脩舊事使抱忠之臣展其狂直以解易傳政悖德隱之言

三事夫求賢之道未必一塗或以德顯或以言揚頃者立朝之士曾不以忠信見賞恒被謗訕之誅遂使羣下結口莫圖正辭郎中張文前獨盡狂言聖聽納受以責三

後漢列傳五十下　十六　李權

司臣子曠然衆庶解悅漢名臣奏張文上疏其略曰春秋義曰螟者貪擾之氣所生天意若曰貪狼之人蠶食百姓若螟食禾稼而擾萬民觸蠹人者象暴政若觸而齧人京房易傳曰小人不義而反尊榮則虎食人辟歷殺人亦象暴政妄有喜怒政以賄成刑放於寵推類叙意探指求原皆象羣下貪狼威教妄施或若螟蟲宜勅正衆邪清審選擧退屛貪暴魯僖公小國諸侯勅政脩己斥退邪臣尚獲其報六月甚雨之應豈況萬乘之主脩善求賢宜擧敦朴以輔善政陛下體堯舜之聖秉獨見之明恢太平之業敦經好學流布遠近可留須臾神慮則可致太平招休徵矣制曰下太尉司徒司空夫瑞不虛年災必有緣朕以不德秉統未明以招祅僞將何以昭顯憲法哉三司任政者也所當夙夜而各拱默訖未有聞將何以奉答天意救寧我人其各悉心思所崇改務消復之術稱朕意焉臣愚以爲宜擢文右職以勸忠謇右用事之便謂樞要之官宣聲海内博開政路

四事夫司隸校尉諸州刺史所以督察姦枉分别白黑者也伏見幽州刺史楊憙益州刺史龐芝涼州刺史劉虔各有奉公疾姦之心憙等所糾其効尤多餘皆枉橈不能稱職或有抱罪懷瑕與下同疾綱網弛縱莫相舉察公府臺閣亦復默然五年制書議遣八使又令三公謡言奏事漢官儀曰三公聽採長吏臧否人所疾苦條奏之是爲舉謡言者也是時奉公者欣然得志

後漢列傳五十下　十七　章學

邪枉者憂悸失色未詳斯議所因寢息昔劉向奏曰夫執狐疑之計者開羣枉之門養不斷之慮者來讒邪之口（語見前書）今始聞善政旋復變易足令海内測度朝政宜追定八使糾舉非法更選忠清平章賞罰（平和也章明也）三公歲盡差其殿最使吏知奉公之福營私之禍則衆災之原庶可塞矣

五事臣聞古者取士必使諸侯歲貢（尚書大傳曰古者諸侯之於天子三年一貢士一適謂之攸好德再適謂之賢賢三適謂之有功注云適猶得也）

〈後漢列傳五十下〉 十八

孝武之世郡舉孝廉又有賢良文學之選於是名臣輩出文武並興漢之得人數路而已（數路謂孝廉賢良文學之類也）夫書畫辭賦才之小者匡國理政未有其能陛下即位之初先涉經術聽政餘日觀省篇章聊以游意當代博弈非以教化取士之本而諸生競利作者鼎沸其高者頗引經訓風喻之言下則連偶俗語有類俳優或竊成文虛冒名氏臣每受詔於盛化門差次録弟其未及者亦復隨輩皆見拜擢既加之恩難復收改但守奉禄於義已弘不可復使理人及仕州郡昔孝宣會諸儒於石渠章帝集學士於白虎通經釋義其事優大文武之道所宜從之若乃小能小善雖有可觀孔子以爲致遠則泥君子故當志其大者（論語子夏曰雖小道必有可觀者焉致遠恐泥鄭玄注云小道如今諸子書也泥謂滯陷不通此邕以爲孔子之言當別有所據也）

六事墨綬長吏職典理人（漢官儀曰秩六百石銅章墨綬也）

〈後漢列傳五十下〉 十九

皆當以惠利爲績日月爲勞褒責之科所宜分明而今在任無復能省及其還者多召拜議郎郎中若器用優美不宜處之冗散如有釁故自當極其刑誅豈有伏罪懼考反求遷轉更相放效臧否無章先帝舊典未常有此可皆斷絶以覈真偽

七事伏見前一切以宣陵孝子者爲太子舍人臣聞孝文皇帝制喪服三十六日雖繼體之君父子至親公卿列臣受恩之重

皆屈情從制不敢踰越今虛僞小人本非骨肉既無幸私之恩又無祿仕之實惻隱思慕情何緣生而羣聚山陵假名稱孝行不隱心義無所依至有蕤軌之人通容其中恒思皇后祖載之時（周禮曰喪祝掌大喪及祖飾棺及載遂御之鄭玄云祖謂將葬祖祭於庭載謂升柩於車也）東郡有盜人妻者亡在孝中本縣追捕乃伏其辜虛僞雜穢難得勝言又前至得拜後輩被遺或經年陵次以暫歸見漏或以人自代亦蒙寵榮爭訟怨恨凶凶道路太子官屬宜搜選令德豈有但取丘墓凶醜之人其爲不祥莫與大焉宜遣歸田里以明詐僞書奏帝乃親迎氣北郊及行辟雍之禮又詔宣陵孝子爲舍人者悉改爲丞尉焉光和元年遂置鴻都門學畫孔子及七十二弟子像其諸生皆勑州郡三公舉用辟召或出爲刺史太守入爲尚書侍中乃有封侯賜爵者士君子皆恥與爲列焉時妖異數見人相驚擾

其年七月詔召邕與光祿大夫楊賜諫議大夫馬日磾議郎張華太史令單颺詣金商門引入崇德殿（洛陽記曰南宮有崇德殿太極殿西有金商門也）使中常侍曹節王甫就問災異及消改變故所宜施行邕悉心以對事在五行天文志（其志今亡續漢志曰光和元年詔問曰連年蝗蟲其咎焉在邕對曰易傳云大作不時天降災厥咎蝗蟲來河圖秘徵篇曰帝貪則政暴吏酷則誅慘生蝗蟲貪苛之所致也又南宮侍中寺雌雞欲化爲雄一身毛皆似雄但頭冠尚未變詔以問邕對曰貌之不恭則有雞禍宣帝黃龍元年未央宮雌雞化爲雄不鳴無距是歲元年初即位將立王皇后至初元元年丞相史家雌雞化爲雄距而鳴將是后父禁爲平陽侯女立爲后至哀帝晏駕后攝政王莽以后兄子爲大司馬由是爲亂臣竊推之頭爲元首人君之象今雞一身已變未至於頭而止是將有其事而不遂成之象也若應之不精政無所改頭冠或成爲患滋大也）又特詔問曰比災變互生未知厥咎朝廷焦心載懷恐懼每訪羣公卿士庶聞忠言而各存括囊莫肯盡心（括結也括囊閉口而不言易曰括囊无咎王弼注云）以邕經學深奧故密特稽問宜披露失得指陳政要勿有依違自生疑諱具對經術以皁囊封上（漢官儀曰凡章表皆啓封其言密事得皁囊也）邕對曰臣伏惟陛下聖德允明深悼災咎褒

臣未學特乖訪及非臣螻蟻所能堪副斯誠輸寫肝膽出命之秋豈可以顧患避害使陛下不聞至戒哉臣伏思諸異皆亡國之怪也天於大漢殷勤不已故屢出祅變以當譴責欲令人君感悟改危即安今災眚之發不於它所遠則門垣近在寺署其爲監戒可謂至切蜺墮鷄化皆婦人干政之所致也前者乳母趙嬈貴重天下嬈音奴鳥反生則貲藏侔於天府死則丘墓踰於園陵

兩子受封兄弟典郡續以永樂門史霍玉依阻城社又爲姦邪今者道路紛紛復云有程大人者察其風聲將爲國患宜高爲隄防明設禁令深惟趙霍以爲至戒趙嬈及霍玉也今聖意勤勤思明邪正而聞太尉張顥爲玉所進光祿勳姓璋姓姓也璋名也漢有姓偉有名貪濁又長水校尉趙玹音玄蔡邕集玹作玄屯騎校尉蓋升並叨時幸榮富優足宜念小人在位之咎退思引身避賢之福尚書曰君子在野小人在位伏見廷尉郭禧純厚老成光祿大夫橋玄聰達方直故太尉劉寵忠實守正並宜爲謀主數見訪問夫宰相大臣君之四體謂股肱也委任責成優劣已分不宜聽納小吏雕琢大臣也雕琢猶鐫削以成其罪也又尚方工技之作鴻都篇賦之文可且消息以示惟憂詩云畏天之怒不敢戲豫天戒誠不可戲也宰府孝廉士之高選近者以辟召不愼切責三公而今並以小文超取選舉開請託之門違明王

之典衆心不厭莫之敢言厭伏也音一葉反臣願陛下忍而絕之思惟萬機以荅天望聖朝既自約厲左右近臣亦宜從化人自抑損以塞咎戒則天道虧滿鬼神福謙矣臣以愚贛感激忘身敢觸忌諱手書具對夫君臣不密上有漏言之戒下有失身之禍易曰君不密則失臣臣不密則失身願寢臣表無使盡忠之吏受怨姦仇章奏帝覽而歎息因起更衣曹節於後竊視之悉宣語左右事遂漏露其爲邕所

裁黜者皆側目思報初邕與司徒劉郃素
不相平叔父衛尉質（質字子文著漢職儀）又與將作大
匠楊球有隙球即中常侍程璜女夫也璜
遂使人飛章言邕質數以私事請託於郃
郃不聽邕含隱切志欲相中（中傷也）於是詔
下尚書召邕詰狀邕上書自陳曰臣被召
問以大鴻臚劉郃前爲濟陰太守臣屬吏
張宛長休百日（休假也前書音義曰吏病滿百日當免也）郃爲司
隸又託河内郡吏李奇爲州書佐（續漢志曰書佐主幹文書）

及營護故河南尹羊陟侍御史胡母班
郃不爲用致怨之狀（邕集其奏曰邕屬張宛長休百日郃假宛五日復屬河南李奇爲書佐郃不爲召大山黨魁羊陟與邕季父衛尉質對門九族質爲尚書營護阿擁令文書不覺郃被詔書考胡母班等辤與陟爲黨質及邕頻詣郃問班所及郃不應遂懷怨恨欲必中傷郃制曰下司隸校尉正處上邕集作綦母班也）臣征營怖悸肝膽塗地不
知死命所在竊自尋案實屬宛奇不及陟
班凡休假小吏非結恨之本與陟姻家豈
敢申助私黨如臣父子欲相傷陷當明言
臺閣具陳恨狀所緣内無寸事而謗書外

發宜以臣對與郃參驗臣得以學問特蒙
褒異執事秘館操管御前姓名貌狀微簡
聖心今年七月召詣金商門問以災異齎
詔申旨誘臣使言（齎猶特也與賫通）臣實愚戇唯識
忠盡出命忘軀不顧後害遂譏刺公卿内
及寵臣實欲以上對聖問救消災異規爲
陛下建康寧之計陛下不念忠臣直言宜
加掩蔽誹謗卒至便用疑怪盡心之吏豈
得容哉詔書每下百官各上封事欲以改

政思譴除凶致吉而言者不蒙延納之福
旋被陷破之禍今皆杜口結舌以臣爲戒
誰敢爲陛下盡忠孝乎臣季父質連見拔
擢位在上列臣被蒙恩渥數見訪逮言事
者因此欲陷臣父子破臣門户非復發糾
姦伏補益國家者也臣年四十有六孤特
一身得託名忠臣死有餘榮恐陛下於此
不復聞至言矣臣之愚冗職當咎患但前
者所對質不及聞（前在金商門對事之時質爲下邳相故不聞也）而衰

老白首橫見引逮隨臣摧沒并入阬埳誠
寃誠痛臣一入牢獄當爲楚毒所迫趣以
歆章辭情何縁復聞趣音促歆猶隱郤告人姓名無可對問章者今之表
也邕集曰光和元年都官從事張恕以辛卯詔書收邕送雒陽詔獄考吏張静謂邕曰省君章云欲仇怨
未有所施法令無此以詔書又列章家姓名不得對相言斥考事君學多所見古今如此豈一事乎荅曰
曉是吏遂歆章爲文書臣賢案俗本有不解歆字或改爲報或改爲款並非也死期垂至
冐昧自陳願身當辜戮匃質不并坐匃乞也
則身死之日更生之年也惟陛下加餐爲
萬姓自愛於是下邕質於洛陽獄劾以仇

後漢列傳五十下　二十六　李秀

怨奉公議害大臣大不敬弃市事奏中常
侍呂強愍邕無罪請之帝亦更思其章有
詔減死一等與家屬髡鉗徙朔方不得以
赦令除楊球使客追路刺邕客感其義皆
莫爲用球又賂其部主使加毒害所賂者
反以其情戒邕故每得免焉居五原安陽
縣即西安陽縣也故城在今勝州銀城縣邕前在東觀與盧植
韓說等撰補後漢記會遭事流離不及得
成因上書自陳奏其所著十意猶前書十志也邕別傳曰

邕昔作漢記十意未及奏上遭事流離因上書自陳
曰臣既到徙所乘塞守烽職在候望憂怖焦灼無心
能復操筆成草致章闕廷誠知聖朝不責臣謝但懷
愚心有所不竟臣自在布衣常以爲漢書十志下盡
王莽而止光武已來唯記紀傳無續志者臣所事師
故太傅胡廣知臣頗識其門戶略以所有舊事與臣
雖未備悉粗見首尾積累思惟二十餘年不在其位
非外吏庶人所得擅述天誘其衷得備著作即建言
十志皆當撰錄會臣被罪逐放邊野恐所懷隨軀朽
腐抱恨黃泉遂不設施謹先顚踣科條諸志臣欲删
定者一所當接續者四前志所無臣欲著者五及經
典羣書宜捃摭本奏詔書所當依據分別首目并書
章左惟陛下留神省察臣謹因臨戎長霍圉封上有
律曆意第一禮意第二樂意第三郊祀意第四天文
意第五車服意第六分別首目連置章左帝嘉其才高
會明年大赦乃宥邕還本郡邕自徙及歸

後漢列傳五十下　二十七　林茂

凡九月焉將就還路五原太守王智餞之
酒酣智起舞屬邕邕不爲報屬猶勸也音燭智者
中常侍王甫弟也素貴驕慙於賓客詬邕
曰徒敢輕我邕拂衣而去智銜之密告邕
怨於囚放謗訕朝廷內寵惡之邕慮卒不
免乃亡命江海遠跡吳會張騭文士傳曰邕告吳人曰吾昔嘗經會稽高遷亭見屋椽竹東閒第十六可以爲笛取用果有異聲伏滔長笛賦序云柯亭之觀以竹爲椽邕取爲笛奇聲獨絕也往來依太山羊氏積十二年在
吳吳人有燒桐以爨者邕聞火烈之聲知

其良木因請而裁爲琴果有美音而其尾
猶焦故時人名曰焦尾琴焉傅玄琴賦序曰齊桓公有鳴琴曰號鍾楚莊有鳴琴曰繞梁司馬相如綠綺蔡邕有焦尾皆名器也初邕在陳留也
其鄰人有以酒食召邕者比往而酒以酣
焉客有彈琴於屏邕至門試潛聽之曰憘歎聲也音僖以樂召我而有殺心何也遂反將命
者告主人曰蔡君向來至門而去邕素爲
邦鄉所宗主人遽自追而問其故邕具以
告莫不憮然憮猶怪也音武彈琴者曰我向鼓弦見

螳蜋方向鳴蟬蟬將去而未飛螳蜋爲之
一前一卻吾心聳然惟恐螳蜋之失之也
此豈爲殺心而形於聲者乎邕莞然而笑
曰莞笑皃也音胡板反此足以當之矣中平六年靈帝
崩董卓爲司空聞邕名高辟之稱疾不就
卓大怒詈曰我力能族人蔡邕遂偪蹇者
不旋踵矣又切勑州郡舉邕詣府邕不得
已到署祭酒甚見敬重舉高第補侍御史
又轉持書御史遷尚書三日之間周歷三

臺遷巴郡太守復留爲侍中初平元年拜
左中郎將從獻帝遷都長安封高陽鄉侯
董卓賓客部曲議欲尊卓比太公稱尚父
卓謀之於邕邕曰太公輔周受命翦商故
特爲其號今明公威德誠爲巍巍然比之
尚父愚意以爲未可宜須關東平定車駕
還反舊京然後議之卓從其言初平二年
六月地震卓以問邕邕對曰地動者陰盛
侵陽臣下踰制之所致也前春郊天公奉

引車駕乘金華青蓋爪畫兩轓遠近以爲
非宜續漢志曰乘輿大駕公卿奉引皇太子皇子皆安車朱輪青蓋金華爪畫轓廣雅轓箱也卓
於是改乘皁蓋車續漢志曰中二千石二千石皆皁蓋朱兩轓卓重
邕才學厚相遇待每集讌輒令邕鼓琴贊
事邕亦每存匡益然卓多自很用邕恨其
言少從謂從弟谷曰董公性剛而遂非終
難濟也吾欲東奔兖州若道遠難達且遯
逃山東以待之何如谷曰君狀異恒人每
行觀者盈集以此自匿不亦難乎邕乃止

及卓被誅，邕在司徒王允坐，殊不意言而歎，有動於色。允勃然叱之曰：董卓國之大賊，幾傾漢室，君爲王臣，所宜同忿，而懷其私遇，以忘大節，今天誅有罪，而反相傷痛，豈不共爲逆哉？即收付廷尉治罪。邕陳辭謝，乞黥首刖足，繼成漢史。士大夫多矜救之，不能得。太尉馬日磾馳往謂允曰：伯喈曠世逸才，多識漢事，當續成後史，爲一代大典。且忠孝素著，而所坐無名，誅之無乃失人望乎？允曰：昔武帝不殺司馬遷，使作謗書，流於後世（凡史官記事，善惡必書。謂遷所著史記，但是漢家不善之事，皆爲謗也。非獨指武帝之身，即高祖善家令之言，武帝筭緡、榷酤之類是也。班固集云：司馬遷著書，成一家之言，至以身陷刑，故微文刺譏，貶損當世，非誼士也）。

太一三十五 小八四 後漢列傳五十下 三十

方今國祚中衰，神器不固，不可令佞臣執筆在幼主左右，既無益聖德，復使吾黨蒙其訕議。日磾退而告人曰：王公其不長世乎？善人，國之紀也；制作，國之典也。滅紀廢典，其能久乎？邕遂死獄中。允悔，欲止而不及。時年六十一。搢

諸儒莫不流涕。北海鄭玄聞而歎曰：漢世之事，誰與正之！兗州陳留聞皆畫像而頌焉。其撰集漢事，未見錄以繼後史。適作靈紀及十意，又補諸列傳四十二篇，因李傕之亂，湮没多不存。所著詩、賦、碑、誄、銘、讚、連珠、箴、弔、論議、獨斷、勸學、釋誨、叙樂、女訓、篆埶、祝文、章表、書記，凡百四篇，傳於世。

論曰：意氣之感，士所不能忘也。流極之運，有生所共深悲也（流極皆放也。極音紀力反）。當伯喈抱鉗

後漢列傳五十下 三十一 李身

扭徙幽裔，仰日月而不見照燭，臨風塵而不得經過（謂迫促之今不得避風塵也），其意豈及語平日倖全人哉！及解刑衣，竄歐越，潛舟江壑，不知其遠，捷步深林，尚苦不密，但願北首舊丘，歸骸先壟，又可得乎？董卓一旦入朝，辟書先下，分明枉結，信宿三遷（謂三日之間，位歷三臺也）。匡導既申，狂僭屢革，資同人之先號，得北叟之後福（易同人卦曰：先號咷而後笑。北叟，塞上叟也。其馬亡入胡中，人皆弔之。叟曰：何知非福。居數月，其馬引胡駿馬而歸，人皆賀之。叟曰：何知非禍。及家富馬良，其子好騎，墮而折髀，人皆弔之。叟

曰何知非福居一年胡夷大入丁壯皆戰死者十九其子獨以跛之故子父相保見淮南子也屬其慶者夫豈無懷（慶謂恩遇也懷思也荷恩遇者豈不思之乎）君子斷刑尚或爲之不舉（左傳鄭伯見虢叔曰夫司寇行戮君爲之不舉杜注云不舉盛饌也）況國憲倉卒慮不先圖矜情變容而罰同邪黨執政乃追怨子長謗書流後（執政謂王允也）放此爲戮（放音甫往反）未或聞之典刑

贊曰李長戚氏才通情侈苑囿典文流悅音伎（後謂紗帳女樂之類音伎謂鼓琴吹笛之屬也）邕實慕靜心精辭綺斥言金商南徂北徙（謂對事於金商門指斥而言無隱諱也）籍梁懷董名澆身毀（籍梁謂融因籍梁冀貴幸爲作西第頌懷董謂邕讀董卓之恩也澆薄也）

後漢列傳五十下　三十二

後漢書列傳卷第五十下

列傳卷第五十一　范曄　後漢書六十一

唐章懷太子賢注

左雄

周舉　子勰

黃瓊　孫琬

左雄字伯豪南郡涅陽人也安帝時舉孝廉稍遷冀州刺史州部多豪族好請託雄常閉門不與交通奏案貪猾二千石無所回忌永建初公車徵拜議郎時順帝新立

後漢列傳五十一　一　李芳

大臣懈怠朝多闕政雄數言事其辭深切尚書僕射虞詡以雄有忠公節上疏薦之曰臣見方今公卿以下類多拱默以樹恩爲賢盡節爲愚至相戒曰白壁不可爲容容多後福（容容猶和同也言不可獨爲白玉之潔當與衆人和同）伏見議郎左雄數上封事至引陛下身遭難厄以爲警戒實有王臣蹇蹇之節周公謨成王之風（謨謀也即尚書立政無逸篇之類也）宜擢在喉舌之官必有匡弼之益由是拜雄尚書再遷尚書令

上疏陳事曰臣聞柔遠和邇莫大寧人寧人之務莫重用賢用賢之道必存考黜是以皐陶對禹貴在知人安人則惠黎民懷之（尚書皐陶謨之詞也惠愛也黎衆也）分伯建侯代位親民民用和穆禮讓以興故詩云有渰淒淒興雨祁祁雨我公田遂及我私（詩小雅也渰陰雲也淒淒雲興貌祁祁徐也言陰陽和風雨時先雨公田乃及私田）及幽厲昏亂不自爲政（詩小雅刺幽王曰不自爲政卒勞百姓）褒豔用權七子黨進賢愚錯緒深谷爲陵故其詩云四國無政不用

其良又曰哀今之人胡爲虺蜴言人畏吏如虺蜴也（褒豔謂褒姒也豔色美也七子皆褒姒之親黨謂皇甫爲卿士仲允爲膳夫家伯爲宰番爲司徒蹶爲趣馬楀爲師氏也厲王淫於色七子皆用言妻黨盛也四國四方之國也虺蜴之性見人則走哀今之人皆如是傷時政事見詩小雅番音方元反聚音側流反楀音記爲反）宗周既滅六國并秦阬儒泯典剗革五等更立郡縣（剗削也五等謂諸侯）縣設令長郡置守尉什伍相司封豕其民（史記商鞅爲秦定變法之令令人什伍而相牧司犯禁相連坐不告姦者腰斬楊雄長楊賦曰秦豪寂其士封豕其人也）大漢受命雖未復古然克慎庶官蠲苛救敝悅以濟難撫

而循之至於文景天下康乂誠由玄靖寬柔克慎官人故也降及宣帝興於仄陋綜覈名實知時所病刺史守相輒親引見考察言行信賞必罰帝乃歎曰民所以安而無怨者政平吏良也與我共此者其唯良二千石乎以爲吏數變易則下不安業久於其事則民服教化其有政理者輒以璽書勉勵增秩賜金或爵至關內侯公卿缺則以次用之是以吏稱其職人安其業漢

世良吏於茲爲盛故能降來儀之瑞建中興之功（宣帝時鳳皇五至因以紀年）漢初至今三百餘載俗浸彫敝巧僞滋萌下飾其詐上肆其殘典城百里轉動無常各懷一切莫慮長久謂殺害不辜爲威風聚斂整辨爲賢能以理己安民爲劣弱以奉法循理爲不化髡鉗之戮生於睚眥覆尸之禍成於喜怒視民如寇讎稅之如豺虎（國語曰鬬丹廷見令尹子常與之語問畜貨聚馬歸以語其弟曰楚其亡乎吾見令尹如餓獸豺虎焉殆必亡者也）監司項背相

望項背相望謂前後相顧也背音輩 與同疾疢見非不舉聞惡不察觀政於亭傳責成於朞月朞匝也謂一歲 言善不稱德論功不據實虛誕者獲譽拘檢者離毀離遭也 或因罪而引高或色斯以求名因罪滯適以求高尚之名也論語曰色斯舉矣言觀前人之顏色也 州宰不覆競共辟召踊躍升騰超等踰匹或考奏捕案而亡不受罪會赦行賂復見洗滌朱紫同色清濁不分故使姦猾枉濫輕忽去就拜除如流缺動百數鄉官部吏職斯祿

薄斯賤也 車馬衣服一出於民廉者取足貪者充家特選橫調調徵也 紛紛不絕送迎煩費損政傷民和氣未洽災眚不消咎皆在此令之墨綬猶古之諸侯墨綬謂令長即古子男之國也 拜爵王庭輿服有庸庸常也 而齊於匹豎叛命避負非所以崇憲明理惠育元元也臣愚以為守相長吏惠和有顯効者可就增秩勿使移徙非父母喪不得去官其不從法禁不式王命錮之終身式用也 雖會赦令不

得齒列若被劾奏亡不就法者徙家邊郡以懲其後鄉部親民之吏皆用儒生清白任從政者任堪也音人林反 寬其負筭負欠也筭口錢也儒生未有品秩故寬之 增其秩祿吏職滿歲宰府州郡乃得辟舉如此威福之路塞虛偽之端絕送迎之役損賦斂之源息循理之吏得成其化率土之民各寧其所追配文宣中興之軌文帝宣帝也文帝遭呂氏難故亦云中興 流光垂祚永世不刊帝感其言申下有司考其真偽詳所施行雄之

所言皆明達政體而宦豎擅權終不能用自是選代交互令長月易迎新送舊勞擾無已或官寺空曠無人案事每選部劇乃至逃亡永建三年京師漢陽地皆震裂水泉涌出四年司冀復有大水雄推較災異以為下人有逆上之徵天鏡經曰大水自平地出破山殺人其國有兵 又上疏言宜密為備以俟不虞尋而青冀揚州盜賊連發數年之間海內擾亂其後天下大赦賊雖頗解而官猶無備流叛之

餘數月復起雄與僕射郭虔共上䟽以爲寇賊連年死亡太半一人犯法舉宗羣亡宜及其尚微開令改悔若告黨與者聽除其罪能誅斬者明加其賞書奏並不省又上言宜崇經術繕脩太學帝從之陽嘉元年太學新成詔試明經者補弟子增甲乙之科員各十人除京師及郡國耆儒年六十以上爲郎舍人諸王國郎者百三十八

後漢列傳五十一　六　張宗

人雄又上言郡國孝廉古之貢士出則宰民宣協風教若其面牆則無所施用孔子曰四十不惑禮稱強仕請自今孝廉年不滿四十不得察舉皆先詣公府諸生試家法（儒有一家之學故稱家）文吏課牋奏副之端門練其虛實以觀異能以美風俗有不承科令者正其罪法若有茂才異行自可不拘年齒帝從之於是班下郡國明年有廣陵孝廉徐淑（謝承書曰淑字伯進廣陵海西人也寛裕博雅好學業道隨父慎在京師讀孟氏易春秋公羊禮記周官善誦太公六韜交接英雄常有壯志舉茂才除勃海脩令遷琅邪都尉也）年未

及舉臺郎疑而詰之對曰詔書曰有如顏回子奇不拘年齒（解見順帝紀）是故本郡以臣充選郎不能屈雄詰之曰昔顏回聞一知十孝廉聞一知幾邪淑無以對乃譴却郡於是濟陰太守胡廣等十餘人皆坐謬舉免黜唯汝南陳蕃潁川李膺下邳陳球等三十餘人得拜郎中自是牧守畏慄莫敢輕舉迄于永嘉察選清平多得其人雄又奏徵海内名儒爲博士使公卿子弟爲諸

後漢列傳五十一　七　王永

生有志操者加其俸禄及汝南謝廉河南趙建年始十二各能通經雄並奏拜童子郎於是負書來學雲集京師初帝廢爲濟陰王乳母宋娥與黃門孫程等共議立帝帝後以娥前有謀遂封爲山陽君邑五千戶又封大將軍梁商子冀襄邑侯雄上封事曰夫裂土封侯王制所重高皇帝約非劉氏不王非有功不侯孝安皇帝封江京王聖等遂致地震之異永建二年封陰謀

之功又有日食之變數術之士咸歸咎於
封爵今青州飢虛盜賊未息民有乏絶上
求稟貸陛下乾乾勞思以濟民爲務宜循
古法寧靜無爲以求天意以消災異誠不
宜追録小恩虧失大典帝不聽雄復諫曰
臣聞人君莫不好忠正而惡讒諛然而歷
世之患莫不以忠正得罪讒諛蒙倖者蓋
聽忠難從諛易也夫刑罪人情之所甚惡
貴寵人情之所甚欲是以時俗爲忠者少
而習諛者多故令人主數聞其美稀知其

過迷而不悟至於危亡臣伏見詔書顧念
阿母舊德宿恩欲特加顯賞案尚書故事
無乳母爵邑之制唯先帝時阿母王聖爲
野王君聖造生讒賊廢立之禍生爲天下
所咀嚼死爲海内所歡快桀紂貴爲天子
而庸僕羞與爲比者以其無義也夷齊賤
爲匹夫而王侯爭與爲伍者以其有德也
今阿母躬蹈約儉以身率下羣僚蒸庶莫

不向風而與王聖並同爵號懼違本操失
其常願臣愚以爲凡人之心理不相遠其
所不安古今一也百姓深懲王聖傾覆之
禍民萌之命危於累卵常懼時世復有此
類怵惕之念未離於心恐懼之言未絶乎
口乞如前議歲以千萬給奉阿母内足以
盡恩愛之歡外可不爲吏民所怪梁冀之
封事非機急宜過災戹之運然後平議可
否會復有地震緱氏山崩之異雄復上疏
諫曰先帝封野王君漢陽地震今封山陽

君而京城復震專政在陰其災尤大臣前
後瞽言封爵至重王者可私人以財不可
以官宜還阿母之封以塞災異今冀已高
讓山陽君亦宜崇其本節雄言數切至娥
亦畏懼辭讓而帝戀戀不能已卒封之後
阿母遂以交遺失爵是時大司農劉據以
職事被譴召詣尚書傳呼促步又加以捶
撲雄上言九卿位亞三事班在大臣行有

佩玉之節動有庠序之儀禮記曰公侯佩山玄玉而朱組綬大夫佩水蒼玉而緇組綬孝明皇帝始有撲罰皆非古典帝從而改之其後九卿無復捶撲者自雄掌納言多所匡肅每有章表奏議臺閣以爲故事遷司隷校尉初雄薦周舉爲尚書舉既稱職議者咸稱焉及在司隷又舉故兾州刺史馮直以爲將帥而直嘗坐臧受罪舉以此劾奏雄雄悦曰吾嘗事馮直之父而又與直善今宣光以此奏吾乃是韓

厥之舉也由是天下服焉韓厥韓獻子也國語曰趙宣子舉獻子於靈公以爲司馬河曲之役宣子使人以其乘車干行獻子執而戮之宣子皆告諸大夫曰可賀我矣吾舉厥也而中吾乃今知免於罪矣明年坐法免後復爲尚書永和三年卒

周舉字宣光汝南汝陽人陳留太守防之子防在儒林傳舉姿貌短陋而博學洽聞爲儒者所宗故京師爲之語曰五經從横周宣光延熹四年辟司徒李郃府時宦者孫程等既立順帝誅滅諸閻議郎陳禪以爲閻太后與帝無母子恩宜徙別館絶朝見羣臣議者咸以爲宜舉謂郃曰昔鄭武姜謀殺嚴公嚴公誓之黄泉秦始皇怨母失行久而隔絶後感潁考叔茅焦之言循復子道書傳美之鄭武姜生莊公及共叔段愛叔段謀殺莊公公誓之曰不及黄泉無相見也既而悔之潁考叔爲潁谷封人曰若掘地及泉隧而相見其誰曰不然公從之遂爲母子如初事見左傳茅焦事解見蘇竟傳也今諸閻新誅太后幽在離宮若悲愁生疾一旦不虞主上將何以令於天下如從禪議後世歸咎明公宜密表

朝廷令奉太后率厲羣臣朝覲如舊以厭天心以荅人望郃即上疏陳之明年正月帝乃朝于東宮太后由此以安後長樂少府朱倀音丑良反代郃爲司徒舉猶爲吏時孫程等坐懷表上殿爭功帝怒悉徙封遠縣勑洛陽令促期發遣舉說朱倀曰朝廷在西鍾下時非孫程等豈立朝廷謂順帝也孫程與王康等十八人謀於西鍾下共立濟陰王爲順帝也雖韓彭吳賈之功何以加諸韓信彭越吳漢賈復也今忘其大德録其小過如道

路夭折帝有殺功臣之譏及今未去宜急表之張曰今詔怒二尚書已奏其事吾獨表此必致罪譴舉曰明公年過八十位爲台輔不於今時竭忠報國惜身安寵欲以何求祿位雖全必陷佞邪之譏諫而獲罪猶有忠貞之名若舉言不足採請從此辭張乃表諫帝果從之舉後舉茂才爲平丘令 平丘縣屬陳留郡 上書言當世得失辭甚切正尚書郭虔應惢賀等見之歎息共上疏稱舉忠

直欲帝置章御坐以爲規誡 章謂所上之書 舉稍遷并州刺史太原一郡舊俗以介子推焚骸有龍忌之禁 新序曰晉文公反國介子推無爵遂去而之介山之上文公求之不得乃焚其山推遂不出而焚死事具耿恭傳龍星木之位也春見東方心爲大火懼火之盛故爲之禁火俗傳云子推以此日被焚而禁火 至其亡月咸言神靈不樂舉火由是士民每冬中輒一月寒食莫敢烟爨老小不堪歲多死者舉既到州乃作弔書以置子推之廟言盛冬去火殘損民命非賢者之意以宣示愚民使還溫食

其事見韓譚新論及汝南先賢傳也 於是衆惑稍解風俗頗革轉冀州刺史陽嘉三年司隷校尉左雄薦舉徵拜尚書舉與僕射黃瓊同心輔政名重朝廷左右憚之是歲河南三輔大旱五穀灾傷天子親自露坐德陽殿東廂請雨又下司隷河南禱祀河神名山大澤詔書以舉才學優深特下策問曰朕以不德仰承三統 天統地統人統謂之三統事見白武通 夙興夜寐思協大中 尚書洪範曰建用皇極孔安國注云皇大也極中也言立大中之道而行之也 頃年以

來旱灾屢應稼穡焦枯民食困乏五品不訓王澤未流 五品五常之教也書曰五品不遜汝作司徒敬敷五教在寬訓亦遜之義 羣司素餐據非其位審所貶黜變復之徵厥効何由分別具對勿有所諱舉對曰臣聞易稱天尊地卑乾坤以定二儀交構乃生萬物萬物之中以人爲貴故聖人養之以君成之以化順四節之宜適陰陽之和使男女婚娶不過其時包之以仁恩導之以德教示之以灾異訓之以嘉祥此先

聖承乾養物之始也夫陰陽閉隔則二氣否塞二氣否塞則人物不昌人物不昌則風雨不時風雨不時則水旱成災陛下處唐虞之位未行堯舜之政近廢文帝光武之法而循亡秦奢侈之欲內積怨女外有曠夫今皇嗣不興東宮未立傷和逆理斷絕人倫之所致也非但陛下行此而已豎官之人亦復虛以形埶威侮良家取女閉之至有白首歿無配偶逆於天心也 歿終 昔

武王入殷出傾宮之女 帝王紀曰武王入殷命召公釋箕子之囚表商容之間出傾宮之女於諸侯 成湯遭災以六事剋己 帝王紀曰湯伐桀後大旱七年洛川竭使人持三足鼎祝於山川曰政不節耶使人疾耶苞苴行耶讒夫昌耶宮室榮耶女謁行耶何不雨之極也 魯僖遇旱而自責祈雨 解見楊厚傳 皆以精誠轉禍為福自枯旱以來彌歷年歲未聞陛下改過之効徒勞至尊暴露風塵誠無益也又下州郡祈神致請昔齊有大旱景公欲祀河伯晏子諫曰不可夫河伯以水為城國魚鼈為民庶水盡魚枯豈

不欲雨自是不能致也 晏子春秋之文 陛下所行但務其華不尋其實猶緣木希魚却行求前 緣木求魚見孟子之文韓詩外傳曰夫明鏡所以照形往古所以知今夫惡知往古之所以危亡無異却行而求逮於前人也 誠宜推信革政崇道變惑出後宮不御之女理天下冤枉之獄除太官重膳之費夫五品不訓責在司徒有非其位宜急黜斥臣自藩外擢典納言學薄智淺不足以對易傳曰陽感天不旋日 易稽覽圖之文也解具郎顗傳也 惟陛下留神裁察因召見舉及

尚書令成翊世僕射黃瓊問以得失舉等並對以為宜慎官人去斥貪汙離遠佞邪循文帝之儉尊孝明之教則時雨必應帝曰百官貪汙佞邪者為誰乎舉獨對曰臣從下州超備機密不足以別群臣 別音彼列反 然公卿大臣數有直言者忠貞也阿諛苟容者佞邪也司徒視事六年未聞有忠言異謀愚心在此其後以事免司徒劉崎遷舉司隸校尉永和元年災異數見省內惡之

詔召公卿中二千石尚書詣顯親殿問曰言事者多去昔周公攝天子事及薨成王欲以公禮葬之天爲動變及更葬以天子之禮即有反風之應尚書洪範五行傳曰周公死成王不圖大禮故天大雷雨禾偃大木拔及成王寤金縢之策改周公之葬尊以王禮申命魯郊而天立復風雨禾稼盡起北鄉侯親爲天子而葬以王禮故數有災異宜加尊謚列於昭穆羣臣議者多謂宜如詔旨舉獨對曰昔周公有請命之應隆太平之功故皇天動威以章聖德北鄉侯本非正統姦臣所立立不踰歲年號未改皇天不祐大命夭昏杜預注左傳曰短折曰夭未名曰昏春秋王子猛不稱崩魯子野不書葬子猛周景王之子子野魯襄公之子春秋經書王子猛卒杜元凱注去未即位故不言崩又曰秋九月癸巳子野卒注曰不書葬未成君也今北鄉侯無它功德以王禮葬之於事已崇不宜稱謚災眚之來弗由此也於是司徒黃尚太常桓焉等七十人同舉議帝從之尚字伯河南郡人也少歷顯位亦以政事稱舉出爲蜀郡太守坐事免大將軍

梁商表爲從事中郎甚敬重焉六年三月上巳日商大會賓客讌乎洛水周官曰女巫掌歲時祓除釁浴鄭玄云如今三月上巳水上之類也司馬彪續漢書曰三月上巳宮人皆絜於東流水上自洗濯祓除爲大絜也舉時稱疾不往商與親暱酣飲極歡及酒闌倡罷繼以薤露之歌坐中聞者皆爲掩涕纂文曰薤露今之挽歌也崔豹古今注薤露歌曰薤上露何易晞露晞明朝還復落人死一去何時歸太僕張种時亦在焉會還以事告舉舉歎曰此所謂哀樂失時非其所也殃將及乎左傳曰叔孫昭子與宋公語相泣樂祁退而告人曰君與叔孫其皆死乎吾聞之哀樂而樂哀皆喪心也心之精爽是謂魂魄魂魄去之何以能久也商至秋果薨商疾篤帝親臨幸問以遺言對曰人之將死其言也善臣從事中郎周舉清高忠正可重任也由是拜舉諫議大夫時連有災異帝思商言召舉於顯親殿問以變眚舉對曰陛下初立遵脩舊典興化致政遠近肅然頃年以來稍違於前朝多寵倖祿不序德觀天察人準今方古誠可危懼書曰僭恒暘若尚書洪範之文也孔安國注曰君行僭差則常暘順之也夫僭差無

度則言不從而下不正陽無以制則上擾下竭宜密嚴敕州郡察彊宗大姦以時禽討其後江淮猾賊周生徐鳳等處處並起如舉所陳時詔遣八使巡行風俗皆選素有威名者乃拜舉爲侍中與侍中杜喬守光祿大夫周栩前青州刺史馮羨尚書欒巴侍御史張綱兗州刺史郭遵太尉長史劉班竝守光祿大夫分行天下其刺史二千石有臧罪顯明者驛馬上之墨綬以下

便輒收舉其有清忠惠利爲百姓所安宜表異者皆以狀上於是八使同時俱拜天下號曰八俊舉於是劾奏貪猾表薦公清朝廷稱之遷河內太守徵爲大鴻臚及梁太后臨朝詔以殤帝幼崩廟次宜在順帝下太常馬訪奏宜如詔書諫議大夫呂勃以爲應依昭穆之序先殤帝後順帝詔下公卿舉議曰春秋魯閔公無子庶兄僖公代立其子文公遂躋僖於閔上孔子譏之

書曰有事于太廟躋僖公傳曰逆祀也事見左氏傳及定公正其序經曰從祀先公爲萬世法也左氏傳從祀先公杜預云從順也先公閔公僖公也將正二公之位親盡故通言先公也今殤帝在先於秩爲父順帝在後於親爲子先後之義不可改昭穆之序不可亂呂勃議是也太后下詔從之遷光祿勳會遭母憂去職後拜光祿大夫建和三年卒朝廷以舉清公亮直方欲以爲宰相深痛惜之乃詔告光祿勳汝南太守曰昔在前

世求賢如渴封墓軾閭以光賢哲尚書曰武王入殷封比干墓軾商容閭故公叔見諡翁歸蒙述所以昭忠厲俗作範後昆公叔文子衛大夫也文子卒其子戍請謚於君君曰昔者衛國凶飢夫子爲粥與國之餓者不亦惠乎衛國有難夫子以其死衛寡人不亦貞乎夫子聽衛國之政脩其班制不亦文乎謂夫子貞惠文子事見禮記尹翁歸爲右扶風宣帝下詔褒揚賜金百斤班固曰翁歸承風帝揚厥聲故曰蒙述也故光祿大夫周舉性侔夷魚伯夷史魚也忠踰隨管隨會管仲前授牧守及還納言出入京輦有欽哉之績史記堯典曰咨十有二牧欽哉在禁闈有密靜之風予錄乃勳用登九列方欲

式序百官亮協三事不永夙終用乖遠圖朝廷愍悼良爲愴然詩不云乎肇敏戎功用錫爾祉詩大雅也肇謀也敏疾也戎汝也錫賜也祉福也其今將大夫以下到喪發日復會弔加賜錢十萬以旌委蛇素絲之節焉詩國風羔羊詩羔羊之皮素絲五紽退食自公委蛇委蛇

子緦音叶

緦字巨勝少尚玄虛以父任爲郎自免歸家父故吏河南召夔爲郡將卑身降禮致敎於緦緦恥交報之因杜門自絕後太守舉孝廉復以疾去時梁冀貴盛被其徵命

後漢列傳五十一　二十　丁

者莫敢不應唯緦前後三辟竟不能屈後舉賢良方正不應又公車徵玄纁備禮固辭廢疾常隱處窮身慕老聃清靜杜絕人事巷生荆棘十有餘歲至延熹二年乃開門延賓游談宴樂及秋而梁冀誅年終而緦卒時年五十蔡邕以爲知命自緦曾祖父揚至緦孫恂六世一身皆知名云

黃瓊字世英江夏安陸人魏郡太守香之子也香在文苑傳瓊初以父任爲太子舍人辭病不就遭父憂服闋五府俱辟連年不應永建中公卿多薦瓊者於是與會稽賀純廣漢楊厚俱公車徵瓊至綸氏稱疾不進綸氏即夏之綸國少康之邑也竹書紀年云楚及秦伐鄭綸氏今洛州故嵩陽縣城是也有司劾不敬詔下縣以禮慰遣遂不得已先是徵聘處士多不稱望李固素慕於瓊乃以書逆遺之曰聞已度伊洛近在萬歲亭豈即事有漸將順王命乎萬歲亭在今洛州故嵩陽縣西北武帝元封元年幸緱氏登太室聞山上呼萬歲聲者三因以名焉

後漢列傳五十一　二十一　李昇

蓋君子謂伯夷隘柳下惠不恭故傳曰不夷不惠可否之閒論語孔子曰伯夷叔齊不降其志不辱其身謂柳下惠少連降志辱身我則異於是無可無不可鄭玄注云不爲夷齊之淸不爲惠連之屈故曰異於是也蓋聖賢居身之所珍也誠遂欲枕山棲谷擬跡巢由斯則可矣若當輔政濟民今其時也自生民以來善政少而亂俗多必待堯舜之君此爲志士終無時矣常聞語曰嶢嶢者易缺皦皦者易汙陽春之曲和者必寡盛名之

下其實雖副宋玉對楚襄王問曰客有歌於郢中者爲下里巴人國中屬而和者
數千人爲陽春白雪屬而和者不過數百人是其曲彌高其和彌寡近魯陽樊君
被徵初至朝廷設壇席猶待神明樊君樊英也事具英
傳雖無大異而言行所守無缺而毀謗布
流應時折減者豈非觀聽望深聲名太盛
乎自頃徵聘之士胡元安薛孟嘗朱仲昭
顧季鴻等其功業皆無所採是故俗論皆
言處士純盜虛聲願先生弘此遠謨令衆
人歎服一雪此言耳瓊至即拜議郎稍遷

後漢列傳五十一　二十二　朱明

尚書僕射初瓊隨父在臺閣習見故事及
後居職達練官曹爭議朝堂莫能抗奪時
連有災異瓊上疏順帝曰間者以來卦位
錯謬易乾鑿度曰求卦主歲術常以太歲紀歲七十六爲一紀二十紀爲一蔀首即置積
蔀首歲數加所入紀歲數以三十二除之不足除者以乾坤始數二卦而得一歲末筭即主歲之卦也
寒燠相干蒙氣數興日闇月散蒙陰闇也散謂不精明
原之天意殆不虛然陛下宜開石室案河
洛石室藏書之府河洛圖書之文也外命史官悉條上永建
以前至漢初災異與永建以後訖于今日

孰爲多少又使近臣儒者參考政事數見
公卿察問得失諸無功德者宜皆斥黜臣
前頗陳災眚并薦光祿大夫樊英太中大
夫薛包及會稽賀純廣漢楊厚未蒙御省
伏見處士巴郡黃錯漢陽任棠年皆耆耋
有作者七人之志論語曰作者七人注云謂伯夷叔齊虞仲夷逸朱張柳下
惠少連宜更見引致助崇大化於是有詔公
車徵錯等三年大旱瓊復上疏曰昔魯僖
遇旱以六事自讓躬節儉閉女謁放讒佞

後漢列傳五十一　二十三　朱明

者十三人誅稅民受貨者九人春秋考異郵曰僖公之時
雨澤不澍比于九月人大驚懼率羣臣禱山川以六過自讓絀女謁放下讒佞郭都之等十三人誅領人
之吏受貨賂趙祝等九人曰辜在寡人方今天旱野無生稼寡人當死百姓何謗請以身塞無狀也退
舍南郊天立大雨今亦宜顧省政事有所
損闕務存質儉以易民聽尚方御府息除
煩費明勑近臣使遵法度如有不移示以
好惡數見公卿引納儒士訪以政化使陳
得失又因徒尚積多致死亡亦足以感傷
和氣招降災旱若改敝從善擇用嘉謀則

灾消福至矣書奏引見德陽殿使中常侍以瓊奏書屬主者施行自帝即位以後不行籍田之禮瓊以國之大典不宜久廢上疏奏曰自古聖帝哲王莫不敬恭明祀增致福祥故必躬郊廟之禮親籍田之勤以先羣萌率勸農功昔周宣王不籍千畝虢文公以爲大譏卒有姜戎之難終損中興之名國語曰宣王即位不籍千畝虢文公諫曰夫人之大事在農上帝之粢盛於是乎出故稷爲太官古者太史順時覛土農祥晨正日月底于天廟先時九日太史告稷曰陽氣俱蒸土膏其動稷以

告王王即齋宮百官御事王耕一墢班三之庶人終于千畝王弗聽後師敗績于姜氏之戎墢音扶發反竊見陛下遵稽古之鴻業體虔肅以應天順時奉元懷柔百神朝夕觸塵埃於道路晝暮聆庶政以卹人雖詩詠成湯之不怠遑書美文王之不暇食誠不能加詩商頌曰不僭不濫不敢怠遑書曰文王至于日中昃不遑暇食也今廟祀適闋而祈穀絜齋之事近在明日臣恐左右之心不欲屢動聖躬以爲親耕之禮可得而廢臣聞先王制典籍田有日司徒咸戒司空除壇先

時五日有協風之應王即齋宮饗醴載耒誠重之也自癸巳以來仍西北風甘澤不集寒涼尚結西北風曰不周風亦曰厲風見呂氏春秋也迎春東郊既不躬親先農之禮所宜自勉以逆和氣以致時風五經通義曰八風者八卦之氣八風以時至則陰陽變化之道成萬物得以育生之易曰君子自強不息斯其道也乾卦象曰天行健君子以自強不息也書奏帝從之頃之遷尚書令

瓊以前左雄所上孝廉之選專用儒學文吏於取士之義猶有所遺乃奏增孝悌及能從政者爲四科事竟施行又雄前議舉吏先試之於公府又覆之於端門後尚書張盛奏除此科瓊復上言覆試之作將以澄洗清濁覆實虛濫不宜改革帝乃止出爲魏郡太守稍遷太常和平中以選入侍講禁中元嘉元年遷司空桓帝欲褒崇大將軍梁冀使中朝二千石以上會議其禮特進胡廣太常羊溥司隸校尉祝恬太中大夫邊韶等咸稱冀之勳德其制度賚賞

宜比周公錫之山川土田附庸詩魯頌曰王曰叔父建爾元子俾侯于魯啓爾土宇爲周室輔乃命魯公俾侯于東錫之山川土田附庸注云王成王也叔父周公也瓊獨建議曰冀前以親迎之勞增邑三十又其子胤亦加封賞昔周公輔相成王制禮作樂化致太平是以大啓土宇開地七百禮記明堂位曰周公相武王以伐紂武王崩成王幼弱周公踐天子位以理天下七年致政於成王成王以周公有勲勞於天下是以封周公於曲阜地方七百里革車千乘命魯公世世祀周公以天子之禮樂也今諸侯以戶邑爲制不以里數爲限蕭何識高祖於泗水霍光定傾危以興國皆益戶增封以顯其功高祖爲泗上亭長蕭何佐之後拜何爲相國益封五千戶霍光廢昌邑王立宣帝後益封光萬七千戶冀可比鄧禹合食四縣賞賜之差同於霍光使天下知賞必當功爵不越德朝廷從之冀意以爲恨會以地動策免復爲太僕永興元年遷司徒轉太尉梁冀前後所託辟召一無所用雖有善人而爲冀所飾舉者亦不加命延熹元年以日食免復爲大司農明年梁冀被誅太尉胡廣司徒韓縯司空孫朗皆

坐阿附免廢復拜瓊爲太尉以師傅之恩而不阿梁氏乃封爲邟鄉侯說文云邟潁川縣也漢潁川有周承休侯國元始二年更名曰邟音亢邑千戶瓊辭疾讓封六七上言旨懇惻乃許之梁冀既誅瓊首居公位舉奏州郡素行貪汙至死徙者十餘人海內由是翕然望之尋而五侯擅權傾動內外自度力不能匡乃稱疾不起五侯謂左悺徐璜等四年以寇賊免其年復爲司空秋以地震免七年疾篤上疏諫曰臣聞天者務剛其氣君者務彊其政是以王者處高自持不可不安履危任力不可不據夫自持不安則顚任力不據則危故聖人升高據上則以德義爲首涉危蹈傾則以賢者爲力唐堯以德化爲冠冕以稷契爲筋力高而益崇動而愈據此先聖所以長守萬國保其社稷者也昔高皇帝應天順民奮劒而王埽除秦項革命創制降德流祚至於哀平而帝道不綱秕政日亂遂使姦佞擅朝外

戚專恣所冠不以仁義爲冕所蹈不以賢佐爲力終至顛蹶滅絶漢祚天維陵弛民鬼慘愴賴皇乾眷命炎德復輝光武以聖武天挺繼統興業創基冰泮之上立足枳棘之林（泮冰諭危陷 枳棘諭艱難）擢賢於衆愚之中畫功於無形之世（形兆也言未有天下之兆畫或作書也）崇禮義於交爭循道化於亂離是自歷高而不傾任力危而不跌興復洪祚開建中興光被八極垂名無窮至於中葉盛業漸衰陛下初

從藩國爰升帝位天下拭目謂見太平而即位以來未有勝政諸梁秉權豎宦充朝重封累職傾動朝廷卿校牧守之選皆出其門羽毛齒革明珠南金之寶殷滿其室（殷盛也）富擬王府埶回天地言之者必族附之者必榮忠臣懼死而杜口萬夫怖禍而木舌（法言曰金口木舌也）塞陛下耳目之明更爲聾瞽之主故太尉李固杜喬忠以直言德以輔政念國亡身隕歿爲報而坐陳國議遂見

殘滅（坐音才卧反）賢愚切痛海內傷懼又前白馬令李雲指言宦官罪穢宜誅皆因衆人之心以救積薪之敝（賈誼上疏曰夫抱火厝之積薪之下而寢其上火未及然因謂之安方今之政何以異此也）弘農杜衆知雲所言宜行懼雲以忠獲罪故上書陳理之乞同日而死所以感悟國家庶雲獲免而雲既不辜衆又并坐天下尤痛益以怨結故朝野之人以忠爲諱昔趙殺鳴犢孔子臨河而反夫覆巢破卵則鳳皇不翔刳牲夭胎則麒

麟不臻誠物類相感理使其然（史記曰孔子將西見趙簡子至於河而聞竇鳴犢舜華之死也臨河而歎曰美哉洋洋丘之不濟此命也夫竇鳴犢舜華晉之賢大夫也趙簡子未得志之時須此兩人而後從政及其得志而殺之丘聞刳胎殺夭則麒麟不至郊藪涸澤而漁則蛟龍不合陰陽覆巢毀卵則鳳皇不翔何則君子諱傷其類也事亦見孔子家語文也）尚書周求昔爲沛令素事梁冀幸其威埶坐事當罪越拜令職見冀將衰乃陽毀示忠遂因姦計亦取封侯又黃門協邪羣輩相黨自冀興盛腹背相親朝夕圖謀共搆姦軌臨冀當誅無可設巧復記其惡以要爵

賞陛下不加清澂審別眞僞復與忠臣並
時顯封使朱紫共色粉墨雜糅所謂抵金
玉於沙礫（抵投也音紙）碎珪璧於泥塗四方聞之（解見寇榮傳）
莫不憤歎昔曾子大孝慈母投杼
伯奇至賢終於流放（說苑曰王國子前母子伯奇後母子伯封後母欲其子立爲太子說王曰伯奇好妾王不信其母曰令伯奇於後園妾過其旁王上臺視之即可知王如其言伯奇入園後母陰取蜂十數置單衣中過伯奇邊曰蜂螫我伯奇就衣中取蜂殺之王遥見之乃逐伯奇也）
夫讒諛所舉無高而不可升相抑無深
而不可淪可不察歟臣至頑駑世荷國恩

後漢列傳五十二　三十

身輕位重勤不補過然懼於永歿負釁益
深敢以垂絶之日陳不諱之言庶有萬分
無恨三泉（三者數之極一生二二生三三生萬物天地人之極數故以三爲名者取其深之極也）其年卒時年七十九贈車騎將軍謚
曰忠侯孫琬
琬字子琰少失父早而辯慧祖父瓊初爲
魏郡太守建和元年正月日食京師不見
而瓊以狀聞太后詔問所食多少瓊思其
對而未知所況琬年七歲在傍曰何不言

日食之餘如月之初瓊大驚即以其言應
詔而深奇愛之後瓊爲司徒琬以公孫拜
童子郎辭病不就知名京師時司空盛允
有疾瓊遣琬候問會江夏上蠻賊事副府（副本詣公府也）
允發書視畢微戲琬曰江夏大邦
而蠻多士少琬奉手對曰蠻夷猾夏責在
司空因拂衣辭去允甚奇之稍遷五官中
郎將時陳蕃爲光祿勳深相敬待數與議
事舊制光祿舉三署郎以高功久次才德

後漢列傳五十一　三十一

尤異者爲茂才四行（久次謂久居官次也）時權富子弟
多以人事得舉而貧約守志者以窮退見
遺京師爲之謡曰欲得不能光祿茂才（能音乃來反）
於是琬蕃同心顯用志士平原劉醇
河東朱山蜀郡殷參等並以才行蒙舉蕃
琬遂爲權富郎所見中傷事下御史丞王
暢侍御史刁韙韙暢素重蕃琬不舉其事
而左右復陷以朋黨暢坐左轉議郎而免
蕃官琬韙俱禁錮韙字子榮彭城人後陳

蕃被衒而言事者多訟䜛復拜議郎遷尚書在朝有鯁直節出爲魯東海二郡相性抗厲有明略所在稱神常以法度自整家人莫見墮容焉琬被廢弃幾二十年至光和末太尉楊賜上書薦琬有撥亂之才由是徵拜議郎擢爲青州刺史遷侍中中平初出爲右扶風徵拜將作大匠少府太僕又爲豫州牧時寇賊陸梁州境彫殘琬討擊平之威聲大震政績爲天下表封關內

侯及董卓秉政以琬名臣徵爲司徒遷太尉更封陽泉鄉侯卓議遷都長安琬與司徒楊彪同諫不從琬退而駮議之曰昔周公營洛邑以寧姬光武卜東都以隆漢天之所啓神之所安大業既定豈宜妄有遷動以虧四海之望時人懼卓暴怒琬必及害固諫之琬對曰昔白公作亂於楚屈廬冒刃而前新序曰白公勝殺楚惠王王出亡令尹司馬皆死勝拔劍而屬之於屈廬曰子與我將舍子不我與將殺子屈廬曰詩有之曰莫莫葛藟延于條枚愷悌君子求福不回今子殺子叔父而求福於廬也可乎且吾聞之知命之士見利不動臨死則死是謂人臣之禮故上知天命下知臣道其有可劫乎子胡不推之白公勝乃入其劍焉崔杼弒君於齊晏嬰不懼其盟解見馮衍傳吾雖不德誠慕古人之節琬竟坐免卓猶敬其名德舊族不敢害後與楊彪同拜光祿大夫及徙西都轉司隸校尉與司徒王允同謀誅卓及卓將李傕郭汜攻破長安遂收琬下獄死時年五十二

論曰古者諸侯歲貢士進賢受上賞非賢貶爵土外之司馬辯論其才論定然後官

之任官然後祿之尚書大傳曰古者諸侯之於天子三年一貢士一適謂之好德再適謂之賢賢三適謂之有功有功者天子賜以車服弓矢號曰命諸侯有不貢士謂之不率正一不適謂之過再不適謂之傲三不適謂之誣誣者天子絀之一絀以爵再絀以地三絀而爵地畢也故王者得其人進仕勸其行經邦弘務所由久矣漢初詔舉賢良方正州郡察孝廉秀才斯亦貢士之方也中興以後復增敦朴有道仁賢能直言獨行高節質直清白敦厚之屬榮路既廣觖望難裁自是竊名僞服浸以流競權門貴仕請謁繁興自左雄

任事限年試才雖頗有不密固亦因識時宜而黄瓊胡廣張衡崔瑗之徒泥滯舊方互相詭駮循名者屈其短筭實者挺其効故雄在尚書天下不敢妄選十餘年間稱爲得人斯亦効實之徵乎順帝始以童弱反政而號令自出知能任使故士得用情天下喁喁仰其風采遂乃備玄纁玉帛以聘南陽樊英天子降寢殿設壇席尚書奉引延問失得急登賢之舉虚降己之禮於是處士鄙生忘其拘儒（拘儒猶拘狹也）拂巾袵褐以企旌車之招矣至乃英能承風俊乂咸事若李固周舉之淵謨弘深左雄黄瓊之政事貞固桓焉楊厚以儒學進崔瑗馬融以文章顯呉祐蘇章种暠欒巴牧民之良幹龐參虞詡將帥之宏規王龔張皓虚心以推士張綱杜喬直道以糾違郎顗陰陽詳密張衡機術特妙東京之士於兹盛焉向使廟堂納其高謀彊埸宣其智力帷幄

容其謇辭舉厝禀其成式則武宣之軌豈其遠而（而語辭也論語曰豈不尓思室是遠而）詩云靡不有初鮮克有終可爲恨哉及孝桓之時碩德繼興（碩大也）陳蕃楊秉處稱賢宰皇甫張段出號名將王暢李膺彌縫衮闕（彌縫猶補合也詩曰衮職有闕惟仲山甫補之）朱穆劉陶獻替匡時郭有道奬鑒人倫陳仲弓弘道下邑其餘宏儒遠智高心絜行激揚風流者不可勝言而斯道莫振文武陵隊在朝者以正議嬰戮謝事者以黨錮致灾往車雖折而來軫方遒（廣雅曰遒急也）所以傾而未顛決而未潰豈非仁人君子心力之爲乎嗚呼

贊曰雄作納言古之八元舉升以彚越自下蕃（彚類也易曰以其彚征吉彚音謂）登朝理政並紓灾昏（紓解也音式余反）瓊名夙知累章國疵（疵病也）琬亦早秀位及志差（志意差舛不能遂也差音楚宜反）

後漢書列傳卷第五十一

列傳卷第五十二　范曄　後漢書六十二

唐章懷太子賢注

荀淑 子爽 孫悅

韓韶　鍾皓

陳寔 子紀

荀淑字季和潁川潁陰人也荀卿十一世孫也卿名況趙人也爲楚蘭陵令著書二十二篇號荀卿子避宣帝諱故改曰孫也少有高行博學而不好章句多爲俗儒所非而州里稱其知人安帝時徵拜郎中後再遷當塗長當塗縣名故城在今宣州去職還鄉里當世名賢李固李膺等皆師宗之及梁太后臨朝有日食地震之變詔公卿舉賢良方正光祿勳杜喬少府房植舉淑對策譏刺貴倖爲大將軍梁冀所忌出補朗陵侯相續漢書曰淑對策剌梁氏故出也莅事明理稱爲神君頃之弃官歸閑居養志産業每增輒以贍宗族知友年六十七建和三年卒李膺時爲尚書自表師喪禮記曰事師無犯無隱左右就養無方服勤至死心喪三年也二縣皆爲立

祠有子八人儉緄靖燾汪爽肅專並有名稱時人謂八龍緄音昆燾音道汪音烏光反說文云汪深廣也俗本改作注非專本或作敷初荀氏舊里名西豪今許州城内西南有荀淑故宅相傳云即舊西豪里也潁陰令勃海苑康以爲昔高陽氏有才子八人左傳曰昔高陽氏有才子八人蒼舒隤敳檮戭大臨尨降庭堅仲容叔達今荀氏亦有八子故改其里曰高陽里靖有至行不仕年五十而終號曰玄行先生皇甫謐高士傳曰靖字叔慈少有俊才動止以禮靖弟爽亦以才顯於當時或問汝南許章曰爽與靖孰賢章曰皆玉也慈明外朗叔慈内潤及卒學士惜之諡靖者二十六人潁陰令丘禎追號靖曰玄行先生也

淑兄子昱字伯條曇字元智昱爲沛相曇爲廣陵太守兄弟皆正身疾惡志除閹官其支黨賓客有在二郡者纖罪必誅昱後共大將軍竇武謀誅中官與李膺俱死曇亦禁錮終身

爽字慈明一名諝音息汝反幼而好學年十二能通春秋論語太尉杜喬見而稱之曰可爲人師爽遂耽思經書慶弔不行徵命不應潁川爲之語曰荀氏八龍慈明無雙延

熹九年太常趙典舉奕至孝拜郎中對策陳便宜曰臣聞之於師曰漢爲火德火生於木木盛於火故其德爲孝火木之子夏火之位木至夏而盛故爲孝其象在周易之離夫在地爲火在天爲日易說卦曰離爲火爲日也在天者用其精在地者用其形夏則火王其精在天溫暖之氣養生百木是其孝也冬時則廢其形在地酷烈之氣焚燒山林是其不孝也故漢制使天下誦孝經選吏舉孝廉平帝時王莽作書八篇戒子孫令學官以教授吏能誦者比孝經音義云言用之得選舉之也夫喪親自盡孝之終也盡謂盡其哀戚也今之公卿及二千石三年之喪不得即去殆非所以增崇孝道而克稱火德者也往者孝文勞謙行過乎儉易謙卦九三爻勞謙君子有終吉故有遺詔以日易月此當時之宜不可貫之萬世古今之制雖有損益而諒闇之禮未常改移以示天下莫遺其親遺忘也今公卿羣寮皆政教所瞻而父母之喪不得奔赴夫仁義之行自上而始敦厚之俗

後漢列傳五十二　三

以應乎下傳曰喪祭之禮闕則人臣之恩薄背死忘生者衆矣曾子曰人未有自致者必也親喪乎事見論語致猶盡也極也春秋傳曰上之所爲民之歸也左氏傳臧武仲之言夫上所不爲而民或爲之故加刑罰若上之所爲民亦爲之又何誅焉昔丞相翟方進以自備宰相而不敢踰制至遭母憂三十六日而除前書翟方進爲丞相遭後母憂行服三十六日起視事曰不敢踰國制也夫失禮之源自上而始古者大喪三年不呼其門公羊傳之文也何休注云重奪孝子之恩所以崇國厚俗篤化之道也事失宜正過勿憚改憚難也天下通喪可如舊禮禮記曰三年之喪天下之通喪也臣聞有夫婦然後有父子有父子然後有君臣有君臣然後有上下有上下然後有禮義禮義備則人知所厝矣語見易序卦也夫婦人倫之始王化之端故文王作易上經首乾坤下經首咸恒易乾坤至離爲上經咸恒至未濟爲下經孔子曰天尊地卑乾坤定矣易繫辭也夫婦之道所謂順也堯典曰釐降二女於嬀

後漢列傳五十二　四

汭嬪于虞降者下也嬪者婦也言雖帝堯之女下嫁於虞猶屈體降下勤脩婦道易曰帝乙歸妹以祉元吉（易泰卦六五爻辭也王弼注云婦人謂嫁曰歸泰者陰陽交通之時女處尊位履中居順降身應二帝乙歸妹誠合斯義也案史記紂父名帝乙此文以帝乙爲湯湯名天乙也）婦人謂嫁曰歸言湯以娶禮歸其妹於諸侯也春秋之義王姬嫁齊使魯主之不以天子之尊加於諸侯也（公羊傳曰夏單伯逆王姬單伯者何吾大夫之命于天子者何以不稱使天子召而使逆之也逆之者何使我主之也曷爲使我主之天子嫁女於諸侯必使同姓諸侯主之何休注云不自爲主尊卑不敵也）今漢承秦

法設尚主之儀以妻制夫以卑臨尊違乾坤之道失陽唱之義（易緯曰陽唱而陰和也）孔子曰昔聖人之作易也仰則觀象於天俯則察法於地觀鳥獸之文與地之宜近取諸身遠取諸物以通神明之德以類萬物之情（易繫之文也）今觀法於天則北極至尊四星妃后（北極北辰也軒轅四星女主之象也）察法於地則崐山象夫卑澤象妻（崐猶高也易艮下兌上爲咸艮爲山夫象也兌爲澤妻象也咸感也山澤通氣夫婦之相感也）觀鳥獸之文鳥則雄者鳴鴝雌能順

服獸則牡爲唱導牝乃相從近取諸身則乾爲人首坤爲人腹（易說卦之文也）遠取諸物則木實屬天根荄屬地（荄音該）陽尊陰卑蓋乃天性且詩初篇實首關雎禮始冠婚先正夫婦（儀禮士冠禮爲始士婚禮次之）天地六經其旨一揆宜改尚主之制以稱乾坤之性遵法堯湯式是周孔（式法也）合之天地而不謬質之鬼神而不疑人事如此則嘉瑞降天吉符出地五韙咸備各以其叙矣（韙是也史記曰休徵曰肅時雨若曰乂時暘若曰哲時燠若曰謀時寒若曰聖時風若五是來備各以其叙也）

昔者聖人建天地之中而謂之禮禮者所以興福祥之本而止禍亂之源也人能枉欲從禮者則福歸之順情廢禮者則禍歸之推禍福之所應知興廢之所由來也衆禮之中婚禮爲首故天子娶十二天之數也諸侯以下各有等差事之降也（白虎通曰天子娶十二法天則有十二月百物畢生也又曰諸侯娶九女也）陽性純而能施陰體順而能化以禮濟樂節宣其氣（左傳曰昔晉侯有疾醫和視之曰疾不可爲也是爲近女室疾如蠱非鬼

非食惑以喪志公曰女不可近乎對曰節之先王之樂所以節百事也天有六氣過則爲災於是乎節宣其氣也故能豐子孫之祥致老壽之福及三代之季淫而無節瑤臺傾宮陳妾數百列女傳曰夏桀爲琁室瑤臺以臨雲雨紂爲傾宮解見箱帝紀也陽竭於上陰隔於下故周公之戒曰不知稼穡之艱難不聞小人之勞惟耽樂之從時亦罔或克壽是其明戒事是尚書無逸篇其詞與此微有不同也後世之人好福不務其本惡禍不易其軌傳曰截趾適屨孰云其愚何與斯人追欲喪軀誠可痛

也適猶從也言喪身之愚甚於截趾也臣竊聞後宮采女五六千人從官侍使復在其外冬夏衣服朝夕稟糧耗費縑帛空竭府藏徵調增倍十而稅一空賦不辜之民以供無用之女百姓窮困於外陰陽隔塞于內故感動和氣災異屢臻臣愚以爲諸非禮聘未曾幸御者一皆遣出使成妃合一曰通怨曠和陰陽二曰省財用實府藏三曰脩禮制綏眉壽四曰配陽施祈螽斯螽斯蚣蝑也其性不妒故能子孫衆多詩曰螽斯羽詵詵兮宜爾子孫振振兮五曰寬役賦安黎民此誠國家之弘利天人之大福也夫寒熱晦明所以爲歲尊卑奢儉所以爲禮故以晦明寒暑之氣尊卑侈約之禮爲其節也易曰天地節而四時成節卦彖辭文也春秋傳曰唯器與名不可以假人杜預注左氏云器謂車服名謂爵號孝經曰安上治民莫善於禮禮者尊卑之差上下之制也昔季氏八佾舞於庭非有傷害困於人物而孔子猶曰是可忍也孰不可忍洪範曰惟

辟作威惟辟作福惟辟玉食凡此三者君所獨行而臣不得同也今臣僭君服下食上珍所謂害于而家凶於而國者也宜略依古禮尊卑之差及董仲舒制度之別前書董仲舒曰王者正法度之宜別上下之序以防欲也嚴篤有司必行其命此則禁亂善俗足用之要奏聞即弃官去後遭黨錮隱於海上又南遁漢濱積十餘年以著述爲事遂稱爲碩儒黨禁解五府並辟司空袁逢舉有道不應及逢卒爽制

服三年當世往往化以爲俗時人多不行
妻服雖在親憂猶有弔問喪疾者又私諡
其君父及諸名士爽皆引據大義正之經
典雖不悉變亦頗有改喪服曰夫爲妻齊縗杖朞禮記曰曾子問三年之喪弔乎孔子曰禮以飾情三年之喪而弔哭不亦虛乎後公車徵爲大將
軍何進從事中郎進恐其不至迎薦爲侍
中及進敗而詔命中絶獻帝即位董卓輔
政復徵之爽欲遁命吏持之急不得去因
復就拜平原相行至宛陵復追爲光祿勳
視事三日進拜司空爽自被徵命及登台

《後漢列傳五十二　九　李賢》

司九十五日因從遷都長安爽見董卓忍
暴滋甚必危社稷其所辟舉皆取才略之
士將共圖之亦與司徒王允及卓長史何
顒等爲內謀會病薨年六十三著禮易傳
詩傳尚書正經春秋條例又集漢事成敗
可爲鑒戒者謂之漢語又作公羊問及辯
讖并它所論叙題爲新書凡百餘篇今多
所亡缺兄子悅彧並知名彧自有傳

論曰荀爽鄭玄申屠蟠俱以儒行爲處士
累徵並謝病不詣及董卓當朝復備禮召
之蟠玄竟不屈以全其高爽已黃髮矣獨
至焉未十旬而取卿相意者疑其乖趣舍
余竊商其情以爲出處君子之大致也平
運則弘道以求志陵夷則濡跡以匡時濡跡解見崔駰傳荀公之急急自勵其濡跡乎不然何
爲違貞吉而履虎尾焉易履卦曰履道坦坦幽人貞吉又曰履虎尾不咥人亨王弼注云履虎尾者言其危也觀其遜言遷都之議以

大字四九小字六十二　後漢列傳五十二　十　李

救楊黃之禍楊彪黃琬也及後潛圖董氏幾振國
命所謂大直若屈道固逶迤也老子云大直若屈大巧若拙逶迤曲也
悅字仲豫儉之子也儉早卒悅年十二能
說春秋家貧無書每之人間所見篇牘一
覽多能誦記性沈靜美姿容尤好著述靈
帝時閹官用權士多退身窮處悅乃託疾
隱居時人莫之識唯從弟彧特稱敬焉初
辟鎮東將軍曹操府遷黃門侍郎獻帝頗

好文學悅與彧及少府孔融侍講禁中夕談論累遷秘書監侍中時政移曹氏天子恭己而已悅志在獻替而謀無所用乃作申鑒五篇其所論辯通見政體既成而奏之其大略曰夫道之本仁義而已矣（易曰立人之道曰仁與義）五典以經之羣籍以緯之詠之歌之弦之舞之前監既明後復申之故古之聖王其於仁義也申重而已致政之術先屏四患乃崇五政一曰偽二曰私三曰放

後漢列傳五十二　十一

四曰奢偽亂俗私壞法放越軌奢敗制四者不除則政末由行矣夫俗亂則道荒雖天地不得保其性矣法壞則世傾雖人主不得守其度矣軌越則禮亡雖聖人不得全其道矣制敗則欲肆雖四表不得充其求矣（肆放也）是謂四患興農桑以養其性審好惡以正其俗宣文教以章其化立武備以秉其威明賞罰以統其法是謂五政人不畏死不可懼以罪人不樂生不可勸

善雖使契布五教皋陶作士政不行焉（尚書舜謂契曰汝作司徒敬敷五教在寬謂皋陶曰汝作士明于五刑）故在上者先豐人財以定其志帝耕籍田后桑蠶宮（籍田事解見明紀禮記曰季春之月后妃齋戒親東向躬桑以勸蠶事古者天子諸侯必有公桑蠶室近川而為之宮仞有三尺也）國無遊人野無荒業財不賈用（言自力不妄加以周人事是謂養生（周給也）君子之所以動天地應神明正萬物而成王化者必乎真定而已故在上者審定好醜焉善惡要乎功罪毀譽効於準驗聽言責

後漢列傳五十二　十二

事舉名察實無惑詐偽以蕩眾心故事無不覈物無不功善無不顯惡無不章俗無姦怪民無淫風百姓上下覩利害之存乎已也故肅恭其心慎修其行內不回惑外無異望則民志平矣是謂正俗君子以情用小人以刑用榮辱者賞罰之精華也故禮教榮辱以加君子化其情也桎梏鞭撲以加小人化其刑也君子不犯辱況於刑乎小人不忌刑況於辱乎若教化之廢推

中人而墜於小人之域教化之行引中人而納於君子之塗是謂章化（章明也）小人之情緩則驕驕則恣恣則怨怨則叛危則謀亂安則思欲非威強無以懲之故在上者必有武備以戒不虞以遏寇虐安居則寄之內政有事則用之軍旅（國語齊桓公問管仲曰國安可乎管仲曰未可君若正卒伍脩甲兵則大國亦將脩之小國設備可作內政而寄軍令焉注云正國政也言脩國政而寄軍令隣國不知）是謂秉威賞罰政之柄也（韓子曰二柄者刑德也殺戮之謂刑慶賞之謂德）

後漢列傳五十二 十三 李芳

明賞必罰審信慎令賞以勸善罰以懲惡人主不妄賞非徒愛其財也賞妄行則善不勸矣不妄罰非矜其人也罰妄行則惡不懲矣賞不勸謂之止善罰不懲謂之縱惡在上者能不止下爲善不縱下爲惡則國法立矣是謂統法四患既蠲五政又立行之以誠守之以固簡而不怠疏而不失無爲爲之使自施之無事事之使自交之（老子曰爲無爲事無事又曰故德交歸也）不肅而成不嚴而化垂拱揖讓而海內平矣是謂爲政之方又言尚主之制非古釐降二女陶唐之典歸妹元吉帝乙之訓王姬歸齊宗周之禮以陰乘陽違天以婦陵夫違人違天不祥違人不義又古者天子諸侯有事必告于廟朝有二史左史記言右史書事（禮記曰天子朝日于東門之外聽朔于南門之外閏月則闔門左扉立于其中動則左史書之言則右史書之也）事爲春秋言爲尚書君舉必記善惡成敗無不存焉下及士庶苟有茂異咸在載籍或欲顯而不得或欲隱而名章得失一朝而榮辱千載善人勸焉淫人懼焉（淫過也左氏傳曰或求名而不得或欲蓋而名章書齊豹盜三叛人名以懲不義也）

後漢列傳五十二 十四 荀悅

宜於今者備置史官掌其典文紀其行事每於歲盡舉之尚書以助賞罰以弘法教帝覽而善之帝好典籍常以班固漢書文繁難省乃令悅依左氏傳體以爲漢紀三十篇詔尚書給筆札辭約事詳論辨多美其序之曰昔在上聖惟建皇極經緯天地觀象立法乃作書契以通宇宙揚于王庭厥用大焉

先王光演大業肆于時夏（詩周頌曰我求懿德肆於時夏鄭玄注曰懿美也肆陳也我武王也求美德之士而任用之故陳於是夏而歌之也）亦惟厥後永世作典夫立典有五志焉一曰達道義二曰章法式三曰通古今四曰著功勳五曰表賢能於是天人之際事物之宜粲然顯著罔不備矣世濟其軌不隕其業（濟成也）損益盈虛與時消息臧否不同其揆一也漢四百有六載撥亂反正統武興文永惟祖宗之洪業思光啓乎萬嗣聖上穆然惟

文之恤瞻前顧後是紹是繼闡崇大猷命立國典於是綴叙舊書以述漢紀中興以前明主賢臣得失之軌亦足以觀矣又著崇德正論及諸論數十篇年六十二建安十四年卒

韓韶字仲黄潁川舞陽人也少仕郡辟司徒府時太山賊公孫舉僞號歷年守令不能破散多爲坐法尚書選三府掾能理劇者乃以韶爲嬴長（嬴縣故城在今兗州博城縣東北）賊聞其賢相戒不入嬴境餘縣多被寇盜廢耕桑其流入縣界求索衣糧者甚衆韶愍其飢困乃開倉賑之所稟贍萬餘户主者爭謂不可韶曰長活溝壑之人而以此伏罪含笑入地矣太守素知韶名德竟無所坐以病卒官同郡李膺陳寔杜密荀淑等爲立碑頌焉子融字元長少能辯理而不爲章句學聲名甚盛五府並辟獻帝初至太僕年七十卒

鍾皓字季明潁川長社人也爲郡著姓世善刑律皓少以篤行稱公府連辟爲二兄未仕避隱密山（密縣山也）以詩律教授門徒千餘人同郡陳寔年不及皓皓引與爲友皓爲郡功曹會辟司徒府臨辭太守問誰可代卿者皓曰明府欲必得其人西門亭長陳寔可寔聞之曰鍾君似不察人不知何獨識我皓頃之自劾去前後九辟公府徵爲廷尉正博士林慮長皆不就時皓及荀

淑並爲士大夫所歸慕李膺常歎曰荀君
清識難尚鍾君至德可師皓兄子瑾母膺
之姑也瑾好學慕古有退讓風與膺同年
俱有聲名膺祖太尉脩常言瑾似我家性
邦有道不廢邦無道免於刑戮復以膺妹
妻之瑾辟州府未常屈志膺謂之曰孟子
以爲人無是非之心非人也孟子曰人無惻隱之心非人也無羞
惡之心非人也無辭讓之心非人也無是非之心非人也弟何期不與孟軻
同邪瑾常以膺言白皓皓曰昔國武子好

昭人過以致怨本國武子齊大夫齊慶克通於齊君之母國武子知之而責
慶克夫人遂譖武子而逐之事見左傳卒保身全家爾道爲貴
其體訓所安多此類也年六十九終於家
諸儒頌之曰林慮懿德非禮不處悅此詩
書弦琴樂古五就州招九應台輔遂巡王
命卒歲容與皓孫緄建安中爲司隸校尉
海內先賢傳曰緄字元常郡主簿迪之子也魏志曰舉孝廉爲尚書郎辟三府爲廷尉正黃門侍郎
陳寔字仲弓潁川許人也出於單微自爲
兒童雖在戲弄爲等類所歸少作縣吏常

給事廝役後爲都亭刺佐而有志好學坐
立誦讀縣令鄧邵試與語奇之聽受業太
學後令復召爲吏乃避隱陽城山中時有
殺人者同縣楊吏以疑寔縣遂逮繫考掠
無實而後得出及爲督郵乃密託許令禮
召楊吏遠近聞者咸歎服之家貧復爲郡
西門亭長尋轉功曹時中常侍侯覽託太
守高倫用吏倫敎署爲文學掾寔知非其
人懷檄請見檄板書謂以高倫之敎書之於檄而懷之者懼泄事也言曰

此人不宜用而侯常侍不可違寔乞從外
署不足以塵明德倫從之請從外署之舉不欲陷倫於請託也於
是鄉論怪其非舉寔終無所言倫後被徵
爲尚書郡中士大夫送至輪氏傳舍輪氏縣名屬潁
川郡今故高陽縣是倫謂衆人言曰吾前爲侯常侍用
吏陳君密持敎還而於外白署比聞議者
以此少之此咎由故人畏憚強禦陳君可
謂善則稱君過則稱己者也寔固自引愆
聞者方歎息由是天下服其德司空黃瓊

辟選理劇補聞喜長旬月以朞喪去官復
再遷除太丘長（太丘縣屬沛國故城在今亳州永城縣西北也）修德清
靜百姓以安鄰縣人户歸附者寔輒訓導
譬解發遣各令還本司官行部（司官謂主司之官也）吏
慮有訟者白欲禁之寔曰訟以求直禁之
理將何申其勿有所拘司官聞而歎息曰
陳君所言若是豈有怨於人乎亦竟無訟
者以沛相賦斂違法乃解印綬去吏人追
思之及後逮捕黨人事亦連寔餘人多逃

後漢列傳五十二　十九　兆

避求免寔曰吾不就獄衆無所恃乃請囚
焉遇赦得出靈帝初大將軍竇武辟以爲
掾屬時中常侍張讓權傾天下讓父死歸
葬潁川雖一郡畢至而名士無往者讓甚
恥之寔乃獨弔焉及後復誅黨人讓感寔
故多所全宥寔在鄉閭平心率物其有爭
訟輒求判正曉譬曲直退無怨者至乃歎
曰寧爲刑罰所加不爲陳君所短時歲
民儉有盜夜入其室止於梁上寔陰見

起自整拂呼命子孫正色訓之曰夫人不
可不自勉不善之人未必本惡習以性成
遂至於此梁上君子者是矣盜大驚自投
於地稽顙歸罪寔徐譬之曰視君狀貌不
似惡人宜深尅己反善然此當由貧困令
遺絹二匹自是一縣無復盜竊太尉楊賜
司徒陳耽每拜公卿羣僚畢賀賜等常歎
寔大位未登愧於先之及黨禁始解大將
軍何進司徒袁隗遣人敦寔（敦勸也）欲特表

後漢列傳五十二　二十　李權

以不次之位寔乃謝使者曰寔久絕人事
飾巾待終而已時三公每缺議者歸之累
見徵命遂不起閉門懸車棲遲養老中平
四年年八十四卒于家何進遣使弔祭海
內赴者三萬餘人制衰麻者以百數共刊
石立碑諡爲文範先生（先賢行狀曰將軍何進遣官屬弔祠爲諡）有
六子紀諶最賢
紀字元方亦以至德稱兄弟孝養閨門廱
和後進之士皆推慕其風及遭黨錮發憤

著書數萬言號曰陳子黨禁解四府並命無所屈就遭父憂每哀至輒歐血絶氣雖衰服已除而積毁消瘠殆將滅性豫州刺史嘉其至行表上尚書圖象百城以厲風俗董卓入洛陽乃使就家拜五官中郎將不得已到京師遷侍中出爲平原相往謁卓時欲徙都長安乃謂紀曰三輔平敞四面險固土地肥美號爲陸海（前書曰東方朔曰三輔之地南有江淮北有河渭汧隴以東商洛以西厥壤肥饒此所謂天府陸海之地）今關東兵起

恐洛陽不可久居長安猶有宮室今欲西遷何如紀曰天下有道守在四夷（左傳曰楚沈尹戍曰古者天子守在四夷天子卑守在諸侯也）宜脩德政以懷不附遷移至尊誠計之末者愚以公宜事委公卿專精外任其有違命則威之以武今關東兵起民不堪命若謙遠朝政率師討伐則塗炭之民庶幾可全若欲徙萬乘以自安將有累卵之危崢嶸之險也（累卵解見皇后紀崢音士耕反）卓意甚忤而敬紀名行無所復言時議欲以

爲司徒紀見禍亂方作不復辨嚴（嚴讀曰裝也）即時之郡璽書追拜太僕又徵爲尚書令建安初袁紹爲太尉讓於紀紀不受拜大鴻臚年七十一卒於官子羣爲魏司空（羣字長文魏志曰魯國孔融才高倨傲年在羣紀之間先與羣交更爲紀拜由是顯名也）天下以爲公慙卿卿慙長弟諶字季方與紀齊德同行父子並著高名時號三君每宰府辟召常同時旌命羔鴈成羣（古者諸侯朝天子卿執羔大夫執鴈士執雉成羣言衆多也）當世者靡不榮之諶早終（先賢行狀曰豫州百城皆圖畫寔紀諶形像焉）

論曰漢自中世以下閹豎擅恣故俗遂以遁身矯絜放言爲高（放肆其言不拘節制也論語曰隱居放言）士有不談此者則芸夫牧豎已叫呼之矣（叫呼譏笑之也芸除草也）故時政彌惽而其風愈往唯陳先生進退之節必可度也據於德故物不犯安於仁故不離羣行成乎身而道訓天下故凶邪不能以權奪王公不能以貴驕所以聲教廢於上而風俗清乎下也

贊曰二李師淑陳君友皓韓韶就吏嬴寇懷道大丘奧廣模我彝倫曾是淵軌薄夫以淳曾之言則也慶基既啓有蔚潁濵二方承則八慈繼塵二方元方季方也荀淑八子皆以慈爲字見荀氏家傳也

後漢書列傳卷第五十二

列傳卷第五十三 范曄 後漢書六十三

唐章懷太子賢注

李固 子燮 杜喬

李固字子堅漢中南鄭人司徒郃之子也郃在數術傳固貌狀有奇表鼎角匿犀足履龜文鼎角者頂有骨如鼎足也匿犀伏犀也謂骨當額上入髮際隱起也足履龜文者二千石見相書少好學常步行尋師不遠千里謝承書曰固改易姓名杖策驅驢負笈追師三輔學五經積十餘年博覽古今明於風角星筭河圖讖緯仰察俯占窮神知變每到大學密入公府定省父母不令同業諸生知是郃子遂究覽墳籍結交英賢四方有志之士多慕其風而來學京師咸歎曰是復爲李公矣言復繼其父爲公也司隸益州並命郡舉孝廉辟司空掾皆不就謝承書曰五察孝廉益州再舉茂才不應五府連辟皆辭以疾陽嘉二年有地動山崩火災之異公卿舉固對策續漢書曰陽嘉二年詔公卿舉敦樸之士衛尉賈建舉固也詔又特問當世之敝爲政所宜固對曰臣聞王者父天母地春秋感精符曰人主日月同明四時合信故父天母地兄日姊月宋均注曰父天於圜丘之祀也母地於方澤之祭也兄日於東郊姊月於西郊寶有山川史記曰魏武侯浮西河而下中河顧而謂吳起曰美哉乎

(河山之固此飄之寶也吳起對曰在德不在險)王道得則陰陽和穆政化乖則崩震爲灾斯皆關之天心效於成事者也夫化以職成官由能理古之進者有德有命(命爵命也言有德者乃可加爵命也)今之進者唯財與力伏聞詔書務求寬博疾惡嚴暴而今長吏多殺伐致聲名者必加遷賞其存寬和無黨援者輒見斥逐是以淳厚之風不宣彫薄之俗未革雖繁刑重禁何能有益前孝安皇帝變亂舊典封爵阿母(阿母王聖)因

後漢列傳五十三　二　李固

造妖孽使樊豐之徒乘權放恣侵奪主威改亂嫡嗣(謂順帝爲太子時廢爲濟陰王)至令聖躬狼狽親遇其艱既拔自困殆(殆危也)龍興即位天下喁喁屬望風政積敝之後易致中興誠當沛然思惟善道(沛然寬廣之意)而論者猶云方今之事復同於前臣伏從山草痛心傷臆實以漢興以來三百餘年賢聖相繼十有八主豈無阿乳之恩豈忘貴爵之寵然上畏天威俯案經典知義不可故不封也今宋

阿母(謂宋娥也)雖有大功勤謹之德但加賞賜足以酬其勞苦至於裂土開國實乖舊典聞阿母體性謙虚必有遜讓陛下宜許其辭國之高使成萬安之福夫妃后之家所以少完全者豈天性當然但以爵位尊顯專揔權柄天道惡盈不知自損故至顛仆先帝寵遇閻氏位號太疾故其受禍曾不旋時老子曰其進鋭其退速也(案孟子有此文謝承書亦云孟子而續漢書復云老子)今梁氏戚爲椒房禮所不臣

後漢列傳五十三　三　李固

(公羊傳曰宋殺其大夫何以不名宋三世無大夫三世内娶也何休注云内娶娶大夫女也言無大夫者三世禮不臣妻之父母國内皆臣無娶道故絶去大夫名正其義也椒房者皇后所居以椒泥塗也)尊以高爵尚可然也而子弟羣從榮顯兼加永平建初故事殆不如此宜令步兵校尉冀及諸侍中還居黄門之官使權去外戚政歸國家豈不休乎又詔書所以禁侍中尚書中臣子弟不得爲吏察孝廉者以其秉威權容請託故也而中常侍在日月之側聲埶振天下子弟禄任曾無限極雖外

託諫默不干州郡而諂僞之徒望風進舉今可為設常禁同之中臣昔館陶公主為子求郎（館陶公主光武第三女也）明帝不許賜錢千萬所以輕厚賜重薄位者為官人失才害及百姓也竊聞長水司馬武宣（續漢志長水校尉一人比二千石司馬一人千石掌宿衛也）開陽城門候羊迪等（續漢志曰城門每門候一人六百石）無它功德初拜便真此雖小失而漸壞舊章（續漢書曰中都官千石六百石故事先守一歲然後補真）先聖法度所宜堅守政教一跌百年不復詩云

後漢列傳五十三　四

上帝板板下民卒癉刺周王變祖法度故使下民將盡病也（板反也卒盡也癉病也詩大雅凡伯刺周厲王反先王之道下人盡病也）今陛下之有尚書猶天之有北斗也斗為天喉舌尚書亦為陛下喉舌（春秋合誠圖曰天理在斗中司三公如人喉在咽以理舌語宋均注曰斗為天之舌口主出政教三公王導宣君命喻於人則宜如人喉在咽以理舌口使言有條理）斗斟酌元氣運平四時（春秋保乾圖曰天皇於是斟元陳樞以五易威宋均注曰威則也法也天皇斟元氣陳列樞機受行次之當得也）尚書出納王命賦政四海（賦布也）權尊埶重責之所歸若不平心災眚必至誠宜審

擇其人以毗聖政今與陛下共理天下者外則公卿尚書內則常侍黃門譬猶一門之內一家之事安則共其福慶危則通其禍敗刺史二千石外統職事內受法則夫表曲者景必邪源清者流必絜猶叩樹本百枝皆動也周頌曰薄言振之莫不震疊（韓詩薛君傳曰薄辭也振奮也莫無也震動也疊應也美成王能奮舒文武之道而行之則天下無不動而應其政教）此言動之於內而應於外者也猶此言之本朝號令豈可蹉跌閒隙一開則

後漢列傳五十三　五

邪人動心利競暫啓則仁義道塞刑罰不能復禁化導以之寖壞此天下之紀綱當今之急務陛下宜開石室陳圖書（前書曰司馬遷為太史令紬史記石室金匱之書紬音抽）招會羣儒引問失得指擿變象以求天意其言有中理即時施行顯拔其人以表能者則聖聽日有所聞忠臣盡其所知又宜罷退宦官去其權重裁置常侍二人方直有德者省事左右小黃門五人才智閑雅者給事殿中如此則論者

厭塞升平可致也臣所以敢陳愚瞽冒昧自聞者儻或皇天欲令微臣覺悟陛下陛下宜熟察臣言憐赦臣死順帝覽其對多所納用即時出阿母還弟舍諸常侍悉叩頭謝罪朝廷肅然以固爲議郎而阿母宦者疾固言直因詐飛章以陷其罪事從中下大司農黃尚等請之於大將軍梁商又僕射黃瓊救明固事久乃得拜議郎出爲廣漢雒令至白水關解印綬還漢中（梁州記曰關城西南百八十里有白水關昔李固解印綬處也故關城今在梁州金牛縣西）杜門不交人事歲中梁商請爲從事中郎商以后父輔政而柔和自守不能有所整裁災異數見下權日重固欲令商先正風化退辭高滿乃奏記曰春秋褒儀父以開義路（隱公元年三月公及邾儀父盟于眛公羊傳曰儀父者何邾婁之君也何以稱字褒之也曷爲褒之爲其與盟也何休注云春秋王魯託隱公爲受命王因儀父先與隱公盟假以見褒賞義）貶無駭以閉利門（春秋隱公二年經書無駭帥師入極公羊傳曰無駭者何展無駭也何以不氏貶曷爲貶疾始滅也）夫義路閉則利門開利門開則義路

後漢列傳五十三　六　李產

閉也前孝安皇帝內任伯榮樊豐之屬（伯榮王聖女也）外委周廣謝惲之徒開門受賂署用非次天下紛然怨聲滿道朝廷初立頗存清靜未能數年稍復墯損左右黨進者日有遷拜守死善道者滯涸窮路（守死善道論語文滯涸窮路以魚爲諭也）而未有改敝立德之方又即位以來十有餘年聖嗣未立羣下繼望可令中宮博簡嬪媵兼採微賤宜子之人進御至尊順助天意若有皇子母自乳養無委保妾醫巫以致飛燕之禍（趙飛燕成帝皇后妹爲昭儀專寵成帝貴人曹偉能等生皇子皆殺之）明將軍望尊位顯當以天下爲憂崇尚謙省垂則萬方而新營祠堂費功億計非以昭明令德崇示清儉自數年以來災怪屢見比無雨潤而沈陰鬱決（雲起貌）宮省之內容有陰謀孔子曰智者見變思刑愚者覩怪諱名天道無親可爲祇畏（祇敬也言天無親疏惟善是與可敬畏也書曰皇天無親）加近者月食旣於端門之側（旣盡也端門太微宮南門也）月者大臣之體也（前書李尋上疏

大二百五十九　小九十　後漢列傳五十三　七

日月者衆陰之長，妃后大臣諸侯之象也。夫窮高則危，大滿則溢，月盈則缺，日中則移，易豐卦曰：日中則昃，月盈則食，天地盈虛，與時消息。史記蔡澤謂范雎曰：日中則移，月滿則虧也。凡此四者，自然之數也。天地之心，福謙忌盛，易曰：鬼神害盈而福謙，人道惡盈而好謙。又曰：見天地之心。是以賢達功遂身退，老子曰：功成名遂身退，天之道也。全名養壽，無有怵迫之憂。爲利所誘怵迫於憂勤也。怵音息律反，戓音黜。誠令王綱一整，道行忠立，明公踵伯成之高，全不朽之譽，莊子曰：伯成子高，唐虞時爲諸侯，至禹去而耕。禹往見之，則耕在野。禹問曰：昔堯化天下，吾子立爲諸侯，堯授舜，舜授予，子去而耕，其故何也？子高曰：昔堯化天下，至公無私，不賞而人自勸，不罰而人自畏。今子賞而不勸，罰而不威，德自此衰，刑自此作。夫子盍行，無留吾事。俋俋然耕而不顧。亦見呂氏春秋。

後漢列傳五十三　八

豈與此外戚凡輩耽榮好位者同日而論哉！固狂夫下愚，不達大體，竊感古人一飯之報，謂靈輒也。況受顧遇而容不盡乎？」商不能用。永和中，荊州盜賊起，彌年不定，乃以固爲荊州刺史。固到，遣吏勞問境內，赦寇盜前釁，與之更始。於是賊帥夏密等斂其魁黨六百餘人，自縛歸首。固皆原之，遣還，使自相招集，開示威法。半歲

間，餘類悉降，州內清平。上奏南陽太守高賜等臧穢。賜等懼罪，遂共重賂大將軍梁冀，冀爲千里移檄，言移一日行千里，救之急也。而固持之愈急。冀遂令徙固爲太山太守。時太山盜賊屯聚歷年，郡兵常千人，追討不能制。固到，悉罷遣歸農，但選留任戰者百餘人，以恩信招誘之。未滿歲，賊皆弭散。遷將作大匠。上疏陳事曰：「臣聞氣之清者爲神，人之清者爲賢。養身者以練神爲寶，安國者以積賢爲道。

後漢列傳五十三　九　王永

昔秦欲謀楚，王孫圉設壇西門，陳列名臣，秦使懼然，遂爲寢兵。秦欲伐楚，使使者往觀楚之寶器。昭奚恤乃爲壇，使客東面，自居西面之壇，稱曰：理百姓，實倉廩，子西在此；奉珪璋，使諸侯，子方在此；守封疆，謹境界，葉公子高在此；理師旅，正兵戎，司馬子反在此；懷霸王之餘義，攝治亂之遺風，昭奚恤在此。惟大國所觀。使反，言於秦君曰：楚多賢臣，未可謀也。事見新序。國語曰：楚王孫圉聘於晉，趙簡子鳴玉以相，問圉曰：楚之白珩猶在乎？其爲寶也幾何？對曰：未嘗爲寶也。楚人有觀射父，能作訓辭，以行諸侯；有左史倚相，道訓典以序百物，此楚國之寶也。若夫白珩，先王之所玩也，何寶焉。與此所引不同也。魏文侯師卜子夏，友田子方，軾段干木，故羣俊競至，名過齊桓，秦人不敢闚兵於西

河斯蓋積賢人之符也魏文侯受經於子夏過段干木閭未嘗不軾也李克曰文侯東得卜子夏田子方段干木此三人者君皆師之又秦欲伐魏或曰魏君賢人是禮國人稱仁上下和合未可圖也事見史記也陛下撥亂龍飛初登大位聘南陽樊英江夏黃瓊廣漢楊厚會稽賀純謝承書曰純字仲眞會稽山陰人少爲諸生博極羣藝十辟公府三舉賢良方正五徵博士四公車徵皆不就後徵拜議郎數陳災異上便宜數百事多見省納遷江夏太守策書嗟歎待以大夫之位是以巖穴幽人智術之士彈冠振衣樂欲爲用四海欣然歸服聖德厚等在職雖無奇卓然夕惕孳孳志在憂

後漢列傳五十三　十

國臣前在荆州聞厚純等以病免歸誠以悵然爲時惜之一日朝會見諸侍中並皆年少無一宿儒大人可顧問者誠可歎息宜徵還厚等以副羣望瓊久處議郎已且十年衆人皆怪始隆崇今更滯也隆高也崇重也光祿大夫周舉才謨高正宜在常伯訪以言議侍中杜喬學深行直當世良臣久託疾病可勑令起又薦陳留楊倫倫見儒林傳河南尹存東平王惲陳國何臨臨字子陵熈之子爲平原太守見百家譜也

清河房植等植見黨人篇也是日有詔徵用倫厚等而遷瓊舉以固爲大司農先是周舉等八使案察天下多所劾奏其中並是宦者親屬輒爲請乞詔遂令勿考又舊任三府選令史光祿試尚書郎時皆特拜不復選試固乃與廷尉吳雄上疏以爲八使所糾宜急誅罰選舉署置可歸有司帝感其言乃更下免八使所舉刺史二千石自是稀復特拜切責三公明加考察朝廷稱善乃復與光祿勳劉宣上言自頃選舉牧守多非

二〇八八六　後漢列傳五十三　十一

其人至行無道侵害百姓又宜止槃遊專心庶政帝納其言於是下詔諸州劾奏守令以下政有乖枉遇人無惠者免所居官其姦穢重罪收付詔獄及沖帝即位以固爲太尉與梁冀參録尚書事明年帝崩梁太后以楊徐盜賊盛強恐驚擾致亂使中常侍詔固等欲須所徵諸王侯到乃發喪固對曰帝雖幼少猶天下之父今日崩亡

人神感動豈有臣子反共掩匿乎昔秦皇
亡於沙丘史記曰始皇東巡道病崩於沙丘徐廣曰趙有沙丘宮在鉅鹿也胡亥
趙高隱而不發卒害扶蘇以至亡國丞相李斯爲始皇崩在外恐諸公子及天下有變乃秘之不發喪獨胡亥趙高等知陰謀破去始皇所封書賜公子扶蘇死而立胡亥爲太子胡亥元年楚漢並起近北鄉侯薨閻后兄弟及
江京等亦共掩祕遂有孫程手刃之事江京劉安等坐省門下孫程與王康等誅斬京安等立順帝也此天下大忌不可
之甚者也太后從之即暮發喪固以清河
王蒜年長有德欲立之謂梁冀曰今當立

後漢列傳五十三　十二　章駒

帝宜擇長年高明有德任親政事者願將
軍審詳大計察周霍之立文宣周勃立文帝霍光立宣帝也戒鄧閻之利幼弱謂鄧太后立殤帝帝時誕育百餘日二歲而崩又立安帝時年十餘歲閻太后立北鄉侯其年薨又徵諸王子擇立之也冀不從乃立
樂安王子纘年八歲是爲質帝時沖帝將
北卜山陵固乃議曰今處處寇賊軍興用
費加倍新創憲陵賦發非一帝尚幼小可
起陵於憲陵塋內依康陵制度康陵殤帝陵也其於
役費三分減一乃從固議時太后以比遭

不造委任宰輔固所匡正每輒從用其黃
門宦者一皆斥遣天下咸望遂平而梁冀
猜專每相忌疾初順帝時諸所除官多不
以次及固在事奏免百餘人此等既怨又
希望冀旨遂共作飛章虛誣固罪曰臣聞
君不稽古無以承天書曰粵若稽古帝堯鄭玄注曰稽同也古天也言能同天而行者帝堯臣不述舊無以奉君昔堯殂之後
舜仰慕三年坐則見堯於牆食則覩堯於
羹太公兵法曰帝堯王天下之時金銀珠玉弗服也錦繡文綺弗衣也奇怪異物弗視也玩好之器弗

後漢列傳五十三　十三　吳佐

寶也淫佚之樂弗聽也宮垣室屋弗堊色也櫋桷柱楹弗藻飾也茅茨之蓋弗翦齊也滋味重累弗食也溫飯煖羹不酸餒不易也斯所謂聿追來孝不失臣子之
節者聿述也詩大雅曰文王烝哉遹追來孝言文王能述追王季勤孝之行也太尉
李固因公假私依正行邪離閒近戚自隆
支黨至於表舉薦達例皆門徒及所辟召
靡非先舊或富室財賂或子壻婚屬其列
在官牒者凡四十九人又廣選賈豎以補
令史募求好馬臨窻呈試出入踰侈輜軿
曜日大行在殯路人掩涕固獨胡粉飾貌

搔頭弄姿（西京雜記曰武帝過李夫人就取玉簪搔頭自此宮人搔頭皆用玉）槃旋偃仰從容冶步曾無慘怛傷悴之心山陵未成違矯舊政善則稱己過則歸君斥逐近臣不得侍送作威作福莫固之甚臣聞台輔之位實和陰陽琁機不平寇賊姦軌（書曰琁機玉衡以齊七政孔安國注曰琁美玉也機衡也王者正天文之器可運轉者也又曰寇賊姦軌注曰羣行攻劫曰寇殺人曰賊在外曰姦在內曰軌）則責在太尉（續漢志曰太尉掌四方兵事功課歲盡則奏殿最而行賞罰也）固受任之後東南跋扈兩州數郡（謂九江賊徐鳳馬免等攻燒城邑廣陵賊張嬰等攻殺江都長九江廣陵是荆楊之地故云兩州也）

後漢列傳五十三　十四　章勛

千里蕭條兆人傷損大化陵遲而詆疵先主苟肆狂猾存無廷爭之忠沒有誹謗之說夫子罪莫大於累父臣惡莫深於毀君固之過釁事合誅辟（據吳祐傳此章馬融之詞）書奏冀以白太后使下其事太后不聽得免冀忌帝聰慧恐為後患遂令左右進鴆帝苦煩甚使促召固固入前問陛下得患所由帝尚能言曰食煮餅今腹中悶得水尚可活時冀亦在側曰恐吐不可飲水語未

絕而崩固伏尸號哭推舉侍醫冀慮其事泄大惡之因議立嗣固引司徒胡廣司空趙戒（謝承書戒字志伯蜀郡成都人也戒博學明經講授舉孝廉累遷荆州刺史梁商弟讓為南陽太守恃椒房之寵不奉法戒到州劾奏之遷戒河間相以冀部難理整厲威嚴遷南陽太守糾豪傑恤吏人奏免中官貴戚子弟為令長貪濁者徵拜為尚書令出為河南尹轉拜太常永和六年特拜司空也）先與冀書曰天下不幸仍遭大憂皇太后聖德當朝攝統萬機明將軍體履忠孝憂存社稷而頻年之間國祚三絕（順帝崩沖帝立一年崩質帝一年崩）今當立帝天下重器誠知太后垂心

後漢列傳五十三　十五　李秀

將軍勞慮詳擇其人務存聖明然愚情眷眷竊獨有懷遠尋先世廢立舊儀近見國家踐祚前事未嘗不詢訪公卿廣求羣議令上應天心下合眾望且永初以來政事多謬地震宮廟彗星竟天誠是將軍用情之日傳曰以天下與人易為天下得人難昔昌邑之立昏亂日滋霍光憂愧發憤悔之折骨（昌邑王賀武帝孫昌邑哀王子也昭帝崩霍光立之）自非博陸忠勇（霍光封博陸侯前書音義曰博大陸平取其嘉名無此縣也食邑北海河東也）延年奮

發大漢之祀幾將傾矣（霍光召丞相已下議曰昌邑王行昏亂恐危社稷如何羣臣皆驚愕失色大司農田延年前離席案劒曰今日之議不得旋踵羣臣後應者臣請劒斬之於是廢立遂定）至憂至重可不熟慮悠悠萬事唯此爲大國之興衰在此一舉冀得書乃召三公中二千石列侯大議所立固廣戒及大鴻臚杜喬皆以爲清河王蒜明德著聞又屬最尊親宜立爲嗣先是蠡吾侯志當取冀妹時在京師冀欲立之衆論既異憤憤不得意而未有以相奪（未有別理而易奪之）中常侍曹

後漢列傳五十三　十六　陳仲

騰等聞而夜往說冀曰將軍累世有椒房之親秉攝萬機賓客縱横多有過差清河王嚴明若果立則將軍受禍不久矣不如立蠡吾侯富貴可長保也冀然其言明日重會公卿冀意氣凶凶而言辭激切自胡廣趙戒以下莫不慴憚之皆曰惟大將軍令而固獨與杜喬堅守本議冀厲聲曰罷會固意既不從猶望衆心可立復以書勸冀冀愈激怒乃說太后先策免固竟立蠡

吾侯是爲桓帝後歲餘甘陵劉文魏郡劉鮪各謀立蒜爲天子梁冀因此誣固與文鮪共爲妖言下獄門生勃海王調貫械上書證固之枉河内趙承等數十人亦要鈇鑕詣闕通訴（字林曰鈇鑕椹也鑕音質椹音竹心反）太后明之乃赦焉及出獄京師市里皆稱萬歲冀聞之大驚畏固名德終爲己害乃更據奏前事遂誅之時年五十四（固臨終勑子孫素棺三寸幅巾殯殮於本郡墝埆之地不得還墓塋汚先公兆域見謝承書也）臨命與胡廣趙戒書曰固

後漢列傳五十三　十七　于

受國厚恩是以竭其股肱不顧死亡志欲扶持王室比隆文宣（文帝宣帝皆羣臣迎立能興漢祚）何圖一朝梁氏迷謬公等曲從以吉爲凶成事爲敗乎漢家衰微從此始矣公等受主厚禄顛而不扶傾覆大事後之良史豈有所私固身已矣於義得矣夫復何言廣戒得書悲慙皆長歎流涕州郡收固二子基茲於郾城皆死獄中（續漢書曰基偃師長茲字季公並爲長吏聞固策免並弃官亡歸巴漢南鄭趙子賤爲郡功曹詔下郡殺固二子太守知其枉遇之甚寬二子託服藥夭）

具棺器欲因出逃子賤畏法勑吏驗實孰殺之小子夔得脫亡命奐乃
封廣戒而露固尸於四衢爾雅曰四達謂之衢郭璞注曰交通四出
者也令有敢臨者加其罪固弟子汝南郭亮
謝承書曰亮字恒直朗陵人也年始成童成童年十五也禮記曰十五成童舞象也遊
學洛陽乃左提章鉞章謂所上章也蒼頡篇曰鉞斧也右秉
鈇鑕詣闕上書乞收固屍不許因往臨哭
陳辭於前遂守喪不去夏門亭長呵之曰
洛陽北面西頭門門外有萬壽亭李杜二公為大臣不能安
上納忠而興造無端卿曹何等腐生公犯

詔書干試有司乎腐生者猶言腐儒也亮曰亮含陰陽
以生戴乾履坤義之所動豈知性命何為
以死相懼亮長歎曰居非命之世非命謂喪亂之時人
多不得其死也天高不敢不跼地厚不敢不蹐跼曲也蹐
累足也言天高而有雷霆地厚而有淪陷上下皆可畏懼也詩云謂天蓋高不敢不跼謂地蓋厚不敢不
蹐也耳目適宜視聽口不可以妄言也太后
聞而不誅南陽人董班亦往哭固而殉尸
不肯去殉巡也楚國先賢傳曰班字季宛人也少遊太學宗事李固才高行美不交非類嘗
耦耕澤畔惡衣蔬食聞固死乃星行奔赴哭泣盡哀司隸案狀奏聞天子釋而不罪班遂守尸積十日不

去桓帝嘉其義烈聽許送喪到漢中赴葬畢而還也太后憐之乃聽得襚
斂歸葬二人由此顯名三公並辟班遂隱
身莫知所歸固所著章表奏議教令對策
記銘凡十一篇弟子趙承等悲歎不已乃
共論固言迹以為德行一篇謝承書曰固所授弟子潁川杜
訪汝南鄭遂河內趙承等七十二人相與哀歎悲憤以為眼不復瞻固形容耳不復聞固嘉訓乃共論集
德行一篇

夔字德公初固既策罷知不免禍乃遣三
子歸鄉里時夔年十三姊文姬為同郡趙

伯英妻賢而有智見二兄歸具知事本默
然獨悲曰李氏滅矣自太公已來積德累
仁何以遇此太公謂祖父郃也密與二兄謀豫藏匿
夔託言還京師人咸信之有頃難作下郡
收固三子二兄受害文姬乃告父門生王
成曰君執義先公有古人之節今委君以
六尺之孤六尺謂年十五以下李氏存滅其在君矣成
感其義乃將夔乘江東下入徐州界內令
夔名姓為酒家傭謝承書曰夔遠遁身於北海劇託命滕咨家以得免與此

（不同）而成賣卜於市各為異人陰相往來燮從受學酒家異之意非恒人以女妻燮燮專精經學十餘年間梁冀既誅而災眚屢見明年史官上言宜有赦令又當存録大臣冤死者子孫於是大赦天下并求固後嗣燮乃以本末告酒家酒家具車重厚遣之皆不受遂還鄉里追服姊弟相見悲感傍人既而戒燮曰先公正直為漢忠臣而遇朝廷傾亂梁冀肆虐令吾宗祀血食將

絶令弟幸而得濟豈非天邪宜杜絶衆人勿妄往來慎無一言加於梁氏加梁氏則連主上禍重至矣唯引咎而已燮謹從其誨後王成卒燮以禮葬之感傷舊恩每四節為設上賔之位而祠焉州郡禮命四府並辟皆無所就後徵拜議郎及其在位廉方自守所交皆舍短取長好成人之美時潁川荀爽賈彪雖俱知名而不相能燮並交二子情無適莫世稱其平正（論語曰君子之於天下也無適也無莫也義之與比）靈帝時拜安平相先是安平王續為張角賊所略國家贖王得還朝廷議復其國燮上奏曰續在國無政為妖賊所虜守藩不稱損辱聖朝不宜復國時議者不同而續竟歸藩燮以謗毁宗室輸作左校未滿歲王果坐不道被誅乃拜燮為議郎京師語曰父不肯立帝子不肯立王擢遷河南尹時既以貨賂為官詔書復横發錢三億以實西園（事見宦者傳）燮上書陳諫辭義

深切帝乃止先是潁川甄邵諂附梁冀為鄴令有同歲生得罪於冀亡奔邵邵僞納而陰以告冀冀即捕殺之邵當遷為郡守會母亡邵且埋屍於馬屋先受封然後發喪邵還至洛陽燮行塗遇之使卒投車於溝中笞捶亂下大署帛於其背曰諂貴賣友貪官埋母乃具表其狀邵遂廢錮終身燮在職二年卒時人感其世忠正咸傷惜焉

杜喬字叔榮河內林慮人也[續漢書曰累祖吏二千石喬少好學治韓詩京氏易歐陽尚書以孝稱雖二千石子常步擔求師林慮今相州縣也]少爲諸
生舉孝廉辟司徒楊震府稍遷爲南郡太
守轉東海相入拜侍中漢安元年以喬守
光祿大夫使徇察兗州表奏太山太守李
固政爲天下第一陳留太守梁讓濟陰太
守汜宮濟北相崔瑗等臧罪千萬以上讓
即大將軍梁冀季父宮瑗皆冀所善還拜
太子大傅遷大司農時梁冀子弟五人及
中常侍等以無功並封喬上書諫曰陛下

太平寺八十 後漢列傳五十三 二十二 齊明

越從藩臣龍飛即位天人屬心萬邦攸賴
不急忠賢之禮而先左右之封傷善害德
興長佞諛臣聞古之明君褒罰必以功過
末世闇主誅賞各緣其私今梁氏一門宦
者微孽[孽音魚列反公羊傳曰臣僕庶孽之事 / 何休注云孽賤子也猶樹之有孽生也]並
帶無功之紱[蒼頡篇 / 紱綬也]裂勞臣之土其爲乖濫
胡可勝言夫有功不賞爲善失其望姦回
不詰爲惡肆其凶故陳資斧而人靡畏班

爵位而物無勸[易旅卦九四曰旅于處得其 / 資斧前書音義曰資利也]苟
遂斯道豈伊傷政爲亂而已喪身亡國可
不慎哉書奏不省益州刺史种暠舉劾永
昌太守劉君世以金蛇遺梁冀事發覺以
蛇輸司農冀從喬借觀之喬不肯與冀始
爲恨累遷大鴻臚時冀小女死令公卿會
喪喬獨不往冀又銜之遷光祿勳建和元
年代胡廣爲太尉桓帝將納梁冀妹冀欲
令以厚禮迎之喬據執舊典不聽[時有司奏 / 曰春秋迎]

後漢列傳五十三 二十三 王仲

[王后于紀在塗則稱后今大將軍冀女弟宜備禮章 / 時進徵幣奏可於是悉依孝惠帝納后故事聘黃金 / 二萬斤納采鴈璧 / 乘馬一依舊典]又冀屬喬舉汜宮爲尚書喬
以宮臧罪明著遂不肯用因此日忤於冀
先是李固見廢內外喪氣羣臣側足而立
唯喬正色無所回橈[回邪也 / 橈曲也]由是海內歎息
朝野瞻望焉在位數月以地震免官宦者唐
衡左悺等因共譖於帝曰陛下前當即位
喬與李固抗議言上不堪奉漢宗祀[抗舉 / 也]
帝亦怨之及清河王蒜事起梁冀遂諷有

司劾喬及李固與劉鮪等交通請逮案罪而梁太后素知喬忠但策免而已（續漢書曰喬諸生耿伯嘗與鮪同止冀諷吏執鮪爲喬門生）冀愈怒使人脅喬曰早從宜妻子可得全（從宜令其自盡也）喬不肯明日冀遣騎至其門不聞哭者遂白執繫之死獄中妻子歸故郡與李固俱暴尸於城北家屬故人莫敢視者喬故掾陳留楊匡聞之號泣星行到洛陽乃著故赤幘託爲夏門亭吏守衛尸喪驅護蠅蟲積十二日都官從

事執之以聞梁太后義而不罪匡於是帶鈇鑕詣闕上書并乞李杜二公骸骨太后許之成禮殯殮送喬喪還家葬送行服隱匿不仕匡初好學常在外黃大澤教授門徒補蘄長（蘄今徐州縣也音機）政有異績遷平原令時國相徐曾中常侍璜之兄也匡恥與接事託疾牧豕云（袁山松書匡一名章字叔康也）

論曰夫稱仁人者其道弘矣（弘大也言非一塗也）立言踐行（立其言必踐而行之）豈徒徇名安己而已哉（徇求也）將以定去就之槩正天下之風使生以理全死與義合也（槩節也立身之道唯孝與忠全生死之義須得其所）夫專爲義則傷生（貴義則賤生也）專爲生則騫義（騫違也）專爲物則害智（爲物則役智故爲害）專爲己則損仁若義重於生舍生可也生重於義全生可也（孟子曰魚我所欲也熊掌我所欲也二者不可得兼舍魚而取熊掌者也生亦我所欲也義亦我所欲也二者不可得兼舍生而取義者也）上以殘闇失君道下以篤固盡臣節臣節盡而死之則爲殺身以成仁去之不爲求生以害仁也（論語無求生以害仁有殺身以成仁）順桓之

閒國統三絕太后稱制賊臣虎視李固據位持重以爭大義確乎而不可奪（確堅貌也易曰確乎其不可拔論語曰臨大節而不可奪）豈不知守節之觸禍恥夫覆折之傷任也（易曰鼎折足覆公餗言不勝其任）觀其發正辭及所遺梁冀書雖機失謀乖猶戀戀而不能已至矣哉社稷之心乎其顧視胡廣趙戒猶糞土也

贊曰李杜司職朋心合力（朋猶同也）致主文宣抗情伊稷（伊尹后稷也）道亡時晦終離罔極（離被

讒人罔極也（毛詩曰）燮同趙孤（趙朔之子趙武。史記曰：晉景公三年，大夫屠岸賈欲誅趙朔，朔客程嬰、公孫杵臼匿朔遺腹子於中山，居十五年，後景公與韓厥立趙孤而攻滅屠岸賈也）世載弦直（載行也）

後漢書列傳卷第五十三

後漢列傳五十三　二十六　蔡仁

列傳卷第五十四　范曄　後漢書六十四

唐章懷太子賢注

吳祐　延篤

史弼　盧植

趙岐

吳祐字季英（祐音又，續漢書作佑）陳留長垣人也。父恢為南海太守（恢或作悏，音徒盍反）。祐年十二，隨從到官。恢欲殺青簡以寫經書（殺青者，以火炙簡令汗，取其青易書，復不蠹，謂之殺青，亦謂汗簡。義見劉向別錄也），祐諫曰：「今大人踰越五領（領者，西自衡山之南，東至于海，一山之限耳，別標名則有五焉。裴氏廣川記曰：大庾、始安、臨賀、桂陽、揭陽，是為五領。鄧德明南康記曰：大庾一也，桂陽甲騎二也，九真都龐三也，臨賀萌渚四也，始安越城五也。裴氏之說則為審矣），遠在海濱，其俗誠陋，然舊多珍怪，上為國家所疑，下為權戚所望（希望其贈遺也）。此書若成，則載之兼兩（車有兩輪，故稱兩也）。昔馬援以薏苡興謗，王陽以衣囊徼名（徼，要也，音工堯反。前書曰：王陽好車馬衣服，鮮明而遷徙轉移，所載不過囊橐，時人怪其奢，伏其儉，故俗傳王陽能作黃金）。嫌疑之間，誠先賢所慎也。」恢乃止，撫其首曰：「吳氏世不乏季子矣。」（季子謂季札也）及年二十，喪父，居

後漢列傳五十四　李昇

無擔石而不受贍遺常牧豕於長垣澤中
續漢書曰年四十餘乃爲郡吏也行吟經書遇父故人謂曰
卿二千石子而自業賤事縱子無恥柰先
君何祐辭謝而已守志如初後舉孝廉陳留
耆舊傳曰太守冷宏召補文學宏見異之擢舉孝廉將行郡中爲祖道祐
越壇共小史雍丘黃眞歡語移時與結友
而別祖道之禮封土爲軷壇也五經要義曰祖道者行祭爲道路祈也周禮太馭掌王玉路以祀及祀軷注云軷祀者封土象山於路側以芻棘栢爲神主祭之以車轢軷而去喻無險難功曹
以祐倨請黜之太守曰吳季英有知人之

明卿且勿言眞後亦舉孝廉除新蔡長世
稱其清節謝承書曰眞字夏甫時公沙穆來遊太學
無資糧乃變服客傭爲祐賃舂祐與語大
驚遂共定交於杵臼之閒祐以光祿四行
遷膠東侯相漢官儀曰四行敦厚質樸遜讓節儉也時濟北戴
宏父爲縣丞宏年十六從在丞舍祐每行
園常聞諷誦之音奇而厚之亦與爲友卒
成儒宗知名東夏東夏東方也尚書曰尹茲東夏也官至酒
泉太守濟北先賢傳曰宏字元襄剛縣人也年二十二爲郡督郵曾以職事見詰府君欲撻

之宏曰今鄙郡遭明府咸以爲仲尼之君國小人少以宏爲顏回豈聞仲尼有撻顏回之義府君異其對即日教署主簿也祐政唯仁簡以身率物民有爭訴
者輒閉閤自責然後斷其訟以道辟之或
身到閭里重相和解自是之後爭隙省息
吏人懷而不欺嗇夫孫性私賦民錢續漢書曰
賦錢五百爲父市單衣市衣以進其父父得而怒曰有
君如是何忍欺之促歸伏罪性慙懼詣閤
持衣自首祐屏左右問其故性具談父言
祐曰掾以親故受汚穢之名所謂觀過斯
知人矣論語載孔子之言也使歸謝其父還以衣遺之

又安丘男子毋丘長與母俱行市道遇醉
客辱其母長殺之而亡安丘追蹤於膠東
得之祐呼長謂曰子母見辱人情所恥然
孝子忿必慮難動不累親論語孔子曰忿思難又曰一朝之忿忘其身以及其親非惑與今若背親逞怒若汝也逞快也白日殺人
赦若非義刑若不忍將如之何長以械自
繫在手曰械曰國家制法囚身犯之明府雖加
哀矜恩無所施祐問長有妻子乎對曰有

妻未有子也即移安丘逮長妻妻到解其桎梏使同宿獄中妻遂懷孕至冬盡行刑長泣謂母曰負母應死當何以報吳君乎乃齧指而吞之含血言曰妻若生子名之吳生言我臨死吞指爲誓屬兒以報吳君因投繯而死謂以繩爲繯投之而縊也繯音胡犬反祐在膠東九年陳留耆舊傳曰祐處同僚無私書之問上司無賤褻之物在膠東書不入京師也遷齊相大將軍梁冀表爲長史及冀誣奏太尉李固祐聞而請見與冀爭之不聽時扶風

後漢列傳五十四　四　周清

馬融在坐爲冀章草祐因謂融曰李公之罪成於卿手李公即誅卿何面目見天下之人乎冀怒而起入室祐亦徑去冀遂出祐爲河間相因自免歸家不復仕躬灌園蔬以經書教授年九十八卒長子鳳官至樂浪太守少子愷新息令鳳子馮鯛陽侯相鯛陽縣屬汝南郡音紂皆有名於世陳留耆舊傳曰鳳字君雅馮字子高

延篤字叔堅南陽犫人也犫音昌猶反故城在汝州魯山縣東南也少從潁川唐溪典受左氏傳先賢行狀曰典字季度爲西鄂長風俗通曰吳夫槩王奔楚封堂谿因以爲氏典爲五官中郎將唐與堂同也旬日能諷之典深敬焉先賢行狀曰篤欲寫左氏傳無紙唐溪典以廢牋記與之篤以牋記紙不可寫傳乃借本諷之糧盡辭歸典曰卿欲寫傳何故辭歸篤曰已諷之矣典聞之歎曰嗟呼延生雖復端木聞一知二未足爲喻若使尼父更起於洙泗君當編名七十與游夏爭匹也又從馬融受業博通經傳及百家之言能著文章有名京師舉孝廉爲平陽侯相到官表龔遂之墓立銘祭祠擢用其後於畎畝之間前書龔遂山陽南平陽人爲勃海太守南平陽故城今兗州鄒縣以師喪棄官奔赴五府並辟不就桓帝以博士徵拜議郎與

後漢列傳五十四　五　朱志遠

朱穆邊韶共著作東觀稍遷侍中帝數問政事篤詭辭密對穀梁傳曰故士造辟而言詭辭而出范甯注云辟君也詭辭而出不以實告人也動依典義遷左馮翊又徙京兆尹其政用寬仁憂恤民黎擢用長者與參政事郡中歡愛三輔咨嗟焉先是陳留邊鳳爲京兆尹亦有能名郡人爲之語曰前有趙張三王前書趙廣漢張敞王尊王章王駿俱爲京兆尹也後有邊延二君時皇子有疾下郡縣出珍藥而大將軍梁冀遣客齎書詣京兆并貨牛黃吳普

本草曰牛黃味苦無毒牛出入呻者有之夜有光走角中牛死入膽中如雞子黃神農本草曰療驚癇除邪逐鬼 篤發書收客曰大將軍椒房外家而皇子有疾必應陳進醫方豈當使客千里求利乎遂殺之冀慙而不得言有司承旨欲求其事篤以病免歸教授家巷時人或疑仁孝前後之證篤乃論之曰觀夫仁孝之辯 辯爭也 紛然異端互引典文代取事據 代更也 可謂篤論矣 篤厚也 夫人二致同源總率百行 二致仁孝也易繫詞曰殊塗而同歸百慮而一致也 非復銖兩輕重必定前後之數也而如欲分其大較 較猶略也 體而名之則孝在事親仁施品物施物則功濟於時事親則德歸於己於己則事寡濟時則功多推此以言仁則遠矣然物有出微而著事有由隱而章近取諸身則耳有聽受之用目有察見之明足有致遠之勞手有飾衛之功功雖顯外本之者心也遠取諸物則草木之生始於萌牙終於彌蔓枝葉扶疏榮華紛縟 說文曰縟繁綵飾也 末雖繁

蔚致之者根也夫仁人之有孝猶四體之有心腹 四體謂手足也 枝葉之有本根也聖人知之故曰夫孝天之經也地之義也人之行也 左氏傳趙簡子問子太叔何謂禮對曰聞諸先大夫子產曰夫禮天之經也地之義也人之行也天地之經人實則之則天之明因地之性孔子取爲孝經之詞也 君子務本本立而道生孝悌也者其爲仁之本與 論語載有若之詞也 然體大難備物性好偏故所施不同事少兩兼者也如必對其優劣則仁以枝葉扶疏爲大孝以心體本根爲先可無訟也或謂先孝後仁非仲尼序回參之意 論語孔子曰參也魯回也其庶乎言庶幾於善道也魯鈍也言若先孝後仁則曾參不得不賢於顏子 蓋以爲仁孝同質而生純體之者則互以爲稱虞舜顏回是也 虞舜顏回純德既備或仁或孝但隨其所稱爾 若偏而體之則各有其目公劉曾參是也 史記公劉后稷曾孫也能修復后稷之業務耕種行地宜百姓懷之多從而保歸焉故公劉以仁紀德曾參以至孝稱賢此則各自爲目不能摠兼其美也 夫曾閔以孝悌爲至德 曾參閔損也 管仲以九合爲仁功 論語孔子曰桓公九合諸侯不以兵車管仲之力如其仁如其仁九合者謂再會於鄄兩會于幽又會檉首止甯母洮葵丘也 未有論德不

先回參考功不大夷吾以此而言各從其
稱者也前越嶲太守李文德素善於篤時
在京師謂公卿曰延叔堅有王佐之才柰
何屈千里之足乎欲令引進之篤聞乃爲
書止文德曰夫道之將廢所謂命也論語孔子曰道
之將行也與命也道之將廢也與命也流聞乃欲相爲求還東
觀來命雖篤所未敢當吾嘗昧爽櫛梳坐
於客堂孔安國注尚書曰昧暝也爽明也朝則誦羲文之易
虞夏之書歷公旦之典禮覽仲尼之春秋

後漢列傳五十四　八　林志遠

周公攝政七年制禮作樂班固東都賦曰今論者但知誦虞夏之書詠殷周之詩講羲文之易論孔氏之
春秋也夕則消搖內階詠詩南軒楚詞高堂邃宇鏤檻層軒
王逸注云軒樓板也百家衆氏投間而作言誦經典之餘投射間隙而讀
百氏也洋洋乎其盈耳也洋洋美也論語曰洋洋乎盈耳哉渙
爛兮其溢目也煥爛文章貌也紛紛欣欣兮其獨樂
也當此之時不知天之爲蓋地之爲輿宋玉
大言賦曰方地爲輿員天爲蓋也不知世之有人己之有軀
也雖漸離擊筑傍若無人說文曰筑五絃之樂也沈約宋書曰
筑不知誰所造也史記唯云高漸離擊筑案今筑形似箏有項有柱史記荊軻至燕日與屠狗及高漸離

擊筑荊軻和而歌於市中相樂已而相泣傍若無人高鳳讀書不知暴雨
事具逸人傳也方之於吾未足況也且吾自東脩已
來東脩謂束帶修飾鄭玄注論語曰謂年十五已上也爲人臣不陷於不
忠爲人子不陷於不孝上交不諂下交不
黷易繫詞之文也從此而殁下見先君遠祖可不
慙赧色媿曰赧音女板反如此而不以善止者恐如教
羿射者也史記有養由基者善射者也去柳葉百步而射之百發而百中之左右觀
者數千人皆曰善射有一人立其旁曰善可教射矣養由基怒釋弓搤劍曰客安能教我射乎客曰非吾
能教枝左詘右也夫去柳葉百步而射之百發百中之不以善息少焉氣衰力倦弓撥矢鉤一發不中者

後漢列傳五十四　九　李昇

百發盡息此言羿者蓋以俱善射而稱之焉愼勿迷其本弃其生也
後遺黨事禁錮錮謂閉塞永康元年卒于家鄉
里圖其形于屈原之廟屈原楚大夫抱忠貞而死篤有志行文彩故圖
其像而偶之焉篤論解經傳多所駮正後儒服虔等
以爲折中所著詩論銘書應訊表教令訊問
也蓋荅客難之類凡二十篇云
史弼字公謙陳留考城人也父敞順帝時
以佞辯至尚書郡守續漢書曰敞爲京兆尹化有能名尤善條教見稱於
三輔也弼少篤學聚徒數百仕州郡謝承書曰弼年二十爲郡

功曹承前太守宋訢穢濁之後悉條諸生聚斂姦吏百餘人皆白太守埽迹還縣高名由此而興辟公府遷北軍中候是時桓帝弟渤海王悝素行險辟僭傲多不法弼懼其驕悖爲亂乃上封事曰臣聞帝王之於親戚愛雖隆必示之以威體雖貴必禁之以度如是和睦之道興骨肉之恩遂昔周襄王恣甘昭公甘昭公王子帶周襄王弟也食邑於甘謚曰昭左傳曰初甘昭公有寵於惠后后將立之未及而卒昭公奔齊王復之遂以狄師攻王王出適鄭也以孝景皇帝驕梁孝王梁孝王景帝弟竇太后少子愛之賜天子旌旗出警入蹕景帝嘗與王宴太后前曰千秋萬歲後傳王爰盎諫

不許遂令人刺殺盎也而二弟階寵終用教慢卒周有播蕩之禍漢有爰盎之變竊聞勃海王悝憑至親之屬恃偏私之愛失奉上之節有僭慢之心外聚剽輕不逞之徒剽悍也逞快也謂被侵枉不快之人也左傳曰率羣不逞之人剽音疋妙反內荒酒樂出入無常所與羣居皆有口無行有虛言無實行也或家之弃子或朝之斥臣必有羊勝伍被之變前書羊勝勸梁王求漢嗣伍被勸淮南子謀反誅也州司不敢彈糾傅相不能匡輔陛下隆於友于不忍遏絶友親也尚書曰惟孝友于兄弟恐遂滋蔓爲害彌大蔓延也左氏傳曰無使滋蔓蔓難圖也乞露臣奏宣示百僚使臣得於清朝明言其失然後詔公卿平處其法法決罪定乃下不忍之詔臣下固執然後少有所許如是則聖朝無傷親之譏勃海有享國之慶不然懼大獄將興使者相望於路矣臣職典禁兵備禦非常而妄知藩國干犯至戚罪不容誅不勝憤懑謹冒死以聞帝以至親不忍下其事後悝竟坐逆謀貶爲癭陶王

弼遷尚書出爲平原相時詔書下舉鉤黨鉤謂相連也郡國所奏相連及者多至數百唯弼獨無所上詔書前後切却州郡切急也却退也髡笞掾史從事坐傳責曰續漢志每州皆有從事史及諸曹掾史傳客舍也音知戀反坐傳舍召弼而責詔書疾惡黨人旨意懇惻青州六郡其五有黨濟南樂安齊國東萊平原北海六郡青州所管也青州在齊國臨淄見漢官儀近國甘陵亦考南北部桓帝爲蠡吾侯受學於甘陵周福及帝即位擢福爲尚書時同郡河南尹房植有名當朝二家賓客互相譏揣遂各樹朋徒漸成尤隙由是甘陵有南北部見黨人篇序也平原何理而得獨無弼曰

先王疆理天下，畫界分境，疆界也。理，正也。左傳曰：先王疆理天下，物土之宜而布其利也。水土異齊，風俗不同，前書曰：凡人函五常之性，而其剛柔緩急音聲不同，繫水土之風氣，故謂之風；好惡取舍動靜無常，隨君上之情欲，故謂之俗也。它郡自有，平原自無，胡可相比？若承望上司，誣陷良善，淫刑濫罰，以逞非理，則平原之人，戶可為黨，相有死而已，所不能也。」從事大怒，即收郡僚職送獄，遂舉奏弼。會黨禁中解，弼以俸贖罪，得免，奉音扶用反。濟活者千餘人。弼為政特挫抑彊豪，其小民有罪，多所容貸。遷河東太守，被一切詔書當舉孝廉。弼知多權貴請託，乃豫勑斷絕書屬。屬音之欲反。中常侍侯覽果遣諸生齎書請之，并求假鹽稅，積日不得通。生乃說以它事謁弼，而因達覽書。弼大怒曰：「太守忝荷重任，當選士報國，爾何人而偽詐無狀！」命左右引出，楚捶數百，府丞、掾史十餘人皆諫於廷，弼不對。遂付安邑獄，即日考殺之。侯覽大怨，遂詐作飛章下司隸，誣弼誹謗，檻

車徵。吏人莫敢近者，唯前孝廉裴瑜送到崤澠之間，大言於道傍曰：「明府摧折虐臣，選德報國，如其獲罪，足以垂名竹帛，願不憂不懼。」弼曰：「『誰謂荼苦，其甘如薺』。詩衞風也。荼，苦菜也。昔人刎頸，九死不恨。」刎，割也。楚詞曰：雖九死其猶未悔也。及下廷尉詔獄，平原吏人奔走詣闕訟之。又前孝廉魏劭毀變形服，詐為家僮，瞻護於弼。弼遂受誣，事當弃市。劭與同郡人賣郡邸，郡邸若今之寺邸也。行賂於侯覽，得減死罪一等，論輸左校。時人或譏曰：「平原行貨以免君，無乃蚩乎！」陶丘洪曰：青州先賢傳曰：洪字子林，平原人也。清達博辯，文冠當代。舉孝廉不行，辟太尉府，年三十卒。「昔文王牖里，閎、散懷金。牖里[illegible]獄名，或作羑，亦名羑城，在今相州湯陰縣北。帝王紀：散宜生、南宮括、閎夭學乎呂尚，尚知三人賢，結朋友之交。及紂囚文王，乃以黃金千鎰與宜生，令求諸物與紂。史記曰：閎夭之徒乃求有莘美女、驪戎文馬、有熊九駟，它奇怪物，因嬖臣費仲獻之於紂，紂大說，乃赦之也。史弼遭患，義夫獻寶，亦何疑焉！」於是議者乃息。刑竟歸田里，稱病閉門不出。數為公卿所薦，議郎何休又訟弼有幹國之器，宜登台相，徵拜議

郎侯覽等惡之光和中出爲彭城相會病卒裴瑜位至尚書（先賢行狀曰瑜字雅璜聰明敏達觀物無滯清論所加必爲成器醜義所指沒齒無怨也）

論曰夫剛烈表性鮮能優寬仁柔用情多乏貞直吳季英視人畏傷發言烝烝（烝烝猶仍也）似夫儒者而懷憤激揚折讓權枉又何壯也仁以矜物義以退身君子哉（法言曰君子於仁也柔於義也剛）語曰活千人者子孫必封（前書王翁孺曰聞活千人者有封孫吾所活者千人世其興乎）史弼頡頏嚴吏（頡頏猶上下也）終全平原之黨而其後不大（不大謂子孫衰替也左傳晉卜偃曰畢萬之後必大）斯亦未可論也

盧植字子幹涿郡涿人也身長八尺二寸音聲如鍾少與鄭玄俱事馬融能通古今學好研精而不守章句融外戚豪家（融明德皇后之從姪也）多列女倡歌舞於前植侍講積年未嘗轉眄融以是敬之學終辭歸闔門教授性剛毅有大節常懷濟世志不好辭賦能飲酒一石時皇后父大將軍竇武援立靈帝初秉機政朝議欲加封爵植雖布衣以武素有名譽乃獻書以規之曰植聞嫠有不恤緯之事（左傳曰范獻子曰人亦有言嫠不恤其緯而憂宗周之隕爲將及焉杜預注曰嫠寡婦也織者常苦緯少寡婦所宜憂也）漆室有倚楹之戚（琴操曰魯漆室女倚柱悲吟而嘯鄰人見其心之不樂也進而問之曰有淫心欲嫁之念耶何吟之悲漆室女曰嗟乎嗟乎子無志不知人之甚也昔者楚人得罪於其君走逃吾東家馬逸蹈吾園葵使吾終年不厭菜吾西鄰人失羊不還請吾兄追之霧濁水出使吾兄溺死終身無兄政之所致也吾憂國傷人心悲而嘯豈欲嫁哉自傷懷結而爲人所疑於是褰裳入山林之中見女貞之木喟然歎息援琴而弦歌以女貞之辭自經而死）憂深思遠君子之情（詩序曰憂深思遠儉而用禮乃有堯之遺風焉）夫士立爭友義貴切磋（孝經曰士有爭友身不陷於不義詩云如切如磋鄭玄注云骨曰切象曰磋言友之相規誡如骨象之見切磋）書陳謀及庶人（尚書洪範曰謀及卿士謀及庶人也）詩詠詢于芻蕘（詩大雅曰先人有言詢于芻蕘毛萇注云芻蕘採薪者也）植誦先王之書久矣敢愛其瞽言哉（無目曰瞽明音直忍反）今足下之於漢朝猶旦奭之在周室建立聖主四海有繫論者以爲吾子之功於斯爲重天下聚目而視攢耳而聽（前書賈山曰使天下戴目而視傾耳而聽也）謂準之前事將有景風之祚（景風解見和紀）尋春秋之義王

后無嗣擇立親長年均以德德均則決之卜筮左傳王子朝曰先王之命王后無嫡則擇立長年鈞以德德鈞以卜古之制也今同宗相後披圖案牒以次建之何勳之有豈横叨天功以爲己力乎叨貪也左傳曰貪天之功以爲己力也宜辭大賞以全身名又比世祚不競競彊也仍外求嗣可謂危矣而四方未寧盜賊伺隙恒岳勃碣勃勃海也碣碣石山也特多姦盜將有楚人脅比尹氏立朝之變左傳曰楚公子比恭王之子也靈王立子比奔晉靈王卒子比自晉歸楚立爲君比弟公子弃疾欲篡其位夜乃使人周走呼曰王至矣國人大驚子比乃自殺王

子朝周景王之庶子景王卒子猛立尹氏周卿士立子朝奪猛位也宜依古禮置諸子之官徵王侯愛子宗室賢才外崇訓道之義内息貪利之心簡其良能隨用爵之彊幹弱枝之道也以樹爲喻也謂京師爲幹四方爲枝前書曰漢興立都長安徙齊諸田楚昭屈景及諸功臣家於長陵蓋以彊幹弱枝非獨爲奉山園也武並不能用州郡數命植皆不就建寧中徵爲博士乃始起焉熹平四年九江蠻反四府選植才兼文武拜九江太守蠻寇賓服以疾去官作尚書章句三禮解詁詁事也言解其事意時始立

太學石經以正五經文字植乃上書曰臣少從通儒故南郡太守馬融受古學頗知今之禮記特多回穴回穴猶紆曲也臣前以周禮諸經發起粃謬粃粟不成者謬義之乖僻也敢率愚淺爲之解詁而家乏無力供繕上繕善也言家貧不能善寫而上也願得將能書生二人共詣東觀就官財糧專心研精合尚書章句考禮記失得庶裁定聖典刊正碑文古文科斗近於爲實而厭抑流俗降在小學古文謂孔子壁中書也形似科斗因以爲名前書謂文字爲小學也中興以來通儒達士班固賈逵鄭興

父子並敦悅之興子衆也自有傳左傳曰郤縠悅禮樂而敦詩書也今毛詩左氏周禮各有傳記其與春秋共相表裏表裏言義相須而成也前書云河圖洛書相爲經緯八卦九章相爲表裏宜置博士爲立學官以助後來以廣聖意會南夷反叛以植嘗在九江有恩信拜爲廬江太守植深達政宜務存清靜弘大體而已歲餘復徵拜議郎與諫議大夫馬日磾議郎蔡邕楊彪韓說等並在東觀校中書五經記

傳補續漢記(言中書以別於外也)帝以非急務轉爲侍
中遷尚書光和元年有日食之異植上封
事諫曰臣聞五行傳日晦而月見謂之朓
王矦其舒(五行傳劉向所著朓者月行速在日前故早見劉向以爲君舒緩則臣驕慢故日行遲而月行速也)此謂君政舒緩故日食晦也春秋
傳曰天子避位移時(左氏傳曰日過分未至三辰有災於是乎君不舉避移時杜預注曰避正寢過日食時也)言其相掩不過移時而閒
者日食自巳過午既食之後雲霧晻曖比
年地震彗孛互見臣聞漢以火德化當寬

明近色信讒忌之甚者如火畏水故也案
今年之變皆陽失陰侵消禦灾凶宜有其
道謹略陳八事一曰用良二曰原禁(原其所禁而宥之也)
三曰禦癘(防禦疫癘之氣)四曰備寇五曰修禮
六曰遵堯七曰御下八曰散利用良者宜
使州郡覈舉賢良(覈實也)隨方委用責求選
舉原禁者凡諸黨錮多非其罪可加赦恕
申宥回枉(回邪也)禦癘者宋后家屬並以無
辜委骸横尸不得收葬疫癘之來皆由於

此宜勑收拾以安遊魂(后以王封程阿所構憂死父及兄弟並被誅靈帝後夢見桓帝怒曰宋皇后何罪而絶其命巳訴於天上帝震怒罪在難救也)備寇者矦
王之家賦税減削愁窮思亂必致非常宜
使給足以防未然脩禮者應徵有道之人
若鄭玄之徒陳明洪範攘服災咎遵堯者
今郡守刺史一月數遷宜依黜陟以章能
否縱不九載可滿三歲(書曰三載考績黜陟幽明孔安國注曰三年考功三考九年能否幽明有別升進其明者黜退其幽者此皆唐堯之法也)御下者請
謁希爵一宜禁塞(希求也)遷舉之事責成主

者散利者天子之體理無私積宜弘大務
蠲略細微(蠲除也)帝不省中平元年黄巾賊
起四府舉植拜北中郎將持節以護烏桓
中郎將宗貟副將北軍五校士發天下諸
郡兵征之連戰破賊帥張角斬獲萬餘人
角等走保廣宗植築圍鑿塹造作雲梯垂
當拔之帝遣小黄門左豐詣軍觀賊形埶
或勸植以賂送豐植不肯豐還言於帝曰
廣宗賊易破耳盧中郎固壘息軍以待天

誅帝怒遂檻車徵植減死罪一等及車騎將軍皇甫嵩討平黃巾盛稱植行師方略嵩皆資用規謀濟成其功以其年復爲尚書帝崩大將軍何進謀誅中官乃召并州牧董卓以懼太后植知卓凶悍難制必生後患固止之進不從及卓至果陵虐朝廷乃大會百官於朝堂議欲廢立羣僚無敢言植獨抗議不同卓怒罷會將誅植語在卓傳植素善蔡邕邕前徙朔方植獨上書

請之邕時見親於卓故往請植事又議郎彭伯諫卓曰盧尚書海內大儒人之望也今先害天下震怖卓乃止但免植官而已植以老病求歸懼不免禍乃詭道從轘轅出[詭詐也轘轅道在今洛州緱氏縣東南也]卓果使人追之到懷不及遂隱於上谷不交人事冀州牧袁紹請爲軍師初平三年卒臨困勑其子儉葬於土宂不用棺槨附體單帛而已所著碑誄表記凡六篇建安中曹操北討柳城過涿郡[魏志曰建安十二年操北征烏桓涉鮮卑討柳城登白狼山也]告守令曰故北中郎將盧植名著海內學爲儒宗士之楷模國之楨幹也昔武王入殷封商容之閭鄭喪子產仲尼隕涕[左傳曰仲尼聞子產死出涕曰古之遺愛也]孤到此州嘉其餘風春秋之義賢者之後宜有殊禮[公羊傳曰君子之善善也長惡惡也短惡惡止其身善善及子孫賢者子孫故君子爲之諱也]亟遣丞掾除其墳墓[亟急也]存其子孫并致薄醊[醊祭酹也音張芮反]以彰厥德子毓知名[魏志曰毓字子家十歲而孤以學行稱仕魏至侍中吏部尚書時舉中書郎詔曰得其人與不在盧生耳選舉

莫取有名如畫地爲餅不可啖也毓對曰名不足以致異人而可以得常士常士畏教慕善然後有名也]

論曰風霜以別草木之性[論語曰歲寒然後知松柏之後彫也]危亂而見貞良之節[老子曰國家昏亂有忠臣]則盧公之心可知矣夫蠭蠆起懷雷霆駭耳雖賁育荆諸之倫[孟賁多力者也夏育勇者也並衛人荆荆軻也諸專諸也]未有不宂豫奪常者也[宂人行貌也音淫言宂豫不能自定也奪謂易其常分者也]當植抽白刃嚴閤之下追帝河津之間排戈刃赴戕折[事見何進傳杜預注左傳曰戕者卒暴之名也]豈先計哉君子之於忠義造次必於是顛沛必於是

也孔子曰君子無終食之閒違仁造次必於是顛沛必於是馬融注云造次急遽也顛沛僵仆也雖急遽僵仆不違仁也

趙岐字邠卿京兆長陵人也初名嘉生於御史臺因字臺卿以其祖爲御史故生於臺也後避難故自改名字示不忘本土也岐少明經有才藝娶扶風馬融兄女融外戚豪家岐常鄙之不與融相見三輔決錄注曰岐娶馬敦女宗姜爲妻敦兄子融嘗至岐家多從賓與從妹宴飲作樂日夕乃出過問趙處士所在岐亦厲節不以妹聓之故屈志於融也與其友書曰馬季長雖有名當世而不持士節三輔高士未曾以衣裾撇其門也岐嘗讀周官二義不通一往造之厭融如

此也仕州郡以廉直疾惡見憚年三十餘有重疾卧蓐七年蓐寢蓐也聲類曰蓐薦也自慮奄忽乃爲遺令勑兄子曰大丈夫生世遯無箕山之操易曰遯而亨君子以遠小人王弼注遯之義避內而之外者也箕山許由所隱處也仕無伊呂之勲天不我與復何言哉可立一員石於吾墓前刻之曰漢有逸人姓趙名嘉有志無時命也柰何其後疾瘳永興二年辟司空掾議二千石得去官爲親行服朝廷從之其後爲大將軍梁冀所辟爲陳損

益求賢之策冀不納舉理劇爲皮氏長皮氏故城在今絳州龍門縣西決錄曰岐爲長抑彊討姦大興學校也會河東太守劉祐去郡而中常侍左悺兄勝代之岐恥疾宦官即日西歸京兆尹延篤復以爲功曹先是中常侍唐衡兄玹爲京兆虎牙都尉玹音玄郡人以玹進不由德皆輕侮之岐及從兄襲又數爲貶議玹深毒恨決錄注襲字元嗣先是杜伯度崔子玉以工草書稱于前代襲與羅暉拙書見嗤於張伯英英頗自矜高與朱賜書云上比崔杜不足下方羅趙有餘也

延熹元年玹爲京兆尹岐懼禍及乃與從子戩逃避之玹果收岐家屬宗親陷以重法盡殺之決錄注曰岐長兄磐州都官從事早亡次兄無忌字世卿部河東從事爲玹所殺戩音翦岐遂逃難四方江淮海岱靡所不歷自匿姓名賣餅北海市中時安丘孫嵩年二十餘遊市見岐察非常人停車呼與共載岐懼失色嵩乃下帷令騎屏行人密問岐曰視子非賣餅者又相問而色動不有重怨即亡命乎我北海孫賓石闔門百口埶能相濟岐素聞嵩名即以實告

之遂以俱歸嵩先入白母曰出行乃得死
友迎入上堂饗之極歡藏岐複壁中數年
岐作戹屯歌二十三章後諸唐死滅因赦
乃出三府聞之同時並辟九年乃應司徒
胡廣之命會南匈奴烏桓鮮卑反叛公卿
舉岐擢拜并州刺史岐欲奏守邊之策未
及上會坐黨事免因撰次以爲禦寇論（決錄注曰是時綱維不攝閹豎專權岐擬前代連珠之書四十章上之留中不出）靈帝初復
遣黨錮十餘歲中平元年四方兵起詔選

故刺史二千石有文武才用者徵岐拜議
郎車騎將軍張温西征關中請補長史別
屯安定大將軍何進舉爲敦煌太守行至
襄武（縣名屬隴西郡）岐與新除諸郡太守數人俱
爲賊邊章等所執賊欲脅以爲帥岐詭辭
得免展轉還長安（決錄注曰岐還至陳倉復遇亂兵裸身得免在草中十二日不食也）及獻帝西都復拜議郎稍遷太僕及
李傕專政使太傅馬日磾撫慰天下以岐
爲副日磾行至洛陽表別遣岐宣揚國命

所到郡縣百姓皆喜曰今日乃復見使者
車騎是時袁紹曹操與公孫瓚爭冀州紹
及操聞岐至皆自將兵數百里奉迎岐深
陳天子恩德宜罷兵安人之道又移書公
孫瓚爲言利害紹等各引兵去皆與岐期
會洛陽奉迎車駕岐南到陳留得篤疾經
涉二年期者遂不至興平元年詔書徵岐
會帝當還洛陽先遣衛將軍董承修理宮
室岐謂承曰今海内分崩唯有荊州境廣

地勝西通巴蜀南當交阯年穀獨登兵人
差全岐雖迫大命猶志報國家欲自乘牛
車南說劉表可使其身自將兵來衛朝廷
與將軍并心同力共獎王室此安上救人
之策也承即表遣岐使荊州督租糧岐至
劉表即遣兵詣洛陽助修宮室軍資委輸
前後不絕時孫嵩亦寓於表表不爲禮岐
乃稱嵩素行篤烈因共上爲青州刺史岐
以老病遂留荊州曹操時爲司空舉以自

代光禄勳桓典少府孔融上書薦之於是就拜岐爲太常年九十餘建安六年卒先自爲壽藏壽藏謂冢壙也稱壽者取其久遠之意也猶如壽宫壽器之類冢在今荆州古郢城中也圖季札子産晏嬰叔向四像居賓位又自畫其像居主位皆爲讚頌勑其子曰我死之日墓中聚沙爲牀布簟白衣散髮其上覆以單被即日便下下訖便掩岐多所述作著孟子章句三輔決録傳於時決録序曰三輔者本雍州之地世世徙公卿吏二千石及高貲皆以陪諸陵五方之俗雜會非一國之風不但繫於詩秦豳也其爲士好高尚義貴於名行其俗失則趣埶進權唯利是視余以不才生於西土耳能聽而聞故老之言目能視見衣冠之疇心能識而觀其賢愚常以玄冬夢黄髮之士姓玄名明字子真與余寤言言必有中善否之間無所依違命操筆者書之近從建武以來暨于斯今其人既亡行乃可書玉石朱紫由此定矣故謂之決録矣

後漢列傳五十四　二十六　王仲

贊曰吴翁温愛義干剛烈謂以義干梁冀爭李固也延史字人風和恩結梁使顯刑誣黨潛絶子幹兼姿逢掖臨師禮記孔子曰丘少居魯衣逢掖之衣鄭玄注曰逢猶大也大掖之衣此君子有道藝者所衣也相承本作縫義亦通邠卿出疆專命朝威疆界也左傳曰大夫出疆苟利社稷專之可也

後漢書列傳卷第五十四

後漢列傳五十四　二十七　王宗

唐章懷太子賢注

皇甫規

段熲

皇甫規字威明安定朝那人也祖父稜度遼將軍父旗扶風都尉永和六年西羌大寇三輔圍安定征西將軍馬賢將諸郡兵擊之不能克規雖在布衣見賢不卹軍事審其必敗乃上書言狀尋而賢果為羌所

沒郡將知規有兵略乃命為功曹使率甲士八百與羌交戰斬首數級賊遂退卻舉規上計掾其後羌衆大合攻燒隴西朝廷患之規乃上疏求乞自効曰臣比年以來數陳便宜羌戎未動策其將反馬賢始出頗知必敗誤中之言在可考校臣每惟賢等擁衆四年未有成功懸師之費且百億計(懸猶停也)出於平人回入姦吏(平人齊人也)故江湖之人羣為盜賊青徐荒飢襁負流散夫羌戎潰叛不由承平皆因邊將失於綏御乘常守安則加侵暴苟競小利則致大害微勝則虛張首級軍敗則隱匿不言軍士勞怨困於猾吏進不得快戰以徼功退不得溫飽以全命餓死溝渠暴骨中原徒見王師之出不聞振旅之聲(振整旅衆也穀梁傳曰出曰治兵入曰振旅也)酋豪泣血驚懼生變是以安不能久敗則經年臣所以搏手叩心而增歎者也願假臣兩營二郡(兩營謂馬賢及趙沖等二郡安定隴西也)屯列坐食

之兵五千出其不意與護羌校尉趙沖共相首尾土地山谷臣所曉習兵埶巧便臣已更之可不煩方寸之印尺帛之賜高可以滌患下可以納降若謂臣年少官輕不足用者凡諸敗將非官爵之不高年齒之不邁(邁往也)臣不勝至誠沒死自陳時帝不能用沖質之間梁太后臨朝規舉賢良方正對策曰伏惟孝順皇帝初勤王政紀綱四方幾以獲安後遭姦偽威分近習(近習諸倖)

倖親近小人也禮記曰雖有貴戚近習畜貨聚馬戲謔是聞又因緣嬖倖受賂賣爵輕使賓客交錯其間天下擾擾從亂如歸左傳曰人患王之無厭也故從亂如歸也故每有征戰鮮不挫傷官民並竭上下窮虛臣在關西竊聽風聲未聞國家有所先後先後謂進退也言國家不安有褒貶進退而權倖之徒反爲禍福也而威福之來咸歸權倖陛下體兼乾坤聰哲純茂攝政之初拔用忠貞其餘維綱多所改正遠近翕然望見太平而地震之後霧氣白濁日月

不光旱魃爲虐詩大雅曰旱魃爲虐如惔如焚魃旱神也大賊從橫流血丹野庶品不安譴誡累至殆以姦臣權重之所致也其常侍尤無狀者亟便黜遣無狀者謂無善狀披埽凶黨收入財賄以塞痛怨以荅天誡今大將軍梁冀河南尹不疑處周邵之任爲社稷之鎮加與王室世爲姻族梁商女爲順帝后后女弟又爲桓帝后冀即商子故曰代姻也今日立號雖尊可也可猶宜也實宜增脩謙節輔以儒術省去遊娛不急之務割減廬第無益之飾

夫君者舟也人者水也家語孔子曰夫君者舟也人者水也水可載舟亦以覆舟君以此思危則可知也羣臣乘舟者也將軍兄弟操檝者也若能平志畢力以度元元所謂福也如其怠弛將淪波濤可不慎乎夫德不稱禄猶鑿墉之趾以益其高豈量力審功安固之道哉凡諸宿猾酒徒戲客皆耳納邪聲口出諂言甘心逸遊唱造不義亦宜貶斥以懲不軌令冀等深思得賢之福失人之累又在位素餐尚書怠職有司依

違莫肯糾察故使陛下專受諂諛之言不聞戶牖之外臣誠知阿諛有福深言近禍豈敢隱心以避誅責乎臣生長邊遠希涉紫庭怖慴失守言不盡心梁冀忿其刺己以規爲下第拜郎中託疾免歸州郡承冀旨幾陷死者再三遂以詩易教授門徒三百餘人積十四年後梁冀被誅旬月之閒禮命五至皆不就時太山賊叔孫無忌侵亂郡縣中郎將宗資討之未服公車特徵

規拜太山太守規到官廣設方略寇賊悉平延熹四年秋叛羌零吾等與先零別種寇鈔關中護羌校尉段熲坐徵（熲擊羌坐爲涼州刺史郭閎留兵不進下獄）後先零諸種陸梁覆沒營塢（說文曰塢小障也一曰庳城也音烏古反）規素悉羌事志自奮効乃上疏曰自臣受任志竭愚鈍實賴兗州刺史牽顥之清猛中郎將宗資之信義得承節度幸無咎譽今猾賊就滅太山略平復聞羣羌並皆反逆臣生長邠岐年五十有九

昔爲郡吏再更叛羌豫籌其事有誤中之言臣素有固疾恐犬馬齒窮不報大恩願乞冗官備單車一介之使勞來三輔宣國威澤以所習地形兵埶佐助諸軍臣窮居孤危之中坐觀郡將已數十年矣自鳥鼠至于東岱其病一也（郡將郡守也鳥鼠山名在今渭州西即先零羌寇鈔處也東岱謂泰山叔孫無忌反處也皆由郡守不加綏撫致使反叛其疾同也）力求猛敵不如清平勤明吴孫未若奉法（吴起魏將也孫武吴將也言若求猛敵不如撫以清平之政明習兵書不如郡守奉法使之無反也）前變未遠臣誠戚之（戚憂也前變謂羌反）是以越職盡其區區至冬羌遂大合朝廷爲憂三公舉規爲中郎將持節監關西兵討零吾等破之斬首八百級先零諸種羌慕規威信相勸降者十餘萬明年規因發其騎共討隴右而道路隔絕軍中大疫死者十三四規親入菴廬巡視將士三軍感悅東羌遂遣使乞降涼州復通先是安定太守孫儁受取狼籍屬國都尉李翕督軍御史張稟多殺降羌涼州

刺史郭閎漢陽太守趙熹並老弱不堪任職而皆倚恃權貴不遵法度規到州界悉條奏其罪或免或誅羌人聞之翕然反善沈氏大豪滇昌飢恬等十餘萬口復詣規降規出身數年持節爲將擁衆立功還督鄉里既無它私惠而多所舉奏又惡絕宦官不與交通於是中外並怨遂共誣規貨賂羣羌令其文降（以文簿虛降非眞心也）天子璽書誚讓相屬規懼不免上疏自訟曰四年之秋

戎醜蠢戾蠢動也戾乖也爰自西州侵及涇陽縣名屬安定郡其故城在今原州平源縣南也舊都懼駭朝廷西顧明詔不以臣愚駑急使軍就道就猶上也幸蒙威靈遂振國命羌戎諸種大小稽首輒移書營郡以訪誅納訪問也規言羌種既服臣即移書軍營及郡勸問誅殺并納受多少之數目也所省之費一億以上以爲忠臣之義不敢告勞詩小雅曰密勿從事不敢告勞無罪無辜讒口嗸嗸故恥以片言自及微效然比方先事庶免罪悔先事謂前輩敗將也前踐州界先奏郡守孫儁次及屬國都尉李翕督軍御史張禀旋師南征又上涼州刺史郭閎漢陽太守趙熹陳其過惡執據大辟凡此五臣支黨半國其餘墨綬下至小吏所連及者復有百餘吏託報將之怨子思復父之恥載贄馳車懷糧步走交搆豪門競流謗讟云臣私報諸羌謝其錢貨謝猶餅也若臣以私財則家無擔石如物出於官則文簿易考就臣愚惑信如言者前世尚遺匈奴以宮姬元帝賜呼韓邪單于待詔掖庭王嬙爲閼氏也鎮烏

孫以公主武帝以江都王建女細君妻烏孫王昆莫爲夫人也今臣但費千萬以懷叛羌則良臣之才略兵家之所貴將有何罪負義違理乎自永初以來將出不少覆軍有五動資巨億有旋車完封寫之權門言覆軍之將旋師之日多載珍寶封印完全便入權門而名成功立厚加爵封今臣還督本土糺舉諸郡絶交離親戮辱舊故衆謗陰害固其宜也臣雖汙穢廉絜無聞今見覆沒恥痛實深傳稱鹿死不擇音左傳曰鹿死不擇音挺而走險急何能擇也謹冒昧略上其年冬徵還拜議郎論功當封而中常侍徐璜左悺欲從求貨數遣賓客就問功狀規終不荅璜等忿怒陷以前事下之於吏官屬欲賦斂請謝規誓而不聽遂以餘寇不絶坐繫廷尉論輸左校漢官儀曰左校署屬將作大匠也諸公及太學生張鳳等三百餘人詣闕訟之會赦歸家徵拜度遼將軍至營數月上書薦中郎將張奐以自代曰臣聞人無常俗而政有治亂兵無强弱而將有能

否伏見中郎將張奐才略兼優宜正元帥
以從衆望若猶謂愚臣宜充軍事者願乞
冗官以爲奐副朝庭從之以奐代爲度遼
將軍規爲使匈奴中郎將及奐遷大司農
規復代爲度遼將軍規爲人多意筭自以
連在大位欲退身避第數上病不見聽會
友人上郡太守王旻喪還規縞素越界到
下亭迎之因令客密告并州刺史胡芳言
規擅遠軍營公違禁憲當急舉奏芳曰威

明欲避第仕塗故激發我耳（言欲歸第避仕官之塗也）吾
當爲朝廷愛才何能申此子計邪遂無所
問及黨事大起天下名賢多見染逮規雖
爲名將素譽不高自以西州豪桀恥不得
豫乃先自上言臣前薦故大司農張奐是
附黨也又臣昔論輸左校時太學生張鳳
等上書訟臣是爲黨人所附也臣宜坐之
朝廷知而不問時人以爲規賢在事數歲
北邊威服永康元年徵爲尚書其夏日食

詔公卿舉賢良方正下問得失規對曰天
之於王者如君之於臣父之於子也誡以
災妖使從福祥陛下八年之中三斷大獄
（謂誅梁冀誅鄧萬鄧會誅李膺等黨事也）一除内嬖（無德而寵曰嬖謂廢鄧皇后也）再
誅外臣（殺桂陽太守任胤殺南陽太守成瑨太原太守劉質等也）而災異猶
見人情未安者殆賢愚進退威刑所加有
非其理也前太尉陳蕃劉矩（漢官儀曰矩字叔方）忠謀
高世廢在里巷劉祐馮緄（古本反）趙典尹勳
正直多怨流放家門李膺王暢孔翊絜身

守禮終無宰相之階至於鉤黨之釁事起
無端（鉤引也謂李膺等事也）虐賢傷善哀及無辜今興
改善政易於覆手而羣臣杜口鑒畏前害
互相瞻顧莫肯正言伏願陛下暫留聖明
容受謇直則前責可弭後福必降對奏不
省遷規弘農太守封壽成亭侯邑二百户
讓封不受再轉爲護羌校尉熹平三年以
疾召還未至卒于穀城年七十一所著賦
銘碑讚禱文弔章表教令書檄牋記凡二

十七篇

論曰孔子稱其言之不怍則其爲之也難（怍慙也）察皇甫規之言其心不怍哉夫其審己則干禄見賢則委位故干禄不爲貪而委位不求讓稱己不疑伐而讓人無懼情故能功成於戎狄身全於邦家也

張奐字然明敦煌酒泉人也（酒泉縣名地多泉水故城在今瓜州晉昌縣東北也）父惇爲漢陽太守奐少遊三輔師事太尉朱寵學歐陽尚書初牟氏章句浮辭繁多（時牟卿受書於張堪爲博士故有牟氏章句）有四十五萬餘

言奐減爲九萬言後辟大將軍梁冀府乃上書桓帝奏其章句詔下東觀以疾去官復舉賢良對策第一擢拜議郎永壽元年遷安定屬國都尉初到職而南匈奴左薁鞬臺耆且渠伯德等七千餘人寇美稷東羌復舉種應之而奐壁唯有二百許人聞即勒兵而出軍吏以爲力不敵叩頭爭止之奐不聽遂進屯長城收集兵士遣將王衛招誘東羌因據龜茲（龜茲音丘慈縣名屬上郡前書音義曰龜茲國人來降之因以名縣也）使南匈奴不得交通東羌諸豪遂相率與奐和親共擊薁鞬等連戰破之伯德惶恐將其衆降郡界以寧羌豪帥感奐恩德上馬二十匹先零酋長又遺金鐻八枚奐並受之（郭璞注山海經云鐻音渠金食器名未詳形制也）而召主簿於諸羌前以酒酹地曰（以酒沃地謂之酹音力外反）使馬如羊不以入廄使金如粟不以入懷悉以金馬還之（如羊如粟喻多也）羌性貪而貴吏清

前有八都尉率好財貨爲所患苦及奐正身絜己威化大行遷使匈奴中郎將時休屠各（屠音直於反）及朔方烏桓並同反叛燒度遼將軍門（時度遼將軍屯五原）引屯赤阬烟火相望兵衆大恐各欲亡去奐安坐帷中與弟子講誦自若軍士稍安乃潛誘烏桓陰與和通遂使斬屠各渠帥襲破其衆諸胡悉降延熹元年鮮卑寇邊奐率南單于擊之斬首數百級明年梁冀被誅奐以故吏免官禁

錮奐與皇甫規友善奐既被錮凡諸交舊莫敢爲言唯規薦舉前後七上在家四歲復拜武威太守平均徭賦率厲散敗常爲諸郡最河西由是而全其俗多妖忌凡二月五月産子及與父母同月生者悉殺之奐示以義方嚴加賞罰風俗遂改百姓生爲立祠擧尤異遷度遼將軍數載閒幽并清靜九年春徵拜大司農鮮卑聞奐去其夏遂招結南匈奴烏淵聖御名數道入塞或五六

千騎或三四千騎寇掠緣邊九郡殺略百姓秋鮮卑復率八九千騎入塞誘引東羌與共盟詛於是上郡沈氐安定先零諸種共寇武威張掖緣邊大被其毒朝廷以爲憂復拜奐爲護匈奴中郎將以九卿秩督幽并涼三州及度遼烏桓二營明帝永平八年初置度遼將軍屯五原郡曼柏縣漢官儀曰烏桓校尉屯上谷郡寧縣故曰二營兼察刺史二千石能否賞賜甚厚匈奴烏桓聞奐至因相率還降凡二十萬口奐但誅其首惡餘皆慰納之唯鮮卑出塞去永康元年春東羌先零五六千騎寇關中圍祋祤掠雲陽夏復攻沒兩營殺千餘人冬羌岸尾摩螫等螫音必薛反脅同種復鈔三輔奐遣司馬尹端董卓並擊大破之斬其酋豪首虜萬餘人三州清定論功當封奐不事宦官故賞遂不行唯賜錢二十萬除家一人爲郎並辭不受而願徙屬弘農華陰舊制邊人不得內移唯奐因功特聽故始爲弘農人焉建

寧元年振旅而還時竇太后臨朝大將軍竇武與太傅陳蕃謀誅宦官事泄中常侍曹節等於中作亂以奐新徵不知本謀矯制使奐與少府周靖率五營士圍武武自殺蕃因見害奐遷少府又拜大司農以功封侯奐深病爲節所賣上書固讓封還印綬卒不肯當明年夏青蛇見於御坐軒前軒殿檻闌板也又大風雨雹霹靂拔樹詔使百僚各言災應奐上疏曰臣聞風爲號令動物通

氣翼氏風角曰凡風者天之號令所以譴告人君者也木生於火相須乃
明蛇能屈申配龍騰蟄易曰龍蛇之蟄以存身也愼子曰騰蛇游霧飛
龍乘雲雲罷霧散與蚯蚓同也順至爲休徵逆來爲殃咎陰
氣專用則凝精爲雹故大將軍竇武太傅
陳蕃或志寧社稷或方直不回前以讒勝
並伏誅戮海內默默人懷震憤昔周公葬
不如禮天乃動威尚書大傳周公薨成王欲葬之於成周天乃雷雨以風禾
即盡偃大木斯拔國人大恐王葬周公於畢示不敢臣也今武蕃忠貞未被
明宥妖眚之來皆爲此也宜急爲改葬徙

還家屬其從坐禁錮一切蠲除又皇太后
雖居南宮而恩禮不接朝臣莫言遠近失
望宜思大義顧復之報顧旋視也復反覆也小雅曰父兮生我母兮鞠
我顧我復我出入腹我天子深納奐言以問諸黃門常
侍左右皆惡之帝不得自從轉奐太常與
尚書劉猛刁韙衛良同薦王暢李膺可參
三公之選而曹節等彌疾其言遂下詔切
責之奐等皆自囚廷尉數日乃得出並以
三月俸贖罪司隸校尉王寓出於宦官欲

借寵公卿以求薦舉百僚畏憚莫不許諾
唯奐獨拒之寓怒因此遂陷以黨罪禁錮
歸田里奐前爲度遼將軍與段熲爭擊羌
不相平及熲爲司隸校尉欲逐奐歸敦煌
將害之奐憂懼奏記謝熲曰小人不明得
過州將千里委命以情相歸漢官儀曰司隸部河南雒陽
管三輔三河弘農七郡所以奐屈於熲稱曰州將焉足下仁篤照其辛苦
使人未反復獲郵書恩詔分明前以寫白
而州期切促郡縣惶懼屛營延企側待歸

命父母朽骨孤魂相託若蒙矜憐壹惠咳
唾則澤流黃泉施及冥寞非奐生死所能
報塞夫無毛髮之勞而欲求人丘山之用
此淳于髡所以拍髀仰天而笑者也拍音片百
反髀音步弟反史記楚發兵伐齊齊威王使淳于髡齎百金車馬十駟之趙請救髡仰天大笑冠纓索絕
王曰先生少之乎髡曰今者臣從東方來見道傍有禳田者操一豚蹄酒一盂而祝曰甌窶滿篝汙邪滿
車五穀蕃熟穰穰滿家臣見其所持者狹所求者奢故笑於是王乃益以黃金千鎰白璧十雙車馬百駟
也誠知言必見譏然猶未能無望何者朽
骨無益於人而文王葬之新序曰文王作靈臺掘得死人骨吏以聞

文王曰葬之吏曰此無主矣文王曰有天下者天下之主也有一國者一國之主也寡人固其主焉令吏以棺葬之天下聞之曰文王賢矣澤及朽骨又況人乎死馬無所復用而燕昭寶之新序曰燕昭王即位卑身求賢謂郭隗曰齊因孤國之亂而襲燕然得賢士與共國以雪先王之醜孤之願也先生視可者得身事之隗曰臣聞古之人君有以千金求千里馬者三年不得涓人言於君請求之君遣焉三月得千里馬馬已死乃以五百金買其首以報君大怒曰所求者生馬安市死馬而捐五百金乎對曰死馬且市之況生馬乎天下必以王為能市馬馬今至矣不出朞年千里馬至者二今王誠欲必致士從隗始隗且見事況賢於隗者乎於是王為隗築宮而師之樂毅自鄒衍自齊往劇辛自趙往士爭歸燕焉黨同文昭之德豈不大哉黨音佗朗反凡人之情冤則呼天窮則叩心今呼

天不聞叩心無益誠自傷痛俱生聖世獨為匪人詩小雅曰哀我征夫獨為匪人也孤微之人無所告訴如不哀憐便為魚肉言將為人所吞噬也企心東望無所復言頗雖剛猛省書哀之卒不忍也時禁錮者多不能守靜或死或徙奐閉門不出養徒千人著尚書記難三十餘萬言奐少立志節嘗與士友言曰大丈夫處世當為國家立功邊境及為將帥果有勳名董卓慕之使其兄遺縑百匹奐惡卓為人

絕而不受光和四年卒年七十八遺命曰吾前後仕進十要銀艾銀印綠綬也以艾草染之故曰艾也不能和光同塵為讒邪所忌老子曰和其光同其塵也通塞命也始終常也但地底冥冥長無曉期而復纏以纊緜牢以釘密為不喜耳幸有前窀朝殯夕下措屍靈牀幅巾而已奢非晉文陸翽鄴中記曰永嘉末發齊桓公墓得水銀池金蠶數十箔珠襦玉匣繒綵不可勝數左傳曰晉文公朝王請隧王不許曰王章也未有代德而有二王亦叔父之所惡也晉文既臣請用王禮是其奢也儉非王孫武帝時楊王孫死誡其子為布囊盛屍入地七尺脫去其囊以身親土推情

從意庶無咎吝諸子從之武威多為立祠世世不絕所著銘頌書教誡述志對策章表二十四篇長子芝字伯英最知名王愔文志曰芝少持高操以名臣子勤學文為儒宗武為將表太尉辟公車有道徵皆不至號張有道尤好草書學崔杜之法家之衣帛必書而後練臨池學書水為之黑下筆則為楷則號怱怱不暇草書為世所寶寸紙不遺韋仲將謂之草聖也芝及弟昶字文舒並善草書至今稱傳之初奐為武威太守其妻懷孕夢帶奐印綬登樓而歌訊之占者曰必將生男復臨茲邦命終此樓既而生子猛以建

安中爲武威太守殺刺史邯鄲商州兵圍之急猛恥見擒乃登樓自燒而死卒如占云

論曰自鄛鄉之封中官世盛（官者鄭衆封鄛鄉侯也）暴恣數十年間四海之內莫不切齒憤盈願投兵於其族陳蕃竇武奮義草謀御會天下名士有識所共聞也而張奐見欺豎子揚戈以斷忠烈（奐被曹節等矯制使率五營士圍殺陳蕃竇武等）雖恨毒在心辭爵謝咎詩云啜其泣矣何嗟及矣（詩國風也啜泣貌也音知劣反）

後漢列傳五十五　十九

段熲字紀明武威姑臧人也其先出鄭共叔段西域都護會宗之從曾孫也（宗字子松天水上邽人元帝時爲西域都護死城郭諸國爲發喪立祠）熲少便習弓馬尚遊俠輕財賄長乃折節好古學初舉孝廉爲憲陵園丞陽陵令（憲陵順帝陵陽陵景帝陵漢官儀曰丞秩三百石令秩六百石也）所在能政遷遼東屬國都尉時鮮卑犯塞熲即率所領馳赴之既而恐賊驚去乃使驛騎詐齎璽書詔熲熲於道僞退潛於還路設伏虜以爲信然乃入追熲熲因大縱兵悉斬獲之坐詐璽書伏重刑以有功論司寇刑竟徵拜議郎時太山琅邪賊東郭竇公孫舉等聚衆三萬人破壞郡縣遣兵討之連年不克永壽二年桓帝詔公卿選將有文武者司徒尹訟薦熲（漢官儀曰訟字公孫鞏人也）乃拜爲中郎將擊竇舉等大破斬之獲首萬餘級餘黨降散封熲爲列侯賜錢五十萬除一子爲郎中延熹二年遷護羌校尉會燒當燒何當煎勒姐等八種羌（姐音紫且反）寇隴西金城塞熲將兵及湟中義從羌萬二千騎出湟谷擊破之追討南度河使軍吏田晏夏育募先登懸索相引復戰於羅亭大破之斬其酋豪以下二千級獲生口萬餘人虜皆奔走明年春餘羌復與燒何大豪寇張掖攻沒鉅鹿塢殺屬國吏民又招同種千餘落并兵晨奔熲軍熲下馬大戰至日中刀折矢盡虜亦引退熲追

後漢列傳五十五　二十

之且鬬且行晝夜相攻割肉食雪四十餘日遂至河首積石山出塞二千餘里斬燒何大帥首虜五十餘人又分兵擊石城羌斬首溺死者千六百人燒當種九十餘口詣熲降又雜種羌屯聚白石（白石山在今蘭州狄道縣東）熲復進擊首虜三千餘人冬勒姐零吾種圍允街（允音鈆街音階）殺略吏民熲排營救之斬獲數百人四年冬上郡沈氐隴西牢姐烏吾諸種羌共寇并涼二州熲將湟中義從討

之涼州刺史郭閎貪共其功稽固熲軍使不得進（稽猶留也）義從役久戀鄉舊皆悉反叛郭閎歸罪於熲熲坐徵下獄輸作左校羌遂陸梁覆沒營塢轉相招結唐突諸郡於是吏人守闕訟熲以千數朝廷知熲爲郭閎所誣詔問其狀熲但謝罪不敢言枉京師稱爲長者起於徒中復拜議郎遷并州刺史時滇那等諸種羌五六千人寇武威張掖酒泉燒人廬舍六年寇埶轉盛涼州

幾亡冬復以熲爲護羌校尉乘驛之職明年春羌封僇良多滇那等（僇音良逐反又力救反）酋豪三百五十五人率三千落詣熲降當煎勒姐種猶自屯結冬熲將萬餘人擊破之斬其酋豪首虜四千餘人八年春熲復擊勒姐種斬首四百餘級降者二千餘人夏進軍擊當煎種於湟中熲兵敗被圍三日用隱士樊志張策潛師夜出鳴鼓還戰大破之首虜數千人熲遂窮追展轉山谷閒自

春及秋無日不戰虜遂飢困敗散北略武威閒熲凡破西羌斬首二萬三千級獲生口數萬人馬牛羊八百萬頭降者萬餘落封熲都鄉侯邑五百户永康元年當煎諸種復反合四千餘人欲攻武威熲復追擊於鸞鳥大破之（鸞鳥縣名屬武威郡故城在今涼州昌松縣北也）殺其渠帥斬首三千餘級西羌於此弭定而東羌先零等自覆沒征西將軍馬賢後朝廷不能討遂數寇擾三輔其後度遼將軍皇

甫規中郎將張奐招之連年既降又叛桓帝詔問熲曰先零東羌造惡反逆而皇甫規張奐各擁強衆不時輯定欲熲移兵東討未識其宜可參思術略熲因上言曰臣伏見先零東羌雖數叛逆而降於皇甫規者已二萬許落善惡既分餘寇無幾今張奐躊躇久不進者當慮外離內合兵往必驚且自冬踐春屯結不散人畜疲羸自亡之埶徒更招降坐制強敵耳臣以爲狼子野心難以恩納（左傳晉叔向母曰狼子野心也）埶窮雖服兵

去復動唯當長矛挾脅白刃加頸耳計東種所餘三萬餘落居近塞內路無險折非有燕齊秦趙從橫之埶而久亂并涼累侵三輔西河上郡已各內徙安定北地復至單危自雲中五原西至漢陽二千餘里匈奴種羌並擅其地是爲癰疽伏疾留滯脅下如不加誅轉就滋大今若以騎五千步萬人車三千兩三冬二夏足以破定無慮用費爲錢五十四億（無慮都凡也）如此則可令羣羌破盡匈奴長服內徙郡縣得反本土伏計永初中諸羌反叛十有四年用二百四十億永和之末復經七年用八十餘億費耗若此猶不誅盡餘孽復起于茲作害今不暫疲人則永寧無期臣庶竭駑劣伏待節度帝許之悉聽如所上建寧元年春熲將兵萬餘人齎十五日糧從彭陽直指高平（彭陽高平並縣名屬安定郡彭陽縣即今原州彭原縣也高平縣今原州也）與先零

諸種戰於逢義山虜兵盛熲衆恐熲乃令軍中張鏃利刃長矛三重挾以強弩列輕騎爲左右翼激怒兵將曰今去家數千里進則事成走必盡死努力共功名因大呼衆皆應聲騰赴熲馳騎於傍突而擊之虜衆大潰斬首八千餘級獲牛馬羊二十八萬頭時竇太后臨朝下詔曰先零東羌歷載爲患熲前陳狀欲必埽滅涉履霜雪兼行晨夜身當矢石感厲吏士曾未浹日凶

醜奔破（泱市也泱音子牒反謂市十二辰也）連尸積俘掠獲無筭洗雪百年之逋負以慰忠將之亡魂（東觀記曰太后詔云此以慰种光馬賢等亡魂也）功用顯著朕甚嘉之須東羌盡定當并録功勤今且賜熲錢二十萬以家一人爲郎中勑中藏府調金錢綵物增助軍費拜熲破羌將軍夏熲復追羌出橋門至走馬水上（東觀記段熲曰傳出橋門谷也）尋聞虜在奢延澤（即上郡奢延縣界也）乃將輕兵兼行一日一夜二百餘里晨及賊擊破之餘虜走向落川

復相屯結熲乃分遣騎司馬田晏將五千人出其東假司馬夏育將二千人繞其西羌分六七千人攻圍晏等晏等與戰羌潰走熲急進與晏等共追之於令鮮水上（令鮮水名在今甘州張掖縣界一名合黎水一名羌谷水也）熲士卒飢渴乃勒衆推方奪其水（推方謂方頭競進也）虜復散走熲遂與相連綴且鬬且引及於靈武谷（靈武縣名有谷在今靈州懷遠縣西北）熲乃被甲先登士卒無敢後者羌遂大敗弃兵而走追之三日三夜士皆重繭

繭（足下傷起形如繭也淮南子曰申包胥曾繭重胝也）既到涇陽（縣名屬安定郡）餘寇四千落悉散入漢陽山谷閒時張奐上言東羌雖破餘種難盡熲性輕果慮負敗難常宜且以恩降可無後悔詔書下熲熲復上言臣本知東羌雖衆而輭弱易制所以比陳愚慮思爲永寧之筭而中郎將張奐說虜彊難破宜用招降聖朝明監信納瞽言故臣謀得行奐計不用事埶相反遂懷猜恨信叛羌之訴飾潤辭意云臣兵累

見折衂（傷敗曰衂音女六反）又言羌一氣所生不可誅盡（言羌亦稟天之一氣所生誅之不可盡也）山谷廣大不可空靜血流汙野傷和致災臣伏念周秦之際戎狄爲害中興以來羌寇最盛誅之不盡雖降復叛今先零雜種累以反覆攻沒縣邑剽略人物發冢露尸禍及生死上天震怒假手行誅（假借也尚書曰皇天降災假手于我有命也）昔邢爲無道衛國伐之師興而雨（左傳曰衛大旱卜有事於山川不吉甯莊子曰昔周飢克殷而年豐今邢方無道天欲衞伐邢乎從之師興而雨也）臣動兵涉夏連

獲甘澍歲時豐稔人無疵疫上占天心不爲災傷 占候也 下察人事衆和師克 克勝也左傳曰師克在和不在衆也 自橋門以西落川以東故宮縣邑更相通屬非爲深險絕域之地車騎安行無應折衂桀奐爲漢吏身當武職駐軍二年不能平寇虛欲修文戢戈招降獷敵 獷惡皃也音谷猛反 誕辭空說僭而無徵何以言之昔先零作寇趙充國徙令居內 宣帝時充國擊西羌徙之於金城郡也 煎當亂邊馬援遷之三輔 遷置天水隴西扶風見西羌傳也 始服

終叛至今爲鯁 鯁與梗同梗病也大雅云至今爲梗 故遠識之士以爲深憂今傍郡戶口單少數爲羌所創毒而欲令降徒與之雜居是猶種枳棘於良田養虺蛇於室內也故臣奉大漢之威建長久之策欲絕其本根不使能殖 殖生也左傳曰爲國家者見惡如農夫之務去草焉絕其本根勿使能殖 本規三歲之費用五十四億今適朞年所耗未半而餘寇殘燼將向殄滅 杜預注左傳曰燼火餘木也 臣每奉詔書軍不內御 御制御也淮南子曰國不可從外理軍不可從中御也 願卒斯言一以任臣臨時量宜不失權便二年詔遣謁者馮禪說降漢陽散羌熲以春農百姓布野羌雖暫降而縣官無廩必當復爲盜賊不如乘虛放兵埶必殄滅夏熲自進營去羌所屯凡亭山四五十里遣田晏夏育將五千人據其山上羌悉衆攻之厲聲問曰田晏夏育在此不湟中義從羌悉在何面今日欲決死生軍中恐晏等勸激兵士殊死大戰遂破之羌衆潰東奔復聚射虎谷分

兵守諸谷上下門熲規一舉滅之不欲復令散走乃遣千人於西縣結木爲柵廣二十步長四十里遮之 西縣屬天水郡故城在今秦州上邽縣西南也 分遣晏育等將七千人銜枚夜上西山結營穿塹去虜一里許又遣司馬張愷等將三千人上東山虜乃覺之遂攻晏等分遮汲水道熲自率步騎進擊水上羌却走因與愷等挾東西山縱兵擊破之羌復敗散熲追至谷上下門窮山深谷之中處處破之

斬其渠帥以下萬九千級獲牛馬驢騾氊裘廬帳什物不可勝數馮禪等所招降四千人分置安定漢陽隴西三郡於是東羌悉平凡百八十戰斬三萬八千六百餘級獲牛馬羊騾驢駱駝四十二萬七千五百餘頭費用四十四億軍士死者四百餘人更封新豐縣侯邑萬戶熲行軍仁愛士卒疾病者親自瞻省手爲裹創在邊十餘年未嘗一日蓐寢郭璞曰蓐席也言身不自安與將士同苦

故皆樂爲死戰三年春徵還京師將秦胡步騎五萬餘人及汗血千里馬生口萬餘人詔遣大鴻臚持節慰勞於鎬鎬水名在今長安縣西軍至拜侍中轉執金吾河南尹有盜發馮貴人冢坐左轉諫議大夫再遷司隸校尉熲曲意宦官故得保其富貴遂黨中常侍王甫枉誅中常侍鄭颯董騰等增封四千戶并前萬四千戶明年代李咸爲太尉其冬病罷復爲司隸校尉數歲轉潁川太守徵拜太中大夫光和二年復代橋玄爲太尉在位月餘會日食自劾有司舉奏詔收印綬詣廷尉時司隸校尉陽球奏誅王甫并及熲就獄中詰責之遂飲鴆死家屬徙邊後中常侍呂強上疏追訟熲功靈帝詔熲妻子還本郡初熲與皇甫威明張然明並知名顯達京師稱爲涼州三明云

贊曰山西多猛三明儷蹤儷偶也前書班固曰秦漢以來山東出相山西出將若白起王翦李廣辛慶忌之流皆山西人也

戎驂糾結塵斥河潼潼谷名谷有水曰潼水即潼關規奐審策亟遏嚚凶文會志比更相爲容段追兩狄束馬縣鋒紛紜騰突谷靜山空

後漢書列傳卷第五十五

列傳第五十六　范曄　後漢書六十六

唐章懷太子賢注

陳蕃　王允

陳蕃

陳蕃字仲舉汝南平輿人也祖河東太守蕃年十五嘗閑處一室而庭宇蕪穢父友同郡薛勤來候之謂蕃曰孺子何不洒埽以待賓客蕃曰大丈夫處世當埽除天下安事一室乎勤知其有清世志甚奇之初仕郡舉孝廉除郎中遭母憂弃官行喪服

闋刺史周景辟別駕從事（續漢志曰別駕從事校尉行部奉引摠錄衆事）以諫爭不合投傳而去（投弃也傳謂符也音丁戀反）後公府辟舉方正皆不就太尉李固表薦徵拜議郎再遷爲樂安太守（續漢志曰樂安本名千乘和帝更名也）時李膺爲青州刺史名有威政屬城聞風皆自引去蕃獨以清績留郡人周璆高絜之士（璆音仇）前後郡守招命莫肯至唯蕃能致焉字而不名特爲置一榻去則縣之璆字孟玉臨濟人有美名民有趙宣葬親而不閉埏隧（埏隧今人墓道也杜預注左傳云掘地通路曰隧）因居其中行服二十餘年鄉邑稱孝州郡數禮請之郡內以薦蕃蕃與相見問及妻子而宣五子皆服中所生蕃大怒曰聖人制禮賢者俯就不肖企及（禮記曰三年之喪可復父母之恩也賢者俯而就之不肖者企而及之）且祭不欲數以其易黷故也（黷媟也禮記曰祭不欲數數則煩煩則不敬）況乃寢宿冢藏而孕育其中誑時惑衆誣汙鬼神乎遂致其罪大將軍梁冀威震天下時遣書詣蕃有所請託不

得通使者詐求謁蕃怒笞殺之坐左轉脩武令稍遷拜尚書時零陵桂陽山賊爲害公卿議遣討之又詔下州郡一切皆得舉孝廉茂才蕃上疏駮之曰昔高祖創業萬邦息肩撫養百姓同之赤子（尚書曰若保赤子唯人其康乂）今二郡之民亦陛下赤子也致令赤子爲害豈非所在貪虐使其然乎宜嚴勑三府隱覈牧守令長其有在政失和侵暴百姓者即便舉奏更選清賢奉公之人能班宣

法令情在愛惠者可不勞王師而羣賊弭息矣又三署郎吏二千餘人三府掾屬過限未除但當擇善而授之簡惡而去之豈煩一切之詔以長請屬之路乎以此忤左右故出爲豫章太守性方峻不接賓客士民亦畏其高（蕃喪妻鄉人畢至唯許子將不往曰仲舉性峻峻則少通故不造也）徵爲尚書令送者不出郭門遷大鴻臚會白馬令李雲抗疏諫桓帝怒當伏誅蕃上書救雲坐免歸田里復徵拜議郎數日遷光祿勳時封賞踰制內寵猥盛蕃乃上疏諫曰臣聞有事社稷者社稷是爲有事人君者容悅是爲今臣蒙恩聖朝備位九列見非不諫則容悅也夫諸侯上象四七垂燿在天下應分土藩屛上國（上象四七謂二十八宿各主諸侯之分野故曰下應分土言皆以輔王室也）高祖之約非功臣不侯而聞追錄河南尹鄧萬世父遵之微功更爵尚書令黃儁先人之絕封近習以非義授邑左右以無功傳賞授位不料其任裂土

莫紀其功至乃一門之內侯者數人故緯象失度陰陽謬序稼用不成民用不康臣知封事已行言之無及誠欲陛下從是而止又比年收斂十傷五六萬人飢寒不聊生活而采女數千食肉衣綺脂油粉黛不可貲計（貲量也）鄙諺言盜不過五女門以女貧家也今後宮之女豈不貧國乎是以傾宮嫁而天下化（帝王紀曰紂作傾宮多采美女以充之武王伐紂乃歸傾宮之女於諸侯也）楚女悲而西宮災（公羊傳曰西宮災何休注云時僖公爲齊桓所脅以齊媵爲嫡楚女廢居西宮而不見恤悲愁怨曠所生）且聚而不御必生憂悲之感以致并隔水旱之困夫獄以禁止姦違官以稱才理物若法虧於平官失其人則王道有缺而令天下之論皆謂獄由怨起爵以賄成夫不有臭穢則蒼蠅不飛陛下宜採求失得擇從忠善尺一選舉委尚書三公（尺一謂板長尺一以寫詔書也）使褒責誅賞各有所歸豈不幸甚帝頗納其言爲出宮女五百餘人但賜儁爵關內侯而萬世南

鄉侯延熹六年車駕幸廣城校獵（廣城苑名在今汝州梁縣西也）蕃上疏諫曰臣聞人君有事於苑囿唯仲秋西郊順時講武殺禽助祭以敦孝敬如或違此則爲肆縱故皐陶戒舜無放逸遊（尚書咎繇謨曰無敎逸欲有邦）周公戒成王無槃于遊田（尚書無逸篇之言）虞舜成王猶有此戒況德不及二主者乎夫安平之時尚宜有節況當今之世有三空之戹哉田野空朝廷空倉庫空是謂三空加兵戎未戢四方離散是陛

後漢列傳五十六　五　陳傳

下焦心毀顏坐以待旦之時也豈宜揚旗曜武騁心輿馬之觀乎又前秋多雨民始種麥今失其勸種之時而令給驅禽除路之役非賢聖恤民之意也齊景公欲觀於海放乎琅邪晏子爲陳百姓惡聞旌旗輿馬之音舉首嚬眉之感景公爲之不行周穆王欲肆車轍馬跡祭公謀父爲誦祈招之詩以止其心誠惡逸遊之害人也（祭公祭國公爲周卿士謀父名也祈招逸詩也左傳曰昔周穆王欲肆其心周行天下將皆必有車轍馬跡焉祭公謀父作祈招之詩以止王心其詩曰祈招之愔愔式昭德音思我王度式如玉式如金刑人之力而無醉飽之心）書奏不納自蕃爲光祿勳與五官中郎將黃琬共典選舉不偏權富而爲埶家郎所譖訴坐免歸頃之徵爲尚書僕射轉太中大夫八年代楊秉爲太尉蕃讓曰不愆不忘率由舊章（詩大雅也言成王今德不過誤不遺失循用舊典文章謂周公之禮法也）臣不如太常胡廣齊七政訓五典臣不如議郎王暢聰明亮達文武兼姿臣不如弛刑徒李膺帝不許中常侍蘇康管霸

後漢列傳五十六　六　陳傳

等復被任用遂排陷忠良共相阿媚大司農劉祐廷尉馮緄（音古本反）河南尹李膺皆以忤旨爲之抵罪蕃因朝會固理膺等請加原宥升之爵任言及反覆誠辭懇切帝不聽因流涕而起時小黃門趙津南陽大猾張氾等奉事中官乘埶犯法二郡太守劉瓆成瑨考案其罪雖經赦令而並竟考殺之宦官怨恚有司承旨遂奏瓆瑨罪當弃市又山陽太守翟超沒入中常侍侯覽財

產東海相黃浮誅殺下邳令徐宣超浮並坐髡鉗輸作左校蕃與司徒劉矩司空劉茂共諫請瓆瑨超浮等帝不悅有司劾奏之矩茂不敢復言蕃乃獨上疏曰臣聞齊桓修霸務爲内政國語曰桓公問管仲曰安國可乎對曰未可君若正卒伍修甲兵大國亦如之若欲速得志於天下諸侯則可以隱令可以寄政公曰隱令寄政若何對曰作内政而寄軍令焉春秋於魯小惡必書公羊傳莊公四年公及齊人狩于郜譏其與讎狩也僖公二十年新作南門譏其奢也故曰小惡必書也宜先自整勑後以及人今寇賊在外四支之疾内政不理心腹之患臣寢不能寐食不能飽實憂左右日親忠言以疎内患漸積外難方深陛下超從列侯繼承天位言桓帝以蠡吾侯即位小家畜產百萬之資子孫尚恥愧失其先業況乃產兼天下受之先帝而欲懈怠以自輕忽乎誠不愛已不當念先帝得之勤苦邪前梁氏五侯毒徧海内五侯謂胤讓淑忠戟五人與冀同時誅事見冀傳也天啓聖意收而戮之天下之議冀當小平明鑒未遠覆車如昨而近習之權復

後漢列傳五十六　七　李亨

相扇結小黃門趙津大猾張汜等肆行貪虐姦媚左右前太原太守劉瓆南陽太守成瑨糾而戮之雖言赦後不當誅殺原其誠心在乎去惡至於陛下有何悁悁說文曰悁悁忿也而小人道長營惑聖聽遂使天威爲之發怒如加刑讁已爲過甚況乃重罰令伏歐刀乎又前山陽太守翟超東海相黃浮奉公不橈疾惡如讎超沒侯覽財物浮誅徐宣之罪並蒙刑坐不逢赦恕覽之從橫沒財已幸宣犯釁過死有餘辜昔丞相申屠嘉召責鄧通洛陽令董宣折辱公主而文帝從而請之光武加以重賞文帝時太中大夫鄧通愛幸居上旁有怠慢禮丞相申屠嘉入朝因見之爲檄召通通至嘉曰通小臣戲殿上大不敬當斬通頓首首盡出血文帝使使召通而謝丞相曰吾弄臣君釋之也湖陽公主蒼頭白日殺人匿主家吏追不得公主出宣駐車叩馬以刀畫地數主主言於帝帝賜宣錢三十萬語見董宣傳未聞二臣有專命之誅而今左右羣豎惡傷黨類妄相交搆致此刑譴聞臣是言當復嗁訴陛下深宜割塞近習豫政之源引納尚書朝

後漢列傳五十六　八　林康

省之事公卿大官五日壹朝(宣帝五日一聽事自丞相已下各敷奏其言)簡練清高斥黜佞邪如是天和於上地洽於下休禎符瑞豈遠乎哉陛下雖厭毒臣言凡人主有自勉強敢以死陳帝得奏愈怒竟無所納朝廷衆庶莫不怨之官官由此疾蕃彌甚選舉奏議輒以中詔譴卻長吏已下多至抵罪猶以蕃名臣不敢加害瓚字文理高唐人(高唐縣名今博州縣也)瑨字幼平陝人並有經術稱處位敢直言多所搏

擊知名當時皆死於獄中九年李膺等以黨事下獄考實蕃因上疏極諫曰臣聞賢明之君委心輔佐亡國之主諱聞直辭故湯武雖聖而興於伊呂桀紂迷惑亡在失人(關龍逢桀臣王子比干紂諸父二人並諫悉皆誅死)由此言之君爲元首臣爲股肱同體相須共成美惡者也(前書曰君爲元首臣爲股肱明其一體相須而成也)伏見前司隸校尉李膺太僕杜密太尉掾范滂等正身無玷死心社稷以忠忤旨橫加考案或禁錮閉隔或

死徙非所杜塞天下之口聾盲一世之人與秦焚書阬儒何以爲異(秦始皇時丞相李斯上言曰天下已定百姓力農今諸生好古惑亂黔首臣請史官非秦記及天下敢有藏詩書百家語者悉燒之事見史記　衛宏詔定古文官書序曰秦既焚書患苦天下不從所改更而諸生到者拜爲郎前後七百人乃密令種瓜於驪山阬谷中溫處瓜實詔博士諸生說之人人不同乃令就視爲伏機諸生賢儒皆至焉方相難不決因發機從上填之以土皆壓之終乃無聲今新豐縣溫湯處號愍儒鄉湯西有馬谷西岸有阬古老相傳以爲秦阬儒處也)昔武王克殷表閭封墓(史記武王克殷命畢公表商容之閭閎夭封比干之墓也)今陛下臨政先誅忠賢遇善何薄待惡何優夫讒人似實巧言如簧(詩小雅曰巧言如簧顔之厚矣簧笙簧也言讒人之口以喻笙簧也)

使聽之者或視之者昏夫吉凶之効存乎識善成敗之機在於察言人君者攝天地之政秉四海之維舉動不可以違聖法進退不可以離道規謬言出口則亂及八方何況髡無罪於獄殺無辜於市乎昔禹巡狩蒼梧見市殺人下車而哭之曰萬方有罪在予一人故其興也勃焉(說苑曰禹見罪人下車泣而問之左右曰夫罪人不順故使殺焉君王何爲痛之至此也禹曰堯舜之人皆以堯舜之心爲心今寡人爲君也百姓各自以其心是以痛之書曰百姓有

罪在予一人左傳曰禹湯罪己其興也勃焉桀紂罪人其亡也忽焉杜預注曰勃盛也又青
徐炎旱五穀損傷民物流遷茹菽不足廣雅
曰茹食也而宮女積於房掖國用盡於羅紈外
戚私門貪財受賂所謂祿去公室政在大
夫論語孔子之言也昔春秋之末周德衰微數十年
間無復災眚者天所弃也春秋感精符曰魯哀公政亂絕無日食天不譴告也天之於漢悁悁無已悁悁猶眷眷也故殷勤
示變以悟陛下除妖去孽實在脩德臣位
列台司憂責深重不敢尸祿惜生坐觀成

敗如蒙採錄使身首分裂異門而出所不
恨也穀梁傳曰公會齊侯于頰谷齊人使優施舞於魯之幕下孔子曰笑君者罪當死使司馬行法焉首足異門而出也帝諱其言切託以蕃辟召非其
人遂策免之永康元年帝崩竇后臨朝詔
曰夫民生樹君使司牧之必須良佐以固
王業前書谷永曰臣聞天生蒸人不能相持爲立王者以統理之故也前太尉
陳蕃忠清直亮其以蕃爲太傅錄尚書事
時新遭大喪國嗣未立諸尚書畏懼權官
託病不朝蕃以書責之曰古人立節事亡

如存言人主雖亡法度尚存當行之與不亡時同故曰如存前書爰盎曰主在與在主亡與亡也
今帝祚未立政事日蹙諸君柰何委荼蓼
之苦息偃在牀詩國風曰誰謂荼苦其甘如薺周頌曰未堪家多難予又集于蓼
於義不足焉得仁乎諸尚書惶怖皆起視
事靈帝即位竇太后復優詔蕃曰蓋褒功
以勸善表義以厲俗無德不報大雅所歎
詩大雅曰無言不讎無德不報太傅陳蕃輔弼先帝出內累
年內音納尚書曰出納朕命也忠孝之美德冠本朝謇愕
之操華首彌固齊宣王對閭丘卬曰夫士亦華髮墮顛而後可用見新序今

封蕃高陽鄉侯食邑三百戶蕃上疏讓曰
使者即臣廬授高陽鄉侯印綬即就也臣誠
悼心不知所裁臣聞讓身之文德之昭也
然不敢盜以爲名竊惟割地之封功德是
爲臣孰自思省前後歷職無它異能合亦
食祿不合亦食祿臣雖無素絜之行竊慕
君子不以其道得之不居也論語孔子曰富與貴是人之所欲不以其道得之不處也若受爵不讓掩面就之詩小雅曰受爵不讓至于已斯亡注云爵祿不以相讓故怨禍及之也使皇天振怒災流下

民於臣之身亦何所寄顧惟陛下哀臣朽老戒之在得（論語孔子曰及其老也血氣既衰戒之在得注云得貪也）竇太后不許蕃復固讓章前後十上竟不受封初桓帝欲立所幸田貴人爲皇后蕃以田氏卑微竇族良家爭之甚固帝不得已乃立竇后及后臨朝故委用於蕃蕃與后父大將軍竇武同心盡力徵用名賢共參政事天下之士莫不延頸想望太平而帝乳母趙嬈（嬈音乃了反）旦夕在太后側中常侍曹

後漢列傳五十六　十三　陳蕃

節王甫等與共交搆諂事太后太后信之數出詔命有所封拜及其支類多行貪虐蕃常疾之志誅中官會竇武亦有謀蕃自以既從人望而德於太后必謂其志可申乃先上疏曰臣聞言不直而行不正則爲欺乎天而負乎人危言極意則羣凶側目禍不旋踵鈞此二者臣寧得禍不敢欺天也今京師囂囂道路諠譁言侯覽曹節公乘昕王甫鄭颯等與趙夫人諸女尚書並

亂天下（趙夫人即趙嬈也女尚書宮內官也）附從者升進忤逆者中傷（前書劉向上書論王鳳曰稱譽者登進忤恨者誅傷也）方今一朝羣臣如河中木耳汎汎東西耽祿畏害陛下前始攝位順天行誅蘇康管霸並伏其辜是時天地清明人鬼歡喜奈何數月復縱左右元惡大姦莫此之甚今不急誅必生變亂傾危社稷其禍難量願出臣章宣示左右并令天下諸姦知臣疾之太后不納朝廷聞者莫不震恐蕃因與竇武謀之

後漢列傳五十六　十四　陳蕃

語在武傳及事泄曹節等矯詔誅武等蕃時年七十餘聞難作將官屬諸生八十餘人並拔刃突入承明門攘臂呼曰大將軍忠以衞國黃門反逆何云竇氏不道邪王甫時出與蕃相迕（迕猶遇也）適聞其言而讓蕃曰先帝新棄天下山陵未成竇武何功兄弟父子一門三侯又多取掖庭宮人作樂飲讌旬月之閒貲財億計大臣若此是爲道邪公爲棟梁枉橈阿黨復焉求賊遂令

收蕃蕃拔劒叱甫甫兵不敢近乃益人圍之數十重遂執蕃送黃門北寺獄黃門從官騶（騶騎士也）蹋踧蕃曰死老魅復能損我曹員數奪我曹稟假不即日害之徙其家屬於比景宗族門生故吏皆斥免禁錮蕃友人陳留朱震時爲銍令（銍縣屬沛郡）聞而弃官哭之收葬蕃尸匿其子逸於甘陵界中事覺繫獄合門桎梏震受考掠誓死不言故逸得免後黃巾賊起大赦黨人乃追還逸官至魯相震字伯厚初爲州從事奏濟陰

太守單匡臧罪并連匡兄中常侍車騎將軍超桓帝收匡下廷尉以譴超超詣獄謝三府諺曰車如雞栖馬如狗疾惡如風朱伯厚

論曰桓靈之世若陳蕃之徒咸能樹立風聲抗論惛俗而驅馳嶮阸之中與刑人腐夫同朝爭衡（前書班固曰相與提衡音義曰衡平也言二人齊也）終取滅亡之禍者彼非不能絜情志違埃霧也（違避也）愍夫世士以離俗爲高而人倫莫相恤也以遯世爲非義故屢退而不去以仁心爲己任雖道遠而彌厲（論語曰仁以爲己任不亦重乎死而後已不亦遠乎）及遭際會協策竇武自謂萬世一遇也懍懍乎伊望之業矣（懍懍有風采之貌也）功雖不終然其信義足以攜持民心漢世亂而不亡百餘年間數公之力也

王允字子師太原祁人也（祁今并州縣也）世仕州郡爲冠蓋同郡郭林宗嘗見允而奇之曰王

生一日千里王佐才也（史記曰田光謂燕太子丹曰臣聞騏驥壯盛之時一日千里至其老也駑馬先之）遂與定交年十九爲郡吏時小黃門晉陽趙津貪橫放恣爲一縣巨患允討捕殺之而津兄弟諂事宦官因緣譖訴桓帝震怒徵太守劉瓆遂下獄死允送喪還平原終畢三年然後歸家復還仕郡人有路佛者少無名行而太守王球召以補吏允犯顏固爭球怒收允欲殺之刺史鄧盛聞而馳傳辟爲別駕從事允由是知

名而路佛以之廢弃允少好大節有志於立功常習誦經傳朝夕試馳射三公並辟以司徒高弟爲侍御史中平元年黄巾賊起特選拜豫州刺史辟荀爽孔融等爲從事上除禁黨討擊黄巾別帥大破之與左中郎將皇甫嵩右中郎將朱儁等受降數十萬於賊中得中常侍張讓賓客書疏與黄巾交通允具發其姦以狀聞靈帝責怒讓讓叩頭陳謝音不能罪之而讓懷協忿

後漢列傳五十六　十七　李孝甫

怨以事中允（中傷也）明年遂傳下獄（傳逮也）會放還復刺史旬日間復以它罪被捕司徒楊賜以允素高不欲使更楚辱（更經也楚苦痛）乃遣客謝之曰君以張讓之事故一月再徵凶慝難量幸爲深計（深計謂今自死）又諸從事好氣決者共流涕奉藥而進之允厲聲曰吾爲人臣獲罪於君當伏大辟以謝天下豈有乳藥求死乎投杯而起出就檻車既至廷尉左右皆促其事朝臣莫不歎息大將

軍何進太尉袁隗司徒楊賜共上疏請之曰夫内視反聽則忠臣竭誠寬賢矜能則義士厲節（内視自視也反聽自聽也言皆恕己不責於人也）是以孝文納馮唐之說（文帝時魏尚爲雲中守下吏免馮唐爲郎中署長奏言曰臣聞魏尚爲雲中守上功首虜差六級陛下下之吏削其爵愚以爲陛下法太明賞太輕罰太重帝即日赦尚復爲雲中太守）晉悼宥魏絳之罪（左傳曰晉悼公之弟楊干亂行於曲梁魏絳戮其僕公怒之絳曰臣聞師衆以順爲武軍事有死無犯爲敬臣懼其死以及楊干無所逃罪公曰寡人有弟不能教訓使干大命寡人之過也子無重寡人之過與之禮食使佐新軍）允以特選受命誅逆撫順曾未期月州境澄清方欲列

後漢列傳五十六　十八　蔡忠造

其庸勳請加爵賞而以奉事不當當肆大戮責輕罰重有虧衆望臣等備位宰相不敢寢默誠以允宜蒙三槐之聽以昭忠貞之心（周禮朝士職三槐九棘公卿於下聽訟故曰三槐之聽）書奏得以減死論是冬大赦而允獨不在宥三公咸復爲言至明年乃得解釋是時宦者横暴睚眦觸死（睚音五懈反眦音士懈反前書曰原涉好殺睚眦於塵中觸死者甚多）允懼不免乃變易名姓轉側河内陳留間（轉側猶去來也）及帝崩乃奔喪京師時大將軍何進欲誅

宦官召允與謀事請爲從事中郎轉河南尹獻帝即位拜大僕再遷守尚書令初平元年代楊彪爲司徒守尚書令如故及董卓遷都關中允悉收斂蘭臺石室圖書秘緯要者以從既至長安皆分別條上又集漢朝舊事所當施用者一皆奏之經籍具存允有力焉時董卓尚留洛陽朝政大小悉委之於允允矯情屈意每相承附卓亦推心不生乖疑故得扶持王室於危亂之中臣主內外莫不倚恃焉允見卓禍毒方深篡逆已兆密與司隸校尉黃琬尚書鄭公業等謀共誅之乃上護羌校尉楊瓚行左將軍事執金吾士孫瑞爲南陽太守並將兵出武關道以討袁術爲名實欲分路征卓而後拔天子還洛陽卓疑而留之允乃引內瑞爲僕射瓚爲尚書二年卓還長安錄入關之功封允爲溫侯食邑五千戶固讓不受士孫瑞說允曰夫執謙守約存

乎其時公與董太師並位俱封而獨崇高節豈和光之道邪老子曰和其光同其塵允納其言乃受二千戶三年春連雨六十餘日允與士孫瑞楊瓚登臺請霽復結前謀說文曰霽雨止也郭璞曰南陽人呼雨止曰霽瑞曰自歲末以來太陽不照霖雨積時月犯執法執法星名史記曰太微南四星曰執法也彗孛仍見晝陰夜陽霧氣交侵此期應促盡內發者勝幾不可後公其圖之允然其言乃潛結卓將呂布使爲內應會卓入賀呂布因刺殺之語在卓傳帝時疾愈故入賀也允初議赦卓部曲呂布亦數勸之既而疑曰此輩無罪從其主耳今若名爲惡逆而特赦之適足使其自疑非所以安之之道也呂布又欲以卓財物班賜公卿將校允又不從而素輕布以劍客遇之布亦負其功勞多自誇伐既失意望漸不相平允性剛棱疾惡棱威棱也力登反初懼董卓豺狼故折節圖之卓既殲滅自謂無復患難及在際會每乏溫潤之色杖

正持重不循權宜之計是以羣下不甚附之董卓將校及在位者多涼州人允議罷其軍或說允曰涼州人素憚袁氏而畏關東今若一旦解兵關東則必人人自危可以皇甫義眞爲將軍就領其衆因使留陝以安撫之而徐與關東通謀以觀其變允曰不然關東舉義兵者皆吾徒耳今若距險屯陝雖安涼州而疑關東之心甚不可也時百姓訛言當悉誅涼州人遂轉相恐

後漢列傳五十六　二十一　章懷

動其在關中者皆擁兵自守更相謂曰丁彥思蔡伯喈但以董公親厚並尚從坐今既不赦我曹而欲解兵今日解兵明日當復爲魚肉矣卓部曲將李傕郭汜等先將兵在關東因不自安遂合謀爲亂攻圍長安城陷呂布奔走布駐馬青瑣門外（前書音義曰以青畫戶邊鏤中天子制也）招允曰公可以去乎允曰若蒙社稷之靈上安國家吾之願也如其不獲則奉身以死之朝廷幼少恃我而已（朝廷）

（謂天子也）臨難苟免吾不忍也努力謝關東諸公勤以國家爲念初允以同郡宋翼爲左馮翊王宏爲右扶風是時三輔民庶熾盛兵穀富實李傕等欲即殺允懼二郡爲患乃先徵翼宏宏遣使謂翼曰郭汜李傕以我二人在外故未危王公今日就徵明日俱族計將安出翼曰雖禍福難量然王命所不得避也宏曰義兵鼎沸在於董卓況其黨與乎若舉兵共討君側惡人山東必

後漢列傳五十六　二十二　吳佐

應之此轉禍爲福之計也翼不從宏不能獨立遂俱就徵下廷尉傕乃收允及翼宏并殺之允時年五十六長子侍中蓋次子景定及宗族十餘人皆見誅害唯兄子晨陵得脫歸鄉里天子感慟百姓喪氣莫敢收允尸者唯故吏平陵令趙戩弃官營喪（戩音翦）王宏字長文少有氣力不拘細行初爲弘農太守考案郡中有事宦官買爵位者雖位至二千石皆掠考收捕遂殺數十

人威動鄉界素與司隸校尉胡种有隙及宏下獄种遂迫促殺之宏臨命詬曰（詬罵也音火豆反）宋翼豎儒不足議大計（豎者言賤劣如僮豎）胡种樂人之禍禍將及之种後眠輒見宏以杖擊之因發病數日死後遷都於許帝思允忠節使改殯葬之遣虎賁中郎將奉策弔祭賜東園祕器贈以本官印綬送還本郡封其孫黑爲安樂亭侯食邑三百戶士孫瑞字君榮扶風人頗有才謀瑞以允自專討

董卓之勞故歸功不侯所以獲免於難後爲國三老光祿大夫每三公缺楊彪皇甫嵩皆讓位於瑞興平二年從駕東歸爲亂兵所殺趙戩字叔茂長陵人性質正多謀初平中爲尚書典選舉董卓數欲有所私授戩輒堅拒不聽言色強厲卓怒召將殺之衆人悚慄而戩辭貌自若卓悔謝釋之長安之亂客於荆州劉表厚禮焉及曹操平荆州乃辟之執戩手曰恨相見晚卒相國鍾繇長史（鍾繇字元常魏太祖時爲相國）

論曰士雖以正立亦以謀濟若王允之推董卓而引其權伺其間而敝其罪當此之時天下懸解矣（莊子曰斯所謂帝之懸解懸解喻安泰也）而終不以猜忤爲釁者知其本於忠義之誠也故推卓不爲失正分權不爲苟冒伺間不爲狙詐及其謀濟意從則歸成於正也

贊曰陳蕃蕪室志清天綱人謀雖緝幽運未當（緝合也易下繫曰人謀鬼謀言蕃設謀雖合而冥運未符也）言觀殄瘁

曷非云亡（殄盡也瘁病也言國將殄瘁豈不由賢人云亡乎詩大雅曰人之云亡邦國殄瘁也）子師圖難晦心傾節（謂矯性屈意於董卓）功全元醜身殘餘孽時有隆夷事亦工拙（誅卓爲工被殺爲拙也）

後漢書列傳卷第五十六

列傳卷第五十七 黨錮 范曄 後漢書六十七

唐章懷太子賢注

劉淑　李膺

杜密　劉祐

魏朗　夏馥

宗慈　巴肅

范滂　尹勳

蔡衍　羊陟

張儉　岑晊

陳翔　孔昱

苑康　檀敷

劉儒　賈彪

何顒

孔子曰性相近也習相遠也言嗜惡之本嗜猶好也惡音烏故反言人好惡各有本性遷染者同而遷染之塗異也由其所習尚書曰唯人生厚因物有遷墨子曰墨子見染絲者泣而歎曰染於蒼則蒼染於黃則黃故染不可不慎也非獨染絲然也國亦有染湯染於伊尹故王天下紂染於惡來故國殘身死爲天下僇夫刻意則行不肆牽物則其志流刻意謂削其意不得自恣也莊子曰刻意尚行離時異俗行音下孟反肆猶放縱也牽物謂爲物所牽制則其志流宕忘反也淮南子曰非拘繫牽連於物而不與推移也是以聖人導人理性裁抑宕佚慎其所與節其所偏雖情品萬區質文異數至於陶物振俗其道一也陶謂陶冶以成之管子曰夫法之制人猶陶之於埴冶之於金也埴音植叔末澆訛王道陵缺叔末猶季末也謂當春秋之時而猶假仁以效己憑義以濟功舉中於理則強梁褫氣片言違正則廝臺解情蓋前哲之遺塵有足求者褫猶奪也音直紙反廝臺賤人也齊侯伐楚楚子使與師言曰君處北海寡人處南海唯是風馬牛不相及也不虞君之

涉吾地也何故管仲對曰爾貢苞茅不入王祭不供無以縮酒寡人是徵對曰貢之不入寡君之罪也使屈完與齊盟于召陵此強梁褫氣也又晉呂甥郤芮將焚公宮而殺晉侯寺人披請見公使讓之且辭曰汝爲惠公來求殺余命汝三宿汝中宿而至雖君有命何其速也對曰臣謂君之入也其知之矣若猶未也又將及難君命無二古之制也除君之惡唯力是視蒲人狄人余何有焉今君即位其無蒲狄乎此爲廝臺解情也並見左傳霸德既衰狙詐萌起霸德謂六國時也狙音七余反廣雅曰狙獮猴也以其多詐故比之也彊者以決勝爲雄弱者以詐劣受屈至有畫半策而綰萬金開一說而錫琛瑞蘇秦說趙王賜白璧百雙黃金萬鎰虞卿一見趙王賜白璧一雙黃金百鎰見史記及戰國策或起徒步而仕執珪解草衣以升

卿相（史記曰楚惠王言莊舄越之鄙細人也今仕楚執珪貴富矣解草衣謂范睢蔡澤之類）士之飾巧馳辯以要能釣利者不期而景從矣（韓子李斯曰韓非飾辯詐謀以釣利於秦也賈誼過秦曰贏糧而景從也）自是愛尚相奪與時回變其風不可留其敝不能反及漢祖杖劍武夫勃興憲令寬賒文禮簡闊緒餘四豪之烈人懷陵上之心（四豪謂信陵君魏公子無忌平原君趙勝春申君黃歇孟嘗君田文前書班固曰游談者以四豪為稱首）輕死重氣怨惠必讎令行私庭權移匹庶任俠之方成其俗矣（前書音義曰相與信為任同是非為俠所謂權行州域力折公侯者也）自武帝以後崇尚儒學懷經協術所在霧會至有石渠分爭之論黨同伐異之說守文之徒盛於時矣（武帝詔求賢良於是公孫弘董仲舒等出焉宣帝時集諸儒於石渠閣講論六藝召五經名儒太子太傅蕭望之等大議殿中平公羊穀梁同異同己者朋黨之異己者攻伐之劉歆書曰黨同門妒道真）至王莽專偽終於篡國志義之流恥見纓紼遂乃榮華丘壑甘足枯槁（謂龔勝薛方郭欽蔣詡之類並隱居不應莽召）雖中興在運漢德重開而保身懷方彌相慕襲去就之節重於時矣（謂逢萌嚴光周黨尚長之屬）逮桓靈之閒主

荒政繆國命委於閹寺士子羞與為伍故匹夫抗憤處士橫議遂乃激揚名聲互相題拂品覈公卿裁量執政婞直之風於斯行矣（婞很也音胡鼎反）夫上好則下必甚矯枉故直必過其理然矣（禮記曰下之事上也不從其所令從其所行上好是物下必有甚者矣矯正也正枉必過其直見孟子）若范滂張儉之徒清心忌惡終陷黨議不其然乎初桓帝為蠡吾侯受學於甘陵周福及即帝位擢福為尚書時同郡河南尹房植有名當朝鄉人為之謠曰天下規矩房伯武因師獲印周仲進二家賓客互相譏揣（初委反）遂各樹朋徒漸成尤隙由是甘陵有南北部黨人之議自此始矣後汝南太守宗資任功曹范滂南陽太守成瑨亦委功曹岑晊（音質）二郡又為謠曰汝南太守范孟博南陽宗資主畫諾南陽太守岑公孝弘農成瑨但坐嘯（謝承書曰成瑨少脩仁義篤學以清名見舉孝廉拜郎中遷南陽太守郡舊多豪強中官黃門磐牙境界瑨下車振威嚴以檢攝之是時桓帝乳母中官貴人外親張子禁怙恃貴埶不畏法網功曹岑晊勸使捕子禁付宛獄笞

（䝉之祖帝御晉下獄死宗資字叔都南陽安衆人也家代爲漢將相名目祖父均自有傳資少在京師學孟氏易歐陽尚書舉孝廉拜議郎補御史中丞汝南太守署范滂爲功曹委任政事推功於滂不伐其美任善之名聞於海內也）因此流言轉入太學諸生三萬餘人郭林宗賈偉節爲其冠（冠猶首也）並與李膺陳蕃王暢更相褒重學中語曰天下模楷李元禮不畏強禦陳仲舉天下俊秀王叔茂又渤海公族進階（公族姓也名進階風俗通曰晉成公立嫡子爲公族大夫韓無忌號公族穆子見左氏傳）扶風魏齊卿並危言深論不隱豪強（危言謂不畏危難而直言也論語孔子曰邦有道危言危行）自公

後漢列傳五十七　五　張宗

卿以下莫不畏其貶議屣履到門時河內張成善說風角推占當赦遂教子殺人李膺爲河南尹督促收捕既而逢宥獲免膺愈懷憤疾竟案殺之初成以方伎交通宦官帝亦頗誶其占成弟子牢脩因上書誣告膺等養太學遊士交結諸郡生徒更相驅馳共爲部黨誹訕朝廷疑亂風俗（說文曰誹謗也蒼頡篇曰訕非也）於是天子震怒班下郡國逮捕黨人布告天下使同忿疾遂收執膺等其辭

所連及陳寔之徒二百餘人或有逃遁不獲皆懸金購募使者四出相望於道明年尚書霍諝城門校尉竇武並表爲請帝意稍解乃皆赦歸田里禁錮終身而黨人之名猶書王府自是正直廢放邪枉熾結海內希風之流遂共相標榜（希望也標榜猶相稱揚也榜與牓同古字通）指天下名士爲之稱號上曰三君次曰八俊次曰八顧次曰八及次曰八廚猶古之八元八凱也竇武劉淑陳蕃爲三君君

後漢列傳五十七　六　李楠

者言一世之所宗也李膺荀昱杜密王暢劉祐魏朗趙典朱寓爲八俊俊者言人之英也郭林宗宗慈巴肅夏馥范滂尹勳蔡衍羊陟爲八顧顧者言能以德行引人者也張儉岑晊劉表陳翔孔昱苑康檀敷翟超爲八及及者言其能導人追宗者也（導引也宗謂所宗仰者）度尚張邈王考劉儒胡母班秦周蕃嚮王章爲八廚（蕃姓也音皮）廚者言能以財救人者也又張儉鄉人朱並承望中常侍侯

覽意旨上書告儉與同鄉二十四人別相署號共爲部黨圖危社稷以儉及檀彬褚鳳張肅薛蘭馮禧魏玄徐乾爲八俊田林張隱劉表薛郁王訪劉祇宣靖公緒恭爲八顧（公緒姓也）朱楷田槃疎耽薛敦宋布唐龍嬴咨宣褒爲八及刻石立墠共爲部黨而儉爲之魁（墠除地於中爲壇墠音禪魁大帥也）靈帝詔刊章捕儉等（刊削不欲宣露並名故削除之而直捕儉等）大長秋曹節因此諷有司奏捕前黨故司空虞放太僕杜

密長樂少府李膺司隸校尉朱寓潁川太守巴肅沛相荀翌河內太守魏朗山陽太守翟超任城相劉儒太尉掾范滂等百餘人皆死獄中餘或先歿不及或亡命獲免自此諸爲怨隙者因相陷害睚眦之忿濫入黨中（睚音五懈反廣雅曰睚裂也眦音才賜反前書音義曰瞋目皃也史記曰睚眦之隙必報）又州郡承旨或有未嘗交關亦離禍毒其死徙廢禁者六七百人熹平五年永昌太守曹鸞上書大訟黨人言甚方切帝省

奏大怒即詔司隸益州檻車收鸞送槐里獄掠殺之於是又詔州郡更考黨人門生故吏父子兄弟其在位者免官禁錮爰及五屬（謂斬衰齊衰大功小功緦麻也）光和二年上祿長和海（上祿縣屬武都郡今成州縣也）上言禮從祖兄弟別居異財恩義已輕服屬疎末而今黨人錮及五族既乖典訓之文有謬經常之法（左氏傳曰父子兄弟罪不相及）帝覽而悟之黨錮自從祖以下皆得解釋中平元年黃巾賊起中常侍呂彊言於

帝曰黨錮久積人情多怨若久不赦宥輕與張角合謀爲變滋大悔之無救帝懼其言乃大赦黨人誅徙之家皆歸故郡其後黃巾遂盛朝野崩離綱紀文章蕩然矣（詩大雅蕩篇序曰厲王無道天下蕩蕩無綱紀文章鄭玄注云蕩蕩法度廢壞之皃也）凡黨事始自甘陵汝南成於李膺張儉海內塗炭二十餘年諸所蔓衍皆天下善士三君八俊等三十五人其名迹存者並載乎篇陳蕃竇武王暢劉表度尚郭林宗別有傳荀

翌附祖淑傳張邈附呂布傳胡母班附秉紹傳王考字文祖東平壽張人冀州刺史秦周字平王陳留平丘人北海相蕃嚮字嘉景魯國人郎中王璋字伯儀東萊曲城人少府卿（曲城縣故城在今萊州掖縣東北也）位行並不顯翟超山陽太守事在陳蕃傳字及郡縣未詳朱㝢沛人與杜密等俱死獄中唯趙典名見而已

劉淑字仲承河間樂成人也祖父稱司隸校尉淑少學明五經遂隱居立精舍講授諸生常數百人州郡禮請五府連辟並不就永興二年司徒种暠舉淑賢良方正辭以疾桓帝聞淑高名切責州郡使輿病詣京師淑不得已而赴洛陽對策爲天下第一拜議郎又陳時政得失災異之占事皆效驗再遷尚書納忠建議多所補益又再遷侍中虎賁中郎將上疏以爲宜罷宦官辭甚切直帝雖不能用亦不罪焉以淑宗

後漢列傳五十七　九　章駒

室之賢特加敬異每有疑事常密諮問之靈帝即位宦官譖淑與竇武等通謀下獄自殺

李膺字元禮潁川襄城人也祖父脩安帝時爲太尉（漢官儀曰脩字伯游）父益趙國相膺性簡亢無所交接（亢高也）唯以同郡荀淑陳寔爲師友初舉孝廉爲司徒胡廣所辟舉高第再遷青州刺史守令畏威明多望風弃官復徵再遷漁陽太守尋轉蜀郡太守以母老乞不之官（謝承書曰出補蜀郡太守脩庠序設條教明法令威恩並行蜀之珍玩不入於門益州紀其政化朝庭舉能理劇轉烏桓校尉）轉護烏桓校尉鮮卑數犯塞膺常蒙矢石每破走之虜甚憚懾（謝承書曰膺常率步騎臨陣交戰身被創夷拭血進戰遂破寇斬首二千級）以公事免官還居綸氏敎授常千人（綸氏縣屬潁川郡故城今陽城縣也）南陽樊陵求爲門徒膺謝不受陵後以阿附宦官致位太尉爲節者所羞（漢官儀曰樊陵字德雲）荀爽嘗就謁膺因爲其御既還喜曰今日乃得御李君矣其見慕如此永壽二年鮮卑寇

後漢列傳五十七　十　李宗

雲中梧帝聞膺能乃復徵爲度遼將軍先是羌虜及疏勒龜茲數出攻鈔張掖酒泉雲中諸郡百姓屢被其害自膺到邊皆望風懼服先所掠男女悉送還塞下自是之後聲振遠域延熹二年徵再遷河南尹時宛陵大姓羊元羣罷北海郡臧罪狼藉郡舍溷軒有奇巧乃載之以歸溷軒廁屋膺表欲按其罪元羣行賂宦豎膺反坐輸作左校初膺與廷尉馮緄大司農劉祐等共同心

志糾罰姦倖緄祐時亦得罪輸作司隸校尉應奉上疏理膺等曰昔秦人觀寶於楚昭奚恤莅以羣賢新序曰秦欲伐楚使者往觀楚之寶器楚王聞之召昭奚恤問焉對曰此欲觀吾國之得失而圖之寶器在於賢臣遂使恤應之乃爲東面之壇一爲南面之壇四爲西面之壇一秦使者至恤曰君客也請就上位東面子西南面太宰子方次之葉公子高次之司馬子反次之恤自居西面之壇稱曰客觀楚國之寶器所寶者賢臣也理百姓實倉廩使人各得其所子西在此奉珪璋使諸侯解忿悁之難交兩國之懽使無兵革之憂太宰子方在此守封疆謹境界不侵鄰國鄰亦不侵葉公子高在此理師旅正兵戎以當強敵提枹鼓以動百萬之衆使皆赴湯火蹈白刃出萬死不顧司馬子反在此若懷霸王之餘義獵理亂之遺風昭奚恤在此惟大國所觀秦使者瞿然無以對恤遂揖衣而去使反言秦君曰楚多賢臣未可謀也梁惠王瑋其照乘之珠齊威王答以四臣瑋猶美也史記曰魏惠王問齊威王曰王亦有寶乎威王曰無有魏王曰寡人之國雖小尚有徑寸珠照車前後十二乘者十枚柰何以萬乘之國而無寶乎威王曰寡人所以爲寶者與王異吾臣有檀子者使守南城楚人不敢爲寇吾臣有盼子者使守高堂則趙人不敢東漁於河吾臣有黔夫者使守徐州於是燕人祭北門趙人祭西門從者七千餘家吾臣有種首者使備盜賊則道不拾遺以此爲寶將以照千里豈直十二乘哉魏王慙不懌而去夫忠賢武將國之心膂竊見左校施刑徒前廷尉馮緄大司農劉祐河南尹李膺等執法不撓誅舉邪臣肆之以法肆陳也衆庶稱宜昔

季孫行父親逆君命逐出莒僕於舜之功二十之一紀太子僕殺紀公以其寶玉來奔納諸宣公公命與之邑季文子使司寇出之境公問其故對曰孝敬忠信爲吉德盜賊藏姦爲凶德夫莒僕則其孝敬弒君父矣則其忠信則竊寶玉矣其人則盜賊也是以去之舜舉十六相去四凶有大功二十而爲天子今行父雖未獲一吉人去一凶矣於舜之功二十之一也見左傳今膺等投身彊禦畢力致罪陛下既不聽察而猥受譖訴遂令忠臣同愆元惡自春迄冬不蒙降恕遐邇觀聽爲之歎息夫立政之要記功忘失是以武帝捨安國於徒中景帝時韓安國爲梁大夫坐法抵罪後梁內史缺起徒中

爲二千石拜爲內史臣賢案此言武帝誤也宣帝御張敞於亡命張敞爲京兆尹坐殺人亡命歸家冀州亂御敞爲冀州刺史緄前討蠻荆均吉甫之功詩小雅曰顯允方叔征伐玁狁蠻荆來威鄭玄注云方叔先與吉甫征伐玁狁今特往伐蠻荆皆使來服於宣王之威美其功之多也緄以順帝時討長沙武陵蠻夷有功故以比之祐數臨督司有不吐茹之節謂祐奏梁冀弟旻又爲司隸校尉權豪畏之也詩曰唯仲山甫柔亦不茹剛亦不吐不侮鰥寡不畏彊禦膺著威幽并遺愛度遼今三垂蠢動王旅未振易稱雷雨作解君子以赦過宥罪易解卦象詞也卦坎下震上解坎爲險爲水水者雨之象震爲動爲雷王弼注云屯難盤結於是乎解也乞原膺等以

後漢列傳五十七　十三　陳春

備不虞書奏乃悉免其刑再遷復拜司隸校尉時張讓弟朔爲野王令貪殘無道至乃殺孕婦聞膺厲威嚴懼罪逃還京師因匿兄讓弟舍藏於合柱中膺知其狀率將吏卒破柱取朔付洛陽獄受辭畢即殺之讓訴冤於帝詔膺入殿御親臨軒詰以不先請便加誅辟之意膺對曰昔晉文公執衛成公歸于京師春秋是焉公羊傳曰晉人執衛侯歸之于京師歸之于者執之乎天子之側者也罪定不定已可知矣何休注云歸之于者決辭也禮云公族有罪雖曰宥之有司執憲不從解見張酺傳昔仲尼爲魯司寇七日而誅少正卯今臣到官已積一旬私懼以稽留爲愆不意獲速疾之罪誠自知釁責死不旋踵特乞留五日剋殄元惡退就鼎鑊始生之願也帝無復言顧謂讓曰此汝弟之罪司隸何愆乃遣出之自此諸黃門常侍皆鞠躬屏氣休沐不敢復出宮省帝怪問其故並叩頭泣曰畏李校尉是時朝庭日亂綱紀穨阤

後漢列傳五十七　十四　楊茂

膺獨持風裁以聲名自高裁音才代反士有被其容接者名爲登龍門以魚爲喻也龍門河水所下之口在今絳州龍門縣辛氏三秦記曰河津一名龍門水險不通魚鱉之屬莫能上江海大魚薄集龍門下數千不得上上則爲龍也及遭黨事當考實膺等案經三府太尉陳蕃卻之曰今所考案皆海內人譽憂國忠公之臣此等猶將十世宥也解見耿弇傳豈有罪名不章而致收掠者乎不肯平署平署猶連署也帝愈怒遂下膺等於黃門北寺獄獄名解見靈紀也膺等頗引宦官子弟宦官多懼請帝以天

時宜赦於是大赦天下膺免歸鄉里居陽城山中天下士大夫皆高尚其道而汙穢朝廷以朝廷爲汙穢也及陳蕃免太尉朝野屬意於膺荀爽恐其名高致禍欲令屈節以全亂世爲書貽曰久廢過庭不聞善誘陟岵瞻望惟日爲歲論語曰鯉趨而過庭子曰學詩乎曰未也又曰孔子恂恂然善誘人詩曰陟彼岵兮瞻望父兮又曰一日不見如三歲兮爽致敬於膺故以父爲喻也知以直道不容於時悅山樂水家于陽城道近路夷當即聘問無狀嬰疾闕於所仰頃聞上

帝震怒貶黜鼎臣上帝謂天子鼎臣即陳蕃人鬼同謀易下繫曰人謀鬼謀百姓與能以爲夫子當貞觀二五利見大人易曰天地之道貞觀也乾九二九五並曰利見大人也不謂夷之初旦明而未融夷傷也融朗也明夷卦離下坤上離爲日坤爲地日之初出其明未朗左傳曰明而未融其當旦乎以膺黜故喻之也虹蜺揚煇弃和取同春秋考異郵曰虹蜺出亂惑弃和謂弃君子同小人也論語曰君子和而不同小人同而不和也方今天地氣閉大人休否易文言曰天地閉賢人隱否九五曰大人休否休否謂休廢而否塞智者見險投以遠害見險難故投身以遠害也易曰君子以儉德避難不可榮以祿雖匱人望內合私願匱乏也想甚

欣然不爲恨也願怡神無事偃息衡門毛詩注曰衡門橫木爲門任其飛沉與時抑揚頃之帝崩陳蕃爲太傅與大將軍竇武共秉朝政連謀誅諸宦官故引用天下名士乃以膺爲長樂少府及陳竇之敗膺等復廢後張儉事起收捕鉤黨鄉人謂膺曰可去矣對曰事不辭難罪不逃刑臣之節也左傳曰晉侯之弟揚干亂行於曲梁魏絳戮其僕晉侯怒謂羊舌赤曰合諸侯以爲榮也揚干爲戮何辱如之必殺魏絳無失也對曰絳無貳志事君不避難有罪不逃刑其將來辭何辱命焉吾年已六十死

生有命去將安之乃詣詔獄考死妻子徙邊門生故吏及其父兄並被禁錮時侍御史蜀郡景毅子顧爲膺門徒而未有錄牒故不及於譴毅乃慨然曰本謂膺賢遣子師之豈可以漏奪名籍苟安而已遂自表免歸時人義之膺子瓚位至東平相謝承書瓚作琟初曹操微時瓚異其才將沒謂子宣等曰時將亂矣天下英雄無過曹操張孟卓與吾善袁本初汝外親雖爾勿依必歸曹氏

諸子從之並免於亂世

杜密字周甫潁川陽城人也爲人沉質少有厲俗志爲司徒胡廣所辟稍遷代郡太守徵三遷太山太守北海相其宦官子弟爲令長有姦惡者輒捕案之行春到高密縣見鄭玄爲鄉佐知其異器即召署郡職遂遣就學後密去官還家每謁守令多所陳託同郡劉勝亦自蜀郡告歸鄉里閉門埽軌無所干及（軌車迹也言絕人事）太守王昱謂密曰

劉季陵清高士公卿多舉之者密知昱激己對曰劉勝位爲大夫見禮上賓而知善不薦聞惡無言隱情惜己自同寒蟬此罪人也（寒蟬謂寂默也楚詞曰悲哉秋之爲氣也蟬寂漢而無聲）今志義力行之賢而密達之（力行謂盡力行善也禮記曰好問近乎智力行近乎仁）違道失節之士而密糾之使明府賞刑得中令問休揚不亦萬分之一乎昱慙服待之彌厚後桓帝徵拜尚書令遷河南尹轉太僕黨事既起免歸本郡與李膺俱坐而名行相次故時人亦稱李杜焉（前有李固杜喬故言亦也）後太傅陳蕃輔政復爲太僕明年坐黨事被徵自殺

劉祐字伯祖中山安國人也（安國縣故城在今定州義豐縣東南謝承書曰祐宗室胄緒代有名位少脩操行學嚴氏春秋小戴禮古文尚書仕郡爲主簿郡將小子嘗出錢付之令市買果實祐悉以買筆書具與之因白郡將言郎君年可入小學而但傲很遠近謂明府無過庭之教請出授書郡將爲使子就祐受經五日一試不滿呈限白決罰遂成學業也）安國後別屬博陵祐初察孝廉補尚書侍郎閑練故事文札強辨每有奏議應對無滯爲

僚類所歸除任城令兗州舉爲尤異遷揚州刺史是時會稽太守梁旻大將軍冀之從弟也祐舉奏其罪旻坐徵復遷祐河東太守時屬縣令長率多中官子弟百姓患之祐到黜其權強平理冤結政爲三河表（三河謂河東河內河南也表猶標準也）再遷延熹四年拜尚書令又出爲河南尹轉司隸校尉時權貴子弟罷州郡還入京師者每至界首輒改易輿服隱匿財寶威行朝廷拜宗正三轉大司

農時中常侍蘇康管霸用事於内遂固天下良田美業山林湖澤民庶窮困州郡累氣累氣屏息也祐移書所在依科品沒入之桓帝大怒論祐輸左校後得赦出復歷三卿輒以疾辭乞骸骨歸田里詔拜中散大夫遂杜門絕迹每三公缺朝廷皆屬意於祐以讒毀不用延篤貽之書曰昔太伯三讓人無德而稱焉三讓解見和紀延陵高揖華夏仰風揖讓也左傳吳王壽夢卒子諸樊既除喪將立弟季札札弃其室而耕乃舍之吾子懷

蘧氏之可卷體甯子之如愚蘧瑗字伯玉甯子名俞並衛大夫論語孔子曰君子哉蘧伯玉邦有道則仕邦無道則可卷而懷之又曰甯武子邦無道則愚微妙玄通沖而不盈老子曰古之善爲道者微妙玄通深不可識也又曰道沖而用之又不盈蔑三光之明未暇以天下爲事何其劭與莊子曰舜讓天下於子州支伯子州支伯曰予適有幽憂之病方且理之未暇理天下也靈帝初陳蕃輔政以祐爲河南尹及蕃敗祐黜歸卒于家明年大誅黨人幸不及禍

魏朗字少英會稽上虞人也上虞縣故城在今越州餘姚縣西有虞山在縣東少爲縣吏兄爲鄉人所殺朗白日操刃報讎於縣中遂亡命到陳國從博士郤仲信學春秋圖緯孔子作春秋緯十二篇又詣太學受五經京師長者李膺之徒爭從之初辟司徒府再遷彭城令時中官子弟爲國相多行非法朗與更相章奏幸臣忿疾欲中之中傷會九眞賊起乃共薦朗爲九眞都尉到官奬厲吏兵討破羣賊斬首二千級桓帝美其功徵拜議郎頃之遷尚書屢陳便宜有所補益出爲河内太守政稱三河

表尚書令陳蕃薦朗公忠亮直宜在機密復徵爲尚書會被黨議免歸家朗性矜嚴閉門整法度家人不見墯容後竇武等誅朗以黨被急徵行至牛渚自殺牛渚山名突出江中謂爲牛渚圻在今宣州當塗縣北也著書數篇號魏子云

夏馥字子治陳留圉人也少爲書生言行質直同縣高氏蔡氏並皆富殖郡人畏而事之唯馥比門不與交通比門猶並門也由是爲豪姓所仇桓帝初舉直言不就馥雖不交時

官然以聲名爲中官所憚遂與范滂張儉
等俱被誣陷詔下州郡捕爲黨魁及儉等
亡命經歷之處皆被收考辭所連引布徧
天下馥乃頓足而歎曰孽自己作空汙良
善一人逃死禍及萬家何以生爲乃自翦
須變形入林慮山中（林慮今相州縣）隱匿姓名爲冶
家傭親突煙炭形貌毀瘁積二三年人無
知者後馥弟靜乘車馬載縑帛追之於涅
陽市中（涅陽縣屬南陽郡）遇馥不識聞其言聲乃覺

而拜之馥避不與語靜追隨至客舍共宿
夜中密呼靜曰吾以守道疾惡故爲權官
所陷且念營苟全以庇性命弟柰何載物
相求是以禍見追也明旦別去黨禁未解
而卒

宗慈字孝初南陽安衆人也（安衆在今南陽縣西南仍有其名無復基趾也）舉孝廉九辟公府有道徵不就後
爲脩武令時太守出自權豪多取貨賂慈
遂弃官去徵拜議郎未到道疾卒南陽羣
士皆重其義行

巴肅字恭祖勃海高城人也（高城縣故城在今滄州鹽山縣南）初察孝廉歷愼令貝丘長（愼縣屬汝南郡貝丘縣屬清河郡）皆以郡守非其人辭病去辟公府稍遷
拜議郎與竇武陳蕃等謀誅閹官武等遇
害肅亦坐黨禁錮中常侍曹節後聞其謀
收之肅自載詣縣縣令見肅入閤解印綬
與俱去肅曰爲人臣者有謀不敢隱有罪
不逃刑既不隱其謀矣又敢逃其刑乎遂

被害刺史賈琮刊石立銘以記之

范滂字孟博汝南征羌人也（征羌解見來歙傳謝承書曰汝南細陽人也）少厲清節爲州里所服舉孝廉光
祿四行（漢官儀曰光祿舉敦厚質樸遜讓節儉此爲四行也）時冀州飢荒
盜賊羣起乃以滂爲清詔使案察之滂登
車攬轡慨然有澄清天下之志及至州境
守令自知臧汙望風解印綬去其所舉奏
莫不厭塞衆議遷光祿勳主事時陳蕃爲
光祿勳滂執公儀詣蕃蕃不止之滂懷恨

投版弃官而去（版笏也）郭林宗聞而譏蕃曰若范孟博者豈宜以公禮格之（格正也）今成其去就之名得無自取不優之議也蕃乃謝焉復爲太尉黃瓊所辟後詔三府掾屬舉謠言（漢官儀曰三公聽採長吏臧否人所疾苦還條奏之是爲舉謠言也頃者舉謠言掾屬令史都會殿上主者大言州郡行狀云何善者同聲稱之不善者默爾銜枚）滂奏刺史二千石權豪之黨二十餘人尚書責滂所劾猥多疑有私故滂對曰臣之所舉自非叨穢姦暴深爲民害豈以汙簡札哉閒以

後漢列傳五十七　二十三　楊瑛

會日迫促故先舉所急其未審者方更參實臣聞農夫去草嘉穀必茂（左傳曰爲國家者見惡如農夫之務去草焉）忠臣除姦王道以清若臣言有貳甘受顯戮吏不能詰滂覩時方艱知意不行因投劾去太守宗資先聞其名請署功曹委任政事滂在職嚴整疾惡其有行違孝悌不軌仁義者皆埽迹斥逐不與共朝顯薦異節抽拔幽陋滂外甥西平李頌公族子孫而爲鄉曲所弃中常侍唐衡以頌請

資資用爲吏滂以非其人寢而不召資遷怒捶書佐朱零零仰曰范滂清裁猶以利刃齒腐朽（裁音才載反）今日寧受笞死而滂不可違資乃止郡中中人以下莫不歸怨乃指滂之所用以爲范黨後牢脩誣言鉤黨（鉤引也）滂坐繫黃門北寺獄獄吏謂曰凡坐繫皆祭皐陶滂曰皐陶賢者古之直臣知滂無罪將理之於帝（帝謂天也）如其有罪祭之何益衆人由此亦止獄吏將加掠考滂以

後漢列傳五十七　二十四　毛仙

同囚多嬰病乃請先就格遂與同郡袁忠爭受楚毒桓帝使中常侍王甫以次辨詰滂等皆三木囊頭暴於階下（三木項及手足皆有械更以物蒙覆其頭也前書司馬遷曰魏其大將也衣赭關三木也）餘人在前或對或否滂忠於後越次而進王甫詰曰君爲人臣不惟忠國而共造部黨自相褒舉評論朝廷虛搆無端諸所謀結並欲何爲皆以情對不得隱飾滂對曰臣聞仲尼之言見善如不及見惡如探湯（探湯喻去疾也見論語）欲使善

善同其清惡惡同其汙謂王政之所願聞不悟更以爲黨甫曰卿更相拔舉迭爲脣齒有不合者見則排斥其意如何滂乃慷慨仰天曰古之循善自求多福今之循善身陷大戮身死之日願埋滂於首陽山側上不負皇天下不愧夷齊（伯夷叔齊餓死首陽山見史記首陽山在洛陽東北）甫愍然爲之改容乃得並解桎梏（鄭玄注周禮曰木在足曰桎在手曰梏）滂後事釋南歸始發京師汝南南陽士大夫迎之者數千兩（兩車也尚書曰戎車三百兩）陳震

同囚鄉人殷陶黃穆亦免俱歸並衛侍於滂應對賓客滂顧謂陶等曰今子相隨是重吾禍也遂遁還鄉里初滂等繫獄尚書霍諝理之及得免到京師往候諝而不爲謝或有讓滂者對曰昔叔向嬰罪祁奚救之未聞羊舌有謝恩之辭祁老有自伐之色竟無所言（左傳晉討欒盈之黨殺叔向之弟羊舌虎并囚叔向於是祁奚聞之見范宣子曰夫謀而鮮過惠訓不倦者叔向有焉社稷之固也猶將十代宥之今一不免其身不亦惑乎宣子說而免之祁奚不見叔向而歸叔向亦不告免焉而朝孔安國注尚書曰自功曰伐也）

建寧二年遂大誅黨人詔下急捕滂等督郵吳導至縣抱詔書閉傳舍伏牀而泣（傳驛舍也音知戀反）滂聞之曰必爲我也即自詣獄縣令郭揖大驚出解印綬引與俱亡曰天下大矣子何爲在此滂曰滂死則禍塞何敢以罪累君又令老母流離乎其母就與之訣滂白母曰仲博孝敬足以供養（仲博滂弟也）滂從龍舒君歸黃泉（謝承書曰滂父顯故龍舒侯相也）存亡各得其所惟大人割不可忍之恩勿增感戚母

曰汝今得與李杜齊名死亦何恨（李膺杜密）既有令名復求壽考可兼得乎滂跪受教再拜而辭顧謂其子曰吾欲使汝爲惡則惡不可爲使汝爲善則我不爲惡行路聞之莫不流涕時年三十三

論曰李膺振拔汙險之中（前書班固曰振拔汙塗跨騰風雲也）蘊義生風以鼓動流俗（周易曰鼓之以動之）激素行以恥威權立廉尚以振貴埶使天下之士奮迅感槩波蕩而從之幽深牢破室族而不

顧至于子伏其死而母歡其義壯矣哉子曰道之將廢也與命也（論語之文）

尹勳字伯元河南鞏人也家世衣冠伯父睦為司徒兄頌為太尉宗族多居貴位者而勳獨持清操不以地埶尚人州郡連辟察孝廉三遷邯鄲令政有異迹後舉高第五遷尚書令及桓帝誅大將軍梁冀勳參建大謀封都鄉侯遷汝南太守上書解釋范滂等黨議禁錮尋徵拜將作大匠

後漢列傳五十七　二十七　李芳

轉大司農坐竇武等事下獄自殺

蔡衍字孟喜汝南項人也（項今陳州項城縣也）少明經講授以禮讓化鄉里鄉里有爭訟者輒詣衍決之其所平處皆曰無怨舉孝廉稍遷冀州刺史中常侍具瑗託其弟恭舉茂才衍不受乃收齎書者案之又劾奏河閒相曹鼎臧罪千萬鼎者中常侍騰之弟也騰使大將軍梁冀為書請之衍不荅鼎竟坐輸作左校乃徵衍拜議郎符節令梁冀聞衍賢請欲相見衍辭疾不往冀恨之時南陽太守成瑨等以收糾宦官考廷尉衍與議郎劉瑜表救之言甚切厲坐免官還家杜門不出靈帝即位徵拜議郎會病卒

羊陟字嗣祖太山梁父人也（梁父故城在今兗州泗水縣北）家世冠族陟少清直有學行舉孝廉辟太尉李固府舉高第拜侍御史會固被誅陟以故吏禁錮歷年復舉高第再遷冀州刺史奏案貪濁所在肅然又再遷虎賁中郎

後漢列傳五十七　二十八　林仁

將城門校尉三遷尚書令時太尉張顥司徒樊陵大鴻臚郭防太僕曹陵大司農馮方並與宦豎相姻私公行貨賂並奏罷黜之不納以前太尉劉寵司隸校尉許冰幽州刺史楊熙涼州刺史劉恭益州刺史龐艾清亮在公薦舉升進帝嘉之拜陟河南尹計日受奉常食乾飯茹菜禁制豪右京師憚之會黨事起免官禁錮卒於家

張儉字元節山陽高平人趙王張耳之後

也（張耳大梁人也高祖立爲趙王）父成江夏太守儉初舉茂才
以刺史非其人謝病不起延熹八年太守
翟超請爲東部督郵時中常侍侯覽家在
防東（縣名屬山陽郡故城在今兖州金鄉縣南）殘暴百姓所爲不
軌儉舉劾覽及其母罪惡請誅之覽遏絶
章表並不得通由是結仇鄉人朱並素性
佞邪爲儉所弃並懷怨恚遂上書告儉與
同郡二十四人爲黨於是刋章討捕儉得
亡命困迫遁走望門投止莫不重其名行

破家相容後流轉東萊止李篤家外黄令
毛欽操兵到門篤引欽謂曰張儉知名天
下而亡非其罪縱儉可得寧忍執之乎欽
因起撫篤曰蘧伯玉恥獨爲君子足下如
何自專仁義篤曰篤雖好義明廷今日載
其半矣（明廷猶明府言不執儉得義之半也）欽歎息而去篤因
緣送儉出塞以故得免其所經歷伏重誅
者以十數宗親並皆殄滅郡縣爲之殘破
中平元年黨事解乃還鄉里大將軍三公
並辟又舉敦朴公車特徵起家拜少府皆
不就獻帝初百姓飢荒而儉資計差温乃
傾竭財産與邑里共之賴其存者以百數
建安初徵爲衛尉不得已而起儉見曹氏
世德已萌乃闔門懸車不豫政事歲餘卒
于許下年八十四

論曰昔魏齊違死虞卿解印（違避也史記魏齊魏之諸公子也虞卿趙相也范睢入秦爲昭王相昭王乃遺趙王書曰魏齊范睢之仇也急持其頭來趙王乃圍齊齊急亡見虞卿卿度趙王不可説乃解其印與齊往信陵君所信陵君初聞之疑後乃出迎齊聞信陵初疑

遂自刎趙王持其頭遺秦也）季布逃亡朱家甘罪（季布楚人爲項羽將數窘漢王羽敗漢購求布千金敢舍匿罪三族布匿濮陽周氏髡鉗布之魯朱家所賣之朱家心知是季布也買置田舍乃往洛陽見汝陰侯滕嬰説之曰季布何罪臣各爲主用職耳汝陰侯言於高帝帝乃赦之拜郎中後爲河東守也）而張儉見怒時王顯沛假命
天下聞其風者莫不憐其壯志而爭爲之
主至乃捐城委爵破族屠身蓋數十百所
豈不賢哉然儉以區區一掌而欲獨堙江
河（堙塞也前書班固曰何武王嘉區區以一蕢障江河用没其身）終嬰疾甚之亂
多見其不知量也（論語曰人而不仁疾之以甚亂也又曰人雖欲自絶其何

傷於日月多見其不知量也

岑晊字公孝南陽棘陽人也棘音力父像爲南郡太守以貪叨誅死方言曰叨殘也晊年少未知名往候同郡宗慈慈方以有道見徵賓客滿門以晊非良家子不肯見晊留門下數日晚乃引入慈與語大奇之遂將俱至洛陽因詣太學受業晊有高才郭林宗朱公叔等皆爲友李膺王暢稱其有幹國器雖在閭里慨然有董正天下之志爾雅曰董督正也

太守弘農成瑨下車欲振威嚴聞晊高名請爲功曹又以張牧爲中賊曹吏瑨委心晊牧褒善糾違肅清朝府宛有富賈張汎者桓帝美人之外親善巧雕鏤玩好之物頗以賂遺中官以此並得顯位恃其伎巧用埶縱橫晊與牧勸瑨收捕汎等旣而遇赦晊竟誅之并收其宗族賓客殺二百餘人後乃奏聞於是中常侍侯覽使汎妻上書訟其冤帝大震怒徵瑨下獄死晊與牧

亡匿齊魯之閒會赦出後州郡察舉三府交辟並不就及李杜之誅因復逃竄終于江夏山中云

陳翔字子麟汝南邵陵人也祖父珍司隸校尉翔少知名善交結察孝廉太尉周景辟舉高第拜侍御史時正旦朝賀大將軍梁冀威儀不整奏冀恃貴不敬請收案罪時人奇之遷定襄太守徵拜議郎遷揚州刺史舉奏豫章太守王永奏事中官吳郡

太守徐參在職貪穢並徵詣廷尉參中常侍璜之弟也由此威名大振又徵拜議郎補御史中丞坐黨事考黃門北寺獄以無驗見原卒于家

孔昱字元世魯國魯人也七世祖霸成帝時歷九卿封褒成侯臣賢案前書孔霸字次孺時爲太中大夫授太子經遷詹事高密相元帝即位霸以師賜爵關內侯號褒成君薨謚曰烈君今范書及謝承書皆云成帝又言封侯蓋誤也詹事及相俱二千石故曰歷卿自霸至昱爵位相係其卿相牧守五十三人列侯七人

昱少習家學（家學尚書）大將軍梁冀辟不應太尉舉方正對策不合乃辭病去後遭黨事禁錮靈帝即位公車徵拜議郎補洛陽令以師喪弃官卒於家

苑康字仲真勃海重合人也（重合縣故城在今滄州樂陵縣東）少受業太學與郭林宗親善舉孝廉再遷潁陰令有能迹遷太山太守郡內豪姓多不法康至奮威怒施嚴令莫有干犯者先所請奪人田宅皆遽還之是時山陽張

儉殺常侍侯覽母案其宗黨賓客或有迸匿太山界者康既常疾閹官因此皆窮相收掩無得遺脫覽大怨之誣康與兖州刺史第五種及都尉壺嘉詐上賊降徵康詣廷尉獄減死罪一等徙日南潁陰人及太山羊陟等詣闕爲訟乃原還本郡卒於家

檀敷字文有山陽瑕丘人也（瑕丘今兖州縣）少爲諸生家貧而志清不受鄉里施惠舉孝廉連辟公府皆不就立精舍教授遠方至者甞數百人桓帝時博士徵不就靈帝即位太尉黃瓊舉方正對策合時宜再遷議郎補蒙令（蒙縣屬梁國）以郡守非其人弃官去家無產業子孫同衣而出年八十卒於家（謝承書曰敷子孫同衣而行并日而食也）

劉儒字叔林東郡陽平人也（陽平故城今魏州莘縣）郭林宗常謂儒口訥心辯有珪璋之質（珪璋玉也半珪曰璋謝承書曰林宗數儒有珪璋之質終必爲令德之士詩曰如珪如璋令問令望）察孝廉舉高第三遷侍中桓帝時數有灾異下策

博求直言儒上封事十條極言得失辭甚忠切帝不能納出爲任成相頃之徵拜議郎會竇武事下獄自殺

賈彪字偉節潁川定陵人也少遊京師志節慷慨與同郡荀爽齊名初仕州郡舉孝廉補新息長（新息今豫州縣）小民困貧多不養子彪嚴爲其制與殺人同罪城南有盜劫害人者北有婦人殺子者彪出案發（就發處案驗之）而掾吏欲引南彪怒曰賊寇害人此則常理母

子相殘逆天違道遂驅車北行案驗其罪城南賊聞之亦面縛自首數年閒人養子者千數僉曰賈父所長生男名爲賈子生女名爲賈女延熹九年黨事起太尉陳蕃爭之不能得朝廷寒心莫敢復言彪謂同志曰吾不西行大禍不解乃入洛陽說城門校尉竇武尚書霍諝武等訟之桓帝以此大赦黨人李膺出曰吾得免此賈生之謀也先是岑晊以黨事逃亡親友多匿焉

後漢列傳五十七　三十五

彪獨閉門不納時人望之（望怨也）彪曰傳言相時而動無累後人（相視也左傳之文也）公孝以要君致釁自遺其咎吾以不能奮戈相待反可容隱之乎於是咸服其裁正以黨禁錮卒于家初彪兄弟三人並有高名而彪最優故天下稱曰賈氏三虎偉節最怒

何顒字伯求南陽襄鄉人也（襄鄉故城在今隨州棗陽縣東北也）少遊學洛陽顒雖後進而郭林宗賈偉節等與之相好顯名太學友人虞偉高有父讎未報而篤病將終顒往候之偉高泣而訴顒感其義爲復讎以頭醊其墓（醊祭酹也音竹歲反）及陳蕃李膺之敗顒以與蕃膺善遂爲宦官所陷乃變名姓亡匿汝南閒所至皆親其豪桀有聲荊豫之域袁紹慕之私與往來結爲奔走之友（詩大雅曰予曰有胥附予曰有先後予曰有奔走予曰有禦侮毛萇注曰諭德宣譽曰奔走）是時黨事起天下多離其難顒常私入洛陽從紹計議其窮困閉戹者爲求援救以濟其患有被掩捕者則

後漢列傳五十七　三十六

廣設權計使得逃隱全免者甚衆及黨錮解顒辟司空府每三府會議莫不推顒之長累遷及董卓秉政逼顒以爲長史託疾不就乃與司空荀爽司徒王允等共謀卓會爽薨顒以它事爲卓所繫憂憤而卒初顒見曹操歎曰漢家將亡安天下者必此人也操以是嘉之嘗稱潁川荀彧王佐之器及彧爲尚書令遣人西迎叔父爽并致顒屍而葬之爽之冢傍

贊曰渭以涇濁玉以礫貞物性既區嗜惡從形礫音歷說文曰礫小石也言渭以涇濁乃顯其清玉居礫石乃見其貞區猶別也嗜愛也從形謂形有善惡也以諭彼李膺等與宦竪不同故相憎疾蘭蕕無竝銷長相傾蕕臭草也左傳曰一薫一蕕十年尚猶有臭易否卦曰小人道長君子道銷泰卦曰君子道長小人道銷老子曰高下相傾也徒恨芳膏煎灼燈明前書龔勝死有一老父入哭甚哀曰薫以香自燒膏以明自銷

後漢書列傳卷第五十七

列傳卷第五十八　范曄　後漢書六十八

唐章懷太子賢注

郭太　符融

許劭

郭太字林宗范曄父名泰故改爲此太太鄭公業之名亦同焉太原界休人也介休今汾州縣家世貧賤早孤母欲使給事縣廷蒼頡篇曰廷直也說文廷朝中也風俗通廷正也言縣廷郡廷朝廷皆取平均正直也林宗曰大丈夫焉能處斗筲之役乎遂辭就成皐屈伯彥學三年業畢博通墳籍善談論美音制乃游於洛陽始見河南尹李膺膺大奇之遂相友善於是名震京師後歸鄉里衣冠諸儒送至河上車數千兩林宗唯與李膺同舟而濟衆賓望之以爲神仙焉司徒黃瓊辟太常趙典舉有道或勸林宗仕進者對曰吾夜觀乾象晝察人事天之所廢不可支也左傳晉汝叔寬之詞支猶持也遂竝不應性明知人好獎訓士類身長八尺容貌魁偉襃衣博帶周遊郡國嘗於陳梁閒行遇

兩巾一角墊音丁念反周遷輿服雜事曰巾以葛爲之形如帢音口洽反本居士野人
所服魏武造帢其巾乃廢今國子學生服焉以白紗爲之時人乃故折巾一
角以爲林宗巾其見慕皆如此泰別傳曰泰名顯士爭歸
之載刺常盈車或問汝南范滂曰郭林宗何如人滂
曰隱不違親介推之類貞不絕俗柳下惠之類天子不
得臣諸侯不得友吾不知其它禮記曰儒有上不臣天子下不事諸侯
後遭母憂有至孝稱謝承書曰遭母憂歐血發病歷年乃
瘳林宗雖善人倫而不爲危言覈論禮記曰擬
人必於其倫鄭玄注曰倫猶類也論語孔子曰邦有道危言危行邦無道危行言孫覈猶實也故宦

官擅政而不能傷也及黨事起知名之士
多被其害唯林宗及汝南袁閎得免焉遂
閉門教授弟子以千數建寧元年太傅陳
蕃大將軍竇武爲閹人所害林宗哭之於
野慟既而歎曰人之云亡邦國殄瘁詩大雅之詞
瞻烏爰止不知于誰之屋耳詩小雅也言不知王業當何所歸
明年春卒于家時年四十二四方之士千
餘人皆來會葬謝承書曰泰以建寧二年正月卒自弘農函谷關以西河內湯
陰以北二千里負笈荷擔彌路柴車葦裝塞塗蓋有萬數來赴同志者乃共刻

石立碑蔡邕爲其文既而謂涿郡盧植曰
吾爲碑銘多矣皆有慙德唯郭有道無愧
色耳其獎拔士人皆如所鑒謝承書曰泰之所名人品乃定
先言後驗衆皆服之故適陳留則友符偉明遊太學則師仇季智之陳國則親魏德公入汝南則交黃叔
度初太始至南州過袁奉高不宿而去從叔度累日不去或以問太太曰奉高之器譬之泛濫雖清而易
挹叔度之器汪汪若千頃之陂澄之不清擾之不濁不可量也已而果然太以是名聞天下後之
好事或附益增張故多華辭不經又類卜
相之書今錄其章章效於事者著之篇末
章章猶昭昭也左原者陳留人也爲郡學生犯法見

斥林宗嘗遇諸路爲設酒肴以慰之謂曰
昔顏涿聚梁甫之巨盜段干木晉國之大
駔卒爲齊之忠臣魏之名賢呂氏春秋曰顏涿聚梁父大盜
也學於孔子左傳曰晉伐齊戰于黎丘齊師敗績親
禽顏庚杜預注曰黎丘隰也顏庚齊大夫顏涿聚也
又曰晉荀瑤伐鄭請救於齊齊師將興陳成子屬孤
子三日朝設乘車兩馬繫五邑焉召顏涿聚之子晉
曰隰之役而父死焉以國之多難未汝恤也今君命
汝以是邑也服車而朝無廢前勞呂氏春秋曰段干
木晉國之駔說文曰駔會也謂合兩家之賣買如今
之度市也新序曰魏文侯過段干木之閭而軾之遂
致祿百萬而時往問之國人皆喜相與誦之曰吾君
好正段干木之敬吾君好忠段干木之隆秦欲攻魏
司馬唐諫曰段干木賢者也而魏禮之天下莫不
聞無乃不可加兵乎秦君以爲然也駔音子朗反遽

瑗顏回尚不能無過況其餘乎（論語曰蘧伯玉使人於孔子孔子問之曰夫子何爲對曰夫子欲寡其過而未能也又曰顏回好學不貳過）愼勿恚恨責躬而已原納其言而去或有譏林宗不絕惡人者對曰人而不仁疾之以甚亂也（論語孔子之言也鄭玄注云不仁之人當以風化之若疾之以甚是益使爲亂也）原後忽更懷忿結客欲報諸生其日林宗在學原愧負前言因遂罷去後事露衆人咸謝服焉茅容字季偉陳留人也年四十餘耕於野時與等輩避雨樹下衆皆夷踞相對（夷平也說文曰踞蹲也）

後漢列傳五十八　四　王中

容獨危坐愈恭林宗行見之而奇其異遂與共言因請寓宿旦日容殺雞爲饌林宗謂爲已設既而以供其母自以草蔬與客同飯（草麤也）林宗起拜之曰卿賢乎哉因勸令學卒以成德孟敏字叔達鉅鹿楊氏人也（十三州志曰楊氏縣在今魏郡北也）客居太原荷甑墯地不顧而去林宗見而問其意對曰甑以破矣視之何益林宗以此異之因勸令遊學十年知名三公俱辟並不屈云庾乘

字世遊潁川鄢陵人也少給事縣廷爲門士（士即門卒）林宗見而拔之勸遊學宮遂爲諸生傭後能講論自以卑第每處下坐諸生博士皆就讎問由是學中以下坐爲貴後徵辟並不起號曰徵君宋果字仲乙（謝承書乙作文）扶風人也性輕悍憙與人報讎爲郡縣所疾林宗乃訓之義方懼以禍敗果感悔叩頭謝負遂改節自勅後以烈氣聞辟公府侍御史并州刺史所在能化賈淑字子

後漢列傳五十八　五　李昇

厚林宗鄉人也雖世有冠冕而性險害邑里患之（謝承書曰淑爲舅宋瑒報讎於縣中爲吏所捕繫獄當死泰與語淑懇惻流涕泰詣縣令應操陳其報怨蹈義之士被赦縣不宥之郡上言乃得原）林宗遭母憂淑來修弔既而鉅鹿孫威直亦至威直以林宗賢而受惡人弔心怪之不進而去林宗追而謝之曰賈子厚誠實凶德然洗心向善仲尼不逆互鄉故吾許其進也（互鄉鄉名互鄉難與言童子見門人惑孔子曰人絜己以進與其進不保其往）淑聞之改過自厲終成善士鄉里有憂患者淑輒傾身營救

爲州閭所稱史叔賓者陳留人也少有盛名林宗見而告人曰牆高基下雖得必失後果以論議阿枉敗名云黄允字子艾濟陰人也以儁才知名林宗見而謂曰卿有絶人之才足成偉器然恐守道不篤將失之矣後司徒袁隗欲爲從女求姻見允而歎曰得壻如是足矣允聞而黜遣其妻夏侯氏婦謂姑曰今當見弃方與黄氏長辭乞一會親屬以展離訣之情於是大集賓客三百餘人婦中坐攘袂數允隱匿穢惡十五事言畢登車而去允以此廢於時謝甄字子微汝南召陵人也與陳留邊讓並善談論俱有盛名每共候林宗未甞不連日達夜林宗謂門人曰二子英才有餘而並不入道惜乎甄後不拘細行爲時所毁讓以輕侮曹操操殺之王柔字叔優弟澤字季道林宗同郡晉陽縣人也兄弟總角共候林宗以訪才行所宜林宗曰叔優當

以仕進顯季道當以經術通然違方改務亦不能至也後果如所言柔爲護匈奴中郎將澤爲代郡太守又識張孝仲芻牧之中知范特祖郵置之役（說文曰郵境上傳書舍也廣雅曰郵驛也置亦驛也風俗通曰漢改郵爲置置者度其遠近之間置之也）召公子許偉康並出屠酤司馬子威拔自卒伍及同郡郭長信王長文韓文布李子政曹子元定襄周康子西河王季然雲中丘季智郝禮眞等六十人並以成名（謝承書曰太原郭長信王長文弟子師韓文布李子政曹子元定襄周康子西河王季然雲中丘季智名子師位至司徒季然北地太守其餘多典州郡者）蔡虔

論曰莊周有言人情險於山川以其動靜可識而沈阻難徵（徵明也沈深也）故深厚之性詭於情貌（詭違也）則哲之鑒惟帝所難（帝謂堯也書曰知人則哲惟帝爲難）而林宗雅俗無所失將其明性特有主乎然而遜言危行終享時晦（享通也）恂恂善道使士慕成名雖墨孟之徒不能絶也（墨翟孟軻也絶過也）

符融字偉明陳留浚儀人也少爲都官吏

恥之委去（續漢志曰都官從事主察舉百官犯法者融恥爲其吏而去）後遊太學師事少府李膺膺風性高簡每見融輒絶它賓客聽其言論融幅巾奮褎談辭如雲（幅巾者以一幅爲之也褎古袖字如雲者奔踊而出也）膺每捧手歎息郭林宗始入京師時人莫識融一見嗟服因以介於李膺由是知名（古人相見必因紹介介因也言因此人以相接見也謝承書曰融見林宗便與之交又紹介於膺以爲海之明珠未燿其光鳥之鳳皇羽儀未翔膺與林宗相見待以師友之禮遂振名天下融之致也）時漢中晉文經梁國黃子艾並恃其才智炫曜上京臥託

養疾無所通接洛中士大夫好事者承其聲名坐門問疾猶不得見（謝承書曰文經子艾曜名遠近聲價已定徵辟不就療病京師不通賓客公卿將相大夫遣門生旦暮問疾郎吏公府掾屬雜坐其門不得見也）三公所辟召者輒以詢訪之隨所臧否以爲與奪融察其非眞乃到太學并見李膺曰二子行業無聞以豪桀自置遂使公卿問疾王臣坐門融恐其小道破義空譽違實特宜察焉膺然之二人自是名論漸衰賓徒稍省旬日之間慙歎逃去後果爲

輕薄子並以罪廢棄融益以知名州郡禮請舉孝廉公府連辟皆不應太守馮岱有名稱到官請融相見融一往薦達郡士范冉韓卓孔伷等三人（伷音胄謝承書曰馮岱字德山性忼慨有文武異才既到官融往相見薦范冉爲功曹韓卓爲主簿孔伷爲上計吏袁山松書曰卓字子助臘日奴竊食祭其先卓義其心即日免之）因辭病自絶會有黨事亦遭禁錮妻亡貧無殯斂鄉人欲爲具棺服融不肯受曰古之亡者弃之中野（易繫詞曰古之葬者厚衣以薪葬之中野）唯妻子可以行志但即土埋藏而已

（謝承書曰潁川張元祖志行士也來存融値其妻亡知其如此謂言足下欲尚古道非不清妙且禮設棺槨制杖章孔子曰吾從周便推所乘羸牛車命融以給殯融受而不辭也）融同郡田盛字仲嚮與郭林宗同好亦名知人優遊不仕並以壽終

許劭字子將汝南平輿人也（輿音預）少峻名節好人倫多所賞識若樊子昭和陽士者並顯名於世（魏志曰和洽字陽士汝南西平人也初舉孝廉大將軍辟不就魏國建爲侍中）故天下言拔士者咸稱許郭初爲郡功曹太守徐璆甚敬之（璆音求又巨秋反）府中聞子將

爲吏莫不改操飾行同郡袁紹公族豪俠
去濮陽令歸車徒甚盛將入郡界乃謝遣
賓客曰吾輿服豈可使許子將見遂以單
車歸家劭嘗到潁川多長者之遊唯不候
陳寔又陳蕃喪妻還葬鄉人必至而劭獨
不往或問其故劭曰太丘道廣廣則難周
仲舉性峻峻則少通故不造也其多所裁
量若此曹操微時常卑辭厚禮求爲己目
今品藻爲題目 劭鄙其人而不肯對操乃伺隙脅劭

後漢列傳五十八　十　吴佐

劭不得已曰君清平之姦賊亂世之英雄
操大悅而去劭從祖敬敬子訓訓子相並
爲三公相以能諂事宦官故自致台司封
侯數遣請劭劭惡其薄行終不候之劭邑
人李逵壯直有高氣劭初善之而後爲隙
又與從兄靖不睦 蜀志曰許靖字文休少與從弟劭俱知名並有人倫臧否之稱而私情不協劭爲郡功曹排擯靖不得齒叙以馬磨自給 時議以此少之
初劭與靖俱有高名好共覈論鄉黨人物
每月輒更其品題故汝南俗有月旦評焉

司空楊彪辟舉方正敦樸徵皆不就或勸
劭仕對曰方今小人道長王室將亂吾欲
避地淮海以全老幼乃南到廣陵徐州刺
史陶謙禮之甚厚劭不自安告其徒曰陶
恭祖外慕聲名內非眞正待吾雖厚其勢
必薄不如去之遂復投揚州刺史劉繇於
曲阿 繇字正禮 其後陶謙果捕諸寓士 寓寄也 及
孫策平吴劭與繇南奔豫章而卒時年四
十六兄虔亦知名汝南人稱平輿淵有二

後漢列傳五十八　十一　吴成

龍焉 平輿故城今豫州汝陽縣東北有二龍鄉月旦里
贊曰林宗懷寶識深甄藻 甄明也藻謂飾也 明發
周流永言時道 明發發夕至明也呂氏春秋曰孔子周流天下 符融
鑒眞子將人倫守節好恥並亦逡巡 逡巡自退
不仕也

後漢書列傳卷第五十八

列傳卷第五十九　范曄　後漢書六十九

唐章懷太子賢注

竇武　何進

竇武字游平扶風平陵人安豐戴侯融之玄孫也父奉定襄太守武少以經行著稱常教授於大澤中不交時事名顯關西延熹八年長女選入掖庭桓帝以爲貴人拜武郎中其冬貴人立爲皇后武遷越騎校尉封槐里侯五千户明年冬拜城門校尉

在位多辟名士清身疾惡禮賂不通妻子衣食裁充足而已是時羌蠻寇難歲儉民飢武得兩宮賞賜悉散與太學諸生及載肴糧於路匄施貧民兄子紹爲虎賁中郎將性疎簡奢侈武每數切厲相戒猶不覺悟乃上書求退紹位又自責不能訓導當先受罪由是紹更遵節大小莫敢違犯時國政多失內官專寵李膺杜密等爲黨事考逮永康元年上疏諫曰臣聞明主不諱譏刺之言以探幽暗之實忠臣不恤諫爭之患以暢萬端之事是以君臣並熙名奮百世（熙盛也）臣幸得遭盛明之世逢文武之化豈敢懷禄逃罪不竭其誠陛下初從藩國爰登聖祚天下逸豫謂當中興自即位以來未聞善政梁孫寇鄧雖或誅滅（梁冀孫壽寇榮鄧萬代見桓紀也）而常侍黃門續爲禍虐欺罔陛下競行譎詐自造制度妄爵非人朝政日衰姦臣日彊伏尋西京放恣王氏佞臣執政

終喪天下今不慮前事之失復循覆車之軌臣恐二世之難必將復及（二世即胡亥）趙高之變不朝則夕（趙高使女壻閻樂弒胡亥於望夷宮）近者姦臣牢脩造設黨議遂收前司隸校尉李膺太僕杜密御史中丞陳翔太尉掾范滂等逮考連及數百人曠年拘録事無効驗臣惟膺等建忠抗節志經王室此誠陛下稷卨伊呂之佐而虛爲姦臣賊子之所誣枉天下寒心海內失望惟陛下留神澄省時見理

出時謂聊時也以厭人鬼喁喁之心臣聞古之明君必須賢佐以成政道今臺閣近臣尚書令陳蕃僕射胡廣尚書朱寓荀緄音古本反劉祐魏朗劉矩尹勳等皆國之貞士朝之良佐尚書郎張陵嬀皓苑康楊喬邊韶戴恢等文質彬彬明達國典內外之職羣才並列而陛下委任近習專樹饕餮外典州郡內幹心膂宜以次貶黜案罪糾罰抑奪宦官欺國之封案其無狀誣罔之罪信任忠

良平決臧否使邪正毀譽各得其所寶愛天官唯善是授如此咎徵可消天應可待間者有嘉禾芝草黃龍之見夫瑞生必於嘉士嘉士猶善人也福至實由善人在德爲瑞無德爲災陛下所行不合天意不宜稱慶書奏因以病上還城門校尉槐里侯印綬上音時丈反帝不許有詔原李膺杜密等自黃門北寺若盧都內諸獄繫囚罪輕者皆出之都內主藏官名前書有都內令丞屬大司農也其冬帝崩無嗣武召侍御史

河間劉儵參問其國中王子侯之賢者儵稱解瀆亭侯宏武入白太后遂徵立之是爲靈帝拜武爲大將軍常居禁中帝既立論定策功更封武爲聞喜侯子機渭陽侯拜侍中兄子紹鄠侯遷步兵校尉紹弟靖西鄉侯爲侍中監羽林左騎武既輔朝政常有誅翦宦官之意太傅陳蕃亦素有謀時共會朝堂蕃私謂武曰中常侍曹節王甫等自先帝時操弄國權濁亂海內百姓

匈匈歸咎於此今不誅節等後必難圖武深然之蕃大喜以手推席而起武於是引同志尹勳爲尚書令劉瑜爲侍中馮述爲屯騎校尉又徵天下名士廢黜者前司隸李膺宗正劉猛太僕杜密廬江太守朱寓等列於朝廷請前越巂太守荀翌爲從事中郎辟潁川陳寔爲屬共定計策於是天下雄俊知其風旨莫不延頸企踵思奮其智力續漢志曰桓帝初京都童謠曰游平賣印自有評不避賢豪及大姓案武字游平與陳蕃

(合策勠力唯德是建咸得其人豪賢大姓皆絕望矣)會五月日食蕃復說
武曰昔蕭望之困一石顯(元帝時閹人石顯為中書令譖御史大夫
蕭望之令自殺也)近者李杜諸公禍及妻子況今石
顯數十輩乎蕃以八十之年欲為將軍除
害今可且因日食斥罷宦官以塞天變又
趙夫人及女尚書旦夕亂太后(女尚書內官也夫人即趙
嬈)急宜退絕惟將軍慮焉武乃白太后曰
故事黃門常侍但當給事省內典門戶主
近署財物耳今乃使與政事而任權重子
弟布列專為貪暴天下匈匈正以此故宜
悉誅廢以清朝廷太后曰漢來故事世有
但當誅其有罪豈可盡廢邪時中常侍管
霸頗有才略專制省內武先白誅霸及中
常侍蘇康等竟死武復數白誅曹節等太
后冘豫未忍(冘音淫冘豫不定也)故事久不發至八月
太白出西方劉瑜素善天官惡之上書皇
太后曰太白犯房左驂上將星入太微其
占宮門當閉將相不利姦人在主傍願急

防之又與武蕃書以星辰錯繆不利大臣
宜速斷大計武蕃得書將發於是以朱寓
為司隸校尉劉祐為河南尹虞祁為洛陽
令武乃奏免黃門令魏彪以所親小黃門
山冰代之使冰奏素狡猾尤無狀者長樂
尚書鄭颯(音立)送北寺獄蕃謂武曰此曹子
便當收殺何復考為武不從令冰與尹勳
侍御史祝瑨雜考颯辭連及曹節王甫勳
冰即奏收節等使劉瑜內奏時武出宿歸

府典中書者先以告長樂五官史朱瑀瑀
盜發武奏罵曰中官放縱者自可誅耳我
曹何罪而當盡見族滅因大呼曰陳蕃竇
武奏白太后廢帝為大逆乃夜召素所親
壯健者長樂從官史共普張亮等十七人
喢血共盟誅武等曹節聞之驚起白帝曰
外間切切請出御德陽前殿令帝拔劍踊
躍使乳母趙嬈等擁衛左右取棨信閉諸
禁門(棨有衣戟也漢官儀曰凡居宮中皆施籍於掖門案姓名當入者本官為封棨傳審印信)

然後受之召尚書官屬脅以白刃使作詔板拜王甫爲黃門令持節至北寺獄收尹勳山冰冰疑不受詔甫格殺之遂害勳出鄭颯還共劫太后奪璽書令中謁者守南宮閉門絕複道（複音福）使鄭颯等持節及侍御史謁者捕收武等武不受詔馳入步兵營與紹共射殺使者召會北軍五校士數千人屯都亭下令軍士曰黃門常侍反盡力者封侯重賞詔以少府周靖行車騎將軍加

節與護匈奴中郎將張奐率五營士討武夜漏盡王甫將虎賁羽林廄騶都侯劍戟士合千餘人出屯朱雀掖門與奐等合明旦悉軍闕下與武對陳甫兵漸盛使其士大呼武軍曰竇武反汝皆禁兵當宿衛宮省何故隨反者乎先降有賞營府素畏服中官於是武軍稍稍歸甫自旦至食時兵降略盡武紹走諸軍追圍之皆自殺梟首洛陽都亭（續漢志曰桓帝末京師童謠曰茅田一頃中有井四方纖纖不可整嚼復嚼今年尚可後年磽案易曰拔茅連茹茅喻羣賢也井者法也時中常侍管霸等擅疾海內英賢並見廢錮茅田一頃言羣賢眾多也中有井者言雖厄窮不失法度也四方纖纖言姦慝不可理也嚼飲酒相強之辭也言不恤王政徒耽宴而已今年尚可者言但禁錮也後年磽者陳蕃竇武等誅天下大壞也磽音苦敎反磽猶惡也）收捕宗親賓客姻屬悉誅之及劉瑜馮述皆夷其族徙武家屬日南遷太后於雲臺當是時凶豎得志士大夫皆喪其氣矣武府掾桂陽胡騰少師事武獨殯斂行喪坐以禁錮武孫輔時年二歲逃竄得全事覺節等捕之急胡騰及令史南陽張敞

共逃輔於零陵界詐云已死騰以爲己子而使聘娶焉後舉桂陽孝廉至建安中荊州牧劉表聞而辟焉以爲從事使還竇姓以事列上會表卒曹操定荊州輔與宗人徙居於鄴辟丞相府從征馬超爲流矢所中死（飛矢曰流矢中傷也）初武母產武而并產一蛇送之林中後母卒及葬未窆有大蛇自榛草而出（廣雅曰木藂生曰榛）徑至喪所以頭擊柩涕血皆流俯仰蛣屈（蛣音丘吉反）若哀泣之容有頃而去

時人知爲竇氏之祥（祥吉凶之先見者尚書曰亳有祥）騰字子升初桓帝巡狩南陽以騰爲護駕從事公卿貴戚車騎萬計徵求費役不可勝極騰上言天子無外乘輿所幸即爲京師臣請以荆州刺史比司隷校尉（南陽屬荆州故請以刺史比司隷）臣自同都官從事帝從之（漢官儀曰都官從事主洛陽百官朝會與三府掾同也）自是肅然莫敢妄有干欲騰以此顯名黨錮解官至尚書張敞者太尉温之弟也（漢官儀曰温字伯慎穰人也封亙鄉侯太史奏言有大臣誅死董卓恥温笞殺於市以厭之）

何進字遂高南陽宛人也異母女弟選入掖庭爲貴人有寵於靈帝拜進郎中再遷虎賁中郎將出爲潁川太守光和二年貴人立爲皇后徵進入拜侍中將作大匠河南尹中平元年黄巾賊張角等起以進爲大將軍率左右羽林五營士屯都亭修理器械以鎮京師張角別黨馬元義謀起洛陽進發其姦以功封愼侯（愼縣屬汝南郡）四年滎陽

賊數千人羣起攻燒郡縣殺中牟縣令詔使進弟河南尹苗出擊之苗攻破羣賊平定而還詔遣使者迎於成皐拜苗爲車騎將軍封濟陽侯五年天下滋亂望氣者以爲京師當有大兵兩宮流血大將軍司馬許涼假司馬伍宕說進曰太公六韜有天子將兵事（太公六韜篇第一霸典文論第二文師武論第三龍韜主將第四虎韜偏裨第五豹韜校尉第六犬韜司馬龍韜云武王曰吾欲令三軍之衆親其將如父母聞金聲而怒聞鼓音而喜爲之奈何）可以威厭四方進以爲然入言之於

帝於是乃詔進大發四方兵講武於平樂觀下起大壇上建十二重五采華蓋高十丈壇東北爲小壇復建九重華蓋高九丈列步兵騎士數萬人結營爲陳天子親出臨軍駐大華蓋下進駐小華蓋下禮畢帝躬擐甲介馬（擐音宦擐貫也介亦甲也）稱無上將軍行陳三匝而還詔使進悉領兵屯於觀下是時置西園八校尉以小黄門蹇碩爲上軍校尉虎賁中郎將袁紹爲中軍校尉屯騎都

尉鮑鴻爲下軍校尉議郎曹操爲典軍校
尉趙融爲助軍校尉淳于瓊爲佐軍校尉
又有左右校尉帝以蹇碩壯健而有武略
特親任之以爲元帥督司隷校尉以下雖
大將軍亦領屬焉碩雖擅兵於中而猶畏
忌於進乃與諸常侍共說帝遣進西擊邊
章韓遂帝從之賜兵車百乘虎賁斧鉞進
陰知其謀乃上遣袁紹東擊徐兗二州兵
須紹還即戎事以稽行期初何皇后生皇

子辯王貴人生皇子協羣臣請立太子帝
以辯輕佻無威儀不可爲人主（字書曰佻輕也）然皇
后有寵且進又居重權故久不決六年帝
疾篤屬協於蹇碩碩既受遺詔且素輕忌
於進兄弟及帝崩碩時在内欲先誅進而
立協及進從外入碩司馬潘隱與進早舊
迎而目之進驚馳從儳道歸營引兵入屯
百郡邸（廣雅曰儳疾也音仕鑒反）因稱疾不入碩謀不行
皇子辯乃即位何太后臨朝進與太傅袁

隗輔政録尚書事進素知中官天下所疾
兼忿蹇碩圖己及秉朝政陰規誅之袁紹
亦素有謀因進親客張津勸之曰黄門常
侍權重日久又與長樂太后專通姦利（靈帝母董太后居長樂宮）將軍宜更清選賢良整齊天下爲
國家除患進然其言又以袁氏累世寵貴
海内所歸（袁安爲司徒司空孫湯爲司徒太尉湯子成五官中郎將成生紹故云累代寵貴也）而紹素善養士能得豪傑用其從弟虎
賁中郎將術亦尚氣俠故並厚待之因復
博徵智謀之士龐紀何顒荀攸等與同腹

心蹇碩疑不自安與中常侍趙忠等書曰
大將軍兄弟秉國專朝今與天下黨人謀
誅先帝左右埽滅我曹但以碩典禁兵故
且沈吟今宜共閉上閤急捕誅之中常侍
郭勝進同郡人也太后及進之貴幸勝有
力焉故勝親信何氏遂共趙忠等議不從
碩計而以其書示進進乃使黄門令收碩
誅之因領其屯兵袁紹復說進曰前竇武

欲誅內寵而反為所害者以其言語漏泄而五營百官服畏中人故也今將軍既有元舅之重而兄弟並領勁兵部曲將吏皆英俊名士樂盡力命事在掌握此天贊之時也將軍宜一為天下除患名垂後世雖周之申伯何足道哉（申伯周申后父也詩大雅曰維申及甫維周之翰）今大行在前殿（人主崩未有謚故稱大行也前書音義曰大行者不反之辭也）將軍宜受詔領禁兵不宜輕出入宮省進甚然之乃稱疾不入陪喪又不送山陵遂

與紹定籌策而以其計白太后太后不聽曰中官統領禁省自古及今漢家故事不可廢也且先帝新弃天下我柰何楚楚與士人對共事乎（楚詞曰楚楚鮮明貌也詩曰衣裳楚楚）進難違太后意且欲誅其放縱者紹以為中官親近至尊出入號令今不悉廢後必為患而太后母舞陽君及苗數受諸宦官賂遺知進欲誅之數白太后為其障蔽又言大將軍專殺左右擅權以弱社稷太后疑以為

然中官在省闥者或數十年封矦貴寵膠固內外進新當重任素敬憚之雖外收大名而內不能斷故事久不決紹等又為畫策多召四方猛將及諸豪傑使並引兵向京城以脅太后進然之主簿陳琳入諫曰易稱即鹿無虞（易屯卦六三爻辭也虞掌山澤之官即鹿猶從禽也無虞言不可得）諺有掩目捕雀夫微物尚不可欺以得志況國之大事其可以詐立乎今將軍揔皇威握兵要龍驤虎步高下在心此猶鼓

洪爐燎毛髮耳夫違經合道天人所順而反委釋利器更徵外助大兵聚會彊者為雄所謂倒持干戈授人以柄（前書梅福上書曰倒持太阿授楚其柄）功必不成秖為亂階進不聽遂西召前將軍董卓屯關中上林苑又使府掾太山王匡東發其郡強弩并召東郡太守橋瑁屯城皐使武猛都尉丁原燒孟津火照城中（武猛謂有武藝而勇猛者取其嘉名因以名官也）皆以誅宦官為言太后猶不從苗謂進曰始共從南陽來

俱以貧賤依省內以致貴富國家之事亦
何容易覆水不可收宜深思之且與省內
和也進意更狐疑紹懼進變計乃脅之曰
交搆已成形埶已露事留變生將軍復欲
何待而不早決之乎進於是以紹爲司隸
校尉假節專命擊斷從事中郎王允爲河
南尹紹使洛陽方略武吏司察宦者而促
董卓等使馳驛上欲進兵平樂觀太后乃
恐悉罷中常侍小黃門使還里舍唯留進

素所私人以守省中諸常侍小黃門皆詣
進謝罪唯所措置進謂曰天下匈匈正患
諸君耳今董卓垂至諸君何不早各就國
袁紹勸進便於此決之至于再三進不許
紹又爲書告諸州郡詐宣進意使捕案中
官親屬進謀積日頗泄中官懼而思變張
讓子婦太后之妹也讓向子婦叩頭曰老
臣得罪當與新婦俱歸私門惟受恩累世
(惟思念也)今當遠離宮殿情懷戀戀願復一入

直得暫奉望太后陛下顏色然後退就溝
壑死不恨矣子婦言於舞陽君入白太后
乃詔諸常侍皆復入直八月進入長樂白
太后請盡誅諸常侍以下選三署郎入守
宦官廬諸宦官相謂曰大將軍稱疾不臨
喪不送葬今欻入省(欻音許物反)此意何爲竇氏
事竟復起邪又張讓等使人潛聽具聞其
語乃率常侍段珪畢嵐等數十人持兵竊
自側闥入伏省中及進出因詐以太后詔

召進入坐省闥讓等詰進曰天下憒憒亦
非獨我曹罪也(說文曰憒亂也)先帝嘗與太后不
快幾至成敗(陳留王協母王美人何后鴆殺之帝怒欲廢后宦官固請得止)我
曹涕泣救解各出家財千萬爲禮和悅上
意但欲託卿門戶耳今乃欲滅我曹種族
不亦太甚乎卿言省內穢濁公卿以下忠
清者爲誰於是尚方監渠穆拔劍斬進於
嘉德殿前讓珪等爲詔以故太尉樊陵爲
司隸校尉少府許相爲河南尹尚書得詔

板疑之曰請大將軍出共議中黃門以進頭擲與尚書曰何進謀反已伏誅矣進部曲將吳匡張璋素所親幸在外聞進被害欲將兵入宮宮閤閉袁術與匡共斫攻之中黃門持兵守閤會日暮術因燒南宮九龍門及東西宮欲以脅出讓等讓等入白太后言大將軍兵反燒宮攻尚書闥因將太后天子及陳留王又劫省內官屬從複道走北宮 複音福 尚書盧植執戈於閤道窻

後漢列傳五十九　十七　章耿

下仰數段珪段珪等懼乃釋太后太后投閣得免袁紹與叔父隗矯詔召樊陵許相斬之苗紹乃引兵屯朱雀闕下捕得趙忠等斬之吳匡等素怨苗不與進同心而又疑其與宦官同謀乃令軍中曰殺大將軍者即車騎也士吏能爲報讎乎進素有仁恩士卒皆流涕曰願致死匡遂引兵與董卓弟奉車都尉旻攻殺苗弃其屍於苑中紹遂閉北宮門勒兵捕宦官者無少長皆殺之或有無須而誤死者至自發露然後得免者二千餘人紹因進兵排宮或上端門屋以攻省內張讓段珪等困迫遂將帝與陳留王數十人步出穀門奔小平津 穀門洛城北當中門也 公卿並出平樂觀無得從者唯尚書盧植夜馳河上王允遣河南中部掾閔貢隨植後貢至手劍斬數人餘皆投河而死明日公卿百官乃奉迎天子還宮以貢爲郎中封都亭侯董卓遂廢帝又迫殺太后

後漢列傳五十九　十八　陳從

殺舞陽君何氏遂亡而漢室亦自此敗亂

論曰竇武何進藉元舅之資據輔政之權內倚太后臨朝之威外迎羣英乘風之埶卒而事敗閹豎身死功頹爲世所悲豈智不足而權有餘乎 言智非不足權亦有餘蓋天敗也 傳曰天之廢商久矣君將興之斯宋襄公所以敗於泓也 左傳曰楚伐宋宋公將戰子魚諫曰天之弃商久矣公將興之不可宋公不從遂與楚戰大敗於泓也

贊曰武生蛇祥進自屠羊 進本屠家子也 惟女惟

弟來儀紫房上懵下燮人靈動怨將糾邪
慝以合人願道之屈矣代離凶困(代更也)

後漢書列傳卷第五十九

列傳卷第六十　范曄　後漢書七十

唐章懷太子賢注

鄭太　孔融

荀彧

鄭太字公業河南開封人司農衆之曾孫也(開封縣故城在今汴州南)少有才略靈帝末知天下將亂陰交結豪桀家富於財有田四百頃而食常不足名聞山東初舉孝廉三府辟公車徵皆不就及大將軍何進輔政徵用名士以公業爲尚書侍郎(續漢志曰尚書凡六曹侍郎三十六人四百石一曹有六人主作文書起草)遷侍御史進將誅閹官欲召并州牧董卓爲助公業謂進曰董卓彊忍寡義志欲無猒若借之朝政授以大事(借音子夜反)將恣凶欲必危朝廷明公以親德之重據阿衡之權秉意獨斷誅除有罪誠不宜假卓以爲資援也且事留變生殷鑒不遠又爲陳時務之所急數事進不能用乃弃官去謂潁川人荀攸曰何公未易輔也

進尋見害卓更作亂公業等與侍中伍瓊卓長史何顒共說卓以袁紹爲勃海太守以發山東之謀及義兵起卓乃會公卿議大發卒討之羣僚莫敢忤旨公業恐其衆多益橫凶彊難制獨曰夫政在德不在衆也卓不悅曰如卿此言兵爲無用邪公業懼乃詭詞更對曰（詭猶詐也）非謂無用以爲山東不足加大兵耳如有不信試爲明公略陳其要今山東合謀州郡連結人庶相動

非不強盛然光武以來中國無警百姓優逸忘戰日久仲尼有言不教人戰是謂弃之其衆雖多不能爲害一也明公出自西州少爲國將閑習軍事數踐戰場名振當世人懷懾服二也袁本初公卿子弟生處京師張孟卓東平長者（孟卓邈名）坐不闚堂（言不妄視也）孔公緒（伷名）清談高論噓枯吹生（枯者噓之使生生者吹之使枯言談論有所抑揚也）並無軍旅之才執銳之幹臨鋒決敵非公之儔三也山東之士素乏

精悍（悍勇也）未有孟賁之勇慶忌之捷（說苑曰孟賁水行不避蛟龍陸行不避虎狼發怒吐氣聲響動天許慎注淮南子曰孟賁衛人也呂氏春秋曰孟賁過於河先其伍船人怒以楫虓其頭不知其孟賁故也中河孟賁瞋目視船人髮植目裂舟中人盡播入河慶忌吳王僚子也射之矢滿把不能中四馬追之不能及）聊城之守（史記燕將攻下聊城因保守之齊將田單攻之歲餘不下）良平之謀可任以偏師責以成功四也就有其人而尊卑無序王爵不加若恃衆怙力（怙亦恃也）將各基峙（峙止也）以觀成敗不肯同心共膽與齊進退五也關西諸郡頗習兵事自頃以來數與羌戰婦女

猶戴戟操矛挾弓負矢（挾持也）況其壯勇之士以當妄戰之人乎其勝可必六也且天下彊勇百姓所畏者有并涼之人及匈奴屠各湟中義從西羌八種（義從八種並見西羌傳）而明公擁之以爲爪牙譬驅虎兕以赴犬羊七也又明公將帥皆中表腹心周旋日久恩信淳著忠誠可任智謀可恃以膠固之衆（膠亦固也）當解合之埶猶以烈風埽彼枯葉八也夫戰有三亡以亂攻理者亡以邪攻正

者亡以逆攻順者亡今明公秉國平正討滅宦豎忠義克立以此三德待彼三亡奉辭伐罪誰敢禦之九也東州鄭玄學該古今（玄北海人故云東州）北海邴原清高直亮（魏志原字根矩北海朱虛人也與管寧俱以操尚稱）皆儒生所仰羣士楷式彼諸將若詢其計畫足知彊弱且燕趙齊梁非不盛也終滅於秦吳楚七國非不衆也卒敗滎陽（前書吳王濞楚王戊趙王遂菑川王賢濟南王辟光膠西王卬膠東王雄渠景帝二年反大將軍條侯周亞夫將兵破之滎陽）況今德政赫赫股肱惟良彼

豈讚成其謀造亂長寇哉其不然十也若其所陳少有可採無事徵兵以驚天下使患役之民相聚為非弃德恃衆自虧威重卓乃悅以公業為將軍使統諸軍討擊關東或說卓曰鄭公業智略過人而結謀外寇今資之士馬就其黨與竊為明公懼之卓乃收還其兵留拜議郎卓既遷都長安天下飢亂士大夫多不得其命而公業家有餘資日引賓客高會倡樂所贍救者甚衆乃與何顒荀攸共謀殺卓事洩顒等被執公業脫身自武關走東歸袁術術上以為揚州刺史未至官道卒時年四十一

孔融字文舉魯國人孔子二十世孫也七世祖霸為元帝師位至侍中（前書霸字次孺元帝師解見孔昱傳）父宙太山都尉融幼有異才（融家傳曰兄弟七人融第六幼有自然之性年四歲時每與諸兄共食梨融輒引小者大人問其故荅曰我小兒法當取小者由是宗族奇之）年十歲隨父詣京師時河南尹李膺（膺潁川襄城人融家傳曰聞漢中李公清節直亮意慕之遂造公門李固漢中人為太尉與此傳不同也）

以簡重自居不妄接士賓客勑外自非當世名人及與通家皆不得白融欲觀其人故造膺門語門者曰我是李君通家子弟門者言之膺請融問曰高明祖父嘗與僕有恩舊乎融曰然先君孔子與君先人李老君同德比義而相師友（家語曰孔子謂南宮敬叔曰吾聞老聃博古而達今通禮樂之源明道德之歸即吾之師也今將往矣遂至周問禮於老聃焉）則融與君累世通家衆坐莫不歎息太中大夫陳煒後至（煒音于匭反）坐中以告煒煒曰夫人小

而聰了大未必奇融應聲曰觀君所言將不早惠乎膺大笑曰高明必爲偉器年十三喪父哀悴過毀扶而後起州里歸其孝性好學博涉多該覽山陽張儉爲中常侍侯覽所怨覽爲刊章下州郡以名捕儉刊削也謂削去告人姓名儉與融兄褒有舊亡抵於褒不遇抵歸也融家傳褒字文禮也時融年十六儉少之而不告融見其有窘色窘迫也謂曰兄雖在外吾獨不能爲君主邪因留舍之舍止也後事泄國

相以下密就掩捕儉得脫走遂并收褒融送獄二人未知所坐融曰保納舍藏者融也當坐之褒曰彼來求我非弟之過請甘其罪吏問其母母曰家事任長妾當其辜一門爭死郡縣疑不能決乃上讞之前書音義曰讞請也音宜傑反詔書竟坐褒焉融由是顯名與平原陶丘洪陳留邊讓齊聲稱州郡禮命皆不就辟司徒楊賜府時隱覈官僚之貪濁者將加貶黜融多舉中官親族尚書畏迫內

寵召掾屬詰責之融陳對罪惡言無阿撓撓曲也音乃孝反河南尹何進當遷爲大將軍楊賜遣融奉謁賀進不時通融即奪謁還府投劾而去河南官屬恥之私遣劒客欲追殺融客有言於進曰孔文舉有重名融家傳曰客言於進曰孔文舉於時英雄特傑譬諸物類猶衆星之有北辰百穀之有黍稷天下莫不屬目也將軍若造怨此人則四方之士引領而去矣不如因而禮之可以示廣於天下進然之既拜而辟融舉高第爲侍御史與中丞趙舍

不同託病歸家後辟司空掾拜中軍候在職三日遷虎賁中郎將會董卓廢立融每因對荅輒有匡正之言以忤卓旨轉爲議郎時黃巾寇數州而北海最爲賊衝卓乃諷三府同舉融爲北海相融到郡收合士民起兵講武馳檄飛翰引謀州郡賊張饒等羣輩二十萬衆從冀州還融逆擊爲饒所敗乃收散兵保朱虛縣稍復鳩集吏民爲黃巾所誤者男女四萬餘人更置城邑

立學校表顯儒術薦舉賢良鄭玄彭璆邴原等（璆音巨秋反又音求）郡人甄子然臨孝存知名早卒融恨不及之乃命配食縣社其餘雖一介之善莫不加禮焉郡人無後及四方游士有死亡者皆爲棺具而斂葬之時黄巾復來侵暴融乃出屯都昌（都昌縣屬北海郡故城在今青州臨朐縣東北）爲賊管亥所圍融逼急乃遣東萊太史慈求救於平原相劉備（吴志慈字子義東萊人也避事之遼東北海相孔融聞而奇之數遣人訊問其母并致餉遺時融爲管亥所圍慈從遼東還母謂之曰汝與孔北海未嘗相見至汝行後贍恤殷勤過於故舊今爲賊所圍汝宜赴之慈單步見融既而求救於劉備得兵以解圍焉）備驚曰孔北海乃復知天下有劉備邪即遣兵三千救之賊乃散走時袁曹方盛而融無所協附左丞祖者稱有意謀勸融有所結納融知紹操終圖漢室不欲與同故怒而殺之融負其高氣志在靖難而才疎意廣迄無成功（迄竟也）在郡六年劉備表領青州刺史建安元年爲袁譚所攻自春至夏戰士所餘裁數百人流矢雨集戈

後漢列傳六十　八　周備

矛内接融隱几讀書（隱憑也莊子曰南郭子綦隱几而坐）談笑自若城夜陷乃奔東山妻子爲譚所虜及獻帝都許徵融爲將作大匠遷少府每朝會訪對融輒引正定議公卿大夫皆隷名而已（說文云隷附著）初太傅馬日磾奉使山東及至淮南數有意於袁術術輕侮之遂奪取其節求去又不聽因欲逼爲軍帥日磾深自恨遂嘔血而斃（三輔決録曰日磾字翁叔馬融之族子少傳融業以才學進與楊彪盧植蔡邕等典校中書歷位九卿遂登台輔獻帝春秋曰術從日磾借節觀之因奪不還條軍中十餘人使促辟之日磾謂術曰卿先代諸公辟士云何而言促之謂公府掾可劫得乎從術求去而術不遣既以失節屈辱憂恚）及喪還朝廷議欲加禮融乃獨議曰日磾以上公之尊秉髦節之使銜命直指（直指無屈撓也前書有繡衣直指）寧輯東夏（輯和也）而曲媚姦臣爲所牽率章表署用輒使首名（所上章表及署補用皆以日磾名爲首也）附下罔上（前書曰附下罔上者刑）姦以事君（左傳叔向曰姦以事君者吾所能禦）昔國佐當晉軍而不撓（公羊傳曰鞌之戰齊師大敗齊侯使國佐如師郤克曰與我紀侯之甗及魯衛之侵地使耕者東西其畝以蕭同叔子爲質則吾舍子國佐曰與我紀侯之甗請諾使反魯衛之侵地請諾使耕者東西其畝是則土齊也

後漢列傳六十　九　蔡仁

蕭同叔子者齊君母也齊君母猶晉君之母也曰不可請戰一戰而不勝請再戰再戰而不勝請三戰三戰不勝則齊國盡子之有也何必蕭同叔子爲質揖而去之宜僚臨白刃而正色楚白公勝欲爲亂謂石乞曰王與卿士皆以五百人當之則可乞曰不可得也曰市南有熊相宜僚者若得之可以當五百人矣乃從白公而見之與言悅告之故辭承之以劒不動事見左傳王
室大臣豈得以見脅爲辭又袁術僭逆非
一朝一夕日磾隨從周旋歷歲漢律與罪
人交關三日已上皆應知情春秋魯叔孫
得臣卒以不發揚襄仲之罪貶不書日公羊傳曰叔孫得臣卒何休注曰不日者知公子遂欲弒君而爲人臣知賊而不言明當誅也公子遂即襄仲也

鄭人討幽公之亂斲子家之棺左傳鄭子家卒鄭人討幽公之亂斲子家之棺而逐其族杜預注曰斲薄其棺不使從卿禮爲其殺君故也聖上
哀矜舊臣未忍追案不宜加禮朝廷從之
時論者多欲復肉刑融乃建議曰古者敦
厖善否不別左傳楚申叔時曰人生敦厖杜預注厖厚大也吏端刑清端直也政無過失百姓有罪皆自取之末世
陵遲風化壞亂政撓其俗法害其人故曰
上失其道民散久矣而欲繩之以古刑投
之以殘弃殘其支體而弃廢之非所謂與時消息者也易曰天地盈虛與時消息紂斮朝涉之脛天下謂爲無道尚書曰紂斮朝涉之脛孔安國注曰冬日見朝涉水者謂其脛耐寒斮而視之夫九牧之
地千八百君前書賈山曰昔者周蓋千八百國以九州之人養千八百君也若各
刖一人是下常有千八百紂也求俗休和
弗可得已且被刑之人慮不念生志在思
死類多趣惡莫復歸正夙沙亂齊左傳曰靈公廢太子光立公子牙使高厚傅牙夙沙衞爲少傅崔杼逆光而立之是爲莊公莊公以夙沙衞易己衞奔高唐以叛伊戾禍宋左傳楚客聘于晉過宋太子痤知之請野享之公使往伊戾請從遣之至則欲用牲加書徵之馳而告曰太子將爲亂既與楚客盟矣公使視之則信有焉公囚太子太子縊死公

徐聞其無罪乃亨伊戾趙高英布爲世大患史記胡亥謂李斯曰高故宮人也遂專信任之後殺李斯劫殺胡亥卒亡秦也前書英布坐法黥論輸驪山亡之江中爲羣盜及屬項羽常爲先鋒陷陣後歸漢爲九江王謀反誅之不能止人遂爲非也
適足絕人還爲善耳雖忠如鬻拳左傳初鬻拳彊諫楚子弗從臨之以兵懼而從之拳曰吾懼君以兵罪莫大焉遂自刖楚人以爲大閽君子曰鬻拳可謂愛君矣諫以自納於刑刑猶不忘納君於善信如卞和韓子曰楚人和氏得璞玉於楚山之中獻之武王武王使玉人相之曰石也王以和爲謾而刖其左足及文王即位和又奉其璞玉人又曰石也又刖其右足文王薨成王即位和乃抱其璞而哭於楚山之下三日三夜泣盡而繼以血王使玉人攻璞而得寶焉琴操曰荊王封和爲陵陽侯和辭不就而去乃作怨歌曰進寶得刑足離分兮去封立

信守休芸兮斷者不續豈不冤兮智如孫臏史記孫臏與龐涓學兵法涓事魏惠王爲將軍自以能不及臏陰使召臏斷其兩足而黥之臏後入齊威王問兵法以爲師魏與趙攻韓齊使田忌將而往龐涓聞去韓而歸臏謂田忌曰三晉之兵素悍勇而輕齊齊軍半至使齊軍入魏地爲十萬竈明日爲五萬竈明日爲二萬竈龐涓行三日大喜曰我固知齊卒怯入吾地三日士卒亡者過半矣乃弃其步兵與其輕鋭倍日并行逐之孫子度其行暮當至馬陵馬陵道狹旁多險阻可伏兵乃斫大樹白而書之曰龐涓死於此木下於是令齊軍善射者萬弩夾道而伏期日暮見火舉而俱發涓夜至斫木下見白書乃鑽火燭之讀書未畢齊軍萬弩俱發魏軍大亂相失龐涓自知智窮兵敗遂自剄曰遂成豎子之名矣冤如巷伯毛萇注詩云巷伯內小臣也掌王后之命於宮中故謂之巷伯伯被讒將刑寺人孟子傷而作詩以刺幽王也才如史遷李陵爲匈奴敗馬遷明陵當必立功以報

漢遂被下蠶室宮刑後乃著史記達如子政劉向字子政宣帝時上言黃金可成上令典尚方鑄作事費甚多方不驗乃下吏當死上奇其材得踰冬減論班固云向博物洽聞通達古今一離刀鋸沒世不齒國語中刑用刀鋸也是太甲之思庸尚書太甲既立不明伊尹放諸桐三年復歸於亳思庸孔注曰念常道也穆公之霸秦秦穆使孟明白乙等伐鄭蹇叔諫不從晉襄公敗諸崤囚孟明等後歸之穆公曰孤之罪也夫子何罪復使爲政遂霸西戎事見左傳南睢之骨立衛武之初筵韓詩曰賓之初筵衛武公飲酒悔過也言賓客初就筵之時賓主秩秩然俱謹敬也賓既醉止載號載呶不知其爲惡也陳湯之都賴前書湯字子公遷西域副校尉矯制發諸國兵斬郅支單于於都賴水上魏尚之守邊文帝時尚爲雲中守坐上首虜差六級下吏削爵趙人馮唐爲郎爲

言文帝赦尚復爲雲中守也無所復施也漢開改惡之路凡爲此也故明德之君遠度深惟弃短就長不苟革其政者也朝廷善之卒不改焉是時荊州牧劉表不供職貢多行僭僞遂乃郊祀天地擬斥乘輿斥指也詔書班下其事融上疏曰竊聞領荊州牧劉表桀逆放恣所爲不軌至乃郊祭天地擬儀社稷雖昏僭惡極罪不容誅至於國體宜且諱之國體謂國家之大體也何者萬乘至重天王至尊身爲聖

躬國爲神器老子曰天下神器不可爲也陛級縣遠祿位限絕賈誼曰人主之尊譬如堂羣臣如陛衆庶如地故陛九級上廉遠地則堂高也猶天之不可階日月之不可踰也論語曰夫子之不可及也猶天之不可階而升也又曰仲尼如日月無得而踰焉每有一豎臣輒云圖之若形之四方非所以杜塞邪萌形見也愚謂雖有重戾必宜隱忍賈誼所謂擲鼠忌器蓋謂此也前書賈誼曰里諺云欲投鼠而忌器此善諭也鼠近於器尚憚不投恐傷其器況乎貴臣之近主乎是以齊兵次楚唯責包茅左傳齊桓伐楚責以苞茅不入王祭不供無以縮酒杜預注曰包裹束也茅菁茅也束茅而灌之以酒爲縮酒

也王師敗績不書晉人 公羊傳成公元年秋王師敗績于貿戎孰敗之蓋晉敗之曷爲不言晉敗之王者無敵莫敢當也 前以露袁術之罪今復下劉表之事是使跛牂欲闚高岸天險可得而登也 史記李斯曰故城高五丈而樓季不輕犯也太山之高百仞而跛牂牧其上夫樓季而難五丈之限豈跛牂而易百仞之高哉峭漸之勢異也爾雅曰羊牝曰牂易曰天險不可昇地險山川丘陵也 案表跋扈擅誅列侯遏絕詔命斷盜貢篚 鄭玄注儀禮曰篚竹器如笸也書曰厥篚玄纖縞 招呼元惡以自營衛專爲羣逆主萃淵藪 書曰今商王受亡道爲天下逋逃主萃淵藪孔注曰天下罪人逃亡者而紂爲魁主窟聚泉府藪澤也 郜鼎在廟章

孰甚焉 左傳取郜大鼎于宋戊申納于太廟臧哀伯諫曰君人者昭德塞違以臨照百官百官於是乎戒懼郜鼎在廟彰孰甚焉郜鼎郜國所作也 桑落瓦解其執可見 詩曰桑之落矣其黃而隕 臣愚以爲宜隱郊祀之事以崇國防五年南陽王馮東海王祗薨 並獻帝子 帝傷其早歿欲爲脩四時之祭以訪於融融對曰聖恩敦睦感時增思悼二王之靈發哀愍之詔稽度前典以正禮制竊觀故事前梁懷王臨江愍王齊哀王臨淮懷王並薨無後同產昆弟即景武昭明四帝是也 梁懷王揖景帝弟也立十年薨臨江閔王榮武帝兄也爲皇太子四歲廢爲王坐侵廟壖地自殺齊懷王閎武帝子昭帝異母兄立八年薨目贊案齊哀王悼惠王之子高帝之孫非昭帝兄弟當爲懷王作哀者誤也臨淮公衡明帝弟建武十五年立未及進爵爲王而薨融家傳及本傳皆作公此爲王者亦誤也 未聞前朝脩立祭祀若臨時所施則不列傳紀臣愚以爲諸在沖齔聖慈哀悼禮同成人加以號謚者宜稱上恩 稱音尺證反 祭祀禮畢而後絕之至於一歲之限不合禮意又違先帝已然之法所未敢處 處猶安也 初曹操攻屠鄴城袁氏婦子多見侵略而操子

丕私納袁熙妻甄氏 袁紹傳熙紹之中子也甄氏中山無極人漢太保甄邯後也父逸上蔡令魏略曰熙出在幽州甄氏侍姑及鄴城破文帝入紹舍后怖伏姑膝上帝令舉頭就視見其顏色非凡太祖聞其意爲迎取之 融乃與操書稱武王伐紂以妲己賜周公 妲音丁末反又音旦紂之妃有蘇氏女也紂用其言毒虐衆庶武王剋殷斬妲己頭縣之於小白旗以爲紂之亡由此女也出列女傳也 操不悟後問出何經典對曰以今度之想當然耳後操討烏桓 建安十二年也 又嘲之曰大將軍遠征蕭條海外昔肅愼不貢楛矢 國語曰昔武王剋商通道于九夷百蠻於是肅愼氏貢楛矢石砮其長尺有咫肅愼國記曰肅愼氏其地在夫餘國北東濱大海魏略曰挹婁一名肅愼氏說文

曰楛木也今盡左有楛木狀如荊葉如榆也丁零盜蘇武牛羊可并案也山海經曰北海之內有丁零之國前書蘇武使匈奴單于徙北海上丁零盜武牛羊武遂窮厄也時年飢兵興操表制酒禁融頻書爭之多侮慢之辭融集與操書云酒之爲德久矣古先哲王類帝禋宗和神定人以濟萬國非酒莫以也故天垂酒星之燿地列酒泉之郡人著旨酒之德堯不千鍾無以建太平孔非百觚無以堪上聖樊噲解厄鴻門非豕肩鍾酒無以奮其怒趙之厮養東迎其王非引卮酒無以激其氣高祖非醉斬白蛇無以暢其靈景帝非醉幸唐姬無以開中興袁盎非醇醪之力無以脫其命定國不酣飲一斛無以決其法故酈生以高陽酒徒著功於漢屈原不餔糟歠醨取困於楚由是觀之酒何負於政哉又書曰昨承訓荅陳二代之禍及衆人之敗以酒亡者實如來誨雖然徐偃王行仁義而亡今令不絕仁義燕

後漢列傳六十　十六　林芳

噲以讓失社稷今令不禁謙退魯因儒而損今令不弃文學夏商亦以婦人失天下今令不斷婚姻而將酒獨急者疑但惜穀耳非以亡王爲戒也既見操雄詐漸著數不能堪故發辭偏宕多致乖忤偏邪跌宕不拘正理又嘗奏宜準古王畿之制千里寰內不以封建諸侯周禮方千里曰國畿其外五百里侯畿鄭玄注畿限也操疑其所論建漸廣益憚之然以融名重天下外相容忍而潛忌正議慮鯁大業山陽郗慮續漢書慮字鴻豫山陽高平人少受學於鄭玄虞溥江表傳曰獻帝嘗時見慮及少府孔融問融曰鴻豫何所優長融曰可與適道未可與權慮舉笏曰融昔宰北海政散人流其權安在遂與融互相長短以至不穆曹操以書和解

之慮從光祿勳遷御史大夫承望風旨以微法奏免融官因顯明讎怨操故書激厲融曰蓋聞唐虞之朝有克讓之臣尚書曰舜以伯禹爲司空禹讓稷契暨皋陶以益爲朕虞益讓于朱虎熊羆以伯夷爲秩宗伯夷讓于夔龍故麟鳳來而頌聲作也史記曰於是禹興九韶之樂致異物鳳皇來儀後世德薄猶有殺身爲君若齊孟陽代君居牀以待賊西漢紀信乘黃屋誅楚之類也破家爲國若要離焚妻子以徇吳季通誅宗族以從漢之類也及至其敝睚眦之怨必讎一餐之惠必報史記范雎一餐之德必償睚眦之怨必報故晁錯念國遘禍於袁盎景帝時錯爲御史大夫以諸侯國大請削其土吳楚

後漢列傳六十　十七　卓受

七國反以誅錯爲名袁盎素與錯不相善盎乃進說請斬錯以謝七國景帝遂斬錯也屈平悼楚受譖於椒蘭屈平楚懷王時爲三閭大夫秦昭王使張儀譎詐懷王令絕齊交又誘請會武關平諫王不聽其言卒客死於秦懷王子子椒子蘭譖之於襄王而放逐之見史記彭寵傾亂起自朱浮朱浮與寵不相能數譖之光武寵遂反鄧禹威損失於宗馮鄧禹征赤眉令宗歆馮愔守栒邑二人爭權相攻遂殺歆因反擊禹今流俗本宗誤作宋也由此言之喜怒怨愛禍福所因可不慎與音余昔廉藺小國之臣猶能相下趙惠文王與秦昭王會黽池歸拜藺相如爲上卿位在廉頗右頗曰吾不忍爲之下必辱之相如每朝常避之頗聞之肉袒負荊謝之相與爲刎頸之友事見史記寇賈倉卒武夫

屈節崇好光武不問伯升之怨齊侯不疑射鉤之虜（公子糾與桓公爭立管仲射桓公中鉤後桓公即位以管仲爲相也）夫立大操者豈累細故哉往聞二君有執法之平以爲小介（介猶蔕芥也公法雖平私情爲蔕芥者也）當收舊好而怨毒漸積志相危害聞之憮然中夜而起（憮音舞憮失意貌也）昔國家東還文舉盛歎鴻豫名實相副綜達經學出於鄭玄又明司馬法（史記齊威王使大夫追論古者司馬法其法論田及兵之法也）鴻豫亦稱文舉奇逸博聞誠怪今者與始相違孤與文舉既非舊好又於鴻豫亦無恩紀然願人之相美不樂人之相傷是以區區思協歡好又知二君羣小所搆孤爲人臣進不能風化海內退不能建德和人然撫養戰士殺身爲國破浮華交會之徒計有餘矣融報曰猥惠書敎（猥曲也）告所不逮融與鴻豫州里比郡（山陽與魯郡相鄰比）知之最早雖嘗陳其功美欲以厚於見私信於爲國不求其覆過掩惡有罪望不坐也前者黜退懽欣受之昔趙

宣子朝登韓厥夕被其戮喜而求賀（宣子趙盾謚也國語曰宣子言韓厥於靈公以爲司馬河曲之役趙宣子使人以其乘車干行韓厥執而戮之衆咸曰韓厥必不沒矣其主朝升之而暮戮其車其誰安之宣子召而禮之謂諸大夫曰二三子可以賀我矣吾舉厥也中吾乃今知免於罪矣）況無彼人之功而敢枉當官之平哉忠非三閭（即屈原也掌王族三姓曰昭屈景故曰三閭）智非鼂錯竊位爲過免罪爲幸乃使餘論遠聞所以慙懼也朱彭寇賈爲世壯士愛惡相攻能爲國憂至於輕弱薄劣猶昆蟲之相嚙適足還害其身（夏小正云昆衆也孫卿子曰昆蟲亦有知）誠無所至也晉侯嘉其臣所爭者大而師曠以爲不如心競（左傳秦伯之弟鍼如晉脩成叔向命召行人子員行人子朱曰朱也當御三云叔向不應子朱怒曰班爵同何以黜朱於朝撫劍從之叔向曰秦晉不和久矣今日之事幸而集晉國賴之不集三軍暴骨子員導二國之言無私子常易之姦以事君者吾所能御也拂衣從之人救之平公曰晉其庶乎吾臣之所爭者大師曠曰公室懼卑臣不心競而力爭也）性既遲緩與人無傷雖出胯下之負（韓信貧賤淮陰少年侮之令信出跨下）榆次之辱（史記荊軻嘗游榆次與蓋聶論劍蓋聶怒而目之荊軻出去）不知貶毀之於已猶蚊虻之一過也（蚊音文虻音盲言蚊虻之暫過未以爲害）子產謂人心不相似（左傳曰子產謂子皮曰人心不同其如面）

焉吾豈敢謂子面如吾面乎）或矜埶者欲以取勝爲榮不念宋人待四海之客大鑪不欲令酒酸也（鑪累土爲之以居酒瓮四邊隆起一面高如鍛鑪故名鑪字或作壚韓子曰宋人有沽酒者斗槩甚平遇客甚謹爲酒甚美而酒不售酒酸者怪其故問所知閭長者楊倩二人曰汝狗猛耶曰狗猛何故不售曰人畏焉今孺子懷錢挈壺往沽狗迎齧之酒所以酸而不售）至於屈穀巨瓠堅而無竅當以無用罪之耳（韓子曰齊有居士田仲宋人屈穀往見之曰穀聞先生之義不恃仰人而食今穀有樹瓠者法堅如石厚而無竅願獻先生田仲曰夫子徒謂我也凡貴於樹瓠者爲可以盛也今厚而無竅則不可以盛物而任堅如石則不可以割而斟吾無以此瓠爲也將弃之今仲不恃仰人而食亦無益人國亦堅瓠之類）它者奉遵嚴敎

後漢列傳六十　二十　李賢

不敢失墜郗爲故吏融所推進趙衰之拔郤縠（左傳晉文公謀元帥趙衰曰郤縠可乃使郤縠將中軍）不輕公叔之外臣也（公叔文子衞大夫其家臣名僎行與文子同升之於公與之並爲大夫僎音士眷反見論語）知同其愛訓誨發中（言曹公與己同愛郗慮故發於中心而訓誨）雖懿伯之忌猶不得念（禮記檀弓曰滕成公之喪使子叔敬叔弔子服惠伯爲介及郊爲懿伯之忌不入惠伯曰政也不可以叔父之私不將公事遂入鄭玄注曰懿伯惠伯之叔父也忌怨也）況恃舊交而欲自外於賢吏哉（賢吏謂慮也）輒布腹心脩好如初苦言至意終身誦之歲餘復拜太中大夫性寬容少忌好士

喜誘益後進及退閑職（太中大夫職在言議故云閑職）賓客日盈其門常歎曰坐上客恒滿尊中酒不空吾無憂矣與蔡邕素善邕卒後有虎賁士貌類於邕（漢官典職儀曰虎賁中郎將主武賁千五百人）融每酒酣引與同坐曰雖無老成人且有典刑（詩大雅曰雖無老成人尚有典刑也）融聞人之善若出諸己言有可採必演而成之面告其短而退稱所長薦達賢士多所獎進知而未言以爲己過故海內英俊皆信服之曹操旣積嫌忌而郗

後漢列傳六十　二十一　陳樊

慮復構成其罪遂令丞相軍謀祭酒路粹（典略曰粹字文蔚陳留人少學於蔡邕建安初以高第擢拜尚書郎後爲軍謀祭酒與陳琳阮瑀等典記室融誅之後人覩粹所作無不嘉其才而忌其筆也）枉狀奏融曰少府孔融昔在北海見王室不靜而招合徒衆欲規不軌云我大聖之後而見滅於宋（史記曰魯大夫孟釐子曰孔丘聖人之後滅於宋服虔注曰聖人謂商湯也孔子六代祖孔父嘉爲宋華督所殺其子奔魯也）有天下者何必卯金刀及與孫權使語謗訕朝廷（訕音所諫反訕謂謗毀也蒼頡篇曰訕非也）又融爲九列不遵朝儀禿巾微行（謂不加幘）唐突宮掖又

前與白衣禰衡跌蕩放言（跌蕩無儀檢也放縱也）云父之於子當有何親論其本意實爲情欲發耳子之於母亦復奚爲譬如寄物缻中（說文曰缻缶也字書曰缻似缶而高）出則離矣既而與衡更相贊揚衡謂融曰仲尼不死融荅曰顏回復生大逆不道宜極重誅書奏下獄弃市時年五十六妻子皆被誅初女年七歲男年九歲以其幼弱得全寄它舍二子方弈棊融被收而不動左右曰父執而不起何也荅曰安有巢毀而卵不破乎主人有遺肉汁男渴而飲之女曰今日之禍豈得久活何賴知肉味乎兄號泣而止或言於曹操遂盡殺之及收至謂兄曰若死者有知得見父母豈非至願乃延頸就刑顏色不變莫不傷之初京兆人脂習元升與融相善每戒融剛直（魏略曰曹操爲司空威德日盛融故以舊意書疏倨傲習常責融令改節融不從之）及被害許下莫敢收者習往撫尸曰文舉舍我死吾何用生爲操聞大怒將收習

殺之後得赦出魏文帝深好融文辭每歎曰揚班儔也募天下有上融文章者輒賞以金帛所著詩頌碑文論議六言策文表檄教令書記凡二十五篇文帝以習有欒布之節加中散大夫（前書曰欒布梁人也爲梁王彭越大夫使於齊未反漢誅越梟首雒陽下布還奏事越頭下祠而哭之）

論曰昔諫大夫鄭昌有言山有猛獸者藜藿爲之不採（宣帝時司隷校尉蓋寬饒以直言得罪鄭昌愍傷寬饒忠直憂國以言事不當意而爲文吏所詆挫故上書訟之）是以孔父正色不容弒虐之謀（公羊傳曰孔父正色而立于朝則人莫敢過而致難於其君者孔父可謂義形於色矣）平仲立朝有紓盜齊之望（紓音舒解也緩也盜齊謂田常也莊子曰田成子一旦弒齊君而盜其國左傳齊景公坐於路寢公歎曰美哉室其誰有此乎晏子對曰如君之言其陳氏乎公曰是可若何對曰唯禮可以已之）若夫文舉之高志直情其足以動義槩而忤雄心（忤逆也）故使移鼎之迹事隔於人存（移鼎謂遷漢之鼎也人存謂曹操身在不得篡位也左傳曰桀有昏德鼎遷於商商紂暴虐鼎遷於周）代終之規啓機於身後也（代終謂代漢祚之終也身後謂曹丕受禪也）夫嚴氣正性覆折而已豈其員園委屈可以每其生哉（園即

𠟤字音五九反前書音義曰𠟤謂𠟤圜無稜角也每貪也言寧正直以傾覆摧折不能委曲以貪生也賈誼云品庶每生懔懔焉皜皜焉其與琨玉秋霜比質可也懔懔言勁烈如秋霜也皜皜言堅貞如白玉也皜音古老反

荀彧字文若表宏漢紀彧作郁潁川潁陰人朗陵令淑之孫也朗陵縣屬汝南郡故城在今豫州朗山縣西南父緄爲濟南相緄音古本反緄畏憚宦官乃爲彧娶中常侍唐衡女典略曰衡欲以女妻汝南傅公明公明不取轉以妻郁彧以少有才名故得免於譏議南陽何顒名知人見彧而異之曰王佐才也中平六年舉孝廉再遷亢父令亢父屬梁國故城在今兗州任城縣南亢音剛父音甫董卓之

亂弃官歸鄉里同郡韓融時將宗親千餘家避亂密西山中密縣西山也彧謂父老曰潁川四戰之地也四面通也天下有變常爲兵衝密雖小固不足以扞大難宜亟避之亟音紀力反鄉人多懷土不能去會冀州牧同郡韓馥遣騎迎之彧乃獨將宗族從馥留者後多爲董卓將李傕所殺略焉彧比至冀州而袁紹已奪馥位紹待彧以上賓之禮彧明有意數數計數也見漢室崩亂每懷匡佐之義時曹操在東郡彧聞操有雄略而度紹終不能定大業初平二年乃去紹從操操與語大悅曰吾子房也比之張良以爲奮武司馬時年二十九明年又爲操鎮東司馬興平元年操東擊陶謙使彧守甄城縣名屬濟陰郡今濮州縣也甄今作鄄音絹任以留事會張邈陳宮以兗州反操典略曰宮字公臺東郡人剛直烈壯少與海內知名之士皆相連結也而潛迎呂布布既至諸城悉應之邈乃使人譎彧譎詐也

曰呂將軍來助曹使君擊陶謙宜亟供軍實彧知邈有變即勒兵設備故邈計不行豫州刺史郭貢率兵數萬來到城下求見彧彧將往東郡太守夏侯惇等止之魏志曰惇字元讓沛國人曰何知貢不與呂布同謀而輕欲見之今君爲一州之鎮往必危也彧曰貢與邈等分非素結今來速者計必未定及其猶豫宜時說之縱不爲用可使中立不令其有去就也若先懷疑嫌彼將怒而成謀不如

往也貢既見或無懼意知城不可攻遂引而去或乃使程昱説范東阿（魏志昱字仲德東郡東阿人范縣屬東郡今濮陽縣也東阿縣屬東郡今濟州縣也）使固其守卒全三城以待操焉（三城謂甄范東阿也）二年陶謙死操欲遂取徐州還定呂布彧諫曰昔高祖保關中（高祖距項羽常留蕭何守關中）光武據河内皆深根固本以制天下進可以勝敵退足以堅守故雖有困敗而終濟大業將軍本以兖州首事故能平定山東（曹操初從東郡守鮑信等迎領兖州牧遂進兵破黄巾等故能平定山東也）

此實天下之要地而將軍之關河也若不先定之根本將何寄乎宜急分討陳宮使虜不得西顧乘其閒而收熟麥約食稸穀以資一舉則呂布不足破也今舍之而東未見其便多留兵則力不勝敵少留兵則後不足固布乘虛寇暴震動人心縱數城或全其餘非復已有則將軍尚安歸乎且前討徐州威罰實行其子弟念父兄之恥必人自爲守就能破之尚不可保彼若懼

而相結共爲表裏堅壁清野以待將軍將軍攻之不拔掠之無獲不出一旬則十萬之衆未戰而自困矣夫事固有弃彼取此以權一時之埶願將軍慮焉操於是大收孰麥復與布戰布敗走因分定諸縣兖州遂平建安元年獻帝自河東還洛陽操議欲奉迎車駕徙都於許衆多以山東未定韓暹楊奉負功恣睢（恣睢肆恣貌睢音火季反又火隹反史記盜跖日殺不辜暴戾恣睢）未可卒制或乃勸操曰昔晉文公

納周襄王而諸侯景從（左傳卜偃言於晉侯曰求諸侯莫如勤王諸侯信之且大義也晉侯以左師逆王王入于王城取太叔於溫殺之於隰城遂定霸業天下服從也）高祖爲義帝縞素而天下歸心（項羽殺義帝高祖爲義帝發喪高祖大哭發使告諸侯曰天下共立義帝北面事之今項羽放殺義帝大逆無道寡人親爲發喪兵皆縞素）自天子蒙塵（蒙冒也左傳臧文仲曰天子蒙塵於外敢不奔問官守）將軍首唱義兵徒以山東擾亂未遑遠赴雖禦難於外乃心無不在王室（尚書曰雖爾身在外乃心無不在王室乃汝也）今鑾駕旋軫（鄭玄注周禮曰軫輿後横木也）東京榛蕪義士有存本之思兆人懷感舊之哀

誠因此時奉主上以從人望大順也秉至公以服天下大略也扶弘義以致英俊大德也四方雖有逆節其何能爲韓暹楊奉安足恤哉若不時定使豪桀生心後雖爲慮亦無及矣操從之及帝都許以彧爲侍中守尚書令操每征伐在外其軍國之事皆與彧籌焉彧又進操計謀之士從子攸 魏志荀攸字公達太祖素聞攸名與語大悅謂彧曰公達非常人吾得與計事天下當何憂哉 及鍾繇郭嘉 魏志嘉字奉孝潁川人也戲志才籌畫士也太祖甚器之早卒太祖與彧書曰自志

〈後漢列傳六十〉 二十八 陳敏

才亡後莫可與計事者汝潁固多奇士誰可以繼之彧薦嘉召見論天下事太祖曰使孤成大業者必此人也 陳羣杜襲 襲字子緒潁川人荀彧薦襲太祖以爲丞相軍謀祭酒魏國建爲侍中 司馬懿戲志才等 懿字仲達即晉宣帝 皆稱其舉唯嚴象爲揚州 三輔決錄曰象字文則京兆人少聰博有膽智爲揚州刺史後爲孫策廬江太守李術所殺 韋康爲涼州後並負敗焉 康字元將京兆人父端從涼州牧徵爲太僕康代爲涼州刺史時人榮之後爲馬超所圍堅守歷時救軍不至遂爲超所殺 袁紹既兼河朔之地有驕氣而操敗於張繡 魏志張繡在南陽降既而悔之而復反操與戰軍敗爲流矢所中 紹與操書甚倨 陳琳爲紹作檄書曰操祖父騰饕餮放橫父嵩乞匄攜養操贅閹遺醜並倨慢之詞也 操大

怒欲先攻之而患力不敵以謀於彧彧量紹雖强終爲操所制乃說先取呂布然後圖紹操從之三年遂擒呂布定徐州五年袁紹率大衆以攻許操與相距紹甲兵甚盛議者咸懷惶懼少府孔融謂彧曰袁紹地廣兵彊田豐許攸智計之士爲其謀 先賢行狀豐字元皓鉅鹿人天姿瓌傑權略多奇許攸字子遠 審配逢紀盡忠之臣任其事 配字正南魏郡人忠烈慷慨有不可犯之色紹領冀州委配腹心之任英雄記曰紀字元圖初紹去董卓與許攸及紀俱詣冀州紹以紀聰達有計策甚信之 顏良文醜

〈後漢列傳六十〉 二十九 朱安明

勇冠三軍統其兵殆難克乎彧曰紹兵雖多而法不整田豐剛而犯上許攸貪而不正審配專而無謀逢紀果而自用顏良文醜匹夫之勇可一戰而擒也後皆如彧之籌事在袁紹傳操保官度 官度即古之鴻溝也於滎陽下引河東南流其所保處在今鄭州中牟縣北官度口是也 與紹連戰雖勝而軍糧方盡與彧議欲還許以致紹師 致猶至也兵法曰善戰者致人不致於人 彧報曰今穀食雖少未若楚漢在滎陽成皋閒也是時劉項莫肯先退者以

爲先退則勢屈也（高祖與項羽於滎陽成皋間相持不決後羽請鴻溝以西爲漢而退高祖遂乘羽敗之垓下追殺之）公以十分居一之衆（言與紹衆寡相懸也）畫地而守之（言畫地作限隔也鄭陽曰畫地而不敢犯）搤其
喉而不得進已半年矣（搤音厄搤謂捉持之也）情見勢
竭必將有變此用奇之時不可失也操從
之乃堅壁持之遂以奇兵破紹紹退走封
彧萬歲亭侯邑一千户六年操以紹新破
未能爲患但欲留兵衞之自欲南征劉表
以計問彧彧對曰紹既新敗衆懼人擾今
不因而定之而欲遠兵江漢若紹收離糾
散（糾合也）乘虛以出則公之事去矣操乃止
九年操拔鄴自領冀州牧有說操宜復置
九州者以爲冀部所統既廣則天下易服
操將從之彧言曰今若依古制是爲冀州
所統悉有河東馮翊扶風西河幽并之地
也公前屠鄴城海内震駭各懼不得保其
土守守其兵衆今若一處被侵必謂以次
見奪人心易動若一旦生變天下未可圖

也願公先定河北然後脩復舊京南臨楚
郢責王貢之不入天下咸知公意則人人
自安須海内大定乃議古制此社稷長久
之利也操報曰微足下之相難所失多矣
遂寢九州議十二年操上書表彧曰昔袁
紹作逆連兵官度時衆寡糧單圖欲還許
尚書令荀彧深建宜住之便遠恢進討之
略（恢大也）起發臣心革易愚慮堅營固守徼
其軍實（徼邀也音古堯反）遂摧撲大寇濟危以安
紹既破敗臣糧亦盡將舍河北之規改就
荆南之策彧復備陳得失用移臣議故得
反旆冀土（左傳南轅反旆杜預曰軍門前大旆）克平四州（謂冀青幽并也）
向使臣退軍官度紹必鼓行而前（鼓行謂鳴鼓而行言無所長也）
敵人懷利以自百（名規利人百其勇也）臣衆怯沮
以喪氣（沮止也）有必敗之形無一捷之勢（捷勝也）
復若南征劉表委弃兖豫飢軍深入踰越
江沔（沔即漢水也孔安國曰漢上爲沔）利既難要將失本據而
或建二策以亡爲存以禍爲福謀殊功異

臣所不及是故先帝貴指縱之功薄搏獲
之賞搏擊也高祖既殺項羽論功行封以蕭何爲最功臣多不服高祖曰諸君知獵乎夫獵追
殺獸者狗也而發縱指示獸者人也諸君徒能追得
獸耳功狗也至如蕭何發指示功人也縱或作蹤兩
通古人尚帷幄之規下攻拔之力張良未嘗有戰鬬功
高帝曰運籌帷幄中決勝千里外
子房功也自擇齊三萬戶以封之原其績効足享
高爵而海內未喻其狀所受不侔其功侔等
也臣誠惜之乞重平議增疇戶邑前書曰復其後代疇
其爵邑音義曰疇等也
使其後常與先人等也彧深辭讓操譬之曰昔
介子推有言竊人之財猶謂之盜左傳介子推晉文公

臣況君奇謨拔出興亡所係可專有之邪
操不專功欲
分之於彧也雖慕魯連冲高之迹史記曰趙欲尊秦爲帝魯
連止之平原君乃欲封魯連連笑曰所貴於天下之
士爲人排患釋難解紛而無取也即有取者是商賈
之士也而連
不忍爲也將爲聖人達節之義乎左傳曰聖達節次守
節於是增封千戶并前二千戶又欲授以
正司彧先守尚書令令欲正除也彧使荀攸深自陳讓至
于十數乃止操將伐劉表問彧所策彧曰
今華夏以平荆漢知亡矣可聲出宛葉而
間行輕進以掩其不意操從之會表病死

魏志操如彧計表子琮以州逆降十七年董昭等昭字公仁濟陰人也欲
共進操爵國公九錫備物禮含文嘉曰九錫一曰車馬二曰衣
服三曰樂器四曰朱戶五曰納陛六曰虎賁百人七
曰斧鉞八曰弓矢九曰秬鬯謂之九錫錫與也九錫
皆如其德左傳曰分魯公以大路大旂夏后
氏之璜封父之繁弱祝宗卜史備物典策密以
訪彧彧曰曹公本興義兵以匡振漢朝雖
勳庸崇著猶秉忠貞之節君子愛人以德
不宜如此事遂寢禮記曰君子之愛人也以德細人之愛人也以姑息也
操心不能平會南征孫權表請彧勞軍于
譙因表留彧曰臣聞古之遣將上設監督

之重下建副二之任史記齊景公以田穰苴爲將軍扞燕苴曰臣素卑賤
擢之閭伍之中加之大夫之上士卒未附百姓不信
權輕願得君之寵臣國之所尊以監軍乃可景公許
之使莊賈往即
監督之義也所以尊嚴國命謀而鮮過者
也左傳曰謀而鮮過惠訓不倦臣今當濟江奉辭伐罪宜
有大使肅將王命文武並用自古有之使
持節侍中守尚書令萬歲亭侯彧國之望
臣德洽華夏既停軍所次便宜與臣俱進
宣示國命威懷醜虜軍禮尚速不及先請
臣輒留彧依以爲重書奏帝從之遂以彧

爲侍中光禄大夫持節參丞相軍事至濡須（濡須水名也在今和州歷陽縣西南吴録曰孫權聞操來夾水立塢狀如偃月以相拒月餘乃退）彧病留壽春（壽春縣屬淮南郡今壽州郡也）操饋之食發視乃空器也於是飲藥而卒時年五十（獻帝春秋曰董承之誅伏后與父完書言司空殺董承帝方爲報怨完得書以示彧彧惡之隱而不言完以示其妻弟樊普普封以呈太祖太祖陰爲之備彧恐事覺欲自發之因求使至鄴勸太祖以女配帝太祖曰今朝廷有伏后吾女何得配上彧曰伏后無子性又凶邪往嘗與父書言詞醜惡可因此廢也太祖曰卿昔何不道之彧陽驚曰昔已嘗爲公言也太祖曰此豈小事而吾忘之太祖以此恨彧而外含容之至董昭建魏公議彧意不同欲言之於太祖乃齎璽書犒軍飲饗禮畢彧請間太祖知彧欲言揖而遣之遂不得留之卒於壽春）帝哀惜之祖日爲之廢讌樂（祖日謂祭祖神之日因爲讌樂也風俗通曰共工氏子曰脩好遠遊祀以爲祖神漢以午日祖）謚曰敬侯明年操遂稱魏公云

論曰自遷帝西京山東騰沸（詩曰百川沸騰）天下之命倒縣矣（趙岐注孟子曰倒縣猶困苦也）荀君乃越河冀閒關以從曹氏（閒關猶展轉也）察其定舉措立言策（措置也）崇明王略以急國艱豈云因亂假義以就違正之謀乎（言彧本心不背漢也）誠仁爲己任期紓民於倉卒也（紓緩也音舒）及阻董昭之議以致非命豈數也夫世言荀君者通塞或過矣常以爲中賢以下道無求備智筭有所研踈原始未必要末斯理之不可全詰者也夫以衛賜之賢一說而斃兩國（兩國謂齊與吴也端木賜字子貢衛人也田常欲伐魯仲尼令出使勸田常伐吴許之賜又至吴請夫差伐齊又之越說句踐將兵助吴又之晉說以兵待吴伐齊之弊吴既勝齊與晉爭彊晉果敗吴越襲其後遂殺夫差故子貢一出存魯亂齊破吴彊晉霸越）彼非薄於仁而欲之蓋有全必有喪也斯又功之不兼者也（子貢不欲違仁義而致晉但其事不兼濟也言彧豈願彊曹氏令代漢哉事不得已也）方時運之屯邅（易曰屯如邅如邅音竹連反）非雄才無以濟其溺功高埶彊則皇器自移矣（謂魏太祖功業大而神器自歸也）此又時之不可並也蓋取其歸正而已亦殺身以成仁之義也

贊曰公業稱豪駿聲升騰權詭時偪（謂詭辭以對）揮金僚朋（揮散也）北海天逸音情頓挫（逸縱卓也頓挫猶抑揚也）越俗易驚孤音少和直轡安歸高謀誰佐（直轡直道也言其道無所歸謀讜之高欲誰佐也）或之有弼誠感國疾功申運改迹疑心一（迹若可疑心如一也）

後漢書列傳卷第六十

列傳卷第六十一　范曄　後漢書七十一

唐章懷太子賢注

皇甫嵩　朱儁

皇甫嵩字義眞安定朝那人度遼將軍規之兄子也父節鴈門太守嵩少有文武志介好詩書習弓馬初舉孝廉茂才（續漢書曰舉孝廉爲郎中遷霸陵臨汾令以父喪遂去官）太尉陳蕃大將軍竇武連辟並不到靈帝公車徵爲議郎遷北地太守

初鉅鹿張角自稱大賢良師（良或作郎）奉事黃老道畜養弟子跪拜首過（首音式受反）符水呪說以療病病者頗愈百姓信向之角因遣弟子八人使於四方以善道教化天下轉相誑惑十餘年間衆徒數十萬連結郡國自青徐幽冀荆楊兗豫八州之人莫不畢應遂置三十六方方猶將軍號也大方萬餘人小方六七千各立渠帥訛言蒼天已死黃天當立歲在甲子天下大吉以白土書京城寺門及州郡官府皆作甲子字中

平元年大方馬元義等先收荆楊數萬人期會發於鄴元義數往來京師以中常侍封諝徐奉等爲内應約以三月五日内外俱起未及作亂而張角弟子濟南唐周上書告之於是車裂元義於洛陽靈帝以周章下三公司隷使鉤盾令周斌將三府掾屬案驗宫省直衛及百姓有事角道者誅殺千餘人推考冀州逐捕角等角等知事已露晨夜馳勑諸方一時俱起皆著黄巾爲標幟（幟音尺志反又音試）時人謂之黄巾亦名爲蛾賊（蛾音魚綺反即蟻字也諭賊衆多故以爲名）殺人以祠天角稱天公將軍角弟寶稱地公將軍寶弟梁稱人公將軍所在燔燒官府劫略聚邑州郡失據長吏多逃亡旬日之閒天下嚮應京師震動詔勑州郡修理攻守簡練器械自函谷大谷廣城伊闕轘轅旋門孟津小平津諸關並置都尉（大谷轘轅在洛陽東南旋門在汜水之西）召羣臣會議嵩以爲宜解黨禁益出中藏錢西園廏馬以班軍士帝從之於是發天下精兵博選將帥以嵩爲左中郎將持節與右中郎將朱儁共發五校三河騎士及募精勇合四萬餘人嵩儁各統一軍共討潁川黄巾儁前與賊波才戰戰敗嵩因進保長社波才引大衆圍城嵩兵少軍中皆恐乃召軍吏謂曰兵有奇變不在衆寡（孫子兵法曰凡戰者以正合以奇勝者也故善出奇無窮如天地無竭如江海戰勢不過奇正奇正之變不可勝也）今賊依草結營易爲風火若因夜縱燒必大驚亂吾出兵擊之四面俱合田單之功可成也（田單爲齊將守即墨城燕師攻城田單取牛千頭衣以五采束刃盾於其角繫火於其尾穿城而出城上大譟燕師大敗事見史記）其夕遂大風嵩乃約勑軍士皆束苣乘城（苣音巨說文束葦燒之）使鋭士閒出圍外縱火大呼城上舉燎應之嵩因鼓而奔其陳賊驚亂奔走會帝遣騎都尉曹操將兵適至嵩操與朱儁合兵更戰大破之斬首數萬級封嵩都鄉侯嵩儁乘勝進討汝南陳國黄巾追波才於陽翟擊彭脱於西華

並破之(西華縣屬汝南)餘賊降散三郡悉平又進擊東郡黃巾卜已於倉亭生禽卜已斬首七千餘級時北中郎將盧植及東中郎將董卓討張角並無功而還乃詔嵩進兵討之嵩與角弟梁戰於廣宗(今貝州宗城縣)梁衆精勇嵩不能剋明日乃閉營休士以觀其變知賊意稍懈乃潛夜勒兵雞鳴馳赴其陳戰至晡時大破之斬梁獲首三萬級赴河死者五萬許人焚燒車重三萬餘兩悉虜其婦

子繫獲甚衆角先已病死乃剖棺戮屍傳首京師嵩復與鉅鹿太守馮翊郭典攻角弟寶於下曲陽又斬之首獲十餘萬人築京觀於城南(杜元凱注左傳曰積尸封土於其上謂之京觀)即拜嵩爲左車騎將軍領冀州牧封槐里侯食槐里美陽兩縣(並屬扶風)合八千戶以黃巾旣平故改年爲中平嵩奏請冀州一年田租以贍飢民帝從之百姓歌曰天下大亂兮市爲墟母不保子兮妻失夫賴得皇甫兮復安

居嵩溫卹士卒甚得衆情每軍行頓止須營幔修立然後就舍帳軍士皆食爾乃嘗飯吏有因事受賂者嵩更以錢物賜之吏懷慙或至自殺嵩旣破黃巾威震天下而朝政日亂海內虛困故信都令漢陽閻忠干說嵩曰(干謂冒進)難得而易失者時也時至不旋踵者幾也故聖人順時以動智者因幾以發今將軍遭難得之運蹈易駭之機而踐運不撫臨機不發將何以保大名乎

嵩曰何謂也忠曰天道無親百姓與能今將軍受鉞於暮春收功於末冬(老子曰天道無親常與善人易曰人謀鬼謀百姓與能淮南子曰凡命將主親授鉞曰從此上至天將軍制之)兵動若神謀不再計摧強易於折枯消堅甚於湯雪旬月之間神兵電埽封尸刻石南向以報威德震本朝風聲馳海外雖湯武之舉未有高將軍者也今身建不賞之功體兼高人之德而北面庸主何以求安乎嵩曰夙夜在公心不忘忠何故不安忠曰不然

昔韓信不忍一餐之遇而弃三分之業利
劒已揣其喉方發悔毒之歎者機失而謀
乖也前書項羽使武涉說韓信信曰漢王解衣衣我推食食我背之不祥又蒯通說信令信背漢參分天下鼎足而立信曰漢王遇我厚豈可背之哉後信謀反為吕后所執歎曰吾不用蒯通計為女子所詐豈非天哉今主上埶弱於劉項將軍權重於
淮陰指撝足以振風雲叱咤可以興雷電
撝則麾字古通用叱咤怒聲也赫然奮發因危抵積抵音紙抵擊也崇
恩以綏先附振武以臨後服徵冀方之士
動七州之衆羽檄先馳於前大軍響振於
後蹈流漳河飲馬孟津誅閹官之罪除羣
凶之積雖僮兒可使奮拳以致力女子可
使褰裳以用命況厲熊羆之卒因迅風之
埶哉功業已就天下已順然後請呼上帝
示以天命混齊六合南面稱制移寶器於
將興寶器猶神器也謂天位也推亡漢於已墜實神機之
至會風發之良時也夫旣朽不雕衰世難
佐若欲輔難佐之朝雕朽敗之木是猶逆
坂走丸迎風縱棹豈云易哉且今豎宦羣

居同惡如市左氏傳韓宣子曰同惡相求如市賈焉上命不行權
歸近習昏主之下難以久居史記范蠡曰大名之下難以久居不賞之功讒人側目如不早圖後悔無
及嵩懼曰非常之謀不施於有常之埶創
圖大功豈庸才所致黄巾細孽敵非秦項
新結易散難以濟業且人未忘主天不祐
逆若虛造不冀之功以速朝夕之禍孰與
委忠本朝守其臣節雖去多讒不過放廢
猶有令名死且不朽二句皆左傳之辭反常之論所
不敢聞忠知計不用因亡去英雄記曰梁州賊王國等起兵劫忠為主統三十六郡號車騎將軍忠感慨發病死會邊章韓遂作亂隴
右明年春詔嵩迴鎮長安以衛園陵章等
遂復入寇三輔使嵩因討之初嵩討張角
路由鄴見中常侍趙忠舍宅踰制乃奏沒
入之又中常侍張讓私求錢五千萬嵩不
與二人由此為憾奏嵩連戰無功所費者
多其秋徵還收左車騎將軍印綬削户六
千更封都鄉侯二千户五年梁州賊王國

圍陳倉復拜嵩爲左將軍督前將軍董卓各率二萬人拒之卓欲速進赴陳倉嵩不聽卓曰智者不後時勇者不留決速救則城全不救則城滅全滅之埶在於此也嵩曰不然百戰百勝不如不戰而屈人之兵是以先爲不可勝以待敵之可勝不可勝在我可勝在彼彼守不足我攻有餘孫子之文有餘者動於九天之上不足者陷於九地之下孫子兵法曰善守者藏於九地之下善攻者動於九天之上玄女三宮戰法曰行兵之道天地之寶九天九地各有表裏九天之上六甲子也九地之下六癸酉也子能順之萬全可保今陳

倉雖小城守固備非九地之陷也王國雖強而攻我之所不救非九天之埶也夫埶非九天攻者受害陷非九地守者不拔國今已陷受害之地而陳倉保不拔之城我可不煩兵動衆而取全勝之功將何救焉遂不聽王國圍陳倉自冬迄春八十餘日城堅守固亘不能拔賊衆疲敝果自解去嵩進兵擊之卓曰不可兵法窮寇勿追歸

衆勿追司馬兵法之言今我追國是追歸衆追窮寇也困獸猶鬬蜂蠆有毒皆左氏傳文況大衆乎嵩曰不然前吾不擊避其銳也今而擊之待其衰也所擊疲師非歸衆也國衆且走莫有鬬志以整擊亂非窮寇也遂獨進擊之使卓爲後拒連戰大破之斬首萬餘級國走而死卓大慙恨由是忌嵩明年卓拜爲并州牧詔使以兵委嵩卓不從嵩從子酈酈音歷時在軍中說嵩曰本朝失政天下

倒懸能安危定傾者唯大人與董卓耳今怨隙已結埶不俱存卓被詔委兵而上書自請此逆命也又以京師昏亂躊躇不進此懷姦也且其凶戾無親將士不附大人今爲元帥杖國威以討之上顯忠義下除凶害此桓文之事也嵩曰專命雖罪專誅亦有責也春秋左氏傳曰稟命則不威專命則不孝不如顯奏其事使朝廷裁之於是上書以聞帝讓卓卓又增怨於嵩及後秉政初平元年乃徵嵩爲

城門校尉因欲殺之嵩將行長史梁衍說
曰漢室微弱閹豎亂朝董卓雖誅之而不
能盡忠於國遂復寇掠京邑廢立從意今
徵將軍大則危禍小則困辱今卓在洛陽
天子來西以將軍之衆精兵三萬迎接至
尊奉令討逆發命海內徵兵羣帥袁氏逼
其東將軍迫其西此成禽也嵩不從遂就
徵有司承旨奏嵩下吏將遂誅之嵩子堅
壽與卓素善自長安亡走洛陽歸投於卓

卓方置酒歡會堅壽直前質讓責以大義
質正也 叩頭流涕坐者感動皆離席請之卓
乃起牽與共坐使免嵩囚復拜嵩議郎遷
御史中丞及卓還長安公卿百官迎謁道
次卓風令御史中丞已下皆拜以屈嵩 風音
諷謂諷動也 既而抵手言曰義真犕未乎 犕音服說文曰
犕牛乘馬犕即古服字也今河朔人猶有此言音備 嵩笑而謝之卓乃解
釋 獻帝春秋曰初卓爲前將軍嵩爲左將軍俱征邊章韓遂爭雄及嵩拜車下卓曰可以服未嵩
曰安知明公乃至於是卓曰鴻鵠固有遠志但燕雀自不知耳嵩曰昔與明公俱爲鴻鵠但明公今日變

爲鳳皇耳 及卓被誅以嵩爲征西將軍又遷車
騎將軍其年秋拜太尉冬以流星策免 續漢
書曰以日有重珥免 復拜光祿大夫遷太常尋李傕作
亂嵩亦病卒贈驃騎將軍印綬拜家一人
爲郎嵩爲人愛慎盡勤前後上表陳諫有
補益者五百餘事皆手書毀草不宣於外
又折節下士門無留客 言汲引之速 時人皆稱而
附之堅壽亦顯名後爲侍中辭不拜病卒
朱儁字公偉會稽上虞人也少孤母嘗販

繒爲業儁以孝養致名爲縣門下書佐好
義輕財鄉閭敬之時同郡周規辟公府當
行假郡庫錢百萬以爲冠幘費而後倉卒
督責規家貧無以備儁乃竊母繒帛爲規
解對 規被錄占對儁爲備錢以解其事 母既失產業深恚責
之儁曰小損當大益初貧後富必然理也
本縣長山陽度尚見而奇之薦於太守韋
毅稍歷郡職後太守尹端以儁爲主簿熹
平二年端坐討賊許昭失利爲州所奏罪

應弃市儁乃贏服間行輕齎數百金到京師賂主章吏遂得刋定州奏故端得輸作左校端喜於降免而不知其由儁亦終無所言後太守徐珪舉儁孝廉再遷除蘭陵令政有異能爲東海相所表會交阯部羣賊並起牧守輭弱不能禁又交阯賊梁龍等萬餘人與南海太守孔芝反叛攻破郡縣光和元年即拜儁交阯刺史令過本郡簡募家兵及所調（家兵僮僕之屬 調謂調發之）合五千人

分從兩道而入既到州界按甲不前先遣使詣郡觀賊虛實宣揚威德以震動其心既而與七郡兵俱進逼之遂斬梁龍降者數萬人旬月盡定以功封都亭矦千五百戶賜黃金五十斤徵爲諫議大夫及黃巾起公卿多薦儁有才略拜爲右中郎將持節與左中郎將皇甫嵩討潁川汝南陳國諸賊悉破平之嵩乃上言其狀而以功歸儁於是進封西鄉矦遷鎮賊中郎將時南

陽黃巾張曼成起兵稱神上使衆數萬殺郡守褚貢屯宛下百餘日後太守秦頡擊殺曼成賊更以趙弘爲帥衆浸盛遂十餘萬據宛城儁與荊州刺史徐璆及秦頡合兵萬八千人圍弘自六月至八月不拔有司奏欲徵儁司空張溫上疏曰昔秦用白起燕任樂毅皆曠年歷載乃能克敵（史記曰白起郿人也善用兵事秦昭王爲大良造攻魏拔之後五年攻趙拔光狼城後七年攻楚拔鄢鄧五城明年拔郢燒夷陵遂東至竟陵樂毅趙人也賢而好兵燕昭王以爲亞卿後爲上將軍伐齊入臨淄徇齊五歲下齊七十餘城）儁討潁川以有功效引師南指方略

已設臨軍易將兵家所忌宜假日月責其成功靈帝乃止儁因急擊弘斬之賊餘帥韓忠復據宛拒儁儁兵少不敵乃張圍結壘起土山以臨城内因鳴鼓攻其西南賊悉衆赴之儁自將精卒五千掩其東北乘城而入忠乃退保小城惶懼乞降司馬張超及徐璆秦頡皆欲聽之儁曰兵有形同而埶異者昔秦項之際民無定主故賞附

以勸來耳今海內一統唯黃巾造寇納降無以勸善討之足以懲惡今若受之更開逆意賊利則進戰鈍則乞降縱敵長寇非良計也因急攻連戰不剋儁登土山望之顧謂張超曰吾知之矣賊今外圍周固內營逼急乞降不受欲出不得所以死戰也萬人一心猶不可當況十萬乎其害甚矣不如徹圍并兵入城忠見圍解埶必自出出則意散易破之道也既而解圍忠果出

戰儁因擊大破之乘勝逐北數十里斬首萬餘級忠等遂降而秦頡積忿忠遂殺之餘衆懼不自安復以孫夏爲帥還屯宛中儁急攻之夏走追至西鄂精山又破之（西鄂故城在今鄧州向城縣南精山在其南）復斬萬餘級賊遂解散明年春遣使者持節拜儁右車騎將軍振旅還京師以爲光祿大夫增邑五千更封錢塘侯（錢塘今杭州縣也錢塘記云昔郡議曹華信義立此塘以防海水始開募有能致土石一斛與錢一千旬日之間來者雲集塘未成而譎不復取皆遂弃土石而去塘以之成也）加位

特進以母喪去官起家復爲將作大匠轉少府太僕自黃巾賊後復有黑山黃龍白波左校郭大賢于氐根青牛角張白騎劉石左髭丈八平漢大計司隸掾哉（九州春秋大計作大洪掾哉作緣城）雷公浮雲飛燕白雀楊鳳于毒五鹿李大目白繞畦固苦唒之徒（九州春秋唒作蝤音才由反）並起山谷閒不可勝數其大聲者稱雷公騎白馬者爲張白騎輕便者言飛燕多髭者號于氐根（左氏傳曰于思于思弃甲復來杜預注云于思多須之貌也）大

眼者爲大目如此稱號各有所因大者二三萬小者六七千賊帥常山人張燕輕勇趫捷故軍中號曰飛燕善得士卒心乃與中山常山趙郡上黨河內諸山谷寇賊更相交通衆至伯萬號曰黑山賊河北諸郡縣並被其害朝廷不能討燕乃遣使至京師奏書乞降遂拜燕平難中郎將使領河北諸山谷事歲得舉孝廉計吏燕後漸寇河內逼近京師於是出儁爲河內太守將

家兵擊却之其後諸賊多爲袁紹所定事在紹傳復拜儁爲光禄大夫轉屯騎尋拜城門校尉河南尹時董卓擅政以儁宿將外甚親納而心實忌之及關東兵盛卓懼數請公卿會議徙都長安儁輒止之卓雖惡儁異已然貪其名重乃表遷太僕以爲已副使者拜儁辭不肯受因曰國家西遷必孤天下之望以成山東之釁臣不見其可也使者詰曰召君受拜而君拒之不問

徙事而君陳之其故何也儁曰副相國非臣所堪也遷都計非事所急也辭所不堪言所非急臣之宜也使者曰遷都之事不聞其計就有未露何所承受儁曰相國董卓具爲臣說所以知耳使人不能屈由是止不爲副卓後入關留儁守洛陽而儁與山東諸將通謀爲内應既而懼爲卓所襲乃弃官奔荆州卓以弘農楊懿爲河南尹守洛陽儁聞復進兵還洛懿走儁以河南

殘破無所資乃東屯中牟移書州郡請師討卓徐州刺史陶謙遣精兵三千餘州郡稍有所給謙乃上儁行車騎將軍董卓聞之使其將李傕郭汜等數萬人屯河南拒儁儁逆擊爲傕汜所破儁自知不敵留關下不敢復前及董卓被誅傕汜作亂儁時猶在中牟陶謙以儁名臣數有戰功可委以大事乃與諸豪桀共推儁爲太師因移檄牧伯同討李傕等奉迎天子乃奏記於

儁曰徐州刺史陶謙前楊州刺史周乾琅邪相陰德東海相劉馗馗音巨眉反彭城相汲廉北海相孔融沛相袁忠太山太守應劭汝南太守徐璆前九江太守服虔博士鄭玄等敢言之行車騎將軍河南尹莫府蔡質典職儀曰諸州刺史上郡并列卿府言敢言之國家既遭董卓重以李傕郭汜之禍幼主劫執忠良殘敝長安隔絶不知吉凶是以臨官尹人搢紳有識莫不憂懼以爲自非明哲雄霸之士曷能克

濟禍亂自起兵已來于玆三年州郡轉相顧望未有奮擊之功而互爭私變更相疑惑謙等並共諮諏議消國難僉曰將軍君侯既文且武應運而出凡百君子靡不顒顒故相率厲簡選精悍堪能深入直指咸陽多持資糧足支半歲謹同心腹委之元帥會李傕用太尉周忠尚書賈詡策徵儁入朝軍吏皆憚入關欲應陶謙等儁曰以君召臣義不俟駕（論語曰君命召不俟駕行矣俟待也）況天子

詔乎且傕汜小豎樊稠庸兒無他遠略又埶力相敵變難必作吾乘其間大事可濟遂辭謙議而就傕徵復爲太僕謙等遂罷

初平四年代周忠爲太尉録尚書事明年秋以日食免復行驃騎將軍事持節鎭關東未發會李傕殺樊稠而郭汜又自疑與傕相攻長安中亂故儁止不出留拜大司農獻帝詔儁與太尉楊彪等十餘人譬郭汜令與李傕和汜不肯遂留質儁等儁素剛即日發病卒子晧亦有才行官至豫章太守

論曰皇甫嵩朱儁並以上將之略受脤倉卒之時（春秋左氏傳曰國之大事在祀與戎祀有執膰戎有受脤脤宜社之肉也爾雅曰起大事動大衆必先有事於社然後出謂之宜）及其功成師剋威聲滿天下值弱主蒙塵獷賊放命斯誠葉公投袂之幾翟義鞠旅之日（新序曰楚白公勝既殺令尹司馬欲立王子閭爲王王子閭不肯劫之以刃王子閭曰吾聞辭天下者非輕其利以明其德也不爲諸侯者非惡其位絜其行也今子告我以利威我以兵吾不爲也白公強之不可遂殺之葉公子高率楚衆以誅白公而反

惠王於國投袂奮袂也言其怒也左氏傳曰楚子聞之投袂而起翟義方進之子舉兵將誅王莽事見前書詩曰陳師鞠旅鄭玄注云鞠告也）故梁衍獻規山東連盟而舍格天之大業蹈匹夫之小諒卒狼狽虎口爲智士笑（山東連盟謂上云羣帥及袁氏也書稱伊尹格于皇天論語曰豈若匹夫匹婦之爲諒也莊子云孔子見盜跖退曰吾幾不免虎口）豈天之長斯亂也何智勇之不終甚乎前史晉平原華嶠稱其父光祿大夫表（華嶠譜敘曰表字偉容歆之子也年二十餘爲散騎常侍）每言其祖魏太尉歆（魏志曰歆字子魚）稱時人說皇甫嵩之不伐汝豫之戰歸功朱儁張角之捷

本之於盧植收名斂策而已不有焉（斂策不論其功）蓋功名者世之所甚重也誠能不爭天下之所甚重則怨禍不深矣如皇甫公之赴履危亂而能終以歸全者其致不亦貴乎故顏子願不伐善爲先斯亦行身之要與（論語曰顏回曰願無伐善無施勞）

贊曰黄妖衝發嵩乃奮鉞孰是振旅不居不伐（老子曰功成而不居）儁捷陳潁亦弭于越（謂平許昭也于語辭猶去句吳）言肅王命並遘屯蹷（蹷猶躓也）

後漢列傳六十　二十

後漢書列傳卷第六十一

列傳卷第六十二　范曄　後漢書七十二

唐章懷太子賢注

董卓

董卓字仲穎（卓別傳曰卓父君雅爲潁川輪氏尉生卓及弟旻故卓字仲穎旻字叔穎）隴西臨洮人也性麤猛有謀少嘗遊羌中盡與豪帥相結後歸耕於野諸豪帥有來從之者卓爲殺耕牛與共宴樂豪帥感其意歸相斂得雜畜千餘頭以遺之由是以健俠知名爲州兵馬掾常徼守塞下（說文曰徼巡也前書曰中尉巡徼京師音義曰所謂遊徼備盜賊）卓膂力過人雙帶兩鞬左右馳射（方言曰所以藏箭謂之服藏弓謂之鞬左氏傳左右屬櫜鞬）爲羌胡所畏桓帝末以六郡良家子爲羽林郎從中郎將張奐爲軍司馬共擊漢陽叛羌破之拜郎中賜縑九千匹卓曰爲者則己有者則士（爲功者雖己共有者乃士）乃悉分與吏兵無所留稍遷西域戊己校尉坐事免後爲并州刺史河東太守中平元年拜東中郎將持節代盧植擊張角於下曲陽軍敗抵

後漢列傳六十二　一

罪其冬北地先零羌及枹罕河關羣盜反叛遂共立湟中義從胡北宮伯玉李文侯爲將軍殺護羌校尉泠徵伯玉等乃劫致金城人邊章韓遂獻帝春秋曰涼州義從宋建王國等反詐金城郡降求見涼州大人故新安令邊允從事韓約約不見太守陳懿勸之使王國等便劫質約等數十人金城亂懿出國等扶以到護羌營殺之而釋約允等隴西以愛憎露布冠約允名以爲賊州購約允各千户侯約允被購約改爲遂允改爲章使專任軍政共殺金城太守陳懿攻燒州郡明年春將數萬騎入寇三輔侵逼園陵託誅宦官爲名詔以卓爲中郎

將副左車騎將軍皇甫嵩征之嵩以無功免歸而邊章韓遂等大盛朝廷復以司空張溫爲車騎將軍假節執金吾袁滂爲副袁宏漢紀曰滂字公熙純素寡欲終不言人短當權寵之盛或以同異致禍滂獨中立於朝故愛憎不及焉拜卓破虜將軍與盪寇將軍周慎並統於溫并諸郡兵步騎合十餘萬屯美陽美陽故城在今雍州武功縣北以衛園陵章遂亦進兵美陽溫卓與戰輒不利十一月夜有流星如火光長十餘丈照章遂營中驢馬盡鳴賊以爲

不祥欲歸金城卓聞之喜明日乃與右扶風鮑鴻等并兵俱攻大破之斬首數千級章遂敗走榆中榆中縣屬金城郡故城在今蘭州金城縣中溫乃遣周慎將三萬人追討之溫參軍事孫堅堅字文臺吳郡富春人即孫權之父也見吳志說慎曰賊城中無穀當外轉糧食堅願得萬人斷其運道將軍以大兵繼後賊必困乏而不敢戰若走入羌中并力討之則涼州可定也慎不從引軍圍榆中城而章遂分屯葵園狹反斷慎運道

慎懼乃弃車重而退溫時亦使卓將兵三萬討先零羌卓於望垣北望垣縣屬天水郡爲羌胡所圍糧食乏絶進退逼急乃於所度水中僞立隁以爲捕魚而潛從隁下過軍續漢書隁字作堰其字義則同但異體耳比賊追之決水已深不得度時衆軍敗退唯卓全師而還屯於扶風封斄鄉侯邑千户斄縣故城在今雍州武功縣字或作邰音台三年春遣使者持節就長安拜張溫爲太尉三公在外始之於溫其冬徵溫還京師韓遂乃

殺邊章及伯玉文侯擁兵十餘萬進圍隴西太守李相如反與遂連和共殺涼州刺史耿鄙而鄙司馬扶風馬騰（典略曰騰字壽成扶風茂陵人馬援後也長八尺餘身體洪大面鼻雄異而性賢厚人多敬之）亦擁兵反叛又漢陽王國自號合衆將軍皆與韓遂合共推王國為主悉令領其衆寇掠三輔五年圍陳倉乃拜卓前將軍與左將軍皇甫嵩擊破之韓遂等復共廢王國而劫故信都令漢陽閻忠（英雄記曰王國等起兵劫忠為主統三十六部號車騎將軍）使

後漢列傳六十二　四　章旼

督統諸部忠恥為衆所脅感恚病死遂等稍爭權利更相殺害其諸部曲並各分乖六年徵卓為少府不肯就上書言所將湟中義從及秦胡兵皆詣臣曰牢直不畢稟賜斷絶（前書音義曰牢稟食也古者名稟為牢）妻子飢凍牽挽臣車使不得行羌胡敝腸狗態（言羌胡心腸敝惡情態如狗也續漢書敝作憋方言云憋惡也郭璞曰憋怤急性也憋音芳烈反怤音芳于反）臣不能禁止輒將順安慰增異復上（如其更增異志當復聞上）朝廷不能制頗以為慮及靈帝寢疾璽書

拜卓為并州牧令以兵屬皇甫嵩卓復上書言曰臣既無老謀又無壯事天恩誤加掌戎十年士卒大小相狎彌久戀臣畜養之恩為臣奮一旦之命乞將之北州效力邊垂於是駐兵河東以觀時變及帝崩大將軍何進司隸校尉袁紹謀誅閹官而太后不許乃私呼卓將兵入朝以脅太后卓得召即時就道並上書（並猶兼也）曰中常侍張讓等竊倖承寵濁亂海内臣聞揚湯止沸

後漢列傳六十二　五　林芳

莫若去薪（前漢枚乘上書曰欲湯之滄一人吹之百人揚之無益也不如絶薪止火而已滄音測亮反寒也）潰癰雖痛勝於内食昔趙鞅興晉陽之甲以逐君側之惡人（公羊傳曰晉趙鞅取晉陽之甲以逐荀寅與士吉射荀寅士吉射者曷為者也君側之惡人也此逐君側之惡人曷為以叛言之無君命也）今臣輒鳴鍾鼓如洛陽（鳴鍾鼓者聲其罪也論語曰小子鳴鼓而攻之典略載卓表曰張讓等恬慢天常擅操王命父子兄弟並據州郡一書出門高獲千金下數百萬膏腴美田皆屬讓等使變氣上蒸妖賊蜂起）請收讓等以清姦穢卓未至而何進敗虎賁中郎將袁術乃燒南宮欲討宦官而中常侍段珪等（山陽公載記段字作殷）劫少帝及

陳留王夜走小平津卓遠見火起引兵急進未明到城西聞少帝在北芒因往奉迎帝見卓將兵卒至恐怖涕泣典略曰帝望見卓涕泣羣公謂卓有詔却兵卓曰公諸人爲國大臣不能匡正王室至使國家播蕩何却兵之有遂俱入城卓與言不能辭對與陳留王語遂及禍亂之事卓以王爲賢且爲董太后所養卓自以與太后同族有廢立意初卓之入也步騎不過三千自嫌兵少恐不爲遠近所服率四五日輒夜潛出軍近營明旦乃大陳旌鼓

而還以爲西兵復至洛中無知者尋而何進及弟苗先所領部曲皆歸於卓卓又使呂布殺執金吾丁原而并其衆英雄記曰原字建陽爲人麤略有勇善射受使不辭有警急追寇虜輒在前卓兵士大盛乃諷朝廷策免司空劉弘而自代之魏志曰以久不雨策免漢官儀曰弘字子高安衆人因集議廢立百僚大會卓乃奮首而言曰大者天地其次君臣所以爲政皇帝闇弱不可以奉宗廟爲天下主今欲依伊尹霍光故事更立陳留王何如公卿以下莫敢對卓又抗言抗高也曰昔霍光定策延年案劒有敢沮大議皆以軍法從之坐者震動前書昭帝崩霍光迎立昌邑王賀即位二十七日行淫亂光召丞相已下會議莫敢發言田延年前離席按劒曰羣臣有後應者請斬之尚書盧植獨曰昔太甲既立不明太甲湯孫太丁子也尚書曰太甲既立不明伊尹放諸桐宮也昌邑罪過千餘故有廢立之事昌邑王凡所徵發一千一百二十七事今上富於春秋行無失德非前事之比也卓大怒罷坐明日復集羣僚於崇德前殿遂脅太后策廢少帝曰皇帝在喪無人子之心威儀不類人君今廢爲弘農王乃

立陳留王是爲獻帝又議太后靈帝何皇后蹙迫永樂太后孝仁董皇后靈帝之母至令憂死逆婦姑之禮無孝順之節左傳曰婦養姑者也虧姑以成婦逆莫大焉遷於永安宮遂以弒崩卓遷太尉領前將軍事加節傳斧鉞虎賁更封郿侯傳音陟戀反郿今岐州縣卓乃與司徒黃琬司空楊彪俱帶鈇鑕詣闕上書追理陳蕃竇武及諸黨人以從人望於是悉復蕃等爵位擢用子孫尋進卓爲相

國入朝不趨劒履上殿封母爲池陽君置丞令是時洛中貴戚室第相望金帛財產家家殷積卓縱放兵士突其廬舍淫略婦女剽虜資物謂之搜牢言牢固者皆搜索取之也一曰牢漉也二字皆從去聲今俗有此言人情崩恐不保朝夕及何后葬開文陵靈帝陵卓悉取藏中珍物又姦亂公主妻略宮人虐刑濫罰睚眦必死羣僚內外莫能自固卓嘗遣軍至陽城時人會於社下悉令就斬之駕其車重載其婦女以

後漢列傳六十二 八

頭繫車轅歌呼而還又壞五銖錢更鑄小錢悉取洛陽及長安銅人鍾虡飛廉銅馬之屬以充鑄焉鍾虡以銅爲之故賈山上書云懸石鑄鍾虡前書音義曰虡鹿頭龍身神獸也說文鍾鼓之柎以猛獸爲飾也武帝置飛廉館音義云飛廉神禽身似鹿頭如爵有角而蛇尾文如豹文明帝永平五年長安迎取飛廉及銅馬置上西門外名平樂館銅馬則東門京所作致於金馬門外者也張璠紀曰太史靈臺及永安候銅蘭楯卓亦取之故貨賤物貴穀石數萬又錢無輪郭文章不便人用魏志曰卓鑄小錢大五分無文章肉好無輪郭不磨鑢時人以爲秦始皇見長人於臨洮乃鑄銅人三輔舊事曰秦王立二十六年初定天下稱皇帝大人見臨洮身長五丈迹長六尺作銅人以厭之立在阿房殿前漢徙長樂宮中大夏殿前史記曰始皇鑄天下兵器爲十二金人卓臨洮人也而今毀之雖成毀不同凶暴相類焉卓素聞天下同疾閹官誅殺忠良及其在事雖行無道而猶忍性矯情擢用羣士乃任吏部尚書漢陽周珌侍中汝南伍瓊英雄記珌作毖字仲遠武威人瓊字德瑜珌音祕尚書鄭公業公業名泰餘人皆書名范曄父名泰避其諱耳長史何顒等以處士荀爽爲司空其染黨錮者陳紀韓融之徒皆爲列卿幽滯之士多所顯拔以尚書

後漢列傳六十二 九

韓馥爲冀州刺史英雄記馥字文節潁川人侍中劉岱爲兗州刺史吳志曰劉岱字公山東萊牟平人陳留孔伷爲豫州刺史英雄記九州春秋伷字公緒潁川張咨爲南陽太守獻帝春秋咨作資後爲孫堅所殺卓所親愛並不處顯職但將校而已初平元年馥等到官與袁紹之徒十餘人各興義兵同盟討卓而伍瓊周珌陰爲內主初靈帝末黃巾餘黨郭太等復起西河白波谷轉寇太原遂破河東百姓流轉三輔號爲白波賊衆十餘萬

卓遣中郎將牛輔擊之不能却及聞東方兵起懼乃鴆殺弘農王欲徙都長安會公卿議太尉黃琬司徒楊彪廷爭不能得而伍瓊周珌又固諫之卓因大怒曰卓初入朝二子勸用善士故相從而諸君到官舉兵相圖此二君賣卓卓何用相負遂斬瓊珌而彪琬恐懼詣卓謝曰小人戀舊非欲沮國事也請以不及爲罪卓既殺瓊珌旋亦悔之故表彪琬爲光祿大夫於是遷天

子西都初長安遭赤眉之亂宮室營寺焚滅無餘是時唯有高廟京兆府舍遂便時幸焉（便時謂時日吉便）後移未央宮於是盡徙洛陽人數百萬口於長安步騎驅蹙更相蹈藉飢餓寇掠積尸盈路卓自屯留畢圭苑中悉燒宮廟官府居家二百里內無復孑遺又使呂布發諸帝陵及公卿已下冢墓收其珍寶時長沙太守孫堅亦率豫州諸郡兵討卓卓先遣將徐榮李蒙四出虜掠榮

遇堅於梁（故城在今汝州梁縣西南）與戰破堅生禽潁川太守李旻亨之卓所得義兵士卒皆以布纏裹倒立於地熱膏灌殺之時河內太守王匡（英雄記曰匡字公節泰山人輕財好施以任俠聞）屯兵河陽津將以圖卓卓遣疑兵挑戰而潛使銳卒從小平津過津北破之死者略盡明年孫堅收合散卒進屯梁縣之陽人（梁縣屬河南郡今汝州縣也陽人聚故城在梁縣西）卓遣將胡軫呂布攻之布與軫不相能軍中自驚恐士卒散亂（九州春秋曰卓以東郡太守胡軫爲大督

呂布爲騎督軫性急豫宣言今此行也要當斬一青綬乃整齊耳布等惡之宣言相驚云賊至軍衆大亂奔走）堅追擊之軫布敗走卓遣將李傕詣堅求和堅拒絕不受進軍大谷距洛九十里（大谷口在故嵩陽西北三十五里北出對洛陽故城張衡東京賦云盟津達其後大谷通其前是也距至也）卓自出與堅戰於諸陵墓閒卓敗走却屯黽池聚兵於陜堅進洛陽宣陽城門（洛陽記洛陽城南面有四門從東第三門）更擊呂布布復破走堅乃埽除宗廟平塞諸陵分兵出函谷關至新安黽池閒以截卓後卓謂長史劉艾曰關

東諸將數敗矣無能爲也唯孫堅小戇（說文曰戇愚也音都降反）諸將軍宜慎之乃使東中郎將董越屯黽池中郎將段煨屯華陰（典略曰煨在華陰特修農事天子東遷煨迎貢饋周急魏志曰武威人也煨音壹回反）中郎將牛輔屯安邑其餘中郎將校尉布在諸縣以禦山東卓諷朝廷使光祿勳宣璠（璠音煩又音甫袁反）持節拜卓爲太師位在諸侯王上乃引還長安百官迎路拜揖卓遂僭擬車服乘金華青蓋爪畫兩轓時人號竿摩車言其服飾近

天子也（金華以金爲華飾車也爪者蓋弓頭爲爪形也轓音甫袁反廣雅云車箱也畫爲文彩續漢志曰轓長六尺下屈廣八寸又云皇太子青蓋金華蚤畫轓竿摩謂相逼近也今俗以事干人者謂之相竿摩）以弟旻爲左將軍封鄠侯兄子璜爲侍中中軍校尉皆典兵事於是宗族內外並居列位其子孫雖在髫齔男皆封侯女爲邑君數與百官置酒宴會淫樂縱恣乃結壘於長安城東以自居又築塢於郿高厚七丈號曰萬歲塢（今案塢舊基高一丈周迴一里一百步）積穀爲三十年儲自云事成雄據天下不成守

此足以畢老嘗至郿行塢公卿已下祖道於橫門外（橫音光）卓施帳幔飲設誘降北地反者數百人於坐中殺之先斷其舌次斬手足次鑿其眼目以鑊煮之未及得死偃轉杯案閒會者戰慄亡失匕箸而卓飲食自若諸將有言語蹉跌便戮於前又稍誅關中舊族陷以叛逆時太史望氣言當有大臣戮死者卓乃使人誣衛尉張溫與袁術交通遂笞溫於市殺之以塞天變前溫

出屯美陽令卓與邊章等戰無功溫召又不時應命既到而辭對不遜時孫堅爲溫參軍勸溫陳兵斬之溫曰卓有威名方倚以西行堅曰明公親帥王師威振天下何恃於卓而賴之乎堅聞古之名將杖鉞臨衆未有不斷斬以示威武者也故穰苴斬莊賈（史記齊景公時晉伐阿鄄而燕侵河上以司馬穰苴爲將軍使寵臣莊賈監軍賈期後至穰苴斬以徇三軍鄄音絹）魏絳戮楊干（魏絳晉大夫楊干晉公弟會諸侯於曲梁楊干亂行魏絳戮其僕事在左傳）今若縱之自虧威重後悔何

及温不能從而卓猶懷忌恨故及於難温字伯愼(漢官儀曰温穰人)少有名譽累登公卿亦隂與司徒王允共謀誅卓事未及發而見害

越騎校尉汝南伍孚(謝承書曰孚字德瑜汝南吳房人質性剛毅勇壯好義力能兼人)忿卓凶毒志手刃之乃朝服懷佩刀以見卓孚語畢辭去卓起送至閤以手撫其背孚因出刀刺之不中卓自奮得免急呼左右執殺之而大詬(詬罵也音許豆反)曰虜欲反耶孚大言曰恨不得磔裂姦賊於都市(磔車裂之也音丁格反獻帝春秋磔作車)以謝天地言未畢而斃時

王允與呂布及僕射士孫瑞謀誅卓(三輔決錄曰瑞字君榮扶風人博達無不通天子都許追論瑞功封子萌津亭侯萌字文始有才學與王粲善粲作詩贈萌)有人書呂字於布上負而行於市歌曰布乎有告卓者卓不悟(英雄記曰有道士書布為呂字將以示卓卓不知其為呂布也)三年四月帝疾新愈大會未央殿卓朝服升車既而馬驚墯泥還入更衣其少妻止之卓不從遂行乃陳兵夾道自壘及宮左步右騎屯衛周帀令呂布等扞衛前後王允乃與士孫瑞密表其事使瑞自書詔以授布令騎都尉李肅(獻帝紀曰肅呂布同郡人也)與布同心勇士十餘人僞著衛士服於北掖門內以待卓卓將至馬驚不行怪懼欲還呂布勸令進遂入門肅以戟刺之卓衷甲不入傷臂墯車顧大呼曰呂布何在布曰有詔討賊臣卓大罵曰庸狗敢如是耶布應聲持矛刺卓趣兵斬之(趣音促九州春秋曰布素使秦誼陳衛李黑等僞作宮門衛士持長戟卓到宮門黑等以長戟俠叉卓車或叉其馬卓驚呼布布素施鎧於衣中持矛即應聲刺卓墜於車)

主簿田儀(九州春秋儀字作景)及卓倉頭前赴其尸布又殺之馳齎赦書以令宮陛內外士卒皆稱萬歲百姓歌舞於道長安中士女賣其珠玉衣裝市酒肉相慶者塡滿街肆使皇甫嵩攻卓弟旻於郿塢殺其母妻男女盡滅其族(英雄記曰卓母年九十走至塢門曰乞脫我死即時斬首)乃尸卓於市天時始熱卓素充肥脂流於地守尸吏然火置卓臍中光明達曙如是積日諸袁門生又聚董氏之尸焚

灰揚之於路塢中珍藏有金二三萬斤銀八九萬斤錦綺繢縠紈素奇玩積如丘山初卓以牛輔子壻素所親信使以兵屯陝輔分遣其校尉李傕郭汜張濟英雄記傕北地人劉艾獻帝紀曰傕字稚然汜張掖人將步騎數萬擊破河南尹朱儁於中牟因掠陳留潁川諸縣殺略男女所過無復遺類呂布乃使李肅以詔命至陝討輔等輔等逆與肅戰肅敗走弘農布誅殺之其後牛輔營中無故大驚輔懼乃齎金寶踰城走左右利其貨斬輔送首長安獻帝紀曰輔帳下支胡赤兒等素待之過急盡以家寶與之自帶二十餘餅金大白珠瓔胡謂輔曰城北已有馬可去也以繩繫輔膂踰城懸下之未及地丈許放之輔傷膂不能行諸胡共取其金并珠斬首詣長安傕汜等以王允呂布殺董卓故忿怒并州人并州人其在軍者男女數百人皆誅殺之牛輔既敗衆無所依欲各散去傕等恐乃先遣使詣長安求乞赦免王允以爲一歲不可再赦不許之傕等益懷憂懼不知所爲武威人賈詡時在傕軍說之魏志

曰卓之入洛陽詡以太尉掾爲平津尉遷討虜校尉牛輔屯陝詡在輔軍輔既死故詡在傕軍曰聞長安中議欲盡誅涼州人諸君若弃軍單行則一亭長能束君矣不如相率而西以攻長安爲董公報仇事濟奉國家以正天下若其不合走未後也傕等然之各相謂曰京師不赦我我當以死決之若攻長安剋則得天下矣不剋則鈔三輔婦女財物西歸鄉里尚可延命衆以爲然於是共結盟率軍數千晨夜西行王允聞之乃遣卓故將胡軫徐榮擊之於新豐九州春秋曰胡文才楊整脩皆涼州人王允素所不善也及李傕之叛乃召文才整脩使東曉喻之不假借以温顏謂曰關東鼠子欲何爲乎卿往曉之於是二人往實召兵而還榮戰死軫以衆降傕隨道收兵比至長安已十餘萬與卓故部曲樊稠李蒙等合袁宏記曰蒙後爲傕所殺圍長安城峻不可攻守之八日呂布軍有叟兵内反叟兵即蜀兵也漢代謂蜀爲叟引傕衆得入城潰放兵虜掠死者萬餘人殺衛尉种拂等呂布戰敗出奔王允奉天子保宣平城門樓上三輔黃圖曰長安城

東面北頭門號宣平門（小字注） 於是大赦天下李傕郭汜樊稠
等皆爲將軍（袁山松書曰允謂傕等曰臣無作威作福將軍乃放縱欲何爲乎傕等不應自拜署傕爲揚武將軍汜爲揚烈將軍樊稠等皆爲中郎將也）遂圍門樓共
表請司徒王允出問太師何罪允窮蹙乃
下後數日見殺傕等葬董卓於郿并收董
氏所焚尸之灰合斂一棺而葬之葬日大
風雨霆震卓墓流水入藏漂其棺木（獻帝起居注曰冢户開大風暴雨水土流入抒出之棺向入輒復風雨水溢郭户如此者三四冢中水半所稠等共下棺天風雨益暴甚遂閉户户閒大風復破其冢）傕又遷車騎將軍開
府領司隸校尉假節汜後將軍稠右將軍
張濟爲鎭東將軍並封列侯傕汜稠共秉
朝政濟出屯弘農以賈詡爲左馮翊欲侯
之詡曰此救命之計何功之有固辭乃止
更以爲尚書典選明年夏大雨晝夜二十
餘日漂没人庶又風如冬時帝使御史裴
茂訊詔獄原繫者二百餘人其中有爲傕
所枉繫者傕恐茂赦之乃表奏茂擅出囚
徒疑有姦故請收之詔曰災異屢降陰雨

後漢列傳六十二　十八　壬戌

爲害使者銜命宣布恩澤原解輕微庶合
天心欲釋寃結而復罪之乎一切勿問初
卓之入關要韓遂馬騰共謀山東（獻帝傳曰騰父平扶風人爲天水蘭干尉失官遂留隴西與羌雜居家貧無妻遂取羌女生騰）遂騰見天下
方亂亦欲倚卓起兵興平元年馬騰從隴
右來朝進屯霸橋時騰私有求於傕不獲
而怒遂與侍中馬宇右中郎將劉範（焉之子）
前涼州刺史种邵中郎將杜稟（獻帝紀曰稟與賈詡有隙曹扶風吏人爲騰守槐里欲共攻傕傕令樊稠及兄子利數萬人攻圍槐里夜梯城城陷斬稟稟首 李暠）合
兵攻傕連日不決韓遂聞之乃率衆來欲
和騰傕既而復與騰合傕使兄子利共郭
汜樊稠與騰等戰於長平觀下（前書音義曰長平坂名也在池陽南有長平觀去長安五十里）
遂騰敗斬首萬餘級种劭
劉範等皆死遂騰走還涼州稠等又追之
韓遂使人語稠曰天下反覆未可知相與
州里今雖小違要當大同欲共一言乃駢
馬交臂相加（駢並也）笑語良久軍還利告傕
曰樊韓駢馬笑語不知其辭而意愛甚密

後漢列傳六十二　十九

於是傕稠始相猜疑猶加稠及郭汜開府
與三公合爲六府皆參選舉獻帝起居注曰傕等各欲用其所舉若壹違之便忿憤喜怒主者患之乃以次第用其所舉先從傕起汜次之稠次之三公所舉終不見用
時長安中盜賊不禁白日虜掠傕汜稠
乃參分城内各備其界猶不能制而其子
弟縱横侵暴百姓是時穀一斛五十萬豆
麥二十萬人相食啖啖音徒敢反白骨委積臭
穢滿路帝使侍御史侯汶音問出太倉米豆
爲飢人作糜經日而死者無降帝疑賦卹

有虛賦布也卹憂也乃親於御前自加臨檢既知
不實使侍中劉艾出讓有司於是尚書令
以下皆詣省閤謝奏收侯汶考實詔曰未
忍致汶于理可杖五十自是後多得全濟
明年春傕因會刺殺樊稠於坐獻帝紀曰傕見稠果勇而得衆心疾害之醉酒潛使外生騎都尉胡封於坐中拉殺稠由是諸將各相疑
異傕汜遂復理兵相攻袁宏紀曰李傕數設酒請汜或留汜止宿汜妻懼與傕婢妾私而奪己愛思有以離間之會傕送饋汜妻乃以豉爲藥汜將食妻曰食從外來儻或有故遂擿藥示之曰一栖不兩雄我固疑將軍之信李公也他日傕請汜大醉汜疑傕藥之絞糞汁飲之乃解於是遂相猜疑也安西將軍楊定者故卓部曲將也
懼傕忍害乃與汜合謀迎天子幸其營傕
知其計即使兄子暹音纖將數千人圍宮以
車三乘迎天子皇后太尉楊彪謂暹曰古
今帝王無在人臣家者諸君舉事當上順
天心柰何如是暹曰將軍計決矣帝於是
遂幸傕營彪等皆徒從亂兵入殿掠宮人
什物傕又徙御府金帛乘輿器服而放火
燒宮殿官府居人悉盡帝使楊彪與司空

張喜等十餘人和傕汜汜不從遂質留公
卿彪謂汜曰將軍達人閒事柰何君臣分
爭一人劫天子一人質公卿此可行邪汜
怒欲手刃彪彪曰卿尚不奉國家吾豈求
生邪左右多諫汜乃止遂引兵攻傕矢及
帝前獻帝紀曰汜與傕將張苞張龍謀誅傕汜將兵夜攻傕門候開門内汜兵苞等燒屋火不然汜兵弓弩並發矢及天子樓帷簾中又貫傕耳傕將楊奉本白
波賊帥乃將兵救傕於是汜衆乃退是日
傕復移帝幸其北塢唯皇后宋貴人俱傕

使校尉監門隔絶內外獻帝紀曰傕令門設反關校尉守察盛夏炎暑不能得冷水飢渴流離上以前稱官人及侍臣不得以穀米自隨入門有禁防不得出市困乏使就傕索粳米五斛牛骨五具欲爲食賜官人左右傕不與米取久牛肉牛骨給皆已臭蟲不可噉食尋

復欲徙帝於池陽黃白城池陽縣故城在今涇陽縣西北君

臣惶懼司徒趙溫深解譬之乃止詔遣謁

者僕射皇甫酈和傕汜酈先詣汜汜即從

命又詣傕傕不聽曰郭多盜馬虜耳何敢

欲與我同邪必誅之君觀我方略士衆足

辦郭多不多又劫質公卿所爲如是而君

苟欲左右之邪左右助也音佐又汜一名多酈曰今

汜質公卿而將軍脅主誰輕重乎傕怒呵

遣酈因令虎賁王昌追殺之昌僞不及酈

得以免傕乃自爲大司馬獻帝起居注曰傕性喜鬼怪左道之術常有道人及女巫歌謳擊鼓下神祭六丁符劾厭勝之具無所不爲又於朝廷省門外爲董卓作神坐數以牛羊祠之天子使左中郎將李國持節拜傕爲大司馬在三公之右傕自以爲得鬼神之助乃厚賜諸巫與郭汜相攻連月死者以萬數張濟自

陝來和解二人仍欲遷帝權幸弘農帝亦

思舊京因遣使敦請傕求東歸十反乃許

袁宏紀曰濟使太官令孫篤校尉張式宣諭十反車駕即日發邁獻帝起居注曰初天子出到宣平門當度橋汜兵數百人遮橋曰是天子非車不得前傕兵數百人皆持大戟在乘輿車前侍中劉艾大呼云是天子也使侍中楊琦高舉車帷帝言諸兵汝却何敢迫近至尊邪汜等兵乃却既度橋士衆咸稱萬歲李傕出屯曹陽以張濟爲驃騎

將軍復還屯陝遷郭汜車騎將軍楊定後

將軍楊奉興義將軍又以故牛輔部曲董

承爲安集將軍蜀志曰承獻帝舅也裴松之注曰承靈帝母太后之姪汜

等並侍送乘輿汜遂復欲脅帝幸郿定奉

承不聽汜恐變生乃弃軍還就李傕車駕

進至華陰帝王紀曰帝以尚書郎郭溥喻汜汜以屯部未定乞須留之溥因罵汜曰卿眞庸人賤夫爲國上將今天子有命何須留之吾不忍見卿所行請先殺我以章卿惡汜得溥言切意乃少喻寧輯將軍段煨乃具服御及公卿以下

資儲請帝幸其營初楊定與煨有隙遂誣

煨欲反乃攻其營十餘日不下袁宏記曰煨與楊定有隙煨迎乘輿不敢下馬揖馬上侍中种輯素與定親乃言曰段煨欲反上曰煨屬來迎何謂反對曰迎不至界拜不下馬其色變必有異心太尉楊彪等曰煨不反臣等敢以死保車駕可幸其營董承楊定言曰郭汜今且將七百騎來入煨營天子信之遂露次於道南奉承定等功也而煨猶奉給

御膳禀贍百官終無二意李傕郭汜既悔

令天子東乃來救段煨因欲劫帝而西楊定爲汜所遮亡奔荆州而張濟與楊奉董承不相平乃反合傕汜共追乘輿大戰於弘農東澗承奉軍敗百官士卒死者不可勝數皆弃其婦女輜重御物符策典籍略無所遺獻帝傳曰掠婦女衣被遲違不時解即斫刺之有美髮者斷取凍死及嬰兒隨流而浮者塞水射聲校尉沮儁被創墜馬李傕謂左右曰尚可活不儁罵之曰汝等凶逆逼迫天子亂臣賊子未有如汝者傕使殺之袁山松書曰儁年二十五其督戰訾實負其屍而瘞之

天子遂露次曹陽承奉乃譎傕等與連和而密遣閒使至河東招故白波帥李樂韓暹胡才及南匈奴右賢王去卑並率其衆數千騎來與承奉共擊傕等大破之斬首數千級乘輿乃得進董承李樂擁衛左右胡才楊奉韓暹去卑爲後距傕等復來戰奉等大敗死者甚於東澗自東澗兵相連綴四十里中方得至陝乃結營自守時殘破之餘虎賁羽林不滿百人皆有離心承奉等夜乃潛議過河袁宏紀曰傕汜繞營叫呼吏士失色各有分散意李樂懼欲令車駕御舡過砥柱出盟津楊彪曰臣弘農人也自此以東有三十六難非萬乘所當登宗正劉艾亦曰臣前爲陝令知其危險舊故河師猶時有傾危況今無師太尉所慮是也使李樂先度具舟舡舉火爲應帝步出營臨河欲濟岸高十餘丈乃以絹縋而下縋音直類反餘人或匍匐岸側或從上自投死亡傷殘不復相知爭赴舡者不可禁制董承以戈擊披之斷手指於舟中者可掬同濟唯皇后宋貴人宋貴人名都常山太守泓之女也見獻帝起居注

楊彪董承及后父執金吾伏完等數十人其宮女皆爲傕兵所掠奪凍溺死者甚衆既到大陽止於人家大陽縣屬河東郡前書音義曰在大河之陽也即今陝州河北縣是也十三州記曰傳巖在其界今住穴尚存然後幸李樂營百官飢餓河內太守張楊魏志曰楊字稚叔雲中人使數千人負米貢餉帝乃御牛車因都安邑河東太守王邑奉獻綿帛悉賦公卿以下封邑爲列侯邑字文都北地涇陽人鎮北將軍見同歲名拜胡才征東將軍張楊爲安國將軍皆假節開府

其壘壁羣豎競求拜職刻印不給至乃以錐畫之或賫酒肉就天子燕飲（魏志曰乘輿時居棘籬中門戶無關閉天子與羣臣會兵士伏籬上觀互相鎮壓以爲笑諸將或遣婢詣省問或賫酒送天子侍中不通喧呼罵詈也）又遣太僕韓融至弘農與傕汜等連和傕乃放遣公卿百官頗歸宮人婦女及乘輿器服初帝入關三輔戶口尚數十萬自傕汜相攻天子東歸後長安城空四十餘日強者四散羸者相食二三年閒關中無復人跡建安元年春諸將爭權韓暹

後漢列傳六十二　二十六　李秀

遂攻董承承奔張楊楊乃使承先繕修洛宮七月帝還至洛陽幸楊安殿張楊以爲己功故因以楊名殿（獻帝起居注曰舊時宮殿悉壞倉卒之際拾摭故瓦材木工匠無法度之制所作並無足觀也）乃謂諸將曰天子當與天下共之朝廷自有公卿大臣楊當出扞外難何事京師遂還野王楊奉亦出屯梁乃以張楊爲大司馬楊奉爲車騎將軍韓暹爲大將軍領司隸校尉皆假節鉞暹與董承並留宿衛暹矜功恣睢（恣睢自任用之貌睢音火季反）干

亂政事董承患之潛召兗州牧曹操操乃詣闕貢獻稟公卿以下因奏韓暹張楊之罪暹懼誅單騎奔楊奉帝以暹楊有翼車駕之功詔一切勿問於是封衛將軍董承輔國將軍伏完等十餘人爲列侯贈沮儁爲弘農太守（袁宏紀曰詠議郎侯祈尚書馮碩侍中臺崇討有罪也封衛將軍董承輔國將軍伏完侍中丁沖种輯尚書僕射鍾繇尚書郭溥御史中丞董芬彭城相劉艾馮翊韓斌東郡太守楊衆議郎羅邵伏德趙蕤爲列侯賞有功也贈射聲校尉沮儁爲弘農太守旌死節也）曹操以洛陽殘荒遂移帝幸許楊奉韓暹欲要

後漢列傳六十二　二十七　李恂

遮車駕不及曹操擊之（獻帝春秋曰車駕出洛陽自轘轅而東楊奉韓暹引軍追之輕騎既至操設伏兵要於陽城山峽中大敗之）奉暹奔袁術遂縱暴楊徐閒明年左將軍劉備誘奉斬之暹懼走還并州道爲人所殺（九州春秋曰暹失奉孤特與千餘騎欲歸并州爲張宣所殺）胡才李樂留河東才爲怨家所害樂自病死張濟飢餓出至南陽攻穰戰死郭汜爲其將伍習所殺三年使謁者僕射裴茂詔關中諸將段煨等討李傕夷三族（典略曰傕頭至有詔高縣之）以段煨爲安南將軍封

閺鄉矦閺鄉今虢州縣也說文閺今作閿流俗誤也四年張楊爲其
將楊醜所殺魏志曰楊素與呂布善曹公之圍布楊欲救之不能乃出兵東市遥爲之埶其將楊醜殺楊以應曹公以董承爲車騎將軍開府自
都許之後權歸曹氏天子總己百官備員
而已帝忌操專偪乃密詔董承使結天下
義士共誅之承遂與劉備同謀未發會備
出征承更與偏將軍王服長水校尉种輯
議郎吳碩結謀事泄承服輯碩皆爲操所
誅韓遂與馬騰自還涼州更相戰爭乃下

後漢列傳六十二　二十八　李[illegible]

隴據關中操方事河北慮其乘間爲亂七
年乃拜騰征南將軍遂征西將軍並開府
後徵段煨爲大鴻臚病卒復徵馬騰爲衛
尉封槐里矦騰乃應召而留子超領其部
曲十六年超與韓遂舉關中背曹操操擊
破之遂超敗走騰坐夷三族超攻殺涼州
刺史韋康太僕端之子也弟誕魏光祿大夫復據隴右十九
年天水人楊阜破超魏志曰阜字義山天水冀人也韋康以爲別駕馬超率萬餘人攻冀城阜率國士大夫及宗族子弟勝兵者千餘人使弟嶽於城上作偃月營與超接戰自正月至八月拒守而救兵不至超入拘岳於冀殺刺史太守阜內有報超之志而未得其便外兄姜叙屯歷城阜少長詣叙家見叙母說前在冀中時事歔欷悲甚叙曰何爲爾阜曰守城不能完君亡不能死亦何面目以視息天下時叙母慨然勑從阜計超聞阜等兵起自將出襲歷城得叙母罵之曰若背父之逆子殺君之桀賊天地豈久容敢以面目視人乎超怒殺之阜與戰身被五創宗族昆季死者七人超遂南奔張魯超奔漢中降劉備蜀志曰超字孟起既奔漢中聞備圍劉璋於成都密書請降備遣迎超將兵徑到城下漢中震怖璋即稽首韓遂走金城羌中
爲其帳下所殺初隴西人宗建在枹罕自
稱河首平漢王建以居河上流故稱河首也署置百官三
十許年曹操因遣夏矦淵擊建斬之涼州

後漢列傳六十二　二十九　周清

悉平魏志曰泉字妙才沛國人也爲征西護軍魏太祖使帥諸將討建拔之
論曰董卓初以虓闞爲情詩大雅曰闞如虓虎毛傳曰虎怒之貌也
因遭崩剝之埶剝猶亂也左傳曰天實剝亂故得蹈藉
彝倫毀裂畿服彝常也倫理也書云我不知其彝倫攸叙左傳曰裂冠毀冕畿謂王畿也服九服也夫以刳肝斮趾之性刳剖也斮斬也紂刳剔孕婦剖比干之心斮朝涉之脛則羣生不足以厭其快然猶折
意縉紳遲疑陵奪折屈也謂忍性屈情權用鄭泰蔡邕何顒荀爽等尚
有盜竊之道焉莊子曰跖之徒問於跖曰盜亦有道乎跖曰何適無有邪夫妄意室中之藏聖也入先勇也出後義也知可否智也分均仁也五者不備而能成大盜者天下未之有也

及殘寇乘之倒山傾海（殘寇謂傕汜等）崑岡之火自茲而焚（書曰火炎崑岡玉石俱焚）版蕩之篇於焉而極（詩大雅曰上帝版版下人卒癉毛萇注版反也癉病也言厲王為政反先王之道下人盡病也又蕩之什曰蕩蕩上帝下人之辟疾威上帝其命多辟鄭玄注云蕩蕩法度廢壞之貌）嗚呼人之生也難矣（左傳曰人生實難其有不獲死乎）天地之不仁甚矣（老子曰天地不仁以萬物為芻狗）

贊曰百六有會（前書音義曰四千五百歲為一元一元之中有九戹陽戹五陰戹四陽為旱陰為水初入元百六歲有陽戹故曰百六之會）過剝成災（易曰大過棟橈本末弱也剝不利有攸往小人長也）董卓滔天干逆三才（滔漫也書曰象龔滔天）方夏崩沸（方四方夏華夏也詩小雅云百川沸騰山冢崒崩）皇京烟埃無禮雖及餘祲遂廣（左傳曰多行無禮必自及）矢延王輅兵纏魏象（周禮巾車氏掌王之五輅纏遶也魏象闕也）區服傾回人神波蕩

後漢書列傳卷第六十二

列傳卷第六十三　范曄　後漢書七十三

唐章懷太子賢注

劉虞　公孫瓚

陶謙

劉虞字伯安東海郯人也（謝承書曰虞父舒丹陽太守虞通五經東海恭王之後）祖父嘉光祿勳虞初舉孝廉稍遷幽州刺史民夷感其德化自鮮卑烏桓夫餘穢貊之輩皆隨時朝貢無敢擾邊者百姓歌悅之公事去官中平初黃巾作亂攻破冀州諸郡拜虞甘陵相綏撫荒餘以蔬儉率下遷宗正後車騎將軍張溫討賊邊章等發幽州烏桓三千突騎而牢稟逋懸皆畔還本國（前書音義曰牢賈直也稟食也言軍糧不續也）前中山相張純私謂前太山太守張舉曰今烏桓既畔皆願為亂涼州賊起朝廷不能禁又洛陽人妻生子兩頭此漢祚衰盡天下有兩主之徵也子若與吾共率烏桓之衆以起兵庶幾可定大業舉因然之四年純等遂

與烏桓大人共連盟攻薊下燔燒城郭虜
略百姓殺護烏桓校尉箕稠右北平太守
劉政遼東太守陽終等衆至十餘萬屯肥
如(肥如縣屬遼西郡故城在今平州)舉稱天子純稱彌天將
軍安定王移書州郡云舉當代漢告天子
避位勑公卿奉迎純又使烏桓峭王等(峭音七笑反)
步騎五萬入青冀二州攻破清河平
原殺害吏民朝廷以虞威信素著恩積北
方明年復拜幽州牧虞到薊罷省屯兵務
廣恩信遣使告峭王等以朝恩寛弘開許

善路又設賞購舉純舉純走出塞餘皆降
散純爲其客王政所殺送首詣虞靈帝遣
使者就拜太尉封容丘侯(容丘縣屬東海郡)及董卓
秉政遣使者授虞大司馬進封襄賁侯初
平元年復徵代袁隗爲太傅道路隔塞王
命亯不得達舊幽部應接荒外資費甚廣
歲常割青冀賦調二億有餘以給足之時
處處斷絶委輸不至而虞務存寛政勸督

農植開上谷胡市之利通漁陽鹽鐵之饒
民悦年登穀石三十青徐士庶避黄巾之
難歸虞者百餘萬口皆收視温恤爲安立
生業流民皆忘其遷徙虞雖爲上公天性
節約敝衣繩履食無兼肉遠近豪俊夙僭
奢者莫不改操而歸心焉(夙猶舊也)初詔令公
孫瓚討烏桓受虞節度瓚但務會徒衆以
自強大而縱任部曲頗侵擾百姓而虞爲
政仁愛念利民物由是與瓚漸不相平二
年冀州刺史韓馥勃海太守袁紹及山東

諸將議以朝廷幼沖逼於董卓(時獻帝年十歲)遠
隔關塞不知存否以虞宗室長者欲立爲
主乃遣故樂浪太守張岐等齎議上虞尊
號虞見岐等厲色叱之曰今天下崩亂主
上蒙塵(左傳曰周襄王出奔于鄭魯臧文仲曰天子蒙塵于外)吾被重恩
未能清雪國恥諸君各據州郡宜共勠力(說文曰勠力并力也左傳曰勠力同心音力周反又音六)
盡心王室而反造
逆謀以相垢誤邪固拒之馥等又請虞領

尚書事承制封拜復不聽遂收斬使人於是選掾右北平田疇從事鮮于銀（魏志曰疇字子春右北平無終人好讀書善擊劍劉虞署爲從事太祖北征烏桓令疇將衆止徐無出盧龍歷平岡登白狼堆去柳城二百餘里虜乃驚太祖與戰大斬獲論功封疇疇上疏自陳太祖令夏侯惇喻之疇曰豈可賣盧龍塞以易賞祿哉）蒙險閒行奉使長安獻帝既思東歸見疇等大悅時虞子和爲侍中因此遣和潛從武關出告虞將兵來迎道由南陽後將軍袁術聞其狀遂質和使報虞遣兵俱西虞乃使數千騎就和奉迎天子而術

竟不遣之初公孫瓚知術詐固止虞遣兵虞不從瓚乃陰勸術執和使奪其兵自是與瓚仇怨益深和尋得逃術還北復爲袁紹所留瓚既累爲紹所敗而猶攻之不已虞患其黷武（黷猶慢也數也尚書曰黷于祭祀也）且慮得志不可復制固不許行而稍節其稟假瓚怒屢違節度又復侵犯百姓虞所賚賞典當胡夷（當音丁浪反）瓚數抄奪之積不能禁乃遣驛使奉章陳其暴掠之罪瓚亦上虞稟糧不周

二奏交馳互相非毀朝廷依違而已瓚乃築京於薊城以備虞（京高丘也言高築丘壘以備虞焉解見獻帝紀）虞數請瓚輒稱病不應虞乃密謀討之以告東曹掾右北平魏攸攸曰今天下引領以公爲歸謀臣爪牙不可無也瓚文武才力足恃雖有小惡固宜容忍虞乃止頃之攸卒而積忿不已四年冬遂自率諸屯兵衆合十萬人以攻瓚將行從事代郡程緒免冑而前曰公孫瓚雖有過惡而罪名未正明公不先告曉使得改行而兵起蕭牆非

國之利加勝敗難保不如駐兵以武臨之瓚必悔禍謝罪所謂不戰而服人者也虞以緒臨事沮議遂斬之以徇戒軍士曰無傷餘人殺一伯珪而已時州從事公孫紀者瓚以同姓厚待遇之紀知虞謀而夜告瓚瓚時部曲放散在外倉卒自懼不免乃掘東城欲走虞兵不習戰又愛人廬舍勑不聽焚燒急攻圍不下瓚乃簡募銳士數

百人因風縱火直衝突之虞遂大敗與官屬北奔居庸縣（居庸縣屬上谷郡有關）瓚追攻之三日城陷遂執虞并妻子還薊猶使領州文書會天子遣使者段訓增虞封邑督六州事拜瓚前將軍封易侯假節督幽并司冀瓚乃誣虞前與袁紹等欲稱尊號脅訓斬虞於薊市先坐而呪曰若虞應為天子者天當風雨以相救時旱埶炎盛遂斬焉傳首京師故吏尾敦於路劫虞首歸葬之（尾敦姓名）

瓚乃上訓為幽州刺史虞以恩厚得衆懷被北州百姓流舊莫不痛惜焉初虞以儉素為操冠敝不改乃就補其穿及遇害瓚兵搜其內而妻妾服羅紈盛綺飾時人以此疑之和後從袁紹報瓚云

公孫瓚字伯珪遼西令支人也（令音力定反支音巨移反）家世二千石瓚以母賤遂為郡小吏為人美姿貌大音聲言事辯慧（典略曰瓚性辯慧每白事常兼數曹無有忘誤）太守奇其才以女妻之（魏志曰侯太守妻之以女）後從涿郡盧植學於緱氏山中略見書傳舉上計吏太守劉君坐事檻車徵官法不聽吏下親近瓚乃改容服詐稱侍卒身執徒養御車到洛陽太守當徙日南瓚具豚酒於北芒上祭辭先人酹觴祝曰昔為人子今為人臣當詣日南日南多瘴氣恐或不還便當長辭墳塋慷慨悲泣再拜而去觀者莫不歎息既行於道得赦瓚還郡舉孝廉除遼東屬國長史嘗從數十騎出行塞

下卒逢鮮卑數百騎瓚乃退入空亭約其從者曰今不奔之則死盡矣乃自持兩刃矛馳出衝賊殺傷數十人瓚左右亦亡其半遂得免中平中以瓚督烏桓突騎車騎將軍張溫討涼州賊（賊即邊章等）會烏桓反畔與賊張純等攻擊薊中瓚率所領追討純等有功遷騎都尉張純復與畔胡丘力居等寇漁陽河間勃海入平原多所殺略瓚追擊戰於屬國石門（石門山名在今營州柳城縣西南）虜遂

大敗弃妻子踰塞走悉得所略男女瓚深入無繼反爲丘力居等所圍於遼西管子城二百餘日糧盡食馬馬盡煮弩楯力戰不敵乃與士卒辭訣各分散還時多雨雪隊阬死者十五六虜亦飢困遠走柳城詔拜瓚降虜校尉封都亭侯復兼領屬國長史職統戎馬連接邊寇每聞有警瓚輒厲色憤怒如赴讎敵望塵奔逐或繼之以夜戰虜識瓚聲憚其勇莫敢抗犯瓚常與善射之士數十人皆乘白馬以爲左右翼自號白馬義從烏桓更相告語避白馬長史乃畫作瓚形馳騎射之中者咸稱萬歲虜自此之後遂遠竄塞外瓚志埽滅烏桓而劉虞欲以恩信招降由是與虞相忤初平二年青徐黃巾三十萬衆入勃海界欲與黑山合瓚率步騎二萬人逆擊於東光南大破之東光今滄州縣斬首三萬餘級賊弃其車重數萬兩奔走度河瓚因其半濟薄之賊

復大破死者數萬流血丹水收得生口七萬餘人車甲財物不可勝筭威名大震拜奮武將軍封薊侯瓚既諫劉虞遣兵就袁術而懼術知怨之乃使從弟越將千餘騎詣術自結術遣越隨其將孫堅擊袁紹將周昕越爲流矢所中死瓚因此怒紹遂出軍屯槃河將以報紹般即爾雅九河鉤槃之河也其枯河在今滄州樂陵縣東南乃上疏曰臣聞皇羲已來君臣道著張禮以導人設刑以禁暴今車騎將軍袁紹託承先軌爵任崇厚而性本淫亂情行浮薄昔爲司隸值國多難太后承攝何氏輔朝謂何進也紹不能舉直措枉而專爲邪媚招來不軌疑誤社稷至令丁原焚燒孟津續漢書曰何進欲誅中常侍趙忠等進乃詐令武猛都尉丁原放兵數千人爲賊於河內稱黑山伯上事以誅忠等爲辭燒平陰河津莫府人舍以怖動太后董卓造爲亂始紹罪一也卓既無禮帝主見質紹不能開設權謀以濟君父而弃置節傳傳音丁戀反迸竄逃亡忝辱爵命背違人主紹罪二也紹爲勃

海當攻董卓而默選戎馬不告父兄至使
太傅一門纍然同斃不仁不孝紹罪三也
左傳曰兩釋纍囚杜預曰纍繫也前書音義曰諸不以罪死曰纍斃踣也董卓恨紹起兵山東乃誅紹叔父太傅隗及宗族在京師者盡誅滅之 紹既興兵涉歷二載不恤
國難廣自封植乃多引資糧專爲不急割
刻無方考責百姓其爲痛怨莫不咨嗟紹
罪四也逼迫韓馥竊奪其州矯刻金玉以
爲印璽每有所下輒皁囊施檢文稱詔書
漢官儀曰凡章表皆啓封其言密事得皁囊 說文曰檢書署也今俗謂之排其字從木 昔亡

新僭侈漸以即眞 王莽新 覬紹所擬將必僭
亂階梯也詩曰職爲亂階 紹罪五也紹令星工伺望祥
妖星工善星者 賂遺財貨與共飲食剋會期日
攻鈔郡縣此豈大臣所當施爲紹罪六也
紹與故虎牙都尉劉勳首共造兵勳降服
張楊累有功效而以小忿枉加酷害信用
讒慝濟其無道紹罪七也故上谷太守高
焉故甘陵相姚貢紹以貪惏惏音力含反 橫責
其錢錢不備畢二人并命紹罪八也春秋

之義子以母貴公羊傳曰桓公幼而貴隱公長而卑子以母貴母以子貴也
紹母親爲傳婢地實微賤據職高重享福
豐隆有苟進之志無虛退之心紹罪九也
又長沙太守孫堅前領豫州刺史遂能驅
走董卓埽除陵廟忠勤王室其功莫大紹
遣小將盜居其位斷絕堅糧不得深入使
董卓久不服誅紹罪十也昔姬周政弱王
道陵遲天子遷徙諸侯背畔故齊桓立柯
會之盟春秋公會齊侯盟于柯公羊傳曰齊桓公之信著于天下自柯之盟始也 晉文

爲踐土之會踐土鄭地也左傳周襄王出居於鄭晉文公重耳爲踐土之會率諸侯朝天子以成霸功 伐荊楚以致菁茅菁茅靈茅以供祭祀也左傳曰僖四年齊桓伐楚責之曰爾貢苞茅不入王祭不供無以縮酒寡人是徵 誅曹衛以章無
禮左傳僖二十八年晉侯伐曹假道于衛衛人不許還自河南濟侵曹伐衛責其無禮也 臣
雖闒茸名非先賢闒猶下也茸細也闒音吐盍反茸音人勇反
蒙被朝恩負荷重任職在鈇鉞奉辭伐罪
鈇音方于反莝刃也鉞斧也 輒與諸將州郡共討紹等若
大事克捷罪人斯得尚書周公東征三年罪人斯得 庶績御名
文忠誠之效遂舉兵政紹於是冀州諸城

悉畔從瓚紹懼乃以所佩勃海太守印綬授瓚從弟範遣之郡欲以相結而範遂背紹領勃海兵以助瓚瓚乃自署其將帥爲青冀兗三州刺史又悉置郡縣守令與紹大戰於界橋（橋名解見獻帝紀）瓚軍敗還薊紹遣將崔巨業將兵數萬攻圍故安不下退軍南還瓚將步騎三萬人追擊於巨馬水（水在幽州歸義縣界自易州道縣界流入）大破其衆死者七八千乘勝而南攻下郡縣遂至平原乃遣其青州刺史

田揩據有齊地紹復遣兵數萬與揩連戰二年糧食並盡士卒疲困互掠百姓野無青草（左傳齊侯伐魯語展喜曰室如懸罄野無青草何恃而不恐）紹乃遣子譚爲青州刺史揩與戰敗退還是歲瓚破禽劉虞盡有幽州之地猛志益盛前此有童謠曰燕南垂趙北際中央不合大如礪唯有此中可避世瓚自以爲易地當之遂徙鎮焉（前書易縣屬涿郡續漢志曰屬河間瓚所居易京故城在今幽州歸義縣南十八里）乃盛修營壘樓觀數十臨易河通遼海劉

虞從事漁陽鮮于輔等合率州兵欲共報瓚輔以燕國閻柔素有恩信推爲烏桓司馬柔招誘胡漢數萬人與瓚所置漁陽太守鄒丹戰于潞北斬丹等四千餘級烏桓峭王感虞恩德率種人及鮮卑七千餘騎共輔南迎虞子和與袁紹將麴義合兵十萬共攻瓚興平二年破瓚於鮑丘（鮑丘水名也又名路水在今幽州漁陽縣）斬首二萬餘級瓚遂保易京開置屯田稍得自支相持歲餘麴義軍糧盡士

卒飢困餘衆數千人退走瓚徼破之盡得其車重是時旱蝗穀貴民相食瓚恃其才力不恤百姓記過忘善睚眦必報州里善士名在其右者必以法害之常言衣冠皆自以職分富貴不謝人惠故所寵愛類多商販庸兒所在侵暴百姓怨之於是代郡廣陽上谷右北平各殺瓚所置長吏復與輔和兵合瓚慮有非常乃居於高京以鐵爲門斥去左右男人七歲以上不得入易

門專侍姬妾其文簿書記皆汲而上之令婦人習爲大言聲使聞數百步以傳宣敎令疏遠賓客無所親信故謀臣猛將稍有乖散自此之後希復攻戰或問其故瓚曰我昔驅畔胡於塞表埽黃巾於孟津當此之時謂天下指麾可定（九州春秋曰瓚曰始天下兵起我謂唾掌而決）至於今日兵革方始觀此非我所決不如休兵力耕以救凶年兵法百樓不攻今吾諸營樓櫓千里（櫓即櫓字見說文釋名曰櫓露也上無覆屋）積穀三

百萬斛食此足以待天下之變建安三年袁紹復大攻瓚瓚遣子續請救於黑山諸帥而欲自將突騎直出傍西山以斷紹後長史關靖諫曰今將軍將士莫不懷瓦解之心所以猶能相守者顧戀其老小而恃將軍爲主故耳堅守曠日或可使紹自退若舍之而出後無鎭重易京之危可立待也瓚乃止紹漸相攻逼瓚衆日蹙乃却築三重營以自固四年春黑山賊帥張燕與

續率兵十萬三道來救瓚未及至瓚乃密使行人齎書告續曰昔周末喪亂僵屍蔽地以意而推猶爲否也不圖今日親當其鋒袁氏之攻狀若鬼神梯衝舞吾樓上鼓角鳴於地中日窮月急不遑啓處鳥厄歸人滴水陵高（滴水毋六反喻急也）汝當碎首於張燕馳騾以告急父子天性不言而動（言相感也）且厲五千鐵騎於北隰之中（下溼曰隰）起火爲應吾當自內出奮揚威武決命於斯不然吾亡

之後天下雖廣不容汝足矣紹候得其書（獻帝春秋候者得書紹使陳琳易其詞即此書）如期舉火瓚以爲救至遂便出戰紹設伏瓚遂大敗復還保中小城自計必無全乃悉縊其姊妹妻子然後引火自焚紹兵趣登臺斬之關靖見瓚敗歎恨曰前若不止將軍自行未必不濟吾聞君子陷人於危必同其難豈可以獨生乎乃策馬赴紹軍而死續爲屠各所殺（屠各胡號）田楷與袁紹戰死鮮于輔將其衆歸曹

操操以輔爲度遼將軍封都亭侯閻柔將部曲從曹操擊烏桓拜護烏桓校尉封關内侯張燕既爲紹所敗人衆稍散曹操將定冀州乃率衆詣鄴降拜平北將軍封安國亭侯

論曰自帝室王公之胄皆生長脂腴不知稼穡其能厲行飭身卓然不羣者或未聞焉（前書班固曰夫唯大雅卓爾不羣者河間獻王之謂與故論引焉）劉虞守道慕名以忠厚自牧（牧養也易曰卑以自牧）美哉乎季漢

之名宗子也若虞瓚無閒同情共力糾人完聚稸保燕薊之饒（糾收也）繕兵昭武（繕修也左傳曰繕甲兵）以臨羣雄之隙舍諸天運徵乎人文則古之休烈何遠之有（天運猶天命也人文猶人事也易曰觀乎人文以化成天下）

陶謙字恭祖丹陽人也（丹陽郡丹陽縣人也吳書曰陶謙父故餘姚長謙少孤始以不羈聞於縣中年十四猶綴帛爲幡乘竹馬而戲邑中兒童皆隨之故倉梧太守同縣甘公出遇之見其容貌異而呼之與語甚悅許妻以女甘夫人怒曰陶家兒遨戲無度於何以女許之甘公曰彼有奇表長必大成遂與之）少爲諸生仕州郡（吳書曰陶謙察孝廉拜尚書郎除舒令郡太守張磐同郡先輩與謙父友謙恥爲之屈嘗舞屬謙謙不爲起固強之乃舞舞又不轉磐曰不當轉邪曰不可轉轉則勝人）四遷爲車騎將軍張溫司馬西討邊章會徐州黄巾起以謙爲徐州刺史擊黄巾大破走之境内晏然時董卓雖誅而李傕郭汜作亂關中是時四方斷絶謙每遣使閒行奉貢西京詔遷爲徐州牧加安東將軍封溧陽侯（溧陽今宣州縣也溧音栗）是時徐方百姓殷盛穀實甚豐流民多歸之而謙信用非所刑政不理別駕從事趙昱知名

士也而以忠直見踈出爲廣陵太守（謝承書曰謙奏昱茂才遷爲太守）曹宏等讒慝小人謙甚親任之良善多被其害由斯漸亂下邳闕宣自稱天子謙始與合從後遂殺之而并其衆初曹操父嵩避難琅邪時謙別將守陰平（縣名屬東海國故城在沂州承縣西南）士卒利嵩財寶遂襲殺之初平四年曹操擊謙破彭城傅陽（縣名屬彭城國本春秋時偪陽也楚宣王滅宋改曰傅陽故城在今沂州承縣南）謙退保剡操攻之不能克乃還過拔取慮睢陵夏丘皆屠之

取慮音秋閭縣名屬下邳郡故城在今泗州下邳縣西南睢陵縣在下邳縣東南夏丘縣屬沛郡故城今泗州虹縣是凡殺男女數十萬人雞犬無餘泗水爲之不流自是五縣城保無復行迹初三輔遭李傕亂百姓流移依謙者皆殲殲盡也左傳曰門官殲焉興平元年曹操復擊謙略定琅邪東海諸縣謙懼不免欲走歸丹陽會張邈迎呂布據兖州操還擊布是歲謙病死初同郡人笮融笮音側格反聚衆數百往依於謙謙使督廣陵下邳彭城運糧遂斷三郡委輸

大起浮屠寺浮屠佛也解見西羌傳上累金盤下爲重樓又堂閣周回可容三千許人作黃金塗像衣以錦綵每浴佛輒多設飲飯布席於路其有就食及觀者且萬餘人獻帝春秋曰融敷席方四五里費以巨萬及曹操擊謙徐方不安融乃將男女萬口馬三千匹走廣陵廣陵太守趙昱待以賓禮融利廣陵資貨遂乗酒酣殺昱放兵大掠因以過江南奔豫章殺郡守朱皓入據其城後爲楊州刺史劉繇所破走入山中爲人所殺昱字元達琅邪人清己疾惡潛志好學雖親友希得見之爲人耳不邪聽目不妄視太僕种拂舉爲方正

贊曰襄賁勵德維城燕北勵勉也仁能洽下忠以衛國伯珪疏獷武才趫猛趫音去驕反虞好無終紹埶難並徐方殲耗竇謙爲梗

後漢書列傳卷第六十三

列傳卷第六十四上　范曄　後漢書七十四

唐章懷太子賢注

袁紹 子譚

劉表

袁紹字本初汝南汝陽人司徒湯之孫父成五官中郎將（袁山松書曰紹司空逢之孽子出後伯父成魏書亦同英雄記曰成字文開與梁冀結好言無不從京師諺曰事不諧問文開）紹壯健好交結大將軍梁冀以下莫不善之紹少爲郎除濮陽長遭母憂去官三年禮竟追感㓜孤又行父服（英雄記曰凡在冢廬六年）服闋徙居洛陽紹有

姿貌威容愛士養名（英雄記曰紹不妄通賓客非海內知名不得相見又好游俠與張孟卓何伯求吳子卿許子遠皆爲奔走之友）既累世台司賓客所歸加傾心折節莫不爭赴其庭士無貴賤與之抗禮輜軿柴轂填接街陌（說文曰軿車衣車也鄭玄注周禮曰軿猶屏也取其自蔽隱柴轂賤者之車）內官皆惡之中常侍趙忠言於省內曰袁本初坐作聲價好養死士不知此兒終欲何作叔父太傅隗聞而呼紹以忠言責之紹終不改後辟大將軍何進掾爲侍御史虎賁中郎將中平五年初置西園八校尉以紹爲佐軍校尉（樂資山陽公載記曰小黃門蹇碩爲上軍校尉虎賁中郎將袁紹爲中軍校尉屯騎校尉鮑鴻爲下軍校尉議郎曹操爲典軍校尉趙融爲助軍左校尉馮芳爲助軍右校尉諫議大夫夏牟爲左校尉淳于瓊爲右校尉凡八人謂之西園軍皆統於碩此云佐軍與彼文不同）靈帝崩紹勸何進徵董卓等衆軍脅太后誅諸宦官轉紹司隸校尉語已見何進傳及卓將兵至騎都尉太山鮑信說紹曰（魏書曰信太山平陽人也少有大節寬厚愛人沈毅有謀說紹不從乃引軍還鄉里）董卓擁制強兵將有異

志今不早圖必爲所制及其新至疲勞襲之可禽也紹畏卓不敢發頃之卓議欲廢立謂紹曰天下之主宜得賢明每念靈帝令人憤毒（毒恨也）董侯似可今當立之紹曰今上富於春秋未有不善宣於天下若公違禮任情廢嫡立庶恐衆議未安卓案劒叱紹曰豎子敢然天下之事豈不在我我欲爲之誰敢不從紹詭對曰此國之大事請出與太傅議之卓復言劉氏種不足復

遺紹勃然曰天下健者豈惟董公橫刀長揖徑出英雄記曰紹揖卓去坐中驚愕卓新至見紹大家故不敢害懸節於上東門洛陽城東面北頭門也山陽公載記曰卓以袁紹弃節故第一藩爲赤旄而奔冀州董卓購募求紹時侍中周珌城門校尉伍瓊爲卓所信待瓊等陰爲紹說卓曰夫廢立大事非常人所及袁紹不達大體恐懼出奔非有它志今急購之埶必爲變袁氏樹恩四世門生故吏徧於天下若收豪傑以聚徒衆英雄因之而起則山東非

後漢列傳六十四上　三　楊垓

公之有也不如赦之拜一郡守紹喜於免罪必無患矣卓以爲然乃遣授紹勃海太守封邟鄉侯前書潁川有周承休侯國元帝置元始二年更名邟音口浪反紹猶稱兼司隸初平元年紹遂以勃海起兵以從弟後將軍術冀州牧韓馥馥字文節潁川人也豫州刺史孔伷兗州刺史劉岱陳留太守張邈廣陵太守張超河內太守王匡山陽太守袁遺東郡太守橋瑁英雄記曰孔伷字公緒陳留人也王匡字公節泰山人也袁遺字伯業紹從弟術字公路汝南汝陽人也橋瑁字元瑋橋玄族子先爲兗州刺史甚有威

惠靈氏春秋云劉岱惡而殺之濟北相鮑信等同時俱起衆各數萬以討卓爲名紹與王匡屯河內伷屯潁川馥屯鄴餘軍咸屯酸棗約盟遥推紹爲盟主紹自號車騎將軍領司隸校尉董卓聞紹起山東乃誅紹叔父隗及宗族在京師者盡滅之獻帝春秋曰太傅袁隗太僕袁基術之母兄卓使司隸宣璠尺口收之母及姊妹嬰孩以上五十餘人下獄死卓別傳曰悉埋青城門外東都門內而加書焉又恐有盜取者復以屍送郿藏之卓乃遣大鴻臚韓融少府陰循執金吾胡母班將作大匠吳循越騎校

後漢列傳六十四上　四　林仁

尉王瓌譬解紹等諸軍紹使王匡殺班瓌吳循等海內先賢傳曰韓融字元長潁川人楚國先賢傳曰陰循字元基南陽新野人也漢末名士錄曰胡母班字季友泰山人名在入廚謝承書曰班王匡之妹夫匡受紹旨收班繫獄欲殺以徇軍班與匡書略曰足下拘僕於獄欲以釁鼓此何悖暴無道之甚者也僕與董卓何親戚義豈同惡足下張虎狼之口吐長蛇之毒恚卓遷怒何其酷哉死者人之所難然恥爲狂夫所害若亡者有靈當訴足下於皇天夫婚姻者禍福之幾今日著矣曩爲一體今爲血讎亡人二女則君之甥身沒之後慎勿令臨僕尸骸匡得書抱班二子哭班遂死於獄袁術亦執殺陰循惟韓融以名德免是時豪傑既多附紹且感其家禍人思爲報州郡蜂起莫不以袁氏爲名

韓馥見人情歸紹忌方得衆恐將圖己常遣從事守紹門不聽發兵橋瑁乃詐作三公移書傳驛州郡說董卓罪惡天子危逼企望義兵以釋國難馥於是方聽紹舉兵乃謀於衆曰助袁氏乎助董氏乎治中劉惠勃然曰興兵爲國安問袁董英雄記曰劉子惠中山人兗州刺史劉岱與其書道卓無道天下所共攻死在旦暮不足爲憂但卓死之後當復回師討文節擁強兵何凶逆寧可得置封書與馥馥得此大懼歸咎子惠欲斬之別駕從事耿武等排閤伏子惠上願并見斬得不死作徒被赭衣埽除宮門外馥意猶深疑於紹每貶節

軍糧欲使離散明年馥將麴義反畔馥與戰失利紹既恨馥乃與義相結紹客逢紀謂紹曰英雄記曰紀字元圖初紹去董卓與許攸及紀俱詣冀州紹以紀聰達有計策甚親信之逢音龐夫舉大事非據一州無以自立今冀部強實而韓馥庸才可密要公孫瓚將兵南下馥聞必駭懼并遣辯士爲陳禍福馥迫於倉卒必可因據其位紹然之益親紀即以書與瓚瓚遂引兵而至外託董卓而陰謀襲馥紹乃使外甥陳留高幹及潁川

荀諶等魏志云諶荀彧之弟說馥曰公孫瓚乘勝來南而諸郡應之袁車騎引軍東向其意未可量也竊爲將軍危之馥懼曰然則爲之柰何諶曰君自料寬仁容衆爲天下所附孰與袁氏馥曰不如也臨危吐決智勇邁於人又孰與袁氏馥曰不如也世布恩德天下家受其惠又孰與袁氏馥曰不如也諶曰勃海雖郡其實州也言土廣也今將軍資三不如之埶久處其上袁氏一時之傑必不

爲將軍下也且公孫提燕代之卒其鋒不可當夫冀州天下之重資若兩軍并力兵交城下危亡可立而待也夫袁氏將軍之舊且爲同盟當今之計莫若舉冀州以讓袁氏必厚德將軍公孫瓚不能復與之爭矣是將軍有讓賢之名而身安於太山也願勿有疑馥素性恇怯因然其計馥長史耿武別駕閔純騎都尉沮授聞而諫曰獻帝傳曰沮授廣平人少有大志多謀略英雄記曰耿武字文威閔純字伯典後袁紹至馥從事十人棄馥去

害恐在後閔武純杖刀拒兵不能禁紹後令田豐殺此二人冀州雖鄙帶甲
百萬穀支十年袁紹孤客窮軍仰我鼻息
譬如嬰兒在股掌之上絶其哺乳立可餓
殺柰何欲以州與之馥曰吾袁氏故吏且
才不如本初度德而讓古人所貴諸君獨
何病焉先是馥從事趙浮程渙將強弩萬
人屯孟津聞之率兵馳還請以拒紹馥又
不聽英雄記曰紹在朝歌清水口浮等從後來船數百艘衆萬餘人整兵鼓夜過紹營紹甚惡之浮等到謂馥曰袁本初軍無斗糧各欲離散旬日之閒必土崩瓦解明將軍但開戶高枕何憂何懼

乃避位出居中常侍趙忠故舍遣子送印
綬以讓紹紹遂領冀州牧承制以馥爲奮
威將軍而無所將御引沮授爲別駕因謂
授曰今賊臣作亂朝廷遷移吾歷世受寵
志竭力命興復漢室然齊桓非夷吾不能
成霸句踐非范蠡無以存國今欲與卿戮
力同心共安社稷將何以匡濟之乎授進
曰將軍弱冠登朝播名海內值廢立之際
忠義奮發單騎出奔董卓懷懼濟河而北

勃海稽服稽音啓擁一郡之卒撮冀州之衆
廣雅曰撮持也威陵河朔名重天下若舉軍東向則
黃巾可埽還討黑山則張燕可滅黑山在今衛州衛縣西北九州春秋曰燕本姓褚黃巾賊起燕聚少年爲羣盜博陵張牛角亦起與燕合燕推牛角爲帥俱攻癭陶牛角爲飛矢所中被創且死大會其衆告曰必以燕爲帥牛角死衆奉燕故改姓張性剽悍捷速過人故軍中號曰飛燕其後人衆浸廣常山趙郡中山上黨河內諸山谷皆相通號曰黑山也回師
北首則公孫必禽震脅戎狄則匈奴立定
橫大河之北合四州之地四州見下收英雄之
士擁百萬之衆迎大駕於長安復宗廟於

洛邑號令天下誅討未服以此爭鋒誰能
御之比及數年其功不難紹喜曰此吾心
也左傳秦伯曰是吾心也即表授爲奮武將軍使監護
諸將魏郡審配鉅鹿田豐先賢行狀曰配字正南少忠烈慷慨有不可犯之節紹領冀州委腹心之任豐字元皓天姿瓌傑權略多奇紹軍之敗也土崩奔走徒衆略盡軍將皆撫膺而泣曰向使田豐在此不至於是並以正直不得志於韓
馥紹乃以豐爲別駕配爲治中甚見器任
馥自懷猜懼辭紹索去英雄記曰紹以河內朱漢爲都官從事漢先時爲馥所不禮內懷忿恨且欲徼迎紹意擅發城郭兵圍守馥第拔刃登屋馥走上樓收得馥大兒槌

(折兩脚紹亦立收漢殺之瓚猶憂怖故報紹索去)往依張邈後紹遣使
詣邈有所計議因共耳語馥時在坐謂見
圖謀無何如廁自殺(九州春秋曰至廁因以書刀自殺)其冬
公孫瓚大破黃巾還屯槃河(爾雅有九河鉤槃是其一也故河道在今德州昌平縣界入滄州樂陵縣今名枯槃河)威震河北冀州諸
城無不望風響應紹乃自擊之瓚兵三萬
列爲方陳分突騎萬匹翼軍左右其鋒甚
銳紹先令麴義領精兵八百強弩千張以
爲前登瓚輕其兵少縱騎騰之義兵伏楯

下一時同發瓚軍大敗斬其所置冀州刺
史嚴綱獲甲首千餘級麴義追至界橋(九州春秋曰還屯廣宗界橋今貝州宗城縣東有古界城此城近枯漳水則界橋蓋當在此之側也)瓚
斂兵還戰義復破之遂到瓚營拔其牙門(眞人水鏡經曰凡軍始出立牙竿必令完堅若有折將軍不利牙門旗竿軍之精也即周禮司常職云軍旅會同置旌門是也)餘衆皆走紹在後十數里聞瓚已
破發鞌息馬唯衞帳下強弩數十張大戟
士百許人瓚散兵二千餘騎卒至圍紹數
重射矢雨下田豐扶紹使却入空垣紹脫

兜鍪抵地曰大丈夫當前鬬死而反逃垣
牆閒邪促使諸弩競發多傷瓚騎衆不知
是紹頗稍引却會麴義來迎騎乃散退三
年瓚又遣兵至龍湊挑戰紹復擊破之瓚
遂還幽州不敢復出四年初天子遣太僕
趙岐和解關東使各罷兵瓚因此以書譬
紹曰趙太僕以周邵之德銜命來征宣揚
朝恩示以和睦曠若開雲見日何喜如之
昔賈復寇恂爭相危害遇世祖解紛遂同

輿並出釁難既釋時人美之自惟邊鄙得
與將軍共同斯好此誠將軍之羞而瓚之
願也紹於是引軍南還三月上巳大會賓
徒於薄落津(歷法三月建辰己卯退除可以拂除災也韓詩曰溱與洧方洹洹兮薛君注云鄭國之俗三月上巳之辰兩水之上招魂續魄拂除不祥故詩人願與所說者俱往也酈元水經注曰漳水經鉅鹿故城西謂之薄落津續漢志癭陶縣有薄落亭)聞魏郡兵反與
黑山賊于毒等數萬人共覆鄴城殺郡守
(管子曰齊桓公築五鹿中牟鄴以衞諸侯)坐中客家在鄴者皆憂怖
失色或起而啼泣紹容貌自若不改常

獻帝春秋曰紹勸督引滿投壺言笑容貌自若賊有陶升者自號平漢
將軍英雄記曰升故爲內黃小吏獨反諸賊將部衆踰西
城入閉府門具車重重輜重也載紹家及諸衣
冠在州內者身自扞衛送到斥丘斥丘縣屬魏郡故
城在今相州成安縣東南十三州志云土地斥鹵故曰斥丘紹還因屯斥丘
以陶升爲建義中郎將六月紹乃出軍入
朝歌鹿腸山蒼巖谷口朝歌故城在今衛縣西續漢志曰朝歌有鹿腸
山討于毒圍攻五日破之斬毒及其衆萬
餘級紹遂尋山北行進擊諸賊左髭丈八

等皆斬之又擊劉石青牛角黃龍左校郭
大賢李大目于氐根等復斬數萬級皆屠
其屯壁遂與黑山賊張燕及四營屠各鴈
門烏桓戰於常山燕精兵數萬騎數千匹
連戰十餘日燕兵死傷雖多紹軍亦疲遂
各退麴義自恃有功驕縱不軌紹召殺之
而并其衆興平二年拜紹右將軍其冬車
駕爲李傕等所追於曹陽沮授說紹曰將
軍累葉台輔世濟忠義今朝廷播越宗廟

殘毀觀諸州郡雖外託義兵內實相圖未
有憂存社稷卹人之意且今州城粗定兵
強士附西迎大駕即宮鄴都挾天子而令
諸侯稸士馬以討不庭誰能禦之左傳周襄王出奔於
鄭狐偃言於晉文公曰求諸侯莫知勤王諸侯信之且大義也繼文之業而信宣於諸侯今爲可矣文公
從之納襄王遂成霸業紹將從其計潁川郭圖淳于瓊
曰九州春秋圖字公則漢室陵遲爲日久矣今欲興之
不亦難乎且英雄並起各據州郡連徒聚
衆動有萬計所謂秦失其鹿先得者王史記

蒯通曰秦失其鹿天下共追之高才者先得焉今迎天子動輒表聞
從之則權輕違之則拒命非計之善者也
授曰今迎朝廷於義爲得於時爲宜若不
早定必有先之者焉夫權不失幾功不猒
速願其圖之帝立既非紹意竟不能從紹
有三子譚字顯思熙字顯雍尚字顯甫譚
長而惠尚少而美紹後妻劉有寵而偏愛
尚數稱於紹紹亦奇其姿容欲使傳嗣乃
以譚繼兄後出爲青州刺史沮授諫曰世

稱萬人逐兔一人獲之貪者悉止分定故也愼子曰兔走於街百人追之貪人具存人莫之非者以兔爲未定分也積兔滿市過不能顧非不欲兔也分定之後雖鄙不爭子思子商君書並載其詞略同且年均以賢德均則卜古之制也左傳曰王后無嫡則擇立長年鈞以德德鈞以卜願上惟先代成則之誡下思逐兔分定之義若其不改禍始此矣紹曰吾欲令諸子各據一州以視其能於是以中子熙爲幽州刺史外甥高幹爲并州刺史建安元年曹操迎天子都許乃下詔書於紹責以地廣兵

後漢列傳六十四上　十三　章駒

多而專自樹黨不聞勤王之師而但擅相討伐紹上書曰臣聞昔有哀歎而霜隕淮南子曰鄒衍事燕惠王盡忠左右譖之仰天而哭夏五月天爲降霜悲哭而崩城者齊莊公攻莒爲五乘之賓而杞梁獨不預歸而不食其母曰食汝生而無義死而無名則雖非五乘孰不汝笑生而有義死而有名則五乘之賓盡汝下也及與莒戰梁遂鬬殺二十七人而死妻聞而哭城爲之陁而隅爲之崩見說苑每讀其書謂爲信然於今況之乃知妄作何者臣出身爲國破家立事至乃懷忠獲釁抱信見疑晝夜長吟剖肝泣血曾無崩城隕霜之應故鄒衍杞婦何能

感徹臣以負薪之資負薪謂賤人也禮記曰問士之子長幼長曰能負薪矣幼曰未能負薪拔於陪隸之中陪重也左傳曰王臣公公臣卿卿臣大夫大夫臣士士臣皁皁臣隸隸臣僚僚臣僕僕臣臺又曰是無陪臺也陪隸猶陪臺奉職憲臺擢授戎校常侍張讓等滔亂天常侵奪朝威賊害忠德扇動姦黨故大將軍何進忠國疾亂義心赫怒以臣頗有一介之節可責以鷹犬之功故授臣以督司諸臣以方略臣不敢畏憚強禦避禍求福與進合圖事無違異忠策未盡而元帥受敗元帥謂何進

後漢列傳六十四上　十四　陳從

太后被質宮室焚燒陛下聖德幼沖親遭戹困時進既被害師徒喪沮臣獨將家兵百餘人抽戈承明竦劒翼室山陽公載記曰紹與王匡等并力入端門於承明堂上格殺中常侍高望等二人尚書曰延入翼室孔安國注翼明也室謂路寢虎叱羣司奮擊凶醜曾不浹辰罪人斯殄浹帀也左傳曰浹辰之閒杜預曰十二日也此誠愚臣效命之一驗也會董卓乘虛所圖不軌臣父兄親從並當大位謂叔隗爲太傅從兄基爲太僕不憚一室之禍苟惟寧國之義故遂解節出奔創謀河外

河外河南時卓方貪結外援招悅英豪故即臣
勃海申以軍號即謂就拜也山陽公載記曰董卓以紹爲前將軍封邟鄉侯紹
受侯不受前將軍則臣之與卓未有纖芥之嫌若使
苟欲滑泥揚波偷榮求利滑混也楚詞滑其泥揚其波則
進可以享竊祿位退無門戶之患然臣愚
所守志無傾奪故遂引會英雄興師百萬
飲馬孟津歃血漳河獻帝春秋曰紹合冀州十郡守相衆數十萬登壇歃
血盟曰賊臣董卓承漢室之微負兵甲之衆陵越帝
城跨踣王朝幽鴆太后戮殺弘農提挈幼主越遷秦
地殘害朝臣斬刈忠良焚燒宮室蒸亂宮人發掘陵
墓虐及鬼神過惡烝皇天濁穢薰后土神祇怨恫無

後漢列傳六十四上　十五　章駒

所憑恃兆人泣血無所控告仁賢之士痛心疾首義
士奮發雲興霧合咸欲奉辭伐罪躬行天誅凡我同
盟之後畢力致命以伐凶醜同獎王室翼戴天
子有渝此盟神明是殛俾墜其師無克祚國會
故冀州牧韓馥懷挾逆謀欲專權埶絕臣
軍糧不得踵係至使猾虜肆毒害及一門
尊卑大小同日并戮鳥獸之情猶知號呼
禮記曰凡生天地之間者有血氣之屬必有知有知
之屬莫不知愛其類今是夫鳥獸則失喪其羣匹越
月踰時焉則必反巡過其故鄉翔回焉鳴號焉蹢躅
焉踟躕焉然後乃能去之小者至於燕爵猶有啁噍
之頃焉然後乃能去之臣所以蕩然忘哀貌無隱戚者
隱憂也
誠以忠孝之節道不兩立顧私懷已

不能全功斯亦愚臣破家徇國之二驗也
又黃巾十萬焚燒青兗黑山張楊蹈藉冀
域臣乃旋師奉辭伐畔金鼓未震狡敵知
亡故韓馥懷懼謝咎歸土張楊黑山同時
乞降臣時輒承制竊比竇融以議郎曹操
權領兗州牧竇融行西河五郡大將軍事以梁統爲武威太守會公孫
瓚師旅南馳陸掠北境臣即星駕席卷與
瓚交鋒假天之威每戰輒克臣備公族子
弟生長京輦頗聞俎豆不習干戈加自乃

後漢列傳六十四上　十六　鄒

祖先臣以來世作輔弼咸以文德盡忠得
免罪戾臣非與瓚角戎馬之埶爭戰陣之
功者也誠以賊臣不誅春秋所貶公羊傳曰趙盾弑其
君夷皋弑者趙穿也曷爲加之趙盾不討賊也趙盾
曰天乎予無辜史曰爾爲仁爲義人弑爾君而復國
不討賊非弑如何苟去利國專之不疑左傳曰苟利社稷專之可也
故冒踐霜雪不憚劬勤實庶一捷之福以
立終身之功社稷未定臣誠恥之太僕趙
岐銜命來征宣明陛下含弘之施蠲除細
故與下更新奉詔之日引師南轅左傳曰令尹南轅反

旆杜預曰回軍南向是臣畏怖天威不敢怠慢之三驗也又臣所上將校率皆清英宿德令名顯達登鋒履刃死者過半勤恪之功不見書列而州郡牧守競盜聲名懷持二端優游顧望皆列土錫圭跨州連郡是以遠近狐疑議論紛錯者也臣聞守文之世德高者位尊倉卒之時功多者賞厚陛下播越非所洛邑乏祀海內傷心志士憤惋是以忠臣肝腦塗地肌膚橫分而無悔心者義之所感故也今賞加無勞以攜有德攜離也杜黜忠功以疑眾望斯豈腹心之遠圖將乃讒慝之邪說使之然也臣爵為通侯位二千石殊恩厚德臣既叨之豈敢闚覬重禮以希彤弓玈矢之命哉左氏傳曰王命尹氏策晉文公為侯伯賜之大路之服戎路之服彤弓一彤矢百玈弓十玈矢千誠傷偏裨列校勤不見紀盡忠為國翻成重愆斯蒙恬所以悲號於邊獄史記曰胡亥遣使者殺蒙恬恬不肯死使者即以屬吏繫於陽周恬喟然太息曰恬罪當死矣起臨洮屬之遼東城萬餘里此其中不能無絕地脈此乃恬之罪也遂吞藥自殺白

後漢列傳六十四上　十七　王石

起歔欷於杜郵也史記曰秦王免白起為士伍遷之陰密白起既行出咸陽西門十里至杜郵秦王乃使使者賜之劍自裁太傅日磾位為師保任配東征而耗亂王命三輔決錄注曰馬日磾字翁叔馬融之族子少傳融業以才學進歷位九卿遂登台輔獻帝春秋曰日磾假節東征備撫州郡術在壽春不肅王命侮慢日磾借節觀之因奪不還從術求去而術不遣既以失節屈辱憂恚而死寵任非所凡所舉用皆眾所捐棄而容納其策以為謀主令臣骨肉兄弟還為讎敵交鋒接刃搆難滋甚臣雖欲釋甲投戈事不得已誠恐陛下日月之明有所不照四聰之聽有所不聞乞下臣章咨之群賢使三槐九棘議臣罪戾周官曰三槐三公位焉左九棘孤卿大夫位焉右九棘公侯伯子男位焉鄭玄注曰槐之言懷也言懷來人於此欲與謀也樹棘以為位者取其赤心而外刺象以赤心有刺也若以臣今行權為釁則桓文當有誅絕之刑齊桓晉文時周室弱諸侯不朝桓文權行征伐率諸侯以朝天子若以眾不討賊為賢則趙盾可無書弒之貶矣臣雖小人志守一介若使得申明本心不愧先帝則伏首歐刀褰衣就鑊臣之願也惟陛下垂尸鳩之平尸鳩鳲鳩也詩國風曰尸鳩在桑其子七兮淑人君子其儀一兮毛萇注曰尸

四三三五一　後漢列傳六十四上　大　楊昌

觴之養其子且從上下暮從下上平均如一言善人君子執義亦如此絕邪諂之論無令愚臣結恨三泉三者數之小終言深也前書曰下錮三泉於是以紹爲太尉封鄴侯獻帝春秋曰使將作大匠孔融持節之鄴拜太尉紹爲大將軍改封鄴侯時曹操自爲大將軍紹恥爲之下太尉位在大將軍上初武帝以衛青征伐有功以爲大將軍欲尊寵之故置大司馬官號以冠之其後霍光王鳳等皆然明帝以弟東平王蒼有賢材以爲驃騎將軍以王故位公上和帝以舅竇憲征匈奴還遷大將軍在公上以勳戚者不拘常例焉僞表辭不受操大懼乃讓位於紹二年使將作大匠孔融持節拜紹大將軍錫弓矢節鉞虎賁百人禮含文嘉曰九錫一曰車

後漢列傳六十四上　十九　章駒

馬二曰衣服三曰樂器四曰朱户五曰納陛六曰虎賁之士百人七曰斧鉞八曰弓矢九曰秬鬯春秋元命苞曰賜虎賁得專征伐賜斧鉞得誅也兼督冀青幽并四州然後受之紹每得詔書患有不便於己乃欲移天子自近使說操以許下埤埤亦下也音婢溼洛陽殘破宜從都甄城甄音絹以就全實操拒之田豐說紹曰徙都之計既不克從宜早圖許奉迎天子動託詔令響號海內此筭之上者不爾終爲人所禽雖悔無益也紹不從四年春擊公孫瓚遂定幽土事在瓚傳

紹既并四州之地衆數十萬而驕心轉盛貢御稀簡主簿耿包密白紹曰赤德衰盡袁爲黃胤宜順天意獻帝春秋曰袁舜後黃應代赤故包有此言以從民心紹以包白事示軍府僚屬議者以包妖妄宜誅紹知衆情未同不得已乃殺包以弭其迹於是簡精兵十萬騎萬匹欲出攻許以審配逢紀統軍事田豐荀諶及南陽許攸爲謀主顔良文醜爲將帥沮授進說曰近討公孫師出歷年百姓疲敝倉

後漢列傳六十四上　二十

庫無積賦役方殷此國之深憂也宜先遣使獻捷天子務農逸人若不得通乃表曹操隔我王路然後進屯黎陽漸營河南益作舟船繕修器械分遣精騎抄其邊鄙令彼不得安我取其逸如此可坐定也郭圖審配曰兵書之法十圍五攻敵則能戰十倍則圍之五倍則攻之今以明公之神武連河朔之強衆以伐曹操兵埶譬若覆手前書陸賈謂南越王曰越殺王降漢如反覆手耳今不時取後難圖也授曰蓋救亂誅

暴謂之義兵恃衆憑強謂之驕兵義者無敵驕者先滅（前書魏相上書曰救亂誅暴謂之義兵兵義者王敵加於已不得已而起者謂之應兵兵應者勝爭恨小故不勝憤怒者謂之忿兵兵忿者敗利人土地貨寶者謂之貪兵兵貪者破恃國家之大矜人庶之衆欲見威於敵者謂之驕兵兵驕者滅此非但人事乃天道也）曹操奉迎天子建宮許都今舉師南向於義則違且廟勝之策不在彊弱（淮南子曰運籌於廟堂之中決勝乎千里之外）曹操法令既行士卒精練非公孫瓚坐受圍者也今弃萬安之術而興無名之師（前書曰新城三老說高祖曰順德者昌逆德者亡兵出無名事故不成音義曰有名伐有罪也）竊爲公懼之圖等曰武王伐紂不爲不義況兵加曹操而云無名且公師徒精勇將士思奮而不及時早定大業所謂天與不取反受其咎（史記范蠡謂句踐曰天與不取反受其咎）此越之所以霸吳之所以滅也監軍之計在於將軍而非見時知幾之變也紹納圖言圖等因是譖沮授曰授監統內外威震三軍若其寖盛何以制之夫臣與主同者亡此黃石之所忌也（臣與主同者權在於主也主與臣同者權在臣也黃石者即張良於下邳圯上

所得者三略也圯音以之反）且御衆於外不宜知內（淮南子曰國不可從外理軍不可從中御）紹乃分授所統爲三都督使授及郭圖淳于瓊各典一軍未及行五年左將軍劉備殺徐州刺史車冑據沛以背曹操操懼乃自將征備田豐說紹曰與公爭天下者曹操也操今東擊劉備兵連未可卒解今舉軍而襲其後可一往而定兵以幾動斯其時也紹辭以子疾未得行豐舉杖擊地曰嗟乎事去矣夫遭難遇之幾而以嬰兒病失其會惜哉紹聞而怒之從此遂疏焉曹操畏紹過河乃急擊備遂破之備奔紹紹於是進軍攻許田豐以既失前幾不宜便行諫紹曰曹操既破劉備則許下非復空虛且操善用兵變化無方衆雖少未可輕也今不如久持之將軍據山河之固擁四州之衆外結英雄內修農戰然後簡其精銳分爲奇兵（孫子兵法曰凡戰者以正合以奇勝也注云正者當敵奇者擊其不備）乘虛迭出以擾河南救右則擊

其左救左則擊其右使敵疲於奔命人不得安業我未勞而彼已困不及三年可坐剋也今釋廟勝之策而決成敗於一戰若不如志悔無及也紹不從豐強諫忤紹紹以爲沮衆遂械繫之乃先宣檄曰蓋聞明主圖危以制變忠臣慮難以立權曩者強秦弱主趙高執柄專制朝命威福由己終有望夷之禍汙辱至今始皇崩胡亥立趙高爲丞相胡亥夢白虎囓其左驂馬殺之心不樂問占夢卜涇水爲祟胡亥乃齋望夷宮趙高令其壻閻樂逼胡亥使自殺張華云望

夷之宮在長陵西北長平觀東臨涇水作之以望北夷事見史記及臻呂后祿產專政擅斷萬機決事禁省下陵上替海內寒心於是絳侯朱虛興威奮怒誅夷逆暴尊立太宗故能道化興隆光明融顯此則大臣立權之明表也呂后專制以兄子祿爲趙王上將軍產爲梁王相國各領南北軍呂后崩欲爲亂絳侯周勃朱虛侯劉章等共誅之立文帝廟稱太宗左傳閔子馬曰下陵上替能無亂乎司空曹操祖父騰故中常侍與左悺徐璜並作妖孽饕餮放橫傷化虐人貪財爲饕貪食爲餮悺音烏板反父嵩乞匄攜養續漢志曰嵩字巨高靈帝時賣官嵩以貨得拜大司農大鴻臚代崔烈爲太尉魏志曰嵩騰養子莫能審其生出本末曹瞞傳及郭頒代語並云嵩夏侯氏子惇之叔父魏太祖於惇爲從父兄弟也匄亦乞也因臧買位輿金輦寶輸貨權門竊盜鼎司傾覆重器操贅閹遺醜本無令德僄狡鋒俠好亂樂禍方言曰僄輕也魏志曰操少機警有權數而任俠放蕩不修行業鋒俠言如其鋒之利也僄音方妙反或作剽劫財物也音同幕府董統鷹揚埽夷凶逆謂紹誅諸閹人無少長皆斬之續遇董卓侵官暴國左傳侵官冒也於是提劍揮鼓發命東夏廣羅英雄弃瑕錄用故遂與操參咨策略謂其鷹犬之才爪牙可

任至乃愚佻短慮輕進易退傷夷折衄數喪師徒字書曰佻輕也魏志曰操引兵西將據成皋到滎陽汴水遇卓將徐榮戰不利士卒死傷多操爲流矢所中所乘馬被創曹洪以馬與操得夜遁又爲呂布所敗幕府輒復分兵命銳修完補輯表行東郡太守兗州刺史被以虎文續漢志曰虎賁將冠鶡冠虎文單衣襄邑歲獻織成虎文衣授以偏師獎就威柄冀獲秦師一克之報秦穆公使孟明視西乞術白乙丙伐鄭晉襄公敗諸殽執孟明等文嬴請而舍之歸於秦穆公復用孟明伐晉晉人不敢出封殽尸而還事見左傳而遂乘資跋扈肆行酷烈割剝元元殘賢害善太公金匱曰天道無親常與善人今海內陸沈

於股夂矣何乃急於元元哉故九江太守邊讓英才儁逸
以直言正色論不阿諂身被梟懸之戮妻
孥受灰滅之咎自是士林憤痛人怨天怒
一夫奮臂舉州同聲故躬破於徐方地奪
於呂布魏志曰陶謙爲徐州牧操初征之下十餘城後復征謙收五城遂略地至東海還過郯會張邈與陳宮畔迎呂布郡縣皆應布西屯濮陽而操攻之布出兵戰操兵奔陣亂馳突火出墜馬燒左手掌司馬樓異扶操上馬遂得引去彷徨東裔蹈據無所幕
府惟強幹弱枝之義且不登畔人之黨強幹弱枝解見班固傳左傳宋大夫魚石等以宋彭城畔屬楚經書宋彭城傳曰非宋地追書也且不登畔人
〈後漢列傳六十四上 二十五 王永
也杜預注曰登成也故復援旌擐甲席卷起征金鼓響
震布衆破沮左傳曰擐甲執兵杜預注曰擐貫也前書楊雄曰雲徹席卷後無餘災魏志曰操襲定陶未拔會布至擊破之布將薛蘭李封屯鉅野操攻之布救蘭敗布走布復與陳宮將萬餘人來戰操時兵少設伏縱奇兵擊大破之布夜走東奔劉備拯其死亡之患
復其方伯之任是則幕府無德於兗土而
有大造於操也左傳使呂相絕秦曰秦師克還無害則是我有大造於西也杜預注曰造成也
會後鑾駕東反羣虜亂政時冀州方
有北鄙之警匪遑離局北鄙之警謂公孫瓚攻紹也左傳曰局部也杜預注曰遠其部曲爲離局故使從事中郎徐勳就發遣操

使繕修郊廟翼衛幼主而便放志專行威
劫省禁卑侮王僚敗法亂紀坐召三臺專
制朝政晉書曰漢官尚書爲中臺御史爲憲臺謁者爲外臺是謂三臺爵賞由
心刑戮在口所愛光五宗所惡滅三族五宗謂上至高祖下及孫三族謂父族母族妻族羣談者受顯誅腹議者
蒙隱戮大農顏異與張湯有隙人告異湯推異與客言詔令下有不便者異不言微反脣湯遂奏異九卿見令不便不入言而腹非論死見前書道路以目百辟鉗口國語曰厲王虐國人謗王邵公告王曰人不堪命矣王怒得衛巫使監謗以告則殺之國人莫敢言道路以目周書曰賢哲鉗口小人鼓舌何休注公羊傳曰拑以木銜其口也鉗或作拑音渠廉反尚書
〈後漢列傳六十四上 二十六 王興
記期會公卿充員品而已前書賈誼曰大臣特以簿書不報期會之間以爲大故故太尉楊彪歷典二司元綱極位續漢書曰彪代董卓爲司空又代黃琬爲司徒時袁術僭亂操託彪與術婚姻誣以欲圖廢置奏收下獄劾以大逆
操因睚眦被以非罪榜楚并兼五毒
俱至獻帝春秋曰收彪下獄考實遂以策罷觸情放慝不顧憲章
又議郎趙彥忠諫直言議有可納故聖朝
含聽改容加錫操欲迷奪時明杜絕言路
擅收立殺不俟報聞又梁孝王先帝母弟
墳陵尊顯松栢桑梓猶宜恭肅操率將吏

士親臨發掘破棺裸尸掠取金寶至今聖朝流涕士民傷懷前書曰孝文皇帝竇皇后生孝景帝梁孝王武又署發丘中郎將摸金校尉所過毁突無骸不露身處三公之官而行桀虜之態汙國虐民毒施人鬼加其細政苛慘科防互設罾繳充蹊阬穽塞路舉手挂網羅動足路機陷是以兖豫有無聊之人帝都有呼嗟之怨管子曰天下無道人在爵位者皆不自聊生歷觀古今書籍所載貪殘虐烈無道之臣於操爲甚莫府方

後漢列傳六十四上　二十七　陳從

詰外姦未及整訓加意含覆冀可彌縫左傳曰彌縫敝邑杜預注曰彌縫猶補合而操豺狼野心潛包禍謀左傳曰楚司馬子良生子越椒令尹子文曰必殺之是子也熊虎之狀而豺狼之聲弗殺必滅若敖氏諺曰狼子野心是乃狼也其可畜乎乃欲橈折棟梁孤弱漢室周易棟橈之凶不可有以輔也除忠害善專爲梟雄往歲伐鼓北征討公孫瓚強禦桀逆拒圍一年操因其未破陰交書命欲託助王師以見掩襲故引兵造河方舟北濟會行人發露瓚亦梟夷故使鋒芒挫縮厥圖不果屯據敖

倉阻河爲固獻帝春秋曰操引軍造河託言助紹實圖襲鄴以爲瓚援會瓚破滅紹亦覺之以軍退屯于敖倉乃欲運螳蜋之斧禦隆車之隧韓詩外傳曰齊莊公獵有螳蜋舉足將持其輪問其御曰此何蟲對曰此螳蜋也此蟲知進而不知退不量其力而輕就敵公曰此爲天下勇士矣迴車避之勇士歸焉亦見淮南子又莊子曰螳蜋怒臂以當車轍不知其不勝任也隧道也莫府奉漢威靈折衝宇宙長戟百萬胡騎千羣奮中黃育獲之士尸子曰黃伯曰我左執太行之猨右執彫虎唯象未試史記范雎說秦昭王烏獲任鄙之力慶忌夏育之勇也騁良弓勁弩之埶文子曰狡兔得而獵犬烹高鳥盡而良弓藏史記蘇秦說韓王曰天下之強弓勁弩皆從韓出

後漢列傳六十四上　二十八　陳振

并州越太行紹甥高幹爲并州刺史故言越太行山而來助青州涉濟漯紹長子譚爲青州刺史濟漯二水名在今齊州界漯音他合反大軍汎黃河以角其前荊州下宛葉而掎其後賈逵注國語曰從後牽曰掎音居蟻反左傳曰晉人角之諸戎掎之是也荊州謂劉表也與紹交故云下宛葉雷震虎步並集虜廷若舉炎火以焚飛蓬楚詞曰離憂患而乃窮若縱火於秋蓬覆滄海而注熛炭黃石公三略曰夫以義而討不義若決河而沈熒火其剋必也有何不消滅者哉當今漢道陵遲綱弛網絕操以精兵七百圍守宮闕外稱陪衛內以拘質懼篡逆之禍因斯而作乃忠臣肝腦塗地之秋烈

士立功之會也可不勗哉 操陳琳集此檄陳琳之詞也魏志曰琳字孔璋廣陵人避難冀州袁紹使典文章紹敗歸太祖太祖謂曰卿昔爲本初移書但可罪狀孤而已惡惡止其身何乃上及父祖邪琳謝罪太祖愛其才而不咎也流俗本此下有陳琳之辭者非也 乃
先遣顏良攻曹操別將劉延於白馬 白馬縣屬東郡今滑州縣也故城在今縣東 紹自引兵至黎陽沮授臨
行會其宗族散資財以與之曰執存則威
無不加執亡則不保一身哀哉其弟宗曰
曹操士馬不敵君何懼焉授曰以曹兗州
之明略又挾天子以爲資我雖剋伯珪衆
實疲敝而主驕將忲軍之破敗在此舉矣

楊雄有言六國蚩蚩爲嬴弱姬今之謂乎 法言之文也嬴秦姓也姬周姓方言蚩悖也六國悖惑侵弱周室終爲秦所併也 曹操遂
救劉延擊顏良斬之 蜀志曰曹公使張遼及關羽爲先鋒羽望見良麾蓋策馬刺良萬衆之中斬其首還諸將莫能當遂解白馬圍 紹乃度河壁延津
南 酈元水經注曰漢孝文時河決酸棗東潰金隄大發卒塞之武帝作瓠子之歌皆謂此口也又東北謂之延津杜預注左傳陳留酸棗縣北有延津 沮授臨船歎曰上盈其
志下務其功悠悠黃河吾其濟乎遂以疾
退紹不許而意恨之復省其所部并屬郭
圖紹使劉備文醜挑戰曹操又擊破之斬
文醜再戰而禽二將紹軍中大震操還屯
官度 官度在今鄭州中牟縣北酈元水經云莨蕩渠經曹公壘北有高臺謂之官度臺在中牟城北俗謂之中牟臺 紹進保陽武 陽武今鄭州縣 沮授又說紹曰
北兵雖衆而勁果不及南軍南軍穀少而
資儲不如北南幸於急戰北利在緩師宜
徐持久曠以日月紹不從連營稍前漸逼
官度遂合戰操軍不利 魏志曰連營稍進前依沙堆東西數十里爲屯操亦分營與相當 復還堅壁紹爲高櫓起土山射營

中 釋名曰樓櫓者露上無覆屋也今官度臺北土山猶在臺之東紹舊營遺基並存焉 皆蒙
楯而行 獻帝春秋曰紹令軍中各持三尺繩曹操誠禽但當縛之 操乃發石車擊紹樓皆破軍中呼曰
霹靂車 以其發石聲震烈呼爲霹靂即今之拋車也拋音普孝反 紹爲地道
欲襲操操輒於內爲長塹以拒之又遣奇
兵襲紹運車大破之盡焚其穀食相持百
餘日河南人疲困多畔應紹紹遣淳于瓊
等將兵萬餘人北迎糧運沮授說紹可遣
蔣奇別爲支軍於表以絕曹操之鈔 以支軍爲瓊等

袁授紹不從許攸進曰曹操兵少而悉師拒我許下餘守埶必空弱若分遣輕軍星行掩襲許拔則操爲成禽如其未潰可令首尾奔命破之必也紹又不能用會攸家犯法審配收繫之攸不得志遂奔曹操而説使襲取淳于瓊等瓊等時宿在烏巢烏巢地名在滑州酸棗城東去紹軍四十里操自將步騎五千人夜往攻破瓊等悉斬之曹瞞傳曰公聞許攸來跣出迎之攸勸公襲瓊等公大喜乃選精鋭步騎皆執袁軍旗幟銜枚縛馬口夜從閒道出人把束薪所歷道問者語之曰袁公恐曹操鈔掠後軍遣兵以益備問者信以爲然既至圍屯大放火營中驚亂大破之盡燔其糧穀寶貨斬督將眭元進等割得將軍淳于仲簡鼻殺士卒千餘人皆取鼻牛馬割脣舌以示紹軍將士皆惶懼初紹聞操擊瓊謂長子譚曰就操破瓊吾拔其營彼固無所歸矣乃使高覽張郃等攻操營不下魏志曰張郃字儁乂河閒鄚人也郃説紹曰曹公精兵往必破瓊等則事去矣郭圖曰郃計非也不如攻其本營曰曹公營固攻之必不拔若瓊等見禽吾屬盡爲虜矣紹但遣輕騎救瓊而以重兵攻太祖營不能下太祖果破瓊等紹軍潰圖慙又更譖郃快軍敗郃懼歸太祖二將聞瓊等敗遂奔操於是紹軍驚擾大潰紹與譚等幅巾乘馬與八百騎度河

後漢列傳六十四上　三十一　陳仲

至黎陽北岸入其將軍蔣義渠營至帳下把其手曰孤以首領相付矣義渠避帳而處之使宣令焉衆聞紹在稍復集餘衆僞降曹操盡阬之前後所殺八萬人沮授爲操軍所執乃大呼曰授不降也爲所執耳操見授謂曰分野殊異遂用圮絶不圖今日乃相得也授對曰冀州失策自取奔北授知力俱困宜其見禽操曰本初無謀不相用計今喪亂過紀國家未定紀十二年曰方當與君圖之授曰叔父母弟懸命袁氏若蒙公靈速死爲福操歎曰孤早相得天下不足慮也遂赦而厚遇焉授尋謀歸袁氏乃誅之紹外寬雅有局度憂喜不形於色而性矜愎自高愎音平逼反短於從善故至於敗及軍還或謂田豐曰君必見重豐曰公貌寬而内忌不亮吾忠而吾數以至言迕之若勝而喜必能赦我戰敗而怨内忌將發若軍出有利當蒙全耳今既敗矣吾不望生

後漢列傳六十四上　三十二　陳震

紹還曰吾不用田豐言果爲所笑遂殺之先賢行狀曰紹謂逢紀曰冀州人聞吾軍敗皆當念吾唯田别駕前諫止吾與衆不同吾亦慙之紀復曰豐聞將軍之退拍手大笑喜其言之中也紹於是有害豐之意初太祖聞豐不從戎喜曰紹必敗矣及紹奔遁復曰向使紹用其別駕計尚未可知也官度之敗審配二子爲曹操所禽孟岱與配有隙因蔣奇言於紹曰配在位專政族大兵強且二子在南必懷反畔郭圖辛評亦爲然紹遂以岱爲監軍代配守鄴護軍逢紀與配不睦英雄記曰審配任用與紀不睦辛評郭圖皆比於譚評辛毗兄也見魏志紹以問之紀對曰配

天性烈直每所言行慕古人之節不以二子在南爲不義也公勿疑之紹曰君不惡之邪紀曰先所爭者私情今所陳者國事紹曰善乃不廢配配由是更協冀州城邑多畔紹復擊定之自軍敗後發病七年夏薨魏志曰紹自軍破後發病歐血死獻帝春秋曰紹爲人政寬百姓德之河北士女莫不傷怨市巷揮淚如或喪親典論曰袁紹妻劉氏性酷妒紹死僵尸未殯寵妻五人盡殺之爲死者有知當復見紹於地下乃髡頭墨面以毀其形尚又爲盡殺死者之家未及定嗣逢紀審配宿以驕侈爲譚所病辛評郭圖皆比於

譚而與配紀有隙衆以譚長欲立之配等恐譚立而評等爲害遂矯紹遺命奉尚爲嗣

後漢書列傳卷第六十四上

列傳卷第六十四下　范曄　後漢書七十四

唐章懷太子賢注

袁紹　子譚

劉表

譚自稱車騎將軍出軍黎陽尚少與其兵而使逢紀隨之譚求益兵審配等又議不與譚怒殺逢紀曹操度河攻譚譚告急於尚尚乃留審配守鄴自將助譚與操相拒於黎陽自九月至明年二月大戰城下（郭緣

生述征記曰黎陽城西袁譚城城南又有一城是曹公攻譚之所築）譚尚敗退操將圍之乃夜遁還鄴操進軍尚逆擊破操操軍還許譚謂尚曰我鎧甲不精故前爲曹操所敗今操軍退人懷歸志及其未濟出兵掩之可令大潰此策不可失也尚疑而不許既不益兵又不易甲譚大怒郭圖辛評因此謂譚曰使先公出將軍爲兄後者皆是審配之所搆也譚然之遂引兵攻尚戰於外門（郛郭之門）譚敗乃引兵還南皮（南皮今滄州縣也章武有北皮亭故此曰南皮）別駕王脩率吏人自青州往救譚譚還欲更攻尚問脩曰計將安出脩曰兄弟者左右手也譬人將鬬而斷其右手曰我必勝若如是者可乎夫弃兄弟而不親天下其誰親之屬有讒人交鬬其閒以求一朝之利願塞耳勿聽也若斬佞臣數人復相親睦以御四方可橫行於天下譚不從尚復自將攻譚譚戰大敗嬰城固守（前書蒯通曰必將嬰城固守音義曰嬰謂以城自繞也）尚圍之急

譚奔平原而遣潁川辛毗詣曹操請救（魏志曰辛毗潁川陽翟人也譚使毗詣太祖求和毗見太祖致譚意太祖悅謂毗曰譚可信尚必可克不毗對曰明公無問信與詐也直言當論其埶耳袁氏本兄弟相伐非謂他人能閒其閒乃謂天下可定於己也一旦求救於明公此可知也）劉表以書諫譚曰天降災害禍難殷流初交殊族卒成同盟使王室震蕩彝倫攸斁（左傳曰震蕩播越書曰彝倫攸斁彝常也倫理也攸所也斁敗也）是以智達之士莫不痛心入骨傷時人不能相忍也然孤與太公志同願等（言太公者尊之謂紹也）雖楚魏絕邈山河迥遠（楚荊州也魏冀州也）戮力乃心

共獎王室左傳曰同好惡獎王室杜預曰獎助也使非族不干吾盟異類不絕吾好此孤與太公無貳之所致也功績未卒太公殂隕賢胄承統以繼洪業宣弈世之德履丕顯之祚弈重也國語曰弈代載德摧嚴敵於鄴都揚休烈於朔土顧定疆宇虎視河外凡我同盟莫不景附何悟青蠅飛於竿旌無忌游於二壘詩小雅曰營營青蠅止于樊讒人罔極搆我二人史記費無忌得寵於楚平王為太子建少傅無寵於太子日夜讒太子於王欲誅太子太子亡奔宋左傳作無極竿旌二壘者謂譚尚也使股肱分成二體匈膂絕為異身初聞此問尚謂不然定聞信來乃知閼伯實沈之忿已成弃親即讎之計已決左傳子產曰高辛氏有二子伯曰閼伯季曰實沈居於曠林不相能也日尋干戈以相征討旃旆交於中原暴尸累於城下聞之哽咽若存若亡昔三王五伯下及戰國君臣相弒父子相殺兄弟相殘親戚相滅蓋時有之然或欲以成王業若周公誅管蔡之類或欲以定霸功若齊桓公殺子糾也皆所謂逆取順守而儌富強於一世也未有弃親即異兀其根本

而能全於長世者也昔齊襄公報九世之讎公羊傳曰紀侯大去其國大去者何滅之也孰滅之齊滅之曷為不言齊滅之為襄公諱也春秋為賢者諱何賢於襄公復讎也何讎爾遠祖也哀公亨於周紀侯譖之遠祖者幾代九代矣史記曰紀侯譖齊哀公於周周夷王亨哀公其弟靜立是為胡公弟獻公立子武公立子厲公立子文公立子成公立子莊公立子釐公立子襄公八年紀遷去其邑是為九代也士匄卒荀偃之事是故春秋美其義君子稱其信夫伯游之恨於齊未若太公之忿於曹也宣子之臣承業未若仁君之繼統也荀偃晉大夫也左傳曰荀偃將中軍士匄佐之伐齊濟河病目出及卒而視不可含欒盈曰其為未卒事於齊故也士匄撫之曰主苟終所不嗣事於齊有如河乃瞑受含伯游荀偃字也宣子即士匄也士燮之子士會之孫且君子違難不適讎國交絕不出惡聲左傳曰公山不狃曰君子違難不適讎國杜預曰違奔亡也史記樂毅遺燕惠王書曰臣聞古之君子交絕不出惡聲況忘先人之讎弃親戚之好而為萬世之戒遺同盟之恥哉蠻夷戎狄將有誚讓之言況我族類而不痛心邪夫欲立竹帛於當時全宗祀於一世豈宜同生分謗爭校得失乎若冀州有不弟之慠左傳曰段不弟故不言弟無慙順之節仁君當降志辱身以濟事為務

事定之後使天下平其曲直不亦爲高義
邪今仁君見憎於夫人未若鄭莊之於姜
氏昆弟之嫌未若重華之於象敖然莊公
卒崇大隧之樂象敖終受有鼻之封願捐
弃百痾追攝舊義復爲母子昆弟如初鄭武
公娶於申曰武姜生莊公及叔段莊公寤生驚姜氏遂惡之愛叔段欲立之武公弗許及莊公立姜氏爲
請京使居之段繕甲兵將襲鄭夫人將啓之莊公遂寘姜氏于城潁而誓之曰不及黃泉無相見也旣而
悔之潁考叔曰君何患焉若闕地及泉隧而相見其誰曰不然從之公入而賦大隧之中其樂也融融姜
出而賦大隧之外其樂也洩洩遂爲母子如初事見左傳史記曰舜名重華父瞽叟盲而舜母死瞽叟更

後漢列傳六十四下　五　林康

娶妻生象瞽叟愛後妻子常欲殺舜舜踐帝位封弟象爲諸侯孟子曰象至不仁封諸有鼻仁人之於其
弟也不藏怒焉不宿怨焉親愛之而已矣鼻國在永州營道縣北今猶謂之鼻亭今整勒
士馬瞻望鵠立又與尚書諫之並不從魏氏
春秋載衷遺尚書曰知變起辛郭禍結同生追閼伯實沈之蹤忘常棣死喪之義親尋干戈僵尸流血聞
之哽咽若存若亡昔軒轅有涿鹿之戰周公有商奄之師皆所以翦除穢害而定王業非強弱之爭喜怒
之忿也故雖滅親不尤誅兄不傷今二君初承洪業纂繼前軌進有國家傾危之慮退有先公遺恨之負
當唯曹是務唯國是康何者金木水火剛柔相濟然後克得其和能爲人用今青州天性峭急迷於曲直
仁君度數弘廣綽然有餘當以大苞小以優容劣先除曹操以平先公之恨事定之後乃議曲直之評不
亦善乎若留神遠圖剋己復禮當振旅長驅共獎王室若迷而不返違而無改則胡夷將有誚讓之言況

義同盟復能戮力仁君之役哉此韓盧東郭自困於前而遺田父之獲者也憤躍鶴望冀聞和同之聲若
其泰也則袁族其與漢升降乎如其否也則同盟永無望矣袁二書並見王粲集曹操遂
還救譚十月至黎陽尚聞操度河乃釋平
原還鄴尚將呂曠高翔畔歸曹氏譚復陰
刻將軍印以假曠翔操知譚詐乃以子整
娉譚女以安之魏志曰整建安二十二年封郿侯二十三年薨無子黃初二年追進
爵諡曰戴公而引軍還九年三月尚使審配守鄴
復攻譚於平原配獻書於譚曰配聞良藥
苦口而利於病忠言逆耳而便於行孔子家語

後漢列傳六十四下　六　李棠

曰忠言逆耳而利於行願將軍緩心抑怒終省愚辭蓋
春秋之義國君死社稷忠臣死君命左傳晏嬰
曰君爲社稷死則死之爲社稷亡則亡之又晉解揚曰受命以出有死無隕死而成命臣之祿也苟
圖危宗廟剝亂國家親疎一也左傳曰天實剝亂也是
以周公垂涕以斃管蔡之獄左傳曰鄭子太叔曰周公殺管
叔放蔡叔夫豈不愛王室故也季友歔欷而行叔牙之誅公羊
傳曰公子牙卒何以不稱弟殺也爲季子諱殺也莊公病叔牙曰魯一生一及君以知之慶父存也季子
曰夫何敢是將爲亂和藥而飲之曰公子從吾言而飲此則可以無爲天下戮笑必有後於魯國誅不避
兄弟君臣之義也何則義重人輕事不獲已故也昔

先公廢黜將軍以續賢兄立我將軍以爲嫡嗣上告祖靈下書譜牒海内遠近誰不備聞何意凶臣郭圖妄畫蛇足（戰國策曰楚有祠者賜其舍人酒一卮相謂曰數人飲之不足一人飲之有餘請各畫地爲蛇先成者飲酒一人蛇先成引酒且飲乃左手持酒右手畫蛇曰吾能爲之足未成一人蛇成奪其卮曰蛇固無足子安能爲足遂飲酒爲蛇足者終亡其酒）曲辭諂媚交亂懿親至令將軍忘孝友之仁襲閼沈之迹放兵鈔突屠城殺吏冤魂痛於幽冥創痍被於草棘又乃圖獲鄴城許賞賜秦胡其財物婦女豫有分數

又云孤雖有老母趣使身體完具而已聞此言者莫不悼心揮涕使太夫人憂哀憤隔我州君臣監寐悲歎誠拱默以聽執事之圖則懼違春秋死命之節詒太夫人不測之患損先公不世之業我將軍辭不獲命以及館陶之役（詒遺也不世猶言非常也獻帝春秋曰譚尚遂尋干戈以相征討譚軍不利保于平原尚乃軍于館陶譚擊之敗尚走保險譚追攻之尚設奇伏大破譚軍僵尸流血不可勝計譚走還平原）伏惟將軍至孝蒸蒸發於岐嶷友于之性生於自然章之以聰明行之以

敏達覽古今之舉措覩興敗之徵符輕榮財於糞土貴名高於丘岳何意奄然迷沈墮賢哲之操（墮音許規反）積怨肆忿取破家之禍翹企延頸待望讎敵委慈親於虎狼之牙以逞一朝之志豈不痛哉若乃天啓尊心革圖易慮則我將軍匍匐悲號於將軍股掌之上配等亦當敎躬布體以聽斧鑕之刑如又不悛禍將及之願熟詳吉凶以賜環玦（孫卿子曰絶人以玦反人以環）譚不納曹操因此進

攻鄴審配將馮札爲内應開突門内操兵三百餘人（墨子備突篇曰城百步一突門突門用車兩輪以木束之塗其上維置突門内度門廣狹之令人入門四尺中置窒突門旁爲橐充竈狀又置艾寇即入下輪而塞之鼓橐薰之也）配覺之從城上以大石擊門門閉入者皆死操乃鑿塹圍城周回四十里初令淺示若可越配望見笑而不出爭利操一夜濬之廣深二丈引漳水以灌之自五月至八月城中餓死者過半尚聞鄴急將軍萬餘人還救城操逆擊破之尚走依曲漳爲營（漳水

之曲操復圍之未合尚懼遣陰夔陳琳求降
不聽尚還走藍口（相州安陽縣界有藍嵯山與鄴相近蓋藍山之口）操
復進急圍之尚將馬延等臨陣降衆大潰
尚奔中山盡收其輜重得尚印綬節鉞及
衣物以示城中城中崩沮審配令士卒曰
堅守死戰操軍疲矣幽州方至何憂無主
操出行圍配伏弩射之幾中（幾音祈中音竹仲反）以其
兄子榮爲東門校尉榮夜開門内操兵配
拒戰城中生獲配操謂配曰吾近行圍弩

何多也配曰猶恨其少操曰卿忠於袁氏
亦自不得不爾意欲活之配意氣壯烈終
無撓辭見者莫不歎息遂斬之（先賢行狀曰配是日先縛配將詣帳下辛毗等逆以馬鞭擊其頭罵之曰奴汝今日眞死矣配顧曰狗輩由汝曹破冀州恨不得殺汝太祖既有意活配配無撓辭辛毗等號哭不已乃殺之）全尚母妻子還其
財寶高幹以并州降復爲刺史曹操之圍
鄴也譚復背之因略取甘陵安平勃海河
間攻尚於中山尚敗走故安從熙而譚悉
收其衆還屯龍湊十二月曹操討譚軍其

門譚夜遁奔南皮臨清河而屯明年正月
急攻之譚欲出戰軍未合而破譚被髮驅
馳追者意非恒人趨奔之（趨音促）譚墮馬顧
曰咄兒過我我能富貴汝言未絶口頭已
斷地於是斬郭圖等戮其妻子熙尚爲其
將焦觸張南所攻奔遼西烏桓觸自號幽
州刺史驅率諸郡太守令長背袁向曹陳
兵數萬殺白馬盟令曰違者斬衆莫敢仰
視各以次歃至別駕代郡韓珩（珩音行）曰吾

受袁公父子厚恩今其破亡智不能救勇
不能死於義闕矣若乃北面曹氏所不能
爲也一坐爲珩失色觸曰夫舉大事當立
大義事之濟否不待一人可卒珩志以厲
事君（先賢行狀曰珩字子佩代郡人清粹有雅量少喪父母奉養兄姊宗族稱悌也）曹
操聞珩節甚高之屢辟不至卒於家高幹
復叛執上黨太守舉兵守壺口關（潞州上黨縣有壺山
口因其險而置關焉）十一年曹操自征幹幹乃留其將
守城自詣匈奴求救不得獨與數騎亡欲

南奔荊州上洛都尉捕斬之（典論曰上洛都尉王琰獲高幹以功封侯其妻哭於室以爲琰富貴將更娶妾媵故也）十二年曹操征遼西擊烏桓尚熙與烏桓逆操軍戰敗走乃與親兵數千人奔公孫康於遼東尚有勇力先與熙謀曰今到遼東康必見我我獨爲兄手擊之且據其郡猶可以自廣也康亦心規取尚以爲功乃先置精勇於廏中然後請尚熙熙疑不欲進尚彊之遂與俱入未及坐康叱伏兵禽之坐於凍地尚謂

後漢列傳六十四下　十一　王永從

康曰未死之閒寒不可忍可相與席康曰卿頭顱方行萬里何席之爲遂斬首送之

康遼東人父度初避吏爲玄菟小吏稍仕中平元年還爲本郡守在職敢殺伐郡中名豪與己夙無恩者遂誅滅百餘家因東擊高句驪西攻烏桓威行海畔時王室方亂度恃其地遠陰獨懷幸會襄平社生大石丈餘下有三小石爲足度以爲己瑞（襄平縣屬遼東郡故城在今平州盧龍縣西南魏志曰時襄平延里社生大石或謂度曰此漢宣帝冠石祥也里名與先君同社主土地明當有土地有三公輔也度益喜）初平元年乃分遼東爲遼西中遼郡並置太守越海收東萊諸縣爲營州刺史（爲猶置也）自立爲遼東侯平州牧追封父延爲建義侯立漢二祖廟承制設壇墠於襄平城南郊祀天地藉田理兵乘鸞輅九旒旄頭羽騎建安九年司空曹操表爲奮威將軍封永寧鄉侯度死康嗣故遂據遼土焉

劉表字景升山陽高平人魯恭王之後也

後漢列傳六十四下　十二　王中

（恭王景帝子名餘）身長八尺餘姿貌溫偉與同郡張儉等俱被訕議號爲八顧詔書捕案黨人表亡走得免黨禁解辟大將軍何進掾初平元年長沙太守孫堅殺荊州刺史王叡（王氏譜曰叡字通曜晉太保祥之伯父也吳錄曰叡見執驚曰我何罪堅曰坐無所知叡窮迫刮金飲之而死）詔書以表爲荊州刺史時江南宗賊大盛（宗黨共爲賊）又袁術阻兵屯魯陽表不能得至乃單馬入宜城（宜城縣屬南郡本鄀惠帝三年改名宜城）請南郡人蒯越襄陽人蔡瑁與共謀畫（傅子曰越字異度魏太祖平荊州與

荀彧書曰不喜得荆州喜得異度耳表謂越曰宗賊雖盛而衆
不附若袁術因之禍必至矣吾欲徵兵恐
不能集其策焉出對曰理平者先仁義理
亂者先權謀兵不在多貴乎得人袁術驕
而無謀宗賊率多貪暴越有所素養者使
人示之以利必持衆來使君誅其無道施
其才用威德既行襁負而至矣兵集衆附
南据江陵北守襄陽荆州八郡漢官儀曰荆州管長沙零陵桂陽南陽江陵武陵南郡章陵等是也可傳檄而定公路雖至無

能爲也表曰善乃使越遣人誘宗賊帥至
者十五人皆斬之而襲取其衆唯江夏賊
張虎陳坐擁兵據襄陽城表使越與龐季
往譬之乃降江南悉平諸守令聞表威名
多解印綬去表遂理兵襄陽以觀時變袁
術與其從兄紹有隙而紹與表相結故術
共孫堅合從襲表表敗堅遂圍襄陽會表
將黃祖救至堅爲流箭所中死餘衆退走典略曰劉表夜遣將黃祖潛出兵堅逆與戰祖敗走竄峴山中堅乘勝夜追祖祖部兵從竹木閒射堅殺之英雄記劉表將呂介將兵緣山向堅堅輕騎尋山討介介下兵射中堅頭應時物故與此不同及
李傕等入長安冬表遣使奉貢傕以表爲
鎮南將軍荆州牧封成武侯假節以爲己
援建安元年驃騎將軍張濟自關中走南
陽因攻穰城中飛矢而死荆州官屬皆賀
表曰濟以窮來主人無禮至於交鋒此非
牧意牧受弔不受賀也使人納其衆衆聞
之喜遂皆服從獻帝春秋曰濟引衆入荆州賈詡隨之歸劉表襄陽城守不受濟因攻之爲流矢所中濟從子繡收衆而退劉表自責以爲己無賓主禮遣使招繡繡遂屯襄陽爲表北藩

三年長沙太守張羨率零陵桂陽三郡
畔表表遣兵攻圍破羨平之英雄記曰張羨南陽人先作零陵桂陽守甚得江湘閒心然性屈彊不順表薄其爲人不甚禮也羨因是懷恨遂畔表於是
開土遂廣南接五領裴氏廣州記云大庾始安臨賀桂陽揭陽是謂五領鄧德明南康記曰大庾一也桂陽甲騎二也九真都龐三也臨賀萌渚四也始安越城五也北
據漢川地方數千里帶甲十餘萬初荆州
人情好擾加四方駭震寇賊相扇處處麋
沸表招誘有方威懷兼洽其姦猾宿賊更
爲效用萬里肅清大小咸悅而服之關西

兖豫學士歸者蓋有千數表安慰賑贍皆得資全遂起立學校博求儒術綦毋闓宋忠等闓音開撰立五經章句謂之後定愛民養士從容自保及曹操與袁紹相持於官度紹遣人求助表許之不至亦不援曹操且欲觀天下之變從事中郎南陽韓嵩先賢行狀曰嵩字德高義陽人少好學貧不改操別駕劉先說表零陵先賢傳曰先字始宗博學強記尤好黃老明習漢家典故曰今豪桀並爭兩雄相持天下之重在於將軍若欲有爲起乘其敝

可也如其不然固將擇所宜從豈可擁甲十萬坐觀成敗求援而不能助見賢而不肯歸此兩怨必集於將軍恐不得中立矣曹操善用兵且賢俊多歸之其埶必舉袁紹然後移兵以向江漢恐將軍不能禦也今之勝計莫若舉荊州以附曹操操必重德將軍長享福祚垂之後嗣此萬全之策也蒯越亦勸之表狐疑不斷乃遣嵩詣操觀望虛實謂嵩曰今天下未知所定而曹

操擁天子都許君爲我觀其釁嵩對曰嵩觀曹公之明必得志於天下將軍若欲歸之使嵩可也如其猶豫嵩至京師天子假嵩一職不獲辭命則成天子之臣將軍之故吏耳在君爲君不復爲將軍死也惟加重思表以爲憚使強之至許果拜嵩侍中零陵太守及還盛稱朝廷曹操之德勸遣子入侍表大怒以爲懷貳陳兵詬嵩將斬之詬罵也嵩不爲動容徐陳臨行之言表妻

蔡氏知嵩賢諫止之表猶怒乃考殺從行者知無它意但囚嵩而已傅子曰表妻蔡氏諫之曰韓嵩楚國之望且其言直誅之無辭表乃不誅而囚之六年劉備自袁紹奔荊州表厚相待結而不能用也十三年曹操自將征表未至八月表疽發背卒代語曰表死後八十餘年晉太康中冢見發表及妻身形如生芬香聞數里也在荊州幾二十年家無餘積二子琦琮表初以琦貌類於已甚愛之後爲琮娶其後妻蔡氏之姪蔡氏遂愛琮而惡琦毀譽之言日聞於表表寵

耽後妻每信受焉又妻弟蔡瑁及外甥張允並得幸於表又睦於琮而琦不自寧嘗與琅邪人諸葛亮謀自安之術亮初不對後乃共升高樓因令去梯謂亮曰今日上不至天下不至地言出子口而入吾耳可以言未亮曰君不見申生在內而危重耳居外而安乎申生晉獻公之太子爲驪姬所譖自縊死重耳申生之弟懼驪姬之讒出奔獻公卒重耳入是爲文公遂爲霸主見左氏傳琦意感悟陰規出計會表將江夏太守黃祖爲孫權所殺琦遂

後漢列傳六十四下　十七　朱明

求代其任及表病甚琦歸省疾素慈孝允等恐其見表而父子相感更有託後之意乃謂琦曰將軍命君撫臨江夏其任至重今釋衆擅來必見譴怒傷親之歡重增其疾非孝敬之道也遂遏于戶外使不得見琦流涕而去人衆聞而傷焉遂以琮爲嗣琮以侯印授琦琦怒投之地將因奔喪作難會曹操軍至新野琦走江南蒯越韓嵩及東曹掾傅巽等說琮歸降傅子曰巽字公悌瓌瑋博達有知人

監識琮曰今與諸君據全楚之地守先君之業以觀天下何爲不可巽曰逆順有大體強弱有定埶以人臣而拒人主逆道也以新造之楚而禦中國必危也以劉備而敵曹公不當也三者皆短欲以抗王師之鋒必亡之道也將軍自料何與劉備琮曰不若也巽曰誠以劉備不足禦曹公則雖全楚不能以自存也誠以劉備足禦曹公則備不爲將軍下也願將軍勿疑及操軍到

後漢列傳六十四下　十八　王永

襄陽琮舉州請降劉備奔夏口夏口城今之鄂州也左傳吳伐楚楚沈尹戌奔命於夏汭杜預注曰漢水入口今夏口也操以琮爲青州刺史封列侯蒯越等侯者十五人乃釋嵩之囚以其名重甚加禮待使條品州人優劣皆擢而用之以嵩爲大鴻臚以交友禮待之蒯越光祿勳劉先尚書令初表之結袁紹也侍中從事鄧義諫不聽義以疾退終表世不仕操以爲侍中其餘多至大官操後敗於赤壁赤壁山名也在今鄂州蒲圻縣劉備表琦爲

荆州刺史明年卒

論曰袁紹初以豪俠得衆遂懷雄霸之圖天下勝兵舉旗者莫不假以爲名及臨場決敵則悍夫爭命悍勇也深籌高議則智士傾心盛哉乎其所資也韓非曰佷剛而不和愎過而好勝嫡子輕而庶子重斯之謂亡徵韓非亡徵篇曰佷剛而不和愎諫而好勝不顧社稷而輕爲信者可亡也又曰太子輕庶子伉可亡也又曰太子卑而庶子尊可亡也劉表道不相越而欲卧收天運擬蹤三分其猶木禺之於人也言其如刻木爲人無所知也前書有木禺龍一音義曰禺寄也寄龍形於木

後漢列傳六十四下　十九　陳伸

贊曰紹姿弘雅表亦長者稱雄河外擅強南夏魚儷漢舳雲屯冀馬魚儷猶相次比也左傳曰奉公爲魚儷之陳前書音義曰舳船後持柂處也左傳曰冀之北土馬之所生闚圖訊鼎禋天類社闚圖謂若劉歆圖書改名秀訊鼎謂楚子問王孫滿鼎輕重也國語曰精意以享謂之禋爾雅曰是類是禡師祭也社者陰類將興師故祭之旣云天工亦資人亮工者官也亮信也尚書曰天工人其代之又曰惟時亮天工矜彊少成坐談奚望九州春秋曰曹公征烏桓諸將曰今深入遠征萬一劉表使備襲許悔無及也郭嘉曰劉表坐談客耳自知才不足以御備重任之則恐不能制輕任之則備不爲用雖虛國遠征無憂矣公遂征之回皇冢嬖身穨業喪冢嫡也嬖愛也

後漢書列傳卷第六十四下

後漢列傳六十四下　二十　李用

列傳卷第六十五　范曄　後漢書七十五

唐章懷太子賢注

劉焉　袁術

呂布

劉焉字君郎江夏竟陵人也（竟陵今復州縣）魯恭王後也（恭王景帝子名餘）肅宗時徙竟陵焉少任州郡以宗室拜郎中去官居陽城山精學教授舉賢良方正稍遷南陽太守宗正太常時靈帝政化衰缺四方兵寇焉以爲刺史威輕既不能禁且用非其人輒增暴亂乃建議改置牧伯鎮安方夏請選重臣以居其任焉乃陰求爲交阯以避時難議未即行會益州刺史郤儉在政煩擾謠言遠聞而并州刺史張懿涼州刺史耿鄙並爲寇賊所害故焉議得用出焉爲監軍使者領益州牧（前書任安爲監北軍使者）太僕黃琬爲豫州牧宗正劉虞爲幽州牧皆以本秩居職州任之重自此而始是時益州賊馬相亦自號黃

巾合聚疲役之民數千人先殺綿竹令（綿竹故城在今益州綿竹縣東）進攻雒縣（今益州雒縣）殺郤儉又擊蜀郡犍爲旬月之閒破壞三郡（綿竹及雒屬廣漢郡并蜀郡犍爲郡）馬相自稱天子衆至十餘萬人遣兵破巴郡殺郡守趙部州從事賈龍先領兵數百人在犍爲遂糾合吏人攻相破之龍乃選吏卒迎焉焉到以龍爲校尉徙居綿竹龍撫納離叛務行寬惠而陰圖異計沛人張魯母有姿色兼挾鬼道往來焉家遂任魯以爲督義司馬遂與別部司馬張脩將兵掩殺漢中太守蘇固斷絕斜谷殺使者魯既得漢中遂復殺張脩而并其衆焉欲立威刑以自尊大乃託以佗事殺州中豪彊十餘人（蜀志曰殺王咸李權等）士民皆怨初平二年犍爲太守任岐及賈龍並反攻焉焉擊破皆殺之自此意氣漸盛遂造作乘輿車重千餘乘（重輜重也）焉四子範爲左中郎將誕治書御史璋奉車都尉（蜀志曰璋字季玉）並從獻帝在

長安唯別部司馬瑁隨焉在益州朝廷使璋曉譬焉焉留璋不復遣興平元年征西將軍馬騰與範謀誅李傕焉遣叟兵五千助之戰敗漢世謂蜀爲叟孔安國注尚書云蜀叟也範及誕並見殺焉既痛二子又遇天火燒其城府車重延及民家館邑無餘於是徙居成都遂發背疽卒說文曰疽久癰也州大吏趙韙等貪璋溫仁立爲刺史詔書因以璋爲監軍使者領益州牧以韙爲征東中郎將先是荆州牧劉表表

焉僭擬乘輿器服韙以此遂屯兵朐䏰備表朐音劬䏰音如尹反屬巴郡故城在今夔州雲安縣西也初南陽三輔民數萬戸流入益州焉悉收以爲衆名曰東州兵璋性柔寛無威略東州人侵暴爲民患不能禁制舊士頗有離怨趙韙之在巴中甚得衆心璋委之以權韙因人情不輯輯和也乃陰結州中大姓建安五年還共擊璋蜀郡廣漢犍爲皆反應東州人畏見誅滅乃同心并力爲璋死戰遂破反者進攻韙於江州斬之江州縣名屬巴郡今渝州巴縣張魯以璋闇懦不復承順璋怒殺魯母及弟而遣其將龐羲等攻魯數爲所破魯部曲多在巴土故以羲爲巴郡太守魯因襲取之遂雄於巴漢十三年曹操自將征荆州璋乃遣使致敬操加璋振威將軍兄瑁平寇將軍璋因遣別駕從事張松詣操而操不相接禮松懷恨而還勸璋絕曹氏而結好劉備璋從之十六年璋聞曹操當遣兵向漢中討

張魯內懷恐懼松復說璋迎劉備以拒操璋即遣法正將兵迎備蜀志曰法正字孝直扶風郿人也祖眞字喬卿父衍字季謀璋主簿巴西黃權諫曰蜀志曰權字公衡閬中人也先主取益州諸縣望風景附權閉城堅守須璋稽服乃詣先主主稱尊號將東伐吳權諫先主不從以權爲鎮北將軍督江北軍先主自在江南吳將陸議乘虛斷圍南軍敗績先主引退而道隔權不得還故率所領降于魏有司執法白收權妻子先主曰孤負黃權權不負孤也待之如初魏文帝謂權曰君舍逆效順欲追蹤陳韓邪權對曰臣過受劉氏厚遇降吳不可還蜀無路是以歸命且敗軍之將免死爲幸何古人之可慕劉備有梟名梟即驍也今以部曲遇之則不滿其心以賓客待之則一國不容二主

此非自安之道從事廣漢王累自倒縣於州門以諫璋一無所納備自江陵馳至涪城（涪城故城今綿州城）璋率步騎數萬與備會（蜀志曰是歲建安十六年）張松勸備於會襲璋備不忍明年出屯葭萌松兄廣漢太守肅懼禍及已乃以松謀白璋收松斬之（益郡耆舊傳曰張肅有威儀容貌甚偉松爲人短小放蕩不持節操然識理精果有才幹劉璋遣詣曹公公不甚禮楊脩深器之白公辟松不納脩以公所撰兵書示松飲宴之閒一省即便闇誦以此異之）勑諸關戍勿復通備大怒還兵擊璋所在戰剋十九年進圍成都數

後漢列傳六十五　五　李備

十日城中有精兵三萬人穀支一年吏民咸欲拒戰璋言父子在州二十餘歲無恩德以加百姓而攻戰三載肌膏草野者以璋故也何心能安遂開城出降羣下莫不流涕備遷璋於公安（公安今荊州縣）歸其財寶後以病卒（蜀志曰先主還璋于公安南猶佩振威將軍印綬孫權破關羽取荊州以璋爲益州牧留住秭歸）明年曹操破張魯定漢中魯字公旗初祖父陵順帝時客於蜀學道鶴鳴山中（山在今益州晉原縣西）造作符書以惑百姓受其道者

輒出米五斗故謂之米賊陵傳子衡衡傳於魯魯遂自號師君其來學者初名爲鬼卒後號祭酒祭酒各領部衆衆多者名曰理頭皆校以誠信不聽欺妄有病但令首過而已（魏志曰大抵與黃巾相似首音式救反）諸祭酒各起義舍於路同之亭傳（傳音陟戀反）縣置米肉以給行旅食者量腹取足過多則鬼能病之犯法者先加三原（原免也）然後行刑不置長吏以祭酒爲理民吏信向（典略曰初熹平中妖賊大起漢中有張脩爲太

後漢列傳六十五　六　林俊

平道張角爲五斗米道太平道師持九節杖爲符祝教病人叩頭思過因以符水飲之病或自愈者則云此人信道其或不愈則去不信道脩法略與角同加施淨室使病人處其中思過又使人爲姦令祭酒主以老子五千文使都習號姦令爲鬼吏主爲病者請禱之法書病人姓字說服罪之意作三通其一上之天著山上其一埋之地其一沈之水謂之三官手書使病者家出米五斗以爲常故號五斗米師也實無益於療病小人昏愚競共事之後角被誅脩亦亡及魯自在漢中因其人信行脩業遂增飾之教使起義舍以米置其中以止行人又使自隱有小過者當循道百步則罪除又依月令春夏禁殺又禁酒流移寄在其地者不敢不奉也）朝廷不能討遂就拜魯鎮夷中郎將領漢寧太守（袁山松書建安二十年置漢寧郡）通其貢獻韓遂馬超之亂關西民奔魯者數萬家時

人有地中得玉印者羣下欲尊魯爲漢寧王魯功曹閻圃諫曰漢川之民户出十萬四面險固財富土沃上匡天子則爲桓文次方竇融不失富貴今承制署置埶足斬斷遽稱王號必爲禍先魯從之魯自在漢川垂三十年聞曹操征之至陽平（周地圖記曰褒谷西北有古陽平關其地在今梁州褒城縣西北也）欲舉漢中降其弟衛不聽率衆數萬拒關固守（魏志曰太祖征魯至陽平關衛拒關堅守）操破衛斬之魯聞陽平已陷將稽顙歸降

閻圃説曰今以急往其功爲輕不如且依巴中然後委質功必多也於是乃奔南山左右欲悉焚寶貨倉庫魯曰本欲歸命國家其意未遂今日之走以避鋒鋭非有惡意遂封藏而去操入南鄭甚嘉之又以魯本有善意遣人慰安之魯即與家屬出逆拜鎮南將軍封閬中侯邑萬户（閬中屬巴郡今隆州縣）將還中國待以客禮封魯五子及閻圃等皆爲列侯魯卒謚曰原侯子富嗣

論曰劉焉覩時方艱先求後亡之所（左傳曰鄭公孫黑肱有疾歸邑于公曰吾聞之生於亂代貴而能貧人無求焉可以後亡）庶乎見幾而作（易曰君子見幾而作不俟終日又曰幾者動之微吉之先見）夫地廣則驕尊之心生財衍則僭奢之情用（衍饒也）固亦恒人必至之期也璋能閉隘養力守案先圖尚可與歳時推移而遽輸利器靜受流斥（老子曰國之利器不可以示人）所謂羊質虎皮見豺則恐吁哉（揚子法言曰羊質虎皮見草而悦見豺而戰）

袁術字公路汝南汝陽人司空逢之子也

少以俠氣聞數與諸公子飛鷹走狗後頗折節舉孝廉累遷至河南尹虎賁中郎將時董卓將欲廢立以術爲後將軍術畏卓之禍出奔南陽會長沙太守孫堅殺南陽太守張咨（英雄記曰咨字子議潁川人吴書曰孫堅至南陽咨不給軍糧又不肯見堅欲進兵恐爲後害乃詐得急疾擧軍震惶迎呼巫醫禱祀山川遣所親人説咨言病困欲以兵付咨咨聞之心利其兵即將步騎五六百人入營看堅堅與相見無何卒然而起案劒罵咨遂執斬之）引兵從術劉表上術爲南陽太守術又表堅領豫州刺史使率荊豫之卒擊破董卓於陽

人術從兄紹因堅討卓未反遠遣其將會稽周昕奪堅豫州術怒擊昕走之紹議欲立劉虞爲帝術好放縱憚立長君託以公義不肯同積此釁隙遂成乃各外交黨援以相圖謀術結公孫瓚而紹連劉表豪桀多附於紹術怒曰羣豎不吾從而從吾家奴乎又與公孫瓚書云紹非袁氏子紹聞大怒初平三年術遣孫堅擊劉表於襄陽堅戰死公孫瓚使劉備與術合謀共逼紹

紹與曹操會擊皆破之四年術引軍入陳留屯封丘黑山餘賊反匈奴於扶羅等佐術與曹操戰於匡亭大敗術退保雍丘又將其餘衆奔九江殺楊州刺史陳温而自領之又兼稱徐州伯李傕入長安欲結術爲援乃授以左將軍假節封陽翟侯初術在南陽戶口尚數十百萬而不修法度以鈔掠爲資奢恣無猒百姓患之又少見讖書言代漢者當塗高自云名字應之當塗高者魏也然術自以術及路皆是塗故云應之又以袁氏出陳爲舜後以黃代赤德運之次陳大夫轅濤塗袁氏其後也五行火生土故云以黃代赤遂有僭逆之謀又聞孫堅得傳國璽韋昭吳書曰漢室大亂天子北詣河上六璽不自隨掌璽者以投井中孫堅北討董卓頓軍城南甄官署有井每旦有五色氣從井中出使人浚井得漢傳國玉璽其文曰受命于天既壽永昌遂拘堅妻奪之興平二年冬天子播越敗於曹陽術大會群下因謂曰今海內鼎沸劉氏微弱吾家四世公輔袁安爲司空子敞及京京子湯湯子逢並爲司空百姓所歸欲應天順民於諸君何如衆莫敢對主

簿閻象進曰昔周自后稷至于文王積德累功參分天下猶服事殷國語曰后稷勤周十五代而王毛詩國風序曰國君積行累功以致爵位論語孔子曰三分天下有二猶服事殷明公雖弈世克昌弈猶重也詩云不顯弈代又曰克昌厥後執若有周之盛漢室雖微未至殷紂之敝也術嘿然使召張範範辭疾遣弟承往應之術問曰昔周室陵遲則有桓文之霸王肅注家語曰言若丘陵之漸逶迤秦失其政漢接而用之今孤以土地之廣士人之衆欲徼福於齊桓擬迹於高祖可乎

承對曰在德不在衆苟能用德以同天下之欲雖去匹夫霸王可也若陵僭無度干時而動衆之所弃誰能興之（魏志曰範字公儀承字公先河内人司徒歆之孫也）術不說自孫堅死子策復領其部曲術遣擊楊州刺史劉繇破之策因據江東策聞術將欲僭號與書諫曰董卓無道陵虐王室禍加太后暴及弘農天子播越（左傳曰王子朝去茲不穀震蕩播越播遷也越逸也言失其所居）宮廟焚毀是以豪桀發憤沛然俱起（沛然自恣縱皃也沛音片害反）元惡

既斃幼主東顧乃使王人奉命宣明朝恩偃武修文與之更始然而河北異謀於黑山（謂袁紹爲冀州牧與黑山賊相連）曹操毒被於東徐劉表僭亂於南荆公孫叛逆於朔北正禮阻兵（劉繇）玄德爭盟（劉備也）是以未獲從命櫜弓戢戈當謂使君與國同規而舍是弗恤完然有自取之志（完然自得皃）懼非海内企望之意也成湯討桀稱有夏多罪（尚書湯誓曰有夏多罪天命殛之）武王伐紂曰殷有重罰（史記曰武王徧告諸侯曰殷有重罰）

（不可不伐）此二王者雖有聖德假使時無失道之過無由逼而取也今主上非有惡於天下徒以幼小脅於彊臣異於湯武之時也又聞幼主明智聰敏有夙成之德（夙早也）天下雖未被其恩咸歸心焉若輔而興之則旦奭之美率土所望也使君五世相承（安生京京生湯湯生逢逢生行凡五代）爲漢宰輔榮寵之盛莫與爲比宜効忠守節以報王室時人多惑圖緯之言妄牽非類之文苟以悅主爲美不顧成敗之計古今所愼可不孰慮忠言逆耳

駮議致憎（駮雜也議不同也前書張良曰忠言逆耳利於行良藥苦口利於病）苟有益於尊明無所敢辭術不納策遂絶之建安二年因河内張烱符命遂果僭號自稱仲家（仲或作沖）以九江太守爲淮南尹置公卿百官郊祀天地乃遣使以竊號告呂布并爲子娉布女布執術使送許（時獻帝在許）術大怒遣其將張勳橋蕤攻布大敗而還術又率兵擊陳國誘殺其王寵及相駱俊曹操乃

自征之術聞大駭即走度淮留張勳橋蕤於蘄陽〔水經曰蘄水出江夏蘄春縣北山酈元注云即蘄山也西南流經蘄山又南對蘄陽注于大江亦謂之蘄陽口〕以拒操擊破斬蕤而勳退走術兵弱大將死衆情離叛加天旱歲荒士民凍餒江淮間相食殆盡時舒仲應爲術沛相術以米十萬斛與爲軍糧仲應悉散以給飢民術聞怒陳兵將斬之仲應曰知當必死故爲之耳寧可以一人之命救百姓於塗炭術下馬牽之曰仲應足下獨欲享

天下重名不與吾共之邪術雖矜名尚奇而天性驕肆尊己陵物及竊僞號淫侈滋甚媵御數百無不兼羅紈厭粱肉〔九州春秋曰司隸馮方女國色也避亂揚州袁術登城見而悅之遂納焉甚愛幸諸婦害其寵紿之曰將軍貴人有志節當時時涕泣憂愁必長見敬重馮氏以爲然後見術輒垂涕術果以有心志益哀之諸婦因是共絞殺之懸之廁梁術誠以爲不得志而死也厚加殯斂焉〕自下飢困莫之簡卹於是資實空盡不能自立四年夏乃燒宮室奔其部曲陳簡雷薄於灊山〔灊縣之山也灊今壽州霍山縣也灊音潛〕復爲簡等所拒遂大困窮士卒散走

憂懣不知所爲遂歸帝號於紹曰祿去漢室久矣天下提挈政在家門豪雄角逐分割疆宇此與周末七國無異唯彊者兼之耳袁氏受命當王符瑞炳然今君擁有四州〔青冀幽并〕人户百萬以彊則莫與爭大以位則無所比高曹操雖欲扶衰奬微安能續絕運起已滅乎謹歸大命君其興之紹陰然其計術因欲北至青州從袁譚曹操使劉備徼之不得過復走還壽春六月至江

亭坐簀牀而歎曰〔簀第也謂無茵席也〕袁術乃至是乎因憤慨結病歐血死妻子依故吏廬江太守劉勳〔魏志曰勳字子臺琅邪人與太祖有舊爲孫策破後自歸太祖封列侯勳自恃與太祖有宿日驕慢數犯法又誹謗遂免其官也〕孫策破勳復見收視術女入孫權宮子曜仕吳爲郎中

論曰天命符驗可得而見未可得而言也然大致受大福者歸於信順乎〔易曰天之所助者順也人之所助者信也履信思順自天祐之〕夫事不以順雖彊力廣謀不能得也謀不可得之事日失忠信變詐

安生矣況復苟肆行之其以欺天乎雖假
符僭稱歸將安所容哉

呂布字奉先五原九原人也以弓馬驍武
給并州刺史丁原爲騎都尉原屯河内以
布爲主簿甚見親待靈帝崩原受何進召
將兵詣洛陽爲執金吾會進敗董卓誘布
殺原而并其兵卓以布爲騎都尉誓爲父
子甚愛信之稍遷至中郎將封都亭侯卓
自知凶恣每懷猜畏行止常以布自衛嘗

小失卓意卓拔手戟擲之布拳捷得免而
改容顧謝卓意亦解布由是陰怨於卓卓
又使布守中閤而私與傅婢情通益不自
安因往見司徒王允自陳卓幾見殺之狀
幾音祈 時允與尚書僕射士孫瑞密謀誅卓
因以告布使爲内應布曰如父子何曰君
自姓呂本非骨肉今憂死不暇何謂父子
擲戟之時豈有父子情也布遂許之乃於
門刺殺卓事已見卓傳允以布爲奮威將
軍假節儀同三司封溫侯允既不赦涼州
人由是卓將李傕等遂相結還攻長安布
與傕戰敗乃將數百騎以卓頭繫馬鞍走
出武關奔南陽袁術待之甚厚布自恃殺
卓有德袁氏遂恣兵鈔掠術患之布不安
復去從張楊於河内時李傕等購募求布
急楊下諸將皆欲圖之布懼謂楊曰與卿
州里今見殺其功未必多不如生賣布可
大得傕等爵寵楊以爲然有頃布得走投

袁紹紹與布擊張燕於常山燕精兵萬餘
騎數千匹布常御良馬號曰赤菟能馳城
飛塹 曹瞞傳曰時人語曰人中有呂布馬中有赤菟 與其健將成廉
魏越等數十騎馳突燕陣一日或至三四
皆斬首而出連戰十餘日遂破燕軍布既
恃其功更請兵於紹紹不許而將士多暴
橫紹患之布自不安因求還洛陽紹聽之
承制使領司隸校尉遣壯士送布而陰使
殺之布疑其圖已乃使人鼓箏於帳中潛

自遁出夜中兵起而布已亡紹聞懼爲患募遣追之皆莫敢逼遂歸張楊道經陳留太守張邈遣使迎之相待甚厚臨別把臂言誓邈字孟卓東平人少以俠聞初辟公府稍遷陳留太守董卓之亂與曹操共舉義兵及袁紹爲盟主有驕色邈正義責之紹既怨邈且聞與布厚乃令曹操殺邈操不聽然邈心不自安興平元年曹操東擊陶謙令其將武陽人陳宮屯東郡典略曰陳宮字公臺東郡人也剛直烈壯少與海內知名之士皆連結及天下亂始隨太祖後自疑乃從呂布爲布畫策布每不從宮因說邈曰今天下分崩雄桀並起陳留地平四面受敵故謂之四戰之地也君擁十萬之衆當四戰之地撫劒顧眄亦足以爲人豪而反受制不以鄙乎今州軍東征其處空虛呂布壯士善戰無前迎之共據兗州觀天下形埶俟時事變通此亦從横一時也邈從之遂與弟超及宮等迎布爲兗州牧據濮陽郡縣皆應之曹操聞而引軍擊布累戰相持

後漢列傳六十五　十七　陳青

百餘日是時旱蝗少穀百姓相食布移屯山陽二年間操復盡收諸城破布於鉅野布東奔劉備邈詣袁術求救留超將家屬屯雍丘操圍超數月屠之滅其三族邈未至壽春爲其兵所害時劉備領徐州居下邳與袁術相拒於淮上術欲引布擊備乃與布書曰術舉兵詣闕未能屠裂董卓將軍誅卓爲術報恥功一也董卓殺隗及術兄基等男女二十餘人昔金元休南至封丘爲曹操所敗典略曰元休名尚京兆人同郡韋休甫第五文休俱著名號爲三休尚獻帝初爲兗州刺史東之郡而太祖已臨兗州尚依袁術術僭號欲以尚爲太尉不敢顯言私使諷之術亦不敢強也建安初尚逃還爲術所害也將軍伐之令術復明目於遐邇功二也術生年以來不聞天下有劉備備乃舉兵與術對戰憑將軍威靈得以破備功三也將軍有三大功在術術雖不敏奉以死生將軍連年攻戰軍糧苦少今送米二十萬斛非唯此止當駱驛復致凡所短長亦唯命布得書大悅即勒兵襲下邳獲備妻子備

後漢列傳六十五　十八　李昇

敗走海西（海西縣屬廣陵郡故屬東海）飢困請降於布布又恚術運糧不復至乃具車馬迎備以爲豫州刺史遣屯小沛（高祖本泗水郡沛縣人及得天下改泗水爲沛郡小沛即沛縣）布自號徐州牧術懼布爲已害爲子求婚布復許之術遣將紀靈等步騎三萬以攻備備求救於布諸將謂布曰將軍常欲殺劉備今可假手於術布曰不然術若破備則北連太山吾爲在術圍中不得不救也便率步騎千餘馳往赴之靈等聞布至

皆斂兵而止布屯沛城外遣人招備并請靈等與共饗飲布謂靈曰玄德布弟也爲諸君所困故來救之布性不喜合鬬但喜解鬬耳乃今軍候植戟於營門布彎弓顧曰諸君觀布射小支（周禮考工記曰戟博二寸內倍之胡參之援四之鄭注云援直刃胡其子也小支謂胡也即今之戟傍曲支）中者當各解兵不中可留決鬬布即一發正中戟支靈等皆驚言將軍天威也明日復歡會然後各罷術遣韓胤以僭號事告布因求迎婦布遣

女隨之沛相陳珪恐術報布成姻則徐楊合從爲難未已於是往說布曰曹公奉迎天子輔贊國政將軍宜與協同策謀共存大計今與袁術結姻必受不義之名將有累卵之危矣（說苑曰晉靈公造九層臺費用千億謂左右曰敢有諫者斬孫息求見靈公張弩持矢見之謂之曰子欲諫邪孫息曰臣不敢諫也臣能累十二博棊加九雞子於其上公曰吾未嘗見也子爲寡人作之孫息即正顏色定志意以棊子置下加雞子其上左右懼息靈公曰危哉孫息曰復有危於此者公曰願復見之息曰九層之臺三年不成男不得耕女不得織國用空虛戶口減少吏人叛亡隣國謀議將興兵公乃壞臺）布亦素怨術而女已在塗乃

追還絕婚執胤送許曹操殺之陳珪欲使子登詣曹操布固不許會使至拜布爲左將軍布大喜即聽登行并令奉章謝恩登見曹操因陳布勇而無謀輕於去就宜早圖之操曰布狼子野心誠難久養（左傳曰伯石之生也叔向之母視之曰是豺狼之聲也狼子野心）非卿莫究其情僞即增珪秩中二千石拜登廣陵太守臨別操執登手曰東方之事便以相付令陰合部衆以爲內應始布因登求徐州牧不得登還

布怒拔戟斫机曰卿父勸吾協同曹操絕婚公路今吾所求無獲而卿父子並顯重但爲卿所賣耳登不爲動容徐對之曰登見曹公言養將軍譬如養虎當飽其肉不飽則將噬人公曰不如卿言譬如養鷹飢即爲用飽則颺去其言如此布意乃解袁術怒布殺韓胤遣其大將張勳橋蕤等與韓暹楊奉連埶步騎數萬七道攻布布時兵有三千馬四百匹懼其不敵謂陳珪曰

今致術軍卿之由也爲之柰何珪曰暹奉與術卒合之師耳卒音千忽反謀無素定素舊也不能相維子登策之比於連雞埶不俱棲戰國策曰秦惠王謂寒泉子曰蘇秦欺弊邑欲以一人之知反覆山東之君夫諸侯之不可一猶連雞之不能俱上於棲立可離也布用珪策與暹奉書曰二將軍親拔大駕而布手殺董卓俱立功名當垂竹帛今袁術造逆宜共誅討柰何與賊還來伐布可因今者同力破術爲國除害建功天下此時不可失也又許破術兵

悉以軍資與之暹奉大喜遂共擊勳等於下邳大破之生禽橋蕤餘衆潰走其所殺傷墮水死者殆盡時太山臧霸等攻破莒城許布財幣以相結而未及送布乃自往求之其督將高順諫止英雄記曰順爲人不飲酒不受饋所將七百餘兵號爲千人名陷陳營布後疏順奪順所將兵亦無恨意也曰將軍威名宣播遠近所畏何求不得而自行求賂萬一不剋豈不損邪布不從既至莒霸等不測往意固守拒之無獲而還順爲人清白有

威嚴少言辭將衆整齊每戰必剋布性決易所爲無常順每諫曰將軍舉動不肯詳思忽有失得動輒言誤誤事豈可數乎布知其忠而不能從建安二年布遂復從袁術遣順攻劉備於沛破之曹操遣夏侯惇救備魏志曰夏侯惇字元讓沛國譙人年二十四就師學人有辱其師者惇殺之後從征呂布爲流矢傷左目領陳留濟陰太守加建武將軍太祖常同輿載特見親重出入卧内諸將莫之比爲順所敗操乃自將擊布至下邳城下遺布書爲陳禍福布欲降而陳宮等自以負罪

於操深沮其計而謂布曰曹公遠來勢不能久將軍若以步騎出屯於外宮將餘衆閉守於內若向將軍宮引兵而攻其背若但攻城則將軍救於外不過旬月軍食畢盡擊之可破也布然之布妻曰昔曹氏待公臺如赤子猶舍而歸我今將軍厚公臺不過於曹氏而欲委全城捐妻子孤軍遠出乎若一旦有變妾豈得爲將軍妻哉布乃止而潛遣人求救於袁術自將千餘騎出戰敗走還保城不敢出術亦不能救曹操壍圍之壅沂泗以灌其城三月上下離心其將侯成使客牧其名馬而客策之以叛成追客得馬諸將合禮以賀成成分酒肉先入詣布而言曰蒙將軍威靈得所亡馬諸將齊賀未敢嘗也故先以奉貢布怒曰布禁酒而卿等醖釀爲欲因酒共謀布邪成忿懼乃與諸將共執陳宮高順率其衆降布與麾下登白門樓（宋武北征記曰下邳城有三重大城之門周四里呂布所守也魏武禽布於白門白門大城之門也酈元水經注曰南門謂之白門魏武禽陳宮於此）兵圍之急令左右取其首詣操左右不忍乃下降布見操曰今日已往天下定矣操曰何以言之布曰明公之所患不過於布今已服矣令布將騎明公將步天下不足定也顧謂劉備曰玄德卿爲坐上客我爲降虜繩縛我急獨不可一言邪操笑曰縛虎不得不急乃命緩布縛劉備曰不可明公不見呂布事丁建陽董太師乎操頷之（杜預注左傳曰頷搖頭也音五感反）布目備曰大耳兒最叵信（蜀志曰備顧自見其耳）操謂陳宮曰公臺平生自謂智有餘今意何如宮指布曰是子不用宮言以至於此若見從未可量也操又曰柰卿老母何宮曰老母在公不在宮也夫以孝理天下者不害人之親操復曰柰卿妻子何宮曰宮聞霸王之主不絕人之祀固請就刑遂出不顧操爲之泣（左傳曰齊桓公存三亡國）涕布及宮順皆縊殺之傳首許市

贊曰：焉作庸牧，以希後福。（王莽改益州曰庸部）曷云負荷，地墮身遜。術既叨貪，布亦䶢覆。

後漢書列傳卷第六十五

列傳卷第六十六　循吏　范曄　後漢書七十六

唐章懷太子賢注

衛颯　任延　王景

秦彭　王渙　許荊

孟嘗　第五訪　劉矩

劉寵　仇香　童恢

初，光武長於民間，頗達情偽，（左傳楚子曰：晉侯在外十九年矣，人之情偽盡知之矣。）見稼穡艱難，百姓病害，至天下已定，務用安靜，解王莽之繁密，還漢世之輕法。（前書曰：莽春夏斬人於市，一家鑄錢，保伍人没入為官奴婢，男子檻車，女子步，鐵鎖琅鐺其頸，愁苦死者十七八。輕法謂高祖約法三章，孝文除肉刑也。）身衣大練，色無重綵，耳不聽鄭衛之音，手不持珠玉之玩，宮房無私愛，左右無偏恩。建武十三年，異國有獻名馬者，日行千里，又進寶劒，賈兼百金，詔以馬駕鼓車，劒賜騎士。損上林池籞之官，廢騁望弋獵之事。其以手迹賜方國者，皆一札十行，細書成文。（說文曰：札，牒也。）勤約之風，行于上下。數引公卿郎將，列于禁坐。（禁坐猶御坐也。）

廣求民瘼觀納風謡故能内外匪懈百姓寛息自臨宰邦邑者競能其官若杜詩守南陽號爲杜母任延錫光移變邊俗斯其績用之最章章者也（章章明也前書班固曰章章尤著者也）又第五倫宋均之徒亦足有可稱談然建武永平之間吏事刻深亟以謡言單辭轉易守長故朱浮數上諫書箴切峻政鍾離意等亦規諷殷勤以長者爲言而不能得也（時明帝性褊察好以耳目隱發爲明又引杖撞郎朝廷竦慄爭爲苛刻唯意獨敢諫爭數封還詔書見意傳也）

後漢列傳六十六　二　林康

所以中興之美蓋未盡焉自章和以後其有善績者往往不絶如魯恭吳祐劉寛及潁川四長（謂荀淑爲當塗長韓韶爲嬴長陳寔爲太丘長鍾皓爲林慮長淑等皆潁川人也）並以仁信篤誠使人不欺王堂陳寵委任賢良而職事自理（王堂任陳蕃應嗣陳寵任王渙鐔顯也）斯皆可以感物而行化也邊鳳延篤先後爲京兆尹時人以輩前世趙張（輩類也趙謂趙廣漢張謂張敞者也）又王渙任峻之爲洛陽令明發姦伏吏端禁止然導德齊禮有所未充亦一時之良能也今綴集殊聞顯迹以爲循吏篇云

衛颯字子産（颯音立）河内脩武人也家貧好學問隨師無糧常傭以自給王莽時仕郡歷州宰建武二年辟大司徒鄧禹府舉能案劇除侍御史襄城令政有名迹遷桂陽太守郡與交州接境頗染其俗不知禮則颯下車修庠序之教設婚姻之禮朞年間邦俗從化先是含洭湞陽曲江三縣越之故地（含洭故城在今廣州含洭縣東湞陽今廣州縣也曲江韶州縣也）武帝平

後漢列傳六十六　三　林俊

之内屬桂陽民居深山濵溪谷習其風土不出田租去郡遠者或且千里吏事往來輒發民乘船名曰傳役每一吏出傜及數家百姓苦之颯乃鑿山通道五百餘里列亭傳置郵驛於是役省勞息姦吏杜絶流民稍還漸成聚邑使輸租賦同之平民又耒陽縣山鐵石（續漢志耒陽縣有鐵官也）佗郡民庶常依因聚會私爲冶鑄遂招來亡命多致姦盜颯乃上起鐵官罷斥私鑄歲所增入五百

餘萬颯理卹民事居官如家其所施政莫不合於物宜視事十年郡内清理二十五年徵還光武欲以爲少府會颯被疾不能拜起（東觀記曰颯到即引見賜食於前從吏二人賜冠幘錢人五千也）勑以桂陽太守歸家須後詔書（須待也）居二歲載病詣闕自陳困篤乃收印綬賜錢十萬後卒于家南陽茨充代颯爲桂陽（東觀記曰充字子河宛人也初舉孝廉之京師同侶馬死充到前亭輒舍車持馬還相迎鄉里號之曰一馬兩車茨子河也）亦善其政教民種殖桑柘麻紵之屬（禮記曰禁人無伐桑柘鄭玄注云愛蠶食也）

勸令養蠶織屨民得利益焉（東觀記曰元和中荆州刺史上言臣行部入長沙界觀者皆徒跣臣問御佐曰人無履亦苦之否御佐對曰十二月盛寒時並多剖裂血出燃火燎之春温或膿潰建武中桂陽太守茨充教人種桑蠶人得其利至今江南頗知桑蠶織履皆充之化也）

任延字長孫南陽宛人也年十二爲諸生學於長安明詩易春秋顯名太學學中號爲任聖童值倉卒避兵之隴西時隗囂已據四郡遣使請延延不應更始元年以延爲大司馬屬拜會稽都尉時年十九迎官驚其壯（壯少也）及到靜泊無爲唯先遣饋禮祠延陵季子（季子吳王壽夢之少子札也封於延陵也）時天下新定道路未通避亂江南者皆未還中土會稽頗稱多士延到皆聘請高行如董子儀嚴子陵等敬待以師友之禮掾吏貧者輒分奉祿以賑給之省諸卒令耕公田以周窮急每時行縣輒使慰勉孝子就餐飯之（飯音符晚反）

吳有龍丘萇者隱居太末（太末縣屬會稽郡今婺州龍丘縣也東陽記云秦時改爲太末有龍丘山在東有九石特秀色丹遠望如蓮華萇之隱處有一巖穴如窗牖中有石牀可寢處）

志不降辱王莽時四輔三公連辟不到（四輔爲太師太傅國師國將三公謂大司馬司徒司空也並莽時官見前書也）掾史白請召之延曰龍丘先生躬德履義有原憲伯夷之節（原憲孔子弟子魯人也子貢結駟連騎排藜藿過謝原憲攝敝衣冠見子貢伯夷孤竹君之子讓其國餓死於首陽山也）都尉埽洒其門猶懼辱焉召之不可遣功曹奉謁修書記致醫藥吏使相望於道積一歲萇乃乘輦詣府門願得先死備錄（請編名錄於郡職也）延辭讓再三遂署議曹祭酒萇尋病卒延自臨殯不朝

三日是以郡中賢士大夫爭往官焉建武
初延上書願乞骸骨歸拜王庭詔徵爲九
眞太守光武引見賜馬雜繒令妻子留洛
陽九眞俗以射獵爲業不知牛耕（東觀漢記曰九眞俗
燒草種田前書曰搜粟都尉趙過教人牛耕也）民常告糴交阯每致困
乏延乃令鑄作田器教之墾闢田疇歲歲
開廣百姓充給又駱越之民無嫁娶禮法
各因淫好無適對匹（適音丁歷反）不識父子之性
夫婦之道延乃移書屬縣各使男年二十

後漢列傳六十六　六　林仁

至五十女年十五至四十皆以年齒相配
其貧無禮娉令長吏以下各省奉祿以賑
助之同時相娶者二千餘人是歲風雨順
節穀稼豐衍其產子者始知種姓咸曰使
我有是子者任君也多名子爲任於是徼
外蠻夷夜郎等慕義保塞延遂止罷偵候
戍卒（偵伺也音丑政反）初平帝時漢中錫光爲交阯
太守教導民夷漸以禮義化聲侔於延（侔等
也）王莽末閉境拒守建武初遣使貢獻封

塩水矦領南華風始於二守焉延視事四
年徵詣洛陽以病稽留左轉睢陽令九眞
吏人生爲立祠拜武威太守帝親見戒之
曰善事上官無失名譽延對曰臣聞忠臣
不私私臣不忠履正奉公臣子之節上下
雷同非陛下之福善事上官臣不敢奉詔
帝歎息曰卿言是也旣之武威時將兵長
史田紺郡之大姓其子弟賓客爲人暴害
延收紺繫之父子賓客伏法者五六人紺

太二百八十二小十三　後漢列傳六十六　七　方明四

少子尚乃聚會輕薄數百人自號將軍夜
來攻郡延即發兵破之自是威行境內吏
民累息（累息屏氣）郡北當匈奴南接種羌民畏
寇抄多廢田業延到選集武略之士千人
明其賞罰令將雜種胡騎休屠黃石屯據
要害（黃石雜種號也）其有警急逆擊追討虜恒多殘
傷遂絕不敢出河西舊少雨澤乃爲置水
官吏修理溝渠皆蒙其利又造立校官（校學
也）自掾吏子孫皆令詣學受業復其徭役

章句既通悉顯拔榮進之郡遂有儒雅之士後坐擅誅羌不先上左轉召陵令顯宗即位拜潁川太守永平二年徵會辟雍因以爲河內太守視事九年病卒少子愷官至太常

王景字仲通樂浪詌邯人也（詌音諾甘反邯音下甘反縣名）八世祖仲本琅邪不其人好道術明天文諸呂作亂齊哀王襄謀發兵而數問於仲及濟北王興居反欲委兵師仲（襄及興居並高祖孫齊悼

惠王肥之子也）仲懼禍及乃浮海東奔樂浪山中因而家焉父閎爲郡三老更始敗土人王調殺郡守劉憲自稱大將軍樂浪太守建武六年光武遣太守王遵將兵擊之至遼東閎與郡決曹史楊邑等共殺調迎遵皆封爲列侯閎獨讓爵帝奇而徵之道病卒景少學易遂廣闚衆書又好天文術數之事沈深多伎藝辟司空伏恭府時有薦景能理水者顯宗詔與將作謁者王吳共修作

浚儀渠吳用景墕流法水乃不復爲害初平帝時河汴決壞未及得修建武十年陽武令張汜上言河決積久日月侵毀濟渠所漂數十許縣（濟水出今洛州濟源縣西北東流經温縣入河度河東南入鄭州又東入滑曹鄆濟齊青等州入海即此渠也王莽末旱因枯涸但入河內而已）脩理之費其功不難宜改脩堤防以安百姓書奏光武即爲發卒方營河功而浚儀令樂俊復上言昔元光之間（武帝年）人庶熾盛緣隄墾殖而瓠子河決尚二十餘年不即擁塞

（瓠子堤在今滑州白馬縣武帝元光中河決於瓠子東南注鉅野通於淮泗至元封二年塞之也）今居家稀少田地饒廣雖未脩理其患猶可且新被兵革方興役力勞怨既多民不堪命宜須平靜更議其事光武得此遂止後汴渠東侵日月弥廣而水門故處皆在河中兗豫百姓怨歎以爲縣官恒興佗役不先民急永平十二年議修汴渠乃引見景問以理水形便景陳其利害應對敏給帝善之又以嘗修浚儀功業有成乃賜景山

海經河渠書 山海經禹所作河渠書太史公史記也 禹貢圖及錢帛衣物夏遂發卒數十萬遣景與王吳脩渠築隄自滎陽東至千乘海口千餘里景乃商度地埶鑿山阜破砥績 尚書曰原隰底績注底致也績功也言破禹所致功之處也或云砥礩山名也 直截溝澗防遏衝要疏決壅積十里立一水門令更相洄注 爾雅曰逆流而上曰洄郭璞注云旋流也 無復潰漏之患景雖簡省役費然猶以百億計 十萬曰億也 明年夏渠成帝親自巡行詔濱河郡國置河堤員吏如西京舊制 十三州志曰成帝時河堤大壞氾濫青徐兗豫四州略徧乃以校尉王延代領河堤謁者秩千石或名其官爲護都水使者中興以三府掾屬爲之 景由是知名王吳及諸從事掾史皆增秩一等景三遷爲侍御史十五年從駕東巡狩至無鹽帝美其功績拜河堤謁者賜車馬縑錢建初七年遷徐州刺史先是杜陵杜篤奏上論都欲令車駕遷還長安耆老聞者皆動懷土之心莫不眷然佇立西望景以宮廟已立恐人情疑惑會時有神雀諸瑞 章帝時有神雀鳳皇白鹿白烏等瑞

後漢列傳六十六　十　卓受

也 乃作金人論頌洛邑之美天人之符文有可採明年遷廬江太守先是百姓不知牛耕致地力有餘而食常不足郡界有楚相孫叔敖所起芍陂稻田 陂在今壽州安豐縣東陂徑百里灌田萬頃芍音鵲 景乃驅率吏民修起蕪廢教用犂耕由是墾闢倍多境內豐給遂銘石刻誓令民知常禁又訓令蠶織爲作法制皆著于鄉亭廬江傳其文辭卒於官初景以爲六經所載皆有卜筮作事舉止質於蓍龜而衆書錯糅吉凶相反乃參紀衆家數術文書冢宅禁忌 葬送造宅之法若黃帝青烏之書也 堪輿日相之屬 前書藝文志堪輿金匱十四卷許慎云堪天道也輿地道也日相謂日辰王相之法也 適於事用者集爲大衍玄基云 易曰大衍之數五十其用四十有九也

後漢列傳六十六　十一　張宋

秦彭字伯平扶風茂陵人也自漢興之後世位相承六世祖襲爲穎川太守與羣從同時爲二千石者五人故三輔號曰萬石秦氏彭同產女弟顯宗時入掖庭爲貴人

有寵永平七年以彭貴人兄隨四姓小侯擢爲開陽城門候續漢志城門候一人六百石城南面東頭第一門也漢官儀云開陽門始成未有名夜有一柱來止樓上琅邪開陽縣上言南門一柱飛去因以名門也十五年拜騎都尉副駙馬都尉耿秉北征匈奴建初元年遷山陽太守以禮訓人不任刑罰崇好儒雅敦明庠序每春秋饗射輒修升降揖讓之儀乃爲人設四誡以定六親長幼之禮六親謂父子兄弟夫婦也有遵奉教化者擢爲鄉三老常以八月致酒肉以勸勉之吏有過咎罷遣而已不加恥辱百姓懷愛莫有欺犯興起稻田數千頃每於農月親度頃畝分別肥埆差爲三品各立文簿藏之鄉縣於是姦吏跼蹐無所容詐彭乃上言宜令天下齊同其制詔書以其所立條式班令三府並下州郡在職六年轉潁川太守仍有鳳皇騏驎嘉禾甘露之瑞集其郡境肅宗巡行再幸潁川輒賞賜錢穀恩寵甚異章和二年卒彭弟惇褒並爲射聲校尉

王渙字稚子廣漢郪人也郪縣故城在今梓州郪縣西南也父順安定太守渙少好俠尚氣力數通剽輕少年剽劫奪也晚而改節敦儒學習尚書讀律令略舉大義爲太守陳寵功曹當職割斷不避豪右寵風聲大行入爲大司農和帝問曰在郡何以爲理寵頓首謝曰臣任功曹王渙以簡賢選能主簿鐔顯拾遺補闕臣奉宣詔書而已帝大悅渙由此顯名州舉茂才除溫令縣多姦猾積爲人患渙以方略討擊悉誅之境內清夷商人露宿於道其有放牛者輒云以屬稚子終無侵犯在溫三年遷兖州刺史繩正部郡繩直也風威大行後坐考妖言不實論歲餘徵拜侍御史永元十五年從駕南巡還爲洛陽令以平正居身得寬猛之宜其冤嫌久訟歷政所不斷法理所難平者莫不曲盡情詐壓塞羣疑又能以譎數發擿姦伏譎詐數術也京師稱歎以爲渙有神筭智筭若神也元興元

年病卒百姓市道莫不咨嗟男女老壯皆相與賦斂致奠醊以千數（醊音張芮反說文曰祭酹也）喪西歸道經弘農民庶皆設槃案於路吏問其故咸言平常持米到洛爲卒司所鈔（鈔掠也）恒亡其半自王君在事不見侵枉故來報因其政化懷物如此民思其德爲立祠安陽亭西每食輒弦歌而薦之（古樂府歌曰孝和帝在時洛陽令王君本自益州廣漢蜀人少行官學通五經論明知法令歷代衣冠從温補洛陽令化行致賢外行猛政内懷慈仁移惡子姓名五篇著里端無安發賦念在理冤清身苦體宿夜勞勤化有能名遠近所聞天年不遂早就奄昏爲君作祠安陽亭西欲令後代莫不稱傳也）永初二年鄧太后詔曰夫忠良之吏國家所以爲理也求之甚勤得之至寡故孔子曰才難不其然乎昔大司農朱邑（前書曰邑字仲卿廬江舒人爲北海太守以理行第一入爲大司農性公正不可交以私天子器之朝廷敬焉神爵元年卒宣帝下詔賜其子黄金百斤奉其祭祀）右扶風尹翁歸（前書云翁歸字子況河東平陽人拜東海太守以高第入守右扶風元康四年卒宣帝制詔御史右扶風翁歸廉平鄉正早夭不遂朕甚憐之其賜翁歸子黄金百斤以奉其祭祀）政迹茂異令名顯聞孝宣皇帝嘉歎愍惜而以黄金百斤策賜其子故洛陽令

王渙秉清脩之節蹈羔羊之義（韓詩羔羊曰羔羊之皮素絲五紽薛君章句曰小者曰羔大者曰羊素喻絜白絲喻屈柔紽數名也詩人賢仕爲大夫者言其德能稱有絜白之性屈柔之行進退有度數也）盡心奉公務在惠民功業未遂不幸早世百姓追思爲之立祠自非忘愛之至孰能若斯者乎今以渙子石爲郎中以勸勞勤延熹中桓帝事黄老道悉毀諸房祀唯特詔密縣存故太傅卓茂廟洛陽留王渙祠焉鐔顯後亦知名安帝時爲豫州刺史時天下飢荒競爲盜賊州界收捕且萬餘人顯愍其困窮自陷刑辟輒擅赦之因自劾奏有詔勿理後位至長樂衛尉自渙卒後連詔三公特選洛陽令皆不稱職永和中以劇令勃海任峻補之（劇縣名屬北海郡也）峻擢用文武吏皆盡其能糾剔姦盜不得旋踵（左傳天王策命晉文侯曰糾逖王慝杜預注云逖遠也剔與逖通）一歲斷獄不過數十威風猛於渙而文理不及之峻字叔高終於太山太守

許荊字少張（謝承書曰荊字子張家貧爲吏無有船車休假常單步荷擔上下）會

稽陽羨人也（陽羨故城在今常州義興縣也）祖父武太守第五倫舉爲孝廉武以二弟晏普未顯欲令成名乃請之曰禮有分異之義家有別居之道（儀禮曰父子一體也夫婦一體也昆弟一體也故父子手足也夫婦判合也昆弟四體也昆弟之義無分焉而有分者則避子之私也子不私其父則不成爲子故有東宮有西宮有南宮有北宮異居而同財有餘則歸之宗不足則資之宗也）於是共割財產以爲三分武自取肥田廣宅奴婢強者二弟所得並悉劣少鄉人皆稱弟克讓而鄙武貪婪晏等以此並得選舉武乃會宗親泣曰吾

（[illegible]）爲兄不肖盜聲竊位二弟年長未豫榮祿所以求得分財自取大譏今理產所增三倍於前悉以推二弟一無所留於是郡中翕然遠近稱之位至長樂少府荆少爲郡吏兄子世嘗報讎殺人怨者操兵攻之荆聞乃出門逆怨者跪而言曰世前無狀相犯咎皆在荆不能訓導兄既早沒一子爲嗣如令死者傷其滅絕願殺身代之怨家扶荆起曰許掾郡中稱賢吾何敢相侵因

遂委去荆名譽益著太守黃兢舉孝廉和帝時稍遷桂陽太守郡濱南州風俗脆薄不識學義（脆薄猶輕薄也）荆爲設喪紀婚姻制度使知禮禁嘗行春到耒陽縣人有蔣均者兄弟爭財互相言訟荆對之歎曰吾荷國重任而教化不行咎在太守乃顧使吏上書陳狀乞詣廷尉均兄弟感悔各求受罪（謝承書曰鄉人謝弘等不養父母兄弟分析因此皆還供養者千有餘人也）在事十二年父老稱歌以病自上徵拜諫議大夫卒於

官桂陽人爲立廟樹碑荆孫馘靈帝時爲（陳茂）太尉

孟嘗字伯周會稽上虞人也其先三世爲郡吏並伏節死難嘗少脩操行仕郡爲戶曹史上虞有寡婦至孝養姑姑年老壽終夫女弟先懷嫌忌乃誣婦厭苦供養加鴆其母列訟縣庭郡不加尋察遂結竟其罪嘗先知枉狀備言之於太守太守不爲理嘗哀泣外門因謝病去婦竟冤死自是郡

中連旱二年禱請無所獲後太守殷丹到官訪問其故嘗詣府具陳寡婦冤誣之事因曰昔東海孝婦感天致旱于公一言甘澤時降(解見霍諝傳也)宜戮訟者以謝冤魂庶幽枉獲申時雨可期丹從之即刑訟女而祭婦墓天應澍雨穀稼以登嘗後策孝廉舉茂才拜徐令州郡表其能遷合浦太守郡不產穀實而海出珠寶與交阯比境常通商販貿糴糧食(貿易也)先時宰守並多貪穢詭人採求不知紀極(詭責也)珠遂漸徙於交阯郡界於是行旅不至人物無資貧者死餓於道嘗到官革易前敝求民病利(人所病苦及利益之甚也)曾未踰歲去珠復還百姓皆反其業商貨流通稱爲神明以病自上被徵當還吏民攀車請之嘗既不得進乃載鄉民船夜遁去隱處窮澤身自耕傭鄰縣士民慕其德就居止者百餘家桓帝時尚書同郡楊喬上書薦嘗曰(謝承書曰喬字聖達烏傷人也前後數上書陳政事也)

後漢列傳六十六　十八

臣前後七表言故合浦太守孟嘗而身輕言微終不蒙察區區破心徒然而已嘗安仁弘義耽樂道德清行出俗能幹絕羣前更守宰移風改政去珠復還飢民蒙活且南海多珍財產易積掌握之內價盈兼金而嘗單身謝病躬耕壟次匿景藏采不揚華藻實羽翮之美用非徒腹背之毛也(説苑曰趙簡子游於西河而樂之歎曰安得賢士而與處焉舟人古桑曰此是吾君不好之也簡子曰吾門左右客千人朝食不足暮收市征暮食不足朝收市征吾可謂不好士乎古桑曰鴻鵠高飛遠翔其所恃者六翮也背上之毛腹下之毳無尺寸之數加之滿把飛不能爲之益高不知門下左右客千人者六翮之用乎將盡毛毳也新序云晉平公餘並同也)而沈淪草莽好爵莫及(易曰我有好爵吾與爾縻之)廊廟之寶棄於溝渠(尚書顧命曰赤刀大訓弘璧琬琰在西序大玉夷玉天球河圖在東序周禮大宗伯曰天府掌祖廟之守藏凡國之玉鎮大寶器藏焉)且年歲有訖桑榆行盡(謂日將夕在桑榆間言晚暮也)而忠貞之節永謝聖時臣誠傷心私用流涕夫物以遠至爲珍(若珠翠之屬也)士以稀見爲貴槃木朽株爲萬乘用者左右爲之容耳(前書鄒陽曰蟠木根柢輪囷離奇而爲萬乘器者左右爲之先容耳)王者取士宜拔衆

後漢列傳六十六　十九

之所貴臣以斗筲之姿趨走日月之側日月喻人君也易曰縣象著明莫大乎日月崇高莫大乎富貴思立微節不敢苟私鄉曲竊感禽息亡身進賢禽息秦大夫薦百里奚而不見納繆公出當車以頭擊闌腦乃播出曰臣生無補於國不如死也繆公感寤而用百里奚秦以大化見韓詩外傳嘗竟不見用年七十卒于家

第五訪字仲謀京兆長陵人司空倫之族孫也少孤貧常傭耕以養兄嫂有閑暇則以學文文謂道藝者也仕郡爲功曹察孝廉補新都令新都縣屬蜀郡故城在今益州新都縣東政平化行三年之間鄰縣歸之戶口十倍遷張掖太守歲飢粟石數千訪乃開倉賑給以救其敝吏懼譴譴責也爭欲上言訪曰若上須報是弃民也上音時掌反須待也太守樂以一身救百姓遂出穀賦人順帝璽書嘉之由是一郡得全歲餘官民並豐界無姦盜遷南陽太守去官拜護羌校尉邊境服其威信卒於官

劉矩字叔方沛國蕭人也叔父光順帝時爲司徒矩少有高節以叔父遂未得仕進

遂絕州郡之命太尉朱寵太傅桓焉嘉其志義故叔遂以此爲諸公所辟拜議郎矩乃舉孝廉稍遷雍丘令以禮讓化之其無孝義者皆感悟自革民有爭訟矩常引之於前提耳訓告毛詩曰匪面命之言提其耳以爲忿恚可忍縣官不可入使歸更尋思訟者感之輒各罷去其有路得遺者皆推尋其主在縣四年以母憂去官後太尉胡廣舉矩賢良方正四遷爲尚書令矩性亮直不能諂附貴埶以是失大將軍梁冀意出爲常山相以疾去官時冀妻兄孫祉爲沛相矩懼爲所害不敢還鄉里乃投彭城友人家歲餘冀意少悟乃止補從事中郎復爲尚書令遷宗正太常延熹四年代黃瓊爲太尉瓊復爲司空矩與瓊及司徒种暠同心輔政號爲賢相時連有災異司隸校尉以劾三公尚書朱穆上疏稱矩等良輔及言殷湯高宗不罪臣下之義尚書湯誥曰余一人有罪無以令萬方萬方有罪在

余一人尚書高宗諒傳說曰一夫不獲則曰時予之辜帝不省竟以黨吏
反叛免後復拜太中大夫靈帝初代周景
爲太尉矩再爲上公所辟召皆名儒宿德
不與州郡交通順辭默諫諫順辭不忤旨默諫不顯揚也多
見省用復以日食免因乞骸骨卒於家
劉寵字祖榮東萊牟平人齊悼惠王之後
也悼惠王肥高祖子也悼惠王子孝王將閭將閭少子
封牟平侯子孫家焉父丕博學號爲通儒
寵少受父業以明經舉孝廉除東平陵令
東平陵縣名屬濟南郡也以仁惠爲吏民所愛母疾弃官

後漢列傳六十六　二十二　李棠

去百姓將送塞道車不得進乃輕服遁歸
後四遷爲豫章太守又三遷拜會稽太守
山民愿朴乃有白首不入市井者愿謹也風俗通
曰俗說市井者言至市當有所鬻賣當於井上先濯乃到市也謹案春秋井田記人年三十受田百畝以食五口五口爲一户父母妻子也公田十畝廬舍五畝成田一頃十五畝八家而九頃二十畝共爲一井廬舍在內貴人也公田次之重公也私田在外賤私也井田之義一曰無洩地氣二曰無費一家三曰同風俗四曰合巧拙五曰通財貨因井爲市交易而退故稱市井也頗爲官吏所擾
寵簡除煩苛禁察非法郡中大化徵爲將
作大匠山陰縣有五六老叟尨眉皓髮尨雜
也老者眉雜白黑也自若邪山谷間出若邪在今越州會稽縣東南也人
齎百錢以送寵寵勞之曰父老何自苦對
曰山谷鄙生未嘗識郡朝它守時吏發求
民間至夜不絕或狗吠竟夕民不得安自
明府下車以來狗不夜吠民不見吏年老
遭值聖明今聞當見棄去故自扶奉送寵
曰吾政何能及公言邪勤苦父老爲人選
一大錢受之轉爲宗正大鴻臚延熹四年

後漢書列傳六十六　二十三

代黃瓊爲司空以陰霧愆陽免頃之拜將
作大匠復爲宗正建寧元年代王暢爲司
空頻遷司徒太尉二年以日食策免歸鄉
里寵前後歷宰二郡累登卿相而准約省
素家無貨積嘗出京師欲息亭舍亭吏止
之曰整頓洒埽以待劉公不可得也寵無
言而去時人稱其長者以老病卒于家弟
方官至山陽太守方有二子岱字公山繇
字正禮兄弟齊名稱吳志曰平原陶丘洪薦繇欲令舉茂才刺史曰前年

舉公山素何復舉正禮洪曰若使明君用公山於前擢正禮於後所謂御二龍於長塗騁騏驥於千里不亦可乎董卓入洛陽岱從侍中出爲兖州刺史虛己愛物爲士人所附初平三年青州黃巾賊入兖州殺任城相鄭遂轉入東平岱擊之戰死興平中繇爲揚州牧振威將軍時袁術據淮南繇乃移居曲阿值中國喪亂士友多南奔繇攜接收養與同優劇甚得名稱袁術遣孫策攻破繇因奔豫章病卒

《後漢列傳六十六　二十四　王石

仇覽字季智一名香陳留考城人也續漢志考城故菑陳留風俗傳曰章帝惡其名改爲考城也少爲書生淳默鄉里無知者年四十縣召補吏選爲蒲亭長勸人生業爲制科令至於果菜爲限雞豕有數農事既畢乃令子弟羣居還就黌學其剽輕游恣者皆役以田桑嚴設科罰躬助喪事賑卹窮寡朞年稱大化覽初到亭人有陳元者獨與母居而母詣覽告元不孝覽驚曰吾近日過舍廬落整頓黃雅曰落居也案今人謂院爲落也耕耘以時此非惡人當是教化未及至耳母守寡養孤苦身投老柰何肆忿於一朝欲致子以不義乎母聞感悔涕泣而去覽乃親到元家與其母子飲因爲陳人倫孝行譬以禍福之言元卒成孝子謝承書曰覽爲縣陽遂亭長好行教化人羊元凶惡不孝其母詣覽言元覽呼元誚責元以子道與一卷孝經使誦讀之元深改悔到母牀下謝罪曰元少孤爲母所驕諺曰孤犢觸乳驕子罵母乞今自改母子更相向泣於是元遂修孝道後成佳士也鄉邑爲之諺曰父母何在在我庭化我鴟梟哺所生鳴梟即鴟梟也時孝城令河內

《後漢列傳六十六　二十五　王永從

王渙政尚嚴猛聞覽以德化人署爲主簿謂覽曰主簿聞陳元之過不罪而化之得無少鷹鸇之志邪左傳季孫行父曰見無禮於君者誅之如鷹鸇之逐鳥雀覽曰以爲鷹鸇不若鸞鳳渙謝遣曰枳棘非鸞鳳所棲百里豈大賢之路時渙爲縣令故自稱百里也今日太學曳長裾飛名譽皆主簿後耳以一月奉爲資勉卒景行卒終也覽入太學時諸生同郡符融有高名與覽比宇賓客盈室覽常自守不與融言融觀其容止心

獨奇之乃謂曰與先生同郡壤隣房牖今京師英雄四集志士交結之秋雖務經學守之何固覽乃正色曰天子脩設太學豈但使人游談其中高揖而去不復與言後融以告郭林宗林宗因與融齎刺就房謁之遂請留宿林宗嗟歎下牀爲拜覽學畢歸鄉里州郡並請皆以疾辭雖在宴居（宴安也論語曰子之宴居）必以禮自整妻子有過輒免冠自責妻子庭謝候覽冠乃敢升堂家人莫見喜怒聲色之異後徵方正遇疾而卒三子皆有文史才少子玄最知名

後漢列傳六十六　二十六

童恢字漢宗（謝承書童作僮恢作种也）琅邪姑幕人也（姑幕故城在今密州莒縣東北也）父仲玉遭世凶荒傾家賑䘏九族鄉里賴全者以百數仲玉早卒恢少仕州郡爲吏司徒楊賜聞其執法廉平乃辟之及賜被劾當免掾屬悉投刺去恢獨詣闕爭之及得理掾屬悉歸府恢杖策而逝由是論者歸美復辟公府除不其令吏人有犯違禁法輒隨方曉示若吏稱其職人行善事者皆賜以酒肴之禮以勸勵之耕織種收皆有條章一境清靜牢獄連年無囚比縣流人歸化徙居二萬餘戶民嘗爲虎所害乃設檻捕之生獲二虎恢聞而出呪虎曰天生萬物唯人爲貴虎狼當食六畜（杜預注左傳云六畜馬牛羊豕犬雞也）而殘暴於人王法殺人者死傷人則論法汝若是殺人者當垂頭服罪自知非者當號呼稱冤一虎低頭閉目狀如震懼即時殺之其一視恢鳴吼

後漢列傳六十六　二十七

踊躍自奮遂令放釋吏人爲之歌頌青州舉尤異遷丹陽太守暴疾而卒弟翊字漢文名高於恢宰府先辟之翊陽喑不肯仕（喑疾不能言也）及恢被命乃就孝廉除須昌長化有異政吏人生爲立碑聞舉將喪弃官歸後舉茂才不就卒於家

贊曰政畏張急（韓詩外傳曰水濁則魚喁令苛則人亂理國者譬若張琴然大弦急則小絃絶矣故急轡銜者非千里之御也）理善亨鮮（老子曰理大國者若亨小鮮也）

推忠以及衆瘼自蠲（推忠恕以及於人則衆病自蠲除）一夫得情千室鳴弦（一夫謂守長也千室謂黎庶言上得化下之情則其下鳴弦而安樂也）懷我風愛永載遺賢（沈約宋書載曄與其甥姪書論撰書之意曰吾觀史書恒覺其不可解既造後漢轉得統緒詳觀古今著述及評論殆少可得意者班氏最有高名既任情無例不可甲乙辨贈可不及之整理未必愧也吾雜傳論皆有精意深旨至於循吏已下及六夷諸序論筆勢縱放實天下之奇作其中合者往往不減過秦篇嘗比方班氏所作非但不愧之而已又欲因事發論以正一代得失意復未果贊自是吾文之傑思殆無一字空設此書行故應有賞音者紀傳例爲舉其大略耳諸細意甚多自古體大而思精未有此也恐俗人不能盡之多貴古賤今所以稱情狂言耳）

後漢書列傳卷第六十六

列傳卷第六十七　酷吏　范曄　後漢六十七

唐章懷太子賢注

董宣　樊曄

李章　周紆

黄昌　陽球

王吉

漢承戰國餘烈多豪猾之民其并兼者則陵橫邦邑桀健者則雄張閭里（横音胡孟反張音知亮反）且宰守曠遠户口殷大（前書曰成帝户一千二百二十三萬三千六十二口五千九百五十九萬四千九百七十八漢極盛矣）故臨民之職專事威斷族滅姦軌先行後聞（先行刑而後聞奏也）肆情剛烈成其不撓之威（撓屈也前書甯成爲濟南都尉而郅都爲守始前數都尉步入府因吏謁守如縣令其畏都如此及成往直陵都出其上都素聞其聲善遇之與結驩）違衆用己表其難測之智（前書嚴延年爲河南太守衆人所謂當死者一朝出之所謂當生者詭殺之吏人莫能測其用意深淺也）至於重文橫入爲窮怒之所遷及者亦何可勝言（重猶深也橫猶枉也窮極也言遷怒於無罪之人）故乃積骸滿穽漂血十里（書穽阬也前書尹賞守長安令得一切以便宜從事賞至修理長安獄穿地方深各數丈名爲虎穴乃部户曹掾史雜舉長安中

輕薄少年惡子無市籍商販作務而鮮衣凶服者得數百人盡以次內穴中覆以大石皆相枕藉死又王溫舒爲河內太守捕郡中豪猾論報流血十餘里也致溫舒有虎冠之吏王溫舒爲中尉窮案姦猾盡糜爛獄中其爪牙吏虎而冠者也音義云言其殘虐之甚也延年受屠伯之名豈虛也哉前書嚴延年爲河南太守所誅殺血流數里河南號曰屠伯言若屠人之殺六畜也若其揣挫彊埶摧勒公卿碎裂頭腦而不顧亦爲壯也前書濟南瞯氏宗人三百餘家豪猾二千石莫能制郅都爲濟南守至則誅瞯氏首惡郡中路不拾遺都後爲中尉又趙廣漢爲京兆尹侵犯貴戚大臣將吏卒入丞相魏相府召其夫人跪庭下受辭責以殺婢事司直蕭望之劾奏廣漢摧辱大臣陽化不道坐要斬破碎頭腦言不避誅戮也自中興以後科網稍密吏人之嚴害者方於前世省矣而閹人親婭侵虐天下爾雅曰兩婿相謂曰婭至使陽球磔王甫之屍張儉剖曹節之墓若此之類雖厭快衆憤亦云酷矣儉知名故附黨人篇劉淑李膺等傳也

董宣字少平陳留圉人也初爲司徒侯霸所辟舉高第累遷北海相到官以大姓公孫丹爲五官掾丹新造居宅而卜工以爲當有死者丹乃令其子殺道行人置尸舍內以塞其咎宣知即收丹父子殺之丹宗族親黨三十餘人操兵詣府稱寃叫號宣以丹前附王莽慮交通海賊乃悉收繫劇獄劇縣之獄使門下書佐水丘岑盡殺之姓水丘名岑也青州以其多濫奏宣考岑宣坐徵詣廷尉在獄晨夜諷誦無憂色及當出刑官屬具饌送之宣乃厲色曰董宣生平未曾食人之食況死乎升車而去時同刑九人次應及宣光武馳使騶騎特原宣刑且令還獄遣使者詰宣多殺無辜宣具以狀對言水丘岑受臣旨意罪不由之願殺臣活岑使者以聞有詔左轉宣懷令令青州勿案岑罪岑官至司隸校尉後江夏有劇賊夏喜等寇亂郡境以宣爲江夏太守到界移書曰朝廷以太守能禽姦賊故辱斯任今勒兵界首檄到幸思自安之宜喜等聞懼即時降散外戚陰氏爲郡都尉宣輕慢之坐免後特徵爲洛陽令時湖陽公主蒼頭白

曰殺人因匿主家吏不能得及主出行而以奴驂乘宣於夏門亭候之乃駐車叩馬以刀畫地大言數主之失叱奴下車因格殺之主即還宮訴帝帝大怒召宣欲箠殺之宣叩頭曰願乞一言而死帝曰欲何言宣曰陛下聖德中興而縱奴殺良人將何以理天下乎臣不須箠請得自殺即以頭擊楹流血被面帝令小黃門持之使宣叩頭謝主宣不從彊使頓之宣兩手據地終

不肯俯主曰文叔爲白衣時臧亡匿死吏不敢至門今爲天子威不能行一令乎帝笑曰天子不與白衣同因勑彊項令出（謝承書曰勑令詣太官賜食宣受詔出飯盡覆桮食机上太官以狀聞上問宣宣對曰臣食不敢遺餘如奉職不敢遺力）賜錢三十萬宣悉以班諸吏由是搏擊豪彊莫不震慄京師號爲臥虎歌之曰枹鼓不鳴董少平（枹擊鼓杖也音浮其字從木也）在縣五年年七十四卒於官詔遣使者臨視唯見布被覆屍妻子對哭有大麥數斛敝車一乘

（謝承書曰有白馬一匹蘭輿一乘也）帝傷之曰董宣廉潔死乃知之以宣嘗爲二千石賜艾綬葬以大夫禮拜子並爲郎中後官至齊相（諸本此下有說蔡茂事二十五字亦有無者案茂自有傳也）

樊曄字仲華南陽新野人也與光武少游舊建武初徵爲侍御史遷河東都尉引見雲臺初光武微時嘗以事拘於新野曄爲市吏餽餌一笥（蒼頡篇曰餽饟也說文曰餌餅也笥竹器也）帝德之不忘仍賜曄御食及乘輿服物因戲之曰一笥餌得都尉何如曄頓首辭謝及至郡

誅討大姓馬適匡等（馬適姓也前書有馬適建俗本匡上有王字者誤也）盜賊清吏人畏之數年遷揚州牧教民耕田種樹理家之術視事十餘年坐法左轉軹長（軹縣屬河南郡故城在今洛州濟源縣東南也）隗囂滅後隴右不安乃拜曄爲天水太守政嚴猛好申韓法（申不害韓非之法也）善惡立斷人有犯其禁者率不生出獄吏人及羌胡畏之道不拾遺行旅至夜聚衣裝道傍曰以付樊公涼州爲之歌

曰游子常苦貧力子天所富（勤力之子）寧見乳
虎穴（乳產也猛獸產乳護其子則搏噬過常故以喻也諸本穴字或作六誤也）不入
冀府寺（冀天水縣也）大笑期必死忿怒或見置嗟
我樊府君安可再遭値視事十四年卒官
永平中顯宗追思暐在天水時政能以爲
後人莫之及詔賜家錢百萬子融有俊才
好黃老不肯爲吏
李章字弟公河內懷人也五世二千石章
習嚴氏春秋（宣帝時博士嚴彭祖也）經明教授歷州郡

吏光武爲大司馬平定河北召章置東曹
屬數從征伐光武即位拜陽平令（陽平縣屬東郡故城今魏州莘縣也）時趙魏豪右往往屯聚清河大姓趙
綱遂於縣界起塢壁繕甲兵爲在所害章
到乃設饗會而延謁綱綱帶文劒被羽衣
（緝鳥羽以爲衣也前書欒大爲五利將軍服羽衣也）從士百餘人來到章
與對讌飲有頃手劒斬綱伏兵亦悉殺其
從者因馳詣塢壁掩擊破之吏人遂安遷
千乘太守坐誅斬盜賊過濫徵下獄免歲

中拜侍御史出爲琅邪太守時北海安丘
大姓夏長思等反遂囚太守處興（風俗通曰史記趙有辯士處子故有處姓也）
而據營陵城（營陵縣屬北海郡也）章聞即發
兵千人馳往擊之掾吏止章曰二千石行
不得出界兵不得擅發（前書杜欽奏記王鳳曰二千石守千里之地任兵馬之重不宜去郡也）
章按劒怒曰逆虜無狀囚劫郡
守此何可忍若坐討賊而死吾不恨也遂
引兵安丘城下募勇敢燒城門與長思戰
斬之獲三百餘級得牛馬五百餘頭而還

興歸郡以狀上帝悉以所得班勞吏士後
坐度人田不實徵以章有功但司寇論月
餘免刑歸復徵會病卒
周紆字文通下邳徐人也爲人刻削少恩
好韓非之術少爲廷尉史永平中補南行
唐長到官曉吏人曰朝廷不以長不肖使
牧黎民而性讎猾吏志除豪賊且勿相試
遂殺縣中尤無狀者數十人吏人大震遷
博平令（博平縣故城在今博州博平縣東也）收考姦臧無出獄

者以威名遷齊相亦頗嚴酷專任刑法而善爲辭案條教（辭案猶今案牘也）爲州內所則後坐殺無辜復左轉博平令建初中爲勃海太守每赦令到郡輒隱閉不出先遣使屬縣盡決刑罪乃出詔書坐徵詣廷尉免歸紆廉絜無資常築墼以自給肅宗聞而憐之復以爲郎再遷召陵侯相廷掾憚紆嚴明欲損其威（續漢志每郡有五官掾縣爲廷掾也）乃晨取死人斷手足立寺門紆聞便往至死人邊若與死

人共語狀陰察視口眼有稻芒乃密問守門人曰悉誰載藁入城者（悉猶知也）門者對唯有廷掾耳又問鈴下（漢官儀曰鈴下侍閤辟車此皆以名自定者也）外頗有疑令與死人語者不對曰廷掾疑君乃收廷掾考問具服不殺人取道邊死人後人莫敢欺者徵拜洛陽令下車先問大姓主名吏數閭里豪彊以對紆厲聲怒曰本問貴戚若馬竇等輩豈能知此賣菜傭乎於是部吏望風旨爭以激切爲事貴戚跼

蹐京師肅清皇后弟黃門郎竇篤從宮中歸夜至止姦亭亭長霍延遮止篤篤蒼頭與爭延遂拔劍擬篤而肆詈恣口篤以表聞詔召司隸校尉河南尹詣尚書譴問遣劍戟士收紆送廷尉詔獄數日貰出（貰赦也音市夜反）帝知紆奉法疾姦不事貴戚然苛慘失中（慘虐也）數爲有司所奏八年遂免官後爲御史中丞和帝即位太傅鄧彪奏紆在任過酷不宜典司京輦（漢官儀曰御史中丞外督部刺史內領侍御史糾察百司故去典司京輦）免歸田里後竇氏貴盛篤兄弟

秉權睚眦宿怨無不僵仆（僵偃也仆踣也）紆自謂無全乃柴門自守以待其禍然篤等以紆公正而怨隙有素遂不敢害永元五年復徵爲御史中丞諸竇雖誅而夏陽侯瓌猶尚在朝紆疾之乃上疏曰臣聞臧文仲之事君也見有禮於君者事之如孝子之養父母見無禮於君者誅之如鷹鸇之逐鳥雀（左氏傳季孫行父稱臧文仲教行父事君之辭也）案夏陽侯瓌本出輕

薄志在邪僻學無經術而妄 講舍外招
儒徒實會姦桀輕忽天威侮慢王室又造
作巡狩封禪之書惑衆不道當伏誅戮而
主者營私不爲國計夫涓流雖寡浸成江
河爝火雖微卒能燎野 莊子曰日月出矣而爝火不息爝火小火也
履霜有漸可不懲革 易曰履霜堅冰至其所由來者漸矣 宜尋
呂産專竊之亂 呂産呂太后之兄子封爲梁王太后崩與弟禄作亂也 永
惟王莽篡逆之禍上安社稷之計下解萬
夫之惑會環歸國紆遷司隸校尉六年夏

旱車駕自幸洛陽録囚徒二人被掠生蟲
坐左轉騎都尉七年遷將作大匠九年卒
於官

黄昌字聖真會稽餘姚人也 餘姚今越州縣也 本出
孤微居近學官數見諸生修庠序之禮因
好之遂就經學又曉習文法仕郡爲決曹 續漢志曰決曹主罪法事
刺史行部見昌甚奇之辟從事
後拜宛令政尚嚴猛好發姦伏人有盗其
車蓋者昌初無所言後乃密遣親客至門
下賊曹家掩取得之 續漢志曰賊曹主盗賊事 悉收其家
一時殺戮大姓戰懼皆稱神明朝廷舉能
遷蜀郡太守先太守李根年老多悖政 悖亂也
百姓侵寃及昌到吏人訟者七百餘人
悉爲斷理莫不得所密捕盗帥一人脅使
條諸縣彊暴之人姓名居處乃分遣掩討
無有遺脱宿惡大姦皆奔走它境初昌爲
州書佐其婦歸寧於家遇賊被獲遂流轉
入蜀爲人妻其子犯事乃詣昌自訟昌疑

母不類蜀人因問所由對曰妾本會稽餘
姚戴次公女州書佐黄昌妻也妾嘗歸家
爲賊所略遂至於此昌驚呼前謂曰何以
識黄昌邪對曰昌左足心有黒子常自言
當爲二千石 相書曰足心有黒子者二千石 昌乃出足示之
因相持悲泣還爲夫婦視事四年徵再遷
陳相縣人彭氏舊豪縱造起大舍高樓臨
道昌每出行縣彭氏婦人輙升樓而觀昌
不喜遂勑收付獄案殺之又遷爲河内太

守又再遷潁川太守永和五年徵拜將作大匠漢安元年進補大司農左轉太中大夫卒於官

陽球字方正漁陽泉州人也泉州故城在今幽州雍奴縣南也家世大姓冠蓋球能擊劍習弓馬性嚴厲好申韓之學郡吏有辱其母者球結少年數十人殺吏滅其家由是知名初舉孝廉補尚書侍郎閑達故事其章奏處議處斷也常爲臺閣所崇信出爲高唐令以嚴苛過理郡守收舉收繫舉劾之也會赦見原辟司徒劉寵府舉高弟九江山賊起連月不解三府上球有理姦才拜九江太守球到設方略凶賊殄破收郡中姦吏盡殺之遷平原相出教曰相前莅高唐志埽姦鄙遂爲貴郡所見枉舉昔桓公釋管仲射鉤之讎高祖赦季布逃亡之罪雖以不德敢忘前義況君臣分定而可懷宿昔哉今一蠲往愆期諸來効若受敎之後而不改姦狀者不得

復有所容矣郡中咸畏服焉時天下大旱司空張顥條奏長吏苛酷貪汙者皆罷免之球坐嚴苛徵詣廷尉當免官靈帝以球九江時有功拜議郎遷將作大匠坐事論頃之拜尚書令奏罷鴻都文學曰伏承有詔敕中尚方爲鴻都文學樂松江覽等三十二人圖象立贊以勸學者臣聞傳曰君舉必書書而不法後嗣何觀左傳曹劌諫魯莊公之辭也案松覽等皆出於微蔑斗筲小人依憑世戚附託權豪俛眉承睫徼進明時或獻賦一篇或鳥篆盈簡八體書有鳥篆象形以爲字也而位升郎中形圖丹青亦有筆不點牘辭不辯心假手請字妖僞百品莫不被蒙殊恩蟬蛻滓濁說文曰蛻蟬蛇所解皮也蛻音式銳反楚詞曰濟江海兮蟬蛻或音宅外反是以有識掩口天下嗟歎臣聞圖象之設以昭勸戒欲令人君動鑒得失未聞豎子小人詐作文頌而可妄竊天官垂象圖素者也今太學東觀足以宣明聖化願罷鴻都之選

以消天下之謗書奏不省時中常侍王甫曹節等姦虐弄權扇動外内球嘗拊髀發憤曰若陽球作司隷此曹子安得容乎光和二年遷爲司隷校尉王甫休沐里舍球詣闕謝恩奏收甫及中常侍淳于登袁赦封昱（昱音吐盍反）中黄門劉毅小黄門龐訓朱禹齊盛等及子弟爲守令者姦猾縱恣罪合滅族太尉段熲諂附佞倖宜並誅戮於是悉收甫熲等送洛陽獄及甫子永樂少府

後漢列傳六十七　十四　林作

萌沛相吉球自臨考甫等五毒備極萌謂球曰父子既當伏誅少以楚毒假借老父球曰若罪惡無狀（若汝也）死不滅責乃欲求假借邪萌乃罵曰爾前奉事吾父子如奴奴敢反汝主乎今日困吾行自及也球使以土窒萌口箠朴交至父子悉死杖下熲亦自殺乃僵磔甫屍於夏城門大署牓曰賊臣王甫盡沒入財產妻子皆徙比景球既誅甫復欲以次表曹節等乃勑中都官從事曰且先去大猾當次案豪右權門聞之莫不屏氣諸奢飾之物皆各緘縢不敢陳設（說文曰緘束篋也孔安國注尚書曰縢緘也）京師畏震時順帝虞貴人葬百官會喪還曹節見磔甫屍道次慨然抆淚曰（抆拭也音亡粉反）我曹自可相食何宜使犬舐其汁乎語諸常侍今且俱入勿過里舍也節直入省白帝曰陽球故酷暴吏前三府奏當免官以九江微功復見擢用愆過之人好爲妄作不宜使在司隷以

後漢列傳六十七　十五　劉仲

騁毒虐帝乃徙球爲衛尉時球出謁陵節勑尚書令召拜不得稽留尺一球被召急因求見帝叩頭曰臣無清高之行橫蒙鷹犬之任前雖糾誅王甫段熲蓋簡落狐狸未足宣示天下願假臣一月必令豺狼鴟梟各服其辜叩頭流血殿上呵叱曰衛尉扞詔邪至於再三乃受拜其冬司徒劉郃與球議收案張讓曹節節等知之共誣白郃等語已見陳球傳遂收球送洛陽獄誅

死妻子徙邊

王吉者陳留浚儀人中常侍甫之養子也甫在官者傳吉少好誦讀書傳喜名聲而性殘忍以父秉權寵年二十餘為沛相曉達政事能斷察疑獄發起姦伏多出衆議課使郡內各舉姦吏豪人諸常有微過酒肉為臧者雖數十年猶加貶棄注其名籍專選剽悍吏擊斷非法若有生子不養即斬其父母合土棘埋之凡殺人皆磔屍車

上隨其罪目宣示屬縣目罪名也夏月腐爛則以繩連其骨周徧一郡乃止見者駭懼視事五年凡殺萬餘人其餘慘毒刺刻不可勝數郡中惴恐惴懼也音之端反莫敢自保及陽球奏甫乃就收執死於洛陽獄

論曰古者敦庬善惡易分左傳申叔時曰人生敦庬和同以聽杜預注云敦庬厚大也至於畫衣冠異服色而莫之犯白虎通曰畫象者其衣服象五刑也犯墨者蒙巾犯劓者以赭著其衣犯髕者以墨幪其髕處而畫之犯宮者雜屝犯大辟者布衣無領墨黥面也叔世偷薄左傳曰叔向曰三辟之興皆叔代也叔代猶末代也偷苟且也本或作渝渝變也上下相蒙左傳介之推曰下義其罪上賞其姦上下相蒙難與處矣蒙欺也德義不足以相洽化導不能以懲違遯乃嚴刑痛殺隨而繩之致刻深之吏以暴理姦倚疾邪之公直濟忍苛之虐情漢世所謂酷能者蓋有聞也皆以敢捍精敏巧附文理風行霜烈威譽諠赫與夫斷斷守道之吏何工否之殊乎尚書曰如有一介臣斷斷猗孔安國注云斷斷猗然專一之臣也故嚴君蚩黃霸之術前書嚴延年為河南太守嚴刑峻罰時黃霸為穎川太守以寬恕為化郡中亦平屢蒙豐年鳳皇屢集上下詔

稱揚其行加金爵之賞延年素輕霸為人及比郡為守褒賞反在己前心內不服河南界中又有蝗府丞狐義出行蝗還見延年延年曰此蝗豈鳳皇食邪密人笑卓茂之政茂傳曰初茂到縣有所廢置吏人笑之猛既窮矣而猶或未勝然朱邑不以笞辱加物前書曰朱邑以愛利為行未嘗笞辱人袁安未嘗鞫人臧罪安傳曰安為河南尹政號嚴明然未曾以臧罪鞫人也而猾惡自禁人不欺犯何者以為威辟既用而苟免之行興辟法也音頻亦反仁信道孚故感被之情著左傳曰小信未孚杜預注云孚大信也此言仁信之道大信於人苟免者威隟則姦起感被者人亡而思存若子產卒仲尼聞之曰古

之遺愛也由一邦以言天下則刑訟繁措可得
而求乎
贊曰大道既往刑禮爲薄老子曰大道廢有仁義又曰禮者忠
信之薄而亂之始斯人散矣機詐萌作論語曾子曰上失其道人散久
矣如得其情則哀矜而勿喜也去殺由仁濟寬非虐論語曰善人爲
邦百年亦可以勝殘去殺此言用仁德化人人知禮節可以無殺戮也左傳曰寬以濟猛猛以濟寬言政
寬則人慢故須以猛濟之非故爲暴虐也末暴雖勝崇本或略春秋繁露
曰君者國之本也夫爲國本其化莫大於崇本崇本則君化若神不崇本則無以兼人此言酷暴爲政化
之末雖得勝殘而崇本之道尚爲略也

後漢傳六十七　十八　王榮

後漢書列傳卷第六十七

列傳卷第六十八　宦者　范曄　後漢書七十八
唐章懷太子賢注
鄭衆　蔡倫
孫程　曹騰
單超　侯覽
曹節　呂強
張讓
易曰天垂象聖人則之易繫辭之文也宦者四星在
皇位之側故周禮置官亦備其數閽者守
中門之禁周禮曰閽人掌守王宮中門之禁鄭玄注云中門於外內爲中也閽即刖足者

後漢列傳六十八　一　李仁

寺人掌女宮之戒周禮曰寺人掌王宮之內人及女宮之戒命也又云
王之正內者五人周禮五人注云正內路寢也月
令仲冬命閹尹審門閭謹房室鄭玄注月令云奄尹主領
奄豎之官者也於周禮則爲內宰掌理王之內政宮令譏出入開閉之屬也詩之小雅
亦有巷伯刺讒之篇毛詩序曰巷伯刺幽王也寺人傷於讒而作是詩也毛萇注云巷伯內之小臣也然宦人之在王朝者其來舊
矣將以其體非全氣情志專良通關中人
易以役養乎關涉也中人內人也然而後世因之才任

稍廣其能者則勃貂管蘇有功於楚晉勃貂即寺人披也一名勃鞮字伯楚左傳曰呂郤畏偪將焚公宮殺晉文公寺人披見公以難告遂殺呂郤新序曰楚恭王有疾告諸大夫曰管蘇犯我以義違我以禮與處不安不見不思然而有得焉吾死之後爵之於朝也景監繆賢著庸於秦趙史記曰商君入秦因孝公寵臣景監以求見又曰藺相如為趙宦者令繆賢舍人趙求人使報秦者未得繆賢曰臣舍人藺相如可使也著庸謂薦執及相如也及其敝也則豎刁亂齊伊戾禍宋左傳曰齊桓公卒易牙入與寺人貂因內寵以殺羣吏而立公子無虧孝公奔宋杜預注曰寺人即閹官刁即貂也音彫又曰楚客聘于晉過宋太子知之請野享之公使往寺人伊戾請從之至則坎用牲加書徵之而騁告公曰太子將為亂公使視之則信有焉太子死公徐聞其無罪乃亨伊戾也漢

興仍襲秦制置中常侍官然亦引用士人以參其選皆銀璫左貂給事殿省及高后稱制乃以張卿為大謁者出入臥內受宣詔命前書曰齊人田生求事呂后所幸大謁者張釋卿音義曰奄人也仲長統昌言曰宦豎傳近房臥之內交錯婦人之間文帝時有趙談北宮伯子頗見親倖至於孝武亦愛李延年前書曰孝文時宦者則趙談北宮伯子孝武時宦者李延年也帝數宴後庭或潛游離館故請奏機事多以宦人主之至元帝之世史游為黃門令勤心納忠有所補益前書曰急就一篇元帝黃門令史游作董巴輿服志曰禁門曰黃闥中人主之故曰黃門也其後弘恭石顯以佞險自進卒有蕭周之禍損穢帝德焉前書曰前將軍蕭望之及光祿大夫周堪建白以為宜罷中常侍官應古不近刑人由是大與石顯忤後皆害焉望之自殺堪廢錮不得復進用也中興之初宦官悉用閹人不復雜調它士至永平中始置員數中常侍四人小黃門十人和帝即祚幼弱而竇憲兄弟專總權威內外臣僚莫由親接所與居者唯閹官而已故鄭眾得專謀禁中終除大憝憝惡也音大對反謂誅竇憲也遂享分

土之封超登宮卿之位宮卿謂為大長秋也於是中官始盛焉自明帝以後迄乎延平委用漸大而其員稍增中常侍至有十人小黃門二十人改以金璫右貂兼領卿署之職鄧后以女主臨政而萬機殷遠朝臣國議無由參斷帷幄稱制下令不出房闈之間爾雅曰宮中小門謂之闈也不得不委用刑人寄之國命手握王爵口含天憲非復掖廷永巷之職閨牖房闥之任也永巷及掖廷並署名也爾雅曰小閨謂之閤其後孫程

定立順之功曹騰參建桓之策續以五侯合謀梁冀受鉞迹因公正恩固主心故中外服從上下屏氣或稱伊霍之勳無謝於往載或謂良平之畫復興於當今雖時有忠公而竟見排斥（謂皇甫嵩蔡雍等並被排也）舉動回山海呼吸變霜露阿旨曲求則光寵三族（父族母族妻族也）直情忤意則參夷五宗（夷滅也參夷夷三族也五宗五服內親也）漢之綱紀大亂矣若夫高冠長劒紆朱懷金者布滿宮闈（楚辭曰高余冠之岌岌又曰撫長劒兮玉珥揚雄法言曰或問使我紆朱懷金其樂不可量也李軌注曰朱朱紱也金金印也）苴茅分虎南面臣人者蓋以十數（封諸侯各以其方色土苴以白茅而分銅虎符也）府署第館棊列於都鄙（棊列如棊之布列史記曰往往棊置）子弟支附過半於州國南金和寶冰紈霧縠之積盈仞珍藏（詩頌曰大賂南金鄭玄注云荊陽之州貢金三品和謂卞和也）嬙媛侍兒歌童舞女之玩充備綺室（左傳曰夫差宿有妃嬙嬪御焉杜預注曰妃嬙貴者嬙音牆前書曰初爰盎爲吳相時從史盜私盎侍兒昌言曰爲音樂則歌兒舞女千曹而迭起左傳晏子曰高臺深池撞鍾舞女綺室室之綺麗者）狗馬飾雕文土木被緹繡（前書東方朔曰木土衣綺繡狗馬被繢罽緹厚繒也）

皆剝割萌黎競恣奢欲構害明賢專樹黨類其有更相援引希附權彊者皆腐身熏子以自衒達（前書曰史遷熏胥以刑韋昭曰古者腐刑必熏合之）同敝相濟故其徒有繁敗國蠹政之事不可單書（單盡也）所以海內嗟毒志士窮棲寇劇緣間搖亂區夏（寇盜劇賊緣間隙而起也）雖忠良懷憤時或奮發而言出禍從旋見孥戮因復大考鉤黨轉相誣染（鉤黨謂李膺杜密等）凡稱善士莫不離被災毒竇武何進位崇戚近乘九服之嚻怨協羣英之埶力（九服已見上羣英謂劉猛朱寓之屬見竇武傳）而以疑留不斷至於殄敗斯亦運之極乎雖袁紹龔行芟夷無餘然以暴易亂亦何云及（尚書曰龔行天罰左傳曰芟夷蘊崇之史記曰以暴易亂兮不知其非也）自曹騰說梁冀竟立昏弱（謂立桓帝也）魏武因之遂遷龜鼎（龜鼎國之守器以諭帝位也尚書曰寧王遺我大寶龜左傳曰鼎遷于商也）所謂君以此始必以此終信乎其然矣（此謂宦官也言漢家初寵用宦官其後終爲宦官所滅左傳楚屈蕩曰君以此始必以此終也）

鄭衆字季產南陽犨人也爲人謹敏有心

幾永平中初給事太子家肅宗即位拜小黃門遷中常侍和帝初加位鉤盾令時竇太后秉政后兄大將軍憲等並竊威權朝臣上下莫不附之而衆獨一心王室不事豪黨帝親信焉及憲兄弟圖作不軌衆遂首謀誅之以功遷大長秋策勳班賞每辭多受少由是常與（音預）議事中官用權自衆始焉十四年帝念衆功美封爲鄛鄉侯（鄛音士交反說文曰南郡棘陽縣有鄛鄉）食邑千五百户永初元年

和熹皇后益封三百户元初元年卒養子閎嗣閎卒子安嗣後國絕桓帝延熹二年紹封衆曾孫石鎮爲關内侯

蔡倫字敬仲桂陽人也以永平末始給事宮掖建初中爲小黃門及和帝即位轉中常侍豫參帷幄倫有才學盡心敦慎數犯嚴顏匡弼得失每至休沐輒閉門絕賓暴體田野後加位尚方令永元九年監作祕劍及諸器械莫不精工堅密爲後世法自古書契多編以竹簡其用縑帛者謂之爲紙縑貴而簡重並不便於人倫乃造意用樹膚麻頭及敝布魚網以爲紙元興元年奏上之帝善其能自是莫不從用焉故天下咸稱蔡侯紙（湘州記曰耒陽縣北有漢黃門蔡倫宅宅西有一石臼云是倫舂紙臼也）元初元年鄧太后以倫久宿衛封爲龍亭侯（龍亭縣故城在今洋州興道縣東明月池在其側）邑三百户後爲長樂太僕四年帝以經傳之文多不正定乃選通儒謁者劉珍及博士良史詣東觀

各讎校漢家法令倫監典其事倫初受竇后諷旨誣陷安帝祖母宋貴人及太后崩安帝始親萬機勑使自致廷尉倫恥受辱乃沐浴整衣冠飲藥而死國除

孫程字稚卿涿郡新城人也（東觀記曰北新城人衛康叔之曾孫林父之後東觀自此已下十九人與程同功者皆叙其所承本系蓋當時史官懼程等威權故曲爲文飾）安帝時爲中黃門給事長樂宮時鄧太后臨朝帝不親政事小黃門李閏與帝乳母王聖常共譖太后兄執金吾悝等言欲

廢帝立平原王德帝每忿懼及太后崩遂誅鄧氏而廢平原王封閏雍鄉侯又小黃門江京以讒諂進初迎帝於邸以功封都鄉侯食邑各三百戶閏京並遷中常侍江京兼大長秋與中常侍樊豐黃門令劉安鉤盾令陳達及王聖聖女伯榮扇動內外競爲侈虐又帝舅大將軍耿寶皇后兄大鴻臚閻顯更相阿黨遂枉殺太尉楊震廢皇太子爲濟陰王明年帝崩立北鄉侯爲

天子顯等遂專朝爭權乃諷有司奏誅樊豐廢耿寶王聖及黨與皆見死徙十月北鄉侯病篤程謂濟陰王謁者長興渠曰（興姓渠名）王以嫡統本無失德先帝用讒遂至廢黜若北鄉疾不起共斷江京閻顯事乃可成渠等然之又中黃門南陽王康先爲太子府史自太子之廢常懷歎憤又長樂太官丞京兆王國並附同於程至二十七日北鄉侯薨閻顯白太后徵諸王子簡爲帝

嗣未及至十一月二日程遂與王康等十八人聚謀於西鍾下皆截單衣爲誓四日夜程等共會崇德殿上因入章臺門時江京劉安及李閏陳達等俱坐省門下程與王康共就斬京安達以李閏權埶積爲省內所服欲引爲主因舉刃脅閏曰今當立濟陰王無得搖動閏曰諾於是扶閏起俱於西鍾下迎濟陰王立之是爲順帝召尚書令僕射以下從輦幸南宮雲臺程等留

守省門遮扞內外閻顯時在禁中憂迫不知所爲小黃門樊登勸顯發兵以太后詔召越騎校尉馮詩虎賁中郎將閻崇屯朔平門以禦程等誘詩入省太后使授之印曰能得濟陰王者封萬戶侯得李閏者五千戶侯顯以詩所將衆少使與登迎吏士于左掖門外詩因格殺登歸營屯守顯弟衛尉景遽從省中還外府收兵至盛德門程傳召諸尚書使收景尚書郭鎮時卧病

聞之即率直宿羽林出南止車門逢景從吏士拔白刃呼曰無干兵鎮即下車持節詔之景曰何等詔因斫鎮不中鎮引劒擊景墮車左右以戟叉其匈遂禽之送廷尉獄即夜死旦日令侍御史收顯等送獄於是遂定下詔曰夫表功録善古今之通義也故中常侍長樂太僕江京黄門令劉安鉤盾令陳達與故車騎將軍閻顯兄弟謀議惡逆傾亂天下中黄門孫程王康長樂

太官丞王國中黄門黄龍彭愷孟叔李建王成張賢史汎馬國王道李元楊佗佗音駞陳子趙封李剛魏猛苗光等東觀記曰程賦棗脯又與光曰以爲信今暮其當著矣漏盡光爲尚席直事通燈解劒置外持燈入章臺門程等適入光走出門欲取劒王康呼還光不應光得劒欲還入門已閉光便守宜秋門會李閏來出光因與俱迎濟陰王幸南宮雲臺詔書録功臣令康疏名康詐疏光入章臺門光謂康曰緩急有問者當相證也詔書封光東阿侯食邑四千戶未受符策光心不自安詣黄門令自告有司奏康光欺詐主上詔書勿問遂封東阿侯邑千戶也懷忠憤發勠力協謀遂埽滅元惡以定王室詩不云乎無言不讎無德不報詩大雅也程

爲謀首康國協同其封程爲浮陽侯食邑萬戶康爲華容侯國爲酈侯各九千戶黄龍爲湘南侯五千戶彭愷爲西平昌侯西平昌縣屬平原郡孟叔爲中廬侯中廬縣屬南郡李建爲復陽侯各四千二百戶王成爲廣宗侯張賢爲祝阿侯史汎爲臨沮侯臨沮縣屬南郡馬國爲廣平侯王道爲范縣侯李元爲褒信侯楊佗爲山都侯褒信山都並屬南陽郡也陳予爲下雋侯下雋縣長沙郡音似兗反趙封爲析縣侯李剛爲枝江侯各四千

戶魏猛爲夷陵侯二千戶苗光爲東阿侯千戶是爲十九侯加賜車馬金銀錢帛各有差李閏以先不豫謀故不封遂擢拜程騎都尉永建元年程與張賢孟叔馬國等爲司隸校尉虞詡訟罪懷表上殿呵叱左右帝怒遂免程官因悉遣十九侯就國後徙封程爲宜城侯程既到國怨恨恚懟懟怨也音直類反封還印綬符策亡歸京師續漢書曰程到宜城怨恨恚懟剋爲印封還印綬往來山中詔書追求復故爵

土賜車馬衣物遺還國三年帝念程等功
勳悉徵還京師程與王道李元皆拜騎都
尉餘悉奉朝請陽嘉元年程病甚即拜奉
車都尉位特進及卒使五官郎將追贈車
騎將軍印綬賜謚剛侯侍御史持節監護
喪事乘輿幸北部尉傳（北部尉之傳舍也傳音陟戀反）瞻望
車騎程臨終遺言上書以國傳弟美帝許
之而分程半封程養子壽爲浮陽侯後詔
書錄微功封興渠爲高望亭侯四年詔宦

官養子悉聽得爲後襲封爵定著乎令王
康王國彭愷王成趙封魏猛六人皆早卒
黃龍楊佗孟叔李建張賢史汎王道李元
李剛九人與阿母山陽君宋娥更相貨賂
求高官增邑又誣罔中常侍曹騰孟賁等
永和二年發覺並遣就國減租四分之一
宋娥奪爵歸田舍唯馬國陳子苗光保全
封邑初帝見廢監太子家小黃門籍建傅
高梵長秋長趙熹丞良賀藥長夏珍皆以

無過獲罪建等坐徙朔方及帝即位並擢
爲中常侍梵坐臧罪減死一等建後封東
鄉侯三百户賀清儉退厚（謙退而厚重也）位至大長
秋陽嘉中詔九卿舉武猛賀獨無所薦帝
引問其故對曰臣生自草茅長於宮掖既
無知人之明又未嘗交知士類昔衛鞅因
景監以見有識知其不終（史記趙良謂商君曰君之見秦王也因嬖
人景監非所以爲名也商君竟爲秦惠所車裂也）今得臣舉者匪榮伊
辱固辭之及卒帝思賀忠封其養子爲都
鄉侯三百户

曹騰字季興沛國譙人也安帝時除黃門
從官順帝在東宮鄧太后以騰年少謹厚
使侍皇太子書特見親愛及帝即位騰爲
小黃門遷中常侍桓帝得立騰與長樂太
僕州輔等七人以定策功皆封亭侯騰爲
費亭侯遷大長秋加位特進騰用事省闥
三十餘年奉事四帝未嘗有過其所進達
皆海內名人陳留虞放邊韶南陽延固張

温弘農張奐穎川堂谿典等時蜀郡太守因計吏賂遺於騰益州刺史种暠於斜谷關搜得其書上奏太守并以劾騰請下廷尉案罪帝曰書自外來非騰之過遂寢暠奏騰不爲纖介常稱暠爲能吏時人嗟美之騰卒養子嵩嗣种暠後爲司徒告賓客曰今身爲公乃曹常侍力焉嵩靈帝時貨賂中官及輸西園錢一億萬故位至太尉嵩具表紹傳及子操起兵不肯相隨乃與少子疾

避亂琅邪爲徐州刺史陶謙所殺

單超河南人徐璜下邳良城人具瑗魏郡元城人左悺河南平陰人悺音工奐反又音綰唐衡潁川郾人也桓帝初超璜瑗爲中常侍悺衡爲小黃門史初梁冀兩妹爲順桓二帝皇后冀代父商爲大將軍再世權戚威振天下冀自誅太尉李固杜喬等驕橫益甚皇后乘埶忌恣多所鴆毒上下鉗口周書曰賢智鉗口謂不言也拑與鉗古字通音其炎反莫有言者帝逼畏久恒懷不平恐言泄不敢謀之延熹二年皇后崩帝因如廁獨呼衡問左右與外舍不相得者皆誰乎外舍謂皇后家也衡對曰單超左悺前詣河南尹不疑禮敬小簡不疑收其兄弟送洛陽獄二人詣門謝乃得解徐璜具瑗常私忿疾外舍放橫口不敢道於是帝呼超悺入室謂曰梁將軍兄弟專固國朝迫脅外內公卿以下從其風旨今欲誅之於常侍意何如超等對曰誠國姦賊當誅日久

臣等弱劣未知聖意何如耳帝曰審然者常侍密圖之對曰圖之不難但恐陛下復中狐疑中音丁仲反帝曰姦臣脅國當伏其罪何疑乎於是更召璜瑗等五人遂定其議帝齧超臂出血爲盟於是詔收冀及宗親黨與悉誅之悺衡遷中常侍封超新豐侯二萬戶璜武原侯瑗東武陽侯各萬五千戶賜錢各千五百萬悺上蔡侯衡汝陽侯各萬三千戶賜錢各千三百萬五人同日封

故世謂之五侯又封小黃門劉普趙忠等八人爲鄕侯自是權歸宦官朝廷日亂矣超病帝遣使者就拜車騎將軍明年薨賜東園祕器棺中玉具贈侯將軍印綬使者理喪及葬發五營騎士將軍侍御史護喪將作大匠起冢塋其後四侯轉橫天下爲之語曰左回天具獨坐（獨坐言驕貴無偶也）徐臥虎唐兩墮（兩墮謂隨意所爲不定也今人謂持兩端而任意爲兩墮諸本兩或作雨也）皆競起第宅樓觀壯麗窮極伎巧金銀罽毦施

於犬馬（毦以毛羽爲飾音如志反）多取良人美女以爲姬妾皆珍飾華侈擬則宮人其僕從皆乘牛車而從列騎又養其疏屬或乞嗣異姓或買蒼頭爲子並以傳國襲封兄弟姻戚皆宰州臨郡辜較百姓與盜賊無異超弟安爲河東太守弟子匡爲濟陰太守璜弟盛爲河內太守悺弟敏爲陳留太守瑗兄恭爲沛相皆爲所在蠹害璜兄子宣爲下邳令暴虐尤甚先是求故汝南太守下邳李

暠女不能得及到縣遂將吏卒至暠家載其女歸戲射殺之埋著寺內時下邳縣屬東海汝南黃浮爲東海相有告言宣者浮乃收宣家屬無少長悉考之掾史以下固諫爭浮曰徐宣國賊今日殺之明日坐死足以瞑目矣即案宣罪棄市暴其尸以示百姓郡中震慄璜於是訴怨於帝帝大怒浮坐髡鉗輸作右校五侯宗族賓客虐徧天下民不堪命起爲寇賊七年衡卒亦贈

車騎將軍如超故事璜卒賻贈錢布賜冢塋地明年司隸校尉韓演因奏悺罪惡及其兄太僕南鄉侯稱請託州郡聚斂爲姦賓客放縱侵犯吏民悺稱皆自殺演又奏瑗兄沛相恭臧罪徵詣廷尉瑗詣獄謝上還東武侯印綬詔貶爲都鄕侯卒於家超及璜衡襲封者並降爲鄕侯租入歲皆三百萬子弟分封者悉奪爵土劉普等貶爲關內侯

侯覽者山陽防東人桓帝初爲中常侍以佞猾進倚埶貪放受納貨遺以巨萬計延熹中連歲征伐府帑空虛乃假百官奉祿王侯租稅覽亦上縑五千匹賜爵關內侯又託以與議誅梁冀功進封高鄉侯小黃門段珪家在濟陰與覽並立田業近濟北界僕從賓客侵犯百姓劫掠行旅濟北相滕延一切收捕殺數十人陳尸路衢覽珪大怨以事訴帝延坐多殺無辜徵詣廷尉

免延字伯行北海人後爲京兆尹有理名世稱爲長者覽等得此愈放縱覽兄參爲益州刺史民有豐富者輒誣以大逆皆誅滅之沒入財物前後累億計太尉楊秉奏參檻車徵於道自殺京兆尹袁逢於旅舍閱參車三百餘兩皆金銀錦帛珍玩不可勝數覽坐免旋復復官(復上音房又反)建寧二年喪母還家大起塋冢督郵張儉因舉奏覽貪侈奢縱前後請奪人宅三百八十一所田百一十八頃起立第宅十有六區皆有高樓池苑堂閣相望飾以綺畫丹漆之屬制度重深僭類宮省又豫作壽冢(生而自爲冢爲壽冢)石槨雙闕高廡百尺(廡廊下周屋也)破人居室發掘墳墓虜奪良人妻略婦子及諸罪釁請誅之而覽伺候遮截章寑不上儉遂破覽冢宅藉沒資財具言罪狀又奏覽母生時交通賓客干亂郡國復不得御(御進也)覽遂誣儉爲鉤黨及故長樂少府李膺太僕杜密

等皆夷滅之遂代曹節領長樂太僕熹平元年有司舉奏覽專權驕奢策收印綬自殺阿黨者皆免

曹節字漢豐南陽新野人也其本魏郡人世吏二千石順帝初以西園騎遷小黃門桓帝時遷中常侍奉車都尉建寧元年持節將中黃門虎賁羽林千人北迎靈帝陪乘入宮及即位以定策封長安鄉侯六百戶時竇太后臨朝后父大將軍武與太傅

陳蕃謀誅中官節與長樂五官史朱瑀從官史共普張亮（共音恭）中黃門王尊長樂謁者騰是等十七人共矯詔以長樂食監王甫爲黃門令將兵誅武蕃等事已具蕃武傳節遷長樂衛尉封育陽矦增邑三千户甫遷中常侍黃門令如故瑀封都鄉矦千五百户普亮等五人各三百户餘十一人皆爲關内矦歲食租二千斛先是瑀等陰於明堂中禱皇天曰竇氏無道請皇天輔

皇帝誅之令事必成天下得寧既誅武等詔令太官給塞具（塞報祠也音蘇代反字當爲賽通也）賜瑀錢五千萬餘各有差後更封華容矦二年節病困詔拜爲車騎將軍有頃疾瘳上印綬罷復爲中常侍位特進秩中二千石尋轉大長秋熹平元年竇太后崩有何人書朱雀闕（何人不知何人也）言天下大亂曹節王甫幽殺太后常侍矦覽多殺黨人公卿皆尸禄無有忠言者於是詔司隸校尉劉猛逐捕十日一會猛以誹書言直不肯急捕月餘主名不立（不得書關主名）猛坐左轉諫議大夫以御史中丞段熲代猛乃四出逐捕及太學游生繫者千餘人節等怨猛不已使熲以它事奏猛抵罪輸左校朝臣多以爲言乃免刑復公車徵之節遂與王甫等誣奏桓帝弟勃海王悝謀反誅之以功封者十二人甫封冠軍矦節亦增邑四千六百户并前七千六百户父兄子弟皆爲公卿列校牧守

令長布滿天下節弟破石爲越騎校尉越騎營五百妻有美色（韋昭辯釋名曰五百字本爲伍伍當也伯道也使之導引當道陌中以驅除也案今俗呼行杖人爲五百也）破石從求之五百不敢違妻執意不肯行遂自殺其淫暴無道多此類也光和二年司隸校尉陽球奏誅王甫及子長樂少府萌沛相吉皆死獄中時連有災異郎中梁人審忠以爲朱瑀等罪惡所感乃上書曰臣聞理國得賢則安失賢則危故舜有臣五人而天下理（五臣

謂禹稷契咎陶伯益也湯舉伊尹不仁者遠論語文也陛下即位之初未能萬機皇太后念在撫育權時攝政謂竇后故中常侍蘇康管霸應時誅殄竇后傳誅康及霸太傅陳蕃大將軍竇武考其黨與志清朝政華容侯朱瑀知事覺露禍及其身遂興造逆謀作亂王室撞蹋省闥撞音直江反執奪璽綬迫脅陛下聚會羣臣離間骨肉母子之恩遂誅蕃武及尹勳等因共割裂城社自相封賞父子兄弟被蒙尊榮

素所親厚布在州郡或登九列或據三司不惟祿重位尊之責而苟營私門多畜財貨繕修第舍連里竟巷盜取御水以作魚釣水入宮苑爲御水車馬服玩擬於天家羣公卿士杜口吞聲莫敢有言州牧郡守承順風旨辟召選舉釋賢取愚故蟲蝗爲之生夷寇爲之起天意憤盈積十餘年故頻歲日食於上地震於下所以譴戒人主欲令覺悟誅鉏無狀昔高宗以雉雊之變故獲中興之功高宗祭有雉升鼎耳而雊高宗修德躬以中興見尚書也近者神祇啓悟陛下發赫斯之怒故王甫父子應時馘截詩魯頌曰在泮獻馘音古獲反鄭玄注云謂所殺者之左耳路人士女莫不稱善若除父母之讎誠怪陛下復忍孽臣之類不悉殄滅謂復任用曹節等也昔秦信趙高以危其國吳使刑人身遺其禍左傳曰吳伐越獲俘焉以爲閽使守舟吳子餘祭觀舟閽人以刀殺之虞公抱寶牽馬魯昭見逐乾侯以不用宮之奇子家駒以至滅辱公羊傳曰晉大夫荀息請以屈產之乘與垂棘之璧假道於虞以伐虢宮之奇諫不聽後晉滅虞虞公抱

寶牽馬而至荀息見曰臣之謀何如又曰昭公將殺季氏告子家駒曰季氏爲無道僭于公室久矣吾欲殺之何如子家駒曰諸侯僭於天子大夫僭於諸侯久矣君無多辱焉昭公不從其言後逐季氏昭公奔于乾侯遂死焉今以不忍之恩赦夷族之罪姦謀一成悔亦何及臣爲郎十五年皆耳目聞見瑀之所爲誠皇天所不復赦願陛下留漏刻之聽裁省臣表埽滅醜類以荅天怒與瑀考驗有不如言願受湯鑊之誅妻子并徙以絕妄言之路章寢不報節遂領尚書令四年卒贈車騎將軍後瑀亦病卒皆養

子傳國審忠字公誠官官誅後辟公府
呂強字漢盛河南成皋人也少以官者為
小黃門再遷中常侍為人清忠奉公靈帝
時例封宦者以強為都鄉侯強辭讓懇惻
固不敢當帝乃聽之因上疏陳事曰臣聞
諸侯上象四七下裂王土高祖重約非功
臣不侯所以重天爵明勸戒也伏聞中常
侍曹節王甫張讓等及侍中許相並為列
侯節等宦官祐薄品卑人賤讒諂媚主佞

後漢列傳六十八　二十四　林似

邪徼寵放毒人物疾妒忠良有趙高之禍
未被轘裂之誅（趙高指鹿為馬而殺胡亥轘裂以車裂也）掩朝廷
之明成私樹之黨而陛下不悟妄授茅土
開國承家小人是用（易曰開國承家小人勿用）又并及家
人重金兼紫（金印紫綬重兼言累積也）相繼為蕃輔受國
重恩不念爾祖述脩厥德（詩大雅云無念爾祖聿脩厥德聿述
也）而交結邪黨下比羣佞陛下或其瑣才（瑣小
也）特蒙恩澤又授位乖越賢才不升素
餐私倖必加榮擢陰陽乖剌稼穡荒蔬（鄭玄

注周禮云疏草有實者）人用不康罔不由茲臣誠知封
事已行言之無逮所以冒死干觸陳愚忠
者實願陛下損改既謬從此一止臣又聞
後宮綵女數千餘人衣食之費日數百金
比穀雖賤而戶有飢色案法當貴而今更
賤者由賦發繁數以解縣官（縣官調發既多故賤糶穀以供
之）寒不敢衣飢不敢食民有斯戹而莫之
卹宮女無用填積後庭天下雖復盡力耕
桑猶不能供昔楚女悲愁則西宮致災（公羊

大三三三　小又五十六
後漢列傳六十八　二十五　方偕

傳曰西宮災何以書記災也何休注云是時僖公為齊桓公所脅以齊媵為嫡楚女廢居西宮而不見恤悲愁怨曠所生也）況終年積聚豈無憂怨乎夫天生
蒸民立君以牧之君道得則民戴之如父
母仰之猶日月（左傳師曠對晉侯曰君養人如子蓋之如天容之如地人奉其君愛之如父母仰之如日月敬之如神明畏之如靁霆天生人而立之君使司牧之勿使失其性也）雖
時有征稅猶望其仁恩之惠易曰悅以使
民民忘其勞悅以犯難民忘其死（易兌卦彖辭）儲
君副主宜諷誦斯言南面當國宜履行其
事（易曰聖人南面嚮明而化杜預注左傳曰當國執政也）又承詔書當於

河間故國起解瀆之館陛下龍飛即位雖從藩國然既處九天之高豈宜有顧戀之意楚辭曰圜則九重孰營度之圜謂天也且河間疏遠解瀆邇絕而當勞民單力未見其便又令外戚四姓貴倖之家及中官公族無功德者造起館舍凡有萬數樓閣連接丹青素堊郭璞注山海經曰堊似土白色音惡雕刻之飾不可單言喪葬踰制奢麗過禮競相放效莫肯矯拂矯正也拂戾也音扶弗反穀梁傳曰財盡則怨力盡則懟尸子曰尸子晉人也名佼秦相衛鞅客也鞅謀計未嘗不與佼規也商君被刑恐并誅乃亡逃入蜀作書二十篇十九篇陳道德仁義之紀一篇言九州險阻水泉所起也君如杅民如水杅方則水方杅圓則水圓杅椀屬也音于字亦作盂上之化下猶風之靡草今上無去奢之儉下有縱欲之敝至使禽獸食民之甘木土衣民之帛昔師曠諫晉平公曰梁柱衣繡民無褐衣池有弃酒士有渴死廄馬秣粟民有飢色近臣不敢諫遠臣不得暢此之謂也說苑稽犯諫晉文公之辭也又聞前召議郎蔡邕對問於金商門

而令中常侍曹節王甫等以詔書喻旨邕不敢懷道迷國而切言極對毀刺貴臣譏呵豎宦陛下不密其言至令宣露羣邪項領膏脣拭舌毛詩曰駕彼四牡四牡項領注云項大也四牡者人所駕今但養大其領不肯為用喻大臣自恣王不能使也膏脣拭舌謂欲讒毀故也競欲咀嚼造作飛條飛條飛書也陛下回受誹謗致邕刑罪室家徙放老幼流離豈不負忠臣哉今羣臣皆以邕為戒上畏不測之難下懼劒客之害謂蔡邕徙朔方時陽球使刺客追刺邕也臣知朝廷不復得聞忠言矣故太尉段熲武勇冠世習於邊事垂髮服戎功成皓首垂髮謂童子也歷事二主謂桓帝靈帝也勳烈獨昭陛下既已式序位登台司而為司隸校尉陽球所見誣脅一身既斃而妻子遠播天下惆悵功臣失望宜徵邕更授任反熲家屬則忠貞路開衆怨以弭矣帝知其忠而不能用時帝多稸私臧收天下之珍每郡國貢獻先輸中署名為導行費中署內署也導引也貢獻外別有所入以為所獻希之導引也強上疏諫曰天

下之財莫不生之陰陽歸之陛下（萬物稟陰陽而生）
歸之陛下豈有公私而今中尚方斂諸郡
之寶中御府積天下之繒西園引司農之
臧中廄聚太僕之馬而所輸之府輒有導
行之財調廣民困費多獻少姦吏因其利
百姓受其敝又阿媚之臣好獻其私容諂
姑息自此而進舊典選舉委任三府三府
有選參議掾屬咨其行狀度其器能（咨謀也）
受試任用責以成功若無可察然後付之

後漢列傳六十八　二十八　易

尚書尚書舉劾請下廷尉覆案虛實行其
誅罰今但任尚書或復勑用如是三公得
免選舉之負尚書亦復不坐責賞無歸豈
肯空自苦勞乎夫立言無顯過之咎明鏡
無見玼之尤如惡立言以記過則不當學
也不欲明鏡之見玼則不當照也（韓子曰古人之目短於自見故以鏡觀面智短於自規故以道正己鏡無見疵之罪道無明過之惡目失鏡則無以正鬚眉身失道則無以知迷惑玼與疵同也）願陛下詳思臣言不以記過
見玼爲責書奏不省中平元年黃巾賊起

帝問強所宜施行強欲先誅左右貪濁者
大赦黨人料簡刺史二千石能否帝納之
乃先赦黨人於是諸常侍人人求退又各
自徵還宗親子弟在州郡者中常侍趙忠
夏惲等遂共搆強云與黨人共議朝廷數
讀霍光傳（言其欲謀廢立也）強兄弟所在並皆貪穢
帝不悅使中黃門持兵召強強聞帝召怒
曰吾死亂起矣丈夫欲盡忠國家豈能對
獄吏乎遂自殺忠惲復譖曰強見召未知

後漢列傳六十八　二十九　林康

所問而就外草自屏有姦明審（外草自屏謂在外野草中自殺也）遂收捕宗親沒入財產焉時宦者濟
陰丁肅下邳徐衍南陽郭耽汝陽李巡北
海趙祐等五人稱爲清忠皆在里巷不爭
威權巡以爲諸博士試甲乙科爭第高下
更相告言至有行賂定蘭臺漆書經字以
合其私文者乃白帝與諸儒共刻五經文
於石於是詔蔡邕等正其文字自後五經
一定爭者用息趙祐博學多覽著作校書

諸儒稱之又小黃門甘陵吳伉善爲風角博達有奉公稱知不得用常託病還寺舍從容養志云

張讓者潁川人趙忠者安平人也少皆給事省中桓帝時爲小黃門忠以與誅梁冀功封都鄉侯與音預 延熹八年黜爲關中侯食本縣租千斛靈帝時讓忠並遷中常侍封列侯與曹節王甫等相爲表裏節死後忠領大長秋讓有監奴典任家事交通貨

後漢列傳六十八 三十

賂威形諠赫扶風人孟佗佗音駝 資產饒贍與奴朋結傾竭饋問無所遺愛奴咸德之問佗曰君何所欲力能辦也曰吾望汝曹爲我一拜耳時賓客求謁讓者車恆數百千兩佗時詣讓後至不得進監奴乃率諸倉頭迎拜於路遂共轝車入門賓客咸驚謂佗善於讓皆爭以珍玩賂之佗分以遺讓讓大喜遂以佗爲涼州刺史三輔決錄注曰佗字伯郎以蒲陶酒一斗遺讓讓即拜佗爲涼州刺史 是時讓忠及夏惲郭勝孫璋畢嵐栗嵩段珪高望張恭韓悝宋典十二人皆爲中常侍封侯貴寵父兄子弟布列州郡所在貪殘爲人蠹害黃巾既作盜賊糜沸郎中中山張鈞上書曰竊惟張角所以能興兵作亂萬人所以樂附之者其源皆由十常侍多放父兄子弟婚親賓客典據州郡辜搉財利侵掠百姓百姓之冤無所告訴故謀議不軌聚爲盜賊宜斬十常侍縣頭南郊以謝百姓又遣使者布

後漢列傳六十八 三十一

告天下可不須師旅而大寇自消天子以鈞章示讓等皆免冠徒跣頓首乞自致洛陽詔獄並出家財以助軍費有詔皆冠履視事如故帝怒鈞曰此真狂子也十常侍固當有一人善者不鈞復重上猶如前章輒寢不報詔使廷尉侍御史考爲張角道者御史承讓等旨遂誣奏鈞學黃巾道收掠死獄中而讓等實多與張角交通後中常侍封諝徐奏事獨發覺坐誅帝因怒詰

讓等曰汝曹常言黨人欲為不軌皆令禁錮或有伏誅今黨人更為國用汝曹反與張角通為可斬未皆叩頭云故中常侍王甫侯覽所為帝乃止明年南宮災讓忠等說帝令斂天下田畝稅十錢以修宮室發太原河東狄道諸郡材木及文石每州郡部送至京師黃門常侍輒令譴呵不中者因強折賤買十分雇一（雇謂讎其價也）因復貨之於宦官復不為即受材木遂至腐積宮室連年不成刺史太守復增私調百姓呼嗟凡詔所徵求皆令西園騶密約勑（騶養馬人）號曰中使恐動州郡多受賕賂刺史二千石及茂才孝廉遷除皆責助軍修宮錢大郡至二三千萬餘各有差當之官者皆先至西園諧價然後得去（諧謂平論定其價也）有錢不畢者或至自殺其守清者乞不之官皆迫遣之時鉅鹿太守河內司馬直新除以有清名減責三百萬直被詔悵然曰為民父母而反

後漢列傳六十八　三十二　徐永祖

割剝百姓以稱時求吾不忍也辭疾不聽行至孟津上書極陳當世之失古今禍敗之戒即吞藥自殺書奏帝為暫絕修宮錢又造萬金堂於西園引司農金錢繒帛牣積其中（牣滿也）又還河間買田宅起第觀帝本侯家宿貧每歎桓帝不能作家居故聚為私藏復臧寄小黃門常侍錢各數千萬常云張常侍是我公趙常侍是我母宦官得志無所憚畏並起第宅擬則宮室帝常

後漢列傳六十八　三十三　吳祥

登永安候臺（永安宮也）宦官恐其望見居處乃使中大人尚但諫曰（尚姓但名）天子不當登高登高則百姓虛散自是不敢復升臺榭（春秋潛潭巴曰天子無高臺榭高臺榭則下畔之蓋因此以誑帝也）明年遂使鉤盾令宋典繕修南宮玉堂又使掖庭令畢嵐鑄銅人四列於倉龍玄武闕（倉龍東闕玄武北闕）又鑄四鐘皆受二千斛縣於玉堂及雲臺殿前又鑄天祿蝦蟆吐水於平門外橋東轉水入宮又作翻車渴烏（翻車設機車以引水渴烏為曲筒以氣引水上也）

施於橋西用灑南北郊路以省百姓灑道之費又鑄四出文錢錢皆四道識者竊言侈虐已甚刑象兆見此錢成必四道而去及京師大亂錢果流布四海復以忠爲車騎將軍百餘日罷六年帝崩中軍校尉袁紹說大將軍何進令誅中官以悅天下謀泄讓忠等因進入省遂共殺進而紹勒兵斬忠捕官官無少長悉斬之讓等數十人劫質天子走河上追急讓等悲哭辭曰臣

等殄滅天下亂矣惟陛下自愛皆投河而死

論曰自古喪大業絕宗禋者其所漸有由矣三世以嬖色取禍（夏以末嬉殷以妲己周以褒姒）嬴氏以奢虐致災（秦始皇嬴姓也）西京自外戚失祚東都緣閹尹傾國成敗之來先史商之久矣（商謂商略）至於釁起宦夫其略猶或可言何者刑餘之醜理謝全生聲榮無暉於門閥肌膚莫傳於來體推情未鑒其敝即事易以取信加漸染朝事頗識典物故少主憑謹之庸女君資出內之命顧訪無猜憚之心恩狎有可悅之色亦有忠厚平端懷術糾邪（謂呂強也）或敏才給對飾巧亂實（若良賀對順帝不舉人也）或借譽貞良先時薦譽（曹騰進邊韶延固等也）非直苟恣凶德止於暴橫而已然真邪並行情貌相越（越違也謂貌雖似忠而情實姦邪）故能回惑昏幼迷瞀視聽蓋亦有其理焉（瞀亂也音茂）詐利既滋朋徒日廣直臣抗議必漏先言之閒（謂蔡邕對詔王甫曹節

覩之乃宣布於外而邕下獄也）至戚發憤方啓專奪之隙（謂竇武謀誅宦者反爲宦者所殺也）斯忠賢所以智屈社稷故其爲墟易曰履霜堅冰至云所從來久矣今迹其所以亦豈一朝一夕哉（易曰非一朝一夕之故其所由來者漸矣由辯之不早辯也易曰履霜堅冰至蓋言順也言初履霜而堅冰至者以喻物漸而至大也）

贊曰任失無小過用則違況乃巷職遠參天機（毛詩曰寺人巷伯作爲此詩巷職即寺人之職也）舞文巧態作惠作威凶家害國夫豈異歸（尚書曰臣無作威作福其害于而家凶于而國又曰惡不同同歸於亂）

後漢列傳卷第六十八

列傳卷第六十九 儒林上　范曄 後漢書七十九

唐章懷太子賢注

劉昆　洼丹

任安　楊政

張興　戴憑

孫期　歐陽歙

牟長　宋登

張馴　尹敏

周防　孔僖

楊倫

昔王莽更始之際，天下散亂，禮樂分崩，典文殘落。及光武中興，愛好經術，未及下車而先訪儒雅，採求闕文，補綴漏逸。禮記曰：武王克殷反商，未及下車而封黃帝之後於薊。先是四方學士多懷協圖書，遁逃林藪。自是莫不抱負墳策，雲會京師，范升、陳元、鄭興、杜林、衛宏、劉昆、桓榮之徒，繼踵而集。於是立五經博士，各以家法教授，易有施、孟、梁丘、京氏，尚書歐陽、大小夏侯詩齊魯韓禮大小戴春秋嚴顏凡十四博士太常差次總領焉建武五年乃修起太學稽式古典籩豆干戚之容備之於列（籩豆禮器也竹謂之籩木謂之豆干盾也戚鉞也舞者所執）服方領習矩步者委它乎其中（方領直領也委它行貌也委音於危反它音以支反）中元元年初建三雍明帝即位親行其禮天子始冠通天（徐廣輿服雜注曰天子朝冠通天冠高九寸黑介幘金薄山所常服也）衣日月（續漢志曰乘輿備文日月星辰也）備法物之駕（胡廣漢制度曰天子出有大駕法駕小駕大駕則公卿奉引大將軍驂乘太僕御屬車八十一乘備千乘萬騎法駕公不

後漢列傳六十九上　二　李昇

在鹵簿唯河南尹執金吾洛陽令奉引侍中驂乘奉車郎御屬車三十六乘小駕太僕奉駕侍御史整車騎也）盛清道之儀（漢官曰清道以旄頭爲前驅也）坐明堂而朝羣后登靈臺以望雲物（雲物解見明紀）袒割辟雍之上尊養三老五更饗射禮畢帝正坐自講諸儒執經問難於前冠帶縉紳之人圜橋門而觀聽者蓋億萬計（漢官儀曰辟雍四門外有水以節觀者門外皆有橋觀者水外故云圜橋門也圜遶也）其後復爲功臣子孫四姓末屬別立校舍搜選高能以受其業自期門羽林之士悉令通孝經章句匈奴

亦遣子入學濟濟乎洋洋乎盛於永平矣建初中大會諸儒於白虎觀考詳同異連月乃罷肅宗親臨稱制如石渠故事（石渠見章紀）顧命史臣著爲通義（即白武通議是）又詔高才生受古文尚書毛詩穀梁左氏春秋雖不立學官然皆擢高第爲講郎給事近署所以網羅遺逸博存衆家孝和亦數幸東觀覽閱書林及鄧后稱制學者頗懈時樊準徐防並陳敦學之宜又言儒職多非其人

後漢列傳六十九上　三　蔡仕

於是制詔公卿妙簡其選三署郎能通經術者皆得察舉自安帝覽政薄於蓺文博士倚席不講（禮記曰凡侍坐於大司成者遠近間三席又曰若非飲食之客則布席席間函丈注云謂講問客也倚席言不施講坐也）朋徒相視怠散學舍穨敝鞠爲園蔬（詩小雅曰鞠爲茂草注云鞠窮也）牧兒蕘豎至於薪刈其下順帝感翟酺之言乃更脩黌宇（說文曰黌學也黌與橫同）凡所造構二百四十房千八百五十室試明經下第補弟子增甲乙之科員各十人除郡國耆儒皆補郎舍人

本初元年梁太后詔曰大將軍下至六百石悉遣子就學每歲輒於鄉射月一饗會之以此爲常（漢官儀曰春三月秋九月習鄉射禮禮生皆使太學學生）自是遊學增盛至三萬餘生然章句漸疎而多以浮華相尚儒者之風蓋衰矣黨人既誅其高名善士多坐流廢後遂至忿爭更相言告亦有私行金貨定蘭臺桼書經字以合其私文熹平四年靈帝乃詔諸儒正定五經刊於石碑爲古文篆隷三體書法以

相參檢樹之學門（古文謂孔子壁中書篆書秦始皇使程邈所作也隷書亦程邈所獻也主於徒隷從簡易也謝承書曰碑立太學門外瓦屋覆之四面欄障開門於南河南郡設吏卒視之楊龍驤洛陽記載朱超石與兄書云石經文都似碑高一丈許廣四尺駢羅相接）使天下咸取則焉初光武遷還洛陽其經牒祕書載之二千餘兩自此以後參倍於前及董卓移都之際吏民擾亂自辟雍東觀蘭臺石室宣明鴻都諸藏典策文章競共剖散其縑帛圖書大則連爲帷蓋小乃制爲縢囊（縢亦幐也音徒恒反說文曰幐囊也）及王允所收而西者

裁七十餘乘道路艱遠復弃其半矣後長安之亂一時焚蕩莫不泯盡焉東京學者猥衆難以詳載今但錄其能通經名家者以爲儒林篇其自有列傳者則不兼書若師資所承（老子曰善人者不善人之師也不善人者善人之資也故因曰師資）宜標名爲證者乃著之云

前書云田何傳易授丁寬（前書寬字子襄）丁寬授田王孫王孫授沛人施讎東海孟喜琅邪梁丘賀（前書讎字長卿喜字長卿賀字長翁）由是易有施孟梁

丘之學又東郡京房受易於梁國焦延壽（前書延壽名贛）別爲京氏學又有東萊費直（前書直字長翁）傳易授琅邪王橫爲費氏學（前書橫作璜字平仲）本以古字號古文易又沛人高相傳易授子康及蘭陵毋將永爲高氏學（毋將姓也毋讀曰無）施孟梁丘京氏四家皆立博士費高二家未得立

劉昆字桓公陳留東昏人（東昏屬陳留郡東緡屬山陽郡諸本作緍者誤）梁孝王之胤也少習容禮（容儀也前書魯徐生善爲容孝文時以容爲禮官大夫）平帝時受施氏易於沛人戴

賓能彈雅琴知清角之操劉向別錄曰雅琴之意事皆出龍德諸琴雜事中前書藝文志曰雅琴龍氏名德趙氏名定韓子曰師曠對晉平公曰昔黃帝合鬼神駕象車交龍畢方並轄蚩尤居前風伯進埽雨師灑道作為清角今君德薄不足以聽之王莽世教授弟子恒五百餘人每春秋饗射常備列典儀以素木瓠葉為俎豆桑弧蒿矢以射菟首詩小雅瓠葉詩序曰刺幽王弃禮而不能行故思古之人不以微薄廢禮焉詩曰幡幡瓠葉采之亨之君子有酒酌言嘗之有菟斯首炰之燔之君子有酒酌言獻之昆懼禮之廢故引以瓠葉為俎實射則歌菟首之詩而為節也每有行禮縣宰輒率吏屬而觀之王莽以昆多聚徒衆私行大禮

有僭上心乃繫昆及家屬於外黃獄尋莽敗得免既而天下大亂昆避難河南負犢山中郡國志河南郡有負犢山建武五年舉孝廉不行遂逃教授於江陵光武聞之即除為江陵令時縣連年火災昆輒向火叩頭多能降雨止風徵拜議郎稍遷侍中弘農太守先是崤黽驛道多虎災行旅不通昆為政三年仁化大行虎皆負子度河帝聞而異之二十二年徵代杜林為光祿勳詔問昆曰前在江陵反風滅火後守弘農虎北度河行何德政而致是事昆對曰偶然耳左右皆笑其質訥帝歎曰此乃長者之言也顧命書諸策乃令入授皇太子及諸王小侯五十餘人二十七年拜騎都尉三十年以老乞骸骨詔賜洛陽第舍以千石祿終其身中元二年卒子軼字君文傳昆業門徒亦盛永平中為太子中庶子建初中稍遷宗正卒官遂世掌宗正焉

洼丹字子玉風俗通洼音圭南陽育陽人也世傳孟氏易王莽時常避世教授專志不仕徒衆數百人建武初為博士稍遷十一年為大鴻臚作易通論七篇世號洼君通丹學義研深易家宗之稱為大儒十七年卒於官年七十時中山觟陽鴻字孟孫姓觟陽名鴻也觟音胡瓦反其字從角字或作鮭從魚者音胡佳反亦以孟氏易教授有名稱永平中為少府

任安字定祖廣漢綿竹人也少遊太學受

孟氏易兼通數經又從同郡楊厚學圖讖究極其術時人稱曰欲知仲桓問任安又曰居今行古任定祖學終還家教授諸生自遠而至初仕州郡後太尉再辟除博士公車徵皆稱疾不就州牧劉焉表薦之時王塗隔塞詔命竟不至年七十九建安七年卒于家

楊政字子行京兆人也少好學從代郡范升受梁丘易善說經書京師爲之語曰說

〔後漢列傳六十九上〕 八 丰中

經鏗鏗楊子行教授數百人范升嘗爲出婦所告坐繫獄政乃肉袒以箭貫耳抱升子潛伏道傍候車駕而持章叩頭大言曰范升三娶唯有一子今適三歲孤之可哀武騎虎賁懼驚乘輿舉弓射之猶不肯去旄頭又以戟叉政傷胷政猶不退哀泣辭請有感帝心詔曰乞楊生師（乞讀曰氣）即尺一出升政由是顯名爲人嗜酒不拘小節果敢自矜然篤於義時帝壻梁松皇后弟陰就皆慕其聲名而請與交友政每共言論常切磋懇至不爲屈撓嘗詣楊虛侯馬武武難見政稱疾不爲起政入戶徑升牀排武把臂責之曰卿蒙國恩備位藩輔不思求賢以報殊寵而驕天下英俊此非養身之道也今日動者刀入胷武諸子及左右皆大驚以爲見劫操兵滿側政顏色自若會陰就至責數武令爲交友其剛果任情皆如此也建初中官至左中郎將

二百七十 〔後漢列傳六十九上〕 九 閏

張興字君上潁川鄢陵人也習梁丘易以教授建武中舉孝廉爲郎謝病去復歸聚徒後辟司徒馮勤府勤舉爲孝廉稍遷博士永平初遷侍中祭酒十年拜太子少傅顯宗數訪問經術既而聲稱著聞弟子自遠至者著錄且萬人爲梁丘家宗（著於籍錄）十四年卒於官子魴傳興業位至張掖屬國都尉

戴憑字次仲汝南平輿人也習京氏易年

十六郡舉明經徵試博士拜郎中時詔公卿大會羣臣皆就席憑獨立光武問其意憑對曰博士說經皆不如臣而坐居臣上是以不得就席帝即召上殿令與諸儒難說憑多所解釋帝善之拜爲侍中數進見問得失帝謂憑曰侍中當匡補國政勿有隱情憑對曰陛下嚴帝曰朕何用嚴憑曰伏見前太尉西曹掾蔣遵清亮忠孝學通古今陛下納膚受之訴遂致禁錮（論語孔子曰膚受之訴注云謂受人之訴辭皮膚之不深知其情核也）

後漢列傳六十九上　十　蔡

世以是爲嚴帝怒曰汝南子欲復黨乎憑出自繫廷尉有詔勑出後復引見憑謝曰臣無謇諤之節而有狂瞽之言不能以尸伏諫（韓詩外傳曰昔衛大夫史魚病且死謂其子曰我數知蘧伯玉之賢而不能進彌子瑕不肖而不能退死不當居喪正堂殯我於側室足矣衛君問其故子以父言聞於君君乃召蘧伯玉而貴之彌子瑕退之徙殯於正堂成禮而後去）偷生苟活誠慚聖朝帝即勑尚書解遵禁錮拜憑虎賁中郎將以侍中兼領之正旦朝賀百僚畢會帝令羣臣能說經者更相難

詰義有不通輒奪其席以益通者憑遂重坐五十餘席故京師爲之語曰解經不窮戴侍中在職十八年卒於官詔賜東園梓器錢二十萬時南陽魏滿字叔牙亦習京氏易教授永平中至弘農太守

孫期字仲彧濟陰成武人也少爲諸生習京氏易古文尚書家貧事母至孝牧豕於大澤中以奉養焉遠人從其學者皆執經壟畔以追之里落化其仁讓黃巾賊起過

後漢列傳六十九上　十一　劉寬

期里陌相約不犯孫先生舍郡舉方正遣吏齎羊酒請期期驅豕入草不顧司徒黃琬特辟不行終於家建武中范升傳孟氏易以授楊政而陳元鄭衆皆傳費氏易其後馬融亦爲其傳融授鄭玄玄作易注荀爽又作易傳自是費氏興而京氏遂衰

前書云濟南伏生（名勝）傳尚書授濟南張生及千乘歐陽生（前書字和伯）歐陽生授同郡兒寬寬授歐陽生之子世世相傳至曾孫歐

陽高(高字子陽)爲尚書歐陽氏學張生授夏侯都尉(都尉名)都尉授族子始昌始昌傳族子勝爲大夏侯氏學勝傳從兄子建建別爲小夏侯氏學三家皆立博士又魯人孔安國傳古文尚書授都尉朝(姓都尉名朝)朝授膠東庸譚爲尚書古文學未得立

歐陽歙字王思樂安千乘人也自歐陽生傳伏生尚書至歙八世皆爲博士歙既傳業而恭謙好禮讓王莽時爲長社宰(長社今許州縣也)更始立爲原武令世祖平河北到原武見歙在縣脩政遷河南都尉後行太守事世祖即位始爲河南尹封被陽侯(被陽故城在今淄州高苑縣西南)建武五年坐事免官明年拜揚州牧遷汝南太守推用賢俊政稱異迹九年更封夜侯(夜今萊州掖縣)歙在郡教授數百人視事九歲徵爲大司徒坐在汝南臧罪千餘萬發覺下獄諸生守闕爲歙求哀者千餘人至有自髡剔者平原禮震年十七聞

獄當斷馳之京師行到河內獲嘉縣自繫上書求代歙死曰伏見臣師大司徒歐陽歙學爲儒宗八世博士而以臧咎當伏重辜歙門單子幼未能傳學身死之後永爲廢絕上令陛下獲殺賢之譏下使學者喪師資之益乞殺臣身以代歙命書奏而歙已死獄中(謝承書曰震字仲威光武嘉其仁義拜震郎中後以公事左遷淮陽王廄長)歙掾陳元上書追訟之言甚切至帝乃賜棺木贈印綬賻縑三千匹子復嗣復卒無子國除濟陰

曹曾字伯山從歙受尚書門徒三千人位至諫議大夫子祉河南尹傳父業教授又陳留陳弇字叔明亦受歐陽尚書於司徒丁鴻仕爲蘄長(續漢書曰弇以尚書教授躬自耕種常有黃雀飛來隨弇翱翔)

牟長字君高樂安臨濟人也其先封牟春秋之末國滅因氏焉長少習歐陽尚書不仕王莽世建武二年大司空弘(宋弘也)特辟拜博士稍遷河內太守坐墾田不實免長

自爲博士及在河内諸生講學者常有千餘人著録前後萬人著尚書章句皆本之歐陽氏俗號爲牟氏章句復徵爲中散大夫賜告一歲卒於家子紆又以隱居教授門生千人肅宗聞而徵之欲以爲博士道物故在路死也案魏臺訪問物故之義高堂隆合曰聞之先師物無也故事也言死者無復所能於事也

宋登字叔陽京兆長安人也父由爲太尉登少傳歐陽尚書教授數千人爲汝陰令

政爲明能號稱神父遷趙相入爲尚書僕射順帝以登明識禮樂使持節臨太學奏定典律轉拜侍中數上封事抑退權臣由是出爲潁川太守市無二價道不拾遺病免卒于家汝陰人配杜祠之

張馴字子儁濟陰定陶人也少遊太學能誦春秋左氏傳以大夏侯尚書教授辟公府舉高第拜議郎與蔡邕共奏定六經文子擢拜侍中典領祕書近署甚見納異因便宜陳政得失朝廷嘉之遷丹陽太守化有惠政光和七年徵拜尚書遷大司農初平中卒於官

尹敏字幼季南陽堵陽人也堵音者少爲諸生初習歐陽尚書後受古文兼善毛詩穀梁左氏春秋建武二年上疏陳洪範消災之術時世祖方草創天下未遑其事命敏待詔公車拜郎中辟大司空府帝以敏博通經記令校圖讖使蠲去崔發所爲王莽著録次比

前書王莽居攝三年廣饒侯劉京車騎將軍千人扈雲太保屬臧鴻奏符命京言齊郡新井雲言巴郡石牛鴻言扶風雍石莽皆迎受十一月甲子莽上奏太后曰巴郡石牛雍石文皆到未央宮之前殿臣與太保安陽侯舜等視天風起塵冥風止得銅章帛圖於石前文曰天告帝符獻者封侯承天命用神說騎都尉崔發等視說其後莽封發爲說符侯

敏對曰讖書非聖人所作其中多近鄙別字頗類世俗之辭恐疑誤後生帝不納敏因其闕文增之曰君無口爲漢輔帝見而怪之召敏問其故敏對曰臣見前人增損圖書敢不自量竊幸萬一帝深非之雖竟不罪而亦以

此沇滯與班彪親善每相遇輒日旰忘食夜分不寢旰晚也自以爲鍾期伯牙莊周惠施之相得也說苑曰伯牙子鼓琴其友鍾子期聽之志在於山水子期皆知之子期死伯牙屏琴絶絃終身不復鼓琴莊子曰莊子送葬過惠子之墓顧謂從者曰郢人堊墁其鼻端若蠅翼使匠石斲之匠石運斤成風聽而斲之盡堊而鼻不傷郢人立不失容元君聞之召匠石曰嘗爲寡人爲之匠石曰臣則嘗斲之雖然臣之質死久矣自惠子之死吾無以爲質矣吾無與言之堊墁有泥墁之也堊音於各反墁音莫干反蠅翼薄也後三遷長陵令永平五年詔書捕男子周慮慮素有名稱而善於敏敏坐繫免官及出歎曰瘖聾之徒真世之

有道者也何謂察察而遇斯患乎十一年除郎中遷諫議大夫卒於家

周防字偉公汝南汝陽人也父揚少孤微常脩逆旅杜預注左傳曰逆旅客舍也以供過客而不受其報防年十六仕郡小吏世祖巡狩汝南召掾史試經防尤能誦讀拜爲守丞防以未冠謁去禮男子二十而冠自以年未成人故請去謁請也師事徐州刺史蓋豫受古文尚書經明舉孝廉拜郎中撰尚書雜記三十二篇四十萬言太尉張禹薦補博士稍遷陳留太守坐法免年七十八卒於家子舉自有傳

孔僖字仲和魯國魯人也自安國以下世傳古文尚書毛詩曾祖父子建少遊長安與崔篆友善及篆仕王莽爲建新大尹莽改千乘國曰建信又改曰建新郡守曰大尹嘗勸子建仕對曰吾有布衣之心子有袞冕之志各從所好不亦善乎道既乖矣請從此辭遂歸終於家僖與崔篆孫駰復相友善同遊太學習春秋因

讀吳王夫差時事僖廢書歎曰若是所謂畫龍不成反爲狗者夫差伐越敗之越王句踐乃以甲兵五千人棲於會稽使大夫種因吳太宰嚭而行成吳王將許之伍子胥諫曰今不滅後必悔之吳王不聽後句踐滅吳吳王曰吾悔不用子胥之言遂自剄死駰曰然昔孝武皇帝始爲天子年方十八崇信聖道師則先王五六年間號勝文景前書武帝年十七即位即位一年議立明堂安車蒲輪徵魯申公六年舉賢良班固贊曰以武帝之雄才大略不改文景之恭儉以濟斯人雖詩書所稱何以加茲也及後恣己忘其前之爲善謂武帝末年好神仙祭祀之事征伐四夷連兵三十餘年又信巫蠱天下户口減半人相食算及舟車官賣鹽鐵也僖曰書傳

若此多矣鄭房生梁郁儳和之曰儳謂不與之言而傍對也禮記曰無儳言儳音仕鑒反如此武帝亦是狗邪信駰默然不對郁怒恨之陰上書告駰信誹謗先帝刺譏當世事下有司駰詣吏受訊信以吏捕方至恐誅乃上書肅宗自訟曰臣之愚意以為凡言誹謗者謂實無此事而虛加誣之也至如孝武皇帝政之美惡顯在漢史坦如日月是為直說書傳實事非虛謗也夫帝者為善則天下之善咸歸焉

其不善則天下之惡亦萃焉斯皆有以致之故不可以誅於人也誅責也且陛下即位以來政教未過而德澤有加言政教未有過失也天下所具也臣等獨何譏刺哉假使所非實是則固應悛改儻其不當亦宜含容又何罪焉陛下不推原大數深自為計徒肆私忿以快其意臣等受戮死即死耳顧天下之人必回視易慮以此事闚陛下心自今以後苟見不可之事終莫復言者矣臣之所

以不愛其死猶敢極言者誠為陛下深惜此大業陛下若不自惜則臣何賴焉齊桓公親揚其先君之惡以唱管仲國語曰魯莊公束縛管仲以與齊桓公公親迎於郊而與之坐問焉曰昔吾先君襄公築臺以為高位田狩畢弋不聽國政卑聖侮士而唯女是崇九妃六嬪陳妾數百食必粱肉衣必文繡戎士凍餒是以國家不日引不月長恐宗廟不埽除社稷不血食敢問為此若何管子曰昔者聖王之理天下定人之居成人之事而慎用其六柄焉四人者勿使雜處雜處則其言哤其事易也然後羣臣得盡其心今陛下乃欲以十世之武帝遠諱實事豈不與肅聖御名公異哉臣恐有司卒然見構銜恨蒙枉

不得自敘使後世論者擅以陛下有所方比寧可復使子孫追掩之乎謹詣闕伏待重誅帝始亦無罪信等意及書奏立詔勿問拜信蘭臺令史元和二年春帝東巡狩還過魯幸闕里以太牢祠孔子及七十二弟子案史記達者七十二人作六代之樂黃帝曰雲門堯曰咸池舜曰大韶禹曰大夏湯曰大護周曰大武大會孔氏男子二十以上者六十三人命儒者講論信因自陳謝帝曰今日之會寧於卿宗有光榮乎對曰臣聞

明王聖主莫不尊師貴道今陛下親屈萬乘辱臨敝里此乃崇禮先師增煇聖德至於光榮非所敢承帝大笑曰非聖者子孫焉有斯言乎遂拜僖郎中賜褒成侯損及孔氏男女錢帛詔僖從還京師使校書東觀冬拜臨晉令崔駰以家林筮之崔篆所作易林也謂爲不吉止僖曰子盍辭乎僖曰學不爲人仕不擇官凶吉由己而由卜乎在縣三年卒官遺令即葬二子長彦季彦並十餘

歲蒲坂令許君然勸令反魯對曰今載柩而歸則違父令舍墓而去心所不忍遂留華陰長彦好章句學季彦守其家業門徒數百人延光元年河西大雨雹大者如斗安帝詔有道術之士極陳變眚乃召季彦見於德陽殿帝親問其故對曰此皆陰乘陽之徵也今貴臣擅權母后黨盛陛下宜脩聖德慮此二者帝默然左右皆惡之舉孝廉不就三年年四十七終於家初平帝

時王莽秉政乃封孔子後孔均爲褒成侯追謚孔子爲褒成宣尼及莽敗失國建武十三年世祖復封均子志爲褒成侯志卒子損嗣永元四年徙封褒亭侯損卒子曜嗣曜卒子完嗣世世相傳至獻帝初國絕臣賢案獻帝後至魏封孔子二十一葉孫羨爲崇聖侯晉封二十三葉孫震爲奉聖亭侯後魏封二十七葉孫乘爲崇聖大夫太和十九年孝文幸魯親祠孔子廟又改封二十八葉孫珍爲崇聖侯北齊改封三十一葉孫爲恭聖侯周武帝平齊改封鄒國公隋文帝仍舊封鄒國公隋煬帝改封爲紹聖侯貞觀十一年封夫子裔孫子德倫爲褒聖侯倫今見存

揚倫字仲理陳留東昏人也少爲諸生師事司徒丁鴻習古文尚書爲郡文學掾更歷數將志乖於時以不能人間事遂去職不復應州郡命講授於大澤中弟子至千餘人元初中郡禮請三府並辟公車徵皆辭疾不就後特徵博士爲清河王傅是歲安帝崩倫輒弃官奔喪號泣闕下不絕聲閻太后以其專擅去職坐抵罪順帝即位詔免倫刑遂留行喪于恭陵服闋徵拜侍

中是時邵陵令任嘉在職貪穢因遷武威太守後有司奏嘉臧罪千萬徵考廷尉其所牽染將相大臣百有餘人倫乃上書曰臣聞春秋誅惡及本本誅則惡消振裘持領領正則毛理今任嘉所坐狼藉未受辜戮猥以垢身改典大郡自非案坐舉者無以禁絕姦萌往者湖陸令張疊蕭令駟賢徐州刺史劉福等釁穢既章咸伏其誅而犲狼之吏至今不絕者豈非本舉之主不

加之罪乎昔齊威之霸殺姦臣五人并及舉者以弭謗讟當斷不斷黃石所戒（黃石公三略曰當斷不斷反受其亂）夫聖王所以聽僮夫匠婦之言者猶塵加嵩岱霧集淮海雖未有益不爲損也惟陛下留神省察奏御有司以倫言切直辭不遜順下之尚書奏倫探知密事激以求直坐不敬結鬼薪（結正其罪也鬼薪取薪以給宗廟三歲刑也）詔書以倫數進忠言特原之免歸田里陽嘉二年徵拜太中大夫大將軍梁商以爲長史諫諍不合出補常山王傅病不之官詔書敕司隸催促發遣倫乃留河內朝歌以疾自上曰有留死一尺無北行一寸刎頸不易九裂不恨（裂死也楚詞曰雖九死其猶未悔也）匠夫所執彊於三軍（論語曰三軍可奪帥匹夫不可奪志）固敢有辭帝乃下詔曰倫出幽升高（詩曰出于幽谷升于喬木）寵以藩傅稽留王命擅止道路託疾自從苟肆猾志（猾音滑）遂徵詣廷尉有詔原罪倫前後三徵皆以直諫不合既歸閉門講授自

絕人事公車復徵遜遁不行卒於家（遁逃也）

中興北海牟融習大夏侯尚書東海王良習小夏侯尚書沛國桓榮習歐陽尚書榮世習相傳授東京最盛扶風杜林傳古文尚書林同郡賈逵爲之作訓馬融作傳鄭玄注解由是古文尚書遂顯于世

後漢書列傳卷第六十九上

列傳卷第六十九（儒林下）　范曄　後漢書七十九

唐章懷太子賢注

高詡　包咸
魏應　伏恭
任末　景鸞
薛漢　杜撫
召馴　楊仁
趙曅　衛宏
董鈞　丁恭

周澤　鍾興
甄宇　樓望
程曾　張玄
李育　何休
服虔　穎容
謝該　許慎
蔡玄

前書魯人申公受詩於浮丘伯爲作詁訓是爲魯詩齊人轅固生亦傳詩是爲齊詩燕人韓嬰亦傳詩是爲韓詩三家皆立博士趙人毛萇傳詩是爲毛詩未得立

高詡字季回平原般人也（般音卜滿反）曾祖父嘉以魯詩授元帝仕至上谷太守父容少傳嘉學哀平閒爲光祿大夫詡以父任爲郎中世傳魯詩以信行清操知名王莽篡位父子稱盲逃不仕莽世光武即位大司空宋弘薦詡徵爲郎除符離長（符離縣故城在今徐州符離縣東也）去官後徵爲博士建武十一年拜大司

農在朝以方正稱十三年卒官賜錢及冢田

包咸字子良會稽曲阿人也（曲阿今潤州縣）少爲諸生受業長安師事博士右師細君（姓右師）習魯詩論語王莽末去歸鄉里於東海界爲赤眉賊所得遂見拘執十餘日咸晨夜誦經自若賊異而遣之因住東海立精舍講授光武即位乃歸鄉里太守黃讜署戶曹史欲召咸入授其子咸曰禮有來學而無

往教（禮記曰禮聞來學不聞往教也）讜遂遣子師之舉孝廉
除郎中建武中入授皇太子論語又爲其
章句拜諫議大夫侍中右中郎將永平五
年遷大鴻臚每進見錫以几杖入屏不趨
贊事不名經傳有疑輒遣小黄門就舍卽
問顯宗以咸有師傅恩而素清苦常特賞
賜珍玩東帛奉禄增於諸卿咸皆散與諸
生之貧者病篤帝親輦駕臨視八年年七
十二卒於官子福拜郎中亦以論語入授

和帝

魏應字君伯任城人也少好學建武初詣
博士受業習魯詩閉門誦習不交僚黨京
師稱之後歸爲郡吏舉明經除濟陰王文
學以疾免官教授山澤中徒衆常數百人
永平初爲博士再遷侍中十三年遷大鴻
臚十八年拜光禄大夫建初四年拜五官
中郎將詔入授千乘王伉應經明行修弟
子自遠方至著録數千人肅宗甚重之數
進見論難於前特受賞賜時會京師諸儒
於白虎觀講論五經同異使應專掌難問
侍中淳于恭奏之帝親臨稱制如石渠故
事明年出爲上黨太守徵拜騎都尉卒於
官

伏恭字叔齊琅邪東武人司徒湛之兄子
也湛弟黯字稚文以明齊詩改定章句作
解說九篇位至光禄勳無子以恭爲後恭
性孝事所繼母甚謹少傳黯學以任爲郎

建武四年除劇令視事十三年以惠政公
廉聞青州舉爲尤異太常試經第一拜博
士遷常山太守敦脩學校教授不輟由是
北州多爲伏氏學永平二年代梁松爲太
僕四年帝臨辟雍於行禮中拜恭爲司空
儒者以爲榮初父黯章句繁多恭乃省減
浮辭定爲二十萬言在位九年以病乞骸
骨罷詔賜千石奉以終其身十五年行幸
琅邪引遇如三公儀建初二年冬肅宗行

饗禮以恭爲三老年九十元和元年卒賜葬顯節陵下子壽官至東郡太守

任末字叔本蜀郡繁人也（繁縣故城在今益州新繁縣北）少習齊詩遊京師教授十餘年友人董奉德於洛陽病亡末乃躬推鹿車載奉德喪致其墓所由是知名爲郡功曹辭以病免後奔師喪於道物故臨命勑兄子造曰必致我尸於師門使死而有知魂靈不慙如其無知得土而已造從之

景鸞字漢伯廣漢梓潼人也少隨師學經涉七州之地能理齊詩施氏易兼受河洛圖緯作易說及詩解文句兼取河洛以類相從名爲交集又撰禮內外記號曰禮略又抄風角雜書列其占驗作興道一篇及作月令章句凡所著述五十餘萬言數上書陳救災變之術州郡辟命不就以壽終

薛漢字公子淮陽人也世習韓詩父子以章句著名漢少傳父業尤善說災異讖緯教授常數百人建武初爲博士受詔校定圖讖當世言詩者推漢爲長永平中爲千乘太守政有異迹後坐楚事辭相連下獄死弟子犍爲杜撫會稽澹臺敬伯鉅鹿韓伯高最知名

杜撫字叔和犍爲武陽人也少有高才受業於薛漢定韓詩章句後歸鄉里教授沈靜樂道舉動必以禮弟子千餘人後爲驃騎將軍東平王蒼所辟及蒼就國掾史悉補王官屬未滿歲皆自劾歸時撫爲大夫不忍去蒼聞賜車馬財物遣之辟太尉府建初中爲公車令數月卒官其所作詩題約義通學者傳之曰杜君法云

召馴字伯春九江壽春人也曾祖信臣元帝時爲少府（前書信臣字翁卿爲南陽太守吏人親愛號曰召父）父建武中爲卷令（卷縣屬榮陽郡卷音丘圓反）馴少習韓詩博通書傳以志義聞鄉里號之曰德行恂恂召伯春累仕州郡辟司徒府

建初元年稍遷騎都尉侍講肅宗拜左中郎將入授諸王帝嘉其義學恩寵甚崇出拜陳留太守賜刀劍錢物元和二年入爲河南尹章和二年代任隗爲光祿勳卒於官賜冢塋陪園陵孫休位至青州刺史

楊仁字文義巴郡閬中人也建武中詣師學習韓詩數年歸靜居教授仕郡爲功曹舉孝廉除郎太常上仁經中博士（上音時掌反下同）仁自以年未五十不應舊科（漢官儀曰博士限年五十以上）

上府讓選顯宗特詔補北宮衛士令（漢官儀曰北宮衛士令一人秩六百石）引見問當世政迹仁對以寬和任賢抑黜驕戚爲先又上便宜十二事皆當世急務帝嘉之賜以縑錢及帝崩時諸馬貴盛各爭欲入宮仁被甲持戟嚴勒門衛莫敢輕進者肅宗既立諸馬共譖仁刻峻帝知其忠愈善之拜什邡令（今益州什邡縣也音十方）寬惠爲政勸課掾史弟子悉令就學其有通明經術者顯之右署（右署上司）或貢之朝由是義學大興墾田千餘頃行兄喪去官後辟司徒桓虞府掾有宋章者貪奢不法仁終不與交言同席時人畏其節後爲閬中令卒於官

趙曄字長君會稽山陰人也少嘗爲縣吏奉檄迎督郵曄恥於廝役遂弃車馬去到犍爲資中（資中縣名今資州資陽縣）詣杜撫受韓詩究竟其術積二十年絕問不還家爲發喪制服撫卒業乃歸州召補從事不就舉有道卒

于家曄著吳越春秋詩細歷神淵蔡邕至會稽讀詩細而歎息以爲長於論衡邕還京師傳之學者咸誦習焉時山陽張匡字文通亦習韓詩作章句後舉有道博士徵不就卒於家

衛宏字敬仲東海人也少與河南鄭興俱好古學初九江謝曼卿善毛詩乃爲其訓宏從曼卿受學因作毛詩序善得風雅之旨于今傳於世後從大司空杜林更受古

文尚書爲作訓旨時濟南徐巡師事宏後
從林受學亦以儒顯由是古學大興光武
以爲議郎宏作漢舊儀四篇以載西京雜
事又著賦頌誄七首皆傳於世中興後鄭
衆賈逵傳毛詩後馬融作毛詩傳鄭玄作
毛詩箋（箋薦也薦成毛義也張華博物志曰鄭注毛詩曰箋不解此意或云毛公嘗爲北海相玄是郡人故以爲敬云）
前書魯高堂生漢興傳禮十七篇後瑕丘
蕭奮以授同郡后蒼蒼授梁人戴德及德
後漢列傳六十九下　九　毛仙
兄子聖沛人慶普（德字近君聖字次君普字孝公）於是德爲
大戴禮聖爲小戴禮普爲慶氏禮三家皆
立博士孔安國所獻禮古經五十六篇及
周官經六篇前世傳其書未有名家中興
已後亦有大小戴博士雖相傳不絕然未
有顯於儒林者建武中曹充習慶氏學傳
其子褒遂撰漢禮事在褒傳
董鈞字文伯犍爲資中人也習慶氏禮事
大鴻臚王臨元始中舉明經遷廩犧令（前書平帝元始五年舉明經漢官儀曰廩犧令一人秩六百石）病去官建武中舉
孝廉辟司徒府鈞博通古今數言政事永
平初爲博士時草創五郊祭祀（續漢志曰永平中以禮讖及月令有五郊迎氣因採元和中故事兆五郊于洛陽四方中兆在未壇皆三尺）及宗廟
禮樂威儀章服輒令鈞參議多見從用當
世稱爲通儒累遷五官中郎將常教授門
生百餘人後坐事左轉騎都尉年七十餘
卒於家中興鄭衆傳周官經後馬融作周
官傳授鄭玄玄作周官注玄本習小戴禮
後漢列傳六十九下　十　蔡志遠
後以古經校之取其義長者故爲鄭氏學
玄又注小戴所傳禮記四十九篇通爲三
禮焉
前書齊胡母子都傳公羊春秋授東平嬴
公嬴公授東海孟卿孟卿授魯人眭孟眭
孟授東海嚴彭祖魯人顏安樂彭祖爲春
秋嚴氏學安樂爲春秋顏氏學（前書彭祖字公子安樂字翁孫安樂即眭孟姊子也）又瑕丘江公傳穀梁春秋三家
皆立博士梁太傅賈誼爲春秋左氏傳訓

詁授趙人貫公
丁恭字子然山陽東緡人也(東緡今兖州金鄉縣)習公
羊嚴氏春秋恭學義精明教授常數百人
州郡請召不應建武初爲諫議大夫博士
封關內侯十一年遷少府諸生自遠方至
者著録數千人當世稱爲大儒太常樓望
侍中承官長水校尉樊儵等皆受業於恭
二十年拜侍中祭酒騎都尉與侍中劉昆
俱在光武左右每事諮訪焉卒於官

周澤字穉都北海安丘人也少習公羊嚴
氏春秋隱居教授門徒常數百人建武末
辟大司馬府署議曹祭酒數月徵試博士
中元元年遷黽池令奉公尅己矜恤孤羸
吏人歸愛之永平五年遷右中郎將十年
拜太常澤果敢直言數有據爭後北地太
守廖信(廖音力弔反)坐貪穢下獄沒入財産顯
宗以信臧物班諸廉吏唯澤及光禄勳孫
堪大司農常沖特蒙賜焉是時京師翕然

在位者咸自勉勵堪字子穉河南緱氏人
也明經學有志操清白貞正愛士大夫然
一毫未嘗取於人以節介氣勇自行王莽
末兵革並起宗族老弱在營保間堪常力
戰陷敵無所回避數被創刃宗族賴之郡
中咸服其義勇建武中仕郡縣公正廉絜
奉禄不及妻子皆以供賓客及爲長吏所
在有迹爲吏人所敬仰喜分明去就嘗爲
縣令謁府趨步遲緩門亭長譴堪御吏堪

便解印綬去不之官後復仕爲左馮翊坐
遇下促急司隸校尉舉奏免官數月徵爲
侍御史再遷尚書令永平十一年拜光禄
勳堪清廉果於從政數有直言多見納用
十八年以病乞身爲侍中騎都尉卒於官
堪行類於澤故京師號曰二穉十二年以
澤行司徒事如眞澤性簡忽威儀頗失宰
相之望數月復爲太常清絜循行盡敬宗
廟常卧疾齋宫其妻哀澤老病闚問所苦

澤大怒以妻干犯齋禁遂收送詔獄謝罪當世疑其詭激時人爲之語曰生世不諧作太常妻一歲三百六十日三百五十九日齋（漢官儀此下云一日不齋醉如泥）十八年拜侍中騎都尉後數爲三老五更建初中致仕卒於家

鍾興字次文汝南汝陽人也少從少府丁恭受嚴氏春秋恭薦興學行高明光武召見問以經義應對甚明帝善之拜郎中稍遷左中郎將詔令定春秋章句去其復重（復音複重音直容反）以授皇太子又使宗室諸侯從興受章句封關內侯興自以無功不敢受爵帝曰生教訓太子及諸王侯非大功邪興曰臣師丁恭於是復封恭而興遂固辭不受爵卒於官

甄宇字長文北海安丘人也清靜少欲習嚴氏春秋教授常數百人建武中爲州從事徵拜博士（東觀記曰建武中每臘詔書賜博士一羊羊有大小肥瘦時博士祭酒議欲殺羊分肉又欲投鉤宇復恥之宇因先自取其最瘦者由是不復有爭訟後召會問瘦羊博士所在京師因以號之）稍遷太子少傅卒於官傳業子普普傳子承承尤篤學未嘗視家事講授常數百人諸儒以承三世傳業莫不歸服之建初中舉孝廉卒於梁相子孫傳學不絶

樓望字次子陳留雍丘人也少習嚴氏春秋操節清白有稱鄉閭建武中趙節王栩（光武叔父趙王良之子謚曰節）聞其高名遣使齎玉帛請以爲師望不受後仕郡功曹永平初爲侍中越騎校尉入講省內十六年遷大司農十八年代周澤爲太常建初五年坐事左轉太中大夫後爲左中郎將教授不倦世稱儒宗諸生著錄九千餘人年八十永元十二年卒於官門生會葬者數千人儒家以爲榮

程曾字秀升豫章南昌人也受業長安習嚴氏春秋積十餘年還家講授會稽顧奉等數百人常居門下著書百餘篇皆五經通難又作孟子章句建初三年舉孝廉遷

海西令卒於官

張玄字君夏河内河陽人也少習春秋顔

氏兼通數家法建武初舉明經補弘農文

學遷陳倉縣丞清淨無欲專心經書方其

講問乃不食終日及有難者輒爲張數家

之説令擇從所安諸儒皆伏其多通著録

千餘人玄初爲縣丞嘗以職事對府不知

官曹處吏白門下責之時右扶風琅邪徐

業亦大儒也聞玄諸生試引見之與語大

驚曰今日相遭眞解矇矣（遭逢也）遂請上堂

難問極日後玄去官舉孝廉除爲郎會顔

氏博士缺玄試策第一拜爲博士居數月

諸生上言玄兼説嚴氏宣氏不宜專爲顔

氏博士光武且令還署未及遷而卒

李育字元春扶風漆人也（漆縣今豳州辛平縣）少習公

羊春秋沈思專精博覽書傳知名太學深

爲同郡班固所重固奏記薦育於驃騎將

軍東平王蒼由是京師貴戚爭往交之州

郡請召育到輒辭病去常避地教授門徒

數百頗涉獵古學嘗讀左氏傳雖樂文采

然謂不得聖人深意以爲前世陳元范升

之徒更相非折（折難也音之舌反）而多引圖讖不據

理體於是作難左氏義四十一事建初元

年衛尉馬廖舉育方正爲議郎後拜博士

四年詔與諸儒論五經於白虎觀育以公

羊義難賈逵往返皆有理證最爲通儒再

遷尚書令及馬氏廢（建初八年順陽侯馬廖子豫爲步兵校尉坐投書怨誹廖免歸國見馬援傳）育坐爲所舉免歸歲餘復再

遷侍中卒於官

何休字邵公任城樊人也（樊縣故城在今兖州瑕丘縣西南）父

豹少府休爲人質朴訥口而雅有心思精

研六經世儒無及者以列卿子詔拜郎中

非其好也辭疾而去不仕州郡進退必以

禮太傅陳蕃辟之與參政事蕃敗休坐廢

錮乃作春秋公羊解詁（博物志曰何休注公羊云何氏學有不解者或荅曰休謙辭受學於師乃宣此義不出於已此言爲允也）覃思不闚門十有

七年又注訓孝經論語風角七分皆經緯典謨不與守文同說又以春秋駮漢事六百餘條妙得公羊本意休善歷筭與其師博士羊弼追述李育意以難二傳作公羊墨守（言公羊之義不可攻如墨翟之守城也）左氏膏肓穀梁癈疾黨禁解又辟司徒羣公表休道術深明宜侍帷幄倖臣不悅之乃拜議郎屢陳忠言再遷諫議大夫年五十四光和五年卒

服虔字子愼初名重又名祇後改爲虔河南滎陽人也少以清苦建志入太學受業有雅才善著文論作春秋左氏傳解行之至今又以左傳駮何休之所駮漢事六十條舉孝廉稍遷中平末拜九江太守免遭亂行客病卒所著賦碑誄書記連珠九憤凡十餘篇

潁容字子嚴陳國長平人也（長平縣故城在今陳州西北）博學多通善春秋左氏師事太尉楊賜郡舉孝廉州辟公車徵皆不就初平中避亂荊州聚徒千餘人劉表以爲武陵太守不肯起著春秋左氏條例五萬餘言建安中卒

謝該字文儀南陽章陵人也善明春秋左氏爲世名儒門徒數百千人建安中河東人樂詳條左氏疑滯數十事以問該皆爲通解之名爲謝氏釋行於世（魏略曰詳字文載少好學聞謝該善左氏傳乃從南陽步涉詣許從該問難諸要今左氏問七十二事詳所撰也杜畿爲太守署詳文學祭酒黃初中徵拜博士十餘人學多褊又不熟悉唯詳五業並授其或質難不解詳無慍色以杖畫地牽譬引類至忘寢食也）仕爲公車司馬令以父母老託疾去官欲歸郷里會荊州道斷不得去少府孔融上書薦之曰臣聞高祖創業韓彭之將征討暴亂陸賈叔孫通進說詩書（陸賈爲太中大夫時時前說稱詩書著書十二篇每奏一篇高祖未嘗不稱善叔孫通爲高祖制禮儀並見前書）光武中興吳耿佐命范升衛宏脩述舊業故能文武並用成長久之計陛下聖德欽明同符二祖勞謙戹運三年乃讙（史記高宗諒闇三年不言言乃讙時靈帝崩後獻帝居諒闇初釋服也）今尚父鷹揚方叔

翰飛尚父太公也毛詩曰惟師尚父時惟鷹揚又 / 曰方叔涖止其車三千鴥彼飛隼翰飛戾天

注云方叔卿士命爲將也涖臨也鴥急疾之 / 貌也飛乃至天喻士卒至勇能深入攻敵王師

電鷙羣凶破殄始有櫜弓臥鼓之次毛詩 / 曰載

櫜弓矢櫜所以盛弓言今太平櫜 / 弓臥鼓不用征伐故須賢人也宜得名儒典

綜禮紀竊見故公車司馬令謝該體曾史

之淑性曾參 / 史魚兼商偃之文學卜商言偃也論 / 語曰文學則子

游子 / 夏博通羣蓺周覽古今物來有應事至

不惑清白異行敦悅道訓求之遠近少有

疇匹若乃巨骨出吳史記曰吳伐越墮會稽得 / 骨節專車吳使使問仲尼

骨何者最大仲尼曰禹致羣神於會稽山防 / 風氏後至禹殺而僇之其節專車此爲大也隼集

陳庭史記曰有隼集于陳庭而死楛矢貫之石砮 / 矢長尺有咫陳湣公使問仲尼仲尼曰隼來

遠矣此肅愼之矢也昔武王克商通道九夷百蠻使 / 各以其方賄來貢於是肅愼貢楛矢石砮長尺有咫

先王以分大姬配虞胡公而 / 封諸陳試求之故府果得之黃能入寢左傳曰鄭 / 子產聘于

晉晉侯有疾韓宣子曰寡君寢疾於今三月矣今夢 / 黃能入於寢門其何厲鬼邪對曰昔堯殛鯀于羽山

其神化爲黃能以入羽泉實爲夏郊三代祀之晉 / 爲盟主其或者未之祀也韓子祀夏郊晉侯有閒亥

有二首左傳晉悼夫人食輿人之城杞者絳縣人 / 或年長矣無子而往與於食有與疑年使

之年曰臣小人也不知紀年臣生之歲正月甲子朔 / 四百有四十五甲子矣其季於今三之一也吏走門

諮朝師曠曰魯叔仲惠伯會郤成子于承匡之歲也 / 七十三年矣史趙曰亥有二首六身下二如身是其

日數也士文伯曰然則二萬六千六百有六旬也 / 杜注云亥字二畫在上并三六爲身如筭之六也非

夫洽聞者莫識其端也雋不疑定北闕之

前前書昭帝時有男子成方遂詣北闕自稱衛太 / 子丞相御史二千石至者立莫敢發言京兆尹

雋不疑後到叱從吏收縳或曰是非未可知不疑曰 / 諸君何患於衛太子昔蒯聵違命出奔輒距而不納

春秋是之衛太子得罪先帝亡不即死今來自詣此 / 罪人也遂送下詔獄天子與大將軍霍光聞而嘉之

曰公卿大臣當用 / 經術明於大義也夏侯勝辯常陰之驗然後

朝士益重儒術前書曰昌邑王嗣立數出勝當 / 乘輿車前諫曰天久陰不雨臣

下有謀上者陛下欲何之王怒謂勝爲妖言縳以屬 / 吏吏白霍光是時光與張子孺謀欲廢王光讓子孺

以爲泄子孺實不泄召問勝對言 / 在洪範光子孺以此益重儒術士今該實卓然

比跡前列閒以父母老疾弃官欲歸道路

險塞無由自致猥使良才抱樸而逃踰越

山河沈淪荆楚所謂往而不反者也韓詩 / 外傳

曰山林之士爲名故往而不能反 / 也朝廷之士爲祿故入而不能出後日當更饋

樂以釣由余剋像以求傅說豈不煩哉史 / 記

曰由余其先晉人也亡入戎能晉言聞繆公賢故使 / 由余觀秦秦繆公示以宮室積聚由余曰使鬼爲之

則勞神矣使人爲之亦苦人矣繆公退而問內史廖 / 曰孤聞隣國有聖人敵國之憂也今由余寡人之害

將奈何廖曰戎王處僻未聞中國之聲君試遺以女 / 樂以奪其志爲由余請以疏其閒留而莫遺以失其

期戎王怪之必疑由余君臣有閒乃可慮也乃令內 / 史廖以女樂二八遺戎王戎王受而說之由余數諫

不聽繆公又數使人閒要由余由余遂去降秦臣愚以爲可推録所在
召詼令還楚人止孫卿之去國劉向孫卿子後序所論孫
卿事曰卿名況趙人也楚相春申君以爲蘭陵令或謂春申君曰湯以七十里文王以百里孫卿賢者今
與之百里地楚其危乎春申君謝之孫卿去之趙後客或謂春申君曰伊尹去夏入殷殷王而夏亡管仲
去魯入齊魯弱而齊彊故賢者所在君尊國安今孫卿天下賢人所去之國其不安乎春申君使人聘孫
卿乃還復爲蘭陵令漢朝追玕衡於平原前書玕衡爲平原文學長安令
揚興薦之於車騎將軍史高曰衡材智有餘經學絶倫但以無階朝廷故隨牒在遠方將軍試召置幕府
貢之朝廷必爲國器高然其言辟衡爲議曹吏薦衡於帝帝以爲郎中尊儒貴學
惜失賢也書奏詔即徵還拜議郎以壽終

後漢列傳六十九下　二十一

建武中鄭興陳元傳春秋左氏學時尚書
令韓歆上疏欲爲左氏立博士范升與歆
爭之未決陳元上書訟左氏遂以魏郡李
封爲左氏博士後羣儒蔽固者數廷爭之
及封卒光武重違衆議而因不復補
許慎字叔重汝南召陵人也性淳篤少博
學經籍馬融常推敬之時人爲之語曰五
經無雙許叔重爲郡功曹舉孝廉再遷除
洨長卒于家洨音爻交反初慎以五經傳說臧
否不同於是撰爲五經異義又作說文解
字十四篇皆傳於世
蔡玄字叔陵汝南南頓人也學通五經門
徒常千人其著録者萬六千人徵辟並不
就順帝特詔徵拜議郎講論五經異同甚
合帝意遷侍中出爲弘農太守卒官
論曰自光武中年以後干戈稍戢專事經
學自是其風世篤焉其服儒衣稱先王儒服
爲章甫之冠縫掖之衣也禮記曰言必則古昔稱先王遊庠序聚横横又作黌

後漢列傳六十九下　二十二

塾者蓋布之於邦域矣若乃經生所處不
遠萬里之路經生謂博士也就之者不以萬里爲遠而至也精廬暫
建贏糧動有千百精廬講讀之舍贏擔負也其耆名高義
開門受徒者編牒不下萬人皆專相傳祖
莫或訛雜至有分爭王庭樹朋私里繁其
章條穿求崖穴以合一家之說故楊雄曰
今之學者非獨爲之華藻又從而繡其鞶
帨楊雄法言之文也喻學者文煩碎也鞶帶也字或作幋說文曰幋覆衣巾也音盤帨佩巾也音
稅夫書理無二義歸有宗而碩學之徒莫

之或從（無二專一也）故通人鄙其固焉又雄所謂譊譊之學各習其師也（亦法言之文也譊譊讙也音奴交反）且觀成名高弟終能遠至者蓋亦寡焉而迂滯若是矣然所談者仁義所傳者聖法也故人識君臣父子之綱家知違邪歸正之路自（淵聖御名）靈之閒君道秕僻（秕穀不成也以喻政化之惡也）朝綱日陵國隙屢啓（陵陵遲也）自中智以下靡不審其崩離而權彊之臣息其闚盜之謀（謂閻忠勸皇甫嵩令推亡漢而自立嵩不從其言）豪俊之夫屈於鄙生之

議者（謂董卓欲大起兵鄭泰止之卓從其言）人誦先王言也下畏逆順埶也（言政化雖壞而朝久不傾危者以經籍道行下人懼逆順之埶）至如張溫皇甫嵩之徒功定天下之半聲馳四海之表俯仰顧眄則天業可移猶鞠躬昬主之下狼狽折札之命散成兵就繩約而無悔心（昬主謂獻帝也札簡也折簡而召言不勞重命也繩約猶拘制也謂溫及嵩並被徵而就拘制也）暨乎剝橈自極人神數盡（易大過卦曰棟橈凶橈折也極終也言漢祚自終人神之數盡橈音女教反）然後羣英乘其運世德終其祚（羣英謂袁術曹操之屬代德終其祚謂曹丕即位廢獻帝爲山陽公自廢至薨十四年以壽終）跡衰敝之所由致而能多歷年所者斯豈非學之效乎（跡猶尋也言由有儒學故能長久也）故先師垂典文褒勵學者之功篤矣切矣不循春秋至乃比於殺逆其將有意乎（史記曰爲人君父而不通春秋之義者必蒙首惡之名爲人臣子不通春秋之義者必陷篡弒誅死之罪也）

贊曰斯文未陵亦各有承（論語曰天之將喪斯文也言斯文未陵遲故學者分門各自承襲其家業也）塗分流別專門並興精踈殊會通閡相徵千載不作淵原誰澂（說經者各自是其一家或精或踈或通或閡去聖既久莫知是非若千載一聖不復作起則泉原混濁誰能澂之）

後漢書列傳卷第六十九下

唐章懷太子賢注

杜篤 王隆

夏恭 傅毅

黃香 劉毅

李尤 蘇順

劉珍 葛龔

王逸 崔琦

邊韶

杜篤字季雅京兆杜陵人也高祖延年宣帝時爲御史大夫 前書延年字幼公周之子也爲御史大夫延年居父官府不敢當舊位卧坐皆易其處也 篤少博學不修小節不爲鄉人所禮居美陽與美陽令遊數從請託不諧頗相恨令怒收篤送京師會大司馬吳漢薨光武詔諸儒誄之篤於獄中爲誄辭最高帝美之賜帛免刑篤以關中表裏山河先帝舊京不宜改營洛邑乃上奏論都賦曰臣聞知而復知是爲重知 韓詩外傳曰知者知其所知乃爲知矣 臣所欲言陛下已知故略其梗概 梗概猶粗略也 不敢具陳昔般庚去奢行儉於亳 帝王紀曰般庚以耿在河北迫近山川自祖辛以來奢淫不絕般庚乃南度河徙都於亳人咨嗟相怨不欲徙乃作書三篇以告之 成周之隆乃即中洛 周成王就土中都洛陽也 遭時制都不常厥邑 尚書曰不常厥邑于今五遷 賢聖之慮蓋有優劣霸王之姿明知相絕守國之埶同歸異術或弃去阻阸務𠖥平易 淮南子曰武王克殷欲築宮於五行之山周公曰不可夫五行之山固塞險阻之地使我德能覆之則天下納其貢職者回矣使我有暴亂之行則天下之伐我難也高誘注云明周公恃德不恃險也

或據山帶河并吞六國 謂秦也 或富貴思歸不顧見襲或掩空擊虛自蜀漢出 韓生勸項羽都關中羽曰富貴不歸故鄉如衣錦夜行乃歸都彭城而高祖自蜀漢出襲擊之也見前書 即日車駕策由一卒 前書戍卒婁敬說高祖都關中即日車駕西都長安 或知而不從久都墝埆 謂光武久都洛陽也墝埆薄地也前書張良曰洛陽田地薄四面受敵墝音苦交反埆音苦角反 臣不敢有所據竊見司馬相如楊子雲作辭賦以諷主上臣誠慕之伏作書一篇名曰論都謹并封奏如左皇帝以建武十八年二月甲辰升輿洛邑巡于西岳 光武紀曰

甲寅西巡狩推天時順斗極楊雄長楊賦曰順斗極運天關極北極星也言順斗建及北極之星運轉而行也排閶闔入函谷閶闔天門也函谷故關在今洛州新安縣也觀阸於崤黽圖險於隴蜀圖猶規度也其三月丁酉行至長安經營宮室傷愍舊京即詔京兆迺命扶風齋肅致敬告覲園陵悽然有懷祖之思懷思也喟乎以思諸夏之隆喟歎聲遂天旋雲遊造舟于渭北斻涇流爾雅曰天子造舟造並也以舟相並而濟也斻舟度也音胡郎反方言關而東或謂舟為航說文斻字在方部今流俗不解遂與杭字相亂者誤也千乘方轂萬騎駢羅衍陳

於岐梁東橫乎大河衍布也橫絕流度也楚辭曰橫大江兮揚舲也瘞后土瘞埋也謂埋牲幣也爾雅曰祭地曰瘞埋后土祠在今蒲州汾陰縣北也禮邠郊甘泉祭天所也在邠地之郊其歲四月反于洛都明年有詔復函谷關作大駕宮大駕見儒林傳大駕宮即天子行幸也六王邸高車廐於長安脩理東都城門長安外城門東面北頭第一門也橋涇渭往往繕離觀東臨霸滻西望昆明北登長平長平坂名也在池陽宮南也規龍首撫未央覛平樂儀建章龍首山名蕭何於其上作未央宮撫循也或去撫亦模其字從木覛視也音麥平樂觀名建章宮名並在城西謂光武規模而修理也

是時山東翕然狐疑意聖朝之西都懼關門之反拒也恐西都置關所以拒外山東也客有為篤言彼埳井之潢汙固不容夫吞舟埳井喻小也莊子曰埳井之蛙潢汙停水也吞舟大魚也賈誼曰彼尋常之汙瀆豈容夫吞舟之魚且洛邑之渟瀯曷足以居乎萬乘哉楊雄甘泉賦曰梁弱水之濎瀯濎瀯小貌也渟音天鼎反瀯音烏逈反咸陽守國利器不可久虛以示姦萌老子曰國之利器不可以示人篤未甚然其言也故因為述大漢之崇崇高盛也世據雝州之利而今國家未暇之故以喻客意喻曉也曰昔在

強秦爰初開畔畔疆界也霸自岐雝國富人衍卒以并兼桀虐作亂衍饒也音以戰反桀虐如桀之無道也天命有聖託之大漢大漢開基高祖有勳斬白蛇屯黑雲前書高祖斬大蛇有一老嫗夜哭曰吾子白帝子今赤帝子斬之故曰白蛇又呂后曰季所居上常有雲氣聚五星於東井提干將而呵暴秦高祖初至霸上五星聚東井干將劍名也高祖曰吾提三尺劍取天下蹈滄海跨崑崙楊雄長楊賦曰橫巨海乘崑崙此言蹈跨喻遠大也奮彗光埽項軍彗星者所以除舊布新也故曰埽遂濟人難蕩滌于泗沂項羽都彭城泗水沂水近彭城地也蕩滌謂誅之也劉敬建策初都

長安解見班固傳太宗承流守之以文太宗文帝也繼體之
君以文德守之躬履節儉側身行仁食不二味衣無
異采賑人以農桑率下以約己曼麗之容
不悅於目鄭衛之聲不過於耳曼美也佞邪
之臣不列於朝巧僞之物不鬻於市禮記曰用
器不中度不鬻於市布帛精麤不中數廣狹不中量不鬻於市姦色亂正色不鬻於市也故能
理外平而刑幾措富衍於孝景功傳於後
嗣前書景帝時太倉之粟紅腐而不可食都內之錢貫朽而不可校也是時孝武
因其餘財府帑之蓄始有鉤深圖遠之意

後漢列傳七十上　五

探冒頓之罪前書冒頓殺其父頭曼單于又爲書使遺高后曰孤僨之君生於沮
澤之中長於平野牛馬之域數至邊境願遊中國陛下獨立孤僨獨居兩主不樂無以自娛願以所有易
其所無校平城之讎校報也冒頓單于圍高祖於平城七日故報之也遂
命票騎勤任衛青票騎將軍霍去病也青爲大將軍霍去病勇也勇惟
鷹揚軍如流星毛詩曰時惟鷹揚注云如鷹之飛揚也長楊賦曰疾如奔星
深之匈奴割裂王庭匈奴王庭也長楊賦曰遂獵乎王庭席卷
漠北叩勒祁連漠沙漠也祁連匈奴中山名也叩擊也勒謂銜勒也橫分
單于屠裂百蠻百蠻夷狄之總稱也燒罽帳罽毛布也繫閼
氏單于妻號也燔康居灰珍奇康居西域國也居音渠椎鳴

鏑前書曰冒頓作鳴鏑今之髐箭也釘鹿蠡蠡音離匈奴有左右鹿蠡王前書作
谷蠡馳阬岸獲昆彌昆彌西域國也虜傚㑊方言㑊養馬人也字
書㑊音眞字書無傚字諸家並音傚㑊爲粟犢西域國名也傳讀如此不知所出今有肅特國恐是也
驅騾驢馭宛馬大宛國名出汗血馬鞭駃騠駿馬也駃音決騠音
蹄生七日而超其母也拓地萬里威震八荒肇置四郡
據守敦煌四郡謂酒泉武威張掖敦煌也并域屬國一郡領
方并西域以屬國都尉主之以敦煌一郡部領西方也立候隅北建護
西羌揚雄解嘲曰西北一候孟康注云敦煌玉門關候也置護羌校尉以主西羌捶
驅氐僰寥狼邛莋捶擊也寥狼猶擊擾也氐僰邛莋並西南夷號東

後漢列傳七十上　六

摲烏桓蹂轔濊貊字書摲亦摲字也音摩方言去摩滅也蹂踐也轔轢也音
吝濊貊東夷號也南羈鉤町水劍強越羈係也鉤町西南夷也水劍謂
戈船將軍等下水誅南越也鉤町音劬挺殘夷文身海波沫血穀梁傳曰
越人被髮文身沫血水沫如血郡縣日南漂槩朱崖武帝元鼎六年
平南越以爲南海蒼梧鬱林合浦交阯九眞日南珠崖儋耳九郡漂槩謂摩近之也前書音義曰珠崖言
珠若崖也此作朱古字通茂陵書曰珠崖郡都郎瞫去長安七千三百里瞫音審部尉東
南兼有黃支揚雄解嘲曰東南一尉孟康注云會稽東部都尉也前書曰自都盧國船
行可二月餘有黃支國俗與珠崖相類也連緩耳瑣雕題緩耳耳下垂即儋耳也禮
記曰南方曰蠻雕題交阯鄭玄注曰謂刻其身以丹青湼之也王逸注楚詞曰雕畫也題額也摧

天督即天竺國也牽象犀椎蚌蛤碎瑠璃甲瑇
瑁戕觜觿郭義恭廣志曰瑇瑁形似龜出南海甲謂取其甲也戕殘也觜觿大龜亦瑇瑁
之屬觜音子斯反觿音以規反於是同穴裘褐之域同穴袒婁之屬也衣
裘褐北狄也共川鼻飲之國前書賈捐之曰駱越之俗父子同川而浴相習以鼻
飲也莫不袒跣稽顙失氣虜伏稽止也方言曰顙額也以顙
至地而稽止也宋玉高唐賦曰虎豹豺兕失氣恐喙言其恐懼如奴虜之伏也非夫大漢
之盛世藉廱土之饒得御外理內之術孰
能致功若斯故創業於高祖嗣傳於孝惠
德隆於太宗財衍於孝景威盛於聖武政

後漢列傳七十上　七　孫春

行於宣元侈極於成哀祚缺於孝平傳世
十一歷載三百高祖至平帝十一代歷涉也合二百十四年此言三百者謂出
二百年涉三百年也德衰而復盈道微而復章謂呂氏亂而文帝立
昌邑廢而宣帝中興也皆莫能遷於廱州而背於咸陽
宮室寢廟山陵相望高顯弘麗可思可榮
羲農已來無茲著明夫廱州本帝皇所以
育業周始祖后稷封邰公劉居豳大王居岐文王居酆武王居鎬並在關中故曰育業也霸
王所以衍功戰士角難之埸也衍廣也秦都關中也禹
貢所載厥田惟上尚書廱州厥田上上沃野千里原隰

彌望保殖五穀桑麻條暢濱據南山帶以
涇渭號曰陸海蠢生萬類濱近也前書東方朔曰漢都涇渭之
南此謂天下陸海之地也楩柟檀柘蔬果成實畎瀆潤淤
水泉灌溉說文曰淤澱滓也顧野王曰今水中泥草也漸澤成川粳
稻陶遂薛君注韓詩曰陶暢也爾雅曰遂生也厥土之膏畝價
一金前書東方朔曰酆鎬之間號為土膏其價畝一金一金一斤金也田田相
如鐇钁株林相如言地皆沃美相類也廣雅曰鐇推也音甫袁反埤蒼云鐇鍤也謂以
鐇钁去林木之株蘖也火耕流種功淺得深以火燒所伐林株引水溉
之而布種也既有蓄積阸塞四臨西被隴蜀南通

後漢列傳七十上　八　王丰

漢中北據谷口東阻嶔巖谷口在今雲陽縣穀梁傳秦襲鄭蹇
叔送其子而戒之曰汝必死於崤之巖崟之下嶔巖謂崤也嶔音吟關函守嶢山東
道窮函函谷關也嶢謂嶢山之關也在藍田南故武關之西嶢音堯置列汧隴
廱偃西戎廱音擁拒守褒斜嶺南不通杜口
絕津朔方無從杜塞谷口絕黃河之津鴻渭之流徑入
于河大船萬艘轉漕相過東綜滄海西綱
流沙朔南暨聲諸夏是和尚書曰朔南暨聲教注云朔北方也
城池百尺阸塞要害關梁之險多所衿帶
衿帶衣服之要故以喻之一卒舉礧千夫沈滯礧石也前書匈奴乘隅下

礌石音力對反一人奮戟三軍沮敗淮南子曰狹路津關大山石壘龍蛇蟠簦笠居羊腸道魚笱門一人守險千人弗敢過也地埶便利介冑剽悍可與守近利以攻遠剽急疾也悍勇也所據險要故可守近士卒勇疾故可攻遠也士卒易保人不肉袒左傳鄭伯肉袒牽羊以降楚言關中士卒易與保守不降下也羣十有二是爲贍腴尚書曰羣十有二州謂雍梁荆豫徐楊青兖冀幽并營也雍州田第一故曰贍腴今流俗比地之良沃者爲贍者也用霸則兼并謂秦并六國也先據則功殊高祖先入關功爲諸侯最也修文則財衍行武則士要修文德則財產富衍若用武則士皆奮勵而要功也爲政則化上篡逆則難誅地險固故難誅

後漢列傳七十上　九　韋定

也進攻則百剋退守則有餘斯固帝王之淵囿而守國之利器也逮及亡新時漢之衰偷忍淵囿篡器慢違偷忍猶盜竊也淵囿謂秦中也徒以埶便莫能卒危卒音倉忽反假之十八誅自京師莽居攝篡位十八年公賓就始斬之也天畀更始不能引維畀與也言更始不能持其綱維故致敗亡慢藏招寇復致赤眉易曰慢藏誨盜又曰負且乘致寇至言更始爲赤眉所破也海內雲擾諸夏滅微羣龍並戰未知是非赤伏符曰四夷雲擾龍鬭于野易曰龍戰于野謂更始敗後劉永張步等重起未知受命者爲誰也于時聖帝赫然申威荷

天人之符兼不世之姿聖帝光武也天人符謂彊華自關中持赤伏符也前書曰王吉上疏曰欲化之主不代出言有時而出難常遇也受命於皇上獲助於靈祇皇上謂天也尚書曰惟皇上帝降衷於下人靈祇謂呼池冰及白衣老父等也立號高邑搴旗四麾搴拔也首策之臣運籌出奇前書高祖曰運籌帷幄之中決勝千里之外子房是也出奇謂陳平從高祖定天下凡六出奇計以比鄧禹馮異吳漢耿弇等也虓怒之旅如虎如螭詩曰闞如虓虎注云虎之怒虓然也史記周武王誓衆曰如虎如羆如豺如螭杜預注左傳曰螭山神獸形也虓音呼交反師之攸向無不靡披蓋夫燔魚剸蛇尚書今文太誓篇曰太子發升舟中流白魚入於王舟王跪取出以燎羣公咸曰休哉鄭玄注云燔魚以祭變禮也剸割也音之兖反謂高祖斬蛇也莫之方斯

後漢列傳七十上　十　王永

大呼山東響動流沙要龍淵首鏌鋣龍淵劍解見韓稜傳說文鏌鋣大戟也音莫耶首謂建之於首也吳越春秋有莫邪劍義與此不同也命騰太白親發狼弧騰馳也太白天之將軍狼弧並星名也史記天苑東有大星曰天狼下有四星曰弧宋均注演孔圖曰狼爲野將用兵象也合誠圖曰弧主司兵兵弩象南禽公孫北背強胡西平隴冀東據洛都乃廓平帝宇濟蒸人於塗炭成兆庶之亹亹遂興復乎大漢爾雅曰亹亹勉也易曰成天下之亹亹今天下新定矢石之勤始瘳瘳差也而主上方以邊垂爲憂忿葭萌之

不柔揚子雲長楊賦曰退萌爲之不安謂遠人也案篤此賦每取子雲甘泉長楊賦事意此蔑即遐也時蜀郡守將史歆及交阯徼側反盧芳亡入匈奴故去忿其不柔也未遑於論都而遺思雝州也遺猶留也方躬勞聖思以率海內厲撫名將略地疆外信威於征伐展武乎荒裔信讀曰申若夫文身鼻飲緩耳之王椎結左衽鐻鍝之君結音髻前書尉佗椎結箕踞注云如今兵士椎頭髻也孔子曰微管仲吾其被髮左衽矣鐻音渠呂反山海經曰神武羅穿耳以鐻郭璞注云金銀器之名未詳形制鍝音牛于反埤蒼曰鍝鋸也案今夷狄好穿耳以垂金寶等此並謂夷狄之君長也東南殊俗不羈之國西北絕域難制之鄰靡不重譯納貢請爲藩臣上猶謙讓而不伐勤前書司馬相如曰上猶謙讓而未俞也意以爲獲無用之虜不如安有益之民略荒裔之地不如保殖五穀之淵左傳曰吾將略地焉略取也遠救於已亡不若近而存存也易曰成性存存也今國家躬脩道德吐惠含仁湛恩沾洽時風顯宣前書司馬相如難蜀父老曰湛恩汪濊湛音沈易通卦驗曰巽氣退則時風不至萬物不成冬至廣莫風至立春條風至春分明庶風至立夏清明風至夏至景風至立秋涼風至秋分閶闔風至立冬不周風至也徒垂意於持平守實務在愛育元元苟有便於王

政者聖主納焉何則物罔挹而不損道無隆而不移陽盛則運陰滿則虧淮南子曰孔子觀桓公之廟有器焉謂之宥坐孔子曰善哉乎得見此器顧曰弟子取水水至灌之其中則正其盈則覆孔子造然革容曰善哉持盈者乎子貢在側曰請問持盈曰挹而損之曰何謂挹而損之曰夫物盛而衰樂極而悲日中而移月盈而虧是故聰明睿智守之以愚多聞博辯守之以儉武力毅勇守之以畏富貴廣大守之以陋德施天下守之以讓此五者先王所以守天下而弗失也故存不忘亡安不諱危雖有仁義猶設城池也易曰君子存不忘亡安不忘危也客以利器不可久虛而國家亦不忘乎西都何必去洛邑之渟瀯與篤後仕郡文學掾以目疾二十餘年不闚京師篤之外高祖破羌將軍辛武賢以武略稱前書武賢狄道人爲破羌將軍以勇武稱左將軍慶忌之父篤常歎曰杜氏文明善政而篤不任爲吏謂杜周及延年並以文法著名也辛氏秉義經武而篤又怯於事外內五世至篤衰矣女弟適扶風馬氏建初三年車騎將軍馬防擊西羌請篤爲從事中郎戰沒於射姑山所著賦誄弔書讚七言女誡及雜文凡十八篇又著明世論十五篇子碩豪俠以貨殖聞

王隆字文山馮翊雲陽人也王莽時以父任爲郎後避難河西爲竇融左護軍建武中爲新汲令（新汲縣屬潁川郡故城在今許州扶溝縣西也）能文章所著詩賦銘書凡二十六篇初王莽末沛國史岑子孝亦以文章顯莽以爲謁者著頌誄復神說疾凡四篇（本一字孝山著出師頌）

夏恭字敬公梁國蒙人也習韓詩孟氏易講授門徒常千餘人王莽末盜賊從橫攻没郡縣恭以恩信爲衆所附擁兵固守獨安全光武即位嘉其忠果召拜郎中再遷太山都尉和集百姓甚得其歡心恭善爲文著賦頌詩勵學凡二十篇年四十九卒官諸儒共謚曰宣明君子牙少習家業著賦頌讃誄凡四十篇舉孝廉早卒鄉人號曰文德先生

傅毅字武仲扶風茂陵人也少博學永平中於平陵習章句因作迪志詩曰咨爾庶士迨時斯勗（迨及也勗勉也）日月逾邁豈云旋復

（尚書曰日月逾邁逾過邁行言日月之過往不可復還也）哀我經營旅力靡及（旅陳也言己欲經營仁義之道然非陳力之所能及也）在兹弱冠靡所庶立（禮記曰年二十日弱冠言己在弱冠之歲無所庶幾成立也）於赫我祖顯于殷國（謂傅說也）二迹阿衡克光其則（阿倚衡平也言依倚之以取平也謂伊尹也高宗命傅說曰爾尚明保予罔俾阿衡專美有商故曰二迹也言傅說功比伊尹而能光大其法則也）武丁興商伊宗皇士（武丁殷王高宗也伊惟宗尊也詩曰思皇多士皇美也言武丁所以能興殷者惟尊皇美之士謂傅說）爰作股肱萬邦是紀奕世載德迄我顯考（易曰德積載載重也）保膺淑懿纘脩其道（纘繼也）漢之中葉俊乂式序秩彼殷宗光此勳緒（中葉謂宣帝中興秩序也言漢代序殷高宗用傅說之事光大其勳功而用其緒胤也謂傅介子以軍功封義陽侯傅喜論議正直爲大司馬封高武侯傅晏爲孔鄉侯傅商爲汝昌侯建武中傅俊爲昆陽侯也）伊余小子穢陋靡逮懼我世烈自兹以墜誰能革濁清我濯溉（毛詩曰誰能執熱逝不以濯此言誰能革易我之濁而以清泉洗濯我也）誰能昭闇啓我童昧先人有訓我訊我誥訓我嘉務誨我博學爰率朋友尋此舊則契闊夙夜庶不懈忒（詩云與子契闊契闊謂辛苦也懈惰也忒差也）秩秩大猷紀綱庶式匪勤匪昭匪壹匪測（詩大雅曰秩秩大猷聖人

謨之秩秩美也猷道也庶衆也式法也言美哉乎大道可以綱紀衆法若不勤勵則不能昭明其道不專一則不能深測農夫不怠越有黍稷尚書曰若農服田力穡乃亦有秋惰農自安乃其罔有黍稷也誰能云作考之居息考成也言誰能有所作而居息閑暇可能成者言必須勤之也二事敗業多疾我力二十謂事不專一也疾害也言爲事不專則多害其力也如彼遵衢則罔所極遵循也如循長路則不知所終極也二志靡成聿勞我心如彼兼聽則溷於音聿辭也溷亂也志不專一徒煩勞於我心兼聽衆聲則音亂於戲君子無恒自逸徂年如流鮮茲暇日人當自勉脩德義專志勤學不可自放逸年之過往如流言其速也少有閑暇之日也行邁屢

税胡能有迄行邁之人屢税駕停止何能有所至也言當自勗不可中廢也密勿朝夕聿同始卒毛詩曰密勿從事密勿黽勉也聿循也卒終也言朝夕黽勉終始如一也毅以顯宗求賢不篤士多隱處故作七激以爲諷建初中肅宗博召文學之士以毅爲蘭臺令史拜郎中與班固賈逵共典校書毅追美孝明皇帝功德最盛而廟頌未立乃依清廟作顯宗頌十篇奏之清廟詩周頌篇名序文王之德也由是文雅顯於朝廷車騎將軍馬防外戚尊重請毅爲軍司馬待以師

友之禮及馬氏敗免官歸永元元年車騎將軍竇憲復請毅爲主記室崔駰爲主簿及憲遷大將軍復以毅爲司馬班固爲中護軍憲府文章之盛冠於當世毅早卒著詩賦誄頌祝文七激連珠凡二十八篇

黄香字文彊江夏安陸人也年九歲失母思慕憔悴殆不免喪免喪終喪鄉人稱其至孝年十二太守劉護聞而召之署門下孝子甚見愛敬香家貧內無僕妾躬執苦勤盡

心奉養遂博學經典究精道術能文章京師號曰天下無雙江夏黄童初除郎中元和元年肅宗詔香詣東觀讀所未嘗見書香後告休及歸京師時千乘王冠千乘貞王伉章帝子也冠謂二十加冠也帝會中山邸乃詔香殿下顧謂諸王曰此天下無雙江夏黄童者也左右莫不改觀後召詣安福殿言政事拜尚書郎數陳得失賞賚增加常獨止宿臺上晝夜不離省闥帝聞善之永元四年拜左丞功

滿當遷和帝留增秩六年累遷尚書令後以爲東郡太守香上疏讓曰臣江淮孤賤愚矇小生經學行能無可筭錄遭值太平先人餘福（謝承書香代爲冠族葉令況之子也）得以弱冠特蒙徵用連偕累任遂極臺閣訖無纖介稱報恩効死誠不意悟卒被非望顯拜近郡尊位千里臣聞量能授官則職無廢事因勞施爵則賢愚得宜臣香小醜少爲諸生典郡從政固非所堪誠恐矇頓孤忝聖恩又

惟機密端首至爲尊要（謂尚書令）復非臣香所當久奉承詔驚惶不知所裁臣香年在方剛適可驅使（論語曰及其壯也血氣方剛言少壯也）願乞餘恩留備宂官賜以督責小職任之宮臺煩事以畢臣香螻蟻小志誠瞑目至願土灰極榮帝亦惜香幹用久習舊事復留爲尚書令增秩二千石賜錢三十萬是後遂管樞機甚見親重而香亦祗勤物務憂公如家十二年東平清河奏訞言卿仲遼等所連及

且千人香科別據奏全活甚衆每郡國疑罪輒務求輕科愛惜人命每存憂濟又曉習邊事均量軍政皆得事宜帝知其精勤數加恩賞疾病存問賜醫藥在位多所薦達寵遇甚盛議者譏其過倖延平元年遷魏郡太守郡舊有内外園田常與人分種收穀歲數千斛香曰田令商者不農王制仕者不耕（王制曰上農夫食九人下士視上農夫祿足以代耕也）伐冰食祿之人不與百姓爭利（代冰解見馮衍傳）乃悉以賦

人課令耕種時被水年飢乃分奉祿及所得賞賜班贍貧者於是豐富之家各出義穀助官稟貸荒民獲全後坐水潦事免數月卒於家所著賦牋奏書令凡五篇子瓊自有傳

劉毅北海敬王子也初封平望矦（平望縣屬北海郡）永元中坐事奪爵毅少有文辯稱元初元年上漢德論并憲論十二篇時劉珍鄧耽尹兌馬融共上書稱其美安帝嘉之賜錢

三萬拜議郎

李尤字伯仁廣漢雒人也少以文章顯和帝時侍中賈逵薦尤有相如楊雄之風召詣東觀受詔作賦拜蘭臺令史稍遷安帝時爲諫議大夫受詔與謁者僕射劉珍等俱撰漢記後帝廢太子爲濟陰王尤上書諫爭順帝立遷樂安相年八十三卒所著詩賦銘誄頌七歎哀典凡二十八篇尤同郡李勝亦有文才爲東觀郎著賦誄頌論

數十篇

蘇順字孝山京兆霸陵人也和安間以才學見稱好養生術隱遯求道晚乃仕拜郎中卒於官所著賦論誄哀辭雜文凡十六篇時三輔多士扶風曹衆伯師亦有才學著誄書論四篇（三輔决録注曰衆與鄉里蘇孺文寶伯向馬季長並遊宦唯衆不遇以壽終于家）又有曹朔不知何許人作漢頌四篇

劉珍字秋孫（諸本時有作秘孫者其人名珍與秘義相扶而作秋者多也）一名寶南陽蔡陽人也少好學永初中爲謁者僕射鄧太后詔使與校書劉騊駼馬融及五經博士校定東觀五經諸子傳記百家藝術整齊脫誤是正文字永寧元年太后又詔珍與騊駼作建武已來名臣傳遷侍中越騎校尉延光四年拜宗正明年轉衛尉卒官著誄頌連珠凡七篇又撰釋名三十篇以辯萬物之稱號云

葛龔字元甫梁國寧陵人也和帝時以善文記知名（龔善爲文奏或有請龔奏以干人者龔爲作之其人寫之忘自載其名因并寫

龔名以進之故時人爲之語曰作奏雖工宜去葛龔事見笑林）性慷慨壯烈勇力過人安帝永初中舉孝廉爲太官丞上便宜四事拜蕩陰令（蕩陰縣名今相州縣也蕩音湯）辟太尉府病不就州舉茂才爲臨汾令居二縣皆有稱績著文賦碑誄書記凡十二篇

王逸字叔師南郡宜城人也元初中舉上計吏爲校書郎順帝時爲侍中著楚辭章句行於世其賦誄書論及雜文凡二十一篇又作漢詩百二十三篇子延壽字文考

有儁才少遊魯國作靈光殿賦後蔡邕亦造此賦未成及見延壽所爲甚奇之遂輟翰而已曾有異夢意惡之乃作夢賦以自厲後溺水死時年二十餘（張華博物志曰王子山與父叔師到泰山從鮑子眞學筭到魯賦靈光殿歸度湘水溺死文考一字子山也）

崔琦字子瑋涿郡安平人濟北相瑗之宗也少遊學京師以文章博通稱初舉孝廉爲郎河南尹梁冀聞其才請與交冀行多不軌（軌法也）琦數引古今成敗以戒之冀不能受乃作外戚箴其辭曰赫赫外戚華寵煌煌昔在帝舜德隆英皇（帝舜妃娥皇女英帝堯之女聰明貞仁事舜於畎畝之中事瞽叟謙讓恭儉思盡婦道也）周興三母（列女傳曰太姜者大王之妃賢而有色生太伯仲雍王季化導三子皆成賢德大王有事必諮謀焉大姙者王季之妃端懿誠莊唯德之行及其有身目不視惡色耳不聽淫聲而生文王大姒者文王之妃號曰文母思媚大姜大姙旦夕勤勞以進婦道文王理外文母理內生十男也）有莘崇湯（列女傳曰湯娶有莘氏女德高而明伊尹爲之媵臣佐湯致王訓正後宮嬪御有序咸無嫉妒也）宣王晏起姜后脫簪（列女傳曰周宣王嘗夜臥而晏起姜后乃脫簪珥待罪於永巷使其傅母通言王曰妾不才妾之淫心見矣至使君王失禮而晏朝以見君王樂色而忘德也敢請婢子之罪王乃勤於政早朝晏

後漢列傳七十上　二十一　林康

罷卒成中興焉）齊桓好樂衛姬不音（列女傳曰齊桓公好淫樂衛姬不聽鄭衛之音）皆輔主以禮扶君以仁達才進善以義濟身爰曁末葉漸已頹虧貫魚不叙九御差池（易曰貫魚以宮人寵謂王者之御宮人如貫魚之有次叙不偏愛也禮后夫人已下進御之法云凡天子進御之儀從后而下十五日徧自下始以象月之初生漸進至盛法陰道之義也其法九嬪已下皆九九而御則女御八十一人爲九夕世婦二十七人爲三夕九嬪爲一夕夫人爲一夕凡十四夕后當一夕故曰十五日一徧也）晉國之難禍起於麗（獻公麗姬也）惟家之索牝雞之晨（尚書曰牝雞無晨牝雞之晨惟家之索孔安國注云索盡也雌代雄鳴則家盡婦奪夫政則國亡也）專權擅愛顯己蔽人陵長閒舊圮剥至親（左傳曰少陵長新閒舊言其亂政也圮毁也）並后匹嫡（左傳曰辛伯諗周桓公曰並后匹嫡亂之本也）淫女斃陳（陳夏姬通於孔寧儀行父又通於靈公夏姬之子徵舒弒靈公楚伐陳滅之見左傳）匪賢是上番爲司徒（詩小雅也番幽王之后親黨也幽王淫色不尚賢德之人寵其后親而以番爲司徒之官）荷爵負乘采食名都（易曰負且乘負也者小人之事也乘也者君子之器也以小人而乘君子之器寇必至也毛詩曰皇父孔聖作都于向皇父幽王后之親黨也向邑也以向爲皇父食采邑也）詩人是刺德用不憮（憮大也音呼詩人刺番爲司徒及皇父都向用其后親黨是以其德不大也）暴辛惑婦拒諫自孤（暴虐也紂字受德名辛以其暴虐故曰暴辛惑婦謂惑妲己也紂智足以拒諫祖伊諫紂

後漢列傳七十上　二十二　陳從

紂不從自孤謂紂爲獨夫也蝠蛇其心縱毒不辜字書蝠音福即蝙蝠也此當作蝮音芳福反不辜謂菹梅伯脯鬼侯之類也諸父是殺孕子是刳王子比干紂之諸父也紂殺之尚書曰紂刳剔孕婦天怒地忿人謀鬼圖甲子昧爽身首分離爲周武王所伐甲子日紂衣其寶衣赴火而死武王乃斬以輕呂之劒也初爲天子後爲人螭左傳曰螭魅魍魎杜預注云螭山神獸形故以比紂之惡也非但耽色母后尤然不相率以禮而競奔以權先笑後號卒以辱殘母后不能循用禮法爭競相勸以擅權柄也易曰旅人先笑而後號咷言初雖恃權埶而笑後競罹禍而號哭也家國泯絕宗廟燒燔末嬉喪夏末喜桀妃有施氏女美於色薄於德女子行丈夫心桀常置末喜於膝上聽用其言昏亂失道湯伐之遂死於南巢褒姒斃周周幽王嬖褒姒爲犬戎所殺也妲己亡殷見列女傳趙靈沙丘趙武靈王以長子章爲太子後得吳娃愛之生子何乃廢章而立何後自號主父立何爲王吳娃死何愛弛主父憐章北面臣詘於其弟欲分趙王章於代計未決主父及王遊於沙丘宮公子章以其徒作亂公子成與李兌自國起兵公子章敗往走主父主父開之成兌因圍主父宮章死成兌謀曰以章故圍主父即解兵吾屬夷矣乃遂圍主父令宮人後出者夷宮中人悉出主父欲出不得飢探雀鷇而食之三月餘死沙丘宮見史記戚姬人豕呂宗以敗解見皇后紀陳后作巫卒死於外孝武帝陳皇后以巫蠱廢霍欲鴆子身乃罹廢孝宣帝霍皇后霍光之女欲謀毒太子被廢也故曰

後漢列傳七十上　二十三

無謂我貴天將爾摧無恃常好色有歇微無怙常幸愛有陵遲無曰我能天人爾違患生不德福有慎機無德而貴寵者患害之所生也左傳曰無德而祿殃也若慎其機事則有福也日不常中月盈有虧履道者固杖埶者危微臣司戚敢告在斯琦以言不從失意復作白鵠賦以爲風風讀曰諷梁冀見之呼琦問曰百官外內各有司存天下云云豈獨吾人之尤君何激刺之過乎琦對曰昔管仲相齊樂聞譏諫之言蕭何佐漢乃設書過之吏今將軍累世台輔任齊伊公伊尹公而德政未聞黎元塗炭不能結納貞良以救禍敗反復欲鉗塞士口杜蔽主聽將使玄黃改色馬鹿易形乎史記趙高欲爲亂恐羣臣不聽乃先設驗持鹿獻胡亥曰馬也胡亥笑曰丞相誤邪問左右或默或言馬以阿順高或言鹿高因陰中諸言鹿者以法後羣臣畏高高遂作亂也冀無以對因遣琦歸後除爲臨濟長不敢之職解印綬去冀遂令刺客陰求殺之客見琦耕於陌上懷書一卷息輒偃而詠之客哀其志以實告琦曰

後漢列傳七十上　二十四

將軍令吾要子今見君賢者情懷忍忍（忍忍猶不忍也）可亟自逃吾亦於此亡矣琦得脫走巽後竟捕殺之所著賦頌銘誄箴弔論九咨七言凡十五篇

邊韶字孝先陳留浚儀人也以文章知名教授數百人韶口辯曾晝日假卧（左傳趙盾坐而假寐杜注云不脫衣冠而睡也）弟子私謿之曰邊孝先腹便便（便音蒲堅反）嬾讀書但欲眠韶潛聞之應時對曰邊爲姓孝爲字腹便便五經笥但欲眠思經事寐與周公通夢靜與孔子同意師而可謿出何典記謿者大慙韶之才捷皆此類也桓帝時爲臨潁矦相徵拜太中大夫著作東觀再遷北地太守入拜尚書令後爲陳相卒官著詩頌碑銘書策凡十五篇

後漢書列傳卷第七十上

列傳卷第七十 文苑下 范曄 後漢書八十

唐章懷太子賢注

張升 趙壹

劉梁 邊讓

酈炎 侯瑾

高彪 張超

禰衡

張升字彥眞陳留尉氏人富平侯放之孫也（放湯六代孫也）升少好學多關覽而任情不羈（步也不羈謂超絕等倫不可羈束也鄒陽上書曰使不羈之士與牛驥同皁）其意相合者則傾身交結不問窮賤如乖其志好者雖王公大人終不屈從（杜預注左傳曰大人謂在位者也）常歎曰死生有命富貴在天其有知我雖胡越可親苟不相識從物何益（前書鄒陽上書曰意合則胡越爲兄弟也）仕郡爲綱紀以能出守外黃令吏有受賕者即論殺之或譏升守領一時何足趨明威戮乎（趨息也讀曰促）對曰昔仲尼暫相誅齊之侏儒手足異門而出故能威震強國反其

侵地侏儒短人能為俳優也穀梁傳曰魯定公與齊侯會于頰谷兩君就壇齊人鼓譟而起欲以執魯君孔子歷階而上不盡一等曰兩君合好夷狄之人何為來齊侯逡巡而謝曰寡人之過也罷會齊人使優施舞於魯君之幕下孔子曰笑國君者罪當死使司馬行法焉首足異門而出齊人乃歸魯鄆讙龜陰之田君子仕不為己職思其憂詩唐風曰無以太康職思其憂職主也君子之居位當思盡忠不為己身豈以夂近而異其度哉

遇黨錮去官後竟見誅年四十九著賦誄頌碑書凡六十篇

趙壹字元叔漢陽西縣人也體貌魁梧魁梧丘壯大之貌身長九尺美須豪眉望之甚偉而恃才倨傲為鄉黨所擯擯斥也乃作解擯後屢抵罪幾至死友人救得免壹乃貽書謝恩曰昔原大夫贖桑下絕氣傳稱其仁原大夫謂趙衰之子盾謚曰宣呂氏春秋曰趙宣孟將之絳見骫桑之下有臥餓人宣孟與脯二朐拜受之不敢食問其故曰臣有母持以遺之宣孟更賜之脯二束遂去贖即續也骫古委字也秦越人還虢太子結脈世著其神扁鵲姓秦名越人過虢虢太子死扁鵲曰臣能生之若太子病所謂尸蹷也乃使弟子子陽厲鍼砥石以取三陽五會有間太子蘇見史記設曩之二人不遭仁遇神則結絕之氣竭矣然而糒脯出乎車軨說文軨車轖間横木鍼石運乎手爪

今所賴者非直車軨之糒脯手爪之鍼石也古者以砭石為鍼凡鍼之法右手象天左手法地彈而怒之搔而下之此運手爪也砭音必廉反乃收之於斗極還之於司命禮記曰祭司命鄭玄注云文昌宮星使乾皮復含血枯骨復被肉允所謂遭仁遇神真所宜傳而著之余畏禁不敢班班顯言班班明貌竊為窮鳥賦一篇其辭曰有一窮鳥戢翼原野畢網加上機穽在下禮記曰羅網畢翳鄭玄注云小而柄長謂之畢機捕獸機檻也穽穿地陷獸前見蒼隼後見驅者繳彈張右繳以繳係箭而射者也羿子彀左羿子謂羿也淮南子曰堯時十日並出命羿仰射十日中其九烏皆死墮其羽翼彀引弓也飛丸激矢交集于我思飛不得欲鳴不可舉頭畏觸搖足恐墮內獨怖急乍冰乍火幸賴大賢我矜我憐昔濟我南今振我西西韻音先鳥也雖頑猶識密恩內以書心外用告天天乎祚賢歸賢永年且公且侯子子孫孫又作刺世疾邪賦以舒其怨憤曰伊五帝之不同禮三王亦又不同樂數極自然變化非是故相反駁禮記曰五帝殊時不相沿樂三王異代不相襲禮樂

（極則憂禮粗則偏矣）德政不能救世溷亂，賞罰豈足懲時清濁。春秋時禍敗之始，戰國愈復增其荼毒（尚書曰罹其凶害不忍荼毒孔注云荼毒苦也）。秦漢無以相踰越，乃更加其怨酷。寧計生民之命，唯利己而自足。于茲迄今，情僞萬方，佞諂日熾，剛克消亡。舐痔結駟，正色徒行（莊子曰宋有曹商者爲宋王使秦秦王悅之益車百乘見莊子莊子曰秦王有病召醫舐痔者得車五乘子豈舐痔邪何得車之多乎）。嫗㝢名埶，撫拍豪强（嫗㝢猶傴僂也嫗音衣宇反㝢音丘矩反撫拍相親狎也）。偃蹇反俗，立致咎殃（偃蹇驕傲也）。捷懾逐物，日

後漢列傳七十下　四　毛卅

富月昌（捷疾也懾懼也急懼逐物則致富昌）。渾然同惑，孰溫孰涼。邪夫顯進，直士幽藏。原斯瘼之攸興，寔執政之匪賢。女謁掩其視聽兮，近習秉其威權。所好則鑽皮出其毛羽，所惡則洗垢求其瘢痕。雖欲竭誠而盡忠，路絕嶮而靡緣。九重旣不可啓，又羣吠之狺狺（楚辭曰豈不思夫君兮君之門以九重猛犬狺狺以迎吠關梁閉而不通狺音銀）。安危亡於旦夕，肆嗜慾於目前。奚異涉海之失柂，積薪而待燃（柂可以正船也音徒我反前書賈誼曰措火積薪之下而寢其上火未及燃而謂之安當）。

今之埶何以異此。榮納由於閃揄，孰知辨其蚩妍（閃揄傾佞之貌也行傾佞者則享榮寵而見納用揄音輸）。故法禁屈橈於埶族，恩澤不逮於單門。寧飢寒於堯舜之荒歲兮，不飽暖於當今之豐年。乘理雖死而非亡，違義雖生而匪存。有秦客者，乃爲詩曰：河清不可俟，人命不可延（左傳曰俟河之清人壽幾何言人壽促河清遲也）。順風激靡草，富貴者稱賢。文籍雖滿腹，不如一囊錢。伊優北堂上，抗髒倚門邊（伊優屈曲佞媚之貌抗髒高亢婞直之貌也佞媚者見親故昇堂婞直者見弃故倚門髒音葬）。魯生

三四二小了卄　後漢列傳七十下　五　成

聞此辭，繫而作歌曰（秦客魯生皆寓言也）：埶家多所宜，欬唾自成珠。被褐懷金玉，蘭蕙化爲芻（老子曰被褐懷玉言處卑賤而懷德義也楚辭曰蘭芷變而不芳荃蕙化而爲茅也）。賢者雖獨悟，所困在羣愚。且各守爾分，勿復空馳驅。哀哉復哀哉，此是命矣夫。光和元年，舉郡上計到京師。是時司徒袁逢受計，計吏數百人皆拜伏庭中，莫敢仰視，壹獨長揖而已。逢望而異之，令左右往讓之曰：下郡計史而揖三公，何也？對曰：昔酈食其長揖漢

王今揖三公何遽怪哉【前書酈食其初見高祖長揖不拜因說高祖高祖引之上坐左傳曰豈不遽止杜預注曰遽畏懼】逢則斂衽下堂執其手延置上坐因問西方事大悅顧謂坐中曰此人漢陽趙元叔也朝臣莫有過之者吾請為諸君分坐【分坐別坐也】坐者皆屬觀既出往造河南尹羊陟不得見壹以公卿中非陟無足以託名者乃日往到門陟自強許通【陟意未許通壹以壹數至門故自勉強許通之】尚臥未起壹逕入上堂遂前臨之曰竊伏西州承高風舊矣【前書雋不疑見暴勝之曰竊伏海瀕承暴公子舊矣舊久也】乃今方遇而忽然【謂死也】柰何命也因舉聲哭門下驚皆奔入滿側陟知其非常人乃起延與語大奇之謂曰子出矣陟明旦大從車騎奉謁造壹【奉謁通名也】時諸計吏多盛飾車馬帷幕而壹獨柴車草屏【韓詩外傳曰周子高對齊景公臣賴君之賜疏食惡肉可得而食駑馬柴車可得而乘柴車弊惡之車也】露宿其傍延陟前坐於車下左右莫不歎愕陟遂與言談至熏夕極歡而去執其手曰良璞不剖必有泣血

以相明者矣【琴操曰卞和得玉璞以獻楚懷王使樂正子占之言非玉以其欺謾斬其一足懷王死子平王立和復抱其璞而獻之平王復以為欺斬其一足平王死和復獻恐復見斷乃抱其玉而哭荊山之中晝夜不止涕盡繼之以血】陟乃與袁逢共稱薦之名動京師士大夫想望其風采及西還道經弘農過候太守皇甫規門者不即通壹遂遁去門吏懼以白之規聞壹名大驚乃追書謝曰蹉跌不面企德懷風虛心委質為日久矣側聞仁者愍其區區冀承清誨以釋遙悚今旦外白有一尉兩計吏不道屈尊門下【尊謂壹也敬之故號為尊】更啓乃知已去如印綬可投夜豈待旦惟君明叡平其夙心寧當慢傲加於所天【平恕也尊敬壹故謂為所天】事在悖惑不足具責儻可原察追脩前好則何福如之謹遣主簿奉書下筆氣結汗流竟趾壹報曰君學成師範縉紳歸慕仰高希驥歷年滋多【詩曰高山仰止景行行止法言曰希驥之馬亦驥之乘希顏之人亦顏之徒希慕也】旋轅兼道渴於言侍沐浴晨興昧旦守門實望仁兄昭其懸遲【懸心遲仰之】以貴下賤握

髮垂接易曰以貴下賤大得人也史記曰周公一沐三握髮以接天下之士高可敷
翫墳典起發聖意下則抗論當世消弭時
災豈悟君子自生忌倦失恂恂善誘之德
同亡國驕惰之志論語曰夫子恂恂然善誘人恂恂恭順貌蓋見
機而作不俟終日易繫辭曰君子見幾而作不俟終日是以夙
退自引畏使君勞詩曰大夫夙退無使君勞蓋斷章以取義昔人
或歷說而不遇或思士而無從皆歸之於
天不尤於物歷說謂孔丘也論語孔子曰不怨天不尤人下學而上達知我者其天乎馬融注云孔子不用於時而不怨天人不知己亦不尤人也思士謂孟軻也孟軻欲見魯平公臧蒼譖之孟軻曰余之不遇魯侯天也臧氏之子焉能令余不遇哉見孟子今壹自譴而已

豈敢有猜仁君忽一匹夫於德何損而遠
辱手筆追路相尋誠足愧也壹之區區曷
云量己其嗟可去謝也可食曷何也言區區之心不量己而至君門禮記曰齊大飢黔敖爲食於路以待餓者有蒙袂輯屨貿貿而來曰嗟來食曰余唯不食嗟來之食以至於斯從而謝之不食而死仲尼曰其嗟也可去其謝也可食誠則頑薄實
識其趣但關節疢動膝炙塊潰人有四關十二節請
俟它日乃奉其情輒誦來貺永以自慰遂
去不顧州郡爭致禮命十辟公府並不就

終於家初袁逢使善相者相壹云仕不過
郡吏竟如其言著賦頌箴誄書論及雜文
十六篇

劉梁字曼山一名岑東平寧陽人也寧陽故城在今兗州龔丘縣南梁宗室子孫而少孤貧賣書於
市以自資常疾世多利交以邪曲相黨乃
著破羣論時之覽者以爲仲尼作春秋亂
臣知懼孟子曰孔子成春秋亂臣賊子懼也今此論之作俗士
豈不愧心其文不存又著辯和同之論其

辭曰夫事有違而得道有順而失義有愛
而爲害有惡而爲美其故何乎蓋明智之
所得闇偽之所失也是以君子之於事也
無適無莫必考之以義焉論語曰君子之於天下也無適也無莫也義之與比得由和興失由同起故以可濟否
謂之和好惡不殊謂之同春秋傳曰和如
羹焉酸苦以劑其味左傳劑作齊爾雅曰劑剪齊也音子隨反今人相傳劑音在詣反君子食之以平其心同如水焉若以
水濟水誰能食之琴瑟之專一誰能聽之

是以君子之行周而不比和而不同 左傳晏子對齊景公辭也。忠信爲周，阿黨爲比。 以救過爲正以扞惡爲忠經曰將順其美匡救其惡則上下和睦能相親也昔楚恭王有疾召其大夫曰不穀不德少主社稷 楚恭王名審。左傳楚王曰生十年而喪先君，故云少主社稷。 失先君之緒覆楚國之師 緒，業也。謂鄢陵之戰爲晉所敗。 不穀之罪也若以宗廟之靈得保首領以歿請爲靈若厲大夫許諸 謚法亂而不損曰靈，殺戮不辜曰厲。左傳曰大夫擇焉，莫對，及五命乃許之。諾之也。 及其卒也子囊曰不然 子囊，楚令尹名也。 夫事君者從其善不從其過赫赫楚國而君臨之撫正南海訓及諸夏其寵大矣 寵，榮也。 有是寵也而知其過可不謂恭乎大夫從之 謚法既過能改曰恭。案此楚語之文。 此違而得道者也及靈王驕淫暴虐無度芋尹申亥從王之欲以殯於乾溪殉之二女此順而失義者也 國語楚靈王子圍爲章華之臺，伍舉對曰君爲此臺，國人罷焉，財用盡焉，年穀敗焉，數年乃成。左傳芋尹申亥，申無宇之子也。乾溪之役，申亥曰吾父再干王命，王不誅，惠孰大焉。乃求王，遇諸棘闈以王歸。王縊，申亥以其二女殉而葬之也。 鄢陵之役晉楚對戰陽穀獻酒子反以斃此愛而害之者也 淮南子曰楚恭王與晉人戰於鄢陵，戰酣，恭王傷，司馬子反渴而求飲，豎陽穀奉酒而進之。子反之爲人也，嗜酒而甘之，不能絕於口，遂醉而卧。恭王欲復戰，使人召子反，子反辭以疾。王駕而往之，入幄中而聞酒臭，恭王大怒，斬子反以爲戮。 臧武仲曰孟孫之惡我藥石也季孫之愛我美疢也疢毒滋厚石猶生我此惡而爲美者也 武仲，臧孫紇也。左傳孟孫死，臧孫入哭甚哀，多涕。出，其御曰孟孫之惡子也而哀如是，季孫若死，其若之何？臧孫曰季孫之愛我，疾疢也；孟孫之惡我，藥石也。美疢不如惡石。夫石猶生我，疢之美，其毒滋多。言石能除已疾也。 孔子曰智之難也有臧武仲之智而不容於魯國抑有由也作不

順而施不恕也 季武子無適子，公彌長，悼子少，武子愛悼子，欲立之。訪於申豐，曰不可。訪於臧紇，曰飲我酒，吾爲子立之。季氏飲大夫酒，臧紇爲客，既獻，臧孫命北面重席，新罇絜之，召悼子，降逆之，大夫皆起。悼子乃立。季氏以公彌爲馬正。其後公彌立，孟孫羯與共構臧紇於季氏，臧紇奔齊。齊侯將與臧紇田，臧孫聞之，見齊侯，與之言伐晉，對曰多則多矣，抑君似鼠。鼠晝伏夜動，不穴於寢廟，畏人故也。今君聞晉之亂而後作焉，寧將事之，非鼠如何？乃不與田。注曰紇知齊侯將敗，不欲受其邑，故以比鼠，欲使怒而止也。見左傳。 蓋善其知義譏其違道也夫知而違之僞也不知而失之闇也闇與僞焉其患一也患之所在非徒在智之不及又在及而違之者矣故曰智及之仁不能

守之雖得之必失之也（論語之文）夏書曰念茲在茲庶事恕施忠智之謂矣（茲此也念此事在此身也言行事當常念如在己身也庶衆也言衆事恕己而施行斯可謂忠而有智矣）故君子之行動則思義不爲利回不爲義疚（左傳曰君子動則思禮行則思義不爲利回不爲義疚杜預注云回邪也疚病也）進退周旋唯道是務苟失其道則兄弟不阿苟得其義雖仇讎不廢故解狐蒙祁奚之薦二叔被周公之害（左傳曰晉祁奚請老晉侯問嗣焉稱解狐其讎也）勃鞮以逆文爲成（勃鞮晉寺人名披左傳晉獻公使寺人披伐公子重耳於蒲披斬其袪及文公歸國呂甥郤芮將焚公宮而殺文公寺人披以呂郤之難告之言初雖逆文公後竟成之也）傅瑕以順厲爲敗（左傳言鄭厲公爲祭仲所逐後侵鄭及大陵獲鄭大夫傅瑕傅瑕曰苟舍我吾請納子厲公與之盟而赦之傅瑕殺鄭子而納厲公遂殺傅瑕也）管蘇以憎忤取進申侯以愛從見退考之以義也（新序曰楚恭王有疾告諸大夫曰管蘇犯我以義違我以禮與處不安不見不思然而有得焉吾死之後爵之於朝申侯伯順吾所欲行吾所樂與處則安不見則思然未嘗有得焉必速遣之）故曰不在逆順以義爲斷不在憎愛以道爲貴禮記曰愛而知其惡憎而知其善考義之謂也桓帝時舉孝廉除北新城長（北新城屬涿縣）告縣人曰昔

文翁在蜀道著巴漢（前書文翁爲蜀郡太守興起學校比於魯衞也）庚桑瑣隸風移碨磥（瑣碎也莊子曰老聃之役有庚桑楚者偏得老聃之道以北居碨壘之山居三年碨壘大穰碨壘之人相與言曰庚桑子之始來吾洒然異之今吾日計之不足歲計之有餘庶幾其聖人乎碨音猥磥音盧罪反）吾雖小宰猶有社稷（論語曰子路使子羔爲費宰曰有民人焉有社稷焉）苟赴期會理文墨豈本志乎乃更大作講舍延聚生徒數百人朝夕自往勸誡身執經卷試策殿最儒化大行此邑至後猶稱其教焉特召入拜尚書郎累遷後爲野王令未行光和中病卒孫楨亦以文才知名（魏志楨字公幹爲司空軍謀祭酒五官郎將文學與徐幹陳琳阮瑀應瑒俱以文章知名轉爲平原侯庶子）

邊讓字文禮陳留浚儀人也少辯博能屬文作章華賦雖多淫麗之辭而終之以正亦如相如之諷也（章華臺解見馮衍傳揚雄曰詞人之賦麗以淫司馬相如作上林賦發倉廩以救貧窮補不足恤鰥寡存孤獨出德號省刑罰此爲諷也）其辭曰楚靈王既遊雲夢之澤息於荆臺之上前方淮之水左洞庭之波（洞庭湖在今岳州西南）右顧彭蠡之隩南眺巫山之阿（說苑曰楚昭王欲之荆臺遊司馬子綦進諫曰荆臺

之遊左洞庭之波右彭蠡之水南望獵山下臨方淮其地使人遺老而忘死也王不可遊也巫山在夔州巫山縣東 延目廣望騁觀終日顧謂左史倚相曰盛哉斯樂可以遺老而忘死也 說苑此並司馬子綦諫昭王之言 於是遂作章華之臺築乾谿之室 史記曰靈王次於乾谿樂乾谿不能去 窮木土之技單珍府之實舉國營之數年乃成 技巧也單盡也國語楚靈王爲章華之臺與伍舉升焉曰臺美夫對曰國君安人以爲樂今君爲此臺也國人罷焉財用盡焉年穀敗焉百姓煩焉單國若之數年乃成 設長夜之淫宴作北里之新聲 史記曰紂爲酒池肉林使男女倮而相逐其間爲長夜之飲使師涓作新聲北里之舞靡靡之樂也 於是

大亻五年小二十七 後漢列傳七十下 十四 孟三

伍舉知夫陳蔡之將生謀也 陳蔡二國先爲楚所滅也 乃作斯賦以諷之冑高陽之苗胤兮承聖祖之洪澤 冑胤也高陽帝顓頊也帝系曰顓頊娶於滕隍氏女而生老童是爲楚先楚詞曰帝高陽之苗裔兮 建列藩於南楚兮等威靈於二伯 老童之後鬻熊事周文王早卒至孫熊繹周成王時封於楚其後子孫隆盛與齊晉強二伯齊桓晉文也 超有商之大彭兮越隆周之兩虢 國語曰商伯大彭豕韋左傳曰虢仲虢叔王季之穆也 達皇佐之高勳兮馳仁聲之顯赫 皇佐謂鬻熊佐文王也左傳曰楚自克庸以來其君無日不討國人而訓之于人生之不易禍至之無日戒懼之不可以怠此馳仁聲也 惠風春施神武電斷

華夏肅清五服攸亂 謂靈王承先世仁惠之風如春普施神武威稜如電雷之斷決也五服甸侯綏要荒也亂理也 旦垂精於萬機兮夕回輦於門館設長夜之歡飲兮展中情之嬿婉 嬿安也婉美也婉協韻音於願反 竭四海之妙珍兮盡生人之秘玩爾乃攜窈窕從好仇 窈窕幽閑也仇匹也毛詩曰窈窕淑女君子好仇 徑肉林登糟丘 史記紂作糟丘酒池懸肉以爲林也 蘭肴山竦椒酒淵流 蘭肴芳若蘭也椒酒置椒酒中也楚詞曰蕙肴兮蘭藉桂酒兮椒漿 激玄醴於清池兮靡微風而行舟登瑤臺以回望兮冀彌日而消憂 彌終也楚辭曰望瑤臺而

後漢列傳七十下 十五 李芳

偃蹇 於是招宓妃命湘娥 宓妃洛水之神女也湘娥堯之二女娥皇女英湘水之神也 齊倡列鄭女羅 楚辭曰二八齊容起鄭舞 揚激楚之清宮兮展新聲而長歌 激楚曲名也淮南子曰激楚結風 繁手超於北里妙舞麗於陽阿 左傳曰繁手淫聲慆堙心耳乃忘和平陽阿解見馬融傳 金石類聚絲竹羣分被輕袿曳華文 方言曰袿謂之裾釋名曰婦人上服謂之袿 羅衣飄颻組綺繽紛 組綬也綺綾也 縱輕軀以迅赴若孤鵠之失羣振華袂以逶迤若遊龍之登雲於是歡嬿既洽長夜向半琴瑟易調繁手改彈清聲發而

響激微音逝而流散振弱支而紆繞兮若緑繁之垂幹忽飄飆以輕逝兮似鸞飛於天漢舞無常態鼓無定節尋聲響應修短靡跌（跌蹉也）長袖奮而生風清氣激而繞結（歌聲激發縈繞屈結）爾乃妍媚遞進巧弄相加俯仰異容忽兮神化（化協韻音花）體迅輕鴻榮曜春華進如浮雲退如激波雖復柳惠能不咨嗟（柳下惠展季也家語曰柳下惠嫗不逮門之女國人不稱其亂言其貞也）於是天河既回淫樂未終清籥發徵激楚揚風（籥如笛六孔）於是音氣發於絲竹兮飛響軼於雲中比目應節而雙躍兮（比目魚一名鰈一名王餘不比不行今江東呼為板魚韓詩外傳曰伯牙鼓琴淫魚出聽）孤雌感聲而鳴雄（枚乘七發曰暮則羈雌迷鳥宿焉羈雌孤雌也）美繁手之輕妙兮嘉新聲之彌隆於是衆變已盡羣樂既考（考成也）歸乎生風之廣夏兮脩黃軒之要道（黃帝軒轅氏得房中之術於玄女握固吸氣還精補腦可以長生說宛雍門周說孟嘗君曰廣夏邃房下羅帷來清風）攜西子之弱腕兮援毛嬙之素肘（西子西施也越絕書曰越王句踐得採薪二女西施鄭旦以獻吳王毛嬙毛嬙也莊子曰毛嬙麗姬人之美者）形便娟以嬋媛兮

後漢列傳七十下　十六　郭傑

若流風之靡草（淮南子曰今舞者便娟若秋葯被風葯白芷也）美儀操之姣麗兮忽遺生而忘老爾乃清夜晨妙技單收尊俎徹鼓盤（張衡七盤賦曰歷七盤而屣躡也）惆焉若酲撫劒而歎（酲酒病也）慮理國之須才悟稼穡之艱難美呂尚之佐周善管仲之輔桓將超世而作理焉沈湎於此歡於是罷女樂墮瑤臺思夏禹之卑宮慕有虞之土階（墨子曰虞舜土階三尺茅茨不剪）舉英奇於仄陋拔髦秀於蓬萊（蓬蒿草萊之間也）君明哲以知人官隨任而處能（能協韻音乃來反）百揆時叙庶績咸熙諸侯慕義不召同期（尚書武王伐紂八百諸侯不期而至）繼高陽之絕軌崇成莊之洪基（史記楚成王布德施惠結舊好於諸侯使人獻於天子莊王成王孫也納伍舉蘇從之諫罷淫樂聽國政所誅數百人所進數百人國人大悅）雖齊桓之一匡豈足方於大持（穀梁傳曰齊桓公為陽穀之會一匡天下匡正也）爾乃育之以仁臨之以明致虔報於鬼神盡肅恭乎上京（言楚尊事周室）馳淳化於黎元永歷世而太平大將軍何進聞讓才名欲辟命之恐不至詭以軍事徵召既到署

後漢列傳七十下　十七　揚坡

令史續漢志曰大將軍下有令史及御史屬三十一人進以禮見之讓善占謝能辭對時賓客滿堂莫不羨其風府掾孔融王朗並修刺候焉朗字景興魏志有傳議郎蔡邕深敬之以爲讓宜處高任乃薦於何進曰伏惟幕府初開博選清英華髮舊德並爲元龜華髮白首也元龜所以知吉凶尚書曰格人元龜雖振鷺之集西雍濟濟之在周庭無以或加韓詩曰振鷺于飛于西雍薛君章句曰鷺絜白之鳥也西雍文王之雍也言文王之時辟雍學士皆絜白之人也又曰濟濟多士文王以寧竊見令史陳留邊讓天授逸才聰

明賢智髫齓夙孤不盡家訓髫剪髮爲髫也齓毁齒也及就學廬便受大典初涉諸經見本知義授者不能對其問章句不能逮其意心通性達口辯辭長非禮不動非法不言若處狐疑之論定嫌審之分經典交至撿括參合衆夫寂焉莫之能奪也使讓生在唐虞則元凱之次運值仲尼則顏冉之亞豈徒俗之凡偶近器而已者哉階級名位亦宜超然若復隨輩而進非所以章瓌偉之高價

昭知人之絕明也傳曰函牛之鼎以亨雞多汁則淡而不可食少汁則熬而不可熟莊子曰函牛之鼎沸蟻不得措一足焉呂氏春秋曰白圭對魏王曰市丘之鼎以亨雞多洎之則淡不可食少洎之則焦而不熟也函容也洎汁也此言大器之於小用固有所不宜也邕竊悁邑悁邑憂憤也怪此寶鼎未受犧牛大羹之和久在煎熬臠割之間願明將軍回謀垂慮裁加少納貢之機密展之力用展陳也若以年齒爲嫌則顏回不得貫德行之首子奇終無理阿之功說苑曰子奇年十八爲阿宰有績者苟堪其事古今一也讓後以高才擢

進屢遷出爲九江太守不以爲能也初平中王室大亂讓去官還家恃才氣不屈曹操多輕侮之言建安中其鄉人有搆讓於操操告郡就殺之文多遺失

酈炎字文勝范陽人酈食其之後也炎有文才解音律言論給捷多服其能理給敏也靈帝時州郡辟命皆不就有志氣作詩二篇曰大道夷且長窘路狹且促脩翼無與

栖遠趾不步局窘迫也舒吾陵霄羽奮此千
里足超邁絶塵驅倏忽誰能逐賢愚豈常
類稟性在清濁富貴有人籍貧賤無天録
富貴者爲人所載於典籍也貧賤者不載於天録天録謂若蕭曹見名於圖書通塞苟由
己志士不相卜言通塞苟若由己則志士不須相卜也故蔡澤謂唐舉曰富貴吾自
取之所不知者壽也陳平敖里社陳平爲里社宰分肉均里中曰善哉陳孺子之
爲宰也曰使平宰天下亦猶是見前書韓信釣河曲韓信家貧無行不得爲吏釣於
淮陰城下河者水之惣名也終居天下宰食此萬鍾禄大斛
四斗曰鍾德音流千載功名重山岳靈芝生河

後漢列傳七十下　二十　林志東

洲動揺因洪波蘭榮一何晚嚴霜瘁其柯
哀哉二芳草不植太山阿文質道所貴遭
時用有嘉絳灌臨衡宰謂誼崇浮華賢才
抑不用遠投荆南沙賈誼欲革漢土德改定律令絳侯周勃及灌嬰共毀
之文帝以誼爲長沙太傅見前書抱玉乘龍驥不逢樂與和伯樂卞和
安得孔仲尼爲世陳四科謂德行政事文學言語也
炎後風病慌忽性至孝遭母憂病甚發動
妻始産而驚死妻家訟之收繫獄炎病不
能理對熹平六年遂死獄中時年二十八

尚書盧植爲之誄讚以昭其懿德
侯瑾字子瑜敦煌人也少孤貧依宗人居
性篤學恒傭作爲資暮還輒爇柴以讀書
爇古然字常以禮自牧易曰卑以自牧牧養也獨處一房如
對嚴賓焉州郡累召公車有道徵並稱疾
不到作矯世論以譏切當時而徙入山中
覃思著述覃靜也以莫知於世故作應賓難
以自寄又案漢記撰中興以後行事爲皇
德傳三十篇行於世餘所作雜文數十篇

後漢列傳七十下　二十一　王宗

多亡失西河人敬其才而不敢名之皆稱
爲侯君云
高彪字義方吳郡無錫人也無錫今常州縣家本單
寒至彪爲諸生遊太學有雅才而訥於言
嘗從馬融欲訪大義融疾不獲見乃覆刺
遺融書曰承服風問從來有年風問風猷令問故不
待介者而謁大君子之門冀一見龍光以
叙腹心之願毛詩曰既見君子爲龍爲光龍寵也不圖遭疾幽閉
莫啓昔周公旦父文兄武九命作伯以尹

華夏猶揮沐吐餐垂接白屋（白屋四失也）故周道以隆天下歸德公今養痾傲士故其宜也融省書慙追謝還之彪逝而不顧後郡舉孝廉試經第一除郎中校書東觀數奏賦頌奇文因事諷諫靈帝異之時京兆第五永爲督軍御史使督幽州百官大會祖餞於長樂觀議郎蔡邕等皆賦詩彪乃獨作箴曰文武將墜乃俾俊臣（俾使也）整我皇綱董此不虔（董正也）古之君子即戎忘身（易曰不利即戎）明其果毅尚其桓桓（司馬穰苴曰將受命之日忘其家援枹鼓即忘其身 左傳曰殺敵爲果致果爲毅尚書曰勗哉夫子尚桓桓桓桓武貌）呂尚七十氣冠三軍詩人作歌如鷹如鸇（太公年七十遇文王 毛詩曰惟師尚父時惟鷹揚）天有太一五將三門（太一式凡舉事皆欲發三門順五將三門者開門休門生門五將者天目文昌等）地有九變丘陵山川（孫子九變篇曰用兵有散地有輕地有爭地有交地有衢地有重地有圮地有圍地有死地諸侯自戰其地爲散地入人之地而不深爲輕地我得則利彼得亦利者爲爭地我可以往彼可以來爲交地諸侯之地三屬先至而得衆爲衢地入人地深倍城邑多爲重地行山林阻沮澤難行之道爲圮地所由入者隘所從歸者少彼寡可以擊吾衆者爲圍地疾戰則存不疾戰則亡爲死地通九變之利知用兵矣）人有

計策六奇五間（陳平凡六出奇策 孫子曰用間有五有因間有内間有反間有死間有生間五間俱起莫知其道是謂神紀人君之實也因間者因其鄉人而用之也内間者因其官人而用之也反間者因其敵間而用之也死間者爲誑事於外令吾間知之而傳於敵者也生間者反報者也）揔茲三事謀則咨詢（揔天地人之事而諮詢謀於衆）無曰己能務在求賢淮陰之勇廣野是尊（臣賢案前書韓信破趙得廣武君李左車解其縛而師事之此作廣野案廣野君酈食其無韓信師事處蓋誤也）周公大聖石碏純臣以威克愛以義滅親（周公誅管蔡石碏殺其子厚也剋勝也前書孫寶曰周公上聖召公大賢尚書曰威克厥愛允濟左傳曰石碏純臣也大義滅親其是之謂乎）勿謂時險不正其身勿謂無人莫識己眞忘富遺貴福祿乃存枉道依合復無所觀（曲道以合時者不足觀也）先公高節越可永遵佩藏斯戒以厲終身邕等甚美其文以爲莫尚也後遷内黃令帝敕同僚臨送祖於上東門（洛陽城東面北頭門）詔東觀畫彪像以勸學者彪到官有德政上書薦縣人申徒蟠等病卒於官文章多亡子岱亦知名

張超字子並河間鄚人也（鄚縣今瀛州）留侯良之後也有文才靈帝時從車騎將軍朱儁征

市爲别部司馬著賦頌碑文薦檄牋
謁文嘲凡十九篇超又善於草書妙絕府
人世共傳之

禰衡字正平平原般人也般縣故城在今德州平昌縣東般音十滿反少有才辯而尚氣剛傲好矯時慢物興
平中避難荆州建安初來遊許下始達潁
川乃陰懷一刺既而無所之適至於刺字
漫滅是時許都新建賢士大夫四方來集
或問衡曰盍從陳長文司馬伯達乎陳羣字長文司

馬朗字伯達河内溫人對曰吾焉能從屠沽兒耶又問
荀文若趙稚長云何趙爲盪寇將軍見魏志衡曰文若
可借面弔喪稚長可使監厨請客典略曰衡見荀儀容但有貌耳故可弔喪趙有腹大健噉肉故可監厨也唯善魯國孔融及弘
農楊脩常稱曰大兒孔文舉小兒楊德祖
餘子碌碌莫足數也融亦深愛其才衡始
弱冠而融年四十遂與爲交友上疏薦之
曰臣聞洪水横流帝思俾乂孟子曰堯時洪水横流氾濫於天下尚書帝曰咨湯湯洪水方割有能俾乂俾使也乂理也旁求四方以招

俊尚書曰旁求天下昔孝武繼統將弘祖業疇咨熙
載羣士響臻尚書帝堯曰疇咨若時登庸又曰有能奮庸熙帝之載疇誰也熙廣也載事也陛下叡聖纂承基緒遭遇厄運勞謙日
昃易曰勞謙君子有終吉尚書敘文王德曰自朝至于日中昃不遑食言不敢懈怠也惟岳
降神異人並出毛詩曰惟岳降神生甫及申公孫弘傳贊曰異人並出竊
見處士平原禰衡年二十四字正平淑質
貞亮英才卓礫初涉藝文升堂覩奧目所
一見輒誦於口耳所暫聞不忘於心性與
道合思若有神淮南子曰所謂真人者性合於道也弘羊潛計

安世默識以衡準之誠不足怪前書曰桑弘羊雒陽賈人子以心計年十三爲侍中又曰張安世字子孺爲郎上行幸河東嘗亡書三篋詔問莫能知唯安世識之具作其事後購求得書以相校無所遺失忠果正直志懷霜雪見善
若驚疾惡若讎國語楚藍尹亹謂子西曰夫闔廬聞一善言若驚得一士若賞
任座抗行史魚厲節殆無以過也呂氏春秋魏文侯燕飲問諸大夫曰寡人何如主也任座曰君不肖君也克中山不以封君之弟而以封君之子是以知君不肖君也論語孔子曰直哉史魚邦有道如矢邦無道如矢也鷙鳥累伯不如一
鶚鄒陽上書之言鶚大鵰也使衡立朝必有可觀飛辯
騁辭溢氣坌涌解疑釋結臨敵有餘昔賈

詛求試屬國詭係單于（前書賈誼曰何不以臣爲屬國之官以主匈奴行臣之計請必繫單于之頸而制其命）終軍欲以長纓牽致勁越（前書終軍曰願受長纓必羈南越王而致之闕下也）弱冠慷慨前世美之近日路粹嚴象亦用異才擢拜臺郎衡宜與爲比如得龍躍天衢振翼雲漢揚聲紫微垂光虹蜺足以昭近署之多士增四門之穆穆（尚書曰賓於四門四門穆穆）鈞天廣樂必有奇麗之觀（史記曰趙簡子疾五日不知人大夫皆懼醫扁鵲曰血脈理也昔秦穆公如此七日寤寤而曰我之帝所甚樂今主君之疾與之同不出三日必閒閒必有言也居二日果寤語大夫曰我之帝所甚樂與百神遊於鈞天廣樂九奏其聲動心也）

後漢列傳七十下　二十六

帝室皇居必蓄非常之寶若衡等輩不可多得激楚楊阿至妙之容臺牧者之所貪（諸本並作臺牧未詳其義融集作掌伎）飛兔騕褭絕足奔放良樂之所急（呂氏春秋曰飛兔騕褭古駿馬也高誘注曰日行萬里王良伯樂善御人也）臣等區區敢不以聞融既愛衡才數稱述於曹操操欲見之而衡素相輕疾自稱狂病不肯往而數有恣言操懷忿而以其才名不欲殺之聞衡善擊鼓乃召爲鼓史因大會賓客閱試音節諸過者皆令脫其故衣更著岑牟單絞之服（文士傳曰魏太祖欲辱衡乃令人錄用爲鼓史至八月朝普天閱試鼓節作三重閣列坐賓客以帛絹制作衣一岑牟一單絞及小褌通史志曰岑牟鼓角士胄也鄭玄注禮記曰絞蒼黃之色也）次至衡衡方爲漁陽參撾蹀躞而前（文士傳曰衡擊鼓作漁陽參撾蹋地來前躡駁足腳容態不常鼓聲甚悲易衣畢復擊鼓參撾而去至今有漁陽參撾自衡始也臣賢案撾及撾並擊鼓杖也參撾是擊鼓之法而王僧孺詩云散度廣陵音參寫漁陽曲而於其詩自音云參音七紺反後諸文人多同用之據此詩意則參曲奏之名則撾字入於下句全不成文下云復參撾而去足知參撾二字當相連而讀參字音爲去聲不知何所憑也參七甘反）容態有異聲節悲壯聽者莫不慷慨衡進至操前而

後漢列傳七十下　二十七

止吏訶之曰鼓史何不改裝而輕敢進乎衡曰諾於是先解衵衣（杜預注左傳曰衵近身衣也音女一反）次釋餘服裸身而立徐取岑牟單絞而著之畢復參撾而去顏色不怍（怍羞也）操笑曰本欲辱衡衡反辱孤孔融退而數之曰正平大雅固當爾邪（雅正也言大雅君子不當爾）因宣操區區之意衡許往融復見操說衡狂疾今求得自謝操喜勑門者有客便通待之極晏衡乃著布單衣疏巾手持三尺梲杖（說文大杖）

佗結反坐大營門以杖捶地大罵吏白外有狂生坐於營門言語悖逆請收案罪操怒謂融曰禰衡豎子孤殺之猶雀鼠耳顧此人素有虛名遠近將謂孤不能容之今送與劉表視當何如於是遣人騎送之臨發衆人爲之祖道先供設於城南乃更相戒曰禰衡勃虐無禮今因其後到咸當以不起折之也及衡至衆人莫肯興衡坐而大號衆問其故衡曰坐者爲冢卧者爲屍屍

冢之閒能不悲乎劉表及荆州士大夫先服其才名甚賓禮之文章言議非衡不定表嘗與諸文人共草章奏並極其才思時衡出還見之開省未周因毀以抵地抵擲也表憮然爲駭憮然怪之貌也音撫衡乃從求筆札須臾立成辭義可觀表大悅益重之後復侮慢於表表恥不能容以江夏太守黃祖性急故送衡與之祖亦善待焉衡爲作書記輕重疏密各得體宜祖持其手曰處士此正

得祖意如祖腹中之所欲言也祖長子射射音亦爲章陵太守尤善於衡嘗與衡俱遊共讀蔡邕所作碑文射愛其辭還恨不繕寫衡曰吾雖一覽猶能識之識記也音志唯其中石缺二字爲不明耳因書出之射馳使寫碑還校如衡所書莫不歎伏射時大會賓客人有獻鸚鵡者射舉卮於衡曰願先生賦之以娛嘉賓衡覽筆而作文無加點辭采甚麗後黃祖在蒙衝船上釋名曰外狹而長曰蒙衝以衝

突敵船大會賓客而衡言不遜順祖慙乃訶之衡更熟視曰死公云等道死公罵言也等道猶今言何勿語也祖大怒令五百將出五百猶今之問事也解見官者傳欲加箠衡方大罵祖恚遂令殺之祖主簿素疾衡即時殺焉射徒跣來救不及祖亦悔之乃厚加棺斂衡時年二十六其文章多亡云

贊曰情志既動篇辭爲貴毛詩序曰情發於中而形於言詩者志之所之故情志動而篇辭作斯文章之爲貴抽心呈貌非彫非蔚彫

也易曰君子豹變其文蔚殊狀共體同聲異氣言觀麗則永監淫費（揚雄曰詩人之賦麗以則辭人之賦麗以淫禮記曰不辭費）

後漢書列傳卷第七十下

列傳卷第七十一 獨行　范曄　後漢書八十一

唐章懷太子賢注

譙玄　李業
劉茂　温序
彭脩　索盧放
周嘉　范式
李善　王忳
張武　陸續
戴封　李充
繆肜　陳重
雷義　范丹
戴就　趙苞
向栩　諒輔
劉翊　王烈

孔子曰與其不得中庸必也狂狷乎（庸常也中和可常行之道謂之中庸言若不得中庸之人與之居必也須得狂狷之人）又云狂者進取狷者有所不爲也（此是録論語者因夫子之言而釋狂狷之人也）此蓋失於周全之道而取諸偏至之端者也

然則有所不爲亦將有所必爲者矣既云進取亦將有所不取者矣如此性尚分流爲否異適矣（人之好尚不同或爲或否各有所適）中世偏行一介之夫能成名立方者蓋亦衆也或志剛金石而㓨扞於強禦（謂劉茂衞福也）或意嚴冬霜而甘心於小諒（戴就陸續也）亦有結朋協好幽明共心（范式張劭也）蹈義陵險死生等節（繆彤李善也）雖事非通圓良其風軌有足懷者而情迹殊雜難爲條品片辭特趣不足區别措之則事或有遺（措置也）載之則貫序無統以其名體雖殊而操行俱絕故總爲獨行篇焉庶備諸闕文紀志漏脫云爾

譙玄字君黃巴郡閬中人也少好學能說易春秋仕於州郡成帝永始二年有日食之災乃詔舉敦樸遜讓有行義者各一人州舉玄詣公車對策高第拜議郎帝始作期門數爲微行（前書武帝微行常與侍中常侍武騎及待詔北地良家子能騎射者期諸殿門故有期門之号自此始也成帝微行亦然故言始也）立趙飛燕爲皇后后專寵懷忌皇太子多橫夭玄上書諫曰臣聞王者承天繼宗統極保業延祚莫急脩嗣故易有幹蠱之義詩詠衆多之福（易曰幹父之蠱注云蠱事也毛詩曰螽斯后妃之德也后妃不妬忌則子孫衆多也其詩曰螽斯羽詵詵兮宜爾子孫振振兮）今陛下聖嗣未立天下屬望而不惟社稷之計專念微行之事愛幸用於所惑曲意留於非正竊聞後宮皇子產而不育（前書成帝宮人曹偉能及許美人皆生子趙昭儀皆令殺之）臣聞之怛然痛心傷剥竊懷憂國不忘須臾夫警衞不

脩則患生非常忽有醉酒狂夫分爭道路既無尊嚴之儀豈識上下之别此爲胡狄起於轂下而賊亂發於左右也願陛下念天下之至重愛金玉之身均九女之施（九女解見崔琦傳）存無窮之福天下幸甚時數有災異玄輒陳其變既不省納故久稽郎官後遷太常丞以弟服去職平帝元始元年日食又詔公卿舉敦朴直言大鴻臚左咸舉玄詣公車對策復拜議郎遷中散大夫四

年選明達政事能班化風俗者八人時並
舉玄爲繡衣使者（前書御史大夫領繡衣直指出討姦猾理大獄武帝所制不常置）持節與太僕任惲等分行天下觀覽
風俗所至專行誅賞事未及終而王莽居
攝玄於是縱使者車（縱捨也）變易姓名間竄
歸家（間私也）因以隱遁後公孫述僭號於蜀
連聘不詣述乃遣使者備禮徵之若玄不
肯起使陽以毒藥太守乃自齎璽書至玄
廬曰君高節已著朝廷垂意誠不宜復辭

三五 後漢列傳七十一 四 日新

自招凶禍玄仰天歎曰唐堯大聖許由恥
仕周武至德伯夷守餓彼獨何人我亦何
人保志全高死亦奚恨遂受毒藥玄乃瑛
泣血叩頭於太守曰方今國家東有嚴敵
兵師四出國用軍資或不常充足願奉家
錢千萬以贖父死太守爲請述聽許之玄
遂隱藏田野終述之世時兵戈累年莫能
脩尚學業玄獨訓諸子勤習經書建武十
一年卒明年天下平定玄弟慶以狀詣闕

自陳光武美之策詔本郡祠以中牢勑所
在還玄家錢時亦有犍爲費貽不肯仕述
乃漆身爲厲陽狂以避之退藏山藪十餘
年述破後仕至合浦太守瑛善說易以授
顯宗爲北宮衞士令（漢官儀曰北宮衞士令一人秩六百石）
李業字巨游廣漢梓潼人也少有志操介
特習魯詩師博士許晃元始中舉明經除
爲郎（元始平帝年也）會王莽居攝業以病去官杜門
不應州郡之命太守劉咸強召之業乃載

三九五 後漢列傳七十一 五 日新

病詣門咸怒出教曰賢者不避害譬猶彀
弩射市薄命者先死聞業名稱故欲與之
爲治而反託疾乎令詣獄養病欲殺之客
有說咸曰趙殺鳴犢孔子臨河而逝（史記曰孔子既不得用於衞將西見趙簡子至於河而聞竇鳴犢舜華之死也臨河而歎曰美哉河水洋洋乎丘之不濟命也夫子貢進曰敢問何謂也孔子曰竇鳴犢舜華晉國之賢大夫也趙簡子未得志之時須此兩人而後從政丘聞之也刳胎殺夭則騏驎不至竭澤而漁則蛟龍不合陰陽覆巢毀卵則鳳凰不翔何則君子諱傷其類夫鳥獸之於不義也尚知避之而況乎丘哉乃還也）未聞求賢而貪
以牢獄者也咸乃出之因舉方正王莽以

業爲酒士（王莽時官酤酒故置酒士也）病不之官遂隱藏山谷絕匿名迹終莽之世及公孫述僭號素聞業賢徵之欲以爲博士業固疾不起數年述羞不致之乃使大鴻臚尹融持毒酒奉詔命以劫業若起則受公矦之位不起賜之以藥融譬旨曰方今天下分崩孰知是非而以區區之身試於不測之淵乎朝廷貪慕名德曠官缺位于今七年四時珍御不以忘君宜上奉知已下爲子孫身名俱全不亦優乎今數年不起猜疑寇心凶禍立加非計之得者也業乃歎曰危國不入亂國不居（論語孔子曰危邦不入亂邦不居天下有道則見無道則隱）親於其身爲不善者義所不從君子見危授命（論語曰親於其身爲不善者君子不入又曰君子見危授命見得思義）何乃誘以高位重餌哉融見業辭志不屈復曰宜呼室家計之業曰丈夫斷之於心久矣何妻子之爲遂飲毒而死述聞業死大驚又恥有殺賢之名乃遣使弔祠賻贈百匹

業子翬逃辭不受蜀平光武下詔表其閭益部紀載其高節圖畫形象初平帝時蜀郡王皓爲美陽令王嘉爲郎王莽簒位並弃官西歸及公孫述稱帝遣使徵皓嘉恐不至遂先繫其妻子使者謂嘉曰速裝妻子可全對曰犬馬猶識主況於人乎王皓先自刎以首付使者述怒遂誅皓家屬王嘉聞而歎曰後之哉乃對使者伏劒而死是時犍爲任永君業同郡馮信並好學博古公孫述連徵命待以高位皆託青盲以避世難永妻淫於前匿情無言見子入井忍而不救信侍婢亦對信姦通及聞述誅皆盥洗更視曰世適平目即清淫者自殺光武聞而徵之並會病卒

劉茂字子衞太原晉陽人也少孤獨侍母居家貧以筋力致養孝行著於鄉里及長能習禮經教授常數百人哀帝時察孝廉再遷五原屬國候遭母憂去官服竟後爲

沮陽令（沮陽縣屬上谷郡故城在今嬀州東沮音阻）會王莽篡位茂弃官避世弘農山中教授建武二年歸爲郡門下掾時赤眉二十餘萬衆攻郡縣殺長吏及府掾史茂負太守孫福踰牆藏空穴中得免其暮俱奔盂縣（今并州盂縣也）晝則逃隱夜求糧食積百餘日賊去乃得歸府明年詔書求天下義士福言茂曰臣前爲赤眉所攻吏民壞亂奔走趣山臣爲賊所圍命如絲髮賴茂負臣踰城出保盂縣茂與弟

後漢列傳十七　八

觸冒兵刃緣山負食臣及妻子得度死命節義尤高宜蒙表擢以厲義士詔書即徵茂拜議郎遷宗正丞（續漢書宗正丞一人比千石也）後拜侍中卒官元初中鮮卑數百餘騎寇漁陽太守張顯率吏士追出塞遥望虜營烟火急趣之兵馬掾嚴授慮有伏兵苦諫止不聽顯蹙令進授不獲已前戰伏兵發授身被十創歿於陣顯拔刃追散兵不能制虜射中顯主簿衛福功曹徐咸遽起之顯遂墮

馬福以身擁蔽虜并殺之朝廷愍授等節詔書褒歎厚加賞賜各除子一人爲郎中永初二年劇賊畢豪等入平原界縣令劉雄將吏士乘船追之至厭次河（厭次縣之河也）與賊合戰雄敗執雄以矛刺之時小吏所輔（所姓也風俗通曰宋大夫華所事之後也漢有所忠爲諫大夫）前叩頭求哀願以身代雄豪等縱雄而刺輔貫心洞背即死東郡太守捕得豪等具以狀上詔書追傷之賜錢二十萬除父奉爲郎中

後漢列傳十七　九

温序字次房太原祁人也仕州從事建武二年騎都尉弓里戍（弓理姓也）將兵平定北州到太原歷訪英俊大人問以策謀戍見序奇之上疏薦焉於是徵爲侍御史遷武陵都尉病免官六年拜謁者遷護羌校尉序行部至襄武爲隗囂別將苟宇所拘劫宇謂序曰子若與我并威同力天下可圖也序曰受國重任分當效死義不貪生苟背恩德宇等復曉譬之序素有氣力大怒叱

字等曰虜何敢迫脅漢將因以節檛殺數
人賊衆爭欲殺之字止之曰此義士死節
可賜以劒序受劒銜鬚於口顧左右曰旣
爲賊所迫殺無令鬚汙土遂伏劒而死序
主簿韓遵從事王忠持屍歸斂光武聞而
憐之命忠送喪到洛陽賜城傍爲冢地賻
穀千斛縑五百匹除三子爲郎中長子壽
服竟爲鄒平侯相夢序告之曰久客思鄉
里壽即弃官上書乞骸骨歸葬帝許之乃

後漢列傳七十一　十　華定

反舊塋焉（序墓在今并州祁縣西北）
彭脩字子陽會稽毗陵人也（毗陵今常州晉陵縣也吳地記日本名延陵吳王諸樊封季札漢改曰毗陵）年十五時父爲郡吏得
休（假也）與脩俱歸道爲盜所劫脩困迫乃拔
佩刀前持盜帥曰父辱子死卿不顧死邪
盜相謂曰此童子義士也不宜逼之遂辭
謝而去鄉黨稱其名後仕郡爲功曹時西
部都尉宰鼂行太守事（應劭漢官曰都尉秦官也本名郡尉掌佐太守典其武職秩比二千石孝景時更名都尉）以微過收吳縣獄吏將

殺之主簿鍾離意爭諫甚切鼂怒使收縛
意欲案之掾吏莫敢諫脩排閤直入拜於
庭曰明府發雷霆於主簿請聞其過鼂曰
受教三日初不奉行廢命不忠豈非過邪
脩因拜曰昔任座面折文侯（解見文苑禰衡傳）朱雲
攀毀欄檻（前書成帝時朱雲上書請以尚方斬馬劒斬張禹上欲殺之雲攀折殿檻西京雜記云攀折玉檻）自非賢君焉得忠臣今慶明府爲
賢君主簿爲忠臣鼂遂原意罰貫獄吏罪
後州辟從事時賊張子林等數百人作亂

後漢列傳七十一　十一　章英

郡言州請脩守吳令脩與太守俱出討賊
賊望見車馬競交射之飛矢雨集脩障扞
太守而爲流矢所中死太守得全賊素聞
其恩信即殺弩中脩者餘悉降散言曰自
爲彭君故降不爲太守服也
索盧放字君陽（索盧姓也）東郡人也以尚書教
授千餘人初署郡門下掾更始時使者督
行郡國太守有事當就斬刑放前言曰今
天下所以苦毒王氏歸心皇漢者實以聖

政寬仁故也而傳車所過未聞恩澤太守受誅誠不敢言但恐天下惶懼各生疑變夫使功者不如使過（者秦穆赦孟明而用之霸西戎）願以身代太守之命遂前就斬使者義而赦之由是顯名建武六年徵爲洛陽令政有能名以病乞身徙諫議大夫數納忠言後以疾去建武末復徵不起光武使人輿之見於南宮雲臺賜穀二千斛遣歸除子爲太子中庶子卒於家（續漢書曰太子中庶子秩六百石）

周嘉字惠文汝南安城人也高祖父燕宣帝時爲郡決曹掾太守欲枉殺人燕諫不聽遂殺囚而黜燕囚家守闕稱冤詔遣覆考燕見太守曰願謹定文書皆著燕名府君但言時病而已出謂掾史曰諸君被問悉當以罪推燕如有一言及於府君燕手劒相刃使乃收燕繫獄屢被掠楚辭無屈撓當下蠶室乃歎曰我平王之後正公玄孫（謝承書曰燕字少卿其先出自周平王之後漢興紹嗣封爲正公食采於汝墳也）豈可以刀鋸之餘下見先君遂不食而死燕有五子皆至刺史太守嘉仕郡爲主簿王莽末羣賊入汝陽城嘉從太守何敞討賊敞爲流失所中郡兵奔北賊圍繞數十重白刃交集嘉乃擁敞以身扞之因呵賊曰卿曹皆人隷也爲賊既逆豈有還害其君者邪嘉請以死贖君命因仰天號泣羣賊於是兩兩相視曰此義士也給其車馬遣送之後太守寇恂舉爲孝廉拜尚書侍郎光

武引見問以遭難之事嘉對曰太守被傷命縣寇手臣實驚怯不能死難帝曰此長者也詔嘉尚公主嘉稱病篤不肯當稍遷零陵太守視事七年卒零陵頌其遺愛吏民爲立祠焉嘉從弟暢字伯持性仁慈爲河南尹永初二年夏旱久禱無應暢因收葬洛城傍客死骸骨凡萬餘人應時澍雨歲乃豐稔位至光祿勳

范式字巨卿山陽金鄉人也一名氾少遊

太學爲諸生與汝南張劭爲友劭字元伯二人並告歸鄉里式謂元伯曰後二年當還將過拜尊親見孺子焉（見其子也孺子稚子也）乃共剋期日後期方至元伯具以白母請設饌以候之母曰二年之别千里結言爾何相信之審邪對曰巨卿信士必不乖違母曰若然當爲爾醖酒至其日巨卿果到升堂拜飲盡歡而别式仕爲郡功曹後元伯寢疾篤同郡郅君章殷子徵晨夜省視之元

伯臨盡歎曰恨不見吾死友子徵曰吾與君章盡心於子是非死友復欲誰求元伯曰若二子者吾生友耳山陽范巨卿所謂死友也尋而卒式忽夢見元伯玄冕垂纓屣履而呼曰巨卿吾以某日死當以爾時葬永歸黄泉子未我忘豈能相及式怳然覺寤悲歎泣下具告太守請往奔喪太守雖心不信而重違其情許之式便服朋友之服（儀禮喪服記曰朋友在他國袒免歸則已注云謂無親者爲之主喪服又曰朋友麻注云朋友雖無親有同道之恩相爲服緦之絰帶）投其葬日馳往赴之式未及到而喪已發引既至壙將窆（窆下棺也）而柩不肯進其母撫之曰元伯豈有望邪遂停柩移時乃見有素車白馬號哭而來其母望之曰是必范巨卿也巨卿既至叩喪言曰行矣元伯死生路異永從此辭會葬者千人咸爲揮涕式因執紼而引柩於是乃前式遂留止冢次爲脩墳樹然後乃去後到京師受業太學時諸生長沙陳平子

亦同在學與式未相見而平子被病將亡謂其妻曰吾聞山陽范巨卿烈士也可以託死吾殁後但以屍埋巨卿戶前乃裂素爲書以遺巨卿既終妻從其言時式出行適還省書見瘞愴然感之向墳揖哭以爲死友乃營護平子妻兒身自送喪於臨湘未至四五里乃委素書於柩上哭别而去其兄弟聞之尋求不復見長沙上計掾史到京師上書表式行狀三府並辟不應舉

州茂才四遷荊州刺史友人南陽孔嵩家貧親老乃變名姓傭爲新野縣阿里街卒阿里里名也式行部到新野而縣選嵩爲導騎迎式導引之騎式見而識之呼嵩把臂謂曰子非孔仲山邪對之歎息語及平生曰昔與子俱曳長裾遊集帝學吾蒙國恩致位牧伯而子懷道隱身處於卒伍不亦惜乎嵩曰侯嬴長守於賤業史記曰侯嬴年七十家貧爲大梁夷門卒魏公子聞之往請欲厚遺之不肯受曰臣脩身絜行數十年終不以監門困故受公子財晨門肆志於抱關解見張晧傳也子欲居九夷不患其陋論語曰孔子欲居九夷或曰陋如之何子曰君子居之何陋之有貧者士之宜豈爲鄙哉式勑縣代嵩嵩以爲先傭未竟不肯去嵩在阿里正身厲行街中子弟皆服其訓化遂辟公府之京師道宿下亭盜共竊其馬尋問知其嵩也乃相責讓曰孔仲山善士豈宜侵盜乎於是送馬謝之嵩官至南海太守式後遷廬江太守有威名卒於官

李善字次孫南陽淯陽人本同縣李元蒼頭也建武中疫疾元家相繼死沒唯孤兒續始生數旬而貲財千萬諸奴婢私共計議欲謀殺續分其財產善深傷李氏而力不能制乃潛負續逃去隱山陽瑕丘界中親自哺養乳爲生湩湩乳汁也音竹用反推燥居溼備嘗艱勤續雖在孩抱奉之不異長君有事輒長跪請白然後行之閭里感其行皆相率脩義續年十歲善與歸本縣脩理舊業告奴婢於長吏悉收殺之時鍾離意爲瑕丘令上書薦善行狀光武詔拜善及續並爲太子舍人善顯宗時辟公府以能理劇再遷日南太守從京師之官道經淯陽過李元冢未至一里乃脫朝服持鉏去草及拜墓哭泣甚悲身自炊爨執鼎俎以脩祭祀垂泣曰君夫人善在此盡哀數日乃去到官以愛惠爲政懷來異俗遷九江太守未至道病卒續至河閒相

王忳字少林忳音純廣漢新都人也忳嘗詣

京師於空舍中見一書生疾困愍而視之書生謂忳曰我當到洛陽而被病命在須臾腰下有金十斤願以相贈死後乞藏骸骨未及問姓名而絶忳即鬻金一斤營其殯葬餘金悉置棺下人無知者後歸數年縣署忳大度亭長初到之日有馬馳入亭中而止其日大風飄一繡被復墯忳前即言之於縣縣以歸忳忳後乘馬到雒縣馬遂奔走牽忳入它舍主人見之喜曰今禽

後漢列傳七十一 十八 王忳

盜矣問忳所由得馬忳具說其狀并及繡被主人悵然良久乃曰被隨旋風與馬俱亡卿何陰德而致此二物忳自念有葬書生事因說之并道書生形貌及埋金處主人大驚號曰是我子也姓金名彦前往京師不知所在何意卿乃葬之大恩久不報天以此章卿德耳忳悉以被馬還之彦父不取又厚遺忳忳辭讓而去時彦父爲州從事因告新都令假忳休自與俱迎彦喪

餘金俱存忳由是顯名仕郡功曹州治中從事舉茂才除郿令到官至斄亭（斄音台）亭長曰亭有鬼數殺過客不可宿也忳曰仁勝凶邪德除不祥何鬼之避即入亭止宿夜中聞有女子稱冤之聲忳呪曰有何枉狀可前求理乎女子曰無衣不敢進忳便投衣與之女子乃前訴曰妾夫爲涪令之官過宿此亭亭長無狀賊殺妾家十餘口埋在樓下悉取財貨忳問亭長姓名女子

後漢列傳七十一 十九 張宗

曰即今門下游徼者也忳曰汝何故數殺過客對曰妾不得白日自訴每夜陳冤客輒眠不見應不勝感恚故殺之忳曰當爲汝理此冤勿復殺良善也因解衣於地忽然不見明旦召游徼詰問具服罪即收繫及同謀十餘人悉伏辜遣吏送其喪歸鄉里於是亭遂清安

張武者吳郡由拳人也（由拳縣故城在今蘇州嘉興縣南）父業郡門下掾送太守妻子還鄉里至河內亭

盜夜刼之業與賊鬬死遂亡屍武時年幼不及識父後之太學受業每節常持父遺劍至亡處祭醱而還太守第五倫嘉其行舉孝廉遭母喪過毀傷父魂靈不返因哀慟絶命

陸續字智初會稽吳人也世爲族姓祖父閎字子春建武中爲尚書令美姿貌喜著越布單衣光武見而好之自是常勑會稽郡獻越布續幼孤仕郡户曹史時歲荒民飢太守尹興使續於都亭賦民饘粥續悉簡閱其民訊以名氏事畢興問所食幾何續因口說六百餘人皆分别姓字無有差謬興異之刺史行部見續辟爲别駕從事以病去還爲郡門下掾是時楚王英謀反陰疏天下善士及楚事覺顯宗得其録有尹興名乃徵興詣廷尉獄續與主簿梁宏功曹史駟勳及掾史五百餘人詣洛陽詔獄就考諸吏不堪痛楚死者大半唯續宏

勳掠考五毒肌肉消爛終無異辭續母遠至京師覘候消息獄事特急無緣與續相聞母但作饋食付門卒以進之續雖見考苦毒而辭色慷慨未嘗易容唯對食悲泣不能自勝使者怪而問其故續曰母來不得相見故泣耳使者大怒以爲門卒通傳意氣召將案之續曰因食餉羮識母所自調和故知來耳非人告也使者問何以知母所作乎續曰母嘗截肉未嘗不方斷葱以寸爲度是以知之使者問諸謁舍（謁舍所謂傳主人之舍也）續母果來於是陰嘉之上書說續行狀帝即赦興等事還鄉里禁錮終身續以老病卒長子稠廣陵太守有理名中子逢樂安太守少子褒力行好學不慕榮名連徵不就褒子康已見前傳

戴封字平仲濟北剛人也（剛縣故城在今兖州龔丘縣東北）年十五詣太學師事鄮令東海申君申君卒送喪到東海道當經其家父母以封當還

豫爲娶妻封暫過拜親不宿而去還京師
卒業時同學石敬平温病卒封養視殯斂
以所賫糧市小棺送喪到家家更斂見敬
平行時書物皆在棺中乃大異之封後遇
賊財物悉被略奪唯餘縑七匹賊不知處
封乃追以與之曰知諸君乏故送相遺賊
驚曰此賢人也盡還其器物後舉孝廉光
禄主事遭伯父喪去官詔書求賢良方正
直言之士有至行能消災伏異者公卿郡

後漢列傳七十一　二十三　章駒

守各舉一人郡及大司農俱舉封公車徵
陛見對策第一擢拜議郎遷西華令時汝
潁有蝗災獨不入西華界時督郵行縣蝗
忽大至督郵其日即去蝗亦頓除一境奇
之其年大旱封禱請無獲乃積薪坐其上
以自焚火起而大雨暴至於是遠近歎服
遷中山相時諸縣囚四百餘人辭狀已定
當行刑封哀之皆遣歸家與剋期日皆無
違者詔書策美焉永元十二年徵拜太常

卒官
李充字大遜陳留人也家貧兄弟六人同
食遞衣妻竊謂充曰今貧居如此難以久
安妾有私財願思分異充偽酬之曰如欲
別居當醖酒具會請呼鄉里內外共議其
事婦從充置酒讌客充於坐中前跪白母
曰此婦無狀而教充離閒母兄罪合遣斥
便呵叱其婦逐令出門婦銜涕而去坐中
驚肅因遂罷散充後遭母喪行服墓次人

後漢列傳七十一　二十三　陳伸

有盜其墓樹者充手自殺之服闋立精舍
講授太守魯平請署功曹不就平怒乃援
充以捐溝中因謫署縣都亭長不得已起
親職役後和帝公車徵不行延平中詔公
卿中二千石各舉隱士大儒務取高行以
勸後進特徵充爲博士時魯平亦爲博士
每與集會常歎服焉充遷侍中大將軍鄧
騭貴戚傾時無所下借（下音假借音子夜反）以充高節
每卑敬之嘗置酒請充賓客滿堂酒酣騭

跪曰幸託椒房位列上將幕府初開欲辟
天下奇偉以匡不逮惟諸君博求其器充
乃爲陳海內隱居懷道之士頗有不合騭
欲絕其說以肉啖之充抵肉於地曰說士
猶甘於肉遂出徑去騭甚望之同坐汝南
張孟舉往讓充曰一日聞足下與鄧將軍
說士未究（一日猶昨日也）激刺面折不由中和出言
之責非所以光祚子孫者也充曰大丈夫
居世貴行其意何能遠爲子孫計哉由是

見非於貴戚遷左中郎將年八十八爲國
三老安帝常特進見賜以几杖卒於家
繆肜字豫公汝南召陵人也少孤兄弟四
人皆同財業及各娶妻諸婦遂求分異又
數有鬬爭之言肜深懷憤歎乃掩戶自撾
曰繆肜汝脩身謹行學聖人之法將以齊
整風俗柰何不能正其家乎弟及諸婦聞
之悉叩頭謝罪遂更爲敦睦之行仕縣爲
主簿時縣令被章見考吏皆畏懼自誣而

肜獨證據其事掠考苦毒至乃體生蟲蛆
因復傳換五獄踰涉四年令卒以自免太
守隴西梁湛召爲決曹史安帝初湛病卒
官肜送喪還隴西始葬會西羌反叛湛妻
子悉避亂它郡肜獨留不去爲起墳冢乃
潛穿井旁以爲窟室晝則隱竄夜則負土
及賊平而墳已立其妻子意肜已死還見
大驚關西咸稱傳之共給車馬衣資肜不
受而歸鄉里辟公府舉尤異遷中牟令縣

近京師多權豪肜到誅諸姦吏及託名貴
戚賓客者百有餘人威名遂行卒於官
陳重字景公豫章宜春人也（宜春今袁州縣）少與同
郡雷義爲友俱學魯詩顏氏春秋太守張
雲舉重孝廉重以讓義前後十餘通記（記書）
也雲不聽義明年舉孝廉重與俱在郎署
有同署郎負息錢數十萬責主日至詭求
無已（說文曰詭責也）重乃密以錢代還郎後覺知而
厚辭謝之重曰非我之爲將有同姓名者

終不言惠又同舍郎有告歸寧者誤持隣舍郎絝以去主疑重所取重不自申說而市絝以償之後寧喪者歸以絝還主其事乃顯重後與義俱拜尚書郎義代同時人受罪以此黜退重見義去亦以病免後舉茂才除細陽令政有異化舉尤異當遷爲會稽太守遭姊憂去官後爲司徒所辟拜侍御史卒

雷義字仲公豫章鄱陽人也 鄱陽縣城在今饒州鄱陽縣東

初爲郡功曹皆擢舉善人不伐其功義嘗濟人死罪罪者後以金二斤謝之義不受金主伺義不在黙投金於承塵上後葺理屋宇乃得之金主已死無所復還義乃以付縣曹後舉孝廉拜尚書侍郎有同時郎坐事當居刑作義黙自表取其罪以此論司寇同臺郎覺之委位自上乞贖義罪順帝詔皆除刑義歸舉茂才讓於陳重刺史不聽義遂陽狂被髮走不應命鄉里爲之語曰膠漆自謂堅不如雷與陳三府同時俱辟二人義遂爲守灌謁者 漢官儀曰謁者三十五人以郎中秩滿歲稱給事未滿歲稱灌謁者胡廣云明章二帝服勤園陵謁者灌栢後遂稱云馬融以爲灌者習所職也應奉云如胡公之言則吉凶異制馬云灌習也字又非也高祖承秦灌嬰服事七年號大謁者後人掌之以姓灌章豈其然乎 使持節督郡國行風俗太守令長坐者凡七十人旋拜侍御史除南頓令卒官子授官至蒼梧太守

范冉字史雲 冉或作丹 陳留外黃人也少爲縣小吏年十八奉檄迎督郵冉恥之乃遁去

到南陽受業於樊英又遊三輔就馬融通經歷年乃還冉好違時絶俗爲激詭之行常慕梁伯鸞閔仲叔之爲人與漢中李固河内王奐親善而鄙賈偉節郭林宗焉 謝承書曰奐字子昌河内武德人明五經負笈追業常賃灌園恥交勢利爲考城令遷漢陽太守將拜議郎卒 奐後爲考城令境接外黃屢遣書請冉冉不至及奐遷漢陽太守將行冉乃與弟協步賫麥酒於道側設壇以待之冉見奐車徒駱驛遂不自聞惟與弟共辯論於路奐

識其聲即下車與相揖對奐曰行路倉卒非陳闊之所可共到前亭宿息以叙分隔冉曰子前在考城思欲相從以賤質自絕豪友耳今子遠適千里會面無期故輕行相候以展訣別如其相追將有慕貴之譏矣便起告違拂衣而去奐瞻望弗及冉長逝不顧桓帝時以冉爲萊蕪長萊蕪縣屬泰山郡故城在今淄川縣東南遭母憂不到官後辟太尉府以狷急不能從俗常佩韋於朝史記曰西門豹性急佩韋以自緩

後漢傳七十一　二十八　王榮

議者欲以爲侍御史因遁身逃命於梁沛之閒徒行敝服賣卜於市遭黨人禁錮遂推鹿車載妻子捃拾自資袁山松書曰冉去官嘗使兒捃麥得五斛鄰人尹臺遺之一斛囑兒莫道冉後知即令并送六斛言麥已雜矣遂誓不敢受或寓息客廬或依宿樹蔭如此十餘年乃結草室而居焉所止單陋有時粮粒盡窮居自若言貌無改閭里歌之曰甑中生塵范史雲釜中生魚范萊蕪及黨禁解爲三府所辟乃應司空命是時西羌反叛黃巾作難

制諸府掾屬不得妄有去就制制書也冉首自劾退詔書特原不理罪又辟太尉府以疾不行中平二年年七十四卒於家臨命遺令勅其子曰吾生於昏闇之世值乎淫侈之俗生不得匡世濟時死何忍自同於世氣絕便斂斂以時服衣足蔽形棺足周身斂畢便穿穿畢便埋其明堂之奠禮送死者衣曰明衣器曰明器鄭玄注云明者神明之也此言明堂亦神明之堂謂壙中也干飯寒水飲食之物勿有所下墳封高下令足自隱前書

後漢列傳七十一　二十九　李楠

劉向曰延陵季子葬子其高可隱音義云謂人立可隱肘也隱音於靳反知我心者李子堅王子炳也李子堅李固也今皆不在制之在爾勿令鄉人宗親有所加也於是三府各遣令史奔弔大將軍何進移書陳留太守累行論謚僉曰宜爲貞節先生謚法清白守節曰貞好廉自克曰節會葬者二千餘人刺史郡守各爲立碑表墓焉

戴就字景成會稽上虞人也仕郡倉曹掾楊州刺史歐陽參奏太守成公浮藏罪遣

部從事薛安案倉庫簿領收就於錢唐縣
獄幽囚考掠五毒參至就慷慨直辭色不
變容又燒鋘斧使就挾於肘腋鋘從吴毛詩云不吳不敖
何承天纂文曰臿今之鋘也張揖字詁云臿刃也鋘音華案說文字林三蒼並無鋘字就語
獄卒可熟燒斧勿令冷每上彭考彭即搒也因
止飯食不肯下肉焦毀墮地者掇而食之
掇拾也丁活反主者窮竭酷慘無復餘方乃卧就覆
船下以馬通薰之本草經曰馬通馬矢也一夜二日皆
謂已死發船視之就方張眼大罵曰何不

後漢列傳七十一　三十　李允

益火而使滅絶又復燒地以大鍼刺指爪
中使以把土爪悉墮落主者以狀白安安
呼見就謂曰太守罪穢狼藉受命考實君
何故以骨肉拒扞邪就據地荅言太守剖
符大臣當以死報國卿雖銜命固宜申斷
冤毒柰何誣枉忠良強相掠理令臣謗其
君子證其父薛安庸騃忸行無義忸猶伏也言慣習騃
音吾措反就考死之日當白之於天與羣鬼殺
汝於亭中如蒙生全當手刃相裂安深奇

其壯節即解械更與美談表其言辭解釋
郡事徵浮還京師免歸鄉里太守劉寵舉
就孝廉光祿主事病卒風俗通曰光祿奉朌上就爲主事
趙苞字威豪甘陵東武城人今貝州武城縣從兄
忠爲中常侍苞深恥其門族有宦官名埶
不與忠交通初仕州郡舉孝廉再遷廣陵
令視事三年政教清明郡表其狀遷遼西
太守抗厲威嚴名振邊俗以到官明年遣
使迎母及妻子垂當到郡道經柳城柳城縣屬遼西

後漢列傳七十一　三十一　李棠

郡故城在今營州南值鮮卑萬餘人入塞寇鈔苞母及
妻子遂爲所劫質載以擊郡苞率步騎二
萬與賊對陣賊出母以示苞苞悲號謂母
曰爲子無狀欲以微祿奉養朝夕不圖爲
母作禍昔爲母子今爲王臣義不得顧私
恩毀忠節唯當萬死無以塞罪母遥謂曰
威豪人各有命何得相顧以虧忠義昔王
陵母對漢使伏劒以固其志爾其勉之苞
即時進戰賊悉摧破其母妻皆爲所害苞

殯斂毋畢自上歸葬靈帝遣策弔慰封郁侯（郁今貝州縣也音式揄反）苞葬訖謂鄉人曰食禄而避難非忠也殺毋以全義非孝也如是有何面目立於天下遂歐血而死

向栩字甫興河内朝歌人向長之後也（高士傳向長字作尚也）少爲書生性卓詭不倫恒讀老子狀如學道又似狂生好被髮著絳綃頭（說文綃生絲也從糸肖聲音消案此字當作幧音此消反其字從巾古詩云少年見羅敷脫巾著幧頭鄭玄注儀禮云如今著幓頭自項中而前交額上却繞髻也）常於竈北坐板牀上如是

後漢列傳七十一　三十二　王泰

積久板乃有膝踝足指之處不好語言而喜長嘯賓客從就輒伏而不視有弟子名爲顏淵子貢季路冉有之輩或騎驢入市乞匄於人或悉要諸乞兒俱歸止宿爲設酒食時人莫能測之郡禮請辟舉孝廉賢良方正有道公府辟皆不到又與彭城姜肱京兆韋著並徵栩不應後特徵到拜趙相及之官時人謂其必當脫素從儉（脫易素簡）而栩更乘鮮車御良馬世疑其始僞及到官略不視文書舍中生蒿萊徵拜侍中每朝廷大事侃然正色百官憚之會張角作亂栩上便宜頗譏刺左右不欲國家興兵但遣將於河上北向讀孝經賊自當消滅中常侍張讓讒栩不欲令國家命將出師疑與角同心欲爲内應收送黃門北寺獄殺之

諒輔字漢儒廣漢新都人也仕郡爲五官掾（百官志曰每州皆置諸曹掾史有功曹史主選署功勞有五官掾署功曹及諸曹事）時夏

後漢列傳七十一　三十三　蔡仁

大旱太守自出祈禱山川連日而無所降輔乃自暴庭中慷慨呪曰輔爲股肱不能進諫納忠薦賢退惡和調陰陽承順天意至令天地否隔萬物焦枯百姓喁喁無所訴告咎盡在輔今郡太守改服責己爲民祈福精誠懇到未有感徹輔今敢自祈請若至中不雨乞以身塞無狀於是積薪柴聚茭茅以自環（茭乾草也）搆火其傍將自焚焉未及日中時而天雲晦合須臾澍雨一郡

沾潤世以此稱其至誠
劉翊字子相潁川潁陰人也家世豐產常
能周施而不有其惠曾行於汝南界中有
陳國張季禮遠赴師喪遇寒冰車毀頓滯
道路翊見而謂曰君慎終赴義行宜速達
即下車與之不告姓名自策馬而去季禮
意其子相也後故到潁陰還所假乘翊閉
門辭行不與相見常守志臥疾不屈聘命
河南种拂臨郡引為功曹翊以拂名公之

後漢列傳七十一 二十四 朱雲明

子（拂暠之子也）乃為起焉拂以其擇時而仕甚敬
任之陽翟黃綱恃程夫人權力求占山澤
以自營植拂召翊問曰程氏貴盛在帝左
右不聽則恐見怨與之則奪民利為之柰
何翊曰名山大澤不以封蓋為民也（禮記曰名山大澤不以封）
明府聽之則被佞倖之名矣若以此
獲禍貴子申甫則自以不孤也（申甫拂之子）拂從
翊言遂不與之乃舉翊為孝廉不就後黃
巾賊起郡縣飢荒翊救給乏絕資其食者

數百人鄉族貧者死亡則為具殯葬嫠獨
則助營妻娶（寡婦為嫠無夫曰獨）獻帝遷都西京翊舉
上計掾是時寇賊興起道路隔絕使驛稀
有達者翊夜行晝伏乃到長安詔書嘉其
忠勤特拜議郎遷陳留太守翊散所握珍
玩唯餘車馬自載東歸出關數百里見士
大夫病亡道次翊以馬易棺脫衣斂之又
逢知故困餒於路不忍委去因殺所駕牛
以救其乏衆人止之翊曰視沒不救非志

後漢列傳七十一 三十五 許原

士也遂俱餓死
王烈字彥方（魏志烈字彥考）太原人也少師事陳寔
以義行稱鄉里有盜牛者主得之盜請罪
曰刑戮是甘乞不使王彥方知也烈聞而
使人謝之遺布一端或問其故烈曰盜懼
吾聞其過是有恥惡之心既懷恥惡必能
改善故以此激之後有老父遺劍於路行
道一人見而守之至暮老父還尋得劍怪
而問其姓名以事告烈烈使推求乃先盜

年者也諸有爭訟曲直將質之於烈或至塗而反或望廬而還其以德感人若此察孝廉三府並辟皆不就遭黃巾董卓之亂乃避地遼東夷人尊奉之太守公孫度接以昆弟之禮魏志曰公孫度字叔濟本遼東襄平人度父延避吏居玄菟任爲郡吏時玄菟太守公孫域子豹年十八早死度少時名豹又與域子同年域見親哀之遣就師學爲娶妻後舉有道除尚書郎遼東太守訪酬政事欲以爲長史烈乃爲商賈自穢得免曹操聞烈高名遣徵不至建安二十四年終於遼東年七十八

贊曰秉方不忒臨義罔惑忒差也言獨行之人秉履方正不差二惟此剛絜果行育德易蒙卦象曰君子以果行育德也

後漢書列傳卷第七十一

列傳卷第七十二 方術上 范曄後漢書八十二

唐章懷太子賢注

任文公 郭憲
許楊 高獲
王喬 謝夷吾
楊由 李南
李郃 段翳
廖扶 折像
樊英

仲尼稱易有君子之道四焉曰卜筮者尚其占易繫辭曰以言者尚其辭以動者尚其變以制器者尚其象以卜筮者尚其占占也者先王所以定禍福決嫌疑幽贊於神明遂知來物者也易說卦曰聖人之作易也幽贊於神明而生蓍繫辭曰無有遠近幽深遂知來物若夫陰陽推步之學往往見於墳記矣左傳曰履端於始舉正於中歸餘於終尚書曰歷象日月星辰也然神經怪牒玉策金繩關扃於明靈之府封縢於瑶壇之上者靡得而闚也至乃河洛之文龜龍之圖尚書中候曰堯沈璧於洛玄龜負書背中赤文朱字止壇舜禮壇于河畔沈璧禮畢

至于下𫎇黃龍負卷舒圖出水壇畔箕子之術箕子說洪範五行陰陽之術也師曠之書占災異之書也今書七志有師曠六篇緯候之部緯七經緯也候尚書中候也鈐決之符兵法有玉鈐篇及玄女六韜要決曰太公對武王曰主將有陰符有大勝得敵之符符長一尺有破軍禽敵之符符長九寸有降城得邑之符符長八寸有却敵報遠之符符長七寸有交兵驚中堅守之符符長六寸有請粮食益兵之符符長五寸有敗軍亡將之符符長四寸有失亡吏卒之符符長三寸諸奉使行符稽留若符事聞聞符所告者皆誅皆所以探抽冥賾參驗人區時有可聞者焉小爾雅曰賾深也區域也其流又有風角遁甲七政元氣六日七分逢占日者挺專須臾孤虛之術風角六日七分解並見郎

顗傳遁甲推六甲之陰而隱遁也今書七志有遁甲經七政日月五星之政也元氣者謂開闢陰陽之書也河圖曰元氣闓陽爲天前書班固曰東方朔之逢占覆射音義云逢人所問而占之也日者卜筮掌日之術也史記司馬季主爲日者挺專折竹卜也楚辭曰索瓊茅以筳篿注云筳八段竹也楚人名結草折竹曰篿挺音大寧反須臾陰陽吉凶立成之法也今書七志有武王須臾一卷孤虛者孤謂六甲之孤辰若甲子旬中戌亥無干是爲孤也對孤爲虛前書藝文志有風后孤虛二十卷及望雲省氣推處祥妖時亦有以效於事也望雲解見明帝紀省氣者觀城郭人畜氣以占之也而斯道隱遠玄奧難原故聖人不語怪神罕言性命論語曰子不語怪力亂神又曰子罕言利與命與仁或開末而抑其端論語曰孔子有疾子路請禱子曰丘之禱久矣鄭玄

注云明素恭肅於鬼神且順子路之言也或曲辭以章其義易曰探賾索隱鉤深致遠定天下之吉凶成天下之亹亹者莫善於蓍龜也所謂民可使由之不可使知之論語孔子之言也鄭玄注云由從也言王者設教務使人從之若皆知其本末則愚者或輕而不行漢自武帝頗好方術天下懷協道藝之士莫不負策抵掌順風而屆焉前書武帝時李少翁欒大等並以方術見少翁拜文成將軍欒大拜五利將軍貴震天下而海上燕齊之士莫不搤腕而自言有禁方矣抵側擊也後王莽矯用符命及光武尤信讖言士之赴趣時宜者皆騁馳穿鑿爭談之也故王梁孫咸名應圖籙越登槐

鼎之任光武以赤伏符文拜梁爲大司空又以讖文拜孫咸爲大司馬見景丹傳鄭興賈逵以附同稱顯桓譚尹敏以乖忤淪敗自是習爲內學尚奇文貴異數不乏於時矣各見本傳內學謂圖讖之書也其事秘密故稱內是以通儒碩生忿其姦妄不經奏議慷慨以爲宜見藏擯謂桓譚賈逵張衡之流也各見本傳子長亦云觀陰陽之書使人拘而多忌蓋爲此也司馬遷字子長其父太史公論六家之要曰觀陰陽之術太詳而衆忌使人拘而多畏見史記也夫物之所偏未能無蔽雖云大道其硋或同硋音五愛反若乃詩之失

愚書之失誣然則數術之失至於詭俗乎
如令溫柔敦厚而不愚斯深於詩者也疏
通知遠而不誣斯深於書者也禮記曰其爲人也溫柔敦厚詩敎也疏通知遠書敎也詩之失愚書之失誣鄭玄注詩敦厚近愚書知遠近誣也極數
知變而不詭俗斯深於數術者也易曰極數知來之謂占又曰知變化之道者其知神之所爲乎故曰苟非其人道不虛行易繫辭之文也
意者多迷其統取遺頗偏甚有雖
流宕過誕亦失也取遺謂信與不信也陰陽之術或信或不信各有所執故偏頗也以爲甚有者雖流宕失中過稱虛誕者亦爲失也

中世張衡爲陰陽
之宗郎顗咎徵最密餘亦班班名家焉謂襄楷蔡邕楊厚等也
其徒亦有雅才偉德未必體極藝
能令蓋糾其推變尤長可以弘補時事因
合表之云表顯也

任文公巴郡閬中人也閬中今隆州縣父文孫明曉
天官風角祕要文公少修父術州辟從事
哀帝時有言越嶲太守欲反刺史大懼遣
文公等五從事檢行郡界潛伺虛實共止
傳舍時暴風卒至文公遽趣白諸從事促
去當有逆變來害人者因起駕速驅諸從
事未能自發郡果使兵殺之文公獨得免
後爲治中從事時天大旱白刺史曰五月
一日當有大水其變已至不可防救宜令
吏人豫爲其備刺史不聽文公獨儲大船
百姓或聞頗有爲防者到其日旱烈文公
急命促載使白刺史刺史笑之日將中天
北雲起須臾大雨至晡時湔水涌起十餘
丈酈元水經注云湔水出綿道玉壘山在今益州湔音子延反突壞廬舍所

害數千人文公遂以占術馳名辟司空掾
平帝即位稱疾歸家王莽篡後文公推數推歷運之數也
知當大亂乃課家人負物百斤環舍
趣走日數十時人莫知其故後兵寇並起
其逃亡者少能自脫惟文公大小負糧捷
步捷健也悉得完免遂奔子公山十餘年不
被兵革公孫述時蜀武擔石折武擔山在今益州成都縣北百二十步楊雄蜀王本紀云武都丈夫化爲女子顏色美絕蓋山精也蜀王納以爲妃無幾物故乃發卒之武都擔土葬於成都郭中號曰武擔以石作鏡一枚表其墓華陽國志曰王哀念之遣五丁之武都

擔土爲妣作冢蓋地數畝高七丈其石俗今名爲石笋文公曰噫西州智士死我乃當之自是常會聚子孫設酒食後三月果卒故益部爲之語曰任文公智無雙

郭憲字子横汝南宋人也續漢志汝南郡有宋公國周名郪丘漢改爲新郪章帝建初四年徙宋公於此少師事東海王仲子時王莽爲大司馬召仲子仲子欲往憲諫曰禮有來學無有往敎之義禮記曰禮聞來學不聞往敎今君賤道畏貴竊所不取仲子曰王公至重不敢違之憲曰今正臨講業且當訖事仲子從之曰晏乃往莽問君來何遲仲子具以憲言對莽陰奇之及後簒位拜憲郎中賜以衣服憲受衣焚之逃于東海之濵莽深忿恚討逐不知所在光武即位求天下有道之人乃徵憲拜博士再遷建武七年代張堪爲光祿勳從駕南郊憲在位忽回向東北含酒三潠埤蒼曰潠噴也音巽執法奏爲不敬執法官也亂劾之詔問其故憲對曰齊國失火故以此

後漢列傳七十二上　六

厭之後齊果上火災與郊同日八年車駕西征隗囂憲諫曰天下初定車駕未可以動憲乃當車拔佩刀以斷車靷靷在馬胷音胤帝不從遂上隴其後潁川兵起乃回駕而還帝歎曰恨不用子横之言時匈奴數犯塞帝患之乃召百僚廷議憲以爲天下疲敝不宜動衆諫爭不合乃伏地稱眩瞀不復言瞀亂也帝令兩郎扶下殿憲亦不拜帝曰常聞關東觥觥郭子横竟不虛也觥觥剛直之貌音古横反林作憲遂以病辭退卒於家

後漢列傳七十二上　七

許楊字偉君汝南平輿人也少好術數王莽輔政召爲郎稍遷酒泉都尉及莽篡位楊乃變姓名爲巫醫逃匿它界莽敗方還鄉里汝南舊有鴻郤陂陂在今豫州汝陽縣東成帝時丞相翟方進奏毀敗之建武中太守鄧晨欲修復其功聞楊曉水脉召與議之楊曰昔成帝用方進之言前書翟方進奏壞鴻郤陂尋而自夢上天天帝怒曰何故敗我濯龍淵是後民

失其利多致飢困時有謠歌曰敗我陂者翟子威飴我大豆亨我芋魁（方進字子威芋魁芋根也前書飴作飯亨作羹）反乎覆陂當復昔大禹決江疏河以利天下明府今興立廢業富國安民童謠之言將有徵於此誠願以死效力晨大悅因署楊爲都水掾使典其事楊因高下形埶起塘四百餘里數年乃立（塘堤堰水也）百姓得其便累歲大稔初豪右大姓因緣陂役競欲辜較在所楊一無聽遂共譖楊受取賕賂晨遂收楊下獄而械輒自解獄吏恐遽白晨晨驚曰果濫矣太守聞忠信可以感靈今其效乎即夜出楊遣歸時天大陰晦道中若有火光照之時人異焉後以病卒晨於都官爲楊起廟圖畫形像百姓思其功績皆祭祀之

高獲字敬公汝南新息人也爲人尼首方面（尼首首象尼丘山中下四方高也）少遊學京師與光武有舊師事司徒歐陽歙歙下獄當斷獲冠鐵冠帶鈇鑕詣闕請歙帝雖不赦而引見之謂曰敬公朕欲用子爲吏宜改常性獲對曰臣受性於父母不可改之於陛下出便辭去三公爭辟不應後太守鮑昱請獲既至門令主簿就迎主簿曰但使騎吏迎之獲聞之即去昱遣追請獲獲顧曰府君但爲主簿所欺不足與談遂不留時郡境大旱獲素善天文曉遁甲能役使鬼神昱自往問何以致雨獲曰急罷三部督郵（續漢書曰監屬縣有三部每部督郵書掾一人）明府當自北出到三十里亭雨可致也昱從之果得大雨每行縣輒軾其閭（軾所以禮之禮記曰軾視馬尾也）獲遂遠遁江南卒於石城（石城在今蘇州西南）石城人思之共爲立祠

王喬者河東人也顯宗世爲葉令喬有神術每月朔望常自縣詣臺朝帝怪其來數而不見車騎密令太史伺望之言其臨至輒有雙鳧從東南飛來於是候鳧至舉羅張之但得一隻舄焉乃詔尚方詠視（說文曰詠亦視）

（也音真客反）則四年中所賜尚書官屬履也每當
朝時葉門下鼓不擊自鳴聞於京師後天
下玉棺於堂前吏人推排終不摇動喬曰
天帝獨召我邪乃沐浴服飾寢其中蓋便
立覆宿昔葬於城東土自成墳其夕縣中
牛皆流汗喘乏而人無知者百姓乃爲立
廟號葉君祠牧守每班録皆先謁拜之（王喬墓在今葉縣東）吏人祈禱無不如應若有違犯亦立
能爲祟帝乃迎取其鼓置都亭下略無復
聲焉或云此即古仙人王子喬也（劉向列仙傳曰王子喬周靈王太子晉也好吹笙作鳳鳴遊伊洛間道士浮丘公接上嵩山三十餘年後來於山上告桓良曰告我家七月七日待我緱氏山頭果乘白鶴駐山頭望之不得到舉手謝時人而去）
謝夷吾字堯卿會稽山陰人也少爲郡吏
學風角占候太守第五倫擢爲督郵時烏
程長有臧釁倫使收案其罪夷吾到縣無
所驗但望閣伏哭而還一縣驚怪不知所
爲及還白倫曰竊以占候知長當死近三
十日遠不過六十日遊魂假息非刑所加

故不收之倫聽其言至月餘果有驛馬齎
長印綬上言暴卒倫以此益禮信之（謝承書曰倫甚崇其道德轉署主簿使子從受春秋夷吾待之如師弟子之禮時或遊戲不肯讀書便白倫行罰遂成其業也）舉孝廉爲壽張令（謝承書曰縣人女子張雨早喪父母年五十不肯嫁留養孤弟二人教其學問各得通經雨皆爲娉娶皆成善士夷吾薦於州府使各選舉表復雨門戶永平十五年蝗發泰山流徙郡國薦食五穀過壽張界飛逝不集）稍遷荆州刺史（謝承書曰夷吾雅性明遠能決斷罪疑行部始到南陽縣遇孝章皇帝巡狩駕幸魯陽有詔勑荆州刺史入傳録見囚徒誡長吏勿廢舊儀朕將覽焉上臨西廂南面夷吾處東廂分帷隔中央夷吾所決正一縣三百餘事事與上合而朝廷歎息曰諸州刺史盡如此者朕不憂天下常以勵羣臣）遷鉅鹿
太守所在愛育人物有善績及倫作司徒
令班固爲文薦夷吾曰臣聞堯登稷契政
隆太平舜用皐陶政致雍熙殷周雖有高
宗昌發之君猶賴傅說吕望之策故能克
崇其業允協大中（尚書洪範曰皇建其有極孔安國注云皇大極中也）竊
見鉅鹿太守會稽謝夷吾出自東州厥土
塗泥而英姿挺特奇偉秀出才兼四科行
包九德（四科見文苑傳尚書咎繇陳九德曰寬而栗愿而恭亂而敬柔而立擾而毅直而溫簡而廉剛而塞強而義也）仁足濟時知周萬物加以少膺儒

雅韜含六籍推考星度綜校圖録探賾聖祕觀變歷衡占天知地與神合契據其道德以經王務昔爲陪隷與臣從事奮忠毅之操躬史魚之節董臣嚴綱勗臣懦弱（董督也勗勵也）得以免戾寔賴厥勳及其應選作宰惠敷百里降福彌異流化若神爰牧荆州威行邦國奉法作政有周召之風居儉履約紹公儀之操（史記公儀休相魯拔園葵去織婦不與人爭利）尋功簡能爲外臺之表聽聲察實爲九伯之冠（左傳曰五侯九伯杜預注云九州之伯也）

有伊呂管晏之任闡弘道奥同史蘇京房之倫（左傳史蘇晉太史善筮者京房字君明善陰陽占候見前書）雖密勿在公而身出心隱不殉名以求譽不馳騖以要寵念存逝遁演志箕山方之古賢實有倫序採之於今超焉絶俗誠社稷之元龜大漢之棟甍（尚書曰格人元龜罔敢知吉元大也甍亦棟也）宜當拔擢使登鼎司上令三辰順軌於歷象下使五品咸訓于嘉時（五品五常之教也謂父義母慈兄友弟恭子孝也訓順也）必

致休衛克昌之慶非徒循法奉職而已臣以頑駑器非其疇（疇類也）尸禄負乘夕惕若厲（易曰負且乘致寇至又曰夕惕若厲言君子終日乾乾至于夕猶怵惕戒懼若危厲）願乞骸骨更授夷吾上以光七曜之明下以厭率土之望庶令微臣塞咎免悔後以行春乘柴車從兩吏（柴車賤車也）冀州刺史上其儀序失中有損國典左轉下邳令豫剋死日如期果卒勑其子曰漢末當亂必有發掘露骸之禍使懸棺下葬墓不起墳（墓謂塋域墳謂築土）時

博士勃海郭鳳亦好圖讖善説災異吉凶占應先自知死期豫令弟子市棺斂具至其日而終（棺音古亂反）

楊由字哀侯蜀郡成都人也少習易并七政元氣風雲占候爲郡文學掾時有大雀夜集於庫樓上太守廉范以問由由對曰此占郡内當有小兵然不爲害後二十餘日廣柔縣蠻夷反殺傷長吏（廣柔縣屬蜀郡故城在今茂州汶川縣西）郡發庫兵擊之又有風吹削哺（哺當作脯）

音孚廢反顏氏家訓曰削則札也左傳曰削而投之是也史家假借爲肝肺字今俗或作脯或作爲反脯之哺學士因去是屛障之名非也風角書曰庶人之風揚塵轉削若是屛障何由可轉太守以問由由對曰方當有薦木實者其色黃赤頃之五官掾獻橘數包由嘗從人飲勑御者曰酒若三行便宜嚴駕既而趣去後主人舍有鬬相殺者人請問何以知之由曰向社中木上有鳩鬬此兵賊之象也其言多驗著書十餘篇名曰其平終于家

李南字孝山丹陽句容人也句容今潤州縣也近句曲山有朱明十四

後漢列傳七十二上

所容因名焉少篤學明於風角和帝永元中太守馬棱坐盜賊事被徵當詣廷尉吏民不寧南特通謁賀棱意有恨謂曰太守不德今當即罪而君反相賀邪南曰旦有善風明日中時應有吉問故來稱慶旦日棱延望景晏以爲無徵至晡乃有驛使齎詔書原停棱事南問其遲留之狀使者曰向度宛陵浦里航宛陵縣屬丹陽郡航以舟濟水也馬踠足是以不得速踠屈損也棱乃服焉後舉有道辟公府病不行終於家南女亦曉家術爲由拳縣人妻晨詣爨室卒有暴風婦便上堂從姑求歸辭其二親姑不許乃跪而泣曰家世傳術疾風卒起先吹竈突及井此禍爲婦女主爨者妾將亡之應因著其亡日乃聽還家如期病卒

李郃字孟節漢中南鄭人也父頡以儒學稱官至博士郃襲父業遊太學通五經善河洛風星外質朴人莫之識縣召署幕門

十五

後漢列傳七十二上

候吏和帝即位分遣使者皆微服單行各至州縣觀採風謠使者二人當到益部投郃候舍時夏夕露坐郃因仰觀問曰二君發京師時寧知朝廷遣二使邪二人默然驚相視曰不聞也問何以知之郃指星示云有二使星向益州分野故知之耳前書音義曰參益州之分野也後三年其使者一人拜漢中太守郃猶爲吏太守奇其隱德召署戶曹史時大將軍竇憲納妻天下郡國皆有禮慶郡

亦遣使郃進諫曰竇將軍椒房之親不修禮德而專權驕恣危亡之禍可翹足而待願明府一心王室勿與交通太守固遣之郃不能止請求自行許之郃遂所在留遲以觀其變行至扶風而憲就國自殺支黨悉伏其誅凡交通憲者皆爲免官唯漢中太守不豫焉郃歲中舉孝廉五遷尚書令又拜太常元初四年代袁敞爲司空數陳得失有忠臣節在位四年坐請託事免安

帝崩北鄉侯立復爲司徒及北鄉侯病郃陰與少府河南陶範步兵校尉趙直謀立順帝會孫程等事先成故郃功不顯明年坐吏民疾病仍有災異賜策免將作大匠翟酺上郃潛圖大計以安社稷於是録陰謀之功封郃涉都侯辭讓不受年八十餘卒於家門人上黨馮胄獨制服心喪三年時人異之（家語曰仲尼既葬弟子皆家于墓行心喪之禮三年喪畢或去或留也）胄字世威奉世之後也（奉代字子明宣帝時爲前將軍見前書也）常慕

周伯況閔仲叔之爲人隱處山澤不應徵辟郃子固已見前傳弟子歷字季子清白有節博學善交與鄭玄陳紀等相結爲新城長政貴無爲亦好方術時天下旱縣界特雨官至奉車都尉

段翳字元章廣漢新都人也習易經明風角時有就其學者雖未至必豫知其姓名嘗告守津吏曰某日當有諸生二人荷擔問翳舍處者幸爲告之後竟如其言又有一生來學積年自謂略究要術辭歸鄉里

翳爲合膏藥并以簡書封於筒中告生曰有急發視之生到葭萌與吏爭度津吏檛破從者頭生開筒得書言到葭萌與吏鬭頭破者以此膏裹之生用其言創者即愈生歎服乃還卒業翳遂隱居竄跡終于家

廖扶字文起（廖音力弔反又音力救反）汝南平輿人也習韓詩歐陽尚書教授常數百人父爲北地太守永初中坐羌没郡下獄死扶感父以法

喪身憚爲吏及服終而歎曰老子有言名與身孰親吾豈爲名乎遂絕志世外專精經典尤明天文讖緯風角推步之術州郡公府辟召皆不應就問災異亦無所對扶逆知歲荒乃聚穀數千斛悉用給宗族姻親又斂葬遭疫死亡不能自收者常居先人家側未曾入城市太守謁煥（謁姓也）先爲諸生從扶學後臨郡未到先遣吏脩門人之禮又欲擢扶子弟固不肯當時人因號爲北郭先生年八十終千家二子孟舉偉

大二百七十十　後漢列傳七十二上　十八　蒋七

舉並知名

折像字伯式廣漢雒人也其先張江者封折侯曾孫國爲鬱林太守徙廣漢因封氏焉國生像國有貲財二億家僮八百人像幼有仁心不殺昆蟲不折萌牙能通京氏易好黃老言及國卒感多藏厚亡之義（老子曰多藏必厚亡也）乃散金帛資產周施親疎或諫像曰君三男兩女孫息盈前當增益產業何爲坐自殫竭乎像曰昔鬬子文有言我乃逃禍非避富也（國語曰楚成王每出子文之祿必逃王止而後復人謂子文曰人生求富而子逃之何也子文曰夫從政者以庇人也人多曠者而我取富是勤人以自封也死無日矣我逃死不逃富）吾門戶殖財日久盈滿之咎道家所忌（老子曰持而盈之不如其已金玉滿堂莫之能守）今世將衰子又不才不仁而富謂之不幸（左傳曰善人富謂之幸淫人富謂之殃）牆隙而高其崩必疾也智者聞之咸服焉自知亡日召賓客九族飲食辭訣忽然而終時年八十四家無餘資諸子衰劣如其言云

後漢列傳七十二上　十九　王永從

樊英字季齊南陽魯陽人也少受業三輔習京氏易兼明五經又善風角星筭河洛七緯推步災異（七緯者易緯稽覽圖乾鑿度坤靈圖通卦驗是類謀辨終備也書緯璇機鈐考靈耀刑德放帝命驗運期授也詩緯推度災記歷樞含神務也禮緯含文嘉稽命徵斗威儀也樂緯動聲儀稽耀嘉汁圖徵也孝經緯援神契鉤命決也春秋緯演孔圖元命包文耀鉤運斗樞感精符合誠圖考異郵保乾圖漢含孳佑助期握誠圖潛潭巴說題辭也）隱於壺山之陽（山在今鄧州新城縣北即張衡南都賦云天封大狐是也）受業者四方而至州郡前後禮請不應公卿舉賢良方正有

道皆不行甞有暴風從西方起英謂學者曰成都市火甚盛因含水西向漱之乃令記其日時客後有從蜀都來云是日大火有黑雲卒從東起須臾大雨火遂得滅於是天下稱其術藝安帝初徵爲博士至建光元年復詔公車賜策書徵英及同郡孔喬（謝承書曰喬字子松宛人也學古文尚書春秋左氏傳常幽居修志鋭意典籍至乃歷年身不出門鄉里莫得瞻見公車徵不行卒於家也）李昺（謝承書曰昺字子然鄴人也篤行好學不羨榮禄習魯詩京氏易室家相待如賓州郡前後禮請不應舉茂才除召陵令不到官公車徵不行卒也）

北海郎宗（謝承書曰宗字仲綏安丘人也善京氏易風角星筭推步吉凶常負笈荷擔賣卜給食擯服閒行人莫得知安帝詔公車徵策文曰郎宗李昺孔喬等前比徵命未肯降意恐主者玩弄禮意不備使難進易退之人龍潛不屈其身各致嘉禮遣詣公車將以補察國政輔朕之不逮青州被詔書遣宗詣公車對策陳災異而爲諸儒之表拜議郎除吳令到官一月時卒暴風宗占以爲京師有大火定火發時果如宗言諸公聞之表上博士徵宗恥以占事就徵文書未到夜懸印綬置廳上遁去終於家子顗自有傳）陳留楊倫（見儒林傳）東平王輔六人（謝承書曰輔字公助平陵人也學公羊傳援神契常隱居野廬以道自娛辟公府舉有道對策拜郎中陳災異甄吉凶有驗拜議郎以病遜安帝公車徵不行卒於家）唯郎宗楊倫到洛陽英等四人並不至永建二年順帝策書備

禮玄纁徵之復固辭疾篤乃詔切責郡縣駕載上道英不得已到京稱病不肯起乃強輿入殿猶不以禮屈帝怒謂英曰朕能生君能殺君能貴君能賤君能富君能貧君君何以慢朕命英曰臣受命於天生盡其命天也死不得其命亦天也陛下焉能生臣焉能殺臣臣見暴君如見仇讎立其朝猶不肯可得而貴乎雖在布衣之列環堵之中（環堵面一堵也莊子曰原憲居環堵之中也）晏然自得不易

萬乘之尊又可得而賤乎陛下焉能貴臣焉能賤臣臣非禮之祿雖萬鍾不受若申其志雖簞食不厭也（簞笥也論語曰顏回在陋巷之中一簞食一瓢飲）陛下焉能富臣焉能貧臣帝不能屈而敬其名使出就太醫養疾月致羊酒至四年三月天子乃爲英設壇席令公車令導尚書奉引賜几杖待以師傅之禮延問得失英不敢辭拜五官中郎將數月英稱疾篤詔以爲光祿大夫賜告歸令在所送穀千

斛常以八月致牛一頭酒三斛如有不幸祠以中牢英辭位不受有詔譬旨勿聽英初被詔命僉以爲必不降志及後應對又無奇謨深策談者以爲失望（謝承書曰南郡王逸素與英善因與其書多引古譬喻勸使就聘英順逸議談者失望也）初河南張楷與英俱徵既而謂英曰天下有二道出與處也吾前以子之出能輔是君也濟斯人也而子始以不訾之身怒萬乘之主及其享受爵祿又不聞匡救之術進退無所據矣英

既善術朝廷每有災異詔輒下問變復之效所言多驗（變災異復於常也）初英著易章句世名樊氏學以圖緯教授潁川陳寔少從英學嘗有疾妻遣婢拜問英下牀荅拜寔怪而問之英曰妻齊也共奉祭祀禮無不荅（禮記曰凡非弔喪非見國君無不荅拜）其恭謹若是年七十餘卒於家孫陵靈帝時以諂事官人爲司徒陳郡郤巡學傳英業官至侍中

論曰漢世之所謂名士者其風流可知矣雖弛張趣舍時有未純於刻情修容依倚道藝以就其聲價非所能通物方弘時務也（易曰方以類聚物以羣分）及徵樊英楊厚朝廷若待神明至竟無它異英名最高毀最甚李固朱穆等以爲處士純盜虛名無益於用故其所以然也然而後進希之以成名世主禮之以得衆原其無用亦所以爲用則其有用或歸於無用矣何以言之夫煥乎文章時或乖用本乎禮樂適末或疎（文章雖美時敝則不用也）

（禮樂誠貴代末則廢）及其陶搢紳藻心性使由之而不知者豈非道邈用表乖之數跡乎（言文章禮樂其道邈遠出於常用之表不可以數跡求也）而或者忽不踐之地賒無用之功（莊子曰惠子謂莊子曰子言無用莊子曰知無用而始可與言用矣夫地非不廣且大也人之所用容足耳然則側足而墊之致黃泉人尚有用乎惠子曰無用莊子曰然則無用之爲用也亦明矣墊猶掘也）至乃誚諜遠術賤斥國華（遠術謂禮樂國華謂懷道隱逸之士也）以爲力詐可以救淪敝文律足以致寧平智盡於猜察道足於法令雖濟萬世其將與夷狄同也（前書大人賦曰雖濟萬代不足以喜）孟軻

有言曰以夏變夷不聞變夷於夏況有未濟者乎

後漢書列傳卷第七十二

列傳卷第七十二　方術下　范曄　後漢書八十二

唐章懷太子賢注

唐檀　公沙穆

許曼　趙彦

樊志張　單颺

韓說　董扶

郭玉　華佗

徐登　費長房

薊子訓　劉根

左慈　計子勳

上成公　解奴辜

甘始　王眞

王和平

唐檀字子產豫章南昌人也少遊太學習京氏易韓詩顔氏春秋尤好灾異星占後還鄉里教授常百餘人元初七年郡界有芝草生太守劉祗欲上言之以問檀檀對曰方今外戚豪盛陽道微弱斯豈嘉瑞乎

祗乃止永寧元年南昌有婦人生四子祗復問檀變異之應檀以爲京師當有兵氣其禍發於蕭牆論語孔子曰吾恐季孫之憂不在顓臾而在蕭牆之内蕭肅也謂屏牆也言人臣至屏無不肅敬至延光四年中黄門孫程揚兵殿省揚舉也誅皇后兄車騎將軍閻顯等立濟陰王爲天子果如所占永建五年舉孝廉除郎中是時白虹貫日檀因上便宜三事陳其咎徵書奏弃官去著書二十八篇名爲唐子卒於家

後漢列傳七十二下　二

公沙穆字文乂北海膠東人也家貧賤自爲兒童不好戲弄長習韓詩公羊春秋尤鋭思河洛推步之術居建成山中依林阻爲室獨宿無侶時暴風震雷有聲於外呼穆者三穆不與語有頃呼者自牖而入音狀甚怪穆誦經自若終亦無它妖異時人奇之後遂隱居東萊山學者自遠而至有富人王仲致産千金謂穆曰方今之世以貨自通吾奉百萬與子爲資何如對曰來意厚矣夫富貴在天得之有命以貨求位吾不忍也謝承書曰穆嘗養猪猪有病使人賣之於市語之言如售當告買者言病賤取其直不可言無病欺人取貴價也賣猪者到市即售亦不言病其直過價穆怪之問其故齎半直追以還買猪人告語言猪實病欲賤賣不圖賣者人相欺乃取貴直買者言賣買私約亦復辭錢不取穆終不受錢而去也後舉孝廉以高弟爲主事遷繒相繒縣屬琅邪郡故城在今沂州承縣東北也時繒侯劉敞東海恭王之後也所爲多不法廢嫡立庶傲很放恣穆到官謁曰臣始除之日京師咸謂臣曰繒有惡侯以弔小相明侯何因得此醜聲之

後漢列傳七十二下　三

甚也幸承先人之支體傳茅土之重不戰戰兢兢而違越法度故朝廷使臣爲輔願改往修來自求多福乃上没敞所侵官民田地廢其庶子還立嫡嗣其蒼頭兒客犯法皆收考之因苦辭諫敞敞涕泣爲謝多從其所規遷弘農令縣界有螟蟲食稼百姓惶懼穆乃設壇謝曰百姓有過罪穆之由請以身禱於是暴雨既霽而螟蟲自銷百姓稱曰神明永壽元年霖雨大水三輔

以東莫不湮沒穆明曉占候乃豫告令百姓徙居高地故弘農人獨得免害遷遼東屬國都尉善得吏人歡心年六十六卒官六子皆知名謝承書曰穆子孚字允慈亦爲善士舉孝廉尚書侍郎召陵令上谷太守也

許曼者汝南平輿人也祖父峻字季山善卜占之術多有顯驗時人方之前世京房自云少嘗篤病三年不愈乃謁太山請命太山主人生死故詣請命也行遇道士張巨君授以方術所著易林至今行於世曼少傳峻學桓帝

時隴西太守馮緄始拜郡開綬笥有兩赤蛇分南北走緄令曼筮之卦成曼曰三歲之後君當爲邊將官有東名當東北行三千里復五年更爲大將軍南征延熹元年緄出爲遼東太守討鮮卑至五年復拜車騎將軍擊武陵蠻賊皆如占其餘多此類云

趙彦者琅邪人也少有術學延熹三年琅邪賊勞丙與太山賊叔孫無忌殺都尉攻沒琅邪屬縣殘害吏民朝廷以南陽宗資爲討寇中郎將杖鉞將兵督州郡合討無忌彦爲陳孤虛之法以賊屯在莒莒有五陽之地謂城陽南武陽開陽陽都安陽並近莒宜發五陽郡兵郡名有陽謂山陽廣陽漢陽南陽丹陽郡之類也從孤擊虛以討之資具以狀上詔書遣五陽兵到彦推遁甲教以時進兵一戰破賊燔燒屯塢徐兗二州一時平夷

樊志張者漢中南鄭人也博學多通隱身

不仕嘗遊隴西時破羌將軍段熲出征西羌請見志張其夕熲軍爲羌所圍數重因留軍中三日不得去夜謂熲曰東南角無復羌宜乘虛引出住百里還師攻之可以全勝熲從之果以破賊於是以狀表聞又說其人旣有梓愼焦董之識焦延壽董仲舒宜翼聖朝咨詢奇異於是有詔特徵會病終

單颺字武宣山陽湖陸人也以孤特清苦自立善明天官筭術舉孝廉稍遷太史令

侍中出爲漢中太守公事免後拜尚書卒於官初熹平末黃龍見譙光禄大夫橋玄問颺此何祥也颺曰其國當有王者興不及五十年龍當復見此其應也魏郡人殷登密記之至建安二十五年春黃龍復見譙其冬魏受禪

韓説字叔儒會稽山陰人也博通五經尤善圖緯之學舉孝廉與議郎蔡邕友善數陳災眚及奏賦頌連珠稍遷侍中光和元年十月説言於靈帝云其晦日必食乞百官嚴裝帝從之果如所言中平二年二月又上封事剋期宮中有災至日南宮大火遷説江夏太守公事免年七十卒於家

董扶字茂安廣漢綿竹人也少遊太學與鄉人任安齊名俱事同郡楊厚學圖讖還家講授弟子自遠而至前後宰府十辟公車三徵再舉賢良方正博士有道皆稱疾不就靈帝時大將軍何進薦扶徵拜侍中甚見器重扶私謂太常劉焉曰京師將亂益州分野有天子氣焉信之遂求出爲益州牧扶亦爲蜀郡屬國都尉相與入蜀去後一歲帝崩天下大亂乃去官還家年八十二卒後劉備稱天子於蜀皆如扶言蜀丞相諸葛亮問廣漢秦宓董扶及任安所長宓曰董扶褒秋毫之善貶纖介之惡任安記人之善忘人之過云 蜀志曰宓字子勑廣漢綿竹人也少有才學州郡辟命稱疾不往或謂宓曰足下欲自比巢許四皓何故揚文藻見瓌穎乎宓荅曰僕文不能盡言言不能盡意何文藻之有揚乎虎生而文炳鳳生而五色豈以采自飾畫哉性自然也先主既定益州廣漢太守夏侯纂請宓爲師友祭酒領五官掾稱曰仲父宓稱疾臥在第舍尋拜左中郎將長水校尉吳使張温大敬服宓之文辯遷大司農而卒

郭玉者廣漢雒人也初有老父不知何出常漁釣於涪水因號涪翁乞食人閒見有疾者時下針石輒應時而效乃著針經診脉法傳於世 診候也音直忍反 弟子程高尋求積年翁乃授之高亦隱跡不仕玉少師事高學方診六微之技陰陽隱側之術和帝時爲

太醫丞多有效應帝奇之仍試令嬖臣美手腕者與女子雜處帷中使玉各診一手問所疾苦玉曰左陽右陰脉有男女狀若異人臣疑其故帝歎息稱善玉仁愛不矜雖貧賤厮養必盡其心力而醫療貴人時或不愈帝乃令貴人羸服變處一針即差召玉詰問其狀對曰醫之為言意也腠理至微（腠理皮膚之閒也韓子曰扁鵲見晉桓侯曰君有病在腠理也）隨氣用巧針石之間毫芒即乖神存於心手之際可

得解而不可得言也夫貴者處尊高以臨臣臣懷怖懾以承之其為療也有四難焉自用意而不任臣一難也將身不謹二難也骨節不彊不能使藥三難也好逸惡勞四難也針有分寸時有破漏（分寸淺深之度破漏日有衝破者也）重以恐懼之心加以裁慎之志臣意且猶不盡何有於病哉此其所為不愈也帝善其對年老卒官

華佗字元化（佗音徒何反）沛國譙人也一名旉（音孚）遊學徐土兼通數經曉養性之術年且百歲而猶有壯容時人以為仙沛相陳珪舉孝廉太尉黃琬辟皆不就精於方藥處齊不過數種（齊音才計反）心識分銖不假稱量針灸不過數處若疾發結於內針藥所不能及者乃令先以酒服麻沸散既醉無所覺因刳破腹背抽割積聚若在腸胃則斷截湔洗除去疾穢既而縫合傅以神膏四五日創愈一月之間皆平復（佗別傳曰人有見山陽太守廣陵劉景宗

說數見華佗見其療病平脉之候其驗若神琅邪劉勲為河內太守有女年幾二十左脚膝裏上有創癢而不痛創發數十日愈愈已復發如此七八年迎佗使視佗曰易療之當得稻糠色犬一頭好馬二匹以繩繫犬頸使走馬牽犬馬極輒易計馬走犬三十餘里犬不能行復令步人拖曳計向五十餘里乃以藥飲女女即安卧不知人因取犬斷腹近後脚之前所斷之處向創口令去二三寸停之須臾有若蛇者從創中出便以鐵錐横貫蛇頭蛇在皮中搖動良久須臾不動牽出長三尺所純是蛇但有眼處而無童子又逆鱗耳以膏散著創中七日愈又有人苦頭眩頭不得舉目不得視積年佗使悉解衣倒懸令頭去地一二寸濡布拭身體令周帀候視諸脉盡出五色佗令弟子數人以鈹刀決脉五色血盡視赤血出乃下以膏摩被覆汗出周帀飲以亭歷犬血散立愈又有婦人長病經年世謂寒熱注病者也冬十一月中佗令坐石槽中旦用寒水汲灌云當滿百始七八灌戰欲死灌者懼欲止佗令滿數至將八十灌熱氣乃蒸

出罨罨高二三尺滿百灌佗乃然火溫牀厚覆良久汗洽出著粉汗燥便愈又有人病腹中半切痛十餘日中須眉墮落佗曰是脾半腐可刳腹養療也佗便飲藥令臥破腹視脾半腐壞刮去惡肉以膏傅創飲之藥百日平復也 佗嘗行道見有病咽塞者 咽喉也 因語之曰向來道隅有賣餅人蓱虀甚酸 詩義疏曰蘋瀋水上浮萍者麤大謂之蘋小者爲萍季春始生可糝蒸爲茹又可苦酒淹就酒也魏志及本草並作蒜虀也 可取三升飲之病自當去即如佗言立吐一蛇乃懸於車而候佗時佗小兒戲於門中逆見自相謂曰客車邊有物必是逢我翁也及客進顧視壁北懸蛇以十數

後漢列傳七十二下　十　章懷

乃知其奇 魏志曰故甘陵相夫人有身六月腹痛不安佗視脈曰胎巳死使人手摸知所在在左則男在右則女人云在左於是爲湯下之果下男形即愈縣吏尹代苦四支煩口中乾不欲聞人聲小便不利佗曰試作熱食得汗即愈不汗後三日死即作熱食而不汗出佗曰藏氣巳絕於內當啼泣而絕果如佗言府吏倪尋李延共止俱頭痛身熱所苦正同佗曰尋當下之延當發汗或難其異佗曰尋外實延內實故療之宜殊即各與藥明旦並起者也 又有一郡守篤病久佗以爲盛怒則差乃多受其貨而不加功無何弃去又留書罵之太守果大怒令人追殺佗不及因瞋恚吐黑血數升而愈又有疾者詣佗求療佗曰君病根深應當剖

破腹然君壽亦不過十年病不能相殺也病者不堪其苦必欲除之佗遂下療應時愈十年竟死廣陵太守陳登忽患匈中煩懣面赤不食佗脈之曰府君胃中有蟲欲成內疽腥物所爲也即作湯二升再服須臾吐出三升許蟲頭赤而動半身猶是生魚膾所苦便愈佗曰此病後三朞當發遇良醫可救登至期疾動時佗不在遂死曹操聞而召佗常在左右操積苦頭風眩佗

後漢列傳七十二下　十一　[illegible]

針隨手而差有李將軍者妻病呼佗視脈佗曰傷身而胎不去將軍言閒實傷身胎巳去矣佗曰案脈胎未去也將軍以爲不然妻稍差百餘日復動更呼佗佗曰脈理如前是兩胎先生者去血多故後兒不得出也胎既巳死血脈不復歸必燥著母脊乃爲下針并令進湯婦因欲産而不通佗曰死胎枯燥埶不自生使人探之果得死胎人形可識但其色巳黑佗之絕技皆此

類也（佗別傳曰有人病脚躄不能行佗切脈便使解衣點背數十處相去一寸或五寸從邪不相當言灸此各七壯灸創愈即行也後灸愈灸處夾脊一寸上下行端直均調如引繩也）爲人性惡難得意且恥以醫見業又去家思歸乃就操求還取方因託妻疾數期不反操累書呼之又勑郡縣發遣佗恃能厭事猶不肯至操大怒使人廉之（廉察也）知妻詐疾乃收付獄訊考驗首服荀彧請曰佗方術實工人命所懸宜加全宥操不從竟殺之佗臨死出一卷書與獄吏曰此可以活人

吏畏法不敢受佗不強與索火燒之初軍吏李成苦欬晝夜不寐佗以爲腸癰與散兩錢服之即吐二升膿血於此漸愈乃戒之曰後十八歲疾當發動若不得此藥不可差也復分散與之後五六歲有里人如成先病請藥甚急成愍而與之乃故往譙更從佗求適值見收意不忍言後十八年成病發無藥而死廣陵吳普彭城樊阿皆從佗學普依準佗療多所全濟佗語普曰

人體欲得勞動但不當使極耳動搖則穀氣得銷血脈流通病不得生譬猶戶樞終不朽也是以古之仙者爲導引之事熊經鴟顧（熊經若熊之攀枝自懸也鴟顧身不動而迴顧也莊子曰吐故納新熊經鳥申此導引之士養形之人也）引挽腰體動諸關節以求難老吾有一術名五禽之戲一曰虎二曰鹿三曰熊四曰猨五曰鳥（佗別傳曰吳普從佗學微得其力魏明帝呼之使爲禽戲普以年老手足不能相及粗以其法語諸醫普今年將九十耳不聾目不冥牙齒完堅飲食無損）亦以除疾兼利蹏足以當導引體有不快起

作一禽之戲怡而汗出因以著粉身體輕便而欲食普施行之年九十餘耳目聰明齒牙完堅阿善針術凡醫咸言背及匈藏之間不可妄針針之不可過四分而阿針背入一二寸巨闕匈藏乃五六寸而病皆瘳阿從佗求方可服食益於人者佗授以漆葉青黏散（佗別傳曰青黏者一名地節一名黄芝主理五藏益精氣本出於迷入山者見仙人服之以告佗佗以爲佳語阿阿又秘之近者人見阿之壽而氣力強盛怪之遂責所服食因醉亂誤道之法一施人多服者皆有大驗本字書無黏字相傳音女廉反然今人無識此者甚可恨惜）

漆葉屑一斗青黏十四兩以是爲率言久服去三蟲利五藏輕體使人頭不白阿從其言壽百餘歲漆葉處所而有青黏生於豐沛彭城及朝歌聞漢世異術之士甚衆雖去不經而亦有不可誣故簡其美者列于傳末泠壽光唐虞魯女生三人者皆與華佗同時壽光年可百五六十歲行容成公御婦人法列仙傳曰容成公者能善補導之事取精於玄牝其要谷神不死守生養氣者也髮白復黑齒落復生御婦人之術謂握固不寫還精補腦也常屈頸鷮息鷮音居妖反毛詩曰有集唯鷮毛萇注曰鷮雉也山海經曰女几之山多白鷮郭璞曰似雉長尾走且鳴也須髮盡白而色理如三四十時死於江陵唐虞道赤眉張步家居里落若與相及死於鄉里不其縣魯女生數說顯宗時事甚明了議者疑其時人也董卓亂後莫知所在漢武內傳曰魯女生長樂人初餌胡麻及朮絕穀八十餘年日少壯色如桃花日能行三百里走及麞鹿傳世見之云三百餘年後采藥嵩高山見一女人曰我三天太上侍官也以五岳眞形與之幷告其䆠行女生道成一旦與知友故人別云入華山去後五十年先相識者逢女生華山廟前乘白鹿從玉女三十人幷令謝其鄉里親故人也

後漢列傳七十二下 十四

徐登者閩中人也閩中地今泉州也本女子化爲丈夫善爲巫術又趙炳字公阿東陽人能爲越方東陽今婺州也抱朴子曰道士趙炳以氣禁人人不能起禁虎虎伏地低頭閉目便可執縛以大釘釘柱入尺許以氣吹之釘即躍出射去如弩箭之發異苑云趙侯以盆盛水吹氣作禁魚龍立見越方善禁呪也時遭兵亂疾疫大起二人遇於烏傷溪水之上酈元注水經曰吳寧溪出吳寧縣經烏傷謂之烏傷溪在今婺州義烏縣東也遂結言約共以其術療病各相謂曰今既同志且可各試所能登乃禁溪水水爲不流炳復次禁枯樹樹即生荑易曰枯楊生荑王弼注云荑者楊之秀也二人相視而笑共行其道焉登年長炳師事之貴尚淸儉禮神唯以東流水爲酌削桑皮爲脯但行禁架所療皆除禁架即禁術也後登物故炳東入章安縣名屬會稽郡本名回浦光武改爲章安故城在今台州臨海縣東南百姓未之知也炳乃故升茅屋梧鼎而爨主人見之驚懅梧支也懅忙也炳笑不應既而爨孰屋無損異又嘗臨水求度船人不和之和猶許也俗本作知者誤也炳乃張蓋坐其中長嘯呼風亂流而濟於是百姓神服從者

後漢列傳七十二下 十五

如歸章安令惡其惑衆收殺之人爲立祠室於永康至今蚑蝻不能入也（炳故祠在今婺州永康縣東俗呼爲趙侯祠至今蚑蝻不入祠所江南猶傳趙侯禁法以療疾云）

費長房者汝南人也曾爲市掾市中有老翁賣藥懸一壺於肆頭及市罷輒跳入壺中市人莫之見唯長房於樓上覩之異焉因往再拜奉酒脯翁知長房之意其神也謂之曰子明日可更來長房旦日復詣翁翁乃與俱入壺中唯見玉堂嚴麗旨酒甘

後漢列傳七十二下　十六　吳佐

肴盈衍其中共飲畢而出翁約不聽與人言之後乃就樓上候長房曰我神仙之人以過見責今事畢當去子寧能相隨乎樓下有少酒與卿爲別長房使人取之不能勝又令十人扛之猶不舉（說文曰兩人對舉爲扛音江）翁聞笑而下樓以一指提之而上視器如一升許而二人飲之終日不盡長房遂欲求道而顧家人爲憂（顧念也）翁乃斷一青竹度與長房身齊使懸之舍後家人見之即長房形也以爲縊死大小驚號遂殯葬之長房立其傍而莫之見也於是遂隨從入深山踐荆棘於羣虎之中留使獨處長房不恐又卧於空室以朽索懸萬斤石於心上衆蛇競來齧索且斷長房亦不移翁還撫之曰子可教也復使食糞糞中有三蟲臭穢特甚長房意惡之翁曰子幾得道恨於此不成如何長房辭歸翁與一竹杖曰騎此任所之則自至矣既至可以杖投葛陂

後漢列傳七十二下　十七　王申

中也（陂在今豫州新蔡縣西北）又爲作一符曰以此主地上鬼神長房乘杖須臾來歸自謂去家適經旬日而已十餘年矣即以杖投陂顧視則龍也家人謂其久死不信之長房曰往日所葬但竹杖耳乃發冢剖棺杖猶存焉遂能醫療衆病鞭笞百鬼及驅使社公或在宅坐獨自恚怒人問其故曰吾責鬼魅之犯法者耳汝南歲歲常有魅僞作太守章服詣府門椎鼓者郡中患之時魅適來

而逢長房謁府君惶懼不得退便前解衣冠叩頭乞活長房呵之云便於中庭正汝故形即成老鼈大如車輪頸長一丈長房復令就太守服罪付其一札以勑葛陂君魅叩頭流涕持札植於陂邊以頸繞之而死後東海君來見葛陂君因淫其夫人於是長房劾繫之三年而東海大旱長房至海上見其人請雨乃謂之曰東海君有罪吾前繫於葛陂今方出之使作雨也於是

雨立注長房曾與人共行見一書生黃巾被裘無鞍騎馬下而叩頭長房曰還它馬赦汝死罪人問其故長房曰此狸也盜社公馬耳又嘗坐客而使至宛市鮓須臾還乃飯或一日之間人見其在千里之外者數處焉後失其符爲衆鬼所殺

薊子訓者不知所由來也建安中客在濟陰宛句(今曹州縣 句音劬)有神異之道嘗抱鄰家嬰兒故失手墮地而死其父母驚號怨痛不可忍聞而子訓唯謝以過誤終無它說遂埋藏之後月餘子訓乃抱兒歸焉父母大恐曰死生異路雖思我兒乞不用復見也兒識父母軒渠笑悅欲往就之母不覺攬取乃實兒也雖大喜慶心猶有疑乃竊發視死兒但見衣被方乃信焉於是子訓流名京師士大夫皆承風向慕之後乃駕驢車與諸生俱詣許下道過滎陽止主人舍而所駕之驢忽然卒僵蛆蟲流出主遽白

之子訓曰乃爾乎方安坐飯食畢徐出以杖扣之驢應聲奮起行步如初即復進道其追逐觀者常有千數既到京師公卿以下候之者坐上恒數百人皆爲設酒脯終日不匱後因遁去遂不知所止初去之日唯見白雲騰起從旦至暮如是數十處時有百歲翁自說童兒時見子訓賣藥於會稽市顏色不異於今後人復於長安東霸城見之與一老公共摩挲銅人(酈元水經注曰魏文帝黃)

初元年從長安金狄重不可致因留霸城南相謂曰適見鑄此已近五百歲矣史記秦始皇二十六年於咸陽鑄金人十二重各千斤至此四百二十餘年顧視見人而去猶駕昔所乘驢車也見者呼之曰薊先生小住並行應之並猶且也音蒲鄧反視若遲徐而走馬不及於是而絕

劉根者潁川人也隱居嵩山中諸好事者自遠而至就根學道太守史祈以根爲妖妄乃收執詣郡數之曰汝有何術而誣惑百姓若果有神可顯一驗事不爾立死矣

後漢列傳七十二下　二十　郭傳

根曰實無它異頗能令人見鬼耳祈曰促召之使太守目覩爾乃爲明根於是左顧而嘯有頃祈之亡父祖近親數十人皆反縛在前向根叩頭曰小兒無狀分當萬坐顧而叱祈曰汝爲子孫不能有益先人而反累辱亡靈可叩頭爲吾陳謝祈驚懼悲哀頓首流血請自甘罪坐根嘿而不應忽然俱去不知在所

左慈字元放廬江人也少有神道甞在司空曹操坐操從容顧衆賓曰今日高會珍羞略備所少吳松江鱸魚耳松江在今蘇州東南首受太湖神仙傳云松江出好鱸魚味異它處放於下坐應曰此可得也因求銅盤貯水以竹竿餌釣於盤中須臾引一鱸魚出操大拊掌笑會者皆驚操曰一魚不周坐席可更得乎放乃更餌鉤沈之須臾復引出皆長三尺餘生鮮可愛操使目前鱠之周浹會者操又謂曰既已得魚恨無蜀中生薑耳放曰亦可得也操恐其近即所取因曰吾前遣人到蜀買錦可過

後漢列傳七十二下　二十一　陳伸

勅使者增市二端語頃即得薑還并獲操使報命後操使蜀反驗問增錦之狀及時日早晚若符契焉後操出近郊士大夫從者百許人慈乃爲賫酒一升脯一斤手自斟酌百官莫不醉飽操怪之使尋其故行視諸鑪悉亡其酒脯矣鑪酒肆也操懷不喜喜許吏反因坐上收欲殺之慈乃卻入壁中霍然不知所在或見於市者又捕之而市人

皆變形與慈同莫知誰是後人逢慈於陽城山頭因復逐之遂入走羊羣操知不可得乃令就羊中告之曰不復相殺本試君術耳忽有一老羝屈前兩膝人立而言曰遽如許（言何遽如許為事）即競往赴之而羣羊數百皆變爲羝並屈前膝人立云遽如許遂莫知所取焉（魏文帝典論論郤儉等事曰潁川郤儉能辟穀餌伏苓甘陵甘始名善行氣老有少容廬江左慈知補導之術並為軍吏初儉至之所伏苓價暴貴數倍議郎安平李覃學其辟穀食伏苓飲寒水水寒中泄利殆至殞命後始來衆人無不鴟視狼顧呼吸吐納軍祭酒弘農董芬為之過差氣閉不通良久乃蘇左慈到又競受其補導之術至寺人嚴峻往從問受奄豎真無事於斯術也人之逐聲乃至於是也）

計子勳者不知何郡縣人皆謂數百歲行來於人間一旦忽言日中當死主人與之葛衣子勳服而正寢至日中果死

上成公者密縣人也其初行久而不還後歸語其家云我已得仙因辭家而去家人見其舉步稍高良久乃沒云陳寔韓韶同見其事

解奴辜張貂者亦不知是何郡國人也皆能隱淪出入不由門戶奴辜能變易物形以誑幻人又河南有麴聖卿善爲丹書符劾厭殺鬼神而使命之又有編盲意亦與鬼物交通（編姓也盲意名）初章帝時有壽光侯者（壽姓也風俗通曰壽於姚吳大夫）能劾百鬼衆魅令自縛見形其鄉人有婦爲魅所病侯爲劾之得大蛇數丈死於門外又有神樹人止者輒死鳥過者必墜侯復劾之樹盛夏枯落見大蛇

長七八丈懸死其閒帝聞而徵之乃試問之吾殿下夜半後常有數人絳衣被髮持火相隨豈能劾之乎侯曰此小怪易銷耳帝僞使三人爲之侯劾三人登時仆地無氣帝大驚曰非魅也朕相試耳解之而蘇

甘始東郭延年（漢武內傳曰延年字公游）封君達三人者皆方士也率能行容成御婦人術或飲小便或自倒懸愛嗇精氣不極視大言甘始元放延年皆爲操所錄問其術而行之（曹植

辯道論曰甘始者老而有少容自諸術士咸共歸之
然始辭繁寡實頗切怪言余嘗辟左右獨與之言問
其所行溫顏以誘之美辭以導之始語余吾本師姓
韓字雅嘗與師於南海作金前後數四投數萬斤金
於海又言諸梁時西域胡來獻香罽帶割玉刀時
悔不取也又言車師之西國兒生劈背出脾欲其食
少而怒行也又言取鯉魚五寸一雙令其一著藥投
沸膏中有藥者奮尾鼓鰓遊行沈浮有若處淵其一者
已熟而可噉余時問言寧可試不言是藥去此逾萬
里當出塞始不自行不能得也言不盡於此頗難悉
載故粗舉其巨怪者始若遭秦始
皇漢武帝則復徐市欒大之徒也君達號青牛師漢武帝內傳曰封君達隴西人初服黃連五十餘年
入鳥舉山服水銀百餘年還鄉里如二十者常乘青
牛故號青牛道士聞有病死者識與不識便以要間
竹管中藥與服或下針應手皆愈不以姓名語人聞
魯女生得五岳圖連年請求女生未見
授并告節度二百餘歲乃入玄丘山去凡此數人

皆百餘歲及二百歲也
王眞郝孟節者皆上黨人也王眞年且百
歲視之面有光澤似未五十者自云周流
登五岳名山悉能行胎息胎食之方嗽舌
下泉咽之不絕房室漢武內傳曰王眞字叔經上黨人習閉氣而吞之名
曰胎息習嗽舌下泉而咽之名曰胎食眞行之斷穀二百餘日肉色光美力並數人抱朴子曰胎息者能
不以鼻口噓噏如在胎之中嗽音朔孟節能含棗核不食可至
五年十年又能結氣不息身不動搖狀若
死人可至百日半年亦有室家爲人質謹
不妄言似士君子曹操使領諸方士焉
北海王和平性好道術自以當仙濟南孫
邕少事之從至京師會和平病歿邕因葬
之東陶有書百餘卷藥數囊悉以送之後
弟子夏榮言其尸解邕乃恨不取其寶書
仙藥焉尸解者言將登仙假託爲尸以解化也
贊曰幽貺罕徵明數難校不探精遠曷感
靈效如或遷訛實乖玄奥

後漢書列傳卷第七十二下

列傳卷第七十三 逸民　范曄　後漢書八十三

唐章懷太子賢注

野王二老　向長
逢萌　周黨
王霸　嚴光
井丹　梁鴻
高鳳　臺佟
韓康　矯慎
戴良　法眞
漢濱老父　陳留老父
龐公

易稱遯之時義大矣哉又曰不事王侯高尚其事是以堯稱則天不屈潁陽之高（潁陽謂巢許也）武盡美矣終全孤竹之絜（孤竹謂夷齊也）自兹以降風流彌繁長往之軌未殊而感致之數匪一或隱居以求其志或回避以全其道（論語孔子曰隱居以求其志行義以達其道求志謂長沮桀溺全道若薛方龔勝對王莽也）或靜己以鎮其躁（謂逢萌之類也）或去危以圖其安（四皓之類也）或垢俗以動其槩（謂申徒狄鮑焦之流也）或疵物以激其清（梁鴻嚴光之流）然觀其甘心畎畝之中憔悴江海之上（莊子曰舜以天下讓北人無擇無擇曰異哉后之爲人也居於畎畝之中而遊堯之門不若是而已又曰就藪澤處閑曠此江海之士避代之人閑暇者之所好也）豈必親魚鳥樂林草哉亦云性分所至而已（分音符問反）故蒙恥之賓屢黜不去其國（列女傳曰柳下惠死其妻誄之曰蒙恥救人德彌大兮雖遇三黜終不蔽兮）蹈海之節千乘莫移其情（史記曰魯連謂新垣衍曰秦即爲帝則魯連蹈東海死耳魯連下聊城田單爵之魯連逃隱於海上也）適使矯易去就則不能相爲矣（人各有所尚不能改其志孔子聞長沮桀溺之言乃告子路曰天下有道丘不與易也）

彼雖硜硜有類沽名者（論語曰孔子擊磬於衛有荷蕢而過孔氏之門者曰有心哉擊磬乎既而曰鄙哉硜硜乎莫己知也又子貢曰有美玉於斯蘊櫝而藏諸求善價而沽諸孔子曰沽之哉沽之哉我待價者也沽謂衒賣也）然而蟬蛻囂埃之中自致寰區之外異夫飾智巧以逐浮利者乎荀卿有言曰志意脩則驕富貴道義重則輕王公也（荀卿子之文也）漢室中微王莽簒位士之蘊藉義憤甚矣是時裂冠毀冕相攜持而去之者蓋不可勝數（左傳曰王使詹桓伯辭於晉曰伯父若裂冠毀冕拔本塞

原毛詩序曰百姓莫不相攜持而去之楊雄曰鴻飛冥冥弋者何篡焉言其違患之遠也篡字諸本或爲慕法言作篡宋衷曰篡取也鴻高飛冥冥薄天雖有弋人何施巧而取也喻賢者隱處不離暴亂之害也然今人謂以計數取物爲篡篡亦取也光武側席幽人求之若不及國語曰越王夫人去笄側席而坐韋昭注去側猶特也禮憂者側席而坐前書公孫弘贊曰上方欲用文武求之如弗及旌帛蒲車之所徵賁相望於巖中矣毛詩序曰干旄美好善也其詩曰孑孑干旟在浚之城易賁卦六五曰賁于丘園束帛戔戔蒲車以蒲裹輪取其安也前書武帝以蒲車徵魯申公也若薛方逢萌聘而不肯至前書薛方字子容嚴光周黨王霸至而不能屈羣方咸遂志士懷仁斯固所謂舉逸民天下歸心者乎論語文也肅宗亦禮鄭均而徵高鳳以成其節自後帝德稍衰邪孽當朝處子耿介羞與卿相等列至乃抗憤而不顧多失其中行焉蓋錄其絕塵不反莊子曰顏回問於仲尼曰夫子步亦步夫子趨亦趨夫子馳亦馳夫子奔軼絕塵則回瞠若乎後矣司馬彪注云言不可及也韓詩外傳曰山林之士往而不能反同夫作者列之此篇論語曰賢者避代其次避地其次避色其次避言子曰作者七人矣

野王二老者不知何許人也初光武貳於

更始會關中擾亂遣前將軍鄧禹西征法之於道既反因於野王獵路見二老者即禽即就也易曰即鹿無虞也光武問曰禽何向並舉手西指言此中多虎臣每即禽虎亦即臣大王勿往也光武曰苟有其備虎亦何患父曰何大王之謬邪昔湯即桀於鳴條而大城於亳帝王紀曰案孟子桀卒於鳴條乃在東事之地或言陳留平丘今有鳴條亭也唯是安國注尚書云鳴條在安邑西考三說之驗孔爲近之武王亦即紂於牧野而大城於郟鄏也杜預注左傳曰今河南河南縣西有郟鄏陌彼二

王者其備非不深也是以即人者人亦即之雖有其備庸可忽乎光武悟其旨顧左右曰此隱者也將用之辭而去莫知所在

向長字子平高士傳向字作尚河內朝歌人也隱居不仕性尚中和好通老易貧無資食好事者更饋焉受之取足而反其餘王莽大司空王邑辟之連年乃至欲薦之於莽固辭乃止潛隱於家讀易至損益卦喟然歎曰吾已知富不如貧貴不如賤但未知死何

如生耳易損卦曰二簋可用享損益盈虛與時偕行益卦曰損上益下人說無疆也建武中男女娶嫁既畢勑斷家事勿相關當如我死也於是遂肆意與同好北海禽慶前書慶字子夏俱遊五嶽名山竟不知所終

逢萌字子康北海都昌人也家貧給事縣爲亭長時尉行過亭萌候迎拜謁既而擲楯歎曰亭長主捕盜賊故執楯也大丈夫安能爲人役哉遂去之長安學通春秋經時王莽殺其子宇前書莽隔絕平帝外家衛氏宇恐帝大後見怨以爲莽不可諫而好鬼神即夜持血灑莽第門吏發覺之莽執宇送獄飲藥而死萌謂友人曰三綱絶矣謂君臣父子夫婦不去禍將及人即解冠挂東都城門漢宮殿名東都門今名青門也前書音義曰長安東郭城北頭第一門歸將家屬浮海客於遼東萌素明陰陽知莽將敗有頃乃首戴瓦盎盎盆也哭於市曰新乎新乎王莽爲新都侯及篡號新室故哭之因遂潛藏及光武即位乃之琅邪勞山在今萊州即墨縣東南有大勞小勞山養志脩道人皆化其德北海太守素聞其高遣吏奉謁致禮萌不荅太守懷恨而使捕之吏叩頭曰子

後漢列傳七十三　五　林仁

康大賢天下共聞所在之處人敬如父往必不獲祇自毀辱太守怒收之繫獄更發它吏行至勞山人果相率以兵弩捍禦吏被傷流血奔而還後詔書徵萌託以老耄迷路東西語使者云朝廷所以徵我者以其有益於政尚不知方面所在安能濟時乎即便駕歸連徵不起以壽終初萌與同郡徐房平原李子雲王君公相友善並曉陰陽懷德穢行房與子雲養徒各千人君公遭亂獨不去儈牛自隱儈謂平會兩家賣買之價時人謂之論曰避世牆東王君公嵇康高士傳曰君公明易爲郎數言事不用乃自汚與官婢通免歸詐狂儈牛口無二價也

周黨字伯況太原廣武人也家產千金少孤爲宗人所養而遇之不以理及長又不還其財黨詣鄉縣訟主乃歸之既而散與宗族悉免遣奴婢遂至長安遊學初鄉佐嘗衆中辱黨黨久懷之續漢志鄉佐主收賦稅者後讀春秋聞復讎之義春秋經書紀侯大去其國公羊傳曰大去者何滅也孰滅之齊

後漢列傳七十三　六　林摩

滅之曷爲不言齊滅之爲襄公諱也齊襄公九世祖哀公亨於周紀侯譖之也故襄公讎於紀九世猶可復讎乎雖百世可也便輟講而還與鄉佐相聞期剋鬬
日旣交刃而黨爲鄉佐所傷困頓鄉佐服
其義與歸養之數日方蘇旣悟而去自此
勑身脩志州里稱其高及王莽竊位託疾
杜門自後賊暴從横殘滅郡縣唯至廣武
過城不入建武中徵爲議郎以病去職遂
將妻子居黽池復被徵不得已乃著短布
單衣穀皮綃頭待見尚書（以穀樹皮爲綃頭也綃頭解見向栩）

（傳黨服此尚書以待見也）及光武引見黨伏而不謁自陳
願守所志帝乃許焉博士范升奏毁黨曰
臣聞堯不須許由巢父而建號天下周不
待伯夷叔齊而王道以成伏見太原周黨
東海王良山陽王成等蒙受厚恩使者三
聘乃肯就車及陛見帝廷黨不以禮屈伏
而不謁偃蹇驕悍同時俱逝黨等文不能
演義武不能死君釣采華名庶幾三公之
位臣願與坐雲臺之下考試圖國之道不

如臣言伏虚妄之罪而敢私竊虚名誇上
求高皆大不敬書奏天子以示公卿詔曰
自古明王聖主必有不賓之士伯夷叔齊
不食周粟太原周黨不受朕禄亦各有志
焉其賜帛四十匹黨遂隱居黽池著書上
下篇而終邑人賢而祠之初黨與同郡譚
賢伯升鴈門殷謨君長俱守節不仕王莽
世建武中徵並不到
王霸字儒仲太原廣武人也少有清節及

王莽篡位弃冠帶絶交宦建武中徵到尚
書拜稱名不稱臣有司問其故霸曰天子
有所不臣諸侯有所不友（禮記曰儒有上不臣天子下不事諸侯）
司徒侯霸讓位於霸閻陽毁之曰太原
俗黨儒仲頗有其風遂止（皇甫謐高士傳曰故梁令閻陽也前書曰太原多晉公族子孫以詐力相傾矜夸功名報仇過直漢興號爲難化常擇嚴猛將或任殺伐爲威父兄被誅子弟怨憤至告訐刺史二千石）以病歸隱居守志茅屋蓬
戶連徵不至以壽終
嚴光字子陵一名遵會稽餘姚人也少有

高名與光武同遊學及光武即位乃變名
姓隱身不見帝思其賢乃令以物色訪之（以其形貌求之）後齊國上言有一男子披羊裘釣澤
中帝疑其光乃備安車玄纁遣使聘之三
反而後至舍於北軍給牀褥太官朝夕進
膳司徒侯霸與光素舊遣使奉書（皇甫謐高士傳曰霸使西曹屬侯子道奉書光不起於牀上箕踞抱膝發書讀訖問子道曰君房素癡今爲三公寧小差否子道曰位已鼎足不癡也光曰遣卿來何言子道傳霸言光曰卿言不癡是非癡語也天子徵我三乃來人主尚不見當見人臣乎子道求報光曰我手不能書乃口授之使者嫌少可更足光曰買菜乎求益也）

後漢列傳七十三　九　劉仲

使人因謂光曰公聞先生至區區欲即
詣造迫於典司是以不獲願因日暮自屈
語言光不荅乃投札與之口授曰君房足
下位至鼎足甚善懷仁輔義天下悅阿諛
順旨要領絕霸得書封奏之帝笑曰狂奴
故態也車駕即日幸其館光卧不起帝即
其卧所撫光腹曰咄咄子陵不可相助爲
理邪光又眠不應良久乃張目熟視曰昔
唐堯著德巢父洗耳士故有志何至相迫

乎帝曰子陵我竟不能下汝邪於是升輿
歎息而去復引光入論道舊故相對累日
帝從容問光曰朕何如昔時對曰陛下差
增於往因共偃卧光以足加帝腹上明日
太史奏客星犯御坐甚急帝笑曰朕故人
嚴子陵共卧耳除爲諫議大夫不屈乃耕
於富春山（今杭州富陽縣也本漢富春縣避晉簡文帝鄭太后諱改曰富陽）後人
名其釣處爲嚴陵瀨焉（顧野王輿地志曰七里瀨在東陽江下與嚴陵瀨相接有嚴山桐廬縣南有嚴子陵漁釣處今山邊有石上平可坐十人臨水名爲嚴陵釣壇也）

後漢列傳七十三　十　王元成

建武十七年復特徵不至年八十終於家
帝傷惜之詔下郡縣賜錢百萬穀千斛
井丹字大春扶風郿人也少受業太學通
五經善談論故京師爲之語曰五經紛綸
井大春（紛綸猶浩博也）性清高未嘗脩刺候人建武
末沛王輔等五王居北宮皆好賓客更遣
請丹不能致信陽侯陰就光烈皇后弟也
以外戚貴盛乃詭說五王求錢千萬約能
致丹而別使人要劫之丹不得已既至就

故爲設麥飲葱葉之食丹推去之曰以君
侯能供甘旨故來相過何其薄乎更置盛
饌乃食及就起左右進輦丹笑曰吾聞桀
駕人車豈此邪（帝王紀曰桀以人駕車）坐中皆失色就
不得已而令去輦自是隱閉不關人事以
壽終

梁鴻字伯鸞扶風平陵人也父讓王莽時
爲城門校尉封脩遠伯使奉少昊後寓於
北地而卒（前書莽改允吾爲脩遠少昊金天氏之號次黃帝者北地今寧州也）鴻
時尚幼以遭亂世因卷席而葬後受業太
學家貧而尚節介博覽無不通而不爲章
句學畢乃牧豕於上林苑中曾誤遺火延
及它舍鴻乃尋訪燒者問所去失（去亡也）悉
以豕償之其主猶以爲少鴻曰無它財願
以身居作主人許之因爲執勤不懈朝夕
鄰家耆老見鴻非恒人乃共責讓主人而
稱鴻長者於是始敬異焉悉還其豕鴻不
受而去歸鄉里埶家慕其高節多欲女之

（以女妻人曰女音尼慮反）鴻並絕不娶同縣孟氏有女狀
肥醜而黑力舉石臼擇對不嫁至年三十
父母問其故女曰欲得賢如梁伯鸞者鴻
聞而娉之女求作布衣麻屨織作筐緝績
之具及嫁始以裝飾入門七日而鴻不荅
妻乃跪牀下請曰竊聞夫子高義簡斥數
婦（斥遠也）妾亦偃蹇數夫矣今而見擇敢不
請罪鴻曰吾欲裘褐之人可與俱隱深山
者爾今乃衣綺縞傅粉墨豈鴻所願哉妻
曰以觀夫子之志耳妾自有隱居之服乃
更爲椎髻著布衣操作而前鴻大喜曰此
眞梁鴻妻也能奉我矣字之曰德曜孟光
居有頃妻曰常聞夫子欲隱居避患今何
爲默默無乃欲低頭就之乎鴻曰諾乃共
入霸陵山中以耕織爲業詠詩書彈琴以
自娛仰慕前世高士而爲四皓以來二十
四人作頌因東出關過京師作五噫之歌
曰陟彼北芒兮噫顧覽帝京兮噫宮室崔

覽兮噫人之劬勞兮噫遼遼未央兮噫肅宗聞而非之求鴻不得乃易姓運期名燿字侯光與妻子居齊魯之閒有頃又去適吳將行作詩曰逝舊邦兮遐征將遙集兮東南心惙怛兮傷悴志菲菲兮升降（爾雅注惙怛憂也菲菲高下不定也惙音丁劣反降音下江反詩曰我心則降）欲乘策兮縱邁疾吾俗兮作讒競舉枉兮措直咸先佞兮唌唌（論語曰舉直措諸枉則人服舉枉措諸直則人不服唌音延讒言捷急之皃）聊固靡慙兮獨建與異州兮尚賢（建立也言已無慙於獨立所以適吳者與異州之人貴尚賢德）聊逍搖兮遨嬉纘仲尼兮周流儻云覩兮我悅遂舍車兮即浮（舍其車而就舟船）過季札兮延陵求魯連兮海隅雖不察兮光貌幸神靈兮與休（光貌光儀也言雖不察見季札及魯連然與幸其神靈與之同美也）惟季春兮華阜麥含含兮方秀哀茂時兮逾邁愍芳香兮日臭（茂盛也臭敗也）悼吾心兮不獲長委結兮焉究（委結懷恨也究窮也）口囂囂兮余訕嗟怊怊兮誰留（訕謗也鄭玄注禮記曰怊怊恐也）遂至吳依大家皋伯通居廡下（說文曰廡堂下周屋也釋名大屋曰廡）

後漢列傳七十三　十三

爲人賃舂每歸妻爲具食不敢於鴻前仰視舉案齊眉伯通察而異之曰彼傭能使其妻敬之如此非凡人也乃方舍之於家鴻潛閉著書十餘篇疾且困告主人曰昔延陵季子葬子於嬴博之閒不歸鄉里慎勿令我子持喪歸去及卒伯通等爲求葬地於吳要離冢傍咸曰要離烈士而伯鸞清高可令相近（要離刺吳王僚子慶忌者冢在今蘇州吳縣西伯鸞墓在其北）葬畢妻子歸扶風初鴻友人京兆高恢少好老子隱於華陰山中及鴻東遊思恢作詩曰鳥嚶嚶兮友之期（毛詩曰伐木丁丁鳥鳴嚶嚶出自幽谷遷于喬木嚶其鳴矣求其友聲）念高子兮僕懷思想念恢兮爰集茲二人遂不復相見恢亦高抗終身不仕（高士傳曰恢字伯通）

高鳳字文通南陽葉人也少爲書生家以農畝爲業而專精誦讀晝夜不息妻嘗之田曝麥於庭令鳳護雞時天暴雨而鳳持竿誦經不覺潦水流麥妻還怪問鳳方悟

後漢列傳七十三　十四

之其後遂爲名儒乃教授業於西唐山中山在今唐州湖陽縣西北酈元注水經云即高鳳所隱之西唐山也鄰里有爭財者持兵而鬬鳳往解之不已乃脫巾叩頭固請曰仁義遜讓奈何弃之於是爭者懷感投兵謝罪鳳年老執志不倦名聲著聞太守連召請恐不得免自言本巫家不應爲吏又詐與寡嫂訟田遂不仕建初中將作大匠任隗舉鳳直言到公車託病逃歸推其財産悉與孤兄子隱身漁釣終於家

論曰先大夫宣侯沈約宋書曰范泰字伯倫祖汪父寗宋高祖受命拜金紫光禄大夫加散騎常侍領國子祭酒多所陳諫泰博覽篇籍好爲文章愛奬後生孜孜無倦薨謚宣侯即曄之父也嘗以講道餘隙寓乎逸士之篇至高文通傳輟而有感以爲隱者也因著其行事而論之曰古者隱逸其風尚矣潁陽洗耳恥聞禪讓許由隱於潁陽聞堯欲禪乃臨潁而洗耳孤竹長飢羞食周粟伯夷叔齊孤竹君之子不食周粟或高棲以違行或疾物以矯情雖軌迹異區其去就一也若伊人者志陵青雲之上身晦泥汙之下

心名且猶不顯況怨累之爲哉與夫委體淵沙鳴弦揆日者不其遠乎委體泉沙謂屈原懷沙礫而自沈也鳴弦揆日謂嵇康臨刑顧日景而彈琴也論者以事迹相明故引康爲喻

臺佟字孝威佟音大冬反魏郡鄴人也隱於武安山武安縣之山也鑿穴爲居採藥自業建初中州辟不就刺史行部乃使從事致謁佟載病往謝刺史乃執贄見佟曰嵇康高士傳曰刺史執棗栗之贄往孝威居身如是甚苦如何佟曰佟幸得保終性命存神養和如明使君奉宣詔書

夕惕庶事反不苦邪遂去隱逸終不見

韓康字伯休一名恬休京兆霸陵人家世著姓常采藥名山賣於長安市口不二價三十餘年時有女子從康買藥康守價不移女子怒曰公是韓伯休邪邪語餘聲也音乃賀反乃不二價乎康歎曰我本欲避名今小女子皆知有我何用藥爲乃遯入霸陵山中博士公車連徵不至桓帝乃備玄纁之禮以安車聘之使者奉詔造康康不得已乃許

諾辭安車自乘柴車冒晨先使者發至亭
亭長以韓徵君當過方發人牛脩道橋及
見康柴車幅巾以爲田叟也使奪其牛康
即釋駕與之有頃使者至奪牛翁乃徵君
也使者欲奏殺亭長康曰此自老子與之
亭長何罪乃止康因道逃遯以壽終
矯愼字仲彥 風俗通曰晉大夫矯父之後也 扶風茂陵人也
少好黃老隱遯山谷因穴爲室仰慕松喬
導引之術與馬融蘇章鄉里並時融以才

博顯名章以廉直稱然皆推先於愼汝南
吳蒼甚重之因遺書以觀其志曰仲彥足
下勤處隱約雖乘雲行泥棲宿不同每有
西風何嘗不歎 汝南在扶風之東 蓋聞黃老之言乘
虛入冥藏身遠遯亦有理國養人施於爲
政 老子曰致虛極守靜篤又曰窈兮冥兮其中有精又曰理大國若亨小鮮又曰非所以愛人治國也
至如登山絕迹神不著其證人不覩其驗
吾欲先生從其可者於意何如昔伊尹不
懷道以待堯舜之君 孟子曰湯使人以幣聘伊尹伊尹曰我何以湯之幣

爲哉既而幡然改曰與我豈若處畎畝之中由是以樂堯舜之道吾豈若使是君爲堯舜之君豈若使是
人爲堯舜之人哉 方今明明四海開闢巢許無爲箕
山夷齊悔入首陽足下審能騎龍弄鳳翔
嬉雲間者 列僊傳曰蕭史秦繆公時善吹簫公女弄玉好之以妻之遂教弄玉作鳳鳴居數十年吹鳳皇聲鳳來止其屋爲作鳳臺夫婦止在上一旦皆隨鳳皇飛去又曰陶安公六安冶師數行火火一旦散上紫色衝天須臾赤雀止冶上曰安公安公冶與天通七月七日迎汝以赤龍至時安公騎之而去也 亦非狐兔燕雀所敢謀也愼不荅年七
十餘竟不肯娶後忽歸家自言死日及期
果卒後人有見愼於敦煌者故前世異之

或云神僊焉愼同郡馬瑤隱於汧山以兔
罝爲事 罝兔網也毛詩序曰兔罝后妃之化也關雎之化行則莫不好德賢人衆多故愼以爲事焉 所居俗化百姓美之號馬牧先生焉
戴良字叔鸞汝南愼陽人也曾祖父遵字
子高平帝時爲侍御史王莽篡位稱病歸
鄉里家富好給施尚俠氣食客常三四百
人時人爲之語曰關東大豪戴子高良少
誕節母憙驢鳴 憙音虛記反 良常學之以娛樂焉
及母卒兄伯鸞居廬啜粥非禮不行良獨

食肉飲酒哀至乃哭而二人俱有毀容或問良曰子之居喪禮乎良曰然禮所以制情佚也情苟不佚何禮之論夫食旨不甘故致毀容之實若味不存口食之可也論者不能奪之良才旣高達而論議尚奇多駭流俗同郡謝季孝問曰子自視天下孰可為比良曰我若仲尼長東魯大禹出西羌（帝王紀曰夏禹生於石紐長於西羌西夷之人也）獨步天下誰與為偶舉孝廉不就再辟司空府彌年不到州郡迫之乃遯辭詣府（遯逃也）悉將妻子旣行在道因逃入江夏山中優遊不仕以壽終

後漢列傳七十三　十九　揚焌

初良五女並賢每有求姻輒便許嫁疏裳布被竹笥木屐以遣之五女能遵其訓皆有隱者之風焉

法眞字高卿（高一作喬）扶風郿人南郡太守雄之子也好學而無常家博通內外圖典為關西大儒弟子自遠方至者陳留范冉等數百人性恬靜寡欲不交人閒事太守請見之眞乃幅巾詣謁太守曰昔魯哀公雖為不肖而仲尼稱臣太守虛薄欲以功曹相屈光贊本朝何如眞曰以明府見待有禮故敢自同賓末若欲吏之眞將在北山之北南山之南矣太守懼然不敢復言（懼音紀具反）辟公府舉賢良皆不就同郡田弱薦眞曰處士法眞體兼四業（謂詩書禮樂也）學窮典奧幽居恬泊樂以忘憂將蹈老氏之高蹤不為玄纁屈也臣願聖朝就加袞職（毛詩曰袞職有闕謂三公也）必能唱清廟之歌致來儀之鳳矣（詩清廟曰於穆清廟肅雍顯相濟濟多士秉文之德尚書曰簫韶九成鳳皇來儀）會順帝西巡弱又薦之帝虛心欲致前後四徵眞曰吾旣不能遯形遠世豈飲洗耳之水哉遂深自隱絕終不降屈友人郭正稱之曰法眞名可得聞身難得而見逃名而名我隨避名而名我追可謂百世之師者矣乃共刊石頌之號曰玄德先生年八十九中平五年以壽終

後漢列傳七十三　二十　李芳

漢陰老父者不知何許人也桓帝延熹中幸竟陵過雲夢臨沔水百姓莫不觀者有老父獨耕不輟尚書郎南陽張温異之使問曰人皆來觀老父獨不輟何也老父笑而不對温下道百步自與言老父曰我野人耳不達斯語請問天下亂而立天子邪理而立天子邪立天子以父天下邪役天下以奉天子邪昔聖王宰世茅茨采椽而萬人以寧韓子曰堯舜采椽不刮茅茨不翦今子之君勞人

後漢列傳七十三　二十一

自縱逸遊無忌吾為子羞之子何忍欲人觀之乎温大慙問其姓名不告而去

陳留老父者不知何許人也淵聖御名帝世黨錮事起守外黃令陳留張升去官歸鄉里道逢友人共班草而言班布也升曰吾聞趙殺鳴犢仲尼臨河而反覆巢竭淵龍鳳逝而不至解在獨行傳今宦豎日亂陷害忠良賢人君子其去朝乎夫德之不建人之無援左傳曰臧文仲聞六與蓼滅曰皐陶庭堅不祀忽諸德之不建人之無援哀哉將性命之不免柰何因相抱而泣老父趣而過之植其杖大息言曰吁二大夫何泣之悲也夫龍不隱鱗鳳不藏羽網羅高縣去將安所雖泣何及乎毛詩曰啜其泣矣何嗟及矣言雖泣而無所及也二人欲與之語不顧而去莫知所終

龐公者南郡襄陽人也居峴山之南峴山在今襄陽縣東襄陽記曰諸葛孔明每至德公家獨拜牀下德公初不令止司馬德操嘗詣德公值其渡沔上先人墓德操徑入其堂呼德公妻子使速作黍徐元直向云當來就我與德公談其妻子皆羅拜於堂下奔走共設須臾德公還直入相就不知何者是客也德操年小德公十歲兄事之呼作龐公故俗人遂謂

後漢列傳七十三　二十二

龐公是德公名非也未嘗入城府夫妻相敬如賓荊州刺史劉表數延請不能屈乃就候之謂曰夫保全一身孰若保全天下乎龐公笑曰鴻鵠巢於高林之上暮而得所栖黿鼉穴於深淵之下夕而得所宿夫趣舍行止亦人之巢穴也且各得其栖宿而已天下非所保也因釋耕於壟上而妻子耘於前表指而問曰先生苦居畎畝而不肯官祿後世何以遺子孫乎襄陽記曰德公子字山人亦有令名娶諸葛孔明姊為魏黃門

吏部郎于溴晉太康中爲牂柯太守龐公曰世人皆遺之以危今獨遺之以安雖所遺不同未爲無所遺也表歎息而去後遂攜其妻子登鹿門山因采藥不反襄陽記曰鹿門山舊名蘇嶺山建武中襄陽侯習郁立神祠於山刻二石鹿夾神道口俗因謂之鹿門廟遂以廟名山也

贊曰江海冥滅山林長往遠性風疎逸情雲上道就虛全事違塵枉違遠也

後漢書列傳卷第七十三

列傳卷第七十四 列女　范曄　後漢書八十四

唐章懷太子賢注

鮑宣妻　王霸妻

姜詩妻　周郁妻

曹世叔妻　樂羊子妻

陳文矩妻　孝女曹娥

許升妻　袁隗妻

龐淯母　劉長卿妻

皇甫規妻　陰瑜妻

盛道妻　孝女叔先雄

董祀妻

詩書之言女德尚矣詩謂關雎后妃之德也書稱釐降二女于媯汭嬪于虞也尚遠也若夫賢妃助國君之政哲婦隆家人之道高士弘清淳之風貞女亮明白之節則其徽美未殊也而世典咸漏焉故自中興以後綜其成事述爲列女篇如馬鄧梁后別見前紀梁嫕李姬各附家傳嫕梁竦女李姬李固女也若斯之類並不兼書餘但搜次才行尤高

秀者不必專在一操而已

勃海鮑宣妻者桓氏之女也字少君宣嘗就少君父學父奇其清苦故以女妻之裝送資賄甚盛宣不悅謂妻曰少君生富驕習美飾而吾實貧賤不敢當禮妻曰大人以先生脩德守約故使賤妾侍執巾櫛既奉承君子唯命是從宣笑曰能如是是吾志也妻乃悉歸侍御服飾更著短布裳與宣共挽鹿車歸鄉里拜姑禮畢提甕出汲

後漢列傳七十四　二　李棠

脩行婦道鄉邦稱之宣哀帝時官至司隸校尉子永中興初爲魯郡太守永子昱從容問少君曰太夫人寧復識挽鹿車時不對曰先姑有言爾雅曰舅姑在則曰君舅君姑沒則曰先舅先姑存不忘亡安不忘危易繫辭之言也吾正爲敢忘乎永昱已見前傳

太原王霸妻者不知何氏之女也霸少立高節光武時連徵不仕霸已見逸人傳妻亦美志行初霸與同郡令狐子伯爲友後子伯爲楚相而其子爲郡功曹子伯乃令子奉書於霸車馬服從雍容如也霸子時方耕於野聞賓至投耒而歸鄭玄注禮記云耒耜之上曲者也說文曰耒手耕曲木見令狐子沮怍不能仰視沮喪也怍慙也霸目之有愧容客去而久卧不起妻怪問其故始不肯告妻請罪而後言曰吾與子伯素不相若向見其子容服甚光舉措有適而我兒曹蓬髮歷齒未知禮則曹輩也見客而有慙色父子恩深不覺自失耳妻曰

後漢列傳七十四　三　李棠

君少修清節不顧榮祿今子伯之貴孰與君之高柰何忘宿志而慙兒女子乎霸屈起而笑曰屈音渠勿反有是哉遂共終身隱遯

廣漢姜詩妻者同郡龐盛之女也詩事母至孝妻奉順尤篤母好飲江水水去舍六七里妻常泝流而汲後值風不時得還母渴詩責而遣之妻乃寄止鄰舍晝夜紡績市珍羞使鄰母以意自遺其姑如是者久之姑怪問鄰母鄰母具對姑感慙呼還恩

養愈謹其子後因遠汲溺死妻恐姑哀傷
不敢言而託以行學不在姑嗜魚鱠又不
能獨食夫婦常力作供鱠呼鄰母共之舍
側忽有涌泉味如江水每旦輒出雙鯉魚
常以供二母之膳赤眉散賊經詩里弛兵
而過曰驚大孝必觸鬼神時歲荒賊乃遺
詩米肉受而埋之比落蒙其安全（比近也落藩也）永
平三年察孝廉顯宗詔曰大孝入朝凡諸
舉者一聽平之由是皆拜郎中詩尋除江

陽令卒于官所居治鄉人爲立祀

沛郡周郁妻者同郡趙孝之女也字阿少
習儀訓閑於婦道而郁驕淫輕躁多行無
禮郁父偉謂阿曰新婦賢者女當以道匡
夫郁之不改新婦過也阿拜而受命退謂
左右曰我無樊衛二姬之行（列女傳曰楚莊王好田獵樊姬故不食鮮禽以諫王齊桓公好音樂衛姬不聽五音以諫公並解具文苑傳也）故君以責
我我言而不用君必謂我不奉教令則罪
在我矣若言而見用是爲子違父而從婦
則罪在彼矣生如此亦何聊哉乃自殺莫
不傷之

扶風曹世叔妻者同郡班彪之女也名昭
字惠班一名姬博學高才世叔早卒有節
行法度兄固著漢書其八表及天文志未
及竟而卒和帝詔昭就東觀藏書閣踵而
成之（踵繼也）帝數召入宮令皇后諸貴人師
事焉號曰大家每有貢獻異物輒詔大家
作賦頌及鄧太后臨朝與聞政事以出入

之勤特封子成關內侯官至齊相時漢書
始出多未能通者同郡馬融伏於閣下從
昭受讀後又詔融兄續繼昭成之（融兄名續見馬援傳）
永初中太后兄大將軍鄧騭以母憂上書
乞身太后不欲許以問昭昭因上疏曰伏
惟皇太后陛下躬盛德之美隆唐虞之政
闢四門而開四聰采狂夫之瞽言納芻蕘
之謀慮（前書曰狂夫之言明主擇焉詩曰先人有言詢于芻蕘）妾昭得以
愚朽身當盛明敢不披露肝膽以効萬一

妾聞謙讓之風德莫大焉故典墳述美神祇降福易曰謙尊而光又曰鬼神害盈而福謙左傳曰謙讓者德之基也昔夷齊去國天下服其廉高孟子曰聞伯夷之風者貪夫廉懦夫有立志太伯違邠孔子稱爲三讓周大王有疾太伯欲讓季歷託採藥於吳時已居周此言邠者蓋本其始而言之也所以光昭令德揚名于後者也論語曰能以禮讓爲國於從政乎何有論語孔子之言也何有言若無有由是言之推讓之誠其致遠矣今四舅深執忠孝引身自退四舅謂騭悝弘閶也而以方垂未靜拒而不許如後有毫毛加於今日謂有纖微之過則推讓之美失也誠恐推讓之名不可再得緣見逮及故敢昧死竭其愚情自知言不足采以示蟲螘之赤心太后從而許之於是騭等各還里第焉作女誡七篇有助内訓其辭曰鄙人愚暗受性不敏蒙先君之餘寵賴母師之典訓母傅母也師女師也左傳曰宋伯姬卒待姆也毛詩曰言告師氏言告言歸年十有四執箕帚於曹氏前書呂公謂高祖曰臣有息女願爲箕帚妾言執箕帚主賤役以事舅姑于今四十餘載矣戰戰兢兢常懼黜辱以增父母

之羞以益中外之累中内也夙夜劬心勤不告勞而今而後乃知免耳吾性疏頑教道無素素先也恒恐子穀負辱清朝三輔決録曰齊相子穀頗隨時俗注云曹成壽之子也司徒掾察孝廉爲長垣長母爲太后師徵拜中散大夫子穀即成之字也聖恩横加猥賜金紫漢官儀曰二千石金印紫綬也實非鄙人庶幾所望也男能自謀矣吾不復以爲憂也但傷諸女方當適人而不漸訓誨不聞婦禮懼失容它門取恥宗族吾今疾在沈滯性命無常念汝曹如此每用惆悵間作女誡七章願諸女各寫一通庶有補益裨助汝身去矣其勖勉之去矣猶言從今已往卑弱第一古者生女三日卧之牀下弄之瓦塼而齋告焉詩小雅曰乃生女子載寢之地載弄之瓦毛萇注云瓦紡塼也箋云卧之於地卑之也紡塼習其所有事也卧之牀下明其卑弱主下人也弄之瓦塼明其習勞主執勤也齋告先君明當主繼祭祀也毛詩傳曰采蘋大夫妻能循法度也能循法度則可以承先祖供祭祀矣于以采蘋南澗之濱于以采藻于彼行潦于以盛之維筐及筥于以湘之維錡及釜于以奠之宗室牖下誰其尸之有齊季女三者蓋女人之常道禮法

之典教矣謙讓恭敬先人後己有善莫名（不自名己之善也）有惡莫辭忍辱含垢常若畏懼是謂卑弱下人也晚寢早作勿憚夙夜（作起也）執務私事不辭劇易（劇猶難也）所作必成手迹整理是謂執勤也正色端操以事夫主清靜自守無好戲笑絜齊酒食以供祖宗（絜清也謂食也左傳曰絜粢豐盛也）是謂繼祭祀也三者苟備而患名稱之不聞黜辱之在身未之見也三者苟失之何名稱之可聞黜辱之可遠哉

夫婦第二夫婦之道參配陰陽通達神明信天地之弘義人倫之大節也是以禮貴男女之際詩著關雎之義（禮記曰昏禮者將合二姓之好上以事宗廟而下以繼後世也故君子重之詩關雎樂得賢女以配君子也）由斯言之不可不重也夫不賢則無以御婦婦不賢則無以事夫夫不御婦則威儀廢缺婦不事夫則義理墮闕（墮音許規反墮廢也）方斯二事其用一也察今之君子徒知妻婦之不可不御威儀之不可不整故訓其男檢以書傳殊不知夫主之不可不事禮義之不可不存也但教男而不教女不亦蔽於彼此之數乎禮八歲始教之書十五而至於學矣（禮記曰八歲入小學）獨不可依此以爲則哉

敬慎第三陰陽殊性男女異行陽以剛爲德陰以柔爲用男以彊爲貴女以弱爲美故鄙諺有云生男如狼猶恐其尫生女如鼠猶恐其虎然則修身莫若敬避彊莫若順故曰敬順之道婦人之大禮也夫敬非它持久之謂也

夫順非它寬裕之謂也持久者知止足也寬裕者尚恭下也夫婦之好終身不離房室周旋遂生媟黷媟黷既生語言過矣語言既過縱恣必作縱恣既作則侮夫之心生矣此由於不知止足者也夫事有曲直言有是非直者不能不爭曲者不能不訟訟爭既施則有忿怒之事矣此由於不尚恭下者也侮夫不節譴呵從之忿怒不止楚撻從之夫爲夫婦者義以和親恩以好

合楚撻既行何義之存譴呵既宜何恩之有恩義俱廢夫婦離矣婦行第四女有四行一曰婦德二曰婦言三曰婦容四曰婦功禮記文也夫云婦德不必才明絕異也婦言不必辯口利辭也婦容不必顏色美麗也婦功不必工巧過人也清閑貞靜守節整齊行已有恥動靜有法是謂婦德擇辭而說不道惡語時然後言不厭於人是謂婦言盥浣塵穢服飾鮮絜沐浴以時身不垢

後漢列傳七十四　十

辱是謂婦容專心紡績不好戲笑絜齊酒食以奉賓客是謂婦功此四者女人之大德而不可乏之者也然爲之甚易唯在存心耳古人有言仁遠乎哉我欲仁而仁斯至矣論語孔子之言也此之謂也專心第五禮夫有再娶之義儀禮曰父在爲母何以朞至尊在不敢伸也父必三年而後娶達子志也婦無二適之文故曰夫者天也儀禮曰夫者妻之天也婦人不二斬者猶曰不二天也天固不可逃夫固不可離也行違神祇天則罰之禮義有愆夫則薄之

故女憲曰得意一人是謂永畢失意一人是謂永訖由斯言之夫不可不求其心然所求者亦非謂佞媚苟親也固莫若專心正色禮義居絜耳無塗聽目無邪視出無冶容入無廢飾無聚會羣輩無看視門戶此則謂專心正色矣若夫動靜輕脫視聽陝輸陝輸不定貌也入則亂髮壞形出則窈窕作態窈窕妖冶之貌也說所不當道觀所不當視此謂不能專心正色矣曲從第六夫得意一人是

後漢列傳七十四　十一

謂永畢失意一人是謂永訖欲人定志專心之言也舅姑之心豈當可失哉物有以恩自離者亦有以義自破者也夫雖云愛舅姑云非此所謂以義自破者也然則舅姑之心柰何固莫尚於曲從矣姑云不爾而是固宜從令不爾猶不然也姑云爾而非猶宜順命勿得違戾是非爭分曲直此則所謂曲從矣故女憲曰婦如影響焉不可賞影響言順從也和叔妹第七婦人之得意於夫主由舅姑

之愛已也舅姑之愛已由叔妹之譽已也
由此言之我臧否譽毀一由叔妹叔妹之
心復不可失也皆莫知叔妹之不可失而
不能和之以求親其蔽也哉自非聖人鮮
能無過故顏子貴於能改仲尼嘉其不貳
（論語孔子曰顏回不貳過易曰顏氏之子其殆庶幾乎有不善未嘗不知知之未嘗復行也）而況
婦人者也雖以賢女之行聰哲之性其能
備乎是故室人和則謗掩外內離則惡揚
此必然之埶也易曰二人同心其利斷金
同心之言其臭如蘭此之謂也（金物之堅者若二人同心則其利可以斷之二人既同心其芳馨如蘭也古人通謂氣為臭也）夫嫂妹者體敵
而尊恩踈而義親若淑媛謙順之人（淑善也美女曰媛也）
則能依義以篤好崇恩以結援使徽美
顯章而瑕過隱塞舅姑矜善而夫主嘉美
聲譽曜于邑鄰休光延於父母若夫惷愚
之人於嫂則託名以自高於妹則因寵以
驕盈驕盈既施何和之有恩義既乖何譽
之臻是以美隱而過宣姑忿而夫愠毀訾

布於中外恥辱集于厥身進增父母之羞
退益君子之累（君子謂夫也詩曰未見君子憂心忡忡）斯乃榮
辱之本而顯否之基也可不慎哉然則求
叔妹之心固莫尚於謙順矣謙則德之柄
（易繫辭之文也）順則婦之行凡斯二者足以和矣詩
云在彼無惡在此無射其斯之謂也（韓詩周頌之言也射厭也射音亦毛詩射作斁也）馬融善之令妻女習焉昭
女妹曹豐生（昭壻之妹也）亦有才惠為書以難之
辭有可觀昭年七十餘卒皇太后素服舉
哀使者監護喪事所著賦頌銘誄問注哀
辭書論上踈遺令凡十六篇子婦丁氏為
撰集之又作大家讚焉
河南樂羊子之妻者不知何氏之女也羊
子嘗行路得遺金一餅還以與妻妻曰妾
聞志士不飲盜泉之水（論語撰考讖曰水名盜泉仲尼不漱）廉者
不受嗟來之食（解見文苑傳也）況拾遺求利以汚其
行乎羊子大慙乃捐金於野而遠尋師學
一年來歸妻跪問其故羊子曰久行懷思

無它異也妻乃引刀趨機而言曰此織生自蠶繭成於機杼一絲而累以至於寸累寸不已遂成丈匹今若斷斯織也則捐失成功稽廢時月夫子積學當日知其所亡論語孔子曰君子曰知其所亡月無忘其所能亡無也以就懿德若中道而歸何異斷斯織乎羊子感其言復還終業遂七年不反妻常躬勤養姑又遠饋羊子嘗有它舍雞謬入園中姑盜殺而食之妻對雞不餐而泣姑怪問其故妻曰自傷

居貧使食有它肉姑竟棄之後盜欲有犯妻者乃先劫其姑妻聞操刀而出盜人曰釋汝刀從我者可全不從我者則殺汝姑妻仰天而歎舉刀刎頸而死盜亦不殺其姑太守聞之即捕殺賊盜而賜妻縑帛以禮葬之號曰貞義

漢中程文矩妻者同郡李法之姊也字穆姜有二男而前妻四子文矩為安衆令喪於官安衆縣屬南陽郡四子以母非所生憎毀日積而穆姜慈愛溫仁撫字益隆衣食資供皆兼倍所生或謂母曰四子不孝甚矣何不別居以遠之對曰吾方以義相導使其自遷善也及前妻長子興遇疾困篤母惻隱自然親調藥膳恩情篤密興疾久乃瘳於是呼三弟謂曰繼母慈仁出自天受吾兄弟不識恩養禽獸其心雖母道益隆我曹過惡亦已深矣遂將三弟詣南鄭獄陳母之德狀己之過乞就刑辟縣言之於郡郡

守表異其母蠲除家徭遣散四子許以脩革自後訓導愈明並為良士穆姜年八十餘卒臨終勑諸子曰吾弟伯度智達士也所論薄葬其義至矣又臨亡遺令賢聖法也前書孝文帝楊王孫龔勝臨亡並有遺令令汝曹遵承勿與俗同增吾之累諸子奉行焉

孝女曹娥者會稽上虞人也父盱能絃歌為巫祝漢安二年五月五日於縣江泝濤迎婆娑神溺死不得屍骸娥年十四乃沿

江號哭晝夜不絕聲旬有七日遂投江而
死娥投衣於水祝曰人屍所在衣當流衣隨流至一處而沈娥遂隨衣而沒衣字或作爪見項原列女傳也至元嘉元年縣長度尚改葬娥於江南
道傍爲立碑焉會稽典錄曰上虞長度尚弟子邯鄲淳字子禮時甫弱冠而有異才尚先使魏朗作曹娥碑文成未出會朗見尚尚與之飲宴而子禮方至督酒尚問朗碑文成未朗辭不才因試使子禮爲之操筆而成無所點定朗嗟歎不暇遂毀其草其後蔡邕又題八字曰黃絹幼婦外孫齏臼

吳許升妻者呂氏之女也字榮升少爲博
徒不理操行榮嘗躬勤家業以奉養其姑

數勸升修學每有不善輒流涕進規榮父
積忿疾升乃呼榮欲改嫁之榮歎曰命之
所遭義無離貳終不肯歸升感激自厲乃
尋師遠學遂以成名尋被本州辟命行至
壽春道爲盜所害刺史尹耀捕盜得之榮
迎喪於路聞而詣州請甘心讎人耀聽之
榮乃手斷其頭以祭升靈後郡遭寇賊賊
欲犯之榮踰垣走賊拔刀追之賊曰從我
則生不從我則死榮曰義不以身受辱寇
虜也遂殺之是日疾風暴雨雷電晦冥賊
惶懼叩頭謝罪乃殯葬之

汝南袁隗妻者扶風馬融之女也字倫隗
已見前傳倫少有才辯融家世豐豪裝遣
甚盛及初成禮隗問之曰婦奉箕箒而已
何乃過珍麗乎對曰慈親垂愛不敢逆命
君若欲慕鮑宣梁鴻之高者妾亦請從少
君孟光之事矣隗又曰弟先兄舉世以爲
笑今處姊未適先行可乎對曰妾姊高行

殊邈未遭良匹不似鄙薄苟然而已又問
曰南郡君學窮道奧文爲辭宗融爲南郡太守而所
在之職輒以貨財爲損何邪對曰孔子大
聖不免武叔之毀子路至賢猶有伯寮之
愬論語曰叔孫武叔毀仲尼子貢曰無以爲也它人之賢者猶丘陵焉猶可踰也仲尼如日月也無得而踰焉公伯寮愬子路於季孫孔子曰道之將行也與命也道之將廢也與命也公伯寮其如命何
家君獲此固其宜耳隗默然不能屈帳外
聽者爲慙隗既寵貴當時倫亦有名於世
年六十餘卒倫妹芝亦有才義少喪親長

而追感乃作申情賦云

酒泉龐淯母者趙氏之女也字娥父爲同縣人所殺而娥兄弟三人時俱病物故讎乃喜而自賀以爲莫己報也娥陰懷感憤乃潛備刀兵常帷車以候讎家十餘年不能得後遇於都亭刺殺之因詣縣自首曰父仇已報請就刑戮福祿長尹嘉義之解印綬欲與俱亡娥不肯去曰怨塞身死妾之明分結罪理獄君之常理何敢苟生以

枉公法後遇赦得免州郡表其閭太常張奐嘉歎以束帛禮之

沛劉長卿妻者同郡桓鸞之女也鸞已見前傳生一男五歲而長卿卒妻防遠嫌疑不肯歸寧兒年十五晚又夭殁妻慮不免乃豫刑其耳以自誓宗婦相與愍之共謂曰若家殊無它意假令有之猶可因姑姊妹以表其誠何貴義輕身之甚哉對曰昔我先君五更學爲儒宗尊爲帝師五更已來歷代不替男以忠孝顯女以貞順稱詩云無忝爾祖聿脩厥德是以豫自刑翦以明我情沛相王吉上奏高行顯其門閭號曰行義桓釐（寡婦曰釐）縣邑有祀必膰焉（膰祭餘肉也尊敬之故有祭祀必致其餘也左傳曰天子有事膰焉）

安定皇甫規妻者不知何氏女也規初喪室家後更娶之妻善屬文能草書時爲規荅書記衆人怪其工及規卒時妻年猶盛而容色美後董卓爲相國承其名娉以輧

輜百乘馬二十匹奴婢錢帛充路妻乃輕服詣卓門跪自陳請辭甚酸愴卓使傅奴侍者悉拔刀圍之而謂曰孤之威教欲令四海風靡何有不行於一婦人乎妻知不免乃立罵卓曰君羌胡之種毒害天下猶未足邪妾之先人清德弈世皇甫氏文武上才爲漢忠臣君親非其趣使走吏乎敢欲行非禮於爾君夫人邪卓乃引車庭中以其頭縣軛鞭撲交下（周禮考工記曰輈長六尺鄭衆曰謂轅端

(犢牛領者)妻謂持杖者曰何不重乎速盡爲惠遂死車下後人圖畫號曰禮宗云

南陽陰瑜妻者潁川荀爽之女也名采字女荀聰敏有才蓺年十七適陰氏十九產一女而瑜卒采時尚豐少常慮爲家所逼自防衞甚固後同郡郭奕喪妻爽以采許之(魏書奕字伯益嘉之子也爲太子文學早卒)因詐稱病篤召采既不得已而歸懷刃自誓爽令傅婢執奪其刃扶抱載之猶憂致憤激勑衞甚嚴女既到郭氏乃僞爲歡悅之色謂左右曰我本立志與陰氏同穴而不免逼迫遂至於此素情不遂柰何乃命使建四燈盛裝飾請奕入相見共談言辭不輟奕敬憚之遂不敢逼至曙而出采因勑令左右辦浴既入室而掩戶權令侍人避之以粉書扉上曰尸還陰陰字未及成懼有來者遂以衣帶自縊左右翫之不爲意比視已絕時人傷焉

犍爲盛道妻者同郡趙氏之女也字媛姜建安五年益部亂道聚衆起兵事敗夫妻執繫當死媛姜夜中告道曰法有常刑必無生望君可速潛逃建立門戶妾自留獄代君塞咎道依違未從媛姜便解道桎梏爲齎糧貨子翔時年五歲使道攜持而走媛姜代道持夜應對不失度道已遠乃以實告吏應時見殺道父子會赦得歸道感其義終身不娶焉

孝女叔先雄者犍爲人也父泥和永建初爲縣功曹縣長遣泥和拜檄謁巴郡太守乘船墯湍水物故尸喪不歸雄感念怨痛號泣晝夜心不圖存常有自沈之計所生男女二人並數歲雄乃各作囊盛珠環以繫兒數爲訣別之辭家人每防閑之經百許日後稍懈雄因乘小船於父墯處慟哭遂自投水死弟賢其夕夢雄告之卻後六日當共父同出至期伺之果與父相持浮

於江上郡縣表言爲雄立碑圖象其形焉
陳留董祀妻者同郡蔡邕之女也名琰字
文姬博學有才辯又妙於音律（劉昭幼童傳曰邕夜鼓琴絃絕琰曰第二絃邕曰偶得之耳故斷一絃問之琰曰第四絃竝不差謬）適河東衛仲
道夫亡無子歸寧于家興平中天下喪亂
文姬爲胡騎所獲沒於南匈奴左賢王在
胡中十二年生二子曹操素與邕善痛其
無嗣乃遣使者以金璧贖之而重嫁於祀
祀爲屯田都尉犯法當死文姬詣曹操請

之時公卿名士及遠方使驛坐者滿堂操
謂賓客曰蔡伯喈女在外今爲諸君見之
及文姬進蓬首徒行叩頭請罪音辭清辯
旨甚酸哀衆皆爲改容操曰誠實相矜然
文狀已去柰何文姬曰明公廐馬萬匹虎
士成林何惜疾足一騎而不濟垂死之命
乎操感其言乃追原祀罪時且寒賜以頭
巾履襪操因問曰聞夫人家先多墳籍猶
能憶識之不文姬曰昔亡父賜書四千許

卷流離塗炭罔有存者今所誦憶裁四百
餘篇耳操曰今當使十吏就夫人寫之文
姬曰妾聞男女之别禮不親授（禮記曰男女不親授）乞
給紙筆眞草唯命於是繕書送之文無遺
誤後感傷亂離追懷悲憤作詩二章其辭
曰漢季失權柄董卓亂天常志欲圖篡弑
先害諸賢良逼迫遷舊邦擁主以自彊海
内興義師欲共討不祥卓衆來東下金甲
耀日光平土人脆弱來兵皆胡羌獵野圍

城邑所向悉破亡斬截無孑遺尸骸相掌
拒（掌音直庚反）馬邊縣男頭馬後載婦女長驅西
入關迥路險且阻還顧邈冥冥肝脾爲爛
腐所略有萬計不得令屯聚或有骨肉俱
欲言不敢語失意機微間輒言斃降虜要
當以亭刃我曹不活汝豈復惜性命不堪
其詈罵或便加棰杖毒痛參并下旦則號
泣行夜則悲吟坐欲死不能得欲生無一
可彼蒼者何辜乃遭此戹禍邊荒與華異

人俗少義理處所多霜雪胡風春夏起翩翩吹我衣肅肅入我耳感時念父母哀歎無窮已有客從外來聞之常歡喜迎問其消息輒復非鄉里邂逅徼時願骨肉來迎已已得自解免當復棄兒子天屬綴人心念別無會期存亡永乖隔不忍與之辭兒前抱我頸問母欲何之人言母當去豈復有還時阿母常仁惻今何更不慈我尚未成人柰何不顧思見此崩五內恍惚生狂

癡號泣手撫摩當發復回疑兼有同時輩相送告離別慕我獨得歸哀叫聲摧裂馬爲立踟躕車爲不轉轍觀者皆歔欷行路亦嗚咽去去割情戀遄征日遐邁悠悠三千里何時復交會念我出腹子匈臆爲摧敗既至家人盡又復無中外城郭爲山林庭宇生荆艾白骨不知誰從橫莫覆蓋出門無人聲豺狼號且吠煢煢對孤景怛咤糜肝肺登高遠眺望魂神忽飛逝奄若壽

命盡旁人相寬大爲復彊視息雖生何聊賴託命於新人竭心自勗厲流離成鄙賤常恐復捐廢人生幾何時懷憂終年歲其二章曰嗟薄祐兮遭世患宗族殄兮門户單身執略兮入西關歷險阻兮之羌蠻山谷眇兮路曼曼眷東顧兮但悲歎冥當寢兮不能安（冥音眠）飢當食兮不能餐常流涕兮眥不乾薄志節兮念死難雖苟活兮無形顔惟彼方兮遠陽精（北方近陰遠陽）陰氣凝兮雪夏

零沙漠壅兮塵冥冥有草木兮春不榮人似禽兮食臭腥言兜離兮狀窈停（兜離匈奴言語之貌）歲聿暮兮時邁征夜悠長兮禁門扃不能寐兮起屏營登胡殿兮臨廣庭玄雲合兮翳月星北風厲兮肅泠泠胡笳動兮邊馬鳴孤鴈歸兮聲嚶嚶樂人興兮彈琴箏音相和兮悲且清心吐思兮匈憤盈欲舒氣兮恐彼驚含哀咽兮涕沾頸家既迎兮當歸寧臨長路兮捐所生兒呼母兮號失聲

我掩耳兮不忍聽追持我兮走煢煢頓復起兮毀顔形還顧之兮破人情心怛絕兮死復生（列女後傳琰字昭姬也）

贊曰端操有蹤幽閑有容區明風烈昭我管彤（婦人之正其節操有蹤迹可紀者及幽都閑婉有禮容者區別其遺風餘烈以明女史之所記也管彤赤管筆解見皇后紀）

後漢書列傳卷第七十四

後漢列傳七十四　二十六　蔡志遠

列傳卷第七十五　范曄　後漢書八十五

唐章懷太子賢注

東夷

王制云東方曰夷夷者柢也言仁而好生萬物柢地而出（事見風俗通）故天性柔順易以道御至有君子不死之國焉（山海經曰君子國衣冠帶劍食獸使二文虎在旁外國圖曰去琅邪三萬里山海經又曰不死人在交脛東其為人黑色壽不死並在東方也）夷有九種（竹書紀年曰后芬發即位三年九夷來御也）曰畎夷于夷方夷黃夷白夷赤夷玄夷風夷陽夷（竹書紀年曰后泄二十一年命畎夷白夷赤夷玄夷風夷陽夷后相即位二年征黃夷七年于夷來賓後少康即位方夷來賓也）故孔子欲居九夷也昔堯命羲仲宅嵎夷曰暘谷蓋日之所出也（孔安國尚書注曰東方之地曰嵎夷暘谷日之所出也）夏后氏太康失德夷人始畔（太康啓之子也槃于游田十旬不反不恤人事為羿所逐也）自少康已後世服王化遂賓於王門獻其樂舞（少康帝仲康之孫帝相子也竹書紀年曰后發即位元年諸夷賓于王門諸夷入舞）桀為暴虐諸夷內侵殷湯革命伐而定之至于仲丁藍夷作寇（仲丁殷大戊之子也竹書紀年曰仲丁即位征于藍夷也）自是或服或畔三

後漢列傳七十五　一　宋珊

百餘年武乙衰敝東夷寖盛遂分遷淮岱漸居中土武乙帝庚丁之子無道爲革囊盛血仰而射之命曰射天也及武王滅紂肅愼來獻石砮楛矢管蔡畔周乃招誘夷狄周公征之遂定東夷尚書武王崩三監及淮夷畔周公征之作大誥又曰成王旣伐管叔蔡叔滅淮夷康王之時肅愼復至後徐夷僭號乃率九夷以伐宗周西至河上穆王畏其方熾乃分東方諸侯命徐偃王主之博物志曰徐君宮人娠而生卵以爲不祥棄於水濱孤獨母有犬名鵠倉持所棄卵銜以歸母母覆煖之遂成小兒生而偃故以爲名宮人聞之乃更錄取長襲爲徐君尸子曰偃王有

後漢列傳七十五　二　卓受

筋而無骨故曰偃也偃王處潢池東地方五百里水經注曰黃水一名汪水與泡水合至沛入泗自山陽以東海陵以北其地當之也行仁義陸地而朝者三十有六國穆王後得驥騄之乘史記曰造父以善御幸於周繆王得赤驥盜驪驊騮騄耳之駟西巡狩樂而忘歸乃使造父御以告楚令伐徐一日而至造父解見蔡邕傳於是楚文王大舉兵而滅之偃王仁而無權不忍鬬其人故致於敗乃北走彭城武原縣東山下百姓隨之者以萬數因名其山爲徐山武原縣故城在今泗州下邳縣北徐山在其東博物志曰徐王妖異不常武原縣東

里見有徐山石室祠處偃王溝通陳蔡之間得弓朱矢以己得天瑞自稱偃王穆王聞之遣使一日至楚伐之偃王仁不忍鬬爲楚所敗北走此山也厲王無道淮夷入寇王命虢仲征之不克宣王復命召公伐而平之毛詩序曰江漢尹吉甫美宣王也能興衰撥亂命召公平淮夷其詩曰江漢浮浮武夫滔滔匪安匪游淮夷來求王命召虎式辟四方徹我土疆及幽王淫亂四夷交侵至齊桓修霸攘而卻焉及楚靈會申亦來豫盟左傳楚靈王蔡侯陳侯鄭伯許男淮夷會于申後越遷琅邪與共征戰遂陵暴諸夏侵滅小邦秦并六國其淮泗夷皆散爲民戶陳涉起兵天下

後漢列傳七十五　三　信

崩潰燕人衛滿避地朝鮮前書曰朝鮮王滿燕人自始全燕時嘗略屬眞番朝鮮爲置吏築障漢興屬燕王盧綰反入匈奴滿亡命東走度浿水居秦故空地稍役屬朝鮮蠻夷及故燕齊亡任者王之都王險也因王其國百有餘歲武帝滅之於是東夷始通上京王莽簒位貊人寇邊前書莽發高句驪兵當伐胡不欲行郡縣彊迫之皆亡出塞因犯爲寇州郡歸咎於高句驪侯騶嚴尤奏言貉人犯法不從騶起宜慰安之建武之初復來朝貢時遼東太守祭肜威讋北方聲行海表於是濊貊倭韓萬里朝獻故章和已後使聘流通逮永初多難始入寇鈔桓靈失政漸

滋曼焉自中興之後四夷來賓雖時有乖畔而使驛不絕故國俗風土可得略記東夷率皆土著憙飲酒歌舞或冠弁衣錦器用俎豆所謂中國失禮求之四夷者也左傳曰仲尼學鳥名於郯子既而告人曰吾聞之天子失官學在四夷其信也凡蠻夷戎狄總名四夷者猶公侯伯子男皆號諸侯云

夫餘國在玄菟北千里南與高句驪東與挹婁西與鮮卑接北有弱水地方二千里本濊地也初北夷索離國王出行索或作槖音度洛反

其侍兒於後妊身妊音人鴆反王還欲殺之侍兒曰前見天上有氣大如雞子來降我因以有身王囚之後遂生男王令置於豕牢牢圈也豕以口氣噓之不死復徙於馬蘭蘭即欄也馬亦如之王以為神乃聽母收養名曰東明東明長而善射王忌其猛復欲殺之東明奔走南至掩淲水今高麗中有蓋斯水疑此水是也以弓擊水魚鼈皆聚浮水上東明乘之得度因至夫餘而王之焉於東夷之域最為平敞

土宜五穀出名馬赤玉貂豽豽似貀無前足音奴八反大珠如酸棗以員柵為城有宮室倉庫牢獄其人麤大彊勇而謹厚不為寇鈔以弓矢刀矛為兵以六畜名官有馬加牛加狗加其邑落皆主屬諸加食飲用俎豆會同拜爵洗爵揖讓升降以臘月祭天大會連日飲食歌舞名曰迎鼓是時斷刑獄解囚徒有軍事亦祭天殺牛以蹏占其吉凶魏志曰牛蹏解者為凶合者為吉行人無晝夜好歌吟音聲不絕其

俗用刑嚴急被誅者皆沒其家人為奴婢盜一責十二男女淫皆殺之尤治惡妒婦既殺復尸於山上兄死妻嫂死則有椁無棺殺人殉葬多者以百數其王葬用玉匣漢朝常豫以玉匣付玄菟郡王死則迎取以葬焉建武中東夷諸國皆來獻見二十五年夫餘王遣使奉貢光武厚荅報之於是使命歲通至安帝永初五年夫餘王始將步騎七八千人寇鈔樂浪殺傷吏民後

復歸附永寧元年乃遣嗣子尉仇台印貢獻天子賜尉仇台印綬金綵順帝永和元年其王來朝京師帝作黃門鼓吹角抵戲以遣之桓帝延熹四年遣使朝賀貢獻永康元年王夫台將二萬餘人寇玄菟玄菟太守公孫域擊破之斬首千餘級至靈帝熹平三年復奉章貢獻夫餘本屬玄菟獻帝時其王求屬遼東云

挹婁古肅愼之國也在夫餘東北千餘里東濱大海南與北沃沮接不知其北所極

後漢列傳七十五　六

土地多山險人形似夫餘而言語各異有五穀麻布出赤玉好貂無君長其邑落各有大人處於山林之間土氣極寒常爲穴居以深爲貴大家至接九梯好養豕食其肉衣其皮冬以豕膏塗身厚數分以禦風寒夏則裸袒以尺布蔽其前後其人臭穢不絜作廁於中國之而居自漢興已後臣屬夫餘種衆雖少而多勇力處山險又善射發能入人目弓長四尺力如弩矢用楛長一尺八寸青石爲鏃鏃皆施毒中人即死便乘船好寇盜鄰國畏患而卒不能服東夷夫餘飲食類此皆用俎豆唯挹婁獨無法俗最無綱紀者也

高句驪在遼東之東千里南與朝鮮濊貊東與沃沮北與夫餘接地方二千里多大山深谷人隨而爲居少田業力作不足以自資故其俗節於飲食而好修宮室東夷相傳以爲夫餘別種故言語法則多同而

後漢列傳七十五　七

跪拜曳一腳行步皆走凡有五族有消奴部絕奴部順奴部灌奴部桂婁部（案今高驪五部一曰內部一名黃部即桂婁部也二曰北部一名後部即絕奴部也三曰東部一名左部即順奴部也四曰南部一名前部即灌奴部也五曰西部一名右部即消奴部也）本消奴部爲王稍微弱後桂婁部代之其置官有相加對盧沛者古鄒大加（古鄒大加高驪掌賓客之官如鴻臚也）主簿優台使者帛衣先人武帝滅朝鮮以高句驪爲縣（前書元封中定朝鮮爲眞番臨屯樂浪玄菟四部）使屬玄菟賜

鼓吹伎人其俗淫皆絜淨自憙暮夜輒男女羣聚為倡樂好祠鬼神社稷零星（前書音義龍星左角曰天田則農祥也辰見祠以牛號曰零星風俗通曰辰之神為靈星故以辰日祠於東南也）以十月祭天大會名曰東盟其國東有大穴號襚神亦以十月迎而祭之其公會衣服皆錦繡金銀以自飾大加主簿皆著幘如冠幘而無後其小加著折風形如弁無牢獄有罪諸加評議便殺之沒入妻子為奴婢其昏姻皆就婦家生子長大然後將還便稍營送終之具金銀財幣盡於厚葬積石為封亦種松柏其人性凶急有氣力習戰鬬好寇鈔沃沮東濊皆屬焉

後漢列傳七十五　八

句驪一名貊耳有別種依小水為居因名曰小水貊出好弓所謂貊弓是也（魏氏春秋曰遼東郡西安平縣北有小水南流入海句驪別種因名之小水貊）王莽初發句驪兵以伐匈奴其人不欲行彊迫遣之皆亡出塞為寇盜遼西大尹田譚追擊戰死莽令其將嚴尤擊之誘句驪侯騶入塞斬之傳首長安莽大說更名高句驪王為下句驪侯於是貊人寇邊愈甚建武八年高句驪遣使朝貢光武復其王號二十三年冬句驪蠶支落大加戴升等萬餘口詣樂浪內屬二十五年春句驪寇右北平漁陽上谷太原而遼東太守祭肜以恩信招之皆復款塞後句驪王宮生而開目能視國人懷之及長勇壯數犯邊境和帝元興元年春復入遼東寇略六縣太守耿夔擊破之

後漢列傳七十五　九

斬其渠帥安帝永初五年宮遣使貢獻求屬玄菟元初五年復與濊貊寇玄菟攻華麗城（華麗縣屬樂浪郡）建光元年春幽州刺史馮煥玄菟太守姚光遼東太守蔡諷等將兵出塞擊之捕斬濊貊渠帥獲兵馬財物宮乃遣嗣子遂成將二千餘人逆光等遣使詐降光等信之遂成因據險阸以遮大軍而潛遣三千人攻玄菟遼東焚城郭殺傷二千餘人於是發廣陽漁陽右北平涿郡

屬國三千餘騎同救之而貊人已去夏復
與遼東鮮卑八千餘人攻遼隊（縣名屬遼東郡也）殺
略吏人蔡諷等追擊於新昌戰歿功曹耿
耗兵曹掾龍端兵馬掾公孫酺以身扞諷
俱沒於陳死者百餘人秋宮遂率馬韓濊
貊數千騎圍玄菟夫餘王遣子尉仇台將
二萬餘人與州郡并力討破之斬首五百
餘級是歲宮死子遂成立姚光上言欲因
其喪發兵擊之議者皆以爲可許尚書陳

後漢列傳七十五　十　徐泳

忠曰宮前桀黠光不能討死而擊之非義
也宜遣弔問因責讓前罪赦不加誅取其
後善安帝從之明年遂成還漢生口詣玄
菟降詔曰遂成等桀逆無狀當斬斷葅醢
以示百姓幸會赦令乞罪請降鮮卑濊貊
連年寇鈔驅略小民動以千數而裁送數
十百人非向化之心也自今已後不與縣
官戰鬬而自以親附送生口者皆與贖直
縑人四十匹小口半之遂成死子伯固立

其後濊貊率服東垂少事順帝陽嘉元年
置玄菟郡屯田六部質桓之間復犯遼東
西安平殺帶方令（郡國志西安平帶方縣並屬遼東郡）掠得樂
浪太守妻子建寧二年玄菟太守耿臨討
之斬首數百級伯固降服乞屬玄菟云
東沃沮在高句驪蓋馬大山之東（蓋馬縣名屬玄菟郡
其山在今平壤城西平壤即王險城也）東濵大海北與挹婁夫餘
南與濊貊接其地東西夾南北長（夾音狹）可
折方千里土肥美背山向海宜五穀善田

後漢列傳七十五　十一　王漢

種有邑落長帥人性質直彊勇便持矛步
戰言語食飲居處衣服有似句驪其葬作
大木槨長十餘丈開一頭爲戶新死者先
假埋之令皮肉盡乃取骨置槨中家人皆
共一槨刻木如生隨死者爲數焉武帝滅
朝鮮以沃沮地爲玄菟郡後爲夷貊所侵
徙郡於高句驪西北更以沃沮爲縣屬樂
浪東部都尉至光武罷都尉官後皆以封
其渠帥爲沃沮侯其土迫小介於大國之

閒遂臣屬句驪句驪復置其中大人遂爲
使者以相監領責其租稅貂布魚鹽海中
食物發美女爲婢妾焉又有北沃沮一名
置溝婁去南沃沮八百餘里其俗皆與南
同界南接挹婁挹婁人憙乘船寇抄北沃
沮畏之每夏輒藏於巖穴至冬船道不通
乃下居邑落其耆老言嘗於海中得一布

後漢列傳七十五　十二　翁

衣其形如中人衣而兩袖長三丈又於岸
際見一人乘破船頂中復有面與語不通
不食而死又說海中有女國無男人或傳
其國有神井闚之輒生子云（魏志曰毋丘儉遣王頎追句驪
王宮窮沃沮東界問其耆老所傳云）
濊北與高句驪沃沮南與辰韓接東窮大
海西至樂浪濊及沃沮句驪本皆朝鮮之
地也昔武王封箕子於朝鮮箕子敎以禮
義田蠶又制八條之敎（前書曰箕子敎以八條者相殺者以當時償殺
相傷者以穀償相盜者男沒入爲其家奴女子爲婢欲自贖者人五十萬音義曰八條不具見也）其
人終不相盜無門户之閉婦人貞信飲食

以邊亘其後四十餘世至朝鮮侯準自稱
王漢初大亂燕齊趙人往避地者數萬口
而燕人衛滿擊破準而自王朝鮮傳國至
孫右渠元朔元年（武帝年也）濊君南閭等畔右
渠率二十八萬口詣遼東內屬武帝以其
地爲蒼海郡數年乃罷至元封三年滅朝
鮮分置樂浪臨屯玄菟眞番四部（番音潘）至
昭帝始元五年罷臨屯眞番以并樂浪玄
菟玄菟復徙居句驪自單單大領巳東沃

後漢列傳七十五　十三　章駒

沮濊貊悉屬樂浪後以境土廣遠復分領
東七縣置樂浪東部都尉自內屬巳後風
俗稍薄法禁亦浸多至有六十餘條建武
六年省都尉官遂棄領東地悉封其渠帥
爲縣侯皆歲時朝賀無大君長其官有侯
邑君三老耆舊自謂與句驪同種言語法
俗大抵相類其人性愚愨少嗜欲不請匄
男女皆衣曲領其俗重山川山川各有部
界不得妄相干涉同姓不昏多所忌諱疾

病死亡輒捐棄舊宅更造新居知種麻養
蠶作緜布曉候星宿豫知年歲豐約常用
十月祭天晝夜飲酒歌舞名之爲舞天又
祠虎以爲神邑落有相侵犯者輒相罰責
生口牛馬名之爲責禍殺人者償死少寇
盜能步戰作矛長三丈或數人共持之樂
浪檀弓出其地又多文豹有果下馬（高三尺乘之可於果樹下行）
海出班魚使來皆獻之
韓有三種一曰馬韓二曰辰韓三曰弁辰

馬韓在西有五十四國其北與樂浪南與
倭接辰韓在東十有二國其北與濊貊接
弁辰在辰韓之南亦十有二國其南亦與
倭接凡七十八國伯濟是其一國焉大者
萬餘戶小者數千家各在山海閒地合方
四千餘里東西以海爲限皆古之辰國也
馬韓最大共立其種爲辰王都目支國盡
王三韓之地其諸國王先皆是馬韓種人
焉馬韓人知田蠶作緜布出大栗如梨有

長尾雞尾長五尺邑落雜居亦無城郭作
土室形如冢開戶在上不知跪拜無長幼
男女之别不貴金寶錦罽不知騎乘牛馬
唯重瓔珠以綴衣爲飾及縣頸垂耳大率
皆魁頭露紒（魁頭猶科頭也謂以髮縈繞成科結也紒音計）布袍草
履其人壯勇少年有築室作力者輒以繩
貫脊皮縋以大木嚾呼爲健常以五月田
竟祭鬼神晝夜酒會羣聚歌舞舞輒數十
人相隨蹋地爲節十月農功畢亦復如之
諸國邑各以一人主祭天神號爲天君又

立蘇塗（魏志曰諸國各有別邑爲蘇塗諸亡逃至其中皆不還之蘇塗之義有似浮屠）建
大木以縣鈴鼓事鬼神其南界近倭亦有
文身者辰韓耆老自言秦之亡人避苦役
適韓國馬韓割東界地與之其名國爲邦
弓爲弧賊爲寇行酒爲行觴相呼爲徒有
似秦語故或名之爲秦韓有城柵屋室諸
小別邑各有渠帥大者名臣智次有儉側
次有樊秖次有殺奚次有邑借（皆其官名）土地

肥美宜五穀知蠶桑作縑布乘駕牛馬嫁娶以禮行者讓路國出鐵濊倭馬韓並從市之凡諸貨易皆以鐵爲貨俗憙歌舞飲酒鼓瑟兒生欲令其頭扁皆押之以石（扁音補典反）弁辰與辰韓雜居城郭衣服皆同言語風俗有異其人形皆長大美髮衣服絜清而刑法嚴峻其國近倭故頗有文身者初朝鮮王準爲衛滿所破乃將其餘衆數千人走入海攻馬韓破之自立爲韓王準

後滅絶馬韓人復自立爲辰王建武二十年韓人廉斯人蘇馬諟等詣樂浪貢獻（廉斯邑名也諟音是）光武封蘇馬諟爲漢廉斯邑君使屬樂浪郡四時朝謁靈帝末韓濊並盛郡縣不能制百姓苦亂多流亡入韓者馬韓之西海島上有州胡國其人短小髡頭衣韋衣有上無下好養牛豕乘船往來貨市韓中

倭在韓東南大海中依山島爲居凡百餘國自武帝滅朝鮮使驛通於漢者三十許國國皆稱王世世傳統其大倭王居邪馬臺國（案今名邪摩惟音之訛也）樂浪郡徼去其國萬二千里去其西北界拘邪韓國七千餘里其地大較在會稽東冶之東與朱崖儋耳相近故其法俗多同土宜禾稻麻紵蠶桑知織績爲縑布出白珠青玉其山有丹土氣溫腝冬夏生菜茹無牛馬虎豹羊鵲（鵲或作雉）其兵有矛楯木弓竹矢或以骨爲鏃男子皆

黥面文身以其文左右大小別尊卑之差其男衣皆橫幅結束相連女人被髮屈紒衣如單被貫頭而著之並以丹朱坋身（說文曰坋塵也音蒲頓反）如中國之用粉也有城柵屋室父母兄弟異處唯會同男女無別飲食以手而用籩豆俗皆徒跣以蹲踞爲恭敬人性嗜酒多壽考至百餘歲者甚衆國多女子大人皆有四五妻其餘或兩或三女人不淫不妒又俗不盜竊少爭訟犯法者沒其

妻子重者滅其門族其死停喪十餘日家人哭泣不進酒食而等類就歌舞爲樂灼骨以卜用決吉凶行來度海令一人不櫛沐不食肉不近婦人名曰持衰若在塗吉利則雇以財物如病疾遭害以爲持衰不謹便共殺之建武中元二年倭奴國奉貢朝賀使人自稱大夫倭國之極南界也光武賜以印綬安帝永初元年倭國王帥升等獻生口百六十人願請見桓靈閒倭國

後漢列傳七十五　十八　李昇

大亂更相攻伐歷年無主有一女子名曰卑彌呼年長不嫁事鬼神道能以妖惑衆於是共立爲王侍婢千人少有見者唯有男子一人給飲食傳辭語居處宫室樓觀城柵皆持兵守衛法俗嚴峻自女王國東度海千餘里至拘奴國雖皆倭種而不屬女王自女王國南四千餘里至朱儒國人長三四尺自朱儒東南行船一年至裸國黑齒國使驛所傳極於此矣會稽海外有東鯷人鯷音達奚反分爲二十餘國又有夷洲及澶洲傳言秦始皇遣方士徐福將童男女數千人入海事見史記求蓬萊神仙不得徐福畏誅不敢還遂止此洲世世相承有數萬家人民時至會稽市會稽東冶縣人有入海行遭風流移至澶洲者所在絕遠不可往來沈瑩臨海水土志曰夷州在臨海東南去郡二千里土地無霜雪草木不死四面是山谿人皆髡髮穿耳女人不穿耳土地饒沃既生五穀又多魚肉有犬尾短如麕尾狀此夷舅姑子婦臥息共一大牀略不相避地有銅鐵唯用鹿格爲矛以戰鬬摩礪青石以作弓矢取生魚肉雜貯大瓦器中以鹽

三十八　後漢列傳七十五　十九　朱祥

鹵之歷月所日乃啖食之以爲上肴也

論曰昔箕子違衰殷之運避地朝鮮始其國俗未有聞也及施八條之約使人知禁遂乃邑無淫盜門不夜扃扃關也回頑薄之俗就寬略之法行數百千年故東夷通以柔謹爲風異乎三方者也苟政之所暢則道義存焉仲尼懷憤以爲九夷可居或疑其陋子曰君子居之何陋之有亦徒有以焉爾其後遂通接商賈漸交上國而燕人

濊貊滿擾雜其風擾亂也於是從而澆異焉老子曰法令滋章盜賊多有若箕子之省簡文條而用信義其得聖賢作法之原矣

贊曰宅是嵎夷曰乃暘谷巢山潛海厥區九族嬴末紛亂燕人違難謂衛滿也雜華澆本遂通有漢衛滿入朝鮮既雜華夏之風又澆薄其本化以至通於漢也眇眇偏譯或從或畔偏遠也

後漢書列傳卷第七十五

列傳卷第七十六　范曄　後漢書八

唐章懷太子賢注

南蠻　西南夷

昔高辛氏有犬戎之寇高辛帝嚳帝患其侵暴而征伐不剋乃訪募天下有能得犬戎之將吳將軍頭者購黃金千鎰邑萬家又妻以少女時帝有畜狗其毛五采名曰槃瓠魏略曰高辛氏有老婦居正室得耳疾挑之乃得物大如繭婦人盛瓠中覆之以槃俄頃化為犬其文五色因名槃瓠下令之後槃瓠遂銜人頭造闕下羣臣怪而診之乃吳將軍首也診候視也帝大喜而計槃瓠不可妻之以女又無封爵之道議欲有報而未知所宜女聞之以為帝皇下令不可違信因請行帝不得已乃以女配槃瓠槃瓠得女負而走入南山止石室中所處險絕人跡不至今辰州盧溪縣西有武山黃閔武陵記曰山高可萬仞山半有槃瓠石室可容數萬人中有石牀槃瓠行跡今案山窟前有石羊石獸古跡奇異尤多望石窟大如三間屋遥見一石仍似狗形蠻俗相傳云是槃瓠像也於是女解去衣裳為僕鑒之結著獨力之衣僕鑒獨力皆未詳流俗本或有

畋監字爲鄨者安字鑿也結音髻帝悲思之遣使尋求輒遇風雨震晦使者不得進經三年生子一十二人六男六女槃瓠死後因自相夫妻織績木皮染以草實好五色衣服製裁皆有尾形干寶晉紀曰武陵長沙廬江郡夷槃瓠之後也雜處五溪之內槃瓠憑山阻險每每常爲害糅雜魚肉叩槽而號以祭槃瓠俗稱赤髀橫裙即其子孫其母後歸以狀白帝於是使迎致諸子衣裳班蘭語言侏離侏離蠻夷語聲也好入山壑不樂平曠帝順其意賜以名山廣澤其後滋蔓號曰蠻夷外癡

內黠安土重舊以先父有功母帝之女田作賈販無關梁符傳租稅之賦優寵之故獨其賦役也荊州記曰沅陵縣居酉口有上就武陽二鄉唯此是槃瓠子孫狗種也二鄉在武溪之北有邑君長皆賜印綬冠用獺皮名渠帥曰精夫相呼爲姎徒說文曰姎女人自稱姎我也音烏朗反此已上並見風俗通也今長沙武陵蠻是也其在唐虞與之要質故曰要服夏商之時漸爲邊患逮于周世黨衆彌盛宣王中興乃命方叔南伐蠻方詩人所謂蠻荊來威者也又曰蠢爾蠻荊大邦爲讎毛詩小雅序曰采芑宣王南征也薄言采芑于彼新田顯允方叔振旅闐闐蠢爾蠻荊大邦爲讎注云方叔卿士命而爲將也明其黨衆繁多是以抗敵諸夏也平王東遷蠻遂侵暴上國晉文侯輔政乃率蔡共侯擊破之晉文侯仇也至楚武王時蠻與羅子共敗楚師殺其將屈瑕左傳楚屈瑕伐羅及鄢亂次以濟其水遂無次且不設備羅與盧戎兩軍之大敗之莫敖縊于荒谷羣帥囚于冶父也莊王初立莊王名旅穆王之子民飢兵弱復爲所寇楚師既振然後乃服自是遂屬於楚鄢陵之役蠻與恭王合兵擊晉左傳晉楚戰于鄢陵晉郤至曰楚二

卿相惡王卒以舊鄭陳而不整蠻軍而不陳也及吳起相悼王南并蠻越遂有洞庭蒼梧秦昭王使白起伐楚略取蠻夷始置黔中郡漢興改爲武陵黔中故城在今辰州沅陵縣西歲令大人輸布一匹小口二丈是謂賨布說文曰南蠻賦也才冬反雖時爲寇盜而不足爲郡國患光武中興武陵蠻夷特盛建武二十三年精夫相單程等據其險隘大寇郡縣遣武威將軍劉尚發南郡長沙武陵兵萬餘人乘船泝沅水入武谿擊之沅水出牂柯故且蘭

（東北經辰州潭州岳州經洞庭湖入江也）尚輕敵入險山深水疾舟
船不得上蠻氏知尚糧少入遠又不曉道
徑遂屯聚守險尚食盡引還蠻緣路徼戰
尚軍大敗悉爲所沒二十四年相單程等
下攻臨沅遣謁者李嵩中山太守馬成擊
之不能剋明年春遣伏波將軍馬援中郎
將劉匡馬武孫永等將兵至臨沅擊破之
單程等飢困乞降會援病卒謁者宗均聽
悉受降爲置吏司羣蠻遂平肅宗建初元

年武陵澧中蠻陳從等反叛入零陽蠻界
（零陽縣屬武陵郡）其冬零陽蠻五里精夫爲郡擊破
從從等皆降三年冬漊中蠻覃兒健等復
反（漊水名源出今澧州崇義縣也）攻燒零陽作唐孱陵界中
（作唐縣屬武陵郡孱陵縣故城在今荆州公安縣西南孱音仕顏反）明年春發荆
州七郡及汝南潁川施刑徒吏士五千餘
人拒守零陽募充中五里蠻精夫不叛者
四千人擊澧中賊（充縣屬武陵郡充音衝）五年春覃兒
健等請降不許郡因進兵與戰於宏下大

破之斬兒健首餘皆弃營走還漊中復遣
乞降乃受之於是罷武陵屯兵賞賜各有
差和帝永元四年冬漊中澧中蠻潭戎等
反燔燒郵亭殺略吏民郡兵擊破降之安
帝元初二年澧中蠻以郡縣徭稅失平懷
怨恨遂結充中諸種二千餘人攻城殺長
吏州郡募五里蠻六亭兵追擊破之皆散
降賜五里六亭渠帥金帛各有差明年秋
漊中澧中蠻四千人並爲盜賊又零陵蠻

羊孫陳湯等千餘人（零陵縣屬武陵郡也）著赤幘稱
將軍燒官寺抄掠百姓州郡募善蠻討平
之順帝永和元年武陵太守上書以蠻夷
率服可比漢人增其租賦議者皆以爲可
尚書令虞詡獨奏曰自古聖王不臣異俗
非德不能及威不能加知其獸心貪婪難
率以禮是故羈縻而綏撫之附則受而不
逆叛則弃而不追先帝舊典貢稅多少所
由來久矣今猥增之必有怨叛計其所得

不償所費必有後悔帝不從其冬澧中漊中蠻果爭貢布非舊約遂殺鄉吏舉種反叛明年春蠻二萬人圍充城八千人寇夷道遣武陵太守李進討破之斬首數百級餘皆降服進乃簡選良吏得其情和在郡九年梁太后臨朝下詔增進秩二千石賜錢二十萬桓帝元嘉元年秋武陵蠻詹山等四千餘人反叛拘執縣令屯結深山至永興元年太守應奉以恩信招誘皆悉降

散永壽三年十一月長沙蠻反叛屯益陽至延熹三年秋遂抄掠郡界衆至萬餘人殺傷長吏又零陵蠻入長沙冬武陵蠻六千餘人寇江陵荊州刺史劉度謁者馬睦南郡太守李肅皆奔走肅主簿胡爽扣馬首諫曰蠻夷見郡無儆備故敢乘間而進明府爲國大臣連城千里舉旌鳴鼓應聲十萬奈何委符守之重而爲逋逃之人乎肅拔刃向爽曰掾促去太守今急何暇此

計爽抱馬固諫肅遂殺爽而走帝聞之徵肅弃市度睦減死一等復爽門閭拜家一人爲郎於是以右校令度尚爲荊州刺史討長沙賊平之又遣車騎將軍馮緄討武陵蠻並皆降散軍還賊復寇桂陽太守廖析奔走（廖音力弔反）武陵蠻亦更攻其郡太守陳奉率吏人擊破之斬首三千餘級降者二千餘人至靈帝中平三年武陵蠻復叛寇郡界州郡擊破之禮記稱南方曰蠻雕

題交阯其俗男女同川而浴故曰交阯（題額也雕之謂刻其肌以丹青涅也）其西有噉人國生首子輒解而食之謂之宜弟味旨則以遺其君君喜而賞其父取妻美則讓其兄今烏滸人是也（萬震南州異物志曰烏滸地名也在廣州之南交州之北恒出道間伺候行旅輒出擊之利得人食之不貪其財貨並以其肉爲肴葅又取其髑髏破之以飲酒以人掌趾爲珍異以食長老）交阯之南有越裳國周公居攝六年制禮作樂天下和平越裳以三象重譯而獻白雉曰道路悠遠山川岨深音使不通故重譯而

朝成王以歸周公公曰德不加焉則君子不饗其質質亦贄也政不施焉則君子不臣其人吾何以獲此賜也其使請曰吾受命吾國之黃耇爾雅曰黃髮鮐背耇老壽也曰久矣天之無烈風雷雨尚書大傳作別風淮雨意者中國有聖人乎有則盍往朝之周公乃歸之於王事見尚書大傳稱先王之神致以薦于宗廟周德既衰於是稍絕及楚子稱霸朝貢百越秦并天下威服蠻夷始開領外置南海桂林象郡漢興尉佗自立爲南越王傳國五世前書南粤王趙佗真定人也秦時爲南海尉佗孫胡胡子嬰齊嬰齊子興也至武帝元鼎五年遂滅之分置九郡交阯刺史領焉其珠崖儋耳二郡在海洲上東西千里南北五百里其渠帥貴長耳皆穿而縋之垂肩三寸武帝末珠崖太守會稽孫幸調廣幅布獻之蠻不堪役遂攻郡殺幸幸子豹合率善人還復破之自領郡事討擊餘黨連年乃平豹遣使封還印綬上書言狀制詔即以豹

爲珠崖太守即其郡也威政大行獻命歲至中國貪其珍賂漸相侵侮故率數歲一反元帝初元三年遂罷之凡立郡六十五歲遠王莽輔政元始二年日南之南黃支國來獻犀牛凡交阯所統雖置郡縣而言語各異重譯乃通人如禽獸長幼無別項髻徒跣爲髻於項上也以布貫頭而著之後頗徙中國罪人使雜居其間乃稍知言語漸見禮化光武中興錫光爲交阯任延守九真於是教其耕稼制爲冠履初設媒娉始知姻娶建立學校導之禮義建武十二年九真徼外蠻里張游里蠻之別號今呼爲俚人率種人慕化內屬封爲歸漢里君明年南越徼外蠻夷獻白雉白菟至十六年交阯女子徵側及其妹徵貳反攻郡徵側者麊泠縣雒將之女也麊音莫支反泠音零嫁爲朱䳒人詩索妻甚雄勇交阯太守蘇定以法繩之側忿故反於是九真日南合浦蠻里皆應之凡略六十五城自

立爲王交阯刺史及諸太守僅得自守光
武乃詔長沙合浦交阯具車船修道橋通
障谿儲糧穀十八年遣伏波將軍馬援樓
船將軍段志發長沙桂陽零陵蒼梧兵萬
餘人討之明年夏四月援破交阯斬徵側
徵貳等餘皆降散進擊九眞賊都陽等破
降之徙其渠帥三百餘口於零陵於是領
表悉平肅宗元和元年日南徼外蠻夷究
不事人（究不事人蠻夷別號也）邑豪獻生犀白雉和帝

後漢列傳七十六　十

永元十二年夏四月日南象林蠻夷二千
餘人寇掠百姓燔燒官寺郡縣發兵討擊
斬其渠帥餘衆乃降於是置象林將兵長
史以防其患安帝永初元年九眞徼外夜
郎蠻夷舉土内屬開境千八百四十里元
初二年蒼梧蠻夷反叛明年遂招誘鬱林
合浦蠻漢數千人攻蒼梧郡鄧太后遣侍
御史任逴（逴音卓）奉詔赦之賊皆降散延光
元年九眞徼外蠻貢獻内屬三年日南徼

外蠻復來内屬順帝永建六年日南徼外
葉調王便遣使貢獻帝賜調便金印紫綬
永和二年日南象林徼外蠻夷區憐等數
千人攻象林縣燒城寺殺長吏交阯刺史
樊演發交阯九眞二郡兵萬餘人救之兵
士憚遠役遂反攻其府二郡雖擊破反者
而賊埶轉盛會侍御史賈昌使在日南即
與州郡并力討之不利遂爲所攻圍歲餘
而兵穀不繼帝以爲憂明年召公卿百官

後漢列傳七十六　十一

及四府掾屬問其方略皆議遣大將發荆
楊兗豫四萬人赴之大將軍從事中郎李
固駮曰若荆楊無事發之可也今二州盜
賊槃結不散武陵南郡蠻夷未輯長沙桂
陽數被徵發如復擾動必更生患其不可
一也又兗豫之人卒被徵發遠赴萬里無
有還期詔書迫促必致叛亡其不可二也
南州水土溫暑加有瘴氣致死亡者十必
四五其不可三也遠涉萬里士卒疲勞比

至領南不復堪鬬其不可四也軍行三十里爲程而去日南九千餘里三百日乃到計人稟五升（古升小故曰五升也）用米六十萬斛不計將吏驢馬之食但負甲自致費便若此其不可五也設軍到所在死亡必衆既不足禦敵當復更發此爲刻割心腹以補四支其不可六也九眞日南相去千里發其吏民猶尚不堪何況乃苦四州之卒以赴萬里之艱哉其不可七也前中郎將尹就討

益州叛羌益州諺曰虜來尚可尹來殺我後就徵還以兵付刺史張喬喬因其將吏旬月之閒破殄寇虜此發將無益之効州郡可任之驗也宜更選有勇略仁惠任將帥者以爲刺史太守悉使共住交阯今日南兵單無穀守既不足戰又不能可一切徙其吏民北依交阯事靜之後乃命歸本還募蠻夷使自相攻轉輸金帛以爲其資有能反閒致頭首者許以封侯列土之賞

故并州刺史長沙祝良性多勇決又南陽張喬前在益州有破虜之功皆可任用昔太宗就加魏尚爲雲中守（前書曰槐里人魏尚爲雲中守以斬首捕虜上功不實免馮唐言之於文帝帝令唐持節赦尚復以爲雲中守）哀帝即拜龔舍爲太山太守（前書曰舍字君倩初徵爲諫大夫病免復徵爲博士又病去頃之哀帝遣使即楚拜舍爲太山太守也）宜即拜良等便道之官四府悉從固議即拜祝良爲九眞太守張喬爲交阯刺史喬至開示慰誘並皆降散良到九眞單車入賊中設方略招以威信

降者數萬人皆爲良築起府寺由是嶺外復平建康元年日南蠻夷千餘人復攻燒縣邑遂扇動九眞與相連結交阯刺史九江夏方開恩招誘賊皆降服時梁太后臨朝美方之功遷爲桂陽太守桓帝永壽三年居風令貪暴無度縣人朱達等及蠻夷相聚攻殺縣令衆至四五千人進攻九眞九眞太守兒式戰死（兒音五兮反）詔賜錢六十萬拜子二人爲郎遣九眞都尉魏朗討破之

斬首二千級渠帥猶屯據日南衆轉彊盛延熹三年詔復拜夏方爲交阯刺史方威惠素著日南宿賊聞之二萬餘人相率詣方降靈帝建寧三年鬱林太守谷永以恩信招降烏滸人十餘萬内屬皆受冠帶開置七縣熹平二年冬十二月日南徼外國重譯貢獻光和元年交阯合浦烏滸蠻反叛招誘九眞日南合數萬人攻沒郡縣四年刺史朱儁擊破之六年日南徼外國復

來貢獻

巴郡南郡蠻本有五姓巴氏樊氏瞫氏（音審）相氏鄭氏皆出於武落鍾離山（代本曰廩君之先故出巫誕也）其山有赤黑二穴巴氏之子生於赤穴四姓之子皆生黑穴未有君長俱事鬼神乃共擲劒於石穴約能中者奉以爲君巴氏子務相乃獨中之衆皆歎又令各乘土船約能浮者當以爲君餘姓悉沈唯務相獨浮因共立之是爲廩君乃乘土船從夷水至鹽陽（荊州圖曰副夷縣西有溫泉古老相傳此泉元出鹽于今水有鹽氣縣西一獨山有石穴有二大石並立穴中相去可一丈俗名爲陰陽石陰石常濕陽石常燥盛弘之荊州記曰昔廩君浮夷水射鹽神于陽石之上案今施州清江縣水一名鹽水源出清江縣西都亭山水經云夷水巴郡魚復縣注云水色清照十丈分沙石蜀人見澄清因名清江也）鹽水有神女謂廩君曰此地廣大魚鹽所出願留共居廩君不許鹽神暮輒來取宿旦即化爲蟲與諸蟲羣飛掩蔽日光天地晦冥積十餘日廩君思其便因射殺之天乃開明（代本曰廩君使人操青縷以遺鹽神曰嬰此即相宜云與女俱生宜將去鹽神受縷而嬰之廩君即立陽石上應青縷而射之中鹽神鹽神死天乃大開也）

廩君於是君乎夷城（此已上並見代本也）四姓皆臣之廩君死魂魄世爲白虎巴氏以虎飲人血遂以人祠焉及秦惠王并巴中以巴氏爲蠻夷君長世尚秦女其民爵比不更有罪得以爵除其君長歲出賦二千一十六錢三歲一出義賦千八百錢其民戶出幏布八丈二尺雞羽三十鍭（說文幏南郡蠻夷布也音公亞反毛詩四鍭既均儀禮矢鍭一乘鄭玄曰鍭猶候也候物而射之也三十鍭一百四十九俗本幏作蒙鍭作鏃者並誤也）漢興南郡太守靳彊請

一依秦時故事至建武二十三年南郡潳山蠻雷遷等始反叛(潳音曆)寇掠百姓遣武威將軍劉尚將萬餘人討破之徙其種人七千餘口置江夏界中今沔中蠻是也和帝永元十三年巫蠻許聖等(巫縣屬南郡)以郡收稅不均懷怨恨遂屯聚反叛明年夏遣使者督荊州諸郡兵萬餘人討之聖等依憑岨隘久不破諸軍乃分道並進或自巴郡魚復數路攻之蠻乃散走斬其渠帥乘

勝追之大破聖等聖等乞降復悉徙置江夏靈帝建寧二年江夏蠻叛州郡討平之光和三年江夏蠻復反與廬江賊黃穰相連結十餘萬人攻沒四縣寇患累年廬江太守陸康討破之餘悉降散

板楯蠻夷者秦昭襄王時有一白虎常從羣虎數遊秦蜀巴漢之境傷害千餘人昭王乃重募國中有能殺虎者賞邑萬家金百鎰時有巴郡閬中夷人能作白竹之弩乃登樓射殺白虎(華陽國志曰巴夷廖仲等射殺之也)昭王嘉之而以其夷人不欲加封乃刻石盟要復夷人頃田不租十妻不筭(優寵之故一戶免其一頃田之稅雖有十妻不輸口筭之錢復音福)傷人者論殺人得以倓錢贖死(何承天纂文曰倓蠻夷贖罪貨也音徒濫反)盟曰秦犯夷輸黃龍一雙夷犯秦輸清酒一鍾夷人安之至高祖爲漢王發夷人還伐三秦秦地既定乃遣還巴中復其渠帥羅朴督鄂度夕龔七姓不輸租賦餘戶乃歲入賨錢口四十世

號爲板楯蠻夷閬中有渝水其人多居水左右天性勁勇初爲漢前鋒數陷陳俗喜歌舞(喜音虛記反)高祖觀之曰此武王伐紂之歌也乃命樂人習之所謂巴渝舞也遂世世服從至于中興郡守常率以征伐桓帝之世板楯數反太守蜀郡趙溫以恩信降服之靈帝光和三年巴郡板楯復叛寇掠三蜀及漢中諸郡靈帝遣御史中丞蕭瑗督益州兵討之連年不能剋帝欲大發兵

乃問益州計吏考以征討方略漢中上計
程包對曰板楯七姓射殺白虎立功先世
復爲義人其人勇猛善於兵戰昔永初中
羌入漢川郡縣破壞得板楯救之羌死敗
殆盡故號爲神兵羌人畏忌傳語種輩勿
復南行至建和二年羌復大入實賴板楯
連摧破之前車騎將軍馮緄南征武陵雖
受丹陽精兵之鋭史記曰周成王封楚熊繹始居丹陽今歸州秭歸縣東南故城是也至楚文王始自丹陽遷於郢續漢志云南郡枝江縣有丹陽聚也亦倚板楯

以成其功近益州郡亂太守李顒亦以板
楯討而平之忠功如此本無惡心長吏鄉
亭更賦至重僕役箠楚過於奴虜亦有嫁
妻賣子或乃至自頸割雖陳寃州郡而牧
守不爲通理闕庭悠遠不能自聞含怨呼
天叩心窮谷愁苦賦役困羅酷刑故邑落
相聚以致叛戾非有謀主僭號以圖不軌
今但選明能牧守自然安集不煩征伐也
帝從其言遣太守曹謙宣詔赦之即皆降

服至中平五年巴郡黄巾賊起板楯蠻夷
因此復叛寇掠城邑遣西園上軍別部司
馬趙瑾討平之
西南夷者在蜀郡徼外有夜郎國東接交
阯西有滇國北有邛都國各立君長其人
皆椎結左衽邑聚而居能耕田其外又有
嶲昆明諸落西極同師東北至葉榆葉榆縣屬益州郡葉或作楪目賢案前書曰西自同師以東北至葉榆名爲嶲昆明今流俗諸本並作布舊昆明蓋嶲字誤分爲布舊也地方數千里無君長辮髮隨畜遷

徙無常自嶲東北有莋都國東北有冉駹
國或土著或隨畜遷徙自冉駹東北有白
馬國氐種是也此三國亦有君長
夜郎者初有女子浣於遯水有三節大竹
流入足間聞其中有號聲剖竹視之得一
男兒歸而養之及長有才武自立爲夜郎
侯以竹爲姓見華陽國志武帝元鼎六年平南夷
爲牂柯郡夜郎侯迎降天子賜其王印綬
後遂殺之夷獠咸以竹王非血氣所生甚

重之求爲立後牂柯太守吳霸以聞天子乃封其三子爲侯死配食其父今夜郎縣有竹王三郎神是也前書地理志曰夜郎縣有遯水東至廣鬱華陽國志去遯水通鬱林有三郎祠皆有靈響又去竹王所捐破竹於野成竹林今王祠竹林是也王嘗從人止大石上命作羮從者白無水王以劔擊石出水今竹王水是也初楚傾襄王時遣將莊豪從沅水伐夜郎軍至且蘭椓船於岸而步戰既滅夜郎因留王滇池以且蘭椓船牂柯處乃改其名爲牂柯異物志曰牂柯繫船栰也牂柯地多雨潦俗好巫鬼禁忌寡畜生

後漢列傳七十六　二十　陳仲

又無蠶桑故其郡最貧句町縣有桄榔木可以爲麪百姓資之臨海異物志曰桄榔木外皮有毛似栟櫚而散生其木剛作鋘鋤利如鐵中石更利唯中焦根乃致敗耳皮中有似擣稻米片又似麥麪中作餅餌廣志曰桄榔樹大四五圍長五六丈洪直旁無枝條其顚生葉不過數十似椶葉破其木肌堅難傷入數寸得麪赤黃密緻可食也公孫述時大姓龍傳尹董氏與郡功曹謝暹保境爲漢乃遣使從番禺江奉貢南越志曰番禺縣之西有江浦焉光武嘉之並加褒賞桓帝時郡人尹珍自以生於荒裔不知禮義乃從汝南許慎應奉受經書圖緯學成還

鄉里教授於是南域始有學焉珍官至荆州刺史華陽國志曰尹珍字道真毋斂縣人也滇王者莊蹻之後也元封二年武帝平之以其地爲益州郡割牂柯越巂各數縣配之後數年復并昆明地皆以屬之此郡有池周回二百餘里水源深廣而末更淺狹有似倒流故謂之滇池河土平敞多出鸚鵡孔雀有鹽池田漁之饒金銀畜産之富人俗豪忲忲奢侈也居官者皆富及累世及王

後漢列傳七十六　二十一　李開

莽政亂益州郡夷棟蠶若豆等起兵殺郡守越巂姑復夷人大牟亦皆叛殺略吏人莽遣寧始將軍廉丹發巴蜀吏人及轉兵穀卒徒十餘萬擊之吏士飢疫連年不能剋而還以廣漢文齊爲太守造起陂池開通溉灌墾田二千餘頃率厲兵馬修障塞降集羣夷甚得其和及公孫述據益土齊固守拒險述拘其妻子許以封侯齊遂不降聞光武即位乃閒道遣使自聞蜀平徵

爲鎮遠將軍封成義侯（取其嘉名）於道卒詔爲起祠堂郡人立廟祀之建武十八年夷渠帥棟蠶與姑復楪榆梇棟連然滇池建伶昆明諸種反叛殺長吏（姑復縣屬越巂郡餘六縣並屬益州郡也）益州太守繁勝與戰而敗退保朱提（縣屬犍爲郡朱音殊提音匙）十九年遣武威將軍劉尚等發廣漢犍爲蜀郡人及朱提夷合萬三千人擊之尚軍遂度瀘水入益州界（瀘水一名若水出旄牛徼外經朱提至僰道入江在今巂州南特有障氣三月四月經之必死五月以後行者得無害故諸葛表云五月度瀘言其艱苦也）羣夷聞大兵至皆弃壘奔走尚獲其羸弱穀畜二十年進兵與棟蠶等連戰數月皆破之明年正月追至不韋（孫盛蜀譜曰初秦徙呂不韋子弟宗族於蜀漢武帝開西南夷置郡縣徙呂氏以充之因置不韋縣華陽國志曰武帝通博南山置不韋縣徙南越相呂嘉子孫宗族實之因名不韋以章其先人惡行也）斬棟蠶帥凡首虜七千餘人得生口五千七百人馬三千疋牛羊三萬餘頭諸夷悉平肅宗元和中蜀郡王追爲太守政化尤異有神馬四匹出滇池河中甘露降白烏見始興起學

校漸遷其俗靈帝熹平五年諸夷反叛執太守雍陟遣御史中丞朱龜討之不能剋朝議以爲郡在邊外蠻夷喜叛勞師遠役不如弃之太尉掾巴郡李顒建策討伐乃拜顒益州太守與刺史龐芝發板楯蠻擊破平之還得雍陟顒卒後夷人復叛以廣漢景毅爲太守討定之毅初到郡米斛萬錢漸以仁恩少年間米至數十云（少年未多年也）

哀牢夷者其先有婦人名沙壹居于牢山甞捕魚水中觸沈木若有感因懷妊十月産子男十人後沈木化爲龍出水上沙壹忽聞龍語曰若爲我生子今悉何在九子見龍驚走獨小子不能去背龍而坐龍因舐之其母鳥語謂背爲九謂坐爲隆因名子曰九隆及後長大諸兄以九隆能爲父所舐而黠遂共推以爲王後牢山下有一夫一婦復生十女子九隆兄弟皆娶以爲妻後漸相滋長種人皆刻畫其身象龍文

衣皆著尾自此以上並見風俗通也九隆死世世相繼哀牢傳曰九隆代代相傳名號不可得而數至於禁高乃可記知禁高死子吸代吸死子建非代建非死子哀牢代哀牢死子桑藕代桑藕死子柳承代柳承死子柳貌代柳貌死子扈栗代乃分置小王往往邑居散在谿谷絕域荒外山川阻深生人以來未嘗交通中國建武二十三年其王賢栗遣兵乘箄船箄音蒲佳反縛竹木爲箄以當船也南下江漢擊附塞夷鹿茤茤音多其種今見在鹿茤人弱爲所禽獲於是震雷疾雨南風飄起水爲逆流翻涌二百餘里箄船沈沒哀牢

之衆溺死數千人賢栗復遣其六王將萬人以攻鹿茤鹿茤王與戰殺其六王哀牢耆老共埋六王夜虎復出其尸而食之餘衆驚怖引去賢栗惶恐謂其耆老曰我曹入邊塞自古有之今攻鹿茤輒被天誅中國其有聖帝乎天祐助之何其明也二十七年賢栗等遂率種人戶二千七百七十口萬七千六百五十九詣越嶲太守鄭鴻降求內屬光武封賢栗等爲君長自是歲來朝貢永平十二年哀牢王柳貌遣子率種人內屬其稱邑王者七十七人戶五萬一千八百九十口五十五萬三千七百一十一西南去洛陽七千里顯宗以其地置哀牢博南二縣割益州郡西部都尉所領六縣古今注曰永平十年置益州西部都尉居嶲唐續漢志六縣謂不韋嶲唐比蘇楪榆邪龍雲南也合爲永昌郡始通博南山度蘭倉水華陽國志曰博南縣西山高三十里越之度蘭倉水也行者苦之歌曰漢德廣開不賓度博南越蘭津度蘭倉爲它

人哀牢人皆穿鼻儋耳其渠帥自謂王者耳皆下肩三寸庶人則至肩而已土地沃美宜五穀蠶桑知染采文繡罽毲罽解見李恂傳毲未詳帛疊外國傳曰諸薄國女子織作白疊花布蘭干細布華陽國志曰蘭干獠言紵織成文章如綾錦有梧桐木華績以爲布廣志曰梧桐有白者剽國有桐木其華有白毳取其毳淹漬緝織以爲布也幅廣五尺絜白不受垢汙先以覆亡人然後服之其竹節相去一丈名曰濮竹見華陽國志出銅鐵鉛錫金銀光珠華陽國志曰蘭滄水有金沙洗取融爲金有光珠穴博物

志曰光珠即江珠也虎魄廣雅曰虎魄生地中其上及旁不生草深者八九尺大如斛削去皮
成虎魄如斗初時如桃膠凝堅乃成博物志曰松脂淪入地千年化爲伏苓伏苓千歲化爲虎魄今太山
有伏苓而無虎魄永昌有虎魄而無伏苓水精琉璃軻蟲蚌珠徐衷南方
草物狀曰凡採珠常三月用五牲祈禱若祠祭有失則風攪海水或有大魚在蚌左右蜯珠長三寸半凡
二品珠也孔雀翡翠犀象猩猩貊獸酈元水經注曰猩猩形若
狗而人面頭顏端正善與人言音聲妙麗如婦人對語聞之無不酸楚南中志曰猩猩在山谷中行無常
路百數爲羣土人以酒若糟設於路又喜屩子土人織草爲屩數十量相連結猩猩在山谷見酒及屩知
其設張者即知張者先祖名字乃呼其名而罵云奴欲張我捨之而去去而又還相呼試共嘗酒初嘗少
許又取屩子著之若進兩三升便大醉人出收之屩子相連不得去執還內牢中人欲取者到牢邊語云

猩猩汝可自相推肥者出之既擇肥竟相對而泣即左思賦云猩猩啼而就禽者也昔有人以猩猩餉封
溪令令問餉何物猩猩自於籠中曰但有酒及僕耳無它飲食南中八郡志曰貊大如驢狀頗似熊多力
食鐵所觸無不拉廣志曰貊色蒼白其皮温煖雲南縣有神鹿兩頭能
食毒草見華陽國志也先是西部都尉廣漢鄭純
爲政清潔化行夷貊君長感慕皆獻土珍
頌德美天子嘉之即以爲永昌太守純與
哀牢夷人約邑豪歲輸布貫頭衣二領鹽
一斛以爲常賦夷俗安之純自爲都尉太
守十年卒官建初元年哀牢王類牢與守

令忿爭遂殺守令而反叛攻越巂唐城太
守王尋奔楪榆哀牢三千餘人攻博南燔
燒民舍肅宗募發越巂益州永昌夷漢九
千人討之明年春邪龍縣郡國志曰屬永昌郡也昆明
夷鹵承等應募率種人與諸郡兵擊類牢
於博南大破斬之傳首洛陽賜鹵承帛萬
匹封爲破虜傍邑侯永元六年郡徼外敦
忍乙王莫延慕義遣使譯獻犀牛大象九
年徼外蠻及撣國王雍由調遣撣音擅東觀記作亶字

重譯奉國珍寶和帝賜金印紫綬小君長
皆加印綬錢帛永初元年徼外僬僥種夷
陸類等三千餘口舉種內附獻象牙水牛
封牛永寧元年撣國王雍由調復遣使者
詣闕朝賀獻樂及幻人能變化吐火自支
解易牛馬頭又善跳丸數乃至千自言我
海西人海西即大秦也撣國西南通大秦
明年元會安帝作樂於庭封雍由調爲漢
大都尉賜印綬金銀綵繒各有差也邛都

邛都夷者武帝所開以為邛都縣無幾而地陷為汙澤因名為邛池南人以為邛河在今嶲州越嶲縣東南南中八郡志曰邛河縱廣岸二十里深百餘丈多大魚長一二丈頭特大遥視如戴鐵釜狀李膺益州記云邛都縣下有一老姥家貧孤獨每食輒有小蛇頭上戴角在牀間姥憐之飴之後稍長大遂長丈餘令有駿馬蛇遂吸殺之令因大忿姥恨責出蛇姥云在牀下令即掘地愈深愈大而無所見令又遷怒殺姥蛇乃感人以靈言瞋令何殺我母當為母報讎此後每夜輒聞若雷若風四十許日百姓相見咸驚語汝頭那忽戴魚是夜方四十里與城一時俱陷為湖土人謂之為陷河唯姥宅無恙訖今猶存漁人採捕必依止宿每有風浪輒居宅側恬靜無它風靜水清猶見城郭樓櫓畟然今水淺時彼土人没水取得舊木堅貞光黑如漆今好事人以為枕相贈畟音測後復反叛元

後漢列傳七十六　二十八　陳彥

鼎六年漢兵自越嶲水伐之以為越嶲郡嶲水源出今嶲州邛部縣西南嶲山下前書地理志曰言其越嶲水以置郡故名焉其土地平原有稻田青蛉縣禺同山有碧鷄金馬光景時時出見禺同山在今褒州揚波縣王褒碧鷄頌曰持節使王褒謹拜南崖敬移金精神馬縹碧之鷄處南之荒深谿回谷非土之鄉歸來歸來漢德無疆廉平唐虞澤配三皇華陽國志曰碧鷄光景人多見之前書音義曰金形似馬碧形似鷄也俗多游蕩而喜謳歌略與牂柯相類豪帥放縱難得制御王莽時郡守枚根調邛人長貴以為軍候更始二年長貴率種人攻殺枚根自立為邛穀王領太守事又降於公孫述述敗光武封長貴為邛穀王建武十四年長貴遣使上三年計天子即授越嶲太守印綬十九年武威將軍劉尚擊益州夷路由越嶲長貴聞之疑尚既定南邊威法必行已不得自放縱即聚兵起營臺招呼諸君長多釀毒酒欲先以勞軍因襲擊尚尚知其謀即分兵先據邛都遂掩長貴誅之徙其家屬於成都永平元年姑復夷復叛益州

後漢列傳七十六　二十九　陳彥

刺史發兵討破之斬其渠帥傳首京師後太守巴郡張翕政化清平得夷人和在郡十七年卒夷人愛慕如喪父母蘇祁叟二百餘人續漢書志曰蘇祁縣屬越嶲郡齎牛羊送喪至翕本縣安漢安漢縣屬巴郡起墳祭祀詔書嘉美為立祠堂安帝元初三年郡徼外夷大羊等八種户三萬一千口十六萬七千六百二十慕義内屬時郡縣賦斂煩數五年卷夷大牛種封離等反畔殺遂久令遂久故縣在今廓州界明年

永昌益州及蜀郡夷皆叛應之衆遂十餘萬破壞二十餘縣殺長吏燔燒邑郭剽略百姓骸骨委積千里無人詔益州刺史張喬選堪能從事討之喬乃遣從事楊竦將兵至楪榆擊之賊盛未敢進先以詔書告示三郡密徵求武士重其購賞乃進軍與封離等戰大破之斬首三萬餘級獲生口千五百人資財四千餘萬悉以賞軍士封離等惶怖斬其同謀渠帥詣竦乞降竦厚

加慰納其餘三十六種皆來降附竦因奏長吏姦猾侵犯蠻夷者九十人皆減死州中論功未及上會竦病創卒張喬深痛惜之乃刻石勒銘圖畫其像天子以張翕有遺愛乃拜其子湍爲太守夷人懽喜奉迎道路曰郎君儀貌類我府君後湍頗失其心有欲叛者諸夷者老相曉語曰當爲先府君故遂以得安後順桓間廣漢馮顥爲太守政化尤多異迹云

莋都夷者武帝所開以爲莋都縣其人皆被髮左衽言語多好譬類居處略與汶山夷同土出長年神藥仙人山圖所居焉劉向列仙傳曰山圖隴西人好乘馬馬蹹折脚山中道士教服地黃當歸羌活玄參服一年不嗜食病愈身輕追道士問之自云五岳使人之名山採藥能隨吾便不死山圖追隨人不復見六十餘年一旦歸來行母服於冢間朞年復去莫知所之也元鼎六年以爲沈黎郡至天漢四年并蜀爲西部置兩都尉一居旄牛主徼外夷一居青衣主漢人永平中益州刺史梁國朱輔好立功名慷慨有大略

東觀記輔作酺梁國寧陵也在州數歲宣示漢德威懷遠夷自汶山以西前世所不至正朔所未加白狼槃木唐菆等百餘國户百三十餘萬口六百萬以上舉種奉貢稱爲臣僕輔上疏曰臣聞詩云彼徂者岐有夷之行詩周頌也傳曰岐道雖僻而人不遠韓詩薛君傳曰徂往也夷易也行道也彼百姓歸文王者皆曰岐有易道可往歸矣易道謂仁義之道而易行故岐道阻險而人不難詩人誦詠以爲符驗今白狼王唐菆等慕化歸義作詩三章路經邛來大山零高坂山

經曰崍山江水出焉郭璞曰中江所出也華陽國志曰邛來山本名邛莋故邛人莋人界也巖阻峻回曲折乃至山上凝冰夏結冬則劇寒王陽行部至此而退者也有長貧苦採八度之難陽母閣峻並坂名

峭危峻險百倍歧道言詩人雖數歧道之阻但以文王之道人以爲夷易今邛來峭危甚於岐繈負老幼若歸慈母遠夷之語辭意難正草木異種鳥獸殊類有犍爲郡掾田恭與之習狎頗曉其言臣輒令訊其風俗譯其辭語今遣從事史李陵與恭護送詣闕并上其樂詩昔在聖帝舞四夷之樂解見陳禪傳今之所上庶備其一帝嘉之事下史官録其歌焉東觀記載其歌并載夷人本語並重譯訓詁爲華言今范史所載者是也今録東觀夷言以爲此注也

遠夷樂德歌詩曰大漢是治堤官隗構與天合意魏冒踰槽吏譯平端罔驛劉脾不從我來旁莫支留聞風向化徵衣隨旅所見奇異知唐桑艾多賜贈布邪毗繼緰甘美酒食推潭僕遠昌樂肉飛拓拒蘇使屈申悉備局後仍離蠻夷貧薄僂讓龍洞無所報嗣莫支度由願主長壽陽雒僧鱗子孫昌熾莫穉角存

遠夷慕德歌詩曰蠻夷所處僂讓皮尼日入之部且交陵悟慕義向化繩動隨旅歸日出主路且揀雒聖德深恩聖德渡諾與人富厚魏菌度洗冬多霜雪綜邪流藩夏多和雨莋邪尋螺寒溫時適藐潯瀘灘部人多有菌補邪推涉危歷險辟危歸險不遠萬里莫受萬柳去俗歸德術疊附德心歸慈母仍路孳摸

遠夷懷德歌曰荒服之外荒服之儀土地墝埆犁籍憐憐食肉衣皮阻蘇邪犁不見鹽穀莫碭麤沐吏譯傳風罔譯傳微大漢安樂是漢夜拒攜負歸仁蹤優路仁觸冒險陜雷折險龍高山岐峻倫狼藏幢緣崖磻石扶路側祿木薄發家息落服淫百宿到洛理歷髭雒父子同賜捕菌菌毗懷抱匹帛懷豪匹漏傳告種人傳室呼敕長願臣僕陵陽臣僕

肅宗初輔坐事免是時郡尉府舍皆有雕飾畫山神海靈奇禽異獸以眩燿之夷人益畏憚焉和帝永元十二年旄牛徼外白狼樓薄蠻夷王唐繒等遂率種人十七萬口歸義内屬詔賜金印紫綬小豪錢帛各有差安帝永初元年蜀郡三襄種夷與徼外汙衍種并兵三千餘人反叛攻蠶陵城殺長吏二年青衣道夷邑長令田令姓田名

與徼外三種夷三十一萬口齎黃金旄牛毦（顏野王曰毦結毛爲飾也即今馬及弓槊上纓毦也）舉土內屬安帝增令田爵號爲奉通邑君延光二年春旄牛夷叛攻零關（郡國志零關道屬越巂郡）殺長吏益州刺史張喬與西部都尉擊破之於是分置蜀郡屬國都尉領四縣如太守桓帝永壽二年蜀郡夷叛殺略吏民延熹二年蜀郡三襄夷寇蠶陵殺長吏四年犍爲屬國夷寇郡界益州刺史山昱擊破之斬首千四百級

餘皆解散靈帝時以屬郡蜀國爲漢嘉郡

冉駹夷者武帝所開元鼎六年以爲汶山郡至地節三年（宣帝年也）夷人以立郡賦重宣帝乃省并蜀郡爲北部都尉其山有六夷七羌九氐各有部落其王侯頗知文書而法嚴重貴婦人黨母族死則燒其尸土氣多寒在盛夏冰猶不釋故夷人冬則避寒入蜀爲傭夏則違暑反其衆邑皆依山居止累石爲室高者至十餘丈爲邛籠（按今彼土夷人呼爲雕也）又土地剛鹵不生穀粟麻菽唯以麥爲資而宜畜牧有旄牛無角一名童牛肉重千斤毛可爲毦出名馬有靈羊可療毒（本草經曰零羊角味鹹無毒主療青盲蠱毒去惡鬼安心氣彊筋骨也）又有食藥鹿鹿麑有胎者其腸中糞亦療毒疾又有五角羊麝香輕毛毼雞牲牲（郭璞注山海經曰毼雞似雉而大青色有毛角鬭敵死乃止）其人能作旄氈班罽青頓毞毲羊羧之屬（青頓毲羧並未詳字書無此二字周書伊尹爲四方獻令曰正西昆侖狗國鬼親枳已闟耳貫胸雕題離丘漆齒請令以丹青白旄紕罽龍角神龜爲獻湯曰善何承天纂文曰紕

氐罽也音甲疑反毞即紕也）特多雜藥地有鹹土煮以爲鹽麢羊牛馬食之皆肥（麢即麢狼也異物志曰狀似鹿而角觸前向入林則掛角故恒在平淺草中肉肥脆香美逐入林則搏之皮可作履韈角正四據南人因以爲牀音子兮反）其西又有三河槃于虜北有黃石北地盧水胡其表乃爲徼外靈帝時復分蜀郡北部爲汶山郡云

白馬氐者武帝元鼎六年開分廣漢西部合以爲武都土地險阻有麻田出名馬牛羊漆蜜氐人勇戇抵冒貪貨死利居於河

池一名仇池方百頃四面斗絕（仇池山在今成州上祿縣南三秦記曰仇池縣界本名仇維山上有池故曰仇池山在倉洛二谷之間常爲水所衝激故下石而上土形似覆壺仇池記曰仇池百頃周回九千四十步天形四方壁立千仞自然樓櫓卻敵分置調均殊起數丈有踰人功仇池凡二十一道可攀緣而上東西二門盤道下至上凡有七里上則崗阜低昂泉流交灌酈元注水經云羊腸盤道三十六回開山圖謂之仇夷所謂積石嵯峨嶔岑隱阿者也上有平田百頃煑土成鹽因以百頃爲號也）數爲邊寇郡縣討之則依固自守元封三年氐人反叛遣兵破之分徙酒泉郡昭帝元鳳元年氐人復叛遣執金吾馬適建（姓馬適名建也）龍頟侯韓增大鴻臚田廣明將三輔太常徒討破之及王莽篡亂氐人亦叛建武初氐人悉附隴蜀及隗囂滅其酋豪乃背公孫述降漢隴西太守馬援上復其王侯君長賜以印綬後囂族人隗茂反殺武都太守氐人大豪齊鍾留爲種類所敬信威服諸豪與郡丞孔奮擊茂破斬之後亦時爲寇盜郡縣討破之

論曰漢氏征伐戎狄有事邊遠蓋亦與王業而終始矣至於傾沒疆垂喪師敗將者

後漢列傳七十六　三十六　陳斌

不出時歲卒能開四夷之境款殊俗之附若乃文約之所沾漸風聲之所周流幾將日所出入處也（文約謂文書要約也）著自山經水志者亦略及焉雖服叛難常威澤時曠及其化行則緩耳雕脚之倫（緩耳儋耳）獸居鳥語之類（獸居謂穴居也）莫不舉種盡落回面而請吏陵海越障累譯以內屬焉故其錄名中郎校尉之署（謂護匈奴中郎將及戊己校尉等）編數都護部守之曹動以數百萬計若乃藏山隱海之靈物沉沙棲陸之瑋寶（珠玉金碧珊瑚虎魄之類）莫不呈表怪麗雕被宮幄焉又其賨幏火毳馴禽封獸之賦軨積於內府（火毳即火浣布也騶禽騶虞也封獸象也神異經曰南方有火山長四十里廣四五里生不燼之木晝夜火然得烈風不猛暴雨不滅火中有鼠重百斤毛長二尺餘細如絲恒居火中時時出外而色白以水逐沃之即死績其毛織以作布用之若汙以火燒之則清潔也傅子曰長老說漢桓時梁冀作火浣布單衣會賓客行酒公卿朝臣前佯爭酒失杯而汙之冀偽怒解衣而燒之布得火爗然而熾如燒凡布垢盡火滅粲然絜白如水澣也）夷歌巴舞殊音異節之技列倡於外門豈柔服之道必足於斯然亦云致遠者矣蠻夷雖附阻巖谷

後漢列傳七十六　三十七　林仁

而類有土居連涉荆交之區布護巴庸之外不可量極然其凶勇狡筭薄於羌狄故陵暴之害不能深也西南之徼尤爲劣焉故關守永昌肇自遠離啓土立人至今成都焉（哀牢夷化鹿芗不得乃歸中國故言肇自遠離）

贊曰百蠻蠢居仞彼方徼鏤體卉衣憑深阻峭（蠢小貌也鏤體文身也卉衣草服也）亦有別夷屯彼蜀表參差聚落紆餘岐道往化既孚改襟輸寳（孚信也襟社也）俾建永昌同編億兆

後漢書列傳卷第七十六

列傳卷第七十七　范曄　後漢書八十七

唐章懷太子賢注

西羌

西羌之本出自三苗姜姓之別也其國近南岳（衡山）及舜流四凶徙之三危（三危山在今沙州敦煌縣東南山有三峯故曰三危也）河關之西南羌地是也（河關縣屬金城郡已上竝續漢書文）濵於賜支至乎河首緜地千里賜支者禹貢所謂析支者也南接蜀漢徼外蠻夷西北鄯善車師諸國所居無常

依隨水草地少五穀以産牧爲業其俗氏族無定或以父名母姓爲種號十二世後相與婚姻父没則妻後母兄亡則納釐嫂（寡婦曰釐力之反）故國無鰥寡種類繁熾不立君臣無相長一強則分種爲酋豪弱則爲人附落更相抄暴以力爲雄殺人償死無它禁令其兵長在山谷短於平地不能持久而果於觸突以戰死爲吉利病終爲不祥耐寒苦同之禽獸雖婦人産子亦不避

風雪性堅剛勇猛得西方金行之氣焉 黃帝素問曰西方者金玉之域沙石之處其人山居而多風水土剛強 王政脩則賓服德教失則寇亂昔夏后氏太康失國 太康夏啓之子盤于游田不恤人事爲羿所逐不得反國也 四夷背叛及后相即位乃征畎夷 后相即太康孫仲康之子 七年然後來賓至于后泄始加爵命由是服從 泄啓八代孫帝世之子也 后桀之亂畎夷入居邠岐之閒 邠今豳州岐即岐州也 成湯既興伐而攘之及殷室中衰諸夷皆叛至于武丁征西戎鬼方三年乃克 武丁殷王也易曰高

後漢列傳七十七 二 宋琚

宗伐鬼方前書音義曰鬼方遠方也 故其詩曰自彼氐羌莫敢不來王 殷頌之文 及武乙暴虐犬戎寇邊 帝武乙即武丁五代孫無道爲偶人像謂之天神與之博令人代之行天神不勝而僇辱之又爲革囊盛血仰而射之命曰射天遂被雷震而死 周古公踰梁山而避于岐下 梁山在今雍州好畤縣西北古公文王之祖也岐山在扶風郡也 及子季歷遂伐西落鬼戎 竹書紀年武乙三十五年周王季伐西落鬼戎俘二十翟王也 太丁之時季歷復伐燕京之戎戎人大敗周師 太丁武丁子也竹書紀年曰太丁二年周人伐燕京之戎周師大敗也 後二年周人克余無之戎於是太丁命季歷爲牧師 季歷文王之父也竹書紀年曰太丁四年周人伐余無之戎克之周王季命爲殷牧師也 自是之後更伐始呼翳徒之戎皆克之 竹書紀年曰太丁七年周人伐始呼之戎克之十一年周人伐翳徒之戎捷其三大夫也 及文王爲西伯西有昆夷之患北有玁狁之難遂攘戎狄而戍之莫不賓服 見詩小雅采薇篇 乃率西戎征殷之叛國以事紂 左傳晉韓獻子曰文王率殷之叛國以事紂惟知時也 及武王伐商羌髳率師會于牧野 尚書曰庸蜀羌髳微盧彭濮人孔安國注曰皆蠻夷戎狄也 至穆王時戎狄不貢王乃西征犬戎獲其五王又得四白鹿四白狼 見史

後漢列傳七十七 三 周晉

記 王遂遷戎于太原夷王衰弱 夷王穆王孫名燮也 荒服不朝乃命虢公率六師伐太原之戎至于俞泉獲馬千匹 見竹書紀年 厲王無道戎狄寇掠乃入犬丘殺秦仲之族 犬丘縣名秦曰廢丘漢曰槐里也 王命伐戎不克及宣王立四年使秦仲伐戎爲戎所殺王乃召秦仲子莊公與兵七千人伐戎破之由是少卻後二十七年王遣兵伐太原戎不克後五年王伐條戎奔戎王師敗績後二年晉人敗北戎于汾

隰名二水戎人滅姜侯之邑明年王征申戎破之後十年幽王命伯士伐六濟之戎軍敗伯士死焉並見竹書紀年其年戎圍犬丘虜秦襄公之兄伯父時幽王昏虐四夷交侵遂廢申后而立褒姒申侯怒與戎寇周殺幽王於酈山周乃東遷洛邑秦襄公攻戎救周後二年邢侯大破北戎及平王之末周遂陵遲戎逼諸夏自隴山以東及乎伊洛往往有戎於是渭首有狄獂邽冀之戎狄即狄道獂即獂道邽即上邽縣冀即冀縣也

涇北有義渠之戎義渠縣屬北地郡也洛川有大荔之戎洛川即洛水大荔古戎國秦獲之改曰臨晉今同州城是也渭南有驪戎伊洛閒有楊拒泉皐之戎杜預注左傳云楊拒戎邑也潁首以西有蠻氏之戎左傳曰單浮餘圍蠻氏杜預注云梁南有霍陽山皆蠻子之邑當春秋時閒在中國與諸夏盟會魯莊公伐秦取邽冀之戎後十餘歲晉滅驪戎是時伊洛戎強東侵曹魯左傳莊公十八年公追戎于濟西杜預注戎侵魯魯人不知去乃追之二十四年戎侵曹也後十九年遂入王城於是秦晉伐戎以救周

事並見左傳僖公十二年後二年又寇京師齊桓公徵諸侯戍周後九年陸渾戎自瓜州遷于伊川瓜州今瓜州也事見僖二十二年允姓戎遷于渭汭允姓陰戎之祖與三苗俱放三危見左傳東及轘轅在河南山北者號曰陰戎陰戎之種遂以滋廣左傳哀公四年蠻子赤奔晉陰地杜預注曰陰地河南山北自上雒以東至陸渾晉文公欲脩霸業乃賂戎狄通道以匡王室秦穆公得戎人由余遂霸西戎開地千里由余其先晉人也亡入戎戎王聞穆公賢使由余觀秦秦穆公以客禮待之秦遺戎王以女樂由余諫不聽由余乃降秦爲謀伐戎

及晉悼公又使魏絳和諸戎復脩霸業魏絳晉大夫見左傳襄公十一年是時楚晉強盛威服諸戎陸渾伊洛陰戎事晉而蠻氏從楚後陸渾叛晉晉令荀吳滅之荀吳晉大夫中行穆子也見左傳昭公元年後四十四年楚執蠻氏而盡囚其人是時義渠大荔最強築城數十皆自稱王至周貞王八年秦厲公滅大荔取其地趙亦滅代戎即北戎也韓魏復共稍并伊洛陰戎滅之其遺脫者皆逃走西踰汧隴汧山隴山之閒也在今隴州汧源縣自是中

國無戎寇唯餘義渠種焉至貞王二十五年秦伐義渠虜其王（即厲公二十三年伐也）後十四年義渠侵秦至渭陰後百許年義渠敗秦師于洛後四年義渠國亂秦惠王遣庶長操將兵定之（操名也庶長秦爵也事見左傳）義渠遂臣於秦後八年秦伐義渠取郁郅（縣名屬北地郡）後二年義渠敗秦師于李伯（李伯地名未詳）明年秦伐義渠取徒涇二十五城（徒涇縣名屬西河郡）及昭王立義渠王朝秦遂與昭王母宣太后通生二子

至王赧四十三年宣太后誘殺義渠王於甘泉宮因起兵滅之始置隴西北地上郡焉戎本無君長夏后氏末及商周之際或從侯伯征伐有功天子爵之以爲藩服春秋時陸渾蠻氏戎稱子戰國世大荔義渠稱王及其衰亡餘種皆反舊爲酋豪云

羌無弋爰劒者秦厲公時爲秦所拘執以爲奴隷不知爰劒何戎之别也後得亡歸而秦人追之急藏於巖穴中得免羌人云爰劒初藏穴中秦人焚之有景象如虎爲其蔽火得以不死既出又與劓女遇於野（劓截鼻也）遂成夫婦女恥其狀被髮覆面羌人因以爲俗遂俱亡入三河間（續漢書曰遂俱亡入河湟間今此言三河即黄河賜支河湟河也）諸羌見爰劒被焚不死怪其神共畏事之推以爲豪河湟間少五穀多禽獸以射獵爲事（湟水出金城郡臨羌縣）爰劒教之田畜遂見敬信廬落種人依之者日益衆羌人謂奴爲無弋以爰劒嘗爲奴隷故因名之其後世世爲豪至爰劒曾孫忍時秦獻

公初立欲復穆公之迹（穆公霸有西戎今欲復之）兵臨渭首滅狄獂戎（獂音丸）忍季父卬畏秦之威將其種人附落而南出賜支河曲西數千里與衆羌絶遠不復交通其後子孫分别各自爲種任隨所之或爲氂牛種越巂羌是也或爲白馬種廣漢羌是也或爲參狼種武都羌是也忍及弟舞獨留湟中並多娶妻婦忍生九子爲九種舞生十七子爲

十七種羌之興盛從此起矣及忍子研立時秦孝公雄強威服羌戎孝公使太子駟率戎狄九十二國朝周顯王研至豪健故羌中號其後爲研種及秦始皇時務并六國以諸侯爲事兵不西行故種人得以繁息秦既兼天下使蒙恬將兵略地西逐諸戎北卻衆狄築長城以界之衆羌不復南度至于漢興匈奴冒頓兵強破東胡走月氏威震百蠻臣服諸羌景帝時研種留何率種人求守隴西塞於是徙留何等於狄道安故至臨洮氐道羌道縣（氐音丁兮反五縣並屬隴西郡）及武帝征伐四夷開地廣境北卻匈奴西逐諸羌乃度河湟築令居塞（令居縣屬金城郡令音零）初開河西列置四郡（酒泉武威張掖敦煌也）通道玉門隔絶羌胡使南北不得交關於是障塞亭燧出長城外數千里時先零羌與封養牢姐種解仇結盟（姐音紫）與匈奴通合兵十餘萬共攻令居安故遂圍枹罕（安故縣屬隴西郡枹罕縣屬金城郡）

後漢列傳七十七　八

音漢遣將軍李息郎中令徐自爲將兵十萬人擊平之始置護羌校尉持節統領焉羌乃去湟中依西海鹽池左右（金城郡臨羌縣有鹽池也）漢遂因山爲塞河西地空稍徙人以實之至宣帝時遣光祿大夫義渠安國（義渠姓也）覘行諸羌其先零種豪言願得度湟水逐人所不田處以爲畜牧安國以事奏聞後將軍趙充國以爲不可聽後因緣前言遂度湟水郡縣不能禁至元康三年先零乃與諸羌大共盟詛將欲寇邊帝聞復使安國將兵觀之安國至召先零豪四十餘人斬之因放兵擊其種斬首千餘級於是諸羌怨怒遂寇金城乃遣趙充國與諸將將兵六萬人擊破平之至研十三世孫燒當立元帝時彡姐等七種羌寇隴西（彡音先廉反又所廉反姐音紫）遣右將軍馮奉世擊破降之從爰劒種五世至研研最豪健自後以研爲種號十三世至燒當復豪健其子孫更以燒當

後漢列傳七十七　九

復豪健其子孫更以燒當為種號自彡姐羌降之後數十年四夷賓服邊塞無事至王莽輔政欲燿威德以懷遠為名乃令譯諷旨諸羌使共獻西海之地初開以為郡築五縣邊海亭燧相望焉（燧烽也）滇良者燒當之玄孫也時王莽末四夷內侵及莽敗衆羌遂還據為寇更始赤眉之際羌遂放縱寇金城隴西隗囂雖擁兵而不能討之乃就慰納因發其衆與漢相

拒建武九年隗囂死司徒掾班彪上言今涼州部皆有降羌羌胡被髮左衽而與漢人雜處習俗既異言語不通數為小吏黠人所見侵奪窮恚無聊故致反叛夫蠻夷寇亂皆為此也舊制益州部置蠻夷騎都尉幽州部置領烏桓校尉涼州部置護羌校尉皆持節領護理其怨結歲時循行問所疾苦又數遣使驛通動靜使塞外羌夷為吏耳目州郡因此可得儆備今宜

復如舊以明威防光武從之即以牛邯為護羌校尉持節如舊及邯卒而職省十年先零豪與諸種相結復寇金城隴西遣中郎將來歙等擊之大破事已具歙傳十一年夏先零種復寇臨洮隴西太守馬援破降之後悉歸服徙置天水隴西扶風三郡明年武都參狼羌反援又破降之事已具援傳自燒當至滇良世居河北大允谷種小人貧而先零卑湳並皆強富數侵犯之

（湳音乃感反）滇良父子積見陵易憤怒而素有恩信於種中於是集會附落及諸雜種乃從大榆入掩擊先零卑湳大破之殺三千人掠取財畜奪居其地大榆中由是始強滇良子滇吾立中元元年武都參狼羌反殺略吏人太守與戰不勝隴西太守劉盱遣從事辛都監軍掾李苞將五千人赴武都與羌戰斬其酋豪首虜千餘人時武都兵亦更破之斬首千餘級餘悉降時滇吾

附落轉盛常雄諸羌每欲侵邊者滇吾轉教以方略爲其渠帥二年秋燒當羌滇吾與弟滇岸率步騎五千寇隴西塞劉盱遣兵於枹罕擊之不能克又戰於允街（允音鈆街音皆縣名屬金城郡）爲羌所敗殺五百餘人於是守塞諸羌皆復相率爲寇遣謁者張鴻領諸郡兵擊之戰於允吾唐谷（允音鈆吾音牙縣名屬金城郡唐谷故城在今鄯州湟水縣西也）軍敗鴻及隴西長史田颯皆沒又天水兵爲牢姐種所敗於白石死者千餘人（白石縣名屬金城郡有白石山）時燒何豪有婦人比銅鉗者年百餘歲多智筭爲種人所信向皆從取計策時爲盧水胡所擊比銅鉗乃將其衆來依郡縣種人頗有犯法者臨羌長收繫比銅鉗而誅殺其種六七百人顯宗憐之乃下詔曰昔桓公伐戎而無仁惠故春秋貶曰齊人（春秋莊公三十年齊人伐山戎公羊傳曰此齊侯也其稱人何貶也何休注云戎亦天地之所生乃迫殺之惡不仁也）今國家無德恩不及遠羸弱何辜而當并命夫長平之暴非帝者

之功（言帝王好生惡殺故不以爲功也史記曰白起爲秦王時爲上將軍擊趙趙不利將軍趙括與六十萬人請降起乃盡阬之遺其小者二百四十人）咎由太守長吏妄加殘戮比銅鉗尚生者所在致醫藥養視令招其種人若欲歸故地者厚遣送之其小種若束手自詣欲效功者皆除其罪若有逆謀爲吏所捕而獄狀未斷悉以賜有功者永平元年復遣中郎將竇固捕虜將軍馬武等擊滇吾於西邯大破之事已具武等傳滇吾遠引去餘悉散降徙七千口置三輔以謁者竇林領護羌校尉居狄道林爲諸羌所信而滇岸遂詣林降林爲下吏所欺謬奏上滇岸以爲大豪承制封爲歸義侯加號漢大都尉明年滇吾復降林復奏其第一豪與俱詣闕獻見帝怪一種兩豪疑其非實以事詰林林辭窘（窘窮也）乃僞對曰滇岸即滇吾隴西語不正耳帝窮驗知之怒而免林官會涼州刺史又奏林臧罪遂下獄死謁者郭襄代領校尉事

隴西聞涼州羌盛還詣闕抵罪於是復省
校尉官滇吾子東吾立以父降漢乃入居
塞內謹愿自守而諸弟迷吾等數爲寇盜
肅宗建初元年安夷縣吏略妻卑湳種羌
婦吏爲其夫所殺安夷長宗延追之出塞
（安夷縣名屬金城郡）種人恐見誅遂共殺延而與勒姐
及吾良二種相結爲寇隴西太守孫純遣
從事李睦及金城兵會和羅谷與卑湳等
戰斬首虜數百人復拜故度遼將軍吳棠

領護羌校尉居安夷二年夏迷吾遂與諸
衆聚兵欲叛出塞金城太守郝崇追之戰
於荔谷崇兵大敗崇輕騎得脫死者二千
餘人於是諸種及屬國盧水胡悉與相應
吳棠不能制坐徵免武威太守傅育代爲
校尉移居臨羌迷吾又與封養種豪布橋
等五萬餘人共寇隴西漢陽於是遣行車
騎將軍馬防長水校尉耿恭副討破之於
是臨洮索西迷吾等悉降防乃築索西城

（故城在今洮州）徙隴西南部都尉戍之悉復諸亭候
至元和三年迷吾復與弟號吾諸雜種反
叛秋號吾先輕入寇隴西界郡督烽掾李
章追之生得號吾將詣郡號吾曰獨殺我
無損於羌誠得生歸必悉罷兵不復犯塞
隴西太守張紆權宜放遣羌即爲解散各
歸故地迷吾退居河北歸義城傅育不欲
失信伐之乃募人鬬諸羌胡羌胡不肯遂
復叛出塞更依迷吾章和元年育上請發

隴西張掖酒泉各五千人諸郡太守將之
育自領漢陽金城五千人合二萬兵與諸
郡剋期擊之令隴西兵據河南張掖酒泉
兵遮其西並未及會育軍獨進迷吾聞之
徙廬落去育選精騎三千窮追之夜至建
威南三兜谷去虜數里須旦擊之不設備
迷吾乃伏兵三百人夜突育營營中驚壞
散走育下馬手戰殺十餘人而死死者八
百八十人及諸郡兵到羌遂引去育北地

人也顯宗初爲臨羌長與捕虜將軍馬武等擊羌滇吾功冠諸軍及在武威威聲聞於匈奴食祿數十年秩奉盡贍給知友妻子不免操井臼肅宗下詔追襃美之封其子殺爲明進侯七百戶以隴西太守張紆代爲校尉將萬人屯臨羌迷吾旣殺傳育狃忕邊利狃忕慣習也狃音女九反忕音時制反章和元年復與諸種步騎七千人入金城塞張紆遣從事司馬防將千餘騎及金城兵會戰於木乘

谷迷吾兵敗走因譯使欲降紆納之遂將種人詣臨羌縣紆設兵大會施毒酒中羌飲醉紆因自擊伏兵起誅殺酋豪八百餘人斬迷吾等五人頭以祭育冢復放兵擊在山谷閒者斬首四百餘人得生口二千餘人迷吾子迷唐及其種人向塞號哭與燒何當煎當闐等相結以子女及金銀娉納諸種解仇交質將五千人寇隴西塞太守寇盱與戰於白石迷唐不利引還大小

榆谷北招屬國諸胡會集附落種衆熾盛張紆不能討永元元年紆坐徵以張掖太守鄧訓代爲校尉稍以賞賂離閒之由是諸種少解東吾子東號立是時號吾將其種人降校尉鄧訓遣兵擊迷唐迷唐去大小榆谷徙居頗巖谷和帝永元四年訓病卒蜀郡太守聶尚代爲校尉尚見前人累征不克欲以文德服之乃遣驛使招呼迷唐使還居大小榆谷迷唐旣還遣祖母卑

缺詣尚尚自送至塞下爲設祖道令譯田汜等五人護送至廬落迷唐因而反叛遂與諸種共生屠裂汜等以血盟詛復寇金城塞五年尚坐徵免居延都尉貫友代爲校尉友以迷唐難用德懷終於叛亂乃遣驛使搆離諸種誘以財貨由是解散友乃遣兵出塞攻迷唐於大小榆谷獲首虜八百餘人收麥數萬斛遂夾逢留大河築城塢作大航造河橋欲度兵擊迷唐迷唐乃

率部落遠依賜支河曲至八年友病卒漢陽太守史充代爲校尉充至遂發湟中羌胡出塞擊迷唐而羌迎敗充兵殺數百人明年充坐徵代郡太守吳祉代爲校尉其秋迷唐率八千人寇隴西殺數百人乘勝深入脅塞内諸種羌共爲寇盜衆羌復悉與相應合步騎三萬人擊破隴西兵殺大夏長（大夏縣名屬隴西郡）遣行征西將軍劉尚越騎校尉趙代副將北軍五營黎陽雍營三輔

積射及邊兵羌胡三萬人討之（五營即五校也雍營即扶風都尉屯也黎陽營解見南匈奴傳也）尚屯狄道代屯枹罕尚遣司馬寇盱監諸郡兵四面並會迷唐懼弃老弱奔入臨洮南尚等追至高山迷唐窮迫率其精強大戰盱斬虜千餘人得牛馬羊萬餘頭迷唐引去漢兵死傷亦多不能復追乃還入塞明年尚代並坐畏懦徵下獄免謁者王信領尚營屯枹罕謁者耿譚領代營屯白石譚乃設購賞諸種頗來

内附迷唐恐乃請降信譚遂受降罷兵遣迷唐詣闕其餘種人不滿二千飢窘不立入居金城和帝令迷唐將其種人還大小榆谷迷唐以爲漢作河橋兵來無常故地不可復居辭以種人飢餓不肯遠出吳祉等乃多賜迷唐金帛令糴穀市畜促使出塞種人更懷猜驚十二年遂復背叛乃脅將湟中諸胡寇鈔而去王信耿譚吳祉皆坐徵以酒泉太守周鮪代爲校尉明年迷

唐復還賜支河曲初累姐種附漢迷唐怨之遂擊殺其酋豪由是與諸種爲讎黨援益疎其秋迷唐復將兵向塞周鮪與金城太守侯霸及諸郡兵屬國湟中月氏諸胡隴西牢姐羌合三萬人出塞至允川與迷唐戰周鮪還營自守唯侯霸兵陷陳斬首四百餘級羌衆折傷種人瓦解降者六千餘口分徙漢陽安定隴西迷唐遂弱其種衆不滿千人遠踰賜支河首依發羌居明

年周鮪坐畏懦徵侯霸代爲校尉安定降羌燒何種脅諸羌數百人反叛郡兵擊滅之悉沒入弱口爲奴婢時西海及大小榆谷左右無復羌寇隃麋相曹鳳上言（隃麋縣名屬右扶風）西戎爲害前世所患臣不能紀古且以近事言之自建武以來其犯法者常從燒當種起所以然者以其居大小榆谷土地肥美又近塞內諸種易以爲非難以攻伐南得鍾存以廣其衆北阻大河因以爲固又有西海魚鹽之利緣山濱水以廣田畜故能彊大常雄諸種恃其權勇招誘羌胡今者衰困黨援壞沮親屬離叛餘勝兵者不過數百亡逃棲竄遠依發羌臣愚以爲宜及此時建復西海郡縣規固二榆廣設屯田隔塞羌胡交關之路遏絕狂狡窺欲之源又殖穀富邊省委輸之役國家可以無西方之憂於是拜鳳爲金城西部都尉將徙士屯龍耆（龍耆即龍支也今鄯州縣）後金城長史

上官鴻上開置歸義建威屯田二十七部侯霸復上置東西邯屯田五部（邯水名邯分流左右今在鄯州）增留逢二部帝皆從之列屯夾河合三十四部其功垂立至永初中諸羌叛乃罷迷唐失衆病死有一子來降戶不滿數十東號子麻奴立初隨父降居安定時諸降羌布在郡縣皆爲吏人豪右所徭役積以愁怨安帝永初元年夏遣騎都尉王弘發金城隴西漢陽羌數百千騎征西域弘迫促發遣羣羌懼遠屯不還行到酒泉多有散叛諸郡各發兵徼遮或覆其廬落於是勒姐當煎大豪東岸等愈驚遂同時奔潰麻奴兄弟因此遂與種人俱西出塞先零別種滇零與鍾羌諸種大爲寇掠斷隴道時羌歸附既久無復器甲或持竹竿木枝以代戈矛或負板案以爲楯或執銅鏡以象兵郡縣畏懦不能制冬遣車騎將軍鄧騭征西校尉任尚副將五營及三河三輔

汝南南陽潁川太原上黨兵合五萬人屯漢陽明年春諸郡兵未及至鍾羌數千人先擊敗騭軍於冀西殺千餘人校尉侯霸坐衆羌反叛徵免以西域都護段禧代爲校尉其冬騭使任尚及從事中郎司馬鈞率諸郡兵與滇零等數萬人戰於平襄（縣名屬漢陽郡）尚軍大敗死者八千餘人於是滇零等自稱天子於北地招集武都參狼上郡西河諸雜種衆遂大盛東犯趙魏南入益

州殺漢中太守董炳遂寇鈔三輔斷隴道湟中諸縣粟石萬錢百姓死亡不可勝數朝廷不能制而轉運難劇遂詔騭還師留任尚屯漢陽爲諸軍節度朝廷以鄧太后故迎拜騭爲大將軍封任尚樂亭侯食邑三百户三年春復遣騎都尉任仁督諸郡屯兵救三輔仁戰每不利衆羌乘勝漢兵數挫當煎勒姐種攻没破羌縣鍾羌又没臨洮縣生得隴西南部都尉明年春滇零

遣人寇褎中（縣名屬漢中郡）燔燒郵亭大掠百姓於是漢中太守鄭勤移屯褎中軍營久出無功有廢農桑乃詔任尚將吏兵還屯長安罷遣南陽潁川汝南吏士置京兆虎牙都尉於長安扶風都尉於雍如西京三輔都尉故事（西京左輔都尉都高陵右輔都尉都郿也）時羌復攻褎中鄭勤欲擊之主簿段崇諫以爲虜乘勝鋒不可當宜堅守待之勤不從出戰大敗死者三千餘人段崇及門下史王宗原展

以身扞刃與勤俱死於是徙金城郡居襄武（襄武縣名屬隴西郡）任仁戰累敗而兵士放縱檻車徵詣廷尉詔獄死段禧病卒復以前校尉侯霸代之遂移居張掖五年春任尚坐無功徵免羌遂入寇河東至河内百姓相驚多奔南度河使北軍中候朱寵將五營士屯孟津詔魏郡趙國常山中山繕作塢候六百一十六所羌既轉盛而二千石令長多内郡人並無守戰意皆爭上徙郡縣以

避寇難朝廷從之遂移隴西徙襄武（縣名屬隴西郡）安定徙美陽（縣名屬右扶風）北地徙池陽（縣名屬左馮翊）上郡徙衙（縣名屬馮翊衙音牙）百姓戀土不樂去舊遂乃刈其禾稼發徹室屋夷營壁破積聚時連旱蝗飢荒而驅蹙劫略流離分散隨道死亡或弃捐老弱或為人僕妾喪其太半復以任尚為侍御史擊衆羌於上黨羊頭山破之（羊頭山在上黨郡穀遠縣）誘殺降者二百餘人乃罷孟津屯其秋漢陽人杜琦及弟季貢同郡王信等與羌通謀聚衆入上邽城琦自稱安漢將軍於是詔購募得琦首者封列侯賜錢百萬羌胡斬琦者賜金百斤銀二百斤漢陽太守趙博遣刺客杜習刺殺琦封習討姦侯賜錢百萬而杜季貢王信等將其衆據樗泉營侍御史唐喜領諸郡兵討破之斬王信等六百餘級沒入妻子五百餘人收金錢綵帛一億已上杜貢亡從滇零六年任尚復坐徵免滇零死子零昌代

立年尚幼少同種狼莫為其計策以杜貢為將軍別居丁奚城七年夏騎都尉馬賢與侯霸掩擊零昌別部牢羌於安定首虜千人得驢騾駱駝馬牛羊二萬餘頭以畀得者（畀音必四反）元初元年春遣兵屯河內通谷衝要三十三所皆作塢壁設鳴鼓零昌遣兵寇雍城又號多與當煎勒姐大豪共脅諸種分兵鈔掠武都漢中巴郡板楯蠻將兵救之漢中五官掾程信率壯士與蠻共擊破之號多退走還斷隴道與零昌通謀侯霸馬賢將湟中吏人及降羌胡於枹罕擊之斬首二百餘級涼州刺史皮楊擊羌於狄道大敗死者八百餘人楊坐徵免侯霸病卒漢陽太守龐參代為校尉參以恩信招誘之二年春號多等率衆七千餘人詣參降遣詣闕賜號多侯印綬遣之參始還居令居通河西道而零昌種衆復分寇益州遣中郎將尹就將南陽兵因發益

部諸郡屯兵擊零昌黨呂叔都等至秋蜀人陳省羅横應募刺殺叔都皆封侯賜錢又使屯騎校尉班雄屯三輔遣左馮翊司馬鈞行征西將軍督右扶風仲光安定太守杜恢北地太守盛包京兆虎牙都尉耿溥右扶風都尉皇甫旗等合八千餘人又龐參將羌胡兵七千餘人與鈞分道並北擊零昌參兵至勇士東爲杜季貢所敗勇士縣名屬天水郡於是引退鈞等獨進攻拔丁奚城大

克獲杜季貢率衆僞逃鈞令光恢包等收羌禾稼光等違鈞節度散兵深入羌乃設伏要擊之鈞在城中怒而不救光並沒死者三千餘人鈞乃遁還坐徵自殺龐參以失期軍敗抵罪以馬賢代領校尉事後遣任尚爲中郎將將羽林緹騎五營子弟三千五百人代班雄屯三輔尚臨行懷令虞詡說尚曰使君頻奉國命討逐寇賊三州屯兵二十餘萬人弃農桑疲苦徭役而未

有功効勞費日滋若此出不克誠爲使君危之尚曰憂惶久矣不知所如詡曰兵法弱不攻強走不逐飛自然之勢也今虜皆馬騎日行數百來如風雨去如絶絃以步追之勢不相及所以曠而無功也爲使君計者莫如罷諸郡兵各令出錢數千二十人共市一馬如此可捨甲胄馳輕兵以萬騎之衆逐數千之虜追尾掩截尾猶尋也其道自窮便人利事大功立矣尚大喜即上言

用其計乃遣輕騎鈔擊杜季貢於丁奚城斬首四百餘級獲牛馬羊數千頭明年夏度遼將軍鄧遵率南單于及左鹿蠡王須沈萬騎擊零昌於靈州縣名屬北地郡斬首八百餘級封須沈爲破虜侯金印紫綬賜金帛各有差任尚遣兵擊破先零羌於丁奚城秋築馮翊北界候塢五百所任尚又遣假司馬募陷陳士擊零昌於北地殺其妻子得牛馬羊二萬頭燒其廬落斬首七百餘

級得僭號文書及所沒諸將印綬四年春
尚遣當闐種羌榆鬼等五人刺殺杜季貢
封榆鬼爲破羌矦其夏尹就以不能定益
州坐徵抵罪以益州刺史張喬領尹就軍
屯招誘叛羌稍稍降散秋任尚復募效功
種號封刺殺零昌封號封爲羌王冬任尚
將諸郡兵與馬賢並進北地擊狼莫賢先
至安定青石岸狼莫逆擊敗之會尚兵到
高平（縣名屬安定郡）因合埶俱進狼莫等引退乃

轉營迫之至北地相持六十餘日戰於富
平河上（富平縣屬北地郡）大破之斬首五千級還得
所略人男女千餘人牛馬驢羊駱駝十餘
萬頭狼莫逃走於是西河虔人種羌萬一
千口詣鄧遵降五年鄧遵募上郡全無種
羌雕何等刺殺狼莫賜雕何爲羌矦封遵
武陽矦三千戶遵以太后從弟故爵封優
大任尚與遵爭功又詐增首級受賕枉法
臧千萬已上檻車徵弃市沒入田廬奴婢

財物自零昌狼莫死後諸羌瓦解三輔益
州無復寇儆自羌叛十餘年閒兵連師老
不暫寧息軍旅之費轉運委輸用二百四
十餘億府帑空竭延及內郡邊民死者不
可勝數并涼二州遂至虛耗六年春勒姐
種與隴西種羌號良等通謀欲反馬賢逆
擊之於安故斬號良及種人數百級皆降
散永寧元年春上郡沈氐種羌五千餘人
復寇張掖其夏馬賢將萬人擊之初戰失

利死者數百人明日復戰破之斬首千八
百級獲生口千餘人馬牛羊以萬數餘虜
悉降時當煎種大豪飢等以賢兵在張掖
乃乘虛寇金城賢還軍追之出塞斬首數
千級而還燒當燒何種聞賢軍還率三千
餘人復寇張掖殺長吏初飢五同種大豪
盧怱忍良等千餘戶別留允街而首施兩
端（首施猶首鼠也）建光元年春馬賢率兵召盧怱
斬之因放兵擊其種人首虜二千餘人掠

馬牛羊十萬頭忍良等皆亡出塞壘書封賢安亭侯食邑千户忍良等以麻奴兄弟本燒當世嫡而賢撫恤不至常有怨心秋遂相結共脅將諸種步騎三千人寇湟中攻金城諸縣賢將先零種赴擊之戰於牧死兵敗死者四百餘人麻奴等又敗武威張掖郡兵於令居因脅將先零沈氐諸種四千餘户緣山西走寇武威賢追到鸞鳥招引之（鸞鳥縣名屬武威郡鸞音爵）諸種降者數千麻奴

南還湟中延光元年春賢追到湟中麻奴出塞度河賢復追擊戰破之種衆散遁詣涼州刺史宗漢降麻奴等孤弱飢困其年冬將種衆三千餘户詣漢陽太守耿种降安帝假金印紫綬賜金銀綵繒各有差是歲虔人種羌與上郡胡反攻穀羅城度遼將軍耿夔將諸郡兵及烏桓騎赴擊破之三年秋隴西郡始還狄道焉麻奴弟犀苦立順帝永建元年隴西鍾羌反校尉馬賢

將七千餘人擊之戰於臨洮斬首千餘級皆率種人降進封賢都鄉侯自是涼州無事至四年尚書僕射虞詡上疏曰臣聞子孫以奉祖爲孝君上以安民爲明此高宗周宣所以上配湯武也禹貢雍州之域厥田惟上且沃野千里穀稼殷積又有龜茲鹽池以爲民利（上郡龜茲縣有鹽官即雍州之域也）水草豐美土宜產牧牛馬銜尾羣羊塞道北阻山河乘阸據險因渠以溉水舂河漕（水舂即水碓也）用功

省少而軍糧饒足故孝武皇帝及光武築朔方開西河置上郡皆爲此也而遭元元無妄之灾衆羌內潰（前書音義曰無妄者無所望也萬物無所望於天灾異之大也）郡縣兵荒二十餘年夫弃沃壤之饒損自然之財不可謂利離河山之阻守無險之處難以爲固今三郡未復園陵單外（園陵謂長安諸陵園也單外謂無守固也）而公卿選懦容頭過身（前書音義曰選懦柔怯也懦音而掾反）張解設難但計所費不圖其安宜開聖德考行所長書奏帝乃復三

郡使謁者郭璜督促徙者各歸舊縣繕城郭置候驛既而激河浚渠爲屯田省內郡費歲一億計遂令安定北地上郡及隴西金城常儲穀粟令周數年馬賢以犀苦兄弟數背叛因繫質於令居令音零其冬賢坐徵免右扶風韓皓代爲校尉明年犀苦詣皓自言求歸故地皓復不遣因轉湟中屯田置兩河間以逼羣羌皓復坐徵張掖太守馬續代爲校尉兩河間羌以屯田近之

恐必見圖乃解仇詛盟各自儆備續欲先示恩信乃上移屯田還湟中羌意乃安至陽嘉元年以湟中地廣更增置屯田五部并爲十部二年夏復置隴西南部都尉如舊制前書南部都尉都隴西郡臨洮縣三年鍾羌良封等復寇隴西漢陽詔拜前校尉馬賢爲謁者鎮撫諸種馬續遣兵擊良封斬首數百級四年馬賢亦發隴西吏士及羌胡兵擊殺良封斬首千八百級獲馬牛羊五萬餘頭良封

親屬並詣賢降賢復進擊鍾羌且昌且昌等率諸種十餘萬詣涼州刺史降永和元年馬續遷度遼將軍復以馬賢代爲校尉初武都塞上白馬羌攻破屯官反叛連年二年春廣漢屬國都尉擊破之斬首六百餘級馬賢又擊斬其渠帥飢指累祖等三百級於是隴右復平明年冬燒當種那離等三千餘騎寇金城塞馬賢將兵赴擊斬首四百餘級獲馬千四百匹那離等復西

招羌胡殺傷吏民四年馬賢將湟中義從兵及羌胡萬餘騎掩擊那離等斬之獲首虜千二百餘級得馬騾羊十萬餘頭徵賢爲弘農太守以來機爲并州刺史劉秉爲涼州刺史並當之職大將軍梁商謂機等曰戎狄荒服蠻夷要服荒服在九州之外也言其荒忽無常要服在九州之內侯衞之外言以文德要來之言其荒忽無常而統領之道亦無常法臨事制宜略依其俗今三君素性疾惡欲分明白黑孔子曰人而不仁疾

之巳甚亂也（論語文也鄭玄注云不仁之人當以風化之疾之巳甚是又使之爲亂行）況戎狄乎其務安羌胡防其大故忍其小過機等天性虐刻遂不能從（虐或作庸庸薄也）到州之日多所擾發五年夏且凍傅難種羌等遂反叛攻金城與西塞及湟中雜種羌胡大寇三輔殺害長吏機秉並坐徵於是發京師近郡及諸州兵討之拜馬賢爲征西將軍以騎都尉耿叔副將左右羽林五校士及諸州郡兵十萬人屯漢陽又於扶風

漢陽隴道作塢壁三百所置屯兵以保聚百姓且凍分遣種人寇武都燒隴關掠苑馬六年春馬賢將五六千騎擊之到射姑山（射音夜）賢軍敗賢及二子皆戰歿順帝愍之賜布三千匹穀千斛封賢孫光爲舞陽亭侯租入歲百萬遣侍御史督錄征西營兵存恤死傷於是東西羌遂大合鞏唐種三千餘騎寇隴西又燒園陵掠關中殺傷長吏郃陽令任頵追擊戰死（郃陽同州縣也頵音於筠反）

遣中郎將龐浚募勇士千五百人頓美陽爲涼州援武威太守趙冲追擊鞏唐羌斬首四百餘級得馬牛羊驢萬八千餘頭羌二千餘人降詔冲督河西四郡兵爲節度罕種羌千餘寇北地北地太守賈福與趙冲擊之不利秋諸種八九千騎寇武威涼部震恐於是復徙安定居扶風北地居馮翊遣行車騎將軍執金吾張喬將左右羽林五校士及河内南陽汝南兵萬五千屯

三輔漢安元年以趙冲爲護羌校尉冲招懷叛羌罕種乃率邑落五千餘户詣冲降於是罷張喬軍屯唯燒何種三千餘落據參䜌北界（參䜌縣名屬安定郡䜌音力全反）三年夏趙冲與漢陽太守張貢掩擊之斬首千五百級得牛羊驢十八萬頭冬冲擊諸種斬首四千餘級詔冲一子爲郎冲復追擊於阿陽斬首八百級（阿陽縣屬漢陽郡）於是諸種前後三萬餘户詣涼州刺史降建康元年春護羌從事

馬玄遂爲諸羌所誘將羌衆亡出塞領護
羌校尉衛瑶追擊玄等斬首八百餘級得
牛馬羊二十餘萬頭趙冲復追叛羌到建
威鸇陰河（續漢書建威作武威鸇陰縣名屬安定郡）軍度竟所將
降胡六百餘人叛走冲將數百人追之遇
羌伏兵與戰歿冲雖身死而前後多所斬
獲羌由是衰耗永嘉元年封冲子愷義陽
亭侯以漢陽太守張貢代爲校尉左馮翊
梁並稍以恩信招誘之於是離湳狐奴等

後漢列傳七十七　三十六　蔡志遠

五萬餘户詣並降隴右復平並大將軍冀
之宗人封爲鄠侯邑二千户自永和羌叛
至乎是歲十餘年間費用八十餘億諸將
多斷盜牢稟私自潤入（前書音義曰牢價直）皆以珍
寶貨賂左右上下放縱不恤軍事士卒不
得其死者白骨相望於野桓帝建和二年
白馬羌寇廣漢屬國殺長吏是時西羌及
湟中胡復畔爲寇益州刺史率板楯蠻討
破之斬首招降二十萬人永壽元年校尉

張貢卒以前南陽太守第五訪代爲校尉
甚有威惠西垂無事延熹二年訪卒以中
郎將段熲代爲校尉時燒當八種寇隴右
熲擊大破之四年零吾復與先零及上郡
沈氏牢姐諸種并力寇并涼及三輔會段
熲坐事徵以濟南相胡閎代爲校尉閎無
威略羌遂陸梁覆没營塢寇患轉盛中郎
將皇甫規擊破之五年沈氏諸種復寇張
掖酒泉皇甫規招之皆降事已具規傳鳥

後漢列傳七十七　三十七　蔡仁

吾種復寇漢陽隴西金城諸郡兵共擊破
之各還降附至冬滇那等五六千人復攻
武威張掖酒泉燒民廬舍六年隴西太守
孫羌擊破之斬首溺死三千餘人胡閎疾
復以段熲爲校尉永康元年東羌岸尾等
脅同種連寇三輔中郎將張奐追破斬之
事已具奐傳當煎羌寇武威破羌將軍段
熲復破滅之餘悉降散事已具熲傳靈帝
建寧三年燒當羌奉使貢獻中平元年北

地降羌先零種因黃巾大亂乃與漢中羌義從胡北宮伯玉等反寇隴右事已具董卓傳興平元年馮翊降羌反寇諸縣郭汜樊稠擊破之斬首數千級自爰劒後子孫支分凡百五十種其九種在賜支河首以西及在蜀漢徼北前史不載口數唯參狼在武都勝兵數千人其五十二種衰少不能自立分散爲附落或絕滅無後或引而遠去其八十九種唯鍾最強勝兵十餘萬

其餘大者萬餘人小者數千人更相鈔盜盛衰無常無慮順帝時勝兵合可二十萬人（無慮猶都凡也）發羌唐旄等絕遠未嘗往來氂牛白馬羌在蜀漢其種別名號皆不可紀知也建武十三年廣漢塞外白馬羌豪樓登等率種人五千餘户內屬光武封樓登爲歸義君長至和帝永元六年蜀郡徼外大牂夷種羌豪造頭等率種人五十餘萬口內屬拜造頭爲邑君長賜印綬至安帝永初元年蜀郡徼外羌龍橋等六種萬七千二百八十口內屬明年蜀郡徼外羌薄申等八種三萬六千九百口復舉土內屬冬廣漢塞外參狼種羌二千四百口復來內屬桓帝建和二年白馬羌千餘人寇廣漢屬國殺長吏益州刺史率板楯蠻討破之

湟中月氏胡其先大月氏之別也舊在張掖酒泉地月氏王與匈奴冒頓所殺餘種分散西踰葱領其羸弱者南入山阻依諸

羌居止遂與共婚姻及驃騎將軍霍去病破匈奴取西河地開湟中於是月氏來降與漢人錯居雖依附縣官而首施兩端其從漢兵戰鬭隨埶強弱被服飲食言語略與羌同亦以父名母姓爲種其大種有七勝兵合九千餘人分在湟中及令居又數百户在張掖號曰義從胡中平元年與北宮伯玉等反殺護羌校尉泠徵金城太守陳懿遂寇亂隴右焉

論曰羌戎之患自三代尚矣漢世方之匈奴頗爲衰寡而中興以後邊難漸大朝規失綏御之和戎帥騫然諾之信其内屬者或倥偬於豪右之手或屈折於奴僕之勤塞候時清則憤怒而思禍桴革暫動則屬鞬以鳥驚桴擊鼓槌也革甲也鞬箭服也左傳晉文公曰右屬櫜鞬鞬音紀言反故永初之閒羣種蜂起遂解仇嫌結盟詛招引山豪轉相嘯聚揭木爲兵負柴爲械轂馬揚埃陸梁於三輔建號稱制恣睢於北

地前書班固曰乃始恣睢奮其威詐恣睢肆怒之貌也睢音火季反東犯趙魏之郊南入漢蜀之鄙塞湟中斷隴道燒陵園剽城市傷敗踵係羽書日聞羽書即檄書也魏武奏事曰邊有警急即插羽以示急也并涼之士特衝殘斃肚悍則委身於兵埸女婦則徽纆而爲虜說文曰徽糾繩也纆索也發冢露胔死生塗炭胔音才賜反自西戎作逆未有陵斥上國若斯其熾也和熹以女君親政威不外接朝議憚兵力之損情存苟安或以邊州難援宜見捐弃或懼疸食浸

淫莫知所限謀夫回遑猛士疑慮遂徙西河四郡之人雜寓關右之縣發屋伐樹塞其戀土之心燔破貲積以防顧還之思於是諸將鄧騭任尚馬賢皇甫規張奐之徒爭設雄規更奉征討之命徵兵會衆以圖其隙馳騁東西奔救首尾搖動數州之境日耗千金之資至於假人增賦借奉侯王引金錢縑綵之珍徵糧粟鹽鐵之積所以賂遺購賞轉輸勞來之費前後數十巨萬

或梟剋酋健摧破附落降俘載路牛羊滿山軍書未奏其利害而離叛之狀已言矣奏猶上也故得不酬失功不半勞暴露師徒連年而無所勝官人屈竭烈士憤喪段熲受事專掌軍任貲山西之猛性練戎俗之態情窮武思盡飈鋭以事之被羽前登身當百死之陳前書揚雄曰蒙盾負羽也蒙没冰雪經履千折之道始殄西種卒定東寇若乃陷擊之所殲傷追走之所崩籍頭顱斷落於萬丈之

山支革判解於重崖之上不可校計顱音盧廣雅曰顱顙顟也支謂四支革皮也其能穿竄草石自脫於鋒鏃者百不一二而張奐盛稱戎狄一氣所生不宜誅盡流血汙野傷和致妖是何言之迂乎羌雖外患實深內疾若攻之不根是養疾疴於心腹也根謂盡其根本惜哉寇敵略定矣而漢祚亦衰焉嗚呼昔先王疆理九土判別戠荒知夷貊殊性難以道御故斥遠諸華薄其貢職唯與辭要而已若二漢御戎

後漢列傳七十七　四十二

之方失其本矣何則先零侵境趙充國遷之內地宣帝時後將軍趙充國擊先零還於金城郡置屬國以處降羌當煎作寇馬文淵徙之三輔貪其暫安之埶信其馴服之情計日用之權宜忘經世之遠略豈夫識微者之爲乎故微子垂泣於象箸帝王紀曰紂作象箸箕子爲父師歎曰象箸不施於土簋不盛於菽藿必須犀玉之杯食熊蹯豹胎臣賢案史記及韓子並云箕子今云微子蓋誤辛有浩歎於伊川也左傳曰周平王之東遷也大夫辛有適伊川見被髮而祭於野者曰不及百年此其戎乎後秦遷陸渾戎于伊川言國之地不宜徙戎居之後將爲患也

贊曰金行氣剛播生西羌氐豪分種遂用殷彊虔劉隴北假借涇陽涇陽縣屬安定郡朝勞內謀兵憊外攘憊疾至也音白拜反

後漢書列傳卷第七十七

後漢列傳七十七　四十三　章聯

列傳卷第七十八　范曄　後漢書八十八

唐章懷太子賢注

西域

武帝時西域內屬有三十六國漢爲置使者校尉領護之（前書曰自李廣利征討大宛之後屯田渠犂置使者領護營田以供使外國也）宣帝改曰都護（宣帝時鄭吉以侍郎田渠犂發兵攻車師遷衛司馬使護鄯善以西南道其後匈奴日逐王降吉漢以吉前破車師後降日逐遂并令護車師以西北道號曰都護都護之置始自於吉也）元帝又置戊己二校尉屯田於車師前王庭（漢官儀曰戊己中央鎮覆四方又開渠播種以爲厭勝故稱戊己焉車師有前王後王國也）哀平間自相分割爲五十五國王莽篡位貶易侯王由是西域怨叛（前書曰莽即位改匈奴單于印璽爲章和親遂絶西域亦瓦解焉）與中國遂絶並復役屬匈奴匈奴斂稅重刻諸國不堪命建武中皆遣使求內屬願請都護光武以天下初定未遑外事竟不許之會匈奴衰弱莎車王賢誅滅諸國賢死之後遂更相攻伐小宛精絶戎盧且末爲鄯善所并（音子余反）渠勒皮山爲于窴所統悉有其地

立單桓孤胡烏貪訾離爲車師所滅後其國並復立永平中北虜乃脅諸國共寇河西郡縣城門晝閉十六年明帝乃命將帥北征匈奴取伊吾盧地（在今伊州伊吾縣也）置宜禾都尉以屯田遂通西域于窴諸國皆遣子入侍西域自絶六十五載乃復通焉明年始置都護戊己校尉及明帝崩焉耆龜茲（龜茲讀曰丘慈下並同）攻没都護陳睦悉覆其衆匈奴車師圍戊己校尉建初元年春酒泉太守段

彭大破車師於交河城章帝不欲疲敝中國以事夷狄乃迎還戊己校尉不復遣都護二年復罷屯田伊吾匈奴因遣兵守伊吾地時軍司馬班超留于窴綏集諸國和帝永元元年大將軍竇憲大破匈奴二年憲因遣副校尉閻槃將二千餘騎掩擊伊吾破之三年班超遂定西域因以超爲都護居龜茲復置戊己校尉領兵五百人居車師前部高昌壁又置戊部候居車師後

部侯城相去五百里六年班超復擊破焉耆於是五十餘國悉納質内屬其條支安息諸國至于海瀕四萬里外皆重譯貢獻九年班超遣掾甘英窮臨西海而還（續漢書甘英作甘菟）皆前世所不至山經所未詳莫不備其風土傳其珍怪焉於是遠國蒙奇兜勒皆來歸服遣使貢獻及孝和晏駕西域背畔安帝永初元年頻攻圍都護任尚段禧等（禧音書基反）朝廷以其險遠難相應赴詔罷

都護自此遂弃西域北匈奴即復收屬諸國共爲邊寇十餘歲敦煌太守曹宗患其暴害元初六年乃上遣行長史索班將千餘人屯伊吾以招撫之於是車師前王及鄯善王來降數月北匈奴復率車師後部王共攻没班等遂擊走其前王鄯善逼急求救於曹宗宗因此請出兵擊匈奴報索班之恥復欲進取西域鄧太后不許但置護西域副校尉居敦煌復部營兵

人羈縻而已其後北虜連與車師入寇河西朝廷不能禁議者因欲閉玉門陽關以絶其患（玉門陽關二關名也在敦煌西界）延光二年敦煌太守張璫上書陳三策以爲北虜呼衍王常展轉蒲類秦海之間（大秦國在西海西故曰秦海也）專制西域共爲寇鈔今以酒泉屬國吏士二千餘人集昆侖塞（前書敦煌郡廣至縣有昆侖障也宜禾都尉居也廣至故城在今瓜州常樂縣東）先擊呼衍王絶其根本因發鄯善兵五千人脅車師後部此上計也若不能出

兵可置軍司馬將士五百人四郡供其犂牛穀食出據柳中此中計也（武帝初置酒泉武威張掖敦煌列四郡據兩關焉柳中今西州縣也）如又不能則宜弃交河城收鄯善等悉使入塞此下計也朝廷下其議尚書陳忠上疏曰臣聞八蠻之寇莫甚北虜漢興高祖窘平城之圍太宗屈供奉之恥（窘困也高帝自擊匈奴至平城爲冒頓單于圍於白登七日乃得解太宗文帝也賈誼上疏曰匈奴嫚侮侵掠而漢歲致金絮繒綵以奉之夷狄徵令人主之操天子供貢是臣下之禮故云恥也）故孝武憤怒深惟久長之計命遣虎臣浮河

絕漢窮破虜庭（沙土曰漠，直度曰絕也。）當斯之役，黥首隕於狼望之北，財幣糜於盧山之壑（壑，溝也），府（匈奴中地名也。前書揚雄曰：前代豈樂無量之費，快心於狼望之北，塡盧山之壑而不悔也。）庫單竭，杼柚空虛，筭至舟車，貲及六畜。（武帝時，國用不足，筭至車、舟，租及六畜，言皆計其所得以出筭。軺車一筭，商賈車二筭，船五丈以上一筭，六畜無文，以此言之，無物不筭。）夫豈不懷慮久故也。（懷，思也。）遂開河西四郡以隔絕南羌（前書云：起敦煌、酒泉、張掖，以隔婼羌，裂匈奴之右臂也。），收三十六國，斷匈奴右臂。是以單于孤特，鼠竄遠藏。至於宣元之世，遂備蕃臣，（宣帝、元帝時，呼韓邪單于數入朝，稱臣奉貢。）關徼不閉，羽檄不行。由此察之，戎狄可以威服，難以化狎。西域內附日久，區區東望扣關者數矣，此其不樂匈奴慕漢之效也。今北虜已破車師，埶必南攻鄯善，弃而不救，則諸國從矣。若然，則虜財賄益增，膽埶益殖，（殖，生也。）威臨南羌，與之交連。如此，河西四郡危矣。河西既危，不得不救，則百倍之役興，不訾之費發矣。議者但念西域絕遠，卹之煩費，不見先世苦心勤勞之意也。方今邊境守禦之具不精，內郡武衛之備不脩，敦煌孤危，遠來告急，復不輔助，內無以慰勞吏民，外無以威示百蠻。蹙國減土，經有明誡。（毛詩曰：昔先王受命，有如邵公，日辟國百里，今也日蹙國百里也。）臣以為敦煌宜置校尉，案舊增四郡屯兵，以西撫諸國，庶足折衝萬里，震怖匈奴。（淮南子曰：修政於廟堂之上，而折衝千里之外也。）帝納之，乃以班勇（班勇，班超之子。）為西域長史，將弛刑士五百人西屯柳中。勇遂破平車師。自建武至于延光，西域三絕三通。順帝永建二年，勇復擊降焉耆。於是龜茲、疏勒、于寘、莎車等十七國皆來服從，而烏孫、葱領已西遂絕。六年，帝以伊吾舊膏腴之地，傍近西域，匈奴資之以為鈔暴，復令開設屯田，如永元時事，置伊吾司馬一人。自陽嘉以後，朝威稍損，諸國驕放，轉相陵伐。元嘉二年，長史王敬為于寘所沒。永興元年，車師後王復反攻屯營。雖有降首，（首猶服也，音式救反。）曾莫懲革，自此浸以踈慢矣班固記諸國風土人俗皆已詳備前書今撰建武以後其事異於先者以爲西域傳皆安帝末班勇所記云西域内屬諸國東西六千餘里南北千餘里東極玉門陽關西至葱嶺其東北與匈奴烏孫相接南北有大山中央有河其南山東出金城與漢南山屬焉其河有兩源一出葱嶺東流（葱嶺山名也西河舊事云其山高大生葱故名）一出于窴南山下北流與葱嶺河合東注蒲昌海

蒲昌海一名鹽澤去玉門三百餘里自敦煌西出玉門陽關涉鄯善北通伊吾千餘里自伊吾北通車師前部高昌壁千二百里自高昌壁北通後部金蒲城五百里此其西域之門戶也故戊已校尉更互屯焉伊吾地宜五穀桑麻蒲萄其北又有柳中皆高腴之地故漢常與匈奴爭車師伊吾以制西域焉自鄯善踰葱嶺出西諸國有兩道傍南山北陂河西行（續河曰陂音彼義反次下亦同史記曰陂山通道）至莎車爲南道南道西踰葱領則出大月氏安息之國也自車師前王庭隨北山陂河西行至疏勒爲北道北道西踰葱領出大宛康居奄蔡焉耆出玉門經鄯善且末精絶三千餘里至拘彌

拘彌國居寧彌城去長史所居柳中四千九百里（續漢書曰寧彌國王本名拘彌）去洛陽萬二千八百里領戶二千一百七十三口七千二百五十一勝兵千七百六十人順帝永建四年

于窴王放前殺拘彌王興自立其子爲拘彌王而遣使者貢獻於漢敦煌太守徐由上求討之帝赦于窴罪令歸拘彌國放前不肯陽嘉元年徐由遣疏勒王臣槃發二萬人擊于窴破之斬首數百級放兵大掠更立興宗人成國爲拘彌王而還至靈帝熹平四年于窴王安國攻拘彌大破之殺其王死者甚衆戊已校尉西域長史各發兵輔立拘彌侍子定興爲王時人衆裁有

千口其國西接于寘三百九十里

于寘國居西城去長史所居五千三百里去洛陽萬一千七百里領戶三萬二千口八萬三千勝兵三萬餘人建武末莎車王賢強盛攻并于寘徙其王俞林爲驪歸王明帝永平中于寘將休莫霸反莎車自立爲于寘王休莫霸死兄子廣德立後遂滅莎車其國轉盛從精絕西北至疏勒十三國皆服從而鄯善王亦始強盛自是南道

自葱領以東唯此二國爲大順帝永建六年于寘王放前遣侍子詣闕貢獻元嘉元年長史趙評在于寘病癰死評子迎喪道經拘彌拘彌王成國與于寘王建素有隙乃語評子云于寘王令胡醫持毒藥著創中故致死耳評子信之還入塞以告敦煌太守馬達明年以王敬代爲長史達令敬隱覈其事敬先過拘彌成國復說云于寘國人欲以我爲王今可因此罪誅建于寘必服矣敬貪立功名且受成國之說前到于寘設供具請建而陰圖之或以敬謀告建建不信曰我無罪王長史何爲欲殺我旦日建從官屬數十人詣敬坐定建起行酒敬叱左右執之吏士並無殺建意官屬悉得突走時成國主簿秦牧隨敬在會持刀出曰大事已定何爲復疑即前斬建于寘侯將輸僰等遂會兵攻敬敬持建頭上樓宣告曰天子使我誅建耳于寘侯將遂

焚營舍燒殺吏士上樓斬敬懸首於市輸僰欲自立爲王國人殺之而立建子安國馬馬達聞之欲將諸郡兵出塞擊于寘桓帝不聽徵達還而以宋亮代爲敦煌太守亮到開募于寘令自斬輸僰時輸僰死已經月乃斷死人頭送敦煌而不言其狀亮後知其詐而竟不能出兵于寘恃此遂驕

自于寘經皮山至西夜子合德若焉

西夜國一名漂沙去洛陽萬四千四百里

戸二千五百口萬餘勝兵三千人地生白草有毒國人煎以爲藥傅箭鏃所中即死漢書中誤云西夜子合是一國今各自有王（前書云西夜國王號子合王）子合國居呼犍谷（犍音九言反）去疏勒千里領戸三百五十口四千勝兵千人德若國領戸百餘口六百七十勝兵三百五十人東去長史居三千五百三十里去洛陽萬二千一百五十里與子合相接其俗皆同自皮山西南經烏秅（前書音義音鷃拏又云烏音一加反秅音直加反急言之如鷃拏反）涉懸度歷罽賓六十餘日行至烏弋山離國地方數千里時改名排持復西南馬行百餘日至條支

後漢列傳七十八　十二　王仲

條支國城在山上周回四十餘里臨西海海水曲環其南及東北三面路絶唯西北隅通陸道土地暑溼出師子犀牛封牛孔雀大雀大雀其卵如甕轉北而東復馬行六十餘日至安息後役屬條支爲置大將監領諸小城焉

安息國居和櫝城去洛陽二萬五千里北與康居接南與烏弋山離接地方數千里小城數百戸口勝兵最爲殷盛其東界木鹿城號爲小安息去洛陽二萬里章帝章和元年遣使獻師子符拔符拔形似麟而無角和帝永元九年都護班超遣甘英使大秦抵條支臨大海欲度而安息西界船人謂英曰海水廣大往來者逢善風三月乃得度若遇遲風亦有二歲者故入海人皆齎三歲糧海中善使人思土戀慕數有死亡者英聞之乃止十三年安息王滿屈復獻師子及條支大鳥時謂之安息雀自安息西行三千四百里至阿蠻國從阿蠻西行三千六百里至斯賓國從斯賓南行度河又西南至于羅國九百六十里安息西界極矣自此南乘海乃通大秦其土多海西珍奇異物焉

後漢列傳七十八　十二　陳仲

大秦國一名犂鞬以在海西亦云海西國

地方數千里有四百餘城小國役屬者數十以石爲城郭列置郵亭皆至塈之塈飾也音火旣反郭璞曰塈白土也音惡有松柏諸木百草人俗力田作多種樹蠶桑皆髡頭而衣文繡乘輜軿白蓋小車出入擊鼓建旌旗幡幟所居城邑周圜百餘里城中有五宮相去各十里宮室皆以水精爲柱食器亦然其王日游一宮聽事五日而後徧常使一人持囊隨王車人有言事者即以書投囊中王至宮發省理其枉直各有官曹文書置三十六將皆會議國事其王無有常人皆簡立賢者國中災異及風雨不時輒廢而更立受放者甘黜不怨其人民皆長大平正有類中國故謂之大秦土多金銀奇寶有夜光璧明月珠駭鷄犀抱朴子曰通天犀有一白理如綖者以盛米置羣雞中雞欲往啄米至輒驚却故南人名爲駭雞珊瑚虎魄琉璃琅玕朱丹青碧刺金縷繡織成金縷罽雜色綾作黃金塗火浣布又有細布或言水羊毛毳野蠶繭

所作也合會諸香煎其汁以爲蘇合凡外國諸珍異皆出焉以金銀爲錢銀錢十當金錢一與安息天竺交市於海中利有十倍其人質直市無二價穀食常賤國用富饒鄰國使到其界首者乘驛詣王都至則給以金錢其王常欲通使於漢而安息欲以漢繒綵與之交市故遮閡不得自達閡音五代反至桓帝延熹九年大秦王安敦遣使自日南徼外獻象牙犀角瑇瑁始乃一通焉其所表貢並無珍異疑傳者過焉或云其國西有弱水流沙近西王母所居處幾於日所入也漢書云從條支西行二百餘日近日所入則與今書異矣前世漢使皆自烏弋以還莫有至條支者也又云從安息陸道繞海北行出海西至大秦人庶連屬十里一亭三十里一置置驛也終無盜賊寇警而道多猛虎師子遮害行旅不百餘人齎兵器輒爲所食又言有飛橋數百里可

度海北諸國所生奇異玉石諸物譎怪多不經故不記云魚豢魏略曰大秦國俗多奇幻口中出火自縛自解跳十二丸巧妙非常

大月氏國氏音支下並同居藍氏城前書藍氏作監氏西接安息四十九日行東去長史所居六千五百三十七里去洛陽萬六千三百七十里戶十萬口四十萬勝兵十餘萬人初月氏爲匈奴所滅遂遷於大夏分其國爲休密雙靡貴霜肹頓都密凡五部翖侯後百餘歲貴霜翖侯丘就卻攻滅四翖侯自立爲

王國號貴霜王侵安息取高附地又滅濮達罽賓悉有其國丘就卻年八十餘死子閻膏珍代爲王復滅天竺置將一人監領之月氏自此之後最爲富盛諸國稱之皆曰貴霜王漢本其故號言大月氏云

高附國在大月氏西南亦大國也其俗似天竺而弱易服善賈販內富於財所屬無常天竺罽賓安息三國強則得之弱則失之而未嘗屬月氏漢書以爲五翖侯數非其實也後屬安息及月氏破安息始得高附

天竺國一名身毒在月氏之東南數千里俗與月氏同而卑溼暑熱其國臨大水乘象而戰其人弱於月氏脩浮圖道不殺伐遂以成俗浮圖即佛也從月氏高附國以西南至西海東至磐起國皆身毒之地身毒有別城數百城置長別國數十國置王雖各小異而俱以身毒爲名其時皆屬月氏月氏

殺其王而置將令統其人土出象犀瑇瑁金銀銅鐵鉛錫西與大秦通有大秦珍物又有細布好毾㲪毾音它㲪音登埤蒼曰毛席也釋名曰施之承大牀前小榻上登以上牀也諸香石蜜胡椒薑黑鹽和帝時數遣使貢獻後西域反畔乃絕至桓帝延熹二年四年頻從日南徼外來獻世傳明帝夢見金人長大項有光明以問羣臣或曰西方有神名曰佛其形長丈六尺而黃金色帝於是遣使天竺問佛道法遂於中

國圖畫形像焉楚王英始信其術中國因此頗有奉其道者後桓帝好神數祀浮圖老子百姓稍有奉者後遂轉盛

東離國居沙奇城在天竺東南三千餘里大國也其土氣物類與天竺同列城數十皆稱王大月氏伐之遂臣服焉男女皆長八尺而怯弱乘象駱駝往來鄰國有寇乘象以戰

栗弋國屬康居出名馬牛羊蒲萄衆果其

土水美故蒲萄酒特有名焉

嚴國在奄蔡北屬康居出鼠皮以輸之奄蔡國改名阿蘭聊國居地城屬康居土氣溫和多楨松白草（前書音義曰白草草之白者又去似莠而細熟時正白牛馬所食焉）民俗衣服與康居同

莎車國西經蒲犁無雷至大月氏東去洛陽萬九百五十里匈奴單于因王莽之亂略有西域唯莎車王延最強不肯附屬元帝時嘗爲侍子長於京師慕樂中國亦復參其典法常勑諸子當世奉漢家不可負也天鳳五年延死謚忠武王子康代立光武初康率傍國拒匈奴擁衛故都護吏士妻子千餘口檄書河西問中國動靜自陳思慕漢家建武五年河西大將軍竇融乃承制立康爲漢莎車建功懷德王西域大都尉五十五國皆屬焉九年康死謚宣成王弟賢代立攻破拘彌西夜國皆殺其王而立其兄康兩子爲拘彌西夜王十四年

賢與鄯善王安並遣使詣闕貢獻於是西域始通葱領以東諸國皆屬賢十七年賢復遣使奉獻請都護天子以問大司空竇融以爲賢父子兄弟相約事漢款誠又至宜加號位以鎮安之帝乃因其使賜賢西域都護印綬及車旗黃金錦繡敦煌太守裴遵上言夷狄不可假以大權又令諸國失望詔書收還都護印綬更賜賢以漢大將軍印綬其使不肯易遵迫奪之賢由是

始恨而猶詐稱大都護移書諸國諸國悉服屬焉號賢爲單于賢浸以驕橫重求賦稅數攻龜茲諸國諸國愁懼二十一年冬車師前王鄯善焉耆等十八國俱遣子入侍獻其珍寶及得見皆流涕稽首願得都護天子以中國初定北邊未服皆還其侍子厚賞賜之是時賢自負兵強欲并兼西域攻擊益甚諸國聞都護不出而侍子皆還大憂恐乃與敦煌太守檄願留侍子以

示莎車言侍子見留都護尋出冀且息其兵裴遵以狀聞天子許之二十二年賢知都護不至遂遺鄯善王安書令絕通漢道安不納而殺其使賢大怒發兵攻鄯善安迎戰兵敗亡入山中賢殺略千餘人而去其冬賢復攻殺龜茲王遂兼其國鄯善焉耆諸國侍子久留敦煌愁思皆亡歸鄯善王上書願復遣子入侍更請都護都護不出誠迫於匈奴天子報曰今使者大兵未

能得出如諸國力不從心東西南北自在也於是鄯善車師復附匈奴而賢益橫嬀塞王自以國遠遂殺賢使者賢擊滅之立其國貴人駟鞬爲嬀塞王賢又自立其子則羅爲龜茲王賢以則羅年少乃分龜茲爲烏壘國徙駟鞬爲烏壘王又更以貴人爲嬀塞王數歲龜茲國人共殺則羅駟鞬而遣使匈奴更請立王匈奴立龜茲貴人身毒爲龜茲王龜茲由是屬匈奴賢以大

宛貢稅減少自將諸國兵數萬人攻大宛大宛王延留迎降賢因將還國徙拘彌王橋塞提爲大宛王而康居數攻之橋塞提在國歲餘亡歸賢復以爲拘彌王而遣延留還大宛使貢獻如常賢又徙于寘王俞林爲驪歸王立其弟位侍爲于寘王歲餘賢疑諸國欲畔召位侍及拘彌姑墨子合王盡殺之不復置王但遣將鎮守其國位侍子戎亡降漢封爲守節侯莎車將君得

在于寘暴虐百姓患之明帝永平三年其大人都末出城見野豕欲射之豕乃言曰無射我我乃爲汝殺君得都末因此即與兄弟共殺君得而大人休莫霸復與漢人韓融等殺都末兄弟自立爲于寘王復與拘彌國人攻殺莎車將在皮山者引兵歸於是賢遣其太子國相將諸國兵二萬人擊休莫霸霸迎與戰莎車兵敗走殺萬餘人賢復發諸國數萬人自將擊休莫霸霸復破之斬殺過半賢脱身走歸國休莫霸進圍莎車中流矢死兵乃退于寘國相蘇榆勒等共立休莫霸兄子廣德爲王匈奴與龜兹諸國共攻莎車不能下廣德承莎車之敝使弟輔國侯仁將兵攻賢賢連被兵革乃遣使與廣德和先是廣德父拘在莎車數歲於是賢歸其父而以女妻之結爲昆弟廣德引兵去明年莎車相且運等且音子余反下同患賢驕暴密謀反城降于寘反音畨

後漢列傳七十八　二十一　王成

于寘王廣德乃將諸國兵三萬人攻莎車賢城守使使謂廣德曰我還汝父與汝婦汝來擊我何爲廣德曰王我婦父也久不相見願各從兩人會城外結盟賢以問且運且運曰廣德女壻至親宜出見之賢乃輕出廣德遂執賢而且運等因内于寘兵虜賢妻子而并其國鎖賢將歸歲餘殺之匈奴聞廣德滅莎車遣五將發焉耆尉黎龜兹十五國兵三萬餘人圍于寘廣德乞降以其太子爲質約歲給罽絮冬匈奴復遣兵將賢質子不居徵立爲莎車王廣德又攻殺之更立其弟齊黎爲莎車王章帝元和三年時長史班超發諸國兵擊莎車大破之由是遂降漢事已具班超傳莎車東北至疏勒

後漢列傳七十八　二十二

疏勒國去長史所居五千里去洛陽萬三百里領兵二萬一千勝兵三萬餘人明帝永平十六年龜兹王建攻殺疏勒王成自

以龜茲左侯兜題爲疏勒王冬漢遣軍司馬班超刼縛兜題而立成之兄子忠爲疏勒王忠後反畔超擊斬之事已具超傳安帝元初中疏勒王安國以舅臣磐有罪徙於月氏月氏王親愛之後安國死無子母持國政與國人共立臣磐同產弟子遺腹爲疏勒王臣磐聞之請月氏王曰安國無子種人微弱若立母氏我乃遺腹叔父也我當爲王月氏乃遣兵送還疏勒國人素

敬愛臣磐又畏憚月氏即共奪遺腹印綬迎臣磐立爲王更以遺腹爲磐槀城侯後莎車畔于窴屬疏勒疏勒以強故得與龜茲于窴爲敵國焉順帝永建二年臣磐遣使奉獻帝拜臣磐爲漢大都尉兄子臣勳爲守國司馬五年臣磐遣侍子與大宛莎車使俱詣闕貢獻陽嘉二年臣磐復獻師子封牛至靈帝建寧元年疏勒王漢大都尉於獵中爲其季父和得所射殺和得自

立爲王五年涼州刺史孟佗遣從事任涉將敦煌兵五百人與戊己司馬曹寬西域長史張晏將焉耆龜茲車師前後部合三萬餘人討疏勒攻楨中城四十餘日不能下引去其後疏勒王連相殺害朝廷亦不能禁東北經尉頭溫宿姑墨龜茲至焉耆焉耆國王居南河城北去長史所居八百里東去洛陽八千二百里戶萬五千口五萬二千勝兵二萬餘人其國四面有大山

與龜茲相連道險阸易守有海水曲入四山之內周匝其城三十餘里永平末焉耆與龜茲共攻沒都護陳睦副校尉郭恂殺吏士二千餘人至永元六年都護班超發諸國兵討焉耆危須尉黎山國遂斬焉耆尉黎二王首傳送京師縣蠻夷邸（蠻夷皆置邸以居之若今鴻臚寺也）超乃立焉耆左侯元孟爲王尉黎危須山國皆更立其王至安帝時西域背畔延光中超子勇爲西域長史復討定諸

國元孟與尉黎危須不降永建二年勇與
敦煌太守張朗擊破之元孟乃遣子詣闕
貢獻
蒲類國居天山西疏榆谷東南去長史所
居千二百九十里去洛陽萬四百九十里
户八百餘口二千餘勝兵七百餘人廬帳
而居逐水草頗知田作有牛馬駱駝羊畜
能作弓矢國出好馬蒲類本大國也前西
域屬匈奴而其王得罪單于單于怒徙蒲
類人六千餘口内之匈奴右部阿惡地因
號曰阿惡國南去車師後部馬行九十餘
日人口貧羸逃亡山谷間故留爲國云
移支國居蒲類地戶千餘口三千餘勝兵
千餘人其人勇猛敢戰以寇鈔爲事皆被
髮隨畜逐水草不知田作所出皆與蒲類
同
東且彌國東去長史所居八百里去洛陽
九千二百五十里户三千餘口五千餘勝

兵二千餘人廬帳居逐水草頗田作其所
出有亦與蒲類同所居無常
車師前王居交河城河水分流繞城故號
交河去長史所居柳中八十里東去洛陽
九千一百二十里領户千五百餘口四千
餘勝兵二千人
後王居務塗谷去長史所居五百里去洛
陽九千六百二十里領户四千餘口萬五
千餘勝兵三千餘人前後部及東且彌卑
陸蒲類移支是爲車師六國北與匈奴接
前部西通焉耆北道後部西通烏孫建武
二十一年與鄯善焉耆遣子入侍光武遣
還之乃附屬匈奴明帝永平十六年漢取
伊吾盧通西域車師始復内屬匈奴遣兵
擊之復降北虜和帝永元二年大將軍竇
憲破北匈奴車師震慴前後王各遣子奉
貢入侍並賜印綬金帛八年戊己校尉索
頵欲廢後部王涿鞮立破虜侯細致涿鞮

忿前王尉卑大賣巳因反擊尉卑大獲其
妻子明年漢遣將兵長史王林發涼州六
郡兵及羌虜胡二萬餘人以討涿鞮獲首
虜千餘人涿鞮入北匈奴漢軍追擊斬之
立涿鞮弟農奇爲王至永寧元年後王軍
就及母沙麻反畔殺後部司馬及敦煌行
事（司馬卽屬戊校尉所統也和帝時置戊巳校尉鎮車師後部行事謂前行長史索班）至安
帝延光四年長史班勇擊軍就大破斬之
順帝永建元年勇率後王農奇子加特奴

及八滑等發精兵擊北虜呼衍王破之勇
於是上立加特奴爲後王八滑爲後部親
漢侯陽嘉三年夏車師後部司馬率加特
奴等千五百人掩擊北匈奴於閶吾陸谷
壞其廬落斬數百級獲單于母季母及婦
女數百人（季母叔母也）牛羊十餘萬頭車千餘兩
兵器什物甚衆四年春北匈奴呼衍王率
兵侵後部帝以車師六國接近北虜爲西
域蔽扞乃令敦煌太守發諸國兵及玉門

關候伊吾司馬合六千三百騎救之掩擊
北虜於勒山漢軍不利秋呼衍王復將二
千人攻後部破之栢帝元嘉元年呼衍王
將三千餘騎寇伊吾伊吾司馬毛愷遣吏
兵五百人於蒲類海東與呼衍王戰悉爲
所沒呼衍王遂攻伊吾屯城夏遣敦煌太
守司馬達將敦煌酒泉張掖屬國吏士四
千餘人救之出塞至蒲類海呼衍王聞而
引去漢軍無功而還永興元年車師後部

王阿羅多與戊部候嚴皓不相得遂忿戾
反畔攻圍漢屯田且固城殺傷吏士後部
侯炭遮領餘人畔阿羅多詣漢吏降阿羅
多迫急將其母妻子從百餘騎亡走北匈
奴中敦煌太守宋亮上立後部故王軍就
質子卑君爲後部王後阿羅多復從匈奴
中還與卑君爭國頗收其國人戊校尉閻
詳慮其招引北虜將亂西域乃開信告示
許復爲王阿羅多乃詣詳降於是收奪所

賜畢君印綬更立阿羅多爲王仍將畢君還敦煌以後部人三百帳別屬役之食其稅帳者猶中國之户數也

論曰西域風土之載前古未聞也漢世張騫懷致遠之略（前書張騫漢中人爲博望侯武帝時上言大夏及安息大宛之屬大國奇物誠得而以義屬之則地廣萬里帝從之）班超奮封侯之志（超少家貧投筆歎曰丈夫當如傅介子張騫立功西域以取封侯安能久事筆硯乎語見超傳）終能立功西遐羈服外域自兵威之所肅服財賂之所懷誘莫不獻方奇納愛質露頂肘行

東向而朝天子故設戊己之官分任其事建都護之帥總領其權先馴則賞籯金而賜龜綬（龜謂印文也漢舊儀曰銀印皆龜細其文刻曰某官之章）後服則繫頭顙而釁北闕立屯田於膏腴之野列郵置於要害之路馳命走驛不絕於時月商胡販客日款於塞下其後甘英乃抵條支而歷安息臨西海以望大秦拒玉門陽關者四萬餘里靡不周盡焉若其境俗性智之優薄產載物類之區品川河領障之基源

氣節涼暑之通隔梯山棧谷繩行沙度之道身熱首痛風災鬼難之域（前書杜欽曰罽賓本漢所立殺漢使者今悔過來順使者送至懸度歷大頭痛小頭痛之山赤土身熱之阪臨崢嶸不測之深行者騎步相持繩索相引釋法顯游天竺記曰西度流沙屢有熱風惡鬼過之必死葱嶺冬夏有雪有毒龍若犯之則風雨晦冥飛砂揚礫過此難者萬無一全也）莫不備焉情形審求根實至於佛道神化興自身毒而二漢方志莫有稱焉張騫但著地多暑溼乘象而戰班勇雖列其奉浮圖不殺伐而精文善法導達之功靡所傳述余聞之後說也其國則

殷乎中土玉燭和氣（天竺國記曰中天竺人殷樂無戶籍耕王地者輸地利又其土和適無冬夏之異草木常茂種田無時節爾雅曰四時和謂之玉燭）靈聖之所集賢懿之所挺生（本行經曰釋迦菩薩在兜率天爲諸天無量無邊諸衆說法又觀我今何處成道利益衆生乃觀見宜於南閻浮提生有大利益又云誰中與我爲父母者觀見宜於天竺刹利種迦毗羅城白淨王摩耶夫人可爲父母又云四生之中何生利益觀見同衆生胎生我若化生諸外道等即誹謗我是幻術也爾時菩薩觀已示同諸天五衰相現命諸同侶波斯匿王等諸王中生皆作國王與我爲檀越命阿難及諸人等同生爲弟子命舍利弗等外道中生我成道時當受我化回邪入正又有無量衆生同隨菩薩於天竺受生多所利益也）神迹詭怪則理絕人區（維摩經曰以四大海水入一毛孔不撓魚鼈等而彼大海本相如故又舍利弗住不思議

菩薩斷取三千大千國界如陶家輪著右掌中擲過恒河沙國界之外其中衆生不覺不知又復還本處都不使人有往來相感驗明顯則事出天外涅盤經曰阿闍王令醉象蹋佛佛以慈善根力舒其五指遂爲五師子見爾時醉象惶懼而退又五百羣賊劫奪人庶波斯匿王收捉剜其兩目弃入阬中爾時羣賊苦痛不已同時發聲念南無佛陁達摩佛以慈善根力雪山吹藥令入賊眼皆悉平復如本而騫超無閒者豈其道閒往運數開叔葉乎不然何誣異之甚也漢自楚英始盛齋戒之祀桓帝又修華蓋之飾將微義未譯而但神明之邪詳其清心釋累之訓空有兼遣之宗道書之流也清心謂忘思慮也釋累謂

去貪欲也不執著爲空執著爲有兼遣謂不空不有虛實兩忘也維摩詰云我及涅盤此二皆空老子云常無欲觀其妙常有欲觀其徼故曰道書之流也且好仁惡殺蠲敝崇善所以賢達君子多愛其法焉然好大不經奇譎無已維摩經曰爾時毗耶離有長者子名曰寶積與五百長者子俱持七寶蓋來詣佛所頭面禮足各以其蓋共供養佛佛威神力令諸寶蓋合成一蓋徧覆三千大千國界諸須彌山乃至日月星宿并十方諸佛說法皆現於寶蓋中又維摩詰三萬二千師子坐高八萬四千由旬高廣嚴淨來入維摩方丈室包容無所妨礙又四大海水入毛孔須彌山入芥子等也雖鄒衍談天之辯莊周蝸角之論史記曰談天衍劉向別錄曰鄒衍之所言五德終始天地廣大其書言天事故曰談天莊子曰有國於蝸之左角者曰觸氏有國於蝸之右角者曰蠻氏相與爭地而戰伏尸數萬逐北旬有五日而後反郭璞注爾雅云蝸牛音瓜談天言大蝸角喻小也尚未足以槩其萬一又精靈起滅因報相尋若曉而昧者故通人多惑焉精靈起滅謂生死輪回無窮已因報相尋謂行有善惡各緣業報也蓋導俗無方適物異會取諸同歸措夫疑說則大道通矣

贊曰邈矣西胡天之外區邈遠也音亡狄反尚書曰邈矣西土之人上物琛麗人性淫虛不率華禮莫有典書若微神道何恤何拘言無神道以制胡人則兇猛之性何所憂懼何所拘忌也

後漢書列傳卷第七十八

列傳卷第七十九　范曄後漢書八十九

唐章懷太子賢注

南匈奴 前書直言匈奴傳不言南北今稱南者明其爲北生義也以南單于向化尤深故舉其順者以冠之東觀記稱匈奴南單于列傳范曄因去其單于二字

南匈奴醢落尸逐鞮單于比者 醢音火兮反 呼韓邪單于之孫 前書曰單于者廣大之貌也言其象天單于然也呼韓邪即冒頓單于八代孫虛閭權渠單于也名稽侯狦狦音山諫反東觀書曰單于比匈奴頭曼十八代孫臣賢案頭曼即冒頓單于父自頭曼單于至比父子相承十代以單于相傳乃十八代也 烏珠留若鞮單于之子也 匈奴謂孝爲若鞮自呼韓邪單于降後與漢親密見漢帝謚常爲孝慕之至其子復株累單于以下皆稱若鞮南單于比以下直稱鞮也 自呼韓邪後諸子以次立至比季父孝單于輿時以比爲右薁鞬日逐王部領南邊及烏桓 薁音於六反鞬音言反下並同 建武初彭寵反畔於漁陽單于與共連兵因復權立盧芳使入居五原 東觀記芳安定人屬國胡數千畔在參蠻芳從之詐姓劉氏自稱西平王會匈奴句林王將兵來降參蠻胡芳因隨入匈奴留數年單于以中國未定欲輔立之遣毋樓且王求入五原與假號將軍李興等結謀興比至單于庭迎芳芳外倚匈奴內因興能廣略邊郡 光武初方平諸夏未遑外事 遑暇也 至六年始令歸德侯劉颯使匈奴匈奴亦遣使來獻漢復令中郎將韓統報命賂遺金幣以通舊好 舊好謂宣帝元帝之代與國和親 而單于驕踞自比冒頓 冒頓匈奴單于頭曼之子也即夏后氏之苗裔也其先曰淳維自淳維至頭曼千有餘歲冒頓當始皇之時爲鳴鏑弑頭曼代立控弦三十餘萬強盛與諸夏爲敵國踞嫚無禮害及高祖戲侮呂后事具前書 對使者辭語悖慢 前書更始二年冬遣中郎將歸德侯颯大司馬護軍陳遵使匈奴授單于漢舊制璽綬單于輿驕謂遵颯曰匈奴本與漢爲兄弟匈奴中亂孝宣帝輔立呼韓邪單于故稱臣以尊漢今漢亦大亂爲王莽所篡位匈奴亦出兵擊莽空其邊境令天下騷動思漢莽卒以敗而漢復興亦我力也當復尊我遵與相牚距單于終持此論語詞悖慢即此類也 帝待之如初初使命常通而匈奴數與盧芳共侵北邊九年遣大司馬吳漢等擊之經歲無功而匈奴轉盛鈔暴日增十三年遂寇河東州郡不能禁於是漸徙幽并邊人於常山關居庸關已東 前書代郡有常山關上谷郡居庸縣有關 匈奴左部遂復轉居塞內朝廷患之增緣邊兵郡數千人大築亭候修烽火匈奴聞漢購求盧芳貪得財帛乃遣芳還降望得其賞而芳以自歸爲功不稱

匈奴所遣單于復恥言其計故賞遂不行
由是大恨入寇尤深二十年遂至上黨扶
風天水二十一年冬復寇上谷中山殺略
鈔掠甚衆北邊無復寧歲（言緣邊之郡無安寧之歲）初
單于弟右谷蠡王伊屠知牙師（谷音鹿蠡音離）以
次當左賢王左賢王即是單于儲副單于
欲傳其子遂殺知牙師知牙師者王昭君
之子也昭君字嬙南郡人也（前書曰南郡秭歸人）初
元帝時以良家子選入掖庭時呼韓邪來

朝帝勑以宮女五人賜之昭君入宮數歲
不得見御積悲怨乃請掖庭令求行呼韓
邪臨辭大會帝召五女以示之昭君豐容
靚飾光明漢宮顧景裴回竦動左右帝見
大驚意欲留之而難於失信遂與匈奴生
二子及呼韓邪死其前閼氏子代立欲妻
之昭君上書求歸成帝勑令從胡俗遂復
爲後單于閼氏焉比見知牙師被誅出怨
言曰以兄弟言之右谷蠡王次當立以子

言之我前單于長子我當立遂內懷猜懼
庭會稀闊單于疑之乃遣兩骨都侯監領
比所部兵二十二年單于輿死子左賢王
烏達鞮侯立爲單于復死弟左賢王蒲奴
立爲單于比不得立既懷憤恨而匈奴中
連年旱蝗赤地數千里草木盡枯人畜飢
疫死耗太半（三分損二爲太半）單于畏漢乘其敝乃
遣使詣漁陽求和親於是遣中郎將李茂
報命而比密遣漢人郭衡奉匈奴地圖二

十三年詣西河太守求內附兩骨都侯頗
覺其意會五月龍祠（前書曰匈奴法歲正月諸長小會單于庭祠五月大會龍城祭其先天地鬼神八月大會蹛林課校人畜計蹛音帶又音多）因白單于
言薁鞬日逐夙來欲爲不善若不誅且亂
國時比弟漸將王在單于帳下聞之馳以
報比比懼遂斂所主南邊八部衆四五萬
人待兩骨都侯還欲殺之骨都侯且到知
其謀皆輕騎亡去以告單于單于遣萬騎
擊之見比衆盛不敢進而還二十四

八部大人共議立比爲呼韓邪單于以其大父嘗依漢得安故欲襲其號於是款五原塞願永爲蕃蔽扞禦北虜帝用五官中郎將耿國議乃許之其冬比自立爲呼韓邪單于（東觀記曰十二月癸丑匈奴始分爲南北單于）二十五年春遣弟左賢王莫將兵萬餘人擊北單于弟薁鞬左賢王生獲之又破北單于帳下并得其衆合萬餘人馬七千匹牛羊萬頭北單于震怖却地千里初帝造戰車可駕數牛

上作樓櫓置於塞上以拒匈奴（櫓即樓也釋名曰樓無屋爲櫓也）時人見者或相謂曰讖言漢九世當却北狄地千里豈謂此邪及是果拓地焉北部薁鞬骨都侯與右骨都侯率衆三萬餘人來歸南單于南單于復遣使詣闕奉藩稱臣獻國珍寶求使者監護遣侍子修舊約二十六年遣中郎將段郴（丑吟反）副校尉王郁使南單于立其庭去五原西部塞八十里單于乃延迎使者使者曰單于當

伏拜受詔單于顧望有頃乃伏稱臣拜訖令譯曉使者曰單于新立誠慙於左右願使者衆中無相屈折也骨都侯等見皆泣下郴等反命詔乃聽南單于入居雲中遣使上書獻駱駞二頭文馬十匹（杜預注左傳曰文馬畫馬爲文也）夏南單于所獲北虜薁鞬左賢王將其衆及南部五骨都侯合三萬餘人畔歸去北庭三百餘里共立薁鞬左賢王爲單于月餘日更相攻擊五骨都侯皆死左賢

王遂自殺諸骨都侯子各擁兵自守秋南單于遣子入侍奉奏詣闕詔賜單于冠帶衣裳黃金璽盭緺綬（盭音戾草名以戾草染綬因以爲名則漢諸侯王制戾綠色緺古蛙反又說文曰紫青色也）安車羽蓋華藻駕駟寶劍弓箭黑節三駙馬二黃金錦繡繒布萬匹絮萬斤樂器鼓車棨戟甲兵飲食什器（衣有日棨之戟）又轉河東米糒二萬五千斛牛羊三萬六千頭以贍給之令中郎將置安集掾史將弛刑五十人持兵弩隨單于所處參

辭訟察動靜單于歲盡輒遣奉奏送侍子入朝中郎將從事一人將領詣闕漢遣謁者送前侍子還單于庭交會道路元正朝賀拜祠陵廟畢漢乃遣單于使令謁者將送賜綵繒千匹錦四端金十斤太官御食醬及橙橘龍眼荔支賜單于母及諸閼氏單于子及左右賢王左右谷蠡王骨都侯有功善者繒綵合萬匹歲以爲常匈奴俗歲有三龍祠常以正月五月九月戊日祭

天神南單于既内附兼祠漢帝因會諸部議國事走馬及駱駝爲樂其大臣貴者左賢王次左谷蠡王次右賢王次右谷蠡王謂之四角次左右日逐王次左右溫禺鞮王次左右漸將王是爲六角皆單于子弟次第當爲單于者也異姓大臣左右骨都侯次左右尸逐骨都侯其餘日逐且渠當戶諸官號（且音子余反）各以權力優劣部衆多少爲高下次第焉單于姓虛連題（前書曰單于姓攣鞮氏其國稱之曰撐犂孤塗匈奴謂天爲撐犂謂子爲孤塗與此不同也）異姓有呼衍氏須卜氏丘林氏蘭氏（前書冒頓單于時大姓有呼衍氏蘭氏須卜氏三姓貴種也）四姓爲國中名族常與單于婚姻呼衍氏爲左蘭氏須卜氏爲右主斷獄聽訟當決輕重口白單于無文書簿領焉冬前畔五骨都侯子復將其衆三千人歸南部北單于使騎追擊悉獲其衆南單于遣兵拒之逆戰不利於是復詔單于徙居西河美稷因使中郎將段郴及副校尉王郁

留西河擁護之爲設官府從事掾史令西河長史歲將騎二千弛刑五百人助中郎將衛護單于冬屯夏罷自後以爲常及悉復緣邊八郡南單于既居西河亦列置諸部王助爲扞戍使韓氏骨都侯屯北地右賢王屯朔方當于骨都侯屯五原呼衍骨都侯屯雲中郎氏骨都侯屯定襄左南將軍屯鴈門栗籍骨都侯屯代郡皆領部衆爲郡縣偵羅耳目（偵音丑政反羅音力賀反猶今言探候偵羅也）北單

于惶恐頗還所略漢人以示善意鈔兵每到南部下還過亭候輒謝曰自擊亡虜薁鞬日逐耳非敢犯漢人也二十七年北單于遂遣使詣武威求和親天子召公卿廷議不決皇太子言曰南單于新附北虜懼於見伐故傾耳而聽爭欲歸義耳今未能出兵而反交通北虜臣恐南單于將有二心北虜降者且不復來矣帝然之告武威太守勿受其使二十八年北匈奴復遣使

詣闕貢馬及裘更乞和親并請音樂又求率西域諸國胡客與俱獻見帝下三府議酬荅之宜司徒掾班彪奏曰臣聞孝宣皇帝勑邊守尉曰匈奴大國多變詐交接得其情則却敵折衝應對入其數則反為輕欺今北匈奴見南單于來附懼謀其國故數乞和親又遠驅牛馬與漢合市重遣名王多所貢獻斯皆外示富強以相欺誕也臣見其獻益重知其國益虛歸親愈數為

懼愈多然今既未獲助南則亦不宜絕北羈縻之義禮無不荅謂可頗加賞賜略與所獻相當明加曉告以前世呼韓邪郅支行事（呼韓單于稱臣受賞郅支單于背德被誅以此二者行事曉告之也郅支即呼韓兄名呼屠吾斯自立為單于擊走呼韓邪單于者也）報荅之辭令必有適（適猶所也言報荅之辭必令得所也）今立稾草并上曰單于不忘漢恩追念先祖舊約欲修和親以輔身安國計議甚高為單于嘉之往者匈奴數有乖亂呼韓邪郅支自相讎隙並蒙孝宣皇

帝垂恩救護故各遣侍子稱藩保塞其後郅支忿戾自絕皇澤而呼韓附親忠孝彌著及漢滅郅支（元帝時郅支坐殺使者谷吉都護甘延壽與副陳湯發西域兵誅斬之）遂保國傳嗣子孫相繼今南單于攜衆南向款塞歸命自以呼韓嫡長次第當立而侵奪失職猜疑相背數請兵將歸埽北庭策謀紛紜無所不至惟念斯言不可獨聽又以北單于比年貢獻欲修和親故拒而未許將以成單于忠孝之義漢秉威

信總率萬國日月所照皆爲臣妾殊俗百蠻義無親踈服順者襃賞畔逆者誅罰善惡之効呼韓郅支是也今單于欲修和親款誠已達何嫌而欲率西域諸國俱來獻見西域國屬匈奴與屬漢何異單于數連兵亂國內虛耗貢物裁以通禮何必獻馬裘今齎雜繒五百匹弓鞬韇丸一矢四發遣遺單于(鞬音居言反方言云藏弓爲鞬藏箭爲韇韇丸即箭箙也矢十二曰發見漢書音義)又賜獻馬左骨都侯右谷蠡王雜繒各

四百匹斬馬劍各一(尚方少府屬官作供御器物故有斬馬劍言劍利可以斬馬)單于前言先帝時所賜呼韓邪竽瑟空矦皆敗願復裁(言更請裁賜也)念單于國尚未安方厲武節以戰攻爲務竽瑟之用不如良弓利劍故未以齎(言不齎持往遺也)朕不愛小物於單于便宜所欲遣驛以聞帝悉納從之二十九年賜南單于羊數萬頭三十一年北匈奴復遣使如前乃璽書報荅賜以綵繒不遣使者單于比立九年薨中郎將段

彬將兵赴弔祭以酒米分兵衛護之比弟左賢王莫立帝遣使者齎璽書鎮慰拜授璽綬遺冠幘絳單衣三襲童子佩刀緄帶各一(童子刀謂小刀也說文曰緄織成帶也音古本反)又賜繒綵四千匹令賞賜諸王骨都侯已下其後單于薨弔祭慰賜以此爲常(弔祭其薨者慰其新立者)丘浮尤鞮單于莫中元元年立一年薨弟汗立伊伐於慮鞮單于汗中元二年立永平二年北匈奴護于丘率衆千餘人來降南部單于汗

立二年薨單于比之子適立醢僮尸逐矦鞮單于適永平二年立五年冬北匈奴六七千騎入于五原塞遂寇雲中至原陽南單于擊却之(原陽縣名屬雲中郡)西河長史馬襄赴救虜乃引去單于適立四年薨單于莫子蘇立是爲丘除車林鞮單于數月復薨單于適之弟長立湖邪尸逐矦鞮單于長永平六年立時北匈奴猶盛數寇邊朝廷以爲憂會北單于欲合市遣使求和親顯宗冀

其交通不復爲寇乃許之八年遣越騎司馬鄭衆北使報命而南部須卜骨都侯等知漢與北虜交使懷嫌怨欲畔密因北使令遣兵迎之鄭衆出塞疑有異伺候果得須卜使人乃上言宜更置大將以防二虜交通由是始置度遼營以中郎將吳棠行度遼將軍事副校尉來苗左校尉閻章右校尉張國將黎陽虎牙營士屯五原曼柏漢官儀曰光武以幽冀并兵克定天下故於黎陽立營以謁者監領兵騎千人又遣騎

都尉秦彭將兵屯美稷其年秋北虜果遣二千騎候望朔方作馬革船欲度迎南部畔者以漢有備乃引去復數寇鈔邊郡焚燒城邑殺略甚衆河西城門晝閉帝患之十六年乃大發緣邊兵遣諸將四道出塞北征匈奴南單于遣左賢王信隨太僕祭彤及吳棠出朔方高闕攻皐林溫禺犢王於涿邪山虜聞漢兵來悉度漠去彤棠坐不至涿邪山免以騎都尉來苗行度遼將

軍其年北匈奴入雲中遂至漁陽太守廉范擊卻之詔遣使者高弘發三郡兵追之無所得建初元年來苗遷濟陰太守以征西大將軍耿秉行度遼將軍時皐林溫禺犢王復將衆還居涿邪山南單于聞知遣輕騎與緣邊郡及烏桓兵出塞擊之斬首數百級降者三四千人其年南部苦蝗大飢肅宗稟給其貧人三萬餘口七年耿秉還執金吾以張掖太守鄧鴻行度遼將軍

八年北匈奴三木樓訾大人稽留斯等率三萬八千人馬二萬匹牛羊十餘萬款五原塞降元和元年武威太守孟雲上言北單于復願與吏人合市詔書聽雲遣驛使迎呼慰納之北單于乃遣大且渠伊莫訾王等且音子余反下並同驅牛馬萬餘頭來與漢賈客交易諸王大人或前至所在郡縣爲設官邸賞賜待遇之南單于聞乃遣輕騎出上郡遮略生口鈔掠牛馬驅還入塞二年正月

北匈奴大人車利涿兵等亡來入塞凡七十三輩時北虜衰耗黨衆離畔南部攻其前丁零寇其後鮮卑擊其左西域侵其右不復自立乃遠引而去單于長立二十三年薨單于汗之子宣立伊屠於閭鞮單于宣元和二年立其歲單于遣兵千餘人獵至涿邪山卒與北虜溫禺犢王遇（卒音七忽反）因戰獲其首級而還冬孟雲上言北虜以前既和親而南部復往鈔掠北單于謂漢欺

之謀欲犯塞謂宜還南所掠生口以慰安其意肅宗從太僕袁安議許之乃下詔曰昔獫狁獯粥之敵中國其所由來尚矣（周曰獫狁堯曰熏粥秦曰匈奴）往者雖有和親之名終無絲髮之効墝埆之人屢嬰塗炭（墝埆謂險要之地荼苦也墝音苦交反埆音苦角反）父戰於前子死於後弱女乘於亭障孤兒號於道路老母寡妻設虛祭飲泣淚想望歸魂於沙漠之表豈不哀哉（父戰於前已下前書賈捐之之辭詔增損用之也）傳曰江海所以能長百川者

以其下之也（老子曰江海所以能爲百谷王者以其善下也）少加屈下尚何足病況今與匈奴君臣分定辭順約明貢獻累至豈宜違信自受其曲其勑度遼及領中郎將龐奮倍雇南部所得生口以還北虜（雇賞報也）其南部斬首獲生計功受賞如常科於是南單于復令薁鞮日逐王師子將輕騎數千出塞掩擊北虜復斬獲千人北虜衆以南部爲漢所厚又聞取降者歲數千人章和元年鮮卑入左地擊北

匈奴大破之斬優留單于取其匈奴皮而還北庭大亂屈蘭儲卑胡都須等五十八部口二十萬勝兵八千人詣雲中五原朔方北地降單于宣立三年薨單于長之弟屯屠何立休蘭尸逐侯鞮單于屯屠何章和二年立時北虜大亂加以飢蝗降者前後而至南單于將并北庭會肅宗崩竇太后臨朝其年七月單于上言臣累世蒙恩不可勝數孝章皇帝聖思遠慮遂欲見成

就故令烏桓鮮卑討北虜斬單于首級破壞其國今所新降虛渠等詣臣自言去歲三月中發虜庭北單于創刈南兵又畏丁令鮮卑（令音零）遯逃遠去依安侯河西今年正月骨都侯等復共立單于異母兄右賢王爲單于其人以兄弟爭立並各離散臣與諸王骨都侯及新降渠帥雜議方略皆曰宜及北虜分爭出兵討伐破北成南并爲一國令漢家長無北念又今月八日新

後漢列傳七十九　十七　王泰

降右須日逐鮮堂輕從虜庭遠來詣臣言北虜諸部多欲内顧但恥自發遣故未有至者若出兵奔擊必有響應今年不往恐復并壹臣伏念先父歸漢以來被蒙覆載嚴塞明候大兵擁護積四十年臣等生長漢地開口仰食歲時賞賜動輒億萬雖垂拱安枕慙無報效之義願發國中及諸部故胡新降精兵遣左谷蠡王師子左呼衍日逐王須訾將萬騎出朔方左賢王安國

右大且渠王交勒蘇將萬騎出居延期十二月同會虜地臣將餘兵萬人屯五原朔方塞以爲拒守臣素愚淺又兵衆單少不足以防內外願遣執金吾耿秉度遼將軍鄧鴻及西河雲中五原朔方上郡太守并力而北令北地安定太守各屯要害冀因聖帝威神一舉平定臣國成敗要在今年已勑諸部嚴兵馬訖九月龍祠悉集河上唯陛下裁哀省察太后以示耿秉秉上言

後漢列傳七十九　十八　劉仲

昔武帝單極天下欲臣虜匈奴未遇天時事遂無成宣帝之世會呼韓來降故邊人獲安中外爲一生人休息六十餘年及王莽篡位變更其號（漢賜單于印文曰匈奴單于璽無漢字王莽改曰新匈奴單于章）耗擾不止單于乃畔光武受命復懷納之緣邊壞郡得以還復烏桓鮮卑咸脅歸義威鎮西夷其效如此今幸遭天授北虜分爭以夷伐夷國家之利宜可聽許秉因自陳恩分當出命效用太后從之永

元元年以秉爲征西將軍與車騎將軍竇憲率騎八千與度遼兵及南單于衆三萬騎出朔方擊北虜大破之北單于奔走首虜二十餘萬人事已具竇憲傳二年春鄧鴻還大鴻臚以定襄太守皇甫棱行度遼將軍南單于復上求滅北庭於是遣左谷蠡王師子等將左右部八千騎出鷄鹿塞塞在朔方郡窳渾縣北窳音愈中郎將耿譚遣從事將護之至涿邪山乃留輜重分爲二部各引輕兵

後漢列傳七十九　十九　康興

兩道襲之左部北過西海至河雲北河雲匈奴中地名也右部從匈奴河水西繞天山南度甘微河二軍俱會夜圍北單于大驚率精兵千餘人合戰單于被創墮馬復上將輕騎數十遁走僅而免脫得其玉璽獲閼氏及男女五人斬首八千級生虜數千口而還是時南部連剋獲納降黨衆最盛領户三萬四千口二十三萬七千三百勝兵五萬一百七十故從事中郎將置從事二人耿

譚以新降者多上增從事十二人三年北單于復爲右校尉耿夔所破逃亡不知所在其弟右谷蠡王於除鞬自立爲單于將右温禺鞬王骨都侯已下衆數千人止蒲類海遣使款塞大將軍竇憲上書立於除鞬爲北單于朝廷從之四年遣耿夔即授璽綬賜玉劒四具羽蓋一駟使中郎將任尚持節衛護屯伊吾如南單于故事方欲輔歸北庭會竇憲被誅五年於除鞬自畔

後漢列傳七十九　二十　李棠

還北帝遣將兵長史王輔以千餘騎與任尚共追誘將還斬之破滅其衆單于屯屠何立六年薨單于宣弟安國立單于安國永元五年立安國初爲左賢王而無稱譽左谷蠡王師子素勇黠多知前單于宣及屯屠何皆愛其氣決故數遣將兵出塞掩擊北庭還受賞賜天子亦加殊異是以國中盡敬師子而不附安國由是疾師子欲殺之其諸新降胡初在塞外數爲師子所

驅掠皆多怨之安國因是委計降者與同謀議安國既立爲單于師子以次轉爲左賢王覺單于與新降者有謀乃别居五原界單于每龍會議事師子輒稱病不往皇甫稜知之亦擁護不遣單于懷憤益甚六年春皇甫稜免以執金吾朱徽行度遼將軍時單于與中郎將杜崇不相平迺上書告崇崇諷西河太守令斷單于章無由自聞而崇因與朱徽上言南單于安國疏遠

故胡親近新降欲殺左賢王師子及左臺且渠劉利等又右部降者謀共迫脅安國起兵背畔請西河上郡安定爲之儆備和帝下公卿議皆以爲蠻夷反覆雖難測知然大兵聚會必未敢動搖今宜遣有方略使者之單于庭與杜崇朱徽及西河太守并力觀其動靜如無它變可令崇等就安國會其左右大臣責其部衆橫暴爲邊害者共平罪誅若不從命令爲權時方略事畢之後裁行客賜（言以主客之禮裁量賜物不多與也）亦足以威示百蠻帝從之於是徽崇遂發兵造其庭安國夜聞漢軍至大驚棄帳而去因舉兵及將新降者欲誅師子師子先知乃悉將廬落入曼栢城安國追到城下門閉不得入朱徽遣吏曉譬和之安國不聽城既不下乃引兵屯五原崇徽因發諸郡騎追赴之急衆皆大恐安國舅骨都侯喜爲等慮并被誅乃格殺安國安國立一年單于適

之子師子立亭獨尸逐侯鞮單于師子永元六年立降胡五六百人夜襲師子安集掾王恬將衛護士與戰破之於是新降胡遂相驚動十五部二十餘萬人皆反畔脅立前單于屯屠何子薁鞬日逐王逢侯爲單于遂殺略吏人燔燒郵亭廬帳將車重向朔方欲度漢北於是遣行車騎將軍鄧鴻越騎校尉馮柱行度遼將軍朱徽將左右羽林北軍五校士及郡國積射緣邊兵

邊兵（漢有述射士言擧述而射之積亦與述同古字通也）烏桓校尉任尚將烏桓鮮卑合四萬人討之時南單于及中郎將杜崇屯牧師城逢侯將萬餘騎攻圍之未下冬鄧鴻等至美稷逢侯乃乘冰度隘向滿夷谷南單于遣子將萬騎及杜崇所領四千騎與鄧鴻等追擊逢侯於大城塞斬首三千餘級得生口及降者萬餘人馮柱復分兵追擊其別部斬首四千餘級任尚率鮮卑大都護蘇拔廆（胡罪反）烏

桓大人勿柯八千騎要擊逢侯於滿夷谷復大破之前後凡斬萬七千餘級逢侯遂率衆出塞漢兵不能追七年正月軍還馮柱將虎牙營留屯五原罷遣鮮卑烏桓羌胡兵封蘇拔廆爲率衆王又賜金帛鄧鴻還京師坐逗留失利下獄死（按軍法逗留畏愞者斬逗音豆）後帝知朱徽杜崇失胡和又禁其上書以致反畔皆徵下獄死以鴈門太守龐奮行度遼將軍逢侯於塞外分爲二部自領右

部屯涿邪此下左部屯朔方西北相去數百里八年冬左部胡自相疑畔還入朔方塞龐奮迎受慰納之其勝兵四千人弱小萬餘口悉降以分處北邊諸郡南單于以其右温禺犢王烏居戰（温禺犢王名烏居戰也）始與安國同謀欲考問之烏居戰將數千人遂復反畔出塞外山谷閒爲吏民害秋龐奮馮柱與諸郡兵擊烏居戰其衆降於是徙烏居戰衆及諸還降者二萬餘人於安定北

地馮柱還遷將作大匠逢侯部衆飢窮又爲鮮卑所擊無所歸竄逃入塞者駱驛不絕單于師子立四年薨單于長之子檀立萬氏尸逐鞮單于檀永元十年上十二年龐奮遷河南尹以朔方太守王彪行度遼將軍南單于比歲遣兵擊逢侯多所虜獲收還生口前後以千數逢侯轉困迫十六年北單于遣使詣闕貢獻願和親脩呼韓邪故約和帝以其舊禮不備未許之而厚

加賞賜不荅其使元興元年重遣使詣敦煌貢獻辭以國貧未能備禮願請大使當遣子入侍天子降大使至國即遣子隨大使入侍時鄧太后臨朝亦不荅其使但加賜而已永初三年安帝即位之三年也夏漢人韓琮隨南單于入朝既還說南單于云關東水潦人民飢餓死盡可擊也單于信其言遂起兵反畔攻中郎將耿种於美稷秋王彪卒冬遣行車騎將軍何熙副中郎龐雄擊之四年春檀遣千餘騎寇常山中山以西域校尉梁慬行度遼將軍

後漢列傳七十九　二十五

慬音勤與遼東太守耿夔擊破之事已具慬夔傳單于見諸軍並進大恐怖顧讓韓琮曰汝言漢人死盡今是何等人也顧反也讓責也責韓琮也乃遣使乞降許之單于脫帽徒跣對龐雄等拜陳道死罪於是赦之遇待如初乃還所鈔漢民男女及羌所略轉賣入匈奴中者合萬餘人南單于檀信韓琮之言起兵反既被擊敗陳謝死罪還所鈔之男女五年梁慬免以雲中太守耿夔行度遼

將軍元初元年安帝永初六年改為元初元年夔免以烏淵聖御名校尉鄧遵為度遼將軍遵皇太后之從弟故始為真將軍焉自置度遼將軍以來皆權行其事今始以鄧遵為正度遼將軍此後更無行者也四年逢侯為鮮卑所破部衆分散皆歸北虜五年春逢侯將百餘騎亡還詣朔方塞降鄧遵奏徙逢侯於潁川郡逢侯本是前單于屯屠何子右薁鞬日逐王諸降胡餘萬人脅立為單于既被鮮卑所破部衆分明若留在匈奴或恐更相招引故徙於潁川郡也建光元年安帝元初七年改為永寧元年永寧二年改為建光元年鄧遵免復以耿夔代為度遼將

後漢列傳七十九　二十六

軍時鮮卑寇邊夔與溫禺犢王呼尤徽將新降者連年出塞討擊鮮卑還復各令屯列衝要還使新降者屯列衝要而耿夔徵發煩劇新降者皆悉恨謀畔單于檀立二十七年薨弟拔立耿夔復免以太原太守法度代為將軍烏稽侯尸逐鞮單于拔延光三年立夏新降一部大人阿族等遂反畔脅呼尤徽欲與俱去呼尤徽曰我老矣受漢家恩寧死不能相隨衆欲殺之有救者得免阿族

等遂將妻子輜重亡去中郎將馬寔遣兵與胡騎追擊破之斬首及自投河死者殆盡（殆近也欲死盡所餘無幾）獲馬牛羊萬餘頭冬法度卒四年漢陽太守傅衆代爲將軍其冬傅衆復卒永建元年（順帝即位之年）以遼東太守龐參代爲將軍先是朔方以西障塞多不脩復鮮卑因此數寇南部殺漸將王（匈奴有左右漸將王）單于憂恐上言求復障塞順帝從之乃遣黎陽營兵出屯中山北界（黎陽先置營兵以南單于求復障塞恐入侵擾亂置之）增置緣邊諸郡

後漢列傳七十九　二十七

（屯兵於中山北界舊中山郡今定州是也定州者則在河北也）兵列屯塞下教習戰射單于拔立四年薨弟休利立去特若尸逐就單于休利永建三年立四年龐參遷大鴻臚以東平相宋漢代爲度遼將軍陽嘉二年漢遷太僕以烏桓校尉耿曄代爲度遼將軍永和元年（陽嘉五年改爲永和元年）曄病徵以護羌校尉馬續代爲度遼將軍五年夏南匈奴左部句龍王吾斯車紐等背畔率三千餘騎寇西河因復

招誘右賢王合七八千騎圍美稷殺朔方代郡長史馬續與中郎將梁並烏桓校尉王元發緣邊兵及烏桓鮮卑羌胡合二萬餘人掩擊破之吾斯等遂更屯聚攻没城邑天子遣使責讓單于開以恩義令相招降單于本不豫謀乃脱帽避帳詣並謝罪並以病徵五原太守陳龜代爲中郎將龜以單于不能制下（吾斯等攻没城邑單于雖不預謀然不能制下即是不堪其任）逼迫之單于及其弟左賢王皆自殺單于

後漢列傳七十九　二十八

休利立十三年龜又欲徙單于近親於内郡而降者遂更狐疑龜坐下獄免（陳龜逼迫單于及弟皆令自殺又欲徙其近親者遂致狐疑此則陳龜之由也）大將軍梁商以羌胡新反黨衆初合難以兵服宜用招降乃上表曰匈奴寇畔自知罪極窮鳥困獸皆知救死況種類繁熾不可單盡（單亦盡也猶書云謨謀孔安國曰謨亦謀也即是古書之重語）今轉運日增三軍疲苦虚内給外非中國之利竊見度遼將軍馬續素有謀謨且典邊日久深曉兵要每得續書

與臣策合宜令續深溝高壁以恩信招降宣示購賞明爲期約如此則醜類可服醜等也言等類可服也國家無事矣帝從之乃詔續招降畔虜商又移書續等曰中國安寧忘戰日久良騎野合交鋒接矢決勝當時戎狄之所長而中國之所短也強弩乘城堅營固守以待其衰中國之所長也而戎狄之所短也若夫平原易地輕車突騎則匈奴之衆易撓亂也勁弩長戟射疏及遠則匈奴之弓不能格也堅甲利刃長短相雜游弩往來什伍俱前匈奴之兵不能當也材官騶發矢道同的則匈奴之革笥木薦不能支也下馬地鬬劍戟相接去就相薄則匈奴之足不能給也此中國之長技也以此觀之匈奴之長技三中國之長技五並具朝錯三章之兵體因梁商論其長短故備録之此乃兵家之要宜務先所長以觀其變設購開賞宣示反悔勿貪小功以亂大謀續及諸郡並各遵行於是右賢王部抑鞮等萬三千口詣續降秋句龍吾斯等立句龍王車紐爲單于東引烏桓西收羌戎及諸胡等數萬人攻破京兆虎牙營虎牙營即京兆虎牙都尉也西羌傳云置虎牙都尉於長安扶風都尉於雍漢官儀曰涼州近羌數犯三輔京兆虎牙扶風都尉將兵衛護園陵也殺上郡都

後漢列傳七十九　二十九　張宗

尉及軍司馬遂寇掠并涼幽冀四州乃徙西河治離石離石即西河之屬縣也上郡治夏陽朔方治五原移朔方就五原郡冬遣中郎將張耽將幽州烏淵聖御名諸郡營兵擊畔虜車紐等戰於馬邑斬首三千級獲生口及兵器牛羊甚衆車紐等將諸豪帥骨都侯乞降而吾斯猶率其部曲與烏桓寇鈔六年春馬續率鮮卑五千騎到穀城擊之斬首數百級張耽性勇銳而善撫士卒軍中皆爲用命遂繩索相懸上通天山大破烏桓悉斬其渠帥還得漢民獲其畜生財物夏馬續復免以城門校尉吳武代爲將軍漢安元年順帝元和江左改爲漢安元年也秋吾斯與薁鞬臺耆且渠伯德等復掠并部薁鞬或作薁鞮前書兩字通今依前書不改也呼蘭若尸逐就單于兜樓儲先在京師漢安二年立之天子臨軒大鴻臚持節拜授璽綬引上殿賜青蓋駕駟鼓車安車駙馬騎玉具刀劍什物玉具標首鐔衛盡用玉爲之給綵布二千匹賜單于

後漢列傳七十九　三十　蕃

閼氏以下金錦錯雜具軿車馬二乘遣行中郎將持節護送單于歸南庭詔太常大鴻臚與諸國侍子於廣陽城門外（廣陽洛陽城西面南頭門）祖會饗賜作樂角抵百戲（角抵之戲則魚龍爵馬之屬言兩兩相當亦角而爲抵對即今之鬭用古之角抵也）順帝幸胡桃宮臨觀之冬中郎將馬寔募刺殺句龍吾斯送首洛陽建康元年（漢安三年改爲建康元年）進擊餘黨斬首千二百級烏桓七十萬餘口皆詣寔降車重牛羊不可勝數單于兜樓儲立五年薨伊

陵尸逐就單于居車兒建和元年立（桓帝即位之年）至永壽元年（桓帝永興三年改爲永壽元年）匈奴左薁鞬臺耆且渠伯德等復畔寇鈔美稷安定屬國都尉張奐擊破降之事已具奐傳延熹九年（桓帝之年）南單于諸部並畔遂與烏桓鮮卑寇緣邊九郡以張奐爲北中郎將討之單于諸部悉降奐以單于不能統理國事乃拘之上立左谷蠡王（張奐上書請立左谷蠡王爲單于也）桓帝詔曰春秋大居正（春秋法五始之要故經曰元年春王正月言王者即位之年宜大開恩宥其居車兒即是桓帝即位之建和元年立自立以來一心向化宜寬宥之）居車兒一心向化何罪而黜其遣還庭單于居車兒立二十五年薨子某立（凡言某者史失其名故稱某以記之春秋無字既無典語故某者即是其名）屠特若尸逐就單于某熹平元年立（熹平靈帝之元年）六年單于與中郎將臧旻出鴈門擊鮮卑檀石槐大敗而還是歲單于薨子呼徵立單于呼徵光和元年（靈帝熹平七年改爲光和元年）立二年中郎將張脩與單于不相能脩擅斬之更立右賢王羌渠爲單

于脩以不先請而擅誅殺檻車徵詣廷尉抵罪（前書注曰抵至也殺人者死張脩擅斬單于呼徵故至其罪也）單于羌渠光和二年立中平四年（靈帝光和七年改爲中平）前中山太守張純反畔遂率鮮卑寇邊郡靈帝詔發南匈奴兵配幽州牧劉虞討之單于遣左賢王將騎詣幽州國人恐單于發兵無已五年右部醢落與休著各胡白馬銅等十餘萬人反攻殺單于單于羌渠立十年子右賢王於扶羅立（於扶羅即是前趙劉元海之祖也其元海爲亂晉之

首特至尸逐侯單于於扶羅中平五年立國人殺其父者遂畔共立須卜骨都侯爲單于而於扶羅詣闕自訟會靈帝崩天下大亂單于將數千騎與白波賊合兵寇河內諸郡時民皆保聚鈔掠無利而兵遂挫傷復欲歸國國人不受乃止河東遂止河東平陽也須卜骨都侯爲單于一年而死南庭遂虛其位以老王行國事單于於扶羅立七年死弟呼廚泉立於扶羅即劉元海之祖呼廚泉即元海之叔祖單于

呼廚泉興平二年立獻帝初平五年改爲興平元年以兄被逐不得歸國數爲鮮卑所鈔建安元年獻帝自長安東歸右賢王去卑與白波賊帥韓暹等侍衛天子拒擊李傕郭汜及車駕還洛陽又徙遷許然後歸國謂歸河東平陽也二十一年單于來朝曹操因留於鄴留呼廚泉於鄴而遣去卑而遣去卑歸監其國焉歸平陽監其五部國

論曰漢初遭冒頓凶黠種衆強熾高祖威加四海而窘平城之圍前書云高祖自將兵三十二萬擊韓王信先至平城冒頓縱兵三十萬騎圍帝於白登七日漢兵中外不得相救餉故歌曰平城之事甚大苦七日不得食不能彎弓弩得陳平祕計然後得免也太宗政鄰刑措不雪憤辱之恥前書贊曰斷獄四百幾致刑措幾近也今言政鄰刑措鄰亦近也逮孝武亟興邊略有志匈奴赫然命將戎旗星屬如泉星之相連屬言其多候列郊甸火通甘泉列置候兵於近郊畿天子在甘泉宮而烽火時到甘泉宮也而猶鳴鏑揚塵出入畿內鳴鏑即匈奴之箭也謂匈奴白羊樓煩王在河南去京師一千餘里古者王畿千里言匈奴寇邊即出入畿內世宗逐樓煩白羊始得河南之地以築朔方今夏州是也按夏州去京師一千二百里至於窮竭武力單用天財單盡也言盡用天下之財歷

紀歲以攘之寇雖頗折而漢之疲耗略相當矣漢武好征戶口減半即是死亡與殺匈奴相當也宣帝值虜庭分爭呼韓邪來臣乃權納懷柔因爲邊衛虜庭分爭謂五單于國呼韓邪遂來臣服因請款關永爲邊衛前書云曰逐王薄胥堂爲屠耆單于奧鞮王爲車犂單于烏藉都尉爲烏藉單于并呼韓邪凡五單于也罷關徼之儆息兵民之勞匈奴既降北庭不儆備勞者並得休息也龍駕帝服鳴鍾傳鼓於清渭之上案前書宣帝甘露二年正月呼韓邪朝甘泉宮漢寵以殊禮位在諸侯王上贊謁者稱臣而不名禮畢使者導單于宿長平上自甘泉宿池陽宮詔單于毋謁左右當戶及羣臣皆列觀及諸蠻夷君長侯數萬人咸迎於渭橋下夾道陳上登渭橋咸

(稱萬歲)南面而朝單于朔易無復匹馬之蹤(匈奴即降朔方易水之地更無匈奴匹馬之蹤也)六十餘年矣後王莽陵篡擾動戎夷(自宣帝甘露二年至平帝末年北邊無匈奴之盜王莽陵篡之後狼心復生前書贊曰三世稱賓於漢庭是時邊城晏閉牛馬布野三世無犬吠之警黎庶忘干戈之役後六十餘歲之閒遭王莽篡位始開邊隙三世謂元帝成帝各爲一世哀平二帝皆元帝之孫共爲一世故三世也王莽執政始開邊隙也)續以更始之亂方夏幅裂(更始無道擾亂方內諸夏如布帛之裂也)自是匈奴得志狼心復生乘閒侵佚害流傍境及中興之初更通舊好(及光武中興更通宣元之舊好)報命連屬金幣載道(報命相屬言其往來不絕金帛常載於道言其賞遺常行)而單于驕踞益橫內暴滋深(世祖二年令中郎將韓統報命賂遺金帛以通舊好而單于驕踞自比冒頓對使者辭語悖慢也)世祖以用事諸華未遑沙塞之外(遑暇也)忍愧思難徒報謝而已(雖得驕踞悖慢之詞而忍其羞懼思其患難但以善言報謝而已徒但也)因徙幽并之民增邊屯之卒(移徙幽并之人增益邊屯之戍卒)及關東稍定隴蜀已清其猛夫扞將莫不頓足攘手爭言衛霍之事(爭言衛青霍去病世宗之代北伐匈奴之事也)帝方厭兵閒脩文政未之許也(帝厭其用兵欲脩文政未許猛夫扞將之事)其後匈奴爭立日逐來奔

願脩呼韓之好以禦北狄之衝(比季父孝單于輿以比爲古薁鞬日逐王日逐即南匈奴單于比也)奉蕃稱臣永爲外扞天子總攬羣策和而納焉(總覽羣臣之策善均從衆與之和同而納其降款也)乃詔有司開北鄙擇肥美之地量水草以處之馳中郎之使盡法度以臨之制衣裳備文物加璽紱之綬正單于之名於是匈奴分破始有南北二庭焉讎釁既深互伺便隙控弦抗戈覘望風塵雲屯鳥散更相馳突至於陷潰創傷者靡歲或寧而漢之塞地晏然矣(由南北二庭自相馳突而漢之塞地晏然無事矣)後亦頗爲出師幷兵窮討命竇憲耿夔之徒前後並進皆用果譎設奇數異道同會究掩其窟穴躡北追奔(軍走曰北也)三千餘里(北虜烏孫遂奔漠北乃空其地三千餘里也)遂破龍祠焚罽幕阬十角梏閼氏(械在手曰梏音古酷反)銘功封石倡呼而還(爲刻石立銘於燕然山猶前書霍去病登臨瀚海封狼居胥山也)單于震懾屏氣蒙氈遁走於烏孫之地而漠北空矣(漠北既空宜即還南虜以居之)若因其時埶及其虛曠還南虜於陰山

歸河西於內地河西虜衆居之于時遂爲邊境上若還南虜於陰山即爲內地也申光武權宜之略下防戎羯亂華之變戎羯之亂興於永嘉之年即勒燕然乃居永元之歲中人以上始可預其將來竇憲庸才寧可責其謀慮耿國之算不謬於當世建武二十四年八部大人共立比爲呼韓邪單于款五原塞願永爲蕃蔽扞禦北方帝用五官中郎將耿國議乃許之也使袁安之議見從於後王竇憲欲立北單于安議不許也平易正直若此其弘也若從耿國袁安之議即言平易正直之道如此之弘遠也而竇憲矜三捷之効忽經世之規狼戾不端專行威惠三捷言勝也自矜功伐專行威惠爲臣不忠即其人也又章和二年竇太后臨朝單于屯屠何上言宜及

後漢列傳七十九　三十七　李椿

北虜分爭出兵討伐破北成南并爲一國令漢家長無北念既威北邊即宜獎成南部更請存立其何惑哉遂復更立北虜反其故庭永元三年將軍竇憲上書請立於除鞬爲北單于朝廷從之四年即授璽綬方欲輔歸北庭會竇憲被誅五年於除鞬自畔還北帝遣將兵長史王輔誘誅之並恩兩護以私己福弃蔑天公實言憲斬日逐刊石紀功即宜滅其北庭以資南部重存亂緒滋生孽栽南北俱存即是並恩兩護以私己福乃招其禍斯則弃蔑天公之事也天公謂天子也前書云共禿翁何爲首鼠兩端禿翁即乃翁也高祖云幾敗乃公事乃公即汝公也惇史直筆時復存其質言也坐樹大鯁永言前載何恨憤之深乎由竇憲請立北庭遂使匈奴滋蔓即是坐樹大鯁永言前事深可恨哉載事也自後經綸失方畔服不一其爲疢毒胡可單言單盡也單與殫同也降及後世譏爲常俗終於吞噬神鄉丘墟帝宅嗚呼千里之差興自毫端失得之源百世不磨矣既勤無然之後若復南虜於漢北引侍子於京師混并匈奴之區使得專爲一部則荒服無忿爭之跡邊服息征戍之勤此之不行遂爲巨蠹自單于比入居西河美稷之後種類繁昌難以驅逼魏武雖分其衆爲五部然大率皆居晉陽暨乎左賢王豹之子劉元海假稱天號縱盜中原吞噬神鄉丘墟帝宅愍懷二帝沈沒虜庭差之毫端一至於此百代無滅誠可痛心也

贊曰匈奴既分謂分爲南北庭也羽書稀聞檄書有急即插鳥羽其上也野心難悔終亦紛紜紛紜之事具如上解

後漢列傳七十九　三十八　王宗

後漢書列傳卷第七十九

列傳卷第八十　范曄　後漢書九十

唐章懷太子賢注

烏桓

鮮卑

烏桓者本東胡也漢初匈奴冒頓滅其國餘類保烏桓山因以爲號焉俗善騎射弋獵禽獸爲事隨水草放牧居無常處以穹廬爲舍東開向日食肉飲酪以毛毳爲衣（鄭玄注周禮曰毛之縟細者爲毳也）貴少而賤老其性悍塞（說文曰悍勇塞謂不開）怒則殺父兄而終不害其母以母有族類父兄無相仇報故也有勇健能理決鬬訟者推爲大人無世業相繼邑落各有小帥數百千落自爲一部大人有所召呼則刻木爲信雖無文字而部衆不敢違犯氏姓無常以大人健者名字爲姓大人以下各自畜牧營產不相傜役其嫁娶則先略女通情（杜預注左傳曰不以道取爲略）或半歲百日然後送牛馬羊畜以爲娉幣壻隨妻還家妻

卓受

家無尊卑旦旦拜之而不拜其父母爲妻家僕役一二年間妻家乃厚遺送女居處財物一皆爲辦其俗妻後母報寡嫂死則歸其故夫計謀從用婦人唯鬬戰之事乃自決之父子男女相對踞蹲以髡頭爲輕便婦人至嫁時乃養髮分爲髻著句決飾以金碧猶中國有簂步搖（簂音吉誨反字或爲幗婦人首飾也續漢輿服志曰公卿列侯夫人紺繒幗釋名云皇后首飾上有垂珠步則搖之也）婦人能刺韋作文繡織氀毼（廣雅曰氀毼罽也氀音力于反毼音胡達也）男子能作弓矢鞍勒（勒馬銜也）鍛金鐵爲兵器其土地宜穄及東牆東牆似蓬草實如穄子至十月而熟見鳥獸孕乳以別四節俗貴兵死斂屍以棺有哭泣之哀至葬則歌舞相送肥養一犬以綵繩纓牽并取死者所乘馬衣物皆燒而送之言以屬累犬（屬累猶付託也屬音之欲反累音力瑞反）使護死者神靈歸赤山赤山在遼東西北數千里如中國人死者魂神歸岱山也（博物志泰山天帝孫也主召人魂東方萬物始故知人生命）敬鬼神祠天地

林茂

日月星辰山川及先大人有健名者祠用牛羊畢皆燒之其約法違大人言者罪至死若相賊殺者令部落自相報不止詣大人告之聽出馬牛羊以贖死其自殺父兄則無罪若亡畔爲大人所捕者邑落不得受之皆徙逐於雍狂之地沙漠之中其土多蝮蛇在丁令西南烏孫東北焉(前書音義曰丁令匈奴別種也令音零)烏(淵聖御名)自爲冒頓所破衆遂孤弱常臣伏匈奴歲輸牛馬羊皮過時不具輒

沒其妻子及武帝遣驃騎將軍霍去病擊破匈奴左地因徙烏(淵聖御名)於上谷漁陽右北平遼西遼東五郡塞外爲漢偵察匈奴動靜(偵覘也音丑政反)其大人歲一朝見於是始置護烏(淵聖御名)校尉秩二千石擁節監領之使不得與匈奴交通昭帝時烏(淵聖御名)漸強乃發匈奴單于冢墓以報冒頓之怨匈奴大怒乃東擊破烏(淵聖御名)大將軍霍光聞之因遣度遼將軍范明友將二萬騎出遼東邀匈奴而虜

已引去明友乘烏桓新敗遂進擊之斬首六千餘級獲其三王首而還由是烏桓復寇幽州明友輒破之宣帝時乃稍保塞降附及王莽篡位欲擊匈奴興十二部軍使東域將嚴尤領烏桓丁令兵屯代郡皆質其妻子於郡縣烏桓不便水土懼久屯不休數求謁去莽不肯遣遂皆亡畔還爲抄盜而諸郡盡殺其質由是結怨於莽匈奴因誘其豪帥以爲吏餘者皆羈縻屬之光

武初烏桓與匈奴連兵爲寇代郡以東尤被其害居止近塞朝發穹廬暮至城郭五郡民庶家受其辜至於郡縣損壞百姓流亡其在上谷塞外白山者最爲強富建武二十一年遣伏波將軍馬援將三千騎出五阮關掩擊之(關在代郡)烏桓逆知悉相率逃走追斬百級而還烏桓復尾擊援後援遂晨夜奔歸比入塞馬死者千餘匹二十二年匈奴國亂烏桓乘弱擊破之匈奴轉北

徙數千里漢南地空帝乃以幣帛賂烏桓二十五年遼西烏桓大人郝旦等九百二十二人率衆向化詣闕朝貢獻奴婢牛馬及弓虎豹貂皮是時四夷朝賀絡驛而至天子乃命大會勞饗賜以珍寶烏桓或願留宿衛於是封其渠帥為侯王君長者八十一人皆居塞內布於緣邊諸郡令招來種人給其衣食遂為漢偵候助擊匈奴鮮卑時司徒掾班彪上言烏桓天性輕黠好

為寇賊若久放縱而無總領者必復侵掠居人但委主降掾史（蓋當時權置也下兵馬掾亦同也）恐非所能制臣愚以為宜復置烏桓校尉誠有益於附集省國家之邊慮帝從之於是始復置校尉於上谷甯城（甯城縣名前書甯縣作寧史記甯城亦作寧甯甯兩字通也）開營府并領鮮卑賞賜質子歲時互市焉及明章和三世皆保塞無事安帝永初三年夏漁陽烏桓與右北平胡千餘寇代郡上谷秋鴈門烏桓率衆王無何允與

鮮卑大人丘倫等及南匈奴骨都侯合七千騎寇五原與太守戰於九原高渠谷（九原縣名屬五原郡）漢兵大敗殺郡長吏乃遣車騎將軍何熙度遼將軍梁慬等擊大破之無何乞降鮮卑走還塞外是後烏桓稍復親附拜其大人戎朱廆為親漢都尉（廆音胡罪反）順帝陽嘉四年冬烏桓寇雲中遮截道上商賈車牛千餘兩度遼將軍耿曄率二千餘人追擊不利又戰於沙南斬首五百級（沙南縣屬雲中郡有蘭池城）

烏桓遂圍曄於蘭池城於是發積射士二千人度遼營千人配上郡屯以討烏桓烏桓乃退永和五年烏桓大人阿堅羌渠等與南匈奴左部句龍吾斯反畔中郎將張耽擊破斬之餘衆悉降桓帝永壽中朔方烏桓與休著屠各並畔中郎將張奐擊平之延熹九年夏烏桓復與鮮卑及南匈奴鮮卑寇緣邊九郡俱反張奐討之皆出塞去靈帝初烏桓大人上谷有難樓

者衆九千餘落遼西有丘力居者衆五千餘落皆自稱王又遼東蘇僕延衆千餘落自稱峭王（峭音七笑反）右北平烏延衆八百餘落自稱汗魯王並勇健而多計策中平四年前中山太守張純畔入丘力居衆中自號彌天安定王遂爲諸郡烏桓元帥寇掠青徐幽冀四州五年以劉虞爲幽州牧虞購募斬純首北州乃定獻帝初平中丘力居死子樓班年少從子蹋頓有武略代立（蹋音

後漢列傳八十　七　劃仲

大蠟反）總攝三郡衆皆從其號令建安初冀州牧袁紹與前將軍公孫瓚相持不決蹋頓遣使詣紹求和親遂遣兵助擊瓚破之紹矯制賜蹋頓難樓蘇僕延烏延等皆以單于印綬後難樓蘇僕延率其部衆奉樓班爲單于蹋頓爲王然蹋頓猶秉計策廣陽人閻柔少沒烏桓鮮卑中爲其種人所歸信柔乃因鮮卑衆殺烏桓校尉邢舉而代之袁紹因寵慰柔以安北邊及紹子尚

敗奔蹋頓時幽冀吏人奔烏桓者十萬餘戶尚欲憑其兵力復圖中國會曹操平河北閻柔率鮮卑烏桓歸附操即以柔爲校尉建安十二年曹操自征烏桓大破蹋頓於柳城斬之首虜二十餘萬人袁尚與樓班烏延等皆走遼東遼東太守公孫康並斬送之其餘衆萬餘落悉徙居中國云

鮮卑者亦東胡之支也別依鮮卑山故因號焉其言語習俗與烏桓同唯婚姻先髡

後漢列傳八十　八　王桊

頭以季春月大會於饒樂水上（水在今營州北）飲讌畢然後配合又禽獸異於中國者野馬原羊角端牛以角爲弓俗謂之角端弓者（郭璞注爾雅曰原羊似吳羊而大角出西方前書音義曰角端似牛角可爲弓）又有貂豽鼲子皮毛柔蝡（豽音女滑反鼲音胡昆反貂鼲並鼠屬豽猴屬也）故天下以爲名裘漢初亦爲冒頓所破遠竄遼東塞外與烏桓相接未常通中國焉光武初匈奴強盛率鮮卑與烏桓寇抄北邊殺略吏人無有寧歲建武二十一年鮮卑與

匈奴入遼東遼東太守祭肜擊破之斬獲殆盡事已具肜傳由是震怖及南單于附漢北虜孤弱二十五年鮮卑始通驛使其後都護偏何等詣祭肜求自效功因令擊北匈奴左伊育訾部斬首二千餘級其後偏何連歲出兵擊北虜還輒持首級詣遼東受賞賜三十年鮮卑大人於仇賁滿頭等率種人詣闕朝賀慕義內屬帝封於仇賁爲王滿頭爲侯時漁陽赤山烏桓歆志

賁等數寇上谷永平元年祭肜復賂偏何擊歆志賁破斬之於是鮮卑大人皆來歸附並詣遼東受賞賜青徐二州給錢歲二億七千萬爲常明章二世保塞無事和帝永元中大將軍竇憲遣右校尉耿夔擊破匈奴北單于逃走鮮卑因此轉徙據其地匈奴餘種留者尚有十餘萬落皆自號鮮卑鮮卑由此漸盛九年遼東鮮卑攻肥如縣（肥如縣故城在今平州也）太守祭參坐沮敗下獄死十

三年遼東鮮卑寇右北平因入漁陽漁陽太守擊破之延平元年鮮卑復寇漁陽太守張顯率數百人出塞追之兵馬掾嚴授諫曰前道險阻賊埶難量宜且結營先令輕騎偵視之顯意甚銳怒欲斬之因復進兵遇虜伏發士卒悉走唯授力戰身被十創手殺數人而死顯中流矢主簿衞福功曹徐咸皆自投赴顯俱歿於陣鄧太后策書褒歎賜顯錢六十萬以家二人爲郎授

福咸各錢十萬除一子爲郎安帝永初中鮮卑大人燕荔陽詣闕朝賀鄧太后賜燕荔陽王印綬赤車參駕令止烏桓校尉所居甯城下通胡市因築南北兩部質館（築館以受降質）鮮卑邑落百二十部各遣入質是後或降或畔與匈奴烏桓更相攻擊元初二年秋遼東鮮卑圍無慮縣（無慮縣屬遼東郡）州郡合兵固保清野鮮卑無所得（清野謂收斂積聚不令寇得之也）復攻扶黎營殺長吏（扶黎縣屬遼東屬國故城在今營州東）

四年遼西鮮卑連休等遂燒塞門寇百姓烏桓大人於秩居等與連休有宿怨共郡兵奔擊大破之斬首千三百級悉獲其生口牛馬財物五年秋代郡鮮卑萬餘騎遂穿塞入寇分攻城邑燒官寺殺長吏而去乃發緣邊甲卒黎陽營兵屯上谷以備之冬鮮卑入上谷攻居庸關復發緣邊諸郡黎陽營兵積射士步騎二萬人屯列衝要六年秋鮮卑入馬城塞殺長吏（馬城縣名屬代郡也）

度遼將軍鄧遵發積射士三千人及中郎將馬續率南單于與遼西右北平兵馬會出塞追擊鮮卑大破之獲生口及牛羊財物甚衆又發積射士三千人馬三千匹詣度遼營屯守永寧元年遼西鮮卑大人烏倫其至鞬率衆詣鄧遵降奉貢獻詔封烏倫爲率衆王其至鞬爲率衆侯賜綵繒各有差建光元年秋其至鞬復畔寇居庸雲中太守成嚴擊之兵敗功曹楊穆以身捍

嚴與俱戰歿鮮卑於是圍烏桓校尉徐常於馬城度遼將軍耿夔與幽州刺史龐參發廣陽漁陽涿郡甲卒分爲兩道救之常夜得潛出與夔等并力並進攻賊圍解之鮮卑既累殺郡守膽意轉盛控弦數萬騎延光元年冬復寇鴈門定襄遂攻太原掠殺百姓二年冬其至鞬自將萬餘騎入東領候分爲數道攻南匈奴於曼柏（曼柏縣名屬五原郡也）薁鞬日逐王戰死殺千餘人三年秋復

寇高柳擊破南匈奴殺漸將王順帝永建元年秋鮮卑其至鞬寇代郡太守李超戰死明年春中郎將張國遣從事將南單于兵步騎萬餘人出塞擊破之獲其資重二千餘種時遼東鮮卑六千餘騎亦寇遼東玄菟烏桓校尉耿曅發緣邊諸郡兵及烏桓率衆王出塞擊之斬首數百級大獲其生口牛馬什物鮮卑乃率種衆三萬人詣遼東乞降三年四年鮮卑頻寇漁陽朔方

六年秋耿曅遣司馬將胡兵數千人出塞擊破之冬漁陽太守又遣烏桓兵擊之斬首八百級獲牛馬生口烏桓豪人扶漱官勇健（漱音所敎反）每與鮮卑戰輒陷敵詔賜號率衆君陽嘉元年冬耿曅遣烏桓親漢都尉戎朱廆率衆王侯咄歸等出塞抄擊鮮卑大斬獲而還賜咄歸等已下爲率衆王侯長賜綵繒各有差鮮卑後寇遼東屬國於是耿曅乃移屯遼東無慮城拒之二年

春匈奴中郎將趙稠遣從事將南匈奴骨都侯夫沈等出塞擊鮮卑破之斬獲甚衆詔賜夫沈金印紫綬及縑綵各有差秋鮮卑穿塞入馬城代郡太守擊之不能克後其至鞬死鮮卑抄盜差稀桓帝時鮮卑檀石槐者其父投鹿侯初從匈奴軍三年其妻在家生子投鹿侯歸怪欲殺之妻言嘗晝行聞雷震仰天視而雹入其口因吞之遂姙身十月而產此子必有奇異且宜長

視投鹿侯不聽遂弃之妻私語家令收養焉名檀石槐年十四五勇健有智略異部大人抄取其外家牛羊檀石槐單騎追擊之所向無前悉還得所亡者由是部落畏服乃施法禁平曲直無敢犯者遂推以爲大人檀石槐乃立庭於彈汗山歠仇水上（歠音昌悅反）去高柳北三百餘里兵馬甚盛東西部大人皆歸焉因南抄緣邊北拒丁零東郤夫餘西擊烏孫盡據匈奴故地東西

萬四千餘里南北七千餘里網羅山川水澤鹽池永壽二年秋檀石槐遂將三四千騎寇雲中延熹元年鮮卑寇北邊冬使匈奴中郎將張奐率南單于出塞擊之斬首二百級二年復入鴈門殺數百人大抄掠而去六年夏千餘騎寇遼東屬國九年夏遂分騎數萬人入緣邊九郡並殺掠吏人於是復遣張奐擊之鮮卑乃出塞去朝廷積患之而不能制遂遣使持印綬封檀石

槐爲王欲與和親檀石槐不肯受而寇抄滋甚乃自分其地爲三部從右北平以東至遼東接夫餘濊貊二十餘邑爲東部從右北平以西至上谷十餘邑爲中部從上谷以西至敦煌烏孫二十餘邑爲西部各置大人主領之皆屬檀石槐靈帝立幽并涼三州緣邊諸郡無歲不被鮮卑寇抄殺略不可勝數熹平三年冬鮮卑入北地太守夏育率休著屠各追擊破之遷育爲護

烏桓校尉五年鮮卑寇幽州六年夏鮮卑寇三邊秋夏育上言鮮卑寇邊自春以來三十餘發請徵幽州諸郡兵出塞擊之一冬二春必能禽滅朝廷未許先是護羌校尉田晏坐事論刑被原欲立功自効乃請中常侍王甫求得爲將甫因此議遣兵與育并力討賊帝乃拜晏爲破鮮卑中郎將大臣多有不同乃召百官議朝堂議郎蔡邕議曰書戒猾夏易伐鬼方 尚書舜典曰蠻夷猾夏寇賊姦宄猾亂也易既濟九三爻辭曰高宗伐鬼方三年而克之前書淮南王安曰鬼方小蠻夷也音義曰鬼方遠方也 周有獫狁蠻荊之師 詩小雅曰顯允方叔征伐獫狁蠻荊來威 漢有闐顏瀚海之事 武帝使大將軍衛青霍去病擊匈奴至闐顏山斬首萬餘級使霍去病封狼居胥山登臨瀚海也 征討殊類所由尚矣然而時有同異埶有可否故謀有得失事有成敗不可齊也武帝情存遠略志闢四方南誅百越北討強胡西伐大宛東并朝鮮因文景之蓄藉天下之饒數十年閒官民俱匱至乃興鹽鐵酒榷之利設告緡

重稅之令 武帝使東郭咸陽等領天下鹽鐵敢私鑄錢賣鹽者鈦左趾榷專也官自賣酒人不得賣也又算緡錢率緡錢二千而算一令各以其物自占占不悉聽人告緡以半與之音義曰緡絲也用以貫錢故曰緡錢一算百二十也 民不堪命起爲盜賊關東紛擾道路不通 武帝天漢二年泰山琅邪羣賊徐勃等阻山攻城道路不通 繡衣直指之使奮鈇鉞而並出 武帝使直指使者暴勝之等衣繡伏斧分部逐捕也 既而覺悟乃息兵罷役丞相爲富人侯 封丞相車千秋爲富人侯以明休息思富養人 故主父偃曰夫務戰勝窮武事未有不悔者也 武帝時齊相主父偃諫伐匈奴之辭 夫以世宗神武將相良猛財賦充實

所拓廣遠猶有悔焉況今人財並乏事昔時乎自匈奴遁逃鮮卑強盛據其故地稱兵十萬才力勁健意智益生加以關塞不嚴禁網多漏精金良鐵皆爲賊有漢人逋逃爲之謀主兵利馬疾過於匈奴昔段熲良將習兵善戰有事西羌猶十餘年今育晏才策未必過熲鮮卑種衆不弱於曩時而虛計二載自許有成若禍結兵連豈得中休當復徵發衆人轉運無已是爲耗

竭諸夏并力蠻夷邊垂之患手足之蚧搔中國之困胷背之瘭疽（蚧音介搔音新到反埤蒼曰瘭音必燒反杜預注左傳曰疽惡創也）方今郡縣盜賊尚不能禁況此醜虜而可伏乎昔高祖忍平城之恥呂后弃慢書之詬（詬恥也音許豆反）方之於今何者爲甚天設山河秦築長城漢起塞垣所以別內外異殊俗也苟無蹙國內侮之患則可矣（蹙國解見西域傳）豈與蟲螘校寇計爭往來哉雖或破之豈可殄盡而方今本朝爲之旰食乎（旰晚也左傳伍子胥曰楚君大夫其旰食乎）夫專勝者未必克挾疑者未必敗衆所謂危聖人不任朝議有嫌明主不行也昔淮南王安諫伐越曰天子之兵有征無戰言其莫敢校也（校報也）如使越人蒙死以逆執事廝輿之卒（前書音義曰廝微也輿衆也）有一不備而歸者雖得越王之首而猶爲大漢羞之而欲以齊民易醜虜皇威辱外夷就如其言猶已危矣況乎得失不可量邪昔珠崖郡反孝元皇帝納

賈捐之言而下詔曰珠崖背畔今議者或曰可討或曰弃之朕日夜惟思羞威不行則欲誅之通于時變復憂萬民夫萬民之飢與遠蠻之不討何者爲大宗廟之祭凶年猶有不備況避不嫌之辱哉今關東大困無以相贍又當動兵非但勞民而已其罷珠崖郡此元帝所以發德音也夫卹民救急雖成郡列縣尚猶弃之況障塞之外未嘗爲民居者乎守邊之術李牧善其略

史記曰李牧趙之北邊良將也常居代鴈門備匈奴以便宜置吏市租不入幕府為士卒費謹烽火邊無失亡 保塞之論嚴尤申其要 前書王莽發三十萬衆十道出擊匈奴莽將嚴尤諫曰匈奴為害所從來久未聞上代有征之者也後世三家周秦漢征之然皆未有得上策者也周宣王時獫狁內侵至于涇陽命將征之盡境而還是得中策武帝選將練兵深入遠戍連禍結三十餘年是為下策秦始皇不忍小恥輕民城之固以喪社稷是為無策班固曰若乃征伐之功秦漢行事嚴尤論之當也 遺業猶在文章具存循二子之策守先帝之規臣曰可矣帝不從 左傳曰楚大夫薳啓彊對楚靈王曰晉之事君臣曰可矣 遂遣夏育出高柳田晏出雲中匈奴中郎將臧旻率南單于出鴈門

後漢列傳八十 十九 毛仙

各將萬騎三道出塞二千餘里檀石槐命三部大人各帥衆逆戰育等大敗喪其節傳輜重各將數十騎奔還死者十七八三將檻車徵下獄贖為庶人冬鮮卑寇遼西光和元年冬又寇酒泉緣邊莫不被毒種衆日多田畜射獵不足給食檀石槐乃自徇行見烏侯秦水廣從數百里水停不流 從音子用反 其中有魚不能得之聞倭人善網捕於是東擊倭人國得千餘家徙置秦水上令捕魚以助糧食光和中檀石槐死時年四十五子和連代立和連才力不及父亦數為寇抄性貪淫斷法不平衆畔者半後出攻北地廉人善弩射者 廉縣名屬北地郡 射中和連即死其子騫曼年小兄子魁頭立後騫曼長大與魁頭爭國衆遂離散魁頭死弟步度根立自檀石槐後諸大人遂世相傳襲

論曰四夷之暴其埶互彊矣匈奴熾於隆漢西羌猛於中興而靈獻之間二虜迭盛

大首手十七 後漢列傳八十 二十 王全

石槐驍猛盡有單于之地蹶頓凶桀公據遼西之士其陵跨中國結患生人者靡世而寧焉然制御上略歷世無聞周漢之策僅得中下將天之冥數以至於是乎

贊曰二虜首施鯁我北垂道暢則馴時薄先離

後漢書列傳卷第八十

中書門下　牒國子監
翰林侍講學士尚書工部侍郎知審官院事兼判
國子監孫奭奏臣忝膺
朝命獲廁
近班思有補於
化文輒干塵於
睿覽竊以先王典訓在述作以推明歷代憲章微
簡策而何見鋪觀載籍博考前聞制禮作樂之功
世存沿襲天文地理之說率有異同馬遷八書於
焉咸在班固十志得以備詳光武嗣西漢而興范
曄繼東觀之作成當世之茂典列三史以並行克由
聖朝刊布天下雖紀傳之類與遷固以皆同書志
之間在簡編而或闕臣竊見劉昭注補後漢志三
十卷蓋范曄作之於前劉昭述之於後始因亡逸
終遂補全綴其遺文申之奧義至於輿服之品具
載規程職官之宜各存制度儻加鉛槧仍俾雕鎸
庶成一家之書以備前史之闕伏況晋宋書等例
各有志獨茲後漢有所未全其後漢志三十卷欲望
聖慈許令校勘雕印如允臣所奏乞差臣與學官
同共校勘兼乞差劉崇超都大管句伏候

勅旨
牒奉
勅宜令國子監依孫奭所奏施行牒至准
勅故牒
乾興元年十一月十四日牒
右諫議大夫參知政事魯
給事中參知政事呂
中書侍郎兼禮部尚書平章事王
守司徒兼侍中

後漢書注補志序

臣昭曰昔司馬遷作史記爰建八書班固因廣是曰十志天人經緯帝政紘維區分源奥開廓著述創藏山之祕寶肇刋石之遐貫誠有繫於春秋亦自敏於改作至乎永平執簡東觀紀傳雖顯書志未聞推檢舊記先有地理張衡欲存炳發未有成功靈憲精遠天文已煥自蔡邕大弘鳴條寔多紹宣協妙元卓律曆以詳承洽伯始禮

儀克舉郊廟社稷祭祀該明輪騑冠章車服贍列於是應譙纘其業董巴襲其軌司馬續書總爲八志律曆之篇仍乎洪邕所構車服之本即依董蔡所立儀祀得於往制百官就乎故簿並籍據前修以濟一家者也王教之要國典之源粲然略備可得而知矣既接繼班書通其流貫體裁淵深雖難踰等序致膚約有傷懸越後之名史弗能罷意叔駿之書是謂十典矜緩殺青

竟亦不成二子平業俱稱麗富華轍亂亡典則偕泯雅言遂義於是俱絕沈松因循尤解功創時改見句非更搜求加藝文以矯前棄流書品採自近録初平永嘉圖籍焚喪塵消煙滅焉識其限借南晉之新虛爲東漢之故實是以學者亦無取焉范曄後漢良誠跨衆氏序或未周志遂全闕國史鴻曠須寄勤閑天才富博猶俟改具若草昧厥始無相憑據窮其身世少能已畢

遷有承考之言固深資父之力太初以前班用馬史十志所因寔多往制外入校部出二十載續志昭表以助其閒成父述者夫何易哉況曄思雜風塵心橈成毁弗克負就豈以茲乎夫辭潤婉贍可得起改覈求見事必應寫襲故序例所論備精與奪及語八志頗褒其美雖出拔前羣歸相沿也又尋本書當作禮樂志其天文五行百官車服爲名則同此外諸篇不著紀傳律

曆郡國必依往式暐遺書自序應徧作諸志前漢有者悉欲備製卷中發論以正得失書雖未明其大旨也曾臺雲構所缺過乎榱桷爲山霞高不終踰乎一簣鬱絕斯作吁可痛哉徒懷纘緝理慙鉤遠迺借舊志注以補之狹見寡陋匪同博遠及其所值微得論列分爲三十卷以合范史求於齊工孰曰文類比茲闕恨庶賢乎已昔褚生補子長之削少馬氏接孟堅之不畢相

成之義古有之矣引彼先志又何猜焉而歲代逾邈立言湮散義存廣求一隅未覩兼鍾律之妙素揖校讎參曆筭之微有慙證辨星候祕阻圖緯藏嚴是須甄明每用疑略時或有見頗邀傍遇非覽正部事乖詳密今令行禁止此書外絕其有疏漏諒不足誚

後漢書志第一　律曆上

劉　昭　注補

律準　候氣

古之人論數也曰物生而後有象象而後有滋滋而後有數然則天地初形人物既著則筭數之事生矣記稱大橈作甲子 呂氏春秋曰黃帝師大橈博物記曰容成氏造曆黃帝臣也月令章句大橈探五行之情占斗剛所建於是始作甲乙以名日謂之幹作子丑以名日謂之枝枝幹相配以成六旬 隸首作數 博物記曰隸首黃帝之臣一說隸首善筭者也 二者既立以比日表 表即晷景 以管萬事夫一十百千萬所同用也律度量衡曆其別用也故體有長短檢以度 說苑曰以粟生

之十粟爲一分十分爲一寸十寸爲一尺十尺爲一丈 物有多少受以量 說苑曰千二百粟爲一龠十龠爲一合十合爲一升十升爲一斗十斗爲一斛 量有輕重平以權衡 說苑曰十粟重一圭十圭重一銖二十四銖重一兩十六兩重一斤三十斤重一鈞四鈞重一石 聲有清濁協以律呂三光運行紀以曆數然後幽隱之情精微之變可得而綜也 前志曰夫推曆生律制器規圜矩方權重衡平準繩嘉量探賾索隱鉤深致遠莫不用焉度長短者不失毫氂量多少者不失圭撮權輕重者不失黍絫紀於一協於十長於百大於千廣於萬 漢興北平侯張蒼首治律曆孝武正樂置協律之官至元始中博徵通知鍾律者考其

意義羲和劉歆典領條奏前史班固取以爲志而元帝時郎中京房房字君明知五聲之音六律之數上使太子太傅韋玄成字少翁諫議大夫章雜試問房於樂府房對受學故小黃令焦延壽六十律相生之法以上生下皆三生二以下生上皆三生四陽下生陰陰上生陽終於中呂而十二律畢矣中呂上生執始執始下生去滅上下相生終於南事六十律畢矣夫十二律之變至於六十猶八卦之變至於六十四

也宓羲作易紀陽氣之初以爲律法建日冬至之聲以黃鍾爲宮太蔟爲商姑洗爲角林鍾爲徵南呂爲羽應鍾爲變宮蕤賓爲變徵（月令章句曰以姑洗爲角南呂爲羽則微濁也）此聲氣之元五音之正也故各終一日其餘以次運行當日者各自爲宮而商徵以類從焉（月令章句曰律率也聲之管也上古聖人本陰陽別風聲審清濁而不可以文載口傳也於是始鑄金作鍾以主十二月之聲然後以效升降之氣鍾難分別乃截竹爲管謂之律律者清濁之率法也聲之清濁以制長短爲制

禮運篇曰五聲六律十二管還相爲宮此之謂也（鄭玄曰宮數八十一黃鍾長九寸九九八十一也三分宮去一生徵徵數五十四林鍾長六寸六九五十四也三分徵益一生商商數七十二太蔟長八寸八九七十二也三分商去一生羽羽數四十八南呂長五寸三分寸之一五九四十五又三分寸之一爲四十八也三分羽益一生角角數六十四姑洗長七寸九分寸之一七九六十三又九分寸之一爲六十四也三分角去一生變宮三分變宮益一生變徵自此已後則隨月而變所謂還相爲宮）以六十律分朞之日黃鍾自冬至始及冬至而復陰陽寒燠風雨之占生焉於以檢攝群音考其高下苟非草木之聲則無不有所合虞書曰律

和聲此之謂也房又曰竹聲不可以度調故作準以定數準之狀如瑟長丈而十三弦隱閒九尺以應黃鍾之律九寸中央一弦下有畫分寸以爲六十律清濁之節房言律詳於歆所奏其術施行於史官候部用之文多不悉載故總其本要以續前志律術曰陽以圓爲形其性動陰以方爲節其性靜動者數三靜者數二以陽生陰倍之以陰生陽四之皆三而一陽生陰曰下

生陰生陽曰上生上生不得過黃鍾之清濁下生不得及黃鍾之數實皆參天兩地圓蓋方覆六耦承奇之道也黃鍾律呂之首而生十一律者也

前書曰黃帝使伶倫自大夏之西崑崙之陰取竹之解谷生其竅厚均者斷兩節間而吹之以爲黃鍾之宮制十二筩以聽鳳之鳴其雄鳴爲六雌鳴亦六比黃鍾之音而皆可以生之是爲律本至治之世天地之氣合以生風天地之風氣正十二律乃定

其相生也皆三分而損益之是故十二律之得十七萬七千一百四十七是爲黃鍾之實

前書曰太極元氣含三爲一極中也元始也行於十二辰始動於子參之於丑得三又參之於寅得九又參之於卯得二十七又參之於辰得八十一又參之於巳得二百四十三又參之於午得七百二十九又參之於未得二千一百八十七又參之於申得六千五百六十一又參之於酉得萬九千六百八十三又參之於戌得五萬九千四十九又參之於亥得十七萬七千一百四十七此陰陽合德氣鍾於子化生萬物者也故孳萌於子紐牙於丑引達於寅冒茆於卯振美於辰已盛於巳咢布於午昧曖於未申堅於申留孰於酉畢入於戌該閡於亥出甲於甲奮軋於乙明炳於丙大成於丁豐茂於戊理紀於己斂更於庚悉新於辛懷任於壬陳揆於癸故陰陽之施化萬物之終始旣類旅於律呂又經歷於日辰而變化之情可見矣

又以二乘而三約之是爲下生林鍾之實又以四乘而三約之是爲上生太蔟之實推此上下以定六十律之實以九三之數萬九千六百八十三爲法律爲寸於準爲尺不盈者十之所得爲分又不盈十之所得爲小分以其餘正其強弱

黃鍾十七萬七千一百四十七　下生林鍾

黃鍾爲宮太蔟商林鍾徵

一日律九寸　準九尺

色育十七萬六千七百七十六　下生謙待

色育爲宮未知商謙待徵

六日律八寸九分小分八微強　準八尺

九寸萬五千九百七十三

執始十七萬四千七百六十二　下生去滅

執始爲宮時息商去滅徵

六日律八寸八分小分七大強　準八尺

八寸萬五千五百一十六

丙盛十七萬二千四百一十　下生安度

丙盛爲宮屈齊商安度徵

六日律八寸七分小分六微弱　準八尺

七寸萬一千六百七十九

分動十七萬八十九　下生歸嘉分動爲
宮隨期商歸嘉徵
六日律八寸六分小分四強　準八尺六
寸八千一百五十二
質末十六萬七千八百　下生否與質末
爲宮形晉商否與徵
六日律八寸五分小分二強　準八尺五
寸四千九百四十五
大呂十六萬五千八百八十八　下生夷
則大呂爲宮夾鍾商夷則徵
八日律八寸四分小分三弱　準八尺四
寸五千五百八
分否十六萬三千六百五十四　下生解
形分否爲宮開時商解形徵
八日律八寸三分小分一強　準八尺三
寸二千八百五十一
凌陰十六萬一千四百五十二　下生去
南凌陰爲宮族嘉商去南徵

八日律八寸二分小分一弱　準八尺二
寸五百一十四
少出十五萬九千二百八十　下生分積
少出爲宮爭南商分積徵
六日律八寸小分九強　準八尺萬八千
一百六十
太蔟十五萬七千四百六十四　下生南
呂太蔟爲宮姑洗商南呂徵
一日律八寸　準八尺
未知十五萬七千一百三十四　下生白
呂未知爲宮南授商白呂徵
六日律七寸九分小分八強　準七尺九
寸萬六千三百八十三
時息十五萬五千三百四十四　下生結
躬時息爲宮變虞商結躬徵
六日律七寸八分小分九少強　準七尺
八寸萬八千一百六十六
屈齊十五萬三千二百五十三　下生歸

期屈齊爲宮路時商歸期徵
六日律七寸七分小分九弱　準七尺七
寸萬六千九百三十九
隨期十五萬一千一百九十　下生未卯
隨期爲宮形始商未卯徵
六日律七寸六分小分八強　準七尺六
寸萬五千九百九十二
形晉十四萬九千二百五十五　下生無
汙形晉爲宮依行商夷汙徵

六日律七寸五分小分八弱　準七尺五
寸萬五千三百二十五
夾鍾十四萬七千四百五十六　下生無
射夾鍾爲宮中呂商無射徵
六日律七寸四分小分九強　準七尺四
寸萬八千一十八
開時十四萬五千四百七十　下生閉掩
開時爲宮南中商閉掩徵
八日律七寸三分小分九微弱　準七尺

三寸萬七千八百四十一
族嘉十四萬三千五百一十三　下生鄰
齊族嘉爲宮內負商鄰齊徵
八日律七寸二分小分九微強　準七尺
二寸萬七千九百五十四
爭南十四萬一千五百八十二　下生期
保爭南爲宮物應商期保徵
八日律七寸一分小分九強　準七尺一
寸萬八千三百二十七

姑洗十三萬九千九百六十八　下生應
鍾姑洗爲宮㮚賓商應鍾徵
一日律七寸一分小分一微強　準七尺
一寸二千一百八十七
南授十三萬九千六百七十　下生分烏
南授爲宮南事商分烏徵
六日律七寸小分九大強　準七尺萬八
千九百三十
變虞十三萬八千八十四　下生遲內變

虞爲宮盛變商遲內徵
六日律七寸小分一半強　準七尺三千
三十
路時十三萬六千二百二十五　下生未
育路時爲宮離宮商未育徵
六日律六寸九分小分二微強　準六尺
九寸四千一百二十三
形始十三萬四千三百九十二　下生遲
時形始爲宮制時商遲時徵
五日律六寸八分小分三弱　準六尺八
寸五千四百七十六
依行十三萬二千五百八十二　上生色
育依行爲宮謙待商色育徵
七日律六寸七分小分三大強　準六尺
七寸七千五十九
中呂十三萬一千七十二　上生執始中
呂爲宮去滅商執始徵
八日律六寸六分小分六弱　準六尺六

寸萬一千六百四十二
南中十二萬九千三百八　上生丙盛南
中爲宮安度商丙盛徵
七日律六寸五分小分七微弱　準六尺
五寸萬三千六百八十五
內負十二萬七千五百六十七　上生分
動內負爲宮歸嘉商分動徵
八日律六寸四分小分八強　準六尺四
寸萬五千九百五十八
物應十二萬五千八百五十　上生質末
物應爲宮否與商質末徵
七日律六寸三分小分九強　準六尺三
寸萬八千四百七十一
蕤賓十二萬四千四百一十六　上生大
呂蕤賓爲宮夷則商大呂徵
一日律六寸三分小分二微強　準六尺
三寸四千一百三十一
南事十二萬四千一百五十四下生南事

窮無商徵不爲宮

七日律六寸三分小分一弱　準六尺三寸一千五百三十一

盛變十二萬二千七百四十一　上生分否盛變爲宮解形商分否徵

七日律六寸二分小分三大強　準六尺二寸七千六十四

離宮十二萬一千八百一十九　上生凌陰離宮爲宮去南商凌陰徵

七日律六寸一分小分五徵強　準六尺一寸萬二百二十七

制時十一萬九千四百六十　上生少出制時爲宮分積商少出徵

八日律六寸小分七弱　準六尺萬三千六百二十

林鐘十一萬八千九十八　上生太蔟林鍾爲宮南呂商太蔟徵

一日律六寸　準六尺

謙待十一萬七千八百五十一　上生未知謙待爲宮白呂商未知徵

五日律五寸九分小分九弱　準五尺九寸萬七千二百一十三

去滅十一萬六千五百八　上生時息去滅爲宮結躬商時息徵

七日律五寸九分小分二弱　準五尺九寸三千七百八十三

安度十一萬四千九百四十　上生屈齊安度爲宮歸期商屈齊徵

六日律五寸八分小分四弱　準五尺八寸七千七百八十六

歸嘉十一萬三千三百九十三　上生隨期歸嘉爲宮未卯商隨期徵

六日律五寸七分小分六微強　準五尺七寸萬一千九百九十九

否與十一萬一千八百六十七　上生形晉否與爲宮夷汗商形晉徵

五日律五寸六分小分八強　準五尺六
寸萬六千四百二十二
夷則十一萬五百九十二　上生夾鍾夷
則爲宮無射商夾鍾徵
八日律五寸六分小分二弱　準五尺六
寸三千六百七十二
解形十一萬九千一百三　上生開時解
形爲宮閉掩商開時徵
八日律五寸五分小分四強　準五尺五
寸八千四百六十五
去南十萬七千六百三十五　上生族嘉
去南爲宮鄰齊商族嘉徵
八日律五寸四分小分六大強　準五尺
四寸萬三千四百六十八
分積十萬六千一百八十八　上生爭南
分積爲宮期保商爭南徵
七日律五寸三分小分九半強　準五尺
三寸萬八千六百八十一

南呂十萬四千九百七十六　上生姑洗
南呂爲宮應鍾商姑洗徵
一日律五寸三分小分三強　準五尺三
寸六千五百六十一
白呂十萬四千七百五十六　上生南授
白呂爲宮分烏商南授徵
五日律五寸三分小分二強　準五尺三
寸四千三百七十一
結躬十萬三千五百六十三　上生變虞
結躬爲宮遲內商變虞徵
六日律五寸二分小分六少強　準五尺
二寸萬二千一百一十四
歸期十萬二千一百六十九　上生路時
歸期爲宮未育商路時徵
六日律五寸一分小分九微強　準五尺
一寸萬七千八百五十七
未卯十萬七百九十四　上生形始未卯
爲宮遲時商形始徵

六日律五寸一分小分二微強　準五尺
一寸四千八十七
夷汗九萬九千四百三十七　上生依行
夷汗爲宮色育商依行徵
七日律五寸小分五強　準五尺萬二百
二十
無射九萬八千三百四　上生中呂無射
爲宮執始商中呂徵
八日律四寸九分小分九強　準四尺九

寸萬八千五百七十三
閉掩九萬六千九百八十　上生南中閉
掩爲宮丙盛商南中徵
八日律四寸九分小分三弱　準四尺九
寸五千三百三十三
鄰齊九萬五千六百七十五　上生內負
鄰齊爲宮分動商內負徵
七日律四寸八分小分六微強　準四尺
八寸萬一千九百六十六

期保九萬四千三百八十八　上生物應
期保爲宮質末商物應徵
八日律四寸七分小分九微強　準四尺
七寸萬八千七百七十九
應鍾九萬三千三百一十二　上生䔘賓
應鍾爲宮大呂商䔘賓徵
一日律四寸七分小分四微強　準四尺
七寸八千十九
分烏九萬三千一百一十七　上生南事

分烏窮次無徵不爲宮
七日律四寸七分小分三微強　準四尺
七寸六千五十九
遲內九萬二千五十六　上生盛變遲內
爲宮分否商盛變徵
八日律四寸六分小分八弱　準四尺六
寸萬五千一百四十二
未育九萬八百一十七　上生離宮未育
爲宮淩陰商離宮徵

八日律四寸六分小分一少強　準四尺六寸二千七百五十二

遲時八萬九千五百九十五　上生制時

遲時爲宮少出商制時微

六日律四寸五分小分五強　準四尺五寸萬二百一十五

截管爲律吹以考聲列以物氣道之本也（前書注曰章帝時零陵文學奚景於泠道縣舜祠下得白玉琯古以玉爲琯）術家以其聲微而體難知其分數不明故作準以代之準之聲明暢易達分寸又粗然弦以緩急清濁非管無以正也均其中弦令與黃鍾相得案畫以求諸律無不如數而應者矣音聲精微綜之者解元和元年待詔候鍾律殷彤上言官無曉六十律以準調音者故待詔嚴崇具以準法教子男宣宣通習願召宣補學官主調樂器詔曰崇子學審曉律別其族協其聲者審試不得依託父學以聾爲聰聲微妙獨非莫知獨是莫曉以律錯吹能知命十二律不失一乃爲能傳崇學耳太史丞弘試十二律其二中其四不中其六不知何律宣遂罷自此律家莫能爲準施弦候部莫知復見（薛瑩書曰上以太常樂丞鮑鄴等上樂事下車騎將軍馬防防奏言建初一年七月鄴上言王者飲食必道須四時五味故有食舉之樂所以順天地養神明求福應也移風易俗莫善於樂樂者天地之和不可久廢今官樂但有太蔟皆不應日律可作十二月均各應其月氣乃能順天地和氣宜應明帝始令靈臺六律候而未設其門樂經曰十二月行之所以宣氣豐物也月開斗建之門而奏歌其律誠宜施行願與待詔嚴崇及能作樂器者共作治考工給所當詔下太常太常上言作樂器直錢百四十六萬請太僕作成上奏寢今明詔下臣防臣飄問鄴及待詔知音律者皆言聖人作樂所以宣氣致和順陰陽也臣愚以爲可順上天之明待因歲首令正發太蔟之律奏雅頌之音以立太平以迎和氣其條貫甚備詔書以防言下三公）熹平六年東觀召典律者太子舍人張光等問準意光等不知歸閱舊藏乃得其器形制如房書猶不能定其弦緩急音不可書以時人知之者欲教而無從心達者體知而無師故史官能辨清濁者遂絕其可以相傳者唯大推常數及候氣而已夫五音生於陰陽分爲十二律轉生六十皆所以紀

斗氣效物類也天效以景地效以響即律也陰陽和則景至律氣應則灰除是故天子常以日冬夏至御前殿合八能之士陳八音聽樂均度晷景候鍾律權土灰放陰陽冬至陽氣應則樂均清景長極黃鍾通土灰輕而衡仰夏至陰氣應則樂均濁景短極蕤賓通土灰重而衡低淮南子曰水勝故夏至濕火勝故冬至燥燥故灰輕濕故灰重進退於先後五日之中八能各以候狀聞太史封上效則和否則占易緯曰冬至人主不出宮寢兵從樂五日擊黃鍾之磬公卿大夫列士之意得則陰陽之晷如度數夏至之日如冬至之禮冬至之日樹八尺之表日中視其晷晷如度者其歲美人民和順晷不如度者則歲惡人民多譌言政令爲之不平晷進則水晷退則旱進一尺則日食退一尺則月食月食則正臣下之行日食則正人主之道

候氣之法爲室三重戶閉塗釁必周密布緹縵室中以木爲案每律各一內庳外高從其方位加律其上以葭莩灰抑其內端葭莩出河內案曆而候之氣至者灰去其爲氣所動者其灰散人及風所動者其灰聚殿中候用玉律十二惟二至乃候靈臺用竹律六十候日如其曆月令章句曰古之爲鍾律者以耳齊其聲後不能則假數以正其度度數正則音亦正矣鍾以斤兩尺寸中所容受升斗之數爲法律亦以寸分長短爲度故曰黃鍾之管長九寸徑三分圍九分其餘皆稍短雖大小圍數無增減以度量者可以文載口傳與衆共知然不如耳決之明也

後漢書志第一

後漢書志第二　律曆中

劉　昭　注補

賈逵論曆　永元論曆　延光論曆

漢安論曆　熹平論曆　論月食

自太初元年始用三統曆施行百有餘年曆稍後天朔先曆朔或在晦月見考其行日有退無進月有進無退建武八年中太僕朱浮太中大夫許淑等數上書言曆不正宜當改更時分度覺差尚微上以天下初定未遑考正至永平五年官曆署七月十六日食待詔楊岑見時月食多先曆即縮用筭上爲日上言月當十五日食官曆不中詔書令岑普與官課起七月盡十一月弦望凡五官曆皆失岑皆中庚寅詔令岑署弦望月食官復令待詔張盛景防鮑鄴等以四分法與岑課歲餘盛等所中多岑六事十二年十一月丙子詔書令盛防代岑署弦望月食加時四分之術始頗施

行是時盛防等未能分明曆元綜校分度故但用其弦望而已先是九年太史待詔董萌上言曆不正事下三公太常知曆者雜議訖十年四月無能分明據者至元和二年太初失天益遠日月宿度相覺浸多而候者皆知冬至之日日在斗二十一度未至牽牛五度而以爲牽牛中星從天四分日之三晦朔弦望差天一日宿差五度章帝知其謬錯以問史官雖知不合而不能易故召治曆編訢李梵等綜校其狀（蔡邕議云梵清河人）二月甲寅遂下詔曰朕聞古先聖王先天而天不違後天而奉天時河圖曰赤九會昌十世以光十一以興又曰九名之世帝行德封刻政朕以不德奉承大業夙夜祗畏不敢荒寧予末小子託在於數終曷以續興崇弘祖宗拯濟元元尚書琁璣鈐曰述堯世放唐文帝命驗曰堯考德顧期立象且三五步驟優劣殊軌況乎頑陋

無以克堪雖欲從之末由也已每見圖書
中心恧焉閒者以來政治不得陰陽不和
災異不息癘疫之氣流傷於牛農本不播
夫庶徵休咎五事之應咸在朕躬信有闕
矣將何以補之書曰惟先假王正厥事又
曰歲二月東巡狩至岱宗柴望秩于山川
遂覲東后叶時月正日祖堯岱宗同律度
量考在機衡以正曆象庶乎有益春秋保
乾圖曰三百年斗曆改憲史官用太初鄧

平術有餘分一在三百年之域行度轉差
浸以謬錯琁璣不正文象不稽冬至之日
日在斗二十二度而曆以為牽牛中星先
立春一日則四分數之立春日也以折獄
斷大刑於氣已迕用望平和隨時之義蓋
亦遠矣今改行四分以遵於堯以順孔聖
奉天之文冀百君子越有民同心敬授獲
咸喜以明予祖之遺功於是四分施行而
訢梵猶以為元首十一月當先大欲以合

耦弦望命有常日而十九歲不得七閏晦
朔失實行之未期章帝復發聖思考之經
讖使左中郎將賈逵問治曆者衛承李崇
太尉屬梁鮪司徒嚴勗太子舍人徐震鉅
鹿公乘蘇統及訢梵等十人以為月當先
小據春秋經書朔不書晦者朔必有明晦
不朔必在其月也即先大則一月再朔後
月無朔是明不可必梵等以為當先大無
文正驗取欲諧耦十六日月朓昏晦當滅

而已又晦與合同時不得異日又上知訢
梵穴見勑毋拘曆已班天元始起之月當
小定後年曆數遂正永元中復令史官以
九道法候弦望驗無有差跌逵論集狀後
之議者用得折衷故詳錄焉
逵論曰太初曆冬至日在牽牛初者牽牛
中星也古黃帝夏殷周魯冬至日在建星
建星即今斗星也太初曆斗二十六度三
百八十五分牽牛八度案行事史官注冬

夏至日常不及太初曆五度冬至日在斗二十一度四分度之一石氏星經曰黃道規牽牛初直斗二十度去極二十五度於赤道斗二十一度也四分法與行事候注天度相應尚書考靈曜斗二十二度無餘分冬至在牽牛所起又編訢等據今日所在牽牛中星五度於斗二十一度四分一與考靈曜相近即以明事元和二年八月詔書曰石不可離令兩候上得筭多者太

後漢書志二　五

史令玄等候元和二年至永元元年五歲中課日行及冬夏至斗二十一度四分一合古曆建星考靈曜日所起其星間距度皆如石氏故事他術以爲冬至日在牽牛初者自此遂黜也逵論曰以太初曆考漢元盡太初元年日朔二十三事其十七得朔四得晦二得二日新曆七得朔十四得晦二得三日以太初曆考太初元年盡更始二年二十四事十得晦以新曆十六得

朔七得二日一得晦以太初曆考建武元年盡永元元年二十三事五得朔十八得晦以新曆十七得朔三得晦三得二日又以新曆上考春秋中有日朔者二十四事失不中者二十三事天道參差不齊必有餘餘又有長短不可以等齊治曆者方以七十六歲斷之則餘分稍長稍得一日故易金火相革之卦象曰君子以治曆明時又曰湯武革命順乎天應乎人言聖人必

後漢書志二　六

曆象日月星辰明數不可貫數千萬歲其閒必改更先距求度數取合日月星辰所在而已故求度數取合日月星辰有異世之術太初曆不能下通於今新曆不能上得漢元一家曆法必在三百年之閒故讖文曰三百年斗曆改憲漢興當用太初而不改下至太初元年百二歲乃改故其前有先晦一日合朔下至成哀以二日爲朔故合朔多在晦此其明效也逵論曰臣前

上傅安等用黃道度日月弦望多近史官
一以赤道度之不與日月同於今曆弦望
至差一日以上輒奏以爲變至以爲日却
縮退行於黃道自得行度不爲變願請太
史官日月宿簿及星度課與待詔星象考
校奏可臣謹案前對言冬至日去極一百
一十五度夏至日去極六十七度春秋分
日去極九十一度洪範日月之行則有冬
夏五紀論日月循黃道南至牽牛北至東

井率日日行一度月行十三度十九分度
七也今史官一以赤道爲度不與日月行
同其斗牽牛輿鬼赤道得十五而黃道得
十三度半行東壁奎婁軫角亢赤道十度
黃道八度或月行多而日月相去反少謂
之日却案黃道值牽牛出赤道南二十五
度其直東井輿鬼出赤道北五度赤道者
爲中天去極俱九十度非日月道而以遥
準度日月失其實行故也以今太史官候

注考元和二年九月已來月行牽牛東井
四十九事無行十一度者行婁角三十七
事無行十五六度者如安言問典星待詔
姚崇井畢等十二人皆曰星圖有規法日
月實從黃道官無其器不知施行案甘露
二年大司農中丞耿壽昌奏以圖儀度日
月行考驗天運狀日月行至牽牛東井日
過度月行十五度至婁角日行一度月行
十三度赤道使然此前世所共知也如言

黃道有驗合天日無前却弦望不差一日
比用赤道密近宜施用上中多臣校案遴
論永元四年也至十五年七月甲辰詔書
造太史黃道銅儀以角爲十三度亢十氐
十六房五心五尾十八箕十斗二十四四
分度之一牽牛七須女十一虛十危十六
營室十八東壁十奎十七婁十二胃十五
昴十二畢十六觜三參八東井三十輿鬼
四柳十四星七張十七翼十九軫十八凡

三百六十五度四分度之一冬至日在斗
十九度四分度之一史官以郭日月行參
弦望雖密近而不爲注日儀黃道與度轉
運難以候是以少循其事遶論曰又今史
官推合朔弦望月食加時率多不中在於
不知月行遲疾意永平中詔書令故太史
待詔張隆以四分法署弦望月食加時隆
言能用易九六七八支知月行多少今案
隆所署多失臣使隆逆推前手所署不應

或異日不中天乃益遠至十餘度梵統以
史官候注考校月行當有遲疾不必在牽
牛東井婁角之間又非所謂朓側匿乃由
月所行道有遠近出入所生率一月移故
所疾處三度九歲九道一復凡九章百七
十一歲復十一月合朔旦冬至合春秋三
統九道終數可以知合朔弦望月食加時
據官注天度爲分率以其術法上考建武
以來月食凡三十八事差密近有益宣課

試上案史官舊有九道術廢而不修熹平
中故治曆郎梁國宗整上九道術詔書下
太史以參舊術相應部太子舍人馮恂課
校恂亦復作九道術增損其分與整術並
校差爲近太史令颺上以恂術參弦望然
而加時猶復先後天遠則十餘度杜預長曆曰書稱朞三百六旬有六日以閏月定四時成歲允釐百工庶績咸熙是以天子必置日官諸侯必置日御世修其業以考其術舉全數而言故曰六日其實五日四分日之一日日行一度而月日行十三度十九分度之有畸日官當會集此之遲疾以考成晦朔錯綜以設閏月閏月無中氣而北斗邪指兩辰之間所以異於他

月也積此以相通四時八節無違乃得成歲其微密至矣得其精微以合天道事敘而不悖故傳曰閏以正時時以作事事以厚生生民之道於是乎在然陰陽之運隨動而差差而不已遂與曆錯故仲尼丘明每於朔閏發文蓋矯正得失因以宣明曆數也桓十七年日食得朔而史闕其日單書朔僖十五年日食而史闕朔與日故傳因其得失並起時史之謬兼以明其餘日食或曆失其正也莊二十五年經書六月辛未朔日有食之鼓用牲于社周之六月夏之四月所謂正陽之月也而時曆誤實是七月之朔非六月故傳云非常也惟正月之朔慝未作日有食之於是乎有用幣于社伐鼓于朝此非用幣伐鼓常月因變而起曆誤也文十五年經文皆同而更復發傳曰非禮明前傳欲以審正陽之月後傳發例欲以明諸侯之禮也此乃聖賢之微旨先儒所未喻也昭十七年夏六月日有食之而平子言非正陽之月以誣一朝近於指鹿爲馬故傳曰不君君且因以明此月爲得天正也劉子駿造三統曆以修春秋春秋日食有甲

乙者三十四而三統曆唯一食曆術比諸家既最疏
又六千餘歲輒益一日凡歲當累日爲次而無故益
之此不可行之甚者班固前代名儒而謂之最密非
徒班固也自古以來諸論春秋者多述謬誤或造家
術或用黃帝以來諸曆以推經傳朔日皆不得諧合
日食於朔此乃天驗經傳又書其朔食可謂得天而
劉賈諸儒說皆以爲月二日或三日公違聖人明文
其蔽在於守一元不與天消息也余感春秋之事嘗
著曆論極言曆之通理其大指曰天行不息日月星
辰各運其舍皆動物也物動則不一雖行度大量可
得而限累日爲月以新故相序不得不有毫毛之差
此自然理也故春秋日有頻月而食者曠年不食者
理不得一而筭守從數故曆無不有差失也始失於
毫毛而尚未可覺積而成多以失弦望朔晦則不得
不改憲以從之書所謂欽若昊天曆象日月星辰易
所謂治曆明時言當順天以求合非爲合以驗天者
也推此論之春秋二百餘年其治曆變通多矣雖數
術絕滅還尋經傳微旨大量可知時之違謬則經傳

有驗學者固當曲循經傳月日日食以考朔晦也以
推時驗而皆不然各據其學以推春秋此無異度巳
之跡而欲削他人之足也余爲曆論之後至咸寧中
善筭李修夏顯依論體爲術名乾度曆表上朝廷其
術合日行四分之數而微增月行用三百歲改憲之
意二元相推七十餘歲承以強弱強弱之差蓋少而
適足以遠通盈縮時尚書及史官以乾度與太始曆
參校古今記注乾度曆殊勝今術具存時又并考古
今十曆以驗春秋知三統曆之最疏也今具列其時
得失之數又據經傳微旨證據及失閏官考日辰朔
晦以相發明爲經傳長曆諸經傳證據及失閏時文
字謬誤皆甄發之雖未必其得天蓋春秋當時文曆
也學者覽焉

永元十四年待詔太史霍融上言官漏刻
率九日增減一刻不與天相應或時差至
二刻半不如夏曆密詔書下太常令史官
與融以儀校天課度遠近太史令舒承梵
等對案官所施漏法令甲第六常符漏品
孝宣皇帝三年十二月乙酉下建武十年
二月壬午詔書施行漏刻以日長短爲數
率日南北二度四分而增減一刻一氣俱
十五日日去極各有多少今官漏率九日
移一刻不隨日進退夏曆漏隨日南北爲
長短密近於官漏分明可施行其年十一

月甲寅詔曰告司徒司空漏所以節時分
定昏明昏明長短起於日去極遠近日道
周不可以計率分當據儀度下參晷景今
官漏以計率分昏明九日增減一刻違失
其實至爲疏數以耦法太史待詔霍融上
言不與天相應太常史官運儀下水官漏
失天者至三刻以晷景爲刻少所違失密
近有驗今下晷景漏刻四十八箭立成斧
官府當用者計吏到班予四十八箭文多

故魁取二十四氣日所在并黃道去極晷
景漏刻昏明中星刻于下昔太初曆之興
也發謀於元封啓定於天鳳積百三十年
是非乃審及用四分亦於建武施於元和
訖於永元七十餘年然后儀式備立司候
有準天事幽微若此其難也中興以來圖
讖漏泄而考靈曜命曆序皆有甲寅元其
所起在四分庚申元後百一十四歲朔差
却二日學士修之於草澤信向以爲得正

及太初曆以後大爲疾而修之者云百四
十四歲而太歲超一表百七十一歲當棄
朔餘六十三中餘千一百九十七乃可常
行自太初元年至永平十一年百七十一
當去分而不去故令益有疏闊此二家常
挾其術庶幾施行每有訟者百寮會議羣
儒騁思論之有方益於多聞識之故詳錄
焉

安帝延光二年中謁者亶誦言當用甲寅
元河南梁豐言當復用太初尚書郎張衡
周興皆能曆數難誦豐或不對或言失誤
衡興參案儀注者考往校今以爲九道法
最密詔書下公卿詳議太尉愷等上侍中
施延等議太初過天日一度弦望失正月
以晦見西方食不與天相應元和改從四
分四分雖密於太初復不正皆不可用甲
寅元與天相應合圖讖可施行博士黃廣
大行令任僉議如九道河南尹祉太子舍

人李泓等四十人議即用甲寅元當除元
命苞天地開闢獲麟中百一十四歲推閏
月六直其日或朔晦弦望二十四氣宿度
不相應者非一用九道爲朔月有比三大
二小皆疏遠元和變曆以應保乾圖三百
歲斗曆改憲之文四分曆本起圖讖最得
其正不宜易愷等八十四人議宜從太初
尚書令忠上奏諸從太初者皆無他效驗
徒以世宗攘夷廓境享國久長爲辭或云

孝章改四分災異卒甚未有善應臣伏惟
聖王興起各異正朔以通三統漢祖受命
因秦之紀十月爲年首閏常在歲後不稽
先代違於帝典太宗遵修三階以平黄龍
以至刑犴以錯五是以備洪範庶徵曰雨曰暘曰燠曰寒曰風
五者來備各以其敘哀平之際同承太初而妖孽累
仍痾禍非一議者不以成數相參考眞求
實而汎采妄説歸福太初致咎四分太初
曆衆賢所立是非已定永平不審復革其

弦望四分有謬不可施行元和鳳鳥不當
應曆而翔集遠嘉前造則喪其休近譏後
改則隱其福漏見曲論未可爲是臣輒復
重難衡興以爲五紀論推步行度當時比
諸術爲近然猶未稽於古及向子歆欲以
合春秋横斷年數損夏益周考之表紀差
謬數百兩曆相課六千一百五十六歲而
太初多一日冬至日直斗而云在牽牛迂
闊不可復用昭然如此史官所共見非獨

衡興前以爲九道密近今議者以爲有闕
及甲寅元復多違失皆未可取正昔仲尼
順假馬之名以崇君之義況天之曆數不
可任疑從虚以非易是上納其言遂改曆
事

順帝漢安二年尚書侍郎邊韶上言世微
於數虧道盛於得常數虧則物衰得常則
國昌孝武皇帝攄發聖思因元封七年十
一月甲子朔旦冬至乃詔太史令司馬遷

治曆鄧平等更建太初改元易朔行夏之
正乾鑿度八十分之四十三爲日法設清
臺之候驗六異課效觕密太初爲最其後
劉歆研機極深驗之春秋參以易道以河
圖帝覽嬉雒書甄曜度推廣九道百七十
一歲進退六十三分百四十四歲一超次
與天相應少有闕謬從太初至永平十一
年百七十歲進退餘分六十三治曆者不
知處之推得十二度弦望不效挾廢術者

得寬其説至永和二年小終之數寖過餘分稍增月不用晦朔而先見孝章皇帝以保乾圖三百年斗曆改憲就用四分以太白復樞甲子爲癸亥引天從筭耦之目前更以庚申爲元既無明文託之於獲麟之歲又不與感精符單閼之歲同史官相代因成習疑少能鉤深致遠案弦望足以知之詔書下三公百官雜議太史令虞恭治曆宗訢等議建曆之本必先立元元正然

後定日法法定然後度周天以定分至三者有程則曆可成也四分曆仲紀之元起於孝文皇帝後元三年歲在庚辰上四十五歲歲在乙未則漢興元年也又上二百七十五歲歲在庚申則孔子獲麟二百七十六萬歲尋之上行復得庚申歲歲相承從下尋上其執不誤此四分曆元明文圖讖所著也太初元年歲在丁丑上極其元當在庚戌而曰丙子言百四十四歲超一

辰凡九百九十三超歲有空行八十二周有奇乃得丙子案歲所超於天元十一月甲子朔旦冬至日月俱超日行一度積三百六十五度四分度一而周天一帀名曰歲歲從一辰日不得空周天則歲無由超辰案百七十歲二蔀一章小餘六十三自然之數也夫數出於杪曶以成毫氂毫氂積累以成分寸兩儀既定日月始離初行生分積分成度日行一度一歲而周故爲

術者各生度法或以九百四十或以八十一法有細觕以生兩科其歸一也日法者日之所行分也日垂令明行有常節日法所該通遠無已損益毫氂差以千里自此言之數無緣得有虧棄之意也今欲飾平之失斷法垂分恐傷大道以步日月行度終數不同四章更不得朔餘一雖言九道去課進退恐不足以補其闕且課曆之法晦朔變弦以月食天驗昭著莫大焉今以

去六十三分之法爲曆驗章和元年以來日變二十事（案五行志章和元年訖漢安二年日變二十三事古今注又長一）月食二十八事與四分曆更失定課相除四分尚得多而又便近孝章皇帝曆度審正圖儀晷漏與天相應不可復尚文曜鉤曰高辛受命重黎說文唐堯即位羲和立禪夏后制德昆吾列神成周改號萇弘分官運斗樞曰常占有經世史所明洪範五紀論曰民間亦有黃帝諸曆不如史官記之明也自古及今聖帝明王莫不取言於羲和常占之官定精微於晷儀正衆疑祕藏中書改行四分之原及光武皇帝數下詔書草創其端孝明皇帝課校其實孝章皇帝宣行其法君更三聖年歷數十信而徵之舉而行之其元則上統開闢其數則復古四分宜如甲寅詔書故事奏可

靈帝熹平四年五官郎中馮光沛相上計掾陳晃言曆元不正故妖民叛寇益州盜賊相續爲曆用甲寅爲元而用庚申圖緯無以庚爲元者近秦所用代周之元太史治曆郎中郭香劉固意造妄說乞與本庚申元經緯有明受虛欺重誅乙卯詔書下三府與儒林明道者詳議務得道眞以羣臣會司徒府議（蔡邕集載三月九日百官會府公殿下東面校尉南面侍中郎將大夫千石六百石重行北面議郎博士西面戶曹令史當坐中而讀詔書公議蔡邕前坐侍中西北近公卿與光晃相難問是非焉）議郎蔡邕議以爲曆數精微去聖久遠得失更迭術術無常是以承秦曆用顓頊元用乙卯（蔡邕命論曰顓頊曆術曰天元正月己巳朔旦立春俱以日月起於天廟營室五度今月令孟春之月日在營室）百有二歲孝武皇帝始改正朔曆用太初元用丁丑行之百八十九歲孝章皇帝改從四分元用庚申今光晃各以庚申爲非甲寅爲是案曆法黃帝顓頊夏殷周魯凡六家各自有元光晃所據則殷曆元也他元雖不明於圖讖各家術皆當有效於其當時黃帝始用太初丁丑之元有六家紛錯爭訟是非太

史令張壽王挾甲寅元以非漢曆雜候清
臺課在下第卒以疏闊連見劾奏太初效
驗無所漏失是則雖非圖讖之元而有效
於前者也及用四分以來考之行度密於
太初是又新元效於今者也延光元年中
謁者亶誦亦非四分庚申上言當用命曆
序甲寅元公卿百寮參議正處竟不施行
且三光之行遲速進退不必若一術家以
筭追而求之取合於當時而已故有古今

之術今之不能上通於古亦猶古術之不
能下通於今也元命苞乾鑿度皆以爲開
闢至獲麟二百七十六萬歲及命曆序積
獲麟至漢起庚子蔀之二十三歲竟己酉
戊子及丁卯蔀六十九歲合爲二百七十
五歲漢元年歲在乙未上至獲麟則歲在
庚申推此以上上極開闢則不在庚申讖
雖無文其數見存而光晃以爲開闢至獲
麟二百七十五萬九千八百八十六歲獲

麟至漢百六十二歲轉差少一百一十四
歲云當滿足則上違乾鑿度元命苞中使
獲麟不得在哀公十四年下不及命曆序
獲麟漢相去四蔀年數與奏記譜注不相
應當今曆正月癸亥朔光晃以爲乙丑朔
乙丑之與癸亥無題勒款識可與衆共別
者須以弦望晦朔光魄虧滿可得而見者
考其符驗而光晃曆以考靈曜二十八宿
度數及冬至日所在與今史官甘石舊文

錯異不可考校以今渾天圖儀檢天文亦
不合於考靈曜光晃誠能自依其術更造
望儀以追天度遠有驗於圖書近有效於
三光可以易奪甘石窮服諸術者實宜用
之難問光晃但言圖讖所言不服元和二
年二月甲寅制書曰朕聞古先聖王先天
而天不違後天而奉天時史官用太初鄧
平術冬至之日日在斗二十二度而曆以
爲牽牛中星先立春一日則四分數之立

春也而以折獄斷大刑於氣已迕用望平和蓋亦遠矣今改行四分以遵於堯以順孔聖奉天之文是始用四分曆庚申元之詔也深引河雒圖讖以爲符驗非史官私意獨所興構而光晃以爲固意造妄說違反經文謬之甚者昔堯命羲和曆象日月星辰舜叶時月正日湯武革命治曆明時可謂正矣且猶遇水遭旱戒以蠻夷猾夏寇賊姦宄而光晃以爲陰陽不和姦臣盜賊皆元之咎誠非其理元和二年乃用庚申至今九十二歲而光晃言秦所用代周之元不知從秦來漢三易元不常庚申光晃區區信用所學亦妄虛無造欺語之愆至於改朔易元往者壽王之術已課不效亶誦之議不用元和詔書文備義著非羣臣議者所能變易太尉耽司徒隗司空訓以邕議劾光晃不敬正鬼薪法詔書勿治罪臣昭曰不有君子其能國乎觀蔡邕之議可以言天機矣賢明在朝弘益遠哉公卿結正足懲淺妄之徒詔書勿治亦深盡各之致

太初曆推月食多失四分因太初法以河平癸巳爲元施行五年永元元年天以七月後閏食術以八月其十二年正月十二日蒙公乘宗紺上書言今月十六日月當食而曆以二月至期如紺言太史令巡上紺有益官用除待詔甲辰詔書以紺法署施行五十六歲至本初元年天以十二月食曆以後年正月於是始差到熹平三年二十九年之中先曆食者十六事常山長史劉洪上作七曜術甲辰詔屬太史部郎中劉固舍人馮恂等課效復作八元術固等作月食術並已相參固術與七曜術同月食所失皆以歲在已未當食四月恂術以三月官曆以五月太史上課到時施行中者丁巳詔書報可其四年紺孫誠上書言受紺法術當復改今年十二月當食而官曆以後年正月到期如言拜誠爲舍人

丙申詔書聽行誠法光和二年歲在己未三月五月皆陰太史令修部舍人張恂等推計行度以爲三月近四月遠誠以四月奏廢誠術施用恂術其三年誠兄整前後上書言去年三月不食當以四月史官廢誠正術用恂不正術整所上五屬太史太史主者終不自言三月近四月遠食當以見爲正無遠近詔書下太常其詳案注記平議術之要效驗虛實太常就耽上選侍

中韓説博士蔡較穀城門候劉洪右郎中陳調於太常府覆校注記平議難問恂誠各對恂術以五千六百四十日有九百六十一食爲法而除成分空加縣法推建武以來俱得三百二十七食其十五食錯案其官素注天見食九十八與兩術相應其錯辟二千一百誠術以百三十五月二十三食爲注乘除成月從建康以上減四十一建康以來減三十五以其俱不食恂術

改易舊法誠術中復減損論其長短無以相踰各引書緯自證文無義要取追天而已夫日月之術日循黃道月從九道以赤道儀日冬至去極俱一百一十五度其入宿也赤道在斗二十一而黃道在斗十九兩儀相參日月之行曲直有差以生進退故月行井牛十四度以上其在角婁十二度以上皆不應率不行以是言之則術不差不改不驗不用天道精微度數難定術

法多端曆紀非一未驗無以知其是未差無以知其失失然後改之是然後用之此謂允執其中今誠術未有差錯之謬恂術未有獨中之異以無驗改未失是以檢將來爲是者也誠術百三十五月月二十三食其文在書籍學者所修施行日久官守其業經緯日月厚而未愆信於天文述而不作恂久在候部詳心善意能揆儀度定立術數推前校往亦與見食相應然協曆

正紀欽若昊天宜率舊章如甲辰丙申詔
書以見食爲比今宜施用誠術棄放恂術
史官課之後有效驗乃行其法以審術數
以順改易耽以說等議奏聞詔書可恂整
誠各復上書恂言不當施誠術整言不當
復棄恂術爲洪議所侵事下永安臺覆實
皆不如恂誠等言劾奏謾欺詔書報恂誠
各以二月奉贖罪整適作左校二月遂用
洪等施行誠術光和二年萬年公乘王漢

上月食注自章和元年到今年凡九十三
歲合百九十六食與官曆河平元年月錯
以己巳爲元事下太史令修上言漢所作
注不與見食相應者二事以同爲異者二
十九事尚書召穀城門候劉洪勑曰前郎
中馮光司徒掾陳晃各訟曆故議郎蔡邕
共補續其志今洪其詣修與漢相參推元
謂分考校月食審己巳元密近有師法洪
便從漢受不能對洪上言推元漢己巳元

則考靈曜旃蒙之歲乙卯元也與光晃甲
寅元相經緯於以追天作曆校三光之步
今爲疏闊孔子緯一事見二端者明曆興
廢隨天爲節甲寅曆於孔子時效己巳顓
項秦所施用漢興草創因而不易至元封
中迂闊不審更用太初應期三百改憲之
節甲寅己巳讖雖有文略其年數是以學
人各傳所聞至於課校罔得厥正夫甲寅
元天正正月甲子朔旦冬至七曜之起始

於牛初乙卯之元人正己巳朔旦立春三
光聚天廟五度課兩元端閏餘差自五十
分二之三朔三百四中節之餘二十九以
效信難聚漢不解說但言先人有書而已
以漢成注參官施行術不同二十九事不
中見食二事案漢習書見己巳元謂朝不
聞不知聖人獨有興廢之義史官有附天
密術甲寅己巳前已施行效後格而已不
用河平疏闊史官已廢之而漢以去事分

爭殆非其意雖有師法與無同課又不近密其說蓺數術家所共知無所采取遣漢歸鄉里袁山松書曰劉洪字元卓泰山蒙陰人也魯王之宗室也延熹中以校尉應太史徵拜郎中遷常山長史以父憂去官後爲上計掾拜郎中檢東觀著作律曆記遷謁者穀城門候會稽東部都尉徵還未至領山陽太守卒官洪善筭當世無偶作七曜術及在東觀與蔡邕共述律曆記考驗天官及造乾象術十餘年考驗日月與象相應皆傳于世博物記曰洪篤信好學觀乎六藝羣書意以爲天文數術探賾索隱鉤深致遠遂專心鋭思爲曲城侯相政教清均吏民畏而愛之爲州郡之所禮異

後漢書志第二

後漢書志第三 律曆下

劉 昭 注補

曆法

昔者聖人之作曆也觀琁璣之運三光之行道之發斂景之長短斗剛之建青龍所躔參伍以變錯綜其數而制術焉天之動也一晝一夜而運過周星從天而西日違天而東日之所行與運周在天成度在曆成日居以列宿終于四七受以甲乙終于六旬日月相推日舒月速當其同謂之合朔舒先速後近一遠三謂之弦相與爲衡分天之中謂之望以速及舒光盡體伏謂之晦晦朔合離斗建移辰謂之日月之術則有冬有夏冬夏之間則有春有秋是故日行北陸謂之冬西陸謂之春南陸謂之夏東陸謂之秋日道發南去極彌遠其景彌長遠長乃極冬乃至焉日道斂北去極彌近其景彌短近短乃極夏乃至焉二至

之中道齊景正春秋分焉日周于天一寒
一暑四時備成萬物畢改攝提遷次青龍
移辰謂之歲歲首至也月首朔也至朔同
日謂之章同在日首謂之蔀蔀終六旬謂
之紀歲朔又復謂之元是故日以實之月
以閏之時以分之歲以周之章以明之蔀
以部之紀以記之元以原之然後雖有變
化萬殊贏朒無方莫不結系于此而稟正
焉極建其中道營于外琁衡追日以察斂

光道生焉孔壺爲漏浮箭爲刻下漏數刻
以考中星昏明生焉日有光道月有九行
九行出入而交生焉朔會望衡鄰於所交
虧薄生焉月有晦朔星有合見月有弦望
星有留逆其歸一也步術生焉金水承陽
先後日下速則先日遲而後留留而後逆
逆與日違違而後速速與日競競又先日
遲速順逆晨夕生焉日月五緯各有終原
而七元生焉見伏有日留行有度而率數

生焉參差齊之多少均之會終生焉引而
伸之觸而長之探賾索隱鉤深致遠無幽
辟潛伏而不以其精者然故陰陽有分寒
暑有節天地貞觀日月貞明若夫祐術開
業淳燿天光重黎其上也（顓頊曰重黎）承聖帝
之命若昊天典曆象三辰以授民事立閏
定時以成歲功羲和其隆也（唐虞夏商曰羲和）取
象金火革命創制治曆明時應天順民湯
武其盛也（月令章句曰帝舜叶時月正日湯武革命治曆明時言承平者叶之承乱者革之）

之及王德之衰也無道之君亂之於上頑
愚之史失之於下夏后之時羲和淫湎廢
時亂日胤乃征之紂作淫虐喪其甲子武
王誅之夫能貞而明之者其興也勃焉回
而敗之者其亡也忽焉巍巍乎若道天地
之綱紀帝王之壯事是以聖人寶焉君子
勤之夫曆有聖人之德六焉以本氣者尚
其體以綜數者尚其文以考類者尚其象
以作事者尚其時以占往者尚其源以知

來者尚其流大業載之吉凶生焉是以君子將有興焉咨焉而以從事受命而莫之違也若夫用天因地揆時施教頒諸明堂以爲民極者莫大乎月令帝王之大司備矣天下之能事畢矣過此而往羣忌苟禁君子未之或知也斗之二十一度去極至遠也日在焉而冬至羣物於是乎生故律首黃鍾曆始冬至月先建子時平夜半當漢高皇帝受命四十有五歲陽在上章陰

在執徐冬十有一月甲子夜半朔旦冬至日月閏積之數皆自此始立元正朔謂之漢曆又上兩元而月食五星之元並發端焉曆數之生也乃立儀表以校日景景長則日遠天度之端也日發其端周而爲歲然其景不復四周千四百六十一日而景復初是則日行之終以周除日得三百六十五四分度之一爲歲之日數日日行一度亦爲天度察日月俱發度端即是起會合朔日行

十九周月行二百五十四周復會于端是則月行之終也以日周除月周得一歲周天之數以日一周減之餘十二十九分之七則月行過周及日行之數也爲一歲之月以除一歲日爲一月之數月之餘分積滿其法得一月月成則其歲月大四時推移故置十二中以定月位有朔而無中者爲閏月中之始日節與中爲二十四氣以除一歲日爲一氣之日數也其分積而成

日爲没并歲氣之分如法爲一歲没没分于終中中終于冬至冬至之分積如其法得一日四歲而終月分成閏閏七而盡其歲十九名之曰章章首分盡四之俱終名之曰蔀以一歲日乘之爲蔀之日數也以甲子命之二十而復其初是以二十蔀爲紀紀歲青龍未終三終歲後復青龍爲元元法四千五百六十樂叶圖徵曰天元以甲子朔旦冬至日月起於牽牛之初右行二十八宿以考王者終始或盡一其曆數或不能盡一以四千五百六十爲紀甲寅窮宋均曰

紀即元也四千五百六十者五行相代一終之大數也王者即位或遇其統或不盡其數故一共以四千五百六十爲甲寅之終也王者起必易元故不復以前而終言之也韓子曰四千五百六十歲爲一元元中有厄故聖人有九歲之畜以備之也 紀法千五百二十 月令章句曰紀還復故曆

紀月萬八千八百　蔀法七十六 月令章句曰七十六歲爲蔀首

蔀月九百四十　章法十九

章月二百三十五 月令章句曰十九歲七閏月爲一章 周天千

四百六十一　日法四　蔀日二萬七千

七百五十九　沒數二十一爲章閏　通

法四百八十七　沒法七因爲章閏　日

餘百六十八　中法四十二　大周三十

四萬三千三百三十五　月周千一十六

月食數之生也乃記月食之既者率二十

三食而復既其月食百三十五率之相除

得五百二十三之二十而一食以除一歲

之月得歲有再食五百一十三分之五十

也分終其法因以與蔀相約得四與二十

七互之會二千五十二二十而與元會

元會四萬一千四十　蔀會三千五十三

歲數五百一十三　食數千八十一

月數百二十五　食法二十二

推入蔀術曰以元法除去上元其餘以紀法除之所得數從天紀筭外則所入紀也不滿紀法者入紀年數也以蔀法除之所得數從甲子蔀起筭外所入紀歲名命之筭上即所求年太歲所在

推月食所入蔀會年以元會除去上元其餘以蔀會除之所得以七十二乘之滿六十除去之餘以二十除所得數從天紀筭之起外所以入紀不滿二十者數從甲子蔀起筭外所入蔀會也其初不滿蔀會者入蔀會年數也各以不入紀歲名命之筭上即所求年蔀

天紀歲名	地紀歲名	人紀歲名	蔀首
甲子	庚辰	庚子	庚申一
癸卯	丙申	丙辰	丙子二
壬午	壬子	壬申	壬辰三

辛酉	戊辰	戊子	戊申四
庚子	甲申	甲辰	甲子五
己卯	庚子	庚申	庚辰六
戊午	丙辰	丙子	丙申七
丁酉	壬申	壬辰	壬子八
丙子	戊子	戊申	戊辰九
乙卯	甲辰	甲子	甲申十
甲午	庚申	庚辰	庚子十一
癸酉	丙子	丙申	丙辰十二
壬子	壬辰	壬午	壬申十三
辛卯	戊申	戊辰	戊子十四
庚午	甲子	甲申	甲辰十五
乙酉	庚辰	庚子	庚申十六
戊子	丙申	丙辰	丙子十七
丁卯	壬子	壬申	壬辰十八
丙午	戊辰	戊子	戊申十九
乙酉	甲申	甲辰	甲子二十

推天正術置入蔀年減一以章月乘之滿章法得一名爲積月不滿爲閏餘十二以上其歲有閏推天正朔日置入蔀積月以蔀日乘之滿蔀月得一名爲積日不滿爲小餘積日以六十除去之其餘爲大餘以所入蔀名命之筭盡之外則前年天正十一月朔日也小餘四百四十一以上其月大求後月朔加大餘二十九小餘四百九十小餘滿蔀月得一上加大餘命之如前一術以大周乘年周天乘減之餘滿蔀日則天正朔日也

推二十四氣術曰置入蔀年減一以月餘乘之滿中法得一名曰大餘不滿爲小餘大餘滿六十除去之其餘以蔀名命之筭盡之外則前年冬至之日也

求次氣加大餘十五小餘七除命之如前小寒日也

推閏月所在以閏餘減章法餘以十二乘之滿章閏數得一滿四以上亦得一筭之

數從前年十一月起筭盡之外閏月也或
進退以中氣定之推弦望日國其月朔大
小餘之數皆加大餘七小餘三百五十九
四分三小餘滿蔀月得一加大餘大餘命
如法得上弦又加得望次下弦又後月朔
其弦望小餘二百六十以下每以百刻乘
之滿蔀月得一刻不滿其數近節氣夜漏
之半者以筭上爲日

推沒滅術置入蔀年減一以沒數乘之滿

日法得一名爲積沒不盡爲沒餘以通法
乘積沒滿沒法得一名爲大餘不盡爲小
餘大餘滿六十除去之其餘以蔀名命之
筭盡之外前年冬至前沒日也求後沒加
大餘六十九小餘四小餘滿沒法從大餘
命之如前無分爲滅

一術以爲五乘冬至小餘以減通法餘滿
沒法得一則天正後沒也

推合朔所在度置入蔀積月以日乘之滿

大周除去之其餘滿蔀月得一名爲積度
不盡爲餘分積度加斗二十一度加二百
三十五分以宿次除之不滿宿則日月合
朔所在星度也求後合朔加度二十九加
分四百九十九分滿蔀月得一度經斗除
二百三十五分

一術以閏餘乘周天以減大周餘滿蔀月
得一合以斗二十一度四分一則天正合
朔日月所在度

推日所在度置入蔀積日之數以蔀法乘
之滿蔀日除去之其餘滿蔀法得一爲積
度不盡爲餘分積度加斗二十一度加十
九分以宿次除去之則夜半日所在宿度
也

求次日加一度求次月大加三十度小加
二十九度經斗除十分

一術以朔小餘減合度分即日夜半所在
其分三百二十五約之十九乘之

推月所在度置入蔀積日之數以月周乘之滿蔀日除去之其餘滿蔀法得一爲積度不盡爲餘分積度加斗二十一十分除如上法則所求之日夜半月所在宿度也

求次日加十三度二十八分求次月大加三十五度六十一分月小二十二度三十三分分滿法得一度經斗除十九分其冬下旬月在張心署之謂盡漏分後盡漏盡也

一術以蔀法除朔小餘所得以減日半度也餘以減分即月夜半所在度也

推日明所入度分術曰置其月節氣夜漏之數以蔀法乘之二百除之得一分即夜半到明所行分也以增夜半日所在度分爲明所在度分也求昏日所入度以夜半到明日所行分減蔀法其餘即夜半到昏所行分也以加夜半所在度分爲昏日所在度也

推月明所入度分術曰置其節氣夜半之數以月周乘之以二百除之爲積分積分滿蔀法得一以增夜半度即明月所在度也

求昏月所入度以明積分減月周其餘滿蔀法得一度加夜半則昏月所在度也

推弦望日所入星度術曰置合朔度分之數加七度三百五十九分四分之三宿次除之即得上弦日所入宿度分也

求望下弦加除如前法小分四從大分滿蔀月從度

推弦望月所入星度術曰置月合朔度分之數加度九十八加分六百五十三半以宿次除之即上弦月所入宿度分也

求望下弦加除如前分滿蔀月從度

推月食術曰置入蔀會年數減一以食數乘之滿歲數得一名曰積食不滿爲食餘以月數乘積滿食法得一名爲積月不滿

爲月餘分積月以章月除去之其餘爲入
章月數當先除入章閏乃以十二除去之
不滿者命以十一月筭盡之外則前年十
一月前食月也
求入章閏者置入章月以章閏乘之滿章
月得一則入章閏數也餘分滿二百二十
四以上至二百三十一爲食在閏月閏或
進退以朔日定之求後食加五百二十分
滿法得一月數命之如法其分盡食筭上

推月食朔日術曰置食積月之數以二十
九乘之爲積日又以四百九十乘積月滿
蔀月得一以并積日以六十除之其餘以
所會蔀名命之筭盡之外則前年天正前
食月朔日也求食日加大餘十四小餘七
百一十九半小餘滿蔀月爲大餘大餘命
如前則食日也
求後食朔及日皆加大餘二十七小餘六
百一十五其月餘分不滿二十者又加大

餘二十九小餘四百九十九其食小餘者
當以漏刻課之夜漏未盡以筭上爲日
一術以歲數去上元餘以爲積月以百一
十二乘之滿月數去之餘滿食法得一則
天正後食推諸加時以十二乘小餘先減
如法之半得一時其餘乃以法除之所得
筭之數從夜半子起筭盡之外則所加時
也
推諸上水漏刻以百乘其小餘滿其法得

一刻不滿法法什之滿法得一分積刻先
減所入節氣夜漏之半其餘爲晝上水之
數過晝漏去之餘爲夜上水數其刻不滿
夜漏半者乃減之餘爲昨夜未晝其弦望
其日五星數之生也各記於日與周天度
相約而爲率以章法乘周率爲用法章月
乘日率如月法爲積月月餘以月之月乘
積爲朔大小餘乘爲入月日餘以日法乘
周率爲日度法以率去日率餘以乘周天

如日度法爲度之餘也日率相約取之得
二千九百九十萬一千六百二十一億五
十八萬二千三百而五星終如蔀之數與
元通
木周率四千三百二十七　日率四千七
百二十五　合積月十三　月餘四萬一
千六百六　月法八萬二千二百一十三
大餘二十三　小餘八百四十七　虛分
九十三　入月日十五　日餘萬四千六
百四十七　日度法萬七千三百八　積
度三十三　度餘萬三百一十四　火周
率八百七十九　日率千八百七十六
合積月二十六　月餘六千六百三十四
月法萬六千七百一　大餘四十七　小
餘七百五十四　虛分一百八十六　入
月日十一　日餘千八百七十二　日度
法三千五百一十六　積度四十九　度
餘一百一十四　土周率九千九十六

日率九千四百一十五　合積月十二
月餘十三萬八千六百三十七　月法十
七萬二千八百二十四　大餘五十四
小餘三百四十八　虛分五百九十二
入月日二十三　日餘二千一百六十三
日度法三萬六千三百八十四　積度十
二　度餘二萬九千四百五十一
金周率五千八百三十　日率四千六百
六十一　合積月九　月餘九萬八千四
百五　月法十萬七百七十　大餘二十
五　小餘七百三十一　虛分二百九
入月日二十六　日餘二百八十一　日
度法二萬三千三百二十　積度二百九
十二　度餘二百八十一
水周率萬一千九百八　日率千八百八
十九　合積月一　月餘二十一萬七千
六百六十　月法二十二萬六千二百五
十二　大餘二十九　小餘四百九十九

虚分四百四十九　入月日二十七　日
餘四萬四千八百五　日度法四萬七千
六百三十一　積度五十七　度餘四萬
四千八百五
推五星術置上元以來盡所求年以周率
乘之滿日率得一名爲積合不盡名合餘
餘以周率除之不得爲退歲無所得星合
其年得一合前年二合前二年金水積合
奇爲晨偶爲夕其不滿周率者反減之餘

爲度分
推星合月以合積月乘積合爲小積又以
月餘乘積合滿其月法得一從小積爲月
餘積月滿紀月去之餘爲入紀月每以章
閏乘之滿章月得一爲閏不盡爲閏餘以
閏減入紀月其餘以十二去之餘爲入歲
月數從天正十一月起筭外星合所在之
月也其閏滿二百二十四以上至二百三
十一星合閏月閏或進退以朔制之推朔

日以蔀日乘之入紀月滿蔀月得一爲積
日不盡爲小餘積日滿六十去之餘爲大
餘命以甲子筭外星合月朔日
推入月日以蔀日乘月餘以其月法乘朔
小餘從之以四千四百六十五約之所得
得滿日度法得一爲入月日不盡爲日餘
以朔命入月日筭外星合日也
推合度以周天乘度分滿日度法得一爲
積度不盡爲度餘以斗二十一四分一命

度筭外星合所在度也
一術加退歲一以減上元滿八十除去之
餘以沒數乘之滿日法得一爲大餘不盡
爲小餘以甲子命大餘則星合歲天正冬
至日也以周率小餘并度餘餘滿日度法
從度即正後星合日數也命以冬至求後
合月加合積月於入歲月加月餘於月餘
滿其月法得一從入歲月入歲月滿十二
去之有閏計焉餘命如前筭外後合月也

餘一加晨得夕加夕得晨求朔日以大小
餘加令所得其月餘得一月者又餘二十
九小餘滿蔀月得一如大餘大餘命如前
求入月日以入月日餘加今所得餘滿日
度法得一從日其前合月朔小餘不滿其
虛分者空加一日日滿月先去二十九其
後合月朔小餘不滿四百九十九又減一
日其餘命如前
求合度以積度度餘加今所得餘滿日度

法得一從度命如前經斗除如周率矣
木晨伏十六日七千二百二十分半行二
度萬三千八百一十一分在日後十三度
有奇而見東方見順日行五十八分度之
十一五十八日行十一度微遲日行九分
五十八日行九度留不行二十五日旋逆
日行七分度之一八十四日進十二度復
留二十五日復順五十八日行九度又五
十八日行十一度在日前十三度有奇而
夕伏西方除伏逆一見三百六十六日行
二十八度伏復十六日七千二百二十分
半行二度萬三千八百一十一分而與日
合凡一終三百九十八日有萬四千六百
四十一分行星三十三度與萬三百一十
四分通率日行四千七百二十五分之三
百九十八
火晨伏七十一日二千六百九十四分行
五十五度二千二百五十四分半在日後

十六度有奇而見東方見順日行二十三
分度之十四八十四日行一十二度微遲
日行十二分九十二日行四十八度留不
行十一日旋逆日行六十二分度之十七
六十二日退十七度復留十一日復順九
十二日行四十八度又百八十四日行百
一十二度在日前十六度有奇而夕伏西
方除伏逆一見六百三十六日行百三度
伏復七十一日二千六百九十四分行五

十五度二千二百五十四分半而與日合
凡一終七百七十九日有千八百七十二
分行星四百一十四度與九百九十三分
通率日行千八百七十六分之九百九十
六
土晨伏十九日千八十一分半行三度萬
四千七百二十五分半在日後十五度有
奇而見東方見順日行四十三分度之三
八十六日行六度留不行三十三日旋逆

日行十七分度之一百二日退六度復留
三十三日復順八十六日行六度在日前
十五度有奇而夕伏西方除伏逆見三百
四十日行六度伏復十九日千八十一分
半行三度萬四千七百二十五分半與日
合凡一終三百七十八日有二千一百六
十三分行星十二度與二萬九千四百五
十一分通率日行九千四百一十五分之
三百一十九

金晨伏五日退四度在日後九度而見東
方見逆日行五分度之三十日退六度留
不行八日順日行行四十六分度之三十
三四十六日行三十三度而日行一度九
十分度之十五九十一日行百六度益疾
日行一度二十二分九十一日行百一十
三度在日後九度而晨伏東方除伏逆一
見二百四十六日行二百四十六度伏四
十一日二百八十一分行五十度二百八

十一分而與日合一合二百九十二日百
八十一分行星如之金夕伏四十一日二
百八十一分行五十度二百八十一分在
日前九度而見西方見順疾日行一度九
十一分度之二十二九十一日行百一十
三度微遲日行一度十五分九十一日行
百六度而進日行四十六分度之三十三
四十六日行三十三度留不行八日旋逆
日行五分度之三十日退六度在日前九

度而夕伏西方除伏逆一見二百四十六日行二百四十六度伏五日退四度而後合凡三合一終五百八十四日有五百六十二分行星如之通率日行一度

水晨伏九日退七度在日後十六度而見東方見逆一日退一度留不行二日旋順日行九分度之八九日行八度而疾日行一度四分度之一二十日行二十五度在日後十六度而晨伏東方除伏逆一見三

十二日行三十二度伏十六日四萬四千八百五分行三十二度四萬四千八百五分而與日合一合五十七日有四萬四千八百五分行星如之水夕伏十六日四萬四千八百五分行三十二度四萬四千八百五分在日前十六度而見西方見順疾日行一度四分度之一二十日行二十五度而遲日行九分度之八九日行八度留不行二日逆一日退一度在日前十六度

而夕伏西方除伏逆一見三十二日行三十度伏九日退七度而復合凡再合一終百一十五日有四萬一千九百七十八分行星如之通率日行一度

步術以步法伏日度分如星合日度餘命之如前得星見日度也術分母乘之分日如度法而一分不盡如法半以上亦得一而日加所行分滿其母得一度逆順母不同以當行之母乘故分如故母如一也留

者承前逆則減之伏不書度經斗除如行母四分具一其分有損益前後相放其以赤道命度進加退減之其步以黃道日名

天正十一月十二月正月二月三月四月五月六月七月八月九月十月冬至大寒雨水春分穀雨小滿夏至大暑處暑秋分霜降小雪月令章句孟春以立春爲節驚蟄爲中中必在其月節不必在其月據孟春之驚蟄在十六日以後立春在正月驚蟄在十五日以前立春在往年十二月

斗二十六四分退二　牛八　女十二進二　虛

十三進　危十六二進　室十六二進　壁十三進

北方九十八度四分一

奎十六　婁十二一進　胃十四二進　昴十一二進　畢十六三進　觜二三退　參九四退

西方八十度

井三十三三退　鬼四　柳十五　星七一進

張十八一進　翼十八一進　軫十七一進

南方百一十二度

角十二　亢九一退　氐十五二退　房五三退

心五三退　尾十八三進　箕十一三退

東方七十五度

右赤道度周天三百六十五度四分一

斗二十四一進　牛七　女十一　虛十

危十六　室十八　壁十

北方九十六度四分一

奎十七　婁十二　胃十五　昴十二

畢十六　觜三　參八

西方八十三度

井三十　鬼四　柳十四　星七　張十七　翼十九　軫十八

南方百九度

角十三　亢十　氐十六　房五　心五

尾十八　箕十

東方七十七度

右黃道度三百六十五四分一

黃道去極日景之生據儀表也漏刻之生以去極遠近差乘節氣之差如遠近而差

一刻以相增損昏明之生以天度乘晝漏夜漏減三百而一爲定度以減天度餘爲明加定度一爲昏其餘四之如法爲少不盡三之如法爲強餘半法以上以成強強三爲少少四爲度其強二爲少弱也又以日度餘爲少強而各加焉張衡渾儀曰赤道橫帶渾天之腹去極九十一度十分之五黃道斜帶其腹出赤道表裏各二十四度故夏至去極六十七度而強冬至去極百一十五度亦強也然則黃道斜截赤道者則春分秋分之去極也今此春分去極九十少秋分去極九十一少者就夏曆景去極之法以爲率也上頭橫行第一行者黃道進退之數也本當以銅儀日月度之

則可知也以儀一歲乃竟而中間又有陰雨難卒成也是以作小渾畫赤道黃道乃各調賦三百六十五度四分之一從冬至所在始起令之相當值也取北極及衡各誠椓之爲軸取薄竹篾穿其兩端令兩穿中間與渾半等以貫之令察之與渾相切摩也乃從減半起以爲八十二度八分之五盡衡減之半焉又中分其篾拗去其半令其半之際正直與兩端減半相直令篾半之際從冬至起一度一移之視篾之半際夕多黃赤道幾也其所多少則進退之數也從此極數之則無極之度也各分赤道黃道爲二十四氣一氣相去十五度十六分之七每一氣者黃道進退一度焉所以然者黃道直時去南北極近其處地小而橫行與赤道且等故以篾度之於赤道多也設氣令十六日者皆常率四日差少半也令一氣十五日不能半耳故使中道三日之中若少半也三氣一節故四十六日而差令三度也至於差三之時而五日同率者一其實節之間不能四十六日也令殘日居其策故五日同率也其率雖同先之皆強後之皆

弱不可勝許取至於三而復有進退者黃道稍斜於橫行不得度故也春分秋分所以退者黃道始起更斜矣於橫行不得度故也亦每一氣一度焉三氣一節亦差三度也至三氣之後稍遠而直故橫行得度而稍進也立春立秋橫行稍退矣而度猶云進者以其所退減其所進猶有盈餘未盡故也立夏立冬橫行稍進矣而度猶退者以其所進增其所退猶有不足未畢故也以此論之日行非有進退而以赤道重廣黃道使之然也本二十八宿相去度數以赤道爲強耳故於黃道亦進退也冬至在斗二十一度少半最遠時也而此曆斗二十度俱百一十五強矣冬至宜與之同率焉夏至在井二十一度半強最近時也而此曆井二十三度俱六十七度強矣夏至宜與之同率焉

月令章 月令章句日中 晷景晝漏而不中

二十四氣	日所在	黃道去極	晷景	晝漏刻	夜漏刻	昏中星	旦中星
冬至	斗二十一度八分退二 [illegible]	百一十五度	丈三尺	四十五	五十五	奎六弱	亢二少強退一
小寒	女二度七分進	百一十三強	丈二尺三寸	四十五八分	五十四二分	婁六半強退一	氐七少弱退二
大寒	虛五度十四分進二	百一十大弱	丈一尺	四十六八分	五十三二分	胃十一半強退一	心半退三
立春	危十度二十一分進二	百六少弱	九尺六寸	四十八六分	五十一四分	畢五少強退三	尾七半弱退三
雨水	室八度二十八分退三	百一強	七尺九寸五分	五十八分	四十九二分	參六半弱退四	箕六大弱退三
驚蟄	壁八度三分進一	九十五強	六尺五寸	五十三三分	四十六七分	井十七少弱退三	斗少退二
春分	奎十四度十分	八十九少強	五尺二寸五分	五十五八分	四十四二分	鬼四	斗十一強退二
清明	胃一度十七分退二	八十三少弱	四尺一寸五分	五十八三分	四十一七分	星四進大	斗二十一半退二
穀雨	昴二度二十四分退二	七十七大強	三尺二寸	六十五分	三十九五分	張七進二	牛六半
立夏	畢八度三十一分退三	七十三少弱	二尺五寸二分	六十二四分	三十七六分	翼七大進二	女十一少弱
小滿	參四度六分退四	六十九大弱	一尺九寸八分	六十三九分	三十六一分	角六弱	危大弱進
芒種	井十度十三分退三	六十七少弱	一尺六寸八分	六十四九分	三十五一分	亢五大退一	危十四強進二
夏至	井二十五度二十分退三 [illegible]	六十七強	一尺五寸	六十五	三十五	氐十二少弱退二	室十二少弱退三
小暑	柳三度二十七分	六十七大強	一尺七寸	六十四七分	三十五三分	尾一大強退三	奎二大強

大暑 星四度卅分進二 七十 二尺 六十三八分 三十六三分 尾十五弱退三 婁三大退一
立秋 張十二度九分進一 七十三半強 二尺五寸五分 六十二三分 三十七七分 箕九大強退三 胃九大弱退二
處暑 翼九度十六分退二 七十八半強 三尺三寸三分 六十二分 三十九七分 斗十少退 畢三大退三
白露 軫六度二十三分退一 八十四少強 四尺三寸五分 五十七八分 四十二二分 斗二十二強退 參五半弱退四
秋分 角四度三十分 九十一強 五尺五寸 五十五二分 四十四八分 牛五少 井十六少強退三
寒露 亢八度五分退三 九十八少強 六尺八寸五分 五十三六分 四十七四分 女七大進 鬼三少強
霜降 氐十四度十三分退二 百三少強 八尺四寸三分 五十三分 四十九七分 虛六大進一 星三大強進一
立冬 房四度十九分退三 百七少強 一丈四寸二分 四十八二分 五十一八分 危八強進一 張十五大強進二
小雪 箕一度二十六分退三 百十弱 一丈一尺四寸七分 四十六七分 五十三三分 室十五強進三 翼十五大強進三
大雪 斗六度一分退三 百十三大強 一丈二尺五寸六分 四十五三分 五十四五分 壁十強進一 軫十五少強進一

易緯所稱晷景長短不與相應今列之于後不至各有所候以參廣異同　冬至晷長一丈三尺當至不至則旱多温病未當至而至則多病暴逆心痛應在夏至　小寒晷長一丈二尺四分當至不至先小旱後小水丈夫多病喉痺未當至而至多病身熱來年麻不爲耳　大寒晷長一丈一尺八分當至不至則先大旱後大水麥不成病厥逆未當至而至多病上氣嗌腫　立春晷長一丈一寸六分當至不至兵起麥不成民疲瘵未當至而至多病熛疾疫　雨水晷長九尺一寸六分當至不至早麥不成多病心痛未當至而至多病[illegible]　驚蟄晷長八尺二寸當至不至則霧稚禾不成老人多病嚔未當至而至多病癰疽脛腫　春分晷長七尺二寸四分當至不至先旱後水歲惡米不成多病耳痒　清明晷長六尺二寸八分當至不至菽豆不熟多病嚔振寒温泄未當至而至多温病暴死　穀雨晷長五尺三寸六分當至不至水物雜稻等不爲多病疾瘧振寒霍亂未當至而至老人多病氣腫　立夏晷長四尺三寸六分當至不至旱五穀傷牛畜疾未當至而至多病頭痛腫嗌喉痺　小滿晷長三尺四寸當至不至凶言有大喪先水後旱多病筋急痺痛未當至而至多熛嗌腫　芒種晷長二尺四寸四分當至不至凶言國有狂令未當至而至多病厥眩頭痛　夏至晷長一尺四寸八分當至不至國有大殃旱陰陽並傷草木夏落有大寒未當至而至病眉腫　小暑晷長二尺四寸四分當至不至前小水後小旱有兵多病泄注腹痛未當至而至病臚腫　大暑晷長三尺四寸當至不至外兵作來年飢多病筋痺胷痛未當至而至多病脛痛惡氣　立秋晷長四尺三寸六分當至不至暴風爲災來年黍不爲未當至而至多病咳上氣咽腫　處暑晷長五尺三寸二分當至不至國多浮令兵起來年麥不爲未當至而至病脹耳熱不出行　白露晷長六尺二寸八分當至不至多病痤疽泄未當至而至多病水腹閉疝瘕　秋分晷長七尺二寸

四分當至不至草木復榮多病温悲心痛未當至而至多病胷鬲痛　寒露晷長八尺二寸當至不至來年穀不成六畜鳥獸被殃多病疝瘕胷痛未當至而至多病疢熱中　霜降晷長九尺一寸六分當至不至萬物大耗年多大風人病胷痛未當至而至多病胷脇支滿　立冬晷長一丈一寸二分當至不至地氣不藏來年立夏反寒早旱晚水萬物不成未當至而至多病臂掌痛　小雪晷長一丈一尺八分當至不至來年蠶麥不成多病脚腕痛未當至而至亦爲多肘腋痛　大雪晷長一丈二尺四分當至不至温氣泄夏蝗蟲生大水多病少氣五疽水腫未當至而至多病癰疽痛應在芒種　月令章句曰周天三百六十五度四分度之一分爲十二次日月之所躔也地有十二分王侯之所國也每次三十度三十二分之十四日至其初爲節至其中爲中氣自危十度至壁八度謂之豕韋之次立春驚蟄居之衛之分野自壁八度至胃一度謂之降婁之次雨水春分居之魯之分野自胃一度至畢六度謂之大梁之次清

明穀雨居之趙之分野自畢六度至井十度謂之實沈之次立夏小滿居之晉之分野自井十度至柳三度謂之鶉首之次芒種夏至居之秦之分野自柳三度至張十二度謂之鶉火之次小暑大暑居之周之分野自張十二度至軫六度謂之鶉尾之次立秋處暑居之楚之分野自軫六度至亢八度謂之壽星之次白露秋分居之鄭之分野自亢八度至尾四度謂之大火之次寒露霜降居之宋之分野自尾四度至斗六度謂之析木之次立冬小雪居之燕之分野自斗六度至須女二度謂之星紀之次大雪冬至居之越之分野自須女二度至危十度謂之玄枵之次小寒大寒居之齊之分野 蔡邕分星次度數與皇甫謐不同兼明氣節所在故載焉謐所列在郡國志

中星以日所在爲正日行四歲乃終置所求年二十四氣小餘四之如法爲少大餘不盡三之如法爲強弱以減節氣昏明中星而各定矣強正弱直也其強弱相減同名相去異名從之從強進少爲弱從弱退少而強從上元太歲在庚辰以來盡熹平三年歲在甲寅積九千四百五十五歲也

宋世治曆何承天曰曆數之術若心所不達雖復通人前識無救其弊是以多歷年歲猶未能有定四分於天出三百年而盈一日積世不悟徒云建曆之本必先立元假託讖緯遂開治亂此之爲弊亦以甚矣劉歆三統法尤復疏闊方於四分六千餘年又益一日楊雄心惑其說採爲太玄班固謂之最密著于漢志司馬彪曰自太初元年始用三統曆施行百有餘年曾不憶劉歆之生不逮太初二三君子爲曆幾乎不知而妄言者歟元和中穀城門候劉洪始悟四分於天疏闊更以五百八十九爲紀法百四十五爲斗分而造乾象法又制遲疾曆以步月行方於太初四分轉精密矣

論曰易有太極是生兩儀兩儀之分尚矣乃有皇犧皇犧之有天下也未有書計歷載彌久暨於黃帝班示文章重黎記註象應著名始終相驗準度追元乃立曆數天難諶斯是以五三迄于來今各有改作不通用故黃帝造曆元起辛卯而顓頊用乙卯虞用戊午夏用丙寅殷用甲寅周用丁巳魯用庚子漢興承秦初用乙卯至武帝

元封不與天合乃會術士作太初曆元以丁丑王莽之際劉歆作三統追太初前世一元得五星會庚戌之歲以爲上元太初曆到章帝元和旋復疏闊徵能術者課校諸曆定朔稽元追漢三十五年庚辰之歲追朔一日乃與天合以爲四分曆元加六百五元一紀上得庚申有近於緯而歲不攝提以辨曆者得開其說而其元㪚與緯

同同則或不得於天然曆之興廢以疏密課固不主於元光和元年中議郎蔡邕郎中劉洪補續律曆志邕能著文清濁鍾律洪能爲筭述敘三光今考論其業義指博通術數略舉是以集録爲上下篇放續前志以備一家蔡邕戍邊上章曰朔方髡鉗徒臣邕稽首再拜上書皇帝陛下臣邕被受陛下尤異大恩初由宰府備數典城以叔父故衛尉質時爲尚書召拜郎中受詔詣東觀著作遂與羣儒並拜議郎沐浴恩澤承荅聖問前後六年質奉機密趨走目下遂竟端右出相外藩還尹輦轂旬日之中登蹈上列父子一門兼受恩寵不能輸寫心力以效絲髮之功一旦被章陷沒辜戮陛下天地之德不忍

刀鋸截臣首領得就平罪父子家屬徙充邊方完全軀命喘息相隨非臣無狀所敢昐望非臣罪惡所當復蒙非臣辭筆所能復陳臣初決罪雒陽詔獄生出牢戶顧念元初中故尚書郎張俊坐漏泄事當伏重刑已出穀門復聽讀鞫詔書馳救一等輸作左校俊上書謝恩遂以轉徙鄣縣促遺編於吏手不得須臾息含辭抱悲無由上達既到徙所乘塞守烽職在候望憂怖焦灼無心復能操筆成草致章闕庭誠知聖朝不責臣謝但愚心有所不竟臣自在布衣常以爲漢書十志下盡王莽而世祖以來唯有紀傳無續志者臣所事師故大傅胡廣知臣頗識其門戶略以所有舊事與臣雖未備悉粗見首尾積累思惟二十餘年不在其位非外吏庶人所得擅述天誘其衷得備著作郎建言十志皆當撰録遂與議郎張華等分受之所使元順難者皆以付臣先治律曆以籌筭爲本天文爲驗請太師舊注考校連年往往頗有差舛當有增損乃可施行爲無窮法道至深微不敢獨議郎中劉洪密於用筭故臣表上洪與共參思圖牒尋繹適有頭角會臣被罪遂放邊野臣竊自痛一爲不善使史籍所闕故廣所校二十年之思中道廢絕不得究竟慺慺之情猶以結心不能違望臣初欲須刑竟乃因縣道具以狀聞今年七月九日匈奴始攻郡鹽池縣其時鮮卑連犯雲中五原一月之中烽火不絶不言四夷相與合謀所圖廣遠恐遂爲變不知所濟郡縣咸懼不守朝旦臣所在孤危懸命鋒鏑湮滅土灰呼吸無期誠恐所懷隨軀腐朽抱恨黃泉遂不設施謹先顛踣科條諸志臣欲删定者一所當接續者四前志所無臣欲著者三及經典羣書所宜捃摭本奏詔書所當依據分別首目幷書章左臣初被考妻子迸竄亡失文書無所案請加以惶怖愁恐思念荒散十分不得識一所識者又恐謬誤觸冒死罪披散愚情願下東觀推求諸奏參以璽書以補綴遺闕昭明國體章聞之後雖肝腦流離白骨剖破無所復恨惟陛下省察謹因臨戎長霍圉封上臣頓首死罪稽首再拜以聞其所論志志家未以成書如有異同今隨事注之于本志也

贊曰象因物生數本杪曶律均前起準調後發該覈衡琁檢會日月

後漢書志第三

後漢書志第四　禮儀上

劉昭　注補

合朔　立春　五供
上陵　冠　夕牲
耕　高禖　養老
先蠶　祓禊

夫威儀所以與君臣序六親也若君亡君之威臣亡臣之儀上替下陵此謂大亂大亂作則羣生受其殃可不慎哉故記施行威儀以爲禮儀志（謝沈書曰太傅胡廣博綜舊儀立漢制度蔡邕依以爲志譙周後改定以爲禮儀志）

禮威儀每月朔旦太史上其月曆有司侍郎尚書見讀其令奉行其政朔前後各二日皆牽羊酒至社下以祭日日有變割羊以祠社用救日日變執事者冠長冠衣皁單衣絳領袖緣中衣絳袴韈以行禮如故事（公羊傳曰日有食之鼓用牲于社求乎陰之道也以朱絲縈社或曰脅之或曰爲闇恐人犯之故縈之也何休曰脅之與責求同義社者土地之主也月者土地之精也上繫於天而犯日故鳴鼓而攻之脅其本也朱絲縈之助陽抑陰也或曰爲闇者社者土地之主尊也爲日光盡天闇冥恐人犯歷之故縈之然此說非也先言鼓後言用牲者明先以尊者命責之後以臣子禮接之所以爲順也白虎通曰日食必救之陰侵陽也鼓攻之以陽責陰也故春秋日食鼓用牲于社所以必用牲者土地別神也尊之不敢虛責也曰食大水則鼓用牲大旱則雩祭求雨非虛言也助陽責下求陰之道也決疑要注曰凡救日食皆著赤幘以助陽也日將食天子素服避正殿內外嚴日有變伐鼓聞音侍臣著赤幘帶劍入侍三臺令史已下皆持劍立其戶前衛尉卿驅馳繞宮察巡守備周而復始日復常乃皆罷之）

立春之日夜漏未盡五刻京師百官皆衣青衣郡國縣道官下至斗食令史皆服青幘立青幡施土牛耕人于門外以示兆民至立夏唯武官不立春之日下寬大書曰制詔三公方春東作敬始慎微動作從之罪非殊死且勿案驗皆須麥秋退貪殘進柔良下當用者如故事（月令曰命相布德和令蔡邕曰即此詔之謂也獻帝起居注曰建安二十二年二月壬申詔書絕立春寬緩詔書不復行）

正月上丁祠南郊（白虎通曰春秋傳曰以正月上辛尚書曰丁巳用牲于郊牛二先甲三日辛也後甲三日丁也皆可接事昊天之日）禮畢次北郊明堂高廟世祖廟謂之五供五供畢以次上陵

西都舊有上陵東都之儀百官四姓親家

婦女公主諸王大夫蔡邕獨斷曰凡與先后有瓜葛者外國朝者侍子郡國計吏會陵晝漏上水大鴻臚設九賓隨立寢殿前薛綜曰九賓謂王侯公卿二千石六百石下及郎吏匈奴侍子凡九等鐘鳴謁者治禮引客羣臣就位如儀乘輿自東廂下太常導出西向拜止旋升阼階拜神坐退坐東廂西向侍中尚書陛者皆神坐後公卿羣臣謁神坐太官上食太常樂奏食舉文始五行之舞前書志曰文始舞者本韶舞也高祖六年更名文始以示不相襲也五行舞者本周舞也秦始皇二十六年更名五行之舞也

禮樂闋君臣受賜食畢郡國上計吏以次前當神軒占其郡穀價民所疾苦欲神知其動靜孝子事親盡禮敬愛之心也周徧如禮謝承書曰建寧五年正月車駕上原陵蔡邕爲司徒掾從公行到陵見其儀愾然謂同坐者曰聞古不墓祭朝廷有上陵之禮始爲可損今見威儀察其本意乃知孝明皇帝至孝惻隱不可易舊或曰本意云何昔京師在長安時其禮不可盡得聞也光武即世始葬于此明帝嗣位踰年羣臣朝正感先帝不復聞見此禮乃帥公卿百僚就園陵而創焉尚書陛西陛爲神坐天子事亡如事存之意苟先帝有瓜葛之屬男女畢會王侯大夫郡國計吏各向神坐而言庶幾先帝神魂聞之今者日月久遠後生非時人但見其禮不知其哀以明帝聖孝之心親服三年久在園陵初興此儀仰察几筵下

顧羣臣悲切之心必不可堪邕見太傅胡廣曰國家禮有煩而不可省者不知先帝用心周密之至於此也廣曰然子宜載之以示學者邕退而記焉魚豢曰孝明以正月旦百官及四方來朝者上原陵朝禮是謂甚違古不墓祭之義臣昭以爲邕之言然最後親陵遣計吏賜之帶佩八月飲酎上陵禮亦如之丁孚漢儀曰酎金律文帝所加以正月旦作酒八月成名酎酒因合諸侯助祭貢金漢律金布令曰皇帝齋宿親帥羣臣承祠宗廟羣臣宜分奉請諸侯列侯各以民口數率千口奉金四兩奇不滿千口至五百口亦四兩皆會酎少府受又大鴻臚食邑九真交阯日南者用犀角長九寸以上若瑇瑁甲一鬱林用象牙長三尺以上若翡翠各二十準以當金漢舊儀曰皇帝惟八月酎車駕夕牲牛以絳衣之皇帝暮視牲以鑑燧取水於月以火燧取火於日爲明水火左祖以水沃牛右肩手執鸞刀以切牛毛薦之而即更衣巾侍上熟乃祀之凡

齋天地七日宗廟山川五日小祠三日齋日內有汙染解齋副倅行禮先齋一日有汙穢災變齋祀如儀大喪唯天郊越紼而齋地以下皆百日後乃齋如故事魏文帝詔曰漢氏不拜日於東郊而旦夕常於殿下東面拜日煩褻似家人之事非事天交神之道也於是朝日東門之外將祭必先夕牲其儀如郊

正月甲子若丙子爲吉日可加元服儀從冠禮乘輿初緇布進賢次爵弁次武弁次通天以據皆於高祖廟如禮謁冠禮曰成王冠周公

使視雍曰辟遠而勿多也祝雍曰近於民遠於年遠
於佞近於義嗇於財任賢使能博物記曰孝昭帝冠
辭曰陛下擒顯先帝之光耀以承皇天之嘉祿欽奉
仲春之吉辰普尊大道之郊域秉率百福之休靈始
加昭明之元服推遠沖孺之幼志蘊積文武之就德
肅勤高祖之清廟六合之内靡不蒙德永永與天無
極獻帝傳曰興平元年正月甲子帝加元服司徒淳
于嘉爲賓加賜玄纁駟馬貴人公主卿司隷城門五
校及侍中尚書給事黄門侍郎各一人爲太子舍人也王公以下初加進
賢而已獻帝起居注曰建安十八年正月壬子濟北王加冠戶外以見父母給事黄門侍郎
劉瞻兼侍中假貂蟬加濟北王給之正月天郊夕牲周禮展牲干寶曰若今夕
牲又郊儀先郊日未晡五刻夕牲公卿京尹衆官悉至壇東就位太祝吏牽牲入到榜廪犧令跪曰請省
牲舉手曰腯太祝令繞牲舉手曰充太祝令牽牲就庖豆酌毛血其一奠天神坐前其一奠太祖坐前今

之郊祀然也晝漏未盡十八刻初納夜漏未盡
八刻初納干寶周官注曰納亨納牲將告殺謂向祭之辰也進熟獻太
祝送旋皆就燎位宰祝舉火燔柴火然天
子再拜興有司告事畢也明堂五郊宗廟
太社稷六宗夕牲皆以晝漏十四刻初納
夜漏未盡七刻初納進熟獻送神還有司
告事畢六宗燔燎火大然有司告事畢
正月始耕月令曰天子親載耒耜措之參保介之御閒帥三公九卿躬耕帝藉盧植注曰
帝天也藉耕也晝漏上水初納執事告祠先農已

享賀循藉田儀曰漢耕日以大牢祭先農於田所春秋傳曰耕藉之禮唯齋三日左傳曰鄗人藉
稻杜預注曰藉稻履行之薛綜注二京賦曰爲天神借民力於此田故名曰帝藉田在國之辰地干寶周
禮注曰古之王者貴爲天子富有四海而必私置藉田蓋其義有三焉一曰以奉宗廟親致其孝也二曰
以訓于百姓在勤勤則不匱也三曰聞之子孫躬知稼穡之艱難無違也耕時有司請
行事就耕位天子三公九卿諸侯百官以
次耕鄭玄注周禮曰天子三推公五推卿諸侯九推庶人終於千畝庶人謂徒三百人也月令
章句曰畢者殊勞故三公五推禮自上以下降殺以兩勞事反之諸侯上當有孤卿七推大夫十二士終
畝可知也盧植注禮記曰天子耕藉一發九推耒周禮二耜爲耦一耜之伐廣尺深尺伐發也天子及三
公坐而論道參五職事故三公以五爲數卿諸侯當究成天子之職事故以九爲數伐皆三者禮以三爲

文力田種各耰訖有司告事畢史記曰漢文帝詔云農天下之
本其開藉田朕躬耕以給宗廟粢盛應劭曰古者天子耕藉田千畝爲天下先藉者帝王典藉之常也而
應劭風俗通又曰古者使民如借故曰藉田鄭玄曰藉之言借也王一耕之使庶人耘芓終之盧植曰藉
耕也春秋傳曰鄗人藉稻故知藉爲耕也韋昭曰借民力以治之以奉宗廟且以勸率天下使務農也杜
預注曰鄗人藉稻其君自出藉稻蓋履行之瓚曰藉蹈藉也本以躬親爲義不得以假借爲稱也漢舊儀
曰春始東耕於藉田官祠先農先農即神農炎帝也祠以一太牢百官皆從大賜三輔二百里孝悌力田
三老帛種百穀萬斛爲立藉田倉置令丞穀皆以給祭天地宗廟羣神之祀以爲粢盛皇帝躬秉耒耜而
耕占爲甸師官賀循曰所種之穀黍稷穜稑早也種晚也于寶周禮注曰穜晚稙稻之屬稑陵穀黍稷
之屬是月令曰郡國守相皆勸民始耕如儀

諸行出入皆鳴鍾皆作樂其有災眚有他故若請雨止雨皆不鳴鍾不作樂春秋釋痾曰漢家郡守行大夫禮鼎俎籩豆工歌縣何休曰漢家法陳師置守相故行其樂也

仲春之月立高禖祠于城南祀以特牲月令玄鳥至之日以太牢祠詩曰克禋克祀以弗無子毛萇傳曰弗去無子求有子古者必立郊禖焉玄鳥至之日以太牢祀于郊禖天子親往后妃帥九嬪御乃禮天子所御帶以弓韣授以弓矢于郊禖之前鄭玄注云弗之言祓也禋祀上帝于郊禖以祓無子之疾而得福也月令章句曰高尊也禖祀也吉事先見之象也蓋爲人所以祈子孫之祀玄鳥感陽而至其來主爲孚乳蕃滋故重其至日因以用事契母簡狄蓋以玄鳥至日有事高禖而生契焉故詩曰天命玄鳥降而生商韣弓衣也祀以高禖之命飲之以醴帶以

後漢書志四　七　毛仙

弓衣尚使得男也離騷曰簡狄在臺嚳何宜玄鳥致胎女何嘉王逸曰言簡狄侍帝嚳於臺上有飛燕墮其卵嘉而吞之因生契鄭玄注禮記曰後王以爲禖官嘉祥而立其祠盧植注云玄鳥至時陰陽中萬物生故於是以三牲請子於高禖之神居明顯之處故謂之高因其求子故謂之禖以爲古者有媒氏之官因以爲神晉元康中高禖壇上石破詔問出何經典朝士莫知博士束皙荅曰漢武帝晚得太子始爲立高禖之祠高禖者人之先也故立石爲主祀以太牢

明帝永平二年三月上始帥羣臣躬養三老五更于辟雍孝經援神契曰尊三老者父象也謁者奉几安車輭輪供綏執事五更寵以度接禮交容謙恭順貌宋均曰三老老人知天地人事者奉几授三老也安車坐乘之車輭輪蒲裹輪供綏三老就車天子親執綏授之五更老人知五行更代之事者度法也度以寵異之也鄭玄注禮記曰皆年老更事致仕者也名三五者取象三辰五星天所因以照明天下者玄又一注皆老人更知三德五事者也應劭漢官儀曰三老五更三代所尊也安車輭輪送迎至家天子獨拜于屏三者道成於天地人老者久也舊也五者訓於五品更者五世長子更更相代言其能以善道改更己也三老五更皆取有首妻男女完具臣昭案栢榮五更後除兄子二人補四百石則榮非長子矣蔡邕曰五更長老之稱也

行大射之禮袁山松書曰天子皮弁素積親射大侯

郡縣道行鄉飲酒于學校皆祀聖師周公孔子牲以犬鄭玄注儀禮曰狗取擇人孟冬亦如之石渠論曰鄉射合樂而大射不何也韋玄成曰鄉人本無樂故於歲時合樂以同其意諸侯故自有樂故不復合樂鄭玄注鄉飲酒禮曰今郡國十月行鄉飲酒禮黨正每歲邦索鬼神而祭祀則以禮屬民而飲酒于序以正齒位之禮凡鄉黨飲酒必於民聚之

後漢書志四　八

時欲其見化知尚賢尊長也玄冠衣皮弁服與禮異服虔應劭曰漢家郡縣饗射祭祀皆假士禮而行之樂縣笙磬籩俎皆如士制

於是七郊禮樂三雍之義備矣

養三老五更之儀先吉日司徒上太傅若講師故三公人名用其德行年耆高者一人爲老次一人爲更也盧植禮記注曰選三公老者爲三老卿大夫中之老者爲五更亦參五之也皆服都紵大袍單衣皁緣領袖中衣冠進賢扶玉杖五更亦如之不杖皆齋于太學講堂月令章句曰三老國老也五更庶老也其日乘輿先到辟雍禮殿御坐東廂遣使者安

車迎三老五更天子迎于門屏交禮道自阼階三老升自賓階至階天子揖如禮三老升東面三公設几九卿正履天子親袒割牲執醬而饋執爵而酳祝鯁在前祝饐在後禮記曰天子適饌省醴養老之珍具遂發詠焉退脩之以孝養反升歌清廟孝養之詩也五更南面公進供禮亦如之譙周五經然否曰漢初或云三老荅天子拜遭王莽之亂法度殘缺漢中興定禮儀羣臣欲令三老荅拜城門校尉董鈞駮曰養三老所以敬事父之道也若荅拜是使天下荅子拜也詔從鈞議譙周論之曰禮尸服上服猶以非親之故荅子拜士見異國君亦荅拜是皆不得視猶子也虞喜曰且據漢儀於門屏交禮交禮即荅拜中興謬從鈞議

後漢書志四　九　林志遠

後革之深得其意明日皆詣闕謝恩以見禮遇大尊顯故也前書禮樂志曰顯宗因祀光武皇帝於明堂養三老五更於辟雍威儀既盛矣德化未流洽者以其禮樂未具羣下無所誦說而庠序尚未設之故也孔子曰譬如爲山未成一簣止吾止也

是月皇后帥公卿諸侯夫人蠶丁孚漢儀曰皇后出乘鸞輅青羽蓋駕駟馬龍旂九旒大將軍妻參乘太僕妻御前鸞旂車皮軒闟戟雒陽令奉引亦千乘萬騎車府令設鹵簿駕公卿五營校尉司隷校尉河南尹妻皆乘其官車帶夫本官綬從其官屬導從皇后置虎賁羽林騎戎頭黃門鼓吹五帝車女騎夾轂執法御史在前後亦有金鉦黃鉞五將導桑于蠶宮手三盆于繭館畢還宮月令曰禁婦人無觀桑谷永對冊四月壬子皇后蠶桑之日也則漢桑亦用四月祠先蠶禮以少牢漢舊儀曰春桑生而皇后視桑於菀中蠶室養蠶千薄以上祠以中牢羊豕令蠶神曰菀窳婦人寓氏公主凡二神羣臣妾從桑還獻於繭觀皆賜從桑者樂皇后自行凡蠶絲絮織室以作祭服祭服者冕服也天地宗廟羣臣五時之服其皇帝得以作縷縫衣得以作巾絮而已置蠶官令丞諸天下官皆詣蠶室亦婦人從事故舊有東西織室作法晉后祠先蠶先蠶壇高一丈方二丈爲四出陛陛廣五尺在采桑壇之東南

是月上巳官民皆絜於東流水上曰洗濯祓除去宿垢疢爲大絜絜者言陽氣布暢萬物訖出始絜之矣謂之禊也風俗通曰周禮女巫掌歲時以祓除疾病禊者絜也春者蠢也蠢摇動也尚書以殷仲春厥民析言人解析也蔡邕曰論語暮春者春服既成冠者五六人童子六七人浴乎沂風乎舞雩詠而歸自上及下古有此禮今三月上巳祓禊於水濱蓋出於此

後漢書志四　十　王中

杜篤祓禊賦曰巫咸之徒秉火祈福則巫祝也一說云後漢有郭虞者三月上巳産二女二日中並不育俗以爲大忌至此月日諱止家皆於東流水上爲祈禳自絜濯謂之禊祠引流行觴遂成曲水韓詩曰鄭國之俗三月上巳之溱洧兩水之上招魂續魄秉蘭草祓除不祥漢書八月祓灞水亦斯義也後之良史亦據爲正臣昭曰郭虞之說良爲虛誕假有庶民旬内夭其二女何足驚彼風俗稱爲世忌乎杜篤乃稱王侯公主暨于富商用事伊雒帷幔玄黃本傳大將軍梁商亦歌泣於雒禊也自魏不復用三日水宴者焉

後漢書志第四

後漢書志第五　禮儀中

劉昭　注補

立夏　請雨　拜皇太子
拜王公　桃印　黃郊
立秋　貙劉　案戶
祠星　立冬　冬至
臘　大儺　土牛
遣衛士　朝會

立夏之日夜漏未盡五刻京都百官皆衣

赤至季夏衣黃郊其禮祠特祭竈

自立春至立夏盡立秋郡國上雨澤若少府郡縣各掃除社稷其旱也公卿官長以次行雩禮求雨公羊傳曰大雩旱祭也何休注曰君親之南郊以六事謝過自責曰政不善與民失職與宮室榮與婦謁盛與苞苴行與讒夫倡與使童男女各八人舞而呼雩故謂之雩春秋繁露曰大旱雩祭而請雨大水鳴鼓而攻社天地之所爲陰陽之所起也或請焉或怒焉何如也曰大旱陽滅陰也陽滅陰者尊厭卑也固其義也雖大甚拜請之而已敢有加也大水者陰滅陽也陰滅陽者卑勝尊也以賤陵貴者逆節故鳴鼓而攻之朱絲而脅之爲其不義此亦春秋之不畏強禦也變天地之位正陰陽之序貞行其道而不忘其難義之至也又仲舒奏江都王云求雨之方損陽益陰願大王無收廣陵女子爲人祝者一月租賜諸巫者諸巫毋大小皆相聚於郭門爲小壇以脯酒祭女獨擇寬大便處移市市使無內丈夫丈夫無得相從飲食令吏妻各往視其夫皆到即起雨注而已服虔注左傳曰雩龍角亢也謂四月昏龍星體見萬物始盛待雨而天雩夏祭天名雩遠也遠爲百穀求膏雨也龍見而大故雩祭以求雨也一說大雩者祭於帝而祈雨也一說郊祀天祈農事雩祭山川而祈雨也漢舊儀求雨太常禱天地宗廟社稷山川以賽各如其常牢禮也四月立夏旱乃求雨禱雨而已後旱復重禱而已訖立秋雖旱不得禱求雨也

閉諸陽衣皁興土龍山海經曰大荒東北隅有山名曰凶犁土丘應龍處南極殺蚩尤與夸父不得復上故下數旱旱而爲應龍之狀乃得大雨郭璞曰今之土龍本此氣應自然冥感非人所能爲也董仲舒云春旱求雨令縣邑以水日令民禱社稷家人祠戶毋伐名木毋斬山林暴巫聚蛇八日於邑東門之外爲四通之壇方八尺植蒼繒八其神共工祭

之以生魚八玄酒具清酒摶脯擇巫之絜清辯口利辭者以爲祝祝齋三日服蒼衣先再拜乃跪陳陳已復再拜乃起祝曰昊天生五穀以養人今五穀病旱恐不成敬進清酒摶脯再拜請雨雨幸大澍奉牲禱以甲乙日爲大青龍一長八丈居中央爲小龍七各長四丈於東方皆東鄉其間相去八尺小僮八人皆齋三日服青衣而舞之田嗇夫亦齋三日服青衣而立之諸里社通之於閭外之溝取五蝦蟇錯置社之中池方八尺深一尺置水蝦蟇焉具清酒摶脯祝齋三日服蒼衣拜跪陳祝如初取三歲雄雞與三歲豭豬皆燔之於四通神宇令民闔邑里南門置水其外開里北門具老豭豬一置之里北門之外市中亦置一豭豬聞彼鼓聲皆燒豬尾取死人骨埋之開山淵積薪而焚之決通道橋之壅塞不行者決瀆之幸而得雨報以豚一酒鹽黍財足以茅爲席毋斷夏求雨令縣邑以水日家人祀竈毋舉土功更大浚井暴釜於壇杵臼于術七日爲四通之壇於邑南門之外方七尺植赤繒七其神蚩尤祭之以赤雄雞七玄酒具清

酒搏脯祝齋三日服赤衣拜跪陳祝如春以丙丁日爲赤大龍一長七丈居中又爲小龍六長三丈五尺於南方皆南鄉其間相去七尺壯者七人皆齋三日服赤衣而舞之司空嗇夫亦齋三日服赤衣而立之鑿社而通之閭外之溝取五蝦蟇錯置社之中池方七尺深一尺酒脯祭齋衣赤拜跪陳祝如初取三歲雄雞豭豬燔之四通神宇開陰閉陽如春也季夏禱山陵以助之令縣邑一徙市於邑南門之外五日禁男子無得行入市家人祠中霤毋舉土功聚巫市旁爲之結蓋爲四通之壇於中央植黃繒五其神后稷祭之以母䶮五玄酒具清酒搏脯令各爲祝齋三日衣黃衣皆如春祠以戊己日爲大黃龍一長五丈居中央又爲小龍四各長二丈五尺於中央皆南鄉其間相去五尺丈夫五人皆齋三日服黃衣而舞之老者亦齋三日衣黃衣而立之亦通社中於閭外溝蝦蟇池方五尺深一尺他皆如前秋暴巫尪至九日毋舉火事煎金器家人祠門爲四通之壇於邑西門之外方九尺植白繒九其神太昊祭之桐木魚九玄酒

具清酒搏脯衣白衣他如春以庚辛日爲大白龍一長九丈居中央爲小龍八各長四丈五尺於西方皆西鄉其間相去九尺鰥者九人皆齋三日服白衣而舞之司馬亦齋三日衣白衣而立之蝦蟇池方九尺深一尺他如前冬舞龍六日禱於名山以助之家人祠井毋壅水爲四通之壇於邑北門之外方六尺植黑繒六其神玄冥祭之以黑狗子六玄酒具清酒搏脯祝齋三日衣玄衣祝禮如春以壬癸日爲大黑龍一長六丈居中央又爲小龍五各長三丈於北方皆北鄉其間相去六尺老者六人皆齋三日衣黑衣而舞之尉亦齋三日服黑衣而立之蝦蟇池皆如春四時皆庚子日令吏民夫婦皆偶處凡求雨大體丈夫欲藏而居女子欲和而樂應龍有翼法言曰象龍之致雨難矣哉龍乎龍乎新論曰劉歆致雨具作土龍吹律及諸方術無不備設譚問求雨所以爲土龍何也曰龍見者輒有風雨興起以迎送之故緣其象類而爲之

立土人舞僮二佾七日一變如故事

周禮曰雩舞帥而舞旱暵之事鄭玄曰雩赤旱祭羽爲之也旱暵注陽也用假色者欲其有時而去之

反拘朱索社伐朱鼓漢舊儀曰成帝三年六月始命諸官止雨朱繩反縈社擊鼓攻之是後水旱常不和干寶曰朱絲縈社社太陰也朱火色也絲維屬天子伐鼓於社責群陰也諸侯用幣於社請上公也伐鼓於朝退自攻也此聖人之厭勝之法也禱賽以少牢如禮漢舊儀曰武帝元封日到七月畢賽之秋冬春不求雨古今注曰武帝元封六年五月旱女及巫丈夫不入市也

拜皇太子之儀百官會位定謁者引皇太子當御坐殿下北面司空當太子西北東面立讀策書畢中常侍持皇太子璽綬東

向授太子太子再拜三稽首謁者贊皇太子臣某甲謁者稱制曰可三公升階上殿賀壽萬歲因大赦天下供賜禮畢罷

拜諸侯王公之儀百官會位定謁者引光禄勳前丁孚漢儀曰大常住蓋下東向讀文與此異也謁者引當拜前當坐伏殿下光禄勳前一拜舉手曰制詔其以某爲某丁孚漢儀有夏勳策文曰維元初六年三月甲子制詔以大鴻臚勤爲司徒曰朕承天序惟稽古建爾于位爲漢輔往率舊職敬敷五教五教在寬左右朕躬宣力四表保乂皇家於戲實惟秉國之均旁祗厥緒時亮天工可不慎與勤而戒之讀策書畢

謁者稱臣某再拜尚書郎以璽印綬付侍御史侍御史前東面立授璽印綬王公再拜頓首三下贊謁者曰某王臣某新封某公某初謝中謁者報謹謝贊者立曰謝皇帝爲公興皆冠謝起就位供賜禮畢罷臣昭曰漢立皇后國禮之大而志無其儀良未可了案蔡質所記立宋皇后儀今取以備闕云尚書令臣囂僕射臣鼎尚書臣旭臣乘臣滂臣謨臣詣稽首言伏惟陛下履乾則坤動合陰陽羣臣大小咸以長秋宮未定遵舊依典章表仍聞歷時乃聽令月吉日以宋貴人爲皇后應期正位羣生兆庶莫不式舞易稱受茲介祉詩云干祿百福子孫千億萬方幸甚今吉日以定臣請太傅太尉司徒司空太常條列禮儀正處上

後漢書志五　五　周靖

羣臣妾無得上壽如故事臣囂臣鼎臣旭臣乘臣滂臣謨臣詣愚闇不達大義誠惶誠恐頓首死罪稽首再拜以聞制曰可之維建寧四年七月乙未制詔皇后之尊與帝齊體供奉天地祗承宗廟母臨天下故有莘興殷姜任母周二代之隆蓋有內德長秋宮闕中宮曠位宋貴人秉淑媛之懿體河山之儀威容昭曜德冠後庭羣寮所咨人曰宜哉卜之蓍龜卦得承乾有司奏議宜稱紱組以臨兆民今使太尉襲使持節奉璽綬宗正祖爲副立貴人爲皇后后其往踐爾位敬宗禮典肅慎中饋無替朕命永終天祿皇后初即位章德殿太尉使持節奉璽綬天子臨軒百官陪位皇后北面太尉住蓋下東向宗正大長秋西向宗正讀策文畢皇后拜稱臣妾畢住位太尉襲授璽綬中常侍長樂太僕高鄉侯覽長跪受璽綬奏於殿前女史授婕妤婕妤長跪受以授昭儀昭儀受長跪以帶皇后皇后伏起拜稱臣妾訖黃門鼓吹三通鳴鼓畢羣臣以次出后即位大赦天下皇后秋比國王即位威儀赤紱玉璽

仲夏之月萬物方盛日夏至陰氣萌作恐物不楙其禮以朱索連葷菜彌牟蠱鍾以桃印長六寸方三寸五色書文如法以施門戶代以所尚為飾夏后氏金行作葦茭言氣交也風俗通曰傳曰萑葦有叢呂氏春秋曰始得伊尹祓之於廟薰以萑葦周禮卿大夫之子名曰門子論語曰誰能出不由戶者故用葦者欲人之子孫蕃植不失其類有如萑葦茭者交易陰陽代興者也殷人水德以螺首慎其閉塞使如螺也周人木德以桃爲更言氣相更也漢兼用之故以五月五日朱索五

後漢志五卷　六　太

色印為門戶飾以難止惡氣桃印本漢制所以輔卯金魏除之也日夏至禁舉大火止炭鼓鑄消石治皆絕止至立秋如故事是日浚井改水日冬至鑽燧改火云

先立秋十八日郊黃帝是日夜漏未盡五刻京都百官皆衣黃至立秋迎氣於黃郊樂奏黃鍾之宮歌帝臨冕而執干戚舞雲翹育命所以養時訓也

立秋之日夜漏未盡五刻京都百官皆衣

白施皁領緣中衣迎氣白郊禮畢皆衣絳
至立冬
立秋之日自郊禮畢始揚威武斬牲於郊
東門以薦陵廟其儀乘輿御戎路白馬朱
鬣躬執弩射牲牲以鹿麛月令曰天子乃厲飭執弓挾矢以獵
月令章句曰親執弓以射禽所以教兆民載戰事也四時閑習以救無辜以伐有罪所以強兵保民安不忘危也太宰令謁者各一人載獲車馳駟送
陵廟還宮遣使者齎束帛以賜武官漢官名秩曰賜
太尉將軍各六十匹執金吾諸校尉各三十匹武官倍於文官武官肄兵習戰
大一弁 小三百七十五 後漢書志五 七 李祥
陣之儀斬牲之禮名曰貙劉兵官皆肄孫
吳兵法六十四陣名曰乘之月令孟冬天子講武習射御角
力盧植注曰角力如漢家乘之引關蹋鞠之屬也令
月令季秋天子乃教田獵以習五戎月令章句曰寄
戎事之教於田獵武事不可空設必有以誡故寄教
於田獵閑肄五兵天子諸侯無事而不田爲不敬田
不以禮爲暴天物周禮司馬以旗致民平列陳如戰
之陳王執路鼓諸侯執賁鼓軍將執晉鼓師帥執提
旅帥執鼙卒長執鐃兩司馬執鐸公司馬執鐲以教
坐作進退疾徐疏數之節士卒聽聲視旗隨而前却
故曰師之耳目在吾旗鼓春教振旅以蒐田夏教茇
舍以苗田秋教治兵以獮田冬教大閱以狩田春夏
示行禮取禽供事而已秋者殺時田獵之正其禮盛
獨斷曰巡狩獵還公卿以下陳雒陽亭前街上乘輿
到公卿以下拜天子下車公卿識顏色然後還宮古
語曰在車爲下唯此時施行魏書曰建安二十一年

三月曹公親耕藉田有司奏四時講武於農隙漢承
秦制三時不講唯十月車駕幸長安水南門會五營
士爲八陣進退名曰乘之今金革未偃士民素習可
無四時講武但以立秋擇吉日大朝車騎號曰治兵
上合禮名下承漢制也立春遣使者齎束帛以賜文官
漢官名秩曰賜司徒司空帛四十匹九卿十五匹古今注曰建武八年立春賜公十五匹卿十匹貙
劉之禮祠先虞執事告先虞已烹鮮時有
司乃逡巡射牲獲車畢有司告事畢古今注曰
永平元年六月乙卯初令百官貙膢白幕皆霜風俗
通稱韓子書山居谷汲者膢臘而賓水楚俗常以十
二月祭飲食也又曰
當新始殺食曰貙膢
仲秋之月縣道皆案戶比民年始七十者
大九十 小[illegible]六 後漢書志五 八 蔣佛老
授之以玉杖餔之糜粥八十九十禮有加
賜玉杖長尺端以鳩鳥爲飾鳩者不噎之
鳥也欲老人不噎是月也祀老人星于國
都南郊老人廟
季秋之月祠星于城南壇心星廟
立冬之日夜漏未盡五刻京都百官皆衣
皁迎氣於黑郊禮畢皆衣絳至冬至絕事
冬至前後君子安身靜體百官絕事不聽
政擇吉辰而後省事絕事之日夜漏未盡

五刻京都百官皆衣絳至立春諸五時變
服執事者先後其時皆一日日冬至夏至
陰陽晷景長短之極微氣之所生也（白虎通曰日至日所以休兵不興事閉關商旅不行何此日陰陽氣微王者承天理物故率天下靜不復行役以扶助微氣成萬物也夏至陰氣始動冬至陽氣始萌易曰先王以至日閉關商旅不行夏至陰始起反大熱何陰氣始起陽氣推而上故大熱也冬至陽始起陰氣推而上故大寒也）故使八能之
士八人或吹黃鍾之律閒竽或撞黃鍾之
鍾或度晷景權水輕重水一升冬重十三
兩或擊黃鍾之磬或鼓黃鍾之瑟軫閒九
尺二十五絃宫處于中左右爲商徵角羽
或擊黃鍾之鼓先之三日太史謁之至日
夏時四孟冬則四仲其氣至焉先氣至五
刻太史令與八能之士郎坐于端門左塾
太子具樂器夏赤冬黑列前殿之前西上
鍾爲端守宫設席于器南北面東上正德
席鼓南西面令晷儀東北三刻中黄門持
兵引太史令八能之士入自端門就位二
刻侍中尚書御史謁者皆陛一刻乘輿親

御臨軒安體靜居以聽之太史令前當軒
溜北面跪舉手曰八能之士以備請行事
制曰可太史令稽首曰諾起立少退顧令
正德曰可行事正德曰諾皆旋復位正德
立命八能士曰以次行事閒音以竽八能
曰諾五音各三十爲闋正德曰合五音律
先唱五音並作二十五闋皆音以竽（樂叶圖徵曰夫聖人之作樂不可以自娛也所以觀得失之效者也故聖人不取備於一人必從八能之士故撞鐘者當知鍾擊鼓者當知鼓吹管者當知管吹竽者當知竽擊磬者當知磬鼓琴者當知琴故八士曰或調陰陽或調律曆或調五音故撞鐘者以知法度鼓琴者以知四海擊磬者以知民事鐘音調則君道得君道得則黃鍾蕤賓之律應君道不得則鐘音不調鐘音不調則黃鍾蕤賓之律不應鼓音調則臣道得臣道得則太蔟之律應管音調則律曆正律曆正則夷則之律應磬音調則民道得民道得則林鍾之律應竽音調則法度得法度得則無射之律應琴音調則四海合歲氣百川一合德鬼神之道行祭祀之道得如此則沽洗之律應五樂皆得則應鍾之律應天地以和氣至則和氣應和氣不至則天地和氣不應鍾音調下臣以法賀主鼓音調主以法賀臣磬音調主以德施於百姓琴音調主以德及四海八能之士常以日冬至成天文日夏至成地理作陰樂以成天文作陽樂以成地理）訖正德曰八
能士各言事八能士各書板言事文曰臣
某言今月若干日甲乙日冬至黃鍾之音

調君道得孝道褒商臣角民徵事羽物各一板否則召太史令各板書封以皁囊送西階跪授尚書施當軒北面稽首拜上封事尚書授侍中常侍迎受報聞以小黃門幡麾節度太史令前曰禮畢制曰可太史令前稽首曰諾太史命八能士詣太官受賜陛者以次罷日夏至禮亦如之蔡邕獨斷曰冬至陽氣始動夏至陰氣始起麋鹿角解故寢兵鼓身欲寧志欲靜故不聽事迎送凡田獵者歲終大祭縱吏民宴飲非迎氣故但送不迎正月歲首亦如臘儀冬至陽氣起君道長故賀夏至陰氣起君道衰故不賀鼓以動衆鍾以止衆故夜漏盡鼓鳴則起晝漏盡鍾鳴則息

季冬之月星迴歲終陰陽以交勞農大享臘高堂隆曰帝王各以其行之盛而祖以其終而臘火生於寅盛於午終於戌故火家以午祖以戌臘秦靜曰古禮出行有祖祭歲終有蜡臘無正月必祖之祀漢氏以午祖以戌臘午南方故以祖冬者歲之終物畢成故以戌臘而小數之學者因為之說非典文也先臘一日大儺譙周論語注曰儺却之也謂之逐疫漢舊儀曰顓頊氏有三子生而亡去為疫鬼一居江水是為虎一居若水是為罔兩蜮鬼一居人宮室區隅漚庾善驚人小兒月令章句曰日行北方之宿北方大陰恐為所抑故命有司大儺所以扶陽抑陰也盧植禮記注云所以逐衰而迎新其儀選中黃門子弟年十歲以上十二以下百二十人為侲子皆赤幘皁製執大鼗漢舊儀曰方相帥百隸及童女以桃弧棘矢土鼓鼓且射之以赤丸五穀播灑之譙周論語注曰以葦矢射之薛綜曰侲之言善善童幼子也方相氏黃金四目蒙熊皮玄衣朱裳執戈揚盾十二獸有衣毛角中黃門行之冗從僕射將之以逐惡鬼于禁中夜漏上水朝臣會侍中尚書御史謁者虎賁羽林郎將執事皆赤幘陛衛乘輿御前殿黃門令奏曰侲子備請逐疫於是中黃門倡侲子和曰甲作食殈胇胃食虎雄伯食

魅騰簡食不祥攬諸食咎伯奇食夢強梁祖明共食磔死寄生委隨食觀錯斷食巨窮奇騰根共食蠱凡使十二神追惡凶赫女軀拉女幹節解女肉抽女肺腸女不急去後者為糧東京賦曰捎魑魅斮獝狂斬委蛇腦方良囚耕父於清泠溺女魃於神潢殘夔魖與罔象殪野仲而殲游光注曰魑魅山澤之神獝狂惡鬼委蛇大如車轂方良草澤神耕父女魃皆旱鬼惡水故囚溺於水中使不能為害夔魖罔象木石之怪野仲游光兄弟八人恒在人間作怪害也孔子曰木石之怪夔罔兩水之怪龍罔象臣昭曰木石山怪也夔一足越人謂山獺罔兩山精好學人聲而迷惑人龍神物也非所常見故曰怪罔象食人一名沐腫埤蒼曰獝狂無頭鬼因作

方相與十二獸儛嚾呼周徧前後省三過持炬火送疫出端門東京賦曰煌火馳而星流逐赤疫於四裔注曰煌火光逐驚走煌然火光如星馳赤疫疫鬼惡者也侲子合三行從東序上西序下門外騶騎傳炬出宮司馬闕門門外五營騎士傳火棄雒水中東京賦注曰衛士千人在端門外五營千騎在衛士外為三部更送至雒水凡三輩逐鬼投雒水中仍上天池絕其橋梁使不復度還百官官府各以木面獸能為儺人師訖設桃梗鬱櫑葦茭畢執事陛者罷山海經曰東海中有度朔山上有大桃樹蟠屈三千里其卑枝門曰東北鬼門萬鬼出入也上有二神人一曰神荼一曰鬱櫑主閱領衆鬼之惡害人者執以葦索而用食虎於是

後漢書志五　十三

黃帝法而象之毆除畢因立桃梗於門戶上畫鬱櫑持葦索以御凶鬼畫虎於門當食鬼也史記曰東至於蟠木風俗通曰黃帝上古之時有神荼與鬱櫑兄弟二人性能執鬼桃梗梗者更也歲終更始受介祉也蘇秦謂孟嘗君曰土偶人語桃梗今子東國之桃木削子為人虎者陽物百獸之長能擊鷙性食魑魅者也葦戟桃杖以賜公卿將軍特侯諸侯云漢官名秩曰大將軍三公臘賜錢各三十萬牛肉二百斤粳米二百斛特侯十五萬卿十萬校尉五萬尚書丞郎各萬五千千石六百石各七千侍御史謁者議郎尚書令各五千郎官蘭臺令史三千中黃門羽林虎賁士二人共三千以為富祠門戶直各隨多少受也

是月也立土牛六頭於國都郡縣城外丑地以送大寒月令章句曰是月之會建丑丑為牛寒將極是故出其物類形象以示送寒之且以升陽也

饗遣故衛士儀百官會位定謁者持節引故衛士入自端門衛司馬執幡鉦護行行定侍御史持節慰勞以詔恩問所疾苦受其章奏所欲言畢饗賜作樂觀以角抵樂闋罷遣勸以農桑周禮曰府史以下則有胥有徒鄭玄注曰此謂民給傜役若今衛士矣蔡邕曰見客平樂饗衛士瑰偉壯觀也

每月朔歲首為大朝受賀其儀夜漏未盡七刻鐘鳴受賀及贄公侯璧中二千石二

後漢書志五　十四

千石羔千石六百石鴈四百石以下雉獻帝起居注曰舊典市長執鴈建安八年始令執雉百官賀正月決疑要注曰古者朝會皆執贄侯伯執圭子男執璧孤執皮帛卿執羔大夫執鴈士執雉漢魏粗依其制正旦大會諸侯執玉璧薦以鹿皮公卿已下所執如古禮古者衣皮故用皮帛為幣玉以象德璧以稱事不以貨沒禮庶羞不踰牲宴衣不踰祭服輕重之宜也二千石以上上殿稱萬歲蔡邕獨斷曰三公奉璧上殿向御坐北面太常贊曰皇帝為君興三公伏皇帝坐乃進璧古語曰御坐則起此之謂也舉觴御坐前司空奉羹大司農奉飯奏食舉之樂百官受賜宴饗大作樂蔡質漢儀曰正月旦天子幸德陽殿臨軒公卿將大夫百官各陪朝賀蠻貊胡羌朝貢畢見屬郡計吏皆觀庭

庭燎宗室諸劉雜會萬人以上立西面位公納薦太官賜食酒西入東出既定上壽計吏中庭北面立太官上食賜羣臣酒食貢事御史四人執法殿下虎賁羽林弧弓撮矢陛戟左右戎頭偪脛陪前向後左右中郎將住東西羽林虎賁將住東北五官將住中央悉坐就賜作九賓徹樂舍利從西方來戲於庭極乃畢入殿前激水化爲比目魚跳躍嗽水作霧鄣日畢化成黃龍長八丈出水遨戲於庭炫燿日光以兩大絲繩係兩柱中頭間相去數丈兩倡女對舞行於繩上對面道逢切肩不傾又蹋局出身藏形於斗中鍾磬並作樂畢作魚龍曼延小黃門吹三通謁者引公卿羣臣以次拜微行出罷卑官在前尊官在後德陽殿周旋容萬人陛高二丈皆文石作壇激沼水於殿下畫屋朱梁玉階金柱刻鏤作宮掖之好厠以青翡翠一柱三帶韜以赤緹天子正旦節會朝百僚於此自到偃師去宮四十三里望朱雀五闕德陽其上鬱律與天連雒陽宮閣簿云德陽宮殿南北行七丈東西行三十七丈四尺

其每朔唯十月旦從故事者高祖定秦之月元年歲首也

蔡邕曰羣臣朝見之儀視不晚朝十月朔之故以問胡廣廣曰舊儀公卿以下每月常朝先帝以其頻故省唯六月十月朔朝後復以六月朔盛暑省之蔡邕禮樂志曰漢樂四品一曰大予樂典郊廟上陵殿諸食舉之樂郊樂易所謂先王以作樂崇德殷薦上帝周官若樂六變則天神皆降可得而禮也宗廟樂虞書所謂琴瑟以詠祖考來假詩云肅雍和鳴先祖是聽食舉樂王制謂天子食舉以樂周官王大食則令奏鍾鼓二曰周頌雅樂典辟雍饗射六宗社稷之樂辟雍饗射孝經所謂移風易俗莫善於樂禮記曰揖讓而治天下者禮樂之謂也社稷所謂琴瑟擊鼓以御田祖者也禮記曰夫樂施於金石越於聲音用乎宗廟社稷事乎山川鬼神此之謂也三曰黃門鼓吹天子所以宴樂羣臣詩所謂坎坎鼓我蹲蹲舞我者也其短簫鐃歌軍樂也其傳曰黃帝岐伯所作以建威揚德風勸士也蓋周官所謂王大捷則令凱樂軍大獻則令凱歌也孝章皇帝親著歌詩四章列在食舉又制雲臺十二門詩各以其月祀而奏之熹平四年正月中出雲臺十二門新詩下大予樂官習誦被聲與舊詩並行者皆當撰錄以成樂志

後漢書志第五

後漢書志第六　禮儀下

劉　昭　注補

大喪　諸侯王列侯始封貴人公主薨

不豫太醫令丞將醫入就進所宜藥嘗藥監近臣中常侍小黃門皆先嘗藥過量十二公卿朝臣問起居無間太尉告請南郊司徒司空告請宗廟告五嶽四瀆羣祀並禱求福疾病公卿復如禮登遐皇后詔三公典喪事百官皆衣白單衣白幘不冠閉城門宮門近臣中黃門持兵虎賁羽林郎中署皆嚴宿衞宮府各警北軍五校繞宮屯兵黃門令尚書御史謁者晝夜行陳三公啓手足色膚如禮皇后皇太子皇子哭踊如禮沐浴如禮守宮令兼東園匠將女執事黃緜緹繒金縷玉柙如故事漢舊儀曰帝崩唅以珠纏以緹繒十二重以玉為襦如鎧狀連縫之以黃金為縷腰以下以玉為札長一尺二寸半為柙下至足亦縫以黃金縷請諸衣衿斂之凡乘輿衣服已御輒藏之崩皆以斂飯唅珠玉如禮禮稽命徵曰天子飯以珠唅以玉諸侯飯以珠唅以珠卿大夫士飯以珠唅以貝槃冰如禮周禮凌人天子喪共夷槃冰鄭玄曰夷之言尸也實冰於夷槃中置之尸牀之下所以寒尸也漢禮器制度大槃廣八尺長一丈二尺深三尺漆赤中百官哭臨殿下是日夜下竹使符告郡國二千石諸侯王應劭曰凡與郡國守相竹使符皆以竹箭五枚長五寸鐫刻篆書第一至第五張晏曰符以代古之珪璋從簡易也此下大喪符亦猶斯比竹使符到皆伏哭盡哀漢舊制發兵皆以銅虎符其餘徵調竹使而已符第合會為大信見杜詩傳小斂如禮東園匠考工令奏東園祕器表裏洞赤虡文畫日月鳥龜龍虎連璧偃月牙檜梓宮如故事大斂于兩楹之間五官左右虎賁羽林五將各將所部執虎賁戟屯殿端門陛左右廂中黃門持兵陛殿上夜漏羣臣入晝漏上水大鴻臚設九賓隨立殿下謁者引諸侯王立殿下西面北上宗室諸侯四姓小侯在後西面北上治禮引三公就位殿下北面特進次中二千石列侯次二千石六百石博士在後羣臣陪位者皆重行西上位定大鴻臚言具謁者以聞皇后東向貴人公主宗室婦女以次立後皇太子皇

子在東西向皇子少退在南北面皆伏哭大鴻臚傳哭羣臣皆哭三公升自阼階安梓宮内珪璋諸物近臣佐如故事嗣子哭踊如禮（周禮駔珪璋璧琮琥璜之渠眉疏璧琮以斂尸鄭司農曰駔外有捷盧也謂珪璋璧琮琥璜皆爲開渠爲眉瑑沙除以斂尸令汁得流去也鄭玄曰以斂尸者以大斂焉加之也渠眉玉飾之溝瑑也以組穿聯六玉溝瑑之中以斂尸珪在左璋在首璜在右琥在足璧在背琮在腹蓋取象方明神之也疏璧琮者通於天地）東園匠武士下釘衽截去牙（喪大記曰君蓋用漆三衽三束鄭玄注曰衽小腰）太常上太牢奠太官食監中黃門尚食次奠執事者如禮太常大鴻臚傳哭如儀三公奏尚書顧命太子即日即天子位于柩前請太子即皇帝位皇后爲皇太后奏可羣臣皆出吉服入會如儀太尉升自阼階當柩御坐北面稽首讀策畢以傳國玉璽綬東面跪授皇太子即皇帝位中黃門掌兵以玉具隨侯珠斬蛇寶劍授太尉告令羣臣羣臣皆伏稱萬歲或大赦天下遣使者詔開城門宮門罷屯衞兵羣臣百官罷入成喪服如禮兵官戎

後漢書志第六　三　李樁

（文帝遺詔無布車及兵器應劭曰不施輕車介士）三公太常如禮故事百官五日一會臨故吏二千石刺史在京都郡國上計掾史皆五日一會天下吏民發喪臨三日（文帝遺詔其令天下吏民令到出臨三日釋服）先葬二日皆旦晡臨既葬釋服無禁嫁娶祠祀（文帝遺詔文有飲酒食肉自當給喪事服臨者皆無踐踐徒跣也）佐史以下布衣冠幘絰帶無過三寸臨庭中（文帝遺詔殿中當臨者以旦夕各十五舉音禮畢罷非旦夕臨時禁無得擅哭臨）武吏布幘大冠大司農出見錢穀給六丈布直以葬大紅十五日小紅十四日纖七日釋服（應劭曰紅者中祥大祥以紅爲領緣纖禫也凡三十六日而釋）部刺史二千石列侯在國者及關內侯宗室長吏及因郵奉奏諸侯王遣大夫一人奉奏弔臣請驛馬露布奏可以木爲重高九尺廣容八歷裹以葦席巾門喪帳皆以簟車皆去輔轓疏布惡輪走卒皆布褠幘太僕四輪輈爲賓車大練爲屋幙中黃門虎賁各二十人執紼司空擇土造穿太史卜日謁者二人中謁者僕射中

後漢書志第六　四　章動

謁者副將作油緹帳以覆坑方石治黃腸
題湊便房如禮漢舊儀略載前漢諸帝壽陵曰天子即位明年將作大匠營陵地用地七頃方中用地一頃深十三丈堂壇高三丈墳高十二丈武帝墳高二十丈明中高一丈七尺四周二丈內梓棺柏黃腸題湊以次百官藏畢其設四通羨門容大車六馬皆藏之內方外陟車石外方立先閉劒戶戶設夜龍莫邪劒伏弩設伏火已營陵餘地爲西園后陵餘地爲婕妤以下次賜親屬功臣漢書音義曰題頭也湊以頭向內所以爲固也便房藏中便坐也皇覽曰漢家之葬方中百步已穿築爲方城其中開四門四通足放六馬然後錯渾雜物扞漆繒綺金寶米穀及埋車馬虎豹禽獸發近郡卒徒置將軍尉候以後宮貴幸者皆守園陵元帝葬乃不用車馬禽獸等物大駕太僕御方
相氏黃金四目蒙熊皮玄衣朱裳執戈揚

楯立乘四馬先驅周禮曰方相氏大喪先柩及墓入壙以戈擊四隅毆方良鄭玄曰方相放想也可畏怖之貌壙穿地中也方良罔兩也天子之椁柏黃腸爲裏表以石焉國語曰木石之怪夔罔兩旂之制長三刃十有二游曳地畫
日月升龍書旐曰天子之柩謁者二人立
乘六馬爲次大駕甘泉鹵簿金根容車蘭
臺法駕喪服大行載飾如金根車皇帝從
送如禮太常上啓奠夜漏二十刻太尉冠
長冠衣齋衣乘高車詣殿止車門外使者
到南向立太尉進伏拜受詔太尉詣南郊

未盡尤刻大鴻臚設九賓隨立羣臣入位
太尉行禮執事皆冠長冠衣齋衣太祝令
跪讀謚策太尉再拜稽首治禮告事畢太
尉奉謚策還詣殿端門太常上祖奠中黃
門尚衣奉衣登容根車東園武士載大行
司徒却行道立車前治禮引太尉入就位
大行車西少南東面奉策太史令奉哀策
立後太常跪曰進皇帝進太尉讀謚策藏
金匱皇帝次科藏于廟太史奉哀策葦篋

詣陵太尉旋復公位再拜立哭太常跪曰
哭大鴻臚傳哭十五舉音止哭太常行遣
奠皆如禮請哭止哭如儀晝漏上水請發
司徒河南尹先引車轉太常跪曰請拜送
載車著白系參繆紼長三十丈大七寸爲
輓六行行五十人公卿以下子弟凡三百
人皆素幘委貌冠衣素裳校尉三人皆赤
幘不冠絳科單衣持幢幡候司馬丞爲行
首皆銜枚羽林孤兒巴俞擢歌者六十九

為六列鐸司馬八人執鐸先大鴻臚設九
賓隨立陵南羨門道東北面諸侯王公特
進道西北面東上中二千石二千石列侯
直九賓東北面西上皇帝白布幕素裏夾
羨道東西向如禮容車幄坐羨道西南向
車當坐南向中黃門尚衣奉衣就幄坐車
少前太祝進醴獻如禮司徒跪曰大駕請
舍太史令自車南北面讀哀策掌故在後
已哀哭太常跪曰哭大鴻臚傳哭如儀司

徒跪曰請就下位東園武士奉下車司徒
跪曰請就下房都導東園武士奉車入房
司徒太史令奉謚哀策（晉時有人嵩高山下得竹簡一枚上有兩行科斗書之臺中外傳以相示莫有知者司空張華以問博士束晳晳曰此明帝顯節陵中策也檢校果然是知策用此書也）東園武士執事下明器（禮記曰明器神明之也孔子謂為明器知喪道矣備物而不可用也鄭玄注既夕曰陳明器以西行南端為上）筲八盛
容三升（鄭玄注既夕曰筲畚種類也其容蓋與簋同）黍一稷一麥
一粱一稻一麻一菽一小豆一甕三容三
升醯一醢一屑一（鄭玄注既夕曰屑薑桂之屑）黍飴載以

木桁覆以疏布甒二容三升醴一酒一載
以木桁覆以功布瓦鐙一彤矢四軒輖中
亦短衛彤矢四骨短衛（既夕曰翭矢一乘骨鏃短衛鄭玄曰翭猶候也候物而射之矢也四矢曰乘骨鏃短衛亦示不用也生時翭矢金鏃凡為矢五分笴長而羽其一通俗文曰細毛翭也）彤弓一卮八牟八（鄭玄注既夕曰牟盛湯漿）豆八
籩八形方酒壺八槃匜一具（鄭玄注既夕曰槃匜盥器也）
杖几各一蓋一鍾十六無虡鎛四無虡（爾雅曰大鐘謂之鏞郭璞注曰書曰笙鏞以間亦名鎛）磬十六無虡（禮記曰有鐘磬而無簨虡鄭玄曰不懸之也）
壎一簫四笙一箎一柷一敔

瑟六琴一竽一筑一坎侯一（禮記曰琴瑟張而不平竽笙備而不和）
干戈各一笮一甲一胄一（既夕謂之役器鄭玄曰笮矢箙）
輓車九乘芻靈三十六匹（鄭玄注禮記曰芻靈束茅為人馬謂之芻靈神之類）
瓦竈二瓦釜二瓦甑一瓦鼎十二容
五升匏勺一容一升瓦案九瓦大杯十六
容三升瓦小杯二十容二升瓦飯槃十瓦
酒樽二容五斗匏勺二容一升祭服衣送
皆畢東園匠曰可哭在房中者皆哭太常
大鴻臚請哭止如儀司徒曰百官事畢臣

請罷從入房者皆再拜出就位太常導皇帝就贈位司徒跪曰請進贈侍中奉持鴻洞贈玉珪長尺四寸薦以紫巾廣袤各三寸緹裏赤纁周緣贈幣玄三纁二各長尺二寸廣充幅皇帝進跪臨羨道房户西向手下贈投鴻洞中三東園匠奉封入藏房中太常跪曰皇帝敬再拜請哭大鴻臚傳哭如儀太常跪曰贈事畢皇帝促就位（續漢書曰明帝崩司徒鮑昱典喪事葬日三公入安梓宮還至羨道半逢上欲下昱前叩頭言禮天子鴻洞以贈所以重郊廟也陛下柰何冒危險不以義割哀上即還）容根車游載容衣司徒至便殿並騶騎皆從容車玉帳下司徒跪曰請就幄導登尚衣奉衣以次奉器衣物藏於便殿太祝進醴獻凡下用漏十刻禮畢司空將校復土皇帝皇后以下皆去麤服服大紅還宮反廬立主如禮桑木主尺二寸不書諡虞禮畢祔於廟如禮（漢舊儀曰高帝崩三日小斂室中牖下作栗木主長八寸前方後圓圍一尺置牖中望外內張縣絮以鄣外以皓木大如指長三尺四枚纏以皓皮四方置牖中主居其中央七日大斂棺以黍飯羊舌祭之牖中已葬收主為木函藏廟太室中西牆壁埳中望內外不出室堂之上坐為五時衣冠履几杖竹籠為俑人無頭坐起如生時皇后主長七寸圍九寸在皇帝主右旁高皇帝主長九寸上林給栗木長安祠廟作神主東園祕器作梓棺素木長丈三尺崇廣四尺）先大駕日游冠衣于諸殿群臣皆吉服從會如儀皇帝近臣喪服如禮醳大紅服小紅十一升都布練冠醳小紅服纖醳纖服留黃冠常冠近臣及二千石以下皆服留黃冠百官衣皂每變服從哭詣陵會如儀祭以特牲不進毛血首司徒光祿勳備三爵如禮（古今注具載帝陵丈尺頃畝今附之後焉 光武原陵山方三百一十三步高六丈六尺垣四出司馬門寢殿鍾虡皆在周垣內隄封田十二頃五十七畝八十五步帝王世記曰在臨平亭之南西望平陰東南去雒陽十五里 明帝顯節陵山方三百步高八丈無周垣為行馬四出司馬門石殿鍾虡在行馬內寢殿園省在東園寺吏舍在殿北隄封田七十四頃五畝帝王世記曰故富壽亭也西北去雒陽三十七里 章帝敬陵山方三百步高六丈二尺無周垣為行馬四出司馬門石殿鍾虡在行馬內寢殿園省在東園寺吏舍在殿北隄封田二十五頃五十五畝帝王世記曰在雒陽東南去雒陽三十九里 和帝慎陵山方三百八十步高十丈無周垣為行馬四出司馬門石殿鍾虡在行馬內寢殿園省在東園寺吏舍在殿北隄封田三十一頃二十畝二百步帝王世記曰在雒陽東南去雒陽四十一里 殤帝康陵山周二百八步高五丈五尺行馬四出司馬門寢殿鍾虡在行馬中因寢殿為廟園吏寺舍在殿北隄封

田十三頃十九畝二百五十步帝王世記曰高五丈四尺去雒陽四十八里安帝恭陵山周二百六十步高十五丈無周垣爲行馬四出司馬門石殿鐘虡在行馬內寢殿園吏舍有殿北隄封田一十四頃五十六畝帝王世記曰高十一丈在雒陽西北去雒陽十五里 順帝憲陵山方三百步高八丈四尺無周垣爲行馬四出司馬門石殿鐘虡在司馬門內寢殿園省寺吏舍在殿東隄封田十八頃十九畝三十步帝王世記曰在雒陽西北去雒陽十五里 沖帝懷陵山方百八十三步高四丈六尺爲寢殿行馬四出門園寺吏舍在殿東隄封田五頃八十畝帝王世記曰西北去雒陽十五里 質帝靜陵山方百三十六步高五丈五尺爲行馬四出寢殿鐘虡在行馬中園寺吏舍在殿北隄封田十二頃五十四畝因寢爲廟帝王世記曰在雒陽東去雒陽三十二里 桓帝宣陵帝王世記曰山方三百步高十二丈在雒陽東南去雒陽三十里 靈帝文陵帝王世記曰山方三百步高十二丈在雒陽西北去雒陽二十里 獻帝禪

陵帝王世記曰不起墳深五丈前堂方一丈八尺後堂方一丈五尺角廣六尺在河內山陽之濁城西北去濁城直行十一里斜行七里去懷陵百一十里去山陽五十里南去雒陽三百一十里蔡質漢儀曰十二陵令見河南尹無敬也 魏文帝終制略曰漢文帝之不發霸陵無求也光武之掘原陵封樹也霸陵之完功在釋之原陵之掘罪在明帝是釋之忠以利君明帝愛以害親也忠臣孝子宜思釋之言察明帝之戒存於所以安君定親使魂靈萬載無危斯則賢聖之忠孝矣自古及今未有不亡之國亦無不掘之墓也喪亂以來漢氏諸陵無不發掘至乃燒取玉柙金縷骸骨并盡是焚如之刑也豈不重痛哉禍由乎厚葬封樹桑霍爲我戒不亦明乎臣昭案董卓傳卓使呂布發諸帝陵及公卿以下冢墓收其珍寶卓別傳曰發成帝陵解金縷探含璣 呂氏春秋略曰審知生聖人之要也審知死聖人之極也知生者不以物害生知死者不以物害死凡生於天地之間其必有死孝子之重其親者若親之愛其子不棄於溝

壑故有葬送之義葬者藏也以生人心爲之慮則莫如無動無動莫如無利葬淺則狐貍掘之深則及水泉故必高陵之上以避二害然而忘姦寇之變豈不惑哉民之於利也犯白刃涉危難以求之忍親戚歟知交以求之今無此危無此醜而爲利甚厚固難禁也國彌大家彌富其葬彌厚珠玉金銅不可勝計姦人聞之轉以相告雖有嚴刑重罪不能止也且死者彌久生者彌疏彌疏則守之彌怠藏器如故而守之有息其勢固必掘矣世至爲丘隴其高若山陵樹之若林藪或設闕庭都邑以此示富則可矣以此爲死者則惑矣大凡死者其視萬世猶一瞚也人之壽久者不過百中者六十以百與六十爲無窮者慮其情固不相當矣必以無窮爲慮然後爲可今有銘其墓曰此中有金寶甚厚不可掘也必爲世笑矣而爲之闕庭以自表此何異彼哉自古及今未有不亡之國也無不亡之國是無不掘之墓以耳目之所聞見則齊荆燕嘗亡矣宋中山已亡矣趙韓魏皆失其故國矣自此以上亡國不可勝數故其大墓無不掘也而

猶皆爭爲之豈不悲哉今夫君之不令民父之不孝子兄之不悌弟皆鄉邑之所遺而憚耕耒之勞者也仍不事耕農而好鮮衣美食智巧窮匱則合黨連衆而謀名丘大墓上曾不能禁也此有葬自表之禍也昔堯葬穀林通樹之舜葬紀市不變肆禹葬會稽不變人徒非愛其費以爲死者也先王之所惡惡死者之辱以爲儉則不發不發則不辱故必以儉而合乎山原也宋未亡而東冢掘齊未亡而莊公掘國存而力若此又況滅名之後乎此愛而厚葬之故也欲愛而反害之欲安而反危之忠臣孝子亦不可以厚葬矣昔季孫以璵璠斂孔子歷級而止之爲無窮慮也

太皇太后皇太后崩司空以特牲告謚于祖廟如儀長樂太僕少府大長秋典喪事三公奉制度他皆如禮儀丁孚漢儀曰永平七年陰太后崩晏

駕詔曰柩將發於殿羣臣百官陪位黃門鼓吹三通鳴鐘鼓天子舉哀女侍史官三百人皆著素參以白素引棺挽歌下殿就車黃門官者引以出宮省太后魏車鸞路青羽蓋駟馬龍旂九旒前有方相鳳皇車大將軍妻參乘太僕妻御悉道公卿百官如天子郊鹵簿儀後和熹鄧后葬案以爲儀自此皆降損於前事也合葬羨道開通皇帝謁便房太常導至羨道去杖中常侍受至柩前謁伏哭止如儀辭太常導出中常侍授杖升車歸宮已下反虞立主如禮諸郊廟祭服皆下便房五時朝服各一襲在陵寢其餘及宴服皆封以篋笥藏宮殿後閤室

諸侯王列侯始封貴人公主薨皆令贈印璽玉柙銀縷大貴人長公主銅縷諸侯王貴人公主公將軍特進皆賜器官中二十四物使者治喪穿作柏椁百官會送如故事諸侯王公主貴人皆樟棺洞朱雲氣畫公特進樟棺黑漆中二千石以下坎侯漆丁孚漢儀曰孝靈帝葬馬貴人贈步搖赤紱葬青羽蓋駟馬柩下殿女侍史二百人著素衣挽歌引木下殿就車黃門官者引出宮門朝臣中二千石將軍使者弔祭郡國二千石六百石以至黃綬皆賜常車驛牛贈祭宜自佐史以上達大斂皆以朝服君臨弔若遣使者主人免絰去杖望馬首如禮免絰去杖不敢以戚凶服當尊者前書賈山上書曰古之賢君於臣也尊其爵祿而親之疾則臨視之無數死則往弔哭之臨其小斂大斂已棺塗而後爲之服錫衰經而三臨其喪未斂不飲酒食肉未葬不舉樂當可謂盡禮矣服法服端容貌正顏色然後見之故臣下莫敢不竭力盡死以報其上功德立於世而令問不忘也晉起居注曰太尉賈充薨皇太子妃之父又太保也有司奏依漢元明二帝親臨師保故事皇太子素服爲發哀又臨其喪自王主貴人以下至佐史送車騎導從吏卒各如其官府載飾以蓋龍首魚尾華布

牆纏上周交絡前後雲氣畫帷裳中二千石以上有輜左龍右虎朱鳥玄武公侯以上加倚鹿伏熊千石以下輜布蓋牆魚龍首尾而已二百石黃綬以下至于處士皆以簞席爲牆蓋其正妃夫人妻皆如之諸侯王傅相中尉內史典喪事大鴻臚奏諡天子使者贈璧帛載日命諡如禮下陵羣臣釋麤服如儀主人如禮

贊曰大禮雖簡鴻儀則容天尊地卑君莊

臣恭質文通變哀斯交從元序斯立家邦

迺隆

後漢書志第六

劉昭　注補

光武即位告天　郊

封禪

祭祀之道自生民以來則有之矣豺獺知祭祀而況人乎故人知之至於念想猶豺獺之自然也顧古質略而後文飾耳自古以來王公所為群祀至於王莽漢書郊祀志既著矣故今但列自中興以來所修用者以為祭祀志[謝沈書曰蔡邕引中興以來所修者為祭祀志即邕之意也]

建武元年光武即位于鄗為壇營於鄗之陽[春秋保乾圖曰建天子於鄗之陽名曰行皇]祭告天地采用元始中郊祭故事六宗群神皆從未以祖配天地共犢餘牲尚約[黃圖載元始儀最悉曰元始四年宰衡莽奏曰帝王之義莫大承天承天之序莫重於郊祀祭天於南就陽位祠地於北主陰義圓丘象天方澤則地圓方因體南北從位燔燎升氣瘞埋就類牲欲繭栗味尚清玄器成匏勺貴誠因質天地神所統故類乎上帝禋于六宗望秩山川班於羣神皇天后土隨王所在而事祐焉甘泉太陰河東少陽咸失厥位不合禮制聖王之制必上當天心下合地意中考人事故曰愷悌君子求福不回回而求福厥路不通正月泰卦乾坤

合體天地交通萬物聚出其律太蔟天子親郊天地
先祖配天先妣配地陰陽之別以日冬至祀天夏至
祀后土君不省方而使有司六宗日月星山川海星
則北辰川即河山岱宗三光衆明山阜百川衆流澤
汙阜澤以類相屬各數秩望相序於是定郊祀祀長
安南北郊罷甘泉河東祀　上帝壇圓八觚徑五
丈高九尺茅營去壇十步竹宮徑三百步土營徑五
百步神靈壇各於其方面三丈去茅營二十步廣三
十五步合祀神靈以璧琮用辟神道以通廣各三十
步竹宮內道廣三丈有闕各九十一步壇方三丈拜
位壇亦如之　爲周道郊營之外廣九步營六甘
泉北辰于南門之外日月海東門之外河北門之外
岱宗西門之外　爲周道前望之外廣九步列望
遂乃近前望道外徑六十二步壇方二丈五尺高三
尺五寸　爲周道列望之外徑九步鄉望亞列望
外徑四十步壇廣三丈高二尺　爲周道鄉望之
外徑九步大夫望亞鄉望道外徑二十步壇廣一丈
五尺高一尺五寸　爲周道大夫望之外徑九步

士望亞大夫望道外徑十五步壇廣一丈高一尺
爲周道士望之外徑九步庶望亞士望道外徑九步
壇廣五尺高五寸　爲周道庶望之外徑九步凡
天宗上帝宮壇營徑三里周九里營三重通八方
后土壇方五丈六尺茅營去壇十步外土營方二百
步限之其五零壇土茅營如上帝五神去營步數神
道四通廣各十步宮內道廣各二丈有闕　爲周
道后土宮外徑九步營岱宗西門之外河北門之外
海東門之外徑各六十步壇方二丈高二尺　爲
周道前望之外徑六步列望亞前望道外三十六步
壇廣一丈五尺高一尺五寸　爲周道列望之外
徑六步鄉望亞列望道外徑三十五步壇廣丈高一
尺　爲周道鄉望之外徑六步大夫望亞鄉望道
之外徑十九步壇廣八尺高八寸　爲周道大夫
望之外徑九步士望亞大夫望道外徑十二步壇廣
六尺高六寸　爲周道士望之外徑六步凡地宗
后土宮壇營方二里周八里營再重道四通常以歲
之孟春正月上辛若丁親郊祭天南郊以地配望秩

山川徧于羣神天地位皆南鄉同席地差在東共牢
而食太祖高皇帝高后配于壇上西鄉后在北亦同
席共牢而食日冬至使有司奉祭天神于南郊高皇
帝配而望羣陽夏至使有司奉祭地祇于北郊高皇
后配而望羣陰天地用牲二燔燎瘞埋用牲一先祖
先妣用牲一天以牲左地以牲右皆用黍稷及樂

其文曰皇天上帝后土神祇睠顧降命屬
秀黎元爲民父母秀不敢當羣下百僚不
謀同辭咸曰王莽篡弒竊位秀發憤興義
兵破王邑百萬衆於昆陽誅王郎銅馬赤
眉青犢賊平定天下海內蒙恩上當天心
下爲元元所歸讖記曰劉秀發兵捕不道

卯金修德爲天子秀猶固辭至于再至于
三羣下曰皇天大命不可稽留敢不敬承
二年正月初制郊兆於雒陽城南七里依
鄗采元始中故事爲圓壇八陛中又爲重
壇天地位其上皆南鄉西上其外壇上爲
五帝位青帝位在甲寅之地赤帝位在丙
巳之地黃帝位在丁未之地白帝位在庚
申之地黑帝位在壬亥之地其外爲壝重
營皆紫以像紫宮有四通道以爲門日月

在中營内南道日在東月在西北斗在北
道之西皆別位不在群神列中八陛陛五
十八醊合四百六十四醊五帝陛郭帝七
十二醊合三百六十醊中營四門門五十
四神合二百一十六神外營四門門百八
神合四百三十二神皆背營内鄉中營四
門門封神四外營四門門封神四合三十
二神凡千五百一十四神營即壝也封封
土築也背中營神五星也及中宫宿五官

神及五嶽之屬也背外營神二十八宿外
宫星雷公先農風伯雨師四海四瀆名山
大川之屬也至七年五月詔三公曰漢當
郊堯其與卿大夫博士議時侍御史杜林
上疏以爲漢起不因緣堯與殷周異宜而
舊制以高帝配方軍師在外且可如元年
郊祀故事上從之語在林傳東觀書載杜林上疏悉於本傳
曰臣聞營河雒以爲民刻肌膚以爲刑封疆畫界以
建諸侯井田什一以供國用三代之所同及至漢興
因時宜趨世務省煩苛取實事不苟貪高亢之論是
以去土中之京師就關内之遠都除肉刑之重律用

髡鉗之輕法郡縣不置世祿之家農人三十而税一
政卑易行禮簡易從民無愚智思仰漢德樂承漢祀
基業特起不因緣堯堯遠於漢民不曉信言提其耳
終不悅諭后稷近於周民户知之世據以興基由其
祚本與漢異郊祀高帝誠從民望得萬國之歡心天
下福應莫大於此民奉種祀且猶世主不失先俗羣
臣僉薦鯀考績不成九載乃殛宗廟至重衆心難違
不可卒改詩去不愆不忘率由舊章明當尊用祖宗
之故文章也宜如舊制以解天下之惑合於易之所
謂先天而天不違後天而奉天時義方軍師在外祭
可且如元年郊祭故事隴蜀平後乃增廣郊祀高帝配
食位在中壇上西面北上漢舊儀曰祭天紫壇幄帷高皇帝
祭天居堂下西向紺帷帳紺席鉤命決曰自外至者无主不止自内出者无匹不行天地高
帝黄帝各用犢一頭青帝赤帝共用犢一

頭白帝黑帝共用犢一頭凡用犢六頭漢舊
儀曰祭天養牛五歲至三千斤案禮記曰天地之牛角繭栗而此去五歲本志用犢是也日月
北斗共用牛一頭四營群神共用牛四頭
凡用牛五頭凡樂奏青陽朱明西皓玄冥
及雲翹育命舞中營四門門用席十八枚
外營四門門用席三十六枚凡用席二百
一十六枚皆莞簟率一席三神日月北斗
無陛郭醊既送神燎俎實於壇南巳地周禮
凡以神仕者掌三辰之法以猶鬼神祇之居辨其名物鄭玄曰猶圖也居謂坐也天者羣神之精日月星

辰其著位也以此圖天神人鬼地祇之坐者謂布祭衆寡與其居句孝經說郊祀之禮曰燔燎掃地祭牲繭栗或象天酒旗坐星厨倉具黍稷布席極敬心也言郊之布席象五帝坐禮祭宗廟序昭穆亦有似虚危則祭天圓丘象北極祭地方澤象后妃及社稷之席皆有明法焉

建武三十年二月群臣上言即位三十年宜封禪泰山服虔注漢書曰封者增天之高歸功於天張晏注云天高不可及於泰山上立封禪而祭之冀近神靈也項威注曰封泰山告太平升中和之氣於天祭土爲封謂負土於泰山爲壇而祭也禮記曰因名山升中于天盧植注曰封泰山告太平升中和之氣於天也東觀書載太尉趙熹上言曰自古帝王每世之隆未嘗不封禪陛下聖德洋溢順天行誅撥亂中興作民父母修復宗廟救萬姓命黎庶賴福海内清平功成治定羣司禮官咸以爲宜登封告成爲民報德百王所同當仁不讓宜登封岱宗正三雍之禮以明靈契望秩群神以承天心也

詔書曰即位三十年百姓怨氣滿腹吾誰欺欺天乎曾謂泰山不如林放何事汙七十二代之編錄莊子曰易姓而王封於泰山禪於梁父者七十有二代其有形兆垠堮勒石凡千八百餘處許慎說文序曰蒼頡之初作書蓋依類象形故謂之文其有形聲相益即謂之字字者言孳乳而滋多也著於竹帛謂之書書者如也以迄五帝三王之世改易殊體封於泰山者七十有二代靡有同焉桓公欲封管仲非之若郡縣遠遣吏上壽盛稱虚美必髡兼令屯田從此羣臣不敢復言三月上幸魯漢祀令曰天子行有所之出河沈用白馬珪璧各一衣以繒緹五尺祠用脯二束酒六升鹽一升涉渭灞涇雒佗名水如此者沈珪璧各一律在所給祠具及行沈祠佗川水先驅投石少府給珪璧不滿百里者不沈過泰山告太守以上過故承詔祭山及梁父時虎賁中郎將梁松等議記曰齊將有事泰山先有事配林蓋諸侯之禮也河嶽視公侯王者祭焉宜無即事之漸不祭配林盧植注曰配林小山林麓配泰山者也謂諸侯不郊天泰山巡省所考五嶽之宗故有事將祀之先即其漸天子則否矣泰山廟在博縣風俗通曰博縣十月祀岱宗名曰合凍十二月涸凍正月解凍太守絜齋親自執事作脁廣一尺長五寸既祀訖取泰山君夫人坐前脯三十朐太守拜章縣次驛馬傳送雒陽

三十二年正月上齋夜讀河圖會昌符曰赤劉之九會命岱宗不慎克用何益於承誠善用之姦僞不萌感此文乃詔松等復案索河雒讖文言九世封禪事者松等列奏乃許焉東觀書曰羣臣奏言登封告成爲民報德百王所同陛下輒拒絕不許臣下不敢頌功述德業河雒讖書赤漢九世當巡封泰山凡三十六事傳奏左帷陛下遂以仲月令辰遵岱嶽之正禮奉圖雒之明文以和靈瑞以爲兆民上曰至泰山乃復議國家德薄災異仍至圖讖蓋如此初孝武帝欲求神仙以扶方者言黃帝由封禪而後僊於是欲封禪封禪不常時人莫

知元封元年上以方士言作封禪器以示羣儒多言不合古於是罷諸儒不用三月上東上泰山郭璞注山海經曰泰山從山下至頭四十八里二百步乃上石立之泰山顛風俗通曰石高二丈一尺刻之曰事天以禮立身以義事父以孝成民以仁四海之内莫不爲郡縣四夷八蠻咸來貢職與天無極人民蕃息天禄永得遂東巡海上求僊人無所見而還四月封泰山風俗通曰封廣丈二尺高九尺下有玉牒書也恐所施用非是乃祕其事語在漢書郊祀志東觀書曰上至泰山有司復奏河雒圖記表章赤漢九世尤著明者前後凡三十六事與博士充等議以爲殷統未絶黎庶繼命高宗之勞猶爲中興武王因父受命之列據三代郊天因孔子甚美其功後世謂之聖王漢統中絶王莽盜位一民莫非其臣尺土靡不其有宗廟不祀十有八年陛下無十室之資奮振於匹夫除殘去賊興復祖宗集就天下海内治平夷狄慕義功德盛於高宗宣王宜封禪爲百姓祈福詔書曰許昔小白欲封夷吾難之季氏欲旅仲尼非焉蓋齊諸侯季氏大夫皆無事於泰山今予末小子巡祭封禪德薄而任重一則以喜一則以懼喜於得承鴻業帝堯善及子孫之餘賞蓋應圖籙當得是當懼於過差執德不弘信道不篤爲議者所誘進後世知吾罪深矣上許梁松等奏乃求元封時封禪故事議封禪所施用有司奏當用方石再累置壇中皆方五尺厚一尺用玉牒書藏方石牒厚五寸長尺三寸廣五

後漢書志七　八

寸有玉檢又用石檢十枚列於石傍東西各三南北各二皆長三尺廣一尺厚七寸檢中刻三處深四寸方五寸有蓋檢用金縷五周以水銀和金以爲泥玉璽一方寸二分一枚方五寸方石四角又有距石皆再累枚長一丈厚一尺廣二尺皆在圓壇上其下用距石十八枚皆高三尺厚一尺廣二尺如小碑環壇立之去壇三步距石下皆有石跗入地四尺又用石碑高九尺廣三尺五寸厚尺二寸立壇丙地去壇三丈以上以刻書上以用石功難又欲及二月封故詔松欲因故封石空檢更加封而已欲及二月者虞書歲二月東巡狩至于岱宗柴范寗曰巡狩者巡行諸侯所守二月直卯故以東巡狩也祭山曰燔柴積柴加牲於其上而燔之也松上疏爭之以爲登封之禮告功皇天垂後無窮以爲萬民也承天之敬尤宜章明奉圖書之瑞尤宜顯著今因舊封竄寄玉牒故石下恐非重命之義受命中興宜當特異以明天意遂使泰山

後漢書志七　九

郡及魯趣石工宜取完青石無必五色時
以印工不能刻玉牒欲用丹漆書之會求
得能刻玉者遂書書祕刻方石中命容玉
牒二月上至奉高應劭漢官馬第伯封禪儀記日車駕正月二十八日發雒陽宮二月九日到魯遣守謁者郭堅伯將徒五百人治泰山道十日魯遣宗室諸劉及孔氏瑕丘丁氏上壽受賜皆詣孔氏宅賜酒肉十一日發十二日宿奉高是日遣虎賁郎將先上山三案行還益治道徒千人十五日始齋國家居太守府舍諸王居府中諸侯在縣庭中齋諸卿校尉將軍大夫黃門郎百官及宋公衞公褒成侯東方諸侯雒中小侯齋城外汶水上太尉太常齋山虞馬第伯自云某等七十人先之山虞觀祭山壇及故明堂宮郎官等郊肆處入其幕府觀治石石二枚狀博平圓九尺此壇上石也其一石

武帝時石也時用五車不能上也因置山下爲屋號五車石四維距石長丈二廣二尺厚尺半所四枚檢石長三尺廣六寸狀如封篋長檢十枚一紀號石高丈二尺廣三尺厚尺二寸名曰立石一枚刻文字紀功德是朝上山騎行往往道峻峭不騎步牽馬乍步乍騎且相半至中觀留馬去平地二十里南向極望無不觀仰望天關如從谷底仰觀抗峯其爲高也如視浮雲其峻也石壁窅窱如無道徑遥望其人端如行朽兀或爲白石或雪久之白者移過樹乃知是人也殊不可上四布僵臥石上有頃復蘇亦賴齎酒脯處處有泉水目輒爲之明復勉強相將行到天關自以已至也問道中人言尚十餘里其道旁山脅大者廣八九尺狹者五六尺仰視巖石松樹鬱鬱蒼蒼若在雲中俛視谿谷碌碌不可見丈尺遂至天門之下仰視天門窔遼如從穴中視天直上七里賴其羊腸逶迤名曰環道往往有絙索可得而登也兩從者扶挾前人相牽後人見前人履底前人見後人頂如重累人矣所謂磨胷捏石捫天之難也初上此道行畫

十餘步一休稍疲咽脣燋五六步一休牒牒據頓地不避濕暗前有燥地目視而兩腳不隨早食上脯後到大門郭使者得銅物銅物形狀如鍾又方柄有孔莫能識也疑封禪具也得之者汝南召陵人姓陽名通東上一里餘得木甲木甲者武帝時神也東北百餘步得封所始皇立石及闕在南方漢武在其北二十餘步得北垂圓臺高九尺方圓三丈所有兩陛人不得從上從東陛上臺上有壇方一丈二尺所上有方石四維有距石四面有闕鄉壇再拜謁人多置錢物壇上亦不掃除國家上見之則詔書所謂酢梨酸棗狼藉散錢處數百幣帛具道是武帝封禪至泰山下未及上百官爲先上跪拜置梨棗錢于道以求福即此也東山名曰日觀日觀者雞一鳴時見日始欲出長三丈所秦觀者望見長安吳觀者望見會稽周觀者望見齊西北有石室壇以南有玉盤中有玉龜山南脅神泉飲之極清美利人日入下去行數環曰暮時頗雨不見其道一人居其前先知蹈有人乃舉足隨之比至天門下夜人定矣遣侍御

史與蘭臺令史將工先上山刻石文曰維
建武三十有二年二月皇帝東巡狩至于
岱宗柴風俗通曰岱者胎也宗者長也萬物之始陰陽之交觸石膚寸而合不崇朝而徧雨天下惟泰山乎故爲五嶽之長耳望秩於山川孔安國書注曰九州名山大川五嶽四瀆之屬皆一時望祭之安國又曰喻以尊卑祭之也五嶽視三公四瀆視諸侯其餘小者或卿大夫伯子男班于羣神孔安國曰羣神謂丘陵墳衍古之聖賢皆祭之矣遂覲
東后從臣太尉憙行司徒事特進高密侯
禹等漢賓二王之後在位孔子之後褒成
侯序在東后蕃王十二咸來助祭河圖赤

伏符曰劉秀發兵捕不道四夷雲集龍鬭
野四七之際火爲主河圖會昌符曰赤帝
九世巡省得中治平則封誠合帝道孔矩
則天文靈出地祇瑞興帝劉之九會命岱
宗誠善用之姦僞不萌赤漢德興九世會
昌巡岱皆當天地扶九崇經之常漢大興
之道在九世之王封于泰山刻石著紀禪
于梁父退省考五河圖合古篇曰帝劉之
秀九名之世帝行德封刻政河圖提劉子

曰九世之帝方明聖持衡拒九州平天下
子雒書甄曜度曰赤三德昌九世會修符
合帝際勉刻封孝經鉤命決曰予誰行赤
劉用帝三建孝九會修專茲竭行封岱青
河雒命后經讖所傳昔在帝堯聰明密微
讓與舜庶後裔握機王莽以舅后之家三
司鼎足冢宰之權勢依託周公霍光輔幼
歸政之義遂以篡叛僭號自立宗廟墮壞
社稷喪亡不得血食十有八年楊徐青三

州首亂兵革橫行延及荆州豪傑并兼百
里屯聚往往僭號北夷作寇千里無煙無
雞鳴狗吠之聲皇天睠顧皇帝以匹庶受
命中興年二十八載興兵起是以中次誅
討十有餘年罪人則斯得黎庶得居爾田
安爾宅書同文車同軌人同倫舟輿所通
人迹所至靡不貢職建明堂立辟雍起靈
臺設庠序同律度量衡（孔安國書注曰同陰律也度丈尺量斗斛衡斤兩也）修五禮（孔安國曰公侯伯子男朝聘之禮范寧云吉凶賓軍嘉也）五玉（范寧曰五等諸侯之瑞珪璧也）

三帛（孔安國曰諸侯世子執纁公之孤執玄附庸之君執黃范寧曰玄纁黃三孤所執）二牲（范寧曰羔鴈也卿執羔大夫執鴈）一死（雉也士所執）贄（范寧曰物謂上所執之以爲贄者也）吏各修職復于舊典在位三
十有二年年六十二乾乾日昃不敢荒寧
涉危歷險親巡黎元恭肅神祇惠恤耆老
理庶遵古聰允明恕皇帝唯慎河圖雒書
正文是月辛卯柴登封泰山甲午禪于梁
陰以承靈瑞以爲兆民永茲一宇垂于後
昆百寮從臣郡守師尹咸蒙祉福永永無

極秦相李斯燔詩書樂崩禮壞建武元年
已前文書散亡舊典不具不能明經文以
章句細微相況八十一卷明者爲驗又其
十卷皆不昭晳子貢欲去告朔之餼羊子
曰賜也爾愛其羊我愛其禮後有聖人正
失誤刻石記封禪儀曰車駕十九日之山虞國家居亭百官布野此日山上雲氣成宮闕百官並見之二十一日夕牲時白氣廣一丈東南極望致濃厚時天清和無雲瑞命篇岱嶽之瑞以日爲應也
二十二日辛卯晨燎祭天於泰山下
南方羣神皆從用樂如南郊封禪儀曰晨祭也日高三丈所

後漢書志七　十四　李芳

燔燎燔燎煙正北也諸王王者後二公孔子後褒成
君皆助祭位事也封禪儀曰百官各以次上郡儲輦三百爲貴臣諸公王侯卿大夫百官皆步上少用輦輦者千寳周禮注曰對轝曰輦事畢將升封或
曰泰山雖已從食於柴祭今親升告功宜
有禮祭於是使謁者以一特牲於常祠泰
山處告祠泰山如親耕貙劉先祠先農先
虞故事至食時御輦升山封禪儀曰國家御首輦人執升山至中觀休須吏復上日中後到山上更衣封禪儀曰須臾羣臣畢就位
早晡時即位于壇北面羣臣以次陳後西

上畢位升壇封禪儀曰國家臺上北面虎賁陛戟臺下尚書令奉玉
牒檢皇帝以寸二分璽親封之訖太常命
人發壇上石封禪儀曰騶騎三千餘人發壇上方石尚書令藏玉
牒已復石覆訖尚書令以五寸印封石檢
封禪儀曰以金爲繩以石三檢東方西方各三檢檢中石泥及壇土色赤白黑各依如其方色事
畢皇帝再拜羣臣稱萬歲封禪儀曰稱萬歲音動山谷有氣屬
天遥望不見山巔山巔人在氣中不知也命人立所刻石碑乃復
道下封禪儀曰封畢有頃詔百官以次下國家隨後數百人維持行相逢推百官連延二十餘
里道迫小深谿高岸數百丈步從匍匐邪上起近炬火止亦駱驛步從觸擊大石石聲正讙但讙石无相

後漢書志七　十五

應和者腸不能已口不能默夜半後到百官明旦乃訖其中老者氣劣不行正卧巖石下明日太醫令復
遵問起居國家云昨上下山欲行迫前人欲休則後人所蹈道峻危險恐不能度國家不勞百官已下露
卧水飲無一人蹉跌無一人疾病豈非天邪泰山率多暴雨如今上直下柴祭封登清晏温和明日上壽
賜百官省事事畢發暮宿奉高三十里明日發至梁甫九十里夕牲二十五日甲午
禪祭地于梁陰以高后配山川羣神從如
元始中北郊故事服虔曰禪廣土地瓚曰除地爲墠後改墠曰禪神之矣
封禪儀曰功效如彼天應如此羣臣上壽國家不聽四月己卯大赦天下
以建武三十二年爲建武中元元年復博
舉高巖勿出元年租芻槀以吉日刻玉牒

書函藏金匱璽印封之乙酉使太尉行事以特告至高廟尚書虞典曰歸格于藝祖用特太尉奉匱以告高廟藏于廟室西壁石室高主室之下袁宏曰夫天地者萬物之官府山川者雲雨之丘墟萬物生遂則官府之功大雲雨施潤則丘墟之德厚故化洽天下則功配於天地澤流一國則德合於山川是以王者經略必以天地爲本諸侯述職必以山川爲主體而象之取其陶育禮而告之歸其宗本書曰東巡狩至于岱宗柴傳曰郊祀后稷以祈農事夫巡狩觀化之常事祈農撫民之定業猶絜誠殷薦以告昊天況創制改物人神易聽者乎夫揖讓受終必有至德於天下征伐革命則有大功於萬物是故王者初基則有封禪之事蓋以其成功告於神明者也夫東方者萬物之所始山嶽者靈氣之所宅故求之物本必於其始取其所通必於所宅崇其壇場則謂之封明其代興則謂之禪然則封禪者王者開務之大禮也德不周洽不得輒議斯事功不弘濟不得髣髴斯禮曠代一有其道至高故自黃帝堯舜至三代各一得封禪未有中修其禮者也雖繼職之君時有功德此蓋率復舊業增修其前政不得仰齊造國同符改物者也夫神道貞一其用不煩天地易簡其禮尚質故藉用白茅貴其誠素器用陶匏取其易從然封禪之禮簡易可也若夫白函玉牒非天地之性也

後漢書志第七

後漢書志第八　祭祀中

劉昭　注補

北郊　明堂　辟雍

靈臺　迎氣　增祀

六宗　老子

是年初營北郊明堂周禮考工記曰周人明堂度九尺之筵東西九筵南北七筵堂崇一筵五室凡室二筵鄭玄曰明堂者明政教之堂周度以筵亦王者相改周堂高九尺殷三尺則夏一尺矣相參之數也孝經援神契曰明堂上圓下方八窻四達布政之宮在國之陽晏子春秋曰明堂之制下之溫濕不能及也上之寒暑不能入也木工不鏤示民知節也呂氏春秋曰周明堂茅茨蒿柱土階三等以見儉節也前志武帝欲治明堂奉高旁未明其制度濟南人公玉帶上黃帝時明堂圖圖中有一殿四面無壁以茅蓋通水水圜宮垣爲復道上有樓從西南入名曰崐崘以拜禮上帝於是作明堂汶上如帶圖新論曰天稱明故命曰明堂上圓法天下方法地八窻法八風四達法四時九室法九州十二坐法十二月三十六戶法三十六雨七十二牖法七十二風東京賦曰復廟重屋八達九房薛綜注曰八達謂室有八窻也堂後有九室所以異於周制也王隆漢官篇曰是古者清廟茅屋胡廣曰古之清廟以茅蓋屋所以示儉也今之明堂茅蓋之乃加瓦其上不忘古也辟雍白虎通曰辟雍所以行禮樂宣德化也辟者象璧圓以法天也雍者壅之以水象教化流行也辟之爲言積也積天下之道德雍之爲言壅也壅天下之儀則故謂辟雍也王制曰天子辟雍諸侯泮宮外圓者欲使觀者平均也又欲言外圓內方明德當圓行當方也靈臺未用事禮含文嘉曰禮天子靈臺所以

觀天人之際陰陽之會也揆星度之驗徵六氣之端
應神明之變化覩日氣之所驗為萬物獲福於無方
之原招太極之清泉以與稼穡之根倉廩實知禮節
衣食足知榮辱天子得靈臺之則五車三柱明制可
行不失其常水泉川流無滯寒暴暑之災陸澤山陵
禾盡豐穰故東京賦曰左制辟雍右立靈臺薛綜注
曰於之班教曰明堂大合樂射饗者辟雍司曆記候
節氣者曰靈臺蔡邕明堂論曰明堂者天子太廟所
以崇禮其祖以配上帝者也夏后氏曰世室殷人
重屋周人曰明堂東曰青陽南曰明堂西曰總章北曰
曰玄堂中曰太室易曰離也者明也南方之卦也聖
人南面而聽天下嚮明而治人君之位莫正於此焉
故雖有五名而主以明堂也其正中焉皆曰太廟謹
承天隨時之令昭令德宗祀之禮明前功百辟之勞
起尊老敬長之義顯教幼誨稚之學朝諸侯選造士
於其中以制度生者乘其能而至死者論其功而祭
故為大教之宮而四學具焉官司備焉譬如北辰之居
其所而衆星拱之萬象翼之教之所由生專受作之

所自來明一統也故言明堂事之大義之深也取其
宗祀之清貌則曰清廟取其正室之貌則曰太廟取其
其尊崇矣則曰太室取其堂則曰明堂取其四門之
學則曰太學取其四面周水圜如璧則曰辟雍異名
而同事其實一也春秋因魯取宋之姦賂則顯之太
廟以明聖王建清廟明堂之義經曰取郜大鼎于宋
納于太廟傳曰非禮也君人者將昭德塞違故昭令
德以示子孫是以清廟茅屋昭其儉也夫德儉而有
度升降有數文物以紀之聲明以發之以臨照百官
百官於是戒懼而不敢易紀律所以大明教也以周
清廟論曰魯太廟皆明堂也魯禘祀周公於太廟明
堂猶周宗祀文王於清廟明堂也禮記檀弓曰王齋
禘於清廟明堂也孝經曰宗祀文王於明堂禮記明
堂位曰太廟天子曰明堂又曰成王幼弱周公踐天
子位以治天下朝諸侯於明堂制禮作樂頒度量而
天下大服成王以周公為有勳勞於天下命魯公世
曰禘祀周公於太廟以天子禮樂升歌清廟下管象
舞所以異魯於天下取周清廟之歌歌於魯太廟明

堂魯之廟猶周清廟也皆所以昭文王周公之德以
示子孫者也易傳太初篇曰天子旦入東學晝入南
學暮入西學在中央曰太學天子之所自學也禮記
保傅篇曰帝入東學上親而貴仁入西學上賢而貴
德入南學上齒而貴信入北學上貴而尊爵入太學
承師而問道與易傳同魏文侯孝經傳曰太學者中
學明堂之位也禮記古大明堂之禮曰膳夫是相禮
日中出南闈見九侯門子日側出西闈視五國之事
日闇出北闈視帝節猶爾雅曰宮中之門謂之闈王
居明堂之禮又別陰陽門南門稱門西門稱闈故周
官有門闈之學師氏教以三德守王門保氏教以六
藝守王闈然則師氏居東門南門保氏居西門北門
也知掌教國子與易傳保傅王居明堂之禮參相發
明為四學焉文王世子篇曰凡大合樂則遂養老天
子至乃命有司行事興秩節祭先師先聖焉始之養
也適東序釋奠於先老遂設三老位焉春夏學干戈
秋冬學羽籥皆於東序凡祭與養老乞言合語之禮
皆小樂正詔之於東序又曰大司成論說在東序然

則詔學皆在東序東序東之堂也學者詔焉故稱太
學仲夏之月令祀百辟卿士之有德於民者禮記太
學志曰禮士大夫學于聖人善人祭于明堂其無位
者祭於太學禮記昭穆篇曰祀先賢于西學所以教
諸侯之德也即所以顯行國禮之處也太學明堂之
東序也皆在明堂辟雍之內月令記曰明堂者所以
明天氣統萬物明堂上通於天象日辰故下十二宮
象日辰也水環四周言王者動作法天地德廣及四
海方此水也名曰辟雍王制曰天子出征執有罪反
舍奠於學以訊馘告樂記曰武王伐殷為俘馘于京
太室詩魯頌云矯矯虎臣在泮獻馘京鎬京也太室
辟雍之中明堂太室也與諸侯泮宮俱獻馘焉即王
制所謂以訊馘告者也禮記曰祀乎明堂所以教諸
侯之孝也孝經曰孝悌之至通於神明光于四海無
所不通詩云自西自東自南自北無思不服言行孝
者則曰明堂行悌者則曰太學故孝經合以為一義
而稱鎬京之詩以明之凡此皆明堂太室辟雍太學
事通合之義也其制度數各有所法堂方百四十四

尺坤之策也屋圓屋徑二百一十六尺乾之策也太廟明堂方三十六丈通天屋徑九丈陰陽九六之變且圓蓋方載六九之道也八闥以象八卦九室以象九州十二宮以應辰三十六戶七十二牖以四戶九牖乘九室之數也戶皆外設而不閉示天下不藏也通天屋高八十一尺黃鍾九九之實也二十八柱列於四方亦七宿之象也堂高三丈亦應三統四鄉五色者象其行外廣二十四丈應一歲二十四氣四周以水象四海王者之大禮也 遷呂太后于園上薄太后尊號曰高皇后當配地郊高廟語在光武紀袁宏紀曰夫越人而臧否者非憎於彼也新戚而加譽者非優於此也處情之地殊故公私之心異也聖人知其如此故明彼此之理開公私之塗則隱諱之義著而親尊之道長矣古之人以爲先君之體猶今君之體推近以知遠則先後義鈞也而況彰其大惡以爲貶黜者乎 北郊在雒陽城北四里爲方壇四陛張璠記云城北六里袁山松書曰行夏之時殷祭之日犧牲尚黑耳 三十三年正月辛未郊別祀地祇位南面西上高皇后配西面北上皆在壇上地理羣神從食皆在壇下如元始中故事中嶽在未四嶽各在其方孟辰之地中營內海在東四瀆河西濟北淮東江南他山川各如其方皆在外營內四陛醊及中外營門封神如南郊地祇高后用犢各一頭五嶽共牛一頭海四瀆共牛一頭羣神

共二頭奏樂亦如南郊既送神瘞俎實于壇北明帝即位永平二年正月辛未初祀五帝於明堂光武帝配孝經云宗祀文王於明堂以配上帝故鄭玄曰上帝者天之別名神無二主故異其處避后稷也 五帝坐位堂上各處其方黃帝在未皆如南郊之位光武帝位在青帝之南少退西面牲各一犢奏樂如南郊卒事遂升靈臺以望雲物杜預注傳曰雲物氣色災變也素察妖祥逆爲之備 迎時氣五郊之兆自永平中以禮讖及月令有五郊迎氣服色因采元始中故事兆五郊于雒陽四方中兆在未壇皆三尺階無等立春之日迎春于東郊祭青帝句芒月令章句曰東郊去邑八里因木數也 車旗服飾皆青歌青陽八佾舞雲翹之舞及因賜文官太傅司徒以下縑各有差立夏之日迎夏于南郊祭赤帝祝融月令章句曰南郊七里因火數也 車旗服飾皆赤歌朱明八佾舞雲翹之舞先立秋十八日迎黃靈于中兆祭黃帝后土月令章句曰去邑五里因土數

也車旗服飾皆黃歌朱明八佾舞雲翹育命之舞（魏氏繆襲議曰漢有雲翹育命之舞不知所出舊以祀天今可兼以雲翹祀圜丘兼以育命祀方澤）立秋之日迎秋于西郊祭白帝蓐收（月令章句曰西郊九里因金數也）車旗服飾皆白歌西皓八佾舞育命之舞使謁者以一特牲先祭先虞于壇有事天子入圓射牲以祭宗廟名曰貙劉語在禮儀志立冬之日迎冬于北郊祭黑帝玄冥（月令章句曰北郊六里因水數也）車旗服飾皆黑歌玄冥八佾舞育命之舞

獻帝起居注曰建安八年公卿迎氣北郊始復用八佾

皇覽曰迎禮春夏秋冬之樂又日天道是故距冬至日四十六日則天子迎春於東堂距邦八里堂高八尺堂階三等青稅八乘旗旄尚青田車載矛號曰助天生唱之以角舞之以羽翟此迎春之樂也自春分數四十六日則天子迎夏於南堂距邦七里堂高七尺堂階二等赤稅七乘旗旄尚赤田車載戟號曰助天養唱之以徵舞之以鼓鞉此迎夏之樂也自夏至數四十六日則天子迎秋於西堂距邦九里堂高九尺堂階九等白稅九乘旗旄尚白田車載兵號曰助天收唱之以商舞之以干戚此迎秋之樂也自秋分數四十六日則天子迎冬於北堂距邦六里堂高六尺堂階六等黑稅六乘旗旄尚黑田車載甲鐵鍪號曰助天誅唱之以羽舞之以干戈此迎冬之樂也

章帝即位元和二年正月詔曰山川百神應祀者未盡其議增修群祀宜享祀者（東觀書詔曰經稱秩元祀咸秩無文祭法功施於民則祀之以死勤事則祀之以勞定國則祀之能禦大災則祀之日月星辰民所瞻仰也山林川谷丘陵民所取財用也非此族也不在祀典傳曰聖王先成民而致力於神又曰山川之神則水旱癘疫之災於是乎禜之日月星辰之神則雪霜風雨之不時於是乎禜之孝文十二年令曰比年五穀不登欲有以增諸神之祀王制曰山川神祇有不舉者爲不敬今恐山川百神應典祀者尚未盡秩其議增修群祀宜享祀者以祈豐年以致嘉福以蕃兆民詩不云乎懷柔百神及河喬嶽有年報功不私幸望豈嫌同辭其義一焉）二月上東巡狩將至泰山道使使者奉一太牢祠帝堯於濟陰成陽靈臺上至泰山修光武山南壇兆辛未柴祭天地羣神如故事壬申宗祀五帝

於孝武所作汶上明堂光武帝配如雒陽明堂祀癸酉更告祀高祖太宗世宗中宗世祖顯宗於明堂各一太牢卒事遂覲東后饗賜王侯羣臣因行郡國幸魯祠東海恭王及孔子七十二弟子（漢晉春秋曰闕里者仲尼之故宅也在魯城中帝升廟西面群臣中庭北面皆再拜帝進爵而後坐東觀書曰祠禮畢命儒者論難）四月還京都庚申告至祠高廟世祖各一特牛又爲靈臺十二門作詩各以其月祀而奏之和帝無所增改

安帝即位元初六年以尚書歐陽家說謂
六宗者在天地四方之中爲上下四方之
宗以元始中故事謂六宗易六子之氣日
月雷公風伯山澤者爲非是三月庚辰初
更立六宗祀於雒陽西北戌亥之地禮比
太社也月令孟冬祈于天宗盧植注曰天宗六宗
之神李氏家書曰司空李郃侍祠南郊不
見六宗祠奏曰案尚書肆類于上帝禋于六宗六宗
者上不及天下不及地傍不及四方在六合之中助
陰陽化成萬物漢初甘泉汾陰天地亦禋六宗孝成
之時匡衡奏立南北郊祀復祠六宗及王莽謂六宗
易六子也建武都雒陽制祀不道祭六宗由是廢不
血食今宜復舊制度制曰下公卿議五官將行弘等

五百二十 大八十三
後漢書志八 八
系元

三十一人議可祭大鴻臚龐雄等二十四人議不可
當祭上從郃議由是遂祭六宗六宗之義自伏生及
乎後代各有不同今並抄集以證其論云虞書曰肆
類于上帝禋于六宗望于山川伏生馬融曰萬物非
天不覆非地不載非春不生非夏不長非秋不收非
冬不藏禋于六宗此之謂也歐陽和伯夏侯建曰六
宗上不謂天下不謂地傍不謂四方在六者之間助
陰陽變化者也孔安國曰精意以享謂之禋宗尊也
所尊祭其祀有六埋少牢于太昭祭時也相近於坎
壇祭寒暑也王宮祭日也夜明祭月也幽禜祭星也
雩禜祭水旱也禋于六宗此之謂也孔叢曰宰我問
六宗於夫子夫子荅如安國之說臣昭以此解若果
是夫子所說則後儒無復紛然文秉案劉歆曰六宗
謂水火雷風山澤也賈逵曰六宗謂日宗月宗星宗
岱宗海宗河宗也鄭玄曰六宗星辰司中司命風伯
雨師也星五緯也辰謂日月所會十二次也司中司
命文昌第五第四星也風師箕也雨師畢也晉武帝
初司馬紹統表駮之曰臣以爲帝在于類則禋者非

天山川屬望則海岱非宗宗猶包山則望何秩焉伏
與歆逵失其義也六合之間非制典所及六宗之數
非一位之名陰陽之說又非義也并五緯以爲一分
文昌以爲二箕畢既屬於辰風師雨師復特爲位玄
之失也安國案祭法爲宗而除其天地於上遺其四
方於下取其中以爲六宗四時寒暑日月衆星并水
旱所宗者八非但六也傳曰山川之神則水旱癘疫
之災於是乎禜之日月星辰之神則雪霜風雨之不
時於是乎禜之又曰龍見而雩如此禜者祀日月星
辰山川之名雩者周人四月祭天求雨之稱也雪霜
之災非夫禜之所禳雩祭之禮非正月之所祈周人
之後說有虞之典故於學者未盡喻也且類于上帝
即禮天也望于山川禜所及也案周禮之昊天上帝
日月星辰司中司命風師雨師社稷五祀五嶽山林
川澤四方百物又曰兆五帝於四郊四類四望亦如
之無六宗之兆祭法之祭天祭地祭時祭寒暑日月
星祭水旱祭四方及山林川谷丘陵能出雲爲風雨
見怪物皆是有天下者祭百神非此族也不在祀典

小七百二十字
後漢書志八 一九
五三

復無六宗之文明六宗所禋即祭法之所及周禮之
所初即虞書之所宗不宜特復立六宗之祀也春官
大宗伯之職掌王作六器以禮天地四方以蒼璧禮
天以黃琮禮地以青圭禮東方以赤璋禮南方以白
琥禮西方以玄璜禮北方天宗日月星辰寒暑之屬
也地宗社稷五祀之屬也四方之宗者四時五帝之
屬也如此則羣神咸秩而無廢百禮徧修而不瀆於
理爲通幽州秀才張髦又上疏曰禋於六宗禋祖考
所尊者六也何以考之周禮及禮記王制天子將出
類于上帝宜於社造于禰巡狩四方覲諸侯歸格於
祖禰用特堯典亦曰肆類于上帝禋于六宗望于山
川徧於羣神班瑞于羣后肆覲東后叶時月正日同
律度量衡巡狩萬歲以周爾乃歸格于藝祖用特臣
以尚書與禮王制同事一義符契相合禋于六宗正
謂祀祖考宗廟也文祖之廟六宗即三昭三穆也若
如十家之說既各異義上下違背且没乎祖之禮考
之禮考之祀典尊卑失序若但類于上帝不禋祖禰
而行去時不吉歸何以格以此推之較然可知也禮

記曰夫政必本於天殽以降命命降于社之謂殽地降於祖廟之謂仁義降於山川之謂興作降於五祀之謂制度又曰祭帝於郊所以定天位也祀社於國所以列地利也祭祖於廟所以本仁也山川所以儐鬼神也五祀所以本事也又曰禮行於郊而百神受職焉禮行於社而百貨可極焉禮行於祖廟而孝慈服焉禮行於五祀而正法則焉故自郊社祖廟五祀義之修而禮之藏也凡此皆孔子所以祖述堯舜紀三代之教著在祀典首尾相證皆先天地次祖宗而後山川羣神耳故禮祭法曰七代之所更變者禘郊宗祖明舜受終文祖之廟察琁璣考七政審已天命之定遂上郊廟當義合堯典則周公其人也郊祀后稷以配天宗祀文王於明堂以配上帝是以四海之內各以其職來祭者也居其位攝其事郊天地供羣神之禮巡狩天下而遺其祖宗恐非有虞之志也五嶽視三公四瀆視諸侯皆以案先儒之說而以水旱風雨先五嶽四瀆後祖考而次上帝錯於肆類而亂祀典臣以十一家皆非也太學博士吳商以爲禋之

言煙也三祭皆積柴而實牲體焉以升煙而報陽非祭宗廟之名也鄭所以不從諸儒之說者將欲據周禮禋祀皆天神也日月星辰司中司命風師雨師凡八而日月并從郊故其餘爲六宗也以書禋于六宗與周禮事相符故據以爲說也且文昌雖有大體而星名異其日不同故隨事祭之而言文昌七星不得偏祭其第四第五此爲周禮復不知文昌之體而又妄引以爲司中司命箕畢二星既不係於辰且同是隨事而祭之例又無嫌於所係者范甯注虞書曰考觀衆議各有說難鄭氏證據最詳是以附之案六宗衆議未知孰是虞喜別論云地有五色太社象之總五爲一則成六六爲地數推校經句闕無地祭則祭地臣昭曰六宗紛紜衆釋互起竟無全通亦難偏折歷辨碩儒終未挺正康成見宗是多附焉盍各爾志宣尼所許顯其一說亦何傷乎竊以爲祭祀之敬莫大天地虞典首載彌久彌盛此宜學者各盡所求臣昭謂虞喜以祭地近得其實而分彼五色合五爲六又不通禋更成疑昧尋虞書所稱肆類于上帝是祭天天不言天而曰上帝帝是天神之極舉帝則天神斯盡日月星辰從可知也禋於六宗是實祭地地不言地而曰六宗是地數之中舉中是以該數社稷等祀從可知也天稱神上地表數中仰觀俯察所以爲異宗者崇尊之稱斯亦盡敬之謂也禋也者埋祭之言也實瘞埋之異稱非周煙之祭也夫置字涉神必以今之示今之示即古之神所以社稷諸字莫不以神爲體虞書不同祀名斯隔周禮改煙音形兩異虞書改土正元祭義此焉非疑以爲可了豈六置宗更爲傍祭乎風俗通曰周禮以爲槱燎祀司命司命文昌上六星也槱者積薪燔柴也今民猶祠司命耳刻木長尺二寸爲人像行者篋中居者別作小居齊地大尊重之汝南諸郡亦多有者皆祀以豬率以春秋之月

延光三年上東巡狩至泰山柴祭及祠汶上明堂如元和三年故事順帝即位修奉常祀

桓帝即位十八年好神僊事延熹八年初使中常侍之陳國苦縣祠老子九年親祠老子於濯龍文罽爲壇飾淳金釦器設華蓋之坐用郊天樂也

後漢書志第八

後漢書志第九　祭祀下

劉　昭　注補

宗廟　社稷　靈星

先農　迎春

光武帝建武二年正月立高廟于雒陽漢舊儀曰故孝武廟古今注曰於雒陽校官立之四時祫祀高帝爲太祖文帝爲太宗武帝爲世宗如舊餘帝四時春以正月夏以四月秋以七月冬以十月及臘一歲五祀三年正月立親廟雒陽祀父南頓君以上至春陵節侯時寇賊未夷方務征伐祀儀未設至十九年盜賊討除戎事差息於是五官中郎將張純與太僕朱浮奏議禮爲人子事大宗降其私親禮之設施不授之與自得之異意當除今親廟四孝宣皇帝以孫後祖爲父立廟於奉明曰皇考廟獨群臣侍祠願下有司議先帝四廟當代親廟者及皇考廟事下公卿博士議郎大司徒涉等議宜奉所代立平

帝哀帝成帝元帝廟代今親廟兄弟以下使有司祠宜爲南頓君立皇考廟祭上至春陵節侯群臣奉祠時議有異不著上可涉等議詔曰以宗廟處所未定且祫祭高廟其成哀平且祠祭長安故高廟其南陽春陵歲時各且因故園廟祭祀古今注曰建武十八年七月使中郎將耿遵治皇祖廟舊廬稻田園廟去太守治所遠者在所令長行太守事侍祠如淳曰宗廟在章陵南陽太守稱使者往祭不使侯王祭者諸侯不得祖天子凡臨祭宗廟皆爲侍祠惟孝宣帝有功德其上尊號曰中宗於是雒陽高廟四時加祭孝宣孝元凡五帝其西廟成哀平三帝主四時祭於故高廟東廟京兆尹侍祠冠衣車服如太常祠陵廟之禮南頓君以上至節侯皆就園廟南頓君稱皇考廟鉅鹿都尉稱皇祖考廟鬱林太守稱皇曾祖考廟節侯稱皇高祖考廟在所郡縣侍祠二十六年有詔問張純禘祫之禮不施行幾年純奏禮三年一祫五年一禘毀廟

之主陳於太祖未毀廟之主皆升合食太祖五年再殷祭舊制三年一祫毀廟主合食高廟存廟主未嘗合元始五年始行禘禮父爲昭南嚮子爲穆北嚮父子不並坐而孫從王父決疑要注曰凡昭穆父南面故曰昭昭明也子北面故曰穆穆順也始祖特於北其後以次夾始祖而南昭在西穆在東相對禘之爲言諦諦諟昭穆尊卑之義以夏四月陽氣在上陰氣在下故正尊卑之義祫以冬十月五穀成熟故骨肉合飲食祖宗廟未定且合祭今宜以時定語在純傳上難復立廟遂以合祭高廟爲常後以三年冬祫五年夏禘之時但就陳祭毀廟主而已謂之殷太祖東面惠文武元帝爲昭景宣帝爲穆惠景昭三帝非殷祭時不祭漢舊儀曰宗廟三年大祫祭子孫諸帝以昭穆坐於高廟諸隳廟神皆合食設左右坐高祖南面幄繡帳望堂上西北隅帳中坐長一丈廣六尺繡絪厚一尺著之以絮四百斤曲几黃金釦器高后右坐亦幄帳却六寸白銀釦器每牢中分之左辨上帝右辨上后俎餘委肉積於前數千斤名曰堆俎子爲昭孫爲穆昭西面曲屏風穆東面皆曲几如高祖饌陳其右各配其左坐如祖妣之法太常導皇帝入北門群臣陪者皆舉手班辟抑首伏大鴻臚大行令九儐傳曰起復位

而皇帝上堂盥侍中以巾奉觶酒從帝進拜謁贊饗曰嗣曾孫皇帝敬再拜前上酒却行至昭穆之坐次上酒子爲昭孫爲穆各父子相對也畢却西面坐坐如乘輿坐贊饗奉高祖賜壽皇帝起再拜即席以太牢之左辨賜皇帝如祠其夜半入行禮平明上九巵畢群臣皆拜因賜胙皇帝出即更衣中詔罷當從者奉承丁孚漢儀有孝和帝祠恭懷皇后祝文曰孝曾孫皇帝志使有司臣太常撫夙興夜處小心畏忌不墮其身一不寧敢用絜牲一元大武柔毛剛鬣商祭明視薌萁嘉薦普淖鹹鹺豐本明粢醙用薦酎事于恭懷皇后尚饗嘏辭曰皇帝福恭懷皇后命工祝承致多福無疆于爾孝曾孫皇帝使爾受祿于天宜稼于田眉壽萬年介爾景福俾守爾民勿替引之太常再拜太牢左辨以致皇帝光武皇帝崩明帝即位以光武帝撥亂中興更爲起廟尊號曰世祖廟蔡邕表志曰孝明立世祖廟以明再受命祖有功之義後嗣遵儉不復改立皆藏主其中聖明所制一王之法也自執事之吏下至學士莫能知其所以兩廟之意誠宜具錄本事建武乙未元和丙寅詔書下宗廟儀及齋令宜入郊祀志永爲典式東觀書曰永平三年八月丁卯公卿奏議世祖廟登歌八佾舞功名東平王蒼議以爲漢制舊典宗廟各奏其樂不皆相襲以明功德秦爲無道殘賊百姓高皇帝受命誅暴元元各得其所萬國咸熙作武德之舞孝文皇帝躬行節儉除誹謗去肉刑澤施四海孝景皇帝制昭德之舞孝武皇帝功德茂盛威震海外開地置郡傳之無窮孝宣皇帝制盛德之舞光武皇帝受命中興撥亂反正武暢方外震服百蠻戎狄奉貢宇內治平登封告成修建三雍肅穆典祀功德巍巍比隆前代以兵平亂武功盛大歌所以詠德舞所以象功世祖廟樂名宜曰大武之舞元命包曰緣天地之所雜樂爲之文典文王之時民樂其興師征伐而詩人稱有武功樞機鈐曰有帝漢出德洽作樂各與虞韶禹夏湯護周武無異不宜以名舞叶圖讖曰大樂必易詩傳曰頌

言成也一章成篇宜列德故登歌清廟一章也漢書曰百官頌所登御者一章十四句依書文始五行武德昭眞修之舞節損益前後之宜六十四節爲舞曲副八佾之數十月烝祭始御用其文始五行之舞如故勿進武德舞歌詩曰於穆世廟肅雍顯清俊乂翼翼秉文之成越序上帝駿奔來寧建立三雍封禪泰山章明圖讖放唐之文休矣惟德罔射協同本支百世永保厥功詔書曰驃騎將軍議可進武德之舞如故

以元帝於光武爲穆故雖非宗不毀也後遂爲常明帝臨終遺詔遵儉無起寢廟藏主於世祖廟更衣孝章即位不敢違以更衣有小別上尊號曰顯宗廟閒祠於更衣四時合祭於世祖廟語在章紀東觀書曰章帝初即

位賜東平憲王蒼書曰朕夙夜伏思念先帝躬履九德對於八政勞謙克己終始之度比放三宗誠有其美今迫遺詔誠不起寢廟臣子悲結僉以爲雖於更衣猶宜有所宗之號以克配功德宗廟至重朕幼無知寤寐憂懼先帝每有著述典義之事未嘗不延問王以定厥中願王悉明處乃敢安之公卿議殿今皆并送及有可以持危扶顚宜勿隱思有所承公無困哉太尉憙等奏禮祖有功宗有德孝明皇帝功德茂盛宜上尊號曰顯宗四時袷食於世祖廟如孝文皇帝在高廟之禮奏武德文始五行之舞蒼上言昔者孝文廟樂曰昭德之舞孝武廟樂曰盛德之舞今皆袷食於高廟昭德盛德之舞不進與高廟同樂今孝明皇帝主在世祖廟當同樂盛德之樂無所施如自立廟當作舞樂者不當與世祖廟盛德之舞同名即不改作舞樂當進武德之舞臣愚戇鄙陋廟堂之論誠非所當聞所宜言陛下體純德之妙奮至謙之意猥歸美於載列之臣故不敢隱蔽愚情披露腹心誠知愚鄙之言不可以仰四門賓于之議伏惟陛下以

至德當成康之隆天下乂安刑措之時也百姓盛歌元首之德股肱貞良庶事寧康臣欽仰聖化嘉羨盛德危顚之備非所宜稱上復報曰有司奏上尊號曰顯宗藏主更衣不敢違詔袷食世祖廟樂皆如王議以正月十八日始祠仰見榱桷俯視几筵眇眇小子哀懼戰慄無所奉承愛而勞之所望於王也謝沈書曰上以公卿所奏明德皇后在世祖廟坐位駮議示蒼上言文武宣元祖袷食高廟皆以配先帝所制典法設張大雅曰昭哉來御愼其祖武又曰不愆不忘帥由舊章明德皇后宜配孝明皇帝於世祖廟同廗而供饌

章帝臨崩遺詔無起寢廟廟如先帝故事和帝即位不敢違上尊號曰肅宗後帝承尊皆藏主于世祖廟積多無別是後顯宗但爲陵寢之號永元中和帝追尊其

母梁貴人曰恭懷皇后陵以竇后配食章帝恭懷后別就陵寢祭之和帝崩上尊號曰穆宗殤帝生三百餘日而崩鄧太后攝政以尚嬰孫故不列于廟就陵寢祭之而巳安帝以清河孝王子即位建光元年追尊其祖母宋貴人曰敬隱后陵曰敬北陵亦就陵寢祭太常領如西陵追尊父清河孝王曰孝德皇母曰孝德后清河嗣王奉祭而巳安帝以讒害大臣廢太子及崩無

上宗之奏後以自建武以來無毀者故遂
常祭因以其陵號稱恭宗順帝即位追尊
其母曰恭愍后陵曰恭北陵就陵寢祭如
敬北陵順帝崩上尊號曰敬宗東觀書曰有
司奏言孝順
皇帝弘秉聖哲龍興統業稽乾則古欽奉鴻烈寬裕
晏晏宣恩以極躬自菲薄以崇玄默遺詔貽約顧念
萬國衣無製新玩好不飾塋陵損狹不起寢廟遵履
前制敬勤慎終有始有卒孝經曰愛敬盡於事親而
德教加於百姓詩云敬慎威儀惟民之則臣請上尊
號曰敬宗廟天子世世獻奏藏主祫祭進武德之舞
如祖宗故事
露布奏可
沖質帝皆小崩梁太后攝政以
殤帝故事就陵寢祭凡祠廟訖三公分祭

之桓帝以河閒孝王孫蠡吾侯即位亦追
尊祖考王國奉祀語在章和八王傳帝崩
上尊號曰威宗無嗣靈帝以河閒孝王曾
孫解犢侯即位亦追尊祖考語在章和八
王傳靈帝時京都四時所祭高廟五主世
祖廟七主少帝三陵追尊后三陵凡牲用
十八太牢皆有副倅故高廟三主親毀之
後亦但殷祭之歲奉祠決疑要注曰毀廟主藏
廟外户之外西牖之中
有石函名曰宗祏函中有笥以盛主親盡則廟毀毀
廟之主藏于始祖之廟一世爲祧祧猶四時祭之二
世爲壇三世爲墠四世爲鬼祫乃祭之有禱亦祭之
祫於始祖之廟禱則迎主出陳於壇墠而祭之事訖
還藏故室迎
送皆蹕禮也
靈帝崩獻帝即位初平中相國
董卓左中郎將蔡邕等以和帝以下功德
無殊而有過差不應爲宗及餘非宗者追
尊三后皆奏毀之袁山松書載邕議曰漢承亡
秦滅學之後宗廟之制不用
周禮每帝即位世輒立一廟不止於七不列昭穆不
定迭毀元皇帝時丞相匡衡御史大夫貢禹始建大
議請依典禮孝文孝武孝宣皆以功德茂盛爲宗不
毀孝宣尊崇孝武歷稱世宗中正大臣夏侯勝等猶
執異議不應爲宗至孝成皇帝議猶不定太僕王舜
中壘校尉劉歆據不可毀上從其議古人據正重順
不敢私其君若此其至也後遭王莽之亂光武皇帝
受命中興廟稱世祖孝明皇帝聖德聰明政參文宣

廟稱顯宗孝章皇帝至孝烝烝仁恩博大廟稱肅宗
皆方前世得禮之宜自此以下政事多釁權移臣下
嗣帝殷勤各欲褒崇至親而已臣下懦弱莫能執夏
侯之直今聖朝尊古復禮以求厥中誠合禮讓元帝
世在第八光武世在第九故以元帝爲考廟尊而奏
之孝明遵述亦不敢毀孝和以下穆宗威宗之號皆
省去五年而再殷合食于
太祖以遵先典議遂施行
四時所祭高廟一祖
二宗及近帝四凡七帝古不墓祭漢諸陵
皆有園寢承秦所爲也說者以爲古宗廟
前制廟後制寢以象人之居前有朝後有
寢也月令有先薦寢廟詩稱寢廟弈弈言
相通也廟以藏主以四時祭寢有衣冠几

杖象生之具以薦新物秦始出寢起於墓側漢因而弗改故陵上稱寢殿起居衣服象生人之具古寢之意也建武以來關西諸陵以轉久遠但四時特牲祠帝每幸長安謁諸陵乃太牢祠自雒陽諸陵至靈帝皆以晦望二十四氣伏臘及四時祠廟日上飯太官送用物園令食監典省其親陵所宮人隨鼓漏理被枕具盥水陳嚴具蔡邕表志曰宗廟迭毀議奏國家體班固錄漢書及置韋賢傳末臣以聞胡廣廣以爲實宜在郊祀志去中鬼

神仙道之語取賢傳宗廟事實其中既合孝明吉又使祀事以類相從臣昭曰國史明乎得失者也至如孝武皇帝淫祀妄祭舉天下而從焉疲耗蒼生費散圖畜後王深戒來世宜懲志之所取於焉斯允不先宗廟誠如廣論悉去仙道未或易罔也

建武二年立太社稷于雒陽在宗廟之右馬融周禮注曰社稷在右宗廟在左或曰王者五社太社在中門之外惟松東社八里惟柏西社九里惟栗南社七里惟梓北社六里惟槐禮郊特牲曰社祭土而主陰氣也王肅注曰五行之主也能吐生百穀者也馬昭曰列爲五官直一行之名耳自不專主陰氣陰氣地可以爲之主曰五行之主也若社則爲五行之主何復言社稷五祀平土自列於五祀社亦自復有祀不得同也昭又曰土地同也焉得有二書曰禹數土又曰句龍能平九土九土九州之土地官是五行土官之名耳方壇白虎通曰春秋文義天子社廣五丈諸侯半之其色東方青南方赤西方白北方黑上冒以黃土故將封東方諸侯取青土苴以白茅各取其面以爲封社明土謹敬絜淨也祭社有樂乎禮記曰樂之施於金石越於聲音用於宗廟社稷獨斷曰天子太社封諸侯者取其土苞以白茅授之以立社其國故謂之受茅土漢興唯皇子封爲王者得茅土其他功臣以戶數租入爲節不受茅土不立社也無屋有牆門而已禮記曰天子太社必受霜露風雨以達天地之氣也盧植曰謂無屋二月八月及臘一歲三祠皆太牢具使有司祠禮記曰地載萬物天垂象取財於地取法於天是以尊天而親地故教民美報焉家主中霤而國主社示本也盧植曰諸主祭以土地爲本也中霤其神后土即句龍也旣祀於社又祀中霤古今注曰建武二十一年二月乙酉徙立社稷上東門內漢舊儀使者監祠南向立不拜也孝經援神契曰

社者土地之主也稷者五穀之長也月令章句曰稷秋夏熟熟歷四時備陰陽穀之貴者禮記及國語皆謂共工氏之子曰句龍爲后土官能平九土故祀以爲社烈山氏之子曰柱能植百穀疏自夏以上祀以爲稷至殷以柱久遠而堯時棄爲后稷亦植百穀故廢柱祀棄爲稷案前志立官社以夏爲配王莽奏立官稷后稷配也大司農鄭玄說古者官有大功則配食其神故句龍配食於社棄配食於稷白虎通曰王者所以有社稷何爲天下求福報功人非土不立非穀不食土地

廣博不可徧敬，五穀衆多不可一一而祭，故封土立社示有土也。稷，五穀之長，故立稷而祭之也。稷者得陰陽中和之氣而用又多，故稷爲長也。歲再祭之何？春求秋報也。祭社稷以三牲，重功也。天子社稷皆太牢，諸侯社稷皆少牢。王者諸侯所以俱兩社何？俱有土之君也。故禮三正記曰：王者二社，爲天下立社曰太社，自爲立社曰王社；諸侯爲百姓立社曰國社，自爲立社曰侯社。太社爲天下報功，王社爲京師報功也。孔鼂云：周祀一社一稷，漢及魏初亦一社一稷，至景初中既立帝社二社二社，到于今是祀。而後諸儒論之，其文衆矣。

郡縣置社稷，太守令長侍祠，牲用羊豕。唯州所治有社無稷，以其使官。古者師行平有載社主，不載稷也。

自漢諸儒論句龍即是社主，或云是配，其議甚衆。後荀或問仲長統以社所祭者何神也，統答所祭者土神也。侍中鄧義以爲不然而難之，或令統答焉。統答或且以義曰：前見逮及，敢不敬對。退熟惟省郊社之祭，國之大事，誠非學淺思薄者所宜興論重復。亦以鄧君難事有先漸，議則既行，可謂辭而不可得，因而不可已者也。屯有經綸之義，睽有同異之辭，歸乎建國立家，通志斷類也。意則欲廣其微，以宗實備其論，以求眞先難而後易，出異而歸同乎。難曰：社祭土，主陰氣，正所謂句龍土行之官，爲社則主陰明矣，不與記說有違錯也。答曰：今記之言社，輒與郊連，體有本末，辭有上下，謂之不錯，不可得。禮運曰：政必本於天，殽以降命，命降于社之謂殽地。參於天地，並於鬼神。又曰：祭帝於郊，所以定天位也；祀社於國，所以列地利也。郊特牲曰：社所以神地之道也。地載萬物，天垂象，取財於地，取法於天，是以尊天而親地，家主中霤，國主社，示本也。相此之類，元尚不道配食者也。主以爲句龍，無乃失歟？難曰：信而此所言，土尊，故以爲首，在於上宗伯之體，所當列上下之敘，上句當言天神地祇人鬼，何反先人而後地？上文如此，至下何以獨不可，而云社非句龍，當爲地哉？

答曰：此形成著體，數自上來之次言之耳，豈足使從人鬼之例邪？三科之祭，各指其體，今獨擿出社稷以爲但句龍，有烈山氏之子，恐非其本意也。案記言社土，而云何得之爲句龍，則傳雖言祀句龍爲社，亦何嫌反獨不可謂之配食乎？祭法曰：周人禘嚳郊稷，祖文王，宗武王，皆以爲配食者，若復可須謂之不祭天乎？備讀傳者則眞土，獨據記者則疑句龍，未若交錯參伍，致其義以相成之爲善也。難曰：再特于郊牛者，后稷配故也。社于新邑，牛一羊一豕一，所以用二牲者，立社位祀句龍，緣人事之也。如此非祀地明矣。以宮室新成，故立社耳。又曰：軍行載社者，當行賞罰，明不自專，故告祖而行賞，造社而行戮。二主明皆人鬼，人鬼故以告之。必若所云，當言載地主於齋車，又當言用命賞于天，不用命戮于地，非其謂也。所以有死社稷之義者，凡賜命受國，造建宮室，無不立社，是奉言所受立，不可棄捐，苟免而去，當死之也。易句龍爲其社，傳有見文，今欲易神之相，令記附食，宜明其御祀，國大事，不可不重，據經依傳，庶無咎悔。答曰：郊特牲者，天至尊，無物以稱，專誠而社稷太牢者，土於天爲卑，緣人事以牢祭也。社禮今亡，并特之義未可得明也。昭告之文，皆於天地，可獨人鬼。此言則未敢取者也。郊社之次，天地之序也。今使句龍載冒其名，耦文於天，以度言之，不可謂安矣。土者人所依以國而最近者也，故立以爲守祀，居則事之，時軍則告之以行戮，自順義也。何爲當平？於社不言用命賞于天乎？帝王兩儀之參，宇中之莫尊者也，而盛一官之臣以爲土之貴神，置之宗廟之上，接之禘郊之次，俾守之者有死無失，何聖人制法之參差，用禮之偏頗？其列在先王人臣之位，其於四官，爵侔班同，比之司徒，於數居二，縱復令王者不同，禮儀相變，或有尊之，則不過當若五卿之與冢宰，此坐之上下，行之先後耳。不得同祖與社，言俱坐處尊位也。周禮爲禮之經，而禮記爲禮之傳，案經傳求索見文，在於此矣。鈞之兩者，未知孰是。去本神而不祭，與貶句龍爲土配，比其輕重，何謂爲甚？經有條例，記有明義，先儒未能正，不可稱是。鈞校典籍，論本考始，矯前易故，不從常說，不可謂非孟軻曰予豈好辯哉乃不得已也鄭司農之正此之謂也國家亦有五祀之祭有司掌之其禮簡於社稷云五祀門戶井竈中霤也韋昭曰古者穴居故名室中爲中霤也

漢興八年有言周興而邑立后稷之祀於是高帝令天下立靈星祠三輔故事長安城東十里有靈星祠言祠后稷而謂之靈星者以后稷又配食星也舊說星謂天田星也一曰龍左角爲天田官主穀張晏曰農祥晨見而祭也祀用壬辰位祠之壬爲水辰爲龍就其類也牲用太牢縣邑

令長侍祠漢舊儀曰古時歲再祠靈星春秋之太牢禮也舞者用童男十六人服虔應劭曰十六人即古之二羽也舞者象敎田初爲芟除次耕種芸耨驅爵及穫刈舂簸之形象其功也古今注曰元和三年初爲郡國立稷及祠社靈星禮器也

縣邑常以乙未日祠先農於乙地以丙戌日祠風伯於戌地以己丑日祠雨師於丑地用羊豕立春之日皆青幡幘迎春于東郭外令一童男冒青巾衣青衣先在東郭外野中迎春至者自野中出則迎者拜之而還弗祭三時不迎

論曰臧文仲祀爰居而孔子以爲不知漢書郊祀志著自秦以來訖于王莽典祀或有未修而爰居之類衆焉世祖中興蠲除非常修復舊祀方之前事邈殊矣嘗聞儒言三皇無文結繩以治自五帝始有書契至於三王俗化彫文詐僞漸興始有印璽以檢姦萌然猶未有金玉銀銅之器也臣昭曰禹會羣臣於塗山執玉帛者萬國故已贄不同圓方異等周禮天地四方璧琮琥璋各有其玉而云未有其器斯亦何哉

自上皇以來封泰山者至周七十二代封者謂封土爲壇柴祭告天代興成功也禮記所謂因名山升中于天者也易姓則改封者著一代之始明不相襲也繼世之王巡狩則修封以祭而已自秦始皇孝武帝封泰山本由好僊信方士之言造爲石檢印封之事也所聞如此雖誠天道難可度知然其大較猶有本要天道質誠約而不費者也故牲有犢器用陶匏殆將

無事於檢封之閒而樂難攻之石也臣昭曰王貴五德金存不朽有告有文何敗題刻告厥成功難可知者且唯封爲改代故曰代出宗夏康周宣由廢復興不聞改封世祖欲因孝武故封實繼祖宗之道也而梁松固爭以爲必改乃當天旣封之後未有福而松卒被誅死雖罪由身蓋亦誣神之咎也且帝王所以能大顯于後者實在其德加於民不聞其在封矣臣昭曰功成道懋天下被化德數世治所以登封封由德興興封所以成德言昭告師天遍以相感若此論可通非乎七十二矣章英天地者莫大於易易無六宗在中之象若信爲天地四方所宗是至大也而比太杜又爲失所難以爲誠矣

贊曰天地禋郊宗廟享祀咸秩無文山川具止淫乃國桼典惟皇紀肇自盛蔛孰崖厥始

後漢書志第九

後漢書志第十　天文上

劉昭　注補

王莽三　光武十二

易曰天垂象聖人則之庖犧氏之王天下仰則觀象於天俯則觀法於地觀象於天謂日月星辰觀法於地謂水土州分形成於下象見于上故曰天者北辰星合元垂燿建帝形運機授度張百精三階九列二十七大夫八十一元士斗衡太微攝提之屬百二十官二十八宿各布列下應十二子天地設位星辰之象備矣星經曰歲星主泰山徐州青州兗州熒惑主霍山揚州荆州交州鎮星主嵩高山豫州太白主華陰山涼州雍州益州辰星主恒山冀州幽州并州歲星主角亢氐房心尾箕熒惑主輿鬼柳七星張翼軫鎮星主東井太白主奎婁胃昴畢觜參辰星主斗牛女虛危室壁琁璣者謂北極星也玉衡者謂斗九星也玉衡第一星主徐州常以五子日候之甲子爲東海丙子爲琅邪戊子爲彭城庚子爲下邳壬子爲廣陵凡五郡第二星主益州常以五亥日候之乙亥爲漢中丁亥爲永昌己亥爲巴郡蜀郡牂牁辛亥爲廣漢癸亥爲犍爲凡七郡第三星主冀州常以五戌日候之甲戌爲魏郡勃海丙戌爲安平戊戌爲鉅鹿河間庚戌爲清河趙國壬戌爲恒山凡八郡第四星主荆州常以五卯日候之乙卯爲南陽己卯爲零陵辛卯爲桂陽癸卯爲長沙丁卯爲武陵凡

五郡第五星主兗州常以五辰日候之甲辰爲東郡陳留丙辰爲濟北戊辰爲山陽泰山庚辰爲濟陰壬辰爲東平任城凡八郡第六星主揚州常以五巳日候之乙巳爲豫章辛巳爲丹陽己巳爲廬江丁巳爲吳郡會稽癸巳爲九江凡六郡第七星爲豫州常以五午日候之甲午爲潁川壬午爲梁國丙午爲汝南戊午爲沛國庚午爲魯國凡五郡第八星主幽州常以五寅日候之甲寅爲玄菟丙寅爲遼東遼西漁陽庚寅爲上谷代郡壬寅爲廣陽戊寅爲涿郡凡八郡第九星主并州常以五申日候之甲申爲五原鴈門丙申爲朔方雲中戊申爲西河庚申爲太原定襄壬申爲上黨凡八郡琁璣玉衡占色春青黃夏赤黃秋白黃冬黑黃此是常明不如此者所向國有兵殃起凡有六十郡九州所領自有分而名焉

三皇邁化協神醇朴謂五星如連珠日月若合璧化由自然民不犯慝至於書契之興五帝是作軒轅始受河圖鬬苞授規日月星辰之象故星官之書自黃帝始至高陽氏使南正重司天北正黎司地唐虞之時羲仲和仲

尚書曰帝在琁璣玉衡以齊七政孔安國曰在察也琁美玉也璣衡王者正天文之器可運轉者七政日月五星各異政舜察天文齊七政也

夏有昆吾湯則巫咸周之史佚萇弘宋之子韋楚之唐蔑魯之梓慎鄭之裨竈魏石申夫

或云石申父

齊國甘公皆掌天文之官仰占俯視以佐時政步變擿微通洞密至採禍福之原覩成敗之勢秦燔詩書以愚百姓六經典籍殘爲灰炭星官之書全而不毀故秦史書始皇之時彗孛大角大角以亡有大星與小星鬬于宮中是其廢亡之徵至漢興景武之際司馬談談子遷以世黎氏之後爲太史令遷著史記作天官書成帝時中壘校尉劉向廣洪範災條作五紀皇極之論以參往行之事孝明帝使班固敘漢書而馬續述天文志

謝沈書曰蔡邕撰建武已後星驗著明以續前志譙周接繼其下者

今紹漢書作天文志起王莽居攝元年迄孝獻帝建安二十五年二百一十五載言其時星辰之變表象之應以顯天戒明王事焉

臣昭以張衡天文之妙冠絕一代所著靈憲渾儀略具辰燿之本今寫載以備其理焉靈憲曰昔在先王將步天路用之靈軌尋緒本元先準之于渾體是爲正儀立度而皇極有逌建也樞運有逌稽也乃建乃稽斯經天常聖人無心因茲以生心故靈憲作興曰太素之前幽清玄靜寂漠冥默不可爲象厥中惟虛厥外惟無如是者永久焉斯謂溟涬蓋乃道之根也道根既建自無生有太素始萌萌而未兆并氣同色渾沌不分故道志之言云有物渾成先天地生其氣體固未可得而形其遲速固未可得而紀也如是者又永久焉斯謂庬鴻蓋乃道之幹也道幹既育有物成體於是元氣剖判剛柔始分清濁異位

天成於外，地定於內。天體於陽，故圓以動；地體於陰，故平以靜。動以行施，靜以合化，堙鬱構精，時育庶類，斯謂太元，蓋乃道之實也。在天成象，在地成形。天有九位，地有九域；天有三辰，地有三形；有象可效，有形可度。情性萬殊，旁通感薄，自然相生，莫之能紀。於是人之精者作聖，實始紀綱而經緯之。八極之維，徑二億三萬二千三百里，南北則短減千里，東西則廣增千里。自地至天，半於八極，則地之深亦如之。通而度之，則是渾已。將覆其數，用重鉤股，懸天之景，薄地之義，皆移千里而差一寸得之。過此而往者，未之或知也。未之或知者，宇宙之謂也。宇之表無極，宙之端無窮。天有兩儀，以儛道中。其可覩，樞星是也，謂之北極。在南者不著，故聖人弗之名焉。其世之遂，九分而減二。陽道左迴，故天運左行。有驗於物，則人氣左羸，形左繚也。天以陽迴，地以陰淳。是故天致其動，稟氣舒光；地致其靜，承施候明。天以順動，不失其中，則四序順至，寒暑不減，致生有節，故品物用生。地以靈靜，作合承天，清化致養，四時而後育，故品物用成。凡至大

後漢書志十　四

莫如天，至厚莫若地。地至質者曰地而已。至多莫若水，水精為漢，漢用於天而無列焉，思次質也。地有山嶽，以宣其氣，精種為星。星也者，體生於地，精成於天，列居錯峙，各有逌屬。紫宮為皇極之居，太微為五帝之廷。明堂之房，大角有席，天市有坐。蒼龍連蜷於左，白虎猛據於右，朱雀奮翼於前，靈龜圈首於後，黃神軒轅於中。六擾既畜，而狼蚖魚鼈罔有不具。在野象物，在朝象官，在人象事，於是備矣。懸象著明，莫大乎日月。其徑當天周七百三十六分之一，地廣二百四十二分之一。日者，陽精之宗，積而成鳥，象烏而有三趾。陽之類，其數奇。月者，陰精之宗，積而成獸，象兔。陰之類，其數耦。其後有馮焉者。羿請無死之藥於西王母，姮娥竊之以奔月。將往，枚筮之於有黃，有黃占之曰：吉。翩翩歸妹，獨將西行，逢天晦芒，毋驚毋恐，後且大昌。姮娥遂託身于月，是為蟾蠩。夫日譬猶火，月譬猶水，火則外光，水則含景。故月光生於日之所照，魄生於日之所蔽；當日則光盈，就日則光盡也。眾星被燿，因水轉光。當日之衝，光常不合者，蔽於他也。是謂闇虛。在星星微，月過則食。日之薄地，其明也。繇暗視明，明無所屈，是以望之若火。方於中天，天地同明，繇明瞻暗，暗還自奪，故望之若水。火當夜而揚光，在晝則不明也。月之於夜，與日同而差微。星則不然，強弱之差也。眾星列布，其以神著，有五列焉，是為三十五名。一居中央，謂之北斗。動變挺占，實司王命。四布於方，為二十八宿。日月運行，歷示吉凶，五緯經次，用告禍福，則天心於是見矣。中外之官，常明者百有二十四，可名者三百二十，為星二千五百，而海人之占未存焉。微星之數蓋萬一千五百二十。庶物蠢蠢，咸得繫命。不然，何以總而理諸！夫三光同形，有似珠玉。神守精存，麗其職而宣其明；及其衰，神歇精斁，於是乎有隕星。然則奔星之所墜，至則石。文曜麗乎天，其動者七，日月五星是也。周旋右回。天道者，貴順也。近天則遲，遠天則速，行則屈，屈則留回，留回則逆，逆則遲，迫於天也。行遲者覿於東，覿於東屬陽，行速者覿于西，覿于西屬陰，日與月此配合也。攝提、熒惑、地候見晨，附于日也。太白、辰星見昏，附于月也。二陰三陽，參

後漢書志十　五

天兩地，故男女取焉。方星巡鎮，必因常度，苟或盈縮，不逾於次。故有列司作使，曰老子四星，周伯、王逢芮各一，錯乎五緯之間，其見無期，其行無度，實妖經星之所，然後吉凶宣周，其祥可盡。蔡邕表志曰：言天體者有三家：一曰周髀，二曰宣夜，三曰渾天。宣夜之學，絕無師法。周髀數術具存，考驗天狀，多所違失，故史官不用。唯渾天者近得其情，今史官所用候臺銅儀，則其法也。立八尺圓體之度，而具天地之象，以正黃道，以察發斂，以行日月，以步五緯，精微深妙，萬世不易之道也。官有其器而無本書，前志亦闕而不論。臣求其舊文，連年不得。在東觀，以治律未竟，未及成書。案略求索，竊不自量，卒欲寢伏儀下，思惟精意，案度成數，扶以文義，潤以道術，著成篇章。罪惡無狀，投畀有北，灰滅雨絕，世路無由。宜博問群臣，下及巖穴，知渾天之意者，使述其義，以裨天文志。撰建武以來星變彗孛占驗著明者續其後。

王莽地皇三年十一月，有星孛于張東南

行五日不見孛星者惡氣所生爲亂兵

日其國內外用兵也其所以孛德孛德者亂之象不明之表又參然孛焉兵之類也故名之曰孛孛之爲言猶有所傷害有所妨蔽或謂之彗星所以除穢而布新也宋均注鉤命決曰彗五彗也蒼則王侯破天子苦兵赤則賊起強國恣黃則女害色權奪於后妃白則將軍逆二年兵大作黑則水精賊江河決賊處處起也韓揚占曰其象若竹彗樹木條長短無常其長大見久災深短小見不久災狹晏子春秋曰齊景公睹彗星使伯常騫禳之晏子曰不可此天教也日月之氣風雨不時彗星之出天爲民之亂見之又一曰景公彗星出而泣晏子問之公曰寡人聞之彗星出其所向之國君當之今彗星出而向吾國

後漢書志十　六　林俊

我是以悲晏子曰君之行義回邪無德於國穿鑿池則欲其深以廣也爲臺榭則欲其高且大也賦斂如撝奪誅戮如仇讎自是觀之孛又將出彗星之出庸何巨乎案如晏子之言孛之與彗如似匪同張爲周地星孛于張東南行即翼軫之分翼軫爲楚是周楚地將有兵亂後一年正月光武起兵春陵會下江新市賊張卬王常及更始之兵亦至俱攻破南陽斬莽前隊大夫甄阜屬正梁丘賜等殺其士衆數萬人更始爲天子都雒陽西入長安敗死光武興於河北復都雒陽居周地除穢布新之象

四年六月漢兵起南陽至昆陽莽使司徒王尋司空王邑將諸郡兵號曰百萬衆已至者四十二萬人能通兵法者六十三家皆爲將帥持其圖書器械軍出關東牽從群象虎狼猛獸放之道路以示富強用怖山東至昆陽山作營百餘圍城數重或爲衝車以橦城爲雲車高十丈以瞰城中弩矢雨集城中負戶而汲求降不聽請出不

後漢書志十　七　阜受

得二公之兵自以必克不恤軍事不協計慮莽有覆敗之變見焉晝有雲氣如壞山墮軍上軍人皆厭所謂營頭之星也占曰營頭之所墮其下覆軍流血三千里李松書曰怪星晝行名曰營頭行振大誅也是時光武將兵數千人赴救昆陽奔擊二公兵并力猋發號呼聲動天地虎豹驚怖敗振會天大風飛屋瓦雨如注水二公兵亂敗自相賊就死者數萬人競赴溢水死者委積溢水爲之不流殺

司徒王尋軍皆散走歸本郡王邑還長安
莽敗俱誅死營頭之變覆軍流血之應也
四年秋太白在太微中燭地如月光太白
爲兵太微爲天廷太白贏而北入太微是
大兵將入天子廷也是時莽遣二公之兵
至昆陽巳爲光武所破莽又拜九人爲將
軍皆以虎爲號九虎將軍至華陰皆爲漢
將鄧曅李松所破進攻京師倉將軍韓臣
至長門十月戊申漢兵自宣平城門入二

日己酉城中少年朱弟張魚等數千人起
兵攻莽燒作室斧敬法闥商人杜吳殺莽
漸臺之上校尉公賓就斬莽首大兵蹈藉
宫廷之中仍以更始入長安赤眉賊立劉
盆子爲天子皆以大兵入宫廷是其應也
光武 古今注曰建武六年九月丙戌月犯太微西藩十一月辛亥月犯軒轅七年九月庚子土入鬼中漢史鎮星逆行輿鬼女主貴親有憂巫咸曰有土功事是歲太白經太微八年四月辛未月犯房第二星光芒不見九年正月乙卯金犯婁南星甲子月犯軒轅第二星壬寅犯心大星七月戊辰月並犯鼎黃帝星占土犯鬼皇后有憂失亡其勢河圖月犯房天子有憂四足之蟲多死漢史曰其國有憂[illegible]

死又案嚴光傳光與帝卧足加帝腹上太史奏客星犯帝坐甚急 建武九年七
月乙丑金犯軒轅大星十一月乙丑金又
犯軒轅 孟康曰犯七寸以内光芒相及也韋昭曰自下往觸之曰犯 軒轅者
後宫之官大星爲皇后金犯之爲失勢是
時郭后巳失勢見䟽後廢爲中山太后陰
貴人立爲皇后十年三月癸卯流星如月
從太微出入北斗魁第六星色白旁有小
星射者十餘枚滅則有聲如雷食頃止 孟康
曰流星光跡相連也絶跡而去爲飛也 流星爲貴使星大者使

大星小者使小太微天子廷北斗魁主殺
星從太微出抵北斗魁是天子大使將出
有所伐殺 古今注曰正月壬戌月犯心後星閏月庚辰火入輿鬼過軫北庚申月在斗赤如丹者也 十二月己亥大流星如缶出柳西南行
入軫且滅時分爲十餘如遺火狀須臾有
聲隱隱如雷柳爲周軫爲秦蜀大流星出
柳入軫者是大使從周入蜀是時光武帝
使大司馬吳漢發南陽卒三萬人乗船泝
江而上擊蜀白帝公孫述 臣昭曰述雖以白承黄而此遂號爲

白帝於文繫長書例未通又命將軍馬武劉尚郭霸岑彭
馮駿平武都巴郡十二年十月漢進兵擊
述從弟衛尉永遂至廣都殺述女壻史興
威虜將軍馮駿拔江州斬述將田戎吴漢
又擊述大司馬謝豐斬首五千餘級臧宫
破涪殺述弟大司空恢十一月丁丑漢護
軍將軍高午刺述洞胷其夜死明日漢入
屠蜀城誅述大將公孫晃延岑等所殺數
萬人夷滅述妻宗族萬餘人以上是大將

出伐殺之應也其小星射者及如遺火分
爲十餘皆小將隨從之象有聲如雷隱隱
者兵將怒之徵也
十二年正月古今注曰丁丑月乘軒轅大星己未小星流百
枚以上或西北或正北或東北二夜止古今
注曰二月辛亥月入氐暈珥圍角亢房六月戊戌晨小流星百
枚以上四面行小星者庶民之類流行者
移徙之象也或西北或東北或四面行皆
小民流移之徵是時西北討公孫述北征

盧芳匈奴助芳侵邊漢遣將軍馬武騎都
尉劉納閻興軍下曲陽臨平呼沱以備胡
匈奴入河東中國未安米穀荒貴民或流
散後三年吴漢馬武又徙鴈門代郡上谷
關西縣吏民六萬餘口置常關居庸關以
東以避胡寇是小民流移之應古今注曰其年七月丁丑
月犯昴頭兩星八月辛酉水見東方翼分九月甲午
火犯輿鬼十月丁卯大星流有光發東井西行聲隆
隆十三年二月乙卯火犯輿鬼西北黃帝占曰熒惑
守輿鬼大人憂一曰貴人當之巫咸曰水見翼多火
災石氏曰爲旱鄰萌占曰
流星出東井所之國大水

十五年正月丁未彗星見昴炎長三丈韓揚占曰在昴大國
起兵稍西北行入營室犯離宮韓揚占曰彗出營室東壁
之間爲兵起也三月乙未至東壁滅見四十九日彗
星爲兵入除穢昴爲邊兵彗星出之爲有
兵至十一月定襄都尉陰承反太守隨誅
之盧芳從匈奴入居高柳至十六年十月
降上璽綬一曰昴星爲獄事是時大司徒
歐陽歙以事繫獄踰歲死營室天子之常
宮離宮妃后之所居彗星入營室犯離宮

是際宮室也是時郭皇后已疏至十七年十月遂廢爲中山太后立陰貴人爲皇后除宮之象也古今注曰十六年四月土星逆行十七年三月乙未火逆行從東門入太微到執法星東己酉南出端門十八年十二月壬戌月犯木星十九年閏月戊申火逆從氐到亢二十一年七月辛酉月入畢二十三年三月癸未月食火星郗萌曰熒惑逆行氐爲失火

三十年閏月甲午水在東井二十度生白氣東南指炎長五尺爲彗東北行至紫宮西蕃止五月甲子不見凡見三十一日水常以夏至放於東井閏月在四月尚未當見而見是贏而進也東井爲水衡水出之爲大水是歲五月及明年郡國大水壞城郭傷禾稼殺人民白氣爲喪有炎作彗彗所以除穢紫宮天子之宮彗加其蕃除宮之象荊州星經曰彗在東井國大人死七十日主當之五十日相當之三十日兵將當之後三年光武帝崩

三十一年七月古今注曰戊申月犯心後星戊午火在輿鬼一度入鬼中出尸星南半度十月己亥犯軒轅大星又七日間有客星炎二尺所

西南行至明年二月二十二日在輿鬼東北六尺所滅凡見百一十三日輿鬼五星天府也黄帝占曰輿鬼天目也朱雀頭也中央星如粉絮鬼爲變害故言一名天尸斧鉞或以病亡或以誅斬火刻金天以制法其西南一星主積布帛西北一星主積金玉東北一星主積馬東南一星主積兵一曰主領珠鏤郗萌曰輿鬼者參之尸也弧射狼誤中參左肩舉尸之東井治留尸輿鬼故曰天尸鬼之爲言歸也又占月五星有入輿鬼大臣誅有干鑕乘質者君貴人憂金玉用民人多疾從南入爲男子從北入爲女從西入爲老人從東入爲丁壯棺木倍價熒惑爲凶衰輿鬼尸星主死亡熒惑入之爲大喪軒轅爲後宮七星周地客星居之爲死喪其後二年光武崩

中元古今注曰元年三月甲寅月犯心後星二年八月丁巳火犯太微西南角星相去二寸十月戊子大流星從西南東北行聲如雷火犯太微西南角星爲將相後太尉趙憙司徒李訢坐事免官大流星爲使中郎將竇固揚虚侯馬武揚鄉侯王賞將兵征西也

後漢書志第十

後漢書志第十一　天文中

劉昭　注補

明十二　章五　和三十三

殤一　安四十六　順二十三

質三

孝明永平元年四月丁酉流星大如斗起天市樓西南行光照地流星爲外兵西南行爲西南夷是時益州發兵擊姑復蠻夷大牟替滅陵斬首傳詣雒陽（古今注曰閏九月辛未火在太微左執法星所光芒相及十一月辛未土逆行乘東井北軒轅第二星二年十二月戊辰月食火星黃帝星經曰出入井爲人主一曰陽爵祿事）

後漢書志十一　一

三年六月丁卯彗星出天船北長二尺所稍北行至亢南百三十五日去天船爲水彗出之爲大水是歲伊雒水溢到津城門壞伊橋郡七縣三十二皆大水

四年八月辛酉客星出梗河西北指貫索七十日去梗河爲胡兵至五年十一月北匈奴七千騎入五原塞十二月又入雲中至原陽貫索貴人之牢其十二月陵鄉侯梁松坐怨望懸飛書誹謗朝廷下獄死妻子家屬徙九眞

七年正月戊子流星大如杯從織女西行光照地織女天之眞女流星出之女主憂其月癸卯光烈皇后崩（古今注曰三月庚戌客星光氣二尺所在太微左執法南端門外凡見七十五日）

八年六月壬午長星出柳張三十七度犯軒轅刺天船陵太微氣至上階凡見五十六日去柳周地是歲多雨水郡十四傷稼

後漢書志十一　二

（古今注曰十二月戊子客星出東方）

九年正月戊申客星出牽牛長八尺歷建星至房南（古今注曰歷斗建箕房過角亢至翼芒東指）滅見至五十日（郗萌占曰客星舍房左右羣臣有吞藥死者又占有奪地）牽牛主吳越房心爲宋後廣陵王荊與沈涼楚王英與顏忠各謀逆事覺皆自殺廣陵屬吳彭城古宋地（古今注曰十年七月甲寅月犯歲星十一年六月壬辰火犯土星）

十三年閏月丁亥火犯輿鬼爲大喪質星

爲大臣誅戮（晉灼曰鬼五星其中白者爲質）其十二月楚王英與顏忠等造作妖謀反事覺英自殺忠等皆伏誅（古今注曰十一月客星出軒轅四十八日十二月戊午月犯木星）

十四年正月戊子客星出昴六十日在軒轅右角稍滅昴主邊兵後一年漢遣奉車都尉顯親侯竇固駙馬都尉耿秉騎都尉耿忠開陽城門候秦彭太僕祭肜將兵擊匈奴一曰軒轅右角爲貴相昴爲獄事客星守之爲大獄是時考楚事未訖司徒虞延與楚王英黨與黃初公孫弘等交通皆自殺或下獄伏誅

十五年十一月乙丑太白入月中爲大將戮人主亡不出三年後三年孝明帝崩

十六年正月丁丑歲星犯房右驂北第一星不見辛巳乃見（石氏星經曰歲星守房良馬出廄古今注曰正月丁未月犯房）房右驂爲貴臣歲星犯之爲見誅是後司徒邢穆坐與阜陵王延交通知逆謀自殺

四月癸未太白犯畢畢爲邊兵後北匈奴寇入雲中至咸陽使者高弘發三郡兵追討無所得太僕祭肜坐不進下獄

十八年六月己未彗星出張長三尺轉在郎將南入太微皆屬張張周地爲東都太微天子廷彗星犯之爲兵喪其八月壬子孝明帝崩

孝章建初元年正月丁巳太白在昴西一尺八月庚寅彗星出天市長二尺所稍行入牽牛三度積四十日稍滅太白在昴爲邊兵彗星出天市爲外軍牽牛爲吳越是時蠻夷陳縱等及哀牢王類反攻蔦唐城永昌太守王尋走奔楪榆安夷長宋延爲羌所殺以武威太守傅育領護羌校尉馬防行車騎將軍征西羌又阜陵王延與子男魴謀反大逆無道得不誅廢爲侯

二月九日（古今注曰甲申金入斗魁）甲寅流星過紫宮中長數丈散爲三滅十二月戊寅彗星出婁

三度長八九尺稍入紫宮中百六日稍滅流星過入紫宮皆大人忌後四年六月癸丑明德皇后崩（古今注曰五年二月戊辰木火俱在參五月戊寅木水在東井六年七月丁酉夜有流星起軒轅大如拳歷文昌餘氣正白句曲西如文昌久久乃滅黃帝星經曰木守東井有土功之事一曰大水郗萌曰歲星守參后當之熒惑守大人當之）元和元年四月丁巳客星晨出東方在胃八度長三尺歷閣道入紫宮留四十日滅閣道紫宮天子之宮也客星犯入留久爲大喪後四年孝章帝崩

後漢書志十一　五　陳從

孝和永元元年正月辛卯有流星起參長四丈（古今注曰大如拳起參東南）有光色黃白（古今注曰癸亥鎮在參又有流星大如桃色赤起太微東蕃石氏曰鎮守參有土功事）二月流星起天梧東北行三丈所滅色青白壬申夜有流星起太微東蕃長三丈三月（古今注曰戊子土在參）丙辰流星起天津（古今注曰星大如桃起天津東至斗黃白類有光）壬戌有流星起天將軍東北行（古今注曰色黃無光）參爲邊兵天梧爲兵太微天廷天津爲水天將軍爲兵流星起之皆爲兵其六月漢遣車騎將軍竇憲執金吾耿秉與度遼將軍鄧鴻出朔方並進兵臨私渠北鞮海斬虜首萬餘級獲生口牛馬羊百萬頭日逐王等八十一部降凡三十餘萬人追單于至西海是歲七月又雨水漂人民是其應（古今注曰十一月壬申鎮星在東井石氏曰天下水其大出流殺人）二年正月乙卯金木俱在奎丙寅水又在奎（巫咸曰辰守奎多水火災亦爲旱古今注曰土在東井）奎主武庫兵三星會又爲兵喪辛未水金木在婁亦爲兵又爲匿謀（郗萌曰辰守婁有兵兵罷兵起巫咸石氏云多火災古今注曰丙寅水在奎土在東井金在婁木火在昴）

後漢書志十一　六　陳從

二月丁酉有流星大如桃起紫宮東蕃西北行五丈稍滅（古今注曰三月甲子火在亢南端門第一星南乙亥金在東井）四月丙辰有流星大如瓜起文昌東北西南行至少微西滅有頃音如雷聲已而金在軒轅大星東北二尺所（古今注曰丁丑火在氐東南星東南）八月丁未有流星如雞子起太微西東南行四丈所消十月癸未有流星大如桃起天

津西行六丈所消十一月辛酉有流星大如拳起紫宫西行到胃消三年九月丁卯有流星大如雞子起紫宫西南至北斗柄間消星紫宫占曰有流星出紫宫天子使也色赤言兵色白言義色黄言吉色青言憂色黑言水出皆以所之野命東西南北紫宫天子宫文昌少微爲貴臣天津爲水北斗主殺流星起歷紫宫文昌少微天津文昌爲天子使出有兵誅也竇憲爲大將軍憲弟篤景等皆卿校尉憲女弟壻郭舉爲侍中射聲校尉與衛尉鄧

後漢書志十一　七　李椿

疊疊母元俱出入宫中謀爲不軌至四年六月丙寅發覺和帝幸北宫詔執金吾五校勒兵屯南北宫閉城門捕舉舉父長樂少府璜及疊疊弟步兵校尉磊母元皆下獄誅憲弟篤景等皆自殺金犯軒轅女主失勢竇氏被誅太后失勢

五年古今注曰正月甲戌月乘歲星四月癸巳太白熒惑辰星俱在東井巫咸曰太白守井五穀不成黄帝經曰五星及客星守井皆爲水石氏曰爲旱又曰太白入東井留一日以上乃占大臣當之期三月若一年遠五年古今注曰木在輿鬼

七月壬午歲星犯軒轅大星九月金在南斗魁中爲水石氏曰爲旱火犯房北第一星東井秦地爲法三星合内外有兵又爲法令及水金入斗口中爲大將將死火犯房北第一星爲將相其六年正月司徒丁鴻薨古今注曰六年六月丁亥金在東井閏月己丑流星大如桃起參北西至參肩南稍有光七月水大漂殺人民傷五穀許侯馬光有罪自殺九月行車騎將軍事鄧鴻越騎校尉馮柱發左右羽林北軍五校士及八郡跡射烏桓

後漢書志十一　八　李芳

鮮卑合四萬騎與度遼將軍朱徽護烏桓校尉任尚中郎將杜崇征叛胡十二月車騎將軍鴻坐追虜失利下獄死度遼將軍徽中郎將崇皆抵罪

七年正月丁未有流星起天津入紫宫中滅色青黄有光二月癸酉金火俱在參巫咸占曰熒惑守參多火災海中占曰爲旱太白守參國有反臣郗萌曰有攻戰伐國也戊寅金火俱在東井郗萌曰熒惑守井百川皆滿太白又從合蓋二十日流國又曰雜糴貴又將相死八月甲寅水土金俱在軫春秋緯曰五星有入軫者皆爲

兵大起巫咸占曰五星入軫者司其出日而數之期二十日皆爲兵發司始入處之率一日期十日軍罷石氏星經曰辰星守軫歲水鄉萌曰鎮星出入留舍軫六十日不下必有大喪春秋緯曰太白入軫兵大起郗萌曰太白守軫必有死王十一月甲戌金火俱在心雒書曰太白守心後九年大飢十二月己卯有流星起文昌入紫宮消丙辰火金水俱在斗流星入紫宮金火在心皆爲大喪三星合軫爲白衣之會金火俱在參東井皆爲外兵有死將三星俱在斗有戮將若有死相八年四月樂成王黨七月樂成王宗皆薨將兵長史吳

棽坐事徵下獄誅古今注曰八年九月辛丑夜有流星大如拳起婁十月北海王威自殺十二月陳王羨薨其九年閏月皇太后竇氏崩遼東鮮卑大守祭參不追虜徵下獄誅九月司徒劉方坐事免官自殺隴西羌反遣執金吾劉尚行征西將軍事越騎校尉節鄉侯趙世發北軍五校黎陽雍營及邊胡兵三萬騎征西羌十一年五月丙午流星大如瓜起氐西南行稍有光白色古今注曰六月庚辰月入畢中占曰流星白爲有使客大爲大使小亦小使疾期疾遲亦遲大如瓜爲近小行稍有光爲遲也又正王曰邊方有受王命者也明年二月蜀郡旄牛徼外夷白狼樓薄種王唐繒等率種人口十七萬歸義內屬賜金印紫綬錢帛

十二年十一月癸酉夜有蒼白氣長三丈起天園東北指軍市見積十日占曰兵起十日期歲明年十一月遼東鮮卑二千餘

騎寇右北平

十三年古今注曰正月辛未水乘輿鬼十二月癸巳犯軒轅大星十一月乙丑軒轅第四星閒有小客星色青黃軒轅爲後宮星出之爲失勢其十四年六月辛卯陰皇后廢古今注曰十四年正月乙卯月犯軒轅在太微中二月十日丁酉水入大微西門十一月丁丑有流星大如拳起北斗魁中北至閣道稍有光色赤黃須臾西北有雷聲

十六年四月丁未紫宮中生白氣如粉絮戊午客星出紫宮西行至昴五月壬申滅七月庚午水在輿鬼中黃帝占曰辰星犯鬼大臣誅國有憂郗萌

日多蟲蝗十月辛亥流星起鉤陳北行三丈有光色黃白氣生紫宫中爲喪客星從紫宫西行至昴爲趙輿鬼爲死喪鉤陳爲皇后流星出之爲中使後一年元興元年十月二日和帝崩殤帝即位一年又崩無嗣鄧太后遣使者迎清河孝王子即位是爲孝安皇帝是其應也清河趙地也

元興元年二月庚辰有流星起角亢五丈所四月辛亥有流星起斗東北行到須女七月己巳有流星起天市五丈所光色赤閏月辛亥水金俱在氐巫咸曰辰星守氐多水災海中占曰天下大旱所在不收荆州星占太白守氐國君大哭流星起斗東北行至須女須女燕地天市爲外軍水金會爲兵誅其年遼東貊人反鈔六縣發上谷漁陽右北平遼西烏桓討之

孝殤帝延平元年正月丁酉金火在婁金火合爲爍爲大人憂古今注曰七月甲申月在南斗中是歲八月辛亥孝殤帝崩

孝安永初元年五月戊寅熒惑逆行守心前星韓楊占曰熒惑一曰地震檢其年十八郡地震明年漢陽火八月戊申客星在東井弧星西南心爲天子明堂熒惑逆行守之爲反臣雒書曰熒惑守心逆臣起黄帝占曰逆行守心二十日大臣亂客星在東井爲大水荆州經曰客星干犯東井則大臣誅是時安帝未臨朝鄧太后攝政鄧騭爲車騎將軍弟弘悝閶皆以校尉封侯秉國勢司空周章意不平與王尊叔元茂等謀欲閉宫門捕將軍兄弟誅常侍鄭衆蔡倫刦刺尚書廢皇太后封皇帝爲遠國王事覺章自殺東井弧皆秦地是時羌反斷隴道漢遣騭將左右羽林北軍五校及諸郡兵征之是歲郡國四十一縣三百一十五雨水四瀆溢傷秋稼壞城郭殺人民是其應也

二年正月戊子太白晝見古今注曰四月乙亥月入南斗魁中八月己亥熒惑出入太微端門三年正月庚戌月犯心後星河圖曰亂臣在旁己亥太白入斗中古今注曰三月壬寅熒惑入輿鬼中

五月丙寅太白入畢中石氏經曰太白守畢國多任刑也 十二月彗星起天
苑南東北指長六七尺色蒼白太白晝見
爲強臣 前志曰太白晝見強國弱小國強女主昌 是時鄧氏方盛
月犯心後星不利子心爲宋五月丁酉沛
王牙薨太白入斗中爲貴相凶 臣昭案楊厚對曰以爲諸
王子多在京師容有非常宜亟發遣還本國太后從之星尋滅不見以斯而言太白入之災在貴相 天
苑爲外軍彗星出其南爲外兵是後使羌
氏討賊李貴又使烏桓擊鮮卑又使中郎
將任尚護羌校尉馬賢擊羌皆降

四年 古今注曰二月丙寅月犯軒轅大星 六月甲子客星大如
李蒼白芒氣長二尺西南指上階星癸酉
太白入輿鬼指上階爲三公後太尉張敏
免官太白入輿鬼爲將凶後中郎將任尚
坐賊千萬檻車徵棄市 韓揚占曰太白入輿鬼亂臣在內臣昭以
占爲明豈任尚所能感也
五年六月辛丑太白晝見經天 春秋漢含孳曰陽弱辰逆
太白經天陸云陽弱君柔不堪鉤命決曰天失仁太白經天 元初元年三月
癸酉熒惑入輿鬼二年九月辛酉熒惑入

輿鬼中三年三月熒惑入輿鬼中五月丙
寅太白入畢口 黃帝占曰大攻近期十五日遠期四十日又曰大臣當之亂國易主
七月甲寅歲星入輿鬼閏月己未太白犯
太微左執法十一月甲午客星見西方己
亥在虛危南至胃昴 郗萌曰客星入虛大人當之又曰客星守危強臣執國命在后族又且大風有危敗黃帝星經曰客星入守若出危大飢民食貴 四年正
月丙戌歲星留輿鬼中 石氏經曰歲星入留輿鬼五十日不下民有大喪百日不下民半死黃帝經曰守鬼十日金錢散諸侯郗萌曰五穀多傷民以飢死者無數 乙未
太白晝見丙上四月壬戌太白入輿鬼中 章濱

石氏占太白入鬼一日病在女主一日將戮死 己巳辰星入輿鬼中 郗萌
日以罪誅大臣一日后疾一曰大人憂 五月己卯辰星犯歲星六
月丙申熒惑入輿鬼中戊戌犯輿鬼大星
九月辛巳太白入南斗口中 黃帝經曰大人當之國易政
五年三月丙申鎮星犯東井鉞星五月庚
午辰星犯輿鬼質星丙戌太白犯鉞星六
年四月癸丑太白入輿鬼 郗萌曰太白守輿鬼疾在女主 六
月丙戌熒惑在輿鬼中 黃帝經曰熒惑犯守鬼國有大喪有女喪
大將有死者荊州星占曰熒惑犯鬼忠臣戮死不出一年中 丁卯鎮星在輿

鬼中黃帝經曰鎮入鬼中大臣誅海中石氏曰大人憂辛巳太白犯左執法自永初五年到永寧七年之中太白一晝見經天再入輿鬼一守畢再犯左執法入南斗犯鉞星熒惑五入輿鬼鎮星一犯東井鉞星一入輿鬼歲星辰星再入輿鬼凡五星入輿鬼中皆爲死喪熒惑太白甚犯鉞質星爲誅戮斗爲貴將執法爲近臣客星在虛危爲喪爲哭泣星占曰不一年遠期二年昴畢爲邊兵又爲獄事至建光元年三月癸

巳鄧太后崩五月庚辰太后兄車騎將軍騭等七侯皆免官自殺是其應也

延光古今注曰元年四月丙午太白晝見二年八月己亥熒惑出太微端門三年二月辛未太白犯昴石氏星占太白守昴兵從門闕入主人走郗萌曰不有亡國必有謀主又云入昴大赦五月癸丑太白入畢郗萌曰太白入畢口馳人走又曰有中喪九月壬寅鎮星犯左執法四年太白入輿鬼中古今注曰四月甲辰入六月壬辰太白出太微九月甲子太白入斗口中十一月客星見天市熒惑出

太微爲亂臣太白犯昴畢爲近兵一曰大人當之鎮星犯左執法有誅臣太白入輿鬼中爲大喪太白出太微爲中宮有兵入斗口爲貴將相有誅者客星見天市中爲貴喪是時大將軍耿寶中常侍江京樊豐小黃門劉安與阿母王聖聖子女永等并構譖太子保并惡太子乳母男廚監邴吉三年九月丁酉廢太子爲濟陰王以北鄉侯懿代殺男吉徙其父母妻子日南四年

三月丁卯安帝巡狩從南陽還道寢疾至葉崩閻后與兄衞尉顯中常侍江京等共隱匿不令羣臣知上崩遣司徒劉喜等分詣郊廟告天請命載入北宮庚午夕發喪尊閻氏爲太后北鄉侯懿病薨京等又不欲立保白太后更徵諸王子擇所立中黃門孫程王國王康等十九人共合謀誅顯京等立保爲天子是爲孝順皇帝皆姦人強臣狂亂王室其於死亡誅戮兵起宮中

是其應 古今注曰永建元年二月甲午客星入太微五月甲子月入斗李氏家書曰時天有變氣李郃上書諫曰臣聞天不言縣象以示吉凶擬災變異以爲譴誡昔齊桓公遭虹貫牛斗之變納管仲之謀令齊去婦無近妃宮桓公聽用齊以大安趙有尹史見月生齒齕畢大星占有兵變趙君曰天下共一畢知爲何國也下史於獄其後公子牙謀弑君血書端門如史所言乃月十三日有客星氣象彗孛歷天市梗河招揺槍棓十六日入紫宮迫北辰十七日復過文昌泰陵至天船積水間稍微不見客星一占曰魯星歷天市者爲穀貴梗河三星備非常泰陵八星爲凶喪紫宮北辰爲至尊如占恐宮廬之內有兵喪之變千里之外有非常暴逆之憂魯星不得過歷尊宿行度從疾應非一端恐復有如王阿母阿母子賤妾之欲居帝旁秏亂政事者誡令有之宜當抑遠饒足以財王者權柄及爵禄人天所重愼誡非阿妾所宜干豫矣故擬變明以示人如不承愼禍至變成悔之靡及也

大二百四十一 小二百卅五　後漢書志十一　十七

孝順永建二年二月癸未太白晝見三十九日 古今注曰丁巳月犯心七月丁酉犯昴 閏月乙酉太白晝見東南維四十一日八月乙巳熒惑入輿鬼太白晝見爲強臣熒惑爲凶輿鬼爲死喪質星爲誅戮是時中常侍高梵張防將作大匠翟酺尚書令高堂芝僕射張敦尚書尹就郎姜述楊鳳等及兗州刺史鮑就使匈奴中郎張國金城太守張篤敦煌太守張朗相與交通漏泄就述棄市梵防酺芝敦鳳就國皆抵罪又定遠侯班始尚陰城公主堅得鬬爭殺堅得坐要斬馬市同產皆棄市 古今注曰其年九月戊寅有白氣廣三尺長十餘丈從北落師門南至斗三年二月癸未月犯心後星六月甲子太白晝見四年二月癸丑月犯心後星五年閏月庚子太白晝見六年彗星出於斗牽牛滅於虛危虛危爲齊牽牛吳越故海賊浮於會稽山賊捷於濟南五年夏熒惑守氐諸侯有斬者是冬班始斬馬市

六年四月熒惑入太微中犯左右執法西北方六寸所十月乙卯太白晝見十二月壬申客星芒氣長二尺餘西南指色蒼白

大二百三十三 小百五十　後漢書志十一　十八

在牽牛六度客星芒氣白爲兵牽牛爲吳越後一年會稽海賊曾於等千餘人燒句章殺長吏又殺鄞鄮長取官兵拘殺吏民攻東部都尉揚州六郡逆賊章何等稱將軍犯四十九縣大攻略吏民

陽嘉元年閏月戊子 臣昭案郎顗表云十七日己丑 客星氣白廣二尺長五丈起天苑西南主馬牛爲外軍色白爲兵是時敦煌太守徐白使疏勒王盤等兵二萬人入于寘界虜掠斬首

三百餘級烏桓校尉耿曄使烏桓親漢都尉戎末瘣等出塞鈔鮮卑斬首獲生口財物鮮卑怨恨鈔遼東代郡殺傷吏民是後西戎北狄爲寇害以馬牛起兵馬牛亦死傷於兵中至十餘年乃息[臣昭案郎顗傳陽嘉元年太白與歲星合於房心二年熒惑失度盈縮往來涉歷輿鬼環繞軒轅古今注曰二年四月壬寅太白晝見五月癸巳又晝見十一月辛未又晝見十二月壬寅月犯太白三年十二月辛未太白晝見四月乙卯太白熒惑入輿鬼永和元年正月丁卯太白犯牽牛大星]

永和二年五月戊申太白晝見八月庚子熒惑犯南斗斗爲吳[黃帝經曰不朞年國有亂有憂海中占爲多火災一曰旱古今注曰九月壬午月入畢口中]明年五月吳郡太守行丞事羊珍與越兵弟葉吏民吳銅等二百餘人起兵反殺吏民燒官亭民舍攻太守府太守王衡距守吏兵格殺珍等又江賊蔡伯流等數百人攻廣陵九江燒城郭殺都長

三年二月辛巳太白晝見戊子在熒惑西南光芒相犯辛丑有流星大如斗從西北東行長八九尺色赤黃有聲隆隆如雷三月壬子太白晝見六月丙午太白晝見八月[古今注曰己酉熒惑入太微]乙卯太白晝見閏月甲寅辰星入輿鬼己酉熒惑入太微乙卯太白晝見[古今注曰十二月丁卯月犯軒轅大星]太白者將軍之官又爲西州晝見陰盛與君爭明熒惑與太白相犯爲兵喪流星爲使聲隆隆怒之象也辰星入輿鬼爲大臣有死者熒惑入太微亂臣在廷中是時大將軍梁商父子

秉埶故太白常晝見也其四年正月祀南郊夕牲中常侍張逵蘧政陽定內者令石光尚方令傅福等與中常侍曹騰孟賁爭權白帝言騰賁與商謀反矯詔命收騰賁賁自解說順帝寤解騰賁縛逵等自知事不從各奔走或自刺解貂蟬投草中逃亡皆得免其六年征西將軍馬賢擊西羌於北地謝姑山下父子爲羌所沒殺是其應也

四年七月壬午，熒惑入南斗犯第三星。五年四月戊午，太白晝見。八月己酉，熒惑入太微。斗爲貴相，爲揚州。熒惑犯入之，爲兵喪。其六年，大將軍商薨，九江、丹陽賊周生、馬勉等起兵攻沒郡縣，梁氏又專權於天廷中。

六年二月丁巳，彗星見東方，長六七尺，色青白，西南指營室及墳墓星。郗萌占曰：彗星出而中營室，天下亂易政。以五色占之吉凶。丁丑，彗星在奎一度，長六尺。癸未昏見，河圖曰：彗星出貫奎，庫兵悉出，禍在強侯、外夷、胡應逆首謀也。西北歷昴、畢，甲申在東井，遂歷輿鬼、柳、七星、張，光炎及三台，至軒轅中滅。古今注曰：五月庚寅，太白晝見。十一月甲午，太白晝見。營室者，天子常宮；墳墓主死。彗星起而在營室、墳墓，不出五年，天下有大喪。後四年，孝順帝崩。昴爲邊兵，又爲趙。羌周馬父子後遂爲寇。又劉文刦清河相射暠，欲立王蒜爲天子，暠不聽，殺暠。王閉門距文，官兵捕誅文。蒜以惡人所刦，廢爲尉氏侯，又徙爲犍陽都鄉侯，薨，國絕。歷東井、輿鬼，爲秦，皆羌所攻鈔。炎及三台，爲三公。是時太尉杜喬及故太尉李固爲梁冀所陷入，坐文書死。及至注張，爲周，滅於軒轅中，爲後宮。其後懿獻后以憂死，梁氏被誅，是其應也。

漢安古今注曰：元年二月壬午，歲星在太微中。八月癸丑，月犯南斗，入魁中。二年正月己亥，太白晝見。五月丁亥，辰星犯輿鬼。古今注曰：丙辰，月入斗中。六月乙丑，熒惑光芒犯鎮星。七月甲申，太白晝見，辰星犯輿鬼，爲大喪；熒惑犯鎮星，爲大人忌。明年八月，孝順帝崩。孝沖古今注曰：建康元年九月己亥，太白晝見。韓揚占曰：天下有喪，一曰有白衣之會。明年正月又崩。

孝質本初元年古今注曰：三月丁丑，月入南斗。三月癸丑，熒惑入輿鬼。四月辛巳，太白入輿鬼，皆爲大喪。五月庚戌，太白犯熒惑，爲逆謀。閏月一日，孝質帝爲梁冀所鴆崩。

後漢書志第十一

後漢書志第十二　天文下

劉　昭　注補

桓三十八　靈二十

獻九　隕石

孝桓建和元年八月壬寅熒惑犯輿鬼質星三年二月辛卯熒惑行在輿鬼中三年五月己丑太白行入太微右掖門留十五日出端門丙申熒惑入東井八月己亥鎮星犯輿鬼中南星乙丑彗星芒長五尺見

天市中東南指色黃白九月戊辰不見熒惑犯輿鬼爲死喪質星爲戮臣入太微爲亂臣鎮星犯輿鬼爲喪彗星見天市中爲質貴人至和平元年十二月甲寅梁太后崩梁冀益驕亂矣

元嘉元年二月戊子太白晝見永興二年閏月丁酉太白晝見時上幸後宮采女鄧猛明年封猛兄演爲南頓侯後四歲梁皇后崩梁冀被誅猛立爲皇后恩寵甚盛

永壽元年三月丙申鎮星逆行入太微中七十四日去左掖門七月己未辰星入太微中八十日去左掖門八月己巳熒惑入太微二十一日出端門太微天子廷也鎮星爲貴臣妃后逆行爲匿謀辰星入太微爲大水一曰後宮有憂是歲雒水溢至津門南陽大水熒惑留入太微中又爲亂臣是時梁氏專政

九月己酉晝有流星長二尺所色黃白癸

巳熒惑犯歲星爲姦臣謀大將戮

二年六月甲寅辰星入太微遂伏不見辰星爲水爲兵爲妃后八月戊午太白犯軒轅大星爲皇后其三年四月戊寅熒惑入東井口中爲大臣有誅者其七月丁丑太白犯心前星爲大臣後二年四月懿獻皇后以憂死大將軍梁冀使太倉令秦宮刺殺議郎邴尊又欲殺鄧后母宣事覺桓帝收冀及妻壽襄城君印綬皆自殺誅諸梁

及孫氏宗族或徙邊是其應也
延熹四年三月甲寅熒惑犯輿鬼質星五月辛酉客星在營室稍順行生芒長五尺所至心一度轉爲彗熒惑犯輿鬼質星大臣有戮死者五年十月南郡太守李肅坐蠻夷賊攻盜郡縣取財物一億以上入府取銅虎符肅背敵走不救城郭又監黎陽謁者燕喬坐贓重泉令彭良殺無辜皆棄市京兆虎牙都尉宋謙坐贓下獄死客星在營室至心作彗爲大喪後四年鄧后以憂死
六年十一月丁亥太白晝見是時鄧后家貴盛七年七月戊辰辰星犯歲星八月庚戌熒惑犯輿鬼質星庚申歲星犯軒轅大星十月丙辰太白犯房北星丁卯辰星犯太白十二月乙丑熒惑犯軒轅第二星辰星犯歲星爲兵熒惑犯質星有戮臣歲星犯軒轅爲女主憂太白犯房北星爲後宮

其八年二月太僕南鄉侯左勝以罪賜死勝弟中常侍上蔡侯悺北鄉侯黨皆自殺癸亥皇后鄧氏坐執左道廢遷于祠宮死宗親侍中沘陽侯鄧康河南尹鄧萬越騎校尉鄧弼虎賁中郎將安鄉侯鄧魯侍中監羽林左騎鄧德右騎鄧壽昆陽侯鄧統淯陽侯鄧秉議郎鄧循皆繫暴室萬魯死康等免官又荆州刺史芝交阯刺史葛祇皆爲賊所拘略桂陽太守任胤背敵走皆棄市熒惑犯輿鬼質星之應也
八年五月癸酉太白犯輿鬼質星壬午熒惑入太微右執法閏月己未太白犯心前星十月癸酉歲星犯左執法十一月戊午歲星入太微犯左執法九年正月壬辰歲星入太微中五十八日出端門六月壬戌太白行入輿鬼七月乙未熒惑行輿鬼中犯質星九月辛亥熒惑入太微西門積五十八日永康元年正月庚寅熒惑逆行入

太微東門留太微中百一日出端門七月丙戌太白晝見經天太白犯心前星太白犯輿鬼質星有戮臣熒惑入太微爲賊臣太白犯心前星爲兵喪歲星入太微犯左執法將相有誅者歲星入守太微五十日占爲人主太白熒惑入輿鬼皆爲死喪又犯質星爲戮臣熒惑留太微中百一日占爲人主太白晝見經天爲兵憂在大人其九年十一月太原太守劉瓆南陽太守成瑨皆坐殺無辜荆州刺史李隗爲賊所拘尚書郎孟璫坐受金漏言皆弃市永康元年十二月丁丑桓帝崩太傅陳蕃大將軍竇武尚書令尹勳黄門令山冰等皆枉死太白犯心熒惑留守太微之應也

孝靈帝建寧元年六月太白在西方入太微犯西蕃南頭星太微天廷也太白行其中宫門當閉大將被甲兵大臣伏誅其八月太傅陳蕃大將軍竇武謀欲盡誅諸官者其九月辛亥中常侍曹節長樂五官史朱瑀覺之矯制殺蕃武等家屬徙日南比景

熹平元年十月熒惑入南斗中占曰熒惑所守爲兵亂斗爲吴其十一月會稽賊許昭聚衆自稱大將軍昭父生爲越王攻破郡縣

二年四月有星出文昌入紫宫蛇行有首尾無身赤色有光炤垣牆八月丙寅太白犯心前星辛未白氣如一匹練衝北斗第四星占曰文昌爲上將貴相太白犯心前星爲大臣後六年司徒劉郃爲中常侍曹節所譖下獄死白氣衝北斗爲大戰明年冬揚州刺史臧旻丹陽太守陳寅攻盜賊苴康斬首數千級

光和元年四月癸丑流星犯軒轅第二星東北行入北斗魁中八月彗星出亢北入天市中長數尺稍長至五六丈赤色經歷

十餘宿八十餘日乃消於天菀中流星爲
貴使軒轅爲內宮北斗魁主殺流星從軒
轅出抵北斗魁是天子大使將出有伐殺
也至中平元年黃巾賊起上遣中郎將皇
甫嵩朱儁等征之斬首十餘萬級彗除天
市天帝將徙帝將易都至初平元年獻帝
遷都長安
三年冬彗星出狼弧東行至于張乃去張
爲周地彗星犯之爲兵亂後四年京都大

發兵擊黃巾賊
五年四月熒惑在太微中守屏七月彗星
出三台下東行入太微至太子幸臣二十
餘日而消十月歲星熒惑太白三合於虛
相去各五六寸如連珠占曰熒惑在太微
爲亂臣是時中常侍趙忠張讓郭勝孫璋
等並爲姦亂彗星入太微天下易主至中
平六年宮車晏駕歲星熒惑太白三合於
虛爲喪虛齊也明年琅邪王據薨

光和中國皇星東南角去地一二丈如炬
火狀十餘日不見占曰國皇星爲內亂外
內有兵喪其後黃巾賊張角燒州郡朝廷
遣將討平斬首十餘萬級中平六年宮車
晏駕大將軍何進令司隸校尉袁紹私募
兵千餘人陰跱雒陽城外竊呼并州牧董
卓使將兵至京都共誅中官對戰南北宮
闕下死者數千人燔燒宮室遷都西京及
司徒王允與將軍呂布誅卓卓部曲將郭

氾李傕旋兵攻長安公卿百官吏民戰死
者且萬人天下之亂皆自內發
中平二年十月癸亥客星出南門中大如
半筵五色喜怒稍小至後年六月消占曰
爲兵至六年司隸校尉袁紹誅滅中官大
將軍部曲將吳匡攻殺車騎將軍何苗死
者數千人
三年四月熒惑逆行守心後星十月戊午
月食心後星占曰爲大喪後三年而靈帝

崩
五年二月彗星出奎逆行入紫宮後三出
六十餘日乃消六月丁卯客星如三升椀
出貫索西南行入天市至尾而消占曰彗
除紫宮天下易主客星入天市爲貴人喪
明年四月宮車晏駕中平中夏流星赤如
火長三丈起河鼓入天市抵觸宦者星色
白長二三丈後尾再屈食頃乃滅狀似枉
矢占曰枉矢流發其宮射所謂矢當直而

後漢書志十二　九　王希

枉者操矢者邪枉人也中平六年大將軍
何進謀盡誅中官於省中殺進俱兩破滅
天下由此遂大壞亂
六年八月丙寅太白犯心前星戊辰犯心
中大星其日未冥四刻大將軍何進於省
中爲諸黃門所殺己巳車騎將軍何苗爲
進部曲將吳匡所殺
孝獻初平三年九月蚩尤旗見長十餘丈
色白出角亢之南占曰蚩尤旗見則王征
伐四方其後丞相曹公征討天下且三十
年
四年十月孛星出兩角間東北行入天市
中而滅占曰彗除天市天帝將徙帝將易
都是時上在長安後二年東遷明年七月
至雒陽其八月曹公迎上都許
建安五年十月辛亥有星孛于大梁冀州
分也時袁紹在冀州其年十一月紹軍爲
曹公所破七年夏紹死後曹公遂取冀州

後漢書志十二　十　李昇

九年十一月有星孛于東井輿鬼入軒轅
太微十一年正月星孛于北斗首在斗中
尾貫紫宮及北辰占曰彗星掃太微宮人
主易位其後魏文帝受禪
十二年十月辛卯有星孛于鶉尾荆州分
也時荆州牧劉表據荆州時益州從事周
羣以荆州牧將死而失土明年秋表卒以
小子琮自代曹公將伐荆州琮懼舉軍詣
公降

十七年十二月有星孛于五諸侯周羣以
爲西方專據土地者皆將失土是時益州
牧劉璋據益州漢中太守張魯別據漢中
韓遂據涼州宋建別據枹罕明年冬曹公
遣偏將擊涼州十九年獲宋建韓遂逃于
羌中病死其年秋璋失益州二十年秋公
攻漢中魯降
十八年秋歲星鎮星熒惑俱入太微逆行
留守帝坐百餘日占曰歲星入太微人主

攺
二十三年三月孛星晨見東方二十餘日
夕出西方犯歷五車東井五諸侯文昌軒
轅后妃太微鋒炎指帝坐占曰除舊布新
之象也
殤帝延平元年九月乙亥隕石陳留四春
秋僖公十六年隕石于宋五傳曰隕星也
董仲舒以爲從高反下之象或以爲庶人
惟星隕民困之象也

桓帝延熹七年三月癸亥隕石右扶風一
鄠又隕石二皆有聲如雷
後漢書志第十二

後漢書志卷第十三　五行一

劉昭　注補

貌不恭　淫雨　服妖

雞禍　青眚　屋自壞

訛言　旱　謠

狼食人

五行傳說及其占應漢書五行志錄之詳矣故泰山太守應劭給事中董巴散騎常侍譙周蜀志曰周字允南巴西西充國人也治尚書兼通諸經及圖緯州郡辟請皆不應就

古篤學誦讀典籍欣然獨笑以忘寢食蜀亡魏徵不至並撰建武以來災異今合而論之以續前志云

五行傳曰田獵不宿鄭玄注尚書大傳曰不宿不宿禽也角主天兵周禮四時習兵因以田獵禮志曰天子不合圍諸侯不掩羣過此則暴天物為不宿禽角南有天庫將軍騎官漢書音義曰遊田馳騁不反宮室飲食不享鄭玄曰享獻也禮志曰天子諸侯無事則歲三田一為乾豆二為賓客三為充君之庖周禮獸人冬獻狼夏獻麋春秋獻獸物此獻禮之大略也注五行稱鄭玄曰皆出注大傳也漢書音義曰無獻享之禮出入不節鄭玄曰角為天門房有三道出入之象也奪民農時鄭玄曰房心農時之候也季冬之月命農師計耦耕事是時房心晨中春秋傳曰辰為農祥后稷之所經緯也及有姦謀鄭玄曰亢為朝廷房心為明堂謀事出政之象則木不曲直鄭玄曰君行此五者為逆天東宮之政東宮於地為木木性或曲或直人所用為器也無故生不暢茂多折槁是為木不曲直木金水火土謂之五材春秋傳曰天生五材民並用之其政逆則神怒神怒則材失性不為民用其他變異皆屬沴沴亦神怒凡神怒者日月五星既見適于天矣洪範木曰曲直孔安國曰木可以揉曲直謂木失其性而為災也又曰貌之不恭是謂不肅鄭玄曰肅敬也君貌不恭則是不能敬其事也洪範曰貌曰恭厥咎狂鄭玄曰君臣不敬則倨慢如狂方儲對策曰君失制度下不恭承臣恣淫慢厥罰恒雨鄭玄曰貌曰木木主春春氣生生氣失則踰其節故常雨也管子曰冬作土功發地藏則夏多暴雨秋雨霖不止淮南子曰金不收則多淫雨厥極惡孔安國曰醜陋時則有服妖鄭玄

曰服貌之飾也時則有龜孽鄭玄曰龜蟲之生於水而游於春者屬木時則有雞禍鄭玄曰雞畜之有冠翼者也屬貌洪範傳曰妖者敗胎也少小之類言其事之尚微也至孽則牙孽也至乎禍則著矣時則有下體生上之痾鄭玄曰痾病也貌氣失之病也漢書音義曰若梁孝王之時牛足反出背上也此下欲伐上之禍時則有青眚青祥鄭玄曰青木色也眚生於此祥自外來也惟金沴木鄭玄曰沴殄也凡貌言視聽思心一事失則逆人之心人心逆則怨木金水火土氣為之傷傷則衝勝來乘殄之於是神怒人怨將為禍亂故五行先見變異以譴告人也及妖孽禍痾眚祥皆其氣類暴作非常為時怪者也各以物象為之占也說云氣之相傷謂之沴尚書大傳曰凡六沴之作歲之朝月之朝日之朝則后王受之歲之中月之中日之中則正卿受之歲之

夕月之夕日之夕則庶民受之鄭玄曰自正月盡四月爲歲之朝自五月盡八月爲歲之中自九月盡十二月爲歲之夕上旬爲月之朝中旬爲月之中下旬爲月之夕平旦至食時爲日之朝隅中至日昳爲日之中晡時至黄昏爲日之夕受之受其凶咎也大傳又云其二辰以次相將其次受之鄭玄曰二辰謂日月也假令歲之朝也日月中則上公受之日月夕則下公受之歲之中也日月朝則孤卿受之日月夕則大夫受之歲之夕也日月朝則上士受之日月中則下士受之其餘差以尊卑多少則悉矣管子曰明王有四禁春無殺伐無割大陵伐大木斬大山行大火誅大臣收穀賦錢夏無遏水達名川塞大谷動土功射鳥獸秋無赦過釋罪緩刑冬無爵賞祿傷伐五藏故春政不禁則五穀不成夏政不禁則草木不榮秋政不禁則姦邪不勝冬政不禁則地氣不藏四者俱犯則陰陽不和風雨不時火流邑大風飄屋折樹木地草夭冬雷草木夏落而秋蟲不藏宜死者生宜蟄者鳴多螣蟇蟲也六畜不蕃民多夭死國貧法亂逆

氣下生故曰臺榭相望者亡國之廡也馳車充國者追寇之馬也翠羽朱飾者斬生之斧也五采纂組者蕃功之室也明王知其然故遠而不近能去此取彼則主道備也續漢書曰建武二年尹敏上疏曰六沴作見若是供御帝用不差神則大喜五福乃降用章于下若不供御六罰既侵六極其下明供御則天報之福不供御則禍災至欲尊六事之體則貌言視聽思心之用合六事之揆以致乎太平而消除轗軻孼害也

建武元年赤眉賊率樊崇逢安等共立劉盆子爲天子然崇等視之如小兒百事自由初不恤録也後正旦至君臣欲共饗既坐酒食未下群臣更起亂不可整時大司農楊音案劒怒曰小兒戲尚不如此其後遂破壞崇安等皆誅死唯音爲關内侯以壽終

光武崩山陽王荆哭不哀作飛書與東海王勸使作亂明帝以荆同母弟太后在故隱之後徙王廣陵荆遂坐後謀反自殺也

章帝時竇皇后兄憲以皇后甚幸於上故人人莫不畏憲憲於是强請奪沁水長公主田公主畏憲與之憲乃賤顧之後上幸

公主田覺之問憲憲又上言借之上以后故但譴勑之不治其罪後章帝崩竇太后攝政憲秉機密忠直之臣與憲忤者憲多害之其後憲兄弟遂皆被誅

桓帝時梁冀秉政兄弟貴盛自恣好驅馳過度至於歸家猶馳驅入門百姓號之曰梁氏滅門驅馳後遂誅滅

和帝永元十年十三年十四年十五年皆淫雨傷稼　古今注曰光武建武六年九月大雨連月苗稼更生鼠巢樹上十七年雒陽暴

雨壞民廬舍壓殺人傷害禾稼

安帝元年四年秋郡國十淫雨傷稼 方儲對策曰雨不時節妾賞賜也

永寧元年郡國三十三淫雨傷稼

建光元年京都及郡國二十九淫雨傷稼

是時羌反久未平百姓屯戍不解愁苦

延光元年郡國二十七淫雨傷稼 案本傳陳忠奏以爲王侯二千石爲女使伯榮獨拜車下柄在臣妾

二年郡國五連雨傷稼

順帝永建四年司隸荊豫兖冀部淫雨傷稼

六年冀州淫雨傷稼

桓帝延熹二年夏霖雨五十餘日是時大將軍梁冀秉政謀害上所幸鄧貴人母宣冀又擅殺議郎邴尊上欲誅冀懼其持權日久威勢強盛恐有逆命害及吏民密與近臣中常侍單超等圖其方略其年八月冀卒伏罪誅滅 案公沙穆傳永壽元年霖雨大水三輔以東莫不湮沒

靈帝建寧元年夏霖雨六十餘日是時大將軍竇武謀變廢中官其年九月長樂五官史朱瑀等共與中常侍曹節起兵先誅武交兵闕下敗走追斬武兄弟死者數百人 案武死無兄弟有兄子

熹平元年夏霖雨七十餘日是時中常侍曹節等共誣曰勃海王悝謀反其十月誅悝

中平六年夏霖雨八十餘日是時靈帝新棄群臣大行尚在梓宮大將軍何進與佐軍校尉袁紹等共謀欲誅廢中官下文陵畢中常侍張讓等共殺進兵戰京都死者數千

更始諸將軍過雒陽者數十輩皆幘而衣婦人衣繡擁韝時智者見之以爲服之不中身之災也乃奔入邊郡避之是服妖也其後更始遂爲赤眉所殺

桓帝元嘉中京都婦女作愁眉啼粧墮馬

髩折要步齲齒笑所謂愁眉者細而曲折啼粧者薄拭目下若啼處墮馬髩者作一邊梁冀別傳曰冀婦女又有不聊生髩折要步者足不在體下齲齒笑者若齒痛樂不欣欣始自大將軍梁冀家所爲京都歙然諸夏皆放效此近服妖也梁冀二世上將婚媾王室大作威福將危社稷天誡若曰兵馬將往收捕婦女憂愁踧眉啼泣吏卒掣頓折其要脊令髩傾邪雖强語笑無復氣味也到延熹

後漢書志十三　七　李椿

二年舉宗誅夷

延熹中梁冀誅後京都幘顏短耳長短上長下時中常侍單超左悺徐璜具瑗唐衡在帝左右縱其姦慝海內慍曰一將軍死五將軍出家有數侯子弟列布州郡賓客雜襲騰翥上短下長與梁冀同占到其八年桓帝因日蝕之變乃拜故司徒韓寅爲司隸校尉以次誅鉏京都正清臣昭案本傳寅誅左悺耿具瑗雖剋折姦首羣閹相蒙京都未爲正清

延熹中京都長者皆著木屐婦女始嫁至作漆畫五采爲系此服妖也到九年黨事始發傳黃門北寺臨時惶惑不能信天任命多有逃走不就考者九族拘繫及所過歷長少婦女皆被桎梏應木屐之象也

靈帝建寧中京都長者皆以葦方笥爲粧具下士盡然時有識者竊言葦方笥郡國讞篋也今珍用之此天下人皆當有罪讞於理官也到光和三年癸丑赦令詔書吏

後漢書志十三　八　李芳

民依黨禁錮者赦除之有不見文他以類比疑者讞於是諸有黨郡皆讞廷尉人名悉入方笥中

靈帝好胡服胡帳胡牀胡坐胡飯胡空侯胡笛胡舞京都貴戚皆競爲之此服妖也其後董卓多擁胡兵塡塞街衢虜掠宮掖發掘園陵

靈帝於宮中西園駕四白驢躬自操轡驅馳周旋以爲大樂於是公卿貴戚轉相放

效至乘輜軿以爲騎從互相侵奪賈與馬齊案易曰時乘六龍以御天行天者莫若龍行地者莫如馬詩云四牡騤騤載是常服檀車煌煌四牡彭彭夫驢乃服重致遠上下山谷野人之所用耳何有帝王君子而驂服之乎遲鈍之畜而今貴之天意若曰國且大亂賢愚倒植凡執政者皆如驢也其後董卓陵虐王室多援邊人以充本朝胡夷異種跨蹈中國

後漢書志十三　九　郭博

熹平中省內冠狗帶綬以爲笑樂有一狗突出走入司徒府門或見之者莫不驚怪（袁山松書曰光和四年又於西園弄狗以配人也）京房易傳曰君不正臣欲篡厥妖狗冠出後靈帝寵用便嬖子弟永樂賓客鴻都羣小傳相汲引公卿牧守比肩是也又遣御史於西邸賣官關內侯顧五百萬者賜與金紫詣闕上書占令長隨縣好醜豐約有賈強者貪如豺虎弱者略不類物實狗而冠者也司徒古之丞相壹統國政天戒若曰宰相多非其人尸祿素餐莫能據正持重阿意曲從今在位者皆如狗也故狗走入其門（應劭曰靈帝數以車騎將軍過拜孽臣內孽又贈亡人顯號加於頑凶印綬汙於腐屍昔辛有睹被髮之祥知其爲戎今假號雲集不亦宜乎）

靈帝數遊戲於西園中令後宮采女爲客舍主人身爲商賈服行至舍采女下酒食因共飲食以爲戲樂此服妖也其後天下大亂（風俗通曰時京師賓婚嘉會皆作魁櫑酒酣之後續以挽歌魁櫑喪家之樂挽歌執紼相偶和之者天戒若曰國家當急殄悴諸貴樂皆死亡也自靈帝崩後京師壞滅戶有兼屍蟲而相食魁櫑挽歌斯之効乎）

後漢書志十三　十　陳仲

獻帝建安中男子之衣好爲長躬而下甚短女子好爲長裙而上甚短時益州從事莫嗣以爲服妖是陽無下而陰無上也天下未欲平也後還遂大亂（袁山松曰禪位於魏）

靈帝光和元年南宮侍中寺雌雞欲化雄一身毛皆似雄但頭冠尚未變詔以問議郎蔡邕邕對曰貌之不恭則有雞禍宣帝

黃龍元年未央宮雌雞化爲雄不鳴無距是歲元帝初即位立王皇后至初元元年丞相史家雌雞化爲雄冠距鳴將是歲后父禁爲平陽侯女立爲皇后至哀帝晏駕后攝政王莽以后兄子爲大司馬由是爲亂臣竊推之頭元首人君之象今雞一身已變未至於頭而上知之是將有其事而不遂成之象也若應之不精政無所改頭冠或成爲患茲大是後張角作亂稱黃巾遂破壞四方疲於賦役多叛者上不改政

後漢書志十三　十一　王中

遂至天下大亂

桓帝永興二年四月丙午光祿勳吏舍壁下夜有青氣視之得玉鉤玦各一鉤長七寸二分周五寸四分身中皆雕鏤此青祥也玉金類也七寸二分商數也五寸四分徵數也商爲臣徵爲事蓋爲人臣引決事者不肅將有禍也是時梁冀秉政專恣後四歲梁氏誅滅也

延熹五年太學門無故自壞襄楷以爲太學前疑所居（本傳楷書無前疑之言也）其門自壞文德將喪敎化廢也是後天下遂至喪亂

永康元年十月壬戌南宮平城門內屋自壞金沴木木動也其十二月宮車晏駕

靈帝光和元年南宮平城門內屋武庫屋及外東垣屋前後頓壞蔡邕對曰平城門正陽之門與宮連郊祀法駕所由從出門之最尊者也武庫禁兵所藏東垣庫之外

後漢書志十三　十二　楊林

障易傳曰小人在位上下咸悖厥妖城門內崩潛潭巴曰宮瓦自墮諸侯強陵主此皆小人顯位亂法之咎也其後黃巾賊先起東方庫兵大動皇后同父兄何進爲大將軍同母弟苗爲車騎將軍兄弟並貴盛皆統兵在京都其後進欲誅廢中官爲中常侍張讓段珪等所殺兵戰宮中闕下更相誅滅天下兵大起

三年二月公府駐駕廡自壞南北三十餘

閒

中平二年二月癸亥廣陽城門外上屋自壞也獻帝初平二年三月長安宣平城門外屋無故自壞至三年夏司徒王允使中郎將呂布殺太師董卓夷三族泰山松曰李傕等攻破長安城害允等興平元年十月長安市門無故自壞至二年春李傕郭汜鬬長安中傕迫劫天子移置傕塢盡燒宮殿城門官府民舍放兵寇鈔公卿以下冬天子東還雒陽傕汜追上

到曹陽虜掠乘輿輜重殺光祿勳鄧淵廷尉宣璠少府田邠等數十人五行傳曰好攻戰鄭玄注曰參伐爲武府攻戰之象輕百姓鄭玄注曰輕之者不重民命春秋傳曰飾出不正反戰不正勝也飾城郭鄭玄注曰昴畢閒爲天街甘氏經曰天街保塞孔達道衢保塞城郭之象也月令曰四鄙入保侵邊境鄭玄曰畢主邊兵則金不從革鄭玄注曰君行此四者爲逆天西宮之政西宮於地爲金金性從刑而革人所用爲器者也無故治之不銷或入火飛亡或鑄之裂形是爲不從革其他變異皆屬沴也洪範曰從革作辛馬融曰金之性從人而更可銷鑠也漢書音義曰言人君言不見從則金鐵亦不從人意謂

金失其性而爲災也又曰言之不從是謂不乂鄭玄曰乂治也君言不從則是不能治其事也厥咎僭鄭玄曰君臣不治則僭差矣厥罰恒陽鄭玄曰金主秋秋氣殺殺氣失故常陽也春秋考異郵曰君行非是則言不見從言不見從則下不治下不治則僭差過制度奢侈驕泰天子僭天大夫僭人主諸侯僭上陽無以制從心之喜上憂下則常陽從之推設其跡考之天意則大旱不雨而民庶大災傷淮南子曰殺不辜則國赤地厥極憂鄭玄曰殺氣失故於人爲憂時則有詩妖鄭玄曰詩之言志也時則有介蟲之孽鄭玄曰蝝螽蜩蟬之類生於火而藏於秋者也屬金時則有犬禍鄭玄曰犬畜之以口吠守者屬言時則有口舌之痾鄭玄曰言氣失之痾時則有白眚白祥惟

木沴金介蟲劉歆傳以爲毛蟲乂治也安帝永初元年十一月民訛言相驚司隸并冀州民人流移時鄧太后專政婦人以順爲道故禮夫死從子之命今專王事此不從而僭也古今注曰章帝建初五年東海魯國東平山陽濟陰陳留民訛言相驚有賊捕至京師民皆入城也世祖建武古今注曰建武三年七月雒陽大旱帝至南郊求雨即日雨五年夏旱京房傳曰欲德不用茲謂張厥災荒其旱陰雲不雨變而赤因四陰衆出過時

茲謂廣其旱不生上下皆蔽茲謂隔其旱
天赤三月時有雹殺飛禽上緣求妃茲謂
僭其旱三月大温亡雲君高臺府茲謂犯
陰侵陽其旱萬物根死有火炎庶位踰節
茲謂僭其旱澤物枯爲火所傷春秋考異郵曰國大旱冤
獄結旱者陽氣移精不施君上失制奢淫僭差氣亂
感天則旱徵見又云陰厭陽移君淫民惡陰精不舒
陽偏不施又云陽偏民怨衝也在所以感之者上奢
則求多求多則下竭下竭則潰君不仁管子曰春不
收枯骨伐枯木而起去之則夏旱方儲對策曰百姓
苦士卒煩碎責租稅失中暴師外營經歷三府內有
怨女外有曠夫王者熟惟其祥揆合於天圖之事情
旱災可除夫旱者過日天王無意於百姓恩德不行

萬民煩擾故天應以無澤是時天下僭逆者未盡誅軍多
過時古今注曰建武六年六月九年春十二年五月二十一年六月明帝永平元年五月八年
冬十一年八月十五年八月十八年三月並旱
章帝章和二年夏旱時章帝崩後竇太后
兄弟用事奢僭古今注曰建初二年夏雒陽旱四年夏元和元年春並旱案楊
終傳建初元年大旱穀貴終以爲廣陵楚淮陽濟南
之獄徙者數萬人吏民怨曠上疏云久旱孔叢曰建
初元年大旱天子憂之侍御史孔子豐乃上疏曰臣
聞爲不善而災報得其應也爲善而災至遭時運也
陛下即位日淺視民如傷而不幸耗旱時運之會耳
非政教所致也昔成湯遭旱因自責省畋散積減御
損食而大有年意者陛下未爲成湯之事焉天子納
其言而從之三日雨即降轉拜黃門郎典東觀事一

和帝永元六年秋京都旱時雒陽有冤囚
和帝幸雒陽寺錄囚徒理冤囚收令下獄
抵罪行未還宮澍雨降古今注曰永元二年郡國十四旱十五年
丹陽郡國二十二並旱或傷稼安帝古今注曰永初
元年郡國八旱分遣議郎請雨案本紀二年五月旱
皇太后幸雒陽寺錄囚徒即日降雨六月京
都及郡國四十大水雒去旱得水無救爲災
永初六年夏旱古今注曰三年郡國八四年五年夏並旱
七年夏旱
元初元年夏旱
二年夏旱三年夏旱時西羌寇亂軍屯相繼連十餘年

六年夏旱古今注曰建光元年郡國四旱延光元年郡國五並旱傷稼
順帝永建三年夏旱
五年夏旱
陽嘉二年夏旱時李固對策以爲奢僭所
致也臣昭案本紀元年二月京師旱郎顗傳人君恩澤不施於民祿去公室臣下專權所致也
又周舉傳三年河南三輔大旱五穀傷災天子親自露坐德陽殿東廂請雨
沖帝永嘉元年夏旱時沖帝幼崩太尉李
固勸太后及兄梁冀立嗣帝擇年長有德
者天下賴之則功名不朽年幼未可知如

後不善悔無所及時太后及冀貪立年幼欲久自專遂立質帝八歲此不用德古今注曰本初元年二月京師旱

桓帝元嘉元年夏旱是時梁冀秉政妻子並受封寵踰節

延熹元年六月旱京房占曰人君無施澤惠利於下則致旱也不救必蝗蟲害穀其救也貰讁罰行寬大惠兆民勞功吏賜鰥寡稟不足案陳蕃上疏宮女多聚不御憂悲之感以致水旱之困也

靈帝熹平五年夏旱蔡邕作伯夷叔齊碑曰熹平五年天下大旱禱請名山求獲荅應時處士平陽蘇騰字玄成夢陟首陽有神馬之使在道明覺而思之以其夢陟狀上聞天子開三府請雨使者與郡縣戶曹掾吏登山升祠手書要曰君況我聖主以洪澤之福天尋興雲即降甘雨也

六年夏旱

光和五年夏旱

六年夏旱是時常侍黃門僭作威福

獻帝興平元年秋長安旱是時李傕郭汜專權縱肆獻帝起居注曰建安十九年夏四月旱

更始時南陽有童謠曰諧不諧在赤眉得不得在河北是時更始在長安世祖爲大司馬平定河北更始大臣並僭專權故謠妖作也後更始遂爲赤眉所殺是更始之不諧在赤眉也世祖自河北興

世祖建武六年蜀童謠曰黃牛白腹五銖當復是時公孫述僭號於蜀時人竊言王莽稱黃述欲繼之故稱白五銖漢家貨明當復也述遂誅滅王莽末天水童謠曰出吳門望緹羣見一蹇人言欲上天令天可上地上安得民時隗囂初起兵於天水後

意稍廣欲爲天子遂破滅囂少病蹇吳門冀郭門名也緹羣山名也

順帝之末京都童謠曰直如弦死道邊曲如鉤反封侯案順帝即世孝質短祚大將軍梁冀貪樹疏幼以爲己功專國號令以贍其私太尉李固以爲清河王雅性聰明敦詩悅禮加又屬親立長則順置善則固而冀建白太后策免固徵蠡吾侯遂即至

尊固是日幽斃于獄暴屍道路而太尉胡廣封安樂鄉侯司徒趙戒廚亭侯司空袁湯安國亭侯云

淵聖御名帝之初天下童謠曰小麥青青大麥枯誰當穫者婦與姑丈人何在西擊胡吏買馬君具車請爲諸君鼓嚨胡案元嘉中涼州諸羌一時俱反南入蜀漢東抄三輔延及并冀大爲民害命將出衆每戰常負中國益發甲卒麥多委棄但有婦女穫刈之

也吏買馬君具車者言調發重及有秩者也請爲諸君鼓嚨胡者不敢公言私咽語

桓帝之初京都童謠曰城上烏尾畢逋公爲吏子爲徒一徒死百乘車車班班入河閒河閒姹女工數錢以錢爲室金爲堂石上慊慊舂黃粱粱下有懸鼓我欲擊之丞卿怒案此皆謂爲政貪也城上烏尾畢逋者處高利獨食不與下共謂人主多聚斂也公爲吏子爲徒者言蠻夷將畔逆父既爲軍吏其子又爲卒徒往擊之也一徒死百乘車者言前一人往討胡既死矣後又遣百乘車往（臣昭曰志家此釋豈未盡乎往徒一死何用百乘其後驗竟爲靈帝作此言一徒似斥靈帝帝貴任羣閹參委機政左右前後莫非刑人有同囚徒之長故言寄一徒也且又弟則廢黜身無嗣胤然單獨非一而何百乘車者乃國之君解犢後御正膺斯數變以班班尤得以類焉）車班班入河閒者言上將崩乘輿班班入河閒迎靈帝也（應劭釋此句云御靈帝者輪班擁節入河閒也）河閒姹女工數錢（一本作妖女）以錢爲室金爲堂者靈帝既立其母永樂太后好聚金以爲堂也

石上慊慊舂黃粱者言永樂雖積金錢慊慊常苦不足使人舂黃粱而食之也梁下有懸鼓我欲擊之丞卿怒者言永樂主教靈帝使賣官受錢所祿非其人天下忠篤之士怨望欲擊懸鼓以求見丞卿主鼓者亦復諂順怒而止我也

淵聖御名帝之初京師童謠曰游平賣印自有平不辟豪賢及大姓案到延熹之末鄧皇后以譴自殺乃以竇貴人代之其父名武字

游平拜城門校尉及太后攝政爲大將軍
與太傅陳蕃合心戮力惟德是建印綬所
加咸得其人豪賢大姓皆絕望矣
桓帝之末京都童謡曰茅田一頃中有井
四方纖纖不可整嚼復嚼今年尚可後年
鐃（風俗通作譊）案易曰拔茅茹以其彙征吉茅
喻羣賢也井者法也于時中常侍管霸蘇
康憎疾海内英哲與長樂少府劉囂太常
許詠尚書柳分（袁山松書曰柳分權豪之黨爲范滂所奏者）尋穆
史佟（佟後亦爲司隷應劭曰佟史佟左官媮進者也）司隷唐珍等代
作脣齒河内牢川詣闕上書汝頴南陽上
采虚譽專作威福甘陵有南北二部三輔
尤甚由是傳考黄門北寺始見廢閣茅田
一頃者言羣賢衆多也中有井者言雖阨
窮不失其法度也四方纖纖不可整者言
姦慝大熾不可整理嚼復嚼者京都飲酒
相強之辭也言食肉者鄙不恤王政徒耽
宴飲歌呼而已也今年尚可者言但禁錮

也後年鐃者陳竇被誅天下大壞
桓帝之末京都童謡曰白蓋小車何延延
河間來合諧河間來合諧案解犢亭屬饒
陽河間縣也（臣昭案郡國志饒陽本屬涿後屬安平靈帝旣是河間王曾孫謡言自是有徵無侯何間之縣爲驗）
居無幾何而桓帝崩使者與解犢侯
皆白蓋車從河間來延延衆貌也是時御
史劉儵建議立靈帝以儵爲侍中中常侍
侯覽畏其親近必當間己白拜儵泰山太
守因令司隷迫促殺之朝廷必長思其功

效乃拔用其弟郃致位司徒此爲合諧也
靈帝之末京都童謡曰侯非侯王非王千
乘萬騎上北芒案到中平六年史侯登躡
至尊獻帝未有爵號爲中常侍段珪等數
十人所執公卿百官皆隨其後到河上乃
得來還此爲非侯非王上北芒者也（英雄記曰京師謡歌咸言河臘叢進獻帝臘日生也風俗通曰烏臘烏臘案逆臣董卓滔天虐民窮凶極惡關東舉兵欲共誅之轉相顧望莫肯先進處處停兵數十萬若烏臘蟲相隨横取之矣）
靈帝中平中京都歌曰承樂世董逃游四

郭董逃蒙天恩董逃帶金紫董逃行謝恩董逃整車騎董逃垂欲發董逃與中辭董逃出西門董逃瞻宮殿董逃望京城董逃日夜絕董逃心摧傷董逃楊孚卓傳曰卓改爲董安案董謂董卓也言雖跋扈縱其殘暴終歸逃竄至於滅族也風俗通曰卓以董逃之歌主爲己發大禁絕之死者千數靈帝之末禮樂崩壞賞刑失中毀譽無驗競飾僞服以邀典制遠近翕然咸名後生放聲者爲時人有識者竊言舊曰世人次曰俗人今更曰時人此天促其期也其間無幾天下大壞也

獻帝踐祚之初京都童謠曰千里草何青青十日卜不得生案千里草爲董十日卜爲卓凡別字之體皆從上起左右離合無有從下發端者也今二字如此者天意若曰卓自下摩上以臣陵君也青青者暴盛之貌也不得生者亦旋破亡獻帝初童謠曰燕南垂趙北際中央不合大如礪唯有此中可避世公孫瓚以爲易地當之遂徙鎮焉乃修城積穀以待天下之變建安三年袁紹攻瓚瓚大敗然其姊妹妻子引火自焚紹兵趣登臺斬之初瓚破黃巾殺劉虞乘勝南下侵據齊地雄威大振而不能開廓遠圖欲以堅城觀時坐聽圍戮斯亦自易地而去世也

建安初荊州童謠曰八九年間始欲衰至十三年無孑遺言自中興以來荊州無破亂及劉表爲牧又豐樂至此逮八九年當始衰者謂劉表妻當死諸將並零落也十三年無孑遺者言十三年表又當死民當移詣冀州也干寶搜神記曰是時華容有女子忽啼呼云有大喪言語過差縣以爲妖言繫獄百餘日忽於獄中哭曰劉荊州今日死華容去州數百里即遣馬吏驗視表果死縣乃出之續又歌吟曰不意李立爲貴人後無幾曹公平荊州以涿郡李立字建賢爲荊州刺史

順帝陽嘉元年十月中望都蒲陰狼殺童兒九十七人時李固對策引京房易傳曰

君將無道害將及人去之深山全身厥災狼食人陛下覺寤比求隱滯故狼災息東觀書曰中山相朱遂到官不出奉祠北嶽詔曰災暴緣類符驗不虛政失厥中狼災爲應至乃殘食孩幼朝廷愍悼思惟欲徵博訪其故山嶽尊靈國所望秩而遂比不奉祠怠慢廢典不務懇惻淫刑放濫害加孕婦毒流未生感和致災其詳思改救追復所失有不遵憲舉正以聞

靈帝建寧中羣狼數十頭入晉陽南城門齧人袁山松書曰光和三年正月虎見平樂觀又見憲陵上齧衛士蔡邕封事曰政有苛暴則虎狼食人

後漢書志卷第十三

後漢書志第十四　五行五

劉昭　注補

災火　草妖　羽蟲孽

羊禍

五行傳曰棄法律（鄭玄注尚書大傳曰東井主法令也）逐功臣（鄭玄曰功臣制法律者也或曰冢主尚食七星主衣裳張爲食廚翼主天倡經曰帝曰臣作朕股肱耳目予欲左右有民汝翼予欲觀古人之象日月星辰山龍華蟲作繢宗彝藻火粉米黼黻絺繡以五采章施于五色作服汝明予欲聞六律五聲八音在治忽以出納五言汝聽是則食與服樂臣之所用爲大功也七星北有酒旗南有天廚翼南有器府）殺太子（鄭玄曰五行火生土天文以參繼東井四時以秋代夏殺太子之象也春秋傳曰夫千乘之主將廢正而立不正必殺正也）以妾爲妻（鄭玄曰軒轅爲后妃屬南宮其大星女主之位女御在前妾爲妻之象也）則火不炎上（鄭玄曰君行此四者爲逆天南宮之政南宮於地爲火火性炎上然行人所用烹飪者也無故因見作熱燔熾爲害是爲火不炎上其他變異皆屬沴春秋考異郵曰火者陽之精也人合天氣五行陰陽極陰反陽極陽生陰故應人行以災不祥在所以感之萌應轉旋從逆殊心也）謂火失其性而爲災也又曰視之不明是謂不悊（鄭玄曰視瞭也君視不明則是不能瞭其事也洪範曰視曰明明作悊）厥咎舒（讖曰君舒怠臣下有倦白黑不別賢不肖並不能憂民急氣爲之舒緩草不摇鄭玄曰君臣不瞭則舒緩矣）厥罰常燠（鄭玄曰視曰火火主夏夏氣長長氣失故常燠）厥極疾（鄭玄曰長氣失故於人爲疾）時則有草妖（鄭玄曰草視之物可見者莫衆於草）時則有臝蟲之孽（鄭玄曰蠶螟蟲之類蟲之生於火而藏於秋者也）時則有羊禍（鄭玄曰羊畜之遠視者也屬視）時則有赤眚赤祥惟水沴火臝蟲劉歆傳以爲羽蟲

建武中漁陽太守彭寵被徵書至明日潞縣火災起城中飛出城外燔千餘家殺人京房易傳曰上不儉下不節盛火數起燔宮室儒說火以明爲德而主禮時寵與幽州牧朱浮有隙疑浮見浸譖故意狐疑其妻勸無應徵遂反叛攻浮卒誅滅（古今注曰建武六年十二月雒陽市火二十四年正月戊子雷雨霹靂火災高廟北門明帝永平元年六月己亥桂陽見火飛來燒城寺章帝建初元年十二月北宮火燒壽安殿延及右掖門元和三年六月丙午雷雨火燒北宮朱爵西闕）

和帝永元八年十二月丁巳南宮宣室殿火是時和帝幸北宮竇太后在南宮明年竇太后崩十三年八月己亥北宮盛饌門閤火是時和帝幸鄧貴人陰后寵衰怨恨上有欲廢之意明年會得陰后挾偽道事

遂廢遷于桐宮以憂死立鄧貴人爲皇后
十五年六月辛酉漢中城固南城門災此
孝和皇帝將絕世之象也其後二年宮車
晏駕殤帝及平原王皆早夭折和帝世絕
安帝（古今注曰永初元年十二月河南郡縣火燒殺百五人二年河南郡縣又失火燒五百八十四人）永初二年四月甲寅漢陽河陽城中失
火燒殺三千五百七十人先是和帝崩有
皇子二人皇子勝長鄧皇后貪殤帝少欲
自養長立之延平元年殤帝崩勝有厥疾
不篤羣臣咸欲立之太后以前既不立勝
遂更立清河王子是爲安帝司空周章等
心不掩服謀欲誅鄧氏廢太后安帝而更
立勝元年十一月事覺章等被誅其後涼
州叛羌爲害大甚涼州諸郡寄治馮翊扶
風界及太后崩鄧氏被誅
四年三月戊子杜陵園火元初四年二月
壬戌武庫火（東觀書曰燒兵物百二十五種直千萬以上）是時羌
叛大爲寇害發天下兵以攻禦之積十餘

年未已天下厭苦兵役延光元年八月戊
子陽陵園寢殿火凡災發于先陵此太子
將廢之象也若曰不當廢太子以自翦如
火不當害先陵之寢也明年上以讒言廢
皇太子爲濟陰王後二年宮車晏駕中黃
門孫程等十九人起兵殿省誅賊臣立濟
陰王
四年秋七月乙丑漁陽城門樓災
順帝永建三年七月丁酉茂陵園寢災（古今注曰二年五月戊辰守宮失火燒宮藏財物盡四年河南郡縣失火燒人六畜）陽嘉元年
恭陵廡災及東西莫府火（古今注曰十二月河南郡國火燒廬舍殺人也）太尉李固以爲奢僭所致陵之初造
禍及枯骨規廣治之尤飾又上欲更造宮
室益臺觀故火起莫府燒材木永和元年
十月丁未承福殿火（臣昭案楊厚傳是災）先是爵號
阿母宋娥爲山陽君后父梁商本國侯又
多益商封商長子冀當繼商爵以商生在
復更封冀爲襄邑侯追號后母爲開封君

皆過差非禮古今注曰六年十二月雒陽酒市失火燒肆殺人
漢安元年三月甲午雒陽劉漢等百九十
七家爲火所燒東觀書曰其九十家不自存詔賜錢廩穀古今注曰火或從室
屋間物中不知所從起數月乃止十二月雒陽失火後四年宮車比三晏
駕建和元年君位乃定桓帝建和二年五
月癸丑北宮掖庭中德陽殿火及左掖門
先是梁太后兄冀挾姦枉以故太尉李固
杜喬正直恐害其事令人誣奏固喬而誅
滅之是後梁太后崩而梁氏誅滅

延熹四年正月辛酉南宮嘉德殿火戊子
丙署火二月壬辰武庫火五月丁卯原陵
長壽門火先是亳后因賤人得幸號貴人
爲后上以后母宣爲長安君封其兄弟愛
寵隆崇又多封無功者去年春白馬令李
雲坐直諫死至此尊除心尾火連作
五年正月壬午南宮丙署火四月乙丑恭
北陵東闕火戊辰虎賁掖門火五月康陵
園寢火甲申中藏府承祿署火七月己未

南宮承善闥內火六年四月辛亥康陵東
署火七月甲申平陵園寢火
八年二月己酉南宮嘉德署黃龍千秋萬
歲殿皆火四月甲寅安陵園寢火閏月南
宮長秋和歡殿後鉤盾掖庭朔平署各火
十一月壬子德陽前殿西閤及黃門北寺
火殺人袁山松書曰是時連月有火災諸宮寺或一日再三發又夜有訛言擊鼓相驚陳蕃
劉茂上疏諫曰古之火皆君弱臣強極陰之變也前始春而獄刑慘故火不炎上前入春節連寒木冰
暴風折樹又八九州郡並言隕霜殺菽春秋晉執季孫行父木爲之冰夫氣弘則景星見化錯則五星闇

日月蝕災爲已然異爲方來恐卒有變必於三朝唯善政可以已之願察臣前言不棄愚忠則元元幸甚
書奏不省九年三月癸巳京都夜有火光轉行
民相驚譟袁山松書曰是時宦豎專朝鉤黨事起上尋無嗣陳蕃竇武爲曹節等所害天
下無復紀綱
靈帝熹平四年五月延陵園災
光和四年閏月辛酉北宮東掖庭永巷署
災陳蕃諫云楚女悲而西宮災不御宮女怨之所致也
五年五月庚申德陽前殿西北入門內永
樂太后宮署火

中平二年二月己酉南宮雲臺災庚戌樂城門災南宮中門延及北闕道西燒嘉德和歡殿案雲臺之災自上起榱題數百同時並然若就縣華鐙其日燒盡延及白虎威興門尚書符節蘭臺夫雲臺者乃周家之所造也圖書術籍珍玩寶怪皆所藏在也京房易傳曰君不思道厥妖火燒宮是時黃巾作慝變亂天常七州二十八郡同時俱發命將出衆雖頗有所禽然宛廣宗曲陽

尚未破壞役起負海杼柚空懸百姓死傷已過半矣而靈帝曾不克己復禮虐侈滋甚尺一雨布騶騎電激官非其人政以賄成內嬖鴻都並受封爵京都爲之語曰今茲諸侯歲也天戒若曰放賢賞淫何以舊典爲故焚其臺門祕府也其後三年靈帝暴崩續以董卓之亂火三日不絕京都爲丘墟矣魏志曰魏明帝青龍二年崇華殿災詔問太史令高堂隆此何咎於禮寧有祈禳之義乎對曰夫災變之發皆所以明教誡也唯率禮修德可以勝之易傳曰上不儉下不節孽火燒其室又曰君高其臺天火爲災此人君苟飾宮室不知百姓空竭故天應之以旱火從高殿起也上天降監故譴告陛下陛下宜增崇人道以荅天意昔太戊有桑穀生於朝武丁有雊雉登於鼎皆聞災恐懼側身修德三年之後遠夷朝貢故號曰中宗高宗此則前代之明鑒也今案舊占災火之發皆以臺榭宮室爲誡然今宮室之所以充廣者實由宮人猥多之故宜簡擇留其淑懿如周之制罷省其餘此則祖乙之所以訓高宗高宗之所以享遠號也詔問隆吾聞漢武帝時柏梁災而起宮殿以厭之其義云何對曰臣聞西京柏梁既災越巫陳方建章是營以厭火祥乃夷越之巫所爲非聖賢之明訓也五行志曰柏梁災其後有江充巫蠱衛太子事如志之言越巫建章無所厭也孔子曰災者修類應行精祲相感以戒人君是以聖主覩災責躬退以修德以消復之今宜罷散民役宮室之制務從約節內足以待風雨外足以講禮儀清埽所災之處不敢於此有所立作蓂莢嘉禾必生此地以報陛下虔恭之德疲民之力竭民之財實非所

以致符瑞而懷遠人也臣昭曰高堂隆之言災其得天心乎雖與本志所明不同靈帝之時有焉故載其言廣災異也

獻帝初平元年八月霸橋災其後三年董卓見殺臣昭案劉焉傳興平元年天火燒其城府輜重延及民家館邑無餘也

庶徵之恒燠漢書以冬溫應之中興以來亦有冬溫而記不錄云越絕范蠡曰春燠而不生者王者德不宁也夏寒而不長者臣下不奉主令也秋暑而復榮者百官刑不斷也冬溫而泄者發府庫賞無功也此四者邦之禁也管子曰臣乘君威則陰侵陽盛夏雪降冬不冰也

安帝元初三年有瓜異本共生一瓜同蔕

時以爲嘉瓜或以爲瓜者外延離本而實女子外屬之象也是時閻皇后初立後閻后與外親耿寶等共譖太子廢爲濟陰王更外迎濟北王子犢立之草妖也古今注曰和帝永元七年三月江夏縣民舍柱生兩枝其一長尺五寸分爲八枝其一長尺六寸分爲五枝皆青也

帝延熹九年雒陽城局竹柏葉有傷者占曰天子凶

靈帝熹平三年右校別作中有兩樗樹皆高四尺所其一株宿夕暴長長丈餘大一

圍作胡人狀頭目鬢鬚髮備具京房易傳曰王德衰下人將起則有木生人狀臣昭以木生人狀下人將起京房之占雖以證驗貌類胡人猶未辨了董卓之亂實擁胡兵傕汜之時充斥尤甚遂竊閒宮嬪剥虐百姓鮮卑之徒踐藉畿封胡之害深亦已毒矣

五年十月壬午御所居殿後槐樹皆六七圍自拔倒豎根在上臣昭曰槐是三公之象貴之也靈帝授位不以德進貪愚是升清賢斯黜槐之倒植豈以斯乎

中平元年夏東郡陳留濟陽長垣濟陰冤句離狐縣界風俗通曰西及城皇陽武城郭路邊有草生其莖靡纍腫大如手指狀似鳩雀龍蛇鳥獸之形五色各如其狀毛羽頭目足翅皆具風俗通曰亦作人狀操持兵弩萬萬備具非但彷彿類良孰然也近草妖也是歲黃巾賊始起皇后兄何進異父兄朱苗皆爲將軍領兵後苗封濟陽侯進苗遂秉威權持國柄漢遂微弱自此始焉應劭曰關東義兵先起於宋衛之郊東郡太守橋瑁負衆怙亂陵蔑同盟忿嫉同類以殞厥命陳留濟陰迎助謂爲離德棄好即戎吏民殲之草妖之興豈不或信

中平中長安城西北六七里空樹中有人

面生鬚魏志曰建安二十五年正月曹公在雒陽起建始殿伐濯龍樹而血出又掘徙梨根傷而血出曹公惡之遂寢疾是月薨

獻帝興平元年九月桑復生椹可食臣昭曰桑重生椹誠是木異必在濟民安知非瑞乎時蒼生死敗周秦殲盡饑寃餓鬼不可勝言食此重椹大拯危命雖違理附枝亦不能及若以爲怪則建武野穀旅生麻菽尤盛復是草妖邪

安帝延光三年二月戊子有五色大鳥集濟南臺十月又集新豐時以爲鳳皇或以爲鳳皇陽明之應故非明主則隱不見凡五色大鳥似鳳者多羽蟲之孽是時安帝

信中常侍樊豐江京阿母王聖及外屬耿寶等讒言免太尉楊震廢太子爲濟陰王不悊之異也章帝末號鳳皇百四十九見時直臣何敞以爲羽孽似鳳翱翔殿屋不察也臣昭曰已論之於敞傳記者以爲其後章帝崩以爲驗案宣帝明帝時五色鳥羣翔殿屋賈逵以爲胡降徵也帝多善政雖有過不及至衰缺末年胡降二十萬口爾其驗也帝之時羌胡外叛讒慝内興羽孽之時也樂

叶圖徵說五鳳皆五色爲瑞者一爲孽者四叶圖徵曰似鳳有四並爲妖一曰鸕鷀鳩喙圓目身義戴信嬰禮膺仁負智至則旱役之感也二曰發明烏喙大頸翼大大脛身仁戴智嬰義膺信負禮至則喪之感也三曰焦明長喙疏翼圓尾身義戴信嬰仁膺智負禮至則水之感也四曰幽昌兌目小頭大身細足脛若鱗葉身智戴信負禮膺仁至則旱之感也國語曰周之興也鸑鷟鳴岐說文曰五方神鳥東方曰發明南方曰焦明西方曰鸕鷀此方曰幽昌中央曰鳳皇

桓帝元嘉元年十一月五色大鳥見濟陰巳氏時以爲鳳皇此時政治衰缺梁冀秉政阿枉上幸亳后皆羽孽時也臣昭案魏朗對策桓帝時

雉入太常宗正府朗說見本傳注

靈帝光和四年秋五色大鳥見于新城衆鳥隨之時以爲鳳皇時靈帝不恤政事常侍黃門專權羽孽之時也衆鳥之性見非常班駮好聚觀之至於小爵希見梟者越見猶聚

中平三年八月中懷陵上有萬餘爵先極悲鳴已因亂鬬相殺皆斷頭懸著樹枝枳棘到六年靈帝崩大將軍何進以内寵外

嬖積惡日久欲悉糾黜以隆更始冗政而太后持疑事久不決進從中出於省内見殺因是有司盪滌虔劉後祿而尊厚者無餘矣夫陵者高大之象也天戒若曰諸懷爵祿而尊厚者還自相害至滅亡也古今注曰建武九年六郡八縣鼠食稼張璠紀曰初平元年三月獻帝初入未央宮翟雉飛入未央宮獲之獻帝春秋曰建安七年五色大鳥集魏郡衆鳥數千隨之魏志曰二十三年禿鶖集鄴官文昌殿後池

桓帝建和三年秋七月北地廉雨肉似羊肋說文曰肋脅骨也或大如手近赤祥也是時梁

太后攝政兄梁冀專權枉誅漢良臣故太尉李固杜喬天下冤之其後梁氏誅滅

後漢書志第十四

後漢書志第十五　五行三

劉昭　注補

大水　水變色　大寒

雹　冬雷　山鳴

魚孽　蝗

五行傳曰簡宗廟不禱祠鄭玄注曰虛危爲宗廟廢祭祀鄭玄曰牽牛主祭祀之牲逆天時鄭玄曰月在星紀周以爲正月在玄枵殷以爲正皆不得四時之正逆天時之象也春秋定十五年夏五月辛卯郊譏運卜三正以至失時是其類也則水不潤下鄭玄曰君行此四者爲逆天北宮之政也北宮於地爲水水性浸潤下流人所用灌溉者也無故源流竭絕川澤以涸是爲不潤下其他變異皆屬沴謂水失其性而爲災也太公六韜曰人主好破壞名山壅塞大川決通名水則歲多大水五穀不成也又曰聽之不聰是謂不謀鄭玄曰君聽不聰則是不能謀其事也洪範曰聰作謀孔安國曰所謀必成當馬融曰上聰則下進其謀厥咎急鄭玄曰君臣不謀則急矣易傳曰誅罰絕理不云下也顯事有知不云謀也厥罰恆寒鄭玄曰聽曰水水主冬冬氣藏藏氣失故常寒厥極貧鄭玄曰藏氣失故於人爲貧時則有鼓妖鄭玄曰鼓聽之應也時則有魚孽鄭玄曰魚蟲之生水而游於水者也時則有豕禍鄭玄曰豕畜之居閑衛而聽者也屬聽時則有耳痾鄭玄曰聽氣失之病時則有黑眚黑祥惟火

沴水魚孽劉歆傳以爲介蟲之孽謂蝗屬
也月令章句介者甲也謂龜蟹之屬也古今注曰光武建武四年來郡以北傷水七年六月戊辰雒水
盛溢至津城門帝自行水弘農都尉治折爲水漂
殺民溺傷稼壞廬舍二十四年六月丙申沛國睢水
逆流一日一夜止章帝建初八年六月癸巳東昏城
下池水變赤如血臣昭案諸史光武之時郡國亦嘗
有水災而志不載本紀八年秋大水又云是歲大水
今據杜林之傳列之孝和之前東觀書曰建武八年
間郡國比大水涌泉盈溢杜林以爲倉卒時兵擅權
作威張氏雖皆降散猶尚有遺脫長吏制御無術令
得復熾元元侵陵之所致也上疏曰臣聞先王無曰
道明聖用而治見惡如農夫之務去草焉芟夷蘊崇
之絕其本根勿使能殖畏其易也古今通道傳其法
於有根狼子野心奔馬善驚成王深知其終卒之患
故以殷氏六族分伯禽七族分康叔懷姓九宗分唐
叔撿押其姦宄又遷其餘於成周舊地雜俗旦夕拘

錄所以挫其強御之力詘其驕恣之節也及漢初興
上稽舊章合符重規徙齊諸田楚昭屈景燕趙韓魏
之後以稍弱六國強宗邑里無管利之家野澤無兼
幷之民萬里之統海內賴安後輒因衰麤之痛脅以
送終之義故遂相率而陪園陵無反顧之心追即往
法政皆神道設教強幹弱枝本支百世之要也是皆
以永享康寧之福無怵惕之憂繼嗣承業恭己而治
蓋此助也其被災害民輕薄無累重者兩府遣吏護
送饒穀之郡或懼死亡卒爲傭賃亦所以消散其口
救贍全其性命也昔魯隱有賢行將致國於淵聖御名公乃
留連貪位不能早退況草創兵長卒無德能直以擾
亂乘時擅權作威玉食狃猱之意徼幸之望蔓延無
足張步之計是也小民負縣官不過身死負兵家滅
門殄世陛下昭然獨見成敗之端或屬諸侯官府元
元少得舉首仰視而尚遺脫二千石失制御之道合
得復昌熾從橫比年大雨水潦暴長涌泉盈溢災壞
城郭官寺吏民廬舍潰從離處潰成坑坎臣聞水陰
類也易卦地上有水比言性不用害故曰樂也而猥

相毀墊淪失常敗百姓安居殆陰下相爲蠹賊有小
大勝負不齊均不得其所侵陵之象也詩云畏天之
威于時保之唯陛下留神明察往來懼思天下幸甚
謝承書曰陳宣子興沛國蕭人也剛猛性毅博學明
魯詩遭王莽篡位隱處不仕光武即位徵拜諫議大
夫建武十年雒水出造津城門校尉欲奏塞之宣曰
昔周公卜雒以安宗廟爲萬世基水不當入城門如
爲災異人主過而不可辭塞之無益昔東郡金堤大
決水欲沒郡令吏民散走太守王尊亡身勑以住立
不動水應時自消尊人臣尚修正弭災豈況朝廷中
興聖主天所挺授水必不入言未絕水去上善其言
後乘輿出宣列引在前行遲乘輿欲驅鉤宣車蓋使
疾行御者墮車下宣前諫曰王者承天統地動有法
度車則和鸞步則佩玉動靜應天昔孝文時邊方有
獻千里馬者還而不受陛下宜上稽唐虞下以文帝
爲法上納其言遂徐行按轡遷爲河堤謁者以病免
卒於
家

和帝永元元年七月郡國九大水傷稼穀梁
傳曰高下有水災曰大水京房易傳曰顓事有知誅罰絕
理厥災水其水也而殺人隕霜大風天黃
飢而不損茲謂泰厥水水殺人辟遏有德
茲謂狂厥水水流殺人已水則地生蟲歸
獄不解茲謂追非厥水寒殺人追誅不解
茲謂不理厥水五穀不收大敗不解茲謂
皆陰厥水流入國邑隕霜殺穀春秋考異郵曰陰盛臣逆
民悲情發則水出河決也是時和帝幼竇太后攝政其兄

竇憲幹事及憲諸弟皆貴顯並作威虐嘗所怨恨輒任客殺之其後竇氏誅滅東觀書曰十年五月丁巳京師大雨南山水流出至東郊壞民廬舍

十二年六月潁川大水傷稼是時和帝幸鄧貴人陰有欲廢陰后之意陰后亦懷恚怨一曰先是恭懷皇后葬禮有闕竇太后崩後乃改殯梁后葬西陵徵舅三人皆爲列侯位特進賞賜累千金廣州先賢傳曰和帝時策問陰陽不和或水或旱方正鬱林布衣養奮字叔高對曰天有陰陽陰陽有四時四時有政令春夏則予惠布施寬

仁秋冬則剛猛盛威行刑賞罰殺生各應其時則陰陽和四時調風雨時五穀升今則不然長吏多不奉行時令爲政舉事干逆天氣上不卹下下不忠上百姓困乏而不卹哀衆怨鬱積故陰陽不和風雨不時災害緣類水者陰盛小人居位依公營私讒言譭上兩漫溢者五穀有不升而賦稅不爲減百姓虛竭家有愁心也

殤帝延平元年五月郡國三十七大水傷稼董仲舒曰水者陰氣盛也是時帝在襁抱鄧太后專政臣昭案本紀是年九月六州大水袁山松書曰六州河濟渭雒洧水盛長泛溢傷秋稼

安帝永初元年冬十月辛酉河南新城山水虣出突壞民田壞處泉水出深三丈是時司空周章等以鄧太后不立皇太子勝而立清河王子故謀欲廢置十一月事覺章等被誅是年郡國四十一水出漂没民人謝沈書曰死者以千數讖曰水者純陰之精也陰氣盛洋溢者小人專制擅權治疾賢者依公結私侵乘君子小人席勝失懷得志故涌水爲災

二年大水臣昭案本紀京師及郡國四十有水周嘉傳是夏旱嘉收葬客死骸骨應時澍

雨歲乃豐稔則水不爲災也三年大水臣昭案本紀京師及郡國四十一雨水四年大水臣昭案本紀云三郡五年大水臣昭案本紀郡國八六年河東池水變色皆赤如血水變占曰水化爲血者好任殘賊殺戮不辜延及親戚水當爲血是時鄧太后猶專政古今注曰元初二年潁川襄城臨水化爲血京房占曰流水化爲血兵且起以日辰占與其色博物記曰江河水赤占曰泣血道路涉蘇於何以處

延光三年大水流殺民人傷苗稼是時安帝信江京樊豐及阿母王聖等讒言免大尉楊震廢皇太子臣昭案左雄傳順帝永建四年司冀二州大水傷禾稼楊

（厚傳永和元年夏雒陽暴水殺千餘人）

質帝本初元年五月海水溢樂安北海溺殺人物是時帝幼梁太后專政（春秋漢含孳曰九卿阿黨擠排正直驕奢僭害則江河潰決方備對策曰民悲怨則陰類強河決海溢地動土涌）

（謝承書聖御名）帝建和二年七月京師大水去年冬梁冀枉殺故太尉李固杜喬

三年八月京都大水是時梁太后猶專政

永興元年秋河水溢漂害人物（臣昭案朱穆傳云漂害數千萬戶京房占曰江河溢者天有制度地有里數懷容水澤浸溉萬物今溢者明在位者不勝任也三公之禍不能容也率執法者刺刑罰不用常法）

二年六月彭城泗水增長逆流（梁冀別傳曰冀之專政天爲見異衆災並湊蝗蟲滋生河水逆流五星失次太白經天人民疾疫出入六年羌戎叛戾盜賊略平皆冀所致數煌實錄張衡對策曰水者五行之首滯而逆流者人君之恩不能下及而教逆也潛潭巴曰水逆者反命也宜修德以應之）

永壽元年六月雒水溢至津陽城門漂流人物（臣昭案本紀又南陽大水）是時梁皇后兄冀秉政疾害忠直威權震主後遂誅滅

延熹八年四月濟北水清九年四月濟陰東郡濟北平原河水清襄楷上言河者諸侯之象清者陽明之徵豈獨諸侯有規京都計邪其明年宮車晏駕徵解犢亭侯爲漢嗣即尊位是爲孝靈皇帝

永康元年八月六州大水勃海海溢沒殺人是時桓帝奢侈淫祀其十一月崩無嗣

靈帝建寧四年二月河水清（袁山松書曰禱于龍塚）五月山水大出漂壞廬舍五百餘家（袁山松書曰是河東水暴出也）

熹平二年六月東萊北海海水溢出漂沒人物

三年秋雒水出

四年夏郡國三水傷害秋稼

光和六年秋金城河溢水出二十餘里

中平五年郡國六水大出（臣昭案袁山松書曰山陽梁沛彭城下邳東海琅邪則是七郡）

獻帝建安二年九月漢水流害民人是時天下大亂（袁山松書曰曹操專政十七年七月大水洧水溢）

十八年六月大水（獻帝起居注曰七月大水[illegible]親避正殿八月以雨不止且還殿）

二十四年八月漢水溢流害民人袁山松書曰明年禪位于魏也

庶徵之恒寒

靈帝光和六年冬大寒北海東萊琅邪井中冰厚尺餘袁山松書曰是時羣賊起天下始亂讖曰寒者小人暴虐專權居位無道有位適罰無法又殺無罪其寒必暴殺

獻帝初平四年六月寒風如冬時袁山松書曰時帝流遷失政養奮對策曰當溫而寒刑罰慘也

和帝永元五年六月郡國三雨雹大如雞

後漢書志十五　八　鄭春

子春秋考異郵曰陰氣之專精凝合生雹雹之爲言合也以妾爲妻大尊重九女之妃闕而不御坐不離前無由相去之心同輿參駟房任之內歡欣之樂專政夫人施而不傳陰精凝而見滅易讖曰凡雹者過由人君惡聞其過抑賢不易內與邪人通取財利蔽賢施之並當雨不雨故反雹下也是時和帝用酷吏周紆爲司隸校尉刑誅深刻古今注曰光武建武十年十月戊辰樂浪上谷雨雹傷稼十二年河南平陽雨雹大如杯壞敗吏民廬舍十五年十二月乙卯鉅鹿雨雹傷稼永平三年八月郡國十二雨雹傷稼十年郡國十八或雨雹蝗易緯曰夏雹者治道煩苛繇役急促教令數變無有常法不救爲兵強臣逆謀蝗蟲傷穀救之舉賢良爵有功務寬大無誅罰則災除

安帝永初元年雨雹二年雨雹大如雞子三年雨雹大如鴈子傷稼劉向以爲雹陰脅陽也是時鄧太后以陰專陽政

元初四年六月戊辰郡國三雨雹大如杅杯及雞子殺六畜古今注曰樂安雹如杅殺人京房占曰夏雨雹天下兵大作

延光元年四月郡國二十一雨雹大如雞子傷稼是時安帝信讒無辜死者多臣昭案尹敏傳是歲河西大雨雹如斗安帝見孔季彥問其故對曰此皆陰乘陽之徵也今貴臣擅權母后黨盛陛下宜修聖德慮此二者也

三年雨雹大如雞子古今注曰順帝永建五年郡國十二雨雹六年郡國

後漢書志十五　九　余中

十二雨雹傷秋稼

桓帝延熹四年五月己卯京都雨雹大如雞子是時桓帝誅殺過差又寵小人

七年五月己丑京都雨雹是時皇后鄧氏僭侈驕恣專幸明年廢以憂死其家皆誅

靈帝建寧二年四月雨雹四年五月河東雨雹光和四年六月雨雹大如雞子是時常侍黃門用權

中平二年四月庚戌雨雹傷稼

獻帝初平四年六月右扶風雹如斗袁山松曰雹殺人前後兩雹此最爲大時天下潰亂

和帝元興元年冬十一月壬午郡國四冬雷是時皇子數不遂皆隱之民間是歲宮車晏駕殤帝生百餘日立以爲君帝兄有疾封爲平原王卒皆夭無嗣古今注曰光武建武七年遼東冬雷草木實

殤帝延平元年九月乙亥陳留雷有石隕地四臣昭案天文志末已載石隕未解此篇所以重記石以雷隕俱者九月雷未爲異桓帝亦

有此隕後不兼載於是爲長古今注曰章帝建初四年五月戊寅潁陰石從天墜大如鐵鑕色黑始下時聲如雷

安帝永初六年十月丙戌郡六冬雷京房占曰天冬雷地必震又曰教令擾又曰雷以十一月起黃鍾二月大聲八月閉藏此以春夏殺無辜不須冬刑致災蟄蟲出行不救之則冬溫風以其來年疾病其救也率幼孤振不足議獄刑貰謫罰災則消矣古今注曰明帝永平十七年十月丙子越巂雷七年十月戊子郡國三冬雷元初元年十月癸巳郡國三冬雷三年十月辛亥汝南樂浪冬雷四年十月辛酉郡國五冬雷六年十月丙子郡國五冬雷

永寧元年十月郡國七冬雷建光元年十月郡國七冬雷延光四年郡國十九冬雷是時太后攝政上無所與太后既崩阿母王聖及皇后兄閻顯兄弟更秉威權上遂不親萬機從容寬仁任臣下古今注曰順帝永和四年四月戊午雷震擊高廟世祖廟外槐樹

淵聖御名帝建和三年六月乙卯雷震憲陵寢屋先是梁太后聽兄冀枉殺李固杜喬

靈帝熹平六年冬十月東萊冬雷中平四

年十二月晦雨水大雷電雹

獻帝初平三年五月丙申無雲而雷四年五月癸酉無雲而雷

建安七八年中長沙醴陵縣有大山常大鳴如牛呴聲積數年後豫章賊攻沒醴陵縣殺略吏民干寶曰論語摘輔像曰山亡崩川閉塞漂淪移山鼓哭閉衡夷庶桀合兵王作時天下尚亂豪桀並爭曹操事二袁於河北孫吳創基於江外劉表阻亂衆於襄陽南招零桂北割漢川又以黃祖爲爪牙而祖與孫氏爲深讎兵革歲交十年曹操破袁譚於南皮十一年走袁尚於遼東十三年吳禽黃祖是歲劉表死曹操略荊州逐劉備於當陽十四年吳破曹操於赤壁是三雄者卒

共參分天下成帝王之業是所謂庶桀合兵王作者也十六年劉備入蜀與吳弄爭荆州於時戰爭四分五裂之地荆州爲劇故山鳴之異作其域也

靈帝熹平二年東萊海出大魚二枚長八九丈高二丈餘明年中山王暢任城王博並薨京房易傳曰海出巨魚邪人進賢人疏臣昭謂此占符靈帝之世巨魚之出於是爲御寧獨二王之妖也

和帝永元四年蝗臣昭案本紀光武建武六年詔稱往歲水旱蝗蟲爲災古今注曰建武二十二年三月京師郡國十九蝗二十三年京師郡國十八大蝗旱草木盡二十八年三月郡國八十蝗二十九年四月武威酒泉清河京兆魏郡弘農蝗三十年六月郡國十二大蝗三十一年郡國大蝗中元元年三月郡國十六大蝗永平四年十二月酒泉大蝗從塞外入謝承書曰永平十五年蝗起泰山彌行兗豫謝沈書鍾離意譏起北宮表云未數年豫章遭蝗穀不收民飢死縣數千百人

八年五月河內陳留蝗九月京都蝗九年蝗從夏至秋先是西羌數反遣將軍將北軍五校征之

安帝永初四年夏蝗是時西羌寇亂軍衆征距連十餘年讖曰主失禮煩苛則旱之魚螺變爲蝗蟲

五年夏九州蝗京房占曰天生萬物百穀以給民用天地之性人爲貴今蝗蟲四起此爲國多邪人朝無忠臣蟲與民爭食居位食祿如蟲矣不救致兵起其救也舉有道置於位命諸

侯試明經此消災也

六年三月去蝗處復蝗子生古今注曰郡國四十八蝗

七年夏蝗

元初元年夏郡國五蝗二年夏郡國二十蝗

延光元年六月郡國蝗

順帝永建五年郡國十二蝗是時鮮卑寇朔方用衆征之

永和元年秋七月偃師蝗去年冬烏桓寇沙南用衆征之

桓帝永興元年七月郡國三十二蝗是時梁冀秉政無謀憲苟貪權作虐春秋考異郵曰貪擾生蝗

二年六月京都蝗

永壽三年六月京都蝗

延熹元年五月京都蝗臣昭案劉歆傳皆逆天時聽不聰之禍也養奮對策曰佞邪以不正食祿饗所致謝沈書曰九年揚州六郡連水旱蝗害也

靈帝熹平六年夏七州蝗先是鮮卑前後三十餘犯塞是歲護烏桓校尉夏育破鮮卑中郎將田晏使匈奴中郎將臧旻將南

單于以下三道並出討鮮卑大司農經用
不足殷斂郡國以給軍糧三將無功還者
少半

光和元年詔策問曰連年蝗蟲至冬踊其
咎焉在蔡邕對曰臣聞易傳曰大作不時
天降災厥咎蝗蟲來河圖秘徵篇曰帝貪
則政暴而吏酷酷則誅深必殺主蝗蟲蝗
蟲貪苛之所致也是時百官遷徙皆私上
禮西園以爲府 蔡邕對曰蝗蟲出息不急之作省賦斂之費進清仁黜貪虐分損承安居省別藏以贍國用則其救也易曰得臣無家言有天下者何私家之有

獻帝興平元年夏大蝗是時天下大亂

建安二年五月蝗

後漢書志第十五

後漢書志第十六　五行四

劉昭　注補

地震　山崩　地陷
大風拔樹　螟　牛疫

五行傳曰治宮室飾臺榭內淫亂犯親戚
侮父兄則稼穡不成謂土失其性而爲災
也又曰思心不容是謂不聖厥咎霿厥罰
恒風厥極凶短折時則有脂夜之妖時則
有華孽時則有牛禍時則有心腹之痾時
則有黃眚黃祥惟金水木火沴土華孽劉
歆傳爲蠃蟲之孽謂螟屬也

世祖建武二十二年九月郡國四十二地
震南陽尤甚地裂壓殺人其後武谿蠻夷
反爲寇害至南郡發荊州諸郡兵遣武威
將軍劉尚擊之爲夷所圍復發兵赴之尚
遂爲所沒

章帝建初元年三月甲申山陽東平地震

和帝永元四年六月丙辰郡國十三地震

春秋漢含孳曰女主盛臣制命則地動坼畔震起山崩淪是時竇太后攝政兄竇憲專權將以是受禍也後五日詔收憲印綬兄弟就國逼迫皆自殺

五年二月戊午隴西地震儒說民安土者也將大動行大震九月匈奴單于於除鞬叛遣使發邊郡兵討之

七年九月癸卯京都地震儒說奄官無陽施猶婦人也是時和帝與中常侍鄭衆謀奪竇氏權德之因任用之及幸常侍蔡倫二人始並用權

九年三月庚辰隴西地震閏月塞外羌犯塞殺略吏民使征西將軍劉尚擊之

安帝永初元年郡國十八地震李固曰地者陰也法當安靜今乃越陰之職專陽之政故應以震動是時鄧太后攝政專事訖建光中太后崩安帝乃得制政於是陰類並勝西羌亂夏連十餘年

二年郡國十二地震

三年十二月辛酉郡國九地震

四年三月癸巳郡國四地震

五年正月丙戌郡國十地震

七年正月壬寅二月丙午郡國十八地震

元初元年郡國十五地震

二年十一月庚申郡國十地震

三年二月郡國十地震

十一月癸卯郡國九地震

四年郡國十三地震

五年郡國十四地震

六年二月乙巳京都郡國四十二地震或地坼裂涌水壞敗城郭民室屋壓人冬郡國八地震

永寧元年郡國二十三地震

建光元年九月己丑郡國三十五地震或地坼裂壞城郭室屋壓殺人是時安帝不能明察信宮人及阿母聖等讒云破壞鄧

太后家於是專聽信聖及官者中常侍江
京樊豐等皆得用權
延光元年七月癸卯京都郡國十三地震
九月戊申郡國二十七地震
二年京都郡國三十二地震
三年京都郡國二十三地震是時以讒免
太尉楊震廢太子
四年十月丁巳京都郡國十六地震時安
帝既崩閻太后攝政弟兄閻顯等並用事

遂斥安帝子更徵諸國王子未至中黃門
遂誅顯兄弟
順帝永建三年正月丙子京都漢陽地震
漢陽屋壞殺人地坼涌水出是時順帝阿
母宋娥及中常侍張昉等用權
陽嘉二年四月巳亥京都地震是時爵號
宋娥爲山陽君
四年十二月甲寅京都地震
永和二年四月庚申京都地震是時宋娥

構姦誣罔五月事覺收印綬歸田里
十一月丁卯京都地震是時太尉王龔以
中常侍張昉等專弄國權欲奏誅之時龔
宗親有以楊震行事諫之止云
三年二月乙亥京都金城隴西地震裂城
郭室屋多壞壓殺人閏月己酉京都地震
十月西羌二千餘騎入金城塞爲涼州害
四年三月乙亥京都地震
五年二月戊申京都地震

建康元年正月涼州部郡六地震從去年
九月以來至四月凡百八十日震山谷坼
裂壞敗城寺傷害人物三月護羌校尉趙
沖爲叛胡所殺九月丙午京都地震是時
順帝崩梁太后攝政欲爲順帝作陵制度
奢廣多壞吏民冢尚書欒巴諫事太后怒
癸卯詔書收巴下獄欲殺之丙午地震於
是太后乃出巴免爲庶人
桓帝建和元年四月庚寅京都地震

九月丁卯京都地震是時梁太后攝政兄冀持權至和平元年太后崩然冀猶秉政專事至延熹二年乃誅滅

三年九月己卯地震庚寅又震

元嘉元年十一月辛巳京都地震

二年正月丙辰京都地震十月乙亥京都地震

永興二年二月癸卯京都地震

永壽二年十二月京都地震

延熹四年京都右扶風涼州地震

五年五月乙亥京都地震是時桓帝與中常侍單超等謀誅除梁冀聽之並使用事專權又鄧皇后本小人性行無恒苟有顏色立以爲后後卒坐執左道廢以憂死

八年九月丁未京都地震

靈帝建寧四年二月癸卯地震是時中常侍曹節王甫等皆專權

熹平二年六月地震

六年十月辛丑地震

光和元年二月辛未地震

四月丙辰地震靈帝時宦者專恣

二年三月京兆地震

三年自秋至明年春酒泉表氏地八十餘動涌水出城中官寺民舍皆頓縣易處更築城郭

獻帝初平二年六月丙戌地震

興平元年六月丁丑地震

和帝永元元年七月會稽南山崩會稽南方大名山也京房易傳曰山崩陰乘陽弱勝強也劉向以爲山陽君也水陰民也君道崩壞百姓失所也劉歆以爲崩猶地也是時竇太后攝政兄竇憲專權

七年七月趙國易陽地裂京房易傳曰地裂者臣下分離不肯相從也是時南單于衆乖離漢軍追討

十二年夏閏四月戊辰南郡秭歸山高四

百丈崩塡谿殺百餘人明年冬至蠻夷反
遣使募荆州吏民萬餘人擊之
元興元年五月癸酉右扶風雍地裂是後
西羌大寇涼州
殤帝延平元年五月壬辰河東恒山崩是
時鄧太后專政秋八月殤帝崩
安帝永初元年六月丁巳河東楊地陷東
西百四十步南北百二十步深三丈五尺
六年六月壬辰豫章員谿原山崩各六十
三所

大一百卅六　後漢書志十六　八

元初元年三月己卯日南地坼長百八十
二里其後三年正月蒼梧鬱林合浦盜賊
羣起劫略民吏
二年六月河南雒陽新城地裂
延光二年七月丹陽山崩四十七所
三年六月庚午巴郡閬中山崩
四年十月丙午蜀郡越巂山崩殺四百餘
人丙午天子會日也是時閻太后攝政其

十一月中黃門孫程等殺江京立順帝誅
閻后兄弟明年閻后崩
順帝陽嘉二年六月丁丑雒陽宣德亭地
坼長八十五丈近郊地時李固對策以爲
陰類專恣將有分離之象所以附郊城者
事上帝示象以誡陛下也是時宋娥及中
常侍各用權分爭後中常侍張逵蘧政與
大將軍梁商爭權爲商作飛語欲陷之
桓帝建和元年四月郡國六地裂水涌出
井溢壞寺屋殺人時梁太后攝政兄冀枉

二〇五十六　後漢書志十六　九　章忠

殺李固杜喬三年郡國五山崩
和平元年七月廣漢梓潼山崩
永興二年六月東海朐山崩冬十二月泰
山琅邪盜賊羣起
永壽三年七月河東地裂時梁皇后兄冀
秉政桓帝欲自由內患之
延熹元年七月乙巳左馮翊雲陽地裂
三年五月戊申漢中山崩是時上寵恣中

常侍單超等

四年六月庚子泰山博尤來山判解

八年六月丙辰緱氏地裂

永康元年五月丙午雒陽高平永壽亭上黨泫（工玄反）氏地各裂是時朝臣患中常侍王甫等專恣冬桓帝崩明年竇氏等欲誅常侍黃門不果更爲所誅

靈帝建寧四年五月河東地裂十二處裂合長十里百七十步廣者三十餘步深不

見底

和帝永元五年五月戊寅南陽大風拔樹木

安帝永初元年大風拔樹是時鄧太后攝政以清河王子年少號精耳故立之是爲安帝不立皇太子勝以爲安帝賢必當德鄧氏也後安帝親讒廢免鄧氏令郡縣迫切死者八九人家至破壞此爲瞀霿也是後西羌亦大亂涼州十有餘年

二年六月京都及郡國四十大風拔樹

三年五月癸酉京都大風拔南郊道梓樹九十六枚

七年八月丙寅京都大風拔樹

元初二年二月癸亥京都大風拔樹

六年夏四月沛國勃海大風拔樹三萬餘枚

延光二年三月丙申河東潁川大風拔樹

六月壬午郡國十一大風拔樹是時安帝

親讒曲直不分

三年京都及郡國三十六大風拔樹

靈帝建寧二年四月癸巳京都大風雨雹拔郊道樹十圍已上百餘枚其後晨迎氣黃郊道於雒水西橋逢暴風雨道鹵簿車或發蓋百官霑濡還不至郊使有司行禮迎氣西郊亦壹如此

中平五年六月丙寅大風拔樹

獻帝初平四年六月右扶風大風發屋拔

木
中興以來脂夜之妖無録者
章帝七八年間郡縣大螟傷稼語在魯恭
傳而紀不録也是時章帝用竇皇后讒害
宋梁二貴人廢皇太子
靈帝熹平四年六月弘農三輔螟蟲爲害
是時靈帝用中常侍曹節等讒言禁錮海
內清英之士謂之黨人
中平二年七月三輔螟蟲爲害

後漢書志十六　十二　吳佐

明帝永平十八年牛疫死是歲遣竇固等
征西域置都護戊已校尉固等適還而西
域叛殺都護陳睦戊巳校尉關寵於是大
怒欲復發興討會秋明帝崩是思心不容
也
章帝建初四年冬京都牛大疫是時竇皇
后以宋貴人子爲太子寵幸令人求伺貴
人過隙以讒毀之章帝不知竇太后不善
厥咎霿也或曰是年六月馬太后崩土功

非時興故也

後漢書志第十六

後漢書志十六　十三

後漢書志第十七　五行五

劉昭注補

射妖　龍蛇孽　馬禍

人痾　人化　死復生

疫　投蜺

五行傳曰：皇之不極，是謂不建。尚書大傳皇作王。鄭玄曰：王君也，不名體而言王者，五事象五行，則王極象天也。天變化爲陰爲陽，覆成五行。經曰：曆象日月星辰，敬授民時。論語曰：爲政以德，譬如北辰。是則天之道於人政也。孔子說春秋曰：政以不由王出，不得爲政。則王君出政之號也。極，中也。建，立也。王象天，以情性覆成五事，爲中和之政也。王政不中和，則是不能立

其事也。古文尚書皇極皇建其有極，孔安國曰：大中之道，大立其有中，謂行九疇之義。馬融對策曰：大中之道，在天爲北辰，在地爲人君。厥咎眊，尚書大傳作瞀。鄭玄曰：與思心之咎同耳。故傳曰：眊眊，亂也。君臣不立，則上下亂矣。字林曰：目少精曰眊。厥罰恒陰，鄭玄曰：王極象天，天陰養萬物，陰氣失，故常陰。厥極弱。鄭玄曰：天爲剛德，剛氣失，故於人爲弱。易說亢龍之行曰：貴而無位，高而無民，賢人在下位而無輔，此之謂弱。或云懦，不斷也。時則有射妖，鄭玄曰：射，王極之度也。射人將發矢，必先於此儀之，發則中於彼矣。君將出政，亦先於朝廷度之，出則應於民心。射，其象也。時則有龍蛇之孽，鄭玄曰：龍，蟲之生於淵，行無形，遊於天者也，屬天。蛇，龍之類也。或曰龍無角者曰蛇。時則有馬禍，鄭玄曰：天行健，馬，畜之疾行者也，屬王極。時則有下人伐上之痾，鄭玄曰：夏侯勝說伐宜爲代，書亦或作代。陰陽之神曰精氣，情性之神曰魂魄。君行不由常，侜張無度，則是魂魄傷也。王極氣失之病也。天於不中之人，恒者其毒增以爲病，將以開賢代之也。春秋傳所謂奪伯有魄者是也。不名病者，病不著於身體也。時則有日月亂行，星辰逆行。鄭玄曰：亂謂薄食鬬並見，逆謂縮反明、經天、守舍之類也。太公六韜曰：人主好武事兵革，則日月薄蝕，太白失行。皇，君也。極，中也。眊，不明也。說云此沴天也。不言沴天者，至尊之辭也。春秋王師敗績以自敗爲文。

恒陰　中興以來無錄者。臣昭案：本傳陽嘉二年郎顗上書云：正月以來陰闇連日。久陰不雨，亂氣也。得賢不用，猶久陰不雨也。

靈帝光和中，雒陽男子夜龍以弓箭射北闕，吏收考問，辭居貧負責，無所聊生，因買弓箭以射。近射妖也。風俗通曰：龍從兄陽求臘錢，龍假取繁數，頗厭患之，陽與錢千，龍意不滿，欲破陽家，因持弓矢射玄武東闕，三發，吏士呵縛首服。因是遣中常侍、尚書、御史中丞、直事御史、謁者、衛尉、司隸、河南尹、雒陽令悉會發所劾。時爲太尉議曹掾，白公鄧盛：夫禮設闕觀，所以飾門，章於至尊，懸諸象魏，示民禮法也。故車過者下，步過者趨。今龍乃敢射闕，意慢事醜，次於大逆。宜遣主者參問變狀。公曰：府不主盜賊，當與諸府相儀。劾曰：丞相邴吉以爲道路死傷，既往之事，京兆長安職所窮逐，而住車問牛喘吐舌者，豈輕人而貴畜哉，頗念陰陽不和，必有所害。掾史爾乃悅服，漢書嘉其達大體。今龍所犯，然中外奔波，邴吉防患大豫，況於已形昭晰者哉。明公既處宰相大任，加掌兵戎之職，凡

在荒裔謂之大事何有近目下而致逆節之萌者孔子攝魯司寇非常卿也折僭溢之端消纖介之漸從政三月惡人走境邑門不闔外收強齊侵地內虧三桓之威區區小國尚於趣舍大漢之朝焉可無乎明公恬然謂非己詩云儀刑文王萬國作孚當爲人制法何必取法於人於是公意大悟遣令史謝申以鈴下規應掾自行之還具條奏時靈帝詔報惡惡止其身龍以重論之陽不坐其後車騎將軍何苗與兄大將軍進部兵還相猜疑對相攻擊戰於闕下苗死兵敗殺數千人雒陽宮室內人燒盡應劭曰龍者陽類君之象也夜者不明之應也此其象也

安帝延光三年濟南言黃龍見歷城琅邪言黃龍見諸是時安帝聽讒免太尉楊震震自殺又帝獨有一子以爲太子信讒廢之是皇不中故有龍孽是時多用佞媚故以爲瑞應明年正月東郡又言黃龍二見濮陽

桓帝干寶搜神記曰桓帝即位有大蛇見德陽殿上雒陽市令淳于翼曰蛇有鱗甲兵之象也見於省中將有椒房大臣受甲兵之誅也乃棄官遁去到延熹二年誅大將軍梁冀捕治宗屬揚兵京師也

延熹七年六月壬子河內野王山上有龍死長可數十丈袁山松書曰長可百餘丈襄楷以爲夫龍者爲帝王瑞易論大人天鳳中黃山宮有死龍漢兵誅莽而世祖復興此易代之徵也至建安二十五年魏文帝代漢臣昭曰夫屈申躍見變化無方非顯死之體橫強之畜易沉大聖實類君道野王之異豈桓帝將崩之表乎妖等占殊其例斯衆苟欲附會以同天鳳則帝涉三主年踰五十此爲迂闊將恐非徵矣

永康元年八月巴郡言黃龍見時吏傅堅以郡欲上言內白事以爲走卒戲語不可太守不聽嘗見堅語云時民以天熱欲就池浴見池水濁因戲相恐此中有黃龍語遂行人間闔郡欲以爲美故言時史以書帝紀桓帝時政治衰缺而在所多言瑞應皆此類也又先儒言瑞興非時則爲妖孽而民訛言生龍語皆龍孽也

熹平元年四月甲午青蛇見御坐上是時靈帝委任宦者王室微弱楊賜諫曰皇極不建則有龍蛇之孽詩云惟虺惟蛇女子之祥宜抑皇甫之權割豔妻之愛則蛇變可消者也案張奐傳建寧二年夏青蛇見御坐軒前奐上疏陳蕃竇氏未被明宥妖眚之來皆爲此也敦煌實錄曰蛇長六尺夜於御前當軒而見

更始二年二月發雒陽欲入長安司直李

松奉引車奔觸北宮鐵柱門三馬皆死馬禍也時更始失道將亡

桓帝延熹五年四月驚馬與逸象突入宮殿近馬禍也是時桓帝政衰缺

靈帝光和元年司徒長史馮巡馬生人風俗通曰巡馬生胡子問養馬胡蒼頭乃好此馬以生子京房易傳曰上亡天子諸侯相伐厥妖馬生人後馮巡遷甘陵相黃巾初起爲所殘殺而國家亦四面受敵其後關東州郡各舉義兵卒相攻伐天

後漢書志十七　五

子西移王政隔塞其占與京房同

光和中雒陽水西橋民馬逸走遂齧殺人是時公卿大臣及左右數有被誅者

安帝永初元年十一月戊子民轉相驚走棄什物去廬舍

靈帝建寧三年春河內婦食夫河南夫食婦臣昭曰案此二食夫妻不同在河南北每見死異斯豈怪妖復有徵乎河者經天亘地之水也河內河之陽也夫婦參配陰陽判合成體今以夫之尊在河之陽而陰承體卑而食尊陽將非君道昬弱無居剛之德遂爲陰細之人於能消毀乎河南河之陰河視諸侯夫亦惟家之主而自食正內之人時不皇后將立而靈帝一聽閹官無所厝心夫以宮房之愛惡亦不全中懷抱宋后終廢王甫挾姦陰中列矦實應厥位天戒若曰徙隨嬖暬之意夫敢其妻乎

熹平二年六月雒陽民訛言虎賁寺東壁中有黃人形容鬚眉良是觀者數萬省內悉出道路斷絕應劭時爲郎風俗通曰劭故往視之何在其有人也走漏汙處膩赭流漉壁有他剝數寸曲折耳劭又通之曰季夏土黃中行用事又在壁中壁亦土也以見於虎賁寺者虎賁國之秘兵扞難禦侮必是於東東者動也言當出師行將天下搖動也天之以類告人甚於影響也到中平元年二月張角兄弟起兵冀州自號黃天三十六方四面出和將帥星布吏士外屬因其疲餧牽而勝之物理論曰黃巾被服純黃

後漢書志十七　六

不將尺兵肩長衣翔行舒步所至郡縣無不從是日天大黃也

光和元年五月壬午何人白衣欲入德陽門辭我梁伯夏教我上殿爲天子中黃門桓賢等呼門吏僕射欲收縛何人吏未到須臾還走求索不得不知姓名時蔡邕以成帝時男子王褒絳衣入宮上前殿非常室曰天帝令我居此後王莽篡位今此與成帝相似而有異被服不同又未入雲龍

門而覺稱梁伯夏皆輕於言以往況今將有狂狡之人欲爲王氏之謀其事不成其後張角稱黃天作亂竟破壞風俗通曰光和四年四月南宮中黃門寺不一男子長九尺服白衣中黃門解步呵問汝何等人白衣妄入宮掖曰我梁伯夏後天使我爲天子步欲前收取因忽不見劭曰尚書春秋左傳曰伯益佐禹治水封於梁𩙿叔安有裔子曰董父實甚好龍龍多歸之帝舜嘉之賜姓董氏董氏之祖與梁同焉到光熹元年董卓自外入因間乘釁廢帝殺后百官總已號令自由殺戮決前威重於主梁本安定而卓隴西人俱涼州也天戒若曰卓不當專制奪矯如白衣無宜蘭入宮也白衣見黃門寺及卓之末中黃門誅滅之際事類如此可謂無乎袁山松曰案張角一時狡亂不足致此大妖斯乃曹氏滅漢之徵也案劭所述與志或有不同年月舛異故俱載焉臣

而注曰檢觀前通各有未直尋梁即魏地之名伯夏明於中夏非溥天之稱以内臣孫夫得稱王徵驗有應有若符契復云伯夏教我爲天子後曹公曰若天命在吾吾爲周文王矣此乃魏文帝受我成業而陟帝位也風俗通云見中黃門寺曹騰之家尤見其證

二年雒陽上西門外女子生兒兩頭異肩共胷俱前向以爲不祥墮地棄之自此之後朝廷霿亂政在私門上下無別二頭之象後董卓戮太后被以不孝之名放廢天子後復害之漢元以來禍莫踰此

四年魏郡男子張博送鐵盧詣太官博上書室殿山居屋後宮禁落屋讙呼上收縛考問辭忽不自覺知臣昭曰魏人入宮既奪遊之徵至後宮而讙呼終亦禍廢母后

中平元年六月壬申雒陽男子劉倉居上西門外妻生男兩頭共身

靈帝時江夏黃氏之母浴而化爲黿入于深淵其後時出見初浴簪一銀釵及見猶在其首臣昭曰黃者代漢之色女人臣妾之體化爲黿黿者元也入于深淵水實制火夫君德尊陽利見九五飛在于天乃備光盛俯等龜黿有愧潛躍首從戴釵卑弱未盡後帝者三不專權極天

德雖謝蜀猶傍纘推求斯異女爲曉著矣

獻帝初平中長沙有人姓桓氏死棺斂月餘其母聞棺中聲發之遂生占曰至陰爲陽下人爲上其後曹公由庶士起

建安四年二月武陵充縣女子李娥年六十餘物故以其家杉木槥斂瘞於城外數里上已十四日有行聞其家中有聲便語其家家往視聞聲便發出遂活干寶搜神記曰武陵充縣女子李娥年六十餘病死埋於城外已十四日娥比舍有蔡仲聞娥富謂殯當有金寶盜發冢剖棺斧數

下娥於棺中言曰蔡仲汝護我頭驚遽便出走會為吏所見遂收治依法當棄市娥兒聞來迎出娥將去武陵太守聞娥死復生召見問事狀娥對曰聞謬為司命所召到得遣出過西門適見外兄劉伯文驚相勞問涕泣悲哀娥語曰伯文一日誤見召今得遣歸既不知道又不能獨行為我得一伴不又我見召在此已十餘日形體又當見埋藏歸當那得自出伯文曰當為問之即遣門卒與戶曹相問司命一日誤召武陵大女李娥今得遣還娥在此積日尸喪又當殯斂當作何等得出又女弱獨行豈當有伴邪是吾外妹幸為便安之荅曰今武陵西男民李黑亦得遣還便可為伴輒令黑過勑娥比舍蔡仲令發出娥也於是娥遂得出與伯文別伯文曰書一封以與兒佗娥遂與黑俱歸事狀如此太守慨然嘆曰天下事真不可知也乃表以為蔡仲雖發冢為鬼神所使雖欲無發勢不得已宜加寬宥詔書報可太守欲驗語虛實即遣馬吏於西界推問李黑得之黑語協乃致伯文書與佗佗識其紙乃是父亡時送箱中文書也表文字猶在也而書不可曉乃請費長房讀之曰告佗當從府君出案行當以八月八日日中時武陵城南溝水畔頓汝是時必往到期悉將大小於城南待之須臾果至但聞人馬隱隱之聲詣溝水便聞有呼聲曰佗來汝得我所寄李娥書不邪曰即得之故來至此伯文以次呼家中大小問之悲傷斷絕曰死生異路不能數得汝消息吾亡後兒孫乃爾許人良久謂佗曰來春大病與此一丸藥以塗門戶則辟來年妖癘矣言訖忽去竟不得見其形至前春武陵果大病白日見鬼唯伯文之家鬼不敢向費長房視藥曰此方相臨也博物記曰漢末關中大亂有發前漢宮人冢者宮人猶活既出平復如舊魏郭后愛念之錄置宮內常在左右問漢時宮中事說之了了皆有次緒郭后崩哭泣哀過遂死漢末發范明友奴冢奴猶活明友霍光女婿說光家事廢立之際多與漢書相應此奴常且走居民間無正住處遂不知所在

七年越巂有男化為女子時周羣上言哀帝時亦有此異將有易代之事至二十五年獻帝封于山陽

建安中女子生男兩頭共身

安帝元初六年夏四月會稽大疫公羊傳曰大災者何大瘠也大瘠者何𤸇也何休曰民疾疫也邪亂之氣所生古今注曰光武建武十三年揚徐部大疾疫會稽江左甚案傳鍾離意為督郵建武十四年會稽大疫案此則頻歲也古今注曰二十六年郡國七大疫

延光四年冬京都大疫張衡明年上封事曰臣竊見京師為害兼所及民多病死死有滅戶人人恐懼朝廷燋心以為至憂臣官在於考變禳災思在防救未知所由夙夜征營臣聞國之大事在祀祀莫大於郊天奉祖方今道路流言僉曰孝安皇帝南巡路崩從駕左右行慝之臣欲徼諸國王子故不發喪衣車還宮偽遣大臣並禱請命臣處外官不知其審然尊靈見罔豈能無怨且凡夫私小有不蠲猶為譴謫況以大穢用禮郊廟孔子曰曾謂泰山不如林放乎天地明察降禍見災乃其理也又聞者有司正以冬至之後奏開恭陵神道陛下至不忍距逆或發冢移尸月令仲冬土事無作慎無發蓋及起大衆以固而閉地氣上泄是謂發天地之房諸蟄則死疾疫又隨以喪厲氣未息恐其殆此二年欲使知過改悔五行傳曰六沴作見若時共禦帝用不差神則不怒五福乃降用章于下臣愚以為可使公卿處議所以陳術改過取媚神祇自求多福也

桓帝元嘉元年正月京都大疫二月九江廬江又疫

延熹四年正月大疫太公六韜曰人主好重賦役大宮室多臺遊則民多

病温也

靈帝建寧四年三月大疫

熹平二年正月大疫

光和二年春大疫

五年二月大疫

中平二年正月大疫

獻帝建安二十二年大疫 魏文帝書與吳質曰昔年疾疫親故多離其災魏陳思王常說疫氣云家家有彊尸之痛室室有號泣之哀或闔門而殪或舉族而喪者

靈帝光和元年六月丁丑有黑氣墮北宮温明殿東庭中黑如車蓋起奮訊身五色有頭體長十餘丈形貌似龍上問蔡邕對曰所謂天投蜺者也不見足尾不得稱龍易傳曰蜺之比無德以色親也潛潭巴曰虹出后妃陰脅王者又曰五色迭至照于宮殿有兵革之事演孔圖曰天子外苦兵威內奪臣無忠則天投蜺 案邕集稱曰演孔圖曰蜺者斗之精也失度投蜺見態主惑於毀譽合誠圖曰天子外苦兵者也 變不空生占不空言 邕對又曰意者陛下樞機之內衽席之上獨有以色見進陵尊踰制以昭變象若羣臣有所毀譽聖意低迴未知誰是兵戎未息威權浙移忠言不聞則虹蜺所在生也抑內寵任中正決毀譽分直邪各得其所勤守衛整武備威權之機不以假人則其救也 先是立皇后何氏皇后每齋當謁祖廟輒有變異不得謁中平元年黃巾賊張角等立三十六方起兵燒郡國山東七州處處應角遣兵外討角等內使皇后二兄爲大將統兵其年宮車晏駕皇后攝政二兄秉權譴讓帝母永樂后令自殺陰呼并州牧董卓欲共誅中官中官逆殺大將軍進兵相攻討京都戰者塞道皇太后母子遂爲太尉卓等所廢黜比且死天下之敗兵先興於宮省外延海內二三十歲其殃禍起自何氏 袁山松書曰是年七月虹晝見御坐玉堂後殿前庭中色青赤也

後漢書志第十七

後漢書志第十八　五行六

劉昭注補

日蝕　日抱　日赤無光

日黃珥　日中黑　虹貫日

月蝕非其月

光武帝建武二年（古今注曰：建武元年正月庚午朔日有蝕之，即更始三年）正月甲子朔，日有蝕之，在危八度。（杜預曰：曆家之說，謂日光以望時遥奪月光，故月蝕；日月同會，月奄日，故日蝕。蝕有上下者，行有高下。日光輪存而中食者，相奄密，故日光溢出。皆既者，正相當而相奄間疏也。然聖人不言月食日，而以自蝕爲文，闕於所不見。春秋潛潭巴云：甲子蝕，有兵敵強。臣昭案：春秋緯六旬之蝕，各以甲子爲說，此偏舉一隅，未爲通證，故於事驗不盡相符。今依日例注，以廣其候耳。京房占曰：北夷侵，忠臣有謀，後大水，在東方。）日蝕說曰：日者，太陽之精，人君之象。君道有虧，爲陰所乘，故蝕。蝕者，陽不克也。其候雜說，漢書五行志著之必矣。（春秋緯曰：日之將蝕，則斗第二星變色，微赤不明，七日而蝕。）儒說諸侯專權，則其應多在日所宿之國；（春秋漢含孳曰：臣子謀，日乃蝕。孝經鉤命決曰：失義不德，白虎不出禁，或逆枉失射，山崩日蝕。管子曰：日掌陽，月掌陰，星掌和。陽爲德，陰爲刑，和爲事。是故日蝕則失德之國惡之，月蝕則失刑之國惡之，彗星見則失和之國惡之。是故聖王日蝕則修德，月蝕則修刑，彗星見則修和。）諸象附從，則多爲王者事。人君改修其德，則咎害除。（孝經鉤命決曰：日蝕修孝，山崩理惑。）是時世祖初興，天下賊亂未除。虛、危，齊也。賊張步擁兵據齊，上遣伏隆諭步，許降，旋復叛稱王，至五年中乃破。

三年五月乙卯晦，日有蝕之，（潛潭巴曰：乙卯蝕，雷不行，雪殺草不長，姦人入宮。）在柳十四度。柳，河南也。時世祖在雒陽，赤眉降賊樊崇謀作亂，其七月發覺，皆伏誅。（古今注曰：四年五月乙卯晦，日有蝕之。）

六年九月丙寅晦，日有蝕之，（潛潭巴曰：丙寅蝕，久旱，多有徵。京房曰：有小旱災。）史官不見，郡以聞。（本紀：都尉詔以聞。）在尾八度。（朱浮上疏，以郡縣數代，羣陽騷動所致，見浮傳。）

七年三月癸亥晦，日有蝕之，（潛潭巴曰：癸亥日蝕，天人崩。鄭興曰：頃年日蝕，每多在晦，行疾也，君亢急，臣下促迫。）在畢五度。畢爲邊兵。秋，隗囂反，侵安定。冬，盧芳所置朔方、雲中太守各舉郡降。（古今注曰：九年七月丁酉、十一年六月癸丑、十二月辛亥，並日有蝕之。）

十六年三月辛丑晦，日有蝕之，（潛潭巴曰：辛丑蝕，主疑王

在昴七度昴爲獄事時諸郡太守坐度田不實世祖怒殺十餘人然後深悔之

十七年二月乙未晦日有蝕之潛潭巴曰乙未蝕天下多邪氣鬱鬱蒼蒼京房曰君責衆庶暴害之在胃九度胃爲廩倉時諸郡新坐租之後天下憂怖以穀爲言故示象或曰胃供養之官也其十月廢郭皇后詔曰不可以奉供養

二十二年五月乙未晦日有蝕之在柳七度京都宿也柳爲上倉祭祀穀也近輿鬼輿鬼爲宗廟十九年中有司奏請立近帝四廟以祭之有詔廟處所未定且就高廟祫祭之至此三年遂不立廟有簡墮心奉祖宗之道有闕故示象也二十五年三月戊申晦日有蝕之潛潭巴曰戊申蝕地動搖侯兵強一曰巳兵弱諸侯爭在畢十五度畢爲邊兵其冬十月以武谿蠻夷爲寇害伏波將軍馬援將兵擊之古今注曰二十六年二月戊子日有蝕之盡

二十九年二月丁巳朔日有蝕之潛潭巴曰丁巳蝕下有敗兵在東壁五度東壁爲文章一名娵訾之口先是皇子諸王各招來文章談說之士去年中有人上奏諸王所招待者或眞僞雜受刑罰者子孫宜可分別於是上怒詔捕諸王客皆被以苛法死者甚多世祖不早爲明設刑禁一時治之過差故天示象世祖於是改悔遣使悉理侵枉也

三十一年五月癸酉晦日有蝕之潛潭巴曰癸酉蝕連陰不解淫雨毀山有兵在柳五度京都宿也自二十一年示象至此十年後二年宮車晏駕

中元元年十一月甲子晦日有蝕之在斗二十度斗爲廟主爵祿儒說十一月甲子時王日也又爲星紀主爵祿其占重

明帝永平三年八月壬申晦日有蝕之潛潭巴曰壬申蝕水滅陽潰陰欲翔在氐二度氐爲宿宮是時明帝作北宮古今注曰四年八月丙寅時加未日有蝕之五年二月乙未朔日有蝕之京師候者不覺河南尹郡國三十一上六年六月庚辰晦日有蝕之時雒陽候者不見

八年十月古今注曰十二月壬寅晦日有蝕之既潛潭

巳曰壬寅蝕天下苦兵大臣驕橫在斗十一度斗吳也廣陵於
天文屬吳後二年廣陵王荊坐謀反自殺
十三年十月古今注曰閏八月甲辰晦日有蝕之潛潭巳曰甲辰蝕四騎脅大水在尾十七度京房占曰王后壽命絶後有大水
十六年五月戊午晦日有食之潛潭巳曰戊午蝕久旱穀不傷在柳十五度儒說五月戊午猶十一月
甲子也又宿在京都其占重後二歲宮車
晏駕
十八年十一月甲辰晦日有蝕之在斗二
十一度是時明帝既崩馬太后制爵祿故
陽不勝

章帝建初五年二月庚辰朔日有蝕之潛潭巳曰庚辰蝕彗星東至有寇兵在東壁八度例在前建武二
十九年是時羣臣爭經多相非毀者又別占云庚辰蝕大旱
六年六月辛未晦日有蝕之潛潭巳曰辛未蝕大水在
翼六度翼主遠客冬東平王蒼等來朝明
年正月蒼薨古今注曰元和元年九月乙未日有蝕之

元和元年八月乙未晦日有蝕之史官不
見佗官以聞日在氐四度星占曰天下災期三年
和帝永元二年二月壬午日有蝕之潛潭巳曰壬午蝕久雨旬望史官不見涿郡以聞日在奎八度京房占曰三公與諸侯相賊弱其君王天應而日蝕三公失國後旱且水臣昭以爲三公宰輔之位即竇憲
四年六月戊戌朔日有蝕之潛潭巳曰戊戌蝕有土殃主后死天下諒陰京房占曰婚嫁家欲戮在七星二度主衣裳又曰
行近軒轅在左角爲太后族是月十九日案本紀庚申幸北宮詔捕憲等庚申是二十三日上免太后兄弟竇憲

等官遣就國選嚴能相於國蹙迫自殺
七年四月辛亥朔日有蝕之潛潭巳曰辛亥蝕子爲雄在
觜觿爲葆旅主收斂儒說葆旅宮中之象
收斂貪妬之象是歲鄧貴人始入明年三
月陰皇后立鄧貴人有寵陰后妬忌之後
遂坐廢一曰是將入參參伐爲斬刈明年
七月越騎校尉馮柱捕斬匈奴溫禺犢王
烏居戰
十二年秋七月辛亥朔日有蝕之在翼八

度荆州宿也明年冬南郡蠻夷反爲寇

十五年四月甲子晦日有蝕之在東井二十二度東井主酒食之宿也婦人之職無非無儀酒食是議去年冬鄧皇后立有丈夫之性與知外事故天示象是年水雨傷稼

安帝永初元年三月二日癸酉日有蝕之在胃二度胃主廪倉是時鄧太后專政去年大水傷稼倉廪爲虚 古今注曰三年三月日有蝕之

後漢書志十八　七　王仲

五年正月庚辰朔日有蝕之在虚八度正月王者統事之正日也虚空名也是時鄧太后攝政安帝不得行事俱不得其正若王者位虚故於正月陽不克示象也於是陰預乘陽故夷狄並爲寇害西邊諸郡皆至虚空

七年四月丙申晦日有蝕之 潛潭巴曰丙申蝕諸侯相攻京房占曰君臣暴虐臣下横恣上下相賊後有地動 在東井一度

元初元年十月戊子朔日有蝕之 潛潭巴曰戊子蝕宫室内婬雌必或雄京房占曰妻欲害夫九族夷滅後有大水 在尾十度尾爲後宫繼嗣之宫也是時上甚幸閻貴人將立故示不善將爲繼嗣禍也明年四月遂立爲后後遂與江京耿寶等共讒太子廢之

二年九月壬午晦日有蝕之在心四度心爲王者明久失位也

三年三月二日辛亥日有蝕之在婁五度史官不見遼東以聞

後漢書志十八　八　張

四年二月乙亥朔日有蝕之 潛潭巴曰乙亥蝕東國發兵京房占曰諸侯上侵以自益近臣盗竊以爲積天子未知日爲之蝕 在奎九度史官不見七郡以聞奎主武庫兵其十月八日壬戌武庫火燒兵器也

五年八月丙申朔日有蝕之在翼十八度史官不見張掖以聞 潛潭巴曰丙申蝕夷狄内攘石氏占曰王者失禮宗廟不親其歲旱

六年十二月戊午朔日有蝕之幾盡地如昏狀 古今注曰星盡見春秋緯曰日蝕既君行無常公輔不修德夷狄强侵萬事錯 在須

女十一度女主惡之後二歲三月鄧太后崩李氏家書司空李郃上書曰陛下祗畏天威懼天變克己責躬博訪羣下咎皆在臣力小任重招致咎徵去二月京師地震今月戊午日蝕夫至尊莫過乎天天之變莫大乎日蝕地之戒莫重乎震動今一歲之中大異兩見日蝕之變既爲尤深地動之戒搖宮最醜日者陽精君之象也戊者土主任在中宮午者火德漢之所承地道安靜法當坤陽今乃專恣搖動宮闕禍在蕭牆之內臣恐宮中必有陰謀其陽下圖其上造爲逆也災變終不虛生推原二異日辰行度甚爲較明辟猶指掌宜察宮闈之內如有所疑急摧破其謀無令得成修政恐懼以荅天意十月辛卯日有蝕之周家所忌乃爲亡徵是時妃后用事七子朝令戊午之災近相似類宜貶退諸后兄弟羣從內外之寵求賢良徵逸士下德令施恩惠澤及山海時度遼將軍遵多興師重賦出塞妄攻之事上深納其言建光元年鄧后崩上收考中人趙任等辭言

地震日蝕任中官音有廢之謀郃乃自知其言驗也

永寧元年七月乙酉朔日有蝕之潛潭巴曰乙酉蝕仁義不明賢人消京房占曰君弱臣強司馬將兵反征其王在張十五度史官不見酒泉以聞石氏占曰日蝕張王者失禮

延光三年九月庚寅晦日有食之京房占曰骨肉相賊後有水在氐十五度氐爲宿宮宮中宮也時上聽中常侍江京樊豐及阿母王聖等讒言廢皇太子

四年三月戊午朔日有蝕之在胃十二度隴西酒泉朔方各以狀上史官不覺案馬融集是蝕融爲許令其四月庚申自縣上書曰伏讀詔書陛下深惟禹湯罪己之義歸咎自責寅畏天戒詳延百僚博問公卿知變所自審得厥故修復往術以荅天命臣子遠近莫不延頸企踵苟有隙空一介之知事願自效貢納聖聽臣伏見日蝕之占自昔典籍十月之交春秋傳記漢注所載史官占候羣臣密對陛下所觀覽左右所諷誦可謂詳悉備矣雖復廣問陷在前志無以復加乃者茀氣于參臣前得敦朴之人後三年二月對策北宮端門以爲參者西方之位其於分野并州是也殆謂西戎北狄其後種羌叛戾烏桓犯上郡并涼動兵驗略效今復見大異申誡重譴於此二城海內莫見三月一日合辰在婁婁又西方之宿衆占顯明者羌及烏桓有悔過之辭將吏策動之名臣恐受任典牧者苟脫目前皆粗圖身一時之權不顧爲國百世之利論者美近功忽其遠則各相不大疢病伏惟天象不虛老子曰圖難於其易也爲

大於其細也消災復異宜在於今詩曰日月告凶不用其行四國無政不用其良傳曰國無政不用善則自取謫于日月之災故政不可不慎也務三而已一曰擇人二曰安民三曰從時臣融伏惟方今有道之世漢典設張侯甸采衛司民之吏案繩循墨雖有殿最所差無幾其陷罪辟身自取禍百姓未被其大傷至邊郡牧御失和吉之與凶敗之與成優劣相懸不誠不可審擇其人上以應天變下以安民隸竊見列將子孫生長京師食仰租奉不知稼穡之艱又希遭阸困故能果毅輕財施與不羈以獲死生之用此其所長也不拘法禁奢泰無度功勞足以宣威踰濫足以傷化此其所短也州郡之士出自貧苦長於撿押雖專賞罰不敢越溢此其所長也拘文守法遭遇非常狐疑無斷畏首畏尾威恩纖薄外內離心士卒不附此其所短也必得將兼有二長之才無二短之累參以吏事任以兵法有此數姿然後能折衝厭難致其功實轉災爲福孔子曰十室之邑必有忠信如丘者焉以天下之大四海之衆云無若人臣以爲誣矣

宜特選詳譽審得其眞鎭守二方以應用良擇人之義以塞大異也

順帝永建二年七月甲戌朔日有蝕之潛潭巴曰甲戌蝕草木不滋王命不行京房占曰近臣欲戮身及戮辱後小旱在翼九度

陽嘉四年閏月丁亥朔日有蝕之潛潭巴曰丁亥蝕匿謀滿玉堂京房占曰君臣無別在角五度史官不見零陵以聞案張衡爲太史令表奏云今年三月朔方覺日蝕此郡懼有兵患臣愚以爲可勑北邊須塞郡縣明烽火遠斥候深藏固閉無令穀畜外露不詳是何年三月

永和三年十二月戊戌朔日有蝕之在須女十一度史官不見會稽以聞明年中常侍張逵等謀譖皇后父梁商欲作亂推考逵等伏誅也

五年五月己丑晦日有蝕之潛潭巴曰己丑日蝕天下昌之在東井三十三度東井三輔宿又近輿鬼輿鬼爲宗廟其秋西羌爲寇至三輔陵園

六年九月辛亥晦日有蝕之在尾十一度尾主後宮繼嗣之宮也以爲繼嗣不興之象

桓帝建和元年正月辛亥朔日有蝕之在營室三度史官不見郡國以聞是時梁太后攝政

三年四月丁卯晦日有蝕之潛潭巴曰丁卯蝕有旱有兵京房占曰諸侯欲戮後有裸蟲之殃在東井二十三度例在永元十五年東井主法梁太后又聽兄冀枉殺公卿犯天法也明年太后崩

元嘉二年七月二日庚辰日有蝕之在翼四度史官不見廣陵以聞京房占曰庚辰蝕君易賢以剛卒以自傷後有水翼主倡樂時上好樂過阮籍樂論曰桓帝聞琴淒愴傷心倚扆而悲慷慨長息曰善乎哉爲琴若此一而足矣

永興二年九月丁卯朔日有蝕之在角五度角鄭宿也十一月泰山盜賊羣起劫殺長吏泰山於天文屬鄭

永壽三年閏月庚辰晦日有蝕之在七星二度史官不見郡國以聞例在永元四年後二歲梁皇后崩冀兄弟被誅

延熹元年五月甲戌晦日有蝕之在柳七度京都宿也梁冀別傳曰常侍徐璜白言臣見道術家常言漢死在戌亥今大

歲在丙戌五月甲戌日蝕柳宿朱雀漢家之貴國宿分周地今京師是也史官上古去重見輕竊召太史陳授詰問乃以實對異怨授不爲隱諱使人陰求其短發擿上聞上以亡失侯儀不肅有司奏收殺獄中

八年正月丙申晦日有蝕之在營室十三度營室之中女主象也其二月癸亥鄧皇后坐酗上送暴室令自殺家屬被誅呂太后崩時亦然

九年正月辛卯朔日有蝕之潛潭巴曰辛卯蝕臣代其主在營室三度史官不見郡國以聞谷永以爲三朝尊者惡之其明年宮車晏駕

永康元年五月壬子晦日有蝕之潛潭巴曰壬子蝕妃后專恣女謀主在輿鬼一度儒說壬子淳水日而陽不克將有水害其八月六州大水勃海盜賊

靈帝建寧元年五月丁未朔日有蝕之潛潭巴曰丁未蝕王者崩冬十月甲辰晦日有蝕之

二年十月戊戌晦日有蝕之右扶風以聞

三年三月丙寅晦日有蝕之梁相以聞

四年三月辛酉朔日有蝕之潛潭巴曰辛酉蝕女謀主公永

上書飲酒無節君臣不別姦邪欲起傳曰酒無節茲謂荒厥異日蝕厥咎亡靈帝好爲商估飲於宮人之肆也

熹平二年十二月癸酉晦日有蝕之在虛二度是時中常侍曹節王甫等專權蔡邕上書曰四年正月朔日體微傷羣臣服赤幘赴宮門之中無救乃各罷歸夫有大異隱而不宣求御過是已事之甚者

六年十月癸丑朔日有蝕之趙相以聞谷永上書賦斂滋重不顧黎民百姓虛竭則日蝕將有潰叛之變

光和元年二月辛亥朔日有蝕之十月丙子晦日有蝕之在箕四度箕爲後宮口舌是月上聽讒廢宋皇后案本傳盧植上書丙子蝕自巳過午既蝕之後雲霧晻曖陳八事以諫蔡邕對問曰詔問踐祚以來災眚屢見頻歲日蝕地動風雨不時疫癘流行勁風折樹河雒盛溢臣聞陽微則日蝕陰盛則地震思亂則風貌失則雨視闇則疾簡宗廟上不潤下川流滿溢明君臣正上下抑陰尊陽修五事於聖躬致精慮於共御其救之也

二年四月甲戌朔日有蝕之

四年九月庚寅朔日有蝕之潛潭巴曰庚寅蝕將相誅大水多死傷在角六度

中平三年五月壬辰晦日有蝕之潛潭巴曰壬辰蝕河

汏海火霧連陰

六年四月丙午朔日有蝕之其月淡辰宮

車晏駕

獻帝初平四年正月甲寅朔日有蝕之在

營室四度 潛潭巴曰甲寅蝕雷電擊殺骨肉相攻 是時李傕郭

汜專政 袁宏紀曰未蝕八刻太史令王立奏曰晷過度無有變也於是朝臣皆賀帝密令尚書侯焉未晡一刻而蝕尚書賈詡奏曰立伺候不明疑誤上下太尉周忠職所典掌請皆治罪詔曰天道遠事驗難明且災異應政而至雖探道知機焉能無失而欲歸咎史官益重朕之不德也弗從於是避正殿寢兵不聽事五日

興平元年六月乙巳晦日有蝕之

建安五年九月庚午朔日有蝕之 潛潭巴曰庚午蝕後火燒官兵

六年十月癸未朔日有蝕之

十三年十月癸未朔日有蝕之 潛潭巴曰癸未蝕仁義不明

在尾十二度

十五年二月乙巳朔日有蝕之

十七年六月庚寅晦日有蝕之

二十一年五月己亥朔日有蝕之 潛潭巴曰己亥蝕小人用事君子繫

二十四年二月壬子晦日有蝕之

凡漢中興十二世百九十六年日蝕七十二朔三十二晦三十七月二日三

光武建武七年四月丙寅日有暈抱白虹貫暈在畢八度 古今注曰時日加卯西面東面有抱須臾成暈中有兩鉤征南北面有白虹貫暈在西北南面有背在景加巳皆解也 畢為邊兵秋隗囂反侵安定 皇德傳史曰白虹貫下破軍晉分也古今注曰章帝建初元年正月壬申白虹貫日五年七月甲寅夜白虹出乙丑地西北曲入七年四月丙寅日加卯西面有抱須臾成暈

有白虹貫日殤帝延平元年六月丁未日暈上有半暈暈中外有僪背兩珥十二月丙寅日暈再重中有背僪順帝永建二年正月戊午白虹貫日三年正月丁酉日有白虹貫交暈中六年正月丁卯日暈兩珥白虹貫珥中永和六年正月己卯暈兩珥中赤外青白虹貫暈中案郎顗傳陽嘉二年正月乙卯白虹貫日又唐檀傳永建五年白虹貫日檀上便宜三事陳其咎徵春秋元命苞曰陰陽之氣聚為雲氣立為虹蜺離為倍僪分為抱珥考異郵曰臣謀反偏刺日巫咸占曰臣不知則日月僪如淳曰蝃蝀謂之虹雌謂之蜺向外曰倍刺日曰僪在傍如半鐶向日曰抱在傍直對曰珥孟康曰僪如僪也宋均曰黃氣抱日輔臣納忠

靈帝時日數出東方正赤如血無光高二丈餘乃有景且入西方去地二丈亦如之

京房占曰國有佞讒朝有殘臣則日不光闇冥不明孟康曰日月無光曰薄 其占曰事

天不謹則日月赤是時月出入去地二三

文皆赤如血者數矣 春秋感精符曰日無光主勢奪羣臣以讒術色赤如炭以急見伐又兵馬發禮斗威儀曰日月赤君喜怒無常輕殺不辜戮於無罪不事天地忽於鬼神時則天雨土風常起日蝕無光地動雷降其時不救兵從外來爲賊戮而不葬京房占曰日無故日夕無光天下變枯社稷移亡

光和四年二月己巳黃氣抱日黃白珥在

其表 春秋感精符曰日朝珥則有喪孽又云日已出若其入而雲皆赤黃名曰日空不出三年必有移民而去者也

中平四年三月丙申黑氣大如瓜在日中

春秋感精符曰日黑則水淫溢

五年正月日色赤黃中有黑氣如飛鵲數

月乃銷

六年二月乙未白虹貫日 春秋感精符曰虹貫日天下悉極文法大變百官殘賊酷法橫殺下多相告刑用及族世多深刻獄多怨宿吏皆慘毒又曰國多死孽天子命絕大臣爲禍主將見殺星占曰虹蜺主內淫土精填星之變易讖曰聰明蔽塞政在臣下婚戚干朝君不覺悟虹蜺貫日

獻帝初平元年二月壬辰白虹貫日 袁山松書

曰三年十月丁卯日有重兩倍吳書載韓馥與袁術書曰凶出於代郡

淵聖御名帝永壽三年十二月壬戌月蝕非其月 古今注曰光武建武八年三月庚子夜月暈五重紫微青黃似虹有黑氣如雲月星不見丙夜乃解中元元年十一月甲辰月中星齒往往出入

延熹八年正月辛巳月蝕非其月 袁山松書曰興平二年十二月月在太微端門中重暈二珥兩白氣廣八九寸貫月東西南北

贊曰皇極惟建五是剋端罰咎入沴逆亂浸干火下水騰木弱金酸妖豈或妄氣炎以觀

後漢書志第十八

後漢書志第十九　郡國一

劉昭　注補

河南　河内　河東

弘農　京兆　馮翊

扶風

右司隸

漢書地理志記天下郡縣本末及山川奇異風俗所由至矣今但錄中興以來郡縣改異及春秋三史會同征伐地名臣昭案志猶有遺闕今東書所載不可悉記其春秋土地通儒所據而未備者皆先列焉本志唯郡縣名爲大書其山川地名悉爲細注今進爲大字新注證發臣劉昭採集以爲郡國志凡前志有縣名今所不載者皆世祖所并省也前無今有者後所置也凡縣名先書者郡所治也帝王世記曰自天地設闢未有經界之制三皇尚矣諸子稱神農之王天下也地東西九十萬里南北八十五萬里及黃帝受命始作舟車以濟不通乃推分星次以定律度自斗十一度至婺女七度一名須女曰星紀之次於辰在丑謂之赤奮若於律爲黃鍾斗建在子今吳越分野自婺女八度至危十六度曰玄枵之次一名天黿於辰在子謂之困敦於律爲大呂斗建在丑今齊分野自危十七度至奎四度曰豕韋之次一名娵訾於辰在亥謂之大淵獻於律爲太蔟斗建在寅今衞分野自奎五度至胃

六度曰降婁之次於辰在戌謂之閹茂於律爲夾鍾斗建在卯今魯分野自胃七度至畢十一度曰大梁之次於辰在酉謂之作噩於律爲姑洗斗建在辰今趙分野自畢十二度至東井十五度曰實沈之次於辰在申謂之涒灘於律爲中呂斗建在巳今晉魏分野自井十六度至柳八度曰鶉首之次於辰在未謂之叶洽於律爲蕤賓斗建在午今秦分野自柳九度至張十七度曰鶉火之次於辰在午謂之敦牂一名大律於律爲林鍾中建在未今周分野自張十八度至軫十一度曰鶉尾之次於辰在巳謂之大荒落於律爲夷則斗建在申今楚分野自軫十二度至氐四度曰壽星之次於辰在辰謂之執徐於律爲南呂斗建在酉今韓分野自氐五度至尾九度曰大火之次於辰在卯謂之單閼於律爲無射斗建在戌今宋分野自尾十度至斗十度百三十五分而終曰析木之次於辰在寅謂之攝提格於律爲應鍾斗建在亥今燕分野凡天有十二次日月之所躔也地有十二分王侯之所國也故四方方七宿四七二十八宿合百

八十二星東方蒼龍三十二星七十五度北方玄武三十五星九十八度四分度之一西方白虎五十一星八十度南方朱雀六十四星百一十二度周天三百六十五度四分度之一一度二千九百三十二里分爲十二次一次三十度三十二分度之十四各以附其七宿閒距周天積百七萬九百一十三里徑三十五萬六千九百七十一里陽道左行故太歲右轉凡中外官常明者百二十四可名者三百二十合二千五百星微星之數凡萬一千五百二十星萬物所受咸系命焉此黃帝創制之大略也而佗說稱日月所照三十五萬里考諸子所載神農之地過日月之表近爲虛誕及少昊氏之衰九黎亂德其制無聞矣洎顓頊之所建帝嚳受定則孔子稱其地北至幽陵南暨交趾西蹈流沙東極蟠木日月所照莫不底焉是以建萬國而制九州至堯遭洪水分爲十二州今虞書是也及禹平水土還爲九州今禹貢是也是以其時九州之地凡二千四百三十萬八千二十四頃定墾者九百一十萬八千二十四頃不墾者千五百

萬二千頃民口千三百五十五萬三千九百二十三人至于塗山之會諸侯承唐虞之盛執玉帛亦有萬國是以山海經稱禹使大章步自東極至于西垂二億三萬三千五百里七十一步又使豎亥步南極北盡於北垂二億三萬三千五百里七十五步四海之內則東西二萬八千里南北二萬六千里出水者八千里受水者八千里名山五千三百五十經六萬四千五十六里出銅之山四百六十七出鐵之山三千六百九以供財用儉則有餘奢則不足以男女耕織不奪其時故公家有三十年之積私家有九年之儲及夏之衰棄稷弗務有窮之亂少康中興乃復禹迹孔甲之至桀行暴諸侯相兼逮湯受命其能存者三千餘國方於塗山十損其七民離毒政將亦如之殷因於夏六百餘載其間損益書策不存無以考之又遭紂亂至周剋商制五等之封凡千七百七十三國又減湯時千三百矣民衆之損將亦如之及周公相成王致治刑錯民口千三百七十一萬四千九百二十三人多禹十六萬一千人周之極盛也其後七十餘歲天下無事民彌以息及昭王南征不反穆王失荒加以幽厲之亂平王東遷三十餘載至齊桓公二年周莊王之十三年五千里內非天王九賓之御自世子公侯以下至於庶民凡千一百八十四萬七千人除有土老疾定受田者九百萬四千人其後諸侯相并當春秋時尚有千二百國二百四十二年之中殺君三十六亡國五十二諸侯奔走不得保社稷者不可勝數至于戰國存者十餘於是從横短長之說相奪於時殘民詐力之兵動以萬計故崤有匹馬之禍宋有易子之急晉陽之圍縣釜而炊長平之戰血流漂鹵周之列國唯有燕衛秦楚而已齊及三晉皆以篡亂南面稱王衛雖得存不絕若綫然考蘇張之說計秦及山東六國戎卒尚存五百餘萬推民口數尚當千餘萬及秦兼諸侯置三十六郡其所殺傷三分居二猶以餘力行參夷之刑收太半之賦北築長城四十餘萬南戍五嶺五十餘萬阿房驪山七十餘萬十餘年間百姓死沒相踵于路陳項又肆其餘烈新安之坑二十餘萬彭城之戰睢水不流至漢祖

定天下民之死傷亦數百萬是以平城之卒不過二十萬方之六國五損其二自孝惠至文景與民休息六十餘歲民衆大增是以太倉有不食之粟都內有朽貫之錢武帝乘其資畜軍征三十餘歲地廣萬里天下之衆亦減半矣及霍光秉政乃務省役至于孝平六世相承雖時征行不足大害民戶又息元始二年郡國百三縣邑千四百八十七地東西九千三百二里南北萬三千三百六十八里定墾田八百二十七萬五百三十六頃民戶千三百二十三萬三千六百一十二口五千九百一十九萬四千九百七十八人多周成王四千五百四十八萬五十五人漢之極盛也及王莽篡位續以更始赤眉之亂至光武中興百姓虛耗十有二存中元二年民戶四百二十七萬千六百三十四口三千一百萬七千八百二十人永平建初之際天下無事務在養民迄于孝和民戶滋殖及孝安永初元初之間兵飢之苦民人復損至于孝桓頗增於前永壽二年戶千六百七萬九百六口五千六萬六千八百五十六人墾田亦多單師屢征

及靈帝遭黃巾獻帝即位而董卓興亂大焚宮廟劫御西遷京師蕭條豪桀並爭郭汜李傕之屬殘害又甚是以興平建安之際海內凶荒天子奔流白骨盈野故陝津之難以箕撮指安邑之東后裳不完遂有寇戎雄雌未定割剝庶民三十餘年及魏武皇帝剋平天下文帝授禪人衆之損萬有一存景元四年與蜀通計民戶九十四萬三千四百二十三口五百三十七萬二千八百九十一人又案正始五年揚威將軍朱照日所上吳之所領兵戶凡十三萬二千推其民數不能多蜀矣昔漢永和五年南陽戶五十餘萬汝南戶四十餘萬方之於今三帝鼎足不踰二郡加有食祿復除之民凶年飢疾之難見可供役裁若一郡以一郡之人供三帝之用斯亦勤矣自禹至今二千餘載六代損益備於茲焉臣昭案謚記云春秋時有千二百國未知所出班固云周之始爵五而土三蓋千八百國轉相吞滅數百年間列國耗盡至春秋時尚有數

河南尹秦三川郡高帝更名世祖都雒陽建武十五年改曰河南尹應劭漢官曰尹正也府聽事辟諸尹盡贊肇自建武訖于陽嘉注其清濁進退所謂不隱過不虛譽甚得述事之實後人是不足以勸懼雖春秋采毫毛之善罰纖釐之惡不避王公無以過此尤著明也二十一城永和五年戶二十萬八千四百八十六口百一萬八百二十七

雒陽摯虞曰古之周南今之雒陽魏氏春秋曰有委粟山在陰鄉魏時營爲圓丘皇覽曰縣東北山甚弘冢縣北芒山道西呂不韋冢周時號成周公羊傳曰成周者何東周也何休曰周道始成王之所都也帝王世記曰城東西六里十一步南北九里一百步晉元康地道記曰城內南北九里七十步東西六里十步爲地三百里一十二畝有三十六步城東北隅周威烈王冢有狄泉在城中左傳僖二十九年盟

于狄泉杜預曰城內太倉西南池水或曰本在城外定元年城成周乃繞之案此水晉時在東宮西北帝王世記曰狄泉本殷之墓地在成周東北今城中有殷王冢是也又太倉中大冢周景王也有唐聚左傳昭二十三年尹辛敗劉師于唐有上程聚古程國史記曰重黎之後伯休川之國也關中更有程地帝王世記曰文王居程徙都豐故此加爲上程有士鄉聚馮異斬武勃也有褚氏聚左傳昭二十六年王宿褚氏杜預曰縣南有褚氏亭有滎錡澗左傳周景王崩于滎錡氏杜預曰鞏縣西有前亭杜預曰縣西南有泉亭即泉戎也有圉鄉左傳昭二十二年單氏伐東圉杜預曰縣東南有圉鄉又西南有戎城伊雒之戎有大解城左傳昭二十三年晉師次于解杜預曰縣西南有大解小解河南帝王世記曰城西有郟鄏陌太康畋于有雒之表今河之南才傳有負犢山周

公時所城雒邑也春秋時謂之王城鄭玄詩譜曰周公攝政五年成王宅雒邑使召公先相宅既成謂之王城博物記曰王城方七百二十丈郛方七十里南望雒水北至陝山地道記曰去雒城四十里左傳定八年單子伐穀城杜預曰在縣西東城門名鼎門帝王世記曰東南門九鼎所從入又曰武王定鼎雒陽西南雒水北鼎中觀是也北城門名乾祭左傳昭二十四年士伯立於乾祭皇覽曰城西南柏亭西周山上周靈王冢民祠之不絕又有甘城杜預曰縣西南有甘泉有蒯鄉左傳昭二十三年尹辛攻蒯晉地道記曰在縣西南有蒯亭梁故國伯翳後有陽人聚史記曰秦滅東周不絕其祀以陽人地有霍陽山左傳哀四年楚爲一昔之期襲梁及霍有注城史記曰魏文侯四十二年敗秦于注博物記曰梁伯

好土功今梁多有城滎陽有鴻溝水文穎曰於滎陽下引河東南爲鴻溝即官度水也有廣武城西征記曰有三皇山或謂三室山山上有二城東者曰東廣武西者曰西廣武各在山一頭相去二百餘步其間隔深澗漢祖與項籍語處有虢亭虢叔國有隴城左傳文三年盟于垂隴有薄亭有敖亭周宣王狩于敖左傳宣十二年晉師在敖鄗之閒秦立爲敖倉有費澤左傳宣十二年楚潘黨逐魏錡及滎杜預曰縣東滎澤也卷左傳成十年晉鄭盟脩澤杜預曰縣東有脩武亭有長城經陽武到密史記蘇秦說襄王曰大王之地西有長城之界有垣雝城或曰古衡雍史記無忌謂魏王曰有鄭地得垣雍者也杜預曰即是衡雍又今縣所治城有扈城亭左傳莊二十三年盟于扈杜預曰在縣西

北原武陽武有武彊城史記曰曹參攻武彊秦始皇東遊至陽武博狼沙中
爲盜所驚中牟左傳宣元年諸侯救鄭遇于北林杜預曰縣西南有林亭在鄭北有圃
田澤左傳曰原圃爾雅十藪鄭有圃田有清口水左傳閔一年遇于清杜預
曰縣有清陽亭有管城杜預曰管國也在京縣東北漢書音義曰故管叔邑有曲
遇聚前書曹參破楊熊有蔡亭開封左傳哀十四年逢澤有介
麋杜預曰在縣東北遠疑徐廣曰逢池也菀陵有棐林左傳宣元年諸侯會于棐
林杜預曰縣東有林鄉徐齊民北征記曰縣東南有大陵澗鄭莊公所闕又大城東臨濮水水東秦水注
于洧城西臨洧水有制澤左傳宣十年諸侯遷於制田杜預曰縣東有制城有瑣
侯亭左傳襄十一年諸侯之師次于瑣杜預曰縣西有瑣侯亭平陰穀城

後漢書志十九　七　李秀

瀍水出博物記曰出潛亭山有函谷關西征記曰函谷左右絕岸十丈
中容車而已緱氏左傳曰呂相絕秦伯殄滅我費滑杜預曰滑國都於費今緱氏縣案本紀
縣有百坏山千寶搜神記曰縣有延壽城有鄔聚左傳王取鄔劉杜預曰鄔在縣西南有
轘轅關瓚曰險道名在縣東南鞏鞏伯國左傳曰商湯有景亳之命杜預曰縣西
南有湯亭帝王世記曰湯亭偃師又曰夏太康五弟須于雒汭在縣東北三十里有尋谷
水左傳昭二十三年王師晉師圍郊中史記曰張儀下兵三川塞什谷之口徐廣曰縣有尋口
有東訾聚今名訾城左傳昭二十三年單子取訾杜預曰在縣西南
晉地道記曰在縣之東有坎埳聚左氏周襄王出國人納之坎埳杜預曰在縣東地道
記在南有黃亭有湟水左傳昭二十二年王子猛居于皇杜預曰有黃亭在

縣西北有明谿泉左傳昭二十三年賈辛軍于谿泉成皋史記曰成
皋北門名王門左傳破燕師于北制杜預曰北制一名虎牢亦即此縣也穆天子傳曰七萃之士生搏虎
而獻天子命爲柙而畜之東虢是曰虎牢左傳曰鄭子皮勞晉韓宣子于索氏杜預曰縣東有大索城尚
書禹貢至于大伾張揖云成皋縣山又有旋門坂縣西南十里見東京賦曰有旃然水
左傳襄十八年楚伐鄭次旃然有瓶丘聚有漫水有汜水左傳
曰周襄王處鄭地汜京鄭共叔所居左傳云謂之京城大叔應劭曰有索亭楚漢戰京索北征記又有
索水密春秋時曰新城傳曰新密僖六年諸侯圍新城杜預曰一名密縣有大騩
山山海經曰大騩之山其陰多鐵多美堊有草焉狀如蓍而毛青華而白實其名曰蘋服者不天
有梅山左傳曰襄十八年楚伐鄭右迴梅山在縣西北有陘山史記魏襄王六

後漢書志十九　八　毛仙

年伐楚敗之陘山秦破魏華陽地亦在縣杜預遺令曰山上有冢或曰子產邪東北向新鄭城不忘本也
新城左傳曰文十七年周敗戎于郊垂杜預曰縣北有垂亭史記秦遷西周公於𢡟狐徐廣曰
與陽人聚相近在雒陽南百五十里梁新城之間有高都城史記蘇代說韓相國以高
都與周者有廣成聚有廣成菀有鄤聚古鄤氏今名蠻
中左傳昭十六年楚殺鄤子杜預曰縣東南有鄤城又祭遵獲張滿也偃師帝王世記
曰帝嚳所都殷盤庚復南亳是爲西亳皇覽曰北有嚳縣祠又曰有湯亭有湯祠有尸鄉
帝王世記曰尸鄉在縣西二十里春秋時曰尸氏左傳昭二十六年劉人敗子朝
之師于尸氏前書田橫自殺處新鄭詩鄭國祝融墟皇甫謐曰古有
熊國黃帝之所都平

河內郡高帝置雒陽北百二十里十八城戶十五萬九千
七百七十口八十萬一千五百五十八
懷有隰城左傳曰王取鄭隰城杜預曰在縣西南傳又曰郤至與周爭鄇田杜預曰縣西
南有鄇人亭河陽左傳曰王與鄭盟杜預曰縣南孟津有湛城軹左傳
曰王以蘇忿生田向與鄭杜預曰縣西北地名向上有原鄉左傳曰王與鄭原杜預曰沁水
西北有原城有湨梁左傳曰襄十六年諸侯會湨梁波有絺城左傳
曰王與鄭絺杜預曰在野王縣西南沁水山海經曰沁水出井陘東野王有太
行山山海經曰其上有金玉下有碧有獸焉其狀如麢而四角馬尾而有距其名曰驒逯鄘食
其說曰杜太行之道章昭曰在縣北有射犬聚世祖破青犢也有邘城史記

後漢書志十九 九 陳仲

曰紂以文王九侯鄂侯爲三公徐廣曰鄂一作邢武王子封在縣西北温蘇子所都
濟水出王莽時大旱遂枯絕皇覽曰縣郭東濟水南有虢公
冢州平皐有邢丘故邢國周公子所封
臣瓚曰丘名也非國在襄國西有李城史記曰邯鄲李同却秦兵趙封其父李侯徐廣曰即
此城山陽邑有雍城杜預曰古雍國在縣西有蔡城蔡叔邑此
猶鄭管城之類乎武德獲嘉侯國脩武故南陽
秦始皇更名有南陽城左傳僖四年晉文公圍南陽史記曰白起
攻韓南陽太行道絕之山海經曰太時之山濟水出焉郭璞曰脩武縣北黑山亦出清水陽樊
攢茅田服虔曰樊仲山之所居故名陽樊杜預曰縣西北有攢城左傳曰定元年魏獻子田

大陸杜預曰西北吳澤也有小脩武聚春秋曰寗史記曰高祖得韓信軍小脩武
晉灼曰在城東有隤城左傳隱十一年以隤與鄭共本國淇水出
前志注曰水出北山博物記曰有奧水流入淇水有綠竹草有汎亭凡伯邑汲晉地
道記曰有銅關朝歌有鹿腹山紂所都居帝王世記曰紂積丘酒池肉林在城
西前書注曰鹿臺在城中南有牧野去縣十七里北有邶國南
有寗鄉史記无忌說魏安僖王曰通韓上黨於共寗徐廣曰有寗鄉左傳曰襄二十三年救
晉次雍榆杜預曰縣東有雍城是也蕩陰有羑里城韋昭曰羑音酉文王所拘
處林慮故隆慮殤帝改有鐵徐廣曰洹水所出蘇秦合諸侯
盟處班叔皮遊居賦亦曰激余馬乎洹泉嗟西伯於牖城

後漢書志十九 十 恭讓

河東郡秦置雒陽西北五百里博物記曰有山澤近鹽沃土之民不才漢興少有名人大衣
冠三世皆衰絕也二十城戶九萬三千五百四十三
口五十七萬八百三安邑帝王世記曰縣西有鳴條陌湯
伐桀戰昆吾亭左傳昆吾與桀同日亡地道記咸山在南有鐵有鹽池前志曰池
在縣西南魏都賦注曰在猗氏六十四里揚佺期雒陽記曰河東鹽池長七十里廣七里水氣紫色有別
御鹽四面刻如印齒文章字妙不可述楊有高梁亭左傳曰僖九年晉懷公死
高梁杜預曰在縣西南地道記有梁城去縣五十里叔嚮邑也平陽侯國左傳曰成
七年諸侯盟馬陵杜預曰衛地也平陽東南地名馬陵又說在魏郡元城有鐵堯都此
晉地道記曰有堯城臨汾博物記曰有賈鄉賈伯邑有董亭左傳曰晉改蒐于董

杜預曰縣有董亭汾陰博物記曰古之綸少康邑有介山縣西北有狐谷亭郭
璞爾雅注曰縣有水口如車輪許濆沸涌出其深無限名之爲濆蒲坂有雷首
山史記曰趙盾田首山息桑下有餓人祇彌明縣南二十里有歷山舜所耕處又伯夷叔齊隱於
首陽山馬融曰在蒲坂華山之北河曲之中有沙丘亭左傳曰文十二年秦晉戰河曲
杜預曰在縣南湯伐桀孔安國曰河曲之南大陽有吳山上有虞城
杜預曰虞國也帝王世記曰舜嬪于虞虞城是也亦謂吳城史記秦昭王伐魏取吳城即此城也皇覽曰
盜跖冢臨河博物記曰傳巖在縣北有下陽城虢邑左傳僖二年虞晉所滅縣東北
三十里有茅津左傳曰秦伐晉遂自茅津濟杜預曰在縣西南有茅亭即茅戎有
顛軨坂左傳曰入自顛軨博物記曰在縣鹽池東吳城之北今之吳坂杜預曰在縣東北

解左傳曰咎犯與秦晉大夫盟於郇杜預曰縣西北有郇城博物記曰有智邑有桑
泉城左傳僖二十四年晉文公入桑泉杜預曰在縣西二十里有臼城左傳曰晉
文公入取臼衰者也杜預曰在縣東南博物記曰臼季邑縣西北卑耳山縣西南齊桓公西伐所登有
解城左傳僖十五年晉侯賂秦內及解梁城有瑕城左傳文十二年秦侵晉及
瑕杜預曰猗氏縣東北有瑕城皮氏有耿鄉尚書祖乙徙耿左傳閔元年晉滅耿
杜預曰縣東南有耿鄉博物記曰有耿城有鐵有冀亭左傳僖二年晉荀息曰冀
爲不道杜預曰國在縣東北史記蘇代說燕王曰下南陽封冀聞喜邑博物記曰縣治
涑之川史記曰伐韓到乾河郭璞曰縣東北有乾河口但有故溝處無復水左傳曰僖三十一年晉蒐清
原杜預曰在縣北本曲沃曲沃在縣東北數里與晉相去六七百里見毛詩譜注有

董池陂古董澤左傳曰改蒐于董董澤之蒲有稷山亭縣西
五十里左傳曰宣十五年晉侯治兵于稷有涑水左傳呂相絕秦曰伐我涑川有
洮水絳邑縣西有絳邑城杜預曰故絳也有翼城左傳隱五年曲
沃伐翼杜預曰在縣東八十里永安故彘史記曰周穆王封造父趙城徐廣曰在永安博
物記曰有呂鄉呂甥邑也陽嘉二年更名杜預曰縣東北有彘城有
霍大山爾雅曰西南之美者有霍山之多珠玉焉左傳曰閔元年晉滅霍杜預曰縣東北有
霍大山史記曰原過受神人書稱余霍大山山陽侯天吏也又蜚廉於山得石椁仍葬也河北
詩魏國有韓亭猗氏地道記曰左傳文十三年詹嘉處瑕在縣
東北垣有王屋山兖水出史記曰魏武侯二年城王垣博物記曰山在東

狀如垣有壺丘亭左傳襄元年晉討宋五大夫寘諸瓠丘杜預曰縣東南有壺丘亭
有邵亭博物記曰縣東九十里有郫邵之阸賈季迎公子樂于陳趙孟殺諸郫邵襄
陵晉地道記曰晉武公曲沃徙此北屈左傳曰二屈杜預曰二當爲北傳曰屈產之乘
有駿馬有壺口山禹貢曰壺口治梁及岐有采桑津左傳僖八年晉
敗狄于采桑杜預曰縣西南有采桑津蒲子左傳曰晉文公居蒲城杜預曰今蒲子縣濩
澤侯國有祁城山前志曰在縣西南端氏史記曰趙韓魏分晉
封晉端氏

弘農郡武帝置其二縣建武十五年屬雒陽西南四百五十里九城戶四
萬六千八百一十五口十九萬九千一百

一十三　弘農故秦函谷關左傳曰虢公敗戎于桑田杜預曰在縣東北桑里亭燭水出前志出衡山領下谷有桔柣山本傳赤眉立盆子於鄭北古今注曰在此山下有桃丘聚故桃林左傳曰守桃林之塞博物記曰在湖縣休與之山有務鄉赤眉破李松處有曹陽亭史記曰章邯殺周章于曹陽晉灼曰縣東十三里又獻帝東歸敗處曹公改曰好陽陝史記曰自陝以西邵公主之自陝以東周公主之本虢仲國杜預曰虢都上陽在縣東有虢城有焦城故焦國史記曰武王封神農之後於焦有陝陌博物記二伯所分黽池穀水出前志曰出穀陽谷有二崤　新安澗水出博物記曰西漢水出新安入雒又有孝水見潘岳西征賦宜陽有金門山山竹為律管陸

後漢書志十九　十三　卓受

渾西有虢略地左傳僖十五年晉侯賂秦東盡虢略杜預曰從河曲南行而東盡故虢盧氏有熊耳山山海經曰其上多漆其下多棕浮豪之水出焉西北流注于雒其中多美玉多人魚伊水清水出晉地道記伊東北入雒湖故屬京兆前志有鼎湖有閿鄉皇覽曰戾太子南出葬在閿鄉南秦又改曰寧秦華陰故屬京兆史記曰魏文侯三十六年齊侵陰晉前志曰高帝改曰華陰呂氏春秋九藪云秦之陽華高誘曰或在華陰西誘又曰桃林縣西長城是也晉地道記曰潼關是也有太華山左傳晉賂秦南及華山山海經曰太華之山削成而四方其高五千仞其廣十里鳥獸莫居有蛇馬名曰肥遺六足四翼見則天下大旱武王放馬牛於桃林墟孔安國曰在華山東晉地道記山在縣西南

京兆尹秦內史武帝改其四縣建武十五年屬雒陽西九百五十里決錄注曰京大也天子曰兆民十城戶五萬三千二百九十九口二十八萬五千五百七十四　長安高帝所都漢舊儀曰長安城方亦十三里經緯各長十五里十二城門九百七十三頃城中皆屬長安今辛氏三秦記曰長安地皆黑壤城中今赤如火堅如石父老所傳盡鑿龍首山為城皇覽曰衛思后葬城東南桐松園今千人聚是鎬在上林苑中孟康曰長安西南有鎬池秦始皇江神反璧曰為吾遺鎬池君古史考曰武王遷鎬長安豐亭鎬池也皇覽曰文王周公冢皆在鎬聚東杜中有細柳聚前書周亞夫所屯處有蘭池史記曰秦始皇微行夜出逢盜蘭池三秦記曰始皇引渭水為長池東西二百里南北三十里刻石為鯨魚二百丈有曲郵前書高帝

後漢書志十九　十四　王仲

征黥布張良送至曲郵有杜郵史記曰白起死處三秦記曰長安城西有九嵕山西有杜山杜預曰畢國在西北霸陵有枳道亭前書秦王子嬰降於軹道旁地道記曰霸水西有長門亭前書文帝出長門若見五人於道北立五帝壇杜陵杜預曰古唐杜氏也酆在西南杜預曰在鄠縣東決錄注曰鎬在酆水東酆在鎬水西相去二十五里鄭史記殺商君鄭黽池鄭桓公封於此黃圖云下邽縣并鄭桓帝西巡復之新豐有驪山杜預曰古驪戎國韋昭曰戎來居此山故號驪戎三秦記曰始皇墓在山北有始皇祠不齋戒往即疾風暴雨人理欲上則杳冥失道縣西有白鹿原周平王時白鹿出藁關中圖縣南有新豐原白鹿在霸陵東有鴻門亭前書高帝見項羽處孟康曰在縣東七十里舊大道北下坂口名關中記云始皇陵北十餘里有謝聚及戲亭周幽王死處蘇林曰縣東

南四十里有嚴城 藍田出美玉三秦記曰有川方三十里其水
北流出玉銅鐵石地道記有虎候山長陵故屬馮翊蔡邕作樊陵頌云前漢戶
五萬口有十七萬王莽後十不存一永初元年羌戎作虐至光和領戶不盈四千園陵蕃衞粢盛之供百
役出馮民用匱乏不堪其事商故屬弘農帝王世記曰契所封也左傳哀四年
將通於少習杜預曰少習縣東之武關上雒侯國有冢領山雒水
出故屬弘農山海經曰雒水出護舉之山案記云雒水出熊耳山海經曰雒出
王城南至相谷西東北流去虎牢城西四十里注河口謂之雒汭有菟和山左傳哀四
年楚司馬軍于菟和有蒼野聚左傳曰昭四年楚左師軍蒼野杜預曰在縣南陽
陵故屬馮翊

左馮翊秦屬內史武帝分改名雒陽西六百八十八里決錄注曰馮馮也翊明也十三
城戶三萬七千九十口十四萬五千一百
九十五潘岳關中記曰三輔舊治長安城中長吏各在其縣治民光武東都之後扶風出治
槐里馮翊出治高陵高陵 池陽爾雅十藪周有焦穫郭璞曰縣瓠中是也地道記有
嶻嶭山在北有鬼谷生三所氏案史記鬼谷在潁川陽城與地記不同雲陽有荊山帝王世
記曰禹鑄鼎於荊山在馮翊懷德之南今其下荊渠也祋祤永元九年復
頻陽 萬年帝王世記曰秦獻公都櫟陽是也蓮勺 重泉
臨晉本大荔有河水祠有芮鄉古芮國與虞相讓者
有王城史記曰秦厲恭公伐大荔取其王城即此城也左傳晉陰飴甥與秦伯盟王城杜預

曰後改爲武鄉在縣東郃陽永平二年復 夏陽有梁
山詩云奕奕梁山在縣西北公羊傳曰河上之山也杜預曰古梁國史記曰本少梁爾雅曰梁山
晉望也龍門山書曰導河積石歷龍門太史公遷生龍門韋昭曰在縣北博物記曰有韓
原韓武子采邑衙左傳文二年晉敗秦于彭衙皇覽曰有蒼頡冢在利陽亭南墳高六丈粟
邑永元九年復
右扶風秦屬內史武帝分改名決錄曰扶風化也十五城戶萬七
千三百五十二口九萬三千九十一 槐
里周曰犬丘又名廢丘周懿王章邯所都高帝改 安
陵皇覽曰縣西北畢陌秦武王冢平陵 茂陵 鄠古扈國豐

水出左傳曰康有酆宮之朝杜預曰有靈臺康王於是朝諸侯有甘亭帝王世記
曰在縣南夏啓伐扈大戰于甘又南山有王季冢鄠有郃亭史記曰封棄於郃徐廣曰
今斄鄉又案王忳傳郿之斄亭爲冤鬼報戮故亭長者也秦是斄縣後省帝王世記曰秦出公徙平陽新
論曰郃在漆縣其民有會日以相與夜中市如不爲則有災咎武功永平八年
復有太一山本終南垂山本敦物前志在縣東
有斜谷西征賦注曰褒斜谷在長安西南南口褒北口斜長百七十里其水南流陳
倉三秦記曰秦武公都雍陳倉城是也有石鼓山將有兵此山則鳴汧爾雅曰十藪秦
有楊紆郭璞曰在縣西有吳嶽山郭璞曰別名吳山周禮所謂嶽山者本名
汧汧水出有回城名回中來歙開道處渝麋侯

國　雍左傳郜雍公采邑史記有鴻冢　有鐵帝王世記曰秦德公徙都　栒

邑有豳鄉鄭玄詩譜曰豳者公劉自邰而出所徙戎狄之地名又有劉邑　美

陽有岐山左傳椒舉曰成王有岐陽之蒐山海經曰其上多白金其下多鐵城水出

焉東南流注于江　有周城杜預曰城在縣西北帝王世記曰周太王所徙南有周原　漆

有漆水山海經曰蝓次之山漆水出焉郭璞曰漆水出岐山詩云自土沮漆地道記曰水在

縣西皇覽曰有師曠冢名師曠山　有鐵杜預曰豳國在東北帝王世記曰有豳亭　杜

陽永和二年復詩譜曰周原者岐山陽地屬杜陽地形險阻而原田肥美

右司隸校尉部郡七縣邑侯國百六漢書

後漢書志十九　十七　王葉

舊儀曰司隸治所故孝武廟魏志曰曹公分關中置漢興郡國游楚爲太守獻帝起居注曰中平六年省扶風都尉置漢安郡鎮雍渝麋杜陽陳倉汧五縣也

後漢書志第十九

後漢書志第二十　郡國二　劉昭　注補

潁川　汝南　梁國

沛國　陳國　魯國

右豫州

魏郡　鉅鹿　常山

中山　安平　河閒

清河　趙國　勃海

右冀州

後漢書志二十　一　書葉

潁川郡秦置雒陽東南五百里　十七城戶二十六萬三千四百四十口百四十三萬六千五百一十三

陽翟禹所都汲冢書禹都陽城古史考曰鄭厲公入櫟即此也晉地道記曰去雒陽二百八十六里屬河南　有鈞臺左傳曰夏啓有鈞臺之享杜預曰有鈞臺陂帝王世記云在縣西　有高氏亭左傳成十七年衛侵鄭至高氏杜預曰縣西南有　有

雍氏城左傳襄十八年楚伐鄭侵雍梁杜預曰在縣東北史記齊滑王十二年攻魏楚圍雍氏　裏有養陰里　襄城左傳定四年盟皋鼬杜預曰縣東南有城皋亭　有西不羹杜預曰有不羹城　有汜城杜預曰在縣南周襄王所處　有汾丘左傳襄十八年楚治兵於汾杜預曰縣東北有汾丘城　有魚齒

山魚陵左傳謂魚陵杜預曰魚齒山也在犨縣北昆陽有湛水左傳襄十六年
楚公子格與晉戰於湛阪定陵有東不羹杜預曰縣西北有不羹亭地道記曰
高陵山汝水所出舞陽邑　郾　臨潁　潁陽　潁
陰左傳文九年楚伐鄭師於狼淵杜預曰縣西有狼陂獻帝遣兼御史大夫張音奉皇帝璽綬策
書禪帝位於魏是文帝繼王位南巡在潁陰有司乃爲壇於潁陰庚午登壇魏相國華歆跪受璽綬以進
於王王既受畢降壇視燎成禮而反帝王世記云魏文皇帝登禪于曲蠡之繁陽亭爲縣曰繁昌亦禹貢
豫州之域今許之封內今潁川繁昌是也北征記曰城在許之南七十里東有臺高七丈方五十步臺南
有壇高二丈方三十步即受終之壇也案北征記云是外黃縣繁昌城非也有狐宗鄉
或曰古狐人亭有岸亭史記魏哀王五年秦伐魏走犀首岸門徐

後漢書志二十　二　李宗

廣曰岸亭許左傳莊二十八年楚伐鄭鄭奔桐丘杜預曰縣東北有桐丘城獻帝徙都改許昌
新汲左傳文元年衞孔達侵鄭伐緜訾及匡杜預曰縣東北有匡城成十七年伐鄭至曲洧杜
預曰縣治曲洧城臨洧水鄢陵春秋時曰鄢春秋鄭共叔所保故曰克段於
鄢又成十六年晉敗楚於鄢陵李奇曰六國曰安陵長社有長葛城左傳隱五
年宋伐鄭圍長葛縣本名長葛地道記曰社中樹暴長漢改名有向鄉左傳襄十一年諸侯
師于向杜預曰在縣東北有蜀城有蜀津史記曰魏惠王元年韓趙合軍伐魏
蜀澤陽城帝王世記曰陽城有啓母冢有嵩高山山海經謂爲太室之
山禹貢有外方山鄭玄毛詩譜云外方之山即嵩高也孟子曰益避禹之子於箕山之陰注云嵩高之北
洧水潁水出晉地道記曰潁水出陽乾山有鐵有負黍

聚史記曰周赧王十九年鄭代負黍馮勘通賦遇許由於負黍山也父城有應
鄉杜預曰應國在西南史記曰客謂周最以應爲秦王太后養地輪氏建初四
年置
汝南郡高帝置雒陽東南六百五十里三十七城戶四十萬
四千四百四十八口二百一十萬七百八
十八　平輿有沈亭故國姬姓有摯亭見說文新陽
侯國　西平有鐵有柏亭故柏國　上蔡
本蔡國　南頓本頓國　汝陰本胡國杜預曰縣
西北有胡城地道記有閭丘鄉詩所謂汝墳汝陽　新息國　北宜

後漢書志二十　三　陳從

春　濦強侯國　灈陽　期思有蔣鄉故
蔣國　陽安道亭故國杜預曰在縣南朱山松書有朔山魏氏春
秋曰初平三年分二縣置陽安都尉項故國左傳僖十七年魯所滅地道記曰有公路城袁術所
築　西華　細陽　安城侯國有武城亭
吳房有棠谿亭左傳曰房國楚靈王所滅又楚封吳王夫槩於棠谿地道
記有吳城鮦陽侯國皇覽曰縣有葛陂鄉城東北有楚武王冢民謂之楚王岑永平
中葛陂城北祝里社下於土中得銅鼎而銘曰楚武王之冢民傳言秦項赤眉之時欲發之輒頹壞厭不
得發慎陽　慎　新蔡有大呂亭地道記曰故呂侯國左傳
昭四年吳伐楚入櫟杜預曰縣東北有櫟亭安陽侯國有江亭故

國嬴姓 富波侯國永元中復 宜禄永
元中復 朗陵侯國左傳成六年楚拒晉桑隧杜預曰縣東有桑里亭 弋
陽侯國有黃亭故黃國嬴姓 召陵左傳昭十
三年楚蔡公與子干子晳盟于鄧杜預曰縣西南有鄧城 有陘亭左傳僖四年齊伐楚次陘
杜預曰在縣南蘇秦說韓宣惠王曰南有陘山 有安陵鄉 征羌侯國
有安陵亭史記元忌說魏安僖王曰王之使者出過而惡安陵氏於秦博物記曰故
安陵君也 思善侯國 宋公國周名郪丘漢改
爲新郪章帝建初四年徙宋公於此有繁
陽亭左傳襄四年楚師繁陽杜預曰鯛陽南有繁陽亭 褒信侯國有

後漢書志二十　四　恭俊

賴亭故國史記楚封王孫勝白公杜預曰褒信縣有白亭 原鹿侯國
春秋左氏傳僖二十一年宋盟鹿上杜預曰原鹿縣也 定潁侯國 固始
侯國故寢也光武中興更名有寢丘史記曰楚
莊王封孫叔敖子又蒙恬破楚軍 山桑侯國故屬沛有下城
父聚有垂惠聚蘇茂奔垂惠王劉紆 城父故屬沛春
秋時曰夷夷屬陳左傳僖二十三年楚所取有乾谿在縣南 有章華臺
杜預曰章華宮在華容縣城內
梁國秦碭郡高帝改其三縣元和元年屬雒陽東南八百五十里 九城戶八
萬三千三百口四十三萬一千二百八十

三 下邑左傳哀七年築黍丘杜預曰縣西南有黍丘亭 睢陽北征記曰城周
三十七里南臨濊水凡二十四門地道記曰梁孝王築城十二里小鼓唱節杵下而和之稱睢陽曲 本
宋國閼伯墟有盧門亭左傳桓十四年宋以諸侯伐鄭取太宫之椽爲盧
門之椽昭二十一年敗吳鴻口杜預曰縣東有鴻口亭地道記曰昭二十一年齊諸横横亭在縣南 有
魚門左傳僖二十二年邾人懸公胄於魚門 有陽梁聚左傳襄十二年楚伐
宋師楊梁杜預曰有梁亭僖二十八年楚子玉夢河神謂己曰吾賜汝孟諸之麋杜預曰在縣東北爾雅
十藪宋有孟諸 虞有空桐地有桐地有桐亭左傳哀二十六
年宋景公死空桐 有綸城少康邑 碭山出文石史記
曰高祖隱於芒碭山澤巖石之間有陳勝墓 蒙帝王世記曰有北亳即景亳湯所盟處 有

後漢書志二十　五　李肴

蒙澤左傳宋萬殺宋閔公於蒙澤僖二年齊侯盟貫杜預曰縣西北有貫城貫字與貫字相似
穀熟有新城左傳曰文十四年諸侯會新城帝王世記有南亳 有邳
亭古邳國 鄢故屬陳留 寧陵故屬陳留
左傳成十六年會沙隨杜預曰縣北有沙隨亭 有葛鄉故葛伯國左傳曰在
縣東北 薄故屬山陽所都杜預曰蒙縣西北有薄城中有湯冢左傳宋公
子御說奔亳其西又有微子冢
沛國秦泗川郡高帝改雒陽東南千二百里 二十一城戶二十
萬四百九十五口二十五萬一千三百九
十三 相左傳桓十五年會於袤杜預曰在縣西南一名犨 蕭本國北征

記城周十四里南臨汙水沛有泗水亭亭有高祖碑班固為文見固集地道記有許城

左傳定八年鄭伐許豐地道記曰去國二百六十州六百雒千二十五里西有大

澤高祖斬白蛇於此有枌榆亭案前志注枌榆社在縣東

北十五里武鄉名高祖里社戴延之西征記曰縣西北有漢祖廟為亭長所處酇左傳昭四年吳

伐楚入棘杜預曰縣東北有棘亭襄元年鄭侵宋取犬丘杜預曰縣東北有大丘城帝王世記曰曹騰封

費亭侯縣有費亭是也有鄍聚左傳曰冀為不道伐鄍三門服虔曰鄍晉別都杜預曰是

虞邑地處關則非此鄍矣博物記曰諸侯會于鄍亭穀陽譙平陽邑左傳僖二十三年

楚所取乾谿在南刺史治漢官曰去雒陽千二十里洨有垓下聚高祖

破項羽也蘄有大澤鄉陳涉起此史記曰高祖擊黥布於會甀徐廣曰

丘句

在縣西銍酇建平臨睢故芒光武更

名竹邑侯國故竹公丘本滕國杜預曰在

縣東南龍亢地道記曰左傳隱二年入向城在縣東南向本國符

離虹地道記云左傳昭八年大蒐於紅太丘杼秋故

屬梁國有澶淵聚左傳襄二十年盟於澶淵

陳國高帝置為淮陽章和二年改雒陽東南七百里九城戶十一萬

二千六百五十三口百五十四萬七千五

百七十二陳帝王世記曰庖犧氏所都舜後所封左傳傳元年會於檉杜預

曰縣西北有檉城爾雅曰丘上有丘曰宛丘陳有株邑蓋朱襄之地博物記曰邛地在縣北防亭在焉詩

曰邛有旨苕防有鵲巢陽夏有固陵聚史記高祖五年楚項籍至固陵晉鄉

漢書注云汝南固始縣寧平苦春秋時曰相有賴

鄉伏滔北征記曰有老子廟廟中有九井水相通古史考曰有曲仁里老子里也地道記曰城南

三十里有平城柘新平扶樂武平左傳成十六年諸侯侵陳

鳴鹿杜預曰縣西南有鹿邑長平故屬汝南左傳宋華氏戰于鬼閻杜預曰

縣西北有閻亭有辰亭左傳宣十一年盟辰陵杜預曰縣東南有辰亭有赭丘

城

魯國秦薛郡高后改本屬徐州光武改屬豫州六城戶七萬八千

四百四十七口四十一萬一千五百九十

元

魯國奄國帝王世記曰黃帝主於壽丘在魯東門之北少昊自窮桑登帝位窮桑在

魯北後徙曲阜應劭曰曲阜在魯城中委曲長七八里左傳曰伯禽封少昊之墟傳二十九年介葛盧舍

于昌衍杜預曰縣東南有昌平城皇覽曰奄里伯公家在城內祥舍中民傳言魯五德奄里伯公葬其宅

有大庭氏庫杜預曰大庭氏古國名在城內魯於其處作庫有鐵有

闕里孔子所居漢晉春秋曰鍾離意相魯見仲尼廟頹毀會諸生於廟中慨然

歎曰蔽芾甘棠勿翦勿伐況見聖人廟乎遂躬留治之周觀輿服之在焉自仲尼以來莫之開也意發視

之得古文策書曰亂吾書董仲舒治吾堂鍾離意對有七張伯盜一意尋案未了而卒張伯者治中庭治

地得六璧上之意曰此有七何以不遂伯懼探懷中魯咸以為神意別傳曰意省堂有孔子小車乘皆

朽敗意自糴俸雇漆膠之直請魯民治之及護几席劍履後得甕中素書曰護吾履鍾離意又禮記覺相

之圖亦在城中西南近孔子廟而仲尼墓在魯城門北便之外泗水上去城一里葬地蓋一頃墓墳南北
十步東西十三步高一丈二尺墓前有瓴甓爲祠壇方六尺與地平塋中異木以百數魯人莫能識也皇
覽曰孔子本無祠堂塋中不生荆棘及刺人草伯魚冢在孔子冢東與孔子冢併大小相望子思冢在孔
子冢南案今墓書孫在祖前謂此爲驕孫祔有牛首亭左傳曰桓十四年宋伐鄭取牛
首有五父衢地道記曰在城東騶本邾國有騶山高五里
秦始皇刻石焉劉薈騶山記曰邾城在山南去山二里城東門外有韋賢墓北有繹山左傳文十三年邾
遷於繹郭璞曰繹山純石積搆連屬城北有牙山牙山北有唐口山唐口山北有陽山城北有孟軻冢焉
蕃有南梁水左傳襄四年戰狐台杜預曰縣東南有目台亭薛本國
地道記曰夏車正奚仲所封冢在城南二十里山上皇覽曰靖郭君冢在城中東南陬孟嘗君冢在城中

後漢書志二十　八　林仁

向門東北邊六國時曰徐州史記曰齊宣王九年與魏襄王會徐州而相王卞
有盜泉有郚鄉城左傳文公七年城郚杜預曰縣南有郚鄉城隱元年盟于
蔑杜預曰蔑地名縣南有姑城襄十七年齊圍桃杜預曰縣東南有桃墟汶陽左傳桓十二年
盟曲池杜預曰縣北有曲水亭地道記臨淄縣西南門曰曲門其側有池案魯桓與杞莒盟不往齊地
道爲安

右豫州刺史部郡國六縣邑矦國九
十九

魏郡高帝置雒陽東北七百里魏志曰建安十七年割河內之蕩陰朝歌林慮東郡之衞國頓
丘東武陽發干鉅鹿之廮陶曲陽南和廣平之廣平任城趙國之襄國邯鄲易陽以益魏郡十八年分置
東西都尉十五城戶十二萬九千三百一十口六
十九萬五千六百六鄴帝王世記曰縣西南有上司馬殷太甲常
居焉魏都賦注曰縣西北有鼓山時時自鳴鳴則兵又交谷水在縣南案本傳有西唐山又鄴北太行山
西北去亦不知山所極處亦如東海不知水所窮盡也有故大河有滏水
魏都賦曰北臨漳滏則冬夏異沼注云水經鄴西北滏水熱故名滏口有汙水有汙
城史記曰項羽破秦軍汙水上有平陽城史記曰靳歙別下平陽有
武城有九矦城徐廣曰一作鬼矦與文王爲紂三公繁陽內
黃左傳襄十九年會于柯杜預曰縣東北有柯城昭九年荀盈卒于戲陽杜預曰縣北有戲陽城
清河水出有羛陽聚世祖破五校處有黃澤前志曰在

後漢書志二十　九　毛仙

縣西魏元城左傳成七年會馬陵杜預曰縣東南有地名馬陵史記曰龐涓死處
墟故沙鹿左傳沙鹿崩穀梁傳曰林屬於山曰鹿沙山名也有沙亭左傳
定七年盟于沙亭杜預曰在縣東南七年盟于瑣晉地道記曰縣南有瑣陽城黎陽左傳定十
四年會于牽杜預曰縣東北有牽城陰安邑館陶清淵
平恩沙矦國魏都賦注曰有龍山斥丘有葛杜預曰有乾矦
魯昭公所處武安有鐵即臺孝威隱于縣山曲梁矦國左傳宣十
五年敗赤狄于曲梁故屬廣平有雞澤左傳襄三年諸矦會雞澤杜預曰在
縣西南梁期
鉅鹿郡秦置建武十三年省廣平國以其縣屬雒陽北千一百里十五城戶

十萬九千五百一十七口六十萬二千九百十六 廮陶有薄落亭 鉅鹿故大鹿有大陸澤 有廣阿澤呂氏春秋九藪趙之鉅鹿高誘注云廣阿澤也山海經曰大陸之水史記紂益鉅橋之粟許愼云鉅鹿之大橋也鉅鹿南有棘原章邯所軍處前書曰沙丘臺在縣東北七十里 楊氏 鄡 下曲陽有鼓聚故翟鼓子國 杜預曰縣西南有肥累城古肥國白狄別種 有昔陽亭 左傳昭十二年晉荀吳入昔陽杜預曰治縣東有昔陽城取故都也 任 南和 廣平 斥章 廣宗 曲周 列人 廣年 平鄉 南䜌

後漢書志二十 十 楊甚

常山國 高帝置建武十三年省眞定國以其縣屬 十三城戶九萬七千五百口六十三萬一千一百八十四 元氏 晉地道記有石塞三公塞 高邑故鄗光武更名剌史治 漢官曰去雒陽一千里 有千秋亭五成陌 縣南七里 光武即位於此矣 都鄉侯國有鐵 南行唐有石臼谷 房子贊皇山 在縣西南六十里 濟水所出 晉地道記有𥔲塞中谷塞 平棘有塞 欒城 縣西北四十里 九門 史記趙武靈王出九門如野臺以望齊中山之境碣石山戰國策云在縣界 靈壽衛水出 蒲吾 史記番吾君杜預曰晉之蒲邑也古今注曰永平十年作常山呼沱河蒲吾渠通漕船也 井陘 眞定 上艾故屬太原

中山國 高祖置雒陽北一千四百里 十三城戶九萬七千四百一十二口六十五萬八千一百九十五 盧奴 北平有鐵 毋極 新市有鮮虞亭故國子姓 杜預曰白狄別種 望都 左傳晉伐鮮虞及中人杜預曰縣西北有中人城晉地道記有馬安關 唐有中人亭 博物記曰堂闕在中人西北百里中人在縣西四十里列子曰趙襄子使新稺穆子攻翟取左人中人 有左人鄉 帝王世記曰堯封唐堯山在北唐水西入河南有望都山即堯母慶都所居相去五十里都山一名豆山博物記曰左人唐西北四十里 安國 安憙本安險章帝更名 漢昌本苦陘章帝更名 蠡吾侯國故屬涿 上曲陽故屬常山恒山在西北 有泉水干吉得神書晉地道記自縣北行四百二十五里恒多山坂名飛狐口 蒲陰本曲逆章帝更名有陽城 晉地道記曰有陽安關陽城蒲陽山蒲水出也 廣昌故屬代郡

後漢書志二十 十一 陳從

安平國 故信都高帝置明帝名樂成延光元年改雒陽北二千里 十三城戶九萬一千四百四十口六十五萬五千一百一十八 信都有絳水呼沱河 阜城

故昌城　南宫　扶柳　下博　武邑

觀津 本清河下縣決録注曰孝文竇皇后父隱身漁釣墜淵而卒景帝立后爲太后遣使者更填父所墜淵而葬起大墳于縣城南民號曰竇氏青山 經西有漳水津名

薄落津 史記曰趙武靈王曰吾國東有河薄落之水 堂陽故屬鉅鹿　武遂故屬河閒　饒陽故名饒屬涿有

無蔞亭 馮異進豆粥光武案志有解犢侯靈帝封 安平故屬涿

南深國故屬涿

河閒國 文帝置世祖省屬信都和帝永元二年復故雒陽北二千五百里 十一城

戶九萬三千七百五十四口六十三萬四千四百二十一

樂成　弓高　易故屬涿　武垣故屬涿　中水故屬涿　鄚故屬涿　高陽故屬涿有葛城　文安故屬勃海　東州故屬勃海　成平故屬勃海

東平舒故屬勃海

清河國 高帝置桓帝建和二年改爲甘陵雒陽北千二百八十里 七城戶十二萬三千九百六十四口七十六萬四百一十八

甘陵故厝安帝更名　貝丘

東武成　鄃　靈和帝永元九年復 地道記曰有鳴犢河

繹幕　廣川故屬信都有棘津城 太公呂尚困於棘津城瑯邪海曲非此城也案永初元年鄧太后分置廣川王國後王薨國除太后崩還益清河

趙國 秦邯鄲郡高帝改名雒陽北千一百里 五城戶三萬二千七百一十九口十八萬八千三百八十一

邯鄲 張華曰趙奢冢在邯鄲西山上謂之馬服山 有叢臺 有洪波臺 易陽 魏都賦曰温泉毖涌而自浪注曰温泉在易陽世以治疾洗百病 襄國本邢國秦爲信都項羽更名有檀臺 史記曰趙成侯與魏獻榮椽因以爲檀臺 有蘇人亭　柏人　中丘 晉地道記曰有石門塞燒梁關

勃海郡 高帝置雒陽北千六百里 八城戶十三萬二千三

百八十九口百一十萬六千五百　南皮

高城侯國　重合侯國　浮陽侯國

東光 有胡蘇亭胡蘇河之名見爾雅 章武　陽信延光元年復　脩故屬信都

右冀州刺史部郡國九縣邑侯國百

後漢書志第二十

後漢書志第二十一　郡國三

劉昭　注補

陳留　東郡　東平
任城　泰山　濟北
山陽　濟陰

右兗州

東海　琅邪　彭城
廣陵　下邳

右徐州

陳留郡武帝置。雒陽東五百三十里。十七城，戶十七萬七千五百二十九，口八十六萬九千四百三十三。

陳留有鳴鴈亭左傳成十六年衛伐鄭鳴鴈杜預曰在縣西北陳留志曰有桐陵亭古桐丘　浚儀本大梁帝王世紀曰禹避商均浚儀晉地道記儀封人此縣也通俗文曰渠在浚儀曰莨蕩也　尉氏陳留志曰有陵樹鄉北有澤澤有天子苑囿有秦樂廠漢諸帝以闘養猛獸　雍丘本杞國陳留志曰城內有神井能興霧雹徐齊民北征記曰有呂祿臺高七丈有酈生祠曹植禹廟讚曰有禹祠植移于其城城本名杞城　襄邑有滑亭左傳莊三年次于滑杜預曰在縣西北　有承匡城地道記曰在縣西左傳文十一年會晉郤缺于承匡有桐門亭有黃門亭襄元年會鄫杜預曰縣東南有鄫城　外黃左傳惠公季年敗宋師于黃杜預曰宋邑縣東有黃城　有葵丘聚齊公會此城中有曲棘里左傳昭二十五年宋公佐卒曲棘　有繁陽城　小黃漢舊儀曰高祖母起兵時死縣北為作陵廟於小黃　東昏陳留志曰故戶牖鄉有陳平祠　濟陽有武父鄉左傳桓十二年盟于武父杜預曰縣東北有武父城縣東南有戎城縣都鄉有行宮光武生　平丘有臨濟亭陳留田儋死此　有匡匡人之亭曹公破袁術處　有黃池亭陳留志云黃亭在封丘左傳哀十三年盟黃池杜預曰在縣南傳曰吳四子服景伯以還及戶牖然即黃池在戶牖西或以為外黃縣東溝非也　封丘博物記有狄溝即敗狄于長丘是也　有桐牢亭或曰古蟲牢左傳成五年諸侯會蟲牢陳留志有鞠亭古鞠居　酸

棗左傳鄭太叔至于廩延杜預曰縣北有延津襄五年會城棣杜預曰縣西南有棣城東有地烏巢曹公破袁紹處陳留志曰城內有韓王故宮闕　長垣侯國　有匡城陳留志曰孔子四此北征記城周三里左傳僖十五年會牡丘次于匡杜預曰匡在縣西南昭十三年會平丘杜預曰縣西南有平丘城　有蒲城左傳成九年會于蒲杜預曰在縣西南史記曰孔子自匡過蒲陳留志云有子路祠　有祭城杜預曰鄭祭封人仲邑陳留志曰有蘧伯玉墓及祠又西南有宛亭左傳僖二十八年衛人盟宛濮杜預曰近濮水　己吾有大棘鄉左傳宣二年鄭破宋師大棘杜預曰在襄邑縣南　有首鄉左傳桓八年齊侯師于首止杜預曰在襄邑東南有首止城　考城故菑陳留志曰古戴國地名杜預曰戴在外黃東南爾雅曰木立死曰菑呂氏春秋草鬱即為菑　章帝更名　故屬梁陳留志曰有箕

子祠有穀亭古句瀆之丘棗本傳有蒲亭圉故屬淮陽有高陽亭陳留志曰有萬人聚王邑破翟義積尸處前書今高陽文穎曰高陽聚邑名在縣西扶溝故屬淮陽

東郡秦置去雒陽八百餘里十五城户十三萬六千八十八口六十萬三千三百九十三

濮陽古昆吾國杜預曰古衛也帝王世記曰顓頊自窮桑徙商丘左傳曰衛顓頊之墟杜預曰帝丘昆吾氏因之故曰昆吾之墟縣城內有顓頊冢皇覽曰冢在城門外廣陽里中博物記曰桑中在其中春秋時曰濮有鹹城或曰古鹹國左傳僖十三年同會于鹹有清丘左傳曰宣十二年盟清丘杜預曰縣東南有鉏城

林慶

後漢書志二十一 三

燕本南燕國有雍鄉謝沈書曰赤眉攻雍鄉有胙城古胙國有平陽亭左傳哀十六年衛侯飲孔悝酒於平陽有瓦亭左傳曰定八年會于瓦杜預曰縣東北有桃城史記曰春申君說秦曰王又舉甲拔桃入邢是也

白馬有韋鄉杜預曰縣東南有韋城古豕韋氏之國

頓丘白虎通曰帝嚳冢在城臺陰野是也

東阿左傳桓十年會于桃丘杜預曰縣東南有桃城裏十四年孫林父敗衛侯于阿澤杜預曰縣西南大澤魏志有渠丘山有清亭左傳隱四年遇于清是也

東武陽漯水出

范有秦亭左傳莊三十一年築臺于秦地道記在縣西北

臨邑有沛廟

博平

聊城有夷儀聚左傳僖元年邢遷于夷儀有聶城左傳曰聊攝以東

發干

樂平侯國故清章帝更名

陽平侯國有莘亭杜預注傳曰衛作新臺在縣北衛殺公子伋之地故曰待諸莘有岡成城泰封蔡澤爲岡成君未詳

衛公國本觀故國姚姓光武更名有河牧城左傳文元年會于戚鄭社晉中行氏晉敗鄭鐵杜預曰戚城南有鐵丘有竿城前書故發干縣

穀城春秋時小穀左傳莊三十二年城小穀杜預曰城中有管仲井又傳曰埋長秋榮如首於周首之北門杜預曰縣東北有周首亭有舊下聚左傳僖二十六年追齊師至酅杜預曰縣西有地名酅下皇覽曰縣東十五里有項羽冢

東平國故梁景帝分爲濟東國宣帝改雒陽東九百七十五里七城户七萬九千一十二口四十四萬八千二百七十

後漢書志二十一 四

李秀

無鹽本宿國任姓左傳昭二十五年臧會奔郈杜預曰縣東南有郈鄉亭有章城古國左傳莊三十年齊取鄣

東平陸六國時曰平陸有闞亭左傳桓十一年會于闞杜預曰在須昌縣東南有闞城博物記云即此亭是有堂陽亭故縣後省

富成

章

壽張春秋曰良漢曰壽良光武改曰壽張有堂聚故聚屬東郡地道記曰有蚩尤祠狗城皇覽曰蚩尤冢在縣闞城中高七丈

須昌故屬東郡杜預曰須句古國在西北有致密城古中都有陽穀城左傳僖三年會陽穀杜預曰在縣北

寧陽故屬

泰山

任城國章帝元和元年分東平為任城雒陽東千一百里三城户三萬六千四百四十二口十九萬四千一百五十六　任城本任國有桃聚光武破龐萌於桃鄉亢父左傳襄十三年取邿杜預曰縣有邿亭哀六年城邾瑕杜預曰縣北有邾瑕城樊

泰山郡高帝置雒陽東千四百里十二城户八千九百二十九口四十三萬七千三百一十七　奉高有明堂武帝造前書曰在縣西南四里左傳昭八年大蒐于紅至于商衛紅亭在縣西北杜預曰接宋衛也博有泰山廟岱山在西北有龜山左傳定十年齊歸龜陰之田杜預曰田在山北琴操孔子作龜山之操有龍鄉城左傳成二年齊圍龍杜預曰在縣西南史記作隆又楚有蜀之役杜預曰縣西北有蜀亭有陽梁甫侯國有菟裘聚左傳隱公使營菟裘吾將老焉杜預曰縣南有菟裘城鉅平侯國有亭禪山即古所禪亭亭者也有陽關亭左傳襄十七年師自陽關桓六年會于成杜預曰縣東南成城即孟孫之邑嬴有鐵山　茌侯國　萊蕪有原山淄水出杜預曰汶水出蓋沂水出左傳會于防杜預曰在縣東南有防城南武陽侯國有顓臾城　南城故屬東海有東陽城呂氏春秋夏孔甲遊田于東陽萯山左傳哀八年克東陽襄十九年城武城杜預曰南城縣哀十四年司馬犂丘輿杜預曰縣西北有輿城費侯國曹騰封費是鄭縣費亭非此國故屬東海有祊亭左傳隱八年鄭歸祊杜預曰在縣東南閔二年莒人歸共仲及密杜預曰縣有密如亭有台亭左傳襄十二年莒圍台杜預曰縣南有台亭牟故國

濟北國和帝永元二年分泰山置臣昭案濟北前漢之舊國此是經并泰山復分雒陽東千一百五十里五城户四萬五千六百八十九口二十三萬五千八百九十七　盧左傳隱三年齊鄭尋盧之盟杜預曰今縣故城有邿山在縣北成二年封鋭司徒女石窌杜預曰縣東有地名石窌有平陰城有防門左傳襄十八年齊禦晉平陰塹防門杜預曰在縣北又齊登巫山以望晉師杜預曰在縣東北有光里有景茲山杜預曰在縣東南有敖山左傳曰先君獻武廢二山即敖山具山有清亭左傳哀十年齊伐魯及清是也有長城至東海史記蘇代說燕王曰齊有長城巨防巨防即防門蛇丘有遂鄉古遂國左傳莊十三年齊人滅遂有下讙亭左傳桓三年送姜氏于讙有鑄鄉城周武王未及下車封堯後於鑄左傳有棘地成公三年叔孫僑如所圍杜預曰汶水北地有棘鄉東觀書有芳陘山成本國左傳衛師入郕杜預曰東平剛父縣西南有郕鄉茌平本屬東郡剛左傳哀八年齊取闡杜預曰在縣北有闡鄉

山陽郡故梁景帝分置雒陽東八百一十里十城户十萬九千八百九十八口六十萬六千九十一　昌

邑刺史治有梁丘城左傳莊三十二年遇于梁丘杜預曰梁丘鄉在縣西
南有甲父亭杜預曰甲父古國名在縣東南左傳隱十年取防杜預曰縣西有防
城東緡春秋時曰緡左傳僖二十三年齊圍緡鉅野左傳桓七
年焚咸丘杜預曰縣西有咸亭有大野澤春秋西狩獲麟之所爾雅十藪魯有大野
杜預曰縣西南有郥亭定十三年齊侯晉之所高平侯國故橐章帝更
名前漢志莽改曰高平章帝復莽此號左傳隱元年費伯城郎杜預曰縣東南有郁郎亭有
茅鄉城杜預曰茅鄉在昌邑西南湖陸故湖陵章帝更名
前漢志王莽改曰湖陸章帝復其號博物記曰荷水出地道記縣西有費亭城魏武帝初所封南平
陽侯國有漆亭左傳城漆有閭丘亭左傳襄二十一年邾庶其

後漢書志二十一　七　李志道

以漆閭丘來奔杜預曰縣東北有漆鄉西北有顯閭亭哀七年囚邾子負瑕杜預曰縣西北有瑕丘城
方與有武唐亭左傳桓二年盟于唐杜預曰在西南魯侯觀魚
臺春秋經隱五年矢魚于棠有泥母亭或曰古寧母左傳
僖七年盟寧母杜預曰在縣東三十一年藏文仲宿重館杜預曰縣西北有重鄉城瑕丘
金鄉晉地道記曰縣多山所治名金山山北有鑿石爲冢深十餘丈隧長三十丈傍却入爲堂
三方云得白兔不葬更葬南山鑿而得金故曰金山故冢今在或云漢昌邑所作或云秦時防東
濟陰郡故梁景帝分置雒陽東八百里十一城戶十三萬三
千七百一十五口六十五萬七千五百五
十四　定陶本曹國郭璞曰城中有陶丘皇覽曰伯樂冢縣東南一里所

高四五丈古陶堯所居帝王世記曰舜陶河濱縣西南陶丘亭是有三鬷
亭湯伐三鬷孔安國曰今定陶冤句有煑棗城史記蘇秦說魏襄王曰大
王之地東有淮潁煑棗成陽有堯冢靈臺有雷澤禹貢曰雷
夏既澤帝王世記曰舜耕歷山漁雷澤濟陰有歷山乘氏侯國博物記曰古乘丘有
泗水有鹿城鄉句陽有垂亭左傳隱八年遇于垂史記
死忌說魏安僖王曰文臺墮垂都焚徐廣曰縣有垂亭鄄城離狐故屬
東郡廩丘故屬東郡有高魚城有運城
左傳襄二十六年齊烏餘以廩丘奔晉杜預曰今縣故城是又襲衛羊角取之杜預曰今縣所治城又襲
我高魚杜預曰在縣東北單父侯國故屬山陽成武故

後漢書志二十一　八　李昇

屬山陽左傳隱七年戎執凡伯於楚丘杜預曰在縣西南有郜城左傳隱十
年取郜杜預曰縣東南有郜城地道記有秺城巳氏故屬梁皇覽曰有平和鄉
有伊尹冢

右兗州刺史部郡國八縣邑公侯國

八十

東海郡高帝置雒陽東千五百里十三城戶十四萬八千
七百八十四口七十萬六千四百一十六
郯本國刺史治博物記曰有勇王亭即勇士萬丘欣蘭陵有次
室亭地道記曰故魯次室邑列女傳有漆室之女或作次室戚朐山海

鬱曰都洲在海中一曰郁州郭璞曰在縣界世俗傳此山在蒼梧從來上皆有南方樹木博物記縣東北海邊植石秦所立之東門有鐵有伊盧鄉史記曰鍾離昧冢在伊盧襄賁 昌慮有藍鄉左傳昭三十一年邾黑肱以濫來奔杜預曰縣所治城東北有郳城郳小邾國也 承 陰平 利城 合城瀆水自此南至湖陸 祝其有羽山殛鯀之山杜預曰在縣西南博物記曰東北獨居山西南有淵水即羽泉也俗謂此山爲懲父山 春秋時曰祝其夾谷地左傳定十年會齊侯夾谷孔子相 厚丘左傳成九年城中城杜預曰在縣西南有中鄉城

贛榆本屬琅邪建初五年復左傳齊伐莒莒子奔紀鄣杜預曰縣東北有紀城地道記曰海中去岸百五十步有秦始皇碑長一丈八尺廣五尺厚八尺三寸一行十二字潮水至加其上三丈去則三尺見也

琅邪國秦置建武中省城陽國以其縣屬秦本紀永壽元年置都尉治雒陽東一千五百里

十三城戶二萬八百四口五十七萬九百六十七

開陽杜預曰古鄅左傳哀三年城啓陽杜預曰開陽故屬東海建初五年屬 東武 琅邪山海經云有琅邪臺在勃海間琅邪之東郭璞曰琅邪臨海邊有山嶕嶢特起狀如高臺此即琅邪臺齊景公曰吾循海而南放乎琅邪越絕曰句踐徙琅邪起觀臺臺周七里以望東海史記曰秦始皇徙黔首三萬戶琅邪臺下復有勞山 東莞有鄆亭左傳曰公與鄆有邳鄉有公來山或曰古浮來左傳隱八年盟浮來杜預曰邳來山之閒號曰邳來莊九年鮑叔受管仲及堂阜而脫之杜預曰東莞蒙陰縣西北有夷吾亭或曰鮑叔解夷吾縛於此因以爲名即古堂阜也東莞後爲名 西海東觀書曰有勝山博物記太公呂望所出今有東呂鄉又釣於棘津其浦今存 諸左傳莊二十九年城諸杜預曰諸縣在城陽郡又隱四年莒人伐杞取牟婁杜預曰縣東北有婁鄉 莒本國故屬城陽左傳成八年申公巫臣會渠丘公杜預曰縣有蘧丘里有鐵有崢嶸谷 東安故屬城陽 陽都故屬城陽有牟臺左傳宣元年會于平州杜預曰在縣西 臨沂故屬東海有叢亭左傳隱六年盟于艾杜預曰縣東南有艾山七年城中丘杜預曰縣東北有中丘亭博物記曰縣東界次睢有大叢社民謂之食人社即次睢之社 即丘侯國故屬東海春秋曰祝丘 繒侯國故屬東海有概亭左傳莊九年盟于蔇杜預曰在縣北 姑幕左傳昭五年莒牟夷以牟婁及防茲來奔杜預曰縣東北有茲亭博物記曰淮水入城東南五里有公冶長墓

彭城國高祖置爲楚章帝改雒陽東千二百二十里八城戶八萬六千一百七十口四十九萬三千二十七

彭城古大彭邑北征記城西二十里有山山有楚元王墓伏滔北征記曰城北六里有山臨泗有宋桓魋石槨皆青石隱起龜龍麟鳳之象有鐵 武原 傅陽有柤水左傳襄十年滅偪陽杜預曰即此縣也 呂 留西征記曰城中有張良廟 梧 菑丘 廣戚故屬沛國

廣陵郡景帝置為江都武帝更名建武中有泗水國以其縣屬雒陽東一千六百四十里十一城戶八萬三千九百七口四十一萬百九十　廣陵吳王濞所都城周十四里半　有東陵亭博物記曰女子杜姜左道通神縣以為妖閉獄桎梏卒變形莫知所極以狀上因以其處為廟祠號曰東陵聖母　江都有江水祠　高郵　平安　凌故屬泗水　東陽故屬臨淮有長洲澤吳王濞太倉在此縣多麋博物記曰千千為羣掘食草根其處成泥名曰麋畯民人隨此畯種稻不耕而穫其收百倍又扶海洲上有草名蒒其實食之如大麥從七月稔熟民斂穫至冬乃訖名曰自然穀或曰禹餘糧　射陽故屬臨淮有梁湖地道記曰有博支湖　鹽瀆故屬臨淮　輿侯國故屬臨淮　堂邑故屬臨淮有鐵春秋時曰堂　海西故屬東海

下邳國武帝置為臨淮郡永平十五年更為下邳國雒陽東千四百里　十七城戶十三萬六千三百八十九口六十一萬一千八十三　下邳本屬東海戴延之西征記曰有沂水自城西南注泗別下迴城南亦注泗舊有橋處張良與黃石公會此橋　葛嶧山本嶧陽山山出名桐伏滔北征記曰今槃根往往而存　有鐵　徐本國有樓亭或曰古蔞林杜預曰在僮縣東南伏滔北征記曰縣北有大冢徐君墓延陵解劍之處　僮侯國　睢陵　下相　淮陰下鄉

有南昌亭韓信寄食處　淮浦　盱台　高山　潘旌　淮陵　取慮有蒲姑陂左傳昭十六年齊師至蒲隧杜預曰縣東有蒲姑陂　東成　曲陽侯國故屬東海　司吾侯國故屬東海　良成故屬東海春秋時曰良左傳昭十三年晉會吳於良　夏丘故屬沛

右徐州刺史部郡國五縣邑侯國六十二魏氏春秋曰初平三年分琅邪東海為城陽新城昌慮郡建安十一年省昌慮并東海

後漢書志第二十一

後漢書志第二十二　郡國四

劉昭注補

濟南　平原　樂安

北海　東萊　齊國

右青州

南陽　南郡　江夏

零陵　桂陽　武陵

長沙

右荆州

九江　丹陽　廬江

會稽　吳郡　豫章

右揚州

濟南國故齊文帝分雒陽東千八百里十城戶七萬八千五百四十四口四十五萬三千三百八　東平陵有鐵有譚城故譚國有天山　著　於陵杜預曰縣西北有于亭陳桓子以封齊公子周臺　菅有賴亭左傳哀六年公如賴土鼓　梁鄒　鄒平東朝陽杜預曰縣西有崔城歷城有鐵有巨里聚耿弇破費敢處皇覽曰太甲有冢在歷山上

平原郡高帝置雒陽北一千三百里九城戶十五萬五千五百八十八口百萬二千六百五十八

平原地道記曰有篤馬河高唐濕水出　般　鬲侯國夏時有鬲君滅浞立少康魏都賦注曰縣有蓋節淵三齊記曰城南有蒲臺高八十尺秦始皇所頓處在臺下縈蒲繫馬今蒲猶縈者祝阿春秋時曰祝柯左傳襄十年取邾及轉杜預曰縣西有轉城故縣省有野井亭左傳昭二十五年齊侯唁公于野井杜預曰在縣東樂陵　濕陰　安德　厭次本富平明帝更名

樂安國高帝西平昌置為千乘永元七年更名雒陽東千五百二十里九城戶

七萬四千四百口四十二萬四千七十五

臨濟本狄安帝更名地道記曰狄伐衛懿公千乘　高菀　樂安　博昌有薄姑城古薄姑氏杜預曰薄姑地有貝中聚左傳齊侯田于貝丘杜預曰縣南有地名貝中有時水左傳莊九年戰于乾時杜預曰時水在縣界岐流旱則竭涸故曰乾時蓼城侯國杜預曰縣東北有攝城利故屬齊　益侯國故屬北海壽光故屬北海有灌亭古灌國

北海國景帝置建武十三年有菑川高密膠東三國以其縣屬十八城戶十五萬八千六百四十一口八十五萬三

千六百四　劇有紀亭古紀國　營陵
平壽有斟城杜預曰有斟亭古斟國故縣後省　有寒亭古寒
國浞封此　都昌左傳莊元年齊遷紀之鄑城地道記曰鄑城在縣西　安
丘有渠丘亭地道記曰有渠丘城　淳于永元九年復
有密鄉左傳隱二年紀莒盟密故密鄉在縣東北後省　平昌侯國故
屬琅邪有蔞鄉左傳昭五年莒牟夷以牟婁及防茲來奔杜預曰縣西南有防
亭　朱虛侯國故屬琅邪永初元年屬左傳莊元
年齊遷紀郚杜預曰朱虛縣東南有郚城鄭志曰有小泰山公玉帶曰岐伯令黃帝封東泰山即此山也
東安平故屬菑川六國時曰安平有酅亭
後漢書志二十二　三　李昇
故北左傳莊三年紀季以酅入於齊地道記有羌頭山　高密侯國　昌安侯
國安帝復　夷安侯國安帝復　膠東侯
國　即墨侯國有棠鄉左傳襄六年圍棠杜預曰棠國也　壯武
安帝復故夷國左傳隱元年紀伐夷　下密安帝復　拒地道
記曰養澤在西幽州藪有萊山萊王祠　觀陽
東萊郡高帝置雒陽東三千一百二十八里　十三城戶十萬四
千二百九十七口四十八萬四千三百九
十三　黃地道記曰縣東二百三十里至海中連岑有上道泰始皇登此山列二碑東二
百三十里有始皇漢武帝二碑　牟平　惤侯國地道記曰有百枝萊君祠三齊
記曰南有蹲犬山山似犬蹲有神劉寵出西都經此山山大吹之寵曰山神謂我人也　曲成
侯國前書僑萬里沙在縣　掖侯國有過鄉故過國　當利
侯國　東牟侯國　昌陽　盧鄉　長廣
故屬琅邪　黔陬侯國故屬琅邪有介亭
左傳襄二十四年伐莒侵介根杜預曰縣東北計基城號介國　葛盧有尤涉亭
不期侯國故屬琅邪三齊記曰鄭玄教授不期山山下生草大如韰葉長
一尺餘堅刃異常土人名曰康成書帶
齊國秦置雒陽東千八百里　六城戶六萬四千四百
一十五口四十九萬一千七百六十五
後漢書志二十二　四　陳[illegible]
臨菑本齊刺史治爾雅十藪齊有海隅郭璞曰海濱廣斥左傳齊戍葵丘杜
預曰在縣西皇覽曰呂尚冢在縣城南去縣十餘里在齊桓公冢南菑水南桓公冢西北有晏嬰冢孟子
注曰南小山曰牛山博物記曰縣西有袁婁　西安有棘里亭杜預曰在縣東
陳桓子封子山　有蘧丘里古渠丘　昌國　臨朐
有二亭古郱邑左傳莊元年齊所徙杜預曰在縣東南應劭曰伯氏邑也地道
記曰有石高山　廣　般陽故屬濟南
右青州刺史部郡國六縣六十五
南陽郡秦置雒陽南七百里　三十七城戶五十二萬
八千五百五十一口二百四十三萬九千

六百一十八宛本申伯國荆州記曰郡城周三十六里博物記
有申亭南都賦注曰有玉池澤陂有南就聚有瓜里津東觀書鄧
奉拒光武瓜里有夕陽聚袁山松書曰賈復從擊鄧奉追至夕陽聚有東武
亭冠軍邑葉有長山曰方城杜預曰方城山在縣
南屈宍曰楚國方城以爲城皇覽曰縣西北去城三里葉公諸梁冢近縣祠之曰葉君丘有卷
城左傳昭二十五年楚子使季然郭卷新野有東鄉故新都王莽封也
有黃郵聚吳漢破秦豐也章陵故舂陵世祖更名
古今注曰建武十八年使中郎將耿遵築城有上唐鄉前志曰故唐國下江兵荆州軍
西鄂有精山朱儁破孫夏山海經曰有豐山神耕父處之常遊清泠之淵出入有光見即其國

後漢書志二十二　五　林芳

爲敗有九鍾焉是知霜鳴郭璞曰清泠水在西鄂縣山上神來時水赤光耀今有屋祠也霜降則鍾鳴故
言知也物有自然感應而不可爲也南都賦注耕父旱鬼也皇覽曰王子朝冢在縣西雉博物
記曰澧水出魯陽有魯山前志曰古魯縣南都賦注有堯山封劉累立堯祠
有牛蘭累亭謝沈書云牛蘭山也犨堵陽博望
舞陰邑比陽復陽侯國有杏聚平
氏桐柏大復山淮水出前書曰在縣南荆州記曰桐柏淮源涌發其中
潛流三十里東出大復山南山南有淮源廟博物記曰有陽山出紫草有宜秋聚伯升
見下江兵棘陽荆州記曰東北百里有謝城有藍鄉伯升襲甄阜也有
黃淳聚又伯升攻梁丘賜杜預曰蓼國在東南前志蓼國湖陽是湖陽邑荆州

記曰樊重母畏雷爲石室避之悉以文石爲階今存隨古隨國西有斷蛇丘
即銜珠之蛇也杜預曰有賴亭左傳僖十五年齊伐厲在縣北帝王世記曰神農氏起列山謂列山氏今
隨厲鄉是也荆州記曰縣北界有重山山有一穴云是神農所生又有周迴一頃二十畝地外有兩重壍
中有九井相傳神農既育九井自穿汲一井則衆井動即此地爲神農社年常祠之育陽邑
有小長安漢軍爲甄阜所破處有東陽聚朱祐破張成處涅陽
陰酇鄧有鄾聚左傳桓九年楚師圍鄾山都侯國
酈侯國荆州記曰縣北八里有菊水其源旁悉芳菊水極甘馨又中有三十家不復穿井仰
飲此水上壽百二十中壽百餘七十者猶以爲夭漢司空王暢太傅袁隗爲南陽令縣月送三十餘
石飲食澡浴悉用之太尉胡廣父患風羸南陽恒汲飲此水疾遂瘳此菊莖短花大食之甘美異於餘菊

後漢書志二十二　六　卓受

廣又收其實種之京師遂處處傳植之穰朝陽南都賦陂澤有鉗盧注曰在縣蔡
陽侯國襄陽耆舊傳曰有松子亭下有神陂中多魚人捕不可得南都賦所稱安衆
侯國博物記曰有土魯山出紫石英筑陽侯國有涉都鄉杜預
曰穀國在縣北博物記曰今穀亭荆州記曰縣北四里有開林山西北有鼉山武當有和
成聚荆州記曰縣有女思山南二百里有武當順陽侯國故博山
有須聚成都襄鄉南鄉丹水故
屬弘農南鄉丹水二縣有商城張儀與楚商於之地有章密鄉有三
户亭左傳哀四年晉執蠻子畀楚師析故屬弘農故楚白羽
邑左傳昭十八年許遷于白羽有武關在縣西南都賦曰武關在其西文

穎曰去縣百七十里有豐鄉城左傳哀四年司馬起豐析荊州記曰縣有龍淵深不測縣北有馬頭山

南郡秦置雒陽南一千五百里十七城户十六萬二千五百七十口七十四萬七千六百四

江陵史記曰楚熊渠立長子康爲句亶王張瑩曰今江陵也皇覽曰孫叔敖冢在城中白土里有津鄉左傳莊十九年楚子大敗於津荊州記曰縣東三里餘有三湖湖東有水名昙谷又西北有小城名曰治父左傳曰莫敖縊于荒谷羣帥囚于冶父縣北十餘里有紀南城楚王所都東南有郢城子囊所城史記蘇秦說楚威王楚東有夏州左傳楚莊伐陳鄉取一人以歸謂之夏州今夏口城有洲名夏口巫西有白帝城郭璞曰有巫山秭歸本歸國杜預曰夔

國荊州記曰縣北一百里有屈平故宅方七頃累石爲屋基今其地名樂平宅東北六十里有女須廟中盧侯國襄陽耆舊傳曰古盧戎也縣西山中有一道漢時常有數百匹馬出其中馬形皆小似巴滇馬三國時陸遜攻襄陽又值此尤中有數十匹馬出遜載還建業蜀使來有五部兵家滇池者識其馬色云亡父所乘對之流涕荊州記云是析縣馬頭山又縣南十五里有疎水東流注沔水中有物如馬甲如鯪鯉不可入七八月中好在磧上自曝膝頭似虎掌爪小兒不知欲取弄戲便殺人或曰生得者摘其鼻厭可小便名爲木盧編有藍口聚下江兵所據左傳鬬緡以權叛楚遷於那處杜預曰縣東南有那口城當陽杜預曰縣東有權城楚武王所剋荊州記曰縣東南有麥城城東有盧城沮水西有磨城伍子胥造此二城以攻麥城華容侯國雲夢澤在南杜預曰州國在縣東枝江縣有雲夢城江夏安陸縣東南有雲夢城或曰華容縣東南亦有雲夢巴丘湖江南之雲夢也爾雅十藪楚有雲夢郭璞曰巴丘湖是也

襄陽有阿頭山岑彭破張楊襄陽耆舊傳曰縣西九里有萬山父老傳云交甫所見遊女處此山之下曲隈是也荊州記曰襄陽舊楚之北津從襄陽渡江經南陽出方關是周鄭晉衛之道其東津經江夏出平皋關是通陳蔡齊宋之道邔侯國有黎丘城朱祐禽秦豐蘇嶺山宜城侯國杜預曰縣西舊羅國後徙枝江鄀侯國永平元年復左傳楚文王伐黃還及湫杜預曰縣東南有湫城臨沮侯國有荊山山海經曰其陽多鐵其陰多赤金其東多牛荊州記曰西北三十里有清谿谿北即荊山首曰景山即卞和抱璞之處南都賦注曰漢水至荊山東別流爲滄浪之水枝江侯國本羅國有丹陽聚史記曰秦齊破楚屈匄遂取丹陽夷道荊州記曰縣西北有宜陽

山東南有羊腸山夷陵有荊門岑彭破田戎處虎牙山荊州記曰荊門江南虎牙江北虎牙有文如齒牙荊門上合下開州陵史記楚考烈王納州于秦很山

故屬武陵

江夏郡高帝置雒陽南千五百里十四城户五萬八千四百三十四口二十六萬五千四百六十四

西陵 西陽 軑侯國杜預曰古邧國在東南有邧城鄳史記曰无忌說魏安僖王曰秦不敢攻冥阸之塞徐廣云即此縣也竟陵侯國有郧鄉左傳桓十一年鄖人軍蒲騷立章山本內方荊州記曰山高三十丈周迴百餘里縣東有申水左傳楚公子比爲王次魚陂杜預曰在縣西北雲杜杜預曰縣東南

有鄖城故國沙羨 邾地道記曰楚滅邾徙其君此城 下雉 蘄春
侯國 鄂 平春侯國 南新市侯國宋本
傳有雜鄉聚犀林 安陸
零陵郡武帝置雒陽南三千三百里 十三城戶二十一萬
二千二百八十四口百萬一千五百七十
八 泉陵 零陵 陽朔山 湘水出羅含湘中記曰有營
水有洮水有灌水有祁水有宜水有春水有烝水有耒水有米水有淥水有連水有倒水有僞水有伯水
有賓水皆注湘 營道 南有九疑山舜之所葬郭璞山海經注曰其山九谿皆
相似故曰九疑湘州營陽郡記曰山下有舜祠故老相傳舜登九疑 營浦營陽郡記曰縣南三

後漢書志二十二 九

里餘有舜南巡止宿處今立廟 泠道有春陵鄉 洮陽 都梁 有路
山 夫夷侯國故屬長沙 始安侯國始安
郡記曰縣東有駮樂山東有疊山 重安侯國故鍾武永建三
年更名 湘鄉 昭陽侯國荊州記縣東有余水傍有漁父
廟 烝陽侯國故屬長沙
桂陽郡高帝置上領山在雒陽南三千九百里 十一城戶十三
萬五千二十九口五十萬一千四百三
郴 有客嶺山湘中記曰項籍徙義帝於郴而害之今有義陵祠又縣南十數里有
馬嶺山山有仙人蘇耽壇荊州記曰城南六里縣西北有溫泉其下流有數十畝田常十二月下種明年

三月新穀便登一年三熟 便 耒陽有鐵 陰山 南平
臨武 桂陽 含洭 湞陽有茱領山始興
郡記有吳山 曲江始興郡記縣北有臨沅山 漢寧永和元年置
武陵郡秦昭王置名黔中郡高帝五年更名雒陽南二千一百里先賢傳曰晉代太守趙厥
問主簿潘京曰貴郡何以名武陵京曰鄙郡本名義陵在辰陽縣界與夷相接為所攻破光武時移東出
遂得見全先識易號傳曰止戈為武高平曰陵於是改名焉臣昭案前書本名武陵不知此對何據而出
荊州記曰郡社中木麋樹是光武種至今也 十二城戶四萬六千六
百七十二口二十五萬九百一十三 臨
沅荊州記曰縣南臨沅水水源出牂牁且蘭縣至郡界分為五谿故云五谿蠻 漢壽

後漢書志二十二 十 張宗

故索陽嘉三年更名刺史治漢官儀曰去雒陽三千里 孱
陵魏氏春秋曰劉備在荊州所都改曰公安 零陽 充 沅陵 先
有壺頭山馬援軍度處有松梁山山有石開處數十丈其上名曰天門 辰陽
酉陽 遷陵 鐔成 沅南建武二十六
年置 作唐
長沙郡秦置雒陽南二千八百里 十三城戶二十五萬五
千八百五十四口百五萬九千三百七十
二 臨湘 攸 茶陵 安城 酃荊州記曰有酃湖周
迴三里取湖水為酒酒極甘美湘東記曰縣西南母山周迴四百里 湘南侯國 衡

山在東南郭璞曰山別名岣嶁湘中記曰衡山有玉牒禹案其文以治水遂望衡山如陣雲沁湘千里九向九背乃不復見　連道　昭陵　益陽荊州記曰縣南十里有平岡岡有金井數百淺者四五尺深者不測俗傳云有金人以杖撞地輒便成井　下雋　羅帝王世紀曰有黃陵亭洞中記亦云二妃之神劉表爲之立碑　醴陵荊州記曰縣東四十里有大山山有三石室室中有石牀石臼父老相傳昔有道士學仙此室即合金沙之臼　容陵

右荊州刺史部郡七縣邑矦國百一十七魏氏春秋建安二十四年吴分巫秭歸爲固陵郡二十五年分南郡之巫秭歸夷陵臨沮并房陵上庸西城七縣爲新城郡

九江郡秦置雒陽東一千五百里十四城戶八萬九千四百三十六口四十三萬二千四百二十六

陰陵　壽春漢官云刺史治去雒陽千三百里與志不同　浚遒左傳哀十二年會吴于橐皋杜預曰在縣東南案宋均傳縣有唐后二山　成德　西曲陽　合肥矦國　歷陽矦國刺史治　當塗有馬丘聚徐鳳反於此帝王世紀曰禹會諸矦塗山皇覽曰楚大夫子思家在縣東山鄉西去縣四十里子思造芍陂　全椒　鍾離矦國　阜陵　下蔡故屬沛左傳成七年吴入州來杜預曰下蔡縣　平阿故屬沛有塗山應劭云山在當塗左傳穆有塗山之會　義成故屬沛

丹陽郡秦鄣郡武帝更名雒陽東二千一百里建安十三年孫權分新都郡十六城戶十三萬六千五百一十八口六十三萬五百四十五

宛陵　溧陽　丹陽　故鄣秦鄣郡所治吴興記曰中平年分縣南置安吉縣光和末張角亂此鄉守險助國漢嘉之故立縣中平二年又分立原鄉縣　於潛　涇　歙山海經曰三天子鄣山在閩西海北郭璞曰在縣東今謂之玉山魏氏春秋有安勒烏邪山　黝魏氏春秋有林歷山　陵陽陵陽子明得仙於此縣山故以爲名　蕪湖中江在西左傳襄三年楚子伐吴克鳩茲杜預曰在縣之東　秣陵其地本名金陵秦始皇改建安十六年孫權改曰建業十七年城石頭　南有牛渚　湖熟矦國　句容　江乘　春穀　石城

後漢書志二十二　十二　陳從

廬江郡文帝分淮南置建武十年省六安國以其縣屬雒陽東一千七百里十四城戶十萬一千三百九十二口四十二萬四千六百八十三

舒有桐鄉古桐國左傳昭五年吴敗楚鵲岸杜預曰縣有鵲尾渚　雩婁矦國　尋陽有置馬亭劉勳士衆散處　南有九江東合爲大江釋慧遠廬山記略曰山在尋陽南南濱宮亭湖北對小江山去小江三十餘里有匡俗先生者出殷周之際隱遁潛居其下受道於仙人而共嶺時謂所止爲仙人之廬而命焉其山大嶺凡七重圓基周迴垂五百里其南嶺臨宮亭湖下有神廟七嶺會同莫升之者東南有香爐山其上氣氳若香煙西南中石門前有雙闕壁立千餘仞而瀑布流焉其中鳥獸草木之美靈藥芳林之奇所稱名代豫章舊志匡俗字君平夏禹之苗裔也　潛左傳曰昭三十一年吴人

侵楚伐夷侵潛六楚沈尹戌帥師救潛是也潛有天柱山 臨湖侯國 龍舒

侯國 襄安 睆有鐵 居巢侯國 皇覽曰范

增冢在郭東又庭中亞父井吏民皆祭亞父於居巢庭上長吏初視事皆祭而後從政後更造祠於東廣

志曰有二大湖 六安國 皇覽曰皋陶冢在縣 蓼侯國 安豐有

大別山 左傳昭二十三年吳敗諸侯之師于雞父杜預曰縣南有雞備亭 陽泉

侯國 廣志曰有陽泉湖 安風侯國

會稽郡 秦置本治吳立郡吳乃移山陰雒陽東三千八百里 十四城戶

十二萬三千九十口四十八萬一千一百

九十六 山陰 越絕曰句踐小城山陰是也稷山者句踐齋戒臺吳越春秋曰

後漢書志二十二 十三 吳佐

句踐築城已成怪山自至怪山者琅耶海中山也一夕自來故名怪山 會稽山在南

上有禹冢 山海經曰會稽之山四方上多金玉下多瑛石郭璞曰有禹井越絕曰有重山

句踐葬大夫種 有浙江 郭璞注山海經曰江出歙縣玉山 鄮 烏傷 越絕

曰有常山古聖所采藥高且神英雄交爭記曰初平三年分縣南鄉為長山縣 諸暨 越絕曰興

平二年分立吳寧縣 餘暨 越絕曰西施之所出謝承書有涉屋山蕭都賦注有蕭山潘水出焉

太末 左傳謂姑蔑初平三年分立新安縣建安四年孫氏分立豐安縣二十三年立遂昌縣東

陽記縣龍丘山有九石特秀林表色丹白遠望盡如蓮花龍立長隱居於此因以為名其峯際復有巖穴

外如窗牖中有石林巖前有一桃樹其實甚甘非山中自有莫知誰植 上虞 漢末分南鄉立

始寧縣 剡 餘姚 句章 山海經曰餘句之山無草木多金玉郭璞曰山

在餘姚南句章北故二縣因以為名句踐欲遷吳王於甬東韋昭曰縣東洲 鄞 章安

故治閩越地光武更名 晉元康記曰本鄞縣南之迴浦鄉章帝章

和元年立未詳 永寧永和三年以章安縣東甌鄉為

縣 東部侯國

吳郡 順帝分會稽置雒陽東三千二百里 十三城戶十六萬四

千一百六十四口七十萬七百八十二

吳本國 越絕曰吳大城闔閭所造周四十七里二百一十步二尺又有伍子胥城居巢城昌

門外闔閭冢虎丘穹隆赤松子所取赤石脂也去縣二十里有麋湖攝路城又石城闔閭置美山虞山巫

咸山皇覽曰縣東門外孫武冢又要離冢縣西南 震澤在西後名具區

後漢書志二十二 十四 陳彦

澤 爾雅十藪吳越之閒有具區郭璞曰縣南太湖也中有包山山下有洞庭穴道潛行水底去無

所不通號為地脈越絕書曰湖周三萬六千頃又有大雷山小雷山周處風土記曰舜漁澤之所旦昭案

此僻在成陽是也又吳伐越敗之夫椒杜預曰太湖中椒山是也 海鹽 案今計偕簿縣之故

治順帝時陷而為湖今謂為當湖大旱湖竭城郭之處可識 烏程 左傳襄三年楚伐吳至於

衡山杜預曰在縣南或云丹陽縣之橫山去鳩茲不遠子重所至也吳興記曰縣西北其山有項籍祠興

平二年太守許貢奏分縣為永縣 餘杭 顧夷曰秦始皇至會稽經此立為縣史記曰始皇臨

浙江水波惡乃西百二十里從狹中渡徐廣曰餘杭也臣昭案始皇所過乃在錢塘富春豈近餘杭之界

乎 毗陵季札所居北江在北 越絕曰縣南城在荒地上湖中

家者季子冢也名延陵墟皇覽曰暨陽鄉 丹徒 春秋曰朱方 曲阿 由拳

左傳曰越敗吳於檇李杜預曰縣南醉李城也干寶搜神記曰秦始皇東巡望氣者云五百年後江東有天子氣始皇至令囚徒十萬人掘汙其地表以惡名故改之曰由拳縣　安　越絕曰有西岑冢越王孫開所立以備春申君使其子守之子死遂葬城中　富春　陽羨邑　郭璞曰縣有張公山洞密有二堂　無錫侯國　史記曰春申君城故吳墟以自爲都邑城在無錫皇覽曰吳王太伯冢在吳縣北梅里聚去城十里太伯始所居地名句吳臣昭案無錫縣東皇山有太伯冢民世修敬焉去墓十里有舊宅井猶存臣昭以爲即宅爲置廟不如皇覽所說也越絕曰縣西龍尾陵道春申君初封吳所造臣昭案今見在自是山名非築陵道　婁

豫章郡　高帝置雒陽南二千七百里　二十一城　戶四十萬六千四百九十六　口百六十六萬八千九百六　豫章記曰新吳上蔡永脩縣並中平立豫章縣建安立上蔡民分徙此地立名上蔡　南昌　豫章記曰江淮唯此縣及吳臨湘三縣是今　建城　此地立名上蔡者豫章記曰縣有葛鄉有石炭二頃可燃以爨　新淦　宜春　廬陵　興平元年孫策分立廬陵郡　贛有豫章水　雩都　南野有臺領山　南城　鄱陽有鄱水黃金采　建安十五年孫權分立鄱陽郡治縣　歷陵有傅易山　餘汗　鄡陽　彭澤　彭蠡澤在西　柴桑　艾　左傳哀二十年吳公子慶忌所居　海昏侯國　在昌邑城豫章記曰城東十三里縣列江邊名慨口出豫章大江之口也昌邑王每乘流東望輒憤慨而還故謂之慨口　平都侯國故安平

石陽　臨汝永元八年置　建昌永元十六年分海昏置

右揚州刺史部郡六縣邑侯國九十二

後漢書志第二十二

後漢書志第二十三　郡國五

劉昭　注補

漢中　巴郡　廣漢　蜀郡

犍爲　牂牁　越巂　益州

永昌　廣漢屬國　蜀郡屬國

犍爲屬國

右益州

隴西　漢陽　武都　金城

安定　北地　武威　張掖

酒泉　敦煌　張掖屬國

張掖居延屬國

右涼州

上黨　太原　上郡　西河

五原　雲中　定襄　鴈門

朔方

右并州

涿郡　廣陽　代郡　上谷

漁陽　右北平　遼西　遼東

玄菟　樂浪　遼東屬國

右幽州

南海　蒼梧　鬱林　合浦

交阯　九眞　日南

右交州

漢中郡秦置雒陽西千九百九十里九城户五萬七千三百四十四口二十六萬七千四百二

南鄭華陽國志曰有池水從旱山來成固嫣墟在西北前書云在西城帝王世記亦云姚墟在西北有舜祠西城巴漢志云漢末以爲西城郡褒中華陽國志曰有唐公防祠沔陽有鐵華陽國志曰有定軍山博物記曰縣北有丙穴巴漢志曰一縣有度水水有二原一曰清檢二曰濁檢安陽錫有錫春秋時曰錫穴左傳文十一年楚伐麋至于錫穴上庸本庸國房陵巴漢志曰建安十三年別屬新城郡有維山維水所出東入瀘

巴郡秦置雒陽西三千七百里譙周巴記曰初平六年趙穎分巴爲二郡欲得巴舊名故郡以墊江爲治安漢以下爲永寧郡建安六年劉璋分巴以永寧爲巴東郡以墊江爲巴西郡蜀都賦注云銅梁山在巴東千寶搜神記曰有澤水民謂神龍不可鳴鼓其傍即使大雨蜀都賦曰潛龍蟠於沮澤應鼓而興雨十四城户三十一萬六百九十一口百八萬六千四百四十九

江州杜預曰巴國也有塗山禹娶塗山華陽國

志曰帝禹之廟銘存焉有清水穴巴人以此爲粉則膏暉鮮芳貢粉京師因名粉水宕渠有
鐵 朐忍巴漢志曰山有大小石城勢者閬中案本傳有賨水巴漢志曰
有彭池大澤名山靈臺見孔子內讖魚復古庸國左傳文十年魚人逐楚師是也扞水
有扞關史記曰楚肅王爲扞關以拒蜀臨江 枳史記蘇代曰楚得枳而國
亡華陽國志有明月峽廣德嶼者是也涪陵出丹巴記曰靈帝分涪陵置永寧縣巴漢
志曰涪陵巴郡之南鄙從枳南入折丹涪水本與楚商於之地接漢時赤田軍常取其民墊江
安漢 平都巴記曰和帝分枳置充國永元二年分
閬中置巴記曰初平四年復分爲南充國縣宣漢巴漢記曰和帝分宕渠之東置
漢昌永元中置巴記曰分宕渠之北而置之

後漢書志二十三 三 王中

廣漢郡高帝置雒陽西三千里十一城户十三萬九千
八百六十五口五十萬九千四百三十八
雒州刺史治 新都華陽國志曰有金堂山水通巴漢緜竹
地道記曰有紫巖山縣水之所出焉什邡 涪巴漢志曰肆水出肆山梓潼
地道記五婦山馳水出建安二十二年劉備以爲郡白水山海經曰白水出蜀而東南入江郭璞曰
今在縣葭萌華陽國志有水通于漢川有金銀鑛民洗取之郪 廣漢
有沈水 德陽華陽國志曰有劍閣道三十里至險
蜀郡秦置雒陽西三千一百里十一城户三十萬四百五
十二口百三十五萬四百七十六 成都

蜀都賦注曰武帝元鼎二年立成都郭十八門郫 江原 繁 廣都
任豫益州記曰縣有望川源鑿石二十里引取郫江水灌廣都田云後漢所穿鑿者臨邛博物
記曰有火井深二三丈在縣南百里以竹木投取火後人以火燭投井中火即滅絕不復然蜀都賦注曰
火井欲出其火先以家火投之須臾許隆隆如雷聲爛然通天光耀十里以竹筒盛之接其光而無炭也
取井火還煑井水一斛水得四五斗鹽家火煑之不過二三斗鹽耳有鐵 湔氐
道蜀王本紀曰縣前有兩石對如闕號曰彭門岷山在西徼外山海
經曰岷山江水出焉東北注于海中多良龜其上多金玉其下多白珉其獸多犀象夔郭璞曰今蜀山中
有大牛重數千斤曰夔蜀都賦注曰岷山特多藥其槲特多好者絕異於天下之好者汶江
道華陽國志曰濊水駹水出焉多冰寒盛夏凝凍不釋孝安延光三年復立之以爲郡八

後漢書志二十三 四 本奉達

陵 廣柔帝王世記曰禹生石紐縣有石紐邑華陽國志曰夷人營其地方百里不
敢居牧有過逃其野中不敢追云畏禹神能藏三年爲人所得則共原之云禹神靈祐之緜虒
道華陽國志曰有玉壘山出璧玉湔水所出
犍爲郡武帝置雒陽西三千二百七十里劉璋分立江陽郡九城户十三
萬七千七百一十三口四十一萬一千三
百七十八 武陽有彭亡聚岑彭死處南中志曰縣南二十
里彭望山益州記曰縣有王喬仙處王喬祠今在縣下有彭祖冢上有彭祖祠資中 牛
鞞 南安蜀都賦注曰縣之南有五山一山而五里在越巂界蚖有魚泣
津蜀都賦注曰魚符津數百步在縣北三十里縣臨大江岸便山嶺相連經益州郡有道廣四五

尺深或百丈斬鑿之跡今存昔唐蒙所造博物記縣西百里有牙門山華陽國志曰縣西有熊耳峽南有峨眉山去縣八十餘里 僰道 華陽國志曰治馬湖江會水通越嶲舊本有僰人有荔枝薑蒟有王岳蘭李冰燒之崖有五色赤白映水玄黃魚從楚來至此而止畏崖映其水故也 江陽 華陽國志曰江雒會有方蘭祀江中有大闕小闕蜀都賦注云沱潛既道從縣南流至漢嘉縣入大穴中通岡山下因南潛出今名復出水是也 荷節 南廣 漢安

牂牁郡 武帝置雒陽西五千七百里 十六城户三萬一千五百二十三口二十六萬七千二百五十三 故且蘭 地道記曰有沅水 平夷 鄨 地道記曰不狼山鄨水所出 毋斂 談指 出丹 南中志曰有不津江江有瘴氣 夜郎

出雄黃雌黃 案本傳有竹王三郎祠 同並 談稾 漏江 毋單 宛溫 南中志曰縣北三百里有盤江廣數百步深十餘丈此江有毒氣 鐔封 華陽國志曰有溫水 漏臥 句町 案本傳有桄榔木地道記有文象水 進乘 西隨 地道記曰麋水西受徼外東至麋泠入尚龍谿

越巂郡 武帝置雒陽西四千八百里 十四城户十三萬一百二十口六十二萬三千四百一十八

邛都 南山出銅 南中志曰縣東南數里有水名邛廣都河從廣二十里深百餘丈有魚長一二丈頭特大遥視如戴鐵釜狀華陽國志曰河有嗱舊山又有溫水穴冬夏常熱 遂久 華陽國志曰有繩水廣志曰有縹碧石有綠碧 靈關道 華陽國志曰有銅山又有利慈 臺登出鐵 華陽國志曰有孫水一曰白沙江山有磐石火燒成鐵 青蛉 有禺同山俗謂有金馬碧雞 華陽國志曰有鹽官濮水出 卑水 華陽國志曰水通馬湖 三縫 華陽國志曰通道寧州度瀘得蛉縣有長谷石時坪中有石豬子母數千頭長老傳言夷昔牧豬於此一朝豬化爲石迄今夷不敢往牧 會無 出鐵 郭璞曰山海經稱縣東山出碧亦玉類華陽國志曰故濮人邑也今有濮人冢冢不閉户其中多珠人不可取取之不祥有元馬河元馬日行千里縣有元馬祠民居家馬牧山下或產駿駒云元馬子也今其有元馬迹存焉河中有銅船今在祠以羊可取也河中見子土地特產好犂牛東山出青碧 定莋 華陽國志縣在郡西度瀘水賓岡徼白摩沙夷有鹽坑積薪以齊水灌而後焚之成白鹽漢末夷等皆錮之 闡 華陽國志曰故邛人邑治邛都城 蘇示 大莋 莋秦

姑復 地道記鹽池澤在南

益州郡 武帝置故滇王國雒陽西五千六百里諸葛亮表有耽文山澤山司彌疆山婁山畔龍山此等並皆未詳所在縣 十七城户二萬九千三十六口十一萬八百二

滇池出鐵有池澤 澤在縣西見前書南中志曰池周二百五十里 北有黑水祠 華陽國志曰水是溫泉又有白蜩山山有蜩 勝休 南中志曰有大河從廣百四十里深數十丈地道記曰水東至母掇入橋水 俞元 裝山出銅 華陽國志在河中洲上 律高 石室山出錫 盬町山出銀鉛 賁古 采山出銅錫 前書曰在縣北 羊山出銀鉛 在縣西地道記曰南烏山出錫 毋掇 地道記曰有橋

水出擣山 建伶 穀昌 牧靡 李奇曰靡音麻出升麻 味昆

澤 同瀨 地道記曰銅虜山米水所出 同勞 雙柏 出銀

連然 㨗棟 地道記連山無血水所出 秦臧

永昌郡 明帝永平二年分益州置雒陽西七千二百六十里廣志曰永昌一郡見龍之輝日月相屬 八城 戶二十三萬一千八百九十七 口百八十九萬七千三百四十四 不韋 出鐵 華陽國志曰孝武置不韋縣徙南越相呂嘉子孫宗族居之因名不韋以章其先人之惡 巂唐 本西南夷史記曰古爲巂昆明古今注曰永平十年置益州西部都尉治巂唐鎮尉哀牢人楪榆蠻夷華陽國志曰有同水從徼外來 比蘇 楪榆 有河廣志曰有弔鳥山縣

西北八十里在阜山衆鳥千百羣共會鳴呼啁哳每歲七月八月晦望至集六日則止歲凡六至雉雀來弔特悲其方人夜然火伺取無嗉不食者以爲義鳥則不取也俗言鳳皇死於此山故衆鳥來弔地道記有澤在縣東 邪龍 雲南 南中志曰縣西高山相連有大泉永同旋萬步名馮河縣西北百數十里有山衆山之中特高大狀如扶風太一鬱然高峻與雲氣相連結因視之不見其山固陰沍寒肆五月盛暑不熱廣志曰五月霜雪皓然 哀牢 永平中置故牢王國 博南 永平中置南界出金 華陽國志曰西山高三十里越得蘭滄水有金沙洗取融爲金有光珠穴廣志曰有虎魄生地中其上及旁不生草深者四五八九尺大者如斛削去外皮中成虎魄如升初如桃膠凝堅成也

廣漢屬國都尉 故北部都尉屬蜀郡安帝時以爲屬國都尉別領三城 戶三萬七千一百一十 口二十萬五千六百五十二 陰平道 甸氏道 華陽國志曰有白水出徼外入漢 剛氏道 華陽國志曰涪水所出有金銀鑛

蜀郡屬國 故屬西部都尉延光元年以爲屬國都尉別領四城 戶十一萬一千五百六十八 口四十七萬五千六百二十九 漢嘉 故青衣陽嘉二年改有蒙山 華陽國志曰有沫水從邛來出岷江又從岷山西來入江合郡下青衣江入大江土地多山蜀都賦曰廓靈關而爲門注曰山名也地在縣南 嚴道 有邛僰九折坂者邛郵置 山海經曰崍山江水出焉郭璞曰中江所出也華陽國志曰道至險有長嶺若

棟八渡之難楊母閣之峻昔楊氏倡造作閣故名楊邛崍山本名邛莋故邛人莋人界也巖阻峻迴曲九折乃至山上凝冰夏結冬則劇衆王陽行部至此退 徙 華陽國志曰出丹砂雄雌黃空青青碧 旄牛 華陽國志曰旄地也在邛崍山表邛人自蜀入度此山甚險難南人毒之故名邛崍有鮮水若水一名洲江

犍爲屬國 故郡南部都尉永初元年以爲屬國都尉別領二城 戶七千九百三十八 口三萬七千一百八十七 朱提 南中志曰縣有大淵池水名千頃池西南二里有堂狼山多毒草盛夏之月飛鳥過之不能得去蜀都賦注曰有靈池在縣南數十里周四十七里 山出銀銅 案前書朱提銀重八兩爲一流直一千五百八十他銀一流直一千南中志曰舊有銀窟數處諸葛亮書云漢嘉金朱提銀

探之不足以自食 漢陽

右益州刺史部郡國十二縣道百一十八 本梁州表山松書曰建安二十年復置漢寧郡漢中之安陽西城郡分錫上庸爲上庸郡置都尉

隴西郡 秦置雒陽西二千二百二十里 十一城戶五千六百二十八口二萬九千六百三十七

狄道　安故　氐道 養水出此 巴漢志白漢水二源東源出縣之養山名養南都賦注曰漢水源出隴西經武都至武關山歷南陽界出沔口入江巴漢志曰西漢隴西嶓冢山會白水經葭萌入漢始源曰沔故曰漢沔　首陽 有鳥鼠同穴山 爾雅曰其鳥爲鵌其鼠爲鼵如人家鼠而短尾鵌似鵽而小黃黑色穴入地三四尺鼠在內鳥在外孔安國尚書傳曰共爲雌雄張氏地理記云不爲牝牡山海經曰山多白虎白玉　渭水出 有三危三苗所處　大夏　襄武 有五雞聚　臨洮 有西頃山 前志曰在縣西本傳縣馬防築索西城　枹罕 故屬金城　白石 故屬金城　鄣　河關 故屬金城 積石山在西南河水出

漢陽郡 武帝置爲天水永平十七年更名在雒陽西二千里秦川記曰中平五年分置南安郡獻帝起居注曰初平四年十二月己分漢陽上郡爲永陽以鄉亭爲屬縣 十三城戶二萬七千四百二十三口十三萬一百三十八

冀 史記曰秦武公伐冀戎縣 有朱圄山 前志曰在縣南 有緹羣山 有雒門聚 來歙破隗囂處　望恒　阿陽　略陽 有街泉亭 街泉故縣省　勇士　成紀 帝王世紀曰庖犧氏生於成紀　隴 州刺史治 漢官云去雒陽二千一百里 有大坂名隴坻 三秦記其坂九迴不知高幾許欲上者七日乃越高處可容百餘家清水四注下郭仲產秦州記曰隴山東西百八十里登山嶺東望秦川四五百里極目泯然山東人行役升此而顧瞻者莫不悲思故歌曰隴頭流水分離四下念我行役飄然曠野登高遠望涕零雙墮度汧隴無蠶桑八月乃麥五月乃凍解　獂道 史記秦孝公西斬戎王 獂坻聚有秦亭 秦之先封起於此　蘭干　平襄　顯親　上邽 故屬隴西　西 故屬隴西 有嶓冢山 西漢水 秦州記曰縣北有利山川中平地有土堆高五丈生細竹翠茂殊常二揚樹大數十圍百姓祀之 史記曰申命和仲居西土徐廣曰今之西縣鄭玄曰西在隴西西今謂之人充山

武都郡 武帝置雒陽西一千九百六十里 七城戶二萬一百二口八萬一千七百二十八

下辨 有赤亭　武都道 華陽國志曰有天池澤　上祿　故道 干寶搜神記曰有怒特祠秦置　河池 有泉街　沮 沔水出東狼谷　羌道 隴頭騁起此

金城郡 昭帝置雒陽西二千八百里 十城戶三千八百五

十八口萬八千九百四十七　允吾西羌傳有唐谷
秦州有牢北山傍有三窟浩亹有雒都谷馬武破羌處令居　枝陽
金城　榆中　臨羌有昆侖山　破羌　安
夷　允街
安定郡武帝置雒陽西千七百里八城戶六千九十四口
二萬九千六十　臨涇謝承書曰宣仲爲長史民板留改曰宜民見李
固傳而志無此改豈承之安平高平有第一城高峻所據朝那
有湫淵方四十里停不流冬夏不增減不生草木郭璞注山海經曰涇水出縣西开頭山入渭烏
枝有瓦亭牛邯軍處出薄落谷本傳有龍池山地道記曰烏水出

三水有左谷盧芳所居陰盤舊有陰密縣未詳所并杜預曰安定陰密縣古密須國史
記曰秦遷白起于陰密山海經曰溫水出崆峒山在臨汾南入河華陽北郭璞曰水常媛彭陽
鶉觚故屬北地
北地郡秦置雒陽西千一百里六城戶三千一百二十
二口萬八千六百三十七　富平　泥陽
有五栒亭地道記曰泥水出郁郅北蠻中弋居有鐵　廉前志
卑移山在西北參䜌故屬安定有青山謝沈書屬國降羌胡數千人居山
田畜靈州
武威郡故匈奴休屠王地武帝置雒陽西三千五百里十四城戶萬四

十二口三萬四千二百二十六　姑臧地道
記南山谷水所出張掖　武威　休屠　揟次　鸞
鳥　樸㓹　媼圍　宣威　倉松地道記曰南山松陜
水所出鸇陰故屬安定祖厲故屬安定　顯
美故屬張掖　左騎千人官
張掖郡故匈奴昆邪王地武帝置雒陽西四千二百里獻帝分置西郡八城戶六
千五百五十二口二萬六千四十　觻得
昭武　删丹弱水出　氐池　屋蘭　日
勒　驪靬　番和

酒泉郡武帝置雒陽西四千七百里九城戶萬二千七百
六　福祿　表氏　樂涫　玉門　會水
沙頭　安彌故曰綏彌　乾齊　延壽博物
記曰縣南有山石出泉水大如筥籚注地爲溝其水有肥如煑肉洎羕羕永永如不凝膏然之極明不可
食縣人謂之石漆
敦煌郡武帝置雒陽西五千里耆舊記曰國當乾位地列艮墟水有懸泉之神山有鳴沙之異川無蛇虺澤無兕虎華戎所交一都會也六城戶七百四十八口
二萬九千一百七十　敦煌古瓜州出美
瓜　冥安　效穀　拼泉　廣至　龍勒有

玉門關
張掖屬國 武帝置屬國都尉以主蠻夷降者安帝時別領五城 户四千六百五十六口萬六千九百五十二 候官 左騎 千人 司馬官 千人官
張掖居延屬國 故郡都尉安帝別領一郡 户一千五百六十口四千七百三十三 居延有居延澤古流沙 獻帝建安末立爲西海郡
右凉州刺史部郡國十二縣道候官九十八 袁山松書曰興平元年分安定鶉觚右扶風之漆置新平郡

上黨郡 秦置雒陽北千五百里 十三城户二萬六千二百二十二口十二萬七千四百三 長子 山海經曰有發鳩之山章水出焉上黨記曰關城都尉所治令狐徵君隱城東山中去郡六十里即壺關二老令狐茂上書訟戾太子者也茂即葬其山 屯留 絳水出 上黨記曰有鹿谷山濁漳所出有余吾城在縣西北三十里 銅鞮 上黨記曰晉別宮墟關猶存有北城去晉宮二十里羊舌所邑左傳成九年晉執鄭伯於此 沾 山海經曰有少山其上有金玉其下有銅郭璞云在沾 涅有閼與聚 史記曰趙奢破秦兵閼與山海經云謁戾之山有金玉沁水出焉南流注于河郭璞曰在涅 襄垣 上黨記曰邑帶山林茂松生焉 壺關有黎亭故黎國 文王戡黎即此也上黨記曰東山在城東南晉申生所伐今名平臯 泫氏

有長平亭 史記曰白起破趙長平上黨記曰城在郡南山中百二十里 高都 前志曰有天井關戰國策曰桀居天井即天門也博物記曰縣南地名即垂 潞本國 左傳哀四年齊伐晉壺口杜預曰路縣東有壺口關上黨記曰潞濁漳也縣城臨潞晉荀林父伐曲梁在城西十里今名石梁又東北八十里有黎城臨壺口關至建安十一年從淘河口鑿入潞河名泉州渠以通于海 猗氏 漢書音義縣出鵶 陽阿侯國 穀遠 上黨記曰有羊頭山沁水所出
太原郡 秦置 十六城户三萬九百二口二十萬一百二十四 晉陽本唐國 毛詩譜曰堯始都於此後遷河東平陽 有龍山晉水所出 山海經曰有懸甕之山其上多玉其下多

銅其獸多閭麋晉水出焉東南注汾郭璞曰在縣左傳曰遷實沈于大夏賈逵曰陶唐之胤劉累也杜元凱曰今晉陽縣 刺史治 漢官曰南有梗陽城中行獻子見巫臯 界休有界山有縣上聚 左傳曰晉文公以縣上爲介之推田界山推焚死之山故太原俗有寒食 有千畝聚 左傳曰晉爲千畝之戰在縣南 榆次 左傳謂塗水 有鑿臺 史記曰韓魏殺智伯埋於鑿臺之下 中都 左傳昭二年執陳無宇於中都杜預曰界休縣南中都城是也 于離 茲氏 狼孟 鄔 史記韓信破夏説於鄔徐廣曰音於庶反 盂 晉大夫孟丙邑 平陶 京陵 春秋時九京 禮記曰趙武從先大夫於九京鄭玄曰晉卿大夫之墓地京字之誤當爲九原 陽曲 大陵有鐵 史記曰趙肅侯游大陵出於鹿門即大陵 祁 慮

虎 陽邑有箕城左傳僖三十三年晉敗狄于箕

上郡秦置 十城戶五千一百六十九口二萬八千五百九十九 膚施 白土 漆垣 奢延 雕陰 楨林 定陽 高奴 龜茲屬國 候官

西河郡武帝置雒陽北千二百里也 十三城戶五千六百九十八口二萬八百三十八 離石 平定 美稷 樂街 中陽 皐狼 平周 平陸 益蘭 圜陰 藺 圜陽 廣衍

五原郡秦置爲九原武帝更名 十城戶四千六百六十

後漢書志二十三 十五

七口二萬二千九百五十七 九原 五原 臨沃 父國 河陰 武都 宜梁 曼柏 成宜 西安陽北有陰山徐廣曰陰山在河南陽山在河北史記曰蒙恬築長城臨洮延袤萬里餘度河據陽山

雲中郡秦置 十一城戶五千三百五十一口二萬六千四百三十 雲中 咸陽 箕陵 沙陵 沙南案烏桓有蘭池城烏之圜耿羣處 北輿 武泉 原陽 定襄故屬定襄 成樂故屬定襄 武進故屬定襄

定襄郡高帝置 五城戶三千一百五十三口萬三千五百七十一 善無故屬鴈門 桐過 武成 駱 中陵故屬鴈門

鴈門郡秦置雒陽北千五百里 十四城戶三萬一千八百六十二口二十四萬九千 陰館史記曰漢蘇意軍句注應劭曰山險名也在縣西北爾雅八陵西隃鴈門是也郭璞曰即鴈門山山海經曰鴈門山者鴈飛出於其間 繁畤 樓煩 武州前書武帝誘匈奴入武州塞 汪陶 劇陽 崞 平城前書高帝被圍白登服虔曰去縣七里 埒 馬邑干寶搜神記曰昔秦人築城於武州塞內以備胡城成而崩者數矣有馬馳走一地周旋反覆父老異之因依以築城城乃不崩遂名之爲馬邑 鹵城故屬代郡山海

後漢書志二十三 十六

經曰泰戲之山無草木多金玉呼沱之水出焉郭璞曰今呼沱河縣武夫山周禮并州其川呼沱魏志曰建安十年鑿渠自呼沱入汾名平虜渠 廣武故屬太原有夏屋山史記曰趙襄子北登夏屋山以銅斗殺代王郭璞曰爾雅山中有獸形如菟相負共行土俗名之麼 原平故屬太原古史考曰趙襄居原今原平縣 彊陰

朔方郡武帝置 六城戶千九百八十七口七千八百四十三 臨戎 三封 朔方 沃野 廣牧 大城故屬西河

右并州刺史部郡九縣邑侯國九十
八（古今注曰建武十一年十月西河上郡屬魏 魏志曰建安二十年省雲中定襄五原朔方置一縣領其民合以爲新興郡）

涿郡（高帝置雒陽東北千八百里）七城戶十萬二千二百一十八口六十三萬三千七百五十四

涿 迺侯國（史記漢武帝至鳴澤服虔曰在縣北界） 故安易水出雹水出（案本紀永元十五年復置縣鐵官） 范陽侯國 良鄉 北新城有汾水門（史記曰趙與燕汾門） 方城故屬廣陽有臨鄉（故縣後省惠文王與燕臨樂） 有督亭（劉向

別錄曰督亢膏腴之地史記荊軻奉督亢圖入秦）

廣陽郡（高帝置爲燕國昭帝更名爲郡世祖省并上谷永平八年復） 五城戶四萬四千五百五十口二十八萬六百

薊本燕國刺史治（漢官曰雒陽東北二千里） 廣陽 昌平故屬上谷 軍都故屬上谷 安次故屬勃海

代郡（秦置雒陽東北二千五百里古今注曰建武二十七年七月屬幽州） 十一城戶二萬一百二十三口十二萬六千一百八十八 高柳 桑乾 道人 當城 馬城 班氏 狋氏 北平邑永元八年復 東安陽 平舒 代（干寶搜神記曰代城始築立板幹一旦亡西南板四五十里於澤中自立結葦爲外門因就營築爲故其城周圍三十五丈爲九門故城處呼之以爲東城）

上谷郡（秦置雒陽東北三千二百里） 八城戶萬三百五十二口五萬一千二百四 沮陽 潘永元十一年復 甯 廣甯 居庸 雊瞀 涿鹿（帝王世記曰黃帝所都有蚩尤城阪泉地黃帝祠世本云在彭城南張晏曰在上谷干寶案禮五帝位云黃帝與赤帝戰于阪泉之野不在涿鹿是代蚩尤之地） 下落

漁陽郡（秦置雒陽東北二千里） 九城戶六萬八千四百五十六口四十三萬五千七百四十 漁陽有鐵 狐奴 潞 雍奴 泉州有鐵 平谷 安樂 傂奚 獷平

右北平郡（秦置雒陽東北二千三百里） 四城戶九千一百七十口五萬三千四百七十五 上垠 徐無 俊靡 無終

遼西郡（秦置雒陽東北三千三百里） 五城戶萬四千一百五十口八萬一千七百一十四 陽樂

海陽 令支有孤竹城伯夷叔齊本國 肥如 臨渝山海經曰碣石之山繩水出焉其上有玉其下多青碧水經曰在縣南郭璞曰或曰在右北平驪城縣海邊山也

遼東郡秦置雒陽東北三千六百里案本紀和帝永元十六年郡復置西部都尉官十一城戶六萬四千一百五十八口八萬一千七百一十四 襄平 新昌 無慮 望平 候城 安市 平郭有鐵 西安平魏氏春秋曰縣北有小水南流入海句驪別種因名之小水貊 汶 番汧 沓氏

後漢書志二十三 十九 恭壽

玄菟郡武帝置雒陽東北四千里六城戶一千五百九十四口四萬三千一百六十三 高句驪遼山遼水出山海經曰遼水出白平東郭璞曰出塞外衛白平山遼山小遼水所出 西蓋馬 上殷台 高顯故屬遼東 候城故屬遼東 遼陽故屬遼東東觀書安帝即位之年分三縣來屬

樂浪郡武帝置雒陽東北五千里十八城戶六萬一千四百九十二口二十五萬七千五十 朝鮮 諦邯 浿水 含資 占蟬 遂城 增地 帶方 駟望 海冥 列口郭璞注山海經曰列水名列水在遼東 長岑 屯有 昭明 鏤方 提奚 渾彌 樂都

遼東屬國故邯鄉西部都尉安帝時以為屬國都尉別領六城雒陽東北三千二百六十里 昌遼故天遼屬遼西 賓徒故屬遼西 徒河故屬遼西 無慮有醫無慮山 險瀆史記曰王險衛滿所都 房

右幽州刺史部郡國十一縣邑侯國九十

後漢書志二十三 二十 恭康

南海郡武帝置雒陽南七千一百里七城戶七萬一千四百七十七口二十五萬二百八十二 番禺山海經注桂林八樹在賁禺東郭璞云今番禺 博羅有羅浮山自會稽浮往博羅山故置縣 中宿 龍川 四會 揭陽 增城有勞領山

蒼梧郡武帝置雒陽南六千四百一十里十一城戶十一萬一千三百九十五口四十六萬六千九百七十五 廣信漢官曰刺史治去雒陽九千里 謝沐 高要 封陽 臨賀 端谿 馮乘 富川 荔浦 猛陵地道記曰龍山合水所出 鄣平永平十四年置

鬱林郡秦桂林郡武帝更名雒陽南六千五百里十一城 布山
安廣 阿林 廣鬱 中溜 桂林 潭
中 臨塵 定周 增食 領方
合浦郡武帝置雒陽南九千一百九十一里五城戶二萬三千
一百二十一口八萬六千六百一十七
合浦 徐聞交州記曰出大吳公皮以冠鼓 高涼建安二十五年孫權立高
梁郡 臨元 朱崖
交阯郡武帝置即安陽王國雒陽南萬一千里十二城 龍編交州
記曰縣西帶江有仙山數百里有三湖有注沉二水 羸𨻻越侯鐵在此 定安
交州記曰越人鑄銅為船在江湖退時見 苟漏交州記曰有潛水牛上岸共鬬角軟還復出
麊泠 曲陽 北帶 稽徐 西于 朱
䳒 封谿建武十九年置交州記有隄防龍門水深百尋大魚登此
門化成龍不得過曝鰓點額血流此水恒如丹池有秦潛江出嶇山分為九十九流三百餘里共會於一
口 望海建武十九年置
九真郡武帝置雒陽南萬一千五百八十里五城戶四萬六千
五百一十三口二十萬九千八百九十四
胥浦 居風交州記曰有山出金牛往往夜見光耀十里山有風門常有風 咸
懽 無功 無編

日南郡秦象郡武帝更名雒陽南萬三千四百里五城戶萬八千
二百六十三口十萬六百七十六 西卷
朱吾交州記曰其民依海際居不食米止資魚 盧容交州記曰有採金浦 象
林今之林邑國 比景博物記曰日南出野女羣行不見夫其狀皛且白裸袒無衣襦
右交州刺史部郡七縣五十六王範交廣春秋
曰交州治羸𨻻縣元封五年移治蒼梧廣信縣建安十五年治番禺縣詔書以州邊遠使持節
并七郡皆授鼓吹以重威鎮
漢書地理志承秦三十六郡縣邑數百後
稍分析至于孝平凡郡國百三縣邑道侯
國千五百八十七世祖中興惟官多役煩
乃命并合省郡國十縣邑道侯國四百餘
所應劭漢官曰世祖中興海內人民可得而數裁十二三邊陲蕭條靡有孑遺鄣塞破壞亭隊絕滅建
武二十一年始遣中郎將馬援謁者分築烽候堡壁稍興立郡縣十餘萬戶或空置太守令長招還人民
上笑曰今邊無人而設長吏治之難如春秋素王矣乃建立三營屯田殖穀弛刑謫徒以充實之至
明帝置郡一章帝置郡國二和帝置三安
帝又命屬國別領比郡者六又所省縣漸
復分置至于孝順凡郡國百五縣邑道侯
國千一百八十東觀書曰永興元年鄉三千六百八十二亭萬二千四百四十三

二民戶九百六十九萬八千六百三十口
四千九百一十五萬二百二十應劭漢官儀曰永和中戶
至千七十八萬口五千三百八十六萬九千五百八
十八又帝王世記永嘉二年戶則多九十七萬八千
七百七十一口七百二十一萬六千六百三十六應
載極盛之時而所殊甚衆舍永嘉多取永和少良不
可解皇甫謐校覈精審復非謬記未詳孰是豈此最
順朝時書後史即爲本乎伏无忌所記每帝崩輒
戶口及墾田大數今列于後以見滋減之差焉
光武中元二年戶四百二十七萬九千六百三十四
口二千一百萬七千八百二十 明帝永平十八
年戶五百八十六萬五百七十三口三千四百一十
二萬五千二十一 章帝章和二年戶七百四十
五萬六千七百八十四口四千三百三十五萬六千
三百六十七 和帝永興元年戶九百二十三萬
七千一百一十二口五千三百二十五萬六千二百

二十九墾田七百三十二萬一百七十頃八十畝百
四十步 安帝延光四年戶九百六十四萬七千
八百三十八口四千八百六十九萬七百八十九墾
田六百九十四萬二千八百九十二頃一十三畝八
十五步 順帝建康元年戶九百九十四萬六千
九百一十九口四千九百七十三萬五百五十墾田
六百八十九萬六千二百七十一頃五十六畝一百
九十四步 沖帝永嘉元年戶九百九十三萬七
千六百八十口四千九百五十二萬四千一百八十
三墾田六百九十五萬七千六百七十六頃二十畝
百八步 質帝本初元年戶九百三十四萬八千
二百二十七口四千七百五十六萬六千七百七十
二墾田六百九十三萬一
百二十三頃三十八畝

贊曰衆安后載政洽區分矦罷守列民無
常君稱號遷隔封割糾紛略存減益多證

前聞

後漢書志第二十三

後漢書志第二十四　百官一

劉昭　注補

太傅　太尉　司徒

司空　將軍

漢之初興承繼大亂兵不及戢法度草創略依秦制後嗣因循至景帝感吳楚之難始抑損諸侯王及至武帝多所改作然而奢廣民用匱乏世祖中興務從節約并官省職費減億計所以補復殘缺及身未改

而四海從風中國安樂者也昔周公作周官分職著明法度相持王室雖微猶能久存今其遺書所以觀周室牧民之德既至又其有益來事之範殆未有所窮也故新汲令王隆作小學漢官篇諸文倜說較略不究案胡廣注隆此篇其論之注曰前安帝時越騎校尉劉千秋校書東觀好事者樊長孫與書曰漢家禮儀叔孫通等所草創皆隨律令在理官藏於几閣無紀錄者久令二代之業闇而不彰誠宜撰次依擬周禮定位分職各有條序令人無愚智入朝不惑君以公族元老正丁其任焉可以已劉君甚然其言與邑子通人郎中張平子參議未定而劉君遷為宗正衛尉平子為尚書郎太史令各務其職未

暇恤也至順帝時平子為侍中典校書方作周官解說乃欲以漢次述漢事會復遷河間相遂莫能立也述作之功獨不易矣既感斯言顧見故新汲令王文山小學為漢官篇略道公卿外內之職旁及四夷博物條暢多所發明足以知舊制儀品蓋法有成易而道有因革是以聊集所宜為作詁解各隨其下綴續後事令世施行庶明厥旨廣前後憤盈之念增助來哲多聞之覽焉唯班固著百官公卿表記漢承秦置官本末訖于王莽差有條貫然皆孝武奢廣之事又職分未悉世祖節約之制宜為常憲故依其官簿粗注職分以為百官志臣昭曰本志既久是注曰百官簿今昭又採異同俱為細字如或相冒兼應注本注尤須分顯故凡是舊注通為大書稱本注曰以表其異凡置

官之本及中興所省無因復見者既在漢書百官表不復悉載

太傅上公一人大戴記曰傅傅之德義也應劭漢官儀曰傅者覆也賈生曰天子不喻於先聖之德不知君民之道不見禮義之正詩書無宗學業不法此太師之責也古者齊太公職之天子不惠於庶民不禮於大臣不中於折獄無經於百官不哀於喪不敬於祭不戒於齊不信於事此太傅之責也古者周公職之天子處位不端受業不敬言語不敘音聲不中進退升降不以禮俯仰周旋無節此太保之責也古者燕召公職之天子燕業反其學左右之習詭其師荅諸侯遇大臣不知文雅之辭己語之適簡閑小誦不博不習此少師之責也天子居處出入不以禮衣服冠帶不以制御器列側不以度采服從好不以章忿悅不以義與奪不以節此少傅之責也天子居處燕私安而易樂而耽飲食不時醉

飽不節寢起早晏無常玩好器弄無制此少保之責
也此古天子自輔弼之禮也自爲天子而賢智維之
故能慮無失計舉
無過事終身得中 本注曰掌以善導無常職
世祖以卓茂爲太傅薨因省其後每帝初
即位輒置太傅録尚書事薨輒省 胡廣注
曰猶古
冢宰總己之義也案靈帝之初以陳蕃爲太傅蕃誅
以胡廣代始不止一人也董卓在長安又自尊爲太
師位在太傅上應劭漢官儀曰太師古官也平帝元
年孔光以太傅見授詔太師無朝十日一賜餐賜靈
壽杖省中施坐置几太師入省中用杖自是而闕又
漢官云太傅長史一人秩千石掾屬二十四人令史
御屬二十二人荀綽晉百官表注曰漢太傅置掾
屬十人御屬一人令史十二人置長史與漢異
太尉公一人 應劭曰自上安下曰尉武官悉以爲
稱前書曰秦官鄭玄注月令亦曰秦

官尚書中候云舜爲太尉束晳據非秦官以此追難
玄爲臣昭曰緯候衆書宗貴神詭出沒隱顯動挾誕
怪該覈陰陽微迎起伏或有先徵時能後驗故守寄
贄思雜稱曉輔通儒達好時略文滯公輸益州具於
張衡之詰無口漢輔炳乎尹敏之諷圖讖紛僞其俗
多矣太尉官實司天虞舜作宰璇衡賦政將是據後
位以書前非唐官之實號乎太尉所職即舜所掌遂
以同掌追稱太尉乃中候之妄蓋非官之爲謬康成
濫博自注中候裁及注禮而忘舜位豈其實哉此是
不發讖於中候而正之於月令也廣微之誚未探碩
意說薨曰當堯之時舜爲司徒新論曰昔堯試於大
麓者領録天子事如今尚書官矣古史考曰舜居百
揆總領百事說者以百揆堯初
別置於周更名冢宰斯其然矣 本注曰掌四方
兵事功課歲盡即奏其殿最而行賞罰凡
郊祀之事掌亞獻大喪則告謚南郊凡國

有大造大疑則與司徒司空通而論之國
有過事則與二公通諫爭之世祖即位爲
大司馬 漢官儀曰元狩六年罷太尉法周制置司
馬時議者以爲漢軍有官候千人司馬故
加大爲大司馬所以
別異大小司馬之號 建武二十七年改爲太尉
蔡質漢儀曰府開闕王莽初起大司馬後篡盜神器
故遂貶去其闕漢官儀曰張衡云明帝以司馬司空
府欲復更太尉府時公趙憙也西曹掾安衆鄭均素
好名節以爲朝廷新造北宮整飭官寺旱魃爲虐民
不堪命曾無殷湯六事周宣雲漢之辭今府本館陶
公主第舍貪職既少自足相受憙表陳之即聽許其
冬臨辟雍歷二府光觀壯麗而太尉獨卑陋顯宗
東顧歎息曰椎牛縱酒勿令乞兒爲宰時憙子世爲
侍中驂乘歸具白之憙以爲恨頻譴責均均自劾去
道發病亡古今注曰永平十五年更作太尉司徒司

空府開陽城門內與此不同臣昭案
劉虞爲大司馬而與太尉並置焉 長史一人千
石 盧植禮注曰
如周小宰 本注曰署諸曹事掾史屬
二十四人本注曰漢舊注東西曹掾比四
百石餘掾比三百石屬比二百石故曰公
府掾比古元士三命者也或曰漢初掾史
辟皆上言之故有秩比命士其所不言則
爲百石屬其後皆自辟除故通爲百石云
漢書音義曰正
曰掾副曰屬 西曹主府史署用東曹主二
千石長吏遷除及軍吏戶曹主民戶祠祀

農桑奏曹主奏議事辭曹主辭訟事法曹主郵驛科程事尉曹主卒徒轉運事賊曹主盜賊事決曹主罪法事兵曹主兵事金曹主貨幣鹽鐵事倉曹主倉穀事黄閤主簿録省衆事應劭漢官儀曰世祖詔方今選舉賢佞朱紫錯用丞相故事四科取士一曰德行高妙志節清白二曰學通行修經中博士三曰明達法令足以決疑能案章覆問文中御史四曰剛毅多略遭事不惑明足以決才任三輔令皆有孝悌廉公之行自今以後審四科辟召及刺史二千石察茂才尤異孝廉之吏務盡實覈選擇英俊賢行廉絜平端於縣邑務授試以職有非其人臨計過署不便習官事書疏不端正不如詔書有司奏罪名并正舉者又舊河隄謁者世祖改以三府掾屬爲謁

後漢書志二十四　五　奉定

者領之遷超御史中丞刺史或爲小郡監察黎陽謁者世祖以幽并州兵騎定天下故於黎陽立營以謁者監之兵騎千人復除甚重謁者任輕多放情態順帝改用公府掾有清名威重者遷超牧守焉漢官目録曰建武十二年八月乙未詔書三公舉茂才各一人廉吏各二人光禄歲舉茂才四行各一人察廉吏三人中二千石歲察廉吏各一人廷尉大司農各二人將兵將軍歲察廉吏各二人監察御史司隸州牧歲舉茂才各一人令史及御屬二十三人本注曰漢舊注公令史百石自中興以後注不說石數御屬主爲公御荀綽晉百官表注曰御屬如録事也閤下令史主閤下威儀事記室令史主上章表報書記門令史主府門其餘令史各典曹文書應劭漢官儀有官騎三十人

司徒公一人孔安國曰主徒衆教以禮義本注曰掌人民事凡教民孝悌遜順謙儉養生送死之事則議其制建其度凡四方民事功課歲盡則奏其殿最而行賞罰凡郊祀之事掌省牲視濯大喪則掌奉安梓宮凡國有大疑大事與太尉同世祖即位爲大司徒漢官儀曰王莽時議以漢無司徒官故定三公之號曰大司馬大司徒大司空世祖即位因而不改蔡質漢儀曰司徒府與蒼龍闕對厭於尊者不敢號府應劭曰此不然丞相舊位在長安時府有四出門隨時聽事明帝本欲

後漢書志二十四　六　余中

依之迫於太尉司空但爲東西門耳國每有大議天子車駕親幸其殿殿西王侯以下更衣并存每歲州郡聽採長吏臧否民所疾苦還條奏之是爲之舉謠言者也頃者舉謠言者掾屬令史都會殿上主者大言某州郡行狀云何善者同聲稱之不善者各爾銜枚大較皆取無名勢其中或有愛憎微裁黜陟之閒昧也若乃中山祝恬踐周召之列當軸處中忘謇諤之節憚首尾之譏縣囊捉撮無能清澄其與申屠須責鄧通王嘉封還詔書邈矣乎周禮有外朝干寶注曰禮司徒府中有百官朝會殿天子與丞相決大事是外朝之存者建武二十七年去大漢舊儀曰哀帝元壽二年以丞相爲大司徒郡國守長史上計事竟遣公出庭上親問百姓所疾苦記室掾史一人大音讀勑畢遣勑曰詔書殿下禁吏無苛暴丞史歸告二千石順民所疾苦急去殘賊審擇良吏無任苛刻治獄決訟務得其中明詔憂百姓困於衣食二千石帥勸農桑思稱厚恩有以賑贍之無煩撓奪民時今日公卿以下務飭儉恪

奢侈過制度以益甚二千石身帥有以化之民冗食者請謹以法養視疾病致醫藥務治之詔書無飾廚
養至今未變又更過度甚不稱歸告二千石務省約如法且案不改者長吏以官寺鄉亭漏敗牆垣阤壞
不治無辨護者不勝任先自劾不應法歸告二千石聽十年更名相國案獻帝初董卓自太尉進爲相國
而司徒不省及建安末曹公爲丞相郗慮爲御史大夫則罷三公官荀綽晉百官表注曰漢丞相府門無
蘭不設鈴不警鼓言其深大闊遠無節限也長史一人千石掾屬三
十一人漢官目錄曰三十人令史及御屬三十六人本
注曰世祖即位以武帝故事置司直居丞
相府助督錄諸州建武十八年省也漢帝起居注曰
建安八年十二月復置司直不屬司徒掌督中都官不領諸州九年十一月部司直比司隸校尉坐同席

在上假傳置從事三人書佐四人
司空公一人馬融曰掌營城郭主司空土以居民本注曰掌水
土事凡營城起邑浚溝洫修墳防之事則
議其利建其功凡四方水土功課歲盡則
奏其殿最而行賞罰凡郊祀之事掌掃除
樂器大喪則掌將校復土凡國有大造大
疑諫爭與太尉同韓詩外傳曰三公之得者何曰司馬司空司徒也司馬主
天司空主土司徒主人故陰陽不和四時不節星辰失度災變非常則責之司馬山陵崩阤川谷不通五
穀不植草木不茂則責之司空君臣不正人道不和國多盜賊民怨其上則責之司徒故三公典其職憂

其分職其辨明其得失之謂三公之事世祖即位爲大司空應劭漢官儀曰
綏和元年罷御史大夫官法周制初置司空議者又以縣道官獄司空故覆加大爲大司空亦所以別大
小之文建武二十七年去大漢舊儀曰御史大夫勑上計丞長史曰詔
書殿下布告郡國臣下承宣無狀多不寬百姓不蒙恩被化守長史到郡與二千石同力爲民興利除害
務有以安之稱詔書郡國有茂才不顯者言殘民貪汙煩擾之吏百姓所苦務勿任用方察不稱者刑罰
務於得中惡惡上其身選舉民侈過度務有以化之問今歲善惡孰與往年對上問今年盜賊孰與往年
得無有羣輩大賊對上臣昭案獻帝建安十三年又罷司空置御史大夫御史大夫郗慮慮免不得補荀
綽晉百官表注曰獻帝置御史大夫職如司空不領侍御史屬長史一人千石
掾屬二十九人漢官目錄云二十四人令史及御屬四

十二人
將軍不常置本注曰掌征伐背叛比公者
四第一大將軍次驃騎將軍次車騎將軍
次衛將軍又有前後左右將軍蔡質漢儀曰漢興置大將
軍驃騎位次丞相車騎衛將軍左右前後皆金紫位次上卿典京師兵衛四夷屯警初武帝
以衛青數征伐有功以爲大將軍欲尊寵
之以古尊官唯有三公皆將軍始自秦晉
以爲卿號故置大司馬官號以冠之其後
霍光王鳳等皆然成帝綏和元年賜大司

馬印綬罷將軍官世祖中興吴漢以大將軍爲大司馬景丹爲驃騎大將軍位在公下及前後左右雜號將軍衆多皆主征伐事訖皆罷（魏略曰曹公置都護軍中尉置護軍將軍亦皆比二千石旋軍並止罷）明帝初即位以弟東平王蒼有賢才以爲驃騎將軍以王故位在公上數年後罷章帝即位西羌反故以舅馬防行車騎將軍征之還後罷和帝即位以舅竇憲爲車騎將軍征匈奴位在公下還復有功遷大將軍

位在公上復征西羌還免官罷安帝即位西羌寇亂復以舅鄧隲爲車騎將軍征之還遷大將軍位如憲數年復罷自安帝政治衰缺始以嫡舅耿寶爲大將軍常在京都順帝即位又以皇后父兄弟相繼爲大將軍如三公焉（梁冀别傳曰元嘉二年又加冀禮儀大將軍朝到端門若龍門謁者將引增掾屬舍人令史官騎鼓吹各十人）長史司馬皆一人千石（東觀書曰竇憲作大將軍置長史司馬員吏官屬位次太傅）本注曰司馬主兵如太尉從事中郎二人六百石本注曰

職參謀議（東觀書曰大將軍出征置中護軍一人）掾屬二十九人（案本傳東平王作驃騎掾史四十人）令史及御屬三十一人本注曰此皆府員職也又賜官騎三十人及鼓吹（應劭漢官儀曰鼓吹二十人非常員舍人十人）其領軍皆有部曲大將軍營五部部校尉一人比二千石軍司馬一人比千石部下有曲曲有軍候一人比六百石曲下有純純長一人比二百石其不置校尉部但軍司馬一人又有軍假司馬假候皆爲副貳其别營領屬爲

别部司馬其兵多少各隨時宜門有門候其餘將軍置以征伐無員職亦有部曲司馬軍候以領兵其職吏部集各一人總知營事兵曹掾史主兵事器械稟假掾史主稟假禁司又置外刺刺姦主罪法明帝初置度遼將軍以衞南單于衆新降有二心者後數有不安遂爲常守（應劭漢官儀曰度遼將軍孝武皇帝元初用范明友明帝十八年行度遼將軍事安帝元初元年置眞銀印青綬秩二千石長史司馬六百石東觀書云司馬二人）

後漢書志第二十四

後漢書志二十四　十一　郭博

後漢書志第二十五　百官二

劉昭　注補

太常　光禄勳　衛尉

太僕　廷尉　大鴻臚

太常卿一人中二千石盧植禮注曰如大樂正本注曰掌禮儀祭祀每祭祀先奏其禮儀及行事常贊天子漢舊儀曰贊饗一人秩六百石掌贊天子每選試博士奏其能否大射養老大喪皆奏其禮儀每月前晦察行陵廟漢官曰員吏八十五人其十二人四科十五人佐五人假佐十三人百石十五人騎吏九人學事十六人守學事臣昭曰凡漢官所載列職人數今悉以注雖頗為繁蓋周禮列官陳人役於前以為民極寔觀國制此則宏模不可闕者也丞一人比千石盧植禮注曰如小樂正本注曰掌凡行禮及祭祀小事總署曹事漢舊儀曰丞舉廟中非法者其署曹掾史隨事爲員諸卿皆然

後漢書志二十五　一　陳仲

太史令一人六百石本注曰掌天時星曆凡歲將終奏新年曆凡國祭祀喪娶之事掌奏良日及時節禁忌凡國有瑞應災異掌記之漢官儀曰太史待詔三十七人其六人治曆三人龜卜三人廬宅四人日時三人易

筮二人典禮九人籍氏許氏典昌氏各三人嘉法請雨解事各二人醫一人丞一人明堂及靈臺丞一人二百石本注曰二丞掌守明堂靈臺靈臺掌候日月星氣皆屬太史漢官曰靈臺待詔四十二人其十四人候星二人候日三人候風十二人候氣三人候晷景七人候鍾律一人舍人

博士祭酒一人六百石本僕射中興轉爲祭酒胡廣曰官名祭酒皆一位之元長者也古禮賓客得主人饌則老者一人舉酒以祭於地舊說以爲示有先博士十四人比六百石本注曰易四施孟梁丘京氏尚書三歐陽大小夏侯氏詩三魯齊韓氏禮二大小戴氏春秋二公羊嚴顔氏掌教弟子國有疑事掌承問對本四百石宣帝增秩本紀桓帝延熹二年置秘書監

太祝令一人六百石本注曰凡國祭祀掌讀祝及迎送神漢舊儀曰廟祭太祝令主席酒漢官曰員吏四十一人其二人百石二人斗食二十二人佐二人學事四人守學事九人有秩百五十人祝人宰二百四十二人屠者六十人丞一人本注曰掌祝小神事

太宰令一人六百石本注曰掌宰工鼎俎饌具之物凡國祭祀掌陳饌具漢官曰明堂丞一人二百

曰員吏四十二人其二人百石二人斗食二十三人佐九人有秩二人學事四人守學事宰二百四十二人屠者七十三人衞士一十五人丞一人大子樂令一人六百石本注曰掌伎樂凡國祭祀掌請奏樂及大饗用樂掌其陳序漢官曰員吏二十五人其二人百石二人斗食七人佐十人學事四人守學事樂人八佾舞三百八十人盧植禮注曰大子令如古大胥漢大樂律卑者之子不得舞宗廟之酎除吏二千石到六百石及關內侯到五大夫子取適子高五尺已上年十二到三十顏色和身體修治者以爲舞人丞一人盧植禮注曰大樂丞如古小胥

高廟令一人六百石本注曰守廟掌案行掃除無丞漢官曰員吏四人衞士一十五人

世祖廟令一人六百石本注曰如高廟漢官曰員吏六人衞士二十人

先帝陵每陵園令各一人六百石本注曰掌守陵園案行掃除丞及校長各一人本注曰校長主兵戎盜賊事應劭漢官名秩曰丞皆選孝廉郎年少薄伐者遷補府長史都官令候司馬

先帝陵每陵食官令各一人六百石本注曰掌望晦時節祭祀漢官曰每陵食監一人秩六百石監丞一人三百石中黃門八人從官二人案食監即是食官令號

右屬太常本注曰有祠祀令一人後轉屬少府有太卜令六百石後省并太史中興以來省前凡十官案前書十官者太宰均官都水雍太祝五畤各一尉也東觀書曰章帝又置祀令丞延平元年省

光禄勳卿一人中二千石本注曰掌宿衛宮殿門戶典謁署郎更直執戟宿衛門戶考其德行而進退之胡廣曰勳猶閽也易曰為閽寺官寺主殿宮門戶之職郊祀之事掌三獻漢官曰員吏四十四人其十人四科三人百石一人斗食二人佐六人騎吏八人學事十三人守學事一人官醫衛士八十一人丞一人比

千石

五官中郎將一人比二千石本注曰主五官郎蔡質漢儀曰中郎解其府對大學五官中郎比六百石本注曰無員郎年五十以屬五官故曰六百石五官侍郎比四百石本注曰無員五官郎中比三百石本注曰無員凡郎官皆主更直執戟宿衛諸殿門出充車騎唯議郎不在直中蔡質漢儀曰三署郎見光祿勳執板拜見五官左右將執板不拜於三公諸卿無敬

左中郎將比二千石本注曰主左署郎蔡質漢儀曰郎中解其府府次五官中郎比六百石侍郎比四百石郎中比三百石三郎本注曰皆無員

右中郎將比二千石本注曰主右署郎中郎比六百石侍郎比四百石郎中比三百石本注曰皆無員三郎並無員

虎賁中郎將比二千石本注曰主虎賁宿衛前書武帝置期門平帝更名虎賁蔡質漢儀曰主虎賁千五百人無常員多至千人戴鶡冠次右將府又虎賁舊作虎奔言如虎之奔也王莽以古有勇士孟賁故名焉孔安國曰若虎賁獸言其甚猛

左右僕射左右陛長各一人比六百石本

注曰僕射主虎賁郎習射陛長主直虎賁朝會在殿中漢官曰陛長墨綬銅印虎賁中郎比六百石虎賁侍郎比四百石虎賁郎中比三百石荀綽晉百官表注曰虎賁諸郎皆父死子代漢制也節從虎賁比二百石四郎本注曰皆無員掌宿衛侍從自節從虎賁久者轉遷才能差高至中郎

羽林中郎將比二千石本注曰主羽林郎案漢末又有四中郎將皆帥師征伐不知何時置董卓為東中郎將盧植為北中郎將獻帝以曹操為南中郎將

羽林郎比三百石本注曰無員掌宿

衛侍從常選漢陽隴西安定北地上郡西河凡六郡良家補本武帝以便馬從獵還宿殿陛巖下室中故號巖郎(前書曰初置名建章營騎後更名出補三百石丞尉荀綽晉百官表注曰言其嚴厲整毅也案此則爲巖郎與志不同蔡質漢儀曰羽林郎百一十八人無常員府次虎賁府)

羽林左監一人六百石本注曰主羽林左騎(漢官曰孝廉郎作主羽林九百人二監官屬史吏皆自出羽林中有材者作)丞一人

羽林右監一人六百石本注曰主羽林右騎丞一人

奉車都尉比二千石本注曰無員(漢官曰三人)掌御乘輿車

駙馬都尉比二千石本注曰無員(漢官曰五人)掌駙馬

騎都尉比二千石本注曰無員(漢官曰十人)本監羽林騎

光祿大夫比二千石本注曰無員(漢官曰三人)凡大夫議郎皆掌顧問應對無常事唯詔令所使凡諸國嗣之喪則光祿大夫掌弔

太中大夫千石本注曰無員(漢官曰二十人秩比二千石)

中散大夫六百石本注曰無員(漢官曰三十人秩比二千石)

諫議大夫六百石本注曰無員(胡廣曰光祿大夫本爲中大夫武帝元狩五年置諫大夫爲光祿大夫世祖中興以爲諫議大夫又有太中中散大夫此四等於古皆爲天子之下大夫視列國之上卿漢官曰三十人)

議郎六百石本注曰無員(漢官曰五十人無常員)

謁者僕射一人比千石本注曰爲謁者臺率主謁者天子出奉引古重習武有主射以督錄之故曰僕射(蔡質漢儀曰見尚書令對揖無敬謁者見執板拜之)

常侍謁者五人比六百石本注曰主殿上時節威儀(漢官曰謁者三十人其二人公府掾六百石特使也)謁者三十人其給事謁者四百石其灌謁者郎中比三百石本注曰掌賓贊受事及上章報問將大夫以下之喪掌使弔本員七十人中興但三十人(荀綽晉百官表注曰漢皆用孝廉年五十威容嚴恪能賓者爲之明帝詔曰謁者乃堯之尊官所以試舜賓于四門四門穆穆者也昔燕太子使荊軻劫始皇變起兩楹之間其後謁者持匕首刺腋高祖偃武行文故易之以板)初爲灌謁者滿歲爲給事謁者(蔡質漢儀曰出府丞長史陵令皆選儀容端正任奉使者)

右屬光祿勳本注曰職屬光祿者自五官將至羽林右監凡七署自奉車都尉至謁者以文屬焉舊有左右曹秩以二千石上殿中主受尚書奏事平省之世祖省使小黃門郎受事車駕出給黃門郎兼有請室令車駕出在前請所幸徵車迎白示重慎中興但以郎兼事訖罷又省車戶騎凡三將如淳曰主車曰車郎主戶衛曰戶郎及羽林令

衛尉卿一人中二千石本注曰掌宮門衛士宮中徼循事漢官曰員吏四十一人其九人四科二人二百石文學三人百石十二人斗食二人佐十二人學事一人官醫衛士六十人丞一人比千石

公車司馬令一人六百石本注曰掌宮南闕門凡吏民上章四方貢獻及徵詣公車者獻帝起居注曰建安八年議郎衛林為公車司馬令位隨將大夫舊公車令與都官長史位從將大夫自林始丞尉各一人本注曰丞選曉諱掌知非法尉主闕門兵禁戒非常胡廣曰諸門部各陳屯夾道其旁當兵以示威武交戟以遮妄出入者

南宮衛士令一人六百石本注曰掌南宮衛士漢官曰員吏九十五人衛士五百三十七人丞一人

北宮衛士令一人六百石本注曰掌北宮衛士漢官曰員吏七十二人衛士四百七十一人丞一人

左右都候各一人六百石周禮司寤氏有夜士干寶注曰今都候之屬本注曰主劍戟士徼循宮及天子有所收考漢官曰右都候員吏二十二人衛士四百一十三人左都候員吏二十八人衛士三百八十三人蔡質漢儀曰宮中諸有劾奏罪左都候執戟戲車縛送付詔獄在官大小各付所屬以馬皮覆見尚書令尚書僕射尚書皆執板拜見丞郎皆揖丞各一人

宮掖門每門司馬一人比千石本注曰南宮南屯司馬主平城門漢官曰員吏九人衛士百二人古今注曰建武十三年九月初開此門北宮門蒼龍司馬主東門案雒陽宮門名為蒼龍闕門漢官曰員吏六人衛士四十人玄武司馬主玄武門漢官曰員吏二人衛士三十八人北屯司馬主北門漢官曰員吏二人衛士三十八人北宮朱爵司馬主南掖門漢宮曰員吏四人衛士百二十四人古今注曰永平二年十一月初作北宮朱爵南司馬門東明司馬主東門漢官曰員吏十三人衛士百八十人朔平司馬主北門漢官曰員吏五人衛士百一十七人凡七門漢官曰凡員吏皆隊長佐凡居宮中

者皆有口籍於門之所屬宮名兩字爲鐵印文符案省符乃內之（胡廣曰符用木長可二寸鐵印以符之）若外人以事當入本宮長史爲封棨傳其有官位出入令御者言其官

右屬衛尉本注曰中興省旅賁令衛士一人丞（漢官目録曰右三卿太尉所部）

太僕卿一人中二千石本注曰掌車馬天子每出奏駕上鹵簿用大駕則執馭（漢官曰員吏七十人其七人四科一人二百石文學八人百石六人斗食七人佐六人騎吏三人假佐三十一人學事一人官醫）丞一人比千石

考工令一人六百石本注曰主作兵器弓弩刀鎧之屬成則傳執金吾入武庫及主織綬諸雜工（漢官曰員吏百九人）左右丞各一人

車府令一人六百石本注曰主乘輿諸車丞一人（漢官曰員吏二十四人）

未央廄令一人六百石本注曰主乘輿及廄中諸馬（漢官曰員吏七十人卒騶二十人）長樂廄丞一人（漢官曰員吏十五人卒騶二十人苜蓿苑官田所一人守之）

右屬太僕本注曰舊有六廄皆六百石令（前書曰有大廄未央家馬三令各五丞一尉又車府路軨騎馬駿馬四令丞晉灼曰六廄名也主馬萬匹）中興省約但置一廄後置左駿令廄別主乘輿御馬後或并省又有牧師苑皆令官主養馬分在河西六郡界中中興皆省唯漢陽有流馬苑但以羽林郎監領（古今注曰漢安元年七月置承華廄令秩六百石）

廷尉卿一人中二千石（應劭曰兵獄同制故稱廷尉）本注曰掌平獄奏當所應凡郡國讞疑罪皆處當以報（胡廣曰讞質也漢官曰員吏百四十人其十一人四科十六人二百石廷史文學十六人百石十三人獄史二十七人佐二十六人騎吏三十人假佐一人官醫）正左監各一人（前漢有左右監平世祖省右而猶曰左）左平一人六百石本注曰掌平決詔獄

右屬廷尉本注曰孝武帝以下置中都官獄二十六所各令長名世祖中興皆省唯廷尉及雒陽有詔獄（蔡質漢儀曰正月旦百官朝賀光祿勳劉嘉廷尉趙世各辭不能朝高賜舉奏皆以被病篤困空文武之位闕）

上卿之贊既無忠信斷金之用而有敗禮傷化之尤不謹不敬請廷尉治嘉罪河南尹治世罪議以世掌廷尉故轉屬他官

大鴻臚卿一人中二千石周禮象胥干寶注曰今鴻臚本注曰掌諸侯及四方歸義蠻夷其郊廟行禮贊導請行事既可以命羣司諸王入朝當郊迎典其禮儀及郡國上計匡四方來亦屬焉漢官曰員吏五十五人其六人四科二人二百石文學六人百石一人斗食十四人佐六人騎吏十五人學事五人官醫永元十年大匠應順上言百郡計吏觀國之光而舍逆旅崎嶇私館直裝衣物敝朽暴露朝會邈遠事不肅給昔霸國盟主耳舍諸侯於隸人子產以爲大譏況今四海之大而百無平和帝嘉納其言即創業焉皇子拜王贊授印綬及拜諸侯諸侯嗣子及四方夷狄封者臺下鴻臚召拜之王薨則使弔之及拜王嗣丞一人比千石

大行令一人六百石本注曰主諸郎漢官曰員吏四十人丞一人

治禮郎四十七人漢官曰其四人四科五人二百石文學五人百石九人斗食六人佐六人學事十二人守學事東觀書曰主齋祠儐贊九賓又有公室主調中都官斗食以下功次相補案盧植禮注曰大行郎亦如謁者兼舉形貌

右屬大鴻臚本注曰承秦有典屬國別主四方夷狄朝貢侍子成帝時省并大鴻臚中興省驛官別火二令丞如淳曰漢儀注別火獄令官主治改火事及郡邸長丞但令郎治郡邸漢官目錄曰右三官司徒所部

後漢書志第二十五

後漢書志第二十六　百官三

劉　昭　注補

宗正　大司農　少府

宗正卿一人中二千石本注曰掌序錄王國嫡庶之次及諸宗室親屬遠近郡國歲因計上宗室名籍若有犯法當髡以上先上諸宗正宗正以聞乃報決胡廣曰又歲一治諸王世譜差序秩第漢官曰員吏四十一人其六人四科一人二百石四人百石三人佐六人騎吏二人法家十八人學事一人官醫丞一人比千石

諸公主每主家令一人六百石丞一人三百石本注曰其餘屬吏增減無常漢書曰主簿一人秩六百石僕一人秩六百石私府長一人秩六百石家丞一人三百石直吏三人從官二人東觀書曰其主薨無子置傳一人守其家

右屬宗正本注曰中興省都司空令丞如淳曰主罪人

大司農卿一人中二千石本注曰掌諸錢穀金帛諸貨幣郡國四時上月旦見錢穀簿其逋未畢各具別之邊郡諸官請調度者皆爲報給損多益寡取相給足漢書曰員吏百六十四人其十八人四科九人斗食十六人二百石文學二十人百石二十五人佐七十五人學事一人官醫

丞一人比千石部丞一人六百石本注曰部丞主帑藏古今注曰建初七年七月爲大司農置丞一人秩千石別主帑藏則部丞應是而秩不同應劭漢官秩亦云二千石

太倉令一人六百石本注曰主受郡國傳漕穀漢官曰員吏九十九人丞一人

平準令一人六百石本注曰掌知物賈主練染作采色漢官曰員吏百九十人丞一人

導官令一人六百石本注曰主舂御米及作乾糒導擇也漢官曰員吏百一十二人丞一人

右屬大司農本注曰郡國鹽官鐵官本屬司農中興皆屬郡縣魏志曰曹公置典農中郎將秩二千石典農都尉秩六百石或四百石典農校尉秩比二千石所主如中郎部分別而少爲校尉丞又有廩犧令六百石掌祭祀犧牲鴈鶩之屬漢官曰丞一人三百石員吏四十人其十一人斗食十七人佐七人學事五人守學事皆河南屬縣給吏者及雒陽市長漢官曰市長一人秩四百石丞一人二百石明法補員吏三十六人十三人百石嗇夫十一人斗食十二

人佐又有檝櫂丞三百石別治中水官主水渠在馬市東有員吏六人 滎陽敖倉官中興皆屬河南尹餘均輸等皆省 均輸者前書孟康注曰謂諸當所有輸於官者皆令輸其土地所饒平其所在時賈官更於他處賣之輸者既便而官有利鹽鐵論大夫曰往者郡國諸侯各以其物貢輸往來煩雜物多苦惡或不償其費故郡置輸官以相給運而便遠方之貢故曰均輸開委府于京師以籠貨物賤則買貴則賣是以縣官不失實商賈無所利故曰平準準平則民不失職均輸則民不勞故平準均輸所以平萬物而便百姓也文學曰古之賦稅於民也因其所工不求所拙農人納其穫工女效其織今釋其所有責其所無百姓賤賣貨物以便上求閒者郡國或令民作布絮吏留難與之為市吏之所入非獨齊陶之縑蜀漢之布也亦民閒之所為耳行姦賣平農民重苦女工再稅未見輸之均也縣官猥發闔門擅市則萬民並收並收則物騰躍騰躍則商賈牟利自市則吏容姦豪吏富商積貨儲物以待其急輕賈姦吏收賤以取貴未見準之平也蓋古之均輸所以齊勞逸而便貢輸非以為利而賈萬物也王隆小學漢官篇曰調均報度輸漕委輸胡廣注曰邊郡諸官請調者皆為調均報給之也以水通輸曰漕委積也郡國所積聚金帛貨賄隨時輸送諸司農曰委輸以供國用前書又有都內籍田令丞斡官鐵市兩長丞郡國諸倉農監六十五官長丞皆屬之

少府卿一人中二千石本注曰掌中服御諸物衣服寶貨珍膳之屬 漢官曰員吏三十四人其一人四科一人二百石五人百石四人斗石三人佐六人騎吏十三人學事一人官醫 少者小也小故稱少府王者以租稅為公用山澤陂池之稅以供王之私用古皆作小府漢官儀曰田租芻稾以給經用凶年山澤魚鹽市稅少府以給私用也 丞一人比千石

太醫令一人六百石本注曰掌諸醫 漢官曰員醫二百九十三人員吏十九人 藥丞方丞各一人本注曰藥丞主藥方丞主藥方

太官令一人六百石本注曰掌御飲食 漢官曰員吏六十九人衛士三十八人荀綽晉百官表注曰漢制太官令秩千石丞四人秩四百石不與志同 左丞甘丞湯官丞果丞各一人本注曰左丞主飲食甘丞主膳具湯官丞主酒果丞主果 荀綽云甘丞掌諸甘肥果丞別在外諸果菜茹 守宮令一人六百石本注曰主御紙筆墨及尚書財用諸物及封泥 漢官曰員吏六十九人 丞一人 漢官曰外官丞二百石公府吏府也

上林苑令一人六百石本注曰主苑中禽獸頗有民居皆主之捕得其獸送太官 漢官曰員吏五十八人案桓帝又置鴻德苑令 丞尉各一人

侍中比二千石 漢官秩云千石周禮太僕干寶注曰若漢侍中 本注曰無員掌侍左右贊導眾事顧問應對法駕出則多識者一人參乘餘皆騎在乘輿

車後本有僕射一人中興轉爲祭酒或置或否[蔡質漢儀曰侍中常伯選舊儒高德博學淵懿仰占俯視切問近對喻旨公卿上殿稱制參乘佩璽秉劒員本八人陪見舊在尚書令僕射下尚書上今官出入禁中更在尚書下司隷校尉見侍中執板揖河南尹亦如之又侍中舊與中官俱止禁中武帝時侍中莽何羅挾刃謀逆由是侍中出禁外有事乃入畢即出王莽秉政侍中復入與中官共止章帝元和中侍中郭舉與後宮通拔佩刀驚上舉伏誅侍中由是復出外]中常侍千石本注曰宦者無員後增秩比二千石掌侍左右從入內宮贊導內衆事顧問應對給事黃門侍郎六百石本注曰無員掌侍從左右給事中關通中

外及諸王朝見於殿上引王就坐[漢舊儀曰黃門郎屬黃門令日暮入對青瑣門拜名曰夕郎宮閣簿青瑣門在南宮衛瓘注吳都賦曰青瑣戶邊青鏤也一曰天子門內有眉格再重裏青畫曰瑣獻帝起居注曰帝初即位初置侍中給事黃門侍郎員各六人出入禁中近侍帷幄省尚書事改給事黃門侍郎爲侍中侍中郎去給事黃門之號旋復復故舊侍中黃門侍郎以有中宮者不與近密交政誅黃門後侍中侍郎出入禁闈機事頗露由是王允乃奏比尚書不得出入不通賓客自此始也又曰諸奄人官悉以議郎郎中稱秩如故諸署令兩梁冠陛殿上得召都官從事已下]小黃門六百石宦者無員掌侍左右受尚書事上在內宮關通中外及中宮已下衆

事諸公主及王太妃等有疾苦則使問之黃門令一人六百石[董巴曰禁門曰黃闥以中人主之故號曰黃門令]本注曰宦者主省中諸官者[漢官曰員吏十八人]丞從丞各一人本注曰宦者從丞主出入從黃門署長畫室署長玉堂署長各一人丙署長七人皆四百石黃綬本注曰宦者各主中宮別處中黃門冗從僕射一人六百石本注曰宦者主中黃門冗從居則宿衛直守門戶出則騎從夾乘輿車

中黃門比百石本注曰宦者無員後增比三百石掌給事禁中掖庭令一人六百石本注曰宦者掌後宮貴人采女事[漢官曰吏從官百六十七人待詔五人員吏十八人]左右丞暴室丞各一人本注曰宦者暴室丞主中婦人疾病者就此室治其皇后貴人有罪亦就此室永巷令一人六百石本注曰宦者典官婢

侍使漢官曰員吏六人吏從官三十四人丞一人本注曰宦者漢官曰右丞一人暴室一人

御府令一人六百石本注曰宦者典官婢作中衣服及補浣之屬漢官曰員吏七人吏從官三十人丞織室丞各一人本注曰宦者漢官曰右丞一人

祠祀令一人六百石本注曰典中諸小祠祀漢官曰從官吏八人騶僕射一人家巫八人丞一人本注曰宦者

鉤盾令一人六百石本注曰宦者典諸近池苑囿遊觀之處漢官曰員吏四十人吏從官四十八人丞永安

大二百六二小一百十 後漢書 志二十六 七 張明

丞各一人三百石本注曰宦者永安北宮東北別小宮名有園觀苑中丞果丞鴻池丞南園丞各一人二百石本注曰苑中丞主苑中離宮果丞主果園鴻池池名在雒陽東二十里南園在雒水南漢官曰又有署一人胡熟監一人案本紀桓帝又置顯陽苑丞濯龍監應劭漢官秩曰秩六百石直里監各一人四百石本注曰濯龍亦園名近北宮直里亦園名也在雒陽城西南角

中藏府令一人六百石本注曰掌中幣帛金銀諸貨物漢官曰員吏十三人吏從官六人丞一人

內者令一人六百石本注曰掌中布張諸衣物漢官曰從官錄事一人員吏十九人左右丞各一人

尚方令一人六百石本注曰掌上手工作御刀劒諸好器物漢官曰員吏十三人吏從官六人丞一人

尚書令一人千石本注曰承秦所置荀綽晉百官表注曰唐虞官也詩云仲山甫王之喉舌蓋謂此人武帝用宦者更為中書謁者令成帝用士人復故掌凡選署及奏下尚書曹文書眾事蔡質漢儀曰故公為之者朝會不陛奏事增秩二千石故自佩銅印墨綬

後漢書志二十六 八 居文

尚書僕射一人六百石本注曰署尚書事令不在則奏下眾事蔡質漢儀曰僕射主封門掌授廩假錢穀凡三公列卿將大夫五營校尉行復道中遇尚書僕射左右丞郎御史中丞侍御史皆避車豫相迴避衛士傳不得迕臺官臺官過後乃得去臣昭案獻帝分置左右僕射建安四年以榮郃為尚書左僕射是也獻帝起居注曰部卒官贈執金吾

尚書六人六百石本注曰成帝初置尚書四人韋昭曰尚奉也分為四曹漢舊儀曰初置五曹有三公曹主斷獄蔡質漢儀曰興天下歲盡集課事三公尚書二人典三公文書吏曹尚書典選舉齋祀屬三公曹靈帝末梁鵠為選部

尚書常侍曹尚書主公卿事蔡質漢儀曰主常侍黃門御史事世祖改漢舊儀曰

曰吏曹二千石曹尚書主郡國二千石事

亦云主刺史蔡質漢儀曰掌中郎官水火盜賊辭訟罪眚民曹尚書主凡吏

上書事蔡質漢舊儀曰典繕治功作監池苑囿盜賊事客曹尚書主

外國夷狄事尚書龍作納言出入帝命應劭曰今尚書官王之喉舌世祖

承遵後分二千石曹又分客曹爲南主客

曹北主客曹蔡質漢儀曰天子出獵駕御府曹郎屬之凡六曹周禮天官

有司會鄭玄曰若今尚書

左右丞各一人四百石本注曰掌錄文書

期會左丞主吏民章報及騶伯史蔡質漢儀曰揔典臺

中綱紀無所不統右丞假署印綬及紙筆墨諸財用

庫藏蔡質漢儀曰右丞與僕射對掌授廩假錢穀與左丞無所不統凡中宮漏夜盡鼓鳴則起

鍾鳴則息衛士甲乙徼相傳甲夜畢傳乙夜相傳盡五更衛士傳言五更未明三刻後雞鳴衛士踵丞郎

趨嚴上臺不畜宮中雞汝南出雞鳴衛士候朱爵門外專傳雞鳴於宮中應劭曰楚歌今雞鳴歌也晉太

康地道記曰後漢固始鯛陽公安細陽四縣衛士習此曲於闕下歌之今雞鳴是也

侍郎三十六人四百石本注曰一曹有六

人主作文書起草蔡質漢儀曰尚書郎初從三署詣臺試初上臺稱守尚書

郎中歲滿稱尚書郎三年稱侍郎客曹郎主治羌胡事劇遷二千石或刺史其公遷爲縣令秩滿自占縣

去詔書賜錢三萬與三臺祖餞餘官則否治嚴一月準謁公卿陵廟乃發御史中丞過尚書丞郎避車執

板住揖丞郎坐車舉手禮之車過遠乃去尚書言左右丞敢告知如詔書律令郎見左右丞對揖無敢稱

曰左右君丞郎見尚書執板對揖稱曰明時見令僕射執板拜朝賀對揖令史十八人

二百石本注曰曹有三主書後增劇曹三

人合二十一人古今注曰永元三年七月增尚書令史員功滿未嘗犯禁者以補小

縣墨綬蔡質曰皆選蘭臺符節上稱簡精練有吏能爲之決錄注曰故事尚書郎以令史久缺補之世祖

始改用孝廉爲郎以孝廉丁邯補焉邯稱病不就詔問實病羞爲郎乎對曰臣實不病恥以孝廉爲令史

職耳世祖怒曰虎賁滅頭杖之數十詔問欲爲郎不邯曰能殺臣者陛下不能爲郎者臣中詔遣出竟不

爲郎邯字叔春京兆陽陵人也有高節正直不撓後拜汾陰令治有名迹遷漢中太守妻弟爲公孫述將

收妻送南鄭獄免冠徒跣自陳詔曰漢中太守妻乃繫南鄭獄誰當搔其背垢者懸牛頭賣馬脯盜跖行

孔子語以邯服罪且邯一妻冠履勿謝治有異卒於官

符節令一人六百石本注曰爲符節臺率

主符節事凡遣使掌授節尚符璽郎中四

人本注曰舊二人在中主璽及虎符竹符

之半者漢官曰當得明法律郎周禮掌節有虎節龍節皆金也干寶注曰漢之銅虎符則其

制也周禮又曰以英蕩輔之干寶曰英刻書也蕩竹前也刻而書其所使之事以助三節之信則漢之竹

使符者亦取則於故事也符節令史二百石本注曰掌書

魏氏春秋曰中平六年始復節上赤旄

御史中丞一人千石本注曰御史大夫之丞也舊别監御史在殿中密舉非法周禮掌建邦之宫刑以主治王宫之政令干寶注曰若御史中丞及御史大夫轉爲司空因别留中爲御史臺率風俗通曰尚書御史臺皆以官蒼頭爲史主賦舍凡守其門户蔡質漢儀曰丞故二千石爲之或選侍御史高第執憲中司朝會獨坐内掌蘭臺督諸州刺史糾察百寮出爲二千石魏志曰建安置御史大夫不領中丞置長史一人後又屬少府治書侍御史二人六百石本注曰掌選明法律者爲之凡天下諸讞疑事掌以法律當其是非蔡質漢儀曰選御史高第補之胡廣曰孝宣感路温舒言秋季後請讞時帝幸宣室齋居而決事令侍御史二人治書御史起此後因别置冠法冠秩百石有印綬與符節郎共平廷尉奏事罪當輕重荀綽晉百官表注曰惠帝以後無所平治備位而已侍御史十五人六百石本注曰掌察舉非法受公卿羣吏奏事有違失舉劾之凡郊廟之祠及大朝會大封拜則一人監威儀有違失則劾奏蔡質漢儀曰其二人者更直執法省中者皆糾察百官督州郡公法府掾屬高第補之初稱守滿歲拜真出治劇爲刺史二千石平遷補令見中丞執板揖蘭臺令史六百石本注曰掌奏及印工文書

右屬少府本注曰職屬少府者自太醫上林凡四官自侍中至御史皆以文屬焉承秦凡山澤陂池之稅名曰禁錢屬少府世祖改屬司農考工轉屬太僕都水屬郡國孝武帝初置水衡都尉秩比二千石别主上林苑有離宫燕休之處世祖省之并其職於少府每立秋貙劉之日輒暫置水衡都尉事訖乃罷之少府本六丞省五又省湯官織室令置丞又省上林十池監胞人長丞宦者昆臺昆臺本名甘泉居室武帝改佽飛佽飛本名左弋武帝改三令二十一丞又省水衡屬官令長丞尉二十餘人章和以下中官稍廣加嘗藥太官御者鉤盾尚方考工别作監皆六百石宦者爲之轉爲兼副或省故録本官蔡質漢儀曰少府符著出見都官從事持板都官從事入少府見符著持板漢官目録曰右三卿司空所部

後漢書志第二十六

劉　昭　注補

執金吾　太子太傅

大長秋　太子少傅

將作大匠　城門校尉

北軍中候　司隷校尉

執金吾一人中二千石漢官秩云比二千石本注曰掌宮外戒司非常水火之事胡廣曰衛尉巡行宮中則金吾徼於外相為表裏以擒姦討猾月三繞行宮外及主兵器吾猶禦也應劭曰執金革以禦非常漢官曰員吏二十九人其十人四科一人二百石文學三人百石二人斗食十三人佐學事主緹騎丞一人比千石漢官秩云六百石緹騎二百人本注曰無秩比吏食奉漢官曰執金吾緹騎二百人五百二十人輿服導從光滿道路羣僚之中斯最壯矣世祖歎曰仕宦當作執金吾武庫令一人六百石本注曰主兵器丞一人

右屬執金吾本注曰本有式道左右中候三人六百石車駕出掌在前清道還持麾至宮門宮門乃開中興但一人又不常置每出以郎兼式道候事已罷不復屬執金吾又省中壘寺互都船令丞尉及左右京輔都尉

太子太傅一人中二千石本注曰職掌輔導太子禮如師不領官屬荀綽晉百官表注曰唐虞官

大長秋一人二千石本注曰承秦將行官者景帝更為大長秋或用士人中興常用宦者職掌奉宣中宮命凡給賜宗親及宗親當謁見者關通之中宮出則從張晏曰皇后卿丞一人六百石本注曰宦者

中宮僕一人千石本注曰宦者主馭本注曰太僕秩二千石中興省太減秩千石以屬長秋

中宮謁者令一人六百石本注曰宦者中宮謁者三人四百石本注曰宦者主報中章

中宮尚書五人六百石本注曰宦者主中文書

中宮私府令一人六百石本注曰宦者主

中藏幣帛諸物裁衣被補浣者皆主之丁孚
漢儀曰中宮藏府令秩千石儀比御府令丞一人本注曰官者
中宮永巷令一人六百石本注曰官者主
宮人丞一人本注曰官者
中宮黃門冗從僕射一人六百石本注曰
官者主中黃門冗從丁孚漢儀曰給事中宮侍郎六人比尚書郎官者爲
之給事黃門四人比黃門侍郎給事羽林郎一人比羽林郎虎賁官騎下
中宮署令一人六百石本注曰官者主中
宮請署天子數女騎六人丞復道丞各一
人本注曰官者復道丞主中閣道

中宮藥長一人四百石本注曰官者
右屬大長秋本注曰承秦有詹事一
人位在長秋上亦官者主中諸官成
帝省之以其職并長秋是後皇后當
法駕出則中謁中官者職吏權兼詹
事奏引訖罷官者誅後尚書選兼職
吏一人奉引云其中長信長樂宮者
置少府一人職如長秋及餘吏皆以

官名爲號員數秩次如中宮長樂五官史朱瑀之
類是也本注曰帝祖母稱長信宮故有
長信少府長樂少府位在長秋上及
職吏皆官者秩次如中宮長樂又有
衞尉僕爲太僕皆二千石在少府上
丁孚漢儀曰丞六百石其崩則省不常置
太子少傅二千石本注曰亦以輔導爲職
悉主太子官屬漢官曰員吏十二人
太子率更令一人千石本注曰主庶子舍
人更直職似光祿

太子庶子四百石本注曰無員如三署中
郎
太子舍人二百石本注曰無員更直宿衞
如三署郎中漢官曰十三人選良家子孫
太子家令一人千石本注曰主倉穀飲食
職似司農少府
太子倉令一人六百石本注曰主倉穀
太子食官令一人六百石本注曰主飲食

太子僕一人千石本注曰主車馬職如太
僕
太子廄長一人四百石本注曰主車馬
太子門大夫六百石(漢官曰門大夫二人選四府掾屬)本注曰
舊注云職比郎將舊有左右户將別主左
右户直郎建武以來省之
太子中庶子六百石本注曰員五人職如
侍中
太子洗馬比六百石本注曰舊注云員十
六人職如謁者太子出則當直者在前導
威儀(漢官曰選郎中補也)
太子中盾一人四百石本注曰主周衛徼
循
太子衛率一人四百石本注曰主門衛士
右屬太子少傅本注曰凡初即位未
有太子官屬皆罷唯舍人不省領屬
少府
將作大匠一人二千石(蔡質漢儀曰位次河南尹光武中元二年省謁

者領之章帝建初元年復置)本注曰承秦曰將作少府景
帝改爲將作大匠掌修作宗廟路寢宮室
陵園木土之功并樹桐梓之類列于道側(漢官篇曰樹栗漆梓桐胡廣曰古者列樹以表道並以爲林囿四者皆木名治宮室并主之毛詩傳曰椅梓屬也陸機草木疏曰梓實桐皮曰椅今民云梧桐是也梓今人所謂梓楸者是也)丞一人
六百石
左校令一人六百石本注曰掌左工徒丞
一人(安帝復也)
右校令一人六百石本注曰掌右工徒丞
一人(安帝復也)

右屬將作大匠(前書曰屬官又有左右中候右庫東園主章左右前後中校七令丞成帝省)
城門校尉一人比二千石本注曰掌雒陽
城門十二所(周禮司門干寶注曰如今校尉)司馬一人千石
本注曰主兵城門每門候一人(周禮每門下士二人干寶曰如今門候)六百石(蔡質漢儀曰門候見校尉執板不拜)本注曰雒陽
城十二門其正南一門曰平城門(漢官秩曰平城門爲宮門不置候置屯司馬秩千石李尤銘曰平城司午厥位處中古今注曰建武十四年九月開平城門)

北宮門屬衛尉其餘上西門應劭漢官曰上西所以不純白者漢家初成故丹鏤之李尤銘曰上西在季位月惟戌雍門銘曰雍門處中位月在酉廣陽門銘曰廣陽位孟厥月在申津門銘曰津名自定位季月未小苑門開陽門應劭漢官曰開陽門始成未有名宿昔有一柱來在樓上琅邪開陽縣上言縣南城門一柱飛去光武皇帝使來識視悵然遂堅縛之刻記其年月因以名焉銘曰開陽在孟位月惟巳耗門銘曰耗門值季月位在辰中東門銘曰中東處仲月位當卯上東門銘曰上東少陽厥位在寅穀門銘曰穀門北中位當于子夏門銘曰夏門值孟位月在亥凡十二門蔡質漢儀曰雒陽二十四街街一亭十二城門門一亭

右屬城門校尉

北軍中候一人六百石本注曰掌監五營漢官曰員吏七人候自得辟召通大鴻臚一人斗食

屯騎校尉一人比二千石本注曰掌宿衛兵漢官曰員吏百二十八人領士七百人司馬一人千石蔡質漢儀曰五營司馬見校尉執板不拜

越騎校尉一人比二千石如淳曰越人內附以爲騎也晉灼曰取其才力超越也案紀光武改青巾右校尉爲越騎校尉臣昭曰越人非善騎所出晉灼爲允本注曰掌宿衛兵蔡質漢儀亦曰掌越騎漢官曰員吏百二十七人領士七百人司馬一人千石

步兵校尉一人比二千石初置掌上林苑門屯兵見前書本注曰掌宿衛兵漢官曰員吏七十三人領士七百人司馬一人千石

長水校尉一人比二千石如淳曰長水胡名也韋昭曰長水校尉典胡騎廄近長水故以爲名長水蓋中小水名本注曰掌宿衛兵蔡質漢儀曰主長水宣曲胡騎漢官曰員吏百五十七人烏桓胡騎七百三十六人司馬胡騎司馬各一人千石本注曰掌宿衛主烏桓騎

射聲校尉一人比二千石服虔曰工射也冥冥中聞聲則射中之故以爲名本注曰掌宿衛兵蔡質漢儀曰掌待詔射聲士漢官曰員吏百二十九人領士七百人司馬一人千石

右屬北軍中候本注曰舊有中壘校尉領北軍營壘之事有胡騎虎賁校尉皆武帝置中興省中壘但置中候以監五營胡騎并長水虎賁主輕車并射聲案大駕鹵簿五校在前各有鼓吹一部

凡中二千石丞比千石眞二千石丞長史六百石比二千石丞比六百石今相千石丞尉四百石其六百石丞

尉三百石長相四百石及三百石丞尉皆二百石諸侯公主家丞秩皆比百石諸邊鄣塞尉諸陵校尉長皆二百石有常例者不署秩

司隸校尉一人比二千石蔡質漢儀曰職在典京師外部諸郡無所不糾封侯外戚三公以下無尊卑入官開中道稱使者每會後到先去本注曰孝武帝初置荀綽晉百官表注曰司隸校尉周官也征和中陽石公主巫蠱之獄起乃依周置司隸臣昭曰周無司隸豈即司寇乎持節掌察舉百官以下及京師近郡犯法者前書曰置從中都官徒千二百人捕巫蠱督大姦猾後罷其兵元帝去節成帝省建武中復置并領一

州蔡質漢儀曰司隸詣臺廷議處九卿上朝賀處公卿下陪卿上初除謁大將軍三公通謁持板揖公儀朝賀無敬臺召入宮對見尚書持板朝賀揖從事史十二人本注曰都官從事主察舉百官犯法者蔡質漢儀曰都官主雒陽百官朝會與三府掾同博物記曰中興以來都官從事多出之河內捂擊貴戚功曹從事主州選署及衆事別駕從事校尉行部則奉引録衆事簿曹從事主財穀簿書其有軍事則置兵曹從事主兵事其餘部郡國從事每郡國各一人主督促文書察舉非法皆州自辟除故通爲百石云假佐二十五人本注曰主簿録閤下事省文書門亭長主州正門功曹書佐主選用孝經師主監試經月令師主時節祠祀律令師主平法律簿曹書佐主簿書其餘都官書佐及每郡國各有典郡書佐一人各主一郡文書以郡吏補歲滿一更司隸所部郡七河南尹一人主京都特奉朝請其京兆尹左馮翊右扶風三人漢初都長安皆秩中

二千石謂之三輔中興都雒陽更以河南郡爲尹以三輔陵廟所在不改其號但減其秩其餘弘農河內河東三郡其置尹馮翊扶風及太守丞奉之本位在地理志

後漢書志第二十七

後漢書志第二十八　百官五

劉昭　注補

州郡　縣鄉　亭里

匈奴中郎將　烏桓校尉

護羌校尉　王國　宋衛國

列侯　關內侯　四夷國

百官奉

外十二州每州刺史一人六百石本注曰秦有監御史監諸郡漢興省之但遣丞相史分刺諸州無常官孝武帝初置刺史十三人秩六百石古今注曰常以春分行部郡國各遣一吏迎界上諸書不同也成帝更爲牧秩二千石建武十八年復爲刺史十二人各主一州其一州屬司隸校尉蔡質漢儀曰詔書舊典刺史班宣周行郡國省察治政黜陟能否斷理寃獄以六條問事非條所問即不省一條強宗豪右田宅踰制以強陵弱以衆暴寡二條二千石不奉詔書遵承典制倍公向私旁詔守利侵漁百姓聚斂爲姦三條二千石不卹疑獄風厲殺人怒則任刑喜則任賞煩擾苛暴剝戮黎元爲百姓所疾山崩石裂妖祥訛言四條二千石選署不平苟阿所愛蔽賢寵頑五條二千石子弟怙恃榮勢請託所監六條二千石違公下比阿附豪強通行貨賂割損政令諸州刺史初除比諸持板揖不拜獻帝起居注曰建安十八年三月庚寅省州并郡復禹貢之九州冀州得魏郡安平鉅鹿河間清河博陵常山趙國勃海甘陵平原太原上黨西河定襄鴈門雲中五原朔方河東河內涿郡漁陽廣陽右北平上谷代郡遼東遼東屬國遼西玄菟樂浪凡三十二郡省司隸校尉以司隸部分屬豫州冀州雍州省涼州刺史以并雍州部郡得弘農京兆左馮翊右扶風上郡安定隴西漢陽北地武都武威金城西平西郡張掖張掖屬國酒泉敦煌西海漢興永陽東安南凡二十二郡省交州以其郡屬荊州荊州得交州之蒼梧南海九真交趾日南與其舊所部南陽章陵南郡江夏武陵長沙零陵桂陽凡十三益州本部郡有廣漢漢中巴郡犍爲蜀郡牂牁越巂益州永昌犍爲屬國蜀郡屬國廣漢屬國今并得交州之鬱林合浦凡十四豫州部郡本有潁川陳國汝南沛國梁國魯國今并得河南滎陽都尉凡八郡徐州部郡得下邳廣陵彭城東海琅邪利城城陽東莞凡八郡青州得齊國北海東萊濟南樂安凡五郡獻帝春秋曰孫權以步騭行交州刺史東觀書曰交趾刺史持節諸州常以八月巡行所部郡國胡廣注曰巡謂驛馬也縣次傳駕之以走疾猶古言附遂錄囚徒胡廣曰縣邑囚徒皆閱錄視參考辭狀實其真僞有侵冤者即時平理也考殿最胡廣曰課第長吏不稱職者爲殿舉免之其有治能者爲最察上尤異州又狀州中吏民茂才異等歲舉一人初歲盡詣京都奏事胡廣曰所察有條應繩異者輒覆問之不茹柔吐剛也歲盡齎所狀納京師名奏事差其遠近各有常會中興但因計吏胡廣曰不復自詣京師其所道皆如舊典東觀書曰和帝初張酺上言曰聞王者法天熒惑奏事太微故州牧刺史入奏事所以通下問知外事也數十年以來重其道歸煩擾故時止勿奏事今因以爲故事臣愚以爲刺史視事滿歲可令奏事如舊典問州中風俗恐好惡過所道事所聞見考課衆職下章所告及所自舉有意者賞異之其尤無

狀逆詔書行罪法與勑戒其餘令各敬愼所戒於以
衰臧貪邪便佞韓詩外傳曰王者必立牧方三人所
以使闚遠牧衆也遠方之民有飢寒而不得衣食獄
訟而寃失職賢而不擧者入告天子天子於其君之
朝也揖而進之曰意朕之政敎有不得爾者邪如何
乃有飢寒而不得衣食獄訟而寃失職賢而不擧然
後其君退而與其卿大夫謀之遠方之民聞皆曰誠
天子也夫我居之辟見我之近也我居之幽見我之
明也可欺乎哉可欺乎哉故
牧者所以闢四目通四聰
皆有從事史假佐
本注曰員職略與司隸同無都官從事其
功曹從事爲治中從事豫州部郡國六冀
州部九兖州部八徐州部五青州部六荆
州部七揚州部六益州部十二涼州部十

二并州部九幽州部十一交州部七凡九
十八其二十七王國相其七十一郡太守
其屬國都尉屬國分郡離遠縣置之如郡
差小置本郡名世祖并省郡縣四百餘所
後世稍復增之
臣昭曰昔在先代列爵殊等九
服不同畿荒制異雖連帥相司
牧伯分長而封疆置限兼膚有數如身之使臂手之
使指故能高卑相固遠近維緝羣后克穆共康兆庶
爰及周衰稍競吞廣邦國侵爭遞懷貪略猶歷數百
年乃能成其并一豈非樹之有本使其然乎秦兼天
下開設郡縣孤立獨王卽以顚亡漢祖因循雖不頻
革分置子弟終龕諸呂之難漸剖列郡以減大都之
權後嚴安之徒猶抗憤發讀謂千里之威卽古之強
國慮非安本無窮之計也孝武之末始置刺史監糾

非法不過六條傳車周流匪有定鎭秩裁數百威望
輕寡得有察擧之勤未生陵犯之釁成帝改牧其萌
始大旣非識治之主故無取焉爾世祖中興監乎政
本復約其職還遵舊制斷親奏事省入惜煩漸得自
重之路因茲以降彌於歲年毋后當朝多以弱守六
合危動四海潰弊財盡力竭綱維撓毀而八方不能
內侵諸侯莫敢入伐豈非幹強枝弱控制素重之所
致乎至孝靈在位橫流旣及劉焉徼僞自爲身謀非
有憂國之心專懷狼據之策抗論昏世薦議愚主盛
稱宜重牧伯謂足鎭壓萬里挾姦樹算苟罔一時豈
可永爲國本長期勝術哉夫聖王御世莫不大庇生
民承其休謀傳其典制猶云事久弊生無或通貫故
變改正服革異質文分爵三五參差不一況在瞽騃
之君挾姦詐之臣共所創置焉可仍因大建尊州之
規竟無一日之治故焉牧益土造帝服於岷峨袁紹
取異下制書於燕朔劉表荆南郊天祀地魏祖據兖
遂割令上皇業漢之殄滅禍源乎此及臻後代任寄彌廣
委之邦宰之命授之斧鉞之重假之都督之威開之

征討之略晉太康之初武帝亦疑其然乃詔曰上古
及中代或置州牧或置刺史置監御史皆摠綱紀而
不賦政治民之事任之諸侯郡守昔漢末四海分崩
因以吳蜀自擅自是刺史內親民事外領兵馬此一
時之宜爾今賴宗廟之靈士大夫之力江表平定天
下合之爲一當韜戢干戈與天下休息諸州無事者
罷其兵刺史分職皆如漢氏故事出頒詔條入奏事
京城二千石專治民之重監司清峻於上此經久之
體也其便省州牧晉武帝又見其弊矣雖有其言不
卒其事後嗣纘繼牧鎭愈重據地分爭竟覆天下昔
王畿之大不過千里州之所司廣袤兼遠爭強虎視
之辰遷鼎革終之日未嘗不藉蓄兵之權挾董司之
力逼迫伺隙陵奪沖幼其甚者臣主揚兵骨肉戰野
昆弟梟懸伯叔屠裂末壯披心尾大不掉旣用此始
亦病以終傾輈僨轅莫或途改致雒京有銜璧之痛
秦臺有不守之酷胡羌遞興氐鮮更起摩滅羣黎流
禍百世堅冰所漸兼緣茲蠹嗚呼後之聖王必不乆
滯斯迹靈長之終當有神算不然則雄捍反拒之事

權甚於此心憑強作害之謀方盛於後意凡州所監都爲京都置尹
一人二千石丞一人每郡置太守一人二
千石丞一人郡當邊戍者丞爲長史古今注曰建武
六年三月令郡太守諸侯相病丞長史行事十四年罷邊郡太守丞長史領丞職王國之
相亦如之每屬國置都尉一人比二千石
丞一人本注曰凡郡國皆掌治民進賢勸
功決訟檢姦常以春行所主縣勸民農桑
振救乏絕秋冬遣無害吏案訊諸囚平其
罪法論課殿最案律有無害都吏如今言公平吏漢書音義曰文無所枉害蕭

何以文無害爲沛主吏掾歲盡遣吏上計盧植禮注曰計斷九月因秦以十月
爲正故并舉孝廉郡口二十萬舉一人典兵
禁備盜賊景帝更名都尉武帝又置三輔
都尉各一人譏出入邊郡置農都尉主屯
田殖穀又置屬國都尉主蠻夷降者中興
建武六年省諸郡都尉并職太守無都試
之役古今注曰六年八月省都尉官應劭曰每有劇職郡臨時置都尉事訖罷之省關
都尉唯邊郡往往置都尉及屬國都尉稍
有分縣治民比郡安帝以羌犯法三輔有

陵園之守乃復置右扶風都尉京兆虎牙
都尉應劭漢官曰蓋天生五材民並用之廢一不可誰能去兵兵之設尚矣易稱弦木爲弧剡
木爲矢弧矢之利以威天下春秋三時務農一時講
武詩美公劉匪居匪康入耕出戰乃裹餱糧干戈戚
錫四方莫當自郡國罷材官騎士之後官無警備實
啓寇心一方有難三面救之發興雷震煙蒸電激一
切取辦黔首囂然不及講其射御用其戒誓一旦驅
之以即強敵猶鴆鵲捕鷹鸇豚羊弋豺虎是以每戰
常負王旅不振張角懷挾妖偽遐邇摇蕩八州並發
煙炎絳天牧守梟裂流血成川爾乃遠徵三邊殊俗
之兵非我族類忿鷙縱横多僵良善以爲己功財貨
糞土哀夫民氓遷流之咎見出在兹不教而戰是謂
棄之跡其禍敗豈虚也哉春秋家不藏甲所以一國
威抑私力也今雖四海殘壞王命未洽可折衝厭難
若指於掌故置右扶風皆置諸曹掾史新論曰王莽時置西海郡令其吏皆

百石親事一日爲四百石二歲而遷補本注曰諸曹略如公府曹
無東西曹蔡質漢儀曰河南府掾出考案與從事同有功曹史主
選署功勞有五官掾署功曹及諸曹事其
監屬縣有五部督郵曹掾一人正門有亭
長一人主記室史主錄記書催期會無令
史閤下及諸曹各有書佐幹主文書漢官曰河南尹
員吏九百二十七人十二人百石諸縣有秩三十五人官屬掾史五人四部督郵史部掾二十六人案獄
仁恕三人監津渠漕水掾二十五人百石卒吏二百五十人文學守助掾六十人書佐五十人循行二百
三十人幹小史二百三十一人屬官每縣邑道大者置令一

人千石其次置長四百石小者置長三百石侯國之相秩次亦如之應劭漢官曰前書百官表云萬戶以上爲令萬戶以下爲長三邊始孝武皇帝所開縣戶數百而或爲令荆揚江南七郡唯有臨湘南昌吳三令爾及南陽穰中土沃民稠四五萬戶而爲長桓帝時以江南陽安爲女公主邑改號爲令主薨復復其故若此爲繫其本俗說令長以水土爲之及秩高下皆無明文班固通儒述一代之書斯近其眞本注曰皆掌治民顯善勸義禁姦罰惡理訟平賊恤民時務秋冬集課上計於所屬郡國胡廣曰秋冬歲盡各計縣戶口墾田錢穀入出盜賊多少上其集簿丞尉以下歲詣郡課校其功功多尤爲最者於廷尉勞勉之以勸其後負多尤爲殿者於後曹別責以糾怠慢也諸對辭窮尢困收主者掾史

關白太守使取法丞尉縛責以明下轉相督勑爲民除害也明帝詔書不得僇辱黃綬以別小人吏也

凡縣主蠻夷曰道公主所食湯沐曰國縣萬戶以上爲令不滿爲長侯國爲相皆秦制也史記秦併天下夷郡縣鑄兵刃示不復用丞各一人尉大縣二人小縣一人本注曰丞署文書典知倉獄尉主盜賊凡有賊發主名不立則推索行尋案察姦宄以起端緒應劭漢官曰大縣丞左右尉所謂命卿三人小縣一尉一丞命卿二人各署諸曹掾史本注曰諸曹略如郡員五官爲廷掾監鄉五部春夏爲勸農掾秋冬爲制度掾漢官曰雒陽令秩千石丞三人四百石孝廉左尉四百石孝廉右尉四百石員吏七百九十六人十三人四百石鄉有秩獄史五十六人佐史鄉佐七十七人斗食令史嗇夫假五十人官掾史幹小史二百五十人書佐九十人循行二百六十人

鄉置有秩三老游徼本注曰有秩郡所署秩百石漢官曰鄉戶五千則置有秩掌一鄉人風俗通曰秩則田閒大夫言其官裁有秩耳其鄉小者縣置嗇夫一人風俗通曰嗇者省也夫賦也言消息百姓均其役賦皆主知民善惡爲役先後知民貧富爲賦多少平其差品三老掌敎化凡有孝子順孫貞女義婦讓財救患及學

士爲民法式者皆扁表其門以興善行游徼掌徼循禁司姦盜又有鄉佐屬鄉主民收賦稅風俗通曰國家制度大率十里一鄉亭有亭長以禁盜賊本注曰亭長主求捕盜賊承望都尉漢官儀曰民年二十三爲正一歲以爲衞士一歲爲材官騎士習射御騎馳戰陣八月太守都尉令長相丞尉會都試課殿最水家爲樓船亦習戰射行船邊郡太守各將萬騎行障塞烽火追虜置長史一人丞一人治兵民當兵行長領置部尉千人司馬候農都尉皆不治民不給衞士材官樓船年五十六老衰乃得免爲民就田應合選爲亭長亭長課徼巡尉游徼亭長皆習設備五兵五兵弓弩戟楯刀劍甲鎧鼓吏赤幘行縢帶劍佩刀持楯被甲設矛戟習射設十里一亭亭長亭候五里一郵郵間相去二里半司姦盜亭長

持二尺板以劾賊索繩以收執賊風俗通曰漢家因秦大率十里一亭亭留也蓋行旅宿會之所館亭吏舊名負弩改爲長或謂亭父里有里魁民有什伍善惡以告本注曰里魁掌一里百家什主十家伍主五家以相檢察民有善事惡事以告監官風俗通曰周禮五家爲鄰四鄰爲里里者止也里有司司五十家共居止同事舊欣通其所也

邊縣有障塞尉本注曰掌禁備羌夷犯塞太公陰符曰武王問太公願聞治亂之要太公曰其本在吏武王曰吏者治也所以爲治其亂者何太公曰故吏重罪有十武王問吏之重罪太公曰一吏苛刻二吏不平三吏貪汚四吏以威力迫脅於民五吏與史合姦六吏與人亡情七吏作盜賊使人爲耳目八吏賤買貴賣於民九吏增易於民十吏振懼於民

夫治者有三罪則國亂而民愁盡有之則民流亡而君失其國武王曰民亦有罪乎太公曰民有十大於此除者則國治而民安武王曰十大何如太公曰民脅吏厚大臣一大也民宗強侵陵羣下二大也民甚富傾國家三大也民尊親其君天下歸慕四大也衆暴寡五大也民有百里之譽千里之交六大也民以吏威爲權七大也恩行於吏八大也民服信以少爲多奪人田宅贅人妻子九大也民之基業畜產爲人所苦十大也所謂一家害一里一里害諸侯諸侯害天下武王曰絕吏之罪塞民之大奈何太公曰察民之暴吏明其賞審其誅則吏不敢犯罪民不敢大也武王曰是民吏相伺上下不和而結其讎太公曰爲君守成爲吏守職爲民守事如此各居其道則國治國治則都治都治則里治里治則家治家治則善惡分明善惡分明則國無事國無事則吏民外不懷怨內不微事其郡有鹽官鐵官工官都水官者隨事廣狹置令長及丞秩次皆如縣道無分士給均本吏本注曰凡郡縣出鹽多者置鹽官主鹽稅出鐵多者置鐵官主鼓鑄胡廣曰鹽官掊坑而得鹽或有鑿井煑海水而以得之者鑄銅爲器械當鑄冶之時扇熾其火謂之鼓鑄有工多者置工官主工稅物有水池及魚利多者置水官主平水收漁稅在所諸縣均差吏更給之置吏隨事不具縣員

使匈奴中郎將一人比二千石本注曰主護南單于置從事二人有事隨事增之掾

隨事爲員護羌烏桓校尉所置亦然應劭漢官曰擁節屯中步南設官府掾吏單于歲遣侍子來朝謁者常送迎焉得賂弓馬氈罽他物百餘萬謁者事訖還具表付帑藏詔書勑自受

護烏桓校尉一人比二千石本注曰主烏桓胡應劭漢官曰擁節長史一人司馬二人皆六百石并領鮮卑客賜質子歲時胡市焉晉書曰漢置東夷校尉以撫鮮卑

護羌校尉一人比二千石本注曰主西羌應劭漢官曰擁節長史司馬二人皆六百石

皇子封王其郡爲國每置傅一人相一人

皆二千石本注曰傅主導王以善禮如師不臣也相如太守有長史如郡丞漢初立諸王因項羽所立諸王之制地既廣大且至千里又其官職傅爲太傅相爲丞相又有御史大夫及諸卿皆秩二千石百官皆如朝廷國家唯爲置丞相其御史大夫以下皆自置之胡廣曰後漢妾數無限別乃制設正適曰妃取小夫人不得過四十人至景帝時吳楚七國恃其國大遂以作亂幾危漢室及其誅滅景帝懲之遂令諸王

不得治民令內史主治民改丞相曰相省御史大夫廷尉少府宗正博士官武帝改漢內史中尉郎中令之名前書曰改漢內史爲京兆尹中尉爲執金吾郎中令爲光祿勳而王國如故負職皆朝廷爲署不得自置至漢成帝省內史治民更令相治民漢舊儀曰大司空何武奏罷內史相如太守中尉如都尉參職是後中尉爭權與王相奏常不和也太傅但曰傅袁昭曰觀夫高祖之創業也豈直鴻勳碩德大庇羣生蕩其毒虐曆之和泰而已哉至於謀深慮久封建子弟蕃維盤固規謀弘遠及於三藩不終燕靈天絕齊代淮楚皆爲外重故宋昌曰外畏齊楚淮南斯非效與事過則弊執成通之全國之難誠因財物之富作衞之益亦既得之於前矣故賜以几杖用息姦謀嗣隕局下怨生有以速連師構亂兵交梁關衆侮權寇肇自密戚景帝遂削蕃國之權刻骨肉之援封爲君而不聽治其民置爲主而稍賤其目矯枉過甚遂臻于此呂霍之危朝后族愈貴於未龐吳楚之叛奔侯王恒借以受請故賈誼欲衆建以少其力列虛以侯其生此乃達觀深識監于親陪之要者也冢嗣必傳萬里之地分支欲使動搖不得於經維遠筭且已凝矣復哀平之際劉氏編於四海宗正著録遂以萬數及乎後漢循循前迹光武十子並列畿外近郡孝明八國不能開庇遠民國近則不可以大不大則不足爲強此所以本枝之援終以少固若使漢分兩越置二三親國剖吳楚樹數四列蕃割遼海而分皇枝開隴蜀而王子弟使主尊顯依漢初之貴民無定限許滋養之富若有昏虐之嗣可得廢而不得削必傳劉氏民信所奉發其侵伐兼并之釁峻其他族篡殺之科制其入貢輕重之法疏其來朝往復之數君君目目永許百世之期一國之民長無遷動之志四方得志聽離官列

封懷賢抱智隨所適樂土強弱相倖遠近相推舉其大歸略其小滯與其晝一班之海內天子之朝自非異姓僭奪不得興勤王之師諸蕃國自非雜至篡主不降討伐之詔犬牙相經共爲嚴國雖王莽善盜將何因而敢竊曹操雄勇亦安能以得士斯無俟極聖然克行明賢粗識亦足立故父子首足也昆弟四支也當使筋骨髓血動靜足以相勝長短大小幹用足以相衞豈有割脛致腹取骨肉以增頭劃背露骨剝膏腴以裨領而謂麤顆魁岸可得比壽松晉喉咽擁腫必能長生久視哉漢氏得之微猶能四百載魏人失之甚不滿數十年爰自晉世矯枉太過入列皇朝非簡賢之授唯親是貴無愚智之辨不能勝衣冠早據公相之尊童蒙幼子端登槐嶽之位職應論道而未離保母之養續侯賦政而服二三尺衣英賢大度裏彼昏稚高才碩儒恭承藐識公餗覆而不憂美錦碎而愈截兼授若流迴遷類路才駑任重功尠責多曉比名於公旦夕同罪於盜跖褒稱無位可以充德貶退刑輟不足以塞咎或力強濟督實隆重嫌積畏

逼身受其弊覆滅分體若梟仇寇齎粉同氣有過他逆忠貞之士橫羅其凶志節之人狼狽其禍閼伯實沈繼踵史筆顯思顯甫比有國書趙倫以惷愚排天齊攸以賢明謝世枉鬱殄夷究孫就盡不可勝載矣豈周漢之君多孝悌之性晉宋之主稟豺狼之情蓋事勢使之然也朝行斯術夕窮崩亂未能革悛來事愈甚蒼生爲此將盡矣四海爲此構賊矣聖帝英君欲反斯敗必當更開同姓之國置不增之約罷皇㣲入宮之禍守盟牲礪河之篤乃可還嶮墜之路反乎全安之轍也中尉一人比二千石本注曰職如郡都尉主盜賊東觀書曰其紹封削绌者中尉內史官屬亦以率減郎中令一人僕一人皆千石本注曰郎中令掌王大夫郎中宿衛官如光祿勳自省少府職皆并焉僕主車及馭如太僕本注曰太僕比二千石武帝改但曰僕又皆減其秩治書比六百石本注曰治書本尚書更名大夫比六百石本注曰無員掌奉王使至京都奉璧賀正月及使諸國本皆持節後去節謁者比四百石本注曰掌冠長冠本員十六人後減禮樂長本注曰主樂人衛士長本注曰主衛士醫工長本注曰主醫藥永巷長本注曰宦者主宮中婢使祠祀長本注曰主祠祀皆比

四百石自禮樂長至此皆四百石郎中二百石本注曰無員

衛公宋公本注曰建武二年封周後姬常爲周承休公五年封殷後孔安爲殷紹嘉公十三年改常爲衛公安爲宋公以爲漢賓在三公上五經通義二王之後不考功有誅無絕鄭玄曰王者存二代而封及五郊天用天子禮以祭其始祖行其正朔此謂通三統也三恪者勸其先聖封其後而已無殊異者也列侯所食縣爲侯國本注曰承秦爵二十等爲徹侯金印紫綬以賞有功功大者食縣小者食鄉亭得臣其所食吏民後避武帝諱爲列侯武帝元朔二年令諸王得推恩分衆子土國家爲封亦爲列侯舊列侯奉朝請在長安者位次三公中興以來唯以功德賜位特進者次車騎將軍胡廣漢制度曰功德優盛朝廷所敬異者賜特進在三公下不在車騎下賜位朝侯次五校尉賜位侍祠侯次大夫其餘以胇附及公主子孫奉墳墓於京都者亦隨時見會位在博士議郎下胡廣制度曰是爲猥諸侯諸王封者受茅土

歸以立社稷禮也胡廣曰諸王受封皆受茅土歸立社稷本朝爲宮室自有
制度至於列侯歸國者不受茅土不立
宮室各隨貧富裁制棘庶以守其寵列土特進
朝侯賀正月執璧云每國置相一人其秩
各如本縣本注曰主治民如令長不臣也
但納租于侯以户數爲限其家臣置家丞
庶子各一人本注曰主侍侯使理家事列
侯舊有行人洗馬門大夫凡五官中興以
來食邑千户已上置家丞庶子各一人不
滿千户不置家丞又悉省行人洗馬門大

夫
關内侯如淳曰列侯出關就國侯但爵身其有家
累者與之關内之邑食其租稅也古今注
曰建武六年初令關内侯
食邑者俸月二十五斛承秦賜爵十九等爲
關内侯無土寄食在所縣民租多少各有
户數爲限荀綽晉百官表注曰時六國未平將帥
皆家關中故以爲號劉劭爵制曰春秋
傳有庶長鮑商君爲政備其法品爲十八級合關内
侯列侯凡二十等其制因古義古者天子寄軍政於
六卿居則以田警則以戰所謂入使治之出使長之
素信者與衆相得也故啓伐有扈乃召六卿大夫之
在軍爲將者也及周之六卿亦以居軍在國也則以
比長閭胥族師黨正州長鄉大夫爲稱其在軍也則
以卒伍司馬將軍爲號所以異在國之名也秦依古
制其在軍賜爵爲等級其帥人皆更卒也有功賜爵
則在軍吏之例自一爵以上至不更四等皆士也大
夫以上至五大夫五等比大夫也九等依九命之義
也自左庶長以上至大庶長九卿之義也關内侯者
依古圻内子男之義也秦都山西以關内爲王畿故
曰關内侯也列侯者依古列國諸侯之義也然則卿
大夫士下之品皆放古比朝之制而異其名亦所以
殊軍國也古者以車戰兵車一乘步卒七十二人分
翼左右車大夫在左御者處中勇士居右凡七十五
人一爵曰公士者步卒之有爵爲公士者二爵曰上
造造成也古者成士升於司徒曰造士雖依此名皆
步卒也三爵曰簪褭御駟馬者要褭古之名馬也駕
駟馬者其形似簪故曰簪褭也四爵曰不更不更者
爲車右不復與凡更卒同也五爵曰大夫大夫者在
車左者也六爵爲官大夫七爵爲公大夫八爵爲公
乘九爵爲五大夫皆軍吏也吏民爵不得過公乘者
得貰與子若同產然則公乘者軍吏之爵最高者也
雖非臨戰得公卒車故曰公乘也十爵爲左庶長十
一爵爲右庶長十二爵爲左更十三爵爲中更十四

爵爲右更十五爵爲少上造十六爵爲大上造十七
爵爲駟車庶長十八爵爲大庶長十九爵爲關内侯
二十爵爲列侯自左庶長已上至大庶長皆卿大夫
皆軍將也所將皆庶人更卒也故以庶更爲名大庶
長即大將軍也左右庶長即左右偏裨將軍也古
今注曰成帝鴻嘉三年令吏民得買爵級千錢
四夷國王率衆王歸義侯邑君邑長皆有
丞比郡縣
百官受奉例古今注曰建武二十六年四月戊戌增吏奉如此志例以明也大將
軍三公奉月三百五十斛中二千石奉月
百八十斛二千石奉月百二十斛比二千
石奉月百斛千石奉月八十斛六百石奉

月七十斛比六百石奉月五十斛四百石奉月四十五斛比四百石奉月四十斛三百石奉月四十斛比三百石奉月三十七斛二百石奉月三十斛比二百石奉月二十七斛一百石奉月十六斛斗食奉月十一斛漢書音義曰斗食祿日以斗爲計佐史奉月八斛古今注曰永和三年初與河南尹及雒陽員吏四百二十七人奉月四十五斛臣昭曰此言豈其妄乎若人人奉四十五斛則四百石秩爲太優而無品若共進奉者人不過一斗亦非義理凡諸受奉皆半錢半穀荀綽晉百官表注曰漢延平中中二千石奉錢九千米七十二斛眞二千

石月錢六千五百米三十六斛比二千石月錢五千米三十四斛一千石月錢四千米三十斛六百石月錢三千五百米二十一斛四百石月錢二千五百米十五斛三百石月錢二千米十二斛二百石月錢一千米九斛百石月錢八百米四斛八斗獻帝起居注曰帝在長安詔書以三輔地不滿千里而軍師用度非一公卿已下不得奏除其若公田以秩石爲率賦與令各自收其租稅

贊曰帝道淵默冢帥修德寡以御衆分職乃克不置不監無驕無忒程是師徒寧民康國

後漢書志第二十八

後漢書志第二十九　輿服上

劉　昭　注補

玉輅　乘輿　金根
安車　立車　耕車
戎車　獵車　軿車
青蓋車　緑車　皁蓋車
夫人安車　大駕　法駕
小駕　輕車　大使車
小使車　載車　導從卒

車馬飾

書曰明試以功孔安國曰效試其居國爲政以差其功車服以庸孔安國曰賜以車服以旌其德用所任也又一通諸侯四朝各使陳進治化之言明試其言以要其功功成則錫車服以表顯其能用言昔者聖人興天下之大利除天下之大害躬親其事身履其勤憂之勞之不避寒暑使天下之民物各得安其性命無夭昬暴陵之災是以天下之民敬而愛之若親父母則而養之若仰日月夫愛之者欲其長久不憚力役相與起作宮

室上棟下宇以雍覆之欲其長久也敬之者欲其尊嚴不憚勞煩相與起作輿輪旌旗章表以尊嚴之斯愛之至敬之極也苟心愛敬雖報之至情由未盡或殺身以爲之盡其情也弈世以祀之明其功也是以流光與天地比長後世聖人知恤民之憂思深大者必饗其樂勤仁毓物使不夭折者必受其福故爲之制禮以節之使夫上仁繼天統物不伐其功民物安逸若道自

然莫知所謝老子曰聖人不仁以百姓爲芻狗此之謂也夫禮服之興也所以報功章德尊仁尚賢故禮尊尊貴貴不得相踰所以爲禮也非其人不得服其服所以順禮也順則上下有序德薄者退德盛者縟故聖人處乎天子之位服玉藻邃延日月升龍山車金根飾黃屋左纛所以副其德章其功也賢仁佐聖封國愛民黼黻文繡降龍路車所以顯其仁光其能也及其季末

聖人不得其位賢者隱伏是以天子微弱諸侯僭矣於此相貴以等相讟以貨相賂以利天下之禮亂矣至周夷王下堂而迎諸侯此天子失禮微弱之始也自是諸侯宮縣樂食祭以白牡擊玉磬朱干設錫冕而舞大武（鄭玄注禮記曰此皆天子之禮也宮縣四面縣也干盾也錫傅其背如龜也武萬舞也白牡大路殷天子之禮也白牡殷牲）大夫臺門旅樹反坫繡黼丹朱中衣鏤簋朱紘此大夫之僭諸侯禮也（鄭玄曰此皆諸侯之禮也旅道也屏謂之樹樹所以蔽行道管氏樹塞門塞猶蔽也禮天

子外屏諸侯內屏大夫以簾士以帷反坫反爵之坫也蓋在尊南兩君相見主君既獻於反爵焉繡黼丹朱以爲中衣領緣也繡讀爲綃綃繒名也詩云素衣朱綃又曰素衣朱襮襮黼領也鏤簋謂刻而飾之也大夫刻之爲龜耳諸侯飾以象天子飾以玉朱紘天子冕之紘也諸侯靑組大夫士當繢組紘纓邊）詩刺彼己之子不稱其服傷其敗化易識負且乘致寇至言小人乘君子器盜思奪之矣自是禮制大亂兵革並作上下無法諸侯陪臣山楶藻梲降及戰國奢僭益熾削滅禮籍蓋惡有害己之語競修奇麗之服飾其輿馬文罽玉纓象鑣金鞌以相夸上

爭錐刀之利殺人若刈草然其宗祀亦旋夷滅榮利在己雖死不悔及秦幷天下攬其輿服上選以供御其次以錫百官漢興文學旣缺時亦草創承秦之制後稍改定參稽六經近於雅正孔子曰其或繼周者行夏之正乘殷之輅服周之冕樂則韶舞故撰輿服著之于篇以觀古今損益之義云上古聖人見轉蓬始知爲輪輪行可載因物知生復爲之輿輿輪相乘流運罔極

任重致遠天下獲其利後世聖人觀於天視斗周旋魁方杓曲〔春秋緯曰瑶光第一至第四爲魁第五至第七爲杓合爲斗〕以攜龍角爲帝車於是迺曲其輈乘牛駕馬登險赴難周覽八極故易震乘乾謂之大壯言器莫能有上之者也〔孝經援神契曰斗曲杓橈象成車房爲龍馬華蓋覆鉤天理入魁神不獨居故驂駕陪乘以道踟躕宋均注曰房星旣體蒼龍又象駕駟馬故兼言之也覆鉤旣覆且鉤曲似蓋也天理入魁又似御陪乘〕自是以來世加其飾至奚仲爲夏車正建其斿旐尊卑上下各有等級〔世本云奚仲始作車古史考曰黃帝作車引重致遠其後少昊時駕牛禹時奚仲駕馬臣昭案服牛乘馬以利天下其所起遠矣豈奚仲爲始世本之誤史考所說是也〕周室大備官有六職百工與居一焉〔周禮曰審曲面埶以飭五材以辨民器謂之百工〕一器而羣工致巧者車最多是故具物以時六材皆良〔鄭玄曰取幹以冬取角以秋絲漆以夏筋膠未聞自此至弧旌枉矢皆出周禮鄭玄曰即是周禮注〕輿方法地蓋圓象天三十輻以象日月〔鄭玄曰輪象日月者以其運行也日月三十日而合宿〕蓋弓二十八以象列星龍旂九斿七仞齊軫〔鄭玄曰軫謂車後橫木〕以象大火〔鄭玄曰交龍爲旂諸侯之所建也大火蒼龍宿之心其屬有尾尾九星〕鳥旟七斿五仞齊較〔鄭玄曰較

者車高檻木也〕以象鶉火〔鄭玄曰鳥隼爲旟州里之所建鶉火朱鳥宿之柳其屬有七星〕熊旗六斿五仞齊肩以象參伐〔鄭玄曰熊虎爲旗師都之所建伐屬白虎宿與參連體而六星〕龜旐四斿四仞齊首以象營室〔鄭玄曰龜蛇爲旐縣鄙之所建營室玄武宿與東壁連體而四星〕弧旌枉矢以象弧也〔鄭玄曰觀禮曰侯氏載龍旂弧韣則旌旗之屬皆有弧也弧以張縿之幅有衣謂之韣又爲設矢象弧星有矢也妖星有枉矢者蛇行有尾因此云枉矢蓋畫之玄注禮含文嘉曰蓋旗有九名日月爲常交龍爲旂通帛爲旃雜帛爲物熊虎爲旗鳥隼爲旟龜蛇爲旐全羽爲旞析羽爲旌盧植注禮記曰有鈴曰旂干寶注周禮曰枉矢象妖星非其義也枉蓋應爲枉直謂枉矢於弧〕此諸侯以下之所建者也〔白虎通曰居車中不內顧也仰即觀天府

即察地前聞和鸞之聲旁見四方之運此車教之道論語曰升車必正立執綏車中不內顧所以有和鸞以正威儀節行舒疾也鸞者在衡和者在軾馬動則鸞鳴鸞鳴則和應其聲鳴曰和勅舒則不鳴疾則失音明得其和也故詩云和鸞雍雍萬福攸同魯訓曰和設軾者也鸞設衡者也許慎曰詩云八鸞鎗鎗則一馬二鸞也又曰輶車鸞鑣知非衡也毛詩傳曰在軾曰和在鑣曰鸞杜預注左傳亦云鸞在鑣和在衡傅玄乘輿馬賦注曰鸞在馬勒鑣干寶周禮注曰和鸞皆以金爲鈴史記曰前有錯衡所以養目也步中武象驟中韶護所以養耳也龍旂九斿所以養信也寢兕持虎鮫韅彌龍所以養威也故大路之馬必信至教順然後乘之所以養安也

天子五路周禮王之五路一曰玉路二曰金路三曰象路四曰革路五曰木路釋名曰天子所乘曰路路亦軍事也謂之路言行路也以玉爲飾古文尚書曰大路在賓階面綴路在阼階面孔安國曰大路玉綴路金也服虔曰大路揔名也如今駕駟

後漢書志二十九　六　陳奇

高車矣尊卑俱乘之其采飾有差鄭玄曰王在焉曰路以玉飾諸末也傅玄乘輿馬賦注曰玉路重較也韻集曰軛前横木曰軶錫樊纓十有再就鄭玄曰錫面當盧刻金爲之所謂鏤錫也樊讀如鞶帶之鞶謂今馬大帶也鄭衆曰纓謂當胷士喪禮曰馬纓三就以削革爲之三就三重三币也鄭玄曰纓今馬鞅玉路之樊及纓皆以五采罽飾之十二就就成也杜預曰纓在馬膺前如索帬乘輿馬賦注曰繁纓飾以旄尾金塗十二重建太常十有二斿九仞曳地鄭衆曰太常九旗之畫日月者鄭玄曰七尺爲仞天子之旗高六丈三尺日月升龍象天明也崔駰東巡頌曰登天靈之威路駕太一之象車夷王以下周室衰弱諸侯大路秦幷天下閲三代之禮或曰殷瑞山車金根之色殷人以爲大路於是始皇作金根之車殷曰乘根秦改曰金根乘輿馬賦注曰金根以金爲飾漢承秦制御爲乘輿所謂孔子乘殷之路者也

乘輿　金根　安車　立車蔡邕曰五安五立徐廣曰立乘曰高車坐乘曰安車輪皆朱班重牙周禮曰牙也者以爲固抱也鄭衆曰牙謂輪輮也世間或謂之輞貳轂兩轄蔡邕曰轂外復有一轂抱轄其外乃復設轄抱銅置其中東京賦曰重輪貳轄疏轂飛軨金薄繆龍爲輿倚較徐廣曰繆交錯之形也較在箱上說文曰轙文畫蕃蕃箱也通俗文曰車箱爲較文虎伏軾魏都賦注曰軾車横覆膝人所馮上者也龍首銜軛左右吉陽筩鸞雀立衡徐廣曰置金鳥於衡上𣞔文畫輈羽蓋華

後漢書志二十九　七　王中

蚤徐廣曰翠羽蓋黄裏所謂黄屋車也金華施橑末有二十八枚即蓋弓也東京賦曰樹翠羽之高蓋薛綜曰樹翠羽爲蓋如雲龍矣金作華形莖皆低曲建大旂十有二斿畫日月升龍駕六馬東京賦云六玄虯之奕奕象鑣鏤錫金鍐方釳插翟尾獨斷曰金鍐者馬冠也高廣各五寸上如三華形在馬髦前方釳鐵也廣數寸在馬鬉後後有三孔插翟尾其中薛綜曰釳中央兩頭高如山形而貫中翟尾結著之頞延之幼結曰釳乘輿馬頭上防釳角所以防罔羅釳以翟尾鐵翮象之也徐廣曰金爲馬叉髦朱兼樊纓赤罽易茸金就十有二左纛以氂牛尾爲之在左騑馬軛上大如斗徐廣曰馬在中曰服在外曰騑騑亦名驂蔡邕曰在最後左騑馬頭上是爲德車五時車安

立亦皆如之各如方色馬亦如之白馬者朱其髦尾爲朱鬣云所御駕六餘皆駕四後從爲副車古文尚書曰予臨兆民懍乎若朽索之馭六馬逸禮王度記曰天子駕六馬諸侯駕四大夫三士二庶人一周禮四馬爲乘毛詩天子至大夫同駕四士駕二易京氏春秋公羊說皆云天子駕六許慎以爲天子駕六諸侯及卿駕四大夫駕三士駕二庶人駕一史記曰秦始皇以水數制乘六馬鄭玄以爲天子四馬周禮乘馬有四圉各養一馬也諸侯亦四馬顧命時諸侯皆獻乘黃朱乘亦四馬也今帝者駕六此自漢制與古異耳蔡邕表志曰以文義不著之故俗人多失其名五時副車曰五帝車鸞旗曰雞翹耕根曰三蓋其比非一也

耕車其飾皆如之有三蓋一曰芝車置轙

耒耜之箙上親耕所乘也新論桓譚謂揚雄曰君之爲黃門郎居殿中數見輿輦玉蚤華芝及鳳皇三蓋之屬皆玄黃五色飾以金玉翠羽珠絡錦繡茵席者也東京賦曰立戈迆戛農輿路木薛綜曰戈句孑戟夏長孑置車上者邪柱之迆邪也是謂戈路農輿三蓋所謂耕根車也東耕于藉乘馬無飾故稱木也賀循曰漢儀親耕青衣幘東京賦說親耕亦云鸞路蒼龍賀循曰車必有鸞而春獨鸞路者鸞鳳類而色青故以名春路也賦又曰介御閒以剡耜薛綜曰耜耒金也廣五寸著耒耜而載之天子車參乘帝在左御在中介處右以耒置御之右

戎車其飾皆如之蕃以矛麾金鼓羽析幢翳輯胄甲弩之箙漢制度曰戎立車以征伐周官其矢箙通俗文曰箭箙謂之步乂于竇亦曰今謂之步乂鄭玄注既夕曰服車箱也顏延之幼誥云弩矢也

獵車其飾皆如之重輞縵輪繆龍繞之一曰闟猪車親校獵乘之魏文帝改曰闟虎車

太皇太后皇太后法駕皆御金根重翟羽蓋者也加交路帳裳徐廣曰青交路青帷裳非法駕則乘紫罽軿車字林曰軿車有衣蔽無後轅者謂之輜也釋名軿屏也四屏蔽婦人乘牛車也有邸曰輜無邸曰軿傳子曰周曰輜車即輦也雲檏文畫輈黃金塗五末徐廣曰未詳疑謂前一轅及衡端轂頭也蓋蚤左右騑駕三馬

長公主赤罽軿車

大貴人貴人公主王妃封君油畫軿車大

貴人加節畫輈皆右騑而已

皇太子皇子皆安車朱班輪青蓋金華蚤黑檏文畫轓文輈金塗五末皇子爲王錫以乘之故曰王青蓋車徐廣曰旂旗九旒畫降龍魏武帝令問東平王有金路何意爲是特賜非侍中鄭稱對曰天子五路金以封同姓諸侯得乘金路與天子同此自得有非特賜也

皇孫綠車以從皆左右騑駕三獨斷曰綠車名曰皇孫車天子有孫乘之

公列侯安車朱班輪倚鹿較伏熊軾皁繒蓋黑轓右騑車有轓者謂之軒

中二千石二千石皆皁蓋朱兩轓其千石
六百石朱左轓轓長六尺下屈廣八寸上
業廣尺二寸九文十二初後謙一寸若月
初生示不敢自滿也蔡本傳舊典傳車驂駕乘赤帷裳唯郭賀爲冀州勑
去襜帷謝承書曰孔恂字巨卿新淦人州別駕從事車前舊有屏星如刺史車曲翳儀式是時刺史行部
發去日晏刺史怒欲去別駕車屏星恂諫曰明使君傳車自發晚而欲撤去屏星毀國舊儀此不可行別
駕可去屏星不可省即投傳去刺史追辭謝請不肯還於是遂不去屏星說文曰車當謂之屏星景
帝中元五年始詔六百石以上施車轓得
銅五末軛有吉陽筩中二千石以上右騑

後漢書志二十九　十　林午

三百石以上皁布蓋千石以上皁繒覆蓋
二百石以下白布蓋皆有四維杠衣賈人
不得乘馬車除吏赤畫杠其餘皆青云古今注曰
武帝天漢四年令諸侯王大國朱輪特虎居前虛兕右麋小國朱輪畫特熊居前寢麋居左右御車者也
公列侯中二千石二千石夫人會朝若蠶
各乘其夫之安車右騑加交路帷裳皆皁
非公會不得乘朝車得乘漆布輜軿車銅
五末
乘輿大駕公卿奉引太僕御大將軍參乘

屬車八十一乘薛綜曰屬之言相連屬也皆在後爲三行備千乘萬
騎西都行祠天郊甘泉備之官有其注名
曰甘泉鹵簿蔡邕表志曰國家舊章而幽僻藏蔽莫之得見東都唯
大行乃大駕大駕太僕校駕法駕黃門令
校駕乘輿法駕八卿不在鹵簿中河南尹
執金吾雒陽令奉引奉車郎御侍中參乘
屬車四十六乘前驅有九斿雲罕徐廣曰斿車有九乘鳳皇闟
前史不記形也武王克紂百夫荷罕旗以先驅東京賦曰雲罕九斿薛綜曰旌旗名
戟薛綜曰闟之言函也取四戟函車邊皮軒鸞旗應劭漢官鹵簿圖曰乘輿大駕

後漢書志二十九　十一　李棠

則御鳳皇車以金根爲列皆大夫載胡廣曰皮軒以虎皮爲軒郭璞曰皮軒革車或曰即
曲禮前有士師則載虎皮鸞旗者編羽旄列繫幢旁胡廣曰建
蓋在中民或謂之雞翹非也胡廣曰鸞旗以銅作鸞鳥車衡上與本志
不同後有金鉦黃鉞說文曰鉞大斧也司馬法曰夏執玄鉞殷執白鉞周杖黃
鉞黃門鼓車古者諸侯貳車九乘秦滅九
國兼其車服故大駕屬車八十一乘法駕
半之屬車皆皁蓋赤裏朱轓戈矛弩箙尚
書御史所載最後一車懸豹尾薛綜曰侍御史載之豹
尾以前比省中小學漢官篇曰豹尾過後罷屯解圍胡廣曰施於道路豹尾之內爲

省中故須過後也圖乃得解皆所以戒不虞也淮南子曰軍正執豹皮所以制正其衆禮記前載虎皮亦此之義類行祠天郊以法駕祠地明堂省什三祠宗廟尤省謂之小駕每出太僕奉駕上鹵簿中常侍小黃門副尚書主者郎令史副侍御史蘭臺令史副皆執注以督整車騎謂之護駕春秋上陵尤省於小駕直事尚書一人從其餘令以下皆先行後罷

輕車古之戰車也洞朱輪輿不巾不蓋建矛戟幢麾輴輒弩服徐廣曰置弩於軾上駕兩馬也藏在武

庫大駕法駕出射聲校尉司馬史士載以次屬車在鹵簿中諸車有矛戟其飾幡斿旗幟皆五采制度從周禮吳孫兵法云有巾有蓋謂之武剛車武剛車者爲先驅又爲屬車輕車爲後殿焉

大使車立乘駕駟赤帷持節者重導從賊曹車斧車督車功曹車皆兩大車伍伯璅弩十二人辟車四人周禮滌狼氏千寶注曰今卒辟車之屬從車四乘無節單導從減半

小使車不立乘有騑赤屏泥油重絳帷導無斧車近小使車蘭輿赤轂白蓋赤帷從騶騎四十人此謂追捕考案有所勑取者之所乘也諸使車皆朱班輪四輻赤衡軛其送葬白堊已下洒車而後還公卿中二千石二千石郊廟明堂祠陵法出皆大車立乘駕駟他出乘安車

大行載車其飾如金根車加施組連璧交絡四角金龍首銜璧垂五采析羽流蘇前

後雲氣畫帷裳虡文畫曲轓長懸車等太僕御駕六布施馬布施馬者淳白駱馬也以黑藥灼其身爲虎文既下馬斥賣車藏城北秘宮皆不得入城門當用太僕考工乃內飾治禮吉凶不相干也

公卿以下至縣三百石長導從置門下五吏賊曹督盜賊功曹皆帶劍三車導主簿主記兩車爲從縣令以上加導斧車公乘安車則前後并馬立乘長安雒陽令及王

國都縣加前後兵車亭長設（纂要雒陽亭長車前吹管）右騑駕兩璅弩車前伍伯公八人中二千石二千石六百石皆四人自四百石以下至二百石皆二人黃綬武官伍伯文官辟車鈴下侍閤門蘭部署街里走卒皆有程品多少隨所典領

驛馬三十里一置（臣昭案東晉猶有郵驛共置承受傍郡縣文書有郵有驛行傳以相付縣置屋二區有承驛吏皆條所受書每月言上州郡風俗通曰今吏郵書掾府督郵職掌此）卒皆赤幘絳韝云古者軍出師旅皆從秦

省其卒取其師旅之名焉公以下至二千石騎吏四人千石以下至三百石縣長二人皆帶劒持棨戟為前列揵弓韇九鞬（通俗文曰弓藏謂之鞬）鹵簿似京都官騎張弓帶鞬遮迾出入稱課促列侯家丞庶子導從若會耕祠主縣假給辟車鮮明卒備其威儀導從事畢皆罷所假諸車之文乘輿倚龍伏虎檳文畫轓龍首鸞衝重牙班輪升龍飛軨（薛綜曰飛軨以緹油廣八寸長注地畫左蒼龍右白虎繫軸頭二千石亦然但無畫耳盧植禮記注曰軨轄頭也楚辭云倚結軨兮太息王逸注曰重較也李尤小車銘曰軨之兼虛疏達開通案二家之言不如綜注所記）

皇太子諸侯王倚虎伏鹿檳文畫轓轓吉陽筩朱班輪鹿文飛軨旂旗九斿降龍公列侯倚鹿伏熊黑轓朱班輪鹿文飛軨九斿降龍卿朱兩轓五斿降龍二千石以下各從科品諸轓車以上軛皆有吉陽筩諸馬之文案乘輿金鍐方釳插翟象鑣（爾雅注曰鑣馬勒旁鐵也此用象牙）龍畫總沫升龍赤扇汗（詩云朱幩鑣鑣毛傳曰人君以朱纏鑣扇汗且以為飾）青兩翍鸞尾駙馬左右赤珥

流蘇飛鳥節赤膺兼皇太子或亦如之王公列侯鏤錫叉髦朱鑣朱鹿朱文絳扇汗青翍鸞尾卿以下有騑者緹扇汗青翍尾當盧叉髦上下皆通中二千石以上及使者乃有騑駕云

後漢書志第二十九

後漢書志第三十　輿服下

劉昭　注補

冕冠　長冠　委貌冠
皮弁冠　爵弁冠　通天冠
遠遊冠　高山冠　進賢冠
法冠　武冠　建華冠
方山冠　巧士冠　却非冠
却敵冠　樊噲冠　術氏冠
鷸冠　幘　佩
刀　印　黃赤綬
赤綬　緑綬　紫綬
青綬　黑綬　黃綬
青紺綸　后夫人服

上古穴居而野處衣毛而冒皮未有制度後世聖人易之以絲麻觀翬翟之文榮華之色乃染帛以效之始作五采成以爲服見鳥獸有冠角顛胡之制遂作冠冕纓蕤以爲首飾凡十二章故易曰庖犧氏之王天下也仰觀象於天俯觀法於地觀鳥獸之文與地之宜近取諸身遠取諸物於是始作八卦以通神明之德以類萬物之情黃帝堯舜垂衣裳而天下治蓋取諸乾巛乾巛有文故上衣玄下裳黃日月星辰山龍華蟲孔安國注尚書曰華象草華蟲雉也作繢宗彝古文尚書繢作會孔安國曰以五采成此畫焉宗廟彝樽亦以山龍華蟲爲飾藻火粉米孔安國曰藻水草有文者火爲火字粉若粟米米若聚米黼黻絺繡孔安國曰黼若斧形黻爲兩己相背葛之精者曰絺五色備曰繡杜預注左傳曰白與黑謂之黼黑與青謂之黻以五

采章施于五色作服孔安國曰以五采明施于五色作尊卑之服天子備章鄭玄周禮注曰此古天子冕服十二章公自山以下侯伯自華蟲以下子男自藻火以下卿大夫自粉米以下至周而變之以三辰爲旂旗王祭上帝則大裘而冕鄭衆曰大裘羔裘服以祀天示質也公侯卿大夫之服用九章以下鄭玄曰華蟲五色之蟲周禮繢人職曰鳥獸蛇雜四時五色之位以章之謂是也王者相變至周而以日月星辰畫於旌旗所謂三辰旂旗昭其明也而冕服九章初一曰龍次二曰山次三曰華蟲次四曰火次五曰宗彝皆畫以爲繢次六曰藻次七曰粉米次八曰黼次九曰黻皆絺以爲繡則袞之衣五章裳四章凡九也驚畫以雉謂華蟲也其衣三章裳

四章凡七也彝畫虎蜼謂宗彝也其衣三章裳二章凡五也絺刺粉米無畫也其衣一章裳一章凡三也法言曰聖人文質者也車服以彰之藻色以明之聲音以揚之詩書以光之籩豆不陳玉帛不分琴瑟不鐘鼓不耾吾無以見乎聖也秦以戰國即天子位滅去禮學郊祀之服皆以袀玄漢承秦故至世祖踐祚都于土中始修三雍正兆七郊顯宗遂就大業初服旒冕衣裳文章赤舄絇屨以祠天地養三老五更於三雍于時致治平矣天子三公九卿特進侯侍祠侯祀天地明堂皆冠旒冕衣裳玄上纁下東觀書曰永平二年

正月公卿議春南北郊東平王蒼議曰孔子曰行夏之時乘殷之路服周之冕爲漢制法高皇帝始受命創業制長冠以入宗廟光武受命中興建明堂立辟雍陛下以聖明奉遵以禮服龍衮祭五帝禮缺樂崩久無祭天地冕服之制按尊事神禮絜齋盛服敬之至也日月星辰山龍華藻天王衮冕十有二旒以則天數旒有龍章日月以備其文今祭明堂宗廟圓以法天方以則地服以華文象其物宜以降神肅雍備思博其類也天地之禮冕冠裳衣宜如明堂之制乘輿備文日月星辰十二章三公諸侯用山龍九章九卿以下用華蟲七章皆備五采大佩赤舄絇履以承大祭百官執事者冠長冠皆袛服五嶽四瀆山川宗廟社稷諸沾秩祠皆袀玄長冠五郊各如方色云百官不執事各服常冠袀玄以從

冕冠垂旒前後邃延邃垂也延冕上覆玉藻周禮曰五采繅十有二就皆五采玉十有二玉笄朱紘鄭玄注曰繅雜文之名也合五采絲爲之繩垂於延之前後各十二所謂邃延也就成也繩之每一帀而貫五采玉十二旒則十二玉也每就間蓋一寸朱紘以朱組爲紘也紘一條屬兩端於武此爲衮衣之冕十二旒則用玉二百八十八鷩衣之冕繅九旒用玉二百一十六毳衣之冕七旒用玉百六十八絺衣之冕五旒用玉百二十玄衣之冕三旒用玉七十二孝明皇帝永平二年初詔有司采周官禮記尚書皐陶篇乘輿服從歐陽氏說公卿以下從大小夏侯氏說冕皆廣七寸長尺二寸前圓後方朱綠裏玄上前垂四寸後垂三寸係白玉珠爲十二旒以其綬采色爲組纓說文曰組綬屬也小者以爲冕纓焉禮記曰玄冠朱組纓天子之服是也三公諸侯七旒青玉爲珠卿大夫五旒黑玉爲珠獨斷曰三公諸侯九旒卿七旒與此不同皆有前無後各以其綬采色爲組纓旁垂黈纊呂忱曰黈黃色也黃綿爲之禮緯曰旒垂目纊塞耳王者示不聽讒不視非也薛綜曰以珩玉爲充耳也詩云充耳琇瑩毛萇傳曰充耳謂之瑱天子玉瑱琇瑩美石也諸侯以石郊天地宗祀明堂則冠之蔡邕曰鄙人不識謂之平天冠

衣裳玉佩備章采乘輿刺史公矦九卿以下皆織成陳留襄邑獻之云

長冠一曰齋冠高七寸廣三寸促漆纚爲之制如板以竹爲裏初高祖微時以竹皮爲之謂之劉氏冠楚冠制也民謂之鵲尾冠非也祀宗廟諸祀則冠之皆服袀玄（獨斷曰袀紺繒也吳都賦曰袀皁服也）絳緣領袖爲中衣絳絝絑示其赤心奉神也五郊衣幘絝絑各如其色此冠高祖所造故以爲祭服尊敬之至也

委貌冠皮弁冠同制長七寸高四寸制如覆杯前高廣後卑鋭所謂夏之毋追殷之章甫者也委貌以皁絹爲之皮弁以鹿皮爲之行大射禮於辟雍公卿諸矦大夫行禮者冠委貌衣玄端素裳（鄭衆周禮傳曰衣有襦裳者爲端鄭玄曰謂之端取其正也正者士之衣袂皆二尺二寸而屬幅是廣袤等也其袪尺二寸大夫以上侈之侈之者蓋半而益一焉半而益一則其袂三尺三寸袪尺八寸）執事者冠皮弁衣緇麻衣皁領袖下素裳所謂皮弁素積者也（皮弁質也石渠論玄冠朝服戴聖曰玄冠委貌也朝服布上素下緇帛帶素韋韠白虎通曰三王共皮弁素積素積者積素以爲裳也言要中辟積也）

爵弁一名冕廣八寸長尺二寸如爵形前小後大繒其上似爵頭色有收持笄所謂夏收殷冔者也（獨斷曰殷黑而微白前大而後小夏純黑赤前小而後大皆以三十六升漆布爲之詩云常服黼冔書曰王與大夫盡弁上古皆以布中古以絲孔子曰麻冕禮也今也純儉）祠天地五郊明堂雲翹舞樂人服之禮曰朱干玉鏚（鄭玄曰朱干赤大盾也鏚斧也）冕而舞大夏此之謂也

通天冠高九寸正豎頂少邪却乃直下爲

鐵卷梁前有山展筩爲述乘輿所常服（獨斷曰漢受之秦禮無文）服衣深衣制有袍隨五時色袍者或曰周公抱成王宴居故施袍禮記孔子衣逢掖之衣縫掖其袖合而縫大之近今袍者也今下至賤更小史皆通制袍單衣皁緣領袖中衣爲朝服云

遠遊冠制如通天有展筩横之於前無山述諸王所服也（獨斷曰禮無文）

高山冠一曰側注制如通天不邪却直豎

無山述展筩獨斷曰鐵爲卷梁高九寸漢書音義曰其體側立而曲注中外
官謁者僕射所服太傅胡廣說曰高山冠
蓋齊王冠也秦滅齊以其君冠賜近臣謁
者服之史記酈生初見高祖儒衣而冠側注漢舊儀曰乘輿冠高山冠飛月之纓幘耳赤丹
紈裏衣帶七尺斬蛇劍履虎尾絇履案此則亦通于天子
進賢冠古緇布冠也文儒者之服也前高
七寸後高三寸長八寸公侯三梁胡廣曰車駕巡狩幸
其國者侯衣玄端之衣冠九旒之冕其盛法服以就位也今列侯自不奉朝請侍祠祭者不得服此皆常
三梁冠皁單衣其歸國流黃衣皁云晉公卿禮秩曰太傅司空司徒著進賢三梁冠黑介幘中二

後漢書志三十　七　陳彦

千石以下至博士兩梁自博士以下至小
史私學弟子皆一梁宗室劉氏亦兩梁冠
示加服也獨斷曰漢制禮無文荀綽晉百官表注曰建光中尚書陳忠以爲令史質堪上
言太官宜著兩梁尚書孟希奏太官職在鼎俎不列陛位堪欲令比大夫兩梁冠不宜許臣伏惟太官令
職在典掌王饔統六清之飲列八珍之饌正百品之羞納四方之貢所奉尤重用思又勤明詔愼口實之
御防有敗之釁增崇其選侍御史主捕案太醫令奉方藥供養符節令掌幡信金虎故位從大夫車有輜
沂冠有兩梁所以殊親疏別內外也太官令以供養言之爲最親近以職事言之爲最煩多今又高選又
執法比太醫令科同服等而冠二人殊名實不嗣又博士秩卑以其傳先王之訓故尊而異之今服大夫
之冕猶此言之兩梁冠非必列於陛位也建初中太官令兩梁冠春秋之義大於復古如堪言合典可施

行克厭帝心即聽用之獻帝起居注曰中平六年令三府長史兩梁冠五時衣袍事位從千石六百石
法冠一曰柱後獨斷曰柱後惠文高五寸以纚爲展
筩前書注曰纚今之纚通俗文幘裏曰纚鐵柱卷荀綽晉百官表注曰鐵柱言其
厲直不曲撓執法者服之侍御史廷尉正監平也
或謂之獬豸冠獬豸神羊能別曲直楚王
嘗獲之故以爲冠異物志曰東北荒中有獸名獬豸一角性忠見人鬭則觸
不直者聞人論則咋不正者楚執法者所服也今冠兩角非象也臣昭曰或謂獬豸遞非定名在兩角未
足斷正安不存其臂飾令兩爲冠乎胡廣說曰春秋左氏傳有
南冠而縶者則楚冠也秦滅楚以其君服

後漢書志三十　八　毛禹

賜執法近臣御史服之
武冠一云古緇布冠之象也或曰繁冠一曰武弁大冠諸武
官冠之晉公卿禮秩曰大司馬將軍尉驃騎車騎衛軍諸大將軍開府從公者著武冠平上
幘侍中中常侍加黃金璫附蟬爲文貂尾
爲飾謂之趙惠文冠又名鵔鸃冠胡廣說曰趙武
靈王效胡服以金璫飾首前插貂尾爲貴
職秦滅趙以其君冠賜近臣應劭漢官曰說者以金取堅剛
百鍊不耗蟬居高飲絜口在掖下貂內勁悍而外溫潤此因物生義也徐廣曰趙武靈王胡服有此秦即
漢而用之說者蟬取其清高飲露而不食貂紫蔚柔潤而毛采不彰灼故於義亦取胡廣又曰意謂北方

寒涼冰以貂皮暖額附施於冠因遂變成首飾建武時匈奴内屬世祖賜南單于衣服以中常侍惠文冠中黄門童子佩刀云

建華冠以鐵爲柱卷貫大銅珠九枚制似縷鹿獨斷曰其狀若婦人縷鹿 薛綜曰下輪大上輪小記曰知天者冠述知地者履絇春秋左傳曰鄭子臧好鷸冠前圓以爲此則是也說文曰鷸知天將雨鳥也天地五郊明堂云翹舞樂人服之

方山冠似進賢以五采縠爲之祠宗廟大予八佾四時五行樂人服之冠衣各如其行方之色而舞焉

巧士冠高七寸要後相通直豎不常服唯郊天黄門從官四人冠之在鹵簿中次乘輿車前以備宦者四星云獨斷曰禮無文

却非冠制似長冠下促宫殿門吏僕射冠之負赤幡青翅燕尾諸僕射幡皆如之獨斷曰禮無文

却敵冠前高四寸通長四寸後高三寸制似進賢衛士服之獨斷曰禮無文

樊噲冠漢將樊噲造次所冠以入項羽軍廣九寸高七寸前後出各四寸制似冕司馬殿門大難衛士服之或曰樊噲常持鐵楯聞項羽有意殺漢王噲裂裳以裹楯冠之入軍門立漢王旁視項羽

術氏冠前圓吴制差池邐迤四重趙武靈王好服之今不施用官有其圖注淮南子曰楚莊王所復鵕冠者是蔡邕曰其說未聞

諸冠皆有纓蕤執事及武吏皆縮纓垂五寸

武冠俗謂之大冠環纓無蕤以青系爲緄加雙鶡尾豎左右爲鶡冠云莊子云縵胡之纓武士之服是也五官左右虎賁羽林五中郎將羽林左右監皆冠鶡冠紗縠單衣虎賁將虎文絝白虎文劍佩刀虎賁武騎皆鶡冠虎文單衣襄邑歲獻織成虎文云鶡者勇雉也其鬬對一死乃止故趙武靈王以表武士秦

施之焉[徐廣曰鶡似黑雉出於上黨荀綽晉百官表注曰冠插兩鶡鷙鳥之暴疏者也每所攫撮應爪摧衂天子武騎故以冠爲傳玄賦注曰羽騎騎者戴鶡]安帝立皇太子太子謁高祖廟世祖廟門大夫從冠兩梁進賢洗馬冠高山罷廟侍御史任方奏請非乘從時皆冠一梁不宜以爲常服事下有司尚書陳忠奏門大夫職如諫大夫洗馬職如謁者故皆服其服先帝之舊也方言可寢奏可謁者古者一名洗馬[古今注曰建武十三年初令令長皆小冠獨斷曰公卿侍中尚書衣皁而朝者曰朝

後漢書志三十　十一　林夏

臣諸營校尉將大夫以下不爲朝臣]

古者有冠無幘其戴也加首有頍所以安物故詩曰有頍者弁此之謂也三代之世法制滋彰下至戰國文武並用秦雄諸侯乃加其武將首飾爲絳袙以表貴賤其後稍稍作顏題漢興續其頍却摞之施巾連題却覆之今喪幘是其制也名之曰幘幘者賾也頭首嚴賾也至孝文乃高顏題續之爲耳崇其巾爲屋合後施收上下羣臣貴賤皆服之文者長耳武者短耳稱其冠也尚書幘收方三寸名曰納言示以忠正顯近職也迎氣五郊各如其色從章服也皁衣羣吏春服青幘立夏乃止助微順氣尊其方也武吏常赤幘成其威也未冠童子幘無屋者示未成人也入學小童幘也句卷屋者示尚幼少未遠冒也喪幘却摞反本禮也升數如冠與冠偕也期喪起耳有收素幘亦如之禮輕重有制變除從漸文也[獨斷曰幘古者卑賤執事不冠者之所服也董仲舒止雨書曰執事者皆赤幘知不冠者之所服也元帝額有壯髮不欲使人見始進幘服之羣臣皆隨焉然尚無巾故言王莽禿幘施屋冠進賢者宜長耳冠惠文者宜短耳各隨其宜漢舊儀曰凡齋紺幘耕青幘秋貙劉服緗幘]

後漢書志三十　十二　吳佐

古者君臣佩玉尊卑有度上有韍[徐廣曰韍如巾蔽膝]貴賤有殊佩所以章德服之衷也韍所以執事禮之共也故禮有其度威儀之制三代同之五霸迭興戰兵不息佩非戰器韍非兵旗於是解去韍佩留其係璲[徐廣曰今名璲爲綬]以爲章表故詩曰鞙鞙佩璲此之謂也[鞙鞙佩玉

貌璲瑞也鄭玄箋曰佩璲者以瑞玉爲佩佩之鞘鞘然紱佩既廢秦乃以采組連結於璲光明章表轉相結受故謂之綬漢承秦制用而弗改故加之以雙印佩刀之飾至孝明皇帝乃爲大佩衝牙雙瑀璜皆以白玉詩云雜佩以贈之毛萇曰珩璜琚瑀衝牙之類月令章句曰佩上有雙衡下有雙璜琚瑀以雜之衝牙蠙珠以納其間玉藻曰右徵角左宮羽進則揖之退則揚之然後玉瑲鳴焉纂要曰琚瑀所以納間在玉之間今白珠也乘輿落以白珠公卿諸侯以采絲其視冕旒爲祭服云

佩刀乘輿黃金通身貂錯半鮫魚鱗金漆

錯雌黃室五色罽隱室華諸侯王黃金錯環挾半鮫黑室公卿百官皆純黑不半鮫小黃門雌黃室中黃門朱室童子皆虎爪文虎賁黃室虎文其將白虎文皆以白珠鮫爲鏢口之飾通俗文曰刀鋒曰鏢乘輿者加翡翠山紆嬰其側左傳曰藻綷鞞鞛杜預曰鞞佩刀削上飾鞛下飾也鄭玄詩箋曰既爵命賞賜而加賜容刀有飾顯其能制斷也春秋繁露曰劍之在左青龍之象也刀之在右白虎之象也鉤之在前朱鳥之象也冠之在首玄武之象也四者人之盛飾也臣昭案自天子至于庶人咸皆帶劍劍之與刀形制不同名稱各異故蕭何劍履上殿不稱爲刀而此志言不及劍如爲未備

佩雙印長寸二分方六分乘輿諸侯王公列侯以白玉中二千石以下至四百石皆以黑犀 二百石以至私學弟子皆以象牙上合絲乘輿以縢貫白珠赤罽蕤諸侯王以下以綔赤絲蕤縢綔各如其印質刻書文曰正月剛卯既決靈殳四方赤青白黃四色是當帝令祝融以教夔龍庶疫剛癉莫我敢當疾日嚴卯帝令夔化慎爾周伏化茲靈殳既正既直既觚既方庶疫剛癉

莫我敢當凡六十六字前書注云以正月卯日作

乘輿黃赤綬四采黃赤紺縹淳黃圭長丈九尺九寸五百首漢舊儀曰璽皆白玉螭虎紐文曰皇帝行璽皇帝之璽皇帝信璽天子行璽天子之璽天子信璽凡六璽皇帝行璽凡封之璽賜諸侯王書信璽發兵徵大臣天子行璽策拜外國事天地鬼神璽皆以武都紫泥封青囊白素裏兩端無縫尺一板中約署皇帝帶綬黃地六采不佩璽璽以金銀縢組侍中組負以從秦以前民皆佩綬金玉銀銅犀象爲方寸璽各服所好奉璽書使者乘馳傳其驛騎也三騎行晝夜千里爲程吳書曰漢室之亂天子北詣河上六璽不自隨掌璽者投井中孫堅北討董卓頓軍城南官署有井每旦有五色氣從井出堅使人浚得傳國璽其文曰受命于天既壽永昌方圓四寸上有紐文槃五龍瑨七寸管龍上一角缺獻帝起居注曰時六璽不自隨及還於

閽上得晉陽秋曰冉閔大將軍蔣幹以傳國璽付河
南太守戴施施獻之百僚皆賀璽光照洞徹上蟠螭
文隱起書曰昊天之命皇帝壽昌秦舊璽也
徐廣曰傳國璽文曰受天之命皇帝壽昌

諸侯王赤綬 徐廣曰太子及諸王金印龜紐纁朱綬 四采赤黃
縹紺淳赤圭長二丈一尺三百首 荀綽晉百官表注曰
皇太子朱綬三百二十首
太皇太后皇太后其綬皆與乘輿同皇后
亦如之
長公主天子貴人與諸侯王同綬者加特
也

諸國貴人相國皆綠綬三采綠紫紺淳綠
圭長二丈一尺二百四十首 前書曰相國丞相皆秦官金印
紫綬高帝相國綠綬徐廣曰金印綠綟綬綟音戾草
名也以染似綠又云似紫紫綬名緺綬音瓜其色青
紫綟字亦盭音同也傳寫者誤遂作盭公加殊禮
皆服之何承天云緺音蝸青紫色綟綟紫色也
公侯將軍紫綬二采紫白淳紫圭長丈七
尺百八十首 前書曰太尉金印紫綬御史大夫
位上卿銀印青綬成帝更名大司
空金印紫綬將軍亦金印漢官儀曰馬防爲車騎將
軍銀印青綬在卿上絕席和帝以竇憲爲車騎將軍
始加金紫
次司空
公主封君服紫綬

九卿中二千石二千石青綬三采青白紅
淳青圭長丈七尺百二十首 一號青緺綬 自青綬
以上縌皆長三尺二寸與綬同采而首半
之縌者古佩璲也佩綬相迎受故曰縌紫
綬以上縌綬之間得施玉環鐍云 通俗文曰缺環曰鐍
漢舊儀曰其斷獄者印爲章也
千石六百石黑綬三采青赤紺淳青圭長
丈六尺八十首四百石三百石長同 漢官曰尚書僕
射銅印青綬

四百石三百石二百石黃綬淳黃圭一采
長丈五尺六十首自黑綬以下縌綬皆長
三尺與綬同采而首半之
百石青紺綸一采宛轉繆織長丈二尺 丁孚
漢儀載太僕太中大夫襄言乘輿綬黃地冒白羽青
絳綠五采四百首長二丈三尺詔所下王綬冒亦五
采上下無差諸王綬四采絳地冒白羽青黃去綠二
百六十首長二丈一尺公主綬如王侯絳地紺縹三
采百二十首長丈八尺二千石綬羽青地桃華縹三
采百二十首長丈八尺黑綬羽青地絳二采八十首
長一丈七尺黃綬一采八十首長丈七尺以爲常式
民織綬不如式沒入官犯者爲不斷二千石綬以上
禁民無得織以粉組皇
太后詔可王綬如所下

凡先合單紡爲一系四系爲一扶五扶爲一首五首成一文文采淳爲一圭首多者系細少者系麤皆廣尺六寸東觀書曰建武元年復設諸侯王金璽綟綬公侯金印紫綬九卿執金吾河南尹秩皆中二千石大長秋將作大匠度遼諸將軍郡太守國傅相皆秩二千石校尉中郎將諸郡都尉諸國行相中尉內史中護軍司直秩皆二千石以上皆銀印青綬中外官尚書令御史中丞治書侍御史公將軍長史中二千石丞正平諸司馬中宮王家僕雒陽令秩皆千石尚書中謁者謁者黃門宂從四僕射諸都監中外諸都官令都候司農部丞郡國長史丞候司馬千人秩皆六百石家令侍僕秩皆六百石雒陽市長秩四百石主家長秩皆四百石以上皆銅印黑綬諸署長揖櫂丞秩三百石諸秩千石者其丞尉皆秩四百石秩六百石者丞尉秩三百石四百石者其丞尉秩二百石縣國丞尉亦如之縣國三百石長相丞尉亦二百石明堂靈臺丞諸陵校長秩二百石丞尉校長以上皆銅印黃綬縣國守宮令相或千石或六百石長相或四百石或三百石長相皆以銅印黃綬而有秩者侍中中常侍光祿大夫秩皆二千石太中大夫秩皆比二千石尚書諫議大夫侍御史博士皆六百石議郎中謁者秩皆比六百石小黃門黃門侍郎中黃門秩皆比四百石郎中秩皆比三百石太子舍人秩二百石

太皇太后皇太后入廟服紺上皁下蠶青上縹下皆深衣制徐廣曰即單衣隱領袖緣以絛翦氂蔮簪珥珥耳璫垂珠也簪以瑇瑁爲擿長一尺端爲華勝上爲鳳皇爵以翡翠爲毛羽下有白珠垂黃金鑷左右一橫簪之以安蔮結諸簪珥皆同制其擿有等級焉

皇后謁廟服紺上皁下蠶青上縹下皆深衣制隱領袖緣以絛假結步搖簪珥步搖以黃金爲山題貫白珠爲桂枝相繆一爵九華熊虎赤羆天鹿辟邪南山豐大特六獸詩所謂副笄六珈者毛詩傳曰副者后夫人之首飾編髮爲之笄衡笄也珈笄飾之最盛者所以別尊卑鄭玄曰珈之言加也副既笄而加飾如今步搖上飾古之制所未聞諸爵獸皆以翡翠爲毛羽金題白珠璫繞以翡翠爲華云

貴人助蠶服純縹上下深衣制大手結墨瑇瑁又加簪珥

長公主見會衣服加步搖公主大手結皆有簪珥衣服同制

自公主封君以上皆帶綬以采組爲緄帶各如其綬色黃金辟邪首爲帶鐍飾以白珠

公卿列侯中二千石二千石夫人紺繒蔮

黃金龍首銜白珠魚須擿長一尺爲簪珥入廟佐祭者皁絹上下助蠶者縹絹上下皆深衣制緣自二千石夫人以上至皇后皆以蠶衣爲朝服公主貴人妃以上嫁娶得服錦綺羅縠繒采十二色重緣袍特進列侯以上錦繒采十二色六百石以上重練采九色禁丹紫紺三百石以上五色采青絳黃紅緑二百石以上四采青黃紅緑賈人緗縹而已博物記曰交州南有蟲長減一寸形似白英不知其名視之無色在陰地多緗色則赤黃之色也公列侯以下皆單緣襈制文繡爲祭服自皇后以下皆不得服諸古麗圭襂閨緣加上之服司馬相如大人賦曰垂旬始以爲襂注云蔂下旒也則襂之容如旌旒也建武永平禁絕之建初永元又復中重於是世莫能有制其裁者乃遂絕矣蔡邕表志曰永平初詔書下車服制度中宮皇太子親服重繒厚練浣已復御率下以儉化起機諸侯王以下至于士庶嫁娶被服各有秩品當傳萬世揚光聖德臣以爲宜集舊事儀注本奏以成志也

凡冠衣諸服旒冕長冠委貌皮弁爵弁建華方山巧士衣裳文繡赤舄服絇履大佩皆爲祭服其餘悉爲常用朝服唯長冠諸王國謁者以爲常朝服云宗廟以下祠祀皆冠長冠皁繒袍單衣絳緣領袖中衣絳絝絑五郊各從其色焉

贊曰車輅各庸旌旂異局冠服致美佩紛璽玉敬敬報情尊尊下欲孰夸華文匪豪麗縟

後漢書志第三十

跋

班書既成欲覓一同式之范書不可得先是涵芬樓收得此本因取以爲配書中避宋諱者有玄玹絃縣懸懸懸朗朗朓朓敬儆驚警竟鏡境殷弘匡匩筐恇恇洭偁偁胤胤酳頊頊恒禎禎楨楨偵偵湞貞貞徵懲讓讓穰署署曙樹澍豎豎豎豎桓頊頊勗旭畜弍弍慵慵慵煦抒桓垣昔完丸紈浣莞筦構構搆搆構構購購購購遘遘覯雊雊雊鴝垢詬瑗瑗瑋愼愼軒轅等字桓構二字時作淵聖御名及今上御名其爲字不成者迹多剜改且有已剜未補遂留空格者瑗瑋愼三字亦缺筆是蓋刊於高宗南渡以還而成於孝宗受禪之後至避軒轅二字則以眞宗大中祥符七年禁文字斥用黃帝名號故視同廟諱是則他書所罕覯也錢泰吉校是書時所見有義門校本紀第三至第九卷之殘宋本校律曆志至禮儀志之北宋小字殘本校郡國志第十九至二十二卷之宋一經堂本小山校蔡邕傳之鈔補北宋本又校第九十卷之淳化校定本又麻沙劉仲立本近人常熟瞿氏聊城楊氏德化李氏烏程劉氏亦均藏有宋刻然無一與此合者昔人校勘范書莫詳於宋之劉攽宋史言攽邃史學作東漢刊誤爲人所稱頌劉氏鑽研至深所據之本必多然吾頗疑其未及茲所從出之本是本帝紀第一下光武帝紀建武九年初置青巾左校尉官十五年復置屯騎長水射聲二校尉官十九年復置函谷關都尉又列傳卷第九耿國傳遂置度遼將軍四置字均不誤致而劉氏則均謂致宜作置並於初見注下謂致字訓送詣上文光武爲司隸致僚屬招致之義可作致字蓋緣前文遂誤此字卷二明帝紀亦復是歲更賦注當行者不可往即還因住一歲住不誤任而劉氏則謂因任一歲案任當作住卷三章帝紀建初四年教學爲本注夏日校校不誤教而劉氏則謂夏日教教當作校卷八靈帝紀熹平四年爲民興利注前漢地理志及續漢郡國志並無監今蒲州安邑縣西南有鹽池無監不誤無鹽鹽池不誤鹽城而劉氏則謂注鹽城當作鹽池耳及無鹽字下當有一監字又中平六年上軍校尉蹇碩下獄死獄下不脫死字而劉氏則謂正文蹇碩下獄案碩以此時誅明少一死字列傳卷四齊武王傳引精兵十萬南渡黃淳水黃不誤潢而劉氏則謂潢字據注唯當作黃又子煬王石嗣煬不誤殤而劉氏則謂王石立二十四年不可以殤謚蓋是煬字卷十三竇憲傳發北軍五校注漢有南北軍中候一人六百石掌臨五營五不誤立而劉氏則謂掌臨立營臨當作監立當作五卷十八下馮衍傳陂山谷而閒處兮守寂寞而存神注陂音兵義反兵不誤丘而劉氏則謂注陂丘義反切不得丘當作兵卷二十二樊鯈傳鯈字長魚下文全作鯈不誤鯈而劉氏則謂按鯈非魚類與

名不合疑本是鯈字又按鯈弟名鮪知作鯈無疑又如令陛下子臣等專誅而已如令不誤如令而劉氏則謂按文令當作令卷二十五鄭玄傳其最求君子之道研鑽勿替鑽不誤讚而劉氏則謂案文讚當作鑽卷二十八度尙傳夫事有虛實法有是非夫事不誤大事而劉氏則謂案文大當作夫卷二十九劉愷傳如令使臧吏禁錮子孫令不作令今義亦較令字爲長而劉氏則謂如令使臧吏案文多一如字卷三十三朱暉傳數年坐法免注坐考長吏囚死獄中吏不誤史而劉氏則謂案臨淮郡無長史既言囚死獄中當是吏字又惟今所言適我願也今不誤令而劉氏則謂惟令所言案時暉未爲尚書

令明此令字是今字卷三十八應劭傳夫國之大事莫尙載籍籍下無也字而劉氏則謂案文多一也字卷四十七李雲傳帝者諦也注帝之言諦也言諦不誤諦言而劉氏則謂注帝之諦言也案文言當在諦字上卷四十九張衡傳會何貪于支離而習其孤技耶注學屠龍于支離益益不誤蓋而劉氏則謂注支離蓋案莊子蓋當作益支離其名益耳後人不讀莊子妄改爲蓋又羈要褭以服箱褭不誤裊而劉氏則謂案要裊古良馬當作褭從馬又欻神化而蟬蛻兮朋精粹而爲徒注蟬蛇蛻所解皮也蟬下有蛇字考說文虫部蛻蛇蟬所解皮也知此本不誤特文字顛倒耳而劉氏則謂當云蛻蟬所解皮

不言缺一蛇字卷五十四趙岐傳著孟子章句孟不誤要而劉氏則謂正文著要子章句案要當作孟卷五十六陳蕃傳震受考掠誓死不言受不誤授而劉氏則謂案文授當作受卷六十三公孫瓚傳每聞有警瓚輒厲色憤怒警不誤驚而劉氏則謂驚當作警卷七十八西域莎車國傳不復置王但遣將鎮守其國王不誤正而劉氏則謂案文正當作王卷八十鮮卑傳將帥良猛財賦充實賦不誤富而劉氏則謂富字當作賦是劉氏所見與此不同綜計刊誤存者凡六百數十條而此之未誤或未全誤者猶有三十餘條與劉氏所刊正者合則是所從出之本較劉氏所見之本不可謂非彼善於此矣尤有

異者卷五十下蔡邕傳邕乃自書册于碑使工鐫刻立於太學門外注劉氏謂論語二碑毀案文當是一碑毀若二碑毀者當云皆毀而已是本乃作論語三碑二碑毀按原注上文碑凡四十六枚西行尙書周易公羊傳十六碑存十二碑毀南行禮記十五碑悉崩壞合之論語三碑正得四十六枚知此作三碑爲不誤劉氏所見不同故爲是反覆辨正之詞是此非特無誤且可刊劉氏刊誤之誤矣洪邁容齋四筆淳化五年監中所刊後漢書凡九十卷惟帝后紀十卷列傳八十卷又云劉昭注補志三十卷至本朝乾興元年判國子監孫奭始奏以備前史之闕是當時各自爲書讀者亦不與范書等視故劉

氏刊誤僅限紀傳而不及於志按崇文總目郡齋讀書志所載均作後漢書九十卷志三十卷直齋書錄解題亦曰後漢書九十卷後漢志三十卷是本小名在上大名在下列傳第一下題漢書第十一直接后紀第十續志別爲三十卷各不相涉猶存舊式然目錄則以志羼入紀傳之間殊不可解直齋書錄又謂館閣書目乃直以百二十卷併稱蔚宗撰益非是館閣書目淳熙元年陳叔進等所撰進見馬氏經籍考此書同時刊成意者校刻之時偶用此系合之本參觀互證率爾沿用致成歧異耶何義門謂初讀是書嫌其譌謬頗多及觀劉氏刊誤乃知在北宋卽罕善本是本爲南宋覆刻且有元代補版

紕繆更所難免然以校後刻諸本文字異同不可勝數且有足資是正者使何氏見之當必有慰情聊勝之感矣黃蕘圃百宋一廛賦注予所藏班書前五入乾興元年中書門下牒國子監文一通卽孫奭以劉昭注司馬彪志補章懷注范書故事云云前印班書獲見此文今以移置志前用存掌故原書略有闕佚各就北京圖書館東京靜嘉堂文庫所藏殘冊借影補配幸成完璧然多爲補刊之葉其銜接處每有重文世間祇此數本亦無可如何者也海鹽張元濟